中華人民共和國國務院批准的重大文化出版工程

國家文化發展規劃綱要的重點出版工程項目

新聞出版總署列爲「十一五」國家重大工程出版規劃之首

國家出版基金重點支持項目

中華大典

數學典

山東出版傳媒股份有限公司
山東教育出版社

圖書在版編目（CIP）數據

中華大典.數學典.中國傳統算法分典：全四册 /《中華大典》工作委員會,《中華大典》編纂委員會. —濟南：山東教育出版社，2018
ISBN 978-7-5328-9809-1

Ⅰ.①中… Ⅱ.①中… ②中… Ⅲ.①百科全書—中國 ②數學—中國 Ⅳ.①Z227②01

中國版本圖書館CIP數據核字（2018）第084908號

中華大典·數學典·中國傳統算法分典

編　　纂：《中華大典》工作委員會
　　　　　《中華大典》編纂委員會
主管單位：山東出版傳媒股份有限公司
出版發行：山東教育出版社
　　　　　地址：濟南市緯一路321號　郵編：250001
　　　　　電話：（0531）82092664　網址：www.sjs.com.cn
排　　版：南京展望文化發展有限公司
印　　刷：山東臨沂新華印刷物流集團有限責任公司
版　　次：2018年5月第1版
印　　次：2018年5月第1次印刷
開　　本：787毫米×1092毫米　1/16
印　　張：202
字　　數：6400千
印　　數：1—1000

定價：1900.00圓（全四册）

《中華大典》工作委員會

主　任：柳斌傑
　　　　金人慶

副主任：李　彦　于永湛　鄔書林　張少春　李衛紅
　　　　周和平　陳金泉　李静海

委　員：張小影　伍　傑　朱新均　吴尚之　孫　明
　　　　王家新　徐維凡　劉小琴　毛群安　遲　計
　　　　曹清堯　彭常新　王志勇　潘教峰　姜文明
　　　　王　正　石立英　安平秋　陳祖武　詹福瑞
　　　　戴龍基　宋焕起　孫　顒　陳　昕　魏同賢
　　　　王建輝　朱建綱　高紀言　莫世行　段志洪
　　　　李　維　何學惠　甄樹聲　馮俊科　譚　躍
　　　　羅小衛　王兆成

《中華大典》辦公室

主任：于永湛

副主任：伍傑

姜學中

編審：趙含坤

崔望雲

馮寶志

宋志英

谷笑鵬

封面裝幀設計：章耀達

《中華大典》編纂委員會

總主編：任繼愈

副主編：席澤宗　程千帆　戴　逸　吴文俊　柯　俊

傅熹年

編　委：卞孝萱　任繼愈　李明富　余瀛鰲　林仲湘

郁賢皓　馬繼興　袁世碩　席澤宗　陳美東

黄永年　章培恒　張永言　張晉藩　葛劍雄

董治安　程千帆　傅世垣　曾棗莊　龐　樸

趙振鐸　劉家和　潘吉星　錢伯城　戴　逸

楊寄林　穆祥桐　吴文俊　金正耀　戴念祖

柯　俊　金維諾　白化文　汪子春　周少川

孫培青　朱祖延　傅熹年　李　申　郭書春

熊月之　柴劍虹　吴子勇　寧　可　江曉原

鄭國光　吴征鎰　尹偉倫　魏明孔

《中華大典》前言

《中華大典》是運用我國歷代漢文古籍編纂的一部大型工具書。其目的是爲學術界及願意瞭解中國古代珍貴文化典籍的人士提供準確詳實、便於檢索的漢文古籍分類資料。

中國是世界文明古國之一，幾千年來纂寫和聚集的文化典籍浩如烟海。我國歷代都有編纂類書的優良傳統，具有代表性的《永樂大典》等大多已佚失，現存《古今圖書集成》編就距今也已數百年。爲了適應今天和以後研究和檢索的需要，一九八八年海内外三百多位專家學者和各古籍出版社同仁倡議，在已有類書的基礎上，用現代科學方法編纂一部新的類書《中華大典》。

國務院在關於編纂《中華大典》問題的批覆中指出，編纂《中華大典》「是我國建國以來最大的一項文化出版工程」。本書所收漢文古籍上起先秦，下迄清末，約三萬種，達七億多字，分爲二十四個典，近百個分典，内容廣博，規模宏大，前所未有。

《中華大典》的編纂工作堅持科學態度和百花齊放、百家争鳴方針。儘量採用古精校精刻本，優先採用我國建國後文獻學和考古學的優秀成果。對傳統文化中重要的不同學派的資料，兼收并蓄。運用現代圖書分類的方法，對收集到的資料，精選、精編，力求便於檢索、準確可信。

這項工作從開始起就受到中共中央、國務院和有關部門的重視和支持。國家主席江澤民、國務院總理李鵬分别爲《中華大典》題詞。江澤民的題詞是「同心同德群策群力認真編好中華大典爲建設有中國特色的社會主義服務」。李鵬的題詞是「繼承和弘揚民族優秀傳統文化」。全國政協主席李瑞環、國務委員李鐵映也作了重要指示，要求抓緊辦理。一九九〇年五月，國務院批准《中華大典》爲國家重點古籍整理項目。一九九二年九月，正式成立了《中華大典》工作委員會和《中華大典》編纂委員會，召開了《中華大典》工作、編纂會議。自此，《中華大典》的編纂工作由試點轉入正式啓動，逐步鋪開。

編纂《中華大典》，學術性很强，工作量很大，工程十分艱巨，全賴廣大專家學者和全國各有關高等院校、科研院所、圖書館、出版單位的鼎力支持與積極參與。大家本着弘揚中華民族優秀文化的心願，發揚奉獻精神，克服各種困難，團結協作，給這部巨大類書的出版提供了根本保證。在此謹表示誠摯的謝意。

對本書的批評與建議，我們將十分歡迎。

《中華大典》編纂委員會

一九九七年四月

二〇〇六年十一月修訂

《中華大典》編纂通則

一、性質：《中華大典》（以下簡稱《大典》）是對漢文古籍（含已翻譯成漢文的少數民族古籍）進行全面的、系統的、科學的分類整理和彙編總結的新型類書，是在繼承歷代類書優良傳統、考慮漢文古籍固有特點的基礎上，借鑒和參照近代編纂百科全書的經驗和方法編纂而成。編纂《大典》的目的，是爲學術界及願意瞭解中國古代珍貴文化典籍的人士提供各種分門別類的、準確詳細的古代漢文專題資料。

二、規模和體例：《大典》所收古籍的時限，上自先秦，下迄辛亥革命。全書共收各類漢文古籍三萬餘種，七億多字。全書體例，着重汲取清代《古今圖書集成》所採用的經目和緯目相交織這一統一框架結構的模式，同時參照現代科學的學科、目録分類方法，並根據各類學科内容的實際情况，一般將每一大類學科輯爲一典，也有將幾個相關學科共輯爲一典的。對各典名稱，均以現代學科命名，對於所收入的各種古籍資料，亦儘可能納入現代科學分類體系之中。

三、經目：大典共分二十四個典，即哲學典、宗教典、政治典、軍事典、經濟典、法律典、教育典、語言文字典、文學典、藝術典、歷史典、地理典、民俗典、數學典、物理化學典、天文典、地學典、生物學典、醫藥衛生典、農業典、林業典、工業典、交通運輸典、文獻目録典。典以下以分典、總部、部、分部分級，分部之下的標目根據各學科特點由各典自行擬定。

四、緯目：共設置九項緯目，用以包容各級經目的具體内容：

（一）題解：對有關學科的名稱、概念、含義、特點等作總體介紹的資料。

（二）論説：有關理論部分的資料。

（三）綜述：有關學科或事物的系統性資料，凡有關學科或事物的性狀、制度、範疇、特點及學科地位、發展情况等具體内容均編入此緯目中。

（四）傳記：有關人物的傳記資料。

（五）紀事：有關學科或事物的具體活動或事例的資料。

（六）著録：重要人物或文獻的有關著作資料，如專集介紹、序跋、藏書題記，以及有關著作的成書經過、版本源流等。

（七）藝文：有關屬於文學欣賞性的散文或韵文。

（八）雜録：凡未收入以上各緯目，而又有較高參考價值的資料，均入雜録。

（九）圖表：根據有關經目的内容需要，圖與表附於相關專題之下，或集中彙總於某級經目之後。

《大典》以内容分類安排各級緯目，各級緯目的正文，一般以原書爲單位，按時代順序排列。每一條資料前標明出處，包括書名或作者名、篇名或卷次，以利讀者核對原書。

五、書目：每分典後附有該分典所收書之書目，書目包括書名、作者、時（年）代、版本等内容。時代以成書時代爲準，成書時代不詳者，以作者主要活動時代爲準，並遵從歷史習慣。

六、版本：《大典》在選用版本時儘量採用古人的精校精刻本，亦採用學術界通用的近、現代整理圈點本及現代學者校點整理本。

七、校點：爲儘可能保存古籍原貌，《大典》衹對底本中明顯的脱、訛、衍、倒進行勘正。古本中的避諱字一般不作改動，衹對缺筆字補足筆劃。後人刻書時避當朝人諱而改動的字，據古本改回。《大典》採用新式標點法。

一九九六年八月

二〇〇六年十一月修訂

《中華大典·數學典》編纂委員會

名譽主編：吴文俊

主　　編：郭書春

副 主 編：郭世榮　馮立昇

編　　委：（按姓氏拼音爲序）

鄧　亮　鄧可卉　董　傑　段耀勇　馮立昇

付　佳　高　峰　郭金海　郭世榮　郭書春

李民芬　劉　飛　劉建軍　劉芹英　吕興焕

潘澍原　宋　華　宋建昃　特古斯　童慶鈞

王雪迎　徐　君　徐澤林　楊　楠　姚　芳

張　祺　張　昇　張俊峰　趙栓林　鄭振初

鄒大海

《中華大典·數學典》項目領導小組

項目負責人：劉東傑　陸　炎

項目聯絡人：陸　炎　韓義華

項目組成員：（按姓氏拼音爲序）

白漢坤　陳　霞　韓義華　胡明濤

劉　純　陸　炎　孟旭虹　齊　飛

石　静　孫金棟　吴江楠

《中華大典·數學典》序

數學是中國古代最爲發達的基礎科學學科之一。《中華大典·數學典》在保留中國古代數學的特色基礎上，運用現代數學的觀念和方法，對遠古到清末（一九一一年十二月三十一日）以前在中國疆域范圍內産生的漢文數學典籍以及文史典籍、出土文物等中，有關數學概論、數學成就、數學家、數學教育及規章制度、數學與社會經濟及思想的關係等等的資料，進行系統的整理、分類、彙編，以期爲中國科學史和文化史、數學和數學史的研究者、愛好者提供準確、全面、可信的學科資料。

由於中國古代數學的形態及術語、表達方式與人們現在學習的數學迥然不同，爲了便於讀者閱讀，在此有必要簡要介紹一下中國古代數學的發展概況、典籍、成就、特點、弱點及其在世界文明史、科學史和數學史上的地位。

數、算、算數、筭術、算學、數術和數學

數學在先秦通常稱爲「數」。《周髀筭經》中周公稱精通數學的商高「善數」。「數」在西周初年被列爲貴族子弟受教育的「六藝」即六門科目之一。它有九個分支，稱爲「九數」，表明數學在當時已經初步形成爲一門學科。不過當時「九數」的内容尚不清楚。數學需要計算，自然被稱爲「算」（筭）。三國魏劉徽稱編纂《九章筭術》的張蒼、耿壽昌「善筭」。計算當然是「數」的運算，數學又稱爲「筭數」。《世本》云「隸首作筭數」，一作「隸首作數」。唐之前通常將數學方法稱爲「術」，秦漢時期也有作「朮」「述」者。《周髀筭經》中陳子荅榮方問中有「筭數之術」和「筭術」，後者實際上是前者的簡稱。東漢許慎《説文解字》云：「筭，長六寸，計歷數者。從竹，從弄，言常弄乃不誤也。」清段玉裁云：「此謂算籌，與算數字各用……古書多不别。」「筭」有一個同音字「算」。許慎《説文》云：「算，數也，從竹，從具，讀若筭。」就是説，許慎和段玉裁都認爲「筭」主要指算籌，而「算」指計算。然而古代數學著作中訓計算者亦多用「筭」字，鮮有用「算」者。清代

以降，才多用「算」字，鮮有用「筭」者。自然，數學又稱爲「筭學」或「算學」，隋唐國子監設算學館。西漢之後又有「數術」之名，成帝「詔咸校數術」，劉歆《七略》之數術略包括天文、曆譜、五行、蓍龜、雜占、形法六類圖書，算術書《許商筭術》等列入曆譜類。南宋數學家秦九韶將「數術之書」分爲外算、內算兩類，外算指現今之數學書，內算指象數書。「數術」有一同義語「數學」，大約起源於北宋，既指象數學，如邵雍便以研究數學聞名，《宣和遺事》云：陳摶「精於數學，預知未來之事」，也指象數學。秦九韶自述「嘗從隱君子受數學」，這裏的「數學」大約包括象數學和現今數學兩種內容。而著名數學家滎棨在南宋初年說《九章筭術》「凡善數學者人人服膺而重之」，元大數學家朱世傑被譽爲「數學名家」，這裏的「數學」當然是現今所說的數學。此後「算學」「數學」一直並用。一九三九年六月，中國數學會決定廢止術語「算學」，只用「數學」。

不言而喻，古代的術語算術、算學等對應于英文的mathematics而不是arithmetic。在初等範圍之內，它包括今天數學教科書的算術、代數、幾何、三角等方面的內容。即使是微積分等高等數學傳入中國之後，也被納入算學的範疇。

十進位值制記數法和算籌、籌算、珠算

中國古代數學一直使用十進位值制記數法，它比十進非位值制簡潔，比其他進位制的位值制方便，是當時世界上最優越的記數制度。十進位值制記數法什麼時候完成的，已不可考。《墨經・經說下》：「一少於二而多於五，說在建位。」其《經說下》：「五有一焉，一有五焉，十二焉。」反映了墨家對十進位值制記數法中同一數字在不同的位置上表示不同數值的認識。經文是說：一在個位上表示一，故小於二，而在十位上表示十，則比五多。經說是說：從個位看一，五中包含有一，從十位看一，有兩個五，可見一中包含有五。這表明最晚在春秋時代，十進位值制記數法已經相當完善，它的產生當在西周。事實上，殷墟甲骨文數字和金文數字都是十進制，並有了位值制萌芽。

宋元之前的主要計算工具是算籌，又稱爲算、籌、策、算子等。它通常用竹或木製作，也有用象牙或骨製造的。《漢書・律曆志》云：「其算法用竹，徑一分，長六寸。」徑約合今〇．二三釐米，長約一三．八釐米。在長期使用過程中，算籌逐步由長變短，截面由圓變方。算籌是甚麼時候產生的，亦不可考。《老子》說「善數者不用籌策」。《左傳・襄公三十年》（公元前五四三年）記載一個字謎：「史趙曰：亥有二首六身，下二如身，是其日數也。士文伯曰：然則二萬六千六百有六旬也。」亥

字拆開來爲𝍡𝍥𝍮𝍥，即二六六六〇日。這都説明，算籌最遲在春秋時期已經普遍使用。上世紀以來在戰國秦漢墓葬發現的算籌很多，其形制與《漢書·律曆志》的記載基本一致。

現存資料中，算籌數字的記數法則最先出現在《孫子筭經》卷上，而《夏侯陽筭經》更爲完整：「一從十横，百立千僵，千十相望，萬百相當。滿六以上，五在上方。六不積算，五不單張。」可見，算籌數字分縱横兩式，縱式表示個位數、百位數、萬位數……横式表示十位數、千位數、十萬位數……一至九的算籌數字與阿拉伯數字對應如下：

數字	1	2	3	4	5	6	7	8	9
縱式	𝍠	𝍡	𝍢	𝍣	𝍤	𝍥	𝍦	𝍧	𝍨
横式	𝍩	𝍪	𝍫	𝍬	𝍭	𝍮	𝍯	𝍰	𝍱

用這種縱横相間的算籌，加上用空位表示〇，可以表示任何自然數、分數、小數、負數，以及多項式、一元方程、綫性方程組與多元高次方程組。這種記法十分便於進行加減乘除四則運算、開方及方程組消元等其他運算。加之漢語中的數字都是單音節，容易編成口訣，促進籌算的乘除捷算法向口訣的轉化，並導致珠算最遲在南宋產生。

珠算和珠算盤在明代之後對中國和東亞各民族的生產生活發生了極大的影響，至今爲人們所使用。而在計算機普及的今天，人們更加重視珠算的教育及開發人類智力的功能。二〇一三年十二月四日聯合國教科文組織政府間委員會第八次會議審議通過：將「中國珠算——運用算盤進行數學計算的知識與實踐」列入人類非物質文化遺產代表作名錄。其決議指出：「珠算不僅是一種計算工具，而且是『一直適用於日常生活的許多領域，具有多重的社會文化功能，爲世界提供了另一種知識體系』。」

數學典籍

歷代數學家的數學著述是數學進步的脚印，是數學成就的載體。中國古代的數學著述通常稱爲「某某筭術」，唐初李淳風等整理漢唐十部算書，大約爲了提高數學的地位，並與列入國子監其他館的儒家經典相匹配，統統改爲「筭經」。清中葉開辦《四庫全書》館，戴震整理漢唐算書，遂改爲「算經」，有的改爲「算術」。清末以前出現過多少數學著作，不得而知。有學者估計，自漢至清末所存者有二千餘種。由於清代翻刻著作很多，而翻刻時又常改名，同書異名者很多，精確統計的難度很大，不過説現存千種左右，還是可信的。

先秦數學著作在西漢末年前已全部失傳，《漢書・藝文志》已不見先秦數學著作的記載。所幸二十世紀八十年代起，有幾批先秦、秦漢數學簡牘出土或被收藏，填補了西漢初年以前數學著作的空白。漢簡《筭數書》等是從幾部著作中摘抄而成的，説明先秦出現了不止一部數學著作。二十四史《藝文志》《經籍志》所著録的西漢至明末的算經亦大多亡佚，目前僅存不足四十種。因此，對明末以前的中國古代數學而言，目前祇能瞭解幾個片斷或幾個點。上面所述千種著作，大多數産生於明末之後，尤其是清中葉之後。

中國古代數學著作有很大的差異。

首先它們的體例不同。二十世紀許多著述將《九章筭術》等中國古代數學著作統統稱之爲應用問題集，甚至説都是「一題、一答、一術，概莫能外」，術都是應用問題的具體解法。然而只要打開《九章筭術》，就會發現這種看法並不符合事實，因而是錯誤的。實際上，《九章筭術》的主體部分或先列出一個或幾個問題，然後給出抽象、嚴謹、普適性的術文，或先給出抽象、嚴謹、普適性的術文，再列出若干應用題。顯然，這裏以術文爲中心，採取了術文統率例題的形式。應當指出，這種形式在秦漢數學簡牘佔有相當大的比重。但是，確實有一部分著作，如《孫子筭經》等，採用應用問題集的形式，不僅是「一題、一答、一術」，而且術文都是應用問題的具體解法。

其次，它們的内容高深程度不同。《周髀筭經》《九章筭術》《海島筭經》《緝古筭經》《黄帝九章筭經細草》《數書九章》《測圓海鏡》《詳解九章筭法》《筭學啓蒙》《四元玉鑒》等是具有高深内容的著作，《孫子筭經》《張丘建筭經》《五曹筭經》《夏侯陽筭經》《楊輝筭法》《九章筭法比類大全》《筭法統宗》等都是淺顯的或普及性的著作。

第三，抽象程度不同。抽象性是數學的重要特點。前已指出，《九章筭術》主體部分的術文大都是抽象性非常高的公式、算法，劉徽《九章筭術注》、賈憲《黄帝九章筭經細草》等進一步抽象了《九章筭術》抽象程度不高的術文。《測圓海鏡》卷一展示了全書所需的基本理論，其「圓城圖式」用漢字記點，是個創舉；其「識別雜記」提出六百餘條抽象命題，集中國句股容圓知識之大成；卷二在「洞淵九容」基礎上以非常抽象的形式表示了句股形與圓的十種基本關係。許多著作中也都有不同程度的抽象命題。而《九章筭術》的一少部分，以及《孫子筭經》《五曹筭經》《夏侯陽筭經》《九章筭法比類大全》《筭法統宗》等的術文大都是具體問題的演算細草。

第四，嚴謹性不同。嚴謹性也是數學的一大特點，是數學著作的生命綫。《九章筭術》《海島筭經》《孫子筭經》《張丘建筭經》《緝古筭經》《夏侯陽筭經》《黄帝九章筭經細草》《數書九章》《測圓海鏡》《詳解九章筭法》《楊輝筭法》《筭學啓蒙》《四元玉鑒》《筭學寶鑒》《句股筭術》《測圓海鏡分類釋術》《弧矢筭術》《測圓筭術》，以及明末至清末許多著作等的算法都很嚴謹，而《五曹筭經》《算法全能集》《詳明算法》《九章筭法比類大全》等的錯誤比較多，甚至重複某些已被前人糾正了的錯誤。

此外，在是不是有數學推理和證明上，當然更是不同的。

中國古代數學的分期

數學史的分期應以數學內部的發展爲主要依據，同時考慮相應時期的社會經濟、政治的變革和思想、文化背景。自遠古到西周是中國古代數學的萌芽階段，完成了十進位值制記數法，創造了算籌，創造了畫圓的工具規和畫方的工具矩。規矩不僅是數學作圖的工具，而且成爲表示中華民族禮法和道德規範的習慣用語。當時還掌握了簡單的測望技術及對句股定理的初步認識。

《九章筭術》在西漢由張蒼、耿壽昌刪補成書，奠定了中國傳統數學的基本框架，在分數四則運算、比例和比例分配算法、盈不足算法、開方法、綫性方程組解法、正負數加減法則，解句股形和句股數組等方面走在了世界的前面。根據劉徽《九章筭術注·序》「九數之流，《九章》是矣」的提示和《九章筭術》所提供的物價等資料的分析，《九章筭術》的主體部分與「九數」暗合，表明它在春秋戰國時期已經完成了。因此，中國傳統數學的第一個高潮出現在春秋戰國，西漢完成《九章筭術》等著作的編纂，是這個高潮的總結。秦漢數學簡牘雖然不是《九章筭術》的前身，卻爲上述看法提供了佐證。因此，春秋戰國秦漢是奠定中國數學基本框架的階段。

魏景元四年（公元二六三年）劉徽撰《九章筭術注》，「析理以辭，解體用圖」，提出了許多嚴格的數學定義，並以演繹邏輯爲主要方法全面證明了《九章筭術》的算法，奠定了中國傳統數學的理論基礎。他在世界數學史上首次將極限思想和無窮小分割方法引入數學證明。祖冲之父子《綴術》的數學水平不會低於劉徽，遺憾的是，由於隋唐算學館的學官對其「莫能究其深奥，是故廢而不理」，導致其失傳，我們只知道祖冲之將圓周率精確到八位有效數字等隻鱗片爪。此外，汉末《數術記遺》，南北朝《孫子筭經》《張丘建筭經》，唐初《緝古筭經》等，在計算工具的改進、不定方程解法、三次方程上有貢獻。唐初李淳風等整理漢唐十部算經，是中國數學框架確立和理論奠基時期著作的總結。總之，自東漢末至唐中葉是中國古代數學完成其理論體系的階段。

自唐中葉起，人們簡化乘除運算，創造各種口訣，導致珠算最遲在宋代誕生。另一方面，北宋賈憲撰《黄帝九章筭經細草》，南宋秦九韶撰《數書九章》，楊輝撰《詳解九章筭法》《楊輝筭法》，元李冶撰《測圓海鏡》《益古演段》，朱世傑撰《筭學啓蒙》《四元玉鑒》等，在高次方程解法（增乘開方法和正負開方術）、設未知數列方程（天元術）、高次方程組解法（四元術）、一次同餘方程組解法（大衍總數術）、垛積術和招差術等高深數學的許多分支，取得了超前其他文化傳統的成果。這就是人們常説的宋元籌算高潮的階段。

元中葉到明末，人們繼續改進籌算、珠算技術，珠算得到普及，並最遲在明中葉之後完全取代籌算，完成了中國計算工具的改革。數學家的興趣在爲人們日常生産生活提出的問題服務上。因此，中國傳統的高深數學急劇衰落，明代數學家没有一個能看懂宋元時期的重大數學貢獻，漢唐宋元數學著作也瀕於失傳。中國數學在東漢、隋唐都出現過衰微，但三五百年後便重新繁榮。即使是衰微的時候，其水平也不低於當時其他文化傳統的數學。而元中葉和明代的這次衰微卻使中國數學失去了在世界上領先的地位，並且長達六七百年。

正當中國明代數學衰微的時候，西方卻經歷着文藝復興，發達的古希臘數學被重新發掘出來，同時引進東方的數學方法，創造了若干新的數學分支和方法，超過了中國。明末利瑪竇等傳教士將《幾何原本》等西方初等數學傳入中國，隨後傳教士又傳入三角函數和對數，給中國數學注入了新的血液，中國從此邁入了中西數學融會貫通的新階段，徐光啓、李之藻、梅文鼎等都做出了貢獻。一七二三年，雍正帝將傳教士除在欽天監供職者外悉數趕到澳門，西方數學知識的傳入中斷，中國數學家一方面繼續消化前此傳入的西方數學知識，一方面致力於傳統數學著作的發掘、整理和研究，《九章筭術》《數書九章》《測圓海鏡》《筭學啓蒙》《四元玉鑒》等漢唐宋元許多著作重新面世，並取得了一些新的研究成果。李善蘭的尖錐術則踏到了微積分的門檻。西方列强通過鴉片戰爭轟開了清帝國的大門，微積分等近代數學傳入中國，中國數學開始跨入變量數學。

有清一代，官方對數學教育之重視，知識份子對數學認識之高，數學家對數學研究之執着，出版數學著作之多，涉及的數學分支之廣泛，遠遠超過歷代任何一個王朝，其數學水平也超過了宋元，但是與世界數學先進水平的差距卻越來越大。不過，近代數學知識的廣泛傳播，人們對數學認識的提高，爲中國數學在二十世紀完全融入世界統一的數學準備了必要的條件。

中國古代數學的特點

中國傳統數學有自己明顯的特點。

首先，與古希臘將數學看成思辨的產物、鄙視實際應用不同，中國傳統數學注重數學理論密切聯繫實際。《周易・繫辭下》云：庖羲氏作八卦，「以通神明之德，以類萬物之情」，劉徽將其寫入《九章筭術注・序》，遂成爲中國古代對數學作用的代表性論述。但是宋元之前的數學家幾乎都不關心「通神明」，而專注於「類萬物」，正如南宋數學家秦九韶所説「數術之傳，以實爲體」。因此，人們認爲數學是艱深的學問，但又認爲不是不可以研究的，正如金元數學家李冶所説：「謂數爲難窮，斯可。謂數爲不可窮，斯不可。」

其次，中國傳統數學以計算爲中心。所有的問題，包括現今所謂幾何内容都是計算面積、體積、句股測望等問題的長度的公式、解法。劉徽説數學「其能窮纖入微，探測無方。至於以法相傳，亦猶規矩度量可得而共」，道出了中國傳統數學中數與形相結合，幾何問題都要化成算術、代數問題求解的特點。宋元時期，數學家發明了天元術，將幾何問題通過天元多項式，化爲一元方程求解。後來又創造了二元術、三元術、四元術，即二元、三元、四元高次方程組。這就是幾何學代數化。

還有，位值制在中國傳統數學中有特殊的作用。位值制的思想不僅體現在記數與數學運算中，而且貫穿於求解過程中。這大大方便了計算。

更重要的是，正如吴文俊先生所指出的，構造性與機械化是中國古代數學的兩大特色，貫穿其始終。所謂構造性數學是指從某些初始條件出發，通過明確規定的操作展開的數學理論。所謂機械化，就是刻板化和規格化。中國古代的分數四則運算法則、盈不足術、方程術即綫性方程組解法、劉徽求圓周率的程序、開方術和求高次方程正根的增乘開方法、設未知數列方程的天元術、求解多元高次方程組的四元術、大衍總數術即一次同餘方程組解法等，都是典型的構造性和機械化方法。吴文俊受中國傳統數學的構造性和機械化特點的啟發，開創了數學機械化理論。

中國古代數學的弱點和理論研究

對數學理論研究不够重視，是中國古代數學的突出弱點。一個明顯的事實是，大多數數學著作的本文没有數學定義、推理，更没有數學證明，一部分著作是「一題、一答、一術」的應用問題集，甚至没有抽象性、普適性的術文，還有個别錯誤解法長期流傳，得不到糾正。其次，二千餘年間，許多著作沿襲「九數」框架，有的按應用，有的按數學方法，分類標準不同一。但是，國内外數學界和學術界，包括對中國古代數學成就十分推崇的某些學者在内，也多認爲中國古代數學的所謂成就都是經驗的積累，没有數學理論，則是不完全符合事實，因而是不正確的。

所謂數學理論，最主要的有兩個方面：首先是具有普適性的抽象性的嚴謹算法。其次是關於這些算法的推理和論證，以及數學定義，並且其推理和論證主要是演繹的。前已指出，許多著作中存在大量抽象性術文，它們正如先秦數學家陳子所概括的具有「言約而用博」的特點。這當然是數學理論。

另一方面，李冶的《測圓海鏡》《益古演段》，楊輝的《詳解九章算法》《楊輝算法》，王文素的《算學寶鑒》等都有不同程度的定義、推理和論證。而最妙的推理與證明往往在後人給算經的注解中，如趙爽《周髀算經注》的句股圓方圖注、劉徽的《九章算術注》。因爲是注解，往往被人忽視。只要認真考察劉徽的《九章算術注》就會發現，現今形式邏輯教程中關於演繹推理的幾種主要形式，如三段論、關係推理、假言推理、選言推理、聯言推理、二難推理等演繹邏輯的最重要的推理形式，以及數學歸納法的雛形，劉徽都嫻熟地使用過，而且没有任何循環推理。有人説中國古代數學中没有形式邏輯，尤其没有演繹邏輯，「在從實踐到純知識領域的飛躍中，中國數學是未曾參與過的」，顯然是不符合事實的。

由此可見，中國古代實際上存在着純數學研究。就實際應用而言，《九章算術》和許多數學著作提出的公式、算法，只要能够無數次的應用，並且在應用中表明它們正確就够了，不證明之，並不影響它們的應用。劉徽對《九章算術》的公式、算法進行了全面而且基本上是嚴謹的證明，顯然是純數學的活動。同時，對計算中精確度的追求，比如，劉徽對開方不盡時提出求

「微數」的思想，以十進分數逼近無理根，劉徽、祖沖之將圓周率精確到三位，五位，甚至八位有效數字，都不是人們的實際需要，而是純數學活動，是數學發展的需要。

中國古代數學在世界數學史上的地位

人類進入文明社會以來，世界數學研究的重心發生了幾次大的變化。先是約公元前三十一世紀開始的尼羅河流域數學和約公元前二十四世紀開始的兩河流域數學。公元前七世紀起希臘地區取代了上述地區，數學非常發達。約公元前三世紀至公元十四世紀初，中國取代古希臘，成爲世界數學研究的重心；後來印度、阿拉伯地區的數學也發展起來。十六、十七世紀，歐洲數學伴隨着文藝復興，度過了中世紀的黑暗，進入變量數學時代。從此，歐洲以及二十世紀的蘇聯、美國一直佔據着世界數學研究的重心位置。另一方面，在歷史長河中，數學機械化算法體系與數學公理化演繹體系曾多次反復互爲消長，交替成爲數學發展中的主流。可見，從公元前三世紀至十四世紀初，中國數學屬於世界數學的主流。正是以中國數學爲其源頭和重要組成部分的東方數學傳到歐洲，與發掘出來的古希臘數學相結合，導致西方數學模式和數學家的數學觀的改變，重視數學計算，走向幾何問題的代數化，從而開闢了文藝復興後歐洲數學的繁榮，並開闢了通向解析幾何和微積分的道路。

《數學典》的編纂

我們在《數學典》的編纂中力圖做到内容全面而沒有重大脱漏，分類科學而基本上沒有交叉重複，取材精當而防止揀小失大，版本精善而擯棄粗製濫造，校點得當而避免錯校誤改，使資料的選編體現全面性、科學性、系統性和實用性。

所謂全面性就是要覆蓋清末以前整個中國數學發展的各個時代，各個分支，各個方面，力求不漏收主要的典籍、重要的數學家與成就。對不同學術流派、觀點和論見要兼收並蓄，不應以編纂者的主觀意見決定其取捨。

所謂科學性就是資料的選編要科學準確地體現中國古代數學的思想、方法、成就、典籍、數學家及各分支的發展情況。所用資料盡可能使用善本。凡是所用典籍有原本者，一般不用後世類書的引文。採集的文字一般自成段落，不割裂文句或斷章取義，不隨意删節古文，意義不大或不屬於本緯目論題的必須要删節者則在删節處綴「【略】」字樣，不將不同段落的內容連綴成一段。

所謂系統性就是要通過所選編的資料系統反映中國古代數學思想、數學方法的真實情況，傳統數學各個分支的發展史，中西數學會通時期各分支的引進、發展、研究的歷史，既展現中國古代數學的整體情況，又使讀者由此可系統瞭解中國數學各分支的發展情況。

所謂實用性就是便於讀者使用。

《數學典》分爲四個分典：

數學概論分典　彙集中國古代在數學著作的序跋、數學典籍的注疏、二十四史的《律曆志》及其他文史典籍中對數學的起源、內容、意義和功用，對數學教育、中外交流，對數學與其他學科的關係等的論述。

中國傳統算法分典　彙集秦漢數學簡牘、漢至清末中國數學著作在分數與率、籌算捷算法和珠算、盈不足術、面積、體積、開方術、句股測望、方程術、天元術和四元術、垛積招差、不定問題、極限思想與無窮小分割方法、數學與天文曆法等方面的主要成就。

會通中西算法分典　彙集明末至清末在算術、代數、數論、幾何和畫法幾何、圓錐曲綫、三角學、對數、冪級數、微積分等方面融會中西算法的成就。由於這一時期傳世的數學著作多，我們對資料進行了精選，而不是有聞必錄。

數學家與數學典籍分典　數學家的傳記是數學史研究的重要方面，然而二十四史中沒有爲數學家立傳（祖冲之、李冶分别以文學、名臣而不是以數學家的身份入二十四史）。數學典籍是數學思想、數學方法和數學成就的主要載體。本分典按漢至唐數學家和著作、宋元數學家和著作、明代數學家和著作、明末至清前期數學家和著作、清中期數學家和著作、清後期數學家和著作彙集歷代典籍中數學家的傳記資料，以及對數學典籍的記述和論述。

每個分典又按專題或數學分支分成若干總部，每個總部之下設若干部，必要時在部下設若干分部，甚至在分部設若干小標題，以使讀者掌握各個專題、分支的原始文獻，並由此瞭解清末以前數學的概貌。

由吴文俊、任繼愈、席澤宗三位大師推薦，我主持《中華大典·數學典》的編纂，勉爲其難。好在有郭世榮、馮立昇和各位同仁的鼎力相助，在《數學典》立項第十年之時，完成了編纂。在《數學典》即將付梓之時，我們特别懷念李儼、錢寶琮、任繼愈、嚴敦傑、席澤宗、李迪等先生。李儼、錢寶琮是中國數學史學科的奠基人，他們開闢草萊，篳路襤褸的著述使我們能够從横觀上把握中國數學史的發展歷程。李儼的中算藏書，海内外獨步，去世時贈中國科學院中國自然科學史研究室（今自然科學史研究所）圖書館，爲我們的編纂提供了得天獨厚的條件。嚴敦傑、李迪是中國數學史事業的主要繼承者，李儼的藏書主要是嚴敦傑帮助採購的，李迪桃李滿天下，《數學典》的大半編纂者是李迪門下或再傳弟子。著名學者、《中華大典》總主编任繼愈、副主编席澤宗生前不斷親自指導《數學典》的編纂，經常耳提面命。特别要感謝當代中國數學泰斗、《中華大典》副主編、《數學典》名譽主編吴文俊先生，他四十年來一直倡導支持中國數學史研究，十年來一直關心《數學典》的編纂。感謝中國科學院基礎局、規劃局和自然科學史研究所、内蒙古師範大學、清華大學等高等院校及其圖書館、國家圖書館，它們爲《數學典》的編纂提供了良好的工作條件和豐富的數學典籍。感謝數學史界同仁，他們近四十餘年在數學史園地的辛勤耕耘，使「文革」前研究基礎最爲堅實的中國數學史學科度過了因「文革」十年和中國數學史已成爲「貧礦」的迷信而造成的低潮，焕發出青春，在先秦和秦漢數學簡牘、《九章筭術》及其劉徽注、宋元數學、明清數學、中日中韓數學交流等領域取得了豐碩成果，爲《數學典》的編纂打下了良好的基礎。感謝國家出版基金委和中國科學院提供了必要的經費，感謝中華大典工作委員會及其辦公室的領導，感謝山東教育出版社，他們爲《數學典》的編纂出版盡心竭力，保證了《數學典》編纂工作的順利進行。當然，更要感謝參加編纂工作的各位先生，他們都具有碩士、博士學位，都是中國數學史學科的科研骨干或學術帶頭人，並承担繁重的科研和教學任務，有的還是教學和科研單位的領導或有的單位的領導幹部，在繁重的科研、教學和日常工作之暇，妥善安排，圓滿完成了編纂工作。

由於清末以前的數學典籍卷帙浩繁，有許多著作，尤其是某些明清典籍，尚未深入、系統研究，加之我們自己的水平有限，儘管廢寢忘食，全力以赴，仍不免有缺憾和不足，懇請方家和廣大讀者不吝指正，則不勝感激之至。

郭書春

乙未　羊年春節　於北京華嚴北里寓所

《中華大典·數學典》總目

主編　郭書春

中華大典·數學典

中國傳統算法分典

《數學典·中國傳統算法分典》編纂委員會

主　編：郭書春

編　委：（按姓氏拼音爲序）

段耀勇　郭書春　劉　飛　劉建軍

劉芹英　吕興焕　牛　騰　徐澤林

楊　楠　姚　芳　鄭振初　周　暢

《數學典·中國傳統算法分典》編纂説明

數學在中國古代常稱爲「算術」，也稱爲「算學」「算法」「數學」「數術」等。不過後二者有時含有象數學的内容。我們這裏所講的當然是現代意義上的「數學」。實際上，中國傳統數學著作的主流都屬於這個範疇，反映中國古代主要數學成就的著作幾乎沒有象數學的内容。

清末以前到底產生過多少數學著作，無法精確統計，有人估計現存近二千種，不過，其中絶大多數產生於明清時期，尤其是清中葉之後，而且其中相當多的是關於西算或會通中西算法的著作，純粹的中算著作並不多。而現存元末以前的數學著作僅二十餘部。但是，就是這二十餘部著作使數學成爲中國古代最爲發達的基礎學科之一，取得了若干具有世界意義的輝煌成就，自公元前三世紀古希臘數學衰微前後到十四世紀初領先於世界先進水平約一千七百餘年，是此時世界數學發展的主流。十四世紀中葉之後，中國數學急劇衰落，遂失去了數學強國的地位，並且與世界先進水平的差距越來越大。明末（十六世紀末）西方數學傳入中國，經歷了三百餘年的中西會通，中國傳統數學在上世紀初中斷，融入了統一的世界數學。

反映中國古代數學主要成就的數學典籍都流傳了七百年以上，有的甚至流傳了二千餘年。衆所周知，流傳愈久的著作，積澱愈多。比如劉徽的《九章筭術注》，根據劉徽的自述「采其所見，爲之作注」，表明它既含有劉徽的數學創造，也含有前人的甚至《九章筭術》成書時代的思想和方法。鑒於這些注都是劉徽寫的，而且區分哪些是「采其所見」者哪些是劉徽的創造不是《數學典》的任務，對這些内容我們都作爲劉徽注編入。然而對其中明顯有不同的作者而學術界長期有誤解的著作，我們編纂時糾正了以往的成説而標注出準確的作者。比如楊輝的《詳解九章筭法》（一二六一年），自一八四三年郁松年刊刻《宜稼堂叢書》本起，學術界便認爲此書僅含有《九章筭術》本文、劉徽注、李淳風等注釋和楊輝詳解四種内容。然而現存《宜稼堂叢書》本《詳解九章筭法》四卷半九十八道題目中有《九章筭術》本文、劉徽注、李淳風等注釋以外的文字者達九十二道。若全書，當然會更多。這與楊輝説自己只詳解了八十道題目是不可調和的矛盾。因此根據楊輝自述他以魏劉徽注、唐李淳風等注釋、北宋賈憲細草的《九章筭術》爲底本撰此書，可見它含有《九章筭術》本文、劉徽注、李淳風等注釋、賈憲《黄帝九章筭經細草》和楊輝的詳解五部分内容。其中《九章筭術》本文和賈憲《黄帝九章筭經細草》的内容用大字，劉徽注、李淳風等注釋和楊輝詳解用小字。楊輝詳解實際上是爲賈憲細草而作的。這次編纂我們區分了賈憲細草和楊輝詳解的文字。

《中華大典·數學典》共有二個關於算法的分典，本分典彙編自秦漢數學簡牘至明末中國數學著作中的算法，以及明末至清末中西數學會通階段關於傳統算法的論述，包含分數與率，乘除捷算法和珠算，盈不足，面積，體積，句股測望，綫性方程組解法（方程術），列方程方法（天元術）和高次方程組解法（四元術），一元方程解法（開方術），不定問題，垛積招差，極限思想與無窮小分割方法，數學與天文曆法十三個總部。清中葉之後，久已隱没不彰的漢唐宋元數學著作復出，許多掌握了西算的數學家既用中國傳統方法又用西算闡釋這些著作，有些論述不宜割裂，我們只好一併編入本分典。

中國古代數學的分類與現今數學不同。一種方法或問題往往含有現今數學的幾類内容。以今之分類衡量古代數學典籍，其交叉之處不勝枚舉。如《測圓海鏡》（一二四八年）卷二第十四問即最後一問與卷三至卷十二的所有問題，既是句股容圓類問題，又使用天元術，如果兩類都收，勢必造成大量重複，這是不允許的。但只考慮避免重複，又可能造成重大漏編。爲避免選編重複，又不至於漏編，特製定《中國傳統算法分典》算法與成就序列如下：

整數及其四則運算，分數及其四則運算，小數及其四則運算，籌算捷算法，鋪地錦，珠算，率與齊同術，今有術，異乘同除，其率術與返其率術，衰（音 cuī）分術與返衰術，均輸術，算術難題，盈不足諸術及解一般數學問題，多邊形面積，曲邊形面積，曲面形面積，多面體體積，圓體體積，委粟術，商功，句股術，解句股形，句股數組，句股容方，句股容圓，洞淵九容，一次測望，重差，其他測望問題，開方術，賈憲三角，立成釋鎖法，增乘開方法，正負數及正負術，益積術，減縱術，高次方程，正負開方術，天元術，損益術，方程術，方程新術，互乘相消法，四元術的歷史，二元術，三元術，四元術，等差數列，隙積術，垛積術，招差術，五家共井，孫子問題與大衍總數術，其他著作中的同餘方程組解法，百鷄術，割圓術，劉徽原理，開方不盡求微數，圓周率，弧田密率，祖暅之原理，會圓術，弧矢割圓，數學與天文曆法，數學與地圖。

編纂時就後不就前。就是説，同一段落的文獻，若含有幾種内容，便編入後面的，就不編入前面的。這裏的順序主要是爲了編纂時避免重複，個人隨意性較大，並不意味着排在後面的一定比前面的成就高。

兹將各總部主編提供的内容介紹如下：

分數與率總部　分數和率是中國傳統算法的基礎。該總部包括分數、率與比例算法、衰分三個部。

分數部包括分數概論、分數約簡、分數加減法、平均分數、分數乘除法、分數混合運算六個分部。

我們的先民使用分數比埃及等地晚，但懂得任意分數的運算卻比其他文化傳統早。劉徽《九章筭術注》指出了分數的兩個來源，一是「物之數量，不可悉全，必以分言之」，二是分數除法不一定能整除，「法實相推，動有參差」，便産生了分數。根據《孫子筭經》關於整數乘除法的記載，一個分數記爲二行，上爲分子，下爲分母。带分數則記爲三行，上爲整数部分，中爲分子，下爲分母。特別是，劉徽在將率概念上陞到理論的高度之後，將分數的分子和分母看成一組率關係，與現代數學對分數的定義不謀而合。

秦漢數學簡牘和《九章筭術》都提出了完整的抽象而嚴謹的分數四則運算法則，在世界數學史上是最早的。約簡分數的法則古代稱爲約分術，其求最大公約數（稱爲等數）的方法「以少減多，更相減損」與現今的輾轉相除的方法異曲同工。分數加法法則稱爲合分術，分數減法法則稱爲減分術。設兩個分數是$\frac{a}{b}$、$\frac{c}{d}$，加減法的方法就是計算$\frac{a}{b} \pm \frac{c}{d} = \frac{ad}{bd} \pm \frac{bc}{bd} = \frac{ad \pm bc}{bd}$，然後約簡得到答案。比較分數大小的方法稱爲課分術，其程序與減分術基本相同。明代之後的著作常將兩者合爲一術，或將減分術稱作課分術。求幾個分數平均值的方法稱作平分術。乘法法則稱爲乘分術，其方法就是$\frac{a}{b} \times \frac{c}{d} = \frac{ac}{bd}$。這些方法與現今的法則没有甚麽區别。除法法則稱爲經分術或徑分術，要先將分母通分，使分子相除，即$\frac{a}{b} \div \frac{c}{d} = \frac{ad}{bd} \div \frac{cb}{bd} = \frac{ad}{cb}$。不過在漢簡《筭數書》中已有將除數顛倒與被除數相乘的例題。這些運算實際上都歸結爲整數除法。被除數稱爲「實」，因爲中國古代數學源於實際應用，被分割的都是實在東西的數量。除數稱爲「法」，「法」是標準的意思，除法實際上是用同一個標準數量分割某一實在的數量，故名。除法的過程稱爲「實如法而一」或「實如法得一斤（或其他單位）」，就是「實」中有與「法」相等的部分，就得一，那麽有幾個「法」，就得幾。對抽象性的算法常作「實如法而一」，而對演算細草常作「實如法得一斤（或其他單位）」。

分數加法、減法、比較大小的方法、除法或求平均值的方法，都要首先做通分，即先將衆分母相乘，求出公分母，這個過程稱爲「同」，如劉徽所説「同者，相與通同共一母也」。再將分子擴大與分母相同的倍數，以保持各個分數值不變，這個過程稱爲「齊」，如劉徽所説「齊者，子與母齊，勢不可失本數也」。這就是齊同原理。

率與比例算法部包括率與比例概論、比例（異乘同除）、同乘同除、重今有、反比例算法（同乘異除）、貴賤率六個分部。

先秦《墨子》《孟子》等典籍及秦漢數學簡牘、《周髀筭經》《九章筭術》等數學著作的運算中就使用了率概念。劉徽明確給出了率的定義：「凡數相與者謂之率。」提出了相與率的概念，没有等數的率關係就是相與率。在數學運算中通常使用相與率。中国古代没有互素的概念，相與率的提出和使用在一定程度上彌補了這一不足。劉徽還給出了率的性質：「凡所得率知，細則俱細，麁則俱麁，兩數相抱而已。」（知訓者）即同一率關係中各個量擴大（或縮小）同一倍數，率關係不變。劉徽又提出了率的三種等量變换：「乘以散之，約以聚之，齊同以通之，此其筭之綱紀乎。」就是説，通過齊同原理，率成爲運算的綱紀。劉徽認爲，「凡九數以爲篇名，可以廣施諸率」。實際上，劉徽將《九章筭術》的許多術文及二百四十六個題目中的一百多個歸結爲率的運算。

率的理論和思想對當前中小學數學教材的改革仍有啓迪作用。

數學上的率最早而且用得最多的是與人們生活最爲密切的穀物交换，爲此人們總結了穀物互换的比率，稱爲「粟米之法」，秦漢數學簡牘中有許多片段，而以《九章筭術》粟米章最爲完整。

比例算法是利用率的運算中最重要的方法，古代稱爲今有術。它最先見之於《九章筭術》卷二。這是已知所有數 **A**、所有率 a、所求率 b，則所求數 $B=Ab\div a$。這種方法後來在西方稱爲三率法。在秦漢數學簡牘和《九章筭術》中，今有術最先主要用於粟米互换。劉徽指出，今有術是「都術」即普遍方法。對任何數學問題，凡是能找出其中的率關係，利用齊同原理，則都可以歸結到今有術，因此它可以用來解决其他問題。由於所求率與所有數是異類，用來相乘，而所有率與所有數是同類，用來相除，所以宋代之後又稱爲「異乘同除」。

如果兩次應用今有術，亦即兩次應用異乘同除，刘徽稱之爲重今有術，後來又稱爲重測法、同乘同除，或者併乘除法。對這種情况，劉徽等數學家常應用齊同原理，使諸率悉通，直接應用今有術。

與比例算法的異乘同除相反的是同乘異除，就是今之反比例算法，古代又稱爲變測法。

此外還有異乘同乘，即併乘法，以及異除同除，即併除法。

貴賤率在《九章筭術》中稱爲其率術，是出錢買物，欲其貴賤（大小）率之。這本來是一種不定算法，但由於實際問題中求貴賤或大小相差一，成了定解問題。設出錢 **A**、買物 B，$A>B$，貴物單價 a、買物 m，賤物單價 b、買物 n，其率術就是求滿足 $m+n=B$，$ma+nb=A$，$a-b=1$ 的正整數解 m、n、a、b。其方法就是：$A\div B=b+\frac{m}{B}$，$a=b+1$，$n=B-m$。若 $A<B$ 則就是反其率問題，求滿足 $m+n=B$，$\frac{m}{a}+\frac{n}{b}=A$，$a-b=1$ 的正整數解 m、n、a、b 其方法就是：$B\div A=b+\frac{p}{B}$，餘實 p 就是1錢買 $a=b+1$ 個的錢數，餘法 $B-p$ 就是1錢買 b 個的錢數。那麽 $m=ap$ 就是1錢買多的數量，$n=b(B-p)$

就是1錢買少的數量。

衰分部包括衰分術、均輸、返衰術三個分部。

衰分亦稱差分。衰、差同義，都是等級、次第的意思。秦簡《數》《筭書》、漢簡《筭數書》《九章筭術》都有衰分問題，就是按比例分配的方法。《九章筭術》提出抽象的衰分術。設按比率 a_i，$i=1, 2, 3\cdots n$ 分配 A，諸 a_i 稱爲列衰，首先計算 $\sum_{i=1}^{n}a_i$ 作爲法，Aa_i 作爲實，則分出的各部分爲 $A_i=Aa_i\div\sum_{i=1}^{n}a_i$，$i=1, 2, 3\cdots n$。劉徽將衰分術歸結爲今有術：$A$ 爲所有數，a_i 爲所求率，$i=1, 2, 3\cdots n$，$\sum_{i=1}^{n}a_i$ 爲所有率。衰分術是大節目，應用於人們日常生產生活的各個方面的各種不同的情形，後來的著作將其分爲各種不同名目的差分。

均輸的本義是均運。官府爲了維持財政開支，需要向各地徵調糧食、絲帛，爲了修建水利工程及宫室、防禦工事等，需要向各地徵調民夫，爲了戍邊，需要向各地徵調兵卒等。可是各地的人口户數，到目的地的距離、行道日數、物價、工價、運價以及空重車的日行里數等都不同，爲使各地每人、每户的勞費均等，必須由這些因素計算出列衰，再應用衰分術求解。

如果按列衰的倒數進行分配，就是返衰術。設列衰爲 a_i，$i=1, 2, 3\cdots n$。根據《九章筭術》的返衰術，分出的各部分爲

$$A_i=(Aa_1a_2\cdots a_{i-1}a_{i+1}\cdots a_n)\div\sum_{j=1}^{n}a_1a_2\cdots a_{j-1}a_{j+1}\cdots a_n,\ i=1, 2, \cdots, n。$$

籌算捷算法和珠算總部　籌算乘除捷算法不僅在唐中葉至宋元期間簡化了運算，方便了人們的生產生活活動，而且導致珠算和珠算盤的誕生，並逐步取代了籌算，完成了中國計算工具的改革。明代又有寫算。因此，本總部包括籌算乘除捷算法、珠算、寫算三個部。

然而學術界對珠算產生的時代一直爭論不休，至今沒有定論。劉勝年繪的《茗園賭市圖》中有一珠算盤，算珠、檔都清晰可見，因此説珠算最遲産生於宋代，是不會錯的。同時，任何新生事物被主流社會認可、接受並取代舊事物，需要經過曲折甚至漫長的歷程。珠算產生之後在很長一段時間中與籌算並存，並且主要只在民間流傳，數學著作中並沒有使用。對明代數學著作到底哪些是籌算著作哪些是珠算著作，中國數學史界和珠算界也是異見紛呈。有人主張吴敬的《九章筭法比類大全》（一四五〇年）已完全使用珠算，《中國科學技術史·數學卷》認爲《九章筭法比類大全》和《筭學寶鑒》（一五二二年）都是籌珠並用

的著作。不過，徐心魯的《盤珠筭法》（一五七三年）、柯尚遷的《數學通軌》（一五七八年）已廢止籌算，完全使用珠算，在學術界是没有異議的。

籌算乘除捷算法部包括乘除法和捷算法兩個分部。中國古代數學典籍罕見對整數加減法的闡述。一九八三年底以來發現的秦漢數學簡牘亦只有九九乘法表，它們以及《九章筭術》並無完整的整數乘除法則，當然認爲這些法則已經是常識。在現存文獻中整數乘除法則最先記載在《孫子筭經》中。明代以前對相乘的兩數没有區分乘數與被乘數。乘法分三行布算，相乘兩數分别置於上下行，積置於中行。自高位到低位依次相乘，在中行相加，得出乘積。除法與乘法相反，被除數置於中行，除數置於下行，商置於上行。

劉徽主張數學運算要「易簡用之」。北宋沈括（一〇三一—一〇九五）説：「算術不患多學，見簡即用，見繁即變，不膠一法，乃爲通術也。」這概括了人們簡化算法的指導思想。人們對籌算乘除法的改進主要在兩個方面，一是化三行布算爲一行布算，一是化乘除爲加減。主要方法有：重因法、以加減代乘除、求一法、留頭乘法與九歸、歸除等。

重因法就是將一個多位數乘數分解成幾個個位數之積，從而將多位數乘法化爲個位數乘法，便可以由三行布算變爲在一行内完成。它可以追溯到《孫子筭經》，其卷下一問要乘三斤八兩，便將其化成乘十乘四，將三行布算變成一行布算。重因法在唐中葉更趨高潮，唐贋本《夏侯陽筭經》和宋《楊輝筭法》更有所改進。

「身外加減法」包括身外加法和身外減法兩種内容，是唐中葉以來人們創造的用加減代替乘除的方法。例如《夏侯陽筭經》卷下有一問是求二四五四匹乘一貫七〇〇文，便佈置二四五四匹，「七添之，退位一等」。楊輝在《乘除通變本末》卷中發展總結了這些方法，提出加法五術：加一位、加二位、重加、加隔位、連身加。比如當乘數爲11、12、13…19時，便使用身外加一位法。

然而在實際問題中，乘數或除數的首位不一定是「一」，人們便創造了將其首位化爲「一」的「求一法」。唐宋元時期出現了許多關於求一法的著作，可惜大都失傳了。

留頭乘法亦稱「穿心乘」，是元代創造的三位以上乘數的一種乘法，因將乘數首位留至最後再與被乘數相乘，故名。初見於朱世傑《筭學啓蒙》卷上（一二九九年）。

一位除法稱爲「歸」，「九歸」就是從一至九的一位除數的除法。如果被除數的首位是一，用九除時只需在下位加一，用八除加二，用七除加三，依此類推。楊輝在《乘除通變本末》卷中總結出「九歸新括」。朱世傑《筭學啓蒙・總括》的九歸口訣與現今使用的珠算口訣基本一致。

歸除是元代在九歸與減法基礎上發展起來的兩位以上的除數的除法口訣，何平子的《詳明算法》有歸除細草。其法以除數首位對齊被除數首位，通過九歸口訣，得出商數。隨即將商數與除數首位以後各數的乘積，從被除數中減去，如是逐位進行，直到被除數減盡或商數滿足要求的位數爲止。運用歸除可不經估計而直接求得商數。

除法中被除數與除數首位相同，而商數與除數首位之下各數乘積大於被除數首位之下的數值，須用撞歸。《丁巨算法》提出撞歸法。《算法全能集》和《詳明算法》都有撞歸口訣。

隨着各種籌算乘除捷算法的不斷完善，人們利用漢語單音字的特點及詩詞傳統，將乘除捷算法編成歌訣、詩詞，便於記憶、流傳。歌訣的流傳帶來它賴以産生的籌算不可克服的矛盾：口念歌訣很快，而手擺弄算籌很慢，得心無法應手。東漢末年徐岳《數術記遺》中的珠算提供了新的計算工具的軀殼，珠算盤在宋元時期應運而生。籌算的大部分乘除捷算法及其口訣自然被移植到珠算中，並進一步發展。珠算部彙編了漢以及明清時期數學著作中有關珠算的文獻資料，包括珠算加減法、珠算乘法、珠算除法三個分部。不過珠算開方法將編入開方術總部。

宋代之前未見筆算的記載，秦九韶（一二〇八—約一二六一）《數書九章》（一二四七年）、李冶（一一九二—一二七九）《測圓海鏡》的許多算草實際上是筆算。明代從阿拉伯地區傳入了一種寫算，又稱爲鋪地錦。

以上編爲本分典第一册。

盈不足總部　盈不足術即今之盈虧類問題解法。盈不足又稱爲盈朒，是中國古代「九數」之一，當産生於先秦。秦簡《數》《筭書》、漢簡《筭數書》都有盈不足問題，《九章筭術》則提出了完整抽象的盈不足術，它實際上包括盈不足術及其其一術，兩盈、兩不足術及其其一術，盈適足、不足適足術五種術文，還有它們在一般數學問題中的應用。因此，盈不足總部包括盈不足術，兩盈、兩不足術，盈適足、不足適足術和盈不足術在一般數學問題中的應用四個部。應用部又分綫性問題和非綫性問題兩個分部。

盈不足術的標準例題是今有共買物，人出 a_1 盈 b_1，出 a_2 不足 b_2，求人數、物價。《九章筭術》盈不足術先將所出與盈不足交叉相乘，計算實 $a_1b_2+a_2b_1$ 和法 b_1+b_2，再計算 $|a_1-a_2|$，那麽物價 $=(a_1b_2+a_2b_1)\div|a_1-a_2|$，人數 $=(b_1+b_2)\div|a_1-a_2|$。根據《九章筭術》其一術，物價 $=[(b_1+b_2)\div|a_1-a_2|]\times a_1-b_1=[(b_1+b_2)\div|a_1-a_2|]\times a_2-b_2$。

如果人出a_1盈(或不足)b_1，出a_2盈(或不足)b_2，就是兩盈(或兩不足)問題。根據術文，物價$=|a_1b_2-a_2b_1|\div|a_1-a_2|$，人數$=|b_1-b_2|\div|a_1-a_2|$。若是兩盈，物價$=(|b_1-b_2|\div|a_1-a_2|)\times a_1-b_1$或$(|b_1-b_2|\div|a_1-a_2|)\times a_2-b_2$。若是兩不足，則物價$=(|b_1-b_2|\div|a_1-a_2|)\times a_1+b_1$或$(|b_1-b_2|\div|a_1-a_2|)\times a_2+b_2$。

盈適足、不足適足術由於其中有適足的情形，只有對應於盈不足和兩盈兩不足情形中其一術的術文。設出a_1，盈或不足爲b，出a_2，適足，則根據《九章筭術》術文，人數$=b\div|a_1-a_2|$，物價$=(b\div|a_1-a_2|)\times a_2$。

由於對任何數學問題，隨便假設一個答案，代入原題，都會或多，或少，或恰好三種情形之一，那麽兩次假設，必定化成一個盈不足問題，便可用盈不足術或兩盈兩不足術求解。這兩種術文的第一段都是爲了用来解決一般數學問題而設的。在盈不足術中，《九章筭術》提出以$a_1b_2+a_2b_1$作爲實，以b_1+b_2作爲法，那麽不盈不朒之正數$=\dfrac{a_1b_2+a_2b_1}{b_1+b_2}$。在兩盈兩不足術中，則以$|a_1b_2-a_2b_1|$作爲實，以$|b_1-b_2|$作爲法，那麽不盈不朒之正數$=\dfrac{|a_1b_2-a_2b_1|}{|b_1-b_2|}$。

用盈不足術解决的一般數學問題，如果是綫性的，則會得出答案的精確值。但是如果不是綫性的，則得不出精確解，只能得出解的近似值。當然，中國古代沒有認識到這一點。不過，由於盈不足術實際上是一種綫性插值方法，它對求解一些複雜的不容易計算其實根的方程，仍不失爲一種有效的求解根的近似值的方法。比如，在人們還不懂開方術時，使用盈不足術求解了已知正方形的面積求邊長的問題，達到與開方術異曲同工的目的。現今高等數學中求方程實根的「假借法」或「弦位法」與之一致。

劉徽利用齊同原理論證了盈不足術的正確性。清代數學家又創造了幾何作圖法，利用多邊形的面積公式和幾何性質，直觀地展現了盈不足術的原理，也間接起到了論證盈不足術的作用。華衡芳等還比較了盈不足術與天元術、積較法，不僅加深了人們對盈不足術特點的認識，而且提醒了人們應該根據具體情况靈活運用不同的算法。

錢寶琮、李約瑟等學者認爲中國的盈不足術傳入阿拉伯地區和歐洲，稱爲「雙設法」，在很長的一段時間内成爲解決數學難題的萬能算法。

面積總部　面積總部包括面積概論、多邊形面積、曲綫形面積、雜綫類和宛田四個部。面積問題在中國古代屬於方田類。方田是先秦九數之一，劉徽説它「以御田疇界域」。有一部分面積問題在古代屬於少廣章，劉徽説少廣「以御積冪方圓」。

許多數學著作中有的內容既論多邊形面積，也談曲綫形面積，難以切割，故特設面積概論部。

多邊形面積部包括多邊形概論、三角形、四邊形和其他多邊形四個分部。

多邊形概論分部彙編歷代著述中關於多邊形的綜合性論述。

三角形分部包括句股形、等腰三角形、斜三角形等幾類。但它們的面積公式是相同的。設三角形的面積、底邊和高分別是S、a、h，則$S=\frac{1}{2}ah$，與現今的公式一致。將三角形適當分割，借助出入相補原理，拼合成或者以$\frac{1}{2}a$、h或者以a、$\frac{1}{2}h$爲廣、縱的長方形證明其面積公式。三角形是多邊形分割的最小單元，許多不規則的多邊形，如四不等形，需要分割成若干個三角形求其面積之和解決。句股，明代之後常作「勾股」，今則均作後者，以致今人多不知「句股」爲何物。句股形的句、股、弦互求及其延伸問題，以及句股容方、句股容圓等內容另有句股測望總部彙編，這裏僅編纂其面積問題。等邊三角形的內容很少，它是等腰三角形的特殊情形，不單列。

四邊形分部包括正方形、方環形、長方形、少廣術、抹角田、井田、梭田、梯形、曲尺田與幞頭田、箭翎形與箭筈形、鼓田（三廣形）、四不等形等類。對長方形，《九章筭術》給出「廣從步數相乘得積步」這一既嚴謹普適又抽象的公式。設長方形的面積、廣、縱分別是S、a、b，則$S=ab$。劉徽則給出「凡廣從相乘謂之冪」的定義，並未試圖證明。對有的圖形，比如井田、曲尺田和幞頭田等，將其分割爲若干個長方形，求其面積之和解決之。梯形分邪田（斜田，直角梯形）、箕田，它們的面積公式相同。設梯形的面積、上廣、下廣、高分別是S、a、b、h，則$S=\frac{1}{2}(a+b)h$，將梯形分割爲長方形和三角形，借助出入相補原理，拼合成長方形證明其面積公式。對其他多邊形，則分割爲長方形、三角形、梯形等求其面積之和解決之。然而對四不等形，《五曹筭經》用對邊相加，取其一半，相乘，求其面積。楊輝《田畝比類乘除捷法》指出其非，並對某些特殊的四不等形給出正確的解法。然而明敬的《九章筭法比類大全》仍然因襲《五曹筭經》的錯誤。王文素、周述學、程大位等先後指斥《五曹筭經》和《九章比類》之誤。不過此後，《五曹筭經》之謬種流傳，仍不絕於綫。

少廣術起源很早，秦簡《數》《筭書》和漢簡《筭數書》《九章筭術》中都有，可見在先秦及秦漢時期相當流行。它是已知田具有小廣爲$\left(1+\frac{1}{2}+\frac{1}{3}+\frac{1}{4}+\cdots\frac{1}{n}\right)$步，$n=2, 3, 4\cdots12$，求田一畝，問縱幾何的問題。它不是應用合分術，而是用分母徧乘分母、分子，通過「通而同之」求解。

曲綫形面積部包括曲綫形概論、圓形、圓環形、弧矢形和其他曲綫形五個分部。

曲綫形概論分部彙編歷代典籍中關於曲綫形面積部的綜合性的論述。

圓形分部首先彙編了歷代典籍中給出的八個圓面積公式：已知圓的周長和半徑，則$S=\left(\frac{1}{2}L\right)r$或$S=\frac{1}{2}(rL)$。已知圓的周長和直徑，則$S=\frac{1}{4}(Ld)$。已知圓的直徑，則$S=\frac{3}{4}d^2$。已知圓的半徑，則$S=3r^2$。已知圓的直徑，則$S=\frac{1}{12}L^2$或$S=\frac{1}{13}L^2$或$S=\frac{1}{3}\left(\frac{1}{2}L\right)^2$。其中$S$、$L$、$d$、$r$，分别是圓的面積、周長、直徑和半徑。前三個公式在理論上是正確的，只是問題中的周長、直徑、半徑一般是按周三徑一給出，得不出精確值。而後五個公式的係數是由周三徑一之率導出的，因此本身就是不準確的。後來的注釋者常以徽率(或稱徽術)157|50、密率(實際上是祖冲之的約率)22|7或别的没有科學依據的圓周率近似值修正了這些公式，也一併編入。至於圓周率本身的内容，則編入極限思想與無窮小分割方法總部。圓的面積、周長、直徑、半徑互求，是本分部的另一重要内容，都是上述公式的逆運算，集中以著述出現先後編入求積部分之後。

與圓形一樣，圓環形也有各種求積公式及其面積、周長和徑的互求問題。《九章筭術》給出其面積公式是$S=\frac{1}{2}(L_1+L_2)d$，其中S、L_1、L_2、d分别是圓環的面積、外周長、中周長和徑長(外周與中周半徑之差)。劉徽給出其面積公式是$S=\frac{1}{2}L_2r_2-\frac{1}{2}L_1r_1$，其中$r_1$、$r_2$分别是中周和外周的半徑。車輞形實際上是圓環形。

弧矢形今稱爲弓形，最早見之於《九章筭術》，稱爲弧田。《九章筭術》提出其面積公式是$S=\frac{1}{2}(cv+v^2)$，其中c、v分别是其弦和矢。劉徽證明了這個求積公式「踈闊」。這裏僅收入《九章筭術》的弧田術，而劉徽反駁弧田術的論述及劉徽求弧田密率的方法，編入極限思想與無窮小分割方法總部。沈括的會圓術在中國首次提出求弧矢形弧長近似值的公式是$l=c+\frac{2v^2}{d}$，其中l、d分别是弧長和弧矢形所在圓的直徑，開弧矢割圓之先河。

另外，本分部還彙編牛角田、欖核田、眉田與覆月田、錠田、錠腰形等源於弧矢形的圖形的論述，它們的面積公式都可由弧矢形面積公式導出。

在西算傳入之前，中國傳統數學很少討論與圓有關的圖形之外的其他曲綫形。我們將橢圓形及楓葉形、梳形等圖形歸於其他曲綫形分部。

雜綫類部彙編中國古代數學著述中關於曲綫、直綫相雜的內容，陳世明《數學舉要》稱之爲雜綫形，「乃曲綫中容直綫，直綫內容曲綫」，主要是方中容圓、圓中容方的問題及其各種變形。按《周髀筭經》《九章筭術》等使用的周三徑一之率，正方形與其內切圓、內切圓與其內接正方形的面積之比爲 4∶3∶2。劉徽用他求出的兩個圓周率修正爲 200∶150∶100 或 5000∶3927∶2500。

宛田部是曲面形面積問題，這在很少討論曲面形面積的古代中國是個例外。宛田類似於球冠，不過《九章筭術》的宛田實際上是優球冠。《九章筭術》雖將其稱爲「田」，但顯然不是用於耕種的。劉徽指出《九章筭術》的術文「周徑相乘，四而一」「不驗」，然而劉徽没有給出正確的求法。後來的著述一直沿襲《九章筭術》的錯誤公式。在西算傳入中國之前，中國没有解決這個問題。

體積總部　體積問題在中國古代一般屬於商功類。商功是先秦九數之一，劉徽説它「以御功程積實」。這表明它有兩種內容，一是「功程」，即土方工程的工作量及其分配的計算；一是「積實」，即爲了分配工作量所必須知道的若干立體體積的計算。兩者自然緊密相聯繫，没有「積實」，談不到「功程」。實際上，傳統的商功問題還有第三種內容，就是委粟，仍然是以立體體積計算爲基礎，討論粟米堆的容量。一般説來，工程技术人員和管理人員主要關注工程量的計算與分配，這是「商功」的本義。而對數學工作者來説，則對立體體積公式及計算更感興趣。

自新石器時代末期以來，我們的先民在造宫室、建城池、修水利等工程中就要進行工程量的估算和分配。《呂氏春秋·審分覽·知度》：「大匠之爲宫室也，量大小而知材木矣，訾功丈而知人數矣。」《左傳》記載了兩次建造城池的活動。一次在宣公十一年（公元前五九八年），云楚「令尹蔿艾獵城沂，使封人慮事，以授司徒。量功命日，分財用，平板幹，稱畚築，程土物，議遠邇，略基趾，具餱糧，度有司，事三旬而成，不愆於素。」一次在昭公三十二年（公元前五一一年），云晉「士彌牟營成周，計丈數，揣高卑，度厚薄，仞溝洫，物土方，議遠邇，計徒庸，慮財用，書餱糧，以令役於諸侯，屬役賦丈。」這兩次築城的記載雖未列出算式，但其中可以看出計算、分配相當精準。其中的「程土物」「仞溝洫」「物土方」等必然用到各種立體體積的計算，「分財用」「慮財用」「具餱糧」「議遠邇」「計徒庸」「量功命日」等都是商功問題。

體積總部包括體積概論、多面體體積、圓體體積、商功四個部。由於委粟問題多是圓錐形糧倉，我們將其歸於圓體體積部。

中國古代數學著作大多是綜合性的，即使專門談體積的某段文字，既有關於體積的一般論述，也有對多面體體積的論述，還有對圓體體積的論述。甚至在一句話中，既談到多面體，也談到圓體，難以切割，只好單列體積概論部，彙集這類論述。

多面體體積部包括多面體概論、方體、隄、塹堵陽馬方錐鼈臑、方臺芻甍芻童羨（音 yán）除、其他多面體六個分部。《九章筭術》和秦漢數學簡牘提出了長方體、塹堵、陽馬、鼈臑、方錐、方亭（即方臺）、隄（城、垣、溝、塹、渠同）、芻甍、芻童（盤池、冥谷同）、羨除等十餘種多面體十分抽象的體積公式，都是正確的。設長方體的體積、廣、長、高分别是 V、a、b、h，其體積爲 $V=abh$。沿長方體相對兩棱剖開，就得到兩塹堵。塹堵體積爲$V=\frac{1}{2}abh$。從塹堵的一個頂點到相對的一棱剖開，得到一個陽馬，一個鼈臑。陽馬是直角四棱錐，即高的垂足在其底面的一個頂點上的方錐，是古代建築上的一個構件。陽馬體積爲$V=\frac{1}{3}abh$。四個底面爲正方形的陽馬沿高拚合在一起，就是方錐，其體積公式與陽馬相同。四個底面爲長方形的陽馬沿高拚合在一起，就是楠方錐，又稱爲隨方錐。鼈臑是四面都是句股形的四面體，其體積爲$V=\frac{1}{6}abh$。鼈臑又作鼈臑，它是多面體分割的產物，所以劉徽説「鼈臑之物，不同器用」，是找不到實際應用的。隄是水利設施，在數學上是上下長相等而一底面的廣小於另一底面的廣的六面體。設隄的上下廣分别是 a_1、a_2，袤是 b，高或深是 h，則其體積爲$V=\frac{1}{2}(a_1+a_2)bh$。方臺古代稱爲方亭，其上下底均爲正方形，設上下底的邊長分别是 a_1、a_2，高是 h，其體積公式爲 $V=\frac{1}{3}(a_1^2+a_2^2+a_1a_2)h$。芻甍是形如屋脊的草垛，是一種底面爲長方形而上方只有長，無廣，上長短於下長的楔形體。設芻甍的下廣爲 a、上長爲 b_1、下長爲 b_2、高爲 h，則其體積爲$V=\frac{1}{6}(2b_2+b_1)ah$。劉徽給出芻甍新的體積公式爲$V=\frac{1}{3}a(b_2-b_1)h+\frac{1}{2}ab_1h$。芻童的本義是平頂草垛，其上下底爲平行的長方形而不相等。盤池、冥谷是地下工程，在數學上其形狀與芻童相同。設芻童的上廣、長分别爲 a_1、b_1，下廣、長分别爲 a_2、b_2，高爲 h，則其體積爲$V=\frac{1}{6}[(2b_1+b_2)a_1+(2b_2+b_1)a_2]h$。劉徽給出芻童的另外兩個體積公式爲$V=\frac{1}{3}(a_2-a_1)(b_2-b_1)h+\frac{1}{2}(a_2b_1+a_1b_2)h$，$V=\frac{1}{3}\left[\frac{1}{2}(a_1b_2+a_2b_1)+(a_2b_2+a_1b_1)\right]h$。羨除是一種楔形體，有五個面，其中三個面是等腰梯形，兩個側面是三角形，其長所在的平面與高所在的平面垂直。設羨除的上廣、下廣、末廣、袤、深分別爲a_1、a_2、a_3、b、h，則其體積爲$V=\frac{1}{6}(a_1+a_2+a_3)bh$。它們是使用棊驗法推導出來的，即取可分解成或可拼合成三品棊（即長、寬、高均爲一尺的立方、塹堵、陽馬三種棊）的標準多面體，將其所含三品棊數目增加適當的同一倍數，合成一個或幾個長方體，從而得出該多面體的體積公式。值得指出的是：這一個或幾個長方體的體積恰是要求積的體積公式的各項，説明《九章筭術》時代就是借助於棊驗法從一種特殊情形推導一般性的公式的。因此，一般説來，它只可用來推導標準多面體的情形，而無法用它證明一般尺寸的多面體體積公式。其次，這種方法只要知道長方體體積公式即可，不涉及塹堵、陽馬的體積公式。只是在劉徽用極限思想和無窮小分割方法證明了劉徽原理（見下極限思想與無窮小分割方法總部）之後，將多面體分割成有限個鼈臑、陽馬、塹堵和長方體，求它們的體積之和，才真正證明了多面體體積公式。

圓體體積部包括圓柱體、圓錐圓臺、球三個分部。《九章筭術》和秦漢數學簡牘提出了圓垛壔（即圓柱體）、圓錐、圓亭（即圓臺）等圓體的抽象的體積公式，除因取周三徑一不準確外，都是正確的。圓柱體的體積公式是：設圓柱體的底周長爲L、高爲h，《九章筭術》給出的體積公式爲$V=\frac{1}{12}L^2h$，劉徽將其修正爲$V=\frac{25}{314}L^2h$，李淳風等修正爲$V=\frac{7}{88}L^2h$。《九章筭術》給出的圓錐體積公式爲$V=\frac{1}{36}L^2h$，劉徽修正爲$V=\frac{25}{942}L^2h$，李淳風等修正爲$V=\frac{7}{264}L^2h$。設圓亭的上底周長爲L_1、下底周長爲L_2、高爲h，《九章筭術》給出的體積公式爲$V=\frac{1}{36}(L_1L_2+L_1^2+L_2^2)h$，劉徽將其修正爲$V=\frac{25}{942}(L_1L_2+L_1^2+L_2^2)h$，李淳風等將其修正爲$V=\frac{7}{264}(L_1L_2+L_1^2+L_2^2)h$。設球的直徑爲$d$，《九章筭術》少廣章開立圓術蘊含着球體積公式是$V=\frac{9}{16}d^3$，劉徽指出這個公式是錯誤的。劉徽設計了牟合方蓋，祖冲之之子利用祖暅之原理在此基礎上正確解決了球體積問題（見下極限思想與無窮小分割方法總部）。後來的著作又補充了弧矢體、橢圓臺、球冠、球容切多面體等圓體及量船求積等問題。

商功部包括積功問徒和諸土互求二個分部。積功問徒是已知某土方的體積及不同季節的標準工作量即所謂「某程人功」（常簡稱爲程功），求所需要的人工數，或其變形問題。本分部彙編歷代著述中關於工程量的計算與分配方面的内容。在進行城、垣、隄、溝、塹、渠等土方工程及宫室的建設中，首先要挖土，即所謂「穿地」，使之變成「壤土」或「息土」。而用於建設或建築的時候，要使之變成「堅土」。因此，商功問題必然要有「穿地」「壤土」「堅土」等按一定比率的互求，它們都用今有術求解。三十五來則摘編這類内容。

句股測望總部 句股和測望問題是中國傳統數學的一個重要分支。《周髀算經》記載，西周初年（公元前十一世紀）數學家商高在答周公問時給出了「句廣三，股修四，徑隅五」的命題，陳子答榮方（公元前五世紀）中和《九章算術》都提出了完整的句股定理$\sqrt{a^2+b^2}=c$及其逆運算。

不過根據東漢末大經學家鄭玄引用東漢初鄭衆的《周禮注》，先秦「九數」中第九項不是句股，而是「旁要」，並說「今有句股、重差」，就是說，句股與重差一樣是在漢代才發展起來的。然而秦簡《數》中有一「圓材薶地」問與《九章算術》句股鋸圓材問基本相同而文字古樸，《九章算術》則只有句股而没有旁要。學術界一般認爲，旁要應該含有句股定理，而主要是一次測望問題。《九章算術》在旁要基礎上補充了若干關於句股的應用問題，並將旁要改作句股。

劉徽將《九章算術》的這些應用問題歸結爲已知句、股、弦的某些和差關係，應用句股定理求句、股、弦即所謂解句股形的問題。比如已知句a及股弦差$c-b$，則股$b=\dfrac{a^2-(c-b)^2}{2(c-b)}$，弦$c=\dfrac{a^2+(c-b)^2}{2(c-b)}$。已知句$a$及股弦和$c+b$，則股$b=\dfrac{(c+b)^2-a^2}{c+b}$，弦$c=\dfrac{a^2+(c+b)^2}{2(c+b)}$。已知弦$c$及句股差$b-a$，則$a=\sqrt{\dfrac{c^2-2\left(\dfrac{b-a}{2}\right)^2}{2}}-\dfrac{b-a}{2}$，$b=\sqrt{\dfrac{c^2-2\left(\dfrac{b-a}{2}\right)^2}{2}}+\dfrac{b-a}{2}$。趙爽和劉徽將其簡化爲$a=\dfrac{1}{2}[\sqrt{2c^2-(b-a)^2}-(b-a)]$，$b=\dfrac{1}{2}[\sqrt{2c^2-(b-a)^2}+(b-a)]$。已知句弦差$c-a$，股弦差$c-b$，則$a=\sqrt{2(c-b)(c-a)}+(c-b)$，$b=\sqrt{2(c-b)(c-a)}+(c-a)$，$c=\sqrt{2(c-b)(c-a)}+(c-a)+(c-b)$。《九章算術》時代，人們是利用出入相補原理推導出這些公式的，不過現存最早的記載卻出現在趙爽（漢，一説三國）《周髀算經注》和劉徽《九章算術注》中。句、股、弦的各種和差關係，除去重複的共有十三種，賈憲稱作「句股生變十三名圖」，李冶稱之爲「句股十三率圖」。經後人的逐步探索，共得到近三十個句股恒等式，吴嘉善將其歸結爲「句股和較比例表」。

唐代之後，人們又討論句、股、弦的積和乘冪的關係，得出若干二次及其以上次數的方程。

《九章算術》句股容方、句股容圓二問開中國古代此類研究之先河。《九章算術》給出句股形所容正方形的邊長$d=\dfrac{ab}{a+b}$，句股形所容内切圓的直徑$d=\dfrac{2ab}{a+b+c}$。劉徽《九章算術注》記載了使用出入相補原理推導這兩個公式的方法，又提出了在相似句股形中「句股相與之勢不失本率」的原理，推導它們。清代學者又討論了句股形與正方形的各種相容關係。句股容圓問題在宋金元時期便得到大發展，當時有所謂「洞淵九容」，研究了同一個圓和各種句股形的相切關係，給出了求圓徑的九個公式，明清學者又推進了這一課題的研究。

古希臘數學家一直在探討如何表示出滿足句股定理的所有正整數解，即所謂句股數組，又稱整數句股形。學術界一般認爲大約與劉徽同時代的丢番圖最早給出了句股數組的通解公式。實際上《九章筭術》句股章「二人同所立」等二個問題已經使用了句股數通解公式：設 $(c+a):b=m:n$，則$a:b:c=\frac{1}{2}(m^2-n^2):mn:\frac{1}{2}(m^2+n^2)$。它是由已知句弦和與股求句、股、弦抽象出來的，與丢番圖的公式等價。上述已知弦與句股差求句、股的公式，後來也發展爲句股數組的另一種形式：設 $c:(b-a)=p:q$，則$a:b:c=\frac{1}{2}[\sqrt{2p^2-q^2}-q]:\frac{1}{2}[\sqrt{2p^2-q^2}+q]:p$。秦九韶《數書九章》「遥度圓城」問「以句股差率求之」，就是指利用這一通解公式推導出十次方程。秦九韶以如此簡潔的文字提示推導途徑，説明這是當時數學界的共識。可惜這類著作全部亡佚。西方在近代才得出同一公式。清代數學家陳崧、黄宗憲、劉彝程、崔朝慶、陳志堅等在西算基礎上對整數句股形進行了深入研究。

中國古代測望的主要工具是矩和表。《周髀筭經》周公答榮方問簡述了使用矩測高、望遠、測深的用矩之道，其日高術也是先驗的假設了人到日下的距離，因此它們和《九章筭術》的測望方邑以及因木望山等方法实际上都是端旁互見的一次測望問題。爲了解決可望而不可及的測望问题，人們創造了重差術。所謂重差術是使用了測望數據的二個差，在現存資料中它最先出現在《淮南子》中。而趙爽《周髀筭經》日高圖注和劉徽的《九章筭術注·序》《海島筭經》（公元二六三年）則闡發了重差術。它有重表、連索、累矩三種主要測望方法。《海島筭經》還將重差術推廣到「三望」「四望」。李淳風等的《周髀筭經注釋》提出一種在斜面上測日算法，即斜面重差術。秦九韶《數書九章》卷七「測望類」提出了更爲複雜的測望問題，並改進了測望技術。

北周甄鸞《數術記遺注》有兩個測望問題是借助於構造全等關係將不可及之綫段移至可及之處進行測量。這種方法在《周髀筭經》《九章筭術》等傳統數學著作中沒有見過。

明末西方測望技術傳入中國，數學家們繼續研究測望問題，取得了若干新的成果。

以上編爲本分典第二冊。

綫性方程組解法(方程術)總部　本總部包括方程術、損益、方程術之拓展三個部。

「方程」今稱之爲綫性方程組，「九數」之一，是中國傳統數學的重要科目。它是甚麽時候産生的，尚不清楚，近三十年發現的秦漢數學簡牘中未見方程的内容。現存文獻中它首見之於《九章筭術》卷八《方程》。

一八五九年，李善蘭與傳教士偉烈亞力(A. Wylie)合譯棣麽甘(De Morgen)的《代數學》時，將 equation 譯作「方程」。一八七二年，華蘅芳與傳教士傅蘭雅(J. Fryer)合譯華里司(J. Wallis)的《代數術》時，將 equation 譯作「方程式」。一九三四年，數學名詞委員會確定用「方程(式)」表示 equation，用「綫性方程組」表示中國古代的「方程」。一九五〇年，科學出版社出版的《數學名詞》去掉了「式」字，最終改變了「方程」的含義。

方程的本義是并而程之。方：并也。《説文解字》：「方，并船也。像兩舟，省總頭形。」程：本義是度量名，引申爲事務的標準。《荀子・致仕》：「程者，物之准也。」秦漢數學簡牘和《九章筭術》中「程禾」「程竹」「取程」「程曰」「冬(春、夏、秋)程人功」「程功」「程行」「程粟」等等皆指標準度量。一個數量關係排成有順序的一行，像一枝竹或木棍，幾個數量關係一行行併列起來，恰似一條竹筏或木筏，這正是方程的形狀。因此，劉徽關於方程的定義「羣物總雜，各列有數，總言其實。令每行爲率，二物者再程，三物者三程，皆如物數程之，并列爲行，故謂之方程」完全符合方程的本義。《儀禮・大射禮》：「左右曰方。」鄭玄注：「方，出旁也。」因此李籍的説法也接近本義。自宋以降，直到二〇世紀八九十年代，關於方程的含義多所誤解，比如將「方」理解成方形、方陣、正、比、比方等，將「程」理解成式、運算式等，都是望文生義。

方程按分離係數法自右至左一列列排列，每列自上而下依一定順序排列未知數的係數 a_{ij}, $i=1, 2, 3\cdots n$, $j=1, 2, 3\cdots n$。最下列出「實」即常數項 A_i，如此一个方程就是

$$
\begin{matrix}
a_{11} & a_{21} & \vdots & a_{n1} \\
a_{12} & a_{22} & \vdots & a_{n2} \\
a_{13} & a_{23} & \vdots & a_{n3} \\
\vdots & \vdots & \vdots & \vdots \\
a_{1n} & a_{2n} & \vdots & a_{nn} \\
A_1 & A_2 & \vdots & A_n
\end{matrix}
$$

這相當於現代數學的增廣矩陣。

《九章筭術》提出方程術，劉徽説它是「都術」即普遍方法，但由於方法艱深，只好借助於禾實來闡釋。方程術首先用直除法消元。所謂直除法就是兩行中同一未知數的係數對減，一般是先以右行首項係數與其他行的首項對減，消去它們的首項。再以第二項係數消去第三行至末行的第二項係數，如此繼續下去，直至最後一行剩最下未知數係數及實。然後用類似於今之代入法的方法消元，直至得到每一行只剩一個未知數和實的解矩陣。比如第一問的消元過程的矩陣變換如下：

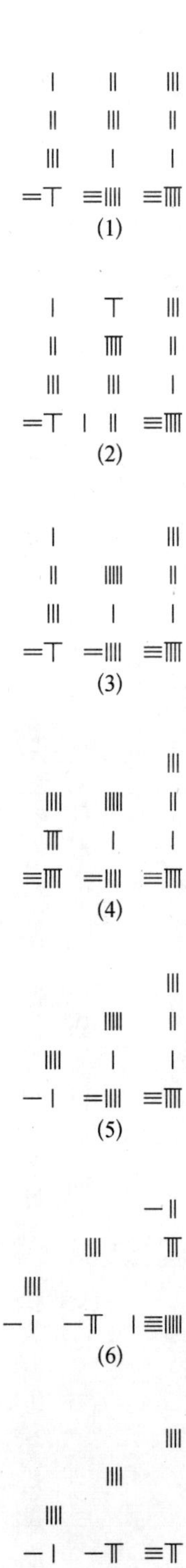

(1) (2) (3) (4) (5) (6) (7)

賈憲還以十分抽象的文字概括了方程術：「術曰：排列逐項問數。命首位物多者爲主，以鄰行數增乘求等。餘物與價亦例乘之，以原多物對減，其餘次第增減，價可爲實，物可爲法而止。以法除之。」

損益是列綫性方程組的方法。因爲有的實際問題没有給出規範的方程組，而只是一些數量關係。怎樣將這些關係化成方程組呢？《九章筭術》在方程章第一問的術文中提出：「損之曰益，益之曰損。」是説關係式一端減損某量，相當於在另一端增益同一量。而在關係式一端增益某量，相當於在另一端減損同一量。雖然《九章筭術》没有賦予其「損益術」之名，但從許多題目的術文聲明「損益之」來看，它與正負術等術文具有同等的地位。損益之説本是先秦哲學家的一種辯證思想。如《周易・損》曰：「損下益上，其道上行。」《老子・四十二章》曰：「物或損之而益，或益之而損。」《九章筭術》借用「損益」這一術語，仍是增減的意思，與《老子》之説十分接近，當然其含義稍有不同。一般認爲，代數「algebra」來自阿拉伯文 al jabr，是因爲花拉子米（Al-Khowârizmî，約 738—約 850）寫了一部代數著作《算法與代數學》(*al Kitāb al mukhahtasar fi hisāb al jabr wa'l muqūbalah*，直譯爲《還原與對消計算概要》)。Al jabr 在阿拉伯文中的意思是「還原」或「移項」，解方程時將負項由一端移到另一端，變成正項，就是「還原」；wa'l muqūbalah 是「對消」，即將兩端相同的項消去或合併同類項。這種思想與《九章筭術》的「損益」方法十分接近。

利用「損益」建立的方程組中有時會有負係數，用直除法消元時也可能以大減小而產生負係數。引入負數是數系的一大擴展。爲此,《九章筭術》方程章提出了正負術:「正負術曰:同名相除,異名相益。正無人負之,負無人正之。其異名相除,同名相益。正無人正之,負無人負之。」這是世界數學史上首次提出正負數加減法則。方程章其他題目凡是要用到正負術的,皆云「以正負術入之」。《九章筭術》没有提出正負數的乘除法則,但是實際上在用直除法和代入法消元時使用了正負數的乘除法。抽象的正負數乘法法則最先出現在朱世傑的《筭學啓蒙》中:「同名相乘爲正,異名相乘爲負。」

劉徽指出方程組中「令每行爲率」,有行向量的概念,進而提出「舉率以相減」不影響方程的解,方程的消元符合齊同原理,因而是合理的。劉徽對方程術的改進主要有二項。第一項是在《九章筭術》牛羊值金問注中創造了「互乘相消法」。遺憾的是這一先進的方法七八百年間未受到人們的重視,直到賈憲《黄帝九章筭經細草》才因題制宜,除使用直除法之外,還使用了互乘相消法。秦九韶《數書九章》廢止了直除法,完全使用互乘相消法。同時,在方程兩行某一未知數的係數有公因子時,他先約簡,再互乘消元,更加簡便。此後中國一直採取互乘相消法解綫性方程組。第二項改進是在雀燕問和麻麥問注中創造了方程新術。這是通過消元,消去實,求出各未知數的相與之率,利用方程的某一行(或等價變換後的行)借助於今有術或衰分術求解。

劉徽在麻麥問注中將方程新術與舊術做了比較,實際上新術的運算步驟要比舊術多,他創造新術的目的在於「廣異法」,啓發人們以不同的思路解決數學問題。劉徽做比較時的「舊術」實際上是將直除法貫徹到底的方法,没有再使用代入法,因而更具有程序化。

明中葉王文素和清初梅文鼎等數學家拓展了方程術及其應用,對算法做了進一步研究。梅文鼎的《方程論》將帶有分數係數的方程分爲帶分、疊脚、重審三種,經過化簡都可以使用互乘相消法。若「行有空」則省算,若「數偶同」則省乘。還包括了方程術在天文測量的應用。

列方程方法(天元術)和多元高次方程組解法(四元術)總部　本總部包括天元術和四元術二個部。

天元術是宋元時期人們創造的設未知數列方程(開方式)的方法。列方程的思想可追溯到《九章筭術》中的二次方程,劉徽注用出入相補原理推導了這個方程。這種方法後來被稱爲演段法。

關於天元術的發展史,由於其早期資料亡佚,許多情况仍然撲朔迷離。祖頤《四元玉鑒後序》(一三〇三年)云:「平水劉汝諧撰《如積釋鎖》,絳人元裕細草之,後人始知有天元也。」可見劉汝諧、元裕是天元術的創造者。此元裕不是李冶的好友元好問,羅士琳因元好問字裕之,誤認爲元裕即元好問。

李治的《敬齋古今黈》卷一記述了天元術早期發展的某些資料。東平一算經以十九字誌其上下層數以表示未知數的次數。後來人們簡化天元術的表示，用「天元」「地元」並借助於位值制分别表示未知數的正冪和負冪，採取天元在上，地元在下的方式。太原彭澤彥材法及《復軌》等書，卻分别用天、地二元表示未知數的正負冪次，並將天元置於下方。但是沙克什源於十三世紀初之前的金都水監本《河防通議》卻只用天元，採取正冪在上，負冪在下，李治《測圓海鏡》亦採用這種方式。可見天元術發展的進程在各位數學家那裏不是同步的。不久，人們又採取正冪在下，負冪在上的方式。這就是李治在《益古演段》(一二五九年)及其後著作所採用的，這是天元式的標準表示方式。天元式記法的演變過程大體如圖一所示。

東平算經	古法	彥材法	《測圓海鏡》	《益古演段》
x^9 仙				
x^8 明	⋮	⋮	⋮	⋮
⋮	x^2	x^{-2}	x^2	x^{-2}
x 天	x 天	x^{-1} 地	x 元	x^{-1}
A 人	A 太	A 太	A	A
x^{-1} 地	x^{-1} 地	x^1 天	x^{-1}	x 元
⋮	x^{-2}	x^2	x^{-2}	x^2
x^{-8} 暗	⋮	⋮	⋮	⋮
x^{-9} 鬼				

圖一

天元術含有兩項必須的内容，一是立天元一爲某某，相當於現今之設未知數某某爲x。二是列出開方式，這就是根據問題的條件，先列出一個天元多項式，寄左。然後再列出一個與「寄左」者等價的天元多項式，作爲「同數」。最後，兩者如積相消，得到一個開方式，即現今之一元方程。

應當指出，天元式是指多項式或單項式，而不是指一元方程(開方式)。自清中葉以來許多著述將開方式稱爲天元式，甚至杜撰出「天元開方式」，說「『天元開方式』就是一元高次方程」，當然是錯誤的。一般說來，在天元術中，經過如積相消，得出的開方式不再標以「太」或「元」。

在使用天元術推導方程的過程中，必然要進行多項式的四則運算。天元式的運算方法與現在的多項式類似。天元式的加減，是同次冪的係數相加或相減。常數乘天元式是用常數乘天元式的各項係數。以天元或天元冪乘除天元式是將其中的「元」字(或「太」字)上下移動一層或數層。兩個天元式相乘，就是用一個天元式的各項分别乘另一天元式的各項，然後合併同類項。多項式除多項式是不能進行的，稱之爲「不受除」，便採用寄分母的方法。而在求另一等價天元式時，以該分母乘之，除之，在如積相消時將其消去。

當時已懂得用一整式同乘分式方程的兩邊將其化爲整式方程的方法。而當方程各項以天元的某次冪爲公因數時，可以約去此公因數，以降低方程的次數。

明代理論數學落後，無人能看懂天元術、四元術和宋元其他重大數學成就，明代數學家顧應祥對天元術「無下手之術」，爲《測圓海鏡》作分類釋術，竟然將天元術盡行刪除。清初西方的借根方法傳入中國，數學家梅瑴成發現借根方法與天元術雷同，人們才重新認識天元術的意義。不過此事成爲西學中源説的例證之一。此後不少人研究天元術，清末劉嶽雲撰《測圓海鏡通釋》，擯棄具體數字，使用一般方法闡述各類問題的解法，葉耀元撰《測圓海鏡解》，採用了近代數學符號。

四元術是二元、三元或四元的高次方程組的表示、建立與求解方法。天元術出現之後，二元術、三元術、四元術相繼出現。祖頤《四元玉鑑後序》説：在天元術產生之後，李德載撰《兩儀羣英集臻》兼有地元，邢先生頌不高第劉大鑑潤夫撰《乾坤括囊》，末僅有人元二問，朱世傑「按天地人物立成四元，以元氣居中」。關於二元、三元的創始著作均已亡佚，唯有朱世傑的《四元玉鑑》（一三〇三年）流傳下來，其卷首所列「四象細草假令之圖」，包括「一氣混元」「兩儀化元」「三才運元」「四象會元」四題，每題各有朱氏原草。據此可知一元方程及二元、三元、四元高次方程組的記法、建立方程組的步驟與四元消法的主要步驟，且可得知由天元式到四元式的演變過程。

若以x、y、z、w分別表示天、地、人、物四元，則四元術的方程組記法如圖二所示。「太」的位置置方程的常數項。

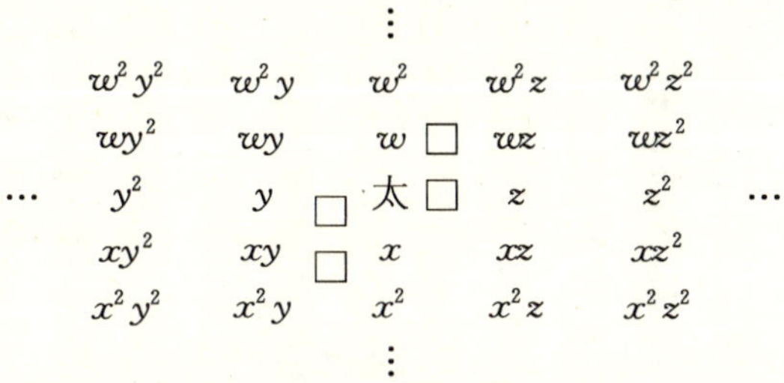

圖二

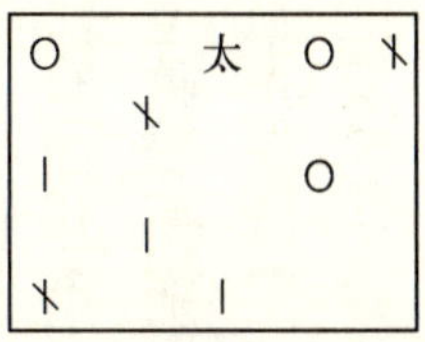

圖三

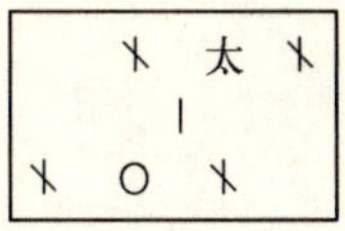

圖四

圖三、圖四分別表示方程： $xy-x^2y-yz+xyz+x^2-z^2=0$， $-xy^2-y+xyz-x-z=0$。

對二元、三元及四元方程組的建立，朱氏原草分別指出「天地配合求之」「三才相配求得」「四象和會求之」，意謂所列方程個數須與所設未知元個數相等。

四元術的關鍵是四元消法，大致分爲「剔而消之」「互隱通分相消」與「内外行相乘相消」等三步。第一步將三元或四元方程組消爲二個二元高次方程組，稱爲前式、後式。第二步將二元高次方程組消爲關於其中某一元爲一次的二元方程組，稱爲左式、右式，第三步將上述二元方程組消爲一元高次方程。最後以正負開方術求其正根。朱世傑「四象細草假令之圖」關於第三步的運算過程有所説明，而於其他兩步均略而不論。因此準確理解四元消法成爲清代研究《四元玉鑒》的難點。沈欽裴、羅士琳、戴煦都著有《四元玉鑒細草》。羅草當時就刊刻行世，影響很大。學術界認爲沈草比羅草更符合朱世傑原意，可惜問世後未能刊刻，一九九三年《中國科學技術典籍通彙・數學卷》影印了一個抄本，得以流傳。戴草只有稿本存世，今存臺灣清華大學歷史研究所。對戴草，至今無人深入研究。此外，李善蘭、陳棠等也對四元術的研究做出了貢獻。

四元術確是中國傳統數學的一項重要成就。由今視之，因受到籌算系統的限制，四元術的記法向五元及其以上發展的可能性不大。互乘對消法導致增根與減根問題亦不可避免。《四元玉鑒》中的三元和四元問題均以句股形設問亦有一定的局限性。

以上編爲本分典第三册。

一元方程解法(開方術)總部 開方今僅指求二項方程的根的運算，而在中國古代則將包括求二項方程在内的所有一元方程的根的運算都稱作開方。這是中國古代最爲發達的數學分支。

本總部包括開方法、增乘開方法、根與係數的關係、珠算開方法四個部。

開方部包括開平方和開立方、開帶縱方、賈憲三角與立成釋鎖、益積術與減縱術四個分部。

《周髀筭經》中陳子論述利用句股定理求人到太陽的距離時提到「開方除之」，但是没有給出開方程序。《九章筭術》卷四少廣章提出十分抽象的開方術(即開平方法)和開立方術，這是世界數學史上第一次闡發多位數的開方程序。以開平方法爲例，其大意是，作四行布算，實(即被開方數)置於第二行，上第一行留作布置「議得」即根，第三行留作布置法，在第四行「借一筭」，實際上將其變成一個二項方程。然後，議得根的第一位數，將其乘借筭作爲法。以法除實，其整数部分恰是該數。然後，借筭消失。爲求第二位得數，再借一筭，重複上面的程序，直到完成開方。可見這裏的「法」「除」都與除法相同，這就是爲甚麽稱之爲「開方除之」。劉徽對開方法做了許多改進，比如將《九章筭術》的以法除實改爲以開方得數的平方減實，求出第一位得數後不再撤去借筭而直接退位以求減根方程。劉徽對開方法做了幾何解釋，將一次項、最高次項分别稱爲方法、隅法，在開立方時將二次項稱爲廉法，此後方、隅、廉等成爲開方術的慣用術語。在開方不盡時劉徽提出繼續開方「求其微數」，以十進分數逼近無理根。

《九章筭術》已有帶一次項係數的二次方程。祖冲之「開差冪、開差立，兼以正負參之」，一般認爲，這是關於負係數方程的求解方法，但由於《綴術》失傳，其詳情不清。王孝通《緝古筭經》能解三次方程，但都是正係數的。他還通過兩次開方解無奇次冪的四次方程。

十一世紀上半葉賈憲總結歷代的開方法，提出立成釋鎖法。釋鎖是以打開一把鎖比喻開方，立成是唐宋时期曆算家計算中使用的某種算表。立成釋鎖法的算表就是賈憲三角。

賈憲三角本名「開方作法本源」，又稱爲「釋鎖求廉本源」。中學數學教科書和許多科普讀物將其稱爲「楊輝三角」，是以訛傳訛。賈憲三角是將整次冪二項式 $(a+b)^n$ $(n=0, 1, 2, 3\cdots)$ 的展開式的係數自上而下擺成的等腰三角形數表。開平方和開立方、開四次方(古代稱爲三乘方)……分别用到一，二，一；一，三，三，一；一，四，六，四，一；……可見借助賈憲三角，人們可以求任意高次方程的數值解，這是一個重大突破。明代數學著作通常將賈憲三角載於卷首，他們都使用傳統開方法。

賈憲三角還是解決高階等差數列求和問題的重要工具。

劉益《議古根源》(十二世紀)創造了「益積術」和「減從術」兩種開方法，求解二次負係數方程，但此書已佚。楊輝在《田畝比類乘除捷法》引用了其中二十餘個題目，說它「實冠前古」。

增乘開方部包括增乘開方、正負開方、之分術、華衡芳的增乘開方法四個分部。

增乘開方法是賈憲在《黄帝九章筭經細草》(十一世紀上半葉)創造的，又稱爲「遞增開方法」，朱世傑稱之爲「梯法開方法」。它是在求出某一位得數後不再直接使用賈憲三角的係數，而是自下而上隨乘隨加，每次低一位而止以求減根方程，達到與使用賈憲三角異曲同工的目的，而更具有程序化和機械化，因而更加整齊簡便。增乘開方法把中國開方術的研究推進到一個新的階段。現今中學數學教科書的綜合除法與此類似。

賈憲之後二百多年的數學著作基本失傳。現存的秦九韶《數書九章》(一二四七年)、李冶《測圓海鏡》《益古演段》、楊輝《詳解九章筭法》、朱世傑《筭學啓蒙》《四元玉鑒》等著作表明，以增乘開方法爲主導的求高次方程正根的方法在當時已經發展到十分完備的境地。秦九韶的正負開方術在中國數學史上首次提出「以方約實」的估根方法，秦九韶、李冶、朱世傑等對開方過程中常數項由負變正，或其絕對值變大等特殊情況都提出了處理方法，在建立開方式時遇到係數是無理數時，進行了有理化處理。

對有時出現無法開方的情況，李冶、朱世傑等便創造之分術，又稱爲連枝同體術。這實際上是進行某種變換，將其化成可以開方的情形。不過二者也有區別：李冶一開始就做變換，朱世傑在求出根的整數部分之後才做變換。

清中葉之後，人們重新認識了增乘開方法，幾乎所有著名的數學家都投入了對秦九韶等開方術的研究。孔廣森對方程重新分類，比如列出了有正根的三次方程的全部十三種情形。談天三友汪萊、李鋭、焦循互相切磋辯詰，討論方程的分類及根與係數的關係，取得很大的成績。汪萊將有一個正根的方程稱爲可知，有多個正根者稱爲不可知，有一正根或多個正根者稱爲可知或不可知。他指出有實根的二次方程和三次方程共二十三個，十六個有正根，無重複無遺漏。其中可知者九個，可知或不可知者一個，不可知者六個。汪萊還給出了方程可知的充分必要條件。李鋭的結論大體相同。汪萊和李鋭經過多次討論，得出方程的根與係數的判別法則：方程係數序列變號一次者有一正根，變號二次者有二正根，變號三次者有三正根或一正根，變號四次者有四正根或二正根。依此類推。這個結論與笛卡兒符號法則相同。李鋭還研究了方程的負根、重根和虛根。

華蘅芳認爲古人「今古開方會要之圖」是「專爲遞開一數而設」，在此基礎上創立了基於「開方諸表」的開方法，且自認爲系古之增乘開方法，其方法儘管不如增乘開方法簡單，却也是一種創見。

由於開方術比較複雜，在珠算用於加減乘除法二三百年後才用於開方。然而哪部著作才開始使用珠算開方，學術界還有爭論。我們採用王文素的《算學寶鑒》既有籌算開方又有珠算開方的觀點。珠算開方部分開平方和開帶縱平方法、開立方和開帶縱立方法、開四乘方及其以上方等分部。

垛積招差總部　垛積術和招差術即高階等差數列求和與高次内插法是中國傳統數學算法中的一個獨具特色的部分。對於等差數列和等比數列，中國古代很早就有研究。《周髀筭經》《九章筭術》和《張丘建筭經》等著作中有許多計算等差數列的例子。以張丘建的論述較完整，說明至遲在五世紀，中國數學已具備了系統的等差數列的理論。若一個數列，每相鄰兩項之差不相等，但其相鄰兩項差的差即二階差均相等，則稱爲二階等差數列；同樣，若其二階差不相等，而其三階差均相等，則稱爲三階等差數列；如此類推。二階及其以上的等差數列通常稱爲高階等差數列。

沈括在《夢溪筆談》中首創「隙積術」，他研究了酒罈、圓球、棋子等物品堆垛成芻童形狀的垛(長方臺垛)，發現不能用《九章筭術》的芻童體積公式求其總數，提出其求積公式：$S=\frac{n}{6}[(2a_1+a_2)b_1+(2a_2+a_1)b_2+(a_2-a_1)]$。其中$a_1$是垛的上底寬、$b_1$是長，$a_2$是下底寬、$b_2$是長，$n$是高的層數，且$a_2-a_1=b_2-b_1=n-1$。因其積中有隙，故名。這是中國古代第一個高階等差數列求和公式。楊輝在《詳解九章筭法》和《筭法通變本末》中，豐富和發展了沈括的隙積術成果，稱爲「垛積術」。朱世傑在《筭學啓蒙》《四元玉鑑》中有一系列重要的高階等差數列求和公式，比如三角垛的一般公式：$\sum_{r=1}^{n}\frac{1}{p!}r(r+1)(r+2)\cdots(r+p-1)=\frac{1}{(p+1)!}n(n+1)(n+2)\cdots(n+p)$。顯然，當$p=1,2,3,4,5$時，便是一系列三角垛的求積公式。《四元玉鑑》中還有以四角垛之積爲一般項的一系列高階等差數列求和問題，以及嵐峰形垛等更複雜的級數求和問題。值得注意的是，對這些公式朱世傑是作爲數學界的共識使用的，可見其創造者未必是朱世傑。

垛積術的創立對中國古代數學影響程度深遠，後續許多學者對其進行了研究，如元代的《透簾細草》，清代汪萊的《衡齋算學》、董祐誠的《堆垛求積術》和華蘅芳的《垛積演較》等著作均有各種垛積公式或相關研究。李善蘭集前人之大成，在垛積術上取得重大突破，在所著《垛積比類》（約一八五九年）中創造了三角自乘垛和乘方垛兩類新的垛積，其中得到三角自乘垛求和公式：$\sum_{r=1}^{n}(C_p^{r+p-1})^2=\sum_{k=0}^{p}(C_k^p)^2C_{2p+1}^{n+(2p-k)}$現在稱之爲「李善蘭恒等式」。

元代天文學家和數學家王恂（一二三五—一二八一年）、郭守敬（一二三一—一三一六）在所編製的《授時曆》（一二八〇年）中，爲精確推算日月五星運行的速度和位置，根據「平、定、立」三差，創用三次差內插公式，這在數學上是重要的創新。朱世傑對於這類插值問題作了更深入的研究。他在《四元玉鑑》中成功地把高階等差數列方面的研究成果運用於內插法，得到了一般的招差公式：$f(n)=n\Delta+\frac{1}{2!}n(n-1)\Delta^2+\frac{1}{3!}n(n-1)(n-2)\Delta^3+\frac{1}{4!}n(n-1)(n-2)(n-3)\Delta^4$。其中，$\Delta$是一次差、$\Delta^2$是二次差、$\Delta^3$是三次差、$\Delta^4$是四次差。

招差術與垛積術密切相關，兩者可以互相推演。朱世傑根據三角垛公式，推導出了一般的內插公式。相反地，利用招差術也可以解決高階等差數列的求和問題。朱世傑《筭學啓蒙》和《四元玉鑑》含有的「垛積術」與「招差術」實際上使垛積招差問題形成了系統。因此，朱世傑的垛積招差術，將宋元數學家在這方面的研究成果推進到了更加完善的地步。

不定問題總部 不定問題（不定分析）的研究是中國數學史上最有獨創性的傑出成就之一，無論從學術源流和理論特色都表現出明顯的繼承性、實用性和發展的不平衡性，有着與西方迥然不同的特點。

中國古代不定問題最早出現在《九章筭術》方程章的「五家共井」問。從現存歷史文獻來看，不定問題上溯西漢，下迄晚清，前後兩千餘年，或行用於曆法，或記述於算書，或流行於民間，世代相傳，長盛不衰。根據中國古代數學對不定問題的關注重心，本總部分成同餘問題、五家共井和百雞問題、調日法三個部。

同餘問題是中國不定分析的主流，其產生於曆法中上元積年的推算，從古六曆起在中國曆法史上綿延近二千年。而在中國古代數學著作中則最早見之於《孫子筭經》的「物不知數」問，因此常將其稱之爲「孫子問題」。秦九韶的《數書九章》提出「大衍總數術」，系統解決了一次同餘方程組解法，近代數學家歐拉(Euler)、高斯(Gauss，1777—1855)才在某些方面達到秦九韶的高度。元代《授時曆》以後取消了上元積年，同餘問題遂在曆法中銷聲匿跡，不過仍以數學遊戲等形式普及於民間和各類算書中，楊輝《續古摘奇筭法》中名曰「翦管術」，周密《志雅堂雜鈔》稱之爲「鬼谷算」或「隔牆算」，明代嚴恭《通原筭法》記述爲「管術」，吴敬《九章筭法比類大全》照錄了楊輝《續古摘奇筭法》關於同餘的四個問題，並補充了一題，王文素《筭學寶鑒》卷二二「翦管」，補充了一些新的内容，周述學《曆宗筭會》將剩餘問題列入「總分」條敘述，程大位《筭法統宗》載「孫子歌」，又名「韓信點兵」，不過都遠遠低於秦九韶的水平。直到十八世紀後半葉古典考證之風興起，同餘問題才又被重新發掘出來，張敦仁的《求一算術》、時曰醇的《求一術指》、黄宗憲的《求一術通解》等是這一研究的系統總結，取得了超過秦九韶的成果。然而此後直到二十世紀八十年代人們將秦九韶的一次同餘方程組解法稱爲「求一術」，則是誤解。秦九韶的解法是「大衍總數術」，「大衍求一術」儘管是其核心，卻不是其全部。清末傳教士將《孫子筭經》「物不知數」解法傳到西方，被稱爲「中國剩餘定理」，不過這未必是對中國古代數學的褒獎。

與同餘問題平行發展的關於不定問題的研究基本上是圍繞兩個問題展開的：一是算書中的百雞類問題，另一個是曆法中已知日法求强弱二數。

在現存文獻中，百雞問題最早見之於大約公元五世紀成書的《张丘建筭經》，並給出了全部的三組正整數解，數學史家稱解此類問題的方法爲「百雞術」。此後千年間許多著述涉及這個問題，如北周《數術記遺注》，宋代《謝察微筭經》《續古摘奇筭法》、明代《九章筭法比類大全》等都有百雞問題，但未能在張丘建的基礎上有所推進，甚至只給出了一組解。王文素《筭學寶鑒》重新研究了百雞問題，取得了新的成果。從十七世紀後半期到十九世紀中葉李長茂《筭海説詳》、方中通《數度衍》、杜知耕《數學鑰》、焦循《加減乘除釋》、許桂林《算牖》、駱騰鳳《藝遊錄》、丁取忠《數學拾遺》等都研究了這個問題。一八六一年時曰醇撰成《百雞術衍》，推廣了百雞問題及其算法，創造了「三色差分」「四色差分」之術，使處理百雞類問題的方法趨於系統和完整。

求強弱數的問題產生於調日法的應用。據周琮《明天曆》，調日法爲何承天（約公元五世紀）所創。《宋史·律曆志》稱：「自後治曆者莫不因承天法累強弱之數。」秦九韶《數書九章》卷三「治曆演紀」題給出了調日法在制曆中結合曆元推算應用的實例。李鋭《日法朔餘強弱考》中，「爰列《開元占經》《授時術議》所載五十一家日法朔餘之數，一一考其強弱」，並在此基礎上解釋何承天的「調日法」，其「求強弱之法」是現存中國歷史文獻中用求一術解此問題的最早記載。顧觀光《日法朔餘強弱考補》中，提出了一種「輾轉相減得強弱數」的算法。

十八世紀末以後，中國不定問題的研究將百雞問題與同餘問題結合起來，用「求一術」給出了它的一般解法，使調日法、同餘問題、百雞術和更相減損等中國傳統數學方法達到了珠聯璧合的程度。

極限思想與無窮小分割方法總部　極限思想與無窮小分割方法在中國傳統數學中占的分量並不多，卻十分重要。可以説，這是中國傳統數學的最高成就。本總部包括割圓術、劉徽原理、祖暅之原理和球體積三個部。

割圓術部包括圓面積公式的證明、圓周率、弧田密率三個分部。割圓術是二〇世紀七〇年代末以前中國數學史人們着墨最多的課題，也認識到劉徽的割圓術中有極限思想，可是人們對其中關於無窮小分割的論述卻視而不見，而將其中的極限過程看成是爲了求圓周率，不知道割圓術首先是爲了證明《九章筭術》的圓面積公式「半周半徑相乘得積步」，也不知道求圓周率只是極限思想在近似計算中的應用，實際上劉徽求圓周率的程序中是没有極限過程的。

早在古希臘就有割圓的方法，並在十七世紀被賦予「窮竭法」之名。這個不恰當的名稱給人以古希臘數學使用了極限方法的臆想，並在許多科普讀物中廣泛流傳。實際上，公元前五世紀的安提豐在解決數學三大難題之一化圓爲方時，最先提出邊數不斷增加的圓內接正多邊形逼近圓面積的思想。但是，他並沒有把圓看成圓內接正多邊形序列的極限。後來，布賴索（約公元前四五〇年）又作圓外切多邊形序列，認爲圓面積就是圓內接多邊形與外切多邊形面積的平均值。這一思想後來被歐多克斯（約公元前四〇八—前三五五）和阿基米德（公元前二八七—前二一二）所發展。但是，由於古希臘學者無法解決實無窮和潛無窮的爭論，便不得不將無窮和無窮小排斥在推理和證明之外。在他們看來，圓內接正多邊形可以接近圓，要多麽接近就多麽接近，可是永遠不能成爲圓，總還有一個剩餘的量，他們從未將取極限的步驟進行到無窮。因此，阿基米德等偉大的數學家儘管解決了若干非常複雜的求積問題，但是，他們在繼續若干次分割之後，不是用極限思想，而是用雙重歸謬法，證明某一要求積的面積或體積既不能大於也不能小於某一數值，來解決求積問題的。而中國三世紀的劉徽則是明確用極限思想和無窮小分割方法證明了數學命題。他後來居上，其極限思想之明晰，無窮小分割方法之深刻超過了古希臘的同類思想。

對《九章筭術》的圓面積公式「半周半徑相乘得積步」，《九章筭術》到劉徽以前是以圓内接正六邊形周長代替圓周長，以圓内接正十二邊形面積代替圓面積，用出入相補原理推導的，實際上並没有證明該公式。劉徽則另辟蹊徑。他從圓内接六觚即正六邊形開始割圓，「割之又割，以至於不可割，則與圓周合體而無所失矣」。設圓面積爲S，第n次分割得到的圓内接正$6\cdot 2^n$邊形的面積爲S_n，則$S_n < S$。可是到不可割的地步，就有$\lim\limits_{n\to\infty} S_n = S$。另一方面，圓内接正多邊形的邊心距與圓周之間有一個差，劉徽稱爲餘徑。以餘徑乘每邊長，加到該正多邊形上，則大於圓面積，即$S_n + 2(S_{n+1} - S_n) > S$。然而當割圓割到不可割的地步時，「表無餘徑，則冪不外出矣」，即$\lim\limits_{n\to\infty}[S_n + 2(S_{n+1} - S_n)] = S$。這就證明了圓面積的下界序列和上界序列的極限都是圓面積。最後，劉徽將與圓周合體的正多邊形分割成無窮多個以邊長爲底、以圓半徑爲高的小等腰三角形。以邊長乘圓半徑等於一個小等腰三角形面積的二倍，所謂「觚而裁之，每輒自倍」。求所有這些小等腰三角形的面積之和，就是圓面積，它恰恰等於圓半周乘半徑，所以劉徽説「故以半周乘半徑而爲圓冪」，完成了《九章筭術》圓面積公式的證明。

但是《九章筭術》的例題中的周、徑都是根據周三徑一給出的，而劉徽指出「此以周徑，謂至然之數，非周三徑一之率也」。他要求這個至然之數，便創造了計算圓周率近似值的程序。劉徽從直徑爲二尺的圓内接正六邊形開始割圓，利用句股定理、開方術以及開方不盡求微數，算出正六、一二、二四、四八邊形的邊長、邊心距、餘徑，及九六、一九二邊形的面積，取314寸^{2}作爲圓面積的近似值。將其代入剛剛證明過的《九章筭術》的圓面積公式，求出圓周長$L\approx 6$尺2寸8分。將直徑與周長相約，就得到圓周長和直徑的相與之率157∶50，相當於$\pi=\frac{157}{50}$。很明顯，這裏没有極限過程。而由於没有認識到劉徽首先是爲了證明《九章筭術》的圓面積公式，上世紀七〇年代末以前所有論述劉徽求圓周率的程序的著述在求出圓面積近似值之後都背離了劉徽注。

這裏還收入《隋書·律曆志》關於祖冲之對圓周率計算的貢獻，以及歷代所使用的各種圓周率值。可以看出，直到清代，有人對圓周率的認識還低於劉徽、祖冲之的水平。

劉徽關於弧田密率的求法也是一種割圓，同樣也没有極限過程。

劉徽原理是劉徽多面體體積理論的核心。一個長方體所分割出來的三個陽馬不全等，六個鼈腝既不三三全等，也不兩兩對稱，用棊驗法無法推導陽馬和鼈臑的體積公式，所謂「鼈臑殊形，陽馬異體。然陽馬異體，則不可純合，不純合，則難爲之矣」。爲了解决這個難題，劉徽提出：斜解一個壍堵，「其一爲陽馬，一爲鼈臑。陽馬居二，鼈臑居一，不易之率也」。記陽馬體積爲 $V_{陽馬}$、鼈臑體積爲 $V_{鼈臑}$，此即 $V_{陽馬}:V_{鼈臑}=2:1$。吴文俊將其稱爲劉徽原理。如果證明了劉徽原理，那末由壍堵的體積公式，陽馬和鼈臑的體積公式是不言而喻的。可能受手頭棊的限制，劉徽在這裏仍然使用了長、廣、高爲一尺的棊。可是劉徽指出，這些論述完全適用於一般情形。劉徽將由兩個小壍堵、兩個小鼈臑合成的鼈臑與由一個小長方體、兩個小壍堵、兩個小陽馬合成的陽馬拼合成一個壍堵，相當於壍堵被三個互相垂直的平面平分。顯然，鼈臑中的兩個小壍堵分别與陽馬中的兩個小壍堵拼合成兩個小長方體。鼈臑中的兩個小鼈臑分别與陽馬中的兩個小陽馬拼合成兩個小壍堵，它們又可以拼合成一個小長方體。這四個小長方體全等。顯然，在前三個小長方體中，屬於陽馬的和屬於鼈臑的體積之比是 $2:1$，即在原壍堵的四分之三中劉徽原理成立，所謂「别種而方者率居三」。劉徽認爲，如果能證明劉徽原理在第四個小長方體中成立，則它便在整個壍堵中成立。而第四個小長方體中的兩個小壍堵與原壍堵完全相似，所謂「通其體而方者率居一」。因此，上述分割過程完全可以繼續在剩餘的兩個小壍堵中施行，那麽又可以證明在其中的四分之三中劉徽原理成立，在其中的四分之一中尚未知。這個過程可以無限繼續下去，第 n 次分割後只剩原壍堵的 $\frac{1}{4^n}$ 中劉徽原理是否成立尚未知。顯然，$\lim\limits_{n\to\infty}\frac{1}{4^n}=0$。這就在整個壍堵中證明了劉徽原理成立。

劉徽指出：「不有鼈臑，無以審陽馬之數，不有陽馬，無以知錐亭之類，功實之主也。」道出了鼈臑在多面體體積理論中的核心地位，與現今數學將四面體看作多面體分割的最小單元的思想完全一致。劉徽正是將多面體分割成長方體、壍堵、陽馬、鼈臑，求它們的體積之和以解决它們的求積問題。本此，我們將劉徽提出的芻甍、芻童的新的體積公式列入本總部。同時，我們看到，劉徽由此把其多面體體積理論建立在了無窮小分割基礎之上。

近代數學家高斯曾提出一個猜想：多面體體積的解决不借助於無窮小分割是不是不可能的？這一猜想構成了希爾伯特(Hilbert，1861—1943)《數學問題》(一九〇〇年)第三問題的基礎。他的學生德恩作了肯定的回答。這與劉徽的思想不謀而合。

祖暅之原理西方稱作卡瓦列利(Cavalieri，1598—1647)原理。它有一個發展過程。《九章筭術》和秦漢數學簡牘給出了若干圓體的體積公式，由劉徽記述的《九章筭術》時代球體積錯誤的推導方式知道，它們都是通過比較圓體與相應的方體的底面積得到的，這是人們認識祖暅之原理的第一個階段。劉徽在求由羡除分割出來的大鱉臑的體積時認識到，同底等高的方錐與陽馬沒有一層不是相等的方形，所以它們的體積才相等，説明他已經認識到祖暅之原理的實質。祖暅之繼而以相當簡潔的文字概括了這一原理：「夫疊棊成立積，緣冪勢既同，則積不容異。」就是説，兩立體，若它們任意等高處的截面積相等，則它們的體積不能不相等。

劉徽取兩個相等的圓柱體使之正交，其公共部分稱作牟合方蓋。設牟合方蓋的體積爲$V_{方蓋}$，劉徽指出：$V_{球}:V_{方蓋}=\pi:4$。顯然，只要求出牟合方蓋的體積，便可求出球的體積公式，從而指出了解決球體積的正確途徑。祖暅之利用祖暅之原理求出了牟合方蓋的體積。他考慮立方的八分之一，其內切牟合方蓋的八分之一稱爲內棊，正方體與牟合方蓋之間的部分在切割出牟合方蓋時被切割成三部分，稱爲外三棊。用一平面在高上任一點處横截之，則其截面面積爲球半徑之平方。由句股定理，外三棊的截面面積之和爲高自乘。高自乘恰等於一個長、寬、高相等的陽馬距頂點的横截面積。由祖暅之原理，外三棊的體積之和與其長、寬、高爲球半徑的陽馬的體積相等，即等於小立方的三分之一。因此，內棊的體積是小立方的三分之二。這就證明了牟合方蓋的體積是其外切正方體體積的三分之二。從而解決了球體積問題。

祖暅之的高明之處在於，他不僅將祖暅之原理應用於幾塊立體的截面積之和，而且，這幾塊立體的截面積按非綫性逐漸變化，對此原理的認識比劉徽進了一大步。

清末李善蘭提出了尖錐術，實際上含有幾個定積分公式。李善蘭提出尖錐術的預備知識中當然有明末清初傳入的西方數學知識，然而他創造這幾個公式卻是在西方微積分學傳入中國之前獨立完成的。這一部分內容納入《會通中西算法分典》。

數學與天文曆法總部　中國傳統科學中數學與天文學的關係最爲緊密，重視實用的中國古代數學在天文曆法方面的應用尤爲突出，與希臘數理天文學採用幾何方式不同，中國古代曆法中多採用代數方法與數值方法，其算法成就主要包括：

零約術，即以漸近分數逼近某些數值的算法。漢代曆法中計算行星會合週期採用的「通其率」方法，南北朝何承天所創的確定日法的調日法，都屬於此類算法。後者在秦九韶《數書九章·天時類》中也有記述。

上元積年計算中的同餘方程組解法。曆法推算必須取推算起點的曆元，起點通常取甲子日夜半、合朔、冬至、交食、近日點、近地點、五星與日月會合等同時發生的理想時刻，稱爲上元，從上元到編曆年份的年數叫作積年，通稱上元積年。上元實中國古代數學的發展，即使是在元中葉以前的輝煌時期，也是有高潮，有低潮，可以分成幾個明顯的階段：

上述對各總部的概述基本上展示了中國傳統數學的主要成就，這裏再簡要介紹一下中國傳統數學的分期、特點和理論研究。

如開方術總部本應該置於句股測望總部與方程術總部之間，那樣會使第二册或第三册的體量過大，只好列於第四册之首。

這種分册方式主要根據數學成就的高低及在中國古代產生的先後，但也考慮各總部體量的大小，以使各册大體均衡。比

以上編爲本分典第四册。

章》，滙集爲其他問題部。

據此，數學與天文曆法總部包括零約術、演紀上元積年、插值法與相減相乘法、弧矢割圓術、其他問題五個部。零約術部包括通其率和調日法二個分部。插值法與相減相乘法部包括等間距二次插值法、不等間距插值法、三次和高次插值法、相減相乘四個分部。除上述典型曆算方法外，中國古代數學著作中也包含一些曆算問題，最爲集中者有《緝古算經》與《數書九

幾何投影法與弧矢割圓術。王恂、郭守敬製定的《授時曆》採用幾何投影法與弧矢割圓術，求黄赤道差、黄赤道内外度，實現黄道座標與赤道座標的轉換，求白道交周以實現赤道座標與白道座標的轉換。

插值法與相減相乘法。對於日月五星非均匀運動的計算，自隋代劉焯《皇極曆》創立等間距二次插值法之後，一直爲後世曆法所沿襲，以求日躔盈縮定差、月離遲疾定差、五星盈縮差行。唐中葉張遂（僧一行，公元六八三——七二七）的《大衍曆》改進爲不等間距插值法，元代《授時曆》創立的平立定三差算法，即三次插值法，則是通過對插值函數的降階，將問題轉化爲一般的二次内插公式。唐末邊岡《崇玄曆》（公元八九二年）中的相減相乘法首開唐宋曆家以公式算法製作天文表的先河，他創造出一系列二次和高次函數計算法，以取代傳統的數值表格加内插法的經驗數學模式。秦九韶《數書九章》的「綴術推星」，則給出另外形式的插值方法以求五星的非均匀運動。

關於調日法和同餘方程組解法的系統論述的資料見不定問題總部。

際就是若干天文週期的共同起點。一般認爲其推算方法的數學本質是求解同餘方程組。同餘方程組解法儘管在數學著作中最早見之於成書於公元四〇〇年前後的《孫子筭經》，學術界一般認爲漢代製定曆法已經在不同程度上使用了同餘方程組解法。但是正如秦九韶所指出的，千餘年間，「曆家雖用，用而不知」，還誤認爲是方程即綫性方程組解法。秦九韶提出大衍總數術，比較系統地解決了這個問題。他的《數書九章·天時類》記載了演紀術求上元積年的算法。

從原始社會到夏、商、西周三代中國數學興起，創造了當時最方便的計算工具——算籌和最先進的記數制度——十進位值制記數法，掌握了某些初步的計算和測望技術，數學被納入貴族子弟所受教育的六藝之一，稱爲「九數」。儘管我們對「九數」的内容並不完全清楚，但它表明數學初步形成了一門學科。

春秋戰國、秦、西漢奠定了中國作爲一個統一國家在體制、事功、疆域、物質文明和思想文化等方面的基礎，奠定了中華民族的文化心理結構，也奠定了中國傳統數學的基礎。春秋戰國時期中國社會發生急劇變革，思想界展開百家爭鳴，數學也得到大發展。《九章筭術》的主體部分和秦簡《數》《筭書》、漢簡《筭數書》的絶大多數内容是在春秋戰國時期完成的，中國傳統數學達到第一個高潮。秦和西漢初年編訂《九章筭術》等著作是這個高潮的總結，使中國數學在整體上走在了世界的前面，有的超前其他先進文化傳統數百年，甚至上千年。《九章筭術》影響了此後約二千年間中國和東方的數學發展，而且標誌着中國（還有後來的印度和阿拉伯地區）取代地中海沿岸的古希臘成爲世界數學研究的重心，標誌着以研究數量關係爲主，以歸納邏輯與演繹邏輯相結合的算法傾向取代以研究空間形式爲主，以演繹邏輯爲主的公理化傾向，成爲世界數學發展的主流。

東漢末年至魏晉南北朝，莊園農奴制佔據了經濟政治舞臺的中心，以談三玄（《周易》《老子》《莊子》）爲主的辯難之風興起，儒家的統治地位被削弱，繁瑣的兩漢經學被送進歷史博物館。深受辯難之風影響的劉徽撰《九章筭術注》（公元二六三年）。他針對《九章筭術》没有定義和論證的缺點，「析理以辭，解體用圖」，提出了許多嚴格的數學定義，並以演繹邏輯爲主要方法全面證明了《九章筭術》的算法，奠定了中國傳統數學的理論基礎。他對圓面積公式和劉徽原理的證明在世界數學史上首次將極限思想和無窮小分割方法引入數學證明，其割圓術和「求微數」的思想爲祖冲之的工作提供了理論基礎和數學方法，奠定了中國古代在圓周率精確值的計算上領先世界數壇千餘年的基礎，而解決多面體體積理論的劉徽原理實際上在考慮二十世紀數學家希爾伯特的第三問題所涉及的内容。這表明中國數學進入了第二個高潮。祖冲之（公元四二九—五〇〇）父子在劉徽基礎上將圓周率精確到八位有效數字，並提出密率$\frac{355}{113}$，在《九章筭術》和劉徽注的基礎上提出祖暅之原理（等價於西方的卡瓦列利原理），徹底解決了球體積問題。祖冲之應該有更多更大的數學成就，可惜他的《綴術》（一作《綴述》，一説系祖冲之父子合著）因隋唐算學館學官「莫能究其深奥，是故廢而不理」，遂失傳。這一時期人們還提出了一次同餘方程組解法、百雞術等新的研究方向。

隋唐設算學館，唐初，李淳風（公元六〇二—六七〇）等整理十部算經（清中葉後稱爲《算經十書》），是個貢獻。然而，總的說來，隋唐數學遠遠落後於魏晉南北朝，除曆法製定中的内插法外，幾無創造。

中國傳統數學的第三個高潮是籌算高潮，發生在唐中葉至元中葉時期。賈憲（十一世紀上半葉）撰《黄帝九章筭經細草》，進一步抽象《九章筭術》的算法，創造「開方作法本源」即賈憲三角，以及「增乘開方法」，奠定了宋元數學高潮的基礎。十三世紀下半葉形成了南宋統治下的長江下游和金元統治下的太行山兩側南北兩個數學中心。南方中心現僅存秦九韶、楊輝（十三世紀）的著作。秦九韶撰《數書九章》，提出「大衍總數術」，完善了一次同餘方程組解法，還提出正負開方術，將以賈憲創造的增乘開方法爲主導的高次方程的數值解法發展到相當完備的程度。楊輝撰《詳解九章筭法》《楊輝筭法》，在總結改進民間的乘除捷算法，高階等差級數求和，縱横圖研究等方面有貢獻。北方中心創造了設未知數列方程的方法「天元術」，研究發展了句股容圓知識，明末之後僅存李冶的《測圓海鏡》《益古演段》，是現存最早的使用天元術的著作，對天元術的完善做出了貢獻。《測圓海鏡》集前此句股容圓知識之大成。元統一中國後的朱世傑自燕京（今北京）周遊全國，汲取兩個中心的長處，在揚州先後刊刻《筭學啟蒙》和《四元玉鑒》，在天元術、二元術和三元術（分别是二元和三元高次方程組解法）的基礎上，創造「四元術」即四元高次方程組解法，並在沈括、楊輝、王恂、郭守敬等的基礎上，將高階等差級數求和問題和高次招差法發展到相當完備的程度。如果説《九章筭術》是中國古代最重要的數學著作，那麽《四元玉鑒》就是水平最高的數學著作。這些成就大多超前其他文化傳統幾個世紀，有的是歐洲近代數學大師們才解決的。同時，自唐中葉起人們改進籌算的乘除捷算法，導致珠算盤最遲在南宋時期産生。珠算盤在明代最終取代了算籌，完成了計算工具的改革，至今在中國、日本和東南亞地區人們的生産、生活中發揮着有益的作用。

可是，在《四元玉鑒》之後，中國數學一落千丈，出現了明代大數學家看不懂宋元時期的重要數學成就，漢魏南北朝宋元時期的重要數學著作失傳的可悲局面。阿拉伯地區、日本和西方數學先後超過了中國，我國失去了數學強國的地位。

中國傳統數學有自己明顯的特點：

首先，與古希臘將數學看成思辨的産物不同，中國傳統數學注重數學理論密切聯繫實際。《漢書・律曆志》説數學「所以算數事物，順性命之理也」，但是宋元之前的數學家幾乎都不關心「性命之理」。因此，數學家在研究數學問題的時候，自覺不自覺地貫徹了實事求是的思想路綫，正如秦九韶所説「數術之傳，以實爲體」。因此，人們認爲數學是艱深的學問，但又認爲不是不可以研究的，正如李冶所説：「謂數爲難窮，斯可。謂數爲不可窮，斯不可。」

其次，中國傳統數學以計算爲中心。數學著作的術文都是計算公式、方法甚或計算細草，其例題都要計算出具體的數值，這是人們所熟知的。

第三，幾何問題與代數相結合。我們今天歸之於幾何的面積、體積和句股測望等内容，中國古代數學著作都給出了它們的計算公式或計算細草。劉徽説，數學方法「亦猶規矩度量可得而共」，道出了中國傳統數學中數與形相結合，幾何與算術、代數問題相統一的特點。

第四，術文統率例題的形式。中國古代的數學方法正如春秋戰國數學家陳子所概括的，是「言約而用博」，學習數學要能「通類」，做到「問一類而以萬事達」。而《九章筭術》和秦漢數學簡牘的主體部分都是以抽象性術文爲中心，採取術文統率一個或幾個甚至十幾個、幾十個例題的形式。因此，許多著述將《九章筭術》概括爲都是「一題、一答、一術」是不符合實際情況的。實際上，中國傳統數學著作的形式不能一概而論，如《孫子筭經》等確實是「一題、一答、一術」的形式。

第五，位值制在中國傳統數學中有特殊的作用。位值制的思想不僅體現在記數與數學運算式中，而且貫穿於求解過程中。這大大方便了計算。

第六，中國傳統算法大都有强烈的程序化和機械化。《九章筭術》和秦漢數學簡牘中的分數四則運算法則、衰分術、盈不足術、開方術、正負術、方程術、各種面積體積公式和解句股形方法等，劉徽對圓面積公式、劉徽原理的證明方法等算法和求圓周率程序等，賈憲、秦九韶的求高次方程正根的增乘開方法和正負開方術，秦九韶的大衍總數術，李冶、朱世傑等使用的天元術，金元李德載、劉大鑒、朱世傑等創造的二元術、三元術和四元術等，都具有程序化和機械化特點。

學術界，即使是對中國古代數學成就比較肯定的學者，也多認爲中國古代數學没有理論。這是不符合事實的。上面談到的抽象性術文（算法）表明中國古代數學有相當的理論概括。這是中國古代數學理論研究的一個重要方面。更重要的，劉徽以演繹邏輯對《九章筭術》術文的論證，當然是數學理論研究的體現。

中國傳統數學在上世紀初中斷，中國數學開始融入世界統一的現代數學，是歷史的進步。但是在中小學數學教材全盤西化的同時，將中國傳統數學的許多優秀部分也丟掉了，是個失誤。實際上，中國傳統數學的某些思想和方法對當前數學教學與數學研究仍有啟迪作用。吴文俊從中國傳統數學的構造性和機械化特徵得到啟發，開創了數學機械化理論，登上了世界數學的高峰。發掘中國傳統數學的優秀思想和方法，爲當前數學研究和改革中小學數學教材服務，必將加速中國邁向數學强國的步伐。

郭書春

二〇一六年四月

《數學典·中國傳統算法分典》簡目

一

分數與率總部

分數與率總部

主編　郭書春

分數部

分數概論分部

題解

《九章筭術》卷一《方田》三國魏・劉徽注　物之數量，不可悉全，必以分言之。

又　法實相推，動有參差，故爲術者先治諸分。

又　凡實不滿法者而有母、子之名。

北魏・张丘建《张丘建筭經・序》　夫學筭者不患乘除之爲難，而患通分之爲難。是以序列諸分之本元，宣明約通之要法。上實有餘爲分子，下法從而爲分母。可約者約以命之，不可約者因以名之。凡約法，高者下之，耦者半之，奇者商之。副置其子及其母，以少減多，求等數而用之。乃若其通分之法，先以其母乘其全，然後内子。母不同者母互乘子，母亦相乘爲一母，諸子共之約之。通分而母入者，出之則定。其《夏侯陽》之「方倉」，《孫子》之「蕩杯」，此等之術皆未得其妙。故更造新術，推盡其理，附之于此。余爲後生好學有無由以至者，故舉其大槩而爲之。法不復煩重，庶其易曉云耳。

唐・佚名《夏侯陽筭經》卷上　二分之一爲中半，三分之二爲太半，三分之一爲少半，四分之一爲弱半。

元・朱世杰《筭學啓蒙・總括》　明異名訣：此乃刻漏之數，以巧呼之。二分之一爲中半，三分之一爲少半，三分之二爲太半，四分之一爲弱半，四分之三爲强半。

清・王鑒《筭學啓蒙述義・總括》　案：此命分之省文。其法詳「之分齊同門」。

元・朱世傑《筭學啓蒙》卷下《之分齊同門》自注　但有除分者，餘不盡之數，不可棄之。棄之則不合。其源可以爲之分言之。之分者，乃乘除往來之數。還源則不失其本也。故《九章》設諸分于篇首者，爲何？謂之分者，乃開算之(户)[牖]也。緣其義閎遠，其術奥妙。是以學者造之鮮矣。故張丘建有云「不患乘除之爲難，而患通分之爲難」是也。且合減、課分之術，乃羣其母而齊其子，母法，子實而一。平分者，母互乘子，副併爲平實，母相乘爲法，以列數乘未併者，各爲列實。以列數乘法，減多益少而平。經分者，錢爲實，人爲法而一。重有分者，同而通之。乘分者，子相乘爲實，母相乘爲法而一。約分者，治數之繁也。設有四分之二，減而言之，即二分之一也。可約則約，可半則半。比類前問。欲買馬五十六匹，已買二十一匹，問幾分中買訖幾分？答曰：八分中買三分也。

明・唐順之《子母分法論》　數欲以繁而從簡，而數之有分者，不可以常法約也。於是有約分之法，則以子減母，以母減子，至於等而後止。等數者，母、子之數所共止齊也，必相減而後得之。所謂減損求原也。然後以等約母，以等約子，而繁者簡矣。

數有以少而合多以聚其零散，亦有以少而減多，以較其多寡，而數之有分者，不可以常法合而減也，於是有合分、課分之法。分母不同分子亦異，於是母互乘子，以齊其數。假令二分之一與三分之二相相(乘)[併]，二分之母數本少也，與子之二數相乘而爲四，則雖少而多。三分之母數本多也，與子之一數相乘而爲三，則雖多而少。一互乘而(褒)[衰]多益寡之義著矣。諸分皆母互乘子，而合分則相併以爲實，所以爲合也。課分則相減以爲實，所以爲減也。其實有相(乘)[併]、相減之異，而其法則皆以母相乘。蓋其始皆母互乘子以爲實，則其母亦互相乘以爲法也。合分觀其所總而聚散著矣，減分觀其所餘而多寡著矣。

數有多寡損益以取平，而數之有分者，不可以常數平也，於是有平分之法。亦母互乘子而副置之，其一相併以爲平實，其不相併而據諸分之位數。凡幾謂之列數，各以列數乘其不相併之分子以爲列實。元是三位相併，則以三爲列數，原是四位相併，則亦以四爲列數。以三數乘不相併，則亦與三數相併相當矣。以四數乘不相併，則亦與四數相併相當矣。但相併則諸分總得其相乘之數，不相併則諸分各得其相乘之數耳。以各較總而有餘、不足見矣。故平實者，總也。列實者，各也。非總無以準各，非各無以自準。有總有各而有餘、不足見矣。列實有餘者，以平實準之，而得其減數。列實不足者，以平實準之，而得其益數。

減有餘之列實，益不足之列實，皆齊於平實，而後止是若齊於總也。於是以諸母相乘，猶之母互乘子也。亦以列數乘諸母之相乘者，猶之列數乘諸分子也。則分母恰與分子相當，以爲法。以命平實而諸分平矣。

乘分者，乘法之有分者也。除分者，除法之有分者也。其乘分、除分皆用通分法。假如有銀十兩三分兩之二，則無分之全數與有分之零數相礙而不相通，於是以分母三乘全兩，其十兩得三十分，帶分子二，共三十二分。所謂分母乘其，全分子從之也。分則全數與零數均爲一法而不相礙。通分之後，乘分則以各通分相乘爲實，分母相乘爲法。除分則以實分母乘法，以法分母乘實，而法與實之數始相當而無偏，亦所謂變而通也。筭經曰學者不患乘除之爲難，而患分法之爲難。然必精於無分之乘除而後能通於有分之乘除，非二致也。法有淺深而已矣。

綜論

漢簡《筭數書・增減分》　（矰）[增]分者，增其子。減分者，增其母。

又《分當半者》　諸分之當半者，倍其母。當少半者，三其母。當四分者，四其母。當五分者，五其母。當十、百分者，輒十、百其母。如欲所分，（分半者）雖有百分以此進之。

晉・夏侯陽《夏侯陽筭經》　夏侯陽曰：夫筭之法，約省爲善。有分者通之，分不均者同之，位高者下之，可約者約之，耦則半之，五則倍而折之。一、三、七、九，商用所宜。於此不得，乃爲之命分。分母入者須出之，然後爲定。子可半者半之，不可半者倍母而入之。此筭之要道也。凡除分者，全數易了，奇殘難用。心意之勞正在於此。後當隨事釋之。其物殘分求尺，尺之求寸，皆上十之。斤之求兩，二而八之。兩之求銖，三而八之。銖之求絫、黍，皆上十之。斗之求升、合、抄、撮，皆上十之。里之求步，三百之。步之求尺，六之。釐、毫、絲、忽可以意知。

明・唐顺之《六分論》　天地之間聚散分合而已。天氣下降，地氣上騰，而天地合。天氣上騰，地氣下降，而天地判。合則氣發洩於其外，判則氣凝結於其中。其分所以爲合也，兵之用聚散分合而已矣。分不分謂之縻軍，聚不聚爲之孤旅。然聚易而分難，其分所以爲聚也。韓信多多益辨，兵家以爲分數明也。數之用聚散分合而已矣。聚小以爲大謂之乘，散大以爲小謂之除。聚小以爲大則無畸零不盡之數。散大以爲小則多有畸零不盡之数矣。是以乘法省而除法繁，乘法易而除法難也。

明・周述學《曆宗筭會》卷二《子母分法》　子母分法：數有奇零，不齊，故立子母分法，所以致其齊也。其法有八。實不滿法，法命其餘，謂之命分。乘除即以法爲分母，實爲分子。商除則倍隅，入廉，退，併下法，總爲分母，以命分子。此平方命分也。實不及法，求補其齊，謂之益分。以分母通其全，併入分子。自相乘之，又以分子減分母，餘以分子乘之，併，以爲實。以分母自乘爲法，以法除之。此得平方元積也。分母、分子數繁，故立約分，以從簡。商除不盡之數，法爲分母，實爲分子。恐諸分母、子數繁，故立約分，以治之從簡省也。【略】諸分母、子不齊，故立合分以爲一。商除不盡，法爲分母，實爲分子。今欲以諸分母、子合而爲一，故立合分之法以求之。【略】諸分多寡不齊，則立課分以比較之。二分比並多寡。【略】諸分多寡不平，則立平分以損益之。治數不曰乘除爲難，而以諸分母子爲難。諸分母子即乘除不盡之數也。既立約曰治繁，合曰齊子，課曰比數矣，又恐諸分難平，故立平分之法曰平之。【略】法、實母、子不齊，故立乘分、除分以御之。【略】八法備而奇零不齊者，皆有以致其齊矣。

清・屠文漪《九章録要》卷一《乘除諸法》　分乘分除：再三乘除，不若一乘除之便。而亦有時宜用分者，不可以一律拘。【略】其在除法，則須審量何也。恐前除不盡，而後仍用零除也。蓋以法除實，或不能盡者，非必如三、六、七、九等除，雖破實之一爲十，爲百與千，如實米一石，破爲十斗，爲百升，爲千合之類是也。而終不盡也。即如二、四、五、八等除，但破實之一爲十與百、千，自無不盡。而若不破實則仍不盡矣，前除既破實以至於盡，後除勢不中止此於命分，反遠特求分釐數者，宜之耳。夫既已命分，而以母除子，亦得分釐數。既得分釐數，而以原法乘之，亦可命分。二者固亦相通。然而各自取捷，豈須借徑。此其宜審者也。更恐前除破實且不盡，則雖求分釐數，亦未能精細。故所分之除法孰先孰後，大抵二、四、五、八等除宜居前，三、六、七、九等除宜居末。又不可不審總之。運算之巧存乎一心，非言所可悉矣。假如有銀四百五十兩，用一百六十八除。若并除，得二兩又一百六十八分兩之一百一十四，即不復破實細除，但約之，爲二十八分兩之一十九，而可以命分矣。若分除者，先用三除，次八除，次七除，以原數四百五十，故先用三除。若係三百五十，便當先用七除，次八，次三也。得二兩六錢七分八釐五毫七絲又七分絲之一。尚可再除，而數微已甚矣。倘欲以兩命分，則惟二兩整數已定，外餘須以原法乘之，乃得一百一十四之數。仍再約之，反不捷也。右一條新增。

清・何夢瑶《算迪》卷一　凡數有乘、除各一次者，不論理當先乘後除，與理當先除後乘，概用先乘後除爲便。以得數無異，慮先除數或不盡，難以用乘也。如四人分銀八兩，問三人若干？法：當先以四人除八兩，得每人二兩。而後以三人乘之，見得六兩。今卻先以三人乘八兩，得二十四兩。而後以四人除之，得實數六兩。所得無異也。然其理安在？曰：八兩者，四人所得也。以三人乘之，得二十四兩，是一人而得四人所得。乃浮數也，故以四約之，而見實數。此即通分乘法弟一條之理也。

清・黄傳祁《分法札記》　分法列八術，先列命分、約分、通分、齊分爲經，次列加、減、乘、除四術爲緯。而多項通分尚無捷術，宜節取求一術中求定母法，或西人求公乘數法，附入卷中，庶爲簡捷。又乘分五術，除分八術，頭緒太繁，宜一律化爲分式，則乘分只須分乘分一術，除分只須分除分一術，便已包括無遺，附録於左。

一、凡整與分相乘除者，令整數以一爲母。

二、凡整帶分相乘除者，置整數，通分内子，化爲全分數。

三、凡分乘分術，以母乘母爲母，以子乘子爲子。

四、凡分除分術，置法數，母、子互易，如分乘分法入之。

案：新例四條，本代數術分法。其中層折，仍與舊術無殊，而簡要淺明，易於記憶。初學得此，較原術省便多矣。

清・王鑒《算學啓蒙述義》卷下《之分齊同門》　案：「之分」即寄除也。凡法除實，實之數小於法，不受除，即不必除，寄其法爲分母。實爲分子，命爲幾何分之幾何。此幾何數非真數，當以幾何除之而後得真數也。蓋既不受除，故寄其除法爲分母，以便與他數相加減、相乘除也。其與他數相加減，則以分母乘他數。蓋此數係未除之數，其除法爲若干數，則此數較已除後加若干倍，必使他數亦加若干倍，方與此數相齊。待其加減之後，以分母除之，則與已除之後與他數相加減，一也。若他數亦有分母，是他數亦係未除之數。則以分母互乘其分子，使彼此相齊。加減後以兩分母相乘數除之，與先以分母各除之，然後相加減，其理一也。所謂「齊其子，同其母」也。其與他數相乘者，即以此數乘之。但此數帶有分母，係暗加若干倍之數。相乘後仍當以分母除之也。其他數亦有分母，則兩數相乘，以兩分母相乘，除之。其與他數相除者，以此數除彼數，則此數爲法，彼數爲實。但爲法之數帶有分母，已暗加若干倍，必須以分母乘爲實之數，使之亦加若干倍也。以彼數除此數，則彼數爲法，此數爲實。但爲實之數既帶分母，是已加若干倍。則以分母乘爲法之數，使之亦加若干倍也。若他數帶有分母，則以分母互乘其子，即可互爲法、實也。之分一術所以濟加減乘除之窮，而極加減乘除之變者也。學者不明加減乘除之理，不能習之分。不明之分之理，無以神其加減乘除之用。愚謂之分齊同與異乘同除兩術爲諸法之津梁。中學之天元、西學之代數，胥不外此。學者演習之餘，當深思其故也。

清・黄慶澄《算學報》　總論諸分

加：整與零相加，整帶零與整帶零相加，整與整帶零相加，整與零帶零相加，零與零相加，零與整帶零相加，零與零帶零相加，零帶零與整帶零相加，零帶零與零帶零相加，共九類。

減：整減零，整減整帶零，整減零帶零，整帶零減整，整帶零減零，整帶零減整帶零，整帶零減零帶零，零減零，零減零帶零，零帶零減零，零帶零減零帶零，共十一類。

乘：整與零相乘，整帶零與整帶零相乘，整與整帶零相乘，整與零帶零相乘，零與零相乘，零與整帶零相乘，零與零帶零相乘，零帶零與整帶零相乘，零帶零與零帶零相乘，共九類。

除：整除零，整除整帶零，整除零帶零，整帶零除整，整帶零除零，整帶零除整帶零，整帶零除零帶零，零除整，零除零，零除整帶零，零除零帶零，零帶零除整，零帶零除零，零帶零除整帶零，零帶零除零帶零，共十五類。

案：代數内尚有零帶零，零中又含零者，由此推之，其細直至「不可思議」即《莊子》所謂「一尺之棰，日取其半，萬世不竭」也。【略】共二十七類。

諸分之中門類極多，而抉其大旨，總不離化整爲零、收零作整二語。

分數約簡分部

分數約簡

題解

《九章筭術》卷一《方田》三國魏・劉徽注　分之爲數，繁則難用。設有四分之二者，繁而言之，亦可爲八分之四。約而言之，則二分之一也。雖則異辭，至於爲數，亦同歸爾。

又　母互乘子。約而言之者，其分麁。繁而言之者，其分細。雖則麁細有殊，然其實一也。

晉・夏侯陽《夏侯陽筭經》　三曰約除。如等數所得者，約實、約法，各得分數，故曰約除也。

清・潘逢禧《算學發蒙・古算三》　約分者，謂分數過繁，約而求其簡也。

清・勞乃宣《籌算分法淺釋・約分》　命分所得之母子，有繁有簡。其繁者，有時可以約之，爲最簡之數。而所當之真數仍與原母子所當無異，以便於入算，是爲約分。

清・曹汝英《直方大齋算稿一・數學上編》卷八　約分：【略】凡有分數，任取一數以除子、母，其值仍未變也。如此除法是名曰約分。

綜論

明・吴敬《九章筭法比類大全》卷一《方田》　解題　乘除不盡之數，法爲分母，實爲「分子」，恐数繁，故立約分，置之從簡省也。

清・屠文漪《九章録要》卷一《乘除諸法》　省乘用除，倘有零餘，則約分簡易，更非原數乘除之比。

清・王鑒《算學啓蒙述義》卷下《之分齊同門》　案：約分者，即注言治數之繁也，即通分之法反用之耳。通分之法，彼此各加若干倍。此則母、子各減若干倍也。但有可約，有不可約。若子、母互減，減至餘一始相等者，是爲不可約。餘皆可約。

清・徐鳳誥《算學啓蒙通釋》卷下《之分齊同門》　按：約分法《九章》註曰：「物之數量，不可悉全，必以(之)分言之。分之爲數，繁則難用。設有四分之二者，繁而言之，亦可爲八分之四，約而言之，則二分之一也。雖則異辭，至於爲數，亦同歸耳。法實相推，動有參差。故爲術者先治諸分。」又術曰「可半者半之」。蓋先以母、子各半之。不可半者，如術求得等數，爲法。以歸母、子數，即知爲幾分之幾。【略】如歸除有實不盡，即以法爲分母，餘實爲分子，以約法求之，即命爲幾分之幾。

清・曹汝英《直方大齋算稿一・數學上編》卷八　分數之子、母愈小愈簡，故所用以除子、母之數必須爲子、母之最大公約數，始得變出之子、母爲最簡也。

算法

漢簡《筭數書・約分》　約分術曰：以子除母，母亦除子，子、母數交等者，即約之矣。

有曰：約分術曰：可半，半之。可令若干一、若干一。

其一術曰：以分子除母，少，以母除子，子、母等，以爲法。子、母各如法而成一。不足除者可半，半母亦半子。

二千一十六分之百六十二，約之，百一十二分之九。

《九章筭術》卷一《方田》　今有十八分之十二。問約之得幾何。

荅曰：三分之二。

晉・佚名《孫子筭經》卷中　術曰：置十八分在下，一十二分在上。副置二位，以少減多，等數得六，爲法。約之，即得。

明・吳敬《九章算法比類大全》卷一《方田》 法曰：副置分母十八在上，分子十二在下。可半者半之，分母得九，分子得六。數不可半也，依法副置分母九，分子六。以少減多，先以六減九，餘三。更相減損，却以三減六，亦三。上、下等也。求其等也。減損皆等，爲三。以等約之，以三約分母九，得三。分子六，得二。即三分之二。合問。

清・勞乃宣《古籌算考釋》卷二 諸分：【略】此約分古法也。所云在下、在上、副置，皆指籌位而言。《筭學啟蒙》列位，分母在上，分子在下，與此不同。理雖無異，然分母，法也。分子，實也。除法法在實下，則當以母下、子上爲正。今依《孫子》法演草、繪圖以釋之。置分母一十八於下位，置分子一十二於上位，寄之。又如式，副置一位，以爲互減之用。視副置二位，上位一十二，少於下位一十八。乃於下位減去一十二，則下位餘六，轉少於上位一十二。又於上位減去六，則上位亦餘六，與下位之六相等。是六爲分母、分子之等數，所謂更相減損求其等也。即以等數六爲法。以除寄位之分母一十八，得三，爲約得之分母。以除寄位之分子一十二，得二，爲約得之分子。所謂以等數約之也，是一十八分之一十二，約之，得三分之二也。

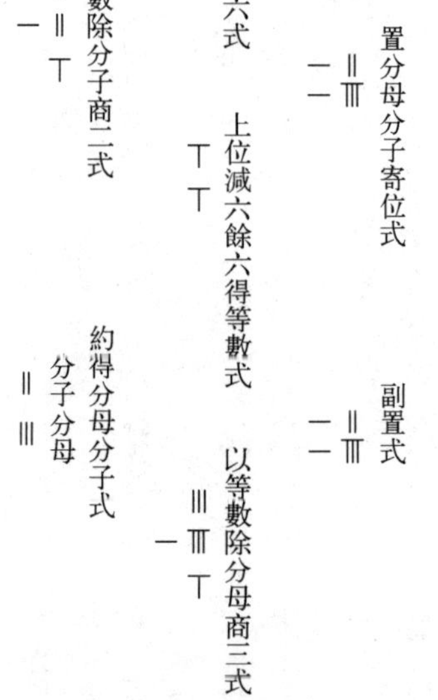

《九章筭術》卷一《方田》 又有九十一分之四十九。問約之得幾何。

答曰：十三分之七。

明・吳敬《九章算法比類大全》卷一《方田》 法曰：副置分母九十一在上，分子四十九在下。數不可半也，以少減多，先以四十九減九十一，餘四十二。更相減損，以四十二減四十九，餘七。仍以七六次減四十二，盡。即七等。求其等也，減損皆等爲七。以等約之，以七約九十一，得十三；四十九得七，即十三分之七。合問。

《九章筭術》卷一《方田》 約分術曰：可半者半之。**明・吳敬《九章算法比類大全》卷一《方田》** 謂分母、分子皆可折半。不可半者，**吳敬《九章比類》** 分母、分子或一□不可者，則不可半之。副置分母、子之數，**吳敬《九章比類》** 未欲動分母、子正位，故副置分母、子且草約之。以少減多，更相減損，求其等也。**吳敬《九章比類》** 以分母、子少位減多位，互相減損遇子母數相等。以等數約之。**三國魏・劉徽注** 等數約之，即除也。其所以相減者，皆等數之重疊，故以等數約之。**吳敬《九章比類》** 以等數爲法，除分母、分子之數。

清・勞乃宣《古籌算考釋》卷二 諸分：約分者，分母、分子數繁者，約之令簡也。「可半者半之者」，遇分母、分子皆偶數者，可各折半而爲簡數也。「副置分母子之數，以少減多，更相減損，求其等者」，置母於下，置子於上。以子減母，復以母減子，互減至上下位兩數相等，是謂等數。此等數，乃分母、分子之公約數。約，即除也。以等數約分母，則爲分母之簡數。以等數約分子，則爲分子之簡數也。

元・朱世傑《筭學啓蒙》卷下《之分齊同門》 今有五十六分之二十一，問約之幾何。

答曰：八分之三。

術曰：先列分母五十六於上位，次列分子二十一於下位。以子兩次減其母，餘一十四。母復減其子，餘七。子又減其母，亦餘七，乃得等數，爲約法。別列分母五十六、分子二十一，各以法約之。合問。

明・吳敬《九章算法比類大全》卷一《方田》 問五十四分之四十二，約之得幾何。

[答]曰：九分之七。

【略】法曰：副置分母五十四在上，分子四十二在下。法云可[半者]半之，此題分母、分子可半，分母得二十七，分子得二十一。數不可半也，依法副置分母二十七，分子二十一。以少減多，先以二十一減二十七，餘六。更相減損，以六減二十一，餘十五，須兩次減六，餘三。仍以三減六，亦餘三。上、下等也。求其等也，減損皆等爲三。以等約之，以三約分母二十七，得九。約分子二十一，得七。即九分之七。合問。

問約之得幾何。

又 比類 約分：今有羅二十四分疋之九，疋法四十八尺，得一十八尺。

荅曰：八分疋之三，即一十八尺。

法曰：列置分母二十四在上，分子九在下。數不可半也。以少減多，先以九兩遍減二十四，餘六。更相減損，以六減九，餘三。以三減六，餘三。求其等也，減損皆等，爲三。以等約之，以三約分母二十四，得八。又以三約分子九，得三。即八分疋之三。合問。

今有秋粮米一十五萬六千一百石，今已徵一十一萬一千五百石。問幾分中徵過幾分。

荅曰：七分之五。

法曰：置總米一十五万六千一百石，爲分母。已徵一十一万一千五百石爲分子。以子減母，餘四万四千六百。以二次減分子，餘二万二千二百。以減，各得二万二千三百。求其等也。以等約之。合問。

今有夏税絲六十四萬一千八百四十七兩六錢，今已徵收四十五萬六千八百八十七兩七錢。問幾分中徵過幾何。

荅曰：五百二十四分已徵三百七十三分。

法曰：置總絲六十四万一千八百四十七兩六錢，内減已徵四十五万六千八百八十七兩七錢，餘一十八万四千九百五十九兩九錢。以二次減已徵，餘八万六千九百六十七兩九錢。復以二次減總絲，餘得一万一千二十四兩一錢。復以七次減已徵，餘得九千七百九十九兩二錢。復減總絲，餘一千二百二十四兩九錢。求其等也。以等約之。合問。

明・王文素《筭學寶鑑》卷一二《約分》 今有三十五分之二十一，問約之得幾分之幾。

荅曰：五分之三。

法曰：置母三十五於左，置子二十一於右。以少減多，於三十五内減去二十一，餘十四。却於二十一内減十四，餘七。却於十四内減七，亦餘七。母、子適均爲法。以七除三十五，得五。以七除二十一，得三。故曰「五分之三」。

又 張客出銀四十五兩，王客出銀三十六兩，李客出銀二十七兩，共買大鍋一百口，價銀三十五兩；中鍋二百口，價銀四十六兩；小鍋三百口，價銀二十七兩。欲各炤銀配分之，問配幾分。各該幾分。

荅曰：合配一十二分。張該五分，王該四分，李該三分。

張：第一分　大鍋九口　中鍋十六口　小鍋二十五口　九兩八分
王：第二分　大鍋九口　中鍋十六口　小鍋二十五口　九兩八分
李：第三分　大鍋九口　中鍋十六口　小鍋二十五口　九兩八分
張：第四分　大鍋九口　中鍋十六口　小鍋二十五口　九兩八分
王：第五分　大鍋八口　中鍋十七口　小鍋一十五口　八兩九錢六分
李：第六分　大鍋八口　中鍋十七口　小鍋二十五口　八兩九錢六分
張：第七分　大鍋八口　中鍋十七口　小鍋二十五口　八兩九錢六分
王：第八分　大鍋八口　中鍋十七口　小鍋二十五口　八兩九錢六分
張：第九分　大鍋八口　中鍋十七口　小鍋二十五口　八兩九錢六分
王：第十分　大鍋八口　中鍋十七口　小鍋二十五口　八兩九錢六分
張：第十一分　大鍋八口　中鍋十七口　小鍋二十五口　八兩九錢六分
李：第十二分　大鍋八口　中鍋十七口　小鍋二十五口　八兩九錢六分

法曰：張三位，左四十五，中三十六，右二十七。先以二十七減左、中二位，左餘十八，中餘九。却以九減左、右二位。減左一次(赤)[亦]餘九，減右二次亦餘九。其三位適均皆以九爲法，除原立三位總數：除四十五，得五分。除三十六，得四分。除二十七，得三分。是爲十二分也。併張五分銀，共四十五兩四分。併王四分銀，共三十五兩九錢六分。併李三分銀，共二十七兩。各與原銀較之，張貼王銀四分，李適足。合問。

明・周述學《曆宗筭會》卷二《子母分法》 高者下之，如九百分之四百分，爲九分之四也。偶者半之：分母、分子數偶，皆可折半。如十八分之十二，爲九分之六也。奇者不可半也，分母、分子皆奇，如九十一分之四十九，不可半也。半則數反繁矣。分母、分子之數，或一有不可半者，如二十四分之九，則分子之九是奇而不可半矣。副置分母、子之數，未欲動分母、子正位，故別置分母、子且草約之。以少減多，更相減損，求其等也。目分母、子少位減多位，互相減損，遇子、母數相等而止。以等約之。以等數爲法，除分母、分子之數。

又 約分：子母數偶，可半者【略】

子母數奇，不可半者。【略】

約等數繁，用歸除者：秋糧一十五萬六千一百石，已徵一十一萬一千五百石。求徵過幾分之幾。

得：七分之五。

置總米一十五萬六千一百石，爲分母。已徵一十一萬一千五百石爲分子。以少減多：分母余四萬四千六百。更相減損：以四萬四千六百二次減分子一十一萬一千五百，余二萬二千三百。又目二萬二千三百減四萬四千六百，亦得二萬二千三百。求其等也，以等約之：用歸除約之。

明·程大位《算法統宗》卷一　約分法者，凡用除法，多有畸零数之不盡，位數多者以法約之，則簡。假如九百四十分之二百三十五，以法約之，得四分之一。何也？曰：分母九百四十分乃是四箇二百三十五，故謂四分之一也。去其繁而截其簡之故耳。

又　卷二　約分法：約以分子，通以分母也。法曰：可半者半之。不可半者，以少減多，更相減損，求其有等，以等約之。若数如四分两之一者，二錢五分也。此謂有盡。若数如三分两之一者，三錢三分三厘三毫有零也。此所謂不盡，必須約分之法。

解曰：約分者，謂用除法，多有畸零数之不盡，帶有幾千百分者。以約去其繁而就其簡也。或有不可約者。

法曰：数多爲母，数少爲子。子、母之数両列，互相減損，至同。就以此数爲法，各以法除子、母原数，却無畸零。所謂齊，不齊而致其齊也。如人分銀，以至数之不能盡者。亦有物之不可分者，不能呼数，必以法而約之。

又　假如今有物九十八，除了四十二。問約得若干。

荅曰：七分之三。

法曰：数多爲母，数少爲子。置母九十八，内減去二箇四十二，餘一十四。另置子四十二，減去二箇一十四，亦餘一十四。爲之子、母相同，就以十四爲法。除母九十八，是七箇一十四。另以法除子四十二，是三箇一十四，故曰七分中除三。餘倣此。

假如今有二十一分之一十四，問約得若干。

荅曰：三分之二。

法曰：置母二十一，減去子一十四，餘七。另置子一十四，減去七，亦餘七。就以七爲法。除母二十一，得三。又以法七除子一十四，得二。合問。

假如今有絲二百五十二斤，賣過一百四十四斤。問約得若干。

荅曰：七分斤之四。

法曰：置母二百五十二，減去子一百四十四，餘母一百〇八。反將原子一百四十四減去餘母一百〇八，餘子三十六。又將餘母一百〇八減去餘子二箇三十六，餘母亦三十六，爲之更相減損。就以母、子同数爲法，以除原母、原子，各得分数。

假如今有鴨七十二隻，生子六十三箇。問約得若干。

荅曰：八分箇之七，即是八隻鴨生七箇子也。

法曰：列子、母数，更相減損。置母七十二，減去子六十三，(仍)[乃]餘母九。反將子六十三内減去六箇餘母九，子亦餘九，相同。就以九爲法，除原母七十二，得八箇九。又以法九除原子六十三，得七箇。故命之曰八分之七也。

清·方中通《數度衍》卷二三《九章外法》　約分法：式　四十二數在九十八數内，得幾分之幾。

曰：七分之三。

術：約以分子也。數多爲母，數少爲子。今以四十二爲子，九十八爲母。視母數内，滿幾回子數盡減去。今減兩回四十二，餘母十四。又於子數内減餘母。今減兩回十四，餘子十四。此謂之子、母同餘。如不同餘，則不可約矣。以同餘之十四爲法，除母，得七。除子，得三。乃知四十二在九十八内，爲七分中之三分也。

清·陳世明《數學舉要》卷六《諸分章》　約分：凡命分有可約者，以法約之。古法曰：可半者，半之。不可半者，以少減多，更相減損，求其有等。以等約之。

術：以兩數相減，餘數又以少減多，必至兩數相同而止。即用此相同之數爲法，以除原物，餘數爲分母。再除用去者，爲分子。即約之曰幾分之幾。

又假如有物九十八，用去四十二。問去物幾分之幾。

答曰：于物内用去七分之三。

術：以子四十二減母九十八，餘五十六。再減之，餘一十四。轉以母數一十四減子四十二，餘二十八。再減之，餘一十四。是爲母、子相同。即以十四爲法，以除原物九十八，得七。以(徐)[除]用去之四十二，得三。即爲用去七分之三。　母數九十八是七箇十四，子數四十二是三個十四。九十八之與四十二，若七之與三也。故以爲用去七分之三。然亦有不可約者。如母數九十九，子數四十二，此直命之爲九十七之四十二可也。

又如有物二十二分之一十四，問約得若干。

答曰：一十一分之七。

術：爲已經得其分數，而又約多爲少也。此爲折半約之。

又如有八十一人，分銀二十七兩。問各得若干。

答曰：三分兩之一。

術：以分子二十七減母八十一，餘五十四。又以分子減之餘，二十七。母、子相同。即用此爲法，以除分母八十一，得三。以除分子，得一。即爲各得三分兩之一。　八十一是三個二十七，若剖每兩爲八十一分，即各得二十七分，是三分之一也。

又如有米八十五石，分給一百〇二人。問各得若干。

答曰：六分石之五。

術：以分子八十五減分母一百〇二，餘十七。轉以此數減分子，餘六十八。再減之，餘五十一。再減之，餘三十四。再減之，餘十七。是爲母、子相同。即以十七爲法，以除母數，得六。以除子數，得五。是約得六分之五。　一百〇二是六個十七，八十五是五個十七，故曰六之五，即六人共米五石也。

又如有絲二百五十二斤，賣過一百四十四斤。問去幾分之幾，存幾分之幾。

答曰：去七分之四，存七分之三。

術：以分子減分母，餘一百〇八。又以之轉減分子，餘三十六。再以此數減分子，餘一百〇八。再減之，餘七十二。再減之，餘三十六。是爲母、子相同。以此爲法，除分母得七。(以)以之除分子，得[四]。故約之，爲去七分之四。再以之除共絲，得七。又以賣過之一百四十四與原絲二百五十二斤相減，餘一百〇八斤，爲實。亦以三十六爲法。除之，得三。故約之，爲存七分之三。

又如有鴨七十二隻，生子六十三個。問幾隻鴨生子幾個。

答曰：每八隻鴨生子七個。

術：以六十三減七十二，餘九。又以之減六十三，餘五十四。再減之，餘四十五。再減之，餘三十六。再減之，餘二十七。再減之，餘十八。再減之，餘九。是爲母、子相同。即亦此數爲法，以除鴨七十二隻，得八。以除生子六十三個，得七。故約之，爲八隻鴨生子七個也。

清・屠文漪《九章録要》卷二《零分法》　分釐數命分法：據分釐小整數，欲以大數命分者，法以分釐數，依其下最小數化之，爲子。以所用大數，亦依最小數化之，置一算爲母。其爲(伯)[佰]、千及萬、億，則因乎所化之數而只置一，算也。乃以法約之。如六錢六分二釐五毫，欲以兩命分，則以六千六百二十五爲子，六千六百二十五毫也。以一萬分爲母，一兩爲一萬毫也。乃約爲八十分兩之五十三是也。亦有不可約者，即以所立之母子命分。

清・張作楠《倉田通法・方田通法補例》卷一　約分：分母、分子輾轉相減，得紐數，轉除母、子數。如二百四十分步之一百六十，欲約之，則以分子一百六十(以)[減]分母二百四十，餘八十。復以八十減分子一百六十，亦得八十，是爲紐數。以除分母二百四十，得三。除分子一百六十，得二。即約爲三分步之二。

清・何夢瑶《算迪》卷一　約分法：即上命分法之簡約者。如【略】既命之爲一百四十七分兩之六十三矣，今欲改爲相當之小數以命之，其法如何？曰：法：置分母一百四十七，以分子六十三減兩次，餘二十一。又置分子六十三，轉減兩箇二十一，亦餘二十一。則子、母齊同，即以相同之二十一爲法。歸除母一百四十七，得七，是七箇二十一也。可約之爲七分之三。又以二十一歸除子六十三，得三，是三箇二十一也。改命之曰：每人得銀【略】又七分兩之三也。

訣曰：約法須分子母名，互相減損至同停。以除子母同爲法，小數能將大數更。

清・吴嘉善《白芙堂算書廿一種・九章翼・分法》　約分：爲數取其簡，不取其繁，故有此法。凡子、母兩數有可求等者，求等數法，見衰分術。子、母各以等數約之。假如六分之四，其等爲二，謂六與四，皆可以二度盡也。乃以二遍約子，母，得三分之二是也。

又《九章翼・衰分》　求等數術，以兩數相求立術。術曰：置兩數，以少減多，至無可減。反以餘數減少者，至無可減。又以再餘之數反減前餘數，如是輾轉相減，至恰盡而止。其末一減數爲等數。減不盡一，是爲無等，不必求。凡以等數約原數，皆得整數。是爲求等法也。

假如甲十、乙十二之兩數，以甲減乙，餘二。以餘二減甲，恰盡。即二爲等數也。

假如甲九、乙二十之兩數，以甲減乙，餘二。以餘二減甲，不盡一。即九與二十爲無等也。

又　求乘數術：術曰：以等數分約原兩數，所得數互命爲乘數。若無等者，即以原數互命爲乘數。

假如甲十、乙十二兩數，其等數二。以二約甲數，爲五。以二約乙數，得六。命六爲甲乘數，命五爲乙乘數。以假如甲九，乙二十兩數，無等，即以九命爲乙乘數，以二十命爲甲乘數也。

清・潘逢禧《算學發蒙・古算三》 約分法：以所用之法數爲分母，以除有不盡之數爲分子。分母若干數，分子若干數。以少減多，兩兩對減。求其有等。然後約之，故西人亦謂之紐數。

又 假如《禮記》：喪大記溢米數。鄭注云：二十兩曰溢。問該若干。

答曰：一升又二十四分升之一。

術曰：置米一石，得一百升，爲實。以斤率十六兩。乘石米，重一百二十斤。得一千九百二十兩。再以溢法二十。除之，得九十六溢，爲法。(法)[實]如(實)[法]，得一升。不盡四。以斤率乘石米，以溢法除得數，以九[十]六除一百，以上除得一升，又九十六分升之四。用約分法求之：以九十六爲分母，四爲分子。以分子四。叠減分母。減之至盡，亦得分母四。是有等數也。既有等數四，即以四除分母，得二十四。除分子，得一。是爲約得一升又二十四分升之一。

清・勞乃宣《籌算分法淺釋・約分》 其法：可半者，半之。不可半者，求母，子公約數，以約之。其算式，列子於上，列母於下。視母、子俱爲偶數者，爲可半。就本位母、子，各屢半之。所得，爲簡數母、子。其不可半者，副置母、子數，以上屢減下，至餘數小於上。又以下屢減上，至餘數又小於下。又以上屢減下，更互累減，至其一減盡無餘，則末次以減之數爲公約數。如減次繁者，即以減數爲法，所減數爲實，依除法，更互上下商除之。以上除下，商於下之下。以下除上，商於上之上。至其一除盡無餘，則末次法數爲公約數。既得公約數，乃移原子，以公約數除之，還原位爲子。移原母，以公約數除之，還原位爲母。即得最簡之分數。如求得公約數爲一者，一除不減，則原母、子即爲最簡之分數。

又 約分設題：今有二百五十六分之一百六十，問約得幾何。

答曰：八分之五。

列分子一百六十於上位，分母二百五十六於下位。可半者，半之。視母、子俱爲偶數，可半。半子，爲八十。母爲一百二十八。母、子仍俱可半，又半之。如此累半之，半至子爲五，母爲八。已有一奇數，不可再半。則八分之五即最簡之分數。以真數明之。如將一斤剖作二百五十六分，每分當得六分二釐五毫。則一百六十分，共當得一十兩。如將一斤剖作八分，每分當得二兩。則五分亦當得一十兩也。故知最簡之分數所當與原母子所當無異。

列位式　母子俱半式　累半得最簡數式

今有七十七分之四十九，問約得幾何。

答曰：一十一分之七。

列分子四十九於上位，分母七十七於下位。視母、子俱爲奇數，不可半，乃寄之。又如式，副置二位，用互減法減之。副置二位，上位恒小於下位。即先於下位減去四十九，餘二十八，轉少於上位。又於上位減去二十八，餘二十一，又少於下位。又於下位減去二十一，餘七，又少於上位。又於上位減七，三次減盡無餘。則下位之七，乃末次以減之數，是爲公約數。以除原子四十九，得七。除原母七十七，得一十一。則除得之一十一分之七，即最簡之分數。

列分母分子寄位式　副置式　下減上式　上減下式

下又減上式　上又減下三次減盡得公約數式　以公約數除原母子得最簡數式

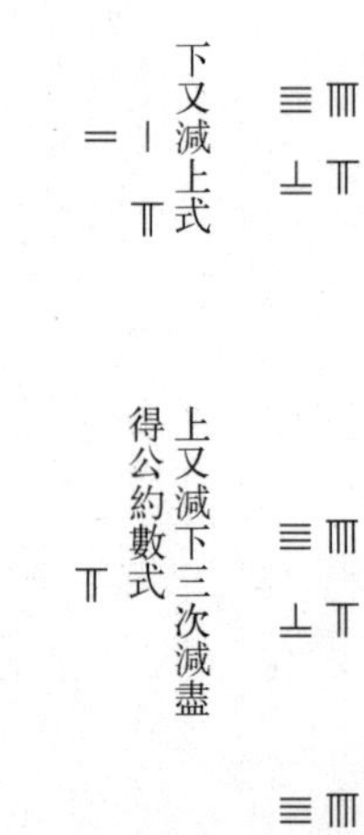

今有八百零一分之六十六，問約得幾何。

答曰：二百六十七分之二十二。

列分子六十六於上位，分母八百零一於下位。視兩數一奇，一偶，不可半，乃寄之。又如式，副置二位。視上位之數小於下位約十餘倍，減次太繁，因用除法。上下商除之，以分子爲法，分母爲實。法步進一位，商一，置於下位之下，對法單位。即於下位除去六百六十，餘一百四十一。法退一位，又商二，置於下位之下、初商之次。又於下位除去一百三十二，餘九。收去下下位所商數。又以下位九爲法，以除上位六十六。商七，置於上位之上，對法單位。於上位除去六十三，餘三。收去上上位所商數。又以上位三爲法，以除下位九。商三，置於下位之下，對法單位。於下位除去九，適盡無餘。收去下下位所商數。上位法三，即末次法數，是爲公約數。以除原母、子，得二百六十七分之二十二，即最簡之分數。

列分母分子寄位式　副置式　法步進商除式

丅 丨 ⊥ 〇 𝍢　　丅 丨 ⊥ 〇 𝍢　　丨 丅 ⊥ 𝍣 丨 一

法退位商除式　收去下下位商數式　下除上商除式

丅 𝍣 ⊥ 一 ‖　　丅 𝍣 ⊥　　𝍧 ‖ 𝍣

收去上上位商數式　上除下商除式　收去下下位商數上位即公約數式　公約數除原母子得最簡數式

‖ 𝍣　　‖　　‖　　‖　　‖ 𝍧 = ⊥ ‖

今有二百二十八分之一百五十，問約得幾何。

答曰：三十八分之二十五。

列分子一百五十於上位，分母二百二十八於下位。可半者，半之。半分子，爲七十五。分母爲一百一十四，已有一奇數，不可再半，乃寄之。又如式，副置二位，用互減法。減至下位分母餘三，上位分子餘三十六。如以三減三十六，減次太繁，因又用除法。以下位三爲法，以除上位三十六，適盡。則下位三即爲公約數。以除已半之母、子，得三十八分之二十五，即最簡之分數。

列位式　半分母分子寄位式　副置式

〇 𝍧 𝍣 ‖ 一 ‖　　𝍣 𝍣 ⊥ 丨 一　　𝍣 𝍣 ⊥ 丨 一

互減餘數式　商除適盡得公約數式　公約數除寄位母子得最簡數式

丅 ‖ ‖　　‖　　𝍣 𝍧 = ‖

今有二十三分之一十四，問約得幾何。

答曰：二十三分之一十四。

列分子一十四於上位，分母二十三於下位。內有一奇數，不可半，乃寄之。又如式，副置二位，更互相減，下位減盡，上位餘一，即公約數。以除原母、子，一除不減，則二十三分之一十四即最簡之分數。

列分母分子寄位式　副置式

𝍣 ‖ 一 =　　一 𝍣 ‖ 一 =

互減得公約數爲式　一除不減，原母子即最簡數式

一　　𝍣 ‖ 一 =

清・曹汝英《直方大齋算稿一・數學上編》卷八　約分：【略】設題明之。

設如有數爲$\frac{八九一}{三四二九}$，試將其子、母約爲最小之數。

求約分，自然以先求最大公約數爲正法，然有時可將不之也。子、母叠次去其同，用之生數以求之。求得最大公約數爲二十七。

八九一）三四二九（三
　　　　二六七三
　　　　七五六）八九一（一
　　　　　　　　七五六
　　　　　　　一三五）七五六（五
　　　　　　　　　　　六七五
　　　　　　　　　　　八一）一三五（一
　　　　　　　　　　　　　　八一
　　　　　　　　　　　　　　五四）八一（一
　　　　　　　　　　　　　　　　　五四
　　　　　　　　　　　　　　　　　二七）五四（二
　　　　　　　　　　　　　　　　　　　　五四

故

三）三四二九
九）一一四三
　　一二七

三）八九一
九）二九七
　　三三

$\frac{八九一}{三四二九} = \frac{三三}{一二七}$

更覺簡便者，如下題是也。

設如有數爲$\frac{一四六五二}{一五〇四八}$試將其子、母約至最小之數。

先將原數列左，爰視子、母之末二位皆可以四除之而盡，則以四除子、母得右邊之數。又視右邊子、母，各位相加，以九除之可盡。則以九除子、母，得第二層。又視第二層之子、母皆可以十一除之而盡，即以十一除子、母，得第三層。第三層不能再約，即爲所求之數。如此算法較捷於先求最大公約數者。

$$\frac{一四六五二}{一五〇四八}=\frac{三六六三}{三七六二}=\frac{四〇七}{四一八}=\frac{三七}{三八}$$

如或棄去一兩箇生數之後，而所得之數不易察出其下一次之生數，則可用最大公約數法，以接求之。

清・黄慶澄《算學報》 約分：設有布一丈，命六人分之。每人得布若干。

答曰：每人一尺又三分尺之二。

案：前欵三爲分母，(一)[二]爲分子，則本欵宜以六爲分母，四爲分子，定爲一尺又六分尺之四。乃以三爲分母，二爲分子，定爲一尺又三分尺之二者，何也？蓋約六爲三，約四爲二，約繁就簡，以便於算。故前曰命分，此則曰約分。

又案：約分法以分母、分子輾轉相減。如前題，先以四減六，餘二。再以二減四，亦餘二。再以二減二，適盡。乃以二爲公度數公度數云者，言可度母之六，約之爲三。亦可度子之四，約之爲二也。因以六之四約爲三之二。

又案：此乃因全數而悟分數也。蓋全數六與四，既可約爲三與二，則分數六之四即可約爲三之二。

設有布三丈五尺，命二十人分之。每人得布若干。

答曰：每人一尺又四分尺之三。

清・劉彝程《九章實義》卷一上《論比例》 附約分求等法：約，即除也，謂分母、分子二數皆可取一數約之使小，則約之之數即爲等數。如八之四，可以二約其母，子爲四之二。又如九之三，可以三約其母、子爲三之一。此約得之數，即爲極簡之分數。而約之數，如二與三者，皆爲等數。但似此等數，一見易知，無須求得。若其母、子甚大，驟觀之不識何數能約之使小，則須先求等數。求等數之法，先以小數屢減大數，減至小於小數，爲次小數。再以次小數轉減小數，減至小於次小數，爲三小數。復以三小數轉減次小數，減至小於三小數，爲四小數。如是屢次轉減，至末必兩邊相等，即等數也。以此等數約其原母、子，必得極簡之母、子。

又 假如有分母二百九十九，分子二百二十一。法：命分母爲大數，分子爲小數。將母、子各置一邊，先以子減母，得七十八，爲次小數。次以七十八屢減分子，得六十五，爲三小數。再以三小數減七十八，得十三，爲四小數。復以四小數屢減六十五，亦得十三。兩邊皆餘十三，則十三爲等數。乃以十三遍除原母、子，則得母二十三，子十七。故二百九十九分之二百二十一可約之爲二十三分之十七，斯爲極簡之分數。

藝文

明・王文素《算學寶鑒》卷一二《約分》 約分

母子繁多用約分，衆家互減倶平均。以其爲法除原總，母子皆知是幾分。

明・程大位《算法統宗》卷二 又歌：

約分須分子母名，更相減損至同成。就把其同爲法則，除來各数自無零。

最大公約數和最小公倍數

算法

晉・佚名《孫子算經》卷下 今有三女，長女五日一歸，中女四日一歸，少女三日一歸。問三女幾何日相會。

答曰：六十日。

術曰：置長女五日、中女四日、少女三日，於右方。各列一筭於左方。維乘之，各得所到數：長女十二到，中女十五到，少女二十到。又各以歸日乘到數，即得。

明・王文素《算學寶鑒》卷二四《短長同會》　法曰：置各日数：三日，四日，五日，連乘，得六十日。合問。

北魏・张丘建《张丘建筭經》卷上　今有封山周栈三百二十五里。甲、乙、丙三人同遶周栈行，甲日行一百五十里，乙日行一百二十里，丙日行九十里。問周行幾何日會。

荅曰：十日，六分日之五。

術曰：置甲、乙、丙行里數，求等數，爲法。以周栈里數爲實。實如法而得一。**隋・劉孝孫細草**　草曰：置甲、乙、丙行里數，甲行一百五十，乙行一百二十，丙行九十。各求等數，得三十，爲法。除周栈數得十日，法三十，餘二十五，各以五除之，法得六，餘得五。各以三十約之甲、乙、丙行數，乃甲得五周，乙得四周，丙得三周。合前問。

又　今有内營周七百二十步，中營周九百六十步，外營周一千二百步。甲、乙、丙三人直夜，甲行内營，乙行中營，丙行外營，俱發南門。甲行九，乙行七，丙行五。問各行幾何周俱到南門。

荅曰：甲行十二周，乙行七周，丙行四周。

術曰：以内、中、外周步數互乘甲、乙、丙行率。求等數，約之，各得行周。

隋・劉孝孫細草　草曰：置内營七百二十步於左上，中營九百六十步於中，外營一千二百步於下。又各以二百四十約之，内營得三，中營得四，外營得五。別置甲行九於右上，乙行七於右中，丙行五於右下。以求整數，以右位再倍上得三十六，中得二十八，下得二十。以左上三除右上三十六，得十二周。以左中四除右中二十八，得七周。以左下五除右下二十，得四周。是甲、乙、丙行數。合前問。

明・王文素《算學寶鑒》卷二四《短長同會》　干十日一循，支十二日一循。問幾日一會。

荅曰：六十日。

法曰：干下一十，另支下一十二，相乘，得一百二十日。折半，得六十日一會。合問。

又　干十日一循，支十二日一循。直宿二十八日一循，問幾日同會一度。

荅曰：四百二十日。

法曰：置干一十日，乘支一十二日，得一百二十日。［折半，得六十日］。又以直宿二十八日乘之，得一千六百八十日。両折半，得四百二十日，同會一度。合問。

觧術曰：或不両折，則用四歸亦同。

又　張家三女同日嫁娶，長女三日一歸，中女四日一歸，小女五日一歸。通計総歸二百八十二次，問三女各歸幾次，同會幾遭。

荅曰：長女一百二十次，中女九十次，小女七十二次。同會六遭。

列位法圖

右行	長三日	中四日	小五日
左行	一歸	一歸	一歸

法曰：以右行三、四、五日連乘，得六十日，爲同會。就以三日除之，得長女歸二十次。又置同會六十［日］，以四日除之，得中女歸一十五次。再置六十日，以五日除之，得小女歸一十二次。併之，共得四十七次，爲法。置総歸二百八十二次，爲實。以法除之，得同會六次。以(屯)［此］六回各歸次数：六因二十，得長女歸一百二十次。六回十五，得中女歸九十次。六回十二，得小女歸七十二次。六回同會六十日，得総日三百六十，即一年之数。合問。

又　京都營造，合用石灰四萬四千二百八十四斤。着落保定、真定、順德三府，各照地里遠近輸運。且云保定至京三百三十里，真定六百二十里，順德九百五十里，問三府各運幾何。

荅曰：保定府二萬三千五百六十斤，真定府一萬二千五百四十斤，順德府八千一百八十四斤。

法曰：列各府地里：保定三百三十里，真定六百二十里，順德九百五十里。合三位連乘，得一億九千四百三十七萬里，爲滿數。就以保定三百三十里除之，得五十八萬九千。再置滿数，以真定六百二十里除之，得三十一萬三千五百。又再置滿数，以順德九百五十里除之，得二十萬四千六百。併三位，共得一百一十萬七千一百，爲法。置総用灰四萬四千二百八十四斤，遍乘未併者：乘保定五十八萬九千，得二百六十億八千三百二十七萬六千，爲保定寔。再置総灰，乘真定三十一萬三千五百，得一百三十八億八千三百三萬四千，爲真定寔。再置総灰，乘順德二十萬四千六百，得九十億六千五百萬六千四百，爲順德實。皆以法除之，各得三府所運灰数。合問。

明・程大位《算法統宗》卷九《均輸》　今有甲、乙二人往縣應役，甲該十二日一往，乙該十五日一往。問二人何日同會。

荅曰：六十日會。

法曰：置甲十二日，以乙十五日乘之，得一百八十日，爲實。却以乙十五日減甲十二日，餘三日，爲法。除之。合問。

又 今有天干十位，地支十二位。問干、支相配若干。

荅曰：六十甲子。

法曰：置天干十位，以地支十二乘之，得一百二十，爲實。却以天干十位減地支十二，餘二，爲法。除之，即得。

清·吴嘉善《白芙堂算書廿一種·九章翼·衰分》 求會率術

術曰：任以一乘數乘本數得會率。凡會率者兩數相會之率也。

假如天干十，地支十二，求得六爲天干乘數，五爲地支乘數。各乘本數，均得六十，爲會數也。

假如甲九，乙二十，無等數。即以九爲乙乘數，以二十爲甲乘數。各乘本數，均得一百八十，爲會率也。

又 求幷率術

術曰：乘數相幷，爲幷率也。

假如甲十、乙十二之乘數爲五與六。幷之，得十一。又如甲九、乙二十之乘數爲二十與九。幷之，得二十九，皆爲幷率也。

清·黄傳祁《分法札記》 求公乘數術曰：置兩母，求其最大公度數。即約分所得等數。乃以公度數約一母，得數。以乘又一母，爲最小公乘數。三數者，先以兩母求得公乘數，又以公乘數與第三母求得公度數。乃以公度數約三母，得數。以乘公乘數，爲最小公乘數。或約公乘數，得數。以乘三母，亦同。

草曰：設有 $\frac{六}{一}$、$\frac{一五}{三}$、$\frac{八}{三}$ 欲齊其分，則先取六與一五，求其最大公度數，得三，以約六，得二，以二乘一五，得三〇，爲最小公乘數。次以三〇與八，求其最大公度數，得二。以二約八，得四。以四乘二〇，得一二〇，爲最小公乘數。乃以一二〇乘一，得一二〇。六除之，得二〇。則 $\frac{六}{一}=\frac{一二〇}{二〇}$ 以一二〇乘三，得三六〇。以一五除之，得二四。則 $\frac{一五}{三}=\frac{一二〇}{二四}$ 以一二〇乘三，得三六〇。以八除之，得四五，則 $\frac{八}{三}=\frac{一二〇}{四五}$ 而三數皆同母矣。

又草曰：置六，以二除之，得三。又以三除之得一，則首行得二、三。置一五，以三除之，得五，又以五除之，得一。則次行得三、五。置八，以二除之，得四。又二除之，得二。又二除之，得一。故三行得二、二、二。乃用首行之三，其二少於三行，不用。次行之五，其三，首行已用去之。三行之二、二、二連乘之，得 首六之一、次一五之三、三八之三 [illegible] 其 [illegible] 而 [illegible] 最小公乘數。餘同前草。

藝文

明·吴敬《九章算法比類大全》卷三《衰分》 詞詩

今有数珠一串，輪来仔細分明。三枚無剩五無零，七箇約之恰盡。欲問共該多少？推窮妙法門庭，知公能筭慣縱横，此法不難易醒。 右西江月

荅曰：一百五枚。

法曰：以三枚與五枚相乘，得一十五。再以七箇乘之。合問。

又 張宅三女孝順，歸家頻望勤勞。東村大女隔三朝，五日西村女到，小女南鄉路遠，依然七日一遭。何朝齊至飲香醪，請問英賢回報。 右西江月

荅曰：一百五日同會。

法曰與前法相同。

明·王文素《筭學寶鑒》卷二四《短長同會》 短長同會

長短将来要會期，連乘衆率即能知。兩椿雙率乘来折，三率雙時两折之。

明·程大位《筭法統宗》卷一五《難題》 西江月 張家三女孝順，歸家頻望勤勞。東村大女隔三朝，五日西村女到。 小女南鄉路遠，依然七日一遭。何朝齊至飲香醪，請問英賢回報。

荅曰：一百零五日同到相會。

法曰：以三朝，五日相乘，得一十五。再以七日乘之，得一百令五日。合問。

分數加減法分部

通分

題解

《九章筭術》卷一《方田》三國魏・劉徽注　凡母互乘子謂之齊，羣母相乘謂之同。同者，相與通同共一母也；齊者，子與母齊，勢不可失本數也。

清・曹汝英《直方大齋算稿一・數學上編》卷八　通分納子：【略】先以母乘整，故曰通分。次加原有之子，故曰納子。

又　凡有分數皆能任取一數，以乘其子、母而通之，使大也。如此通大之法，亦名曰通分。

又　凡有整帶零之數，皆可變之爲分數。如此變法，名曰通分納子。

綜論

《九章筭術》卷一《方田》三國魏・劉徽注　母互乘子；約而言之者，其分麁；繁而言之者，其分細。雖則麁細有殊，然其實一也。衆分錯難，非細不會。乘而散之，所以通之。通之則可并也。

清・陳世明《數學舉要》卷六《諸分》　通分：凡加減乘除，並有子、母通分之法。如整數下有零分，而不以十分成整，當用通分。以整數剖爲若干分，是爲母數。其所帶零分在母數之中易得幾分之幾，是爲子數。若分下帶有小分，則曰幾分之幾又幾分之幾。有法以通之，則零不異於整也。知此而零分皆可相并、減，相乘、除，乃能盡九章之術，故備論於左。

清・屠文漪《九章録要》卷二《零分法》　零分法：凡數不能有整而無零分，不得已而命分。乃有整帶零分。此固然也。而此特謂歸整命分之後，其數可定，不復與他數相并減、相乘除者耳。若更有他數，須與之相并減、相乘除，則無論未歸整者，且當以法爲母，實爲子，而勿急於歸整。必歸整無零分，方可歸整也。即遇整帶零分已成之數，亦必化整爲零分。何也？數或零或整，皆可與他數相并減、乘除。若本數自兼零、整，則難用整法，又難用零分法。故必須化之，而不能化零爲整，但可化整爲零。其法以原母爲母，以原母乘整，得數并原子，爲子。如有數七零五分之三，則化爲五分之三十八是也。

又　整帶零分，化整爲零分法：凡以法除實，務得數歸整值。餘實少於法，

清・吴嘉善《白芙堂算書廿一種・九章翼・分法》　齊分：爲有兩數分母不同，不便加減，欲同其母，故立此法。兩數列爲兩行，以兩母相乘爲共母，以兩母互乘兩子，爲各子。互乘者，以此乘彼，以彼乘此也。

假如三之一與五之三兩數，欲齊其分者。

法：列三之一、五之三在位。先以右三、左五兩母相乘，得十五，爲共母。又以右母三乘左子三，得九，爲左子；左母五乘右子一，得五，爲右子，齊得右數爲十五分之五，左數爲十五分之九，是也。

又　通分內子：零、整二數不同類，以整從零，故有此法。以分母乘整數而以子并入之。

假如二又五之三，以分母五乘整數二，得一〇。并入子三，得一三是也。

清・黄傳祁《分法札記》　多項通分捷術

術曰：置各母，求其最小公乘數，爲共母。乃以公乘數乘各子，各以原母除之，爲各子。

又術：置各母，以二、三、五、七等數根除之，至得一而止。乃書屢次除法於本行下，擇其數多於他行者，用之連乘，爲定母，即公乘數也。

清・勞乃宣《籌算分法淺釋・齊分》　幾分數不同母者，不能相加減，必化之爲同母之子，加減乃得而施，是爲齊分。

又　**《通分》**　分數之連於整數者，將乘除之，必化其整數，使合原分數。全

爲分數，乘除乃得而施，是爲通分納子。

清・黄慶澄《算學報》 通分：通分者，言以彼數通爲此數，或通多爲少，或通少爲多，所以化異爲同也。

算法

明・王文素《算學寶鑑》卷一二《同分》 二率同母題：甲三分之二，乙八分之五。欲同一母而命之，問同母異子幾何。

荅曰：甲二十四分(六)[之]十六，乙二十四分之十五。

同母子列位圖

草曰：以右行甲母三乘乙母八，得二十四，爲同母。以甲子二互乘乙母八，得一十六，爲甲子。以乙子五互乘甲母三，得一十五，爲乙子。皆以同母命之。合問。

三率同母題：甲五分之四，乙四分之三，丙三分之二。欲同其母而用之，問同母異子各幾何。

荅曰：甲六十分之四十八，乙六十分之四十五，丙六十分之四十。

同母子列位圖

甲母五　乙母(五)[四]　丙母三

甲子四　乙子三　丙子二

草曰：以右行甲、乙、丙三母連乘，得六十，爲同母。以甲子四互乘乙、丙二母，得四十八爲甲子。以乙子三互乘甲、丙二母，得四十五爲(一)[乙]子。以丙子二互乘甲、乙二母，得四十爲丙子。皆以同母命之。合問。

又法：以三母連乘，得六十，爲同母。以四(固)[因]五歸，亦得甲子四十八。再置同母，以三因四歸，亦得乙子四十五。再置同母，以二因三歸，得丙子四十。同母命之。

三率同子題：古法周三、徑一，(徵)[徽]術周一百五十七、(径)[径]五十，密率周二十二、径七。今欲同径而異(同)[周]，問各幾何。

荅曰：古法径得周一千〇五[十]分之三百五十。

(徵)[徽]術径得周(乙)[一]千〇九十九分之三百五十。

密率径得周(乙)[一]千一百分之三百五十。

解曰：圓田周如分母，径如子，故同一法而求之。

右行　古法周三　(徵)[徽]術周一百五十七　密率周二十二

左行　古法径一　(徵)[徽]術径五十　密率径七

草曰：以左行三子連乘，得三百五十，爲(周)[同]径。以三因，得古法周一千五十。另置同子，以一百五十七乘之，如五十而一，得(徵)[徽]術周一千九十九。再置(周)[同]子，以二十二乘之，如七而一，得密率周一千一百。各以異同命周径。合問。

互乘求之之法，如前。或求同周，(仄)[反]之即是。

四率同母題：甲九分之七，乙八分之五，丙五分之二，丁三分之一。(合)[今]欲同母而異子，問各幾何。

荅曰：甲一千八十分之八百四十，　乙一千八十分之六百七十五，

丙一千八十分之四百三十二，　丁得一千八十分之三百六十。

右行　甲母九分　乙母八　丙母五　丁母三

[左行]　甲子七　乙子五　丙子二　丁子一

草曰：以甲、乙、丙、丁四母連乘，得一千八十，爲同母。以甲子七互乘乙、丙、丁三母，得八百四十，爲甲子。以乙子五互乘甲、丙、丁三母，得六百七十五，爲乙子。以丙子二互乘甲、乙、丁三母，得四百三十二，爲丙子。以丁子一互乘甲、乙、丙三母，得三百六十，爲丁子。皆以同母命之。合問。

四率同子題：甲九分之七，乙八分之五，丙五分之二，丁三分之一。(合)[今]欲同子異母而命之，問各得幾何。

荅曰：甲九十分之七十，　乙一百一十二分之七十，

丙一百七十五分之七十，　丁二百一十分之七十。

右行　甲母九　乙母八　丙母五　丁母三

左行　甲子七　乙子五　丙子二　丁子一

草曰：以左行四子連乘，(的)[得]七十，爲同子。就以九因七歸，得甲母九十。另置同子，以八因五歸，得乙母一百一十二。又另置同子，以五因二歸，得丙母一百七十五。又三因[同]子，得丁母二百一十。各命同子。合問。

明・程大位《算法統宗》卷一　通分法者，謂法實帶有畸零之数，若不設法通之，則何由而置位乎？假如畸零四分之一者，就以一分之数變作四分，加入零一分，可用乘除而筭之，故曰通分。凡公私皆不用之，今但有畸零者，至于毫忽，以六收之，以四去之，筭家若不精微，豈可合得数乎？

又　通分：通分者，通以分母，納以分子也。夫数之有盡者，不必通也。若畸零之不盡者，使不通之，則何以置位而筭之乎？此通分之法所由立也。假如四分兩之一者，則二錢五分也。此所謂数之有盡者也。若三分兩之一者，三錢三分三厘，以至于三三之無窮。此所謂数之不盡者也，必須以分通之，乃可筭也。不然則畸零之不盡，終無可置位矣。

清・陳世明《數學舉要》卷六《諸分》　化整爲零：假如有物一斤，問通得銖數若干。

答曰：三百八十四銖。

術：以一斤通爲十六兩。又每兩以二十四銖通之，得三百八十四銖。此兩次用通分者。即有畸零，累折用之。三四次以上者，皆倣此。

又　以整帶零：假如有星，行二十五(週)[周]又七宮十四度。問通得所帶零分若干。

答曰：整數二十五，又整數十二分之七，又仍帶零分三十分之四。

術：以二十五周爲整數。另以一(週)[周]通作十二宮，爲分母。以七宮爲分子。再以一宮通作三十度，爲小分子。是爲整數二十五，又帶零分爲整數十二分之七，又仍帶零抄爲小分三十分之十四。

清・張作楠《倉田通法・方田通法補例》卷一　通分：畸零數不以十析者，通分納子。如積二畝一百六十步一十六尺，欲求其積尺。先以畝法二十四通二畝，得四百八十步。納子一百六十步，共六百四十步。再以步法通之，得三千二百尺。納子一十六尺，共得三千二百一十六尺。

清・吴嘉善《白芙堂算書廿一種・九章翼・分法》　齊分：爲有兩數分母不同，不便加、減。欲同其母，故立此法。兩數列爲兩行，以兩母相乘，爲共母。以兩母互乘兩子，爲各子。互乘者，以此乘彼，以彼乘此也。

假如三之一與五之三兩數，欲齊其分者。

法：列三之一／五之三在位。先以右三／左五兩母相乘，得十五，爲共母。又以右三／左五母乘左三／右一子，得九／五，爲左／右子，齊得右／左數爲十五分之五／十五分之九是也。通分內子，零、整二數不同類，以整從零，故有此法。以分母乘整數，而以子并入之。

假如二又五之三，以分母五乘整數二，得一〇。并入子三，得一三是也。

清・勞乃宣《籌算分法淺釋・齊分》　其法：母互乘子爲子，謂之齊其子。母相乘爲母，謂之同其母。其筭式，並列各母、子數於左方，子列中層，母列下層。以左爲首行，以次而右。列定，乃移左方首行分子於右方上層，副置次行分母於右方下層。乘之，中層得數移於上層。又副置三行分母於下層，乘之。以次副置各分母乘畢，得數，還於左方首行中層，爲首行分子。復移左方次行分子於右方上層，副置首行分母及三行，以次分母遞乘之，得數，還於左方次行中層，爲次行分子。再移三行以次各分子，如法爲之。分子俱互乘畢，乃移左方首行分母於右方上層，次行分母於右方下層。乘之，得數，移於上層。復移三行分母於下層，乘之。以次移左方各分母。乘畢，得數，還於左方首行下層，爲共分母。

又法：先求最小公倍數，爲共分母。以各分母除之，各分子乘之，爲各分子。其筭式，並列各母、子數於左方如前。列定，乃副置首行分母於右方中層，次行分母於右方下層，求得公約數，寄之。又副置首行分母於右方中層，以公約數除之。副以次行分母乘之，得數，副之。又副置三行分母於下層，求得公約數。以除副置所得數，副以三行分母乘之，得數，又副以四行分母如法爲之。俱畢，所得爲最小公倍數。副之，移左方首行分母於下。除之，移左方首行分子於下。乘之，得數，還於左方首行中層，爲首行分子。又置公倍數，以次移各分母除之，各分子乘之。還於左方各中層，爲各分子。畢，移公倍數於首行下，爲共分母。

又法：分母不同，而可以加減之使同者，則變而同之，可以省算。其筭式，列位如前。視此分母爲彼分母之幾倍，或此母、子爲彼母、子幾分之幾者，則就本位按幾倍加彼母、子，或減此母、子幾分之幾，即爲同母分數。

又　齊分設題：今有五分之四，八分之三。齊而同之，問得幾何。

答曰：四十分之三十二，與一十五。

列分子四於左方首行中層，分母五於下層。列分子三於左方次行中層，分母八於下層。列定，移左方首行分子四於右方上層，副置次行分母八於下層。

乘之，得三十二。還於左方首行中層，爲首行分子。再移左方次行分子三於右方上層，副置首行分母五於下層。乘之，得一十五，還於左方次行中層，爲次行分子。移左方首行分母於右方上層，次行分母於下層。乘之，得四十。還於右方首行下層，爲共分母。則首行爲四十分之三十二，次行爲四十分之一十五。以真數明之。如將一斗剖作五分，每分當得二升，四分共得八升。如將一斗剖作八分，每分當得一升二合五勺，三分共得三升七合五勺。齊而同之，爲四十分之三十二，與一十五。則一斗剖作四十分，每分當得二合五勺。而三十二分仍得八升，一十五分仍得三升七合五勺。是四十分之三十二等於五分之四，四十分之一十五等於八分之三，而皆化爲同母之子也。

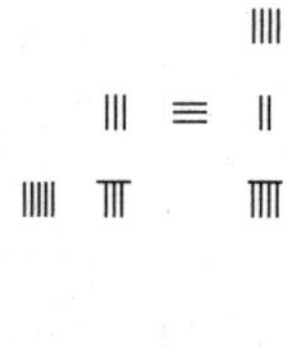
於右下相乘得數式

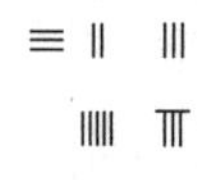
收去上下位中層得數，還於左方首行中層爲首行分子式

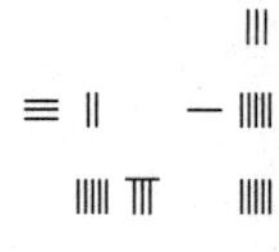
移左方次行分子於右上，副置首行分母於右下，相乘得數式

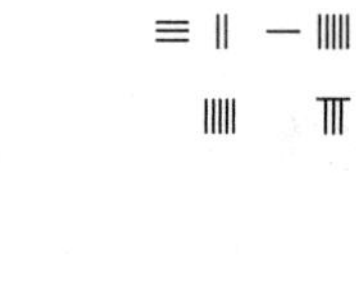
收去上下位中層得數，還於左方次行中層爲次行分子式

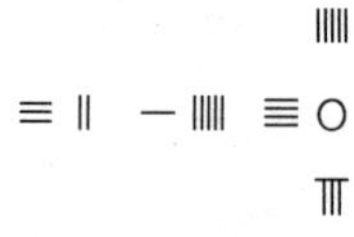
移左方首行分母於右上，次行分母於右下，相乘得數式

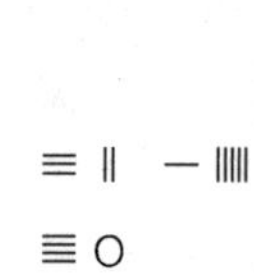
收去上下位中層得數，還於左方首行下層爲共分母式

今有一十二分之九，七分之五，四分之一，九分之二。齊而同之，問得幾何。

答曰：三千零二十四分之二千二百六十八，與二千一百六十，與七百五十六，與六百七十二。

列分子九於左方首行中層，分母一十二於下層。列分子五於左方次行中層，分母七於下層。列分子一於左方三行中層，分母四於下層。列分子二於左方四行中層，分母九於下層。列定，移左方首行分子九於右上，副置次行分母七於右下。乘之，得六十三。移於上層。又副置三行分母四於下層。乘之，得二百五十二，又移於上層。再副置四行分母九於下層。乘之，得二千二百六十八。還於左方首行中層，爲首行分子。復移左方次行分子五於右上，副置首行分母於右下。乘之，乘得之數移於上層。又副置三行分母於下。乘之，乘得之數又移於上層。再副置四行分母於下。乘之，得二千一百六十。還於左方次行中層，爲次行分子。又移左方三行分子一於右上，副置各分母，如法遞乘之，得七百五十六。還於左方三行中層，爲三行分子。又移左方四行分子二於右上，如法遞乘之，得六百七十二。還於左方四行中層，爲四行分子。復移左方首行分母一十二於右上，次行分母七於右下。乘之，得八十四，移於上層。又移三行分母四於下。乘之，得三百三十六，又移於上層，再移四行分母九於下。乘之，得三千零二十四。還於左方首行下層，爲共分母。則首行爲三千零二十四分之二千二百六十八，次行爲三千零二十四分之二千一百六十，三行爲三千零二十四分之七百五十六，四行爲三千零二十四分之六百七十二。

列位式

移左方首行分子於右上，副置次行分母於右下。相乘得數式

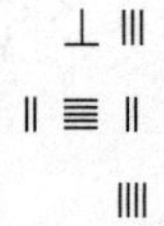
收去上下位中層，得數移於上層。副置三行分母於下，相乘得數式

收去上下位中層，得數移於上層。副置四行分母於下，相乘得數式

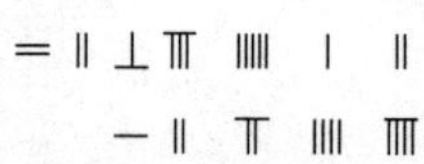
收去上下位中層，得數移於左方首行中層爲首行分子式

移左方次行分子於右上，如法遞乘之，得數還於左方次行中層爲次行分子式

移左方三行分子於右上，如法遞乘之，得數還於左方三行中層爲三行分子式

移左方四行分子於右上，如法遞乘之，得數還於左方四行中層爲四行分子式

分母連乘，得數還於左方首行下層爲共分母式

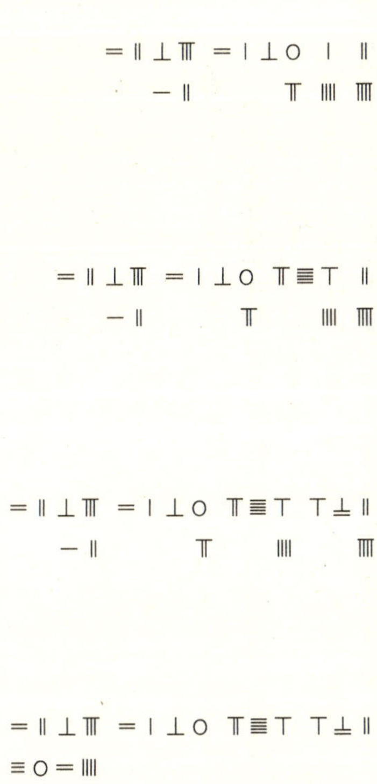

今有四分之三，六分之五，九分之二。齊而同之，問得幾何。

答曰：三十六分之二十七，與三十，與八。

列分子三於左方首行中層，分母四於下層。列分子五於左方次行中層，分母六於下層。列分子二於左方三行中層。分母九於下層。列定，副置左方首行分母四於右中，次行分母六於右下，求得公約數爲二，寄之。又副置左方首行分母四於右中，移公約數二於右下。除之，得二。又副置左方次行分母六於右下。乘之，得一十二，副之。又副置左方三行分母九於右下，求得公約數爲三。以除副置一十二，得四。又副置左方三行分母九於右下。乘之，得三十六，爲最小公倍數，副之。移左方首行分母四於右下，除之，得九。移左方首行分子三於右下。乘之，得二十七。還於左方首行中層，爲首行分子。又副置公倍數三十六於右中，移左方次行分母六於右下。除之，得六。移左方次行分子五於右下。乘之，得三十。還於左方次行中層，爲次行分子。又副置公倍數三十六於右中，再移左方三行分母九於右下。除之，得四。又移左方三行分子二於右下。乘之，得八。還於左方三行中層，爲三行分子。移公倍數於左方首行下層，爲共分母。則首行爲三十六分之二十七，次行爲三十六分之三十，三行爲三十六分之八。

列位式

副置左方首行分母於右中，次行分母於右下式

兩分母求得分約數二寄位式

又副置左方首行分母於右中，以公約數除之得數式

收去右下公約數，又副置左方次行分母於右下，相乘得數式

收去上下位右中，得數副之。又副置左方三行分母於右下式

左方三行分母與右中得數求得公約數三，以除副置右中，得數得四式

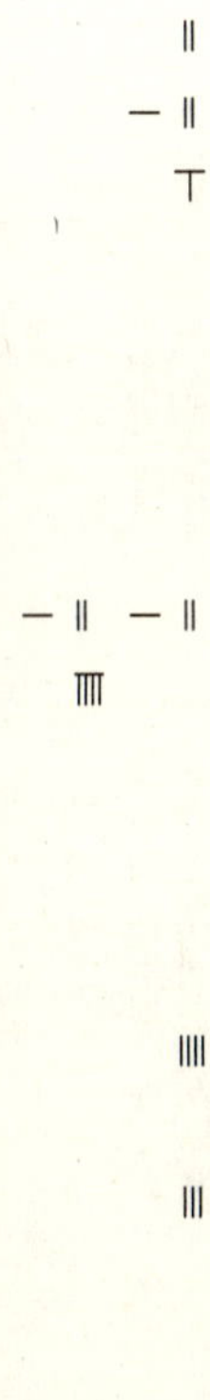

收去下位三，副置左方三行分母於右下，相乘得公倍數式

收去上下位，副置公倍數移左方首行，分母除之，得數式

收去下位四移左方首行分子於右下，相乘得數式

收去上下位右中得數，還於左方首行中層爲首行分子式

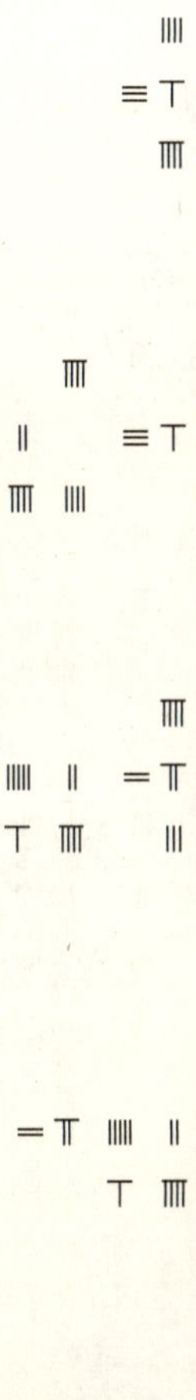

又副置公倍數於右中，移左方次行分母於右下，除之得數式

收去下位六移左方次行，分子於右下，相乘得數式

收去上下位右中得數，還於左方次行中層爲次行分子式

又副置公倍數於右中，移左方三行分母於右下，除之得數式

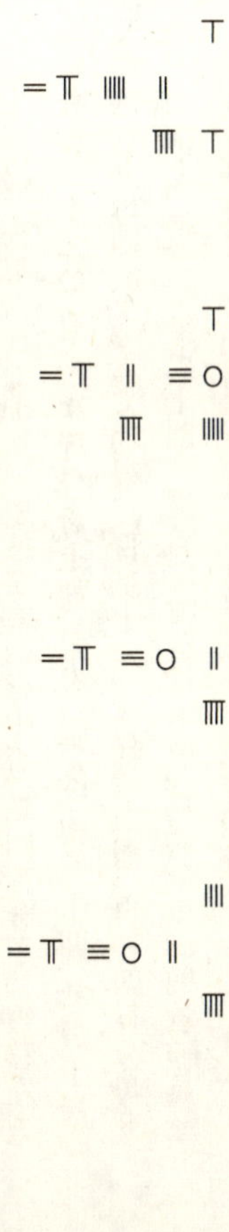

收去下位九移左方三行分子於右下，相乘得數式

收去上下位右中得數，還於左方三行中層爲三行分子式

移公倍數於左方首行下層爲共分母式

今有六分之五，八分之七，一十五分之七，九分之四。齊而同之，問得幾何。

答曰：三百六十分之三百，與三百一十五，與一百六十八，與一百六十。

列分子五於左方首行中層，分母六於下層。列分子七於左方次行中層。分母八於下層。列分子七於左方三行中層，分母一十五於下層。列分子四於左方四行中層，分母九於下層。列定，副置左方首行分母六於右中，次行分母八於右下，求得公約數爲二，寄之。又副置左方首行分母六於右中。以公約數除之，得三。又副以左方次行分母八乘之，得二十四，副之。又副置左方三行分母一十五於右下，求得公約數三。以除副置二十四，得八。又副以左方三行分母一十五乘之，得一百二十，又副之。又副置左方四行分母九於右下，求得公約數三。以除副置一百二十，得四十。又副以左方四行分母九乘之，得三百六十，爲最小公倍數，副之。移左方首行，分母六除之，得六十。移左方首行分子五乘之，得三百。還於左方首行中層，爲首行分子。又副置公倍數，移左方次行，分母八除之，得四十五。移左方次行，分子七乘之，得三百一十五。還於左方次行中層，爲次行分子。又副置公倍數，移左方三行，分母一十五除之，得二十四。移左方三行，分子七乘之，得一百六十八。還於左方三行中層，爲三行分子。又副置公倍數，移左方四行，分母九除之，得四十。移左方四行，分子四乘之，得一百六十。還於左方四行中層，爲四行分子。移公倍數於左方首行下層，爲共分母。則首行爲三百六十分之三百，次行爲三百六十分之三百一十五，三行爲三百六十分之一百六十八，四行爲三百六十分之一百六十。

列位式

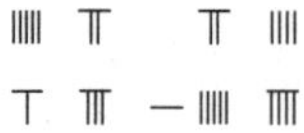

副置各分母，如法求得公倍數式

副置公倍數，移左方首行，分母除之，分子乘之，得數還於左方首行中層，爲首行分子式

又副置公倍數，移左方次行，分母除之，分子乘之，得數，還於左方次行中層，爲次行分子式

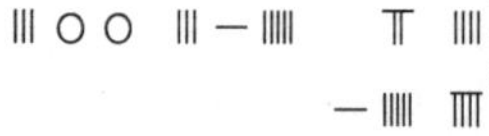

又副置公倍數，移左方三行分母除之，分子乘之，得數還於左方三行中層，爲三行分子式

又副置公倍數，移左方四行分母除之，分子乘之，得數還於左方四行中層，爲四行分子式

移公倍數，於左方首行下層，爲共分母式

今有一十四分之九，七分之六。齊而同之，問得幾何。

答曰：一十四分之九，與一十二。

列分子九於首行中層，分母一十四於下層。列分子六於次行中層，分母七於下層。列定，視首行分母大於次行分母一倍，因倍次行分母爲一十四，分子爲一十二。是一十四即爲共母。則首行爲一十四分之九，次行爲一十四分之一十二。

列位式

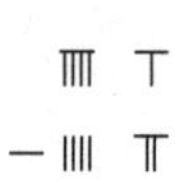

倍次行母子，使爲同母式

今有二十八分之一十六，二十一分之一十二。齊而同之，問得幾何。

答曰：同爲二十一分之一十二。

列分子一十六於首行中層，分母二十八於下層。列分子一十二於次行中層，分母二十一於下層。列定，視首行母、子，皆大於次行母、子四分之一，即將首行母、子各減去四分之一，則首行、次行同爲二十一分之一十二。

列位式

‖　｜
一　＝
丅　Ⅲ
一　＝

減首行母子四分之一使爲同母式

‖　｜
一　＝
‖　｜
一　＝

又《通分》 其法以整數爲實，分母爲法，依乘法乘之，謂之通分。得數與原分數相合，謂之納子。其筭式，整數列於上層，分子列於中層，分母列於下層。中層不動，以下層乘上層，得數置於中層，與中層原數相加，爲分子。下層仍爲分母。遇有整數與分數相乘除者，法立一爲整數之分母。其筭式，置整數於中層，爲分子。置一筭於下層爲分母。通分者，化整爲零，以便算也。遇得數後子大於母者，當收零爲整。其法：以分子爲實，分母爲法，依除法除之。其筭式，分子置於中層，分母置於下層。以下層除中層，得數置上層，爲整數。中層不盡者，仍爲分子。下層仍爲分母。

又 通分設題：今有一十八又五分之三，通分納子，問得幾何。

答曰：五分之九十三。

列整數一十八於上層，分子三於中層，分母五於下層。以分母五乘整數一十八，得九十。置於中層，與原有之分子三相合，共得九十三，仍爲分子。下層五仍爲分母。是一十八又五分之三，通分納子，爲五分之九十三。以真數明之。如五分石之三，是將一石剖作五分而得其三分。一石剖作五分，每分當得二斗。得其三分，則六斗也。故一十八石五分石之三即一十八石六斗。今將一十八石亦剖作每一石五分，則一十八石共得九十分。與零數三分相加，爲九三分。每分二斗，九十三分，共一百八十六斗，即一十八石六斗，仍同原數也。

列位式

Ⅲ　一
|||
||||

通分納子得數式

|||　≟
||||

今有三，立一爲分母，問得幾何。

答曰：一分之三。

列整數三於上層，立一於下層，爲分母。即以上層整數三移於中層，爲分子。是爲一分之三。整數必立一爲分母者，蓋多人分整數，則將整數剖作多分，而人得多分中之一分，其間即有零數。今整數乃未分之數。未分之數，則獨爲一分可知。故以一爲分母。整數既以一爲分母，雖無分子可納，仍當以分母一通整數。因一乘不長，可無須乘。故即以上層整數移於中層，爲分子。是簡法也。

列位式

|||

移三爲分子立一爲分母式

|||
|

今有二十五分之二十六，問收得幾何。

答曰：一又二十五分之一。

列分子二十六於中層，分母二十五於下層。子大於母，乃收之。以分子二十六爲實，分母二十五爲法。除之，得一，餘實一。不滿法，以法命之。是爲收得一又二十五分之一。

列位式

丅　＝
||||　＝

以母除子得數命分式

|
|
||||　＝

藝文

明・王文素《筭學寶鑒》卷一二《通分》

除法還源不盡時，法爲分母寔爲兒。母通整数加零子，便見根源總積奇。

楊氏名輝，南宋時人。詳註《九章筭法》，著《筭寶》凡五卷。曰：商除後不盡之數，法爲分母，寔爲分子。若乘而還源，必用通分。分母、分子繁者，必用約分。諸分母、子不齊而欲併者，必用合分。分母、子有二，較其多寡者，必用課分。均不齊之分者，[必]用平分。斤連(鉄)[銖]両，(正)[疋]帶尺寸，亦猶分子，非乘分、除分不能治之。治分乃用筭之喉襟也。如不學，則不足以知筭。而諸分並著《九章・方田》，若以一日習一法，不旬日而周知。更以兩月温習，必能開釋。《張丘建盖作算者，時代未得。筭[經]》序云：不患乘除爲難，而患分母、子之爲難。以輝言之，分子本不爲難，不過位繁，剖折諸分，不致差錯而已矣。

又 卷一二《同分》

不齊母子欲同之，母子分排左右施。甲子互乘諸異母，便爲甲子莫疑思。要求乙丙丁之子，照甲求来各子知。衆母連乘是同母，都教同母命諸兒。

解曰：《九章》云：「重有[二]者，同而通之」，謂諸分母、子不齊者，先以同分同之，次以通分通之是也。且以四母、四子言之：列甲、乙、丙、丁四母於右，甲、乙、丙、丁四子於左。務令各母與子並肩排之。假令欲求母同。以右行四母連乘，爲同母。是四人皆同一母也。另以甲（乙）［子］互乘乙、丙、丁三母，而得甲子。却以乙子互乘甲、丙、丁三母而得乙子。求丙、丁二子亦然。

又法：以四母連乘爲同母，各以子乘母除，亦得各子矣。或求子同，以左行四子連乘爲同子，各以母乘子除，而得各母也。此法用處（其）［甚］多，如合分、課分、平分之（數）［術］，非此無以致其數也。

清・程先甲《蒙學課本・算學歌訣》 通分訣：

一邊子母無整數，子因共物母除之。兩邊子母無整數，乘子爲實乘母除。

一邊子母帶整數，母乘整兮子納之。以乘共物爲之實，卻將分母法除之。

兩邊子母帶整數，照前乘納相乘之。同母自乘爲法則，法除實兮不差池。

又 通分訣：

通分併法，母同併子，不同同之，改互可矣。子大於母，照母截收。進零爲整，餘數存留。

三宗已上，法用截併。先併兩宗，其餘再定。大分帶小，兩母必同。不同同之，互乘可從。

併截倣前，勿離其宗。減法視此，神明變通。

分數加法

題解

《九章算術》卷一《方田》唐・李淳風等注釋 合分知，數非一端，分無定準，諸分子雜互，羣母參差，麄細既殊，理難從一。故齊其眾分，同其羣母，令可相并，故曰合分。

明・吳敬《九章算法比類大全》卷一《方田》 合分法曰：商除不盡，法爲分母，實爲分子。今欲以諸分母、子合而爲一，故以合分之法求之。

明・柯尚遷《數學通軌》第二《歸除詮要》 啓義：【略】相併謂之和，相減餘者謂之較。

又 加瀌義：呼九九相生之數，留身增添，謂之加。

綜論

清・梅文鼎《方程論》卷一《方程論一》 總論曰：萬算皆生於和較，和較可以御萬算，分合之義也。萬物之未形，一而已矣，一且未有，况萬乎。及其有也，有一則有二，有二則有三，自此以至於無窮而數生焉矣。和者諸數之合也，較者諸數之分也。分則有差，故謂之較。較與和相求而法立焉矣。故一與一和則二也，一與二和則三也。一與二之較一也，一與三之較二也。萬算雖多，準此矣。故和較者萬算之綱也。

算法

秦簡《數》 合分述曰：母乘母为法，子互乘［母］为貣，貣如法得一，不盈法，以法命分。

［九分五］，七分六，合之，一有六十三分廿六。

又 芻一石十六錢，稾一石六錢，今芻、稾各一升，爲錢幾可。

得曰：五十分錢十一。

述曰：芻一升百分錢十六，稾一升百分錢六。母同，子相從。

又 稾石六錢，一升得百分錢六，芻石十六錢，一升得百分［錢十六］。

漢簡《筭數書・合分》 合分術曰：母相類，子相從。母不相類，可倍、倍，可三、三，可四、四，可五、五，可六、六，七亦輒。倍，倍，及三、四、五之如母。母相類者，子相從。其不相類者，母相乘爲法，子互乘母并以爲實，如法成一。

有曰：母乘母爲法，子羡乘母爲實，實如法而一。

其一曰：可十、十，可九、九，可八、八，可七、七，可六、六，可五、五，可四、四，可三、三，可倍、倍，母相類止。母相類，子相從。

今有五分二、六分三、十（一）分八、十二分七、三分二，爲幾何。

曰：二錢六十分錢五十七。

其術如右方。

《九章算術》卷一《方田》　今有三分之一，五分之二。問合之得幾何。

答曰：十五分之十一。

晉・佚名《孫子算經》卷中　術曰：置三分、五分在右方，之一、之二在左方。母互乘子，五分之二得六，三分之一得五。并之，得一十一，爲實。右方二母相乘，得一十五，爲法。不滿法，以法命之，即得。

明・吴敬《九章算法比類大全》卷一《方田》　法曰：列置分母、子，三分、五分於右，之一、之二於左。母互乘子，三分乘之二，得六。五分乘之一，得五。併之，得十一，爲實。母相乘，三分乘五分，得十五，爲法。實不滿法，以法命之。合問。

明・王文素《算學寶鑑》卷一二《合分》

右行	列母	甲三分	乙五分
左行	列子	甲之一	乙之二

法曰：以甲子互乘(五)[乙]母，得五。以乙子互乘甲母，得(之)[六]。併之，共得十一，爲寔。以甲、乙二母相乘，得一十五，爲法。(比)[此]寔不滿法，以法命之。合問。

清・勞乃宣《古籌算考釋》卷二　諸分：【略】右方，左方，亦指籌位而言。置第一分母三於右上，其分子一於左上。置第二分母五於右下。其分子二於左下。以右下母五互乘左上子一，得五。以右上母三互乘左下子二，得六。以乘出之分子五與六相加，得一十一，爲共分子。所謂「母互乘子，并，以爲實」也。置左上，又以右下母五與右上母三相乘，得一十五，置右上，爲共分母。所謂「母相乘爲法」也。以左上一十一爲實，以右上一十五爲法，移置其下而除之。實小法大，實不滿法，即命法一十五爲分母，實一十一爲分子。是爲一十五分之一十一。所謂「實如法而一。不滿法者，以法命之」也。

置分母分子式　互乘分子得數式　并分子式

分母相乘得數式　以母除子命分式

《九章算術》卷一《方田》　又有三分之二，七分之四，九分之五。問合之得幾何。

答曰：得一、六十三分之五十。

明・吴敬《九章算法比類大全》卷一《方田》　法曰：列置分母、子，三分、七分、九分於右，之二、之四、之五於左。子互乘母，之二乘七分、九分，得一百二十六。之四乘三分、九分，得一百八。之五乘三分、七分，得一百五。併之，得三百三十九，爲實。母相乘，三分、七分、九分相乘，得一百八十九，爲法。實如法而一，得一，餘一百五十。與法皆三約之，得六十三分之五十。合問。

《九章算術》卷一《方田》　又有二分之一，三分之二，四分之三，五分之四。問合之得幾何。

答曰：得二、六十分之四十三。

明・吴敬《九章算法比類大全》卷一《方田》　初學不識分母、子，多以爲疑。今將斤兩喻之，使其易曉。二分之一即一斤中八兩也，三分之二即一斤中二百五十六銖也，四分之三即一斤中十二兩也，五分之四即一斤價二百文中一百六十文也。

答曰：得二，即二斤也。餘六十分比三百八十四銖也。之四十三。

比二百七十五銖二絫也。

法曰：列置分母、子，二分、三分、四分、五分於右，之一、之二、之三、之四於左。子互乘母，先以之一乘三分、四分、五分，得六十。之二乘二分、四分、五分，得八十。之三乘二分、三分、五分，得九十。之四乘二分、三分、四分，得九十六。併之，得三百二十六，爲實。母相乘爲法，[二分，三分]，四分，五分(自)[相]乘，得一百二十。實如法而一，得二，餘八十[六，實]、法俱半之，得數。[合問]。

明・王文素《算學寶鑑》卷一二《合分》

右行	列母	二分	三分	四分	五分
左行	列子	之一	之二	之三	之四

法曰：以之一乘三分、[四分]、五分，得六十。以之二乘二分、四分、五分，得八十。以之三乘三分、二分、五分，得九十。以之四乘二分、三分、四分，得九十六。併之，得三百二十六，爲寔。另以右行四(每)[母]相乘，得一百二十，爲法。寔如法而一，得二，餘八十六。與下法俱折半，命之。合問。

明・周述學《曆宗筭會》卷二《子母分法》 子分四等求合：【略】分母、分子難識。今将斤兩喻之。二分之一即一斤中八兩也，三分之二即一斤中十二五十六銖也，四分之三即一斤中十二兩也，五分之四即一斤價二百文中一百六十文也。

得：二，即二斤也。余六十分比三百八十四銖也。之四十三。比

二百七十五銖二絫也。

一法：列置分母、子，二分，三分，四分，五分於右，之一，之二，之三，之四於左。子互乘母：先以之一乘三分，四分，五分，得六十。之二乘二分，四分，五分，得八十。之三乘二分，三分，五分，得九十。之四乘二分，三分，四分，得九十六。併之，得三百二十六，爲實。母相乘爲法：分母二分，三分，四分，五分自乘，得一百二十也。實如法而一，得二，余八十六。與法俱半之，得數。

二法：坐乘諸分以治筭，繁也。置分母於右行：二分，三分，四分，五分。分子於左行：之一，之二，之三，之四。子母相對置之。分母、子逐二位求之，母互乘子，子母各併，以求次位，子過母者除之。先以二分乘之，得四。却以三分乘之一，得三。併之，得七分。其母二分，三分自乘，得六。爲六分之七，子既過母，内取六，爲先得一，净余六分之一。目六分乘之三，得一十八。目四分乘之一，得四。併爲二十二。其母六分，四分自乘，爲二十四。目分母二十四乘之四，得九十六。目五分乘之二十二，得一百一十。併爲二百六，爲實。其母二十四與五相乘，得一百二十，爲法。實如法而一。除得一，併先得，目共二，尚余一百二十分之八十六，各半之。

三法：其母同者，直相從之。二分之一，三分之二，四分之三，五分之四，法意求其母同相從，當變其題。先用十乘二分之一，爲二十分之十。以五乘四分之三，爲二十分之十五。以四乘五分之四，爲二十分之十六。其母皆同於二十分，當併其子之十，之十五，之十六，共得四十一。唯有三分之二不可乘变，今目三分之二與二十分之四十一互乘子，併得一百六十三，母二十分。三分自乘，得六十分之一百六十三。以六十分除之，得二，余六十分之四十三。

四法：列置分母、子，二分，三分，四分，五分於右，之一，之二，之三，之四於左。

副置分母，相乘爲法，一百二十。以乘分子，之一得一百二十，之二得二百四十，之三得三百六十，之四得四百八十。各以其母二，三，四，五除而併之，之一得六十，之二得八十，之三得九十，之四得九十六。併得三百二十六。以法歸而命之。

《九章筭術》卷一《方田》 合分術曰：母互乘子，**明・吴敬《九章算法比類大全》卷一《方田》** 法意欲以諸分子併而爲一。今分母、子皆不齊，所以用諸母互乘諸子，齊其数也。并以爲實。**吴敬《九章比類》** 諸母既乘諸子，齊其数，當合爲一，故曰併以爲實。母相乘爲法。**吴敬《九章比類》** 子既合而爲一，母亦當合而爲一，故用母自相乘之数爲法。實如法而一。**吴敬《九章比類》** 以法除實，法即分母，實即分子。不滿法者，以法命之。**三國魏・劉徽注** 今欲求其實，故齊其子，又同其母，令如母而一。其餘以等數約之，即得知，所謂同法爲母，實餘爲子，皆從此例。**吴敬《九章比類》** 實數少而法數多，故以法數命之，或用□□，或用約分。其母同者，直相從之。**吴敬《九章比類》** 分母或有同者，母併入□而子以併入子，可免互乘故曰直相從之。

清・勞乃宣《古籌算考釋》卷二 諸分：【略】合分者，以分數相加也。母互乘子，謂之齊，齊各母之子爲一母之子也。母相乘謂之同，通羣母同爲一母也。齊同之後，諸數皆化爲同母之子，然後以子相加，爲分子。以通同之母爲分母，即爲得數。而相加之後，每有子大於母者，故并以爲實。以乘出之母爲法。除之。不滿法者，命之也。其母同者，不須齊同，徑以分子相并爲實。母爲法。故曰直相從之。

宋・楊輝《詳解九章算法・均輸》 比類 五十分之一，七十分之一。問合之幾何。

答曰：合之得三百五十分之一百二十。

反求，得二，餘一十二分之十一。

法曰：合分求之，反用母互乘子爲法，母相乘爲實，實如法而一合問。

元・朱世傑《筭學啓蒙》卷下《之分齊同門》 今有甲絲八分兩之七，乙絲七分兩之六，丙絲六分兩之五。問合之得幾何。

答曰：二兩一百六十八分兩之九十五。

術曰：依圖布算：

八分七分六分　𝍧𝍦𝍥
之七之六之五　𝍦𝍥𝍤

母互乘子，右上得二百九十四，右中得二百八十八，右下得二百八十。三位併之，共得八百六十二，爲實。左行分母相乘，得三百三十六，爲法。實如法而一。不滿法者，各半之。合問。

清·王鑒《筭學啓蒙述義》　案：此即前注所言「合分」也。八分兩之七者，係七兩之絲分爲八，而得其一也。七分兩之六者，係六兩之絲分爲七，而得其一也。六分兩之五者，係五兩之絲分爲六，而得其一也。本當各以分母除其子，而併其得數以合之。因其中有不受除者，故互通之。如八分之七，原數七當以分母八除之，今不除，是其數已加八倍。以七乘之，是其數已加五十六倍。又六乘之，是其數已加三百三十六倍。其七分之六，以八與六乘之。六分之五，以八與七乘之。皆加三百三十六倍，則三數皆同以三百三十六爲總母。其母同，其子齊矣。故可併而除之。其不滿法各半之者，係用約法。

清·徐鳳誥《筭學啓蒙通釋》　按：合分法《九章》註曰：「數非一端，分無定準，諸分子[雜]互(雜)，羣(分)[母]參差，粗細既殊，理難(晝)[從]一，故齊其衆分，同其羣母，令可相併，故曰合分。」「凡母互乘子謂之齊，羣(分)[母]連乘謂之同。」齊同之術，算法之最要也。原術以分母、分子左右列位，今擬改爲上、下列位，使初學便于布算。其法則一且與盈縮、方程諸門通爲一式。併得八百六十二，爲實。實如法而一，得二兩。餘實一百九十，不滿法，即以法三百三十六爲分母，餘實一百九十爲分子。術云：子、母「可半者半之」，即命爲一百六十八分兩之九十五也。

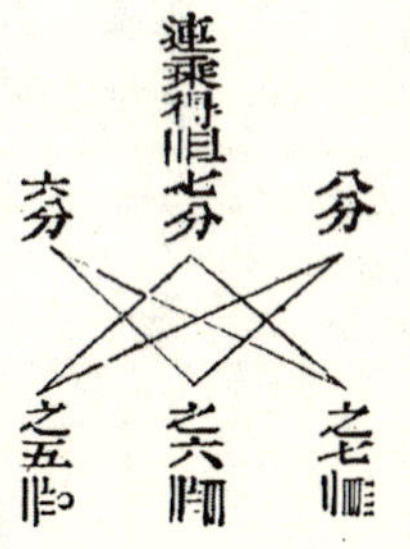

清·勞乃宣《古籌算考釋》卷二　諸分：【略】《筭學啟蒙》列位，母左，子右。與《孫子算經》不同。故母互乘子，以右上、右中、右下爲言。蓋筭位左爲上，右爲下。《孫子》約分母在下，故齊分母右而子左。《啟蒙》約分母在上，故齊分母左而子右也。今演草仍從《孫子》法，母右，子左，以歸一律。下同。置甲分母八於右上，其分子七於左上。乙分母七於右中，其分子六於左中。丙分母六於右下，其分子五於左下。以右中乙母七乘左上甲子七，得四十九。再以右下丙母六乘之，得二百九十四。又以右上甲母八乘左中乙子六，得四十八。再以右下丙母六乘之，得二百八十八。又以右上甲母八乘左下丙子五，得四十。再以右中乙母七乘之，得二百八十。乃併三位於左上，得八百六十二。復以右中乙母七乘右上甲母八，得五十六。收去乙母，再以丙母六乘之。收去丙母，右上得三百三十六，爲共分母。是三數合爲三百三十六分之八百六十二。乃以分子八百六十二爲實，不動。分母三百三十六爲法，移置實下。除之，商二，餘實一百九十，不滿法。命法三百三十六爲分母，餘實一百九十爲分子。是爲二兩又三百三十六分兩之一百九十。視分母分子皆可半，又以約分法取分母、分子各半之。是八分兩之七，七分兩之六，六分兩之五，三數合之，得二兩又一百六十八分兩之九十五也。

置分母分子式

甲子　𝍦　𝍧　甲母
乙子　𝍥　𝍦　乙母
丙子　𝍤　𝍥　丙母

互乘分子得數式

𝍡𝍱𝍣　𝍧
𝍡𝍱𝍧　𝍦
𝍡𝍱〇　𝍥

分子相併，分母相乘得數式

𝍧𝍮𝍡　𝍢𝍫𝍥

以母除子商二式

𝍡
𝍧𝍮𝍡
𝍢𝍫𝍥

實不滿法命分式

𝍡
𝍠𝍱〇
𝍢𝍫𝍥

半其母子式

𝍡
𝍱𝍤
𝍠𝍮𝍧

明·吴敬《九章算法比類大全》卷一《方田》　比類　合分：今有鈔一十七貫三百二十一文七分文之四，又有鈔二十四貫九百六十二文三分文之(一)[二]。問併計幾何。

荅曰：四十二貫二百八十四文二十一分文之五。

法曰：置鈔一十七貫三百二十一文，以分母七通之，加內子四，共得一百二十一貫二百五十一文。又以三分乘之，得三百六十三貫七百五十三文。再置鈔二十四貫九百六十二文，以分母三通之，加內子二，共得七十四貫八百八十八文。又以分母七分乘之，得五百二十四貫二百一十六文。併前，共得八百八十七貫九百六十九文，爲實。以分母七分，三分相乘，得二十一分，爲法。除之。合問。

今有紬三分疋之一，疋法四十二尺，得一十四尺。五分疋之二，得一丈六尺八寸。七分疋之三。得一十八尺。問合之得幾何。

荅曰：得一疋四十二尺一百五分之十七，得六尺八寸。

法曰：列置分母、子，三分，五分，七分於右，之一，之二，之三於左。子互乘母，之一乘五分，七分，得三十五。之二乘三分，七分，得四十二。之三乘三分，五分，得四十五。併得一百二十二，爲實。母相乘，三分乘五分，得一十五，乘七分，得一百五，爲法。實如法而一，得一疋，餘一十七。合問。

今有甲米五分石之三，乙米七分石之四。問合之得幾何。

荅曰：一石三十五分石之六。

法曰：列置分母、子，五分，七分爲左，之三，之四爲右。母互乘子，五分乘之四，得二十。七分乘之三，得二十一。併之，得四十一，爲實。以二分母五分，七分相乘，得三十五分，爲法。除之，得一石，餘實六。法、實命之。合問。

今有甲金三分兩之二，乙金四分兩之三。問合之得幾何。

荅曰：一兩十二分兩之五。

法曰：列置分母、子，三分，四分爲左，之二，之三爲右。母互乘子，三分乘之三，得九。四分乘之二，得八。併之，得十七，爲實。以二分母三分，四分相乘，得一十二，爲法。除之，得一兩，餘實五。以法命之。合問。

今有米價二貫三百五十六文七分文之四，麥價一貫九百四十八文九分文之五。問合之得幾何。

荅曰：四貫三百五文六十三分文之八。

法曰：置米價二千三百五十六文，以分母七通之，加分子四，共得一万六千四百九十六。又以麥分母九通之，得一十四万八千四百六十四。又置麥價一千九百四十八文，以分母九通之，加分子五，共得一万七千五百三十七。又以米分母七通之，得一十二万二千七百五十九。併二位，共得二十七万一千二百二十三，爲實。以二分母七分，九分相乘，得六十三，爲法。除之，得四貫三百五文，餘實八。以法命之。合問。

今有甲出錢二貫七分貫之五，乙出錢一貫六分貫之一，丙出錢一貫十九分貫之十一。問合之得幾何。

荅曰：五貫。

法曰：置甲錢二貫，以分母七通之，加分子五，共得一十九。又置乙錢一貫，以分母六分通之，加分子一，共得七。又置丙錢一貫，以分母十九通之，加分子十一，共得三十。甲、乙、丙相乘，甲十九乘乙七，得一百三十三。以乘丙三十，共得三千九百九十，爲實。以三分母相乘，七分乘六分，得四十二分。又乘一十九分，共得七百九十八，爲法。除之。合問。

明·王文素《算學寶鑒》卷一二《合分》 比類 新題：甲有絲五分斤之四，乙有絲四分斤之三，丙有絲三分斤之二。合而賣錢八百文，問三人各該錢幾何。

荅曰：共合二斤六十分斤之一十三。甲該錢二百八十八文一百三十三分錢之九十六，乙該錢二百七十文一百三十三分錢之九十，丙該錢二百四十文一百三十三分錢之八十。

右行	甲母五	乙母四	丙母三
左行	甲子四	乙子三	丙子二

法曰：以甲子四互乘乙、丙二母，得四十八，爲甲率。另以乙子三互乘甲、丙二母，得四十五，爲乙率。又另以丙子二互乘甲、乙二母，得四十，爲丙率。併三率，共一百三十三，爲寔。另以甲、乙、丙三母連乘，得六十，爲法。以法除寔，得二斤，餘一十三不盡，爲分子。法六十爲分母，命之，合問。求三人錢数：併三率，共一百三十三，爲法。以合賣錢八百文各乘未併率：乘甲率四十八，得三萬八千四百。乘乙率四十五，得三萬六千。乘丙率四十，得三萬二千。各自爲寔。以法一百三十三除之，不盡者以法命之。合問。

解曰：古人恐初學不知分子，嘗以斤分曉之。一斤乃三百八十四銖也。其甲絲五分斤之四，即三百七銖二纍。乙絲四分斤之三，即二百八十八銖。丙絲三分斤之二，即二百五十六銖。併之，共合八百五十一銖二纍。以三百八十四而一，得二斤，餘八十三銖二纍。法、寔皆以六十四約之，得六十分斤之一十三，亦與前數相同，始知合分之法不誤矣。

又新題：假令甲米七斗七分斗之一，乙米六斗三分斗之二，丙米五斗九分斗之五。合之，問共幾何。

荅曰：共合一石九斗一百八十九分斗之六十九。

通分法曰：置甲米七整斗，以分母七通之，併子一，得五十斗。另置乙米六整斗，以分母三通之，併子二，得二十斗。又另置丙米五整斗，以分[母]九通之，併子五，得五十斗。各列爲子於左行，各分母列右行：

右行　甲母七　乙母三　丙母九

左行　五十斗　二十斗　五十斗

均母子法曰：以甲子五十斗互乘乙、丙二母，得一千三百五十。以乙子二十斗互乘甲、丙二母，得一千二百六十。以丙子五十斗互乘甲、乙二母，得一千五十。併之，共三千六百六十斗，爲寔。以右行三母連乘，得一百八十九，爲法。除之，得一石九斗，餘不盡六十九，爲分子，命之。合問。

明·周述學《曆宗算會》卷二《子母分法》　母互乘子，欲以諸分子併而爲一。今分母、子皆不齊，所以用諸母互乘諸子，齊其数也。併以爲實。諸母既併，諸子齊其数，當合爲一。故併曰爲實。母相乘爲法。子既合而爲一，母亦當合而爲一。故用母自相乘之数爲法。實如法而一。以法除實，法即分母，實即分子。不滿法者，以法命之。實数少而法数多，就曰法数命之，或用奇零或用約分。其母同者，直相從之。分母或有同者，母併入母，而子曰併入子，可免互乘，故直相從之。又付置，分母相乘爲法，以乘分子，各以其母除而併之。以法命之。又列置諸分母、子二位，逐求，母自相乘爲母，母互乘子併以爲子。子過母者，命爲先得，以後逐位効例相求。實如法而一。併先得，以命之。

清·方中通《數度衍》卷二三《九章外法》　通分法：式　物四十五件，每件價三分兩之二。該銀若干。

曰：三十兩。

術：通以分母也。以三之二，命三爲母，二爲子。乃以子二乘四十五，得九十兩，爲實。以母三爲法。除之，得三十兩。

通曰：此零算則無盡，而總算則無零也。

清·陳世明《數學舉要》卷六《諸分》　加分：即併分。假如有係五分斤之四，又五分斤之三。問共若干。

答曰：一斤又五分斤之二。

術：以二母相乘，得二十五。又母五互乘子三，得十五。以(有)母五互乘子四，得二十。兩數相併，得三十五。子三十五両收二十五，爲一斤，餘一十。即命之爲一斤又二十五分之一十。約之，爲一斤又五分斤之二。　此因両母相同，故(經)[徑]併其子。

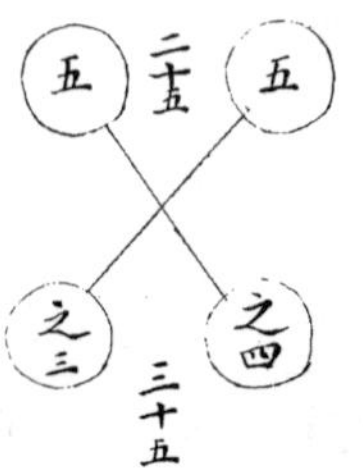

又如有物四宗：甲數五分斤之三，乙數六(八)[分]斤之一，丙數三分斤之二，丁數七分斤之四。問其若干。

答曰：整二斤又六百三十分之三。

術：以四母並列，四子亦並列。兩兩乘之，得右共母三十，右共子二十二。

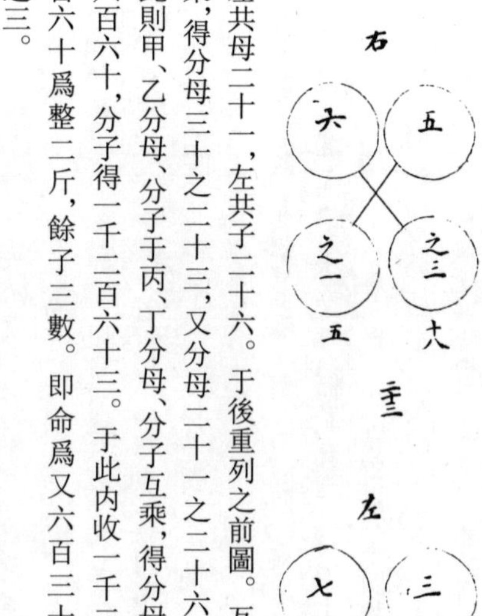

左共母二十一，左共子二十六。于後重列之前圖。互乘，得分母三十之二十三，又分母二十一之二十六。此則甲、乙分母、分子于丙、丁分母、分子互乘，得分母六百六十，分子得一千二百六十三。于此内收一千二百六十爲整二斤，餘子三數。即命爲又六百三十之三。

又如有田一處，甲得二畝又四分畝之三，又小分五之一。丙得一畝又三分畝之二，又小分四之三。問共若干。

答曰：整四畝又六十分畝之四十三。

術：以甲小分母五通甲大分母四，得二十。又以小分母五通甲大分子之三，得一十五。與小分子之一相併，得一十六。再以丙小分母四，通丙大分母三，得一十二。又以小分母四通丙大分子之二，得八。與小分子之三相併，得一十一。

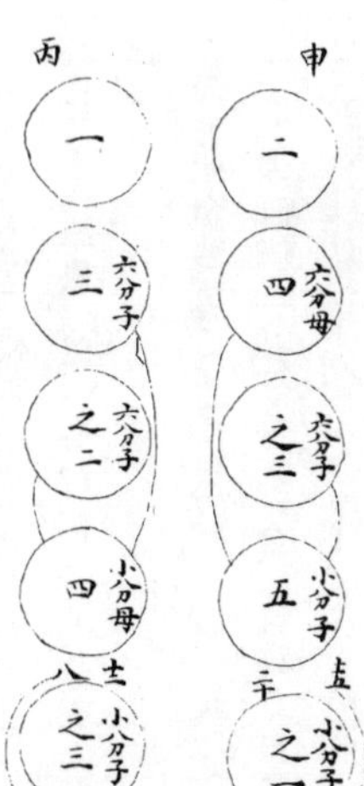

乃重列之。此先以大分母化爲小分母，大分子化爲小分子，以便互而收之爲整也。至于二畝、一畝，(己)[已]爲整數，故存之，以俟整數與折也。此以兩母相乘，得二百四十。又與丙子互乘，併得四百十二。于此内收二百四十，爲整一畝。減，餘得一百七十二。即以此一畝與原有之二畝、一畝相併，得四畝。命之爲四畝又二百四十之一百七十二。約之，得四畝又六十畝之四十三。

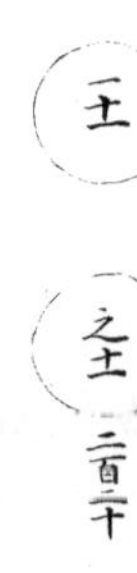

清・屠文漪《九章録要》卷二《零分法》 零分與整相并法：零分并整，則成整帶零分矣。若更須與他數相并減、乘除者，亦以原母爲母，以原母乘整，得數并原子爲子，如前法。

又 零分相并法：諸數皆零分，欲相并者，法以諸母累乘，得數爲共母。以諸子各累乘他母，得數爲諸子。本子與本母不相乘，或諸子各乘共母，而以本母除之，得數爲諸子，亦可。乃相并爲子。假如甲數五分之二，乙數七分之四，丙數八分之三。則以三母累乘，得二百八十，爲共母。以甲子累乘乙、丙二母，得一百一十二，爲甲子。以乙子累乘甲、丙二母，得一百六十，爲乙子。以丙子累乘甲、乙二母，得一百零五，爲丙子。并之，得三百七十七，爲子。凡得二百八十分之三百七十七是也。歸整爲一又二百八十分之九十七。

右法亦有可省者。如甲數五分之四，乙數三分之一，丙數一十五分之七。即以丙母一十五爲共母，而以甲子乘乙母，得一十二，爲甲子。以乙子乘甲母，得五爲乙子。丙子即用原數。并之，得二十四，爲子。凡得一十五分之二十四，仍約爲五分之八是也。歸整爲一又五分之三。

清・張作楠《倉田通法・方田通法補例》卷一 附帶分加減乘除四法周蓉伯曰《九章算術》方田章有乘分、合分諸術，爲丈量所需。張邱建云，算法非乘除之爲難，而通分、約分之爲難。故其算經於此法獨詳，今括以加減乘除四例，可謂度盡金針矣。 加法：凡加法，兩分母同者，併兩分子，爲得數。併數大於母數，則於得數内減去母數，爲一整數，餘爲零數。如九分步之七與九分步之五相加，則將兩分子七與五相加，得十二。子數大於母數。於十二内減母數九，爲一整數，餘三爲零數。得一步零九分步之三。 若兩分母不同者，兩分母相乘，爲共母。以前分母乘後分子，後分母乘前分子，相加，爲共子。如三分步之二與五分步之三相加，則以兩分母三、五相乘，得一十五，爲共母。再以前分母三乘後分子三，得九，以後分母五乘前分子二，得十。兩數相加，得十九，爲共子。子數大於母數。於十九内減共母數十五，爲一整數。餘四，爲零數。得一步零十五分步之四。 若分母不同可加減，使[不]同者變而同之，可省互乘。如八分步之一與十二分步之三相加，則以十二分之三變爲八分之二，與八分步之一兩分母相同。徑併兩分子二與一，得三。即八分步之三。 若子、母數有三四種相加者，分母、分子俱不同，則互乘，齊其分母，按前法加之。如三分步之一，又四分步之二，又五分步之三相加，則以前兩分子、分母按互乘法相加，得十二分步之十。再與第三子、母數五分步之三，用互乘法相加，得六十分步之八十六。子數大於母數。於共子數内減共母數六十，爲一整數。餘二十六，爲零數。得一步零六十分步之二十六。 若内有分母同者，即併兩分子與餘母不同者，用互乘加之。如五分步之三，又四分步之一，又五分步之一相加，則先以五分步之三與五分步之一兩分母同，徑併兩分子三與一，爲五分步之四。再與四分步之一依互乘法相加，得二十分步之二十一。子數大於母數。於共子數内減共母數二十，爲一整數。餘一，爲零數。得一步零二十分步之一。 若有兩分母相乘後所得數與餘母同者，徑以所得分子與餘分子相加，爲得數。如三分步之二，又四分步之三，又十二分步之四相加，則先以三分之二與四分之三用互乘法相加，得十二分步之十七。與第三分母同，即以前兩分子所得，共十七與後一分子四相加，得二十一，是爲十二分步之二十一。子數大於母數。於共子數内減共母數十二，爲一整數。餘九爲零數。得一步零十二分步之九。

清・何夢瑶《算迪》卷一 通分併法：一、如有絲一斤又五分斤之三，即九兩六錢。又五分斤之四。即十二兩八錢。問併得若干。

曰：二斤又五分斤之二。即六兩四錢。

此兩分母相同者，皆爲五也。但徑併其子，之四，之三。得七，爲五分斤之七。子反大於母。子七，母五也。截收母數五，爲一斤，名收零爲整法。與一斤相併，得二斤。餘二。故命之曰：二斤又五分斤之二。 如有物六分斤之三，即八兩。又有四分斤之一。即四兩。若分母不同，而可改使同者，則改之。如將六之三改作四之二，使兩母相同。乃如上法併之。

二、如有米四分石之三，即七斗五升。又五分石之四。即八斗。問併得若干。

曰：一石又二十分石之十一分。即五斗五升。

此兩分母不同者，不可改使同。則須互乘，以求其同。法：以兩母五、四相乘，得二十，爲總母。以分母四互乘分子四，得十六。變五之四爲二十之十六。又以分母五互乘分子三，得十五。變四之三爲二十之十五。兩母既同爲二十，遂併兩分子十六、十五，得三十一。爲二十

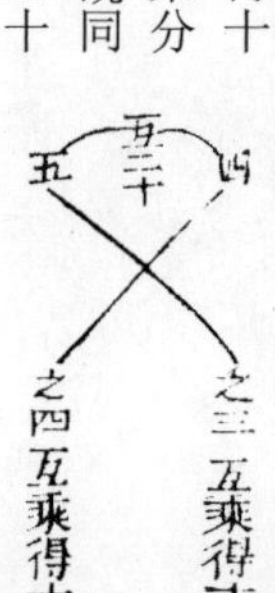

分石之三十一分。子反大於母。依收零爲整法，滿母二十，收爲一石，餘十一分。命之爲一石又二十分石之十一分也。

三、如甲米六分石之四，即六斗六升，六六不盡。加乙米三分石之一。即三斗三升，三三不盡。合甲共一石。又加丙米五分石之二。即四斗。問併得若干。

曰：一石又五分石之二。

此三宗者，照上弟二條法，先併甲、乙二宗得數。乃重列，與丙相併。或用維乘法，以分母六、三、五互乘，得九十，爲總母。以甲分母六除總母九十，得十五，爲乙分母三乘丙分母五之數。母三乘母五，得十五。又以母六乘之，得九十。乘以除還原，故以母六除之。以乘甲子四，得六十。以母三乘母五，乃乘子四，即如以母三互子四，復以母五互之也。乃變甲原數六之四，爲九十之六十也。又以乙分母三除總母九十，得三十，爲甲分母六乘丙分母五之數。以乘乙子一，得三十。乃變乙原數三之一爲九十之三十也。又以丙分母五除總母九十，得十八，爲甲分母六乘乙分母三之數。以乘丙子二，得三十六。乃變丙原數五之二，爲九十之三十六也。乃併三數，得一石又九十分石之三十六。與一石又五分石之二同。四宗以(下)[上]倣此。

四、若大分帶小分，而兩母俱同者，如法併之。自小分起，滿小母數，進爲大分。滿大母數，進爲整。如甲田二十九畝七十步積二百四十步爲一畝。今止得七十步也。十二尺，積二十五尺爲一步。今止得十二尺也。乙田一百七十步十五尺。問併得若干。

曰：三十畝一步二尺。

法曰：步爲大分，其母二四。尺爲小分，其母二五。兩數所同也。若將問語改云：甲田二十九畝又二百四十分畝之七十，又二十五分步之十二。乙田二百四十分畝之一百七十分，又二十五分步之十五分。則甲、乙大小兩母之同見矣。先併小分，得二十七尺。以滿二十五尺進爲一步，仍帶二尺。次併大分，得二百四十步。加進一步，共二百四十一步。以滿二百四十步進爲一畝仍帶一步。共計併得三十畝一步二尺也。

五、若大分母同，而小分母不同者，用互乘法使之同。如甲米十分石之四。即四斗。又五分斗之四。即八升。乙米十分石之八，即八斗。又八分斗之三。即三升七合半。問併得若干。

曰：一石又十分石之三，又四十分斗之七。

法：用互乘，先同其小分之母。小分既同母四十，乃重列而併之：甲十分之四又四十分斗之三十二，乙十分之八又四十分斗之一十五。併小分三十二、一十五，共四十七。滿四十收進大分一，餘七。又併大分八、四，得十二。加進一，共十三。滿十收進一石，餘三。共計併得一石又十分石之三又四十分斗之七也。

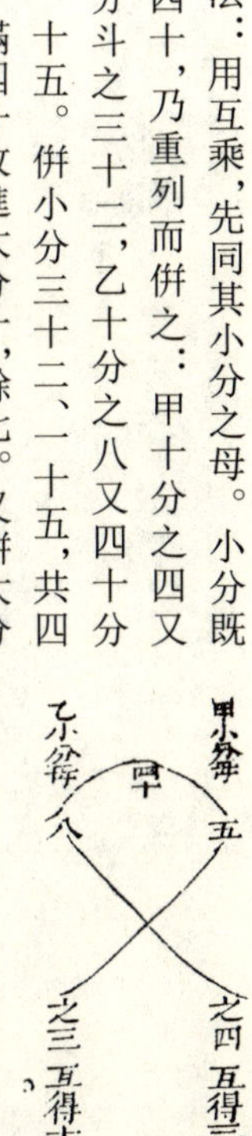

六、若大、小分母俱不同，即各用互乘以同之。如甲田二畝又四分畝之三，即七分五釐。又五分分之一。即二釐。乙田一畝又八分畝之四，即五分。又四分分之三。即七釐五毫。問併得若干。

曰：四畝又三十二分畝之八分即二分五釐。又二十分分之十九分。即九釐五毫。

法：用互乘，先同其大分之母，併得三十二之四十。如法收一畝，餘八分。再用互乘，同其小分之母，併得二十之十九。於是合而併之，爲四畝又三十二分畝之八分又二十分分之十九分也。

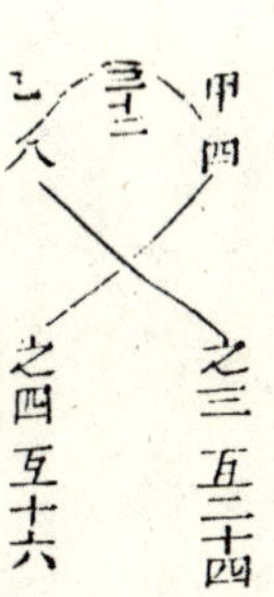

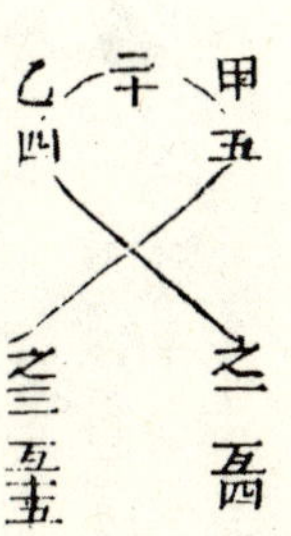

一法：以甲大、小分母相互而併之，併之爲二十分畝之十五分四釐。小分之子應降一等，故爲釐數。問四之三，乃大分也。以五互之，而變爲二十之十五，謂爲二十分畝之十五分可也。若五之一，則小分也。以四互之，而變爲二十之四。不謂之二十分分之四，而統謂之二十分畝之十五分四釐，何也？曰：畝可統分也。故可析而言之曰二十分畝之十五分。又二十分之四分，亦可合言之曰二十分畝之十五分四釐也。以數核之則見矣。試置一畝爲實，以二十分爲法，除之，得每分五釐。以十五分乘五釐，得七分五釐。又以四釐乘五釐，得二釐。合之，共得七分七釐。與原數符，知不謬也。

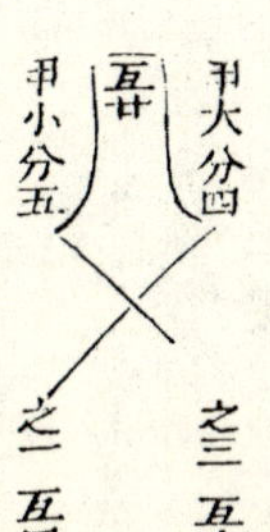

又以乙大、小分母互而併之，併得三十二分畝之十八分四釐。小分之子，應降一等，故爲二分四釐。於是合而併之，併得六百四十分畝之八百六十分零八釐。

收六百四十分爲一畝，合原三畝，共四畝。餘二百二十分零八釐。命曰四畝又六百四十分畝之二百二十分零八釐。

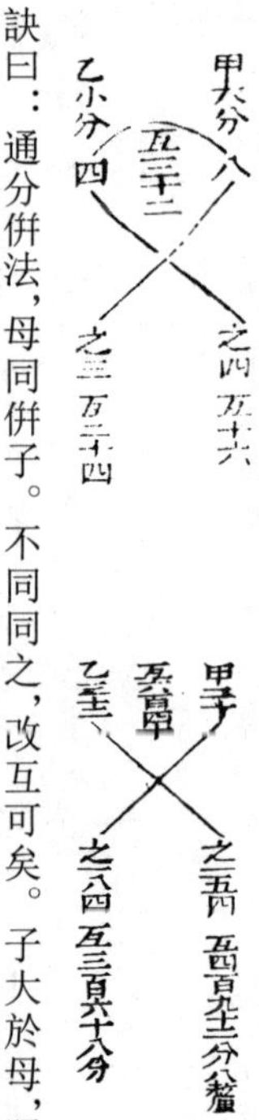

訣曰：通分併法，母同併子。不同同之，改互可矣。子大於母，照母截收。進零爲整，餘數存留。三宗已上，法用截併。先併兩宗，其餘再定。大分帶小，兩母必同。不同同之，互乘可從。併截倣前，勿離其宗。減法視此，神明變通。

清・吴嘉善《白芙堂算書廿一種・九章翼・分法》 加分：同母者，如常法加之。母不同者，齊其母而加之。加而子大於母者，以母收之。收者，即如母而一之謂。下言收者準此。

假如五之二 五之一 相加者，此兩母本齊，徑以相加，得五之三是也。

假如三之一 五之四 相加者，兩母未齊。齊之，得一五之〇五 一五之一二，并之，得十五之十七。子大於母，以母收之，得一又十五之二是也。

假如有三又五之一 四又四之一 相加者，除三與四相加得七外，餘五之一 四之一。齊之，得二〇之四 二〇之五。并之，得二〇之九。統計所得，爲七又二〇之九是也。

清・勞乃宣《籌算分法淺釋・帶分加法》 帶分加法：分母同者，子相加，爲子。母仍爲母。分母不同者，齊其子，相加，爲子。同其母，爲母。有整數者，整數相加爲整數，分數相加爲分數。其算式，原數列於左，加數以次列於右。皆分子置中層，分母置下層。有整數者置上層，應齊分者，先齊之。以共母置左行下，以次行整數加之，分子加之。又以三行整數加之，分子加之，以次加畢。如分子大於分母，以除法收零爲整，入於整數之内。可約者，約之。所得上層爲整數，中層爲分子，下層爲分母。

又 帶分加法設題：今有二十五分之一十一，加二十五分之九，問得幾何。

答曰：五分之四。

列一十一於左行中層，爲原數子。二十五於下層，爲原數母。列九於右行中層，爲加數子。二十五於下層，爲加數母。列定，乃加之。取加數子九，加於原數子一十一内，得二十，爲子。收去加數母。下二十五仍爲母。是爲加得二十五分之二十。視母、子可約，乃約之，爲五分之四。以真數明之。如二十五分步之一十一，與九，是將一步剖作二十五分，則每一分得二寸。其中之一十一分，即二尺二寸，九分，即一尺八寸也。相加，共四尺，即二十五分中之二十分也。蓋二寸爲一分，則四尺即爲二十分，是二十五分與二十分之比，即同於一步與四尺之比也。約其母，子，爲五分步之四。

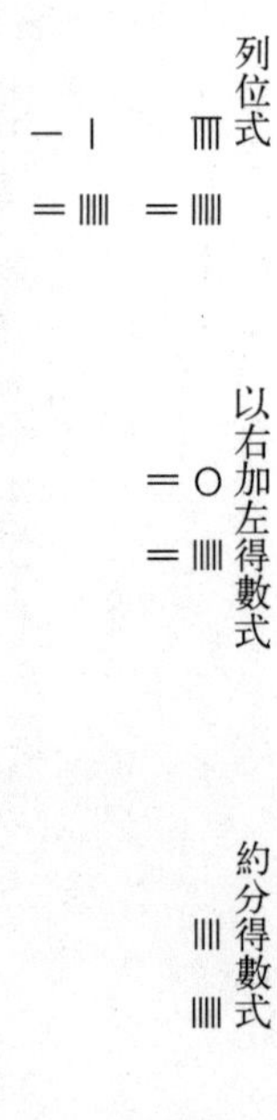

今有五分之三，加四分之一，問得幾何。

答曰：二十分之一十七。

列三於左行中層，爲原數子。五於下層，爲原數母。列一於右行中層。爲加數子。四於下層。爲加數母。列定，用互乘法齊之。左行中層得一十二，仍爲原數子。右行中層得五，仍爲加數子。左行下層得二十，爲共母。乃加之。取加數子五加於原數子一十二内，得一十七。是爲加得二十分之一十七。以真數明之。如五分步之三，即三尺也。加四分步之一，是加一尺二寸五分也。共四尺二寸五分，即二十分步之一十七也。蓋一步剖作二十分，則每一分得二寸五分。今四尺二寸五分，故謂二十分步之一十七也。

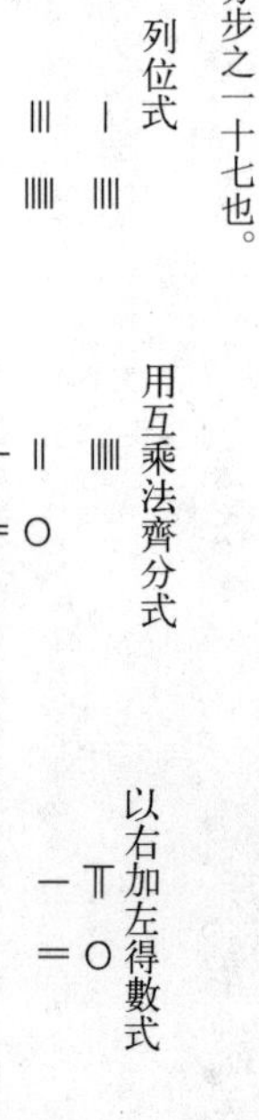

今有二十四又二十五分之一十四，加一十三又一十分之七，又加四分之三。問得幾何。

答曰：三十九又一百分之一。

列二十四於左行上層，爲原整數。一十四於中層，爲原數子，二十五於下層，爲原數母。列一十三於次行上層，爲加數整數。七於中層，爲加數子。一十於下層，爲加數母。列三於三行中層，爲加數子。四於下層，爲加數母。列定，用互乘法齊之。左行中層得五百六十，仍爲原數子。次行中層得七百，仍爲加數子。三行中層得七百五十，仍爲加數子。左行下層得一千，爲共母。乃加之。先取次行整數一十三，加於左行整數內，得三十七。又取次行分子七百，加於左行分子內，得一千二百六十。又取三行分子七百五十，加於左行分子內，得二千零一十，爲加得分子。與共母一千約之，分母得一百，分子得二百零一。子大於母，以除法收之，得整數二。入於左行上層整數內，爲三十九。中層分子餘一，下層分母仍爲一百。是爲加得三十九又一百分之一。

列位式

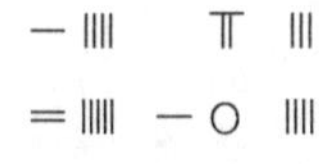

用互乘法齊分式

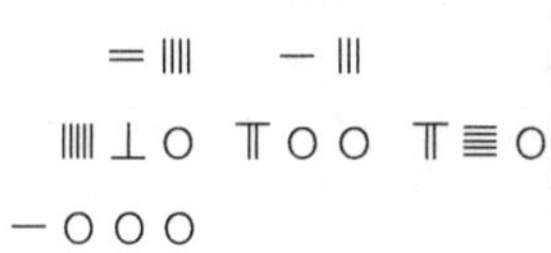

以次行加左行式

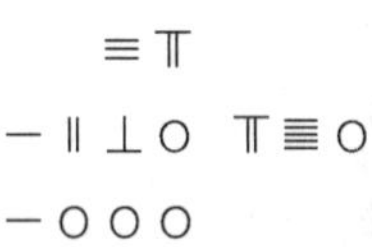

又以三行加左行式

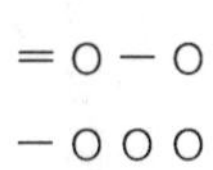

約得分母分子式

以除法收零爲整得數式

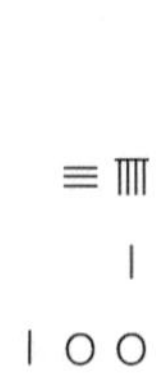

今有三十六又二十七分之八，加一十七又二十四分之五，又加三十一又二十一分之四，又加一十六又二十二分之三。問得幾何。

答曰：一百又一萬六千六百三十二分之一萬三千八百二十九。

列三十六於左行上層，爲原整數。八於中層，爲原數子。二十七於下層，爲原數母。列一十七於次行上層，爲加數整數。五於中層，爲加數子。二十四於下層，爲加數母。列三十一於三行上層，爲加數整數。四於中層，爲加數子。二十一於下層，爲加數母。列一十六於四行上層，爲加數整數。三於中層，爲加數子。二十二於下層，爲加數母。列定，用求最小公倍數法齊之。左行中層得四千九百二十八，次行中層得三千四百六十五，三行中層得三千一百六十八，四行中層得二千二百六十八。左行下層共母得一萬六千六百三十二。乃取次行整數加於左行整數內，得五十三。又取次行分子加於左行分子內，得八千三百九十三。又取三行整數加於左行整數內，得八十四。又取三行分子加於左行分子內，得一萬一千五百六十一。又取四行整數加於左行整數內，得一百。又取四行分子加於左行分子內，得一萬三千八百二十九。是爲加得一百又一萬六千六百三十二分之一萬三千八百二十九。

列位式

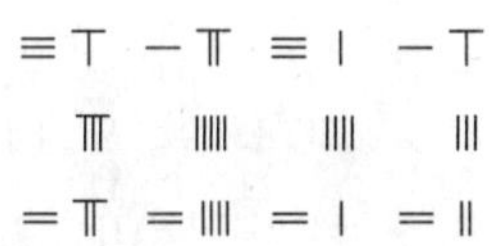

用求最小公倍數法齊分式

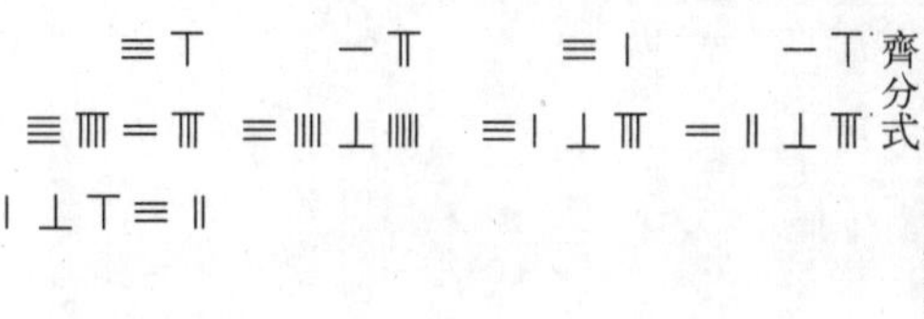

以次三四行加於左行得數式

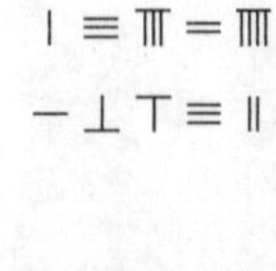

今有二十四分之九，加四十分之一十五，問得幾何。

答曰：四分之三。

列九於左行中層，爲原數子。二十四於下層，爲原數母。列一十五於右行中層，爲加數子。四十於下層，爲加數母。列定，視右行母、子各大於左行母子五分之二。即於右行母子內各減去五分之二，餘數與左行等，即得同母。乃取右行分子加於左行分子內，得一十八。是爲加得二十四分之一十八。約之，爲四分之三。

列位式　右行母子各減去五分之二得同母式

以右加左得數式　約分得數式

清·黃慶澄《算學報》　加分：設有八分丈之六與八分丈之三相加，求總數。

答曰：此係零加零、母同子不同者，總數爲八分丈之九，即一丈又八分丈之一。【略】

案：分母同數者，無論若干項相加，其分子均可逕用加法【略】。案：此係通十爲八也。八分丈之六爲七尺五寸，八分丈之三爲三尺七寸五分，總數爲一丈一尺二寸五分，餘可類推。

設有三分丈之二與五分丈之四相加，求總數。

答曰：此係零加零、分母分子俱不同者，總數爲十五分丈之二十二，即一丈又十五分丈之七。【略】

案：此即所謂齊同、通分。蓋以母與母互乘，又以此母乘彼子，彼母乘此子，始能化不同爲同也。【略】

又案：此法無他謬巧，不過其母應增若干分，其子亦增若干分，母子配准，彼此毫無參差耳。如以三乘彼之母五，爲十五，即應以三乘彼之子四，爲十二。以五乘此之母三爲十五，即應以五乘此之子二，爲十。於是乎母與母通矣，子與子亦通矣。何也？其母皆爲十五分，其子皆爲十五分内之幾分也。

設有八分丈之一與十二分丈之六相加，求總數。

答曰：此與前題同，總數爲八分丈之五。【略】

原式：

八　一

十二　六

變式：

八　一

五

八　四

案：變式通十二爲八，乃通多數爲少數，變後項以就前項也。【略】

又案：此題亦可用前題互乘法，特算法必舍難就易。此法則較彼法稍捷耳。

設有四分丈之三與八分丈之五相加，求總數。

答曰：此亦與前題同。總數爲八分丈之十一，即一丈又八分丈之三。

【略】

原式：

四　三

八　五

變式：

八　六

十一

八　五

案：變式通四爲八，乃通少數爲多數，變前項以就後項也。

設有五分丈之二，又五分丈之四，又五分丈之三相加，求總數。

答曰：此亦零加零，而母同子不同者。總數爲五分丈之九，即一丈又五分丈之四。

五　二

五　四　九【略】

五　三

設有五分丈之二，又四分丈之三，又六分丈之五相加，求總數。

答曰：此亦零加零，而母子俱不同者。前兩項總數爲二十分丈之二十三，即一丈又二十分丈之三。【略】

五　二

二十　二十三

四　三

案：此乃以前二項相加，求總數。再以此總數與第三項相加，求統共之總數也。

二十　二十三

一二〇　二三八

六　五

又答曰：三項總數爲百二十分丈之二百三十八，即一丈一百二十分丈之百十八。【略】

又案：三項以上加法或通多爲少，或通少爲多，均可依前法變通之。

藝文

明・王文素《算學寶鑒》卷一二《合分》

合分之法听根源，母列右邊子左邊。他母連乘乘我子，便爲我率不差偏。併其各率張爲寔，衆母連乘作法堪。以法除来知共総，除如不盡命零玄。

觧曰：商除不盡，法爲分母，寔[爲]分子。今欲以諸分母、子合而爲一，故立合分之法求之。用諸分母互乘諸子，齊其數也。

分數減法

題解

《九章算術》卷一《方田》唐・李淳風等注釋　諸分子、母數各不同，以少減多，欲知餘幾，減餘爲實，故曰減分。

又　謹按：分各異名，理不齊一，校其相多之數，故曰課分也。

明・柯尚遷《數學通軌》第二《歸除詮要》　減瀍義：減者，即除也。呼九九相生之數，約存原本之數而除之，謂之減。

清・曹汝英《直方大齋算稿一・數學上編》卷八　減分：有兩分數，欲求其較，則名曰減分。

算法

漢簡《筭數書・出金》　有金三朱九分朱五。今欲出其七分朱六，問余金幾何。

曰：余金二朱六十三分朱卌四。

其術曰：母相乘也爲法，子互乘母，各自爲實，以出除焉，余即餘也。以九分朱乘三朱，與小五相(除)[并]。

今有金七分朱之三，益之幾何而爲九分七。

曰：益之六十三分朱廿二。

術曰：母相乘爲法，子互乘母，各自爲實。以少除多，餘即益也。

《九章筭術》卷一《方田》　今有九分之八，減其五分之一。問餘幾何。

荅曰：四十五分之三十一。

晉・佚名《孫子筭經》卷中　【略】術曰：置九分、五分在右方，之八、之一在左方。母互乘子，五分之一得九，九分之八得四十。以少減多，餘三十一，爲實。母相乘得四十五，爲法。不滿法，以法命之，即得。

明・吴敬《九章筭法比類大全》卷一《方田》　法曰：列置分母、子，九分，五分於右，之八，之一於左。母互乘子，九分乘之一，得九。五分乘之八，得四十。以少九減多四十，餘三十一，爲實。母相乘，五分乘九分，得四十五，爲法。實不滿法，以法命之，得四十五分之三十一。合問。

清・勞乃宣《古籌算考釋》卷二　諸分：【略】置原數分母九於右上，其分子八於左上。置減數分母五於右下，其分子一於左下。以右下母五乘左上子八，得四十。以右上母九乘左下子一，得九。於左上四十内，減去左下之九，餘三十一。收去左下九。又以右下母五乘右上母九，得四十五。收去右下五。乃以左上三十一爲實，以右上四十五爲法，移置實下。而除之，實不滿法，命法爲分母，命實爲分子，是爲減餘四十五分之三十一也。

置分母分子式　互乘分子得數式　分子相減式　分母相乘得數式　以母除子命分式

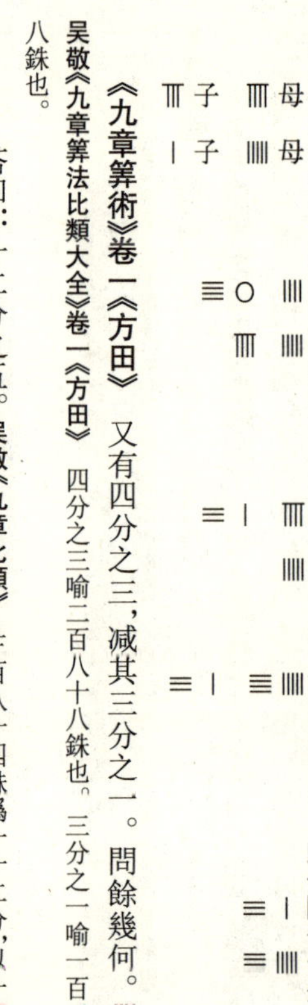

《九章筭術》卷一《方田》　又有四分之三，減其三分之一。問餘幾何。明・吴敬《九章筭法比類大全》卷一《方田》　四分之三喻二百八十八銖也。三分之一喻一百二十八銖也。

荅曰：十二分之五。吴敬《九章比類》　二百八十四銖爲一十二分，以一百六十銖約爲之五。

明・吴敬《九章筭法比類大全》卷一《方田》　法曰：列置分母、子，三分、四分於右，之一、之三於左。母互乘子，四分乘之一，得四。三分乘之三，得九。以少減多，九減四，餘五，爲實。母相乘，三分乘四分，得十二，爲法。實不滿法，以法命之，得十二分之五。合問。

明・王文素《筭學寶鑒》卷一二《課分》

右行　列母　甲母四　乙母三

左行　列子　甲子三　乙子一

法曰：以甲母互乘乙子，得四。以乙母互乘甲子，得九。以少減多，餘五，爲寔。以二母相乘，得一十二，爲法。［除之］，餘寔不滿法，以法命之。合問。

《九章筭術》卷一《方田》　減分術曰：母互乘子，以少減多，餘爲實。母相乘爲法。實如法而一。三國魏・劉徽注　「母互乘子」（者）知，以齊其子也，「以少減多」（者）知，齊故可相減也。「母相乘爲法」者，同其母。母同子齊，故如母而一，即得。

清・勞乃宣《古籌算考釋》卷二　諸分：【略】減分者，以分數相減也。母互乘子，以齊其子。母自相乘，以同其母。與合分同。惟齊同之後，彼以子相加爲實，此則以子相減爲實。其以乘出之母爲法除之，不滿法者命之，亦同也。

《九章筭術》卷一《方田》　今有八分之五，二十五分之十六。問孰多，多幾何。

荅曰：二十五分之十六多，多二百分之三。

明・吴敬《九章筭法比類大全》卷一《方田》　法曰：列置分母、子，八分、二十五分於右，之五、之一十六於左。母互乘子，八分乘之十六，得一百二十八。二十五分乘之五，得一百二十五。以少一百二十五減多一百二十八，餘三，爲實。母相乘，八分乘二十五分，得二百，［爲法］。實不滿法，即多二百分之三數也。合問。

《九章筭術》卷一《方田》　又有九分之八，七分之六。問孰多，多幾何。

荅曰：九分之八多，多六十三分之二。

明・吴敬《九章筭法比類大全》卷一《方田》　法曰：列置分母、子，九分、七分於右，之八、之六於左。母互乘子，九分乘之六，得五十四。七分乘之八，得五十六。以少五十四減多五十六，餘二，爲實。母相乘，九分乘七分，得六十三分，爲法。實不滿法，即多六十三分之二。合問。

明・王文素《筭學寶鑒》卷一二《課分》

右行　列母　甲母九分　乙母七分

互乘

左行　列子　甲子八　乙子六

相減

法曰：以甲子互乘乙母，得五十六。却以乙子互乘甲母，得五十四。以少減多，餘二，爲子。以二母相乘，（問）［得］六十三，爲分母。命之。合問。

《九章筭術》卷一《方田》　又有二十一分之八，五十分之十七。問孰多，多幾何。

荅曰：二十一分之八多，多一千五十分之四十三。

明・吴敬《九章筭法比類大全》卷一《方田》　法曰：列置分母、子，二十一分、五十分於右，之八、之一十七於左。母互乘子，二十一分乘之十七，得三百五十七。五十分乘之八，得四百。以少三百五十七減多四百，餘四十三，爲實。母相乘，二十一分乘五十分，得一千五十分，爲法。實不滿法，即多一千五十分之四十三。合問。

《九章筭術》卷一《方田》　課分術曰：明・吴敬《九章筭法比類大全》卷一《方田》　二分比並多寡。母互乘子，吴敬《九章比類》　齊其子也。以少減多，餘爲實。吴敬《九章比類大全》　母乘少子之分數，以少分減多分，即是相多之數。母相乘爲法。吴敬《九章比類》　子雖有數，不可無母，以命爲數。實如法而一，吴敬《九章比類》　滿法者，以法除之。即相多也。唐・李淳風等注釋　此術母互乘子，以少分減多分。按：此術多與減分義同。唯相多之數，意共減分有異：減分知，求其餘數有幾。課分知，以其餘數相多也。

清・勞乃宣《古籌算考釋》卷二　諸分：【略】課分者，校其分之多少，並所多之數。法與減分同，惟意在知其所多之數耳。

元・朱世傑《筭學啓蒙》卷下《之分齊同門》　今有甲錢九分錢之五，減其乙錢七分錢之三。問餘幾何。

答曰：六十三分錢之八。

術曰：依圖布筭：母互乘子，右上得三十五，右下得二十七。以少減多，餘八，爲實。左行分母相乘，得六十三，爲法。實如法而一。不滿法者，命之。合問。

清・王鑒《筭學啓蒙述義》　案：此即前注所言「減分」也。與第二問同術，但彼於齊同後相併，此於齊同後相減。其義一也。

清・徐鳳誥《筭學啓蒙通釋》　按：減分法《九章》註曰：「諸分子、母數各(有)不同，以少減多，欲知餘幾，減餘爲實，故曰減分。」合分、減分即之分之加、減法也。相乘得六十三爲法，相減，餘八，爲實。實如法而一。實不滿法，即命爲六十三分錢之八。

元・朱世傑《筭學啓蒙》卷下《之分齊同門》　今有甲持絹七分尺之五，乙持絹四分尺之三。問孰多，多幾何。

答曰：乙絹多，多二十八分尺之一。

術曰：依圖布筭：

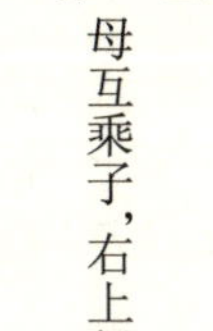

母互乘子，右上得二十，右下得二十一。以少減多，餘一，爲實。分母相乘，得二十八，爲法。實如法而一。不滿法者，命之。合問。

清・王鑒《筭學啓蒙述義》　案：此即前注所言「課分」也。與第三問同術，但第三問明言減其乙錢，是乙之多於甲，不待求矣。此則齊同後方知乙絹之多也。

清・徐鳳誥《筭學啓蒙通釋》　按：課分法《九章》註曰：「分各異名，理不齊一，校其相多之數，故曰課分也。」又曰：「此術母互乘子，以少[分]減多分，與減分義同，唯相多之數意與減分有異。減分，求其餘數有幾，課分知與其餘數相多也。」減分者相減而得其餘者，二色之相比，知其一色之多也。相減得乙絹餘一，爲實。實不滿法，即命爲二十八分尺之一。

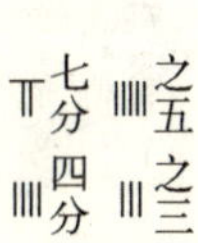

清・勞乃宣《古籌算考釋》卷二　諸分：【略】原圖母左子右。今用母右子左式演之。置甲分母七於右上，其分子五於左上。置乙分母四於右下，其分子三於左下。以右下乙母四乘左上甲子五，得二十。以右上甲母七乘左下乙子三，得二十一。於左下二十一內，減去二十，餘一。收左上二十。又以右下乙母四乘右上甲母七，得二十八。收右下四。以左下一爲實，置於上。以右上二十八爲法，置於下。除之，實不滿法，命爲乙多於甲二十八分尺之一也。

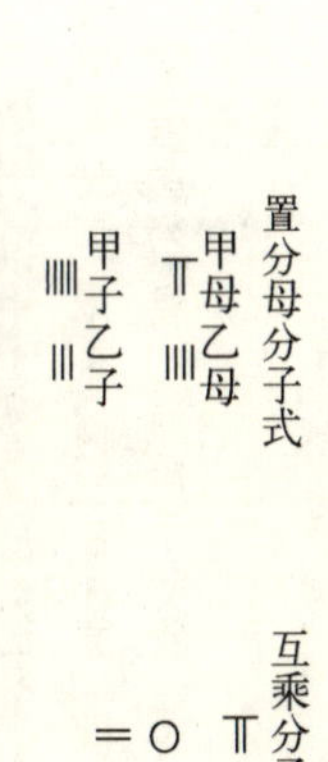

明・吳敬《九章算法比類大全》卷一《方田》　比類　課分：今有錢五貫四百五十八文五分文之二，減去錢四貫三百六十三文二分文之一。問尚餘幾何。

答曰：一貫九十四文十分文之九。

法曰：置錢五貫四百五十八文，以分母五分通之，加分子二，共得二十七貫二百九十二文。又以減去分母二分通之，得五十四貫五百八十四文。別置減去錢四貫三百六十三文，以分母二通之，加分子一，共得八千七百二十七文。又以原錢分母五分通之，得四十三貫一百三十五文。以減前數，餘一十貫九百四十九文。以二分母五分乘二分，得一十分。除之。合問。

今有布二疋九分疋之五，今用過一疋六分疋之一。問尚餘幾何。

答曰：一疋十八分疋之七。

法曰：置用過布一疋，以分母六通之，加分子一，共得七。又以原布分母通之，得六十三，列左。又置原布二疋，以分母九通之，加分子五，共得二十三。又以用過布分母六通之，得一百三十八。內減去左位六十三，餘得七十五，爲實。以二分母九分，六分相乘，得五十四，爲法。除之，得一疋，餘實二十一。法、實皆(二)[三]約之。合問。

今有錢四貫八百七十二文七分文之四，於内減去一貫六百二十四文六分文之一。問尚餘幾何。

荅曰：三貫二百四十八文四十二分文之十七。

法曰：置減去錢一千六百二十四文，以分母六通之，加分子一，共得九千七百四十五。又以原錢分母七通之，得六萬八千二百一十五，列左。又置原錢四千八百七十二文，以分母七通之，加分子四，共得三万四千一百八。以減去錢分母六通之，得二十万四千六百四十八。於内減[左]位六万八千二百一十五，餘錢一十三万六千四百三十三，爲實。以二分母六分，七分相乘，得四十二，爲法。除之，得三貫二百四十八文，餘實[十七，爲]分子。法四十二爲分母。合問。

今有布二十一分疋之一十二，疋法四十二尺，得二十四尺。比五十分疋之二十三，得一十九尺三寸二分。問孰多，幾何。

荅曰：二十一分疋之一十二多一千五十分之一百一十七。

法曰：列置分母、子，二十一分，五十分於右，之十二，之二十三於左。母互乘子，二十一分乘之二十三，得四百八十三。五十分乘之十二，得六百。以少減多，六百減四百八十三，餘一百一十七，爲實。母相乘，五十分乘二十一，得一千五十分，爲法。實不滿法，以法命之，即多一千五十分之一百一十七。合問。

明・王文素《筭學寶鑑》卷一二《課分》 比類新題：原該納官粮八斗七分斗之四，已納過五斗九分斗之五。問尚該幾何。

荅曰：三斗六十三分斗之一。

通分法曰：以七分通八斗，得五十六斗。併入子四，得六十斗。另以九分通五斗，得四十五斗。併入子五，得五十斗。爲子列左，以二母列右：

右行　甲母七分　乙母九分
左行　甲子六十斗　乙子五十斗

均母子法曰：以甲子互乘乙母，得五百四十斗。(均)以乙子互乘甲母，得三百五十斗。以少減多，餘一百九十斗，爲寔。以二母相乘，得六十三，爲法。除之，得三斗，餘一不盡，以法命之。合問。

原該官粮八斗七分斗之四，先納過五斗九分斗之五，後又納一斗三分斗之一。問尚欠幾何。

荅曰：一斗一百八十九分斗之一百二十九。

通分法曰：以先納分母九通五斗，併子五，得五十斗。又以後納分母三通一斗，併子，得四斗。各列爲子。

右行　甲母九分　　乙母三分
　　　　　互乘　　　　相併爲子
左行　甲子五十斗　乙(又)[子]四斗

均母子法曰：以甲子互乘乙母，得一百五十斗。以乙子互乘甲母，得三十六。相併，共一百八十六，爲子。以二母相乘，得二十七，爲母。復列左、右二行。復以原母七分通八斗，得五十(文)[六]斗。併入子四，得六十斗。亦列左、右二行：

右行　甲母七分　乙母二十七分
(右)[左]行　甲子六十斗　乙子一百八十六斗

法曰：以甲子互乘乙母，得一千六[百]二十。另以乙子互乘甲母，得一千三百零二。以少減多，餘三百一十八斗，爲寔。另以二母相乘，得一百八十九，爲法。除之，得一斗，餘不盡一百二十九，爲子。命之。合問。

又 驗較新題：甲米五分斗之四，乙米四分斗之三。孰多幾何。

荅曰：甲多乙二十分斗之一。

右行　列母　甲母五　　乙母四
　　　　　　　　互乘　　　　相減餘一爲子
左行　列子　甲子四　　乙子三

法曰：甲子乘乙母，得一十六。乙子乘甲[母]，得一十五。相減餘一，爲子。二母相乘，得二十，爲分母。命子合問。

觧曰：甲米五分斗之四即八升，乙米四分斗之三即七升五合。(足)[是]甲多乙[五]合也。以課分求之，甲多乙二十分斗之一，亦五合也。由是驗之，斯可言。

明・周述學《曆宗筭會》卷二《子母分法》 母互乘子，齊其子也。以少減多，爲實。母乘出子之分数，以少分減多分，即是相多之数。母相乘爲法。子雖有数，不可無母，以命爲数。實如法而一。滿法者，目法除之。

有母子分相較：原錢五貫四百五十八文五分文之二，減去四貫三百六十三文二分文之一，求尚餘錢。

得：一貫九十四文十分文之九。

置原錢五貫四百五十八文，以分母五分通之，加分子二，共得二十七貫二百九十二文。又以減去分母二分通之，得五十四貫五百八十四文。別置減去錢四貫三百六十三文，以分母二通之，加分子一，共得八貫七百二十七文。又以原錢分母五分通之，得四十三貫六百三十五文。以減前数，餘一十貫九百四十九文。以二母相乘，五分乘二分，得一十分，爲法。除之。

又　母子分三等相較：漢日法九百四十分日之四百九十九，唐日法三千四十分日之一千六百一十三，元日法一萬分日之五千三百〇五分九十三秒，比較孰多。

漢多於唐小分七八，漢多於元三分，元多於唐小分一秒。

以唐母乘漢子，得一百五十一萬六千九百六十。以漢母除之，一千六百一十三，小分七八，得漢子，變爲唐子。以唐子減之，得漢子，餘小分七八。以漢母乘唐子，得一百五十一萬六千二百二十分。以唐母除之，四百九十八分七，得唐子，变爲漢子。以漢子減之，唐子不及小分。以元母乘漢子，得四百九十九萬。以漢母除之，得漢子，變元子，五千三百〇八。以元子減之，得漢子，餘三。以元母乘唐子，得一千六百一十三萬。以唐母除之，得唐子，變元子，五千三百〇五分九二。以元子減之，唐子不及一秒。

母子分三等加減相較：原管銀八斤一十一分斤之五，新收九斤七分兩之四，減支過四斤五銖三分銖之二，求餘剩該幾何。

剩該一十三斤七兩一十四銖二百三十一分銖之一百三十七。

分母乘其全，分子從之。置原管銀八斤，以分母十一通之，淂八十八。加内子五，共得九十三。却以銖法三百八十四乘之，得三萬五千七百一十二。又置銀新收九斤，以十六兩通，得一百四十四。又以分母七通，得一千八。加内子四，共得一千一十二。却以二十四銖乘，得二萬四千二百八十八。管、收分母互乘，併之：原管分母十一乘新收二萬四千二百八十八，得二十六萬七千一百六十八。新收分母七乘原管三萬五千七百一十二，得二十四萬九千九百八十四。併，得五十一萬七千一百五十二。以支數亦通分：已支銀四斤，以銖法三百八十四通，得一千五百三十六。加五銖，共得一千五百四十一銖。以分母三通，得四千六百二十三。加内子二，共得四千六百二十五。與管、收併數互乘：以支數分母三乘併数五十一萬七千一百五十二，得一百五十五萬一千四百五十六。原管分母十一乘新收分母七，得七十七。以乘支数四千六百二十五，得三十五萬六千一百二十五。又以支數減併數：以支三十五萬六千一百二十五減併数一百五十五萬一千四百五十六，余一百一十九萬五千三百三十一，爲實。以三分母相乘：管分母十一乘收分母七，得七十七。乘支分母三，得二百三十一，爲法。除之，得五千一百七十四銖，餘一百三十七。以法命之，得二百三十一分銖之一百三十七。却以銖法歸斤兩：五千一百七十四銖，先以斤法三百八十四除，得一十三斤，余一百八十二銖。又以两法二十四除，得七两，餘一十四銖。該得見在銀一十三斤七兩一十四銖二百三十一分銖之一百三十七。

明・程大位《算法統宗》卷二　課分：假如今有布二疋九分疋之五，用過一疋六分疋之一。問尚餘若干。

答曰：一疋十八分疋之七。

法曰：置用過布一疋，以分母六通之，加分子一，共得七。又以原布分母九通之，得六十三。另置原布二疋，以分母九通之，加分子五，共得二十三。又以用過布分母六通之，得一百三十八。内減去前六十三，餘七十五，爲實。以二分母九、六相乘，得五十四，爲法。除之，得一疋，餘實二十一。法、實皆三約之。合問。

清・陳世明《數學舉要》卷六《諸分》　減分：即課分。假如有布九分疋之五，用過六分疋之一。問餘布若干。

答曰：一十八分疋之七。

術：以兩母數相乘，得五十四。又互乘其子，得三十，得九。兩數相減，餘二十一。命之，爲餘布五十四分疋之二十一。又約之，得一十八分疋之七。

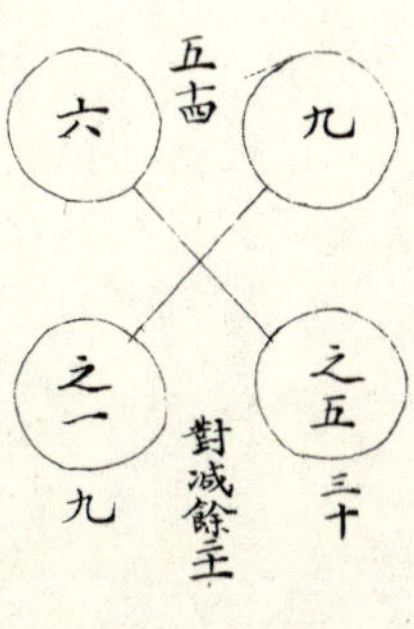

又如有布一疋又五分疋之二，用過五分疋之三。問存布若干。

答曰：存五疋之四。

術：以一疋通作五分，與之二相併，得七，作原數。轉與用去之三相減，餘四，是爲存數五分疋之四。　此因分(于)[子]反大于之二，不能相減。故以原數一疋通作五分，與子相減。又因兩母相同，故不用互乘。(得)

又如有米六分石之三，又有米四分石之三。問其較相若干。

答曰：四分石之一。

術：以六之三降爲四之二，與四之三相減，得一。是即爲四之一矣。　此因六爲四之倍半比例，故不(因)[用]互乘，但以六之三降爲四之二，即大分帶小分法。

又假如有田二塊，共四畝又六十分畝之四十三。甲得二畝又四分畝之三，又小分五之一。問餘數若干。

答曰：餘一畝又六十分之五十五。

術：先以小分母五通甲大分母四，得數二[十]。又以小分母五通甲大分子之三，得一十五。加入小分子之一，共十六。遂成二十之十六。又以二塊內四畝取出一畝，化作六十分。加于分子之四十三內，共得一百〇三。照前列算得整一畝又一千二百之一千一百。約之，爲六十之五十六。

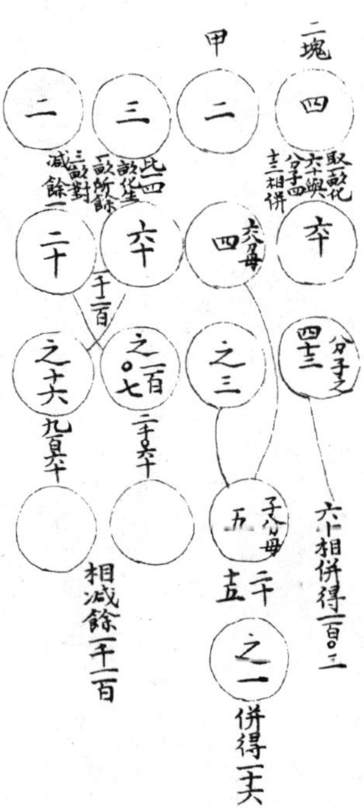

清·屠文漪《九章録要》卷二《零分法》 零分與整相減法：零、整相減者，法亦以原母爲母，以原母乘整，得數減原子爲子。如甲數七，乙數五分之三，相減得五分之三十二是也。歸整則爲六又五分之二。

又 零分相減法：零分相減者，依并分法累乘，爲共母，爲諸子，而減之，爲子。如甲數五分之二，乙數七分之四，內減丙數八分之三，得二百八十分之一百六十七是也。

清·張作楠《倉田通法·方田通法補例》卷一 減法：凡減法，兩分母同者，兩分子相減，爲餘數。如十一分步之七減十一分步之五，兩分母同，徑將兩分子五與七相減，餘二，即得十一分步之二。 若兩分母不同者，兩分母相乘爲共母。以前分母乘後分子，後分母乘前分子，以所得兩子數相減，爲餘數。如兩分母不同，可加減使之同者，如加法變而同之。如三分步之二減五分步之三，則以兩分母三、五相乘，得十五，爲共母。再以前分母三乘後分子三，得九。後分母五乘前分子二，得十。將所得兩分子相減，餘一。得餘數十五分步之一。若零數與整數相減者，以分子與分母相減，爲餘數。如積一步內減七分步之五，則以一步變爲七分，爲分母。與分子五相減，餘二。即得餘數七分步之二。若整數帶零分相減者，將兩零分變爲同母，然後減之。如積八步零五分步之四，內減五步零七分步之三，則以八步零數五分之四與五步零數七分之三，用互乘法，兩分母七、五相乘，得三十五，爲共母。再以五步分母七乘八步分子四，得二十八，爲八步所變子數。又以八步分母五乘五步分子三，得十五，爲五步所變子數。乃以八步、五步二整數相減，餘三步。兩子數二十八與十五相減，餘十三。得餘數三步又三十五分步之一十三。 若子、母數三四種相減者，分母、分子俱不同，則互乘齊其分母，按前法減之。如積九步零八分步之七，內減二步零四分步之一，又減八分步之三，則以九步內減去二步，餘七步，爲整數。乃以八分步之七與四分步之一互乘，將八分步之七變爲三十二分步之二十八，四分步之一變爲三十二分步之八，兩數相減，餘三十二分步之二十。又以三十二分步之二十與第三零數八分步之三用互乘法，將三十二分步之二十變爲二百五十六分步之一百六十。八分步之三變爲二百五十六分步之九十六。兩數相減，餘二百五十六分步之六十四。合前整數，得餘數七步又二百五十六分步之六十四。用約分法，可約爲七步又四分步之一。

其餘零分內有兩分母同，或兩分母乘出數與餘一分母同，俱依同分母例減之。理與加法同。

清·何夢瑤《算迪》卷一 通分減法

一、如有紬一匹又五分匹之二，用過五分匹之三。問存若干。

曰：五分匹之四。

此分母同者。法：以之三減之二，不足。用化整爲零法，將原數一匹通作五分，併入之二，共成五之七。內減五之三，尚存五之四也。 若分母不同，可改使同者改之。已詳上併法。

二、又如甲銀一兩又五分兩之三，乙銀八分兩之四。問乙少若干。

曰：乙少甲一兩又四十分兩之四分。

法：用互乘，相減，餘四。命之曰：乙少甲四十分之四。併入一兩，共少一兩又四十分兩之四也。

三、如有米一石又九十分石之三十六分，甲得六分石之四，乙得三分石之一。問所餘丙數若干。

曰：丙得十分石之四。

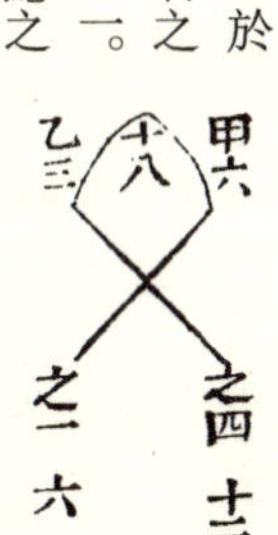

此三宗者，照上弟二條互乘之，相併，收得一石。於總米減一石，餘九十分石之三十六。約之，爲十分石之四，丙所得也。　按：此條，梅定九答云：丙得五之二。法：以九十分爲總母，意以原米爲甲、乙、丙三人共總之數，則九十分必三母維乘所得也。於是倣併法弟三條維乘之法算之。雖亦未嘗不合，然不可通矣。何則？九十分石之三十六分，即十分石之四分，又即五分石之二分也。設問者，改九十分石之三十六分爲十分石之四分，或改爲五分石之二分，則亦將以之爲總母乎？不可通矣，故正之。四宗已上倣此。

四、若大分帶小分，而兩母並同者，可(徑)[俓]對減。如原有田二十九畝七十步十二尺，今(減)[洪]水沖去一百七十步十五尺。問存若干。

曰：二十八畝一百三十九步二十二尺。

此兩分母相同者也。大分母並二百四十步。小分母並二十五尺。先以小分相減，不能於十二減十五，用化整爲零法，將上一步化作二十五尺。併入十二尺，共三十七尺。減去十五尺，餘二十二尺。次以大分相減，查原田七十步。除取一步化尺外，實存六十九步。不能減一百七十步。又將上三畝化爲二百四十步。併入六十九步，共三百〇九步。減去一百七十步，餘一百三十九步。又查原田二十九畝，除將一畝化步外，實存二十八畝。合計存二十八畝一百三十九步二十二尺也。

五、若大分母同，而小分母不同者，用互乘以同之，乃對減如法。

六、若大、小分母俱不同，即各用互乘以同之，乃對減如法。訣具前併法中。

清・吳嘉善《白芙堂算書廿一種・九章翼・分法》　減分：母未齊者，齊其分母。如常法相減不足減者，通一數爲分，內子中減之。

假如以七之四減三之二者，置兩數 七之四 三之二，先齊之，得 二十一之十二 二十一之十四，相減，得二十一之二是也。

假如以五之四減四又五之一者，置兩數 五之四 四又五之一，相減。而左數之分小於右數，不足減。乃於上位整數四中，取一數通之，爲五。加入子中，謂減上位之四爲三，而以五加於下位也。得三又五之六。乃以五之四減之，得三又五之二是也。

清・勞乃宣《籌算分法淺釋・帶分減法》　帶分減法，分母同者，子相減，爲子。母仍爲母。分母不同者，齊其子，相減爲子。同其母爲母。有整數者，整數相減爲整數，分數相減爲分數。原數分子不足減，及分數減整數者，取整數之一，通爲分子而減之。其筭式，原數列於左，減數以次列於右，皆分子置中層，分母置下層。有整數者置上層。應齊分者，先齊之，應通分者，先通之。以共母置左行下，以次行整數減之，分子減之。又以三行整數減之，分子減之，以次減畢。可約者，約之。所得上層爲整數，中層爲分子，下層爲分母。

又　帶分減法設題：今有六分之五，內減六分之一。問餘幾何。

答曰：三分之二。

列五於左行中層，爲原數子。六於下層，爲原數母。列一於右行中層，爲減數子。六於下層，爲減數母。列定，乃減之。以右行減左行，於左行中層五內減一，餘四，爲子。減畢，收去減數，下六仍爲母。是爲減餘六分之四。視母、子均可半，半之，爲三分之二。以真數明之。如六分畝之五，與一，是將一畝剖作六分，則每一分得四十步。其中之五分，即二百步。一分，即四十步也。相減，餘一百六十步，即六分中之四分也。蓋四十步爲一分，則一百六十步即爲四分。是六分與四分之比，即同於一畝與一百六十步之比也。半其母、子，爲三分畝之二。

列位式

丨　〤
丅　丅

以右減左減餘式

〤
丅

半其母子得數式

〢
〣

今有一十二分之七，內減五分之二。問餘幾何。

答曰：六十分之一十一。

列七於左行中層，爲原數子。一十二於下層，爲原數母。列二於右行中層，爲減數子。五於下層，爲減數母。列定，用互乘法齊之。左行中層得三十五，仍爲原數子。右行中層得二十四，仍爲減數子。左行下層得六十，爲共母。乃減之。以右行減左行，於左行中層三十五內減二十四，餘一十一。是爲減餘六十分之一十一。以真數明之。如一十二分畝之七，即一百四十步也。內減五分畝之二，是減去九十六步也。餘四十四步，即六十分畝之一十一也。蓋一畝剖作六十分，則每一分得四步。今四十四步，故謂六十分畝之一十一也。

列位式

〢　〧
〤　一〢

用互乘法齊分式

〤　≡〤
＝　⊥〇

以右減左減餘式

丨　一
〇　⊥

今有九又八分之一，內減二又六分之五，又減三分之二。問餘幾何。

答曰：五又八分之五。

列九於左行上層，爲原整數。一於中層，爲原數子。八於下層，爲原數母。列二於次行上層，爲減數整數。五於中層，爲減數子。六於下層，爲減數母。列二於三行中層，爲減數子。三於下層，爲減數母。列定，用互乘法齊之。左行中層得一十八，仍爲原數子。次行中層得一百二十，仍爲減數子。三行中層得九十六，仍爲減數子。左行下層得一百四十四，爲共母。乃減之。先以次行減左行，於左行上層九內減二，餘七。中層一十八內減一百二十，不足減。乃於上層七內取一，餘六。即以所取之一，通爲分子一百四十四。并原有一十八，爲一百六十二。內減一百二十。餘四十二。減畢，復以三行減之。於左行中層四十二內減九十六。仍不足減。復於上層六內取一，餘五。即以所取之一，通爲分子一百四十四。并原有四十二，爲一百八十六。內減九十六，餘九十。是爲減餘五又一百四十四分之九十。約之，爲八分之五。

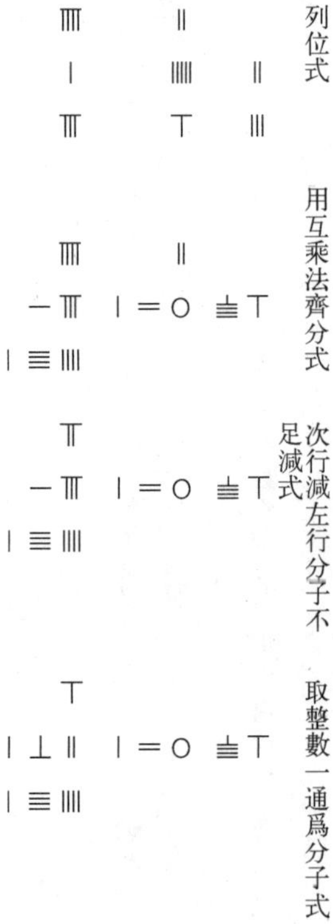

今有一十三又三十六分之三十五，內減二又二十七分之四，又減七又三十二分之五，又減四又二十四分之一。問餘幾何。

答曰：八百六十四分之五百四十一。

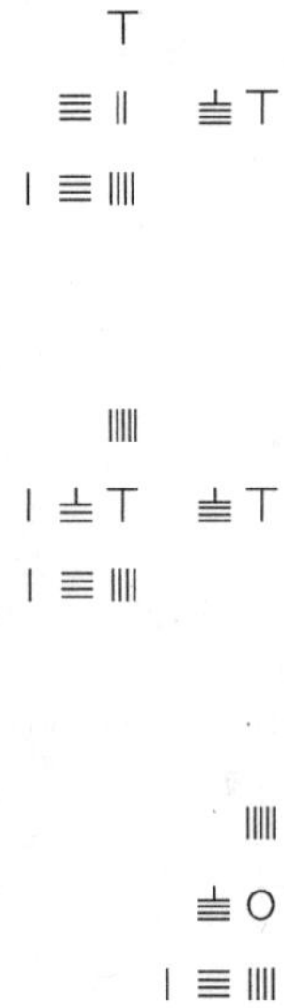

列一十三於左行上層，爲原整數。三十五於中層，爲原數子。三十六於下層，爲原數母。列二於次行上層，爲減數整數。四於中層，爲減數子。二十七於下層，爲減數母。列七於三行上層，爲減數整數。五於中層，爲減數子。三十二於下層，爲減數母。列四於四行上層，爲減數整數。一於中層，爲減數子。二十四於下層，爲減數母。列定，用求最小公倍數法齊之。左行中層得八百四十，仍爲原數子。次行中層得一百二十八，仍爲減數子。三行中層得一百三十五，仍爲減數子。四層減四，適盡。中層減三十六，餘五百四十一。是爲減餘八百六十四分之五百四十一。

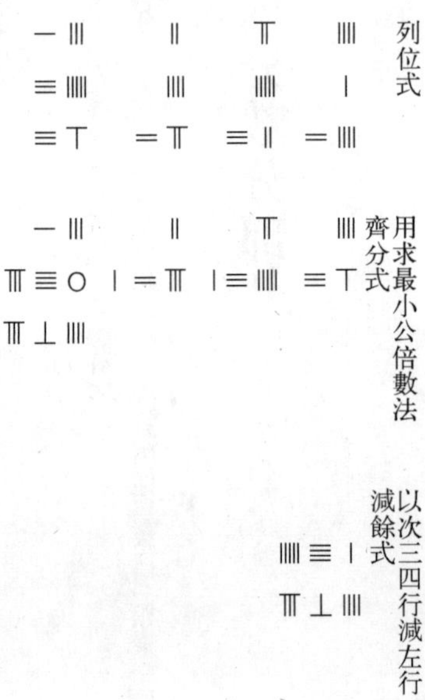

今有四分之三，內減八分之三。問餘幾何。

答曰：八分之三。

列三於左行中層，爲原數子。四於下層，爲原數母。列三於右行中層，爲減數子。八於下層，爲減數母。列定，視減數母爲原數母之倍。乃倍原數母四，爲八。子三，爲六。即得同母。乃以右行減左行。左行中層減三，餘三。是爲減餘八分之三。

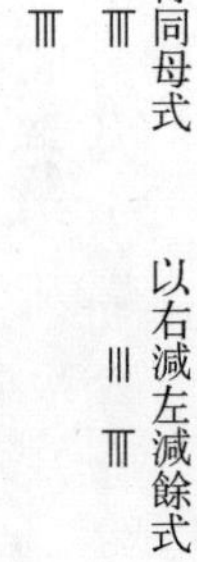

今有八，內減七分之五。問餘幾何。

答曰：七又七分之二。

列八於左行上層，爲原整數。列五於右行中層，爲減數子。七於下層，爲減數母。列定，視左行本無子數可減，乃置減數母七於左下，於整數八內取一，餘七。即以所取之一，通之，得七。列於左中，爲分子。然後以右行減之，左行中層減五，餘二。是爲減餘七又七分之二。

列位式	取整數一通爲分子式	以右減左減餘式
𝍤𝍦　𝍧	𝍤𝍦　𝍦𝍦𝍦	𝍦𝍡𝍦

清・曹汝英《直方大齋算稿一・數學上編》卷八　減分：【略】若原有之母相同，則取兩分子之較以爲新分子，而以原母爲分母，便合。若兩母不同，則用齊分法齊同其母，然後相減，所得之數，其子、母若可約小，則用約分法約之。

又　今於十分之九減去六分之五，問餘幾何。

答曰：餘十五分之一。

又　若原有之數爲整帶零，則宜將整數與整數相減，零數與零數相減。如下題是也。設如有布六十三丈又八分丈之三，今裁去二十二丈又三分丈之二，問餘布幾何。

上兩題齊母之後，其實之分子俱大於法之分子。此爲減分中最易之題。若法之分子大而實之分子小，則應兼用化整爲零法，始可相減。俟下欵乃言之。如或原有之數其子、母可以約小，則先宜約小之。若有子大於母者，則先化爲整帶零，然後齊母。

【略】由上算式即可悟所設之題如有加減糅雜者，則可將加數併爲一項，減數亦併爲一項。爰以併得之數相減，即爲所求之數矣。觀下題自明。設如有油三分斤之二，先用去八分斤之三，復添入二十四分斤之一。添入之後用去十六分斤之三，又用去四十八分斤之一。問餘幾何。

右設之題全是分數，若有整帶零者可照推之。

又　齊分：若有幾箇不同母之分數，而欲知其孰大孰小，則非將其母變爲同數不可。蓋母數相同，則視其子數即可知孰爲大孰爲小也。如此變法，是名曰齊分。

清・黃慶澄《算學報》　減分：設有八分丈之五，內減八分丈之三，求餘數。

答曰：此係零減零，母同子不同者。五減三，餘二，餘數爲八分丈之二。

【略】

八　五
五　三　二
八　三

設有三分丈之二，內減五分丈之三，求餘數。

答曰：此係零減零，母子俱不同者。十減九，餘一。餘數爲十五分丈之一。【略】

三　二
一〇　九　一
五　三

案：減法中之變多爲少，變少爲多，及多項減法，均可依加法變通之。

藝文

明・王文素《算學寶鑑》卷一二《課分》

課分之法少人通，母互乘兒相減行。餘數用他爲寔積，相乘二母法除攻。

平均分數分部

題解

《九章算術》卷一《方田》唐・李淳風等注釋　平分知，諸分參差，欲令齊等，減彼之多，增此之少，故曰平分也。

算法

《九章算術》卷一《方田》　今有三分之一，三分之二，四分之三。**明・吳敬《九**

章筭法比類大全》卷一《方田》 三分之一即一百二十八銖，三分之二比二百五十六銖，四分之三比二百八十八銖。問減多益少，各幾何而平。

荅曰：減四分之三者二，吴敬《九章比類》 母互乘子，求得九，減二，即六十四銖。 三分之二者一，吴敬《九章比類》 母互乘子，求得八，(成)[減]一，即三十二銖。并，以益三分之一，吴敬《九章比類》 母互乘子，求得四，益三，[得]九十六銖。 而各平於十二分之七。吴敬《九章比類》 十二分比全斤三百八十四銖，内一分，即三十二銖。分子七即二百二十四銖。

晉・佚名《孫子筭經》卷中 曰：置三分、二分、四分在右方，之一、之二、之三在左方。母互乘子，副并得六十三，置右，爲平實。母相乘，得三十六，爲法。以列數三乘未并者及法。等數得九，約訖。減四分之三者二，減三分之二者一，并，以益三分之一，各平於一十二分之七。

明・吴敬《九章筭法比類大全》卷一《方田》 法曰：列置分母、子，三分，(二)[三]分，四分於右，之一，之二，之三於左。母互乘子，之一乘三分，四分，得十二。之(一)[二]乘三分，四分，得二十四分。之三乘三分，三分，得二十七。副併，十[二、二十]四、二十七，共六十三，爲平實。母相乘，三分，三分，四分相乘，得三十六分，爲法。以列數三乘未併分子十一，得三十六。二十四，得七十二。二十七，得八十一。亦以列數三乘法三十六，得一百八。數繁，合用約分，以九約之，法得十二。平實得七。其之一得四，之二得八，之三得九。以平實七減列實，之二求出八，減七，餘一。之三求出九，減七，餘二。以列實，[之一]求[出]四。減平實七，少三。併所減，之二餘一，之三餘二，併得三。以益少[?]各其平也，各平於十二分之七。合問。

清・勞乃宣《古籌算考釋》卷二 諸分：【略】置第一分母三於右上，其子一於左上。置第二分母三於右中，其子二於左中。置第三分母四於右下，其子三於左下。母互乘子，左上得一十二，左中得二十四，左下得二十七。以左行三數副并之，得六十三。寄位於右，爲平實。三分母相乘，得三十六，爲法。此題共三位，列數爲三。以列數三乘未并之左上十二，得三十六。左中二十四，得七十二。左下二十七，得八十一。爲列實。又以列數三乘法，得一百〇八。是第一數變爲一百〇八分之三十六，第二數變爲一百〇八分之七十二，第三數變爲一百〇八分之八十一。又以平實六十三減左中七十二，餘九。減左下八十一，餘一十八。若并以益左上，得六十三。是爲減中位之九，下位之一十八，并以益上位之三十六，而平於一百〇八分之六十三也。今以其數猶繁，於未并以益上位之先，約而簡之。乃副置法數一百〇八，與平實及列實用約分法求等，求得等數九。以約左上三十六，得四。約左中九，得一。約左下一十八，得二。又以約右上一百〇八，得一十二。又以約平實，得七。然後并左行中一、下二，以益上，得七。故曰：減四分之三者二，三分之二者一，并，以益三分之一，而平於一十二分之七也。

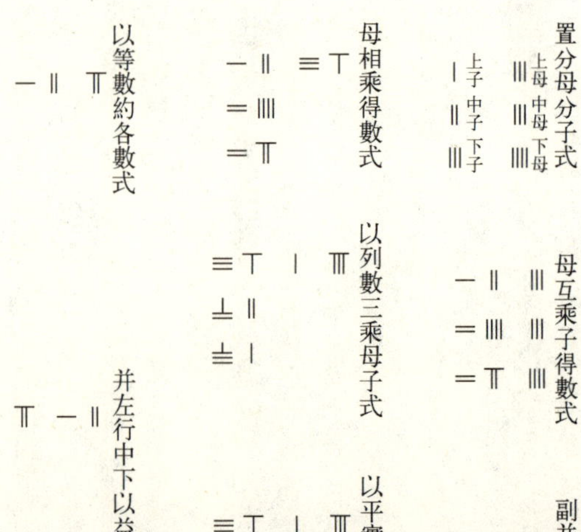

《九章筭術》卷一《方田》 又有二分之一，三分之二，四分之三。問減多益少，各幾何而平。**明・吴敬《九章筭法比類大全》卷一《方田》** 四分之一比半斤，即一百九十二銖，三分之二比二百五十六銖，四分之三比十二兩，即二百八十八銖。

荅曰：減三分之二者一，吴敬《九章比類》 母互乘子，求得二十四，減一，即一十銖三分銖之二。 四分之三者四，吴敬《九章比類》 母互乘子，求得二十七，減四也，即四十二銖三分銖之二。 并，以益二分之一，吴敬《九章比類》 母互乘子，求得十八，益五，即五十三銖三分銖之一。 而各平於三十六分之二十三。吴敬《九章比類》 三十六分比全斤三百八十四銖内一分，即十銖三分銖之二。分子二十三即二百四十五銖三分銖之一。

吳敬《九章算法比類大全》卷一《方田》 法曰：列置分母、子，二分，三分，四分於右，之一，之二，之三於左。母互乘子，之一乘三分，四分，得十二。之二乘二分，四分，得十六。之三乘二分，三分，得十八。副併，十二，十六，十八，得四十六，爲平實。母相乘，二分，三分，四分相乘，得二十四分，爲法。以列數乘未併分子，列数三以乘十二，得三十六。乘十六，得四十八。乘十八，得五十四。亦以列數三乘法二十四，得七十二。數繁。合用約分折半，法得三十六，實得二十三。其之一得十八，之二得二十四，之三得二十七。以平實二十三減列實，之二求出二十四，餘一。之三求出二十七，餘四。以列實，之一求出者十八，減平實二十三，少五。併所減，之二餘一，之三餘四，共五。以益少，益二分之[一]，各其平也，各平於三十六分之二十三。合問。

明・王文素《算學寶鑑》卷一二《平分》

右行	列母	二分	三分	四分
左行	列子	之一	之二	之三

法曰：以之一互乘三分、四分，得一十二。之二乘二分、四分，得一十六。之三互乘二分、三分，得一十八。併之，共四十六，爲平寔。另以三因十二，得三十六。以三因十六，得四十八。以三因十八，得五十四。另以二分、三分、四分連乘，得二十四。亦用三因，得七十二。數繁，合用約分(扚)[折]半：法得三十六，寔得二十三，之一得十八，之二得二十四，之三得二十七。以平寔減列實，減二十四餘一，減二十七餘四。以十八減平實，餘五，益入十八，各得二十三。以法三十六命之。合問。

《九章算術》卷一《方田》 平分術曰：母互乘子，**三國魏・劉徽注** 齊其子也。副并爲平實。**唐・李淳風等注釋** 母互乘子，副并爲平實知，定此平實主限，眾子所當損益知，限爲平。**明・吳敬《九章算法比類大全》卷一《方田》** 列併諸分子爲平實。此意先[併]其數，命平数也。母相乘爲法。**劉徽注** 「母相乘爲法」知，亦齊其子，又同其母。**吳敬《九章比類》** 既有諸子爲平實，故以母(自)[相]乘爲法。以列數乘未幷者各自爲列實。**吳敬《九章比類》** 列數併列分母之位數也。既併諸子爲平實，而未併者却以列数乘之。亦以列數乘法。**劉徽注** 此當副(幷)[置]列數(爲)[除]平實，若然則重有分，故反以列數乘同齊。**李淳風等注釋** 問云所平之分多少不定，或三或二，列位無常。平三知，置位三重。平二知，置位二重。凡此之例，一準平分不可預定多少，故直云列數而已。**吳敬《九章比類》** 平實乃數位捲併法，乃母自乘本位，故不及平實，所以列數乘法。以平實減列實，餘，約之爲所減。幷所減以益於少。以法命平實，各得其平。**吳敬《九章比類》** 取用並見。

宋・楊輝《詳解九章算法・纂类》 平分法曰：母互乘子，副併諸子，爲平實。母相乘爲法，以列數乘未併分子，各自爲列實。亦以列數乘法。以平實減列實，餘爲所減。以列實減平實，餘爲所益。併所減以益少，以法命平實，各其平也。

清・勞乃宣《古籌算考釋》卷二 諸分：【略】平分者，列分數幾位，減此之多，益彼之少，使之相等也。母互乘子，母相乘者，齊而同之也。列數者，列位之數也。如列二位，則列數爲二。列三位，列數爲三之類。齊同之後，當并各子，以列數除之，爲平實。惟除之或不盡，則重有分，故不除，便副并爲平實。而以列數轉乘齊同之母、子以相當。以平實減其多，所餘即爲當益少之數。然後約之，以法命之，即得平數矣。

元・朱世傑《算學啓蒙》卷下《之分齊同門》 今有甲米六分斗之五，乙米五分斗之四，丙米四分斗之三。問減多益(小)[少]，各幾何而平。

答曰：各平一百八十分之一百四十三。

術曰：依圖布筭：

之三	之五
七分	六分
╥	⊤

母互乘子，右上得一百，右中得九十六，右下得九十，各爲列實。副併，得二百八十六，爲平實。左行分母相乘，得一百二十，爲法。又三之，得三百六十。亦三因右行未併者，平實法實各半之得數，減右上七，減右中一，而益右下，得各平也。合問。

清・王鑒《算學啓蒙述義》 案：此即前注所言「平分」也。副併之平實，乃三數之共分子。三因未併之數，是三箇平實之數。雖有多少之殊，必平於平實之數也。三因總母者，因分子既加三倍，則總母亦當加三倍也。若不半之，則平於三六十分之二百八十六。半之，則平於一百八十分之一百四十三也。

清・徐鳳誥《算學啓蒙通釋》 按：平分法《九章》註曰：「諸分參差，欲令齊等，減彼之多，增此之少，故曰平分。」平分者，欲令三色之母、子并而均分之也。

六分　之五　一百

法實一百二十　五分　之四，列實九十六，平實二百八十六

九十

四分　之三　三百，

法實三因，得三百六十。列實三因，得二百八十八，

二百七十。

一百五十，

法實半之，得一百八十。列實半之，得一百四十四，平實半之，得一百四十三，

一百三十五。

即命爲一百八十分之一百四十三。是于一百五十上減七，一百四十四上減一，一百三十五上加八，故各平于一百四十三也。所以法中用三因者，以甲、乙、丙有三位也。如有甲、乙、丙、丁四位，則須四因矣。

明・吴敬《九章筭法比類大全》卷一《方田》　比類　課分：今有絹二分疋之一，疋法四十八尺，得二十四尺。三分疋之二，三一二尺。四分疋之三，三十六尺。五分疋之四，三十八尺四寸。減多益少，幾何而平。

荅曰：減五分之四求之者二十九，母互乘子，求得一百九十二。減二十九，每一得二寸，即五尺八寸。減四分之三求之者十七，母互乘子，求得一百八十。減十七，即三尺四寸。益二分之一求之者四十三，母互乘子，求得一百二十。益四十三即八尺六寸。益三分之二求者[三]，母互乘子，求得一百六十。益三即六寸。各平於二百四十分之一百六十二。二百四十分比全疋四十八尺，每一分即一寸，分子一百六一三即三十二尺六寸。

法曰：列置分母、子，二分，三分，四分，五分於右，之一，之二，之三，之四於左。母互乘子，之一乘三分，四分，五分，得六十。之二乘二分，四分，五分，得八十。[之三]乘二分，三分，五分，得九十。之四乘二分，三分，四分，得九十六。副併，爲平實，六十，八十，九十，九十六，併得三白二十六。母相乘爲法，二分，三分，四分，五分相乘，得一百二十分。以列數乘未併分子，列數四乘六十，得二百四十，八十得三百二十，九十得三百六十，九十六得三百八十四。亦以列數四乘以一百二十，得四百八十。數繁，合用約分，折半，法得二百四十，實得一百六十三。其之一得一百二十，之二得一百六十，之三得二百八十，之四得一百九十二。以平實一百六十三減列實，之一求出一百[二]十，減平實，少四十三。之二求出一百六十，減平實，少三也。併所減，之三餘十七，之四餘二十九，併得四十六。以益少，之一少四十三，之二少三，共四十六，各其平也。各平於二百四十分之一百六十三。合問。

明・王文素《筭學寶鑑》卷一二《平分》　比類　新題：甲、乙二人均絲相等，甲出五分斤之四，乙出四分斤之三。問熟貼幾何而平。

荅曰：乙貼甲四十(八)分斤之一。即九銖六累。

題圖：

右行　列母　甲母五分　乙母四分

左行　列子　甲子之四　乙子之三

法曰：以甲子四互乘乙母四，得一十六。以乙子三互乘甲母五，得一十五。併之，得三十一，爲平率。以二人乘十六，得三十二，爲甲率。以二人乘十五，得三十，爲乙率。以平率減甲率，餘一，即乙貼甲之數。另以母相乘，得二十。亦以二人乘之，得四十，爲法，即分母。命之，故曰：乙貼甲四十分斤之一。合問。

解曰：甲絲五分斤之四即三百七銖二累，乙絲四分斤之三即二百八十八銖。併而半之，各該二百九十七銖六累而平。內減(五)[乙]絲，餘九銖六累，是乙貼甲数也。以四十分除三百八十四銖，亦得九銖六累，然矣。

通變新題：假令三人均粟相等，且云甲出八斗九分斗之八，乙出七斗七分斗之一，丙出六斗三分斗之二。問熟貼幾何而平。

荅曰：甲多出一斗一百八十九分斗之六十一，乙貼甲一百八十九分斗之八十，丙貼甲一百八十九分斗之一百七十，各平於(一)[七]斗一百八十九分斗之一百七(十)。

通分法曰：置甲出八斗，以九分通之，併入子八，得八十斗。另置乙出七斗，以七分通之，併入子一，得五十斗。另置丙出六斗，以三分通之，併入子二，得二十斗。排列求位：

右行　甲九分　乙七分　丙三分

左行　八十斗　五十斗　二十斗

法曰：以八十斗互乘七分、三分，得一千六百八十斗。另以五十斗互乘九分、三分，得一千三百五十斗。另以二十斗互乘九分、七分，得一千二百六十斗。併之，共四千二百九十斗，爲平率。以三人乘一千六百八十斗，得五千四十斗，爲甲率。另以三人乘一千三百五十斗，得四(斗)[千]五十斗，爲乙率。以三人乘一千二百六十斗，得三千七百八十斗，爲(兩)[丙]率。另以九分、七分、三分相乘，又乘三人，得五百六十七，爲法。數繁，皆以三約之，平寔得一千四百三十，甲寔得一千六百八十，乙寔得一千三百五十，丙寔得一千二百六十，法得一百八十九。以平寔(歸)[減]甲寔，餘二百五十。以法(餘)[除]之，得甲多出一斗，餘六十一。以法命之。以乙寔減平寔，餘八十。即貼甲之數。以法命之。以丙寔減平寔，餘一百七[十]。即貼甲之數。以法命之。以法除平寔，得七斗，餘一百零七。亦以法命之。故曰：各平於七斗一百八十九分斗之一百七。並皆合問。

新題：假令一父所生四子，甲有私粟三十三石三分石之[一]，乙有私粟二十五石七分石之五，丙有私粟一十四石九分石之四，丁並無私粟。其父欲令均之，問各損益幾何而平。

答曰：損甲一十四石三百七十八分石之三百六十三，損乙七石三百七十八分石之一百二十九，益丙三石三百七十八分石之三百五十一，丁得一十八石三百七十八分石之一百四十一。

通分法曰：置甲粟三十三石，以分母三通之，併入子一，得一百石。另置乙粟二十五石，以分母七通之，併入子五，得一百八十石。又另置丙粟一十四石，以分母九通之，併入子四，得一百三十石。列於位：

右行　甲母三　乙母七　丙母九

左行　一百石　一百八十石　一百三十石

法曰：以甲一百石互乘乙、丙二母，得六千三百石。以乙一百八十石互乘甲、丙二母，得四千八百六十。以丙一百三十石互乘甲、乙二母，得二千七百三十。併之，共一萬三千八百九十石，爲平寔。另以四人乘甲六千三百，得二萬五千二百石，爲甲寔。以四因乙四千八百六十，得一萬九千四百四十石，爲乙寔。以四因丙二千七百三十，得一萬九百二十石，爲丙寔。另以甲母三乘乙母七，再乘丙母九，得(亻)[一]百八十九。亦以四人因之，得七百五十六，爲法。繁者折半：平寔得六千九百(問)[四]十五，甲寔得一萬二千六百，乙寔得九千七百二十，丙寔得五千四百六十，法得三百七十八。以平寔減甲寔，餘五千六百五十五，爲寔。以法除之，得損甲一十四石三百七十八分石之三百六十三。另以平寔減(一)[乙]寔，[餘]二(十)[千]七百七十五，爲寔。以法除之，得損乙七石三百七十八分石之一百二十九。另以丙寔減平寔，餘一千四百八十五，爲寔。以法除之，得益丙三石三百七十八分石之三百五十一。以法除平寔，得丁得一十八石三百七十八分石之一百四十一。合問。

明・周述學《曆宗筭會》卷二《子母分法》　母互乘子，齊其子也。副併諸子，爲平實。别併諸分子爲平實，先總其數，命爲数也。母相乘爲法。既有諸子爲平實，故以母自乘爲法。以列数乘未併分子，列数排列，外数之分母也。既併諸子爲平實，而未併者却㠯列数乘之。亦以列數乘法。平實乃数位總併，法乃母自乘本位，故不反平實，所㠯列数乘法。以平實減列實，餘爲所減。列實減平實，餘爲所益。併所減，以益少。以法命平，各其平也。

又　子分四等求平：絹二分疋之一，疋法四十八尺，得二十四尺。三分疋之二，三十二尺。四分疋之三，三十六尺。五分疋之四。三十八尺四寸。減多益少，幾何而平。

減四分之三求之者一十七，母互乘子，得一百八十，減一十七，即三尺四寸。減五分之四求之者二十九，母互乘子，求得一百九十二，減二十九，每一得二寸，即五尺八寸。益二分之一求之者四十三，母互乘子，求得一百二十，益四十三，即八尺六寸。益三分之二求之者三，母互乘子，求得一百六十，益三，即六寸。各平於二百四十分之一百六十三。二百四十分比全疋四十八尺，每一分即二寸，分子一百六十三即三十二尺六寸。

列置分母子：二分，三分，四分，五分於右。之一，之二，之三，之四於左。

母互乘子：之一乘三分，四分，五分，得六十。之二乘二分，四分，五分，得八十。之三乘二分，三分，五分得九十。之四乘二分，三分，四分，得九十六。副併爲平實：六十，八十，九十，九十六，併得三百二十六。母相乘爲法：二分，三分，四分，五分相乘，得一百二十分。以列数乘未併分子：列数四乘六十，得二百四十。八十，得三百二十。九十，得三百六十。九十六，得三百八十四。

亦以列数四乘法一百二十，得四百八十。數繁，合用約分，折半，法得二百四十，實得一百六十三。其之一得一百二十，之二得一百六十，之三得一百八十，之四得一百九十二。以平實一百六十三減列實，之三求出一百八十，余十七。之四求出一百九十二，余二十九。以列實減平實，之一求出一百二十，減平實少四十三。之二求出一百六十，減平實少三也。併所減：之三余十七，之四余二十九，併得四十六。以益少：之一少四十三，之二少三，共四十六。各其平也，各平於二百四十分之一百六十三。

藝文

明・王文素《算學寶鑑》卷一二《平分》

平分之法要知情，母互乘兒併則平。人數另还乘未併，與平加減便均停。連乘衆母乘人數，以此多爲分母稱。分母命諸加減數，算工知此藝精明。

分數乘除法分部

分數乘法

題解

《九章算術》卷一《方田》唐・李淳風等注釋　乘分者，分母相乘爲法，子相乘爲實，故曰乘分。

明・柯尚遷《數學通軌》第二《歸除詮要》　啓義：凡云實者，積數之本。凡云瀍者，陞降之周陞。積謂之乘，降積謂之除。積上增添謂之加，積中分去謂之減。

又　因乘義：因者，生也，謂九九相生之義也。乘者，陞也，謂九九陞積之義也。單位曰因，多位曰乘，通而言之曰乘也。皆從末位起呼九九相生之數，次第乘之也，又云呼。如須隔位言十在本身，又云九用因乘，不必拘於瀍實。或以瀍乘實，或以實乘瀍，皆可見也。

如有總物若干，每一物該價若干，問共該價若干，是有總物之數，就以一物之法而求總價者也，故用乘法。如有總價若干，每一價該物若干，問共該價物若干，是有總價之數，就以一價之法而求總物者也，故用乘法。如田粮之数，即以田爲物，以粮爲價之類。自相乘者，謂法所置之数如實所置之數相同而乘也。

清・曹汝英《直方大齋算稿一・數學上編》卷八　乘分：用以相乘之法、實中，若有一箇數爲零分數者，則求合數之法是名曰乘分。

綜論

《九章算術》卷一《方田》三國魏・劉徽注　此田有廣從，難以廣諭。設有問者曰：馬二十四，直金十二斤。今賣馬二十匹，三十五人分之，人得幾何？荅曰：三十五分斤之十二。其爲之也，當如經分術，以十二斤金爲實，三十五人爲法。設更言馬五匹，直金三斤。今賣四匹，七人分之，人得幾何？荅曰：人得三十五分斤之十二。其爲之也，當齊其金、人之數，皆合初問入於經分矣。然則分子相乘爲實者，猶齊其金也。母相乘爲法者，猶齊其人也。同其母爲二十，馬無事於同，但欲求齊而已。又，馬五匹，直金三斤，完全之率。分而言之，則爲一匹直金五分斤之三。七人賣四馬，一人賣七分馬之四。（分子）［金］與人交互相生，所從言之異，而計數則三術同歸也。

算法

秦簡《數》　（甲）［田］廣三步四分步三，從五步三分步二，成田廿一步有四分步之一。

又　［半］乘三分，二参而六，六分一也。半乘半，四分一也。四分乘四分，四四十六，十六分一也。少半乘一，少半也。三分乘四分，三四十二，十二分一也。三分乘三分，三三而九，九分一也。少半乘十，三有少半也。五分乘六分，五六卅，卅分之一也。五分乘五分，五五廿五，廿五分一也。四分乘五分，四五廿，廿)分一也。

漢簡《筭數書》　分乘　分乘分術皆曰：母相乘爲法，子相乘爲實。

又　相乘　寸而乘寸，寸也。乘尺，十分尺一也。乘十尺，一尺也。乘百尺，十尺也。乘千尺，百尺也。

半分寸乘尺，廿分尺一也。三分寸乘尺，卅分尺一也。四分寸乘尺，卌分尺一也。五分寸乘尺，五十分尺一也。六分寸乘尺，六十分尺一也。七分寸乘尺，七十分尺一也。八分寸乘尺，八十分尺一也。

一半乘一，半也。乘半，四分一也。三分而乘一，三分一也。乘半，六分一也。乘三分，九分一也。四分而乘一，四分一也。乘半，八分一也。乘三分，十二分一也。乘四分，十六分一也。五分而乘一，五分一也。乘半，十分一也；乘三分，十五分一也。乘四分，廿分一也。乘五分，廿五分一也。　乘分之術曰：母乘母爲法，子相乘爲實。

又　乘　一乘十，十也。十乘萬，十萬也。千乘萬，千萬。一乘十萬，十萬也。十乘十萬，百萬。半乘千，五百。一乘百萬，百萬。十乘百萬，千萬。半乘萬，五千。十乘千，萬也。百乘萬，百萬。半乘百，五十。少半乘少半，九分一也。半步乘半步，四分一。半步乘少半步，六分一也。少半乘大半，九分二也。四分乘四分，十六分一。四分乘五分，廿分一。五分乘五分，廿五分一。五分乘六分，卅分一也。六分乘六分，卅六分一也。六分乘七分，卌二分也。七分乘七分，卌九分一也。七分乘八分，五十六分一也。

《九章算術》卷一《方田》　今有田廣七分步之四，從五分步之三。問爲田幾何。

荅曰：三十五分步之十二。

明・吴敬《九章算法比類大全》卷一《方田》　法曰：置廣七分，縱五分，相乘，得三十五分，爲法。置分子之三，之四，相乘，得一十二，爲實。不滿法，以法命之。合問。

《九章算術》卷一《方田》　又有田廣九分步之七，從十一分步之九。問爲田幾何。

荅曰：十一分步之七。

明・吴敬《九章算法比類大全》卷一《方田》　法曰：置廣九分，縱十一分，相乘，得九十九，爲法。置分子之七，之九，相乘，得六十三，爲實。不滿法，以九約之。合問。

《九章算術》卷一《方田》　又有田廣五分步之四，從九分步之五。問爲田幾何。

荅曰：九分步之四。

明・吴敬《九章算法比類大全》卷一《方田》　法曰：置分子之四，之五相乘，得二十，爲實。以廣五分，縱九分相乘，得四十五，爲法。實不滿法，以法命，五約之。合問。

《九章算術》卷一《方田》　今有田廣三步三分步之一，從五步五分步之二。問爲田幾何。

荅曰：十八步。

明・吴敬《九章算法比類大全》卷一《方田》　法曰：分母各乘其全，分子從之，置廣三步，以三分乘，加分子一，共得一十。縱五步，以五分乘，加分子二，共得二十七。相乘，一十乘二十七，共得二百七十，爲實。以分母三分乘五分，得一十五分，爲法。實如法而一，得一十八步。合問。

《九章算術》卷一《方田》　又有田廣七步四分步之三，從十五步九分步之五。問爲田幾何。

荅曰：一百二十步九分步之五。

明・吴敬《九章算法比類大全》卷一《方田》　法曰：分母各乘其全，分子從之，置廣七步，以四分乘，加分子三，共得三十一。縱十五步，以九分乘，加分子五，共得一百四十。相乘，一百四十乘三十一，得四千三百四十，爲實。分母相乘，四分乘九分，得三十六分，爲法。實如法而一，得一百二十步，餘三十六分之二十。俱以四約之，得九分之五。合問。

《九章算術》卷一《方田》　又有田廣十八步七分步之五，從二十三步十一分步之六。問爲田幾何。

荅曰：一畝二百步十一分步之七。

明・吴敬《九章算法比類大全》卷一《方田》　法曰：分母各乘其全，分子從之，置廣十八步，以七分乘，加分子五，共得一百三十一。縱二十三步，以十一分乘，加分子六，共得二百五十九。相乘，一百三十一乘二百五十九，共得三万三千九百二十九，爲實。以分母十一分，七分相乘，得七十七，爲法。實如法而一，得四百四十步，餘四十九。法、實皆以七約之，得十一分之七。如畝法而一。合問。

《九章筭術》卷一《方田》　乘分術曰：母相乘爲法，子相乘爲實，實如法而一。

清・勞乃宣《古籌算考釋》卷二　諸分：【略】乘分者，以分數相乘也。《九章》以惟有分數者爲乘分，以整數兼分數者爲大廣田。其實皆帶分乘法也。母相乘爲法，子相乘爲實者，母與母乘仍爲母，子與子乘仍爲子也。全者，整數也。母各乘其全，則整數皆化爲分數，所謂通分也。分子從之者，納分子於其中，所謂納子也。通分納子，則惟有零數，與乘分通爲一術矣。

北魏・张丘建《张丘建筭經》卷上　以九乘二十一、五分之三，問得幾何。

答曰：一百九十四、五分之二。

隋・劉孝孫《張丘建筭經細草》　草曰：置二十一，以分母五乘之，內子三，得一百八。然以九乘之，得九百七十二。却以分母五而一。得合所問。

清・勞乃宣《古籌算考釋》卷二　諸分：【略】此法、實一有全無分，一有全有分者也。置實全數二十一於上，分母五於下，分子三於中。如命分式，以乘法通其分。下法步進一位，以乘上二。置一十於中百位，收上位，退下位，以乘上位一。置五於中單位，收上位。并原有之分子三，共一百〇八。此化二十一、五分之三，爲五分之一百〇八也。是爲通分納子。乃移分母五於右，分子一百〇八於左。取法數九，置於實分子下，以乘一百〇八，得九白七十二。收去下位九，惟餘右位五。左位九百七十二。是爲乘得五分之九百七十二。以右位五置於左位九百七十二下，除之，得一百九十四，餘實二。不滿法，以法命之。是乘得一百九十四，又五分之二也。

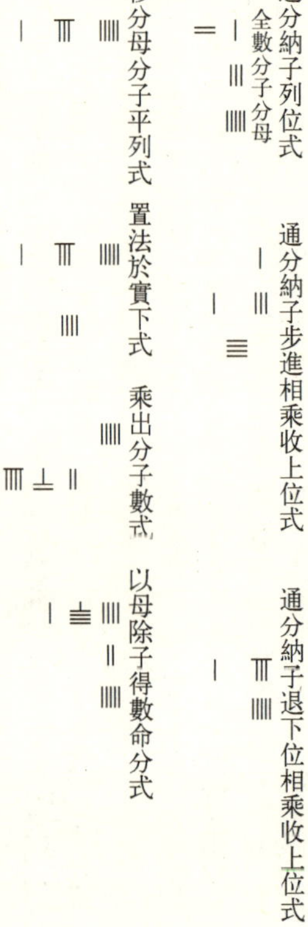

北魏・张丘建《张丘建筭經》卷上　以二十一、七分之三乘三十七、九分之五，問得幾何。

答曰：八百四、二十一分之十六。

隋・劉孝孫《張丘建筭經細草》　草曰：置二十一，以分母七乘之，內子三，得一百五十。又置三十七，以分母九乘之，內子五，得三百三十八。二位相乘得五萬七百爲實。以二分母七、九相乘，得六十三，而一，得八百四，餘六十三分之四十八。各以三約之，得二十一分之一十六。合前問。

清・勞乃宣《古籌算考釋》卷二　諸分：【略】此法、實皆有全、有分者也。置二十一、七分之三，通分納子，得七分之一百五十。置三十七、九分之五，通分納子，得九分之三百三十八。置九分於右上，三百三十八於左上。置七分於右下，一百五十於左下。左下乘左上，得五萬〇七百。右下乘右上，得六十三。以五萬〇七百爲實，以六十三爲法，置於下而除之，得八百〇四又六十三分之四十八。用約分法求得等數三，約之共得八百〇四又二十一分之一十六也。

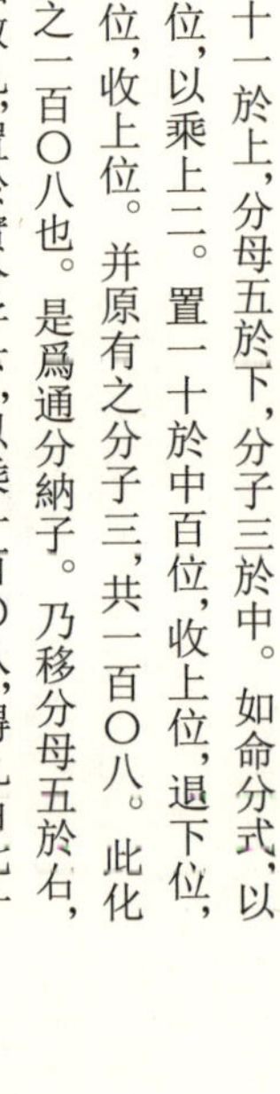

北魏・张丘建《张丘建筭經》卷上　以三十七、三分之二乘四十九、五分之三七分之四，問：得幾何。

答曰：一千八百八十九、一百五分之八十三。

隋・劉孝孫《張丘建筭經細草》　草曰：置三十七，以分母三乘之，內子二，得一百一十三。又置四十九於下，別置五分於下右，之三在左；又於五分之下別置七分，三之下置四。維乘之：以右上五乘左下四，得二十；以右下七乘左上三，得二十一；併之，得四十一。以分母相乘得三十五。以三十五除四十一，得一，餘六。以一加上四十九得五十。又以分母三十五乘之，內子六，得一千七百五十六。以乘上位一百一十三，得一十九萬八千四百二十八，爲實。又以三母相乘得一百五，爲法。除實，得一千八百八十九，餘一百五分之八十三。合所問。**唐・淳風等注释**　按：以前三條雖有設問而無成術可憑。宜云：分母乘全内子，令相乘爲實。分母相乘爲法。若兩有分，母各乘其全，内子，令相乘爲實。分母相乘爲法。實如法而得一。

清·勞乃宣《古籌算考釋》卷二　諸分：【略】此法、實皆有全，有分，而其一有重分者也。乘法法、實可以互用。前題原草未著上下之位，故所演圖、草，以受乘之數爲實，而居上以明正法。此題原草以受乘者居下，所演圖草因之，以存其舊，即以表法、實互通之理。又原草重分，齊同併合後，以分母除，得全數，加入原全數内。然後復通分納子，乃正法。今按原全數既皆須乘而通之，則合分後一除可省，故以省法入圖、草，以與原草相備。置三十七、三分之二，通分納子，得三分之一百一十三。移分母於右，置於上。置四十九於下，又置分母五於四十九下之右，其子於左。又置分母七於右五之下，其子四於左。用合分法齊同併合，得三十五分之四十一。無須除，即以分母三十五移於分子四十一之下，即成四十九又三十五分之四十一。通分納子，得三十五分之一千七百五十六。移分母於右，左下乘左上，得一十九萬八千四百二十八。右下乘右上，得一百〇五。以一十九萬八千四百二十八爲實，以一百〇五爲法，置於下而除之，即得一千八百八十九文一百〇五分之八十三也。

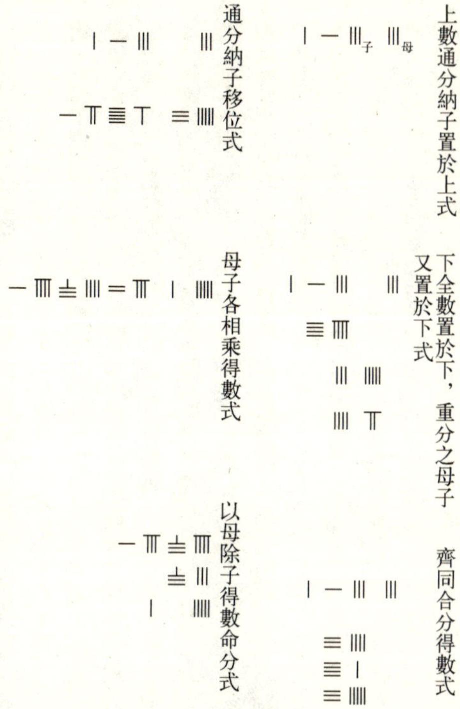

唐·佚名《夏侯陽算經》卷中《求地税》　今有田三百七十九畝，畝出税穀三升納官，每斛加二升耗。問輸正及耗各幾何。

荅曰：正一十一斛三斗七升，耗二斗二升七合四勺。

術曰：置田畝數，以三升因之，得一十一斛三斗七升爲正。又二因之，得二斗二升七合四勺，爲耗。

今有地收穀一千二百六十三斛九斗六升七合三勺，斛别加二升耗。問正、耗共計幾何。

荅曰：一千二百八十九斛二斗四升六合六勺四抄六撮。

術曰：置穀，以隔位加二，即得。

又《稱輕重》　今有户五百六十五户，别納絲一斤一十一兩八銖。問得絲幾何。

荅曰：八石五斤三兩八銖。

術曰：置户數。下列二十七兩，以二十四銖乘之，内八銖，爲六百五十六銖。以乘户數，得三十七萬六百四十銖。以二十四銖爲法，除，得一萬五千四百四十三兩，零八銖。以一十六兩爲法，除，得九百六十五斤三兩八銖。以三十斤爲法，除，得三十二鈞五斤三兩八銖。以四鈞爲法，除，得八石五斤三兩八銖。

今有丁一千八百六十五人，人納絲一斤一十三兩一十七銖。問絲幾何。

荅曰：絲三千四百六十二斤一十四兩一銖。

術曰：置丁數。又以絲一斤，二而八之，爲一十六兩，内一十三兩。三而八之，内一十七銖，爲七百一十三銖。以乘丁數，得一百三十二萬九千七百四十五銖。以二十四銖爲法，除，得五萬五千四百六兩一銖。以一十六兩爲法，除，得三千四百六十二斤一十四兩一銖。

又卷下《説諸分》　今有絹二千四百五十四匹，每匹直錢一貫七百文。問計錢幾何。

荅曰：四千一百七十一貫八百文。

術曰：先置絹數，七添之，退位一等，即得。

今有布一萬三千四百六十三端二丈五尺六寸，每端直錢一貫八百文。問計錢幾何。

荅曰：二萬四千二百三十四貫三百二十一文六分。

術曰：先置布數，丈、尺倍之。從下八添，直至數首。退一等，即得。

又術：退位，減一，餘以二因之，亦得。

今有絹三千四百六十三匹一丈三尺四寸，每匹三貫五百文。問計錢幾何。

荅曰：一萬二千一百二十一貫六百七十二文五分。

術曰：先置絹數，丈、尺已下折半，以五因之。以五、七因之，即得。

又術：從頭七因，訖，折半，即得。

今有絲一千五百二十五斤，每兩一百七十文。問錢幾何。

荅曰：四千一百四十八貫。

術曰：先置絲數，以二八因之，以兩價乘之，即得。

又術：添七亦得。

今有錢三千四百六十三貫五百文，欲每貫墊四十二文。問墊幾何。

荅曰：一百四十五貫四百六十七文。

術曰：先置錢數，以六、七因之，退位，即得。

今有絹四十二匹，每匹當錢四貫三百六十六乂四分七氂八毫九絲四忽。問錢幾何。

荅曰：一百八十三貫三百九十二文一分一氂五毫四絲八忽。

術曰：先置絹匹之價，以七、六因之，即得。

今有錢五千四百六十三貫四百五十文，準例每貫納五十文充墊陌。問合墊錢幾何。

荅曰：二百七十三貫一百七十二文五分。

術曰：先置錢，折半，退位，即得。

又術：五因之，亦得。

今有糙米三千四百六十四斛五斗七升三合四勺，每斗舂得熟米九升。問熟米幾何。

荅曰：三千一百一十八斛一斗一升六合六抄。

術曰：先置米數，九因，退之，即得。

又術：但從十內減一，亦得。

宋・楊輝《日用筭法》《諸家筭法及序記》　今買物三十七斤九兩，每斤一貫一百二十。問共(置)[直]錢幾何。

(答)[荅]曰：四十二貫七十文。

題解　上問是以斤展兩，驗其通分，不以兩價爲問，而以斤價爲問。

術曰：斤通爲兩，以兩併之，取其一也。以斤價乘之。一斤價不可折兩，或折兩法位。頗繁，故以混成斤價爲乘。以兩法十六除之。先以斤價乘兩，故以斤中十六兩爲法，還求斤價。

草曰：斤通爲兩，得五百九十二兩。以兩併之。得六百一兩。以斤價乘之，兩上定貫，以全斤之價一貫一百二十乘，得六百七十三貫一百二十。以十六除之，得所荅數。合問。

今買物六百一兩，每斤價一貫一百二十。問共錢幾何。

(答)[荅]曰：四十二貫七十文。

題解　此問與前同，但不通分，直云幾兩用法，稍異。

術曰：兩數爲實，以斤價求爲兩價，乘之。斤價求兩者，免全斤，爲乘亦免。乘訖，再除之，繁。

草曰：兩数爲實。置六百一兩。以斤價求兩價，一貫一百二十用本法，四折半，求得兩價七十文。乘之，得四十二貫七十文。合問。

今有銀一十二斤半，問該兩幾何。

(答)[荅]曰：二百兩。

法曰：置斤数，加六。

今有銀一斤四兩，問該銖幾何。

(答)[荅]曰：四百八十銖。

法曰：置一斤，以四兩爲二五，溽一二五。却以三百八十四乘之。

又法：置一斤，加六，搭上四兩，共二十兩。却以銖法二十四乘之。

元・朱世傑《筭學啓蒙》卷下《之分齊同門》　今有田闊一十三分步之九，長一十八分步之十一。問爲田幾何。

荅曰：二十六分步之十一。

術曰：依圖布筭：

右行子相乘　Ⅲ　丨

一

右行母相乘　Ⅲ　Ⅲ

，列分母，相乘，得二百三十四，爲法。分子相乘，得九十九，爲實。實如法而一。不滿法者，各九約之。合問。

清・王鑒《筭學啓蒙述義》　案：此即前注所言「乘分」也。其分子九，寄十三爲母。是已加十三倍。其分子十一，寄十八爲母。是已加十八倍。分子相乘，是十三倍之數與十八倍之數相乘。合計之，加二百三十四倍矣。故以二百三十四爲法。

清・徐鳳誥《筭學啓蒙通釋》 按：乘分法《九章》註曰：「乘分者，分母相乘，爲法。分子相乘，爲實。故曰乘分。」此即之分之乘法也。《九章》又有大廣田法：今有田廣三步三分步之一，從五步五分步之二。問爲田幾何？術曰：分母各乘其全，分子從之。相乘，爲實。分母相乘，爲法。實如法而一。

清・勞乃宣《古籌算考釋》卷二 諸分：【略】此法、實皆惟有分數者也。置闊分母一十三於右上，其子九於左上。置長分母一十八於右下，其子一十一於左下。以右下一十八與右上一十三相乘，得二百三十四，置於右，爲法。以左下一十一與左上九相乘，得九十九，爲實，置於左。移置二百三十四於九十九下，除之。實不滿法，以法命之。是爲二百三十四分之九十九。再以約分法求得等數九，以約分子，得一十一。以約分母，得二十六。故爲二十六分之一十一也。

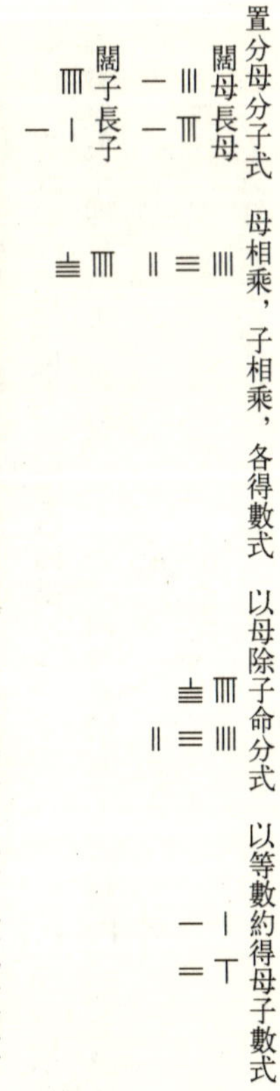

元・朱世傑《筭學啓蒙》卷下《之分齊同門》 今有絲二百九十八斤，斤價一貫一百六十三文一百四十九分文之一百一十三。問直錢幾何。

答曰：三百四十六貫八百文。

術曰：列共絲于上，斤價通分內子，得一十七萬三千四百。以乘上位，得五千一百六十七萬三千二百。以分母一百四十九約之。合問。

清・王鑒《筭學啓蒙述義》 案：斤價乘絲數，得直錢。但斤價內寄一百四十九爲母，則相乘後已加一百四十九倍矣。故以分母約之也。

清・徐鳳誥《筭學啓蒙通釋》 按：此亦乘分法也。前註乘分一爲法、實皆有之分，一爲法、實皆有全分。有之分，此則法有之分、全分，實無之分，閱者詳之。如除法，實有之分，法無之分，則以實通分內子。得數亦以分母乘法算之，即得。

元・佚名《透簾細草》 今有絹一百二十九匹二丈六尺，匹法四十二尺。每尺價錢三十二文二分五釐，問計錢多少。

答曰：一百七十五貫五百六十九文。

法曰：置匹數，以四十二通之，內子二丈六尺，得五千四百四十四尺。以一尺價錢乘之。合問。

又 今有銀一銖直錢四十一文五分，問一兩直錢多少。

答曰：九百九十六文。

法曰：置一銖直錢在地，以二十四乘之。合問。

今有銀一銖直錢四十一文五，問一斤直錢多少。

答曰：一十五貫九百三十六文。

法曰：置一銖直錢在地，以一斤之銖三百八十四乘之。湊合問。

元・丁巨《丁巨算法》 今有鹽八十九斤七兩，每斤價二錢八分。問共多少。

答：二十五兩四分二釐五毫。

斤下有兩，減六爲分。以價乘之，又下斤十六通之。搭入七兩，斤價乘之，十六減之。

今有蠟五斤一十四斤一十二兩，每斤價二兩三錢五分。問鈔幾何。

答曰：四定一十兩九錢一分二釐五毫。

通稱斤兩爲斤，以價乘之。

今有沙金一百三十一兩，每銖賣鈔一兩二錢五分。問金幾銖，賣鈔幾何。

答曰：金三千一百四十四銖，鈔三千九百三十兩。

置金，以二四乘之。兩上定百銖，湧三千一百四十四銖，爲實。以價乘之，又置金，三因，得鈔。八因，湧鈔銖。

今有藥八稱九斤十二兩，每稱八十四兩。問共多少。

答：七百二十六兩六錢。

下藥，稱下有斤兩，先以兩減六，湧七分五釐，爲斤分。又以斤減五，湧六分五釐，爲稱分。以稱價乘之。

今有粉一百二十三裹一十七兩，每裹價八錢半。問共多少。

答：一百四兩九錢七分半。

裹下兩，裹法除爲分，以價乘之。

今有胡椒二十四稱八斤，每斤價二兩三錢六分九釐。問總價若干。

答：八百七十一兩七錢九分二釐。

今有糖五百六十八斤十兩，每斤價六兩四錢八分。問總價多少。

答：三千六百八十四兩六錢九分。

今有綿二十八斤六兩，每斤價五兩七錢四分。問總價多少。
答：一百六十二兩八錢七分二釐五毫。
今有絲五十六斤四兩，每斤價六兩九分四釐。問錢多少。
答：三百四十二兩七錢八分七釐五毫。
今有金九斤七兩，賣錢每兩價八十一兩一錢一分。問錢多少。
答：一萬二千二百四十九兩一錢二分。
今有紋錦局織暗花二百六十七疋三丈五尺七寸，每疋用净絲一斤三兩。問用絲幾斤。
答曰：三百一十八斤一兩一錢五分。
置暗花數，以疋法除丈尺爲疋下之分八分五釐。以一斤一八七五爲法乘之，得三百一十八斤。餘加六淂両數。又置二百六十七疋八分五釐爲實，加九減六。

明・嚴恭《通原筭法》 今有荒絲一千三百八十七斤，每荒絲一十両得净線九兩。問净線若干。
答曰：一千二百四十八斤四両八錢。
術曰：置絲數，通准両加六，然後九因之，再准斤減六，即淂。

明・吴敬《九章筭法比類大全》卷三《衰分》 比類　因乘歸除【略】法曰：置荒絲一千三百八十七斤，以净絲九因之，得一千二百四十八斤三分。後不成斤，加六，得四兩八錢。合問。

明・嚴恭《通原筭法》 今有净線一千二百四十八斤四両八錢，每净線一両練熟線七錢五分。問熟線若干。
答曰：九百三十六斤三両六錢。
術曰：置線數，通准両，從斤至上加六。然後以七錢五分乘之，再准斤，減六，准斤，即淂。

明・吴敬《九章筭法比類大全》卷三《衰分》 法曰：置净絲一千二百四十八斤，以斤法十六兩通之，加零四兩八錢，共得[一]万九千九百七十二兩八錢，爲實。以練熟絲七錢五分爲法，乘之，得一万四千九百七十九兩六錢。以兩求斤法除之。合問。

明・佚名《錦囊啓源》《諸家算法及序記》 今有(需)[乳]香一萬一千一百一十一斤一十一両，每斤直銀一両一錢六分。問銀多少。
答曰：一萬二千八百八十九両五錢五分七釐半。
今有白檀二千二百二十二斤一十二両，每斤價錢四貫三百六十文。問錢多少。
答曰：九千六百九十一貫一百九十文。
今有降真三百三十三斤一十三両，每斤白銀五錢一分四釐。問銀多少。
答曰：一百七十一両五錢七分九釐六毫二絲半。
今有箋香四百四十四斤一十四両，每斤直銀一両三錢八分。問銀多少。
答曰：六百一十三両九錢二分七釐五毫。
今有血竭一十二斤一十二兩，每両價錢四百五十貫。問都錢該多少。
答曰：九萬一千八百貫。
法曰：下一十二斤在地，以[十]六(加)[乘]之，見一百九十二両。加上一十二両，共得二百四両，爲寔。用價錢乘之。合問。餘者准此。
今有木香十萬三千四百九十兩，每斤直銀二十四両五錢。該銀多少。
答曰：十五萬八千四百六十九兩六分二釐五毫。
法曰：下数總兩在地，用十六除之，見六千四百六十八斤一分二釐五毫，爲寔。以斤價作法，乘之。合問。均稱倣此，求之是也。
今有丹參三百八十五稱一十三斤，每斤直銅錢三十四文。該錢多少。
答曰：一十九萬六千七百九十二文。
今有元參一十萬八千三百両。只云每一稱直赤金二毫八忽，該多少。
答曰：九分三釐八毫六絲。
法曰：下兩在地，用二十四除之，見四百五十一稱二分半。以價乘之是也。
今有黄(苓)[芩]十萬二千六百稱零一十二斤，每斤直白銀三分二釐。該銀多少。
答曰：四萬九千二百四十八両三錢八分四釐。
法曰：下稱在地，一五加之，見一百五十三萬九(十)[千]斤。加入零斤，共見一百五十三萬九千一十二斤，爲實。用價錢乘之。合問。
今有青鹽一千二百三十四乘一十二斤一十二両，每両價銀二錢七分半。[該銀多少]。
答曰：八萬一千五百両一錢。
法曰：下稱在地，用一五加之，見一萬八千五百一十斤。加入一十二斤，共得一萬八千五百二十二斤。用一六加之，見二十九萬六千三百五十二両。加入一十二両，共得二十九萬六千三百六十四両，爲實。用價錢乘之是也。餘准此。

今有硃砂一十二斤一兩，每斤赤金四錢三分八釐。問赤金多少？

答曰：五兩二錢八分三釐三毫七絲五忽。

今有心紅二十二斤二兩。每斤直銅錢九百七十八文。問該銅錢多少。

答曰：二萬一千六百三十八文二分半。

今有脂丹三十三斤三兩，每斤直白銀一錢八分七釐六毫。該銀多少。

答曰：六兩二錢二分五釐九毫七絲五忽。

今有紅豆四十四斤四兩，每斤價錢白銀一兩二錢五分。該白銀多少。

答曰：五十五兩三錢一分二釐五毫。

今有沉香五千五百五十五斤一十五兩，每斤赤金三兩六錢四分八釐。問金多少。

答曰：二萬二百六十八兩六分。

法曰：列(各)各斤、兩數目在地，兩用斤分，爲實。各以價錢爲法，乘之。各得所求錢也。合問。

右一十五問一体求之是也。餘者准此。

今有茜草六百六十六斤六兩，每斤價銀二錢三分四釐。問銀多少。

答曰：一百五十五兩九錢三分一釐七毫半。

今有紫草七百七十七斤七兩，每斤價銀三錢六釐八毫。問銀多少。

答曰：二百三十八兩五錢一分七釐八毫三絲半。

今有白沙蜜八千八百八十八斤八兩，每斤銅錢一百五十六文。問錢多少。

答曰：一百三十八萬六千六百六文。

今有黑沙糖九百九十九斤九兩，每斤白銀一錢三釐四毫。問銀多少。

答曰：一百三兩三錢五分四釐七毫六絲二忽半。

今有白沙糖一千一百一十一斤一十兩，每斤白銀二錢三分四釐。問銀多少。

答曰：二百六十兩一錢二分二毫半。

明・吴敬《九章算法比類大全》卷一《方田》 乘分法曰：分母各乘其全，分[母]乘全步，方一□内子。分子從之，分母乘全分，子併爲一處。相乘爲實。即直田，□相乘也。分母相乘爲法。元用分母通全步，相乘爲實。今分母自乘除之，歸元。實如法而一。以法除實也。

又 比類 乘分：今有鉛七斤四分斤之三，每一兩六錢換鐵一十五斤八分斤之五。問換鐵幾何。

答曰：一百二十一斤三十二分斤之二。

法曰：分母各乘其全，分子從之。置鉛七斤，以四分乘，得二十八。加内子三，共得三十一。又置鐵一十五斤，以八分乘，得一百二十。加分子五，共得[一]百二十五。相乘，得三千八百七十五，爲實。以分母四分，八分相乘，得三十二分，爲法。除之。合問。

今有紬三疋七分疋之四，每疋價鈔八貫五百六十一文九分文之七。問該鈔幾何。

答曰：三十貫五百七十七文九分文之七。

法曰：置紬三疋，以分母七通之，加分子四，共得二十五。又置疋價八千五百六十一文，以分母九通之，加分子七，共得七万七千五十六。以乘前數，得一百九十二万六千四百，爲實。以二分母七分九分相乘，得六十三，爲法。除之，得三十貫五百七十七文，餘實四十九。法實皆七約之。合問。

今有一百九十人，每人支鈔一貫十九分貫之一。問該鈔幾何。

答曰：二百貫。

法曰：置人支鈔一貫，以分母十九通之，加分子一，共得二十。又以人一百九十乘之，得三千八百，爲實。却以支鈔一貫，以分母十九通之，得十九貫，爲法。除之。合問。

又 卷二《粟米》 比類 乘法：今有金五十四兩七錢五分，每兩價鈔二十四貫。問該鈔幾何。

答曰：一千三百一十四貫。

法曰：置金五十四兩七錢五分，爲實。以每兩二十四貫爲法，乘之。合問。

今有金五百三十八兩，每兩價鈔六十四貫七百五十文。問該鈔幾何。

答曰：三萬四千八百三十五貫五百文。

法曰：置金五百三十八兩，爲實，以兩價六十四貫七百五十文乘之。合問。

今有銀四千八百六十七兩，每十兩價鈔四十五貫三百九十文。問該鈔幾何。

答曰：二萬二千九十一貫三百一十三文。

法曰：置銀四千八百六十七兩，爲實，以每十兩價四十五貫三百九十文爲法，乘之。合問。
今有銅四萬六百五十斤，每斤價鈔二貫八十文。問該鈔幾何。
答曰：八萬四千五百五十二貫。
法曰：置銅四万六百五十斤，爲實。以斤價二貫八十爲法，乘之。合問。
今有鐵三萬六千二百鋌，每十鋌賣鈔五貫四百文。問該鈔幾何。
答曰：一萬九千五百四十八貫。
法曰：置鐵三万六千二百鋌，爲實，以每十鋌價五貫四百文爲法，乘之。合問。
今有錫一石三鈞一秤五斤八兩，每斤價鈔一貫六百文。問該鈔幾何。
答曰：三百六十八貫八百文。
法曰：置錫一石，通之爲一百二十斤，三鈞爲九十斤，一秤爲十五斤，加五斤，其八兩作五，共得二百三十斤半，爲實。以斤價一貫六百文爲法，乘之。合問。
今有絲一千九百五十三斤二兩，每斤直銀一兩一十一銖八絫四黍。問該銀幾何。
答曰：七萬銖。
法曰：置絲一千九百五十三斤，二兩作一二五，共得一千九百五十三斤一二五，爲實。直銀一兩得二十四銖，加零一十一銖八絫四黍，共三十五銖八絫四黍，爲法。乘之。合問。
今有糙米三石，每石舂熟米八斗五升。問該幾何。
答曰：二石五斗五升。
法曰：置糙米三石，爲實。以舂熟米八斗五升爲法，乘之。合問。
明·王文素《算學寶鑑》卷一二《通分》 三人分米，各得四斗六升三分升之二。問原米幾何。
答曰：一石四斗。
法曰：置各分米四斗六升，以三人爲分母，通之，得一石三斗八升。加入零分子二升，共得一石四斗，爲原総米数。合問。
細物三斤四両五銖，問積幾銖。
答曰：一千二百五十三銖。
法曰：置三斤，以十六両通之，得四十八両。加入零四両，共五十二両。又以銖率二十四通之，得一千二百四十八銖。加零五銖，共得一千二百五十三銖。合問。
假令二十四人均錢，各出四十一文三分文之二。問総錢数。
答曰：一千文。
法曰：置各均錢四十一文，以分母三通之，得一百二十三文。加入零子二，共一百二十五文。另置二十四人，以分母除之，得八。乃原約之数。以此(人)[八]乘一百二十五文，得原総錢一千文。合問。
三百八十四人分布，各得二疋三丈一尺九十(文)[六]分尺之七十一。問原総布積尺幾何。
答曰：四萬四千四百四十四尺。
法曰：置各布二整疋，以疋法四十二尺通之，得八十四尺。加入三十一尺，共一百一十五尺。以分母九十六通之，得一萬一千四十(疋)[尺]。加入分子七十一，共一萬一千一百一十一尺。以分母九十六除総人三百八十四，得四，爲約数。以此(因)因一萬一千一百一十一尺，得総積四萬四千四百四十四尺。合問。
一百一十九人分油，各得三斤四両五銖七分銖之六。問油原積幾何。
答曰：一十四萬九千二百零九銖
法曰：以十六両通三斤，得四十八両。加入四両，共五十二両。以銖率二十四通之，得一千二百四十八銖。加零五銖，共一千二百五十三銖。以分母七通之，得八千七百七十一銖。加入分子六，共八千七百七十七銖，寄位。另以分母七除総人一百一十九，得一十七。乘前寄位，得総積油一十四萬九千二百零九銖。合問。
假令十四人分米，各得二斗三升二十一分升之一十七。問原米幾何。
答曰：三石三斗三升三分升之一。
法曰：以分母二十一通二十三升，得四百(一)[八]十三升。加入分子一十七，得五百升，爲寔。另以十四人除分母二十一，得一分半，爲法。除寔五百升，得三石三斗三升。除不尽，五。法、寔皆以五約之，得三分升之一。合問。
又法：置各得米，以分母通之，併子，得五百升。以十四人乘之，得七千升，爲寔。以分母二十一爲法。除之，得三石三斗三升，不盡七。法、寔皆以七約之，亦同。

假令二十四人分米，各得二斗三升二十一分升之二十七。(同)[問]原米總數幾何。

荅曰：五石七斗一升七分升之三。

法曰：置各該米二十三升，以分母(一)[二]十一通之，得四百八十三升。加入分子一十七，共五百升。以二十四人乘之，得一萬二千升，爲寔。以分母二十一除之，得原米五石七斗一升，餘九不盡。法、寔皆以三約之，得七分升之三。合問。

又《乘除帶分子》 雙帶分子題：生絹五十一疋七分疋之三，每疋易粟一石五斗九分斗之五。問該粟幾何。

荅曰：八十石。

法曰：以分母七通五十一疋，得三百五十七疋。加入分子三，共三百六十疋。寄位。另以分母九通一石五斗，得一十三石五斗。加入分子五，得十四石。乘前寄位三百六十，得五千四十石，爲寔。另以二母七、九相乘，得六十三，爲法。除之，得粟八十石。合問。

不盡命零題：今有米三石三分石之一，每石易布四疋七分疋之二。問該布幾何。

荅曰：十四疋二十一分疋之六。

法曰：以分母三通米三石，得九石。加入分子一，得一十石。另以分母七通四疋，得二十八。加入分子二，得三十疋。相乘，得三百疋，爲寔。另以分母三七相乘，得二十一，爲法。除之，得該布一十四疋二十一分疋之六。合問。

明·徐心魯《盤珠算法》卷一 今有田三畝二分。假如方取一弓，打稻二斤。問該若干。

荅曰：共該稻一十五石三十六斤。

法曰：先將田三畝二分在位。以每畝二百四十步乘之，得(之)[七]百六十八步在位。却以稻二斤加六，化作三十二兩。與田步相乘，得稻二萬四千五百七十六兩。每畝十五數，不必乘筭，但將二斤化作三十二兩。每一兩每田一畝，却以田三畝二分在位，(因)四[因]八乘之是也。

其量田畝俱以五尺爲一弓，其一弓即是一步也。

又 假如田七畝五分三厘，方取一弓，得稻米二升二合。問該若干。

荅曰：該稻三十九石七斗五升八合四(句)[龠]。

法曰：不用(秆)[秤]者，但以田七畝五分三厘，以二百四十步乘之，得一千八百零七步二，在位。却以二升二合乘之。合問。

明·柯尚遷《數學通軌》第三《九章釋例》 乘濾例：凡遇前爲銀之實數，後爲物之價，或遇前爲物之實數，後爲銀之價，應用乘濾。如銀一兩五錢買稻，稻價四石五斗。此一爲銀數，一爲物價。又如八兩七錢買花，花價九十五斤。此一爲銀數，一爲物價。故並用乘濾。凡一爲銀數，一爲物價，悉如此例。

棉花求銀濾：每花十二斤半賣銀一錢。如花八百三十八斤十二兩，共該銀若干。

先以八百三十八斤十二兩爲實，其十二兩作七五。濾以十二斤半除之。總該銀六兩(六)[七]錢一分。

銀求棉花濾：此一爲銀數，一爲物價。每銀一錢買花九斤半。如銀六兩七錢一分，該花若干。

先以銀數爲實，以九斤半爲濾，乘之。乘後斤下兩加至六斤而止。總該花六百三十七斤七兩(六)[二]錢。凡物用秤稱者，未乘之先，如斤下有兩俱要除六。乘除已後，如斤下有兩，俱要加六至斤而止，庶其数不差。如銀一錢，買物六斤。若銀一分，則該六兩。再加六数，則是。六六加三兩六錢，共九兩六錢，(正)是[正]数。若不加六六，謬。

明·周述學《曆宗筭會》卷二《子母分法》 乘分，以分母各乘其全。分母乘全步，方可入分子。分子從之。分母乘全分，子併爲一處。重有分者同而通之。先以分母通全步，入分子，又以重分母同前母通之，以先分母通重分子而入之。相乘爲實。即直田相乘也。分母相乘爲法。元用分母通全步，相乘爲實，今分母自乘除之，歸元。實如法而一。

又 乘分：母帶子分乘子分：直田長四十八步九分步之五，闊五分步之三，爲數幾何。

得：二十九步十五分步之二。

以分母九乘其全，分子從之，得四百三十七。又以分子三乘之，得一千三百一十一，爲實。分母相乘，得四十五，爲法。除之，得二十九，餘實六。法、實皆三約之。

又 母帶子分乘母分：以九乘二十一、五分之三，求積得幾。

得：一百九十四五分之二。

分母通其全：分母五通其全二十一，得一百五。分子從之：加分子三，共一百八。以法九乘之，得九百七十二，爲實。以分母五除之，得一百九十四，餘二，即五分之二，命之。

又 相乘俱母帶子分：以二十一、七分之三乘三十七、九分之五，求積得幾。

得：八百四二十一分之一十六。

分母各乘其全分子從之：以七乘二十一，得一百四十七。加內子三，共得一百五十，爲法。仍旦九乘三十七，得三百三十(五)[三]。加內子五，共得三百三十八，爲實。法、實相乘，得五萬七百，爲實。母相乘，七分乘九分，得六十三分，爲法。除之，得八百四，餘實四十八。法、[實]皆三約之。

鉛七斤四分斤之三，每斤換鉄一十五斤八分斤之五。換鉄該幾。

該一百二十一斤三十二分斤之三。

分母各乘其全，分子從之：置鉛七斤，以四分乘，得二十八。加內子三，共得三十一。又置鉄一十五斤，以八分乘，得一百二十。加分子五，共得一百二十五。相乘，得三千八百七十五，爲實。以分母四分，八分相乘，得三十二分，爲法，除之。

紬三疋七分疋之四，每疋價鈔八貫五百六十一文九分文之七。該鈔幾何。

該三十三貫五百七十七文九分文之七。

置紬三疋，以分母七通之，加分子四，共得二十五。又置疋價八千五百六十一文，以分母九通之，加分子七，共得七萬七千五十六。以乘前数，得一百九十二萬六千四百，爲實。以二分母七分，九分相乘，得六十三，爲法。除之，得三十貫五百七十七文，餘實四十九。法、實皆七約。約之。

每日月行十二度十九分度之七，每月二十九日九百四十分日之四百九十九。求月行天度幾何。

得：三百六十五度四分度之一。

以分母十九乘十二度，加分子，得二百三十五度。以分母九百四十乘二十九日，加分子，得二萬七千七百五十九。相乘，得六百五十二萬三千三百六十五，爲實。分母相乘爲法，得一萬七千八百六十，除之。

又 母子分乘母帶重分：以三十七、三分之二乘四十九、五分之三七分之四，求積得幾。

得：一千八百八十九一百五分之八十二。

分母各乘其全，分子從之：以三通三十七，得一百一十一。加內子二，共得一百一十三。重有分者，同而通之：置四十九，先以五分通，得二百四十五，加內子三，共得二百四十八。又以七分通之，得一千七百三十六。却以先五分乘，內子四，爲二十。併之，得一千七百五十六。法、實相乘爲實：法一百一十三乘一千七百五十六，得一十九萬八千四百二十八。分母相乘爲法：三分乘五分，得一十五分。又旦七分乘，得一百五分。以法除實，得一千八百八十九，餘實八十三，即得一百五分之八十三。

相乘俱母帶重分：以四十九、三分之二、四分之三乘六十二、六分之五、八分之七，求積得幾。

得：三千二百一十一二百八十八分之二百七十七。

分母各乘其全，分子從之：以三通四十九，得一百四十七。加內子二，共得一百四十九。又以六通六十二，得三百七十二。加內子五，共得三百七十七。重有分者，同而通之：又以四分乘一百四十九，得五百九十六。却以三分通，內子三，爲九。併之，得六百五。又以八分乘三百七十七，得三千一十六。却以先六分乘，內子七，爲四十二。併之，共得三千五十八。相乘，得一百八十五萬〇九十，爲實。分母相乘爲法：三分乘四分，爲一十二。又以六分乘，爲七十二。又以八分乘，得五百七十六。以法除實，得三千二百一十一，餘實五百五十四。法、實皆折半，命之。

又 卷一二《積法》 比類 銅三十六錠，每錠重四十八斤，求共銅，淂一千七百二十八斤。

紗四十八匹，每匹用絲三两六錢，求共絲，淂一百七十二两八錢。

匠四十八工，每工支米三升六合，求共米，淂一石七斗二升八合。

將四十八員，每員領兵三千六百，求共兵，得一十七萬二千八百人。

又 物七斤六兩，每斤價鈔八貫二百文。求鈔幾何。

以斤法十六通兩，加零，共淂一百一十八兩。以價鈔乘之，淂九百六十七貫六百文。又以斤法除之，淂六十貫四百七十五文。

一法：不用通分，以斤外六兩作斤下三分七厘五毫，與價乘之。

又 絹七疋一十二尺，每疋價鈔九貫二百文。求鈔幾何。

以疋法四十八通尺，加零，共淂三百四十八尺。以疋價乘之，淂三千二百一貫六百文。又以疋法除之，淂六十六貫七百文。

一法：不用通分，以疋下一十二尺作二分半，與價乘之。

又　銀九斤六両六銖，每兩價鈔三貫四百文。求鈔幾何。

以斤通両，加両，又通銖，加銖，共湯三千六百六銖。以両價三貫四百文乘之，用銖法二十四除之，湯五百一十貫八百五十文。

一法：不通銖，以六銖爲両下二分五厘。併兩，共湯一百五十兩二分五厘，與價鈔乘之，最爲徑捷。

絹九疋九尺六寸，疋法四丈八尺。每疋價鈔三貫三百六十文，以疋通尺寸，與疋價乘之，復以疋法除之，還元湯三十貫九百一十二文。

一法：不通尺寸，以九尺六寸爲疋下二分，以疋價乘之。

清・方中通《數度衍》卷二二《粟布章・度》　度長短法：式　九寸五分，小尺，量得三丈五尺十寸。正尺該若干。

曰：三丈三尺二寸五分。

術：以三丈五尺爲實，以九寸五分爲法，乘之，即得。

又《量》　量多寡法：式　一斗五升，大斗，量得七石。十升正斗該若干。

曰：十石〇五斗。

術：以一斗五升乘七石，即得。

又《衡》　化法：【略】式　原買物一斤，價七錢六分五釐。今欲買六兩，該銀若干。

曰：二錢八分六釐八毫七絲五忽。

術：以六兩化之：六其六二五，得三十七五。降作三七五，爲實。以七錢六分五釐降作七分六釐五毫，爲法。乘之，即得。

又《互求》　量求衡法：百二十斤爲石法。然物亦不等，率亦不等。

式　米二百五十三石，該斤幾何。

曰：三萬〇三百六十斤。

術：以米數爲實，以石法乘之，即得。

量求衡法：百二十斤爲石法。然物亦不等，率亦不等。

式　米二百五十三石，該斤幾何。

曰：三萬〇三百六十斤。

術：以米數爲實，以石法乘之，即得。

清・陳世明《數學舉要》卷六《諸分章》　乘分：假如有田三十六畝六分，徵銀三分錢之二。問共銀若干。

答曰：二兩四錢四分。

術：以徵銀分子之二乘田三十六畝六分，得七百三十二，爲寔。以徵銀分母三爲法。除之，得二兩四錢四分。

又如有米五石又三分石之二，每石價銀九分兩之八。問共銀若干。

答曰：五兩又二十七分両之一。

術：先以米分母三通米五石，爲一十五。加入分子二，得一十七。以價銀分子之八乘之，得數一百三十六，爲寔。另以價分母九與米分母三相乘，得二十七，爲法。除之，得五兩，餘一，不盡。即命之爲五又二十七分兩之一。

又如有十八人分銀，每人分得三百七十六両又九分兩之六。問共銀若干。

答曰：六千七百八十兩。

術：以三百七十六兩爲寔。以分母九乘之，又加入分子六，得數。再以人數乘之，得數。以分母九爲法。除之，得六千七百八十兩。

又如有布四十五疋，每疋價三分兩之二。問共銀若干。

答曰：三十兩。

術：以價分子之二乘布四十五疋，得九十疋，爲寔。以價分母三爲法。除之，得三十両。

又如有米三分石之二，每斗價銀七分二厘。問共銀若干。

答曰：四錢八分。

術：以米分子之二乘價，爲寔。以米分母爲法。除之，得四錢八分。

又如有甲數二又三十五之十一。乙得甲七之六，(內)[丙]得甲五之四，問餘數若干。

答曰：三十五之二十三。

術：以乙、丙兩母相乘，得三十五。再以此數與甲母三十五互乘，得一二二五，爲共母。另以乙母七乘丙子之四，得二十八。以丙母之五乘乙子之六，得三十。併之，爲五十八。是反大于甲子之十一，故取甲數二，通爲七十。(並)[併]十一，爲八十一。以甲母三十五乘乙、丙共子五十八，得二〇三〇。又以乙、丙共母三十五乘甲子八十一，得二八三五。兩得數相減，餘八〇五。是爲一千二百二十五之八百〇五。以三十五約之，得三十五之二十三。

又　卷四《粟布章》　糶糴　假如有粟一石，價銀三錢六分。今有粟一百二十三石，問共價若干。

答曰：四十四兩二錢八分。

術：以今粟一百二十三石爲寔，以每石價銀三錢六分爲法。乘之，得共價四十四兩二錢八分。

假如有物重一百五十斤，問兩數若干。

答曰：二千四百兩。

術：以物重一百五十斤爲寔，以一六爲法。乘之，得二千四百兩。

假如有物每兩價四錢，問每斤值價若干。

答曰：六兩四錢。

術：以每兩四錢爲實，以一六爲法。乘之，得六兩四錢，爲每斤之價。

清·汪訒菴《指明算法》卷下　田畝科糧帶耗法：今有田三千六百四十(八)[二]畝三分，每田一畝科糧米一斗二升五合。問該糧米若干。

答曰：該米四百五十五石二斗八升七合五勺。

法曰：置田三千六百四十二畝三分，为实。以每畝科米一斗(五)[二]升五合为法，乘之，得糧四百五十五石二斗八升七合五勺。合問。

今有田七百三十六畝，每田一畝科米一斗五升四合三勺二抄，每米一石折銀六(伐)[錢]二分八厘。問該米、銀各若干。

答曰：該米一百一十三石五斗七升九合五勺二抄，

折銀七十一両三(伐)[錢]二分七厘九毫三絲三忽五微六纖。

法曰：置田七百三十六畝，爲實。以每畝科米一斗五升四合三勺二抄爲法。乘之，得米一百一十三石五斗七升九合五勺二抄，爲實。以每米一石折銀六(伐)[錢]二分八厘爲法。乘之，得銀。合問。

今有正米二萬五千九百四十七石三斗。每正米一石加耗米七升。問正、耗米共若干。

答曰：共二萬七千七百六十三石六斗(斤)[升]一合。

法曰：置正米为实，以每米一石加耗米七升，共一石零七升，为法。乘之，得共米二万七千七百六十三石(七)[六]斗一升[一]合。合問。

若用加法，置正米爲實，不動。只以七隔位加之，亦得。

田中算稻法：今有田二十二畝四分，每方取步打稻二升。問該稻若干。

答曰：該稻一百零七石五斗二升。

法曰：置田二十二畝四分，以每畝二百四十步乘之，得五千三百七十六步，爲實。以每步打稻二升爲法。乘之，得稻一百零七石五斗二升。合問。

今有田六畝八分，每方取步打稻二斤四两。問該稻若干。

答曰：該稻三十六石七十二斤。

法曰：置田六畝八分，以每畝二百四十步乘之，得一千六百三十二步，爲實。以每步打稻(三)[二]斤四两，将四两作二五，共得二斤二五，爲法。乘之，得稻。合問。

清·屠文漪《九章録要》卷二《零分法》　零分與整相乘法：零分數、整數相乘者，以原母爲母，以原子乘整，得數爲子。如甲數七，乙數五分之三。相乘，得五分之二十一是也。歸整爲四又五分之一。

零分相乘法：兩零分數相乘者，以兩母相乘，得數爲母。以兩子相乘，得數爲子。如甲數九分之八，乙數五分之三相乘，得四十五分之二十四。仍約爲一十五分之八是也。或兩母同，或兩子同者，亦必相乘。

右法亦有可省者。以兩母相乘，以甲子除之爲母，即竟以乙子爲子。如右例兩母相乘，以乙子除之，爲母。則以甲子爲子，得一十五分之八，不須更約是也。

零分自乘法：零分數自乘者，以母自乘得數爲母，以子自乘得數爲子。如有數三分之五，自乘，得九分之二十五是也。歸整爲二又九分之七。

清·何夢瑶《算迪》卷一　通分乘法：

一、如有田三十六畝六分，每畝徵銀三分錢之二分。即六分六釐六六不盡。問該銀若干。

曰：二兩四錢四分。

法：以田數乘銀子二分，得七十三分二釐。以分母三除之，一畝得二分，則三十六畝共得七十三分二釐矣。而滿母三，收一錢。故以三除之也。得二兩四錢四分。此零分乘整數之法。

二、又如有米八分石之五，即六斗二升五合。每斗價銀四分錢之三。即七分半。問共價若干。

曰：四錢六分八釐七毫五絲。

法：以兩子之五、之三相乘，得一兩五錢，爲子。而以兩母八與四相乘，得三十二，爲母。母除子，合問。蓋借之五當五石，乃八倍其米也。借之三當三錢，乃四倍其價也。當以八

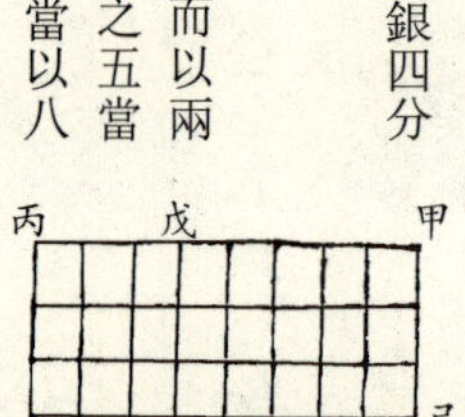

除一次，以四除一次。故以八因四，得三十二除之。義詳併法。或不用除。即命之曰三十二分兩之十五分。以圖明之。甲乙四分也，甲己四分之三也，甲丙八分也，甲戊八分之五也。以甲乙四乘甲丙八，得三十二，即共母數。以甲己三乘甲戊五，得十五，即共子數。則十五非三十二分中之十五乎？

一法：以互乘除代乘。以五互除四，得八爲母。以八互除三，得三七五爲子。命之曰：八分兩之三分七釐五毫。

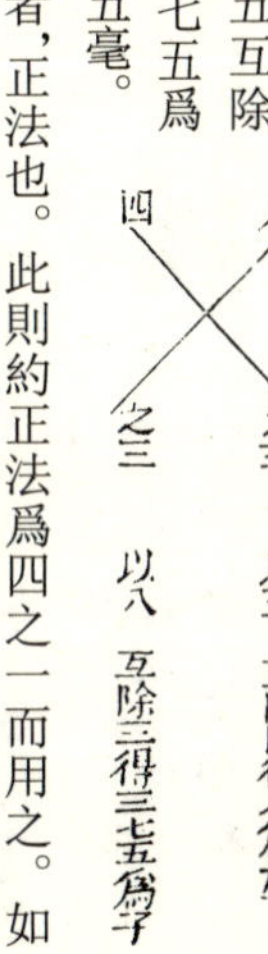

解曰：以八乘四，得三十二者，正法也。此則約正法爲四之一而用之。如以四除三十二而用八也。何則？三十二者，八乘四之所得也。以乘得者以除還原，則以八除三十二，必仍得四可知。是四雖未嘗與八乘，即無異乘而復除，以還原也。則此四當作以八除三十二得之可也。而以五除此四，即又無異以八除三十二，一次。又以五除一次也。凡兩次除者，依併除法，可併爲一次除。即無異以八乘五，得四十，爲法，以除三十二也。故曰：如以四除三十二而用其八也。以五乘三，得十五，正法也。此亦約正法爲四之一而用之。如以四除十五，而用其三七五也。何則？十五者，五乘三所得也。若以五除十五，則還原得三。是三固無異五除十五之還原也。而以八除此三，又無異以五除十五一次，復以八除一次也。即無異以八乘五，得四，以除十五也。故曰：以四除十五而用其三七五也。此零分乘零分之法。此無異以八乘五得四十，爲法，以除分母三十二，得八，以除分子十五，得三七五。子、母均約爲四分之一也。

三、如有田直二丈又四分丈之一，即二丈二尺五寸。與橫八丈相乘。問得積若干。

曰：積一十八丈。積，冪積也。

法：以整數二丈，用分母四通，爲八分。加入分子一，共九分。與八丈相乘，得七十二分，爲實。以分母四爲法。除之，滿四分，則進一丈也。得積十八丈，合問。　或以八丈，亦用分母四通，爲三十二分。與九分相乘，得二百八十八分，爲實。以分母四自乘，得十六，爲法。除之，亦得積十八丈。蓋橫一丈乘直一丈，得冪積一丈者，真數也。今通橫一丈，爲四分。通直一丈，爲四分。是橫一乘直一，得積一者，變爲橫四乘直四得，積十六矣。是浮數也。故以四自乘，得十六，收之，乃得真數也。此整數謂二丈帶零分，與整數相乘之法也。

四、如有田直二丈又五分丈之四，即二丈八尺。與橫五分丈之三即六尺。相乘，問積若干。

曰：一丈六十八尺。

法：以整二丈，用分母五通，爲十分。加入分子四，得十四分。乃與之三相乘，得四十二，爲實。以分母五自乘，因兩母相同，故自乘。得二十五，爲法。除之，即得一丈六十八尺。蓋通一丈，爲五分，則橫一乘直一得積一者，變爲橫五乘直五，得積二十五矣。故以五自乘，爲法，收之。此整數帶零分，與零分相乘，而兩分母同者。

五、如有田濶二丈又四分丈之三，即二丈七尺五寸。長三丈又三分丈之二，即三丈六尺六六不盡。求積。

曰：積十丈零八尺又一百四十四分尺之四十八分。

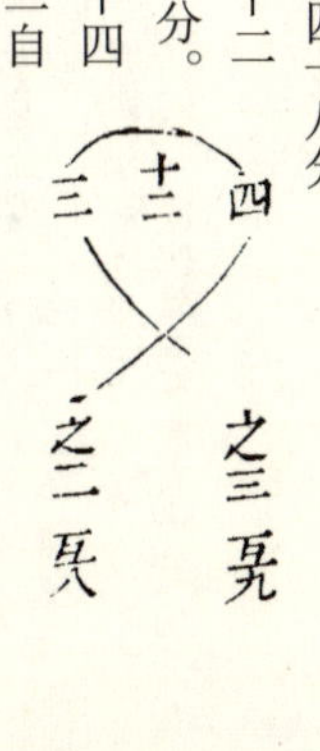

法：用互乘，得共母十二之九、八。以共母十二通濶二丈，爲二十四分。加入分子九，共三十三分。又通長三丈，爲三十六分。加入分子八。共四十四分。相乘，得一千四百五十二分。乃以共母十二自乘，得一百四十四分。除之，得一〇〇八，餘四八不盡，即定爲十丈〇〇八尺空二位，當云八寸。而曰「八尺」，何也？以方一尺爲言也。云八寸者，長一丈，闊八寸也。云八尺者，長一尺，闊一尺者八也。二者均積八百寸，無異也。又一百四十四分尺之四十八分。可約之爲三分尺之一。此整數帶零分乘整數帶零分，而兩分母不同者之法也。

六、如有田，直五分丈之三，即六尺。又帶小分四分之一，小分謂二尺。何則？以一丈剖爲五分，每分二尺也。小分四分之一，是將二尺又剖爲四分，而得一分，即五寸也。與「併法」第六條所謂小分不同，勿誤看合之爲六尺五寸。與橫五分丈之四即八尺。又帶小分四分之二。即一尺。合之共九尺。相乘，問積。

曰：積五十八尺。五十八箇方一尺也。五十寸，五十箇方一寸也。

法：以直小分母四通大分母五，得二十。化一大分作四小分也。一大分化四小分，則五大分化二十小分矣。又通大分子之三，得十二。亦一大分化四小分，合三大分化十二小分也。再加入小分子一，得十三。共得二十分之十三，爲直大小分所變之數。又以橫小分母四通大分母五，得二十。又通大分子四，得十六。再加入小分子二，得十八。共得二十分之十八，爲橫大小分所變之數。然後以甲所變之分母二十乘乙所變之分母二十，得四百分爲母。又以甲之分子十三與乙所變之分子十八相乘，得二百三十四分，爲子。以母四百除子二百三十四分，得五十八尺五十寸也。或不除而即命之爲四百分丈之二百三十四分亦可。以圖稽之。丙庚直一丈也。取五分之三，又帶小分四之一，爲丙辛六尺五寸。丙甲横一丈也。取五之四，又帶小分四之二，爲丙戊九尺。相乘，得積五十八尺五十寸。此乃直丙庚、横丙甲各一丈相乘積一百尺中之五十八尺五十寸也，真數也。若子母皆通□□，則母一百尺化爲四百尺，子五十八尺五十寸化爲二百三十四矣。命之(日)[曰]「四百分丈之二百三十四分」，不亦宜乎。

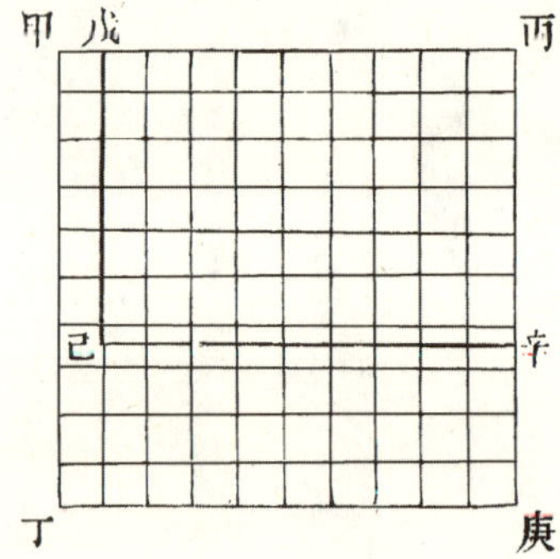

自此以下四條，皆大分帶小分者。此則大、小分母相同者也。

七、如有田，長四分丈之三七尺五寸。又帶小分八之二六寸二分半。與闊五分丈之四八尺。又帶小分六之三一尺。相乘，問積。

曰：積七十三尺一十二寸半。

法：以長小分母八通大分母四，得三十二。又通大分子三，得二十四。再加小分子二，共得二十六，爲三十二分之二十六。又以闊小分母六通大分母五，得三十。又通大分子四，得二十四。再加入小分子三，共得二十七，爲三十分之二十七。乃以甲所通之分母三十二乘乙所通之分母三十，得九百六十分，爲母。又以甲所通之分子二十六乘乙所通之分子二十七，得七百〇二分，爲子。即可命之爲九百六十分丈之七百〇二分。若欲求真數，以母除子，便見七十三尺一十二寸半也。此大、小分母俱不同者也。

八、如長八分丈之三三尺七寸半。又帶小分四之一，即二寸一分二釐半。與闊八分丈之四五尺。又帶小分六之五一尺〇四分，一六六不盡。相乘，問積。

曰：一千五百三十六分丈之三百七十七分。

法：倣上條。此大分母同，而小分母異者也。

九、如長六分丈之四又帶小分五之一，與闊九分丈之七又帶小分五之二相乘，問積。

曰：一千三百五十分丈之七百七十七。

法：倣上條。此大分母不同，而小分母同者也。

清・張作楠《倉田通法・方田通法補例》卷一　乘法：凡乘法零分與零分相乘者，兩分母、兩分子各相乘。如積三分步之二與五分步之四相乘，則以兩分母三、五相乘，得十五，爲乘出分母。兩分子二、四相乘，得八，爲乘出分子。得十五分步之八。　若零分與整數相乘者，分子乘整數，分母除之。如田七畝，每畝減積五分步之二，則以分子二與田七畝相乘，得十四。分母五除之，得二步八分，即七畝所減之積。　若整數帶零分與整數乘者，先以分母通帶分整數，加入分子。與彼整數相乘，再以分母除之。如二步又四分步之一與八步相乘，先以分母四通二步，得八。加入分子一，共得九。與八步相乘，得七十二。分母四除之，得一十八步。或將整數俱通爲零分，相乘得數，以分母自乘數除之。如前二步又四分步之一與八步相乘，以分母四通二步，爲八。加入分子，得九。又以分母四通八步，爲三十二。與九相乘，得二百八十八。分母四自乘，得十六。除之，亦得一十八步。　若整數帶零分與零分乘者，將整數通爲零分。相乘，得數。以分母自乘數除之。如二步又五分步之四與五分步之三相乘，則以分母通二步，爲十。加入分子四，得十四。與零分分子三相乘，得四十二。分母五自乘，得二十五而一。得十六步八分。分母不同者，須依後互乘法御之。

若整數帶零分與整數帶零分相乘，而零分分母不同者，用互乘齊其數。然後各以相同分母化整爲零。兩數相乘，再以同母自乘數除之。如長方田，濶二丈又四分丈之三，長三丈又三分丈之二，求積，則以兩分母三、四相乘，得十二，爲共母。以前分母四乘後分子二，得八，後分母三乘前分子三，得九，爲兩分子數。再以共母十二化濶二丈爲二十四。加入分子九，得三十三，爲濶所變數。又以共母十二化長三丈爲三十六。加入分子八，得四十四，爲長所變數。乃以三十三與四十四相乘，得一千四百五十二。共母十二自乘，得一百四十四。而一，得十丈〇八尺又一百四十四分尺之四十八。用約分法可約爲三分尺之一。

若大分下又帶小分相乘，有大小分母俱同者，如甲五分步之三又帶此一分之四分之一，與乙五分步之四又帶此一分之四分之二相乘。有大小分母俱不同者，如甲四分步之三又帶此一分之七分之二，與乙九分步之五又帶此一分之三分之一相乘。有大分母同而小分母不同者，如甲八分步之三又帶此一分之四分之一，與乙八分步之四又帶此一分之六分之五相乘。有大分母不同而小分母同者，如甲六分步之四又帶此一分之五分之一，與乙九分步之七又帶此一分之五分之二相乘。總以小分母通大分母爲母數，小分母通大分子，加入小分子，爲子數。以所變兩母數、兩子數對乘。如甲五分步之三又帶此二分之四分之一，與乙五分步之四又帶此一分之四分之二相乘，則以甲小分母四通大分母五，得二十。仍以小分母四通大分子三，得十二。再加入小分子一，得十三。共得二十分之十三，爲甲所變數。又以乙小分母四通大分母五，得二十。仍以小分母四通大分子四，得十六。再加入小分子二，得十八。共得二十分之十八，爲乙所變數。然後以甲所變分母二十與乙所變分母二十相乘，得四百，爲乘出分母。以甲所變分子十三與乙所變分子十八相乘，得二百三十四，爲乘出分子。即得四百分步之二百三十四。

清・吴嘉善《白芙堂算書廿一種・九章翼・分法》 乘分：凡五條。以分乘整者，子乘之，母約之。以整乘分者同。乘法之法、實可以互易故。

假如以七之二乘三者，子二乘三，得六。母約之，得七之六是也。

以整乘整帶分者，置實數，通分内子。乃以法乘之，得數以分母報除之。以整帶分乘整者同。説仝上。

假如以三乘二又五之二者，置實二又五之二，通分内子，得一二。以法三乘之，得三六。以分母五報除之，得七又五之一是也。

法實俱分者，列位，以兩母相乘爲母，以兩子相乘爲子。

假如以三之一乘五之四者，列位爲三之一
五之四，兩母相乘，得十五，爲母。兩子相乘，得四，爲子。得十五之四是也。

以分乘整帶分者，置實數，通分内子，得數以法子乘之，爲實。以法母乘實母，得數爲法，以約之。以整帶分乘分者同。

假如以三之二乘四又七之一者，置實數，通分内子，得二九。以法子二乘之，得五八，爲實。以法母三乘實母七，得二一，爲法。以除實，得二又二十一之十六是也。

法實俱整帶分者，法、實俱通分内子，如常法。相乘，得數，以兩母相乘爲法，報除之。

假如以三又四之三與二又二之一相乘者，先列位爲三又四之三
二又二之一，各通分内子，得一五
五，相乘，得七五。又以兩母四
二相乘，得八。報除之，得九又八之三是也。

清・潘逢禧《算學發蒙・古算三》 通分乘法：假如南北里差，北極差一度，則地差二百五十里。福建省城極高二十六度零三分，直隸順天府極高三十九度五[十五]分。以泰西歷法攷之，問福建與順天地距若干。

答曰：三千四百六十六里有畸。

術曰：以二十六減三十九，餘十三度。以三減五十五，餘五十二分。共爲十三度五十二分。以西法每度六十分通之，得八百三十二分，置爲實。以二百五十里爲法，乘之，得二十萬零八千分。仍以六收之，以六十收，是仍以六十算一度。得三千四百六十六里零，合問。【略】

凡謂收者，即以所收之法爲除法也。如此條所乘之數，係二十萬零八千十五零分，置爲實。以六爲法除之，得三千四百六十六里零，即所謂收法也。

解曰：凡人北行二百五十里，則北極高一度。南行則反。是故知天一度，即地二百五十里。以此推之，周天三百六十度，則地球一周，爲九萬里矣。但此相距里數，皆以懸空鳥道言之。若人行地面，高低迴曲，不足爲準也。此條里下有畸零，若以法喝之，即命分也。

清・勞乃宣《籌算分法淺釋・帶分乘法》 帶分乘法：子乘子爲子，母乘母爲母。有整數者，先通之。得數子大於母者，收之。其筭式，實列左行，法列右行。皆分子置中層，分母置下層。有整數者置上層。通分納子，合於中層。列定，乃移之。移左中實子於左上，左下實母於右上。右中法子於左下，右下法母不動。移定，乃乘之。左下乘左上，得數居左中。右下乘右上，得數居右中。乘畢，上、下位俱收。移右中於左中之下。如子大於母，以除法收之。可約者，約之。所得上層爲整數，中層爲分子，下層爲分母。

又 帶分乘法設題：今有五分之二，以四分之三乘之。問得幾何。

答曰：一十分之三。

列二於左中，爲實子。五於左下，爲實母。列三於右中，爲法子。四於右下，爲法母。列定，乃移之。移左中實子二於左上，左下實母五於右上。右中法子三於左下，右下法母四不動。移定，乃乘之。左下乘左上，中得六，爲實。右下乘右上，中得二十，爲法。移右中法二十於左中實六下。實不滿法，以法命之，爲二十分之六。視母、子均可半，半之。是爲乘得一十分之三。以真數明之。如四分尺之三，即七寸五分也。五分尺之二，即四寸也。相乘，得三十寸。即一十分尺之三也。蓋一尺正方，內容一百寸。剖作一十分，則每一分得一十寸。今得其三分，即三十寸也。

分母分子列位式

移左中實子於左上式

移左下實母於右上式

移右中法子於左下右下法母不動式

上下相乘各得數式
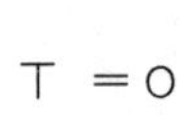

移法於實下式
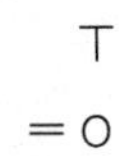

實不滿法命分式
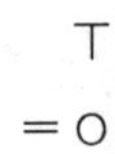

半其母子式
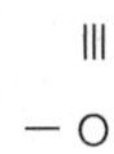

今有五分之三，以六十四乘之。問得幾何。

答曰：三十八又五分之二。

列三於左中，五於左下。列六十四於右上。左中爲實子，左下爲實母。置右上六十四於右中，爲法子。立一於右下，爲法母。列定，乃移之。移實子於左上，實母於右上。法子於左下，法母不動。移定，乃乘之。左下乘左上，中得一百九十二，爲實。右下乘右上，中得五，爲法。移法於實下，除之，得三十八。餘實二，不滿法，以法命之。是爲乘得三十八又五分之二。

法實列位式

分母分子列位式

移定分母分子式

上下相乘各得數式

移法於實下式

以法除實得數命分式
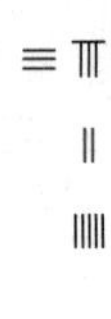

今有一百二十八又六分之五，以一十二乘之。問得幾何。

答曰：一千五百四十六。

列一百二十八於左上，五於左中，六於左下。列一十二於右上。左行通分納子，中得七百七十三，爲實子。下六爲實母。置右上一十二於右中，爲法子。立一於右下，爲法母。列定，乃如法移之。移定，乃乘之。左、右兩行各上、下相乘，左中得九千二百七十六，爲實。右中得六，爲法。移法於實下，除之，適盡無餘。是爲乘得一千五百四十六。

法實列位式
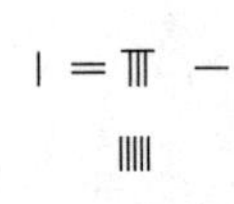

分母分子列位式
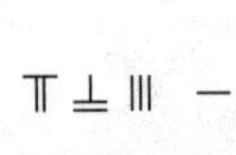

移定分母分子式
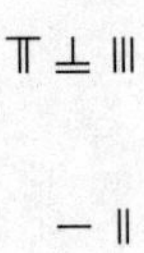

相乘得數移法於實下式

以法除實得數式

今有一十二分之八，以七十二又一十五分之一十一乘之。問得幾何。

答曰：四十八又四十五分之二十二。

列八於左中，一十二於左下。列七十二於右上，一十一於右中，一十五於右下。左中爲實子，左下爲實母。右行通分納子，中得一千零九十一，爲法子。下一十五爲法母。列定，乃如法移之。移定，乃乘之。左、右兩行各上、下相乘，左中得八千七百二十八，爲實。右中得一百八十，爲法。移法於實下，除之，得四十八。餘實八十八，不滿法，以法命之。是爲乘得四十八又一百八十分之八十八。可約者，約之，即約爲四十五分之二十二。

法實列位式
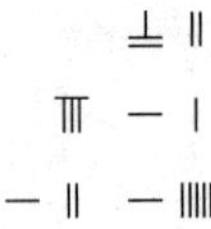

分母分子列位式
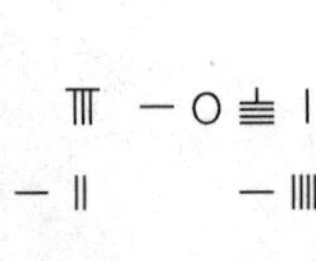

移定分母分子式
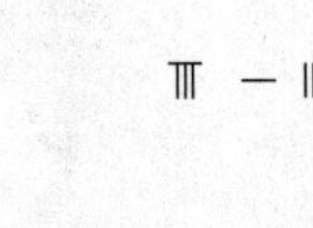

相乘得數移法於實下式
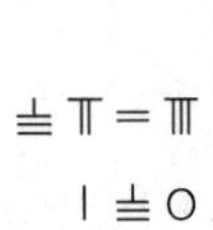

以法除實得數約分式
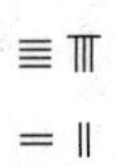

今有三百四十三又一十二分之七，以七又九分之四乘之。問得幾何。

答曰：二千五百五十七又一百零八分之八十五。

列三百四十三於左上，七於左中，一十二於左下。列七於右上，四於右中，九於右下。各通分納子。左得四千一百二十三於中，爲實子。一十二於下，爲實母。右得六十七於中，爲法子。九於下爲法母。列定，乃如法移之。移定，乃乘之。左、右兩行各上、下相乘，左中得二十七萬六千二百四十一，爲實。右中得一百零八，爲法。移法於實下。除之，得二千五百五十七。餘實八十五，不滿法，以法命之。是爲乘得二千五百五十七又一百零八分之八十五。

法實列位式　分母分子列位式　移定分母分子式　相乘得數移法於實下式　以法除實得數命分式

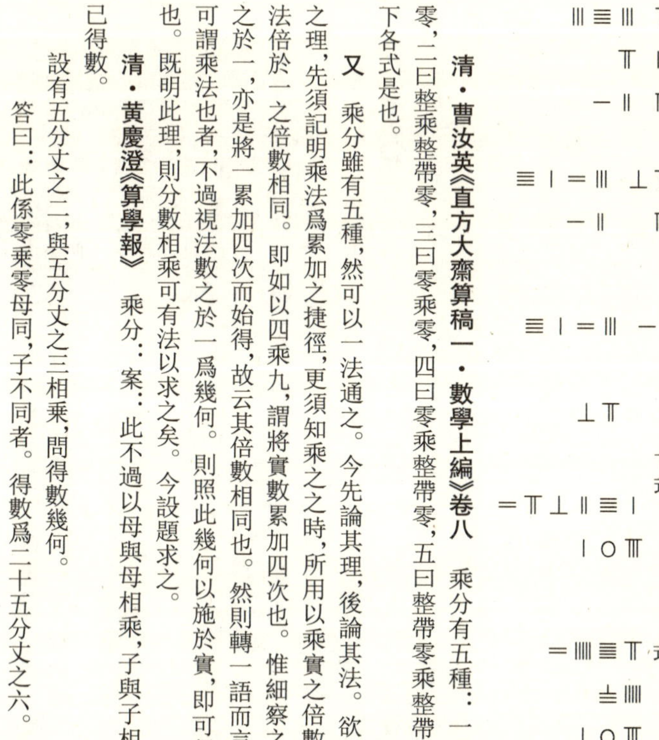

清・曹汝英《直方大齋算稿一・數學上編》卷八　乘分有五種：一曰整乘零，二曰整乘整帶零，三曰零乘零，四曰零乘整帶零，五曰整帶零乘整帶零。如下各式是也。

又　乘分雖有五種，然可以一法通之。今先論其理，後論其法。欲明乘分之理，先須記明乘法爲累加之捷徑，更須知乘之之時，所用以乘實之倍數，即與法倍於一之倍數相同。即如以四乘九，謂將實數累加四次也。惟細察之，法數之於一，亦是將一累加四次而始得，故云其倍數相同也。然則轉一語而言之，直可謂乘法也者，不過視法數之於一爲幾何。則照此幾何以施於實，即可得合數也。既明此理，則分數相乘可有法以求之矣。今設題求之。

清・黃慶澄《算學報》　乘分：案：此不過以母與母相乘，子與子相乘，便已得數。

設有五分丈之二，與五分丈之三相乘，問得數幾何。

答曰：此係零乘零母同，子不同者。得數爲二十五分丈之六。

五　二
二十五　六
五　三

設有三分丈之二，與五分丈之三相乘，問得數幾何。

答曰：此係零乘零，母子俱不同者，得數爲十五分丈之六。【略】

三　二
一五　六
五　三

設有一丈又五分丈之二，與五分丈之三相乘，問得數若干。

原式：
一　五　二
〇　五　三

變式
五　七
二五　二一
五　三

答曰：此係整帶零乘零，母同子不同者。得數爲二十五分丈之二十一。【略】

案：此以一丈化作五分，將分子湊成七分，遂令一丈又五分丈之二變爲五分丈之七，即所謂通分納子也。

設有一丈又四分丈之三，與一丈又三分丈之二相乘，問得數若干。

原式：
一　四　三
一　三　二

變式
四　七
一二　三五
三　五【略】

答曰：此係整帶零乘整帶零，母子俱不同者。得數爲十二分丈之三十五。

設有甲數三分丈之二又帶此一分之四分之一，與乙數二分丈之一又帶此一分之三分之二相乘，問得數若干。

答曰：此係零帶零乘零帶零，分母分子中母子中子俱不同數者。得

數爲七十二分丈之四十五。【略】

案：甲數先將大數三分每分變作四分，共十二分，是三分丈之二，即十二分丈之八。再加以小數一分，則爲十二分丈之九矣。乙數先將大數二分每分變作三分，共六分。是二分丈之一，即六分丈之三。再加小數二分，則爲六分丈之五矣。從此以十二分丈之九與六分丈之五相乘，便爲得數。所謂變大數以就小數也。【略】

又案：以整帶零乘整帶零，必通整數以就零數。零帶零乘零帶零，必通大母以就小母。此爲通分中定法。

清・劉彝程《九章實義》卷一上《論比例》 假如以三分之二乘五分之四，問乘得數。既言乘法，即以此二數排作二、三率，另增單一爲一率。如法排之，得：

一率：一

二率：$\frac{二}{三}$

三率：$\frac{四}{五}$

法：先以三遍乘其一、二率，得一率：三，二率：二。又以五遍乘其一、三率，得

一率：$十五$

二率：二

三率：四

則以二、三率相乘，一率除之，得$\frac{八}{十五}$，即$\frac{八}{十五}$，爲求得四率。故以十五分之八爲乘得數。細觀$\frac{八}{十五}$，即原二母相乘爲母，原二子相乘爲子，知此則又可不必借用四率，可特立訣以御之，曰：乘法子乘子，母亦乘其母。

又如三分之二加七分之五，以五分之四乘之，問乘得數。既言加減，須先齊同其分母。法：以此母遍乘彼數母、子，復以彼母遍乘此數母、子。如是則二母齊同，可以加減。如以此母七遍乘彼母三及彼子二，得廿一、十四。又以彼母三遍乘此母七及此子五，得$\frac{十五}{廿一}$。乘訖則二母同爲二十一，故可兩數相加而得$\frac{廿九}{廿一}$，即$\frac{二十九}{二十一}$，爲加得數。次以此加得數與五分之四相乘，仍如前訣，子乘子，母乘母，得$\frac{一百一十六}{一百零五}$，即$\frac{一百一十六}{一百零五}$，爲乘得數。但此數子大於母，須以法除實。不滿法者，以法命之，得一加$\frac{十一}{一百零五}$，即一又百零五分之十一，爲所求。

又如三分之二，以五乘之，問乘得數。此兩數一邊有母，一邊爲無母之整數。凡無母者，可增單一爲母，故可書作$\frac{五}{一}$，以與$\frac{二}{三}$相乘。如前，子乘子，母乘母，得$\frac{十}{三}$。此數亦子大於母，其滿法者，仍以法除，作整數。餘以母命之，得三又三分之一。

又如二減六分之五，以五分之三乘之，問乘得數。「二」爲無母整數，應增一爲母，而作$\frac{二}{一}$。既言加減，須與$\frac{五}{六}$先齊同其母。乃以此母六乘彼母、子$\frac{二}{一}$，得$\frac{十二}{六}$，寄上位。又以彼母一乘此母、子，仍得$\frac{五}{六}$，以減上位，得$\frac{七}{六}$。次以$\frac{七}{六}$與$\frac{三}{五}$相乘，依前例得$\frac{二十一}{三十}$，母子各以三約之，得$\frac{七}{十}$爲所求。

藝文

明・吳敬《九章筭法比類大全》卷二《粟米》

今有芝麻七斗七，每升價錢七十七。乘除加減随公筭，用法之時休使七。

答曰：五貫九百二十九文。

法曰：倍實七斗七升，得一石五斗四升。折法七十七，得三十八半。乘之。合問。

今有小麥五石五，每斗價錢五十五。因歸加減任公爲，不言五五二十五。

答曰：三千二十五文。

法曰：與前法同，倍實，折法，乘之，合問。

如意立法。

又 秤斤兩皆十四，更有三錢三銖。兩價一升二合，浄椒賣何如？

答曰：四十三石一斗八升一合一勺。

法曰：與前兩同，以兩價一升二合爲法，乘之。合問。

右寄生草

又 卷三《衰分》 六十七，新增户，着七十，二(兩)[貫]錢。上户三家七貫判，中户九家十二貫，下户七家二貫無差亂，縱横不醒慢推窮，問賢家此法如何筭？

答曰：上户一十二家，錢二十八貫。中户二十七家，錢三十六貫。下

戶二十八家,錢八貫。

法曰:併上、中、下所出錢七貫,十二貫,二貫,共得二十一貫。以各得四因,得八十四。以減總錢七十二,餘一十二,乃中戶。除一止,得三,上、下皆四。上戶三家得一十二戶,該二十八貫。中戶九家,得二十七戶,該三十六貫。下戶七家,得二十八戶,該錢八貫。合問。

異乘同乘

題解

明·王文素《算學寶鑑》卷一二《乘除帶分子》

因乘分子法何如,各母通來併子居。二位相乘爲實積,相乘二母法歸除。

觧曰:凡題内帶分子者用之。

明·徐心魯《盤珠算法》卷一 田中筭稻歌訣 詩曰:

田中估稻法真奇,一弓方教劉来追。科明多少斤求兩,二百四十步田之。仍以稻兩相乘法,二八歸之稻數隨。還有截法深容易,歸乘不必用心机。每兩每畝十五畝,千金莫度富人知。

明·程大位《算法統宗》卷一 異乘同乘者,謂如用四乘之,又用五乘之,再以七乘之者,就變法以四乘五,得二十。再以七乘之,得一百四十。就以一百四十爲法乘之,以代三次相乘而数之不差矣。

算法

元·朱世傑《筭學啓蒙》卷上《庫務解稅門》 今有人典錢八十五貫七百文,每貫月利三十文。今八箇月,問利錢幾何。

答曰:二十貫五百六十八文。

術曰:列本錢八十五貫七百於上位。置八箇月,以三十文乘之,得二百四十文。以乘上位,即得,而今有之。合問。

清·王鑒《筭學啓蒙述義》 案:此兩次乘也。以八箇月乘三十文,得一貫之共利。以乘八十五貫七百文,即得八十五貫七百文之共利。

清·徐鳳誥《筭學啓蒙通釋》 按:此相當比例也。以本錢一貫文與八箇月乘利錢,得二百四十文之比。即知本錢八十五貫七百文與八箇月利錢二十貫五百六十八文之比也。

一率　本一貫文

二率　八箇月利二百四十文

三率　本八十五貫七百文

四率　八箇月利二十貫五百六十八文

元·朱世傑《筭學啓蒙》卷上《庫務解稅門》 今有人典錢二百三十六貫,每貫月利二十五文。今[典]七箇月九日,問利錢幾何。

答曰:四十三貫七十文。

術曰:列九日,以三十日除之,得三分。加入七箇月,共得七箇月三分。以二十五文乘之,得數。以乘本錢二百三十六貫。合問。

清·王鑒《筭學啓蒙述義》 案:此與前術同。其以九日爲三分者,九日係三十日十分之三也,亦猶斤下留兩之意。

清·徐鳳誥《筭學啓蒙通釋》 按:此與上術同。上題言八箇月利,此言七箇月九日。先以一月三十日除九,得三分,即爲七箇月三分。有比例:

一率　本一貫文

二率　七箇月三分利,得一百八十二文半

三率　二百三十六貫文

四率　七箇月三分利,得四十三貫七十文

元·朱世傑《筭學啓蒙》卷上《庫務解稅門》 今有人借銀二十五兩,每兩月利二分五厘。問幾何日而本利適等。

答曰:四十箇月。

術曰:列借銀爲實,以六錢二分五厘爲法,實如法而一,爲法之數乃是二分五厘乘借銀,故爲法。合問

又術曰:列銀一兩爲實,以二分半爲法,實如法而一,亦合前問。

清·王鑒《筭學啓蒙述義》 案:六錢二分五厘爲二十五兩每月之共

利，而二十五兩爲所求幾何日之共利，故以每月之共利除之，即得幾何日數。又術以一兩立筭亦同。此義若以二兩立筭，則以二兩之月利爲法，亦得。

清・徐鳳誥《筭學啓蒙通釋》 按：此亦相當比例也。以二分五厘與一箇月比，即知一兩與四十箇月比。本術以二分五厘乘借銀數，得六錢一分五厘，爲一月之利。今有借銀數即四十箇月之利也。

一率　利二分半
二率　一箇月
三率　利一兩
四率　四十箇月

元・朱世傑《筭學啓蒙》卷中《雙據互换門》 今有鹽丁九人，七日煎鹽五十五引五十斤。今增一百八十五人，煎四十八日，問得鹽幾何。

答曰：八千一百四十八引。

術曰：列一百八十五人，并入九人，得一百九十四人。以四十八日乘之，又以五十五引一分二厘半乘之，引下分者，乃四百斤約之。得五十一萬三千三百二十四，爲實。列九人，以七日乘之，得六十三，爲法。實如法而一。合問。

清・王鑒《筭學啓蒙述義》 案：此與第一問同術。

清・徐鳳誥《筭學啓蒙通釋》 按：此相當比例也。以九人乘七日，得六十三工。與五十五引五十斤之比，即知一百八十五人增九人，得一百九十四人，乘四十八日，得九千三百一十二工與八千一百四十八引之比也。

一率　六十三工
二率　五十五引一二五
三率　九千三百一十二工
四率　八千一百四十八引

元・朱世傑《筭學啓蒙》卷中《雙據互换門》 今有船載物，裝重五百斤，行路八十里，脚錢一百五十文。今載八萬六千斤，欲行三千四百里，問與脚錢幾何。

答曰：一千九十六貫五百文。

術曰：列八萬六千斤，以三千四百里乘之，又以一百五十文乘之，得四百三十八億六千萬，爲實。又列五百斤，以八十里乘之，得四萬，爲法。實如法而一，合問。雙據互换之法，學者少識。所乘所除之理，前問織錦三術返復還源備矣。此問與煎鹽義同，而今有之及雇車行道相類也。故引草證使習筭者無疑矣。

清・王鑒《筭學啓蒙述義》 案：注言與煎鹽義同。然其理不可不析。五百斤行八十里，每里有五百斤八十里，得四萬斤。八萬六千斤行三千四百里，則每里有八萬六千斤。三千四百里得二億九千二百四十萬斤。於此數内每減四萬斤得一百五十文，故以一百五十爲乘法，以四萬除之，得脚錢也。

清・徐鳳誥《筭學啓蒙通釋》 按：此亦相當比例也，與上術同。以五百斤乘八十里，得四萬。與脚錢一百五十文之比，即知八萬六千斤乘三千四百里得二億九千二百四十萬，與一千零九十六千五百文之比也。

一率　四萬
二率　一百五十文
三率　二億九千二百四十萬
四率　一千零九十六千五百文

明・吴敬《九章筭法比類大全》卷六《均輸》 比類　徵納限期：今有某區該徵夏税，絲二千三百二十五兩，綿一千八百六十兩，麥二百七十四石。三限催徵，初限六月終五分，中限七月終三分半，末限八月終齊足。問各限該納幾何。

答曰：初限絲一千一百六十二兩五錢，綿九百三十兩，麥一百三十七石。

中限絲八百一十三兩七錢五分，綿六百五十一兩，麥九十五石九斗。

末限絲三百四十八兩七錢五分，綿二百七十九兩，麥四十一石一斗。

法曰：置絲、綿、麥数爲實。各以五分乘之，爲初限数。三分半乘之，爲中限数。一分五厘[乘之]，爲末限数。合問。

今有某區該徵秋粮，米一千八百六十八石。依例分三限催徵，初限十月終五分，中限十一月終三分半，末限十二月終齊足。問各限該徵幾何。

答曰：初限九百三十四石，中限六百五十三石八斗，末限二百八十石二斗。

法曰：置米数爲實。以五分乘之爲初限数。三分五厘乘之，爲中限数。一分五厘乘之，爲末限数。合問。

明・程大位《算法統宗》卷二　異乘同乘法：假如原每人一日織錦八尺二寸五分，今有五十六人，共織二十七日。問織錦若干。

曰：一千二百四十七丈四尺。

法曰：置五十六人，乘二十七日，得一千五百一十二工。再以日織八尺二寸五分乘之，得一萬二千四百七十四尺。合問。

清・方中通《數度衍》卷二三《九章外法》　異乘同乘法：通曰：定率之後，仍用異乘同除法求之。

式　每人每月織絹六疋。若八人四年，該織幾何。

曰：二千三百〇四疋。

術：以四年化作四十八月，乘八人，得三百八十四。又以六疋乘之，即得。

又術：用并法。以一人乘一月，得一爲首率。以六疋爲次率。以八人乘四十八月，得三百八十四，爲三率。通曰：首率是一，故前術爲捷耳。若非一者，必用此術及後術也。

又術：用重準測法，又名夾三纍。先以人數測絹數，以一人爲首率，六疋爲次率，八人爲三率，求得四率四十八疋。又以月數測絹數，以一月爲首率，以前四率爲次率，四十八月爲三率。

又　用并諸式：式　原買大布一疋，長二丈五尺，濶一尺六寸，價二錢。今買小布一疋，長一丈八尺，濶一尺三寸，用價一錢二分。其貴賤若何。

曰：只該一錢一分七釐，今貴三釐。

術：以大長乘大濶，得四丈，爲首率。以二錢爲次率。以小長乘小濶，得二丈三尺四寸，爲三率。

式二　三人用米五石，值銀三兩，計食五旬。每人每日，銀、米各幾何。

曰：銀二分，米三升三合又三之一。

術：以三人乘五十日，得一百五十，爲首率。以三兩化作三百分，爲求銀之次率。五石化作五百升，爲求米之次率。皆以一人乘一日，得一，爲三率。

式三　母銀三百兩，四年得子銀一百兩。今母銀一千五百八十兩，七年該子銀若干。

曰：九百二十一兩又三之二。

術：以三百乘四年，得一千二百，爲首率。以一百爲次率。以一千五百八十乘七年，得一萬一千〇六十，爲三率。

式四　兵每名每月給銀四兩。今兵一萬三千名，九月該給若干。

曰：四十六萬八千兩。

術：以一名乘一月，得一，爲首率。以四兩爲次率。以九月乘一萬三千，得十一萬七千，爲三率。

分數除法

題解

漢簡《筭數書・徑分》　徑分，以一人命其實，故名。

《九章筭術》卷一《方田》唐・李淳風等注釋　經分者，自合分已下，皆與諸分相齊，此乃直求一人之分。以人數分所分，故曰經分也。

宋・楊輝《詳解九章算法・纂类》　經率法，俗名商除。

明・柯尚遷《數學通軌》第二《歸除詮要》　歸除義：歸者，會也，謂會萬分之數而歸於一也。除者，減也，謂約存身數而減其餘也。單位曰歸，多位曰歸除，通而言之曰除也，皆從首位而起其濾之首位呼歸，餘位呼除，故曰歸除。

如有總物若干，每一兩該物若干，問共該物若干，是有總物之數，却無一物之法，及有一家之法，故用歸法。如有總價若干，每一物該價若干，問共該物若干，是有總價之數，却無一價之法，及有一物之法，故用歸除。如共物若干，共價若干，只云每一物該價若干，是有物有價，只以共物爲法，以共價爲實，故用歸除。如共價若干，共物若干，只云每一價該物若干，是有價有物，以共價爲法，共物爲實，故用歸除。一曰以所有總數爲實，以所求每數爲法。一曰有總物而又有總價，或將總物爲法，摠價爲實，或將總價爲法，總物爲實。如總米四百六十石，共賣銀三十三兩四錢，問每石該若干，即以米爲法，以銀爲實。若問每兩該米若干，即以銀爲法，以米爲實。

清・潘逢禧《算學發蒙・古算三》　命分除法：命分者，謂實不滿法，除之不盡，則以法數喝之，命爲幾命之幾。此唯除法有之，具詳珠算中。

清・徐鳳誥《筭學啓蒙通釋》卷下《之分齊同門》 再如母、子均約至一而止，是爲不可約，即以原分數命之，故曰命分。

清・曹汝英《直方大齋算稿一・數學上編》卷八 除分：用以相除之法、實中，若有一箇數爲分數者，則求除得數之法，是名曰除分。

綜論

明・柯尚遷《數學通軌》第三《九章釋例》 除灋例：程者，(塲)[物]價與銀數各有定式而不可亂。今以除法例、乘法例列之，便見方程之法、之實。

又 凡遇前爲銀之實數，後爲銀之價，或遇前爲物之實数，後爲物之價，應用除灋。如銀一兩五錢買稻。價銀二錢四分，買稻一石。此銀数、銀價俱是銀也。如麻一百斤，麻價六斤半，賣銀一兩。此麻数、麻價俱是物也。又如棉花八百七十斤，花價十二斤。又如「秋粮四石五斗，每田一畆，科粮四升七合，該田若干」之類，此俱是物也。應用除灋，凡前後俱是銀，或前後俱是物，悉如此例。

又 又或遇總物、總銀俱置盤内。如總物内欲求一石或一畆或一人之類，要見銀若干，就以總銀爲實，以總物爲灋，除之。如總銀欲求一兩或一錢，要見物若干，就以總物爲實，以總銀爲灋，除之。此一爲銀数，一爲物数，雖類乘灋，然是分数，故用除灋。

清・勞乃宣《籌算分法淺釋・命分》 以法除實，有受除者，有不受除者。受除者，除之，可以適盡，無餘。不受除者，雖除至單位以下，仍屢除而不能盡。實數所餘奇零，雖極細微，若略去之，則不能復還原數，因立爲命分之法，所以通除法之窮也。

算法

秦簡《數》 七人分三，各取七分三。

又 凡食攻之述曰：以人數爲法，以食攻丈數爲君，君如法得一丈，不盈丈者，因而十之，如法，人一尺，不盈尺者，因而十之，如法，人得一寸，不盈寸者以分命之。

漢簡《筭數書・徑分》 五人分三有半、少半。

各受卅分之廿三。

其術曰：下有少半，以一爲六，以半爲三，以少半爲二，并之，爲廿三。即值人數，因而六之，以命其實。

又 五人分七錢少半、半錢。

人得一錢卅分錢十七。

術曰：下三分，以一爲六，即因而六人以爲法，亦六錢以爲實。

又 有曰，術曰：下有半，因而倍之。下有三分，因而三之。下有四分，因而四之。

《周髀筭經》卷下 術曰：置外衡去北極樞二十三萬八千里，除璿璣萬一千五百里。漢・趙爽注 北極常近牽牛爲樞，過極萬一千五百里。此求去極，故以除之。其不除者二十二萬六千五百里以爲實，趙爽注 以三百乘之，里爲步。以周天分一千四百六十一乘步爲分。內衡之度以周天分爲法，法有分，故以周天乘實，齊同之，得九百九十二億七千四百九十五萬。以内衡一度數千九百五十四里二百四十七步，千四百六十一分步之九百三十三以爲法，趙爽注 如上，乘里爲步，步爲分，通分内子得八億五千六百八十萬。實如法得一度。

《九章筭術》卷一《方田》 今有七人，分八錢三分錢之一。問人得幾何。

荅曰：人得一錢二十一分錢之四。

明・吴敬《九章算法比類大全》卷一《方田》 法曰：人數爲法，有分者通之。置七人，以三分乘，得二十一。錢數爲實，有分者通之。置八錢，以三分通之，加分子一，共二十五。實如法而一。合問。

《九章筭術》卷一《方田》 又有三人三分人之一，分六錢三分錢之一、四分錢之三。問人得幾何。

荅曰：人得二錢八分錢之一。

明・吴敬《九章算法比類大全》卷一《方田》 法曰：重有分者同而通之。置三人，以三分通之，加内子一，共得一十。置六錢，以三分通之，加内子一，共得一十九。以重分母乘之，得七十六。又以分母三乘分子三，得九加入前數，共得八十五，爲實。以法、實分母互乘。法分母三，實分母四，乘得十二。併分母，法分母三，實分母三、四，共得十。以乘十二，共得一百二十，爲法。又以分母三乘前實八十五，得二百五十五，爲實。如法而一，得二錢，餘十五。約之，得八分錢之一。合問。

《九章算術》卷一《方田》　經分術曰：以人數爲法，錢數爲實，實如法而一。有分者通之。三國魏・劉徽注　母互乘子知，齊其子。母相乘者，同其母。以母通之者，分母乘全内子。乘，散全則爲積分，積分則與分子相通之，故可令相從。……故散分者，必令兩分母相乘法實也。明・吴敬《九章算法比類大全》卷一《方田》　即歸除法，加「有分者通之」一句。重有分者同而通之。劉徽注　又以法分母乘實，實分母乘法。此謂法、實俱有分，故令分母各乘全分内子，又令分母互乘上下。

宋・楊輝《詳解九章算法・纂类》　除分法曰：人數爲法，錢數爲實。有分者通之，實如法而一。此術載於方田。

清・勞乃宣《古籌算考釋》卷二　諸分：【略】經分者，以分數相除也。「以人數爲法，錢數爲實，實如法而一」者，置實於上，置法於下，以常法除之也。「有分者通之」，通分納子也。法有分母，互乘實子。實有分母，互乘法子。「重有分」者，法、實俱有分也。通而同之者，通分納子之後，法、實互乘以齊同之，然後以法除實也。

《九章算术》卷二《粟米》　經率術曰：以所買率爲法，所出錢數爲實，實如法得一錢。唐・李淳風等注釋　今有之義，以所(有)[求]率乘所(求)[有數]，合以瓴甓一枚[乘]錢一百六十爲實。但以一乘不長，故不復乘，是以徑將所買之率與所出之錢爲法、實也。　此又按：今有之義，出錢爲所有數，一枚爲所求率，所買爲所有率，而今有之，即得所求(率)[數]。一[乘]不長，故不復乘。是以徑將所買之率爲法，以所出之錢爲實。故實如法得一枚錢。不盡者，等數而命分。

宋・楊輝《詳解九章算法・纂类》　經率法曰：錢數爲實，以所買率爲法，實如法而一。原載粟米章。

《九章算术》卷二《粟米》　今有出錢一百六十，買瓴甓十八枚。瓴甓，甎也。問枚幾何。

荅曰：一枚，八錢九分錢之八。

明・吴敬《九章算法比類大全》卷二《粟米》　歸除法【略】法曰：以出錢一百六十爲實，以買瓴甓十八爲法，除之，得八文，餘實十六。法、實俱折半，得九分錢之八。合問。

《九章算术》卷二《粟米》　今有出錢一萬三千五百，買竹二千三百五十箇。問箇幾何。

荅曰：一箇，五錢四十七分錢之三十五。

明・吴敬《九章算法比類大全》卷二《粟米》　歸除法【略】法曰：以出錢一十三貫五百爲實，以買竹二千三百五十爲法，除之，得五文，餘實一千七百五十。法、實俱五十約之，得四十七分錢之三十五。合問。

《九章算術》卷二《粟米》　經率術曰：以所求率乘錢數爲實，以所買率爲法，實如法得一。三國魏・劉徽注　此術猶經分。唐・李淳風等注釋　今有之義，錢爲所求率，物爲所有數，故以乘錢，又以分母乘之爲實。實如法而一。有分者通之。所買通分内子爲所有率，故以爲法。得錢數。不盡而命分者，因法爲母，實餘爲子。實見不滿，故以命之。

又　今有出錢五千七百八十五，買漆一斛六斗七升太半升。欲斗率之，問斗幾何。

荅曰：一斗，三百四十五錢五百三分錢之一十五。

明・吴敬《九章算法比類大全》卷二《粟米》　歸除法【略】法曰：以所求率十斤乘錢數五貫七百八十五文，得五十七貫八百五十文。以漆分母三通，得一百七十三貫五百五十文，爲實。以買漆一百六十七斤，以分母三通，得五百一。加分子二，共五百三，爲法。除之。合問。

《九章算术》卷二《粟米》　今有出錢七百二十，買縑一匹二丈一尺。欲丈率之，問：丈幾何。

荅曰：一丈，一百一十八錢六十一分錢之二。

明・吴敬《九章算法比類大全》卷二《粟米》　歸除法【略】法曰：以所求率十尺乘錢數七百二十，得七千二百，爲實。以所求縑六十一尺爲法，除之。合問。

《九章算术》卷二《粟米》　今有出錢二千三百七十，買布九匹二丈七尺。欲匹率之，問：匹幾何。

荅曰：一匹，二百四十四錢一百二十九分錢之一百二十四。

明・吴敬《九章算法比類大全》卷二《粟米》　歸除法【略】法曰：以所

求率疋四十尺乘錢數二千三百七十，得九万四千八百，爲實。以所求數九疋以四十通，得三百六十。加二十七尺，共三百八十七。爲法，除之。合問。

《九章筭术》卷二《粟米》 今有出錢一萬三千六百七十，買絲一石二鈞一十七斤。欲石率之，問石幾何。

荅曰：一石，八千三百二十六錢一百九十七分錢之百七十八。

明・吴敬《九章筭法比類大全》卷二《粟米》 歸除法【略】法曰：以所求石一百二十斤乘錢數一十三貫六百七十，得一千六百四十貫四(百)[十]，爲實。以所買絲一百九十七斤爲法，除之。合問。

《九章筭術》卷一《方田》三國魏・劉徽注 若有分，以乘其實而長之，則亦滿法，乃爲全耳。又以子有所乘，故母當報除。報除者，實如法而一也。今子相乘則母各當報除，因令分母相乘而連除也。

晋・佚名《孫子筭經》卷上 十分減一者，以二乘，二十除。減二者，以四乘，二十除。減三者，以六乘，二十除。減四者，以八乘，二十除。減五者，以十乘，二十除。減六者，以十二乘，二十除。減七者，以十四乘，二十除。減八者，以十六乘，二十除。減九者，以十八乘，二十除。

九分減一者，以二乘，十八除。八分減一者，以二乘，十六除。七分減一者，以二乘，十四除。六分減一者，以二乘，十二除。五分減一者，以二乘，十除。

又 卷下 今有丁一千五百萬，出兵四十萬。問幾丁科一兵。

荅曰：三十七丁五分。

術曰：置丁一千五百萬，爲實。以兵四十萬爲法。實如法，即得。

又 今有租九萬八千七百六十二斛，欲以一車載五十斛。問用車幾何。

荅曰：一千九百七十五乘，奇一十二斛。

術曰：置租九萬八千七百六十二斛，爲實。以一車所載五十斛爲法。實如法，即得。

今有丁九萬八千七百六十六，凡二十五丁出一兵。問兵幾何。

荅曰：三千九百五十人，奇一十六丁。

術曰：置丁九萬八千七百六十六，爲實。以二十五爲法。實如法，即得。

又 今有粟一十二萬八千九百四十斛九斗三合，出與人買絹，一匹直粜三斛五斗七升。問絹幾何。

荅曰：三萬六千一百一十七匹三丈六尺。

術曰：置粟一十二萬八千九百四十斛九斗三合，爲實。以三斛五斗七升爲法。除之，得匹。餘四十之，所得，又以法除之，即得。

又 今有器中米，不知其數。前人取半，中人三分取一，後人四分取一，餘米一斗五升。問本米幾何。

荅曰：六斗。

術曰：置餘米一斗五升，以六乘之，得九斗。以二除之，得四斗五升。以四乘之，得一斛八斗。以三除之，即得。

北魏・张丘建《张丘建筭經》卷上 以十二除二百五十六、九分之八，問得幾何。

荅曰：二十一、二十七分之十一。

隋・劉孝孫《張丘建筭經細草》 草曰：置二百五十六，以分母九乘之，内子八，得二千三百一十二，爲實。又置除數十二，以九乘之，得一百八，爲法。除實，得二十一。法與餘俱半之，得二十七分之十一。合所問。

清・勞乃宣《古籌算考釋》卷二 諸分：【略】此法有全無分，實有全有分者也。原草法與餘俱半之，當作俱再半之。置二百五十六、九分之八，通分納子，得九分之二千三百一十二。移置分母於右，置於上，爲實。置除數一十二於下，以實分母九互乘之，得一百〇八，爲法。收去實分母。以法除實，得二十一又一百〇八分之四十四。用約分法，取分母、分子各再半之，共得二十一又二十七分之一十一也。

實數通分納子法數置下式　實分母互乘法數式　以法除實得數約分式

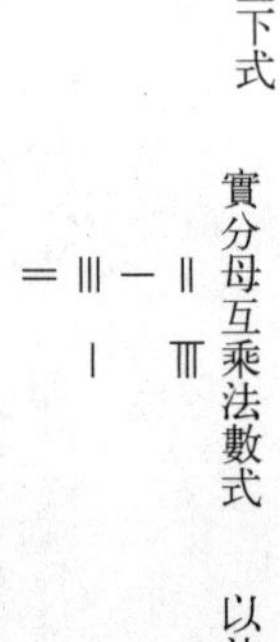

北魏・张丘建《张丘建筭經》卷上 以二十七、五分之三除一千七百六十八、七分之四，問得幾何。

荅曰：六十四、四百八十三分之三十八。

隋・劉孝孫《張丘建筭經細草》 草曰：置一千七百六十八，以分母七乘之，内子四，得一萬二千三百八十。又以除分母五乘之，得六萬一千九百，爲實。又置除數二十七，以分母五乘之，内子三，得一百三十八。又以分母七乘之，得九百六十六，爲法。除之，得六十四。法與餘各折半，得四百八十三分之三十八。得合前問。

清・勞乃宣《古籌算考釋》卷二　諸分：【略】此法、實皆有全，有分者也置實一千七百六十八、七分之四，通分納子，得七分之一萬二千三百八十。移分母於右，置於上。置法二十七、五分之三，通分納子，得五分之一百三十八。移分母於右，置於下。再以右下法分母五互乘左上實分子，得六萬一千九百，爲實。以右上實分母七互乘左下法分子，得九百六十六，爲法。法、實分母俱收去。以法除實，得六十四又九百六十六分之七十六。母、子各半之，共得六十四又四百八十三分之三十八也。

通分納子列法實式

互乘得數收分母式

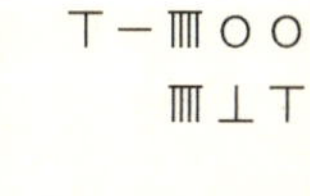

以法除實得數約分式

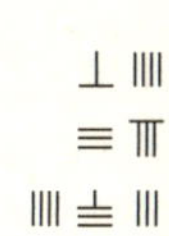

北魏・张丘建《张丘建筭經》卷上　以五十八、二分之一除六千五百八十七、三分之二、四分之三，問得幾何。

荅曰：一百一十二、七百二分之四百三十七。

隋・劉孝孫《張丘建筭經細草》　草曰：置六千五百八十七於上。又别置三分於下右，之二於左。又置四分於三下，之三於左。維乘之，分母得十二，子得一十七。以分母除子，得一，餘五。加一上位，得六千五百八十八。以分母十二乘之，内子五，得七萬九千六十一。又以除數分母二因之，得一十五萬八千一百二十二。又置除數五十八於下。以二因之，内子一，得一百一十七。又以乘數分母十二乘之，得一千四百四，爲法。以除實，得一百一十二。法與餘俱半之，得七百二分之四百三十七。

唐・李淳風等注释　謹按：此術以前三條亦有問而無術。宣云，置所有之數通分内子，爲實。置所除之數，以分母乘之爲法。實如法得一。若法實俱有分及重有分者，同而通之。

清・勞乃宣《古籌算考釋》卷二　諸分：【略】此法、實皆有全，有分，而其一有重分者也。置實六千五百八十七、三分之二、四分之三，互乘所重之分，齊爲一十二分之一十七。通分納子，得一十二分之七萬九千〇六十一。母右子左，置於上。置法五十八、二分之一，通分納子，得二分之一百一十七。母右子左，置於下。以右下法分母二互乘左上實分子，得一十五萬八千一百二十二，爲實。以右上實分母一十二互乘左下法分子，得一千四百〇四，爲法。分母俱收。以法除實，得一百一十二又一千四百〇四分之八百七十四。母、子各半之，共得一百一十二又七百〇二分之四百三十七也。

通分納子列法實式

互乘得數收分母式

以法除實得數約分式

唐・佚名《夏侯陽筭經》卷中《求地税》　今有田一畝計税穀三升，問一步合計幾何。

荅曰：一步，一勺二抄五撮。

術曰：置穀三升，再上十之，爲三百勺。以二百四十步爲法，除之，即得。

又　何以次田四百八十步爲斛法。

術曰：置二百四十步於上，米五斗爲法而一，得四十八步，以爲一斗之法。上十之，爲四百八十步，即斛法。

欲知次田一步計米二合一十二分合之一。

術曰：置米五斗，再上十之，爲五百合，爲實。以二百四十步除之，得二合。不盡者，退位，與法俱半之，命分，即見每步之法。

又　何以知下田六百步爲斛法。

術曰：置二百四十步，以米四斗爲法，除，得六十步，爲一斗之法。上十之，爲六百步，乃爲一斛之法。

欲知下田一步計米一合三分合之二。

術曰：置米四斗，再上十之，爲四百合，爲實。以二百四十步除之，得一合。不盡者，與法俱八約之，命分。

又 卷中《分禄料》 今有縣令每月課料七貫三百六十一文五分二氂。尋即交承。舊官任六日，新官任二十四日。問新、舊官各得幾何。

荅曰：舊官得一貫四百七十二文三分四毫，

新官得五貫八百八十九文二分一氂六毫。

術曰：置錢數，以三十日爲法，除之，得一日之錢二百四十五文三分八氂四毫。六因之，得舊官數。三、八因之，得新官數。

又《稱輕重》 今有官銀三千四百六十二斤一十四兩一銖，充賞賜兵一千八百六十五人。問人得幾何。

荅曰：人得一斤一十三兩一十七銖。

術曰：置銀斤，以二而八之，內一十四兩。又三而八之，內一銖，得一百二十二萬九千七百四十五銖。以兵數除之，得七百一十三銖。以一十四銖爲法，除之，得二十九兩零一十七銖。以一十六兩爲法，除之，得一斤一十三兩零一十七銖。

又 卷下《説諸分》 今有金一斤，令五十人分之。問人得幾何。

荅曰：人得七銖六絫八黍。

術曰：置金一斤，二而八之，爲兩；三而八之，爲銖。以人數除之，即得。

又 今有下户欠錢一百二十三貫五百文，準條於上户均攤。今有上户見在錢三萬一千二百五十貫文，問合每貫均著幾何。

荅曰：每貫三文九分五氂二毫。

術曰：置下户錢數，以上户見在錢除之，即得。

又 今有十五家共納兩税錢一十貫文。甲二人，人各一貫文；乙五人，人各七百文；丙七人，人各五百文。續奉符令，都却還七貫三百。問隨元納數，給付各幾何。

荅曰：甲二人，各還七百三十文。注：各有二百七十文在。

乙五人，各還五百一十一文。注：各有一百八十九文在。

丙七人，各還三百六十五文。注：各有一百三十五文在。

術曰：置却還數，以百除之，所得爲每百還錢之數。置百文，減之，餘爲每百錢在庫之數。各置此數，以各人所納錢數乘之，各得其數。

又 今有布積尺一萬八千四百六十三尺四寸二分，問爲端幾何。

荅曰：三百六十九端一丈三尺四寸二分。

術曰：先置尺數，以五十尺除之，即得。

又 今有絹積尺一萬三千四百六十三尺五寸四分，問爲匹幾何。

荅曰：三百三十六匹二丈三尺五寸四分。

術曰：先置積尺數，以四十尺爲法，除之，即得。

又 今有絲三千四百八十五兩，令織紗一匹用絲五兩。問得紗幾何。

荅曰：六百九十七匹。

術曰：先置絲數，以二因之，退位一等，即得。

又術：以五兩除之，亦得。

今有絲一萬三千四百六十七兩，問斤幾何。

荅曰：八百四十一斤一十一兩。

術曰：先置絲兩數，四折半即是斤。逢零，六添之，歸實。

又術：以十六兩除之，亦得。

又 今有麻三千四百七十五斛四斗五升，每三斛三斗作油一斛。問油幾何。

荅曰：一千五十三斛一斗六升三分升之二。

術曰：以三斛三斗除，得油數。不盡，約之，爲命分。

宋・楊輝《詳解九章算法》 錢七貫九百八十文買物，每斤價錢二貫三百四文，問買幾何。

荅曰：三斤七兩十銖。

解題：本是商除，衹緣求斤之外餘不及者，不以斤價求兩，而以兩以銖之數乘餘錢求之，可謂巧矣。

草曰：錢數爲實，七貫九百八十，物價爲法，二貫三百四文。以法除實，貫上定斤，淂三斤，餘一貫六十八文。不滿一斤之數，衹可求爲之兩。若以斤價紐兩價求之，筭不勝其繁也。故用斤之一十六兩乘餘錢，仍以斤價除之，又淂七兩，尚餘九百六十。又不及兩價，衹當求之爲銖，如前，以兩之二十四銖乘餘錢，仍以斤價除之。合問。

又楊輝《日用算法》 今有錢六貫八百文，買物一斤，問一兩直幾何。

荅曰：四百二十五文。

解題：以斤求兩價爲問，驗諸術可以通用。

其術有五：一曰斤價爲寔，四度折半。貫上定貫，暗分爲十六。

草曰：斤價爲實，置六貫八百文，四度折半，即是四次折斗，得四百二十五。合問。

二曰念法，以數累成念法。尾位求起，一求隔位六二五，斤價一貫，每兩該六十二文半，是隔一位。二求退位一二五，斤價二貫，每兩該一百二十五文，即是退一位。三求一八七五，記斤價三貫，每兩一百八十七文五分。四求改曰二十五，斤價四貫，其一兩淂二百五十。五求三一二五，是斤價五貫其兩價三百十二錢半。六求兩價三七五，斤價六貫，其兩價三百七十五文。七求四三七五，置斤價七百，其兩價四十三文七分半。八求轉身變作五，斤價八百，其兩價五十文。兩歸斤者，身外加六，十上定百。

草曰：斤價爲實，置六貫八百文，如念法，於尾位求起，百上定十。先命八百爲五十，後命六貫爲三百七十五，共四百二十五。合問。

三曰斤價爲實，折半，取十六兩爲八兩，價八歸，是取八兩爲一兩價。草見後圖。

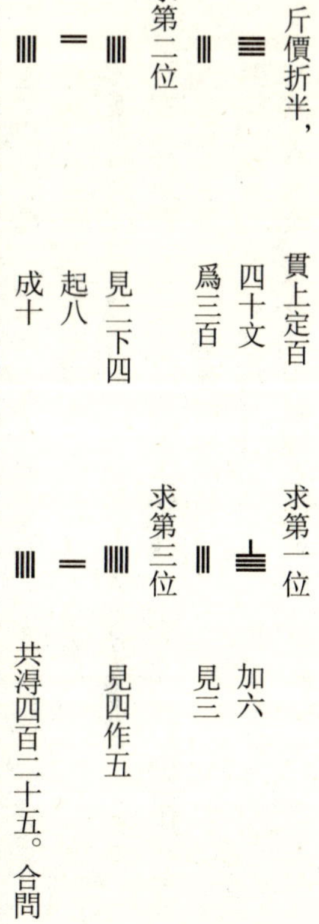

四曰：斤價爲身，身内存十，減六。斤價分爲十六兩，存留十兩價，減去六兩。於價貫上定百爲一兩之價。草見後圖。

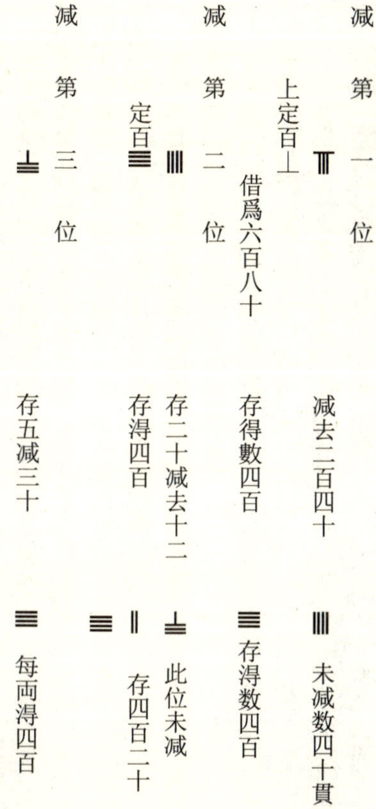

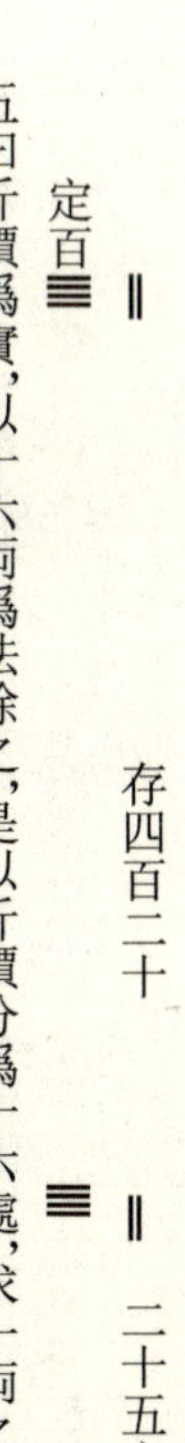

五曰斤價爲實，以十六兩爲法除之，是以斤價分爲十六處，求一兩之價。草見後圖

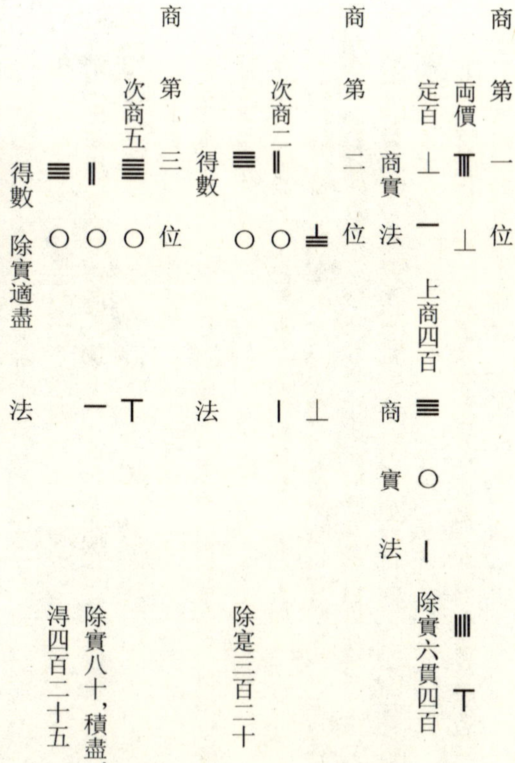

又　今有銀四百三十二兩，問該斤幾何。

答曰：二十七斤。

法曰：置銀兩数，定身除六。

又　今有銀一千五十六銖，問該斤兩幾何。

答曰：二斤一十二兩。

法曰：置銖數，以三八四除之，淂二斤。餘分，以銖法二十四除之，淂一十二兩。

又　今出錢四十二貫三百五十，買物三十七斤一十三兩。問一斤價錢幾何。

（答）[荅]曰：一貫一百二十文。

題解：及前題，以出錢買物爲問，以驗斤通両爲法，求一斤之價。

術曰：通斤併兩爲法。取其二也，以法除之。以十六両乘出錢總数，爲寔。

兩爲法，只除得兩價，故以十六乘都錢，是得斤價也。

草曰：通斤併兩。通三十七斤爲兩，併上十三兩，共得六百五兩。以十六兩乘出錢總数，爲寔。十六乘四十二貫三百五十，得六百七十七貫六百文。以法除之。以六百五兩爲法，一百貫上定貫，除得斤價一貫一百二十。

元・朱世傑《筭學啓蒙》卷上《九歸除法門》 今有銀一十五兩一錢六分三厘二毫，每銀七厘二毫換片腦一銖，問得幾何。

答曰：五斤七兩一十八銖。

術曰：列銀數爲實，以七厘二毫爲法，除之，得二千一百六銖。以斤銖法三百八十四約之，得五斤。不滿法者，以兩銖法二十四約之，得七兩。不滿法者命之。合問。

又 今有細米七斗九升五合三勺四抄，每九升一合準糲米一斗，問得幾何。

答曰：八斗七升四合。

術曰：列米數爲實，以九升一合爲法，實如法而一。合問。

今有香油二百五十六斤半，每三斤一十二兩用芝麻一斗，問用芝麻幾何。

答曰：六碩八斗四升。

術曰：列油數爲實，以三斤七分半爲法，除之。合問。

今有麵四百零七斤，每六斤一十四兩用麥一斗，問用麥幾何。

答曰：五碩九斗二升。

術曰：列麵數爲實，以六斤八分七厘半除之。八分七厘半者，乃十四兩，留數。合問。

今有鹽二千四百六十引，每引四百五斤爲率。今每引外多附餘三十斤，問共爲引數幾何。

答曰：二千六百四十二引九十斤。

術曰：列鹽引數於上，併率數附餘，共得四百三十五斤。乘之，得一百七萬一百斤，爲實。以四百五斤爲法，除之。不滿法者，命之。合前問。

今有荳粉一千七百五十九斤三兩八錢，每五斤六兩用荳一斗，問荳幾何。

答曰：三十二碩七斗三升。

術曰：列粉數，斤下留兩爲實。以五斤三分七厘半爲法。實如法而一。合問。

今有紬一萬尺，每一尺二分四厘換麻一斤，問換麻幾何。

答曰：九千七百六十五斤一十兩。

術曰：列紬數爲實，以一尺二分四厘爲法，實如法而一。斤下分者，身外加六，爲兩。合前問。

今有錢二萬貫，欲買細絲。斤價四貫九十六文，問得絲幾何。

答曰：四千八百八十二斤一十三兩。

術曰：列錢數爲實，以斤價四貫九十六文爲法，除之。斤下分者，身外加六，爲兩。合問。

今有米三萬斗，每八升一合九勺二抄折荳一斗，問折荳幾何。

答曰：三千六百六十二碩一斗九合三勺七抄五撮。

術曰：列米數爲實，以八升一合九勺二抄爲法，實如法而一。合問。

今有芝麻四萬碩，每五升一合二勺對粟一斗，問對粟幾何。

答曰：七萬八千一百二十五碩。

術曰：列芝麻數爲實，以五升一合二勺爲法，除之。合問。

今有錢五百貫，欲糴小麥。每斛價錢一貫二百八十文，問糴麥幾何。

答曰：三百九十斛六斗二升半。

術曰：列錢數爲實，以一貫二百八十文爲法，實如法而一。合問。

今有人參六萬斤，每三十一斤四兩換茶一引。問換茶幾何。

答曰：一千九百二十引。

術曰：列人參數爲實，以三十一斤二分半爲法，實如法而一。合問。

今有金七萬銖，每三十五銖八絫四黍易片腦一斤，問易腦幾何。

答曰：一千九百五十三斤二兩。

術曰：列金數爲實，以三十五銖八絫四黍爲法，實如法而一，得一千九百五十三斤。斤下一分二厘五毫，以斤率十六乘之，得二兩。合問。**清・羅士琳識誤** 易腦幾何。

清・王鑒《筭學啓蒙述義》卷上《九歸除法》 案：《集韻》腦，側吏。側，持二切。訓肥貌，與問不協。據上文，當作腦。

元・朱世傑《筭學啓蒙》卷上《九歸除法門》 今有地八萬畝，每六畝二分五釐直銀一斤。問直銀幾何。

答曰：一萬二千八百斤。

術曰：列地畝數爲實，以六畝二分五厘爲法，實如法而一。合問。

今有稻九萬斛，每田一畝收稻五斛七㪷六升，問田幾何。

答曰：一百五十六頃二十五畝。

術曰：列稻數爲實，以五斛七㪷六升爲法，實如法而一。合問。

清·王鑒《算學啓蒙述義》卷上《九歸除法》　案：此即縱横因法門、留頭乘法門之還源與身外減法同理。歌内言「但遇無除還頭位」者，凡九歸有進成十之法，若餘實不受除，則不能進成十，即以本位之數移入下位，如本位一移作下位之十，如本位二移作下位之二十，則自下位如法呼之。合觀以上諸門，皆所以暢明乘除加減之用，初學熟此，然後可以升堂入室。

元·朱世傑《算學啓蒙》卷下《之分齊同門》　今有六人五分人之四，分銀八兩七分兩之三、六分兩之五。問人得幾何。

答曰：一兩一千四百二十八分兩之五百一十七。

術曰：依圖布算：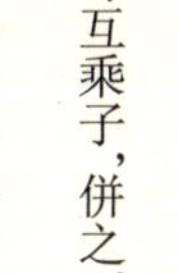母互乘子，併之，得五十三，寄位。左行相乘，得四十二。以乘銀八兩，得三百三十六。併入寄位，共得三百八十九。以人分母五因之，得一千九百四十五，爲實。又列六人，通分内子，得三十四。以銀分母四十二乘之，得一千四百二十八，爲法。實如法而一，得一兩。不滿法者命之。合問。

清·王鑒《算學啓蒙述義》　案：此即前注所言「經分」而兼「重有分」也。本當以六人有奇除銀八兩有奇，因有分數，不便除。故齊同之，先使七分兩之三與六分兩之五同其母於四十二，併其分子，得五十三。再以銀分母四十二通八兩，内子五十三。此數内寄四十二爲分母，又以人分母通之，則此數内寄二百一十爲分母。其人數通分内子，所得數寄五爲分母。以銀分母通之，亦寄二百一十爲分母。法、實皆同以二百一十爲分母，則分母可以不論，即以法除實，得所求。

清·徐鳳誥《算學啓蒙通釋》　按：經分法《九章》註曰：「經分者，自合分以下皆與諸分相齊。此乃直求一人之分，以人數分所分，故曰經分也。」經分法以錢數之母、子齊同，得數爲總母，爲總分子，即以總母通全分，内總子，得數。又以人分母乘之，爲實。再以人數通分内子，又以錢數之分母乘之，爲法。實如法，得所求。如有餘分，仍以等數約之。蓋此即之分之除法也。

求法：六人五分人之四，通分内子，得三十四。又以下位錢之分母四十二通之，得一千四百二十八爲法。

求實：八兩 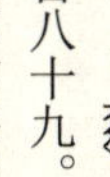 用合「分」法，得八兩又四十二分之五十三。通分内子，得三百八十九。又以上位人之分母五通之，得一千九百四十五，爲實。實如法而一，不滿法者命之。

元·朱世傑《算學啓蒙》卷下《之分齊同門》　今有錢三百四十六貫八百文，買絲二百九十八斤。問斤價幾何。

答曰：一貫一百六十三文一百四十九分文之一百一十三。

術曰：列錢數於上，爲實。以絲數爲法。實如法而一。不滿法者，各半之。合問。

清·王鑒《算學啓蒙述義》　案：此「命分」之法也。凡法除實不能盡者，雖至於極微極細，不可棄。棄之則於原數不合。故有命分之法以御之也。

清·徐鳳誥《算學啓蒙通釋》　按：此術即命分法也。以法爲分母，餘實爲分子，故即命爲二百九十八分之二百二十六。子、母各半之，即一百四十九分之一百一十三也。

元·佚名《錦囊啓源》《諸家算法及序記》　今有課銀三十六兩九錢三分六釐，欲換安息香。每斤用銀九分六釐，該多少。

答曰：三百八十四斤一十二兩。

法曰：下銀在地，爲實。以斤價作法。除之，得三百八十四斤七分五釐，零數加六爲兩也。但見一等之法，准此求之是也。

元·佚名《透簾細草》　今有麻七十九稱五斤十二兩，共直錢七十三貫三百五十文二分。問一兩直錢多少。

答曰：三文八分五釐。

法曰：置都錢於上，爲實。又置七十九稱，以十五通之，内子五斤，得一千一百九十斤。又以兩法十六乘之，内子一十二兩，得一萬九千五十二兩，爲法。除實，得三文八分五釐。合問。

又　今有絲一斤，直錢一貫二百四十八文。問一銖直錢多少。

答曰：三文二分五釐。

法曰：置一斤直錢在地，以一斤之銖三百八十四爲法，除之，湑合問。

今有絲一千二百三十二斤六兩，共直錢一千四百二十六貫五百九十七文三分。問一兩直錢多少。

答曰：七十二文三分五釐。

法曰：置都錢於上，爲寔。又置都斤數，以十六通之，内子六兩，共得一萬九千七百一十八兩，爲法。除實，得合前問。

又　今有麻一稱，直錢八百九十四。一両直錢多少。

答曰：三文七分二釐五毫。

法曰：置一斤之錢在地，以一稱之両二百四十除之，得両價也。

元・丁巨《丁巨筭法》　今有買粉錢二百三十四両，每裹三両二錢。問買幾裹。

答曰：七十三裹四両二錢半。

下錢，裹價除之。裹下分裹法乘爲兩。裹法三十四両。

又　今有錢三十二両二錢五分，買絲二斤十二両八銖。問每斤該鈔幾何。

答：一十二両。

置錢，以絲斤爲両。搭入零兩，以二十四乘之，爲銖。搭入零銖，得一千六十四，爲法。除之，却以三八四乘之。

今有鈔五十四両九錢五分，買甘草九斤一十三両。欲斤率之，問價幾何。

答：五両六錢。

置鈔，以斤率乘之，得八千七百九十二，爲寡。又置九斤，通分内子，一十三両得一百五十七，爲法。實如法而一。又收斤下子爲寔，鈔除之。此通上法。

今有鈔八千五百三十一両二錢五分，買絲一石二鈞三稱一十八斤一十二両。欲其斤率之，問價若干。

答：三十五両。

鈔数爲寔，以一石二鈞三稱一十八斤，以石鈞稱法乘之，得二百四十三斤。搭一十二両留七五，爲法。寔如法而一。

今有鈔二十五兩四分二釐五毫，買鹽每斤價二錢八分。問買幾斤。

答：八十九斤七両。

以鈔，以斤價除之。斤下有分，加六，爲両。下鈔加六，又以斤價除之，得數，十六收之。

又　今有銀七百八十九錠三十七兩半，買金。每両價三錠，問幾兩。

答：二百六十三兩二錢半。

下銀錠，下有兩，歸爲分。以三錠爲法，除之。三伍乘元法。下錠，五因，内加入零両，以一百五十兩減之。五除百五十乘元。

今有包俸銀八百七十五錠，每錠帶納一両五錢。問帶納多少。

答：二十六錠一十二兩半。

下銀，加五爲兩。從上，五除爲錠。

又　今有買藥，鈔七百二十六両六錢。每秤價八十四両，問買幾稱。

答：八稱九斤一十二両。

以鈔爲寔，以每稱價除之，得八稱六分五釐。稱下有分釐，先以斤加五，爲斤，得九斤七分五釐。斤下有分，加六爲両，得十二兩。

又　今有銀一十二両四錢八分，買藥一斤。問一銖幾何。

答：三分二釐五毫。

置銀，三八四除之。

又　今有麵一百七十二斤零二両，賣鈔二十五両五錢。問每両該麵若干。

答：六斤一十二兩。

此歸除法也。置都斤在地，爲寔。并二兩爲一二五在地，以二呼除二六一十二。另置商六，却於實上二位除五六三十，五六三十。其餘数又呼除二七一十四，續商六。却於實上二位除五七三十五，五七三十五。再不盡，又呼除二五一十。續商五，却於實上二位又除五五二十五，五五二十五，適盡。又以七五爲一十二両。合問。

元・賈通《筭法全能集》　今有鈔三十三両二錢五分，買絲二斤一十二両八銖。問每斤該鈔幾何。

答曰：該鈔一十二両。

法曰：置都鈔在地。以絲斤爲両，搭入零兩。以二十四乘之，爲銖。搭入零銖，得一千六十四，爲法，除之。却以三八四乘之，見数。合問。

元・安止齋《詳明筭法》　今有銀一十八両九錢四分，每錢一錢買麪五斤一十二両。問該麪幾何。

答曰：一千八十九斤八錢。

法曰：置麵五斤，通作八十両。搭上一十二両，共九十二両。別置錢一十八両九錢四分，以九十二乘之，得一七四二四八。却以斤法除之。

又 今有絲三十八稱一十三斤一十二兩，賣鈔二千九百一十八兩七錢五分。問每斤該錢幾何。

答曰：五兩。

法曰：置鈔數。别置絲數，通作五百八十三斤七分五釐，爲法。以法歸除鈔數。

今有鈔一十二兩四錢八分，買絲一斤。問一銖該鈔幾何。

答曰：三分二釐五毫。

法曰：置鈔數，以三八四歸除之。

今有鈔一十七兩三錢七分五釐，買絲一斤七兩四銖。每兩問該鈔幾何。

答曰：七錢五分。

法曰：置鈔数。别置絲一斤，通作十六兩。搭上七兩，共二十三兩。以銖法二十四乘之，淂五百五十二。搭上四銖，共五百五十六，爲法。以法除鈔数，淂三一二五。却以二十四乘之。

今有麵二百三十七斤一十四兩，每斤價一錢二分五釐。問該幾何。

答曰：二十九兩七錢三分四釐三毫七絲五忽。

法曰：置二百三十七斤，通作三千七百九十二兩。搭上一十四兩，共三千八百六兩。别置斤價一錢二分五釐，以斤法十六除之，淂七八一二五，爲法。以法乘三千八百六兩，淂數。

今有紛九十八斤七兩，每兩價八分五釐四毫。問該幾何。

答曰：一百三十四兩五錢五釐。

法曰：置九十八斤，通作一千五百六十八兩。搭上七兩，共一千五百七十五兩。以每兩價鈔八五四乘之。

今有粉三百四十九斤四兩，每粉二斤一十二兩賣銀一錢。問該銀幾何。

答曰：一十二兩七錢。

法曰：置三百四十九斤，以四兩爲二五，通三四九二五。别置二斤，以一十二兩爲七五，通二七五。以二七五歸除三四九二五，(答)[得]所問。

明·嚴恭《通原算法》 今有官稱一斤，價錢五两七錢六分。問准足稱價錢若干。

答曰：七两二錢。

術曰：置價錢爲實，以八除之，即淂。

今有物，每斤價錢四兩。問每兩價錢若干。

答曰：二錢五分。

術曰：置每斤價錢四兩，以一十六兩(減)[除]之，即得。

今有三色金，共二十兩。内九分色四兩，七分色七兩，五分色九兩。欲通溶煉，問合淂分數若干。

答曰：六分半色。

術曰：以九乘四兩，淂三十六。七乘七兩，淂四十九。五乘九兩，得四十五。三位併之，淂一百三十分，爲實。以共金二十両爲法，除之，即淂。

今有三色銀，共一百兩。内九成色二十兩，八成色三十五兩，七成色四十五兩。欲准作十成色，問淂若干。

答曰：七十七两五錢。

術曰：以九乘二十兩，得一百八十両。八乘三十五両，得二百八十両。七乘四十五兩，得三百一十五兩。三位併之，得七百七十五兩。十成色爲法，除之，即淂。

明·吴敬《九章算法比類大全》卷一《方田》 問三人三分人之[一]均六錢三分錢之二，各人得幾何。

答曰：二錢。

解題：三人乃全功，三分人之一乃一日六時中其人役二時。六錢，全文也。三分錢之二爲三分中二分。以上既有分子，而所均錢亦立分子，乃除分也。

法曰：人數爲法，有分者通之。置三人，以三分通之，加分子一，共得一十。以錢分母三乘，得三十。錢數爲實，有分者通之。置六錢，以三分通之，加分子二，共得二十。以人分母三乘，得六十。實如法而一，得二錢。合問。

又 比類 除分：今有絹六疋三分疋之一，易銀一兩二錢(二)[三]分錢之[二]。問一疋易銀幾何。

答曰：二錢。

法曰：置絹六疋，以分母三通之，得一十八。加分子一，共得一十九，爲法。以易銀一兩二錢，以分母三通之，得三十六。加分子二，共得三十八，爲實。以法除之。合問。

今有鈔一十八貫五百四十八文四分文之三，買到胡椒二十六斤十六分斤之二。問每斤價鈔幾何。

答曰：七百一十文。

法曰：置鈔一十八貫五百四十八文，以分母四通之，加分子[三]，得七万四千一百九十五。又以椒分母十六通之，得一十一万八千七白一十二，爲實。又置胡椒二十六斤，以分母十六通之，加分子二，共得四百一十八。又以價分母四通之，得一千六百七十二，爲法。除之。合問。

今有鈔二百貫，每人分一貫十九分貫之一。問該人幾何。

答曰：一百九十人。

法曰：置鈔二百貫，以分母十九通之，得三千八百貫，爲實。以人分一貫，以分母十九通之，加分子一，共得二十，爲法。除之。合問。

又 **卷二《粟米》** 比類 【略】除法：今有熟米二石五斗六升，每八斗熟米該糙米一石。問該糙米幾何。

答曰：三石二斗。

法曰：置熟米二石五斗六升，爲實。以每八斗爲法，除之。合問。

今有綿一萬五千七百三十六兩五錢六分，每綿六兩賣銀一錢。問該銀幾何。

答曰：二百六十二兩二錢七分六厘。

法曰：置綿一万五千七百三十六两五錢六分，爲實。以每綿六兩爲法，除之，得二百六十二兩二錢十分六厘。合問。

又 比類 【略】歸除：今有鈔四百一十一貫六百文，共糴糯米一百七十一石五斗。問每石價幾何。

答曰：二貫四百文。

法曰：置今有鈔四百一十一貫六百文，爲實。以所糴米一百七十一石五斗爲法，除之。合問。

今有鈔四百一十一貫六百文，糴糯米每石二貫四百文。該米幾何。

答曰：一百七十一石五斗。

法曰：置今有鈔四百一十一貫六百文，爲實。以每石二貫四百文爲法，除之。合問。

今有鈔六十六貫二百文，糴芝麻三十六石四斗八升。問每五斗價幾何。

答曰：一貫二百五十文。

法曰：以所求率五斗乘鈔六十六貫二百文，得三百三十一貫，爲實。以所糴芝麻二十六石四斗八升爲法，除之。合問。

今有鈔六十六貫二百文，糴芝麻，每石價二貫五百文，問該糴芝麻幾何。

答曰：二十六石四斗八升。

法曰：置今有鈔六十六貫二百文，爲實。以每石二貫五百文爲法，除之。合問。

今有白米二百九十二石七斗四升，共舂糙米三百四十八石五斗。問每糙米一石得白米幾何。

答曰：八斗四升。

法曰：置白米二百九十二石七斗四升，爲實。以糙米三百四十八石五斗爲法，除之。合問。

今有白米二百九十二石七斗四升，每糙米一石舂白米八斗四升。問共該糙米幾何。

答曰：三百四十八石五斗。

法曰：置白米二百九十二石七斗四升，爲實。以舂白米八斗四升爲法，除之。合問。

今有鈔一千三百一十四貫，買金五十四兩一十八銖。問每兩價鈔幾何。

答曰：二十四貫。

法曰：置鈔一千三百一十四貫，爲實。以買金五十四兩，其一十八銖即七錢五分，爲法。除之。合問。

今有鈔一千三百一十四貫，買金，每兩價鈔二十四貫。問該金幾何。

答曰：五十四兩七錢五分，即一八銖。

法曰：置鈔一千三百一十四貫，爲實。以每兩二十四貫爲法，除之。合問。

今有銀九千九百六十銖，計二十五斤十五兩。問每斤該銖幾何。

答曰：三百八十四銖。

法曰：以銀九千九百六十銖，爲實。以計二十五斤，其十五兩，以两求斤，即九三七五，爲法。除之。合問。

今有鈔七十四貫三百五十文，買乳香三十八斤十一兩十四銖。問每銖價鈔幾何。

答曰：五文。

法曰：置鈔七十四貫三百五十文，爲實。以所買乳香三十八斤，其十一兩，以兩求斤，即六八七五。以每斤三百八十四銖通，得一万四千八百五十六銖。加零十四銖，共一万四千八百七十銖，爲法。除之。合問。

今有鈔一千七百八十五貫五百文，買塩二百八十五引一百三十六斤。每引二百斤。問每引該鈔幾何。

答曰：六貫二百五十文。

法曰：置鈔一千七百八十五貫五百文，爲實。以買塩二百八十五引，其一百三十六斤，以二而一，得六分八厘，爲法。除之。合問。

今有鈔三百四十五貫六百文，買羅三十六疋，每尺價鈔二百四十文。問每疋長幾何。

答曰：四十尺。

法曰：置鈔三百四十五貫六百文，爲實。以尺價二百四十爲法，除之，得一千四百四十尺。又以羅三十六疋除之。合問。

今有鈔四十七貫八百八十文，買胡椒，每斤價鈔四貫六百八文。問該買幾何。

答曰：一十斤六兩六銖。

法曰：此問本是歸除，秖緣求斤之外餘不及者，不以斤價求兩，而以兩以銖之数(来)[求]餘鈔求之，可謂巧矣。置鈔四十七貫八百八十，爲實。以椒價四貫六百八文爲法，除之，得一十斤，餘實一貫八百文，不滿一斤之数，秖可求之爲兩。若以斤價紐兩價求之，筭不勝其繁也。故用斤法十六兩。乘餘實，得二十八貫八百文。仍以椒價四貫六百八文除之，又得六兩，尚餘一貫一百五十二文。又不及兩價，秖當求之爲銖。如前，以兩法二十四銖。乘餘鈔，得二十七貫六百四十八文。仍以椒價四貫六百八文除之，得六銖。

今有錢五貫六百四十文，買梨一萬六千九百二十枚。問每文得幾何。

答曰：一錢買三枚。

法曰：此問錢本爲實，物本爲法。今實不滿法，當以物爲實，錢爲法，示於初斈者知变通之道者也。置梨一万六千九百二十枚，爲實。以錢五貫六百四十爲法，除之。合問。

又 比類　買物各停：今有鈔四萬三千一百一十四貫四百二十文，欲糴米、麥、豆三色。其米石價二十三貫五百文，麥石價一十九貫五百文，豆石價一十四貫五百文。却要均等，問該幾何。

答曰：各七百四十九石八斗一升六合。

法曰：置鈔爲實，併三色石價，得五十七貫五百文，爲法，除之。合問。

今有鈔一百二十五貫，買紗、羅，只云羅每尺一百三十文，紗每尺一百二十文。問相停各該幾何。

答曰：各一十二疋半。

法曰：置鈔一百二十五貫，爲實。併二價，得二百五十文，爲法。除之，得五百尺。以疋法四十尺約之，得一十二疋半。合問。

今有鈔一十貫，買羅、絹，只云羅三尺直二百文，絹七尺直(一)[二]百文。欲買二色各停，問該幾何。

答曰：各二疋二丈五尺。羅價七貫，絹價三貫。

法曰：置鈔一十貫爲實。以羅三尺、絹七尺相乘，得二十一。乘之[一十貫]，得二百一十貫。却以羅三尺直二百、絹七尺直二百互乘，併之，得二貫，爲法。除之，得一百五尺，乃羅、絹等数。各倍之，以三除，得羅價。七除，得絹價。合問。

今有鈔四十七貫七百五十文，糴米、麥、豆，只云米七斗、麥八斗、豆九斗各直二貫。欲三色各停，問該幾何。

答曰：各六石三斗。米價一十八貫，麥價一十五貫七百五十，豆價一十四貫。

法曰：置鈔四十七貫七百五十文於上，以米、麥、豆数相乘，七斗乘八斗，得五十六。又以九斗乘，得五百四。乘上数，得二万四千六十六，爲實。却以米價二貫乘麥八斗，得一十六。又乘豆九斗。得一百四十四，麥價二貫乘米七斗，得一十四，又乘豆九斗，得一百二十六。豆價二貫乘米八斗，得一千六，以乘米七斗，得一石一十二。共併得三百八十二，爲法。除之，得六石三斗，乃米、麥、豆等数。倍之，七除，得米價。八除，得麥價。九除，得豆價。合問。

今有粟三石八斗六升二合五勺，只云白米四升二合用粟一斗，糙米四升八合用粟一斗，糲米六升四[用]粟一斗。欲三色米各停，問該幾何。

答曰：各六斗三升。白米該粟一石五斗，糙米該粟一石三斗一升二合五勺，糲米該粟一石五升。

法曰：置粟三石八斗六升二合五勺於上。以三米率数[相]乘，四升二合乘四升八合，得二斗一合六勺。又以六升乘之，得一石二斗九合六勺。以乘[上]

數，得四石六斗七升二合八抄，爲實。却以各米互乘，白米四升二[合]乘[糙米]四升八合，得[二]斗一[合]六勺。糙米四升八合乘糯米六升，得二斗八升八合。糯米六升乘白米[四]升二合，得二斗五升二合。併得七斗四升一合六勺，爲法。除之，得六斗三升，乃三米等數。以各率除之，得粟。合問。

又　卷三《衰分》　比類　因乘歸除：今有净絲一千二百四十八斤四兩八錢，每净絲九錢用荒絲一兩。問該荒絲幾何。

荅曰：一千三百八十七斤。

法曰：置净絲一千二百四十八斤，其零四兩八錢，以兩求斤法，得三，爲實。以净絲九錢爲法，除之。合問。

今有練熟絲九百三十六斤三兩六錢，每七錢五分原用净絲一兩。問該净絲幾何。

荅曰：一千二百四十八斤四兩八錢。

法曰：置練熟絲九百一十六斤，以斤法十六兩通之，加零三兩六錢，共得一万四千九百七十九兩六錢，爲實。以練熟絲七錢五分爲法，除之，得一万九千九百七十二兩八錢。以定身減六見斤。合問。

今有錢六百三十三文五分文之三，買縑一疋九尺五寸。問一丈該錢幾何。

荅曰：一百二十八文。

法曰：以所有錢六百三十三文，以分母五通之，加分子(二)[三]，共得三千二百六十八。乘所求縑一十尺，得三万一千六百八十，爲實。以所買縑一疋通爲四丈，零九尺五寸。以原分母五乘，得二十四丈七尺五寸，爲法。除之，得一百二十八文。合問。

明·王文素《算學寶鑒》卷一二《乘除帶分子》　单帶分子題：今有米四石二斗，每二石三斗三分斗之一賣銀一両。問該銀幾何。

荅曰：一両八錢。

法曰：置今有米四石二斗，以分母三通之，得一十二石六斗，爲寔。另以分母通二石三斗，得六石九斗。加入分子一，得七石，爲法。除之，得一兩八錢。合問。

雙帶分子題：今有米一十二石四分石之一。每三石三斗三分斗之一賣銀一兩。問該銀幾何。

荅曰：三兩六錢七分五厘。

法曰：置今有米一十二石，以分母四通之，得四十八石。加入分子一，得四十九石。互乘法母三，得一百四十七石，爲寔。以分母三通三石三斗，得九石九斗。加入分子一，得十石。互乘寔分母四，得四十石，爲法。除之，得該賣銀三両六錢七分五厘。合問。

不盡命零題：今有米五石七斗七分斗之一，每二石三斗三分斗之一賣銀一兩。問該銀幾何。

荅曰：二兩四錢四分四十九分分之四十四。

法曰：以分母七通總米五石七斗，得三十九石九斗。加入分子一，得四十石。互乘法母三，得一百二十石，爲寔。另以分母[通二石]三斗，得六石九斗。加入分子一，得七石。互乘寔母七，得四十九石，爲法。除之，得該賣銀二兩四錢四分四十九分分之四十四。合問。

斤連銖両疋帶尺寸題：用絲一十七斤一両零三銖，共織綾八疋零一丈四尺。問每疋用絲幾何。疋法四十二尺。

荅曰：二斤零七錢四分錢之三。

法曰：以三百八十四通十七斤，得(之)[六]千五百二十八銖。另以二十四通一兩，得二十四銖。併之，又併入零三銖，共得六千五百五十五銖。乘疋法四十二疋，得二十七萬五千三百一十銖，爲寔。另置綾八疋，以四十二通之，得三百三十六尺。加零一十四尺，共三百五十尺。却以銖法三百八十四通之，得一十三萬四千四百尺，爲法。除之，先得二斤，餘六千五百一十。以十六通之，得一十萬四千一百六十。亦以前(去)[法]除(六)[之]，得七錢。不盡者，皆以三百三十六約之。合問。

又《論除盡否》　假有(同)[銅]錢一萬三千一百七十五文，買布八十五疋。問每疋價值幾何。

荅曰：一百五十五文。

法曰：置總錢一萬三千一百七十五文，爲寔。以共布八十五疋爲法。除之。合問。

觧曰：此係四百二十五乘三十一之数也。是故除盡。凡立題問，當用之。

假令三人，均米四百石。問各該幾何。

荅曰：一百三十三石三斗三升三分升之一。

法曰：置總米四百石，爲寔。以三人爲法。歸之，各得一百三十三石三斗三升，尚餘一升不盡，爲分子。以法三爲分母，以命之。合問。

還源法曰：以三通（名）[各]該米一百三十三石三斗三升，得三百九十九石九斗九升。併入不盡子一升，得原米四百石。合問。

假令三十三人，均銀一錢。問各該幾何。

荅曰：三厘三十三分厘之一。

法曰：置銀一錢，爲實。以三十三人爲法。除之，得三厘。尚餘一厘，不盡。是爲分子。以三十三人爲分母，以命之。合問。

還源法曰：以三十三通三厘，得九十九厘。併入分子一厘，[得]原銀一錢。合問。

明·徐心魯《盤珠算法》卷二　又有趙錢孫李四人，共出本姜一千三百二十石，共賣淂銀二百一十六兩八錢。問各人若干。

[荅曰：]趙原出姜二百九十三石二十斤，該分銀七十（一）兩三錢六分八厘。

錢原出姜三百五十六石七十斤，該銀八十五兩六錢八厘。

孫出姜三百七十[九]石八十斤，該銀九十一兩一錢五分二厘。

李出姜二百九十石三十斤，該銀六十九兩六錢七分二厘。

法曰：以銀三百一十六兩八錢在位，却以捴姜一千三百二十石，用一三二混歸法分之，得每姜一石該銀二錢四分爲則。然後各以人本姜在位，以二四乘之。合問。

明·周述學《曆宗算會》卷二《子母分法》　除分：以分母各乘其全，分子從之。重有分者，同而通之。法、實分母互乘，以法除之。餘實與法約而命之。

又　命分：差分命餘：六人分銀三十八兩，各得銀幾。

六兩六分兩之二。

置積三十八兩，爲實。以六人爲法，除之，得六兩，餘二兩。以法六人命之。

又　除分：相除俱子分：田積五分步之三，廣四分步之三。求縱幾何。

得：五分步之四。

以廣分母乘積分子，得一十二，爲實。積分母乘廣分子，得一十五，爲法。皆三約之。

又　全母除母帶子分：以十二除二百五十六、九分之八，求各得幾。

得：二十一、二十七分之一十一。

分母乘其全，加分子，共得二千三百一十二，爲實。以分母乘法，九乘十二，得一百〇八，爲法。除之，得二十一，餘實四十四。法實皆四約之。

又　周天三百六十五度四分度之一分，爲十二次。各得幾何。

各得三十度十六分度之七。

分母乘其全，分子從之，得一千四百六十一，爲實。分母乘法，得四十八，爲法。除之，餘實。以三約之。

又　母子分除全母：鈔二百貫，每人分一貫十九分貫之一，求該人幾何。

得：一百九十人。

置鈔二百貫，以分母十九通之，得三千八百貫，爲實。以人分一貫，以分母十九通之，加分子一，共得二十，爲法，除之。

又　相除同母俱帶子分：三人三分人之一均六錢三分錢之二，各人得幾。

得：二錢。

三人乃全工，三分人之一乃一日六時中其人役二時也。六錢乃全文三分錢之二，爲三分中之二分人。上既有分子，而所均錢亦立分子，以除分也。分母各乘其全，分子從之。法、實分母互乘。置三人，以三分通之，加分子一，共得一十。以錢分母三乘，得三十，爲法。置六錢，目三分通之，加分子二，共得二十。目人分母三乘，得六十，爲實。實如法而一。

又　相除異母俱帶子分：以二十七五分之三除一千七百六十八、七分之四，求各得幾。

得：六十四、四百八十三分之三十八。

分母乘其全：分母七乘一千七百六十八，得一萬二千三百七十六。加分子四，共得一萬二千三百八十，爲實。分子從之：分母五乘二十七，得一百三十五。加內子三，共得一百三十八，爲法。法實分母互乘：法分母五乘實一萬二千三百八十，得六萬一千九百，爲實。實分母七乘法一百三十八，得九百六十六，爲法。除之，得六十四，餘實七十六。法、實皆半以命之。

又　鈔一十八貫五百四十八文四分文之三，買椒二十六斤十六分斤之二。求每斤價鈔幾何。

得：七百一十文。

置鈔一十八貫五百四十八文，以分母四通之，加分子，得七萬四千一百九十五。又以椒分母十六通之，得一十一萬八千七百一十二，爲實。又置椒（椒）[椒]二十六斤，以分母十六通之，加分子二，共得四百一十八。又以價分母四通之，得一千六百七十二，爲法，除之。

周天三百六十五度四分度之一，每日月行十二度十九分度之七。求月周天日幾何。

得：二十九日九百四十分日之四百九十九。

以周天分母乘全度，分子從之，得一千四百六十一。以月行分母互乘之，得二萬七千七百五十九，爲實。以月行分母乘月行全度，分子從之，得二百三十五。又以周天分母互乘之，得九百四十，爲法，除之。

又 月行二十九日九百四十分日之四百九十九，而周天三百六十五度四分度之一。求每日月行度幾何。

得：月行十二度十九分度之七。

以周天分母乘全度，分子從之，得一千四百六十一。又以日分母九百四十互乘之，得一百三十七萬三千三百四十，爲實。以日分母乘全日，分子從之，得二萬七千七百五十九。又以周天分母乘之，得一十一萬一千〇三十六，爲法。除之，餘實四萬〇九百〇八。法、實皆五千八百四十四約之。

又 母子分除母帶重分：以五十八、二分之一除六千五百八十七、三分之二、四分之三。求各得幾。

得：一百一十二七百二分之四百三十七。

分母乘其全，分子從之：法分母二通五十八，得一百一十六。加內子一，共得一百一十七。實分母三通六千五百八十七，得一萬九千七百六十一。加內子二，共得一萬九千七百六十三。重有分者同而通之：重分母四通一萬九千七百六十三，得七萬九千五十二。又以分母二通，內子三，爲九。加入共，得七萬九千六十一。法、實分母互乘：法分母二乘實七萬九千六十一，得一十五萬八千一百二十二，爲實。實分母三乘四，爲一十二。乘先一百一十七，得一千四百四，爲法。以法一千四百四除實一十五萬八千一百二十二，得一百一十二，餘實八百七十四。法、實皆半之。

又 相除俱母帶重分：以六十二、三分之二、四分之三除三千二百四十二、六分之五、八分之七。求得幾何。

得：五十一、一千五百二十二分之二百二十七。

分母各乘其全，分子從之：法分母三通六十二，得一百八十六。加內子二，共得一百八十八。實分母六通三千二百四十二，爲一萬九千四百五十二，加內子五，共得一萬九千四百五十七。重有分者同而通之：法重分母四通一百八十八，得七百五十二。却以分母三通，內子，爲九。加入，共得七百六十一，爲法。實重分母八通一萬九千四百五十七，得一十五萬五千六百五十六。却以分母六通內子七，得四十二，加入共，得一十五萬五千六百九十八，爲實。法實分母互乘：法分母三分乘四分，爲一十二。以乘實一十五萬五千六百九十八，得一百八十六萬八千三百七十六，爲實。實分母六分乘八分，得四十八。以乘法七百六十一，得三萬六千五百二十八，爲法也。以法除實，得五十一，餘實五千四百四十八。法、實皆二十四約之。

又 **卷九《分法》** 總物物率與所换各物率求各物均數：鹽五萬斤，每鹽一斤半换油一斤。求二色一般該幾。

以總物爲實，併二率，得二斤半，爲法。除之，得各二萬斤。

又 納粟二百四十六石，每粟一斗折納米六升，要納粟米兩停該幾。此以物率乘實。

置總粟，以折米乘之，得一百四十七石六斗，爲實。併粟米，共一斗六升，爲法。除之，得九十二石二斗五升。

又 税糧二千八十九石四斗六升二合五勺。每粮一斗，若折糯米八升，若折芝麻五升一合二勺，若折菉豆六升四。合糧依本色，令四色均停，求各納幾何。

置糧，以芝麻乘之，得一千六十九石八斗四升八勺，爲實。併四色率，得二斗九升五合七勺，爲法。除之，得各納三百六十一石四斗。此以最少物率乘實。

又 税粟三石八斗二升，內粟一斗三升三合折米七升，粟一斗五升折芝麻八升。粟依本色，求三色均停該幾。此併各率內有除法。

置粟三石八斗二升，爲實。併各率，米七升除粟一斗三升三合，得一斗九升。芝麻八升除粟一斗五升，得一斗八升七合五勺。本色一斗。共四斗七升七合五勺，爲法。除之，得各八斗。

又 和物各價率求分物數：米率六準粟率十，米、粟各一斗五升相和。求各分得幾。

置和数，米、粟共三斗，爲實。併二率，共十六，爲法。除之，得分米一斗八升七合五勺。以減和数，餘得分粟一斗一升二合五勺。

又 二物各總與較率求較物数：買李三百八十四箇，桃八十四箇。二物秤来李較重四十八箇。欲斤兩適齊，求得桃幾箇。

置總李，以較重減之，餘三百三十六，爲實。以總桃爲法，除之，得李四個，乃一桃比四李也。以除較重四十八，得桃一十二箇。

又 募丁開河，西鄉一日開七丈五尺，東鄉一日開二十二丈五尺。河長三百六十丈。求幾日開畢。

置河長数，爲實。併東、西鄉開数，得三十丈，爲法。除之，得一十二日。

明・程大位《算法統宗》卷二 通分：假如今有布四十五疋，每疋價三分兩之二。問共該銀若干。

荅曰：三十兩。

法曰：置布四十五疋，以分子之二因之，得九十兩，爲實。却以分母三爲法，歸之。合問。

解題曰：三分兩之二即每疋六錢六分六厘而不能尽，故用約分之法也。

假如今有米三分石之二，每斗價銀七分二厘。問共該銀若干。

荅曰：四錢八分。

法曰：置銀七分二厘，以分子之二因之，得一兩四錢四分，爲實。却以分母三爲法，歸之。合問。

假如今有商夥論本分物，俱得八分之七。至銀百兩，問該若干。

荅曰：八十七兩五錢。

法曰：置銀一百兩，以子之七因之，如故。仍以分母八爲法，歸之，合得。

假如今有羅(九十)[六十六]疋[九分]疋之六。每疋價二兩五錢，問該銀若干。

荅曰：一百六十六兩六錢三分錢之二。

法曰：置[六十六疋，以分母九通之，得五百九十四，加分子六，共六百，以]每疋價二兩五錢(以分子六)因之，得一(百)[千]五(十)[百]兩。以分母九爲法，歸之，合問。餘不尽之数，仍以約分法命之。

假如今有米六分石之二，每斗價四分錢之三。問該銀若干。

荅曰：二錢五分。

法曰：置分子石之二，錢之三，因之，得六兩，爲實。以分母六分，四分相乘，得二十四兩，爲法。除之，得二錢五分。合問。

假如今有段四十五疋，每疋價四兩三分兩之二。問該銀若干。

荅曰：二百一十兩。

法曰：置每疋價四兩，以分母三兩因之，得一十二兩。加入分子二兩，共得一十四兩。以乘總段四十五，得六百三十兩，爲實。以分母三兩爲法，除之。合問。

假如今有豆九石六斗六分斗之四，每石價銀二錢三分錢之一。問該銀若干。

荅曰：二兩二錢五分九分錢之五。

法曰：先置每石價二錢，以三因之，得六，加納子之一，共得七錢。另置豆九石六斗，以六因之，得五七六。加納子之四，共得五十八。以七錢因之，得四十兩零六錢，爲實。却以分母六分，三分因之，得一十八，爲法。除之，不尽之数一。法、实皆折半而命之。

又 乘分：假如今有一百九十人，支銀一兩十九分兩之一。問該銀若干。

荅曰：二百兩。

法曰：置銀一兩，以分母十九通之，加分子一，共得二十。又以人一百九十乘得三千八百，爲實。却以支銀一兩，以分母十九通之，得十九兩，爲法。除之。合問。

解題曰：十九分兩之一每人即(一兩〇)五分二厘六毫有[奇]。

又 傾煎論色：假如今有九二成色銀七兩四錢八分，傾銷足色。問該若干。

荅曰：六兩八錢八分一厘六毫。

法曰：置銀爲實，以九二色爲法，乘之。合問。

假如今有足色紋銀一十五兩二錢，換九五色銀。問該成色銀若干。

荅曰：該九五色銀一十六兩。

法曰：置紋銀一十五兩二錢，爲實。以九五色爲法，除之，即得。

假如今有足色紋銀七兩六錢五分，傾出成色銀九兩。問色幾何。

荅曰：八五色。

法曰：置紋銀爲實，以傾出色銀九兩爲法，歸之。合問。

假如今有足色紋銀三十五兩二錢，欲傾八八色銀。問用(銅)[銀]若干。

荅曰：(銅)[銀]四兩八錢。

法曰：置紋銀爲實，以八八色爲法，除之，得色銀四十兩。內減原銀，餘四兩八錢，是(銅)[銀]数也。合問。

假如有(銅)[銀]七錢五分，今煎作八八色銀。問用紋銀若干。

荅曰：紋銀五兩五錢。

法曰：置(銅)[銀]爲實，以每兩用(銅)[銀]一錢二分爲法，除之，得八八色銀六兩二錢五分。於内減去原(銅)[銀]七錢五分，餘得紋銀。合問。

又　卷四《粟布》　今有水銀每兩價銀一分八厘五毫，問每斤價若干。

答曰：每斤二錢九分六厘。

法曰：置每斤一十六兩，以每兩價一分八厘五毫乘之，即得。

一法：置每兩價一分八厘五毫，以加六法加之，五六加三十，六八加四十八，一六加六，亦得。

今有靛花一十八斤，每兩價錢一十二文。問該錢若干。

答曰：三千四百五十六文。

法曰：此是斤問兩價。置靛花一十八斤，用加六法，得二百八十八兩，爲實。以價錢一十二文爲法，乘之。合問。

今有黄蠟五百三十五斤七兩，每兩價八厘九毫。問該銀若干。

答曰：七十六兩二錢四分六厘三毫。

法曰：此是斤問兩價。置蠟五百三十五斤，用加六法，得数，併入零七兩，共八千五百六十七兩，爲實。以價八厘九毫爲法，乘之。合問。

今有大青四百三十二斤一兩，每斤價銀二兩。問該銀若干。

答曰：八百六十四兩一錢二分五厘。

法曰：此是斤下帶兩求斤價，已後同。置青四百三十二斤，不動。以斤下一兩用截兩歌通之，將一兩退位作六二五，併得四百三十二斤〇六二五，爲實。以斤價爲法，乘之。合問。

今有杏仁二百一十八斤四兩，每斤價五錢二分。問該銀若干。

答曰：一百一十三兩四錢九分。

法曰：置斤以上不動，只將四兩化作二五，併入斤，共二百一十八斤二五，爲實。以價五錢二分爲法，乘之。合問。

今有銅絲四百六十八斤十兩，每斤價銀二錢四分。問該銀若干。

答曰：一百一十二兩四錢七分。

法曰：置銅絲百斤不動，只將十兩化作六二五。併斤，得四百六十八斤六二五，爲實。以價二錢四分爲法，乘之。合問。

今有生漆三百七十七斤，每斤晒得熟漆四兩。問該熟漆若干。

答曰：九十四斤四兩。

法曰：置生漆爲實，以晒熟漆四兩化作二五，爲法。乘之，得九十四斤二五。却將二五用加六法，得四兩。合問。

原買大緑一斤，用價七錢六分五厘。今又買六兩，問該價銀若干。

答曰：二錢八分六厘八毫七絲五忽。

法曰：置今買緑六兩，化爲三七五，爲實。以每斤七錢六分五厘爲法，乘之。合問。

原有銀一錢，買猪肉四斤。今有銀三分五厘，問該肉若干。

答曰：該肉一斤六兩四錢。

法曰：置銀三分五厘，爲實。以每銀一錢肉四斤爲法，乘之得一斤四。此四乃是虛数合斤之数也。宜當每兩用加六之法四六，加上二兩四錢，共得一斤六兩四錢。合問。

今有布四百二十五疋，每疋價銀二錢五分。問該銀若干。

答曰：一百零六兩二錢五分。

法曰：置四百二十五疋，爲實。以疋價二錢五分爲法，乘之。合問。

今有絹一端，長五丈。每尺價鈔二百四十文。問鈔若干。

答曰：一十二貫。

法曰：置絹五十尺，爲實。以每尺價二百四十文爲法，乘之。合問。

又　度法端疋：今有布三疋二丈八尺，每疋價銀二錢四分。問該銀若干。

答曰：八錢八分八厘。

法曰：以疋下二丈八尺，用疋法四丈歸之，得七分。併入三疋，共三疋七分，爲實。以價二錢四分爲法，乘之。合問。

又　衡法斤秤：今有心紅每斤價銀三錢八分，問每兩價若干。

答曰：每兩該銀二分三厘七毫五絲。

法曰：置銀三錢八分，以截兩爲斤法變之，即一退六二五。或用十六除之，亦同。

八分　　起八五　　本身八去三變爲五

三錢　　三一八七五　　变本身三作一下位挨次加八七五

又　衡法斤秤：今有木香一十二斤，價銀四兩三錢二分。問每兩價若干。

答曰：二分二厘五毫。

法曰：置銀四兩三錢二分，爲實。以木香一十二斤爲法，除之，每斤得價三錢六分。以兩求斤法呼之，六，三七五，三，一八七五，合問。若用十六歸除，亦得。

今有猪肉八十四斤，每銀一兩四十八斤筭。問該銀若干。

荅曰：一兩七錢五分。

法曰：置肉八十四斤，爲實。以每兩四十八斤爲法，除之。合問。

今有綿花一百五十七斤半，每花八斤十二兩换布一疋。問該布若干。

荅曰：一十八疋。

法曰：置花一百五十七斤半，爲實。以八斤十二兩，先將十二化作七五，共八斤七五，爲法。除之，即得。

又 今有菜子二百五十斤，换油八十八斤。問百斤、十斤、一斤、一兩各該油若干。

荅曰：百斤該油三十五斤三兩二錢，十斤該油三斤八兩三錢二分，一斤該油五兩六錢三分二厘，一兩該油三錢五分二厘。

法曰：置油八十八斤，爲實。以菜子二百五十斤爲法，除之，得数三五二，爲實。聽從活變而用加六之法，遇斤十、百以上不可加，但兩起以下加之。合問。

今有胡椒六百斤，價銀七十五兩。問銖、分、兩、裹、秤、鈞、石、引及價各若干。

荅曰：絲二十三萬四百銖，每銖三毫二絲五忽五。

分三萬八千四百分，每分一厘九毫五絲三忽一二五。

兩九千六百兩，每兩七厘八毫一絲二忽五。

裹三百裹，每裹二錢五分。

秤四十秤，每秤一兩八錢七分五厘。

鈞二十鈞，又曰砠。每鈞三兩七錢五分。

石五石，又曰馱。每石一十五兩。

引三引，每引二十五兩。

法曰：置椒六百斤，爲實。以二歸之，得三百裹。就以七五除之，得四十秤。又以二歸之，得二十鈞。復以四歸之，得五石。再以十二乘之，仍得原六百斤。却以二歸之，得三引。又以二乘之，仍得原六百斤。却以六加之，得九千六百兩。又以二四乘之，得二十三萬零四百銖。另以價銀七十五兩爲實，却以各率数爲法，除之。合問。

又 衡法斤秤：今有銅一千零五十六銖，問該斤兩若干。

荅曰：二斤十二兩。

法曰：此是銖求斤兩。置銅一千〇五十六，爲實。以銖法三百八十四除之，得二斤，餘二百八十八銖。另以二十四銖除之，得一十二兩。合問。

又 **卷九《均輸》** 今有錢一文，日增一倍。倍至三十日，問該若干。

荅曰：十億零七千三百七十四萬一千八百二十四文。

法曰：置錢一文，以十度八因，即得。一度八因乃三日倍数，十度八因乃三十日数。

一法：以五度六十四乘，亦得。一度六十四乘乃六日倍数，五度六十四乘是三十日数。

又法：以三度三十二乘，得数自乘，亦得。三度三十二乘乃十五日数自乘，即三十日也。

解曰：十度者，以八因十次也。五度者，以六十四乘五次也。餘倣此。

清・方中通《數度衍》卷二二《粟布・度》 度長短法：【略】式二 十寸，正尺，量得三丈三尺二寸五分。九寸五分，小尺，該若干。

曰：三丈五尺。

術：以三丈三尺二寸五分爲實，以九寸五分爲法，除之，即得。

又 求價法：式 銀二十六兩五錢，買紗二百二十二丈六尺。每疋長四丈二尺，問紗疋及疋價若干。

曰：五十三疋，每疋價五錢。

術：以二百二十二丈六尺爲實，以四丈二尺爲法，除之，得五十三疋。又以二十六兩五錢爲實，以五十三疋爲法，除之，得五錢。

又 **《量》** 量多寡法：【略】式二 十升正斗量得十石〇五斗。一斗五升大斗該若干。

曰：七石。

術：以一斗五升除十石〇五斗即得。

又 官糧帶耗法：式 正一石，耗七升。今共糧二千七百六十五石九斗五升，内正、耗各若干。

曰：正二千五百八十五石，耗一百八十石〇九斗五升。

術：以共糧爲實，以正耗共一石〇七升爲法，除之，得正數。以減共糧，餘爲耗數。或以耗七升乘正數，亦可。

又《互求》 衡求量法：此即量求衡之還原也。

式 米三萬〇三百六十斤，該石幾何。

曰：二百五十三石。

術：以米數爲實，以石法除之，即得。

清·陳世明《數學舉要》卷六《諸分》 命分除法：凡除有不盡者，依法命之，用法數爲母，不盡之數爲子，命爲幾分之幾。如以三除五，內除三數，滿法成一整數，餘寔二不能成整，則以此二數各剖爲三分，共成六分。而以三除之，各得二分，是爲三分之二也。又有除之至盡之法，如計重輕者不滿一兩，則除之，爲若干錢、若干分及厘、毫、絲、忽。或法大寔小，單數下仍有數位者，于寔尾補圈，除之。然終不能盡，故知古人命分之法有不可少者，但必于可以量、可以度、可以衡者除之，而于不可以量、不可以度、不可以衡者，再命之更爲得也。

又 假如有銀十兩，三人分之。問各得若干。

答曰：各得三兩三錢三分三厘又三分厘之一。

術：以銀十兩爲寔，以三人爲法，除之，每人分得銀三兩三錢三分三厘。餘一厘不盡，然後依法命之。古以每人除分三兩，餘一兩，則命之爲三分兩之一。但兩下之錢、分、厘猶可以分也，故除之至厘而于不可以分之厘，然後命之爲三分厘之一。 三分厘之一者，以一厘剖作三分，每人各得一分也。

如有錢十四萬七千二百五十八文，以三百六十九人分之。問每人各得若干。

答曰：各得三百九十九文又三百六十九分文之二十七。

術：以錢十四萬七千二百五十八文爲寔，以三百六十九人爲法，除之，每人各得三百九十九文。餘寔二十七文，則每人一文不足。故依法命之，爲三百六十九分文之二十七。所餘二十七文不盡，共剖爲九千九百六十三分，而每人又各得二十七分也。

如有銀二百五十四兩，以一十九人分之。問每人各得若干。

答曰：十三兩又十九分兩之七。

術：以銀二百五十四兩。爲寔，以十九人爲法，除之，每人各得一十三兩。餘寔七兩，不盡。依法命之，爲十九分兩之七。 一整兩各剖爲十九分，則不盡七兩。共剖爲一百三十三分，以十九人分之，各得七分，故曰又十九分兩之七。

又 收零爲整：假如有零分十六，其分母九。問通得整數帶零分若干。

答曰：整一又九分之七。

術：以十六分內收九分，爲整。仍餘七，是以爲九分之七。 此爲子數反大，故以母數收之，爲整。

又 除分：假如有田一畝，徵銀三分錢之二。今完過銀二兩四錢四分，問田畝若干。

答曰：三十六畝六分。

術：以銀分母三通銀二兩四錢四分，得七百三十二，爲寔。以分子之二爲法。除之，得田三十六畝六分。

又如有米五石又三分石之二，共價銀五兩又二十七分兩之(之)[一]。問每石價銀若干。

答曰：九分兩之八。

術以米分母三通米五石，得一十五。加入米分子(一)[之]二，共十七，爲法。另以銀分母二十七通銀五兩，得一百三十五。加入銀分子之一，共一百三十六，爲寔。以法除寔，得八，爲每石之分子。又以米分母三除銀二十七，得九，(萬)[爲]每石之母數。

又 卷四《粟布》 假如有粟一百二十三石，共價四十四兩二錢八分。問每石價若干。

答曰：三錢六分。

術：以共價爲實，以粟一百二十三石爲法。除之，得值價三錢六分爲粟每石之價。

假如有粟一石，值價三錢六分。今共有銀四十四兩二錢八分，問共粟若干。

答曰：一百二十三石。

術：以共銀四十四兩二錢八分爲寔，以每粟一石值價三錢六分爲法。除之，得共粟一百二十三石。

假如有足色銀三十五兩二錢，欲傾八八色，問加銅若干。

答曰：四兩八錢。

術：以足色三十五兩二錢爲寔，以八八色爲法。除之，得四十兩。與原銀相減，餘四兩八錢，即加銅數。

又　斤兩：假如有物重二千四百兩，問斤數若干。

答曰：重一百五十斤。

術：以二千四百兩爲寔，以一六爲法。除之，得一百五十斤。一六者，每斤十六兩也。故斤兩之法一六爲通率。

假如有物每斤價六兩四錢，問每兩價銀若干。

答曰：每兩價四錢。

術：以每斤之價六兩四錢爲寔，以一六爲法。除之，則得每兩之價四錢。

假如有銀四十四兩二錢八分，共買粟一百二十三石。今有銀一兩，問值粟若干。

答曰：二石七斗七升七合有奇。

術：以共粟一百二十三石爲寔，以共銀四十四兩二錢八分爲法。除之，得二石七斗七升七合有奇，爲每銀一兩之粟。

又　卷九《均輸章》　又如自甲至乙八百五十五里，牛車自甲及乙日行四十五里，馬車自乙往甲日行九十七里半。牛、馬二車同日起行，問幾日相遇合。

答曰：六日相遇。

術：以八百五十五里爲實，以牛、馬二車日行里數相併，得一百四十二里半，爲法。除之，得六日，即途遇之期。

清・汪訒菴《指明算法》卷下　今有糧米一千二百八十一石四[斗]，以每田一畝科糧米八升六合。問該田畝若干。

答曰：該田一萬四千九百畝。

法曰置糧米一千二百八十一石四斗，为实，以每畝科米八升六合为法，除之，得田一萬四千九百畝。合問。

今有正、耗米共四千八百七十三石八斗五升。每正米一石帶耗米七升。問正米、耗米各若干。

答曰：正米四千五百五十五石，耗米三百一十八石八斗五升。

法曰：置正、耗共米，爲實。以正米一(五)[石]帶耗米七升，共一石零(二)[七]升，爲法。除之，得正米四千五百五十五石，爲實。以耗七升因之，得耗米。合問。

今有耗米五十七石二斗九升五合，每石耗米七升。問該正米若干。

答曰：該正米八百一十八石五斗。

法曰：置揔耗米爲實，以每石耗米七升爲法，除之，即得。

清・屠文漪《九章録要》卷二《零分法》　奇零命分約法：以法除實，除得數爲整數，餘實少於法。除之不可，乃成奇零。或原實先少於法，則無整而但有零矣。假如以尺計物，是亦以法除實也。物不滿尺，是亦實少於法也。凡此皆須命分，而母子數多者必當約之。其法有三：一曰以實除法。假如法一百六十八，實一十四。則以實除法，適盡，得一十二。是爲一十二分之一也。一曰減法除實。假如法一百六十八，實一百四十。則以實減法，餘二十八。乃以餘法除實，適盡，得五。是爲六分之五也。一曰以通數並除法實。列法、實兩數，以少減多，更互相減，至兩數相等，即爲通數。假如法一百六十八，實三十五。依前互相減，得七，爲通數。因以除實，盡，得五。亦以除法，盡，得二十四。是爲二十四分之五也。又如二百五十分之二百一十，約爲二十五分之二十一，是亦以十爲通數也。二十四分之一十，約爲一十二分之五，是亦以二爲通數也。前兩法之一十四與二十八，亦即是通數之易得者耳。蓋三法小異而理則同。亦有不可約者，即以法爲母，實爲子，命分。

又　零分除整法：以零分數爲法，除整數者，以原子爲母，以原母乘整，得數爲子。如乙數五分之三除甲數七，得三分之三十五是也。歸整爲一十一又三分之二。

又　整除零分法：以整數爲法，除零分數者，以整乘原母，得數，爲母。以原子爲子。如甲數七除乙數五分之三，得三十五分之三是也。

又　零分除零分法：以法除實，而法實兩數俱係零分者，以法子乘實母，得數爲母。以法母乘實子，得數爲子。如甲數九分之八除乙數五分之三，得四十分之二十七是也。若兩母相同者，竟以法子爲母，實子爲子。兩子相同者，反以實母爲母，法母爲子也。

右法亦有可省者。以法子乘實母，以法母除之，爲母。即竟以實子爲子。如甲數九分之八除乙數二十七分之一十三，得二十四分之一十三是也。

又　零分求分釐小整數法：實少於法，除之不足，不能成整而爲零分。若求分釐小整數，則以母除子即得。如八分兩之三，除得三錢七分五釐。一十六分兩之一，除得六分二釐五毫是也。蓋其初以兩計，故三不可以八除，而析爲錢，爲分釐，則可除矣。至除盡而止。亦有終不可盡者，仍當就最後小數命分。

如七分石之二，除得二斗八升五合七勺一抄四撮二圭八粟又七分粟之四是也。或欲還原，子即以原母乘之。如八乘三錢七分五釐，得三兩，爲八分兩之三。七乘二斗八升五合七勺一抄四撮二圭八粟并七分粟之四，得二石，爲七分石之二是也。

清・張作楠《倉田通法・方田通法補例》卷一　命分：畝法爲母，餘實爲子，命之。如積六百四十步，以畝法除，得二畝，餘實一百六十步，即命爲二畝又二百四十分步之一百六十。

又　除法：凡除法，零分除零分者，兩分母、兩分子各自除之。如九分步之二，以三分步之一除之，則以九分步之二爲實，三分步之一爲法，以法分母三除實分母九，得三，爲除出分母。法分子一除實分子二，仍得二，爲除出分子。得三分步之二。

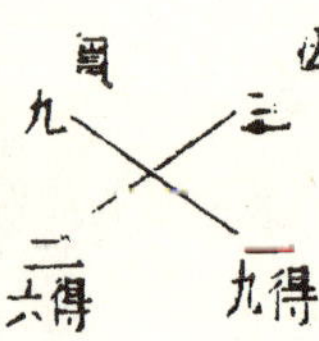

凡除數奇零不盡，須用此。

若畸零不盡，用互乘法齊之，即得分數。其比例與除出法同。凡除數奇零不盡，須用此。如以三分步之一除九分步之二，則以實分母九乘法分子一，得九，爲除出分母。以法分母三乘實分子二，得六，爲除出分子。得九分步之六。與前三分步之二，數若不同，比例則一。蓋前法以法除實，得數爲減分之比例。此法以兩數互乘，得數爲加分之比例。九分之六即三分之二也。若九分之六，用約分法，以三爲紐數約之，即得三分之二。

若整數除零分者，分母通整數，以除分子。如五分步之三，以八步除之，則以分子三爲實。以分母五通整數八步，得四十，爲法。除之，得七分五釐。

若零分除整數者，分母通整數，以分子除。如六步，以三分步之二除之，則以分母三通整數六步，得十八，爲實。以分子二爲法。除之，得九步。

若整數帶零分除整數者，先將法、實兩整數通爲零分，於法中加入分子除之。如二十四步，以二步零三分步之二除之，則以分母三通二十四步，得七十二，爲實。又以分母三通二步，得六。加入分子二，得八，爲法。除之，得九步。

若整數除整數帶零分者，先將法、實兩整數通爲零分，於實中加入分子，以法除之。如二步零三分步之二，以二十四步除之，則以分母三通二步，得六。加入分子二，得八爲實。又以分母三通二十四步，得七十二，爲法。除之，得一分一釐一毫不盡。即以七十二爲分母，八爲分子。用約分法，以八爲紐數約之，得九分步之一。

若整數帶零分除零分者，先將整數通爲零分，加入分子，除之。如五分步之四，以三步零八分步之一除之，則以五分步之四爲實，以法分母八通三步，得二十四。加入分子一，得二十五。共得八分步之二十五，爲法。以法分母八除實分母五，得六二五，爲除出分母。法分子二十五除實分子四，得一六〇，爲除出分子。乃以所得分母除所得分子，得二分五釐六毫。

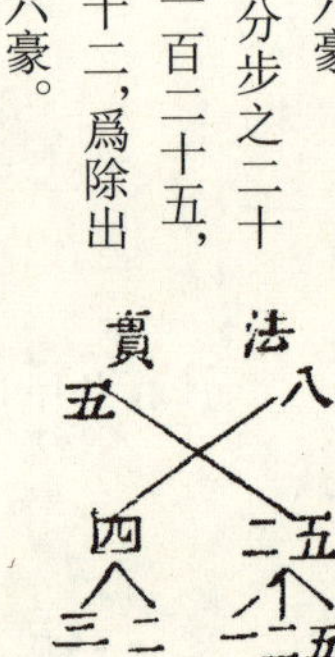

若用互乘代除，則如前數，將整數通爲八分步之二十五，爲法。乃以實分母五乘法分子二十五，得一百二十五，爲除出分母。又以法分母八乘實分子四，得三十二，爲除出分子。以一百二十五除三十二，亦得二分五釐六毫。

若零分除整數帶零分者，先將整數通爲零分，加入分子，以法除之。如四步又三分步之二，以七分步之四除之，則以實分母三通四步，得十二。加入分子二，得十四。共得三分步之十四，爲實。以七分步之四爲法。用互乘代除法，以實分母三乘法分子四，得十二，爲除出分母。以法分母七乘實分子十四，得九十八，爲除出分子。以十二除九十八，得八分，仍餘二，不盡。即命爲八分又十二分分之二。以法約之，得六分分之一。依法對除數有奇零，故以互乘代除。

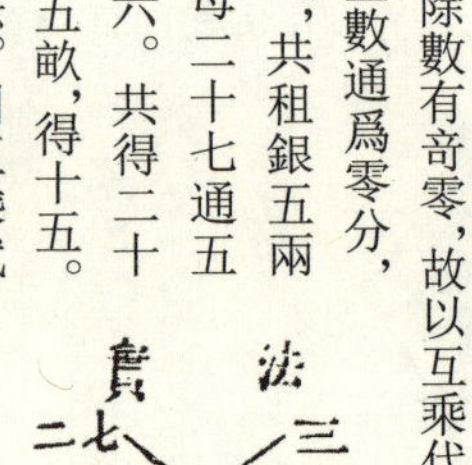

若整數帶零分除整數帶零分者，先各以整數通爲零分，加入分子，以法除之。如田五畝又三分畝之二，共租銀五兩又二十七分兩之一。求每畝銀數，則以銀分母二十七通五兩，得一百三十五。加入分子一，得一百三十六。共得二十七分兩之一百三十六，爲實。又以田分母三通五畝，得十五。加入分子二，得十七。共得三分畝之十七，爲法。用互乘代除法，以銀分母二十七乘田分子十七，得四百五十九，爲除出分母。以田分母三乘銀分子一百三十六，得四百〇八，爲除出分子。乃以四百五十九除四百〇八，即得八錢八分八釐零四百五十九分釐之四百〇八。　若大零分下又帶小零分相除者，不論各大、小分母同異，總以小分母通大分母，爲母數。小分母通大分子，加入小分子，爲子數。以所變子、母各自對除，或用互乘代除法除之。如甲八分步之七又帶此一分之五分之三，以乙五分步之二又帶此一分之四分之一除之，則以甲小分母五通大分母八，得四十。通大分子七，得三十五。再加入小分子三，得三十八，共得四十分步之三十八，爲甲大、小分所變之數，爲實。又以乙小分母四通大分母五，得二十。通大分子二，得八。再加入小分子一，得九。共得二十分步之九，爲乙大、小分所變之數，爲法。然後用互乘代除法，以甲所變分母四十乘乙所變分子九，得三百六十，爲除出分母。又以乙所變分母二十乘甲所變分子三十八，得七百六十，爲除出分子。乃以三百六十除七百六十，即得二分一釐一毫一絲零三百六十分絲之四十。用約分法，以四爲紐數，可約爲九分絲之一。

清·何夢瑶《算迪》卷一 命分法：如歸除不盡，則用此法命之。如一百四十七人，分銀二百一十兩。每人得銀一兩，仍餘六十三兩，不盡。則以法一百四十七人爲分母，不盡六十三兩爲分子。命之曰：每人得銀一兩又一百四十七分兩之六十三分。何則？一百四十七人分銀一兩，而每人得一分。則分六十三兩，而每人得六十三分可知矣。故曰：一百四十七分兩之六十三分也。訣曰：歸除不盡如何紀？命分之法當知矣。法爲分母餘實子，子得母數幾分幾。

又 通分除法：

一、如每畝納銀五分錢之二，即四分。共納過銀二兩四錢四分。問畝數。

曰：六十一畝。

分甲、乙二法。甲法：以分母五除分子二，得實銀四分，爲法。以除納過銀數，得所求。　乙法：以母分五通納過銀數，得一百二十二分。一錢化爲五分，則二兩四錢四分化爲一百二十二分矣。乃以銀子二除之，逢二分則收一畝也。得所求。　此零分除整數法。

二、如每畝納銀一錢。今納過五分兩之四。即八錢。問畝數。

曰：八畝。

甲法：以分母五除子四，得八錢，爲實。乃以一錢爲法除之。　乙法：以分母五通一錢，作五釐。一兩化作五分。則一錢化爲五釐矣。以除分子四，得八錢。分子之四，乃四分也。乃八箇五釐。每五釐爲一錢。則八[箇]五釐即八錢矣。即八畝也。　此整數除零分法。

三、如米每斗價銀四分錢之三，即七分半。今有銀三十二分兩之十五分。即四錢六分八釐七毫五絲。問買得米若干。

曰：六斗二升五合。

甲法：以母四除子三，得七分五釐，爲法。又以母三十二除子十五，得四錢六分八釐七毫五絲，爲實。法除實，得所求。　乙法：以分母三十二除子十五，得四錢六分八釐七毫五絲。以分母四通之，而以分子三除之，得所求。　按：甲法一法一實也，一箇七分五釐，除一箇四錢六分八釐七毫五絲也。相當者也。若以分子三除四錢六分八釐七毫五絲，是四法而一實。分子之三。若經母四除之，而得七五，則爲一箇七分五釐。若未經母四所除，而仍爲三，則是四箇七分五釐也。以除一箇四錢六分八釐七毫五絲，豈非四法一實乎？不相當矣。故以分母四通之。以分子三除之。　丙法：以子三除子十五，得五。又以母四除母三十二，得八。命之曰：八分石之五。以乘法對看便見。爲圖明之。甲乙分母四也，甲己分子三也，甲丙分母八也，甲戊分子五也。以甲乙四乘甲丙八，得丙乙方積三十二。以甲乙四除之，得甲丙八，還原。　以甲己三乘甲戊五，得戊己方積十五。以甲己三除之，得甲戊五，還原。故曰與乘對看便見。

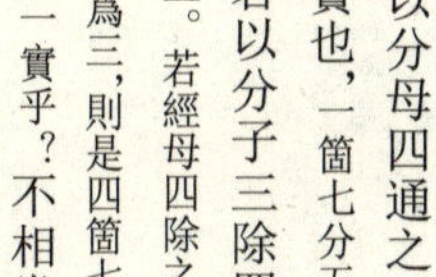

捷法：用互乘代除，以實分母三十二互乘法子三，得九十六，爲母。又以法分母四互乘實子十五，得六十，爲子。命之曰：九十六分之六十分，即八分之五也。蓋九十六之比六十，與八之比五，其比例等。

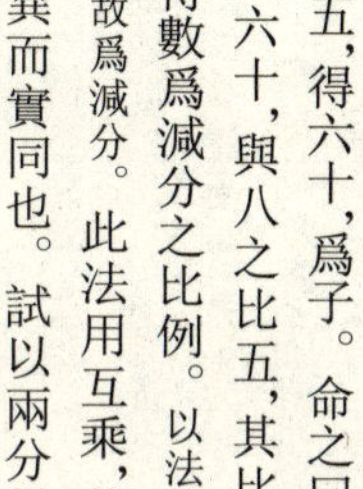

前法以法除實，其得數爲減分之比例。以法除實，是析總爲散，剖大作小，故爲減分。此法用互乘，其得數爲加分之比例，似異而實同也。試以兩分母四與三十二相乘，得一百二十八。而後以母四互子十五，得六十。以母三十二互[乘]子三，得九十六，是將四之三變爲一百二十八之九十六，將三十二之十五變爲一百二十八之六十。其兩分母既等，則可除去不算，獨以其子命之，可無疑矣。因省兩母互乘，故難曉耳。其實九十六與六十之比，即同於八與五之比。試以八約九十六，便見是十二箇八。又以五約六十，便見是十二箇五也。　又解：見通分乘法弟二條。　按已上共四法，似異而實同者也。蓋甲法以七分五釐除四錢六分八七五，猶之以七十五人分四錢六分八七五，而見一人所得爲六二五也。而丙法八之五，亦以八分五，而見一人所得爲六二五。捷法九十六之六十，亦以九十六分六十見一人所得爲六二五。然則九十六之比六十，猶一之比六二五。亦可云：九十六之比一，猶六十之比六二五。下文倣此。說詳下篇四率中。然則九十六之比六十八之比五與七五之比四六八七五，並猶一之比六二五也。然則九十六之比六十猶八之比五，及七五之比四六八七五也。至乙法之同甲法，前已論之矣。此零分除零分法也。

四、如有田積十八丈，十八箇方一丈也。以直二丈又四分丈之一即二丈二尺五。除之。問橫若干。

曰：八丈。

法：以分母四通十八丈，得七十二分，一丈化爲四分，十八丈共化爲七十二分也。又通二丈，爲八分。加分子一，共九分，爲法。除之。此整帶零除整法也。

五、如積八丈又五分丈之二，即八丈四。以橫二丈四尺除之。問直。

曰：三丈五尺。

法：以分母五通八丈，得四十分。加入分子二，共四十二，爲實。又以分母五通二丈四尺，得一十二分，爲法。除之。此無異以二十四除實，而再以五收之。逢五進一也。此整除整帶零法也。

六、如有積五分丈之四，即八十尺。以三丈又八分丈之一即三丈一尺二寸半。除之。問得若干。

曰：二尺五寸六分。

法：以五分丈之四爲實。以法之分母八通三丈，得二十四分。加入子一，得二十五分。是爲八分丈之二十五分，爲法。乃依上弟二條，子除子，母除母之法。以法母八除實母五，得六二五，爲母。以法子二五除實子四，得一六，爲子。乃以母除子，得二尺五寸六分。此整數帶零分除零分之法也。若法除實，而數或不盡，則亦照弟三條，用互乘代除之法。

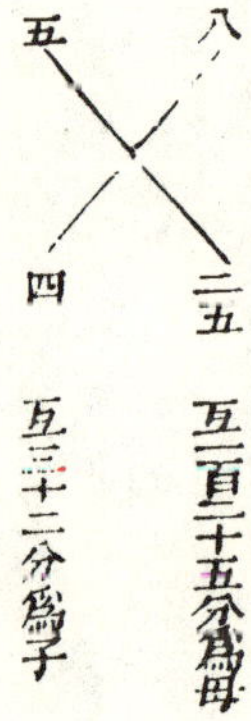

母除子，亦得二尺五寸六分，倣上弟三條論之。

七、如有積四丈又三分丈之二，以七分丈之四除之。問除得若干。

曰：八丈又六分丈之一。

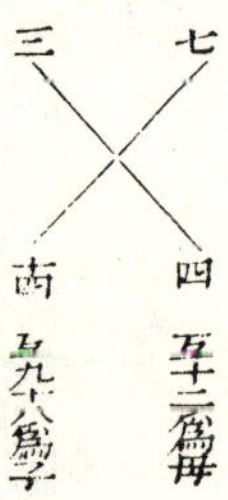

法：以實分母三通四丈，得十二。加入分子二，得十四。共得三分丈之十四，爲實。以七分丈之四爲法，用互乘代除之法。母除子，得八丈。餘二不盡，命爲十二分丈之二。約之爲六分丈之一。此零除整帶零法也。

八、如有田五畝又三分畝之二，共租銀五兩又二十七分兩之一。問每畝租銀若干。

曰：八錢八分八釐又四百五十九分釐之四百零八分。

法：以銀分母二十七通五兩，得一百三十五。加入分子一，得一百三十六。共得二十七分兩之一百三十六，爲實。又以田分母三通五畝，得十五。加入分子二，得十七。共得三分畝之十七，爲法。用互乘代除之法。母除子，得八錢八分八釐又四百五十九分釐之四百零八。

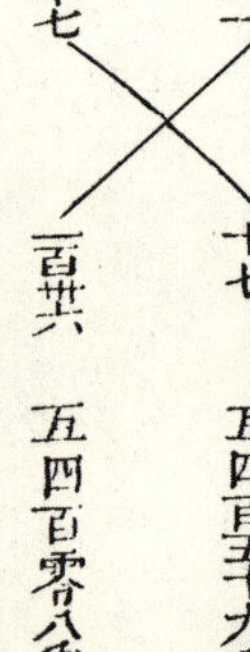

九、如有積八分丈之七又帶小分五之三，小分五之三者，將一丈分爲八分，每分得一尺二寸五分。又將此一尺二寸五分，分爲五分，而得其三分也。以橫五分丈之二又帶小分四之一除之。問直若干。

曰：二丈一尺一寸一分一釐又三百六十分釐之四十，約爲九分釐之一。

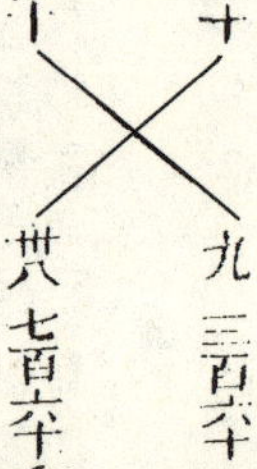

法：以積小分母五通大分母八，得四十。又通大分子七，得三十五。加入小分子三，得三十八。共得四十分丈之三十八，爲田積大小分所變之數，爲實。又以橫小分母四通大分母五，得二十。又通大分子二，得八。加入小分子一，得九。共得二十分丈之九，爲橫大、小分所變之數，爲法。乃用互乘代除法。母除子，得數。此大零分下帶小零分，而兩母兩子不同者之法也。其兩母、兩子俱同，及母同子異，子同母異者皆同此例。乘除並用。

清・吳嘉善《白芙堂算書廿一種・九章翼・分法》 命分：爲有數不受除，棄餘分，則不可還原，故有此法。凡以法除實，餘數不滿法者，即止不除，而以法命爲母，餘數爲子。假如以三除二十，得六，不盡二，即命所得爲六又三分之二是也。

又 除分：凡八條。以整除分者，子受除則除之。仍其母。不受除，則仍其子，反乘其母以當之。假如以三除七之六，是謂受除，乃以三除其子，得七之二是也。此問倘如下法入之，則得二一之六。以等數三約之，仍得七之二也。假如以三除七之四者，是謂不受除。乃以三乘其母，得二一之四是也。

以分除整者，母乘之，子除之。假如以七之四除三者，母七乘三，得二一。子四除之，得五又四之一是也。

以整除整帶分者，置實數，通分內子，爲實。而以法乘母，爲法，以除之。假如以三除二又七之三者，置實數，通分內子，得十七，爲實。以法三乘母七，得二一，爲法。除之，得二十一之十七是也。

以整帶分除整者，以母乘實，爲實。置法數，通分內子，爲法。以除之。假如以二又七之三除六者，置實數，以母七乘之，得四十二，爲實。置法數，通分內子，得一七，爲法。除之，得二又十七之八是也。

以分除分者，法母乘實子，爲實。法子乘實母，爲法。以除之。假如以二之一除九之七者，以法母二乘實子七，得十四，爲實。以法子一乘實母九，得九，爲法。以除之，得一又九之五是也。

以分除整帶分者，置實數，通分內子，得數。以法母乘之，爲實。以法子乘實母，爲法。以除之。假如以三之二除二又七之一者，置實數，通分內子，得一五。以法母三乘之，得四五，爲實。以法子二乘實母七，得一四，爲法。以除之，得三又十四之三是也。

以整帶分除分者，以法母乘實子，爲實。置法數，通分內子，得數。乘實母，爲法。以除之。假如以二又三之一除七之五者，法：以法母三乘實子五，得十五，爲實。置法數，通分內子，得七。乘實母七，得四九，爲法。以除之，得四十九之十五是也。

法、實俱爲整帶分者，置實數，通分內子，得數。以法母乘之，爲實。置法數，通分內子，得數。以實母乘之，爲法。以除之。假如以二又三之一除三又七之一者，置實數，通分內子，得二二。以法母三乘之，得六六，爲實。置法數，通分內子，得七。以實母七乘之，得四九，爲法。以除實，得一又四十九之十七是也。

又　除分：凡八條。以整除分者，子受除，則除之，仍其母。不受除，則仍其子反乘其母以當之。

假如以三除七之六，是謂受除。乃以三除其子，得七之二是也。此問倘如下法入之，則得二一之六，以等數三約之，仍得七之二也。

假如以三除七之四者，是謂不受除。乃以三乘其母，得二一之四是也。

以分除整者，母乘之，子除之。

假如以七之四除三者，母七乘三，得二一。子四除之，得五又四之一是也。

以整除整帶分者，置實數，通分內子，爲實。而以法乘母，爲法，以除之。

假如以三除二又七之三者，置實數，通分內子，得十七，爲實。以法三乘母七，得二一，爲法。除之，得二十一之十七是也。

以整帶分除整者，以母乘實，爲實。置法數，通分內子，爲法，以除之。

假如以二又七之三除六者，置實數，以母七乘之，得四十二，爲實。置法數，通分內子，得一七，爲法。除之，得二又十七之八是也。

以分除分者，法母乘實子，爲實。法子乘實母，爲法。以除之。

假如以二之一除九之七者，以法母二乘實子七，得十四，爲實。以法子一乘實母九，得九，爲法。以除之，得一又九之五是也。

以分除整帶分者，置實數，通分內子。得數，以法母乘之，爲實。以法子乘實母爲法，以除之。

假如以三之二除二又七之一者，置實數，通分內子，得一五。以法母三乘之，得四五，爲實。以法子二乘實母七，得一四，爲法。以除之，得三又十四之三是也。

以整帶分除分者，以法母乘實子，爲實。置法數，通分內子。得數乘實母，爲法，以除之。

假如以二又三之一除七之五者，法以法母三乘實子五，得十五，爲實。置法數，通分內子，得七。乘實母七，得四九，爲法。以除之，得四十九之十五是也。

法實俱爲整帶分者，置實數，通分內子。得數，以法母乘之，爲實。置法數，通分內子。得數，以實母乘之，爲法。以除之。

假如以二又三之一除三又七之一者，置實數，通分內子，得二二。以法母三乘之，得六六，爲實。置法數，通分內子，得七。以實母七乘之，得四九，爲法。以除實，得一又四十九之十七是也。

清·潘逢禧《算學發蒙·古算三》　命分除法：假如《論語》道千乘之國，馬融依《周禮》註：井十爲通，通十爲成，成出革車一乘。《疏》引《大司徒》：諸伯之地方三百里，畧廣之，爲方三百一十六里。問以千乘計之，不足若干。

答曰：九百九十八乘又一百分乘之五十六。

術曰：地方三百一十六里，自乘之，得積九萬九千八百五十六里，置爲實。一成之地積一百里。是一百里出車一乘也。以一百里爲法。除實，得九百九十八乘，餘五十六里。以法命之，爲一百分乘之五十六。【略】

解曰：一里授田八家。馬融据《周禮》：公五百里，侯四百里。以下故以爲八百家出車一乘。包咸据《王制》《孟子》：公侯皆方百里。故以爲十井出車一乘，是爲八十家。二説不同，故《註》《疏》兩存焉。

又　通分除法：假如《左傳·襄公三十年》紀絳縣老人之歲。史趙曰：「亥有二首六身，下二如身，是其日數。」士文伯曰：然則二萬六千六百有六旬。問該年若干。

答曰：七十二年，零三百六十二日。

術曰：古法每年三百六十五日又四分日之一。法以每日通作四分。一萬六千六百六旬，以四分通之，得十萬零六千六百四十分，置爲實。又以每年三百六十五日，作四分通之，得一千四百六十分。又加四分之一，共爲一千四百六十一分，爲法。以法除實，求得七十二年，零一千四百四十八分。仍置爲實，以日法四分除之，求得三百六十二日。合問。【略】

解曰：「亥」古作「[illegible]」。二首六身，註言亥上二畫爲首，六畫爲身，如算之六者，三也。下二如身，註：如，往也。言除下亥上二畫，往置身旁，作「[illegible]」。是即古算之二萬六千六百六十數也。以通分法兩次除之，得七十二年三百六十二日。註謂自魯文公十一年乙巳至今年戊午，共七十四年。而師曠又曰七十三年，蓋合首末而言。其實尚未滿七十三年也。

假如東西里差：福建省城偏東三度，四川省城偏西一十二度一十二分。以西法攷之，問福建各節氣遲四川時刻若干。

答曰：四刻零一分。譬如光緒辛巳年正月二十日雨水節，四川係酉正一刻十二分，福建則戌初一刻十三分也。

術曰：西法凡天差一度，則時刻差四分。偏東偏西，計共差十五度十五分。十五分是分數，須通分。通作九百一十五分。是天度⋯之分。置爲實。以十五除之。天度十五分，爲時一分。故以十五除，得時之分數。得六丨一分。再以十五收之。因十五分係時之一刻，故以十五收，得刻數。得四刻零一分。合問。【略】

解(日)[曰]：周天勻分十二宮，每宮三十度，每度六十分，每分六十秒。秒以下，皆以六十析。天行一周爲一日。一日十二時，每時八刻，每刻十五分，每分六十秒。秒以下，亦以六十析。以天之度分化爲時刻分秒，故知天之一度爲時之四分也。

又　又如東西里差：福建省城偏東三度，陝西省城偏西七度三十二分。以西歷考之，問陝西較福建太陽時刻遲若干。

答曰：二刻十二分零八秒。譬如福建午正初刻，陝西則午初初刻二分五十二秒也。

術曰：偏東偏西，計共十度三十二分，通爲六百三十二分。因分有畸零，須通秒數。再以秒法通爲三萬七千九百二十秒，置爲實。以十五除之。天度十五秒，爲時一秒。故以十五除，得時之秒數。得二千五百二十八秒。再以六收之，時之六十秒，爲時一分。故以六十除，得分數。得四十二分零八秒。再以十五收之，十五分爲一刻。故以十五除，得刻數。得二刻十二分零八秒。合問。

清·勞乃宣《籌算分法淺釋·帶分除法》　帶分除法：法母乘實子，爲實。實母乘法子，爲法。以法除實。不盡者，命之。有整數者，先通之。其筭式，實列於左行，法列於右行。皆分子置中層，分母置下層，有整數者置上層。通分納子，合於中層。列定，乃移之。移左中實子於左上，右中法子於右上，左下實母於右下，右下法母於左下。移定，乃乘之。左下乘左上，得數居左中。右下乘右上，得數居右中。乘畢，上、下位俱收。移右中於左中之下。以除法除之。不盡者，命之。可約者，約之。所得上層爲整數，中層爲分子，下層爲分母。

又　帶分除法設題：今有五分之二，以二分之一除之。問得幾何。

答曰：五分之四。

列二於左中，爲實子。五於左下，爲實母。列一於右中，爲法子。二於右下，爲法母。列定，乃移之。移左中實子二於左上，右中法子一於右上。左下實母五於右下，右下法母二於左下。移定，乃乘之。左下乘左上，中得四，爲實。右下乘右上，中得五，爲法。移右中法五於左中實四下。實不滿法，以法命之，是爲除得五分之四。以真數明之。如實五分丈二，爲面積，即四十尺也。法二分丈之一爲邊綫，即五尺也。除之，得八尺，即五分丈之四也。如以五分除四分，亦得八尺。蓋五分爲一丈，其四分自得八尺也。

分母分子列位式

移左中實子於左上式

分母分子列位式

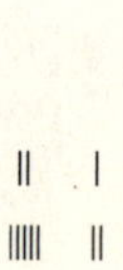

移左下實母於右下，右下法母於左下式　上下相乘各得數式　移法於實下式　實不滿法命分式

今有二十三分之九，以九除之。問得幾何。

答曰：二十三分之一。

列九於左中，二十三於左下。列九於右上，左中爲實子，左下爲實母。置右上九於右中，爲法子。立一於右下爲法母。列定，乃移之。移實子於左上，法子於右上，實母於右下，法母於左下。移定，乃乘之。左下乘左上，中得九，爲實。右下乘右上，中得二百零七，爲法。移法於實下。實不滿法，以法命之。是爲除得二百零七分之九。約之，爲二十三分之一。

法實列位式　分母分子列位式　移定分母分子式　上下相乘各得數式

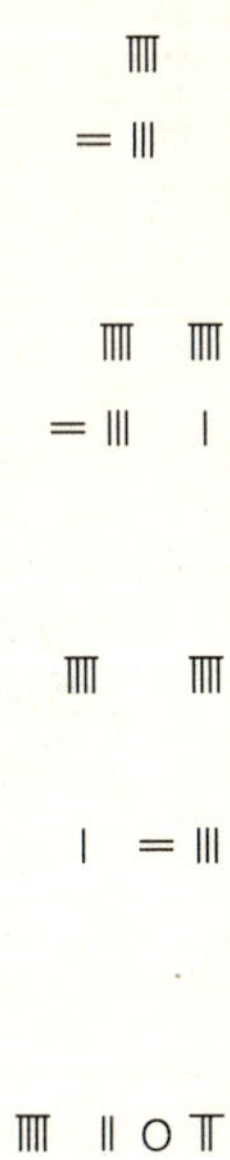

移法於實下式　實不滿法命分式　約分得數式

今有九，以三分之二除之。問得幾何。

答曰：一十三又二分之一。

列九於左上，列二於右中，三於右下。置左上九於左中，爲實子。立一於下，爲實母。右中爲法子，右下爲法母。定，乃移之。移實子於左上，法子於右上，實母於右下，法母於左下。移定，乃乘之。左下乘左上，中得二十七，爲實。右下乘右上，中得二，爲法。移法於實下。除之，得一十三。餘實一，不滿法，以法命之。是爲除得一十三又二分之一。

法實列位式　分母分子列位式　移定分母分子式

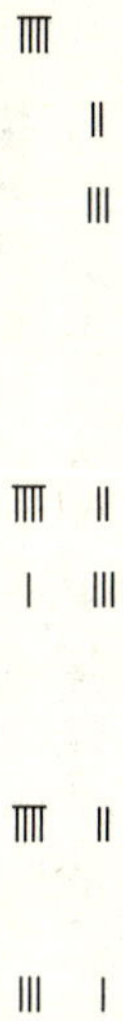

上下相乘各得數式　移法於實下式　以法除實得數命分式

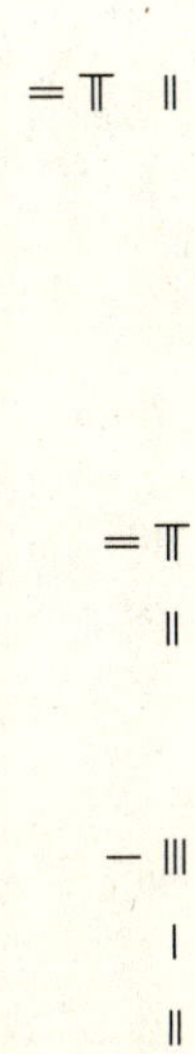

今有二十四，以二又三分之二除之。問得幾何。

答曰：九。

列二十四於左上。列二於右上，二於右中，三於右下。置左上二十四於左中，爲實子。立一於左下，爲實母。右行通分納子。中得八，爲法子，下三爲法母。列定，乃如法移之。移定，乃乘之。左、右兩行各上、下相乘。左中得七十二，爲實。右中得八，爲法。移法於實下。除之，適盡無餘，是爲除得九。

法實列位式　分母分子列位式　移定分母分子式

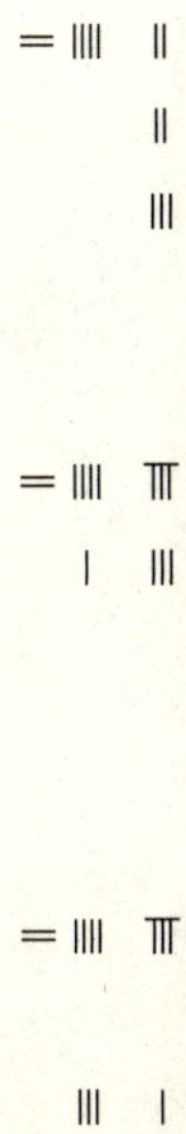

相乘得數移法於實下式　以法除實得數式

今有六又九分之七，以三十六除之。問得幾何。

答曰：三百二十四分之六十一。

列六於左上，七於左中，九於左下。列三十六於右上。左行通分納子。中得六十一，爲實子。下九爲實母。置右上三十六於右中，爲法子。立一於右下，爲法母。列定，乃如法移之。移定，乃乘之。左、右兩行各上、下相乘，左中得六十一，爲實。右中得三百二十四，爲法。移法於實下。實不滿法，以法命之，是爲除得三百二十四分之六十一。

法實列位式　分母分子列位式　移定分母分子式

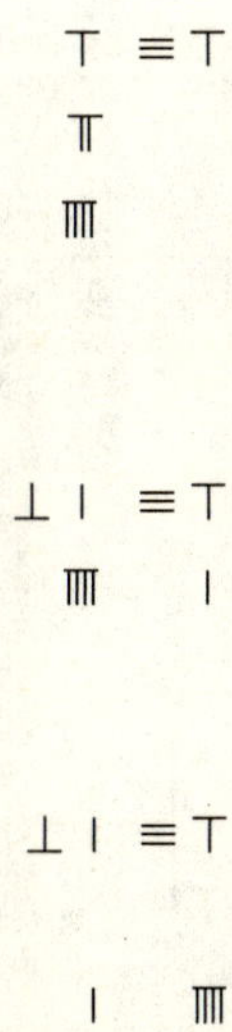

相乘得數移法於實下式　實不滿法命分式

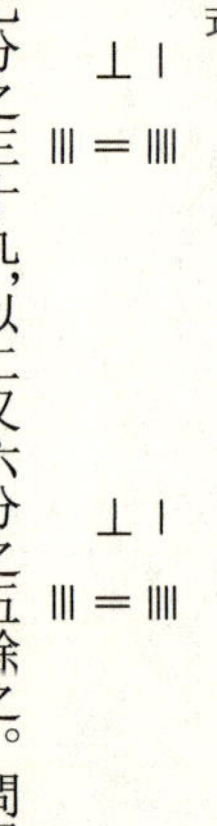

今有四十七分之三十九，以二又六分之五除之。問得幾何。

答曰：七百九十九分之二百三十四。

列三十九於左中，四十七於左下。列二於右上，五於右中，六於右下。左中爲實子，左下爲實母。右行通分納子。中得一十七，爲法子。下爲法母。列定，乃如法移之。移定，乃乘之。左、右兩行各上、下相乘。左中得二百三十四，爲實。右中得七百九十九，爲法。移法於實下。實不滿法，以法命之。是爲除得七百九十九分之二百三十四。

法實列位式　分母分子列位式　移定分母分子式

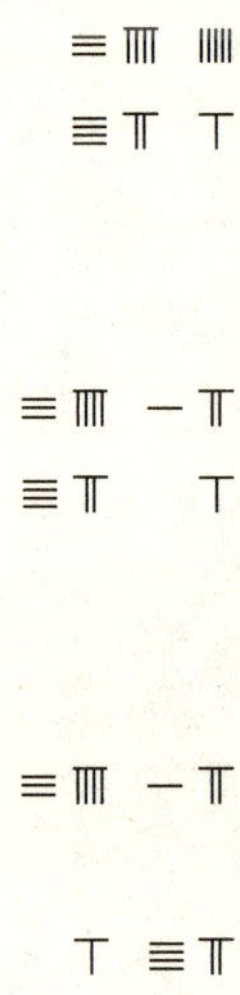

相乘得數移法於實下式　實不滿法命分式

今有一十五又四分之三，以七分之四除之。問得幾何。

答曰：二十七又一十六分之九。

列一十五於左上，三於左中，四於左下。列四於右中，七於右下。左行通分納子。中得六十三，爲實子。下爲實母。右中爲法子，右下爲法母。列定，乃如法移之。移定，乃乘之。左、右兩行各上、下相乘。左中得四百四十一，爲實。右中得一十六，爲法。移法於實下。除之，得二十七。餘實九，不滿法，以法命之。是爲除得二十七又一十六分之九。

法實列位式　分母分子列位式

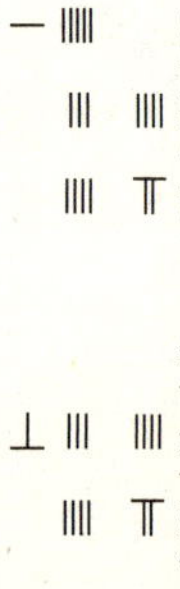

移定分母分子式　相乘得數移法於實下式　以法除實得數命分式

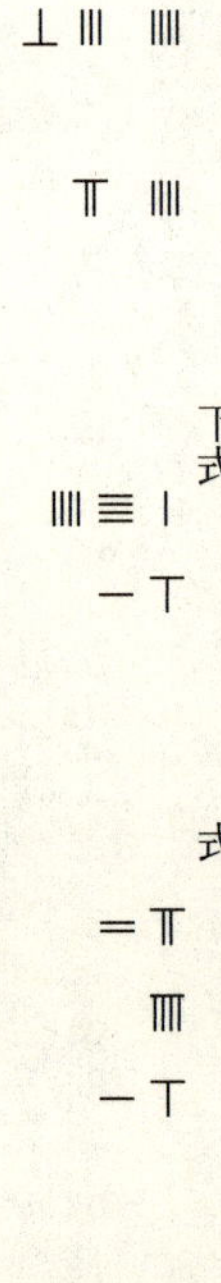

今有六又七分之六，以六又四十三分之五除之。問得幾何。

答曰：一又一千八百四十一分之二百二十三。

列六於左上，六於左中，七於左下。列六於右上，五於右中，四十三於右下。各通分納子。左得四十八於中，爲實子。七於下，爲實母。右得二百六十三於中，爲法子。四十三於下，爲法母。列定，乃如法移之。移定，乃乘之。左、右兩行各上、下相乘，左中得二千零六十四，爲實。右中得一千八百四十，爲法。移法於實下。除之，得一。餘實二百二十三，不滿法，以法命之。是爲除得一又一千八百四十一分之二百二十三。

法實列位式　分母分子列位式　移定分母分子式

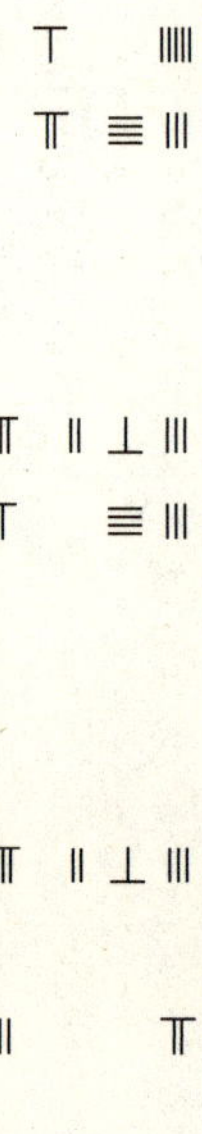

相乘得數移法於實下式　以法除實得數命分式

又《命分》其法，於除至單位而不能盡者，即以法爲分母，不盡餘實爲分子，商得之數爲整數。命其除得之數曰「幾又幾分之幾」。幾者，整數也。幾分者，分母也。之幾者，分子也。其未除即實小於法，不足商者，即以法爲分母，實爲分子。則其除得之數，有分數，無整數。命曰「幾分之幾」。其算式，上、中、下層與除法同。但於命分時，餘實不動，下法不收。上層爲整數，中層爲分子，下層爲分母。

又 命分設題：今有四十一，以三除之。問得幾何。

答曰：一十三又三分之二。

列實四十一於中層，法三於下層。按除法步進，商一十，中實除三十。步退，商三，中實除九，餘二。是爲除得整數一十三，下法已至單位，而實不盡者二。即不必再退，便命下法三爲分母，中餘實二爲分子。是爲除得分數三分之二。蓋將一整數剖作三零分，則所餘二整數共剖作六零分。此六零分分作三分，故每分得其二零分也。合之，共爲除得一十三又三分之二。以真數明之，如銀四十一兩，三人分之，每人當得銀一十三兩六錢六分六釐有餘。一十三兩者，整數一十三也。六錢六分六釐有餘者，分數三分兩之二也。試以一兩剖作三分，每分當得三錢三分三釐有餘，則其二分必爲六錢六分六釐有餘也。

列法實式

步進商除式

步退商除命分式

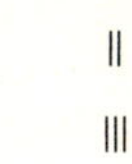

今有四，以七除之。問得幾何。

答曰：七分之四。

列實四於中層，法七於下層。實小於法，不足除，便命下法七爲分母，中實四爲分子。是爲除得七分之四。

列法實式

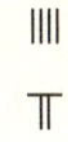

不足除命分式

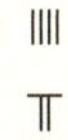

今有一千三百八十四，以六除之。問得幾何。

答曰：二百三十又六分之四。

列實一千三百八十四於中層，法六於下層。按除法，步進二位，商二。法退一位，又商三。共除得二百三十，中實餘四。法又退一位。實小於法，不足商，便命法爲分母，實爲分子。是爲除得二百三十又六分之四。

列法實式

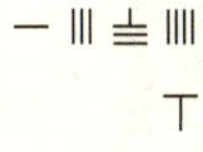

步進步退商除式

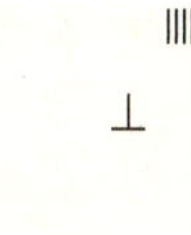

步退命分式

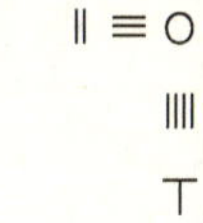

今有二萬七千九百九十五，以三百六十九除之。問得幾何。

答曰：七十五又三百六十九分之三百二十。

列實二萬七千九百九十五於中層，法三百六十九於下層。按除法，商得七十五，實餘三百二十，不盡。便命法爲分母，實爲分子。是爲除得七十五又三百六十九分之三百二十。

列法實式

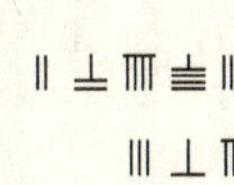

商除命分式

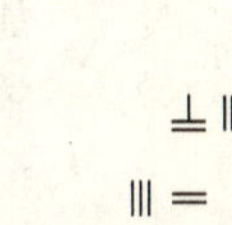

清·劉彝程《九章實義》卷一上《論比例》 比例御之分：世人於帶分之數，每曰通分。但通分二字，專爲齊同其母，古人所謂通分納子是也。故言通分者，僅指加、減，未及乘、除。朱氏《算學啟蒙》有之分齊同門。以之分命名，最爲賅括。茲欲於之分之數，備言乘、除、加、減法，而人慮治之者未握其要，故以比例御之。雖其事無須借用四率，然以四率排之，尤覺循途即得，一目了然也。

凡帶分之數，須設號以誌之。宜書分母於上，分子於下，中隔一畫。如三分之二，須作$\frac{三}{二}$。又以三除二，亦作$\frac{三}{二}$。蓋分母即是法，分子即是實。至云以三乘二，須作三㐅二。凡言除概用—，言乘概用㐅。此二號原仿代數算式，茲以御之分之數，尤覺明析易辨。

又 假如三分之二爲法，五分之四爲實。法除實，問除得數。既言除法，即以所有之法爲一率，所有之實爲三率，另增單一爲二率，如法排之，得

一率$\frac{三}{二}$
二率一
三率$\frac{五}{四}$。

乃以三遍乘一、二率，得

一率二
二率三
三率$\frac{五}{四}$。

再以五遍乘一、三率，得

一率$\frac{五}{㐅二}$
二率三
三率四。

次以二、三率相乘，一率除之，得$\frac{五㐅三}{四㐅二}$，即$\frac{十}{十二}$。實滿法者，除作整數，得一又十分之二。母、子各半之，得一又五分之一，爲求得四率，即爲除得數。細觀$\frac{五㐅三}{四㐅二}$，即是以$\frac{三}{二}$與$\frac{五}{四}$相乘，而$\frac{三}{二}$即倒置之法，$\frac{五}{四}$即原有之實。然則以所有之法，倒其母、子以乘實，即得所求。知此則又不必借用四率，可特立

訣以御之，曰：除以法倒乘，即得。乃并乘、除、加、減，共成總訣曰：乘法子乘子，母亦乘其母。除以法倒乘，加減先齊母。齊即同也。若法與實中，或各帶有之分之加減，則一如總訣，先齊母，後加減，再以法倒乘，即得。

藝文

元・朱世傑《筭學啓蒙》卷上《九歸除法門》

實少法多從法歸，實多滿法進前居。常存除數專心記，法實相停九十餘。但遇無除還頭位，然將釋九數呼除。流傳故泄真消息，求一穿韜總不如。

明・吳敬《九章筭法比類大全》卷二《粟米》 詩詞：

物斛市中價例，牙人開説各般。小麥八百七十言，細米整該一貫，五百五十買粟，七百八十羅豌。三十九貫四百全，各物俱停怎筭。　右西江月

荅曰：各得一十二石三斗一升二合五勺。

法曰：置鈔三十九貫四百文，爲實。併各價，小麥八百七十文，米一貫，粟五百五十文，豌七百八十文，共三貫二百文，爲法。除之。合問。

又 四十三石一斗，八升一合爲餘。更加一勺米無虚，買得浄椒有數。秤斤兩皆十四，又零三錢三銖，不知各價是何如，請問明公筭取。　右西江月

荅曰：秤價二石八斗八升，斤價一斗九升二合，兩價一升二合，錢價一合二勺，銖價五勺。

法曰：置米四十三石一斗八升一合一勺，爲實。以椒一十四秤一十四斤十四兩三錢三銖，通爲二百二十四斤九分一毫五絲六忽二微五塵，爲法。除之，得斤價一斗九升二合。以各率約之，得價。合問。

又 今有銅錢一串，不知大小分文。當三折二不均匀，當五小錢雜混。只要百錢百字，其中造化由人。乘除折半減加因，惱得賢家瘦損。　右西江月

荅曰：小錢二文，折二錢三文，當三錢六文，當五錢一十五文。

法曰：置錢百文，字百箇。約之，得當五錢一十五文，小錢一文，共錢七十六文，字六十四箇。餘錢二十四文，字三十六箇。該錢九箇，以當三錢乘之，得二十七文。除餘錢，多三文。該折二錢三文當三錢六文。合問。

又 三斗三升買箇鍋，九千九百事如何？乘除方法從公筭，不得言呼九九歌。端的處，不差訛，休誇會筭逞嘍囉。此般小数非難事，敢問賢家會得麽。　右鷓鴣天

荅曰：以買鍋言得鍋三千。以賣鍋言得米三千二百六十七石。

法曰：置鍋九千九百，米三斗三升，各以四除之，米得八升二合五勺，鍋得二千四百七十五个。以買鍋言，二千四百七十五爲實，以米八升二合五勺爲法，除之，得鍋三千。以賣鍋言，置二千四百七十五，爲實。以四因米三斗三升，得一石三斗二升，爲法。乘之，得米三千二百六十七石。合問。

又 假令小販人一夥，向彼園中買桃果。果該三百八十四，桃得八十有四箇。二物將来細秤過，果重四十有八箇。問公更得幾箇桃，斤兩適齊方得可。　右玉楼春

荅曰：一十二箇。

法曰：置果三百八十四，以減果重四十八，餘三百三十六，爲實。以桃八十四箇爲法，除之，得一桃比四果。以四果除果重。合問。

又 借了二丈五尺絹，却還一十七斤靛。兩家各説有相虧，来問明公如何辨？二價相和数不乱，共該四錢二分筭。照依則例使乘除，兩家價直分明見。　右玉楼春

荅曰：絹尺價一錢七分，靛斤價二錢五分。

法曰：置絹二十五尺，以共四錢二分乘之，得一百五，爲實。併二價，絹二十五，靛一十七，共四十二，爲法。除之，得靛斤價二錢五分。以減共價，餘得絹尺價一錢七分。合問。

又 綾絹共該三丈四，筭定都銀五兩二。其價差銀整八分，不知二色多少是。

荅曰：絹三丈二尺七寸半，尺價一錢五分。綾一尺二寸五分，尺價二錢三分。

法曰：置銀五兩二錢，以綾絹三十四尺除之，得絹尺價一錢五分，餘銀一錢。以差八分除之，得綾一尺二寸半。尺價二錢三分。以減総数，餘得絹三丈二尺七寸半。合問。

又 四十三石一斗米，八升一合又一勺。每兩價直一升二，欲買浄椒得何幾。

荅曰：一十四秤一十四斤十四兩三錢三銖。

法曰：置米四十三石一斗八升一合一勺，爲實。以兩一升二合爲法，除之，得三千三百九十八兩四錢二分五厘。以兩求斤，秤銖法約之。合問。

又　四十三石一斗米，八升一合又一勺。斤價一斗九升二，欲買净椒得何幾。

荅曰：一十四秤一十四斤十四兩三錢三銖。

法曰：照前法，以斤價一斗九升二合除之。合問。

又　十箇鷄兒賣十兩，每箇轉差二分半。十般價例請伊言，仔細從頭用心筭。

荅曰：甲鷄一兩一錢一分二厘五毫，癸鷄八錢八分七厘五毫。

法曰：置鷄十箇，張二位。一位減一，得九箇。相乘，得九十。折半，得四十五。却以轉差二分半乘之，得一兩一錢二分五厘。以減総賣十兩，餘八兩八錢七分五厘，爲實。以鷄十爲法，除之，得癸鷄價八錢八分七厘五毫。各加轉差二分半，得數。合問。

又　足色黄金整一斤，鍜匠悮侵四兩銀。斤兩雖然不曾耗，借問却該幾色金。

荅曰：八成色。

法曰：置金十六兩，爲實。以銀四两加入原金十六兩，共二十兩，爲法。除之。合問。

又　足色黄金十二兩，欲作八成預忖量。分兩雖然添得重，入銀多少得相當。

荅曰：入銀三兩。

法曰：置金十二兩，以八成約之，得一十五兩。以減原金十二兩，餘該入銀三兩。合問。

又　一斤半塩換斤油，五萬白塩載一舟。斤兩内除相易換，湏教二色一般籌。

荅曰：各二萬斤。

法曰：置総塩五万斤，爲實。併塩一斤半，油一斤，共得二斤半，爲法。除之，得二万斤。合問。

又　秤斤兩皆十四，更有三錢三銖。斤價斗九二合，净椒賣米何如。

荅曰：四十三石一斗八升一合一勺。

法曰：通秤十四，得二百一十斤。加一十四斤，共二百二十四斤。併兩，十四兩三錢加三銖，得一錢二分五厘。共十四兩四錢二分五厘。以兩求斤法，得九分一毫五絲六忽二微五塵。通併，共得二百二十四斤九分一毫五絲六忽二微五塵，爲實。以斤價一斗九升二合爲法，乘之。合問。

又　卷三《衰分》　詞詩：甲趕群羊逐草茂，乙拽肥羊一隻，随其後。戲問甲及一百否。甲云所説無差謬，又得這般一群輳。再得半群少半群，来和你一隻，方得就。玄機奥妙誰參透。　右鳳棲梧

荅曰：羊三十六隻。

法曰：置云羊一百，減和你一隻，餘九十九隻，爲實。併群率，二群，半群，又少半群，共二十七群半，爲法。除之。合問。

又　卷六《均輸》　詩詞：三藏西天去取經，一去十萬八千程。每日常行七十五，問公幾日得回程。

荅曰：一千四百四十日。

法曰：置一十万八千里，爲實。以每日七十五里爲法，除之。合問。

明・程大位《筭法統宗》卷一五《難題》　行程問日歌：【略】法曰：置一十万零八千里，以每日行七十五里爲法除之，得(目)[日]数。再以三百六十日除之，得年数。合問。

明・吴敬《九章筭法比類大全》卷六《均輸》　詩詞：三寸魚兒九里溝，口尾相啣直到頭。試問魚兒多少数？請君明白説因由。

荅曰：五萬四千箇。

法曰：置溝九里，以三百(八)[六]十步乘之，得三千[二]百四十步。以每步五十寸乘之，得一十六万二千寸，爲實。以魚三寸爲法，除之。合問。

又　一輛車兒尺五高，推往西京走一遭。往来行該七百里，問公車轉幾何遭。

荅曰：二十八萬遭。

法曰：通行該七百里，得二十五万二千步。以每步五尺因之，得一百二十六万尺，爲實。以車高一尺五寸，三因得四尺五寸，爲法。除之。合問。

明・王文素《筭學寶鑒》卷一二《乘除帶分子》　除帶分子口訣：歸除分子要求知，各母通来併子兒。寔乘法母仍爲寔，法乘寔母法除之。

又　《論除盡否》　除不盡零数以法命之口訣：

歸除不盡走無休，好似長江小浪頭。大数且行三五位，若除小數便停收。法爲分母寔爲子，分母將來命子求。欲要還源通分母，併其分子積金同。

明・程大位《算法統宗》卷一三《難題》 歌：足色黄金整一斤，銀匠悮侵四兩銀。斤兩雖然不曾耗，借問却該幾色金。

荅曰：八色。

法曰：置金一十六兩，爲實。另以金加銀四兩，共二十兩，爲法。除之。合問。

又 歌：足色紋銀十二兩，欲傾八成預忖量。分兩雖然添得重，入銅多少得相當。

荅曰：入銅三兩。

法曰：置紋銀一十二兩，以入色歸之，得一十五兩。減去原銀一十二兩，餘入銅三兩。合問。

又 歌：一斤半塩換斤油，五萬白塩載一舟。斤兩内除相爲換，須教二色一般籌。

荅曰：各二萬斤。

法曰：置總塩五萬斤，爲實。併塩、油，共得二斤半，爲法。除之，得各二萬斤。合問。

解題：甲原羊三十六隻爲一羣，借一羣亦三十六隻，再借半羣一十八隻，又借小半羣九隻，又湊一隻，共百隻也。

法曰：置羊一百隻，減乙羊一隻，餘九十九隻，爲實。併羣率，原一羣，又一羣，再湊得半羣即五分，小半羣即二分半，共二羣七分半，爲法。除之，得甲原羊一群三十六隻。合問。

又 粒米求程歌：廬山山高八十里，山峯峯上一黍米。黍米一轉止三分，幾轉轉到山脚底。

荅曰：四百八十萬轉。

法曰：置山高八十里，以每里三百六十步乘之，得二萬八千八百。以每步五十寸乘之，得一百四十四萬寸，爲實。以米轉三分爲法，除之。合問。

推車問里歌：二人推車忙且苦，半徑輪該尺九五。一日推轉二萬遭，問君里数如何數。

荅曰：一百三十里。

法曰：置半徑輪一尺九寸五分，倍之，得三尺九寸，爲全徑之数。以周三因之，得一百一十七寸，爲一轉之数。却以二萬遭乘之，得二百三十四萬寸，爲實。另以每里三百六十步，每步五尺計五十寸乘之，得一萬八千寸，爲法。除之。合問。

異除同除法

清・程先甲《蒙學課本・算學歌訣》 命分訣：歸除不盡如何紀，命分之法當知矣。法爲分母餘實子，子得母數幾分幾。

算法

明・柯尚遷《數學通軌》第三《九章釋例》 異除同除瀳：客一十五人，住居十二日，共食米三石六斗。每客一日食米若干。

先置三石六斗爲實，以一十二日爲瀳。除之，得衆客每一日共食米三斗，爲實。又以十五人爲瀳。除之，每客一人日食米二升。

又瀳：先以十五客乘十二日，得一百八十日，爲瀳。却除三石六斗米數，亦是。

明・程大位《算法統宗》卷二 法曰：置米三石六升，爲實。另以一十五人乘一十二日，得一百八十人，爲法。除實，得二升。合問。

清・方中通《數度衍》卷一三《九章外法》 術：以用米爲實，以十二日爲法，除之，得每日米三斗。又以十五客爲法，除三斗，得每人二升。

清・汪訒菴《指明算法》卷下 法曰：置米三石(大)[六]斗，爲實。另以一十(百)[五]人乘(五)[一]十二日，得一百八十人，爲法。除實，得每人每日二升数。合問。

明・柯尚遷《數學通軌》第三《九章釋例》 每人織錦一日，織得八尺二寸半。今五十二人織錦，共織二十七日。總該織錦若干。

先置五十六人，爲實。以八尺二寸半乘之，見之丈數。又以二十七日乘之，總該織錦一千二百四十七丈四尺。

又瀳：先以五十六人乘二十七日，見日数工數。又以八尺二寸半乘之，見丈數。

明・程大位《算法統宗》卷一　異除同除者，謂用四歸之，又用五歸之，再用十二歸除之者，就變法以四乘五，得二十。再以一十二乘之，得二百四十。就以二歸四除，以代三次除也。已上皆言筭法變通之理乎。

藝文

明・柯尚遷《數學通軌》第三《九章釋例》

張騫當年去西域，計程十萬零八千。每日常行七十五，問君去了幾多年。

先以十萬零八千爲實，以七十五爲灋。除之，該去了一千四百四十日。又以一年三百六十日爲灋。除之，見年數。該去了四年。

又　鴻鴈一日飛八百，快鷹一日飛一千。鴻鴈先飛三箇月，問君何日同到邊。

先将三箇月作爲九十日，以八百里乘之，得七萬二千里。却用二歸見數。該三百六十日一同到邊。

又　二十四疋馬和驢，支米九斗更無餘。馬支五升驢支二，多少是馬多少驢。

先以二十四疋爲實，以五升乘之，得一石二斗。內除去支米九斗，餘(二)[三]斗。以三歸灋見驢數。餘爲馬也。驢十疋，以三因見米，該支米(二)[三]斗。馬該十四疋，以五因見數，支米七斗。若以二十四疋爲實，以二升乘之，得米四斗八升。却於支米九斗內除去四斗八升，餘四斗二升。以三歸見馬數，餘爲驢也。

分數混合運算分部

算法

晉・佚名《孫子筭經》卷下　今有婦人河上蕩桮。津吏問曰：「桮何以多？」婦人曰：「家有客。」津吏曰：「客幾何？」婦人曰：「二人共飯，三人共羹，四人共肉，凡用桮六十五。不知客幾何。」

答曰：六十人。

術曰：置六十五桮，以一十二乘之，得七百八十，以十三除。

北魏・张丘建《张丘建筭經》卷下　術曰：列置共杯人數於右方，又置共杯數於左方。以人數互乘杯數，併，以爲法。令人數相乘，以乘杯數，爲實。實如法得一。　**隋・劉孝孫細草**　草曰：置人數二、三、四，列於右行。置一、一、一，杯數左行。以右中三乘左上一，得三，又以右下四乘之，得一十二。又以右上二乘左中一，得二，又以右下四乘之，得八。以右上二乘左下一得二，又以右中三乘左下二得六。三位併之，得二十六，爲法。又以二、三、四相乘，得二十四。以乘六十五杯，得一千五百六十。以二十六除之，得六十人數。合前問。

宋・楊輝集《續古摘奇算法》卷下　合分入互換：此術未詳，當先用合分，而後用互換，具見細草。

草曰：列分母於右行，列分子於左行。

右	二人	三人	四人
左	一杯	一杯	一杯

母互乘子，得之爲法。二人、三人乘左下一，得六。二人、四人乘左中一，得八。三人、四人乘左上一，得十二。共二十六杯，折半，得十三。母相乘爲實。二人、三人、四人相乘，得二十四人。折半，得十二。入前術，以十二乘六十五杯，用十三除之。

明・周述學《曆宗筭會》卷一〇《總分》　置分爲母，之爲子，

二分，三分，四分，
之一，之一，之一，

子互乘母，之一乘三分，四分，得一十二分。之一乘二分，四分，得八分。之一乘二分，三分，得六分。併之，得二十六。折半，得一十三，爲法。分母相乘，二分乘三分，得六分。又乘四分，得二十四。半之，得一十二。以乘碗六十五隻，得七百八十隻，爲實。以法一十三除之，得六十人。

明・程大位《算法統宗》卷五《衰分》　法曰：置二人，四人，三人，維乘，以二乘三，得六。以三乘四，得一十二。又四乘二，得八。併之，二十六，爲法。另以二乘三，得六。却以四乘之，得二十四。以乘碗六十五，得一千五百

六十，爲實。以法二十六除之，得客，合問。維乘者，四處顛倒相乘也。

右二條先用合分，後用互換也。

又　河邊洗碗歌：婦人洗碗在河濱，試問家中客幾人。荅曰不知人數目，六十五碗自分明。二人共飡一碗飯，三人共喫一碗羹。四人共肉無餘数，請問布筭莫差爭。

荅曰：客六十人，　飯碗三十隻，羹碗二十隻，　肉碗一十五隻。

法曰：以二人乘三人，得六人。又以四人乘之，得二十四人。以乘總六十五碗，得一千五百六十，爲實。另列維乘

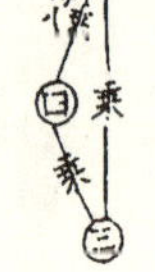

得六　得一十二　先以一乘三，得六。次以三乘四，得一十二。又以四乘二，得八。併之，得二十六，爲法。除實，得六十人。各列，以二歸，得飯碗。以三歸，得羹碗。以四歸，得肉碗。合問。

唐・敦煌千佛洞算書和算表　今有男十萬八百一十五人：三萬六千七百八十三人，丁男，日食米八升。二萬五千五百廿八人，老男，日食米七升。一萬八千二百一十四人，中男，日食米六升。一萬四千一百五十四人，小男，日食米五升。六千一百卌六人，黄男，日食米四升。問前件五等男一日、十日、一月、一年之食米各幾何。

曰：一日合食米六千七百七十五碩五刀八升，十日合食米六萬七千七百五十五碩八升，一月食米廿萬三千二百六十七碩四升，一(千)[年]食米二百卌三萬九千二百八碩八升。

術曰：置丁男三萬六千七百八十三人，以八升乘之，退二等，得丁男一日食二千九百卌二碩六升四升，置於上方。次置老男二萬五千五百廿八人，以七升乘之，退二等，得老男一日食米一千七百八十六碩九升六升，置於上方。次置中男一萬八千二百一十四人，以六升乘之，退二等，得中男一日食米一千九十二碩八升四升，置之於上方。次置小男一萬四千一百五十四人，以五升乘之，退二等，即得小男一日食米七百七碩七升，亦置於上方。次置黄男六千一百卌六人，以四升乘之，退二等，得黄男一日所食米二百卌五碩四升四升。惣併五位，得各男一日食六千七百七十五碩五升八升。上十之，得十日之食六萬七千七百五十五碩八升。又以三因之，得一月之食廿萬三千二百六十七碩四升。又以十二乘之，得一年之食二百卌三萬九千二百八碩八升。

又　今有馬七萬八千九百八十五匹：三萬二千三百廿三匹上馬，日給粟五升。二萬四千三百卌一匹中馬，日給粟四升。二萬二千三百廿一匹下馬，日給粟三升。問前件三等馬一日、十日、一月、一年之食粟各幾何。

曰：一日合食粟三萬二千五百九十四碩二升，十日合食卅二萬五千九百卌二碩，一月食九十七萬七千八百廿六碩，一年食一千一百七十三萬三千九百一十二碩。

術曰：置上馬三萬二千三百廿三匹，以五升乘之，退一等，得上馬一日食粟一萬六千一百六十一碩五升，置於上方。次置中馬二萬四千三百卌一匹，以四升乘之，退一等，得中馬一日食粟九千七百卌六碩四升，亦置上方。次置下馬二萬二千三百廿一匹，以三升乘之，退位一等，得下馬一日食粟六千六百九十六碩三升。惣併三位，得都合一日食粟三萬二千五百九十四碩二升。上十之，得十日都食卅二萬五千九百卌二碩。又以三因之，得一月都合食粟九十七萬七千八百廿六碩。又以十二乘之，得一年都合食粟一千一百七十三萬三千九百十二碩。

明・吴敬《九章算法比類大全》卷二《粟米》　比類　買物二色：今有羅、絹二十三疋半，疋法四丈。共賣鈔一百八十六貫。只云羅四尺與絹九尺共價適等，又云絹尺價比羅尺價少一百五十文。問羅、絹并尺價各該幾何。

荅曰：羅一十二疋八尺，每尺價二百七十文。

絹一十一疋一丈二尺，每尺價一百二十文。

法曰：先求尺價。置差一百五十文，乘絹九尺，得一千三百五十文，爲實。羅四尺減絹九尺，餘五尺，爲法。除之，得二百七十文，爲羅尺價。以減差一百五十文，餘一百二十文，爲絹尺價。又置羅、絹二十三疋半，以疋法四十尺通之，得九百四十尺。以羅尺價二百七十文乘之，得二百五十三貫八百文。內減共鈔一百八十六貫，餘六十七貫八百文，爲實。以差一百五十文爲法，除之，得四百五十二尺。以疋法約，得一十一疋一丈二尺爲絹。以減共数，餘一十二疋八尺，爲羅之数。合問。

今有米五百七十五石，穀三百二十五石，共價鈔四萬九千八百七十五貫。只云穀石價比米石價三分之二，問米、穀石價各幾何。

荅曰：米石價六十三貫，穀石價四十二貫。

法曰：置米五百七十五石，以分母三乘之，得一千七百二十五。穀三百二十五石，以分子二乘之，得六百五十。併之，得二千三百七十五，爲法。置共鈔

四万九千八百七十五貫。副置二位上，以三乘之，得一十四万九千六百二十五。下以二乘之，得九万九千七百五十。各以法除之。合問。

今有鈔一千二百貫，買綾每疋七貫二百文，絹每疋四貫八百文。欲買一停絹、二停綾，問各得幾何。

荅曰：綾一百二十五疋，絹六十二疋半。

法曰：置鈔一千二百貫，爲實。併絹一疋價、綾二疋價，共一十九貫二百文，爲法。除之，得絹六十二疋半。倍之，得綾数。合問。

今有絹、布共一百三十八疋十三分疋之八，共該價鈔三千四百八十貫少半貫。其絹疋價二十八貫二十八分貫之二十七，布疋價二十一貫三分貫之二。問絹、布各幾何。

荅曰：絹六十五疋六百一十三分疋之二百二十三，

布七十三疋七千九百六十九分疋之二千五。

法曰：置絹、布一百三十八疋，以分母十三通之，加分子八，共得一千八百二。以絹疋價二十八貫，以分母二十八通之，加分子二十七，共得八百一十。乘之，得一百四十六万一千四百二十二分。又以鈔分母三分通之，計積四百三十八万四千二百六十六。別置共價三千四百八十貫，以分母三分通之，加分子一，共得一万四百四十一分。又以絹、布共分母十三分乘絹分母二十八，共得三百六十四。乘之，得三百八十万五百二十四分。以減計積，餘五十八万三千七百四十二。再以布分母三分乘絹分母二十八分，共得八十四分。乘之。得四千九百三万四千三百二十八分，爲實。却以絹分八百一十，以布分母三分乘之，得二千四百三十三，於上。又置布疋價二十一貫，以分母三分通之，加分子二，共得六十五。以絹分母二十八乘之，得一千八百二十。以減上数，餘六百一十三。再以各分母絹、布共十三分乘共價三分，又乘絹二十八分。相乘，得一千九十二。乘之。得六十六万九千二百九十六，爲法。除之，得布七十三疋，餘實一十六万八千四百二十。法、實皆八十四約之，得七千九百六十九分疋之二千五。再置絹、布共分一千八百二，却以布分六十五乘之，得一十一万七千一百三十。又以鈔分母三分通之，計積三十五万一千三百九十，於上。別置共價分一万四百四十一，以分母十三分乘三分，共三十九。乘之，得四十万七千一百九十九。以減除計積，餘五万五千八百九。再以分母三分、二十八分相乘，得八十四。乘之，得四百六十八万七千九百五十六，爲實。仍以減，餘六百一十三。再以各分母絹、布共十三分乘價三分，又乘布三分。相乘，得一百一十七。乘之，得七万一千七百二十一，爲法。除之，得絹六十五疋，餘實二万六千九十一。法、實皆一百一十七約之，得六百一十三分疋之二百二十三。合問。

今有西瓜每箇三文，梨子每十箇五文，桃子每十箇二文。今瓜客食踐別客桃子二百五十五箇，梨子二百二十六箇，欲將瓜准還。問各償瓜幾何。

荅曰：合償梨主瓜二十一箇，桃子一十七箇。

法曰：置桃子二百五十五箇，以每十箇二文乘之，得五十一文。却以瓜價三文除之，得償瓜一十七箇。梨子一百二十六箇。以每十箇五文乘之，得六十三文。却以瓜價三文除之得，償瓜二十一箇。合問。

今有麥六十一石六斗五合，易米三分之二，麥存米半。每麥九斗易米七斗，問各該幾何。

荅曰：米三十四石四斗九升八合八勺，

麥一十七石二斗四升九合四勺。

法曰：併米、麥率，米二得一石四斗，麥一得七斗，共二石一斗。以乘總麥六十一石六斗五合，得一百二十九石三斗七升五勺，爲實。以併米、麥率，二麥得一石八斗，一米得七斗，共二石五斗。以三因之，得七石五斗，爲法。除之，得麥一十七石二斗四升九合四勺。倍之，得米三十四石四斗九升八合八勺。合問。

今有粟一十九石六斗八合，欲爲細、糙二米。每粟一斗舂細米五升一合二勺，糙米八升。須令糙米倍細米，問各幾何。

荅曰：細米四石四斗三合二勺，糙米八石八斗六合四勺。

法曰：置粟一十九石六斗八合，以細米率五升一合二勺乘之，得一十石三升九合二勺九抄六撮，爲實。倍細米，以八升除，加細米粟一斗，共得二斗二升八合，爲法。除，得細米四石四斗三合二勺。倍之，得糙米。合問。

今有金、銀一百錠，直鈔一千七百二貫七百五十文。只云金一定之價買銀七定。二色兩價差七百五十文，問金、銀并兩價各該幾何。

荅曰：金二十八定三十七兩，每兩價鈔八百七十五文。

銀七十一定一十三兩，每兩價鈔一百二十五文。

法曰：列銀七定，以五十兩通之，得三百五十兩。以差七百五十乘之，得二十六万二千五百，爲實。以七定減一定，餘六定，得三百，爲法。除之，得八百七十五文，爲兩價。以減差七百五十文，餘得銀兩價一百二十五文。又置一百定，以五十兩通，得共五千兩。以金兩價八百七十五文乘之，得四千三百七十五貫。以減直鈔一千七百二貫七百五十一文，餘二千六百七十二貫二百五十文，爲差實。以差七百五十爲法，除之，得銀数。以減共五千兩，餘得金数。各以定率約之。合問。

今有粟、豆共六百三十八石，粟斗價二百五十文，豆斗價一百五十文。問粟、豆各幾何。

荅曰：粟二百三十九石二斗五升，豆三百九十八石七斗五升。

法曰：置粟、豆六百三十八石，乘粟斗價二百五十文，得一(十)[千]五百九十五貫，爲實。併二價，粟二百五十文，豆一百五十文，共四百文，爲法。除之，得豆三百九十八石七斗五升。以減総数，餘得粟二百三十九石二斗五升。合問。

又 買物三色：今有鈔七貫八十文，買桃子八千箇，李子六千箇，棗子四千箇。只云桃子一箇價比李子八箇，比棗子四十箇。問三色價各該幾何。

荅曰：桃子每十箇八文，李子每十箇一文，棗子每十箇二分。

法曰：置李子六千箇，以八除之，得七百五十。棗子四千箇，以四十除之，得一百。併入桃子，共得八千八百五十，爲法。置鈔七貫八十文，爲實。以法除之，得八文，爲桃子每十箇價。又以八除，得一文，爲李子十箇價。又以四十除八文，得二分，爲棗子十箇價。合問。

今有米石價五十七貫五百文，芝麻石價四十貫，豆石價三十三貫。今三主以價物准之均出，問各該物價幾何。

荅曰：米六十三石二斗，豆二十三石，芝麻一十八石九斗七升五合。

各該價七百五十九貫。

法曰：置米、麻二價相乘，得二千三百貫，得豆二十三石。米、豆二價相乘，得一千八百九十七貫五百文，得芝麻一十八石九斗七升五合。芝、豆二價相乘，得一千三百二十貫，得米一十三石二斗。各以石價乘之。合問。

今有綾一百疋，羅一百五十疋，絹二百疋，共賣鈔四萬五千七百五十貫。只云綾疋價比羅疋價多二十五貫，羅疋價比絹疋價多六十五貫。問三色疋價各幾何。

荅曰：綾疋價一百五十貫，絹疋價六十貫，羅疋價一百二十五貫。

法曰：置羅一百五十疋，以較多六十五貫乘之，得九千七百五十貫。又綾一百疋，以二項較多共九十貫乘之，得九千貫。併二位，共得一万八千七百五十貫。以減共鈔，餘二万七千貫，爲實。併綾、羅、絹共四百五十疋，爲法。除之，得絹疋價六十貫。各加多數。合問。

今有鈔四貫七百文，共糴到粟五斗，麥七斗，豆九斗。只云粟每斗價少如麥每斗五十文，麥每斗價少如豆每斗價二十五文。問粟、麥、豆每斗價鈔各該幾何。

荅曰：豆二百五十文，麥二百二十五文，粟一百七十五文。

法曰：置鈔四貫七百文，於上。併粟、麥少数，得七十五文。以乘豆九斗，得六百七十五文，於次。又置粟少麥五十文乘麥七斗，得三百五十文。二位相併，得一貫二十五文。以減上数四貫七百文，餘三貫六百七十五文，爲實。併三色斗数，得二石一斗，爲法。除之，得粟斗價一百七十五文。加五十文，爲麥價。又加二十五文，爲豆價。合問。

今有鈔一貫，買酒一十斗。只云煮酒每斗七百文，清酒每斗三百文，白酒每三斗直一百文。問各該幾何。

荅曰：煮酒六升，價四百二十文。清酒一斗，價三百文。

白酒八斗四升，價二百八十文。

法曰：置列鈔一貫酒十斗，於上。先行清酒一斗價三百文減上数，餘鈔七百文。煮白酒九斗，如雙分身術求之，内白酒三斗直一百。合用通分，以共價七百，三因，得二貫一百文，得煮酒斗價。其白酒一斗直三十三文三分文之一，以分母三通之，得九十九。加内子一，共得斗價一百文。別置總酒九斗，以貴價七百文因之，得六貫三百文。内減原價七百文，餘價得五貫六百文，爲實。以貴賤二價，以少減多，餘二貫，爲法。除之，得白酒價二百八十文。以每三斗因，得八斗四升。以減總酒九斗，餘得煮酒六升，各以價因之。合問。

今有粟七十四石五斗二升，將一半換米，每粟一斗換米六升。那一半換豆、麥，每粟一斗換豆九升，每粟九升換麥八升。問換三色各該幾何。

荅曰：米二十二石三斗五升六合，該粟三十七石二斗六升。

麥一十六石五斗六升，該粟一十八石六斗三升。

豆一十六石七斗六升七合，該粟一十八石六斗三升。

法曰：置粟七十四石五斗二升，折半，得三十七石二斗六升。置二位，一位以六升乘之，得米二十二石三斗五升六合。一位又折半，得一十八石六斗三升。再置二位，一位以九升乘，得豆一十六石七斗六升七合。一位以八升乘，得一十四石九斗四合。却以九斗除之，得麥一十六石五斗六升。合問。

又 買物四色：今有錢三百七十四貫五百一文四分，欲買綾、絲、粉、麫四色。綾疋價三貫四百文。疋法二丈八尺，絲斤價一貫七百五十文，粉褁價六百四十文，麫斤價九十八文。內要一分綾，三分絲，七分粉，六分麫。問各買物并錢該幾何。

荅曰：綾二十七疋八尺四寸，該錢九十二貫八百二十文。
絲八十一斤十四兩四錢，該錢一百四十三貫三百二十五文。
粉一百九十一褁三兩二錢，該錢一百二十二貫三百四文。
麫一百六十三斤十二兩八錢，該錢一十六貫五十二文四分。

法曰：置錢三百七十四貫五百一文四分，爲實。以各分乘各價，綾一分得三貫四百文，絲三分得五貫二百五十文，粉七分得四貫四百八十文，麫六分得五百八十八文。併之，得一十三貫七百一十八文，爲法。除實，得綾一分該二十七疋三分。就綾数，三因，得絲八十一斤九分。七因，得粉一百九十一褁一分。六因，得麫一百六十三斤八分。各爲列實，以各價爲法。乘之，綾疋價三貫四百文，得九十二貫八百二十文。絲斤價一貫七百五十文，得一百四十三貫三百二十五文。粉褁價六百四十文，得一百二十二貫三百四文。麫斤價九十八文，得一十六貫五十二文四分。疋有三分，以疋法二丈八尺乘，得八尺四寸。褁下有分，以三十二乘之，爲兩。斤下有分，加六爲兩。合問。

又 買物五色：今有米七石四斗五合四勺四抄，換油、蜜、茶、塩、麫五色。每褁二升爲率，換油三兩，若換蜜五兩，塩六兩，茶七兩，麫九兩。欲要換二停油，三停蜜，四停塩，五停茶，六停麫，問各該幾何。

荅曰：油一十三斤十五兩四錢四分，蜜二十斤十五兩一錢六分，塩二十七斤十四兩八錢八分，茶三十四斤十四兩六錢，麫四十一斤十四兩三錢二分。

法曰：置率米二升，爲實。以各換兩数爲法，除之，油三兩得六合三分合之二，蜜五兩得四合，塩六兩得三合六分合之二，茶七兩得二合七分合之六，麫九兩得二合九分合之二。依率併之，油二得一升三合三分合之一，蜜三得一升二合，塩四得一升三合六分合之二，茶五得一升四合七分合之二，麫六得一斗三合九分合之三。共併得六升五合。餘分母、子，依合分法，油三分之一，塩六分之二，茶七分之二，麫九分之三。列置三分，六分，七分，九分，之一，之二，之二，之三。子互乘母，先以之一乘六分，七分，九分，得三百七十八。之二乘三分，七分，九分，得二百七十八。之二乘三分，六分，九分，得三百二十四。之三乘三分，六分，七分，得三百七十八。又併之，得一千四百五十八，爲實。以分母相乘，三分乘六分，得一十八。又乘七分，得一百二十六。又乘九分，得一千一百三十四，爲法。除之，得一合。併前，共得六升六合，餘實三百二十四。法、實皆八十一約之，得十四分之四。以分母十四乘原米七石四斗五合四勺四鈔，得一百三石六斗七升六合一勺六鈔，爲實。又以分母十四乘併米六斗六合，得九斗二升四合。加分子四，得九斗二升八合，爲法。除之，得一百一十一兩七錢二分，爲一停率。二因，得油二百二十三兩四錢四分。三因，得蜜三百三十五兩一錢六分。四因，得塩四百四十六兩八錢八分。五因，得茶五百五十八兩六錢。六因，得麫六百七十兩三錢二分。各以斤法十六約之。合問。

又 買物六色：今有客持錢三百六十四貫二百五十文，每一貫內一百二十文買油，一百四十文買塩，一百二十五文買粉，一百六十文買布，二百五十文買麻，二百五文買米。油斤價六十文，塩斤價七十文，粉褁價八十文，布疋價三百二十文。疋法二丈四尺。麻秤價三百一十二文五分，米斗價二百文。買貨於市中貨賣油斤價一百五十文，塩斤價一百七十五文，粉褁價三百五十文，布疋價七百四十文，麻秤價八百四十文，米斗價五百文。上項各物賣過，除原本外，問各物斤重原本、今賣并利息該幾何。

荅曰：共賣錢一千二貫一百八十八文三分四厘三毫七絲五忽，息利錢六百三十七貫九百三十八文三分四厘三毫七絲五忽。
油七百二十八斤八兩，原本該錢四十三貫七百一十文，今賣錢一百九貫二百七十五文，息錢六十五貫五百六十五文。
塩七百二十八斤八兩，原本錢五十貫九百九十五文，今賣錢一百二十七貫四百八十七文五分，息錢七十六貫四百九十二文五分。
粉五百六十九褁四兩五錢，原本錢四十五貫五百三十二文二分五厘，今賣錢一百九十九貫一百九十九文二分一厘八毫七絲五忽，息錢一百五十三貫六百六十七文九分六厘八毫七絲五忽。

布一百八十二疋三尺，原本錢五十八貫二百八十文，今賣錢一百三十四貫七百七十二文五分，息錢七十六貫四百九十二文五分。

麻二百九十一秤六斤，原本錢九十一貫六十二文五分，今賣錢二百四十四貫七百七十六文，息錢一百五十三貫七百一十三文五分。

米三十七石三斗三升五合六勺二抄五撮，原本錢七十四貫六百七十一文二分五厘，今賣錢一百八十六貫六百七十八文一分二厘五毫，息錢一百一十二貫六文八分七厘五毫。

法曰：置持錢三百六十四貫二百五十，爲實。以各買價爲法，乘之，得各原本錢。油斤價一百二十文，得四十三貫七百一十文。塩斤價一百四十文，得五十貫九百九十五文。粉褁價一百二十五文，得四十五貫五百三十一文二分五厘。布疋價一百六十文，得五十八貫二百八十文。麻秤價二百五十文，得九十一貫六十二文五分。米三價二百五文，得七十四貫六百七十一文二分五厘。各就原本錢爲實，以各物買價爲法，除之，得各買到物数。油斤價六十文，得七百二十八斤八兩。塩斤價七十文，得七百二十八斤八兩。粉褁價八十文，得五百六十九褁四兩五錢。布疋價三百二十文。得一百八十二疋三尺。麻秤價三百一十二文五分，得二百九十一秤六斤。米斗價二百文，得三十七石三斗三升五合六勺二抄五撮。粉褁下有分数，三十二乘之爲兩。布疋下有分数，二十四乘之爲尺。麻秤下有分数，加五爲斤。却將各物粉褁下兩，布疋下尺，麻秤下斤俱作分数，爲實。以市中貨賣價爲法，乘之。油斤價一百五十文，得一百九貫二百七十五文。塩斤價一百七十五文，得一百二十七貫四百八十七文五分。粉褁價三百五十文，得一百九十九貫一百九十九文二分一厘八毫七絲五忽。布疋價七百四十文，得一百三十四貫七百七十二文五分。麻秤價八百四十文，得二百四十四貫七百七十六文。米斗價五百文，得一百八十六貫六百七十八文一分二厘五毫。併之，得一千二貫一百八十八文三分四厘三毫七絲五忽。以減原本錢三百六十四貫二百五十文，餘得息錢六百三十七貫九百三十八文三分四厘三毫七絲五忽。合問。

今有錢六百五十四貫二百二十五文，欲買油、塩、蜜、絹、布、炭六色。油斤價一百五十文，塩斤價一百八十文，蜜斤價二百一十文，絹疋價八百四十文，布疋價七百五十文，炭秤價四十二文。欲要一分油，二分塩，三分蜜，四分布，六分絹，八分炭，問各買并該錢幾何。

荅曰：油六十八斤十二兩，該錢一十貫三百一十二文五分。

塩一百三十七斤八兩，該錢二十四貫七百五十文。

蜜二百六斤四兩，該錢四十三貫三百一十二文五分。

絹四百一十二疋半，該錢三百四十六貫五百文。

布二百七十五疋，該錢二百六貫二百五十文。

炭五百五十秤，該錢二十三貫一百文。

法曰：置錢六百五十四貫二百二十五文，爲實。以各分乘各價，油一分，得一百五十文。塩二分，得三百六十文。蜜三分，得六百三十文。絹六分。得五貫四十文。布四分，得三貫。炭八分，得三百三十六文。併之，得九貫五百一十六文，爲法。除實，得油一分該六十八斤七分五厘。就將油数二因，得塩一百三十七斤半。三因，得蜜二百六斤二分五厘。六因，得絹四百一十二疋半。四因，得布二百七十五疋。八因，得炭五百五十秤。各爲列實。以各價爲法，乘之，油斤價一百五十文，得一十貫三百一十二文五分。塩斤價一百八十文，得二十四貫七百五十文。蜜斤價二百一十文，得四十三貫三百一十二文五分。絹疋價八百四十文，得三百四十六貫五百文。布疋價七百五十文，得二百六貫二百五十文。炭秤價四十二文，得二十三貫一百文。斤下有分数加六爲兩。合問。

今有鈔一千一百四十四貫五百文，欲買布、絹、綾、羅、米、豆六色。布疋價六貫，絹疋價七貫二百文，綾疋價八貫二百文，羅疋價六貫九百文，米斗價三貫二百文，豆斗價一貫二百文。問買六色俱停及鈔各該幾何。

荅曰：布三十五疋，該鈔二百一十貫。

絹三十五疋，該鈔二百五十二貫。

綾三十五疋，該鈔二百八十七貫。

羅三十五疋，該鈔二百四十一貫五百文。

米三石五斗，該鈔一百一十二貫。

豆三石五斗，該鈔四十二貫。

法曰：置鈔一千一百四十四貫五百文，爲實。併各價，共得三十二貫七百文，爲法。除之，得三十五疋、斗。各以疋、斗價乘之，布疋價六貫，得二百一十貫。絹疋價七貫二百文，淂二百五十二貫。綾疋價八貫二百文，淂二百八十七貫。羅疋價六貫九百文，淂二百四十一貫五百文。米斗價三貫二百文，淂一百一十二貫。豆斗價一貫二百文，淂四十二貫。合問。

明・周述學《曆宗筭會》卷十《總分》 客不知数，三人共飯，四人共羹，共碗三百一隻。求客幾何。

置碗三百一隻，以三人因之，淂九百三，爲實。併三人，四人，淂七人，爲法。除之，淂羹碗一百二十九隻。以四因之，淂五百一十六人。以三除之，淂飯碗一百七十二隻，淂五百一十六人，羹碗一百二十九隻，飯碗一百七十二隻。

又 ［米］不知数，只云甲取一半，乙取如甲三分之二，丙取乙八分之三，餘下二斗。求原米及各人淂幾。

置餘米二斗，以三因之，淂丙米六斗。加餘米二斗，淂八斗。倍之，淂乙米一石六斗。併入丙米六斗，餘米三斗，淂甲米二石四斗。倍之，淂原米四石八斗。甲米二石四斗，乙米一石六斗，丙米六斗，餘米二斗。

又 金不知数，只云甲取三分之二，乙取四分之三，丙取七分之四，丁取十二分之七，剩下金六兩二錢五分。求原金及各淂金幾何。

置剩下金六兩二錢五分，爲實。以五除之，淂一兩二錢五分。以七因之，淂丁金八兩七錢五分。併入餘金六兩二錢五分，共淂一十五兩。以四因，三除，淂丙金二十兩。併入前一十五兩，共淂三十五兩。以三因之，淂乙金一百五兩。併入前三十五兩，共一百四十兩。倍之，淂甲金二百八十兩。併入前一百四十兩，原金四百二十兩。甲二百八十兩，乙一百五兩，丙二十兩，丁八兩七錢五分，剩下六兩二錢五分。

又 商人経五返，初返淂利加二，還米一十五石。次返淂利加三，還米二十石。三返淂利加四，還米一十八石。四返淂利加五，還米一十一石。五返淂利加六，還米一十四石，餘米四石五斗六升。求原［持］米幾何。

置初返還米一十五石，利加(二)［三］，淂一十九石五斗。添［次］返還米二十石，共三十九石五斗。利加四，淂五十五石三斗。添三返還米一十八石，共七十三石三斗。利加五，淂一百九石九斗五升。添四返還米一十一石，共一百二十石九斗五升。利加六，淂一百九十三石五斗二升。添五返還米一十四石，餘米四石五斗六升，共二百一十二石八升，爲實。次置初返米一石，加二，淂一石二斗。加三，淂一石五斗六升。加四，淂二石一斗八升四合。加五，淂三石二斗七升六合。加六，淂五石二斗四升一合六勺。內減去初返米一石，餘四石二斗四升一合六勺，爲法。除之，淂五十一石。

又 瓦不知数，只云三十四片作一堆，剩五片。若三十六片作一堆，剩七片。該積幾何。

置瓦三十四片，加一片，淂三十五片。相乘，淂一千一百九十片。半之，淂五百九十五。却以七片乘之，淂四千一百六十五，於上。再置三十六片，減一片，淂三十五片。相乘，淂一千二百六十。半之，淂六百三十。却以五片乘之，淂三千一百五。併前，共淂七千三百一十五片，爲實。却以三十四片，三十六片相乘，淂一千二百二十四。以對減除實，不滿法者，即淂瓦数一千一百九十五片。

又 磚一堆，長四丈一尺，厚二尺，高一丈。每五磈方一尺，高二寸。該磚幾何。

置長四丈一尺，以厚二尺乘之，淂八十四尺。又以高一丈乘之，淂八百四十尺，爲實。又列方一尺，以乘高二寸，亦淂二寸，爲法。除之，淂四千二百寸。又以五塊乘之，淂二萬一千塊。

又 甲淂乙羊九箇，多乙一倍。乙淂甲羊九箇，兩数適當。求羊各幾。

置甲七，乙五，以各淂九隻乘之，淂甲(三十六)［六十三］隻，乙四十五隻。

又 七升斗量黍，五升斗量粟，停数相和共三石六斗。又以九升斗量之，淂二石四斗。求黍、粟各幾。

置又量二石四斗，以九升斗乘之，淂二石一斗六升。半和，各淂一石八斗。以斗七折之，淂黍一石二斗六升。以九升斗除之，淂一石四斗。又置一石八斗，以斗五折之，淂粟九斗。以九升斗除之，淂一石。

又 鈔八千七百一十七貫五百文，買絲不知其数，亦不知其價。每兩絡絲鈔二百文，准與絲二百七十八兩九錢六分。求絲總数及價鈔并絡絲鈔各幾何。

置總鈔，以絡絲鈔二百文乘之，淂一千七百四十三貫五百文。却以准與絲二百七十八兩九錢六分除之，淂六貫二百五十文，爲實。以開平方法除之，淂每兩絲價二貫五百文，爲法。以除原鈔，該絲三千四百八十七兩。每兩絡絲鈔二百文乘之，該鈔六百九十七貫四百文。以每兩二貫五百文除之，淂准絲二百七十八兩九錢六分。絲三千四百八十七兩，每兩鈔價二貫五百文，共八千七百一十七貫五百文。絡絲鈔六百九十七貫四百文，該准絲二百七十八兩九錢六分。

錢一百八十八貫七百文，買絲不知其數，亦不知其價。只云其絲一兩，用絡絲錢六文。爲無錢還，就將絲准還，亦不知其數，只云每准絡絲錢絲一兩。要染深青錢四文，爲無錢還，亦就將絲准還，只記淂准絡染錢絲二斤四兩二錢二分四毫。求絲總数及價錢染絡絲錢絲数各幾何。

置總錢，以絡絲錢六文乘之，淂一千一百三十二貫二百文。又以染錢四文乘之，淂四千五百二十八貫八百文，爲實。却以染錢絲，以斤(適)[通]兩，加零，淂三十六兩二錢二分四毫，爲法。除之，淂一百二十五貫文，爲實。以開立方法除之，淂五十文，爲每兩絲價。以除總錢，該絲二千七百七十四兩。以絡絲錢六文乘之，淂二十二貫六百四十四文。又以每兩五十文除之，淂四百五十二兩八錢八分。又以染錢四文乘之，淂一貫八百一十一文五分二厘。却以每兩五十文除之，淂三十六兩二錢三分四毫。各以斤法而一，淂絲共二百三十五斤十四兩。每兩價錢五十文，共錢一百八十八貫七百文。絡絲錢二十二貫六百四十四文，該絲二十八斤四兩八錢八分，染錢一貫八百一十一文五分二厘，該絲二斤四兩二錢三分四毫。

又　鈔二十一萬七千七百五十貫，糴糯米不知其數，亦不知其價，只云每糯米一石。要下塘船鈔三百文，爲無鈔，還就将糯米准還，亦不知其数，只云舡鈔准糯米一石。要挑脚過塘鈔四貫，爲無鈔還，亦將糯米准還，亦不知其数，只云准糯米。就要做酒，每石要工食鈔三貫，爲無鈔，還亦将糯米准還，只記淂准到工食鈔折糯米一斗二升五合四勺二抄四撮。要求糯米総数及價鈔并舡脚工食鈔并各准糯米数共幾何。

置總鈔，以舡鈔三百文乘之，淂六十五萬三千二百五十。又以挑脚鈔四貫乘之，淂二百六十一萬三千。又以做酒工食鈔三貫乘之，淂七百八十三萬九千，爲約實。却以工食鈔准糯米一斗二升五合四勺二抄四撮，爲法。除之，淂六百二十五萬貫，爲實。以開三乘方法除之，淂糯米石價五十貫。以除共鈔，淂米四千三百五十五石。乃各乘見数，淂船鈔一千三百六貫五百文，該准糯米二十六石一斗三升，挑脚鈔一百四貫五百一十文，該准糯米二石九升四勺，做酒工食鈔六貫二百七十一文二分，該准糯米一斗二升五合四勺二抄四撮。

明·程大位《筭法統宗》卷四《粟布》　今有二色金共二十兩，内九色四兩，七色七兩，五色九兩。欲銷一處，問成色若干。

荅曰：六五成色。

法曰：置九色四兩，以九因，得三兩六錢。七色七兩，以七因，得四兩九錢。五色九兩，以五因，得四兩五錢。併三位，折赤金一十二兩，爲實。以原金二十兩爲法，除之。合問。

又　卷五《衰分》　今有石，石中有玉，方三寸，共重一十二斤十五兩。只云玉方一寸重一十二兩，石方一寸重三兩。問玉、石各重若干。

荅曰：玉一十四寸，重一十斤零八兩。

石一十三寸，重二斤七兩。

法曰：置方三寸，自乘，得九寸。再乘，得二十七寸。以玉率重一十二兩乘之，得三百二十四兩。減共重一十二斤十五兩，即二百零七兩，餘一百一十七兩，爲賤實。以貴賤率玉十二兩，石三兩相減，餘九兩，爲法。除實，得石一十三寸。減共積二十七寸，餘得玉一十四寸。以玉率一十二兩乘之，得一百六十八兩。另以石一十三寸，以石率三兩乘之，得三十九兩。各以斤法通之，得斤數。合問。

清·潘逢禧《算學發蒙·古算三》　乘兼加減法：假如南北里差：極度有高低，晝夜遂有永短。福建省城北極出地二十六度零三分，黑龍江北極出地五十度。今以西法攷之，問穀雨、處暑、雨水、霜降此四節南北距緯皆同。四節氣，太陽出入時刻差若干。

荅曰：穀雨、處暑兩節，福建省城日出卯初二刻七分一十一秒强，日入酉正一刻七分四十九秒弱。黑龍江日出卯初刻三分五十五秒弱，日入酉正三刻十一分五秒强。

雨水、霜降兩節，福建省城日出卯正一刻七分四十九秒弱，日入酉初二刻七分一十一秒强。黑龍江日出卯正三刻十一分五秒强，日入酉初初刻三分五十五秒弱。

術曰：以各地極度正切線數，置爲實。以各節距緯正切線數爲法。乘之，得數若干。檢八線表，正弦線數是何度分。以度化時，即得日出日入時刻。八線表係前明泰西人熊三拔所著。謂之八線者，正切、餘切、正弦、餘弦、正矢、餘矢、正割、餘割，凡八線也。皆有數有表。測弧度者，不可不有此書。穀雨、處暑、雨水、霜降四節距北極緯，均十一度二十九分三十三秒。其正切線數〇二〇三三一五九。福建省城極高二十六度零三分。其正切線數〇四八八八一三三。黑龍江極高五十度。其正切線數一一九一七五三六。以上三數皆從八線表檢出。福建省城極度正切。距緯正切。乘得數。九九三八三五一六。檢八線表正弦數核之，爲法。實末有零數截去。五度四十二分一十三秒。以天度化時，應得一刻七分四十九秒弱。穀雨、處暑兩節，在赤道北，宜加。太陽出入，皆以卯、酉正初刻爲定。凡有加減，皆由此起算。於卯正初刻前，加一刻七分四十九秒弱。是日出卯初二刻七分一十一秒强。酉正初刻後，加一刻七分四十九秒弱。是日入酉正一刻七分四十九秒弱也。雨水、霜降兩節，在赤道南，宜減。於卯正初刻後，減一刻七分四十九秒弱。是日出卯正一刻七分四十九秒弱。酉正初刻前，減一刻七分四十九秒弱。是日入酉初二刻七分一十一秒强也。黑龍江極度正切。距緯正切乘得數。二四二三〇二四五。檢八線表正弦數核之，爲法。實末有零數截去。一十四度一分二十秒零。以天度化時，應得三刻十一分五秒强。穀雨、處暑兩節，在赤道北，宜加。於卯正初刻前，加三刻十一分五秒强。是日出卯初初刻三分五十五秒弱。酉正初刻後，加三刻十一分五秒强。是日入酉正三刻十一分五秒强也。雨水、霜降兩節，在赤道南，宜減。於卯正初刻後，減三刻十一分五秒强。是日出卯正三刻十一分五秒强。酉正初刻前，減三刻十一分五秒强。是日入酉初初刻三分五十五秒弱也。

又 除兼加減法：假如《律吕新書》，十二律皆三分損益以相生。問各該數若干。

答曰：黄鍾之數一十七萬七千一百四十七，林鍾之數一十一萬八千零九十八，太簇之數一十五萬七千四百六十四，南吕之數一十萬零四千九百七十六，姑洗之數一十三萬九千九百六十八，應鍾之數九萬三千三百一十二，蕤賓之數一十二萬四千四百一十六，大吕之數一十六萬五千八百八十八，夷則之數一十一萬零五百九十二，夾鍾之數一十四萬七千四百五十六，無射之數九萬八千三百零四，仲吕之數一十三萬一千零七十二。

術曰：置十二律之數爲實。各以三歸之，匀作三分：黄鍾、太簇、姑洗、蕤賓、夷則、無射六陽律。陽律下生，減去一分，得二分：大吕、夾鍾、仲吕、林鍾、南吕、應鍾六陰律。陰律上生，加上一分，得四分，即各律相生之數。惟京房之法，自蕤賓以下六律，陽反上生，陰反下生。此又不可不知也。

黄鍾之數，一十七萬七千一百四十七。陽律下生，應損一分。先以三歸之，一分得五萬九千零四十九。次以五萬九千零四十九減黄鍾原數，是爲林鍾。【略】

林鍾之數。十一萬八千零九十八。陰律上生，應益一分。先以三歸之，一分得三萬九千三百六十六。次以三萬九千三百六十六加林鍾原數，是爲太簇。【略】

太簇之數，一十五萬七千四百六十四。陽律下生，應損一分。先以三歸之，一分得五萬二千四百八十八。次以五萬二千四百八十八減太簇原數。是爲南吕。【略】

南吕之數，一十萬零四千九百七十六。陰律上生，應益一分。先以三歸之，一分得三萬四千九百九十二。次以三萬四千九百九十二加南吕原數，是爲姑洗。【略】

姑洗之數，一十三萬九千九百六十八。陽律下生，應損一分。先以三歸之，一分得四萬六千六百五十六。次以四萬六千六百五十六減姑洗原數，是爲應鍾。【略】

蕤賓之數，一十二萬四千四百一十六。陽律下生，反上生，應益一分。先以三歸之，一分得四萬一千四百七十二。次以四萬一千四百七十二加蕤賓原數，是爲大吕。【略】

大吕之數，一十六萬五千八百八十八。陰律上生，反下生，應損一分。先以三歸之，一分得五萬五千二百九十六。次以五萬五千二百九十六減大吕原數，是爲夷則。【略】

夷則之數，一十一萬零五百九十二。陽律下生，反上生，應益一分。先以三歸之，一分得三萬六千八百六十四。次以三萬六千八百六十四加夷則原數，是爲夾鍾。【略】

夾鍾之數，一十四萬七千四百五十六。陰律上生，反下生，應損一分。先以三歸之，一分得四萬九千一百五十二。次以四萬九千一百五十二減夾鍾原數，是爲無射。【略】無射之數，九萬八千三百零四。陽律下生，反上生，應益一分。先以三歸之，一分得三萬二千七百六十八。次以三萬二千七百六十八加無射原數，是爲仲吕。【略】仲吕之數，一十三萬一千零七十二。陰律算盡，不能上生黄鍾。以三歸之，不盡二算。其數不行也。此半律所由起也。【略】

解曰：此據蔡元定《律吕新書》算法也。蔡氏亦係以《淮南子》《漢前志》定其寸分釐毫絲之法。以律書生鍾分定，又按律書曰，以下生者，倍其實，三其法。以上生者，四其實，三其法。是用乘除互用法。謂凡遇下生之律，則加倍其原實，而以三爲法除之。遇上生之律，則四倍其原實，而以三爲法除之。假如黄鍾之數一十七萬七千一百四十七，下生，則倍其實，爲三十五萬四千二百九十四。以三除之，得一十一萬八千零九十八，而爲林鍾。林鍾之數係一十一萬八千零九十八，上生，則四其實，爲四十七萬二千三百九十二。以三除之，得一十五萬七千四百六十四，而爲太簇。其餘各律，並以此法推之。得數皆與《律呂新書》同。大抵皆以三分損益，而隔八位以相生也。

藝文

明・吴敬《九章筭法比類大全》卷二《粟米》 詩詞：十二肥豚小豕，將来賣與英賢。牙人定價不須言，每箇轉添錢半。総銀二十一兩，九錢交足無偏，不知大小價根源，此法如何可見。　右西江月

荅曰：大豕二兩六錢五分，小豕一兩。

法曰：置豕一十二，以減一，得十一，相乘，得一百三十二。折半，得六十六。以轉添一錢半，加之，得九兩九錢。以減総銀二十一兩九錢，餘一十二兩，爲實。以豕十二爲法，除之，得小豕價一兩。各加轉添一錢半。合問。

今有木綿三駄，三朝換物各殊。四斤換得一石粟，七斗半零貼與。次日五斤換麥，餘零二斗交足。九斤換絹疋無餘，此法如何辨取。　右西江月

荅曰：每駄一百七十一斤，絹一十九疋，粟四十二石十斗半，麥三十四石二斗。

法曰：四数剩一下四十五。題内剩二，該下一百三十五。五数剩一下二十六。題内剩一，該下三十六。九数剩一下一百。無零不下。併該下，共得木綿一百七十一斤，爲實。以粟四斤，麥五斤，絹九斤各爲法。除之，得各数。合問。

今有一疋重絹，牙人剪却六尺。即將餘絹賣錢訖，五貫二百八十，疋長減於尺價。七十錢数難及。疋長尺價果能知，堪羡筭中第一。　右西江月

荅曰：絹一疋長五丈，尺價一百二十文。

法曰：置鈔五貫二百八十文，於上。以七十約之，得長五丈。以減六尺，餘四丈四尺。以除賣鈔，得尺價一百二十文。合問。

又　三十六人入務，攢椒共飲傳觴。先来三兩莫商量，後至增添二兩。四兩三瓶取下，都椒交與槽坊。酒錢瓶子数明彰，知者請坐於上。　右西江月

荅曰：椒五秤一十斤半，酒一千二十六瓶。

法曰：置総三十六人，張二位。内一位減一，得三十五人。相乘，得一千二百六十。折半，得六百三十，爲實。却以後至增添二兩，爲法。乘之，得一千二百六十兩。再置二十六人，每人二兩乘之，得一百八兩。加入前数，共得椒一千二百六十八兩。以三因，四除，得酒一千二十六瓶。合問。

又　群羊一百四十，剪毛不避勤勞。群中有母有羊羔，先剪二羊比較。大羊剪毛斤二，一十二兩羔毛。百五十斤是根苗，子母羔該多少。　右西江月

荅曰：大羊一百二十隻，小羊二十隻。

法曰：置羊一百四十，以大羊剪毛十八兩乘之，得二千五百二十兩。以減剪毛一千四百兩，餘一百二十兩，爲實。以大羊毛一十八兩減小羊毛一十二兩，餘六兩，爲法。除之，得小羊二十。以減総羊一百四十，餘大羊一百二十。合問。

又　一袋江茶買將去，八寸爲長二寸濶之度。其厚九分無差悮，秤来恰好一斤数。又有江茶分明許，八寸四分量了爲長處，二寸一分知闊数，九分爲厚無零忝。　右鳳棲梧

荅曰：茶重一斤一兩六錢四分。

法曰：置又有江茶八寸四分、二寸一分相乘，得一尺七寸六分四厘。又以厚九分乘之，得一十五尺八寸七分六厘，爲實。以原江茶長闊二寸、八寸相乘，得一尺六寸。又以厚九分乘之，得一十四尺四寸，爲法。除之。合問。

又　斤二兩買油聲喧，[一]斤四兩，買塩听言。今有銀二兩七錢，三分六厘交足無偏。要停買如何計筭？兩般兒秤得都全，欲問英賢，莫得俄延，筭得無差，到處名傳。　右折桂令

荅曰：各一斤九兩九錢二分。

法曰：置銀二兩七錢三分六厘，以二價，油一十八兩，塩二十兩，相乘，得三百六十兩，乘之，得九百八十四兩九錢六分，爲實。併二價，爲法。除之。合問。

又　九百九十九文錢，市上梨棗買一千。十一買梨得九箇，七枚棗子四文錢。梨棗数，要周全，何須市上開聲喧。我將二果歸家去，教公一任筭三年。　右鷓鴣天

荅曰：梨六百五十七箇，該錢八百三文。
棗三百四十三箇，該錢一百九十六文。

法曰：置列九箇　七箇　一千箇
十一文　四文　九百九十九　先以上、中互乘，九箇乘四文，得三十六。七箇乘十一文，得七十七。以少減多，餘四十一，爲法。又以中、下互乘，七个乘九百九十九文，得六千九百九十三文。四文乘一千个，得四千。以少減多，餘二千九百九十三。却以梨九个乘之，得二万六千九百三十一，爲實。以法四十一除之，得梨六百五十七个。以減総数一千，餘得棗三百四十三个。以各價乘除。合問。

又　家有百文買百鷄，五文推價不差池。草鷄每箇三文足，小者一文三箇知。玄妙法實幽微，乘除加減任公爲。要知三色該多少，特問明公甚法推。　右鷓鴣天

荅曰：雄鷄一十二箇，該錢六十文。
草鷄四箇，該十二文。
小鷄八十四箇，該錢二十八文。

法曰：置錢一百，以三因，得三百。内減共数一百，餘二百，爲實。以三因雄鷄五文，得十五。内減一，餘十四，爲法。除之，得雄鷄十二，餘實三十二。却三因草鷄三文，得九文。内減一，餘八。除餘實，得草鷄四。以減総数一百，餘得小鷄八十四。各價乘除。合問。

又　折絹將綾欲度量，折綾度絹上餘強。度綾過絹三十寸，度絹過綾丈五長。綾不及，絹難忘，請公於此細推詳。絹綾若得知長短，堪作明師遠播揚。　右鷓鴣天

荅曰：綾長三丈六尺，絹長六丈六尺。

法曰：倍過綾一丈五尺，得三丈。又倍過絹三尺，得六尺。得綾長三丈六尺。却減過絹三尺，餘得三丈三尺。倍之，得絹長六丈六尺。合問。

又　米麥相和九斗半，走到街頭賣一貫。斗價相差十六文，請問先生怎地筭。

荅曰：米三斗一升二合五勺，每斗價錢一百一十六文，該三百六十二文半。
麥六斗三升七合五勺，每斗價錢一百文，該六百三十七文半。

法曰：置錢一貫，以米、麥九斗半除之，得麥斗價一百文，餘錢五十文。以差十六除，得米三斗一升二合五勺。以減相和，餘得麥六斗三升七合五勺。斗價一百，加差十六，得米斗價。各乘。合問。

又　卷六《均輸》
當年蘇武去北邊，不知去了幾周年。分明記得天邊月，二百三十五番圓。

荅曰：一十九年。

法曰：置月圓二百三十五，以周年十二月除之，得一十九年，不盡七，乃閏月也。合問。

明·徐心魯《盤珠筭法》卷二
當年蘇武去匈奴，不知去了幾多年。分明記淂天邊月，二百二十(人)[八]度圓。

荅曰：去了一十九年。

法曰：以二百二十(人)[八]度在位，以一年十二个月分之。用五因，六歸。合問。

又　巍巍古寺在深坑，不知寺内幾多僧。三百六十四隻碗，看看用尽不差争。三人共食一碗飯，四人共嘗一碗羮。請問先生明者筭，筭来寺裡幾員僧。

荅曰：計僧人六百二十四員。

法曰：以三百六十四隻碗在位，却以三併四，淂七数。以七歸歸之，淂五十二数。又以三四相乘，淂一十二数。再與五十二乘之，合問淂僧数。却以三歸，見飲碗。又以僧数四歸，見羮碗。

明·程大位《筭法統宗》卷一三《難題》　法曰：以三人，四人相乘，得一十二人。以乘總碗三百六十四隻，得四千三百六十八，爲實。另以三，四併之，得七，爲法。除之，得僧数。用三歸，得飯碗。用四歸，得羮碗。合問。

明·徐心魯《盤珠筭法》卷二
一個猪母十二妳，行一步時擺三擺。看看擺過九里崗，問君擺了幾多擺。

荅曰：一十一萬六千六百四十擺。

法曰：先以每里三百六十步乘之九里，淂三千二百四十步。又以十二妳，每步三擺乘之，淂每步就該三十(步)[六]擺。却與步数乘之。古法：以[每里]二百四十步在位，却以十二妳乘之，淂三十八萬八千八百擺。復用三歸，見数一十(一)[二]萬九千六百擺。其理依愚意推究不明，明者詳之。

又　三百六十一個缸，問君分作幾舡装。不要一船多一隻，不要一舡少一缸。

答曰：舡十九隻，每隻舡一十九缸。

法曰：因乘法上惟有三七二十一，去淂一隻零也。九九八十一，去淂一隻零也。但以十九舡在位，以十九舡乘之。合(間)[問]。

又 三部水車三人頭，四部水車四人頭。請問車水車君子，共該幾百幾十幾個車槌頭。

答曰：計一百個。

法曰：三部三人頭。每部淂槌十二個，共淂三十六個。又以四部四人頭，四四一十六個。却以四乘之，共淂六十四個。二数併之。合問。

又 鷄兎籠中不識数，三十二頭籠中露。筭来脚有九十四，幾个鷄兒幾个兎。

答曰：鷄一十七个，兎一十五隻。

法曰：以三十二頭，俱以四足乘之，淂一百二十八脚。内除去原脚九十四隻，止餘三十四足。五因，見鷄数。餘者兎也。

又 唐僧取經去西天，一去十萬零八千。每月行程(六)[七]十五，問君去了幾多年。

答曰：去了四年。

法曰：以十萬八千在位，七十五帰除，見一千四百四十日。復以每年作三百六十日，用六歸二遍。合問。

又 三寸魚兒九里溝，頭尾相連直到頭。試問魚兒多少数，請君問個筭因由。

答曰：計魚(九)[五]萬四千尾。

法曰：以九里在位，以每里三百六十步乘之，淂三千二百四十步。以每步五尺乘之，淂一十六萬二千寸。却以三帰，見魚。

率與比例算法部

率與比例概論分部

率

題解

《九章算術》卷二《粟米》 粟米 三國魏・劉徽注 以御交質變易。

粟米之法：

粟率五十　糲米二十七　粺米二十七　鑿米二十四
御米二十一　小䵂十三半　大䵂五十四　糲飯七十五
粺飯五十四　鑿飯四十八　御飯四十二　菽、荅、麻、麥各四十五
稻六十　豉六十三　飧九十　熟菽一百三半
糵一百七十五

《九章算術》卷一《方田》三國魏・劉徽注 凡數相與者謂之率。率知，自相與通。有分則可散，分重則約也。等除法實，相與率也。

又 凡母互乘子謂之齊，羣母相乘謂之同。同者，相與通同共一母也。齊者，子與母齊，勢不可失本數也。

又 其一術者，可令母除爲率，率乘子爲齊。

又 今欲求其實，故齊其子，又同其母，令如母而一。其餘以等數約之，即得知，所謂同法爲母，實餘爲子，皆從此例。

又 卷二《粟米》三國魏・劉徽注 凡此諸率相與大通，其特相求，各如本率。可約者約之。別術然也。

又 卷三《衰分》三國魏・劉徽注 凡所得率知，細則俱細，麁則俱麁，兩數相抱而已。

元・舒天民《六藝綱目》卷下 粟米：交質變易曰此御之。交質云者，交相質當。變易云者，變通貿易，米穀多寡求諸斗斛，布帛短長求諸丈尺，麻絲輕重求諸權衡，隨其貴賤曰交質焉，曰變易焉。謂粟米者舉其凡也注 質，音至執也，抵也。貿，音茂，轉易貨物也。

又 粟米法者，粟粗米鑿，其價貴賤不等也，故必高下其率曰推之。一作粟布，義亦同。曰見凡物貴賤皆然也，特舉粟米爲凡例耳。

又 鑿音作，一斛舂取九斗也。《左傳》作鑿。粺，毇也。鑿，精米也，與粺不同。

明・吴敬《九章算法比類大全》卷二《粟米》 率數：謂如粟求糲，以所求糲率爲乘，粟率爲除。又如糲求御，以所求御率爲乘，以糲率爲除。又如粟求糲，粟、糲各以分子者，令以各分母通之，以上內子，仍取前例，以所求糲率乘粟数爲實，以粟率数乘母爲法，除之。餘皆倣此。粟米輕重大小不等，故以折变之問，猶乘除方田爲題之意。

明・王文素《算學寶鑒》卷一一《粟米》 述古粟米率数：

粟率五十　稻率六十　糲率三十率當作米。
糲飯七十五　粺米二十七　粺飯五十四
鑿米二十四　鑿飯四十八　御米二十一
衔飯四十二　大䵂五十四　小䵂十三半
豉六十三　飧九十　糵一百七十五
菽、荅、麻、麦各四十五　熟菽一百三半

稻：道。　粟：俗。

糲：力葛切，音例。粝也。米十六斗爲一斛。又(音)[言](糙)[糙]米也。

鑿：作。精細米也。　飧：樂　糵：魚例切，音攝。《說文》：(牙)米[牙]。

粺：拜。　䵂：徒赤切。　飯：范。　衔：閑。

明・柯尚遷《數學通軌》第三《九章釋例》 二(田)[曰]粟米。古註以御交質變易。唐氏曰：物有以多而易寡，價有以貴而易賤，於是有粟米。則乘除、互換之間而多遂與寡相當，賤遂與貴相當，而數齐矣。以粟易米，則以粟率乘，以米率除。以米易粟，則以米率乘，以粟率除。以貴物易賤物，則以貴率乘，以賤率除。以賤物易貴物，則以貴率乘，以賤率除。凡物相易，皆以本率乘，以所易之物率除。謂之粟米者，因粟米以名諸物也。

明・周述學《曆宗算會》卷九《分法》 互分：差分、方程、盈朒、粟米總是一

分法也。物有多寡，價有貴賤。兩物相形，已知物之孰貴孰賤，各有定價矣。若使兩物總共若干，兩價亦總共若干，則兩物混雜。雖則兩物混雜，而總價固相差也。於是以價權物，則因價之貴賤而差之也。【略】如以物換物，以本物比價求之。或有權之以價率者，以本物價率相乘，爲價實。以換物價率爲法，除之，得所換物數。如各物率、價率求停價物數，以各價率互乘，得均價。各以價率除之，得各物。所謂彼此互換也。原以價易物入，今以價易物，以原物乘今價，以原價除之，得今物。以原價乘今物，以原物除之，得今價。如原以物換物，[又今以]物換物者，以本物比價求之，所謂新舊互換。[而原]以人率、日率、物率入，今以人率、日率、物率互相求者，以二今率相乘，以乘原本率爲實。以二原率相乘爲法，除之，得所求今數。如換物求再換，換物求轉換，與雇夫匠、船車之類，凡有新舊三率互入者，准此求之。所謂新舊重互換也，總以一價而易物。若二，若五，令其數均，只有各價率者，即以總價爲實，併各價率爲法，除之。如有各價率、各物率者，以各物率相乘，乘總價爲實。以各物率、價率互乘，併以爲法。除之，得均停物數，總曰一價而易物。若三，若五，令數各停，只有各價率、各停數者，亦以總價爲實。以停數乘各價，併以爲法，除之。如有各價率、各物率、各停數者，以物率相乘，乘價爲實。以各物率、價率互乘，又各乘停數，相併爲法，以除之，所得爲一停率。各以停數乘之，得各停物數。又各以物數爲列實，各以價率乘之，得各物價數。如總以一物而易物，若三，若五者，准此求之。又法：以各物率互乘求等，各以停數乘之，爲列衰。又求爲本率，併之爲法。以總物乘列衰爲實，實如法而一。不盡者，約之。所謂併率互換也。兩物各總而和價率求分其價，以本物數乘和價，爲實。併二物數爲[法，除之]，得換物價率。以減和價，餘得本物價率。兩物[和總而]各物率求分其物，以和物爲實。併二物率爲法，除之，得貴物數。以減和數，餘得賤物數。兩物和總各價率停數求物數，價率除和總，得停率。各以停數乘之。各物和價與和物各價求各價率，以和物和價相乘，四因各價減之，餘得賤物價率。以減和價，餘得貴物價率。新故和總與各物率求分物數，以新故和總相減，餘以故率乘之，爲實。以兩率相減，餘爲法。除之，得新物數。以減新和總，餘得故物數。所謂分率互換也。總價和物與各價較求各價率，以較乘差物率，爲實。以二物率相減，餘爲法。除之，得准物價率。以較減之，得差物價率。以准價率乘和物，減和價，餘爲差物實。以較爲法，除之，得差物數。以減和物，得准物數。總價各物與價較求各價率，以一項差乘第一差物，以二項差乘第二差物，相併，減和價，餘爲實。併各物數爲法，除之，得准物價率。各以差加之，得各差價率。總價總物與價較停數求物數價率，以各停數乘總物，爲列實。併停率爲法，各除之，得各物數。又各以差除之，相併爲法。以除總價，得准價率。又以各差除之，得各差物價率。二物各總與物較求較率，以物較減本物，餘爲實。以差物除之，得數。又以除較率，得所求較□數，所謂差率互換也。換物求貼換，以初換物率乘再換已得物數，以再換物率除之，准得初換物數。以減初換物率，餘得貼換物數。總價與牙率貼價求價率，置總價，以牙價物乘牙價率，除之，爲實。開平方除之，得總物。以總物除總價，得價率。總物與稅率貼價求價率，置稅率，乘貼錢，爲實。以已稅物乘稅率，減總物，餘爲法。除之，得價率。所謂貼率互換也。是互換之變雖無窮，而其法亦可謂曲盡矣。

明・程大位《算法統宗》卷四《粟布》 粟，是米也。布，是錢也。以粟、稻等率求米之精粗，以斛斗求粮之多寡，以丈尺求帛之長短，以斤兩求物之輕重，以御變易。

又 諸數率數：此若粟換稻，置粟，以稻率乘之，爲实。以粟率爲法，除之，得稻。今率不一，姑記之，餘倣此。

粟率五十　稻率六十　糲率三十　糲飰七十五
粺米二十七　御米二十一　御飰四十二　粺飰、大麵各五十四
小麵十三半　糳米二十四　豉六十三　蔴、麥、菽各四十五

清・梅文鼎《筆算數學》 異乘同除曰：以先有之數，知今有之數，兩兩相得，是生比例，莫善於異乘同除，乃古九章之樞要也。先有者二，今有者一，是已知者三，而未知者一，用三求一，故西法謂之三率。異者何也？言異名也。同者何也？言同名也。假如以粟易布，則粟與粟同名，布與粟爲異名矣。何以爲異乘同除也？主乎今有之物以爲言也。假如先有粟若干，易布若干。今復有粟若干，將以易布。則當以先所易之數例之，是先易之布與今有之粟異名也，則用以乘，是謂異乘。若先有之粟與今有之粟同名也，則用以除，是謂同除。皆用以乘除今粟。故曰主乎今有以爲言也。置今有粟，以異名之布乘之爲實。再以同名之粟爲法除之，是皆以今粟爲主，而以先有之二件乘除之也。【略】

又曰：問何以不先除後乘？曰：以原總物除原物總價，則得每物之價。以

乘今有總物，亦可得今有之總價。然除有不盡，則不可以乘。故變爲先乘後除，其理一也。

又重測法曰：三率有疊用兩次者，謂之重測。即兩箇異乘同除。

又併乘除法曰：以兩次乘除併而爲一，是合兩三率爲一三率也，即古法之同乘同除。古以併乘爲異乘同乘，以併除爲異除同除。今乘除俱用併法，故謂之同乘同除也。

又變測法曰：古謂之同乘異除，在三率謂之變測，即《幾何原本》之互視法也。凡異乘同除皆以先有之一率爲法，即首率。以先有之又一率乘今有之一率爲實，即二率、三率相乘。若同乘異除，則反以今有之一率爲法，《同文算指》列於第三，今依法實之序，定爲首率。以先有之兩率自相乘爲實，《同文算指》列於第一、第二，今定第二、第三。雖亦以法除實，得今所求之又一率，即四率。與諸三率同，而法實相反，故曰變測。

清・陳世明《數學舉要》卷四《粟布》 粟布名義：凡以物交易，或論箇，或論斗，論尺，論斤之類，莫不有數，有價。以價乘共物，則得共銀。以價除共銀，則得共物。以共物除共銀，則得每一物所值之價。以共銀除共物，則得每銀一兩或一兩，或一錢。所值之物。要之，總不外乎異除同乘、異乘同除諸法也。諸率之外，又有所謂遞乘、維乘、互求、遍乘者。如有甲、乙、丙三率，以甲乘乙，以乙乘丙，曰遞乘。以甲乘乙，以乙乘丙，復以丙乘甲，曰維乘。以甲乘乙，復以乙乘甲，曰互求。以甲乘乙，復乘丙，曰遍乘。

四率通分

題解

清・陳世明《數學舉要》卷一《異乘同除法》 四率互求式：四率者，以先有之三件，用二三率相乘爲寔，以一率爲法，除之，而得所不知之第四件，爲四率。故四率爲所求之數。其先有之三件，乃所以乘之數，即異乘同除之法而顯明之者也。

綜論

清・何夢瑶《算迪》卷一 四率比例：凡乘、除並用，則有四率相爲比例，而有正比例、轉比例之分。

清・劉彝程《九章實義》卷一上《論比例》 比例定位：初學算者，往往於乘除所得，但知其數而不知其位。欲知位之大小，專在識首、末二位。其首、末二位，爲單，爲十，爲百，爲千不等。欲知其詳，可以比例定之。定位之法不在定其末位而在首位。首位定，則全數皆定矣。如有：

一率：五百十二。二率：六十四。三率：三千二百十六。

固知求得四率爲四〇二。但首位之四，未知爲何數。然細玩一率之於二率，其大略係五百變作六十，乃數略增大而降一位，可知三率之於四率，亦必數略增而降一位。所以求得之四〇二，其首位之四，必照三千降一位。即知四率全數爲四百零二也。又如：

一率：五千一百二十。二率：六十四。三率：六百八十。

細玩一率之於二率，大略係五千變作六十，乃數增而降二位。可知三率之於四率，亦必數略增而降二位，所以求得之八五。其首位之八，必照六百降二位。即知四率全數爲八箇半也。

又 比例定除得數位：凡除法所得，欲知位之大小，亦可以比例定其首位。如有法爲五百十二，實爲六萬五千五百三十六，則先排作一、三率，而增單一爲二率。如：

一率：五百十二。二率：一。三率：六萬五千五百三十六。

細觀一率，係三位之數。一率之於二率，係三位變作一位，可知三率係四位者，其四率必變作二位。三率係五位者，四率必變作三位。今三率之數恰係五位。而首二位微大於一率之五，則知所得四率必爲三位，而首二位亦微大於二率之一。故求得四率一二八，定爲百二十八也。

假如法仍如前，實爲三萬二千七百六十八，則如前排作：

一率：五百十二。二率：一。三率：三萬二千七百六十八。

一率之於二率，既三位變作一位，則三率之於四率，必五位變作三位。而三率首位小於一率首位之五，可知所得四率應爲二位，而其首位又必小於二率之一，勢必降而爲二位。故求得四率六四，定爲六十四也。總之，欲定除得數之首位，可以法之位數，量實之位數，自末位量起，所餘之位，即爲單一所升之位。如以法之五一二，量實之六五五三六。齊其末位，則上餘二位，即知除得數之一二八。其首位之一必比單一升二位而爲一百也。若三率首位小於一率首位，則四率須視此更降一位。

又 比例定乘得數位：凡乘法所得，欲知位之大小，亦可以比例定其首位。如有乘法二數爲五六七與一二三〇，可將此二數先排作二、三率，而增單一爲一率。如：

一率：一。二率：五百六十七。三率：一千二百三十。

細觀一率爲單一，二率首位爲百。一率之於二率，係進二位而增大，可知三率之於四率，亦必進二位而增大。故求得四率六九七四一。首位之六，必照三率之千而進二位，可知其六爲六十萬，即知其全數必爲六九七四一〇。末位之圈係單位。若所設三率在右三率二倍或三倍以上，則求得四率亦必在右四率二倍或三倍以上，可知首二位必在百萬以上，是照三率進三位也，比應進之位，更增一位。

又 附以諸法定乘得數位：若不用比例，而欲定位之大小，亦可以原有兩位相加得之。一法視原兩數之首位相乘而呼「十」者，則以原兩數之位相加，爲乘得數之位。二法視兩數首位相乘而呼「如」者，則以原兩數之位相加復減一，爲乘得數之位。三法若兩數首位相乘，雖屬呼「如」，而乘得數之首位以下，其數甚巨，必至滿其首位而更進一位。如是則仍以兩原位相加，爲乘得數之位，即仍與一法同。

假如有兩數爲三四五，四五六。此兩數皆爲三位，而兩首位相乘，係呼「三四得十二」。既呼「十」，則以兩箇三位相加，得六位。故知乘得數必爲一五七三二〇。又如有兩數爲四五，六七八〇。此兩數一爲二位，一爲四位，而兩首位相乘，係呼「四六得二十四」。既呼「十」，則以二位與四位相加，亦得六位。故知乘得數必爲三〇五一〇〇。以上皆用第一法。

又如有兩數爲二三四，三二一〇。此兩數一爲三位，一爲四位。而首兩位相乘，係呼「二三如六」。既呼「如」，則以三位與四位相加得七位，復減一位，得六位。故知乘得數必爲七五一一四〇。以上係用第二法。

又如有數爲二三四，四三二一。此兩數一爲三位，一爲四位。而首兩數相乘，係呼「二四如八」。既呼「如」，則仍應兩位數相加，復減一而得六位。但乘得數之首位以下，數滿而進於首位，首位復滿而更進一位，是仍與三位加四位而得七位者同。故知乘得數爲一〇一一一一四。以上係用第三法。

此外尚有一法，可以原有兩末位相乘，定得末位爲何數，則全數之位皆定。

假如有兩數爲三四，二三四，則以兩末位相乘，爲「四四得十六」。故知乘得數之末位爲單數，而其全數爲七九五六。誌點之位爲單位。又如有兩數爲三四〇，三四五〇，則以此兩末位相乘，爲四十與五十相乘，得二千，故知乘得數之末位爲千，而其全數爲一一七三〇〇〇。又如有兩數爲二·三，二三四·五六，則以右末位之三與左末位之四相乘，爲「三四得十二」。乃誌定所得之二爲單位。此位定，則全位皆定，故知乘得數爲五三九四·八八。

若原有兩數皆爲單位以下之小數，而欲定乘得數之位，則其與前數法相反。前法論位係由單位而上溯，此法論位則由單位而下溯。下溯而計其位之多寡，即能定乘得數之位。惟須兼用前二法，先以兩原位相加，復以兩末位相乘，視其呼「如」、呼「十」而定之。一法：如係呼「如」，則以兩原位相加，復減一位，即得。二法：如係呼「十」，則以兩原位相加，復減二位，即得。三法：如係呼「十」，而十下尚帶零數，則以兩原位相加，復減一位，即得。是仍與一法無異。

假如有兩數爲〇·〇二，誌點之位爲單。〇·二三，位「·」其下爲小數。則以三位加三位，得六位，而兩末位相乘，係呼「二三如六」。既呼「如」，則於六位中減去一位，而得五位。故知乘得數爲〇·〇〇四六。以上係用第一法。

又如兩數爲〇·三四，〇·三四五，則以三位加四位，得七位，而兩末位相乘，係呼「四五得二十」。既呼「十」，則以七位中減去二位，而得五位。故知乘得數爲〇·一一七三。以上係用第二法。

又如兩數爲〇·二三，〇·三四五，則仍以三位加四位，得七位，而兩末位相乘，係呼「三五得十五」。雖呼「十」，而十下又帶有五之零數，則於七位中僅減一位而得六位，故知乘得數爲〇·〇七九三五。

又 比例中備乘、除加減法：凡四率式可任取一數乘除，其一、二率爲一、二率，或乘除其一、三率爲一、三率，而求得四率不變。

如有四率式：四，六，八，十二。可任取三，乘其一、二率，得十二，十八，八，十二。或取二，除其一、二率，得二，三，八，十二。又可任取三，乘其一、三率，得十二，六，廿四，十二。或取二，除其一、三率，得二，六，四，十二。

凡四率式，可以一、二率相加減爲一率，三、四率相加減爲三率，二、四率仍如故。或一、三率相加減爲一率，二、四率相加減爲二率，三、四率仍如故。而求得四率不變。

如有四率式四，六，八，十二，可以一、二率相加，三、四率相加，如法得十，六，二十，十二。或以一、二率相減，三、四率相減，如法得二，六，四，十二。又可以一、三率相加，二、四率相加，如法得十二，十八，八，十二。或以一、三率相減，二、四率相減，如法仍得四，六，八，十二。

凡四率式，可任取一數乘除其二、四率爲二、四率，或乘除其三、四率爲三、四率，則求得四率數變，而比例仍合於理。

如有四率式四，六，八，十二。可取三乘其二、四率，得四，十八，八，卅六。或取三，除其二、四率，得四，二，八，四。又可任取二，乘其三、四率，得四，六，十六，廿四。或取二，除其三、四率，得四，六，四，六。

凡四率式可以一、二率相加減爲二率，三、四率相加減爲四率，一、三率仍如故。或一、三率相加減爲三率，二、四率相加減爲四率，一、二率仍如故，則求得四率數變，而比例仍合於理。

如有四率式四，六，八，十二，可以一、二率相加，三、四率相加，如法得四，十，八，二十。或以一、二率相減，三、四率相減，如法得四，二，八，四。又可以一、三率相加，二、四率相加，如法得四，六，十二，十八。或以一、三率相減，二、四率相減，如法得四，六，四，六。

觀以上諸理，可見比例式皆可化爲另式，而化得式仍與理合。

算法

清・陳世明《數學舉要》卷一《異乘同除法》　原有米一十二石，價銀九兩六錢。今有米三十六石，問共價若干。

答曰：二十八兩八錢。

依術列而求之：

一率　原米一十二石爲法。
二率　原價九兩六錢　相乘爲寔。
三率　今米三十六石
四率　今價二十八兩八錢得數。

率以原有之三件審定其率，先分其前後。如前數，以原有之米與價爲前兩率，今有之米與所求之價爲後兩率。再審其同異，今米與原米爲同名，則存前兩率内之原米，以爲除法，即定之爲一率，而異名之價自當爲二率矣。後兩率内止有今米，即定爲三率，則所求得者爲四率矣。

今以二率原價九兩六錢與三率今米三十六石相乘，得三百四十五兩六錢，爲寔。以一率原米一十二石爲法，除之，得今價二十八兩八錢，爲四率，與前異乘同除之數同。

又　又如有米四石，價銀六兩。今有米八石，問共價銀若干。

答曰：一十二兩。

一率　原米四石爲法。
二率　原價六兩　相乘爲實。
三率　今米八石
四率　今價一十二兩得數。

術：爲以原米比原價，若今米與今價也。凡言以比若與者即四率之比例也。原價六兩與今米八石異名，即定之爲二、三率，相乘，爲寔，得四十八兩。以同名之原米四石爲法，除之，得今價一十二兩，爲四率。以四比六，爲一倍有半。以八比于四，爲加倍。以一十二比六，亦爲加倍。是其數雖不同，而比例則等也。又二、三相乘與一、四相乘等積，如術内二、三率相乘得四十八，以一率與四率相乘亦得四十八，故曰其積等也。

又　又如有勾股形原股長三十六尺，原勾濶二十七尺。今截其股長一十二尺，問勾濶若干。

答曰：截勾濶九尺。

一率　原股長三十六尺爲法。
二率　原勾濶二十七尺
三率　截股長一十二尺
四率　截勾濶九尺得數。

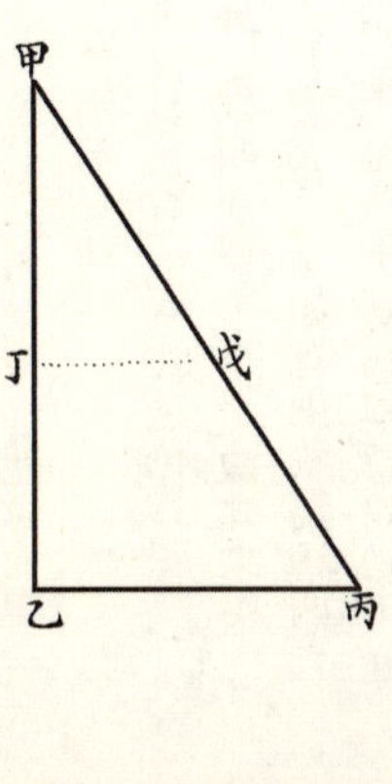

如圖，甲乙丙爲原有之勾股形，甲丁戊爲截形。原有甲乙股長三十六尺，即有乙丙原勾濶二十七尺。今有甲丁截股一十二尺，則有丁

戊截勾濶九尺。此爲原股比原勾，若截股與截勾也。此後凡言以者爲一率，比者爲二率，若者爲三率，與者爲四率。

術：以二率原勾濶二十七尺與截股一十二尺相乘，得三百二十四尺，爲實。以一率原股長三十六尺爲法，除之，得截勾濶九尺，爲四率。長與濶爲異名，故以原勾爲二率，截股爲三率，則用以乘長，與長爲同名，故以原股爲一率用，則以除後。再更互求之，以明其比例。

術：以大勾比大股，若小勾與小股也。

一率　原勾濶二十七尺爲法。
二率　原股長三十六尺　相乘爲寔。
三率　截勾濶九尺
四率　截股長一十二尺得數。

術：以小股比小勾若大股與大勾也。

一率　小股一十二尺爲法。
二率　小勾九尺
三率　大股三十六尺　相乘爲寔。
四率　大勾濶二十七尺得數。

術：以小勾比小股，若大勾與大股也。

一率　小勾九尺爲法。
二率　小股一十二尺
三率　大勾二十七尺
四率　大股長三十六尺

右勾股比例。其同名異名最爲易曉，故設數以明之。然錯綜變化猶有未盡者，後再衍之。

術：以大股比小股，若大勾與小勾也。

一率　大股三十六尺爲法。
二率　小股一十二尺
三率　大勾二十七尺　相乘爲寔。
四率　小勾濶九尺得數。

術：以大勾比小勾，若大股與小股也。

一率　大勾二十七尺爲法。
二率　小勾九尺
三率　大股三十六尺
四率　小股長一十二尺

術：以小勾比大勾，若小股與大股也。

一率　小勾九尺爲法。
二率　大勾二十七尺
三率　小股一十二尺　相乘爲寔。
四率　大股長三十六尺

術：以小股比大股，若小勾與大勾也。

一率　小股一十二尺爲法。
二率　大股三十六尺
三率　小勾九尺
四率　大勾二十七尺得數。

凡四率之法，皆可以遞互相求也。故不憚更互錯綜，以顯其理。至欲辨其法、寔，第于先後同異中求之，無不得也。其該以今有之，已知者常爲三率。察先有之物異名者，恒爲二率待算而後知者，必四率矣。

又　**卷六《諸分》**　四率通分：假如有粟易布，原以每粟六分石之二易布五分疋之三。今有粟一石又三分石之二，問易布若干。

荅曰：三疋。

術：以四率法先算其分母，得數爲法。凡整数皆通爲零数，方可算。次以四率法算其分子，得數爲寔。以法除寔，即得所求。如法大寔小，不足除者，則命分之。

一率　六分石之二
二率　五分疋之三
三率　一石又三分石之二　先以三通一，仍得三。加二，得五。
四率　五分疋又七十五

又重列之：

一率　六分
二率　五分
三率　三分
四率　二分　以二五收七十五，得三疋，即所求。

又如以銀換金，每銀二兩又三分兩之二換金丸分兩之二。金有銀六分兩之四。問换金若干。

荅曰：一十八分兩之一。

一率　三分

二率　九分

三率　六分

四率　一八　母數一十八。

又重列之：

一率　之八

二率　之二

三率　之四

四率　之一

又如有穀一石價二十七分兩之十六。今有穀四分石之三，問價若干。

荅曰：九分兩之四。

一率　四分

二率　二十七分

三率　四分

四率　十六　母數二十七，約之爲九。

又重列之：

一率　四分

二率　十六

三率　三

四率　一二子数得一十二，約之，爲四。

除之不盡，故不必(除)用[除]。約法：以二十七爲九，以一十二爲[四]。是爲九分兩之四。其價則四錢四分四厘，不盡也。

清・劉彝程《九章實義》卷一下《以比例運九章》　比例運粟布：今有米七百六十石，欲换豆。每米五斗换豆七斗，問該换幾何。

答：一千〇六十四石。

法：定米七六〇〇爲所有數，换得之豆爲所求數，即得四率式：彼米五，既换豆七，此米七六〇〇，必换豆一〇六四〇。

又　假如白羅一丈七尺五寸，易顏色作染，可染得紅羅六丈二尺五寸。今有羅六十七丈五尺，問内抽出作染羅、及染得羅各幾何。

答：抽出羅一四七六．五六二五，染得羅五二七三．四三七五。

法：[先]定六七五．〇爲所有，即爲三率。所問二件即爲所求。各爲四率，此一定有求也。次命六七五．〇爲共羅，抽出羅爲色羅，染得羅爲紅羅，此二立名目也。名目取其簡而易呼，故以一二字爲便。次以一七五與六二五相并，得八丈，亦爲共羅。即得兩箇四率式：

彼共羅八〇〇

既得彼色羅一七五　彼紅羅六二五。

此共羅六七五．〇

必得此色羅一四七六．五六二五　此紅羅五二七三．四三七五。

同用一、三率，各用一箇二率，即得各四率。

又　設如有米三百五十石，每石價銀六錢五分，脚銀五分。因無現銀，即將原米抽出，照米價准償脚力。其抽出之米爲脚米，餘爲主米。問主、脚米各幾何。

答：主米三百二十五石，脚米二十五石。

如前，先以三五〇爲所有，即爲三率，以所求爲四率。次命三五〇爲共米，所求爲主米及脚米。又命六錢五分爲主價，五分爲脚價。以主價、脚價相并，得七錢，爲共價。即得兩箇四率式：

彼共價七〇

既得彼主價六五　既得彼脚價五，

此共米三五〇

必得此主米三二五　必得此脚米二五。

各用一箇二率，即各得四率。

又　設如原借人布，長二百四十八尺，濶二尺一寸。今將狹布濶一尺八寸六分者還之，但令面積相等，問該長幾何。

答：長二百八十尺。

此等題，若照彼長既得彼濶，此長必得此濶之理，則大相矛盾。蓋面積既等，則彼長小，濶必反大。此長大，濶必反小。既呼「反」字，即知此爲反比例。反比例不宜加彼、既、此、必字様，但令彼長、濶相乘等於此長、濶相乘，即自得其排法。故應以原有長、濶爲二、三率，今有之濶爲一率，則得四率式：濶一八六，長二四八〇〇。濶二一〇,長二八〇〇〇。若所借之布同前,而所還之布,但知長二百八十尺,求其濶,則得四率式:長二八〇〇〇,長二四八〇〇。濶二一〇,濶一八六。蓋倒置前式一、四率即爲後式一、四率。因二、三率相乘既等於一、四率相乘,則以一率除之,必得四率。四率除之,必得一率也。

又 設如以秤稱銀,稱桿不足。將砣上加四兩稱之,得二百兩。但知原砣重八兩,問銀實重幾何。

答:三百兩。

命桿上各星距提線之數爲距,命砣爲重。因桿欲適平,則重小者距必反大,重大者距必反小。故知戥秤諸題,皆爲反比例。此題二百兩,係桿上星數,應命爲距。砣八兩,加四兩,得十二兩,應命爲重。須令大重乘小距,等於小重乘大距,故得四率式:

小重八

大重一二

小距二〇〇

大距三〇〇

又 設有銀大、小二錠,繫於桿之兩端。大錠距提線四兩,小錠距提線六兩,桿適平。但知二錠共重十五兩。問大、小錠各重幾何。

答:大錠重九兩,小錠重六兩。

命六兩爲大距,四兩爲小距,十五兩爲共重。四兩、六兩相并,得十兩,爲共距,即得兩箇四率式:

共距一〇

共重一五

小距四　　大距六。

小重六　　大重九。

同用一、二率,各用一箇三率,即各得四率。

又 今有足色銀三十五兩二錢,欲傾作八八色,問傾得銀及用銅幾何。

答:傾得低銀四十兩,用銅四兩八錢。

八八色者,乃每一兩內有八錢八分足銀。可知入銅一錢二分,即得低銀一兩。故得兩箇四率式:

彼足銀八八　　彼入銅一二。

既得彼低銀一〇〇

此足銀三五二〇

必得此低銀四〇〇〇　　此入銅四八〇。

各用一箇二率,即得各四率。

又 設如足色銀七兩六錢五分,傾作低銀九兩,問色幾何。

答:八五色。

何謂色?乃每一兩內有足色銀若干。凡求色之題,皆以一兩爲所有數,即爲三率。以一兩內有足銀若干爲所求數,即爲四率。故得四率式:彼低銀九〇〇,既得彼足銀七六五。此低銀一〇〇,必得此足銀八五,求得八錢五分,爲一兩低銀內所函足銀,亦即所求色也。

藝文

明·程大位《算法統宗》卷四《粟布》 粟布歌:穀爲糙米要須知,法實分明莫亂題。米爲實数穀爲法,以法除之更不疑。若言糙米爲白米,糙法白實以除之。要將易換貴求賤,乘來除去不差池。

又 官粮帶耗歌:官粮帶耗在其中,一石例加七升同。要見正米減去七,隔位除之法更隆。

異乘同除(比例)分部

題解

宋·楊輝集《續古摘奇算法》卷下 互換:謂入新粟,出舊粟。《九章》名粟米。

明·程大位《算法統宗》卷一　異乘同除者，謂先應除法而後用乘法者。其除法多有畸零不盡之数，則何由而用乘法乎？故變法而先用乘法，然後用歸除。雖有畸零数之不盡者而可命之，故曰異乘同除。至于精奥，其變通之大術矣。

清·陳世明《數學舉要》卷一《異乘同除法》　異乘同除法：異乘同除者，即四率之比例也。其理精，其用博，乃算術之樞要也。異乘者，其名異。同除者，其名同也。如以粟易布，則粟與粟爲同名，布與粟爲異名矣。設先有粟若干，易布若干。今復有粟若干，將以易布，則必以先所易之數爲例，以比今之所易。是先有之布與今有之粟異名也，則用以乘，是爲異乘。若先有之粟與今有之粟同名也，則用以除，是爲同除。法當以原總物除原總價，則得每物之價。以乘今有之物，即得今有之價。然除有不盡，則不可以乘，故不先除而後乘，轉變而爲先乘後除也。或有以爲先有之兩數與今有之兩數大小懸殊多寡不一，何以異乘同除而今得數耶？而不知兩數相形則比例生。比例者，或大若干，或小若干，乃兩數相比之差數也。有兩數于此，又有兩數于此，數雖不同而其各有相差之比例同，謂之比例等。或兩小數相等，又有兩大數相等，是謂相等之比例。故數雖有大小，其相等之比例均也。又或兩小數相差三倍，又有兩大數亦差三倍，是謂三倍之比例。又或兩小數相差一倍有半，又有兩大數亦差一倍有半，是謂一倍有半之比例。故雖有大小，而其相差之比例則均也。法詳于後。

列位式

原物　一　原價　原物與今物同名以除

今物　異乘　今價　原價與今物異名以乘

古之異乘同除圖

清·王鑒《算學啓蒙述義》　案：《九章》今有術即異乘同除，西人名爲比例法。以今有數乘所求率，爲實。以所有率爲法。除之，得所求數。西法立比例之名，最爲切近，要皆本於今有術。《幾何原本》載四率圖，頗能闡其理。《梅氏叢書》亦採其説，今特録之以見中西之合轍也。

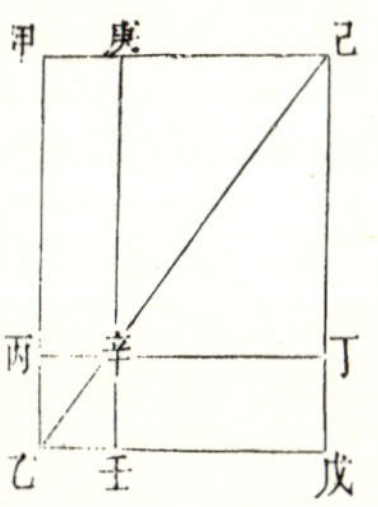

如圖甲己戊乙長方形，自己至乙作斜線，分爲兩句股形。又作丙丁線，截斜線於辛。又作庚壬線，與丙丁線相遇於辛。凡長方形於斜線上作縱横線，分原形爲四：其在斜線上之二方形必爲同式，亦必與原形同式。其餘二方形必同積同式，則兩形之線皆可以互得。設有己丁線、辛丁線、辛壬線，求辛丙線。則以己丁爲所有率，辛丁爲所求率，辛壬爲今有數，求得所求數辛丙。蓋以辛丁乘辛壬，以己丁除之，得辛丙也。夫辛丁乘辛壬，得辛丁戊壬形。此形與甲庚辛丙形同積，故庚辛除之，得辛丙庚辛，即己丁也。何以知其同積也？甲己戊乙原形，自己至乙剖之，成兩句股形。其式同、其積同，不待言矣。其庚己辛形同於丁己辛形，丙乙辛形同於壬乙辛形，不待言矣。然則辛丁戊壬形非等於甲庚辛丙形，而何故得其三線可以知其四彼此皆可互求？兹所設特舉一端而言耳，以下諸問皆不外此。

清·徐鳳誥《算學啓蒙通釋》　按：《九章》「今有」註云：此都術也。凡九數以爲篇名，可以廣施諸率，舉一隅而三隅反者也。誠能分詭數之紛雜，通彼此之否塞，因物成率，審辨名分，平其偏頗，齊其參差，則終無不歸於此術也。西法云「比例」，《九章》云「今有」。平弧三角八線等法皆比例，即皆今有。後人謂之異乘同除。其爲用亦大矣。

清·吴嘉善《白芙堂算書廿一種·九章翼·今有術》　曰：今有術即今之四率比例，亦曰異乘同除法。術曰：以今有數乘所求率，得數爲實。

清·勞乃宣《古籌算考釋》卷二　今有：【略】今有一法，爲九數之都術，古謂之今有。宋人算書謂之互易互换，元明以來謂之異乘同除，西人謂之三率準測法，亦曰比例，亦曰四率比例，亦曰正比例。古所謂所有數與所求率，比例之二率、三率也。古所謂所有率，比例之首率也。二、三兩率相乘，首率除之，得四率，爲所求數。此今有之正法也。

清·黄慶澄《算學報》　比例之法，門類頗繁，綜其大旨，括以二説：一曰一四率相乘、二三率相乘等也。一曰前率度前率、後率度後率等也。

又曰：正比例以原有之兩項爲一率、二率，以今有之一項爲三率，今所求之一項爲四率。轉比例以原有之兩項爲二率、三率，今有之一項爲一率，今所求之一項爲四率。此兩比例之所以别也。

又曰有異項之比例，有共項之比例。如前題，田若干畝，糧若干斗，田自田，糧自糧，故曰異項之比例。如此題，若干長，若干濶，均就田言之，且即就一處之田言之，故曰共項之比例。此又兩比例之所以别也。

綜論

《九章筭術》卷一《方田》三國魏・劉徽注 方以類聚，物以羣分。數同類者無遠。數異類者無近。遠而通體知，雖異位而相從也。近而殊形知，雖同列而相違也。然則齊同之術要矣：錯綜度數，動之斯諧，其猶佩觿解結，無往而不理焉。乘以散之，約以聚之，齊同以通之，此其筭之綱紀乎。

又 卷二《粟米》三國魏・劉徽注 今有術【略】此都術也。凡九數以爲篇名，可以廣施諸率，所謂告往而知來，舉一隅而三隅反者也。誠能分詭數之紛雜，通彼此之否塞，因物成率，審辨名分，平其偏頗，齊其參差，則終無不歸於此術也。

宋・楊輝《詳解九章筭法・纂类》 以匹丈斗石斤兩爲率求者亦是互换。

又 互换機軸全要識題之主意，明入出之所用主意，謂本有之總數入者，謂今求之率用乘總數，以爲實。出者乃舊有之率，即是比附之數，可出之爲除也。

清・劉彝程《九章實義》卷一上《論比例》 比例淺説：算學門徑雖多，惟除開方外，無不藉乘除爲用。古人但言乘除法，使人記憶，絶不言法所自來。邇來比例之法大明，無論何題，皆可由比例而得其理。理得而乘除之法處於不得不然，是比例爲算學第一要務。何爲比例？乃以已知二件爲例，而以今有之件與欲求之件比之，如已知二件爲甲與乙，今有之件爲丙，則可云甲與乙比若丙與丁比。乃依次命甲爲一率，乙爲二率，丙爲三率。求得四率可命曰丁。故比例法，即四率法也。比例之理，深淺懸殊。深者不易解，初學入門，宜自淺近始。茲設淺説如左。

學比例先須學排四率之法。排得四率，然後以二率與三率相乘，復以一率除之，即得四率，亦即所求數。

假如有已排得四率式，如一率：原有錢六文。二率：買物三枚。三率：今有錢十八文。四率：買物九枚。則以二率三與三率十八相乘，得五十四。復以一率六除之，得九，爲四率數，即所求數。以下凡遇四率式，乘除之法皆準此。故人但能排得一、二、三率，如法乘除之，即得四率。惟初學僅能算得排成之四率，若欲自排，則茫無端緒。故學比例，須先學排法。不善排者，由於未握其要。茲設虚字冠首之法，以彼即此必四虚字，冠四率之首。依此四字排之，自覺有徑可循，不致紊亂。假如已知有若干物，買若干錢。今有物求錢，或有錢求物，則設比例：一率：彼物。二率：既值彼錢。三率：此物。四率：必值此錢。或一率：彼錢。二率：既買彼物。三率：此錢。四率：必買此物。

如已知原有之物爲三，原有之錢爲六，今有之物爲九，而求其錢。或今有之錢爲十八，而求其物。則設四率如：

一率：彼物三。二率：既值錢六。三率：此物九。四率：必值錢十八。

或如：

一率：彼錢六。二率：既買物三。三率：此錢十八。四率：必買物九。

但依此四虚字排之，則四率之序，自與理合。排畢，依常法以二、三率相乘，一率除之，即得四率。此外有專宜乘法，或專宜除法之題，似可不籍四率爲用。然不借逕四率，則不知何者宜用乘法，何者宜用除法。即知其宜用除法，亦不知何者宜爲法，何者宜爲實。故人欲善用乘除，亦須以四率排之。排畢，方知宜專用乘法，或專用除法也。如已知某物六枚，值錢一文。今有八文，求物數。則設比例如：

一率：彼一文。二率：既買六枚。三率：此八文。四率：必買四十八枚。

此題一率係單一，以一爲除法，與不除等。故但以二、三率相乘，而不須除法。此即專用乘法之題。然倘不以四率排之，何以知其宜用乘法也？又如已知某物六枚，值錢一文。今有物四十八枚，求錢數。則設比例如：

一率：彼六枚。二率：既值一文。三率：此四十八枚。四率：必值八文。

此題二率係單一，以一乘三率，與不乘等。故但以一率除三率，而不須二、三率相乘。此即專用除法之題。然倘不以四率排之，何以知其宜用除法，且何以知其六宜爲法，四十八宜爲實也。總之，無論何題，或專宜乘法，或專宜除法，或宜乘除兼用，皆須以四率排之，其公理不外：

一率：彼少物。二率：既得少錢。三率：此多物。四率：必得多錢。

或

彼多物，既得多錢。此少物，必得少錢。

又

彼少錢，既得少物。此多錢，必得多物。

或

彼多錢，既得多物。此少錢，必得少物。

但須一、二、三率皆有實數，則四率亦能求得實數。不獨此也，凡遇有形可據能繪圖者，縱不知其實數，但能識得比例，即可定其所求。如圖

一率　彼小濶甲乙。　又　彼小濶甲乙。
二率　既得小高戊乙。　既得小斜甲戊。
三率　此大濶甲丙。　此大濶甲丙。
四率　必得大高丁丙。　必得大斜甲丁。

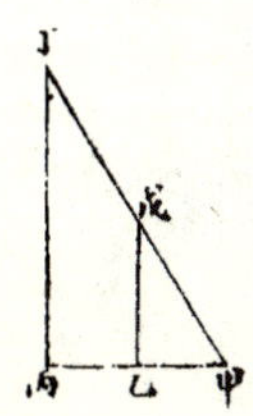

又

彼小濶，甲乙。既得小斜。甲戊。此大濶，甲丙。必得大斜。甲丁。

右所設皆極淺比例。若遇稍難之題，須另以訣御之。其訣維何？約有五要：曰：一，定有求。二，立名目。三，加彼此。四，借一率。五，作一率。定得孰爲所有，孰爲所求，則有者定爲三率，求者定爲四率。前三要乃尋常比例，後二要可馭較難之題。用法均見「比例」下卷。若遇四率式中，其三率之數，偶同於二率，則以二率自乘，無異二、三率相乘。故可命一率爲首率，二率爲中率，四率爲末率。則以中率自乘，首率除之，必得末率。仍無異於二、三率相乘，一率除之得四率也。以首、中、末率命名，是爲三率比例。

假如已知四文買物六枚，今有六文，求物數。則先設四率式，如：

一率：彼錢四文。二率：既買六枚。三率：此錢六文。四率：必買九枚。

復改爲三率式，如：

首率四，中率六，末率九。

三率比例，亦名連比例。蓋四率比例，僅能以三件求一件。而三率比例，則能由二件，連求得無窮件。如已知首率爲四，中率爲六，欲求至多率，可仍命首率爲一率，中率爲二率，依比例理，彼一率既得二率，此二率必得三率。又，一率既得二率，則三率必得四率。又，一率既得二率，則四率必得五率。由是遞求，可得：

一率：四。二率：六。三率：九。四率：十三·五。五率：二十〇·二五。六率：三十〇·三七五。

如欲再求六率以往，可得無窮率，故謂之連比例。

算法

秦簡《數》　以米求麥，倍母三𧶠。　以麥求米，三母倍𧶠。　以粟求麥，十母九𧶠。　以麥求粟，九母十𧶠。　以米求粟三母五𧶠。　以粟求米五母三𧶠。　以粺求米九母十𧶠。　以米求粺十母九𧶠。　以粺求粟，廿七母五十𧶠。　以粟求粺，五十母廿七𧶠。　以毁求米，八母十𧶠。　以米求毁，十母八𧶠。　以粺求毁九母八𧶠。　以毁求粺八母九𧶠。　以稻米求毁粲米三母倍𧶠。　以毁米求稻米倍母三𧶠。　以粟求毁，五十母廿四𧶠。　以毁求粟，廿四母五十𧶠。　粟一升爲米五分升三。　米一升爲粟一升大半升。

又　米一升少半升，爲粟二升九分二。　米一升少半升，爲粟三升十八分升一。　米一升大半升，爲粟三升十八分升十一。　米一升大半升四分升一，爲粟[四升卅六分升一]。　粟一升爲米五分升三。　粟一升少半升爲米五分升四。　粟一升大半升爲米一升。　粟一升少半升爲米一升十分升一。　粟一升大半升爲米一升十分升三。　粟一升少半升四分升一爲米一升四分升一。　粟半升爲米十分升三。　米半升爲粟少半半升。　麦少半升爲米九分升二。　麦半升爲米九分三。　[麥少]半升爲米九分升二。　麥半升爲米九分升三。　米半升爲麥四分升三。　米少半升爲麥半升。　麥一升爲米大半升。　米一升爲麥一升半升。　糲一升爲粺十分升九。　粺一升爲糲一升九分升一。　米大半升爲麥一升。　米半升爲粺廿分升九。　米少半升爲粺十分升三。　米大。　米一升爲毁十分升八。　米一升爲叔、荅、麥一升半升。　以粟求粺，(卌)[廿]七之，五十而成一。　以粺求粟，五十之，(卌)[廿]七而成一。

又　以米求叔，因而三之，二成一。　以叔求米，因而倍之，三成一。　以粺求米，因而十之，九成一。　以米求粺，因而九之，十成一。　以米求毁，八之，十而成一。　以毁求米，十之，八而成一。　以粺求毁，八之，九而成一。　以毁求粺，九之，八而成一。　以(粺)[粟]求毁，廿四之，五十而成一。　以毁求粟，五十之，廿四而成一。　以米求粺，九之，十成一。

以粺求米，十之，九成一。　以麥求粟，因倍之，有五之，九成一。　以粟求麥，因九之，十成一。　以粺求粟，因而五[十]之，有直三壹方而九之，以爲法，如法成一。　以粟求叔、荅、麥，九之，十而成一。　以米求叔、荅、麥，三之，二成一。　以稻粟求叔、荅、麥，三之，四成一。　米一升少半半升四分升一爲粟三升卅六分升廿七。

又　[稗]，因而三之，有九之，直五壹方而[十之]，以爲法，如法而成一。毁米一升为粟二升有十[二]分升一。

又　黍粟廿三斗六升重一石。水十五斗重一石。　糲米廿斗重一石。麥廿一斗二升重一石。　粲米十九[斗]重一石。　稷毁十九斗四升重一石。　稻粟廿七斗六升重一石。　稷粟廿五斗重一石。　稻米十九斗二升重一石。　荅十九斗重一石。　麻廿六斗六升重一石。叔廿斗五升重一石。

又　[稻粟]三尺二寸五分寸二一石。　麥二尺四寸一石。　芻新積廿八尺一石。　稾卅一尺一石。　茅卅六尺一石。　粢［　］石十六斗大半斗。稻一石[廿斗]。　[粢]甬少稻石三斗少半斗。【略】

[稻]一石爲粢一石(二)[三斗少半斗]　[稻百石]爲粢百廿石。粢千石爲稻八百卅三石三斗少半斗。　稻千石爲粢千二百石。粢萬石爲稻八千三百卅三石三斗少半斗。　稻萬石爲粢萬二千石。

又　[粟一石]爲米八斗二升，問米一石爲粟幾(可)[何]。

曰：廿斗百廿三分斗卌爲米一石。術曰：求粟[之法以八斗二升]爲法，以十斗乘粟十六斗大半斗爲貣，[貣]如法得粟一斗。

又　米賈石六十四錢，今有粟四斗，問得錢幾(可)[何]。

曰：十五錢廿五分錢九。

其述：以粟，粟[賈乘]，求之。

又　糶米述曰：以端賈爲法，以欲糶米錢數乘一石爲貣，貣如法得一升。

又　糶。米賈石五十錢，今有廿七錢，欲糶米，得幾(可)[何]。

曰：五斗四升。

又　取禾程，三步一斗，今得粟四升半升。問幾(可)[何]步一斗。

得曰：十一步九分步一而一斗。

爲之述曰：直所得四升半升者，曰半者倍爲九，有三[乘]之爲廿七，以爲法，亦直所取三步者，[倍之]，十而五之爲三百，即除廿七步而得一步。

又　……而一斗。

述曰：以受米爲法，以一斗升數乘取程步數爲貣，貣如法得一步，不盈步者，以……

又　秏程，以生貣爲法，如法而成一。今有禾，此一石舂之爲米七斗，當益禾幾(可)[何]。

其得曰：益禾四斗有七分斗之二。

爲之述曰：取一石者，十之，而以七爲法，它秏程如此。

又　取禾程述：以所已乾爲法，以生者乘田步爲貣，貣如法一步。

又　取程，八步一斗，今乾之九升。述曰：十田八步者，以爲貣，以九升爲法，如法一步。不盈步以法命之。

又　取程，禾田五步一斗，今乾之爲九升。問幾(可)[何]步一斗。

曰：五步九分步五而一斗。

又　[有人]且稾米五斗于倉，倉毋米而有糙，糙二粟一，今出糙幾(可)[何]。

當五斗有十三分斗十。

米粟且各得幾(可)[何]。

又　曰：米取三斗有廿七分升廿四，粟取三斗有廿七分升三。

又　曰：以粟爲六斗，米爲十斗，麥爲六斗[大半]。

又　有置粟六斗，米十斗，麥六斗大半斗，亦令各以一爲六，已乃并粟米麥，凡卅斗，以物乘之，如法得一斗，不盈斗者以法命之。

又　今枲(兑)[税]田十六步，大枲高五尺，五步一束，租五斤。今誤券一兩，欲耎步數，問幾(可)[何]一束。

得曰：四步八十一分七十六六束。

欲復之，復置一束兩數以乘(兑)[税]田，而令以一为八十一为貣，亦[令所耎步一为八十一，不分者，從之以爲法，貣如法一兩。

又　枲兑(税)田十六步，大枲高五尺，三步一束，租八斤五兩八朱銖。今復租之，三步廿八寸當三步有百九十六分步之八十七而一束，租七斤四兩三束朱九分朱五。

(救)[求]此之述曰：直一束寸數，耤令相乘也，以一束步數乘之以爲貣，亦直所新得寸數，耤令相乘也，以爲法，貣如法得一兩。

又 爲臬生田，以一束兩數爲法，以一束步數乘十五，以兩數乘之爲貣，貣如法一步。臾臬步數之述，以稅田乘一束兩數爲貣，租兩數爲法，如法一步。

又 禾輿田十一畝，(兑)[稅]二百六十四步，五步半步一斗，租四石八斗，其述曰：倍二[百六十四步爲]……

又 稅田三步半步，七步少半一斗，租四升廿(四)[二]分升十七。

又 爲積二千五百五十步，除田十畝田多百五十步。其欲減田，耤令十三[步一]斗。今禾美，租輕田步，欲減田，令十一步一斗，即以十步乘十畝。租二石者，積二千二百步，田少二百步。

又 田五步，租一斗一升七分升一。今欲求一斗步數，得田幾(可)[何]。

曰：四步卌九分步之十九。

述曰：耤直一斗升數，以五步[乘之，以租數爲法，如法一步]。

田廿步，租十六升。今有租五升七分升之二，得田幾可。

曰：六步有廿八分步之十七。

述曰：以十六爲法，直五升有七分升之二，而七之，亦七其法，以廿步乘五升有七分二，如法而成一步。

又 田五十五畝，租四石三斗而三室共段之，一室十七畝，一室十五畝，一室廿三畝，今欲分其租。

述曰：以田提封數[爲]法，以租乘分田，如法一斗，不盈斗者，十之，如法得一升。

又 租誤券。田多若少，耤令田十畝，稅田二百卌步，三步一斗，租八石。今誤券多五斗，欲益田。

其述(術)曰：以八石五斗爲八百。

又 爲法，亦直三步而三之，凡九即十之，令廿二而成一步，步居二斗有九分之四，今四步廿二分步二而成一斗。

又 五步乘之爲貣，直二圍七寸，耤令相乘也，以爲法，如法一步。

又 布八尺十一錢，今有布三尺，得錢幾(可)[何]。

得曰：四錢八分錢一。

其述曰：八尺爲瀳，即以三尺乘十一錢以爲貣，[貣]如瀳得一錢。

又 貣人百錢，息八錢，今貣人十七錢，七日而歸之，問取息幾(可)[何]。

曰：得息三百七十五分錢百一十九。

其方：卅日乘[而]以爲法，亦以十七錢乘七日，[又乘八錢]爲貣，貣如法而一。

漢簡《筭數書・粟求米》 粟求米，三之，五而一。粟求麥，九之，十而一。粟求粺，廿七之，五十而一。粟求糳，廿四之，五十而一。米求粟，五之，三而一。

粟求米，因而三之，五而成一。今有粟一升七分三，當爲米幾何。

曰：爲米七分升六。

術曰：母相乘爲法，以三乘十爲實。

又 **《米求粟》** 以米求粟，因而五之，三成一。今有米七(　)[分]升六，當爲粟幾何。

曰：爲粟一升七分升三。

術曰：母相乘爲法，以五乘[六爲實]。

又 **《粺(毀)[毇]》** 米少半升爲粺十分升之三，九之，十而一。 米少半升爲(毀)[毇]米十五分升之四，八之，十而一。 米少半升爲麥半升，三之，二而一。 麥少半升爲粟廿七分升之十，九母，[十子。十之，九而一]。 麥少升爲米九分升之二，參母，再子。二之，三而一。 麥少半升爲粺五分升之一，十五母，九子。九之，十五而一。 麥少半升爲(毀)[毇]卌五分升之八，十五母，八子。 粺米四分升之一爲粟五十四分升之廿五，廿七母，五十子。 粺米四分升之一爲米十八分升之五，九母，十子。 粺米四分升之一爲(毀)[毇]米九分升之二，九母，八子。 粺米四分升之一爲麥十二分升之五，九母，十五子。 (毀)[毇]米四分升之一爲米十六分升之五，八母，十子。 (毀)[毇]四分升之一爲粺卅二分升九，八母，九子。 (毀)[毇]米四分升之一爲麥卅二分升之十五，八母，十五子。 (毀)[毇]米四分升之一爲粟卌八分升之廿五，廿(五)[四]母，五十子。

又 **《石衛》** 石衛之術曰：以所賣買爲法，以得錢乘一石數以爲實，其下有半者倍之，少半者三之，有斗、升、斤、兩、朱者亦皆破其上，令下從之以爲法，錢所乘亦破如此。

又 **《程禾》** 程曰：禾黍一石爲粟十六斗泰半斗，舂之爲糲米一石，糲米一石爲糳米九斗，糳米[九]斗爲(毀)[毇]米八斗。

又 程曰：稻禾一石爲粟廿斗，舂之爲米十斗，爲(毀)[毇]、粲米六斗泰半斗。麥十斗[爲]䵂三斗。

又　程曰：麥、菽、荅、麻十五斗爲一石，稟(毁)[毇]、(　)[糳]者，以十斗爲一石。

又《粟爲米》　麻、麥、菽、荅三而當米二。九而當粟十。粟五爲米三。米十爲粺九，爲(毁)[毇]八。麥三而當稻粟四，禾粟五爲稻粟四。

又《秏》　粟一石秏一斗二升少半升。稟米少半升者得粟七百八十九分升之五百，稟一升者得粟一升二百六十三分升之二百卅七，稟一斗者得粟一斗九升有二百六十三分升之三，稟一石者得粟十九斗有二百六十三分升之卅。

又　粟石秏五升。稟米少半升者得粟百七十一分升之百，稟一升者得粟一升有二百八十五分升之二百(七)十五，稟一斗者得粟十七升有二百八十五分升之百五十[五]，稟一石者得粟十七斗五升有二百八十五分升之百廿五。

又《舂粟》　稟粟一石，舂之爲[秏米]八斗八升，[今有秏米二斗廿五分升廿二]，當益秏粟幾何。

曰：二斗三升十一分升八。

術曰：直所得米升數以爲法，有值一石(粟)廾數，而以秏米升數乘之，如法得一升。

又《取程》　取程十步，一斗。今乾之八升，問幾何步一斗。

(問)得田十二步半一斗。

術曰：八升者爲法。直一(升)[斗]步數而十之，如法一步。

又　競程卅七步，得禾十九斗七升。問幾何步一斗。

得曰：減田(十)一步有百九十七分步(七十九步)[百七十三]而一斗。

又　程五步一斗，今乾之一斗一升。欲乾之令一(斗)[升]，問減田幾何。

得曰：減田十一分步五。

術曰：以(一斗)一升數乘五步，令十一而一。

又《秏租》　秏租産多乾少。曰：取程七步四分步一[而一]斗。今乾之七升少半升，欲求一斗步數。

[曰：九步卌四分步卅九而一斗]。

術曰：直十升，以乘七步四分步一，如乾成一數也(曰：九步卌四分步三十九而一斗)。程它物如此。

又《取枲程》　取枲程十步，三[尺]韋束一，今乾之廿八寸，問幾何步一束。

[曰：十一步有九十八分步卌七而一束]。

術曰：乾自乘爲法。生自乘，有以生一束步數乘之，爲實。實如法得一(十一步有九十八分步卌七而一束)。

又《秏》　禾(兑)[税]田卌步，五步一斗，租八斗。今誤券九斗，問幾(可)[何]步一斗。

得曰：四步九分步四而一斗。

述曰：(兑)[税]田爲貣，九斗爲法，除，貣如法一步。

又　租禾。税田廿四步，六步一斗，租四斗，今誤券五斗一升，欲㝵(□□)[步數]幾可步一斗。

曰：四步五十一分步卅六一斗。

其以所券租數为法，即直輿田步數，如法而一步。不盈步者，以法命之。

又　輿田租枲述曰：大枲五之，中枲六之，細[枲]七之，以高乘之爲貣，直十五，以一束步數乘之爲法，貣如法得[一]。

又　租枲述曰：置輿田數，大枲也，五之，中枲也，六之，細枲也，七之，以高乘之爲貣，左置十五，以一束步數乘十五爲法，如法一兩。不盈兩者，以一爲廿四，乘之，如法一朱，不盈朱者，以法命分。

又　枲[輿]田六步，大枲高六尺，七步一束，租一兩十七朱七分朱一。

又　枲輿田五十步，大枲高八尺，六步一束，租一斤六兩五朱三分朱一。

又　大枲田三步少半步，高六尺，六步一束，租一兩二朱大半朱。

又　大枲田三步大半步，高五尺，尺五兩，三步半步一束，租一兩十七朱廿一分朱十九。

又　枲輿田，周廿七步，大枲高五尺，四步一束，成田六十步四分步三，租一斤九兩七朱半朱。

又　枲輿田七步半步，中枲高七尺，八步一束，租二兩十五朱。

又　細枲輿田十二步大半步，高七尺，四步一束，租十兩八朱有十五分朱四。

又　細枲田一步少半步，高七尺，尺七兩，五步半步一束，租十九束朱百六十五分朱一。

又　枲輿田九步少半步，[細]枲高丈一[尺]，三步[少]半步一束，租十四兩八朱(銖)廿五分朱廿四。

又 枲税田卌五步，細枲也，高八尺，七步一束，租廿二斤八兩。

又《銅秏》 鑄銅一石秏七斤八兩。今有銅一斤八兩八朱，問秏幾何。

得曰：一兩十(一朱百四十四分朱九十二)[二朱半]。

術曰：直一石朱數爲法，亦直七斤八兩者朱數，以一斤八兩八朱者朱數乘之，如法一朱。

又《税田》 税田廿四步，八步一斗，租三斗。今誤券三斗一升，問幾何步一斗。

得曰：七步卌(七)[一]分步廿三而一斗。

術曰：三斗一升者爲法，十税田，令如法一步。

又《誤券》 租禾誤券者，術曰：毋升者，直税田數以爲實。而以券斗爲一，以石爲十，并以爲法。如法得一步。

又 其券有[斗]者，直與田步數以爲實。而以券斗爲一，以石爲十，并以爲法。如法得一步。

又 其券有升者，直與田步數以爲實。而以券之升爲一，以斗爲十，并爲法。如[法]得一步。

又《租(吴)[誤]券》 田一畝租之十步一斗，凡租二石四斗。今誤券二石五斗，欲益耎其步數，問益耎幾何。

曰：九步五分步三而一斗。

術曰：以誤券爲法，以與田爲實。

又《羽矢》 羽二(喉)[搽]五錢。今有五十七分(侯)[搽](四十)[卌]七，問得幾何。

曰：得一錢百一十四分錢七十一。

術曰：二乘五十七爲法，以五乘卌七爲實，如法一錢。不盈，以法命分。

又《繒幅》 繒幅廣廿二寸，袤十寸，賈廿三錢。今欲買繒幅從利廣三寸、袤六十寸，問積寸及賈錢各幾何。

曰：八寸十一分寸二，

賈十八錢十一分錢九。

術曰：以廿二寸爲法，以廣從相乘爲實，實如法得一寸。　亦以一尺寸數爲法，以所得寸數乘一尺賈錢數爲實，實如法得一錢。

又《息錢》 貸錢百，息月三。今貸六十錢，月(未)[未]盈十六日歸，計息幾何。

得曰：廿五分錢廿四。

術曰：計百錢一月，積錢數以爲法，直貸錢，以一月百錢息乘之。有以日數乘之爲實，實如法得一錢。

又《桼錢》 桼斗卌五錢。今有卌分斗五。問得幾何錢。

曰：得四錢八分錢三。

術曰：以卌爲法，以五乘卌五爲實，實如法得一錢。

又 金賈兩三百一十五錢，今有一朱，問得錢幾何。

曰：得十三錢八分一。

術曰：直一兩朱數以爲法，以錢數爲實，實如法得一錢。　廿四朱一兩，三百八十四朱一斤，萬一千五百廿朱一鈞，四萬六千八十朱一石。

又 程曰：竹(大八)[九]寸者爲三尺簡百八十三。今以(九)[八]寸竹爲簡，簡當幾何。

曰：爲二百五簡八分簡七。

術曰：以八寸爲法。[直程竹，以簡數乘之爲實。實如法得一簡。]

又 程曰：八寸竹一個爲尺五寸簡三百六十六。今欲以此竹爲尺六寸簡，簡當幾何。

曰：爲三百(廿)[卌]三[簡]八分簡一。

術曰：以十六寸爲法。[直程竹，以簡數乘之爲實。實如法得一簡。]

又 今有鹽一石四斗五升少半升，賈，取錢百五十，欲石　之，爲錢幾何。

曰：百三錢四百卌[六]分錢九十(五)[二]。

術曰：三鹽之數以爲法，亦三一石之升數，以錢乘之爲實。

又《挐脂》 [爲挐，米一斗，水一斗半斗，茈脂廿斤，爲挐脂卅六斤。今有茈脂五斤，問用米、水、爲挐各幾何。

得曰：用米二升半升，水三升四分升三，爲挐九斤。

術曰：以廿爲法，直水十五、米十、挐卅六以五乘之爲實，實如法得水、米各一升、挐一斤。不盈，以法命分。其以挐、米、茈亦一兩，得茈九分之五也。

又 有米三(斗)[升]，問用脂、(米)[水]各幾何，爲挐幾何。

曰：用脂六斤、水(二)[四]升半升，爲挐脂十斤十二兩十九朱五分朱一(爲挐，米一斗、水一斗半升、茈脂廿斤，爲挐脂卅六斤。)

又《醫》程曰：醫治病者得[二百一十一]筭百九十一分筭九十九，負]六十筭[二百六十九分筭]廿(筭)，□□程□弗……得六十[筭]而負幾何。

曰：負十七筭二百六十九分筭十一。

其術曰：以今得筭爲法，令六十乘負筭爲實。

又《負炭》負炭山中，日爲成炭七斗到車，次一日而負炭道車到官一石。今欲道官往之，負炭[山]中，負炭遠到官，問日到炭幾何。

曰：日得炭四斗十(一)[七]分(升)[斗]二。

术曰：取七斗者十之，得七石。七日亦負到官，即取十日與七日并爲法。如法得一斗。

又《盧唐》程曰：一日伐竹六十個，一日爲盧唐十五，一竹爲三盧唐。欲令一人自伐竹因爲盧唐，一日爲幾何。

曰：爲十三盧唐(四)[十三]分之(三)[十一]。

術曰：以六十[五]爲法，以(五十五)[六十]乘十五爲實。

又《羽矢》程：一人一日爲矢卅、羽矢廿。今欲令一人爲矢且羽之，一日爲幾何。

曰：爲十二。

術曰：并矢、羽以爲法，以矢、羽相乘爲實。

又《絲練》以級絲求練，因而十二之，除十六而得一。

《周髀筭經》卷下 術曰：置小歲三百五十四日、九百四十分日之三百四十八，以月後天十三度、十九分度之七乘之爲實。**漢·趙爽注** 通分内子爲二百五十四。乘之者，乘小歲積分也。又以度分母乘日分母爲法。實如法，得積後天四十七百三十七度、萬七千八百六十分度之六千六百一十二。**趙爽注** 以月後天分乘小歲積分，得八千四百六十萬九千四百三十二，則積後天分也。以度分母十九乘日分母九百四十，得萬七千八百六十，除之，即得。以周天三百六十五度、萬七千八百六十分度之四千四百六十五除之。**趙爽注** 此猶四分之一也，約之即得。當於齊同，故細言之。通分内子爲六百五十二萬三千三百六十五，除積後天分得十二周天，即去之。

《九章筭術》卷二《粟米》今有術曰：以所有數乘所求率爲實。以所有率爲法。實如法而一。**三國魏·劉徽注** 少者多之始，一者數之母，故爲率者必等之於一。據粟率五、糲率三，是粟五而爲一，糲米三而爲一也。欲化粟爲米者，(糲)[粟]當先本是一。一者，謂以五約之，令五而爲一也。訖，乃以三乘之，令一而爲三。如是，則率至於一，以五爲三矣。然先除後乘，或有餘分，故術反之。又完言之知，粟五升爲糲米三升。分言之知，粟一斗爲糲米五分斗之三。以五爲母，三爲子。以粟求糲米者，[以子]乘，其母報除也。然則所求之率常爲母也。**唐·李淳風等注釋** 宜云「所求之率常爲子，所有之率常爲母。」今乃云「所求之率常爲母」知，脱錯也。

宋·楊輝《詳解九章筭法·纂类》 互換乘除法曰：以所求率乘所有數，爲實。以所有率爲法。實如法而一。置位草曰：錢錢物物，數數率率，依本色對列。其各物原率，隨而下布。立式如後：

今有數粟二斗一升　乘

所有率粟率五十爲法　所求率糲米率二十七爲實

《九章筭術》卷二《粟米》今有粟一斗，欲爲糲米。問得幾何。

荅曰：爲糲米六升。

術曰：以粟(米)[求]糲米，三之，五而一。**唐·李淳風等注釋** 都術，以所求率乘所有數，以所有率爲法。此術以粟求米，故粟爲所有數。三是米率，故三爲所求率。五爲粟率，故五爲所有率。粟率五十，米率三十，退位求之，故唯云三、五也。

晉·佚名《孫子筭經》卷中 術曰：置粟一斗，十升。以糲米率三十乘之，得三百升，爲實。以粟率五十爲法，除之，即得。

明·吳敬《九章筭法比類大全》卷二《粟米》 法曰：置糲米三十，乘粟一十爲實。以粟率五十爲法。除之。合問。

《九章筭術》卷二《粟米》今有粟二斗一升，欲爲粺米。問得幾何。

荅曰：爲粺米一斗一升五十分升之十七。

術曰：以粟(米)[求]粺米，二十七之，五十而一。**唐·李淳風等注釋** 粺米之率二十有七，故直以二十七之，五十而一也。

晉·佚名《孫子筭經》卷中 術曰：置粟二十一升。以粺米率二十七乘之，得五百六十七升，爲實。以粟率五十爲法，除之。不盡，以法而命分。

元·舒天民《六藝綱目》卷下 解曰：粟率五十，粺米率二十七，有如凡粟五斗必舂得粺米二斗七升也。置位：價曰錢，貨曰物，數曰率。率依本色對列，其各物元率隨而下，今注于後：所有數粟二斗一升乘所求率粺米率二十七爲實，所有率粟率五十爲法，除之。糲米求糳米，稻米求豆麥類，以此推之。此求諸斗斛也。

明·吳敬《九章筭法比類大全》卷二《粟米》 法曰：置粺米二十七，乘粟二斗一升，爲實。以粟率五十爲法，除之。

《九章算術》卷二《粟米》　今有粟四斗五升，欲爲糳米。問得幾何。

荅曰：爲糳米二斗一升五分升之三。

術曰：以粟（米）〔求〕糳米，十二之，二十五而一。唐・李淳風等注釋　糳米之率二十有四，以爲率太繁，故因而半之，故半所求之率，以乘所有之數。所求之率既減半，所有之率亦減半。是故十二乘之，二十五而一也。

晉・佚名《孫子算經》卷中　術曰：置粟四十五升。以二約糳米率二十四，得一十二。乘之，得五百四十升，爲實。以二約粟率五十，得二十五，爲法。除之。不盡，以等數約之，而命分。

明・吴敬《九章算法比類大全》卷二《粟米》　法曰：置糳米二十四，乘粟四斗五升，爲實。以粟率五十爲法，除之。

《九章算術》卷二《粟米》　今有粟七斗九升，欲爲御米。問得幾何。

荅曰：爲御米三斗三升五十分升之九。

術曰：以粟求御米，二十一之，五十而一。

晉・佚名《孫子算經》卷中　術曰：置七斗九升。以御米率二十一乘之，得一千六百五十九升，爲實。以粟率五十除之，即得。

明・吴敬《九章算法比類大全》卷二《粟米》　法曰：置御米二十一，乘粟七斗九升，爲實。以粟率五十爲法，除之。

《九章算術》卷二《粟米》　今有粟一斗，欲爲小䵂。問得幾何。

荅曰：爲小䵂二升一十分升之七。

術曰：以粟求小䵂，二十七之，百而一。唐・李淳風等注釋　小䵂之率十三有半。半者二爲母，以二通之，得二十七，爲所求率。又以母二通其粟率，得一百，爲所有率。凡本率有分者，須即乘除也。他皆放此。

明・吴敬《九章算法比類大全》卷二《粟米》　法曰：置小䵂十三半，乘粟一十，爲實。以粟率五十爲法，除之。

《九章算術》卷二《粟米》　今有粟九斗八升，欲爲大䵂。問得幾何。

荅曰：爲大䵂一十斗五升二十五分升之二十一。

術曰：以粟求大䵂，二十七之，二十五而一。唐・李淳風等注釋　大䵂之率五十有四，其可半，故二十七之，亦如粟求糳米，半其二率。

明・吴敬《九章算法比類大全》卷二《粟米》　法曰：置大䵂五十四，乘粟九斗八升，爲實。以粟率五十爲法，除之。

《九章算術》卷二《粟米》　今有粟二斗三升，欲爲糲飯。問得幾何。

荅曰：爲糲飯三斗四升半。

術曰：以粟求糲飯，三之，二而一。唐・李淳風等注釋　糲飯之率七十有五。粟求糲飯，合以此數乘之。今以等數二十有五約其二率，所求之率得三，所有之率得二，故以三乘二除。

明・吴敬《九章算法比類大全》卷二《粟米》　法曰：置糲飰七十五，乘粟二斗三升，爲實。以粟率五十爲法，除之。

《九章算術》卷二《粟米》　今有粟三斗六升，欲爲粺飯。問得幾何。

荅曰：爲粺飯三斗八升二十五分升之二十二。

術曰：以粟求飯，二十七之，二十五而一。唐・李淳風等注釋　此術與大䵂多同。

明・吴敬《九章算法比類大全》卷二《粟米》　法曰：置粺飰五十四乘粟三斗六升，爲實。以粟率五十爲法，除之。

《九章算術》卷二《粟米》　今有粟八斗六升，欲爲糳飯。問得幾何。

荅曰：爲糳飯八斗二升二十五分升之一十四。

術曰：以粟求糳飯，二十四之，二十五而一。唐・李淳風等注釋　糳飯率四十八。此亦半二率而乘除。

明・吴敬《九章算法比類大全》卷二《粟米》　法曰：置糳飰四十八乘粟八斗六升，爲實。以粟率五十爲法，除之。

《九章算術》卷二《粟米》　今有粟九斗八升，欲爲御飯。問得幾何。

荅曰：爲御飯八斗二升二十五分升之八。

術曰：以粟求御飯，二十一之，二十五而一。唐・李淳風等注釋　此術半率，亦與糳飯多同。

明・吴敬《九章算法比類大全》卷二《粟米》　法曰：置御飰四十二乘粟九斗八升，爲實。以粟率五十爲法，除之。

《九章算術》卷二《粟米》　今有粟三斗少半升，欲爲菽。問得幾何。

荅曰：爲菽二斗七升一十分升之三。

明・吴敬《九章算法比類大全》卷二《粟米》　法曰：置菽四十五乘粟三斗·——以分母三通之，加子一，共得九十一。以菽率四十五乘之，共得四千九十五，爲實。以粟率五十，以原母三通，得一百五十，爲法。除之。合問。

《九章算術》卷二《粟米》　今有粟四斗一升太半升，欲爲荅。問得幾何。

荅曰：爲荅三斗七升半。

明・吳敬《九章算法比類大全》卷二《粟米》　法曰：以荅四十五乘粟四斗一升——以分母三分通，得一百二十三。加分子二，共一百二十五，得五千六百二十五，爲實。以粟率五十，以原通分母三通，得一百五十，爲法。除之。

《九章算術》卷二《粟米》　今有粟五斗太半升，欲爲麻。問得幾何。

荅曰：爲麻四斗五升五分升之三。

明・吳敬《九章算法比類大全》卷二《粟米》　法曰：以麻四十五乘粟五斗——以分母三通，得一百五十。加分子二，共一百五十二，得六千八百四十，爲實。以粟率五十，以原通分母三通，得一百五十，爲法。除之。

《九章算術》卷二《粟米》　今有粟一十斗八升五分升之二，欲爲麥。問得幾何。

荅曰：爲麥九斗七升二十五分升之一十四。

術曰：以粟求菽、荅、麻、麥，皆九之，十而一。**唐・李淳風等注釋**　四術率並四十五，皆是爲粟所求，俱合以此率乘其本粟。術欲從省，先以等數五約之，所求之率得九，所有之率得十。故九乘十除，義由於此。

明・吳敬《九章算法比類大全》卷二《粟米》　法曰：以麥四十五乘粟十斗八升——以分母五通，得五百四十。加分子二，共五百四十二，得二万四千三百九十，爲實。以粟五十，以原通分母五通，得二百五十，爲法。除之。

《九章算術》卷二《粟米》　今有粟七斗五升七分升之四，欲爲稻。問得幾何。

荅曰：爲稻九斗三十五分斗之二十四。

術曰：以粟求稻，六之，五而一。**唐・李淳風等注釋**　稻率六十，亦約二率而乘除。

明・吳敬《九章算法比類大全》卷二《粟米》　法曰：以稻率爲題，其實示折变也。已後各題俱係此意。稻率六十乘所有粟七斗五升七分升之四。先以七分通七斗五升，得五百二十五，入分子四，共得五百二十九。却以稻率六十乘，得三万一千七百四十。以粟率五十爲法，除之。以原分母七乘粟率五十，得三百五十。除實，得九斗，餘實二百四十。以法命之，得三十五分斗之二十四。合問。

《九章算術》卷二《粟米》　今有粟七斗八升，欲爲豉。問得幾何。

荅曰：爲豉九斗八升二十五分升之七。

術曰：以粟求豉，六十三之，五十而一。

明・吳敬《九章算法比類大全》卷二《粟米》　法曰：以豉六十三乘粟七斗八升，爲實。以粟率五十爲法，除之。

《九章算術》卷二《粟米》　今有粟五斗五升，欲爲飧。問得幾何。

荅曰：爲飧九斗九升。

術曰：以粟求飧，九之，五而一。**唐・李淳風等注釋**　飧率九十，退位，與求稻多同。

明・吳敬《九章算法比類大全》卷二《粟米》　法曰：以飧九十乘粟五斗五升，爲實。以粟率五十爲法，除之。

《九章算術》卷二《粟米》　今有粟四斗，欲爲熟菽。問得幾何。

荅曰：爲熟菽八斗二升五分升之四。

術曰：以粟求熟菽，二百七之，百而一。**唐・李淳風等注釋**　熟菽之率一百三半。半者其母二，故以母二通之。所求之率既被二乘，所有之率隨而俱長，故以二百七之，百而一。

明・吳敬《九章算法比類大全》卷二《粟米》　法曰：以熟菽一百三半乘粟四斗，爲實。以粟率五十爲法，除之。

《九章算術》卷二《粟米》　今有粟二斗，欲爲糵。問得幾何。

荅曰：爲糵七斗。

術曰：以粟求糵，七之，二而一。**唐・李淳風等注釋**　糵率一百七十有五，合以此數乘其本粟。術欲從省，先以等數二十五約之，所求之率得七，所有之率得二。故七乘二除。

明・吳敬《九章算法比類大全》卷二《粟米》　法曰：以糵一百七十五乘粟二斗，爲實。以粟率五十爲法，除之。

《九章算術》卷二《粟米》　今有糲米十五斗五升五分升之二，欲爲粟。問得幾何。

荅曰：爲粟二十五斗九升。

術曰：以糲米求粟，五之，三而一。**唐・李淳風等注釋**　上術以粟求米，故粟爲所有數，三爲所求率，五爲所有率。今此以米求粟，故米爲所有數，五爲所求率，三爲所有率。

准都術求之，各合其數。以下所有反求多同，皆准此。

明・吴敬《**九章筭法比類大全**》**卷二**《**粟米**》 法曰：以粟五十乘糲一十五斗五升——以分母五分通，得七百七十五。加分子二，共七百七十七，得三万八千八百五十。以糲三十，以原通分母五通，得一百五十，爲法。除之。合問。

《**九章筭術**》**卷二**《**粟米**》 今有粺米二斗，欲爲粟。問得幾何。

荅曰：爲粟三斗七升二十七分升之一。

術曰：以粺米求粟，五十之，二十七而一。

明・吴敬《**九章筭法比類大全**》**卷二**《**粟米**》 法曰：以粟五十乘粺米二斗，爲實。以粺米二十七爲法，除之。

《**九章筭術**》**卷二**《**粟米**》 今有糳米三斗少半升，欲爲粟。問得幾何。

荅曰：爲粟六斗三升三十六分升之七。

術曰：以糳米求粟，二十五之，十二而一。

明・吴敬《**九章筭法比類大全**》**卷二**《**粟米**》 法曰：以粟五十乘糳米三斗——以分母三分通，得九十。加分子一，共九十一，得四千五百五十，爲實。以糳米二十四，以原通分母三通，得七十二，爲法。除之。合問。

《**九章筭術**》**卷二**《**粟米**》 今有御米十四斗，欲爲粟。問得幾何。

荅曰：爲粟三十三斗三升少半升。

術曰：以御米求粟，五十之，二十一而一。

明・吴敬《**九章筭法比類大全**》**卷二**《**粟米**》 法曰：以粟五十乘御米一十四斗，爲實。以御米二十一爲法，除之。

《**九章筭術**》**卷二**《**粟米**》 今有稻一十二斗六升一十五分升之一十四，欲爲粟。問得幾何。

荅曰：爲粟一十斗五升九分升之七。

術曰：以稻求粟，五之，六而一。

明・吴敬《**九章筭法比類大全**》**卷二**《**粟米**》 法曰：以粟五十乘稻穀十二斗六升——以分母十五通，得一千八百九十。加分子十四，共一千九百四，得九万五千二百，爲實。以稻穀六十，以分母十五通，得九百，爲法，除之。

《**九章筭術**》**卷二**《**粟米**》 今有糲米一十九斗二升七分升之一，欲爲粺米。問得幾何。

荅曰：爲粺米一十七斗二升一十四分升之一十三。

術曰：以糲米求粺米，九之，十而一。**唐・李淳風等注釋** 粺率二十七，合以此數乘糲米。術欲從(者)[省]，先以等數三約之，所求之率得九，所有之率得十，故九乘而十除。

明・吴敬《**九章筭法比類大全**》**卷二**《**粟米**》 法曰：以粺米二十七乘糲米一十九斗二升——以分母七分通之，得一千三百四十四，加分子一，共一千三百四十五，得三万六千三百一十五，爲實。以糲米率三十，以原通分母七通，得二百一十，爲法。除之。合問。

《**九章筭術**》**卷二**《**粟米**》 今有糲米六斗四升五分升之三，欲爲糲飯。問得幾何。

荅曰：爲糲飯一十六斗一升半。

術曰：以糲米求糲飯，五之，二而一。**唐・李淳風等注釋** 糲飯之率七十有五，宜以本糲(飯)[米]乘此率數。術欲從省，先以等數十五約之，所求之率得五，所有之率得二。故五乘二除，義由於此。

明・吴敬《**九章筭法比類大全**》**卷二**《**粟米**》 法曰：以糲飰七十五乘糲米六斗四升——以分母五通，得三百二十，加分子三，共三百二十三，得二万四千二百二十五，爲實。以糲米三十，以分母五通，得一百五十，爲法。除之。

《**九章筭術**》**卷二**《**粟米**》 今有糲飯七斗六升七分升之四，欲爲飧。問得幾何。

荅曰：爲飧九斗一升三十五分升之三十一。

術曰：以糲飯求飧，六之，五而一。**唐・李淳風等注釋** 飧率九十，爲糲飯所求，宜以(飧)[糲飯]乘此率。術欲從省，先以等數十五約之，所求之率得六，所有之率得五。以此故六(除)[乘]五除也。

明・吴敬《**九章筭法比類大全**》**卷二**《**粟米**》 法曰：以飧九十乘糲飰七斗六升——以分母七通，得五百三十二。加分子四，共五百三十六，得四万八千二百四十，爲實。以糲飰七十五——以分母七通，得五百二十五，爲法，除之。

《**九章筭術**》**卷二**《**粟米**》 今有菽一斗，欲爲熟菽。問得幾何。

荅曰：爲熟菽二斗三升。

術曰：以菽[求熟菽，二十三之，十而一。**唐・李淳風等注釋** 熟菽之率一百三半。因其有半，各以母二通之，宜以(熟)菽數乘此率。術欲從省，先以等數九約之，所求之率得一十一半，所有之率得五也。

明・吴敬《九章算法比類大全》卷二《粟米》 法曰：以熟菽一百三半乘菽一斗，爲實。以菽率四十五爲法，除之。

《九章算術》卷二《粟米》 今有菽二斗，欲爲豉。問得幾何。

荅曰：爲豉二斗八升。

術曰：以菽求豉，七之，五而一。**唐・李淳風等注釋** 豉率六十三，爲菽所求，宜以(豉)[菽]乘此率。術欲從省，先以等數九約之，所求之率得七，而所有之率得五也。

明・吴敬《九章算法比類大全》卷二《粟米》 法曰：以豉六十三乘菽二斗，爲實。以菽率四十五爲法，除之。

《九章算術》卷二《粟米》 今有麥八斗六升七分升之三，欲爲小䵂。問得幾何。

荅曰：爲小䵂二斗五升一十四分升之十三。

術曰：以麥求小䵂，三之，十而一。**唐・李淳風等注釋** 小䵂之率十三半，宜以母二通之，以乘本麥之數。術欲從省，先以等數九約之，所求之率得三，所有之率得十也。

明・吴敬《九章算法比類大全》卷二《粟米》 法曰：以小䵂十三半乘——麥八斗六升，以分母七通，得六百二。加分子三，共六百五，得八千一百六十七半，爲實。以麥四十五——以分母七通，得三百一十五，爲法。除之。合問。

《九章算術》卷二《粟米》 今有麥一斗，欲爲大䵂。問得幾何。

荅曰：爲大䵂一斗二升。

術曰：以麥求大䵂，六之，五而一。**唐・李淳風等注釋** 大䵂之率五十有四，合以(大䵂)[麥]數乘此率。術欲從省，先以等數九約之，所求之率得六，(術)[所]有之率得五也。

明・吴敬《九章算法比類大全》卷二《粟米》 法曰：以大䵂五十四乘麥一斗爲實，以麥四十五爲法，除之。

《九章算術》卷三《衰分》 今有絲一斤，價直二百四十。今有錢一千三百二十八，問得絲幾何。

荅曰：五斤八兩一十二銖五分銖之四。

術曰：以一斤價數爲法，以一斤乘今有錢數爲實，實如法得絲數。**三國魏・劉徽注** 按：此術今有之義。以一斤價爲所有率，一斤爲所求率，今有錢爲所有數，而今有之，即得。

明・吴敬《九章算法比類大全》卷三《衰分》 法曰：以所有絲一斤，以銖法通之，得三百八十四銖。乘今有錢一千三百二十八文，得五十万九千九百五十二，爲實。以所直錢二百四十爲法，除之，得二千一百二十四銖。以銖約之，得五斤八兩一十一銖，餘實一百九十二。法、實皆四十八約之，得五分銖之四。合問。

《九章算術》卷三《衰分》 今有絲一斤，價直三百四十五。今有絲七兩一十二銖，問得錢幾何。

荅曰：一百六十一錢三十二分錢之二十三。

術曰：以一斤銖數爲法，以一斤價數乘七兩一十二銖爲實。實如法得錢數。**[唐・李淳風等注釋]** 按：此術亦今有之義。以絲一斤[銖]數爲所有率，價錢爲所求率，今有絲爲所有數，而今有之，即得。

明・吴敬《九章算法比類大全》卷三《衰分》 法曰：以所有錢三百四十五乘今有絲七兩，通一十二銖爲五錢，得二千五百十七兩五錢，爲實。以所絲一斤，通得一十六兩，爲法。除之，得一百六十一錢，餘實一十一兩五錢。法、實皆五約之，得三十二分錢之二十三。合問。

《九章算術》卷三《衰分》 今有縑一丈，價直一百二十八。今有縑一匹九尺五寸，問得錢幾何。

荅曰：六百三十三錢五分錢之三。

術曰：以一丈寸數爲法，以價錢數乘今有縑寸數爲實。實如法得錢數。**唐・李淳風等注釋** 此術亦今有之義。以縑一丈寸數爲所有率，價錢爲所求率，今有縑寸數爲所有數，而今有之，即得。

明・吴敬《九章算法比類大全》卷三《衰分》 法曰：以所有錢一百二十八乘今問縑，通一疋爲四丈，共四丈九尺五寸，得六千三百三十六，爲實。以所有縑一丈爲法，除之，餘實折半。合問。

《九章算術》卷三《衰分》 今有布一匹，價直一百二十五。今有布二丈七尺，問得錢幾何。

荅曰：八十四錢八分錢之三。

術曰：以一匹尺數爲法，今有布尺數乘價錢爲實，實如法得錢數。**[唐・李**

淳風等注釋］ 按：此術亦今有之義。以一匹尺數爲所有率，價錢爲所求率，今有布爲所有數，今有之，即得。

明・吴敬《九章算法比類大全》卷三《衰分》 法曰：以所有錢一百二十五乘今問布二丈七尺，得三千三百七十五，爲實。以所有布一疋通爲四丈，爲法。除之，餘實皆五約之。合問。

《九章算術》卷三《衰分》 今有素一匹一丈，價直六百二十五。今有錢五百，問得素幾何。

荅曰：得素一匹。

術曰：以價直爲法，以一匹一丈尺數乘今有錢數爲實。實如法得素數。

［唐・李淳風等注釋］ 按：此術亦今有之義。以價錢爲所有率，五丈尺數爲所求率，今有錢爲所有數，今有之，即得。

明・吴敬《九章算法比類大全》卷三《衰分》 法曰：以所有素一疋一丈通爲五丈，乘今有錢五百，得二千五百，爲實。以所有價六百二十五爲法，除之。合問。

《九章算術》卷三《衰分》 今有與人絲一十四斤，約得縑一十斤。今與人（縑）［絲］四十五斤八兩，問得縑幾何。

荅曰：三十二斤八兩。

術曰：以一十四斤兩數爲法，以一十斤乘今有絲兩數爲實。實如法得縑數。**［唐・李淳風等注釋］** 此術亦今有之義。以一十四斤兩數爲所有率，一十斤爲所求率，今有絲爲所有數，今有之，即得。

明・吴敬《九章算法比類大全》卷三《衰分》 法曰：以所有縑一十斤乘今有絲四十五斤八兩，得四百五十五斤，爲實。以所有絲一十四斤爲法，除之。合問。

《九章算術》卷三《衰分》 今有絲一斤，耗七兩。今有絲二十三斤五兩，問耗幾何。

荅曰：一百六十三兩四銖半。

術曰：以一斤展十六兩爲法。以七兩乘今有絲兩數爲實。實如法得耗數。

［唐・李淳風等注釋］ 按：此術亦今有之義。以一斤爲十六兩爲所有率，七兩爲所求率，今有絲爲所有數，而今有之，即得。

明・吴敬《九章算法比類大全》卷三《衰分》 法曰：以所有耗絲七兩乘今有絲二十三斤五兩，通爲三百七十三兩，得二千六百一十一兩，爲實。以所有絲一斤通爲十六兩，爲法。除之。合問。

《九章算術》卷三《衰分》 今有生絲三十斤，乾之，耗三斤十二兩。今有乾絲一十二斤，問生絲幾何。

荅曰：一十三斤一十一兩十銖七分銖之二。

術曰：置生絲兩數，除耗數，餘，以爲法。**三國魏・劉徽注** 餘四百二十兩，即乾絲率。三十斤乘乾絲兩數爲實。實如法得生絲數。**劉徽注** 凡所得率知，細則俱細，麤則俱麤，兩數相抱而已。故品物不同，如上縑、絲之比，相與（乘爲）［率焉］。三十斤凡四百八十兩，令生絲率四百八十兩，令乾絲率四百二十兩，則其數相通。可俱爲銖，可俱爲兩，可俱爲斤，無所歸滯也。若然，宜以所有乾絲斤數乘生絲兩數爲實。今以斤、兩錯互而亦同歸者，使乾絲以兩數爲率，生絲以（類）［斤數］爲率。譬之異類，亦各有一定之勢。**唐・李淳風等注釋** 此術，置生絲兩數，除耗數，餘即乾絲之率，於今有術爲所有率。三十斤爲所求率，乾絲兩數爲所有數。凡所謂率者，細則俱細，麤則俱麤。今（有一）［以］斤乘兩知，乾絲即以兩數爲率，生絲即以斤數爲率，譬之異物，各有一定之率也。

明・吴敬《九章算法比類大全》卷三《衰分》 法曰：此問生絲三十斤乾之耗三斤十二兩，每斤得乾絲十四兩。置乾絲十二斤，以銖通之，得四千六百八銖。以生絲十六兩乘之，得七万三千七百二十八，爲實。以乾絲十四兩爲法，除之，得五千二百六十六銖。以銖法除之，得一十三斤十一兩一十銖，餘實四。法、實皆折半，得七分銖之二。合問。

《九章算術》卷三《衰分》 今有田一畝，收粟六升太半升。今有田一頃二十六畝一百五十九步，問收粟幾何。

荅曰：八斛四斗四升一十二分升之五。

術曰：以畝二百四十步爲法，以六升太半升乘今有田積步爲實，實如法得粟數。**［唐・李淳風等注釋］** 按：此術亦今有之義。以一畝步數爲所有率，六升太半升爲所求率，今有田積步爲所有數，而今有之，即得。

明・吴敬《九章算法比類大全》卷三《衰分》 法曰：以所有粟六升太半升，即三分升之二，以分母三通之，加分子二，共得二十，乘今有田一頃二十六畝。以畝步通之，加零一百五十九步，共得三万三百九十九步。以乘二十，得六十万七千九百八十，爲實。以所有田一畝通爲二百四十步，以原分母三乘，得七百二十，爲法。除之，得八石四斗四升，餘實三百。法、實皆六十約之。合問。

《九章算術》卷三《衰分》 今有貸人千錢，月息三十。今有貸人七百五十錢，九日歸之，問息幾何。

荅曰：六錢四分錢之三。

術曰：以月三十日乘千錢爲法。**三國魏・劉徽注** 以三十日乘千錢爲法者，得三萬，是爲貸人錢三萬，一日息三十也。以息三十乘今所貸錢數，又以九日乘之，爲實。實如法得一錢。**劉徽注** 以九日乘今所貸錢爲今一日所有錢，於今有術爲所有數。息三十爲所求率。三萬錢爲所有率。此又可以一月三十日約息三十錢，爲十分一日，以乘今一日所有錢爲實。千錢爲法。爲率者，當等之於一也。故三十日或可乘本，或可約息，皆所以等之也。

宋・《黄帝九章筭經細草》 草曰：以所求貸七百五十。乘九日，得六千七百五十。乘所有爲實。月息三十，得二十萬二千五百。以所有率爲法。貸錢一貫乘月息三十，得三萬。實如法而一。除得六錢，餘二萬二千五百。與法約之，爲四分之三。

宋・楊輝《詳解九章筭法》 解題：若云貸錢一貫，月息三十。今貸七百五十，求問息者，即與前題同。今題添上九日歸之，不過要分兩截。以貸錢一貫月息三十作不要者爲法，以今貸七百五十求九日之息作要者，乘三十爲實。

又 比類：均輸第六中顧夫負盐、負籠二題同意。題雖與前相糸意巧，故立此問。

明・吴敬《九章筭法比類大全》卷三《衰分》 法曰：以所求今貸七百五十乘歸之九日，得六千七百五十。以乘所有月息三十，得二十万二千五百，爲實。以所有貸錢一貫乘月息三十，得三万，爲法。除之，得六錢，餘實二万二千五百。法、實皆七千五百約之。合問。

《九章筭術》卷三《衰分》 今有取保一歲，價錢二千五百。今先取一千二百，問當作日幾何。

荅曰：一百六十九日二十五分日之二十三。

術曰：以價錢爲法。以一歲三百五十四日乘先取錢數爲實。實如法得日數。［**唐・李淳風等注釋**］ 按：此術亦今有之義。以價爲所有率，一歲日數爲所求率，取錢爲所有數，而今有之，即得。

明・吴敬《九章筭法比類大全》卷三《衰分》 法曰：以取保一歲作三百五十四日乘先取錢一千二百，得四十二万四千八百，爲實。以原價錢一貫五百爲法，除之，得一百六十九日，餘實二千三百。法、實皆一百約之。合問。

《九章筭術》卷六《均輸》 今有取傭，負鹽二斛，行一百里，與錢四十。今負鹽一斛七斗三升少半升，行八十里。問與錢幾何。

荅曰：二十七錢一十五分錢之一十一。

術曰：置鹽二斛升數，以一百里乘之爲法。**三國魏・劉徽注** 按：此術以負鹽二斛升數乘所行一百里，得二萬里，是負鹽一升行二萬里，得錢四十。於今有術，爲所有率。（升數乘所行里爲法，於今有術爲所有數也。）以四十錢乘今負鹽升數，又以八十里乘之，爲實。實如法得一錢。**劉徽注** 以今負鹽升數乘所行里，今負鹽一升凡所行里也。於今有術以所有［數］，四十錢爲所求率也。衰分章「貸人千錢」與此同。

宋・賈憲《黄帝九章筭經細草》卷六《均輸》楊輝《詳解九章筭法》 法曰：原負鹽重與里數相乘爲法，以今負鹽重及今行里數乘原與錢數爲實，實如法而一。

此問以今負鹽重與今行里數乘原與錢數爲實，即要者乘也。其原負鹽行里數爲法，即是不要者除也。

明・吴敬《九章筭法比類大全》卷六《均輸》 法曰：置今負塩一石七斗三升，以分母三乘之，加分子一，共得五百二十。乘今行里八十，得四万一千六百。與原錢四十相乘，得一百六十六万四千，爲實。以原負塩二石，以分母三乘之，得六百。與原行里一百相乘，得六万，爲法。除得二十七錢，餘實四万四千。法、實皆四千約之，得十五分錢之十一。合問。

《九章筭術》卷六《均輸》 今有負籠，重一石(一十七斤，行七十六步)，［行百步，］五十返。今負籠重一石［一十七斤，行七十六步］(行百步)。問返幾何。

荅曰：五十七返二千六百三分返之一千六百二十九。

術曰：以(故)［今］所行步數乘(故)［今］籠重斤數爲法。此法謂負一斤一返所行之積步也。(今)［故］籠重斤數乘(今)［故］步，又以返數乘之，爲實。實如法得一返。**三國魏・劉徽注** 按：此法，負一斤一返所行之積步。此實者，一斤一日所行之積步。故以一返之課除終日之程，即是返數也。**唐・李淳風等注釋** 此術，所行步多者，得返少。所行步少者，得返多。然則［故］所行者，今返率也。故令所得返乘今返之率，爲實，而以故返之率爲法，今有術也。按：此負籠又有輕重，於是爲術者因令重者得返少，輕者得返多。故又因其率以乘法、實者，重今有之義也。然此意非也。按：此籠雖輕而行有限，籠過重則人力遺，力有遺而術無窮，人行有限而籠輕重不等。使其有限之力隨彼無窮之變，故知此術率乖理也。若故所行有空行返數，設以問者，當因其所負以爲返率，則今返之數可得而知也。假令空行一日六十里，負重一斛，行四十里。減重一斗進二里半，負重(三)［二］

斗以下，與空行同。今負籠重六斗，往還行一百步。問返幾何？荅曰：一百五十返。術曰：置重行率，加十里，以里法通之，爲實。以一返之步爲法。實如法而一，即得也。

宋・賈憲《黄帝九章算經細草》卷六《均輸》楊輝《詳解九章算法》 法曰：今籠重行步乘原返數爲實。**宋・楊輝《詳解九章算法》** 要者爲乘。以故重行步自乘爲法，除之。**楊輝詳解** 棄者爲除。

明・吴敬《九章算法比類大全》卷六《均輸》 法曰：置今負籠一百二十斤，乘今行步一百，得一万二千。與原行返五十相乘，得六十万，爲實。以原負籠一百三十七斤乘原行步七十六，得一万四百一十二，爲法。除之，得五十七返，餘實六千五百一十六。法、實皆四約之，得數。合問。

《九章算術》卷六《均輸》 今有程傳委輸，空車日行七十里，重車日行五十里。今載太倉粟輸上林，五日三返。問太倉去上林幾何。

荅曰：四十八里一十八分里之一十一。

術曰：并空、重里數，以三返乘之，爲法。令空、重相乘，又以五日乘之，爲實。實如法得一里。**三國魏・劉徽注** 此亦如上術，率：一百七十五里之路，往返用六日也。於今有術，則五日爲所有數，一百七十五里爲所求率，六日爲所有率，以此所得，則三返之路。今求一返，當以三約之，因令乘法而并除也。 爲術亦可各置空、重行一里用日之率，以爲列衰，副并爲法。以五日乘列衰爲實。實如法，所得即各空、重行日數也。各以一日所行以乘，爲凡日所行。三返約之，爲上林去太倉之數。 按：此術重往空還，一輪再還道，置空行一里，七十分日之一，重行一里用五十分日之一。齊而同之，空、重行一里之路，往返用一百七十五分日之六。(定)[完]言之者，一百七十五里之路，往返用六日。故并空、重者，并齊也。空、重相乘者，同其母也。於今有術，五日爲所有數，一百七十五爲所求率，六爲所有率，以此所得，則三返之路。今求一返者，當以三約之。故令乘法而并除，亦當約之也。

宋・賈憲《黄帝九章算經細草》卷六《均輸》楊輝《詳解九章算法》 術曰：併空重車日行里數。**宋・楊輝《詳解九章算法・均輸》** 以空車重車行里不齊之數，借爲分母，以各行一日借爲分子，用母互乘子，併之爲法，非直併空重車里數，此作法者之隱也。以三返乘之爲法。**楊輝詳解** 粟米中不要者乘之爲除也。 令空重車相乘，**楊輝詳解** 分母相乘爲法也。 以五日乘之爲實。**楊輝詳解** 粟米中要者乘。 實如法而一。**楊輝詳解** 以法除實。 草曰：空重車里數爲分母，各以一日爲分子。母互乘子，**楊輝詳解** 得一百二十。以三返乘之爲法。**楊輝詳解** 三百六十。令空重車里數相乘，**楊輝詳解** 三千五百。又以五日乘之，爲實。**楊輝詳解** 得一萬七千五百。實如法而一。合問。

宋・楊輝《詳解九章算法・均輸》 解題：以合分互用見空重車法解。兼粟米互換之術而立題。

明・吴敬《九章算法比類大全》卷六《均輸》 法曰：置空車七十、重車五十爲分母，各以一日爲分子。母互乘子，得一百二十。以三返乘之，得三百六十，爲法。令空車七十，重車五十相乘，得三千五百。又以五日乘之，得一万七千五百，爲實。以法除之，得四十八里，餘實二百二十。法、實皆五十約之。合問。

明・王文素《算學寶鑒》卷二二《遲疾行程》 互乘法圖：

空車一日	重車一日	五日	空重車里数相乘，乘此爲寔。
行七十里	行五十里	三返	互乘相併，乘此爲法。

法曰：以空車一日乘五十里，得五十里。以重車一日乘七十里，得七十里。併之，共一百二十。乘三返，得三百六十，爲法。另以空車七十乘重車五十，得三千五百。乘五日，得一萬七千五百，爲寔。以法除之，得四十八里，餘二百二十。法、寔皆以二十約之。合問。

明・程大位《算法統宗》卷九《均輸》 法曰：置空車、重車日行里数相乘，得三(百)[千]五(十)[百]里。又以五日乘之，得一(千)[萬]七(百)[千]五(十)[百]里，爲實。另併空車、重車日行里數，以三返乘之，得三百六十，爲法。除之，不盡二十二，以法命之。

清・陳世明《數學舉要》卷九《均輸》 術：以輕、重二車日行里數相乘，得三百五十里。又以五日乘之，得一千七百五十里，爲實。另以輕、重二車日行里數相併，得一百二十里，又以三返乘之，得(二)[三]百六十里，爲法。除之，得四十八里又三十六分里之二十二，爲至倉里數。兩車日行里數相乘者，兩車行之齊數也。三百五十里是七個五十里，亦是五個七十里。乃輕車五日、重車七日所行里數，故併兩車日行里數，除之，即得一日重往輕來之里數。再以五日乘之三返除之，亦得至倉之里數也。

清・屠文漪《九章録要》卷八《均輸法》 法：并空車、重車日行數，以三返乘之，爲日數。列一率。以空車、重車日行數相，爲里數。列二率，知以三百六十日行三千五百里而三返也。乃以五日列三率，求之。

一率　三百六十

二率　三千五百

三率　五
四率　四十八又一十八之一十一　　所求里數。

《九章算術》卷六《均輸》　今有客馬，日行三百里。客去忘持衣。日已三分之一，主人乃覺。持衣追及與之而還。至家視日四分之三。問主人馬不休，日行幾何。

荅曰：七百八十里。

術曰：置四分日之三，除三分日之一，**三國魏・劉徽注**　按：此術置四分日之三，除三分日之一者，除，其減也。減之餘，有十二分之五，即是主人追客還用日率也。半其餘，以爲法。**劉徽注**　去其還，存其往。率之者，子不可半，故倍母，二十四分之五，是爲主人與客均行用日之率也。副置法，增三分日之一。**劉徽注**　法二十四分之五者，主人往追用日之分也。三分之一者，客去主人未覺之前獨行用日之分也。并連此數得二十四分日之十三，則主人追及前用日之分也。是爲客[人與](行)主人(追及)[均行]用日率也。然則主人用日率者，客馬行率也。客用日率者，主人馬行率也。母同則子齊，是爲客馬行率五，主人馬行率十三。於今有術，三百里爲所有數，十三爲所求率，五爲所有率，而今有之，即得也。以三百里乘之，爲實。實如法，得主人馬一日行。**劉徽注**　欲知主人追客所行里者，以三百里乘(主人均行)[客用]日分子十三，以母二十四而一，得一百六十二里半。以此乘[客馬與]主人均行日分母二十四，如客馬與主人均行用日分子五而一，亦得主人馬一日行七百八十里也。

宋・賈憲《黄帝九章算經細草》卷六《均輸》楊輝《詳解九章算法》　法曰：客馬行率三分日之一減主馬行率四分日之三，其餘爲法。**宋・楊輝《詳解九章算法・均輸》**　課減分法云：母互乘子，以少減多餘爲法。合主客馬分子。**楊輝詳解**　合分法曰：母互乘子併之爲實。以客行三百里乘之，爲實，實如法而一。

又　草曰：置客馬行率三分日之一，主馬行率四分日之三，相減，餘爲法。**楊輝詳解**　用減分法母互乘四分日之三，子得九，其三分日之一，子得四，相減，餘五爲法。合主客馬分子，**楊輝詳解**　主馬分子四，客馬分子九，併之得十三。以客行三百里乘之，爲實。**楊輝詳解**　得三千九百里。以法除之。**楊輝詳解**　以五除得七百八十里也。

宋・楊輝《詳解九章算法・均輸》　解題：本分母子互換之術，以主客馬遲速爲問。

明・吴敬《九章算法比類大全》卷六《均輸》　法曰：此問本分母子互換之術，以主客馬遲速爲問。置二馬行率，客馬三分日之一，主馬四分日之三。互乘，三分乘之三，得九。四分乘之一，得四。相減，九減四，餘五，爲法。併二馬分子，主馬分子四，客馬分子九，併之，得一十三。以乘客行三百里，得三千九百里，爲實。以法五除之。合問。

明・王文素《算學寶鑒》卷二二《遲疾行程》　法圖：

互乘

右上　三分	右下　四分	相併爲主馬衰
左上　之一	左下　之三	相減爲客馬衰

法曰：以右上乘左下，得九。另以左上乘右下，得四。併之，得十三，爲主馬衰。另以四減九，餘五，爲客馬衰。置客馬日行三百里，乘主馬衰十三，得三千九百里，爲實。以客馬衰五爲法。除之，得主馬日行七百八十里。合問。

明・周述學《曆宗算會》卷一〇《總分》　遲疾求合分。【略】此以分母、子互換法也。

《九章算術》卷六《均輸》　今有善行者行一百步，不善行者行六十步。今不善行者先行一百步，善行者追之。問幾何步及之。

荅曰：二百五十步。

術曰：置善行者一百步，減不善行者六十步，餘四十步，以爲法。以善行者之一百步乘不善行者先行一百步，爲實。實如法得一步。**三國魏・劉徽注**　按：此術以六十步減一百步，餘四十步，即不善行者先行率也。善行者行一百步，追及率。約之，追及率得五，先行率得二。於今[有]術，不善行者先行一百步爲所有數，五爲所求率，二爲所有率，而今有之，得追及步也。

明・吴敬《九章算法比類大全》卷六《均輸》　法曰：置善行百步，乘拙先行百步，得一万步，爲實。以善行百步減拙行六十步，餘四十步，爲法。除之。合問。

明・周述學《曆宗算會》卷一〇《總分》　置遲先行，爲實。以二行相減，餘四十步，爲法。除之，得二百五十步。

《九章算術》卷六《均輸》　今有不善行者先行一十里，善行者追之一百里，先至不善行者二十里。問善行者幾何里及之。

荅曰：三十三里少半里。

術曰：置不善行者先行一十里，以善行者先至二十里增之，以爲法。以不善行者先行一十里乘善行者一百里，爲實。實如法得一里。**三國魏·劉徽注** 按：此術不善行者既先行一十里，後不及二十里，并之，得三十里也，謂之先行率。善行者一百里爲追及率。約之，先行率得三，三爲所有率，而今有之，即得也。其意如上術也。

宋·賈憲《黄帝九章筭經細草》卷六《均輸》楊輝《詳解九章筭法》 草曰：先行十里乘疾者百里得一千里爲實，以先行一十里併追過二十里，共三十里爲法，以法除之。

明·吴敬《九章筭法比類大全》卷六《均輸》 法曰：置遲者先往十里，乘疾者追百里，得一千里，爲實。併先往十里，追過二十里，共三十里，爲法。除之。合問。

《九章筭術》卷六《均輸》 今有兔先走一百步，犬追之二百五十步，不及三十步而止。問犬不止，復行幾何步及之。

答曰：一百七步七分步之一。

術曰：置兔先走一百步，以犬走不及三十步減之，餘爲法。以不及三十步乘犬追步數，爲實。實如法得一步。**三國魏·劉徽注** 按：此術以不及三十步減先走一百步，餘七十步，爲兔先走率。犬行二百五十步爲追及率。約之，先走率得七，追及率得二十五。於今有術，不及三十步爲所有數，二十五爲所求率，七爲所有率，而今有之，即得也。

宋·賈憲《黄帝九章筭經細草》卷六《均輸》楊輝《詳解九章筭法》 草曰：兔先一百減犬不及三十，（兔先）［餘］七十步爲法。以兔多三十步乘犬追二百五十步，得七千五百步，爲實。以法除之。

明·吴敬《九章筭法比類大全》卷六《均輸》 法曰：置不及三十步，乘犬追二百五十步，得七千五百步，爲實。以不及三十步減兔先往一百步，餘七十步，爲法。［除之］，得一百七步，餘實一十。以法約之。合問。

明·周述學《曆宗筭會》卷一〇《總分》 遲疾求合分。

唐·王孝通《緝古筭術》第一問注 今按：《九章》均輸篇有犬追兔術，與此相似。彼問犬走一百步，兔走七十步。今兔先走七十五步，犬始追之，問幾何步追及。

答曰：二百五十步追及。

彼術曰：以兔走減犬走，餘者爲法。又以犬走乘兔先走爲實。實如法而一，即得追及步數。

《九章筭術》卷六《均輸》 今有人持金十二斤出關。關稅之，十分而取一。今關取金二斤，償錢五千。問金一斤（值）［直］錢幾何。

答曰：六千二百五十。

術曰：以一十乘二斤，以十二斤減之，餘爲法。以一十乘五千，爲實。實如法得一錢。**三國魏·劉徽注** 按：此術置十二斤，以一乘之，十而一，得一斤五分斤之一，即所當稅者也。減二斤，餘即關取盈金，以盈除所償錢，即金（實）［直］也。今術既以十二斤爲所稅，則是以十爲母，故以十乘二斤及所償錢，通其率。於今有術，五千錢爲所有數，十爲所求率，八爲所有率，而今有之，即得也。

宋·賈憲《黄帝九章筭經細草》卷六《均輸》楊輝《詳解九章筭法》 一術：以十分乘已稅金二斤，以原金十二斤減之，餘八斤，爲法。**宋·楊輝《詳解九章筭法》** 即十箇多取金數。以十分乘餘錢五貫，爲實。**楊輝詳解** 亦十箇還餘錢，亦是要乘棄除取用。

二術：以十斤中合稅一斤，乘原金十二斤，以十二斤除之。**楊輝詳解** 求合稅金數十九兩二錢。以減稅過二斤，餘爲法。**楊輝詳解** 多收十二兩八錢。以十六兩乘餘錢五貫文，爲實。以法除之，得金斤之實。**楊輝詳解** 此是兩段，要乘棄除。

三術：原金一十二斤，以稅金二斤乘之，**楊輝詳解** 得三百八十四兩。以二十除之，**楊輝詳解** 得合稅一十九兩二錢，亦是十分取一。以減稅過二斤，餘爲法。以十六兩乘餘錢五貫，爲實。以法除之，合問。**楊輝詳解** 竝見前解。

明·吴敬《九章筭法比類大全》卷六《均輸》 法曰：置餘錢五貫，以乘十分，得五十貫，爲實。以已稅金二斤乘十分，得二十斤。減原持金一十二斤，餘八斤，爲法。除之。合問。

《九章筭術》卷六《均輸》 今有鳧起南海，七日至北海。雁起北海，九日至南海。今鳧、雁俱起，問何日相逢。

答曰：三日十六分日之十五。

術曰：并日數爲法，日數相乘爲實，實如法得一日。**三國魏·劉徽注** 按：此術置鳧七日一至，雁九日一至。齊其至，同其日，定六十三日鳧九至，雁七至。今鳧、雁俱起而問相逢者，是爲共至。并齊以除同，即得相逢日。故「并日數爲法」者，并齊之意。「日數相乘爲實」者，猶以同爲實也。　一曰：鳧飛日行七分至之一，雁飛日行九分至之一，齊而同之，鳧飛定日行六十三分至之九，雁飛定日行六十三分至之七。是爲南北海相去六十三分，鳧日行九分，雁日行七分也。并鳧、雁一日所行，以除南北相去，而得相逢日也。

明・吴敬《九章算法比類大全》卷六《均輸》　法曰：置日數，七日，九日，相乘，得六十三日，爲實。併日數七日，九日，共十六日，爲法。除之。合問。

明・周述學《曆宗算會》卷一〇《總分》　遲疾求合分。

《九章算術》卷六《均輸》　今有甲發長安，五日至齊。乙發齊，七日至長安。今乙發已先二日，甲乃發長安。問幾何日相逢。

荅曰：二日十二分日之一。

術曰：并五日、七日以爲法。**三國魏・劉徽注**　按：此術「并五日、七日法」者，猶并齊爲法。置甲五日一至、乙七日一至，齊而同之，定三十五日甲七至，乙五至。并之爲十二至者，用三十五日也。謂甲、乙與發之率耳。然則日化爲至，當除日，故以爲法也。以乙先發二日減七日。**劉徽注**　「減七日」者，言甲、乙俱發，今以發爲始發之端，於本道里則餘分也。餘，以乘甲日數，爲實。**劉徽注**　七者，長安去齊之率也。五者，後發相去之率也。今問後發，故舍七用五。以乘甲五日，爲二十五日。言甲七至，乙五至，更相去，用此二十五日也。實如法得一日。**劉徽注**　一日甲行五分至之一，乙行七分至之一。齊而同之，甲定日行三十五分至之七，乙定日行三十五分至之五。是爲齊去長安三十五分，甲日行七分，乙日行五分也。今乙先行發二日，已行十分，餘，相去二十五分。故減乙二日，餘，令相乘，爲二十五分。

宋・賈憲《黄帝九章算經細草》卷六《均輸》楊輝《詳解九章算法》　術曰：併甲、乙合行日數爲法。**宋・楊輝《詳解九章算法・均輸》**　五日、七日乃甲乙本程也，相併得一十二。以乙先發二日減乙原程日，餘以乘甲程爲實。**楊輝詳解**　乙本程七日，減先行二日，是求甲乙同發也。皆五自乘爲二十五。以法除之。

宋・楊輝《詳解九章算法・均輸》　解題：與空重車法意同，惟加乙先發二日。

明・吴敬《九章算法比類大全》卷六《均輸》　法曰：併甲五日，乙七日，共得一十二日，爲法。以乙先發二日減乙元程七日，餘五日。以乘甲程五日，得二十五日，爲實。以法除之。合問。

《九章算術》卷六《均輸》　今有一人一日爲牝瓦三十八枚，一人一日爲牡瓦七十六枚。今令一人一日作瓦，牝、牡相半。問成瓦幾何。

荅曰：二十五枚少半枚。

術曰：并牝、牡爲法，牝、牡相乘爲實，實如法得一枚。**三國魏・劉徽注**　此意亦與鳧雁同術。牝、牡瓦相并，猶如鳧雁日飛相并也。按：此術「并牝、牡爲法」者，并齊之意。「牝、牡相乘爲實」者，猶以同爲實也。故實如法即得也。

明・吴敬《九章算法比類大全》卷六《均輸》　法曰：置花、素瓦三十八枚，七十六枚。相乘，得二千八百八十八，爲實。併花、素瓦三十八枚、七十六枚，共一百一十四，爲法。除之，得二十五枚，餘實三十八。以法約之。合問。

明・周述學《曆宗算會》卷一〇《總分》　互換求総分。

《九章算術》卷六《均輸》　今有一人一日矯矢五十，一人一日羽矢三十，一人一日筈矢十五。今令一人一日自矯、羽、筈，問成矢幾何。

荅曰：八矢少半矢。

術曰：矯矢五十，用徒一人。羽矢五十，用徒一人太半人。筈矢五十，用徒三人少半人。并之，得六人，以爲法。以五十矢爲實。實如法得一矢。**三國魏・劉徽注**　按：此術言成矢五十，用徒六人，一日工也。此同工共作，猶鳧、雁共至之類，亦以同爲實，并齊爲法。可令矢互乘一人爲齊，矢相乘爲同。今先令同於五十矢，矢同則徒齊，其歸一也。以此術爲鳧雁者，當雁飛九日而一至，鳧飛九日而一至七分至之二，并之，得二至七分至之二，以爲法。以九日爲實。實如法而一，得一人日(矯)[成]矢之數也。

宋・賈憲《黄帝九章算經細草》卷六《均輸》楊輝《詳解九章算法》　術曰：以矯、羽、筈爲分母，一人一人一人爲分子，以母互乘子，併之爲法，母相乘爲實，實如法而一。

明・吴敬《九章算法比類大全》卷六《均輸》　法曰：置筸三十，羽五十，筈十五，爲分母，以一人爲分子。列分母、子，三十，五十，十五於右，一人，一人，一人於左。以母互乘子，一人乘五十，又乘十五，得七百五十。一人乘三十，又乘十五，得四百五十。一人乘三十，又乘五十，得一千五百。併之，共得二千七百，爲法。以分母相乘，三十乘五十，得一千五百，又十五乘，得二万二千五百，爲實。以法除之，得八矢，餘實九百。以法約之。合問。

明・周述學《曆宗算會》卷一〇《總分》　互換求総分。造箭，一人爲筸三十隻，一人爲羽五十隻，一人爲筈一十五隻。今令一人一日自造筸、羽、筈，求成箭幾何。

置筸三十，羽五十，筈十五，爲分母。以一人爲分子。列分母、子，三十，五十，十五於右，一人，一人，一人於左。以母互乘子，一人乘五十，又乘十五，淂七百五十。一人乘三十，又乘十五，淂四百五十。一人乘三十，又乘五十，淂一千五百。併之，共淂二千七百，爲法。以分母相乘，三十乘五十，淂一千五百。又十五乘，浔二萬二千五百，爲實。以法除之，餘實九百。以法約之，浔八矢少半矢。

《九章筭術》卷六《均輸》 今有假田，初假之歲三畝一錢，明年四畝一錢，後年五畝一錢。凡三歲得一百。問田幾何。

荅曰：一頃二十七畝四十七分畝之三十一。

術曰：置畝數及錢數。令畝數互乘錢數，并以爲法。畝數相乘，又以百錢乘之，爲實。實如法得一畝。**三國魏・劉徽注** 按：此術令畝互乘錢者，齊其錢。畝數相乘者，同其畝，同於六十。則初假之歲得錢二十，明年得錢十五，後年得錢十二也。齊其錢，同其畝，亦如凫雁術也。於今有術，百錢爲所有數，同畝爲所求率，并齊爲所有率。 **唐・李淳風等注釋** 假田六十畝，初歲得錢二十，明年得錢十五，後年得錢十二，并之得錢四十七，是爲得田六十畝三歲所(治)[假]。於今有術，百錢爲所有數，六十畝爲所求率，四十七爲所有率，而今有之，即合問也。

宋・賈憲《黄帝九章筭經細草》卷六《均輸》楊輝《詳解九章筭法》 術曰：以畝數爲分母，以錢數爲分子，令母互乘子，併之爲法，畝數相乘又一百乘之爲實，以法除之。

明・吴敬《九章算法比類大全》卷六《均輸》 法曰：置畒爲分母，錢爲分子。三畒，四畒，五畒於右，一錢，一錢，一錢於左。以母互乘子，一錢乘四畒，又乘五畒，得二十。一錢乘三畒，又乘五畒，得一十五。一錢乘三畒，又乘四畒，得一十二。併之。共四十七，爲法。以分母相乘，三畒乘四畒，得一十二，又乘五畒，得六十。又以收息一百乘之，得六千，爲實。以法除之。合問。

明・周述學《曆宗筭會》卷九《分法》 置息一百。以畝爲分母，錢爲分子，以分母相乘，三畝乘四畆，得一十二。又乘五畝，得六十。乘之，得六十，爲實。以母互乘子，一錢乘四畆，又乘五畝，得二十。一錢乘三畝，又乘五畝，得一十五。一錢乘三畝，又乘四畝，得一十二。併以共四十七，爲法。除之，得一頃二十七畝四十七分畝之三十一。

《九章筭術》卷六《均輸》 今有程耕，一人一日發七畝，一人一日耕三畝，一人一日耰種五畝。今令一人一日自發、耕、耰種之，問治田幾何。

荅曰：一畝一百一十四步七十一分步之六十六。

術曰：置發、耕、耰畝數。令互乘人數，并，以爲法。畝數相乘爲實。實如法得一畝。**三國魏・劉徽注** 此猶凫雁術也。 **唐・李淳風等注釋** 此術亦發、耕、耰種畝數互乘人者，齊其人。畝數相乘者，同其畝。故并齊爲法，以同爲實。計田一百五畝，發用十五人，耕用三十五人，種用二十一人，并之，得七十一工。治得一百五畝，故以爲實。而一人一日所治，故以人數爲法。除之，即得也。

宋・賈憲《黄帝九章筭經細草》卷六《均輸》楊輝《詳解九章筭法》 術曰：以發、耕、種畝數爲分母，以一人、一人、一人爲分子。令母互乘子，併之爲法。母相乘爲實。實如法而一。

明・吴敬《九章算法比類大全》卷六《均輸》 法曰：置畒爲分母，人爲分子。七畒，三畒，五畒於右，一人，一人，一人於左。以母互乘子，一人乘三畒，又乘五畒，得一十五。一人乘七畒，又乘五畒，得三十五。一人乘七畒，又乘三畒，得二十一。併之，共七十一，爲法。以分母相乘，七畒乘三畒，得二十一。又乘五畒，得一百五。又以畒法二百四十乘之，得二万五千二百步，爲實。以法七十一除之，得数，以畒法而一。餘實，以法約之。合問。

明・程大位《筭法統宗》卷八《商功》 荅曰：一畆四分七厘七十一分之六十三。

法曰：以田爲分母，夫爲分子，以母互乘子。列分母、分子之位

七畆　三畆　五畆

一夫　一夫　一夫

先以七畆乘三畆，得二十一畆。又以五畆乘之，得一百令五畆，爲實。又以七畆乘三畆，得二十一畆。又以三畆乘五畆，得一十五畆。又以五畆乘七畆，得三十五畆。併之，得七十一畆，爲法。除實，得一畆四分七厘，不盡六十三。以法命之。

清・劉彝程《九章實義》卷一下《以比例運九章》 答：一畝又七十一分畝之三十四。

法：須認定一日爲所有數，即爲三率。次欲取一數，内函三及五及七之各若干倍，則莫若以三、五、七連乘，得百零五，即借爲畝數。乃以七除畝數，得十五，爲一人耘田日數。又以三除畝數，得三十五，爲一人耕田日數。又以五除畝數，得二十一，爲一人種田日數。以三日數相并，得七十一，爲共日數。乃設比例：

彼共日七一，既得所治畝一〇五。

此一日，必得一日所治之畝一又七十一分畝之三十四。

《九章筭術》卷六《均輸》 今有池，五渠注之。其一渠開之，少半日一滿。次，一日一滿。次，二日半一滿。次，三日一滿。次，五日一滿。今皆決之，問幾何日滿池。

荅曰：七十四分日之十五。

術曰：各置渠一日滿池之數，并，以爲法。**三國魏·劉徽注** 按：此術其一渠少半日滿者，是一日三滿也。次，一日一滿。次，二日半滿者，是一日五分滿之二也。次，三日滿者，是一日三分滿之一也。次，五日滿者，是一日五分滿之一也。并之，得四滿十五分滿之十四也。以一日爲實。實如法得一日。**劉徽注** 此猶矯矢之術也。先令同於一日，日同則滿齊。自鳧鴈至此，其爲同齊有二術焉，可隨率宜也。其一術：各置日數及滿數。（其一渠少半日滿者，是一日三滿也。次，一日一滿。次，二日半滿者，是五日二滿。次，三日一滿。次，五日一滿。此謂之列置日數及滿數也。）令日互相乘滿，并，以爲法。日數相乘爲實。實如法得一[日]。**劉徽注** 亦如鳧鴈術也。 按：此其一渠少半日滿池者，是一日三滿池也。次，一日一滿。次，二日半滿者，是五日再滿。次，三日一滿。次，五日一滿。此謂列置日數於右行，及滿數於左行。以日互乘滿者，齊其滿。日數相乘者，同其日。滿齊而日同，故并齊以除同，即得也。

明·吴敬《九章算法比類大全》卷六《均輸》 法曰：少半日一滿，少半日乃三分日之一。其一日得三滿。置日爲分母，池滿爲分子，一日，一日，二日半，三日，五日於右，三滿，一滿，一滿，一滿，一滿於左。以母互乘子，三滿乘一日，得三。以乘二日半，得七日半。又乘三日，得二十二日半。又乘五日，得一百一十二日半。一滿乘一日，得一。又乘二日半，得二日半。又乘三日，得七日半。又乘五日，得三十七日半。一滿乘一日，得一。又乘一日，亦得一。又乘三日，得三。又乘五日，得一十五。一滿乘一日，得一。又乘一，亦得一。又乘二日半，得二日半。又乘五日，得一十二日半。一滿乘一日，得一。又乘一日，亦得一。又乘二日半，又乘三日，[得]七日半。併之，得一百八十五日，爲法。以分母相乘，一日乘一日，得一日。乘二日半，得二日半。又乘三日得七日半。又乘五日，得三十七日半，爲實。實不滿法，以法約之。

晉·佚名《孫子筭經》卷上 以粟求糲米，三之，五而一。以糲米求粟，五之，三而一。以糲米求飯，五之，二而一。以粟米求糲飯，六之，四而一。以糲飯求糲米，二之，五而一。以糳米求飯，八之，四而一。

北魏·張丘建《張丘建筭經》卷上 今有官獵得鹿，賜圍兵。初圍三人中賜鹿五頭，次圍五人中賜鹿七頭，次圍七人中賜鹿九頭。併三圍賜鹿一十五萬二千三百三十三頭、少半頭。問圍兵幾何。

荅曰：三萬五千人。

術曰：以三賜人數互乘三賜鹿數，併以爲法。三賜人數相乘并賜鹿數，爲實。實如法而得一。**隋·劉孝孫細草** 草曰：置三人於右上，五鹿於左上。五人於右中，七鹿於左中。七人於右下，九鹿於左下。以右中乘左上五，得二十五。又以右下七乘左上二十五，得一百七十五。又以右上三乘左中七，得二十一。又以右下七乘左中二十一，得一百四十七。又以右上三乘左下九，得二十七。又以右中五乘左下二十七，得一百三十五。將左三位併之，得四百五十七，爲法。以右三位相乘得一百五，別置一十五萬二千三百三十三頭、少半頭，位於上，先以三乘之，内子一，得四十五萬七千。以一百五乘之，得四千七百九十八萬五千。置(除)法四百五十七，以三因之，得一千三百七十一，爲法。除之，得三萬五千人。合問。

又 今有獵圍，周四百五十二里一百八十步，布圍兵十步一人。今欲縮令通身得地四尺，問圍内縮幾何。

荅曰：三十里五十二步。

術曰：置圍里步數，一退，以四因之爲尺。以步法除之，即得縮數。**劉孝孫細草** 草曰：置四百五十二里，以里法三百步乘之，内子一百八十，得一十三萬五千七百八十步。退一等，得一萬三千五百七十八人。四因之，得五萬四千三百一十二尺。以六尺除之，爲步，得九千五十二步。以里法三百除之，得三十里五十二步。合問。

又 今有圍兵二萬三千四百人以布圍周，各相去五步。今圍内縮除一十九里一百五十步而止，問兵相去幾何。

荅曰：四步四分步之三。

術曰：置人數，以五乘之，又以十九里一百五十步減之，餘，以人數除之。不盡平約之。**劉孝孫細草** 草曰：置圍兵二萬三千四百人，以五乘之，得一十一萬七千步。置一十九里，以三百通之，内子一百五十步，得五千八百五十步。以減上位，得一十一萬一千一百五十步。以圍兵二萬三千四百除之，得四步。餘，以圍兵數再折除，餘得三，除法得四。

明·程大位《算法統宗》卷九《均輸》 法曰：置兵数，以五步乘之，得一十一萬七千步。另以一十六里，以三百六十步通之，得五千七百六十步。加零九十步，共五千八百五十步。以減上數，餘一十一万一千一百五十步。以圍兵二万三千四百，爲法。除之，即得。

北魏·张丘建《张丘建筭經》卷上 今有甲日行疾於乙日行二十五里，而甲發洛陽七日至鄴，乙發鄴九日至洛陽。問鄴、洛陽相去幾何。

荅曰：七百八十七里半。

術曰：以甲乙所至日數相乘，又以甲日行疾里數乘之，爲實。以甲至日減乙至日數，餘爲法。實如法而一。**隋·劉孝孫細草** 草曰：置甲乙所至七日、九日相乘，得六十三。又以甲疾行二十五里乘之，得一千五百七十五，爲實。以甲至七日減乙至九日，餘有二日，爲法。除實，得七百八十七里半。合問。

又 今有甲貸乙絹三疋，約限至不還，疋日息三尺。今過限七日，取絹二疋，償錢三百。問一疋直錢幾何。

荅曰：七百五錢十七分錢之十五。

術曰：以過限日息尺數減取絹疋尺數，餘爲法。以償錢乘一疋尺數，爲實。實如法而一。**劉孝孫細草** 草曰：置七日。三疋絹，日息三尺，共九尺。以乘七日，得六十三尺。以減八十尺，餘一十七尺，爲法。又置償錢三百，以四十尺乘之，得一萬二千錢。以一十七爲法除之，得七百五文，餘十七分錢之十五。合問。

又 今有金方七，銀方九，秤之適相當。交易其一，金輕七兩。問金、銀各重幾何。

荅曰：金方重十五兩十八銖，銀方重十二兩六銖。

術曰：金、銀方數相乘，各以半輕數乘之，爲實。以超方數乘金、銀方數，各自爲法。實如法而一。**劉孝孫細草** 草曰：置金方七，銀方九，相乘得六十三。以半輕數三兩半乘，得二百二十兩半。又以金銀超方數二，以乘金方數，得一十四，爲法。除實，得一十五兩；餘不盡者，以二十四乘之，得二百五十二銖，再以前法除之，得一十八銖。若求銀方，又置前二百二十兩半，以銀方九，二因，得一十八，爲法。除之，得一十二兩；餘，二十四乘之，得一百八，以法除之，得六銖，爲銀方。合前問。

又 今有器容九㪷，中有米，不知其數。滿中粟舂之，得米五㪷八升。問滿粟幾何。

荅曰：八㪷。

術曰：置器容九㪷，以米數減之。餘，以五之，二而一，得滿粟㪷數。**劉孝孫細草** 草曰：置九㪷，以米五㪷八升減之，得三㪷二升。以粟數五因之，得一石六㪷。以糠率二㪷除之，得八㪷，爲粟。合前問。

又 今有七百人造浮橋，九日成。今增五百人，問日幾何。

荅曰：五日四分日之一。

術曰：置本人數，以日數乘之，爲實。以本人數、今增人數併之，爲法。實如法而一。**劉孝孫細草** 草曰：置七百人以九日因之，得六千三百。又以增五百人加七百人，得一千二百人，爲法。除之，得五日，餘四分日之一。合前問。

又 卷中 今有人盜馬乘去，已行三十七里，馬主乃覺。追之一百四十五里，不及二十三里而還。今不還追之，問幾何里及之。

荅曰：二百三十八里一十四分里之三。

術曰：置不及里數，以馬主追里數乘之，爲實。以不及里數減已行里數，餘爲法。實如法而一。**隋·劉孝孫細草** 草曰：置馬不及里數二十三里。以馬主追去一百四十五里乘之，得三千三百三十五，爲實。以不及二十三里減已行三十七里，餘一十四爲法。除實，得二百三十八里一十四分里之三。合前問。

明·程大位《筭法統宗》卷八《商功》 法曰：置不及二十三里，以馬主追去一百四十五里乘之，得三千三百三十五里，爲實。另置已行三十七里，減去不及二十三里，餘一十四里，爲法。除實二百三十八里，不盡三，以法約之。

明·周述學《曆宗筭會》卷一〇《總分》 有人盜馬乘去，馬主乃覺，追一百四十五里，不及二十三里而還。若更追二百三十八里十四分里之三及之，求盜馬乘去已行里幾何。

置追一百四十五里，以分母通之，湻二千三十。乘不及，湻四萬六千六百九十，爲實。以更追通分内子，共湻三千三百三十五，爲法。除之，湻一十四里。加不及二十三里，湻三十七里。

北魏·张丘建《张丘建筭經》卷中 今有駑馬日初發家，良馬日以七分之一發家。日乃五分之二，行四十五里，及駑馬。問良、駑馬一日不止，各行幾何。

荅曰：良馬日行一百七十五里，駑馬日行一百一十二里一百五十步。

術曰：置五分之二、七分之一，相減，餘爲良馬行率。增七分日之一，爲駑馬行率。各以爲法。以及里數乘二母，爲實。實如法而一。**隋·劉孝孫細草** 草曰：置七分於右上，一於左上；五分於右下，二於左下。以右上乘左下得十四；以右下乘左上，得五。減十四，得九，爲良馬率法；以五加九，得十四，爲駑馬率法。以七分、五分相乘得三十五，以乘追及四十五里，得一千五百七十五里，爲實。以良馬法九除之，得一百七十五里，爲良馬行。又以十四除實，得一百一十二里。餘七里，以里法三百通之，得二千一百步，再以十四除之，得一百五十步。合前問。

又　今有遲行者五十步，疾行者七十步。遲行者以先發，疾行者以後發，行八十七里一百五十步乃及之。問遲行者先發行幾何里。

荅曰：二十五里。

術曰：以遲行步數減疾行步數，餘，以乘及步數，爲實。以疾行步數爲法。實如法而一。**劉孝孫細草**　草曰：置疾行七十步，以遲行五十步減之，餘二十步。以乘八十七里半，得一千七百五十里，爲實。以疾行七十步爲法。除實，得二十五里。合前問。

又　今有甲日行七十里，乙日行九十里。甲日以五分之一乃發，乙日以三分之二乃發。問乙行幾何里及甲。

荅曰：一百四十七里。

術曰：以五分日之一減三分日之二，餘，以甲日行里數乘之，又以乙日行里數乘之，爲實。以甲、乙行里數相減，餘以乘二分母，爲法。實如法而一。**劉孝孫細草**　草曰：置五分於右上，置之一於左上；又置三分於右下，之二於左下。以右上五乘左下二，得一十；以右下三乘左上一，得三；以減十餘七。以甲行七十里乘之，得四百九十，又以乙行九十里乘之，得四萬四千一百，爲實。以甲行里數減乙行里數，餘二十里，以二分母乘之，得三百。以除實得一百四十七里。乃合前問。

又　今有三女各刺文一方，長女七日刺訖，中女八日半刺訖，小女九日太半刺訖。今令三女共刺一方，問幾何日刺訖。

荅曰：二日一千二百五十六分日之九百三十九。

術曰：置日數，以互乘方數，併爲法，日數相乘爲實，實如法得一。**劉孝孫細草**　草曰：置大女七日於右上，一於左上；中女八日半，半是二分之一，以分母通分，內子一，得十七於右中，一於左中；小女九日太半，以分母三因之，內子二，得二十九於右下，一於左下。乃互乘之：以右中十七乘左上一，得十七，又以右下二十九乘之，得四百九十三；又以右上七乘左中一，得七，又以右下二十九乘之，又以分母二因之，得四百六；又以右上七乘左下一，又以右中十七乘之，又以分母三因之，得三百五十七。併之，得一千二百五十六，爲法。又以右上七乘中一十七，得一百一十九，又以右下二十九乘之，得三千四百五十一，爲實。以法除之，得二日一千二百五十六分日之九百三十九。合前問。

又　今有車運麥輸太倉，去三十七里十六分里之十一。重車日行四十五里，七日五返。問空車日行幾何。

荅曰：日行六十七里。

術曰：置麥去太倉里數，以返數乘之。以重車日行里數而一，所得爲重行日數。以減凡日數，餘爲空行日數，以爲法。以返數乘麥去太倉里數，爲實。實如法得一。**劉孝孫細草**　草曰：置去太倉里數三十七里，以十六乘之，內子一十一，得六百三里。又以返數五乘之，得三千一十五。以重車日行四十五以分母十六乘之，得七百二十，爲法。除三千一十五，得四日。不盡，二因，九約，得十六分日之三，爲重車行日數。又置七日，以十六乘之，得一百一十二。又置四日，以十六乘之，內子三，得六十七。以減一百一十二，餘四十五，爲法。以除太倉里數三千一十五，得六十七里。合前問。

又　今有清酒一㪷直粟十㪷，醑酒一㪷直粟三㪷。今持粟三斛，得酒五㪷，問：清、醑酒各幾何。

荅曰：醑酒二㪷八升七分升之四，清酒二㪷一升七分升之三。

術曰：置得酒㪷數，以醑酒直數乘之，以減持粟㪷數，餘爲清酒實。又置得酒㪷數，以清酒直數乘之，減去持粟㪷數，餘爲醑酒實。各以二直相減，餘爲法。實如法而一，即得。**劉孝孫細草**　草曰：置得五㪷，以清酒十量乘之，得五斛。減去持粟三斛，餘二斛，爲醑酒實。又置酒五㪷，以醑酒三量乘之，得一斛五㪷，以減三斛，餘一斛五㪷，爲清酒實。以三減十，餘七，爲法。除醑酒實，得二㪷八升七分升之四。又以法除清酒實，得二㪷一升七分升之三。合前問。

又　今有七人，九日造弓十二張半。今有十七人造弓十五張，問幾何日訖。

荅曰：四日八十五分日之三十八。

術曰：置今造弓數，以弓日數乘之，又以成弓人數乘之，爲實。以今有人數乘本有弓數，爲法。實如法得一。**劉孝孫細草**　草曰：置今造弓十五張，以成弓日數九乘之，得一百三十五。又以成弓人數七乘之，得九百四十五，爲實。又置本造弓十二張半，以今造弓十七人乘之，得二百一十二半，爲法。除之，得四日，法與餘皆退位，四因，得八十五分之三十八。合前問。

又　今有客歲作，唐・李淳風等注釋　謹按：問意，三百五十四日。要與粟一百五十斛。已與之粟，先五十八日歸。問折粟、與粟各幾何。

荅曰：折粟二十四斛五㪷五十九分㪷之四十五。與粟一百二十五斛四㪷五十九分㪷之十四。

術曰：置歸、作日數，以與粟乘之，各自爲實。以一歲三百五十四日爲法。實如法得一。**劉孝孫細草**　草曰：置歸日五十八日，以粟一百五十斛乘之，得八千七百。

又以歲三百五十四除，得二十四石五斗，餘與法皆六除之，得五十九分斗之四十五。求與粟數，以作日二百九十六，以一百五十斛乘之，得四萬四千四百。以歲三百五十四除之，得一百二十五斛四斗五十九分斗之十四。合前問。

又　今有廪人，人日食米六升。今三十五日，食米七千四百九十二斛八斗，問人幾何。

答曰：三千五百六十八人。

術曰：置米數爲實。以六升乘三十五日爲法。實如法得一。**劉孝孫細草**　草曰：置米七千四百九十二斛八斗。以六乘三十五日，得二斛一斗，爲法。以除積數，得三千五百六十八人。合前問。

又　今有五十八人，二十九日食麫九十五斛三斗一升少半升。問人日食幾何。

答曰：五升太半升。

術曰：置麫斛斗升數爲實。以人、食日相乘，爲法。實如法得一。**劉孝孫細草**　草曰：置麫數，以三因之，内子一，得二萬八千五百九十四。置人數五十八，以二十九乘之，得一千六百八十二。又以三因之，得五千四十六，爲法。除得五升。餘皆三約之，得三分之二，爲太半升。合前問。

又　今有二人三日錮銅，得一斤九兩五銖。今一月日錮銅，得九千八百七十六斤五兩四銖少半銖。問人功幾何。

答曰：一千二百五十三人三百六十三分人之二百六十二。

術曰：置二人三日所得錮銅斤兩銖，通之作銖。以二人、三日相乘，除之，爲一人一日之銖。二十四而一。還以一人一日所得兩銖，通分内子。復以一月三十日乘一人積分，所得，復以銖分母三通之，爲法。又以今錮銅斤兩通爲銖。以少半銖者，三分之一。以三通，内一，以六乘之爲實。實如法而一，得人數不盡，約之爲分。**劉孝孫細草**　草曰：置二人三日所得銅一斤九兩，以十六通斤，得二十五兩。又以銖數二十四乘之，入五銖，得六百五。以二人乘三日，得六，爲法。除，得一百銖六分銖之五，是一日所得之數。以二十四除之，一人所得四兩四銖六分銖之五。却通分内子，得六百五。以一月三十日乘之，得一萬八千一百五十。又以通分母，三因之，得五萬四千四百五十，爲法。置今錮銅，以十六兩乘之，内五兩，得一十五萬八千二十一兩。又以二十四銖乘之，内四銖，得三百七十九萬二千五百八銖。又以通分母，三因之，内子一，得一千一百三十七萬七千五百二十五。又以法分母六因之，得六千八百二十六萬五千一百五十，爲實。以法除之，得一千二百五十三人，法與餘皆一百五十約之，法得三百六十三，餘得二百六十二。合前問。

又　今有亭一區，五十八人七日築訖。今有三十人，問幾何日築訖。

答曰：十一日三分日之二。

術曰：以本人數乘築訖日數，爲實。以今有人數爲法。實如法得一。**劉孝孫細草**　草曰：置七，以五十八人乘之，得三百五十。以三十人爲法。除，得十一日三分日之二。合問。

又　今有負他錢，轉利償之。初去轉利得二倍，還錢一百。第二轉利得三倍，還錢二百。第三轉利得四倍，還錢三百。第四轉利得五倍，還錢四百。得畢。凡轉利倍數皆通本錢。今除初本，有錢五千九百五十，問初本幾何。

答曰：本錢一百五十。

術曰：置初利還錢，以三乘之，并第二還錢。又以四乘之，并第三還錢。又以五乘之，并第四還錢。訖，并餘錢爲實。以四轉得利倍數相乘，得一百二十。減一，餘爲法。實如法得一。**劉孝孫細草**　草曰：置初還錢一百，以三乘之，得三百。又并第二還錢，得五百。以四乘之，得二千。又并第三還錢，得二千三百。以五乘之，得一萬一千五百。又并第四還錢，并今有錢五千九百五十，共得一萬七千八百五十。以四轉利二、三、四、五相乘，得一百二十。除一，餘一百一十九，爲法。除實，得一百五十，本。合前問。

又　今有三人，四日客作，得麥五斛。今有七人，一月日客作。問得麥幾何。

答曰：八十七斛五斗。

術曰：以七人乘一月三十日，又以五斛乘之，爲實。以三人乘四日，爲法。實如法而得一。**劉孝孫細草**　草曰：以七人乘三十日，得二百一十。又五斛乘之，得一千五十，爲實。以三人乘四日，得一十二，爲法。除實，得八十七斛五斗。即合前問。

又　今有人舉取他絹，重作券，要過限一日息絹一尺，二日息二尺，如是息絹日多一尺。今過限一百日，問息絹幾何。

答曰：一百二十六疋一丈。

術曰：并一百、一日息，以乘百日，而半之。即得。**劉孝孫細草**　草曰：置一百一尺，以一百日乘之，得一萬一百尺。半之，得五千五十尺。以疋法四十尺除之，得一百二十六疋一丈。合前問。

北周·甄鸞《五曹算經》卷三《集曹》　今有粟七百五十斛，問爲糲米幾何。

答曰：四百五十斛。

術曰：列粟七百五十斛，以三十乘之，得二萬二千五百斛。以五十除之，即得。

又 今有粟二百九十斛，問爲粺米幾何。

荅曰：一百五十六斛六斗。

術曰：列粟二百九十斛，以二十七乘之，得七千八百三十斛。以五十除之，即得。

又 今有粟五百六十斛，問爲糳米幾何。

荅曰：二百六十八斛八斗。

術曰：列粟五百六十斛，以二十四乘之，得一萬三千四百四十斛。以五十除之，即得。

又 今有粟三百六十二斛，問爲御米幾何。

荅曰：一百五十二斛四升。

術曰：列粟三百六十二斛，以二十一升乘之，得七千六百二斛。以五十除之，即得。

又 今有粟五百六十斛，凡粟八斗易麥五斗。問得麥幾何。

荅曰：三百五十斛。

術曰：列粟五百六十斛，以五十乘之，得二萬八千斛。以八十除之，即得。

又 今有豆八百四十九斛，凡豆九斗易麻七斗，問得麻幾何。

荅曰：六百六十斛三斗三升三合奇三升。

術曰：列豆八百四十九斛，以七十乘之，得五萬九千四百三十斛。以九十除之，即得。

又 今有錢二十七貫八百三十三文，凡五文買梨三枚。問得梨幾何。

荅曰：一萬六千六百九十九枚奇四文。

術曰：列錢二十七貫八百三十三文，以三乘之，得八萬三千四百九十九。以五除之，即得。

又 今有凡醬二升飼五人。有醬三百二十斛，問：人幾何。

荅曰：八萬人。

術曰：列三百二十斛，再上十之，得三萬二千升。以五人乘之，得一十六萬升。以二升除之，即得。

又 今有凡錢五文買雉三隻。有錢一萬七千五百二十五文，問：得雉幾何。

荅曰：一萬五百一十五隻。

術曰：列錢數一萬七千五百二十五文，以雉三隻乘之，得五萬二千五百七十五文。以五文除之，即得。

清・勞乃宣《古籌算考釋》卷二 今有：【略】此今有術也。原錢五文爲所有率，原雉三隻爲所求率，今錢一萬七千五百二十五文爲所有數，得雉幾何爲所求數。依法置原錢五文於左上，置原雉三隻於左下，置今錢一萬七千五百二十五文於右上，以右上所有數、左下所求率相乘，得五萬二千五百七十五，爲實。以左上所有率爲法。除之，得一萬五百一十五隻，爲所求數。置於右下，即所得雉數。錢與錢相並，雉與雉相並，所謂錢、錢、物、物也。今錢與今雉相直，原錢與原雉相直，所謂數、數、率、率也。

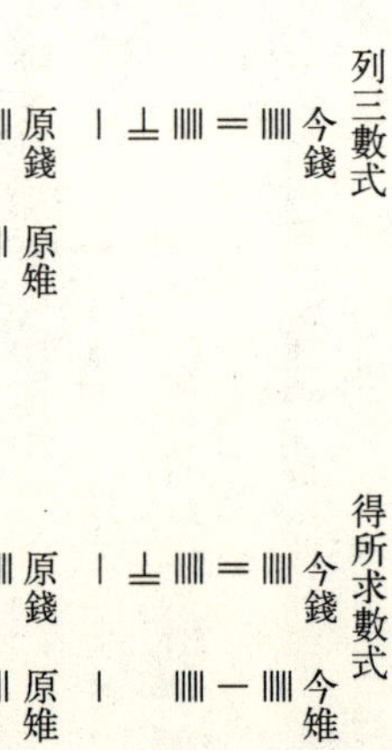

北周・甄鸞《五曹算經》卷五《金曹》 今有絲九兩，得絹一匹。有絲三百二十四斤，問計得幾何。

荅曰：五百七十六匹。

術曰：列三百二十四斤，以十六兩乘之，得五千一百八十四兩。以九兩除之，即得。

又 今有生絲一斤爲練絲一十二兩。有練絲一千五百八十七兩，問生絲幾何。

荅曰：二千一百一十六兩。

術曰：列練絲一千五百八十七兩，以十六兩乘之，得二萬五千三百九十二兩。以十二兩除之，即得。

又 今有貴絲一兩直錢五十六文，賤絲一兩直錢四十二文。有錢一百三十一貫八百一十文，問(各)[共]得幾何。

答曰：(各)[共]二鈞二十四斤一兩。

術曰：列錢一百三十一貫八百一十文爲實。并絲貴、賤價得九十八文，爲法。以法除實，得絲一千三百四十五兩。以十六兩除之，得八十四斤，餘一兩。次置之，以三十斤除之，即得。

北周・甄鸞《五經算術》卷上 《儀禮》喪服經帶法：「苴經大搹，左本在下。去五分一以爲帶。齊衰之經，斬衰之帶也，去五分一以爲帶。大功之經，齊衰之帶也，去五分一以爲帶。小功之經，大功之帶也，去五分一以爲帶。緦麻之經，小功之帶也，去五分一以爲帶。」注云：「盈手曰搹，搹，扼也。中人之扼，圍九寸。以五分一爲殺者，象五服之數。」今有五服衰經，迭相差減五分之一。其斬衰之經九寸。問齊衰、大功、小功、緦麻、經各幾何。

答曰：齊衰七寸五分寸之一，大功五寸二十五分寸之十九，小功四寸一百二十五分寸之七十六，緦麻三寸六百二十五分寸之四百二十九。

甄鸞按：五分減一者，以四乘之，以五除之。置斬衰之經九寸，以四乘之，得三十六，爲經實。以五除之，得齊衰之經七寸五分寸之一。以母五乘經七寸，得三十五，內子一，得三十六。以四乘之，得一百四十四，爲實。以五乘下母五，得二十五，爲法。除之，得大功經五寸二十五分寸之十九。以母二十五乘經五寸，得一百二十五，內子十九，得一百四十四。以四乘之，得五百七十六，爲實。以五乘下母二十五，得一百二十五，爲法。以除之，得小功經四寸一百二十五分寸之七十六。以母一百二十五乘經四寸，得五百。內子七十六，得五百七十六。又以四乘之，得二千三百四，爲實。以五乘下母一百二十五，得六百二十五，爲法。以除之，得緦麻之經三寸六百二十五分寸之四百二十九。**唐・李淳風等《五經算術注釋》卷上** 按：其術宜云：置斬衰之經九寸，以四乘之，五而一，得齊衰之經。其求大功已下者準此。有分者同而通之。即合所問。

清・劉嶽雲《五經算術疏義》卷上 嶽雲按：「左本在下」，汲古閣本《儀禮》本誤作「右今有」。「五服」至「緦麻三寸六百二十五分寸之四百二十九」，乃淳風按語，羼入正文，當移之。又案：以此例推緦麻之帶爲二寸三千一百二十五分寸之二千九百六十六。

北周・甄鸞《五經算術》卷上 喪服制食米溢數法：「朝一溢米，夕一溢米。」注云：「二十兩曰溢，一溢爲米一升二十四分升之一。」甄鸞按：一溢米一升二十四分升之一法：置一斛米，重一百二十斤，以十六乘之，爲積一千九百二十兩。以溢法二十兩除之，得九十六溢，爲法。以米一斛爲百升，爲實。實如法得一升，不盡四升，與法俱再半之，名曰二十四分升之一。【略】**唐・李淳風等《五經算術注釋》卷上** 按：其問宜云：喪服「朝一溢米，夕一溢米」，鄭注云：「二十兩曰溢，爲米一升二十四分升之一。」欲求其指如何？ 術曰：置一斛升數爲實。又置一斛米重斤數，以斤法十六兩乘之，所得，以溢法二十除之，爲法。實如法得一升。不盡者與法俱再半之，即得分也。

又 卷下 《禮記・月令》黃鍾律管法：黃鍾術曰：置一筭，以三九徧因之，爲法。置一筭，以三因之，得三。又三因之，得九。又三因之，得二十七。又三因之，得八十一。又三因之，得二百四十三。又三因之，得七百二十九。又三因之，得二千一百八十七。又三因之，得六千五百六十一。又三因之，得一萬九千六百八十三，爲法。即是黃鍾一寸之積分。重張其位於上，以三再因之，爲黃鍾之實。以法除之，得黃鍾，十一月，管長九寸。

置黃鍾一寸積分一萬九千六百八十三，以三因之，得五萬九千四十九。又置五萬九千四十九，以三因之，得十七萬七千一百四十七，爲黃鍾之實。以寸法一萬九千六百八十三除實，得黃鍾之管長九寸。

清・劉嶽雲《五經算術疏義》卷下 按：此條與上微複。

律管之法，隔八相生。子午巳東爲上生，子午巳西爲下生。上生者，三分益一。下生者，三分損一。益者，四乘，三除；損者，二乘，三除。黃鍾下生林鍾，六月，管長六寸。置黃鍾管長九寸，以二乘之，得十八。以三除之，得林鍾管長六寸。

林鍾上生太蔟，正月，管長八寸。置林鍾管長六寸，以四乘之，得二十四。以三除之，得太蔟管長八寸。

太蔟下生南呂，八月，管長五寸三分寸之一。置太蔟之管八寸，以二乘之，得十六。以三除之，得南呂之管長五寸三分寸之一。

南呂上生姑洗，三月，管長七寸九分寸之一。置南呂管長五寸，以分母三乘之，內子一，得十六。以四乘之，得六十四。以三乘法三，得九，爲法。以除之，得姑洗之管長七寸九分寸之一。

姑洗下生應鍾，十月，管長四寸二十七分寸之二十。置姑洗管長七寸，以分母九乘之，內子一，得六十四。以二乘之，得一百二十八。以分母九乘法三，得二十七，爲法。以除之，得應鍾之管長四寸二十七分寸之二十。

應鍾上生蕤賓，五月，管長六寸八十一分寸之二十六。置應鍾管長四寸，以分母二十七乘之，內子二十，得一百二十八。以四乘之，得五百一十二。以分母二十七乘法三，得八十一，爲法。除之，得蕤賓管長六寸八十一分寸之二十六。

蕤賓上生大呂，十二月，管長八寸二百四十三分寸之一百四。置蕤賓管長六寸，以分母八十一乘之，內子二十六，得五百一十二。以四乘之，得二千四十八，爲實。以分母八十一乘法三，得二百四十三，爲法。除之，得大呂之管長八寸二百四十三分寸之一百四。

大呂下生夷則，七月，管長五寸、七百二十九分寸之四百五十一。置大呂管長八寸，以分母二百四十三乘之，內子一百四，得二千四十八。以二乘之，得四千九十六，爲實。以分母二百四十三乘法三，得七百二十九，爲法。除之，得夷則管長五寸七百二十九分寸之四百五十一。

夷則上生夾鍾，二月，管長七寸、二千一百八十七分寸之一千七十五。置夷則管長五寸，以分母七百二十九乘之，內子四百五十一，得四千九十六。以四乘之，得一萬六千三百八十四，爲實。以分母七百二十九乘法三，得二千一百八十七，爲法。除之，得夾鍾管長七寸二千一百八十七分寸之一千七十五。

夾鍾下生無射，九月，管長四寸六千五百六十一分寸之六千五百二十四。置夾鍾管長七寸，以分母二千一百八十七乘之，內子一千七十五，得一萬六千三百八十四。以二乘之，得三萬二千七百六十八，爲實。以分母二千一百八十七乘法三，得六千五百六十一，爲法。除之，得無射管長四寸六千五百六十一分寸之六千五百二十四。

無射上生中呂，四月，管長六寸一萬九千六百八十三分寸之一萬二千九百七十四。置無射管長四寸，以分母六千五百六十一乘之，內子六千五百二十四，得三萬二千七百六十八。以四乘之，得十三萬一千七十二，爲實。以分母六千五百六十一乘法三，得一萬九千六百八十三，爲法。除之，得中呂之管長六寸一萬九千六百八十三分寸之一萬二千九百七十四。

又 按：以上甄依古法算十二律之長也。其前當有引《月令》經、注及「甄鸞按」三字，今脱去矣。三分損益之説見於《管子》《呂覽》《淮南》等書，歷代循用。惟何承天以爲疏，更設新率，而不言其算法。明鄭世子載堉《律呂精義》云新法算律用句股率。《四庫提要》以爲即諸乘方連比例相求法。戴煦《音分古義》曰：三分損益乃既得音分之後爲此簡易之法，而用連比例，真定音之正術也。陳澧《聲律通考》云：三分損益之數與連比例之數所差不多，其林鍾、太簇二律所差甚微，南呂、姑洗所差猶甚微，其餘諸律所差乃稍多耳。可以黄鍾爲宫，生林、太、南、姑四律爲徵、商、羽、角五聲已備，而所差皆甚微，可以不計。故云三分損益之法不爲疏也。戴、陳之説並可依據甄算，精密良足取也。

北周・甄鸞《五經筭術》卷下 《漢書》「終於南事」算之法：甄鸞按：【略】「律術曰：陽以圓爲形，其性動。陰以方爲節，其性静。動者數三，静者數二。以陽生陰倍之，以陰生陽四之，皆三而一。陽生陰曰下生，陰生陽曰上生。上生不得過黄鍾之濁，下生不得不及黄鍾之清。皆參天兩地、圓蓋方覆、六耦承奇之道也。黄鍾律呂之首，而生十一律者也。其相生也，皆三分而損益之。是故十二律之得十七萬七千一百四十七，是爲黄鍾之實。」如前置一筭，以三九徧因之，得一萬九千六百八十三，爲黄鍾一寸之積分，即爲一寸之法。即以三再因之，得一十七萬七千一百四十七，爲黄鍾之實。以寸法除之，得黄鍾之管長九寸。又以二乘而三約之，是謂下生林鍾之實。置黄鍾之實一十七萬七千一百四十七，以二因之，得三十五萬四千二百九十四。以三除之，得一十一萬八千九十八，爲林鍾之實。以寸法一萬九千六百八十三除之，得林鍾之管長六寸。又以四乘而三約之，是謂上生太蔟之實。置林鍾之實十一萬八千九十八，以四因之，得四十七萬二千三百九十二。以三除之，得十五萬七千四百六十四，爲太蔟之實。以寸法一萬九千六百八十三除之，得太蔟之管長八寸。自餘諸管上、下相生，皆倣此。「推此上下以定六十律之實。以九三之，得萬九千六百八十三，爲法」。實如法，「於律爲寸，於準爲尺；於律爲分，於準爲寸。不盈者，十之所得爲分，又不盈十之所得爲小分。以其餘正其强弱」。

唐・佚名《夏侯陽筭經》卷上《變米穀》 倉庫令云，其折糙米者，稻三斛折納糙米一斛四斗。

若穀求米法，十四乘，三除。注 除畢，以米數折退一等。

又法：四二乘，九除；一四乘，三除；二八乘，六除。

若米求穀法，三乘，十四除。

又法：九乘，四二除；三乘，一四除；六乘，二八除。

粟五斗爲糲米三斗，三十乘之，五十而一；爲粺米二斗七升，二十七乘之，五十而一；爲糳米二斗四升，二十四乘之，五十而一；爲御米二斗一升，二十一乘之，五十而一。

又 今有粟五千五百一十斛九斗，欲每斛爲糲米六斗，粺米五斗四升，糳米四斗八升，御米四斗二升。問各幾何。

荅曰：糲米三千三百六斛五斗四升，

粺米二千九百七十五斛八斗八升六合，

糳米二千六百四十五斛二斗三升二合，

御米二千三百一十四斛五斗七升八合。

術曰：置粟，退一等，以六斗乘，爲糲米；以五斗四升乘，爲粺米；以四斗八升乘，爲糳米；以四斗二升乘，爲御米。

返求粟法：置糲米數，以五因之，三除之；置粺米數，以上十之，以五斗四升除之；糳米、御米，各以本米數除之，皆得本粟。

又 今有穀一千八百四十三斛八斗三升，欲依租變米，每穀三斛爲米一斛四斗。問合得米幾何。

荅曰：八百六十斛四斗五升四合。

術曰：置穀數，以一斛四斗爲法，乘之，以三斛爲法除之，得米數。

又 **卷中《求地税》** 今有上官田七十四畝一百五十三步，畝別計米六斗輸官，官令納穀三斛準米一斛四斗。問米及穀各幾何。

荅曰：米四十四斛七斗八升二合五勺，

穀九十五斛九斗六升二合五勺。

術曰：置畝數，以二百四十步乘之，内餘步，得一萬七千九百一十三步，爲實。以上田斛法四百步除之，得米數。　欲求穀者，以三斛因米，爲一百三十四斛三斗四升七合五勺。以米一斛四斗除之。　欲知上田一斗步數者，置田一畝二百四十步，以米六斗爲法，除，得四十步計米一斗。以斗法上十之，爲四百步，即斛法。　上田一步計米二合五勺，欲知者，置米六斗，再上十之，以二百四十步除之，見每步之數。

又 今有次官田五十七畝一百五十步，畝別計米五斗輸官。官亦令納穀三斛，準米一斛四斗。問米及穀各幾何。

荅曰：米二十八斛八斗一升二合五勺，

穀六十一斛七斗四升二十八分升之三。

術曰：置畝數，以二百四十步乘之，内一百五十步，得一萬三千八百三十步，爲實。以次田法四百八十步除之，得米數。

欲求穀，以三斛因米，得八十六斛四斗三升七合五勺。以米一斛四斗除之，得穀數。不盡者，與法俱倍之，命分。

又 今有下官田八十九畝一百九十五步，畝別計米四斗輸官，官亦令納穀三斛，準米一斛四斗。問合計米及穀幾何。

荅曰：米三十五斛九斗二升五合，

穀七十六斛九斗八升一十四分升之三。

術曰：置田畝數，以二百四十步乘之，内一百九十五步，得二萬一千五百五十五步，爲實。以下田斛法六百步除之，得米數。　欲求穀者，以三斛因米，得一百七斛七斗七升五合，爲實。以一斛四斗除，爲穀數。不盡者命分。

又 **《計給糧》** 今有兵八萬人，凡五兵共給醬二升，問日給幾何。

荅曰：日給三百二十斛。

術曰：置兵數，以二因之，得一十六萬。以五兵除之，得醬數。

今有醬二升，給五兵。見有三百二十斛，問給幾何。

荅曰：給兵八萬人。

術曰：置醬數，再上十之，爲升。以五因之，得一十六萬。以二升爲法除之，即得。

今有兵四萬八千六百二十五人，人凡五日給鹽二升，問一月幾何。

荅曰：一月五千八百三十五斛。

術曰：置兵數，以二因之，退二等，得五日鹽數九百七十二斛五斗，求一月數，以六因之。

今有醋三升，給七兵。見有四百五十七斛，問給幾何。

荅曰：給兵十萬六千六百三十三人三分人之一。

術曰：置醋數，再上十之，爲升。以七因之，又以三升除之，即得。

又 **《定脚價》** 今有租布一萬三千七百九十五端三丈七尺，送納洛州。計從州到彼別一十八文充水脚，又抽一文充積疊，並於數内抽給。其布準時估端別一百五十文。問正及水脚、積疊等三色各幾何。

荅曰：正布，一萬二千二百四十四端三丈六尺九寸一百六十九分寸之一百三十九，

水脚，一千四百六十九端一丈八尺四寸一百六十九分寸之六十四，

積疊，八十一端三丈一尺五寸一百六十九分寸之一百三十五。

術曰：置元布數，倍丈、尺，以估一百五十文乘，得二百六萬九千三百六十一文，爲實。置一百五十文，加水脚一十八文，又加積疊一文，得一百六十九文，爲法。除實，得正布一萬二千二百四十四端。不盡一百一十五文，進位，五因之，得六千二百五十。以下法除之，得三丈六尺九寸。不盡者與法俱退位，得一百六十九分寸之一百三十九，爲命分也。　欲知水脚，先置元布數，倍丈、尺、寸，以水脚一十八文乘之，得二十四萬八千三百二十三文三分二氂，爲實。以法一百六十九除，得一千四百六十九端。不盡六十二文三分二氂，進位，五因之，得三千一百一十六。以下法除之，得一丈八尺四寸。不盡，一百六十九分寸之六十四，爲命分也。　欲求積疊，置元布數，倍丈、尺、寸，訖。所得，以一文因之，得一萬三千七百九十五文七分四氂。以法除之，得八十一端。不盡一百六文七分四氂，進位，以五因之，得五千三百三十七。以下法除，得三丈一尺五寸。不盡者與法俱退，得一百六十九分寸之一百三十五，命爲分也。

又　今有布三百九十六端二丈五尺，端別一百八十文充脚。其布準時估端三百六十文，竝於數内抽給。問正、脚各幾何。

荅曰：正，二百六十四端一丈六尺六寸三分寸之二，

脚，一百三十二端八尺三寸三分寸之一。

術曰：置布數，倍丈、尺，以一百八十文乘之，得七萬一千三百七十文，爲實。列脚錢一百八十文，并入價錢三百六十文，得五百四十文，爲法。實如法，得脚端。不盡九十文，進位，五因之，得四千五百。以下法除，得八尺三寸。不盡者與法俱一十八約之，得三分寸之一，爲命分。以減都數，餘即正。

又　今有布二萬五千四百二十八端二丈七尺，欲折布爲輕貨絹。其絹匹價三貫八百七十文，其布端價二貫六百文。問爲絹幾何。

荅曰：絹一萬七千八十三匹三丈九寸一百二十九分寸之五十九。

術曰：置布數，倍丈、尺，以價二貫六百文乘之，得六萬六千一百一十四貫二百四文。以絹價三貫八百七十文除，得絹匹。不盡二千九百九十四文，進位，四因之，得一十一萬九千七百六十。以下法除之，得三丈九寸。不盡者與法俱三約之，得一百二十九分寸之五十九。

又　今有兩税米一千五百七十八斛九斗送州。每斗脚一十三文，竝於身內抽充。時估斗別一百三十文。問正及脚各幾何。

荅曰：正米一千四百三十五斛三斗六升一十一分升之四，

脚米一百四十三斛五斗三升一十一分升之七。

術曰：置米數，以每斗一百三十文乘之，爲實。又置一百三十文，加脚一十三文，得一百四十三文，爲法。除，得正米數。

欲求脚米數，以每斗一十三文乘税數，爲實。以一百四十三文爲法。除之，即脚數。

又　今有兩税錢一千五百二十四貫二百四十文送州。每貫一十七文七分充脚，於身内抽給。問正錢及脚價各幾何。

荅曰：正錢一千四百九十七貫七百三十文一萬一百七十七分文之一千七百九十。

脚價二十六貫五百九文一萬一百七十七分文之八千三百八十七。

術曰：置税錢數，以一貫文加一十七文七分爲一貫一十七文七分，爲法。除之，得正錢數。　欲求脚價，以一十七文七分爲法，乘正錢，得脚價。

又《稱輕重》　今有生鐵六千二百八十一斤，欲錬爲黄鐵，每斤耗五兩。問爲黄鐵幾何。

荅曰：黄鐵四千三百一十八斤三兩。

術曰：置生鐵數，以一十一兩乘，以一十六兩除之，即得。

又　今有黄鐵四千三百一十八斤三兩，欲煉爲鋼鐵，每斤耗三兩。問鋼鐵幾何。

荅曰：鋼鐵三千五百八斤八兩一十銖五絫。

術曰：置黄鐵數，以一十三兩乘之，一十六兩除之，即得。

又　今有鋼鐵二千五百斤，依前所耗數，却求爲黄鐵。問得幾何。

荅曰：黄鐵三千七十六斤一十四兩一十三分兩之一十。

術曰：置鋼鐵數，一十六乘之，一十三除之，即得。

又　今有黄鐵三千七十六斤一十四兩一十三分兩之一十，却求鋼鐵。問得

幾何。

答曰：二千五百斤。

術曰：置黄鐵數，一十三乘之，一十六除之，即得。

又 **卷下《説諸分》** 今有錢一十七貫五百二十五文，欲五文買鷄三隻。問得幾何。

答曰：得鷄一萬五百一十五隻。

術曰：置錢數，以三因之，五而一，即得。

又 今有絹一千五百二十五匹三丈七尺五寸，欲送州。每匹一十五文充脚，竝於身内抽給。其絹時估每匹一貫一百文。問正及脚各幾何。

答曰：正，一千五百五匹一丈六尺三寸二百二十三分寸之一百五十一。

脚，二十匹二丈一尺一寸二百二十三分寸之七十二。

術曰：置絹數，於丈、尺已下折半，五因。以時估一貫一百文乘，得一千六百七十八貫五百三十一文二分五氂。復置一貫一百文，加一十五文，爲法。除，得一千五百五匹。不盡四百五十六文二分五氂，進位，四因之，得一萬八千二百五十。以下法除之，得一丈六尺三寸。不盡者與法退位，倍之，得二百二十三分寸之一百五十一。　欲知脚價者，置元絹數，丈、尺、寸折半，五因。又以脚錢一十五文乘之，得二萬二千八百八十九文六氂二毫半。以一貫一百一十五文爲法，除，得二十匹。不盡五百八十九文六氂二毫半，進位，四因之，得二萬三千五百六十二文半；以下法除之，得二丈一尺一寸。不盡者如前約之，得二百二十三分寸之七十二。

又 今有米二千五百六十七斛五斗。其米麤，欲再舂，每八升耗一升。問合得熟米幾何。

答曰：熟米二千二百四十六斛五斗六升二合五勺。

術曰：置米數，以七因，八除，得數。返求米，以八因，七除。

又 今有米一千五百三十二斛七斗，欲貸與人，每八升加息一升。問本息共幾何。

答曰：一千七百二十四斛二斗八升七合五勺。

術曰：置米數，以九因，八除之。若求元數，八因，九除之。

又 今有兩税錢二千貫文，欲送州。每貫數内抽一十文充脚。問正及脚各幾何。

答曰：正，一千九百八十貫一百九十八文一百一分文之二，

脚，一十九貫八百一文一百一分文之九十九。

術曰：置錢數。下置一貫文，又加脚十文，爲法。除之，得正數。却減都錢，餘即脚錢。

又 今有兩税錢四萬三千六百七十五貫二百文，抽身内充脚，每貫二百文。問正及脚各幾何。

答曰：正，三萬六千三百九十六貫文，

脚，七千二百七十九貫二百文。

術曰：先置元錢，折半，六除，是正錢數。將正錢二因，即得脚。

又術：但置錢數，身外減二，得正。倍之，得脚。

又 今有糙米八千四百六十七斛五斗，每一斗五升碾熟米八升。問米幾何。

答曰：米四千五百一十六斛。

術曰：先置糙米數，以八因之，十五升除之，即得。

又 今有米三千四百六十三斛四斗四升七合一勺，每斗身内抽三合充脚。問正、脚各幾何。

答曰：正，三千三百六十二斛五斗七升，

脚，一百斛八斗七升七合一勺。

術曰：先置米數，以一斗三合除之，得正米。以三因之，得脚米。

又 今有米三千四百五十六斛，每斗身内抽二升充脚。問正、脚各幾何。

答曰：正，二千八百八十斛，脚，五百七十六斛。

術曰：先置米數，去二，得正米。以二因，退位，得脚米。

宋·賈憲《黄帝九章筭經細草》卷三《永樂大典》卷一六三四三　錢一十八貫七百文，九十八陌欲展七十七陌官省。問得幾何。

答曰：二十三貫八百文。

草曰：九十八陌乘總錢，此要者乘以九十八陌，乘一十八貫七百，得十八貫三百二十六文足。以官省七十七除之。十上定百，得所答數。

又草曰：《指南》用加四減一以代乘除，一貫一百文，九十八陌可展七十七陌。錢一貫四百，故用加四減一之法。置總錢，一十八貫七百文。加四得二十六貫一百八十文。

減一，所得荅問。

宋・楊輝《詳解九章筭法》　解題：即粟米換易之問，盖錢陌求錢陌，所以不淂拎法也。

宋・賈憲《黄帝九章筭經細草》卷三《永樂大典》卷一六三四三　錢二十貫，買四百六十尺。綾每尺四十三，羅每尺四十四。問綾、羅（價）幾何。

荅曰：[綾]二百四十尺，四十三；[羅]二百二十尺，四十四。

草曰：以貴價乘都數，貴價每尺四十四，乘四百六十，得二十貫二百四十，內多二百四十。以原錢減，餘爲實。原錢二十貫減之，餘二百四十。貴賤二價相減，餘爲法。四十三減四十四，餘一。以法除實。得二百四十即賤物數。以減都數，求貴物之數。

宋・楊輝《詳解九章筭法》　解題：反用前問。二價相和，俗曰粟麥分身。

宋・賈憲《黄帝九章筭經細草》卷三《永樂大典》卷一六三四三　香三千二百四十六兩，每三兩價錢四貫一百文，問錢幾何。

荅曰：四千四百三十六貫二百文。

草曰：香数爲實，三千二百四十六兩。每三両價錢爲法，相乘。三両價錢四貫一百乘，爲一萬三千三百八貫六百文，是三倍之数。以三除之，是去其二停多数，仍於兩上定百。合問。

宋・楊輝《詳解九章筭法》解題：先以三両總價乘，後以三爲除，即是小乘除。

宋・秦九韶《數書九章・錢穀類》卷一一　筭回運費：問有江西水運米一十二萬三千四百石，元係至鎮江交卸，計水程二千一百三十里。每石水腳錢一貫二百文，十七界會子。今截上件米就池州安頓。池州至鎮江八百八十里，欲收回不該水腳錢幾何。

荅曰：收回錢六萬一千一百七十八貫五百九十一文。

術曰：以粟米互易求之。置池州至鎮江里數乘水腳錢，得數。又乘運米，爲實。以元至鎮江水程爲法。除實，得收回錢。

草曰：置池州至鎮江八百八十里，乘每石水腳錢一貫二百，得一千五十六貫文。又乘運米一十二萬三千四百石，得一億三千三十一萬四百貫文，爲實。以元至鎮江水程二千一百三十里爲法。除實，得六萬一千一百七十八貫五百九十一文，爲收回錢數。

又　課糴貴賤：問差人五路和糴。據甲浙西平江府石價三十五貫文，一百三十五合，至鎮江水腳錢每石九百文。安吉州石價二十九貫五百文，一百一十合，至鎮江水腳錢每石一貫二百文。江西隆興府石價二十八貫一百文，一百一十五合，至建康水腳錢每石一貫七百文。吉州石價二十五貫八百五十文，一百二十合，至建康水腳錢每石二貫九百文。湖廣潭州石價二十七貫三百文，一百一十八合，至鄂州水腳錢每石二貫一百文。其錢並十七界官會，其米並用文思院斛交量細數，欲皆以官斛計石錢，相比貴賤幾何。文思院斛每斗八十三合。

荅曰：文思院斛石錢：

安吉州二十三貫一百六十四文一十一分文之六，平江府二十二貫七十一文二十七分文之二十三，

隆興府二十一貫五百七文二十三分文之一十九，

潭州二十貫六百七十九文五十九分文之三十九，

吉州一十九貫八百八十五文一十二分文之五。

術曰：以粟米互換求之。置石價，併水腳，乘官斗合數，爲實。各如本州合數而一，各得官斛石錢，以課貴賤。

草曰：置安吉州石價二十九貫五百文，平江石價三十五貫文，隆興石價二十八貫一百文，吉州石價二十五貫八百五十文，潭州石價二十七貫三百文，列右行。次置水腳：安吉一貫二百文，平江九百文，隆興一貫七百文，吉州二貫九百文，潭州二貫一百文，列左行，各對本州石價。以兩行數併之，得數：安吉三十貫七百，平江三十五貫九百，隆興二十九貫八百，潭州二十九貫四百，吉州二十八貫七百五十，仍於右行。次以文思院官斗八十三合遍乘之，安吉州得二千五百四十八貫一百文，平江府得二千九百七十九貫七百文，江西隆興得二千四百七十三貫四百文，湖南潭州得二千四百四十貫二百文，江南吉州得二千三百八十六貫二百五十文，各爲實，於右行。次列安吉斗一百一十合，平江斗一百三十五合，隆興斗一百一十五合，潭州斗一百一十八合，吉州斗一百二十合，於左行，爲法。以對除右行之實，安吉得二十三貫一百六十四文一十一分文之六，平江得二十二貫七十一文二十七分文之二十三，隆興得二十一貫五百七文二十三分文之一十九，潭州得二十貫六百七十九文五十九分文之三十九，吉州得一十九貫八百八十五文一十二分文之五。相課石價，其安吉州最貴，平江次之，隆興又

次之，潭州又次之，吉州最賤。

又《錢穀類》卷一二 分定綱解：問州郡合解諸司窠名錢，户部九十六萬五千四百二十一貫文，總所六十四萬三千六百一十四貫文，運司一萬六千九十貫三百五十文。今諸窠名，先催到九千二百五十三貫六百二十文，欲照元額分數，均定樁米候解，合各幾何。

答曰：户部五千四百九十七貫二百文，

總所三千六百六十四貫八百文，

運司九十一貫六百二十文。

術曰：以衰分求之。置諸元率，可約，約之。副併爲法。以催到錢乘未併者，各爲實。實如法而一。

草曰：列户部九十六萬五千四百二十一貫，總所六十四萬三千六百一十四貫，運司一萬六千九十貫三百五十文，各爲元率。今元率可約求等，得一萬六千九十貫三百五十，爲等數。俱約之，户部得六十，總所得四十，運司得一，各爲率。副併，得一百一，爲法。以催到錢九千二百五十三貫六百二十文乘未併數六十、四十及一，畢，得五十五萬五千二百一十七貫二百文爲户部之實，三十七萬一百四十四貫八百文爲總所之實，九千二百五十三貫六百二十文爲運司之實。三實皆如法一百一而一，其户部得五千四百九十七貫二百文，總所得三千六百六十四貫八百文，運司得九十一貫六百二十，各爲候解錢。

又 米穀粒分：問開倉受納，有甲户米一千五百三十四石到廊，驗得米内夾穀，乃於樣内取米一捻，數計二百五十四粒内有穀二十八顆。凡粒米率每勺三百，今欲知米内雜穀多少，以折米數科責及粒各幾何。

答曰：米一千三百六十四石八斗九升七合六勺一百二十七分勺之四十八，

穀一百六十九石一斗二合三勺二百二十七分勺之七十九，

合折米八十四石五斗五升一合一勺一百二十七分勺之一百三，

元米折米共計四十三億四千八百三十四萬六千四百五十六粒。

術曰：以粟米求之，衰分入之。置樣米粒數爲法，以帶穀顆數減之，餘與穀爲列衰。可約，約之。以共米乘列衰，爲各實。實如法而一，各得米數、穀數。置穀數，以粟率折之，爲穀所折米。次以勺率徧乘米數折米，得粒數。

草曰：置一捻樣粒數二百五十四爲法。以帶穀二十八顆爲穀衰。以減法，餘二百二十六爲米衰。此二衰與法皆可約求等，得二。俱以二約之，法得一百二十七，米衰得一百一十三，穀衰得一十四。以共米一千五百三十四石遍乘二衰，得一十七萬三千三百四十二石，爲米實。得二萬一千四百七十六石，爲穀實。皆如法一百二十七而一，米得一千三百六十四石八斗九升七合六勺一百二十七分勺之四十八，穀得一百六十九石一斗二合三勺一百二十七分勺之七十九。以粟率五十折之，得八十四石五斗五升一合一勺一百二十七分勺之一百三，爲穀折納米數。併二米，得一千四百四十九石四斗四升八合八勺一百二十七分勺之二十四。先通分納子，得一十八萬四千八十石。以勺率三百粒乘子，得五千五百二十二億四千萬粒，爲實。以母一百二十七除之，得四十三億四千八百三十四萬六千七百五十六粒，不盡八十八，弃之。合問。

又《軍旅類》卷一六 先計軍程：問一軍三將，將十隊，隊七十五人。每將分左右傔，作九行。爬頭拽行，每日六十里。明日路狹，以單傔拽行至晚。欲先知宿程里數合幾何。

答曰：六里二百四十步。

術曰：以均輸求之。置行數，爲法。以單數一行用乘日程里，爲實。實如法而一，得宿程里步。

草曰：置行數九，爲法。以單傔數一行用乘六十里，爲實。實如法而一，得六里。不盡六里，以里法三百六十步通之，得二千[一]百六十步，又爲實。仍如法九而一，得二百四十步。爲六里二百四十步宿程。

爬頭〣行　單丨行　⊥〇里

商〇　實⊥〇里　〣法　商〇　實〡⊥〇步　〣法

丅　不盡丅里　里法〣⊥〇步　〢〣〇步　〇　〣法

宿程丅里零〢〣〇步

又《市物類》卷一八 推求典本：問典庫。今年二月二十九日有人取解一號主家，聽得當事共計算本、息一百六十貫八百三十二文，稱係前歲頭臘月半解去月息利二分二釐。欲知元本幾何。

答曰：本一百二十貫文。

術曰：以粟米求之。置積日，乘息分數，增三百，爲法。以三百乘共錢，爲實。實如法而一，得本。

草曰：置前年頭臘月半，係四十五日。併去年三百六十，又加今年五十九日，共得四百六十四，爲積日。乘息二分二釐，得一百二文八釐。增三百文，得四百二文八釐，爲法。以三百文乘共錢一百六十貫八百三十二文，得四萬八千二百四十九貫六百文，爲實。實如法而一，得一百二十貫文，爲元本。

併此二項數，共爲積日

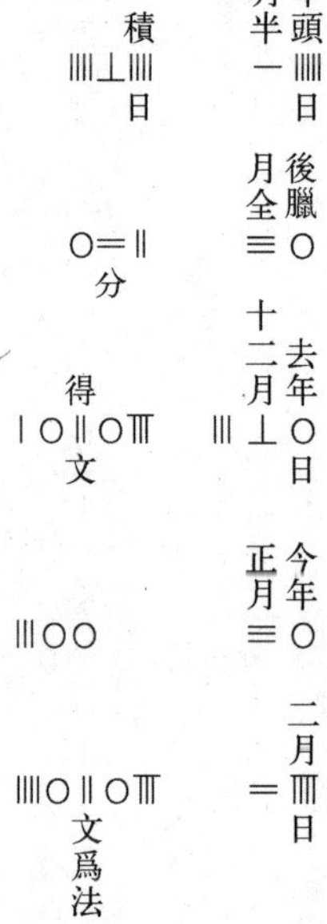

置之

商除格當以法之文，自實之文下起步，商亦始於文。實多則商法皆步約

法進一步，商約十

商約百

商約貫

商約十貫

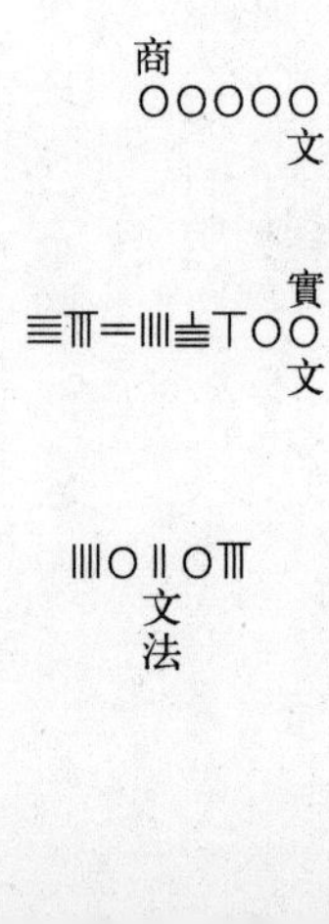

法不進，乃命上商除實

法一退

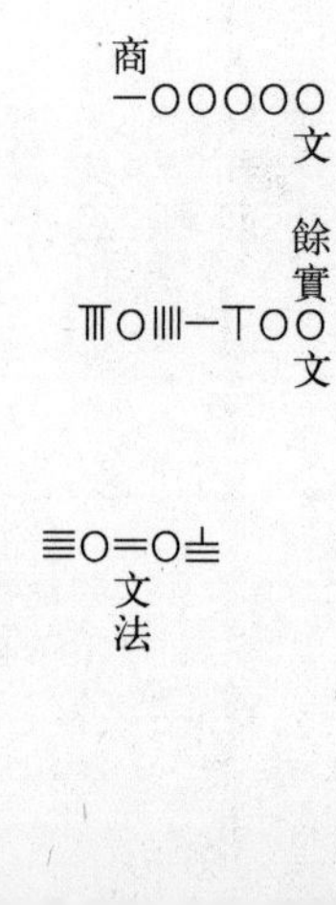

乃命續商，除實，適盡

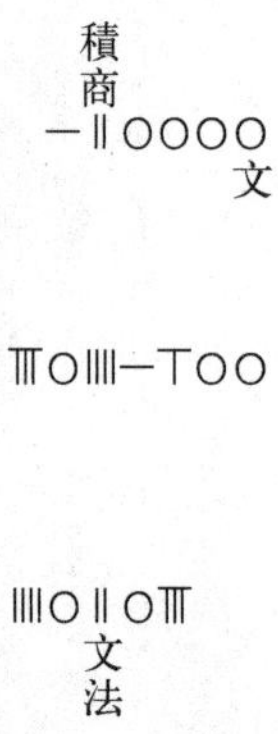

所得一百二十貫，爲元本，合問

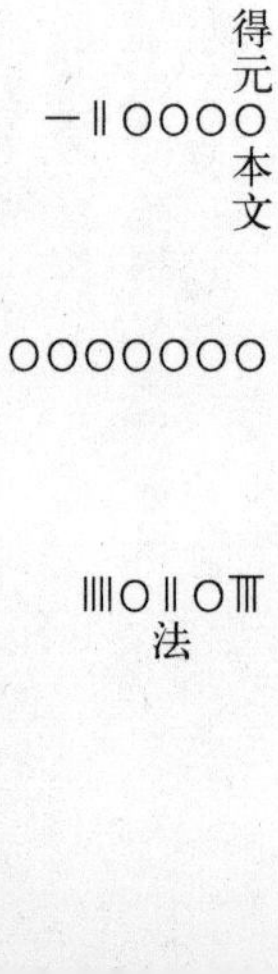

宋・楊輝《詳解九章算法・纂類》 反用合分術曰：母互乘子爲法，母相乘爲實，實如法而一。

又 併率除術曰：以積爲實，併所求率爲法，實如法而一。

又楊輝《續古摘奇算法》卷下 二率分身：【略】米三斗四升换粟五斗二升，今有米二百三十八石，問計粟幾何。

答曰：三百六十四石。

解題：米粟爲問，互换爲法。

互换術曰：以所求率乘所有數爲實，以所有率爲法，實如法而一。以所求率乘所有數者，乃商除之法也。其數有分子，今法徑以所求率乘所有之數，是要者爲乘。以原有數爲法，是不要者爲除。是總乘總除，免分子之繁也。

得粟三百六十四石

粟米五斗二升爲米　積一萬二千三百七十六升　米三斗四升爲除

原米二百三十八石

草曰：以所求率粟五斗二升。乘所有數爲實，乘米二百三十八石，得一百二十三石七斗六升。以所有率爲法，米三斗四升。實如法而一。除得三百六十四石。合問。

又 金立方一寸，謂長、闊、高皆是十分。再自乘，得一千分。重一斤，即十六兩。今有金立方七分，謂長、闊、高皆是七分。再自乘，得三百四十三分。問重幾何。

(答)[荅]曰：五兩四錢八分八釐。

互换術曰：以所求率金[立]方七分，積三百四十三分。乘所有數，金十六兩，爲實。以元率金方一寸，積一千分爲法。除之。合問。

又 六十四人，八日開河一千六百積尺。今添夫三十六人，今開十二日，問開幾積尺。

(答)[荅]曰：三千七百五十尺。

重互换術曰：六十四人乘八日，爲法，即五百十二工。六十四人之添三十六人，共一百人。乘十二日，即一千二百工。以乘一千六百尺，爲實。以法除之。

《應用算法》以徑乘代互换者固善，其間又有不可代者，宜兩存之。

變换活法：

遇一除者，定位，只乘不除。　二爲除者，定位，乘訖，折(步)[半]。

二乘三除，置積，減五。　三乘三除，不乘除，只定位。

四乘三除，互换。　五乘三除，[互换]。

六乘三除，二因。　七乘三除，[互换]。

八乘三除，互换。　九乘三除，定位，三因。

又 二百三十四斤，每三斤直六百。問錢幾何。

(答)[荅]曰：四十六貫八百文。

代術[曰]：用二百乘斤數。六百貫三斤，知每斤二百。不必互换。

又 二百三十四人，每三人支七貫。問計幾錢。

(答)[荅]曰：五百四十六貫文。

互换術曰：置人數，以七貫乘之，三人除之。

二乘四除，五因。　三乘四除，加五，折半。

四乘四除，不乘除。　五乘四除，加二五。

六乘四除，加五。　七乘四除，互换。

八乘四除，二因。　九乘四除，互换，又兩度加五。

又 二十八人，每四人支銀七兩。共支幾何。

(答)[荅]曰：四十九兩。

互换術曰：置人數，以七兩乘之，四人除之。

又術：一兩七錢五分乘人數。四人分七兩，可以四除。

二乘五除，四因積。　三乘五除，六因積。

四乘五除，八因積。　五乘五除，不乘除。

六乘五除，加二。　七乘五除，加四。

八乘五除，加六。　九乘五除，加八。

又 二百一十六人，每五十人支銀五兩。問共幾何。

(答)[荅]曰：二十一兩六錢。

[術曰]：五十人支銀五兩，即是每人得銀一錢，不必乘除。置人數二百一十六人。於人上定錢。

二乘六除，置積，三除。　三乘六除，折半。

四乘六除，置積，減五。　五乘六除，互换。

六乘六除，不乘除。　七乘六除，互换。

八乘六除，七十五(乘)[除]。　九乘六除，加五。

互换遇七數者，無折變，仍從互换。　二乘八除，兩折半。

三乘八除，三因，加二五。　四乘八除，折半。

五乘八除，減六。　六乘八除，七十五乘之。

七乘八除，七因，加二五。　八乘八除，不乘除。

九乘八除，九因，加二五。　互换遇九者，無折變，從本法。

又 合分入互换：【略】兵士三千四百七十四人，每三人支汗衫絹七十尺，

每四人支袴絹五十尺。問共支幾何。(《應用》)

(答)[荅]曰：二千九百六十三疋三丈九尺。

術曰：齊人數，得尺數。求如合分法入互換。

草曰：人數爲分母，絹數爲分子。

右三人　四人

左七十尺　五十尺

母互乘子，併之爲法。右上乘左下，得一百五十。右下乘左上，得二百八十。併得四百三十尺。母相乘爲實。右三、四相乘，得十二人。入互换法，以四百三十尺乘兵士總人，三千四百七十四人。以十二人爲法，除之。合問。

又 有木，不知長。引繩度之，繩多四尺五寸。再以半繩量之，繩少一尺。問木長幾何。

(答)[荅]曰：六尺五寸。

術曰：倍少數，倍一尺爲二尺。併多數，得木長，合問。自注：一量，有餘四尺五寸，乃一木長外餘數也。再以半繩量，欠一尺，乃二木中各欠一尺也。倍欠數，併多數，爲法者，乃是作二木取用，除去一木之長也。

元・朱世傑《筭學啓蒙》卷上《異乘同除門》 今有錢九貫八百七十九文，糴米五碩三㪷四升。只有米三十六碩九㪷，問直錢幾何。

答曰：六十八貫二百六十五文。

術曰：列只有米數，以九貫八百七十九文乘之，爲實。以五碩三㪷四升爲法。除之。市廛日用而今有之。合問。

清・王鑒《筭學啓蒙述義》 案：此以糴米爲所有率，以今有錢爲所求率，以只有米爲今有數，求得直錢也。

清・徐鳳誥《筭學啓蒙通釋》 按：今有之者，即用比例法也。以米五石三斗四升與錢九貫八百七十九文之比，即知米三十六石九斗與錢六十八貫二百六十五文之比也。

一率　米五石三斗四升

二率　錢九貫八百七十九文

三率　米三十六石九斗

四率　錢六十八貫二百六十五文

元・朱世傑《筭學啓蒙》卷上《異乘同除門》 今有米五十三㪷四升，直錢九貫八百七十九文。只有錢六十八貫二百六十五文，問得米幾何。

答曰：三百六十九㪷。

術曰：列只有錢數，以五十三㪷四升乘之，爲實。以九貫八百七十九文爲法。實如法而一。合問。

清・王鑒《筭學啓蒙述義》 案：此以直錢爲所有率，以今有米爲所求率，以只有錢爲今有數，求得所得米也。

清・徐鳳誥《筭學啓蒙通釋》 按：此以上術推之，反比例也。以錢九貫八百七十九文反與米五十三斗四升之比，即知錢六十八貫二百六十五文與米三百六十九斗之比也。

一率　錢九貫八百七十九文

二率　米五十三斗四升

三率　錢六十八貫二百六十五文

四率　米三百六十九斗

元・朱世傑《筭學啓蒙》卷上《異乘同除門》 今有銀二十二兩五錢二分半，倒絲六斤一十兩。只有絲三百四斤一十二兩，問倒銀幾何。

答曰：一千三十六兩一錢半。

術曰：列只有絲數，斤下留兩。以二十二兩五錢二分半乘之，爲實。以六斤六分二厘半爲法。實如法而一。六分二厘半者乃十留六二五。合問。

清・王鑒《筭學啓蒙述義》 案：此以倒絲數爲所有率，以今有銀爲所求率，以只有絲爲今有數，求得倒銀也。

清・徐鳳誥《筭學啓蒙通釋》 按：此相當比例也。以絲六斤一十兩與銀二十二兩五錢二分半之比，即知絲三百四斤一十二兩與銀一千三十六兩一錢半之比也。

一率　絲六斤六二五

二率　銀二十二兩五錢二分半

三率　絲三百四斤七五

四率　銀一千三十六兩一錢半

元・朱世傑《筭學啓蒙》卷上《異乘同除門》 今有絲六斤一十兩，直銀二十二兩五錢二分半。只有銀一千三十六兩一錢半，問得絲幾何。

答曰：三百四斤一十二兩。

術曰：列只有錢數，以六斤六分二厘半乘之，爲實。以二十二兩五錢二分半爲法，除之。斤下分者，身外加六，爲兩。合問。

清・王鑒《算學啓蒙述義》 案：此以直銀爲所有率，以今有絲爲所求率，以只有銀爲今有數，求得所得絲也。

清・徐鳳誥《算學啓蒙通釋》 按：此以上術推之，亦反比例也。以銀二十二兩五錢二分半與絲六斤一十兩之比，即知銀一千三十六兩一錢五分與絲三百四斤一十二兩之比也。

一率　銀二十二兩五錢二分半

二率　絲六斤六二五

三率　銀一千三十六兩一錢五分

四率　絲三百四斤七五

元・朱世傑《算學啓蒙》卷上《異乘同除門》 今有織錦七匹六尺五寸，用絲八斤二兩二十一銖。欲織八十四匹一丈五尺，問用絲幾何。匹法二十四尺。

答曰：九十五斤三兩六銖。

術曰：列八斤，通兩内子二，得一百三十兩。以二十四銖通之，内子二十一，得三千一百四十一銖，於上位。又列八十四匹，以匹法通之，内子，得二千三十一尺。以乘上位，得六百三十七萬九千三百七十一，爲實。又列七匹，通尺内子，得一百七十四尺五寸，爲法。除之，得三萬六千五百五十八銖。以斤銖法三百八十四約之，爲斤。不滿法者，以兩銖法二十四約之，爲兩。不滿法者，命之。合問。

清・王鑒《算學啓蒙述義》 案：此以織錦數爲所有率，以所用絲爲所求率，以欲織數爲今有數，求得用絲也。

清・徐鳳誥《算學啓蒙通釋》 按：此通分比例法也。以本有錦匹通爲丈、丈通爲尺，與本用絲斤通爲兩、兩通爲銖之比，即知今欲織匹通爲丈、丈通爲尺與今用絲若干銖之比。得數以兩收之，再以斤收之，即所求數。

一率　錦七匹六尺五寸　通分内子，得一百七十四尺五寸。

二率　絲八斤二兩二十一銖　以斤通兩，又以兩通銖，得三千一百四十一銖。

三率　錦八十四匹一丈五尺　通分内子，得二千三十一尺。

四率　絲三萬六千五百五十八銖。以兩率約之，再以斤率約之。合問。

通者，乘也。然乘之，得數必在原數之外通之，得數仍在原數之中。如有數二斤，以二乘之，則爲四斤矣。若云以十六兩通之，則爲三十二兩，仍二斤之數也。約者，除也。然除之，得數必爲數之分。約之，得數反爲數之合。如有數三十二兩，以二除之，則爲十六兩矣。若云以十六兩約之，則爲二斤，仍三十二兩之數也。以上論通分、約分理。

元・朱世傑《算學啓蒙》卷上《異乘同除門》 今有絲八斤二兩二十一銖，織錦七匹六尺五寸。只有絲九十五斤三兩六銖，問織錦幾何。匹法同前。

答曰：八十四匹一丈五尺。

術曰：列只有絲，通兩内子，得一千五百二十三兩，以二十四銖通之，内子六，共得三萬六千五百五十八銖。於上位。又列七匹，通尺内子，得一百七十四尺五寸。以乘上位，得六百三十七萬九千三百七十一，爲實。又列八斤，通兩内子，得一百三十兩。以二十四銖通之，内子二十一，共得三千一百四十一，爲法。實如法而一，得二千三十一尺。以匹法約之。合問。

清・王鑒《算學啓蒙述義》 案：此以今有絲數爲所有率，以所織錦爲所求率，以只有絲爲今有數，求得織錦數也。

清・徐鳳誥《算學啓蒙通釋》 按：此亦上術反比例也。

一率　絲八斤二兩二十一銖　以斤通爲兩，又以兩通爲銖。内子，得三千一百四十一銖。

二率　錦七匹六尺五寸　通分内子，得一百七十四尺五寸。

三率　絲九十五斤三兩六銖　以斤通爲兩，又以兩通爲銖，得三萬六千五百五十八銖。

四率　錦二千三十一尺　以匹法約之，不滿法者命之。

元・朱世傑《算學啓蒙》卷上《庫務解税門》 今有税務法則，三十貫納税一貫。客持絲六百四十斤斤，價三貫二百五十二文。問納税錢幾何。

答曰：六十九貫三百七十六文。

術曰：列絲數，以斤價乘之，得二千八十一貫二百八十文。又以一貫乘之，爲實。以三十貫爲法。實如法而一，而今有之。合問。

清・王鑒《算學啓蒙述義》 案：此異乘同除術也。

清・徐鳳誥《算學啓蒙通釋》 按：此更數比例也，以三十貫與一貫之比，即知絲六百四十斤乘斤價，得二千八十一貫二百八十文，與六十九貫三百七十六文之比也。

顆減今稅三百顆，得較一十八顆。與今較貼錢一十貫三百五十文之比，即知一百五十顆，與八十六貫二百五十文之比也。

一率　珠一十八顆
二率　錢一十貫三百五十文
三率　珠一百五十顆
四率　錢八十六貫二百五十文

元・朱世傑《算學啓蒙》卷上《庫務解稅門》　今有客持故椒，兩務稅之，先稅十分取一，次稅三十分取一。今共稅訖三十五斤一兩六錢，問客元持椒幾何。

答曰：二百七十斤。

術曰：列共稅訖椒數，通兩内子，得五百六十一兩六錢，十之，爲實。以一兩三錢爲法。實如法而一，自注：爲法之數：以十兩爲率，兩次官合稅一兩三錢，故爲法也。以斤率十六約之。今市舶司有之。合問。

清・王鑒《算學啓蒙述義》　案：先稅十分取一，餘九。又稅三十分取一，得三。併先稅，得一分三厘。則於稅訖數内每減一分三厘得元持椒十分，即於稅訖數内每減一兩三錢得元持椒十兩，故十之，稅訖數爲實。以一兩三錢爲法，得元持椒。

清・徐鳳誥《算學啓蒙通釋》　按：此亦更數比例也。以一十兩稅一，餘九兩。再以九兩三十稅一，得三錢。共稅一兩三錢。與一十兩之，比即知共稅三十五斤一兩六錢，與元持二百七十斤之比也。

一率　一兩三錢
二率　一十兩
三率　三十五斤一兩六錢　通分内子，得五百六十一兩六錢。
四率　四千三百二十兩　以一十六約之，得二百七十斤。

元・朱世傑《算學啓蒙》卷上《庫務解稅門》　今有客持降真，兩務稅之：先稅三十分取一，次稅五十分取三，餘有三千斤。問客元持降真幾何。

答曰：三千三百一斤一千三百六十三分斤之七百三十七。

術曰：置三千斤，以所稅者三十乘之，又以五十乘之，得四百五十萬，爲實。以不稅者二十九、四十七相乘，得一千三百六十三，爲法。實如法而一。不滿法者命分。合問。

清・羅士琳《算學啓蒙坿釋》　案：先稅三十分取一，以子減母，餘不稅

一率　原有錢三十貫文
二率　原應稅一貫文
三率　今有絲六百四十斤　以斤價乘之，得二千八十一貫二百八十文。
四率　所求錢六十九貫三百七十六文

元・朱世傑《算學啓蒙》卷上《庫務解稅門》　今有客持香七百八十四斤，舶司稅之：八而取一。今稅一百斤，却貼與客錢一貫七百三十文。問斤價幾何。

答曰：八百六十五文。

術曰：列客持香數，以八而一，得九十八斤。乃合稅之香數。以減一百斤，餘二斤，爲法。列貼與客錢爲實。實如法而一，得斤價也。合問。

清・王鑒《算學啓蒙述義》　案：於持香數内每減八斤得稅一斤，故八而一，得合稅之數。其合稅數爲九十八斤，則所貼錢數必爲二斤之共價也。

清・徐鳳誥《算學啓蒙通釋》　按：此更數比例也。以應稅九十八斤減今稅一百斤，得較二斤。與較一千七百三十文之比，即知香一斤與八百六十五文之比也。

一率　香二斤
二率　錢一千七百三十文
三率　香一斤
四率　錢八百六十五文

元・朱世傑《算學啓蒙》卷上《庫務解稅門》　今有客持珍珠三千七百六十顆，舶司稅之：四十分取三。今稅訖三百顆，貼與客錢一十貫三百五十文，欲買一百五十顆。問與錢幾何。

答曰：八十六貫二百五十文。

術曰：列客持珠數，三之，四十而一，得二百八十二顆。乃合稅之珠數。以減三百顆，餘一十八，爲法。列一百五十顆，以貼與客錢乘之，爲實。實如法而一，即得。合問。

清・王鑒《算學啓蒙述義》　案：於持珠數内每減四十得合稅三，故三之，四十而一，得合稅數。其貼與錢一十貫三百五十文，乃一十八顆之共價。今欲求一百五十顆之價，故以比例得之。

清・徐鳳誥《算學啓蒙通釋》　按：此更數比例也。以應稅二百八十二

者二十九。次税五十分取三，亦以子減母，餘不税者四十七。又案：先税三十分取一，以子減母，餘不税者二十九。次税五十分取三，亦以子減母，餘不税者四十七。

清・王鑒《算學啓蒙述義》 案：所餘三千斤乃元持數内三十分之二十九，又於二十九内得五十分之四十七統計之，得元持數一千五百分之一千三百六十三。故用異乘同除術得元持數。不滿法者，除實不盡也。數雖極微，不可棄。故寄爲法之數爲分母，餘實爲分子，謂之命分。

清・徐鳳誥《算學啓蒙通釋》 按：此亦更數比例也。以三十分取一，餘二十九。五十分取三，餘四十七。其意蓋餘三十分之二十九，五十分之四十七。兩分子相乘，得一千三百六十三。與兩分母相乘，得一千五百之比。即知税餘三千斤，與三千三百一斤又一千三百六十三分斤之七百三十七之比也。

一率　一千三百六十三斤
二率　一千五百斤
三率　三千斤
四率　三千三百一斤又一千三百六十三分斤之七百三十七

元・朱世傑《算學啓蒙》卷上《折變互差門》 今有足色金五十兩，欲爲八分金。問入銀幾何。

答曰：一十二兩五錢。

術曰：列金數爲實。以八分爲法而一，得六十二兩五錢。内減五十兩，餘即入銀。合問。

清・王鑒《算學啓蒙述義》 案：此先得八分金數，然後内減足色金，得入銀數也。足色金八錢化八分金一兩。於足色金數内每減八錢，得八分金一兩。故以八除之，得八分金數也。

清・徐鳳誥《算學啓蒙通釋》 按：此更數比例也。八與十之較二。先以八與二爲比，即知兑金五十兩與入銀一十二兩五錢之比也。

一率　金八
二率　銀二
三率　金五十兩
四率　銀一十二兩五錢

元・朱世傑《算學啓蒙》卷上《折變互差門》 今有銀一十二兩五錢，足色金五十兩。併而同煉，問爲顔色分數幾何。

答曰：八分金。

術曰：列金五十兩爲實。併金、銀，得六十二兩五錢，爲法。實如法而一。合問。

清・王鑒《算學啓蒙述義》 案：此即前術之還源也。六十二兩五錢是足色金五十兩所化，亦即若干分數除五十兩所得，故以六十二兩五錢除五十兩，得分數也。

清・徐鳳誥《算學啓蒙通釋》 按：此更數比例也。八與十之較二，先以八與二爲比，即知兑金五十兩與入銀一十二兩五錢之比也。

一率　金八
二率　銀二
三率　金五十兩
四率　銀一十二兩五錢

元・朱世傑《算學啓蒙》卷中《求差分和門》 今有錢二十九貫六百八十七文五分，共買蜜、蠟一百四十六斤六兩。只云蠟斤價三百八十文，蜜斤價六十八文，問各幾何。

答曰：蜜八十三斤二兩，蠟六十三斤四兩。

術曰：列蜜、蠟共數，斤下留兩。以蠟斤價乘之，得五十五貫六百二十二文五分。内減今有錢，餘二十五貫九百三十五文，爲實。列蜜、蠟斤價，相減，餘三百一十二文，爲法。實如法而一，得蜜。斤下分者，身外加六，爲兩。反減共數，餘即蠟也。合問。

元・丁巨《丁巨算法》 其帶兩者留之，以麻麥法求之，通矣。凡貴賤相和即盈朒之類也，不可以例通，惟通分於分術當自知之。

清・王鑒《算學啓蒙述義》 案：此與第一術同。如圖：甲乙爲蜜、蠟共數，甲庚爲蜜數，壬辛、丙戊同。庚乙爲蠟數，辛己、戊丁同。乙丁爲蠟斤價，庚戊、甲丙同。甲壬爲蜜斤價，庚辛、乙己同。丁己爲蜜、蠟斤價之較，戊辛、丙壬同。庚乙丁戊形爲蠟共價，甲庚辛壬形爲蜜共價，併之，爲今有錢。以蠟斤價乙丁乘共數甲乙，得甲乙丁丙形。以今有錢庚乙丁戊、甲庚辛

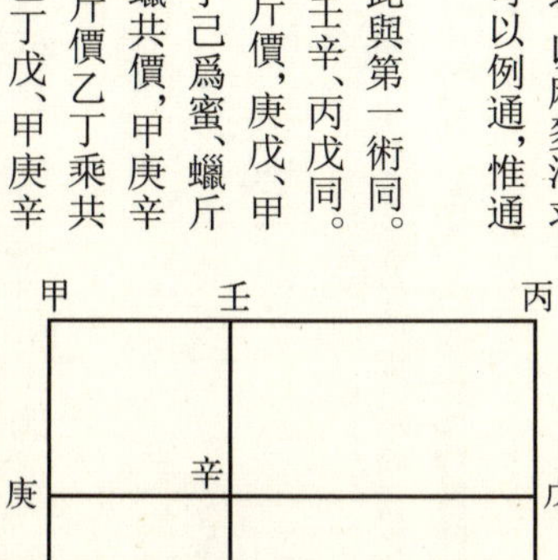

壬兩形和減之，餘壬辛戊丙形。此形乃蜜、蠟斤價較戊辛乘蜜數壬辛之積。故以斤價較戊辛除之，得蜜數也。

清・徐鳳誥《筭學啓蒙通釋》 按：此亦更數比例也。以蜜價減蠟價，餘三百一十二。與蠟一斤之比，即知蜜價乘共斤得錢，以減共錢，餘一萬九千七百三十四與蠟六十三斤二五之比也。

一率　三百一十二文

二率　蠟一斤

三率　一萬九千七百三十四文

四率　蠟六十三斤二五　以減共斤，餘即蜜斤。

元・朱世傑《筭學啓蒙》卷中《求差分和門》 今有粟、米一十七碩三升，直錢一十九貫四百三文。只云粟㪷價七十五文，米㪷價一百六十四文，問各幾何。

答曰：米七碩四㪷五升，粟九碩五㪷八升。

術曰：列粟、米共數，以粟㪷價乘之，得一十二貫七百七十二文五分。以減直錢，餘六貫六百三十文五分，爲實。列粟、米㪷價，相減，餘八十九文，爲法。實如法而一，得米。反減共數，餘即粟也。合問。

清・王鑒《筭學啓蒙述義》 案：此亦與第一術同。前蜜、蠟以貴價爲乘法，用雞兎之前術。此以賤價爲乘法，用雞兎之又術示學者旁通之妙也。如圖：甲乙爲粟、米共數，甲壬爲米數，辛庚、丙戊同。壬乙爲粟數，庚己、戊丁同。甲丙爲米價，壬戊、乙丁同。乙己爲粟價，壬庚、甲辛同。丁己爲價較，戊庚、丙辛同。甲丙戊壬爲米共價，壬乙己庚爲粟共價，併之，爲共直錢。以粟㪷價乙己乘共數甲乙，得甲辛己乙形。以減直錢甲丙戊壬及壬乙己庚兩形和，餘辛丙戊庚形。此形乃價較戊庚乘辛庚米數之積，故以價較除之，得米數也。

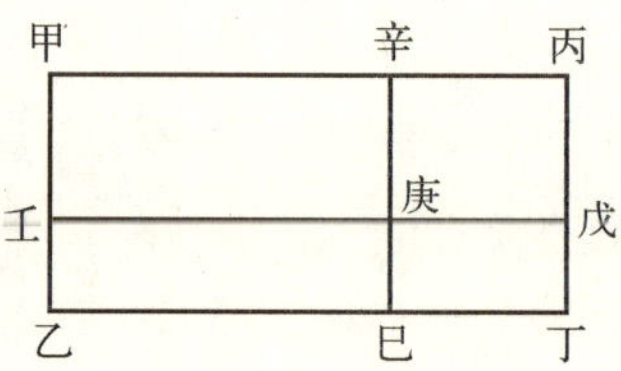

清・徐鳳誥《筭學啓蒙通釋》 按：此亦更數比例也，與上同術。以粟價減米價，餘八十九。與米一斗之比，即知以粟價乘共斗，得價，減直錢，餘六千六百三十文五分，與米七石四斗五升之比也。

一率　八十九文

二率　米一斗

三率　六千六百三十文五分

四率　米七石四斗五升　以減共米，即粟也。

元・朱世傑《筭學啓蒙》卷中《求差分和門》 今有金瓶一十二隻，銀瓶一十五隻，秤之重適等。交換一隻而秤之，金輕五兩七錢半，問二色各一重幾何。

答曰：金瓶一隻重二十八兩七錢半，銀瓶一隻重二十三兩。

術曰：副置五兩七錢半，上位十五乘之，下位十二乘之，各自爲實。列金、銀瓶，以少減多，餘三隻爲法。各實如法而一，上爲金瓶重，下爲銀瓶重。合問。

清・王鑒《筭學啓蒙述義》 案：各減其一，金輕五兩七錢半，是銀瓶一隻不及金瓶一隻之數也。以十二隻抵十五隻，是十二金瓶較十二銀瓶多三隻銀瓶之重也。夫金瓶一隻多銀瓶一隻五兩七錢半，金瓶十二隻多十二箇五兩七錢半，而金瓶十二抵銀瓶十二多三隻銀瓶之重，則十二箇五兩七錢半即三隻銀瓶之重矣。故以十二乘五兩七錢半爲實。三除之，得銀瓶重。又案：銀瓶十五抵金瓶十五矣。然則三隻金瓶之重豈非十五箇五兩七錢半乎！故以十五乘五兩七錢半，爲實。三除之，得金瓶重也。如圖：甲乙爲銀瓶十五之數，庚己、丙丁同。甲壬爲金瓶十二之數，庚辛、丙戊同。壬乙爲餘三隻之數，辛己、戊丁同。甲丙爲金瓶重，壬戊、乙丁同。甲庚爲銀瓶重，壬辛、乙己同。庚丙爲金瓶一隻重於銀瓶一隻之數，即五兩七錢半，辛戊、己丁同。以庚丙五兩七錢半乘庚辛金瓶十二，得庚丙戊辛形。此形與壬乙己辛形同積。夫壬乙己辛形乃乙己銀瓶重乘壬乙三隻之數。故以三除之，得銀瓶重。以庚丙五兩七錢半乘庚己銀瓶十五，得庚丙丁己形。此形與壬乙丁戊形同積。蓋庚丙戊辛既等於壬乙己辛同，加一辛己丁戊，故亦必同積也。夫壬乙丁戊形乃乙丁金瓶重乘壬乙三隻之數。故以三除之，得金瓶重。庚辛戊丙與壬乙己辛同積者，蓋甲壬戊丙十二金瓶共重等於甲乙己庚十五銀瓶共重，各減一甲壬辛庚，故仍相等也。

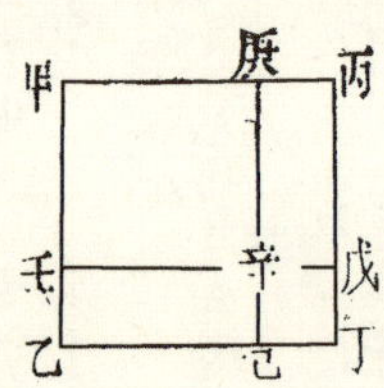

清・徐鳳誥《筭學啓蒙通釋》 按：此亦更數比例也。以金瓶數、銀瓶數較三，各與銀瓶十五隻、金瓶十二隻之比，即知金瓶一隻、銀瓶一隻之金較五兩七錢半各與金瓶二十八兩七錢半、銀瓶二十三兩之比也。

一率　較三

二率　銀五隻，金十二隻

三率　重較五兩七錢半

四率　金一十八兩七錢半，銀一十三兩

元·朱世傑《算學啓蒙》卷中《求差分和門》　今有羅七尺，綾九尺，其價適等。只云綾尺價不及羅尺價三十六文，問二色尺價各幾何。

答曰：羅尺價一百六十二文，綾尺價一百二十六文。

術曰：置綾九尺，以三十六文乘之，得三百二十四文，爲實。列綾、羅尺數，相減，餘二尺，爲法。實如法而一，得羅尺價。内減不及，餘即綾尺價也。合問。

清·王鑒《算學啓蒙述義》　案：此與金瓶術同義。綾尺價不及羅尺價三十六文，使每尺加三十六文，則綾九尺亦等於羅九尺矣。是九箇三十六文與二尺羅價等。故以二尺除之，得羅尺價。若以三十六文乘羅尺數，以尺數較二除之，即得綾價。蓋羅七尺等於綾九尺，而羅每尺多三十六文，是七箇三十六文等於二尺綾價也。如圖：甲乙爲綾九尺，辛戊、丙丁同。甲壬爲羅七尺，辛己、丙庚同。壬乙爲尺數較二尺，己戊、庚丁同。甲丙爲羅尺價，壬庚、乙丁同。甲辛爲綾尺價，壬己、乙戊同。辛丙爲尺價較三十六文，己庚、戊丁同。以辛戊九尺乘辛丙尺價較，得辛戊丁丙形。此形與壬乙丁庚形同積，故以壬乙尺數較除之，得乙丁羅尺價也。若以辛己七尺乘辛丙尺價較，得辛己庚丙形。此形與壬乙戊己同積。故以壬乙尺數較除之，得乙戊綾尺價也。

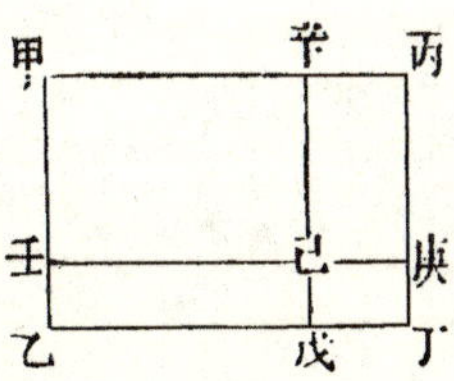

清·徐鳳誥《算學啓蒙通釋》　按：此亦更數比例也，與上術同。以羅七尺、綾九尺較二尺與綾九尺、羅七尺之比，即知羅尺價、綾尺價之較三十六文各與羅一百六十二文、綾一百二十六文之比也。

一率　尺較二

二率　綾九尺，羅七尺

三率　價較三十六文

四率　羅尺價一百六十二文，綾尺價一百二十六文

清·勞乃宣《古籌算考釋》卷三《衰分》　此所謂匿價衰分也，與返衰相似。但彼以共數爲問，此以差數爲問。一爲和，一爲較，正相對待。故彼以列衰相并爲法，此以列衰相減爲法。舊法不取列衰，先求得一價，加減而得又一價。法雖簡易，而衰分之理隱矣。按七尺，九尺，猶返衰大夫出五之一，不更出四之一之等也。綾尺價不及羅尺價三十六文，猶返衰之共出百錢也。所異者和、較耳。今以列衰法演之，使不失衰分之本意。置羅七尺，綾九尺，於位。互易其上、下，令九爲羅衰，七爲綾衰，是爲列衰。以兩列衰相減，得二。副置之，爲法。以兩價之差三十六文徧乘列衰，得上三百二十四文，爲羅實。下二百五十二文，爲綾實。以法二除羅實，得一百六十二文，爲羅每尺價。除綾實，得一百二十六文，爲綾每尺價。

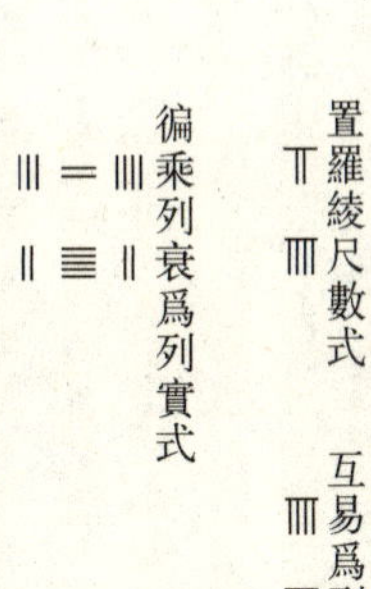

元·朱世傑《算學啓蒙》卷中《求差分和門》　今有良馬日行二百四十里，駑馬日行一百五十里。駑馬先行一十二日，問良馬幾何日追及之。

答曰：二十日。

術曰：列一十二日，以一百五十里乘之，得一千八百里，爲實。列良、駑馬日行里數，相減，餘九十里，爲法。實如法而一。合問。

清·王鑒《算學啓蒙述義》　案：良馬每日多於駑馬九十里，駑馬先行數乃若干日數乘九十里之積。故以九十里爲法，得追及日數也。如圖：甲戊爲駑馬日行里數，辛庚、乙丙同。甲己爲良馬日行里數，乙丁同。甲乙爲二十日，戊丙、己丁同。戊己爲良馬多行九十里數，甲辛爲一十二日，甲戊庚辛形爲駑馬先行里數。此形與戊丙丁己同積。蓋良馬每日多一戊己，駑馬先行之數滿若干戊己而後追及，則以戊己除甲戊庚辛，必得追及日數。己丁爲追及日數，是甲戊庚辛等於戊丙丁己。故戊己除之，得己丁追及日數也。

清·徐鳳誥《算學啓蒙通釋》　按：此亦更數比例也。以駑馬、良馬日行里數之較九十里與駑馬日所行一百五十里之比，即知駑馬先行日數之較一十二日與駑馬追良馬之日數共較二十日，追及之比也。

一率　較九十里

二率　駑馬日行一百五十里

三率　較十二日

四率　二十日

元・朱世傑《筭學啓蒙》卷中《求差分和門》　今有金、銀一百鋌，直錢一千七百二貫七百五十文。只云金一鋌之價買銀七鋌，二色兩價差七百五十文，問金、銀及兩價各幾何。鋌率各五十兩。

答曰：金二十八鋌三十七兩，每兩價錢八百七十五文。

銀七十一鋌一十三兩，每兩價錢一百二十五文。

術曰：列銀七鋌，以鋌率通之，得三百五十兩。以差七百五十乘之，得二十六萬二千五百，爲實。以三百兩爲法。實如法而一，得金兩價也。自注：爲法之數乃銀三百五十兩，內減金五十(而)[兩]，餘數也。內減差，即銀兩價。又列一百鋌，通兩。以金兩價乘之，得數。內減直錢，餘二千六百七十二貫二百五十文，爲差實。以差七百五十文爲法。除之，得銀兩數。反減五千兩，餘即金兩數也。各以鋌率約之。合問。

清・王鑒《筭學啓蒙述義》　案：金一鋌買銀七鋌，是金五十兩抵銀三百五十兩。(使)[便]於三百五十兩銀價內，每兩加七百五十文，則變爲三百五十兩金價矣。然則兩價差乘銀七鋌之數，必爲三百兩金價也。故以三百爲法，得金兩價。既得金兩價，即得銀兩價。此與金瓶術義同。其求金銀數法，與雞兎術同。如圖：甲乙爲銀數三百五十兩，庚辛、丙丁同。甲戊爲金數五十兩，庚己、丙壬同。戊乙爲一鋌與七鋌之較三百兩，己辛、壬丁同。甲丙爲金兩價，戊壬、乙丁同。甲庚爲銀兩價，戊己、乙辛同。庚丙爲兩價差七百五十文，己壬、辛丁同。以兩價差庚丙乘銀七鋌庚辛，得庚辛丁丙形。此形與戊乙丁壬形等積。蓋甲戊壬丙乃金一鋌之價，甲乙辛庚乃銀七鋌之價。此二形既等，各減一甲戊己庚，則庚己壬丙等於戊乙辛己。此二形內各加一己辛丁壬，則庚辛丁丙必等於戊乙丁壬也。故以庚辛丁丙爲實，以戊乙除之，得乙丁金兩價。若以兩價差庚丙乘金一鋌庚己，得庚己壬丙形。此形與戊乙辛己等，則以戊乙除之，得乙辛銀兩價。

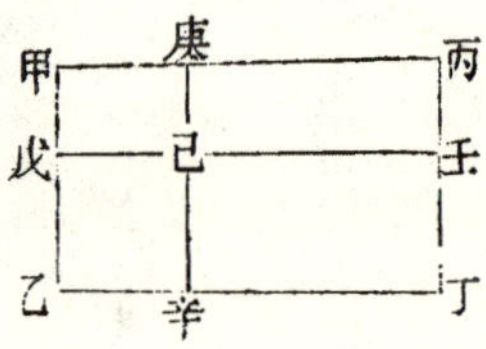

如圖：甲乙爲金銀一百鋌之數，戊己、丁丙同。甲辛爲金二十八鋌三十七兩之數，戊庚、丁壬同。辛乙爲銀七十一鋌一十三兩之數，庚己、壬丙同。甲丁爲金兩價，辛壬、乙丙同。甲戊爲銀兩價，辛庚、乙己同。甲辛壬丁爲金共價，辛乙己庚爲銀共價，合之爲共直錢。戊丁爲兩價差，庚壬、己丙同。以甲丁金兩價乘甲乙金銀共數，得甲乙丙丁形。內減直錢甲辛壬丁、辛乙己庚兩形和，餘庚己丙壬形。此形乃兩價差庚壬乘銀數庚己之積。故以兩價差除之，得銀兩數也。

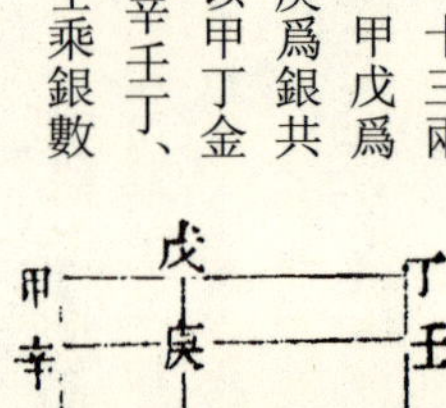

清・徐鳳誥《筭學啓蒙通釋》　按：此亦更數比例也。銀七鋌三百五十兩，金一鋌五十兩。相減，得三百兩，數之較也。各與金三百五十兩、銀五十兩之比，即知兩價差七百五十文價之較也。各與價八百七十五文、一百二十五文之比也。

一率　較銀三百兩

二率　金三百五十兩，銀五十兩

三率　兩價差，即較七百五十文

四率　價八百七十五文，一百二十五文

求金、銀數，以價之較七百五十文爲一率。以金、銀共數五千兩，以金價乘之，得四千三百七十五千文，內減直錢，餘二千六百七十二千二百五十文。此金、銀數共直錢之較也，爲二率。今有金一爲三率。三千五百六十三兩爲四率。以五十約之，即金鋌數也。反減五千兩，餘一千四百三十七兩，以五約之，即銀鋌數也。

元・朱世傑《筭學啓蒙》卷中《求差分和門》　今有油一秤二斤三兩半，欲點醮燈。只云四盞用油三兩，三甌用油五兩。須令盞數倍之甌數，問甌、盞及油各幾何。

答曰：甌八十七隻，油九斤一兩。

盞一百七十四隻，油八斤二兩半。

術曰：依圖布筭：

三兩　五兩

四盞　三甌

左下互乘右行，左上倍之，得一十八。左下得二十。併之，得三十八，爲法。左行相乘，得十二，爲乘法。列共油，通兩內子，得二百七十五兩半。以十二乘之，得三千三百六，爲實。實如法而一，得甌數。倍之，爲盞數也。求油者，以異乘同除求之。合問。

清・王鑒《算學啓蒙述義》 案：互乘之後是十二盞用油九兩，十二甌用油二十兩。當各以十二除之，得一盞、一甌之油數。今寄爲母。故以爲乘法。其共除法，倍九兩，爲十八，與二十兩併者，係盞數倍甌數也。其共油之數乃若干二盞一甌之共油數也。此三十八兩係帶十二分母之二盞一甌之油數，亦即二十四盞、一十二甌油數。故以十二通共油，以三十八除之，得甌數。若互乘後，列甌油數二十兩，半之，爲十兩。與盞油數九兩相併，得十九乃一盞半甌之油數，內寄十二爲分母，即係一十二盞及六甌之共油數也。如前法得盞數。如圖：

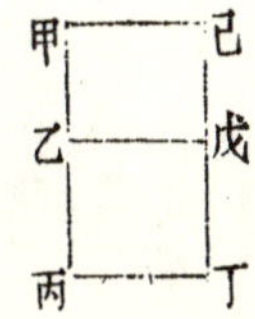

甲乙爲十八兩，係十二箇二盞之油數。乙丙爲二十兩，係十二箇一甌之油數。甲己爲共甌數，亦係共盞數之半。甲乙戊己係共盞之半乘十二箇二盞油數之積，亦即共盞數乘十二箇一盞油數之積，乃十二倍共盞所用油數。乙丙丁戊係共甌乘十二箇一甌油數之積，乃十二倍共甌所用油數。合之，得甲丙丁己，乃十二倍共油數。故以十二箇二盞油數併十二箇一甌油數，甲丙除之，得甲己甌數。如圖：

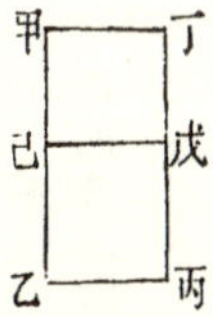

甲己爲九兩，係十二箇一盞油數。己乙爲十兩，係十二箇半甌油數。甲丁爲共盞數，亦即倍共甌數。甲己戊丁係十二箇一盞油數乘共盞數之積，乃十二倍共盞所用油數。己乙丙戊係十二箇半甌油數乘倍共甌數之積，亦即十二箇一甌油數乘共甌數之積，乃十二倍共甌所用油數。合之，得甲乙丙丁，乃十二倍共油數。故以十二箇一盞油數與十二箇半甌油數和，甲乙除之，得甲丁盞數。原術求甌數用化盞爲甌法，此求盞數用化甌爲盞法也。

清・徐鳳誥《算學啓蒙通釋》 按：此於齊同後得比例也。

子母齊同式：

四盞　三兩　九倍之得十八
三甌　五兩　二十

以兩分子并之，得三十八。與兩分母相乘數十二之比，即知共油數二百七十五兩半，與甌數八十七隻之比也。

一率　三十八

二率　一十二

三率　二百七十五半

四率　甌八十七隻　倍之，即盞。

元・舒天民《六藝綱目》卷下 粟米法曰：目所求率乘所有[數]爲實，目所有率爲法，實如法而一。

假如布疋價一百二十五錢，所有布二丈七尺。問錢幾何。

答：爲八十四錢八分錢之三。

【略】此求諸丈尺也。

又 假如絲一斤，價三百四十五錢。今有七兩十二銖。問錢幾何。

答：爲一百六十一錢三十二分錢之二十三。

法亦同上。此求諸權衡也。目此推之，凡物貴賤，交質變易法皆然也。

元・安止齋《詳明筭法》 今有造水葉一十一萬六千九百七十三片，每百片用鐵一稱六斤八兩，問該鐵幾何。

答曰：一千六百七十六稱八斤一十五兩六錢八分。

法曰：置水葉數，別置一稱，通作一十五斤。搭上六斤半，共二十一斤半。以二一五乘水葉數，淂二五一四八九八。以稱法定身除五，淂一千六百七十六稱，下有八斤九分八釐。以八斤搭上於前數內，餘九分八釐。以斤法十六乘之，淂一一五兩六錢八分也。

明・吴敬《九章筭法比類大全》卷二《粟米》 法曰：此問乃乘除互换。置水葉，以用鐵通作二十一斤半，乘之，得二百五十一万四千八百九十八斤，爲實。以每百片爲法，除之，得二万三千一百四十八斤，餘實九十八。定身減五，得一千六百七十六秤八斤，餘實九十八。以斤法十六通之，得一千五百六十八。以每百片除之，得一十五兩六錢八分。合問。

元・安止齋《詳明筭法》 今有麻九稱七斤四両，每二斤八両换絲五両五錢。問該絲幾何。

答曰：一十九斤八両九錢五分。

法曰：置九稱，加五，淂一百三十五斤。搭入七斤，共一百四十二斤。又以四兩爲二五，淂一四二二五。以换絲五両五錢乘之，淂七八二三七五。却以二斤八両爲二五，帰除之，淂三一二九五。定身除六，淂一十九斤。餘数爲八両九錢五分也。

又 今有絲一百二十三斤一十五両一十八銖，每一十一两六錢織絹一匹，該四丈二尺。問總該絹幾何。

答曰：百七十六匹一丈四尺。

法曰：置絲數，通作一千九百六十八両，搭上一十五両，共一千九百八十三両。以銖法二十四乘之，淂四萬七千五百九十二銖。搭入零一十八銖，共四萬七千六百一十銖。別置一十一兩，以銖法二十四乘之，淂二百六十四。搭上六銖，共二百七十，爲法。以法除四萬七千六百一十，淂一百七十六匹，餘九十銖。以匹法四十二乘之，淂三千七百八十，仍以二百七十帰除之，淂一丈四尺。

又 元有米五石八斗四升，糶銀四两三錢八分。今只有米一石七斗二升，問該銀幾何。

答曰：一兩二錢九分。

法曰：置銀數，以只有只有米一石七斗二升乘之，得七十五两三錢一分六釐。却以元米五石八斗四升爲法，歸除之。

法曰：置今有米一石七斗二升，以原賣銀四両三錢八分乘之，得七兩五錢三分三厘六毫，爲實。却以原有米五石八斗四升爲法，除之。合問。

一法：先用除而後乘。先置原價四両三錢八分，以原米五石八斗四升爲法，除之，得每石價銀七錢五分。又爲法，以乘今米一石七斗二升，亦得。此法雖易知之，恐愚拙者法則難於取價，須用先乘後除，其法捷玅。

異乘同除互換捷用法圖

原物　兑位　原價　　原價今物　是異乘
同除　　互乘
今只有物　　空　　原(價)(物)今物　是同除

歌曰：此法有四隅，内有一隅空。異名斜乘了，同名兑位除。

詳此歌，知此異名乘，同名除。

元・安止齋《詳明算法》 元有銀一兩二錢九分，糴米一石七斗二升。今只有銀四兩三錢八分，問糴米幾何。

答曰：五石八斗四升。

法曰：置米數，以只有銀四两三錢八分乘之，得七十五石三斗三升六合。却以元銀一两二錢九分爲法，定身除之。

又 元有銀一千七百二十八兩，出關税之，九而取一。已税了銀二百兩，却貼得鈔一百兩。今將銀五十八兩賣之，問該鈔幾何。

答曰：七百二十五兩。

法曰：置今將銀五十八兩，以元貼鈔一百兩乘之，得五千八百兩。別置元有銀一千七百二十八兩，以税法九歸之，得一百九十二兩。於已納税銀二百兩内減了一百九十二兩，只餘八兩。以八兩爲法，除五千八百兩，得所賣銀價。

明・王文素《算學寶鑑》卷二四《就物抽分》 證曰：此係巧題，可用原立法求之。若遇拙積，有碍。

元・安止齋《詳明算法》 今有粮四十三船，該三萬七千四百一十石。除際留一十四船，支二十九船贍軍，問各該米幾何。

答曰：際留粮一萬二千一百八十石，贍軍粮二萬五千二百三十石。

法曰：置粮三萬七千四百一十石，以贍軍二十九船乘之，得一百八萬四千八百九十石。却以四十三船分之，得贍軍粮數。別置總粮數，於内除訖贍軍粮，即得際留粮數。

又 今有絹四十四萬七千九百九十一疋，計用車五百三十三两裝載。今只裝了三百四十八車，外有一百八十五車聽候載，問各該絹幾何。

答曰：見裝絹二十八萬七千七百九十六疋，聽候絹一十五萬二千九百九十五疋。

法曰：置絹數，以車五百三十三两分之，得八百二十七疋。却以裝了三百四十八車乘之，得見裝絹數。於總絹内減訖見裝絹，即得聽候絹數。

又 今有李客出銀一十二两三錢六分，張客出銀一十九两六錢四分，共三十二两營運，折了七两。今只有二十五两，問各人合分銀幾何。

答曰：張客一十五兩三錢四分三釐七毫五絲，李客九兩六錢五分六釐二毫五絲。

法曰：置張客銀一十九两六錢四分，以只有二十五两乘之，得四百九十一兩。却以共銀三十二兩爲法歸除之，得張客合分銀數。於總銀内減了張客合分銀，又減折了七兩，餘爲李客合分銀數。

又 今有羅三千三百疋，每疋四十二尺。出關税之，每十疋合税羅一尺。已税了八疋，却貼得鈔一两九錢。今將鈔一十三两三錢買之，問該羅幾何。

答曰：四十二尺。

法曰：置羅三千三百尺，以一尺乘之，得三百三十尺。以十疋除之，得三十三疋。別置八疋，以每疋四十二尺通之，得三百三十六尺。於內減了合稅羅數三百三十尺，只有六尺。以此六尺乘今將鈔一十三兩三錢，得七百九十八尺。却以貼得鈔一兩九錢爲法除之，得今買羅尺數。

又　元雇車一兩，議行道一千里，載重一千二百斤，與鈔七十五兩。今添重三百六十斤，行一千三百里，問與鈔幾何。

荅曰：一百二十六兩七錢五分。

法曰：置元載重一千二百斤，以元行道一千里乘之，得一百二十萬斤，爲法。別置元載重一千二百斤，搭上今添重三百六十斤，共一千五百六十斤。以元價七十五兩乘之，得一十一萬七千。又以今行道一千三百里乘之，得一萬五千二百一十。却以一百二十萬斤爲法，除之，得今與鈔數。

元・佚名《透簾細草》　草曰：元與錢七千五百乘今行道一千三百里，得九百七十五萬。又以今載重一千五百六十乘之，得一百五十二億一千萬，爲實。元行道一千里乘元載重一千二百斤，得一百二十萬，爲法。除之，得今與脚錢。合問。

元・丁巨《丁巨算法》　此兩頭交易也。以今行道乘今載重，與元與鈔相乘，爲實。却以元行道乘元載重爲法，除之。　如減斤重、減行道數皆同此法。此雙頭交易乘除也。

元・安止齋《詳明算法》　元雇車一兩，議行道一千里，載重一千二百斤，與鈔七十五兩。今增重四百九十二斤，與鈔六十七兩六錢八分，[問]行道幾何。

荅曰：六百四十里。

法曰：置今與鈔六十七兩六錢八分，以元行道一千里乘之，得六萬七千六百八十。又以元載重一千二百斤乘之，(行)[得]八千一百二十一萬六千。別置元載一千二百斤，搭上今添四百九十二斤，共一千六百九十二斤。又以元價七十五兩乘之，得一十二萬六千九百，爲法。以此除八千一百二十一萬六千，得今合行里數。

元・佚名《透簾細草》　草曰：元行道一千乘今與錢六千七百六十八文，得六百七十六萬八千。以元載重一千二百乘之，得八十一億二千一百六十萬，爲實。今載重一千六百九十二乘元與錢七千五百，得一千二百六十九萬，爲法除之。合問。

元・丁巨《丁巨算法》　以元行道乘元載重，與今與鈔相乘爲實。却以元與鈔乘今載重爲法，除之。

元・安止齋《詳明算法》　元雇車一兩，議行道一千里，載重一千二百斤，與鈔七十五兩。今與鈔七十六兩五錢，行一千七百里，問載重幾何。

荅曰：七百二十斤。

法曰：置元載重，以元行道乘之，得一百二十萬。又以今與鈔七十六兩五錢乘之，得九千一百八十萬。別置今行道，以元與鈔乘之，得一十二萬七千五百爲法。以此除九千一百八十萬，即得合載斤數。

元・佚名《透簾細草》　草曰：元載重乘元行道，得一百二十萬。以今與錢七千六百五十乘之，得九十一億八千萬，爲實。今行道一千七百乘元與錢七千五百，得一千二百七十五萬，爲法。除之。合問。

元・丁巨《丁巨算法》　以元載重乘元行道，與今與鈔相乘，爲實。却以今行道乘元與鈔，爲法除之。

元・安止齋《詳明算法》　今有雇車一兩，行道一千里，載重一千二百斤，與錢七貫五百文。今減重四百八十斤，行道一千七百里，問合與錢多少。

荅曰：七貫六百五十文。

法曰：置元與錢，以今行道乘之，又以今載重乘之，爲實。以元載重乘元行道爲法而一。合前問。

草曰：元與錢七千五百乘今行道一千七百，得一千二百七十五萬。又以今載重七百二十斤乘之，得九十一億八千萬，爲實。以元載重乘元行道，得一百二十萬，爲法。除實。合問。

元・佚名《透簾細草》　今有兔先走五十步，犬追之三百步，尚不及五步。問更追幾步及之。

荅曰：三十三步三分步之一。

法曰：以尚不及五步乘三百步，得一千五百步，爲實。以不及五步減先走五十步，餘四十五步，爲法。除實，得三十三，餘與法各身外五，得三分步之一。合前問。

又　今有兔先走，未知步數。犬後追之三百步，未及五步。更追一百步，却趕過十步。問兔先走却多少。

荅曰：五十步。

法曰：併未及、趕過步，得一十五步。以三百步乘之，以再追一百步除之，得四十五步。更加未及五步，得五十步。合問。

草曰：如兔行一百步，犬行一百一十五步也。今兔行三百步，先走五十步，共三百五十步。於一百步中犬行疾如兔一十五步。是犬合行三百四十五步不及兔五步也。便爲犬行疾兔步三分之一。可將百步三除，爲及兔步後法。今兔走四百步，犬走四百六十步，除趕過一十步，餘五十步，爲兔先走步也。

又 今有納米一百五十四石八斗七升。米九升，折小麥八升。今要米麥二色中停納之，問各納多少。

荅曰：七十二石八斗八升。

法曰：置原納米數，以八升乘之，得一百二十三石八斗九升六合，爲實。併米九升，麥八升，得一斗七升，除實。合問。

草曰：一斗七升乘停數，却以八升除之，得原米。

又 今有縣共納粟一百二十三石，粟每斗折納米六升。今須要納粟米數兩停，問各納多少。

荅曰：納四十六石一斗二升五合。

法曰：置原納粟數，以六升因之，得七十三石八斗，爲實。以一斗六升爲法，除之，得[四十六石一斗二升五合]。合前問。

草曰：以一斗六升乘之，停數六升除之，得原粟。

又 今有粟一千九百八十六石七斗，每斗價錢六十五文。欲令傭人搬入倉，每斗腳錢一十五文。其粟已都搬到倉，却無腳錢，只於其粟内抽粟充折其腳錢。問合與腳粟及到倉粟米多少。

荅曰：到倉一千六百一十四石一斗九升三合七勺五抄，

腳粟三百七十二石五斗六合二勺五抄。

法曰：先下都粟數，以每斗價錢乘之，得一千二百九十一貫三百五十五文，爲實。又以每斗價加每斗腳錢，共得八十文，爲法。除實，得一千六百一十四石一斗九升三合七勺五抄，爲到倉之粟也。以反減原粟外有三百七十二石五斗六合二勺五抄，爲腳錢粟數。合前問。

又 兵士三千四百七十四人，每三人支汗衫絹七十尺，每四人支袴絹五十尺。問共支幾何《應用》。

荅曰：二千九百六十三匹三丈九尺。

草曰：以十二人除絹四百三十尺，每人得絹三丈五尺六分之五。通分内子，得二百一十五，乘兵士得七十四萬六千九百一十。如分母而一，得一十二萬四千四百八十五，仍以四十二尺約之，爲匹。合問。

又 今有絹二十三匹二丈三尺，匹法四十二尺，共直錢二十三貫一百四十二文六分。問一尺直錢多少。

荅曰：二十三文四分。

法曰：置都錢於上，爲實。下列二十三匹，以四十二乘之，内子二丈三尺，得九百八十九尺，爲法。以除實，得二十三文四分。合問。

又 今有生絲五十二斤一十二兩。欲練之，每斤折三兩。問都練得多少。

荅曰：四十二斤一十三兩七錢半。

法曰：置生絲五十二斤，以一十六通之，内子一十二兩，得八百四十四兩。以十三兩乘之，如十六兩而一，得六百八十五兩七錢半。乃以十六收之爲斤，得四十二斤，餘一十三兩七錢半。合問。

又 今有絹三千三百匹，出關稅之。匹法四十二尺。每一匹合稅絹一尺。今共稅了絹八匹，却貼得一百九十文。問絹一匹價錢多少。

荅曰：一貫三百三十文。

法曰：置都絹在地，以一尺乘之，得三千三百尺。以一匹除之，得三百三十尺，爲今稅之絹也。又置稅了絹八匹，以四十二通之，得三百三十六尺。内減了合稅之絹外有六尺爲法。以匹法四十二乘貼得錢一百九十文，得數爲實。實如法而一。合問。

草曰：得錢一百九十文，以六尺除之，得三十一文三分文之二，爲一尺價。却通分内子，得九十五乘匹尺四十二，得三千九百九十。以分母除之，得匹價。

又 今有絹一匹長四丈二尺，直錢一貫二百八十八文。今只有錢八百二十八文，問買得絹多少。

荅曰：二丈七尺。

法曰：置只有錢八百二十八文，以匹法四十二乘之，得三十四貫七百七十六文，爲實。以一匹價錢爲法，除之。合問。

草曰：四十二除匹價，得三十文三分文之二，爲一尺價。却通分内子，得九十二，爲法。三因今有錢，得二千四百八十四，爲實。如法而一，得二丈七尺。

又 今有絹一匹長四十二尺，價錢一貫二百八十八文。今只有絹一丈六尺,問直錢多少。

荅曰:四百九十文三分錢之二。

法曰:置只有絹一丈六尺,以一匹錢乘之,得二十貫六百八文,爲實。以匹法四十二除之,得四百九十文,餘有二十八文。與法各以十四約之,得三分之二。合問。

草曰:如前術,得一尺價三十文三分之二。不通分,先將三十文以一丈六尺乘之,得四百八十文,在上。又以之二乘一丈六尺,得三十二。其三十分便是十文。續之頭位,得合前問。

又 今有絹一丈八尺,價錢五百五十二文。問一匹長四十二尺直錢多少。

荅曰:一貫二百八十八文。

法曰:置五百五十二文,以四十二尺乘之,得二十三貫一百八十四文,爲實。以一丈八尺爲法。除之,是一匹之錢也。

草曰:少絹爲法,除錢得一尺價三十文三分錢之二。通分内子,得九十二。以一匹四十二尺乘之,得三千八百六十四。復以分母三除之,爲匹價。

又 今有錢五十七貫三百八十文四分,買羅每匹長四十尺,價錢二貫二百六十八文。問共買多少。

荅曰:二十五匹一丈二尺。

法曰:置都錢在地,以一匹價爲法除之,得二十五匹,餘有錢六百八十文四分,以匹法四十乘之。所得,又以一匹錢爲法,除之,得一丈二尺。合問。

草曰:匹價,四十尺除之,得一尺價錢五十六文七分,爲法。除都錢得一千一十二尺。如匹法而一。合問。

又 今有羅一百二十六匹,匹法四十。每七尺價錢五百二十文。問共直錢多少。

荅曰:三百七十四貫四百文。

法曰:置羅匹,以四十通之,爲尺,得五千四十尺。以五百二十文乘之,得二千六百二十貫八百,爲實。以七尺爲法,除之。合問。

草曰:以七尺除五百二十,得七十四文七分文之二,爲尺價。通分内子,得五百二十。乘羅數,得二百六十二萬八百。却以分母七除之。合問。

又 今有織絹一百七十六匹一丈四尺。每匹長四十二尺,用絲一十一兩六銖。問都絲多少。

荅曰:一百二十三斤一十五兩一十八銖。

法曰:置一百七十六匹,以四十二通之,内子一丈四尺,得七千四百六尺,於上。又置十一兩,以二十四通之,内子六銖,得二百七十銖。以乘頭位,得一百九十九萬九千六百二十,爲實。以匹法四十二除之,爲銖,得四萬七千六百一十銖。以三百八十四約之,爲斤。不滿,以二十四約之,爲兩,得一百二十三斤一十五兩一十八銖。合問。

草曰:將織絹一匹所用絲通爲二百七十銖。乘整匹絹,得四萬七千五百二十銖。有零一丈四尺,是匹中三分之一。以分母除一匹用絲,得九十銖。續之,得四萬七千六百一十銖。二十四除之,爲兩。復用十六除之,爲斤。不及兩,零銖也。不及斤,零兩也。

又 今有絹一丈一尺,買紫草四斤,染絹二丈九尺。今共有絹四十二匹三丈六尺,今欲減絹買紫草,還自染餘絹,問染得紫絹多少。

荅曰:三十一匹三尺。

法曰:置絹四十二匹,以匹法四十二通之,内子三丈六尺,得一千八百尺。以二丈九尺乘之,得五萬二千二百,爲實。以一丈一尺加二丈九尺,得四十尺,爲法。除實,得一千三百五尺,爲染到紫絹尺數。以四十二約之,得三十一匹三尺。合問。

草曰:既得絹一千八百尺,併紫草價絹一丈一尺、染絹二丈九尺,得四十尺,爲法。除之得四十五尺。以二丈九尺乘之,得一千三百五尺。匹法約之。合問。

又 今有絹一匹長四十二尺,價錢一貫二百八十八文。今只有絹二丈四尺,問直錢多少。

荅曰:七百三十六文。

法曰:置只有絹二丈四尺,以一匹價錢乘之,得三十貫九百一十二文,爲實。以匹法四十二除之。合問

草曰:尺價同前通分内子,得九十二,爲法。以乘今絹二丈四尺,得二千二百八。却以分母三除之,得合問。

又 今有兵士二千六百二十六人,每人散與皂衫一領,用紬三丈四尺。問計用紬多少。匹法四十二尺。

荅曰:二千一百二十五匹三丈四尺。

法曰:置兵士在地,以三丈四尺乘之,得八萬九千二百八十四尺。以匹法

四十二約之，爲匹，得合問。

又 今有絲一斤，直錢一貫二百文。今只有錢一貫文，問買絲多少。

荅曰：一十三兩八銖。

法曰：置只有錢一貫在地，以十六通之得一十六貫，爲實。以一斤錢一貫二百文爲法。除實，得一十三兩餘有錢四百文。又以二十四通之，得九貫六百文。又以斤價除之，得八銖。合問。

草曰：以三百八十四銖除一斤絲價一貫二百文，得每(錢)[銖]三文八分錢之一。却通分内子，得二十五，爲法。分母因今有錢，爲八貫。以法除之，得三百二十銖。又以二十四銖除之，爲兩。合問。

又 今有絲一斤，直錢一貫二百文。今只有絲九兩，問直錢多少。

荅曰：六百七十五文。

法曰：置一斤之價一貫二百文，以九兩乘之，得一十貫八百文，爲實。以十六兩爲法，除之，得六百七十五文。合問。

草曰：一十六兩除一斤價錢，得每兩錢七十五文。乘今有絲。合問。

又 今有絲二斤一十二兩八銖，共直錢三貫三百二十五文。問一斤直錢多少。

荅曰：一貫二百文。

法曰：置二斤，通爲三十二兩。加入一十二兩，得四十四兩。又以二十四乘之，内子八銖，得一千六十四銖，爲法。又置共錢三貫三百二十五文，以一斤之銖三百八十四乘之，得一千二百七十六貫八百文，爲實。實如法而一，得一貫二百文。合問。

草曰：通爲一千六十四銖，除共直錢，得每銖價三文八分錢之一。却通分内子，得二十五。以三百八十四銖乘之，得九千六百分。母八除之。合問。

又 今有絲一斤直錢一貫二百文。今只有絲七兩四銖，問直錢多少。

荅曰：五百三十七文五分。

法曰：置只有絲七兩，以二十四通之，内子四銖，得一百七十二銖。以一斤價錢一貫二百文乘之，得二百六貫四百文，爲實。以一斤之銖三百八十四爲法，除之。合問。

草曰：除得一銖價三文八分錢之一。通分内子，得二十五。將絲通爲一百七十二銖，以價乘之，得四千三百。却以分母八除之。合問。

又 今有絲一斤七兩四銖，共直錢一貫七百三十七文五分。問絲一兩直錢多少。

荅曰：七十五文。

法曰：置絲一斤爲兩，加七兩，得二十三兩。又以二十四通之，内子四銖，得五百五十六銖，爲法。又置共錢一貫七百三十七文五分，以一兩之銖二十四乘之，得四十一貫七百文，爲實。實如法而一。合問

草曰：以一斤通十六兩，内子七兩，爲二十三兩。又以二十四乘之，内子四銖，得五百五十六銖，爲法。除都錢，得每銖價三文一分二釐五毫。却以二十四銖乘之，得七十五文，爲兩價。

又 今有金一兩價錢一萬文。今只有錢九貫五十文。問得金多少。

荅曰：二十一銖七絫二黍。

法曰：置只有錢九貫五十文，以二十四通之，得二百一十七貫二百文，爲實。以一兩錢一萬文爲法，除之。

草曰：以二十四銖除一萬文，得四百一十六文三分文之二，爲一銖價。却通分内子，得一千二百五十，爲法。分母三因今有錢，得二十七貫一百五十，爲實。如法而一。合問。

又 今有客持銀一千七百二十八两，出關稅之，九而取一。今稅了銀二百兩，除貼與客錢一十貫文。今將錢七十二貫五百文，問買銀多少。

荅曰：五十八兩。

法曰：置都銀在地，以九約之，得一百九十二兩，即爲合稅之銀。以反減稅了銀二百兩，外有八兩。以乘今將錢數，得五百八十貫，爲實。以一十貫爲法而一，得五十八兩。合問。

草曰：銀八兩除貼得錢一十貫，得每兩價錢一貫二百五十，爲法。除今將錢。合問。

又 今有七人八日淘金一十七銖。今有二十七人一月淘金，合得多少。

荅曰：七兩二十三銖二絫五黍。

法曰：置元淘金一十七銖，以今二十一人乘之，又以三十日乘之，得一萬七百一十銖，爲實。以元七人乘八日，得五十六，爲法。除實，得一百九十一銖二絫五黍。以二十四約之，得七兩二十三銖二絫五黍。合問。

草曰：是五十六人一日得金一十七銖。用人數除金，得一人一日得金三絫

二十八分絫之一。却通分内子，得八十五銖。又三十日乘二十一人，得六百三十。頭位相乘，得五萬三千五百五十。却用分母二十八除之，得合問。

今有九人九日淘金一十八銖，今三十人共淘金一斤，問合用幾日。

荅曰：五十七日五分日之三。

法曰：置今淘金三百八十四銖，以九人乘之，又以九日乘之，得三萬一千一百四銖，爲實。以元淘金一十八銖乘今三十人，得五百四十，爲法。以除其實，得五十七日。餘與法各以一百八約之，得五分日之三。合問。

今有九人九日（得）［淘］金一十八銖，今淘得金（來）［用］五十七日五分日之三得一斤，問用人多少。

荅曰：三十人。

法曰：置今淘金三百八十四銖，以元用九人乘之，又以九日乘之，以分母五因之，得一十五萬五千五百二十，爲實。又置五十七日，以分母五因，内子三，得二百八十八。以元淘金一十八銖乘之，得五千一百八十四，爲法。除實，得三十人。合問。

又　今有拏手六十九人，每五人四日破壍三箇。今教閱來一月，問用壍多少。

荅曰：三百一十箇半。

法曰：以三十日乘六十九人，又以三箇乘之，得六千二百一十，爲實。以五人乘四日，得二十，爲法。實如法而一。合問。

草曰：是一人一日破壍一分半也。又六十九人乘三十日，得二（萬）［千］七（百）［十］，以一分半乘之。合問。

又　今有省錢二百三十一貫文，問得七十五陌錢多少。

荅曰：二百三十七貫一百六十文。

法曰：置省錢，以七十七乘之，見足錢。却以七十五除之。合前問。

元·丁巨《丁巨筭法》　今有生絲九十六斤一十二兩六錢，欲練絨，每斤折四兩。問練絨并折絲各多少。

答：絨七十二斤九兩四錢半，折絲二十四斤三兩一錢半。

通絲斤兩，以七五乘之。㝵數，加斤下兩見絨也。通絲斤兩，二五乘之。㝵数，加斤下両折数也。通斤両爲一千五百四十八両六錢，以十二加之，又以十六而一，㝵一千一百六十一両四錢半。以十六收之，爲斤見絨也。直減緫絲，見折。通絲斤兩，四除見折，三乘見絨。

又　今有中統鈔四十七兩五錢，赴庫倒换至元鈔。每中統鈔一両工墨錢三分，問除工墨外㝵鈔多少。

答：至元鈔九両二錢一分半。

至元一錠中統五錠。下中統鈔以一錢九分四釐加之。

又　今有中統鈔二千六百四十五錠二十八両半，赴庫例换至元鈔，每中統鈔一両工墨錢三分，問除工墨外㝵元鈔多少。

答曰：至元鈔五百一十三錠一十二兩二分九釐，

工墨錢中統鈔七十九錠一十八両三錢五分五釐。

下中統鈔錠下両五除爲分，以一両半加之。㝵數從上五除爲錠見工墨錢也。又下中統鈔錠下五除爲分，以九両七錢乘之。㝵数爲両從五除爲錠也。

又　今有甲於乙處以加三斗借訖麥三十七石五斗。今無元斗，只於加二斗内還之，合還多少。

答曰：四十石六斗二升半，下麥加三減二。

又　今有人欠錢一萬一千二百五十兩，欲還錢銀適等。其銀每両折鈔五両，問各還多少。

答曰：一千八百七十五両。

置欠鈔，五因之，爲實。以三十両爲法除之，又六除之。

又　今有官支鈔一十两八錢，買絲二十四斤。若有鈔三十五錠三十七两四錢，問買絲幾斤。

答曰：三千九百七十二斤。

以若有與買絲相乘爲實，以今有爲法除之。　凡異乘同除法者，准此。若以元鈔除絲數，得每斤之數。以乘若有鈔，亦通。

今有鈔二十四兩七錢七分二釐三毫，買麴三百六十七斤。若有鈔二十三錠三十六兩一錢四分三釐七毫五絲，問買麴幾何。

答曰：一千七百五十七斤四兩。

以若有與買麴相乘爲實，以今有爲法除之。餘二五留爲斤下兩。若以元鈔除麴數，爲每斤之數也。以乘若有鈔亦通。

又　雇車一兩，行九百里，載二千五百斤，與錢一百八十兩。今又載三千六百五十斤，行一千六百里，問與幾錢。

答曰：四百六十七兩二錢。

又 雇車一兩，行九百里，載二千五百斤，與錢一百八十兩。今又載三千六百五十斤，與錢四百六十七兩二錢，問行幾里。

答曰：一千六百里。

又 雇車一兩，行九百里，載二千五百斤，與錢一百八十兩。今行一千六百里，與錢四百六十七兩二錢，問載重幾何。

答曰：三千六百五十斤。

又 今有米七斗，直鈔三兩二錢四分八釐。若有米五石六斗八升，問直鈔若干。

答：二十六兩三錢五分五釐二毫。

又 今有鈔三兩二錢四分八釐，糴米七斗。若有鈔二十六兩三錢五分五釐二毫，問得米多少。

答：五石六斗八升。

又 今有布九千三百八十四疋，出關稅之，每三十尺稅布一尺。今共稅訖三百一十三疋，却貼與客人鈔一兩七錢。問每疋價多少。

答曰：八兩五錢。疋法二丈八尺。

下布，以二丈八尺乘之，得二十六萬二千七百五十二尺，爲實。以三十尺爲法除之，得八千七百五十八尺四寸，爲合稅之布也。寄左。又下稅布三百一十三疋，以二丈八尺乘之，得八千七百六十四尺。以合稅布直減之，餘多客人布五尺六寸，却貼與鈔一兩七錢。又下布一疋二丈八尺，以一兩七錢加之，爲實。以五尺六寸爲法除之，得一疋之錢。

又 今有羅八尺，買紅花二斤，染羅三丈二尺。今只有羅五十六疋一丈六尺八寸，今欲減買花自染，問得紅、羅多少。

答曰：買紅花羅一十一疋八尺九寸六分。紅花七十九斤三兩八錢四分，染羅四十五疋七尺八寸四分。二尺八寸，疋法。

下疋，以疋法二八通之，入零尺，得一千五百八十四尺八寸。以八尺因之，爲實。又以八尺與三丈二尺相併，得四十尺，爲法。除實，見買紅花羅也。又下買紅花羅，以二斤因之，爲實。以八斤除之，得斤，下有分，加六爲兩，見紅花也。又下總尺，以染羅三丈二尺乘之，爲實。以前併四十尺爲法，除實，得染羅。

又 有六人八日淘金七錢四分，今二十四人淘一月，問得多少。

答曰：一十一兩一錢。

又 有八成金重三兩五錢，倒鈔一百二十兩。又有九成金倒鈔一百六十二兩，問得金幾兩。

答：四兩二錢。

凡兩頭交易，先布六草爲法。己負者甲乙乘爲法，丙丁戊乘爲實。丁怯者丙戊乘爲法，甲乙己乘爲實。戊闕者丙丁乘爲法，甲乙己乘爲實。甲乙丙，丁戊己。若以復乘之除之，亦通。

又 今有人典鈔，不記本錢，每月息三分。今二十四箇月二十一日通該本息鈔五十四錠三十三兩三錢七分，問本息各幾何。

答曰：本鈔三十一錠二十兩，息鈔二十三錠一十三兩三錢七分。

以本息共鈔爲實。以二十四箇月二十一日，三除日數，爲月下之分。以月息三分乘之，得七錢四分一釐。即每兩之息也。加入本鈔一兩，得一兩七錢四分一釐，爲法。除實，先（將）[得]本鈔。反減，得息鈔。

明・嚴恭《通原算法》 今有絹一疋，買紫草三十斤，染絹二丈四尺。今却有絹七尺，欲減絹，買紫草，還自染絹，問減絹、買草、染絹各若干。

答曰：減絹四疋一丈五尺，買紫草一百三十一斤四兩，染絹二疋二丈五尺。

術曰：置絹七疋，以四十尺通之，得二百八十尺。以乘買草絹四十尺，得一萬一千二百尺。併本絹，得六十四尺，爲法。除之，得減絹數。別以二百八十尺乘草三十斤，得八千四百斤。仍用六十四尺爲法除之，得買草數。又以二百八十尺乘染絹二十四尺，得六千七百二十尺。仍用前法除之，得染絹數。合前問。

今有絲一斤八兩，換絹一疋。即四十尺。反將絲九兩貼錢四兩，得絹二丈。今有錢五兩，問買絹得若干。

答曰：六尺二寸五分。

術曰：列絲九兩，乘換絹四十尺，得三百六十尺。却以絲一斤八兩，准二十四兩，爲法。除之，得一丈五尺，爲絲所得絹。減二丈，減餘五尺，爲錢所直。却乘今有錢五兩，得二十五尺，爲實。以貼錢四兩爲法，除之，即得。

又 假如甲年十二月二十八日典錢五十兩，月息三分。於丙年六月初八日取贖，問利息若干。

答曰：二十六兩。

術曰：先下六月初八日，加上二十四月，除去十二月二十八日，餘剩一十七月零一十日。以三十日通月，計五百二十日。却以典錢五十兩，以月息乘之，得一兩五錢。乘之，以三十日爲法除之，即得。

今有人借他布三疋，疋四十尺，約每月疋息三尺。今已七箇月取去布二疋，貼還錢三兩，問布疋價若干。

答曰：七兩五分八釐八毫一十七分毫之四。

術曰：列借布三疋，以疋息三尺乘之，得月息九尺。又乘七月，得六十三尺。以取去布二疋，准八十。又減，餘一十七尺，爲法。以貼還錢三兩，却以四十尺乘之，得一百二十兩，爲實。以法除之，即得。

又 今有客借去木周圍三尺二寸，長四丈八尺。今却有周圍三尺六寸木，問合還長若干。

答曰：三丈七尺九寸二十七分之七。

術曰：以原借木周圍自乘，又以長乘，得四十九萬一千五百二十寸。十二除，得四萬九百六十寸，爲實。却有今有木周圍自乘，一千二百九十六寸，十二除，得一百八寸，爲法。除之，即得。

又 今有桅材木闊三尺二寸，厚一尺四寸，長二丈三尺，價錢二十五兩。別有木闊二尺八寸，厚一尺二寸，長二丈一尺，問該價若干。

答曰：一十七兩一錢四十六分之九。

術曰：以先有木厚、闊相乘，又以長乘，得一十萬三千四十寸，爲法。却以別有木厚、闊相乘，又以長乘，得七萬五百六十寸。再以原價二十五兩乘之，得一百七十六萬四千兩，爲實。以法除之，即得。

今有齋僧不知其數，初日每五人支襯八兩，次日每九人支襯七兩，凡（三）[二]日共支襯三百二十一兩，問計若干。

答曰：一百三十五人。

術曰：互乘之，以九人乘八兩，得七十二。以五人乘七兩，得三十五。併之，得一百七，爲法。別以九人、五人相乘，得四十五。乘共支襯錢，得一萬四千四百四十五。以法除之，即得。

今有錢一萬二千四百八十兩，欲買黃白蠟各半。其黃蠟每三斤該價一兩一錢，白蠟每斤三兩一錢，問買黃、白蠟各若干。

答曰：黃、白蠟各三千六百斤。

術曰：列白蠟斤價三兩一錢，以三斤乘之，得九兩三錢。併黃蠟三斤價一兩一錢，共得一十兩四錢，爲法。置錢一萬二千四百八十兩，以三斤乘之，爲實。以法除之，即得。

今有布疋價二十一兩，絹疋價四十一兩。欲將布易絹，問多少可以價停。

答曰：布四十一疋易絹二十一疋。

術曰：布、絹疋價相乘，得各該價錢，得八百六十一兩，爲實。以布疋價爲法，除之，得布數。絹疋價爲法，除之，得易絹數。

又 假如丁年正月二十六日假錢一百両，月息五分。其年有閏，於戊年四月初八日付還。問利息若干。

答曰：七十七両。

術曰：先下四月初八日，連閏共加一十三月，減去正月二十六日，餘剩一十五月零一十二日。將零以三十日除之，得四分。別以借錢一百両，以月息五分因之，得五両。乘之，即得。

又 假如前年正月初九日借銀一百両，月息三分。於今年十一月十二日入利銀五十両。問餘欠利若干。

答曰：五十二両三錢。

術曰：置十一月十二月，加上二十四月，減去正月初九日，餘得三十四月零三日。除作一分。乘原借銀両并月息分数，該利銀一百二両三錢，減去入利銀五十両，餘合前問。

又 假如上年五月十三日借錢二千二百五十兩，月息五分。於今年正月二十二日入還本利錢一千五百両。問净欠錢若干。

答曰：净欠一千六百八十三両七錢五分。

術曰：先下還錢日，加上十二月，減去原借月日，餘得八月零九日。除作三分乘。原借錢并月息分数，該利錢九百三十三両七錢五分。更加原借本錢，共三千一百八十三両七錢五分，減去今入錢，即得。

又 今有(十)[丁]年五月十六日借人錢作本，於戊年七月二十八日付還。其年有閏。失記原借本錢，止知月息五分。今凴放錢主算該本利一百七十七兩，問原借本錢并利息各若干。

答曰：原借本錢一百両，利息七十七両。

術曰：先下還錢日期，連閏，加上十三月，除去原借日月，餘得一十五箇月零一十二日。化作四分。却以五分乘之，得七錢七分。加上本錢一两，共一両七錢七分，爲法。別以本利一百七十七両爲寔，除之，得一百両，是本錢。再以五分乘月息，得五两，再以月日乘之，得利息数。合前問。

又 今有丁年五月十六日借錢一百両，於戊年七月二十八日付還。共年有閏。不知月息分数。今算該利息七十七両，問月息幾分。

答曰：五分。

術曰：先下還錢月日連閏，加十三箇月，減去原借月日，餘得一十五箇月零一十二日，化作四分。爲法。別以今算利錢七十七両爲實。以法除之，即得。

又 今有未年六月十二日觧錢一百八十兩，月息二分五釐。今入利錢三十七兩八錢，問展至何年月日。

答曰：入利八箇月零一十二日，展至申年二月二十四日。

術曰：列借錢一百八十両，月息二分五釐乘之，得月息四両五錢，爲法。以入利錢三十七兩八錢爲寔。以法除之，得八箇月零四分。以三十日通之，得一十二日。於原典月日上加之，即得。

明・佚名《錦囊啓源》 今有温州打染雜色布（一）[二]十四疋，共直米三十三石六斗。又有雜色布二百八十六疋，問直米多少。

答曰：四百石四斗。

法曰：下又有布二百八十六疋在地，用直米乘之，見九千六百九石六斗爲實。用布二十四疋除之。合問。一等之法准此求之。

今有水銀二百八十四兩，直銀七錠五兩。只有課銀三百八錠三十一兩二錢五分，該水銀多少。

答曰：一萬二千三百四十五兩。

法曰：下只有課銀在地，錠用五通之，見一萬五千四百三十一兩二錢五分。用水銀乘之，見四百三十八萬二千四百七十五兩，爲實。列銀七錠，以五通之，共見三百五十五兩，作法除之。

今有小麥一十六石，磨到白麵一千四百八十斤。只有白麵一千一百四十一斤一十四兩六錢，該小麥多少。

答曰：一十二石三斗四升五合。

法曰：下只有麵在地，兩已下用斤分，爲實。用小麥十六石乘之，見一十八萬二千七百六爲實。用磨到白麵一千四百八十斤除之。合問。

今有川芎四十五斤，共直白銀二百一十三兩七錢五分。只有川芎三百八十四斤一十二兩，問銀多少。

答曰：三十六錠二十七两五錢六分二釐半。

法曰：下只有川芎在地，兩用斤分。以直銀乘之，得八萬二千二百四十兩三錢一分二釐半，爲實。以四十五斤除之，錠用五約。合問。

今有鍾乳粉二百四十六斤，該牙錢米三十石三斗五升六合四勺。今收訖牙錢米七千七石七斗六升二合六勺，問鍾乳幾斤。

答曰：五萬六千七百八十九斤。

法曰：下收訖牙錢米在地，用鍾乳粉乘之，見一百七十二萬三千九百九石五斗九升九合六勺，爲實。用牙錢米作法除之。合問。

今有赤金三釐七絲二忽，得常行篦子二十四付。只有赤金一十萬两，問該篦子多少。

答曰：七億八千一百二十五萬付。

又 今有秋粮地二十三頃四十五畝，共該正耗二百五十石九斗一升五合。照依地畝，又科下秋粮五百二十三石七斗六升半，問該地若干。

答曰：四十八頃九十五畝。

今有上號三梭布三百六十五疋，共得浄花四千五百六十二斤八兩。疋法二丈四尺。只有浄花五千三百五十八䭾四十四斤一两，每䭾一百二十斤，該三梭多少。

答曰：五萬一千四百四十疋七尺八寸。

法曰：下只有花在地，兩用斤分，䭾法加二，共見六十四萬三千四斤六釐二毫半。用三梭布乘之，得二億三千四百六十九萬六千四百八十二斤八分一釐二毫半，爲實。用原浄花作法除之，見五萬一千四百四十疋三分二釐半。零數用疋法二丈四尺乘之，得七尺八寸，合[問]。此法是異乘同除，帶䭾法斤秤并端疋也。

今本郡庫内收訖浄花一十萬三千四十五䭾一鈞一秤一十一斤一十三兩，只云每花地七畝帶加耗納著二斤一两，問該地幾頃。

答曰：四十一萬九千六百七十六頃一十一畝。

法曰：置收到浄花在地，䭾數内加二，見一千二百三十六萬五千四百斤。

加入鈞秤斤兩，兩用斤分，共見一千二百三十六萬五千四百五十六斤八分一釐二毫半。以畝數乘之，爲實。用納花二斤一兩，兩用斤分，作法除之，得所求頃畝也。合問。但遇相應之法，准此求也。

又　今有人擔茶九十斤，行五百步，得錢一兩。今擔茶一百二十斤，行三百五十步，問得錢幾何。

荅曰：九錢三分三釐三分之一。

術曰：以今擔茶一百二十斤乘三百五十步，又以得錢一兩乘之，爲實。別以先擔茶九十斤乘五百步爲法，除之，即得。

明・吴敬《九章算法比類大全》卷二《粟米》　歸除法曰：以所求率或疋或石或若干斤。乘錢數，如無所求，又以錢數。爲實。以所求數爲法。即所買之物。實如法而一。以法除之是也。

又　換易乘除法曰：以所求率求粟用粟率，求粺用粺率。求錢物者亦同。乘所有數爲實。今有物若干是也。以所求率乘所有數，即今科纂中有要者乘之句。以所有率爲法。所有稻用稻率，所有糲用糲率。所有錢物亦同，即今科纂中不要者除之句。實如法而一。如歸，以法除之也。

又　比類　異乘同除：今有米六石二斗四升，糶鈔四十六貫八百文。只有米二石六斗三升，問該鈔幾何。

荅曰：一十九貫七百二十五文。

法曰：以只有米二石六斗三升乘糶鈔四十六貫八百文，得一百二十三貫八十四文，爲實。以原米六石二斗四升爲法，除之。合問。

又　今有鈔一十九貫七百二十五文，糴米二石六斗三升。只有鈔四十六貫八百文，問該糴米幾何。

荅曰：六石二斗四升。

法曰：以只有鈔四十六貫八百文乘糴米二石六斗三升，得一百二十三貫八十四文，爲實。以原鈔一十九貫七百二十五文爲法，除之。合問。

又　今有菜子八斗四升，壓油三十一斤八兩。只有菜子四石三斗二升，問該油幾何。

荅曰：一百六十二斤。

法曰：以只有菜子四石三斗二升乘壓油三十一斤半，得一百三十六斤零八。該一兩二錢八分，爲實。以原菜子八斗四升爲法，除之。合問。

又　今有油一百六十二斤，用菜子四石三斗二升。只有油三十一斤八兩，問該菜子幾何。

荅曰：八斗四升。

法曰：以只有三十一斤八兩乘菜子四石三斗二升，得一十三石六斗八合，爲實。以原油一百六十二斤爲法，除之。合問。

又　今有小麥八斗六升，磨麪六十四斤八兩。共有小麥三十五石四斗八升，問該麪幾何。

荅曰：二千六百六十一斤。

法曰：以共有小麥三十五石四斗八升乘磨麪六十四斤半，得二千二百八十八石四斗六升，爲實。以原小麥八斗六升爲法，除之。合問。

又　今有麪二千六百六十一斤，用小麥三十五石四斗八升。只有麪六十四斤八兩，問該用小麥幾何。

荅曰：八斗六升。

法曰：以只有麪六十四斤八兩乘小麥三十五石四斗八升，得二千二百八十八石四斗六升，爲實。以原有麪二千六百六十一斤爲法，除之。合問。

又　今有白米六十三石八斗四升，該舂糙米七十六石。共用白米三百七十八石，問該用糙米幾何。

荅曰：四百五十石。

法曰：以共用米三百七十八石乘糙米七十六石，得二千八百七十二石八斗，爲實。以原白米六十三石八斗四升爲法，除之。合問。

又　今有糙米四百五十石，舂得白米三百七十八石。只有糙米七十六石，問該舂白米幾何。

荅曰：六十三石八斗四升。

法曰：以只有糙米七十六石乘白米三百七十八石，得二千八百七十二石八斗，爲實。原糙米四百五十石爲法，除之。合問。

又　今有絹四十六疋二丈八尺，疋法四十二尺。賣鈔二百九十四貫。只有絹三十四疋一丈二尺，問該賣鈔幾何。

荅曰：二百一十六貫。

法曰：以只有絹三十四疋，以每疋四十二尺通，得一千四百二十八尺。加零一十二尺，共一千四百四十。乘原賣鈔二百九十四貫，得四万二千三百二十六，爲實。以原絹四十六疋，以疋法四十二通，得「一千九百三十二尺」。加零二丈八尺，共一千九百六十尺，爲法。除之。合問。

又 今有鈔二百一十六貫，買絹三十四疋 丈二尺。共有鈔二百九十四貫，問該買絹幾何。

荅曰：四十六疋二丈八尺。

法曰：以共有鈔二百九十四貫乘原買絹三十四疋——以疋法四十二尺通之，加零一十二尺，共一千四百四十尺，得四万二千三百三十六，爲實。以原鈔二百一十六貫爲法，除之，得一千九百六十尺。以疋法四十二尺。除之。合問。

又 今有絲六十八斤六兩，賣鈔五百二十五貫一百二十文。只有絲三十八斤十四兩，問該鈔幾何。

荅曰：二百九十八貫五百六十文。

法曰：以只有絲三十八斤，其十四兩，以兩求斤，得八七五。乘賣鈔五百二十五貫一百二十文，得二百四万一千四百四文，爲實。以原絲六十八斤，其六兩以兩求斤，得三七五爲法，除之。合問。

又 今有鈔二百九十八貫五百六十文，買絲三十八斤十四兩。共有鈔五百二十五貫一百二十文，問該買絲幾何。

荅曰：六十八斤六兩。

法曰：以共有鈔五百二十五貫一百二十文乘原買絲三十八斤，其十四兩，以兩求斤，得八七五，共乘得二百四万一千四百四，爲實。以原鈔二百九十八貫五百六十文爲法，除之。合問。

又 比類 就物抽分：今有絹一丈二尺，買蘇木二斤，染絹三丈八尺。共有絹六十三疋二丈四尺，今欲減絹買蘇木還自染餘絹，問染得紅絹幾何。

荅曰：四十八疋一丈三尺二寸。

法曰：置絹六十三疋，以疋法四十二尺通之，加零二十四尺，共得二千六百七十尺。以染絹三十八尺乘之，得一十万一千四百六十尺，爲實。併買蘇木絹一丈二尺，染絹三丈八尺，共得五丈，爲法。除實，得二千二十九尺二寸。以疋法四十二尺約之。合問。

又 今有車載布一千九百六十二疋三尺，疋法二丈四尺。每疋車脚錢六十二文五分，其布每疋三貫九百三十七文五分。今無錢，就物抽布，問主、脚各該幾何。

荅曰：主該一千九百三十一疋一丈一尺二寸三厘一毫二絲五忽，

脚該三十疋一丈五尺七寸九分六厘八毫七絲五忽。

法曰：置布一千九百六十二疋三尺，以疋法通，三尺爲一分二厘五毫，以脚錢六十二文五分乘之，得一百二十二貫六百三十二文八分一厘二毫五糸，爲實。併疋價三貫九百三十七文五分、脚錢六十二文五分，共得四貫，爲法。除之，得脚錢該布三十疋六分五厘八毫二絲三徽一塵二渺五溪，其疋下分数以疋法二丈四尺。乘之，以減共布，餘得主留之数。合問。

又 比類 互換乘除：今有鈔四百三十六貫五百文，買紵絲二十四疋一丈二尺，疋法四十八尺。問每疋價鈔幾何。

荅曰：一十八貫。

法曰：以所求率四十八尺乘鈔数四百三十六貫五百文，得二万九百五十二，爲實。以所買紵絲二十四疋，以四十八尺通之，加零一十二尺，共一千一百六十四尺，爲法。除之。合問。

又 今有鈔四百三十六貫五百文，買紵絲，每疋價鈔一十八貫。疋法四十八尺。問該買幾何。

荅曰：二十四疋一丈二尺。

法曰：以所求率四十八尺乘鈔数四百三十六貫五百文，得二万九百五十二，爲實。以(所)[疋]價一十八貫，以四十八尺通，得八百六十四，爲法。除之，得二十四疋二分五厘。其疋下分以四十八尺乘之。合問。

又 今有鈔一百九十五貫二百文，買羅一十二疋三丈四尺，疋法四十八尺。每二十尺，問價鈔幾何。

荅曰：六貫四百文。

法曰：以所求率二十尺乘鈔一百九十五貫二百文，得三千九百四貫，爲實。以所買羅一十二疋，以疋法四十八尺通之，加零三十四尺，共得六百一十尺，爲法。除之。合問。

又 今有鈔一百九十五貫二百文，買羅每二十尺價鈔六貫四百文。疋法四十八尺。問該買羅幾何。

荅曰：一十二疋三丈四尺。

法曰：以所求率二十尺乘鈔数一百九十五貫二百文，得三千九百四貫，爲實。以所買羅價六貫四百文爲法，除之，得六百一十尺。以疋法四十八尺除之。

合問。

又 今有麻布一百四十二疋四尺十六分尺之九，疋法四十二尺。易紬六十八疋二丈九尺。疋法四十八尺。問每紬一疋易布幾何。

荅曰：二疋三尺。

法曰：以所求率四十八尺乘麻布一百四十二疋。先以疋法四十二尺通之，加零四尺，共五千九百六十八尺。又以分母十六通，得九万五千四百八十八。加分子九，共九万五千四百九十七。却以紬疋法四十八尺乘，得四百五十八万三千八百五十六，爲實。以易紬六十八疋，先以疋法四十八尺通之，加零二十九尺，共三千二百九十三尺。却以分母十六乘，得五万二千六百八十八，爲法。除之，得八十七尺。以麻布四十二尺除之。合問。

又 今有麻布一百四十二疋四尺十六分尺之九。疋法四十二尺。每二疋三尺疋法四丈八尺。易紬一疋，問該紬幾何。

荅曰：六十八疋二丈九尺。

法曰：以所求率四十八尺乘麻布，與前數同。爲實。以麻布二疋，先以四十二尺通之，加零三尺，共八十七尺。却以分母十六乘，得一千三百九十二，爲法。除之，得三千二百九十三尺。以紬疋四十八尺除之。合問。

又 今有絲五十九斤十一兩六銖，織絹四十七疋二丈四尺四寸。疋法官尺三十二尺。問每疋該絲幾何。

荅曰：一斤四兩。

法曰：以所求率三十二尺乘絲数五十九斤，其十一兩六銖，得二錢五分，以求斤通，得共五十九斤七分三毫一絲二忽五微。却以三十二尺乘，得一千九百一十斤半，爲實。以織絹四十七疋，以三十二尺通之，加零二十四尺四寸，共一千五百二十八尺四寸，爲法。除之。合問。

又 今有絲五十九斤十一兩六銖，每絲二十兩織絹一疋。疋法三丈二尺。問該絹幾何。

荅曰：四十七疋二丈四尺四寸。

法曰以所求率三十二尺乘絲数五十九斤，先以十六通，得九百四十四兩。加十一兩，其六銖該二錢五分，共九百五十五兩二錢五分。却以三十二尺乘，得三万五百六十八，爲實。以每疋絲二十兩爲法，除之，得一千五百二十八尺四寸。以疋法除之。合問。

又 今有鈔一千四百一十七貫，買胡椒三石二鈞一秤七斤十三兩。問每石該鈔幾何。

荅曰：三百八十四貫。

法曰：以一石計一百二十斤。乘鈔一千四百一十七貫，得一十七万四十，爲實。以所買胡椒，三石得三百六十斤，二鈞得六十斤，一秤得一十五斤，零七斤其十三兩，以兩求斤，得八一二五，共四百四十二斤八一二五，爲法。除之。合問。

又 今有降香二百六十七斤九兩，每三兩價鈔三貫五百文。問該鈔幾何。

荅曰：四千九百九十四貫五百文。

法曰：置香二百六十七斤，以斤法十六通之，加零九兩，共得四千二百八十一兩，爲實。以每三兩價三貫五百文爲法乘之，得一万四千九百八十三貫五百文。却以三兩爲法，除之。合問。

又 今有鈔一百四十貫七百五十文，買物三十七秤八斤。問一秤價鈔幾何。

荅曰：三貫七百五十文。

法曰：此問即乘除，不問斤價而問秤價。以秤率十五斤乘鈔一百四十貫七百五十文，得二千一百一十一貫二百五十文，爲實。以物三十七秤通之，加零八斤，共得五百六十三斤，爲法。除實，得三貫七百五十文。合問。

又 今有鈔一十八貫五百四十文八分文之七，買到降香二十六斤十六分斤之一。問每斤價幾何。

荅曰：七百一十一文四百一十七分文之二百九十三。

法曰：置鈔一十八貫五百四十文，以分母八通之，加分子七，共得一百四十八貫三百九十文。又以香分母十六乘之，得二千三百七十四貫二百四十，爲實。以香二十六斤，以分母十六通之，加分子一，共得四百一十七。又以鈔分母八乘之，得三千三百三十六，爲法。除之，得斤價七百一十一文，餘實二千三百四十四。法、實皆八十約之，得四百一十七分文之二百九十三。合問。

又 今有絹疋價五十四貫，布疋價三十二貫。欲將布易絹，問幾何可以價停。

荅曰：絹三十二疋，易布五十四疋。

法曰：置絹、布疋價相乘，各該價一千七百二十八貫，爲實。以絹疋價除

之，得絹數。布疋價除之，得布數。合問。【略】

又 今有稻穀九十三石七斗五升，每四斗出米一斗六升，每米三斗二升換塩九斤。問該塩幾何。

荅曰：一千五十四斤十一兩。

法曰：置稻穀九十三石七斗五升，乘出米一斗六升，得一百五十石。却以每四斗除之，得三十七石五斗。又以換塩九斤因之，得三十三石七斗五升，爲實。以每米二斗二升，爲法。除之，得一千五十四斤六分八厘七毫五絲，斤下分数加六爲兩。合問。

又 今有絹六千九百七十四尺，每三尺一寸二分五厘換絲三兩二錢。每絲十二兩八錢換紗一疋，長二丈八尺。問該紗幾何。

荅曰：五百五十七疋二丈五尺七寸六分。

法曰：置絹六千九百七十四尺，乘換絲三兩二錢，得二万二千三百一十六兩八錢。却以每絹三尺一寸二分五厘除之，得七千一百四十一兩三錢七分六厘，爲實。以每絲一十二兩八錢爲法，除之，得五百五十七疋九分二厘，疋下九分二厘，以疋法二丈八尺乘之，得二丈五尺七寸六分。合問。

又 今有芝麻六十二石一斗九升，每二斗五升出油七斤，每油八斤直鈔九百二十文。問該鈔幾何。

荅曰：二百二貫四百二十八文四分五厘。

法曰：置麻六十二石一斗九升，乘出油七斤，得四百三十五石三斗三升。却以每麻二斗五升除之，得油一千七百四十一斤三分二厘。又以直鈔九百二十文乘之，得一千六百一十九斤四分二厘七毫六絲，爲實。以每油八斤爲法，除之，得鈔二百二貫四百二十八文四分五厘。合問。

又 今有鈔三百五十二貫八百文，買絲、綿二色。只云每鈔十二貫買綿七兩五錢，每鈔一十五貫買絲六兩。須要二停絲三停綿，問各該幾何。

荅曰：絲七十二兩，該鈔一百八十貫。

綿一百八兩，該鈔一百七十二貫八百文。

法曰：置絲六兩，乘綿七兩五錢，得四十五兩。以乘鈔三百五十二貫八百文，得一萬五千八百七十六，爲實。別置絲六兩，乘綿鈔一十二貫，得七十二貫。以綿三停因之，得二百一十六。又置綿七兩五錢，乘絲鈔一十五貫，得一百一十二貫五百文。以絲二停因之，得二百二十五。併二位，得四百四十一，爲法。除之，得三十六兩，乃一分之數。以二因，得絲七十二兩。以三因，得綿一百八兩。却以絲六兩除總絲，以鈔乘之，以綿七兩五錢除［總］綿，以鈔乘之。合問。

又 今有銀六百九十四兩四錢，糴米、麥、麻、豆四色。只云每銀一兩爲率，糴米五石，若糴麥七石，麻三石，豆九石。需要石數停等。問各該銀幾何。

荅曰：各該八百八十二石。米該銀一百七十六兩四錢，麥該銀一百二十六兩，麻該銀二百九十四兩，豆該銀九十八兩。

法曰：置米五石，乘麻三石，得一十五。以乘(豆)[麥]七石，得一百五。又乘(麥)[豆]九石，得九百四十五。以乘銀六百九十四兩四錢，得六十五萬六千二百八兩，爲實。別置米五石，乘麻三石，得一十五。又乘麥七石，得一百五。又米五石乘麥七石，得三十五。又乘豆九石，得三百一十五。麥七石乘豆九石，得六十(五)[三]。又乘麻(二)[三]石，得一百八十九，爲法。除之，得八百八十二石，乃四色各該之數。以各率除之，乘銀。合問。

又 今有鈔一萬九千三百八十三貫，欲買紵絲、羅、紗三色。只云每鈔八十貫買紵絲三疋。每鈔七十貫買羅四疋。每鈔六十貫買紗五疋。須要二停紵絲，三停羅，四停紗。問各該幾疋，并鈔幾何。

荅曰：紵絲二百五十二疋，六千七百二十貫。

羅三百七十八疋，鈔六千六百一十五貫。

紗三百七十八疋，鈔六千四十八貫。

法曰：置紵絲三疋，乘羅四疋，得一十二。又乘紗五疋，得六十。以乘鈔一万九千三百八十三貫，得一百一十六万二千九百八十，爲實。別置紵絲三疋，乘羅四疋，得一十二。以乘紗鈔六十貫，得七百二十。却以紗四停因之，得二千八百八十。又羅四疋乘紗五疋，得二十。以乘紵絲鈔八十貫，得一千六百。却以紵絲二停因之，得三千二百。又紗五疋紵絲三疋，得一十五。以乘羅鈔七十貫，得一千五十。却以羅三停因之，得三千一百五十。併三位，共得九千二百三十，爲法。除之，得一百二十六也。乃一分之數，以二因，得紵絲。三因，得羅。四因，得紗。以各率除之，以鈔乘。合問。

又 今有綾六十二疋二丈一尺，疋法二丈四尺。每疋價鈔六貫。其布每疋價鈔四貫八百文。疋法二丈八尺。欲將綾換布，問該布幾何。

荅曰：七十八疋一丈六尺六寸二分五厘。

法曰：置綾六十二疋零二丈一尺，以疋法二丈四尺。除之，得八分七厘五毫。併前，共得六十二疋八分七厘五毫。以乘疋價六貫，得三百七十七貫二百五十文，爲實。以布疋價四貫八百文爲法，除之，得七十八疋五分九厘三毫七絲五忽。疋下分数以布疋法二丈八尺乘之，得一丈六尺六寸二分五厘。合問。

又 今有麥四石七斗六升五合，每斗價鈔二百四十文。欲換豆粉。其粉每裹價三百二十文。問該換粉幾何。

荅曰：三十五裹一斤七兩六錢。

法曰：置麥四石七斗六升五合，以乘斗價二百四十文，得一十一貫四百三十六文，爲實。以布疋價四貫八百文爲法，除之，得粉三十五裹七分三厘七毫五絲。裹下分数，以二因之，得一斤四分七厘五毫。斤下分数加六，爲七兩六錢。

又 今有糙米六十一石七斗五升，每一石二斗折糯米七斗八升。問該糯米幾何。

荅曰：四十石一斗三升七合三勺。

法曰：置糙米六十一石七斗五升，以糯米七斗八升乘之，得四十八石一斗六升四合，爲實。以每一石二斗爲法，除之。合問。

又 今有糯米四十石一斗三升七合五勺，每七斗八升折糙米一石二斗。問該糙米幾何。

荅曰：六十一石七斗五升。

法曰：置糯米四十石一斗三升七合五勺，以折糙米一石二斗加之，得四十八石一斗六升五合，爲實。以每七斗八升爲法，除之。合問。

又 今有絲五十六斤十三兩六錢，每銀一錢買絲三兩。問該賣銀幾何。

荅曰：三十兩三錢二分。

法曰：置絲五十六斤，以斤法十六通之，加零十三兩文錢，共得九百九兩六錢，爲實。以買絲三兩爲法，除之。合問。

又 比類　借寬還窄：今有鈔五百三十五貫五百文，共買木綿布七十五疋，各闊二尺一寸。今原布無，止有闊一尺六寸，布主扣筭原價貼還，問該幾何。

荅曰：一百二十七貫五百文。

法曰：置鈔五百三十五貫五百文，爲實。以布七十五疋，以四丈通，得三百(文)[丈]。以闊二尺一寸乘之，得六千三百尺，爲法。除之，得尺價八分五厘。别以闊二尺一寸減一尺六寸，餘五寸。以乘三百丈，得一千五百尺，爲不及数。却以尺價八分五厘乘之，得貼還鈔。合問。

又 今有客鈔七千二百五十八貫五十文，原放絹二百八十五疋二丈四尺。疋法三丈二尺。今止有絹二百七十三疋二丈五尺六寸，問合退還客鈔幾何。

荅曰：三百三貫五百三十文。

法曰：置放絹二百八十五疋，以疋法三丈二尺通之，加零二丈四尺，共得九百一十四丈四尺，於上。又置今還絹二百七十三疋，以疋法通之，加零二丈五尺六寸，共得八百七十六丈一尺六寸，以減上数九百一十四丈四尺，餘三十八丈二尺四寸。以乘原鈔七千二百五十八貫五十文，得二十七万七千五百四十七貫八百三十二文，爲實。以原絹九百一十四丈四尺爲法，除之。合問。

又 比類　金銅鐵錫煉鎔：今有錫、金同煉鎔一塊，自方一尺，秤重六百一十七斤八兩。只云金方一寸重一斤，錫方一寸重七兩。問錫、金幾何。

荅曰：錫方六百八十寸，重二百九十七斤八兩。

金方三百二十寸，重三百二十斤。

法曰：置自方一尺，通作十寸。再自乘，得一千寸。以金一寸重一斤通作十六兩，乘之，得一万六千(寸)[兩]，於上。下置六百一十七斤半，以十六兩通，得九千八百八十兩。以減上数一万六千兩，餘六千一百二十兩，爲實。以金重十六兩減錫重七兩，餘九兩，爲法。除之，得六百八十寸，爲錫方。以七兩乘之，得二百九十七斤八兩，爲錫重。又置一千寸減錫六百八十寸，餘三百二十寸，爲金方。再置六百一十七斤八兩，減錫重二百九十七斤八兩，餘三百二十斤，爲金重。合問。

又 今有金五塊，共重七十一兩，成色不等。内九分五厘色者九兩，九分色者一十四兩，八分五厘色者五兩，八分色者一十三兩，七分色者三十兩。欲同煉一處，問得成色幾何。

荅曰：八分。

法曰：置各率，自乘。九分五厘乘九兩，得八兩五錢五分。九分乘一十四兩，得一十二兩六錢。八分五厘乘五兩，得四兩二錢五分。八分乘一十三兩，得一十兩四錢。七分乘三十兩，得二十一兩。併之，得五十六兩八錢，爲實。以七十一兩爲法，除之。合問。

又 今有銅一經入爐，每十斤得八斤。今三經入爐，得熟銅二百二十四斤十五兩八錢七分二厘。問原本生銅幾何。

荅曰：四百三十九斤七兩。

法曰：置銅二百二十四斤，以斤法十六通之，加零十五兩八錢七分二厘，共得三千五百九十九兩八錢七分二厘，爲實。以煉熟八斤再自乘，得五百一十二斤，爲法。除之，得七千三十一兩。以斤法除之。合問。

又　今有鐵一經入爐，每十斤得七斤。今三經入爐，得熟鐵一百一十四斤十五兩六錢四分六厘二毫。問原本生鐵幾何。

荅曰：三百三十五斤三兩四錢。

法曰：置鐵一百一十四斤，以斤法十六通之，加零十五兩六錢四分六厘二毫，共得一千八百三十九兩六錢四分六厘二毫，爲實。以煉熟鐵七斤再自乘，得三百四十三斤，爲法。除之，得五千三百六十三兩四錢。以斤法除之。合問。

又　**卷三《衰分》**　比類　異乘同除：今有絲五斤八兩一十二銖五分銖之四，賣鈔一貫三百二十八文。問一斤該鈔幾何。

荅曰：二百四十文。

法曰：以所賣鈔一貫三百二十八文乘所求絲一斤。通爲三百八十四銖，以分母五乘，得一千九百二十。以鈔乘，得二百五十四万九千七百六十，爲實。以所有絲五斤八兩，以銖法通之，加零一十二銖，共得二千一百二十四銖。以分母五乘，得一万六百二十。加分子四，共得一万六百二十四，爲法。除之，得斤價二百四十文。合問。

又　今有錢一百六十一文三十二分錢之二十三，買絲七兩一十二銖。問一斤該鈔幾何。

荅曰：三百四十五文。

法曰：以有錢一百六十一文，以分母三十二通之，加分子二十三，共得五千一百七十五。乘所求絲一斤，通爲十六兩，得八万二千八百，爲實。以買絲七兩，化一十二銖爲五錢，共七兩五錢。以原分母三十二乘之，得二百四十，爲法。除之，得三兩四十五文。合問。

又　今有布一疋，價鈔一百二十五文。只有鈔八十四文八分文之三，問該買布幾何。

荅曰：二丈七尺。

法曰：以只有鈔八十四文，以分母八通之，加分子三，共得六百七十五。乘所有布一疋，通爲四十尺，得二万七千文，爲實。以所有價鈔一百二十五文，以原分母八通之，得一千，爲法。除之，得二丈七尺。合問。

又　今有素一疋，價鈔五百文。有鈔六百二十五文，該買素幾何。

荅曰：一疋一丈。

法曰：以所有鈔六百二十五文乘所有素一疋，通爲四十尺，得二万五千，爲實。以價鈔五百文爲法，除之，得五十尺。合問。

又　今有縑三十二斤八兩該生絲四十五斤八兩。今有縑一十斤，問該生絲幾何。

荅曰：一十四斤。

法曰：以所有生絲四十五斤八兩乘所用縑一十斤，得四百五十五斤，爲實。以所有縑三十二斤八兩爲法，除之，得一十四斤。合問。

又　今有絲二十三斤五兩，耗絲一十斤三兩四銖半。問每斤耗絲幾何。

荅曰：七兩。

法曰：以所有耗絲一十斤三兩，以銖法通之，加零四銖半，共得三千九百一十六銖半。乘所求絲一斤，通爲三百八十四銖，得一百五十万三千九百五十六，爲實。以所有絲二十三斤五兩，以銖以通爲八千九百五十二錢，爲法。除之，得一百六十八銖。以兩法二十四約之。合問。

又　今有生絲一十三斤十一兩一十銖七分銖之二，得乾絲一十二斤。見有生絲三十斤，問乾之耗幾何。

荅曰：三斤十二兩。

法曰：以所有乾絲一十二斤乘見有生絲三十斤，得(二)[三]百六十斤。以銖法通，得一十三万八千(一)[二]百四十。以分母七乘，得九十六万七千六百八十銖，爲實。以所有生絲一十三斤十一兩，以銖法通之，加零一十銖，共得五千二百六十六銖。以分母七通之，加分子二，共得三万六千八百六十四，爲法。除之，得乾絲二十六斤四兩。以減生絲三十斤，餘得耗絲三斤十二兩。合問。

又　今有田一頃二十六畝一百五十九步，收粟八石四斗四升十二分升之五。問一畝收粟幾何。

荅曰：六升三分升之二。

法曰：以所收粟八石四斗四升，以分母十二通之，加分子五，共得一万一百三十三。乘所求田一畝，通爲二百四十步，得二百四十三万一千九百二十，爲實。以所有田一頃二十六畝，以畝法通之，加零一百五十九步，共三万三百九十九步。以原分母十二通之，共得三十六万四千七百八十八，爲法。除之，得六升，餘實二十四万三千一百九十二。以法約之，得三分升之二。合問。

又 今有取保一百六十九日二十五分日之二十三，該鈔一貫二百文。問一歲該鈔幾何。

答曰：二貫五百文。

法曰：以所求一歲當作三百五十四日，乘所有鈔一貫二百文，得四百二十四貫八百文。以原分母二十五通之，得一万六百二十貫，爲實。以所取保一百六十九日，以分母二十五通之，加分子二十三，共得四千二百四十八，爲法。除之，得二貫五百文。合問。

又 今有貸錢七百五十文，於九日歸之，得息六錢四分錢之三。問貸錢一貫該月息幾何。

答曰：三十文。

法曰：以所有貸錢七百五十，乘歸之九日，得六千七百五十。又乘所求一月，三十日。得二十万二千五百。以原分母四通，得八十一万，爲實。以所有息錢六錢，以分母四通之，加分子三，共得二十七，乘貸錢一貫，得二万七千，爲法。除之。合問。

又 今有乾麪三斤，得濕麪四斤。却有乾麪九斤十二兩，問得濕麪幾何。

答曰：一十三斤。

法曰：置乾麪九斤，通十二兩作七五，以乘濕麪四斤，得三十九斤，爲實。以乾麪三斤爲法，除之。合問。

又 今有濕麪四斤，該乾麪三斤。却有濕麪二十六斤，該乾麪幾何。

答曰：一十九斤八兩。

法曰：置濕麪二十六斤，以乘乾麪三斤，得七十八斤，爲實。以濕麪四斤爲法，除之。合問。

又 借本還利：今有人借鈔，共還本利九百九十六貫六百五十六文。只云每貫月利三十五文。今九箇月十八日，問原借鈔幾何。

答曰：七百四十六貫。

法[曰]：置共還鈔九百九十六貫六百五十六文，爲實。列月利九箇月六。以三十五文乘之，加本鈔一貫，共得一貫三百三十六文，爲法。除之。合問。

又 今有人借銀九十兩，月利二兩。今共還四千三百五十六兩，經三箇十二日，問本利幾何。

答曰：本銀四千五十兩，利銀三百六兩。

法曰：置共還銀四千三百五十六兩，以月利九十兩乘，得三十九万二千四十，爲實。列借月三个月，四分，二因，加借九十兩，共得九十六兩八錢，爲法。除之，得本銀四千五十兩。以減共還餘，得利銀。合問。

又 今有人上年三月十五日借鈔九十貫，月利四分。於今年二月十二日共還本、利鈔一百一十五貫。問净欠鈔幾何。

答曰：一十四貫二百四十文。

法曰：先下今年二月十二日加上年十二月，減原借三月十五日，餘十个月二十七日。乘原借該月利三貫六百文，得三十九貫二百四十文。加原借鈔，共一百二十九貫二百四十文。減今還鈔，餘爲净欠鈔。合問。

又 今有人上年四月二十日典鈔五十六貫，月利二分。今年二月十四日取贖，問典月日并利鈔各幾何。

答曰：計九箇月零二十四日，利鈔一十貫九百七十六文。

法曰：先置取贖二月十四日，加上年十二月，共十四个月十四日。減原典四月二十日，即得典借九个月二十四日零日。以三除之，得八分，爲實。以原典鈔以月利二分乘之，得一兩一錢二分，爲法。乘實，得利鈔。合問。

又 今有人午年六月十五日借鈔一百六十貫，月息三分。今已還利鈔七十三貫四百四十文。問該展至何年月日。

答曰：入利十五箇零九日，至未年九月二十四日。

法曰：置借鈔，以月利三分乘之，得四貫八百文，爲法。已還利鈔七十三貫四百四十文，爲實。以法除之，得十五个月零三分。以三乘之，得九日。加原典月日。合問。

又 **卷四《少廣》** 比類　今有鈔八千七百一十七貫五百文，買絲不知其數，亦不知其價。只云每兩要絡絲鈔二百文，爲無鈔還就將絲准還，只記得准與絲二百七十八兩九錢六分，問絲總數及價鈔并絡絲鈔各幾何。

答曰：絲三千四百八十七兩，每兩價鈔二貫五百文，共八千七百一十七貫五百文。

絡絲鈔六百九十七貫四百文，該准絲二百七十八兩九錢六分。

法曰：置總鈔，以絡絲鈔二百文乘之，得一千七百四十三貫五百文。却以准與絲二百七十八兩九錢六分除之，得六貫二百五十文，爲實。以開平方法除之，得每兩絲價二貫五百文，爲法。以除原鈔該絲三千四百八十七兩，每兩絡絲鈔二百文乘之，該鈔六百九十七貫四百文。以每兩二貫五百文除之，得准絲二百七十八兩九錢六分。合問。

又 今有錢一百八十八貫七百文，買絲不知其数，亦不知其價。只云其絲一兩用絡絲錢六文，爲無錢還，就將絲准還，亦不知其数。只云每准絡絲錢絲一兩，要染深青錢四文，爲無錢還，亦就將絲准還。只記得准到染錢絲二斤四兩二錢三分四毫。問絲總數及價錢染絡絲錢絲数各幾何。

荅曰：絲共二百三十五斤十四兩，每兩價錢五十文，共錢一百八十八貫七百文。

絡絲錢二十二貫六百四十四文，該絲二十八斤四兩八錢八分。

染錢一貫八百一十一文五分二厘，該絲二斤四兩二錢三分四毫。

法曰：置總錢一百八十八貫七百文，以絡絲錢六文乘之，得[一]千[一]百三十二貫二百文。又以染錢四文乘之，得四千五百二十八貫八百文，爲實。却以染錢絲二斤，以斤法通之，加零四兩二錢三分四毫，共得三十六兩二錢三分四毫，爲法。除之，得一百二十五貫文，爲實。以開立方法除之，得五十文，爲每兩絲價。以除總錢，該絲三千七百七十四兩。以絡絲錢六文乘之，得二十一貫六百四十四文。又以每兩五十文除之，得四百五十二兩八錢八文。又以染錢四文乘之，得一貫八百一十一文五分二厘。却以每兩五十文除之，得三十六兩二錢三分四毫，各以斤法而一。合問。

又 今有鈔二十一萬七千七百五十貫，糴糯米不知其数，亦不知其價。只云每糯米一石要下塘船鈔三百文，爲無鈔還，就將糯米准還，亦不知其数，只云船鈔准糯米一石要挑脚過塘鈔四貫文。無鈔還，亦將糯米准還，亦不知其数，只云准糯米就要做酒，每石要工食鈔三貫。爲無鈔還，亦將糯米准還。只記得准到工食鈔折糯米一斗二升五合四勺二抄四撮，要問糯米總數及價鈔并船脚工食鈔并各准糯米数共幾何。

荅曰：糯米四千三百五十五石，每石價鈔五十貫，船鈔一千三百六貫五百文，該准糯米二十六石一斗三升。

挑脚鈔一百四貫五百一十文，該准糯米二石九升四勺。

做酒工食鈔六貫二百七十一文二分，該准糯米一斗二升五合四勺二抄四撮。

法曰：置總鈔，以船鈔三百文乘之，得六十五万三千二百五十。又以挑脚鈔四貫乘之，得二百六十一万三千。又以做酒工食鈔三貫乘之，得七百八十三万九千，爲約實。却以工食鈔准糯米一斗二升五合四勺二抄四撮爲法，除之，得六百二十五万貫，爲實。以開三乘方法除之，得五十貫，爲糯石價。以除共鈔，得米四千三百五十五石，乃各乘見數。合問。

又 **卷六《均輸》** 比類 折納米麥：今有共納粟二百四十六石，粟每斗折納米六升。今湏要納粟米兩停，問各幾何。

荅曰：九十二石二斗五升。

法曰：置粟二百四十六石，以折米六升乘之，得一百四十七石六斗，爲實。併粟一斗，米六升，共一斗六升，爲法。除之。合問。

又 今有納米一百六十三石八斗八升，米八升折麥九升。今要米、麥適等納之，問各幾何。

荅曰：八十六石七斗六升。

法曰：置米一百六十三石八斗八升，以折麥九升乘之，得一百四十七石四斗九升一合，爲實。併米八升，麥九升，得一斗七升，爲法。除之。合問。

又 今有納米二千八百六十九石五斗，每斗價七十五文。顧搬入倉，每斗脚錢五文。其米已運到倉，爲無脚錢，就抽米折還。問合與脚米及到倉米各幾何。

荅曰：到倉米二千六百九十石一斗五升六合二勺五抄，

脚米一百七十九石三斗四升三合七勺五抄。

法曰：置米二千八百六十九石五斗，以斗價七十五文乘之，得二百一十五万二千一百二十五，爲實。併二價，米七十五文，脚五文，共八十文，爲法。除之，得到倉米二千六百九十石一斗五升六合二勺五抄。以減総米，餘爲脚米。合問。

又 比類 織造各物：【略】今有織絹七疋八尺二寸，疋法三丈二尺。用絲九斤一兩三銖。今欲織八十四疋一丈四尺，問用絲幾何。

荅曰：一百五斤八兩一十八銖。

法曰：置原用絲九斤一兩，以銖法通之，加零三銖，共得三千四百八十三銖。通今織八十四疋，加零一丈四尺，共得二千七百二尺。乘之，得九百四十一万一千六十六，爲實。以原織七尺通之，加零八尺二寸，共得二百三十二尺二寸，爲法。除之，得四万五百三十銖。以斤、兩、銖法約之。合問。

又 今有錫一十三斤十二兩，顧匠製器皿。爲是錫少，再與匠者鈔七十貫四百文買錫添造。錫每兩價四百文，手工鈔五十文。須要錫工鈔各無虧剩，問錫器斤重工鈔各幾何。

荅曰：錫器二十二斤，内買錫八斤四兩，

價鈔五十二貫八百文，手工鈔一十七貫六百文。

法曰：置錫一十三斤，以斤法十六通之，加零十二兩，共得二百二十兩。以工鈔五十文乘之，得一十一貫。以減總與鈔，餘五十九貫四百文，爲實。以錫兩價并工鈔共四百五十文爲法，除之，得一百三十二兩。以斤法約之，得買錫八斤四兩。以價乘之，得五十二貫八百文。以減原鈔，餘得手工鈔一十七貫六百文。合問。

又 比類　合税物價：今有客持絲四百八十斤，每斤價鈔八貫一百三十文。赴務投税三十分而税一，問該税鈔幾何。

荅曰：一百三十貫八十文。

法曰：置絲四百八十斤，以每斤價鈔八貫一百三十文乘之，得三千九百二貫四百文，爲實。以税法三十除之。合問。

又 今有客持絹二十四百疋，疋法四十二尺。出關税之，每一十疋合税一尺，共税絹六疋，却貼得鈔一貫八百文。問每疋價鈔幾何。

荅曰：六貫三百文。

法曰：置絹每一十疋，以疋法四十二尺乘之，得四百二十尺。又乘貼鈔一貫八百文，得七百五十六貫，爲實。以共税六疋乘共尺四百二十，得二千五百(一)[二]十疋。減原持絹二千四百疋，餘一百二十疋，爲法。除之。合問。

又 今有合税物價一千一百三十七定四貫八百文，依例三十分而取一。問納税鈔幾何。

荅曰：三十七定四貫六百六十文。

法曰：置物價一千一百三十七定，以定率五貫通之，加零四貫八百文，共得五千六百八十九貫八百文，爲實。以税例三十爲法，除之，得一百八十九貫六百六十文。再以定率五貫除之。合問。

又 今有收到税鈔三十七定四貫六百六十文，問原該合税物價幾何。

荅曰：一千一百三十七定四貫八百文。

法曰：置税鈔三十七定，以定率五貫通之，加零四貫六百六十文，共得一百八十九貫六百六十文，爲實。以税例三十爲法，乘之，得五千六百八十九貫八百文。再以定率五貫除之。合問。

又 比類　顧舡載塩：今有塩五千八百引，欲令大小船適等載之。只云大船三隻載五百引，小船四隻載三百引。問船及各載幾何。

荅曰：二十四隻，大船載四千引，小船載三千八百引。

法曰：置塩五千八百引，以大、小船三隻、四隻相乘，得一十二。乘之，得六万九千六百，爲實。以大船三隻乘三百，得九百。小船四隻乘五百，得二千。併之，得二千九百，爲法。除之，得二十四隻。以乘各載塩。合問。

又 今有塩五千七百引，欲令大船一停，小船二停載之。只云大船三隻載五百引，小船四隻載三百引，問各船載幾何。

荅曰：大船一十八隻，載三千引。

小船三十六隻，載二千七百引。

法曰：置塩五千七百引。以大船三隻，小船四隻相乘，得一十二。乘之，得六万八千四百，爲實。以大、小船載塩互乘。倍大船，得六隻。乘三百，得一千八百。小船四隻乘五百，得二千。併之，得(二)[三]千八百，爲法。除之，得大船一十八隻。倍之，得小船三十六隻。以各[載]乘塩。合問。

又 比類　遲疾行程：今有人盗馬乘去，馬主乃覺，追一百四十五里，不及二十三里而還。若更追二百三十八里十四分里之三及之，問盗馬乘(法)[去]已行里幾何。

荅曰：三十七里。

法曰：置追[一百]四[十五里]，以分母十四通之，得二千三十。乘不及二十三里，得四万六[千]六百九十，[爲實]。[又]以更追[二百三]十八里，通分母十四，加分子三，共得三[千三]百三十(一)[五]，[爲法]。除之，得一十四里。加不及二十三里。合問。

又 今有兔先走，未知步數。犬追四百步，未及一十步。更追百步，却趕過五步。問兔先走幾何。

荅曰：七十步。

法曰：併未及一十步，趕過五步，共一十五步。乘犬追四百步，得六千步，爲實。以更追一百步爲法，除之，得六十步。加末及一十步。合問。

又 今有順天府至杭州府計四千二百七十五里，站馬從順天府投南日行三百里，站船從杭州府投北晝夜行二百五十里。問幾日相逢及船馬各行里幾何。

荅曰：相會九日二分日之一，

馬行一千九百里，

船行二千三百七十五里。

法曰：置計程四千二百七十五里，爲實。併船行二百五十里，馬行二百里，共四百五十里，爲法。除之，得九日半，爲相會日數。各以原行里數除之，得數。合問。

又 今有慢使臣已去八日，續令緊使臣趕去七日，追至中途及之，其程已一千八百四十八里。問緊、慢使各日行幾何。

荅曰：緊使臣日行二百六十四里，

慢使臣日行一百二十三里五分里之一。

法曰：置其程一千八百四十八里，爲實。以趕去七日爲法，除之，得緊使臣日行二百六十四里。別併七日，八日，共得一十五日，爲法。除實，得慢使臣日行里數。合問。

又 今有快行者日行九十八里，慢行者日行六十六里。今慢行者先發八日，問快行者趕至幾日及之。

荅曰：一十六日二分日之一，即半日。

法曰：置慢行者日行六十六里，以先發八日乘之，得五百二十八里，爲實。以快、慢行里相減，餘三十二里，爲法。除之。合問。

又 比類 互換用工：今有織匠二十四人，一百九十二日織紵絲五百七十六疋。欲令六十二人織三百六十日，問該織幾何。

荅曰：二千七百九十疋。

法曰：置匠六十二人，以乘三百六十(百)[曰]，得二万二千三百二十。以織五百七十六疋乘之，得一千二百八十五万六千三百二十，爲實。以原織二十四人乘原織日一百九十二，得四千六百八，爲法。除之。合問。

又 今有織匠一十二人，九十六日織羅二百八十八疋。今一百八十日織二千七百九十疋，問該匠幾何。

荅曰：六十二人。

法曰：置織羅二千七百九十疋，以原織日九十六乘之，又以一十二人乘，得三百二十一万四千八十，爲實。以原織羅二百八十八疋乘今織日一百八十，得五万一千八百四十，爲法。除之。合問。

又 今有灶丁九人，七日煎塩二十七引二百二十五斤。今增一百八十五人，煎四十八日，問得塩幾何。

荅曰：四千七十四引。

法曰：置灶丁九人，加今增一百八十五人，共一百九十四人。以今煎日四十八乘，又以原煎塩二十七引五分六厘二毫五絲乘之，得二十五万六千六百六十二，爲實。以原灶丁九人乘原日七，得六十三，爲法。除之。合問。

又 今有三人，四日淘金十五兩。今三十六人，淘金一月，問得金幾何。

荅曰：一千三百五十兩。

法曰：以淘金十五兩乘三十六人，得五百四十。以乘淘金三十日，得一万六千二百，爲實。以三人乘四日，得一十二，爲法。除之。合問。

又 今有三人，四日淘金十五兩。今三十六人，淘金一千三百五十兩，問合用日幾何。

荅曰：三十日。

法曰：置淘金一千三百五十兩，以三人因四日，得一十二。乘之，得一万六千二百，爲實。以原淘金十五兩乘今三十六人，得五百四十，爲法。除[之]。合問。

又 今有三人，四日淘金十五兩。今一月淘金一千三百五十兩，問該人幾何。

荅曰：三十六人。

法曰：置淘金，照前法乘得一万六千二百，爲實。以原淘金十五兩乘今三十日，得四百五十，爲法。除之。合問。

又 今有四匠，八日食米九斗。今四十二匠十六日，問食米幾何。

荅曰：一十八石九斗。

法曰：置匠四十二，以十六日乘，得六百七十二。又以食米九斗因之，得六千四十八，爲實。以四匠因八日，得三十二，爲法。除之。合問。

又 今有三口，三日食米八升。今有米三千(石)[升]，令三十口食之，問幾何日食畢。

荅曰：三箇月零二十二日半。

法曰：置今米三千升，以三口因之，得九千升。又以三日因之，得二万七千，爲實。以原食米八升乘今三十口，得二百四十，爲法。除之，得一百一十二日半。以月三十除之，得三箇月零二十二日半。合問。

又　今有一工舂米三石，一工篩米二十七石。今令一工自舂、篩，問得幾何。

荅曰：二石七斗。

法曰：置舂米三石乘二十七石，得八十一石，爲實。併舂、篩二米，得三十石，爲法。除之。合問。

明・王文素《算學寶鑒》卷一一《粟米》　《九章》術曰：謂如粟求糲，以所求糲率爲乘，粟率爲除。又如糲求術，以所求術率爲乘，以糲率爲除。又(加)[如]粟求糲，粟、糲各有分子者，令以各母通之。加上内子。仍取前例，以所求糲率乘，粟数爲寔，以粟率数乘母爲法，除之。餘皆倣此。粟米輕重、大小不等，故以折變之問，猶乘除方田爲題之意。

又　證曰：切論粟米之術，以粟、稻等率相求，即貴賤互換相易之法。其粟率五十，猶五(年)[斗]值銀一兩。稻率六十，猶六斗值銀一兩。蘖率一百七十五，猶一石七斗五升值銀一兩。餘率亦然。此論数之物也。假令粟一石，值銀五錢，稻一石，值六錢。此論價之物也。求則相反之。

又　今有豆二石三斗，每六斗三升換麻四斗五升。問該麻幾何。

荅曰：一石六斗四[升]七分升之二。

法曰：置豆二石三斗，以麻率四斗五升乘之，得一石三(斗)[升]五(升)[合]，爲寔。以豆率六斗三升爲法。除之。合問。

又　数物易互換題：成穀三斗碾米二斗，粃穀二斗一升碾米一斗。今有成穀六斗三升，問該換粃穀幾何。

荅曰：八斗八升二合。

總術圖：

右上成穀三斗　右下出米二斗　總成穀六斗三升

左上粃穀二斗一升　左下出米一斗　總粃穀缺

法曰：以左上互乘右下，得四斗二升。又以總成穀六斗三升[乘之]，得二石六斗四升(八)[六]合，爲寔。以右上三斗爲法。除之，得荅。(曰)合問。

又　價物題：粟一石值銀五錢，稻一石值銀六錢。今有粟七斗五升，問換稻幾何。

荅曰：六斗二升五合。

法曰：置粟七斗五升，以每石五錢乘之，得三錢七分五厘，爲實。以稻價六錢爲法。除之。合問。

又　粺米二斗七升值銀一錢，御米二斗一升值銀一錢。今有[粺]米(粺)二十二石六斗八升，問換御米幾何。

荅曰：一十七石六斗四升。

法曰：置今有粺米二十二石六斗八升，以御米二斗一升乘之，得四百七十六斗二升八合，爲寔。以粺米二斗七升爲法。除之。合問。

又　粺米一石值銀二錢七分，御米一石值銀二錢一分。今有粺米二十二石六斗八升，問換御米幾何。

荅曰：二十九石一斗六升。

法曰：置今有粺米二十二石六斗八升，以本價二錢七分乘之，得六兩一錢二分三厘六毫，爲寔。以每石御米價二錢一分爲法。除之。合問。

又　粟七斗三升三分升之一，每石價銀五錢。今欲換麦，且云麥石價四錢五分。問該換麦幾何。

荅曰：八斗一升二十七分升之一十三。

法曰：置粟七斗三升，以分母三通之，加上内子一，得二十二斗。以本價五錢乘之，得一兩一錢，爲實。以分母三通麦價四錢五分，得一兩三錢五分，爲法。除之，得麦八斗一升。不盡者，皆五約之。合問。

又　價換数題：稻一石價銀六錢，蘖一石七斗五升值銀一兩。今有稻八斗七升九分升之七，問該換蘖幾何。

荅曰：九斗二升六分升之一。

法曰：置今有稻八斗七升，以分母九通之，併子七，得七石九斗。乘本價六錢，得四兩七錢四分。又乘蘖一石七斗五升，得八石二斗九升五合，爲實。如分母九而一，得蘖九斗二升。不盡者，法、實皆以十五約之。合問。

又　数換價題：今有蘖九斗二升六分升之一，每一石七斗五升值銀一兩。令数換稻，且云稻價每石六錢，問該稻幾何。

荅曰：八斗七升九分升之七。

法曰：置蘖九斗二升，以分母六通之，加上内子一，得五石五斗三升，爲實。

以稻價六錢乘蘖一石七斗五升，得一石五升。以分母通之，得六石三斗，爲法。除之，得八斗七升。不盡者，法、寔皆以七約之。合問。

又 同前題：成穀一斗(春)[舂]米六升四合，粃穀一斗舂米四升五合。今有成穀二石七斗，問換粃穀幾何。

荅曰：三石八斗四升。

法曰：置総成穀二石七斗，乘舂米六升四合，得一石七斗二升八合，爲寔。以粃穀米四升五合爲法。除之，得該換粃穀(二)[三]石八斗四升。合問。

又 数物相换題：原借菉豆四石三斗二升，每二石八斗八升值銀一両。今以黑豆還之，且云黑豆三石八斗四升值銀一両，問該還黑豆幾何。

荅曰：五石七斗六升。

法曰：置原借総菉豆四石三斗二升，乘黑豆数三石八斗四升，得一十六石五斗八升八合八勺，爲寔。菉豆数二石八斗八升爲法。除之。合問。

総術圖：

右上菉豆二石八斗八升　右下菉豆價一両　原借菉豆四石三斗二升
左上黑豆三石八斗四升　左下黑豆價一両　今還黑豆缺

又 同前題：大麯七十五塊值銀一両，小麯一百二十塊值銀一両。今有大曲二百六十塊。問換小曲幾何。

荅曰：[四百]一十六塊。

法曰：置大麯総二百六十塊，乘小麯一百二十塊，得三萬一千二百塊，爲寔。以大麯数七十五塊爲法。除之，得該小麯四百一十六塊。合問。

又 数物相换題：粟五斗值銀一両，稻六斗值銀一両。今有粟七斗五升，問換稻幾何。

荅曰：九斗

互换術圖：

粟五斗　值銀一両　今有粟七斗五升爲寔。
稻六斗　值銀一両爲法。　所換稻缺

法曰：置今粟七斗五升，以稻六斗乘之，得四石五斗，爲實。以粟五斗爲法。除之，得稻九斗。合問。

又法曰：置粟七斗五升，先以五斗除之，得銀一両五錢，爲實。後以稻六斗乘之，亦得九斗。此雖易省，恐遇拙題有碍，仍用前爲便。

又 價物相换題：絹一疋價銀三錢二分，布一疋價銀一錢八分。今有絹七十二疋，問該換布幾何。

荅曰：一百二十八疋。

法曰：置総絹七十二疋，乘之本價三錢二分，得二十三両四錢，爲寔。以布價一錢八分爲法。除之。合問。

通理總術：

絹一疋　值銀三錢二分　総絹七十二疋
布一疋　值銀一錢八分　総布缺

通理術曰：以布乘絹價，又乘総絹，爲實。以絹乘價爲法。除之，得総布。合問。

又 同前題：布一疋價銀一錢八分，絹一疋價銀三錢二分。今有布一百二十八疋，問該絹幾何。

荅曰：七十二疋。

(治)[法]曰：置総布一百二十八疋，乘本價一錢八分，得二十三両四分，爲寔。以絹價三錢二分爲法。除之。合問。

總術之圖：

右上布一疋　右下布價一錢八分　総布一百二十八疋
左上絹一疋　左下絹價三錢二分　総絹缺

総術曰：以左上互乘右下，又以総布乘之，爲寔。以右上互乘左下，爲法。除之，合問。不必立单，下同。

又 同前題：原借大絹一疋，長二丈四尺，濶二尺二寸。今以小絹還之，且云小絹濶一尺五寸。(闊)[問]該還長幾何。

荅曰：三丈五尺二寸。

法曰：置大絹長二十四尺，乘本濶二尺二寸，得五十二尺八寸，爲寔。以小絹濶一尺五寸爲法。除之。合問。

又 一價数相换題：梭布一疋價銀三錢二分，鉄鍋七口五分值銀一両。今有梭布九十疋，問該鉄鍋幾何。

荅曰：二百一十六口。

法曰：置総有梭布九十疋，乘本價三錢二分，得二十八両八錢。又以鉄鍋七口五分乘之，得該換鍋二百一十六口。合問。

總術圖：

右上梭布一疋　互乘　右下布價三錢二分　　總布九十疋爲法
左上鍋七口半　　　　左下價銀一兩爲[法]　　換鍋缺

又　數物換價物題：鉄鍋七口五分，值銀一兩，梭布一疋價銀三錢二分。今有鉄鍋二百一十六口，問換梭布幾何。

荅曰：九十疋。

法曰：置總鍋二百一十六口爲寔。另以布價三錢二分乘買七口五分，得二口四分，爲法。除之。合問。

總術圖：

右上鍋七口五分　　右下銀一兩　　總鍋二百十六口爲寔
左上梭布一疋　　左下三錢二分爲法　　換布缺

又　雙互換相易題：花椒一引價銀五兩五錢，胡椒一(科)[秤]價銀四兩四錢。今有花椒三百五十二斤，問換胡椒幾何。

荅曰：三十三斤。

總術圖：

右上花椒二百斤　互乘　右下五又五錢　　總花椒三百五十二斤
左上胡椒十五斤　　　　左下四兩四錢　　總胡椒缺

法曰：以左上胡椒十五斤互乘右下花椒價五[両]五錢，得八十二兩五錢。又以總花椒三百五十二斤乘之，得二萬九千〇(七十六)[四十]両，爲寔。以右上花椒二百斤互乘左下胡椒價四兩四錢，得八百八十(四)両，爲法。除之，得該換胡椒三十三斤。(荅)[合]問。

又　赤金一両值錢四千文，白銀一両值錢七百文。今有金三両七錢八分，問該銀幾何。

荅曰：二十一両六錢。

法曰：置金三両九錢八分，以每四千文乘之，得一萬五千一百二十文，爲寔。以銀價七百文爲法。除之。合問。

又　同前題：七成[銀]八両一錢，(一錢)問前九成銀幾何。

荅曰：六両三錢。

法曰：置總銀八両一錢，以七成折之，得足色銀五両六錢七分，爲寔。以九成爲法。除之，得荅。合問。

又　卷二二《遲疾行程》　新題：假令客馬日行三百里，[客]去忘持衣。主竟，日已三分之一。偹馬追及，(祝)[視]日六分之五。問主馬不休，日行幾何。

荅曰：五百里。

法畧：

右上　三分　六分　右下
左上　之一　之五　左下

法曰：以右上乘左下，得一十五，爲主馬衰。另以左上乘右下，得六。以減主馬衰，餘九，爲客馬衰。置客(行)馬[日行]三百里，以主馬衰十五乘之，得四千五百里，爲實。以客馬衰九爲法。除之，得主馬日行五百里。合問。

又　《九章》古題：兎已先行百步，犬追一里，不及二十步。問犬不止，更追幾何里而及之。

荅曰：九十步。

法曰：置追一里，通作三百六十步。乘不及(六)[二]十步，得七千二百步，爲寔。別置先行一百步，内減不及二十步，餘八十步，爲法。除之，得九十步。合問。

又　兎行七步，犬行九步。[兎]已行一里，問犬逐幾何里而及之。

荅曰：四里半。

法曰：置兎已行一里，以犬率九乘之，得九里，爲寔。以兎率七減犬率九，餘二，爲法。除之，得四里半。合問。

又　甲行百里，乙行八十里。且云乙已行遠十二里，問甲行幾里追及。

荅曰：六十里。

法曰：置乙行遠一十二里，乘疾率一百里，得一千二百里，爲寔。別置疾率一百里，内減慢率八十里，餘二十里，爲法。除寔，得六十里追及。合問。

又　甲日行百二十里，乙行九十里。乙已先行二日，甲方起身趕之。問行幾日趕上。

荅曰：六日。

法曰：置乙先行二日，乘慢率九十里，得一百八十里，爲寔。別置甲日行一百二十里，內減乙日行九十里，餘三十里，爲法。除實，得趕六日。合問。

又 甲三日行四百里，乙四日行三百里。乙先行十四日，甲方起身追之。問甲行幾日趕上。

荅曰：十八日。

互换圖式：

甲三日　行四百里　得　千六百里爲緊率

互乘

乙四日　行三百里　得九百里爲慢率

法曰：置先行一十四日，乘慢率九百里，得　萬二千六百里，爲寔。別置緊率一千六百里，內減慢率九百里，(除)[餘]七百里，爲法。除寔，得甲趕十八日。合問。

又 遲者先行十里，疾者追百里，而過遲者一五里。問疾者幾何里而及之。

荅曰：四十里。

法曰：置遲(比)[者]先行十里，乘疾追百里，得一千里，爲實。併先行十里、追過十五里，共二十五里，爲法。除實，得四十里。合問。

又 秦使限八日而至齊，齊使限十日而至秦。齊使先發一日，問幾日相逢。

荅曰：四日。

法曰：置齊限十日，內減先行一日，餘九日。乘秦限八日，得七十二日，爲寔。併秦限八日、齊限十日，共十八日，爲法。除之，得四日相逢。合問。

又 甲乘良馬，日行一百五十里，日增二里。乙乘駑馬，日行一百里，日減二里。且云長安至齊三千里，[甲]、乙同日而發，甲先至齊囬而迎乙，問幾日相逢。

荅曰：各行二十四日相逢，甲行四千一百五十二里，乙行一千八百四十八里，甲囬迎一千一百五十二里。

法曰：置長安至齊三千里，倍之，得六千里，爲實。併良馬日行一百五十里、駑馬日行一百里，共二百五十里，爲法。除之，得二十四日，爲相逢。要見二人各行里數，內減一日，餘二十三日。乘遞增二里，得四十六里。併良馬日行一百五十里，共一百九十六里，爲第二十四日行數。加初日行一百五十里，共三百四十六里。以二十四日乘之，折半，得甲行四千一百五十二里。內減長安至齊三千里，餘一千一百五十二里，爲甲囬迎里數。另置三千里，內減囬迎里数餘一千八百四十八里，爲乙行里數。合問。

又 甲行五里，乙行三里。甲、乙同時而發，甲行六十里囬而迎乙。問返行幾里而逢。

荅曰：十五里。甲行七十五里，乙行四十五里。

法曰：置甲行六十里，倍之，得一百二十里，爲實。併甲行五里、乙行三里，共八里，爲法。除之，得一十五里。以甲行五里乘之，得甲行七十五里。內減六十里，餘十五里，爲囬迎数。以減六十里，餘四十五里，爲乙行里数。合問。

又 瓜蔓日長二寸，葫蘆蔓日長三寸，相去一丈。瓜蔓自東而西，葫蘆蔓自西而東，問幾何日而相抵。

荅曰：二十日。瓜蔓長四尺，葫蘆蔓長六尺。

法曰：置相去一丈，爲實。併二物長率：瓜二寸，葫蘆三寸，共五寸，爲法。除之，得二十日相抵。各乘長数。合問。

又 草三日長二寸，蒿二日長三寸。草已高一尺，問多高而相等。

荅曰：一尺八寸。

法圖：

草三日　蒿二日

互乘

長二寸　長三寸

法曰：以三日乘三寸，得九寸，爲蒿率。以二(寸)[日]乘二寸，得四寸，爲草率。置草高十寸，以乘蒿率九寸，得九十寸，爲寔。以草率四寸減蒿率九寸，餘五寸，爲法。除寔，得高一尺八寸相等。合問。

又 二童同讀千文，甲日讀十句，乙日讀四句。甲畢而温，日讀二十五句。問温幾日而及乙。

荅曰：四日二十一分日之十六。

法曰：置一千字，以四字除之，得二百五十句。以甲日讀十句除之，得二十五日。乘乙日讀四句，得一百句，爲實。別置甲日讀二十五句，內減乙日讀四句，餘二十一句，爲法。除實，得四日。不盡者，以法命之。合問。

又 甲、乙同讀千文，甲日讀十句，乙日讀四句。甲先讀畢而温，日讀二十五句。甲又讀畢而復温，日讀三十二句。問復温幾日而又及之。

荅曰：五日。

法曰：置二百五十句，以先讀十句除之，得二十五日。又除二百五十句，得一十日。併前後，共三十五日。乘乙讀四句，得一百四十句，爲實。別置甲復溫三十二句，內減乙讀四句，余二十八句，爲法。除實，得五日又及其乙。合問。

又 甲行五里，乙行三里。［甲］至其所囬而迎乙十五里，問至所幾里。

荅曰：六十里。

法曰：置迎乙十五里，倍之，得三十里，爲寔。另以乙行三里減甲行五里，餘二里，爲法。除實，得一十五里。以乙行三里乘之，得四十五里。加囬迎十五里，得至所六十里。合問。

又 甲馬日行一百四十里，乙徒步日行一百里。二人同發之京。甲先到京，囬行二百四十里逢乙。問至京幾何里數。

荅曰：起處到京一千四百四十里，俱行十二日。

法曰：置囬行二百四十里，倍之，得四百八十里，爲寔。另置甲行一百四十里，內減乙行一百里，餘四十里，爲法。除之，得俱行一十二日。以甲行一百四十乘之，得甲行一千六百八十里。內減囬行二百四十里，餘一千四百四十里，爲到程。合問。

又 卷二四《就物抽分》 二價題：今客有米三百五十石，每石價銀伍錢二分。顧船載之，每石船脚銀四分。因無脚錢，就於米內抽之。問船户、主各該幾何。

荅曰：船户該抽二十五石，米主三百二十五石。

法曰：置総米三百五十石，乘脚價四分，得一十四兩，爲實。併米價五錢二分，搭入脚價四分，共五錢六分，爲法。除寔，先得脚米二十五石。以減総米，餘三百二十五石，爲主米。合問。

先求主(未)［米］術曰：以総(未)［米］乘米價，爲寔。併二價爲法。除之。

又 比類題：生絹一疋長四丈，欲染紅用。爲無工價，言定染紅三尺六(尸)［寸］，抽生絹一尺四寸。問染坊、絹主各該幾何。

荅曰：染户抽生十丈一尺二寸，絹主該絹二丈八尺八寸。

法曰：置總絹四十尺，乘抽生一尺四寸，得五十六尺，爲實。置染紅三尺六寸，搭入抽生一尺四寸，共五尺，爲法。除之，得染户抽生一丈一尺二寸。以減總絹四丈，餘二丈八尺八寸，爲主得紅絹。合問。

又 三價題：今有米一十八石，每石值錢三百七十文。顧車載之，言定每石車脚錢二十四文，牙錢六文。因無錢，就於米內抽之。問車錢、牙錢并主各該米幾何。

荅曰：車脚錢抽米一石八(斗)［升］，牙錢抽米二斗七升，

主該米一十六石六斗五升。

法曰：列三價：米價三百七十文，車錢二十四文，牙錢六文。副併，共得四百文，爲法。置総米一十八石，乘未併者：乘(未)［米］價，得六千六百六十文。乘車錢，得四百三十二文。乘牙錢，得一百八文，各自爲實。皆以法四百文除之，得荅。合問。

用差分法曰：置総米一十八石，併三價，共四百文。除之，得四升五合。以三價各自乘之，亦合荅数。

觧曰：遇巧題，當用此術。或遇拙題，仍用前法爲便。

又 二数題：今有黑豆四百二十石，每三石價銀一兩。雇船載之，言定每兩装豆二十七石。因無脚錢，就以黑豆准還，問船户、豆主各該幾何。

荅曰：船户抽豆四十二石，豆主三百七十八石。

法曰：置総豆四百二十石，乘脚豆二十七石，得一萬［一千三百四十石，爲實。併每兩購豆三石、每兩装豆二十七石，得三十石，爲法。除之，先得豆主三百七十八石。以減総豆，餘四十二石，爲船户抽豆。合問。］

又 四色題：今有一客，將銀三萬四千四百九十七兩前往淮安買麯。未買預先筭記。且云每兩買麯二百一十塊，每一千八百塊該船錢銀一兩，每三千塊一車該車錢銀一兩七錢，每一百塊該用錢銀二分。問除車、(缸)［船］用錢外，净該買曲幾何。

荅曰：净該買麯五百六十七萬塊，用銀二萬七千兩。

船錢該銀三千一百五十兩，車錢該銀三千二百一十三兩，

用錢該銀一千一百三十四兩。

法圖：

右甲二百一十	乙一千八百	丙三千塊	丁一百塊
左甲銀一兩	乙銀一兩	丙銀一兩七錢	丁銀二分

法曰：以右行甲、乙、丙三位連乘，［互乘］丁銀二分，得二千二百六十八萬兩。另以右行甲、乙、丁三位連乘，互乘丙銀，得六千四百二十六萬兩。另以甲、

丙、丁三位連乘，互乘乙銀，得六千三百萬兩。另以乙、丙、丁三位連乘，互乘甲銀，得五億四千萬兩。併四位，共得六億八千九百九十四萬兩，爲法。置総銀三萬四千四百九十七兩，爲實。以法除之，定得五系，列下爲法。各以未併者乘之：以用錢二千二百六十八萬兩乘之，得用銀一千一百三十四兩。以車錢六千四百二十六萬兩乘之，得車錢銀三千二百一十三兩。以船錢六千三百萬両乘之，得船錢銀三千一百五十両。以買麵銀五億四千萬両乘之，得買麯銀二萬七千兩。以每兩二百一十塊乘之，得浄該買麯五百六十七萬塊。合問。

又法：以右行四位連乘，得一千一百三十四億，爲都母。各以價乘物除之，以一両乘之，以二百一十除之，得五億四千萬両，爲麯價。以一両乘之，以一千八百除之，得六千三百萬両，爲船錢。以一両七錢乘之，以三千除之，得車錢六千四百二十六萬両。以二分乘之，以一百除之，得二千二百六十八萬両，爲用錢。併之，亦得六億八千九百九十四萬両，爲法。除総銀三萬四千四百九十七両，亦定得每両該五(系)[糸]。各以未併者乘之。合問。

又 假令一家收買錫一百二十斤，每斤價銀八分。請工製器，言定每斤工價二分五厘。其家爲嫌錫少，工匠有錫，添造已畢。其添錫價并工錢共交銀七両二錢，問添錫、工價各幾何。

荅曰：添錫四十斤值銀三両二錢，工價四両。

法曰：置原錫一百二十斤，以每斤工價二分五厘乘之，得三両。以減共交銀七両二錢，餘四両二錢，爲實。別置錫價八分，加工價二分五厘，共一錢五厘，爲法。除寔，得添錫四十斤。乘價八分，得錫價三両二錢。以減共交銀七両二錢，餘四両，爲工價。合問。

又《悞和差分》 原有穀二石三斗四升，每斗碾細米六升。今尚㑩辦未精，量得一石七斗八升，内有米穀幾何。

荅曰：米八斗四升，穀九斗四升。

法曰：置総穀二石三斗四升，内減(米)[末]精一石七斗八升，餘五斗六升。乘每斗出米六升，得三斗三升六合，爲寔。別置穀一斗，内減出米六升，餘糠四升，爲法。除之，得細米八斗四升。以減米精，餘九斗四升，爲穀。合問。

又 原有稻三石五斗，每斗碾米三升六合。今猶碾米未精，量得一石八斗二升。問内米稻幾何。

荅曰：米九斗四升五合，稻八斗七升五合。

法曰：置総稻三石五斗，内減(米)[未]精一石八斗二升，餘一石六斗八升。乘米率三升六合，得六斗四合八勺，爲實。別置稻一斗，内減米三升六合，餘六升四合，爲法。除之，得細米九斗四升五合，以減未精一石八斗二升，餘八斗七升五合，爲稻。合問。

又《匿積分身》 絹三疋，布七疋，價錢適等。且云布疋價少絹疋價一百二十四文，問布、絹每疋值幾何。

荅曰：絹每疋價錢二百一十七文，三疋共六百五十一文。

布每疋價錢九十三文，七疋布共六百五十一文。

先求絹價法曰：置布七疋，乘差價一百二十四文，得八百六十八文，爲寔。別以絹三疋減布七疋，餘四疋，爲法。除寔，得絹價二百一十七文。内減差價一百二十四文，餘九十三文，爲布價。合問。

先求布價法曰：置絹三疋，乘差價一百二十四文，得三百七十二文，爲寔。亦以布、絹疋数相減，餘四疋，爲法。除之，得布價九十三文。加入差價一百二十四文，得絹價二百一十七文，亦合問。后倣此。

又 穀四斗，稻七斗，碾米適等。且云一斗穀比稻多碾米二升七合，問穀、稻每斗碾米幾何。

荅曰：穀每斗碾米六升三合，四斗共計二斗五升二合。

稻每斗碾米三升六合，七斗亦共二斗五升二合。

法曰：置稻七斗，乘差二升七合，得一斗八升九合，爲實。另以穀四斗減稻七斗，餘三斗，爲法。除之，得穀每斗碾米六升三合。内減差二升七合，餘三升六合，爲稻每斗碾米之数。合問。

又 道路不知遠近，甲行十二日，乙行半月。且云每日甲比乙多行二十四里，問路多遠及甲、乙各日行路該幾何。

荅曰：甲[日]行一百二十里，乙[日]行九十六里。

路遠一千四百四十里。

法曰：置乙行十五日，乘差二十四里，得三百六十里，爲實。另置甲、乙日数相減，餘三日，爲法。除之，得甲每日行路一百二十里。内減差二十四里，餘九十六里，爲乙每日所行之数。[就以十五日乘之，得路遠一千四百四十里]。合問。

又 三馬、五騾、八牛，各用價銀相等。只云每匹馬價多騾八両，問三樣物價值幾何。

答曰：馬價二十兩，騾價十二兩，牛價七兩五錢。

法曰：置騾五頭，乘差八兩，得四十兩，爲寔。另以三馬減五騾，餘二，爲法。除之，得馬價二十兩。內減差八兩，餘一十二兩，爲騾價。就以五騾乘之，得等價六十兩。以八牛除之，得牛價七兩五錢。合問。

又　將銀買錢不知總數。但知每兩買錢六百四十文，隨手每兩六百一十五文賣之，營覓利銀一兩五錢。問原本銀幾何。

答曰：三十六兩九錢。

法曰：置利銀一兩五錢，乘賣数六百一十五文，得九百二十二文半，爲寔。另以賣数減買数，餘二十五文，爲法。除之，得原本銀三十六兩九錢。合問。

又　用木搭橋，長木七節，短木九節，皆與河等。只云長木比短木多長四尺，問二木并河寬各幾何。

答曰：長木一丈八尺，短木一丈四尺，河寬一百二十六尺。

法曰：置木七節，乘差四尺，得二十八尺，爲寔。另以七節、九節相減，餘二節，爲法。除之，得短木長一十四尺。加差四尺，得長木一十八尺。就以七節乘之，得河寬一百二十六尺。合問。

或先求河寬：以七節、九節相乘，得六十三節，乘差四尺，得二百五十二尺，爲實。亦以前法二節除之，得河寬一百二十六尺。各以節数除之，得長、短木，亦合問。

又　用木搭橋，長木五節不足一尺。短木七節而盈三寸。只云木差長四尺九寸，問二木長及河寬各幾何。

答曰：長木一丈七尺八寸，短木一丈二尺九寸。河寬九十尺。

法曰：置長木五節，乘差四尺九寸，得二十四尺五寸。併盈三寸，又併不足一尺，共得二十五尺八寸，爲寔。另以五節、七節相減，餘二節，爲法。除之，得短木一十二尺九寸。搭差四尺九寸，得長木一丈七尺八寸。就以五節乘之，得八十九尺。加不足一尺，得河寬九十尺。合問。

又　七成金一錠，不知分兩。煎成九成，折却一兩一錢。問七成并九成各幾何。

答曰：原七成金四兩九錢五分，煎九成金三兩八錢五分。

法曰：置煎折一兩一錢，以九成折之，得九錢九分，爲寔。另以七成、九成相減，餘二成，爲法。除之，得原七成金四兩九錢五分。內減折一兩一錢，餘三兩八錢五分，爲九成金。合問。

又　八成銀一(定)[錠]，不知分兩。買綾一疋，盈一錢九分。煎作九五色銀買之，却少四錢四分。問八成銀并九五銀并綾價各該幾何。

答曰：原八成銀三兩九錢九分，綾價三兩八錢，

煎九五銀三兩三錢六分。

法曰：置盈一錢九分，併不足四錢四分，共六錢三分。以九五色折之，得五錢九分八厘五毫，爲寔。另置九五，內減八成，餘一錢五分，爲法。除之，得原八成銀三兩九錢九分。內減盈一錢九分，餘三兩八錢，爲綾價。內再減不足四錢四分，餘三兩三錢六分，即九五色銀。俱合所問。

又　原有総米，不知其數。均裝五十一車，送至河下，均裝三船載之。只記每車比船少裝三百六十石，問原米及車船各載幾何。

答曰：每車載二十二石五斗，每船載三百八十二石五斗。

原米一千一百四十七石五斗。

法曰：置船三隻，乘差載三百六十石，得一千八十石，爲實。別置総車五十一輛，內減船三隻，餘四十八車，爲法。除寔，得每車裝米二十二石五斗。加入差載三百六十石，得每船載米三百八十二石五斗。就以三船乘之，得原米一千一百四十七石五斗。合問。

又　《收納課税》　價物税銀題：客有細物二千三百斤，每斤價銀二錢四分。税法三十而一，問税銀幾何。

答曰：一十八兩四錢。

法曰：置総物二千三百斤，乘本價二錢四分，得五百五十二兩，爲寔。如税三十而一。合問。

又　数物税銀題：客有鉄鍋一千八百口，每七口價銀一兩。入務投税，且云二十五而一，問該税銀幾何。

答曰：十兩二錢八分五厘七分厘之五。

法曰：置每兩買鍋七口，以税法二十五通之，得一百七十五(兩)[口]，爲法。置総鍋一千八百口，爲寔。以法除之，得一十兩二錢八分五厘。不盡者，法、寔皆以二十五約之。合問。

又　税物貼銀求價題：一客持羅八十三疋，赴務投税，且云税法三十而一。

(客)收[客]羅三疋，貼客銀六錢三分。問羅價幾何。

荅曰：二兩七錢。

法曰：置貼銀六錢三分，以税法三十通之，得一十八兩九錢，爲寔。別置官收羅三疋，亦以税法通之，得九十疋。内減總羅八十三疋，餘七疋，爲法。除寔，得羅價二兩七錢。合問。

又 客貼官銀求價題：客有蕪木二千八百斤，赴務投税，亦三十而取一。官收九十三斤，客又貼銀四分五厘。問蘇木價幾何。

荅曰：一錢三分五厘。

法曰：置貼銀四分五厘，以税法三十通之，得一兩三錢五分，爲寔。別置税木九十三斤，亦以税法通之，得二千七百九十斤。以減總有蕪木二千八百斤，餘一十斤，爲法。除寔，得價銀一錢三分五厘。合問。

又 比類證題：假有桃木一千七百五十根，出関税之，九而取一。已税木二百根，貼回銀一十兩。今将木五十八根賣之，問該幾何。

荅曰：一百零四兩四錢。

通分破拙法曰：置賣木五十八根，以貼一十兩乘之，得五百八十兩。以税法九通之，得五千二百二十兩，爲實。別置税木二百根，亦以税法九通之，得一千八百根。内減総木一千七百五十根，餘五十，爲法。除寔，得該賣銀一百零四兩四錢。合問。

又 税物貼銀求数題：假有鉄鍋一千三百二十八口，出関税之，三十而取一。已税鍋四十四口，又貼銀七分五厘。問鍋每兩買該幾口。

荅曰：每兩八口。

法曰：置已税鍋四十四口，以税法三十通之，得一千三百二十口。以減総鍋，餘一十八口，爲寔。另以税法通貼銀七分五厘，得二兩二錢五分，爲法。除寔。合問。

明·柯尚遷《數學通軌》第三《九章釋例》 古註換易乘除瀍曰：以所求率乘所有數爲實，以所有率爲瀍，實如瀍而一。歸以瀍除之也。

又 異乘同除瀍爲例：此即先除後乘之法。今先用乘而後用除，庶其法不謬。原米二十三石三斗六升，賣銀八兩七錢六分。今剩米三石四斗四升，仍該米若干。

瀍：應先置八兩七錢六分，以二十三石三斗六升爲瀍。除之，除得每石該銀三錢七分五厘。却以三石四斗四升乘之。此正瀍也。今變先乘後除于後。

先置八兩七錢六分，以米三石四斗四升乘之，得三十兩一錢三分四厘四毫，爲實。以原米二十三石三斗六升爲瀍。除之，該銀一兩二錢九分。

明·周述學《曆宗算會》卷一《入算》 異乘同除法：以原物米三石四斗四升乘今價銀八兩七錢六分，共得三十兩一錢三分四厘四毫，爲實。以原價銀一兩二錢九分爲法，除之，得二十三石三斗六升。

明·柯尚遷《數學通軌》第三《九章釋例》 又例：原稻五斗，春米二斗。今稻一百四十五石，總該春米若干。

瀍：應先置米二斗，以稻五斗爲瀍。除之，得每稻一斗該春米四升。却以一百四十五石乘之。此正瀍也。今變先乘後除瀍：先置稻一百四十五石，以米二斗乘之，得二百九十石，爲實。以原五斗爲瀍。除之，總該米五十八石。

又 原雇工，人挑八十斤，行路一百里，脚銀六分。今挑一百五十斤，行路四百里，總該脚價銀若干。

先置脚銀六分，以八十[乘一百，]爲瀍。除之，得每(十)斤該脚銀七厘五毫，爲實。又以四百里乘之，[再以一百五十乘之]。此正瀍也。

今變先乘後除瀍(于)[于]下：先置一百五十斤，以脚銀六分乘之，該脚銀九分。又以四百里乘之，該脚銀三錢六分，爲實。却以八十斤爲瀍。除之，總該脚價銀四錢五分。

又 異乘同除：夏布四十五疋換棉布。每夏布三疋共價二錢，每棉布七疋共價七錢五分。該換棉布若干。

瀍：應先置二錢之價，以夏布三疋爲瀍，除之。除得每疋該銀六分六厘六毫六絲，不盡。却以四十五疋乘之，總該銀二兩九錢九分九厘七毫，不盡，爲實。另以七錢五分之價，以棉布七疋爲瀍，除之。除得每疋該銀一錢零七厘一毫四絲，不盡，爲瀍。除前總銀，見布數。該布二十七疋九尺九寸七分九厘四毫，不盡，爲是。此正瀍也，但先用除，數多不盡。今變先乘後除之法。

先置四十五疋，以價二錢乘之，得九兩。又以棉布七疋乘九兩，得六十三疋，爲實。另以夏布三疋，以七錢五分[乘之，得二兩二錢五分]，爲瀍。除前六十三疋，該棉布二十八疋。

明·周述學《曆宗算會》卷九《分法》 總價總物與物率求價率：銀一兩四錢，糴米三石五斗。求每米二石價銀幾何。

以物率二石乘總銀，得二兩八錢，爲實。以所糴米爲法，除之，得價銀八錢。

又　錢五貫七百八十五文，買漆一百六十斤三分斤之二。求每十斤價幾何。

以物率十斤乘總錢，得五十七貫八百五十文。以漆分母三通之，得一百七十三貫五百五十文，爲實。以所買漆通分内子，共五百三，爲法。除之，得三百四十五文五百三分錢之十五。

又　總價與價率物率求總物：總價銀一兩四錢，每價銀八錢，粂米貳石。求該米幾何。

以物率乘總價，得二兩八錢，爲實。以價率爲法。除之，得米三石五斗。

又　總物總價與價率求物率：總米三石五斗，粜銀一兩四錢。求每銀八錢該米幾何。

以價率八錢乘總物，得二兩八錢，爲實。以總價爲法，除之，得米貳石。

又　總物與物率價率求總價：總米三石五斗，每米二石價銀八錢。求該銀幾何。

以價率八錢乘總物，得二兩八錢，爲實。以物率爲法，除之，得價銀一兩四錢。

又　物重二百六十七斤九兩，每三兩價鈔三貫五百文。求該鈔幾何。

置總物，通兩，加零，共四千二百八十一兩。乘價率三貫五百文，得一萬四千九百八十三貫五百文，爲實。以物率三兩爲法，除之，得鈔四千九百九十四貫五百文。

又　原物原價與今物求價：原絲一斤，價錢三百四十五文，今有絲七兩五錢，求該錢幾何。

以原錢乘今有絲，得二千五百八十七兩五錢，爲實。以原絲十六兩爲法，除之，餘實一十一兩五錢。法實皆五約之，得一百六十一錢三十二分錢之二十三。

又　原布一端，長五丈二尺，闊二尺一寸。今還布闊一尺六寸，該還長幾何。

置原布長、闊，相乘，得一萬九百二十寸，爲實。以還闊爲法，除之，得六丈八尺二寸五分。

又　原布長二百四十八尺，闊二尺二寸。今還布長二百五十六尺，求折得闊幾何。

置原布長，乘闊，得五百四十五尺六寸，爲實。以還長二百五十六尺爲法，除之，得二尺一寸三分一厘二毫五絲。

又　黄犍九具五日耕田二頃八十畝。今借犍四十五具，耕田九十八頃，求幾朝耕遍。

置有田，乘借犍，得四千四百一十，爲實。以原犍乘原耕日，得四十五日。又乘耕田，得一百二十六，爲法。除之，得三十五日。

又　穀九十三石七斗五升，每穀四斗換得米一斗六升，每米三斗二升換得鹽九斤。求塩幾何。

置穀，乘換米，得一百五十石。又以換鹽九斤乘之，得一千三百五十石，爲實。以每穀四斗與每米三斗二升相乘，得一石二斗八升，爲法。除之，斤下分数以六加之，得一千五十四斤十一兩。此换物求再换也。

又　米三石五斗换豆三石，每豆五斗五升换麥八斗。今有麥九石六斗，求轉换米幾何。

置今有麥。以原米與每豆相乘，得一石九斗二升五合。乘之，得一十八石四斗八升，爲實。以换豆與换麥相乘，得二石四斗，爲法。除之，得米七石七斗。此换物求轉换也。

又　原布長二丈四尺，闊一尺八寸，價銀四兩。今布長二丈六尺，闊一尺六寸，求該銀幾何。

置布今長、闊，相乘，得五丈七尺六寸。以乘原銀，得二百五十九兩二錢，爲實。以原長、闊相乘，得四丈三尺二寸，爲法。除之，得銀陸兩。

又　總價與價率各物率求均停物數：銀二兩七錢三分六厘，每銀一兩買參一斤二兩，買术一斤四兩。求二物均停各幾。

置銀。以物率，參十八兩，术二十兩相乘，得三百六十兩。乘之，得九百八十四兩九錢六分，爲實。併二率，得三十八兩，爲法。除之，得各一斤九兩九錢二分。

又　鈔一十貫買羅、絹二色。羅三尺，絹七尺，各直價二百文。求二色均停該幾。

置鈔爲實。以羅、絹相乘，得二十一。乘之，得二百一十貫，爲實。却以各率互乘，羅三尺乘絹價二百，得六百。絹七尺乘羅價二百，得一貫四百。併得二貫，以爲法。除之，得一百五尺。以疋約之，得各二疋二丈五尺。各倍之，以三除，得羅價七貫。七除，得絹價三貫。

又 總鈔十二錠九兩，每一兩爲率，麫三斤，塩斤半，油四斤，姜八兩，椒四兩。求五色均停該幾何。

置鈔六百九貫。以各率相乘，麫四十八兩乘塩二十四兩，得一千一百五十二兩。又薑八兩乘，得九千二百一十六兩。又油六十四兩乘，得五十八萬九千八百二十四兩。又苍椒四兩乘，得二百三十五萬九千二百九十六兩。乘之，得一十四億三千六百八十一萬一千二百六十四兩，爲實。又各率互乘，麫四十八兩乘塩二十四兩，又乘姜八兩，又乘油六十四兩，得五十八萬九千八百二十四兩。塩二十四兩乘薑八兩，油六十四兩，花椒四兩，得四萬九千一百五十二兩。姜八兩乘油、椒、麫，得九萬八千三百四兩。油六十四兩乘椒、麫、塩，得一十九萬四千九百一十二兩。椒四兩(米)[乘]麫、塩、薑得三萬六千八百六十四兩。併以得一百六萬九千五十六兩，爲法。除之，得一千三百四十四兩。以秤約之，各得五秤九斤。

又 新故和總與各物率求分物數：十斗臼中故有糲米，添粟滿而臼之，共得米七斗。求新、故米各幾。

以共得米減臼總，餘三斗，爲糠實。以糲率三十乘之，得九十，爲實。以糲率三十減粟率五十，餘二十，得糠率，爲法。除之，得新米四斗五升。減共米，得故米二斗五升。

又 黍四石五斗，碾米未精，簸去糠三石三斗五升五合。米率六十。求米、黍各幾。

置黍，以米率乘之，得二石七斗。以減簸去糠餘六斗五升五合，爲實。以米率減黍一斗，餘四升，爲法。除之，得未變黍一石六斗三升七合五勺。以減簸去糠，餘得米一石七斗一升七合五勺。

又 芝麻三斗，粟五斗，共換竹兩秤。斗價、根錢從上，差一十六文。求斗價根錢各幾。

置粟，乘差，得八十，爲實。以粟減芝麻，餘二斗，爲法。除之，得芝麻斗價四十文。以差遞減之，得粟斗價二十四文，竹價八文。

又 綾、絹共三丈四尺，都銀五兩二錢，尺價相差八分。求二色尺数、尺價各幾。

置都銀，以綾、絹和除之，得絹尺價一錢五分。加差，得綾尺價二錢三分。餘銀一錢，以差除之，得綾一尺二寸半。以減總数，餘得絹三丈二尺七寸半。

又 米、麥相和九斗五斗，賣鈔一貫，斗價相差一十六文。求米、麥斗數、斗價各幾。

置總錢，以米、麥和除之，得麥斗價一百文。加差，得米斗價一百一十六文。餘錢五十文，以差除之，得米三斗一升二合五勺。以減相和，餘得麥六斗三升七合五勺。

又 換物求貼換：紅綾一疋若換米一石三斗，若換豆一石八斗。今豆已量五斗四升，求貼米幾何。

以原米乘量豆，得七斗二合，爲實。却以原換豆爲法，除之，得三斗九升，作已收米。以減原米一石三斗，餘得貼米九斗一升。

又 紅羅一疋若換紅花伍斤，若換黃蠟六斤四兩。今已秤黃蠟二斤，求貼紅花幾何。

以原紅花乘今秤黃蠟，得一十三斤半，爲實。以原黃蠟爲法，除之，得二斤，作已收紅花。以減原紅花五斤，餘得貼紅花三斤。

又 絲一斤八兩換絹一疋，四十尺。及將絲九兩，貼鈔四貫，得絹二丈。今將鈔五貫，求買絹幾何。此先貼換而又換者。

置絲九兩，乘換絹四十尺，得三百六十尺。以通絲一斤八兩，得二十四兩，爲法。除之，得一丈五，爲絲所得絹。以減二丈，餘五尺，爲鈔所直。却乘今[持]鈔五貫，得二十五贯，爲實。以貼鈔四貫爲法，除之，得絹六尺二寸五分。此先貼換而又換者。

又 總價與牙率貼價求價率：糴米銀四兩八錢，每石牙錢該六厘。就量米二斗貼回錢八厘。求米數并石價各幾。

置總銀，以牙米乘之，以牙錢除之，得一百六十石，爲實。以開平方除之，得米一十二石。又除餘米一十六石，爲回貼牙錢八厘。米数得一石三分石之一。以總米除總錢，得石價銀四錢。

又 買松椽錢六貫二百一十文，牙錢每株三文，准椽一株。求椽數并價幾何。

置總錢，以牙錢除之，得二千七十，爲實。以開平方法除之，得四十五株。餘實四十五，爲准牙椽一株，共得椽四十六株。以除總價，得椽價一百三十八文。

又 買椒銀叁千二百兩，每斤牙、稅納銀一分，折椒三斤二兩。求椒斤、價各錢。

置總銀，目折椒五十兩乘之，得一十六萬兩，爲實。以牙稅一分約之，得一萬六千兩。減六，見斤，得椒一千斤。以除總價，得斤價(二)[三]兩二錢。

又 [買參銀六千兩]，價率七錢七分，[買]參六斤，脚錢叁分，總計牙、稅二百兩，是六分中取二分。求原銀參價、牙脚并參斤各幾。

置牙錢(一)[二]百兩，六分中取二分。該原銀六千兩，減牙錢，餘買參六斤因之，得三萬四千八百，爲實。却以七錢七分并脚錢三分，共八錢，爲法。除之，得人參四萬三千五百斤。以每六斤歸之，得七千二百五十。却以每七錢七分乘之，得人參價五千五百八十二兩五錢。以減原總五千八百兩，餘得脚錢二百一十七兩五錢。

又 猪肉每斤合税錢二文，今割肉一十二兩，餘肉賣錢二百一十六文。求斤價、肉數幾何。

置賣錢二百一十六文，以割肉十二兩通作七五，乘之，得一百六十二。却以每斤合税二文除之，得八十一，爲實。以開平方法除之，得肉九斤。以除賣錢二百一十六文，得斤價二十四文。

又 總物與税率貼價求價率：金一十二斤，十分税一。税過二斤，貼還錢五貫文。求斤價幾何。

置十分，乘貼錢，得五十貫，爲實。以已税余二斤乘十分，得二十斤。減總金，餘[八]斤，爲法。除之，得六貫二百五十文。

又 布三百疋，每疋税二疋。共税布一十五疋半，貼回錢六百。求尺價幾何。

置總布三百疋，以税二尺乘之，得該税布六百尺。以税布一十五疋半，通尺，得六百二十尺。[以]減該税六百尺，餘二十尺，爲實。以貼税布六百除之，得尺價二十文。

又 卷一〇《總分》 遲疾求合分：有兎先走，未知步数，犬追四百步，未及一十步。更追一百步，却趕過五(十)步。求兎先走幾何。

置犬追四百步，併未及、趕過共一十五步，乘之，淂六千步，爲實。以更追爲法，除之，淂六十步。加未及十步，淂兎先走七十步。

又 甲日織綾一丈七尺，乙日織一丈三尺。令乙先織六日，次後甲織，求幾日及之。

如法求之，淂甲織一百九十五日。

又 騾日行五十里，馬日行七十里，共行一十八日。求各行日數幾何。

置共日，乘馬行，淂一千二百六十，爲實。併二行，共一百二十，爲法。除之，淂騾行一十日半。以減共日，餘淂馬行七日半。

又 甲乙二人赴京，總程二千七百里。甲日行一百二十里，乙日行八十里。甲先到，回迎未知幾里淂與乙遇。

置總程，爲實。併二行，折半，淂一百里，爲法。除之，淂二十七日。以甲日行乘日，淂甲日行三千二百四十里。以減總程，餘淂甲回迎五百四十里。又以乙日行乘日，淂乙行二千一百六十里。

又 甲乙二人赴京，甲日行一百五十里，乙日行一百二十五里。[甲]先到，回迎二百里，恰與乙遇，求日数路程各幾。

置回迎里数，爲實。以二行相減，餘二十五里。折半，淂一十二里半，爲法。除之，淂倶行一十六日。以甲行乘日，淂二千四百里。以減回迎里数，餘淂到程二千二百里。

又 甲於東京起步三日，方到西京。乙於西京起程五日，方至東京。乙已先發一日，求幾日相逢。

置乙原程，減先程，餘四日。以乘甲程，淂一十二日，爲實。併二行，得八日，爲法。除之，淂相逢一日半。

又 遲疾求合分：垣高九尺，瓜生其上，蔓日長七寸。瓠生其下，蔓日長一尺。求幾日相逢，各長多少。此本合率商除之法，不必用假令盈朒求也。

置垣高，爲實。併瓜、瓠蔓長，共一尺七寸，爲法。除之，不盡，約之，淂相逢五日十七分日之五。又以日，通分内子，共淂九十，爲實。以瓜蔓日長爲法，乘之，淂六百三十。以分母約之，淂瓜蔓長三尺七寸十七分寸之一。以瓠蔓日長爲法，乘之，共淂九百。以分母約之，淂瓠蔓長五尺二寸十七分寸之十六。

又 墻高九尺，莞蔞下長三日五寸，蒺梨上長九日三寸。求幾日相齊，各長多少。

置墻高九尺，以莞蔞三日因之，淂二十七。又以蒺梨九日因之，淂二百四十三，爲實。以上長三日，九日相因，淂二[十]七，爲法。除之，淂九十。折半，得相齊四十五日。列實数，以五因，三歸，淂莞長七尺五寸。又列日數，以三因，九帰，淂蒺長一尺五寸。

又　貸息求總分：上年四月二十日貸鈔五十六貫，月利二分。至今年二月十四日還鈔，求該利鈔幾何。

置還鈔月日，二月十四日加上年月十二月，減原貸月日四月二十日，淂貸鈔月日九个月二十四日零日。以三除之，淂八分，爲實。以原鈔與月利相乘，淂一兩一錢二分，爲法。乘之，淂利鈔一十貫九百七十六文。

又　每兩年終，利息五錢。到八箇月本利鈔還十兩八錢。求利各幾。

置総銀十兩八錢，爲實。以年息五錢，用八箇月帰之，淂六分二厘五五毫。却以十二月乘之，淂七錢五分，爲法。乘之，淂原本銀八兩一錢。以年息五錢乘之，淂四十兩五錢。却以十二月除之，淂三兩三錢七分五厘。又以八月乘之，淂利二兩七錢。

又　借鈔，每一貫月息三錢半。半年本利共還十四貫。依平貼還八十五文，求原本幾何。

置本利一十四貫，以減貼還八十五文，餘一十三貫九百一十五文，爲實。以六因月利三錢半，淂二十一。加每貫，共一貫二百一十，爲法。除之，淂原本一十一貫五百文。

又　借鈔，共還本利九百九十六貫六百五十六文。每一貫月利三十五文，経九箇月十八日。求原借鈔幾何。

置總鈔，爲實。以借月日九箇月零六分，乘月利，加本鈔一貫，共淂一貫三百三十六文，爲法。除之，淂本鈔七百四十六貫。以減總鈔，餘淂利鈔二百五十貫。

又　借鈔，月利四分，経八箇月還，利四十四兩。求本幾何。

置銀爲實。以借月日八月乘月利，淂三錢二分。除之，淂兩錠三十七兩半。

又　互換求総分：一匠一日爲虱篦五十，一匠三日爲蟣篦五十。欲令一人獨造二色，求該幾何。

置篦，虱篦五十，蟣篦五十，爲分母。以匠功一日，三日爲分子。以母互乘子，一日乘五十，淂五十。三日乘五十，淂一百五十。併之，淂二百，爲法。以分母相乘，五十乘五十，淂二千五百，爲實。以法除之，淂一十二箇半。

又　**卷一四《異乘同除》**　賣物巧題：今有米二十三石三斗六升，糶銀八兩七錢六分。今只有米三石四斗四升，問該銀幾何。

答曰：一兩二錢九分。

互換式：

原有米三十三石三斗六升爲法
互乘
原銀八兩七錢六分
今有米三石四斗四升
今銀缺

互換法曰：置今有三石四斗四升，乘原賣銀八両七錢六分，得三十両一錢三分四厘四毫，爲寔。以原有米二十三石三斗六升爲法。除之，得今該銀一両二錢九分。合問。

差分法曰：置原賣銀八両七錢六分，爲寔。以原有米二十三石三斗六升爲法。(陳)[除]之，得每石該銀三錢七分五厘。却以今有米三石四斗四升乘之，亦得一両二錢九分。合問。

又　賣物拙積巧題：原有絹一千六百二十五疋，賣銀五百両。今只有絹一百三十疋，問該銀幾何。

答曰：四十両。

互換式：

原有一千六百二十五疋爲法
互乘
原賣銀五百両
今有絹一百三十疋
今銀缺

互換法曰：置今有絹一百三十疋，乘原賣銀五百両，得六萬五千両，爲寔。以原絹一千六百二十五疋爲法。除之，得今該銀四十両。合問。

依差分法曰：置原賣銀五百両，爲寔。以原有絹一千六百二十五疋爲法。除之，得每疋價銀三錢七厘六毫一十三分毫之一十二。難於取算，不合所問。不盡者，皆以一百二十五約之。

解曰：由此省之，互換終是通術，學者可知。

又　不盡命零題：原雇車行道三(子)[百]里，言定脚價銀三両八錢。今多行七十里，問該幾何。

答曰：四両六錢八分[分]三分之二。

互換法曰：置原行三百里，加多行七十里，共三百七十里。乘原脚銀三両八錢，得一千四百六両，爲寔。以原行三百里爲法。除之。合問。

又　原雇車載重二千四百斤，言定脚價銀四両。今又添重六百斤，問該銀幾何。

答曰：五兩。

法曰：置原重二千四百斤，加添重六百斤，共三千斤。乘原價四兩，得一萬二千兩，爲寔。以原重二千四百斤爲法。除之。合問。

又 買物題：原有錢三百文，(置)[買]梨七百箇。今有錢一百七十七文，問該買梨幾何。

答曰：四百一十三箇。

法曰：置今有錢一百七十七文，乘原買梨七百箇，得一十二萬三千九百，爲寔。以原有錢三百文爲法，除之。得四百一十三箇。合問。

又 假令一官(用文)[月支]俸米七石五斗。或公住一十七日，問該扣除幾何。

答曰：四石二斗五升。

法曰：置公住一十七日，乘(因)[月]俸七石五斗，得一百二十七石五斗，爲寔。以月作三十日爲法。除之。合問。

又 假令一官，每半年例該祇候銀二十四兩。或扣除十二日，問該扣截幾何。

答曰：一兩六錢。

法曰：置該扣一十二日，乘二十四兩，得二百八十八兩，爲寔。以半年日一百八十爲法。除之，得荅。合問。

又 傭工一年言定工價九兩。令経四箇月零七日，問該銀幾何。

答曰：三兩一錢七分五厘。

法曰：(下)[置]四箇月，以三十日通之，得一百二十日。加零七日，共一百二十七日。乘工價九兩，得一千一百四十三兩，爲寔。以每年三百六十日爲法。除之。合問。

又 顧二十七人(倣)[做]工，每人一月工價七錢七分。今做二十三日，問該工價幾何。

答曰：一十五兩九錢三分九厘。

法曰：置二十七人，乘二十三日，得六百二十一日。又乘工價七錢七分，得四百七十八兩(七)[一]錢七分，爲寔。如三十而一除之，得荅。合問。

又 與銀七兩，每兩一月行利三分。今経七箇月零八日，問該利銀幾何。

答曰：一兩五錢二分六厘。

法曰：置本銀七兩，乘月利三分，得二錢一分。另置七箇月，以三十日通之，得二百一十日。加零八日，共二百一十八日。乘二錢一分，得四十五兩七錢八分，爲寔。如三十日而一。合問。

又 假令典銀一兩，周年出利四錢。已經七箇月，本利共還七兩四錢，問原本及利幾何。

答曰：本銀六兩，利銀一兩四錢。

通分破拙法曰：置共還銀七兩四錢，以十二月通之，得八十八兩八錢，爲寔。另置年利四錢，以七月通之，得二兩八錢。另以十二月通本銀一兩，得十二兩。搭入二兩八錢，共一十四兩八錢，爲法。除寔，得本銀六兩。以減総銀，餘一兩四錢，爲利銀。合問。

又 賃房三間，每間一月賃價二錢五分。今賃九箇月零二十二日，問該銀幾何。

答曰：七兩三錢。

法曰：置房三間，乘價二錢五分，得七錢五分。寄位。另以三十日通九月，得二百七十日。加零二十二日，共二百九十二日。乘前七錢五分，得二百一十九兩，爲寔。如三十日而一除之，得共銀七兩三錢。合問。

又 代人牧牛三十六隻，每隻一月工錢二十五文。已牧七十七日，問該工錢幾何。

答曰：二千三百一十文。

法曰：置総牛三十六隻，乘工錢二十五文，得九百文。以七十七日乘之，得六萬九千三百文，爲寔。如三十而一，得二千三百一十文。合問。

又 代人牧馬三匹，每(月)[匹]一月工錢三十七文。又牛八隻。每隻一月工錢一十九文。又羊一十七隻，每隻一月八文。已牧一百一十日，問該工錢幾何。

答曰：一千四百六十三文。

法曰：置馬錢三十七文，以三匹乘之，得一百一十一文。另置牛錢十九文，以八牛乘之，得一百五十二文。另置羊錢八文，以十七羊乘之，得一百三十六文。併三位，共得三百九十九文。以一百一十日乘之，得四萬三千八百九十文，爲寔。如三十而一。合問。

又 無閏年原徵鹽鈔二萬九千八百三十二貫。問有閏年該徵幾何。

答曰：三萬二千(二)[三]百一十八貫。

法曰：置無閏年徵鈔二萬九千八百三十二貫，以有閏年十三箇乘之，得三十八萬七千八百一十六貫，爲寔。以無閏年十二箇月除之，得荅。合問。

又　積法：煉積求原重：煉銅一經入爐，每十斤得八斤。今三經入爐，得熟銅二百二十四斤十五兩八錢七分二厘。求原本生銅幾何。

置銅二百二十四斤，以斤法通之，加零，共得三千五百九十九兩八錢七分二厘，爲實。以煉熟八斤再自乘，得五百一十二斤，爲法。除之，得七千三〡一兩。以斤法除之，得生銅四百三十九斤七兩。

又　五金各色和重求和色：金五色共重七十一兩，内九分五厘色者九兩，九分色者一十四兩，八分五厘色者五兩，八分色者一十三兩，七分色者三十兩。欲同煉一塊，求得成色幾何。

置各率，自乘，九分五厘乘九兩，得八兩五錢五分。九分乘一十四兩，得一十二兩六錢。八分五厘乘五兩，得四兩二錢五分。八分乘一十三兩，得一十兩四錢。七分乘三十兩，得二十一兩。併之，得五十六兩八錢，爲實。以七十一兩爲法，除之，得色八分。

明・程大位《筭法統宗》卷二　異乘同除：此法雖易知之術，其意至奥。或人用先除後乘之法，若除之不盡，將何以乘之乎？此異乘同除實爲通變之法也。

又　假如今有人借去銀二百六十兩，每年加三起息。今有十箇月二十四日，問該利銀若干。

荅曰：七十兩零二錢。

法曰：先將二十四日用三歸，得八數。在十月隔空一位之下，再以十二月除之，得九數，如年。以乘原本，得二百三十四兩，爲實。以每年加三爲法，因之。合問。

解曰：凡筭年月日期，即似與兩求斤法減六同理，每斤一十六兩，減六，只作一數。每年十二月，每月三十日，故先用三歸。如月，併月，後用十二除月，如年。以乘各人原本，合得。餘皆倣此。

定盤筭日月爲年式　圖式具左

法後 十二月 除如年數

實(二)歸 如月數

(四)日 逢六進二十 本位去尽 進二于左

歸實(三十)(日)起 三二六十二 变二作六 右位加二 得(八)(月)(十)

除实(十)(月)起 見一無除作九 得除(九) 二九除一十八

又　假如今有趙、錢、孫、李四人同商，前後付出本銀：趙一于癸亥年正月初九日付出本銀三十兩，錢二于乙丑年四月十五日付出本銀五十兩。孫三于丙寅年八月十八日付出本銀七十兩。李四于丁卯年十月二十七日付出本銀九十兩。四其本銀二百四十兩，至戊辰年終共得利銀一百二十兩。問各該利銀若干。

荅曰：趙一該利三十三兩八錢一分五厘五毫，
錢二該利三十四兩九錢七分八厘八毫，
孫三該利三十一兩二錢五分三厘，
李四該利一十九兩九錢四分九厘七毫。

法曰：置利銀一百二十兩，爲實。另置各人年、月、日数，照依前式，歸日如月，除月如年。次位之零併年，以乘原本。合問。

趙一計五年十一箇月二十一日。先歸日，後除月。又原本通得一百七十九兩二錢五分。

錢二計三年〇八箇月一十五日。先歸日，後除月。又原本通得一百八十五兩四錢一分六厘(五)[六]毫。

孫三計二年〇四箇月一十二日。先歸日，後除月。又原本通得一百六十五兩六錢六分六厘六毫。

李四計一年〇二箇月〇三日。先歸日，後除月。又原本通得一百零五兩七錢五分。

將四人年、月、日通得之数，共併得六百三十六兩〇八分三厘[二毫]，爲法。除實，得一錢八分八厘六毫五絲，即是每年每兩之利也。就以此又爲法，以乘各人通得之数。合問。

又　假如人借去銀，每年每兩加利二錢七分。今有一年零三箇月二十日，收還銀三百六十二兩四錢七分。問本利各得若干。

荅曰：本二百六十八兩，利九十四兩四錢七分。

法曰：置還本利共銀爲實。另置年、月、日数，照依前式，用三歸二十日，得六六六六。於三月之下位併月，再以十二月除之，得三月〇五五，於一年之下位。另以每年利二錢七分乘之，得每兩利三錢五分二厘五毫。加原本一兩二，共爲法。除實，得原本銀二百六十八兩。再以每兩利三錢五分二厘五毫乘之，得利九十四兩四錢七分。合問。

又 假如原借本銀一十五兩，每月加利二分五厘。今有六箇月已還過銀九兩除作本及利。問本利各該若干，仍存原本若干。

荅曰：除原本七兩八錢二分六厘，該利一兩一錢七分四厘，仍存原本銀七兩一錢七分四厘。仍以原日起利。

法曰：置還銀九兩，爲實。另置六箇月，以月利二五通之，得一錢五分。加原本一兩，本、利共一兩一錢五分，爲法。除實，得除本銀七兩八錢二分六厘。又以通利一錢五分乘之，得利銀一兩一錢七分四厘。本、利共合九兩之数。另將原本一十五兩，除還原本七兩八錢二分六厘，餘者仍存数也。

又 假如原有小麥八斗六升，磨麵六十四斤八兩。今有小麥三十五石四斗八升，問該麵若干。

荅曰：二千六百六十一斤。

法曰：置共麥三十五石四斗八升，以磨麵六十四斤半乘之，得二萬二千八百八十四斤六，爲實。以原麥八斗六升爲法，除之。合問。

又 假如今有夏布四十五疋，欲換棉布。只云夏布三疋共價二錢，棉布七疋共價七錢五分，問換棉布若干。

荅曰：棉布二十八疋。

法曰：先置今有夏布四十五疋，以原夏布價二錢因之，得九兩。又以棉布七疋因之，得六十三疋，爲實。以夏布三疋因棉布價七錢五分，得二兩二錢五分，爲法。除之，得棉布二十八疋。合問。

又 假如原有麥三斗五升，磨麵二十五斤。今欲用麵一百七十五斤，問該麥若干。

荅曰：二石四斗五升。

法曰：置原麥，乘今用麵，爲實。以磨麵二十五斤爲法，除之。合問。

又 假如今有綾一百六十一疋，每七疋價銀五兩。問共該銀若干。

荅曰：一百一十五兩。

法曰：置總綾，以五兩因之，爲實。以七疋爲法，歸之。合問。

又 假如今有八五色銀五兩六錢，換九五色銀。問該若干。

荅曰：該九五色銀五兩零一分零五毫。

法曰：置銀五兩六錢，以八五乘之，得四兩七錢六分，爲實。以九五爲法，除之。合問。

又 **卷四《粟布》** 今有穀八百六十八石五斗，礱爲糙米四百一十六石八斗八升。問每穀一石礱米若干。

荅曰：糙米四斗八升。

法曰：置糙米爲實，以穀数爲法，除之，即得。

又 今有糙米四百一十六石八斗八升，(春)[舂]作白米三百三十三石五斗零四合。問糙米每石得白米若干。

荅曰：白米八斗。

法曰：置白米數，爲實。以糙米數爲法，除之，即得。

又 今有糯米二百一十六石，每糯米一石換粳米一石五斗。問該粳米若干。

荅曰：三百二十四石。

法曰：置糯米，爲實。以每石加五，爲法，加之。或用十五乘(法)[實]，亦得。

又 今有粳米三百二十四石，每米一石五斗換糯米一石。問該糯米若干。

荅曰：二百一十六石。

法曰：置粳米，爲實。以每石減五，爲法。定身除之。或用十五除。亦得。

又 原借人小麥四百五十六石，今將白米照依時價估折還之。其麥每石價四錢五分，白米每石價七錢五分。問該還白米若干。

荅曰：二百七十三石六斗。

法曰：置麥数，以麥價乘之，得二百零五兩二錢，爲實。却以米價七錢五分爲法，除之，即得。

又 今有芝蔴四百五十六石，易換米、豆。只云芝蔴三斗換米五斗，米五斗換豆七斗，問米、豆各若干。

荅曰：米七百六十石，豆一千零六十四石。

法曰：置芝蔴爲實，以三斗歸之，得一百五十二石。以米五斗因之，得米七百六十石。若換豆，就以米用五歸之，(仍)[乃]得一百五十二石。以豆七斗因之，得豆一千零六十四石。合問。

又 今有人原借九色金五十兩，今還八色金。問該若干。

荅曰：八色金五十六兩二錢五分。

法曰：置借九色金五十兩，以九因之，得赤金四十五兩，爲實。却以今還八色除之，即得。

又 今有八色金五十兩，用價銀二百兩。今又換九色金四十兩，問該銀若干。

荅曰：銀一百八十兩。

法曰：置九色金四十兩，以九因之，得赤金三十六兩。以價二百兩因之，得七千二百兩，爲實。另置八色金五十兩，以八因之，得赤金四十兩，爲法。除之，即得。

又 官粮帶耗：今有正米二百一十二石，每石加耗七升。問該耗米若干。

荅曰：一十四石八斗四升。

法曰：置正米爲實，以耗米七升爲法，因之，即得。

今有耗米一十四石八斗四升，每石耗米七升。問該正米若干。

荅曰：二百一十二石。

法曰：置總耗米，爲實。以每石耗米七升爲法，除之，即得。

今有官粮二千七百六十五石九斗五升，每正米一石帶耗米七升。問正米、耗米各若干。

荅曰：正米二千五百八十五石，
耗米一百八十石零九斗五升。

法曰：置正、耗粮爲實。以耗米七升併正米一石，共一石零七升，爲法。除之，得正米二千五百八十五石，爲實。以耗七升因之，得耗米，合問。若要見正、耗共米，隔位加七，即得。

又 今有棗子七十八斤二兩，每棗一斤換栗二斤四兩。問該栗若干。

荅曰：該栗一百七十五斤一十二兩五錢。

法曰：置棗七十八斤，不動。將二兩化爲一二五，併得七十八斤一二五，爲實。另以二斤不動，將四兩化作二五，併得二斤二五，爲法。乘之，得一百七十五斤七八一二五。却將斤下零七八一二五用加六之法加之，得一十二兩五錢。合問。

又 衡法斤秤：原有銀二錢三分，買白銅一十三兩。今欲買五斤二兩，問該銀若干。

荅曰：一兩四錢五分零七毫七絲。

法曰：置今買銅五斤二兩，以斤求兩法加之，只加斤，不加兩。五六加三十，共得八十二兩。以原銀二錢三分乘之，得一十八兩八錢六分，爲實。以原銅一十三兩爲法，除之。合問。此乃異乘同除之法。

又 原有銀七錢五分，買墨二斤四兩。今有銀二錢四分，問該墨若干。

荅曰：該墨一十一兩五錢二分。

法曰：置今有銀二錢四分。以原買墨二斤四兩，可將四兩化爲二五，共二斤二五，爲法。乘之，得五十四兩，爲實。以原銀七錢五分爲法，除之，得七二。此乃合斤之兩數，可用加六法加之，二六加一十二，六七加四十二，共成一十一兩五錢二分是也。亦是異乘同除法。

又 衡法斤秤：今有猪一口，因無大秤，以小秤稱之，不及原秤錘重一斤十兩。又加秤錘一斤四兩八錢，稱得六十七斤。問該公道正数若干。

荅曰：實重一百二十斤九兩六錢。

法曰：置原秤錘二十六兩，又加錘二十兩八錢，共四十六兩八錢。以共稱猪六十七斤乘之，得三千一百三十五斤六，爲實。另以原秤錘二十六兩爲法，除之，得一二〇六，乃一百二十斤。實数六乃斤下虛数，用加六法，加得九兩六錢是也。

又 今有羅二丈四尺，共價一錢八分。今羅一疋長四丈，問該銀若干。

荅曰：三錢。

法曰：置原銀一錢八分，以乘今羅四丈，得七十二[分]，爲實。以原羅二丈四尺爲法，除之。合問。

又 今有紗一十二疋二丈六尺，每疋四丈二尺，賣鈔二百六十五貫。問每尺該鈔若干。

荅曰：五百文。

法曰：置鈔二百六十五貫，爲實。以紗一十二疋，以疋法四丈二尺乘之，加入零二丈六尺，共得五百三十尺，爲法。除之。合問。

又 今有銀二十六兩五錢，買紗每疋長四丈二尺，價銀五錢。問該買紗若干。

答曰：五十三疋。

法曰：置銀二十六兩五錢，以乘每疋四丈二尺，得一千一百一十三(疋)[丈]，爲實。以疋價五錢爲法，除之，得二百二十二(尺)[丈]六(寸)[尺]。又以疋法四丈二尺除之，得五十三疋。合問。

又 度法端疋：原借人布一疋，長四丈，濶二尺。今將狹布濶一尺八寸筭還，問該長若干。

答曰：四丈四尺九分尺之四。

法曰：置布長四丈，以濶二尺乘之，得八十尺，爲實。以今布一尺八寸爲法，除之，得四十四尺，不盡八。以法、實皆折半，命之曰九分尺之四。合問。此是借寬還窄。

又 原有銀二十三兩，買布七十五疋，每疋長四丈濶二尺。今要狹布濶一尺六寸，長與前同。狹数照前扣減，問價若干。

答曰：四兩六錢。

法曰：置銀爲實。另置布七十五疋，以每疋四丈通之，得三百丈。以濶二尺乘之，得六千尺，爲法。除實，得尺價三厘八毫三絲三忽三。另以濶二尺減去一尺六寸，餘濶四寸。以乘三千尺，得一千二百尺，爲不及数。以尺價三八三三三三乘之，得退還銀四兩六錢。合問。

又 假如原買布共長二百四十八尺，濶二尺一寸。今無原布，却將狹布長二百八十尺，問折筭合還濶若干。

答曰：一尺八寸六分。

法曰：置原布長，以原濶乘，爲實。以今長爲法，除之。合問。

又 就物抽分：今有米三千五百石，每石脚價五分。因無存銀，却將原米抽出，准還照原米價每石六錢五分扣筭還脚。問主、脚各若干。

答曰：主米三千二百五十石，脚米二百五十石。

法曰：置米三千五百石，以脚價五分乘之，得一百七十五兩，是脚銀数，爲實。却將米價六錢五分併脚價五分，共七錢，爲法。除實，得脚價米二百五十石。以減總米三千五百石，餘三千二百五十石，爲主米。合問。

又 今有絲四十三斤十二兩，織絹。每疋用絲一斤，與織工絲四兩。問各該若干。

答曰：織成絹三十五疋，織工絲八斤十二兩。

法曰：置絲四十三斤，不動。斤下十二兩化爲七五，併，共四十三斤七五。以織工絲四兩化爲二五，乘之，得十斤〇九三七五，爲實。另將織絹絲併織工絲共一斤二五，爲法。除之，得八斤七五。却將七五用加六法加之，爲十二兩，共八斤十二兩，爲織工絲。以減總絲，餘爲織絹絲三十五斤。每疋用絲一斤，即三十五疋。合問。

一法：置絲四十三斤十二兩，以斤通兩，共七百兩。以織工絲四兩乘之，得二千八百兩，爲實。以每疋絲一十六兩加入織工絲四兩，共二十兩，爲法。除之，得織工絲一百四十兩。通斤，得八斤十二兩。以減總絲，餘得三十五斤。每疋用一斤，即三十五疋。合問。

又 **卷八《商功》** 今有甲乙二人開渠，甲日開積四百尺，乙日開積三百五十尺。先甲開七十日後令乙開。問幾日與甲同。

答曰：八十日。

法曰：置甲開七十日，以每日四百尺乘，得二万八千尺，爲實。却以乙日開三百五十尺爲法，除之，得八十日，纔與甲同数。

又 今有人快行者日行九十五里，慢行者日行七十五里。今令慢行者先行八日，問快行者幾日趕至，追及之行路程各若干。

答曰：快行者三十日，慢行者多八日，路程二千八百五十里。

法曰：置慢行者日行七十五里，以八日乘之，得六百里，爲實。却以快行減慢行，餘二十里，爲法。除之，即得。

又 今有慢行者已去七日，後令快行者趕去，六日追至中途及之，其路程已一千一百七十里。問緊慢各每日行若干。

答曰：快者日行一百九十五里，慢者日行九十里。

法曰：置總一千一百七十里，爲實。以六日爲法，除之，得快者日行一百九十五里。另將先行七日併後趕六日，共一十三日，爲法。除總一千一百七十里，得慢行里數。合問。

又 今有甲乙二人行步不等，甲日行八十里，乙日行四十八里。令乙先行二百四十里，甲纔發步追之，問幾里可及。

答曰：六百里。甲七日半，乙十二日半。

法曰：置先行二百四十里，以甲日行八十里乘之，得一万九千二百里，爲實。却以甲乙日行里数相減，餘三十二里，爲法。除之。合問。

又　今有大都路至杭州四千二百七十五里，馬從大都往南，日行一百二十里。船從杭州往北，(曰)[日]行七十里。問船馬幾日相會，各行若干。

荅曰：二十二日半，馬行二千七百里，船行一千五百七十五里。

法曰：置四千二百七十五里，爲實。却併船、馬日行，共一百九十里，爲法。除之，得二十二日半。又爲實，各以原行里數乘之，得各行數。

又　原有三女，各納錦一方。長女五日完，中女七日完，小女九日完。今令三女共納錦一方，何日可畢。

荅曰：二日一百四十三分日之二十九。

法曰：以日爲分母，方爲分子。以三母相乘，先以五日乘七日，得三十五日。又以九日乘之，得三百一十五日，爲實。以母互乘子，法 五日長女　七日中女　九日小女 先以五日乘七日，得三十五日。又以七日乘九日，得六十三日。次以九日乘五日，得四十五。併之，得一百四十三日，爲法。除實，得二日，不盡二十九。以法命之。

又　**卷九《均輸》**　原有人挑茶九十斤，行道五百里，脚銀九錢。今挑一百二十斤，行道三百里。問該銀若干。

荅曰：七錢二分。

法曰：以今挑茶一百二十斤乘今行三百里，得三百六十。又以脚銀九錢乘之，得三兩二錢四分，爲實。另以九十斤乘原行五百里，得四百五十(里)，爲法。除之。合問。

又　原雇車一輛，議行道一千里，載重一千二百斤，與銀七兩五錢。今重一千五百斤，行一千三百里，問該銀若干。

荅曰：一十二兩一錢八分七厘五毫。

法曰：置今重一千五百斤，以今行一千三百里乘之，得一千九百五十里。又以銀七兩五錢乘之，得一十四兩六錢二分五厘，爲實。以原重一千二百斤乘原行一千里，爲法。除之。合問。

又　今有貨重一千六百斤，先付車主銀六兩。照前議，行道一千里，載重一千二百斤，價七兩五錢。問該行道若干。

荅曰：六百里。

法曰：置今付車主銀六兩，以原行道一千里乘之，得六千里。又以原重一千二百斤乘之，得七千二百里，爲實。另以今重一千六百斤，以原價七兩五錢乘之，得一十二兩，爲法。除之。合問。

又　今有道一千七百里，車主已支去銀七兩六錢五分。照前議，每一千里，載重一千二百斤，價七兩五錢。問該載重若干。

荅曰：七百二十斤。

法曰：置原重，以原行道乘之，仍得一千二百里。又以今去銀七兩六錢五分乘之，得九(兩)[千]一(錢)[百]八(分)[十兩]，爲實。另置今行道，以原與銀七兩五錢乘之，得一十二兩七錢五分，爲法。除之，即得。

又　原有人担物一百五十斤，行道一百三十里，與脚銀二錢。今担一百八十斤，行道九十里。問該銀若干。

荅曰：一錢六分六厘一毫五絲。

法曰：置今重一百八十斤，乘今行道九十里，得一百六十二里。又以原與銀二錢乘之，得三錢二分四厘，爲實。另以原担重一百五十斤乘原行道一百十三里，得一(百)[斤]九(十)五(斤)，爲法。除之，即得。

又　原有人負米一石一斗二升，行三十步，日五十返。今負米一石二斗，行四十步，問日幾返。

荅曰：三十五返。

法曰：置負米一石一斗二升，以行三十步乘之，行三百三十六。又以五十返乘之，得一(千)[萬]六(百)[千]八(十)[百]，爲實。另以今負米一石二斗，以行四十步乘，得四百八十，爲法。除之。合問。

又　今齋僧，不知人數。初日每五人米八斗，次日每九人米七斗。凡二日共米三十二石一斗，問僧併米若干。見《通原筭法》。

荅曰：一百三十五人，初日米二十一石六斗，次日米一十石令五斗。

法曰：置列 五人　九人　八斗　七斗 又以九人乘八斗，得七十二。又以五人乘七斗，得三十五。併之，得一百令七，爲法。另以九人，五人相乘，得四十五。復乘共米三十二石一斗，得一千四百四十四石五斗，爲實。以法除之。合問。

清·方中通《數度衍》卷一九《均輸》　式五　糧三千六百石，三處倉上納。其每石則例：東倉三斗三升四合，西倉三斗三升五合，南倉三斗三升一合。問各倉若干。

曰：東倉一千二百〇二石四斗，西倉一千二百〇六石，

南倉一千一百九十一石六斗。

術：此與三式同。以總糧爲實，以各倉則例乘之，得各數。

式六　衆人輸鈔，首出八文，以下各加一文，至出六十文止。問人鈔各若干。

曰：五十三人，共錢一千八百〇二文。

術：以八文并六十文，得六十八，爲實。以六十文減八文，餘五十二。再加首次所加一文，得五十三，爲法。以法乘實，得三千六百〇四。折半，得共錢數。法即人數。

式七　人一百名，自第一人輸銀一百兩，以下挨減五錢。問共銀若干。

曰：七千五百二十五兩。

術：以百名内減去第一人，餘九十九名。以五錢乘，得四十九兩五錢。於一百兩内減之，餘五十兩〇五錢。并第一名一百兩，得一百五十兩〇五錢。以乘一百名，得一萬五千〇五十兩。折半，即得。

式八　自第一日輸錢一文，日增一倍，至三十日。問該若干。

曰：十億〇七千三百七十四萬一千八百二十四。

術：置錢一文，以十度八因，即得。一度八因，乃三日倍數。十度八因，乃三十日倍數也。

又術：以五度六十四乘之，亦得。一度六十四，乃六日倍數。五度六十四，乃三十日倍數也。

又術：以三度三十二乘之，得數。又自乘亦得。三度三十二，乃十五日倍數。又自乘，乃三十日倍數也。

通曰：遞加、倍加，少廣詳之矣。本章亦應有此，故及之。而此式少廣之術不同。

又　均價法：式　銀二十二兩八錢，買甲、乙二物均平。其甲物每三斤價四錢，乙物每一斤價五錢。問各若干。

曰：各三十六斤。甲共價四兩八錢，乙共價十八兩。

術：用差分母子互乘法。以三斤乘五錢，得一十五。以一斤乘四錢，得四。并，得一十九，爲首率。兩母相乘，得三，爲次率。以總銀爲三率，求出四率三十六。以乙每斤價乘之，得乙共價。以甲三斤價四錢乘四率，又以三除之，得甲共價。

三斤╳四錢
一斤　五錢

式二　銀三十七兩八錢，買米、麥、荳均平。每石米價八錢，麥價六錢，荳價四錢。問各若干。

曰：各二十一石。

米共價十六兩八錢，麥共價十二兩六錢，荳共價八兩四錢。

術：以總銀爲實。并三色每石價，共一兩八錢，爲法。除得二十一，爲各石數。各以每石價乘之，得各共價。

式三　麥每石價九錢，米每石價八錢，荳每石價七錢。今以價均扣算。問各若干。

曰：各該價五錢〇四釐。麥五斗六升，米六斗三升，荳七斗二升。

術：以麥、荳價相乘，七、九乘，得六斗三升，爲米數。以米、荳價相乘，七、八乘，得五斗六升，爲麥數。以麥、米價相乘，八、九乘，得七斗二升，爲荳數。各以每石價乘之，皆得五錢〇四釐。

又　均募法：式　雇車載重一千二百斤，行道一千里，給銀七兩五錢。今重一千五百斤，道一千三百里。問該銀若干。

曰：十二兩一錢八分七釐五毫。

術：置今重，以今道乘之，得一百九十五萬。又以七兩五錢乘之，得一千四百六十二萬五千，爲實。以原重乘原道，得一百二十萬，爲法。除實，得今銀。

通曰：用異乘同乘之重測法見九章外法亦可。

式二　載重一千二百斤，價七兩五錢，行道一千里。今重一千六百斤，付銀六兩。問該行道若干。

曰：行六百里。

術：以今銀乘原行，得六千。又乘原重，得七百二十萬，爲實。以今重乘原價，得一萬二千，爲法。除實，得今行。

式三　行道一千里，價七兩五錢，載重一千二百斤。今行一千七百里，去價七兩六錢五分。問該載重若干。

曰：重七百二十斤。

術：以原行乘原重，得一百二十萬。又乘今銀，得九百一十八萬，爲實。以今行乘原價，得一萬二千七百五十，爲法。除實，得今重。

式四　負米一石一斗二升，行三十步，日五十次。今負米一石二斗，行四十步。問日可幾次。

曰：三十五次。

術：以負米一石一斗二升乘三十步，得三百三十六。又乘五十次，得一萬六千八百，爲實。以負米一石二斗乘四十步，得四百八十，爲法。除實，得次數。

又術：以原負乘原行爲三率，以五十次爲次率，以今負乘今行爲首率。

式五　兵二萬三千四百人，各相去五步。今欲縮除十六里九十步而止，各相去幾何。

曰：四步七分五釐。

術：以五步乘兵數，得十一萬七千步。另以十六里用里法三百六十步通之，得五千七百六十步。加入九十步，共五千八百五十步。與十一萬七千步相減，餘十一萬一千一百五十步，爲實。以兵數爲法。除實，得步數。

式六　人與車俱不知數。凡三人共車，二車空。二人共車，九人步行。問人、車各若干。

曰：十五車，三十九人。

術：以三人乘二人，得六。加九人，得一十五，爲車數。以二人乘十五，得三十。加九人，得三十九，爲人數。

通曰：此章本以人之多寡、里之遠近、物之輕重而立，與商功章皆以事分，不專以算法分也。

又　卷二二《粟布》　度長短法：【略】式三　九寸尺量得四丈，八寸尺該若干。

曰：四丈五尺。

術：以四丈爲實，以九寸乘之，得三丈六尺。再用八寸除之，即得。

通曰：乘非加也，折而小之也。除非減也，折而大之也。

又　量多寡法：【略】式三　二斗五升斛量得四十二斛。若以一斗五升大斗量之，該若干。

曰：七石。

術：以二斗五升乘四十二斛，得十石〇五斗，爲實。以一斗五升爲法。除之，即得。

又　權輕重法：較秤式　用秤稱物不及，其錘重一斤十兩。外加一錘重一斤四兩八錢，稱得六十七斤。依本秤算，該斤幾何。

曰：一百二十斤〇九兩六錢。

術：以原錘通作二十六兩。法見後。加錘通作二十兩〇八錢。并，得四十六兩八錢，爲三率。以六十七斤爲次率。以原錘二十六兩爲首率。次、三相乘，首除，得一二〇六。「一二」者，一百二十斤也。六乃斤下虛數，用加六法，得九兩六錢。

又　較錘式　原秤稱物重八斤二兩。失去原錘，欲另配錘，不知輕重。借錘重二斤五兩，稱原物只得六斤。原錘該重若干。

曰：一斤十一兩三錢零。

術：以六斤通作九十六兩，爲三率。以借錘通作三十七兩，爲次率。以原重通作一百三十兩，爲首率。次、三相乘，首除，得二十七兩三錢零，乃一斤十一兩三錢零也。

又　式二　原買物一斤，價五兩。今買三百四十五兩，該銀若干。

曰：一百〇七兩八錢一分二釐五毫。

術：通曰：以三百四十五兩乘六百二十五，化作二十一萬五千六百二十五。又以五兩乘之，得一百〇七萬八千一百二十五，爲實。以一斤化作一萬爲法。除之，即得。

又　度求衡法：立方一寸，爲金率十六兩，銀率十二兩，玉率十兩不等。鉛率九兩五錢，銅率七兩五錢，鐵率六兩，青石率三兩不等。

式　金立方一丈二尺，該重幾何。

曰：二千七百六十四萬八千兩。

術：以一丈二尺通作一百二十寸。自乘，得一萬四千四百寸。再乘，得一百七十二萬八千寸，爲實。以金率十六兩乘之，即得。

又　就物抽分法：式　穀三千五百石，即以穀扣作脚價。每石脚銀五分，穀每石價二錢。問主、脚穀各若干。

曰：主穀二千八百石，脚穀七百石。

術：以二錢爲法，除五分，得每石脚穀二斗五升。并一石，爲一石二斗五升。以除總穀，得主穀。以主穀減總穀，餘爲脚穀。

又術：以五分乘總穀，得一百七十五，爲實。以穀價脚銀并二錢五分，爲法。除實，得脚穀。減總，得主。

式二　絲四十三斤十二兩。織絹每疋用絲一斤，即與織工絲四兩。問各若干。

曰：織絹三十五疋，織工絲八斤十二兩。

術：以斤下兩化作七五。十二，其六二五也。并四十三斤，得四三七五。以工四兩化作二五。四，其六二五也。相乘，得十斤〇九三七五，爲實。乃并織絲、工絲，共一斤四兩。化作一二五，爲法。除實，得八斤七五。將七五用加六法，歸得八斤十二兩，爲織工絲。以減總絲，餘爲織絹絲三十五斤。一斤即一疋，得三十五疋。

又術：以總絲通爲七百兩，以工四兩乘之，得二千八百兩，爲實。以每疋用十六兩并入工四兩，得二十兩，爲法。除實，得織工絲一百四十兩，歸得八斤十二兩。

又　**卷二三《九章外法》**　式十二　飯僧，初日每五十人米八斗，次日每九十人米七斗，共用米三十二石一斗。米、僧各若干。

曰：僧一千三百五十，初日用米二十一石六斗，次日用米十石〇五斗。

術：先將兩子、母互乘，左得三百五十，右得七百二十。并，得一千〇七十，爲首率。兩母相乘，得四千五百，爲次率。以共米爲三率，求出一千三百五十，爲僧數。又以五十人爲首率，八斗爲次率，僧數爲三率，求出初日米數。再以九十人爲首率，七斗爲次率，僧數爲三率，求出次日米數。

又　異乘同除法：式　錢四貫，得貨十二斤。今錢二十貫，該貨若干。

曰：六十斤。

術：此即三率準測法也，又名三纍。先定三率之位，以四貫爲一率。以十二斤爲二率。以二十貫爲三率。乃以二率、三率相乘，得二百四十。以一率除之，得六十，爲第四率。

又術：先尋紐數。如用四爲紐數，一率四有一回四，二率十二有三回四。則以一代四爲一率，三代十二爲二率。仍用二十爲三率，所求四率亦同。更以五代二十爲三率，亦用一爲一率，二率仍用十二，亦可。

又術：以一率除二率，乘三率，亦合。

又術：以一率除三率，乘二率，亦合。

通曰：後二術，皆先除後乘。恐有零不盡，不如先乘後除也。若以二率、三率相乘，以四率除之，即得第一率之數。若移三率作一率，移四率作二率，移一率作三率，即得第二率之數。

又　異乘同除法：【略】定位諸式　通曰：二率、三率可以相換，一率則不可易矣。

式　買絹五十二疋，銀四十四兩。今買二百六十疋，該銀幾何。

曰：二百二十兩。

術：此所問在二百六十疋，則以二百六十爲第三率，以原絹五十二爲第一率相當，而以四十四爲第二率，以當所測之第四率也。

式二　穀每石價一兩七錢五分，米每石價二兩五錢。今有穀三百九十六石，照價折米該若干。

曰：二百七十七石二斗。

術：以穀價爲二率，米價爲一率，今有穀爲三率。若問米照價準穀，則以米價爲二率。穀價爲一率，米數爲三率。

式三　八成金五十兩，價二百兩。今有九成金四十兩，該價若干。

曰：一百八十兩。

術：此有成色，當折足色之後，用本法推之。以八成金折足四十兩爲一率，二百兩爲二率，九成金折足三十六兩爲三率。

式四　蠟十斤零五分斤之二，又七兩零二分兩之一，共銀二兩六錢。今有銀九錢，買蠟若干。

曰：三斤十二兩一錢九分又六十五之四。

術：此爲三不同類之率。取原銀二兩六錢，化爲二十六錢，爲一率。取原蠟二起，共化爲一千七百三十九錢，爲二率。以今銀九錢爲三率，求得六百錢零一錢九分零，歸得斤兩數。

式五　煉礦求銀，初火每三兩得二兩，再火每七兩得五兩，三火每五兩得四兩。凡三次，共得足銀十六兩。問原礦若干。

曰：四十二兩。

術：此當并子、并母求之。以三子相乘：煉得二兩乘五兩，得十兩。又乘四兩，得四十兩，爲首率。以三母相乘：每三兩乘七兩，得二十一兩。又乘五兩，得一百〇五兩，爲次率。以足銀爲三率。

式六　驛使先發三十七里，別一騎追一百四十五里，尚不及二十三里。再追幾何里可及。

曰：二百三十八里又十四分里之三。

術：先推知一百四十五里，只追上十四里。即以十四里爲首率，一百四十五里爲次率，不及二十三里爲三率。

式七　二人同步，甲疾，乙遲。甲百步，乙纔六十步。假使乙先行百步，甲該幾何步可及。

曰：二百五十步。

術：以甲百步與乙六十步相減，得較四十步，爲首率。以甲百步爲次率。以乙先行百步爲三率。

式八　糴米三千五百石，每石價六錢五分。外用脚價五分，就糴處以米準折。問脚米、存米各若干。

曰：脚米二百六十九石二斗三升〇七勺又六十五分勺之四十五，約爲十三之九。

存米三千二百三十石〇七斗六升九合二勺又六十五分勺之二十。約爲十三之四。

術：以每石糴價爲首率，總米爲次率，脚價爲三率，求得脚米。以減總米，得存米。若已運至倉，則并糴價、脚價共七錢，爲首率。依法求之，只該脚米二百五十石。

通曰：數以四分用三，故三率爲數之樞也。乘除亦三率而人不知者，因其首率爲除之法一，次率爲乘之法一。法數遇一，則不用三率耳。前後諸式，有各章已見者。此則專以三率名也。

清・陳世明《數學舉要》卷一《異乘同除法》　假如載米至一村賑飢，初至一日每五人散米八斗，次日每九人散米七斗。共給散米三十二石一斗，問人數及兩日各散米若干。

答曰：一百三十五人，

初至一日散米二十一石六斗，次日散米一十石〇五斗。

術：以九人與八斗相乘，得七十二。又以五人與七斗相乘，得三十五。兩數相併，得一百〇七，爲法。另以五人、九人相乘，得四十五。又以共米乘之，得一千四百四十四石五斗，爲實。以法除實，得一百三十五，爲人之共數。再以五人除人數，得二十七。與米八斗相乘，得二十一石六斗，爲初至一日所散米數。又以九人除共人數，得一十五。與米七斗相乘，得一十石〇五斗爲次日所散米數。

又　假如原有米一十二石，價銀九兩六錢。今有米三十六石，問共價若干。

答曰：二十八兩八錢。

原有米一十二石爲法。　原價九兩六錢

今有米三十六石　今價二十八兩八錢　相乘爲寔。

術：以原價九兩六錢爲寔，與今米三十六石相乘，得三百四十五兩六錢，爲寔。以原米一十二石爲法，除之，得二十八兩八錢爲今價。與四率比例之法同。

又　又如原有六箇時辰，馬行二百一十里。今行五箇時辰，問馬行若干。

答曰：一百七十五里。

術：以五時與馬行二百一十里相乘，得一千〇五十里，爲寔。以六時(乘)[除]之，得馬行一百七十五里。

一率　六時爲法。

二率　二百一十里

三率　五時　相乘爲寔。

四率　一百七十五里

右術以六時除馬行二百一十里，得每時行三十五里，再以五時乘之，亦得一百七十五里。此可以除之至盡者，則先除後乘與先乘後除無以異也。若遇除之不盡者，則畸零難以乘，固不若先乘後除之爲愈也。

又　又如原有軍士七百名，每月給與餉銀四千二百兩。今有新增三千五百名，循例給之，每月給餉若干。

答曰：二萬一千兩。

術：以每月給餉四千二百兩與新增三千五百名相乘，得一十四萬七千兩，爲寔。以軍士七百名爲法，除之，得二萬一千兩，即應給之餉。

一率　軍士七百名爲法。

二率　每月給餉四千二百兩

三率　新增三千五百名　相乘爲寔。

四率　應給餉銀二萬一千兩得數。

又　又如有戰兵三萬四千五百六十七名，日給糧米二百四十一石九斗六升九合。今有米二萬二千九百八十七石〇五升五合，問足支日數若干。

答曰：九十五日。

術：以今有米二萬二千九百八十七石〇五升五合爲實，以日給糧米二百四十一石九斗六升五合爲法，除之，得九十五日爲所支日數。

一率　給粮米二百四十一石九斗六升五合爲法。

二率　一日

三率　今有米二萬二千九百八十七石〇五升五合

四率　九十五日

右術乃問内有數而不用之式也。蓋日給之粮米乃額兵之寔數是粮，因兵設而有粮，則兵在其中，況問者非求人數而但求日支，故以日與今米相乘爲寔，捨去兵數而以日給之粮爲法，以除之，即得所求也。然日不言日乘，而竟以今米爲寔者，日爲一數乘，與不乘等也。此爲四率中之變法，故併載之。

又　重測法：假如有夏布四十五丈，欲換棉布。但云夏布三丈，價二錢。棉布七丈，價七錢五分。問換棉布若干。

答曰：二十八丈。

術：先以夏布價二錢與夏布四十五丈相乘，得九兩，爲寔。以夏布三丈爲法，除之，得三兩，爲夏布總價。然後另列之以求棉布。

一率　夏布三丈爲法。

二率　夏布價二錢　　相乘爲寔。

三率　夏布四十五丈

四率　共價三兩

術：又以棉布七丈與夏布價三兩相乘，得二十一兩，爲寔。以棉布價七錢五分爲法，除之，得二十八丈，爲應換棉布之數。

一率　棉布價七錢五分爲法。

二率　棉布七丈　　相乘爲寔。

三率　夏布價三兩

四率　棉布二十八丈

右術因兩布各有其價，故先以棉布變爲銀，即今價也。與棉布相乘，而用原有之棉布價以除之，始得今所求之棉布也。

又　**卷四《粟布》**　撞換：假如有銀五錢，買米一石。每米八斗五升換粟一石七斗。今有銀八兩七錢五分，問共粟若干。

答曰：三十五石。

術：以今銀八兩七錢五分與粟一石七斗相乘，得一十四兩八錢七分五厘，爲寔。以米價五錢與八斗五升相乘，得四錢二分五厘爲法。除之，得共粟三十五石。

又　假如有粟一石七斗，換米八斗五升。每米一石值價五錢。今有粟三十五石，問共值價銀若干。

答曰：八兩七錢五分。

術：以米八斗五升與價五錢相乘，得四錢一分五厘。再以粟三十五石乘之，得一十四兩八錢七分五厘，爲寔。以粟一石七斗爲法。除之，得八兩七錢五分，爲今粟共值之價。米八斗五升與粟一石七斗其價等，故可以異乘同除法求之也。

又　假如有每菽三斗換黍二斗，每黍四斗換稷五斗，每稷五斗換稻四斗，每稻六斗換麥五斗。今有麥七斗換菽，問共菽若干。

答曰：二石一斗。

術：以今麥七斗乘每稻六斗，得四石二斗。再以每稷五斗乘之，得二十一石。再以每黍四斗乘之，得八十四石。再以每菽三斗乘之，得二百五十二石，爲寔。換稷五斗，得六斗。再以換稻四斗乘之，得二石四斗。再以換麥五斗乘之，得一十二石，爲法。除之，得二石一斗，即所換菽。本應以今麥七斗爲寔，以換麥五斗除之，得數。以每稻六斗乘之，得八斗四升，爲麥七斗應換之稻。再以八斗四升爲寔，以換稻四斗除之，得數。以每稷五斗乘之，得一石〇五升，爲麥七斗應換之稷。再以一石〇五升爲寔，以換稷三斗除之，得數。以每黍四斗乘之，得一石四斗，爲麥七斗應換之黍。再以一石四斗爲寔，以換黍之二斗除之，得數。以每菽三斗乘之，爲麥三斗應換之菽。凡四除、四乘方得菽數。今以每者遞乘，爲寔。換者遞乘，爲法。一次除之，即得所求。非惟省力，亦免畸零之難算者矣。

又　假如有黍一石，換菽三石。每黍三石，換麥一石。今黍三十三石，共換菽、麥一十九石。問菽、麥各若干。

答曰：菽九石，麥十石。

術：以黍、菽、麥照後圖列之。以右上互乘左中，仍得一石。以左上互乘右中，得九石。兩得數相減，餘八石爲長法。次以左中互乘右下，仍得一十九石。以右中互乘左下，得九十九石。兩得數對減，餘八十石。以長法除之，得一十石，爲短法。即以麥一石乘短法，仍得十石，爲麥數。以麥數十石減共菽、麥十九石，餘九石爲菽數。以黍三(百)石乘短法，得三十石，爲換麥之黍數。以換麥黍數三十石減共黍三十三石，餘三石，爲換黍菽數。

又 布帛：假如原買布四十尺，濶二尺二寸，價銀七錢五分。今有布長三十六尺，濶一尺八寸，問價若干。

答曰：五錢五分三厘二毫有奇。

術：以今布長三十六尺與濶一尺八寸相乘，得六十四尺八寸。再以原價七錢五分乘之，得四十八兩六錢，爲寔。另以原布長四十尺與濶二尺二寸相乘，得八十八尺，爲法。除之，得五錢五分三厘二毫有奇，爲今布之共價。

又 假如原帛二丈四尺，共價一錢八分。今有帛長四丈，問價若干。

答曰：三錢。

術：以今帛四丈與原價一錢八分相乘，爲寔。以原帛二丈四尺爲法。除之，得三錢，即今帛之價銀也。

又 權重：假如有秤錘重五十二兩，遇有重物不能勝。另取一物重九十三兩六錢作錘，秤之，得二千一百四十兩。問物重真數若干。

答曰：三千八百五十九兩二錢。

術：以秤得物重二千一百四十四兩與借用之錘重九十三兩六錢相乘，得二十萬〇六百七十八兩四錢，爲寔。以原錘重五十二兩爲法。除之，得三千八百五十九兩二錢，爲物重真數。欲求其斤，再以物重真數爲寔，以一六爲法。除之，得二百四十一斤二兩。借用之錘重于原錘若干倍，則借用之錘秤之物亦必重于原錘所秤若干倍矣。此亦異乘同除法也。

又 假如有秤失其錘，止有原曾秤過輕重二。物輕者九十三兩六錢，重者三千八百五十九兩二錢。今以輕者秤重者得二千一百四十四兩，問原錘重若干。

答曰：五十二兩。

術：以輕物凡十三兩六錢與輕物秤重物所得之二千一百四十四兩相乘，爲寔。以重物三千八百五十九兩二錢爲法。除之，得五十二兩，爲原秤錘之重。

又 附就物抽分：假如原于甲處買米二千七百五十石，其價每石九錢二分。裝載至乙，每石脚價四分五厘。今无存銀，即以原米扣抵。問准去脚價及仍存米各若干。

答曰：准脚價去米一百二十八石二斗三升三合有奇。

術：以脚價四分五厘與共米二千七百五十石。相乘，得一百二十三兩七錢五分，爲寔。以脚價四分五厘與二斗三升三合有奇爲扣准脚價之米。即以此數與共米相減，餘二千六百二十一石七斗六升六合有奇，爲應存運至乙處之米。

又 假如有絲八十六斤六兩，與人織絹，每疋用絲一斤，與織工絲四兩。問與織工絲若干及絹疋若干。

答曰：織工絲二百七十三兩四錢，應織絹六十九疋，餘絲四兩六錢。

術：以絲八十六斤六兩用一六通之，爲一千三百八十二兩。以織工四兩乘之，得五千五百五十八兩，爲寔。以每絹一疋用絲一斤通之，爲十六兩。與織工四兩相加，共(三)[二]十兩，爲法。除之，得二百七十三兩四錢，爲應與織工之絲。即以此數與一千三百八十二兩相減，餘一千一百〇八兩六錢。以一六除之，得六十九斤〇四兩六錢。而以整斤爲每疋之絹除之，所餘四兩六錢即餘絲也。

又 **卷九《均輸》** 又如有兵二萬三千四百人，各相去五步。今欲縮除十六里九十步而止，問相去各若干。

答曰：四步七分五厘。

術：以五步與兵數相乘，得一十一萬七千步。另以十六里，用里法三百六十步通，得五千七百六十步。加入九十步，共五千八百五十步。與十二萬七千步相減，餘二十一萬一千一百五十步，爲實。以兵數爲法。除之，得四步七分五厘，即今相去步數。

又 任載之輕重：假如原有車載重八百斤，行一千二百里，給與脚價八兩。今載重一千二百斤，行一千八百里。問給價若干。

答曰：一十八兩。

術：以脚價八兩爲實。另以今重一千二百斤與行一千八百里相乘，得二百一十六萬。以乘八兩之實，得一千七百二十八萬。又以原重八百斤乘行一千二百里，得九十六萬，爲法。除之，得一十八兩，即今應給脚價。

又 又如原有車載一千二百斤，脚價七兩五錢，行道一千里。今載重一千六百斤，給價六兩，問行道若干。

答曰：六百里。

術：以今價與原重相乘，又以原行一千里乘之，得七百二十萬，爲實。另以今重與原價相乘，得一萬二千，爲法。除之，得六百里，即今應行里數。

又　又如原行道一千里，給脚價七兩五錢，載重一千二百斤。今行一千七百里，給脚價七兩六錢五。問應載重若干。

答曰：七百二十斤。

術：以原行與原重相乘，又以今價乘之，得九百一十八萬，爲實。另以今行與原價相乘，得一萬二千七百五十，爲法。除之，得七百二十斤，爲今載之重。

又　又如有人負米一石二斗，行六十步，日行五十次。今負米一石四斗，行八十步。問日可幾次。

答曰：三十二次又一百一十二分之一十六。

術：以今負米與今行相乘，得一百一十二，爲首率。以日行五十次爲次率。以原負米與原行相乘，得七十二，爲三率。而得日行三十(里)次又一百一十二分之十六，爲今行次數。

又　又如有銀二十二兩八錢，買甲、乙二物，均平。其甲物每三斤價四錢，乙物每一斤價五錢。問物各若干。

答曰：各三十六斤。

術：以三斤乘價五錢，得一十五。以一斤乘價四錢，得四。兩得數相併，得一十九，爲首率。另以三斤與一斤相乘，得三，爲二率。以總銀爲三率，而得兩物之斤數，爲四率。

又　道里之遠近：假如牛車行慢，馬車行快。牛車行七日，馬車方行六日。行齊其程五百八十五里。問牛車、馬車日行里數各若干。

答曰：牛車日行四十五里，

馬車日行九十七里半。

術：以行程五百八十五里爲實。以六日爲法，除之，得九十七里半，爲馬車日行里數。又以六日、七日相併，得一十三日，爲法。除實，得四十五里，爲牛車日行里數。

又　和均：假如有三人共車，則二車空。二人共車，則九人步行。問人與車數各若干。

答曰：一十五車，三十九人。

術：以三人與二人相乘，得六。又加入九人，得一十五，爲車數。又以二人與車數一十五相乘，得三十。又加入九人，得三十九，爲人數。

清・汪訒菴《指明算法》卷下　今有借去銀六百三十五兩，每年加三起息。今有九個月零一十八日，問該利銀若干。

答曰：該利銀一百五十二兩四(伐)[錢]。

法曰：先將一十八日用三帰，得(大)[六]数。在九月之下，再以十二月除之，得八数，如年。以乘原本，得五百零八兩，爲實。以每年加三爲法，因之。合問。

凡筭年月日期，即似與兩求斤法減六同理。每斤一十六兩減六，只作一数。每年十二月，每月三十日，故先用三歸，如月。併月後，用十二除月，如年。以乘各人原本，合得。餘皆倣此。

又　原有人借去本銀五十七兩，每月加利三分五厘。今有八個月，已還過銀二十二兩，除作本及利，問本、利各該若干？仍存原本若干。

答曰：除原本一十七兩一(伐)[錢]八分(廿)[七]厘五毫，

該利四兩八(伐)[錢]一分二厘五毫，

仍在原本銀三十九兩八(伐)[錢]一分二厘五毫。

法曰：置还銀二十二兩，爲實。另置八個月，以月利三五通之，得二(伐)[錢]八分，加原本一兩，本、利共一兩二(伐)[錢]八分，为法。除實，得除本銀一十七兩一(伐)[錢]八分七厘五毫。又以通利二(伐)[錢]八分乘之，得利銀四兩八(伐)[錢]一分二厘五毫。本利共合二十一兩之数。另將原本五[十]七兩，除還原本一十七兩一(伐)[錢]八分七厘五毫，餘者仍存数也。

又　今有白羅六十七丈五尺，于內抽一丈七尺五寸買顏色作染，只染得紅羅六丈二尺五寸。問各該若干。

答曰：染得紅羅五十二丈七尺三寸四分三厘七毫五絲，

買顏色去羅一十四丈七尺六寸五分六厘二毫五絲。

法曰：置揔羅六十七丈五尺。以染紅羅六丈(三)[二]尺五寸乘之，得四百二十一丈八尺七寸五分，爲實。以染紅羅(大)[六]丈二尺五寸併入，[得]買顏色羅(二)[一]十四丈七尺六寸五分六厘二毫五絲。合問。

又　原有銀二十三兩，買布七十五疋，每疋長四丈，濶(一)[二]尺。今要狹布，濶一尺六寸，長與前同，俠数照前扣減。問退價若干。

答曰：該退銀四兩六(伐)[錢]。

法曰：置銀爲實。另置布七十(一)[五]疋，以每疋四丈乘之，得三百丈。再以濶二(八)[尺]乘之，得六十尺，爲法。除實，得每尺價(二)[三]厘八毫三絲三忽三微。另以濶二尺減去一尺六寸，餘濶四寸。以乘三千尺，得一千二百尺，爲不及数。以尺價三八三三三三乘之，得退銀四兩六(伐)[錢]。合問。

又　異乘同除法：假如原有米四石六斗，賣銀三兩九(伐)[錢]一分。今只有米八斗四升，問該銀若干。

答曰：該銀七錢一分四厘。

法曰：置今有米八斗四升，以原賣銀三兩(五)[九](伐)[錢]一分乘之，得三兩二(伐)[錢]八分四厘四毫，爲實。却以原有米四石六斗爲法除之。合問。

一法：先用除而後乘。先置原價三兩九(伐)[錢]一分，以原米四石六斗爲法除之，得每石價銀八(伐)[錢]五分。又爲法，以乘今有米八斗四升，亦得。

又　假如原有小麥八斗六升，磨麵六十四斤八兩。今有小麥三十五石四斗八升。問該麵若干。

答曰：該麵二千六百六十一斤。

法曰：置共麥三十五石四斗八升，以磨麵六十四斤半乘之，得二萬二千八百八十四斤，爲實。以原麥八斗六升爲法除之。合問。

又　假如今有布二百四十五疋，每七疋價銀九(伐)[錢]三分。問共該銀若干。

答曰：該銀三十二兩五(伐)[錢]五分。

法曰：置布二百四十五疋，以價(五)[九](伐)[錢]三分乘之，得二百(一)[二]十七兩八(伐)[錢]五分，爲實。以七疋爲法，歸之。合問。

清・屠文漪《九章録要》卷一《乘除諸法》　三率準測乘除法：數有已知者，因以測所未知，則列前三率，求後一率。先定三率之位，第一率與第三率相準，第二率與未知之第四率相準，如穀準穀，錢準錢之類。乃以二率、三率相乘，爲實。以一率爲法，除之，得四率，爲所求數。舊名異乘同除。左例原銀與原米是爲同，今銀與原米是爲異。

又　假如原有銀三十六兩，糴米四十八石。今銀六十三兩，問米幾何。

一率　原銀三十六兩

二率　原米四十八石

三率　今銀六十三兩

四率　八十四石，爲今米數

右法若先以一率除二率，得數，乃以乘三率。或先以一率除三率，得數，乃以乘二率。所得四率皆同。但除之不盡，必用零乘之法。則不若從前先乘後除爲捷。凡數須乘除並用者，每以乘居先，倣此。

右法覆算：以二率、三率相乘，如前。以四率除之，仍得第一率。若以一率、四率相乘，以二率除之，得三率。以三率除之，得二率。

三率化多爲寡乘除法：別求一通數，可以除盡率中之兩數者，其一必係第一率，其一或第二率，或第三率。即以通數除率數，所得數列本率下，以代率數乘除如前。無通數者則否。

一率　三十六　三此以十二爲通數。

二率　四十八　四

三率　六十三

四率　八十四

又式：

一率　三十六　四此以九爲通數。

二率　四十八

三率　六十三　七

四率　八十四

三率易位乘除法：前法以原銀、原米相連，置一、二率。而今銀置三率，蓋以二率視四率，猶以一率視三率，三率視四率，亦猶一率視二率，其數可例推也。若如左例，原珠數多，其價數反少。今珠數少，其價數反多。必以一率與三率互換其位，而後三率之視四率，亦猶一率之視二率矣。乘除如前，得所求數。舊名同乘異除。若如前置率，則當以一率、二率相乘，以三率除之。

又　假如原有小珠五十顆。今有珠稍大，三十顆，其總重適等。原珠共價銀一十二兩，問今價幾何。

一率　今珠三十顆　三以十爲通數。

二率　原價十二兩

三率　原珠五十顆　五

四率　二十兩，爲今價

又　又如有物一枚，以稱稱之。稱小，不及其錘重十兩。外加一錘重八兩，稱之，得三十五斤。依小稱算，該幾斤。

一率　原錘十兩　二以五爲通數。

二率　今重三十五斤
三率　并兩錘十八兩
四率　六十三斤，爲實重數

又　又如原稱稱物重三十五斤，失原錘。欲別作錘配之，不知輕重。却借一錘重十兩，以較原稱之物，得六十三斤。問原錘重。

一率　原重三十五斤
二率　今錘十兩
三率　今重六十三斤
四率　十八兩，爲原錘重　此即前例一率、四率相乘，而以二率除，得三率也。

又　三率重測法：數或繁襍，非三率可盡，當疊用三率之法，次第推之。

又　假如原母銀五十兩，三月得子銀四兩。今母銀二百兩，欲得子銀二百兩，須幾年。

一率　原母五十兩
二率　原子四兩
三率　今母二百兩
四率　十六兩，爲今母三月之子

又：

一率　子十六兩
二率　三月
三率　子二百兩
四率　三十七月二分月之一　爲所求數

右例亦可用并法：

一率　原子四兩
二率　原母乘三月，得一百五十兩。
三率　今須子二百兩
四率　七千五百兩爲今母乘月之數　再以今母除之，得月數。

又　又如客販布，賣之，每匹二錢。即母銀百兩，已得息三十兩。設每匹賣二錢四分，則百兩獲息幾何。

一率　已得息并母，一百三十兩
二率　母一百兩
三率　布價二錢，化二十分
四率　十五分又十三分分之五爲每匹母銀

別有捷法應補於後：

一率　二十分
二率　一百三十兩
三率　四分
四率　二十六兩　并三十兩，得五十六兩。

又：

一率　每匹母十五分又十三之五
二率　布價二錢四分，內息八分又十三之八
三率　母一百兩
四率　五十六兩，爲所求息數

又捷法：

一率　二十分
二率　一百三十兩
三率　二十四分
四率　一百五十六兩，此爲母子并數

又　三率并乘并除法：數雖繁襍，而可歸并入三率之内，則以三率盡之。假如煉礦求銀：初火得三之二，再火得七之五，又火得四之三。凡三火得銀七十五兩，問原礦幾何。

一率　三子相乘得三十
二率　三母相乘得八十四
三率　煉得銀七十五兩
四率　二百一十兩爲原礦

又　又如原有綾八匹，換紗二十匹。原紗三十匹，換布一百匹。原布六十匹，換錦二匹。今有綾一十八匹，問換錦幾何。

一率　原綾、紗、布乘，得一萬四千四百
二率　原換紗、布、錦乘，得四千匹
三率　今綾一十八匹

四率　五匹爲換錦數

又　乘除先化大小數法：凡數大小雜見，不便相乘除，則先以大數化爲小數。假如原有銀六錢，買絲七兩。今有銀五兩，問買絲幾何？此因銀數有錢，復有兩，須化兩爲錢。其絲自作兩算，不必化錢也。大凡同類者須化，殊類則否。遇多數取最小數爲主，以大數化之。倣此，如一十二兩三錢四分化爲一千二百三十四分之類。

一率　六原銀錢數。

二率　七原絲兩數。

三率　五十今銀化爲錢數。

四率　五十八又三分之一今應得絲兩數。

右例亦可以錢從兩化之，而不如前法之捷。

一率　五分之三原銀化爲兩數。

二率　七原絲兩數。

三率　五今銀兩數。

四率　五十八又三分之一得絲兩數，同前。

又　又如原銀六錢二分五釐，買絲七兩。今銀一百三十二兩，問買絲幾何。此若以大數化小，則原銀、今銀當悉化爲釐。而原銀數固可以兩命分，又不如從兩化之爲便。所貴乎隨宜通變者也。因今銀是以兩計，而化之，非爲絲，以兩計也。

一率　八分之五原銀化爲兩數。

二率　七原絲兩數

三率　一百三十二今銀兩數。

四率　一千四百七十八又五分之二今應得絲兩數。

右一條新增。

又　**卷八《均輸法》**　又如驛使先發一十三日，別遣騎追之，馳二日半，訪之驛舍，知先後經過較十一日半。問更須幾日可及。

一率　一又二之一先發日減較日，爲追上日數。

二率　二又二之一馳追日數。

三率　一十一又二之一較日數。

四率　一十九又六之一追及日數。右一條新訂。

又　又如行程二千七百里，十八人同行，止有馬七匹。更換騎之，十里一換。問騎行、步行各幾何。

法：以馬數乘行程，得數。以人數除之，得每人騎行一千零五十里。減行程，餘爲步行數。

清・何夢瑶《算迪》卷一　正比例：古名異乘同除。如原有米二十石，共價三十兩。今有米四十石，問價若干。

曰：六十兩。

法：將問語拆列四率，如左：

一率　原米二十石　爲法。

二率　原價三十兩

三率　今米四十石　相乘爲實。

四率　求得今價六十兩

列法以原物爲一率，原價爲二率，今物爲三率。二率與三率相(承)[乘]，爲實。首率爲法，除，得今價，爲四率。所謂四率也。古謂之異乘同除者。以三率，今。乘次率，原。今與原異，故(日)[曰]異乘。以首率，原。除次率，原。原與原同，故(日)[曰]同除也。何謂比例？蓋以原米二十比原價三十。一比一五。若今米四十與今價六十也。亦一比一五也。〇凡言「以」者爲一率，言「比」者爲二率，言「若」者爲三率，言「與」者爲四率，謂之同理比例，又曰相當比例。

又二率、三率之位可互易，則爲以原米二十比今米四十。一比二。若原價三十與今價六十也。亦一比二。此法名爲遞轉比例。

又　一、正比例帶分：如人行路，行過五分之二，係八十里。問總里若干。

曰：二百里。

一　二分

二　八十里

三　五分

四　二百里

二分而得八十里，則五分之爲二百里可知。

二、如原米三分石之二，賣銀七分兩之五。今有米四分石之三，問該銀若干。

曰：五十六分兩之四十五。

一　三分石之二

二　七分兩之五

三　四分石之三

四　五十六分兩之四十五

以二率分母七乘三率分母四，得二十八，爲母。又以兩分子五乘三，得十五，爲子。再照通分除法内捷法算之，即得。

又　和較比例：【略】一五、如空車日行九十里，重車日行六十里。今載米至倉，往乃重車。返乃空車。十日，問距倉路遠若干。

曰：倉遠三百六十里。

法：用互乘，[併，得]一百五十日。次用四率：

一率　一百五十日

二率　五千四百里

三率　十日

四率　三百六十里

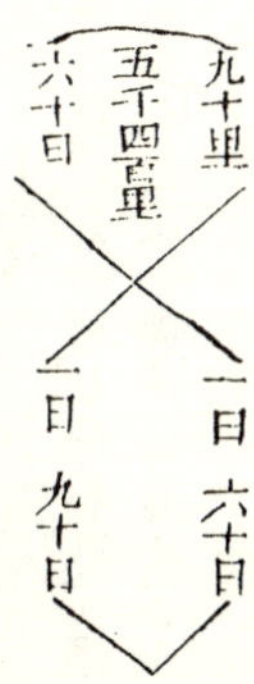

此六日往，重車日行六十里，六日共行三百六十里也。四日返也。空車日行九十里，四日共行三百六十里也。

一六、如重車日行五十里，輕車日行七十五里。今載米至倉，五(十)日往返三次。問距倉里數。

曰：五十里。

法：用互乘，併，得一百二十五日。次用四率：

一率　一百二十五日

二率　三千七百五十里

三率　一五日

四率　一日五十里

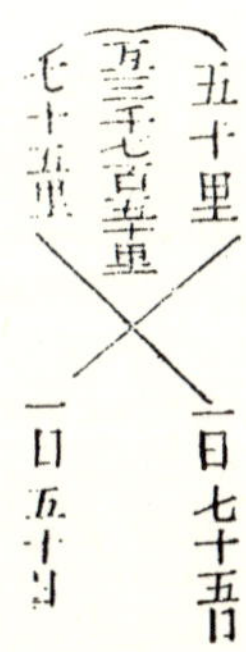

一率　三次

二率　一百五十里

三率　一次

四率　五十里

又　卷二　借衰互徵：【略】四、如漏壺一具，上有渴烏注水，凡十二時而滿。下有一孔通天池洩水，凡十八時而盡。若上注下洩，何時可得水滿。

曰：三十六時。

法：以十二時乘十八時，得二百一十六時，十二時一滿。以十八乘之，乃二百一十六時，滿十八次也。十八時一洩盡。以十二乘之，乃二百一十六時，洩十二次也。爲次率。以十二時與十八時相減，餘六時，爲首率。二百一十六時，滿十八次，洩十二次。一滿、一洩對減，去十二次，尚餘滿六次。是二百一十六時，滿六次也。一次爲三率。求得四率三十六時。滿六次爲二百一十六時，則滿一次爲三十六時，可知矣。

五、又如漏壺一座，注水於内，下有三孔。大孔流水二時而盡，中孔流水三時而盡，小孔流水六時而盡。若三孔齊開，問幾時而盡。

曰：一時。

法：以大孔二時乘中孔三時，得六時。又以小孔六時乘之，得三十六時，爲實。以大孔二時除實，得盡，十八次。以中孔三時除實，得盡，十二次。以小孔六時除實，得盡，六次。併之，共盡三十六次，即當三十六壺，盡一壺爲一次，則盡三十六次，即爲三十六壺也。爲法。法除實，得每壺盡於一時也。

又　十五、如有一數，取二分之一，三分之一，四分之一，五分之一，六分之一，併之，得五百二十二。問原數若干。

曰：三百六十。

法：倣上弟十三條。

又　較數比例：舊名匿價差分。

一、如錢買綾、羅二色，綾七尺，羅九尺，兩價相等。但知綾價每尺比羅每尺多三十六文，問各價。

曰：綾每尺一百六十二文，
羅每尺一百二十六文。

法：列四率。

一率　二尺　　以綾、羅相減得之。

二率　三十六文

三率　七尺　　乘得二百五十二文。

四率　一百二十六文

綾一尺比羅一尺多三十六文，則綾七尺比羅七尺必共多二百五十二文也。而羅多二尺則價相等，是二百五十二文，乃羅二尺之價也。故以二尺除之。

二、如有麥十八石，豆二十二石，兩價相等。如交换五石，則兩邊俱差一兩六錢。麥邊少一兩六錢，豆邊多一兩六錢。問每石價。

曰：麥每石價一兩七錢六分，

豆每石價一兩四錢四分。

一率　五石

二率　一兩六錢

三率　麥十八石

四率　五兩七錢六分

一率　豆四石　二十二減十八之餘。

二率　五兩七錢六分

三率　一石

四率　一兩四錢四分豆價。

按：麥每石價比豆每石多三錢二分，則麥五石比豆五石必多一兩六錢。麥十八石比豆十八石必多五兩七錢六分矣。而豆多四石，即價相等。是五兩七錢六分，乃豆四石之價也。故以四石除之，而見豆一石之價。於是以二十二石乘之，而得共價三十一兩六錢八分，與麥十八石之價等。以麥十八石除之，得麥每石價。

三、今有金四錠，銀六錠，其重同。若交易其一，則銀重於金六兩。問各重若干。

曰：金、銀各重三十六兩。金每錠九兩，銀每錠六兩。

法：以相差六兩，折半，得三兩，爲首率。餘同上條。按：此與上條無異，但問語不同耳。若將此條問語改云「交换一錠，則兩邊俱差三兩」，或將上條問語改云「交换五石，則豆多三兩二錢」，則兩問一揆矣。

四、如三人合本爲商，共得利銀四百兩。乙比甲多分十二兩，丙比乙又多分十六兩。問各利若干。

曰：甲一百二十兩，乙一百三十二兩，丙一百四十八兩。

法：併十二兩與二十八兩，丙多乙十六，又多甲十二，共二十八也。得四十兩。於總利内減去，餘三百六十兩。三人平分之，得甲一百二十兩。而餘可知。

又　八、如上等酒每斤價銀五分，下等酒每斤價銀三分。今二等酒相合一處，共重一百二十斤，每斤價銀三分六釐。問二等酒各若干。

曰：上等三十六斤，下等八十四斤。

一率　二分　五分、三分相減之餘。

二率　一百二十斤

三率　六釐　每斤三分六釐與下等三分相減之餘。

四率　三十六斤上等酒數。

每斤三分六釐，比下價多六釐。以一百二十斤乘之，共多七錢二分。此乃上等酒所多價，故以上等每斤多二分除之，而得上酒三十六斤也。

又　一〇、如甲本銀比乙多一倍零八兩，共得利銀二十二兩。甲分十六兩，乙分六兩。問各本。

曰：甲三十二兩，乙十二兩。

法：以乙利六兩，倍之，與甲利十六兩相減，餘四兩。以除所零八兩，見每利一兩，得本銀二兩。以各利乘之，得數。

一一、如三股分銀，甲股八人，乙股六人，丙股九人。乙每人所得如甲每人三分之二，丙每人所得如乙每人四分之一，乙六人比丙九人共多三百兩。問每股若干。

曰：甲股九百六十兩，乙股四百八十兩，丙股一百八十兩。

法：以二分母互乘，得十二，爲甲每人之衰。三歸而二因之，得八分，爲乙每人之衰。又四歸八分，而一因之，得二分，爲丙每人之衰。乃以各人數乘各衰數，甲得九十六分，乙得四十八分，丙得十八分。乃以丙十八分與乙四十八分相減，餘三十分，爲法。除多銀三百兩，見每分得十兩。以甲九十六分乘之，得甲股數。而餘可知。

又　附就物抽分：如買米八十四石，每石價銀一兩四錢七分，運價一錢三分。今欲抽米，準折運價。問該抽運脚米若干。

曰：脚米六石八斗二升五合。

法：以運脚一錢三分乘總米，得十兩零九錢二分。乃併米價脚價，共一兩六錢，爲法。除之，得脚米數。法爲合正價、脚價，以比正米脚、米價，若獨以脚價比脚米也。因首、次率皆合數，故附於和數。

又　較數比例：【略】五、如甲日行九十五里，乙日行七十五里。今乙先行八日，問甲幾日追及。

曰：三十日。

法：以

一率　二十里兩率相減之餘。

二率　一日

三率　六百里　　八日乘七十五里得之。

四率　三十日

六、如一人步行，先行三十七里。一人騎馬追至一百五十四里，尚不及二十三里。問追及之里數若干。

曰：二百五十三里。

一率　十四里　　二十三與三十七相減之餘。

二率　一百五十四里

三率　二十三里

四率　二百五十三里

步行者先行三十七里，而騎馬者追之，止不及二十三里，是已追過十四里也。追過十四里，必須行一百五十四里，則不及之二十三里。必須行二百五十三里，乃及也。

七、如一人行路，步行則三十日可到，騎行則二十日可到。今行二十六日到，問步行、騎行日數各若干。

曰：步行十八日，騎行八日。

一率　十日　　二十、三十相減之餘。

二率　三十

三率　六日　　今行二十六日與騎行二十日較多六日。

四率　十八日步行日數。

步行比騎行遲十日，而步行爲三十日，則步行比騎行遲六日。而步行爲十八日可知矣。

或改用：

一率　十日

二率　二十日

三率　四日

四率　八日

騎行比步早十日，而騎行爲二十日，則早四日。而騎行爲八日可知。【略】

又　九、如有布三百一十匹，每匹長四十尺。但知每匹扣運費二尺，共去一十六匹，復找回錢六百六。問每匹價錢若干。

曰：一千二百文。

一率　二十尺

二率　六百六

三率　四十尺

四率　一千二百六

以總布乘運費二尺，得六百二十尺。又以扣去十六匹乘每匹四十尺，得六百四十尺。二數相減，見扣多二十尺。扣多二十尺，而找回錢六百文，則六百文乃二十尺之價。而四十尺之價爲一千二百文，可知矣。【略】

又　一二、如有田一百二十畝，一人日耕四畝，一人日種六畝。欲令同時完工，問耕者該先幾日起工。

曰：十日。

法：以每日種六畝除一百二十畝，得二十日。又以每日耕四畝除一百二十日，得三十日。相減，得十日。然用除兩次，恐有不盡，變法用互乘，如下圖。變一日耕四畝，爲六日耕二十四畝。變一日耕六畝，爲四日種二十四畝。

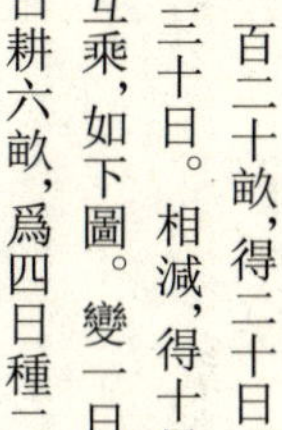

於是以四率列之：

一率　二十四畝

二率　二日　　四日與六日相(乘)[減]之餘。

三率　一百二十畝

四率　十日

以二十四畝言之，耕者當先二日。則以一百二十畝言之，耕者當先十日矣。

清·吳嘉善《白芙堂算書廿一種·九章翼·今有術》　今有術，即今之四率比例，亦曰異乘同除法。術曰：以今有數乘所求率得數爲實。以所有率爲法。除之，得所求數。

釋曰：今有數者，今所舉以爲問之數也。如下問中所云今有銀六兩，此數名爲今有數也。所求數者，今所求之數也，欲知其數而運算以求之，故曰所求數也。如下問中所云問換錢幾何。此所換之錢數名爲所求數也。所有率、所求率者，舉以爲例之兩數也。以其爲率於今有者，故曰所有率。下問中所云已知銀三兩，此數名爲所有率也。以其爲率於所求者，故曰所求率也。下問中所云換錢四千五百文，此數名爲所求率也。惟此兩率者爲例已定，故今所設之數可比照以求，所以亦名比例式也。

假如已知銀三兩，換錢四千五百文。今有銀六兩，問換錢幾何。

答曰：九千文。

右數爲淺近易知之數，初無俟於算也。然而算理實已盡於此。試問此數何以知其必爲九千，豈非據後銀之比前銀爲加一倍，故知後錢之比前錢亦必加一倍乎？又試問其入算如何，則必以三除四千五百文，得一千五百文，爲一兩錢價。再以六乘之，得九千文，爲六兩所换之錢。是以所有率三除所求率四五〇〇，得數一五〇〇。而以今有數六乘之，爲其法也。今試先以今有數六乘所求率四五〇〇，後以所有率三除之，亦得九〇〇〇。是先除後乘與先乘後除略有變通，實非有二。然立法必用先乘後除者，蓋尤有妙用存焉。試更一問曰：已知銀三兩，換錢五千文。今有銀六兩，換錢若干？此其數之必爲十千文，亦曉然易知者。然用先除後乘法，則竟成九千九百九十九文有奇。不如用先乘後除法，可得十千整數。乃知古人轉換之巧也。至於入算，以列爲四行爲便，故西人謂之四率。既令比例粲然可觀，且列位既定，法、實易於辨明，不至於互悞矣。其列法見下：

先列所求者於第四行，今有之數於第三行，次視舉以爲例之兩數與所求爲同類者列於第二行，而以與今有爲同類者列於第一行。用上二問爲式如下：

原有銀三兩，	原有銀三兩，
換錢四千五百文。	換錢五千文。
今有銀六兩，	今有銀六兩，
應換錢。	應換錢。

如以四率列式，其所求爲錢，則列所求之錢於四率，而列原有之錢於二率。列原有之銀於一率，而列今有之銀於三率。如所求爲銀，則列所求之銀爲四率，而列原有之銀爲二率。原有之錢爲一率，而今有之錢爲三率。式如下：

一率	原有銀	一率	原有錢
二率	原有錢	二率	原有銀
三率	今有銀	三率	今有錢
四率	所求錢	四率	所求銀

蓋一率與三率爲同類，而一率爲原有，三率爲今有。二率與四率爲同類，而二率爲已知，四率爲未知。以後或以四行列式，或以四率列式，其理盡同。

列式既定，總以二、三兩行相乘，爲實。以第一行爲法，除之，得數紀於第四行。此爲比例術一定不易之規也。其有一率之數爲一者，可省一遍除。其二率之數爲一，或三率之數爲一者，可省一遍乘。凡以一乘除者，位雖升降而數不變。式如下

一率	銀一兩	一率	錢一千五百文
二率	錢一千五百文	二率	銀一兩
三率	銀二兩	三率	錢三千文
四率	應換錢三千文	四率	應換銀二兩

其一率爲一者，第以二率三率相乘，即得四率，爲所求之數。其二率爲一者，即以一率除三率，即得四率，爲所求之數。三率爲一者同。以後僅列其式，不言其法者，均準此推之。

至於以二、三兩行相乘爲實，以第一行除之，爲第四行數者，何也？蓋以二、三兩行相乘，所得之積必與一、四兩行相乘之積等也。其積既等，則二、三行相乘之積，即一、四行相乘之積。而凡以兩數相乘而得積者，若以一數除此積而得彼數，以彼數除此積必得此數。二、三行相乘之積既等於一、四行相乘之積，故以一行數除之，必得四行數也。試取棊子平鋪之，令橫五枚直六枚，總計之，必得三十枚。此即五、六相乘，得三十之理。又竝此三十枚而重鋪之，令三枚爲一排，必鋪至十排而恰盡。此爲以三除三十，得一十之理。三十枚者，猶二、三兩行相乘之積也。三枚爲一排者，猶以第一行數除此積也。故所得必十，猶四行之數也。梅勿菴氏借長方圖發明此理，亦極簡妙。述之如下：

作圖法：任作長方形如甲乙丙丁，從甲至丁作斜綫，分長方形爲二。又任作辛壬綫，交斜綫於庚。乃過庚點作戊己綫，成甲乙丁、甲戊庚、庚壬丁三同式句股形。假令已知甲戊小股若干，戊庚小句若干。今有庚壬中股若干，求壬丁中句若干者，其列爲四行，應如下式：

小股甲戊，

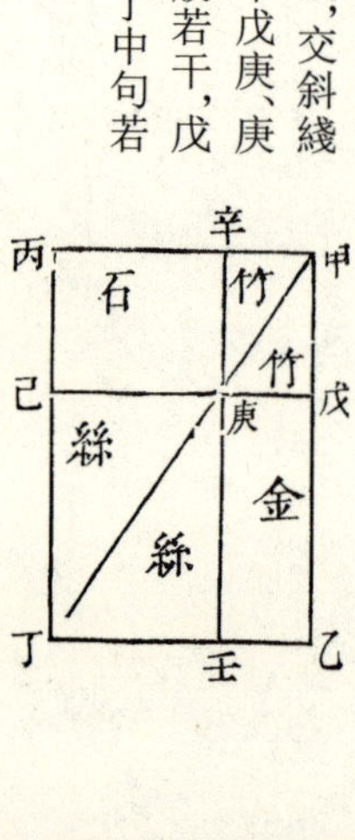

小句戊庚。

今有中股庚壬，

得中句壬丁。

列位如上，是應以戊庚乘庚壬而甲戊除之，得壬丁也。以圖考之，戊庚乘庚壬之積爲金方。此方必與石方同積。凡長方形以斜綫分爲兩句股形，此二句股積必相等。以其各得長方積之半也。若此二句股形中内容長方，兩角切於一點，則所容兩方亦必同積。如上圖甲乙丁形内容金方，甲丙丁形内容石方，兩角切於庚點，是甲戊庚與甲辛庚二竹積必等，庚壬丁與庚已丁兩絲積必等，而金、石兩方亦不得不等矣。而石方者，甲戊乘壬丁之積也。仍以甲戊除之，必得壬丁矣。

又如已知甲乙大股若干，乙丁大句若干。今有庚壬中股若干，求中句壬丁若干者，其列爲四行，應如下式：

大股甲乙，

大句乙丁。

今有中股庚壬，

得中句壬丁。

列位如上，是應以乙丁乘庚壬而甲乙除之，得壬丁也。以圖考之，乙丁乘庚壬，得金一絲二之積。準前論，金積即石積，則乙丁乘庚壬，亦即得石一絲二之積。此積乃甲乙即辛壬。乘壬丁之積，故以甲乙除之，得壬丁也。餘倣此。

又 曰：今有術，【略】術曰：以今有數乘所求率，得數爲實。以所有率爲法。除之，得所求數。

釋曰：今有數者，今所舉以爲問之數也。所求數者，今所求之數也。欲知其數而運算以求之，故曰所求數也。所有率、所求率者，舉以爲例之兩數也。以其爲率於今有者，故曰所有率。以其爲率於所求者，故曰所求率也。惟此兩率者爲例已定，故今所設之數，可比照以求。所以亦名比例式也。

清・徐鳳誥《算學啓蒙通釋》 茲以三，九，二十七，八十一設爲四率，以解西法之十二種比例，載於異乘同除之首。後於各問中有可以四率解者，直以四率註之。其相當比例法以二率、三率相乘，一率除之，得四率。相連比例法：中率自乘，首率除之，得末率。演之如左。總之，一、四兩率相乘與二、三兩率相乘之數等。中率自乘與首、末兩率相乘之數等。比例無他，巧也。率即律。

相當比例：

一率與二率之比同於三率與四率之比，謂之相當比例。

一率	三
二率	九
三率	二十七
四率	八十一

相連比例：

一率與二率之比同於二率與三率之比，謂之相連比例。

首率	三
中率	九
末率	二十七

正比例：即相當比例。

反推比例：

反以二率與一率爲反比，四率與三率爲反比，其數等。

一率	三	九
二率	九	三
三率	二十七	八十一
四率	八十一	二十七

遞轉比例：

轉以一率與三率爲比，二率與四率爲比，其比例等。

	一率	三	三
遞	二率	九	二十七
	三率	二十七	九
轉	四率	八十一	八十一

分數比例：

一率與二率之較與二率爲比，三率與四率之較與四率爲比，其比例等。

	一率	三	六

較

二率　九　九
三率　二十七　五十四
較
四率　八十一　八十一分數。

合數比例：

一率與二率之和與二率爲比，三率與四率之和與四率爲比，其比例等。

一率　三　十二
和
二率　九　九
三率　二十七　一百八
和
四率　八十一　八十一合數。

更數比例：

一率與二率相減，餘爲二率與一率之比。三率與四率相減，餘爲四率與三率之比，其比例等。

一率　三　三
二率　九　六
三率　二十七　二十七
四率　八十一　五十四更數。

隔位比例：

有兩比例，用彼一邊一率與四率爲比，用此一邊一率與四率爲比，其比例等。

一率　三　三三
二率　九　九八十一
三率　二十七　二十七三
四率　八十一　八十一八十一

錯綜比例：

兩連比例，三率化爲四率，其比例等。

三
一率　九　三
二十七
二率　二十七　九
九
三率　八十一　二十七
八十一

加分比例：

一率加幾倍與二率之比，同於三率加幾倍與四率之比，其比例等。

一率　三　十五
加五倍
二率　九　九
三率　二十七　一百三十五
加五倍
四率　八十一　八十一

減分比例：

一率減幾倍與二率之比，同於三率減幾倍與四率之比，其比例等。

一率　三　一
減三倍
二率　九　九
三率　二十七　九
減三倍
四率　八十一　八十一

清·黄慶澄《算學報》 正比例：案：此即所謂異乘同除也。以原有之兩項相除，故曰同除。以今有之一項乘之，故曰異乘。

又 設有田科糧，每三畝科糧八斗。今有田九畝，問科糧若干。

答云：二石四斗。【略】

説曰：置田三畝爲一率，糧八斗爲二率。今田九畝爲三率，推得糧二石四斗，爲四率。蓋以二三率相乘，得七十。

又 設有田科糧，每四畝科糧七斗。今有田八畝，問科糧若干。

答云：一石四斗。【略】

説曰：置田四畝，爲一率。糧七斗，爲二率。今田八畝爲三率，推得糧一石四斗，爲四率。蓋以二、三率相乘，得五十六。以一率除之，得十四。合問。

又 設有田長六步，濶八步。今要改爲濶四步，其積相等。問長若干。

答云：十二步。【略】

説曰：置原有之長六步，爲二率。濶八步爲三率。以今改濶四步爲一率，推得長十二步，爲四率。蓋以二、三率相乘，得四十八。以一率除之，得十二。合問。

又 設如有銅換錫，每銅二斤換錫八斤。今有銅八斤，問換錫若干斤。

答曰：三十二斤。【略】

説曰：置銅二斤爲一率，錫八斤爲二率，銅八斤爲三率，推得錫三十二斤爲四率。蓋以二、三率相乘，得六十四。以一率除之，得三十二。合問。

又 合比例：設有夏布換綿布。但知夏布每三丈價二錢，綿布每十丈價五錢。今有夏布六丈，問換綿布若干。

答云：八丈。

一率　三丈
二率　二錢
三率　六丈
四率　四錢【略】

説曰：置夏布三丈爲一率，價二錢爲二率，夏布六丈爲三率，推得價四錢爲四率。此一比例也。

一率　五錢
二率　十丈
三率　四錢
四率　八丈【略】

説曰：置價五錢爲一率，棉布十丈爲二率，前式四率之四錢爲三率，推得棉布八丈爲四率。此又一比例也。

一率　十五　　三率　六丈
二率　二十　　四率　八丈【略】

説曰：此合前後兩比例爲一比例也。以兩一率相乘，得十五，爲一率。以兩二率相乘得二十，爲二率。以前式三率六丈爲三率，推得後式之四率八丈，爲四率。合問。

又曰：此題三、四兩率必有一項同數，方可上下相消。如前式之三率爲四，後式之四率亦爲四是也。玩圖自明。

又 設如有勇五十名，常年口糧千二百兩。今已募三十名，應役四個月。問需口糧若干。

答云：二百四十兩。

一率　五十名
二率　千二百兩
三率　三十名
四率　七百二十兩【略】

説曰：置勇五十名爲一率，千二百兩爲二率，三十名爲三率，推得口糧七百二十兩，爲四率。此一比例也。

一率　十二月
二率　七百二十兩
三率　四月
四率　二百四十兩【略】

説曰：置十二月爲一率，七百二十兩爲二率，四月爲三率，推得口糧二百四十兩，爲四率。此又一比例也。

一率　六百　　三率　一百二十
二率　千二百兩　　四率　二百四十兩【略】

説曰：此亦合前後兩比例爲一比例也。以兩一率相乘，得六百，爲一率。以前式之二率千二百兩爲二率，以兩三率相乘得百二十，爲三率。推得後式四率二百四十兩，爲四率。合問。

又曰：此題二、四兩率必有一項同數，方可上下相消。如前式之四率係七百二十兩，後式之二率亦係七百二十兩是也。玩圖自明。

又 設有二人相隔八百里，同日起身。甲日行三十里，乙日行五十里，問二人行幾日相遇。

答云：十日。

一率　八十
二率　一日
三率　八百

四率　十日

此亦和數比例也。【略】

說曰：法以五十里與三十里相併，得八十里，爲一率。一日爲二率。八百里爲三率，推得四率十日，即相遇之日也。

又　設有二人運糧，一水一陸。水運日行七十里，陸運日行四十里。今令陸運者先行五日，問水運幾日追及之。

答云：八日。

一率　三十里

二率　一日

三率　二百四十里

四率　八日

此較數比例也。【略】

說曰：法以水運與陸運相較，餘三十里，爲一率。一日爲二率。以四十里與六日相乘，共二百四十里，爲三率。推得四率爲八日，即追及之日。蓋水運行八日，計五百六十里。陸運行十四日，亦僅五百六十里。故八日可追及也。

又　設有商輪、兵輪各一隻，商輪一點鐘行三十里，兵輪一點鐘行四十里。計自此埠至彼埠共陸百里。欲令同時到埠，問商輪當先幾點鐘開行。

答云：先開五點鐘

一率　百二十里

二率　一點鐘

三率　六百里

四率　五點鐘

此亦較數比例也。【略】

說曰：三乘四十，四乘三十，均百二十，爲一率。以三較四，餘一，爲二率。六百里爲三率。推得四率五點鐘，即先開行之時刻也。蓋行百二十里，先開一點鐘。行六百里，必先開五點鐘。以六百通計之，兵輪十五點鐘可到，商輪二十點鐘始到也。

又　設有僱車載米，晴天一日載四次，雨天一日載兩次。今已載三十六日，共一百次。問晴、雨各幾日。

答云：晴天十四日，雨天二十二日。

一率　七十二次

二率　三十六日

三率　二十八次

四率　十四日

三率　四十四次

四率　二十二日

此和較比例也。【略】

甲內爲晴日之比例，乙內爲雨日之比例。

說曰：法以三十六日用二次乘之，得七十二次。與一百次相較，少二十八次。又以三十六日用四次乘之，得一百四十四次。與一百次相較，多四十四次。乃以一多一少相併，得七十二，爲一率。三十六日爲二率。四十四爲三率。推得四率爲二十二，即雨日也。以二十八爲三率，推得四率爲十四，即晴日也。

清・勞乃宣《古籌算考釋》卷二　今有：【略】其理梅氏、吳氏言之已詳。今專明古人用籌之法如左。

楊氏置位草式，置所有率於左上，所求率於左下，所有數於右上。以右上乘左下爲實，以左上爲法，其右下空位。蓋擬置所求數，與梅氏所引古圖，雖左右互異，而意實相同。故曰：錢、錢、物、物、數、數、率、率。錢、錢、物、物，以橫列言。數、數、率、率，以直列言也。其所云各物原率，隨而下布，則通重今有而言，即秦氏所謂列各數，以本色相對如鴈翅也。如併兩今有，則置所有數於右上，置第一所有率於中上，置第一所求率於中中。置第二所有率於左中，置第二所求率於左下。以右上、中中、左下，斜列共三事，相乘爲實。以中上、左中，斜列共二事，相乘爲法。如併三今有，則置所有數於首行首層，置第一所有率於次行首層，置第一所求率於次行次層。置第二所有率於三行次層，置第二所求率於三行三層。置第三所有率於末行三層，置第三所求率於末行末層。以首行首層、次行次層、三行三層、末行末層，斜列共四事，相乘爲實。以次行首層、三行次層、末行三層，斜列共三事，相乘爲法。故曰多一事者相乘爲實，少一事者相乘爲法也。推其意，所求數當置右行最下，則橫視之亦錢、錢、物、物，直視之亦數、數、率、率矣。反今有式，古無明文。以理推之，當以原有之二色置於右上、左下，今有之一色置於左上。蓋今有以原有之二色直列，而以今有之一色置於側。

反今有以原有之二色斜列，而以今有之一色置於隅，法異而理同也。今有式或以所有數置左下，所求率置右上，則錢、錢、物、物直而數、數、率、率横，法亦無異，即四率比例二、三兩率可以互换之理，可各因所便而爲之也。今取諸法，各演草以明之。

清・劉彝程《九章實義》卷一下《以比例運九章》 比例運差分：【略】設如漏壺一具，上有渴鳥注水，凡十時而滿。下有一孔洩水，凡十八時而盡。若上注下洩，問幾何時可得水滿。

答：二十二箇半時。

此題須認定一壺爲所有數，即爲三率。欲借一數，可爲十八之若干倍，又爲十之若干倍者，則法以十八與十比，若九與五比。故以五因十八，與九因十，皆得九十。乃借九十爲時差，即爲二率。此九十時既爲九箇十，即是注水九壺。既爲五箇十八，即是洩水五壺。注九洩五，餘四壺，即借四，爲所作一率。乃設比例：

彼滿壺四，
既需時九〇，
此滿壺一，
必需時二二.五。

又 設如漏壺一具，注水於内，下有三孔。獨開大孔，三時而盡。獨開中孔，四時而盡。獨開小孔，六時而盡。若三孔齊開，問水幾何時可盡。

答：一時又三分時之一。

如前題，認定一壺爲所有數。欲借一數，可爲四與六之若干倍者，六能包三，故三可置之不問。莫若取三、四相乘，得十二，爲時差。此十二時，大孔洩四壺，中孔洩三壺，小孔洩二壺，共洩盡九壺。乃設比例：

彼洩盡壺數九，
既需時一二，
此洩盡壺數一，
必需時一又九分之三。

求得四率，爲一時又三分時之一。

又 設有井深二丈六尺，不知水之深淺。但云自水面向上取三之一，自水面向下取四之一，相并便是水深。問水深幾何。

答：八尺。

法：借四差爲水深，别得向上三之一，等於向下四之三，可見向上全數等於向下四之九，即是九差。以加向下四差，得十三差，爲井深。乃設比例：

彼井深差一三，
既得水深差四，
此井深數二六，
必得水深數八。

又 設如遠望一塔，上露五分塔之一、中有林木遮去三分塔之二，下尚露三丈二尺。問塔高幾何。

答：二十四丈。

法：以三、五相乘，得十五，即借十五差，爲塔高。減去十五分之三，即五分之一。再減去十五分之十，即三分之二。餘十五分之二，即是二差。故借二，爲下露差，乃設比例：

彼下露差二，
既得塔高差一五，
此下露數三二，
必得塔高數二四。

又 設有羊不知數，只云賞人七分之五。又將所餘者，賣去五分之三，尚餘八百隻。問原羊幾何。

答：七千隻。

欲取可以七除，亦可以五除者，莫若以五、七相乘，得三十五，即借三十五，爲原羊差。賞人七分之五，應餘七之二。故置三十五，二因，七除之，得十差。於十差中，再賣去五之三，應餘五之二。故置十差，二因，五除之，得四，爲餘差。乃設比例：

彼餘差四，
既得原羊差三五，
此餘羊八〇〇，
必得原羊七〇〇〇。

又 設有人爲商三次，一次得利，比本三之二。加入本，爲二次本，二次得利，比本四之三。又加入本，爲三次本。三次得利，比本五之三。再加入本，共得銀千四百兩。問原本幾何。

答：三百兩。

法：以三、四相乘，復五乘之，得六十。借爲原本差。依題三之二加入本，得三之五。故置六十差，五乘，三除之，得一百。又四之三加入本，得四之七。故置百差，七因，四除之，得百七十五。又五之三加入本，得五之八。故置百七十五差，八因，五除之，得二百八十。即借爲本、利共差。乃設比例：

本、利共差二八〇，

本差六〇。

本、利共銀一四〇〇，

本銀三〇〇。

又 比例運商功：假如快行者日行九十五里，慢行者日行七十五里。令慢者先行八日，問快者幾日追及？其路程幾何。

答：三十日，

路程二千八百五十里。

法：以八日乘七十五里，得六百里，爲慢者先行里數。又以七十五里與九十五里相減，得二十里，爲快、慢者一日所差里數。乃設比例：

彼慢者先行二〇里，

追及既需時一日。

此慢者先行六〇〇里，

追及必需時三〇日。

以三十日乘九十五里，得二八五〇里，即路程也。

又 今有人盜馬，去三十七里，馬主方覺，追去百四十五里，尚不及二十三里。仍復追之，問幾何里可及。

答：二百三十八里又十四分里之三。

法：置三十七里，內減二十三里，得十四里，爲已追及里數。乃設比例：

彼不及十四里，

追及既需百四十五里。

此不及二十三里，

追及必需二三八里又十四分里之三。

又 假如大都路至杭州四千二百七十五里。馬自大都南行，日行[百二]十里。船自杭州北行，日七十里。問馬、船何日相逢？各行幾何。

[答]：二十二日半，

馬行二千七百里，

船行[一千五百七十五]里。

法：以南行里加北行里，得百九十，爲[船馬日行共里]。乃設比例：

彼相距一九〇里，　彼相距一九〇里，

相逢既需一日。　馬行既需一日。　船行既需七〇里。

此相距四二七五里，　此相距四二七五里，　此相距四二七五里，

相逢必需二二.五日。　馬行必需二千七百里。　船行必需一五七五里。

又 假如三女各納錦一方，長女五日畢，次女七日畢，小女九日畢。今令三女共納一方，問何日可畢。

答：二日又百四十三分日之二十九。

法：須認定一方爲所有數，即爲三率。次欲取一數，內函五、七、九之各若干倍，則莫若以五、七、九連乘，得三百十五，即借爲日數。乃以五除日數，得六十三，爲長女所納方。又七除日數，得四十五，爲次女所納方。又九除日數，得三十五，爲小女所納方。以三方數相并，得百四十三，爲共方數，乃設比例：

彼共方一四三，

既得所納日三一五，

此一方，

必得一方所納日二又一四三分日之二九。

又 設人行路，步行則三十日到，騎行則十八日到。今共行二十三日到，問步行、騎行各幾何。

答：步行十二日半，

騎行十日半。

別得三十與十八比，若五與三比，則步行五日可到者，騎行必三日到，比步行少二日。以是知三十日中，若少二日，必有騎行之三日在內。又騎行三日可到者，步行必五日到，比騎行多二日。以是知十八日外，若多二日，必有步行之五日在內。今比三十日少七日，比十八日多五日。故得兩箇比例式，如：

彼少日二，　彼多日二，
既内有騎行日三。　既内有步行日五。
此少日七，　此多日五，
必有騎行日〇·五。　必有步行日一二·五。

又　比例運均輸：假如齋僧，不知人數。初日每五人用米八升，次日每九人用米七升。凡二日共用米三十二石一斗，問僧數並兩日各用米幾何。

答：僧千三百五十人。
初日米二十一石六斗，
次日米十石零五斗。

法：欲取一數可以五與九除之者，莫若以五、九相乘，得四十五，即借爲僧數。先設比例，以五人與四十五人比，若八升與七斗二升比，則七斗二升爲所借初日米。又九人與四十五人比，若七升與三斗五升比，則三斗五升爲所借次日米。以兩日借米相并，得一石零七升，爲借共米。乃設比例：

借共米一〇七
共米三二一〇，
借僧四五，　借初日米七二，　借次日米三五，
共僧一三五〇。　初日米二一六〇。　次日米一〇五〇。

又　設如原雇車一輛，議行道一千里，載重一千二百斤，給銀七兩五錢。今重一千五百斤，行道一千三百里，問該銀幾何。

答：十二兩一錢八分七釐五毫。

又　設如重車日行五十里，空車日行七十五里。今載米至倉，五日往返三次，問路遠幾何。

答：五十里。

法：以七十五與五十比，若三與二比。乃以二乘七十五，或三乘五十，皆得一百五十。即借百五十里爲路遠，則重車三日至，空車二日回，須五日往返一次。即須十五日，乃得往返三次。故得比例式：

彼三返需時一五日，
既路遠一五〇里。
此三返需時五日，
必路遠五〇里。

又　設如空車日行三十里，重車日行二十里。今載米至倉，往返足一日，問距倉路遠幾何。

答：十二里。

法：以一日爲三率。次以三十與二十比，若三與二比。乃以二乘三十，或三乘二十，皆得六十，即借六十里爲路遠。如是則重車三日至，空車二日回，須五日一返。又別得日多返多，日少返少，故得正比例式：

彼一返需時五日，
既路遠六〇里，
此一返需時一日，
必路遠一二里。

藝文

明·吴敬《九章筭法比類大全》卷一《方田》　詩詞：[原]管共該銀八斤，一十一分斤之五。已後新收得九斤，又零七分兩之四。却行支過四斤零，五銖三分銖之二。不知餘剩見在銀，要見實該多少是？

荅曰：一十三斤七兩一十四銖二百三十一分銖之一百三十七。

法曰：分母乘其全分，子從之。置原管銀八斤，以分母十一通之，得八十八。加内子五，共得九十三。却以銖法三百八十四乘之，得三万五千七百一十二。又置新收銀九斤，以十六兩通，得一百四十四。又以分母七通，得一千八。加内子四，共得一千一十二。却以二十四銖乘，得二万四千二百八十八。管收分母互乘併之。原管分母十一乘新收二万四千二百八十八，得二十六万七千一百六十八。新收分母七乘原管三万五千七百一十二，得二十四万九千九百八十四。併得五十一万七千一百五十二。以支数亦通分。已支銀四斤，以銖法三百八十四通，得一千五百三十六。加五銖，共得一千五百四十一銖。以分母三通，得四千六百二十三。加内子二，共得四千六百二十五。與管收併数互乘。以支数分母三乘併数五十一万七千一百五十二，得一百五十五万一千四百五十六。原管分母十一乘新收分母七，得七十七。以乘支數四千六百二十五，得三十五万六千一百二十五。又以支三十五万六千一百二十五減

併数一百五十五万一千四百五十六，餘一百一十九万五千三百三十一，爲實。以三分母相乘。管分母十一乘收分母七，得七十七。乘支分母三，得二百三十一。法除之，得五千一百七十四銖，餘實一百三十七。以法命之，得二百六十一分銖之一百三十七。却以銖法歸斤兩。五千一百七十四銖先以斤法三百八十四除，得一十三斤，餘一百八十二銖。又以兩法二十四除，得七兩，餘一十四銖。該得見在銀一十三斤七兩一十四銖二百一十一分銖之一百三十七。合問。

又 卷二《粟米》 詩詞：假有零羅七尺，换訖五兩紅花。染成裙段色偏佳，六幅量該丈八。有羅七十三丈，也依前例無差。出羅折與染坊家，該染幾何可罷。 右西江月

答曰：染羅一十三疋五尺六寸，出羅五疋四尺四寸。

法曰：置有羅七十三丈，乘染羅一丈八尺，得一百三十一丈四尺，爲實。併零羅七尺，染羅一丈八尺，共二丈五尺，爲法。除之，得染羅五十二丈五尺六寸。以減有羅，餘得出羅。合問。

又 今去買松椽，好米量来七石全。儘米將椽都買就，牙言每對七勺話在前。買訖少牙錢，准討松椽更不偏。其椽未知多少数，賢家能筭，教公問一年。 右南鄉子

答曰：椽一百對，每對價米七升。

法曰：置米七石，以牙錢七勺除之，得一万勺，爲實。以開平方法除之，得一百。以除米七石，得每對該米七升。合問。

又 爲商出外做經營，將帶花銀去販參。爲當初不記原銀錠，只記得七錢七買六斤。脚錢更使用三分，總計用牙錢該四錠。是六分中取二分，問先生販買数分明。 右水仙子

答曰：人參四萬三千五百斤，原銀六千兩，牙錢二百兩，脚錢二百十七兩五錢，人參價五千五百八十二兩五錢。

法曰：置牙錢四定，以定率五十兩因之，得二百兩。六分中取二分。該原銀六千兩，減牙錢二百兩，餘剩五千八百兩。以買參六斤因之，得三万四千八百，爲實。却以七錢七分并脚錢三分，共八錢，爲法。除之，得人參四万三千五百斤。以每六斤歸之，得七千二百五十。却以每七錢七分乘之，得人參價五千五百八十二两五錢。以減原總五千八百兩，餘得脚錢二百一十七兩五錢。合問。

又 客錢千三三十二，欲糴白米来向市。每斗牙錢該二文，於内就量五升米。就筭貼囬一文錢，米價不知多少是。

答曰：米一石八斗，斗價七十四文。

法曰：置錢一千三百三十二文，以米五升乘之，得六十六石六斗。以牙錢二文除之，得三十三石三斗，爲實。以開平方法除之，得米一石八斗。餘米九斗。以該米一石八斗除之，得回貼米五升，乃一文数。合問。

又 二丈四長尺八闊，四兩半銀休打脱。二丈六長尺六闊，該銀多少要交割。

答曰：六兩。

法曰：置今長三丈六尺，濶一尺六寸相乘，得五丈七尺六寸。以乘原銀四兩五錢，得二百五十九兩二錢，爲實。以原長二丈四尺，濶一尺八寸相乘，得四丈三尺二寸，爲法。除之。合問。

又 白麪一貫斤十二，下麪一貫二斤四。賚鈔三貫買兩停，問公各該多少是。

答曰：各得二斤十五兩二錢五分。

法曰：置鈔三貫，以二價二十八兩、三十六兩相乘，得一千八。乘之，得三千二十四，爲實。併二價二十八兩、三十六兩，共得六十四兩，爲法。除之。合問。

又 日該共用百疋布，買得油塩千二數。四疋買塩五十斤，三疋買油二十五。

答曰：塩一千一百斤，用布八十八疋。油一百斤，用布一十二疋。

法曰：列置 四疋 三疋 一百疋
五十 二十五 一千二百 先以上、中互乘，四疋乘二十五，得一百。三疋乘五十斤，得一百五十。以少減多，餘五十，爲法。又以中、下互乘，三疋乘一千二百，得(二)[三]千六百。二十五斤乘一百，得二千五百。以少減多，餘一千一百。却以塩四疋乘之，得四千四百，爲實。以法五十除，得塩布八十八疋，該塩一千一百斤。以減總布百疋，餘得油布一十二疋，該油一百斤。合問。

又 丈六生綾二丈羅，價錢適等無差訛。只知每尺差十二，綾羅尺價各幾何。

答曰：綾尺價六十文，羅尺價四十八文。

法曰：置綾一十六尺，以差十二乘之，得一百九十二。羅二十尺，以差十二乘之，得二百四十，各自爲列實。以羅二十減綾十六，餘四尺，爲法。各除之。合問。

又 六貫二百一十錢，買却松椽價不全。每株牙錢三文足，無錢就准一株椽。

答曰：椽四十六株，椽價一百三十五文。

法曰：置錢六千二百一十，以牙錢三文除之，得二千七十，爲實。以開平方法除之，得四十五株。餘實四十五，得椽一株，共四十六株。合問。

又 借了一斤三兩絮，還他一十四兩綿。二般價鈔曾相併，一百六十五文錢。

答曰：綿兩價九文五文，絮兩價七十文。

法曰：置絮一十九兩，以相併一百六十五文乘之，得三千一百三十五文，爲實。併二價，絮十九兩，綿十四兩，共三十三兩，爲法。除之，得綿兩價九十五文。以減相併，餘得絮兩價七十文。合問。

又 三斗芝麻五斗粟，共通换得兩秤竹。不知斗價與根錢，只言從上差十六。

答曰：芝麻斗價四十文，粟斗價二十四文，竹價八文。

法曰：置粟五十，以差十六加之，得八十，爲實。以粟五斗減芝麻三斗，餘二斗，爲法。除之，得芝麻斗價四十文。以減差十六，得粟斗價二十四文。又減差十六，得竹價八文。合問。

又 八石四斗麥和黍，各價六十七貫五。斗價相併三貫半，黍麥二價如何取。

答曰：黍五石四斗，斗價一貫二百五十文。

麥三石，斗價二貫二百五十文。

法曰：四因各價六十七貫半，得二百七十。以麥、黍八石四斗乘相併斗價三貫五百文，共得二百九十四。以減二百七十，餘二十四，乃賤價每斗一貫，該黍二石四斗。以減総数八石四斗，餘六石。折半，得麥、黍各三石。黍加二石四斗，共得五石四斗。以除各價六十七貫半，得黍價一貫二百五十。加一貫，得麥斗價二貫二百五十。合問。

又 今有粟麥各一斗，共錢三百二十文。却有粟麥共一石，各價六百若爲論。

答曰：麥二斗半，斗價二百四十文。

粟七斗半，斗價八十文。

法曰：置粟一石，以共錢三百二十文乘之，得三貫二百文。却以四因各價六百，得二貫四百文。減之，餘八百文，乃賤石價，得每斗粟價八十文。以減共錢三百二十文，餘得麥斗價二百四十文。各除共錢六百文，麥得二斗半，粟得七斗半。以各斗價乘之。合問。

又 七兩四分銀錠，糴得米麥同盛，九石四斗三升。二價高低另，米價九分一斗，麥價七分無剩，請問米麥分明，精術果然通聖。

答曰：米二石一斗九升五合，麥七石二斗三升五合。

法曰：置米、麥九石四斗三升，爲實。以米斗價九分因之，得八兩四錢八分七厘。以減原銀七兩四分，餘剩銀一兩四錢四分七厘，爲實。以米價九分減麥價七分，餘價二分，爲法。除之，得麥七石二斗三升五合。以減総数，餘得米二石一斗九斗五合。合問。

又 今有一田好粟，七石六斗五升。鄉例自来六米，如何展得中停。

答曰：各二石八斗六升八合七勺五抄。

法曰：置粟七石六斗五升，以米率六乘之，得四十五石九斗，爲實。併米六升，粟一斗，共得一斗六升，爲法。除之。合問。

又 詩詞：啞子来買肉，難言錢数目。一斤短四十，九兩多十六。每兩該幾分，源錢多少肉？此題能答曰，可以學干禄。

答曰：原錢八十八文，原肉十一兩，每兩八文。

法曰：置短四十，加多十六，共五十六，爲實。以多十六減九兩，餘七兩，爲法。除之，得八。却以九兩因之，得七十二。加多十六，共得原錢八十八文。以八歸之，得肉十一兩，每兩該錢八文。合問。

又 詩詞：

九文買箇桃，二文買箇梨，一文六箇杏，百文買百枚。

答曰：桃三枚，該二十一文。

梨三十一枚，該六十二文。

杏六十六枚，該一十一文。

法曰：列置百文，百果。約之，先得一十一文，六十六杏。以減総数一百，餘得八十九文，三十四果。以桃價九文乘果，得三百六文。以減八十九文，餘二百一十七文，爲實。却以桃九文減梨二文，餘七文，爲法。除之，得梨三十一。以減果三十四，餘得桃三枚。合問。

又 **卷三《衰分》** 詞詩：今借人銀一兩，年終出利三錢，其中九月主人煎，盡数歸還不怨。七兩三錢半数，連本和利都全。問公此法兩根源，甚法求之可見。　右西江月

答曰：本銀六兩，利銀一兩三錢半。

法曰：置總銀七兩三錢五分，爲實。以每月利銀二分五厘乘九月，得二錢二分五厘。併借銀一兩，共一兩二錢二分五厘，爲法。除之，得本銀六兩。以減總銀，餘爲利銀。合問。

又 詞詩：甲向乙家取債，元本不知分毫。四分月利兩中包，此法叮嚀要考。七月終還本利，一十五兩無饒。本銀利息問根苗，各要共該多少？　右西江月

答曰：本銀一十一兩七錢一分八厘七毫五絲，

息銀三兩二錢八分一厘二毫五絲。

法曰：置總銀一十五兩，爲實。以每月銀一兩加七月利銀，得二錢八分，共一兩二錢八分，爲法。除之，得本銀。以減總銀，餘[爲]息銀。合問。

又 甲借乙銀作本，逐年倍息曾言，商經遠處整十年，近日還家計筭。二百五十六兩，連本和利都全。不知原本問根源，甚法求之可見。　右西江月

答曰：原本銀二錢五分。

法曰：置銀二百五十六兩，爲實。以三度八除，得五錢。折半。合問。

又 丙借丁鈔不用保，原本無稽考，不知多少。月利四分雖些小，今経八月来取討，還得利錢分明道。四十四兩得了，皆倍告。請問當初實多少，賢家筭時休心惱。　右鳳棲梧

答曰：兩錠三十七兩半。

法曰：置銀四十四兩，爲實。以利四分乘八月，得三錢二分，爲法。除之。合問。

又 放債主人身姓段，每貫月息三錢半。分厘毫忽不肯饒，只說他家能會筭。一客(還)[借]錢整半年，本利共該十四貫。段家筭定不相虧，依平貼還八十半。　右玉楼春

答曰：原本一十一貫五百文。

法曰：置本利一十四貫，以減貼還八十五文，餘一十三貫九百一十五文，爲實。以六因月利三錢半，得二十一。加每貫，共一貫二百一十，爲法。除之。合問。

又 家貧揭鈔起初言，每兩年終息五錢。休言定日月，咱還時筭。又不曾，約幾年，到如今八箇月熬煎，本利鈔都還不欠。總通該十兩八錢，問先生本利兩根源。　右水仙子

答曰：原本八兩一錢，利息二兩七錢。

法曰：置總銀十兩八錢，爲實。以年息五錢，用八个月歸之，得六分二厘五毫。却以十二月乘之，得七錢五分，爲法。乘之，得原本銀八兩一分。以年息五錢乘之，得四十兩五錢。却以十二月除之，得三兩三錢七分五厘。又以八月乘之，得利二兩七錢。合問。

又 三兩絲錢價不偏，其綿四(兩)[錢]減都全，外餘剩下五分半，十一兩綿以價言。絲五兩，減張綿，一錢九五是餘錢。若知二價該多少，堪把佳名四海傳。　右鷓鴣天

答曰：絲兩價一錢一分半，綿兩價七分。

法曰：置綿四錢，減外餘五分半，該剩三錢四分半。以絲三兩除之，得絲兩價一錢一分半。以乘絲五兩，得五錢七分半。加餘錢一錢九分半，共七錢七分。以綿十一兩除之，得綿兩價七分。合問。

又 饒均善有縱横藝，七月還錢七貫二。
每月利錢四十文，多少本錢多少利？

答曰：原本五貫六百二十五文，利錢一貫五百七十五文。

法曰：置鈔七貫二百文，爲實。以利錢四十文因七月，得二百八十文。加一貫，共得一貫二百八十文，爲法。除之，得原本五貫六百二十五文。以減總鈔，餘得利錢。合問。

又 今有書生至精細，每日熟寫九十字。
師傅逐日加添(二)[三]，問寫一月多少是？

答曰：四千五字。

法曰：置一月，計三十日，張二位。内一位減一，餘得二十九日。相乘三十日，得八百七十。折半，得四百三十五。以每日加三字乘之，得一千三百五字。併入一月三十日，以九十字乘之，得二千七百字，共得四千五字。合問。

又　無錢借債一年期，總利都還五秤絲。原議一斤息二兩，問公原本要先知。

答曰：五十斤。

法曰：通絲五秤，得七十五斤，爲實。以月十二爲法，除之，得六十二斤半。却以息二兩作一二五除之，得原本五十斤。合問。

又　**卷六《均輸》**

一箇公公不記年，手持主杖在門前。一兩八銖泥彈子，每歲窓前放一丸。只爲歲深經雨濕，總然化作一泥團。都却秤来八斤半，借問公公活幾年？

答曰：一百二歲。

法曰：置総数八斤半，以每斤銖法三百八十四銖乘之，得三千二百六十四銖，爲實。以一兩作二十四銖，加八銖，共三十二銖，爲法。除之。合問。

明·徐心魯《盤珠算法》卷二　法曰：以八斤半加六，化作一百三十六兩。又以每両二十四乘之，淂三千(三)[二]百六十四銖。却以一両八銖共化作三十二銖。法用截帰、四八帰各一遍。合問。

明·柯尚遷《數學通軌》第三《九章釋例》　先将八斤半加六，作兩，得一百三十六兩。又以每兩二十四銖乘之，得三千二百六十四銖。(却以一兩二十四銖乘之得三千二百六十四銖)却以一兩八銖共化作三十二銖，爲灋。除之，該年一百零二歲。

明·吴敬《九章筭法比類大全》卷六《均輸》　詩詞：[家]有黄犍九具，終朝使用耕田。憨懃五日志心堅，二頃八十畝見。又有九十八頃，昨朝遍謁鄉賢。四十五具壯黄犍，借問幾朝耕遍。　右西江月

答曰：三十五日。

法曰：置有田九十八頃，乘借犍四十五具，得四千四百一十，爲實。以原犍九具乘原耕日五日，得四十五日。又乘耕田二頃八十畝，得一百二十六，爲法，除之。合問。

又　鶴起南朝七日，飛臨北海波津。北溟鴈起又南行，九日南陽避冷。鶴鴈同時飛起，不知何日相侵。諸人通筭會縱横，莫要佯推不醒。　右西江月

答曰：三日一十六分日之一十五。

法曰：置日数七日，九日，相乘，得六十三日，爲實。併日数七日，九日，共一十六日，爲法。除之。合問。

又　客持胡桃九馱，曾經兩處抽分。舶司九一不饒人，関内征商更緊。十六分中取二，税訖放過関門。九百五十九斤存，要見原持試問。　右西江月

答曰：八十二秤三斤。

法曰：置見桃九百五十九斤，以所税九分、八分乘之，得六万九千四十八斤，爲實。以税九分税一，餘八。八分税一，餘七。相乘，得五十六，爲法。除之。合問。

又　客持木香有数，舶司九一抽分。十六取二是關津，二處征商俱緊。經過兩司共税，二百七十四斤。聞公能筭邁同倫，要見原持請問。　石西江月

答曰：八十二秤三斤。

法曰：置共税香二百七十四斤，以所税九分，八分相乘，得七十二分。乘之，得一万九千七百二十八，爲實。以税九分税一餘八，八分税一餘七，相乘，得五十六。減所税相乘七十(一)[二]，餘一十六，爲法。除之。合問。

又　一匠専功爲羽，五十儘自終朝。一(日)[匠]爲箄逞功勞，日晚三十方了。一匠専功爲筈，朝昏十五無饒。欲令獨造倣前條，日造矢成多少。　右西江月

答曰：八矢少半矢。

法曰：置所造矢箄三十，羽五十，筈(七十)[十五]，爲分母。以匠一人，一人，一人爲分子。以母互乘子，一人乘三十，又乘五十，得一千五百。一人乘三十，又乘一十五，得四百五十。一人乘五十，又乘一十五，得七百五十。併之，得二千七百，爲法。以分母相乘，三十乘五十，得一千五百。又乘一十五，得二万二千五百，爲實。以法除。合問。

又　一匠専爲虱筤，終朝五十力彈。一爲蟣筤未曾閑，三日造成暮晚。假令一人獨造，二色俱要同完。照依前例有何難，會者筭中甚罕。　右西江月

答曰：一十二箇半。

法曰：置筤，虱筤五十，蟣筤五十，爲分母。以匠功一日，三日爲分子。以母互乘子，一日乘五十，得五十。三日乘五十，得一百五十。併之，得二百，爲法。以分母相乘，五十乘五十，得二千五百，爲實。以法除之。合問。

又　甲於東京起步，三日方到西京。西京有乙起初程，五日東京翫景。假

使乙先一日，不知何日相侵。吾儕都道會縱橫，莫得徉推不醒。　右西江月

荅曰：一日半。

法曰：置乙先一日，減元程五日，餘四日。乘甲程(二)[三]日，得一十二日，爲實。併二行程，甲(二)[三]日，乙五日，得八日，爲法。除之。合問。

又　甲乙同時起步，其中甲快乙遲。甲行百步且教亡，乙纔六十步已。使乙先行百步，甲行起步方追。若追幾步恰方及，筭得揚名説你。　右西江月

荅曰：二百五十步。

法曰：置甲行百步，乘先行百步，得一万步，爲實。以甲行百步減乙行六十步，餘四十步，爲法。除之。合問。

又　寶紙團圓一卷，經量二尺無饒。每張紙厚問根苗，三忽無餘不少。欲問舒開幾里，推窮里数分毫。英賢説你筭才高，一問教公必倒。　右西江月

荅曰：紙長五百五十五里二百步。

法曰：置量二尺，折半，得一尺。以三因，得三尺。却以紙厚三忽除之，得一百万忽。自乘，得一万億忽。折半，得五千億忽。以尺位定之，得五十万尺。以每步五尺除之，得紙長一十万步，爲實。以每里三百六十步爲法，除之，得二百七十七里二百八十步。倍之，得紙長。合問。

又　詩詞：甲乙隔溝牧放，二人暗裏參詳。甲云得乙九箇羊，多你一倍之上。乙説得甲九隻，兩家之数相當。二邊閑坐惱心腸，畫地筭了一晌。　右西江月

荅曰：甲六十三隻，乙四十五隻。

法曰：置甲七，乙五，以各得九隻乘之。合問。

明・程大位《筭法統宗》卷一五《難題》　解曰：甲云借乙九隻，共七十二。乙借與甲九，仍三十六。故曰甲多乙一倍。乙云借甲九隻，共五十四，甲仍五十四。故云相當。

法曰：甲羊添乙羊九个，多乙羊一倍者，爲二十一分。却減借乙羊九个，爲一分，浄一十九分。另以乙羊添甲九个，両家相當者，爲十分内減借甲九个，爲一分，浄得九分。置甲一十九分，以九乘之，得一百七十一。又以乙九分，以九乘之，得八十一。相減，餘九十。折半，得乙羊四十五隻。又以甲一百七十一内減乙羊四十五，餘一百二十六。折半，得甲羊六十三隻。合問。

明・吴敬《九章筭法比類大全》卷六《均輸》　詩詞：忽見兎兒放犬追，未知先走，步跡難推。一千二百犬驅馳，短少二十，未及相随。犬急求之兎力微，又追四百，兎步行直。趕過四十步無移，兎子先行，幾步何如。　右一剪梅

荅曰：兎走二百步。

法曰：置犬追一千二百步，以併趕過四十步，未及二十步，共六十步。乘之，得七万二千步，爲實。以又追四百步爲法，除之，得一百八十步。加未及二十步，共二百步。合問。

又　嘆豪家子弟心閑樂，邀亘逍遥，好養鵓鴿。只記得，五箇白兒，九箇麻褐，四日食三升九合。更有此鳳頭，毛脚錦，皆相和二十八箇。計数若多，饒你筭子儸儸，問一年粮数目如何。　右折桂令

荅曰：七石二升。

法曰：置白兒五个，麻褐九个，共一十四个，該四日食三升九合，每日食九合七勺五抄。相和二十八个，每日食二升九合五勺。以三百六十日乘之。合問。

又　昨日街頭幹事畢，閑来税局門前立。客持三百疋役司，每疋必須税二尺。收布一十五疋半，局中貼回錢六百。不知一疋賣幾何，只言每疋長四十。　右玉楼春

荅曰：一貫二百文。

法曰：置布三百疋，以税二尺乘之，得六百尺，於上。以收布一十五疋半，每疋四十尺乘之，得六百二十尺。以減該税六百尺，餘二十尺。以除貼錢六百，每尺得三十文。以疋法四十尺乘之。合問。

又　今年秋粮都納米，顧船搬載該倉去。未知共該幾隻船，裝完五萬七千六。河中濕漏船一隻，每船負帶一石去。止剩一石帶不了，請問原船多少數。　右玉楼春

荅曰：二百四十隻。

法曰：置米五万七千六百石，以開平方法除之。合問。

又　今有王屠来税局，局内便要税錢足。每斤合税錢二文，割了一十二兩肉。走到街頭却賣了，該錢二百一十六。試問斤價肉何如，甚麽法曰筭得熟。　右玉楼春

荅曰：肉九斤，斤價二十四文。

法曰：置賣錢二百一十六文，以割肉十二兩通作七五，乘之，得一百六十

二。却以每斤合税二文除之，得八十一，爲實。以開平方法除之，得肉九斤。以除賣錢一百一十六文，得斤價二十四文。合問。

又 小校先行約五十，將軍馬上後驅馳。趕程三百二十步，欠行十步不能追。休暫住，莫停遲，更追幾步得相齊？此般妙法人希會，筭得無差敬重伊。　　右鷓鴣天

荅曰：更追八十步。

法曰：置已追三百二十步，以不及一十步乘之，得三千二百步，爲實。以先行五十步減不及一十步，餘四十步，爲法。除之。合問。

又 詩詞：三足團魚六眼龜，共同山下一深池。九十三足亂浮水，一百二眼將人窺。或出没，往東西，倚欄觀看不能知。有人筭得無差錯，好酒重斟贈數盃。　　右鷓鴣天

荅曰：團魚一十五箇，龜一十二箇。

法曰：置列 三足　四足　九十三足
二眼　六眼　一百二眼 互乘，三足乘六眼，得一十八。四足乘二眼，得八。又以六眼乘九十三，得五百五十八。四足乘一百二眼，得四百八。以少減多，餘一百五十，爲實。以十八減八，餘一十，爲法。除之，得團魚一十五个，足四十五，眼三十。以減總数，餘四十八足，七十二眼，該龜一十二个。合問。

明·程大位《筭法統宗》卷一五《難題》 解曰：此乃托物比興，以團魚三足，二眼，龜四足，六眼，共九十三足，共一百二眼。

法曰：置 三足　四足　九十三足
二眼　六眼　一百二眼 互乘。先以三足，六眼乘，得一十八。以四足，二眼乘，得八。以少減多，餘一十，爲法。又以六眼乘九十三足，得五百五十八。又以四足乘一百二眼，得四百令八。以少減多，餘一百五十，爲實。以法除之，得團魚一十五个。以三足乘之，得足四十五。以減總足，餘四十八足。以龜四足除之，得龜一十二个。合問。

明·吴敬《九章筭法比類大全》卷六《均輸》

八臂一頭號夜叉，三頭六臂是那吒。
兩處争強來鬭勝，二相勝負正交加。
三十六頭齊斯種，一百八手乱相柧。
傍邊看者慇勤問，幾箇那吒幾夜叉。

荅曰：那吒十箇，夜叉六箇。

法曰：置列 一頭　三頭　三十六頭
八臂　六臂　一百八手 互乘，一頭乘六臂，得六臂。三頭乘八臂，得二十四臂。又以那吒三頭乘一百八手，得三百(一)[二]十四手。又以六臂乘三十六頭，得二百一十六頭。以減三百二十四手，餘一百八手，爲實。却以六臂減二十四臂，餘一十八臂，爲法。除之，得夜叉六个，頭六个，臂四十八。以減三十六頭，一百八手，餘三十頭，六十臂，得那吒六个。合問。

又 甲乙二人同赴京，二千七百路無零。甲日一百二十里，八十里行是乙程。甲今先到回迎乙，未知幾里得相迎？此法雖不堪爲妙，學者亦不可看輕。

荅曰：乙行二千一百六十里，行二十七日，甲回迎五百四十里。

法曰：置二千七百里，爲實。併甲行一百二十里，乙行八十里，共二百里。折半，得一百里，爲法。除之，得二十七日。却以甲行一百二十里乘之，得三千二百四十里。以減總程二千七百里，餘五百四十里，爲回迎步数。又以二十七日乘乙行八十里，得二千一百六十里。合問。

又 甲乙二人同赴京，不知日數不知程。甲日行路百五十，百二十五是乙程。甲今先到回迎乙，二百里地恰相迎。加減乘除誰不會，此法亦湏筭會能。

荅曰：俱行一十六日，到程二千二百里。

法曰：置回迎二百里，爲實。以乙程一百二十五里減甲程一百五十里，餘二十五里。折半，得一十二里半，爲法。除之，得行一十六日。以甲行一百五十里乘之，得二千四百里。減回迎二百里，餘二千二百，爲到程。合問。

又 諸葛親統八員將，每將又分八箇營。
每營裏面排八陣，每陣先鋒有八人。
每人旗頭俱八箇，每箇旗頭八隊成。
每隊更該八箇甲，每箇甲頭八箇兵。

荅曰：計一千九百一十七萬三千三百八十五人。

法曰：置先鋒、旗頭、隊長、小甲兵，各遁以八因，見数加統，兵一將八，得数。合問。

明·程大位《筭法統宗》卷一五《難題》 法曰：置總兵一，以八因之，得將八員。又八因，得营六十四。又八因，得陣五百一十二。又八因，得先鋒四千令九十六人。又八因，得旗頭三萬二千七百六十八人。又八因，得隊長二十六萬二千一百四十四人。又八因，得甲二百零九萬七千一百五十二人。又八因，得兵一千六百七十七萬七千二百一十六人。除营陣不作数，其總兵將先鋒旗隊甲兵併之。合問。

馬傑曰：以八八相因，得六十四。自乘得数，又自乘得数，加總兵一，共得一千六百七十七萬七千二百一十七人。予據傑變用此法差数二百餘萬，《改正》之誤也。

比如有錢一文，每日生利八文。問八日該生利併本一文，問共若干。

答曰：一千六百七十七萬七千二百一十七文。

法曰：置初日利八文，自乘，得六十四文。又以六十四文自乘，得四千零九十六文。又以四千零九十六自乘，得一千六百七十七萬七千二百一十六文。加本錢一文。合問。

前諸葛統兵一問出吴氏《九章》，因傑《改止》数差，反爲不正，故設此問，以明上意。

明·吴敬《九章筭法比類大全》卷六《均輸》

客人寄酒主人家，分明五斗不曾慳。
此處主人没道理，四升添水換三番。
每度换時先取酒，後頭添水不爲難。
升斗雖然合舊数，酒[水俱]存各若干。

答曰：酒[三]斗八升九合三勺四抄四撮，
水[一]斗一升六勺五抄六撮。

法曰：置第一度酒五斗，内盗四升，存酒四斗六升，水四升。第二度盗酒四升，以八因酒四斗六升，得三升六合八勺，水四升得三合二勺。止存酒四斗二升，以八因酒四斗二升三合二勺，水七[升]六合[八]勺。第三度盗酒四升，以八因酒四斗二升三合二勺，得三升三勺[八合]五抄六撮，水七升六合八勺得六合一勺四抄四撮，餘存酒水。合問。

又 今到某州二千七，十八人騎馬七匹。
言定十里輪轉騎，各人騎行怎知得？

答曰：人[行]六百五十里，
騎馬一千[五十]里。

法曰：置州里二千七百里，爲實。以人十八爲法，除之，得每人一百五十里。以馬七匹乘之，得騎馬一千五十里。以減州里，餘得人行一千六百五十里。合問。

清·劉彝程《九章實義》卷一下《以比例運九章》 法：以十八爲路程分数，七爲騎行分数，則步行爲十一分。乃設比例：

彼共分一八，
既得共路二七〇〇。
此騎行分七， 步行分一一，
必得騎行路一〇五〇。 必得步行路一六五〇。

明·吴敬《九章筭法比類大全》卷六《均輸》 今有某州二千八，十四人騎九匹馬。每人十里輪轉騎，幾里騎行幾步耍。

答曰：人行一千里，騎馬一千八百里。

法曰：與前法同。

又 大車一輪十八輻，小車一輪十六輻。
數了五十一條軸，千六九十六條輻。

答曰：大車一十六輛，小車三十五輛。

法曰：置総数五十一條，爲實。以大車十八，二因，得三十六。乘之，得一千八百三十六。以減一千六百九十六，餘一百四十。却以大車十八，小車十六，以少減多，餘二。倍之，得四，爲法。除之，得小車三十五輛。以減総数五十一，餘得大車一十六輛。合問。

又 騾行七十馬行九，先放騾行六日走。
次後放馬去追騾，不知幾日得相守。

答曰：二十一日。

法曰：置騾行七十，乘先行六日，得四百二十，爲實。以騾行七十減馬行九十，餘二十，爲法。除之。合問。

又 三人二日四升七，一十三口要粮吃。

一年三百六十日，借問該粮幾多石。

答曰：三十六石六斗六升。

法曰：置今吃粮一年計三百六十日，乘今人口一十三口，得四千六百八十。又以原吃粮四升七合乘之，得二百一十九石九斗六升，爲實。以原人三乘原日二，得六，爲法。除之。合問。

又　三人二日四升七，一十三口要粮吃。三十六石六斗六，不知吃了幾何日。

答曰：三百六十日。

法曰：置今吃粮三十六石六斗六升，以原人三乘之，得一百九石九斗八升。又以原日二乘之，得二百一十九石九斗六升，爲實。以吃粮四升七合乘今人一十三口，得六斗一升一合，爲法。除之。合問。

又　甲日織綾一丈七，乙織丈三盡其力。令乙先織六十日，次後甲織幾日及。

答曰：甲織一百九十五日。

法曰：置乙織綾一丈三尺，乘先織六十日，得七十八丈，爲實。以甲織一十七尺減乙織一十三尺，餘四尺，爲法。除之。合問。

又　大馬每匹料五升，小馬一匹四升平。共関六十三石料，一夜喂飽剩一升。

答曰：大馬一百一十五匹，小馬一千四百三十一匹。

法曰：置料六十三石，以減剩一升，餘六十二石九斗九升。以約大馬一百一十五匹，每匹五升乘之，得五石七斗五升。減餘五十七石二斗四升，爲實。以小馬每匹四升爲法，除之，得小馬。合問。

又　十六西瓜十七瓠，兩車推去無斤数。若還易換過一枚，兩箇車兒停推去。

答曰：瓜重一秤，瓠重一十四斤。

法曰：置列十五瓜　一瓠
　　　　　一瓜　十六瓠互乘，十五瓜得二百四十，一瓜得一箇。以少減多，餘重二百三十九斤，爲實。以瓜十五爲法，除之，得瓜重一十五斤，餘實一十四斤，得瓠重。合問。

又　騾行五十馬行七，先行後趕俱未及。各行日数曾相併，共行筭該十八日。

答曰：騾行十日半，馬行七日半。

法曰：置共日十八，以馬七十乘之，得一千二百六十，爲實。併馬行七十，騾行五十，共一百二十，爲法。除之，得騾行一十日半。以減共日，餘得馬行七日半。合問。

又　四脚碾子三脚樓，一群八十四隻牛。趕了一出恰輥遍，幾多樓碾得相投。

答曰：樓四十八隻，碾三十六隻。

法曰：置牛八十四隻。以碾四脚，樓三脚相乘，得一十二。乘之，得一千八，爲實。併碾四，樓三，共得七，爲法。除之，得一百四十四。以三脚除之，得樓四十八隻。以四脚除之，得碾三十六隻。合問。

又　廬山山高八十里，山峯頂上一粒米。粒米一轉正三分，幾轉直至山脚底。

答曰：四百八十萬轉。

法曰：置山高八十里，以三百六十步乘之，得二万八千八百步。每步以五十寸乘之，得一百四十四万寸。以轉三分除之。合問。

又　二人推車忙辛苦，半徑輪該尺九五。一日轉輪二萬遭，問公里数如何数。

答曰：一百三十里。

法曰：置半徑輪一尺九寸五分。倍之，得三尺九寸，爲全徑数。三因之，得一百一十七寸，爲一轉数。却以二萬遭乘之，得二百三十四万寸，爲實。以里步三百六十，以五十寸乘之，得一万八千寸，爲法。除之。合問。

又　四人五日去淘金，五兩七錢零六分。[百日要淘]三秤足，問公當用幾何人。

答曰：二十五人。

法曰：通三秤，得四十五斤。求兩，得七百二十兩。以四人因之，得二千八百八十兩。又以五日因之，得一万四千四百兩，爲實。以淘金五两七錢六分乘今淘百日，得五百七十六兩，爲法。除之。合問。

又　今有四人来做工，八日工價九錢銀。二十四人做半月，試問工錢該幾分。

答曰：一十兩一錢二分五厘。

法曰：置人二十四，以作一十五日乘之，得三百六十。又以銀九錢因之，得三百二十四兩，爲實。以人四乘八日，得三十二，爲法。除之。合問。

又 二十四匹馬和驢，支料九斗並無餘。馬支五升驢支二，問公多少馬和驢。

答曰：馬一十四匹，支七斗

驢一十匹，支二斗。

法曰：置馬、驢二十四匹，以每匹支二升，共四斗八升。以減共支九斗，餘剩四斗二升，爲實。以驢支二升減馬支五升，餘三升，爲法。除之，得馬一十四匹。以減總數，餘得驢一十匹。合問。

又 騾行七里馬行九，先放騾行七里走。次後馬走趕騾行，幾里相隨一處有。

答曰：三十一里半。

法曰：置馬行九里，以乘騾先行七里，得六十三里，爲實。以騾行七里減馬行九里，餘二里，爲法。除之。合問。

又 鷂子日飛八百，鴈飛六百無疑。鴈先飛去半月，鷂子幾日趕齊。

答曰：四十五日。

法曰：置鴈飛六百，以先飛十五日乘之，得九千，爲實。以鷂飛八百減鴈飛六百，餘二百，爲法。除之。合問。

明·王文素《筭學寶鑑》卷一一《粟米》

物有高低價数稱，両般相易要公平。
数如换数乘他数，本数除之不必争。
價换價時乘本價，却将他價法除攻。
借寬還窄由斯取，易换金銀木值同。

又 異乘同除：

異乘同除法須知，物賣錢乘作例推。
先下原錢乘只物，却将原物法除之。
将錢買物互乘取，百里千斤一類推。
筭者留心能善用，一糸一忽不差池。

解曰：切論此術，即互换法也。往往見人多以「差分」代之。是術雖與差分相似，其寔旨趣不同。愚謂先乘而後除者，[曰]「互换」。先除而後乘者，曰「差分」。若遇巧積，則用差分。或遇拙積，則用互换。今並立題(積)[術]如左。

又 西江月 今借人銀一両，年終出利三錢，其中九月主人前，本利歸還不怨。七両三錢半數，[連]本和利都全。問君此法両根源，甚法求之可見。(戴)[載]《九章》。

答曰：本(利)[銀]六両，利銀一両三錢五分。

《九章》原法曰：置総銀七両三錢五分，爲寔。以每月利銀二分五厘乘九月，得二錢二分五厘。(保)[并]借銀一両，共一両二錢二分五厘，爲法。除之，得本銀六両。以減総銀，餘一両三錢五分，爲利銀。合問。

證曰：當下年利三錢，以十二月除之，方得每月利二分五厘，爲(足)[是]。此又係巧題，可用前法求之。若遇拙題，有碍。須得通分布算，故立下題以証之。

又 **卷二二《遲疾行程》** 疾遲不等口訣：

疾遲不等下先行，問里須将疾率乘。
若問日期乘慢率，乘来爲實且留停。
別将二率須相减，所剩餘零作法行。
以法歸除前寄實，趕追里日自分明。

又 **卷二四《就物抽分》** 就物抽分：

解曰：此術雖名就物抽分，亦猶併率差分也。題問不一，有俱論價者、俱論数(此)[者]，俱論互换者，又有互换相雜者。歷讀諸家筭籍，抵有二率論價題問，其論價数互换相雜，及三率以上者，俱未收載。古立一数，秖云二價之捷徑耳。今愚編一俚訣，総[括]諸題，又撰論價二数一訣。語句雖倍，術理庶侔，載之于左。

就物抽分法展舒，並排物價両邊居。
連乘衆物爲都母，各價乘来各物除。
歷歷求成諸率数，併而爲法莫踈虞。
各将総物乘諸率，以法除之数不虚。

又 抽分衆價聽良語，総物相乘脚價許。

併價除来是脚抽，総中減脚餘歸主。
二数抽分顛倒来，總乘脚数權居處。
併数除来物主收，減総所餘脚户取。

又 **《悞和差分》** 碾米未精口訣：
總穀之中減未精，餘乘米率寔分明。
糠率除来爲細米，糙中減米穀知情。

又 **《匿積分身》** 匿積分身：
匿積分身聽本源，貴乘差價寔爲玄。
別將貴賤物相減，餘法除知賤價錢。

又 **《收納課税》** 收納課税：
税銀総物價相乘，税法除来該税称。
数物也須通税法，通来除總税銀明。
已税物先通税法，通来減総法留零。
貼銀税法通爲法，以法除之物價清。

明・柯尚遷《數學通軌》第三《九章釋例》
今有四人来做工，八日工價銀九錢。
二十四人做半月，試問工錢該幾分。
答曰：一十兩一錢二分五厘。

瀝曰：置人二十四，以作工十五日乘之，得三百六十。又以銀九錢因之，得三百二十四兩，爲實。以人四乘八(百)[日]，得三十二，爲瀝。除之。合問。

又 諸葛營中賞戰軍，轅門聽得各分銀。
每人賞他三兩五，却又多了六兩銀。
每人賞他三兩三，又多二兩八錢銀。
請問世間高算(平)[手]，幾多銀數幾多軍。

先以每人三兩五錢，内除每人三兩三錢，餘二錢，爲二歸瀝。另以多銀六兩，内除多銀二兩八錢，餘三兩二錢。以二歸歸之，得一兩六錢，即一十六(運)[錢]，爲實。却以每人三兩五錢乘之，得五十六兩。内除所多六兩，該五十兩。若以每人三兩三錢乘之，得五十二兩八錢。内除二兩八錢，亦是五十兩。該軍一十六名，共該賞銀五十兩。

明・周述學《曆宗算會》卷一五《歌訣》 異乘同除法：
原錢今物異相乘，原物除之同一情。
將錢買物互乘取，除用原錢法最明。

又 子母分法：
数餘約法亦當知，子母更相減損宜。
却以減餘爲法則，除来分数不差池。
分有子母用相通，分母乘全分子從。
却以通分乘爲實，法乘分母數方同。

又 互分：
穀爲糙米要須知，法實分明莫亂提。
米爲實数穀爲法，以法除之更不疑。
若言糙米爲白米，糙法白實以除之。
要将易换貴求賤，乘来除去不差池。
官粮見耗有来因，耗米先將都米乘。
正耗併来爲法則，除来耗米自分明。
若求正米無他訣，別置都粮以正乘。
前法除之當見正，叮寧學者細推尋。

明・程大位《筭法統宗》卷一三《難題》 西江月　帝城三五元宵，鰲山兩樣燈毬。都來一秤三斤油，七兩又來添湊。三兩分爲四盞，四兩分作三甌。三停盞子二停甌，請問先生知否。

荅曰：甌一百二十隻，油十斤。
盞一百八十箇，油八斤七兩。

法曰：置油一秤，爲一十五斤，又添三斤，共一十八斤。每斤用加六法，得二百八十八兩。又添七兩，共二百九十五兩。以每两二十四銖乘之，得七千零八十銖，爲實。另置油三兩，以二十四銖乘，得七十二銖。以四盏歸之，每盞得一十八銖。又以三停乘之，得五十四銖，爲盞之法。另又置油四兩，以二十四銖乘之，得九十六銖。以三甌歸之，每甌得三十二銖。又以二停乘之，得六十四銖，爲甌之法。併甌，盞二法，共一百一十八，爲總法。除实七千零八十銖，得六十，爲則。以二停因，得一百二十，爲甌数。以每甌油三十二銖乘之，得三千八百四十銖。以每斤三百八十四銖除之，得十斤，爲甌油總數。另以則六十，以三停因之，得一百八十，爲盞總数。以每盞油一十八銖乘之，得三千二百四十銖。

以每兩二十四銖除之，得一百三十五兩。以斤法一十六兩除之，見一無除作九一，無除起一下还一。六八除四十八，餘七兩。不可除，即是八斤七兩，爲盞油總數。併甌總油，共一十八斤七兩。合問。

清・方中通《數度衍》卷一七《差分》　式九　鰲燈一座，大、小燈毬。大每三盞油四兩，小每四盞油三兩。其小燈多大燈二之一，共用油十八斤七兩。問大、小燈及用油各若干。

曰：大燈一百二十盞，用油十斤。

小燈一百八十盞，用油八斤七兩。

術：因有二之一，立大母二，小母三。小多大二之一，故作三。通斤爲兩：用粟布法。以十八斤七兩通作二百九十五兩。又通兩爲銖：每兩二十四銖，通作七千〇八十銖。先求大、小每盞油數：以三盞、四盞爲各首率。以二十四銖爲次率，以四兩、三兩爲各三率，求得大每盞用油三十二銖，小每盞用油十八銖。再求大、小盞數：以母二乘三十二，得六十四。以母三乘十八，得五十四。并，得一百一十八，爲首率。以總油七千〇八十銖爲次率，以母二、母三爲各三率，求得各盞數。以各每盞銖數乘，得大共用三千八百四十銖，小共用三千二百四十銖。各歸整，得油數。

明・程大位《算法統宗》卷一三《難題・粟布》　西江月　白麵秤來四斤，使油一斤相和。今來有麵九斤多，六兩五錢不錯。已用香油和合，二斤十二無訛。再添多少麵來和，不會應須問我。

荅曰：添麵一斤九兩五錢。

法曰：用異乘同除法。置今有油二斤十二，先將十二兩化爲七五，于二斤之次，以乘原麵四斤，得麵一十一斤，爲實。以原用油一斤爲法，除之，如故，仍得實，麵一十一斤。減去已用麵九斤六兩五錢，餘爲添麵一斤九兩五錢。合問。

又　西江月　甲釧九成二兩，乙釵七色相同。李銀舖内偶相逢，各欲改成器用。其子未詳所以，誤將一處銷鎔。當時悶惱李三翁，又把筭師攪動。

荅曰：共銷鎔八成色金四兩，

甲該分二兩二錢五分，折足色一兩八錢。

乙該分一兩七錢五分，折足色一兩四錢。

法曰：置甲金二兩，折足色一兩八錢。乙金七成二兩，折足色一兩四錢。併之，得足色三兩二錢。以原金二共四兩歸之，得八色。就以八爲法，除甲一兩八錢，得甲金二兩二錢五分。亦以法八除乙一兩四錢，得乙金一兩七錢五分。合問。

又　水仙子　爲商出外去經營，將帶白銀去販參。爲當初，不記原銀錠，只記得七錢七，買六斤。脚錢便使用三分，總記用牙錢四錠，是六分中取二分。問先生服[販]買数分明。

荅曰：人參四萬三千五百斤，原銀六千兩，

牙錢二百兩。脚錢二百一十七兩五錢。

解曰：每人參六(一)[斤]價七錢七分，又用脚錢三分，牙錢六分中取二分，共牙錢四錠，計二百兩，乃是六十分中取二分也。

法曰：置牙錢四錠，以錠率五十兩乘之，得二百兩。以六十分取二分，該得原銀六千兩。減牙錢二百兩，餘剩五千八百兩。以買參六斤因之，得三萬四千八百斤，爲實。却以價七錢七分併脚錢三分，共八錢，爲法。除之，得參四万三千五百斤。以每六斤歸之，得七千二百五十斤。以參價七錢七分乘之，得參價五千五百八十二兩五錢。以減總銀五千八百兩，餘得脚銀。合問。

又　歌：二丈四長尺八濶，四兩半銀休打脱。三丈六長尺六濶，該銀多少要交割。

荅曰：六兩。

法曰：用異乘同除法。置今長三丈六尺，濶一尺六寸相乘，得五丈七尺六寸。以乘賣銀四兩五錢，得二百五十九兩二錢，爲實。以原長二丈四尺，濶一尺八寸相乘，得四丈三尺二寸，爲法。除之。合問。

又　西江月　客向新街糴米，共量八十四石，一千二百七十知，石價盡依鄉例。　雇覓小車搬運，裝錢三百三十。脚言家内缺粮食，只據原錢要米。

荅曰：客米六十六石六斗七升五合，脚米一十七石三斗二升五合。

法曰：此乃就物抽分之法。置米八十四石，以價一千二百七十文乘之，得一十万令六千六百八十文，爲實。併石價、脚錢。共一千六百文，爲法。除實，得客米數。以減總米，餘爲脚米。合問。

又　**卷一五《難題・均輸》**　西江月　甲乙同時起步，其中甲快乙遲。甲行百步且交立，乙纔六十步矣。使乙先行百步，甲行起步方追。不知幾步方追及。筭得揚名説你。

荅曰：二百五十步。

法曰：置甲行百步，乘先行百步，得一萬步，爲實。另以甲行百步減乙行六十步，餘四十步，爲法。除之。合問。

又　歌：今有四人來做工，八日工價九錢銀。二十四人做半月，試問工錢該幾分。

答曰：一十兩零一錢二分五厘。

法曰：置二十四人，以一十五日乘之，得三百六十。又以銀九錢因之，得三百二十四兩，爲實。以四人乘八日，得三十二日，爲法。除之。合問。

又　歌：昨日街頭幹事畢，閑來稅局門前立。見一客持三百布，每疋必須稅二尺。貼回銅錢六百文，收布一十五半疋。不知每疋賣幾何，只言每疋長四十。

答曰：一貫二百文。

法曰：置布三百疋，以稅二尺乘之，得六百尺。另以收布一十五疋半，以疋法四十尺乘之，得六百二十尺。以減該稅六百尺，餘得多稅二十尺，爲法。以貼回錢六百文爲實。以法除之，得每尺價三十文。以乘每疋長四十尺，得一貫二百文。合問。

雞兔同籠因前九卷均輸章内已有，故不重述。

清・程先甲《蒙學課本・算學歌訣》　官糧帶耗訣：

官糧帶耗在其中，一石例加七升同。
要見正米減去七，隔位除之法更通。

又　就物抽分訣：

抽分法就物中抽，腳價乘他都物求。
別用腳錢併物價，以之爲法要除周。
除來便見腳之總，餘者皆爲主合留。
算者不須求別訣，只將此法記心頭。

同乘同除分部

題解

清・陳世明《數學舉要》卷一《同乘同除法》　同乘同除法：古以併乘爲異乘同乘，併除爲異除同除，今併用之。

算法

元・朱世傑《算學啓蒙》卷上《庫務解稅門》　今有人借錢，共還本利九百九十六貫六百五十六文。只云每貫月利三十五文，今九箇月一十八日，問元借錢幾何。

答曰：七百四十六貫。

術曰：置共還錢爲實。列九箇月六分，六分者，乃三十日除一十八日。以三十五文乘之，得數。加本錢一貫，共得一貫三百三十六文，爲法。實如法而一，得元借錢數。合問。

清・王鑒《算學啓蒙述義》　案：一十八日乃三十日十分之六，故曰六分。得數後，加本錢一貫，乃一貫之本利共數。於共還錢内每減一貫之本利共數，得元錢一貫。故以一貫之本利共數除之，即得元借錢數。

清・徐鳳誥《算學啓蒙通釋》　按：此合數比例也。以一率本利和與二率本錢之比，即知三率本利和與四率本錢之比也。

一率　本錢一貫　今九箇月六分利，應得三百三十六文。合得一貫三百三十六文

二率　本錢一貫文

三率　共本利九百九十六貫六百五十六文

四率　本錢七百四十六貫文

元・朱世傑《算學啓蒙》卷上《庫務解稅門》　今有人借銀九十兩，月利二兩。只云今共還四千三百五十六兩，經三箇月一十二日，問本利幾何。

答曰：本銀四千五十兩，利銀三百六兩。

術曰：置共還銀，以九十兩乘之，得二十九萬二千四十，爲實。三箇月四分以二兩因之，得數。加入九十兩，共得九十六兩八錢，爲法。實如法而一，得本銀。反減共還銀數，餘即利銀也。合問。

清・王鑒《算學啓蒙述義》　案：十二日係三十日十分之四，故曰四分。九十兩每月得利二兩，三箇月四分得利六兩八錢。加九十兩，得九十兩之本

利共數。以九十兩乘共還銀，是將共還加九十倍矣。於此數内每減九十兩之本利共數，得本銀一兩。故以九十兩之本利共數除之，即得本銀矣。

清・徐鳳誥《筭學啓蒙通釋》 按：此合數比例也。以本銀九十兩經三箇月一十二日，得本利共九十六兩八錢。與本九十兩之比，即知今共還四千三百五十六兩與本四千五十兩之比也。以減共數即利銀數。

一率　本利共九十六兩八錢
二率　本銀九十兩
三率　共還四千三百五十六兩
四率　本銀四千五十兩

元・朱世傑《筭學啓蒙》卷上《庫務解税門》 今有官倉共收粮一千八百一十一碩三㪷一升四勺，每㪷帶耗七合五勺六抄，問正粮幾何。

答曰：一千六百八十四碩。

術曰：列共收粮，爲實。併正、耗粮，得一㪷七合五勺六抄，爲法。實如法而一。合問。

清・王鑒《筭學啓蒙述義》 案：此即前術，於共收數内每減併正、耗粮數一㪷七合五勺六抄，得正粮一㪷。故以併正、耗數除之，得正粮也。

清・徐鳳誥《筭學啓蒙通釋》 按：此亦合數比例也。以正粮一斗加帶耗七合五勺六抄，共得一㪷七合五勺六抄。與正粮一斗之比，即知共粮一千八百一十一石三斗一升四勺，與正粮一千六百八十四石之比也。

一率　共粮一斗七合五勺六抄
二率　正粮一斗
三率　共粮一千八百一十一石三斗一升四勺
四率　正粮一千六百八十四石

元・朱世傑《筭學啓蒙》卷上《折變互差門》 今有人欠錢一萬一千二百五十貫，欲還錢、銀適等。其銀每兩折錢五貫文，問各還幾何。

答曰：錢一千八百七十五貫，銀一千八百七十五兩。

術曰：列欠錢數，五之，得五萬六千二百五十貫，爲實。以三十爲法。實如法而一。合問。

又術曰：列欠錢數爲實。以六除之，即得錢、銀適等也。而今有之。中統至元是也。

清・羅士琳《坿釋》 案：爲法之數，各以銀一兩、錢一貫爲適等之率。銀一兩折錢五貫，合錢一貫，共得六貫。因欠錢數五之，故亦五通六貫，得三十，爲法。又術省衆，較捷。

清・王鑒《筭學啓蒙述義》 案：一兩折錢五貫，於欠錢數内減去五貫，得還銀一兩。又減去一貫，與銀一兩等。共計每減六貫，得還銀一兩、錢一貫。故六除之，得適等之數。又術最爲簡明。前術亦係又術之意，但彼此多一五乘耳。

清・徐鳳誥《筭學啓蒙通釋》 按：此又合數比例也。以銀一與錢五相并，得[錢]六與銀一之比，即知錢一萬一千二百五十貫與銀一千八百七十五兩之比也。銀數即錢數。

一率　錢六
二率　銀一
三率　錢一萬一千二百五十貫
四率　銀一千八百七十五兩

元・朱世傑《筭學啓蒙》卷上《折變互差門》 今有人欠錢一千九百五十八貫，欲還二分銀、一分錢。其銀每兩折錢五貫，問各還幾何。

答曰：錢一百七十八貫，銀三百五十六兩。

術曰：列欠錢數，五之，得九千七百九十貫，爲實。以五十五爲法。實如法而一，得錢數。倍之，爲銀數也。合問。

又術：列欠錢，爲實。身外減一，得錢也。倍之爲銀。

清・羅士琳《坿釋》 案：此與弟二術同，唯弟二問銀、錢適等。此則二分銀、一分錢，故以銀二兩折錢十貫。合錢一貫，共得一十一貫。亦五通，得五十五，爲法。又術較捷。

清・王鑒《筭學啓蒙述義》 案：身外減一者，係以十一爲除法也。銀一兩折錢五貫，二分當折錢十貫。加錢一分一貫，共得十一貫，爲法也。又術最爲簡明。前術多一五乘耳。

清・徐鳳誥《筭學啓蒙通釋》 按：此亦合數比例也。以每銀一兩得錢五貫，銀二兩則得錢十貫。加錢一貫，得一十一貫。與一貫之比，即知一千九百五十八貫與錢一百七十八貫之比。倍之，即銀數也。

一率　一十一貫

二率　一貫

三率　一千九百五十八貫

四率　一百七十八貫　（倍）[倍]之，即銀數。

元・朱世傑《筭學啓蒙》卷上《折變互差門》　今有錢七十三貫五百八十四文，欲買油、麵、粉三色適等。油斤價三百四十八文，麵斤價一百二十四文，粉斤價一百一十二文。問各等重幾何。

答曰：一百二十六斤。

術曰：列錢數爲實。併三色斤價，得五百八十四文，爲法。實如法而一，得等重也。合問。

清・王鑒《筭學啓蒙述義》　案：錢數係三色共價數也，於錢數内每減一三色斤價共數，得各一斤。故以斤價共數爲法，得各等重。

清・徐鳳誥《筭學啓蒙通釋》　按：此合數比例也。以三色價共得五百八十四文，與各一斤之比，即知七十三貫五百八十四文與各斤數一百二十六之比也。

一率　原有錢五百八十四文

二率　三色各一斤

三率　今有錢七十三貫五百八十四文

四率　三色各一百二十六斤

元・朱世傑《筭學啓蒙》卷上《折變互差門》　今有錢七千四百九十一貫八百九十文，欲買綾、羅、絹。綾匹價一十二貫七百六十文，羅匹價九貫八百九十四文，絹匹價七百六十六文，須要綾一、羅二、絹三買之。問三色各幾何。

答曰：綾二百一十五匹，羅四百三十匹，絹六百四十五匹。

術曰：列錢數爲實。二之羅價，三之絹價，加入綾價，共併得三十四貫八百四十六文，爲法。實如法而一，得綾。副置上位，倍之，爲羅。下位，三之，爲絹。合問。

清・王鑒《筭學啓蒙述義》　案：錢數係一分綾、二分羅、三分絹之共價。於錢數内每減一綾、二羅、三絹之（其）[共]匹價，得綾一匹。蓋綾於共數爲六分之一也。故以一綾、二羅、三絹之共匹價除錢數，得綾數也。

清・徐鳳誥《筭學啓蒙通釋》　按：此亦合數比例也。（並）[幷]一綾價、二羅價、三絹價，共得三十四貫八百四十六。與綾一匹之比，即知共錢數，與綾一匹數之比。二之，得羅。三之，得絹。

一率　錢三十四貫八百四十六文

二率　綾一匹

三率　錢七千四百九十一貫八百九十文

四率　綾二百一十五匹　倍之，得羅。三之，得絹。

元・朱世傑《筭學啓蒙》卷上《折變互差門》　今有羅一十四二丈六尺，欲染大紅。只云内出羅四尺五寸，換花染得一丈五尺五寸。問出羅、染羅各幾何。

匹法三十二尺。

答曰：染羅八匹一丈二尺一寸半，

出羅二匹一丈三尺八寸半。

術曰：置今有羅，通尺内子，得三百四十六尺。以一丈五尺五寸乘之，得五千三百六十三尺，爲實。併出染羅，得二十尺，爲法。實如法而一，得染羅。以減三百四十六尺，餘即出羅。各以匹法約之。合問。

清・王鑒《筭學啓蒙述義》　案：染一丈五尺五寸，換花四尺五寸，是出羅二十尺，得染羅一丈五尺五寸。則所染羅於原羅爲二十分之十五分半。是於原羅數内每減二十尺，得染羅一丈五尺五寸。故以一丈五尺五寸乘原羅，爲實。以二十尺爲法。除之，得染羅數也。

清・徐鳳誥《筭學啓蒙通釋》　按：此亦合數比例也。題意言每羅二丈染一丈五尺五寸，收去四尺五寸。故以四尺五寸合一丈五尺五寸，共得二丈。與一丈五尺五寸之比，即知共羅一十四二丈六尺與染羅八匹一丈二尺一寸半之比。以減共羅，即出羅也。

一率　羅二丈

二率　染一丈五尺五寸

三率　羅一十四二丈六尺　通分内子，得三十四丈六尺。

四率　染得二十六丈八尺一寸半　以減共羅，即出羅。

各以匹法約之。合問。

元・朱世傑《筭學啓蒙》卷上《折變互差門》　今有客糴米六百五十三碩。㪷價一百二十八文，雇車裝載每㪷腳錢三十二文，止於米内依元價折還。問各幾何。

答曰：客米五百二十二碩四㪷，腳米一百三十碩六㪷。

術曰：列米數於上，以㪷價乘之，得八百三十五貫八百四十文，爲實。併㪷價、腳錢，共得一百六十文，爲法。實如法而一，得客米。反減共米，餘即腳米也。合問。

清・王鑒《算學啓蒙述義》 案：以㪷價乘米數，是化米數爲錢也。於錢數內每減一㪷價及腳價，得客米一㪷。故併㪷價、腳錢爲法也。

清・徐鳳誥《算學啓蒙通釋》 按：此亦合數比例也。併斗價、脚價，共得一百六十文。與斗價一百二十八文之比，即知共米六百五十三石與客米五百二十二石四斗之比也。減共米，即脚米。

一率 錢一百六十文

二率 錢一百二十八文

三率 米六百五十三碩

四率 客米五百二十二碩四㪷 減共米，即脚米。

元・朱世傑《算學啓蒙》卷上《折變互差門》 今有人欲納粟八百八十九碩四㪷七升半，只云每粟一㪷準米六升，菉豆八升折粟一㪷，本粟一㪷止納一㪷，須令三色適等納之。問各停納幾何。

答曰：各二百二十七碩一㪷。

術曰：列共粟，以米六升乘之，得五千三百二十六㪷八升五合，爲實。以二㪷三升五合爲法。實如法而一。爲法數者，各以六升爲率：米折粟一㪷，豆折粟七升五合，本粟六升。三位併之，共得二㪷三升半，爲法也。合問。

清・羅士琳《坿釋》 案：共粟既以米六升乘之，是六升爲分母矣。故以分母通粟一㪷，得粟六㪷。副置上、中、下三位，各以米六升、豆八升、粟一㪷除之，上得米一㪷，中得豆七升五合，下得粟六升。并之，得二㪷三升五合。

清・王鑒《算學啓蒙述義》 案：米六升折粟一㪷，豆六升折粟七升五合，本粟六升仍準六升，是三色一㪷八升準粟二㪷三升五合。於納粟數內每減二㪷三升五合，得三色共數一㪷八升，即得停納數六升。今於一㪷八升取三之一，乘共粟，則以二㪷三升五合除之，得停納數也。

清・徐鳳誥《算學啓蒙通釋》 按：此亦合數比例也。以米六升折粟一斗，菉豆六升。用八歸除之，折粟七升半。粟六升仍得六升。三數相併，得二斗三升半。與各六升之比，即知八百八十九石四斗七升半與二百二十七石一斗之比也。

一率 二斗三升半

二率 六升

三率 八百八十九碩四斗七升半

四率 二百二十七碩一㪷

元・朱世傑《算學啓蒙》卷上《折變互差門》 今有絲六十二斤半换金一十兩。內八分半金五兩，七分半金五兩。問二色金每兩直絲幾何。

答曰：八分半直六斤一十兩二錢五分，

七分半直五斤一十三兩七錢五分。

術曰：置絲，通兩爲實。列五兩，以八分半乘之。又列五兩，以七分半乘之。得數併之，得八兩，乃是十分金數。爲法。實如法而一，得一百二十五兩。乃一兩金之絲數也。副置，上以八分半乘之，下以七分半乘之，又各以斤率約之。合問。

清・王鑒《算學啓蒙述義》 案：以各分數乘而併之，是將金折成足色矣。以除絲數，得一兩足色金所直之絲。各以分數乘之，即折成各色金一兩直絲之數也。

清・徐鳳誥《算學啓蒙通釋》卷上《折變互差門》 按：此亦合數比例也。併八分半、七分半，以五兩乘之，得足色金八兩。與絲一千兩之比，即知每足金一兩，得絲一百二十五兩之比也。各以分數乘之，即每兩直絲數。

一率 金八兩

二率 絲一千兩

三率 足金一兩

四率 絲一百二十五兩

各以分乘之，得數，又各以斤率約之。

元・朱世傑《算學啓蒙》卷上《折變互差門》 今有粟一十九碩六㪷八合，欲爲糙、細二米。糙米八升用粟一㪷，細米五升一合二勺用粟一㪷。須令糙米倍之細米之數，問各幾何。

答曰：細米四碩四㪷三合二勺，糙米八碩八㪷六合四勺。

術曰：列粟數，以五升一合二勺乘之，得一百㪷三升九合二勺九抄六撮，爲實。以二㪷二升八合爲法。實如法而一，爲法之數，各以五升一合二勺爲率，細米一停折粟一㪷，糙米二停折粟一㪷二升八合。二位併之，共得二㪷二升八合。故爲法也。得細米數。倍之，爲糙米。合問。

清・羅士琳《埘釋》 案：此與弟八術同，唯此則糙米二停。故以上文粢率五升一合二勺爲分母。通粟一㪷，得粟五㪷一升二合。副置上、下二位。上位倍之，爲糙米二停。各以糙米八升、細米五升一合二勺除之，上得糙米一㪷二升八合，下得細米一㪷。并之，得二㪷二升八合。

清・王鑾《筭學啓蒙述義》 案：此以五升一合二勺爲率也。糙米八升用粟一㪷。其五升一合二勺必用粟六升四合。二停必用粟一㪷二升八合。與細米五升一合二勺折粟一㪷併之，得二㪷二升八合。於粟數内每減二㪷二升八合，則細米得五升一合二勺，糙米得一㪷二合四勺。是細米得粟數二㪷二升八合之五升一合二勺。糙米得粟數二㪷二升八合之一㪷二合四勺，故以五升一合二勺乘粟數，以二㪷二升八合除之，得細米一停數。若以一㪷二合四勺乘粟數，以二㪷二升八合除之，即得糙米二停之數也。

清・徐鳳誥《筭學啓蒙通釋》 按：此亦合數比例也。以細米五升一合二勺折粟一斗。糙米倍之，得一斗二合四勺，折粟一斗二升八合。併，得二斗二升八合。與細米五升一合二勺之比，即知一十九碩六斗八合與細米四石四斗三合二勺之比也。倍之，即糙米數。

一率　粟二㪷二升八合

二率　細米五升一合二勺

三率　粟一十九碩六㪷八合

四率　細米四碩四㪷三合四勺　倍之，即糙米。

元・朱世傑《筭學啓蒙》卷上《折變互差門》 今有鹽五千七百引，欲令大船一停、小船二停載之。只云大船三隻載五百引，小船四隻載三百引，問各幾何。

答曰：大船一十八隻，小船三十六隻。

術曰：列三隻、四隻於左行，五百、三百於右行。母互乘子，右上得二千，(石)[右]下倍之，得一千八百。二位併之，得三千八百，爲法。左行分母相乘，得一十二。以乘五千七百引，得六萬八千四百，爲實。實如法而一，得大船。倍之，即小船。合問。

清・羅士琳《識誤》 小字雙行注「右下倍之」，案：上文「右上得二千」此則「石下」當作「右下」。

清・王鑾《筭學啓蒙述義》 案：「母互乘子」見「之分齊同門」。大船三隻載五百引，四乘之大船變爲十二隻，載二千引。小船四隻載三百引，三乘之小船則變爲十二隻，載九百引。今欲令小船二停，故倍九百，爲一千八百。與大船所載相併，得三千八百。此三千八百引當以十二隻大船、二十四隻小船載之。於共引内每減三千八百，得大、小船三十六隻。今於三十六隻取三分之一，得十二乘共引。以三千八百除之，故求得大船一停數。若取三分之二，得二十四。爲乘法，則求得小船二停數也。

清・徐鳳誥《筭學啓蒙通釋》 按：此亦合數比例也。以兩分子相併，與分母相乘之數比，即知五千七百引與十二大船之比也。子母齊同式：

三隻　　五百　二千引

相乘得十二船

四隻　　三日九百引　倍之，得一千八百引。

一率　鹽二千八百引　即用二十四小船、一十二大船之引數。

二率　一十二大船

三率　鹽五千七百引

四率　一十八大船　倍之，得小船。

元・朱世傑《筭學啓蒙》卷上《折變互差門》 今有馬軍七人，給腿裙絹二匹二丈。步軍六人，給胖襖絹四匹三丈二尺。今共有絹六千六百二十二匹四尺，欲給馬、步軍人適等。問各幾何。

答曰：各五千六百七十人。四法三十八尺。

術曰：先列七人於左上，六人於左下。又列九十六尺於右上，一百八十四尺於右下。以左行互乘右行，右上得五百七十六，右下得一千二百八十八。二位相併，得一千八百六十四，爲法。左行分母相乘，得齊四十二。乃是馬軍四十二人，得腿裙絹五百七十六尺。步軍四十二人，得胖襖絹一千二百八十八尺。列絹六千六百二十二匹，以三十八乘之。得數，搭入四尺，共得二十五萬一千六百四十尺。以分母四十二乘之，得一千五十六萬八千八百八十，爲實。以一千八百六十四爲法。實如法而一，各得五千六百七十人。合問。

清・王鑾《筭學啓蒙述義》 案：齊同後於共絹數内每減一千八百六十四尺，得馬軍四十二人，步軍四十二人。故以四十二爲乘法，求得適等數也。

清・徐鳳誥《筭學啓蒙通釋》 按：此亦合數比例也。子母齊同，得，即知馬軍四十二人，得絹五百七十六尺。步軍四十二人，得絹一千二百八十八尺。於是併得一千八百六十四尺。與四十二人之比，即知共絹。通分内子，得二十五萬一千六百四十尺，與各五千六百七十人之比也。

相乘得四十二人：

七人　　九十六尺　　五百七十六
四十二人
六人　　一百八十四尺　　一千二百八十八

併得一千八百六十四尺。

一率　絹一千八百六十四尺
二率　四十二人
三率　絹六千六百二十二匹四尺　　通分内子，得二十五萬一千六百四十尺。
四率　各五千六百七十人

元・朱世傑《筭學啓蒙》卷上《折變互差門》　今有粮一萬三千四百七十七碩一㪷三分㪷之一，欲給軍人。只云馬軍六人給粮五十三㪷，水軍七人給粮五十四㪷，步軍九人給粮五十五㪷。其馬軍如水軍中半，步軍多如馬軍太半，問三色軍及各給粮幾何。

答曰：馬軍三千一百六十四人，粮二千七百九十四碩八㪷三分㪷之二。
水軍六千三百二十八人，粮四千八百八十一碩六㪷。
步軍九千四百九十二人，粮五千八百碩六㪷三分㪷之二。

術曰：列六人、七人、九人於左行，五十三㪷、五十四㪷、五十五㪷於右行。左行互乘右行。訖，(左)[右]上得三千三百三十九。倍(左)[右]中，得五千八百三十二。三因(左)[右]下，得六千九百三十。共併，又三因之，得四萬八千三百三，爲法。左行相乘，得三百七十八。列共粮，通分内子，以三百七十八乘之，得一億五千二百八十三萬六百九十二，爲實。以四萬八千三百三爲法。實如法而一，得馬軍。倍之，爲水軍。三之，即步軍也。求各粮者，列三色軍數，各以本色給粮乘之，爲實。以各軍率除之。合問。

清・王鑒《筭學啓蒙述義》　案：馬軍得水軍二分之一，得步軍三分之一，是馬軍一停，水軍二停，步軍三停也。故倍水軍數，三步軍數，其共併後又三因者，蓋糧數内有分母三也。於通分共糧數内，每減四萬八千三百三㪷，得馬軍三百七十八人，水軍七百五十六人，步軍一千一百三十四人。併之得二千二百六十八人。若即以此數爲乘法，則求得三色軍人共數。今取六分之一，得三百七十八人。爲乘法，故求得馬軍人數。蓋馬軍爲三色共數六分之一也。求各糧，各以本色給糧乘之，各軍率除之者，如求馬軍糧，以五十三㪷乘馬軍數，以六人除之，得馬軍糧也。其命分爲三分之二者，半其法，半其餘實，以命之也。求水軍、步軍糧者，悉同此例。

清・徐鳳誥《筭學啓蒙通釋》　按：此亦合率比例也。題言其馬軍如水軍中半，步軍如馬軍太半，蓋步軍全分馬軍三分之一，水軍二分之二。同而通之，則得步軍九，馬軍三，水軍六。以三約之，則步軍三，馬軍一，水軍二。如術，母子齊同後，衆分子相併，以分母通之，得四萬八千三百三[斗]，與分母連乘數三百七十八人之比，即知全粮。通分内子，得四萬四百三十一石四斗。與三千一百六十四人之比也。倍之，得水軍。三之，得步軍。

連乘得三百七十八人：

六人　　五十三斗　　三千三百三十九斗
七人　　五十四斗　　二千九百一十六斗　　倍之得五千八百三十二斗
九人　　五十五斗　　二千三百一十斗　　三之得六千九百三十斗
　　　　　　　　　　　　　　　　　　　爲一率

一率　粮四萬八千三百三斗
二率　三百七十八人
三率　粮四萬四百三十一石四斗
四率　馬軍三千一百六十四人倍之，得水軍。三之，得步軍。

求各粮數法：

馬軍粮數：
一率　六人
二率　粮五十三斗
三率　三千一百六十四人
四率　粮二千七百九十四石八斗三分斗之二

水軍粮數：
一率　七人
二率　粮五十四斗
三率　六千三百二十八人
四率　四千八百八十一石六斗

步軍粮數：
一率　九人
二率　粮五十五斗
三率　九千四百九十二人
四率　粮五千八百石六斗三分斗之二

明・柯尚遷《數學通軌》第三《九章釋例》　同乘同除：原鶩八隻換鴨二十隻，原鴨三十隻換鷄九十隻，原鷄六十隻換猪二隻。今有猪五隻，該換鶩若干。

法：應先置原雞六十隻，以換猪二隻爲法。除之，得每猪一隻該雞三十隻。却以今有猪五隻乘之，得雞一百五十隻，爲實。另以換(鶩)[鷄]九十隻，以原鴨三十隻爲瀍。除之，得每鴨[三]十隻。該換雞三十隻爲法，除之前雞。一百五十隻除得雞。該五十隻爲實。另以換鴨二十隻，以原鶩八隻爲瀍。除之，得每鶩一隻該換鴨二隻半，爲瀍。除前雞五十隻，見雞即鶩數也。該換鶩二十隻。

夫首起一除一乘，瀍之正也。今變先總乘後[總]除(總)瀍(干)[于]後。

先用異乘同除法：置今有猪五隻，以原雞六十隻乘之，得雞三百隻。又以原鴨三十隻乘[之]，得鴨九千隻。又以原鶩八隻乘之，得鶩七萬二千隻，爲實。次用異乘同除瀍：置換鴨二十隻，以所換雞九十隻乘之，得雞一千八百隻。又以所換猪二隻乘之，得猪三千六百隻，爲法。除前鶩七萬二千隻，見鶩數。此瀍二十隻九十隻與二隻定用除法，餘用乘法算者，以白點用乘，(異)[黑]點用除，從下起算，至上。或一乘一除，或總乘總除，庶畸零之數置於末後，便見盈朒之意也。

又　官米七十二石九斗六升，令三等人户出納。下等六十四户，每户納米一分。中等四十户，每户納米三分。上等二十四户，每户納米五分。各等户該納若干。

先将(宫)[官]米爲實。其下户一户管一分，六十四户即六十四分。不必因之，只以上、中二等户數俱化作與下等同一分算。另将中等四十户，以三分爲三因，因得一百二十分。又将上等二十四户，以五分爲五因，因得一百二十分。共二百四十分，并入下等六十四分，總三百零四分，爲瀍。除前官銀。除得每一分該納米二斗四升，爲則。却以各户乘之，見米：下等六十四户，每户納一分。以二斗四升乘之，該納米一十五石三斗六升。中等四十户，每户納三分。以三因之，得一百二十分。以二斗四升乘之，共該納米二十八石八斗。上等二十四户，每户納五分。以五因之，得一百二十分。以二斗四升乘之，共該納米二十八石八斗。此差分盈朒也。

又　同乘同除瀍：白點用乘，黑點用除。原粟五斗，換稻六斗。原稻五斗，換米二斗。原米二斗四升，換糯米二斗(二)[一]升。今糯米五斗，該換粟若干。

先置原粟五斗，以原稻五斗乘之，得二十五斗。又以原米二斗四升乘之，得六十斗。又以今糯米五斗乘之，得三百斗，爲實。置所換稻六斗，以所換米二斗乘之，得十二斗。又以折換糯米二斗一升乘之，得二十五斗[二升]，爲瀍。除前三百斗，見粟數。

該換粟一石一斗九升(四勺七抄六撮不盡)。

又　每菜子一斗二升半打油五斤。今菜子九石四斗五升，總該打油若干。

瀍：應先置油五斤，爲實。以一斗二升半爲瀍。除之，除得每菜子一斗打油四斤。每菜子一升打油四兩。以六加之，每升實該油六兩四錢。此後用乘，不必加六。只以四兩爲瀍乘之，乘後加六，至斤而止，見油數。

今變先乘後除瀍于後：先置菜子九石(五)[四]斗(四)[五]升，以五斤乘之，得四百七十二斤半，爲實。以一斗二升半爲瀍。除之，見油數。此斤後無兩，不必加六。

總該油三百七十八斤。只此爲例，餘不盡載。

明・程大位《筭法統宗》卷二　同乘同除法理：假如原有鵝八隻，換雞二十隻。每雞三十隻換鴨九十隻，每鴨六十隻換羊二隻。今却有羊五隻換鵝，問該若干。

荅曰：該鵝二十隻。

法曰：用異乘同乘法。置原鵝八隻，以乘原鷄三十隻，得二百四十隻。又以原鴨六十隻乘之，得一萬四千四百隻。再以今有羊五隻乘之，得七萬二千隻，爲實。又用異除同除之法，以所換雞二十隻乘換鴨九十隻，得一千八百隻。再以所換羊二隻因之，得三千六百隻，爲法。除實，得鵝二十隻。合問。

《指[明筭]法》應一除一乘，多有不盡之数。今變法，總乘爲實，總除爲法。此術極玅矣。

清・汪訒菴《指明算法》卷下　法曰：用異乘同乘法：置原鵝八隻，以乘原鷄三十隻，得二百四十隻。又以原鴨六(千)[十]隻乘之，得一萬四千四百隻。再以今有羊五隻乘之，得七萬二千隻爲寔。又用異除同除之法：以所換鷄(三)[二]十隻乘換鴨九十隻，得一千八百(尺)[隻]。再所以換羊二隻因之，得(二)[三]千六百隻，爲法。除實得鵝(三)[二]十隻。合問。

清・何夢瑶《算迪》卷一　法：以所換羊二乘所換鴨九十，得羊一百八十隻。再乘所換鷄二十，得羊三千六百隻，爲首率。又以原鴨六十乘原鷄三十，得鷄二千八百隻。再乘原鵝八，得鵝一萬四千四百隻，爲次率。又以今羊五隻爲三率，求得四率鵝二十隻。

法爲以原羊三千六百隻比原鵝一萬四千四百隻，若今羊五隻比今鵝二十隻也。並一比四。然此法乃合三比例成一比例也。

一　原羊二　　原鴨九十
二　原鴨六十　　原鷄三十
三　今羊五　　今鴨一百五十
四　今鴨一百五十　　今鷄五十　　省除
原鷄二十　　原羊三千六百
原鵝八　　合之：原鵝一萬四千四百。
今鷄五十省除。　　今羊五
今鵝二十　　今鵝二十

解曰：鴨一百五十隻，可換鷄五十隻，亦可換羊五隻。是換鷄五十隻，與羊五隻等也。則鷄五十隻所換之鵝二十隻，亦必爲羊所換可知矣。

清・陳世明《數學舉要》卷一《同乘同除法》　假如有戰兵七百名，每年額餉一萬二千六百兩。內有新着伍兵三百名，已經應後七箇月，問應給餉銀若干。

答曰：三千一百五十兩。

術：以每年化爲十二個月，以七百名乘之，八千四百，存之，以作首率。又以七個月乘一萬二千六百兩，得八萬八千二百兩，存之，以作二率。再以新着伍兵三百名與二率相乘，得二千六百四十六萬兩，爲寔。以首率除之，得三千一百五十兩，爲新兵三百名七個月之餉。

一率　八千四百名爲法。
二率　八萬八千二百兩　　相乘爲寔。
三率　新兵三百名
四率　應給餉銀三千一百五十兩得數。

右術以年化月而以七百名乘之者，是併兩次除爲一次除也。又以七個月乘每年額餉者，是併兩次乘爲一次乘也。故又謂之併乘除法也。

又　卷四《粟布》　銀色：假如有八五色銀五兩六錢，改傾九五色，問銀數若干。

答曰：五兩〇一分〇五毫。

術：以五兩六錢爲實，以八五色乘之，得四兩七錢六分。再以九五色爲法。除之，得五兩〇一分〇五毫。

清・汪訒菴《指明算法》卷下　異乘同乘法：假如原每人一日織錦八尺二寸五分，今有五十六人，共織二十七日，問共織錦若干。

答曰：共織錦一千二百四十七丈四尺。

法曰：置五十六人，乘二十七日，得一千五百一十二工。再以日織八尺二寸五分乘之，得一萬(三)[二]千四百七十四尺。合問。

清・何夢瑶《算迪》卷一　合率比例：古名同乘同除，即併乘併除也。蓋凡實須將數法相乘者，可將各法相因，併爲一法乘之。須將各法相除者，可將各法相因，併爲一法除之。如每日每人工銀五分。今有五人，傭八日，問工價若干？則以五人乘每日五分，得二錢半。又乘八日，見得二兩。是以五人爲實。以五分乘一次，又以八日乘一次也。今則以五分因八日，得四錢。以乘五人，即得二兩。是併二次乘爲一次乘也。又如有銀一百兩，令四股分之。每股又分五分，每分若干？則以一百兩爲實。以四股爲法。除得每股二十五兩。又以每股五分除，得每分五兩。是除二次也。今則以四股因五人，共得二十人爲法。以除一百，即得每分五兩。是併二次除爲一次也。法雖異而得數同也。而曰合率比例者，何也？曰：此即合數次比例，以爲一次比例也。詳如左。

一、如原有工人八名，傭五日，共支工價銀二兩。今有工二名，傭二日，問該銀若干。

(日)[曰]：二錢。

法：以原工八名乘原五日，得四十工，爲首率。以原銀二兩爲次率。以今工二名乘今二日，得四工，爲三率。求得今銀二錢，爲四率。

法爲以四十工比四工，若銀二兩比二錢也。然此法乃兩比例合爲一比例耳。試作兩次比例列之。

一率　原工八名

二率　原銀二兩

三率　今工二名

四率　求得今銀五錢

原工八名而得銀二兩，則今工二名應得銀五錢。此一比例也，但以工論工者也。

又以日論之：

一　五日

二　五錢

三　二日

四　求得二錢

五日而得五錢，則二日應得二錢。此又一比例也。

試將兩比例合爲一比例，即與前法無異矣。

原工八名　原五日原四十工八名乘五日所得。

原銀二兩　原五錢可對減不用。

今工二名　今二日今四工二名乘二日所得。　合之：原二兩。

今銀五錢　今二錢今二錢

問：首率、三率並兩比例相乘，而次率獨否，何也？曰：銀五錢，凡兩見。其數既同，則可對減省乘也。如次率之二兩，若必乘五錢，則末率之二錢亦必乘五錢。然末率止求二錢，本數不必與五錢相乘。此省則彼亦省也。【略】

又　三、如原有工一百，開河四十丈，二十日工完。今有一千工，令開河八十丈，問幾日可完。

曰：四日。

法：先互乘五十萬工　化原一百工開四十丈，爲十萬工開四萬丈。化今一千工開八十丈，爲十萬工開八千丈。乃列

原一百工　四十互四萬丈

今一千工　八十互八千丈

四萬丈爲首率，

二十日爲次率，

八千丈爲三率，

求得四日爲末率。

法爲以四萬丈比二十日，若八千丈與四日也。然此亦合兩比例爲一比例也。

今工一千　原四十丈

原工二十日　原二日不用

原工一百　今八十丈

今二日　今四日

合：四萬丈，二十日。八千丈，四日。

四、如原有書一百篇，六人寫之，十日完。每篇三百字。今有書二百篇，八人寫之，十二日完。問每篇字若干。

曰：二百四十字。

法：用互乘。　此變原數爲二萬篇，用一萬二千工寫之。亦變今數爲二萬篇，用九千六百工寫之。篇數同而用工之多少異，則以字數多者用工多，字數少者用工少也。於是以

原一百篇互二萬篇　原六人互二千二百人　原十日互一萬二千工

今二百篇　今八人互八百人　今十二日互九千六百工

原一萬二千工爲一率

原三百字爲二率　亦可以二萬篇乘三百字，得六萬字，爲次率。因問者止論每篇，故止用三百字。

今九千六百工爲三率

求得今二百四十字爲四率

此乃合三比例爲一比例也。

今二百篇　原六人　原十日

原三百篇　原二百五十字　原三百字

原一百篇　今八人　今十二日

原二百五十字　今二百字　今二百四十字

合之：原一萬二千工　原三百字　今九千六百工　今二百四十字

解曰：先以篇數爲比例：原一百篇，篇三百字。今匀作二百篇，則應每篇

一百五十字。此轉比例也。然人數不同，故又以人數爲比例：原六人，寫二百篇，每篇一百五十字。則今八人，寫二百篇，每篇應二百字。此一正比例也。然日數又不同，故又以日數爲比例：原十日寫二百篇，每篇二百字。今十二日，寫二百篇，每篇應二百四十字。又一正比例也。

五、如原有麥一萬二千石，用車十二輛，每輛載三石，日行八十里，四十日運完。今有麥三萬石，車十六輛，每輛載四石，日行六十里。問幾日運完。

曰：七十五日。

法：用互乘

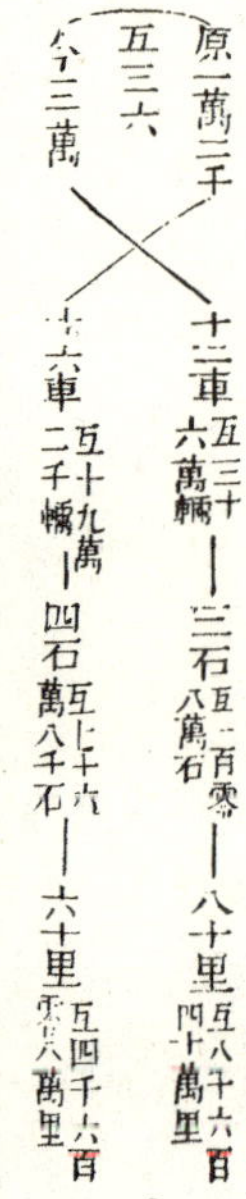

於是以互[乘]，得四千六百零八萬里，爲首率。以原四十日爲次率。以互[乘]，得八千六百四十萬里，爲三率。求得七十五日，爲四率。

此合四比例爲一比例也。第一次麥數，二次車數，三次載數，四次里數。

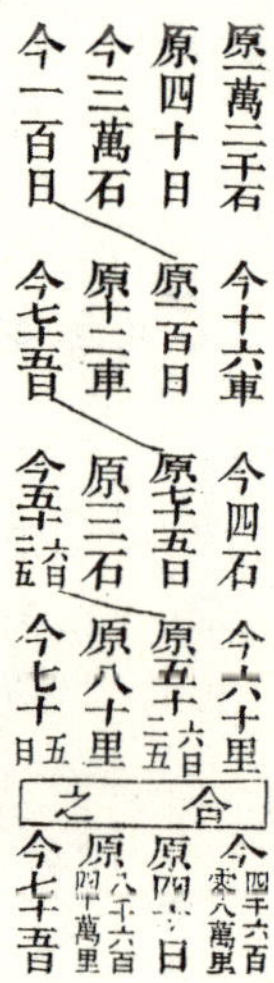

又 和數比例：和，併也。併衆衰以比總數，而求每數也。一、如甲、乙、丙合本爲商，共得利三千二百二十兩。甲本銀三千六百兩，乙本銀五百一十兩。丙本銀不知數，但知該分利四百八十兩。問丙本銀若干。

曰：七百二十兩。

法：於總利内減丙利，餘二千七百四十兩，爲法。併甲、乙二人本銀，得四千一百一十兩，爲實。法除實，見每利一百兩，得本銀一百五十兩。以丙利四百八十兩乘之，得丙本七百二十兩。法爲：以共利比共本，若各利比各本也。

二、如甲、乙、丙合本生理。甲本二百兩，八个月，又四十兩，六个月。乙本三百二十兩，六个月，又八十兩，五个月。丙本一百六十兩，十个月。共得利三百六十兩。問各該利若干。

曰：甲一百一十五兩，乙一百四十五兩，丙一百兩。

法：以甲本二百兩乘八个月，得一千六百兩。一个月二百兩，八个月共一千六百兩也。又以四十兩乘六个月，得二百四十兩。併，得一千八百四十兩，爲甲衰。照此法，又併得乙衰二千三百二十兩，丙衰一千六百兩。合三衰，共得五千七百六十兩，爲法。以除利銀三百六十兩，見每本銀一兩，得利銀六錢二分五釐。以甲衰乘之，得甲數。餘倣此。法以爲共本比共利，若各本比各利也。

三、如三人合本，共得利一千兩。内甲本三百兩，十个月，得利五百兩。乙本六百兩，得利三百兩，丙本四百兩，得利二百兩，俱不知月分。請推算。

曰：乙、丙均三个月。

法：以甲本三百乘十个月，得三千兩，爲實。以利銀五百除之，見每利銀一兩，得本六兩。以乙利三百乘之，得一千八百兩，爲乙本六百兩乘月分之數。以乙本六百兩除之，得三个月。丙倣此。法爲：以彼利比彼本，若此利比此本也。似與上二條異，然彼此之本，皆兩數相乘，以成率者。兩數混而爲一，則亦謂之和也。

四、如二人相隔一千四百里，同日起身相訪。甲日行八十里，乙日行六十里。問途中幾日相遇。

曰：十日。

法：併八十、六十，得一百四十里，爲一日行數。以除一千四百里，得十日。法爲：一百四十里比一日，若一千四百里比十日也。

五、如銀一千二百兩，買絹一分，每匹價銀二兩四錢。綾二分，每匹價銀三兩六錢。問各若干匹。

曰：絹一百二十五匹，綾二百五十匹。

法：倍綾價，得七兩二錢。加入絹價二兩四錢，共九兩六錢，爲法。以除一千二百兩，得一百二十五匹。蓋逢九兩六錢，即得絹一匹，綾二匹，則一百二十五匹，乃絹數。倍之，爲綾數，可知矣。法爲：九兩六錢之比一匹，若一千二百兩之比一百二十五匹也。已上二條亦謂之和者，以首率皆合率也。

六、如四人分銀七百八十五兩，乙得甲十分之七，丙得乙十四分之三，丁得乙十二分之九。問各若干。

曰：甲四百兩，乙二百八十兩，丙六十兩，丁四十五兩。

法：用三分母互乘，得一千六百八十分，爲甲衰。取甲十分之七，得一千一百七十六，爲乙衰。取乙十四分之三，得二百五十二，爲丙衰。又取丙十二分之九，得一百八十九，爲丁衰。併四衰，以除總銀，而以各衰乘之，即得。法爲：合衆衰比總銀，若各衰比各銀也。

藝文

明・柯尚遷《數學通軌》第三《九章釋例》

八馬九牛十四羊，放在村南牧草場。喫了人家一園麥，議定共賠六石糧。牛(二)[一]隻比羊(一)[二]隻，四馬(三)[二]牛可賠償。羊比牛一倍，馬比牛多倍。

請問世間高筭手，羊馬各有幾多糧。

先將六石糧爲實。其十四羊即十四分，不必因之。只以馬、牛俱作羊筭：牛(二)[一]隻作(一)[二]羊。今有九牛該作十八羊。四馬比二牛，是一馬作四羊。今八馬作三十二羊。却以本羊一十四，又以牛作羊一十八，又以馬作羊三十二。併之，總共六十四羊爲灋。除前賠粮，除得每一羊該賠九升三合七勺五抄，爲則。却以羊、牛、馬數(求)[乘]之：羊一十四隻共該賠一石三斗一升二合五勺。(此方程、盈朒。馬八隻作三十二羊)牛九隻作一十八羊，共該賠一石六斗八升七合五勺。[馬八隻作三十二羊，共該賠三石]。總該(三)[六]石。[此方程，盈朒]。

重今有分部

題解

清・勞乃宣《古籌算考釋》卷二　今有：【略】其應疊用數次今有而併爲一次者，謂之併乘除法，亦曰同乘同除，《算學啟蒙》謂之雙據互換，西法謂之合率比例，亦曰總比例。古謂之重今有，則自今有而推廣之者也。

算法

秦簡《數》　有金以出三關，關五兑[一]，除金一兩，問始盈金幾可？曰：一兩有六十四分兩之六十一。其述曰：直兩而參四之，[以爲法。又參五之，以爲實，實如法而一。]

漢簡《筭數書・負米》　人負米不智其數，以出[三]關，關三税之一。已出，余米一斗。問始行齎米幾何。

得曰：齎米三斗三升四分三。

術曰：直一關而參倍爲法，有直米一斗而三之，有三倍之而關數焉爲實。

《九章筭術》卷六《均輸》　今有惡粟二十斗，舂之，得糲米九斗。今欲求粺米一十斗，問惡粟幾何。

荅曰：二十四斗六升八十一分升之七十四。

術曰：置糲米九斗，以九乘之，爲法。亦置粺米十斗，以十乘之，又以惡粟二十斗乘之，爲實。實如法得一斗。三國魏・劉徽注　按：此術置今有求粺米十斗，以糲米率十乘之，[如粺率九而一，即粺化爲糲。又以惡粟率二十乘之]，如糲率九而一，即糲亦化爲惡粟矣。此亦重今有之義。爲術之意，猶絡絲也。雖各有率，不問中間。故令後實乘前實，後法乘前法，而并除之也。

宋・賈憲《黄帝九章筭經細草》卷六《均輸》楊輝《詳解九章筭法》　術曰：粺率九乘糲米九斗爲法，得八十一，以糲米率十乘粺米十斗，又以惡粟二十斗乘之爲實。**宋・楊輝《詳解九章筭法・均輸》**　得二千。實如法而一。合問。

此問以粟變糲，以糲求粺，以粺求惡粟也。

明・吴敬《九章筭法比類大全》卷六《均輸》　法曰：置粺米十斗，乘糲米十斗，得一百斗。又乘惡粟二十斗，得二千斗，爲實。以糲米九斗乘粺米九斗，得八十一斗，爲法。除之。合問。

《九章筭術》卷六《均輸》　今有絡絲一斤爲練絲一十二兩，練絲一斤爲青絲一斤一十二銖。今有青絲一斤，問本絡絲幾何。

荅曰：一斤四兩一十六銖三十三分銖之一十六。

術曰：以練絲十二兩乘青絲一斤一十二銖爲法。以青絲一斤銖數乘練絲一斤兩數，又以絡絲一斤乘，爲實。實如法得一斤。**三國魏·劉徽注** 按：練絲一斤爲青絲一斤十二銖，此練率三百八十四，青率三百九十六也。又，絡絲一斤爲練絲十二兩，此絡率十六，練率十二也。置今有青絲一斤，以練率三百八十四乘之，爲實，實如青絲率三百九十六而一。所得，青絲一斤，練絲之數也。又以絡率十六乘之，所得爲實，以練率十二爲法，所得，即練絲用絡絲之數也。是謂重今有也。雖各有率，不問中間。故令後實乘前實，後法乘前法而并除也。故以練絲兩數爲實，青絲銖數爲法。一曰：又置絡絲一斤兩數與練絲十二兩，約之，絡得四，練得三，此其相與之率。又置練絲一斤銖[數]與青絲一斤一十二銖，約之，練得三十二，青得三十三，亦其相與之率。齊其青絲、絡絲，同其二練，絡得一百二十八，青得九十九，練得九十六，即三率悉通矣。今有(練)[青]絲一斤爲所有數，絡絲一百二十八爲所求率，青絲九十九爲所有率。爲率之意猶此，但不先約諸率耳。凡率錯互不通者，皆積齊同用之。放此，雖四五轉不異也。言同其二練者，以明三率之相與通耳，於術無以異也。又一術：今有青絲一斤銖數乘練絲一斤兩數，爲實，以青絲一斤一十二銖爲法，所得，即用練絲兩數。以絡絲一斤乘，所得爲實，以練絲十二兩爲法，所得即用絡絲斤數也。

合問。

宋·賈憲《黃帝九章算經細草》卷六《均輸》楊輝《詳解九章算法》 術曰：以青絲一斤十二銖**宋·楊輝《詳解九章算法·均輸》** 爲十六兩半。乘練絲十二兩，爲法。**楊輝詳解** 一百九十八。以今有青絲十六兩乘所問練絲十六兩，又用絡絲十六兩乘之，爲實。**楊輝詳解** 四千九十六兩。實如法而一。**楊輝詳解** 除得二十兩不盡一百三十六銖，以兩法二十四乘實，除實得十六銖，尚餘九十六銖，與法約之。

合問。

明·吳敬《九章算法比類大全》卷六《均輸》 法曰：置今有青絲十六兩乘所問練絲十六兩得(一)[二]百五十六兩。又以絡絲十六兩乘之，得四千九十六兩，爲實。以青絲一斤十二銖爲十六兩半，乘練絲十二兩，得一百九十八兩，爲法。除之，得二十兩，餘實一百三十六兩。以銖法二十四乘之，得三千二百六十四。仍以法一百九十八除之，得一十六銖，尚餘九十六。法、實皆六約之，得數。合問。

《九章算術》卷六《均輸》 今有人持米出三關，外關三而取一，中關五而取一，內關七而取一，餘米五斗。問本持米幾何。

荅曰：十斗九升八分升之三。

術曰：置米五斗，以所稅者三之，五之，七之，爲實。以餘不稅者二、四六相互乘爲法。實如法得一斗。**三國魏·劉徽注** 此亦重今有也。「所稅者」，謂今所當稅之。定三、五、七皆爲所求率，二、四、六皆爲所有率。置今有餘米五斗，以七乘之，六而一，即內關未稅之本米也。[又以五乘之，四而一，即中關未稅之本米也。]又以三乘之，二而一，即外關未稅之本米也。今從末求本，不問中關，故令中率轉相乘而同之，亦如絡絲術。又一術：「外關三而取一」，則其餘本米三分之二也。求外關所稅之餘，則當置(三)[一，二]分乘之，(二)[三]而一。欲知中關，以四乘之，五而一。欲知內關，以六乘之，七而一。凡餘分者，乘其母(而)[子]，以三、五、七相乘得一百五，爲分母，二、四六相乘得四十八，爲分子。約而言之，則是餘米於本所持三十五分之十六也。於今有術，餘米五斗爲所有數，分母三十五爲所求率，分子十六爲所有率也。

宋·賈憲《黃帝九章算經細草》卷六《均輸》楊輝《詳解九章算法》 術曰：以三關所稅分母乘存米爲實，**宋·楊輝《詳解九章算法·均輸》** 三分、五分、七分乘米五斗，得二百二十五，此要者乘。以稅餘分數爲法，**楊輝詳解** 三分稅一餘二，五分稅一餘六，以二、四六乘，得四十八爲法，是不要者除。實如法而一。

明·吳敬《九章算法比類大全》卷六《均輸》 法曰：以三關所稅分母三分，五分，七分乘存米五斗，得五百二十五，爲實。以稅剩餘分，三分稅一，餘二。五分稅一，餘四。七分稅一，餘六。相乘，得四十八，爲法。除之，得一十斗九升，餘實一十八。法、實皆六約之。合問。

《九章算術》卷六《均輸》 今有人持金出五關，前關二而稅一，次關三而稅一，次關四而稅一，次關五而稅一，次關六而稅一。并五關所稅，適重一斤。問本持金幾何。

荅曰：一斤三兩四銖五分銖之四。

術曰：置一斤，通所稅者以乘之，爲實。亦通其不稅者，以減所通，餘爲法。實如法得一斤。**三國魏·劉徽注** 此意猶上術也。置一斤，「通所稅者」，謂令二、三、四、五、六相乘爲分母，七百二十也。「通其所不稅者」，謂令所稅之餘一、二、三、四、五相乘爲分子，一百二十也。約而言之，是爲餘金於本所持六分之一也。以子減母，凡五關所稅六分之五也。於今有術，所稅一斤爲所有數，分母六爲所求率，分子五爲所有率。此亦重今有之義。又，雖各有率，不問中關，故令中率轉相乘而連除之，即得也。置一以爲持金之本率，以稅率乘之、除之，則其率亦成積分也。

宋·賈憲《黃帝九章算經細草》卷六《均輸》楊輝《詳解九章算法》 術曰：五稅分母相乘，**宋·楊輝《詳解九章算法·均輸》** 見原持率。稅剩餘分相乘，減之爲法。**楊輝詳解** 減持率數。以所稅乘之，**楊輝詳解** 持率。爲實。實如法而一。

楊輝詳解 即互換問，題奥不刪。

又 草曰：五稅分母相乘，**宋・楊輝《詳解九章算法・均輸》** 二、三、四、五、六乘得七百二十。稅剩餘分相乘，**楊輝詳解** 一、二、三、四、五(五)乘得百二十。減之爲法。**楊輝詳解** 餘六百。以所稅乘之，[爲實]。**楊輝詳解** 十六兩乘七百二十，得一萬一千五百二十。實如法而一。**楊輝詳解** 以法除實。

宋・楊輝《詳解九章算法・均輸》 解題：不言存金已稅者問本金。

明・吳敬《九章算法比類大全》卷六《均輸》 法曰：置五稅分母相乘，二，三，四，五，六分乘得七百二十。稅剩餘分相乘，一，二，三，四，五乘得一百二十。減之，餘六百，爲法。以所稅一十六兩，乘分母，相乘七百二十，得一万一千五百二十，爲實。以法六百除之，得一十九兩，餘實一百二十。以兩銖二十四乘之，得二千八百八十。仍以法六百除之，得四銖，不盡四百八十。法、實皆一百二十約之。合問。

明・周述學《曆宗算會》卷一〇《總分》 稅率求總分：以所稅分母相乘，二，三，四，五，六分乘，得七百二十。乘共稅物一十六兩，得一萬一千五百二十，爲實。以稅剩餘分相乘，一，二，三，四，五乘，得一百二十。減所稅分母相乘七百二十，餘六百，爲法。除之，得一十九兩，餘實一百二十。以兩銖二十四乘之，得二千八百八十。仍以法六百除之，得四銖，不盡四百八十。法、實皆一百二十約之，得一斤三兩四銖五分銖之四。

《九章算術》卷七《盈不足》 今有人持錢之蜀賈，利：十，三。初返，歸一萬四千；次返，歸一萬三千；次返，歸一萬二千；次返，歸一萬一千；後返，歸一萬。凡五返歸錢，本利俱盡。問本持錢及利各幾何。

荅曰：本三萬四百六十八錢三十七萬一千二百九十三分錢之八萬四千八百七十六，

利二萬九千五百三十一錢三十七萬一千二百九十三分錢之二十八萬六千四百一十七。

【略】三國魏・劉徽注 又術：置後返歸一萬，以十乘之，十三而一，即後所持之本。加一萬一千，又以十乘之，十三而一，即第四返之本。加一萬二千，又以十乘之，十三而一，即第三返之本。加一萬三千，又[以]十乘之，十三而一，即第二返之本。加一萬四千，又以十乘之，十三而一，即初持之本。并五返之錢以減之，即利也。

北魏・张丘建《张丘建算經》卷上 今有生絲一斤，練之折五兩。練絲一斤，染之出三兩。今有生絲五十六斤八兩七分兩之四，問染得幾何。

荅曰：四十六斤二兩，四百四十八分兩之二百二十三。

術曰：置一斤兩數，以折兩數減之。餘，乘今有絲斤兩之數。又以出兩數并一斤兩數乘之，爲實。一斤兩數自乘，爲法。實如法得一兩數。**隋・劉孝孫細草** 草曰：置五十六斤，以兩法十六乘之，內子八兩，得九百四兩；又以分母七乘之，內子四，得六千三百三十二兩，爲實。又以練率十一、染率十九相乘，得二百九。以乘其實，得一百三十二萬三千三百八十八，爲積。以十六自乘，得二百五十六。又以分母七乘之，得一千七百九十二，爲法。除積，得七百三十八兩，餘與法皆再折，得四百四十八分兩之二百二十三。若求練絲，折法，置積兩，以十六乘，以十一除，得絲數。

又 今有絲一斤八兩直絹一疋。今持絲一斤，裨錢五十，得絹三丈。今有錢一千，問得絹幾何。

荅曰：一疋二丈六尺六寸太半寸。

術曰：置絲一斤兩數，以一疋尺數乘之，以絲一斤八兩數而一。所得，以減得絹尺數，餘，以一千錢乘之，爲實。以五十錢爲法。實如法得一。**劉孝孫細草** 草曰：置絲一十六兩，以四十尺乘之，得六百四十。以一斤八兩通爲二十四兩，爲法。除之，得二丈六尺六寸太半寸，爲絲所得之絹。以減三丈，餘三尺三寸少半寸，爲錢之所直。以三尺三寸，三因之，內子一，得十尺。以乘一千錢，得一萬尺。又以裨錢五十，以三因之，得一百五十，爲法。除實，得六丈六尺六寸太半寸。合前問。

又 今有鐵十斤，一經入爐得七斤。今有鐵三經入爐，得七十九斤一十一兩，問未入爐本鐵幾何。

荅曰：二百三十二斤五兩四銖三百四十三分銖之二百八十四。

術曰：置鐵三經入爐得斤兩數，以十斤再自乘，乃乘上爲實。以七斤再自乘爲法。實如法而得一。**劉孝孫細草** 草曰：置三經入爐得七十九斤，以十六乘之，內一十一兩，得一千二百七十五兩。以十斤再自乘，得一千。以乘之，得一百二十七萬五千，爲實。以七斤再自乘，得三百四十三，爲法。以除實，得三千七百一十七兩，餘六十九。以二十四乘之，得一千六百五十六；又以法除之，得四銖三百四十三分銖之二百八十四；又以十六除所得兩數，得二百三十二斤五兩，併前銖零。合前問。

又 今有人持錢之洛賈，利五二。初返歸一萬六千，第二返歸一萬七千，第三返歸一萬八千，第四返歸一萬九千，第五返歸二萬。凡五返歸，本利俱盡。問本錢幾何。

荅曰：三萬五千三百二十六錢一萬六千八百七分錢之五千九百一十八。

術曰：置後返歸錢數，以五乘之。以七乘第四返歸錢數，加之，以五乘之。以四十九乘第三返歸錢數，加之，以五乘之。以二百四十三乘第二返歸錢數，加之，以五乘之。以二千四百一乘初返歸錢數，加之，以五乘之。以一萬六千八百七而一，得本錢數。　一法：盈不足術爲之，亦得。**劉孝孫細草**　草曰：置最後返錢數，以五乘之，得十萬。又以第四返錢一萬九千，以七乘之，得一十三萬三千。併上位，得二十三萬三千。又以五因之，得一百一十六萬五千。又置第三返一萬八千，以四十九乘之，得八十八萬二千。又加上位，得二百四萬七千。又以五乘之，得一千二十三萬五千。又置第二返一萬七千，以三百四十三乘之，得五百八十三萬一千。加上位，得一千六百六萬六千。又以五乘之得八千三十三萬。又置初返一萬六千，以二千四百一乘之，得三千八百四十一萬六千。加上位，得一億一千八百七十四萬六千。又以五乘之，得五億九千三百七十三萬，爲實。又以一萬六千八百七爲法。除實，得三萬五千三百一十六錢一萬六千八百七分錢之五千九百一十八。

又　**卷下**　今有車五乘，行道三十里，雇錢一百四十五。今有車二十六乘，雇錢三千九百五十四、四十五分錢之十四，問行道幾何。

荅曰：一百五十七里少半里。

術曰：置今有雇錢數，以行道里數乘之，以本車乘數乘之，爲實。以本雇錢數乘今有車數，爲法。實如法得一。**隋·劉孝孫細草**　草曰：置今雇錢三千九百五十四、四十五分錢之十四，通分内子，得一十七萬七千九百四十四。又以三十里乘之，得五百三十三萬八千三百二十。又以本車五乘之，得二千六百六十九萬一千六百，爲實。又以本雇錢一百四十五乘今有車二十六，得三千七百七十。又分母四十五乘之，得一十六萬九千六百五十，爲法。除實，得一百五十七里，餘五萬六千五百五十，與法各約之，得三分里之一。合問。

又　今有惡粟一斛五㪷，舂之，得糲米七㪷。今有惡粟二斛，問爲粺米幾何。

荅曰：八㪷四升。

術曰：置糲米之數，求爲粺米所得之數。以乘今有惡粟，爲實。以本粟爲法。實如法得一。**劉孝孫細草**　草曰：置糲米七斗，以九因，得六十三。又以一十除，得六斗一十分斗之三。却通分内子，得六百三十。又以二斛因，得一萬二千六百，爲實。又置一斛五斗，以十分因之，得一十五斛，爲法。除之，得八斗四升，合問。**唐·李淳風等注释**　謹按：此術置糲米七斗，以粺米率九乘之，以十而一，得六斗十分斗之三。是爲惡粟十五斗得作粺米六斗十分斗之三。此今有術，惡粟二十斗爲所有數，粺米六斗十分斗之三爲所求率，惡粟十五斗爲所有率。

又　今有好粟五斗，舂之得糳米二斗五升。今有御米十斗，問爲好粟幾何。

荅曰：二斛二斗八升七分升之四。

術曰：置糳米數求御米之數爲法。**李淳風等注释**　謹按：問意宜云「置糳米數求御米之數爲法」。其術直云「置糳米數爲法」者，錯也。又置今御米數，以本粟乘之，爲實。實如法得一。**劉孝孫細草**　草曰：置糳米二斗五升，以御米率七因之，得一百七十五。八而一，得二斗十六分斗之三。又却通分内子，得三十五，爲法。又置一十斗，以十六乘之，得一百六十，爲實。以法除之，得二斛二斗八升七分升之四，合問。**李淳風等注释**　謹按：此術置糳米二十五升，以御米率七乘之，以糳米率八而一，得二斗十六分斗之三，爲好粟五斗得作御米二斗十六分斗之三。於今有術，御米十斗爲所有數，好粟五斗爲所求率，御米二斗、十六分斗之三爲所有率。

宋·秦九韶《數書九章·軍旅類》卷一六　軍器功程：問今欲造弓、刀各一萬副，箭一百萬隻。據功程，七人九日造弓八張，八人六日造刀五副，三人二日造箭一百五十隻。作院見管弓作二百二十五人，刀作五百四十人，箭作二百七十六人，欲知畢日幾何。

荅曰：造弓一萬張，三百五十日。

造刀一萬把，一百七十七日九分日之七。

造箭一百萬隻，一百四十四日(人)[六]十九分日之六十四。

術曰：以粟米求之，互換入之。置各功程元人率於右行，置元日數於中行，置欲求數爲左行。以三行對乘之，爲各實，列右行。次置元物數於中行，置見管人爲左行。以左行乘中行，各爲法。以對除右行，各得日數。

草曰：置元造弓七人，造刀八人，造箭三人於右行。次置造弓九日，造刀六日，造箭二日列中行。又置欲造弓一萬，欲造刀一萬，欲造箭一百萬列左行。以三行對舉乘。

右行	中行	左行
元造弓𝍦人	元造弓𝍣日	欲造弓一〇〇〇〇張
元造刀𝍧人	元造刀𝍥日	欲造刀一〇〇〇〇副
元造箭𝍣人	元造箭𝍡日	欲造箭一〇〇〇〇〇〇隻

弓實○日 ⊥|||○○○○　刀實○日 ✕|||○○○○　箭實○日 T○○○○○○　寄左行

上得六十三萬，中得四十八萬，下得六百萬，各爲實。次列元造弓八張，刀五副，箭一百五十隻於中行，又列見管弓作二百二十五人，刀作五百四十人，箭作二百七十六人於左行。

元造弓|||張　元造刀||||副　元造箭|≣○隻　中行

見弓作||=○人　見刀作||||≡○人　見箭作||⊥T人　左行

以兩行對乘之，上得一千八百，中得二千七百，下得四萬一千四百，各爲法。

上一|||○○　中=T○○　下||||一||||○○　各爲法

先以上法一千八百除寄右行弓日實六十三萬日，得三百五十，爲造弓一萬張日數。

商○　實日 ⊥|||○○○○　法 |≟○○

造弓○畢日 |||≣　○　○

次以中法二千七百除寄右行刀日實四十八萬日，得一百七十七日，爲造刀一萬副日數。

造箭○　刀日實 ✕|||○○○○　法 =T○○

造刀畢T日 |⊥　不盡=|○○　=T○○法

不盡二千一百，與法求等，得三百。俱約之，爲九分日之七。

|⊥T　T　||||

次以下法四萬一千四百除寄右行箭日實六百萬日，得一百四十四日，爲造箭一百萬隻日數。

商○　箭日實 T○○○○○○　法 ||||一||||○○

商||||日 |✕　|||⊥||||○○日　法 ||||一✕○○一||||

不盡三萬八千四百日，與法四萬一千四百求等，得六百。俱以約之，得六十九分日之六十四，爲造箭日分。合問。

造箭||||日 |✕|　⊥||||子　⊥|||母

又　《市物類》卷一七　互易推本：問出度牒，差人營運。每三道易鹽一十三袋，鹽二袋易布八十四疋，布一十五疋易絹三疋半，絹六疋易銀七兩二錢。今趁到銀九千一百七十二兩八錢，欲知元關度牒道數幾何。

答曰：度牒一百八十道。

術曰：以粟米互乘易法求之。列各數，以本色相對，如雁翅。以多一事者相乘爲實，以少一事者相乘爲法，除之。

草曰：先以度牒三道乘鹽二袋，得六。以乘布一十五，得九十。又乘絹六疋，得五百四十。乃乘銀九萬一千七百二十八錢，得四千九百五十二萬三千一百二十錢，爲實。次以鹽一十三袋乘布八十四，得一千九十二。以乘絹三疋五分，得三千八百二十二。乃乘銀七十二錢，得二十七萬五千一百八十四錢，爲法。除實，得一百八十道，爲元關度牒。

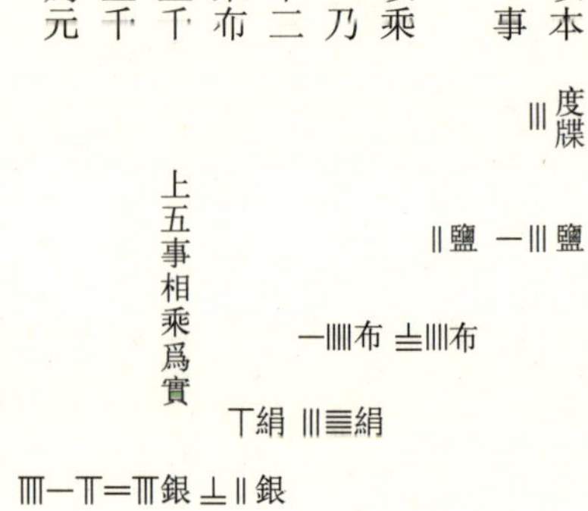

清・勞乃宣《古籌算考釋》卷二　此重今有之，合四次爲一術者也。依次求之，當先以銀數求絹數，再以絹數求布數，再以布數求鹽數，再以鹽數求度牒數。今合爲一術，置趁到銀九千一百七十二兩八錢於首行首層，置銀七兩二錢，絹六匹，於次行首次層，置絹三匹半，布一十五匹，於三行次三層。置布八十四匹，鹽二袋，於四行三四層。置鹽一十三袋，度牒三道，於末行四末層。作雁翅形，以斜列多一事之銀九千一百七十二兩八錢，絹六匹，布一十五匹，鹽二袋，度牒三道，共五事相乘，得四百九十五萬三千三百一十二，爲實。以斜列少一事之銀七兩二錢，絹三匹半，布八十四匹，鹽一十三袋，共四事相乘，得二萬七千五百一十八四爲法。除實，得一百八十，即元關度牒道數也。

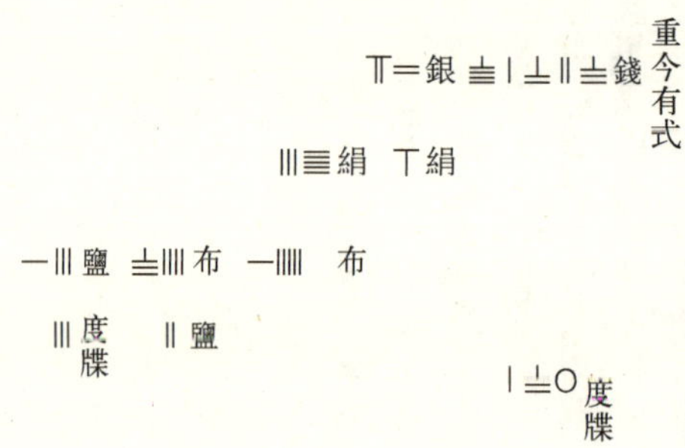

宋・秦九韶《數書九章・市物類》卷一七

菽粟互易：問菽三升易小麥二升，小麥一升五合易油麻八合，油麻一升一合易粳米一升八合。今將菽十四石四斗欲易油麻，又將小麥二十一石六斗欲易粳米幾何。

答曰：油麻五石一斗二升，粳米一十七石二斗八升。

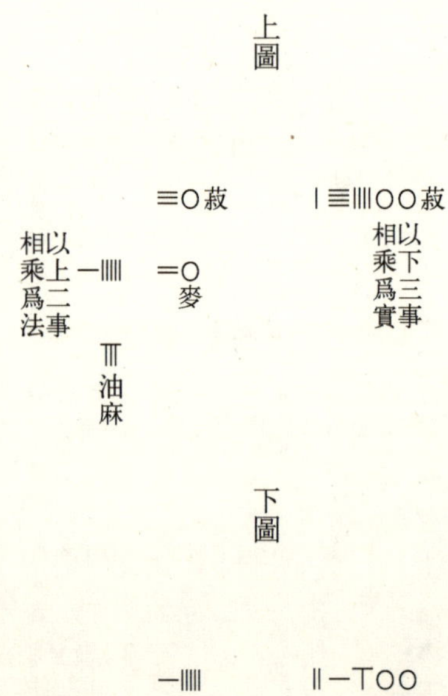

術曰：以粟米換易求之。置元易率本色對列，如雁翅。以多一事者相乘爲實，以少一事者相乘爲法。除之，各得或問數。不干其率者，不置。

草曰：置四率，六數。列六位率，如雁翅。皆化爲合，先將菽一十四石四斗化作一萬四千四百合。乃對前二句率數四位如雁翅，至欲易油麻止，共五事，爲上圖。次將小麥二十一石六斗化作二萬一千六百合。乃對後兩句率四位如雁翅，至欲易粳米止，共五事，爲下圖其上圖，以菽一萬四千四百合乘麥二十，得二十八萬八千。又乘油麻八合，得二百三十萬四千合，爲油麻實。次以菽三十合乘麥一十五，得四百五十合，爲法。除之，得五千一百二十合。展爲五石一斗二升，爲油麻。其下圖，以小麥二萬一千六百合乘油麻八合，得一十七萬二千八百合。又乘粳米一十八合，得三百一十一萬四百合，爲粳米實。以小麥一十五合乘油麻一十一合，得一百八十合，爲法。除之，得一萬七千二百八十。展作一十七石二斗八升，爲粳米。

清・勞乃宣《古籌算考釋》卷二　此重今有術也。以今有本術求之，當先求菽易小麥數。

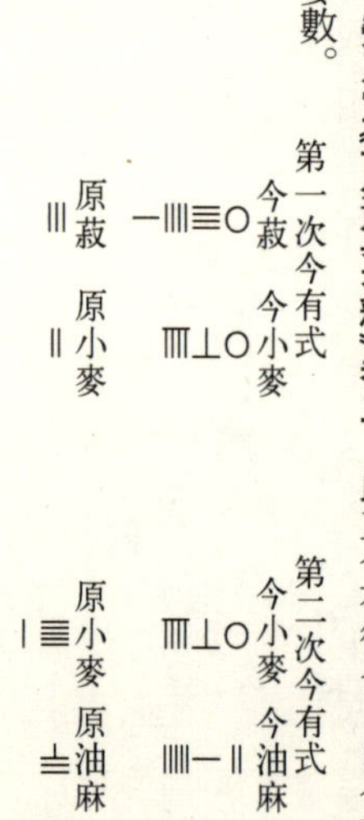

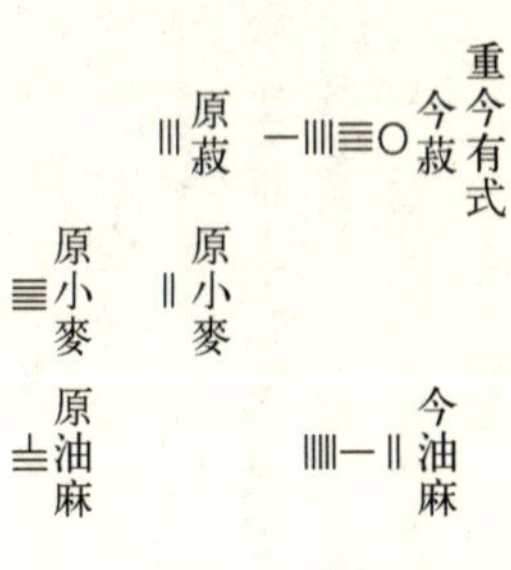

置原有菽三升於左上，原易小麥二升於左下，今有菽十四石四斗於右上。右上、左下相乘爲實。左上爲法。除之，得九石六斗，置右下，爲今易小麥數。再求小麥易油麻數。置原有小麥一升五合於左上，原易油麻八合於左下，今有小麥九石六斗於右上。右上、左下相乘爲實。左上爲法。除之，得五石一斗二升，置於右下，爲今易油麻數。今併兩次爲一術，以一次求之。列定初式原菽、原小麥、今菽三數後，不必乘除，便視此相連之三數，爲已求出之今易小麥數。乃列二次式左行之原小麥、原油麻兩數，而以初次式相連之三數爲今小麥數，置之右上，作鴈翅之形。則今菽居右上，原菽居中上，初次原小麥居中中，二次原小麥居左中，原油麻居左下。斜數之，右上、中中、左下共三事，中上、左中共二事，乃以多一事之右上、中中、左下相乘，得二三〇四，爲實。少一事之中上、左中相乘，得四五，爲法。除之，得五石一斗二升，置於右行最下，爲所求數，即今易油麻數也。

宋・秦九韶《數書九章・市物類》卷一八 推計互易：問庫率，糯穀七石出糯米三石，糯米一斗易小麥一斗七升，小麥五升踏麯二斤四兩，麯一十一斤醞糯米一斗三升。今有糯穀一千七百五十九石三斗八升，欲出穀做米、易麥、踏麯還自醞餘穀之米，須令適足，各合幾何。

列算圖

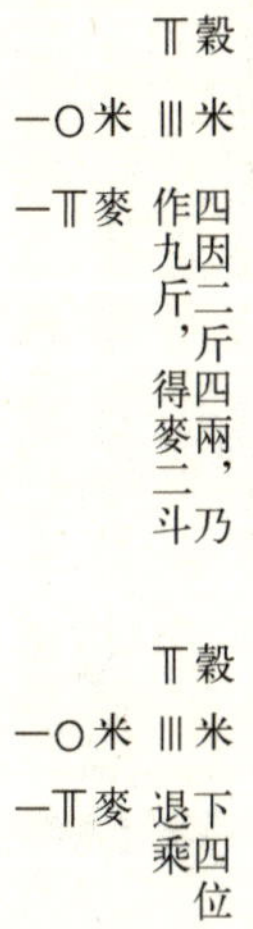

元圖

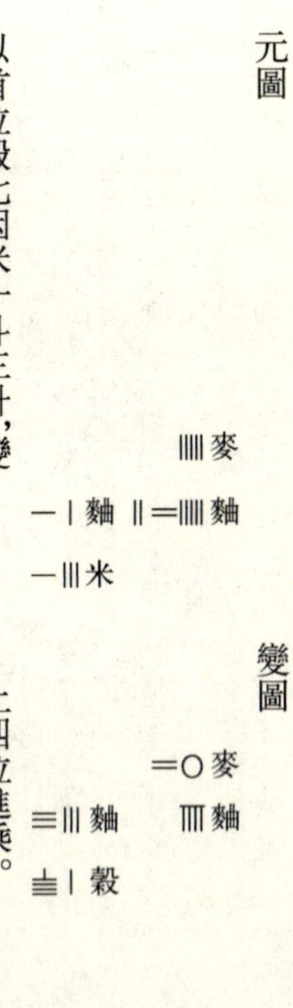

以首位穀七因米一斗三升，變爲穀。以米三石因一十一斤麯。上四位進乘。

合圖

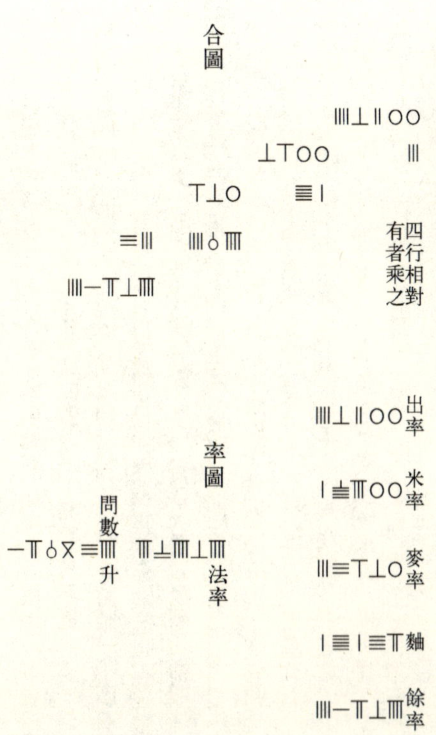

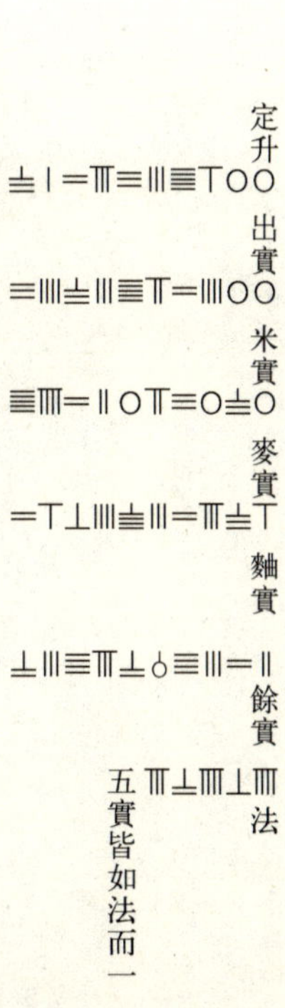

五實皆如法而一。

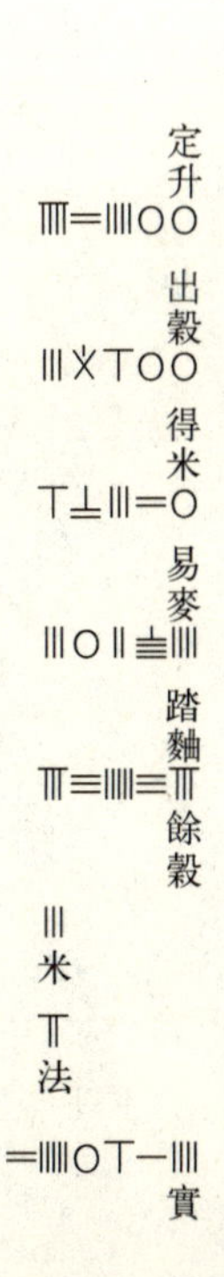

荅數圖

荅曰：共穀一千七百五十九石三斗八升，出穀九百二十四石，得米三百九十六石，易麥六百七十三石二斗，踏麴三萬二百九十四斤，

餘穀八百三十五石三斗八升，醞米三百五十八石二斗。

術曰：以粟米換易求之。置諸率，隨本色對列，如雁翅。有分者，通之，異類者，變之，以上位者，進乘之，以下位者，退乘之，得合數。有對者，相乘之，無對者，直命之，爲諸率。併上、下無對者，爲法率。諸率可約者，約之。以今有物遍乘諸率，不乘法率。各爲實。諸實竝如法而一，各得。其已變者，復互易乘除之，即得所求。

草曰：置糯穀七，出米三，於右行上副兩位。次置糯米一斗，麥一斗七升，於副行副、中兩位。次置小麥五升，踏麴二斤四兩，於次行中、次兩位。次置麴一十一斤，醞米一斗三升，於左行次、下兩位。隨本色對列，如雁翅。訖，乃驗次行二斤四兩，是四分斤之一。以母四通次行兩位，以子一內次行次位。其中位得二十，次位得九。又驗左行下位，是糯米。是異類於糯穀，合變爲糯穀。乃以問中首句率穀七、米三變之，以七因米一斗三升，得九斗一升，於左下爲穀。卻以米三因麴一十一斤，爲三十三斤麴，於左(行)[次]，得變圖數。以左行三十三乘次行二十，得六百六十。次以得六百六十乘副行一十，得六千六百。次以六千六百乘右上七，得四萬六千二百，各於元位。卻以右行副位三因副行一斗七升，得五斗一升。又以五斗一升乘次行九，得四百五十九。又以四百五十九乘左下九十一，得四萬一千七百六十九，列爲合圖數。乃驗合圖四行，其副、中、次三位有對者，以對相乘，合之。其右上、左下無對者，直命之，皆爲率，列右行。上得四萬六千二百，爲出糯穀率。副位得一萬九千八百，爲得糯米率。中得三萬三千六百六十，爲易得麥率。次得一萬五千一百四十七，爲踏到麴率。下得四萬一千七百六十九，爲餘下糯穀率。併上、下二率，共得八萬七千九百六十九，爲法率。今六率共求等，得一。約之，只得元率，爲率圖。始用今有糯穀一千七百五十九石三斗八升皆化爲升，遍乘五率，不乘法率。得八十一億二千八百三十三萬五千六百升，爲出穀實。得三十四億八千三百五十七萬二千四百升，爲糯米實。得五十九億二千二百七萬三千八十升，爲易麥實。得二十六億六千四百九十三萬二千八百八十六，爲踏麴實。得七十三億四千八百七十五萬四千三百二十二升，爲餘穀實。其五實皆如法八萬七千九百六十九而一，得九百二十四石，爲出穀。得三百九十六石，爲做到糯米。得六百七十三石二斗，爲易到小麥。得三萬二百九十四斤，爲踏到麴。得八百三十五石三斗八升，爲餘下穀。今將餘下穀變爲米，乃以米率三因餘穀八百三十五石三斗八升，得二千五百六石一斗四升，爲實。以糯穀率七爲法。除之，得三百五十八石二升，爲醞米。

元・朱世傑《筭學啓蒙》卷上《折變互差門》 今有香油三兩，折菜油四兩。只云香油斤價四百文，卻有菜油八十四斤一十二兩。問直錢幾何。

荅曰：二十五貫四百二十五文。

術曰：列香油斤價，以三兩因之，十六而一，得七十五文。乃香油三兩折菜油四兩之價。列菜油，通兩內子，得一千三百五十六兩。以七十五文乘之，爲實。以四兩爲法。除之。合問。

清・王鑒《筭學啓蒙述義》 案：香油斤價，以三兩乘之，得六十四兩菜油之價，十六除之，則爲四兩菜油之價。以乘菜油共數，則爲四倍菜油共價。故以四兩爲法，得直錢。

清・徐鳳誥《筭學啓蒙通釋》 按：此又可明兩比例爲一比例法也。其第一比例以菜油四兩比香油三兩，以菜油八十四斤一十二兩比得香油六十三斤九兩。其又一比例則以香油一斤比斤價四百文，以香油六十三斤九兩比得斤價二十五貫四百二十五文。今以兩比例合爲一比例，則以前一率與後一率相乘爲一率，前二率與後二率相乘，爲二率，以前三率爲三率，後四率爲四率。演之如左：

前一比例：	後一比例：
一率 菜油四兩	一率 香油一斤
二率 香油三兩	二率 斤價四百文
三率 菜油八十四斤七五	三率 香油六十三斤五六二五。
四率 香油六十三斤五六二五	四率 錢二十五貫四百二十五文。

合兩比例爲一比例：

一率 油四斤

二率 錢一貫二百文

三率 油八十四斤七五

四率 錢二十五貫四百二十五文

元・朱世傑《筭學啓蒙》卷中《雙據互換門》 今有織匠二十四人，一百九十

二日織錦一千一百五十二匹。欲令六十二人織三百六十日，問織錦幾何。

答曰：五千五百八十四匹。

術曰：列三百六十日，以六十二人乘之。又以織錦匹數乘之，得二千五百七十一萬二千六百四十，爲實。列一百九十二日，以二十四人乘之，得四千六百八，爲法。實如法而一。合問。

清・王鑒《筭學啓蒙述義》 案：此省乘省除法也。本當以一百九十二日除織錦匹數，得二十四人每日織數。再以二十四除之，得每人每日織數。然後以三百六十日乘之，得一人織三百六十日匹數。再以六十二人乘之，得六十二人織三百六十日匹數。今以六十二人乘三百六十日，以乘織錦匹數，爲實。以二十四人乘一百九十二日，爲法。取其簡捷，且先除遇有不滿法者，仍當通分，不如并幾次除爲一次除之爲愈也。

清・徐鳳誥《筭學啓蒙通釋》 按：此相當比例也。以二十四人乘一百九十二日，得四千六百零八工。與錦一千一百五十二匹之比，即知六十二人乘三百六十日，得二萬二千三百二十工與錦五千五百八十四匹之比也。

一率 四千六百零八工

二率 錦一千一百五十二匹

三率 二萬二千三百二十工

四率 錦五千五百八十四匹

清・勞乃宣《古籌算考釋》卷二 此亦重今有術也。以今有本術求之，當先求六十二人一百九十二日所織錦數。置原有人二十四於左上，爲所有率。置原織錦一千一百五十二匹於右上，爲所求率。置今有人六十二於左下，爲所有數。此法以原有兩率橫列，而以今有一數直列左下，與前式異而理同，取其便於再列後數也。求得今織錦二千九百七十六匹，爲六十二人一百九十二日所織錦數。再求六十二人三百六十日所織錦數。置原有一百九十二日於左上，爲所有率。置原織錦二千九百七十六匹於右上，爲所求率。置今有三百六十日於左下，爲所有數。求得今織錦五千五百八十四匹，爲六十二人三百六十日所織錦數。今併兩次爲一術，以一次求之。列定初次式三數後，不必乘除，便視爲初次求得織錦數。乃列二次左行兩數，而以初次式三數置於右上，作鴈翅形。以右上、中中、左下三數多一事者，相乘爲實。以中上、左中二數少一事者，相乘爲法。除之，得五千五百八十四匹，即六十二人三百六十日所織錦數也。

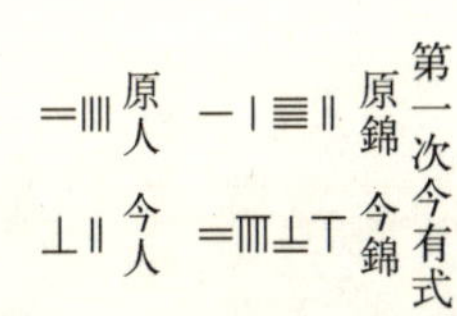

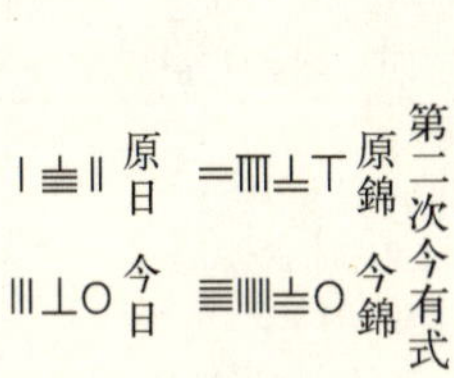

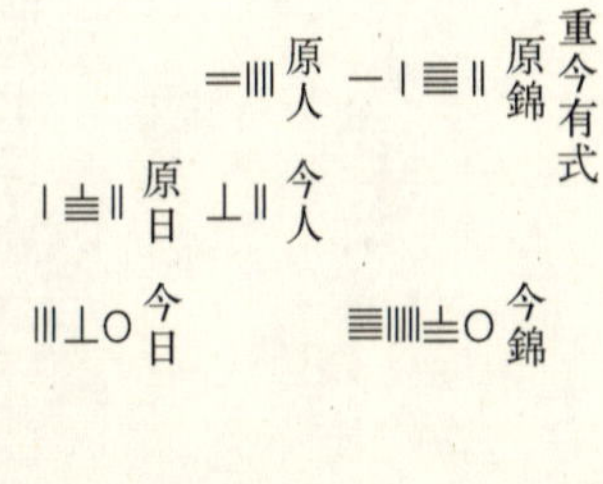

元・朱世傑《筭學啓蒙》卷中《雙據互換門》 今有織匠一十二人，九十六日織錦五百七十六匹。欲令三十一人織二千七百九十四匹，問幾日畢。

答曰：一百八十日。

術曰：列二千七百九十四匹，以九十六日乘之，又以十二人乘之，得三百二十一萬八千四百八十，爲實。五百七十六匹，以三十一人乘之，得一萬七千八百五十六，爲法。實如法而一。合問。

清・王鑒《筭學啓蒙述義》 案：此術當先以一十二人乘九十六日，以除三十一人乘五百七十六匹，得數爲法。以二千七百九十四匹乘之，爲實。實如法得日數。今以一十二人乘九十六日，又以二千七百九十四匹乘之，爲實。以三十一人乘五百七十六匹爲法者，即通分，不除此，而乘彼之法也。

清・徐鳳誥《筭學啓蒙通釋》 按：此兩比例合爲一比例也。其前一比例以錦五百七十六匹與十二人乘九十六日，得一千一百五十二工之比，若織錦二千七百九十四匹與五千五百八十工之比也。其後一比例以三十一人乘一日，得三十一工與一日之比，若五千五百八十工與一百八十日之比也。

前比例式：

一率 錦五百七十六匹

二率 一千一百五十二工

三率 錦二千七百九十四匹

四率 五千五百八十工

後比例式：

一率　三十一工

二率　一日

三率　五千五百八十工

四率　一百八十日

合兩比例爲一比例，則以前一率乘後一率，爲一率。前二率乘後二率，爲二率。前三率爲三率，求得四率爲一百八十日。

一率　一萬七千八百五十六匹

二率　一千一百五十二日

三率　二千七百九十四

四率　一百八十日

清·勞乃宣《古籌算考釋》卷二　此重今有之一正一反者也。以各本術求之，當先以今有術求一十二人織錦二千七百九十四日數。置原織錦五百七十六匹於左上，置原日數九十六於右上，置今織錦二千七百九十四於左下，求得今日數四百六十五。再以反今有術求三十一人織錦日數。置原十二人於左下，原四百六十五日於右上，爲原有兩色。置今三十一人於左上，爲今有一色。求得日數一百八十。今併兩次爲一術，以一次求之。列定初次三數後，不必乘除，便視爲初次求得日數。乃列二次左行兩數，而以初次式三數置於右上，作鴈翅形，以斜列。多一事之三數，相乘爲實。少一事之二數，相乘爲法。除之，得一百八十，即三十一人織錦二千七百九十四匹之日數也。此法以一今有、一反今有相合而成，與前題分别。惟在二次列式時今人、原人互易其位，其鴈翅乘法無異也。

第一次今有式

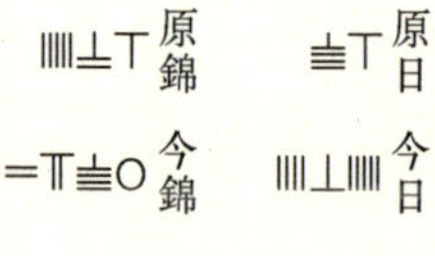

第二次反今有式

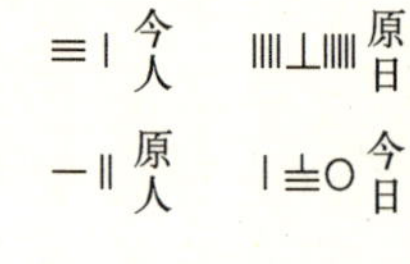

重今有式

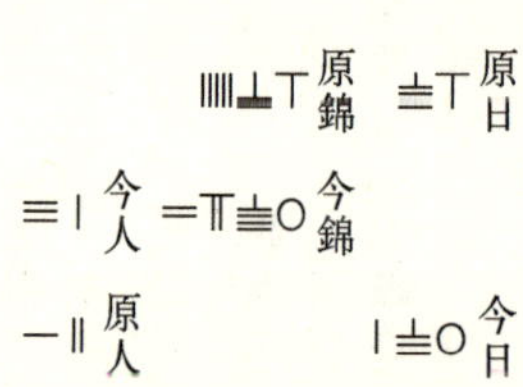

元·朱世傑《算學啓蒙》卷中《雙據互換門》　今有織匠一十二人，九十六日織錦五百七十六匹。今一百八十日織二千七百九十四匹，問織匠幾何。

答曰：三十一人。

術曰：列二千七百九十四匹，以九十六日乘之，又以十二人乘之，得三百二十一萬八千八十，爲實。一百八十日，以五百七十六匹乘之，得一十萬三千六百八十，爲法。實如法而一。合問。

清·王鑒《算學啓蒙述義》　案：此與前術理同。本當以一十二人乘九十六日，以除五百七十六匹，得每人每日織數，爲法。以一百八十日除二千七百九十四，得若干織匠每日共織匹數，爲實。實如法，得織匠。今轉以一百八十日乘五百七十六匹爲法，而以二千七百九十四匹連乘九十六日及一十二人爲實者，亦不除此而轉乘彼之意也。

清·徐鳳誥《算學啓蒙通釋》　按：此亦合兩比例爲一比例也。其前一比例即上題之前比例式。其後一比例以一人乘一百八十日，得一百八十工與一人之比，若五千五百八十工與三十一人之比也。

前比例式：

一率　錦五百七十六匹

二率　一千一百五十二工

三率　錦二千七百九十四

四率　五千五百八十工

後比例式：

一率　一百八十工

二率　一人

三率　五千五百八十工

四率　三十一人

合兩比例爲一比例，以前一率乘後一率，爲一率。前二率乘後二率，爲二率。前三率爲三率，求得四率爲三十一人。

一率　十萬三千六百八十四

二率　一千一百五十二人

三率　二千七百九十四

四率　三十一人

清·徐鳳誥《筭學啓蒙通釋》 按：此亦合兩比例爲一比例也。其前一比例以米八斗四升與米四斗五升之比，即知黍一石五斗與黍八斗又八十四分斗之三之比也。其後一比例則以酒七斗八升與酒二十五石七斗又七十五分斗之十七之比，即知黍八斗又八十四分之三與黍二十六石五斗之比也。

前一比例式：

一率　酒七斗八升。以七十五通之　得五百八十五。

二率　米四斗五升

三率　酒二十五石七斗七十五分斗之一十七　通分內子，得一萬九千二百九十二

四率　米十四石八斗四升

後一比例式：

一率　米八斗四升

二率　黍一石五斗

三率　米十四石八斗四升

四率　黍二十六石五斗

合兩比例爲一比例，則以前一率乘後一率，爲一率。前二率乘後二率，爲二率。前三率爲三率，乘除得四率。

一率　四九一四

二率　六七五

三率　二十五石七斗七十五分斗之一十七　通分內子，得一萬九千二百九十二。

四率　二十六石五斗

明·嚴恭《通原算法》 今有織染叚疋，每荒絲一十兩湅生線九兩，每生線一兩練熟線七錢五分，每熟線一兩却加顏料三分。今織成叚子五百八十四疋，通稱重九百六十四斤四兩九錢八分八釐，問通用荒絲及每疋斤重料例各若干。

答曰：通用荒絲一千三百八十七斤，每疋該用荒絲二斤六兩，

湅生線二斤二兩二錢，練熟線一斤九兩六錢五分，

加顏料七錢六分九釐五毫，計重一斤一十兩四錢一分九釐五毫。

術曰：置通稱重數，通准兩，得一萬五千四百二十八兩九錢八分八釐，爲

清·勞乃宣《古籌算考釋》卷二 此亦重今有之一正一反者也。以各本術求之，當先以反今有術求一百八十日織錦五百七十六匹人數。置原日數九十六於左下，原人數十二於右上，置今日數一百八十於左上，求得人數六四。再以今有術求織錦二千七百九十四匹人數。置原織錦五百七十六匹於左上，原人數六四於右上，置今織錦二千七百九十四匹於左下，求得人數三十一。今併兩次爲一術，以一次求之。列定初次三數後，不必乘除，便視爲初次求得人數。乃列二次左行兩數，而以初次式三數置於右上，作雁翅形。多一事者相乘爲實，少一事者相乘爲法。除之，得三十一，即一百八十日織錦二千七百九十四人數也。此先用反今有，後用今有，列式與前又不同，而法仍無異也。

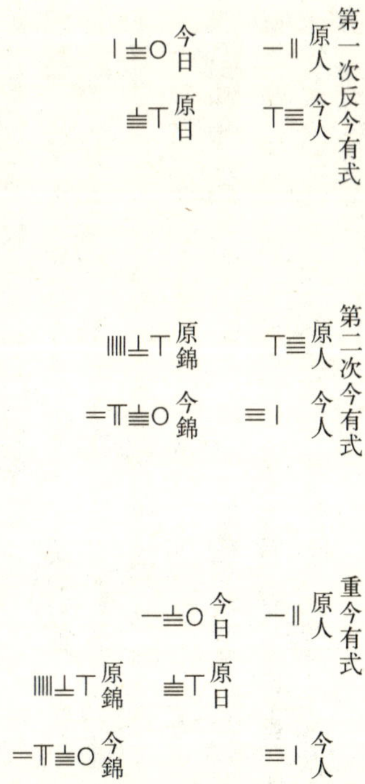

元·朱世傑《筭學啓蒙》卷中《雙據互換門》 今有黍一碩五㪷，變米八㪷四升。每米四㪷五升造酒七㪷八升。今欲造酒二十五碩七㪷七十五分㪷之一十七，問用黍幾何。

答曰：二十六碩五㪷。

術曰：列二十五碩七㪷，通分內子一十七，得一萬九千二百九十二。以一碩五㪷乘之，又以四㪷五升乘之，得一百三十萬二千二百一十，爲實。列米八㪷四升，以酒七㪷八升乘之，又以分母七十五乘之，得四千九百一十四，爲法。實如法而一。合問。

清·王鑒《筭學啓蒙述義》 案：此亦省乘省除法也。本當以四㪷五升乘欲造酒數，以七㪷八升除之，得用米數。列用米數，以今有黍數乘之，以八㪷四升除之，得用黍數。今以一碩五㪷及四㪷五升連乘欲造酒數，爲實。以七㪷八升乘八㪷四升爲法者，省幾次除爲一次除也。

實。別以生絲九両，以七錢五分乘之，淂六両七錢五分。知以每両加顔料三分，共淂六両九錢五分二釐五毫，爲法。除之，淂通用荒絲数。再以五百八十四疋除之，淂每疋該用荒絲。以九乘之，淂生線数。又以七錢五分乘，得熟線數。又以三分乘之，淂顔料數。加熟線，總之得每疋斤重。合前問。

又 今有銅，一經入爐，每十斤淂八斤。令三經入爐，過銅一百七十五斤一十三両四錢四分。問原本生銅若干。

荅曰：三百四十三斤七両。

術曰：以八斤再自乘，淂五百一十二，爲法。置銅，通准両，即從斤上加六。爲實。以法除之，再准斤，减六，即淂。

又 今有鐵，一經入爐，每十斤淂七斤。令三經入爐，過鐵七十九斤一十両九錢三分一釐。問原本生鐵若干。

荅曰：二百三十二斤五両。

術曰：以七斤再自乘，淂三百四十三，爲法。置鐵，通准兩即從斤上加六。爲寔。以法除之，再准斤，減六，即淂。

明·吴敬《九章筭法比類大全》卷六《均輸》 比類 織造各物：今有織造段疋，每荒絲一十兩得浄絲九兩，每經緯一兩煉熟得七錢五分，每熟經緯却加顔料三分。今織成紵絲一千二百四十疋，秤重二千二百六十三斤六錢二分。問通用荒絲及每疋斤重料例各幾何。

荅曰：通用荒絲三千二百五十五斤，每疋該荒絲二斤十兩，
得生經緯二斤五兩八錢，煉熟經緯一斤十二兩三錢五分，
加顔料八錢五分五毫，計重一斤十三兩二錢五毫。

法曰：置秤重絲二千二百六十三斤，以斤求兩法通之，加零六錢二分，共得三万六千二百八兩六錢二分，爲實。以生經緯九兩乘煉熟七錢五分，得六兩七錢五分。却加每兩顔料三分，共得六兩九錢五分二厘五毫，爲法。除之，得通用荒絲五万二千八十兩。却以紵絲一千二百四十疋除之，得每疋該用荒絲四十二兩。以浄絲九乘之，得(二)[三]十七兩八錢。又以煉熟七錢五分乘之，得二十八兩三錢五分。又乘顔料三分，得八錢五分五毫。加煉熟經緯，共得二十九兩二錢五毫，爲每疋重。各以斤法乘之。合問。

明·王文素《筭學寶鑑》卷一一《雙頭六草》 甲缺題：原派人夫，不知其數，挑河四日，開積二萬五千尺。今復添夫，亦不知数。但知新舊共夫五百名，又挑六日，開積六萬二千五百尺。問原派舊夫幾何。

荅曰：三百名。

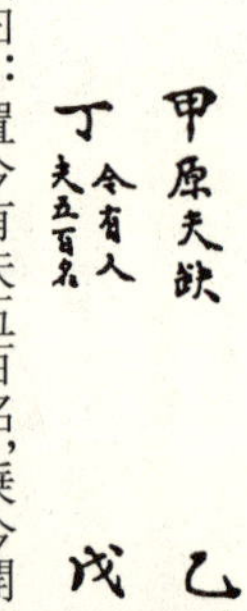

法曰：置今有夫五百名，乘今開六日，得三千日。又乘原開積二萬五千尺，得七千五百萬尺，爲寔。另置原開四日，乘今開積六萬二千五(萬)[百]尺，得二十五萬尺，爲法。除寔，得原舊人夫三百名。合問。

又 (已)[乙]缺題：原派人夫三百名，不知挑何幾日，開積二萬五千尺。今又添夫二百名，復挑六日，開積六萬二千(五不)五百尺。問前者原挑幾日。

荅曰：四日。

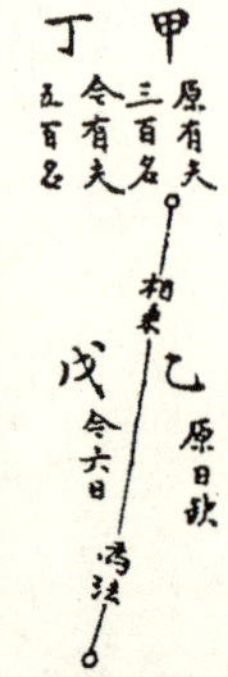

法曰：置今夫五百名，乘今開六日，得三千日。乘原開二萬五千尺，得七千五百萬尺，爲寔。別置原夫三百名，乘今開積六萬二千五百尺，得一千八百七十五萬尺，爲法。除寔，得原開四日。合問。

又 丙缺題：原派人夫三百名，挑河四日，不知開積尺。今又添夫二百名，復挑六日，又開積六萬二千五百尺。問前者開積幾何。

荅曰：二萬五千尺。

甲原有夫三百名　乙原開四日　丙原開缺

丁今有夫五百名相乘爲法　戊今開六日　巳今開六萬二千五百尺

法曰：置原夫三百名乘原開四日，得一千二百日。乘今開六萬二千五百尺，得七千五百萬尺，爲寔。以今有夫五百名乘今開六日，得三千日，爲法。除寔，得開二萬五千尺。(今)[合]問。

又 丁缺題：原(派)[派]人夫三百名，挑河四日，開積二萬五千尺。今新添人夫不知其數，復挑六日，又開六萬二千五百積尺。問新舊共夫幾何。

荅曰：五百名。

甲原夫三百　乙原開四日　丙原積二萬五千尺

丁今夫缺　戊今開六日　己今積二萬二千五百尺

法曰：置原夫三百名，乘原開四日，得一千二百日。乘今開積六萬二千五百尺，得七千五百萬尺，爲寔。以今開六日乘原積二萬五千尺，得一十五萬尺，爲法。除之，得新舊人夫五百名。(令)[合]問。

又 戊缺題：原有人夫三百名，挑河四日，開積二萬五千尺。今又添夫(一)[二]百名，復開積六萬二千五百尺，問今開幾日。

答曰：六日。

法曰：置原夫三百名，乘原開四日，得一千二百日。乘今積六萬二千五百尺，得七千五百(一)萬尺，爲寔。另以新舊人夫共五百名乘原積二萬五千尺，得一千(五)[二]百[五十]萬[尺]，爲法。除之，得今開六日。合問。

又 己缺題：原有夫三百名，挑河四日，開積二萬五千尺。今又添二百名，又開六日。問該積幾何。

答曰：六萬二千五百尺。

甲原夫三百　乙原開四日　丙原積

丁今夫五百名　戊今開六日

法曰：置新旧共夫五百名，乘今開六日，得三千尺。又乘今積二萬五千尺，得七千五百萬尺，爲寔。另以原夫三百名乘原開四日，得一千二百日，爲法。除之，得今積六萬二千五百尺。合問。

凡顧車、行道、駐軍、(文)[交]粮並同，但立圖于左可見。

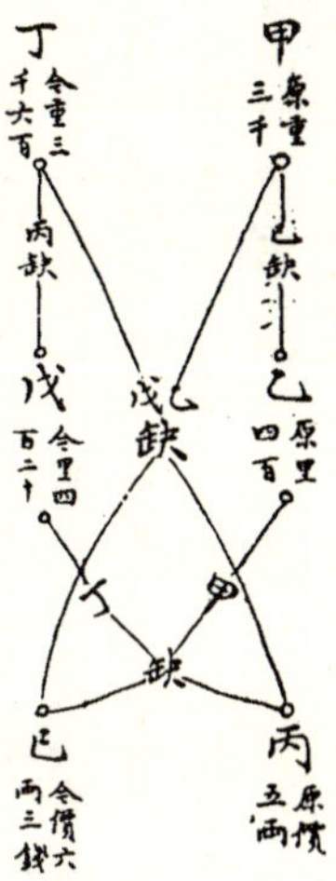

又《重據換》 原有金七兩，原換銀四十兩。原有銀三兩，原換銅錢二千文。今有銅錢二千四百文，問今換金幾何。

答曰：六錢三分。

右行　原有金七兩　原有銀三兩　今有錢二千四百文

左行　原換銀四十兩　原換錢二千文　今換金缺

法曰：置右行原有金七兩，乘原有銀三兩，得二十一兩。乘今有錢二千四百文，得五萬〇四百，爲寔。另以左行原換銀四十兩乘原換錢二千文，得八萬，爲法。除寔，得今該換金六錢三分。合問。

又 原有錢二千文，原換銀三兩。原有銀四十兩，原換金七兩。今有金六錢三分，問今換錢幾何。

答曰：二千四百文。

右行　原有錢弍千文　原有銀四十兩　今有金六錢三分

左行　原換銀三兩　原換金七兩　今換錢缺

法曰：以右行三位連[乘]，得五萬零四百，爲寔。另以左行二位連乘，得二十一兩，爲法。除之，得荅。合問。

又 原有銀四十兩，原換金七兩。原有金六錢三分，原換錢二千四百文。今有錢二千文，問今換銀幾何。

答曰：三兩。

右行　原有銀四十兩　原有金六錢三分　今有錢(三)[二]千文

左行　原換金七兩　原換錢二千四百文　今換銀缺

法曰：以右行三位連乘，得五萬〇四百，爲寔。另行左二位連乘，得一萬六千八百，爲法。除之。合問。

又 原有金六錢三分，原換錢二千四百文。原有錢二千文，原換銀三兩。今有銀四十兩，問今換金幾何。

答曰：七兩。

右行　原有金六錢三分　原有錢二千文　今有銀四十兩

左行　原換錢二千四百文　原換銀三兩　今換金缺

法曰：以右行三位連乘，得五萬〇四百，爲寔。另以左行二位連乘，得七千(一)[二]百兩，爲法。除之。合問。

又 原有錢(一)[二]千四百文，原換金六錢三分。原有金七兩，原換銀四十兩。今有銀三兩，問今換錢幾何。

荅曰：二千文。

右行　原有錢一千四百文　原有金七両　今有銀三両

左行　原換金六錢三分　原換銀四十両　今換錢缺

法曰：以右行三位連乘，得五萬零四百，爲寔。另以左行二位連乘，得二十五両二錢，爲法。除之。合問。

又　原有銀三両，原換錢二千文。原有錢一千四百文，原換金六錢三分。(金)[今]有金七両，問今換銀幾何。

荅曰：四十両。

右行　原有銀三両　原有錢二千四百文　今有金七両

左行　原換錢二千文　原換金六錢三分　今換銀缺

法曰：以右行三位連乘，得五萬零四百，爲寔。另以左行二位連乘，得一千二百六十，爲法。除之。合問。

又　荒(糸)[絲]一斤，絡浄(糸)[絲]折一両。浄(糸)[絲]一斤，煉熟(扐)[折]五錢。熟絲一斤，染青加重四錢。今已染青絲七十六両二錢六分，問用荒絲幾何。

荅曰：八十一両九錢二分。

右行　荒十六両　浄十六両　熟十六両　青七十六両二錢六分

左行　浄十五両　熟十五両五錢　青十六両四錢　荒缺

法曰：以右行四位連乘，得三十一萬二千三百六十両九錢六分，爲寔。以左行三位連乘，得三千八百一十三両，爲法。除之。合問。

又　《九章》題：今有銅一経入爐，每十斤得八斤。今三経入爐，得熟銅二百二十四斤十五両八錢七分二厘。問原本生銅幾何。

荅曰：四百三十九(畆)[斤]七両。

《九章》法曰：置銅二百二十四斤，却以十六両通之，加零十五両八錢七分二厘，共得三千五百九十九両八錢七分二厘，爲寔。以煉熟八斤再自乘，得五百一十二斤，爲法。除之，得七千三十一両。以斤法十六除之。合問。

證曰：此問荅数固是，術理未通。豈有寔是三千五百両有餘，法是五百斤有餘，以法除寔，反得七千両有餘？智者鑒之。其術當以十再自乘，得一千。乘熟銅，爲寔。以八再自乘，得五百一十二，爲法。除之，方得原本生銅之数，以合所問。

又　比證新題：假有荒鉄(扐)[折]煉，初次七而損一，第二次八而損一，(第)[第]三次九而損一。炒煉已得熟鉄二百四十斤，問原本荒鉄幾何。

荅曰：三百六十斤。

右行　列母　七斤——八(勺)[斤]——九斤——二百四十斤　爲寔。

左行　列子　六斤——七斤——　八斤　爲法。

法曰：以右行三母七、八、九連乘，得五百单四。乘熟鉄二百四十斤，得一十二萬九百六十斤，爲寔。以左行三子六、七、(人)[八]連乘，得三百三十六，爲法。除之。合問。

又　一客筏木一千根，欲出三関。税之：上関九而税一，中関十五而税一，下関二十四而税一。問三関税外尚有木幾何。

荅曰：七百(五)[九]十五根八十(二)[一]分(相)[根]之五。

法曰：列置(每)[母]子：

八　十四　二十三　於左

九　十五　二十四　於右

以左行三子[連]乘：八乘十四，得一百一十二，又乘二十三，得二(十)[千]五百七十六。以乘総木一千，得二百五十七萬六千，爲寔。以右行三母連乘：九乘十五，得一百三十五，又乘二十四，得三千二百四十，爲法。除之，得七百九十五根。不盡者，(生)[法]寔皆四十約之。合問。

又　《九章》題：今有芝蔴六十二石一斗九升，每二斗五升出油七斤。每油八斤值鈔九百三十文，問該幾何。

荅曰：二百二貫四百二十八文四分五厘。

《九章》法曰：置芝蔴六十二石一斗九升，乘出油七斤，得四百三十五石(四)[三]斗三升，却以每麻二斗五升除之，得油一千七百四十一斤(七)[三]分二厘。又以直鈔九百三十文乘之，得一千六百一十九斤四分二厘七毫六絲，爲寔。以每油八斤爲法。除之，得鈔二百二(寔)[貫]四百二十八文四分五厘。合問。

證曰：愚謂此術除而又除，恐遇拙積有碍，定数又且不明，故立下術以證之。

新證法曰：置芝蔴六十二石一斗九升，以出油七斤乘之，斗下定斤。得四千三百五十三斤三分。又以直鈔九百三十文[乘之]，斤下當定百文。得四百四萬八千五百六千九文，以爲寔。以二斗五升乘油八斤，得二十，爲法。除得二十萬二千四百二十八文四分五厘。千文爲(寔)[貫]。得二百二(寔)[貫]帶零。合問。

又　卷一三《衰分》　遞倍求原題訣：典銀不知原本，每年本利相停。令經四年，本利共還二十四両。問原本幾何。

荅曰：一両五錢。

法曰：列四倍，二、二、二、二。令四位連乘，得一十六，爲法。置総還銀二十四両，爲寔。以法除之，得原本一両五錢。合問。

又法：置総還銀数，四次折半，亦得。合問。

明·周述學《曆宗筭會》卷一〇《總分》　税率求總分：客持胡椒抽分，舶司九分取二，関内十六分取二，税訖止存九百五十斤。求原椒幾何。

如法求之，淂八十二秤三斤。

又　客持木香，舶司九一抽分，関津八分取一，兩司共税二百七十四斤。求原持幾何。

置共税香二百七十四斤。以所税九分，八分相乘，淂七十二分。乘之，淂一萬九千七百二十八，爲實。以税，九分税一，餘八，八分税一，餘七，相乘，淂五十六。減所税相乘七十二，餘一十六，爲法。除之，淂八十二秤三斤。

明·程大位《筭法統宗》卷四《粟布》　煉鎔銅鐵礦：今有銅，一經入爐，每十斤得八斤。今三經入爐，得七十五斤一十三両四錢四分。問原生銅若干。

荅曰：一百四十八斤二両。

法曰：置銅七十五斤，加六，併入零両錢，共得一千二百一十三両四錢四分，爲實。另置八斤，自乘，得六十四。再乘，得五百一十二，爲法。除之，得二千三百七十両。以斤法十六除之，得一百四十八斤一二五。却將一二五加六，爲二両。合問。

一法：置銅，變作両数，以八歸三次，亦得。

清·方中通《數度衍》卷二三《九章外法》　術：化八斤作一萬二千八百分，爲首率。化十斤作一萬六千分，爲次率。化總銅作十二萬一千三百四十四分，爲三率。求出十五萬一千六百分，爲二火銅數。以此數爲三率，一率、二率如故，求出十八萬九千六百分，爲一火銅數。又以此數爲三率，一率、二率如故，又求出二十三萬七千分。用斤法十六除之，即得。

又術：以八斤自乘，再乘，得五百一十二，爲法。除三火銅化分，得二三七。因有再乘，當升二位，作二千三百七十兩。以斤法除之，亦得。

通曰：此用三回三率，故又名大夾三纍。

明·程大位《筭法統宗》卷四《粟布》　今有鐵，一經入爐，每十斤得七斤。今三經入爐，得鐵七十九斤一十両零九錢三分一厘。問原生鐵若干。

荅曰：二百三十二斤五両。

法曰：置鐵七十九斤，加六，併入零両錢，共一千二百七十四両九錢三分一厘，爲實。另以七斤自乘，得四十九。再乘，得三百四十三，爲法。除實，得三(百)[千]七(十)[百]一[十七]両(七錢)。以斤法除之，得二百三十二斤三一二五。却將三一二五加六，爲五両。合問。

又　今有煉礦爲銀，初次入爐，每三両煉得二両。第二次入爐，每七両煉得五両。第三次入爐，每五両煉得四両。凡三次入爐，煉到足色銀一十六両。問原礦若干。

荅曰：四十二両。

法曰：以每次煉得二両，五両，四両相乘，得四十両，爲法。另以入爐三両，七両，五両相乘，得一百〇五両。以乘一十六両，得一千六百八十両，爲實。以法除之，得原礦四十二両。合問。

又　卷五《衰分》　今有客三次出外爲商，俱得合利。每次歸還銀三百両，三次本利恰盡。問原本若干。

荅曰：二百六十二両五錢。

法曰：置銀三百両，折半，得一百五十。又加三百，得四百五十。又折半，得二百二十五両。又加三百，得五百二十五両。又折半，得原本二百六十二両五錢。合問。

清·方中通《數度衍》卷二三《九章外法》　重測諸式：式　母銀十兩，三月得子銀四兩。母銀百兩，欲得子銀二千兩，須幾時。

曰：一百五十月。

術：此須先知百兩三月所得：以十兩爲首率，四兩爲次率，一百兩爲三率，求出四十兩，爲四率。後以四十兩爲首率，三月爲次率，二千兩爲三率。

式二　夏布四十五疋，換綿布。夏布三疋，共價二錢。綿布七疋，共價七錢五分。該換若干。

曰：二十八疋。

術：先求夏布四十五疋之共價：以三疋爲首率，二錢爲次率，四十五疋爲三率，求出三兩，爲四率。後以七錢五分爲首率，七疋爲次率，以先四率爲三率。

式三　銀二十三兩，買布七十五疋，每疋長四丈，濶二尺。今另買布濶一尺六寸，長與前等。該減前價若干。

曰：四兩六錢。

術：先求每尺之價：以四丈乘七十五疋，得三百丈。又乘二尺，得六千尺，爲首率。以二十三兩爲次率。另立一尺爲三率，求出三釐八毫三絲又三之一，爲四率。再求應減之價：以先三率爲後一率，先四率爲後二率。以兩濶相減，餘四寸，乘三千尺，即四丈乘七十五，所得之數。得一千二百尺，爲三率。

式四　重舟日行八十里，輕舟日行百里。重舟先去十五日，輕舟幾日追及。

曰：六十日。

術：先求重舟十五日所行：以一日爲首率，八十里爲次率，十五日爲三率，求出一千二百里，爲四率。後以輕舟每日多行二十里爲首率，以先首率爲後二率，先四率爲後三率。

式五　車輪半徑一尺九寸五分，一日轉二萬周，爲里幾何。

曰：一百三十里。

術：倍半徑，得三尺九寸，爲全徑。推得周一百一十七寸。以一周爲首率，一百一十七寸爲次率，二萬周爲三率，求得二十三萬四千尺，爲四率。再以里法三百六十步化作一千八百尺，爲首率，一里爲次率，前四率爲後三率。

式六　十二人，九日刈麥二十畝。今三十人刈麥四十五畝，該幾日。

曰：八日又十之一。

術：先以人較日：以十二人爲首率，九日爲次率，三十人爲三率。此係一率小於三率，而四率少於二率者，當用變準測一、二相乘，以三率除，求出三日又五之三，爲四率。後以日較畝：以二十畝爲首率，前四率爲後次率，四十五畝爲三率。仍用本法。

又　式八　雇匠採石，每六十丈，價七兩七錢。船價三錢。總用鍛鐵炭火銀二百兩，是六十分之二。問總銀、石數、石價、船價各若干。

曰：總銀六千兩，石四萬三千五百丈，

石價五千五百八十二兩五錢，船價二百一十七兩五錢。

術：二百兩爲六十分之二，即知總銀是六千兩矣。內減二百兩，只以五千八百起算，爲三率。以六十丈爲二率。以兩價并，得八兩，爲首率。求出石四萬三千五百丈，爲四率。又以四率爲三率，以六十丈爲首率，七兩七錢爲次率，求出石價。減五千八百，餘船價。加二百兩，合總銀。

式九　母銀百兩，貸每斤賣二錢，已得息三十兩。今若每斤賣至二錢四分，其息幾何。

曰：五十六兩。

術：先求每斤二錢內母銀若干：以母并原息，得一百三十兩，爲首率。以一百兩爲次率，以二錢作二十分，爲三率，求出十五分又十三之五，爲四率。後以四率爲首率。以二錢四分內減十五分又十三之五，餘八分又十三之八，爲次率。一百兩爲三率。

式十　布每疋長四十尺，內抽税二尺。客布三百疋，税司抽布十五疋半，反貼客錢六百文。其布價每疋幾何。

曰：一千二百文。

術：此已知税爲二十取一也。先求三百疋應抽之數：以二十疋爲首率，一疋爲次率，三百爲三率，求出十五疋，爲四率。以減十五疋半，餘半疋，係二十尺，爲首率。六百文爲次率，四十尺爲三率。

通曰：二尺乘三百疋，得六百尺。以四十尺除之，亦得應抽之數。

式十一　販參，每六斤價七兩七錢，脚價三錢。又用牙銀二百，是原母三十之一。其母銀、參數、兩價各若干。

曰：原母六千兩，參四千三百五十斤，價五千五百八十二兩五錢。

脚價二百一十七兩五錢。

術：與八式同。

又　式十三　銀六錢五分，換大、小錢，錢數相等。每銀一錢換大錢七十五文。銀一錢換小錢一百二十文。問各若干。

曰：大錢三百文，小錢三百文。

術：以七十五文爲首率，換大銀一錢爲次率，一百二十文爲三率，求出一錢六分，爲大一百二十之銀。再以一錢六分并換小銀一錢，共二錢六分，爲首率。并大一百二十、小一百二十，共二百四十文，爲次率。以六錢五分爲三率，求得六百文。平分，大、小各三百。

式十四　一百二十里，物重八十斤，工銀六分。今一百八十里，物重一百二十斤，該工銀若干。

曰：一錢三分五釐。

術：先以八十斤爲首率，六分爲次率，一百二十斤爲三率，求出銀九分。後以一百二十里爲首率，九分爲次率，一百八十里爲三率。

又術：通曰：視一百二十斤多八十斤二之一，則將六分多二之一爲九分。又視一百八十里多一百二十里二之一，則又將九分多二之一爲一錢三分五釐，亦合。以先里重乘爲首率，工爲次率，以後里重乘爲三率，亦可。

又　附式　夫百名，築城二百丈，八月完工。今夫百名，築城二萬丈，幾月完工。

曰：八百月。

術：此因前後皆是一百名，不必重測。以二百丈爲首率，八月爲次率，二萬丈爲三率。

式二　貨百斤，賣銀六十四兩。母每百兩得子六兩又三之二，問各若干。

曰：母六十兩，子四兩。

術：并母、子，共一百〇六兩又三之二，爲首率。母一百兩爲次率，賣銀爲三率。此除貨不用也。

式三　貨賣銀二百兩。云每百兩折銀十兩，其原買母銀若干。

曰：二百二十二兩又九之二。

術：此因百兩内折十兩，當以九十兩爲首率，一百兩爲次率，二百兩爲三率。

又　同乘同除法：式　鵝八，換雞二十。雞三十，換鴨九十。鴨六十，換羊二。今有五羊，換鵝若干。

曰：二十。

術：以鵝八乘雞三十，得二百四十。又乘鴨六十，得一萬四千四百。又乘羊五，得七萬二千，爲實。以換雞二十乘換鴨九十，得一千八百。又乘換羊二，得三千六百，爲法。以法除實，得換鵝數。

清・劉彝程《九章實義》卷一下《以比例運九章》　以下數題，皆合兩次比例而成，謂之合比例。此題一次比例，爲道少銀少，道多銀多，爲正比例。二次比例爲重少銀少，重多銀多，亦爲正比例。乃設四率式：

彼道一〇〇〇　又　彼重一二〇〇
既銀七·五　既銀九·七五
此道一三〇〇　此重一五〇〇
必銀九七五　必銀一二·一八七五

此乃先求得一次之四率。復以爲二次之二率。如式求之即得。惟凡兩次比例，可合爲一次求之。法：以兩箇一率相乘，爲一率。兩箇二率相乘，爲二率。兩箇三率相乘，爲三率。則求得四率必爲兩箇四率相乘之數。但題所問者，乃第二次之四率，未問兩四率相乘數。故可將一次之四率及二次之二率，汰去真數，僅存名目，得下式：

彼道一〇〇〇　又　彼重一二〇〇
既銀七五　既銀即前四率名目
此道一三〇〇　此重一五〇〇
必銀　必銀即所求數

乃合此兩箇比例式，以兩一率相乘，爲一率。前二率爲二率，兩三率相乘，爲三率，則求得四率必與前第二次之四率同，而不函第一次之四率。以爲乘法，其式如：

彼 ╳ 道一〇〇〇　重一二〇〇
既銀七·五。
此 ╳ 道一三〇〇　重一五〇〇
必銀一二·一八七五

設照前，議行道一千里，載重一千二百斤，價七兩五錢。今貨重一千六百斤，已付銀六兩，問該行道幾何。

答：六百里。

此題一次比例，爲銀少道少，銀多道多，爲正比例。二次比例爲重少道反多，重多道反少。既呼「反」字，即爲反比例。依法得一正、一反之比例式：

銀七·五　　又　重一六〇〇

道一〇〇〇　　道即前四率名目

銀六　　重一二〇〇

道　　道即所求數

上下相乘，得合比例式：

銀七五

╳

重一六〇〇

道一〇〇〇

銀六

╳

重一二〇〇

道六〇〇

設照前，議行道一千里，載重一千二百斤，價七兩五錢。今欲行一千七百里，已付銀七兩六錢五分。問載重幾何。

答：七百二十斤。

此題一次比例，爲銀少重少，銀多重多，爲正比例。二次比例爲道少重反多，道多重反少。既呼「反」字，即爲反比例。依法亦得一正一反之式：

銀七·五　　又　道一七〇〇

重一二〇〇　　重即前四率名目

銀七·六五　　道一〇〇〇

重　　重即所求數

上下相乘，得合比例式：

銀七·五

╳

道一七〇〇

重一二〇〇

銀七·六五

╳

道一〇〇〇

重七二〇

藝文

明·吴敬《九章算法比類大全》卷二《粟米》詩詞：

白米三石五斗，芝麻换得三石。芝麻五斗五升知，八斗小麥换已。却有小麥换米，九石六斗無移知。公能算問端的，不會傍人笑你。　右西江月

荅曰：米七石七斗。

法曰：置今有小麥九石六斗，乘所問芝麻五斗五升，得五石二斗八升。又以白米三石五斗乘之，得一十八石四斗八升，爲實。以换芝麻三斗乘小麥八斗，得二石四斗，爲法。除之。合問。

明·程大位《筭法統宗》卷一三《難題》

梅氣清：三石五斗粟，會换芝蔴三石足。又有五斗五升蔴，换來小麥量八斗。今有小麥换粟米，九石六斗無零数。

解題曰：假如有粟米三石五斗，换芝蔴三石。又如芝蔴五斗五升，换折小麥八斗。今却有小麥九石六斗，要换粟米，問該若干。

荅曰：粟米七石七斗。

法曰：合用異乘同乘法。置今有小麥九石六斗，以乘所問芝蔴五斗五升，得五石二斗八升。再以粟米三石五斗乘之，得一十八石四斗八升，爲實。又用異除同除法，置所换芝蔴三石，以乘小麥八斗，得二石四斗，爲法。除之，得粟米七石七斗。合問。

解法曰：置米三石五斗，爲實。以换麻三石爲法，除之，得蔴每石换米一石一斗有零。又云蔴五斗五升换麥八斗。置蔴五斗五升，以每石折米一石一斗，併零，乘之，得米六斗四升，併零，爲實。以换麥八斗爲法，除之，得麥每石折米八斗有零。又云：今有麥九石六斗换米，問該幾何？置麥九石六斗，以麥每石折米八斗併零乘之，得米七石七斗。此乃用法之理，是一乘一除理之然也。蓋因除法多有畸零，数之不盡，故前法用總乘，然後用總除，真是大術矣。

明・吴敬《九章算法比類大全》卷二《粟米》 詩詞：

客向新街糴米，共量八十四石。一貫二百七十知，石價盡依鄉例。顧覔小車搬運，裝錢三百三十。脚言家内换粮食，只攄原錢要米。 右西江月

答曰：客米六十六石六斗七升五合，脚米一十七石三斗二升五合。

法曰：置米八十四石，以石價一貫二百七十文乘之，得一百六貫六百八十文，爲實。併二價，石價一貫(一)[二]百七十文，脚價三百三十文，共一貫六百文，爲法。除之，得客米六十六石六斗七升五合。以減總米八十四石，餘爲脚米。合問。

又 詩詞：白麫秤來九兩，使油七兩相和。今来有麫一斤多，六兩五錢共數。已用清油合和，一斤五兩無訛。再添多少麫来和，不會應須問我。 右西江月

答曰：四兩五錢。

法曰：置今用油二十一兩乘原麫九兩，得一百八十九兩，爲實。以原用油七兩爲法，除之，得二十七兩。以減今有麫，餘爲增麫。合問。

又 詩詞：七升斗兒量黍，五升龕子般粟。共通量得三石六，被人攪和一處。九升小斗再[量]，[重]得兩石四足。若還分得不差違，不負軒轅劈竹。 右西江月

答曰：各一石八斗，粟九斗，該九升小斗一石。
黍一石二斗六升，該九升小斗一石四斗。

法曰：置續量二石四斗，以小斗九斗乘之，得二石一斗六升。以七升斗兒量黍，一石八斗折得一石[二]斗六[升]。該九升斗除，得一石四斗。五升龕子般粟，一石八斗折得九斗。該[九升]斗[除]，得一石，較之。合問。

又 詩詞：花銀六十四錠，將来欲[買胡]椒。每斤牙税問根苗，止納一分不少。椒折三斤二兩，爲[無]銀子難饒。共椒斤價要明摽，請問各該多少。 右西江月

答曰：椒一千斤，斤價三兩二錢。

法曰：置銀六十四錠，每錠五十兩，乘之，得三千二百兩。又以椒折五十兩乘之，得一十六万兩，爲實。以牙税一分約之，得共椒一万六千兩。減六，得一千斤。以除總銀三千二百兩，得椒斤價三兩二錢。合問。

又 詩詞：二斗精粮爲率，换綿六兩[依]時。若言七兩换新絲，九兩絮依商市。客米五石七斗，三[般]依買俱齊。照依分数細推之，綿二絲三絮四。 右西江月

答曰：綿二斤十五兩二錢半，
絲四斤六兩八錢七分半，
絮五斤十四兩五錢。

法曰：置米二斗，爲實。以綿六兩除，得三升六分升之二。絲七兩除，得二升七分升之六。絮九兩除，得二升九分升之二。依率併之，綿二得六升六分升之四，絲三得八升七分升之四，絮四得八升九分升之八，共二斗二升。分母子依合分法，得二升六十三分升之八。共併得二斗四升六十三分升之八。以分母六十三乘二斗四升，加分子八，共一十五石二斗，爲法。以分母六十三乘原米五石七斗，得三百五十九石一斗，爲實。以法除之，得一斤七兩六錢二分五厘，爲一停率。以各率乘。合問。

又 十二錠九兩交將，一兩爲率，四色商量。白麫三斤塩該斤半，八兩乾薑油四斤，花椒四兩，五般兒都要停當。特問英賢良，莫得荒忙，筭得無差，到處名揚。 右折桂令

答曰：各買五秤九斤。

法曰：置鈔六百九貫，以各率相乘，麫四十八兩乘塩二十四兩，得一千一百五十二兩。又薑八兩乘，得九千二百一十六兩。又油六十四兩乘，得五十八万九千八百二十四兩。又花椒四兩乘，得二百三十五万九千二百九十六兩。乘鈔六百九貫，得一十四億三千六百八十一万一千二百六十四兩，爲實。又各率相乘，麫四十八兩乘塩二十四兩，又乘薑八兩，又乘油六十四兩，得五十八万九千八百二十四兩。塩二十四兩乘薑八兩，油六十四兩，花椒四兩，得四万九千一百五十二兩。薑八兩乘油、椒、麫，得九万八千三百四兩。油六十四兩乘椒、麫、塩，得二十九万四千九百一十二兩。椒四兩乘麫、塩、薑，得三万六千八百六十四兩。併之，得一百六万九千五十六兩，爲法。除之，得一千三百四十四兩。以秤約之。合問。

又 李貨郎，城中去，九貫鈔，不用錢。四斤油，一斤蜜，塩斤半，一貫三斤皮兒麫。四般兒中停買，無差亂，交足價直要分明。問賢家此法如何筭。 右寄生草

答曰：各得四斤。

法曰：置鈔九貫，以各率相乘——油四斤乘蜜一斤，得四斤。又塩斤半乘，得六斤。又麫三斤乘，得一十八斤，乘之，得一百六十二，爲實。又各率相乘，油四斤乘蜜一斤，得四斤。又塩斤半乘，得六斤。蜜一斤乘塩斤半，得斤半。又麫

三斤乘，得四斤半。塩斤半乘麪三斤，得四斤半。又油四斤乘，得一十八斤。麪三斤乘油四斤，得一十二斤。又得一斤乘，得一十二斤。併之，得四十斤半，爲法。除之。合問。

明・王文素《算學寶鑒》卷一一《雙頭六草》

雙頭六草法新更，甲缺先將乙巳乘。
乙缺連忙乘甲己，丙虧即令戊乘丁。
丁缺須教乘丙戊，戊虧却用丙丁乘。
已虧甲乙乘爲法，餘者連乘作寔行。

法圖：

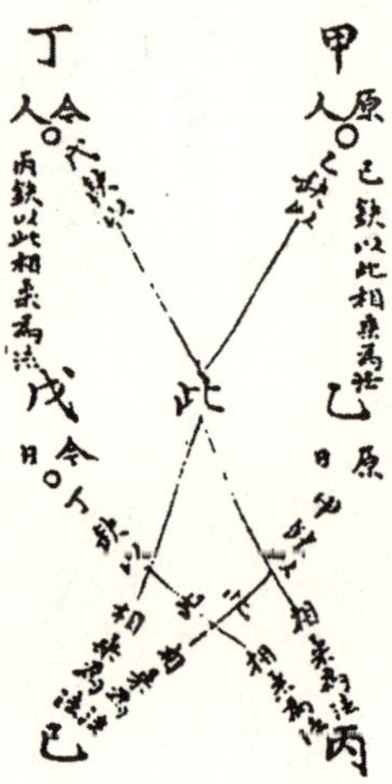

解曰：此術即重互換法也。《指明算集》更曰：「雙頭六草」可求左行三数。愚嘗（錠）[疑]之：既能求左，必能求右。（味）[昧]之已久，乃得此法，未知是否，智者鑒之。

又《重據換》

重重據換要知情，原有連將今有乘。
原換連乘爲法則，除來今換物分明。

術曰：列原有物、今有物於右行，連乘爲寔。列原換物於左行，連乘爲法。除寔，得今換之物。

法圖：

右行	原有某物若干	原有某物若干	今有某物若干
左行	原有換某物若干	原換某物若干	今換某物缺

又 卷一四《同乘異除》

重重互換法新開，剪股交乘極妙哉。
米首起乘爲米法，曲頭乘起曲法来。
総銀各法乘爲寔，併法攻之各銀該。
要知銀物數多少，互換乘除各明白。

明・程大位《算法統宗》卷四《粟布》 度法端疋歌：

四十爲疋五爲端，或減或加尺寸寬。
端疋乘來方見尺，尺求端疋法除看。

諸物皆所用度，故首論之。今世俗尺度不等，無物可爲定則。或云以黍作一分，十分爲一寸。又云黄金方寸爲一斤。今較古斛法二尺五寸，比俗用尺不同，難爲準則。

解曰：原以四丈爲一疋，五丈爲一端。今無定規，或三丈上下亦爲疋也。古設端疋之数，今亦長短不一，難以執法，從俗可也。

同乘異除（反比例）分部

題解

清・陳世明《數學舉要》卷一《同乘異除法》 同乘異除法：又謂之變測，西人即所謂互視法也。同乘者，二、三率相乘之數，乃原有之二件也。異除者，反以今有之一件爲首率也。法亦以二、三率相乘爲寔，而以首率爲法，除之，則得今所求之又一件爲四率也。雖與異乘同除相似，而法、寔相反，故曰變測也。

清・吴嘉善《白芙堂算書廿一種・九章翼・今有術》 又曰：反今有術，即同乘異除法，亦曰互視比例，又曰反比例也。

清・黄慶澄《算學報》 轉比例：案：此即所謂同乘異除也。以原有之兩項相乘，故曰同乘。以今有之一項除之，故曰異除。

綜論

清・勞乃宣《古籌算考釋》卷二 反今有，以今有之術反用之者也。反今有之原有二色，即今有之所有數、所求率，故置於右上、左下。反今有之今有一色，即今有之所有率，故置於左上。今有以今有之此一色與原有之彼一色相乘爲實，以原有之此一色爲法。反今有以原有之彼此二色相乘爲實，而以今有之此一色爲法。術適相反。茲不別其乘除之法，而別其置籌之位，則皆以右上、左下相乘爲實，左上爲法，兩術通爲一術矣。此用籌轉换之巧也。

又 其以原有二數相乘，而以今有數除之，以求同數之别一式者，謂之同乘異除，西法謂之變測，亦曰互視比例，亦曰反比例，亦曰轉比例，吴氏謂之反今有，則以今有而反用之者也，總之皆今有術也。

算法

元·朱世傑《算學啓蒙》卷上《異乘同除門》 今有人借絹一匹一丈四尺，闊一尺八寸。今還絹闊二尺五寸，問還長幾何。匹法三十二尺。

答曰：一匹一尺一寸二分。

術曰：列絹通尺，内子，得四十六尺。以闊一尺八寸乘之，爲實。以二尺五寸爲法。除之，仍以匹法約之。合問。

清·王鑒《算學啓蒙述義》 案：此係反比例，即前圖兩形同積之理。

清·徐鳳誥《算學啓蒙通釋》 按：以上四術爲異乘同除。以下二術爲同乘異除。此以本有闊、本有長爲二率、三率，相乘，以今闊除之，爲今有長。按比例法，二率、三率相乘與一率、四率相乘等。

一率　闊二尺五寸
二率　闊一尺八寸
三率　長一匹一丈四尺　通分内子得四丈六尺。
四率　長三丈三尺一寸二分　以匹法約之，不滿法者命之。

清·勞乃宣《古籌算考釋》卷二 此反今有術也。原闊一尺八寸，原長一匹一丈四尺通爲四十六尺，爲原有之二色。今闊二尺五寸，爲今有之一色。依法置原闊一尺八寸於右上，原長四十六尺於左下，置今闊二尺五寸於左上。以右上、左下原有兩色相乘，得八十二尺八寸，爲實。以左上今有一色爲法。以除之，得三十三尺一寸二分。置於右下，爲今長。以匹法收之，得一匹一尺一寸二分，即所求數也。

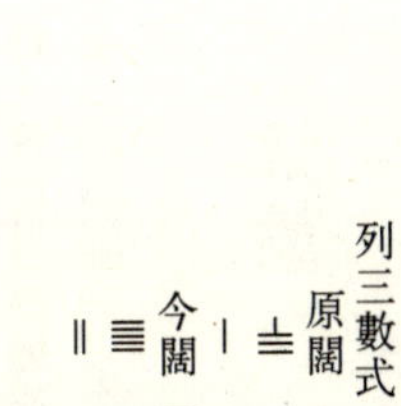

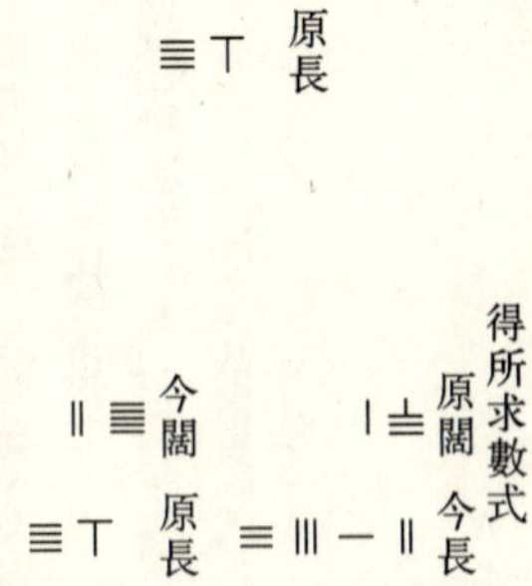

元·朱世傑《算學啓蒙》卷上《庫務解税門》 今有人借絹一匹一尺一寸二分，闊二尺五寸。今還絹闊一尺八寸，問還長幾何。匹法同前。

答曰：一匹一丈四尺。

術曰：列絹，通尺内子，得三十三尺一寸二分。以二尺五寸乘之，爲實。以一尺八寸爲法。實如法而一，仍以匹法約之。合問。

清·王鑒《算學啓蒙述義》 案：此亦反比例也。

清·徐鳳誥《算學啓蒙通釋》 按：此亦上術之反比例也。以闊一尺八寸反與長四丈六尺之比，即知闊二尺五寸與長三丈三尺一寸二分之比也。

一率　闊一尺八寸
二率　闊二尺五寸
三率　長一匹一尺一寸二分　通分内子，得三丈三尺一寸二分。
四率　長四丈六尺　以匹法約之，不滿法者命之。

明·王文素《算學寶鑒》卷一四《同乘異除》 大珠十七顆，重一兩，價銀十五兩。小珠二十五顆，重一兩。問值價銀幾何。

答曰：十兩二錢。

法圖：

大珠十七顆相乘爲實。　大珠價十五兩
小珠二十五顆爲法除之，得　小珠價缺

法曰：置大珠十七顆，乘本價十五兩，得二百五十五兩，爲寔。以小珠二十五顆爲法。除之，得小珠價。合問。

又 大鱼三尾重一秤，價錢二百五十二文。中鱼七尾重一秤。小魚九尾重一秤。問中、小二魚價值幾何。

荅曰：中魚價一百八文，小魚價八十四文。

大魚三尾，相乘，爲寔　大魚價二百五十二文

中魚七尾，爲法，除得　中魚價一百八文

小魚九尾，爲法，除得　小魚價八十四文

法曰：置大魚三尾，乘本價二百五十二文，得七百五十六文，爲寔。各以中、小二魚數爲法。除之：中七除寔，得一百八文。小九除寔，得八十四文。合問。

又　京城營造用灰，保定府至京三百三十里，已運灰二萬三千五百六十斤。且云真定府至京六百二十里，順德府至京九百五十里，各照地里遠近運之，問二府該運幾何。

荅曰：真定府該運一萬二千五百四十斤，

順德府該運八千一百八十四斤。

法曰：置保定府至京三百三十里，乘原運灰二萬三千五百六十斤，得七百七十七萬四千八百斤，爲寔。以真定府六百二十里除之，得真定該運之數。以順德九百五十里除之，得順德該運之數。合問。

又　官令三人探信：甲三日而回，賞銀四錢。乙四日而回，丙五日而回。問乙、丙二人該賞銀幾何。

荅曰：乙三錢，丙二錢四分。

法曰：置甲三日，乘賞銀四錢，得一兩二錢，爲寔。以乙四日除之，得銀三錢。以丙五日除之，得丙二錢四分。合問。

又　假有銀七兩九錢四分二厘五毫，儘銀買曲、米做酒，并南酒一作，用江米三斗曲七斤。酒已熟，又添南酒二斤。其米三斗價銀四錢，曲三斤價銀一分六厘，南酒六斤價銀一錢。俱各不要剩缺，問各銀物幾何。

荅曰：米銀六兩七錢五分，該米五石零六升二合五勺。

曲銀六錢三分，該曲一百一十八斤(三)[二]兩。

南酒三十三斤十二兩，酒銀五錢六分二厘五毫。

法圖：

右	米三斗	曲三斤	南酒六斤	以上爲物
中	銀四錢	銀一分六厘	銀一錢	以上價爲銀
左	用米三斗	用曲七斤	用南酒二斤	以上爲數

法曰：左上米三斗乘中銀四錢，得一兩二錢。又乘右行曲三斤，得三兩六錢。又乘右行南酒六斤，得二十一兩六錢，爲米衰。寄位。左行曲七斤乘中行銀一分六厘，得一錢一分二厘。又乘右上位米三斗，得三錢三分六厘。又乘右下南酒六斤，得二兩零一分六厘，爲曲衰。寄位。又左下行南酒二斤乘中行銀一錢，得二錢。又乘右行曲三斤，得六錢。又乘右行米三斗，得一兩八錢，爲南酒衰。寄位。併三衰，得二十五兩四錢一分六厘，爲総法。未併各衰乘各今有銀七兩九錢四分二厘五毫，各爲寔。俱以総法二十五兩四錢一分六厘除之，各得各銀。要見各物，俱用互換乘除得之。

明・程大位《算法統宗》卷二　同乘異除：假如原有小珎珠五十顆，重一兩，價銀一十二兩。今有大珍珠三十顆，重一兩。問該銀若。

荅曰：二十兩。

法曰：置原珠五十，以原價十二乘，得六百兩，爲實。以今珠三十顆除之。合問。

又　**卷四《粟布》**　原秤稱物八斤二兩，因失去錘，今欲買錘配秤，不知輕重。另將別錘重二斤五兩稱之，原物只得六斤。問原錘重若干。

荅曰：原錘重一斤十一兩三錢。

法曰：置後錘稱物六斤，以加六法通之，得九十六兩。以後錘三十七兩乘之，爲實。另以原物八斤二兩，亦用加六通之，得一百三十兩，爲法。除之，得二十七兩三錢。合問。

又　今有一人將桃二百七十五箇，一人將梨二百二十箇，各欲換西瓜。其瓜每箇錢二十七文半，桃每箇三文半，其梨每箇八文。問各換瓜若干。

荅曰：桃主該換瓜三十五箇，梨主該換瓜六十四箇。

法曰：置桃數，以價三文半乘，得九百六十二文半，爲實。以瓜價爲法，除之，得桃換瓜數。置梨数，以價八文因之，得一千七百六十文，爲實。以瓜價爲法，除之，得梨換瓜數。合問。

清・方中通《數度衍》卷二三《九章外法》　同乘異除法：式　借布長四丈，濶二尺。今還布止濶一尺八寸，該長若干。

曰：四丈四尺四寸零。

術：此變測法也。如一率多於三率，而二率反少於四率，或一率少於三率，而二率反多於四率者，當審其不相準之數而變法測之。則以第一率乘第二率，以第三率除之也。

今以原濶二尺爲一率，以原長四丈爲二率，以今濶一尺八寸爲三率。若用異乘同除法，則移三率爲一率，移一率爲二率，移二率爲三率，亦可。

又　同乘異除法：【略】定位諸式：式　借九成金五十四兩。今以八成金抵還，該若干。

曰：六十兩七錢五分。

術：以九成爲首率，五十四兩爲次率，八成爲三率。

式二　原母四千兩，生息三年。今母七千四百八十兩，須幾年可當其三年之息。

曰：一年七月十日六時四刻又三百七十四分刻之八十六。

術：以原母爲首率，三年爲次率，今母爲三率。

式三　原麥半石，價六百文。作餅，每餅重十兩，值十文。今麥價每石八百文，而每餅仍是十文，該重若干。

曰：十五兩。

術：以原價爲首率，十兩爲次率，今價折半，爲三率。

式四　二百四十步爲一畝，係濶八步，長三十步。今濶六步，該長幾何。

曰：四十步。

術：八步爲首率，三十步爲次率，六步爲三率。

式五　原倉貯米三百八十四石，高八尺，濶一丈二尺，深一丈。今倉照前米數，亦高八尺，深八尺，該濶幾何。

曰：一丈五尺。

術：深一丈爲首率，濶一丈二尺爲次率，深八尺爲三率。

式六　築臺，每日用夫三十，四年而成。今每日用夫五十，該幾時成。

曰：八百六十四日。

術：以三十爲首率，以四年化作一千四百四十日，爲次率，以五十爲三率。

式七　守兵八千五百，其糧僅能支十一月。若待運糧至，尚須二十五月，計當撤兵幾何，留兵幾何而後足食二十五月。

曰：留三千七百四十，撤四千七百六十。

術：以十一月爲首率，八千五百爲次率，二十五月爲三率，求出四率爲留數。減總，得撤數。

式八　每日空車行七十里。若重載，只行五十里。今載糧到倉，五日三返。路遠若干。

曰：四十八里又三十六之二十二。

術：以五日爲首率，以七十乘五十，得三千五百里，爲次率。并七十、五十，得一百二十里。以乘三返，得三百六十，爲三率。

清・陳世明《數學舉要》卷一《同乘異除法》　假如原用布十六丈五尺作布幔一具，其布原濶二尺。今有布濶一尺五寸，如式作幔，問用布若干。

答曰：二丈二尺。

術：以原濶二尺與原用布十六丈五尺相乘，得三十三丈，爲寔。以今布濶一尺五寸爲法，除之，得二十二丈，爲作幔共布。

一率　今有布濶一尺五寸爲法。
二率　原布濶二尺
三率　用布十六丈五尺　相乘爲寔。
四率　今應用布二十二丈

又　又如有額兵五千六百名，設有一年之餉。今止留兵三千三百六十名，問其餉可支幾時。

答曰：一年零八個月。

術：以一率化爲十二個月，與額兵五千六百名相乘，得六百七十二個月，爲寔。以留兵三千三百六十名爲法，除之，得二十箇月，爲所支月數。又以每年十二個月約之，得一年零八個月也。

一率　合留兵三千三百六十名爲法。
二率　額兵五千六百名
三率　原設十二個月　相乘爲寔。
四率　今可支二十個月

又　又如有田一區，用三十二人耕之，五日而畢。今用四十人，問幾日可畢。

答曰：四日。

術：以原耕五日與原用三十二人相乘，得一百六十，爲寔。以今用四十人爲法，除之，得四日，即今所耕日數。

一率　今用四十人爲法。
二率　原用三十二人
三率　原耕五日　相乘爲寔。
四率　今耕四日(可)得數。

又　又如决水修池，水竇潤三尺，十二日涸出。今潤八尺，問幾日水涸。

答曰：四日半。

術：以潤三尺與十二日相乘，得三十六日，爲寔。以今潤八尺爲法，除之，得四日有半，爲今潤日數。

一率　今開潤八尺爲法。

二率　原潤三尺　　相乘爲寔。

三率　原涸十二日

四率　今涸四日有半得數。

清・汪訒菴訂《指明算法》卷下　同乘異除法：此法員宝石珍珠大小克顔價用此，果品亦同。假如原有小珍珠五十顆，重一兩，價銀一十(三)[二]兩。今有大珍珠三(一)[十]顆，重一兩，問該銀若干。

答曰：該銀二十(四)兩。

法曰：置原珍珠五十，以原價一十二兩乘之，得六百兩，爲實。以今珠三十顆除之。合問。

清・何夢瑶《算迪》卷一　轉比例：如有地闊二十丈，長八十丈。今有地闊四十丈，與之相换。問該長若干。

曰：四十丈。

一率　今闊四十丈爲法。

二率　原闊二十丈　　相乘爲實。

三率　原長八十丈

四率　今長四十丈

列法照式。法：爲以今闊比原闊，若原長比今長也。

此與正比例異。蓋彼先定首、次兩率，以爲二、四兩率之比。此則先定中兩率，以爲首、末二率之例也。又凡四率中二率相乘，必與首、末率相乘同積。彼乃異乘而同積。中率相乘，與首、末率相乘，皆爲原乘今也。此則同乘而同積也。中兩率原乘原，首、末率今乘今也。故此條古名同乘異除。異除謂今除原也。此條西法謂之互視。蓋因積之相同，其數不可增損，地换地，必冪積相同乃换。而長、闊可隨形。今闊比原闊多若干，四十視二十多一倍。則原長比今長亦多若干。八十視四十亦多一倍。如相倣效，故曰互視。此於正比例爲別調，以預知爲同積，而比例乃生，故曰轉比例也。按：正比例，乃同式而實異者也。轉比例，乃同實而異式者也。如原買田廣四十丈，長八十丈。今買田廣二十丈，長四十丈。是同式而異實者也。如原田廣四十丈，長八十丈。今换田廣八十丈，長四十丈。是同實而異式也。此解最明。

又　轉比例帶分：

一、如原有門簾，用布一丈二尺，其幅寬一尺五寸。今作一新簾，其布比原布寬七分尺之三。問應長若干。

曰：九尺又三分尺之一。

法：以原寬一尺五寸，用分母七通爲十分半。加入分子三，得今寬一十三分半，爲一率。

一　今寬十三分半

二　原長一丈二尺

三　原寬十分零五

四　今長九尺又一百三十五分尺之四十五。約之，爲三分尺之一。

二、如城守兵一營，其糧可支一年又七分年之二。今汰去兵三分之一，問可支若干年月。

曰：一年又七分年之六分半。

法：先以年分母七通一年，爲七分。加入分子二，共九分，爲七分年之九。又以兵分子一減分母三，餘二，爲三分兵之二。乃現存兵數。因兩分母不同，故用互乘以齊之。化七分年之九爲二十一分年之二十七，爲原年數。又化三分兵之二爲二十一分兵之十四，爲今存兵數。於是以今存兵十四分爲一率，以原年數二十七分爲二率，以原兵二十一分爲三率，求得四率四十分半。以滿分母二十一分收爲一年，餘十九分半。約之，爲七分年之六分半。

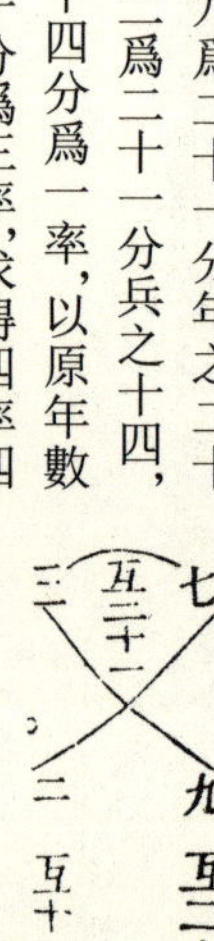

一　今存兵十四分

二　原年數二十七分

三　原兵二十一分

四　今年數四十分半

又　**卷二**　附權衡法：

二五、如原稱錘重一斤，失去。今以重二斤之錘稱物，得十二斤。問此物實重若干。

曰：二十四斤。

法：以原錘一斤爲一率，今錘二斤爲二率，物十二斤爲三率，求得四率二十四斤。

此轉比例也。如圖，以今錘二斤乘今重甲乙十二斤，得二十四斤。與以原錘一斤乘原重甲丙二十四斤同實。故以首實除之，得四率。

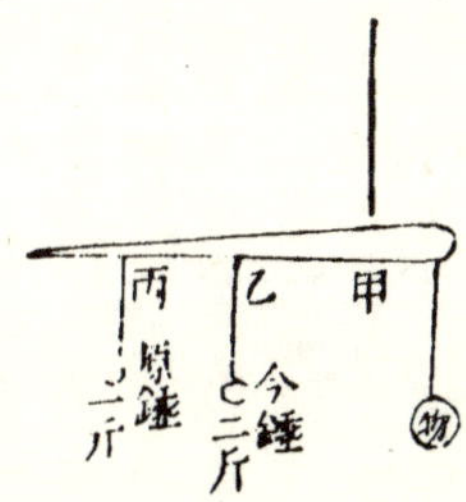

二六、如原錘稱物得二十四斤。因失去錘，取別錘重二斤者稱此物，得十二斤。問原錘。

曰：重一斤。

法：以二十四斤爲一率，二斤爲二率，十二斤爲三率，求得四率一斤。

按此惟稱頭與稱尾等重者，乃然。如稱尾重於稱頭，則不準。試作甲、乙二稱，其杆之長短分寸相同，尾皆重於頭二兩，錘皆一斤。有甲、乙二物，各重十斤。以甲稱於十斤處懸錘，稱甲物。亦以乙稱懸錘於十斤處，稱乙物。其皆恰平無疑也。若將乙物併掛甲稱鉤，將乙錘加甲錘，則稱甲、乙二物，必得十斤一兩。何者？以少乙稱尾二兩也。此不可不知。

清・吴嘉善《白芙堂算書廿一種・九章翼・今有術》 又曰：反今有術，【略】術曰：以原有二數相乘爲實，以今有數爲法。實如法而一，得所求。

釋曰：比例之法一定不易，何以又列此術？蓋前術所馭，取其式同而數不必同。茲則取其數同而式不必同也。如以四率比例言之，則以原有之二色爲二率、三率，而以今有之一色爲一率，得四率爲今所求數。蓋以一率、二率爲一類，而三率、四率又爲一類，故爲互視比例術也。

至於比例之理，非有二致，特名色改耳。設問即以前圖明之。

又 假如原借人布幅長若干，如辛丙。廣若干。如辛庚。今無原色布幅，欲以幅廣如戊庚者償之，問長應若干。

答曰：應長若干尺。如戊乙。

草曰：以互視比例入之。【略】

論曰：此式之比例即前術第一式之比例式。而原有兩數居二、三兩行者，特名目之變，非比例有變也。餘倣此。

又 假如粟米五當糲米三。今知粟價一五，問糲價若干。

答曰：二五。

草曰：以互視比例入之，列式如下：

糲三
粟五
粟價一五
糲價二五

又 假如有秤秤物，不足。今用重三斤之錘稱之，得二十四斤。祇知原錘重二斤，問實重若干。

答曰：實重三十六斤。

草曰：以互視比例入之，列式如下：

原錘二斤
今錘三斤
今重二十四斤
實重三十六斤

鄒伯奇曰：此術惟稱星當提繫中起點者可用，非然者不合。

又 假令良馬日行三百里，駑馬日行九十里。今有路不知遠近，但知良馬行十二日而至，問駑馬行之當幾日。

答曰：駑馬行四十日而至。

草曰：以互視比例入之，列式如下：

駑馬行率九十里
良馬行率三百里
良馬行十二日
駑馬行四十日

清・劉彝程《九章實義》卷一下《以比例運九章》 設人原負米一石一斗二升，行道三十步，日五十返。今負米一石二斗，行道四十步，問日返幾次。

答：三十五返。

此題一次比例，爲米多返反少，米少返反多，爲反比例。二次比例爲道多返反少，道少返反多，亦爲反比例。依法得式：

米一二〇　　道四〇
米一一二　　道三〇

米一二〇
道四〇
米一一二
道三〇

返五〇　　又　　返五〇
返即前四率名目
返　　返即所求數　　返三五
上下相乘，得合比例，如

藝文

明・吳敬《九章算法比類大全》卷二《粟米》　鋪户留銀曾倍告，買客紅綾一疋商量了。若要石三粳米道，芝麻石八亦同調。今己芝麻量此小，五斗四升量了原不少。問貼幾升粳米好，賢家不會休心惱。　右鳳棲梧

答曰：貼粳米九斗一升。

法曰：以原粳米一石三斗乘今量芝麻五斗四升，得七石二升，爲實。却以原芝麻一石八斗爲法，除之，得三斗九升。以減原米一石三斗，餘得貼米九斗一升。合問。

又　今有鋪户留鈔貫，買客紅羅一疋言之賤。若要五斤紅花换，六斤四兩黄蠟滿。今已秤之見該了，二斤半蠟□□無差舛。問貼紅花多少筭，玄機妙法真堪羨。　右鳳棲梧

答曰：貼紅花三斤。

法曰：以原花五斤乘今秤黄蠟二斤半，得一十二斤半，爲實。却以原黄蠟六斤四兩爲法，除之，得已收作紅花二斤。以減原紅花五斤，餘得貼紅花三斤。合問。

明・王文素《筭學寶鑒》卷一四《同乘異除》　同乘異除：

同乘異除法玄通，原物還將本價乘。

異物用之爲法則，除来異物價錢稱。

又　互换抽分又合分，左物右数銀居中。

左中相乘連右母，炤依合分一樣行。

又　新問：糟房作酒，三斗用曲七斤，一分六厘曲三斤，四錢三斗價正，七两三錢八數。只要米曲相應，不多不少配分明，儘銀曲米不剩。　西江月。

答曰：米五石零六升二合五勺，該銀六两七錢五分。

曲一百一十八斤二两，該銀六錢三分。

法圖：

左米三斗　　米三斗　　銀四錢
右曲七斤　　曲三斤　　銀一分六厘

法曰：[以]左上米三斗乘右中曲三斤，得九斗。又乘左下銀四錢，得三两六錢，爲米法。寄位。以右上曲七斤乘左中米三斗，得二十一斤。又乘右下銀一分六厘，得三錢三分六厘，爲曲法。併前寄位三两六錢，共三两九錢三分六厘，爲総(除)法。另置総銀七两三錢八分，爲寔。若求米者，以前米法三两六錢乘之，得二十六两五錢六分八厘。定位两下得两。又以総法三两九錢三分六厘除之，定位两上得两。得米銀六两七錢五分。如求見米數，以三斗乘之，四錢除之，得米五石零六升二合五勺爲寔，以曲七斤乘之，又以米三斗除之，得曲一百一十八斤一分二厘五毫。將一分二厘五毫加六，見爲二两。如見曲價，將曲一百一十八斤一分二厘五毫爲寔，以曲價一分六厘乘之，以三斤除之，得曲價銀六錢三分。合問。

又術：將総銀列爲二位，各以各法乘之，得各實。俱以総法除之，得各該銀數。如求見米曲者，各以互换乘除，即得。

明・周述學《曆宗筭會》卷一五《歌訣》　同乘異除法：

同乘異除法可識，原物原價乘爲實。

今物除實求今價，今價除實求今物。

明・程大位《筭法統宗》注　此法買寶石、珍珠大小塊顆價用此。果品亦同。

貴賤率分部

其率術

題解

《九章算術》卷二《粟米》三國魏・劉徽注　「其率」(如)[知]，欲令無分。

清・王鑒《筭學啓蒙述義》卷中《貴賤反率》　案：貴賤反率，見《九章・粟米》。其錢多物少者，錢爲實，物爲法，謂之其率。【略】然其術究非通法，故第二問以後均言「率之」，言其隨意，率之無定率也。古有計筭之法，殆此類也。

算法

《九章筭術》卷二《粟米》　今有出錢五百七十六，買竹七十八箇。欲其大小率之，問各幾何。

答曰：其四十八箇，箇七錢。其三十箇，箇八錢。

明・吴敬《九章筭法比類大全》卷二《粟米》　貴賤率除法【略】法曰：以出錢五百七十六文爲實，以所買竹七十八箇爲法，除之。一箇得七文。實不滿法者，爲貴率。餘三十文，不盡之數。於三十箇各增一文，每箇八文。以實三十箇減法七十八箇，餘四十八箇，各得七文，爲賤率。合問。

《九章筭术》卷二《粟米》　今有出錢一千一百二十，買絲一石二鈞十八斤。欲其貴賤斤率之，問各幾何。

答曰：其二鈞八斤，斤五錢。其一石一十斤，斤六錢。

明・吴敬《九章筭法比類大全》卷二《粟米》　貴賤率除法【略】法曰：以出錢一貫一百二十爲實，以所買絲一百九十八斤爲法，除之，一斤得五文。實不滿法者，爲貴率。一百三十文乃均不盡之數，指爲一百三十斤，每斤增一文，通是六文一斤。以實一百三十斤減法一百九十八斤，餘賤率六十八斤，各得五文。合問。

《九章筭术》卷二《粟米》　今有出錢一萬三千九百七十，買絲一石二鈞二十八斤三兩五銖。欲其貴賤石率之，問各幾何。

答曰：其一鈞九兩一十二銖，石八千五十一錢。

其一石一鈞二十七斤九兩一十七銖，石八千五十二錢。

明・吴敬《九章筭法比類大全》卷二《粟米》　貴賤率除法【略】法曰：以所買絲一石，即一百二十斤，以三百八十四銖通，得四万六千八十銖。以乘錢數一万三千九百七十，得六億四千三百七十三万七千六百銖，爲實。以所買絲一石二鈞二十八斤三兩，以銖法通之，加零五銖共得七万九千九百四十九銖，爲法。除之，一石得八千五十一文。實不滿法者，爲貴率。餘實六万八千二百一銖，乃均不盡之數。以銖法除，得一石一鈞二十七斤九兩十七銖增一文，得石價八千五十二文。以實一石一鈞二十七斤九兩十七銖減法一石二鈞二十八斤三兩五銖，餘一鈞九兩十二銖，爲賤率。合問。

《九章筭术》卷二《粟米》　今有出錢一萬三千九百七十，買絲一石二鈞二十八斤三兩五銖。欲其貴賤鈞率之，（間）[問]：各幾何。

答曰：其七斤一十兩九銖，鈞二千一十二錢。

其一石二鈞二十斤八兩二十銖，鈞二千一十三錢。

明・吴敬《九章筭法比類大全》卷二《粟米》　貴賤率除法【略】法曰：以所求絲一鈞，即三十斤，以銖斤二百八十四銖通之，得一万一千五百二十銖。以乘錢數一万三千九百七十，得一億六千九十三万四千四百銖，爲實。以所買絲一石二鈞一十八斤二兩，以銖法通之，加零五銖，共得七万九千九百四十九銖，爲法。除之，一鈞得二千一十二文。實不滿法者，爲貴率。餘實七万七千一十二銖，乃均不盡之數。以銖法除，得一石二鈞二十斤八兩二十銖增一文，得鈞價二千一十三文。以實一石二鈞二十斤八兩二十銖減法一石二鈞二十八斤三兩五銖，餘七斤十兩九銖，爲賤率。合問。

《九章筭术》卷二《粟米》　今有出錢一萬三千九百七十，買絲一石二鈞二十八斤三兩五銖。欲其貴賤斤率之，問各幾何。

答曰：其一石二鈞七斤十兩四銖，斤六十七錢。

其二十斤九兩一銖，斤六十八錢。

明・吴敬《九章筭法比類大全》卷二《粟米》　貴賤率除法【略】法曰：以所求絲一斤，得三百八十四銖。乘錢數一十三貫九百七十，得五百三十六万四千四百八十，爲實。以所買絲一（百）[石]二鈞二十八斤三兩，以銖法通之，加零五銖，共七万九千九百四十九銖，爲法。除之，一斤得六十七文。實不滿法者，爲貴率。餘實七千八百九十七銖，乃均不盡之數。以銖法而一，得二十斤九兩一銖，增一文，得斤價六十八文。以實二十斤九兩一銖減法一石二鈞二十八斤三兩五銖，餘一石二鈞七斤十兩四銖，爲賤率，一斤價得六十七文。合問。

《九章筭术》卷二《粟米》　今有出錢一萬三千九百七十，買絲一石二鈞二十八斤三兩五銖。欲其貴賤兩率之，問各幾何。

答曰：其一石一鈞一十七斤一十四兩一銖，兩四錢。

其一鈞一十斤五兩四銖，兩五錢。

明・吴敬《九章算法比類大全》卷二《粟米》　貴賤率除法【略】法曰：以所求絲一兩，得二十四銖。乘錢數一十三貫九百七十，得三十三万五千二百八十，爲實。以所買絲一石二鈞二十八斤三兩，以銖法通之，加零五(錢)[銖]，共得七万九千九百四十九銖，爲法。除之，一兩得四錢。實不滿法者，爲貴率。餘一万五千四百八十四銖，乃均不盡之數。以銖法而一，得一鈞一十斤五兩四銖，增一文，得每兩價五錢。以實一鈞一十斤五兩四銖減法一(百)[石]二鈞二十八斤三兩五銖，餘一石一鈞一十七斤十四兩一銖，爲賤率，一兩價得四錢。合問。

《九章算術》卷二《粟米》　其率**三國魏・劉徽注**　按：「出錢五百七十六，買竹七十八箇」，以除錢，得七，實餘三十，是爲三十箇復可增一錢。然則實餘之數則是貴者之數。故曰「實貴」也。本以七十八箇爲法，今以貴者減之，則其餘悉是賤者之數。故曰「法賤」也。「其求石、鈞、斤、兩，以積銖各除法、實，各得其積數，餘各爲銖」知，謂石、鈞、斤、兩積銖除實，以石、鈞、斤、兩積銖除法，餘各爲銖，即合所問。術曰：各置所買石、鈞、斤、兩以爲法，以所率乘錢數爲實，實如法而一。不滿法者，反以實減法，法賤實貴。[其求石、鈞、斤、兩，以積銖各除法、實，各得其積數，餘各爲銖。]

《九章算術》卷七《盈不足》　今有玉方一寸，重七兩。石方一寸，重六兩。今有石立方三寸，中有玉，并重十一斤。問玉、石重各幾何。

答曰：玉一十四寸，重六斤二兩。

石一十三寸，重四斤一十四兩。

術曰：假令皆玉，多十三兩。令之皆石，不足一十四兩。不足爲玉，多爲石。各以一寸之重乘之，得玉、石之積重。**三國魏・劉徽注**　立方三寸是一面之方，計積二十七寸。玉方一寸重七兩，石方一寸重六兩，是爲玉、石重差一兩。假令皆玉，合有一百八十九兩。課於一十一斤，有餘一十三兩。(故謂)玉重而石輕，故有此多。即二十七寸之中有十三寸，寸損一兩，則以爲石重，故言多爲石。言多之數出於石以爲玉。假令皆石，合有一百六十二兩。課於十一斤，少十四兩。故曰不足。此不足即以重爲輕，故令減少數於石重，即二十七寸之中有十四寸，寸增一兩也。

北魏・张丘建《張丘建算經》卷下　今有差丁夫五百人，合共重車一百一十三乘。問各共重幾何。

答曰：六十五乘，乘各四人共重。

四十八乘，乘各五人共重。

術曰：置人數爲實，車數爲法。而一，得四人共重。又置一於上方，命之實餘返減法。訖，以四加上方一，得五人共重。法餘即四人共重車數，實餘即五人共重車數。**隋・劉孝孫細草**　草曰：置五百人，以一百一十三乘除之，得四人，餘四十八。以減法，餘六十五，爲四人共一車。以四因六十五人，得二百六十。減五百，餘二百四十。以四十八除之，得五人共重一車量。合問。

宋・楊輝《詳解九章算法・纂类》　貴賤率除法曰：以出錢數爲實，所買物數爲法，實如法而一。實不滿法者，以數爲貴率。以實減法，爲賤率也。

又　分率術曰：置共物爲實，以貴率乘之，減都重，餘爲賤實。貴賤率相減，餘爲法。實如法而一，得賤。以減都率，餘爲貴。以貴賤各乘本率求之。

元・朱世傑《算學啓蒙》卷中《貴賤反率門》　今有錢三百四十五文，共買檀、乳香一百四十兩。只云乳香兩價貴如檀香兩價一文，問二色各幾何。

答曰：檀香七十五兩，兩價二文。

乳香六十五兩，兩價三文。

術曰：列錢數爲實，以一百四十兩爲法，實如法而一，得二文，乃檀香兩價。加一文，即乳香兩價。餘實六十五爲乳香數也。反減下法，餘七十五，即檀香數也，合問。按：此其率者，以錢爲實，物爲法，實如法而一。所得爲賤率價，加一文即貴率價。餘實則貴物數，反減下法，餘法爲賤物數也。其積銖當以石、鈞、秤、斤、兩、銖法約之。其反率者，以物爲實，錢爲法，實如法而一。所得爲貴物，加一即賤物。不滿法者，餘實則化爲錢，乃賤價也。反減下法，餘法爲貴價。餘實、餘法相併，得共錢也。

清・王鑒《算學啓蒙述義》　案：此其率也。以下凡錢多物少，同此法。共錢係貴、賤物共價之和數，以共物除之，不必除盡。其除得之數，必爲賤物價。其不盡之餘實，必爲若干貴物多於若干賤物之價較，則以價較除之，得貴物。今價較只一文，一除不須除，即以爲貴物也。但其數可以隨意命之，非通法也。試作圖證之，既可知其立法之意，且可得其非通法之故。

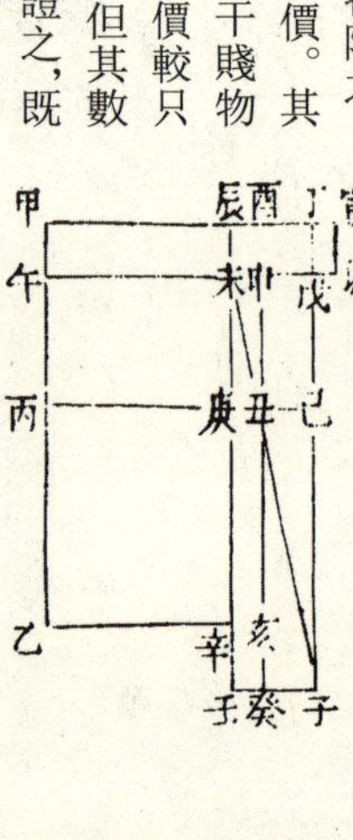

如圖，甲乙爲貴賤物數和。甲丁爲貴價，與己丙等。乙辛爲賤價，與丙

庚、甲辰俱等。己庚爲價較，甲丙爲貴物數，與辰庚、丁己俱等。丙乙爲賤物數，甲丁己丙爲貴物共錢，丙庚辛乙爲賤物共錢。合之，爲貴、賤物共錢。以甲乙物數和除之，減至辰辛止。是於甲丁己丙、丙庚辛乙兩形和內減甲辰辛乙，餘辰丁己庚。此形乃價較己庚乘貴物數辰庚之積。故以價較除之，得貴物數。因價較之數爲一，故不除，即以爲貴物數也。其甲乙物數和減共錢積，至辰辛。其除得之數爲乙辛，乃賤價也。此原術之所由來也。顧何以知其非通法也？如圖，試作甲寅、午卯、寅卯、申亥、申卯、亥乙諸線，使甲午爲貴物數，午乙爲賤物數，而甲乙之物數和如故也。甲寅爲貴物價，與午卯等。亥乙爲賤物價，與申午等。申卯爲價較，與己庚等，是價較，又如故也。甲寅卯午、午申亥乙兩形和等於甲丁己丙、丙庚辛乙兩形和是共錢，又如故也。而所求之數則異矣。第何以知申卯等於己庚，而甲寅卯午、午申亥乙兩形和等於甲丁己丙、丙庚辛乙兩形和也？試於辰點作辰壬線，使辰未等於辛壬。又於未點作斜線至子，使其線必交於丑，則申戊己丑與庚丑癸壬等積，而辛壬等於辰未，即等於丁戊。甲寅卯午較甲丁己丙少一申戊己丑及申丑丙午，多一丁寅卯戊。午申亥乙較丙庚辛乙多一庚丑亥辛及申丑丙午。而申戊己丑等於庚丑癸壬。移彼置此，仍餘亥癸壬辛。夫辛壬本同於丁戊，則以亥癸壬辛移置甲丁戊午之側，爲丁寅卯戊。而癸壬等於丑庚，是己丑減己庚之餘。而己丑等於戊申，卯戊等於癸壬，即等於丑庚，是卯申等於己庚，而甲寅卯午、午申亥乙兩形和等於甲丁己丙、丙庚辛乙兩形和。由此而推，則所求之數不知凡幾，故曰非通法也。

元・朱世傑《筭學啓蒙》卷中《貴賤反率門》　今有錢一十六貫五百文，買漆一石三鈞一秤四斤五兩六銖。欲其貴賤石率之，問各幾何。

答曰：其一石三鈞四兩一十八銖，石價八千六百三十四文。

其一秤四斤一十二銖，石價八千六百三十三文。

術曰：列漆，通銖，得八萬八千六十二，爲法。列錢，以四萬六千八十乘之，得七億六千三十二萬，爲實。實如法而一，得八千六百三十三文，爲賤石價。加一文，即貴石價。不盡八萬七百五十四，反減下法，餘七千三百八。以秤、斤、銖法除之，得一秤四斤一十二銖，爲賤數。其不盡八萬七百五十四，以石、鈞、兩、銖法除之，得貴數。合問。

清・王鑒《筭學啓蒙述義》　案：四萬六千八十係一石化銖之數。爲法之數既化爲銖，是以銖石率爲分母矣。故以分母通錢數，爲實。題言「貴賤石率之」，故用銖石率也。

元・朱世傑《筭學啓蒙》卷中《貴賤反率門》　今有錢二十五貫三百文，買絲二石二鈞一秤三斤四兩八銖。欲其貴賤鈞率之，問各幾何。

答曰：其二石二斤五兩八銖，鈞價二貫三百八十五文。

其二鈞一秤一十五兩，鈞價二貫三百八十四文。

術曰：列錢，以一萬一千五百二十乘之，得二億九千一百四十五萬六千，爲實。列絲，通銖，得一十二萬二千二百一十六，爲法。實如法而一，得二千三百八十四，爲賤鈞價。內加一文，即貴鈞價。不盡九萬三千五十六，反減下法，餘二萬九千一百六十。以鈞、秤、兩、銖法除之，得二鈞一秤一十五兩，爲賤數。其不盡九萬三千五十六，以石、斤、兩、銖法除之，得二石二斤五兩八銖，即貴數。合問。

清・王鑒《筭學啓蒙述義》　案：一萬一千五百二十乃銖鈞率也。題言「貴賤鈞率之」，故用銖鈞率。

元・朱世傑《筭學啓蒙》卷中《貴賤反率門》　今有錢一百貫，買胡椒二十七石一鈞一秤三斤一十二兩一十八銖。欲其貴賤秤率之，問得幾何。

答曰：其二石二鈞八斤一十兩，秤價四百五十七文。

其二十四石三鈞一十斤二兩一十八銖，秤價四百五十六文。

術曰：列椒，通銖，得一百二十六萬二千八百九十八，爲法。列錢，以五千七百六十乘之，得五億七千六百，爲實。實如法而一，得四百五十六文，爲賤秤價。內加一文，即貴秤價。不盡一十一萬八千五百一十二。反減下法，餘一百一十四萬四千三百八十六。以石、鈞、斤、兩、銖法除之，得二十四石三鈞一十斤二兩一十八銖，爲賤數。其不盡一十一萬八千五百一十二。以石、鈞、斤、兩、銖法除之，得二石二鈞八斤一十兩，即貴數。合問。

清・王鑒《筭學啓蒙述義》　案：五千七百六十乃銖秤率也。題言「貴賤秤率之」，故用銖秤率。

元・朱世傑《筭學啓蒙》卷中《貴賤反率門》　今有錢二百五十貫，買桂花一十二石三鈞一秤一十三斤九兩四銖。欲其貴賤斤率之，問各幾何。

答曰：其五石一秤一十三斤五兩八銖，斤價一百六十一文。

其七石三鈞三兩二十銖，斤價一百六十文。

術曰：列錢，以三百八十四乘之，得九千六百萬，爲實。列桂花，通銖，得五十九萬八千四百九十二，爲法。實如法而一，得 百六十文，爲賤斤價。內加一文，即貴斤價。不盡二十四萬一千二百八十。反減下法，餘三十五萬七千二百一十二。以石、鈞、兩、銖法除之，得七石三鈞三兩二十銖，爲賤數。其不盡二十四萬一千二百八十，以石、秤、斤、兩、銖法除之，得五石一秤一十三斤五兩八銖，即貴數。合問。

清・王鑒《筭學啓蒙述義》 案：三百八十四乃銖斤率也。題言「貴賤斤率之」，故用銖斤率。

元・朱世傑《筭學啓蒙》卷中《貴賤反率門》 今有錢三十八貫四百文，買木香一石二鈞一十四斤一十四兩八銖。欲其貴賤兩率之，問各幾何。

答曰：其二鈞一斤四兩，兩價一十三文。

其一石一十三斤一十兩八銖，兩價一十二文。

術曰：列木香，通銖，得七萬四千八百四十，爲法。列錢，以二十四乘之，得九十二萬一千六百，爲實。實如法而一，得一十二文，爲賤兩價。內加一文，即貴兩價。不盡二萬三千五百二十。反減下法，餘五萬一千三百二十。以石、斤、兩、銖法除之，得一石一十三斤一十兩八銖，爲賤數。其不盡二萬三千五百二十，以鈞、斤、兩、銖法除之，得二鈞一斤四兩，即貴數。合問。

清・王鑒《筭學啓蒙述義》 案：二十四乃銖兩率也。題言「貴賤兩率之」，故用銖兩率。

明・吴敬《九章筭法比類大全》卷二《粟米》 貴賤率除法曰：以出錢數爲實，以所買物數爲法，實如法而一。同歸除法。實不滿法者，以數爲貴率。即是分不盡錢數，均在物上，以爲貴率。以實減法爲賤率。法即貴賤都數，實減法即是以貴率減都數，餘皆賤率也。

又 比類 貴賤率：今有錢二十四貫五百八十文，買物五百四十斤。不欲畸零，問得幾何。

荅曰：二百六十斤，每斤四十五文。二百八十斤，每斤四十六文。

法曰：此問錢欲盡而物不欲零，名曰貴賤率者是也。置錢二十四貫五百八十文，爲實。以買物五百四十斤爲法，除之，每斤得四十五文，餘實二百八十。不欲畸零，以餘錢二百八十爲斤，每斤得四十六文。以減原買物五百四十斤，餘二百六十斤，每斤得四十五文。合問。

又 今有錢二十四貫五百八十文，買綾、羅五百四十尺。綾每尺四十五文，羅每尺四十六文。問綾、羅各幾何。

荅曰：綾二百六十尺，羅二百八十尺。

法曰：及用前問二價相和，俗曰貴賤分身。以貴價四十六文乘總帛五百四十尺，得二十四貫八百四十文。以原錢二十四貫五百八十文，減之餘二百六十文，爲實。以貴、賤二價相減，四十五文減四十六文，餘一，爲法。除實，得二百六十尺，即賤綾價。以減都五百四十，餘得貴羅價二百八十尺。合問。

又 今有錢五百八十三貫九百五十六文，糴到米、麥一千二百七十六石三斗。米每斗五十四文，麥每斗三十六文。問米、麥各幾何。

荅曰：米六百九十一石六斗，麥五百八十四石七斗。

法曰：以貴價五十四文乘米、麥一千二百七十六石三斗，得六百八十九貫二百二文。以原錢五百八十三貫六百五十六文減之，餘一百五貫二百四十六文，爲實。以貴價五十四文減賤價三十六文，餘一十八文，爲法。除實，得五百八十四石七斗，即賤價麥。以減都数一千二百七十六石三斗，餘得貴價米六百九十一石六斗。合問。

又 今有鈔一百六十三貫七百五十文，共糴米、麥六十七石二斗四升三合。只云米比麥價每斗多一文，問二價各幾何。

荅曰：米三十四石九斗五升一合，每斗二百四十四文。

麥三十二石二斗九升二合，每斗二百四十三文。

法曰：置鈔一百六十三貫七百五十文，爲實，以所糴米、麥六十七石二斗四升三合爲法，除之，每斗得賤價二百四十三文。實不滿法爲貴率。餘實三百四十九文五分一厘，乃均不盡之数。爲米三十四石九斗五升一合，每斗增價一文，得二百四十四文。以實米三十四石九斗五升一合減法六十七石二斗四升三合，餘爲麥率三十二石二斗九升二合，每斗二百四十三文。合問。

又 今有鈔一千五百七十六貫一百文，共買羅、綾一百二十八疋二丈五尺二寸。每疋四丈二尺。只云羅比綾每疋多價一貫，問二價各幾何。

荅曰：羅三十二疋三丈七尺八寸，每疋一十三貫。

綾九十五疋二丈九尺四寸，每疋一十二貫。

法曰：以所求疋四十二尺乘鈔一千五百七十六貫一百文，得六万六千一百九十六貫二百文，爲實。以所買物一百二十八疋，以四十二尺通之，加零二丈五尺二寸，共五千四百一尺二寸，爲法。除之，一疋得十二貫。實不滿法者爲貴率。餘實一千三百八十一尺八寸，乃均不盡。以四十二而一，得三十二尺三丈七尺八寸。增一貫，每疋得羅價一十三貫。以實三十二疋三丈七尺八寸減法一百二十八疋二丈五尺二寸，餘得綾九十五疋二丈九尺四寸，爲賤率。一疋價得一十二貫。合問。

又 今有米、麥共六十七石二斗四升三合，共糶鈔一百六十三貫七百五十文。米每斗二百四十四文，麥每斗二百四三文。問米、麥并該鈔各幾何。

荅曰：米三十四石九斗五升一合，該鈔八十五貫二百八十文四分四厘。

麥三十二石二斗九升二合，該鈔七十八貫四百六十九文五分六厘。

法曰：置米、麥六十七石二斗四升三合，以貴率米每斗二百四十四文乘，得一百六十四貫七十二文九分二厘。以減總鈔一百六十三貫七百五十文，餘三百二十二文九分二厘，爲實。以二價相減，餘一文，爲法。除之，得麥三十二石二斗九升二合。餘爲米三十四石九斗五升一合。各以斗價乘之。合問。

又 今有羅、綾一百二十八疋二丈五尺二寸，共賣鈔一千五百七十三貫八百八十七文。羅尺價三百一十文，綾尺價二百八十五文。問羅、綾并鈔各該幾何。

荅曰：羅三十二疋三丈七尺八寸，該鈔四百二十八貫三百五十八文。

綾九十五疋二丈九尺四寸，該鈔一千一百四十五貫五百二十九文。

法曰：置羅、綾一百二十八疋，以疋法四十二尺通之，加零二丈五尺二寸，共得五千四百一尺二寸。以綾尺價二百八十五文乘之，得一千五百三十九貫三百四十二文。以減共鈔一千五百七十三貫八百八十七文，餘三十四貫五百四十五文，爲實。以二價相減，餘二十五文，爲法。除之，得羅一千三百八十一尺八寸。以疋法除，得三十二疋三丈七尺八寸。以減總數，餘得綾九十五疋二丈九尺四寸。各以尺價乘之，見鈔。合問。

又 今有錢五百七十九文，每文買桃四十一箇，若買李三十二箇。共買桃、李二萬八百五箇。問桃、李并鈔各該幾何。

荅曰：三百二十六文，買李一萬四百三十二箇。

二百五十三文，買桃一萬三百七十三箇。

法曰：置錢五百七十九文，以桃四十一箇乘之，得二万三千七百三十九箇。以減桃、李二万八百五箇，餘二千九百三十四箇，爲實。以桃四十一箇減李三十二箇，餘九箇，爲法。除之，得買李三百二十六文。以減原鈔，餘得買桃二百五十三文。以各價乘之。合問。

又 今有綾六疋半，絹九疋半，其價適等。只云絹少綾疋價二貫四百文，問各價該幾何。

荅曰：綾七貫六百文，絹五貫二百文。

法曰：置貴率綾六疋半，以差價二貫四百文乘之，得一十五貫六百文。賤率絹九疋半，以差價二貫四百文乘之，得二十二貫八百文。各爲列實，以綾、絹疋数相減，餘三爲差。除貴率，爲絹價五貫二百文。賤率爲綾價七貫六百文。合問。

明・王文素《算學寶鑒》卷一一《粟米》 貴賤率題：用錢一百文，共買瓜大小二十三枚。欲以貴賤率之。

荅曰：大瓜八枚，每箇值錢五文。

小瓜十五枚，每箇值錢四文。

錢多物少爲滿法，其術曰：以總錢数爲寔，以物爲法。寔如法而一。寔不滿法者，以数爲貴率。即是分不盡錢数均在物上，以爲貴率。以寔減法，餘爲賤率。法即貴賤都數。以貴物減都数，餘爲賤物也。

草曰：置総錢一百文爲寔，以総瓜二十三爲法。除之，得小瓜價四文。餘八不盡，即大瓜。[以減法]二十三，(爲法除之得十三)餘一十五，爲小瓜数。以四文乘之，得六十文。以減総錢一百，餘四十文。以大瓜八除之，得大瓜價五文。合問。

又 総用銅錢二千六百文，共買蔴二百九斤。欲以貴賤斤率之。

荅曰：一百一十七斤，每斤一十二文。

九十二斤，每斤一十三(斤)[文]。

法曰：置総錢二千六百文，爲寔。以共麻二百九爲法。除之，得賤價一十二文。餘不滿法九十二指爲貴率。以減法，餘一百一十七，爲賤率。於賤價增一，得一十三文，爲貴價。合問。

又 総用錢四千文，共買絲一十六斤。欲以貴賤兩率之。

答曰：內[有]一十斤，每兩一十六文，該錢二千五百六十文。

內有六斤，每一兩十五文，該錢乙千四百(一)[四]十文。

法曰：置総用錢四千文，爲寔。別置共絲一十六斤，以十六通之，得二百五十六兩，爲法。除之，得賤價十五文。餘一百六十，爲貴率，指爲一百六十以減法，餘九十六兩，爲賤率。於賤價上增一文，得貴價十六文。合問。

又　総用銀七兩一錢，共買絲一十六斤。欲以貴賤銖率之。

答曰：七斤一兩一十六銖，每銖價銀一厘一毫。

八斤一十四兩八銖，每銖價銀一厘二毫。

法曰：置総銀七兩一錢，爲寔。別置共(糸)[絲]一十六斤，以(用)三百八十四通之，得六千一百四十四(餘)[銖]，爲法。除之，得賤價一厘一毫。餘二千四百一十六毫，爲三千四百一十六銖，爲貴率。以減法，餘二千七百二十八銖，爲賤率。於賤價上添一毫，得一厘二毫，爲貴價。合問。

又　用錢二十三文，[買]桃一百枚，以大小率之。

答曰：四十枚，五枚一文。

六十枚，四枚一文。

錢少物多，爲不滿法。其術曰：以物爲寔，以錢爲法。寔如法而一。寔不滿法者，爲賤率之錢。以減法，餘爲貴物之錢也。

法曰：置総桃一百，爲寔。以共錢二十三文爲法。除之，得貴率四枚。餘八枚，指爲買賤率之[錢]。以減法，餘一十五，爲買貴率之錢。於貴率買四枚添一，得五，爲賤率。合問。

又　用銀一十二兩二錢二分，共買米、麦二十石。且云米比麦每兩多買一斗，問米麦幾何。

答曰：[米]七石六斗一升六合，一石七斗該銀一兩。該銀四兩四錢八分。

麦一十二石三斗八升四合，一石六斗該銀 兩。該銀七両七錢四分。

法曰：置共米、麦二十石爲[實]，以総銀一十二両二錢二分爲法。除之，得每兩買麦一石六斗。餘不滿法四斗四升八合，指爲買米銀四兩四錢八分。以減法，餘七兩七錢四分，爲買麦之銀。於買麦一石之斗加多買一斗，得每兩買米一石七斗。合問。

反其率術

題解

《九章算術》卷二《粟米》唐・李淳風等注釋　「其率」者，錢多物少。「反其率」知，錢少物多。多少相反，故曰反其率也。

清・王鑒《算學啓蒙述義》卷中《貴賤反率》　案：貴賤反率，見《九章・粟米》。

【略】錢少物多者，物爲實，錢爲法，謂之反其率。

算法

《九章算術》卷二《粟米》　今有出錢一萬三千九百七十，買絲一石二鈞二十八斤三兩五銖。欲其貴賤銖率之，問各幾何。

答曰：其一鈞二十斤六兩十一銖，五銖一錢。

其一石一鈞七斤一十二兩一十八銖，六銖一錢。

明・吴敬《九章算法比類大全》卷二《粟米》　貴賤實少法多其率法**【略】**

法曰：以所買絲一石二鈞二十八斤三兩，以銖法通之，加零五銖，共得七万九千九百四十九銖，爲實。以所[出]錢一十三貫九百七十爲法，除之，一文得五銖。實不滿法者，爲賤率。餘實一万九十九。以減法一万三千九百七十，餘三千八百七十一，爲貴率。各乘得数求之，賤率一万九十九，以六銖乘，得六万五百九十四銖。以銖法而一，得一石一鈞七斤十二兩十八銖，每六銖得一錢。又三千八百七十一，以五銖乘，得一万九千三百五十五銖。以銖法而一，得一鈞二十斤六兩一十一銖，每五銖得一錢。合問。

《九章算术》卷二《粟米》　今有出錢六百二十，買羽二千一百翭。**三國魏・劉徽注**　翭，羽本也。數羽稱其本，猶數草(本)[木]稱其根株。欲其貴賤率之，問各幾何。

答曰：其一千一百四十翭，三翭一錢。

其九百六十猴，四猴一錢。

明・吴敬《九章算法比類大全》卷二《粟米》 貴賤實少法多其率法【略】

法曰：以所買羽二千一百爲實，以所有錢六百二十爲法，除之，一錢得三猴。實不滿法，不盡二百四十，爲賤率。減法六百二十，餘三百八十，爲貴率。各乘得数求之，錢率二百四十，以四(羽)[猴]乘，得九百六十，每四(羽)[猴]得一錢。貴率三百八十，以三(羽)[猴]乘，得一千一百四十[猴]，三(羽)[猴]得一錢。合問。

《九章算术》卷二《粟米》 今有出錢九百八十，買矢簳五千八百二十枚。欲其貴賤率之，問各幾何。

答曰：其三百枚，五枚一錢。

其五千五百二十枚，六枚一錢。

明・吴敬《九章算法比類大全》卷二《粟米》 貴賤實少法多其率法【略】

法曰：以所買簳五千八百(一)[二]十爲實，以所[出]錢九百八十爲法，除之，一文得五枚。實不滿法九百二十，爲賤率。以實九百二十減法九百八十，餘六十，爲貴率。各乘得數求之，賤率九百二十乘六枚，得五千五百二十，即六枚一文。以貴率六十乘五枚，得三百，即五枚一錢。合問。

《九章算術》卷二《粟米》 反其率【略】**唐・李淳風等注釋** 其率者，以物數爲法，錢數爲實；反之知，以錢數爲法，物數爲實。不滿法知，實餘也。當以餘物化爲錢矣。法爲凡錢，而今以化錢減之，故以實減法。「法少」知，經分之所得，故曰「法少」；「實多」者，餘分之所益，故曰「實多」。乘實宜以多，乘法宜以少，故曰「各以其所得多少之數乘法、實，即物數」。「其求石、鈞、斤、兩，以積銖各除法、實，各得其數，餘各爲銖」者，謂之石、鈞、斤、兩積銖除實，石、鈞、斤、兩積銖除法，餘各爲銖，即合所問。 術曰：以錢數爲法，所率爲實，實如法而一。不滿法者，反以實減法，法少實多。二物各以所得多少之數乘法、實，即物數。**三國魏・劉徽注** 其率，按：出錢六百二十，買羽二千一百猴。反之，當二百四十錢，一錢四猴；其三百八十錢，一錢三猴。是錢有二價，物有貴賤。故以羽乘錢，反(二)[其]率也。（臣淳風等謹按 其率者，以物數爲法，錢爲實。反之者，以錢數爲法，物爲實。不滿法者，實餘也。當以餘物化爲錢矣。法爲凡錢，而今以化錢減之，故曰反以實減法也。法少者知，經分之所得，故曰法少；實多者知，餘分之所益，故曰實多。宜以多乘法，少乘實，故曰各以所得多少數乘法、實，即物數也。）

宋・楊輝《詳解九章算法・纂类》 反其率法曰：以所有物數爲法，所有錢數爲實，實如法而一。實不滿法者，以實爲賤率，以實減法，餘爲貴率。各乘出物求之。

明・吴敬《九章算法比類大全》卷二《粟米》 貴賤實少法多其率法曰：以所有物數爲實，所有錢爲法，實如法而一。即歸除意。實不滿法者，以實爲賤率。分不盡物數加上已得錢數，即物賤也。以實減法，爲貴率。以實減法，即以賤減都數，求貴。各乘得數求之。得數乃求出物數也，錢爲法即貴賤物之都數也。實爲貴價，減都數即賤價也。以求出貴賤錢數，以乘其物而求貴賤之數分矣。

元・朱世傑《筭學啓蒙》卷中《貴賤反率門》 今有錢八百四十文，買核桃七千二百九十枚。欲其貴賤率之，問各幾何。

答曰：其二千一百六十枚，八枚直錢一文。

其五千一百三十枚，九枚直錢一文。

術曰：列核桃爲實，以錢八百四十爲法。實如法而一，得八枚直錢一文。就加一枚，乃九枚直錢一文。餘實五百七十。反減下法，餘二百七十。八之，得貴物數。其不盡五百七十，九之，得賤物數。合問。

清・王鑒《筭學啓蒙述義》 案：此即前術而反用之也。以下凡物多錢少者，同此法。

元・朱世傑《筭學啓蒙》卷中《貴賤反率門》 今有錢二十八貫六百八十文，買黄蠟二石三鈞一秤三斤六兩八銖。欲其貴賤銖率之，問各幾何。

答曰：其三鈞一十斤二兩一十六銖，四銖直錢一文。

其二石八斤三兩一十六銖，五銖直錢一文。

術曰：列臘，通銖，得一十三萬三千七百八十四，爲實。以錢爲法。實如法而一，得四銖直錢一文，乃貴物也。内加一銖，即賤物也。不盡一萬九千六十四，乃賤價也。反減下法，餘九千六百一十六，即貴價。四之，得三萬八千四百六十四。以鈞、斤、兩、銖法約之，得三鈞一十斤二兩一十六銖。其不盡一萬九千六十四。五之，得九萬五千三百二十。以石、斤、兩、銖法除之，得二石八斤三兩一十六銖。合問。

清・王鑒《筭學啓蒙述義》 案：此與第二問同術，第多一通銖法耳。統觀八問，雖非通法，其隨意定數之妙，與夫發明石、鈞、秤、斤、兩、銖諸率，亦復層出不窮，學者觀其通焉，可也。

衰分部

衰分術分部

題解

《九章筭術》卷三《衰分》 三國魏·劉徽注 衰分：以御貴賤稟稅。

《九章筭術》卷三《衰分》三國魏·劉徽注 衰分，差也。

唐·李籍《九章筭術音義》第三 衰分，楚宜切。衰，差也。以差而平分，故曰衰分。

元·舒天民《六藝綱目》卷下 三曰衰分，貴賤稟稅旨此御之。公侯與伯，旨及子男或卿大夫，上士中士及其下士，貴賤有衰，此類是也。序其品爵，等其穀祿，取於倉廪，謂之稟也。采地所取，謂之稅也。

又 衰，等差也。稟，力錦反。今作廪。采，音菜，采地也。百官食其地，故曰采地。見《前漢·刑法志》。

又 衰分法者，衰，等高下而分也。

明·王文素《筭學寶鑒》卷一四《貴賤分身》 觧曰：貴賤差分即方程二率分身之法也。題有六等：有二價者，有二數者，有二互換者，有一價一數者，有一價一互換者，有一數一互換者。其諸家筭籍秖有二價二數題術，餘並不載。惟《九章詳註》而載互換三題：其一酒分醇醨，載粟(本)[米]章內。其二龜魚分身，載均輸章內。其三布絹分身載在方程章內。詳此三題一理而已，豈可分載三章乎？以致初學疑惑，可憾，可憾！(令)[今]将六等総編一訣而説之。亦又各編一歌以盡術之捷径之爾。

明·柯尚遷《數學通軌》第三《九章釋例》 三曰差分。古作(襄)[衰]分，以御貴賤廪稅。

又 唐氏曰：差分、方程、盈朒，粟米總是一分瀌也。物有多寡，價有貴賤。兩物相形，已知物之孰貴孰賤，各有定價矣。若使兩物總共若干，兩價總共若干，則兩物混雜而總價固相差也。於是以價權物，則因價之貴賤而差分也。

明·程大位《筭法統宗》卷五《衰分》 衰者，等也。物之混者求其等而分之，以物之多寡求之，出稅以人户等第求之，差徭以物價求貴賤、高低者也。

清·方中通《數度衍》卷一七《差分章》 通曰：差分章多用三率法，即異乘同除也。見九章外法。

清·陳世明《數學舉要》卷五《衰分章》 衰分名義：衰分者，差分之法也。差分者，以不齊之數分之也。欲分不齊之數，必求相差之等，故又曰：衰者，等也，以求相差之等而分之也。或就數和併之，以爲等。(等)或借數以爲等。或維乘互乘偏乘，以爲之等。又或于差中求和，于和中求差，但得一人一物之等，則「全牛」固可立解也。

設兩數，一爲法，一爲實。以法除實，得若干。將法、寔任各若干倍之，以倍法除倍寔，必仍得若干，與原得數同。若以倍法除原寔，則得數必小于原得數之倍數，即同原法小于倍法之倍數。若以原法除倍寔，則得數大于原得數之倍數，即得寔大于原寔之倍數。(加)[設]原數爲六十，原法爲五十。以五十除六十，得十二。任三倍，原寔爲一百八十，亦三倍。原法爲一百五十，以一百五十除一百八十，亦得十二，與原得數同。以倍法一百五十除原寔六十，得四，則四與原得數十二之比例，若原法五十與倍法一百五十也。以原法五十除倍寔一百八十，得三十六。則三十六與原得數十二之比例，若倍寔六十與一百八十也。

清·吴嘉善《白芙堂算書廿一種·九章翼·衰分》 衰分亦曰差分，以分之有差等也。

綜論

宋·楊輝《詳解九章算法·纂类》 衰分機軸志欲謹初，妙在差率之内，或立率失中，則荅説必失矣。謹初者切詳題初問意。且如五爵分鹿題，以爵次均之，當以五，四，三，二，一爲差率。如牛馬羊食人苗，償粟五斗。題云牛食馬之半，馬食羊之半。今欲衰償之，當倍而用四，二，一爲差率。如三鄉發徭，備有各鄉人數，便以爲差率，不必取用。大意不過切題用意，其餘體此。

清・汪香祖《中算斠》 差分：差分之名目多矣，以比例言之，則有兩法，以天元馭之，止一法耳。其按數加減及互和折半、首尾互準者皆爲相當之比例。其按分遞折，如二八、三七、四六及加倍、折半者，皆爲相連之比例，即貴賤相和、仙人换影，固無有外乎此者。三色以上乃至多色，無論或加或減，皆各以其分爲差，故曰差分。自有天元而后差分之本法可省，亦自有天元而后差分之本法乃愈明矣。

互乘折半者与遞次加減畧同。遞次加減知揔物揔人及遞加遞減之數，以求各數。互和折半亦知揔物揔人以首末之較求加減之數，而得(上見下寸)各數。是以三色者，弟一弟三相和，折半，即弟二數。四色者，弟一弟四相和，折半，即弟二弟三之中數。既得？中數，按較數之分加減之，即得各數。無論多色，止分奇偶立(上大下一)法。

清・黄慶澄《算學報》 黄慶澄曰：異哉，異哉！太空冥冥，無端有物，有物斯有比，有比斯有差，有差斯有例。日星有舒斂，黄赤距緯有廣狹，北極出地有寡多，此天之比例也。山有崇卑，水有深涸，陸有陂平，此地之比例也。十指殊度，九竅異用，五藏分主，十二經別支，此人之比例也。顧吾又聞佛氏之言曰：一切微塵國現一切相，成一切法，皆非真實。曷明曷暗，大明爲明，小明爲暗。大暗爲暗，小暗爲明。曷寒曷熱，大寒爲寒，小寒爲熱。大熱爲熱，小熱爲寒。曷動曷静，大動爲動，小動爲静。大静爲静，小静爲動。曷智曷愚，大智爲智，小智爲愚。大愚爲愚，小愚爲智。依兹而推，舉一切大小、長短、厚薄、精粗、貴賤皆比例也，皆非真實也。不寗惟是，等兹人也或以功蝕過，或以過蝕功，盈之虚之，虚之盈之，此加減比例也。等兹人也或始而見功，繼而見過，繼而見大過。或始而見過，繼而見功，繼而見大功。進之退之，退之進之，此遞加遞減比例也。等兹人也昨功今過，昨過今功，參伍錯綜，各如其際，此互和比例也。等兹人也功半過半，功增過增，節其犖犖，以定生平，此互準比例也。尤足奇者，若有一个疑良疑惡，色空空色，不可方物，徐而察之，其中易有則，此和較比例也。依兹而推，舉一切大小、長短、厚薄、精粗、貴賤、萬曲億折，然然否否，皆比例也，皆非真實也。異哉，異哉！一刹那間一而二之，二而一之，比歟，例歟？請得斷之曰：世間無物見物非物，我不見物，惟見比例。

清・勞乃宣《古籌算考釋》卷三《衰分》 舊有二八差分，四六差分，三七差分諸名，法亦不一。今以連比例取之，諸法皆通爲一矣。

算法

秦簡《數》 卒百人，戟十、弩五、負三，問得各幾可。

得曰：戟五十五人十分人十，
弩廿七人十八分人十四，
負十六人十八分人十二。

其述曰：同戟、弩、負數，以爲法，即置戟十，以百乘之，以爲貣，貣如法得一戟。負、弩如此然。

又 凡三(卿)[鄉]，其一(卿)[鄉]卒千人，一(卿)[鄉]七百人，一(卿)[鄉]五百人，今上歸千人，欲以人數衰之，問幾可歸幾可。

曰：千者歸四[百]五十四人有二千二百分人千二百，
七百者歸三百一十八人有二千二百分人四百，
五百歸二百廿七人有二千二百分人六百。

其述曰：同三(卿)[鄉]卒，以爲瀍，各以(卿)[鄉]卒乘千人爲貣，貣如瀍一人。

又 大夫、不更、走馬、上造、公士，共除米一石。今以爵衰分之，各得幾可。

[曰]：大夫三斗十五分斗五，不更二斗十五分斗十，走馬二斗，上造一斗十五分五，公士大半斗。

述曰：各直爵數而并以爲法，以所分斗數各乘其爵數爲貣，貣如法得一斗，不盈斗者，十之，如法一斗，不盈斗者，以命之。

又 一牛、一羊、一犢共食[以]禾一石，問牛、羊、犢各出幾可。

曰：牛五斗有七[分斗之五]，
羊出二斗有七分斗之六，
犢出一斗有七分斗[之三]。

[述曰：牛直四]，羊直(三)[二]，犢直一而并之，凡求[各出者以爲法。以一石乘未并者各自爲貣，貣如法得一斗。不盈斗者，以命之。

又 有婦三人，長者一日織五十尺，中者二日織五十尺，少者三日織五十尺。今威有攻五十尺，問各受幾可。

曰：長者受廿七尺十一分尺三，

中者受十三尺十一分尺七，

少者受九尺十一分尺一。

述曰：各直一日所織，[并爲法。以五十尺乘未并者各自爲貣，貣如法得一尺。不盈尺者，以命之]。

又 衰分之述。耤有五人，此共買鹽一石，一[人出十]錢，一人[出]廿錢，[一]人出卅錢，一人出卌錢，一人出五十錢，今且相去也，欲以錢少[多]分鹽。其述曰：并五人錢以爲法，有各異置[錢]，[以]一石盐乘之以爲貣，貣如法一斗。

又 [今有竹十]節，上節一斗，下節二斗，衰以幾可。

曰：(衰以幾可曰)衰以九分斗一。

其述曰：直上下數，以少除多，以餘爲衰貣，直節數除一焉以命之。

又 □□五。其述曰：始日直一，次直二，次直四，耤而并之七，七爲法，以十尺扁乘其直各自爲貣，貣如法得一尺。

又 一人負米十斗，一人負粟十斗，負食十斗，并禝而分之，米、粟、食各取幾可。

曰：米取十四斗七分斗二，粟八斗七分[斗]四，食取七斗七分一，食二斗當米一斗。

又 一人斗食，一人半食，一人參食，一人駟食，一人駅食，凡五人，有米一石。欲以食數分之，問各得幾可。

曰：斗食者得四斗四升九分升四，

半食者得二斗二升九分升二，

參食者一斗四升廿七分升廿二，

駟食者一斗一升九分升一，

駅食者七升。

漢簡《筭數書・婦織》 有婦三人，長者一日織五十尺，中者二日織五十尺，少者三日織五十尺。今織有(攻)[功]五十尺，問各受幾何尺。

其得曰：長者受廿五尺，

中者受十六尺有十八分尺之十二，

少者受八尺有十八分尺之六。

其術曰：直一、直二、直三而各幾以爲法，有十而五之以爲實，如法而一尺。不盈尺者，以法命分。三爲長者實，二爲中者，一爲少者。

又 **《共買材》** 三人共材以賈，一人出五錢，一人出三[錢]，一人出二錢。今有贏四錢，欲以錢數衰分之。

[得曰：]出五者得二錢，出三者得一錢五分錢一，出二者得五分錢四。

術曰：并三人出錢數，以爲法，即以四錢各乘所出錢數，如法得一錢。

又 **《狐出關》** 狐、狸、犬出關，租百一十一錢。犬謂狸，狸謂狐：而皮倍我，出租當倍(戈)[我]。問出各幾何。

得曰：犬出十五錢七分六，狸出卅一錢分五，狐出六十三錢分三。

術曰：令各相倍也，并之，七，爲法。以租各乘之，爲實。實如法得一。

又 **《狐皮》** 狐皮卅五(戈)裁、狸皮廿五(戈)裁、犬皮十二(戈)裁偕出關，關并租廿五錢，問各出幾何。

得曰：狐出十二七十二分十一，狸出八分卌九，犬出四分十二。

術：并賈爲法，以租各乘賈爲實。

又 **《并租》** 禾三步一斗，麥四步一斗，荅五步一斗。今并之，租一石，問租幾何。

得曰：禾租四斗卌七分十二，麥租三斗分九，荅租二斗分廿六。

術曰：直禾三步，麥四步，荅五步。令禾乘麥爲荅實，麥乘荅爲禾實，荅乘禾爲麥實，各副直之。以一石各乘之，爲實。并諸實，卌七，爲法而一斗。

又 **《傳馬》** 傳馬日三匹共芻、稾二石，令芻三而稾二。今馬一匹前到，問予芻、稾各幾何。

曰：予芻四斗，稾二斗泰半斗。

術曰：直芻三、稾二并之，以三馬乘之爲法，以二石乘所直各自爲實。

又 **《飮桼》** 桼一斗飮水三斗，而槃飮水二斗七升即槃。問余桼、水各幾何。

曰：餘桼卅七分升卅，余水二升卅七分升七。

術曰：以二斗七升者同一斗，卅七也爲法。有直廿七、十升者各三之，爲實，實如法而一。

又 **《米粟并》** 有米一石、粟一石，并提之，問米、粟當各取幾何。

曰：米主取一石二斗十六分(升)[斗]八，粟主取七斗十六分斗八。

術曰：直米十斗、六斗，并以爲法，以二石扁乘所直各自爲實。六斗者，粟之米數也。

又《粟米并》 米一、粟二，凡十斗，精之爲七斗三分(升)[斗]一。

術曰：皆五，米、粟并爲法。五米、三粟，以十斗乘之爲實。

又 又[有米、粟不知數]，合粟、米[精之爲米一斗，問]米、[粟各出]幾何。

得曰：米六升四分升之一，[粟三升四分升之三]。

術曰：直米五升，粟五升。粟五升爲米三升，并米五升者八，以爲法。乃更直[三升]、五升，而十之。令如法，粟、米各一升。

□□其術曰：直米、粟，五米三粟，并，以爲法。并米、粟，各乘之，爲實。實如法而成一。

又《女織》 鄰里有女惡自(喜)[善]也織，(曰)[日]自再，五日織五尺。問始織日及其次各幾何。

曰：始織一寸六十二分寸卅八，次三寸六十二分寸十四，次六寸六十二分寸廿八，次尺二寸六十二分寸五十六，次(一)[二]尺五寸六十二分寸五十。

術曰：直二、直四、直八、直十六、直卅二，并，以爲法。以五尺偏乘之，各自爲實。實如法得尺。不盈尺者，十之，如法一寸。不盈寸者，以法命分。

《九章筭術》卷三《衰分》 衰分術曰：各置列衰。**三國魏・劉徽注** 列衰，相與率也。重疊，則可約。 副并爲法，以所分乘未并者各自爲實。**劉徽注** 法集而衰別。數本一也，今以所分乘上別，以下集除之，一乘一除適足相消。故所分猶存，且各應率而別也。於今有術，列衰各爲所求率，副并爲所有率，所分爲所有數。又以經分言之，假令甲家三人，乙家二人，丙家一人，并六人，共分十二，爲人得二也。欲復作逐家者，則當列置人數，以一人所得乘之。今此術先乘而後除也。 實如法而一。不滿法者，以法命之。

宋・楊輝《詳解九章筭法・纂类》 衰分法曰：各列置衰，列相與率也，重則可約。副併爲法，以所分乘未併者各自爲列實。以法除之。不滿法者，以法命之。

清・勞乃宣《古籌算考釋》卷三《衰分》 衰者，差也。衰分者，以等差而平分也。一名差分。列衰者，每人應得之率也。并之，則爲衆人共得之率矣。以今有術言之，副并爲所有率，所分爲所有數，列衰各爲所求率。故各以所分乘之，副并除之，而各得所求數也。【略】均輸諸術，皆出於衰分。採入數問，以明其相通之理。

《九章筭術》卷三《衰分》 今有稟粟，大夫、不更、簪裹、上造、公士凡五人，一十五斗。今有大夫一人後來，亦當稟五斗。倉無粟，欲以衰出之，問各幾何。

答曰：大夫出一斗四分斗之一，不更出一斗，簪裹出四分斗之三，上造出四分斗之二，公士出四分斗之一。

術曰：各置所稟粟斛斗數，爵次均之，以爲列衰。副并，而加後來大夫亦五斗，得二十以爲法。以五斗乘未并者，各自爲實。實如法得一斗。**三國魏・劉徽注** 稟前「五人十五斗」者，大夫得五斗，不更得四斗，簪裹得三斗，上造得二斗，公士得一斗。欲令五人各依所得粟多少減與後來大夫，即與前來大夫同。據前來大夫已得五斗，故言「亦」也。各以所得斗數爲衰，并得十五，而加後來大夫亦五斗，凡二十，爲法也。是爲六人共出五斗，後來大夫亦俱損折。今有術，副并爲所有率，未并者各爲所求率，五斗爲所有數，而今有之，即得。

明・吳敬《九章筭法比類大全》卷三《衰分》 法曰：六人以爵次出粟五斗，法與前同，止添大夫五數。各列置衰，排五，五，四，三，二，一。副併，得二十。爲法。以所出粟五斗。乘未併者，五各得二十五，四得二十，三得十五，二得十，一得五。各自爲列實。以法二十。除之。二大夫各一斗餘五，不更一斗，簪裹十五，上造十，公士五。各不滿，一斗。止可爲分子。法、實俱五。約之，得數。合問。

《九章筭術》卷三《衰分》 今有大夫、不更、簪裹、上造、公士，**明・吳敬《九章筭法比類大全》卷三《衰分》** 今公、侯、伯、子、男。凡五人，共獵得五鹿。欲以爵次分之，問各得幾何。

答曰：大夫得一鹿三分鹿之二，不更得一鹿三分鹿之一，簪裹得一鹿，上造得三分鹿之二，公士得三分鹿之一。

術曰：列置爵數，各自爲衰。**三國魏・劉徽注** 爵數者，謂大夫五，不更四，簪裹三，上造二，公士一也。《墨子・號令篇》以爵級爲賜，然則戰國之初有此名也。今有術，列衰各爲所求率，副并爲所有率，今有鹿數爲所有數，而今有之，即得。 副并爲法。以五鹿乘未并者各自爲實。實如法得一鹿。

明・吳敬《九章筭法比類大全》卷三《衰分》 法曰：五人以爵次均五鹿者，大夫爲五，不更爲四，簪裹爲三，上造爲二，公士爲一。各列置衰，排五、四、三、二、一。副併，共一十五。爲法。以所分五鹿。乘未併者，五得二十五，四得二十，三得十五，二得十，一得五。各自爲列實。以法十五。除之。大夫得一鹿，餘十。不更得一鹿，餘五。簪裹得一鹿。上造十，公士五。各不滿一鹿。止，可爲分子。法、實俱五。約之，得數。合問。

清·勞乃宣《古籌算考釋》卷三《衰分》 此以遞加一爲衰，以次而殺，其形如錐，所謂錐行衰也。置大夫五，不更四，簪裹三，上造二，公士一，爲列衰。直列於位，副并五數，共得一十五，寄之，爲法。以所分數五鹿乘列衰五、四、三、二、一未并者，大夫得二十五，不更得二十，簪裹得十五，上造得一十，公士得五，各自爲實。以副并之法除之，大夫得一鹿一十五分鹿之一十。用約分法求得等數五，約之，爲三分鹿之二。不更得一鹿一十五分鹿之五。約之，得三分鹿之一。簪裹得一鹿。上造得一十五分鹿之一十。約之，得三分鹿之二。公士得一十五分鹿之五。約之，得三分鹿之一。試以今有術明之。以副并一十五爲所有率，置左上。以所分五爲所有數，置右上。如以第一列衰五爲所求率，置於左下，而今有之，則當以右上與左下相乘得二十五。而以左上一十五除之，得數爲所求數。如以第二列衰四爲所求率，則相乘得二十。如以第三列衰三爲所求率，則相乘得一十五。如以第四列衰二爲所求率，則相乘得一十，如以第五列衰一爲所求率，則相乘得五。而皆以一十五除之，爲所求數，其理相同。故即以所分乘列衰，各爲實。而俱以副并爲法，除之也。

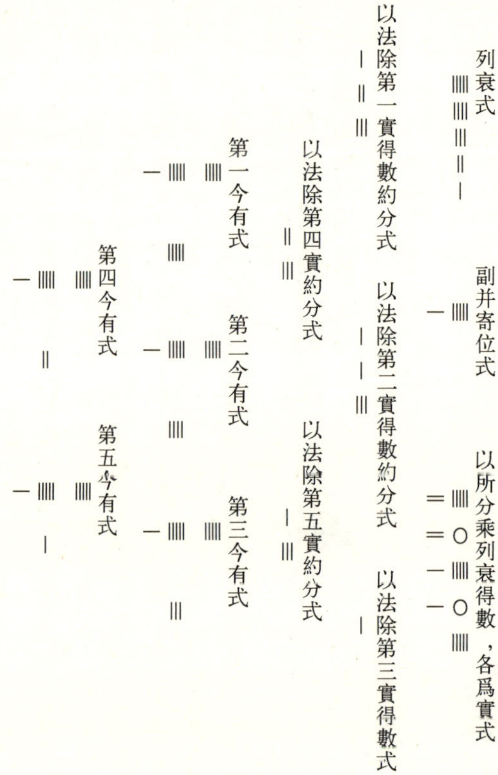

《九章算術》卷三《衰分》 今有牛、馬、羊食人苗。苗主責之粟五斗。羊主曰：「我羊食半馬。」馬主曰：「我馬食半牛。」今欲衰償之，問各出幾何。

答曰：牛主出二斗八升七分升之四，

馬主出一斗四升七分升之二，

羊主出七升七分升之一。

術曰：置牛四、馬二、羊一，各自爲列衰。副并爲法。以五斗乘未并者各自爲實。實如法得一斗。**唐·李淳風等注釋** 謹按：此術問意，羊食半馬，馬食半牛，是謂四羊當一牛，二羊當一馬。今術置羊一、馬二、牛四者，通其率以爲列衰。

明·吳敬《九章算法比類大全》卷三《衰分》 法曰：牛倍馬半，衰四。馬倍羊半，衰二。羊衰一。各列置衰，排四，二，一。副併，得七。爲法。以所償粟五斗。乘未併者，牛四得二十，馬二得一十，羊一得五。各自爲列實。以法七。除之，牛得二斗八升，餘四。馬得一斗四升，餘二。羊得七升，餘一。不滿法者，爲分子。以法命之。合問。

清·勞乃宣《古籌算考釋》卷三《衰分》 此以遞相倍半爲衰者也。置一算於下，爲羊衰。倍之，得二，置於上，爲馬衰。又倍之，得四，又置於上，爲牛衰。副并，得七，寄之，爲法。以五斗乘列衰四，二，一之未并者，牛得二十斗，馬得一十斗，羊得五斗，各自爲實。以副并之法除之，得二斗八升七分升之四，爲牛主所出粟。得一斗四升七分升之二，爲馬主所出粟。得七升七分升之一，爲羊主所出粟。

《九章算術》卷三《衰分》 今有甲持錢五百六十，乙持錢三百五十，丙持錢一百八十，凡三人俱出關，關稅百錢。欲以錢數多少衰出之，問各幾何。

答曰：甲出五十一錢一百九分錢之四十一，

乙出三十二錢一百九分錢之一十二，

丙出一十六錢一百九分錢之五十六。

術曰：各置錢數爲列衰，副并爲法，以百錢乘未并者，各自爲實，實如法得一錢。**唐·李淳風等注釋** 謹按：此術甲、乙、丙持錢數以爲列衰，副并爲所有率，未并者各爲所求率，百錢爲所有數，而今有之，即得。

元·舒天民《六藝綱目》卷下 舛曰：以各持錢如列衰，併之，得一千一百單一注 此數誤當云「一千有九十」，下同。如法所分稅百錢，乘未併者即各持錢得數。以併得一千(一百單一)[有九十]爲法，除之即得。此又觸類而傍通之也。

明·吳敬《九章算法比類大全》卷三《衰分》 法曰：各列置衰，甲五百六十，乙三百五十，丙一百八十。副併，得一千九十。爲法。以所分税一百。乘未併者，甲得五万六千，乙得三万五千，丙得一万八千。各自爲列實。以法一千九十。除之。不滿法者，以法命之。合問。

清・勞乃宣《古籌算考釋》卷三《衰分》　此各設數爲衰者也。置甲持錢五百六十，乙持錢三百五十，丙持錢一百八十。求總等，先以丙一百八十與乙三百五十，用約分法求得等數十。又以所得等數十與甲五百六十，用約分法求之，仍得十。即以十爲總等，約五百六十，得五十六。約三百五十，得三十五。約一百八十，得一十八。爲列衰。副并，得一百〇九，爲法。以所税百錢乘未并者，甲得五千六百，乙得三千五百，丙得一千八百，各自爲實。各以法一百〇九除之，甲得五十一錢又一百〇九分錢之四十一，乙得三十二錢又一百〇九分錢之一十二，丙得一十六錢又一百〇九分錢之五十六。

《九章算術》卷三《衰分》　今有女子善織，日自倍。五日織五尺，問日織幾何。

荅曰：初日織一寸三十一分寸之十九，
次日織三寸三十一分寸之七，
次日織六寸三十一分寸之十四，
次日織一尺二寸三十一分寸之二十八，
次日織二尺五寸三十一分寸之二十五。

術曰：置一、二、四、八、十六爲列衰。副并爲法。以五尺乘未并者，各自爲實，實如法得一尺。

晉・佚名《孫子算經》卷中　術曰：各置列衰，副并，得三十一，爲法。以五尺乘未并者，各自爲實。實如法而一，即得。

明・吴敬《九章算法比類大全》卷三《衰分》　法曰：此問織者當以十六、八、四、二、一爲衰。各列置衰，副併，得三十一。爲法。以所織五尺。乘未併者，十六得八十，八得四十，四得二十，二得十，一得五。各自爲列實。以法三十一。除之。不滿法者，以法命之。合問。

《九章算術》卷三《衰分》　今有北鄉筭八千七百五十八，西鄉筭七千二百三十六，南鄉筭八千三百五十六，凡三鄉發傜三百七十八人。欲以筭數多少衰出之，問各幾何。

荅曰：北鄉遣一百三十五人一萬二千一百七十五分人之一萬一千六百三十七，
西鄉遣一百一十二人一萬二千一百七十五分人之四千四，
南鄉遣一百二十九人一萬二千一百七十五分人之八千七百九。

術曰：各置筭數爲列衰。臣淳風等謹按：三鄉筭數，約，可半者，爲列衰。副并爲法。以所發傜人數乘未并者，各自爲實。實如法得一人。**三國魏・劉徽注**　按：此術，今有之義也。

明・吴敬《九章算法比類大全》卷三《衰分》　法曰：各列置衰，北鄉八千七百五十八，西鄉七千二百三十六，南鄉八千三百五十六。副併，得二万四千三百五十。爲法。以所分傜三百七十八。乘未併者北鄉得三百三十一万五百二十四，西鄉得二百七十三万五千二百八，南鄉得三百一十五万八千五百六十八。各自爲列實。以法二万四千三百五十。除之，不滿法者，法、實皆折半。合問。

明・王文素《筭學寶鑒》卷一四《和合差分》　法曰：列三鄉衰：北鄉八千七百五十八，西鄉七千二百三十六，南鄉八千三百五十六。副併，共得二萬四千三百五十，爲法。以所(分)[發]傜三百七十八乘未併者，乘北鄉，得三百三十一萬五千二十四。乘西鄉，得二百七十三萬五千二百八。乘南鄉，得三百一十五萬八千五百六十八。各自爲實。皆以法二萬四千三百五十除之，得各荅數。不滿(看)[者]，法、寔皆折半。合問。

證曰：此三鄉發(徑)[傜]題，載《九章算集細註》。差設屡(徑)[經]謄刊，尚未改正。愚今(段)[改]正載之，未知是否。

《九章算術》卷三《衰分》　今有稟粟五斛，五人分之。欲令三人得三，二人得二，問各幾何。

荅曰：三人，人得一斛一斗五升十三分升之五，
二人，人得七斗六升十三分升之十二。

術曰：置三人，人三。二人，人二，爲列衰。副并爲法。以五斛乘未并者各自爲實。實如法得一斛。

明・吴敬《九章算法比類大全》卷三《衰分》　法曰：此問均稟，當以三，三，三，二，二爲衰。各列置衰，副併，得十三。爲法。以所均稟五石。乘未併者，三人三各得十五，二人二各得十。各自爲列實，以法十三。除之。不滿法者，以法命之。合問。

《九章筭術》卷六《均輸》　今有人當稟粟二斛。倉無粟，欲與米一、菽二，以當所稟粟。問各幾何。

答曰：米五斗一升七分升之三，菽一斛二升七分升之六。

術曰：置米一、菽二，求爲粟之數。并之，得三、九分之八，以爲法。亦置米一、菽二，而以粟二斛乘之，各自爲實。實如法得一斛。**唐·李淳風等注釋**　置粟率五，乘米一，米率三除之，得一、三分之二，即是［米一之粟也。粟率十，以乘菽二，菽率九除之，得二、九分之二，即是菽二之粟也。并全，得三。齊子，并之，得二十四。同母，得二十七，約之，得九分之八。故云并之得三、九分之八。米一菽二當粟三、九分之八，此其粟率也。於今有術，米一、菽二皆爲所求率，當粟三、九分之八爲所有率，粟二斛爲所有數。凡言率者，當相與通之，則爲米九、菽十八，當粟三十五也。亦有置米一、菽二，求其爲粟之率，以爲列衰。副并爲法。以粟乘列衰爲實。所得即米一、菽二所求粟也。以米、菽本率而今有之，即合所問。

宋·賈憲《黄帝九章筭經細草》卷六《均輸》楊輝《詳解九章筭法》　術草曰：米菽之率相乘求等，以米一菽二乘爲列衰。**宋·楊輝《詳解九章筭法·均輸》**　米百三十五、菽二百七十。副置列衰，求爲本粟，併之爲法。**楊輝詳解**　米求粟十乘六除得二百二十五，菽求粟十乘九除得三百，併之得五百二十五。以所求粟二石乘列衰爲實，實如法而一，不盡者約之合問。

此題以米菽求等，變本粟爲衰，古草以米菽壘衰不［合］，今重修此術。

明·吳敬《九章筭法比類大全》卷六《均輸》　法曰：置米率三十，乘菽率四十五，得一千三百五十。以乘米一，得一千三百五十。菽二，得二千七百，爲列衰。求本粟，併之，爲法。米一千三百五十，以粟率五十乘之，却以米率三十除，得二千二百五十。菽二千七百，以粟率五十乘之，却以菽率四十五除，得（二）［三］千。併之，得五千二百五十。以所準粟二百升乘列衰，各自爲實，米得二十七万，菽得五十四万。實如法而一，米得五十一升，餘實二千二百五十。菽得一石（一）［〇二］升，餘實四千五百。法、實皆七百五十約，（餘實）合問。

《九章筭術》卷六《均輸》　今有金箠，長五尺。斬本一尺，重四斤。斬末一尺，重二斤。問次一尺各重幾何。

答曰：末一尺重二斤，次一尺重二斤八兩，次一尺重三斤，次一尺重三斤八兩，次一尺重四斤。

術曰：令末重減本重，餘，即差率也。又置本重，以四間乘之，爲下第一衰。副置，以差率減之，每尺各自爲衰。**三國魏·劉徽注**　按：此術五尺有四間者，有四差也。今本末相減，餘即四差之凡數也。以四約之，即得每尺之差，以差數減本重，餘即次尺之重也。爲術所置，如是而已。今此率以四爲母，故令母乘本爲衰，通其率也。亦可置末重，以四間乘之，爲上第一衰。以差重率加之，爲次下衰也。副置下第一衰，以爲法。以本重四斤偏乘列衰，各自爲實。實如法得一斤。**劉徽注**　以下第一衰爲法，以本重乘其分母之數，而又（反）［返］此率乘本重，爲實。一乘一除，勢無損益，故惟本存焉。衆衰相推爲率，則其餘可知也。亦可副置末衰爲法，而以末重二斤乘列衰爲實。此雖迂迴，然是其舊，故就新而言之也。

宋·賈憲《黄帝九章筭經細草》卷六《均輸》楊輝《詳解九章筭法》　差形：非斤兩不用十六除。

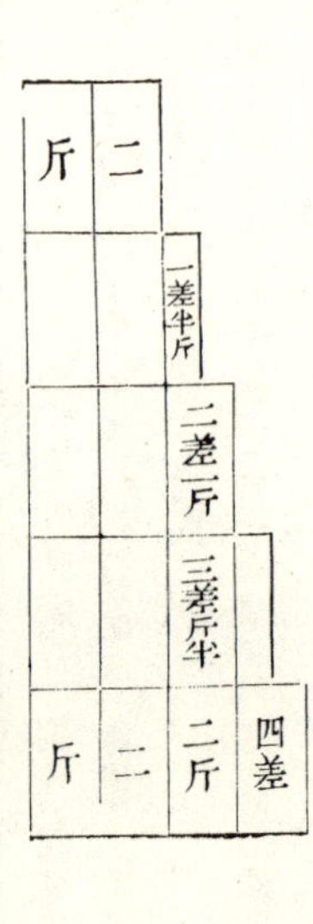

又　術曰：本重減末重，餘即差率。**宋·楊輝《詳解九章筭法·均輸》**　今後命圖。又置本重四斤間乘之，爲下第一衰。**楊輝詳解**　四自乘得十六。副置**楊輝詳解**　五段置五箇一十六。差率二減之，求差如衰分求之。各列置衰副併爲法。**楊輝詳解**　下第一衰也。以所分乘未併者，**楊輝詳解**　四尺乘列衰。以法除之。

又　草曰：本重四斤減末重二斤，餘即差率。**楊輝詳解**　二斤。又置本重四斤間乘之，**楊輝詳解**　得一十六。爲下第一衰。副置，**楊輝詳解**　五箇十六。以差率二減之，**楊輝詳解**　次得十四，次得十二，次得十，次得八。各列爲衰。**楊輝詳解**　上率。副置下第一衰，**楊輝詳解**　十六。爲法。乃以本重四斤遍乘列衰，**楊輝詳解**　上得六十四，次得五十六，次四十八，次四十，次三十二。各自爲實。以法除之。合問。

宋·楊輝《詳解九章筭法·均輸》　解題：九節竹隱其差爲問，金箠以明其差爲問。

又　比類　五人均銀二十兩内，甲得五兩二錢，戊得二兩八錢，問乙、丙、丁各得幾何？荅曰：乙得四兩六錢，丙得四兩，丁得三兩四錢。別草：併甲、戊，半之，求丙。併甲、丙，半之，求乙。併丙、戊，半之，求丁。合問。

明·吳敬《九章筭法比類大全》卷六《均輸》　法曰：九節竹隱其差爲問，金箠以明其差爲問。置本重四斤，減末重二斤，餘即差率二斤。又置本重四斤，自乘，得一十六，爲下第一衰。副置五位，五箇十六，以差二減之。次得十四，十(一)[二]，一十，得八，各列爲衰。以本重四斤遍乘列衰，上得六十四，次得五十六，得四十八，得四十，得三十二，各自爲實。以下第一衰十六爲法，除之。合問。

清・勞乃宣《古籌算考釋》卷三《衰分》　此均輸術也。置衰，乘除，與衰分術同。特取列衰與取法稍別耳，實衰分之屬也。下二問亦然。置本重四斤於位，以末重二斤減之，餘二斤，爲差率。此數乃末一尺、中三尺與本一尺相差之總數也。末一尺、中三尺共四尺。當以四除之，爲每尺之差。因慮除或不盡，則有通分納子之煩。故不除，而寄四爲分母。是每尺之差爲四分斤之二也。以分母四乘本重四斤，得一十六斤，爲下第一衰，即以爲法。副置下第一衰，以差率分子二斤減之，得一十四斤，爲第二衰，置於上。又以二斤減之，得一十二斤，爲第三衰，又置於上。又以二斤減之，得一十斤，爲第四衰，又置於上。又以二斤減之，得八斤，爲第五衰，又置於上。是爲列衰。以本重四斤乘列衰八，得三十二。乘列衰一十，得四十。乘列衰一十二，得四十八。乘列衰一十四，得五十六。乘列衰一十六，得六十四。各自爲實。以法一十六斤除之，得末一尺重二斤，次一尺重二斤半，即二斤八兩，次一尺重三斤，次一尺重三斤半，即三斤八兩，次一尺重四斤。

置本重四斤式

減餘二斤爲差率式

寄四爲分母式

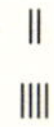

以分母四乘本重爲第一衰，即以爲法式

副置第一衰，以差率遞減，爲列衰式

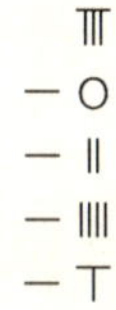

以本重乘列衰得數式

以法除各實得各數式

《九章算術》卷六《均輸》　今有五人分五錢，令上二人所得與下三人等。問各得幾何。

荅曰：甲得一錢六分錢之二，乙得一錢六分錢之一，丙得一錢，丁得六分錢之五，戊得六分錢之四。

術曰：置錢，錐行衰。**三國魏・劉徽注**　按：此術錐行者，謂如立錐：初一、次二、次三、次四、次五，各均爲一列者也。并上二人爲九，并下三人爲六。六少於九，三。以三均加焉，副并爲法。以所分錢乘未并者，各自爲實。實如法得一錢。**劉徽注**　此問者，令上二人與下三人等，上、下部差一人，其差三。均加上部，則得二三。均加下部，則得三三。[上]、下部猶差一人，差得(一)[三]。以通於本率，即上、下部等也。於今有術，副并爲所有率，未并者各爲所求率，五錢爲所有數，而今有之，即得等耳。假令七人分七錢，欲令上二人與下五人等，則上、下部差三人。并上部爲十三，下部爲十五，下多上少，下不足減上，當以上、下部列差而後均減，乃合所問耳。此可(倣)[放]下術，令上二人分二錢半爲上率，令下(二)[三]人分二錢半爲下率，上、下二率以少減多，餘爲實。置二人、三人各半之，減五人，餘爲法，實如法得一[錢]，即衰相去也。下衰率六分之五者，丁所得錢數也。

宋・賈憲《黄帝九章算經細草》卷六《均輸》楊輝《詳解九章算法》　術曰：置等第衰五、四、三、二、一，以甲、乙較丙、丁、戊之衰，餘三。各加列衰：甲八，乙七，共十五，丙六，丁五，戊四，亦十五，其數適等。副并爲法三十。以所分五錢乘未併者，各自爲列實。**宋・楊輝《詳解九章算法・均輸》**　甲得四十，乙三十五，丙三十，丁二十五，戊二十。以法除之。合問。

又　此問等第均分，當以五、四、三、二、一爲衰。今問令甲、乙所得與丙、丁、戊相等，其術求相等爲奇實，衰分也。

明・吴敬《九章算法比類大全》卷六《均輸》　法曰：各列置衰，甲八，乙七，丙六，丁五，戊四。副併，共得三十，爲法。以所均錢五文乘未併者，各自爲實，甲得四十，乙得三十五，丙得三十，丁得二十五，戊得二十。以法三十除之，甲得一錢，餘一十。乙得一錢，餘五。丙得一錢。丁得二十五。戊得二十。不滿法者，皆五約之。合問。

清・勞乃宣《古籌算考釋》卷三《衰分》　置錢錐行衰：甲五，乙四，丙三，丁二，戊一。置上二人，下三人，相減，爲人差數。并甲五、乙四二人，得九，爲上部。并丙三、丁二、戊一，得六，爲下部。上、下相減，上部多三，爲衰差數。

法當以所差人數偏乘各位，而以所多衰數偏加之。今所差人數爲一，無須乘，即以所多衰數三加甲，得八。加乙，得七。加丙，得六。加丁，得五。加戊，得四。爲列衰。副并甲、乙，得一十五，爲上部。副并丙、丁、戊，得一十五，爲下部。并上、下部，得三十，爲法。以所分五錢乘列衰未并者，甲八得四十，乙七得三十五，丙六得三十，丁五得二十五，戊四得二十，各自爲實。以法三十除之，甲得一錢三十分錢之一十，約之，得六分錢之二。乙得一錢三十分錢之五，約之，得六分錢之一。丙得一錢。丁得三十分錢之二十五，約之，得六分錢之五。戊得三十分錢之二十，約之，得六分錢之四。

置錢錐行衰式

置上二人下三人，并甲乙爲上部，丙丁戊爲下部式

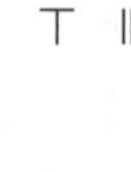

上下相減下餘一人，上餘三衰式

以三錢偏加爲列衰式

副并甲乙爲上部，丙丁戊爲下部式

并上下部爲法式

乘列衰得數式

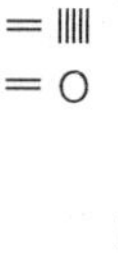

以法除甲實得數約分式

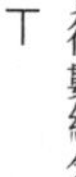

以法除乙實得數約分式

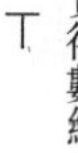

以法除丙實得數式

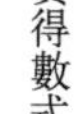

以法除丁實約分式

以法除戊實約分式

《九章筭術》卷六《均輸》 今有竹九節，下三節容四升，上四節容三升。問中間二節欲均容，各多少。

答曰：下初一升六十六分升之二十九，次一升六十六分升之二十二，次一升六十六分升之一十五，次一升六十六分升之八，次一升六十六分升之一，次六十六分升之六十，次六十六分升之五十三，次六十六分升之四十六，次六十六分升之三十九。

術曰：以下三節分四升爲下率，以上四節分三升爲上率。**三國魏・劉徽注** 此二率者，各其平率也。上、下率以少減多，餘爲實。**劉徽注** 按：此上、下節各分所容爲率者，各其平率。上、下以少減多者，餘爲中間五節半之凡差，故以爲實也。置四節、三節，各半之，以減九節，餘爲法。實如法得一升，即衰相去也。**劉徽注** 按：此術[法者]，上、下節所容已定之節，中間相去節數也。實者，中間五節半之凡差也。故實如法而一，則每節之差也。下率一升少半升者，下第二節容也。**劉徽注** 一升少半升者，下三節通分四升之平率。平率即爲中分節之容也。

宋・賈憲《黄帝九章筭經細草》卷六《均輸》楊輝《詳解九章筭法》 九節形差

又 術曰：以上、下節容升差數，求一差之實。節數爲分母，容升爲分子，求如課分之法。**宋・楊輝《詳解九章筭法・均輸》** 母互乘子，以少減多，餘爲實。母相乘爲法。取第一節無差之實者，以上段升數、節數爲分母，所得差實爲分子，求如減分之法。**楊輝詳解** 母互乘子，以少減多，餘爲實，母相乘爲法。遞增差實，是知九節之數也。

草曰：置上、下節容升差數，**楊輝《詳解九章筭法・均輸》** 右置上四節容三升差六，左置上三節容四升差二十一。求一差之實。節數爲分母，容升爲分子，如課分法。母互子，**楊輝詳解** 上四節、下三節爲分母，容升差數皆爲分子。互母，**楊輝詳解** 右十二節容九升差一十八，左十二節[容]六升差八十四。以少減多，餘爲實。母相乘爲法。**楊輝詳解** 以少減多，左行餘七升，差六十六，實不滿法即六十六分升之七。取第一節無差之實者，以上段升節爲分母，以差實爲分子，求如減分之法。**楊輝詳解** 三升乘六十六分，得一百九十八，爲實。四節中六差之七，得四十二。減差實，餘以四節除之，得一節三十九分之數。遞增差數，**楊輝詳解** 一差是七，二差一十四……是知九節之數。

又 方程術求。

術、草曰：大字爲術，註字爲草。排列節數、差、升：

右　上四節　六箇差　容三升
左　下三節　二十一　容四升

命節多行爲主，右上四節，增乘少行，乘得：

右　上四節　六箇差　容三升
左　上十二節　八十四差　容十六升

以原多節行右行對減，三度對減：

右　上四節　六箇差　容三升
左　六十六　容七升

六十六差爲法，七升爲實。不滿法，便命得六十六分升之七，即一差之數。上四節中退六差實數，上節無差，二節差一，三節差二，四節差三。四而一，四節除之。即得上一節無差之實。以一差七乘右行六差，得四十二。以一升積六十六分乘三升，得一百九十八。以減六差積四十二，餘一百五十六。餘四而一，得上一餘三十九分。逐節加差求之。第二節加一差七，得四十六，第三節加二差十四，得五十三，餘遞增之。

又　都術有四：不出前術減分之意。

一曰求上下差率。加一。乘上節四。半之。爲十。此用圭垛求積之法。以本節四減之，餘六，爲上率。即四節中六差。下節上乘都節九。以上率六減之，餘二十一。即下率也。下三節中共有二十一差。

二曰求升法。上六、下二十一，率互乘上、下節，上四節得一十八，下三節得八十四。以少減多，餘六十六。爲一升之法也。

三曰求差實。上、下差互乘上、下升，三升得六十三，四升得二十四。以少減多，餘三十九。爲一節之差實也。

四曰求差率。上、下節互乘上、下升，四升得十六，三升得九。相減，餘七，爲一差之率也。第一節無差，得實三十九，以後逐節增差，凡一差添七，求爲九節之數，即前之差形。

宋・楊輝《詳解九章筭法・均輸》　解題：上問竹九節，上小下大，當以一、二、三、四、五、六、七、八、九爲衰。今以上四節、下三節容升數爲問，本用方程求之，中間隱去二節差數，故收均輸之章，類衰分也。古術曰：以下三節分四升爲下率，以上四節分三升爲上率。上、下率以少減多，餘爲實。置四節、三節各半，以減九節，餘爲法。上下率分母三、四相乘得十二，乘爲六十六即一升之法。實如法得一升，即衰相去。下率一升少半升，下第二節容也。原草曰：置一升實六十六分乘上三升，得一百九十八，即上四節之容也。上第一節無差，第二差一，第三差二，第四差三，併差爲六，以一差七乘爲四十二，即四節之差也。以差數減實數餘一百五十六，即四節中無差之數，四而一得第一節實三十九分，乃以八節之差加爲九節之數。古術刊誤脱落，其草不究，相去下率一升少半升爲下，第二節之積爲對，而以上四節容三升，求逐節之差。術意頗隱，未可施於初學，今重修於後。

重修法、術草曰：上四節容三升，下三節容四升，以少減多，餘爲實。節數爲分母，容斗爲分子，求如課分之法，以取一節差數。併上四節下三節，半之，減九節，餘以上下升作分母乘爲一升之法，實如法而一，即衰。知其衰也。相去下率一升少半升，乃下第二節容也。古人不欲求上四節差數，故以下三節除四升，得一升三分升之一，爲中第八節之實。令知六十六分爲升，其二十二分爲三分之一，以差數於逐節增減矣。

草曰：上四節容三升，下三節容四升，以少減多，餘爲一差之實。四節三節爲分母，三升四升爲分子，母互乘子三升得九，其四升得十六，以少減多，餘七。併上四節下三節，半之，七節折，三節半。以減九節，餘，五節半。以上下升數爲分母，乘爲一升之法。三乘五節半，又四乘之，得六十六。實如法而一，即衰。實不滿法一，差得六十六分升之七。相去下率一升少半升爲二節之容也。一升六十六分，其少半升即升之二十二，當遞分以差數增減逐節，則知九節之數矣。

元・舒天民《六藝綱目》卷下　答：爲上、中、下節容，共容九升二十二分升之三。上四節容三升一節六十六分升之三十九，二節分升之四十六，三節分升之五十三，四節分升之六十。中二節容二升六十六分升之九，五節一升分升之一，六節一升分升之八。下三節容四升，七節一升分升之十五，八節一升分升之二十二，九節一升分升之二十九。

此變用均輸法也，餘可類推。

明・吴敬《九章筭法比類大全》卷六《均輸》　法曰：此問竹九節上[少]下大(少)，當以一、二、三、四、五、六、七、八、九爲衰。今以上四節、下三節容升數爲問，本用方程求之，中間隱(法)[去]二節差數，故收均輸之章，類衰分也。置四節、三節爲分母，三斗、四升爲分子。令母互乘子，三升得九，四升得一十六。以少九減多十六，餘七，爲一差之實。併上四節、下三節，得七節。折半，得三節半。以減九節，餘五節半。却以三升、四升相乘，得一十二。乘之，得六十六，爲一升之法。實如法而一。實不前法，一差得六十六分升之七。上四節三升乘六十六分，得一百九十八。以四節差六，第一節無差，第二節差一，第三節差二，第四節差三，併之得六。以差七乘之，得四十二。以減一百九十八，餘一百五十六。却以四節除之，得三十九，爲第一節得六十六分升之三十九。餘節遞增差数一差，二差，(一)[三差]，四[差]，是知九節之數，見所荅數，合問。九節差形：

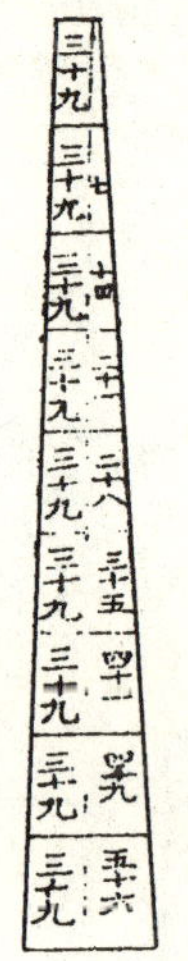

清·勞乃宣《古籌算考釋》卷三《衰分》 置四升，以下三節除之，得一升又三分升之一，爲第八節所容。通分納子，得三分升之四，列於下。置三升，以上四節除之，得四分升之三，爲第二節、第三節所容之半，列於上。齊分相減，得一十二分之七，爲中間五節半之共差，爲實。置下三節、上四節相加，得七節。折半，得三節半。置九節，以三節半減之，得五節半，爲法。以經分法除之，得六十六分升之七，爲每節之差。置第八節所容一升又三分升之一，以六十六分升之七加之。列六十六分之七於上，三分之一於下。先以六十六分與三分求等，得三。除六十六分，得二十二。除三分，得一。副置於右。以一乘六十六分之七，仍爲六十六分之七。以二十二乘三分之一，變爲六十六分之二十二。分母齊同，可以相加。乃以七加於二十二，爲二十九。置分母、分子於一升下。是相加，得一升又六十六分升之二十九也，爲第九節所容。又置第八節所容一升又六十六分升之二十二，內減六十六分升之七，得一升六十六分升之一十五，爲第七節所容。又減六十六分升之七，得一升又六十六分升之八，爲第六節所容。又減六十六分升之七，得一升又六十六分升之一，爲第五節所容。通分納子，爲六十六分升之六十七，內減六十六分升之七，得六十六分升之六十，爲第四節所容。又減六十六分之七，得六十六分升之五十三，爲第三節所容。又減六十六分升之七，得六十六分升之四十六，爲第二節所容。又減六十六分升之七，得六十六分升之三十九，爲第一節所容也。

三除四得數命分式

通分納子式

四除三命分式

分母子列上下式

齊分相減得十二分之七爲實式

三節四節相加折半式

減九節得數爲法式

列法實式

互乘除之命分爲每節差式

兩分母求等約得數式

約得數互乘兩母子式

相加置一升下爲第九節所容式

第八節所容通分式

減得第七節所容式

減得第六節所容式

減得第五節所容式

通分納子，減得第四節所容式

減得第三節所容式

減得第二節所容式

減得第一節所容式

晋・佚名《孫子算經》卷中　今有錢六千九百三十，欲令二百一十六人作九分分之：八十一人，人與二分；七十二人，人與三分；六十三人，人與四分。問三種各得幾何。

荅曰：二分，人得錢二十二。

三分，人得錢三十三。

四分，人得錢四十四。

術曰：先置八十一人於上，七十二人次之，六十三人在下。上位以二乘之，得一百六十二；次位以三乘之，得二百一十六；下位以四乘之，得二百五十二。副并三位，得六百三十，爲法。又置錢六千九百三十爲三位。上位以一百六十二乘之，得一百一十二萬二千六百六十，又以二百十六乘中位，得一百四十九萬六千八百八十；又以二百五十二乘下位，得一百七十四萬六千三百六十；各爲實。以法六百三十各除之，上位得一千七百八十二，中位得二千三百七十六，下位得二千七百七十二。各以人數除之，即得。

又　今有五等諸侯，共分橘子六十顆。人別加三顆。問五人各得幾何。

荅曰：公一十八顆，侯一十五顆，伯一十二顆，子九顆，男六顆。

術曰：先置人數，別加三顆於下，次六顆，次九顆，次一十二顆，上十五顆。副并之，得四十五。以減六十顆，餘，人數除之，人得三顆。各加不并者，上得一十八，爲公分；次得一十五，爲侯分；次得十二，爲伯分；次得九，爲子分；下得六，爲男分。

又　今有甲、乙、丙三人持錢。甲語乙、丙：「各將公等所持錢半以益我錢，成九十。」乙復語甲、丙：「各將公等所持錢半以益我錢，成七十。」丙復語甲、乙：「各將公等所持錢半以益我錢，成五十六。」問三人元持錢各幾何。

荅曰：甲七十二，乙三十二，丙四。

術曰：先置三人所語爲位，以三乘之，各爲積：甲得二百七十，乙得二百一十，丙得一百六十八。各半之，甲得一百三十五，乙得一百五，丙得八十四。又置甲九十、乙七十、丙五十六，各半之。以甲、乙減丙，以甲、丙減乙，以乙、丙減甲，即各得元數。

又　卷下　今有三雞共啄粟一千一粒。雛啄一，母啄二，翁啄四。主責本粟。三雞主各償幾何。

荅曰：雞雛主一百四十三，雞母主二百八十六，翁主五百七十二。

術曰：置粟一千一粒，爲實。副并三雞所啄粟七粒，爲法。除之，得一百四十三粒，爲雞雛主所償之數。遞倍之，即得母、翁主所償之數。

又　今有雉、兔同籠，上有三十五頭，下九十四足。問雉、兔各幾何。

荅曰：雉二十三。

兔一十二。

術曰：上置三十五頭，下置九十四足。半其足，得四十七。以少減多，再命之，上三除下三，上五除下五。下有一除上一，下有二除上二，即得。

又術曰：上置頭，下置足。半其足，以頭除足，以足除頭，即得。

宋・楊輝集《續古摘奇算法》卷下　二率分身：【略】分身術曰：倍頭，減足。倍四不分雉兔。是以二足乘隻數，於衆足內減，所餘者，即一兔剩二足也。折半爲兔。

先求雉術曰：四因隻數。兔有四足。以共足九十四足。減之，餘皆雉足。四十六。折半，爲雉。

明・程大位《算法統宗》卷九《均輸》　法曰：置總頭，倍之，得七十。于總足內減七十，餘二十四。折半，得一十二，是兔。以四足乘之，得四十八足。于總足減之，餘四十六足，爲鷄足。折半，得二十三隻。合問。

一法：以四因總頭，減去總足，餘，折半，得鷄。或以二因四歸總足，減總頭，餘得兎。

倍頭，減足，折半，是兎。不分雞、兎，以雞二足乘頭数，于共足內減之，所餘者是一兎剩二足。故折半，爲兎也。

四頭(足)減[足]，折半，是雞。不分雞、兎，以兎四足乘頭数，以共足減之，所餘者，雞足也。故折半，爲雞。

此法名二率分身，即貴賤差分也。

北魏・张丘建《张丘建算經》卷上　今有官出庫金五十九斤一兩，賜王九人，公十二人，侯十五人，子十八人，男二十一人。王得金各多公五兩，公得金各多侯四兩，侯得金各多子三兩，子得金各多男二兩。問王、公、侯、子、男各得金幾何。

荅曰：王一斤六兩，公一斤一兩，侯十三兩，子十兩，男八兩。

術曰：置王、公、侯、子、男數。王位十四之，公位九之，侯位五之，子位二之。併之，以減出金兩數。餘，以凡人數而一。所得，各以本差之數加之，得王、公、侯、子、男各所得金之數。不加，即男之得金。**隋・劉孝孫細草**　草曰：置王九人，公十二人，侯十五人，子十八人。以王位十四之，得一百二十六；公位九之，得一百八；侯位五之，得七十五；子位二之，得三十六。併之，得三百四十五。以減出金五十九斤一兩，餘六百，爲實。併五等人數，得七十五，爲法。除實，得八兩。乃加十四，得二十二兩，爲王；加九，得十七兩，爲公；加五得十三兩，爲侯；加二得十兩，爲子；男不加，如數。如滿斤法而一，不滿者命爲兩。合問。

又　今有十等人，大官甲等十人，官賜金，依等次差降之。上三人先入，得金四斤，持出；下四人後入，得金三斤，持出；中央三人未到者亦依等次更給。問各得金幾何，及未到三人復應得金幾何。

荅曰：甲一斤七十八分斤之三十三，乙一斤七十八分斤之二十六，丙一斤七十八分斤之十九，丁一斤七十八分斤之十二，戊一斤七十八分斤之五，己七十八分斤之七十六，庚七十八分斤之六十九，辛七十八分斤之六十二，壬七十八分斤之五十五，癸七十八分斤之四十八。未到三人共得二斤七十八分斤之十五。

術曰：以先入人數分所持金數，爲上率；以後入人數分所持金數，爲下率。二率相減，餘爲差實。併先後入人數而半之，以減凡人數，餘爲差法。實如法而一，得差數。併一、二、三，以差數乘之，以減後入人所持金數，餘，以後入人數而一。又置十人，減一，餘，乘差數。併之，即第一人所得金數；以次每減差數，各得之矣。并中央未到三人，得應持金數。**劉孝孫細草**　草曰：置先入人數於左上，置得金數於右上。又置後入人數於左下，置後得金數於右下。以後入人數乘先得金數，得十六；以先入人數乘後得金數，得九。以九直減十六得七，爲差實。又併先後入人數七，半之得三半。以減十，人數餘六半。又以先後人數率分母三與分母四相乘，得十二。以乘六半，得七十八，爲差法。七十八是一斤也。置後入所得金數三，以乘差法得二百三十四。又置一、二、三，併之得六。以七因之，得四十二。直減二百三十四，餘有一百九十二。以後入四人數除之，人得四十八，乃是癸得之數。累加差七，乃合前問。

又　今有女善織，日益功疾。初日織五尺。今一月日織九疋三丈，問日益幾何。

荅曰：五寸二十九分寸之十五。

術曰：置今織尺數，以一月日而一。所得，倍之。又倍初日尺數，減之，餘爲實。以一月日數，初一日減之，餘爲法。實如法得一。**劉孝孫細草**　草曰：置九疋，以疋法乘之，内三丈，得三百九十尺。以一月三十日除之，每日得一丈三尺。倍之，得二丈六尺。又倍初日尺數，得一丈。減之，餘一丈六尺，爲實。又置一月三十日，減一日，得二十九日，爲法。除之，得五寸二十九分寸之十五。合前問。

又　今有女子不善織，日減功遲。初日織五尺，末日織一尺。今三十日織訖，問織幾何。

荅曰：二疋一丈。

術曰：併初、末日織尺數，半之，餘，以乘織訖日數，即得。**隋・劉孝孫細草**　草曰：置初日五尺，訖日一尺，併之，得六。半之，得三。以三十日乘之，得九十尺。合前問。

又　**卷中**　今有率：户出絹三疋，依貧富欲以九等出之，令户各差除二丈。今有上上三十九户，上中二十四户，上下五十七户，中上三十一户，中中七十八户，中下四十三户，下上二十五户，下中七十六户，下下一十三户。問九等户户各應出絹幾何。

荅曰：上上户户出絹五疋，上中户户出絹四疋二丈，上下户户出絹四疋。中上户户出絹三疋二丈，中中户户出絹三疋，中下户户出絹二疋二丈。下上户户出絹二疋，下中户户出絹一疋二丈，下下户户出絹一疋。

術曰：置上八等户，各求積差。上上户十六，上中户十四，上下户十二，中上户十，中中户八，中下户六，下上户四，下中户二。各以其户數乘，而併之。以出絹疋丈數乘凡户，所得，以併數減之，餘，以凡户數而一，所得，即下下户。遞加差，各得上八等户所出絹疋丈數。**劉孝孫細草**　草曰：置上上户三十九，以十六乘之，得六百二十四，列於上。又置上中户二十四，以十四因之，得三百三十六，併上。又置上下户五十七，以十二因之，得六百八十四，併上位。又置中上户三十一，以十因之，得三百一十，併上位。又置中中户七十八，以八因之，得六百二十四，併上位。又置中下户四十三，以六因之，得二百五十八，併上位。又置下上户二十五，以四因之，得一百，併上位。又置下中户七十六，以二因之。得一百五十二，併上位。都得三千八十八。又併九等户三百八十六，以十二丈因之，得四千六百三十二丈。以減三千八十八丈，餘一千五百四十四丈，以爲平率。以衆户數三百八十六而一，得四丈，爲一疋，是最下之户所出絹。以次各加二丈，至上上户，出五疋。皆合前問。

又　今有粟三千斛，六百人食之。其一百人日食糳米八斛，二百人日食粺米十四斛，三百人日食糲米十八斛。問粟得幾何日食之。

荅曰：四十一日四十九分日之一十六。

術曰：置粟數爲實。以三等日食米積數各求爲粟之數，併以爲法。實如法得一。**劉孝孫細草**　草曰：置糳米八斛，以五十乘之，以糳米二十四除，得一十六斛，餘一十六，以二十四，八約之，得三，餘得二。又置粺米十四斛，以五十乘之，得七百斛，以粺米率二十七除，得二十五斛，餘二十七分之二十五。又置糲米十八斛，以五十乘之，三十除之，得三十斛。併三位，得七十一斛，又置餘分三於右上，二於左上；二十七於右下，二十五於左下；以右上三乘左下二十五，得七十五，以右下二十七乘左上二，得五十四，併之，得一百二十九；又以分母三乘二十七，得八十一，爲法；除，得一斛，加上位七十一，得七十二；餘四十八，分母八十一；各三約之，得二十七分之一十六。又以二十七分乘七十二斛，內子一十六，得一千九百六十，爲法。乃置粟三千斛，以母二十七乘之，得八萬一千，爲實。以一千九百六十爲法，除，得四十一日，法與餘俱再折，得四十九分日之十六。合前問。

又　**卷下**　［今有甲、乙、丙、丁、戊五人獵得五鹿，欲以爵次分之，問各得幾何。

荅曰：］甲得一鹿四分鹿之二，乙得一鹿四分鹿之一，丙得一鹿，丁得四分鹿之三，戊得四分鹿之二。

術曰：列置甲六、乙五、丙四、丁三、戊二，各自爲差。副併爲法。以鹿數乘未併者各自爲實。實如法得一。**隋・劉孝孫細草**　草曰：置六、五、四、三、二，并之，得二十，爲法。又以甲六乘五鹿，得三十。復以二十除之，得一鹿，餘一，與法俱倍之，得四分鹿之二。以乙五乘五鹿，得二十五。復以二十除，得一鹿四分鹿之一。又以丙四乘五鹿，得二十，爲一鹿。又以丁三乘五鹿，得一十五鹿，乃得四分鹿之三。又以戊二乘五鹿，得一十，乃得四分鹿之二。合前問。

又　今有甲持錢二十，乙持錢五十，丙持錢四十，丁持錢三十，戊持錢六十。凡五人合本治生，得利二萬五千六百三十五。欲以本錢多少分之，問各人得幾何。

荅曰：甲得二千五百六十三錢四分錢之二，乙得六千四百八錢四分錢之三，丙得五千一百二十七錢，丁得三千八百四十五錢四分錢之一，戊得七千六百九十錢四分錢之二。

術曰：各列置本持錢數，副併爲法。以利錢乘未併者，各自爲實。實如法得一。**劉孝孫細草**　草曰：置甲等五人所持錢，併之，得二百，爲法。又以甲持錢二十乘利錢二萬五千六百三十五，得五十一萬二千七百。以法除之，得二千五百六十三；餘與法皆五除，得法四餘二，是四分錢之二。求乙錢，以乙五十乘利錢，得一百二十八萬一千七百五十。又以法除之，得六千四百八錢，餘與法皆倍之，得四分錢之三。求丙錢，以四十乘利錢，得一百二萬五千四百。以法除之，得五千一百二十七錢。求丁錢，以三十乘利錢，得七十六萬九千五十。以法除之，得三千八百四十五錢四分錢之一。求戊錢，以六十乘利錢，得一百五十三萬八千一百。以法除之，得七千六百九十錢四分錢之二。乃合前問。

又　今有甲、乙、丙三人共出一千八百錢，買車一量，欲與親知乘之，爲親不取。還賣得錢一千五百。各以本錢多少分之，甲得五百八十三錢三分錢之一，乙得五百錢，丙得四百一十六錢三分錢之二。問本出錢各幾何。

荅曰：甲出錢七百，乙出錢六百，丙出錢五百。

術曰：置甲、乙、丙分得之數，副併爲法。以置車錢數乘未併者，各自爲實。實如法得一。**劉孝孫細草**　草曰：置甲得錢五百八十三，以分母三乘之，內子一，得一千七百五十。又以本置車錢一千八百乘之，得三百一十五萬。又置求分錢一千五百，以分母三因之，得四千五百，爲法。以除實，得七百，是甲錢。求乙，置分得錢數五百，以一千八百乘之，得九十萬。以一千五百爲法除之，得六百。求丙，置分得錢數四百一十六，以錢分母三因之，內子二，得一千二百五十。又以一千八百乘之，得二百二十五萬。又置未分錢一千五百，三因之，得四千五百，爲法。除實，得五百。合前問。

唐・佚名《夏侯陽筭經》卷中《分禄料》　今有官本錢八百八十貫文，每貫月別收息六十，計息五十二貫八百文。內六百文充公廨食料。五十二貫二百文逐官高卑共分，太守十分，別駕七分，司馬五分，録事參軍二人各三分，司倉參軍三分，司法參軍三分，司户參軍三分，參軍二人各二分。問各錢幾何。

荅曰：太守十分，計十二貫七百三十一文四十一分文之二十九。

別駕七分，計八貫九百一十二文四十一分文之八。

司馬五分，計六貫三百六十五文四十一分文之三十五。

録事參軍二人各三分，各得三貫八百一十九文四十一分文之二十一，二人共七貫六百三十九文四十一分文之一。

司倉參軍三分，計三貫八百一十九文四十一分文之二十一。

司法參軍三分，計三貫八百一十九文四十一分文之二十一。

司户參軍三分，計三貫八百一十九文四十一分文之二十一。

參軍二人各二分，各二貫五百四十六文四十一分文之十四。二人共五貫九十二文四十一分文之二十八。

術曰：置本錢八百八十貫文，以六因之，退二位，爲息數。先除六百文公廨食料，餘令諸官均分。并諸分，得四十一分，爲法。除之，得一貫二百七十三文，不盡四十一分文之七。副置之，各以所求分乘之，各得其錢及分數。

宋・賈憲《黄帝九章筭經細草》卷三　錢二十貫買四百六十尺，綾每尺四十三，羅每尺四十四。問綾、羅價幾何。**宋・楊輝《詳解九章筭法》**　解題：反用前問。

二價相和，俗曰粟麥分身。

答曰：二百四十尺四十三，二百二十尺四十四。

草曰：以貴價乘都數，貴價每人四十四乘四百六十，得二十貫二百四十，內多二百四十。以原錢減餘爲實。原錢二十貫，減之餘二百四十。貴賤二價相減，餘爲法。四十三減四十四，餘一。以法除實。得二百四十。即賤物數。以減都數，求貴物之數。

宋・秦九韶《數書九章・賦役類》卷九　復邑修賦：問有海埛縣地，今已復漲。歲久鄉井再成，申請刱邑秤土，排到六鄉。以附郭爲甲，最遠爲己，各有田九等，開具下項：

甲鄉共計田一十四萬一百九十三畝三角一十二步。

上等上田五千六百七十八畝一角四十八步，中田四千八百九十二畝三十步，下田六千六百二十一畝五十四步。

中等上田八千二百二十五畝二十四步，中田一萬三十五畝六步，下田一萬六千五百三十畝。

下等上田二萬一千九十畝二十四步，中田三萬二千六十畝三步，下田三萬五千六十一畝三角三步。

乙鄉田共計八萬四千一十畝二角二步。

上等上田六千七百八十九畝一角三十六步，中田五千九百八十七畝二角，下田八千一十畝三角三步。

中等上田七千五百四十一畝，中田九千一百二十一畝二角一十二步，下田一萬九千六十六畝六步。

下等上田一萬八千三十七畝一角六步，中田九千四百五十六畝三角五十九步，下田無。

丙鄉田共計一十二萬九百三十五畝五十八步五分。

上等上田四千八百六十八畝二角三步，中田五千九百七十九畝三角六步，下田六千八百八十八畝二角六步。

中等上田七千九百八十四畝一角，中田一萬四千五十六畝一十二步，下田二萬三千三百三十三畝一十二步。

下等上田二萬七千七百五十五畝一十六步五分，中田無，下田三萬七十畝三步。

丁鄉田共計八萬九千六十六畝二步三分。

上等上田一萬一千一百二畝一步，中田九千八百七十六畝一角，下田八千七百六十五畝一角三十步。

中等上田七千五百三十九畝三十四步三分，中田無，下田一萬二千九百八十七畝四十二步。

下等上田無，中田五千四百三十二畝一角六步，下田三萬三千三百六十三畝三角九步。

戊鄉田共計二十萬四千四百七十四畝一角二十四步四分。

上等上田二萬四千六百三十二畝三十九步，中田一萬三千五百二十一畝二十七步，下田九千九百八十八畝三角三步。

中等上田八千八百七十七畝五十六步四分，中田一萬一千三百三十三畝三角，下田二萬七千六十七畝。

下等上田一萬九千八百七十六畝三角六步，中田七萬九千一百三十五畝三角四十三步，下田一萬四十一畝二角三十步。

己鄉田共計一十五萬八千四百六十畝三角十八步二分。

上等上田無，中田七千七百八十八畝三角五十一步，下田無。

中等上田九千九百九十九畝一角六十三步，中田一萬八百三十六畝五十六步，下田無。

下等上田三萬二千八十九畝一角四十五步六分，中田四萬三千六百七十八畝二角五十七步，下田五萬四千六十七畝三角四十五步六分。

照得昨來本縣元科苗米一十萬三千五百六十七石八斗四升四合二勺，和買一萬三千四百九十八疋一丈七尺三寸七分五釐，夏税九千八百七十六疋三丈二尺六寸五分六釐。其六鄉田係三色，甲爲上，乙、丙爲次，丁、戊、己又爲次。先令官物爲三差，使上比中，中比下皆十分外差一，次令各鄉九等皆於十分內差一，抛科，用合租額。其乙鄉田最肥，次丁，次甲，次丙，次己，次戊。欲知三色等每畝等則及共科數各鄉幾何。

答曰：甲鄉上等上田苗三斗二升三合二勺，和一尺六寸九分，税一尺二寸三分。

中田苗二斗九升九勺，和一尺五寸二分，税一尺一寸一分。

下田苗二斗五升八合六勺，和一尺三寸五分，税九寸九分。

中等上田苗二斗二升六合(三)[二]勺,和一尺一寸八分,税八寸六分。

中田苗一斗九升三合九勺,和一尺一分,税七寸四分。

下田苗一斗六升一合六勺,和八寸四分,税六寸二分。

下等上田苗一斗二升九合三勺,和六寸七分,税四寸九分。

中田苗九升七合,和五寸一分,税三寸七分。

下田苗六升四合六勺,和三寸四分,税二寸五分。

乙鄉上等上田苗三斗六升三合三勺,和一尺八寸九分,税一尺三寸九分。

中田苗三斗二升七合,和一尺七寸,税一尺二寸五分。

下田苗二斗九升六勺,和一尺五寸二分,税一尺一寸一分。

中等上田苗二斗五升四合三勺,和一尺三寸三分,税九寸七分。

中田苗二斗一升八合,和一尺一寸四分,税八寸三分。

下田苗一斗八升一合六勺,和九寸五分,税六寸九分。

下等上田苗一斗四升五合三勺,和七寸六分,税五寸五分。

中田苗一斗九合,和五寸七分,税四寸二分。

下田苗七升二合七勺,和三寸八分,税二寸八分。

丙鄉上等上田苗三斗三合五勺,和一尺五寸八分,税一尺一寸六分。

中田苗二斗七升三合一勺,和一尺四寸二分,税一尺四分。

下田苗二斗四升二合八勺,和一尺二寸七分,税九寸三分。

中等上田苗二斗一升二合四勺,和一尺一寸一分,税八寸一分。

中田苗一斗八升(三合)[二合一勺],和九寸五分,税六寸九分。

下田苗一斗五升一合七勺,和七寸九分,税五寸八分。

下等上田苗一斗二升一合四勺,和六寸三分,税四寸六分。

中田苗九升一合,和四寸七分,税三寸五分。

下田苗六升七勺,和三寸二分,税二寸三分。

丁鄉上等上田苗三斗四升三合二勺,和一尺七寸九分,税一尺三寸一分。

中田苗三斗八合九勺,和一尺六寸一分,税一尺一寸八分。

下田苗二斗七升四合六勺,和一尺四寸三分,税一尺五分。

中等上田苗二斗四升(二)[三]勺,和一尺二寸五分,税九寸二分。

中田苗二斗五合九勺,和一尺七分,税七寸九分。

下田苗一斗七升一合(七)[六]勺,和八寸九分,税六寸五分。

下等上田苗一斗三升七合三勺,和七寸二分,税五寸二分。

中田苗一斗三合,和五寸四分,税三寸九分。

下田苗六升八合六勺,和三寸六分,税二寸六分。

戊鄉上等上田苗一斗五升三合八勺,和八寸,税五寸九分。

中田苗一斗三升八合四勺,和七寸二分,税五寸三分。

下田苗一斗二升三合[一勺],和六寸四分,税四寸七分。

中等上田苗一斗七合七勺,和五寸六分,税四寸一分,

中田苗九升二合三勺,和四寸八分,税三寸五分。

下田苗七升六合九勺,和四寸,税二寸九分。

下等上田苗六升一合五勺,和三寸二分,税二寸三分。

中田苗四升六合一勺,和二寸四分,税一寸八分。

下田苗三升八勺,和一寸六分,税一寸二分。

己鄉上等上田苗二斗八升二合(一)[二]勺,和一尺四寸七分,税一尺八分。

中田苗二斗五升三合九勺，和一尺三寸二分，税九寸七分。

下田苗二斗二升五合七勺，和一尺一寸八分，税八寸六分。

中等上田苗一斗九升七合五勺，和一尺三分，税七寸五分。

中田苗一斗六升九合三勺，和八寸八分，税六寸五分。

下田苗一斗四升一合一勺，和七寸四分，税五寸四分。

下等上田苗一斗一升二合八勺，和五寸九分，税四寸三分。

中田苗八升四合六勺，和四寸四分，税三寸二分。

下田苗五升六合四勺，和二寸九分，税二寸二分。

甲鄉苗米一萬九千五百五十石二斗四升八合三勺，

和買一萬一百九十二丈二尺六寸五分六釐，

夏税七千四百五十七丈六尺八寸八分八釐。

乙鄉苗米一萬七千七百七十二石九斗五升三合，

和買九千二百六十五丈六尺九寸六分，

夏税六千七百七十九丈七尺一寸八分。

丙鄉苗米一萬七千七百七十二石九斗五升三合，

和買九千二百六十五丈六尺九寸六分，

夏税六千七百七十九丈七尺一寸八分。

丁鄉苗米一萬六千一百五十七石二斗三升，

和買八千四百二十三丈三尺六寸，

夏税六千一百六十三丈三尺八寸。

戊鄉苗米一萬六千一百五十七石二斗三升，

和買八千四百二十三丈三尺六寸，

夏税六千一百六十三丈三尺八寸。

己鄉苗米一萬六千一百五十七石二斗三升，

和買八千四百二十三丈三尺六寸，

夏税六千一百六十三丈三尺八寸。

術曰：以衰分求之。先列本縣色位，自下錐行列之。又以鄉數對列而乘之，副併，爲法。以除諸官物數，得一分之率。以率數乘未併者，各得諸鄉之數。次列各鄉等位，自上等置十分，每以内分錐行九折之，至九等(之)[止]。又各以畝步乘之，副併，爲鄉法。以除諸各鄉所得官物數，所得爲一分之率。以乘未併者，各得每畝税色。

草曰：列本縣色位三目，下色列十分，中十一分。上比中，身外加一。上得一百二十一，中得一百一十，下得一百，爲上、中、下三率。列之右行：

上	丨	＝	丨
中	丨	一	〇
下	丨	〇	〇

右行

乃列甲一，對上率。乙、丙共二，對中率。丁、戊、己共三，對下率。列左行：

甲	丨	丨	＝	丨	
乙丙	‖	丨	一	〇	
丁戊己	‖‖	丨	〇	〇	

左行　右行

乃以左行率數各相對乘右行率數，其上得一百二十一，其中得二百二十，其下得三百。乃副置而併之，得六百四十一，爲法。置元科苗米一十萬三千五百六十七石八斗四升四合二勺，爲實。以法除之，得一百六十一石五斗七升二合三勺，爲一分之率。以未併下率一百乘率，得一萬六千一百五十七石二斗三升，爲丁、戊、己三鄉各科數。以於身下加一，得一萬七千七百七十二石九斗五升三合，爲乙、丙二鄉各科數。又於身下加一，得一萬九千五百五十石二斗四升八合三勺，爲甲合科數。

求和買，亦用六百四十一爲法。置元科和買一萬三千四百九十八疋，以疋法四丈通之，得五萬三千九百九十二丈，内零一丈七尺三寸七分五釐，得五萬三千九百九十三丈七尺三寸七分五釐，爲實。以法除之，得八十四丈二尺三寸三分六釐，爲一分之率。亦以未併下率一百乘之，得八千四百二十三丈三尺六寸，爲丁、戊、己三鄉各科數。次於身下加一，得九千二百六十五丈六尺九寸六分，爲乙、丙二鄉各科數。又於身外加一，得一萬一百九十二丈二尺六寸五分六釐，爲甲鄉合科數。

求夏税，亦置六百四十一爲法。置元科夏税九千八百七十六疋。以疋法四丈通之，得三萬九千五百四丈内零三丈二尺六寸五分六釐。得三萬九千五百七丈二尺六寸五分六釐，爲實。以法除之，得六十一丈六尺三寸三分八釐，爲一分率。亦以未併下率一百乘之，得六千一百六十三丈三尺八寸，爲丁、戊、己三鄉各科數。次於身下加一，得六千七百七十九丈七尺一寸八分，爲乙、丙二鄉各科數。又於身下加一，得七千四百五十七丈六尺八寸九分八釐，爲甲鄉數。次列九等，上以十，次九、八、七、六、五、四、三、二各對乘六鄉九等田畝。其田畝下角步，以畝法除之，得分、釐、毫、絲、忽。接於畝下對乘之，各得率：

甲上等上田率五萬六千七百八十四分五釐，中田率四萬四千二十九分一釐二毫五絲，下田率五萬二千九百六十九分八釐。

中等上田率五萬七千五百七十五分七釐，中田率六萬二百一十分一釐五毫，下田率八萬二千六百五十分。

下等上田率八萬四千三百六十分四釐，中田率九萬六千一百八十分三毫七絲五忽，下田率七萬一百二十三分五釐二毫五絲。

乙上等上田率六萬七千八百九十四分，中田率五萬三千八百八十七分五釐，下田率六萬四千八十六分一釐。

中等上田率五萬二千七百八十七分，中田率五萬四千七百二十九分三釐，下田率九萬五千三百三十分一釐二毫五絲。

下等上田率七萬二千一百四十九分一釐，中田率二萬八千三百七十分九釐(八)[九]毫(八)[五]絲，下田無。

丙上等上田率四萬八千六百八十五分一釐二毫五絲，中田率五萬三千八百一十七分九釐七毫五絲，下田率五萬五千一百八分二釐。

中等上田率五萬五千八百八十九分七釐五毫，中田率八萬四千三百三十六分三釐，下田率一十一萬六千六百六十五分二釐五毫。

下等上田率一十一萬一千二十分二釐七毫五絲，中田無，下田率六萬一百四十分二毫五絲。

丁上等上田率一十一萬一千二十分(五毫)[四毫二絲]，中田率八萬八千八百八十六分二釐五毫，下田率七萬一百二十三分。

中等上田率五萬二千七百七十四分(四釐八毫二絲五)[三]忽，中田無，下田率六萬四千九百三十五分八釐七毫五絲。

下等上田無，中田率一萬六千二百九十六分八釐二毫五絲，下田率六萬六千七百二十七分五釐七毫五絲。

戊上等上田率二十四萬六千三百二十一分六釐二毫五絲，中田率一十二萬一千六百九十分一毫二絲五忽，下田率七萬九千九百一十分一釐。

中等上田率六萬二千一百四十分六釐四毫五絲，中田率六萬八千二分五釐，下田率一十三萬五千三百三十五分。

下等上田率七萬九千五百七分一釐，中田率二十三萬七千四百七分七釐八毫七絲五忽，下田率二萬八十三分二釐五毫。

己上等上田無，中田率七萬一百分六釐六毫二絲五忽，下田無。

中等上田率六萬九千九百九十六分五釐八毫七絲五忽，中田率六萬五千一十七分四釐(一毫)，下田無。

下等上田率一十二萬八千三百五十七分七釐六毫，中田率一十三萬一千三十六分二釐一毫二絲五忽，下田率一十萬八千一百三十五分八釐八毫。

併六鄉之九率爲(九)[六]鄉之法：

甲法六十萬四千八百八十三分二釐三毫七絲五忽，

乙法四十八萬九千二百三十四分一釐(一)[二]毫(三絲)，

丙法五十八萬五千六百六十二分九釐，

丁法四十七萬七百六十三分五釐(七毫五絲)[六毫七絲三忽]，

戊法一百五萬三百九十八分二毫，

己法五十七萬二千六百四十四分五釐(一毫)二絲五忽。

以六鄉法各除諸鄉官物，得一分之率。米至圭，帛至忽止。半已上收，已下弃。

甲鄉苗米三升二合三勺二抄(一撮)[六圭]，和買一寸六分八釐五毫(四忽)，夏税一寸二分三釐二毫(八)[九]絲。

乙鄉苗米三升六合三勺二抄八撮一圭，和買一寸八分九釐三毫九絲二忽，夏税一寸三分八釐五毫(八絲)[七絲八忽]。

丙鄉苗米三升三勺四抄(八撮)[六撮七圭]，和買一寸五分八釐二毫(一絲)[九忽]，夏税一寸一分五釐七毫(五絲)[六絲一忽]。

丁鄉苗米三升四合三勺二抄一撮(四)[三]圭，和買一寸七分八釐九毫三絲，夏税一寸三分九毫二絲三忽。

戊鄉苗米一升五合三勺八抄二撮,和買八分一毫九絲二忽,夏税五分八釐六毫七絲七忽。

己鄉苗米二升八合二勺一抄五撮一圭,和買一寸四分七釐九絲六忽,夏税一寸七釐六毫三絲。

用各鄉錐行數十、九、八、七、六、五、四、三、二各乘一分之率,爲各鄉每畝等則泛數。或自上等上田之則以一分之率累減之,亦得。

甲鄉上等上田苗米三斗二升三合二勺(一抄)[六撮],和買一尺六寸八分五釐(四絲),夏税一尺二寸三分二釐(八)[九]毫。

中田苗米二斗九升八勺八抄(九撮)[五撮四圭],和買一尺五寸一分六釐五毫(三絲六忽),夏税　尺一寸九釐(五)[六]毫(二)[一]絲。

下田苗米二斗五升八合五勺六抄(八)[四]撮[八圭],和買一尺三寸四分八釐(三絲二忽),夏税九寸八分六釐(二)[三]毫(四)[二]絲。

中等上田苗米二斗二升六合二勺四抄(七)[四]撮[二圭],和買一尺一寸七分九釐五毫(二絲八忽),夏税八寸六分(二)[三]釐(九毫六)[三]絲。

中田苗米一斗九升三合九勺二抄(六)[三]撮[六圭],和買一尺一分一釐(二絲四忽),夏税七寸三分九釐(六)[七]毫(八)[四]絲。

下田苗米一斗六升一合六勺(五)[三]撮,和買八寸四分二釐五毫(二絲),夏税六寸一分六釐四毫[五絲]。

下等上田苗米一斗二升九合二勺八抄(四)[二]撮[四圭],和買六寸七分四釐(一絲六忽),夏税四寸九分三釐一毫(二)[六]絲。

中田苗米九升六合九勺六抄(三)[一]撮[八圭],和買五寸五釐五毫(一絲二忽),夏税三寸六分九釐八毫(四)[七]絲。

下田苗米六升四合六勺四抄(二)[一]撮[二圭],和買三寸三分七釐(八忽),夏税二寸四分六釐五毫(六)[八]絲。

乙鄉上等上田苗米三斗六升三合二勺八抄[一撮],和買一尺八寸九分三釐九毫二絲,夏税一尺三寸八分五釐(八)[七]毫[八絲]。

中田苗米三斗二升六合九勺五抄二撮[九圭],和買一尺七寸四釐五毫二絲八忽,夏税一尺二寸四分七釐二毫二(絲)[忽]。

下田苗米二斗九升六勺二抄四撮[八圭],和買一尺五寸一分五釐一毫三絲六忽,夏税一尺一寸八釐六毫(四)[二]絲[四忽]。

中等上田苗米二斗五升四合二勺九抄六撮[七圭],和買一尺三寸二分五釐七毫四絲四忽,夏税九寸七分(六)[四]絲[六忽]。

中田苗米二斗一升七合九勺六抄八撮[六圭],和買一尺一寸三分六釐三毫五絲二忽,夏税八寸三分一釐四毫(八)[六]絲[八忽]。

下田苗米一斗八升一合六勺四抄[五圭],和買九寸四分六釐九毫六絲,夏税六寸九分二釐(九)[八]毫[九絲]。

下等上田苗米一斗四升五合三勺一抄二撮[四圭],和買七寸五分七釐五毫六絲八忽,夏税五寸六分四釐三毫(二)[一]絲[二忽]。

中田苗米一斗八合九勺八抄四撮[三圭],和買五寸(五)[六]分八釐一毫七絲六忽,夏税四寸一分五釐七毫(四)[三]絲[四忽]。

下田苗米七升二合六勺五抄六撮[二圭],和買三寸七分八釐七毫八絲四忽,夏税二寸七分七釐一毫(六)[五]絲[六忽]。

丙鄉上等上田苗米三斗三合四勺(八)[六]抄[七撮],和買一尺五寸八分二釐(一毫)[九絲],夏税一尺一寸五分七釐(五)[六]毫[一絲]。

中田苗米二斗七升三合一勺(三)[二]抄(二撮)[三圭],和買一尺四寸二分三釐八毫(九)[八]絲[一忽],夏税一尺四分一釐(七)[八]毫(五)[四]絲[九忽]。

下田苗米二斗四升二合七勺(八)[七]抄(四)[三]撮[六圭],和買一尺二寸六分五釐六毫(八)[七]絲[二忽],夏税九寸二分六釐[八絲八忽]。

中等上田苗米二斗一升二合四勺(三)[二]抄六撮[九圭],和買一尺一寸七釐四毫(七)[六]絲[三忽],夏税八寸一分(二)[三]毫(五)[二]絲[七忽]。

中田苗米一斗八升二合八抄(八撮)[二圭]，和買九寸四分九釐二毫(六)[五]絲[四忽]，夏稅六寸九分四釐五毫[六絲六忽]。

下田苗米一斗五升一合七勺(四)[三]抄[三撮五圭]，和買七寸九分一釐(五)[四]絲[五忽]，夏稅五寸七分八釐(七)[八]毫五(絲)[忽]。

下等上田苗米一斗二升一合三勺(九)[八]抄(二)[六]撮[八圭]，和買六寸三分二釐八毫(四)[三]絲[六忽]，夏稅四寸六分三釐[四絲四忽]。

中田苗米九升一合四抄(四撮)[一圭]，和買四寸七分四釐六毫(三)[二]絲[七忽]，夏稅三寸四分七釐二毫[八絲三忽]。

下田苗米六升六勺九抄(六)[三]撮[四圭]，和買三寸一分六釐四毫(二)[一]絲[八忽]，夏稅二寸三分一釐五毫[二絲二忽]。

丁鄉上等上田苗米三斗四升三合二勺一抄(四)[三]撮，和買一尺七寸八分九釐三毫，夏稅一尺三寸九釐二毫三絲。

中田苗米三斗八合(八)[九]勺(九)[一]抄(二)[一]撮(六)[七]圭。和買一尺六寸一分三毫七絲，夏稅一尺一寸七分八釐三毫七忽。

下田苗米二斗七升四合五勺(七)[九]抄(一撮二)[四]圭。和買一尺四寸三分一釐四毫四絲，夏稅一尺四分七釐三毫八絲四忽。

中等上田苗米二斗四升二勺(四)[五]抄九撮(八)[一]圭，和買一尺二寸五分二釐五毫一絲，夏稅九寸一分六釐四毫六絲一忽。

中田苗米二斗五合九勺(二)[三]抄(八)[七]撮(四)[八]圭。和買一尺七分三釐五毫八絲，夏稅七寸八分五釐五毫三絲八忽。

下田苗米一斗七升一合六勺[一抄](七)[六]撮[五圭]，和買八寸九分四釐六毫五絲，夏稅六寸五分四釐六毫一絲五忽。

下等上田苗米一斗三升七合二勺(八)[九]抄五撮(六)[二]圭，和買七寸一分五釐七毫二絲，夏稅五寸二分三釐六毫九絲二忽。

中田苗米一斗二合九勺(六)[七]抄(四)[三]撮(二)[九]圭，和買五寸三分六釐七毫九絲，夏稅三寸九分二釐七毫六絲九忽。

下田苗米六升八合六勺四抄二撮(八)[六]圭，和買三寸五分七釐八毫六絲，夏稅二寸六分一釐八毫四絲六忽。

戊鄉上等上田苗米一斗五升三合八勺二抄，和買八寸一釐九毫二絲，夏稅五寸八分六釐七毫七絲。

中田苗米一斗三升八合四勺三抄八撮，和買七寸二分一釐七毫二絲八忽，夏稅五寸二分八釐九絲三忽。

下田苗米一斗二升三合五抄六撮，和買六寸四分一釐五毫三絲六忽，夏稅四寸六分九釐四毫一絲六忽。

中等上田苗米一斗七合六勺七抄四撮，和買五寸六分一釐三毫四絲四忽，夏稅四寸一分七毫三絲九忽。

中田苗米九升二合二勺九抄二撮，和買四寸八分一釐一毫五絲二忽，夏稅三寸五分二釐六絲二忽。

下田苗米七升六合九勺一抄，和買四寸九毫六絲，夏稅二寸九分三釐三毫八絲五忽。

下等上田苗米六升一合五勺二抄八撮，和買三寸二分七毫六絲八忽，夏稅二寸三分四釐七毫八忽。

中田苗米四升六合一勺四抄六撮，和買二寸四分五毫七絲六忽，夏稅一寸七分六釐三絲一忽。

下田苗米三升七勺六抄四撮，和買一寸六分三毫八絲四忽，夏稅一寸一分七釐三毫五絲四忽。

己鄉上等上田苗米二斗八升二合一勺五抄一撮，和買一尺四寸七分九毫六絲，夏稅一尺七分六釐三毫。

中田苗米二斗五升三合九勺三抄五撮九圭，和買一尺三寸二分三釐八毫六絲四忽，夏稅九寸六分八釐六毫七絲。

下田苗米二斗二升五合七勺二抄八圭，和買一尺一寸七分六釐七毫六絲八忽，夏稅八寸六分一釐四絲。

中等上田苗米一斗九升七合五勺五撮七圭，和買一尺二分九釐六毫七絲二忽，夏稅七寸五分三釐四毫一絲。

中田苗米一斗六升九合二勺九抄六圭，和買八寸八分二釐五毫七絲六忽，夏税六寸四分五釐七毫八絲。

下田苗米一斗四升一合七抄五撮五圭，和買七寸三分五釐四毫八絲，夏税五寸三分八釐一毫五絲。

下等上田苗米一斗一升二合八勺六抄四圭，和買五寸八分八釐三毫八絲四忽，夏税四寸三分五毫二絲。

中田苗米八升四合六勺四抄五撮二圭，和買四寸四分一釐二毫八絲八忽，夏税三寸二分二釐八毫九絲。

下田苗米五升六合四勺三抄二圭，和買二寸九分四釐一毫九絲二忽，夏税二寸一分五釐二毫六絲。

已上田則苗至勺，絹至分，收歸爲等則定數，荅在前。

又 卷一〇 圍田租畝：問有興復圍田已成，共計三千二十一頃五十一畝一十五步。分三等，其上等每畝起租六斗，中等四斗五升，下等四斗。中田多上田弱半，不及下田太半。欲知三色田畝及各租幾何。

荅曰：上田四百七十七頃八畝一十五步，米二萬八千六百二十四石八斗三升七合五勺。

中田六百三十六頃一十畝三角，米二萬八千六百二十四石八斗三升七合五勺。

下田一千九百八頃三十二畝一角，米七萬六千三百三十二石九斗。

術曰：以衰分求之。列母、子求田率，副併爲法。以共田爲實。實如法而一，得一分之率。以徧乘未併者，得三等田。各以起租乘之，各得米。

草曰：置弱半母四爲中率，子三爲上率。以太半子二減母三，餘一。以乘中率四，只得四，爲中泛。又以餘一乘上率三，只得三，爲上泛。次以太半母三乘中泛四，得一十二，爲下泛。副併三泛，得一十九，爲泛。置田三千二十一頃五十一畝，以畝法二百四十通之，得七千二百五十一萬六千二百四十步。內子一十五步，得七千二百五十一萬六千二百五十五步，爲實。以法一十九除之，得三百八十一萬六千六百四十五步，爲一分之數。以上泛三因之，得一千一百四十四萬九千九百三十五步，爲上積。又以中泛四因之一分數，得一千五百二十六萬六千五百八十步，爲中積。又以下泛一十二乘一分數，得四千五百七十九萬九千七百四十步，爲下積。其三積各以畝法二百四十約之，爲畝。其上田得四百七十七頃八畝一十五步，其中田得六百三十六頃一十畝三角，其下田得一千九百八頃三十二畝一角。各以起租三積爲三實，其上積一千一百四十四萬九千九百三十五步，乘上租六斗，得六百八十六萬九千九百六十一石，爲實。以畝法二百四十除之，得二萬八千六百二十四石八斗三升七合五勺，爲上田租。其中積一千五百二十六萬六千五百八十步，乘中租四斗五升，得六百八十六萬九千九百六十一石，爲實。以畝法二百四十除之，得二萬八千六百二十四石八斗三升七合五勺。其下積四千五百七十九萬九千七百四十步，乘下租四斗，得一千八百三十一萬九千八百九十六石，爲實。以畝法二百四十除之，得七萬六千三百三十二石九斗，爲下田米。

又 築埂均功 問四縣共興築圩埂，長三十六里半。甲縣出二千七百八十人，乙縣出一千九百九十人，丙縣出一千六百三十人，丁縣出一千三百二十人。其甲縣先差到一千五百四十四夫，丙縣先差到九百六十五夫。欲知各合賦役埂長計幾何。里法三百六十步。

荅曰：甲先到人築二千六百二十八步，計七里一百八步。

丙先到人築一千六百四十二步[半]。計四里二百二步半。

術曰：以商功求之。置里，通步，作尺，爲積率。併諸縣人數，爲均法。法與率，可約者，約之。以科率各乘先到人，爲實。皆如法而一，各得先築里步，爲先賦埂長。其續到人合賦功，準此求之。

草曰：置三十六里五分，以里法三百六十步通之，得一萬三千一百四十步。又以步法五尺乘之，得六萬五千七百尺，爲長率。併甲、乙、丙、丁四縣合科人，得七千七百二十，爲均法。今法與率可求等，得二十。以約之，率得三千二百八十五，法得三百八十六。以長率三千二百八十五尺乘甲縣先到人一千五百四十四夫，得五百七萬二千四十尺，爲甲實。實如法三百八十六而一，得一萬三千一百四十尺。以步五尺法約之，得二千六百二十八步，爲甲縣先到人所築積步。又以積率三千二百八十五乘丙縣先到人九百六十五夫，得三百一十七萬二十五尺，爲丙實。實如法三百八十六而一，得八千二百一十二尺五寸。以步法五尺約之，得一千六百四十二步半，爲丙縣先到人所築步。

又　寬減屯租　問屯租，欲議寬減，仍聽以夏麥折納分數。官牛種者，與減二分。私牛種者，與減四分。每歲租穀以三分之一許夏折二麥，内四分大，六分小。折色：每大麥三石折小麥二石，小麥二石折穀三石五斗。屯租舊額：官種一石納租五石，私種一石納租三石。今某州屯田，去年計官、私種共九千七百八十二石，共合收租穀三萬九千五百八十六石，欲知官、私種各數目、元額、今減合催成年夏麥、秋穀租各幾何。

荅曰：請官種五千一百二十石，

私出種四千六百六十二石，

元租額共三萬九千五百八十六石。

官種二萬五千六百石，

私種一萬三千九百八十六石，

今減一萬七百一十四石四斗。

官種五千一百二十石，

私種五千五百九十四石四斗，

合催二萬八千八百七十一石六斗，

官種租二萬四百八十石，

一分折麥計穀六千八百二十六石六斗六升，零三分升之二。

四分折大麥二千三百四十石五斗七升七分升之一，係折穀二千七百三十石六斗六升三分升之二。

六分折小麥二千三百四十石五斗七升七分升之一，係折穀四千九十六石。

二分正色穀一萬三千六百五十三石三斗三升三分升之一。

私種租八千三百九十一石六斗，

一分折麥計穀二千七百九十七石二斗，

四分折大麥九百五十九石四升，係穀一千一百一十八石八斗八升。

六分折小麥九百五十九石四升，係折穀一千六百七十八石三斗二升。

二分正色穀五千五百九十四石四斗。

已上成年共計收：

夏折穀大麥三千二百九十九石六斗一升七分升之一，

小麥三千二百九十九石六斗一升七分升之一。

秋正穀一萬九千二百四十七石七斗三升三分升之一。

術曰：以粟米求之，以互易入之。列共租、共種，各以租種率數依本色對之。先以各種率互乘諸租。驗租數之少者，以乘共種。得數，覆減共租，餘爲實。以二租數相減，餘爲官種法。實如法而一，得官種。以減共種，餘爲私種。各以租率對乘官、私種，各得官、私種所納租。次以減分對乘各納租，乃得各減數。以減所納，餘爲合催租，乃分列之。先以總折分子乘之，各爲實。並以總分母除之，各得折色、正色數。次置折色數二位，用夏折大、小分乘之，各得與每折諸率，如鴈翅列。常以多一事者相乘，爲實。以少一事者相乘，爲法。各得所折大、小麥，其正色數如故。爲併本色，得成年夏折二麥、秋收正穀。

草曰：列共租三萬九千五百八十六石，并共種九千七百八十二石。次各以官種一石納租五石，私種一石納租三石，各爲率。對租種本色列之。先以種率各一石互乘租數，只得共穀。次驗租數率三石係少者，以乘共種九千七百八十二石，得二萬九千三百四十六石爲種。覆減共租，餘一萬二百四十石，爲種實。以租率三減租率五，餘二石，係官租者，爲官種法。除種實，得五千一百二十石，爲官種。以減共種九千七百八十二，餘四千六百六十二石，爲私出種。以官租率五石、私租率三石各對乘官、私種，得二萬五千六百石，爲官種所納租。得一萬三千九百八十六石，爲私種所納租。併之，得元額租。次列官牛種與減二分，私牛種與減四分，各對乘所納租數，得五千一百二十石，爲官種減租數。得五千五百九十四石四斗，爲私種減租數。併之，得一萬七百一十四石四斗，爲今減數。乃以官種減租五千一百二十石減官種租二萬五千六百，餘二萬四百八十石，爲合催。次以私種減五千五百九十四石四斗，減私種租一萬三千九百八十六石，餘八千三百九十一石六斗，亦是合催租。乃以二等合催租分列之。先以每歲三分之一，以子一減分母三，得二。乃以一及二皆爲子，各乘合催租。其官種者一分租，得二萬四百八十石。二分租，得四萬九百六十石。其私種者一分租得八千三百九十一石六斗，二分租得一萬六千七百八十三石二斗，並爲實。此四實並如母三而一，其官種一分，折得六千八百二十六石六斗六升零三分升之二。及二分正色穀，得一萬三千六百五十三石三斗三升三分升之一。其私種一分折色，得二千七百九十七石二斗。二分正色穀，得五千五百九十四石四斗。

次置官、私種各一分折色數各二位，及用夏折四分大、六分小對乘之，通係四位。乃併四六，得一十分，約之，是並退一位。其官種四分大麥者，置折穀六千八百二十六石六斗六升三分升之二，通分内子，得二萬四百八十。列二位，上位以四分折之，得八千一百九十二石，爲大麥實。下位以六分折之，得一萬二千二百八十八石，爲小麥實。次置私種折穀二千七百九十七石二斗，列二位。上位以四分折之，得一千一百一十八石八斗八升，爲大麥實。下位以六分折之，得一千六百七十八石三斗二升，爲小麥實。其圖如后。次列折色，每大麥三石折小麥二石，小麥二石折穀三石五斗，爲諸率。與大、小麥實率四數，如鴈翅列之。其六分折小麥，勿置大麥折率，有母者列母。

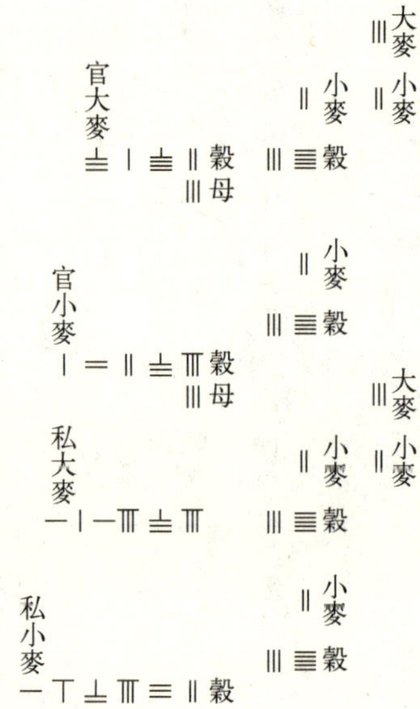

官種者，先以大麥率三乘小麥率二，得六。又乘穀實八千一百九十二石，得四萬九千一百五十二石，爲大麥實。次以小麥率二乘穀率三石五斗，得七石。又乘母，得二十一石，爲法。除實，得二千三百四十石五斗七升七分升之一，爲官種折大麥數。仍以母三約本實八千一百九十二石，得二千七百三十石六斗六升三分升之二，爲所折上得大麥穀數。次以小麥率二乘穀實一萬二千二百八十八石，得二萬四千五百七十六石，爲小麥實。乃以穀率三石五斗乘母三，得一十石五斗，爲法。除實，得二千三百四十石五斗七升七分升之一，爲官種折小麥穀。仍以母三約本實一萬二千二百八十八石，得四千九十六石，爲所折上得小麥穀數。

私種者，先以大麥率三乘小麥率二，得六。又乘穀數一千一百一十八石八斗八升，得六千七百一十三石二斗八升，爲實。乃以小麥率二乘穀率三石五斗，得七石，爲法。除之，得九百五十九石四升，爲私種折大麥數。次以小麥率二乘穀率一千六百七十八石三斗二升，得三千三百五十六石六斗四升，爲實。以穀率三石五斗爲法。除之，得九百五十九石四升，爲私種穀折小麥數。次以官種四分大麥二千三百四十石五斗七升七分升之一併私種四分大麥九百五十九石四升，得三千二百九十九石六斗一升七分升之一，爲成年夏折大麥數。次以官種六分小麥二千三百四十石五斗七升七分升之一併私種六分小麥九百五十九石四升，得三千二百九十九石六斗一升七分升之一，爲成年夏折小麥數。次以官種二分正色穀一萬三千六百五十三石三斗三升三分升之一併私種正色穀五千五百九十四石四斗，得一萬九千二百四十七石七斗三升三分升之一。合問。

又 户田均寬：問州郡寬恤，近將某縣下三等税户秋科餘欠錢米，已與蠲放，共錢一千三百五十五貫七百六文，米五千二百七十二石一斗九升。其本縣下等物力計三萬七千六百五十八貫五百文。今來官員陳述本縣多有欒輸無欠之户。今蒙蠲放税尾，似反寬潤頑輸之户，於理未均。遂議將欒輸三等户於明年兩税與照昨來體例減免。契勘得三等無欠户物力二十二萬八百一十五貫三百二十一文，欲知每百文合減免錢米及共減各幾何。

荅曰：每物力一百文，放錢三文六分，放米一升四合。

明年兩税放，放錢七千九百四十九貫三百五十一文五分五釐六毫，米三萬九百一十四石一斗四升四合九勺四抄。

術曰：以粟米、衰分求之。置元物力爲法，除元放錢、米，得每百文物力所放錢、米率。以各率乘今來物力，各得錢、米，爲明年兩税合放數。

草曰：以元物力三萬七千六百五十八貫五百文爲法，先除元放錢一千三百五十五貫七百六文。定法：伯文，上得一文爲商。除得三文六分，爲物力伯文所放錢率。次除元放米五千二百七十二石一斗九升，得一升四合，爲物力百文所放米率。以今三等户物力二十二萬八百一十五貫三百二十一文徧乘所放錢、米二率，得錢七千九百四十九貫三百五十一文五分五釐六毫，得米三萬九百一十四石一斗四升四合九勺四抄，爲明年兩税合放數。

又 均科綿税　問縣科綿，有五等户，共一萬一千三十三户，共科綿八萬八千三百三十七兩六錢。上等一十二户，副等八十七户，中等四百六十四户，次等二千三十五户，下等八千四百三十五户。欲令上三等折半差，下二等比中等六四折差，科率求之，各户納及各等幾何。

荅曰：上等一户一百二十四兩，一十二户計一千四百八十八兩。

副等一戶六十二兩，八十七戶計五千三百九十四兩。

中等一戶三十一兩，四百六十四戶計一萬四千三百八十四兩。

次等一戶一十二兩四錢，二千三十五戶計二萬五千二百三十四兩。

下等一戶四兩九錢六分，八千四百三十五戶計四萬一千八百三十七兩六錢。

術曰：列五等戶數，先以四折下等數，加次等戶。又以四折之，加中等戶數。卻以半折之，加二等戶。又以半折之，加上等戶數。不折，便爲法。除科綿，得上等一戶之綿。復半之，爲副等。又半之，爲中等。又四折之，爲次等。又四折之，爲下等各一戶綿。卻各以戶數乘之，各得五等共出綿。具圖折之。

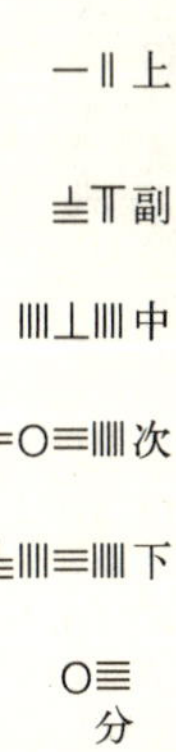

草曰：先置下等戶八千四百三十五，以四折之，得三千三百七十四。

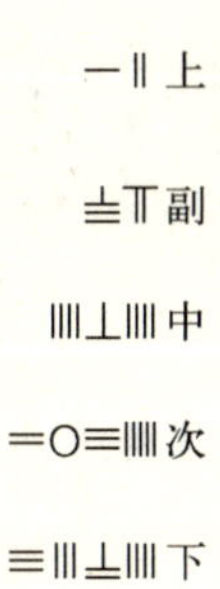

乃以得數併入次戶二千三十五內，得五千四百九戶，訖。

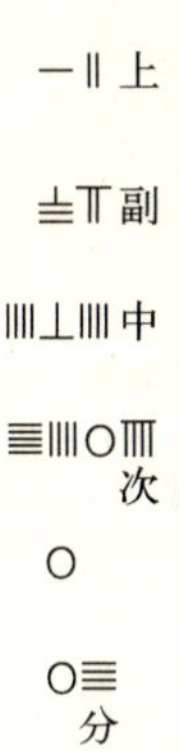

又以四折次數五千四百九，得二千一百六十三戶六分。

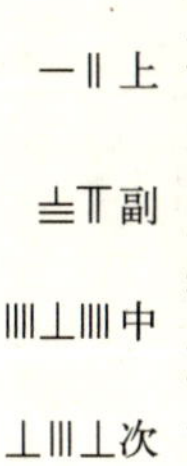

乃以得次數併入中戶四百六十四內，共得二千六百二十七戶六分。

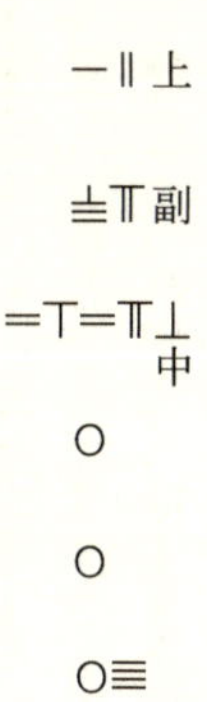

次以五分折中數二千六百二十七戶六分，得數。

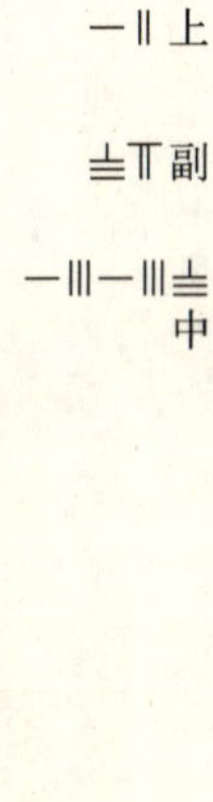

次以得數一千三百一十三戶八分併副戶八十七，得一千四百戶八分。

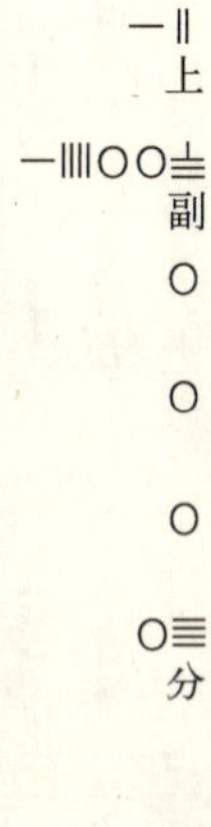

又以五折副數一千四百戶八分，得七百戶四分。既得數

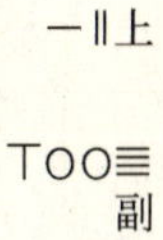

乃以副數七百戶四分併上戶一十二戶，得七百一十二戶四分。不折，便以爲法。

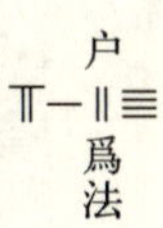

累折至上等共，得七百一十二戶四分，以爲總法。乃置科綿八萬八千三百三十七兩六錢爲實。如法七百一十二戶四分而一，得一百二十四兩，爲上等一戶所出綿。以五折之，得六十二兩，副等一戶所出綿。又五折之，得三十一兩，爲中等一戶所出綿。乃以四折之，得一十二兩四錢，爲次等一戶所出綿。又以四折之，得四兩九錢六分，爲下等一戶所出綿。乃以各等戶數各乘一戶所出，即各得每等共數之綿。

又 戶稅移割：問某縣，據甲稱：本戶田地元納苗三十五石七斗，和買本色一十一疋二丈二尺九寸四分八釐七毫五絲，折帛二十七疋二寸一分三釐七毫五絲。紬絹折帛八疋三丈九尺七寸三分九釐。紬絹本色二十疋二丈八尺九寸三分九釐。已將田四百七畝出與乙，五百一十六畝出與丙，訖。乞移割本戶所出田上稅賦，歸併乙、丙兩戶稅納。會到乙元有田三百七十五畝，丙元有田四百(三十六)[六十三]畝，並係本鄉本等，每畝苗三升五合稅一尺一寸五分，物力一貫二百。本等地紬一尺三寸四分，物力九百。物力三十二貫敷和買一疋。內三分本色，七分折帛。夏税，七分本色，三分折帛。紬五分本色，五分折帛。併絹紬。欲知甲田、地及甲、乙、丙分割合納苗米和買夏税折帛本色畸零各幾何。

荅曰：甲元有田一千二十畝，地一十一畝二角四十八步。

甲今有田九十七畝，苗米三石三斗九升五合。夏税折帛三丈三尺四寸六分五氂，本色一疋，畸零三丈八尺八分五氂，物力一百一十六貫四百文。地一十一畝二角四十八步，税紬折帛七尺八寸三分九氂，税紬畸零七尺八寸三分九氂。物力一十貫五百三十文。田地共物力一百二十六貫九百三十文，和買折帛二疋三丈一尺六分三氂七毫五絲。本色一疋，畸零七尺五寸九分八氂七毫五絲。

乙今有田七百八十二畝，苗米二十七石三斗七升。

夏税折帛六疋二丈九尺七寸九分，本色一十五疋，畸零二丈九尺五寸一分，物力九百三十八貫四百文。和買折帛二十疋二丈一尺一寸。本色八疋，畸零三丈一尺九寸。

丙今有田九百七十九畝，苗米三十四石二斗六升五合。夏税折帛八疋一丈七尺七寸五分五氂，本色一十九疋，畸零二丈八尺九分五氂。物力一千一百七十四貫八百文。和買折帛二十五疋二丈七尺九寸五分，本色一十一疋，畸零五寸五分。

術曰：以粟米及衰分求之。置甲元納米爲實，以每畝苗爲法，除之，得甲元有田。以乘每畝税，得田絹。次以甲絹本色、折帛併之，內減田絹，餘爲地紬。以每紬約之，得甲元有地。次以甲出田併乙、丙元有田，各得三户今有田地。各以等則乘之，各得物力苗税。次以每疋物力率約各户共物力，得和買。副之，三分因之，退位爲和本。七分因之，退位爲和折。夏税，反其分而因之，退之，紬以半之，併入税，各得。

草曰：置甲元納米三十五石七斗爲實，每畝以苗三升五合爲法，除之，得一千二十畝，爲甲元有田。以乘每畝税一尺一寸五分，得一百一十七丈三尺，爲絹積尺。次以甲元納絹紬折帛八疋三丈九尺七寸三分九氂併紬絹本色二十疋二丈八尺九寸三分九氂，得二十九疋二丈八尺六寸七分八氂。以疋法四丈通疋數內零丈，得一百一十八丈八尺六寸七分八氂。內減田絹積丈尺一百一十七丈三尺，餘一丈五尺六寸七分八氂，爲甲地紬。以每畝紬一尺三寸四分納之，得一十一畝七分。其畝下七分，倍之，得一百四十。身下加二，得一百六十八步。以六十步納之，得二角零四十八步。通得一十一畝二角四十八步，爲甲元有地。乃以甲所出四百七畝及五百一十六畝併，得九百二十三畝。減元有一千二十畝，餘九十七畝，爲甲今有田并元地。次以甲出田四百七畝併乙元有田三百七十五畝，共得七百八十二畝，爲乙今有田。次以甲所出田五百一十六畝併丙元有田四百六十三畝，共得九百七十九畝爲丙今有田。各列三户今有田地數于右行，副之。先以每畝苗三升五合偏乘右行，甲得三石三斗九升五合，乙得二十七石三斗七升，丙得三十四石二斗六升五合，爲本户苗米。次以每畝税一尺一寸五分偏乘左副行，甲得一十一丈一尺五寸五分，乙得八十九丈九尺三寸，丙得一百一十二丈五尺八寸五分，各爲丈積。各列二位，皆以三分因上位，七分因下位，並退一位，即是自下三七折之，又各以四丈約丈積成疋，其甲得三丈三尺四寸六分五氂，爲夏税折帛。又得一疋三丈八尺八分五氂，爲夏税本色。其乙得六疋二丈九尺七寸九分爲夏税折帛。又得一十五疋二丈九尺五寸一分，爲夏税本色。其丙得八疋一丈七尺七寸五分五氂，爲夏税折帛。得一十九疋二丈八尺九分五氂，爲夏税本色。次以田力一貫二百偏乘右副行，并以地物力乘甲元地及紬，甲得一百一十六貫四百，乙得九百三十八貫四百，丙得一千一百七十四貫八百，各爲田物力。其甲又置一十一畝七分，以乘地紬一尺三寸四分，得一丈五尺六寸七分八氂，爲甲地紬。半之，得七尺八寸三分九氂，各爲折紬本色。又以甲地乘物力九百，得一十貫五百三十，爲甲地物力。併田物力一百一十六貫四百，共得一百二十六貫九百三十文，爲甲物力。列甲、乙、丙三户共物力，各爲實。皆以物力和買率三十二貫爲法。除之，甲得三疋九分六氂六毫五絲六忽二微五塵，乙得二十九疋三分二氂五毫，丙得三十六疋七分一氂二毫五絲，各爲和買率。亦各列二位，各以七、三折之。其上位七折者爲和買折帛，下位三折者爲和買本色。折訖，其甲得二疋七分七氂六毫五絲九忽三微七塵五沙，爲和買折帛率。又得一疋一分八氂九毫九絲六忽八微七塵五沙，爲和買本色率。乙得二十疋五分二氂七毫五絲，爲和買折帛率。又得八疋七分九氂七毫五絲爲和買本色率。丙得二十五疋六分九氂八毫七絲五忽，爲和買折帛率。又得一十一疋一釐三毫七絲五忽，爲和買本色率。各率除端疋外，乃以疋下分毫，皆以四因之，收爲丈、尺、寸、分。甲得和買折帛二疋三丈一尺六分三釐七毫五絲，本色一疋七尺五寸九分八釐七毫五絲。乙得和買折帛二十疋二丈一尺一寸，本色八疋三丈一尺九寸。丙得和買折帛二十五疋二丈七尺九寸五分，本色一十一疋五寸五分，爲各户和買數疋分本色下畸零數。合問。

又　均定勸分　問欲勸糶賑濟。據甲民物力畝步排定，共計一百六十二户，作九等：上等三户，第二等五户，第三等七户，第四等八户，第五等十三户，第六等二十一户，第七等二十六户，第八等三十四户，第九等四十五户。今先勸諭第一等上户願糶五千石，第九等户願糶二百石。欲知各等抛差石數，并總認米數各幾何。

荅曰：總認米二十三萬七千六百石。

上等一户米五千石，三户計一萬五千石。
二等一户米四千四百石，五户計二萬二千石。
三等一户米三千八百石，七户計二萬六千六百石。
四等一户米三千二百石，八户計二萬五千六百石。
五等一户米二千六百石，一十三户計三萬三千八百石。
六等一户米二千石，二十一户計四萬二千石。
七等一户米一千四百石，二十六户計三萬六千四百石。
八等一户米八百石，三十四户計二萬七千二百石。
九等一户米二百石，四十五户計九千石。

術曰：以衰分求之。置上、下户米，減餘，爲實。列等數，減一，餘爲法。除之，得抛差石數。以差累減上等米，各得諸等米。以各等户數乘之，併之，爲總數。

草曰：置上等户米五千石，減下等户二百(户)[石]，餘四千八百石，爲實。以九等減一，餘八，爲法。除實，得六百石，爲每等抛差。用減上等，餘四千四百石，爲二等米。又減六百，得三千八百石，爲三等米。又減六百，得三千二百石，爲四等米。又減六百，得二千六百石，爲五等米。又減六百，得二千石，爲六等米。又減六百，得一千四百石，爲七等米。又減六百，得八百石，爲八等米。又減六百，得二百石，爲九等米。又各乘户數，併之，得總認米石數二十三萬七千六百石。

又《市物類》卷一八　煉金計直：問庫有三色金共五千兩。内八分金一千二百五十兩，兩價四百貫文。七分五釐金一千六百兩，兩價三百七十五貫文。八分五釐金二千一百五十兩，兩價四百二十五貫文。竝欲煉爲足色，每兩工、食、藥炭錢三貫文，耗金九百七十二兩五錢，欲知色分及兩價各幾何。

荅曰：色一十分，

兩價五百三貫七百二十四文五百三十七分文之二百一十二。

術曰：以方田及粟米求之。置共數，以耗減之，餘爲法。以三色分數各乘兩數，併之，爲色分實。以三色價數各乘兩數，併之，爲寄。以工藥價乘共金，併價寄，共爲價實。二實皆如法而一，即各得。

草曰：置共金五千兩，減耗九百七十二兩五錢，外餘四千二十七兩五錢，爲法。次置一千二百五十兩，乘八分，得一萬分，於上。置一千六百兩，以七分五釐乘之，得一萬二千分，加上。置二千一百五十兩乘八分五釐，得一萬八千二百七十五分，又加上。共得四萬二百七十五分，爲分實。次置一千二百五十兩，乘四百貫，得五十萬貫，爲寄。次置一千六百兩，乘價三百七十五貫，得六十萬貫，加寄。次置二千一百五十兩，乘價四百二十五貫，得九十一萬三千七百五十貫，又加寄。次置共金五千兩，乘工藥錢三貫，得一萬五千貫。又加寄，共得二百二萬八千七百五十貫，爲價實。二實(併)[並]如法四千二十七兩五錢而一，其色得一十分。其價每兩得五百三貫七百二十四文。不盡一貫五百九十，與法求等，得七十五。俱約之，爲五百三十七分文之二百一十二。

中減上，得下法

共金兩	數	法
上 ≣〇〇〇兩	中 〤‖≣兩	下 ≣〇=⊤≣

中乘下，得上

上分	八分金	
一〇〇〇〇	一‖≣〇兩	Ⅲ分

次乘下，得副，以併上

上分　〇〇〇〇丨　　得〇分　〇〇〇=丨　　七分半〇金兩　〇〇T一　　𝍧≣分

次乘下，得副，以併上

上分　〇〇〇=丨　　得Ⅲ分　╧‖≟丨　　八分半金〇兩　〇≣丨=　　𝍧≣分

次乘下，得副

色分實Ⅲ分　╧‖〇Ⅲ　　寄〇文　〇〇〇〇〇〇〇〇Ⅲ　　八分金〇兩　〇≣‖一　　〇〇〇〇〇≡女八分價

次乘下，得副，併上

寄〇文　〇〇〇〇〇〇〇〇Ⅲ　　得〇文　〇〇〇〇〇〇〇T　　七分半〇金　〇〇T一　　〇〇〇≣T≡文七分價

次乘下，得副，併上

寄〇文　〇〇〇〇〇〇〇〇丨一　　得〇文　〇〇〇〇Ⅲ╧Ⅲ一乂　　八分半金〇　〇ȯ丨=　　〇〇〇≣‖≡文八分半價

次乘下，得副，併上

寄〇文　‖〇=T╧Ⅲ〇〇〇〇‖　　得〇文　〇〇〇〇〇〇Ⅲ一　　共金　〇〇〇≡　　工藥錢　〇〇〇≡文

色實Ⅲ分　╧‖〇Ⅲ　　價實〇文　‖〇=T╧Ⅲ〇〇〇〇‖　　法≣T=〇≣兩　　金〇一色分　　兩價Ⅲ=T≡〇≡文　　不盡〇≟〇一一文　　≣T=〇≡法

其色實餘盡，得一十分，爲金色。其價除得五百三貫七百二十四文，爲十分金每兩價。不盡一貫五百九十文，與法求等，得七半。俱以約之，爲五百三十七分文之二百一十二。

又 推求本息：問三庫息例。萬貫以上一釐，千貫以上二釐五毫，百貫以上三釐。甲庫本四十九萬三千八百貫，乙庫本三十七萬三百貫，丙庫本二十四萬六千八百貫。今三庫共納到息錢二萬五千六百四十四貫二百文。其典率：甲反錐差，乙方錐差，丙蒺藜差。欲知元典三例本息各幾何。

答曰：甲庫共納息九千五十三貫文，一釐息二千四百六十九貫文，二釐半息四千一百一十五貫文，三釐息二千四百六十九貫文。

乙庫共納息一萬五十一貫文，一釐息二百六十四貫五百文，二釐半息二千六百四十五貫文，三釐息七千一百四十一貫五百文。

丙庫共納息六千五百四十貫二百文，一釐息二百四十六貫八百文，二釐半息一千八百五十一貫文，三釐息四千四百四十二貫四百文。

術曰：置諸庫諸色之差，照釐率爲三行。縱併之，爲約率。横命之，爲乘率。先以約率各約自庫之本，各得，以遍乘未併乘率。然後各以釐率横乘之，次以縱併之，爲各庫共息。

甲庫反錐差Ⅲ 乘率 ‖ 乘率 一 乘率 併此行，得六

乙庫方錐差一 Ⅲ 〤 併此行，得一十四

丙庫蒺藜差一上 中Ⅲ 下丅 併此行，得一十

甲約率丅 乙約率一Ⅲ 丙約率一〇

甲得文〇〇〇〇〇≡‖≡ 甲本文〇〇〇〇〇≟‖≡〤Ⅲ 甲約丅

下除中，得上

乙得文〇〇〇〇ⅢⅢ≡丅＝ 乙本文〇〇〇〇〇≡〇≟‖ 乙約一Ⅲ

下除中，得上

丙得文〇〇〇〇Ⅲ⊥Ⅲ＝ 丙本文〇〇〇〇〇≟丅≡‖ 丙約一〇

下除中，得上

甲乘率Ⅲ上 ‖中 一下

甲得文〇〇〇〇〇≡‖≟

偏乘三率

甲上率〇〇〇〇〇〤丅≡‖ 中率〇〇〇〇〇⊥Ⅲ⊥一 下率〇〇〇〇〇≡‖≟

乙率一 Ⅲ Ⅲ

乙得文〇〇〇〇Ⅲ〤丅＝ 〇

偏乘三率

乙上率〇〇〇〇ⅢⅢ≡丅＝ 中率〇〇〇〇〇≟ⅢⅢ〇一 平率〇〇〇〇ⅢⅢ〇Ⅲ≡‖

丙率一 Ⅲ 丅

〇〇〇〇Ⅲ⊥Ⅲ＝ 〇

偏乘三率

丙上率〇〇〇〇Ⅲ⊥Ⅲ＝ 上 中率〇〇〇〇ⅢⅢ〇Ⅲ≟ 中 中率〇〇〇〇Ⅲ〇Ⅲ≡一 下

甲上率〇〇〇〇〇〤丅≡‖ 中〇〇〇〇〇⊥Ⅲ⊥一 下〇〇〇〇〇≡‖≟

右行

一釐 ‖≡釐 Ⅲ釐

兩行對乘

併此三項共息，得問題總息數

草曰：置甲庫反錐差，自下置一、二、三，於右行，次置乙庫方錐差，自上置一、四、九，於中行，次置丙庫蒺藜差，自上置一、二、六，於左行，各爲三庫上、中、下三等乘率。　乃縱併甲差三、二、一，得六，爲甲約率。縱併乙差一、四、九，得一十四，爲乙約率。縱併丙差一、三、六，得一十，爲丙約率。直命九位數，各爲上、中、下乘率。乃先以約率各約自庫之本，乃以甲約率六約甲本四十九萬三千八百貫，得八萬二千三百貫，爲甲得。次以乙約率一十四約乙本三十七萬三百貫，得二萬六千四百五十貫，爲乙得。次以丙約率一十約丙本二十四萬六千八百貫，得二萬四千六百八十貫，爲丙得。以各得乘未併乘率：其甲所得八萬二千三百貫乘反錐乘率三、二、一，得二十四萬六千九百貫，爲上率。得一十六萬四千六百貫，爲中率。得八萬二千三百貫，爲下率。其乙所得二萬六千四百五十貫以乘方錐差一、四、九，得二萬六千四百五十貫，爲上率。得一十萬五千八百貫，爲中率。得二十三萬八千五十貫，爲下率。其丙所得二萬四千六百八十貫，以乘蒺藜差一、三、六，得二萬四千六百八十貫，爲上率。得七萬四千四十貫，爲中率。得一十四萬八千八十貫，爲下率。然後各以息鼇數乘各庫三(乘)[率]：此是變文爲庫。其甲以一鼇乘上率二十四萬六千九百貫，得二千四百六十九貫，爲上息。以二鼇五毫乘中率一十六萬四千六百貫，得四千一百一十五貫，爲中息。以三鼇乘下率八萬二千三百貫，得二千四百六十九貫，爲下息。併上、中、下三息，得九千五十三貫文，爲甲庫共息。其乙庫以一鼇乘上率二萬六千四百五十貫，得二百六十四貫五百文，爲上息。以二鼇五毫乘中率一十萬五千八百貫，得二千六百四十五貫，爲中息。以三鼇乘下率二十三萬八千五十貫，得七千一百四十一貫五百，爲下息。併上、中、下三息，得一萬五十一貫文，爲乙庫共息。其丙庫以一鼇乘上率二萬四千六百八十貫，得二百四十六貫八百，爲上息。以二鼇五毫乘中率七萬四千四十貫，得一千八百五十一貫，爲中息。以三鼇乘下率一十四萬八千八十貫，得四千四百四十二貫四百，爲下息。併上、中、下三息，得六千五百四十貫二百文，爲丙庫共息。卻併三庫共息，得二萬五千六百四十四貫二百文，爲總息。

又　儭直推原：問房廊數內一户，日納一百五十六文八分足。爲準指揮，未曾經減者，減三分。已曾經減三分者，減二分。已曾經減二分者，更減二分。今本户累經減者，欲知元額房錢幾何。

荅曰：元額三百五十文。

術曰：以衰分求之。列一十，分兩行，各三位。列減分，對減右行。以餘者相乘，爲法。以左行元列相乘，得納錢，爲實。實如法而一，得元額錢。

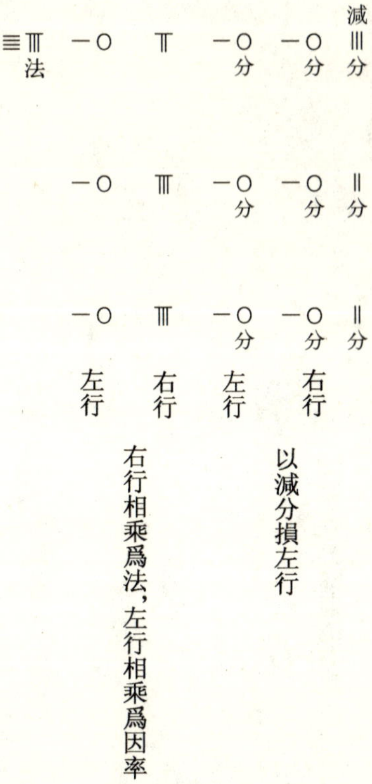

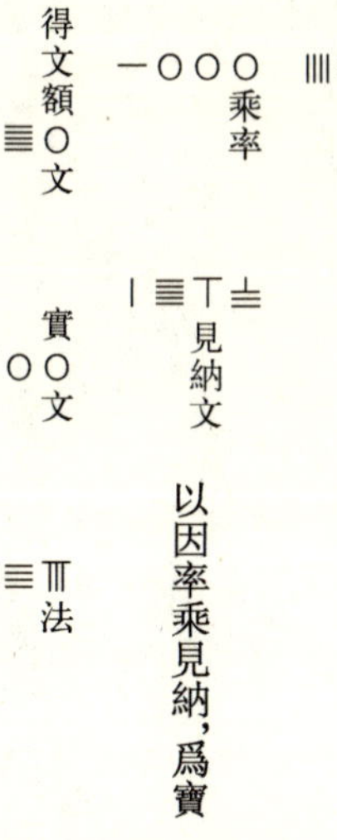

草曰：列一十，分三位，於左行。又列一十，分三位，於右行。其右上減去初減三分，右中減去次減二分，右下減去更減一分。右行餘七、八、八。以相乘，得四百四十八，爲法。乃以左行三位一十分相乘，得一千，爲乘率。以乘見日納錢一百五十六文八分，得一百五十六貫八百文，爲實。實如法而一，得三百五十文，爲本户元額房錢。

宋・楊輝《詳解九章筭法・均輸》 比類　七人差等均銀，甲、乙均五十五兩，戊、己、庚均四十二兩，問丙、丁合得幾何。

荅曰：甲二十九兩，乙二十六兩，丙二十三兩，丁二十兩，

戊一十七兩，己一十四兩，庚一十一兩，總得百四十兩。

本法草曰：求差率，置戊、己、庚三人，加一，自乘，半之，以三人減之，餘爲下差率。又置甲、乙二人，乘都七人。以下差率三減之，餘十一爲上差率，求差實，并除兩。

二人　十一　五十五兩

三人　三差　四十二兩

互乘　二人　三十三　百六十五

三人　六差　八十四兩

以少減多，餘二十七率，爲法。八十一兩爲實。除得三兩，一差之數。

求常積　二人　十一　五十五兩

三人　差三　四十二兩

三十三　一百六十五

差六　四百六十二

以少減多，餘二十七。差爲法。銀二百九十七兩爲實。除得十一兩，乃下一人庚所得之數。列置七人各得本身十一兩，庚不加差，己加一差三，戊加二差六，丁加三差九，丙加四差一十二，乙加五差十五，甲加六差十八合問。

方程草曰：置　甲乙二人　十一　五十五

戊己庚三人　三差　四十二

左、[右]行二、[三]人互乘，甲乙行，二人得六，三十三差，一百六十五兩。[戊己庚行，三人得六，六差，八十四兩]。以左行少，減多，餘二十七差，爲法。八十一兩爲實。除得三兩，乃一差之實。置戊、己、庚四十二兩，内減三差，積九兩，餘三十三兩，以三人除之，各得十一兩，即庚所得之數，列七人各得十一，自己爲始加三，戊加六，丁加九，丙加十二，乙加十五，甲加十八。合前荅。

又楊輝《日用筭法》 菽每石七百八十五文，麥每石一貫一百六十文。今用錢二百九十七貫，糴到菽、麥共三百石。問本各幾何。

荅曰：菽一百三十六石，麥一百六十四石。

解題：菽麥爲問，分身爲法。

分率術曰：共物爲實。以賤率乘之，俱爲賤價。以減總錢，餘爲貴實。貴物所多之數。貴賤二率相減，餘爲法。求見一價所多之差除之，先見貴物。以貴物減總數，餘爲賤也。【略】

草曰：共物爲實。菽、麥共三百石。以賤率乘之，菽賤，每石七百八十五文，乘得二百三十五貫五百文。以減總錢，二百九十七貫。餘爲貴實。六十一貫五百。貴賤二率相減，餘爲法。菽石價七百八十五，麥石價一貫一百六十，相減，餘三百七十五，爲法。除之，以法除六十一貫五百文。先得貴物。麥一百六十四石。以貴物麥也。減總數，

菽、麥總數。餘爲賤實，菽得一百三十六石。合問。

又楊輝集《續古摘奇算法》卷下　二率分身：【略】羅七尺，綾九尺，其價適等。只云綾尺價少羅尺價三十六文，問各尺價幾何。(《應用》)

(答)[荅]曰：羅一百六十二，綾一百二十六。

共積分身術曰：先求羅價：以少價三十六文乘綾數，得三百二十四。羅、綾尺數相減，餘二尺爲法。除之，爲羅價。以減少價三十六，爲綾。

先求綾價術曰：以少價三十六文。乘羅數，七尺。以羅、綾尺數相減，餘二尺。爲法。除之，爲綾價。加少價，三十六文。爲羅。

右二問，雙率分身也。以後三問乃三率分身。

又　出錢一百，買温柑、緑橘、匾橘共一百枚。只云温柑一枚七文，緑橘一枚三文，匾橘三枚一文，問各買幾何。

(答)[荅]曰：温柑六枚，計四十二文。

緑橘十枚，計三十文。

匾橘八十四枚，計二十八文。

《辯古通源》算草曰：置錢一百，以三因，爲三百分。内減共數一百枚。餘二百分。爲實。三因温柑價，得二十一。内減一，餘二十分。又三因緑橘價，得九。内減一，餘八分。併之，得二十八，爲法。除實，得六枚，乃温柑、緑橘各六枚之數。實餘三十二分。以元法二十八，減去温柑二十分，餘八。除實，得四。加先得緑橘，共十枚之數。以温柑、緑橘共十六枚減都數一百，餘八十四，即匾橘之數。

又　二率分身：【略】醇酒每㪷七貫，行酒每㪷三貫，醨酒三㪷直一貫。今支一十貫，買酒十㪷，問各幾何。

(答)[荅]曰：醇酒六升，價四貫二百文。

行酒一㪷，價三貫文。

醨酒八㪷四升，價二貫八百文。

本無三分身之術，《張丘建算經》《辯古通源》祇有細草。輝偶見寫本，有此題問。亦無成術。宜云三價中易以一價除出一位所得之數，其餘二物共價，如雙分身法求之。題有分子者通之。

草曰：置十貫，酒十㪷。先以行酒一斗三貫除出一㪷，餘錢七貫，即醇、醨酒九㪷共價也。如雙分身術求之。内醨酒三㪷直一貫，合通分，以共價七貫，三因，作二十一。醇酒一㪷直七貫，亦用三因。醨酒三㪷直一貫，以醨酒一貫乘九㪷，減共錢，餘一十二貫，爲實。以醇、醨二價相減，餘二十貫，爲法。除實，得醇酒六升。反減九㪷共數，得醨酒八㪷四升。以各價乘之。合問。

又　差分：題數無零者，差分、互换、商除三法，自可通用。或有分子，而三法不[可]互用也。《九章・衰分》問五人均五鹿，用一、二、三、四、五爲衰，如牛、馬、羊均粟，用一、二、四爲衰，女子善織日自倍，用一、二、四、八、十六爲衰，三鄉發徭，以各鄉多寡人數爲衰，皆準繩之數。惟《應用算法》衰分兼帶定率，亦可爲法。

又　三人均一百，只云甲多乙五文，丙得錢如乙七分之五。問各幾何。

(答)[荅]曰：甲四十文，乙三十五文，丙二十五文。

術曰：於百文内，先減出甲多乙五文，餘九十五文。題云丙得乙七分之五，丙當以五爲衰，甲、乙各以七爲衰。併之，得十九，爲法。以九十五乘列衰。以法除之，得數，卻增元減五文添甲。合問。

又　三人均一百，欲令乙得甲三分之二，丙少甲二十八文。問各幾何。

(答)[荅]曰：甲四十八文，乙三十二文，丙二十文。

術曰：增二十八，併一百，爲總錢，以應丙少甲二十八文之數。題云乙得甲三分之二，當以甲衰三，乙衰二，丙亦衰三。併，八，爲法。各以衰乘總錢，以法除之，各得。卻於丙内退二十八。合問。

又　《指南算法》有四六差分，遞用加五，可以致其數。如甲衰四，加五，爲乙之衰。又於六上加五，得九，爲丙之衰。輝因到姑蘇，有人求「三七差術」，繼答之。尤不可不得，以補衰分之萬一。

今有四人，分錢九百二十八貫。欲遞以三七差分，問各得幾何。

(答)[荅]曰：甲五百四十八貫八百文，乙二百三十五貫二百文，丙一百貫八百文，丁四十三貫二百文。

術草曰：列置甲、乙、丙七，丁三。丙七不可爲三，宜以三因丙、丁數，生乙差。

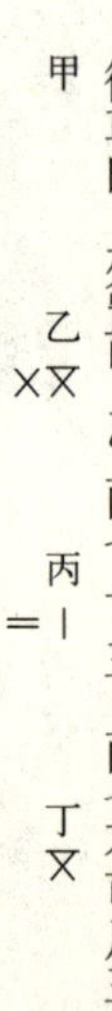

乙之差不可爲三，亦以三因下位，生甲差。

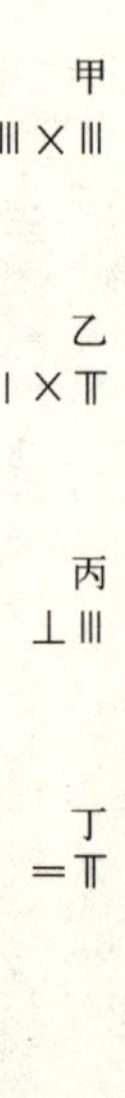

副併四差，得五百八十，爲法。以所均之錢，各乘列衰。以法除之。合問。

清・勞乃宣《古籌算考釋》卷三《衰分》　此以連比例爲衰者也。【略】置一於右行下，以前衰七乘之，得七。置於其上。又以七乘之，得四十九。又置於上。又以七乘之，得三百四十三。又置於上。共四人分，則乘至四層爲止。置一於左行之上，以後衰三乘之，得三。置於其下。又以三乘之，得九。又置於下。又以三乘之，得二十七。又置於下。亦乘至四層爲止。左右兩行對列，而空其中行。以左右相對兩數相乘，得數，置於中。第一層左一，右三百四十三，相乘得三百四十三。第二層左三，右四十九，相乘得一百四十七。第三層左九，右七，相乘得六十三。第四層左二十七，右一，相乘得二十七。收去左右兩行，其中行即爲甲、乙、丙、丁列衰。副并得五百八十，爲法。以九百二十八貫乘未併者，甲得三萬一千八百三十萬〇四千，乙得一萬三千六百四十一萬六千，丙得五千八百四十六萬四千，丁得二千五百〇五萬六千，各自爲實。以法五百八十除之，甲得五百四十八貫八百文，乙得二百三十五貫二百文，丙得一百貫〇〇八百文，丁得四十三貫二百文。

列左右兩行式

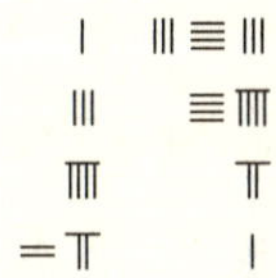

對乘得中行數式

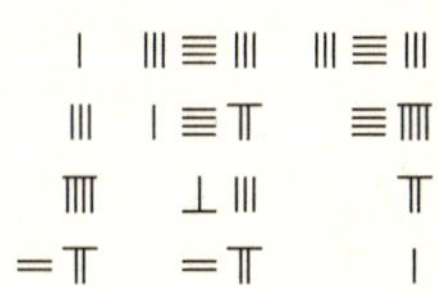

乘列衰得數式

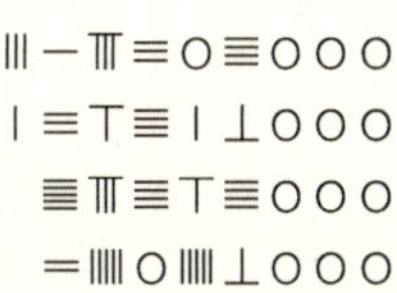

收左右行中爲列衰式

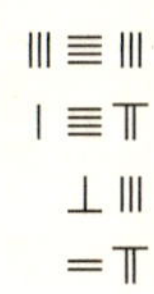

以法除實得各數式

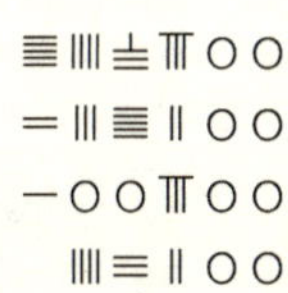

副并爲法式

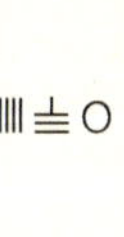

元·朱世傑《筭學啓蒙》卷中《求差分和門》　今有雞、兔一百，共足二百七十二隻。只云雞足二，兔足四，問雞、兔各幾何。

答曰：雞六十四隻，兔三十六個。

術曰：列一百，以兔足乘之，得數。內減共足，餘一百二十八，爲實。列雞、兔足，以少減多，餘二。爲法而一，得雞。反減一百，即兔。合問。

又術曰：倍一百，以減共足。餘，半之，即兔也。

元·丁巨《丁巨筭法》　置共一百，以四乘之，得四百。與總足相減，餘一百二十八。折半，得雞數。反減，得兔。倍一百，得二百。減總足，餘七十二。折半，得兔。反減，得雞，亦通。

清·王鑒《筭學啓蒙述義》　案：以兔足乘共數，是將數內雞足化爲兔足矣。以共足減之，所餘者必爲若干雞足不及兔足之共較數。故以較足二除之，得雞也。又術係以雞足乘共數，是將數內兔足化爲雞足。以減共足所餘者必爲若干兔足多於雞足之共較數。故以較足二除之，得兔也。試以圖證之。如

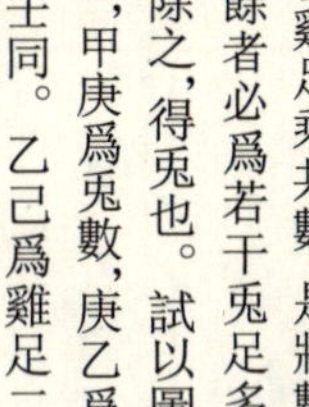

圖：甲乙爲雞、兔共數，甲庚爲兔數，庚乙爲雞數。甲丙爲兔足四，庚丁、乙壬同。乙己爲雞足二，庚戊、甲辛同。甲丙丁庚形爲兔足共數，庚戊己乙形爲雞足共數，合之爲共足數。己壬爲雞、兔足較二，戊丁、辛丙同。以甲丙兔足乘甲乙共數，得甲丙壬乙形。較共足甲丙丁庚形與庚戊己乙形和多一戊丁壬己形。此戊丁壬己形係己壬雞、兔足較乘戊己共雞之數。蓋戊己即庚乙也。故以較足二除之，得雞。又術以乙己雞足乘甲乙共數，得甲辛己乙形。較共足甲丙丁庚形與庚戊己乙形和少一辛丙丁戊形。此辛丙丁戊形係戊丁較足乘辛戊共兔之數。蓋辛戊即甲庚也。故以較足二除之，得兔也。

清·徐鳳誥《筭學啓蒙通釋》　按：《孫子算經》雞兔同籠術云：倍頭，減足，餘半之，即兔。亦更數比例也。以雞足減兔足，餘二足。與一雞之比，即知二百七十二減四百餘一百二十八，即若干雞之比也。

一率　二
二率　一
三率　一百二十八足
四率　六十四雞　以減共數，即兔也。

清·勞乃宣《古籌算考釋》卷三《衰分》　此所謂貴賤衰分也。雞足二，猶賤價也。兔足四，猶貴價也。共足數，猶共價也。雞兔共數，猶共物也。匿價衰分，有兩物之分數與共數，有兩價之較，求兩價。貴賤衰分，有兩價與共價，有兩物之共數，求其分數，與二色匿價法略同，但以相減爲法耳。舊法亦不取列衰，今仍以列衰法演之，以歸一律。置雞足二，兔足四，於位。互易其上、下，令四爲雞衰，二爲兔衰，是爲列衰。以兩列衰相減，得二。副置之，爲法。以雞兔共數一百偏乘列衰：雞衰得四百，兔衰得二百。又偏以共足數二百七

十二與之相減，上得一百二十八，爲雞實。下得七十二，爲兔實。以法二除雞實，得六十四，爲雞數。除兔實，得三十六，爲兔數。

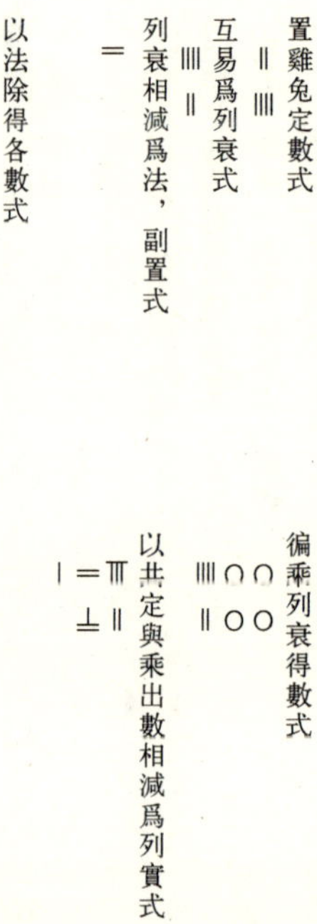

元·朱世傑《筭學啓蒙》卷中《求差分和門》　今有竹七節，下二節容米三升，上三節容米二升。問中二節及逐節各容幾何。

答曰：下初一升二十七分升之十六，次一升二十七分升之十一，次一升二十七分升之六，次一升二十七分升之一，次二十七分升之二十三，次二十七分升之十八，次二十七分升之十三。

術曰：依圖布筭：

三升　二升

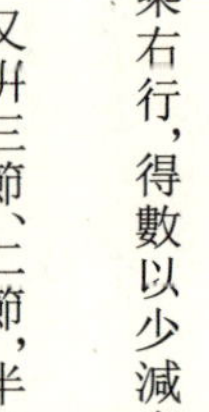

二節　三節

左行互乘右行，得數以少減多，餘五，爲差實。乃逐節差數也。分母相乘得六，爲乘法。又併三節、二節，半之，得二節半。以減七節，餘四節半。以分母六乘之，得二十七，爲法。乃一升之分母。實如法而一，得一升，即衰相去也。列二十七，以三升乘之，得八十一。加差五，得八十六。半之，得一升二十七分升之十六，乃是下初節所容之數。遞減逐節差，即得。合問。

清·王鑒《筭學啓蒙述義》　案：下二節容米三升，其停數爲二除三升之數。上三節容米二升，其中一節數爲三除二升之數。互乘後則同其母於六。下二節之停數爲六除九升之數。上三節之中一節數爲六除四升之數。相減餘六除五升之數。夫上三節之中一節恰當一節之處。而下二節之停數在下初一節距次節之閒，但能作半節論。所餘六除五升數，乃自下初半節至上三節之中一節相距之差實，即四節半之差實。合以四節半除之，得一差。但此數本寄六爲分母，故以六乘四節半，得二十七，爲一升之分母，則一差之數二十七分升之五也。又案：上末一節之數但有本數，逐節皆有此數，以次遞加一差耳。玆將逐節所容之數列衰於左，使學者按圖而得其理焉。

節	右本數	差
下　節	二十七分之十三	右五差：二十七分之五　二十七分之五　二十七分之五　二十七分之五　二十七分之五
第二節	二十七分之十三	右四差：二十七分之五　二十七分之五　二十七分之五　二十七分之五
第三節	二十七分之十三	右三差：二十七分之五　二十七分之五　二十七分之五
第四節	二十七分之十三	右二差：二十七分之五　二十七分之五
第五節	二十七分之十三	右二差：二十七分之五
第六節	二十七分之十三	右一差：二十七分之五
上　節	二十七分之十三	

上三節之中一節本是六分升之四。以四節半通之，得二十七分升之十八。析之爲一箇二十七分之十三，一箇二十七分之五。下二節之停數本是六分升之九，以四節半通之，得二十七分升之四十單半，析之爲一箇二十七分之十三，五箇半二十七分之五。以上三節之中一節數減之，餘四箇半二十七分之五，乃四箇半差數。以四節半除之，得二十七分之五，爲一差。求得二十七分之五，爲一差，則以下二節所容之三升，以分母二十七通之，加一差五折半，得下初一節數。蓋下初一節數較次節多一差，於下二節共數内加一差，爲倍下初一節數。故半之，得下初一節數也。

凡數之遞加，得各層者，任取此層，與彼層相減，所餘者必爲自此層至彼層相距層數之差實。蓋此層與彼層所多之數，本是遞加一差而得也。

清·徐鳳誥《筭學啓蒙通釋》　按：此題左、右互乘，得數者，上六節容四升，合以六除之，爲上三節之中數，即《九章》所云「定率」也。下六節容九升，上、下相減，餘五升，爲下六節所共差之數。合以六除之，爲下二節差之中數。又以四節半除之，爲一差之數。皆不除，寄爲母，則一差之數便爲二十七分升之五。半差必爲二十七分升之二半。今下節容三升，平分之，必爲升半。加半差二十七分升之二半，以分母二十七通一升半，爲四十零半。加半差二半，得四十三。以分母二十七約之得一升又二十七分升之十六。逐節減二十七分升之五，即得。如圖上三節一二三，其中數如甲，即定率也。其下六節、七節之中數，如乙節六七中分之數也。甲之乙其差數，所以只有四節半。以此爲除法，則得一差之數。下第一節加半差，第二節減半差，以上則遞減一差，即爲各節數。

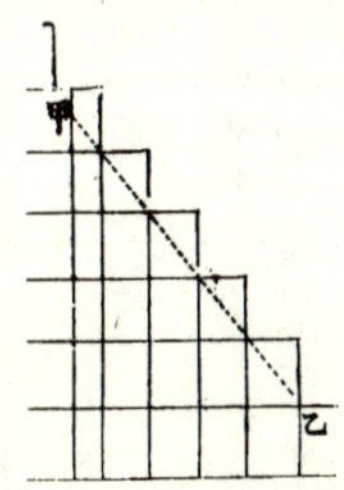

元・朱世傑《算學啓蒙》卷中《差分均配門》 今有甲、乙、丙共分息錢四十五貫三十六文，甲元錢五十八貫，乙元錢四十五貫，丙元錢三十六貫。問各分息錢幾何。

答曰：甲一十八貫七百九十二文，

乙一十四貫五百八十文，

丙一十一貫六百六十四文。

術曰：列甲元錢五十八貫，以息錢四十五貫三十六文乘之，得二千六百一十二貫八十八文。又列乙元錢四十五貫，以四十五貫三十六文乘之，得二千二十六貫六百二十文。又列丙元錢三十六貫，亦以四十五貫三十六文乘之，得一千六百二十一貫二百九十六文。各列爲實。併各人元錢，共得一百三十九貫，爲法。實如法而一，各得分錢之數。合問。

清・王鑒《算學啓蒙述義》 案：共息錢係甲、乙、丙元錢每貫之共息，當以甲、乙、丙共元錢除之，得每貫之息錢。然後各以元錢乘之，得各息錢。今先乘後除，其理一也。

清・徐鳳誥《算學啓蒙通釋》 按：差分即《九章》衰分。西法所設按分通析比例也。今于以下各術均立比例式以明之。

一率　一百三十九千文

二率　甲五十八千文

乙四十五千文

丙三十六千文

三率　四十五千三十六文

四率　甲十八千七百九十二文

乙十四千五百八十文

丙十一千六百六十四文

元・朱世傑《算學啓蒙》卷中《差分均配門》 今有甲、乙、丙出絲，織羅五十四匹二丈四尺。甲絲九斤八兩，乙絲八斤一十兩，丙絲七斤六兩。問各分羅幾何。匹法二十六尺。

答曰：甲二十四匹一丈二尺，乙一十八匹一丈五尺，丙一十五匹二丈三尺。

術曰：置羅全匹，通尺內子，得一千四百二十八丈。各以元絲通兩內子乘之，甲得二十一萬七千五十六，乙得一十九萬七千六十四，丙得一十六萬八千五百四，各爲列實。併各人絲，得四百八兩，爲法。各實如法而一，即得。各以匹法約之。合問。

清・王鑒《算學啓蒙述義》 案：此與分息錢同術。當先以甲、乙、丙共絲除織羅數，得一兩絲所織之羅。各以出絲數乘之，得各分羅。今先乘後除，一也。

清・徐鳳誥《算學啓蒙通釋》

一率　二十五斤半　即四百零八兩也。

二率　甲絲九斤半

乙絲八斤六二五

丙絲七斤三七五

三率　五十四匹二丈四尺　通分內子，得一千四百二十八(文)[尺]

四率　甲五十二丈二尺　匹法收之，得二十四匹一丈二尺。

乙四十八丈三尺　匹法收之，得十八匹一丈五尺。

丙四十一丈三尺　匹法收之，得十五匹二丈三尺。

元・朱世傑《算學啓蒙》卷中《差分均配門》 今有甲、乙、丙共分米三十三碩八升，須令甲四，乙三，丙一分之。問各幾何。

答曰：甲一十六碩五㪷四升，

乙一十二碩四㪷五合，

丙四碩一㪷三升五合。

術曰：各以分率乘共米，甲得一千三百二十三分二厘，乙得九百九十二分四厘，丙得三百三十分八厘，各爲列實。併各人分率，得八，爲法。各實如法而一，得合問。

清・王鑒《算學啓蒙述義》 案：甲四分，乙三分，丙一分，共得八分。是甲得米八分之四，乙得米八分之三，丙得米八分之一。當以八除共米，得數爲一分。以各人分率乘之，得各人米數。今亦用先乘後除法。

清・徐鳳誥《筭學啓蒙通釋》 按：此以四、三、一併爲八，與各分數之比，即知共米數與各米數之比也。

一率　八
二率　甲四
　　　乙三
　　　丙一
三率　三十三石零八升
四率　甲十六石五斗四升
　　　乙十二石四斗五合
　　　丙四石一斗三升五合

元・朱世傑《筭學啓蒙》卷中《差分均配門》 今有甲、乙、丙共分錢七十一貫九百文。只云乙如甲五分之三，却多如丙錢一貫八百文。問各得幾何。

答曰：甲三十三貫五百文，乙二十貫一百文，丙一十八貫三百文。

術曰：列共分錢，内虚加一貫八百，得七十三貫七百，爲實。併各人分率，得一十一，爲法而一，得六貫七百爲一分之率。副置上位五之，得甲錢。下位三之，得乙錢。乙錢内減一貫八百，餘即丙錢。合問。

清・羅士琳《筭學啓蒙坿釋》 案：乙如甲五分之三，却多如丙錢一貫八百。今既虚加多丙錢一貫八百，則是丙與乙等，各爲三分，甲獨爲五分。故并甲、乙、丙三人分率，得一十一分。

清・王鑒《筭學啓蒙述義》 案：乙得甲五分之三，則甲得五分，乙得三分。併之，得八分。丙少於乙一貫八百。今欲使丙亦爲三分，故於共錢内虚加一貫八百，爲實。而丙亦爲三分，併之，得十一，爲法，求得一分之數。故五之，得甲錢。三之，得乙錢。於乙錢内減一貫八百，得丙錢也。

清・徐鳳誥《筭學啓蒙通釋》

一率　十一
二率　甲五
　　　乙三
　　　丙三
三率　共錢加一千八百　得七十三千七百文。
四率　甲三十三千五百文
　　　乙二十千一百文
　　　丙二十千一百文　減一千八百，即十八千三百文。

元・朱世傑《筭學啓蒙》卷中《差分均配門》 今有甲、乙、丙相合查鹽，甲三千六百五十引，乙二千一百五十引，丙一千九百五十引。今鹽不敷，止查得四千六百五十引。問各人分鹽幾何。

答曰：甲二千一百九十引，乙一千二百九十引，丙一千一百七十引。

術曰：各列元引，以止查鹽數乘之，甲得一千六百九十七萬二千五百，乙得九百九十九萬七千五百，丙得九百六萬七千五百，各爲列實。併各人元引，得七千七百五十，爲法。各實如法而一。合問。

清・王鑒《筭學啓蒙述義》 案：此亦與分息、織羅同術。當先併各元引數，除止查引數，得一引折成之實數。然後各以元引乘之，得分鹽數。今亦用先乘後除也。

清・徐鳳誥《筭學啓蒙通釋》

一率　七千七百五十
二率　甲三千六百五十
　　　乙二千一百五十引
　　　丙一千九百五十引
三率　四千六百五十引
四率　甲二千一百九十引
　　　乙一千二百九十引
　　　丙一千一百七十引

元・朱世傑《筭學啓蒙》卷中《差分均配門》 今有銀一秤一斤十兩，令甲、乙、丙從上作折半差分之。問各得幾何。

答曰：甲一百五十二兩，乙七十六兩，丙三十八兩。

術曰：置銀，通兩内子，得二百六十六兩，爲實。併各人分數，得七，爲法。實如法而一，得丙銀。倍之，爲乙銀。又倍，即甲銀。合問。

清・王鑒《筭學啓蒙述義》 案：以七爲法者，設丙爲一分。乙倍之，爲二分。甲又倍之，爲四分。合之，得七分。以除共銀，得一分之銀，即丙分銀。倍之，爲乙。又倍，爲甲也。

清・徐鳳誥《筭學啓蒙通釋》

一率　七

二率　甲四

乙二

丙一

三率　二百六十二兩

四率　甲一百五十二兩

乙七十六兩

丙三十八兩

元・朱世傑《筭學啓蒙》卷中《差分均配門》　今有甲、乙、丙、丁分絲五百四十四斤，從上作四六差分之。問各得幾何。

答曰：甲二百五十斤，

乙一百五十斤，

丙九十斤，

丁五十四斤。

術曰：置甲率一千，以六因之，得六百，爲乙率。又六因，得三百六十，爲丙率。又六因，得二百一十六，爲丁率。四位共併，得二千一百七十六，爲法。列共絲，通兩，以一千乘之，得八百七十萬四千，爲實。實如法而一，得四千兩，爲甲絲。六之，得乙絲二千四百兩。又六之，得丙絲一千四百四十兩。又六之，得丁絲八百六十四兩。各以斤率約之。合問。

清・王鑒《筭學啓蒙述義》　案：此設率也。置甲爲一千者，取其遞爲六折之，後仍得整數也。併諸率，爲二千一百七十六。是甲得共絲二千一百七十六分之一千，乙得共絲二千一百七十六分之六百，丙得共絲二千一百七十六分之三百六十，丁得共絲二千一百七十六分之二百一十六。以一千乘共絲，是以甲分數乘之也。故以全分除之，得甲絲。六折，得乙絲。又六折，得丙絲。又六折，得丁絲。若以各分率乘共絲，爲實。各以全分除之，亦可徑得乙、丙、丁絲數。

清・徐鳳誥《筭學啓蒙通釋》　按：此即六折差分也。

一率　二千一百七十六

二率　一千

六百

三百六十

二百一十六

三率　絲五百四十四斤

四率　甲二百五十斤

乙一百五十斤

丙九十斤

丁五十四斤

元・朱世傑《筭學啓蒙》卷中《差分均配門》　今有官紬絲四千八百六十斤，欲織西錦。令甲、乙、丙、丁、戊、己六局從上作二八差分之。其錦每匹用絲二斤四兩。問分絲、織錦各幾何？匹法三十二尺。

答曰：甲絲一千三百一十七斤四百二十七分斤之一百四十，

錦五百八十五匹一丈五尺四百二十七分尺之一百五十五。

乙絲一千五十三斤四百二十七分斤之三百六十九，

錦四百六十八匹一丈二尺四百二十七分尺之一百二十四。

丙絲八百四十三斤四百二十七分斤之三十九，

錦三百七十四匹二丈二尺四百二十七分尺之二百七十。

丁絲六百七十四斤四百二十七分斤之二百二，

錦二百九十九匹二丈四尺四百二十七分尺之二百一十六。

戊絲五百三十九斤四百二十七分斤之二百四十七，

錦二百三十九匹二丈六尺四百二十七分尺之二。

己絲四百三十一斤四百二十七分斤之二百八十三，

錦一百九十一匹二丈七尺四百二十七分尺之八十七。

術曰：置甲率一十萬，乙率八萬，丙率六萬四千，丁率五萬一千二百，戊率四萬九百六十，己率三萬二千七百六十八，爲差。副併，得三十六萬八千九百二十八，爲法。以絲四千八百六十斤乘未併者：甲得四億八千六百萬，乙得三億八千八百八十萬，丙得三億一千一百四萬，丁得二億四千八百八十三萬二千，戊得一億九千九百六萬五千六百，己得一億五千九百二十五萬二千四百八十，各爲列實。各實如法而一。不滿法者，各以八百六十四約之，各得分絲之數也。

清・王鑒《筭學啓蒙述義》　案：此亦設率也。以十萬爲甲分率，以次遞爲八折，得各分率。併各分率，爲全分。各以分率乘共絲，爲實。以全分爲法，求得各分絲。其不滿法，各以八百六十四約之者，求得約法爲八百六十四也。詳之分齊同門第一問。

又　案：其錦每匹用絲二斤四兩，則於分絲數內每減二斤四兩，得錦一匹。但分絲之數帶有分子，必須通分。是分絲之數已化爲四百二十七倍，則爲法之數亦當加四百二十七倍。故分母乘三十六爲法也。但此係求得匹數，其不滿法者，是不滿一匹之數也。故以匹法通之，爲尺。仍不滿法，則用約分法命之也。

清・徐鳳誥《筭學啓蒙通釋》　按：八百六十四者，法實求等之數也。

《筭學啓蒙》求錦者，置二斤，通兩內子，得三十六兩。以分母四百二十七乘之，得一萬五千三百七十二，爲法。各列絲，通分內子，得數，各以十六乘之：甲得九百萬，乙得七百二十萬，丙得五百七十六萬，丁得四百六十萬八千，戊得三百六十八萬六千四百，己得二百九十四萬九千一百二十，各自爲實。實如法而一，得匹實。不滿法，以匹法三十二乘之，如前法而一，得尺。不滿法者，各以三十六約之。合問。

又

一率　一萬五千三百七十二

二率　一匹

三率　各列絲　通分內子，又十六乘之。

四率　各匹數　不滿法者，以三十二乘之，如前法而一，得尺數。

元・朱世傑《筭學啓蒙》卷中《差分均配門》　今有某州所管九等税户：甲等三百六十四户，乙等三百九十六户，丙等四百三十二户，丁等五百七十户，戊等五百八十四户，己等六百七十六户，庚等八百五十户，辛等九百二十户，壬等一千六百八户。今科粮六萬五千六百六十四碩，今作等數各差一碩六㪷配之。問每户及逐等各幾何。

答曰：甲每户一十八碩五㪷三升二合半。三百六十四户，共六萬七千四百五十八㪷三升。

乙每户一十六碩九㪷三升二合半。三百九十六户，共六萬七千五十二㪷七升。

丙每户一十五碩三㪷三升二合半。四百三十二户，共六萬六千二百三十六㪷四升。

丁每户一十三碩七㪷三升二合半。五百七十户，共七萬八千二百七十五㪷二升半。

戊每户一十二碩一㪷三升二合半。五百八十四户，共七萬八百五十三㪷八升。

己每户一十碩五㪷三升二合半。六百七十六户，共七萬一千一百九十九㪷七升。

庚每户八碩九㪷三升二合半。八百五十户，共七萬五千九百二十六㪷二升半。

辛每户七碩三㪷三升二合半。九百二十户，共六萬七千四百五十九㪷。

壬每户五碩七㪷三升二合半。一千六百八户，共九萬二千一百七十八㪷六升。

術曰：列甲等户三百六十四，八之，得二千九百一十二。列乙等户三百九十六，七之，得二千七百七十二。列丙等户四百三十二，六之，得二千五百九十二。列丁等户五百七十，五之，得二千八百五十。列戊等户五百八十四，四之，得二千三百三十六。列己等户六百七十六，三之，得二千二十八。列庚等户八百五十，倍之，得一千七百。列辛等户九百二十，以一因之，得九百二十。共併八位，得一萬八千一百一十。以差一碩六㪷乘之，得二十八萬九千七百六十，爲抛差。併共户，得六千四百。以率户粮一十碩二㪷六升乘之，若是均科，每户得一十碩二㪷六升也。得六十五萬六千六百四十。內減抛差，餘三十六萬六千八百八十，爲實。以共户六千四百爲法。實如法而一，得壬等每户之數。各加差一碩六㪷，得逐等每户之粮數。求各等共粮者，以各户粮數乘其各等之户。合問。

清・王鑒《筭學啓蒙述義》　案：率户粮一十碩二㪷六升，是共户六千四百均分六萬五千六百六十四碩之數也。而六萬五千六百六十四碩本是應科之數。因欲以一碩六㪷爲差，故於應出數內減去抛差，使各等户之粮皆同於壬等户。故以共户除之，得壬等一户之數。然後遞加一差，得各等户之數。而遞加之共數即所減抛差數，故各等户之共粮仍與應科之數相符也。其抛差數及共户乘均科數，俱係以㪷率爲乘法。故俱加十倍。觀於一十碩二㪷六升乃共户，除六萬五千六百六十四碩。所得數今還源，變爲六十五萬六千六百四十，其爲用斟率，爲乘法無疑也。

元·朱世傑《筭學啓蒙》卷中《差分均配門》 今有某縣配粟一萬八百七十碩八升於上、中、下三鄉。從上作折半差配之。謂如上鄉六碩，中鄉三碩，下鄉一碩五斗。又上鄉三等作九一折，中鄉三等作二八折，下鄉三等作三七折。上鄉上等五十六户，中等七十四户，下等九十八户。中鄉上等八十二户，中等一百二十户，下等一百六十户。下鄉上等九十五户，中等一百七十二户，下等一百八十户。問三鄉九等各粟幾何。

答曰：上鄉：二百二十八户，共五千二百五十一碩四斟八升。

上等每户二十六碩。五十六户，共一千四百五十六碩。

中等每户二十三碩四斟。七十四户，共一千七百三十一碩六斟。

下等每户二十一碩六升。九十八户，共二千六十三碩八斟八升。

中鄉：三百六十二户，共三千六百四十五碩二斟。

上等每户一十三碩。八十二户，共一千六十六碩。

中等每户一十碩四斟。一百二十户，共一千二百四十八碩。

下等每户八碩三斟二升。一百六十户，共一千三百三十一碩二斟。

下鄉：四百四十七户，共一千九百七十三碩四斟。

上等每户六碩五斟。九十五户，共六百一十七碩五斟。

中等每户四碩五斟五升。一百七十二户，共七百八十二碩六斟。

下等每户三碩一斟八升半。一百八十户，共五百七十三碩三斟。

術曰：列配粟，以一萬乘之，得一十億八千七百萬八千，爲實。併九等户分數，得四百一十八萬八百，爲法。實如法而一，得上鄉上等每户之數。折半，得中鄉上等每户之數。又折半，得下鄉上等每户之數。上鄉遞用九因，中鄉遞用八因，下鄉遞用七因，各得逐等每户之數也。

草曰：先列上鄉上等五十六户，以一萬乘之，得五十六萬。又列中等七十四户，以九千乘之，得六十六萬六千。又列下等九十八户，以八千一百乘之，得七十九萬三千八百。又列中鄉上等八十二户，以五千乘之，得四十一萬。又列中等一百二十户，以四千乘之，得四十八萬。又列下等一百六十户，以三千二百乘之，得五十一萬二千。又列下鄉上等九十五户，以二千五百乘之，得二十三萬七千五百。又列中等一百七十二户，以一千七百五十乘之，得三十萬一千。又列下等一百八十户，以一千二百二十五乘之，得二十二萬五百。九位共併，得四百一十八萬八百，爲法。列配粟一萬八百七十碩八升，以一萬乘之，得一十億八千七百萬八千，爲實。實如法而一，得二十六碩，乃上鄉上等每户之數。九因，得二十三碩四斟，乃中等每户之數。又九因，得二十一碩六升，乃下等每户之數。又列上鄉上等每户粟二十六碩，折半，得一十三碩，乃中鄉上等每户之數。八因，得一十碩四斟，乃中等每户之數。又八因，得八碩三斟二升，乃下等每户之數。又列中鄉上等每户粟一十三碩，折半，得六碩五斟，乃下鄉上等每户之數。七因，得四碩五斟五升，乃中等每户之數。又七因，得三碩一斟八升五合，乃下等每户之數。各以每户之率乘其各等之户，自得共粟。合問。

清·王鑒《筭學啓蒙述義》 案：此設分數以配之也。設上鄉上等爲一萬者，取其遞折，仍得整數也。併各分數爲全分，各以分數乘配粟數，以全分除之，得各等每户之數。今以上鄉之上等分數乘配粟，故以全分除之，得上鄉上等每户之數也。

元·舒天民《六藝綱目》卷下 衰分法曰：各列置衰，副併爲法，㠯所分乘未併者各自爲列實，㠯法除之。不滿法者，㠯法命之。

又 上法先乘後除，又法先除後乘。法曰：各列置衰，副併爲法，除所分，得數，㠯乘未併者。

又 假如稟穀二百四十九斛，有一公三侯五伯七子九男，等衰減半頒分之。

公，人得四十八斛。

侯，人二十四，共得七十二斛。

伯，人十二斛，共得六十斛。

[子]，人六斛，共得四十二斛。

男，人三斛，共得二十七斛。

艸曰：㠯所分穀爲實，㠯男爲九分之乘子爲十四部七也。注 此文有脱誤，疑當云「以男九分之一乘子爲十四倍，七也。」四乘伯爲二十，又八乘侯爲二十四，十六乘公即爲十六，爲一公也。是爲列衰。副併爲八十三分，爲法。除實得三斛，乃一男之穀也。九乘，得男共數。倍三斛，乃一子之穀。七乘，得子共數。伯以上放此。此爲稟稅貴賤也。

又　假如公、侯、伯、子、男凡五人，以爵高下均五鹿。

公一鹿三分鹿之二，

侯一鹿三分鹿之一，

伯一鹿，

子(鹿)三分[鹿]之二，

男(鹿)二分[鹿]之一。

艸曰：公五，侯四，伯三，子二，男一爲列衰。併之，得十五。以所分五鹿乘未併公五，侯四，伯三，子二，男一。目法十五除之，即得。此亦因上法而推之。

元·安止齋《詳明筭法》　今有銀五十七兩几錢，每銀一錢買桃子一百六十四箇，每銀一錢買李子一百二十八箇。共賣得桃、李八萬三千二百二十箇，問各用銀及桃、李各幾何。

荅曰：銀三十二兩六錢，買李四萬一千七百二十八箇。

銀二十五兩三錢，買桃四萬一千四百九十二箇。

法曰：置銀總數，以桃一百六十四箇乘之，得九萬四千九百五十六箇。於內減訖桃、李共數，餘一萬一千七百三十六箇。別置桃一百六十四箇，於內減訖李一百二十八箇，餘三十六箇，爲法。却以法除共數一萬一千七百三十六箇，得三十二兩六錢，是買李之銀。於共銀內減訖買李銀，餘二十五兩三錢，是買桃之銀。却以一錢買到李箇數乘買李之銀，得李總價。桃價倣此。

佚名《透簾細草》　今有官庫帳管省錢，與七十二陌錢，共二百七十三貫七百五十文。爲年深索子爛斷，共穿排得足陌錢二百六貫四百七十文。問元、本二色錢各多少。

荅曰：省錢一百八十七貫四百文，七十二陌錢八十六貫三百五十文。

法曰：置共管錢數，以七十七乘之，一百約之，得二百一十貫七百八十七文五分。內減了共排得錢，餘有四貫三百一十七文五分，爲實。又以七十二減七十七，餘五文，爲法。除之，爲百，得八十六貫三百五十文，爲七十二陌錢。以反減元管钱數，其餘即省錢。合問。

又　今有麻、麥共三十八石七斗二升，總糴鈔五十九兩二錢四分九釐七毫。麻每斗價鈔一錢八分五釐。麥每斗價一錢三分六釐。問麻、麥之各數并該鈔幾何。

荅曰：麥二十五石二斗七升，該鈔三十四兩三錢六分七釐二毫。

麻一十三石四斗五升，該鈔二十四兩八錢八分二釐五毫。

法曰：置麻、麥共數，以麻斗價乘之，得七十一兩六錢三分二釐。於數內減訖總糴鈔，餘一十二兩三錢八分二釐三毫。別置麻斗價，於內減訖麥斗價，餘四分九釐爲法。以法除餘鈔一十二兩三錢八分二釐三毫，得麥數。於共數內減訖麥數，餘爲麻數。却以麥斗價乘麥數，得麥總價。麻總價倣此。

又　今有錢五百一十四貫七十六文，糴到粟、麥共八百一十一石三斗。麥每斗七十二文，粟每斗五十六文，問粟、麥各多少。

荅曰：麥三百七十三石四斗二升五合，粟四百三十七石八斗七升五合。

法曰：下粟、麥共數在地，以麥斗價七十二文乘之，得五百八十四貫一百三十六文。內減了米錢數，餘有七十貫六十文，爲實。以粟、麥斗價以少減多，餘有一十六文，爲法。除實，得四百三十七石八斗七升五合，爲粟數。反減共數，餘者爲麥數也。乃合前問。

元·丁巨《丁巨筭法》　今有雞三隻，價直二兩。鴨七隻亦直二兩。今持鈔一百兩，欲買二色各停。問雞、鴨各價多少。

荅曰：各買一百五隻。雞價七十兩，鴨價三十兩。

以鈔一百兩，以二十一乘之，得二千一百爲實。以二十爲法除之，得一百零五隻，乃雞鴨數也。求價者，倍雞數，三除之。倍鴨數，七除之也。

今有塩四千三百五十引，欲令大小船適等載之。只云大船三隻載五百引，小船四隻載三百引，問船及塩各載多少。

荅：各一十八隻。大船載三千引，小船載一千三百五十引。

列塩四千三百五十引，以十二乘之，得五萬二千二百爲實。以十五除之，得二千九百，爲法。除實，得大小船一十八隻也。求載塩者，五因大船數，三除之；三因小船數，四除之。

明·程大位《筭法統宗》卷一三《難題》　均舟載塩歌：四千三百五十塩，大小船隻要齊肩。五百塩裝三大隻，三百塩裝四小船。請問船隻多少數，每隻船載幾引塩。

荅曰：大船一十八隻，裝塩三千引。

小船一十八隻，裝塩一千三百五十引。

法曰：列置　四隻　三隻
　　　　　三百　五百　先以左上三隻互乘右下三百引，得九百。次以右上四隻互乘左下五百，得二千。併之，得二千九百，爲法。列置三，四，乘得一十二隻。以乘總塩，得五萬二千二百，爲實。以法除之，得十八，是大、小船數。先以大船塩五百因之，得九千。再以船三隻歸之，得塩三千引。又置小船一十八隻，以塩三百因之，得五千四百。又以船四隻歸之，得塩一千三百五十引。合問。

清・方中通《數度衍》卷一七《差分》 式八　大、小船數相等，共載鹽四千三百五十引。大船每三隻鹽五百。小船每四隻鹽三百。問船、鹽各共若干。

曰：大、小船俱十八隻。

大船共鹽三千，小船共鹽一千三百五十。

術：先令子、母互乘。【略】以三乘三百，得九百。以四乘五百，得二千。并，得二千九百，爲首率。兩母相乘，得十二，爲次率。總鹽爲三率，求出各船十八。再以兩母三、四爲各首率，兩子五百、三百爲各次率，以船數十八爲三率，求得各鹽數。

元・丁巨《丁巨算法》 今有芝麻、豆共六十三石六斗，共糴鈔四百五十八兩八錢五分。芝麻每斗九錢，黑豆每斗六錢，問二色各幾何。

荅：芝麻二十五石七斗五升，鈔二百三十一兩七錢五分。

黑豆三十七石八斗五升，鈔二百二十七兩一錢。

以共數與芝麻價相乘，得五百七十二兩四錢。與共鈔相減，餘一百一十三兩五錢五分，爲實。却以二價相減，餘三，爲法。除之，得三十七石八斗五升，爲黑豆數。反減共數，得芝麻數。

又　今有鈔二兩六錢三分，買核桃、雪梨共五百五十五箇。核桃一錢買一十二箇，雪梨一錢買三十箇，問桃、（李）［梨］各幾箇。

荅：桃一百五十六箇，鈔一兩三錢。

梨三百九十九箇，鈔一兩三錢三分。

以總鈔與核桃箇數相乘，得三百一十五箇六分。與核桃、梨共數相減，餘二百三十九箇四分，爲實。以三除之，折半，得梨數。反減，得桃數。此一法僅存旁通，不可爲例。要之，前法通例也。

今有甲乙藥二件，該六百九十五斤一十三兩，共賣鈔二千一百六十三兩六錢九分六毫二絲五忽。甲藥每斤三兩四錢五分，乙藥每斤二兩七錢五分，問二藥價各幾何。

荅：甲藥三百五十七斤七兩，鈔一千二百三十三兩一錢五分九釐三毫七絲五忽。

乙藥三百三十八斤六兩，鈔九百三十兩五錢三分一釐二毫五絲。

置共六百九十五斤八一二五，先以甲價乘之，得二千四百兩五錢五分三釐一毫二絲五忽。內減去共賣鈔二千一百六十三兩六錢九分六毫二絲五忽，得二百三十六兩八錢六分二釐五毫，爲實。以價相減，餘七分，爲法。除之，得三百三十八斤三分七釐五毫。加六零分，得六兩，爲乙藥斤數。反減共數，餘爲甲藥斤數。以各價乘之。

今有錢五萬三百四十六兩八錢，買茶一千引。只云末茶每引六十三兩八錢，葉茶每引四十六兩五錢，問二色各幾引。

荅：葉茶七百六十四引，末茶二百三十六引。

明・嚴恭《通原算法》 今有係官、民（田）［苗］共納正米四百七十一石四斗八升六合，共納過耗米二十六石五斗三合一抄五撮，問係官、民苗正、耗米各若干。

答曰：係官正米一百八十五石七斗四升三合，耗米六石五斗一合五撮。民苗正米二百八十五石七斗四升三合，耗米二十石二合一抄。

術曰：置正米總數，以七升乘之，得三十三石四合二抄。減去納過耗米二十六石五斗三合一抄五撮，餘得六石五斗一合五撮，爲實。却以民苗耗米七升減去係官耗米三升五合，餘三升五合，爲法。除之，得一百八十五石七斗四升三合，爲官正米。別置共該正米，以三升五合乘之，得一十六石五斗二合一抄。却以納過耗米（三）［二］十六石五斗三合一抄五撮減，餘得一十石一合五撮，爲實。仍以三升五合爲法。除之，得是民苗正米。依前法，各乘耗米。合前問。此貴賤相和一體。

又　今有米、麥共一千石，共該價一萬六千八百一十四兩七錢一分。只云米石價一十七兩二錢，麥石價一十四兩五錢，問米、麥各若干。

答曰：米八百五十七石三斗，麥一百四十二石七斗。

術曰：置米、麥共數，以米價乘之，得一萬七千二百兩。減去共價，餘有三百八十五兩二錢九分，爲實。米、麥價相減，餘一兩七錢，爲法。除之，得麥數。別置米、麥共數，以麥價乘之，得一萬四千五百兩。却以共價減，餘二千二百一十四兩七錢一分。仍以二兩七錢爲法除之，得數。合前問。

又 今有大魚一斤直錢二兩，小魚七斤直錢五兩。今買魚一百斤，價錢八十七兩五錢，問大、小魚各若干。

答曰：大魚一十二斤半，小魚八十七斤半。

術曰：置魚一百斤，以二兩乘之，得二百兩。減去八十七兩五錢，餘有一百一十二兩五錢。以七斤乘之，得七百八十七兩五錢，爲實。却以小魚七斤，以二兩乘之，得一十四兩。減去五兩，餘九兩，爲法。除之，得小魚數。別置魚一百斤，以五兩乘之，得五百兩。又置錢八十七兩五錢，以七斤乘之，得六百一十二兩五錢。減去五百兩，餘一百一十二兩五錢。仍以九兩爲法，除之，得大魚數。合前問。

又 今有雉、兔同籠，上有二十五頭，下有六十四足，問雞、兔各若干。

答曰：雞一十八箇，兔七箇。

術曰：上置頭，下置足。半其足，以足減頭，以頭減足。

明·吴敬《九章筭法比類大全》卷三《衰分》 衰分：法曰：各列置衰，各自排列所求等次多寡之位。列相與率也。有分者，率無分者非。重則可約。數重疊者，以約分法約之。位簡而易求分，不重者勿用。副併爲法。併列衰之數。以所分乘未併者，各自爲列實。以法除之，不滿法者，以法命之。以法命實數，可約者約之。古人謂衰等位繁，故立此法分也。

又 比類 合率差分：今有甲、乙、丙、丁、戊五人，甲出鈔三百八十七貫，乙出鈔三百二十三貫，丙出鈔二百八十五貫，丁出鈔二百六十六貫，戊出鈔二百三十九貫，販到油一車，共賣到鈔一千八百七十五貫。問各得本利幾何。

荅曰：甲得四百八十三貫七百五十文，乙得四百三貫七百五十文，丙得三百五十六貫二百五十文，丁得三百三十二貫五百文，戊得二百九十八貫七百五十文。

法曰：各列置衰，甲三百八十七貫，乙三百二十三貫，丙二百八十五貫，丁二百六十六貫，戊二百三十九貫。副併，得一千五百貫，爲法。以所分一千八百七十五貫乘未併者，各自爲列實，甲得七十二万五千六百二十五貫，乙得六十万五千六百二十五貫，丙得五十三万四千三百七十五貫，丁得四十九万八千七百五十貫，戊得四十四万八千一百二十五貫。以法一千五百貫除之。合問。

又 今有甲出絲五斤八兩，乙出絲四斤三兩，丙出絲三斤一兩，丁出絲二斤十四兩，共織得絹一十二疋二丈。問各人得絹幾何。

荅曰：甲四疋一丈六尺，乙三疋一丈四尺，丙二疋一丈八尺，丁二疋一丈二尺。

法曰：各列置衰，甲五斤八兩，乙四斤三兩，丙三斤一兩，丁二斤十四兩，各通爲兩。副併，得二百五十兩，爲法。以所分絹一十二疋，以疋法通，得四十八丈。加零二丈，共五十丈，乘未併者，各自爲列實，甲得四千四百，乙得三千三百五十，丙得二千四百五十，丁得二千三百兩。以法除之。合問。

又 今有甲、乙、丙、丁四人共支塩，甲四千三百六十引，乙三千七百八十引，丙三千三百四十引，丁二千五百二十引。今塩不敷，先共支九千一百引。問各得幾何。

荅曰：甲二千八百三十四引，乙二千四百五十七引，丙二千一百七十一引，丁一千六百三十八引。

法曰：各列置衰，甲四千三百六十，乙三千七百八十，丙三千三百四十，丁二千五百二十引。副併，得一万四千，爲法。以所有塩九千一百引乘未併者，甲得二千九百六十七万六千，乙得三千四百三十九万八千，丙得三千三十九万四千，丁得二千二百九十三万二千，各自爲列實。以法除之。合問。

又 今有官輸米一百三十六石，各於甲、乙、丙、丁富户内照依税粮多寡而均差。甲有粮二百八十七石，乙有粮二百三十六石，丙有粮一百六十八石，丁有粮一百四十九石。問各該米幾何。

荅曰：甲四十六石一百五分石之四十九，乙三十八石一百五分石之二十二，丙二十七石一百五分石之二十一，丁二十四石一百五分石之一十三。

法曰：各列置衰，甲二百八十七石，乙二百三十六石，丙一百六十八石，丁一百四十九石。副併，得八百四十石，爲法。以所輸米一百三十六乘未併者，甲得三万九千三十二，乙得三万二千九十六，丙得二万二千八百四十八，丁得二万二百六十四，各自爲列實。以法各除之，不滿法者，以法約之。合問。

又 今有官差夫二百五十名，今五區照粮多寡均差：甲區粮一千五百七十五石，乙區粮一千四百二十五石，丙區粮一千三百五十石，丁區粮一千一百二十五石，戊區粮七百七十五石。問各區差夫幾何。

荅曰：甲區六十三名，乙區五十七名，丙區五十四名，丁區四十五名，戊區三十一名。

法曰：置各區粮数爲衰，副併，得六千二百五十，爲法。以所差夫二百五十名乘未併者各自爲實：甲得三十九万三千七百五十，乙得三十五万六千二百五十，丙得三十三万七千五百，丁得二十八万一千二百五十，戊得一十九万三千七百五十。以法六千二百五十除之，得数。合問。

又 今有錢九十五貫九百二十八文，欲糴米、麥、豆三色，須用一分米，二分麥，三分豆。米每斗五十四文，麥每斗三十六文，豆每斗二十八文。問三色各幾何。

荅曰：米四十五石六斗八升，麥九十一石三斗六升，豆一百三十七石四升。

法曰：置錢九十五貫九百二十八文，爲實。以分数併各價：米一斗五十四文，麥二斗七十二文，豆三斗八十四文，共得二百一十文，爲法。除實，得米四十五石六斗八升。以二乘，得麥九十一石三斗六升。加五，得豆一百三十七石四升。合問。

又 今有鈔一千一百八貫八百文，買到線、絲、綿共二十四斤十二兩。只云其線一兩價多絲價一貫六百文，綿價二貫，欲買一停線，二停絲，三停綿，問三色各幾何。

荅曰：線六十六兩，每兩四貫四百八十文。
絲一百三十二兩，每兩二貫八百文。
綿一百九十八兩，每兩二貫二百四十文。

法曰：先置線、絲、綿共数，以斤通兩，得三百九十六兩，爲三位。上以三乘，得一千一百八十八兩。中以二乘，得七百九十二兩。下得三百九十六兩，各自爲實。以併停率一，二，三，得六，爲法。各除上，得綿一百九十八兩，中得絲一百三十二兩，下得線六十六兩。却以二兩除上綿，得九十九。又以一兩六錢除中絲，得八十二半。下線六十六。併三位，得二百四十七半，爲法。以除總鈔一千一百八貫八百文，得線兩價四貫四百八十文。却以一兩六錢除，得絲兩。以二兩除，得綿兩價。

又 今有鈔七萬五千八百四十貫，買綾、羅、絹三色。其綾疋價一百四十三貫，羅疋價一百三十二貫，絹疋價七十五貫。却要一停綾，二停羅，三停絹，問各幾何。

荅曰：綾一百二十疋，羅二百四十疋，絹三百六十疋。

法曰：以二乘羅價，得二百六十四貫。三乘絹價，得二百二十五貫。併入綾價，共得六百三十二貫，爲法。置總鈔。副置三位，上一乘，得七万五千八百四十貫。中二乘，得一十五万一千六百八十貫。下三乘，得二十二万七千五百二十貫。各自爲實。以法各除之，上得綾数，中得羅数，下得絹数。合問。

又 今有鈔六貫四百文，買礬每兩二十文，黄丹每兩三十文，蘇木八十文。欲買一停礬，二停丹，三停木。問各該幾何。

荅曰：礬一斤四兩，黄丹二斤八兩，蘇木三斤十二兩。

法曰：置鈔六貫四百文，爲實。併三色價，一礬二十文，二丹六十文，三蘇木二百四十文，共三百二十文，爲法。除之，得礬一斤四兩。二因，爲黄丹二斤八兩。三因，爲蘇木三斤十二兩。合問。

又 今有甲至癸十人共分錢一十貫。只云甲十一，乙十，丙九，丁八，戊七，己六，庚五，辛四，壬三，癸二。問各得幾何。

荅曰：甲一貫六百九十二文六十五分文之二十，乙一貫五百三十八文六十五分文之三十，丙一貫三百八十四文六十五分文之四十，丁一貫二百三十文六十五分文之五十，戊一貫七十六文六十五分文之六十，己九百二十三文六十五分文之五，庚七百六十九文六十五分文之一十五，辛六百一十五文六十五分文之二十五，壬四百六十一文六十五分文之三十五，癸三百七文六十五分文之四十五。

法曰：以各分数乘總錢一十貫，各自爲實。併各支分数，共得六十五，爲法。除各實，得数。合問。

又 今有甲、乙、丙、丁、戊分米二百四十石，只云甲、乙二人與丙、丁、戊三人数等。問各得幾何。

荅曰：甲六十四石，乙五十六石，丙四十八石，丁四十石，戊三十二石。

法曰：各列置衰：甲五，乙四，丙三，丁二，戊一。又併甲五、乙四，得九。又併丙三，丁二，戊一，得六。以減九，餘三。却於前五等数各增三，甲得八，乙得七，丙得六，丁得五，戊得四。副併，得三十，爲法。以所分米二百四十石乘未併者，甲得一千九百二十石，乙得一千六百八十石，丙得一千四百四十石，丁得一千二百石，戊得九百六十石，各自爲列實。以法三十除之。合問。

又　今有甲、乙、丙、丁四人合米五千七百石，内甲米一千三百二十五石，乙米一千四百七十八石，丙米一千六百二十四石，丁米一千二百七十三石，顧船共用船脚鈔七千四百一十貫。問各該出鈔幾何。

荅曰：甲一千七百二十二貫五百文，乙一千九百二十一貫四百文，丙二千一百一十一貫二百文，丁一千六百五十四貫九百文。

法曰：置船脚鈔七千四百一十貫，爲實。以合出米五千七百石爲法，除之，每石該一貫三百文。以乘各出米，得鈔。合問。

又　今有鈔六百七十三貫六百二十文，買生藥脩平胃散每料用蒼木八斤，甘草三斤，陳皮、厚朴各五斤。其蒼木斤價二百五十文，甘草斤價六百文，陳皮斤價五百文，厚朴斤價八百文。問各該幾何。

荅曰：蒼木五百二十三斤三兩二錢，該價鈔一百三十貫八百文。

甘草一百九十六斤三兩二錢，該價鈔一百一十七貫七百二十文。

陳皮三百二十七斤，該價鈔一百六十三貫五百文。

厚朴三百二十七斤，該價鈔二百六十一貫六百文。

法曰：置蒼木斤價二百五十文，以八斤因之，得二貫。甘草斤價六百文，以三斤因之，得一貫八百文。陳皮斤價五百文，以五斤因之，得二貫五百文。厚朴斤價八百文，以五斤因之，得四貫。副併，得一十貫三百文，爲法。置総六百七十三貫六百二十文，列爲三位。上以八斤因之，得五千三百八十八貫九百六十文。以法一十貫三百文除之，得蒼木五百二十三斤三兩一錢。中以三斤因之，得二千二十貫八百六十文。以法一十貫三百文除之，得甘草一百九十六斤三兩二錢。下以五斤因之，得三千三百六十八貫一百文。以法一十貫三百文除之，得陳皮、厚朴各三百二十七斤。各以斤價乘之。合問。

又　今有鈔三百七十八貫九百文，糴四色粮，斛数皆均平。粟每斗價鈔三百四十文，豆每斗價鈔二百五十文，黄米每斗價鈔四百八十文，白米每斗價鈔五百三十文。問四色并價鈔各該幾何。

荅曰：各該二十三石六斗八升一合二勺五抄，白米該鈔一百二十五貫五百一十文六分二厘五毫，黄米該鈔一百一十三貫六百七十文，豆該鈔五十九貫二百三文一分二厘五毫，粟該鈔八十貫五百一十六文二分五厘。

法曰：置鈔三百七十八貫九百文，爲實。併四色斗價，白米五百三十文，黄米四百八十文，豆二百五十文，粟二百四十文，共一貫六百文，爲法。除之，得四色，各該二十三石六斗八升一合二勺五抄。各以斗價乘之，得各色價鈔。合問。

又　今有九層塔，置燈，從上起各層倍数，共用油八十三鈞一秤七斤六兩一十六銖。只云用五分甌，每九甌用油十兩五錢，用三分盞，每六盞用油八兩。問各層該燈幾何。

荅曰：第九層六十四，第八層一百二十八，第七層二百五十六，第六層五百一十二，第五層一千二十四，第四層二千四十八，第三層四千九十六，第二層八千一百九十二，第一層一萬六千三百八十四。

法曰：置油八十三鈞，以鈞法三十通之，得二千四百九十斤。一秤，得一十五斤。又七斤。共得二千五百一十二斤。加六，見兩。加零六兩，共得四万一百九十八兩。以銖法二十四通之，加零一十六銖，共得九十六万四千七百六十八銖，爲實。別置油十兩五錢，以銖法通之，得二百五十二銖。以甌九除之，得二十八，乃一甌油数。以五分因之，得一百四十，乃甌五分之数。又置油，以銖法二十四通之，得一百九十二銖。以盞六除之，得三十二，乃一盞油数。以三分因之，得九十六，是盞三分之数。併入甌一百四十，共得二百三十六，爲法。除實，得四千八十八。列左、右二位，左以五分因之，得甌二万四百四十隻。以一甌油数一十八乘之，得五十七万二千二百二十銖。以鈞銖法一万一千五百二十除之，得四十九鈞，餘七千八百四十。又除一秤，得五千七百六十，餘二千八十。又以斤銖法三百八十四除之，得五斤，餘一百六十。以兩銖法二十四除之，得六兩，餘一十六銖，乃是甌之油四十九鈞一秤五斤六兩一十六銖。右以三分因之，得盞一万二千二百六十四盞。以一盞油数三十二乘之，三十九万二千四百四十八銖。以鈞銖法一万一千五百二十除之，得三十四鈞，餘七百六十八。以斤銖法三百八十四除之，得二斤，乃是盞之油三十四鈞二斤。併入甌油，共得原総油八十三鈞一秤七斤六兩一十六銖。併甌盞，共得一万二千七百四隻，爲實。併一，二，四，八，十六，三十二，六十四，一百二十八，二百五十六，共得五百一十一，爲法。除之，得六十四，是上一層燈數。倍之，得一百二十八，爲第八層燈數。以次加倍，得各層數。合問。

又 今有煮酒三棧，東棧四升酒三千八百瓶，西棧三升酒三千六百四十瓶，北棧二升酒二千七百六十五瓶，共賣鈔三千七百九十八貫。問各棧該賣鈔幾何。

荅曰：東棧一千八百二十四貫，西棧一千三百一十貫四百文，北棧六百六十三貫六百文。

法曰：各列置衰，東棧(二)[三]千八百瓶，以四因，得一万五千二十。西棧三千六百四十瓶，以三因，得一万九百二十。北棧二千七百六十五瓶，以二因，得五千五百三十。副併，得三万一千六百五十，爲法。以所分鈔三千七百九十八貫乘未併者，東棧得五千七百七十二万九千六百，西棧得四千一百四十七万四千一百六十，北棧得二千一百万二千九百四十，各自爲列實。以法除之。合問。

又 今有納夏税絲三千六百二十八兩八錢，每絲八兩準綿十兩，絲一斤折小麥一石，絲一斤四兩折絹一疋。疋法二丈二尺。今要一分絲，二分綿，三分小麥，四分絹，問各納幾何。

荅曰：絲二十三斤十兩，綿四十七斤四兩，小麥七十石八斗七升五合，絹七十五疋一丈九尺二寸。

法曰：各列置衰，絲一十二分半，綿二十分，小麥三十七分半，絹五十分。副併，得一百二十，爲法。以所賦絲三千六百二十八兩八錢乘未併者，各自爲實，絲得四万五千三百六十，綿得七万二千五百七十六，小麥得一十三万六千八十，絹得一十八万一千四百四十。以法除之，得數，以各率除。合問。

又 今有桑地一十畝六分，令姑、姊、妹三人採之。只云姑採九分，姊採七分，妹採六分。問各採幾何。

荅曰：姑四畝三分三厘六毫二十二分毫之八，姊三畝三分七厘二毫二十二分毫之一十六，妹二畝八分九厘二十二分毫之二十。

法曰：各列置衰，九，六，七。副併，得二十二，爲法。以所採地[一十畝六分]乘未併者，姑九得九十五畝四分，姊七得七十四畝二分，妹六得六十三畝六分，各自爲列實。以法二十二除之，姑得四畝三分三厘六毫，餘八。姊得三畝三分七厘二毫，餘一十六。妹得二畝八分九厘，餘二十。不滿法者，以法命之。合問。

又 今有鰥、寡、孤、獨四人支米二十四石，内鰥者例給四分，寡者例給五分，孤者例給七分，獨者例給九分。問各得幾何。

荅曰：鰥三石八斗四升，寡四石八斗，孤六石七斗二升，獨八石六斗四升。

法曰：各列置衰，四，五，七，九。副併，得二十五，爲法。以所支米二十四石乘未併者，鰥四得九十六石，寡五得一百二十石，孤七得一百六十八石，獨九得二百一十六石，各自爲列實。以法二十五除之。合問。

今有官輸粮二千八十九石四斗六升二合五勺，只云糯米八升折粮一斗，芝麻五升一合二勺折粮一斗，菉豆六升四合折粮一斗，本色止納一斗。今要四色各停，問各納幾何。

荅曰：各納三百六十二石四斗。

法曰：置粮二千八十九石四斗六升二合五勺，以芝麻五升一合二勺乘之，得一千六十九石八斗四合八勺，爲實。併四色率，糯米八升，芝麻五升一合二勺，菉豆六升四合，本粮一斗，共二斗九升五合二勺，爲法。除之。合問。

又 今有甲納米五十六石，乙納米四十石，丙納米三十二石，共該一百二十八石。到倉納折七石五斗，問各倍幾何。

荅曰：甲三石二斗八升一合二勺五抄，乙二石三斗四升三合七勺五抄，丙一石八斗七升五合。

法曰：置納折米七石五斗，爲實。以共該米一百二十八石爲法，除之，得五升八合五勺九抄三撮七圭五粟，乃米一石納折之数。以乘各户納米，得各該倍米。合問。

又 今有甲出絲一十八斤十二兩，乙出絲一十五斤九兩，丙出絲二十二斤十一兩，丁出絲二十四斤十五兩，戊出絲一十一斤十三兩，共絲九十三斤十二兩。共織絹九十一疋五尺二寸五分，疋法三丈六尺。驗出絲以分之，問各得幾何。

荅曰：甲一十八疋八尺二寸五分，乙一十五疋四尺六寸八分七厘五毫，丙二十二疋二尺六分二厘五毫，丁二十四疋八尺八寸一分二厘五毫，戊一十一疋一丈七尺四寸三分七厘五毫。

法曰：置共織絹九十一疋，以疋法三丈六尺通之，加零五尺二寸五分，共得三百二十八丈一尺二寸五分，爲實。通共絲九十三斤十二兩爲七分五厘，爲法。除之，得三丈五尺，乃絲一斤織絹之數。以乘各出絲數，斤下百兩減六，爲分，得絹尺。以疋法除之。合問

又 今有兄弟三人共當里長一年，約用鈔七百二十貫。長兄四丁民田一頃二十八畝，次兄三丁民田九十六畝，三弟二丁民田五十六畝。只云每田四十畝作一丁當差，問各該出鈔幾何。

荅曰：長兄三百二十四貫，次兄二百四十三貫，三弟一百五十三貫。

法曰：置共用鈔七百二十貫，爲實。以田四十畝作一丁，分數爲衰，長兄四丁田一頃二十八畝，得七丁二分。次兄三丁田九十六畝，得五丁四分。三弟二丁田五十六畝，得三丁四分。併之，得一十六丁，爲法。除之，得四十五貫，爲一丁該出之數。以乘各衰。合問。

又 今有善書者，日增一倍，六日書《道德經》一卷，計五千三百五十五字。問各日書幾何。

荅曰：初日八十五字， 次日一百七十字，
第三日三百四十字， 第四日六百八十字，
第五日一千三百六十字， 第六日二千七百二十字。

法曰：置經五千三百五十五字，爲實。以一，二，四，八，十六，三十二爲衰。併之得六十四，爲法。除之，得八十五字，乃初日書數。遞加一倍，得各日數。合問。

又 各分差分【略】今有鈔三百六十貫，分給甲六人，各支四分，乙八人，各支二分，丙十人，各支一分。問各得幾何。

荅曰：甲各得二十八貫八百文，乙各得一十四貫四百文，丙各得七貫二百文。

法曰：置各等户，以各分乘之，爲衰：甲六人，得二十四。乙八人，得一十六。丙十人，得一十。副併，得五十，爲法。以所分三百六十貫乘未併者，各自爲列實，甲得八千六百四十，乙得五千七百六十，丙得三千六百。以法五十除之，甲得一百七十二貫八百文，乙得一百一十五貫二百文，丙得七十二貫。以人數甲六人，乙八人，丙十人，約之。合問。

又 今有官配米四千七十二石五斗，令九等人户出之，各等户額分數不等。問各該米幾何。

荅曰：上上等一十五户，每户七十分，該米二十一石，共三百一十五石。
上中等四十二户，每户六十分，該米一十八石，共七百五十六石。
上下等五十四户，每户五十分，該米一十五石，共八百一十石。
中上等六十七户，每户三十五分，該米十石五斗，共七百三石五斗。
中中等七十五户，每户二十五分，該米七石五斗，共五百六十二石五斗。
中下等八十三户，每户一十五分，該米四石五斗，共三百七十三石五斗。
下上等九十六户，每户一十分，該米三石共二百八十八石。
下中等一百一十二户，每户五分，該米一石五斗，共一百六十八石。
下下等一百二十八户，每户二分五厘，該米七斗五升，共九十六石。

法曰：置米四千七十二石五斗，爲實。以各等户乘各分：上上等一十五户乘七十分，得一千五十分。上中等四十二户乘六十分，得二千五百二十分。上下等五十四户乘五十分，得二千七百分。中上等六十七户乘三十五分，得二千三百四十五分。中中等七十五户乘二十五分，得一千八百七十五分。中下等八十三户乘一十五分，得一千二百四十五分。下上等九十六户乘一十分，得九百六十分。下中等一百一十二户乘五分，得五百六十分。下下等一百二十八户乘二分五厘，得三百二十分。併之，得一万三千五百七十五分，爲法。除實，得三斗，爲一分之數。以乘每户各分，得每户數。却乘各等户，得共米數。上上等每户七十分得二十一石，共一十五户，得三百一十五石。上中等六十分得一十八石，共四十二户，得七百五十六石。上下等五十分得一十五石，共五十四户，得八百一十石。中上等三十五分得一十石五斗，共六十七户，得七百三石五斗。中中等二十五分得七石五斗，共七十五户，得五百六十二石五斗。中下等一十五分得四石五斗，共八十三户，得三百七十三石五斗。下上等一十分得三石，共

九十六户，得二百八十八石。下中等五分得一石五斗，共一百一十二户，得一百六十八石。下下等二分五厘得七斗五升，共一百二十八户，得九十六石。合問。

又　今有官派木炭一萬六千八百二十秤九斤六兩，令三等九甲人户出之，各户額分不等，驗数派納。問每户各幾何。

荅曰：上上等六户，每户九十分，該一百六十八秤一十一斤四兩，共一千一十二秤七斤八兩。

上中等八户，每户七十分，該一百二十一秤三斤十二兩，共一千五十秤。

上下等一十二户，每户六十分，該一百一十二秤七斤八兩，共一千三百五十秤。

中上等一十五户，每户五十五分，該一百三秤一斤十四兩，共一千五百四十六秤一十三斤二兩。

中中等二十四户，每户四十八分，該九十秤，共二千一百六十秤。

中下等二十七户，每户四十二分，該七十八秤一十一斤四兩，共二千一百二十六秤三斤十二兩。

下上等四十九户，每户三十五分，該六十五秤九斤六兩，共三千二百一十五秤九斤六兩。

下中等九十五户，每户一十五分，該二十八秤一斤十四兩共二千六百七十一秤一十三斤二兩。

下下等一百二十户，每户七分五厘，該一十四秤十五兩，共一千六百八十七秤七斤八兩。

法曰：置木炭一万六千八百二十秤，加五，增零九斤，共得二十五万二千三百九斤。又加六，增零六兩，共得四百三万六千九百五十兩，爲實。以各户乘各分：上上等六户乘九十分，得五百四十分。上中等八户乘七十分，得五百六十分。上下等一十二户乘六十分，得七百二十分。中上等一十五户乘五十五分，得八百二十五分。中中等二十四户乘四十八分，得一千一百五十二分。中下等一十七户乘四十二分，得一千一百三十四分。下上等四十九户乘三十五分，得一千七百一十五分。下中等九十五户乘一十五分，得一千四百二十五分。下下等一百二十户乘七分五厘，得九百分。併之，得八千九百七十一分，爲法。除實，得四百五十兩，爲一分之数。以乘每户各分，得每户数。却乘各等户数，得共炭数。上上等每户九十分得四万五百兩，共六户，得二十四万三千兩。中等每户七十分得三万一千五百兩，共八户，得二十五万二千兩。上下等每户六十分得二万七千兩，共一十二户，得三十二万四千兩。中上等每户五十五分得二万四千七百五十兩，共一十五户，得三十七万一千二百五十兩。中中等每户四十八分得二万一千六百兩，共二十四户，得五十一万八千四百兩。中下等每户四十二分得一万八千九百兩，共二十七户，得五十一万三百兩。下上等每户三十五分得一万五千七百五十兩，共四十九户得七十七万一千七百五十兩。下中等每户一十五分得六千七百五十兩，共九十五户，得六十四万一千二百五十兩。下下等每户七分五厘得三千三百七十五兩，共一百二十户，得四十万五千兩。

又　今有軍夫二萬五千二百人，共支米、麥、豆三色。每四人支米三石，七人支豆八石，九人支麥五石。問各該幾何。

荅曰：米一萬八千九百石，麥一萬四千石，豆二萬八千八百石。

法曰：置軍夫二万五千二百人，列甲、乙、丙三位，以三因甲，得七万五千六百。以四除，得米一万八千九百石。以五因乙，得一十二万六千。以九除，得麥一万四千石。以八因丙，得二十万一千六百。以七除，得豆二万八千八百石。合問。

又　今有官田一頃三十八畝六分，每畝科正米二斗，每斗□耗米三合五勺。今要七分本色米，三分折納細絲，每米一石折絲一斤。問各納幾何。

荅曰：米二十石八升三合一勺四抄，絲八斤九兩七錢一分二厘九毫六絲。

法曰：置田一頃三十八畝六分，以科米二斗乘之，得二十七石七斗二升。每斗加耗米三合五勺，共得二十八石六斗九升二勺。副置二位，上以十乘之，得米二十石八升三合一勺四抄。下以三乘之，得八石六千七合六抄。以石爲斤，零斗合抄，各加爲絲。合問。

又　今有官旗軍一百一十三員名，共支月粮一百二十五石，内百户一員支一十石。總旗二名，每名支米一石五斗。小旗一十名，每名支米一石二斗。軍一百名，每名支米一石。官支鈔三分，米七分，與旗、軍一体，二八米、麥兼支。其米每石鈔五錠。問鈔、米、麥各幾何。

荅曰：鈔百户一十五錠，准米三石。

米九十七石六斗內，百户五石六斗。

総旗每名一石二斗，共二石四斗。

小旗每名九斗六升，共九石六斗。

軍人每名八斗，共八十石。

麥二十四石四斗內，百户一石四斗，総旗每名三斗，共六斗。

小旗每名二斗四升，共二石四斗。

軍人每名二斗，共二十石。

法曰：置総米一百二十五石，退除百户鈔米三石，餘米一百二十二石。以八乘，得米九十六石六斗。二乘，得麥二十四石四斗。另置百户鈔米三石，以每石鈔五錠乘之，得鈔一十五錠，餘七石。八乘，得米五石六斗。二乘，得麥一石四斗。以各率乘之。合問。

又 今有鈔一百二十貫，令五人分之。只云甲、乙人四六分之，丙比乙少三貫。併丙、乙與丁同，却不及戊九貫。問五人各得幾何。

荅曰：甲二十四貫，乙一十六貫，丙一十三貫，丁二十九貫，戊三十八貫。

法曰：置鈔一百二十貫，爲實。併各差：甲差六分，乙差四分，除之，得一分五厘爲二停率。以半之，得七厘五毫，爲一停率。再置乙差四分，丙減一停率七厘五毫，餘三分二厘五毫，爲丙差。又二因乙差，得八分。內減一停率，餘七分二厘五毫，爲丁差。又二因乙差，得八分。加入二停率一分五厘，共得九分五厘，爲戊差。併五位差数，共得三十，爲法。除之，得四貫，爲鈔率。以乘各差得数。合問。

又 折半差分法曰：置各區数，從上折半，差乘之，爲衰。副併，爲法。以所輪数乘未併者，各自爲列實。以法除之，得一分数。

今有官輪白綿五千斤，令五區以粮多寡，又從上減半差出之。甲區秋粮米六千八百五十石，乙區秋粮米七千二百八十石，丙區秋粮八千一百三十石，丁區秋粮八千九百四十石，戊區秋粮九千三百六十石。問各區該綿幾何。

荅曰：甲區二千四百七斤五百六十九分斤之四百一十七，

乙區一千二百七十九斤五百六十九分之二百四十九，

丙區七百一十四斤五百六十九分斤之二百三十四，

丁區三百九十二斤五百六十九分斤之四百五十二，

戊區二百五斤五百六十九分斤之三百五十五。

法曰：置各區粮数，從上減半差乘之，爲衰。甲米以八分乘，得五万四千八百。乙米以四分乘，得二万九千一百二十。丙米以二分，得一万六千二百六十。丁米以一分乘，得八千九百四十。戊米以半分乘，得四千六百八十，各列置衰：甲五万四千八百，乙二万九千一百二十，丙一万六千二百六十，丁八千九百四十，戊四千六百八十。副併，得一十一万三千八百，爲法。以所輪綿五千斤乘未併者，各自爲實：甲得二億七千四百万，乙得一億四千五百六十万，丙得八千一百三十万，丁得四千四百七十万，戊得二千三百四十万。以法一十一万三千八百除之，餘實與法各二百約之。合問。

又 今有銀三百七十兩，欲令甲、乙、丙、丁四人從上作折半分之，問各人得幾何。

荅曰：甲一百九十七兩十五分兩之五，乙九十八兩十五分兩之十，丙四十九兩十五分兩之五，丁二十四兩十五分兩之十。

法曰各列置衰，甲八，乙四，丙二，丁一，副併，得十五，爲法。以所分三百七十兩乘未併者，甲得二千九百六十，乙得一千四百八十，丙得七百四十，丁得三百七十，各自爲列實。以法除之，不滿法者，以法命之。合問。

又 互和減半分法：以一、三、五、七、九爲圍法，除陽位之数。以二、四、六、八、十爲園法，除陰位之数。照位併而爲法，除實，取其首尾之共数，然後看題中之甲有餘，丁不足之数，如三等以二除之，四等以三除之，五等以四除之，多少之数於尾位次第加之，得各人之数也。二位者不立法。三位者，以三、五、七併之，得一十五，爲法。除實，得首尾数，以二除其多少之数，遞相加之。四位者，以二、四六、八併之，得二十，爲法。除實，得首尾数，以三除其多少之数，遞相加之。五位者，以一、三、五、七、九併之，得二十五，爲實，得首尾数，以四除其多少之数，遞相加之。其後位数多者，皆以空位取法圍之，則得首尾之共数，亦同前例。

又 今有白米一百八十石，令三人從上作互和減半分之，只云甲多丙米三十六石。問各人該米幾何。

荅曰：甲七十八石，乙六十石，丙四十二石。

法曰：置米一百八十石，爲實。以例用三斗、五斗、七斗，併得一石五斗，爲法。除之，得一百二十石。乃甲、丙二人共数，於内減甲多三十六石，餘八十四石。折半，得丙米四十二石。加多三十六石，得甲米七十八石。互和併丙米，共得一百二十石。折半，得乙米六十石。合問。

又　今有鈔二百四十貫，令四人從上作互和減半分之。只云甲多丁鈔一十八貫，問各該鈔幾何。

荅曰：甲六十九貫，乙六十三貫，丙五十七貫，丁五十一貫。

法曰：置鈔二百四十貫，爲實。以例用鈔二百，四百，六百，八百，併得(一)[二]贯，爲法。除之，得一百二十貫，乃甲、丁二人共数。於内減甲多一十八貫，餘一百二貫。折半，得丁鈔五十一贯。加多一十八貫，得甲鈔六十九貫。惟乙、丙之数不可併折得之，却以題内甲多一十八貫，以三除，得六貫。加入丁鈔五十一貫，得丙鈔五十七貫。又加六貫，得乙鈔六十三貫。合問。

又　今有鈔二百三十八貫，令五等人從上作互和減半分之。只云戊不及甲三十三貫六百文，問各該鈔幾何。

荅曰：甲六十四貫四百文，乙五十六貫，丙四十七貫六百文，丁三十九貫二百文，戊三十貫八百文。

法曰：置鈔二百三十八貫，爲實。以例用鈔一百，三百，五百，七百，九百，併得二貫五百文，爲法。除之，得九十五貫二百文，乃首尾二人之数。於内減戊不及甲鈔三十三貫六百文，餘六十一貫六百文。折半，得戊鈔三十貫八百文。仍加戊不及甲鈔三十三貫六百文，得甲鈔六十四貫四百文。互和併戊鈔三十貫八百文，共得九十五貫二百文。折半，得丙鈔四十七貫六百文。又互和併戊鈔三十貫八百文，共得七十八貫四百文。折半，得丁鈔三十九貫二百文。又互和併甲、丙鈔，折半，得乙鈔五十六貫。合問。

又　四六差分法曰：各以四爲首，加五。二位者，首位四，就身加五作六，併得一十。三位者，首位四，加五，得六。又加五，得九。併得一十五。四位者首位四十，加五，得六十。又加五，得九十。又加五，得一百三十五。併得三百二十五。五位者，首位四百，加五，得六百。又加五，得九百。又加五，得一千三百五十。又加五，得二千二十五。併得五千二百七十五，各爲法。除實，得一分之數。

又　今有官輸絹一百五十疋，今五等人户從上遞以四六出之。第一等二十四户，第二等三十二户，第三等四十六户，第四等六十户，第五等七十七户。問各等及每户幾何。

荅曰：第一等每户一疋二丈七寸五分，共三十六疋二十分疋之九。

第二(第)[等]每户一疋五寸，共三十二疋二十分疋之八。

第三等每户二丈七尺，共三十一疋二十分疋之一。

第四等每户一丈八尺，共二十七疋。

第五等每户一丈二尺，共二十三疋(一)[二]十分疋之二。

法曰：置各等户数，以從上遞以四六差乘之，爲衰。第一等以二百二半乘，得四千八百六十。第二等以一百三十五乘，得四千三百二十。第三等以九十乘，得四千一百四十。第四等以六十乘，得三千六百。第五等以四十乘，得三千八十。各列置衰，第一等四千八百六十，第二等四千三百二十，第三等四千一百四十，第四等(二)[三]千六百，第五等三千八十。副併，得二万，爲法。以所輸絹一百五十疋乘未併者，各自爲實，第一等得七十二万九千，第二等得六十四万八千，第三等得六十二万一千，第四等得五十四万，第五等得四十六万二千。以法二万除之，餘實與法約之。合問。

又　今有鈔六百七十二貫六百文，欲令甲九人，乙七人，丙五人，丁四人，遞以四六分之，問各人得幾何。

荅曰：甲各得一十五貫二百文，乙各得二十二貫八百文，丙各得三十四貫二百文，丁各得五十一貫三百文。

法曰：各列置衰，四六衰分遞，以加五。甲得三十六，乙得四十二，丙得四十五，丁得五十四。副併，得一百七十七，爲法。以所分鈔六百七十二貫六百文乘未併者，各自爲列實：甲得二万四千二百一十三貫六百文，乙得二万八千二百四十九貫二百文，丙得三万二百六十七貫，丁得三万六千三百二十貫四百文。以法一百七十七除之，甲得一百二十六貫八百文，乙得一百五十九貫六百文，丙得一百七十一貫，丁得二百五貫二百文，各以人數約之。合問。

又　今有米一千八百七十七石九斗，令五人從下作四六分之，問得幾何。

荅曰：甲七百二十石九斗，乙四百八十石六斗，丙三百二十石四斗，丁二百一十三石六斗，戊一百四十二石四斗。

法曰：置米一千八百七十七石九斗，爲實。以各户從戊起遞以四六差乘之，爲衰：戊得四百，丁得六百，丙得九百，乙得一千三百五十，甲得二千二十五。併之，得五千二百七十五，爲法。除之，得三斗五升六合，爲一分之数，以乘各衰。合問。

又　三七差分法曰：以三爲首，就以三因之。二位者，三，七，併得一十。三位者，九，二十一，四十九，併得七十九。四位者，二十七，六十三，一百四十七，三百四十三，併得五百八十。五位者，八十一，一百八十九，四百四十一，一千二十九，二千四百一，併得四千一百四十一。各爲法，除實。如有位數多者，皆以三因首數，次第取之，三歸，七因，以陞其位，併以爲法。除實，得一分之數。

又　今有鈔二千五百二十六貫，令甲二人，乙五人，丙七人，丁九人欲遞以三七分之。問各人得幾何。

荅曰：甲各得四百一十一貫六百文，乙各得一百七十六貫四百文，丙各得七十五貫六百文，丁各得三十二貫四百文。

法曰：各列置衰甲，乙，丙七，丁三。丙七不可爲三，宜以三因丙。丁數生乙差。甲，乙四十九，丙二十一，丁九。乙差不可爲三，亦以三因乙。内丁数生甲差。甲三百四十三，二人得六百八十六。乙一百四十七，五人得七百三十五。丙六十三，七人得四百四十一。丁二十七，九人得二百四十三。副併，得二千一百五，爲法。以所分鈔二千五百二十六貫乘未併者，各自爲列實。甲得一百七十三万二千八百三十六貫，乙得一百八十五万六千六百一十貫，丙得一百一十一万三千九百六十六貫，丁得六十一万三千八百一十八貫。以法二千一百五各除之，甲得八百二十三貫二百文，乙得八百八十二貫，丙得五百二十九貫二百文，丁得二百九十一貫六百文。各以人數約之。合問。

又　今有鈔一萬四千四百九十三貫五百文，令五人從(丁)[戊]作三七分之，問各得幾何。

荅曰：甲八千四百三貫五百文，乙三千六百一貫五百文，丙一千五百四十三貫五百文，丁六百六十一貫五百文，戊二百八十三貫五百文。

法曰：置鈔一万四千四百九十三貫五百文，爲實。以各户從戊起遞以三七差乘之，爲衰，戊得八十一，丁得一百八十九，丙得四百四十一，乙得一千二十九，甲得二千四百一。併之，得四千一百四十一，爲法。除之，得三百五十文，爲一分之数，以乘各衰。合問。

又　二八差分法曰：以二爲首，次第四因，爲作法之始。二位者，以四因二，得八。併得一十。三位者，二，八，三十二。併得四十二。四位者，二，八，三十二，一百二十八。併得一百七十。五位者，二，八，三十二，一百二十八，五百一十二。併得六百八十二。各爲法。除實，得一分之数。後位数多者，不出於四因，以生下位之数。

又　今有官配米二百二十五石三斗六升，令五等人户從上遞作二八出之，第一等四户，第二等八户，第三等一十五户，第四等四十一户，第五等一百二十户。問遂等户各幾何。

荅曰：第一等每户二石五斗，共一十石。
第二等每户二石，共一十六石。
第三等每户一石六斗，共二十四石。
第四等每户一石二斗八升，共五十二石四斗八升。
第五等每户一石二升四合，共一百二十二石八斗八升。

法曰：置官配米二百二十五石三斗六升，爲實。別置第一等四户，以万通之，得四万。第二等八户，以八千通之，得六万四千。第三等一十五户，以六千四百通之，得九万六千。第四等四十一户，以五千一百二十通之，得二十万九千九百二十。第五等一百二十户，以四千九十六通之，得四十九万一千五百二十。併五等，共得九十万一千四百四十。退至十上，定得九十分一厘四毫四絲，爲法。除實，得二石五斗，乃第一等户所出米数。就位八回，得二石，乃第二等户出数。就八回，得一石六斗，乃第三等户出数。就八因，得一石二斗八升，[乃]第四等户出数。就八因，得一石二升四合，乃第五等户出数。各以本等户数[乘]，得逐等米數。合問。

又　今有銀二千三百八十七兩，令五人從下作二八分之。問各得幾何。

荅曰：甲一千七百九十二兩，乙四百四十八兩，丙一百一十二兩，丁二十八兩，戊七兩。

法曰：置二千三百八十七兩，爲實。以各户從戊起遞以二八差乘之，爲衰。戊得二，丁得八，丙得三十二，乙得一百二十八，甲得五百一十二。併之，得六百八十二，爲法。除之，得三兩五錢，爲一分之數。以乘各衰。合問。

又　比類　遞多粮一石六斗差分：今有某州所管九等税户，甲三百六十四户，乙三百九十六户，丙四百三十二户，丁五百七十户，戊五百八十四户，己六百七十六户，庚八百五十户，辛九百二十户，壬一千六百八户，合科米六萬五千六百六十四石。今作等数從甲起各差一石六斗出之，問每户及逐等各幾何。

答曰：甲每户一十八石五斗三升二合五勺，三百六十四户，共六千七百四十五石八斗三升。

乙每户一十六石九斗三升二合五勺，三百九十六户，共六千七百五石二斗七升。

丙每户一十五石三斗三升二合五勺，四百三十二户，共六千六百二十三石六斗四升。

丁每户一十三石七斗三升二合五勺，五百七十户，共七千八百二十七石五斗二升五合。

戊每户一十二石一斗三升二合五勺，五百八十四户，共七千八十五石三斗八升。

己每户一十石五斗三升二合五勺，六百七十六户，共七千一百一十九石九斗七升。

庚每户八石九斗三升二合五勺，八百五十户，共七千五百九十二石六斗二升五合。

辛每户七石三斗三升二合五勺，九百二十户，共六千七百四十五石九斗。

壬每户五石七斗三升二合五勺，一千六百八户，共九千二百一十七石八斗六升。

法曰：置各等户，以各分乘之，爲衰：甲户八之，得二千九百一十二。乙户七之，得二千七百七十二。丙户六之，得二千五百九十二。丁户五之，得二千八百五十。戊户四之，得二千三百三十六。己户三之，得二千二十八。庚户倍之，得一千七百。辛户一因，得九百二十。副併，得一万八千一百一十。以差一石六斗乘之，得二万八千九百七十六石。以減科米六万五千六百六十四石，餘三万六千六百八十八石，爲實。以併各等户，得六千四百，爲法。除之，得壬等每户該米五石七斗三升二合五勺。各加差一石六斗，得逐等每户之米。求各等共数，以各户米數乘各等户。合問。

又 遞多金五兩差分：今有金六十兩，令甲、乙、丙三人依等次差五兩均分。問各幾何。

答曰：甲二十五兩，乙二十兩，丙一十五兩。

法曰：置金六十兩，內減差，甲多丙一十兩，乙多丙五兩，共一十五兩，餘四十五兩，爲實。以人三爲法，除之，得丙金一十五兩。各加差五兩。合問。

又 遞多七多五差分：今有官配米二百七十八石五斗，令三等人户出之。上等二十户，每户多中等七斗。中等五十户，每户多下等五斗。下等一百一十户。問逐等每户各幾何。

答曰：上等每户二石四斗七升五合，共四十九石五斗。

中等每户一石七斗七升五合，共八十八石七斗五升。

下等每户一石二斗七升五合，共一百四十石二斗五升。

法曰：置中等五十户，以多五斗因之，得二十五石。又置上等二十户，以多五斗、七斗，共一石二斗乘之，得二十四石。併二数，共得四十九石。以減総米，餘二百二十九石五斗，爲實。以併三等户数，共一百八十户，爲法。除之，得一石二斗七升五合，乃下等一户所出之数。加一石二斗，得二石四斗七升五合，乃上等户出之數。減七斗，得一石七斗七升五合，乃中等户出之数。各以逐等户数乘之，得各該米数。合問。

又 帶分母子差分：今有官輸米一百二十石，令三等人户出之。上等三十八户，中等六十三户，下等九十二户。須令上等多中等三分之二，中等多下等四分之三，問逐等及每户各出幾何。

答曰：上等六十八石四斗，每户一石八斗，

中等三十七石八斗，每户六斗，

下等一十三石八斗，每户一斗五升。

法曰：置各等户數，以各分乘之，爲衰。上等以十二乘之，得四百五十六。中等以四分乘，得二百五十二。下等以一分乘，得九十二。各列置衰：上等四百五十六，中等二百五十二，下等九十二。副併，得八百，爲法。以所輸米一百二十石乘未併者，各自爲實：上等得五万四千七百二十，中等得三万二百四十，下等得一万一千四十。以法八百除之，得逐等数。又以各户除之，得数。合問。

又 今有七人，差等均鈔，甲、乙均七十七貫，戊、己、庚均七十五貫。問丙、丁合得幾何。

答曰：甲四十貫，乙三十七貫，丙三十四貫，丁三十一貫，戊二十八貫，己二十五貫，庚二十二貫。

法曰：置列二人，三人爲分母，七十七貫，七十五貫爲分子。令母互乘子，二人得一百五十，三人得二百三十一。以少一百五十減多二百三十一，餘八十一，爲一差之實。併分母二人，三人，得五。折半，得二半。以減総人七人，餘得四人半。却以分母二人，三人相乘，得六。乘之，得二十七，爲一差之法。實如法而一，得三貫，爲一差之数。置甲、乙所均七十七貫，加一差三貫，共八十貫。折半，得四十貫，爲甲所得之數。遞減二貫，得各数。合問。

又 今有馬軍七人，給腿裙絹二疋二丈。步軍六人，給胖襖絹四疋三丈二尺。疋法三十八尺。今共有絹六千六百二十二疋四尺，欲給馬步軍適等，問各幾何。

荅曰：各五千六百七十人。

法曰：置人爲分母，絹爲分子，互乘，七人乘一百八十四尺，得一千二百八十八。六人乘九十六尺，得五百七十六。併之，得一千八百六十四，爲法。置絹六千六百二十二疋，以疋法三十八尺乘之，加零四尺，共得二十五万一千六百四十尺。却以分母六人，七人相乘，得四十二。乘之，得一千五十六万八千八百八十，爲實。以法一千八百六十四除之。合問。

又 今有粮一萬三千四百七十七石一斗三分斗之一，欲給軍食用。只云馬軍六人，給粮五十三斗，水軍七人，給粮五十四斗，步軍九人給粮五十五斗。其馬軍如水軍中半，步軍多如馬軍太半，問三色軍并各給粮幾何。

荅曰：馬軍三千一百六十四人，粮二千七百九十四石八斗三分斗之二。

水軍六千三百二十八人，粮四千八百八十一石六斗。

步軍九千四百九十二人，粮五千八百六斗三分斗之二。

法曰：置人爲分母，粮爲分子，互乘，五十三斗乘七人，得三百七十一斗。乘九人，得三千三百三十九。五十四斗乘九人，得四百八十六。又乘六人，乘得二千九百一十六。倍之，得五千八百三十二。五十五斗乘六人，得三百三十文。乘七人，得二千三百一十。以三因，得六千九百三十。併之，得一万六十一百一。三因，得四万八千三百三，爲法。置粮一万三千四百七十七石一斗。以分母三通之，加内子一得四十万四千三百一十四。以分母七人，六人，五人相乘，得三百七十八。乘之，得一億五千二百八十三万六百九十二，爲實。以法除之，得三千一百六十四人，爲馬軍数。倍之，水軍。三之，步軍也。求各粮，列三色軍数，以本色給粮乘之，爲實，以各軍率除之。合問。

又 今有杉木六根，共賣鈔九十二貫。甲四人買三小根，乙三人買中二根，丙二人買一大根。問各該價幾何。

荅曰：甲三十六貫，乙三十二貫，丙二十四貫。

法曰：各列置衰，列相與率也。人爲分母，木爲分子。甲四分之三，乙三分之二，丙二分之一。以母互乘子，甲得十八，乙得十六，丙得十二。重則可約，各半之。甲得九，乙得八，丙得六。副併，得二十三，爲法。以所賣鈔九十二貫乘未併者，甲得八百二十八，乙得七百三十六，丙得五百五十二，各自爲列實。以法二十三各除之。合問。

又 今有鈔一百貫，令三人分之。只云甲多乙五貫，丙得鈔如乙七分之五。問得鈔各幾何。

荅曰：甲四十貫，乙三十五貫，丙二十五貫。

法曰：以所有鈔一百貫減甲多乙五貫，餘九十五貫，爲實。併各差，甲、乙各七分，丙五分，共一十九分，爲法。除之，得五貫。以各差乘之。合問。

又 今有鈔一百貫，令三人分之。只云乙鈔如甲三分之二，丙少如甲二十八貫。問各得幾何。

荅曰：甲四十八貫，乙三十二貫，丙二十貫。

法曰：以所有鈔一百貫加丙少如甲二十八貫，共得一百二十八貫，爲實。併各差，甲、丙各三分，乙二分，共八分，爲法。除之，得一十六貫，爲鈔率。以乘各差。合問。

又 今有五人均銀四十兩，内甲得一十兩四錢，戊得五兩六錢。問乙、丙、丁次第均各得幾何。

荅曰：乙九兩二錢，丙八兩，丁六兩八錢。

法曰：併甲一十兩四錢，戊五兩六錢，共十六兩。半之，得丙八兩。又併甲一十兩四錢，丙八兩，共得一十八兩四錢。半之，得乙九兩二錢。又併丙八兩，戊五兩六錢，共得一十三兩六錢。半之，得丁六兩八錢。合問。

又 貴賤差分：今有民田三頃一十五畝，共夏稅絲三十七兩四錢三分五厘五毫。只云每畝科絲，上田一錢二分五厘，中田一錢一分。問上、中田并科絲各幾何。

荅曰：上田一頃八十五畝七分，該絲二十三兩二錢一分二厘五毫。

中田一頃二十九畝三分，該絲一十四兩二錢二分三厘。

法曰：置田三頃一十五畝，以上田科絲一錢二分五厘乘之，得三十九兩三錢七分五厘。以減共絲三十七兩四錢三分五厘五毫，餘一兩九錢三分九厘五毫，爲實。却以上田科絲一錢二分五厘減中田科絲一錢一分，餘一分五厘，爲法。除之，得中田一頃二十九畝三分。以減総田，餘爲上田一頃八十五畝七分。各以每畝科絲得数[乘]。合問。

又　卷二《粟米》　比類　互換乘除：【略】今有絲六十二斤八兩，換金一十兩，内八分半五兩，七分半五兩。問二色金每兩該絲幾何。

荅曰：八分半該六斤十兩二錢五分，

七分半該五斤十三兩七錢五分。

法曰：置絲六十二斤，以十六两通之，加零八两，共一千两，爲實。列五兩，以八分半乘，得四两二錢半。又列五兩，以七分半乘，得三两七錢半。併，得八兩爲法。除之，得一百二十五两。副置二，上以八分半乘之，下以七分半乘之，各以斤約之。合問。

又　卷六《均輸》　比類　支給絹布：今有官軍一千人，共給布一千疋。只云四軍一疋，四疋一官，問各得幾何。

荅曰：官二百員，給布八百疋。

軍八百名，給布二百疋。

法曰：置布一千疋，爲實。以一疋，四疋，併得五疋，爲法。除之，得二百疋，乃官得之数。以四因，得八百疋。以減総布一千疋，餘二百疋，乃軍人之数。総人一千減官二百，餘得軍人八百。合問。

明・程大位《筭法統宗》卷一三《難題》　歌：一千官軍一千布，一官四疋無零数。四軍纔分布一疋，請問官軍多少数。

明・吴敬《九章筭法比類大全》卷六《均輸》　今有兵士三千五百五十八人，每三人用衫絹七十尺，四人用袴絹五十尺。問共用絹幾何。

荅曰：三千三十五疋二丈五尺。

法曰：此問乃合率入互换也。置列三人/四人　七十尺/五十尺互乘，三人乘五十尺，得一百五十尺。四人乘七十尺，得二百八十尺。併之，得四百三十尺。以乘兵士，得一百五十二万九千九百四十尺，爲實。以人三，四相乘，得一十二，爲法。除之，得一十二万七千四百九十五尺。以疋法四十二尺約之。合問。

又　今有旗軍二十二萬八千四百八十名，劄寨一所。每五十六名爲一隊，所居之地長一十步，闊八步。每一萬一千二百名用管軍頭目都指揮一員，指揮一十員，千户二十員，百户一百員。帳房所居之地俱方。大將軍中軍帳每面闊一十六步，都指揮每面闊六步，指揮每面闊五步，千户每面闊四步，百户每面闊三步。其寨通闊四百八十步。問長步及長、闊各列隊伍并指揮、千、百户員数同積步各幾何。

荅曰：通積三十五萬七千三百六十四步，長七百四十四步二百二十分步之六十一，闊四百八十步。

大將軍中軍帳每面闊一十六步，共積二百五十六步。

都指揮二十員，每員積三十六步，共積七百二十步。

指揮二百四員，每員積二十五步，共積五千一百步。

千户四百八員，每員積一十六步，共積六千五百二十八步。

百户二千四十員，每員積九步，共積一萬八千三百六十步。

旗軍四千八十隊，每隊積八十步，共積三十二萬六千四百步。

長六百八十步，該列六十八隊。

闊四百八十步，該列六十隊。

法曰：置旗軍二十二万八千四百八十名，以每隊五十六名除之，得四千八十隊。以一隊長十步，闊八步相乘，得八十步。乘之，得三十二万六千四百步，爲實。以闊四百八十步爲法，除之，得長六百八十步。以長一十步除之，得六十八隊。又置闊四百八十步，以闊八步除之，得六十隊。再置旗軍数，以每大隊一万一千(一)[二]百名約之，得二十隊四分。每隊都指揮一員，共二十員。每員一方六步，共三十六步，共積七百二十步。指揮一十員，共二百四員。每員一方五步，得二十五步，共積五千一百步。千户二十員，共四百八員。每員一方四步，得一十六步，共積六千五百二十八步。百户一百員，共二千四十員。每員一方三步，得九步。共積一万八千三百六十步。併前旗軍積步，共得三十五万七千三百六十四步。以闊四百八十步除之，得長七百四十四步。餘實以法約之。合問。

又　[今]有官兵五萬四千八百人，築柵圍，周人各相去三步。今内縮除一萬三千七百步，問兵各相去幾何。

荅曰：二步四分步之三。

法曰：置兵数，以相去三步乘之，得一十六万四千四百步。内減縮除一万三千七百步，餘一十五万七百步，爲實。以官兵五万四千八百爲法，除之，得二步，餘實四万一千一百步。法實皆一百三十七約之。合問。

又 [今]有狐狸一頭九尾，鵰鳥一尾九頭。只云前有七十二頭，[後]有八十八尾，問二禽獸各幾何。

荅曰：狐狸九，鵰鳥七。

法曰：置頭七十二，以減尾八十八，餘一十六，乃二禽獸共数。以尾九因之，得一百四十四。内減総尾八十八，餘五十六，爲實。別以尾九内減頭一，得八，爲法。除實，得鵰鳥七。以減共数一十六，餘得狐狸九。合問。

明・王文素《筭學寶鑒》卷一三《衰分》 [……]四爲甲衰，就以乙子七乘之，甲母九除之，得乙衰三百九十二。就以丙子五乘之，乙母八除之，得丙衰二百四十五。就丁子三乘之，丙母七除之，得丁衰一百零五。亦同。母子位繁者用之，后放此。

又 三馬、四騾、五牛、六羊共計價銀一百二十両六錢九分。且云騾值馬價十五分之九，牛值騾價七分之三，羊值牛價十一分之二，問四畜價各值幾何。

荅曰：馬價十七両三錢(三)[二]分五厘，三匹共五十一両九錢七分五厘。

騾價一十両三錢九分五厘，四騾共四十一両五錢八分。

牛價四両四錢五分五厘，五隻二十二両二錢七分半。

羊價八錢一分，六隻共四両八錢六分。

求衰位圖：

右行	馬母十五	騾母七	牛母十一
左行	騾子九	牛子三	羊子二

法曰：以右行三母連乘，得一千一百五十五，爲馬衰。又以三匹因之，得三千四百六十五。另自騾母起，乘至騾子止，得六百九十三，爲騾衰。又以四頭因之，得二千七百七十二。另自牛母起，乘至牛子止，得二百九十七，爲牛衰。又以五隻因之，得一千四百八十五。另以左行三子連乘，得五十四，爲羊衰。又以六隻因之，得三百二十四。副併四位，共得八千〇四十六，爲法。此係巧題，用差分。

法曰：置総銀一百二十両六錢九分，爲寔。以法除之，定位，得一分五厘。又以爲法。各以未併者乘之。以三千四百六十五乘一分五厘，得三馬共價五十一両九錢七分五厘。以二千七百七十二乘一分五厘，得四騾共價四十一両五錢八分。以一千四百八十五乘一分五厘，得五牛共價二十二両二錢七分五厘。以三百二十四乘一分五厘，得六羊共價四両八錢六分。各以頭、匹、隻數除之，得各物價銀。合問。

又 逓加差分題：三人均錢一千五百九十六文。欲令自下逓以加三出之，問各該幾何。

荅曰：甲六百七十六文，乙五百二十文，丙四百文。

求衰列位圖：

右行	甲母十三	乙十三
左行	乙(又)[子]一十	丙子一十

法曰：先以左行二子連乘，得一百，爲丙衰。就於丙衰加三，得一百三十，爲乙衰。就於乙衰加三，得一百六十九，爲甲衰。另併三衰，共得三百九十九，爲法。置総錢一千五百九十六文，爲寔。以法除之，定位，得四文。各以衰數(衰)[乘]之，得荅。合問。

又 逓減差分同題：先以右行二母連乘，得一百六十九爲甲衰。逓以減三，即得乙、丙之衰。

又 逓減差分題：官勸粟一百石，欲令四等人户從上逓以減五出之。且云第一等十六户，第二等二十四户，第三等三十八户，第四等三十五户，問四等各出幾何。

荅曰：第一等每户一石六斗八升七合五勺，十六户共二十七石。

第二等每户一石一斗二升五合，二十四户共二十七石。

第三等每户七斗五升，三十八户[共]二十八石五斗。

第四等每户五斗，三十五户共一十七石五斗。

求衰圖：

右行	甲母十五	乙母十五	丙母十五
左行	乙子一十	丙子一十	丁子一十

逓減法曰：先以右行三母連乘，得三千三百七十五，爲甲衰。就於甲内減五，得二千二百五十，爲乙衰。就於乙(丙)[内]減五，得一千五百，爲丙衰。就

於丙内減五，得一千，爲丁衰。各以户數乘之：以十六户乘甲衰，得五萬四千。以二十四户乘乙衰，亦得五萬四千。以三十八户乘丙衰，得五萬七千。以三十五户乘丁衰，得三萬五千。併四位，共得二十萬，爲法。(比)[此]係巧題用差分。法曰：置総粟一百石，爲寔。以法二[十]萬除之，定位，得五勺。各以衰数乘之：以甲衰乘之，得第一等，每户出一石六斗八升七合五勺。以乙衰乘之，得第二等，每户出一石一斗二升半。以丙衰乘之，得第三等，每户出七斗五升。以丁衰乘之，得第四等，每户出五斗。要見小総，各以户数乘之，合問。或既得第一等每户所出粟数，遞以減五，亦得下三等出數。或先以丁衰一千乘五勺，得五斗。遞以加五，得上三[等]户出數，尤便。觀其遞以減五差分，亦可作二三差分代之。又問，但列求衰圖于左可知矣。四六差分亦同。

代遞減五圖：

右行	甲母三	乙母三	丙母三
左行	乙子二	丙子二	丁子一

又 遞損差分題：官勸銀一百四十兩，令四等人户自上遞以損三出之。且云上上七户，[上中九户]，下上十六户，上中二十户。問四等户各出幾何。

荅曰：上上每户出五(錢)[兩]，七户共三十五兩。

中上每户三兩五錢，九户共三十一兩五錢。

下上每户二兩四錢五分，十六户共三十九兩二錢。

上中每户一兩七錢一分五厘，二十户共三十四兩三錢。

列位圖：

右行	甲母十	乙母十	丙母十
左行	乙母七	丙子七	丁子七

遞損法曰：以右行三母連乘，得一千，爲上上户衰。就以損三，得七百，爲中上户衰。就又損三，得四百九十，爲下上户衰。又損三，得三百四十三，爲上中户衰。各以户数乘之：以七户乘(二)[上]上衰，得七千。以九户乘中上衰，得六千三百。以十六户乘下上衰，得七千八百四十。以二十户乘上中衰，得六千八百六十。併四位，共得二萬八千爲法。此係巧題，用差分。法曰：置総銀一百四十兩，爲寔。以法二萬八千除之，定位，得五厘。各以衰数乘之：以一千乘之，得上上，每户五兩。就以損三，得中上，每户三兩五錢。又損三，得下上，每户二兩四錢五分。又損三，得上中，每户一兩七錢一分五厘。各以户数乘之，得四等小総銀数。合問。

又 遞倍差分題：上士一十二員，中士二十一員，下士三十員，共支俸米九百石。務令上士倍中士，中士倍下(中)[士]，各支幾何。

荅曰：上士三十石，十二員共三百六十石。

中士一十五石，二十一員共三百一十五石。

下士七石五斗，三十員共二百二十五石。

総行求衰圖：

右行	上二	中二
左行	中一	下一

遞倍差分法曰：置一爲下士衰。倍下士，得二，爲中士衰。倍中士二，得四，爲上士衰。各以員數乘之：以十二乘上衰四，得四十八。以二十一乘中衰二，得四十二。以三十乘下衰一，仍是三十。併三位，共得一百二十，爲法。此係巧題，用差分。法曰：置総支米九百石爲寔。以法一百二十除之，先得下士該支七石五斗。倍下士米，得中士支一十五石。倍中士米，得上士支三十石。各以員數乘之，得三等小総數。合問。

又 三七差分題：四人均錢一千七百四十文。欲令自下遞以三七出之，問各出幾文。

荅曰：甲一千〇二十九文，乙四百四十一文，

丙一百八十九文，丁八十一文。

求衰圖：

右行	甲母七	乙母七	丙母七
左行	乙子三	丙子三	丁子三

法曰：以右行三母連乘，得三百四十三，爲甲衰。另自乙母起乘至乙子止，得一百四十七，爲乙衰。再自丙母起乘至丙子止，得六十三，爲丙衰。另以左行三子連乘，得二十七爲丁衰。併四位，得五百八十，爲法。此係巧題，用差分。法曰：置総錢一千七百四十文，爲寔。以法五百八十除之，得三文。各以衰数(衰)[乘]之。合問。又互換米衰術曰：以右行三母連乘爲甲衰，遞以三因七歸，即得乙、丙、丁之衰，亦同。

又 倍衰減総題：三人均錢一百。只云甲多乙五文，丙得錢如乙七分之五，問各該幾何。述舊。

荅曰：甲四十文，乙三十五文，丙二十五文。

法曰：置総錢一百，於内減出甲多乙五文，餘九十五文，爲寔。題云丙得乙七分之五，丙當以五爲衰，乙當以七爲衰，甲亦借七爲衰。併三衰，共得十九，爲法。除寔，得五文。各以衰數乘之：甲、乙各得三十五文，丙得二十五文。却将原減五文添甲，得四十文。合問。

又 益積題：三人均錢一百。欲令乙得甲三分之二，丙少甲二十八文，問各該幾何。亦出《算寶》。

荅曰：甲四十八文，乙三十二文，丙二十文。

法曰：增二十八文，併一百，爲総錢，以應丙少甲二十八文之數。題云乙得甲三分之二，甲以三爲衰，乙以二爲衰。題云丙少甲二十八文，今添入積。内亦借甲三爲衰。併三衰，共八，爲法。除総錢一百二十八文，得十六。各以衰數乘之：甲、丙各得四十八，乙得三十二文。却於丙内退原增二十八文，餘二十文，爲丙。合問。

《詳明算(籍)[法]》法曰：置一百文，於内減出二十八文，餘七十二文。以三歸之，得二十四文，是三分之一也。就倍之，得四十八文，是甲得之數。又以四十八文三歸，得一十六文。倍之，得三十二文，是乙得甲三分之二也。別置甲四十八文，減去二十八文，餘二十文，爲丙数。

證曰：切論《詳明》之法，甚是不通。治此巧題，則可，餘皆不能求之。故設下題以證。

又 證題：假令三人均錢一百。欲令乙得甲三分之二，丙少甲二十(支)[文]，問各該幾何。

荅曰：甲四十五文，乙三十文，丙二十五文。

通理法曰：置原錢一百，併入丙少甲二十文，共得一百二十文，爲寔。列甲衰三，乙衰二，丙借甲亦衰三。併之，得八，爲[法]。除寔，得一十五。各以衰數乘之：甲、丙各得四十五文，乙得三十文。於丙内減出原添二十，餘二十五文，爲丙錢，正合所問。

若依《詳明》之法，於百文内減出丙少甲二十文，餘八十文。如三而一，倍之，不合所問。

或問前一題損積，後二題益積，何也？曰：上借下衰者損之，下借上衰者益之。

又 益積題：四人均銀一兩。欲令乙得甲三分之二，丙得乙五分之三，丁少甲二錢八分八厘，問各該幾何。

荅曰：甲四錢二分，乙二錢八分，
丙一錢六分八厘，丁(乙)[一]錢三分二厘。

(永)[求]衰法圖：

右行	甲母三	乙母五
左行	乙子二	丙子三

解曰：圖内不列丁者，是借甲衰而用之也。

法曰：以右行二母相乘，得一十五，爲甲衰。以乙母乘乙子，得一十，爲乙衰。以左行二子相乘，得六，爲丙衰。借甲一十五，爲丁衰。併四位，共得四十六，爲法。置原銀一两，添入丙少甲二錢八分八厘，爲寔。以法除之，得二分八厘。各以衰数乘之：甲、丁各得四錢二分，乙得二錢八分，丙得一錢六分八厘。於丁内退出原添二錢八分八厘，餘一錢三分二厘。合問。

又 不盡命零題：三人均粟一石。欲令(一)[乙]得甲七分之五，丙得乙四分之三，問各該幾何。

荅曰：甲四斗四升四合四勺六十三分勺之二十八，
乙三斗一升七合四勺六十三分勺之三十八，
丙二斗三升八合〇勺六十三分勺之六十。

求衰圖：

右行	甲母七	乙母四
左行	乙子五	丙子三

法曰：以右行二母相乘，得二十八，爲甲衰。以乙母乘乙子，得二十，爲乙衰。以左行二子相乘，得一十五，爲丙衰。副併三衰，共六十三，爲法。置所均(乘)[粟]一石，乘未併者：乘甲衰，得二十八石。乘乙衰，得二十石。乘丙衰，得一十五石。各自(列)爲[列]寔。皆以法除之，得所荅數。不盡者，[以]法命之。合問。

解曰：右設十二題，俱係巧者，可以併衆衰而先除総積，次以各衰乘之。此一拙題必以総積遍乘各衰，爲寔。併衆衰爲法。除之。

又 **《多出差分》** 三人均銀三両五錢。欲令甲多乙五錢，乙多丙三錢，問各該幾何。

先求丙銀法曰：置総銀三両五錢，内減少甲八錢，再減少乙三錢，餘二両四錢，爲寔。以三爲法。除之，得八錢，是丙出之数。加上三錢，得一两一錢，是乙出之數。再加上五錢，得一两六錢，是甲出之數。合問。

先求甲銀法曰：置総銀三両五錢，加多乙五錢，再加多丙八錢，共得四両八錢，爲寔。以三人爲法。除之，得一両六錢，是甲出之数。内減五錢，餘一両一錢，是乙出之數。再減三錢，餘八錢，是丙出之数。合問。

又 官勸粮二百二十石，令上四則人户出之。議定：上上户多中上户七斗，中上户多下上户四斗，下上户多上中户三斗。且云上上二十四户，[中上]三十一户，下[上]四十五户，上中六十八户，問四等各該幾何。

荅曰：上上每户二石三斗，二十四户共五十五石二斗。

中上每户一石六斗，三十一户共四十九石六斗。

下上户每户一石二斗，四十五户共五十四石。

上中每户九斗，六十八户共六十一石二斗。

先求第四等數法曰：列衆多數，七斗、四斗、三斗。併之，共一石四斗。以上上二十四户乘之，得三十三石六斗。於併多數内減出上上多七斗，餘七斗。以中上三十一户乘之，得二十一石七斗。於併多數内再減中上多四斗，餘三斗。以下上四十五户乘之，得一十三石五斗。併三位，共六十八石八斗。以減総勸粮二百二十石，餘一百五十一石二斗，爲寔。併四等，共一百六十八户，爲法。除之，得九斗，是上中每户所出。加三斗，得一石二斗，是下上每户所出。再加四斗，得一石六斗，是中上每户所出。再加七斗，得二石三斗，是上上每户所出。要見小総，各以户数乘之。合問。

解術曰：先求上等者，益積。先求下等者，減積。

又《課分互换》二色同題：桃三枚，值[錢]一文。杏五枚，值錢一文。今有錢五十六文，欲買桃、杏數相等，問堯、杏并各用錢幾何。

荅曰：桃一百五枚，該用錢三十五文。

杏一百五枚，該用錢二十一文。

法曰：置桃三，杏五，相乘，得一十五，爲滿數。以堯三除之，得五文，爲桃價。另以杏五除滿，得三文，爲杏價。併之，得八文，爲法。另以滿数乘総錢五十六文，得八百四十文，爲寔。以法八文除之，得桃、杏各一百五枚。以(杏)[桃]三除之，得桃錢三十五文。以五杏除之，得杏錢二十一文。合問。

互换法圖：

右上　桃三　　　右下　杏五

互乘

左上　一文　　　左下　一文　尾総錢五十六文

互换法曰：以右上(挑)[桃]三互乘左下一文，得杏價三文。另以右(右)[下]杏五互乘左上一文，得桃價五(之)[文]。併之，亦得八文，爲法。另以桃三、杏五相乘，得一十五，乘総錢五十六文，得八百四十文，爲寔。以法八(五)[文]除之，得桃、杏各一百零五，亦同。

又 仙人换影法曰：置総錢五十六文，爲寔。另併堯三、杏五，共八，爲法。除之，得七。以此七因堯三，得買杏錢二十一文。以七因杏五，得買堯錢三十五[文]。又各以買數乘之，得各買堯、杏一百零五，亦同。

又 二色價同題：瓜一枚，直五文。梨一枚，直三文。共瓜、梨五十六枚，二色賣錢相等，問瓜、梨各幾何。

荅曰：瓜二十一枚，值錢一百五文。

梨三十五枚，值錢一百五文。

法曰：列瓜價五文，梨價三文，相(等)[乘]，得一十五文，爲滿數。以瓜價除之，得瓜三枚。以梨價除之，得梨五枚。併之，得八枚，爲法。另以滿数一十五乘総物五十六，得八百四十枚，爲寔。以法八枚除之，得瓜、梨價各一百五文。各以價除之：以五文除之，得瓜二十一枚。以三文除之，得梨三十五枚。合問。

互换法圖：

右[上]錢五　　　右下錢三

互乘

左上瓜一　　　左下梨一　　総瓜、梨五十六枚

互换法曰：以右上錢五互乘左下梨一，得五，爲梨数。以右下錢三互乘左上瓜一，得瓜三枚。併之，得八枚，爲法。另以右上錢五乘右下錢三，(将)[得]一十五文。即三瓜五梨之同價。乘総物五十六枚，得八百四十枚，爲寔。以法八枚除之，得瓜價、(瓜)[梨]價各一百五文。以五文除之，得瓜二十一枚。以三文除之，得梨三十五枚，亦合問。

换影法曰：併二物，共八文。除総物，得七。以七因梨價[三]，得瓜二十一枚。以七因瓜價五，得梨三十五枚，即合其數。

又 二色互换價同題：原有銀不知総數，均分，一半(置)[買]椒，一半買

薑。且云花椒每馱即一百(三)[二]十斤。價銀三兩一錢二分五厘，乾薑六十四斤，價銀一兩。共買椒、薑五千一百二十斤，問原銀幾何，椒、(姜)[薑]各該多少。

荅曰：原銀一百兩。

椒一千九百二十斤，用銀五十兩。

薑三千二百斤，用銀五十兩。

互換法圖：

右上花椒一百二十斤		右下薑六十四斤共五千一百二十斤
	互乘	
左上三兩一錢二分半		左下價銀一兩

法曰：以左上互乘右下，得二百斤。另以左下互乘右上，得一百二十斤。併之得三百二十斤，爲法。另以左行上、下相乘，得三兩一錢二分五厘。續乘総物五千一百二十斤，得一萬六千斤，爲寔。以前法三百二十斤除之，得椒、薑各用銀五十兩。就以六十四斤乘之，得薑三千二百斤。別置銀五十兩，以一百二十斤乘之，得六千斤。以三兩一錢二分五厘除之，得椒一千九百二十斤。合問。

觧曰：此係互換與相雜之題，用仙人换影之法不能求之。叁價三數以上者，俱求不得。

又 三色題：租田一段，見年三畆租銀一錢，次年四畆租銀一錢，後年五畆租銀一錢。凡三年共租銀一十一兩二錢八分，問所租田幾何。

荅曰：一頃四十四畆。

初年四兩八錢，次年三兩六錢，後年二兩八錢八分。

法曰：列三畆、四畆、五畆，合三位連乘，得六十畆，爲「滿數」。以三畆除之，得二兩，爲見年之租銀。以[四]畆除之，得一兩五錢，爲次年之銀。以五畆除之，得一兩二錢，爲後年之銀。併三位，共得四兩七錢，爲法。另以滿数六十畆[乘]総租銀一十一兩二錢八分，得六百七十(八)[六]兩八錢，爲寔。以法四兩七錢除之，亦得所租田一頃四十四畆。合問。

又 三色互換論停題：今有錢一千七百八十文，欲買一停瓜，二停梨，三停㮈。且云瓜三枚值四文，梨五枚值三文，桃七枚值二文，問三物各買幾何。

荅曰：瓜五百二十五枚，用錢七百文。

梨一千零五十枚，用錢六百三十文。

桃一千五百七十五枚，用錢四百五十(枚)[文]。

法曰：列瓜三，梨五，桃七。令三位連乘，得一百零五枚，爲滿數。就以四因、三歸，得一百四十文，爲瓜價，不動。又(聞)[置]滿數，以三因、五歸，[得]六十三文。又以二停因之，得一百二十六文，爲梨價。再置滿數，以二因、七歸，得三十文。以三停因之，得九十文，爲㮈價。併三位，共得三百五十六，爲法。另以滿數乘総錢一千七百八十文，得一十八萬六千九百，爲寔。以法除之，得瓜五百二十五枚。二因瓜数，得梨一千五十枚。三因(三)瓜數，得㮈一千五百七十五。合問。

互換法圖：

瓜三	梨五	㮈七
錢四	錢三	錢二

[又]法曰：以瓜三、梨五相乘，得一(七)[十]五。互乘桃錢二文，得三十。以三停因之，得九十。另以瓜三、㮈七相乘，得二十一。互乘梨錢三，得六十三文。以二停因之，得一百二十六。又另梨五、㮈七相乘，得三十五。互乘瓜錢四文，得一百四十文。併三位，共得三百五十六，爲法。另以瓜三、梨五、㮈七連乘，得一百零五。又乘総錢一千七百八十文，得一十八萬六千九百，爲寔。以法三百[五]十六除之，得瓜五百二十五枚。以二因瓜數，得梨。三因瓜數，得桃，亦合問。

要見各用錢數，置瓜數，四因、三歸。置梨数，三因、五歸。置桃數，二因、七歸，即是。

又 漢文帝沺柳勞軍，每三人肉二斤，四人麵三斤，五人酒四斤，七人銀一斤。共支銀、麵、酒、肉総計二十四萬(八)[七]千七百五十斤。問総軍數并各支銀、面、酒、肉幾何。

荅曰：軍一十萬五千名，

銀一(千)[萬]五[千]斤，即二(萬)[十]四(千)[萬]兩。

面七萬八千七百五十斤，酒八萬四千斤，肉七萬斤。

列位法圖：

右行	三人	四人	五人	七人
左行	肉二斤	面三斤	酒四斤	銀一斤

法曰：以右行四位連乘，得四百二十人，爲滿數。就以肉二斤因之，三人歸之，得二百八十斤。又置滿數，以面三斤因之，四人歸之。得三百一十五斤。又置滿數，以酒四斤因之，五人歸之，得三百三十六斤。再又置滿數，以銀一斤因

之，七人歸之，得銀六十斤。併四位，共得九百九十一斤爲法。另以滿数乘総物二十四萬七千七百五十斤，得一億〇四百〇五萬五千斤，爲寔。以法九百九十一除之，得総軍一（千）［萬］五（百）［千］斤。另置総軍，以二因、三歸，得肉七萬斤。又置総軍，以三因、四歸，得面七萬八千七百五十斤。又置総軍，以四因、五歸，得酒八萬四千斤。合問。

互換求衰，（因）［同］前，不必重立。

又 四色兩同題：米一石七斗，值銀一両。麥一石九斗，值銀一両。麻二石一斗，值銀一両。豆二石三斗，值銀一両。今有銀二十四両，欲買米、麦二色相等，麻、豆二色相等，問四色并各用銀幾何。

荅曰：米九石六斗九升，該銀五両七錢。

麦九石六斗九升，該銀五両一錢。

麻十四石四斗九升，該銀六両九錢。

豆十四石四斗九升，該銀六両三錢。

雙互換圖：

右米一石七斗	麦一石九斗	麻二石一斗	豆二石三斗
左值［銀］一両	值銀一両	值銀一両	值銀一両

互換本法細草曰：同前，此係巧題，可用雙換影法求之。雙換影法曰：列四物石数：米一石七斗，麦一石九斗，麻二石一斗，豆二石三斗。併之，共得八石，爲法。置総銀二十四両，爲寔。以法除之，得三両。遍因未併者，乘米数，得麦銀五両一錢。乘麦数，得米銀五両七錢。乘麻数，得豆銀六両三錢。乘豆数，得麻銀六両九錢。各以所買石數乘之，米、麦各得九石六斗九升，麻、豆各得一十四石四斗九升，並皆合問。

又 《九章》題：今有米七石四斗五合四勺四抄，換油、（密）［蜜］、塩、茶、麪五色，每米二升爲率，換油三両，若換（密）［蜜］五両，換塩六両，換茶七両，換麵九両。務要二停油、三停（密）［蜜］、四停塩、五停茶、六停麵，問各幾幾何。

荅曰：油一十三斤十五両四錢四分，

（密）［蜜］二十斤一十五両一錢六分，

塩二十七斤十四兩八錢八分，

茶三十四斤一十四両六錢，

麪四十一斤十四兩三錢二分。

《九章》法曰：置率米二升，爲寔。以各換両數爲法。除之：三両除得六合三分合之二，五両除得四合，六両除得三合六分合之二，九両除得二合九分合之（三）［二］。依率乘而併之。油二停，得一升三合三分合之一。（密）［蜜］（得）三停，得一升二合。塩四停，得一升三合九分合之三。茶五停，得一升四合七分合之二。麪六停，得一升三合九分合之三。共併得六升五合。餘分母、子依合分法：油三（錢）［分］之一，塩六分之二，茶七分之二，麪九分之三。列置三分之一、六分之二、七分之二、九分之（二）［三］。子互乘母：以之一乘六分、七分、九分，得三百七十八。以之二乘三分、七分、九分，得（二）［三］百七十八。以之二乘三分、六分、九分，得三百二十四。以之三乘三分、六分、七分，得三百七十八。又併之，得一千四百五十八，爲寔。以分母相乘：三分乘六分，得一十八。又乘七分，得一百二十六。又乘九分，得一千一百三十四，爲法。除之，得一合。併前，共六升六合。餘寔三百二十四。法、寔皆以八十一約之，得十四分之四。以分母十四乘併米六升六合，得九斗二升四合。加入分子四，爲法。以分母十四乘原米七石四斗五合四勺四抄，得一百三石六斗七升六合一勺六抄，爲寔。以法除之，得一百一十一両七錢二分，爲一停率。以二因得油二百二十三両四錢四分。三因得（密）［蜜］三百三十五両一錢六分。四因得塩四百四十六両八錢八分。五因得茶五百五十八両六錢。六因得麪六百七十両三錢二分。各以斤法十六両約之。合問。

證曰：此即各分入互換之法，以本法求之爲正。既要如此求之，當以停数乘率米二升爲［實］。各以所換兩數爲法。除之，稍同。

新証法曰：列所换米物：

二升	二升	二升	二升	爲子
三両	五両	七両	九両	爲母

以二升乘五両、六兩、七両、九両，又以二停因之，得七千五百六十，爲油。以二升乘三両、六両、七両、九両，又以三停因之，得六千八百单四，爲（密）［蜜］。以二升乘三両、五両、七両、九兩，又以四停因之，得七千五百六十，爲塩。以二升乘三両、五兩、六両、九兩，又以五停因之，得八千一百，爲茶。以二升乘三両、五兩、六両、七両，又以六停因之，得七千五百六十，［爲面］。併之，共得三萬七千五百八十四，爲除率。以左行五母連乘，得五千六百七十，爲乘率。或厭數繁，乘、除二率皆以一百六十二約之：乘率得三十五，除率得二百三十二，爲法。以乘率三十

五乘原米七百四斗五合四勺四抄，得二百五十九石一斗九升四勺，爲寔。以法二百三十二除之，得一百一十一兩七錢二分，爲一停之數，各以停數乘之。合問。

又 卷一四《貴賤分身》 布一疋價銀二錢二分，絹一疋價銀三錢一分。今用銀七兩九錢四分，共買布、絹三十疋。問該布、絹幾何。

荅曰：布一十七疋，該銀三兩九錢一分。

絹一十三疋，該銀四兩零三分。

先求布數法曰：置共布、絹三十疋，乘絹價三錢一分，得九兩三錢。內減共銀七兩九錢四分，餘一兩三錢六分，爲寔。別置絹價三錢一分，內減布價二錢三分，餘八(錢)[分]，爲法。除寔，先得布一十七疋。以減總布、絹，餘一十三疋，爲絹。合問。

先求絹數法曰：置共物三十疋，乘布價二錢三分，得六兩九錢。以減總銀七兩(一)[九]錢四分，餘一兩四分，爲寔。亦以前法八分除之，先得絹一十三疋。以減總數，餘一十七(正)[疋]，爲布。各以價乘之，得各該銀，亦合問。

總術圖：

右上絹一疋	右中布一疋	右下總物三十疋
左上三錢一分	左中二錢三分	左下總銀七兩九錢四分

細草曰：以右上互乘左中，仍是二錢三(錢)[分]。却以右中互乘左上，仍是三錢一分。以少減多，餘差價八分，爲法。另以右上互乘左下，仍(足)[是]七兩九錢四分。却以右下互乘左上，得九兩三錢。亦以少減多，餘一兩(二)[三]錢六分，爲寔。以法除之，得一十七，爲中布錯綜之數。以乘右中，得布一十七疋。以減(左)[右]下總物，餘一十三疋，爲絹。另以錯綜乘[左]中，得布價三兩九錢一分。以減左下總銀，餘四兩三(錢)[分]，爲絹銀。合問。

凡(過)[遇]一乘者，雖不乘亦(足)[是]，但法術不通，恐誤初學。

觧術曰：若先求絹，列布(均)[於]上，列絹於中，即是。

又 (三)[二]數題：總用銀三千兩，共買大、小酒麯三十六萬九千塊。且云每兩買該大麯九十六塊，每一兩買小麯一百四十四塊。問大、小麯各幾何。

荅曰：大曲一十二萬六千塊，該銀一千三百一十二兩五錢。

小曲二十四萬三千塊，該銀一千六百八十七兩五錢。

先求大麯銀法曰：置総銀三千兩，乘小麯一百四十四塊，得四十三萬二千塊。內減三十六萬九千，餘六萬三千塊，爲寔。以大麯九十六塊減小麯一百四十四塊，餘四十八塊，爲法。除寔，得買大麯銀一千三百一十二兩五錢。以減共銀三千兩，餘一千六百八十七兩五錢，爲買小麯銀數。各以買該曲數乘之，得各該大、小麯數。合問。

先求小麯銀術曰：置総[銀]，乘大麯數，以減總麯，餘爲寔。另以大、小麯數相減，餘爲法。除之，得買小麯銀。以減總銀，餘爲買大麯銀。各以買該曲數乘之，得各該大、小麯數。合問。

總術圖：

右上一百四十四	中九十六	下共三十六萬九千
左上銀一兩	中銀一兩	下共銀三千兩

総法草曰：以左上互乘右中，得九十六塊。以左中互乘右上，得一百四十四塊。以少減多，餘四十八，爲法。另以左上互乘右下，仍是三十六萬九千。以左下互乘(互乘)右上，得四十三萬二千。亦以少減多，餘六萬三千，爲寔。以法除之，得買大麯銀一千三百一十二兩五錢，即錯綜之數。乘右中，得大麯一十二萬六千塊。以減右下，餘二十四萬三千，爲小麯。合問。

又 一價一數題：梨一枚值錢三文，桃五枚值一文。今用錢三十文，共買梨、桃五十二枚。問梨、桃各幾何。

荅曰：梨七枚，值二十一文。

桃四十五枚，值九文。

法曰：置總錢三十文，乘桃数五(斤)[枚]，得一百五十(斤)[枚]。內減総物五十二(斤)[枚]，餘九十八(斤)[枚]，爲寔。別置梨價三文，亦乘桃五(斤)[枚]，得一十五(斤)[枚]。內減梨一(斤)[枚]，餘十四(斤)[枚]，爲法。除寔，得梨七枚。以減共數五十二，餘四十五，得尭。合問。

總術圖：

右上桃五枚	中梨一枚	下総物五十二枚
左上錢一文	中錢三文	下共錢三十文

総法草曰：以右上互乘左中，得一十五。以左上互乘右中，得一。以少減多，餘一十四，爲法。另以右上互乘左下，得一百五十。以左上互乘右下仍是五十二。亦以少減多，餘九十八，爲寔。以法除寔，得七，爲中梨錯綜之數。乘一梨，得梨七枚。乘梨價三文，得買梨錢(一)[二]十一文。以減総物、總錢，餘爲桃数、桃錢。合問。

又　雙互換題：官塩一引價銀七錢五分，私鹽一馱價銀三錢三分。今用銀六十兩，共買官、私鹽二萬斤，問官、私鹽各幾何。

荅曰：官鹽五千斤，[該銀一十八兩七錢五分]。

私鹽一萬五千斤，[該銀四十一兩二錢五分]。

總術圖：

右上官二百斤　中私一百二十斤　下共塩(一)[二]萬斤

左上銀七錢五分　中銀三錢三分　下共銀六十兩

細草曰：以右上互乘左中，得六十六兩。以右中互乘左上，得九十兩。以少減多，餘二十四兩，爲法。另以右上互乘左下，得一萬(一)[二]千兩。另以右下互乘左上，得一萬五千兩。亦以少減多，餘三千兩，爲寔。以法除之，得一百二十五，爲中列私鹽錯(踪)[綜]之數。乘右中一百二十斤，先得私鹽一萬五千斤。以減右下總鹽二萬斤，餘五千斤，爲官鹽。另以錯(踪)[綜]一百二十五乘左中價三錢三分，得私鹽銀四十一兩二錢五分。以減左下共銀，餘官鹽銀十八兩七錢五分。合問。

《九章》龜魚分身、布絹分身并[金]蟬脱殼、桃棗分身並用此法求之，不必述題立草。

又　一價一互換題：胡椒一斤值銀三錢，花椒一馱值銀四兩。今用銀一百兩，共買椒五百斤，問二樣椒各幾何。

荅曰：胡椒三百一十二斤半，該銀九十三兩七錢五分。

花椒一百八十七斤半，該銀六兩二錢五分。

新立(連)[捷]徑法曰：置總椒五百斤，乘胡椒價三錢，得一百五十兩。內減總價一百兩，餘五十兩，爲寔。另以花椒一百二十斤亦乘胡椒價三錢，得三十六兩。內減花椒價四兩，餘三十二兩，爲法。除寔，得一兩五錢六分二厘五毫，爲花椒錯(踪)[綜]之數。乘一百二十斤，得花椒一百八十七斤半。以減共椒，餘三百一十二斤半，爲胡椒數。合問。

總術圖：

右上胡椒一斤　右中花椒一百二十斤　右下總椒五百斤

左上價銀三錢　左中價銀四兩　左下共銀一百兩

總法草曰：以右上互乘左中，得四兩。以右中互乘左上，得三十六兩。以少減多，餘三十二兩，爲法。另以右上互乘左下，得一百兩。以右下互乘左上，得一百五十兩。亦以少減多，餘五十兩，爲寔。以法除之，得一兩五錢六分二厘五毫，爲中列花椒錯(踪)[綜]之數。乘右中一百二十(一)斤，得花椒一百八十七斤半。以減右下總椒五百斤，餘三百一十二斤半，爲胡椒。合問。

又　一數一互換題：絹三疋，值一兩。布四十五疋，值七兩。今用銀六十兩，共買絹、布三百疋，問布、絹各幾何。

荅曰：絹七十五疋，布二百二十五疋。

捷法草曰：置總銀六十兩，乘絹三疋，得一百八十疋。以減總絹布三百疋，餘一百二十疋，爲寔。另置布銀七兩，亦乘絹三疋，得二十[一]疋。以減布四十五疋，餘二十四疋，爲法。以法除寔，得[五疋]，爲布錯(踪)[綜]之数。乘布四十五疋，得布二百二十五疋。以減總布絹三百疋，餘七十五疋，爲絹。合問。

總術圖：

右上絹三疋　右中布四十五疋　右下共三百疋

左上銀一兩　左中七兩　左下共六十兩

總法草曰：以左上互乘右中，得四十五疋。以左中互乘右上，得二十一疋。以少減多，餘二十四疋，爲法。另以左下[互]乘右上，得一百八十疋。以左(止)[正]互乘右下，得三百疋。亦以少減多，餘一百二十疋，爲寔。以法除之，得五，爲中布錯(踪)[綜]之数。乘四十五疋，得布二百二十五疋。以減右下總布絹三百疋，餘七十五疋，爲絹，亦合問。

又　**《和合差分》**　甲出銀九兩，乙出銀七兩，共夥置米四十石。問二人各照原銀分米幾何。

荅曰：甲該二十二石五斗，乙該一十七石五斗。

法曰：置總米四十石，爲寔。併二人銀，共一十六兩，爲法。除之，定得每兩該二石五斗，列下爲法。各以原銀乘之：乘甲九兩，得二十二石五斗。乘乙七兩，得一十七石五斗。合問。

又互換法曰：各列本銀甲九兩，乙七兩。副併，共得一十六兩，爲法。以總米四十石乘未併者：乘甲九兩，得三百六十石。乘乙七兩，得二百八十石。各自爲寔。皆以法十六除之，甲得二十二石五斗，乙得一十七石五斗，亦合問。

解曰：遇巧積除盡者用前術爲便。或遇拙積而除不盡者，則用後術，互換求之。

又　甲出本銀九十一兩，乙八十四[両]，丙七十五兩，合夥買賣，營得利銀六十兩。問三人各照本銀分利幾何。

荅曰：甲二十一兩八錢四分，乙二十兩一錢六分，丙十八兩。

法曰：置利銀六十兩，爲寔。併三人本，共二百五十兩，爲法。除之，定得每兩該利二錢四分，留於右下，爲法。各以本銀乘之：以甲九十一兩乘，得二十一兩八錢四分。乙八十四兩乘，得二十兩一(分)[錢]六分。丙七十五兩乘，得一十八兩。合問。

又　迯户粮三石四斗二升四合。見有甲、乙、丙、丁四人(細)[佃]種其地。且云甲種二十二畝，乙種十六畝，丙種十四畝，丁種十二畝。問四人各照地數包粮幾何。

荅曰：甲一石一斗七升七合，乙八斗五升六合，
丙七斗四升九合，丁六斗四升一合。

法曰：置総粮三石四斗二升四合，爲寔。併四人地，共六十四畝，爲法。除之，定位每畝得五升三合五勺，列下爲法。各以地數乘之：甲二十二畝乘，得一石一斗七升七合。乙十六畝乘，得八斗五升六合。丙十四畝乘，得七斗四升九合。丁十二畝乘，得六斗四升二合。合問。

又　甲物五百六十斤，乙物四百五十斤，丙物三百三十斤，丁物二百六十斤。同顧一車載之，共脚價銀一十一兩二錢。問四人各炤斤重該出脚銀幾何。

荅曰：甲三兩九錢二分，乙三兩一錢五分，丙二兩三錢一分，
丁一兩八錢二分。

法曰：置共脚價銀一十一兩二錢，爲寔。併四人物，共一千六百斤，爲法。除之，定位每斤得七厘，列下爲法。各以斤重乘之，得各該銀數。合問。

解曰：四人斤重已見於題，不必重載於法。後放此。

又　槩縣八里，共計差銀二千五百兩。合蒙上司賦取三百兩公用。且云乾里七百一十兩，坎里四百二十兩，艮里三百三十兩，震里二白九十兩，巽里二百七十兩，离里一百八十五兩，坤里一百六十兩，兊里一百三十五兩。問八里各炤差銀該徵幾何。

荅曰：乾八十五兩二錢，　坎五十兩四錢，
艮三十九兩六錢，　震三十四兩八錢，
巽三十二兩四錢，　离二十二兩二錢，
坤一十九兩二錢，　兊一十六兩(一)[二]錢。

法曰：置賦銀三百兩，爲寔。以共差銀二千五百兩爲法。除之，每兩該一錢二分。各以差銀乘之，得荅。合問。

又　今有銀四十兩，欲買米、麥、豆三色，俱要斛斗均秤。且云(半)[米]價每斗七分五厘，麥價每斗五分三厘，豆價每斗三分二厘。問(二)[三]色俱買幾何。

荅曰：米、麥、豆每色俱買二十五[石]。
米用銀十八兩七錢五分，麦銀十三兩二錢五分，豆銀八兩。

法曰：置総銀四十兩，爲寔。併三色價銀，共一錢六分，爲法。除之，得每色俱該買二十五石。各以價銀乘之，得各用銀數。合問。

又　今有銀三百七十八両四錢五分，欲買一停米，二停麦，三停麻，四停豆。且云米價每斗八分五厘，麦價七分二厘，麻價五分七厘，豆價二分五厘，問四色所買石數并各用銀幾何。

荅曰：米七十五石六斗九升，該銀六十四両三錢三分六厘半。
麦一百五十一石三斗八升，該銀一百八両九錢九分三厘六毫。
麻二百二十七石〇七升，該銀一百二十九両四錢二分九厘
九毫。
豆三百零二石七斗六升，該銀七十五両六錢九分。

法曰：列米價八分五厘，不動。二因麦價，得一錢四分四厘。三因麻價，得一錢七分一厘。四因豆價，得一錢。併四位，共得五錢，爲法。置総銀三百七十八兩四錢五分，爲寔。以法五錢除之，得米七十五石六斗九升。二因米數，爲麦。三因米數，爲麻。四因米数，爲豆。各以共價乘之，得各用銀数。合問。

又　寔有直田一段，長二百五十步，濶九十六步，計地一頃。朦朣作一頃二十畝賣之，甲買五十四畝，乙買三十九畝，丙買二十七畝。問三人各照虚買地数從此分之，寔該幾畝及該撥濶幾何步。

荅曰：甲該四十五畝，撥濶四十三步一尺。
乙三十二畝五分，撥濶三十一步一尺。
丙二十(一)[二]畝五分，撥濶二十一步三尺。

法曰：列三人虚買地數：甲五十四畝，乙三十九畝，丙二十七畝。副併，共得一百二十畝，爲法。各以寔田一百畝乘未併者，各自爲實：乘甲，得五千四百畝。[乘乙，得三千九百畝]。乘丙，得二千七百畝。皆以法一百二十畝除之：甲得四十五畝，乙得三十二畝五分，丙得二十二畝五分。各以畝法二百四十步

通之：甲得一萬八百步，乙得七千八百步，丙得五千四[百]步。亦各爲寔，皆以長二百五十步爲法。除之，甲撥濶四十三(分)[步]二分，乙得三十一步二分，丙得濶二十一步六分。或将步下零分五因，爲尺，亦合問。

又 卷二三《鼠尾差分》 五人鼠尾遞差均錢六百文，問各該幾何。

其一荅曰：甲二百文，乙一百六十文，丙一百二十文，丁八十文，戊四十文。

其二荅曰：甲一百四十四文，乙一百三十二文，丙一百二十文，丁百八文，戊九十六文。

其三荅曰：甲一百四十文，乙一百三十文，丙一百二十文，丁一百一十文，戊一百文。

其四荅曰：甲一百五十文，乙一百三十五文，丙一百二十文，丁一百五文，戊九十文。

觧曰：前一荅述古所云，後三荅是愚所續。嘗論此術，題内若無定則拘之，秪云遞差在，豈止四荅而已。(止)[正]猶帶從開平方，若非差数而任求長、濶矣。

其一述古法曰：列五衰，甲五，乙四，丙三，丁二，戊一。併之，得一十五，爲法。置総均錢六百文，乘未併者：乘五，得三千，爲甲實。乘四，得二千四百，爲乙實。乘三，得一千八百，爲丙實。乘二，得一千二百，爲丁實。乘一，得六百文，爲戊實。皆以法一十五除之，得荅。合問。

此係巧題，用差分法曰：置総錢六百文，爲實。以法一十五除之，得四十文。各以衰数乘之，亦同。后倣此。

其二(荅)法曰：列五衰，甲十二，乙十一，丙十，丁九，戊八。併之，得五十，爲法。除総錢六百文，得一十二文。各以衰数[乘]之。合問。

其三法曰：列五衰，甲十四，乙十三，丙十二，丁十一，戊一十。併之，得六十，爲法。以除総錢，得一十。各以其衰乘之，亦又同。

其四法曰：列五衰，甲十，乙九，丙八，丁七，戊六。併之，得四十，爲法。以除総錢六百文，得一十五。各以其衰乘之，再亦同。

又 新立證題：五人遞差均錢六百文。欲令甲多戊錢一倍，問各該幾何。

荅曰：甲一百六十文，乙一百四十文，丙一百二十文，丁一百文，戊八十文。

求衰法曰：甲多戊錢一倍，是甲出二文，戊出一文。置甲二分，另置五人，内去一人，餘四人。相乘得八，爲甲衰。於甲二分内減戊一分，餘一分，爲遞差之数。以減甲衰八，是乙衰得七，丙衰得六，丁衰得五，戊得四，爲衰也。

求錢法曰：列五衰，甲八，乙七，丙六，丁五，戊四。併之，得三十，爲法。以除総錢六百文，得二十。各以衰数乘之。合問。

此係巧題，故以先除而後乘。若遇拙積，須互乘求之，則便。

又 四人均銀九兩六錢。欲令丁出甲五分之三，問各該幾何。

荅曰：甲三兩，乙二(丙)[兩]六錢，丙二兩二錢，丁一兩八錢。

求衰法曰：置甲五分。別置総人四，内減一人，餘三。乘甲五分，得一十五，爲甲衰。於甲五分内減丁三分，餘二，爲遞差。以減甲衰十五，餘十三，爲乙衰。再減二，餘十一，爲丙衰。再減二，餘九，爲丁衰。後倣此。

求出銀法：列四衰，甲十五，乙十三，丙十一，丁九。併之，得四十八，爲法。置総銀九兩六錢，爲寔。以法除之，定位，得二錢。各以衰乘之，得荅数。合問。

又 千字文遞差均銀九百九十九兩。欲令尾出首七分之三，問各該幾何。

荅曰：天字一兩三錢九分八厘六毫，地字一兩三錢九分七厘八毫，玄字一兩三錢九分七厘，黄字一兩三錢九分六厘二毫。自此以下遞少八毫，不及俻載。

焉字六錢零一厘八毫，哉字六錢零一厘，乎字六錢零二毫，也字五錢九分九厘四毫。

求衰法曰：列首尾出分，「天」七分，「也」三分。別置総字一千，内減一字，餘九百九十九字。乘「天」「也」分数：乘七分，得六千九百九十三，爲天字衰。乘三分，得二千九百九十七，爲也字衰。於天字七分内減也字三分，餘四分，爲遞差。自上求衰，於天字衰内遞減四分，得六千九百八十九，爲地衰。若自下求衰，於也字衰内遞加四分，得三千零一，爲乎字衰。

求総衰法曰：併「天」、(地)[「也」]二字衰，共得九千九百九十。以総字一千乘之，得九百九十九萬。折半，得四百九十九萬五千，爲法。総銀九百九十九兩爲實。以法除之，定位，得二毫。各以衰数乘之：以天字衰六千九百九十三乘之，得天字銀一兩三錢九分八厘六毫。以也字衰二千九百九十七乘之，得也字銀五錢九分九厘四毫。另以差衰四分乘二毫，得八毫，爲遞差銀数。自下而上遞加八毫，若自上而下遞減八毫，即知各字銀数。

求見総銀法曰：併「天」「也」二字出銀，得一両九錢九分八厘。以総字一千乘之，得一千九百九十八両。折半，得総銀九百九十九両。不待偏列出銀而併之，亦可見法、術、数目之不誤也。

又 首尾求積題：五人鼠尾分錢。且云甲文二十八文，戊支十二文，問原総錢幾何。

答曰：一百文。

法曰：置甲支二十八，併戊支十二，共四十。以総五人乘之，得二百。折半，得原錢一百文。合問。

又 首尾差求遞差題：五人分錢，且云甲多戊十六文，問遞差幾文。

答曰：四文。

法曰：置首尾差錢十六文，為實。於五人内減去一人，餘四人，為法。除之，得遞差四文。合問。

又 首尾差求人数題：衆人鼠尾分錢。且云首多尾十六文，遞差四文，問総人幾名。

答曰：五名。

法曰：置首尾差十六文，為實。以遞差四文為法。除之，得四人。加上一人，得五人。合問。

又 述古互和減半分法：以一、三、五、七、九為圍法，除陽位之数。以二、四六、八、十為圍法，除陰位之数。照位併而為法。除寔，取其首尾之共数。然後看題中之甲有餘、丁不足之数，如三等以二除之，四等以三除之，五等以四除之，多少之数於尾位次第加之，得各人之数也。二位者不立法。三位者以三、五、七併之，得一十五，為法。除寔，得首尾数。以二人除其多少之数，遞相加之。四位者以二、四六、八併之，得二十，為法。除寔，得首尾数。以三除其夛少之数，遞相加之。五位者以一、三、五、七、九併之，得二十五為法。除寔，得首尾数。以四除夛少之数，遞相加之。其後位数多者，皆以空位取法圍之，則得首尾之共数。亦同前例。

又 《九章》古題：今有鈔二百四十貫，令四人從上作互和減半分之。只云甲多丁一十八貫，問各該幾何。

答曰：甲六十九貫，乙六十三貫，丙五十七貫，丁五十一貫。

《九章》法曰：置鈔二百四十貫，為實。以例用鈔二百、四百、六百、八百。併之，得二貫，為法。除之，得一百二十貫。乃甲、丁二人之数。於内減甲多一十八貫，餘一百二貫。折半，得[丁]鈔五十一貫。加多十八貫，得甲鈔六十九貫。惟乙、丙之数不可併、折得之，却以題内甲多一十八貫，以三人除之，得六貫。加入丁鈔五十一貫，得丙鈔五十七貫。又加六貫，得乙鈔六十三貫。合問。

證曰：愚謂此法先求圍法，後求例用，併而除総鈔，得甲、丁二人共数，亦繁。愚以倍総鈔，以総人除之，即得甲、丁二人共数，不其簡乎！且圍法例用之術，祇可求小，不能治大，亦可知矣。况此題意即是首尾之数者也。新立一法如左：

新更法曰：置総鈔二百四十貫，以四人除之，得均分六十貫。加半差九貫，即甲鈔六十九貫。以三人除首尾差十八貫，得遞差六貫。以減甲鈔，餘六十三貫，為乙鈔。又減六貫，餘五十七貫，為丙鈔。再減六貫，餘五十一貫，為丁鈔。合問。

或以半差減均分六十貫，餘得丁鈔五十一貫，遞加六貫，亦合問。

又 《九章》古題：今有鈔二百三十八貫，令五人從上作互和減半分之。只云戊不及甲三十三貫六百文，問各該鈔幾何。

答曰：甲六十四貫四百文，乙五十六貫，丙四十七貫六百文，丁三十九貫二百文，戊三十貫八百文。

《九章》法曰：置鈔二百三十八貫，為實。以例用鈔一百、三百、五百、七百、九百。併之，得二貫五百文，為法。除之，得九十五貫二百文，乃首尾二人之数。於内減戊不及甲鈔三十三貫六百文，餘六十一貫六百文。折半，得戊鈔三十貫八百文。仍加戊不及鈔三十三貫六百文，得甲鈔六十四貫四百文。互和併戊鈔三十貫八百文，共九十五貫二百文。折半，得丙鈔四十七貫六百文。互和併戊鈔三十貫八百文，共七十八貫四百文。折半，得丁鈔三十九貫二百文。又互和併甲丙鈔，共一百一十二貫。折半，得乙鈔五十六貫。合問。

新更法曰：置鈔二百三十八貫，以五人除之，得均分鈔四十七貫六百文。即丙鈔。加半差一十六貫八百文，得甲鈔六十四貫四百文。以四人除戊不及甲三十三貫六百文，得八貫四百文，為遞差。以減甲鈔，餘五十六貫，為乙鈔。又減遞差，餘四十七貫六百文，為丙鈔。再減遞差，餘三十九貫二百文，為丁鈔。再減[遞差]，餘三十貫八百文，為戊鈔。合問。

又 (北)[比]證新題：假令十人鼠尾分銀十兩。只云甲多癸一兩八錢，各該幾何。

荅曰：甲一兩九錢，乙一兩七錢，丙一兩五錢，丁一兩三錢，戊一兩一錢，己九錢，庚七錢，辛五錢，壬三錢，癸一錢。

新立法曰：置銀一十兩，爲實。以十人爲法。除之，得均分銀一兩。加半差九錢，得甲銀一兩九錢。以九人除首尾差銀一兩八錢，得遞轉差銀二錢。遞減甲銀，得以下九人之銀數。合問。

述古：以圍法，(北)[以]求例用(得)[銀]，五分、一錢五分、二錢五分、三錢五分、四錢五分、五錢五分、六錢五分、七錢五分、八錢五分、九錢五分。併之，得五兩，爲法。除総銀十兩，得二兩，爲首尾二人共數。於内減甲多癸一兩八錢，餘二錢。折半，得癸銀一錢。加甲多癸一兩八錢，得甲銀一兩九錢。以九人除首尾差一兩八錢，得遞差二錢。以減甲銀，餘一兩七錢，爲乙銀。又減二錢，餘一兩五錢，爲丙銀。又減二錢，餘一兩三錢，爲丁銀。再減(三)[二]錢，餘一兩一錢，爲戊銀。又再減二錢，得己銀九錢。又減二錢，餘七錢，爲庚銀。又再減二錢，得辛銀五錢。再減二錢，餘三錢，爲壬銀。又再減二錢，餘一錢，爲癸銀。合問。

證曰：古用圍法必繁，求大甚繁。今立一題于左。

又 比證新題：假令千字文鼠尾均銀九百九十九兩。只云首尾[差]四錢九分九厘五毫，問天、地、玄、黄、焉、哉、乎、也該銀幾何。

荅曰：天字一兩二錢四分八厘七毫五絲，地字一兩二錢四分八厘二毫五絲，玄字一兩二錢四分七厘七毫五絲，黄字一兩二錢四分七厘二毫五絲。自此以下遞差五毫。

焉字七錢五分零七毫五絲，哉字七錢五分零二毫五絲，乎字七錢四分九厘七毫五絲，也字七錢四分九厘二毫五絲。

法曰：置総銀九百九十九兩，爲寔。以総字一千爲法。除之，得九錢九分九厘。併入半差二錢四分九厘七毫五絲，爲天字銀數。以半差減九錢九分九厘，餘七錢四分九厘二毫五絲，爲也字銀數。以九百九十九人除全首尾差四錢九分九厘五毫，得次第轉差五毫。自上減之，自下加之。合問。

証曰：若依古法，以例用互和折半求之，必繁。

又 《九章》古題：甲、乙、丙、丁、戊，酒錢欠千五。甲兄告乙弟，四百我還與。轉差是幾文，各人出怎取。

荅曰：甲四百文，乙三百五十文，丙三百文，丁二百五十文，戊二百文。

轉差五十文。

《九章》法曰：置酒錢(乙)[一]千五百文，以甲出四百約之，得十五，爲衰。甲四、乙三半、丙三、丁二半、戊二。得轉差五十文。合問。

證曰：此題荅数固是，法理未通。術云「置酒錢，以甲出四百約之，得十五，爲衰」者，必繁。

新術草曰：倍酒錢，得三千文，爲實。以五人除之，得六百。乃甲、戊二人之数。於内減甲四百，餘二百，爲戊錢。以戊錢減甲錢，餘二百。以四人除之，得轉差五十文。自上減之，自下加之，得乙、丙、丁錢数。合問。

又 比證新題：假令二十五人鼠尾均銀十兩，務要首出銀五錢五分，問尾出銀及遞差幾何。

荅曰：(首五錢五分)尾二錢五分，遞差銀一分二厘五毫。

法曰：倍總均銀，得二十兩，爲實。以共人二十五除之，得八錢。乃首尾二人銀数。内減首銀五錢五分，餘二錢五分，爲尾之銀数。以尾銀減首銀，餘三錢爲首尾差。二十四人除之，得遞差銀一分二厘五毫。自上減之，自下加之，得首尾(問)[間]各人銀数，合問。若以立衰求之，似不易得。

又 《九章》古題：甲、乙、丙、丁、戊，酒錢欠千五。戊弟告四兄：一百五我與。轉差是幾文。各[人]出怎取。

荅曰：戊一百五十文，丁二百二十五文，丙三百文，乙三百七十五文，甲四百五十文。

轉差七十五文。

《九章》法曰：置酒錢一千五百文，以戊出一百五十文約之，得十，爲衰。戊一、丁一半、丙二、乙二半、甲三。各以一百五十乘之，甲得四百五十，乙得三百七十五，丙得三百，丁得二百二十五，戊得一百五十。得轉差七十五文。合問。

新立法曰：倍總錢，得三千文。以五人除之，得六百文，爲甲、戊二人錢数。内減戊錢一百五十，餘四百五十文，爲甲錢。以戊錢減甲錢，餘三百，爲首尾差。以四人除之，得遞轉差錢七十五文。自上減之，自下加之，得乙、丙、丁錢数。合問。

又 比證新題：假令三十三人鼠尾均銀十三兩二錢。但知尾出一錢六分，問首出并遞差幾何。

答曰：首出六錢四分，遞差一分五厘(尾一錢六分)。

新更法曰：倍総銀，得二十六兩四錢，爲實。以三十三人除之，得八錢，爲首尾二人銀数。内減尾銀一錢六分，餘六錢四分，爲首銀。以尾銀減首銀，餘四錢八(錢)[分]。以三十二人除之，得遞差一分五厘。加減首尾。合問。

又 通變巧題：七人鼠尾均銀十兩。且云甲出二兩，問乙、丙、丁、戊、己、庚并遞差各該幾何。

答曰：遞差一錢九分二十一分分之一。

庚八錢五分二十一分分之十五，己一兩四分二十一分分之十六，戊一兩二錢三分二十一分分之十七，丁一兩四錢二分二十一分分之十八，丙一兩六錢一分二十一分分之十九，乙一兩八錢二十一分分之二十。甲二兩。

通分破拙法曰：倍総銀，得二十兩。以七人除之，得二兩八錢五分七分分之五。内減甲二兩，餘爲庚銀。以分母通八錢五分，併子，得六兩。以分母通甲銀，得十四兩。相減，餘八兩，爲實。以七通六人，得四十二，[爲法]。除之，得遞差一錢九分。不盡者，法、寔皆折半，得二十一分[分]之一。遞加，[得]庚銀八錢五分二十一[分]分之十五，得己、戊、丁、丙、乙之銀数。合問。

又 《九章》古題：今有金六十兩，令甲、乙、丙三人依等第次差五兩均分。問各幾何。

答曰：甲二十五兩，乙二十兩，丙十五兩。

《九章》法曰：置金六十兩，内減差：甲多[丙]一十兩，乙多丙五兩，共一十五兩，餘四十五兩，爲實。以三人爲法。除之，得丙金一十五兩。各加差五兩。合問。

新更法曰：置金六十兩，爲寔。以三人爲法。除之，得均該二十兩，即中人乙之金数。另以二人乘半差二兩五錢，得五兩。併入均該，得甲金二十五兩。遞減五兩，得乙、丙金数，合問。人数多者，用此甚便。

又捷法曰：以三人除金六十兩，先得乙金二十兩。加差五兩，爲甲金。減差五兩，爲丙金。合問。

又 《九章》古題：官粟九十六石，六[般]人户分科。一石六斗號均多，自下而上方可。須要筭科依法，分毫勿得差訛。有人筭得是嘍囉，不會前來問我。西江月。

答曰：甲二十石，乙十八石四斗，丙十六石八斗，丁十五石二斗，戊十三石六斗，己一十二石。

《九章》法曰：各列置衰，甲五、乙四、丙三、丁二、戊一。併之，得十五石。乘均多一石六斗，得二十四石。以減総粟九十六石，餘七十二石，爲寔。以総人六爲法。除之，得一十二石，爲己数。遞加六石六斗，得各数。合問。

證曰：此法亦善，致大必繁，而無併衰之法。今立於左。

新立併衰法曰：以六人乘五人，折半，得十五衰。[乘遞差一石六斗，得二十四石，併入総粟九十六石，共一百二十五石，爲寔。以六人爲法。除之，得二十石，爲甲粟。遞減一石六斗。合問。]

新更不用立衰法曰：置粟九十六石，爲寔。以六人爲法。除之，得均該一十六石。別置半差八斗，以五人乘之，得四石。以減均該十六石，餘十二石，爲己粟。遞加一石六斗，得以上五人之数。合問。

又 比證新題：假令十人均銀十兩，務要自上而下遞減一錢二分。問各該幾何。

答曰：甲一兩五錢四分，乙一兩四錢二分，丙一兩三錢，丁一兩一錢八分，戊一兩六分，己九錢四分，庚八錢二分，辛七錢，壬五錢八分，癸四錢六分。

新立併衰法曰：以十人乘九人，折半，得四十五衰。乘遞差一錢二分，得五兩四錢。併入原銀十兩，共一十五兩四錢，爲寔。以十人爲法。除之，得甲銀一兩五錢四分。遞減一錢二分。合問。

新更法曰：以十人除十兩，得均該一兩。另以九人乘半差六分，得五錢四分。併入均該一兩，亦得甲銀一兩五錢四分。亦遞減一錢二分，亦合問。

又 又立新題：千字文遞均銀九百九十九兩，務要遞差八毫。天、地、玄、黄、……焉、哉、乎、也各該銀幾何。

答曰：天字該銀一兩三錢九分八厘六毫，地字該銀一兩三錢九分七厘八毫，玄字該銀一兩三錢九分七厘，黄字該銀一兩三錢九分六厘二毫，自此以後遞減八毫，不及備載。

焉字該銀六錢一厘八毫，哉字該銀六錢一厘，乎字該銀六錢二毫，也字該銀五錢九分九厘四毫。

併衰法曰：以一千乘九百九十九，得九十九萬九千。折半，得総衰四十九萬九千五百。乘遞差八毫，得三百九十九兩六錢。加入原銀九百九十九兩，共得一千三百九十八兩六錢，爲實。以一千字爲法。除之，得天字銀一兩三錢九分八厘六毫。遞減八毫，得地、玄、黄三字銀数。以九百九十九字乘八毫，得七錢九分九厘二毫，以減天字銀，餘五錢九分九厘四毫，爲也字銀数。遞加八毫，得乎、哉、焉三字銀数。合問。

又均分法曰：置原銀九百九十九兩，以一千字除之，得均該銀九錢九分九厘。另以九百九十九字乘半差四毫，得三錢九分九厘六毫。併入均該銀，得天字銀数。或以三錢九分九厘六毫以減均該銀，餘爲也字銀数。遞以八毫加減。合問。

又 (新)通變新題：官勸粟七百七十石，令上四則人户從上遞減二石出之。且云上上户二十五丁，中上户三十丁，下上户四十丁，上中户四十五丁，問四等每丁該幾何。

荅曰：上上户每丁九石，二十五丁共二百二十五石。

中上户每丁七石，三十丁共二百一十石。

下上户每丁(石)[五]石，四十丁共二百石。

上中户每丁三石，四十五丁共一百三十五石。

法曰：三因上中户四十五丁，得一百三十五。二因下上户四十丁，得八十。一囙中上户三十丁，仍得三十。併三數，共二百四十五衰。乘遞差二石，得四百九十石。加入原勸七百七十石，共一千二百六十石，爲實。併四等人丁，共一百四十丁，爲法。除之，得上上户每丁[九]石。内減二石，餘七石，爲中上户每丁數。又減二石餘[五石，爲上下户每丁之數。又減二石，餘]三石，爲上中户一丁之數。各以丁数乘之，各総。合問。

又 今有十人遞差均錢一千文。且云甲、乙二人出錢二百三十二文，辛、壬、癸三人出錢二百五十八文。問丙、丁、戊、己、庚合出錢幾何，并遞差幾文。

荅曰：甲一百一十八文，乙一百一十四文，丙一百一十文，丁一百六文，戊一百零二文，己九十八文，庚九十四文，辛九十文，壬八十六文，癸八十二文。遞差四文。

求差法圖：

右　人爲母　　甲、乙二人　　　　　　辛、壬、癸三人

互乘

左　錢爲子　　(三)[二]百三十二文　　二百五十八文

法曰：以甲、乙二人互乘二百五十八文，得五百一十六。另以辛、壬、癸三人互乘二百三十二文，得六百九十六。以少減多，餘一百八十，爲寔。另併五人，折半，得二人半。以減総人，餘七人半。乘甲、乙二人，得一十五。又乘辛、壬、癸三人，得四十五爲法。除寔，得四，爲遞差之数。併入甲、乙出錢二百三十二，共二百三十六文。折半，得甲出錢一百一十八文。遞減四文，得下九人所出錢数。合問。

又 假令千人遞差均銀。且云天、地、玄、黄四人出銀五兩五錢八分九厘六毫，焉、哉、乎、也四人出銀二兩四錢二厘四毫，問遞差并総銀及首尾八人各出幾何。

荅曰：遞差八毫，共出銀九百九十九兩。

天一兩三錢九分八厘六毫，

地一兩三錢九分七厘八毫，

玄一兩三錢九分七厘，

黄一兩三錢九分六厘二毫，

……

焉六錢一厘八毫，

哉六錢一厘，

乎六錢二毫，

也五錢九分九厘四毫。

求差法圖：

天、地、玄、黄四人　　　　　　焉、哉、乎、也四人

互乘

五兩五錢八分九厘六毫　　　　二兩四錢二厘四毫

法曰：以首四人互乘二兩四錢二厘四毫，得九兩六錢九厘六毫。另以尾四人互乘五兩五錢八分九厘六毫，得二十二兩三錢五分八厘四毫。以少減多，餘一十二兩七錢四分八厘八毫，爲實。另併首尾八人，折半，得四人。以減総一千人，餘九百九十六人。乘首四人，得三千九百八十四人。又乘尾四人，得一萬五千九百三十六人，爲法。除實，得次苐均差八毫。以首四人内減一人，餘三人。乘首四人，得一十二人。乘半差四毫，得四厘八毫。加入首四人出銀五兩五錢八分九厘六毫，共得五兩五錢九分四厘四毫，爲實。以首四人爲法。除之，得

(添)[天]出銀一兩三錢九分八厘六毫。逓減八毫，爲下九百九十九人所出銀數，不及備載。要見尾出銀數，以九百九十九人乘逓差八毫，得七錢九分九厘二毫。以減(添)[天]出銀數，餘五錢九分九厘四毫，爲也字出銀數也。逓加八毫，得上九百九十九人出銀之數。求總銀法曰：併天、也二人，共得出銀一兩九錢九分八厘。以一千乘之，得一千九百九十八兩。折半，得總銀九百九十九兩。合問。

新立求差法曰：以上四人除夥銀，得一兩三錢九分七厘四毫。另以下四人除夥銀，得六錢六毫。相減，餘七錢九分六厘八毫，爲實。併上下八人，折作四人。以減千人，餘九百九十六人。除實，得逓差八毫。又簡。

首尾出銀求差題，各除相減剩爲實。

首尾人併折減總，餘總除寔差就知。

又《雙鼠尾差分》《九章》古題：甲、乙、丙、丁、戊分米二百四十石。只云甲、乙二人與丙、丁、戊[三人]数等，問各得幾何。

荅曰：甲六十四石，乙五十六石，丙四十八石，丁四十石，戊三十二石。

《九章》法曰：各列置衰。甲五、乙四、丙三、丁二、戊一。又併甲五、乙四，得九。又併丙三、丁二、戊一，得六。以減九，餘三。却以前五等数各增三：甲得八，乙得七，丙六，丁五，戊四。併[五]位，得三十，爲法。以所分米二百四十石乘(米)[未]併者，甲得一千九百二十石，乙得一千六百八十石，丙得一千四百四十石，丁得(乙)[一]千二百石，戊得九百六十石，各自列爲寔。皆以法三十除之。合問。

證曰：切論此術求衰之法未通，遇此人数差一，分物数相等者，可矣。或人数差多分物不等者，不能求之。今立一法，庶幾似通。題云：五人分米，當以五、四、三、二、一爲衰。又云甲、乙與丙、丁、戊数等，是甲、乙二个爲上一夥，丙、丁、戊三人爲下一夥。所云数等者，是上、下二夥各得一分也。今立求衰一訣於左云。

求衰法畾：

右列上二人　首甲五　尾乙四　一分

互乘

左列下三人　首丙三丁二　尾戊一　一分

自下求衰法曰：併右行甲五、乙四，得九。互乘左下一分，仍是九。另併左行丙三、丁二、戊一，得六。互乘左下一分，仍是六。以少減多，餘三，名(四)[曰]衰較。另以上二人互乘下一分，得二分。另以下三人互乘上一分，得三分。亦以少減多，餘一，名曰人較。以人較一併衰較三，共四，爲戊之衰。逓加人較一，是丁得五，丙得六，乙得七，甲得八，爲衰也。

又自上求衰圖：

右行上二人　首甲一　尾乙二　一分

互乘

左行下三人　首丙三　丁四　尾[戊]五　一分

自上求衰法曰：併右行甲一、乙二，共三。互乘左下一分，得三。另併左行丙三、丁四、戊五，得十二。互乘右下一分，得十二。以少減多，餘九，名曰衰較。另以[右]上二人互乘左下一分，得二。另以[左]下三人互乘右下一分，得三。亦以少減多，餘一，名曰人較。以人較一減衰較九，餘八，爲甲衰。逓減人較一，是乙得七，丙六，丁五，戊四，爲衰也。亦同。

求銀法與古同。遇巧題先除而後乘，拙題先乘而後除。

又，不用立衰雙分法曰：置総米二百四十石，折半，是各該一百二十石。以[右]上二人除之，得均該六十石。另以[左]下三人除一百二十石，得均該四十石。以少減多，餘(二)二十石，以五人除之，得半逓差四石。以[右]上二人減去一人，餘一人。乘半差，仍是四石。併入上(除)均該六十石，得甲米六十四石。逓減全差八石，得下四人米数。合問。

又 比證新題：假令八人鼠尾分銀七兩二錢。欲令下五人得上三人七分之五，問各該幾何。

荅曰：甲一兩六錢，乙一兩四錢，丙一兩二錢，丁一兩，戊八錢，己六錢，庚四錢，辛二錢。

求衰法圖：

右　首八　七　尾六　七分

互乘

左　首五　四三二　尾一　五分

求衰法曰：併右行衰，得二十[一]。互乘左下五分，得一百五衰。另併左行五衰，得一十五。互乘右下七分，亦得一百五衰。二位相等，此自然之衰也。就併左右八衰，得三十六，爲法。此係巧題，就置銀七兩(三)[二]錢，除之，每衰得二錢。各以衰之，皆合問。

雙分法曰：置總銀七兩二錢，以[右]上七分乘之，得五十兩四錢。併上七、下五，共一十二。除之，得上三人共銀四兩二錢。以［上］三人除之，得均銀一兩四錢。置捴銀，内減上銀四兩二錢，餘三兩。以下五人除之，得下均銀六錢。以(咸)［減］上均銀，餘八錢。以総八人除之，得半遞差一錢。於上三人内減一，餘二人。乘半差，得二錢。加入上均銀，得甲銀一兩六錢。倍半差，得全差二錢。遞減甲銀，得以下七人銀数。合問。

又　又證新題：假令十人遞差均銀二十四兩。欲令下六人出上四人五分之三，問各該幾何。

荅曰：甲四兩四錢二分五厘，乙三兩九錢七分五厘，丙三兩五錢二分五厘，丁三兩零七分五厘，戊二兩六錢二分五厘，己二兩一錢七分五厘，庚一兩七錢二分五厘，辛一兩二錢七分五厘，壬八錢二分五厘，癸三錢七分五厘。

求衰法圖：

右十　九　八　七　＼互乘／　五分
左六　五　四　三　二　一　／　＼　三分

自下求衰法曰：併右行四衰，得三十四。互乘左下三分，得一百二。另併左行六衰，得二十一。互乘右下五分，得一百五。以少減多，是下夥餘三，爲衰較。又以上四人互乘三分，得一十二。以下六人互乘五分，得三十。亦以少減多，亦是下夥餘十八，爲人較。此二較皆是下夥所餘，亦猶兩盈，宜相減。衰較多者，不可求之。以衰較三減人較十八，餘十五，爲癸衰。遞加人較，得以上九人之衰也。

求銀法曰：各列衰：甲一百七十七，乙一百五十九，丙一百四十一，丁一百二十三，戊一百零五，己八十七，庚六十九，辛五十一，壬三十三，癸十五。併之，得九百六十，爲法。此係巧題，先以法除総銀二十四兩，定位，得二分五厘。各以衰数乘之，皆合問。遇拙題仍如互換求之。

雙(公)［分］法曰：置總銀二十四兩，以上夥五分乘之，得一百二十兩，爲實。併上五分、下三分，共八分，爲法。除之，得上夥銀一十五兩。以上四人除之，得上中銀三兩七錢五分。別置総銀，内減上夥銀十五兩，餘九兩，爲下夥銀。以六人除之，得下中銀一兩五錢。以少減多，餘二兩二錢五分。以総人十名除之，得［半］遞差二錢二分五厘。於上夥去一人，餘三人。乘半差，得六錢七分五厘。併入上中銀，共四兩四錢二分五厘，是甲銀。倍半差，得全差銀四錢五分。遞減甲銀，俱合問。

又　通變新題：千字文鼠尾均銀一千兩。欲令下六百字出上四百字七十七分之四十八，問上四百首尾二字、(并)［並］下六百首尾二字各該幾何。

荅曰：天字一兩八錢九分九厘一毫，移字一兩一錢八分零九毫，堅字一兩一錢七分九厘一毫，也字一錢零九毫。

求衰法圖：

天字首一千　上夥四百　移字尾六百一　＼互乘／　七十七分
堅字首六百　下夥六百　也字尾一　／　＼　四十八分

求衰法曰：併上夥首尾共一千六百一，以四百乘之，折半，得三十二萬二百。互乘下分四十八，得一千五百三十六萬九千六百。另併下夥首尾，共六百一。以六百乘之，折半，得一十八萬三百。互乘上分七十七，得一千三百八十八萬三千一百。以少減多，餘一百四十八萬六千五百，爲衰較。另以上四百互乘下分四十八，得一萬九千二百(零)。另以下六百互乘上分七十七，得四萬六千二百。以少減多，餘二萬七千，爲人較。二較数繁，皆一百約之，衰較得一萬四千八百六十五，人較得二百七十。併二較，共一萬五千一百三十五，爲也字衰。以六百乘人較，得一十六萬二千。併入也字衰，得移字衰一十七萬七千一百三十五。内減人較，餘(一)一十七萬六千八百六十五，爲堅字衰。以四百乘人較，得一十萬八千。併入堅字衰，得天字衰二十八萬四千八百六十五。併天、也二衰，共三十萬。折半，得一十五萬。乘千字，得一億五千萬，爲法。各以衰乘千字，爲實。皆以法除之，得天、移、堅、也四字銀数。合問。

雙分法曰：置共銀一千兩，以上夥七十七分乘之，得七萬七千兩，爲實。併上七十七分、下四十八分，共一百二十五分，爲法。除之，得上夥銀六百一十六兩。以上四百字除之，得均該銀一兩五錢四分。於一千兩内減去六百一十六兩，餘下夥銀三百八十四兩。以六百字除之，得下夥均該銀六錢四分。以少減多，餘九錢。以一千字除之，得半遞差九毫。以三百九十九乘之，得三錢五分九厘一毫。併入上均該一兩五錢四分，得天字銀一兩八錢九分九厘一毫。於上均銀内減三錢五分九厘一毫，餘一兩一錢八分九毫，爲移字銀。減全差一厘八毫，餘一兩一錢七分九厘一毫，爲堅字銀。以五百九十九乘全差一厘八毫，得一兩七分八厘二毫。以減堅字銀，餘一錢零九毫，爲也字銀，合問。要見各字銀数，遞以全差一厘八毫自上減之，自下加之。

解曰：觀此二法，雙分爲簡，立衰爲繁，亦不可不傳。苟或不傳，則無以見求衰之妙。故並存之，以曉初學。

又 **卷二四《悞和差分》** 證題：假令甲九成金三两，乙八成金二两，丙七成金一两，已悞鎔於一處。問三人各照成色分得幾何。

荅曰：甲該三两二錢四分，折足二两七錢。

乙該一两九錢二分，折足一两六錢。

丙該八錢四分，折足七錢。

法曰：置甲金三两，以九成因之，得二两七錢。置乙金二两，以八成因之，得一两六錢。置丙金一两，以七成因之，得七錢。副併，共得五两，爲法。另併三人荒金，共得六两。遍乘未併者：乘二两七錢，得一十六两二錢，爲甲實。乘一两六錢，得九两六錢，爲乙實。乘七錢，得四两二錢，爲丙實。皆以前法五两除之，俱得荅數。合問。

又 甲（米）細［米］二斗二升。乙穀三斗，每斗碾米六升。同場晒之，被風亂於一處。問二人各該分幾何。

荅曰：甲該二斗八升六合，乙該二斗三升四合。

法曰：置甲米二斗二升，不動。另置乙穀三斗，以六升曰之，得一斗八升。副併，共得四斗，爲法。另併二人米、穀，共五斗二升。遍乘未併者：乘二斗（三）［二］升，得一石一斗四升四合，爲甲實。乘一斗八升，得九斗三升六合，爲乙寔。皆以法四斗除之，得荅。合問。

又 甲細米五斗，每斗值五十文。乙粗米四斗，［每斗］值四十文。丙穀三斗，每斗值三十文。悞和一處，問各照價錢分米幾何。

荅曰：甲六斗，乙三斗八升四合，丙二斗一升六合。

法曰：置甲細米五斗，以五十乘之，得二百五十文。另置乙粗米四斗，以四十乘之，得一百六十文。另置丙穀三斗，以三十乘之，得九十文。副併三位，共得五百文，爲法。另併三人米、穀，共一石二斗。遍乘未併者：乘二百五十，得三百文，爲甲實。乘一百六十，得一百九十二文，爲乙實。乘九十，得一百八文，爲丙寔。皆以法五百除之，得荅。合問。

又 **《攢納差分》** 適足題：甲該正粮一石五斗，原攢一石八斗。乙該正粮九斗，原攢一石一斗。丙該正粮六斗，原攢七斗。混運赴倉，交納適足。問三人孰多孰少。

荅曰：甲適足，丙貼乙二升。

法曰：各列正粮：甲一石五斗，乙九斗，丙六斗。副併，共三石，爲法。另併攢粮：甲一石八斗，乙一石一斗，丙七斗，共三石六斗。遍乘正粮未併者：乘甲一石五斗，得五石四斗。乘乙九斗，得三石二斗四升。乘丙六斗，得二石一斗六升。各自列爲寔。皆以前法三石除之，甲得一石八斗，乙得一石八升，丙得七斗二升。各與原攢数相減，甲適足，乙多二升，丙少二升，故曰「丙貼乙二升」。合問。

巧題用差分法曰：併三人原攢總粮，共三石六斗，爲寔。另併正粮，共三石，爲法。除之，得一石二斗。各與正粮乘之，得数各與原攢相減，亦合問。

又 餘剩題：甲正粮一石五斗，原攢一石八斗。乙正粮九斗，原攢一石一斗。丙正粮六斗，原攢七斗。赴倉納完，總剩二斗。問三人各該幾何。

荅曰：甲該一斗，乙該八升，丙該二（斗）［升］。

法曰：列三人正粮：甲一石五斗，乙九斗，丙六斗。副併，共三石，爲法。另併三人攢粮，共三石六斗。内減總剩二斗，餘三石四斗。乘正粮未併者，甲得五石一斗，乙得三石六升，丙得二石四升，各自爲實。皆以法三石除之，甲得一石七斗，乙得一石二升，丙得六斗八升。各與原攢粮較之。合問。

又 不足題：甲該正粮一石五斗，原攢一石八斗。乙該正粮九斗，原攢一石一斗。丙該正粮六斗，原攢七斗。赴倉交納，尚少一斗四升不足。問三人各添幾何。

荅曰：甲七升，乙二升二合，丙四升八合。

法曰：各列正粮：甲一石五斗，乙九斗，［丙］六斗。副併，共得三石，爲法。另併三人攢粮，共三石六斗。加入不足一斗四升，共三石七斗四升。乘正粮未併者：乘甲一石五斗，得五石六斗一升。乘乙九斗，得三石三斗六升六合。乘丙六斗，得（六）［二］石二斗四升四合。各自列爲實。皆以法三石除之，甲得一石八斗七升，乙得一石一斗二升二合，丙得七斗四升八合。各以原攢粮数相減，甲少七升，乙少二升二合，丙少四升八合，並合問。

又 不盡命零題：甲正粮九斗，原攢一石一斗。乙正粮八斗，原攢一石。夥同赴倉交納，尚少三斗。問二人各添幾何。

答曰：甲添一斗七升十七分[升]之一，

乙添一斗(一)[二]升十七分升之一十六。

法曰：列正粮：甲九斗，乙八斗。副併，共一石七斗，爲法。另併二人攢粮，共二石一斗。加少三斗，共二石四斗。遍乘未併者：乘甲九斗，得二石一斗六升。乘乙八斗，得一石九斗二升。各自列爲寔。皆以法一石七斗除之，甲得一石二斗七升一十七分升之一。乙得一石一斗二升一十七分升之一十六。各以原攢粮減之。合問。

明・柯尚遷《數學通軌》第三《九章釋例》　古瀌曰：各列置(褰)[衰]。各自排列所求等法多寡之位。列相與率也。有分者，[通之，爲]率。無分者，非。重則可約。數重疊者，以約分法約之。位簡而易求分。不重者勿問。副併爲瀌。併列(褰)[衰]之數。以所分乘未併者，各自爲列實。以瀌除之，不滿瀌者，以瀌命之。以法命實。數可約者約之。古人謂(褰)[衰]等位繁，故立此[衰]分法也。

又　稻、麥共一千石。總價一百六十八兩一錢四分七厘一毫。每稻一石價銀一錢七分二厘，每麥一石價銀一錢四分五厘。該稻、麥若干，各該銀若干。

先置稻、麥一千石，以貴價一錢七分二厘乘之，得一百七十二兩。內減總價一百六十八兩一錢四分七厘一毫，餘三兩八錢五分二厘九毫，爲實。另置稻貴價一錢七分二厘，內減去麥賤價一錢四分五厘，餘二分七厘，爲瀌。除前餘銀，見麥數。除得麥一百四十二石七斗。却以麥價乘之，該麥銀二十兩六錢九分一厘五毫。又以稻、麥一千石內減去麥一百四十二石七斗，餘爲稻數。該稻八百五十七石三斗。却以稻價乘之，該稻銀一百四十七兩四錢五分[五厘六毫]。

又　銀二十五兩一錢八分，總買米、麥九十一石九斗二升。每銀一兩買麥六石五斗，每銀一兩買米二石四斗。該米、麥各若干，該米價、麥價各若干。法同前。

先置銀二十五兩一錢八分，以麥賤價六石五斗乘之，得一百六十三石六斗七升。內減去總米、麥九十一石九斗二升，餘七十一石七斗五升，爲實。另置賤價六石五斗，內減去米貴價二石四斗，餘四石一斗，爲瀌。除前七十一石七斗五升，見米銀數。除得米銀該一十七兩五錢。却以米二石四斗乘之，該米四十二石。又以銀二十五兩一錢八分，內減去米銀一十七兩五錢，餘爲麥銀。該麥銀七兩六錢八分。却以麥六石五斗乘之，該麥四十九石九斗二升。

又　三等差分瀌：官粟四十七石九斗。(佤)令將一半換米，一半換麥、豆。每粟一斗換米六升二合，每粟一斗換豆七升三合，每粟八升換麥五升四合。該米、豆、麥若干。

先將粟四十七石九斗折半，得二十三石九斗五升。以米六升二合乘之，該米一十四石八斗四升九合。又將二十三石九斗五升折半，得一十一石九斗七升[五合]。以豆七升三合乘之，該豆八石七斗四升一合七勺五抄。又將一十一石九斗七升五合爲實。另以麥五升四合，以粟八升爲瀌。除之，得每粟一升該麥六合七勺五抄。却乘一十一石九斗七升五[合]，合麥數。該麥八石八升(二)[三]合一勺二抄[五撮]。又粟見麥瀌，將一十一石九斗七升五合，以八歸。得一石四斗九升六合八勺七抄五撮。以麥五升四合乘之，見麥數。

又　四等差分瀌：官銀三十七兩八錢九分，發買粟、豆、白米、黃米四色。粟每斗價銀三分四厘，豆每斗價銀二分五厘，白米每斗價銀四分八厘。即稻粱。黃米每斗價銀五分三厘。各該若干斗，各該若干銀。

先將官銀三十七兩八錢九分爲實，以四色價銀併之，爲法，共一錢六分。除之，除得每色該二十三石六斗八升一合二勺五抄，爲則。却以各價乘之，見銀數。粟價每斗三分四厘，以二十三石六斗八升一合二勺五抄乘之，該銀八兩五分一厘六毫二絲五忽。豆價每斗二分五厘，以二十三石六斗八升一合二勺五抄乘之，該銀五兩九錢二分三毫一絲二忽五微。白米價每斗四分八厘，以二十三石六斗八升一合二勺五抄乘之，該銀一十一兩三錢六分七厘。黃米價每斗五分三厘，以二十三石六斗八升一合二勺五抄乘之，該銀一十二兩五錢五分一厘六絲二忽五微。

明・周述學《曆宗筭會》卷九《分法》　和總與各價率停数求物数價率：麄、細絲共九十三兩七錢五分，麄絲一兩價二錢，細絲一兩價三錢。細絲二停，麄絲三停，求各得幾。

置和絲爲實。併價率，得五錢，爲法。除之，得一十八兩七錢五分，爲一停率。各以停数乘之，得細絲貳斤五兩五錢，得麄絲三斤八兩二錢五分。

置和金四兩，爲實。併色率，共一十六，爲法。除之，得二錢五分，爲一停率。各以停数乘之，九乘，得甲金二兩二錢五分。七乘，得乙金一兩七錢五分。甲金二兩九成，乙金二兩七成。和鎔一處，求各分得幾。

又　各物和價與和物各價求各價率：【略】黍、麥八石四斗，各價六十七貫五斗。價併三貫半，求黍、麥各幾。

置和總黍、麥八石四斗，以和價率三貫五百文乘之，得二百九十四。却以四因各價，得二百七十。減之，餘二十四，乃賤物數。得每貫該黍二石四斗。以減總數，餘六石。折半，得麥三石。加二石四斗，得黍五石四斗。以除各價，得黍斗價一貫二百五十文，麥斗價二貫二百五十文。

總價各物與價較求各價率：【略】

鈔四貫七百文，共糴粟五斗，麥七斗，豆九斗。粟每斗價少如麥每斗五十文，麥每斗價少如豆每斗價二十五文。求粟、麥、豆每斗價鈔各幾。

置(粟)[麥]七斗，以粟麥較少五十文乘之，得三百五十文。又豆九斗，以二項少數七十五文乘之，得六百七十五文。二位相併，得一貫二十五文。以減共鈔四貫七百文，餘三貫六百七十五文，爲實。併三色斗数，得二石一斗，爲法。除之，得粟斗價一百七十五文。各加差数，得麥價二百二十五文，豆價二白五十文。

又 價銀六兩二錢，買物百瓠，千梨，萬棗。瓠貴梨一倍，梨多棗一倍。求各價幾何。

置銀六兩二錢，爲實。併各價，得一萬二千四百，爲法。除之，得棗價五毫。以較加之，得梨價一厘，瓠價二厘。

又 總價與各價求各停物數：【略】

油二百四十五兩，每燈五盞油半斤，四甌油十兩。三停盞，二停甌，求盞、甌各幾。

置總油爲實。以二甌油五兩，三盞油四兩八錢，併以得九兩八錢，爲法。除之，得二十五，爲一停率。以乘各率，得甌五十，盞七十五。

又 總鈔二千七百貫，糴米、麥二色。麥鈔得米鈔十八分之七，求米、麥鈔各幾。

置總鈔爲實。以停数十八爲法，除之，得一停率。以七乘之，得麥鈔一千五十貫。以減總鈔，餘得米鈔一千六百五十貫。

又 總錢三貫，買果三色。桃每箇九文，林檎每箇五文，李子每箇二文。欲買一停桃，二停檎，三停李，求各得幾何。

置總錢爲實。併一烝，二檎，三李價錢，共二十五，爲法。除之，得烝一百二十箇。二因，得林檎二百四十箇。三因，得李子三百六十箇。

又 錢三百七十四貫五百一文四分，買綾疋價三貫四百文，疋法二丈八尺。絲斤價一貫七百五十文，粉裹價六百四十文，麪斤價九十八文。內要一分綾，三分絲，七分粉，六分麪，求各物并錢該幾。

置錢爲實。以各分乘各價，綾一分得三貫四百文，絲三分得五貫二百五十文，粉七分得四貫四百八十文，麪六分得五百八十八文。併以得一十三貫七百一十八文，爲法。除實，得綾一分該二十七疋三分。就綾数三因，得絲八十一斤九分。七因得粉一百九十一裹一分。六因得麪一百六十三斤八分，各爲列實。以各價爲法，乘之，綾價得九十二貫八百二十文，絲價得一百四十三貫三百二十五文，粉價得一百二十二貫三百四文，麪價得一十六貫五十二文四分。疋下有三分，以疋法二丈八尺乘之，得八尺四寸。褁下有一分，以三十二乘之，得三兩二錢。斤下有八分，加六爲十二兩八錢。

又 絲六十二斤八兩換金一十兩，內八分半五兩，七分半五兩。求二色金每兩該絲幾何。

置總絲，通兩，加零，得一千兩，爲實。各以色率乘金：八分半乘伍兩，得四兩二錢半。七分半乘五兩，得三兩七錢半。併得八兩，以爲法。除之，得一百二十五兩，爲一停率。各以色率乘之，以斤約之，得八分半金每兩該六斤十兩二錢伍分，柒分半金每兩該伍斤十三兩七錢五分。

又 總錢三百六十四貫二百五十文，每一貫內一百二十文買油，一百四十文買塩，一百二十五文買粉，一百六十文買布，二百五十文買麻，二百五文買米。油斤價六十文，塩斤價七十文，粉褁價八十文，布疋價三百二十文，疋法二丈四尺。麻秤價三百一十二文五分，米斗價二百文。買貸於市中貨賣，油斤價一百五十文，塩斤價一百七十五文，粉褁價三百五十文，布疋價七百四十文，麻秤價八百二十文，米斗價五百文。求各物斤重及賣錢利息各幾。

置總錢，以各分買價爲法，乘之，得各原本錢。油分價一百二十文乘，得四十三貫七百一十文，塩五十貫九百九十五文，粉四十五貫五百三十一文二分五厘，布五十八貫二百八十文，麻九十一貫六十二文五分，米七十四貫六百七十一文二分五厘，爲列實。以各買物價率爲法，除之，得各買到物数：油斤價六十文得七百二十八斤八兩，塩得七百二十八斤八両，粉得五百六十九褁四兩五錢，布得一百八十二疋三尺，麻得二百九十一秤六斤，米得三十七石三斗三升五合六勺二抄五粲。粉裹下有分數，三十二乘之，爲兩。布疋下有分數，二十四乘之，爲尺。麻秤下有分數，加五爲斤。却将各物褁、疋、秤下原分数爲實，以賣價爲法，乘之，油得一百九貫二百七十五文，塩得一百二十七貫四百八十七文五分，粉得一百九十九貫一百九十九文二分一厘八毫七系五忽，布得一百三十四貫七百七十二文五分，麻得二百四十四貫七百七十六文，米得一百八十六貫六百七十八文一分二厘五毫。併之，得賣錢一十二貫一百八十八文三分四厘二毫七絲五忽。以減原錢，餘得息錢六百三十七貫九百三十八文三分四厘三毫七絲五忽。

又 總價與各價率各物率求各停物数：鈔三百五十二貫八百文，買絲、綿二色。每鈔一十二貫買綿七兩五錢，每鈔十五貫買絲六兩。要二停絲、三停綿，求各該幾。

置鈔，以物率絲六兩，綿七兩五錢相乘，得四十五兩。乘之，得一萬五千八百七十六，爲實。別置絲六兩，乘綿鈔一十二貫，得七十二貫。以綿三停因之，得二百一十六。又置綿七兩五錢，乘絲鈔一十五貫，得一百一十二貫五百文。以絲二停因之，得二百二十五。併得四百四十一，以爲法。除之，淂一分數三十六兩。以二因，得絲七十二兩。以三因，得綿一百八兩。各以物率除物總，以價率乘之，得絲鈔一百八十貫，綿鈔一百七十二貫八百文。

又 鈔一萬九千三百八十三貫，每鈔八十貫買紵絲三疋，每鈔七十貫買羅四疋，每鈔六十貫買紗五疋。湏要二停紵絲，三停羅，四停紗，求各該幾疋并鈔幾何。

買鈔，以各率相乘：紵絲三疋乘羅四疋，得一十二。又乘紗五疋，得六十。乘之，得一百一十六萬二千九百八十，爲實。別置紵絲三疋乘羅四疋，得一十二。以乘紗鈔六十貫，得七百二十。却以紗四停因之，得二千八百八十。又羅四疋乘紗五疋，得二十。以乘紵絲鈔八十貫，得一千六百。却以紵絲二停因之，得三千二百。又紗五疋乘紵絲三疋，得十五。以乘羅鈔七十貫，得一千五十。却以羅三停因之，得三千一百五十。併得九千二百三十，以爲法。除之，得一百二十六尺，乃一分之数。各以停數因之，得紵絲二百五十二疋，羅三百七十八疋，紗五百四疋。以各物率除之，價率乘之，得紵絲鈔六千七百二十貫，羅鈔六千六百一十五貫，紗鈔六千四十七貫。

又 鹽五千七百引，令大船一停，小船二停載之。大舡三隻載五百引，小船四隻載三百引。求各船載幾何。

買鹽五千七百引，以大、小船相乘，得一十二。乘之，得六萬八千四百，爲實。以大、小船載塩互乘，倍大舡，得六隻，乘三百，得一千八百。小舡四隻乘五百，得二千。併得三千八百，以爲法。除之，得大船一十八隻。倍之，得小舡三十六隻。以各載塩乘之，得大舡載三千引，小舡載二千七百引。

又 糧一萬三千四百七十七石一斗三分斗之一，馬軍六人給糧五十三斗，水軍七人給糧五十四斗，步軍九人給糧五十五斗。其馬軍如水軍中半，步軍多如馬軍大半，求三色軍并給糧各幾。

置人爲分母，糧爲分子，互乘，五十三斗乘七人，得三百七十一。又乘九人，得三千三百三十九。五十四斗乘九人，得四百八十六。又乘六人，得二千九百一十六。倍之得五千八百三十二。五十五斗乘六人，得三百三十。又乘七人，得二千三百一十。以三因，得六千九百三十。併之，得一萬六千一百一。三因，得四萬八千三百三，爲法。置糧，通分，加子，得四十萬四千三百一十四。以分母七人，六人，九人相乘，得三百七十八。乘之，得一億五千二百八十三萬六千九十二，爲實。以法除之，得馬軍三千一百六十四人。水軍倍之，步軍三，求各糧數。列三色軍數，以本色給糧乘之，以各軍率除之，馬軍三千一百六十四人，糧二千七百九十四石八斗三分斗之二。水軍六千三百二十八人，粮四千八百八十一石六斗。步軍九千四百九十二人，粮五千八百石陸斗三分之二。

又 總物物率與所换物率求各停物數：麥六十一石六斗五合，易米三分之二，麥存米半。每麥九斗易米七斗。求各該幾何。

置總麥，以米二得一石四斗。併麥一，得七斗。共二石一斗。乘之，得一百二十九石三斗七升五勺，爲實。以併米、麥率二麥得一石八斗，一(升)[米]得七斗。共二石五斗。三因，得七石五斗，爲法。除之，得麥一十七石二斗四升九合四勺。倍之，得米三十四石四斗九升八合八勺。

又 粟一十九石六斗八合，每粟一斗舂細米伍升一合二勺。若舂糙米八升，湏令糙米倍細米。求各幾何。

置總粟，以細米率五升一合二勺乘之，得一十石三升九合二勺九抄六撮，爲實。倍細米，以八升除，加細米粟一斗，共得二斗二升八合，爲法。除之，得細米四石四斗三合二勺。倍之，得糙米八石八斗六合四勺。

又 粟七十四石五斗二升，每粟一斗爲率，换米六升，换豆九升，换麥八升。將一半换米，一半换豆、麥，求三色各幾。

置總粟，三位，一位，以二歸，得三十七石二斗六升，爲米實。二位俱以四歸，得一十八石六斗三升，爲豆、麥實。各爲列實。以各换率爲法，除之，六升除米九升，除豆八升，除麥，得米二十二石三斗五升六合，豆一十六石七斗六升七合，麥一十六石五斗六升。

又　額粟一百二十三石，今欲折納二米，三豆，四粟。折粟、米六升，豆八升。粟依本色，求三色各幾。

置各率，二米得粟三斗三分斗之一，三豆該粟三斗七升五合，粟四斗。以分母三乘之，米三斗得九斗，加分子一，共一石，豆三斗七升五合得一石一斗二升五合，粟四斗得一石二斗。併之，得三石三斗二升五合，爲法。以分母三乘總粟一百三十三石，得三百九十九石，爲實。以法除之，得一十二石，爲一停率。以各停分數乘之，得米二十四，折粟四十石。豆三丨六石，折粟四十五石。粟四十八石。二米是米二斗也，以米六升折粟一斗，是得粟三斗三分之一。

又　鈔六百七十三貫六百二十文，買藥。每料用蒼术八斤，甘草二斤，陳皮、厚朴各五斤。其蒼术斤價二百五十文，甘草斤價六百文，陳皮斤價五百文，厚朴斤價八百文。求各該幾。

置總鈔，以各分斤數乘之，爲列實：蒼术得五千三百八十八貫五百六十文，甘草得二千二十貫八百六十文，陳皮、厚朴得三十三百六十八貫一百文。以各分斤數乘各價率：蒼术得二貫，甘草得一貫八百文，陳皮得二貫五百文，厚朴得四貫。併得一十貫三百文，以爲法。除之，得蒼术五百二十三斤三兩二錢，甘草一百九十六斤三兩二錢，陳皮、厚朴各三百二十七斤。各曰斤價乘之，得蒼术價一百三十貫八百文，甘草價一百一十七貫七百二十文，陳皮價一百六十三貫五百文，厚朴價二百六十一貫六百文。

又　總物率與各换物率求各停物數帶合分：【略】

米五石七斗，内二斗爲率换綿六兩，换絲七兩，换絮九兩。要綿二，絲三，絮四，求各幾何。

置米二斗爲實，以綿六兩除，得三升六分升之(一)[二]。絲七兩除，得二升七分升之六。絮九兩除，得二升九分升之二。依率併之，綿二得六升六分升之四，絲三得八升七分升之四，絮四得八升九分升之八，共二斗二升。分母、子依合分法得二升六十三分升之八。共併得二斗四升六十三分升之八。以分母六十三乘二斗四升，加分子八，共一十五石二斗，爲法。以分母六十三乘原米五石七斗，得三百五十九石一斗，爲實。以法除之，得一斤七兩六錢二分五厘，爲一停率。以各停率乘之，得綿二斤十五兩二錢半，絲四斤六兩八錢七分半，絮五斤一十四兩五錢。

明・程大位《算法統宗》卷二　差分：假如今有東西二隣，共織絲絹。東隣四斤六兩，西隣三斤二兩，共絲七斤八兩，織絹二十一丈八尺。問各該若干。

荅曰：東隣一十二丈七尺一寸六分七厘，

西隣九丈零八寸三分三厘。

法曰：置總絹二十一丈八尺，爲實。以共絲七斤八兩，先將八兩變化爲五，就以七斤五，爲法。除之，得二丈九尺〇六分六厘六毫六絲，爲法。則另以東、西各絲斤數不動，將兩減六，東六兩变作三(五)七[五]，西二兩变作一二五。併原斤爲實，乘之。合問。

又　假如今有元、亨、利、貞四人合本經營，元出本銀二十兩，亨出本銀三十兩，利出本銀四十兩，貞出本銀五十兩，共本一百四十兩。至年終共得利銀七十兩，問各該利銀若干。

荅曰：元該利一十兩，　亨該利一十五兩，

利該利二十兩，　貞該利二十五兩。

法曰：置利銀七十兩，爲實。以四人共本一百四十兩爲法，除之，得五錢，爲每兩之利。就以此爲法，以乘各人原本。合問。

又　假如今有甲、乙、丙三人合夥同商，因各人本銀不齊，前後付出，甲于正月付出本七十兩，乙于四月付出(木)[本]八十兩，丙于七月付出本九十兩。三人共本二百四十兩，至年終得利七十兩。問各該利銀若干。

荅曰：甲該利二十八兩，乙該利二十四兩，丙該利一十八兩。

法曰：置利銀七十兩，爲實。另置甲本七十兩，以十二箇月通之，得八十四兩。又置乙本八十兩，以九箇月通之，得七十二兩。再置丙本九十兩，以六箇月通之，得五十四兩。三共併得二百一十兩，爲法。除實，得三錢三分三厘三毫三絲。此乃是每年每兩之利也。就以此又爲法，以乘甲通八十四兩，得利二十八兩。又乘乙通七十二兩，得利二十四兩。再乘丙通五十四兩，得利一十八兩。合問。此是差分，乘而相併，除而又乘之法也。

又　**卷五《衰分》**　合率差分：今有銀一千二百兩，買綾、絹。議要絹一停，綾二停。其綾每疋價三兩六錢，絹每疋價二兩四錢。問二色併價各若干。

荅曰：綾二百五十疋，價九百兩。
絹一百二十五疋，價三百兩。

法曰：置銀一千二百兩，爲實。另置綾價，以二因之，得七兩二錢。併入絹價二兩四錢，共九兩六錢，爲法。除，得絹一百二十五疋。倍之，得綾二百五十疋。各以原價乘之。合問。

又 今有銀一百二十一兩一錢七分五厘，糴米、麥、豆。議要米一分，麥二分，豆三分。其米每斗九分二厘，麥每斗八分五厘，豆每斗三分六厘。問三色併價各若干。

荅曰：米三十二石七斗五升，價三十兩零一錢三分。
麥六十五石五斗，價五十五兩六錢七分五厘。
豆九十八石二斗五升，價三十五兩三錢七分。

法曰：置總銀，爲實。另置麥價，以二因之，得一錢七分。又置豆價，以三因，得一錢零八厘。米價九分二厘。併三價，得三錢七分，爲法。除實，得米數。二因，得麥數。三因，得豆數。各以原價乘之，得各價。合問。

又法：先得米數，倍之，得麥數。加五，即豆數。

又 今有鰥、寡、孤、獨四貧民，共給米二十四石。其鰥者四分，寡者五分，孤者七分，獨者九分。問四民各該若干。

荅曰：鰥三石八斗四升，　寡四石八斗，
孤六石七斗二升，　獨八石六斗四升。

法曰：置米爲實。另置鰥四，寡五，孤七，獨九，併之，共二十五，爲法。除實，得九斗六升，爲一衰之數。以各自衰因之。合問。

又 今有甲、乙、丙、丁四人，各出本銀七兩五錢。甲銀八色，乙銀七色，丙銀六色，丁銀四色。共三十兩入爐，傾成一錠。合夥不成，各欲分散。問各該若干。

荅曰：甲銀九兩六錢，　乙銀八兩四錢，
丙銀七兩二錢，　丁銀四兩八錢。

法曰：併四人各出七兩五錢，共三十兩，爲法。另以四人各原銀折作足色紋銀，甲得六兩，乙得五兩二錢五分，丙得四兩五錢，丁得三兩，四共併得足色銀一十八兩七錢五分，爲實。以法除實，得六二五色。就以此爲法，以除各人折過足色銀，得分六二五色銀數。合問。

又 今有張三出本銀十九兩六錢四分，李四出本銀十二兩三錢六分，共本三十二兩。營運折了七兩。問各折若干。

荅曰：張三折銀四兩二錢九分六厘二毫五絲，
李四折銀二兩七錢零三厘七毫五絲。

法曰：置折銀七兩，爲實。以共本銀三十二兩爲法，除之，得二錢一分八厘七毫五絲，乃是一兩折數。就以此乘各人原本，合得各折數也。合問。

又 今有官米七十三石二斗，令三等人户出之。上等二十五户，每户五分。中等四十户，每户三分。下等六十户，每户一分。問各等户米若干。

荅曰：上等每户一石二斗，共三十石。
中等每户七斗二升，共二十八石八斗。
下等每户二斗四升，共一十四石四斗。

法曰：置總米，爲實。另置上等二十五户，五因，得一百二十五。中等四十户，三因，得一百二十。下等六十户，得六十。三共併得三百零五，爲法。除之，得二斗四升，是下等一户所出之數。三因，得七斗二升，是中等一户所出數。五因，得一石二斗，是上等一户所出數。各以户數乘之，得各等共數。合問。

又 今有軍二萬五千二百名，共支米、麥、豆三色。只云四人支米三石，七人支豆八石，九人支麥五石。問各該若干。

荅曰：米一萬八千九百石，麥一萬四千石，豆二萬八千八百石。

法曰：置軍數，列三位。一位以三因，得七萬五千六百。以四除，得米一萬八千九百石。一位以五因，得一十二萬六千。以九除，得麥一萬四千石。一位以八因，得二十萬零一千六百。以七除得，得豆二萬八千八百石。合問。

又 今有官田一頃三十八畝，每畝科正米二斗。今要七分本色米，三分折納細絲。每米一石折絲一斤。問各納若干。

荅曰：米一十九石三斗二升，絲八斤四兩四錢八分。

法曰：置田數，以正米二斗乘，得二十七石六斗。置列二位，一位以七乘，得米數。一位以三乘，得八石二斗八升。以石變斤零二八，用加六，得兩錢之數。合問。

又 四六差分：法曰：各以四爲首，用加五，以求各衰。首位四，就身加五，得四。又加五，得九。又加五，得十三衰五分。又加五，得二十衰二分五厘。如位數多者，各加五，以生各衰，倣此。

一法：以首位爲四，用四歸六因，以求各衰，不如加五捷徑。二位者四，六，併得十。三位者四，六，九，併得十九。四位者四，六，九，十三衰五分，併得三十二衰五分。五位者四，六，九，十三衰五分，二十衰二分五厘，併得五十二衰七分五厘。各副併爲法，除實，得一衰。以乘各衰。合問。

又 今有金四千兩，令二等金户四六納之。問各該若干。

荅曰：上等户該二千四百兩，下等户該一千六百兩。

法曰：置總金，爲實。以六因，得上户。以四因，得下户。合問。

又 今有米一千五百五十八石，令甲、乙、丙三人四六納之。問各該若干。

荅曰：甲七百三十八石，乙四百九十二石，丙三百二十八石。

法曰：置米，爲實。列丙四，乙六，甲九，副併，共得十九衰，爲法。除實，得八十二石，爲一(差)衰。以乘各人衰数，即出納数也。

又 今將前米令甲、乙、丙、丁四等人户作四六出納，問各該若干。

法曰：置米，爲實。列丁四，丙六，乙九，甲十三衰五分，副併，共得三十二衰五分，爲法。除實，得若干，乃爲一衰之数。以四因，得丁所該納數。列　衰，則以乘各人衰数，合得各人所納数也。

又 又將前米令甲、乙、丙、丁、戊五等人户作四六納之，問各該若干。

法曰：置米，爲實。列戊四，丁六，丙九，乙十三衰五分，甲二十衰二分五厘，副併，得五十二衰七分五厘，爲法。除實，得若干，爲一衰之数。以此爲則，以乘各人衰數，得各人出納数也。

又 今有米三百八十五石五斗二升，令二等人户從上四六出之。甲上等二十六户，乙下等四十户。問各户各若干。

荅曰：上等每户七石三斗二升，計一百九十石〇三斗二升，

下等每户四石八斗八升，計一百九十五石二斗。

法曰：置米，爲實。另以上等二十六户，以六因，得一百五十六衰。又以下等四十户，以四因，得一百六十衰。二共併之，得三百一十六衰，爲法。除實，得一石二斗二升，爲一差衰。以六因，得七石三斗二升，是上等一户出數。另以一衰数，以四因，得四石八斗八升，是下等一户所出數。各以户数乘之。合問。

又 二八差分：法曰：各以二爲首，用四因，以求各衰。首位二，以四因，得八衰。又四因，得三十二衰。又四因，得一百二十八衰。又四因，得五百一十二衰。如位数多者，各以四因，以生各衰。

一法：以首爲二，用二歸八因，以求各衰。不如四因捷徑。

二位者，二，八，併得十。三位者，二，八，三十二，三共併得四十二。四位者，二，八，三十二，一百二十八，四共併得一百七十。五位者，二，八，三十二，一百二十八，五百一十二，五共併得六百八十二衰，爲法。除實，得一分衰数，以乘各衰。

又 今有金三千兩，令二等人户二八納之，問各該若干。

荅曰：上等户二千四百兩，下等户六百兩。

法曰：置總金，列二位，爲實。一位以八因，得上等户所納之数。一位以二因之，得下等户所納之数。

若令三等人户作二八出之。

法曰：置總金，爲實。列丙二，乙八，甲三十二。三共併得四十二衰，爲法。除實，得若干，爲一衰之数，以爲法則。以二衰因，得若干，爲丙出金之數。又以八衰因，得若干，爲乙出金之數。又以三十二衰乘之，得若干，爲甲出金之數。合問。

若令四等人户二八出納，只加上第四衰一百二十八，四共併衰一百七十，爲法。除實，得一衰之数。以乘各衰，即得。

若五等，亦只加衰，用法如前。

又 三七差分：法曰：各以三爲首，就以三因，或又三因，再三因，務求得宜爲首衰。却用三歸七因，以求各衰。

二位者，首位三，次位七，併得十。三位者，首位三，就以三因，得九，爲丙衰。却以九，用三歸七因，得二十一，爲乙衰。却以二十一，用(二)[三]歸七因，得四十九，爲甲衰。三位併得七十九衰。四位者，首位三，以三因，得九。又三因，得二十七，爲丁衰。却以二十七，用三歸七因，得六十三，爲丙衰。却以六十三，用三歸七因，得一百四十七，爲乙衰。却以一百四十七，用三歸七因，得三百四十三，爲甲衰。併得五百八十。五位者，首位三，以三因，又三因，再三因，得八十一，爲戊衰。却以戊衰，用三歸七因，得(二)[一]百八十九，爲丁衰。却以丁衰，用三歸七因，得四百四十一，爲丙衰。却以丙衰，用三歸七因，得一千零二十九，爲乙衰。却以乙衰，用三歸七因，得二千四百零一。爲甲衰。併得四千一百四十一。各以副併爲法，除實，得一衰数，以乘各衰。如位数多者，皆以三因首位，用三歸七因，以求下位衰數。

又 今有金三千兩，令休、績二縣金行舖户三七上納，問各該若干。

荅曰：休寧縣二千一百兩，績溪縣九百兩。

法曰：置金總，爲實。以七因，休邑数。以三因，績邑数。合問。

又 今有銀四百九十七兩七錢，令甲、乙、丙三人三七分之。問各若干。

荅曰：甲三百零八兩七錢，乙一百三十二兩三錢，丙五十六兩七錢。

法曰：置總銀爲實，列丙九。乙二十一，甲四十九。副併，得七十九衰，爲法。除實，得六兩三錢，爲一衰数。以乘各衰，得各人数。合問。

若令四人作三七分之。置總銀，爲實。列丁二十七，丙六十三，乙一百四十七，甲三百四十三。副併，得五百八十衰，爲法。除實，得若干，爲一衰之数。以乘各衰，得各人数。

若令五人作三七分之。置總銀，爲實。列戊衰八十一，丁一百八十九，丙四百四十一，乙一千〇二十九，甲二千四百零一。副併，得四千一百四十一衰，爲法。除實，得若干，爲一衰之数。就以此爲法，以乘各衰，得数。合問。

又 折半差分　法曰：以所分物折半，爲衰。二位者，一，二併，得三。三位者，一，二，四併，得七。四位者，一，二，四，八併，得十五。五位者，一，二，四，八，十六併，得三十一。各副併爲法，除實。

又 折半差分：今有錢五百九十四文，令甲、乙二人折半分之。問各該若干。

荅曰：甲三百九十六文，乙一百九十八文。

法曰：置總錢，爲實。以甲二，乙一併，得三衰，爲法。歸實，得一百九十八文，爲乙所得数。倍之，得三百九十六文，爲甲所得数。合問。

又 今有銀六百七十二兩，令三等人作折半分之。問各若干。

荅曰：甲三百八十四兩，乙一百九十二兩，丙九十六兩。

法曰：置總銀，爲實。以甲四，乙二，丙一併，得七衰，爲法。除實，得九十六兩，爲丙所得数。以二因，得乙数。以四因，得甲数。合問。

又 今有女子善織，初日遲，次日加倍，第三日轉速倍增，第四日又倍增，織成絹六丈七尺五寸。問各日織若干。

荅曰：初日織四尺五寸，次日織九尺，第三日織一丈八尺，第四日織三丈六尺。

法曰：置絹，爲實。列一，二，四，八，併得十五，爲法。除實，得初日織四尺五寸。倍之，得次日数。再倍，得第三日数。又倍，得第四日数。合問。

又 遞減挨次差分：法曰：置所分物者，挨次爲衰。各列置衰。三位者，一，二，三併，得六。四位者，一，二，三，四，併，得十。五位者，一，二，三，四，五併，得十五。六位者一，二，三，四，五，六併，得二十一。各副併爲法，除實。

又 今有絹七百二十疋，令甲、乙、丙三人依等挨次分之，問各若干。

荅曰：甲三百六十疋，乙二百四十疋，丙一百二十疋。

法曰：置絹，爲實。以甲三，乙二，丙一併，得六衰，爲法。除實，得一百二十疋，爲丙所得数。以二因，得乙数。以三因，得甲数。合問。

又 今有銀九十二兩，分散四子，依等挨次分之。問各若干。

荅曰：長子三十六兩八錢，次子二十七兩六錢，

三子一十八兩四錢，四子九兩二錢。

法曰：置總銀，爲實。以長子四，次子三，三子二，四子一，副併，得十衰，爲法。除實，得九兩二錢，爲四子所得数。自下而上，各加九兩二錢。合問。

又 今有金八兩一錢，欲挨次造套鍾五箇。問各重若干。

荅曰：大號二兩七錢，　二號二兩一錢六分，

三號一兩六錢二分，　四號一兩零八分，

五號五錢四分。

法曰：置金，爲實。以五，四，三，二，一副併，得一十五衰，爲法。除實，得五錢四分，爲五號鍾重数。自下而上各加五錢四分。合問。

若造禮，樂，射，御，書，数六號杯，置總金，爲實。以六，五，四，三，二，一副併，得二十一衰，爲法。除實，得数字杯重若干。自下而上各加数字號杯重若干。合問。

又 今有粮一千一百三十四石，令五等人户挨次上納，一等二十四户，二等三十三户，三等四十二户，四等五十一，户五等六十户。問各若干。

荅曰：一等每户十石零五斗　共計二百五十二石，

二等每户八石四斗　共計二百七十七石二斗，

三等每户六石三斗　共計二百六十四石六斗，

四等每户四石二斗　共計二百一十四石二斗，

五等每户二石一斗　共計一百二十六石。

法曰：置粮，爲實。第五等户不動。將四等户数以二因，得若干。又將三

等户数，以三因，得若干。再將二等户数，以四因，得若干。又將一等户数，以五因，得若干。併五等数，共得五百四十衰，爲法。除實，得二石一斗，是第五等一户所出数。以二因，得四等一户所出数。以三因，得三等一户所出数。以四因，得二等一户所出数。以五因，得一等一户所出数。各以户数乘之。合問。自五等起遞加二石一斗，至一等止。

又 今有米二百四十石，令甲、乙、丙、丁、戊五人分。要將甲、乙二人数與丙、丁、戊三人数同，問各該若干。

荅曰：甲六十四石，　乙五十六石，
丙四十八石，　丁四十石，
戊三十二石。

法曰置總米，爲實。列甲五，乙四，丙三，丁二，戊一。又併甲五，乙四，得九。又併丙三，丁二，戊一，得六。減九，餘三。却于前五人衰内各增三，甲得八，乙得七，丙得六，丁得五，戊得四。副併，得三十衰，爲法。除實，得八石，爲一衰数。以乘各人後增衰数，得各人所得数，合問。戊起遞加八数，至甲止。

或七人分者，要將甲、乙、丙三人数與丁、戊、己、庚四人数同者。又云二人分者，要將甲得数與乙、丙二人所得数同者，俱倣前法筭之。

又 今有金六十两，令甲、乙、丙三人依等遞差五两，問各若干。

荅曰：甲二十五两，乙二十两，丙一十五两。

法曰：置金六十两，内減差，甲多丙十两，乙多丙五两，共十五两，餘四十五两，爲實以三人爲法除之得丙金。一十五两加五两，得二十两，爲乙所得。又加五两，爲甲所得。合問。

又 今有俸粮三百零五石，令五等官依品遞差十三石分之。問各若干。

荅曰：正一品八十七石，　從一品七十四石，
正二品六十一石，　從二品四十八石，
正三品三十五石。

法曰：置五等於上。又列五等，減一，餘四。以乘五，得二十。折半，得一十，爲實。以每等差十三石乘之，得一百三十[石]，以減總粮三百零五石，餘一百七十五石。却以五等除之，得三十五石，是第五等正三品俸粮。加十三，是第四等從二品俸粮，又加十三，是正二品俸粮。各品遞加十三。合問。

又 今有官米二百六十五石，令三等人户出之。上等二十户，每户多中等七斗。中等五十户，每户多下等五斗。下等一百一十户。問每户所出及逐等各若干。

荅曰：上等每户二石四斗，共四十八石。
中等每户一石七斗，共八十五石。
下等每户一石二斗，共一百三十二石。

法曰：置中等五十户，以每户多下等五斗因之，得二十五石。又置上等二十户，以每户多中等七斗、多下等五斗共一石二斗乘之，得二十四石。併二数，共四十九石。以減總米，餘二百一十六石，爲實。併三等户数，共一百八十，爲法。除實，得一石二斗，是下等一户所出数。加五斗，得一石七斗，是中等一户所出数。又加七斗，得二石四斗，是上等一户所出数。各以户数乘之。合問。

又 帶分母子差分：今有馬軍七人，給褌布四十八尺。步軍六人，給襖布九十二尺。今共給布一十二萬五千八百二十尺，問各若干。

荅曰：馬軍各五千六百七十人，　襖布八萬六千九百四十尺，
褌布三萬八千八百八十尺。

法曰：置分母、子，互乘，七人 四十八　六人 九十二　以七人乘九十二尺，得六百四十四尺。

又以六人乘四十八尺，得二百八十八尺。併之，得九百三十二尺，爲法。置布一十二萬五千八百二十尺，却以六人，七人，相乘，得四十二，而乘之，得五百二十八萬四千四百四十，爲實。以法除之，得軍数各五千六百七十人。以四十八乘，又用七歸，得褌布。又以九十二乘軍数，用六歸，得襖布。合問。

又 今有昆仲三人，小弟謂長兄曰：我年紀比汝四分之三，次兄年紀比汝六分之五，(我)多[我]八歲。問三人歲数各若干。

荅曰：長兄九十六歲，次兄八十歲，小弟七十二歲。

法曰：置 六分之五 四分之三 以母四互乘子五，得二十，爲次兄之差。又以母六互乘子三，得十八，爲小弟之差。又以母四，六相乘，得二十四，爲長兄之差。另以二十減去十八，餘二，爲法。先置長兄差二十四，以八歲乘之，得一百九十二，爲實。以法二除之，得九十六，爲長兄之歲。另以次兄差二十，以八歲乘之，得一百六十，爲實。以法二除之，得八十，爲次兄之歲。另以小弟十八，亦以八歲乘

之，得一百四十四，爲實。以法二除之，得七十二，爲小弟歲数。合問。

又 今有七人差等均錢，甲、乙均七十七文，戊、己、庚均七十五文。問丙、丁各若干。

荅曰：甲四十文，　乙三十七文，
丙三十四文，　丁三十一文，
戊二十八文，　己二十五文，
庚二十二文。

法曰：置二人　七十七文，三人　七十五文，令母互乘子，以二人乘七十五文，得一百五十。以三人乘七十七文，得二百三十一文。以少減多，餘八十一，爲一差之實。併分母二人，三人，得五。折半，得二人半。以減總七人，餘四人半。却以分母二人，三人乘，得六。以乘四人半，得二十七，爲一差之法。除實八十一，得三文，爲一差数。置甲、乙均七十七文，加三文，共八十文。折半，得四十文，爲甲得数。遞減三文。合問。

又 今有兵士三千四百七十四名，每三人支衫絹七十尺，每四人支裙絹五十尺。問該總絹若干。

荅曰：共絹一十二萬四千四百八十五尺，
衫絹八萬一千零六十尺，
裙絹四萬三千四百二十五尺。

法曰：置三人　七十尺，四人　五十尺，以三人互乘五十，得一百五十。以四人互乘七十，得二百八十。併之，共四百三十。乘兵士，得一百四十九萬三千八百二十，爲實。又以三，四相乘，得十二，爲法。除實，得總絹数。置兵士總，以七因，三歸，得衫絹数。以五因，四歸，得裙絹数。合問。

又 互和減半差分：法曰：以一，三，五，七，九爲陽位，二，四，六，八，十爲陰位。三位者，三，五，七，併得十五。四位者，二，四，六，八，併得二十。五位者，一，三，五，七，九，併得二十五。照位併而爲法，除實，得首尾二人共数。于內減甲多或丙少数，餘数，折半，得首尾数。加甲多或丙少数，爲首数。

三位者，互和首尾甲、丙二人，所得数，折半，得中乙数。合問。

四位者，照前得首尾甲、丁二人数，中有乙、丙二人，不可折半，得数却置甲多或丁少数依例用三歸之。合問。

五位者，照依前得首尾甲、戊二人数，互和首尾数，折半，得中丙数。又互和丙、戊数，折半，得丁数。又互和丙、甲数，折半，得乙数。如位数多者，皆以空位取之，併而爲法。除實，得首尾数。四位者，用三歸之。六位者，用五除之。

又 今有白米一百八十石，令三人從上互和減半分之。只云甲多丙米三十六石，問各該若干。

荅曰：甲七十八石，　乙六十石，
丙四十二石。

法曰：置米一百八十石，爲實。以三，五，七併，得一石五斗，爲法。除實，得一百二十石，乃甲、丙二人首尾共数。于內減甲多三十六石，餘八十四石。折半，得丙四十二石。加多三十六石，得甲米七十八石。互和甲、丙米，折半，得乙米六十石。合問。

又 今有銀二百四十兩，令四人從上互(相)[和]減半分之。只云甲多丁一十八兩，問各該若干。

荅曰：甲六十九兩，　乙六十三兩，
丙五十七兩，　丁五十一兩。

法曰：置銀，爲實。以二，四，六，八併，得二兩，爲法。除實，得一百二十[兩]，乃甲、丁首尾二人共数。于內減甲多一十八兩，餘一百零二兩。折半，得丁銀五十一兩。加多十八[兩]，得甲銀六十九兩。惟乙、丙二人不可併、折，以甲多十八[兩]，例用三歸之，得六兩。加入丁銀，得丙銀五十七兩。又加六兩，得乙銀六十三兩。合問。

又 今有鈔二百三十八貫，令五等人從上作互和減半分之。只云戊不及甲三十三貫六百文，問各該鈔若干。

荅曰：甲六十四貫四百文，　乙五十六貫，
丙四十七貫六百文，　丁三十九貫二百文，
戊三十貫零八百文。

法曰：置鈔，爲實。以一，三，五，七，九併，得二貫五百文，爲法。除之，得九十五貫二百文，乃首尾二人共数。于內減戊不及甲鈔，餘六十一貫六百文。折半，得戊鈔三十貫八百文。仍加戊不及甲鈔三十三貫六百文，得甲鈔六十四貫四百文。互和甲戊鈔，共九十五貫二百文。折半，得丙鈔四十七貫六百文。又互和丙戊鈔，共七十八貫四百文。折半，得丁鈔三十九貫二百文。又互和甲丙鈔，共一百一十二貫。折半，得乙鈔五十六貫。合問。

又　今有五人均銀四十兩，内甲得十兩四錢，戊得五兩六錢。問乙、丙、丁次第均之，各該若干。

荅曰：乙九兩二錢，丙八兩，丁六兩八錢。

法曰：併甲、戊，共一十六兩。折半，得丙銀八兩。又併甲丙，共一十八兩四錢。折半，得乙銀九兩二錢。又併丙、戊，共一十三兩六錢。折半，得丁銀六兩八錢。合問。

假如前三人四、六分物者，可將一等與二等所得數併作一處，却分爲十分，比驗其一等原得数是六分，其二等原得数是四分。再將二等與三等仍前考之，其二等原得数却是六分，三等原得数却是四分也。其二八、三七俱照此考驗無差。

因《指明》等書不依古法，却以十分之六誤爲四六，以十分之七爲三七，以十分之八爲二八，俱差矣。因差而考之。

又　今有絹四百七十丈零一尺八寸四分，令三等人户作十分之六出之。上等二十五户，中等三十户，下等四十八户。問每户各若干。

荅曰：上等每户七丈八尺，共一百九十五丈。

中等每户四丈六尺八寸，共一百四十丈零四尺。

下等每户二丈八尺零八分，共一百三十四丈七尺八寸四分。

法曰：置總絹，爲實。另置上等户数，以一百因之，得二千五百衰。中等户数，以六十因之，得一千八百衰。下等户数，以三十六乘之，得一千七百二十八衰。併三位，共六千零二十八衰，爲法。除實，得七丈八尺，是上等一户所出数。以六因，是中等一户所出数。再以六因，是下等一户所出数。各以户数乘之。合問。

又　今有粟一百六十八石四斗八升八合，令四等人户作十分之七出之。問每户逐等各若干。每等户数總列荅曰之下。

荅曰：第一等二十二户，每户二石，共四十四石。

第二等三十六户，每户一石四斗，共五十石零四斗。

第三等四十二户，每户九斗八升，共四十一石一斗六升。

第四等四十八户，每户六斗八升六合，共三十二石九斗二升八合。

法曰：置總粟，爲實。另置一等户，以一千因，得二萬二千。第二等户以七百因之，得二萬五千二百。第三等户以四百九十乘之，得二萬零五百八十。第四等户以三百四十三乘之，得一萬六千四百六十四。併四位，共八萬四千二百四十四衰，爲法。除實，得二石，是第一等一户所出数。以七因，是二等一户数。又七因，是三等一户数。又七因，是四等一户数。各以户数乘之。合問。十分之七即以七因，以生各等，詳後解法。

又　今有官米二百二十五石三斗六升，令五等人户作十分之八出之，問每户逐等各若干。

荅曰：第一等四户，每户二石五斗，共一十石。

第二等八户，每户二石，共一十六石。

第三等十五户，每户一石六斗，共二十四石。

第四等四十一户，每户一石二斗八升，共五十二石四斗八升。

第五等一百二十户，每户一石〇二升四合，共一百二十二石八斗八升。

解(法)曰：一等定率一萬，以八因之，得八千，爲二等率。又八因，得六千四[百]，爲三等率。又八因，得五千一百二十，爲四等率。又八因，得四千〇九十六，爲五等率。前問十分之七，倣此，即以七因定率。

法曰：置總米，爲實。另置第一等四户，以一萬因之，得四萬。第二等八户，以八千因之，得六萬四千。第三等十五户，以六千四百乘之，得九萬六千。第四等四十一户，以五千一百二十乘之，得二十萬零九千九百二十。第五等一百二十户，以四千零九十六乘之，得四十九萬一千五百二十。併五位，共九十萬零一千四百四十衰，爲法。除實，得二勺五抄，爲一衰数。就以此乘一等衰一萬，每户該米二石五斗，以八因，得二石，是第二等一户所出数。又八因，得一石六斗，是三等一户数。又八因，得一石二斗八升，是四等一户数。又以八因，得一石零二升四合，是五等一户数。各以户数乘之。合問。

又　匿價差分：今有銀一萬七千六百九十兩，買馬、騾一千匹。議要馬七百匹，騾三百匹，其馬價多騾價七兩七錢。問各價若干。

荅曰：馬每匹價二十兩，　騾每匹價一十二兩三錢。

法曰：置馬七百匹，以多七兩七錢乘之，得五千三百九十兩。以減總銀，餘一萬二千三百兩。以馬騾一千爲法，除之，得騾一十二兩三錢。加多七兩七錢，爲馬價。合問。

清·勞乃宣《古籌算考釋》卷三《衰分》　此亦匿價衰分也。前題有兩物分數，而價適等。此題有兩物分數，又有共價。比前法當多一加減，而以列衰相并爲法。置馬七百匹，騾三百匹，於位。互易其上、下，令三百爲馬衰，七百爲騾衰，是爲列衰。以列衰副并之，得一千，爲法。以兩價相差七兩七錢，偏乘列衰，馬衰得二千三百一十兩，騾衰得五千三百九十兩。又以共銀數一萬七千六百九十兩與馬衰乘出數相加，得二萬兩，爲馬實。馬價多，故相加。與騾衰乘出之數相減，得一萬二千三百兩，爲騾實。騾價少，故相減。以法一千除馬實，得二十兩，爲馬價。除騾實，得一十二兩三錢，爲騾價。

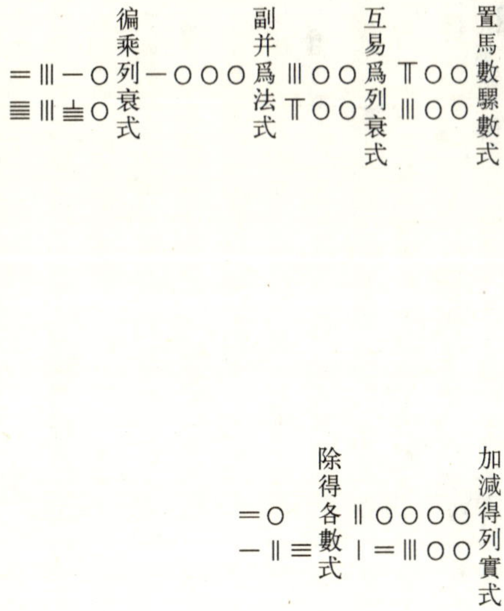

明·程大位《算法統宗》卷五《衰分》　今有銀二千九百二十八兩，共買綾一百五十疋，羅三百疋，絹四百五十疋。只云綾疋價比羅疋價多四錢七分，羅疋價比絹疋價多一兩三錢五分。問三物疋價若干。

荅曰：綾價每疋四兩三錢二分，羅價每疋三兩八錢五分，

絹價每疋二兩五錢。

法曰：列羅三百疋，以多絹價一兩三錢五分乘，得四百零五兩。又列綾一百五十疋，以二項多價共一兩八錢二分乘，得二百七十三兩。併之，得六百七十八兩。減總銀，餘二千二百五十兩，爲實。併綾、羅、絹，共九百疋，爲法。除之，得二兩五錢，爲每疋絹價。加多一兩三錢五分，得羅疋價三兩八錢五分。又加多四錢七分，得綾疋價四兩三錢二分。合問。

清·勞乃宣《古籌算考釋》卷三《衰分》　此匿價衰分之三色者也。二色祇一較數，故可互易，爲列衰而偏乘之。三色則每色有二較數，故必以二較數各乘彼二數，相加減而爲此一色之衰。置綾一百五十疋，羅三百疋，絹四百五十疋，於位。置綾多羅價四錢七分於羅左首行。以綾多羅價與羅多絹價相加，得一兩八錢二分，爲綾多絹價。置於絹左首行。置羅少綾價四錢七分於綾左次行，置羅多絹價一兩三錢五分於絹左次行，置絹少綾價一兩八錢二分於綾左三行，置絹少羅價一兩三錢五分於羅左三行。以羅數乘首行綾多羅價，得一百四十一兩。以絹數乘首行綾多絹價，得八百一十九兩。相加，得九百六十兩，爲綾衰。兩多，故相加。以綾數乘次行羅少綾價，得七十兩○五錢。以絹數乘次行羅多絹價，得六百○七兩五錢。相減，得五百三十七兩，爲羅衰。一多一少，故相減。以綾數乘三行絹少綾價，得二百七十三兩。以羅數乘三行絹少羅價，得四百○五兩。相加，得六百七十八兩，爲絹衰。兩少，故相加。副并綾數、羅數、絹數，得九百疋，爲法。以共價二千九百二十八兩與綾衰九百六十兩相加，得三千八百八十八兩，爲綾實。綾較數俱多，故相加。與羅衰五百三十七兩相加，得三千四百六十五兩，爲羅實。羅較數一少一多而多數大，故相加。如少數大，則相減。與絹衰六百七十八兩相減，得二千二百五十兩，爲絹實。絹較數俱少，故相減。以法九百除綾實，得四兩三錢二分，爲綾每疋價。除羅實，得三兩八錢五分，爲羅每疋價。除絹實，得二兩五錢，爲絹每疋價。

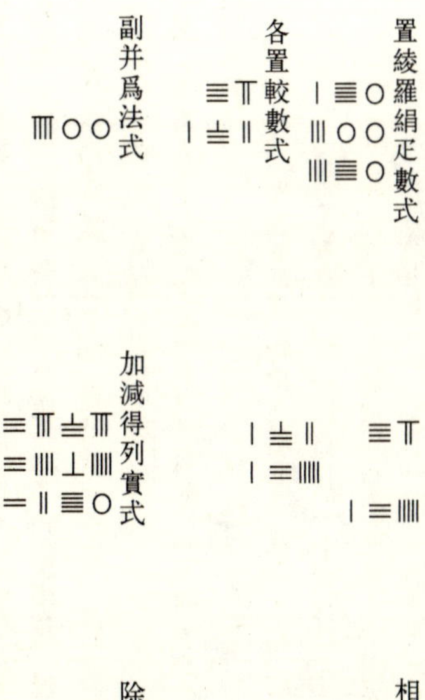

明·程大位《算法統宗》卷五《衰分》　今有綾七尺，羅九尺，(共)[其]價適

等。只云羅每尺價比綾每尺少錢三十六文。問各錢價若干。

荅曰：綾每尺一百六十二文，　羅每尺一百二十六文。

法曰：置羅九尺，以(綾)[少]價三十六文乘之，得三百二十四文，爲實。另以綾七尺，羅九尺相減，餘二尺，爲法。除實，得綾尺價一百六十二文。另置綾七尺，以三十六文乘之，得二百五十二文，爲實。仍將前法二尺爲法，除之，得羅尺價一百二十六文。合問。

今有金九塊，銀十一塊，秤之適等。交換二塊，則餘金比換銀(多)[少]一十三両。問金、銀各重若干。

荅曰：金一塊重三十五両七錢五分，銀一塊重二十九両二錢五分，

金九塊，銀十一塊，各共重三百二十一両七錢五分。

法曰：列金重一十三両，折半，得六両五錢。乘金九塊，得五十八両五錢，爲實。却以金九，銀十一相減，餘二，爲法。除實，得銀一塊，重二十九両二錢五分數。另置銀十一塊，以六両五錢乘之，得七十一両五錢，爲實。仍以前二爲法，除之，得金一塊重数。合問。

又　貴賤差分：今有米、麥五百石，共價銀四百零五両七錢。只云米每石價八錢六分，麥每石價七錢二分五厘，問米、麥各若干。

荅曰：米三百二十石，價銀二百七十五両二錢。

麥一百八十石，價銀一百三十両零五錢。

法曰：置米、麥五百石，以米價八錢六分乘之，得四百三十両。減去共價，餘二十四両三錢，爲實。以米價内減麥價，餘一錢三分五厘，爲法。除之，得麥一百八十石。却以米、麥五百石内減麥数，餘三百二十石，爲米数。各以原價乘之。合問。

又　今有銀五十五両五錢，共買銅、錫、鐵八萬三千零五十両，只云銀價相倣。每銀一錢買銅一百三十両，每銀一錢買錫一百五十両，每銀一錢買鐵一百七十両。問三色各若干。此爲三色差分。

荅曰：銅二萬四千七百両，價銀一十九両。

錫二萬七千七百五十両，價銀一十八両五錢。

鐵三萬零六百両，價銀一十八両。

法曰：置總銀，以三歸之，得一十八両五錢，約錫，爲中。以每錢買一百五十両乘，得錫二萬七千七百五十両。於總物内減訖，餘五萬五千三百両。另置總銀，内減去一十八両五錢，餘三十七両。却以銅一百三十両乘之，得四萬八千一百。[以]減(去)五萬五千三百，餘七千二百，爲實。另以銅、鐵数相減，餘四十，爲法。除實，得鐵價一十八両。又于三十七両減去一十八両，餘一十九両，爲銅價。各以每錢買数乘之。合問。

又　今有綾、羅、紗、絹一百六十疋，共價九十三両。綾每疋價九錢，羅每疋七錢，紗每疋五錢，絹每疋三錢。問四色各若干。

荅曰：綾三十五疋，該銀三十一両五錢。

羅四十疋，該銀二十八両。

紗四十疋，該銀二十両。

絹四十五疋，該銀一十三両五錢。

法曰：此四色差分。先置一百六十疋，以四除之，得四十疋。就定中物羅、紗二色及價，却于一百六十疋内減羅、紗共八十疋，餘八十疋。又于共價九十三両内減去羅價二十八両，紗價二十両，餘四十五両，以貴賤差分筭之。置餘八十疋，以綾價九錢乘之，得七十二両。減去四十五両，餘二十七両，爲實。以綾價九錢減絹價三錢，餘六錢，爲法。除之，得四十五疋，爲絹数。却于八十疋内減絹四十五疋，餘三十五疋，爲綾。各以原價乘之。合問。

訣三色、四色差分之法俱先定中等，惟留首尾二色。以貴賤差分法筭之，不拘五、六、七、八、九色者倣此。

又　仙人換影：今有錢四千九百九十五文，共買桃、梨五千箇。只云錢一十一文買桃九箇，又錢四文買梨七箇。問桃、梨各若干。

荅曰：桃三千二百八十五箇，該錢四千零一十五文。

梨一千七百一十五箇，該錢九百八十文。

法曰：列置　九箇　七箇　五千箇
　　　　　　十一文　四文　四千九百九十五文　先以上十一互乘中七箇，得七十七箇，又以四文乘九箇，得三十六箇。以少減多，餘四十一[箇]，爲長法。若求桃数價者，以中下互乘。置總錢，以七箇乘，得三萬四千九百六十五箇。另置總菓，以四文乘之，得二萬，以減三萬四千九百六十五箇，餘一萬四千九百六十五箇，爲實。以長法四十一除之，得三百六十五(箇)，爲短法。列二位，一位以九箇乘，得桃三千二百八十五箇。一位以十一文乘，得桃價四千零一十五文。於總内減桃数餘者，即梨總價也。若求梨数、價者，却置總錢，以九箇乘之。

又置總菓，以十一文乘之。二数相減，餘一萬〇〇四十五，爲實。仍以長法四十一除之，得二百四十五，爲短法。列二位，一位以七箇乘，得梨数。一位以四文乘，得梨價。合問。求桃者，以梨價求之。求梨者，以桃價求之。

又 今有牛、羊一百隻，共價一百六十八兩。只云牛三隻，價銀一十二兩。羊四隻，價銀一兩五錢。問牛、羊併價各若干。

荅曰：牛三十六隻，價銀一百四十四兩。

羊六十四隻，價銀二十四兩。

法曰：列置牛三　羊四　共一百隻
列置十二兩　一兩五錢　共一百六十八兩　先以上牛貴價一十二兩互乘賤物羊四隻，得四十八兩。又以貴物牛三互乘賤物羊價一兩五錢，得四兩五錢。以減四十八兩，餘四十三兩五錢，爲長法。次以中羊四互乘總價一百六十八兩，得六百七十二。又置總物一百隻，以賤價一兩五錢乘之，得一百五十。以減六百七十二，餘五百二十二，爲實。以長法四十三兩五錢除之，得一(両)[十]二(錢)，爲短法。列二位，一位以貴物牛三乘之，得牛三十六隻。一位以牛貴價一十二兩乘之，得一百四十四兩。以減總銀，餘得羊價。合問。

又 今有大、小魚一百斤，共價八錢七分五厘。只云大魚二斤價四分，小魚七斤價五分。問大、小魚及價各若干。

荅曰：大魚一十二斤半，價銀二錢五分。

小魚八十七斤半，價銀六錢二分五厘。

法曰：列大魚二斤　小魚七斤　總魚百斤
價銀四分　價銀五分　總價八錢七分五厘　先以上大魚價四分互乘中小魚七斤，得二錢八分。又以大魚二斤互乘小魚價五分，得一錢。以少減多，餘一錢八分，爲長法。次以中小魚七斤互乘下總價，得六兩一錢二分五厘。又以小魚價五分互乘總魚一百斤，得五兩。以少減多，餘一兩一錢二分五厘，爲實。以長法除之，得六分二厘五毫，爲短法。列二位，一位以二斤乘之，得大魚一十二斤半。一位以四分乘之，得大魚價二錢五分。于總魚一百斤減去大魚，餘得小魚，合問。　若求小魚者，置總價，以大魚二斤乘之，得一兩七錢五分。又置總魚一百斤，以貴價四分乘之，得四兩。以少減多，餘二兩二錢五分。仍用前長法一錢八分除之，得一錢二分五厘，爲短法。列二位，一位以七斤乘之，得小魚八十七斤半。一位以五分乘之，得小魚價六錢二分五厘。合問。同《通原筭法》。

又 今有圓木大、小二根，内大者一根，頭徑一尺二寸，稍徑八寸，長二丈五尺。小者一根，頭徑一尺，稍徑七寸，長二丈。共價銀四十九兩零八分。問大、小木各價若干。

荅曰：大木三十一兩二錢，小木一十七兩八錢八分。

法曰：先置大木頭徑一尺二寸，自乘，得一百四十四寸。又將稍徑八寸自乘，得六十四寸。併之，得二百零八寸。以長二丈五尺乘之，得積五萬二千寸。又置小木頭徑一尺，自乘，得一百寸。又將稍徑自乘，得四十九寸。併之，得一百四十九寸。以長二丈乘之，得積二萬九千八百寸。併大、小積，共八萬一千八百寸，爲法。以除原價四十九兩零八分，每寸派得六毫。就以此爲法，各乘大、小積。合問。

又 **卷九《均輸》** 今有甲、乙、丙三人，以田多寡應當一年差役。甲田三十五畝，乙田二十五畝，丙田二十畝。問各該值月若干。

荅曰：甲該五箇月零七日半，乙該三箇月二十二日半，丙該三箇月。

法曰：置甲、乙、丙三人田，共併得八十畝，爲法。另置甲田，以十二月乘之，得四百二十，爲實。以法八[十]除之，得五箇月。令二五，却以(二)[三]十日乘二五，得七日半。又置乙田，以十二月乘之，得三百，爲實。以法八[十]除之，得三箇月零七五。却以三十日乘七五，得二十二日半。又置丙田，以十二月乘之，得二百四十，爲實。以法八[十]除之，得三箇月。合問。

又法：置一年計三百六十日，爲實。併甲、乙、丙三人田，(其)[共]八十畝，爲法。除之，每畝得值月四(十)[日]五(日)。以乘各人田數，亦得。

又 今有衆兄弟輩出錢買物，長兄出錢八文，次兄以下各加一文，順至小弟出錢六十文。問兄弟輩及共錢各若干。

荅曰：五十三人，　共錢一千八百零二文。

法曰：以八文併入六十文，共得六十八文。另置六十文，于内減去八文，餘五十二文。再加長兄一人，共得五十三人。另以六十八文乘五十三人，得三千六百令四文。折半，即得。

又 今有中試舉人壹百名，第一名官給銀一百兩，自第二名以下挨次各減五錢。問該銀若干。

荅曰：七千五百二十五兩。

法曰：置一百名，減去第一名，餘九十九名。以五錢乘之，得四十九兩五錢。以減一百兩，餘五十兩令五錢，爲第一百末名之数。併入第一名給一百兩，共一百五十兩令五錢。以乘一百名，得一萬五千令五十兩。折半。合問。

又　今有粮三千六百石，只云每石則例，令三處倉上納，東倉二斗三升四合，西倉三斗四升五合，南倉四斗二升一合。依則均開，問各倉該米若干。

荅曰：東倉八百四十二石四斗，

西倉一千二百四十二石，

南倉一千五百一十五石六斗。

法曰：置總粮，爲實。以各倉則例数乘之。合問。

又　今有夏税麥二百七十四石，三限催徵。初限五分六月完，中限三分半七月完，末限一分半八月完。問各限該徵若干。

荅曰：初限一百三十七石，

中限九十五石九斗，

末限四十一石一斗。

法曰：列置麥数三位，一位以五分乘，爲初限数。二位以三分半乘，爲中限数。三位以一分半乘，爲末限数。合問。

又　今有狐狸一頭九尾，鵰鳥一尾九頭。只云前有七十二頭，後有八十八尾。問二禽、獸各若干。

荅曰：狐狸九箇，鵰鳥七隻。

法曰：置總頭七十二，以減總尾八十八，餘一十六，是二禽、獸共數。以尾九因之，得一百四十四。内減總尾八十八，餘五十六，爲實。另以尾九内減一(頭)[尾]，餘八，爲法。除實，得鵰鳥七隻。以減共數，餘得狐九箇。合問。

清・方中通《數度衍》卷一七《差分》　四六差分法：四之與六，加五而已。以五乘四得二，并四即六。以五乘六得三，并六即九。或以六乘四除，四亦得六，六亦得九。皆求衰法耳。既得各衰，始用三率法。

戊衰四，　丁衰六，　丙衰九，

乙衰十三衰五分，　甲衰二十衰二分五釐。

右五位衰也。如六位，則以已爲首，而甲衰更增矣。若止四位。則以丁爲首也。後倣此。

又　二等户式　派糧三百八十五石五斗二升，甲、乙二等户，甲六分，乙四分辦納。甲二十六户，乙四十户。問各一户各共户若干。

曰：甲一户納七石三斗二升，共納一百九十石〇三斗二升。

乙一户納四石八斗八升，共納一百九十五石二斗。

術：甲衰六，乙衰四。以六乘甲户，得一百五十六。以四乘乙户，得一百六十。并，得三百一十六，爲首率。以總糧爲次率。以甲衰六、乙衰四爲各三率。以甲三率六乘次率，以首率除，得甲一户之數。以甲户乘，得共數。以乙三率四乘次率，以首率除，得乙一户之數。以乙户乘，得共數。

又　四等户式　徵銀一千七百一十六兩，甲、乙、丙、丁四等户。甲六分乙四分，乙六分丙四分，丙六分丁四分辦納。問各若干。

曰：甲七百一十二兩八錢，

乙四百七十五兩二錢，

丙三百一十六兩八錢，

丁二百一十一兩二錢。

術：丁衰四，丙衰六，乙衰九，甲衰十三衰五分。并，得三十二衰五分，爲首率。以總銀爲次率。以各衰爲各三率。

又　三七差分法：二位者，甲七、乙三。三位者，以三爲首。三因，得九，爲丙衰。九用七乘，三除。得二十一，爲乙衰。二十一用七乘，三除，得四十九，爲甲衰。四位者，以三爲首。三因，得九。又三因，得二十七，爲丁衰。五位者，以三爲首。三因，得九。又三因，得二十七。又三因，得八十一，爲戊衰。俱用七乘三除得各衰。

二位：乙衰三，甲衰七。

三位：丙衰九，乙衰二十一，甲衰四十九。

四位：丁衰二十七，丙衰六十三，乙衰一百四十七，甲衰三百四十三。

五位：戊衰八十一，丁衰一百八十九，丙衰四百四十一，乙衰一千〇二十九，甲衰二千四百〇一。

又　三等户式　派糧二百六十一石，甲、乙、丙三等户。甲七分乙三分，乙七分丙三分，辦納。甲二十一户，乙三十二户，丙四十三户。問各一户、各共户若干。

曰：甲一户六石一斗二升五合，共一百二十八石六斗二升五合。

乙一户二石六斗二升五合。共八十四石。

丙一户一石一斗二升五合，共四十八石三斗七升五合。

術：甲衰四十九，乙衰二十一，丙衰九。以甲衰乘甲户，得一千〇二十九。乙衰乘乙户，得六百七十二。丙衰乘丙户，得三百八十七。相并，得二千〇八十八，爲首率。總糧爲次率。各衰爲各一户之三率。

又　五等户式　徵銀八百二十八兩二錢，甲、乙、丙、丁、戊五等户。甲七分乙三分，乙七分丙三分，丙七分丁三分，丁七分戊三分，辦納。問各若干。

曰：甲四百八十兩〇二錢，乙二百〇五兩八錢，丙八十八兩二錢，丁三十七兩八錢，戊十六兩二錢。

術：戊衰八十一，丁衰一百八十九，丙衰四百四十一，乙衰一千〇二十九，甲衰二千四百〇一。相并，得四千一百四十一，爲首率。總銀爲次率。各衰爲各三率。

又　二八差分法：二八衰，惟用四乘。二位者甲八、乙二。皆以二爲首也。三位者丙二。四乘二，得八，爲乙衰。四乘八得三十二，爲甲衰。

戊衰二，　丁衰八，　丙衰三十二，
乙衰一百二十八，甲衰五百一十二。

又　四等户式　派銀二千六百三十五兩，甲、乙、丙、丁四等户。甲八分乙二分。乙八分丙二分。丙八分丁二分，辦納。問各若干。

曰：甲一千九百八十四兩，乙四百九十六兩，丙一百二十四兩，丁三十一兩。

術：丁衰二，丙衰八，乙衰三十二，甲衰一百二十八。并，得一百七十，爲首率。總銀爲次率。各衰爲各三率。

又　五等户式　徵糧二千六百五十五石九斗，甲、乙、丙、丁、戊五等户。甲八分乙二分，乙八分丙二分，丙八分丁二分，丁八分戊二分，辦納。甲三十户，乙四十户，丙五十户，丁六十户，戊七十户？問各一户、各共户若干。

曰：甲一户五十九石九斗〇四合，共一千七百九十七石一斗二升。
乙一户十四石九斗七升六合，共五百九十九石〇四升。
丙一户三石七斗四升四合，共一百八十七石二斗。
丁一户九斗三升六合，共五十六石一斗六升。
戊一户二斗三升四合，共十六石三斗八升。

術：甲衰五百一十二。乘甲户，得一萬五千三百六十。乙衰一百二十八。乘乙户，得五千一百二十。丙衰三十二。乘丙户，得一千六百。丁衰八。乘丁户，得四百八十。戊衰二。乘戊户，得一百四十。相并，得二萬七千二百，爲首率。總糧爲次率。各衰爲各一户之三率。

又　《遞分差》　遞減差分法：二位者，甲衰二、乙衰一。三位者，甲衰三、乙衰二、丙衰一之類。

又　四位式　銀九十二兩，甲、乙、丙、丁四人遞減分之。問各若干。

曰：甲三十六兩八錢，乙二十七兩六錢，丙十八兩四錢，丁九兩二錢。

術：甲衰四，乙衰三，丙衰二，丁衰一。并，得一十，爲首率。總銀爲次率。各衰爲各三率。

又　五位式　金八十一兩，造杯一套五箇。問各重若干。

曰：甲二十七兩，乙二十一兩六錢，丙十六兩二錢，丁十兩〇八錢，戊五兩四錢。

術：甲衰五，乙衰四，丙衰三，丁衰二，戊衰一。并，得一十五，爲首率。總金爲次率。各衰爲各三率。

又式　派糧一千一百三十四石，甲、乙、丙、丁、戊五等户遞減辦納。甲二十四户，乙三十三户，丙四十二户，丁五十一户，戊六十户。問各一户、各共户若干。

曰：甲一户十石〇五斗，共二百五十二石。
乙一户八石四斗，共二百七十七石二斗。
丙一户六石三斗，共二百六十四石六斗。
丁一户四石二斗，共二百一十四石二斗。
戊一户二石一斗，共一百二十六石。

術：甲衰五。乘甲户，得一百二十。乙衰四。乘乙户，得一百三十二。丙衰三。乘丙户，得一百二十六。丁衰二。乘丁户，得一百〇二。戊衰一。乘戊户，得六十。并，得五百四十，爲首率。總糧爲次率。各衰爲各一户之三率。

又　隔位遞減差分法：以六減者，甲衰一百、乙衰六十、丙衰三十六，以七減者，甲衰一百、乙衰七十、丙衰四十九之類。

又　用六減式　派絹四百七十丈〇一尺八寸四分，甲、乙、丙三等户，以一十分之六遞減辦納。甲二十五户，乙三十户，丙四十八户。問各一户各共户若干。

曰：甲一户七丈八尺，共一百九十五丈。

乙一户四丈六尺八寸，共一百四十丈〇四寸。

丙一户二丈八尺〇八分，共一百三十四丈七尺八寸四分。

術：甲衰一百，乘甲户，得二千五百。乙衰六十，乘乙户，得一千八百。丙衰三十六，乘丙户，得一千七百二十八。并，得六千〇二十八，爲首率。總絹爲次率。各衰爲各一户之三率。

又 用七減式　派糧一百六十八石四斗八升八合，甲、乙、丙、丁四等户，以一十分之七遞減辦納。甲二十二户，乙三十六户，丙四十二户，丁四十八户。問各一户各共户若干。

曰：甲一户二石，共四十四石。

乙一户一石四斗，共五十石〇四斗。

丙一户九斗八升，共四十一石一斗六升。

丁一户六斗八升六合，共三十二石九斗二升八合。

術：甲衰一千，乘甲户，得二萬二千。乙衰七百，乘乙户，得二萬五千二百。丙衰四百九十，乘丙户，得二萬〇五百八十。丁衰三百四十三，乘丁户，得一萬六千四百六十四。并，得八萬四千二百四十四爲首率。總糧爲次率。各衰爲各一户之三率。

又 互和減半差分法：三位者，曰三，曰五，曰七。并，一十五，爲衰。四位者，曰二，曰四，曰六，曰八。并，二十，爲衰。五位者，曰一，曰三，曰五，曰七，曰九。并，二十五，爲衰。奇用奇，偶用偶也。

又 三位式　糧一百八十石，給甲、乙、丙三人。云甲多丙三十六石，令互和減半分之。問各若干。

曰：甲七十八石，乙六十石，丙四十二石。

術：以糧數爲實，以三位併衰一五一十五作一五。爲法。除實，得一百二十，乃甲、丙二人首、尾和數。內減甲多三十六，餘八十四。折半，得丙數。加甲多三十六，得甲數。和甲、丙二數，得一百二十。折半，得乙數。

通曰：此遞減十八也。後式皆係遞減。

又 四位式　銀二百四十兩，分甲、乙、丙、丁四人。云甲多丁十八兩，今互和減半分之。問各若干。

曰：甲六十九兩，乙六十三兩，丙五十七兩。丁五十一兩。

術：以銀數爲實。以四位并衰二二十作二。爲法。除實，得一百二十，乃甲、丁二人和數。內減甲多十八，餘一百〇二。折半，得丁數。加甲多十八，得甲數。乙、丙二人不可并折，乃以甲多十八，用三除之，得六。加入丁數，得丙數。又加六，得乙數。

通曰：以首、尾較數，三位用二除，四位用三除，五位用四除，得各位較數也。并較，減實，餘均分。加各較，亦合。如前三位式。總實一百八十，甲、丙較三十六。用二除得十八，爲乙、丙較。并，得五十四。減實，餘一百二十六。三位均分，各得四十二。甲：加較三十六，得七十八。乙：加較十八，得六十。丙：即得均分數。

又 五位式　鈔二百三十八貫，分甲、乙、丙、丁、戊五人。云戊不及甲三十三貫六百文，令互和減半分之。問各若干。

曰：甲六十四貫四百文，乙五十六貫，丙四十七貫六百文，丁三十九貫二百文，戊三十貫八百文。

術：以鈔數爲實。以五位并衰二貫五百文即二十五。爲法。除實，得九十五貫二百文，乃甲、戊二人和數。內減戊不及三十三貫六百文，餘六十一貫六百文。折半，得戊數。加戊不及數，得甲數。互和甲、戊二數，得九十五貫二百文。折半，得丙數。又和甲、丙二數，得一百一十二貫。折半，得乙數。又和丙、戊二數，得七十八貫四百文。折半，得丁數。

又《倍分差》　倍減差分法：二位者，甲衰二、乙衰一。三位者，甲衰四、乙衰二、丙衰一之類。

又 三位式　銀一萬八千〇八十八兩，甲、乙、丙三人倍減分之。問各若干。

曰：甲一萬〇三百三十六兩，乙五千一百六十八兩，

丙二千五百八十四兩。

術：甲衰四，乙衰二，丙衰一。并，得七，爲首率。總銀爲次率。各衰爲各三率。

通曰：以銀爲實。以并衰除，得丙數。倍，得乙數。再倍，得甲數。亦可。

又 五位式　派銀一千一百〇七兩，甲、乙、丙、丁、戊五等户，倍減上納。甲十六户，乙二十五户，丙三十一户，丁四十八户，戊六十二户。問各一户、各共户若干。

曰：甲一户二十四兩，共三百八十四兩。

乙一户十二兩，共三百兩。

丙一户六兩，共一百八十六兩。

丁一户三兩，共一百四十四兩。

戊一户一兩五錢，共九十三兩。

術：甲衰十六，乘甲户，得二百五十六。乙衰八，乘乙户，得二百。丙衰四，乘丙户，得一百四十二。丁衰二，乘丁户，得九十六。戊衰一，乘戊户，得六十二。并，得七百三十八，爲首率。總銀爲次率。各衰爲各一户之三率。

通曰：兩分遞分倍分諸式，凡有户數者，以各一户數乘各户，得各共數，然矣。若以各衰乘各户之數爲三率，則先得各户共數也。以各户除之，得各一户數。

又《子母差》　求分子法：共子各母求各子式：　四商共販得子銀六千兩。甲母六十，乙母一百，丙母一百二十，丁母二百。問各分子銀若干。

曰：甲七百五十兩，乙一千二百五十兩，

丙一千五百兩，丁二千五百兩。

術：四母相并，得四百八十兩，爲首率。共子爲次率。各母爲各三率。

又　共子各母各時求各子式　三商共子銀一千兩。母銀多寡既不一，而先後之時又不一。甲母二百兩，滿八箇月。乙母四百五十兩，滿六箇月。丙母五百兩，滿十箇月。問各分子銀若干。

曰：甲一百七十二兩又九十三分兩之四，乙二百九十兩又九十三分兩之三十，丙五百三十七兩又九十三分兩之五十九。

術：先以各母乘各月：甲母乘八，得一千六百。乙母乘六，得二千七百。丙母乘一十，得五千。并，得九千三百兩，爲首率。共子爲次率。各母乘各月之數爲各三率。

又式　三商母銀各等。一年内共得子銀一千兩。甲母閲七月，乙母閲六月，丙母滿十二月。問各分子銀若干。

曰：甲二百八十兩，乙二百四十兩，丙四百八十兩。

術：并各月，得二十五，爲首率。總子爲次率。各月爲各三率。

又　共時共子各母各時加減求各子式　四商居積二年，得利一萬兩。甲原母三千兩，至滿八月，取出一千兩。至滿十九月，又加一千二百兩。乙原母二千四百兩，至滿六月，取出八百兩。至滿十五月，又加一千四百兩。丙原母二千兩，滿七月悉收回。至滿十七月，別出母一千六百兩。丁初不出母。六月後，方出母一千八百兩。又過四月，取出九百兩。至滿十六月，又加一千五百兩。問各分子銀若干。

曰：甲三千五百四十六兩又一千七百四十八分兩之一千五百九十二，

乙三千一百九十二兩又一千七百四十八分兩之三百八十四，

丙一千四百四十一兩又一千七百四十八分兩之一千一百三十二，

丁一千八百一十九兩又一千七百四十八分兩之三百八十八。

術：以四母各乘其月。甲作三段乘：以原母三千乘八月，得二萬四千。八月之後，取去一千，存母二千。至十九月滿，計十一月。以十一乘二千，得二萬二千。十九月之後，又加一千二百，共母三千二百。至二年滿，計五月。以五乘三千二百，得一萬六千。并三段乘數，得六萬二千，爲甲通。乙作三段乘：以原母二千四百乘六月，得一萬四千四百。六月之後，取去八百，存母一千六百。至十五月滿，計九月。以九乘一千六百，得一萬四千四百。十五月之後，又加一千四百，共母三千。至二年滿，計九月。以九乘三千，得二萬七千。并三段乘數，得五萬五千八百，爲乙通。丙作二段乘：以原母二千乘七月，得一萬四千。自滿十七月以後，別出母一千六百。至二年滿，計七月。以七乘一千六百，得一萬一千二百。并二段乘數，得二萬五千二百，爲丙通。丁作三段乘：自六月以後，出母一千八百，滿四月。以四乘一千八百，得七千二百。此後取去九百，存母九百。至十六月滿，計六月。以六乘九百，得五千四百。此後又加一千五百，共母二千四百。至二年滿，計八月。以八乘二千四百。得一萬九千二百。并三段乘數，得三萬一千八百，爲丁通。再并四通數，得十七萬四千八百爲首率。總利爲次率。各通數爲各三率。

又　求原母法：共母共子及各子求各母式：　三商共母一千五百二十兩，得子一百九十兩。甲分一百二十兩，乙分四十兩，丙分三十兩。問各母若干。

曰：甲九百六十兩，乙三百二十兩，丙二百四十兩。

術：共子爲首率。共母爲次率。各分子爲各三率。

又　共子各子及出母率求各母式　二商共得子二百兩，甲分五十兩，乙分一百五十兩。其母則乙多甲一倍又零八兩。問各母若干。

曰：甲八兩，乙二十四兩。

術：以甲子五十爲首率。以零八兩爲次率。各子爲各三率。

又　共時各時及甲母均分子求乙丙母式　三商共販一年，甲先出母一千兩，乙母後二月方出，丙母後四月方出，俱不知數。所得子銀則均分。問乙、丙母各若干。

曰：乙一千二百兩，丙一千五百兩。

術：以甲母乘甲月十二，得一萬二千，爲實。以乙月十爲法，除實，得乙母。以丙月八爲法，除實，得丙母。

又 求出時法：共子各母各子及甲時求乙丙時式：二商共販，得子銀一千兩。甲母三百兩，係滿十月。乙母七百兩，丙母八百兩，俱不知月。其子銀則甲分五百，乙分三百，丙分二百。問乙、丙出母月若干。

曰：乙二月又七分月之四，丙一月又二分月之一。

術：以甲爲準，以甲子五百爲首率。以甲月乘甲母，得三千，爲次率。以乙、丙各子爲各三率。如法次、三兩率相乘。首率除得四率。乙得一千八百，爲乙母乘乙月之數。丙得一千二百，爲丙母乘丙月之數。再以乙母除乙四率，得乙月數。丙母除丙四率，得丙月數。

又 和求法：或知此子而不知彼子，或知彼母而不知此母，時亦如之。

共子各子甲母與時及乙母丙時求乙時丙母式 三商共得子銀一百三十八兩。甲母二百兩，經十二月。乙母二百四十兩，不知月。丙經十月，不知母。其子銀則甲分六十，乙分四十八，丙分三十。問乙時、丙母若干。

曰：乙時八月，丙母一百二十兩。

術：以甲子爲首率。甲母乘甲月，得二千四百，爲次率。乙、丙各子爲各三率。求得乙四率一千九百二十，爲乙母乘月之數。以乙母除，得乙月。求得丙四率一千二百，爲丙月乘母之數。以丙月除，得丙母。

又 共子各時分子率及甲母求乙丙母及各子式 三商共得子銀一百九十兩。其分數，則乙比甲僅三之一，丙比甲僅四之一。甲出母八十兩，經十二月。乙經八月，丙經四月，俱不知母。問乙、丙母及各子若干。

曰：乙母四十兩， 丙母六十兩。
甲子一百二十兩， 乙子四十兩，
丙子三十兩。

術：以甲母乘甲月，得九百六十爲首率。乙得三之一，則三分首率，得三百二十，爲乙次率。丙得四之一，則四分首率，得二百四十，爲丙次率。乃以乙月爲法，除乙次率，得四十，爲乙母。以丙月爲法，除丙次率，得六十，爲丙母。既知乙、丙之母，則以前首率與乙、丙兩次率相并，得一千五百二十，爲後首率。以共子爲後次率。以前首率爲甲三率，以乙次率爲乙三率，丙次率爲丙三率。

又 共母共子及各和求各母子式 三商共母一千五百二十兩，共得子、母和銀一千七百一十兩。甲分一千〇八十兩，乙分三百六十兩，丙分二百七十兩。問各母、各子若干。

曰：甲母九百六十兩，子一百二十兩。乙母三百二十兩，子四十兩。
丙母二百四十兩，子三十兩。

術：以共子爲首率，共母爲次率，各和爲各三率，求得各母。以各母減各和，餘即各子。

又 共子甲乙母及丙子求甲乙子及丙母式 三商共得子銀一千五百二十兩。甲母一千〇八十，乙母三百六十。丙不知母而分子二百四十。問甲、乙子及丙母各若干。

曰：甲子九百六十兩，乙子三百二十兩，丙母二百七十兩。

術：先於共子内減去丙子，餘一千二百八十，爲甲、乙和子。乃并甲、乙母，得一千四百四十，爲首率。以甲、乙和子爲次率。用甲母爲三率，求出甲子。用乙母爲三率，求出乙子。既知甲、乙子數。再并甲、乙子，得一千二百八十，爲後首率。以前首率爲後次率。以丙子爲三率，求出丙母。

又 共子甲母及出母衰求各母各子式 四商共得子銀三百四十兩。其母以四遞加，如乙五則丙九，丙七則丁十一，丁九則甲十三之類。甲母二百八十六。問各母、各子若干。

曰：丁母一百九十八兩，丙母一百二十六兩，乙母七十兩。
甲子一百四十三兩，乙子三十五兩，丙子六十三兩，丁子九十九兩。

術：由甲推丁：以甲衰十三爲首率，甲母爲次率，丁衰九爲三率，求出丁母。由丁推丙：以丁衰十一爲首率，丁母爲次率，丙衰七爲三率，求出丙母。由丙推乙：以丙衰九爲首率，丙母爲次率，乙衰五爲三率，求出乙母。乃并四母，得六百八十，爲後首率。共子爲後次率，各母爲各後三率，求出各子。

通曰：與超四遞加不同，此乃各有遞四之加也。

又 附式 原借母十五兩，每月每兩加子二分五釐。滿六月，還過母、子和九兩。問母、子各已還若干，仍留母若干。

曰：還母七兩八錢二分六釐，還子一兩一錢七分四釐，

仍留母七兩一錢七分四釐。

術：以還銀九兩爲實。以六月用二分五釐通之，得一錢五分，得通子。加母數一兩，得一兩一錢五分，爲法。除實，得還母。以通子乘之，得還子。原母內減還母，得留母。

通曰：此留母未還子也。若六月還全母之子二兩二錢五分，還母六兩七錢五分，應留母八兩二錢五分矣。

又 附式　三次爲商，俱得合利。每次貯銀三百兩，三次恰盡。問原母若干。

曰：二百六十二兩五錢。

術：以貯銀折半，得一百五十。加三百，得四百五十。又折半，得二百二十五。又加三百，得五百二十五。又折半，得原母。三折者三次也。借衰互徵，另又一術。

又《合率差》　合率差分法：式　穀二百四十石，作五等分之。甲、乙二人數與丙、丁、戊三人數等。問各若干。

曰：甲六十四石，乙五十六石，丙四十八石，丁四十石，戊三十二石。

術：甲衰五，乙衰四，并，得九。丙衰三，丁衰二，戊衰一，并，得六。以六減九，餘三。乃於五等衰上各加三，甲得八，乙得七，丙得六，丁得五，戊得四。又并之，得三十，爲首率。總穀爲次率。各衰加三，得數爲各三率。

通曰：此遞差八也。曰三人分，則甲數與乙、丙數等。而七人分，則甲、乙、丙數與丁、戊、己、庚數不等。乃截庚入甲、乙。截丙入丁、戊、(巳)[己]，兩數始等。此亦就衰而言。若衰上加有等數，俱不等矣。故用并減之法也。

式二　銀七百六十兩，甲十分，乙七分，丙二分。問各若干。

曰：甲四百兩，乙二百八十兩，丙八十兩。

術：甲衰十，乙衰七，丙衰二。并，得一十九，爲首率。總銀爲次率。各衰爲各三率。

式三　田一百三十八畝，每畝徵米二斗。今徵七分本色米，三分折絲。每米一石，折絲一斤。問各若干。

曰：米十九石三斗二升，絲八斤四兩四錢八分。

術：以米二斗乘田，得二十七石六斗，爲實。以七與三并，一十，爲法。用七乘實，得一百九十三石二斗。以法除，得米。用三乘實，得八十二石八斗。以法除，得八石二斗八升。以石變斤，得八斤。其二斗八升，用加六法，得四斗四升八合。即四兩四錢八分。

式四　米二十四石，給甲、乙、丙、丁四人。甲四分，乙五分，丙七分，丁九分。問各若干。

曰：甲三石八斗四升，乙四石八斗，丙六石七斗二升，丁八石六斗四升。

術：以米爲實。并各衰，得二十五，爲法。除實，得九斗六升，爲一分之數。以各衰乘，得各數。

式五　徵糧七十三石二斗，三等户照分辦納。上二十五户，每户五分。中四十户，每户三分。下六十户，每户一分。問各一户、各共户若干。

曰：上一户一石二斗，共三十石。

中一户七斗二升，共二十八石八斗。

下一户二斗四升，共十四石四斗。

術：以各衰乘各户，上得一百二十五，中得一百二十，下得六十。并，得三百〇五，爲首率。總糧爲次率。各衰爲各一户之三率。

式六　每芝蔴三斗，換米五斗。每米五斗，抵荳七斗。今有芝蔴四百五十石，換米、荳共九百二十五石。問各用芝蔴及米、荳各若干。

曰：換米用芝蔴一百八十七石五斗，換荳用芝蔴二百六十二石五斗，

米三百一十二石五斗，荳六百一十二石五斗。

術：并米五、荳七，得十二，爲首率。以芝蔴總數爲次率。米五荳七爲各三率。求出用芝蔴各數。再以換米用一百八十七石五斗，以三斗除之。得數，以五斗乘之，得米數。以換荳用二百六十二石五斗。先求出米數，以三斗除之。得數，以五斗乘之，得米四百三十七石五斗。乃再以三斗除之。得數，以七斗乘之，得荳數。

式七　銀十一塊，金九塊，等重。交換一塊，則十銀一金之重，多於八金一銀一十三兩。問金、銀各塊各共若干。

曰：金一塊重三十五兩七錢五分，銀一塊重二十九兩二錢五分。

銀十一塊共重三百二十一兩七錢五分，金九塊共重等。

術：以較十三兩折半，得六兩五錢。乘金九塊，得五十八兩五錢，爲實。以

金九銀十一相減，餘二，爲法。除實，得二十九兩二錢五分，爲銀一塊數。以十一乘，得共數。以半較六兩五錢乘十一，得七十一兩五錢，爲實。仍以前二爲法，除實，得三十五兩七錢五分，爲金一塊數。以九乘，得共數。

通曰：以盈朒法求之，亦得。

式八　冰片每兩價二兩七錢五分，沉香每兩價三錢五分，伽楠每兩價八錢。有以沉香十七斤三兩，有以伽楠十三斤十二兩。問各換冰片若干。

曰：沉香換得冰片三十五兩，伽楠換得冰片六十四兩。

術：以冰片價爲首率。用斤求兩法。見粟布。化沉香、伽楠得兩數，爲各次率。各價爲各三率。

式九　軍二萬五千二百名，月糧米、麥、荳兼支。米每四名支三石，麥每九名支五石，荳每七名支八石。問各若干。

曰：荳二萬八千八百石，麥一萬四千石，米一萬八千九百石。

術：以七名、九名、四名爲各首率，軍數爲次率，八石、五石、三石爲各三率。

式十　刻漏一壺貯水，令開三孔漏水。大孔二時而盡，中孔三時而盡，小孔六時而盡。如三孔齊洩，則幾時水盡。

曰：一時漏盡。

術：以三孔與時相較，各時爲各首率。一壺爲次率，最小時爲三率，求得大孔六時漏盡三壺，中孔六時漏盡二壺，小孔原係六時漏盡一壺。合計六時，三孔共漏盡六壺。因知一時共漏盡一壺也。

又術：以二時、三時、六時爲各首率。一壺爲次率，一時爲三率，求得大孔一時漏水二之一，中孔一時漏水三之一，小孔一時漏水六之一。合計二之一、三之一、六之一，共十分。亦合。

右三數偶滿一時。若并有奇零者，另法求之。如纍臺一座，甲六年完工，乙九年完工，丙十八年方完。今三人同纍，須幾時可完？必先知每人每年之工而後總計之。六年者每年得六之一，九年者每年得九之一，十八年者每年得十八之一。并，得每年共三分之一，奇零加法。約計三年始完。甲成二之一，乙成三之一，丙成六之一，共足十分之數也。

式十一　漏壺上注下洩。塞下竅注水，四時而滿。開下竅洩水，六時而盡。若上注、下洩相并，則幾時可滿。

曰：十二時。

術：用三次測法。先以四時爲首率，一壺爲二率，一時爲三率，求得一時之所注乃四分壺之一。次以六時爲首率，一壺爲二率，一時爲三率，求得一時之所洩，乃六分壺之一。以四之一與六之一相減，餘十二之一。奇零減法。乃以十二之一爲首率，一時爲次率，一壺爲三率，求得十二時。

通曰。以四時較六時，則有二時不洩。欲得六時俱不洩，必須三回注四時矣，亦合十二時之數也。

問：上注下洩，四時滿幾分。曰六時盡者，四時洩三分之二。以除全壺，餘三分之一，爲水滿數。又問如塞下竅三時而滿，開下竅八時而盡。若上注下洩，須幾時可滿。曰以三時滿者，一時之率三之一。以八時盡者，一時之率八之一。就三之一減八之一，餘二十四之五，爲一時之率。則全壺得四時零五分時之四也。又問一壺既以三時而滿，如四時又五分時之四可滿幾壺。曰：滿一壺又十五分壺之八。又問八時盡一壺，若四時又五分時之四該幾何。曰：此五分壺之三。即於前數一時滿一壺者除之，便得。問八時盡一壺，三時得幾何。曰：三時洩得八分之三。以除全壺，餘八分之五，是三時滿八分之五。又問三時滿八分之五，則全壺幾時滿。曰：四時零五分時之四也。

式十二　兵百人，領隊四人，旗牌六人，器械七萬二千四百件，犒軍。旗牌比領隊得八分之五，兵比旗牌得五分之三。問各得若干。

曰：兵得六萬，每人六百。

旗牌得六千，每人一千。

領隊得六千四百，每人一千六百。

術：以兵衰三乘一百，得三百。以旗牌衰五乘六，得三十。以領隊衰八乘四，得三十二。并，得三百六十二，爲首率。器械爲次率。各衰乘[各人]數爲各三率，求出各共得數。再以各人數除之，得每人數。

式十三　大船三桅六槳，小船一桅八槳。今桅五十九，槳二百〇二。問大、小船各若干。

曰：大船十五，小船十四。

術：并大、小船每隻桅、槳各九，共一十八，爲首率。大、小二隻爲次率。并桅、槳全數爲三率，推得二十九隻，乃大、小和數。減小之一補大，得各數。

又　貴賤差分法：式　硃砂每斤三兩六錢，石青每斤二兩四錢。有銀一千二百兩，買硃、青二色，硃數增青一倍。問各若干。

曰：硃二百五十斤，共價九百兩。

青一百二十五斤，共價三百兩。

術：因硃加倍，即倍其價，爲七兩二錢。并青價，得九兩六錢，爲首率。總銀爲次率。各一斤之價爲各三率，求出各斤數。各以價乘，得各共價。

式二　銀五十五兩五錢，買銅、錫、鐵，共重八萬三千〇五十兩。每銀一錢，買銅一百三十兩，錫一百五十兩，鐵一百七十兩。問各若干。

曰：銅二萬四千七百兩，共價十九兩。

錫二萬七千七百五十兩，共價十八兩五錢。

鐵三萬〇六百兩，共價十八兩。

術：以總銀用三色除之，得十八兩五錢，爲中間錫價。以每一錢買一百五十兩乘之，得錫數。共重内減錫數，餘五萬五千三百兩，爲銅、鐵和。總銀内減錫價，餘三十七兩，爲銅、鐵和價。以每一錢買銅一百三十兩乘和價，得四萬八千一百兩。以減銅、鐵和，餘七千二百，爲實。以銅一百三十與鐵一百七十相減，餘四十。除實，得一百八十錢，爲鐵價，十八兩。以一百七十乘之，得鐵數。又於和價内減鐵價，餘十九兩，爲銅價。以一百三十乘之，得銅數。

式三　綾每尺九分二釐，羅每尺八分五釐，絹每尺三分六釐。有銀一百二十一兩一錢七分五釐，買綾一停、羅二停、絹三停。問各若干。

曰：綾三十二丈七尺五寸，共價三十兩〇一錢三分。

羅六十五丈五尺，共價五十五兩六錢七分五釐。

絹九十八丈二尺五寸，共價三十五兩三錢七分。

術：二停乘羅價，得一錢七分。三停乘絹價，得一錢〇八釐。以并綾價，共三錢七分，爲首率。總銀爲次率，各每尺價爲各三率，求出各數。各每尺價乘，得各共價。

式四　綾、羅、紗、絹共一百六十疋，共價九十三兩。綾每疋九錢，羅每疋七錢，紗每疋五錢，絹每疋三錢。問各若干。

曰：綾三十五疋，價三十一兩五錢。

羅四十疋，價二十八兩。

紗四十疋，價二十兩。

絹四十五疋，價十三兩五錢。

術：以四色除總疋，得四十疋，即中間羅、紗之數。羅四十疋，以每疋價推得銀數。紗四十疋。以每疋價推得銀數。總疋内減羅紗，餘八十疋，爲綾、絹和。共價内減羅、紗價，餘四十五兩，爲綾、絹價和。乃以綾九錢乘綾、絹和，得七十二兩。以減餘銀，尚餘二十七兩，爲實。以綾九錢減絹三錢，餘六錢，爲法。除實，得四十五，爲絹數。於綾、絹和内減之，餘三十五，爲綾數。各以每疋價乘，得各價。

式五　銀一千〇八兩，買絲三停、綿二停、綫一停，共重三百六十兩。其價：綫二兩，絲止一兩。綫一兩六錢，綿止一兩。問各若干。

曰：絲重一百八十兩，價二兩二錢四分。得綫價二之一。

綿重一百二十兩，價二兩八錢。得綫價十六之十。

綫重六十兩，價四兩四錢八分。

術：并各衰：絲三，綿二，綫一，得六，爲首率。總重爲次率，各衰爲各三率，求出各重。絲一百八十。以二兩綫二兩也。除，得九十。綿一百二十，以一兩六錢綫一兩六錢也。除，得七十五。以并綫六十，共二百二十五，爲法。除總銀，得綫價。以一六除綫價，得綿價。以二除綫價，得絲價。

式六　銀二千九百二十八兩，買綾一百五十疋，羅三百疋，絹四百五十疋。綾疋價多羅疋價四錢七分，羅疋價多絹疋價一兩三錢五分。問各疋價若干。

曰：綾每疋四兩三錢二分，羅每疋三兩八錢五分，絹每疋二兩五錢。

術：以多絹價一兩三錢五分乘羅疋，得四百〇五兩。以兩多價共一兩八錢二分乘綾疋，得二百七十三兩。并兩乘數，得六百七十八兩。以減總銀，餘二千二百五十兩，爲實。并三色，共九百疋，爲法。除實，得二兩五錢，爲絹每疋價。加多一兩三錢五分，得羅每疋價。又加多四錢七分，得綾每疋價。

又術：以多羅價四錢七分乘羅疋，得一百四十一兩。以兩多價共一兩八錢二分乘絹疋，得八百一十九兩。相并，得九百六十兩。加入總銀，得三千八百八十八兩，爲實。以三色并，得九百疋，爲法。除實，得綾疋價。依衰減之，亦合。

通曰：此又名匿價差分法。

式七　銀一萬〇七百七十八兩六錢〇五釐，糴米、麥、荳三色，均平。其每石價：米二兩三錢五分，麥一兩九錢五分，荳一兩四錢五分。問各若干。

曰：三色各一千八百七十四石五斗四升。

米共價四千四百〇五兩一錢六分九釐，
麥共價三千六百五十五兩三錢五分三釐，
荳共價二千七百一十八兩〇八分三釐。

術：以總銀爲實。并三色每石價，共五兩七錢五分，爲法。除實，得各石數。各以每石價乘，得各共價。

又 帶分母子差分法：式　四人共分金七百八十五兩，乙得甲十之七，丙得乙十四之三，丁得丙十二之九。問各若干。

曰：甲四百兩，乙二百八十兩，丙六十兩，丁四十五兩。

術：先并各子，乘各母，從小并起。除丁九無并，其丙衰係十二又係三，則以十二并三。依約法三四一十二，且作四。以乘乙之十四，得五十六，爲乙衰。乙係五十六又係七，則以五十六并七。依約法七八五十六，且作八。以乘甲之十，得八十，爲甲衰。乃并丁九，丙十二，乙五十六，甲八[丨]。共一百五十七，爲首率。總銀爲次率。以各衰爲各三率。

式二　三人共錢三千〇四十二文。甲得二之一，乙得三之一，丙得四之一。問各若干。

曰：甲一千四百〇四，乙九百三十六，丙七百〇二。

術：先并母。尋其通四分、三分、二分之一者爲主，依法二三乘，得六。又乘四，得二十四。約之得十二。以甲、乙、丙分之，其數皆通。甲二之一用六爲衰，乙三之一用四爲衰，丙四之一用三爲衰。乃并三衰，得十三，爲首率。總錢爲次率。各衰爲各三率。

式三　三縣派糧共一千四百〇七石，小縣二分之一，中縣五分之三，大縣十一分之八。問各若干。

曰：大縣五百六十，中縣四百六十二，小縣三百八十五。

術：以各母相乘求通數：二乘五，得一十。又乘十一，得一百一十，爲通數。小縣衰五十五，中縣衰六十六，大縣衰八十。并三衰，得二百〇一，爲首率。總糧爲次率。各衰爲各三率。此與右式同術。

式四　四人共銀三百九十六兩。甲得二分之一，外加十兩。乙得五分之三，內欠二十兩。丙得三分之二，外加八兩。丁得四分之一，內欠六兩。問各若干。

曰：甲一百二十，乙一百四十四，丙八丨，丁六十。

術：先於總銀內除去加數甲十、丙八，存三百七十八。加入欠數乙二十、丁六，共四百〇四兩。乃依前法并母，二乘五，得一十。又乘三，得三十。又乘四，得一百二十。約得六十，爲通數。甲衰三十，乙衰三十六，丙衰二十，丁衰十五。并，得一百〇一，爲首率。四百〇四兩爲次率。各衰爲各三率。

式五　兄弟三人，季歲得伯四之三，仲歲得伯六之五，仲多季只八歲。問各歲若干。

曰。伯九十六，仲八十，季七十二。

術：已知兩母爲伯衰。并其母，四六相乘，得二十四，爲伯衰之實。乃用母、子互乘，以求仲、季之衰。以四乘五，得二十，爲仲衰。以六乘三，得十八，爲季衰。以仲、季兩衰較二爲首率。仲多季八爲次率。伯衰二十四、仲衰二十、季衰十八爲各三率。

四之三
╳
六之五

式六　四人分錢不知數，云乙得甲六之五，丙得甲四之三，丁得甲二十四之一十七，丁與丙差四文。問各若干。

曰：甲九十六文，乙八十文，丙七十二文，丁六十八文。

術：先并母，四乘六，得二十四。又乘二十四，得五百七十六，爲甲衰。乃以乙母六除甲衰，得九十六。以乙子五乘，得四百八十，爲乙衰。以丙母四除甲衰，得一百四十四。以丙子三乘，得四百三十二，爲丙衰。以丁母二十四除甲衰，得二十四。以丁子一十七乘，得四百〇八，爲丁衰。以丙、丁二衰之較二十四爲首率。丙丁差四爲次率。各衰爲各三率。此與右式同術。但彼三位，此四位也。

通曰：右二式用後借衰互徵法亦可。

式七　七人分錢，甲、乙共七十七文，戊、已、庚共七十五文。問丙、丁及諸人各若干。

曰：甲四十，乙三十七，丙三十四，丁三十一，戊二十八，已二十五，庚二十二。

術：先令母、子互乘。甲、乙二人爲母，七十七爲子。戊、已、庚三人爲母，七十五爲子。二人 三人 ╳ 七十七 七十五 以二乘七十五，得一百五十。以三乘七十七，得二百三十一。相減，餘八十一，爲一差之實。并兩母二、三，得五。折半，得二人半。以減總七人，餘四人半。以兩母相乘，得六。乘四人半，得二十七，爲一差之法。以法除實，得三文，爲一差之數。乃知自甲而下，遞減三文也。以三加甲、乙和，得八十。折半，得甲數。遞減三，得各數。

又 貴賤相和差分法：式 甲、乙物共一百斤，共價八錢七分五釐。甲二斤價四分，乙七斤價五分。問各若干。

曰：甲一十二斤半，共價二錢五分。

乙八十七斤半，共價六錢二分五釐。

術：立長短法，上、中、下三互求之。以甲價四分乘乙七斤，得二錢八分。以甲二斤乘乙價五分，得一錢。相減，餘一錢八分，爲長法。以乙七斤乘總價，得六兩一錢二分五釐。以乙價五分乘總一百斤，得五兩。相減，餘一兩一錢二分五釐，爲實。以長法除實，得六分二釐五毫，爲短法。以甲二斤乘短法，得十二斤半，爲甲數。以甲價四分乘短法，得二錢五分，爲甲價。減總，得乙。

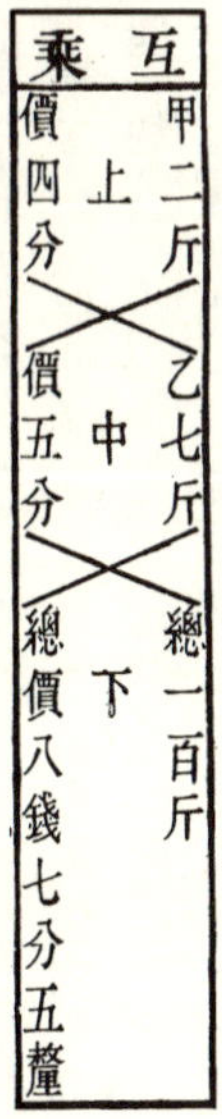

又術：以甲二斤乘總價，得一兩七錢五分。以甲價四分乘總一百斤，得四兩。相減，餘二兩二錢五分，爲實。仍用前長法除之，得一錢二分五釐，爲短法。以乙七斤乘之，得八十七斤半，爲乙數。以乙價五分乘短法，得六錢二分五釐，爲乙價。減總，得甲。

通曰：合率諸式，凡有差。皆遞加之差也。苟非遞加，則須用盈朒法矣。

又 《和較三率》 和較三率差分法：凡數分合，不離三率。而互和難測，則立較以測之，立中率以較之，而又互置較位以求之。

又 式 上酒每斗價二錢，中酒每斗價一錢二分。今雜和二酒，每斗價一錢五分。(內)[問]各酒若干。

曰：八分斗之三爲上酒。三升七合五勺。

八分斗之五爲中酒。六升二合五勺。

立一十五	上價二十 中較三	中價十二 上較五	并較八

術：先立三率之程，立和價一錢五分爲一十五，列上。列上、中二價爲二十，爲十二，於右。以上價二十與立十五較，得五。列左與中價並，以中價十二與立十五較，得三。列左與上價並，此互對也。乃并兩較三、五，得八，列左下。以并較爲首率。以一斗爲次率。以中較爲上酒之三率。上較爲中酒之三率。

式二 甲金一兩，準銀十五兩。乙金一兩，準銀十二兩。今鎔爲一處，使金一兩，準銀十四兩。其甲、乙金各若干。

曰：甲該三分兩之二，乙該三分兩之一。

立十四	甲準十五 乙較二	乙準十二 甲較一	并較三

術：立和金、準銀於上，如法較之。以并較爲首率。一兩爲次率。乙較爲甲之三率。甲較爲乙之三率。

式三 玉率方寸重七兩，石率方寸重六兩。今有璞方三寸，重一百七十六兩。問玉、石各若干。

曰：玉九十八兩，石七十八兩。

立一百七十六	玉一百八十九 石較十四	石一百六十二 玉較十三	并較二十七

術：立重數於上。以璞方三寸自乘，再乘，得立方二十七寸。以通玉、石。以玉率七乘二十七，得一百八十九兩。以石率六乘二十七，得一百六十二兩。二數列右。并較爲首率。立方二十七寸爲次率。石較爲玉之三率，玉較爲石之三率，求得玉一十四。以七乘，得玉數。求得石一十三。以六乘，得石數。

式四 銀裹金方四寸，共重九百〇四兩。每銀方寸重十二兩，金方寸重十六兩。問各若干。

曰：金五百四十四兩，銀三百六十兩。

立九百〇四	金一千〇二十四 銀較一百三十六	銀七百六十八 金較一百二十	并較二百五十六

術：立共重於上，以四寸自乘，再乘，得立方六十四寸。以通金、銀：以銀十二乘立方，得七百六十八。以金十六乘立方，得一千〇二十四。列如前，以并較爲首率，立方爲次率，以兩較互爲各三率，求得金三十四寸，銀三十寸。各以方寸重乘之，得各數。

此與右式同。

式五　椒一斤，價四錢。丁香一斤，價三錢。桂皮一斤，價六錢。阿魏一斤，價一兩。硇砂一斤，價八錢。今以銀七錢，買上五色共一斤，問各色若干。

曰：椒十三分斤之一，丁十三分斤之三，桂十三分斤之一，魏十三分斤之四，砂十三分斤之四。

立 七錢	椒 四	丁 三	桂 六	魏 十	砂 八	較積 一十三
價／較	砂一	魏三	砂一	丁四	椒三 桂一	

術：立七錢於上，此係多位者。先定互對。有對者尋對而互列之，如椒、砂互，丁、魏互，是也。若桂則無對，須借砂作對而互。又列其桂較之一於砂左，砂傍凡兩數矣。凡相對互位者，務取一大於立數，一小於立數，如砂數大對椒數小也。以較積爲首率。一斤爲次率。各傍列較數爲各三率。砂傍之椒三、桂一，并四爲砂之三率也。

立 七錢	椒 四	丁 三	桂 六	魏 十	砂 八	較積 二十八
	砂一 魏三	砂一 魏三	砂一 魏三	椒三 丁四 桂一	椒三 丁四 桂一	

又術：取一大一小，雜互更位，如椒、砂互，椒、魏又互。丁、砂互，桂、砂又互。丁、魏互，桂、魏又互。凡六互，得較積二十八，以爲首率。一斤爲次率，各傍列較爲各三率。椒傍一、三并，四。丁傍一、三并，四。桂傍一、三并，四。魏傍三、四、一，并八。砂傍三、四、一并，八。求出四率，即各數。

三率 四率	椒 四	丁 四	桂 四	魏 八	砂 八
	二十八分斤之四	二十八分斤之四	二十八分斤之四	二十八分斤之八	二十八分斤之八

又術：隨意易位，亦以大數互小數。砂傍丁四、桂一并，五。四率十三分斤之三，十三分斤之一，十三分斤之一，十三分斤之三，十三分斤之五。

立 七錢	椒 四	丁 三	桂 六	魏 十	砂 八	較積 十三
	魏三	砂一	砂一	椒三	丁四 桂一	

通曰：後二術求出之數，與前不同，不可爲準，姑存其法耳。

式六　緑緞每丈價四兩，青緞每丈價六兩，紅緞每丈價十兩。今有銀四百八十兩，買緞八十丈，問各若干。

曰：緑三十二丈，青三十二丈，紅一十六丈。

術：先以八十丈除四百八十兩，得每丈六兩，爲立價。依法列之，緑與紅互，青又與紅互。以較積爲首率，總丈爲次率，各傍列較爲各三率。紅傍之緑二、青〇，止作二。

立 六兩	緑 四	青 六	紅 一十	較積 十二
	紅四	紅四	緑二 青〇	

通曰：青價六與立六等，故青較作〇。而紅傍之較數無并，仍作二也。凡價與立等者皆作〇。若價皆大於立，皆小於立，皆等於立，則不可較矣。

式七　酒四等：甲酒每瓶二錢一分，乙酒每瓶二錢七分，丙酒三錢，丁酒四錢。今有酒共三百瓶，每瓶立價三錢三分，問各若干。

曰：甲酒五十瓶，乙酒五十瓶，丙酒五十瓶，丁酒一百五十瓶。

術：以三錢三分作三十三，爲立數。其四色惟丁四十（四錢）。大於立。其甲二十一（二錢一分）。乙二十七（二錢七分）。丙三十（三錢）。皆小於立，則此三小數皆與丁相互矣。依法列之，丁傍之甲十二、乙六、丙三，并爲二十一。以較積爲首率，總瓶爲次率，各較爲各三率。

立 三十三	甲 二十一	乙 二十七	丙 三十	丁 四十	較積 四十二
	丁七	丁七	丁七	甲十二 乙六 丙三	

式八　銀四百兩，買藥四百斤。内丁香每斤價六錢，椒每斤價七錢，桂九錢，蘇合一兩一錢，辰砂一兩二錢，阿魏一兩六錢。問各若干。

曰：丁八十七斤又二之一，椒一百斤，桂二十五斤，合五十斤，砂五十斤，魏八十七斤又二之一。

立十	丁六	椒七	桂九	合十一	砂十二	魏十六	較積三十二
	魏六　合一	砂二　魏六	砂二	丁四	佳一　椒三	椒三　丁四	

術：先以四百斤除四百兩，每斤得一兩，作一十，爲立數。列之：丁、魏互，丁、合互，椒、砂互，椒、魏互，桂、砂互。首率較積，次率總藥。

三率：七，丁。　八，椒。　二，桂。　四，合。　四，砂。　七，魏。

又術：以丁互合，又互砂，又互魏。以椒互合，又互砂，又互魏。以桂互合，又互砂，又互魏。以上三位偏互下三位也。

立十一	丁六	椒七	桂九	合十一	砂十二	魏十六	并較五十一
	合一　砂二　魏六	合一　砂二　魏六	合一　砂二　魏六	丁四　椒三　桂一	丁四　椒三　桂一	丁四　椒三　桂一	
三率	九丁	九椒	九桂	八合	八砂	八魏	
四率	七十斤又五十一分斤之三十	同上	同上	六十二斤又五十一之三十八	同上	同上	

又術：以丁互合，椒互砂，桂互魏。

立十一	丁六	椒七	桂九	合十一	砂十二	魏十六	并較十七
	合一	砂二	魏六	丁四	椒三	桂一	

又術：以丁互魏，椒互砂，桂互合。

立十一	丁六	椒七	桂九	合十一	砂十二	魏十六	并較十七
	魏六	砂二	合一	桂一	椒三	丁四	

又術：以丁互砂，椒互合，桂互魏。

立十一	丁六	椒七	桂九	合十一	砂十二	魏十六	并較十七
	砂二	合一	魏六	椒三	丁四	桂一	

式九　金鑄一器，重三百兩，俱九六成色。今有九九成色及九一成色二等金，約每用若干。

曰：九九成色金用一百八十七兩五錢，九一成色金用一百一十二兩五錢。

術：立九六爲中價。依法互之，并較爲首率，共重爲次率。各較爲各三率。

立九六	甲金九九	乙金九一	并較八
	乙五	甲三	

式十　米、麥共五百石，共價四百〇五兩七錢。米每石價八錢六分，麥每石價七錢二分五釐。問各若干。

曰：米三百二十石，共價二百七十五兩二錢，麥一百八十石，共價一百三十兩〇五錢。

術：立共價。以米、麥每石各價各乘五百石：米得四百三十兩，麥得三百六十二兩五錢。依法互之，以并較爲首率，總石爲次率，各較爲各三率，求得米、麥各數。各以每石價乘之，得各共價。

立四百〇五兩七錢	米四百三十兩	麥三百六十二兩五錢	并較六十七兩五錢
	麥四十三兩二錢	米二十四兩三錢	

式十一　銀二十八兩二錢，買銅、錫、鐵，共重三百斤。其價：銅一斤銀一錢五分，錫一斤銀九分，鐵一斤銀四分。問各若干。

曰：銅九十六斤又七之三，錫九十六斤又七之三，鐵一百〇七斤又七之一。

術：以共重除總銀，得九分四釐作九十四，爲立數。互之，以并較爲首率，共重爲次率，各較爲各三率。

立 九十四	
銅 一百五十	鐵 五十四
錫 九十	鐵 五十四
鐵 四十	銅 五十六 錫 四
并較 一百六十八	

式十二　銀九十三兩，買綾、羅、紗、絹共一百六十疋。每疋價：綾九錢，羅七錢，紗五錢，絹三錢。問各若干。

曰：三十六疋又四之一，爲綾與羅同數。

四十三疋又四之三，爲紗與絹同數。

術：先以總疋除總銀，得五錢八分一釐二毫五絲。作五萬八千一百二十五，爲立數。他皆以錢作萬列之。羅、絹互，羅、紗又互。綾、紗互。綾、絹又互。并較爲首率，總疋爲次率，各較爲各三率。

立 五萬八千一百二十五	
綾 九萬	紗 八千一百二十五　絹 二萬八千一百二十五
羅 七萬	同上
紗 五萬	綾 三萬一千八百七十五　羅 一萬一千八百七十五
絹 三萬	同上
并較 一十六萬	

通曰：右二式，以貴賤差分法推之亦可。

通曰：中率者，兩差之中較也，三、四、五、六及多差之中較也。得乎中率，而以多較少，以少較多，故又須互用而數始出，非互則無所用較矣。

又《借衰互徵》　借衰互徵差分法：數有隱伏，非衰分可得者，則别借虛數以類徵之，或合率增減，或母子射覆，借彼徵此，借虛徵實，亦三率法而觸類長之也。

又　式　三人共買一宅，用價二千七百兩。其出數：乙視甲加倍，丙視甲、乙共數又加倍。問各若干。

曰：甲三百，乙六百，丙一千八百。

術：隨意立一數，爲甲衰。但用小數，而以乙、丙照衰加之。如甲衰作一，則乙必二，丙必六也。如甲衰作六，則乙必十一，丙必三十六也。今以甲衰作六，乙衰十二，丙衰三十六。并，得五十四，爲首率。各衰爲各次率，總價爲三率。如用甲次衰求得甲數，倍之，得乙數。并甲、乙數，又倍之，得丙數。

通曰：此即加倍法也。三率法中，二三兩率本可相換。故此以各較爲次率，總價爲三率也。

式二　貯絹不知數。但云其三之一，其四之一，其五之一，并，得四千七百疋。其實若干。

曰：六千疋。

術：尋一通數而測之。如用六十以通各分，三之一爲二十，四之一爲十五，五之一爲十二。并三數，得四十七，爲首率。以通數六十爲次率，四千七百爲三率。

式三　廄馬不知數，但云加一倍，又加二之一，又加三之一，又加四之一，又加一，共得一百一十二匹。其實若干。

曰：三十六匹。

術：先於共疋内減末加之一，只以一百一十一匹算之。用通數十二，加一倍，得二十四。又加二之一，得六。加三之一，得四。加四之一，得三。共加得三十七，爲首率。以通數爲次率，以一百一十一爲三率，求出四率三十六。外加前衰，合一百一十二。

式四　牧羊不知數，但云加一倍，又加二之一，又加四之一，外加一，共得一百。其實若干。

曰：三十六。

術：於一百内去一，只作九十九。用通數十二，依衰加得三十三，爲首率。通數爲次率，九十九爲三率，求出三十六。如前衰加之，合一百。此與右式同。

式五　銀五千兩，買甲、乙、丙三宅。乙比甲多三倍，丙又比乙多四倍。問各價若干。

曰：甲宅二百，乙宅八百，丙宅四千。

術：隨意立一通數。如立甲衰三十，乙衰爲一百二十，丙衰爲六百。并，得七百五十，爲首率。以甲衰三十爲次率，以五千爲三率，求出二百。如前加，得八百。又加，得四千。此與一式同。

式六　入園摘瓜，摘過三分之二，又五分之一，尚剩三十六。問此園原瓜若干。

曰：二百七十。

術：先立通數，如借三百爲通數。內減三之二去二百，又減五之一去六十，存四十，爲首率。以通數爲次率，以尚剩三十六爲三率。須察借立通數內，減去兩次，尚剩之數或等或多於三十六方可。若少於三十六，則不可用也。又須知三之二、五之一并之，未滿原數，方可推測。若三之一，五之三，則浮於原數，便爲虛設，不必算矣。

式七　二分之一、三分之一、四分之一、五分之一、六分之一，共并得五百二十二。其原數若干。

曰：三百六十。

術：借六十爲通數。依衰剖之：二之一爲三十，三之一爲二十，四之一爲十五，五之一爲十二，六之一爲一十。并，得八十七，爲首率。以六十爲次率，以五百二十二爲三率，求出三百六十爲原數。二之一乃一百八十，三之一乃一百二十，四之一乃九十，五之一乃七十二，六之一乃六十。并之，合五百二十二之數。

式八　倉粟不知數，但云外加二之一，又三之一，又四之一，又加一百石，便成三百石。問原粟若干。

曰：九十六石。

術：先於三百內減去一百，存二百石。乃借二十四爲通數。外加二之一，得十二。又加三之一，得八。又加四之一，得六。并，得五十，爲首率。以通數爲次率，以二百爲三率，求出四率九十六。外加前衰，合三百。

通曰：此與三式相同，但彼四率在一百一十二之外，故不并通數，而止并加數爲首率。此四率在三百之內，故連并通數及加數爲首率也。

式九　大、小水碓五副，共舂米五十石。每舂一時，甲七斗，乙五斗，丙四斗，丁三斗，戊一斗。今五碓齊舂，須幾時可完，各舂若干。

曰：二十五時。甲十七石五斗，乙十二石五斗，丙十石，丁七石五斗，戊二石五斗。

術：隨意立一時數，如借四時，以計各碓所舂：甲七乘四，得二石八斗。乙五乘四，得二石。丙四乘四，得一石六斗。丁三乘四，得一石二斗。戊一乘四，得四斗。并，得八石，爲首率。四時爲次率，五十石爲三率，求出二十五時。各以每時斗數乘之，得各舂數。

式十　爲商三次，俱獲倍息。每次歸還三百兩，三次母、子適盡。問原貸若干。

曰：二百六十二兩五錢。

術：借一數爲母，加三次倍息：初一，次二，次四，共七。并母一，得八，爲首率。內減母一，餘七，爲次率。三百兩爲三率。

又術：以三百兩折半，得一百五十兩。又加三百，得四百五十兩。又折半，得二百二十五兩。又加三百，得五百二十五兩。又折半，即得。

通曰：子、母差和求法有此式，然用借衰爲正法也。

式十一　商販四次，俱獲倍息。每次費九十六兩，四次子、母俱盡。問原母若干。

曰：九十兩。

術：借一數爲母。加四次倍息：曰一，曰二，曰四，曰八。并，得十五。再并母一，得十六，爲首率。十五爲次率，九十六爲三率。

式十二　爲商初次所獲，比母銀多三之二。以并入母銀，再往獲五之四。三次往，又獲四之三。計所獲，并母銀，共四百兩。問原母若干。

曰：六兩又三分兩之二。

術：亦借數，遞乘各母以推之。如借一十爲通數。乘三，得三十。以三十乘五，得一百五十。以一百五十乘四，得六百，爲首率。以通數爲次率，以四百爲三率，求出六兩又三分兩之二。以三乘之，得二十。又以五乘二十，得一百。又以四乘一百，得四百兩。合數。

式十三　攜酒郊遊，三次俱飲酒一斗九升。每飲添酒，輒倍餘酒，至三次酒盡。問原攜若干。

曰：一斗六升六合二勺五抄。

術：借一數爲原酒。加三次倍率：曰一，曰二，曰四。并，得八，爲首率。減原借一，存七，爲次率。以一斗九升爲三率。

又術：并三次倍率：一，二，四，爲七。以乘一斗九升，得一石三斗三升。減半三次，即得。

式十四　載米賑濟，每次散米一千五百石。亦每次糴增，俱倍餘米。五賑恰盡。問原載米若干。

曰：一千四百五十三石一斗二升五合。

術：借一數爲原米。加五次倍率：曰一，曰二，曰四，曰八，曰十六。并，得三十二，爲首率。止并五次率，得三十一，爲次率。以一千五百爲三率。

通曰：以次率乘三率，得四萬六千五百石。減半五次，亦合。

式十五　立一虛數，以乘四。得數，又乘三。得數，又乘六。得數，外加一十，共八百。前所立虛數若干。

曰：一十又三十六之三十五。

術：於八百內除去所加一十，餘七百九十。借一十爲通數。以乘各衰：以一十乘四，得四十。又以四十乘三，得一百二十。又以一百二十乘六，得七百二十，爲首率。以通數爲次率，以七百九十爲三率，求出一十又三十六之三十五。以乘四，得四十三又九之八。以乘三，得一百三十一又三之二。以乘六，得七百九十。加一十，合數。

式十六　老人不知年，但云加二之一，又減四之一，得九十九歲。問實年若干。

曰：八十八。

術：借八十爲通數。依衰加減：加二之一，爲四十。并八十，得一百二十。又減四之一，爲三十。於一百二十內減之。餘九十，爲首率。以通數爲次率。以九十九爲三率。

式十七　遠望一塔，上露出二丈四尺，下遮不見。云尚有三分之一、又五分之二。其共高若干。

曰：九十尺。

術：借立三十爲通數。於三十內，減去三之一爲一十，餘二十。又於三十內，減去五之二爲一十二。乃於餘二十內減一十二，餘八，爲首率。通數爲次率，二十四尺爲三率，求出九十尺，爲塔高。內減三之一，爲三十尺。又減五之二，爲三十六尺，餘二十四尺，合上露之數。

式十八　旗竿一根，其三之一是白色，五之一是黑色，九之二是青色。外尚餘十二尺，紅色。其竿長若干。

曰：四十九尺又十一分尺之一。

術：借四十五爲通數。減三之一，爲十五。減五之一，爲九。減九之二，爲一十。俱於通數內減去，餘十一，爲首率。通數爲次率，紅十二尺爲三率，求出四十九尺又十一分尺之一。其白三之一，乃十六尺又十一之四也。黑五之一，乃九尺又十一之九也。青九之二，乃十尺又十一之十也。

式十九　白布三十疋，青布四十疋，共價六百六十兩。其青布每疋比白布價多一倍。問各疋價若干。

曰：白價六兩，青價十二兩。

術：借四兩爲白價。倍，得八兩，爲青價。以四乘白布三十，得一百二十。以八乘青布四十，得三百二十。并，得四百四十，爲首率。通數四兩爲次率，共價爲三率，求出六兩，爲白疋價。倍，得十二兩，爲青疋價。

通曰：以八兩爲次率，求出青疋價。蓋二位之借衰，皆通數也。

清・陳世明《數學舉要》卷五《衰分》　附借衰互徵法：數有隱伏，非衰分可得者，則別借虛數，以類徵之，或合率增減，或母子射覆，借彼徵此，借寔徵虛，亦三率法而觸類長之也。

又　一術：假如有銀五千兩，買甲、乙、丙三宅。乙比甲多三倍，丙又比乙多四倍。問各價若干。

答曰：甲宅二百，乙宅八百，丙宅四千。

術：任意立一通數，如立甲爲三十，則乙爲一百二十，丙爲六百。(並)[併]之，得七百五十，爲首率。甲衰三十。爲二率。原銀五千兩爲三率。求得四率甲宅二百兩。多三倍加之，得八百兩，爲乙宅。再多四倍加之，得四千兩，爲丙宅。

二術：假如廐馬不知數，但云加一倍，又加二之一，又加三之一，又加四之一，又加一，共得一百一十二疋。問寔若干。

答曰：三十六疋。

術：任借一數，如十二，爲通率。又于共疋減去末加之一疋，得一百一十一疋。以通數十二加一倍，得二十四。又加二之一，得六。又加三之一，得四。又加四之一，得三。共加得三十七，爲首率。以通數十二爲二率，以一百十一疋爲三率，求得四率寔馬三十六疋。

三術：假如牧羊不知數，但云放牧去三分之(一)[二]，殺去(五)五分之一，尚剩三十六隻。問原羊共若干。

答曰：二百七十。

術：任意借一數，如三百，爲通率。內減三之二，去二百。又減五之一，去六十。餘存四十，爲首率。以通率三百爲二率，以尚剩三十六爲三率，求得四率二百七十，即羊之原數。　借數之術須減去二次所餘者，尚剩者則不可用也。

又所設三之二，五之一，(並)[併]之，未滿原數。方可推測如三之(一)[二]，五之(三)[一]，則浮于原數，不可算也。

又三術：假如倉粟不知數，但云外加二之一，又三之一，又四之一，又加(三)[一]百石，便成三百石。問原粟若干。

答曰：九十六石。

術：先以三百石減去一百石，餘存二百石。乃借一數，如二十四，爲通率。外加二之一，得十二。又加三之一，得八。又加四之一，得六。(並)[併]之，得五十，爲首率。以通率二十四爲二率，以餘存二百石爲三率，求得四率九十六石。

四術：假如有大、小水碓五副，共舂米五十石。每舂一時，甲七斗，乙五斗，丙四斗，丁三斗，戊一斗。今五碓齊舂，問幾時可完。

答曰：二十五時齊完。甲十七石五斗，乙十二石五斗，丙十石，丁(十)[七]石五斗，戊二石五斗。

術：任借一數，如四時，爲通率。以甲舂七斗乘四，得二石八斗。乙，五乘四，得二石。丙，四乘四，得一石六斗。丁，三乘四，得一石二斗。戊，一乘四，得四斗。併之，共得八石，爲首率。以四時爲二率，五十石爲三率，求得四率共二十五時。各以每時石數乘之，得各舂數。

五術：假如爲商三次，俱獲倍息。每次還歸三百兩，三次母、子適盡。問原貸若干。

答曰：二百六十二兩五錢。

術：借一數爲母。加三次倍息，初一，次二，次四，共七。(並)[併]母[一]，得(一)八，爲首率。內減母一，餘七，爲二率。以三百兩爲三率，求得四率二百六十二兩五錢，爲原貸之數。

又術：以三百兩折半，得一百五十兩。又加三百，得四百五十兩。又折半，得二百二十五兩。又加三百，得五百二十五兩。又折半，即得原貸之數也。

六術：假如商販四次俱獲倍息，每次費九十六兩，四次母、子俱盡。問原母若干。

答曰：九十兩。

術：借一數爲母。加四次倍息，曰一，曰二，曰四，曰八。(並)[併]得十五。再加母一，共十六，爲首率。于內減一，得十五，爲二率。以九十六爲三率，求得四率九十兩，即原母之數。

七術：假如爲商，初次所獲比原母多三之二。以(並)[併]母銀，再往獲息五之四。三次往，又獲四之三。計所獲，(並)[併]母銀，共四百兩。問原母若干。

答曰：[六兩]三分兩之(之)二。

術：任借一十，爲通數。(垂)[乘]三，得三十。以三十乘五，得一百五十。以一百五十乘四，得六百兩，爲首率。以通數一十爲二率，以四百兩爲三率，求得四率六兩又三分兩之二，即原母之數。

八術：假如有老人不知年，但云加二之一，又減四之一，得九十九歲。問寔年若干。

答曰：八十八歲。

術：任借一數，如八十，爲通率。依衰加減：加二之一，得四十。(並)[併]八十，得一百二十。又減四之一，得三十。于一百二十內減之，餘九十，爲首率。通數八十爲二率，以九十九爲三率，得四率八十八，即寔在年歲數。

九術：假如遠望一塔，上露出二丈四尺，下爲物遮不見。但知尚有三分之一，又五分之二。問共高若干。

答曰：九十尺。

術：任借一數，如三十，爲通率。于內減去三之一，爲一十，餘二十。又于三十內減去五之二，爲一十二。乃于前所減餘二十內去一十二，餘八，爲首率。以通數三十爲二率，以二十四尺爲三率，求得九十尺，爲塔之共高數。

十術：假如有藍緞三十疋，青緞四十疋，共價六百六十兩。其青緞每疋比藍緞價多一倍，問各價若干。

答曰：藍緞價六兩，青緞價十二兩。

術：任借一數，如四兩，爲藍緞價。倍之，八兩，爲青緞價。以四乘藍緞三十，得一百二十。以八乘青緞四十，得三百二十。(並)[併]之，得四百四十，爲首率。以通數四兩爲二率，共價六百六十兩爲三率，求得四率六兩，即藍緞每疋之價。倍之，十二兩，即青緞每疋之價。

十一術：假如立一虛數，以四乘，得數。又乘三，得數。又乘六，得數。外加一十，共八百。問所立虛數若干。

答曰：一十又三十六之三十五。

術：(以)于八百両内減去末加之一十，餘七百九十。另借一十爲通數。以乘各衰，以一十乘四，得四十。又四十乘三，得一百二十。又以一百二十乘六，得七百二十。即以七百二十爲首率，以通數爲一率。以八百内減去一十，所餘之七百九十爲三率。求得四(十)[率]一十又三十六之三十五。以一十又三十六之三十五，以乘四，得四十三又九之八。以乘三，得一百三十一又三之二。以乘六，得七百九十。外加一十，得八百，合原問數。

又 合率差分：假如有三人合夥生理，甲出[本]銀四百九十二兩，乙出本銀三百六十九兩，丙出本銀二百四十六兩，(兩)共得利銀二百一十五兩二錢五分。今照各本分利，問甲、乙、丙各應分利若干。

答曰：甲應分得利銀九十五兩六錢六分六厘有奇，
乙應分利七十一兩七錢五分，
丙應分利四十七兩八錢四分二厘有奇。

術：以甲、乙、丙三本相併，爲共本，即以共本比共利若干，各本與各利也。此爲差分中最易之法，故首舉之，以爲入門之堦。甲本、四百九十二兩。乙本、三百六十九兩。丙本二百四十六兩。相併，得一千一百〇七兩，存之，以爲首舉。以甲本四百九十二兩。與共利二百十五二錢五分。相乘，得十萬〇五千九百〇三兩，爲寔。此以共利爲二率，甲本爲三率。乙丙倣此。以三本相共之共本爲法。除之，得九十五兩六錢六分六厘有奇，爲甲所應分之利。此得数爲四率。次以乙本三百六十九兩。與共利相乘，得七萬九千四百二十七兩一錢五分，爲寔。以共本爲法。除之，得七十一兩七錢五分，爲乙所應分之利。末以丙本二百四十六兩。與共利相乘，得五萬二千九百六十一兩五錢，爲寔。以共本爲法。除之，得四十七兩八錢四分二厘有奇，爲丙所應分之利。是法本應以共本除共利，得每本一兩之利若干。再以各人之本乘之，而得各利。因其畸零太多，故變而以各本乘共利，再以共本除之，所得亦同也。

又 又如有銀一百兩〇〇三錢六分八厘，買綾、羅、絹三色。綾一分，每尺價九分六厘。羅二分，每尺價八分四厘。絹三分，每尺價四分八厘。問三色各若干。

答曰：綾二十四丈六尺，羅四十九丈二尺，絹七十三丈八尺。

術：以羅二分乘價八分四厘，得一錢六分八厘。又以絹三分乘價四分八厘，得一錢四分六厘。再以兩得數與綾價九分六厘相併，得四錢〇八厘，爲法。除共銀一百〇〇三錢六分八厘，得二十四丈六尺，爲羅數。又以二乘綾數，得四十九丈二尺，爲羅數。再以三乘綾數，得七十三丈八尺，爲絹數。欲得三色各共價，則九分六厘乘二十四丈六尺，得二十三兩六錢一分六厘，爲(陵)[綾]共價。以八分四厘乘四十九丈二尺，得四十一兩三錢二分八厘，爲羅共價。以四分八厘乘七十三丈八尺，得三十五兩四錢二分四厘，爲絹共價。綾一分，羅二分，絹三分，共六衰。而綾爲六分之一，羅爲六分之二，絹爲六分之三。今以羅價乘二分，絹價乘三分，與綾價相並者，亦求其六分之共價也。以共價除共銀，而得價中六分之一，即綾也。故倍之而得羅數，三之而得絹數也。

又 折半差分：假如有銀一百兩，分與甲、丙、丁三人，令甲比丙多一倍，丙比丁多一倍。問三人各得若干。

答曰：丁得一十四兩二錢八分五厘七毫有奇，
丙得[二十八兩五錢七分一厘四毫有奇，
甲得五十七兩一錢四分二厘八毫有奇。

術：以共銀爲寔。另以最末一人，如丁，定爲一衰。倍之，得二，以爲丙衰。復倍之，得四，以爲甲衰。即以甲、丙、丁三人衰數相併，得七，爲法。以除共銀之寔，得一十四兩四錢八分五厘七毫有奇，爲一衰之數，即以爲丁得數。以丙衰二乘一十四兩二錢八分五厘七毫有奇，得二十八兩五錢七分一厘四毫有奇，爲丙得數。以甲衰四乘一十四兩二錢八分五厘七毫有奇，得五十七兩一錢四分二厘八毫有奇，爲甲得數。]

又 [四六差分：假如有銀七百六十兩五錢，分與甲、乙、丙、丁四人。令]四六分之，問各得若干。

答曰：丁得九十三兩六錢，丙得一百四十両〇四錢，乙得二百一十兩〇六錢，甲得三百一十五兩九錢。

術：以共銀爲寔。另以最末一人，如丁，定爲四衰，以丙爲六衰。又以六乘六衰，得三十六，爲寔。以四爲法。除之，得九，爲(一)[乙]衰。又以六乘九衰，得五十四，爲寔。以四爲法。除之，得十三衰五分，爲甲衰。即以甲、乙、丙、丁四人衰數相併，得[三]十二衰五分，爲法。以除共銀之寔，得二十三兩四錢，爲一衰之數。以丁衰四乘二十三兩四錢，[得九十三兩六錢，爲丁得數。以丙衰六乘二十三兩四錢，]得一百四十兩〇四錢，爲丙得數。以乙衰九乘(共)[二十]三兩四錢，[得二百一十兩〇六錢，爲乙得數。以甲衰十三衰五分]乘二十三四錢，得(一)[三]百(三)[一]十五兩九錢，爲甲得數。以最末一人定爲四，以丙定爲六者，原以四六分之故，定丁、丙二人爲四六也。其乙、甲二人皆就四六以加之，故用六乘四除而求其所分之等也。既得其應得之分數，則以其共分除共銀，而得一分。以各自衰乘，而得各所應分之銀。是丁得三十二分半之四，丙得三十二分半之六，乙得三十二分半之九，甲得三十二分半之一十三分半也。或于定丁、丙二人衰數之後，以一五乘之，亦得各衰。蓋四之與六，若一與一五也。以一五乘四，得六。一五乘六，得九。一五乘九，得一三五。而一三五之與九，九之與六，皆六之與四也。故並四數與前之六乘四除者同，得三十二衰半也。

又　三七差分：假如有銀一千八百四十八兩六錢，令甲、乙、丙三人三七分之，問各得若干。

答曰：丙得二百一十兩〇六錢，乙得四百九十一兩四錢，甲得一千一百四十六兩六錢。

術：以共銀爲寔。以最末一人定爲九衰，如丙。即以七乘九，得六十三，爲寔。以三爲法。除之，得二十一，爲(一)[乙]衰。以七乘二十(十)[一]，得一百四十七，爲寔。以三爲法。除之，得四十九，爲甲衰。即以甲、乙、丙三人衰數相併，得七十九衰，爲法。以除共銀之寔，得二十三兩四錢，爲一衰之數。以丙衰九乘二十三兩四錢，得二百一十兩〇六錢，爲丙得數。以乙衰二十一乘二十三兩四錢，得四百九十一兩四錢，爲乙得數。以甲衰四十九乘二十三兩四錢，得一千一百四十六兩六錢，爲甲得數。不以三爲丙衰，而以九爲丙衰者，以三爲丙衰，則不能爲甲衰也。試定丙爲三衰，七爲(一)[乙]衰。七乘三除，則得(一六)[二]三三，不盡。故以丙爲九衰者，正爲甲衰地也。若四位者，則九又不可爲末一人之衰，必又三倍之，得二十七，始可爲末一人衰數。若五位者，則二十七又不可爲末一人之衰，必又三倍之，得八十一，始可爲末一人衰數也。

又　又如以銀二千八百〇七兩五錢九分八厘，令甲、乙、丙、丁、戊五人三七分之，問各得若干數。

答曰：戊得五十四兩九錢一分八厘，
丁得一百二十八兩一錢四分二厘，
丙得二百九十八兩九錢九分八厘，
乙得六百九十七兩六錢六分二厘，
甲得一千六百二十七兩八錢七分八厘。

術：以共銀爲寔。以最末一人定爲八十一衰，如戊。即以七乘八十一，得五百六十七，爲寔。以三爲法。除之，得一百八十九，爲丁衰。又以七乘一百八十九，得一千三百二十三，爲寔。以三爲法。除之，得四百四十一，爲丙衰。又以七乘四百四十一，得三千〇八十七，爲寔。以三爲法。除之，得一千〇二十九，爲乙衰。又以七乘一千〇二十九，[得七千二百〇三]，爲寔。以三爲法。除之，得二千四百〇一，爲甲衰。即以五人之衰相併，得四千一百四十一衰。以除共銀之寔，得六錢七分八厘，爲一衰之數。以戊之八十一衰乘之，得五十四兩九錢一分八厘。又以丁一百八十九衰乘六錢七分八厘，得一百二十八兩一錢四分二厘。又以丙之四百四十一衰乘六錢七分八厘，得二百九十八兩九錢九分八厘。又以乙之一千〇二十九衰乘六錢九分八厘，得六百九十七兩六錢六分二厘。又以甲之二千四百〇一衰乘六錢(九)[七]分八厘，得一千(二)[六]百(六)[二]十七兩八錢七分八厘。爲五人分得之數。此五位者，三分七法。若多位之術，俱倣此，必求其各衰之數整齊而後可用也。

又　二八差分：假如有銀九百八十二兩八錢，令甲、乙、丙三人二八分之，問各得若干。

答曰：丙得四十六兩八錢，
乙得一百八十七兩二錢，
甲得七百四十八兩八錢。

術：以共錢爲寔。以丙爲二衰，乙爲八衰。以八乘八，得六十四，爲寔。以二爲法。除之，得三十二，爲甲衰。即以三人之衰相併，得四十二衰。以除共銀之寔，得二十三兩四錢，爲一衰之數。以二乘之，得四十六兩八錢，爲丙得數。以八衰乘二十三兩四錢，得一百八十七兩二錢，爲乙得數。以三十二衰乘二十三兩四錢，得七百四十八兩八錢，爲甲得數。或于最末一人定爲二衰之後，遞以四倍之，亦合八乘二除之數。以八爲二之四倍也。多位者俱倣此。

又　遞減差分：假如有米二千二百六十八石，今五等人户納之。一等甲二十四户，二等乙三十三户，三等丙四十二户，四等丁五十一户，五等戊六十户。問每等每户應納米數及共數若干。

答曰：甲每户應納米二十一石，二十四户共應納米五百〇四石。
乙每户應納米十六石八斗，三十三户共應納米五百五十四石四斗。

丙每户應納米十二石六斗，四十二户共應納米五百二十九石二斗。

丁每户應納米八石四斗，五十一户共應納米四百二十八石四斗。

戊應納四石二斗，六十户共應納米二百五十二石。

術：以戊爲一衰，以一乘其共户，得六十衰。丁爲二衰，以二乘其共户，得一百〇二衰。丙爲三衰，以三乘其共户，得一百二十六。

又 [假如有銀四百八十兩，令甲、乙、丙、丁、戊五人分之。令上二人與下三人等，問各得若干。

答曰：戊得六十四兩，丁得八十兩，丙得九十六兩，乙得一百一十二兩，甲得一百二十八兩。

術：以共銀爲寔。以最末一人定爲四衰，如戊。加一，得五，爲丁衰。丙爲六衰」，乙爲七衰，甲爲八衰，一共一十五衰。則甲、乙二人與丙、丁、戊三人等。即以各衰併之，得三十衰。以除共銀之寔，得一十六両爲一衰之數。即以戊四衰乘之，得六十四兩，爲戊數。以丁五衰乘之，得八十兩，爲丁數。以丙六衰乘之，得九十六兩，爲丙數。以乙七衰乘之，得一百一十二兩，爲乙數。以甲八衰乘之，得一百二十八兩，爲甲數。舊法本以戊爲一衰，丁爲二衰，丙爲三衰，共六衰。(一)[乙]四，甲五，共九衰。以六與九衰相減，餘三。即以各衰俱加三數，則戊四、丁五、丙六、乙七、甲八，數亦同也。

又 假如有米四百八十石，今甲、乙、丙、丁、(戌)[戊]、己六人納之。定甲、乙與丙、丁、戊、己等，問各得若干。

答曰：己納三十石，戊納五十石，丁納七十石，丙納九十石，(丁)[乙]納一百一十石，甲納一百三十石。

術：以共米爲寔。以己爲一衰，戊二，丁三，丙四，共十衰。乙五，甲六，共十一衰。兩數相減，餘一，爲寔。另以甲、乙二人與丙、丁、戊、己四人相減，餘二，爲法。除之，得五。各加入每人之衰，己得　十五，戊得二十五，丁得三十五，丙得四十五，乙得五十五，甲得六十五，共二百四十衰。以除共米之寔，得二石，爲一衰之數。與己一十五衰相乘，得三十石。與戊二十五衰相乘，得五十石。與丁三十五衰相乘，得七十石。與丙四十五衰相乘，得九十石。與乙五十五衰相乘，得一百一十石。與甲六十五衰相乘，得一百三[十]石。

又 假如有米四百八十石，令甲、乙、丙、丁、戊、己、庚七人納之。定甲、乙二人與丙、丁、戊、己、庚五人納數等，問各納若干。

答曰：庚應納米二十五石一斗三升五合有奇，

己應納米三十一石九斗九升八合零，

戊應納米四十三石四斗一升五合有奇，

丁應納米五十九石四斗一升有奇，

丙應納米七十九石九斗七升五合有奇，

乙應納米一百〇五石一斗一升有奇，

甲應納米一百三十四石八斗一升五合有奇。

術：以共米爲實。以甲七，乙六，丙五，丁四，戊三，己二，庚一各自乘，得庚一，己四，戊九，丁一六，丙二五，乙三六，甲四九。另以甲、乙二人之衰併之，共八十五。丙、丁、戊、己之衰(並)[併]之，共五十五。兩數相減，餘三十，爲寔。以甲、乙二人與丙、丁、戊、己、庚五人相減，餘三人，爲法。除寔，得一十。加入各人自乘衰數之內，則庚得十一，己得十四，戊得十九，丁得二十六，丙得三十五，乙得四十六，甲得五十九。相(並)[併]，共得二百(十)[一]十衰。以除共米之寔，得二石二斗八升五合有奇，爲一衰之數。即以此衰爲寔，以庚衰十一乘之，得二十一石三斗五升。以己衰十四乘之，得三十一石九斗九升。以戊衰十九乘之，得四十三石四斗一升五合。以丁衰二十六乘之，得五十九石四斗一升。以丙衰三十五乘之，得七十九石九斗七升五合。以乙衰四十六乘之，得一百〇五石一斗一升。以甲衰五十九乘之，得一百三十四石八斗一升五合。爲各納數。若竟定庚爲一，己爲二，戊爲三，丁四，丙五，共十五。乙六，甲七，共十三衰。是四人衰數反多于三人衰數，故不可用。另以各衰自乘也。

又 (又術)假如有米三百六十石，令甲、乙、丙三等人户納之。上等三十户，每户比中等多九斗。中等七十户，每户比下等多四斗。下等九十户。問各等户每納米数及共數各若干。

答曰：上等每户應納米二石八斗四升二合一(匀)[勺]，三十户共應納米八十五石二斗六升三合。

中等每户應納米一石九斗四升二合一(匀)[勺]，七十户共應納米一百三十五石九斗四升七合。

下等每户應納米一石五斗四升二合(合)一勺，九十户共應納米一百二十八石七斗八升九合。

術：先以上等比中等多九斗與中等比下等多四斗相(並)[併]，得一石三斗。以上等户數乘之，得三十九石。又以中等比下等多四斗乘中等户數，得二十八石。兩得數相併，共六十七石。與共米三百六十石相減，餘二百九十三石，爲寔。(並)[併]三等户數，共一百九十，爲法。除之，得一石五斗四升二合一勺，爲下等每户應納之數。以下等九十户乘之，得一百三十八石七斗八升九合，爲下等共數。又以一石五斗四升二合一勺加入四斗，共一石九斗四升二合一勺，爲中等每户應納之數。再以中等七十户乘之，得一百三十五石九斗四升七合，爲中等共數。又以一石五斗四升二合一勺加入一石三斗，共二石八斗四升二合一勺，爲上等每户應納之數。再以上等三十户乘之，得八十五石二斗六升三合，爲上等共數。共米内減去上等、中等多于下等之米，所餘即一百九十户均平公納之數矣。故除寔，得下等每户應納之數。加中等所多于下等者，得中等每户應納之數。加上等所多于下等者，得上等每户應納之數。以乘各共户，而得各共數也。

又　互和遞減差分：假如有米三百六十石，令甲、乙、丙三人遞減納之。定甲多丙米七十二石，問各應納若干。

答曰：甲應納米一百五十六石，

乙應納米一百二十石，

丙應納米八十四石。

術：以共米爲寔，以三人爲法，除之，得一百二十石，即乙之應納米數。另以甲多丙數折半，得三十六石。加乙數一百二十石，得一百五十六石，爲甲之應納米數。于乙數一百二十石内減去三十六石，得八十四石，爲丙之應納米數。　甲多于乙者，必爲甲多于丙數之半。丙少于乙者，亦必爲丙少于甲數之半。兩相折準，是甲、丙共得三分之二，而乙自得三分之一。故以三除之，而得乙數。加、減之，而得甲、丙也。

又　(術)假如有甲、乙、丙、丁四人遞減納米，定甲納六十九石，丁納五十一石。問(一)[乙]、丙二人應納米數若干。

答曰：乙應納米六十三石，丙應納米五十七石，

四人共應納米二百四十石。

術：以丁數與甲數相減，餘一十八石。以三除之，得六石。加入丁數，得五十七石，爲丙數。以丙數加六石，得六十三石，爲(一)[乙]數。四數相併，得二百四十石，爲共納米數。　甲多于乙，乙多于丙，丙多于丁，三人多數相併，與甲多于丁數等。故以三除之，得每率遞差之數。凡四位以上，皆取首尾相減。若五位，則四除之，六位，則五徐之，七位，則六除之，即得每率遞差之數。餘倣此。

又　匿價差分：假如有銀二百六十六兩八錢八分，買米一百二十四石，麥八十五石。米比麥價多一兩一錢七分，問兩價各若干。

答曰：米價一兩七錢五分，麥價五錢八分。

術：以米、麥多價與米相乘，得一百四十五兩〇八分。與共價二百六十六兩八錢八分相減，餘一百二十一兩八錢，爲寔。另以米、麥二數相(並)[併]，得二百一十石，爲法。除之，得五錢八分，爲麥價。又加入一兩一錢七分，得一兩七錢五分，爲米價。　共銀内減去米多麥價，所餘即麥、米二百一十石之共價。故以二百一十石除之，而得麥價也。

又　(術)假如有稻一十八石，稷二十二石，其價適等。交換五石，則差銀一兩六錢二分五厘。問稻、稷各價若干。

答曰：稻價一兩七錢八分七厘五毫，稷價一兩四錢六分二厘五毫。

術：以差銀一两六錢二分五厘爲寔，以交换五石除之，得三錢(三)[二]分五厘。以乘稻一十八石，得五兩八錢五分，爲寔。另以稻、稷相減，餘四石，爲法。除之，得一兩四錢六分二厘五毫，爲稷每石之價。再以稷價與三錢二分五厘相(並)[併]，得一兩(七)[六]錢八分七厘(爲)[五]毫，爲稻每石之價。　此先求兩數之較，故以交換五石除相差之一兩六錢二分五厘，爲稻每石多稷之價。既得每石相差之數，則一十八石必差五兩八錢五分矣。今稷多稻四石而價適等，是稷四石之價必五兩八錢五分也。故四除之，而得稷價。又稻與稷價之比例原(若干)[一十]八與二十二。既以三錢二分五厘乘稻一十八石，得稷每石之價。則以三錢二分五厘乘稷二十二石，必得稻每四石之價矣。故四除之，而得稻價。

又　二色差分：假如有銀六十七兩五錢，共買稻、稷一百石。稻價每石八錢，稷價每石三錢。問稷、稻若干。

答曰：稻七十五石，稷二十五石。

術：以稷價與一百石相乘，得三十兩。以減共銀，餘三十七兩五錢，爲寔。

以兩價相減，餘五錢，爲法。除之，得七十五石，即稻數。以稻數與一百石相減，餘二十五石，即稷數。原銀爲稻、稷百石之共價，以稷價乘百石，爲稷百石之價。兩率不等者，以稻貴于稷也。今稻每石多稷五錢，是兩率每相差五錢，百石内必有稻一石。兩率相減，餘銀三十七兩五錢者，七十五故，得稻七十五石也。

又　三色差分：假如有銀十兩〇五錢，共買稻、菽、麥一十八石。稻每石價八錢，麥每石價六錢，菽每石價三錢。問稻、菽、麥若干。

答曰：稻六石六斗，麥六石，菽五石四斗。

術：以一十八石爲實，以三除之，得六石，爲麥數。再以菽價三錢與一十八石相乘，得五兩四錢。以減共銀，餘五兩一錢。另以麥價多菽價三錢乘六石，得一兩八錢。與所餘五兩一錢相減，餘五錢，爲法。除之，得六石六斗，爲稻數。以稻、麥兩數相併，與一十八石相減，餘五石四斗，爲菽數。　四色、五色以上，皆倣此。如四色則四除共物，五色則五除共物。其所得之數即第二色、第三色、第四色之數也。以兩數或三數減共物，兩共價減原銀，或三共價。餘依之色差分法求之。

又　貴賤和率差分：假如有銀一百二十七兩五錢，共買稻、麥一百〇八石。每稻三石價四兩，每麥四石價三兩五錢。問兩色數及共價各若干。

答曰：稻七十二石，共價九十六兩，麥三十六石，共價三十一兩五錢。

術：以稻三石，麥四石，共稻、麥一百〇八石列于右。又以價四兩，價三兩五錢，共價一百二十七兩五錢列于左。先以右上互乘左中，得一十兩〇五錢。又以左上互乘右中，得一十六兩。二數相減，餘五兩五錢，爲長法。次以右中互乘左下，得五百一十兩。以左中互乘右下，得三百七十八兩。兩數相減，餘一百三十二兩，爲寔。以長法除之，得二十四兩，爲短法。以乘稻三石，得七十二石，即稻數。以稻價乘短法，得九十六兩，即稻共價。以稻減共麥、稻一百〇八石，餘三十六石，即麥數。以稻共價減原銀一百二十七兩五錢，餘三十一兩五錢，即麥共價。

右

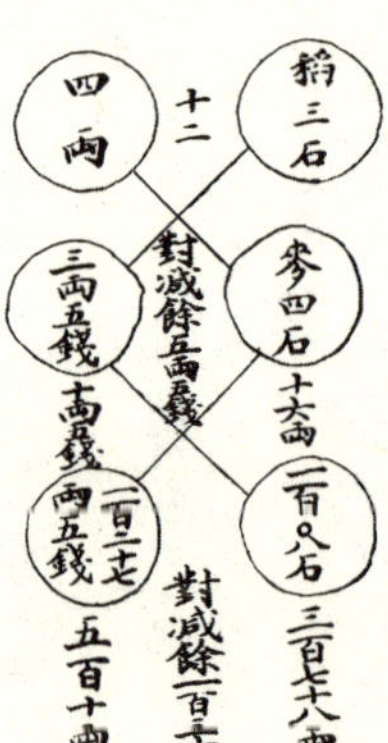

左

此與二色差分畧同，但彼數齊，此數不齊耳。凡數之不齊者，必假一數以齊之。今稻三石麥四石，則以十二齊之者，蓋十二爲四倍稻三石，三倍麥四石之數也。以稻三乘麥價，即得麥十二石之價。以麥四乘稻價，即得稻十二石之價。兩數相減爲長法者，即稻十二石多于麥十二石之銀數，亦即稻四石多于麥四石之價，又三倍之數也。以麥價乘共稻、麥一百〇八石，即麥四百三十二石之價，亦即以一百〇八石盡化爲麥，而四倍其價之數也。以麥四乘原銀即四倍稻、麥，四百三十二石之共價，亦即一百〇八石之原價而四倍之之數也。兩數相減之餘，即麥四百三十二石之少于稻四百三十二石之價，亦即稻七十二石多于麥七十二石之價四倍数也。以之爲寔。若以稻四石多于麥四石之價除之，必得稻七十二石。今稻四石多于麥四石之價不可得，止得稻十二石多于麥十二石之價，爲長法。除寔，得二十四。二十四者，即爲稻三石之二十四也。十二石三倍多于四石，二十四石三倍少于七十二石。蓋法增若干倍，得数即減若干倍，故爲短法。以稻三石乘之，得稻數。以稻價乘之，得共價。　若欲先得麥數，則稻以三石乘原銀，以稻價乘稻、麥共数。兩数相減，以長法除之，得數爲短法。以麥四石乘之，得麥數。以麥價乘之，得共價。

右

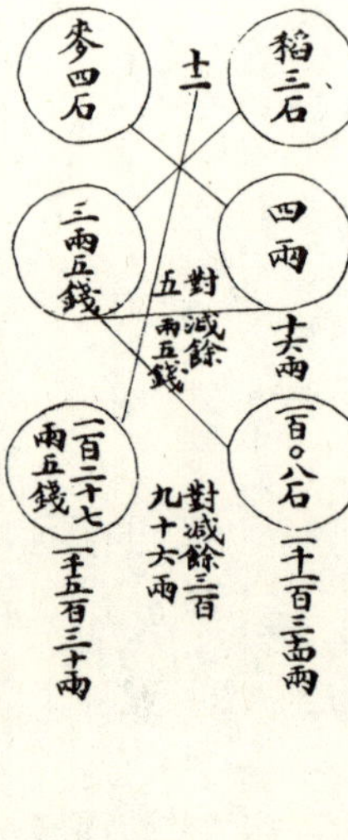

左

又術：即以前數列之如式：先以左上互乘右中，得一十六兩。以右上互乘左中，得一十両〇五錢。兩數相減，餘五両五錢，爲法。次以左上右上相乘，得一十二石。以乘左下，得一千五百三十兩。以左中一十両〇五錢乘右下，得一千一百三十四兩。両数相減，餘三百九十六兩，爲寔。以法除之，得七十二石，即稻也。

前法以十二倍之法除四倍之寔，故止得二十四。以稻三石乘之，方得稻數。此以十二倍之法除十二倍之寔，故一除即得稻數，不須再乘也。

又　首尾兩和差分　假如有十人，挨次遞減納銀。甲、乙、丙三人共納一十三兩八錢，庚、辛、壬、癸四人共納一十三兩二錢。問各應納銀數若干。

答曰：甲納銀四兩八錢，乙納四兩六錢，丙納四兩四錢，丁納四兩二錢，戊納四兩，己納三兩八錢，庚納三兩六錢，辛納三兩四錢，壬納三兩二錢，癸納三兩。

術：先定甲爲九衰，乙八衰，丙七衰，共二十四衰。庚三衰，辛二衰，壬一衰，共六衰。此皆以較而言，蓋甲多于癸九數也。即以三人二十四衰一十三兩二錢列于左。次以右上編乘左中，得一十八衰。又乘左下，得三十九兩六錢。次以左上編乘右中，得九十六衰。又乘右下，得五十五兩二錢。以兩下對減，餘七十五兩六錢，爲寔。兩中對減，餘七十八衰，爲法。除之，湯二錢，爲十人挨次遞減之數。另以三人除一十三兩八錢，得四兩六錢。減二錢，爲丙數。以下挨次減之，得各人應納之數。

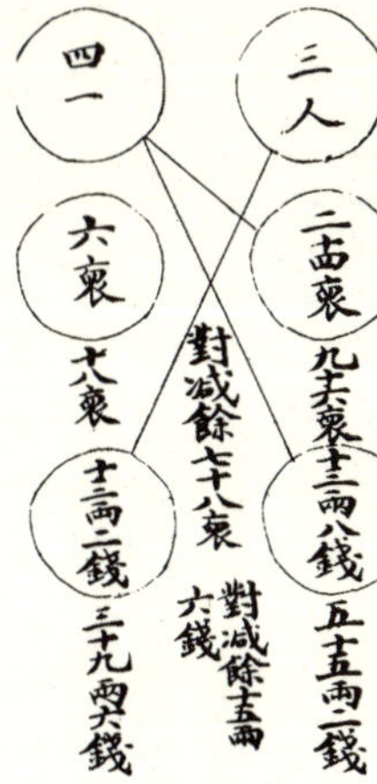

首三人、尾四人兩數不齊，不可相減。以求首、尾相差之數，故互乘，以齊之。夫左下尾四人共納之數也。以右上三人乘之，即三倍尾四人爲一十二人之數，其右下首三人共納之數也。以左上四人乘之，即四倍首三人，亦爲十二人之納數。對減之餘，即首十二人多于尾十二人之納數。故以之爲寔。左中尾四人之衰數，以右上三人乘之，得十八，即三倍尾四人，爲一十二人之衰數。右中首三人之(數)衰[數]，以左上四人乘之，得九十六。即四倍首三人，亦爲十二人之衰數。對減之餘，即首十二人多于尾十二人之衰數，故以之爲法。除寔，而得一衰之銀數，即十八，挨次遞減之數也。後以右上三人除右下納數者，蓋乙多于丙之數即甲多于乙之數也。減甲之多補丙之少，則成三平數。乙居甲、丙之中，原爲平數。故三除之，而即得乙數也。

又 帶分子母差分：假如有布一十二萬四千四百八十五疋，給散軍士。每三名給袄布七疋，每四名給褌布五疋。問軍數共若干。

答曰：軍士共三萬四千七百四十名。

術：以三名、七疋列于右，四名、五疋列于左。先以右上互乘左下，得一十五。左上互乘右下，得二十八。兩數相併，得四十三，爲法。另以三名、四名相乘，得一十二名。與共布相乘，得一百四十九萬三千八百二十疋，爲寔。以法除之，得三萬四千七百四十名，爲軍士共數。

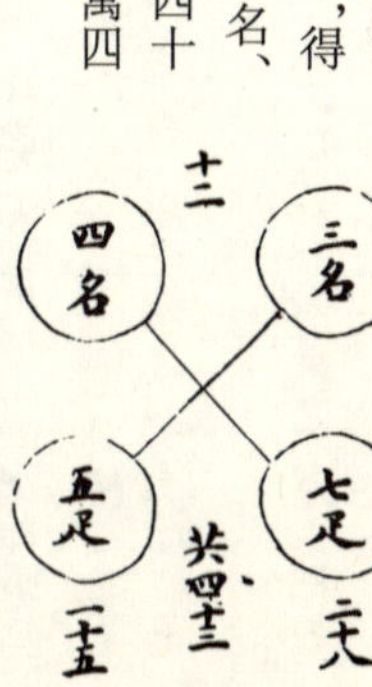

十二爲三名者四，當給袄布二十八疋。爲四名者三，當給褌布一十五疋。是每軍士十二名給布四十三疋也。反之，每給布四十三疋，得軍士十二名。故十二乘四十三，除，得軍士之數也。

又 (又術)假如有甲、乙、丙三人納銀，令乙納甲數六分之五，丙納甲數四分之三，乙多丙銀八兩。問共銀若干數及各應納若干。

答曰：共銀二百四十八兩，甲納銀九十六兩，乙納銀八十兩，丙納銀七十二兩。

術：以母六子之五列于右，母四子之三列于左。以右上互乘左下，得一十八。左上互乘右下，得二十。右上與左上相乘，得二十四。以十八與二十相減，餘二，爲法。另以乙多丙納八兩爲寔。以法除之，得九十六兩，爲甲數。再以甲數爲寔，以子之五乘之，得四百八十。以母六除之，得八十兩，爲乙數。又置甲數爲寔，以子之三乘之，得二百八十八。以母四除之，得七十二兩，爲丙數。三數得二百四十八兩，爲共數。

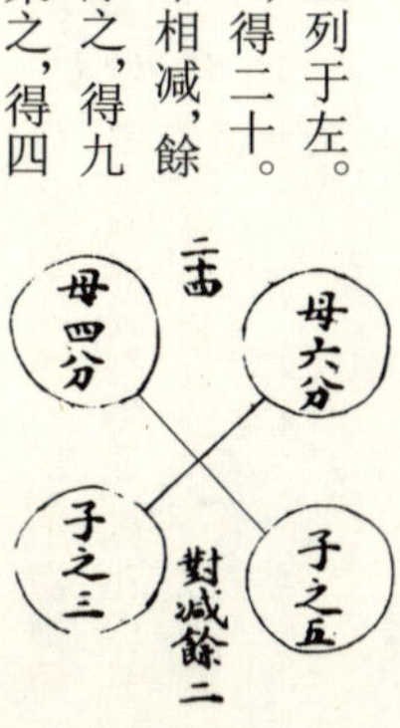

此借比例以求真數也。二十四與二十，六分之五也。二十四與十八，四分之三也。六分之五之二十較四分之三之十八，多二。六分之五之(一)數，四分之三之丙數，多八兩。？則二十四之[與]甲數，二十之與乙數，十八之與丙數，其比例皆若二與八也。故八乘二除，而得真數也。

又 **卷九《均輸》** 方物之貴賤：假如有米九百石，令甲、乙二處以米價之貴賤均納之。甲處米每石價五錢，乙處米每石價七錢。問各納米數若干。

答曰：甲應納米五百二十五，石乙應納米三百七十五石。

術：以共米爲實。以甲價五錢、乙價七錢相併，得一兩二錢，爲法。除之，得七十五。以甲價與七十五相乘，得三百七十五石，爲甲納米數。以乙價與七十五相乘，得五百二十五石，爲乙納米數。

又　假如有雞兔同籠，不知其數。但知共頭七十，共足一百八十二。問雞、兔各若干。

答曰：雞四十[九]隻，兔二十一隻。

術：先定雞爲二足，兔爲四足。即以二乘共頭，得一百四十。與共足相減，餘四十二。折半，得二十一，即兔數。又以四乘共頭，得二百八十。與共足相減，餘九十八。折半，得四十九，即雞數。以二乘共頭者，兔爲四足也。兔爲雞加倍之比例。故倍頭數，減足，而以數折半，即得也。

又　附：和較三率法：凡數分合，不外三率。而互和難測，則立較以測之，立中率以較之，而又互置較位以求之。

又　（一術）假如甲金一兩，準銀十五兩。乙金一兩，準銀十二兩。今鎔爲一處，使金一兩準銀十四兩。問甲、乙金各若干。

答曰：甲金三分兩之二，乙金三分兩之一。

術：先以甲金準銀十五兩。與和金準銀十四兩。相減，得較一兩。次以乙金準銀十二兩。與和金準銀十四兩。相減，得較二兩。即以甲、乙兩較相（並）[併]，得三兩，爲首率。以一兩爲二率，甲較爲乙之三率，乙較爲甲之三率，求之，得數。合問。

又　（二術）假如玉率方寸重七兩，石率方寸重六兩。今有璞方三寸，重一百七十六兩。問玉、石各若干。

答曰：玉九十九兩，石七十八兩。

術：先以璞方三寸自乘，再乘，得二十七寸。以玉率七乘之，得一百八十九兩。另以石率六乘二十七寸，得一百六十二兩。即以璞重一百七十六兩。與玉率所乘得數一百八十九兩。相減，得玉較。一十三兩。次以璞重一百七十六兩。與石率所乘得數一百六十二兩。相減，得石較。一十四兩。以玉、石相較相（並）[併]，得二十七，爲首率。立方二十七寸爲（一）[二]率。玉較爲石之三率，求得石一十三兩。以石率乘之，得石重七十八兩。石較爲玉之三率，求得玉十四兩。以玉率乘之，得玉九十八兩之重。

又　（三術）假如金率方寸十六兩，銀率方寸十二兩。金有銀裹金，方四寸，共重九百四十兩。問金、銀各若干。

答曰：金五百四十四両，銀三百六十兩。

術：先以金四寸自乘，再乘，得六十四寸。以銀一十二両乘之，得七百六十八兩。以金率一十六両乘六十四寸，得一千〇二十四。即以共重九百四両與金率所乘得數一千〇二十四相減，得金較一百二十。以共重九百〇四両。與銀率所乘得數七百六十八兩。相減，得銀較。一百三十六兩。以兩較相併，得二百五十六，爲首率。立方六十四寸爲二率。金較爲銀之三率，銀較爲金之三率。求得金三十四寸，銀三十寸。各以其通率乘之，得各重數。

又　（四術）假如有金鑄一器，共重三百兩，俱九六色。今有甲金九九色，乙金九一色，欲合九六色鑄之。問甲、乙二等金各重若干。

答曰：九九色甲金一百八十七兩五錢，

九一色乙金一百一十二兩五錢。

術：以九六色立爲中率。以甲金九九色與九六色相減，餘三，爲甲較。又以乙金九一色與九六色相減，餘五，爲乙[較]。（金一百一十二兩五錢爲九一色數仍）（並）[併]較八爲首率。共重三百兩爲二率。乙較爲甲之三率。求得甲金一百八十七兩五錢爲九九色數。[仍併較八爲首率。共重三百兩爲二率。甲較爲乙之三率。求得金一百一十二兩五錢爲九一色數]。

又　（五術）假如綠緞每丈價四兩，青緞每丈價六兩，紅緞每丈價十兩。今有銀四百八十兩，買緞八十丈。問各若干。

答曰：綠緞三十二丈，青緞三十二丈，紅緞一十六丈。

術：先以八十丈爲法，以除総銀四百八十兩，得每丈價銀，六兩。立爲中率。次以綠與紅互乘，得四。青又與紅互乘，得六。即以綠價四兩。與中率六兩。相減，（與）餘二，爲綠較。以青價六兩。與中率相減，餘乘得六作圈。以紅價十兩。與中率相減，得四，爲紅綾。再以紅價十兩。與青圈相互乘，得十兩。以之與中率相減，又得四，爲紅綾較。併之，得一十，爲較積。以較積爲首率，總丈八十爲二率，紅綾四爲綠之三率，求得綠緞三十二丈。又以較積爲首率，總丈爲二率，紅綾四爲青之三率，求得青緞三十二丈。又以較積爲首率，總丈八十爲二率，綠較二爲紅之三率，求得一十六丈，即紅緞之數。

又　（六術）假如漏壺上注，下洩，塞下竅，注水四時而滿。開下竅洩水六時而盡。若上注下洩相並，問幾時可滿。

答曰：十二時。

術：以三次測之。先以四時爲首率，一壺爲二率，一時爲三率，求得一時所注之水乃四分壺之一。次以六時爲首率，一壺爲二率，一時爲三率，求得一時所洩之水乃六分壺之一。即以四之一與六之一相減，得十二分之一，爲首率。一時爲二率，一壺爲三率，求得十二時。以四時較六時，則有二時不洩。欲得六時俱不洩，必須三四注四時矣，亦合十二時。

又 問：上注下洩，四時滿幾分。

答曰：六時盡者四時三分之二，以除全壺，餘三分之一，爲水滿哉。

又問：如塞下竅三時而滿，開下竅八時而盡。若上注下洩，幾時可滿。

曰：以三時滿者一時之率三之一。以八時盡者一時之率八之一。就三之一減八之一，餘二十四之五，爲一時之率，則全壺得四時又五分時之四也。

又問：一壺既以三時而滿，如四時又五分時之四，可滿幾壺。

曰：滿一壺又十五分之八。

又問：八時盡一壺。若四時又五分時之四該幾何。

曰：此五分壺之三，即于前數一時滿一壺者除之，便得。

又問：八時盡一壺，三時得幾何。

曰：三時洩得八分之三。以除全壺，餘八分之五，是三時滿八分之五。

又問：三時滿八分之五，則全壺幾時滿。

曰：四時又五分時之四也。

又 田地之多寡：假如四縣共派糧八百四十石，各照田畝多寡均納之。甲田三千六百三十五畝，乙田二千四百六十六畝，丙田三千五百七十七畝，丁田四千三百二十二畝。問各納若干。

答曰：甲二百一十八石一斗，乙一百四十七石九斗六升，丙二百一十四石六斗二升，丁二百五十九石三斗二升。

術：以四縣田畝相併，得一萬四千畝，爲首率。總糧爲二率，各縣之田畝爲三率，而得各人應納之糧，爲四率。術爲以總畝比總糧，若各人之田畝與各人應納之糧也。

又如有甲、乙、丙三人，以田畝多寡均輸應一年差役。甲田三百五十畝，乙田二百八十畝，丙田一百七十畝。問各人應役幾時。

答曰：甲一百五十七日半，乙一百二十六日，丙七十六日半。

術：以三人田畝相併，爲首率。以一年通作三百六十日，爲二率。各人之田畝爲三率，而得各人應役之日，爲四率。

又如有衆人輸銀，首出八兩，以下各加一，至六十兩止。問人數及共銀若干。

答曰：五十三人，共輸銀一千八百二兩。

術：以八兩與六十兩相併，得六十八兩，爲實。另以六十兩內減去八兩，餘五十二兩。再加入首次以下所加一兩，得五十三兩，爲法。(除)[除]之，實得三千六百〇四。折半，得一千八百〇二兩，即共輸銀數。其爲法之五十三兩，即五十三人也。

清・汪訒菴《指明算法》卷下 今有張、李二人合夥賣薑，張三千八百四十二斤，李(一)[二]千六百三十八斤，共薑六千四百八十斤，共賣銀五十四兩四(伐)[錢]三分二厘。問各該銀若干。

答曰：張該(艮)[銀](二)[三]十二兩二(伐)[錢]七分三厘八毫，
李該(艮)[銀]二十二兩一(伐)[錢]五分九厘二毫。

法曰：置揔銀五十四兩四(伐)[錢]三分二厘。爲實，以薑共六千四百八十斤。爲法，除之，得每斤八厘四毫，爲法。則另以張、李各薑数爲實，以八厘四毫乘之，即得各銀數。合問。

又 今有趙、錢、孫、李四人合本經營，趙出本銀三十五兩，(伐)[錢]出本銀二十八兩，孫出本銀四十二兩，李出本銀六十五兩，共本一百七十兩。至年終共得利銀七十六兩五(伐)[錢]，問各該利銀若干。

答曰：趙該利銀一十五兩七錢五分，
錢該利銀一十二兩六(伐)[錢]，
孫該利銀一十八兩九(伐)[錢]，
李該利銀二十九両二(伐)[錢]五分。

法曰：置利銀七十六両五(伐)[錢]爲實，以四人共本銀一百七十両爲法，除之，得四(伐)[錢]五分，爲每両之利。就以此爲法，以乘各人原本。合問。

又 今有元、亨、利、貞四人合夥同(商)[商]，因各人本銀不齊，前後付出：元于正月付出本銀三十両，亨于四月付出本銀六十両，利于六月付出本銀八十両，貞于八月付出本銀九十両，四。共本銀二百八十両。至年終得利銀五十三両七(伐)[錢]五分，問各該利銀若干。

答曰：元該利銀一十五両，亨該利銀一十三両五(伐)[錢]，利該利銀一十四兩，貞該利銀一十一兩二(伐)[錢]五分。

法曰：置捴利銀五十三兩七(伐)[錢]五分，爲實。另置元本五十兩，以十二個月通之，得六十兩。又置亨本六十兩，以九個月通之，得五十四兩。再置利本八十兩，以七個月通之，得五十六兩。又再置貞本九十兩，以五個月通之，得四十五兩，共併得二百一十五兩，爲法。除實，得二(伐)[錢]五分。此乃是每年每兩之利也。就以此爲法，以乘元通六十兩，(㳁)[得]利一十五兩。又乘亨通五十四兩，得利一十三兩五(伐)[錢]。再乘利通五十六兩，得利一十四兩。復乘貞通四十五兩，得利一十一兩二(伐)[錢]五分。合問。

又 今有周、吴、鄭、王四人同商，前後付出本銀：周于甲子年二月初六日付出本銀四十兩，吴于乙丑年五月十八日付出本銀六十兩，鄭于丙寅年八月十二日付出本銀九十兩，王于丁卯年十一月二十七日付出本銀一百二十兩，四。共本銀三百一十兩。至戊辰年終，共得利銀一百五十兩。問各利銀若干。

荅曰：周該利銀三十八兩七(伐)[錢]六分三七毫零五忽二微，

吴該利銀四十二兩九(伐)[錢]一分二厘六毫三絲七忽九微，

鄭該利銀四十二兩四(伐)[錢]一分九厘二毫四絲一忽一微五纖，

王該利銀二十五兩九(伐)[錢]零六厘三毫八絲九忽七微。

法曰：置利銀一百五十兩，爲實。另置各人年、月、日数，照依前法，歸日如月，除月如年。零位之零併年，以乘原本。合問。

周計四年十個月零二十四日。先歸日，後除月。又原本通得一百九十六兩。吴計三年七個月零二十二日。先歸日，後除月。又原(左)[本]通得二百一十七兩。鄭計二年四個月零一十八日。先歸日，後除月。又原本通得二百一十四兩五(伐)[錢]。王計一年一個月零三日。先歸日，後除月。又原本通得一百三十一兩。將四(八)[人]年、月、日通得之数，共併得七百五十八兩五(伐)[錢]，爲法。除實，得一(伐)[錢]九分七厘七毫五絲八忽七微，即是每年每兩之利也。就以此又爲法，以乘各人通得之数。合問。

又 今有銀五百七十兩，買紗、紬。議要紗 停，紬二停。其紬每疋價二兩七(伐)[錢]，紗每疋價二兩二(伐)[錢]。問二色(併)[疋]、價若干。

荅曰：紬一百五十疋，價四百零五兩。

紗七十五疋，價一百六十五兩。

法曰：置銀五百七十兩，爲實。另置紬價，以二因之，得五兩四(伐)[錢]。併入紗價二兩二(伐)[錢]，共七兩六(伐)[錢]，爲法。除實，得紗七十五疋。倍之，得紬一百五十疋。各以原價乘之，得價。合問。

又 今有銀二百零七兩五(伐)[錢]四分，糴米、麥、豆三色。議要米一分，麥二分，豆三分。其米每斗價八分六厘，麥每斗價六分五厘，豆每斗價四分八厘。問三色併價各若干。

荅曰：米五十七石六斗五升，價四十九兩五(伐)[錢]七分九厘，

麥一百一十五石三升，價七十四兩九(伐)[錢]四分五厘，

豆一百七十二石九斗五升，價八十三兩零一分六厘。

法曰 置捴銀爲實。另置麥價，以二因之，得一(伐)[錢]三分，又置豆價，以三因之，得一(伐)[錢]四分四厘，米價八分六厘。併三價，得三(伐)[錢]六分，爲法。除實，得五十七石六斗五升，爲米数。以二因之，得麥数。再以三因之，得豆数。各以原價乘之，得各價。合問。

又 今有官米一百三十石零八斗八升，令三等人户出納：上等三十五户，每户出納五分。中等五十户，每户出納三分。下等八十四户，每户出納一分。問各等户米若干。

荅曰：上等每户一石六斗，共五十六石。

中等每户九斗六升，共四十八石。

下等每户三斗二升，共二十六[石]八斗八升。

法曰：置捴米爲實。另置上等三十五户，五因，得一百七十五。中等五十户，三因，得一百五十。下等八十四户，得八十四。三。共併，得四百零九，爲法。除實，得一斗一升，是下等一户所出之数。三因，得九斗六升，是中等一户所出之数。五因，得一石六斗，是上等一户所出之数。各以户数乘之，得各等其数。合問。

又 今有軍四萬二千八百四十名，共支米、麥、豆三色。(尺)[只]云四人支米三石三斗，七人支豆八石，九人支麥六石七斗，問各該若干。

荅曰：米三萬五千三百四十三石，

豆四萬八千九百六十石，

麥三萬一千八百九十二石。

法曰：置軍数。列三位。一位以[四]除之，得一萬零七百一十。以三三因

之，得米(四)[三]萬五千三百四十三石。一位以七除之，得六千一百二十。以八因之，得豆四萬八千九百六十石。一位以九除之，得四千七百六十。以六七因之，得麥三萬一千八百九十二石。合問。

又　今有銀三百一十四兩二(伐)[錢]八分。今三等人户出之：上等比中等多出七分，中等比下等多出五分。上等二十户，中等四十户，下等八十三户。問名等户、銀若干。

荅曰：上等二十户，每户四兩一(伐)[錢]三分一厘，共八十二兩六(伐)[錢]二分。

中等四十户，每户二兩四(伐)[錢]三分，共九十七兩二(伐)[錢]。

下等八十三户，每户一兩六(伐)[錢]一分，共一百三十四兩四(伐)[錢]六分。

法曰：置揔銀爲實。另置上等二十户，比中等多出七分，加七，作三十四。併(八)[入]中等四十户，共七十四。又以中等比下等多出五分，加五，作一百一十一。併下等八十三户，共一百九十四，爲法。除實，得一兩(大)[六](伐)[錢]二分，是下等一户所出之数。加五，得二兩四(伐)[錢]三分，是中等一户所出之数。再加七，得四兩一(伐)[錢]三分一厘，是上等一户所出之數。各以户数乘之，得各等共數。合問。

又　今有米二百七十三石六斗。令五等人户出之：第一等[六户]，每户十分全出。第二等[十二户]，每户出八分。第三等[二十四户]，每户出六分。第四等[三十八户]，每户出四分。第五等[六十二户]，每户出二分。問各等户米若干。

荅曰：第(五)[一]等六户，每户四石七斗五升，共二十八石五斗。

第二等十二户，每户三十八斗，共四十五石六斗。

第三等二十四户，每户二石八斗五升，共六十八石四斗。

第四等(二)[三]十八户，每户一石九斗，共七十二石一斗。

第五等六十二户，每户九斗五升，共五十八石九斗。

法曰：置揔米爲實。另置第一等六户，以十分因之，得六十。第二等一十二户，以八分因之，得九十六。第三等二十四户，以六分因之，得一百四十四。第四等三十八户，以四分因之，得一百五十二。第五等六十二户，以二分因之，得一百二十四。併五位，共五百七十六分，爲法。除實，得四斗七升五分，爲一分数。就以此爲定数。以十因之，得四石七斗五升，是第一等一户所出之數。以八因之，得三石八斗，是第二等一户数。以六因之，得二石八斗五升，是第三等一户数。以四因之，得一石九斗，是第四等一户数。以二因之，得九斗五升，是第五等一户數。各以各数乘之，得各等共数。合問。

又　今有銀三十七兩九(伐)[錢]二分，買黄、白蠟，各要均平。其黄蠟每四斤價銀五(伐)[錢]三分，白蠟每斤價銀四(伐)[錢]六分。問黄、白蠟各若干。

荅曰：黄蠟六十四斤，該銀二十九兩四(伐)[錢]八分。

白蠟六十四斤，該銀八兩四(伐)[錢]四分。

法曰：置揔銀爲實。另置黄蠟價五(伐)[錢]三分，以四除之，得每斤一(伐)[錢]三分二厘五毫。併白蠟價四(伐)[錢]六分，共五(伐)[錢]九分二厘五毫，爲法。除實，得黄、白蠟各六十四斤。就以白蠟六十四斤，以每斤四(伐)[錢]六分乘之，得價二十九兩四(伐)[錢]四分。再置黄蠟六十四斤，以價五(伐)[錢](二)[三]分乘之，得三十三兩九(伐)[錢]二分。又以蠟四斤爲法，除之，得價八兩四(伐)[錢]八分。合問。

又　今有銀七十六兩八(伐)[錢]，糴米、麥、豆、粟四色，各要均平。米價每石八(伐)[錢]，麥價七(伐)[錢]，豆價五(伐)[錢]，粟價四(伐)[錢]。問各若干。

荅曰：米三十二石，該銀二十五兩六(伐)[錢]。

麥三十二石，該銀二十二兩四(伐)[錢]。

豆三十二石，該銀一十六兩。

粟三十二石，該銀一十二兩八(伐)[錢]。

法曰：置揔銀爲實。併米、麥、豆、粟價，共二兩四(伐)[錢]，爲法。除之，得每色三十二石之数，各以價乘之，得各銀数。合問。

又　今有芝蔴每石價一兩二(伐)[錢]，米每石價九(伐)[錢]五分，豆每石價七(伐)[錢]二分。令三色以價均扣算，問該蔴、米、豆各若干。

荅曰：蔴六斗八升四合，該銀八(伐)[錢]二分零八毫。

米八斗六升四合，該銀八(伐)[錢]二分零八毫。

豆一石一斗四升，該銀八(伐)[錢]二分零八毫。

法曰：先置蔴、豆價相乘，得八斗六升四合。退位爲米数。又以米、豆價相乘，得六斗八升四合。退位爲蔴数。再以蔴、米價相乘，得一石一斗四升。退位爲豆数。各以價乘之。合問。

又　今有米三千五百石，每石脚價銀五分。因無存銀，却将原米抽出准還。照原米價每石六(伐)[錢]五分扣算还脚。问主、脚各若干。

荅曰：主米三千二百五十石，脚米二百五十石。

法曰：置米三千五百石，以脚價五分乘之，得一百七十五兩，是脚銀数，爲實。扣将米價六(伐)[錢]五分，併脚價五分，共七(伐)[錢]，爲法。除实，得脚價米二百五十石。以(織)[減]捴米三千五百石，餘三千二百五十石，爲主米。合問。

又　今有銀二千六百九十兩，令二等人户四六納之。問各納銀若干。

荅曰：上等户該銀一千六百一十四兩，下等户該銀一千零七十六兩。

法曰：置銀爲實。以六因之，得上户数。以四因之，得下户数。合問。

又　今有銀七百八十六兩六(伐)[錢]，買到米、麥共九百二十石。只(去)[云]米每石價九(伐)[錢]三分，麥每石價六(伐)[錢]八分。問米、麥各該若干。

荅曰：米六百四十四石，價銀五百九十八兩九(伐)[錢]二分。

麥二百七十六石，價銀七百八十七兩六(伐)[錢]八分。

法曰：置米、麥共九百二十石，以米價九(伐)[錢]三分乘之，得八百五十五兩六(伐)[錢]。減去捴銀，餘六十九兩，爲實。另以米價内減麥價，餘二(伐)[錢]五分，爲法。除之，得麥二百七十六石。却以米、麥九百二十石内減麥数，餘六百四十四石，爲米数。各以原價乘之。合問。

又　今有銀四十五兩八(伐)[錢]，共買到銅、錫一萬三千八百六十二兩。只(去)[云]每銀一(伐)[錢]買銅二十八兩，每銀一(伐)[錢]買錫三十四兩。問各若干。

荅曰：銅七千九百八十兩，價銀三十八兩五(伐)[錢]。

錫五千八百八十二兩，(伐)[價]銀三十七兩三(伐)[錢]。

法曰：置捴銀四十五兩八(伐)[錢]，以銅每(伐)[錢]二十八兩乘之，得一萬二千八百二十四兩。以減捴物，餘一千零三十八兩，爲實。另以銅、錫数相減，餘六兩，爲法。除實，得錫價一十七兩三(伐)[錢]。却于捴銀四十五兩八(伐)[錢]内減去一十七兩三(伐)[錢]，餘一十八兩五(伐)[錢]，爲銅價。各以每(伐)[錢]買数乘之。合問。

又　今有銀一千三百三十七兩五千，買到米、麥、豆共一千九百六十五石。米每石價八(伐)[錢]五分，麥每石價六(伐)[錢]四分，豆每石價四(伐)[錢]五分。問三色各若干。

荅曰：米八百二十二石，該銀六百九十八兩七(伐)[錢]。

麥六百六十五石，該銀四百一十九兩二(伐)[錢]。

豆四百八十八石，該銀二百十九兩六伐[錢]。

法曰：此三色差分。先置一千九百六十五石，以三十除之，得六百五十五石。就定中爲麥数及價，却于一千九百六十五(担)[石]内減麥六百五十五石，餘一千三百一十(担)[石]。又于捴銀一千三百三十七兩五(伐)[錢]内減去麥價四百一十九兩二(伐)[錢]，餘九百一十八兩三(伐)[錢]。以貴賤(盖)[差]分算之：置餘一千三百一十(担)[石]，以米價八(伐)[錢]五分乘之，得一千一百一十三兩五(伐)[錢]。減去九百一十八兩三(伐)[錢]，餘一百九十五兩二(伐)[錢]，爲實。以米價八(伐)[錢]五分減豆價四(伐)[錢]五分，餘四(伐)[錢]，爲法。除之，得四百八十八石，爲豆数。却于一千(二)[三]百一十(非)[石]内減豆四百八十八石，餘八百二十二石，爲米数。各以原價乘之。合問。

又　今有綾、羅、紗、絹二百四十疋，共價四百九十五兩六(伐)[錢]。只云綾每疋價二兩六(伐)[錢]，羅每疋二兩三(伐)[錢]，紗每疋一兩八(伐)[錢]，絹每疋一兩三(伐)[錢]。問四色各若干。

荅曰：綾七十二疋，該銀一百八十七兩二(伐)[錢]。

羅六十疋，該良一百三十八兩。

紗六十疋，該銀一百零八兩。

絹四十八疋，該艮六十二兩四(伐)[錢]。

法曰：此四色差分。先置二百四十疋，以四除之，得六十疋。就定中物羅、紗二色及價，却于二百四十疋内減羅、紗共一百二十疋，餘一百二十疋。又于共價四百九十五兩六(伐)[錢]内減去羅價一百三十八兩、紗價一百零八兩，餘二百四十九兩六(伐)[錢]。以貴賤差分算之：置餘一百二十疋，以綾價二兩六(伐)[錢]乘之，得三百一十二兩。減去二百四十九兩六(伐)[錢]，餘六十二兩四(伐)[錢]，爲實。另以綾價二兩六(伐)[錢]減絹價一兩三(伐)[錢]，爲法。除之，得四十八疋，爲絹数。却于一百二十疋内減絹四十八疋，餘七十二疋，爲綾数。各以原價乘之。合問。

清・屠文淯《九章録要》卷五《差分法》　一分遞加減衰分以最少者一分之數

遞加成多。若從多者遞減，則減至最少者，而減盡也。

法：以一爲首衰，從少者起算。自一而二，而三、四遞加，爲各等衰。并之，爲總衰。以爲一率，總實爲二率，各等衰爲三率，求得四率，即各等數。

又 假如有銀七十二兩，甲、乙、丙、丁、戊五人以一分遞加、減分之。問各幾何。

一率 一十五總衰。衰分章三率法獨有。宜先以一率除二率者。

二率 七十二總實。一率除二率，得四兩八錢。

三率 五甲衰。 四乙。 三丙。 二丁。 一戊。

四率 二十四兩 一十九兩二錢 一十四兩四錢 九兩六錢 四兩八錢

右各等中，倘復各自有數不齊者，先以各衰乘之，爲各總衰，然後并爲大總衰。

假如有糧二千四百石，甲、乙、丙、丁四等户依前例輸之。甲等二十户，乙等三十户，丙等四十户，丁等五十户。則以甲衰四、乙衰三、丙衰二、丁衰一各乘本等户數，爲各總衰：甲得八十，乙九十，丙八十，丁五十。并，三百，爲大總衰。列一、二率如前。若以各總衰爲三率，即得各等總數。以各衰爲三率，即得各等每户數。以下諸法倣此。

又 減半衰分乙當甲之半，丙又當乙之半也。

法：以一爲首衰。自一，而二乘之，又二乘之，爲各等衰。以一，二乘，得二。以二，二乘得四。并之，得七。餘倣此。列率乘除如前。

又 二八衰分甲視乙爲八與二，乙視丙又爲八與二也。

法：以二爲首衰。自二，而四乘之，又四乘之，爲各等衰。以二，四乘，得八。以八，四乘，得三十二。并之，得四十二。餘倣此。列率乘除如前。

又 四六衰分同上。

法：以四爲首衰。自四，而六乘之，四除之。又六乘，四除之。或以一，又二之一乘之，亦同爲各等衰。以四，六乘，四除，得六。以六，六乘，四除，得九。并之，得一十九。餘倣此。乘除如前。

又 三七衰分同上。

法：以三爲首衰。自三，而七乘之，三除之。又七乘，三除之，爲各等衰。以三，七乘，三除，得七。以七，七乘，三除，得一十六又三分之一。并之，得二十六又三之一。餘倣此。乘除如前。或厭零分多者，就首衰之數，以三乘之法通之。如甲、乙二等衰分，不必言。如甲、乙、丙三等衰，則三乘首衰之三，得九爲首衰。甲、乙、丙、丁四等衰，則又三乘九，得二十七，爲首衰。甲、乙、丙、丁、戊五等衰，則又三乘二十七，得八十一，爲首衰。每多一等，則首衰多三乘一番。既增廣其首衰，然後用七乘，三除，以求各等之衰，可以省零分矣。

又 十分之六遞減衰分

法：以一爲首衰。此從多者起算，所謂首衰之一，亦與前一爲首衰者不同。前一只是一數，此則無定之數也。遇二等衰則爲一十，三等衰則爲一百，四等衰則爲一千，以爲首衰。乃自一，而六乘之，十除之。又六乘，十除之，爲各等衰。以一百，六乘，十除，得六十。以六十，六乘，十除，得三十六。并之，得一百九十六。餘倣此。乘除如前。凡十分之七或八、九諸數遞減衰分，俱準此推之，不別爲法，以滋繁瑣。

又 減半，二八，四六，三七，十分之六各衰分，以首尾二數求總實。「減半衰分」亦名「倍加衰分」。蓋言其自多而少，則曰「減半」。言其自少而多，則曰「倍加」，亦曰「二乘加」。二八衰分是「四乘加」也。四六衰分是「一又二之一乘加」也。零分法：「一又二之一」化爲「二之三」。乃用子乘，母除，則當三乘，二除。猶之六乘，四除也。三七衰分是「二又三之一乘加」也。零分法：二又三之一化爲三之七。乃用子乘，母除亦是七乘，三除也。十分之六遞減衰分是「一又三之二乘加」也。零分法：一又三之二化爲三之五，乃用子乘，母除，則當五乘，三除。猶之十乘，六除。以此遞加與六乘十除遞減同耳。以上所云幾乘加者，但取衰分之數，以少除多即得之。假如三七衰分，以三除七，得二又三之一。十分之六衰分，以六除十，得一又三之二，即所云幾乘加也。 若各衰分止舉首尾二等最少最多之數，問總實幾何者，不必論其中間分作幾等，但以首尾數多少相減，減餘，以原乘數減一數，爲法而除之，假如原係四乘加者，以三除之。原係一又二之一乘加者，以二之一除之。原係二又三之一乘加者，以一又三之一除之。原係二乘加者，以一除之。一除固可不必除。然於法不容没此一除。恐似別爲一法也。 即得最少以至次多諸等之總實。以并最多數，即得全總實。

右例以原乘數減一數爲除法，亦不必求原乘數而減之。但以衰分之數多少相減，減餘，以少數除之，即得除法。假如三七衰分，三七相減，餘四。以三除四，得一又三之一。十分之六衰分，十、六相減，餘四。以六除四，得三之二。與原乘數減一數同。右一條新訂。

又 減半，二八，四六，三七，十分之六各衰分求隔等數，不論幾乘加，但知首等最少之數，再知中間一等之數，即可隔等而求之。假如知首等數與第六等數者，第六等數已經五度加矣。則以此數自乘，以首等數除之，即得十度加之數。倍五爲十也。凡自乘者，以倍相求。十度加乃是第十一等。若以六度加之數，第七等。自乘，以首等數除之，即得十二度加之數。第十三等。若以五度加、六度加之數相乘，以首等數除之，即得十一度加之數。五、六并爲十一也。凡二等數相乘者，并而求之。十一度加是第十二等。若以三度加、第四等。八度加第九等。之數相乘，以首等數除之，亦得十一度加之數。此謂以少求多者。或以多求少，如以十六度加之數，第十七等。以首等數乘之，開方除之，即得八度加之數。亦可以十六度加之數，以首等數乘之，以十度加之數除之，得六度加之數。蓋取以少求多之法而反用之，即是也。右一條新訂。

右求總實、求隔等數二法，凡三乘加、五乘加及十分之七、之八、之九諸數遞減衰分，準此推之，無不悉合。但必每等止一人者，乃可用耳。又如商販獲息，當母二之一，并入母銀。又獲息，每度皆同此，亦一，又二之，一乘加也。但每度加之數俱合子母而言，則當以最後一度之數爲總實，不得并諸度之數爲總實。且首一數即係原母，則一度自有一度之加。與甲、乙分金，十等人止須九度加者，亦微有辨也。

又　合率衰分：率者，衰分多寡之大率也。與三率之率自不相涉，各有取義也。蓋衰分各等之實數有所未知，而各等之大率已知，因合各率，以與總實相權而衰分得焉。不計其合，未有能分者也。然則以前諸法無非合率衰分。而此獨以合率名者，何也？前諸法若三七，若四六，皆有準則，固宜各有專名。而如左法，各等多寡之率初不以三七、四六爲準，乃不可專名，而獨名之合率也。各率爲各衰，并之，爲總衰，乘除如前。假如有銀二百四十兩，甲、乙、丙、丁四人分之。甲得九分，乙得七分，丙得五分，丁得四分。則甲衰九，乙衰七，丙衰五，丁衰四。并之，爲二十五，爲總衰也。其各等中又各有數不齊者，亦依前法。茲仍具例於左，以備參觀。

又　假如有銀七兩零八分，欲買銅一停、錫二停、鉛三停。其價銅每斤一錢八分，錫一錢三分，鉛五分。問三物各幾何。

一率　五十九總衰。　一銅價、二錫價、三鉛價，并。
二率　七百零八總價。一率除二率，得一十二。
三率　一銅衰。　二錫。　三鉛。
四率　一十二銅斤數。　二十四錫。　三十六鉛。

右總衰總價俱化兩、錢爲分者，既得三物斤數。各以價乘之，得各總價數。或以銅總衰一十八分，錫總衰二十六分，鉛總衰一十五分，爲三率。即先得各總價。乃各以價除之，亦得各斤數。

又如有銀五百九十四兩，糴米一停，麥二停，豆三停，共三百九十六石。其價米一石抵麥一石六斗，抵豆二石。問三物及價各幾何。

此須用重測法，先以米衰一，麥衰二，豆衰三，并之，得六，爲總衰，爲一率。三物共石數爲二率，各衰爲三率，求得三物各石數。米六十六，麥一百三十二，豆一百九十八。然後別求各價。其法：置三物停數，以三物相當抵之數乘除之，或益貴物以從賤則用乘，或減賤物以從貴則用除，以爲各衰。仍并之，爲總衰，爲一率。三物共價爲二率，各衰爲三率，求得三物各總價。乃以前所求三物各石數除之，即得每石價。米二兩四錢，麥一兩五錢，豆一兩二錢。

一率　三又四之三總衰。
二率　五百九十四總價兩數。一率除二率，得一百五十八又五之二。
三率　一米衰。　一又四之一麥。　一又二之一豆。
四率　一百五十八兩四錢米。　一百九十八兩麥。　二百三十七兩六錢豆。

右以米爲主，而減麥與豆以從之。米衰：一，得一。麥衰：二，以一，又五之三除之，即一六也，米一抵麥一六故。得一又四之一。豆衰：三，以二除之，米一抵豆二故。得一又二之一。并之，得三又四之三。

又式：

一率　七又二之一總衰。
二率　五百九十四總價。一率除二率，得七十九又五之一。
三率　二米衰。　二又二之一麥。　三豆。
四率　[一百五十八兩四錢，米。一百九十八兩，麥。二百三十七兩六錢，豆。]

右以豆爲主，而益米與麥以從之。豆衰：三，得三。米衰：一，以二乘之，得二。麥衰：二，以一又五之三除之，先除，以從米，再以二乘之，次乘以從豆。得二又二之一。并之得七又二之一。

又式：

一率　六總衰。
二率　五百九十四。總價。一率除二率，得九十九。
三率　一又五之三米衰。　二麥。　二又五之二豆。

四率　［二百五十八兩四錢米。一百九十八兩麥。二百三十七兩六錢豆。］

右以麥爲主，而益米、減豆以從之。麥衰：二，得二。米衰：一，以一又五之三乘之，得一又五之三。豆衰：三，以二除之，先除，以從米。次以一又五之三乘之。次乘，以從麥。得二又五之二。并之，得六。

右例或不復用米一、麥二、豆三等衰，但就三物各石數而取一數爲主。其餘則益貴減賤以從之，爲總衰。以除總價，即得其物每石之價。依法復損益之，得餘二物每石之價。如以米爲主，米六十六。麥一百三十二，以一又五之三除之，得八十二又二之一。豆一百九十八，以二除之，得九十九。并之，得二百四十七又二之一。以除總價，得二兩四錢，即米每石價也。仍以一又五之三除之，得麥價。以二除之，得豆價。若以麥、豆爲主，法並倣此。右一條新訂。

又　合率帶分母子衰分　合率衰分其間等差各帶母子分數者，自有帶分之法。假如有銀七百九十五兩，甲、乙、丙、丁四人分之：乙得甲十之七，丙得乙十四之三，丁得丙十二之十一。問各實數幾何。

其法：先并各衰分數，并各子，以乘各母，從小數并起。惟丁衰十一，無并。其丙衰係十二，又係三，則以十二并三，用三除十二，得四。即以四乘乙之十四，得五十六，爲乙衰。乙係五十六，又係七，則以五十六并七，用七除五十六，得八。即以八乘甲之十，得八十，爲甲衰。并之，得一百五十九，爲總衰。

一率　一百五十九總衰。

二率　七百九十五總銀。一率除二率，得五。

三率　八十甲衰。　五十六乙。　十二丙。　十一丁。

四率　四百　二百八十　六十　五十五

右法或遇不可并者。如云：丁得丙十三之十一，則丙衰係十三，又係三。欲以十三并三，用三除十三，除之不盡。即不用除，却以十三乘乙之十四，得一百八十二，爲乙衰。依法推得二百六十，爲甲衰。其丙之十三，丁之十一，轉須用三乘之，以爲衰：丙得三十九，丁得三十三也。

又　合率帶分，匿總實，以較求衰分：假如四人分銀，不知總實。但云：乙得甲六之五，丙得甲四之三，丁得甲二十四之一十七。其丙與丁差四兩，問各幾何。

此三母皆甲也。用并母法累乘，得五百七十六，爲甲衰。乃以乙、丙、丁之原子乘之，原母除之，以求其子。而得四百八十爲乙衰，四百三十二爲丙衰，四百零八爲丁衰。以丙、丁二衰之較爲一率，丙、丁之較爲二率。各衰爲三率。不用約法，覽之易曉。

一率　二十四

二率　四

三率　五百七十六甲。　四百八十乙。　四百三十二丙。　四百八丁。

四率　九十六　八十　七十二　六十八

右例帶分，與前例母子不同。其法互見而可相通。前亦可以較求分，此亦可以總實求分也。又凡以前諸衰分法，若匿其總實，任舉一等所得之數，或兩等所差之數，皆可倣二例而求之。

又　合率帶分，匿總實，以餘實求［衰］分：假如四人分銀，不知總實。但云：甲得八之三，乙得四之一，丙得五之一，丁得六之一，尚餘五兩。問各幾何。

此四母皆銀也。用并母法，得九百六十，爲總衰。乃以甲、乙、丙、丁之原子乘之，原母除之，而得三百六十爲甲衰，二百四十爲乙衰，一百九十二爲丙衰，一百六十爲丁衰。以四衰減總衰，餘八，爲餘銀之衰，爲一率。餘銀爲二率。各衰爲三率。率式不贅，但求得總實，即得各分數矣。

右例四母皆據總實言之，故可以餘實求總實、求分。若以前諸衰分法，不可以餘實求也。

右例亦可任舉兩等所得之較以求之。又右二例俱可用借徵法。蓋用并分法，亦借衰也。

又　一數遞加減衰分以等求總實，與一分遞加減相類。而不同者，一分爲不定之數，一數則一而已。又自此以下及同較衰分共十法，皆謂每等只一人者，與以前諸法自別。凡一數遞加，自一而二，而三、四，此不難。於衰分須求總實捷法耳。假如欲分十五等，問總實幾何。

法：以首等一以少者爲首。并末等十五，等十五，則末等所得數亦十五也。得十六。以等數乘之，折半，得一百二十爲總實。

又如有物倚牆，一面尖堆，下廣二十四枚。以首層一并下層二十四，得二十五。以層數即下廣數。乘之，折半，得三百，爲總積。前一分遞加法，若每等只一人者，亦可用此以求總實。但依法所得數須更以較數乘之，方得總實。若未經較數相乘，止得總衰，而非總實也。假如每一分銀，四兩遞加，分十五等。依法得一百二十爲總衰。更以每等之較四乘之，得四百八十，爲總實也。

又　一數遞加減衰分，以總實求等：假如總實一百二十丨，以一數遞加分之，得幾等。

法：倍實，開方除之，得十五，而餘實亦十五。即十五是等數。

又如總積物三百，欲作倚牆一面尖堆。倍積，開方，得二十四，而餘實亦二十四。即二十四是下廣數。前一分遞加法，若每等只一人者，亦可用此以求等數。但須先以每等之較數爲法，除實。而後依上法求之。假如銀四百八十兩，每一分四兩遞加分之，則先以較四除實，得一百二十。乃依法求得十五，爲等數也。

右二法謂首等數起於一者，故比之倚牆一面尖堆。若不從一數起，即各等俱以一數遞加，但謂之同較衰分，不在此例。如倚牆一面平堆，每層亦俱較一，而當依同較衰分法也。前一分遞加衰分，亦謂首等所得之一分，同於各等所差之一分也。如其不然，即是同較衰分矣。

右二法不可用之同較衰分，而下同較諸法，凡七法。則可用之一數遞加衰分也。亦可用之一分遞加之，每等只一人者。右一條新增。

又　同較衰分：不論較數幾何，但甲、乙之較，乙、丙之較，丙、丁之較各等俱同者是也。假如總實九十九，作十一等分之。各等俱較一數，問各幾何。

法：以等數減一，存十。與等數相乘，折半，得五十五。以較一乘之，仍得五十五。較一則乘，猶不乘也。而於法不可無此一乘者，爲較不止於一者而設也。以減總實，餘四十四。以等數除之，得四，爲首等數。或以并總實，得一百五十四。以等數除之，得十四，爲末等數。餘以次推之。

又　同較衰分，以等及較與首數求尾數，與尾數求首數，求總實。如前例，十一等，每等各較一。

法：以等數減一，存十。以較一乘之，仍得丨。并首數四，得尾數。減尾數十四，得首數。并首、尾數，以等數乘之，折半，得總實。

又　同較衰分，以較與首尾數求等、求總實。

法：以首尾數相減，得首尾較。以較除之，加一數，得等數。如前法求總實。

又　同較衰分，以總實及較與首尾和求等、求分。

法：以首尾和折半爲法，除總實，得等數。即以等數減一，乘較數，得首尾較。和較相減，半之，得首數。相并，半之。得尾數。

又　同較衰分，以總實及等與首尾較求較、求分。

法：倍總實，以等數除之，得首尾和。如前法求之。再以等數減一，除首尾較，得各較。

又　同較衰分，以總實及等與首幾等和或尾幾等和求較、求分。言或者首尾，不必並舉。

法：以帶和之等數乘總實，以全等數除之，所得數乃首尾幾等應得均平之數也。因衰分而多少不均，近尾者必盈，近首者必不足。而此盈、彼不足，其數必相當。故下但云與和相減，而不必問其首尾也。與和數相減。減餘，以帶和之等數折半爲法，除之。再以全等數減帶和等數爲法，除之，得各較。右一條新增。

又　同較衰分，以等與首幾等和、尾幾等和求較、求分、求總實。假如甲、乙、丙、丁、戊、己、庚、辛八人分銀，甲、乙、丙三人共一百一十一兩，庚、辛二人共四十一兩。問各較幾何，各分幾何，總實幾何。

法：以三互乘四十一，得一百二十三。以二互乘一百一十一，得二百二十二。相減，餘九十九。又以二、三相并，得五。折半，爲二又二之一。以減人數總八，餘五又二之一。又以二、三相乘，得六。以乘五又二之一，得三十三，爲法。以除九十九，得三，爲各較數。乃以甲、乙、丙和三除之，得乙數。加較，得甲數。減較，得丙數。或以庚、辛和并較，半之，得庚數。減較，半之，得辛數。次求丁、戊、己數。并八數，爲總實。右例但取首尾並舉，而或舉首尾各二人，或各三人，或各四人，或首三人、尾五人，或首七人，尾一人，任意多寡，於法皆通。即總數滿百人，而但舉首尾兩三人，亦無不可也。

又　同較衰分，令多寡齊數法：假如有銀二百七十兩，作甲、乙、丙、丁、戊五等分之。甲、乙二人數與丙、丁、戊三人數齊，問各幾何。

法：如一分遞加減列衰：甲五，乙四，丙三，丁二，戊一。乃并甲、乙衰，得九。并丙、丁、戊衰，得六。相減，較三。以二人、三人相減之，較一，爲法。除之，仍得三。較一，則亦不必除。而言除者，爲較有不止於一者也。却於五等衰，各加三數，爲各衰。并之，爲總衰。列三率求之。

一率　三十總衰。

二率　二百七十總實。一率除二率，得九。

三率　八甲衰。　七乙。　六丙。　五丁。　四戊。

四率　七十二　六十三　五十四　四十五　三十六

又　又如有銀七十兩，作甲、乙、丙、丁、戊、己、庚七人分之。甲、乙二人數與丙、丁、戊、己、庚五人數齊。問各幾何。

法：列衰：甲七，乙六，丙五，丁四，戊三，己二，庚一。并甲、乙衰，得十三。并丙、丁、戊、己、庚衰，得十五。相減，較二。而此乃五人之數多於二人，與前二人之數多於三人者不同。亦以二人、五人相減之，較三，爲法。除之，得三之二。却於五等衰，各減三之二，爲各衰。并爲總衰，如前求之。

一率　二十三又三之一。總衰。

二率　七十。總實。一率除二率，得三。

三率　六又三之一甲。五又三之一乙。四又三之一丙。三又三之一丁。二又三之一戊。一又三之一己。三之一庚。

四率　一十九甲。　一十六乙。　一十三丙。　一十丁。　七戊。　四己。　一庚。

右一條新增。按：一數遞加、一分遞加衰分，只三人。甲數與乙、丙數齊，而餘皆不能。故此法獨不可以相通也。

又　同較衰分又法：前同較衰分八法，皆謂每等只一人者。據實與等與較及首尾數更互相求，於法止可每等一人耳。若但欲衰分，則雖每等之中復有人數多寡不齊，非無法以分之。

又　假如銀三百二十四兩，甲、乙、丙、丁四等人分之：每等較三兩。甲等二人，乙等四人，丙等六人，丁等十人。問各幾何。

法：以較三乘乙四人，得十二。倍較，爲六。乘丙六人，得三十六。三乘較，爲九。乘丁十人，得九十。并之，得一百三十八。以并總實，得四百六十二。以甲、乙、丙、丁總二十二人除之，得二十一，爲甲等一人所得數。遞減較，得各等數。右一條新增。或以較三乘丙六人，較六乘乙四人，較九乘甲二人。并得六十。減總實，得二百六十四。除得十二，爲丁等數。

又　母子差分：此謂商賈以母銀得息，非帶分之母子也。假如三商共得子銀四百兩。甲母三百兩，經十箇月。乙母六百兩，丙母八百兩，俱不知月。其子銀則甲得二百兩，乙得一百二十兩，丙得八十兩。問乙、丙出母銀經幾月。

一率　二百甲子。

二率　三千甲母乘月數。

三率　一百二十乙子。　八十丙子。

四率　一千八百乙母，兼月數。　一千二百丙母，兼月數。

各再以母除，得月數：乙得三。丙得一又二之一。

又　又如三商共得子銀一百三十八兩，甲出母二百兩，經十二月。乙母二百四十兩，不知月。丙經十箇月，不知母。其子銀則甲得六十，乙得四十八，丙得三十。問乙月、丙母。

一率　六十甲子。

二率　二千四百甲母乘月數。

三率　四十八乙子。　三十丙子。

四率　一千九百二十乙母，兼月數。　一千二百丙母，兼月數。

乙再以母除，得八月。丙再以月除得一百二十兩。

又如三商共得子銀一千五百二十兩，甲母一千八十兩，乙母三百六十兩，丙不知母。其子銀則丙得二百四十兩。問甲、乙各子及丙母。

一率　一千四百四十甲、乙共母。

二率　一千二百八十總子減丙子，得甲、乙共子。

三率　一千八十甲母。　三百六十乙母。

四率　九百六十甲子。　三百二十乙子。

又：

一率　一千二百八十甲、乙共子。

二率　一千四百四十甲、乙共母。

三率　二百四十丙子。

四率　二百七十丙母。

又如二商共得子銀一百兩。甲母倍於乙外，又一十五兩。其子銀則甲得六十八兩，乙得三十二兩。問甲、乙母各幾何。

一率　四甲子倍乙外，又盈此數。

二率　十五甲母倍乙外，又盈此數。

三率　六十八甲子。　三十二乙子。

四率　二百五十五甲母。　一百二十乙母。

又　貴賤差分法：以貴價乘總物數，與總價數相減。餘，以貴賤價較數爲法，除之，得賤物數。或以賤價乘總物數，與總價數相減，餘，以價較數爲法，除之，得貴物數。

又　假如米每石價二兩，麥每石價一兩六錢。總銀七十四兩，買米、麥共四十石。問各幾何。

法：以米價乘總石數，得八十。減總價，得六。以米、麥價較五分兩之二爲法，除之，得一十五，是麥石數。餘爲米石數。或先求米石數亦可。

又如上酒每斗價錢三百，次酒每斗價二百二十。今欲䄍和二酒，立價二百五十。問一斗内上酒幾何，次酒幾何。

法：以上酒價減立價，餘五十。以上、次價較八十爲法，除之，得八分斗之五，爲次酒。餘八分斗之三，爲上酒也。或以次酒價減立價，算之先得上酒數，亦同。

又 匿價差分：假如總銀八百兩，買綾一百匹、羅二百匹、絹二百匹。其價：綾比羅每匹多六錢，羅比絹每匹多八錢。問三物各價幾何。

法：以羅二百匹乘羅絹價較，得一百六十兩。以綾一百匹乘綾羅、羅絹二價較，得一百四十兩。并之，得三百兩。以減總價，得五百兩。以總匹數五百除之，得一兩，爲絹每匹價。以次推得綾、羅價。或以羅二百匹乘綾羅價較，得一百二十兩。以絹二百匹乘綾羅、羅絹二價較，得二百八十兩。并之，得四百兩。以并總價，得一千二百兩。以總匹數五百除之，得二兩四錢，爲綾每匹價。又或先求羅價亦可。

又如米十四石，麥十八石，兩總價適等。但云米每石價多於麥三錢六分。問二物各價幾何。

法：以米、麥石數較四除價較得九分。以麥數十八乘之，得米每石價。以米數十四乘之，得麥每石價。

又如金九塊，銀十一塊，其總重適等。交换一塊，則金輕十三兩。問金銀各塊重。

法：以輕重較十三兩折半，得六兩五錢。以金銀塊數較二除之，得三兩二錢五分。以銀數十一乘之，得金每塊重。以金數九乘之，得銀每塊重。此與上米麥例同，惟折半不同耳。蓋輕重交换，較二實止較一故，須折也。

又 䄍差分法：假如出兵大小船數相等。大船每三隻載五百名，小船每四隻載三百名，共載兵四千三百五十名。問大小船各幾隻，各總載兵幾何。

一率　二千九百三隻五百名，四隻三百名。互乘，并，得兵數，爲兵總衰。
二率　一十二三隻、四隻相乘船數，爲大小船各衰。
三率　四千三百五十總兵數。
四率　一十八大小船各數。

次求大小船各總載兵數：

一率	三	四
二率	五百	三百
三率	一十八	一十八
四率	三千大船總載兵數。	一千三百五十小船總載兵數。

右例亦可先求大小船各總載兵數：

一率　二千九百三隻五百名，四隻三百名。互乘，并，得兵數，爲兵總衰。
二率　四千三百五十總兵數。

三率	二千四隻互乘五百名爲大船兵衰。	九百三隻互乘三百，名爲小船兵衰。
四率	三千	一千三百五十。

次求大小船各數：

一率	五百	三百
二率	三	四
三率	三千	一千三百五十
四率	一十八	一十八

又如出兵，左、右營兵數相等。左營用大船，每三隻載五百名。右營用小船，每四隻載三百名。共用船一百七十四隻。問左、右營兵各幾何？各總用船幾隻。

一率　二千九百三隻五百名，四隻三百名，互乘，并，得船數，約爲二十九。
二率　一十五萬五百、三百相乘，兵數，約爲一千五百。以百爲通數。
三率　一百七十四總船數。
四率　九千左右營各兵數。

次求各總用船數：

一率	五百	三百
二率	三	四
三率	九千	九千
四率	五十四左營用大船數。	一百二十右營用小船數。

右例亦可先求大小船各總數：

一率　二千九百三隻五百，四隻三百，互乘，并，得船數，爲船總衰。約爲二十九。

二率　一百七十四總船數。

三率　九百三百互乘三隻，爲大船衰。約爲九。　二千五百互乘四隻，爲小船衰。約爲二十。

四率　五十四　　一百二十

次求各總載兵數：

一率　三　　四

二率　五百　　三百

三率　五十四　　一百二十

四率　九千　　九千

又如犒師，每二十四名給牛一頭，每五名給羊一頭。共用牛、羊一千七百四十頭。問兵幾何，牛、羊各幾何。

一率　二十九二十四名一頭，五名一頭，互乘，并，得牛羊數。

二率　一百二十二十四名、五名相乘，兵數。

三率　一千七百四十牛、羊總數。

四率　七千二百兵數。

次求牛、羊各總數：

一率　二十四　　五

二率　一　　一

三率　七千二百　　七千二百

四率　三百牛數。　一千四百四十羊數。

右例初測第一率不必互乘，直以五與二十四并，得二十九。再測不必列第二率，直以二十四與五除兵數，即得牛與羊各總數。而立法必如是者，蓋此例與前二例本同一法。若從簡省，乃似別爲一法，而學者反眩惑也。

右例亦可先求牛、羊各數：

一率　二十九如前互乘，并得牛、羊數，爲牛、羊總衰。

二率　一千七百四十牛、羊總數。

三率　五五名互乘一頭，爲牛衰。　二十四二十四名互乘一頭，爲羊衰。

四率　三百　　一千四百四十

次求兵數：如前二例，不復贅。又按：右例謂兵既給牛，又給羊者。不然，則給牛之兵與給羊之兵數等者。若兩營兵一給牛，一給羊，牛、羊數等而兩營兵數不等，乃舉兩營兵總數，問兩營各數及牛、羊數。依上以一千七百四十爲兵總數，餘並同。則以二十九爲一率，以一爲二率，一與一相乘，仍得一也。以一千七百四十爲三率，求得六十爲四率，爲牛、羊各數。又或先求兩營兵各數，則以二十九爲兵總衰，爲一率。一千七百四十爲二率。二十四爲給牛兵衰，五爲給羊兵衰，爲三率。求得一千四百四十與三百，爲四率，爲給牛與給羊兵各數也。条觀前諸例，其法自備，不復詳列。

又如賞軍，每馬兵五名給紬三匹，每步兵四名給布六匹。總計馬、步兵共八千一百名，給紬、布共九千匹。問馬、步兵各幾何。紬、布各幾何？此與前例不同。蓋馬兵與步兵數既不等，紬與布數又不等也。法以馬兵五名紬三匹，步兵四名布六匹互乘，得數，相減，餘一十八，爲法。別以馬兵五名，紬三匹，馬、步總八千一百名，紬布總九千匹互乘，得數，相減，餘二萬零七百。以法除之，得一千一百五十，爲步兵及布衰。乃以步兵四名乘之，得步兵總四千六百名。以布六匹乘之，得布總六千九百匹。其餘，則馬兵及紬總數也。或以步兵四名，布六匹，馬、步總八千一百名，紬布總九千匹互乘，得數，相減，餘一萬二千六百。以法除之，得七百，爲馬兵及紬衰。乃以馬兵五名乘之，得馬兵總三千五百名。以紬三匹乘之，得紬總二千一百匹。其餘則步兵及布總數。

又如大船四櫓、四槳，小船二櫓、八槳。今但見總作櫓一百張，槳二百零八張。問大、小船各幾何。

法：以四櫓、四槳，二櫓、八槳互乘，得數，相減，餘二十四，爲法。別以大船四櫓、四槳，總一百櫓、二百零八槳互乘，得數，相減，餘四百三十二。以法除之，得一十八，爲小船數。或以小船二櫓、八槳，總一百櫓、二百零八槳互乘，得數，相減，餘三百八十四。以法除之，得一十六，爲大船數。

右例與前賞馬、步兵紬、布例同。前馬兵及紬衰、步兵及布衰在此即大、小船各數也。右一條新訂。

又如漏壺一具，上有渴烏注水，三時而滿。下有天池洩水，八時而盡。今且注且洩，問幾時可滿一壺。

法：先求一時所注、所洩之數。

一率　三時　　八時

二率　一壺　　一壺

三率　一時　　一時

四率　三分壺之一注。　八分壺之一洩。

次以一時所注、所洩，相減，餘爲一時所注之數，而求全壺滿時。

一率　二十四分壺之五
二率　一時
三率　一壺
四率　四時又五分時之四

又如依前，三時注水，滿一壺。八時洩水，盡一壺。且注、且洩，問：五時又三分時之一可滿幾何。

法：先求一時所注、所洩之數。置率如前，次以一時所注、所洩相減，餘爲一時所注之數，而求五時又三分時之一所注之數。

一率　一時
二率　二十四分壺之五
三率　五時又三分時之一
四率　一壺又九分壺之一

又如漏壺一具，下開三孔洩水。大孔四時盡一壺，次六時而盡。又次十二時而盡。若三孔俱開，則一壺須幾時盡。

法：以三孔一時所洩之數并而計之，知一時泄二分壺之一，則二時盡一壺。

一率　四時　六時　十二時
二率　一壺
三率　一時
四率　四分壺之一　六分壺之一　十二分壺之一

右例或以最小孔十二時爲主，求餘二孔所江之數。乃并而計之，知十二時盡幾壺，則知幾時盡一壺。或以中孔六時爲主，亦同。

一率　四時　六時
二率　一壺
三率　十二時
四率　三壺　二壺

又如甲、乙銀各不知數。取乙九兩與甲，即甲倍多於乙。取甲七兩與乙，則甲、乙正等。問各幾何。

法：以乙與甲九兩、甲與乙七兩并之，得十六兩。倍之，得三十二兩，是倍多之數。即以三十二兩爲乙衰。并未與甲九兩，得乙數四十一兩。以六十四兩爲甲衰。減未得乙九兩，得甲數五十五兩。右一條新訂。

又如甲、乙銀不知數。取乙四兩與甲，即甲多於乙二之一，乙二而甲三也。取甲七兩與乙，則甲、乙等。問各幾何。

法：如前，并而倍之，得二十二兩，是二之一多數。即以四十四兩爲乙衰，六十六兩爲甲衰，依前求得乙數四十八，甲數六十二。右一條新訂。

又如商販不知其母，但云每度俱獲倍息，母一得子亦一。即於中用銀三百兩。如是三度，子母俱盡。問原母幾何。

凡倍上加倍者，率三倍而一，得八。一兩，三倍之，成八兩也。四倍，則一得十六。餘準此推之。

法：以八除三百，得三十七兩五錢。以減三百，得二百六十二兩五錢，即原母數。若四度而盡者，即以十六除而減之。

按：右例立法之意，乍閱之，或未解。蓋原母倘係三百，則每度用其倍息，三度後仍存三百矣。何得子、母俱盡？須知三倍後，之三百其母爲三十七兩五錢，故於三百内減之，而餘即原母數也。一，三倍而成八。故用八除三百，得母三十七兩五錢，猶之三度折半爾。右一條新訂。

自貴賤差分至此諸例，亦可以借徵法求之，別見數條於後。

又如黄金百斤，製一鑪。既成，慮匠人盜金，和銀銷毀驗之，則損工費。乃以器貯水，令滿。已知水幾斤，即以純金百斤入器内，溢出水六十斤。加水令滿，復以銀百斤入之，溢水九十斤。再貯滿水，却以鑪入之，溢水六十五斤。問和銀及實金幾何。

法：以金、銀溢水之較三十斤，以百斤除之，得每斤溢水之較十分斤之三，爲法。以除鑪與金溢水之較五斤，得和銀數一十六斤又三分斤之二。以除鑪與銀溢水之較二十五斤，得實金數八十三斤又三分斤之一。補貴賤差分第三條。

又如犒軍，每八名給豕一頭，每六名給羊一頭，每三名給兔一頭。共用豕、羊、兔一千一百二十五頭。問兵幾何，豕、羊、兔各幾何。

法：以八名、六名相乘，爲兔衰。八名、三名相乘，爲羊衰。六名、三名相乘，爲豕衰。此所謂三維乘也。或先求兵總衰，而豕、羊、兔各以所給兵名數除之，亦同。并之，得九十爲豕、羊、兔總衰，爲一率。以八名、六名、三名累乘，得一百四十四，爲兵總衰，爲二率。豕、羊、兔總實爲三率。求得四率一千八百，爲兵總數。

豕、羊、兔各以所給兵名數除之，得各數。或以豕、羊、兔總衰爲一率，豕、羊、兔總實爲二率，豕、羊、兔各衰爲三率，即先得三物各數。乃各以所給兵名數乘之，得兵總數。按此例亦謂兵既給豕，又給羊、兔者。下例同。

又如賞軍，每八名給紬五疋，每六名給絹四疋，每四名給布三疋。共用紬、絹、布三千六百七十五疋。問兵幾何，紬、絹、布各幾何。

法：以八名、六名相乘，再以三疋乘之，爲布衰。八名、四名相乘，再以四疋乘之，爲絹衰。六名、四名相乘，再以五疋乘之，爲紬衰。或先求兵總衰，而紬、絹、布各以疋數乘之，以所給兵數除之，亦同。並之，得三百九十二，爲紬、絹、布總衰。八名、六名、四名累乘，得一百九十二，爲兵總衰。如前法求之，得兵總數一千八百。右二例與零分章并分法相似。按：此例與前例本同一法。前例豕、羊、兔俱以一頭立算，故不須以頭數與維乘數再相乘耳。但今算家相傳，僅知有前例，而無後例，則法有所窮，故特出此條。其實前例亦暗寓頭數一，回乘也。補裸差分第六，第七條。右一條新增。

清・何夢瑶《算迪》卷一　按分差分：

一、一曰二八差分。如甲、乙二人分物，甲衰二，乙衰八。併得十分，爲法。除物，得每分若干。乃以甲衰二乘之，得甲數。若以乙衰八乘之，得乙數，是也。若令甲、乙、丙三人分之，則甲衰二，乙衰八，丙衰三十二。何以知爲三十二。(日)[曰]：二之比八，若八之與三十二，皆四倍之比例也。法：以二除八，得四。而以八乘之，即得。下倣此。此乃連比例四率也。併，得四十二分。以除物，而後以各衰乘之。四人，則丁衰爲一百二十八。以二比八，若三十二與一百二十八也。五人以上可推。皆照上連比例四率法求之。

二、一曰四六差分。甲衰四，乙衰六，丙衰九，丁衰一十三半。法：倣二八差分。

三、一曰三七差分。甲衰三，乙衰七。若三人，則丙難以取衰。取衰例用連比例四率。以三除七，不盡，則難算也。遂變甲衰爲九。三个三也。乙衰爲二十一。七个三也。丙衰爲四十九。以三除二十一，而以七乘之，即得。蓋三比七，若二十一與四十九也。二十一，七个三也。四十九，七个七也。二十一，乃三乘七所得。故以三除之而必盡。此法之所以變也。若四人，則又變甲衰爲二十七，三个九也。乙衰爲六十三，七个九也。又三个二十一也。丙衰爲一百四十七，七个二十一也。又三个四十九也。丁衰爲三百四十三。七个四十九也。

按《數理精蘊・算法原本》二卷弟十六節謂：如有三、五兩數，欲求相連比例三數法。以三自乘，得九，爲甲數。以三乘五，得十五，爲乙數。以五自乘，得二十五，爲丙數。則九之比十五，九者，三个三也。十五者，五个三也。若十五之比二十五，皆三與五之比例也。十五者，三个五。二十五者，五个五也。又或以有上項，九，十五，二十五之三數，欲求弟四數法。以三乘九，得二十七。三乘十五，得四十五。三乘二十五，得七十五。復以五乘九，得四十五。五乘十五，得七十五。五乘二十五，得一百二十五。所得六數內，四十五，七十五皆相重，止用其一。則二十七，三个九也。四十五，五个九也。又三个十五也。七十五，五个十五也。又三个二十五也。一百二十五五个二十五也。之四數，亦皆三、五相連比例也。凡欲求相連比例而歸除不盡者，以此法施之。

又　遞折差分：如數人分物，甲得一千分，乙六百分，丙得三百六十分，丁得二百一十六分。並以十分之六爲率，乃六折差分也。四衰相併，得二千一百七十六分。以除總物，得每分若干。而以各衰乘之，得所求數。其二折、三折、四、八、九等折倣此。五折入下條。

又　加倍、減半差分：

一、加倍者，甲衰一，乙衰二，丙衰四，丁衰八，並加倍也。併四衰，共得十五分。以除總物，得每分若干。以各衰乘之，得所求。

如爲商三次，每次得利，比本銀加一倍。每次買田二百兩。買三次，本利恰盡。問原本若干。

曰：一百七十五兩。

法：以一爲本銀，衰數二爲第一次本利共數，四爲第二次本利共數，八爲第三次本利共數。此入之分數也。又以一分爲第三次買田之率，一个二百也。若不買田，則存此二百矣。二爲第二次買田之率，二个二百也。若不買田則得利一倍，故爲二个二百。四爲第三次買田之率。四个二百也。若不買田則得利四倍，故爲四个二百。併之，得七。以乘每次二百兩，得一千四百兩。此出之實數也。出而本利俱盡，則入之實數，止此可知。於是以入之分數八除之，而得本銀一百七十五兩。

二、減半者，甲衰八，乙衰四，丙衰二，丁衰一也。併各衰數，以除總物，見得數。乃以各衰乘之。如有銀三千一百六十兩，分與三等人。上等二十名，每名得四分。中等二十四名，每名得二分。下等三十名，每名得一分。問中等每名若干。

［曰：每名四十兩。］

法：以四爲上衰。乘二十名，得八十分。二爲中衰，乘二十四名，得四十八分。一爲下衰，乘三十名，仍得三十分。併之，共得一百五十八分。以除銀，得每分二十兩。以中衰二乘之，得中等每名四十兩。

又 一、遞加遞減差分：如有金六十兩，令五人依次遞加五兩分之。問各得若干。

曰：甲得二兩，乙得七兩，丙得十二兩，丁得十七兩，戊得二十二兩。

法：以五人分六十兩，見一人得十二兩，乃丙中率數。加五兩，爲丁數。再加五兩，爲戊數。若丙減五兩，爲乙數。再減五兩，爲甲數。蓋凡奇位，如三、五、七九之類。其中率之數，必爲平分之數也。如一、二、三，其中率二，必合三歸，平分之數。一、二、三、四、五，其中率三，必合五歸，平分之數也。

二、如有銀九百九十六錠，分給八人。自末名已上依次遞加十七錠。問首、末二人各該若干。

［曰：甲六十五錠，辛一百八十四錠。］

法：以八人除銀數，得每人一百二十四兩五錢，爲丁、戊二人相和折半之數。乃以遞加率十七折半，得八錠半。加入一百二十四錠半内，即得戊數。知戊數而餘可求。蓋遞加十七，得已、庚、辛。遞減十七，得丁、丙、乙甲者。看下圖可明。

甲六十五錠，
乙八十二錠，
丙九十九錠，
丁百一十六錠，／相併，折半，得一百二十四錠半。
戊一百三十三錠，＼加八錠半，得戊一百三十三錠。
己一百五十錠，
庚一百六十七錠，
辛一百八十四錠。

凡偶位，其中二率，相併，折半，與首、末二率相併，折半同。

又 超位加減差分：已上各款，俱有定率。此則無定。如爲商三次，初次獲利比原本多二倍，二次獲利比初次本利共數多四倍，三次獲利比二次本、利共數多三倍。共計獲本、利銀九百兩。問原本銀若干。

曰：十五兩。

法：以一分爲原本銀。如一兩。加二倍，得三分，爲初次本、利共數。如三兩。又照三分加四倍，得十五分，爲二次本、利共數。如十五兩。四、三加一十二兩。連前次本、利，共十五兩也。又照十五兩，加三倍，得六十分，爲三次本、利共數。以除九百兩，得原本銀十五兩。

又 互和折半差分：將首、末二數合併，折半，即中率也。如一、二、三。將一、三併、折，即得中率二。凡奇數倣此。

一、如有兵二萬三千八百名，令五營遞減分統。其甲營比戊營多三千三百六十名。問各營兵數。

曰：甲六千四百四十名，乙五千六百名，丙四千七百六十名，丁三千九百二十名，戊三千零八十名。

法：以五營除兵數，得四千七百六十名，爲丙營中率。又以甲多戊三千三百六十名，以四除之，得八百四十名，爲遞加遞減之數。甲多乙一个八百四十名，多丙二个八百四十名，多丁三个八百四十名，多戊四个八百四十名也。於丙營加之，得乙營數。再加之，得甲營數。若於丙營減之，得丁營數。再減之，得戊營數。

二、如有田一百九十八畝，令六人挨次遞減耕之。已比甲減三十畝。問乙數。

曰：四十二畝。

法：以六人除田數，得三十三畝，乃丙、丁中二人共耕折半之數。次以已少甲三十畝，以五歸之，得六畝。折半，得三畝。加於三十三畝，得三十六畝，爲丙耕數。再加六畝，得四十二畝，即乙耕數也。看遞加遞減差分第二條便明。

又 首尾互準差分：上法有總人、總物，有首、尾二人之較。此法有總人，無總物，有首尾二人之率，或首幾人、尾幾人之數。

一、如五人遞次分銀。但知甲得四十兩，戊得二十四兩。問乙、丙、丁各若干。

曰：乙三十六兩，丙三十二兩，丁二十八兩。

法：以四分爲甲多於戊之衰，甲多乙一分，多丙二分，多丁三分，多戊四分也。如六人，則用五衰。七人，則用六衰。爲法。以甲、戊兩銀數相減，餘十六兩，爲實。法除實，得四兩，乃遞加數也。以加戊銀，即得丁數。再加，得丙數。再加，得乙數。

一法：併甲、戊數，折半，得丙數。又併甲、丙數，折半，得乙數。又併丙、戊數，折半，得丁數。此即上互和折半之法。凡位數奇者皆可用。

二、如七人遞減運糧。但知甲、乙共運二十三石七斗，戊、己、庚共運二十六石一斗。問各若干。

曰：甲十二石二斗，乙十一石五斗，丙十石零八斗，丁十石一斗，戊九石四斗，己八石七斗，庚八石。

法：以二十三石七斗，折半，得十一石八斗五升，爲甲、乙相和、折半之數，即借爲甲運數。又以二十六石一斗，三歸之，得八石七斗，即己運數。於十一石八斗五升內，減己八石七斗，餘三石一斗五升，爲實，乃甲比己多運之數也。又以甲多己四分半爲法。甲至己共六人。照上條論之，六人應用五衰。蓋戊多己一分，丁多己二分，丙多己三分，乙多己四分。加甲多乙一分，共五分也。因甲與乙相和，折半，則甲之十一石八斗。乃減半分與乙，所存者是。據甲現存互和之十一石八斗五升言之，止多乙半分。加乙多己四分，實共四分半也。故以四分半爲法。法除實，得七斗。於己八石七斗數內減之，餘八石，爲庚數。若加之，則爲戊數。餘可知。　此條若問云：甲、乙、丙共運三十四石五斗，己、庚共運一十六石七斗。則以三歸甲、乙、丙數，得十一石五斗，爲乙數。五因己庚數，得八石三斗五升，借爲庚數。相減，餘爲實。餘三石一斗五升。餘照前法。戊多己一分，丁多己二分，丙多己三分，乙多己四分。加己多庚半分，共四分半也。若問云：甲、乙共三十三石七斗，己、庚共十六石七斗。則俱折半，借作甲數、庚數。甲十一石八斗五升，庚八石三斗五升。相減，餘爲實。餘三石五升。以五分爲法，除之。七人應用六衰。因互和、折半之故，甲止多乙半分，己止多庚半分，共少一分也。餘法照前。若問云：甲、乙二人共運若干？丁、戊、己、庚四人共運若干？則以四人運數，四歸之，爲戊、己二人互和減半之數。餘照前。

三、如有米二百四十石，令五人遞減納之。定甲、乙所納與丙、丁、戊所納等。問各數。

曰：甲六十四石，乙五十六石，丙四十八石，丁四十石，戊三十二石。

法：併甲多戊四分，乙多戊三分，得七分。又併丙多戊二分，丁多戊一分，得三分。相減，餘四分。是丙、丁二人少於甲、乙二人之分數也。則所納應比甲、乙爲少。然以二人、三人相減，餘一人，是丙、丁得一人之助，而所納遂與甲、乙等也。夫少四分，而多一人，而其數遂相等，則四分即爲戊一人之數，明矣。於是以一人爲法，四分爲實。除，得戊納米四分。加丁五分，丁多戊一分，故爲五分。丙六分，共十五分。又乙七分，甲(六)[八]分，亦共十五分。二共三十分。以除總米二百四十石，得每分八石。以甲八分因之，得六十四石。餘可知。

按：此可照上條法。以甲、乙所納一半，折半，得六十石，爲甲、乙互和、(拆)[折]半數。以丙、丁戊所納一半，三歸之，得四十石，爲丁納數。相減，餘二十石，爲實。而以二分半，爲法。除之，丙多丁一分，乙多丁二分，加甲多乙半分也。得八石，爲遞加之衰。

又 和較比例：《九章》算法。一名貴賤差分，一名貴賤相和。於和數中推和較數，因較數而成比例也。

一、如有銀四十六兩，買米、麥共五十石。米每石價銀一兩，麥每石價銀八錢。問米、麥各若干。

曰：米三十石，麥二十石。

法：以總五十石乘米價，得五十兩。與原價相減，原價少四兩。原五十石，內有麥二十石。今亦作米算之，則每石多價二錢。二十石共多價四兩。在米言之則爲多，而在麥言之則爲少也。又以五十石乘麥價，得四十兩。與原價相減，而原價多六兩。原五十石內，有米三十石。今亦作麥算，必少價六兩。在麥言之則爲少，而在米言之則爲多也。二數相併，得十兩爲一率，五十石爲二率。

一率　十兩
二率　五十石
三率　多六兩
四率　三十石

一率　十兩
二率　五十石
三率　少四兩
四率　二十石

五十石俱米，則價五十兩。若俱麥，則價四十兩。是米五十石，較麥五十石，其價多十兩也。價多十兩。而米爲五十石，則多六兩。而米爲三十石，可知矣。又價少十兩，而麥爲五十石，則少四兩。而麥爲二十石，可知矣。

又法：以二價相減，餘二錢，爲一率。以一石爲次率。又以五十石，俱用米價乘之。得五十兩。減原價四十六兩，餘四兩，爲三率。此四兩，乃以麥乘米價。每一石浮二錢之數。求得四率麥二十石。麥乘米價，每石浮二錢。夫浮二錢而麥爲一石，則浮四兩，而麥必爲二十石矣。以減總五十石，餘爲米數。若五十石皆作麥價乘之，與原價相減，不足六兩，乃米乘麥價每石損二錢之數。以二價相減，餘二錢。除之，則先得米三十石。

法：照上條。

二、如鷄、兔同籠，共足一百，即上條之共銀。共頭三十六。即上條之共五十石。問鷄、兔各足幾何。不言兔四足，鷄二足者，人所共知也。

清・劉彝程《九章實義》卷二下《以面積渾九章》 今有雞兔同籠，但知共頭三十六，共足一百。問雞、兔各幾何。

答：雞二十二隻，兔十四隻。

命共頭爲共數，蓋因雞、兔頭數等於隻數故也。命共足爲共積。兔足四，命爲貴率。雞足二，命爲賤率。題中不言各足數，因人所共知也。知此，則依前題法求之，即得。

清・何夢瑶《算迪》卷一

三、如有玉在石中，石正方四寸。自乘，再乘，得積六十四寸。即首條之共五十石。重一百六十兩零八錢。即首條之共銀。問玉有若干。不言玉立方一寸重二兩六錢，石立方一寸重二兩五錢者，亦以此爲算者所必知也。

法：照首條。

四、如有金器一件，内有銀相參，合共重一百七十兩。問金、銀各重若干。此與玉石條同，當求出共積若干寸。法：用一桶盛水，令滿。投金器入内，看溢出之水，得立方寸若干。假如得十二寸，即爲金、銀共積。又金立方一寸重十六兩八錢，銀立方一寸重九兩，當知。

五、如有金三百兩，係九六成色。今用九九成色及九一成色二等金與換。問各用金若干。

曰：九九色金一百八十七兩五錢，九一色金一百一十二兩五錢。

法：以九六色乘三百兩，得二百八十八兩，爲十成金數。三百兩，九六色金也，如首條之五十石。二百八十八兩，十成金也，如首條之四十六兩。以九六金易十成金，如首條之以米、麥易銀。乃照首條又法，以三百兩俱用九九色乘之，得十成金二百九十七兩。與原金二百八十八兩相減，餘九兩，爲實。又以二色相減，餘八錢，爲法。法除實，得九一色金一百一十二兩五錢。於三百兩内減之，餘爲九九色金數。

六、如甲有金一兩，可準銀十二兩。乙有金一兩，可準銀八兩。今欲鎔爲一處，令金一兩如首條之米、麥總數。可準銀九兩。如首條之總銀數。問每金一兩，甲出若干，乙出若干。

曰：甲出二錢五分，乙出七錢五分。

法：以九兩爲中數，如首條之原價。與十兩相較，少三兩。與八兩相較，多一兩。併多少二數，得四兩，爲一率。金一兩爲二率。

一率　四兩

二率　一兩

三率　少三兩

四率　七錢五分乙所出數。

準少四兩，而乙爲一兩，則準少三兩。而乙必爲七錢五分矣。已上皆貴賤差分法。

七、如僧一百人，給饅頭一百个。大僧一人給三个，小僧三人給一个。問大、小僧各若干。

曰：大僧二十五人，小僧七十五人。

法：用互乘，變大僧一人三个爲三人九个，小僧三人仍得一个。又以分母

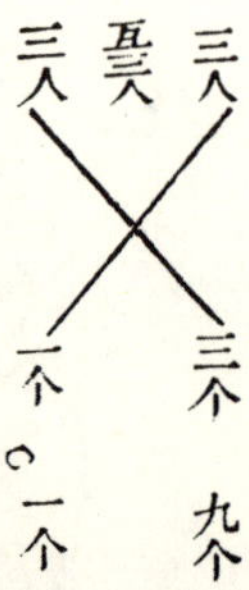

三通原一百个，爲三百个。於是以百人俱作大僧，乘九个，得九百个。與原三百个相減，原數少六百个。又以百人作小僧，乘一个，得一百个。與原三百个相減，原數多二百个。合多、少，共八百个。乃以八百个爲首率，一百人爲二率。蓋大僧比小僧多八百个，而大僧，爲一百人，則多二百个。而大僧之爲二十五人可知。又小僧比大僧少八百个，而小僧爲一百人，則少六百个。而小僧爲七十五人可知也。

一率　八百个

二率　一百人

三率　二百人　　六百个。

四率　二十五人　　七十五人。

又法：亦用互乘。乘畢，以一个、九个相減，餘八个，爲一率。以三人爲次率。又以原共百人，乘大僧每人三个，得三百个。以原共百个，乘大僧一人如故。與三百个相減，餘二百个，爲三率。求得四率，小僧七十五人。何者？小僧三人，共得一个。今互乘而得九个，是較互乘九个而浮八个也。浮八个爲三人，則浮二百个必爲七十五人矣。

若先求大僧，則以一人爲次率。以原共一百人乘小僧每人一个，仍得一百个。以原共百个乘大僧三人，得三百个。與相乘仍得之一百个相減，餘二百个，爲三率。蓋大僧一人得三个，今互乘而得一个，是較互乘之九个，而缺八个也。缺八个爲九人，則缺二百个必爲二十五人矣。

八、如有大、小船桅共五十七，如百僧。槳共二百零四。如饅頭百。但知大船每隻三桅六槳。如大僧一人饅頭三个。小船每隻一桅八槳。問大小船數。

曰：大船十四隻，照上條法，求得大船桅四十二條。三歸之，得船數。

小船十五隻。於總桅五十七内減大船桅四十二，餘十五桅，即小船十五隻。

已上二條名貴賤相和。已下各條與此不同。以其皆於和中求較，而乘比例。故以類相從，繫之於末。

九、如有兵三千四百七十四名，每三人賞衣絹七十尺，每四人給褲絹五十尺。問總給絹若干。

曰：十二萬四千四百八十五尺。

法：用互乘：

次列四率：

一率　十二人　三互四所得。

二率　四百三十尺

三率　三千四百七十四名

四率　十二萬四千四百八十五尺

一〇、如賞人飯、肉共一百碗。如上條之總絹。但知二人共飯一碗，如上條之衣絹。三人共肉一碗。如上條之褲絹。問人數及二項碗數。

曰：一百二十人。飯六十碗，肉四十碗。

法：用互乘：

次用四率：

一率　五碗

二率　六人

三率　一百碗

四率　一百二十人

得人數一百二十人，爲實。以二人除之，得飯碗數。以三人除之，得肉碗數。

一一、如賞人茶、飯、酒，共一千三百三十八碗。但知三人共茶一碗，五人共酒三碗，七人共飯六碗。問人數及各項碗數。

法：用維乘。照通分併法弟三條。餘同上法。

一二、如大燈三盞，共用油四兩。小燈四盞，共油三兩。如弟六條大僧一人饅頭三个，小僧三人饅頭一个。共用油十八斤零七兩。如共饅頭一百个。其大燈居二分，小燈居三分。此如大僧二十五，小僧七十五，而不言共僧一百。問大、小燈各若干。

曰：大燈一百二十盞，小燈一百八十盞。

法：用互乘，變大燈三盞用油四兩爲大燈十二盞用油十六兩。變小燈四盞用油三兩爲小燈十二盞用油九兩。以大燈二分乘之，得三十二兩。以小燈三分乘之，得二十七兩。併二數，共五十九兩。

一率　油五十九兩

二率　大燈二十四盞

三率　油二百九十五兩通十八斤七兩得此。

四率　大燈一百二十盞

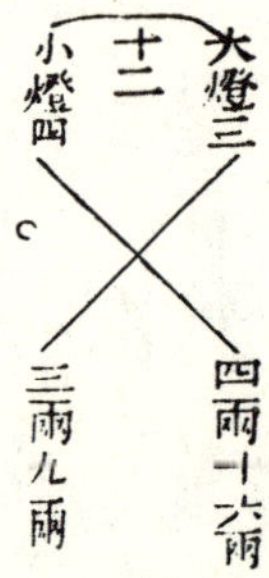

油五十九兩，而大燈爲二十四盞，則油二百九十五兩。而大燈爲一百二十盞，可知矣。若次率用小燈三十六盞，則四率得小燈數。

一三、如銀二十五兩三錢，買銅、鐵，其重相等。鐵三斤，價銀四錢。銅二斤，價銀五錢。問各斤數。

曰：各六十六斤。

法：用互乘：

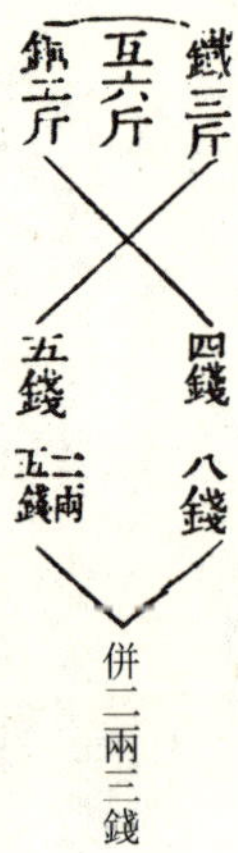

次列四率：

一率　二兩三錢

二率　六斤

三率　二十五兩三錢

四率　六十六斤

一四、如有米九百石，令二處照價貴賤納之，其所納之銀相等。甲處米價每石五錢，乙處每石七錢。問各米數及共價。

曰：甲納五百二十三石，乙納三百七十五石。價各二百六十二兩五錢。

法：用互乘：

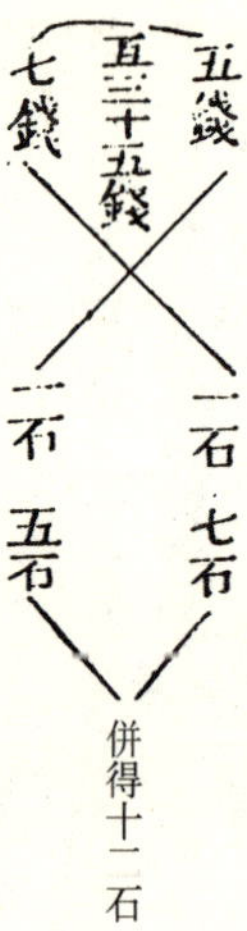

次用四率：

一率	十二石	十二石	十二石
二率	五石	七石	三兩五錢
三率	九百石	九百石	九百石
四率	二百七十五石乙數。	五百二十五石甲數。	二百六十二兩五錢

又　**卷二**　借衰互徵

一、如銀一百九十六兩，買駝四匹，馬六匹，驢十頭。馬每匹比驢價多一倍零二兩，駝每匹比馬價多一倍零四兩。問各價。

曰：駝每匹銀二十四兩，馬每匹銀十兩，驢每頭銀四兩。

法：借一衰爲驢價。以十頭因之，得十衰。借二衰零二兩爲馬價。以六匹因之，得十二衰又十二兩。借四衰零八兩爲駝價。倍馬之二衰零二兩，爲四衰零四兩，又多四兩也。以四匹因之，得十六衰又三十二兩。共併，得三十八衰，爲一率。又併駝、馬多價，共四十四兩。於總銀內減之，餘一百五十二兩，爲二率。驢一衰爲三率。求得四率四兩，爲驢價。而餘可知。

二、如甲、乙二人，共果三百枚。但云甲數加六百枚，乙數加二百枚，則甲數比乙數多二倍。［問各若干］。

曰：甲二百二十五枚，乙七十五枚。

法：借一爲乙衰，借三爲甲衰。併，得四衰，爲一率。併三百枚、六百枚、二百枚，共一千一百，爲二率。乙衰一爲三率。求得四率二百七十五。減虛加之二百，餘七十五枚，爲乙實數。以七十五枚與三百枚相減，餘二百二十五枚，爲甲數。

三、如人云：我比弟長二年，父年倍我又多兩歲。伯父兼我三人歲數，再加四年，整百歲。問各歲數。

曰：弟二十二歲，本人二十四歲，父五十歲，伯父九十六歲。

法：借一衰，爲其弟歲數。借一衰零二年，爲本人歲數。倍之，得二衰零四年。再加二年，得二衰零六年，爲其父歲數。併三人，得四衰零八年，爲其伯歲數。即以四衰爲一率。八年併再加之四年，共十二年。與百歲相減，餘八十八年，爲二率。其弟一衰爲三率。求得四率二十二，即其弟歲數。而餘可知。

又　六、如人行一百二十里，未盡。以行過路六分之一與餘路三分之一相加，即是未盡里數。問里數若干。

曰：二十四里。

法：以三分爲未行里數之衰，以十二分爲行過里數之衰。未行里數三分，今取三分之一，與行過六分之一相加，是將行過六分之一抵足未行三分之一也。已行一分，可抵未行二分。則已行六分。可抵未行十二分矣。併，得十五衰，爲一率。以一百二十里爲二率。未盡里數三分爲三率。求得四率二十四里。

七、如井深至底二丈六尺，猶上條之一百二十里。不知水深若干。猶上條未盡里數。但云自水面向上猶上條行過之路。取三分之一，從水面往下猶上條餘路。取四分之一。相併，便是水深。問深若干。

法：倣上條。

八、如人問此時是何時刻？答曰：自子正到此時，時刻折半，與自此時到午正三分之一相加，便是此時時刻。問畢竟是何時刻。

曰：寅正三刻三分。

法：借二衰，爲子正到此時衰數。折半者，二分之一也。故以二分爲子正到此時衰數。又借三衰，爲此時到午正衰數。併之，得五衰，爲子正到午正之數，爲一率。刻：子正到午正得四十八刻。以每刻十五分乘之，得七百二十分，爲二率。以子正到此時二衰爲三率。求得四率二百八十八分。以每時一百二十分收之，得二時，餘四十(四)[八]分。又以每刻十五分收之，得三刻零三分。合之，爲二時三刻三分，乃自子正到此時刻數，即寅正三刻三分也。

九、如有羊一羣，不知數。但云取三分羣之一送人，又取四分羣之一賣銀，尚餘一千隻。問原數。

曰：二千四百隻。

法：以兩分母相乘，得十二，爲總衰。將一羣分爲十二分也。以三除總衰十二，得四。三分之一也。又以四除總衰十二，得三。四分之一也。合之，得七。於總衰內減去，餘五衰，爲一率。餘一千隻爲二率。十二衰爲三率。求得原數二千四百隻。

此問若改云「將送人之餘，取四分之一買銀，尚餘一千隻」，則於總衰十二內減三分一，餘八。又將八爲所餘羊衰內減四分之一，餘六，即以六爲一率。所餘一千爲二率。總衰十二爲三率。求得四率二千隻。

十、如有田七百四十二畝，分種稻、麥、麻三者。麥得稻十分之七，麻得麥五分之三。問各若干。

曰：稻三百五十畝，麥二百四十五畝，麻一百四十七畝。

法：用互乘。以分母五分互十分，得五十分。又以分母五互分子七，得三十五分。是變麥得稻十之七，爲五十分之三十五分也。又以麥衰三十五分五歸而三因之，得二十一分，爲麻衰數。捷法不用五歸三因，只將分子之七與之三相乘，即得二十一分，爲麻衰。蓋三十五乃分母五乘子之七所得。以五乘七，而又以五歸之，不如不乘不除之爲便捷也。合三衰，共得一百零六衰，爲一率。以總田七百四十二畝爲二率。稻衰五十爲三率。求得四率三百五十畝，爲稻田數。若以麥衰三十五爲三率，即得麥田數。

按：此條《(理)數[理]精蘊》法，以分母十乘分子七，得七十。又乘分母五，得三百五十。又乘分子三，得一千零五十，爲種稻衰數。比前法爲加二十一倍。蓋前法以五十爲稻衰，今以一千零五十爲稻衰，是二十一箇五十也。十歸而七因之，得七百三十五爲麥衰。又將麥衰五歸而三因之，得四百四十一，爲麻衰。併三者，得二千二百二十六，爲一率。亦比前法加二十一倍。蓋前法以一百零六爲一率，今以二千二百二十六爲一率，是二十一箇一百零六也。以總田七百四十二畝爲二率。以稻衰一千零五十爲三率。求得稻田三百五十畝。

十一、如遠望一塔，中有林木遮去三分之二，塔高二十四丈，被遮去一十六丈也。下露五分之一，塔高二十四丈，下露四丈八尺也。上露三丈二尺。請問塔高。

曰：二十四丈。

法：用兩分母三，五。相乘，得十五，爲總衰。置總衰，三歸而二因之，得十衰，爲林木遮去衰數。又置總衰，五歸而一因之，得三，爲下露衰數。併十衰、三衰，共十三衰。於總衰十五內減去，餘二，爲上露三丈二尺之衰，即以二爲一率。三丈二尺爲二率。總衰十五爲三率。求得四率二十四丈。

十二、如木匠、瓦匠、小工三人分工價，瓦匠得木匠五分之二，小工得木匠四分之一，瓦匠比小工多一兩二錢。問各若干。

曰：木匠八兩，瓦匠三兩二錢，小工二兩。

法：以兩分母五，四。相乘，得二十，爲木匠衰數。以分母四互分子二，得八，爲瓦匠衰數。變五分之二爲二十分之八也。又以分母五互分子一，得五，爲小工衰數。變四分之一爲二十分之五也。又將瓦匠衰八與小工衰五相減，餘三，爲一率。此瓦匠多於小工三衰也。多一兩二錢爲二率。木匠二十衰爲三率。求得四率八兩，爲木匠銀數。

十三、如鐵初次鍛減原數三分之一，二次鍛減原數四分之一，三次鍛減原數五分之一，四次鍛減原數六分之一，餘淨熟鐵廿七兩。問原鐵數若干。

曰：五百四十兩。

法：以各分母維乘，得三百六十，爲總衰。三乘四，得十二。又乘五，得六十。又乘六，得三百六十。此數以三分之一計之，得一百二十。以四分之一計之，得九十。以五分之一計之，得七十二。以六分之一計之，得六十。併四數，得三百四十二，爲各次鍛減之衰數。於總衰三百六十内減之，餘十八，爲現存之衰，即用爲一率。以現存二十七兩爲二率。以總衰三百六十爲三率。求得四率五百四十兩。

或不用連乘，但取一數，可用各分母分之而盡者。如三十、六十，皆可用爲總衰。以六十言之，三分之一得二十，四分之一得十五，五分之一得十二，六分之一得十。併，得五十七。減總衰六十，餘(二)[三]，爲一率。以六十爲三率可也。此因各次鍛減分數皆以原數爲言，故算法如此。詳弟九條。

十四、如問老人歲數，曰：以現年加三分之二，減四分之一，得一百三十六歲。問若干歲。

曰：九十六歲。

法：以兩分母相乘，得十二，爲總衰。加八，三分十二衰，之二得八。減三，四分十二衰，之一得三。餘十七，爲一率。一百三十六歲爲二率。十二衰爲三率。求得四率九十六歲。【略】

又 十六、如馬一羣，但云加一倍，又加二分之一，又加三分之一，又加四分之一，又加一匹，併原數，共一百一十二匹。問原數。

曰：三十六匹。

法：借十二爲總衰。見上弟十三條註。此數加一倍，得二十四。又加二分之一，爲六。又加三分之一，爲四。又加四分之一，爲三。共得三十七，爲一率。共數一百一十二，減一匹，題言加一匹，是在所加各分數之外，故須去之。餘一百一十一，爲二率。十二衰爲三率。求得四率三十六匹。

十七、如爲商三次，初次得利比本爲三分之二。將利加入本銀，弟二次得利比本爲四分之三。又將利加入本銀，弟三次得利比本爲五分之三。三次本利共一千四百兩。問原本若干。

曰：三百兩。

法：借六十爲本銀衰數。取其三分之二，得四十。與六十相加，得一百。又將一百取其四分之三，得七十五。與一百相加，得一百七十五。又將一百七十五取其五分之三，得一百零五。加一百七十五，得二百八十兩，爲一率。一千四百兩爲二率。六十衰爲三率。求得四率三百兩。

已上各條所借之衰，止借一次。已下各條則借二次，名曰疊借互徵。

十八、如有銀一百兩，命甲、乙、丙三人分之。甲比乙多一倍，乙比丙多二倍。問各得若干。

曰：甲六十兩，乙三十兩，丙十兩。

法：借十二兩爲甲衰，六兩爲乙衰，乙少甲一倍也。二兩爲丙衰。丙少乙二倍也。併，得二十衰。以與原銀一百兩相較，不足八十兩。命之曰「借十二兩，不足八十兩」，書於右。再借三十六兩爲甲衰，十八兩爲乙衰，六兩爲丙衰。併，得六十兩。與原銀一百兩相較，仍不足四十兩。命之曰「借三十六兩，不足四十兩」，書於左。倣盈朒章兩不足之法算之。於是以兩不足數相較，如一不足、一有餘，則相加。餘四十兩，爲一率。兩借數相減，餘二十四兩，爲二率。不足八十兩爲三率。求得四率四十八兩。加借十二兩，因不足，故用加。若有餘，則用減。得甲數。或以不足四十兩爲三率，求得四率二十四兩。加借三十六兩，亦合。

一　四十兩
二　廿四兩
三　八十兩
四　四十八兩

蓋初借十二兩而差八十兩，後多借二十四兩而少差四十兩。是少差四十兩，由於多借二十四兩。則欲不差此八十兩，必須再借四十八兩乃可也。初借止十二，爲不及，故須添借也。此四率之理也。又八十兩，差數也。四十兩，差數之較也。兩次不足之較。一類也。四十八兩，借數也。與借數十二兩相加，故統爲借數。二十四兩，借數之較也。兩次借數之較。又一類也。故以差數之較四十比借數之較廿四，若差數八十比借數四十八也。按：此條止須借十二兩爲甲衰，併乙衰六，丙衰二，共二十兩，爲首率。以原銀一百兩爲次率。甲衰十二爲三率。徑求得四率六十兩，不用疊借也。即疊借而以四十爲首率，二十四爲次率，亦可以一百兩爲三率，徑得四率六十兩。蓋甲衰二十四，乙衰十二，丙衰四，合三人共四十。夫三人共四十，而甲爲二十四。則三人共一百，而甲爲六十可知也。

又法：用互乘。書左、右後即互乘。如下圖：

十二兩 ╳ 少八十兩 二千八百八十兩

三十六兩 ╳ 少四十兩 四百八十兩

相減，餘二千四百兩

以原少八十、少四十相減，餘四十，爲首率。以互乘減餘二千四百爲次率。以甲一人爲三率。

一　四十兩

二　二千四百兩

三　一人

四　六十兩

求得四率六十兩，即甲數。所以然者，此與盈朒章先求銀數法同。蓋彼弟三條所云「每人分八兩，少二兩。每人分九兩，少六兩」，即此條之「甲借十二，而少八十。甲借三十六，而少四十」也。彼以九互二，爲九倍原銀而少十八。又以八互六，爲八倍原銀而少四十八。即此條以三十六互八十，爲三十六倍原銀而少二千八百八十。又以十二互四十，爲十二倍原銀而少四百八十也。彼「以少十八、少四十八相減，餘三十，爲九倍與八倍相減，餘一个原銀之數」，即此條「以少二千八百八十、少四百四十相減，餘二千四百，爲三十六倍與十二倍相減，餘二十四个原銀之數」也。又甲銀六十兩，較原銀一百兩，爲四十分之二十四分。若以較二千四百兩，則爲四十分之一分。將二千四百兩分爲四十分，每分得六十兩也。蓋二千四百乃二十四个一百。以一百分四十分，乃小四十分。以二千四百分四十分，乃大四十分。大四十分爲小四十分之二十四倍，則大四十分中一分，必爲小四十分中一分之二十四倍。故六十兩在小四十分中爲二十四分，而在大四十分中爲一分。法爲四十分而得二千四百，若一分之得六十也。

十九、如有香爐二座，不知其重。但知爐蓋一个重一百五十斤。如以蓋加甲爐，則重於乙爐三倍。若以加乙爐，則與甲爐等重。問二爐各重若干。

曰：甲爐三百斤，乙爐一百五十斤。

法：先借三十斤，爲甲爐衰。加蓋一百五十斤，共一百八十斤。内取三分之一，得六十斤，爲乙爐衰。因甲爐加蓋比乙爐重二倍，故以六十斤爲乙爐衰也。以乙爐衰六十斤，加蓋一百五十斤，共二百一十斤。與甲衰三十斤相較，甲衰少一百八十斤。不能等重矣。命曰「借三十斤，少一百八十斤」，書於右。再借九十斤，爲甲爐衰。加蓋一百五十斤，共二百四十斤。内取三分之一，得八十斤，爲乙爐衰。以乙爐衰，加蓋一百五十斤，共二百三十斤。與甲衰九十斤相較，甲少一百四十斤。命之曰「甲借九十斤，少一百四十斤」，書於左。倣盈朒章兩不足法算之。

三十、九十相減，餘六十斤。少一百八十、少一百四十相減，餘四十斤。以兩少數相減，餘四十斤，爲一率。兩借數相減，餘六十斤，爲二率。少一百八十斤爲三率。求得四率一百七十斤。加借三十斤，得重三百斤，爲甲爐數。蓋初借三十斤，而差一百八十斤。後多借六十斤，則少差四十斤。夫少差四十斤，必須多借六十斤。則欲不差此一百八十斤，必須添借二百七十斤乃可也。

又法：用互乘。書左、右後，即互乘。如下圖：

三十斤 ╳ 少一百八十斤 一萬六千三百斤

九十斤 ╳ 少一百四十斤 四千二百斤

相減，餘一萬二千石

以原少一百八十斤與少一百四十斤相減，餘四十斤，爲一率。以互乘減餘一萬二千斤爲二率。以甲爐一爲三率。（徑）〔徑〕求得四率三百斤，爲甲爐數。蓋右借數互左少，乃加三十倍也。左借數互右少，乃加九十倍也。三十、九十相減，餘六十倍。則互乘減餘之一萬二千斤，乃六十个總差數也。一个總差數乃二百斤。六十个則一萬二千斤也。問總差何以知爲二百斤？曰：此條之總差，猶上條之原銀也。上條甲衰二十四，原銀衰四十，二十四衰爲六十，則四十衰爲一百矣。此條甲爐衰六十，總差衰四十，六十衰爲三百斤，則四十衰爲二百斤矣。而甲爐重三百斤，以較總差數二百斤，爲四十分之六十分。少差四十斤，由於多借六十斤。則欲不差一百八十斤，必須再借二百七十斤。蓋一百八十之與二百七十，亦如四十之與六十也。則二百斤之與三百斤，獨不如四十之與六十乎。若以較一萬二千斤，則爲四十分之一。將一萬二千斤，以四十分之，每分得三百斤。蓋一萬二千斤，乃六十个總差數。分爲四十分，乃小四十分。六十个總差數，分爲四十分，乃大四十分。大四十分，即小四十分之六十倍。則大四十分之一分，即小四十分之六十分可知也。故四十分一率。而爲一萬二千斤，二率。若一分三率。之爲三百斤四率。也。

二〇、如甲、乙二鐘不知重，但云取乙鐘八十斤入甲，則乙所餘得甲鐘四分之一。若取甲鐘八十斤入乙，則甲所餘得乙鐘三分之二。問各重。

曰：甲鐘二百四十斤，乙鐘一百六十斤。

法：先借一百二十，爲甲衰。加乙所入八十斤，共重二百斤。四分之，得五十斤。五十斤乃四分之一。加八十斤，得一百三十斤，爲乙衰。若取甲八十斤入乙，則乙得二百一十斤，而甲止餘四十斤。加一半二十斤，得六十斤，爲乙鐘數。甲所餘得乙三分之二，故以六十斤爲三分。四十斤爲三分之二分。而與乙鐘二百一十斤相較，則少一百五十斤。命之曰「借一百二十斤，少一百五十斤」，書於右。再借三百六十斤，爲甲衰。加乙所入八十斤，得四百四十斤。此條四分之，得一百一十斤。加八十斤，得一百九十斤，爲乙衰。若取甲八十斤入乙，則乙得二百七十斤，而甲止餘二百八十斤。加一半一百四十斤，得四百二十斤。爲乙鐘數。而與乙鐘二百七十斤相較，則多一百五十斤。命之曰「借三百六十斤，多一百五十斤」，書於左。用一盈一朒法算之，於是以一多、一少兩數相加，得三百斤，爲一率。兩借數相減，餘二百四十斤，爲二率。少一百五十斤爲三率。求得四率一百二十斤。加借一百二十斤，共二百四十斤，爲甲鐘。若以多一百五十斤爲三率，求四率一百二十斤。則當與所借三百六十斤相減，得甲鐘。

一　三百斤
二　二百四十斤
三　少一百五十斤
四　一百二十斤

法爲以兩差之較三百比兩借之較二百四十，若差數一百五十比借數一百二十也。

又法：用互乘。

一百二十斤 ╳ 少一百五十斤　五萬四千斤
三百六十斤 ╳ 少一百五十斤　一萬八千斤
併得七萬二千斤

以原少一百五十斤、原多一百五十斤併得三百斤，爲首率。以互乘所併七萬二千斤爲次率。甲鐘一爲三率。得四率二百四十斤，爲甲鐘數。

一　三百斤
二　七萬二千斤
三　一
四　二百四十斤

蓋右借數互左多數，乃加三百六十倍也。左借數互右小數，乃加一百二十倍也。相減，餘二百四十倍。則互乘所併七萬二千斤，即二百四十倍總差數也。一个總數三百斤，二百四十个總數合七萬二千斤。而甲鐘重二百四十斤，較總差數三百斤，爲三百分之二百四十分。若較二百四十个總數差七萬二千斤，則爲三百分之一分。以三百分七萬二千斤，每分得二百四十斤。故三百分而爲七萬二千斤。若一分之，爲二百四十斤也。

二一、如有羊三羣，丙羣四百隻，此與十九條所問同。丙四百隻，如爐蓋之一百五十斤也。乙羣爲甲、丙兩羣二分之一，如以蓋加甲，則甲爐重於乙也。甲羣爲乙、丙兩羣三分之一。如以蓋加乙，則乙爐重於甲也。問甲、乙各羊若干。

曰：乙三百二十隻，甲二百四十隻。

二二、如有田一百畝，令甲、乙二人分耕。若以甲田三分之一與乙，以乙田五分之一與甲，則各得田五十畝。問各田若干。

曰：甲田六十四畝二分八釐零，乙田三十五畝七分一釐零。

法：先借三十畝，爲甲衰。而以七十畝爲乙衰。甲取十畝三分之一也。與乙，乙取十四畝五分之一也。與甲，則甲止得田三十四畝。甲三十畝，去十畝，「餘二十畝」。得十四畝，共三十四畝。與各得五十畝相較，則少十六畝。命之曰「甲借三十畝，少十六畝」，書於右。再借六十畝，爲甲衰。而以四十畝爲乙衰。甲取二十畝三分之一。與乙，乙取八畝五分之一。與甲，則甲得田四十八畝。與各得五十畝相較，少二畝。命之曰「甲借六十畝，少二畝」，書於左。餘法同，止録四率：

一　十四畝
二　三十畝
三　十六畝
四　三十五畝七分一釐零

一　十四畝
二　九百畝
三　一人
四　六十四畝二分八釐零

二三、如甲、丙、丁三人共銀二百一十兩。只云甲與丙四分之一，丁與甲二分之一，丙與丁三分之一，則每人各得七十兩。問各人銀數。

曰：甲四十兩，丁八十兩，丙九十兩。

法：先借十兩，爲甲衰。此數減四分之一，二兩五錢。餘七兩五錢。與各得七十兩相較，差六十二兩五錢，爲丁銀二分之一。加一倍，得一百二十五兩，爲丁銀數。因甲與丙四分之一，丁與甲二分之一，乃成七十兩。今甲除與丙外，所存止七兩五錢。必加六十二兩五錢，乃成七十。是所加之六十二兩五錢，即爲丁所與二分之一。故倍之，得丁全銀也。又併甲衰十，丁衰一百二十五，共一百三十五。與總銀二百一十兩相減，餘七十五兩，爲丙衰。於丙衰減三分之一，二十五兩。餘五十兩。加甲所與四分之一，二兩五錢。共得五十二兩五錢。此數與各得七十兩相較，則少十七兩五錢。命之曰「甲借十兩，少一十七兩五錢」，書於右。再借二十八兩，爲甲衰。此數減四分之一，七兩。餘二十一兩。與各得七十兩相較，差四十九兩，爲丁銀二分之一。加一倍，得九十八兩，爲丁銀差數。又併甲、丁兩衰，得一百二十六兩。與總銀二百一十兩相減，餘八十四兩，爲丙銀衰數。又於丙衰内減三分之一，二十八兩。餘五十六兩。加甲所與四之一，七兩。共得六十三兩。此數與各得七十兩相較，則少七兩。命之曰「甲借二十八兩，少七兩」，書於左。餘法同，止録四率：

一　十兩五錢　　　　　　一　十兩五錢
二　十八兩　　　　　　　二　四百二十兩
三　十七兩五錢　　　　　三　一人
四　三十兩　加借十兩，得甲數。　四　四十兩

此疊借三色法也。借衰時，加減甚繁，然條理分明，自能了然。如前，借甲衰十兩，丙衰七十五兩，丁衰一百二十五兩。若於丁衰減二分之一，六十二兩五錢，與甲。加丙衰三分之一，丙與丁二十五兩。得八十七兩五錢。與七十兩相較，則多十七兩五錢。丙差與丁差，其數一也。至再借二十八兩爲甲衰，其加減亦與前借數同。惟甲成七十兩，至丙則少七兩，丁則多七兩，其數又同。故但取丙差數也。

二四、如大、小兩船僱夫，小船每客出銀爲大船每客五分之四。若大船八人，小船五人，出銀則不足七兩。若大船六人，小船八人，出銀則不足三兩。問共銀及每人各出銀若干。

曰：共銀一百二十七兩，大船每人出十兩，小船每人出八兩。

法：以五分爲大船每人衰數，四分爲小船每人衰數。以五分與大船八人相乘，得四十分，爲大船八人共衰。以四分與小船五人相乘，得二十分，爲小船五人共衰。相併，得共出銀六十分。乃將「出六十分，少七兩」書於右。又將五分與大船六人相乘，得三十分，爲大船六人共衰。以四分與小船八人相乘，得三十二分，爲小船八人共衰。併，得共出銀六十二分。乃將出「六十二分，少三兩」書於左。用盈朒本法算之，以六十分與六十二分相減，餘二分，爲法。以兩少數相減，餘四兩，爲實。法除實，得二兩，爲每分之銀數。以六十分乘之，得一百二十兩。加少七兩，得一百二十七兩，爲僱夫之總銀數。又以每分二兩與大船每人衰數五分相乘，得十兩，爲大船每人所出銀數。以每分二兩與小船每人衰數四分相乘，得八兩，爲小船每人所出銀數。此盈朒本法，因有借分爲衰數之故，故附於此，以備疊借之一體云。

二五、如有石二塊，不知重。有銅條一根，長十二寸，每寸重一兩。於第五寸丙處作提繫，互換稱之。先以大石掛於甲處，離丙五寸。而以小石作錘稱之，離丙六寸，恰平。次以小石掛甲處，而以大石作錘稱之，離丙四寸，恰平。問二石輕重。

曰：大石重一百三十二兩，小石重一百零八兩。

法：以甲丙五寸，倍作甲丁十寸。與甲乙十二寸相減，餘丁乙二寸。折半，得丁戊一寸。與丙丁五寸相加，得丙戊六寸。乃以甲丙五寸爲一率，丙戊六寸爲二率，丁乙二寸作二兩爲三率，求得四率二兩四錢，爲取平之法。蓋提繫在丙，必於甲處加二兩四錢，始與丙乙七寸相平。何也？甲丙與丙丁等重，而丙丁則多丁乙二兩。無異有一稱杆，甲丙頭與丙乙尾等重，而掛重二兩之錘於戊處也。戊爲丁乙之中，故掛於此。稱杆頭、尾等重，則物懸甲，錘懸丁，物與錘亦必同重二兩。若物輕於二兩，則錘必在丁之内。物重於二兩，則錘必在丁之外矣。而其物輕重分數，則以錘在丁處，距丙五寸，爲法。除物二兩，得錘距丙一寸。物重四錢，距二寸。物重八錢，距三寸。物重一兩二錢，距四寸。物重一兩六錢，距五寸。在丁，物重二兩。距六寸，在戊，則物重二兩四錢也。夫以丙丁五寸分甲物二，猶之以甲丙五寸分丁錘二兩，猶之甲丙五寸分丁乙二兩也。

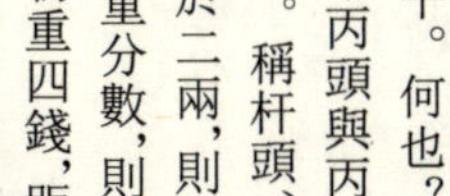

以甲丙五寸爲一率，分二率之二兩。而以六寸爲三率乘之，得二兩四錢。因二率、三率之位可互易，故以六寸爲二率，二兩爲三率也。於是先借二十六兩四錢，爲大石衰數。内減取平之二兩四錢，以益甲丙少丙乙之數，餘二十四兩。用六分爲一率，五分爲二率，大石在甲，離丙五寸，如五分。小石在戊，離丙六寸，如六分。是小石權大石，大石得六分。大石權小石，小石得五分也。二十四兩爲三率，求得四率二十兩，爲小石衰數。大石六分得二十四，則小石五分得二十兩矣。蓋每分四兩也。又於小石衰數二十兩内，減取平之二兩四錢，餘十七兩六錢。用四分爲一率，五分爲二率，小石在甲，離丙五寸。大石在已，離丙四寸。是大石權小石，得四分。小石權大石，

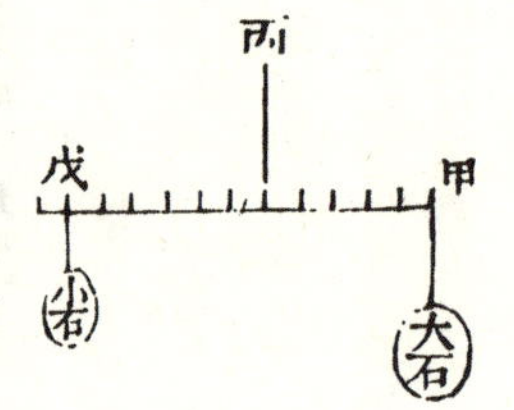

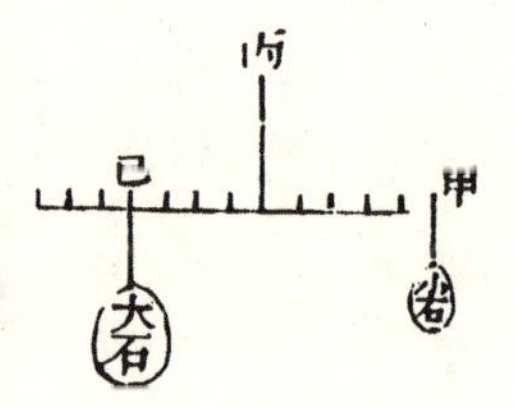

得五分也。十七兩六錢爲三率，求得四率二十二兩。此又以小石衰轉求大石衰，試其合否也。與所借大石衰數二十六兩四錢相減，則少四兩四錢。不合矣。蓋真數乃合也。大石真數爲一百三十二兩。除減取平二兩四錢，餘一百二十九兩六錢。以六分分之，每分得二十二兩。以五因之，得小石真數一百零八兩。以小石真數一百零八兩減取平之二兩四錢，餘一百零五兩六錢。以四分分之，每分得二十六兩四錢。以五因之，仍得大石真數一百三十二兩。所謂真數則合也。今止借二十六兩四錢，計少借一百零五兩六錢，故差四兩四錢。然則欲不差此四兩四錢，必須多借一百零五兩六錢，以足真數，乃合也。書於右。再借三十二兩四錢，爲大石衰數。減去取平之二兩四錢，餘三十兩。用六分爲一率，五分爲二率，三十兩爲三率，求得四率二十五兩，爲小石衰數。又以小石衰二十五兩減去取平之二兩四錢，餘二十二兩六錢。用四分爲一率，五分爲二率，二十二兩六錢爲三率，求得四率二十八兩二錢五分。與所借大石衰數三十二兩四錢相較，亦少四兩一錢五分。書於左。用兩不足法算之：

借二十六兩四錢，　少四兩四錢，

借三十二兩四錢，　少四兩一錢五分。

於是以兩少數相減，餘二錢五分，爲一率。兩借數相減，餘六兩，爲(三)[二]率。以少四兩四錢爲三率，求得四率一百零五兩六錢。少差二錢五分，由多借六兩。則欲不差此四兩四錢，必須多借一百零五兩六錢也。加借二十六兩四錢，共一百三十二兩，即大石重數內減取平之二兩四錢，餘爲三率六分，爲首率。五分爲二率。求得小石重數一百零八兩。此條亦入方程。其法：以大石五分乘取平之二兩四錢，得十二兩，爲五大石多於六小石之數。大石五分與小石六分平，則五大石與六小石平也。又以小石五分乘取平之二兩四錢，亦得十二兩，爲四大石少於五小石之數。依較數方程法算之。

清・吳嘉善《白芙堂算書廿一種・九章翼・衰分》　衰分術曰：置列衰，副并爲法。今有數乘各未并者，爲實。實如法而一，得一數。

假如今有百錢，甲、乙、丙三人分之。以一、二、四爲衰，問各得幾何。

答曰：甲分得一十四文又七分文之二，

乙分得二十八文又七分文之四，

丙分得五十七文又七分文之一。

釋曰：今有百錢者，術中所云今有數也。一、二、四者，即列衰也。言甲之得數半於乙數，乙之得數半於丙數也。此爲倍半衰分。如法，并列衰，得七，爲總衰，爲法，爲所有率。各衰爲所求衰，今有錢爲今有數。以今有術入之，如下式：

七	七	七
一	二	四
一〇〇	一〇〇	一〇〇
一四又七之二	二八又七之四	五七又七之一

右術爲有衰而求所分，仍用今有術求之，可得。其求衰各法則如下術。

求連比例各衰術曰：準所求層數，減一，以爲第一指數。挨次減一，以爲挨次指數。準各指數，取前衰各方，從第一層起，順列而下，於左行。亦準各指數，取後衰各方，從末層起，逆列而上，於右行。左、右相乘，并得數，於中行，爲各層衰也。

假如欲求三七衰，分五個列衰者，則三爲前衰，七爲後衰，五爲層數也。法：以層數五減一，得四，爲第一指數。遞減一，得三，爲第二指數。二爲第三指數。一爲第四指數。依指數取前衰各方，得前四爲八一，前三爲二七，前二爲九，前一爲三。其後衰各方，得後四爲二四〇一，後三爲三四三，後二爲四九，後一爲七。如法順、逆列而相乘，如下式：

右	中	左
〇〇	八一	八一
〇〇七	一八九	〇二七
〇四九	四四一	〇〇九
〇三四三	一〇二九	〇〇〇三
二四〇一	二四〇一	〇〇〇〇

逆列後衰各方於此行。

此行爲求得之五個列衰，以前比後，皆如三與七也。

順列前衰各方於此行。

又　堆垛難題：平三角堆類以最上一層積，命爲乙。加衰，命爲甲。層數，命爲丙。總積命爲丁。互求。

其相當式爲：二乙丙　甲丙　甲丙　丅丁

求相當式術曰：以衰乘層數，得甲丙。加最上層，得乙甲丙。以衰減之，得乙甲、甲丙，爲底。加最上層，得二乙甲丙，爲底面和。以層數乘之，得二乙丙甲丙，爲二段積。寄左。乃倍總積，得二丁，爲同數。與左相消，得二乙丙甲丙〤丁，爲相當式。如以數明之，乙，丙爲四，五，相乘之數二十。二乙丙是倍二十，爲四十。甲丙爲一，五，相乘之數五。其丙旁加二點，爲丙自乘之數二十五兩。正數相併，得六十五。與兩負數〤丁之數六十，加入甲丙之數五，亦得六十五。故其正負相當也。

右術即女子善織術也。初日織猶最上一層積也，日益數即加衰也，層數猶日數也，總績猶共成布也。

設數如下：初日織四尺，日益一尺。織五日，共成布三十尺。有初日織乙，日益數甲，織日數丙，求共成布丁者。

法：置相當式，取求丁式〡甲丙　甲丙〢　二乙丙，爲求丁式。

凡相當式諸數備列，此都式也。若求式中某數，必以其數之未備而求之，則此數即天元也。若無相當式，則須立天元求之。今有相當式，則取式中此數，盡以天元易之，如天元列位法。太數在上，天元在下，天元平方又在下，其立方以上更累而下，爲天元列位法也。取相當式改列之，即得求式。今此問有甲、乙、丙三數，求丁數。則甲、乙、丙三數皆爲太數，而丁爲天元。故以甲、乙、丙三數之相乘者列於上位，而以天元之二負列於下位，爲求式。後求求式悉倣此。詳見本問下。

乃盡取真數列之，得二五正　五負　四〇正　二負。以同位之同名相加，異名相減消，得六〇正　二負。有二層，乃除式也。上實，下法，得三十，爲丁。合所設數。

有初日織乙，日益數甲，共成布丁，求織日數丙者。

法：置相當式，取求丙式，得〤丁　二乙　甲，爲求丙式。

準上，此問求丙，則丙即天元。而甲、乙、丁皆太數也。式中數〤丁爲太數，故列上層。其二乙丙與甲丙爲天元乘二乙，天元乘甲，故列第二層。其甲丙爲天元平方乘甲，故列第三層也。

乃盡取真數，如法列之，得六〇負　一負八正　一正。正負相消，得六〇負　七正　一正。有三層，乃平方式也。如法開平方，得五，爲丙。合所設數。

有初日織乙，共成布丁，織日數丙，求日益數甲者。

法：置相當式，取求甲式，得〤丁二乙丙　丙甲丙，爲求甲式。

準上，此問求甲，則甲爲天元，而餘爲太數。故列〤丁二乙丙於上層。其甲丙爲天元乘丙，其甲丙爲天元乘丙，故列在第二層也。

乃盡取真數列之，得六〇負　四〇正　五負　二五正，正負相消得　二〇負　二〇正。有二層，乃除法也。上實，下法，得一爲甲。合所設數。

有日益數甲，織日數丙，共成布丁，求初日織乙者。

法：置相當式，取求乙式，得〤丁甲丙　二丙，爲求乙式。

準上，此問求乙，則乙爲天元，而餘爲太數。故以餘數相乘者盡列於上層，其二乙丙則爲天元乘二丙，故列在下層也。

乃盡取真數列之，得六〇負　五負　二五正　一〇正。正負相消，得　四〇負　一〇正。有二層，亦爲除式。上實，下法，得四，爲乙。與所設合。

右雖小術，而交互相求，亦非咄嗟可辦。今祇據一相當式，用之無不如志。故求相當式爲至要也。步算之有天元術，可省探索之勞。用相當式，則尤省矣。然相當式何自而生，仍以天元求之而生也。唯以數雜之，則得式而相當，不見此天元名式所由，不用數而數無不包也。

補圖：其最上一層爲初日織數，必以衰減之者，加衰自第二層始也。以織日數五乘最上層，得二十，爲平積。倍之，爲倍平積。又以織日減一，得四。以織日乘之，得二十，爲倍如積。故爲二段，是以必倍丁，得六十，乃爲同數也。

清・曹汝英《直方大齋算學一・數學上編・附卷》　差分：差分之種類甚

多，其深者用代數推之極便，其淺者用比例法即可推算如下列各題是也。

第一題：設如有銀三百八十四兩，令甲、乙、丙三人按三、四、五分之。問各得銀幾何。

此題所謂按三、四、五分之者，言甲、乙、丙三人所得之數須合三、四、五之比例也。「合三、四、五之比例」云者，言甲每得三兩，則乙應得四兩，丙得五兩也。惟三兩、四兩、五兩之和爲十二兩，是則每逢十二兩，甲即可分得三兩矣。故以十二兩爲一率，題設之三百八十四兩爲二率，三兩爲三率，求出四率，即是甲應得之數。乙、丙之數倣此求之。【略】

答曰：甲銀九十六兩，乙銀一百二十八兩，丙銀一百六十兩。

此題之三、四、五，亦有稱爲三分、四分、五分者。其意即謂原銀若分作十二股，則甲得三股，乙得四股，丙得五股也。

第二題：設如有銀四萬五千兩。令甲、乙、丙、丁四人分之，但云甲銀與乙銀比若一與二比，乙銀與丙銀比若三與四比，丙銀與丁銀比若四與五比。問各得銀幾何。

此題宜先求乙、丙、丁三人各得甲銀幾分之幾，乃能照上題之法求之。【略】

第四題：設如甲、丙、戊三商合本貿易，其所出本銀多寡不同。甲出本銀六百兩，係八箇月。丙出本銀四百五十兩，係六箇月。戊出本銀五百兩，係十箇月。共得利銀一千兩，問各人應分利銀幾何。

此題各人出銀月數既不相同，則宜設法齊之，乃可相比。如甲本銀六百兩，月數八箇月，則其所出之本自應與四千八百兩由月數與本銀相乘而得。行商一箇月者相同，因月數變爲八分之一，則本銀須變大八倍故也。準此推之，丙、戊二人之本皆可變之，使與行商一箇月相同。既是三人月數皆變爲一箇月，則逕可不計。月數而與前題同理矣。

又 差分題中有按分遞折者，其算法與上款第二題相類。惟題目不若第二題之明晰，斯爲小異耳，如下列各題是也。

第一題：設如有熟絲四百九十七兩七錢，按絹、綾、緞遞次三七分織，問各該絲幾何。

此題所謂按絹、綾、緞三七分織者，即絹絲與綾絲比若三與七比，而綾絲與緞絲比亦若三與七比之謂也。故其算法當與上款第二題同。【略】

第二題：設如有銀一千二百六十六兩五錢，令四商以十分之七遞次販貨出賣。問每人該銀幾何。

此題所謂四商以十分之七遞次販貨者，言第一商之銀與第二商之銀比若十與七比，第二與第三比及第三與第四比亦皆若十與七比也。故其算法亦與上款第二題同。

第三題：設如有絹四百七十丈一尺八寸四分，令三等人户照十分之六出之。上等户二十五，中等户三十，下等户四十八。問每户該出幾何。

此題比前題多一轉折。其云十分之六者，謂上等每户與中等每户比若十與六比，中等每户與下等每户比亦若十與六比。非謂相連兩等户共數之比若十與六比也。故求出每户數之後，尚須以每等户數乘之，乃可得答數。【略】

第四題：設如一人讀書，日加一倍。三日共讀三千四百六十五字。問每日所讀幾何。

此題所謂日加一倍者，即第一日設爲讀一字，則第二日須讀二字，第三日須讀四字之謂也。惟一、二、四之和爲七，是則每逢七字，則第一日須讀一字矣。故以七爲一率，題設字數爲二率，一爲三率，求出四率，即爲第一日應讀之共數。第二、第三兩日倣此求之。如題云：日減一半讀之，則第三日應設爲一字，第二日二字，第一日四字。若題設之數爲四日，讀若干字？則加倍者宜設一、二、四、八。減半者宜設八、四、二、一。餘可類推。

第五題：設如有銀九十二兩，令伯、仲、叔、季四人遞減分之，問各得幾何。

此題所謂遞減分之者，即四人按四、三、二、一以分之之謂也。凡不明言分數者，皆準此。如題云遞加分之，則四人之分數應爲一、二、三、四。若題設之數爲三人遞減分之，則其分數應爲三、二、一。若爲三人遞加分之，則其分數應爲一、二、三。餘可類推。

又 前此之差分題純用正比例，即可推算。此外尚有參用轉比例乃合者，如下列兩題是也。

第一題：設如甲、丙、戊三縣，共納米四千石。論縣之大小，米之貴賤，路之遠近分之。甲縣有三千三百六十户，每米一石價銀八錢，運至六十里。丙縣有一千二百户，每米一石價銀一兩，運至三十里。戊縣有二千四百户，每米一石價銀六錢，運至八十里。問每縣該米若干。

此題户數、米價、路程既俱不齊，則宜設法齊之，乃可相比。其法應從所納之四千石着想，即見。此四千石米，如設爲均分若干股，以求每縣應占若干股，即可得每縣所納之數。惟其股數應如何定之，乃得均平耶？曰每股定户數爲一，米價一兩，路程一里，則彼此均平矣。【略】

第二題：設如甲、乙、丙三處，共輸粟三千四百七十二石。以田地之多寡、道里之遠近、粟價之貴賤均輸之。甲田一萬三千零六十畝，粟每石價銀二兩，自輸本處。乙田一萬二千三百一十二畝，粟每石價銀一兩，至輸所二百里。丙田七千一百八十二畝，粟每石價銀一兩二錢，至輸所一百五十里。每石、每里車價四釐，問各處所輸若干。

此題比前題多一轉折。因甲自輸本處，則無道里可言。故乙、丙二處之道里亦須設法變之，使與自輸本處者相同。然後三處道里始得均平也。顧乙、丙明明有道里，可言如何變之，乃可消去其里數耶？曰：將車價併入粟價，即可消納之矣。如乙至輸所二百里，每石、每里車價四釐，則以此兩數相乘，得八錢，即爲每石之運費。是則乙處之粟如將每石價擡高八錢，即與在輸所所值者無異。如此則里數可以不計矣。丙處之粟亦如之。

清·黄慶澄《算學報》 加減比例：設有銀二千兩，令東、西兩縣四六支銷。問各支幾何。

答云：東縣千二百兩，西縣八百兩。

一率 十

二率 二千兩

三率 六

四率 千二百兩

三率 四

四率 八百

此四六差分也。【略】

説曰：以四六相併，得十分，爲一率。二千兩爲二率。如以六分爲三率，則四率應得千二百兩，即東縣所支也。如以四分爲三率，則四率應爲八百兩，即西縣所支也。蓋(八)[六]與千二百，(二)[四]與八百，適如十與二千之比也。

甲内全方兩方廉爲六分之比例。乙内兩方廉爲四分之比例。

又 設有銀三千兩，令東、西兩縣三七支銷，問各支幾何。

答云：東縣二千一百兩，西縣九百兩。

一率 十

二率 三千兩

三率 七

四率 二千一百兩

三率 三

四率 九百兩

此三七差分也。【略】

説曰：以三七相併，得十分，爲一率。三千兩爲二率。如以七爲三率，則四率應得二千一百兩，即東縣所支也。如以三爲三率，則四率應得九百兩，(所)[即]西縣所支也。蓋七與二千一百，三與九百，適如十與三千之比也。

又 設有銀四千兩，令東、西兩縣二八支銷，問各支幾何。

答云：東縣三千二百兩，西縣八百兩。

一率 十

二率 四千兩

三率 八

四率 三千二百兩

三率 二

四率 八百兩

此二八差分也。【略】

説曰：以二八相併，得十分，爲一率。四千兩爲二率。如以八爲三率，則四率應得三千二百兩，即東縣所支也。如以三爲三率，則四率應得八百兩，即西縣所支也。蓋八與三千二百，二與八百，適如十與(三)[四]千之比也。

又 設如有生鐵入爐，鎔化兩次。每一次去渣十分之二，淨得熟鐵百二十八斤。問原鐵若干。

答云：二百斤。

一率 六十四

二率 百二十八斤

三率 八十

四率 百六十十斤

一率 八十

二率　百六十斤
三率　一百
四率　二百斤

此遞折差分也。【略】

說曰：法以原鐵爲百分，第一次去渣十分之二，得八十分。第二次再去十分之二，得六十四分，即以六十四分爲一率。熟鐵百二十八斤爲二率。八十分爲三率。推得原鐵百六十斤，爲四率。再以八十分爲一率，百六十斤爲二率，百分爲三率，推得原鐵二百斤，爲四率。合問。

又　設如一人寫字，日加一倍。三日共寫三十五百字，問每日所寫幾何。

答云：一日五百，一日一千，一日二千。

一率　七分
二率　三千五百
三率　一分
四率　五百
三率　二分
四率　一千
三率　四分
四率　二千

此加倍差分也。【略】

說曰：以一日爲一分，二日爲二分，三日爲四分。共七分，爲一率。三千五百爲二率。一分爲三率，推得四率五百字，此第一日字數也。二分爲三率，推得四率一千字，此第二日字數。四分爲三率，推得四率二千字，此第三日字數也。

又　設如有勇四萬名，擬按次減半遣散。現已遣過三次，問已遣者若干，留者若干。

答云：已遣者三萬五千，留者五千。

一率　八分
二率　四萬
三率　四分
四率　二萬
三率　二分
四率　一萬
三率　一分
四率　五千

此減半差分也。【略】

說曰：法以全數爲八分，減半爲四分，再減半爲二分，再減半爲一分。以八分爲一率，四萬爲二率，四分爲三率，推得四率二萬名，爲一次所遣之數。二分爲三率，推得四率一萬名，爲二次所遣之數。一分爲三率，推得四率五千名，爲三次所遣之數。計共遣三萬五千名，所剩者五千名，即三次汰留之數也。

又　設有金六十兩，令甲、乙、丙三人依次遞加五兩分之，問各得幾何。

答云：甲十五兩，乙二十兩，丙二十五兩。

一率　十二
二率　六十兩
三率　三
四率　十五兩
三率　四
四率　二十兩
三率　五
四率　二十五兩

此按次遞加比例也。【略】

說曰：法以五除六十，得十二。復設三、四、五三色，并之，亦爲十二。因以十二分爲一率，六十爲二率，三分爲三率，推得四率十五兩，即甲所分之銀數。四分爲三率，推得四率二十兩，即乙所分之銀數。五分爲三率，推得四率二十五兩，即丙所分之銀數。

甲內爲三分之比例，乙內爲四分之比例，丙內爲五分之比例。

又　設有鉛百零八斤，欲作四球，依次遞加六斤。問每球重數若干。

答云：一球十八斤，二球廿四斤，三球三十斤，四球三十六斤。

一率　十八
二率　百零八斤
三率　三

四率　十八
三率　四
四率　廿四
三率　五
四率　三十
三率　六
四率　三十六

此亦按次遞加比例也。【略】

說曰：法以六除百零八，得十八。復設三、四、五、六四色，并之亦爲十八。因以十八爲一率，百零八斤爲二率，三爲三率，推得四率十八斤。四爲三率，推得四率廿四斤。五爲三率，推得四率三十斤。六爲三率，推得四率三十六斤，即各球輕重之數也。

甲内爲三分之比例，乙内爲四分之比例，丙内爲五分之比例，丁内爲六分之比例。

又　設有子五人，皆遞減三歲。但知統共百零五歲，問各若干歲。

答云：長廿七歲，次廿四歲，次廿一歲，次十八歲，次十五歲。

一率　三十五
二率　百零五
三率　九
四率　廿七
三率　八
四率　廿四
三率　七
四率　廿一
三率　六
四率　十八
三率　五
四率　十五

此按次遞減比例也。【略】

說曰：法以三除百零五，得三十五。設五、六、七、八、九五色，并之亦爲三十五，因以三十五爲一率，百零五爲二率。以五、六、七、八、九爲三率，推得四率爲十五，爲十八，(爲)爲廿一，爲廿四，爲廿七，即爲各子歲數也。

甲内爲五分之比例，乙内爲六分之比例，丙内爲七分之比例，丁内爲八分之比例，戊内爲九分之比例。

又　設有一人行路五日，首日行六十里，第二、第三兩日較首日遞加六里，第四、第五兩日較首日遞減六里。問每日各行若干里，總共行若干里。

答云：二日六十六里，三日七十二里，四日五十四里，五日四十八里，總共三百里。

一率　十分
二率　六十里
三率　十一分
四率　六十六里
三率　十二分
四率　七十二里
三率　九分
四率　五十四里
三率　八分
四率　四十八里
三率　五十分
四率　三百里

此遞加遞減比例也。【略】

甲内爲八分之比例，乙内爲九分之比例，丙内爲十一分之比例，丁内爲十二分之比例。

說曰：法以第一日爲十分，第二日爲十一分，第三日爲十二分，四日爲九分，五日爲八分。以十分爲一率，六十里爲二率，十一分、十二分各爲三率，推得四率六十六里與七十二里，即二、三日所行里數也。以九分、八分各爲三率，推得四率五十四里與四十八里，即四、五兩日所行里數也。統計五次分數，爲五十分，即以五十分爲三率，推得四率三百里，即統共之數也。

又　設如甲、乙、丙、丁四人遞次運糧，但知甲得七十七石，丁得五十六石。問乙、丙各運幾何。

答曰：丙得六十三石，乙得七十石。

一率　三分
二率　二十一
三率　二分
四率　十四
三率　一分
四率　七

此首尾互準比例也。【略】

說曰：法以丁五十六石減甲七十七石，餘二十一石。夫甲位爲四，加分爲三，則乙位爲三。加分爲二，丙位爲二。加分爲一。因以三分爲一率，二十一爲二率，二分爲三率，推得四率十四。加丁之五十六，得七十，即乙所運之數也。以一分爲三率，推得四率爲七。加丁之五十六，得六十三，即丙所運之數也。

乙内爲二分之比例，丙内爲一分之比例。

又　設有兵四千九百名，令甲、乙、丙、丁、戊五將互和折半領之。但知甲多戊三百六十名，問各領若干。

答云：甲一千一百六十，乙一千零七十，丙九百八十，丁八百九十，戊八百名。

一率　四分
二率　三百六十
三率　三
四率　二百七十
三率　二
四率　一百八十
三率　一
四率　九十

此亦首尾互準比例也。【略】

說曰：法定甲爲五位，加分爲四。乙爲四位，加分爲三。丙爲三位，加分爲二。丁爲二位，加分爲一。以四分爲一率，三百六十爲二率，三分爲三率，推得四率二百七十名，即乙之加數也。二分爲三率，推得四率百八十名，即丙之加數也。一分爲三率，推得四率九十名，即丁之加數也。通計加數九百名，以減原數，得四千名。就五將勻分之，復將各加數按分加之，然後定戊爲八百，丁爲八百九十，丙爲九百八十，乙爲一千零七十，甲爲一千一百六十，即各將所領之數也。

乙内爲三分之比例，丙内爲二分之比例，丁内爲一分之比例。

又　設如織布，日增六尺。計已織好三十二丈。但知初、末兩日共織十六丈，問織工幾日，初、末兩日各織若干。

答云：四日織畢。初日織七丈一尺，末日織八丈九尺。

一率　一
二率　六
三率　二
四率　十二
三率　三
四率　十八

此互和折半比例也。【略】

泛者，未定之詞也。

說曰：法先設一、二、三、四爲泛位數，設一、二、三爲泛分數。以六日爲一分，推得十二爲二分，十八爲三分。通計加數，爲三十六。以減原數三百二十尺，得二百八十四。四分之，得七十一。乃以七十一爲首日所織之數，以一分、二分加之，得七十七與八十三，爲第二、第三兩日所織之數。以三分加之，得八十九，爲第四日所織之數。夫七十一與八十九相加，即百六十也。故知加分爲三也。加分爲三，則位數爲四，故知爲四日也。

甲内爲二分之比例，乙内爲三分之比例。

又　設如甲、乙、丙三人將兵，甲領兵僅得丙十分之二，乙領兵多甲一倍。但知三人共領兵六千四百名，問甲、乙、丙各領兵若干。

答曰：甲四千，乙一千六百，丙八百。

一率　十六分
二率　六千四百
三率　十分
四率　四千

三率　四分

四率　一千六百

三率　二分

四率　八百

此互加互減比例也。【略】

案：丙爲十分，甲得丙十分之二，是二分也。乙多甲一倍，是四分也。

說曰：法以丙爲十分，乙爲四分，甲爲二分，共十六分。以十六分爲一率，六千四百爲二率。如以十分爲三率，推得四率四千，即丙所領之兵也。如以四分爲三率，推得四率一千六百，即乙所領之兵也。如以二分爲三率，推得四率八百，即甲所領之兵也。

又　設如甲、乙、丙三人將兵，甲領兵多丙十分之六，乙領兵少甲十分之五。但知總數爲六千八百名，問各領兵若干。

答云：甲三千二百名，乙千六百名，丙二千名。

一率　三十四分

二率　六千八百名

三率　十六分

四率　三千二百名

三率　八分

四率　千六百名

三率　十分

四率　二千名

案：十分二字最宜認清。

此亦互加互減比例也。【略】

說曰：法定丙爲十分，甲爲十六分，乙爲八分，共三十四分。以三十四分爲一率，六千八百爲二率，十六分爲三率，推得四率三千二百，即甲所領之兵也。八分爲三率，推得四率千六百，即乙所領之兵也。十分爲三率，推得四率二千，即丙所領之兵也。

甲内爲一十六分之比例，丙内爲十分之比例，乙内爲八分之比例。

又　設有三人合本貿易，甲出本銀三百兩，共二个月。乙出本銀二百兩，共七个月。丙出本銀五百兩，共三个月。計三人共獲利七百兩，問各分若干。

答云：甲百二十兩，乙弍百八十兩，丙三百兩。

一率　七十分

二率　七百兩

三率　十二分

四率　百二十兩

三率　二十八分

四率　弍百八十兩

三率　三十分

四率　三百兩

此和數比例也。【略】

說曰：法定甲爲六分，以二乘之，得十二分。乙爲四分，以七乘之，得廿八分。丙爲十分，以三乘之，得三十分。共七十分，爲一率，七百兩爲二率。以十三分、廿八分、三十分各爲三率，推得四率爲百二十兩，爲弍百八十兩，爲三百兩，即各人所分之數也。

甲内爲十二分之比例，乙内爲二十八分之比例，丙内爲三十分之比例。

又　設有銀二百二十八兩，買夏布六十丈，棉布三十丈。夏布價較棉布加十分之四，問兩項價各若干。

答云：夏布弍兩八錢，棉布弍兩。

一率　一百十四丈

二率　二百二十八兩

三率　三十丈

四率　六十兩

三率　八十四丈

四率　一百六十八兩

此亦和數比例也。【略】

一率　三十丈

二率　六十兩

三率　一丈

四率　二兩

一率　六十丈

二率　一百六十八兩

三率　一丈

四率　二兩八錢【略】

說曰：法以夏布六十丈加十分之四，爲八十四丈。與棉布相加，得一百十四丈，爲一率。二百二十八兩爲二率，棉布三十丈爲三率，推得四率六十兩，即棉布之共價也。又以夏布八十四丈爲三率，推得四率一百六十八兩，即夏布之共價也。然後以棉布三十丈爲一率，六十兩爲二率，一丈爲三率，推得四率二兩，即棉布之價也。以夏布六十丈爲一率，一百六十八兩爲二率，一丈爲三率，推得四率二兩八錢，即夏布之價也。

甲内爲夏布之比例，乙内爲棉布之比例。

清・劉彝程《九章實義》卷一下《以比例運九章》　比例運差分：設有金二千九百七十五兩，令甲、乙、丙、丁四人二八納之，問各幾何。

答：甲二千二百四十兩，乙五百六十兩，丙百四十兩，丁三十五兩。

此等題但知金爲所有，即爲三率。所求爲各四率。而題中無從覓得一、二率，乃用「淺説」中「四借二率、五作一率」之法，别得由丁而上遞大四倍，乃借一爲丁差，一差猶言一分也。則四爲丙差，十六爲乙差，六十四爲甲差，各爲二率。此二率皆係借數，故曰「四借二率」。次以四人之差相并，得八十五差，爲一率。此一率係并成之數，故曰「五作一率」。乃設比例式：

彼共差八五，

既得甲差六四，　乙差一六，　丙差四，　丁差一。

此共金二九七五，

必得甲金二二四〇，　乙金五六〇，　丙金一四〇，　丁金三五。

又　設有米百五十五石八斗，令甲、乙、丙三人依次遞降四六納之，問各幾何。

答：甲七十三石八斗，乙四十九石二斗，丙三十二石八斗。

别得由丙而上，遞加半倍，乃借四爲丙差，則六爲乙差，九爲甲差，各爲二率。次以三人之差相并，得十九，爲共差。乃得比例式：

彼共差一九，

既得甲差九，　乙差六，　丙差四。

此共米一五五八，

必得此甲米七三八，　乙米四九二，　丙米三二八。

又　設有銀四百九十七兩七錢，令甲、乙、丙三人三七納之，問各幾何。

答：甲三百〇八兩七錢，乙百三十二兩三錢，丙五十六兩七錢。

此題七與三無倍數可言，若借七爲甲，則三爲乙，而丙必爲奇零不盡之數。若借三爲丙，則七爲乙，而甲必爲奇零不盡之數。故欲借一數爲甲差，須令可以七除二次者，則其數莫若以七自乘，得四十九。因七除一次，可得七，再除一次，可得一也。乃借四十九爲甲差。先設比例：七與三比，若甲四十九與乙二十一比。又七與三比，若乙二十一與丙九比。即得甲差四十九，乙差二十一，丙差九。又如欲借一數爲丙差，須令可以三除二次者，則其數莫若以三自乘，得九。因三除一次，可得三，再除一次，可得一也。乃借九爲丙差。先設比例：三與七比，若丙九與乙二十一比。又三與七比，若乙二十一與甲四十九比。則得甲、乙、丙各差仍與前同。乃以各差爲二率，各差相并，得七十九，爲共差，即爲一率。即得比例式：

彼共差七九，

既得甲差四九，　乙差二一，　丙差九。

此共銀四九七七，

必得甲銀三〇八七，　乙銀一三二三，　丙銀五六七。

若此題，欲令甲、乙、丙、丁四人納之，則須借一數可以七除三次者，莫若以七自乘、再乘，得三百四十三，爲甲差。或借一數可以三除三次者，莫若以三自乘、再乘，得二十七爲丁差。任借得甲、丁差，皆可以比例推得乙差百四十七，丙差六十三。若欲令五人以上納之，由是類推。

又　設有絹三千一百六十四丈七尺，令三等人户照十分之六納之。上等二十五户，中等三十户，下等四十八户。問各等每户幾何。

答：上等每户五十二丈五尺，中等每户三十一丈五尺，

下等每户十八丈九尺。

由下等而上，係六與十比，即三與五比。故須借一數可以三除二次者，莫若以三自乘，得九，爲下等一户差。由是比例得中等一户差十五，上等一户差二十五。以各户數乘各差，復相并，得一千五百零七，爲共差。乃設比例：

彼共差一五〇七，

既得上等一户差二五，　中等一户差一五，　下等一户差九。

此共絹三一六四七，

必得上等一户絹五二五，中等一户絹三一五，下等一户絹一八九。

又 今有人借銀爲商三次，每次獲利俱倍，每次還銀二百兩，三次之後本、利恰盡。問原本幾何。

答：百七十五兩。

此題須思末次所還，係一箇二百兩。中次所還，設不還之，則至末必有兩箇二百兩。首次所還，設不還之，則至末必有四箇二百兩。然則共還三箇二百兩。實則有七箇二百兩。七即一、二、四相并之數。故應以七乘二百兩，得千四百兩，爲本、利共銀，即爲三率。次借一差爲本，倍三次得八差，爲本、利共。乃設比例：彼本、利共差八，既得本差一。此本、利共銀一四〇〇，必得本銀一七五。此題不但二率須借，一率須作，即三率亦非作不能得之。

又 今有人賣酒，每日比原數添一倍。一日賣一斤，六日賣完。問原酒幾何。

答：十五兩七錢五分。

法：化一斤爲十六兩，如前題法，以一與二與四與八與十六與三十二相并，得六十三。以乘十六兩，得千零八兩，爲本、利共酒，即爲三率。次借一差爲本，以一差倍六次，得六十四差，爲本、利共。乃設比例：彼本、利共差六四，既得本差一。此本、利共酒一〇〇八，必得本酒一五．七五。

又 設如甲、乙、丙三人合本爲商，共出本銀千五百二十兩，今得利銀百九十兩。但知甲分本、利共銀千零八十兩，乙分本、利共銀三百六十兩，丙分本、利共銀二百七十兩，問三人本、利各幾何。

答：甲本九百六十兩，利百二十兩。乙本三百二十兩，利四十兩。

丙本二百四十兩，利三十兩。

法：以全本、全利相并，得千七百十兩，爲全本、利共銀。乃設比例：

全本利共一七一〇，

全本一五二〇，

甲本利共銀一〇八〇，　乙本利共三六〇，　丙本利共二七〇。

甲本九六〇，　乙本三二〇，　丙本二四〇。

次以甲、乙、丙本銀各減其本利共，即得各利。

又 設如甲、乙、丙三人合本爲商，共得利銀三百二十二兩。甲本銀三百六十兩，乙本銀五十一兩，丙本銀不知數。但云該利四十八兩，問丙本及甲利、乙利各幾何。

答：丙本七十二兩。甲利二百四十兩，乙利三十四兩。

法：以丙利減全利，得二百七十四兩，爲甲、乙二人共利。次以甲本加乙本，得四百十一兩，爲甲、乙二人共本。乃設比例：甲、乙共利二七四，甲、乙共本四一一。丙利四八，丙本七二。又：甲、乙共[本]四一一，甲、乙共利二七四。甲本三六〇，甲利二四〇。乙本五一，乙利三四。

又 設如甲、乙、丙、丁四人同商，甲出銀三十兩，歷五年十一月二十一日。乙出銀五十兩，歷三年八月十五日。丙出銀七十兩，歷二年四月十二日。丁出銀九十兩，歷一年兩月零三日。共得利銀百二十兩，問各利幾何。

答：甲三十三兩八錢一分六釐强，乙三十四兩九錢八分强，

丙三十一兩二錢五分四釐弱，

丁十九兩九錢五分强。

法：將各人年、月化作日數，得甲二千一百五十一日，乙千三百三十五日，丙八百五十二日，丁四百二十三日，爲各人日數。乃借一差，爲每日一兩之利，則各人日數爲各人每兩利差。惟因各人本銀均非止一兩，故以各人本銀乘各人日數，得甲六四五三〇，乙六六七五〇，丙五九六四〇，丁三八〇七〇，爲各人利差。以各利差相并，得二二八九九〇，爲共利差。乃設比例。復以共利差及各利差俱降一位，得：

共利差二二八九九，

共利銀一二〇，

甲利差六四五三，　乙利差六六七五，

甲利銀三三八一六强。　乙利銀三四九八强。

共利差二二八九九，

共利銀一二〇。

丙利差五九六四，　丁利差三八〇七，

丙利銀三一二五四弱。　丁利銀一九九五强。

此題若化月、日爲年之小餘，加入年數，而借一差爲每年一兩之利，則所得各利差及共利差皆爲奇零不盡之數，不便乘除。即得數不密，故以右法爲較便。

又 設如甲、乙、丙合本爲商，共得利銀一千兩。甲本銀三百兩，係十箇月。乙本銀六百兩，丙本銀四百兩，俱不知月分。其利銀則甲分五百兩，乙分三百兩，丙分二百兩。問乙、丙各月分幾何。

答：乙、丙俱三箇月。

法：先設四率泛式：
甲利，
乙利，
甲利，
乙利。
須知甲、乙各利乃甲、乙各本各乘月分，復各以利率乘之之數，故應化泛式爲：
甲利，
乙利。
甲本乘月，復乘利率。
乙本乘月，復乘利率。
二、四率各以利率除之，則得：
甲利五〇〇，
甲本乘月三〇〇〇
乙利三〇〇
乙本乘月一八〇〇
甲利五〇〇，
甲本乘月三〇〇〇。
丙利二〇〇，
丙本乘月一二〇〇。
各求得四率，各以乙、丙本銀除之，俱得三，爲各月分。

又 設如甲、乙、丙合本爲商，共得利銀三百八十兩。乙利得甲三分之一，丙利得甲四分之一，甲本銀八十兩，應收利十二箇月。乙、丙二人本銀不知數，但知乙應收利八箇月，丙應收利四箇月。問三人利銀及乙、丙本銀各幾何。

答：甲利二百四十兩，乙利八十兩，丙利六十兩。乙本四十兩，丙本六十兩。

先求各利，須知欲借一數，可以三除之，亦可以四除之者，莫若以三、四相乘，得十二。故可借十二，爲甲差。三除十二，得四，爲乙差。四除十二，得三，爲丙差。并甲、乙、丙各差，得十九，爲共差。乃設比例：

彼共差一九，
既得共利三八〇。
此甲差一二，　乙差四，　丙差三，
必得甲利二四〇。　乙利八〇。　丙利六〇。

既得各利，乃以甲本乘甲月，得九百六十，爲二率。復依前題法得比例式：

甲利二四〇，
甲本乘月九六〇。
乙利八〇，　丙利六〇，
乙本乘月三二〇。　丙本乘月二四〇。

既得各四率，各以月分除之，即得乙本四十兩，丙本六十兩。

又 設有馬、步各軍，其數相等。只云每馬軍七人給褲布四丈八尺，每步軍六人給襖布九丈二尺，今共給一萬二千五百八十二丈。問馬、步各軍及襖、褲布各幾何。

答：馬、步軍各五千六百七十人。
褲布三千八百八十八丈，
襖布八千六百九十四丈。

法：借一數，可以七除之，亦可以六除之者，莫若借二十一，爲各軍人數。先設比例，七人與二十一人比，若四丈八尺與十四丈四尺比，乃以一四四爲所借褲布。又六人與二十一人比，若九丈二尺與三十二丈二尺比，乃以三二二爲所借襖布。以與所借褲布相加，得四十六丈六尺，爲所借共布。即得比例式：

借共布四六六，
共布一二五八二。
借各軍二一，　借褲布一四四，　借襖布三二二，
各軍五六七〇。　褲布三八八八。　襖布八六九四。

又 設如兄弟三人不知年數，只云仲得伯年六分之五，叔得伯年四分之三，仲比叔多八歲。問三人年各幾何。

答：伯九十六歲，仲八十歲，叔七十二歲。

此題須認定多八歲爲所有數，命爲仲、叔較。欲借一數，可以三除之，亦可以四除之者，莫若借十二，爲伯差。取伯差六之五，得十，爲仲差。取伯差四之三，得九，爲叔差。以減仲差，得一，爲仲、叔差較。乃設比例：

彼仲、叔差較一，
既得彼伯差一二。　仲差一〇。　叔差九。
此仲、叔年較八，
必得此伯年九六。　仲年八〇。　叔年七二。

又　設有銀三十七兩八錢，糴米、麥、豆，令三色石數相等。米石價七錢，麥石價六錢，豆石價五錢。問各該幾何。

答：各二十一石。

法：借一石，爲三率。以一石之各價相并，得一兩八錢，爲一石共價。乃設比例：

彼共價一八，

既得彼各石一。

此共價三七八，

必得此各石二一。

又　**卷二下《面體積運九章》**　面積運差分：今有金七十五兩，令五人遞減分之。但知甲分二十五兩，戊分五兩，問乙、丙、丁各分幾何。

答：乙二十兩，丙十五兩，丁十兩。

別得人數爲梯高，共金爲梯積。凡梯田理，以上下距等之兩層相加，折半，皆得中層。故以甲、戊相加，半之，得十五，爲丙。又甲、丙相加，半之，得二十，爲乙。又丙、戊相加，半之，得十，爲丁。

又　今有鉛三百五十兩，欲依遞減法造作四球。只云第一球比第四球多七十五兩，問各重幾何。

答：一球百二十五兩，二球百兩，三球七十五兩，四球五十兩。

凡以梯高除梯積，得中層數。此題以四爲梯高，並無中層數。然以四除共鉛，得八十七兩五錢。雖無此球，恰係適中之數，即二、三球相加，折半之數。此數比二球少半較，比三球多半較，而一球比四球所多爲三較。故以三除云數七十五兩，得二十五兩，爲一較。半之，得十二兩五錢，爲半較。以加適中數，得百兩，爲二球。或減適中數，得七十五兩，爲三球。再以較二十五加二球，得一球。減三球，得四球。

又　假如七人運糧，不知數。但知甲、乙二人共運二十三石七斗，戊、己、庚三人共運二十六石一斗，其遞加、遞減之數相等。問各幾何。

答：甲十二石二斗，乙十一石五斗，丙十石八斗，丁十石一斗，

戊九石四斗，己八石七斗，庚八石。

法：以戊、己、庚運數爲梯積，三除之，得八石七斗，爲中數，即己運數。次求加減之較，別得甲比己多五較，乙比己多四較，甲、乙共數比倍己多九較。乃置甲、乙共數，以倍己十七石四斗減之，餘六石三斗，爲九較。以九除之，得七斗，爲一較。以較減己，得庚數。以較遞加己，得戊至甲諸數。

又　設有九節竹，盛米。但知根二節盛六升三合，梢二節盛二升一合，問逐節各盛米數。

答：根底一節三升三合，第二節三升，

以上遞減三合，至末節爲九合。

法：以根二節與梢二節相併，得八升四合，爲梯積中四箇距等數，即四箇中數。故四除之，得二升一合，爲第五節。次求加減之較，別得一節比五節多四較，二節比五節多三較。故根二節比倍五節多七較。又以同理知梢二節比倍五節少七較，故以倍五節與頭二節或梢二節相減，皆餘二升一合，爲七較。以七除之，得三合，爲一較。又別得稍二節爲倍末節加一較，頭二節爲倍末節加十五較。兩相減，餘十四較。以十四除之，亦得一較。以較遞次加減第五節，得逐節米數。

又　設如有米二百六十五石，令三等人户出之。上等二十户，每户比中等多七斗。中等五十户，每户比下等多五斗。下等一百十户。問每户各出米幾何。

答：上等每户二石四斗，中等每户一石七斗，下等每户一石二斗。

凡各人較數不同，知各較又知共數者，皆此題之類。此等題在差分中，與諸題概不相同，與貴賤差分題亦不相似，須設專法御之。法：先定其所求，以各較乘非所求户數，加減共米，爲所求户米數與全户相乘之長方積。則以全户數除之，得所求一户之米。　如欲求上等一户之米，法：以七斗乘中等五十户，得三十五石，於左。又以上等比下等所多之一石二斗乘下等一百十户，得一百三十二石，於右。并左、右，加入共數，得四百三十二石。則中、下等每户米數俱化爲上等每户米數，共成全户數與上等每户米相乘之長方積。故將各等户數相并，得百八十户。以除四百三十二石，得二石四斗，即上等每户之米。　如欲求中等一户之米，法：以七斗乘上等二十户，於左。以五斗乘下等百十户，於右。置共米，以左數減之，右數加之，得三百零六石，爲全户數與中等每户米相乘之數。故以百八十户除之，得一石七斗，爲中等每户米數。　如欲求下等一户之米，法：以一石二斗乘上等二十户，於左。以五斗乘中等五十户，於右。并左、右，以減共米，得二百十六石，爲全户數與下等每户米相乘數。故以百八十户除之，得一石二斗，爲下等每户米數。此類題，若分四等以上人數，但知全數，又知各較，皆依此法求之。

又 假如有銀四百零五兩七錢，共買米、麥五百石。米每石價銀八錢六分，麥每石價銀七錢二分五釐。問買米、麥各幾何。

答：米三百二十石，麥百八十石。

法：以貴率八錢六乘共數五百，與共銀相減，餘二十四兩三錢，爲實。以貴、賤兩率之較一錢三分五爲法，除之，得百八十石，爲賤物數。乙庚爲長，故以兩率較除之，得乙庚，即辛甲。爲賤物數，［即麥數］。

［或法：以賤率七錢二分五乘共數五百，與共銀相減，餘四十三兩二錢，爲實。以兩率較一錢三分五爲法。除之，得三百二十石，爲米數。如圖，丙辛爲貴物數，甲辛爲賤物數，甲丙爲共數，即五百石。丙己爲貴物價，命爲貴率，即八錢六分。甲庚爲賤物價，命爲賤率，即七錢二分五。丙己辛丁爲貴物共價，甲庚辛乙爲賤物共價，丙甲庚乙丁己磬折積爲兩共價之和，命爲共積，即四百零五兩七錢。

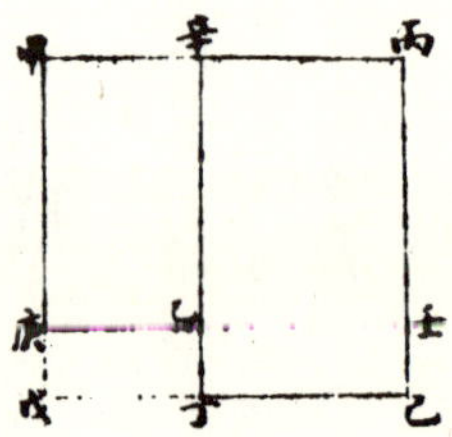

欲求賤物數，姑命共數丙甲爲貴物數，以貴率丙己乘之，得丙戊長方。與磬折共積相減，餘乙戊長方。以兩率較乙丁爲濶，以賤物數甲辛爲長，故以兩率較除之，得甲辛，即庚乙。］爲賤物數。

欲求貴物數，姑命共數丙甲爲賤物數，以賤率甲庚乘之，得甲壬長方。與磬折共積相減，餘乙己長方。仍以兩率較乙丁爲濶，以貴物數乙壬爲長，故以兩率較除之，得乙壬，即辛丙。爲貴物數。凡貴賤差分題，皆不外此兩種求法。

（麥數或法以賤率七錢二分五，乘共數五百，與共銀相減餘四十三兩二錢爲實，以兩率較一錢三分五爲法除之，得三百二十石爲米數，如圖，丙辛爲貴物數，甲辛爲賤物數，甲丙爲共數，即五百石，丙己爲貴物價，命爲貴率，即八錢六分甲庚爲賤物價，命爲賤率，即七錢二分五，丙己辛丁爲貴物共價，甲庚辛乙爲賤物共價，丙甲庚乙丁己磬折積，爲兩共價之和，命爲共積，即四百零五兩七錢，欲求賤物數，姑命共數丙甲爲貴物數，以貴率丙己乘之，得丙戊長方，與磬折共積相減，餘乙戊長方，以兩率較乙丁爲濶，以）

又 設如玉在石中，成立方體，每邊四寸，共重百六十兩八錢。問玉幾何。

答：玉八寸，重二十兩八錢。

此題先將邊四寸自乘，再乘，得立方積六十四寸，爲共數。重百六十兩八錢爲共積。玉立方寸重二兩六錢爲貴率，石立方寸重二兩五錢爲賤率。玉率、石率可查而得之，故題中不贅。仍依前題法，求其貴物數，得玉八寸。復以玉率乘之，得二十兩八錢。

又 設如狐狸一頭九尾，鵰鳥一尾九頭。只云前有七十二頭，後有八十八尾。問狐、鳥各幾何。

答：狐九箇，鵰七隻。

此等題，可以共頭爲共數，共尾爲共積。亦可以共尾爲共數，共頭爲共積。如以共頭爲共數，則姑命共頭七十二爲狐頭。以狐九尾乘之，得六百四十八尾，於上。此上位內，狐尾正合於理。惟念狐若九頭，應八十一尾。而鵰鳥九頭只有一尾，今以鵰頭作狐頭算，是一箇鵰鳥，算作八十一尾，而所浮爲八十尾也。乃依前圖，以共尾庚乙丁丙磬折積減上位戊丙長方，餘五百六十，爲庚丁長方。即設比例：既內有鵰一，

彼浮尾八十，

此浮尾五百六十，

必內有鵰七。

如以共尾爲共數，則姑命共尾八十八爲鵰尾，以鵰九頭乘之，得七百九十二頭，於上。此上位內，鵰頭正合於理。惟念鵰若九尾，應八十一頭。而狐九尾共有一頭，今以狐尾作鵰尾算，是一狐算作八十一頭，而所浮爲八十頭也。乃依前圖，以共頭庚乙丁丙磬折積減上位戊丙長方，餘七百二十，爲庚丁長方。即設比例：

既內有狐一，

彼浮頭八十，

此浮頭七百二十，

必內有狐九。

又 今有大、小僧共八十七人，共給饅首五十九箇。只云每大僧十三人，給饅首十一箇。每小僧七人，給饅首三箇。問大、小僧數及給饅首各幾何。

答：大僧五十二人，給饅首四十四箇。

小僧三十五人，給饅首十五箇。

此題共僧共饅皆不可命爲共數，因一設比例，則十三與七，或十一與三，皆不便用爲除法。故御此題，惟在齊同其母，以爲倍數。如欲命共僧爲共數，法：以小僧七遍乘大僧十三，及饅十一，得大僧九十一人，給饅七十七。又以大僧十三遍乘小僧七，及饅三，得小僧九十一人，給饅首三十九。以減七十七，餘三十

八，爲九十一箇大、小僧饅首之較。乃以九十一爲母。若以共數作大僧算，則以九十一乘共數八十七，得七九一七，爲九十一倍大僧數。乃設比例：

彼大僧九十一箇，

既給饅七十七箇。

此大僧九十一倍，即七九一七。

必給饅九十一倍。即得六六九九。

所得四率即前圖九十一倍戊丙長方、次以九十一乘共饅五十九，得五三六九，爲九十一倍庚乙丁丙磬折積。以減所得四率，餘一三三〇，爲九十倍乙戊長方。以九十一箇大、小僧之饅較三十八除之，得三十五，爲乙庚小僧數。若以共數作小僧算，則七九一七爲九十一倍小僧數。乃設比例：

彼小僧九十一箇，

既給饅三十九箇。

此小僧九十一倍，即七九一七。

必給饅九十一倍。即得三三九三。

所得四率，即前圖九十一倍庚丙長方。以減九十一倍磬折積五三六九，餘一九七六，爲九十一倍壬丁長方。以九十一箇大、小僧之饅較三十八除之，得五十二，爲乙壬大僧數。　如欲命共饅爲共數，則以三與十一相乘，得三十三，爲母。仍依前圖理求之，無庸布草，學者應可自悟。

又　假如工師覓一匠、一童作工。凡匠作工一日，除供火食外，仍給工價六十文。童作工一日，除不給工價外，轉令貼火食價(二)[三]十五文。匠、童作輟，互相更換。至一月，工師計用錢五百六十五文，問匠、童作工日各幾何。

答：匠十七日，童十三日。

法：以匠工價六十乘共日三十，得千八百。內減用錢五百六十五，餘千二百三十五。以給價、貼價和九十五除之，得十三，爲童作日數。或法：以童貼價三十五乘共日三十，得千零五十。加入用錢五百六十五，得千六百十五。以給價貼、價和九十五除之，得十七，爲匠作日數。

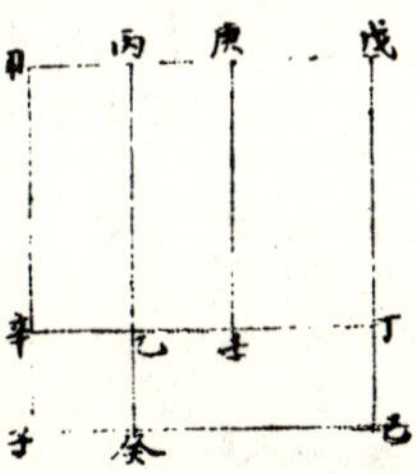

如圖，戊丙爲匠作日，丙甲爲童作日，甲戊爲共日，即一月，戊己爲匠工價，甲辛爲童貼價，戊癸方爲匠共價，丙辛方或庚乙方爲童共價。以童共價減匠共價，得庚壬乙癸己戊磬折積，即五百六十五。姑以共日甲戊爲匠作日，以乘匠價戊己，得戊子方。內減磬折積，餘庚乙方一段、丙子方一段。移庚乙方與丙子方相聯，成一長方，則以童作日丙甲爲濶，以給價、貼價和，即丙癸加丙乙，爲長。故以長除之，得濶丙甲，爲童作日。　若姑以共日甲戊爲童作日，以乘貼價甲辛，得甲丁方。以加磬折積，而移丙辛方於庚乙，則成戊癸方內重叠一戊乙方。移戊乙方與戊癸方相聯，成一長方，則以匠作日戊丙爲濶，以給價、貼價和，即丙癸加丙乙，爲長。故以長除之，得濶戊丙，爲匠作日。

又　假如匠、童給貼錢仍如前題。至一月，工師計餘錢四百八十文。問同前。

答：匠六日，童二十四日。

法：以匠工價六十乘共日三十，得千八百。加入餘錢四百八十，得二千二百八十。以給、貼和九十五除之，得二十四，爲童作日數。或法：以童貼價三十五乘共日三十，得千零五十。內減餘錢四百八十，得五百七十。以給、貼和九十五除之，得六爲匠作日數。

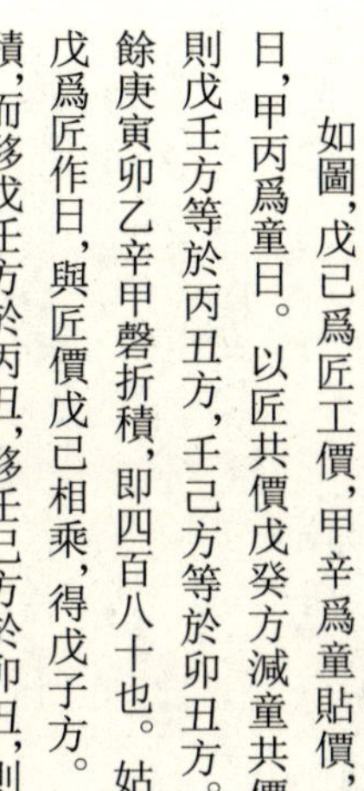

如圖，戊己爲匠工價，甲辛爲童貼價，戊丙爲匠日，甲丙爲童日。以匠共價戊癸方減童共價丙辛方，則戊壬方等於丙丑方，壬己方等於卯丑方。故相減，餘庚寅卯乙辛甲磬折積，即四百八十也。姑以共日甲戊爲匠作日，與匠價戊己相乘，得戊子方。以加磬折積，而移戊壬方於丙丑，移壬己方於卯丑，則成丙辛方一段、丙子方一段。再移丙辛方與丙子方相聯，成一長方，則丙甲爲濶，給價、貼價和，即丙癸加丙壬，爲長。故以長除之，得濶丙甲，爲童作日。　若姑以共日甲戊爲童作日，與貼價甲辛相乘，得戊辛方。內減磬折積，而移卯丑方於己壬，則成丙丑方一段、戊癸方一段。再移此兩段相聯，成一長方，則戊丙爲濶，給價、貼價和，即丙癸加丙壬，爲長。故以長除之，得戊丙，爲匠作日。　以上二題，並非《九章》舊題，因思貴賤差分之磬折積，既以兩共價相加而得，亦必有相減而得之理。爰撰此二題，以觀其變。

又　假如匠、童給、貼錢仍如前議。計兩月欠三日，而匠之所給，適符童之所貼，致工師無所用，亦無所餘。問同前。

答：匠二十一日，童三十六日。

玩題意，既所用適符所貼，則匠給價乘匠作日，與童貼價乘童作日，兩長方積必相等。故相消適盡。可知兩積長、濶爲反比例式，如：

匠給價，

童貼價，

童作日，

匠作日。

觀此比例，則知題中所有數爲一率、二率及三、四率之和。故可以相加，復設比例。如：

前一、二率和即給貼和九五，

前三、四率和即共日五七。

前一率匠給價六〇，　前二率童貼價三五，

前三率童作日三六。　前四率匠作日二一。

又法：以六十與三十五比，若十二與七比，則七乘六十，與十二乘三十五必相等。故可借七，爲匠日差。借十二，爲童日差。相并，得十九，爲共日差。即設比例：

共差一九，

共日五七，

匠差七，　童差一二，

匠日二一。　童日三六。

前二題既以兩共價相減而得磬折積，因思必有相減適盡之理。爰復撰此題以盡其變，余曩嘗撰《貴賤差分新法圖解》，亦具變化之致，見《簡易庵算稿》卷一中。

又　面積運均輸：設如綾每疋價四兩一錢，絹每疋價二兩一錢。今欲將綾換絹，問幾何價值可均。

答：綾二尺一，絹四尺一。

或綾二丈一，絹四丈一。

或綾二疋一，絹四疋一。

依題欲兩價相等，必令綾疋價乘綾數，與絹疋價乘絹數，所得兩長方之積等。此兩數雖無定數，然兩長方積既等，則兩疋價與兩數成反比例。故可以綾價爲絹數，絹價爲綾數，則兩長方中，此長等於彼濶，彼長等於此濶，其積自無不等。所以可取二一爲綾數，四一爲絹數。但二一與四一無一定之位，故又可以二尺一，或二丈一，或二疋一，爲綾數。四尺一，或四丈一，或四疋一，爲絹數。

設如甲、乙二人，往縣應役。甲該十二日一往，乙該十五日一往。問二人幾日相會，並問甲、乙各往幾次。

答：六十日，甲往五次，乙往四次。

此題若依前題，以乙日數爲甲次數，以甲日數爲乙次數，則十二乘十五，得百八十日。然至百八十日，則二人已會三次，可知不合。蓋前題二一與四一爲數根，不能約之使小。此題十二與十五，若不約之使小，則相乘所得，比會日必增幾倍。故法以約分求得等數三，以三約十二，得四。以三約十五，得五。則以四乘十五，與五乘十二，所得兩長方積，必皆爲六十，即相會日數。又可知五即甲次數，四即乙次數。

藝文

元・安止齋《詳明算法》　歌曰：

差分和合法尤精，高價先乘共物情。却用都錢減今數，餘留爲實甚分明。別將二價也相減，用此餘錢爲法行。除了先爲低物價，自餘高價物方成。

明・吴敬《九章算法比類大全》卷二《粟米》　詩詞：

每兩藥直錢數，四十一買良薑，五十二文買檳榔，八十丁香一兩。客錢七貫五百，三般分數商量，檳三薑四二丁香，多少要知各項。　右西江月

荅曰：丁香一斤十五兩二錢五分，檳榔二斤十四兩八錢七分五厘，

良薑三斤十四兩五錢。

法曰：置鈔七貫五百文，爲實。併各價，二丁香一百六十文，三檳榔一百五十六文，四良薑一百六十四文，共四百八十文，爲法。除之，得一停率一十五兩六錢二分五厘。以各物率乘之。合問。

又　二絲九十三兩，七錢五分餘饒。麄絲一兩與英豪，價直二錢不少，時價細絲一兩，三錢足數明摽。若知三事最爲高，暗想其中藴奥。　右西江月

荅曰：錢二百二十五文，細絲二斤五兩五錢，麄絲三斤八兩二錢五分。

法曰：置絲九十三兩七錢五分，以併二價，二錢，(二)[三]錢，共五錢，除之，得一十八兩七錢半，爲一停率。以二因爲細絲，三因爲麄絲。乘價。合問。

又　百瓠千梨萬棗，白銀賣[與]英豪。牙人估價兩平交，六兩二錢無耗。瓠貴梨兒一倍，[將]來不差分毫。梨多棗子倍之高，三物價各多少。　右西江月

荅曰：瓠價二[厘]，計二錢，梨價一厘，計一兩，棗價[五毫]，計五兩。

法曰：置銀六兩二錢，[爲]實。[併]各價，棗一万，梨二千，瓠四百，共一万二千四百，爲法。除之，得五毫，[爲棗價]。各價加之。合問。

又　甲釧九成二兩，乙釵七色相同。李銀鋪内偶相逢，各欲改成器用。其子未詳所以，悮將一處銷鎔。不惟悶惱李三翁，又把筭師擾動。　右西江月

荅曰：共鎔成八色金四兩，

甲分金二兩二錢半，折足色一兩八錢。

乙分金一兩七錢半，折足色一兩四錢。

法曰：置甲金九成二兩，折足一兩八錢。乙金七成(一)[二]兩，折足一兩四錢。併之，得八成金四兩。以八成除各色，得足色，甲二兩二錢半，乙一兩七錢半。合問。

又　斗半粟，斗半米，一陣狂風起，相和做一處。分又分不得，因此上做箇江兒水。　右江兒水

荅曰：米主該分一斗八升七合五勺，粟主該分一斗一升二合五勺。

法曰：置米、粟共三斗，爲實。以米率六，粟率十，共十六，爲法。除之，得米一斗八升七合五勺。以減共数，餘得粟一斗一升二合五勺。合問。

又　務中聽得語吟吟，言道醇醨二瓶。好酒一升醉三客，薄酒三升醉一人。共通飲了一斗九，三十三客醉醺醺。欲問高明能筭士，幾何醨酒幾多醇。

荅曰：好酒一斗，薄酒九升。

法曰：置好酒一升，互乘一人，得一升，爲醨酒。薄酒三升互乘三人，得九升，爲醇酒。又以薄酒三升互乘三十三人，得九十九人，爲総人。又以醇酒九升乘共飲酒一斗九升，得一百七十一人。内減九十九人，餘七十二人，爲實。却以醇酒九升減醨酒一升，餘八升，爲法。除之，得薄酒九斗。以減共飲一斗九升，餘得好酒一斗。合問。

又　今有四石五斗黍，碾米未精逢細雨。裝到家中簸去糠，三石三斗五升五。雖然六米與粟同，米黍不知各幾許。

荅曰：米变黍一石六斗三升七合五勺，米一石七斗一升七合五勺。

法曰：置黍四石五斗，以米率六乘之，得二石七斗。以減簸去糠三石三斗五升五合，餘六斗五升五合，爲實。以米率六減黍一斗，餘四升，爲法。除之，得米变黍一石六斗三升七合五勺。以減簸去糠三石三斗五升五合，餘得米一石七斗一升七合五勺。合問。

又　卷三《衰分》　詞詩：

三客攢銀買賣，甲銀十兩三錢，乙銀九兩七錢言，丙獨出銀斤半。換得新絲九秤。五斤四兩都全，有能分豁不教偏，滿郡人皆談羡。　右西江月

荅曰：甲二秤二斤十三兩三錢，乙二秤十四兩七錢，丙五秤一斤八兩。

法曰：各列置衰，甲一十兩三錢，乙九兩七錢，丙二十四兩。副併，得四十四兩，爲法。以所換絲通斤，得一百四十斤二五。乘未併者，甲得一千四百四十四斤五分七厘五毫，乙得一千三百六十斤四分二厘五毫，丙得三千三百六十六斤，各自爲列實。以法各除之。合問。

又　官粟九十六石，六般人户分科。一石六斗號均多，自下而上方可。須要筭科依法，分毫勿得差訛。有人筭得是嘍囉，不會前来求我。　右西江月

荅曰：甲二十石，乙一十八石四斗，丙一十六石八斗，丁一十五石二斗

戊一十三石六斗，己一十二石。

法曰：各列置衰，甲五，乙四，丙三，丁二，戊一。併之，得十五石。乘均多一石六斗，得二十四石。以減總粟九十六石，餘七十二石，爲實。以六爲法，除，得一十二石，爲己數。遞加一石六斗，得各數。合問。

又　今有銅錢一百，三人分豁難完。乙不及甲五文錢，丙不及乙稍遠，然在七分之五，何須疊疊開言？煩公計筭莫教偏，甚法推之可見。　右西江月

荅曰：甲四十文，乙三十五文，丙二十五文。

法曰：各列置衰，甲、乙各七，丙五。副併，得一十九，爲法。置錢一百，減不及五文，餘九十五文，爲實。以法除之，得五文，爲錢率。以乘各差。[合問]。

又　三客共分百果，其中分数兜荅。甲雖多丙二十八，乙数亦難及甲，當在三分之二。煩公用意詳察，果然筭得的無差。問公須用甚法。　右西江月

荅曰：甲四十八枚，乙三十二枚，丙二十枚。

法曰：各列置衰，甲、丙各三分，乙二分。副併，得八分，爲法。置果一百，加二十八，共一百二十八，爲實。以法除之，得一十六，爲果率。以乘各差，乙得

三十二，甲得四十八。減二十八，丙得二十。合問。

又　今有軍營納粟，四萬七千臨倉。馬軍支料步支粮，三色俱停無誑。大豆八升折粟，六升折米尋常。粟依本色莫猜[尋]，悶殺庫司粮長。　右西江月

荅曰：各一萬二千石。米折粟二万石，豆折粟一万五千石，本色粟一万二千石。

法曰：置粟四万七千石，以三色率相乘，豆八升乘米六升，得四斗八升。以粟一斗乘，得四石八斗。以乘總粟，得二十二万五千六百石，爲實。却以粟一斗乘豆八升，得八斗。豆八升乘米六升，得四斗八升。粟一斗乘米六升，得六斗。併得一石八斗八升，爲法。除之，得一万二千石。乃三色等数。以各率除之，得粟。合問。

又　三客入山採茗，甲行三日一遭，乙行丙往隔雙朝。效力不相倚靠。乾茗共得兩秤，五斤八兩無饒。各行逓往論功勞，請問各該多少。　右西江月

荅曰：甲一秤二斤八兩，乙一十斤八兩，丙七斤八兩。

法曰：置乾茗通之，得三十五斤半，爲實。以各行互乘，甲三日乘乙五日，得一十五，爲丙率。又甲三日乘丙七日，得二十一，爲乙率。又乙五日乘丙七日，得三十五，爲甲率。併之，得七十一，爲法。除之，得半斤。以乘各率。合問。

又　一百三十三石，常年額粟爲期。今年折納擬分催，三豆四粟二米，大豆八升折粟，六升折米無虧。粟依本色有何疑，借問三色各幾。　右西江月

荅曰：米二十四石，折粟四十石。粟四十八石。
豆三十六石，折粟四十五石。

法曰：置各率，二米得粟三斗三分斗之一，三豆該粟三斗七升五合，粟四斗。以分母三乘之，米三斗得九斗，加分子一，共一石。豆三斗七升五合，得一石一斗二升五合。粟四斗，得一石二斗。併之，得三石三斗二升五合，爲法。以分母三乘總粟一百三十三石，得三百九十九石，爲實。以法除之，得一十二石，爲一停率。二因爲米，三因爲豆，四因爲粟。合問。

又　聞說東隣織女，三從四德温柔。初朝二丈織絲紬，次日功添尺九。今已織紬一月，未知幾疋根由。疋法四丈不難求，筭得無差好手。　右西江月

荅曰：三十五疋二丈六尺五寸。

法曰：置織紬二丈，以三十日乘之，得六十丈。再置三十日，以減一日，餘二十九日。與三十日相乘，得八百七十。折半，得四百三十五。却以日添一尺九寸乘，得八十二丈六尺五寸。加前六十丈，共一百四十二丈六尺五寸。疋法除之。合問。

又　節遇元霄十五，明燈百盞堪遊。兩秤五斤十兩油，三夜神前如晝。三盞添油五兩，九兩四甌無留。要知多少盞和甌？筭得湏當敬酒。　右西江月

荅曰：盞六十箇，一夜油六斤四兩，三夜共油一秤三斤十二兩。
甌四十箇，一夜油五斤十兩，三夜共油一秤一斤十四兩。

法曰：列置

三盞	四甌	一百隻
五兩	九兩	一百九十

先以上、中互乘，三盞乘九兩，得二十七兩，四甌乘五兩，得二十兩。以少減多，餘七兩，爲法。再以中、下互乘，四甌乘一百九十兩，得七百六十兩，九兩乘一百隻，得九百。以少減多，餘一百四十。以上三盞乘之，得四百二十，爲實。以法七兩除之，得盞六十。以減總数百隻，餘得甌四十。各以油率乘之。合問。

又　節遇元霄十五，明燈幾盞堪遊。三停盞子二停甌，秤五兩油恰就。半斤分爲五盞，十兩四甌無留。盞甌筭得見根由，端的郡中少有。　右西江月

荅曰：甌五十箇，盞七十五箇。

法曰：置油二百四十五兩，爲實。以二甌油五兩，三盞油四兩八錢併之，得九兩八錢，爲法。除之，得二十五，爲一停率。以乘各率。合問。

又　靜棟綿花彈細，相合共顧王孀。九斤十二是張昌，李德五斤四兩。紡訖織成布疋，一百八尺曾量。兩家分有要明彰，莫得些兒偏向。　右西江月

荅曰：張昌一疋二丈八尺二寸，李德三丈七尺八寸。

法曰：各列置衰，張昌九斤十二兩，李德五斤四兩。以斤通兩，副併，爲法，得二百四十兩。以織布一百八尺乘未併者，張得一千六百八十四丈八尺，李得九百七丈二尺，各自爲列實。以法除之，又以疋法四丈二尺約之。合問。

又　碓上三人争炒鬧，糙米各持一斗分明道。九一吾觀張大嫂，王婆三七宲龐糙，二八牛婆心更操，奪碓齊傾臼內相和了。借問各人分多少，煩公計筭如何考。　右鳳棲梧

荅曰：張大嫂一斗一升二合五勺，牛婆一斗，王婆八升七合五勺。

法曰：各列置衰，張九分，牛八分，王七分。副併，得二十四，爲法。以共米三斗乘未併者，張得二斗七升，牛得二斗四升，王得二斗一升，各自爲列實。以

法二十四各除之。合問。

又 王留伴哥沙三，相呼在山中，放畜在池塘。共六馬九駒十五箇綿羊，共食踐田禾一方。要陪償六石九斗精粮，共議商量，若要停當，駒抵三羊，兩箇馬抵三箇駒強，問先生大小陪償。　右折桂令

荅曰：驢九頭，二石七斗。馬六匹，二石七斗。羊一十五隻，一石五斗。

法曰：置陪米六石九斗，爲實。置馬作九驢，羊作五驢，驢九，併之，得二十三，爲法。除之，得三斗，爲一停率。以乘各率。合問。

又 八馬九牛十四羊，趕在村南趍草塲。踐了王家一段穀，議定陪他六石粮。牛二隻，比一羊，四牛二馬可陪償。若還筭得無差錯，姓字超群到處揚。　右鷓鴣天

荅曰：馬三斗七升半，共三石。
牛一斗八升七合半，共一石六斗八升七合半。
羊九升三合七勺半，共一石三斗一升二合五勺。

法曰：置陪米六石，爲實。併各率，羊十四，牛十八，馬三十二，共六十四，爲法。除之，得九升三合六勺五抄，爲一羊數。以乘各率。合問。

種麥庄西每日看，四驢三馬五猪餐。驢餐馬半猪驢半，陪麥三牲總若干。該四石，怎難攤，余編此法未爲難。英賢不醒縱横法，再拜明師用意觀。　右鷓鴣天

荅曰：猪一斗六升，共八斗。驢二斗二升，共一石二斗八升。
馬六斗四升，共一石九斗二升。

法曰：各列置衰，猪五，駒八，馬十二。副併，得二十五，爲法。以所陪四石乘未併者，猪得二十石，駒得三十二石，馬得四十八石，各自爲列實，以法二十五各除之。合問。

又 《毛詩》《春秋》《周易》《書》，九十四册共無餘。《毛詩》一册三人看，《春秋》一本四人呼。一《周易》，五人讀，要分三者幾多書？就見學生多少数，請均布筭莫躊躇。　右鷓鴣天

荅曰：《毛詩》四十本，《春秋》三十本，《周易》二十四本，
學生三百六十名。

法曰：各列置衰。互乘，五乘四得二十，三乘四得一十二，三乘五得一十五。副併，得四十七，爲法。又互乘，三乘四得十二，以乘五得六十。以乘總書九十四，得五千六百四十，爲實。以法除之，得一百二十。以三除，得《毛詩》数。四除，得《春秋》数。五除，得《周易》数。以各書数仍與三，四，五次第乘之，得各生数。合問。

明・程大位《筭法統宗》卷一三《難題》 書生分卷歌：【略】法曰：列置三人，四人，五人，維乘，以三人乘四人，得一十二。又以四人乘五人，得二十。又以五人乘三人，得一十五。併之，得四十七，爲法。另以共書九十四本在位，以《詩》三人乘之，得二百八十二本。再以《秋》四人乘之，得一千一百二十八。又以《易》五人乘之，得五千六百四十本，爲實。以法四十七除之，得各經學生一百二十名。列三位，以三人歸之，得《詩經》四十本。以四人歸之，得《春秋》三十本。以五人歸之，得《易經》二十四本。併三經，學生共三百六十人。合問。

明・吴敬《九章算法比類大全》卷三《衰分》

三石八斗二升強，常年稅粟数明彰。一斗三升三合粟，折米七升作軍粮。斗五粟，芝麻量，八升實数赴官倉。粟依本色官民便，三色俱停用意詳。　右鷓鴣天

荅曰：三色各八斗。

法曰：置粟三石八斗二升，爲實。併各率，米七(斗)[升]，除粟一斗三升三合，得一斗九升。芝麻八升，除粟一斗五升，得一斗八升七合五勺。本色一斗，共四斗七升七合五勺，爲法。除。合問。

又 二十八箇馬和牛，小童牧放在田疇。芝麻踐了該三畝，陪還六斤八兩油。申里長，莫干休，牛陪二兩是根由，馬陪五兩從公論，幾箇耕犍幾駿騮。　右鷓鴣天

荅曰：馬一十六匹，該油五斤。
牛一十二頭，該油一斤八兩。

法曰：置總数二十八个，以馬陪五兩乘之，得一百四十。以減陪油一百四兩，餘三十六兩，爲實。以馬陪五兩減牛陪二兩，餘三兩，爲法。除之，得牛一十二頭。以減總数，得馬一十六匹。以各陪油乘之。合問。

又 三將屯軍五萬名，賞金千兩要均平。甲多乙数三千旅，乙比丙多一半兵。今問欲知人数目，各該金数要分明。雖然不是玄微数，會者須還一藝精。

答曰：甲二万一千八百名，金四百三十六兩。
乙一萬八千八百名，金三百七十六兩。
丙九千四百名，金一百八十八兩。

法曰：置總軍五万名，内減甲多三千，餘四万七千名，爲實。以三分爲率，内減丙半分，餘二分半，爲法。除之，得乙軍數。加三千，得甲軍數。將乙軍折半，得丙軍数。每軍該金二分乘之，得数。合問。

又 一箇公公九箇兒，若問生年總不知。自長排来增三歲，共該二百七年期。借問長男多少歲，各兒歲数要詳推。

答曰：長兒三十五歲，次兒三十二歲，
三兒二十九歲，四兒二十六歲，
五兒二十三歲，六兒二十歲，
七兒一十七歲，八兒一十四歲。
九兒一十一歲。

法曰：各列置衰，一，二，三，四，五，六，七，八。以三因之，爲各衰。副併，得一百八。以減總年二百七歲，餘九十九歲，爲實。以九兒爲法，除之，得一十一歲，爲第九兒之年歲。次第加三歲。合問。

又 趙嫂自言快績麻，李宅張家顧了他。李家六斤十二兩，二斤四兩是張家。共織七十二尺布，二人分布鬧喧嘩。借問鄉中能筭士，如何分得的無差。

答曰：李宅一疋一丈四尺，張宅一丈八尺。

法曰：置共織布七十二尺，爲實。併二麻，張六斤十二兩，李二斤四兩，共得九斤，爲法。除之，每斤得八尺。以乘各出麻。合問。

又 三百八十一里關，初行健步不爲難。次日脚疼俱減半，七朝綫得到其間。要見每朝行幾里，請公仔細筭相還。

答曰：初日一百九十二里， 次日九十六里， 三日四十八里， 四日二十四里， 五日一十二里， 六日六里， 七日三里。

法曰：各列置衰，一，二，四，八，十六，三十二，六十四。副併，得一白二十七，爲法。置三百八十一里，爲實。以法除之，得三里，爲第七日数。每日加倍，得各日之数。合問。

又 大翁種麥在庄西，四驢三馬五羊食。羊食驢半驢馬半，共要陪還麥四石。驢羊馬主三家論，每人合用幾何陪。

答曰：羊五，該八斗。驢四，該一石二斗八升。馬三，該一石九斗二升。

法曰：置羊五，止作五分。驢四，倍羊，得八分。馬三，倍驢，得一十二分。併之，得二十五分，爲法。置共陪麥四石，爲實。以法除之，得羊該陪一斗六升。各加。合問。

又 馬牛驢羊踐田穀，陪他一十五石六。從上須作折半償，各該多少還他足。

答曰：馬陪八石三斗二升，牛四石一斗，
驢二石八升，羊一石四升。

法曰：置列各衰，羊一，驢二，牛四，馬八。副併，得一十五，爲法。以所陪五石六斗乘未併者，羊得一十五石六斗，驢得三十二斗，牛得六十二石四斗，馬得二十四石八斗。各自爲列實。以法除之。合問。

又 地主言定七分半，佃户三分鋤分半。九十八石七斗粟，各人分数怎得見？

答曰：地主六十一石六斗八升七合五勺，
佃户二十四石六斗七升五合，
鋤青一十二石三斗三升七合五勺。

法曰：各列置衰，主七分半，佃三分，鋤一分半。副併，得一十二，爲法。以分九十八石七斗乘未併者，主得七百四十石二斗五升，佃得二百九十六石一斗，鋤得一百四十八石五升，各自爲列實。以法除之。合問。

又 五百四十四疋絹，科派四鄉從本縣。自上須作六折[出]，[什]麼法兒筭得見？

答曰：甲鄉二百五十疋，乙鄉一百五十疋，
丙鄉九十疋，丁鄉五十四疋。

法曰：各列置衰，甲一千，乙六百，丙三百六十，丁二百一十六。副併，得二千[一]百七十[六]，爲法。以所賦絹五百四十四疋乘未併者，甲得五(千)[十]四千，乙得三十[二万]六千四百，丙得一十九万五千八百四十，丁得一十一万七千五百四。各自爲列實。以法二千一百七十六各除之。合問。

又 二十四秤九斤絲，出錢四客要分之。原本皆是八折出，莫教一客少些兒。

荅曰：甲八秤五斤，乙六秤一十斤，

丙五秤五斤，丁四秤四斤。

法曰：各列置衰，甲一千，乙八百，丙六百四十，丁五百一十二。副併，得二千九百五十二，爲法。以所分絲，秤通斤，共三百六十九斤，乘未併者，甲得三十六万九千，乙得二十九万五千二百，丙得二十三万六千一百六十，丁得一十八万八千九百二十八，各自爲列實。以法各除之。合問。

又　六綾八絹十二布，一斤二兩九錢銀。各價先言該六折，各物該銀筭要真。

荅曰：綾一疋該銀一兩二錢半，共七兩五錢。

絹一疋該銀七錢半，共六兩。

布一疋該銀四錢半，共五兩四錢。

法曰：各列置衰，綾六百，絹四百八十，布四百三十二。副併，得一千五百一十二，爲法。以所賣銀一十八兩九錢乘未併者，綾得一千一百三十四兩，絹得九百七兩二錢，布得八百一十六兩四錢八分，各自爲列實。以法除之，綾得七兩五錢，絹得六兩，布得五兩四錢。以各疋除之。合問。

又　六綾八絹十二布，四十三兩七錢銀。三色價銀該七折，各物該銀筭要真。

荅曰：綾一疋該銀二兩五錢，共一十五兩。

絹一疋該銀一兩七錢半，共一十四兩。

布一疋該銀一兩二錢二分半，共一十四兩七錢。

法曰：各列置衰，綾六百，絹五百六十，布五百八十八。副併，得一千七百四十八，爲法。以所賣銀四十三兩七錢乘未併者，綾得二千六百二十二兩，絹得二千四百四十七兩二錢，布得二千五百六十九兩五錢六分，各自爲列實。以法一千七百四十八各除之，綾得一十五兩，絹得一十四兩，布得一十四兩七錢。以各疋除之，得價。合問。

又　五鵝九兎十四鷄，五石二斗九升麥。三色之價遞八折，每升十二折錢訖。

荅曰：鵝價二斗五升，折錢三百文，共麥一石二斗五升，該錢一千五百文。

兎價二斗，該錢二百四十文，共麥一石八斗，該錢二千一百六十文。

鷄價一斗六升，該錢一百九十二文，共麥二石二斗四升，該錢二千六百八十八文。

法曰：各列置衰，鵝五百，兎七百二十，鷄八百九十六。副併，得(一)[二]千一百一十六，爲法。以所賣麥五石二斗九升乘未併者，鵝得二千六百四十五石，兎得三千八百八石八斗，鷄得四千七百(二)[三]十九石八斗四升，各自爲列實。以法二千一百一十六各除之，鵝一石二斗五升，兎得一石八斗，鷄得二石二斗四升。以各率除之，得各價。又以錢十二文乘之。合問。

又　四十四秤三斤銀，四箇商人依率分。原銀遞該四六出，休將六折熟瞞人。

荅曰：甲一十八秤五斤六兩四錢，乙一十二秤三斤九兩六錢，

丙八秤二斤六兩四錢，丁五秤六斤九兩六錢。

法曰：各列置衰，丁四十，丙六十，乙九十，甲一百三十五。副併，得三百二十五，爲法。以所分銀，以秤通斤，共六百六十(二)[三]斤，以斤求兩，得一万六百八兩。乘未併者，甲得一百四十三万二千八十兩，乙得九十五万四千七百二十，丙得六十(二)[三]万六千四百八十，丁得四十二万四千三百二十，各自爲列實。以法各除之，得數。定身減六，爲斤，減五，爲秤。合問。

又　七秤一十一斤銀，四箇商人照本分。原銀遞以三七出，休將七折熟瞞人。

荅曰：甲四秤八斤九兩六錢，乙一秤一十四斤六兩四錢，

丙一十二斤九兩六錢，丁五斤六兩四錢。

法曰：各列置衰，甲、乙、丙各得七，丁得三。丙七不可爲(二)[三]，宜以三因丙、丁數，生乙差。甲、乙各得四十九，丙得二十一，丁得九。乙差不可爲三，亦以三因乙、丙、丁數。七因甲，生甲差，甲得三百四十三，乙得一百四十七，丙得六十三，丁得二十七。副併，得五百八十，爲法。以所分銀一百一十六斤，以斤求兩，得一千八百五十六兩，乘未併者，甲得六十三万六千六百八，乙得二十七万二千八百三十二，丙得一十一万六千九百二十八，丁得五万一百一十二，各自爲列實。以法五百八十各除之，得数，定身減六，爲斤，減五，爲秤。合問。

又　七秤五斤八兩銀，四箇商人照本分。原銀遞該二八出，休將八折易瞞人。

荅曰：甲五秤八斤三兩二錢，乙一秤五斤十二兩八錢，
丙五斤三兩二錢，丁一斤四兩八錢。

法曰：各列置衰，丁二，丙八，乙三十二，甲一百二十八。副併，得一百七十，爲法。以所分銀七秤五斤八兩，以秤、斤求兩，得一千七百六十八兩，乘未併者，甲得二十二万六千三百四，乙得五万六千五百七十六，丙得一万四千一百四十四，丁得三千五百三十六，各自爲列實。以法一百七十各除之，得数，定身減六，爲斤，又減五，爲秤。合問。

又 半兩黄金分不定，丙丁戊與甲乙等。五人所得要詳明，此問雖微甚難省。

荅曰：甲一錢六分錢之二，乙一錢六分錢之一，丙一錢，
丁六分錢之五，戊六分錢之四。

法曰：各列置衰，甲八，乙七，丙六，丁五，戊四。副併，得三十，爲法。以所分金五錢乘未併者，甲得四十，乙得三十五，丙得三十，丁得二十五，戊得二十，各自爲列實。以法除之，甲得一錢，餘實一十。乙得一錢，餘實五。丙得一錢。丁不滿法，得二十五。戊不滿法，得二十。餘實與法皆五約之。合問。

又 九百九十六斤綿，衰分八子做盤纏。次第每人多十七，要將各得数来言。

荅曰：長男一百八十四斤，次男一百六十七斤，
三男一百五十斤，四男一百三十三斤，
五男一百一十六斤，六男九十九斤，
七男八十二斤，八男六十五斤。

法曰：各列置衰，一，二，三，四，五，六，七，皆以十七乘之，爲各人衰。副併，得四百七十六。以減總綿，餘五百二十，爲實。以八爲法，除之，得六十五，爲第八子数。逓加十七，得各子数。合問。

又 遠望嵬嵬塔七層，紅光點點倍加增。共燈三百八十一，請問尖頭幾碗燈？

荅曰：三碗。

法曰：各列七層衰数，一，二，四，八，十六，三十二，六十四。副併，得一百二十七，爲法。置共燈三百八十一，爲實。以法除之。合問。

又 有箇學生心性巧，一部《孟子》三日了。每日增添一倍多，問公每日讀多少？

荅曰：初一日讀四千九百五十五字，初二日讀九千九百一十字，
初三日讀一萬九千八百二十字。

法曰：置《孟子》一部三万四千六百八十五字，以一，二，四爲七，衰法。除之，得初一日讀数。各日倍之。合問。

又 一百饅頭一百僧，大僧三箇更無增。小僧三人合一箇，大小和尚各幾人？

荅曰：大僧二十五人，該七十五箇。小僧七十五人，該二十五箇。

法曰：置一百爲實，以三箇，一箇併之，得四箇，爲法。除之，得二十五。列二位，以一位三乘，得七十五箇，爲大僧得饅頭之数。一位以三乘之，得七十五，爲小僧之数。以各率乘之。合問。

又 十萬三十短竹，做成好筆堪言。管三冒五有則，不知多少團圓？

荅曰：筆一十九萬三千一百二十五管，管用竹六萬四千三百七十五竿，
冒用竹三萬八千六百二十五竿。

法曰：置竹一十万三千，爲實。併管三，冒五，共得八，爲法。除之，得一万二千八百七十五，爲一停率。以三乘之，得冒用竹三万八千六百二十五竿。以五乘之，得管用竹六万四千三百七十五。以管三乘之，得筆数。合問。

又 甲乙丙丁戊，酒錢欠千五。甲兄告乙弟，四百我還與。轉差大幾文，各人出怎取？

荅曰：轉差五十文，甲四百文，
乙三百五十文，丙三百文，
丁二百五十文，戊二百文。

法曰：置酒錢一千五百，以甲出四百約之，得十五，爲衰。甲四，乙三半，丙三，丁二半，戊(一)[二]，得轉差五十文。合問。

又 甲乙丙丁戊，酒錢欠千五。戊弟告四兄，一百五我與，轉差是幾文，各人出怎取？

荅曰：轉差七十五文。

法曰：置酒錢一千五百，以戊出一百五十約之，得十爲衰。戊一，丁一半，丙二，乙二半，甲三。各以一百五十爲法乘之，甲四百五十，乙三百七十五，丙三

百，丁二百一十五，戊一百五十。得轉差七十五文。合問。

又 公侯伯子男，五四三二一。假有金五秤，依率要分訖。

荅曰：公一秤十斤，侯一秤五斤，伯一秤，子一十斤，男五斤。

法曰各列置衰，公五，侯四，伯三，子二，男一。副併，得一十五，爲法。以所分金七十五斤乘未併者，公得三百七十五，侯得三百，伯得二百二十五，子得一百五十，男得七十五，各自爲列實。以法十五各除之。合問。

又 甲乙丙丁戊，分銀一兩五。甲多戊錢三，互和折半與。

荅曰：甲三錢六分五厘，乙三錢三分二厘五毫，丙三錢，丁二錢六分七厘五毫，戊二錢三分五厘。

法曰：置分銀一兩五錢，爲實。以例用一分，三分，五分，七分，九分，併之，得二錢五分，爲法。除之，得六錢，乃首尾之数。於內減甲多戊一錢三分，餘四錢七分。折半，得戊二錢三分五厘。仍加多一錢三分，得甲三錢六分五厘。互和得六錢，折半，得丙三錢。互和加甲銀三錢六分五厘，得六錢六分五厘。折半，得乙銀三錢三分二厘五毫。併丙、戊，得五錢三分五厘。折半，得丁二錢六分七厘五毫。合問。

又 卷六《均輸》 今有竹筒長五節，上容二升下四升。中間三節容多少？不知差数請開明。

荅曰：上一節二升，二節二升五合，三節三升，四節三升五合，五節四升。

法曰：置列上一節容二升、下一節容四升互乘，上節得四升，下節得二升。以少減多，餘二升，爲一差之實。併上、下二節，折半，得一。以減五節，餘四。却以一十相乘，亦得一。乘之亦得四，爲一升之法。除之，得差五合。各加差。合問。

又 今有竹筒七箇節，容米二升上三節。下二節容三升整，各節容米如何說？

荅曰：最下節一升二十七分升之十六，最上節二十七分升之十三。

法曰：置列三節二升、二節三升母互乘子，三節得九升，二節得四升。以少減多，餘五升，爲一差之實。併上(二)[三]，下二，得五節。折半，得二節半。以減七節，餘四節半。却以三升乘之，得一十三節半。又以二升乘之，得二十七，爲一升之法。除之，實不滿法，一差得二十七分升之五。上三節容米二升，乘分母二十七，得五十四。以求三節差，第一節無差，第二節差一，第三節差二。併之得三，乘一差之實五，得十五。以減五十四，餘三十九。却以三節除之，得一十三，爲上節，得二十七分升之一十三。各節遞增。合問。

又 今有竹筒九箇節，下五節容米九升。上四節米三升六，各節容米問分明。

荅曰：上一節容米六合，以次均差二合，最下一節容米二升二合。

法曰：置容米三升六合，以上四節除之，得九合。容米九升，以下五節除之，得一升八合。以少減多，餘九合。倍之，得一升八合。却以九節除之，得差二合。再置九節，張二位，內一位減一，得八節。相乘，得七十二。折半，得三十六。以差二合乘之，得七升二合。併二容，三升六合，九升，共得一斗二升六合。以減七升二合，餘五升四合，爲實。以九節爲法，除之，得最上一節容米六合。各遞以差二合加之。合問。

又 今有竹筒十二節，每節盛米差半合。共盛一斗七升七，米盛多少最下節。

荅曰：一升七合五勺。

法曰：置竹筒一十二節，張二位，內一位減一，得十一。相乘，得一百三十二。折半，得六十六，爲實。以差半合乘之，得三升三合。以減盛米一斗七升七合，餘一斗四升四合。以竹筒十二除之，得最上節一升二合。加十一節每節半合，得五升五合。得最下節容米一升七合五勺。合問。

又 雞兎同籠不知數，上數有頭六十箇。却向下頭細意数，一百六十八隻脚。

荅曰：雞三十六隻， 兎二十四箇。

法曰：置頭六十，以兎四足乘之，得二百四十。却減脚一百六十八，餘七十二，爲實。以兎脚四減雞脚二，餘二，爲法。除之，得雞三十六隻。減總頭六十，餘得兎二十四个。合問。

明・王文素《算學寶鑒》卷一三《多出差分》

差分多出法玄通，総併諸多用甲乘。
遞減其多乘乙丙，乘来俱減積分明。
餘者用他爲寔積，衆人相併法除攻。

又　先知末尾人之數，次第加多往上行。

又　課分互換：

課分若問物相同，衆物連乘滿數名。
各以價乘物除了，併之爲法寄傍停。
總錢滿數相乘寔，以法除来物便同。
亦各價乘物除了，各該錢價自分明。

解術：凡以總價而求物同者，乃以衆物連乘，名曰「滿數」。各以本價乘之，本物除之，併而爲法。另以滿数乘總價，爲寔。以法除之，得衆物相同之數。亦各以價乘，物除，得各物之價。若以總物而求價同者，切以衆價連乘，亦曰「滿數」。却以本物乘之，本價除之，并而爲法。另以滿數乘總物，爲寔。以法除之，却得衆物相同之價。

又　各另相同口訣：

各要相同另互乘，乘来相併法堪稱。
總錢未併乘爲寔，以法除之各物明。

又　**卷一四《貴賤分身》**　總術口訣：

貴賤分身法妙哉，物錢並列兩邊排。
雙頭互換乘来減，下剩餘錢作寔材。
中剩餘錢爲法則，除将中物錯綜未。
相乘中物爲中物，減總餘爲上物該。

又　二價口訣：

分身二價法尤精，總物先将貴價乘。
內把總錢須減去，餘力爲寔甚分明。
列将二價也相減，餘法除来賤物稱。
總物內除低賤物，餘爲貴物不差爭。

又　二數口訣：

要知二數兩分身，銀總相乘多数真。
於內減除都總物，餘留爲寔且停存。
多中減少餘爲法，除寔先知少數銀。
少數相乘爲貴物，餘爲賤物不須論。

又　一價一數口訣：

價數分身仔細評，總銀乘数是家風。
內餘總物餘爲寔，用價還将數另乘。
相減一分餘作法，除来價物甚分明。
總中減價餘爲數，說與諸均說腹中。

又　《九章》「酒分醇醨」亦一價一數題，即用此法求之。

務中聽得語吟吟，言道醇醨酒二瓶。
好酒一升醉三客，薄酒三升醉一人。
共通飲了一斗九，[三]十三人醉醺醺。
欲問高明能算士，幾何醨酒幾何醇？

答曰：好酒一斗，　薄酒九升。

《九章》原立法曰：置好酒一升，互乘(三)[一]人，得(三)[一]升，爲醨酒。以薄酒三升互乘三人，得九升，爲醇酒。又以薄酒三升互乘三十三人，得九十九人，爲總人。又以醇酒九升互乘共飲酒一十九升，得一百七十一人。內減九十九人，餘七十(一)[二]人，爲寔。以好酒九升減薄酒一(斗)[升]，餘八升，爲法。[除]之，得薄酒九升。以減共飲一斗九升，餘一斗，爲(如)[好]酒。合問。

新立一價一數法曰：置共人三十三，乘薄酒三升，得九十九升。內減共飲一十九(斗)[升]，餘八十升，爲寔。另以三人亦乘薄酒三升，得九升。內減好酒一升，餘八升，爲法。除寔，得好酒一斗。以減共酒一斗九升，餘九升，爲薄酒，即合所問。

總術圖：

右上薄酒三升	中好酒一升	下共飲一十九升
左上醉一人	中醉三人	下共醉三十三人

總法草曰：以左中互乘右上，得九升。另以左上互乘右中，得一升。以少減多，餘八升，爲法。另以左下互乘右上，得九十九升。另以左[上]互乘右下，得一十九升。亦以少減多，餘八十升，爲寔。以法八升除之，得一十，爲好酒錯綜之數。乘右中一升，得好酒一斗。以減右下共酒，餘九升，爲薄酒合問。

或先求薄酒，列好酒於上，列薄酒於中，如前求之。

又　一價一互換口訣：

價和互換要分形，總物相乘價最通。
內減總銀餘作寔，數和其價另相乘。

內除互價餘爲法，除寔先物互錯(踪)[綜]。
互物相乘爲互物，總中減互價分明。

又

一數一互換口訣：
數和互換細推評，共價相乘数要情。
總物減之餘作寔，價和其數另相乘。
內除互物餘爲法，除寔先[物]互錯(踪)[綜]。
互物相乘爲互物，總中減互數分明。

又

合和差分：
差分之法是何如，併率先將總物除。
除得数来爲下法，遍乘各率不差硃。

又

卷二三《鼠尾差分》　首尾求衰口訣：
首尾求衰列首分，總人除一剩乘因。
另將首尾分相減，餘者稱爲差數均。
遞減其差知以下，併之爲法寄傍存。
總錢未併乘爲實，以法除来各數真。

證曰：楊氏謂：《九章》衰分問「五人均五鹿」，用一、二、三、四、五爲衰。嘗見寫本，名曰《精明筭法》題有五人鼡尾均錢，六、五、四、三、二、一爲衰，蓋述其舊也，是尾出首五分之一。假令萬人均錢，豈可以首出尾之萬倍哉！愚今新立拙法，編成俚句，以曉蒙童，庶補衰分之萬一。

又

鼠尾求差、求積、求人總訣：
首尾差求次第差，總人去一便除他。
尾頭差要求人數，次第差除一箇加。
首尾併乘求總積，總人乘折見根芽。
筭中多用斯三者，法理通玄實可誇。

又

首尾差求首尾口訣：
首尾差求首尾銀，共人先把總銀分。
半差相併爲頭数，相減爲稍法簡新。

又

首尾互相求口訣：
題問知頭求尾時，倍錢人数便除之。
內除頭数餘爲尾，知尾求頭一樣兒。

又

差求首尾口訣：
差求首尾傳新訣，總人去一乘差折。
總人除物併爲頭，相減爲稍不必說。

解曰：此鼠尾差分遞多之法，古用立衰求之，亦繁。

又

衆首尾求差口訣：
鼠尾差分求遞均，人錢左右並排分。
互乘相減餘爲寔，另折其人減總人。
餘者連乘人作法，除来便見遞差真。
要知各出錢多少，法術同前一樣尋。

又

《雙鼠尾差分》　求衰口訣：
雙雙鼠尾遞差均，左右行排人與分。
各併互乘分數減，餘爲衰較寄傍存。
再將人數乘分數，相減餘爲人較云。
二較併衰先見尾，遞加人較上衰真。

解術曰：互乘相減，務令上夥餘衰、下夥餘[衰]相併，即得尾衰。遞加人較，得以上人之衰。若二較俱在一夥者，乃数太偏，不可求衰。或下夥二較遇人較多，於衰較在可相減，餘爲尾衰。亦遞加人較求之。

又

雙分口訣：
雙分鼠尾遞差均，各另除銀寄位存。
以少減多餘剩数，總人除出半差真。
上人去一相乘了，併上除銀是甲銀。
全差減甲餘爲乙，遞減全差往下尋。

又

卷二四《悮和差分》
物悮相和仔細察，各乘各率併爲法。
總物皆將未併乘，以法除之数可荅。

又

西江月　甲釧九成二兩，乙釵七色相同。李銀鋪內偶相逢，各欲改成器用。其子未詳所以，悮將一處銷鎔。當時悶惱李三翁，又把筭師擾動。出《九章》。

荅曰：共鎔成八成金四兩。
甲分二両二錢五分，折赤一両八錢。

乙分一两七錢五分，折赤一两四錢。

《九章》原立法曰：置甲金九成二两，折赤一两八錢。乙金七成二两，折赤一两四錢。併之，得八成金四两。以八成除各折足：除甲得二两二錢五分，乙得一两七錢五分。合問。

證曰：切論(屯)[此]題，荅数雖是，其術未通。若併折足，得三两二錢。以總荒金四两除之，方得八成之数。又以八成除各折足色，是用両重除也。遇巧題亦可。若遇拙題，不能治之。如下立拙法，庶幾似通。

新術草曰：置甲金二两，以九成因之，得折足一两八錢。别置乙金二两，以七成因之，折足，得一两四錢。副併，共得足色金三両二錢，爲法。另併二人荒金，共四两。乘未併者：乘一两八錢，得七两二錢，爲甲實。乘一两四錢，得五两六錢，爲乙實。皆以法三两二錢除之：除甲實，得甲該分金二两二錢五分。除乙實，得乙該分金一两七錢五分。方合所問。

又　**《攢納差分》**

攢納差分置正粮，併之爲法寄於傍。
攢粮另併觀多少，多則開除少併詳。
各與正粮乘作實，正粮総数法除強。
除来各與攢粮較，誰少誰多見短長。

明·徐心魯《盤珠筭法》卷一　難法：

藕嫂有言會績麻，李家張家都顧他。
李麻六斤十二两，二斤四两是張麻。
共織一十八丈布，二家分布鬧諠譁。
請問先生明筭者，如何分得布無差。
荅曰：李家該布一十三丈五尺，張家該布四丈五尺。

明·柯尚遷《數學通軌》第三《九章釋例》　二等貴賤差分瀌。歌曰：

差分貴賤與實乘，乘數將来減總真。
另將貴賤減爲瀌，除後各乘各數明。

明·程大位《筭法統宗》卷五《衰分》　衰分歌：

衰分法数不相平，須要分教一分成。
將此一分爲之實，以乘各数自均平。

法曰：各(列)置[列]衰，排列所求等次之位。副併共若干。爲法。以所分物總乘未併者是前列衰。各自爲實，以法除之，合問。可約者約分之，不尽者以法命之。

一法：置所分物，爲實。併各衰，爲法。除之，得一衰。以乘各衰。

又　匿價差分歌：

匿價分身法更奇，多乘高物以爲實。
得價減總餘又列，共物除餘低價知。
低價添多爲高價，各乘各物不差池。
學者能知此般筭，三四物價也相宜。

又　貴賤差分歌：

差分貴賤法尤精，高價先乘共物情。
却用都錢減今数，餘畱爲實甚分明。
别將二價也相減，用此餘錢爲法行。
除了先爲低物價，自餘高價物方成。

又　仙人換影歌，又曰貴賤相和：

貴賤相和換影仙，賤物互乘貴價錢。
貴物互乘賤價訖，相減餘爲長法然。
先使總錢乘賤物，後用總物乘賤錢。
二数相減餘爲實，長法除之短法言。
貴物貴價各乘短，物價分明皆得全。
總内減貴餘爲賤，不遇知音不與傳。

又　**卷一三《難題》**　均舟載塩歌：

四千三百五十塩，　大小船隻要齊肩。
五百塩装三大隻，　三百塩装四小船。
請問船隻多少数，　每隻船載幾引塩。

荅曰：大船一十八隻，装塩三千引。
小船一十八隻，装塩一千三百五十引。

法曰：列置 四隻 三百　三隻 五百 先以左上三隻互乘右下三百引，得九百。次以右上四隻互乘左下五百，得二千。併之，得二千九百，爲法。列置三，四，乘得一十二隻。以乘總塩，得五萬二千二百，爲實。以法除之，得十八，是大、小船数。

先以大船塩五百因之，得九千。再以船三隻歸之，得塩三千引。又置小船一十八隻，以塩三百因之，得五千四百。又以船四隻歸之，得塩一千三百五十引。合問。

清·方中通《數度衍》卷一七《差分》 式八　大、小船數相等，共載鹽四千三百五十引。大船每三隻鹽五百。小船每四隻鹽三百。問船、鹽各共若干。【略】

術：先令子、母互乘。

以三乘三百，得九百。以四乘五百，得二千。并，得二千九百，爲首率。兩母相乘，得十二，爲次率。總鹽爲三率，求出各船十八。再以兩母三、四爲各首率，兩子五百、三百爲各次率，以船數十八爲三率，求得各鹽數。

明·程大位《算法統宗》卷一三《難題》 筆套取齊歌：

八萬三千短竹竿，將來要把筆頭安。管三套五爲期定，問君多少配成完。

答曰：管套各得一十五萬五千六百二十五箇，
管竹五萬一千八百七十五竿，
套竹三萬一千一百二十五竿。

解題：共有短竹八萬三千竿，每一竿截作筆管三个，每一竿截爲筆套五个。問各該用竹若干裁截配合成筆？

法曰：置竹八萬三千，爲實。以管三，套五，併作八，爲法。除之，得一万令三百七十五，又爲實。另以管三乘套五，得一十五，又爲法。乘實，得管套，各得一十五万五千六百二十五个。列置問管竹，以三歸之，問套竹，以五歸之。合問。

又 二果問價歌：甜桃苦李。

九百九十九文錢，甜果苦果買一千。甜果九箇錢十一，苦果七箇四文錢。試問甜苦果幾箇，又問各該幾箇錢。

答曰：甜果六百五十七箇，該錢八百零三文。
苦果三百四十三箇，該錢一百九十六文。

法曰：列九箇　七箇　一千箇
十一文　四文　九百九十九文

先以右上九箇互乘左中四文，得三十六箇。次以右中七箇互乘左上一十文，得七十七文。以少減多，餘四十一，爲常法。又以右中七箇互乘左下九百九十九文，得六千九百九十三文。再以左中四文互乘右下一千箇，得四千。以少減多，餘二千九百九十三文。却以常法除之，得七十三，爲短法。若求甜果，以七十三乘九箇，得甜果六百五十七箇。另以七十三乘一十一文，得甜果錢八百令三文。于總果內除六百五十七，餘苦果三百四十三箇。又于總錢減去甜果錢，餘得苦果錢。合問。

又　卷一四《難題》 行程減等歌：

三百七十八里關，初行健步不爲難。次日脚痛減一半，六朝纔得到其關。要見每朝行里數，請公仔細筭相還。

答曰：初日一百九十二里，次日九十六里，
三日四十八里，四日二十四里，
五日一十二里，六日六里。

法曰：置三百七十八里，爲實。列置衰一、二、四、八、十六、三十二，併得六十三衰，爲法。除實，得六里，爲第六日之數。遞加一倍。合問。

又 浮屠增級歌：

遠望巍巍塔七層，紅光點七倍加增。共燈三百八十一，請問尖頭幾盞燈？

答曰：頂層三盞。

法曰：置共燈三百八十一盞，爲實。列置衰一、二、四、八、十六、三十二、六十四，併之，得一百(一)[二]十七衰，爲法。除實，得三，爲頂層燈数。各加倍，得各層燈数。合問。

又 三等賠償：鷓鴣天　八馬九牛十四羊，趕在村南牧草塲。吃了人家一叚穀，議定賠他六石粮。牛一隻，比二羊，四牛二馬可賠償。若還筭得無差錯，姓字超羣到處揚。

答曰：馬八，共賠三石。牛九，共賠一石六斗八升七合五勺。
羊十四，共賠一石三斗一升二合五勺。

解曰：馬八隻，牛九隻，羊十四隻，共議賠穀六石。羊一分，牛二分，馬四分。

法曰：置米六石，爲實。另置馬八，以四因，得三十二衰。牛九，以二因，得一十八衰。羊一十四衰。併得六十四衰，爲法。除之，得九升三合七勺五抄，爲一羊所吃。賠穀数爲法，遍乘各衰。先以羊一十四衰乘之，得一石三斗一升二合五勺，爲羊主賠数。又以牛衰十八乘之，得一石六斗八升七合五勺，爲牛主賠数。又以馬衰三十二乘之，得三石，爲馬主賠数。合問。

又 八子分綿歌：

九百九十六斤綿，贈分八子做盤纏。
次第每人多十七，要將第八数來言。
務要分明依次第，孝和休惹外人傳。

荅曰：長子一百八十四斤，次子一百六十七斤，
三子一百五十斤，四子一百三十三斤，
五子一百一十六斤，六子九十九斤，
七子八十二斤，八子六十五斤。

法曰：置七衰一、二、三、四、五、六、七，併得二十八衰，爲實。以多十七乘之，得四百七十六。以減總綿数，餘五百二十。以八子除之，得六十五斤，爲第八子数。加十七，得八十二斤，爲七子数。倣此遞加十七，至長。合問。

又 九兒問甲歌：

一箇公公九箇兒，若問生年總不知。
自長排來争三歲，共年二百七歲期。
借問長兒多少歲？各兒歲数要詳推。

荅曰：長兒三十五歲，次兒三十二歲，
三兒二十九歲，四兒二十六歲，
五兒二十三歲，六兒二十歲，
七兒一十七歲，八兒一十四歲，
九兒一十一歲。

法曰：列八衰一、二、三、四、五、六、七、八，各以差三歲因之，爲各人之衰数，長兒因得二，次兒因得六，三兒因得九，四兒因得十二，五兒因得一十五，六兒因得一十八，七兒因得二十一，八兒因得二十四。併八衰，得一百令八数。以減總二百令七歲，餘九十九歲。以九人除之得一十一歲，爲第九兒之年歲。次遞加三歲，至長。合問。

又 依等筭鈔歌：

甲乙丙丁戊己庚，七人錢本不均平。
甲乙念三七錢鈔，二十三兩七錢。念六一錢戊己庚。二十六兩一錢。
惟有丙丁鈔無数，要依等第数分明。
請問先生能筭者，細推詳筭莫差争。

荅曰：甲該鈔一十二兩二錢，乙該一十一兩五錢，
丙該一十兩零八錢，丁該一十兩零一錢，
戊該九兩四錢，己該八兩七錢，
庚該八兩。

法曰：置戊、己、庚三人，添一爲四。以三乘之，得十二。折半，得六。減去三，餘三，爲下差率。另以甲、乙二人乘總七人，得十四。減去下差率三，餘得十一，爲上差率。

列置					
	戊己庚三	餘三	得六	二十六兩一錢	得五十二兩二錢
	互[乘]				
	甲乙二	餘十一	得三十三	二十三兩七錢	得七十一兩一錢

先以左上二互乘右中三，得六。又以左上二乘右下二十六兩一錢，得五十二兩二錢。次以右上三乘左中十一，得三十三。以減去右中六，餘二十七，爲法。又以右上三乘左下二十三兩七錢，得七十一兩一錢。減去右下五十二兩二錢，餘一十八兩九錢，爲實。以法二十七除之，得七錢，爲一差之數。另置甲、乙共鈔二十三兩七錢，加入差七錢，共二十四兩四錢。折半，得一十二兩二錢，爲甲所得数。除差七錢，餘一十一兩五錢，是乙鈔。各減七錢，得各数。

又 竹筒容米歌：

家有九節竹一莖，爲因盛米不均平。
下頭三節三升九，上稍四節貯三升。
惟有中間二節竹，要將米数次第盛。
若是先生能筭法，教君只筭到天明。

荅曰：第一節容米一升四合，第二節一升三合，
第三節一升二合，第四節一升一合，
第五節一升，第六節九合，

第八節七合，

第七節八合，

第九節六合。

法曰：置上四節，加一，爲五。與四乘，得二十。折半，得一十。減去四，餘六，爲下差率。另以下三節，以總九節乘之，得二十七。減去下差率六，餘二十一，爲上差率。

列置　右四　餘六　得一十八　三升　得九分

互[乘]

左三　餘二十一　得八十四　三升九合　得一十五分六厘

先以左上三互乘右中六，得一十八。次以左上四互乘左中二十一，得八十四。以少減多，餘六十六，爲法。復以左上三乘右下三，得九分。又以右上四乘左下三升九合，得一十五分六厘。減去九分，餘六分六厘，爲一節之差數。却以下三節盛米三升九合爲實，以法六十六乘之，得二百五十七分四厘。以三歸之，得八十五分八厘，是第二節數。加六分六厘，爲第一節數。減六分六厘，得七十九分二厘，爲第三節數。又減去六分六厘，餘七十二分六厘，爲第四節數。每節次第減六分六厘，得各數。以法六十六除之。合問。

原法下頭三節貯四升米，不盡者多。今改爲三升九合，却尽矣。

又 歌：

一萬六百八兩銀，四箇商人依率分。
原銀輪遞四六出，休將六折術瞞人。

荅曰：甲四千四百零六兩四錢，乙二千九百三十七兩六錢，
丙一千九百五十八兩四錢，丁一千三百零五兩六錢。

解曰：四六者，乃是每兩多五，故自丁起遞用加五爲衰，併之，爲法。除實。

法曰：各列置衰，丁四，丙六，乙九，甲一十三衰五分，副併，得三十二衰五分，爲法。另以銀一萬零六百零八兩，以乘各(表)[衰]，甲十三衰五分，得一十四萬三千二百零八兩。乙九衰，得九万五千四百七十二兩。丙六衰，得六万三千六百四十八兩。丁四衰，得四萬二千四百三十二兩。各自爲實。以法各除之。合問。

又 歌：

三千四百十兩銀，五箇爲商照本分。
原銀輪遞二八出，休將八折易瞞人。

荅曰：甲二千五百六十兩，乙六百四十兩，
丙一百六十兩，丁四十兩，
戊一十兩。

解曰：二八者，乃是每兩多四，故自戊起依次遞用四因，爲衰。併之，爲法。

法曰：各列置衰戊二，丁八，丙三十二，乙一百二十八，甲五百一十二，副併，得六百八十二衰，爲法。以所分銀三千四百一十兩爲實，以法除之，得五(十)，爲一衰。以乘各衰，得各人數。合問。

又 歌：

三百六十九斤絲，出錢四客要分之。
原本皆是八折出，莫教一客少些兒。

荅曰：甲一百二十五斤，乙一百斤，丙八十斤，丁六十四斤。

法曰：各列置衰，甲一千，乙八百，丙六百四十，丁五百一十二，副併，得二千九百五十二，爲法。另以所分絲三百六十九斤乘未併各衰，甲一千，得三十六萬九千。乙八百，得二十九萬五千二百。丙六百四十，得二十三萬六千一百六十。丁五百一十二，得一十八萬八千九百二十八。各自爲實。以法除實，得各人絲。合問。

又 歌：

甲乙丙丁戊，分銀一兩五。
甲多戊錢三，互和折半與。

荅曰：甲三錢六分五厘，乙三錢三分二厘五毫，
丙三錢，丁二錢六分七厘五毫，
戊二錢三分五厘。

解曰：甲多戊一錢三分也。

法曰：此互和減半。置分銀一兩五錢，爲實。以例用一分，三分，五分，七分，九分併之，得二錢五分，爲法。除之，得六錢，乃首尾之数。于内減(中)[甲]多戊一錢三分，餘四錢七分。折半，得戊二錢三分五厘。仍加多一錢三分，得甲三錢六分五厘。互和甲、戊，共得六錢。折半，得丙三錢。互和加甲三錢六分五厘，共得六錢六分五厘。折半，得乙銀三錢三分二厘五毫。併丙、戊，共五錢三分五厘，折半，得丁二錢六分七厘五毫。合問。

均輸分部

題解

《九章筭術》卷六《均輸》三國魏・劉徽注　按：此均輸，猶均運也。令户率出車，以行道日數爲均，發粟爲輸。

又　按：此均輸，猶均運也。令户率出車，以行道日數爲均，不以發粟爲均。

又　按：此亦以日數爲均，(居所)[發卒]爲輸。

又　此以出錢爲均也。

元・舒天民《六藝綱目》卷下　六曰均輸，遠近勞費巨此御之。賦貢所供轉輸而至縣，户多寡物錢不等，道里遠近，舟車或殊，均其勞費，即用此法。用力曰勞，裹足曰費。均輸者，均輸納本色及勞費也，大意與衰分略同。

明・吴敬《九章算法比類大全》卷六《均輸》　以六縣筭数均運，則用衰分，今兼粟傭高下，輸所遠近，名曰均輸。又加空重車爲問，不過衍盈，以堅筭士之志。

明・王文素《筭學寶鑒》卷二二《均輸》　均，平也。輸，送也。

明・柯尚遷《數學通軌》第三《九章釋例》　今註曰：均其道理遠近之勞與費勞是力費是裹足，如自某處到某處用力幾何及裹足幾何之類。裹足如行纏也。

明・程大位《筭法統宗》卷九《均輸》　均，平也。輸，送也。此章以户数多寡，道里遠近而求車数、粟数。以粟数高下而求僦直，以錢数多少而求傭錢。

算法

《九章筭術》卷六《均輸》　今有均輸粟：甲縣一萬户，行道八日。乙縣九千五百户，行道十日。丙縣一萬二千三百五十户，行道十三日。丁縣一萬二千二百户，行道二十日，各到輸所。凡四縣賦當輸二十五萬斛，用車一萬乘。欲以道里遠近、户數多少衰出之。問粟、車各幾何。

荅曰：甲縣粟八萬三千一百斛，車三千三百二十四乘，

乙縣粟六萬三千一百七十五斛，車二千五百二十七乘，

丙縣粟六萬三千一百七十五斛，車二千五百二十七乘，

丁縣粟四萬五百五十斛，車一千六百二十二乘。

術曰：令縣户數各如其本行道日數而一，以爲衰。三國魏・劉徽注　令户率出車，以行道日數爲均，發粟爲輸。據甲行道八日，因使八户共出一車。乙行道十日，因使十户共出一車。……計其在道，則皆户一日出[一]車，故可爲均平之率也。唐・李淳風等注

釋　謹按：縣户有多少之差，行道有遠近之異。欲其均等，故各令行[道]日數約户爲衰。行道多者少其户，行道少者多其户。故各令約户爲衰。以八日約除甲縣，得一百二十五，乙、丙各九十五，丁六十一。於今有術，副并爲所有率，未并者各爲所求率，以賦粟車數爲所有數，而今有之，各得車數。一旬除乙，十三除丙，各得九十五。二旬除丁，得六十一也。甲衰一百二十五，乙、丙衰各九十五，丁衰六十一，副并爲法。以賦粟車數乘未并者，各自爲實。劉徽注　衰分科率。實如法得一車。劉徽注　各置所當出車，以其行道日數乘之，如户數而一，得率：户用車二日四十七分日之三十一，故謂之均。求此户以率，當各計車之(錢)[衰]分也。有分者，上下輩之。劉徽注　輩，配也。車、牛、人之數不可分裂。推少就多，均賦之宜。今按：甲分既少，宜從於乙。滿法除之，有餘從丙。丁分又少，亦宜就丙，除之適盡。加乙、丙各一，上下輩益，以少從多也。以二十五斛乘車數，即粟數。

宋・賈憲《黄帝九章筭經細草》卷六《均輸》楊輝《詳解九章筭法》　術曰：令縣户數各如行道日數而一爲衰。宋・楊輝《詳解九章筭法・均輸》　各齊其衰，甲一百二十五，乙丙各九十五，丁六十一，副併爲法三百七十六。以所均楊輝詳解　車一萬乘。乘未併者，楊輝詳解甲乙丙丁列衰。各自爲實，如法而一。楊輝詳解　得一車以粟二十五石乘爲粟。有分者，上下輩之。楊輝詳解　輩者，配也。車牛不可分裂，推少就多。合問。

明・吴敬《九章算法比類大全》卷六《均輸》　法曰：置各縣户数，以行道日数而一，爲衰，甲縣一万户，行道八日，除得一百二十五，爲衰。乙縣九千五百户，行道十日，除得九十五，爲衰。丙縣一万二千三百三十户，行道一十三

日，除(行)[得]九十五，爲衰。丁縣一万二千二百户，行道二十日，除得六十一，爲衰。各列置衰，甲一百二十五，乙、丙各九十五，丁六十一。副併，四縣共衰三百七十六，爲法。以所均車一万輛乘未併者，各自爲實，甲一百二十五万，乙、丙各九十五万，丁六十一万。以法三百七十六除之，甲得三千三百二十四輛，餘實一百七十六。乙、丙各得二千五百二十六輛，餘實二百二十四。丁得一千六百二十二輛，餘實一百二十八。有餘者，上下輩之。輩者，配也。車牛不可分裂，推少就多，甲、丁餘少，乙、丙餘多。以甲、丁餘就乙、丙餘多爲一車，乙、丙各增，合得二千五百二十七輛。以粟二十五石乘，各得車數，爲粟。合問。

《九章算術》卷六《均輸》　今有均輸卒：甲縣一千二百人，薄塞。乙縣一千五百五十人，行道一日。丙縣一千二百八十人，行道二日。丁縣九百九十人，行道三日。戊縣一千七百五十人，行道五日。凡五縣，賦輸卒一月一千二百人。欲以遠近、(户率)[人數]多少衰出之。問縣各幾何。

荅曰：甲縣二百二十九人，　乙縣二百八十六人，

丙縣二百二十八人，　丁縣一百七十一人，

戊縣二百八十六人。

術曰：令縣卒各如其居所及行道日數而一，以爲衰。**三國魏・劉徽注**　甲無行道日，但以居所三十日爲率。言欲爲均平之率者，當使甲三十人而出一人，[乙三十一人而出一人。]出一人者，計役則皆一人一日，是以可爲均平之率。甲衰四，乙衰五，丙衰四，丁衰三，戊衰五，副并爲法。以人數乘未并者各自爲實。實如法而一。(各置所當出人數，以其居所及行道日數乘之，如縣人數而一。)**劉徽注**　爲衰，於今有術，副并爲所有率，未并者各爲所求率。以賦卒人數爲所有數。此術以别，考則意同。以廣異聞，故存之也。各置所當出人數，以其居所及行道日數乘之，如縣人數而一，得(户)率：人役五日七分日之五。有分者，上下輩之。**劉徽注**　輩，配也。今按：丁分最少，宜就戊除。不從乙者，丁近戊故也。滿法除之，有餘從乙。丙分又少，亦就乙除。有餘從甲，除之適盡。從甲、丙二分，其數正等。二者於乙遠近皆同，不以甲從乙者，方以下從上也。

宋・賈憲《黄帝九章算經細草》卷六《均輸》楊輝《詳解九章算法》　術曰：令縣卒各如行道日數而一，爲衰。**宋・楊輝《詳解九章算法・均輸》**　甲四、乙五、丙四、丁三、戊五。副併爲法。**楊輝詳解**　二十一。以所均人數乘未併者各自爲實，如法而一。

明・吴敬《九章算法比類大全》卷六《均輸》　置縣卒，各以行道日數而一，爲衰：甲縣一千二百人，以三十日除，得四，爲衰。乙縣一千五百五十人，以三十一日除，得五，爲衰。丙縣一千二百八十人，以三十二日除，得四，爲衰。丁縣九百九十人，以三十三日除，得三，爲衰。戊縣一千七百五十人，以三十五日除，得五，爲衰。各列置衰：甲四，乙五，丙四，丁三，戊五。副併，五縣共衰二十一，爲法。以所均卒一千二百乘未併者，各自爲寔，甲得四千八百，乙六千，丙四千八百，丁三千六百，戊六千。以法二十一除之，甲得二百二十八人，餘實一十二。乙得二百八十五人，餘實一十五。丙得二百二十八人，餘實一十二。丁得一百七十一人，餘實九。戊得二百八十五人，餘實一十五。有餘者，上下輩之。人卒不可分裂，推少就多。合問。

明・王文素《算學寶鑒》卷二二《均輸》　證曰：此係巧題，可以各日除人。或不可除者，仍用課分求衰爲便。故立下題，以證之。

《九章算術》卷六《均輸》　今有均賦粟：甲縣二萬五百二十户，粟一斛二十錢，自輸其縣。乙縣一萬二千三百一十二户，粟一斛一十錢，至輸所二百里。丙縣七千一百八十二户，粟一斛一十二錢，至輸所一百五十里。丁縣一萬三千三百三十八户，粟一斛一十七錢，至輸所二百五十里。戊縣五千一百三十户，粟一斛一十三錢，至輸所一百五十里。凡五縣賦輸粟一萬斛。一車載二十五斛，與僦一里一錢。欲以縣户(輸)[賦]粟，令費勞等。問縣各粟幾何。

荅曰：甲縣三千五百七十一斛二千八百七十三分斛之五百一十七，

乙縣二千三百八十斛二千八百七十三分斛之二千二百六十，

丙縣一千三百八十八斛二千八百七十三分斛之二千二百七十六，

丁縣一千七百一十九斛二千八百七十三分斛之一千三百一十三，

戊縣九百三十九斛二千八百七十三分斛之二千二百五十三。

術曰：以一里僦價乘至輸所里，**三國魏・劉徽注**　問者曰：「一車載二十五斛，與僦一里一錢。」一錢，即一里僦價也。以乘里數者，欲知僦一車到輸所所用錢也。甲自輸其縣，則無取僦價也。以一車二十五斛除之，**劉徽注**　欲知僦一斛所用錢。加以斛粟價，則致一斛之費。**劉徽注**　加以斛之價於一斛僦直，即凡(餘)[輸]粟取僦錢也。甲一斛之費二十，乙、丙各十八，丁二十七，戊十九也。各以約其户數，爲衰。**劉徽注**　言使甲二十

戶共出一斛，乙、丙十八戶共出一斛。……計其所費，則皆戶一錢，故可爲均賦之率也。計經賦之率，既有戶(算)[筭]之率，亦有遠近貴賤之率。此二率者，各自相與通。通則甲二十，乙十二，丙七，丁十三，戊五。一斛之費謂之錢率。錢率約戶率者，則錢爲母，戶爲子。子不齊，令母互乘爲齊，則衰也。若其不然，以一斛之費約戶數，取衰。竝有分，當通分內子約之，於(算)[筭]甚繁。此一章皆相與通功共率，略相依似。以上二率，下一率亦可放此，從其簡易而已。又以分言之，使甲一戶出二十分斛之一，乙一戶出十八分斛之一，各以戶數乘之，亦可得一縣凡所當輸，俱爲衰也。乘之者，乘其子，母報除之。以此觀之，則以一斛之費約戶數者，其意不異矣。然則可置一斛之費而(反)[返]衰之，約戶，以乘戶率爲衰也。合分注曰：「母除爲率，率乘子爲齊」，(反)[返]衰注曰：「先同其母，各以分母約其子爲(反)[返]衰。」以施其率，爲(算)[筭]既約，且不妨處下也。甲衰一千二十六，乙衰六百八十四，丙衰三百九十九，丁衰四百九十四，戊衰二百七十，副并爲法。所賦粟乘未并者，各自爲實。實如法得一。**劉徽注** 各置所當出粟，以其一斛之費乘之，如戶數而一，得率。戶出三錢二千八百七十三分錢之一千三百八十一。按：此以出錢爲均。問者曰：一車載二十五斛，與僦一里一錢。一錢即一里僦[價]也。以乘里[數]者，欲知僦一車到輸所用錢。甲自輸其縣，則無取僦之價。以一車二十五斛除之者，欲知僦一斛所用錢。加一斛之價於一斛僦直，即凡(餘)[輸]粟取僦錢。甲一斛之費二十，乙、丙各十八，丁二十七，戊一十九，各以約其戶，爲衰。甲衰一千二十六，乙衰六百八十四，丙衰三百九十九，丁衰四百九十四，戊衰二百七十，言使甲二十戶共出一斛，乙、丙十八戶共出一斛：…。計其所費，則皆戶一錢，故可爲均賦之率(計)也。於今有術，副并爲所有率，未并者各爲所求率，賦粟一萬斛爲所有數。此今有、衰分之義也。

宋・賈憲《黄帝九章筭經細草》卷六《均輸》楊輝《詳解九章筭法》 法曰：各以里僦相乘。**宋・楊輝《詳解九章筭法・均輸》** 到輸所里數與僦錢相乘，以求僦數。併粟石價約縣戶爲衰。**楊輝詳解** 以粟僦皆爲錢，求縣戶爲衰，題解中明均其粟暗均其錢是也。各列置衰，副并爲法，以賦粟乘未併者各自爲實，實如法而一。**楊輝詳解** 此是衰分之法，已見前解。

又 草曰：各以里僦相乘。**楊輝詳解** 一車載二十五石，行道一里，得雇一錢每石，實得雇錢四氂。若以一文乘一里，當用二十五石除，或用每石四氂乘里數亦同。併粟價約縣戶爲衰。**楊輝詳解** 甲縣乃自輸本縣，無僦里相乘，直以粟價一十約二萬五百二十戶，得一千二十六爲衰。乙縣行道二百里，以里僦十錢相乘，以一車載二十五石除得八錢，併粟價一十，爲一十八錢，約本縣一萬二千三百一十二戶，得六百八十四爲衰。丙縣行道一百五十里，以僦價一錢乘之，以車載二十五石除得六錢，併粟價十二，爲一十八錢，約本縣戶七千一百八十二戶，得三百九十九爲衰。丁縣行道二百五十里，以僦價一錢乘之，以一車載二十五石除得一十文，併粟價一十七錢，爲二十七錢，約本縣一萬三千三百三十八戶，得四百九十四爲衰。戊縣行道一百五十里，以僦價一文乘之，以一車載二十五石，除得六錢，併粟價十三，爲一十九文，除本縣五千一百三十戶，得二百七十爲衰。各列置衰。**楊輝詳解** 甲一千二十六，乙六百八十四，丙三百九十九，丁四百九十四，戊二百七十。副併爲法。**楊輝詳解** 五縣共衰二千八百七十三爲法。以賦粟**楊輝詳解** 一萬石。乘未併者各自爲實。**楊輝詳解** 甲一千二十六萬，乙六百八十四萬，丙三百九十九萬，丁四百九十四萬，戊二百七十萬。以法二千八百七十三。除之。合問。

宋・楊輝《詳解九章筭法・均輸》 解題：以各縣戶數爲衰。即衰分也，因加遠近里僦。又云粟價不等。今以里僦粟價，求爲之錢，重求各縣戶數爲衰，均其輸也。大意：明均其粟，暗均其錢也。

明・吳敬《九章筭法比類大全》卷六《均輸》 法曰：以各縣戶數爲衰，即衰分也。因加遠近里僦，又云粟價不等，今以里僦、粟價求爲之錢□，求各縣戶數，爲衰。均，其輸也。大意明均其粟，暗均其錢也。用各以里僦相乘，併粟各價，均縣戶數爲衰。各列置衰，副併爲法，以賦粟乘未併者，各自爲列實，實如法而一，合問。各以里僦相乘，一車載二十五石，行道一里，得顧一錢，每石實得顧錢四厘。併粟價，約縣戶，爲衰。甲縣乃自輸本縣，無里僦相乘，只以粟價二十錢，二万五百二十戶，得一千二十六，爲衰。乙縣行道二百里，以顧錢四厘相乘，得八錢。併粟價一十，共得一十八錢。約本縣一万二千三百一十二戶，得六百八十四，爲衰。丙縣行道一百五十里，以顧錢四厘相乘，得六錢。併粟價一十二，共得一十八錢。約本縣七千一百八十二戶，得三百九十九，爲衰。丁縣行道二百五十里，以顧錢四厘相乘，得一十錢。併粟價一十七，共得二十七(七)錢，約本縣一万三千三百三十八戶，得四百九十四，爲衰。戊縣行道一百五十里，以顧錢四厘相乘，得六錢。併粟價一十三，共得一十九錢。約本縣五千一百三十戶，得二百七十，爲衰。各列置衰，甲一千二十六，乙六百八十四，丙三百九十九，丁四百九十四，戊二百七十。副併，五縣共衰二千八百七十三，爲法。以賦粟一万石乘未併者，各自爲實，甲一千二十六万，乙六百八十四万，丙三百九十九万，丁四百九十四万，戊二百七十万。(爲衰)以法二千八百七十三除之。合問。

《九章筭術》卷六《均輸》 今有均賦粟：甲縣四萬二千(算)[筭]，粟一斛二十,(傭價一日一錢),自輸其縣。乙縣三萬四千二百七十二(算)[筭],粟一斛一十八,傭價一日一十錢,到輸所七十里。丙縣一萬九千三百二十八(算)[筭],粟一斛一十六,傭價一日五錢,到輸所一百四十里。丁縣一萬七千七百(算)[筭],粟一斛一十四,傭價一日五錢,到輸所一百七十五里。戊縣二萬三千四十(算)[筭],粟一斛一十二,傭價一日五錢,到輸所二百一十里。己縣一萬九千一百三十六(算)[筭],粟一斛一十,傭價一日五錢,到輸所二百八十里。凡六縣賦粟六萬斛,皆輸甲縣。六人共車,車載二十五斛,重車日行五十里,空車日行七十里,載輸之間各一日。粟有貴賤,傭各别價,以(算)[筭]出錢,令費勞等。問縣各粟幾何。

荅曰:甲縣一萬八千九百四十七斛一百三十三分斛之四十九,
乙縣一萬八百二十七斛一百三十三分斛之九,
丙縣七千二百一十八斛一百三十三分斛之六,
丁縣六千七百六十六斛一百三十三分斛之一百二十二,
戊縣九千二十二斛一百三十三分斛之七十四,
己縣七千二百一十八斛一百三十三分斛之六。

術曰:以車程行空、重相乘爲法,并空、重以乘道里,各自爲實,實如法得一日。**三國魏・劉徽注** 按:此術重往空還,一輪再行道也。置空行一里,用七十分日之一。重行一里,用五十分日之一,齊而同之,空、重行一里之路,往返用一百七十五分日之六。(定)[完]言之者,一百七十五里之路,往返用六日也。故并空、重者,齊其子也。空、重相乘者,同其母也。於今有術,至輸所里爲所有數,六爲所求率,(齊)一百七十五爲所有率,而今有之,即各得輸所用日也。 加載輸各一日,**劉徽注** 故[得]凡日也。 而以六人乘之,**劉徽注** 欲知致一車用人也。 又以傭價乘之,**劉徽注** 欲知致車人傭直幾錢。 以二十五斛除之,**劉徽注** 欲知致一斛之傭直也。 加一斛粟價,即致一斛之費。**劉徽注** 加一斛之(費)[價](則)[於]致一斛之傭直,即凡輸一斛(餘)粟取傭所用錢。 各以約其(算)[筭]數爲衰,**劉徽注** 今按:甲衰四十二,乙衰二十四,丙衰十六,丁衰十五,戊衰二十,己衰十六。於今有術,副并爲所有率。未并者各自爲所求率,所賦粟爲所有數。此今有衰分之義也。 副并爲法。以所賦粟乘未并者,各自爲實。實如法得一斛。**劉徽注** 各置所當出粟,以其一斛之費乘之,如(算)[筭]數而一,得率,(算)[筭]出九錢一百三十三分錢之三。又載輸之間各一日者,即二日也。

宋・賈憲《黄帝九章筭經細草》卷六《均輸》楊輝《詳解九章筭法》 術曰:以空、重車行程相乘爲法,併空重車以道里乘各自爲實,實如法而一,得行一日加載輸各一日,以六人乘,又傭價乘之,以一車載二十五除之,加一斛粟價,各約之爲衰,副并爲法,以所賦粟乘未併者各自爲實,實如法而一。**楊輝詳解** 以六縣算數均者,則用衰分,今兼粟傭高下、輸所遠近,名曰均輸,又加空、重車爲問,不過衍盈以堅(算)[筭]士之志,前題已載更不贅述。

明・吴敬《九章算法比類大全》卷六《均輸》 法曰:各以空重人車、里僦相乘粟價,又以重車乘,併,約縣筭,爲衰。甲縣乃自輸本縣,無空重車遠近里數,只以粟價二十,以一日重車五十里相乘,得一千。約四万二千筭,得四十二,爲衰。乙縣空、重車乘除,得日行一百,加載輸各一日。空車七十,重車五十,共一百二十。以六人乘,得一千三百二十。又以傭一日十文乘,得一万三千二百,爲實。却以一車載二十五石除,得五百二十八。加粟價一十八以一日重車五十除,得九百,共一千四百二十八。約三万四千二百七十二筭,得二十四,爲衰。丙縣空、重車乘除,得日行一百,加載輸各二日。重車一百,空車一百四十,共三百四十。以六人乘,得二千四十。又以傭一日五文乘得,一万二百,爲實。却以一車載二十五石除,得四百八。加粟價一十六文以一日重車五十乘,得八百,共一千二百八。約一万九千三百二十八筭,得一十六,爲衰。丁縣空、重車乘除,得日行一百。加載輸各二日半,空車一百七十五,重車一百二十五,共四百。以六人乘,得二千四百。以傭一日五文乘,得一万二千。却以一車載二十五石除,得四百八十。加粟價一十四文以一日重車五十乘,得七百,共一千一百八十。約一万七千七百筭,得一十五,爲衰。戊縣空、重車粟除,得日行一百。加載輸各三日,重車一百五十,空車二百一十,共四百六十。以六人乘,得二千七百六十。又以傭一日五文乘,得一万三千八百。却以一車載二十五石除,得五百五十二。加粟價一十二文以一日空車五十乘,得六百,共一千一百五十二。約二万三千四十筭,得二十,爲衰。己縣空、重車乘除,得日行一百。加載輸各四日,重車二百,空車二百八十,共五百八十。以六人乘,得三千四百八十。又以傭一日五文乘,得一万七千四百。却以一車載二十五石除,得六百九十六。加粟價一十文以一日重車五十乘,得五百,共一千一百九十六。約一万九千一百三十六筭,得一十六,爲衰。各列置衰,甲四十二,乙二十四,丙一十六,丁一十五,戊二十,己一十六。副併,共一百三十三。爲法。以所賦粟六万石。乘未併衰，各自爲實。甲得二百五十二万，乙得一百四十四万，丙得九十六万，丁得九十万，戊得一百二十万，己得九十六万。以法一百三十三。除之，各得數。合問。

宋・秦九韶《數書九章・賦役類》卷一〇 移運均勞：分郡、縣、鄉科均。問今起夫移運邊餉，於某郡交納。合起一萬二千夫。甲州有三縣，上縣力五十七萬三千二百五十九貫五百文，至輸所九百二十五里。中縣力五十萬四千九百八十三貫七百八十文，至輸所六百五十二里。下縣力四十九萬八千七百六十貫九百五十文，至輸所四百六十五里。乙軍倚郭，一縣五鄉。仁鄉力一十二萬八千三百七十一貫九百八十文，至輸所七百六里。義鄉力一十　萬九千四百七十二貫六百文，至輸所七百九十五里。禮鄉力一十萬八千四百六十三貫五十文，至輸所七百九十里。智鄉力八萬四千二百三十六貫二百八十五文，至輸所七百四十九里。信鄉力九千三百四十五貫一百六十文，至輸所八百四里。欲知以物力多寡、道里遠近均運之，令勞費等，各合科夫幾何。

荅曰：甲州上縣差二千四百三十夫，　中縣差三千三十七夫，
下縣差四千二百六夫。
乙軍郭縣仁鄉七百一十三夫，　義鄉五百八十九夫，
禮鄉五百三十八夫，　智鄉四百四十一夫，
信鄉四十六夫。

術曰：以均輸求之，置各縣及鄉力，皆如里而一。不盡者，約之。復通分內子，互乘之。或就母遷退之。各得變力。可約約之，爲定力，副併爲法。以合起夫徧乘未併定力，各得爲實。並如前法而一，各得夫。其餘分輩之。

草曰：置甲州三縣及乙軍五鄉物力里數，作八行列之。具圖于后：

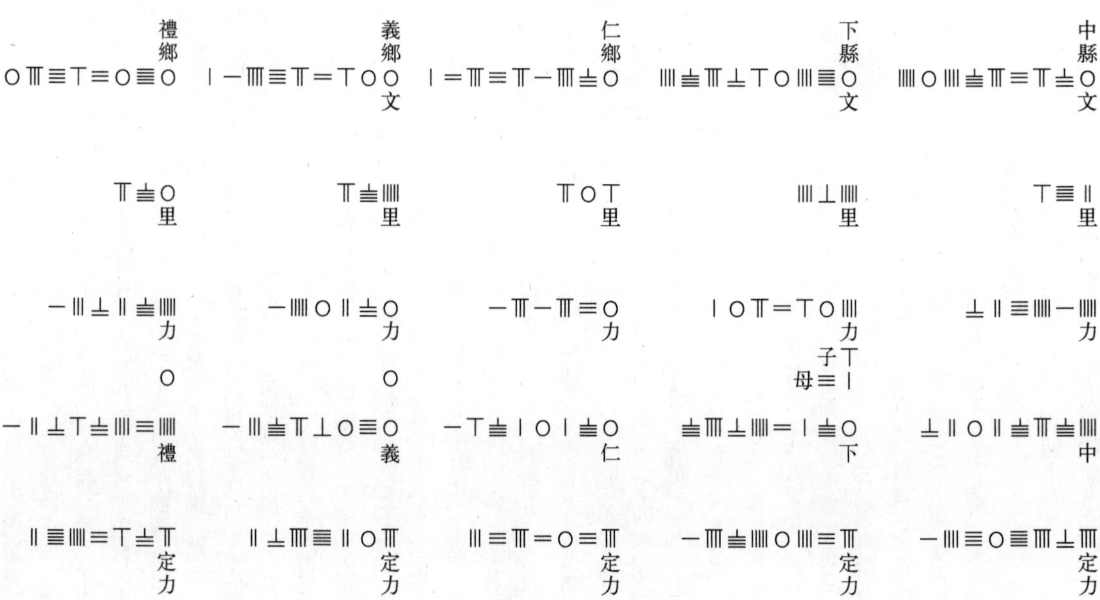

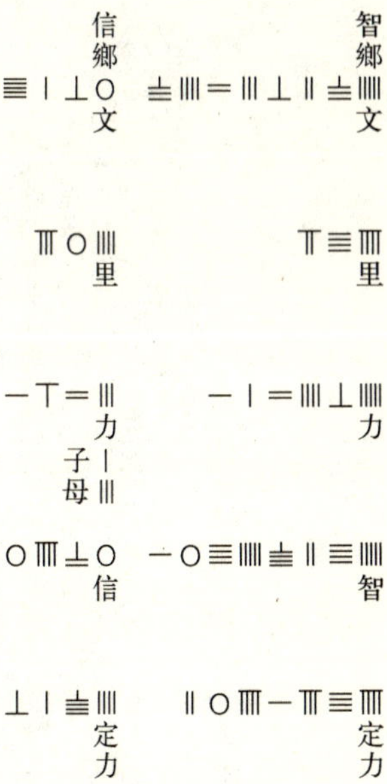

草曰：置上縣力五十七萬三千二百五十九貫五百文，如九百二十五里而一，得力六十一萬九千七百四十。置中縣五十萬四千九百八十三貫七百八十文，如六百五十二里而一，得力七十七萬四千五百一十五。置下縣四十九萬八千七百六十貫九百五十，如四百六十五里而一，得力一百七萬二千六百四。不盡九十文，與法求等，得十五。約之，得三十一分之六。置仁鄉一十二萬八千三百七十一貫九百八十，如七百六里而一，得力一十八萬一千八百三十。置義鄉一十一萬九千四百七十二貫六百文，如七百九十五里而一，得力一十五萬二百八十。置禮鄉一十萬八千四百六十三貫五十文，如七百九十而一，得力一十三萬七千二百九十五。置智鄉八萬四千二百三十六貫二百八十五文，如七百四十九里而一，得力一十一萬二千四百六十五。置信鄉九千三百四十五貫一百六十文，如八百四里而一，得力一萬一千六百二十三。不盡二百六十八文，與法求等，得二百六十八。約爲三分之一。其下縣、信鄉二處帶母、子者，各以母互徧乘八處，所得畢，二處各內。本子上得五千七百六十三萬五千八百二十，中得七千二百二萬九千八百九十五，下得九千九百七十五萬二千一百九十，仁得一千六百九十一萬一百九十，義得一千三百九十七萬六千四十，禮得一千二百七十六萬八千四百三十五，智得一千四十五萬九千二百四十五，信得一百八萬九百七十。已上爲三縣五鄉變力率。可約者，復求等約之。求得五，故俱以五約之，上得一千一百五十二萬七千一百六十四，中得一千四百四十萬五千九百七十九，下得一千九百九十五萬四百三十八，仁得三百三十八萬二千三十八，義得二百七十九萬五千二百八，禮得二百五十五萬三千六百八十七，智得二百九萬一千八百四十九，信得二十一萬六千一百九十四。已上並爲定力。副併八處定力，得五千六百九十二萬二千五百五十七，爲法。以合起一萬二千夫遍乘定力訖，上得一千三百八十三億二千五百九十六萬八千，爲實。中得一千七百二十八億七千一百七十四萬八千，爲中實。下得二千三百九十四億五百二十五萬六千，爲下實。仁得四百五億八千四百四十五萬六千，爲仁實。義得三百三十五億四千二百四十九萬六千，爲義實。禮得三百六億四千四百二十四萬四千，爲禮實。智得二百五十一億二百一十八萬八千，爲智實。信得二十五億九千四百三十二萬八千，爲信實。已上八實皆如前法而一，上縣得二千四百三十夫，不盡四百一十五萬四千四百九十，輩歸中縣、下縣。中縣得三千三十六夫，不盡五千四百八十六萬四千九百四十八，輩爲一夫。下縣得四千二百五夫，不盡四千五百九十萬三千八百一十五，輩爲一夫。仁鄉得七百一十二夫，不盡五千五百五十九萬五千四百一十六，輩爲一夫。義鄉得五百八十九夫，不盡一千五百一十萬九千九百二十七，輩歸仁鄉。禮鄉得五百三十八夫，不盡一千九百九十萬八千三百三十四，輩歸智鄉、信鄉。智鄉得四百四十夫，不盡五千六百二十六萬二千九百二十，輩爲一夫。信鄉得四十五夫，不盡三千二百八十一萬二千九百三十五，輩爲一夫。合問。

又《錢穀類》卷一一　折解輕賫：問有甲、乙、丙、丁四郡，各合起上供銀絹。甲郡銀三千二百兩，每兩二貫二百文足。絹六萬四千疋，每疋二貫文足。去京一千里，每擔一里，傭錢六文足。其時舊會每貫五十四文足。乙郡銀二千七百兩，每兩二貫三百文足。絹四萬九千二百疋，每疋二貫四百二十文足。去京九百八十里，每擔一里，傭錢四文二分。舊會價五十九文足。丙郡銀四千兩，每兩新會九貫三百文。絹七萬三千六百疋，每疋新會一十貫三百文。去京二千里，每擔一里，傭錢八十文，舊會。丁郡銀二千(二)[六]百兩，每兩五十一貫文，舊會。絹三萬(一)[二]千三十五疋，每疋五十八貫文，舊會。去京一千五百里，每擔一里，傭錢一百文，舊會。諸郡銀每五百兩，絹每六十疋，新會每五千貫爲擔。欲並折新會，[其時新会比舊会，一比五。]均作三限起解。求各郡每限及本色元理、折解實用、寬餘、傭錢各新會幾何。

荅曰：甲郡合解五十萬一百四十八貫一百四十八文，

初限一十六萬六千七百一十六貫四十九文，

次限一十六萬六千七百一十六貫四十九文

末限一十六萬六千七百一十六貫五十文，

傭錢元理二萬三千八百四十五貫九百二十五文二十七分文之二十五，

實用二千二百二十二貫八百七十七文二十七分文之二十，

寬餘二萬一千六百二十三貫四十八文二十七分文之四。

乙郡合解四十二萬四千六百五十七貫六百二十七文，

初限一十四萬一千五百五十二貫五百四十二文，

次限一十四萬一千五百五十二貫五百四十二文，

末限一十四萬一千五百五十二貫五百四十三文，

傭錢元理一萬一千五百一十六貫四百二十八文五十九分文之二十八，

實用一千一百八十五貫一十文五十九分文之一十，

寬餘一萬三百三十一貫四百一十八文五十九分文之一十八。

丙郡合解七十九萬五千二百八十貫文，

初限二十六萬五千九十三貫三百三十三文，

次限二十六萬五千九十三貫三百三十三文，

末限二十六萬五千九十三貫三百三十四文，

傭錢元理三萬九千五百九貫三百三十三文三分文之一，

實用五千八十九貫七百九十一文，

寬餘三萬四千四百一十九貫五百四十一文三分文之二。

丁郡合解三十九萬八千一百二十六貫文，

初限一十三萬二千七百八貫六百六十六文，

次限一十三萬二千七百八貫六百六十六文，

末限一十三萬二千七百八貫六百六十八文，

傭錢元理一萬六千一百七十二貫五百文，

實用二千三百八十八貫七百五十六文，

寬餘一萬三千七百八十四貫七百四十四文。

術曰：以均輸求之。置各郡銀、絹，乘各價，併之，歸足元，展足爲舊會。次以五約舊會，爲新會，各得合解錢。以限數除之，得每限錢。不盡，併歸末限。次置里數，乘每里傭價，爲率。以率乘元銀及元絹，各爲傭實。以每擔銀絹率各爲法。實如法而一。不滿者，亦爲擔，併之，爲元理傭錢。次以率乘合解錢，爲實。乃以錢物每擔率爲法。實如法而一，各得實用傭錢。以減元理傭錢，餘爲寬餘傭錢。

問數圖：

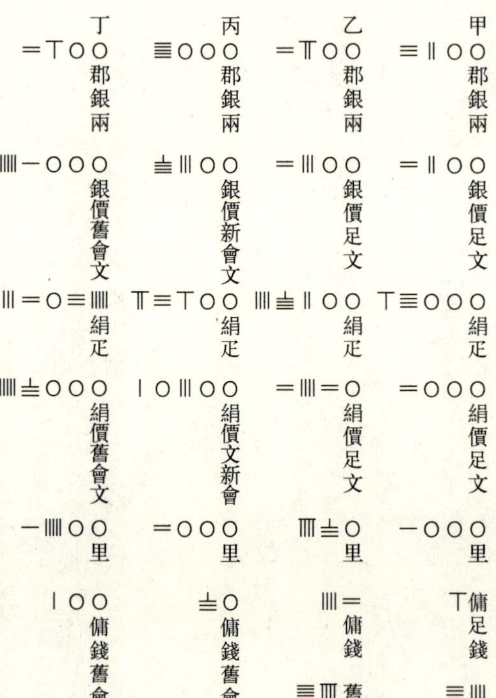

草曰：置各郡銀、絹，乘各價。甲郡銀三千二百兩，乙郡銀二千七百兩，丙郡銀四千兩，丁郡銀二千六百兩，於右行。甲郡銀兩價二貫二百足，乙郡銀兩價二貫三百足，丙郡銀兩價九貫三百新會，丁郡銀兩價五十一貫舊會，於左行。對乘之，甲得七千四十貫足，乙得六千二百一十貫足，丙得三萬七千二百貫新會，丁得十三萬二千六百貫舊會。又列置各郡絹：甲六萬四千疋，乙四萬九千二百疋，丙七萬三千六百疋，丁三萬二千三十五疋，於右行。各郡絹疋價：甲二貫足，乙二貫四百二十足，丙新會十貫三百，丁五十八貫舊會，於左行。亦對乘之，甲得一十二萬八千貫足，乙得一十一萬九千六十四貫足，丙得七十五萬八千八十貫新會，丁得一百八十五萬八千三十貫舊會。乃併各郡銀、絹價，甲共一十三萬五千四十貫足，乙共十二萬五千二百七十四貫足，丙共七十九萬五千二百八十貫新，丁共一百九十九萬六百三十貫舊。甲以舊會價五十四文展足錢，得二百五十萬七百四十貫七百四十文，乙以舊會價五十九文展足錢，得二百一十二萬三千二百八十八貫一百三十六文，丙已係新會，丁係舊會。今甲、乙、丁俱以五除之，皆爲新會：甲得五十萬一百四十八貫一百四十八文，乙得四十二萬四千六百五十七貫六百二十七文，丙得七十九萬五千二百八十貫文，丁得三十九萬八千一百二十六貫，各爲合解錢。以限數三除之，甲得一十六萬六千七百一十六貫四十九文，爲初限、次限數。不盡一文，增入次限數内，共得一十六萬六千七百一十六貫五十文，爲末限數。乙得一十四萬一千五百五十二貫五百四十二文，爲初限、次限數。不盡一文，增入，得一十四萬一千五百五十二貫五百四十三文，爲末限數。丙得二十六萬五千九十三貫三百三十三文，爲初限、次限數。不盡一文，增入，得二十六萬五千九十三貫三百三十四文，爲末限數。丁得一十三萬二千七百八貫六百六十六文，爲初限、次限數。不盡二文，增入，得一十三萬二千七百八貫六百六十八文，爲末限數。各以里數乘傭錢，各爲率。置甲郡一千里，乙郡九百八十里，丙郡二千里，丁郡一千五百里，於右行。次置甲郡傭錢六文足，乙郡傭錢四文二分足，丙郡傭錢八十文舊會，丁郡傭錢一百舊會，于左行。與右行對乘之，甲得率六貫足，乙得率四貫一百一十六足，丙得率一百六十貫舊，丁得率一百五十貫舊，於右行。以率乘元銀數，各爲傭實。次置甲元銀三千二百兩，乙銀二千七百[兩]，丙銀四千兩，丁銀二千六百兩，於左行。與右行對乘之，甲得一萬九千二百貫，乙得一萬一千一百一十三貫二百文，丙得六十四萬貫舊，丁得三十九萬貫舊，皆銀傭，置於右行。次置甲、乙、丙、丁每擔銀率五百兩，爲法。徧除右行，甲得三十八貫四百足，乙得二十二貫二百二十六文四分足，丙得一千二百八十貫舊，丁得七百八十貫舊，爲各郡銀傭錢，列寄別行。次置甲元絹六萬四千疋，乙絹四萬九千二百疋，丙絹七萬三千六百疋，丁絹三萬二千三十五疋，爲左行。與右行各率對乘之，甲得三十八萬四千貫足，乙得二十二萬二千五百七貫二百足，丙得一千一百七十七萬六千貫舊，丁得四百八十萬五千二百五十貫，各爲絹傭實。次以四郡每擔絹率六十疋爲法，除之，甲得六千四百貫足，乙得三千三百七十五貫一百二十足，丙得一十九萬六千二百六十六貫六百六十六文三分文之二舊，丁得八萬八十七貫五百舊，爲各郡絹傭錢。併入寄別行，甲得六千四百三十八貫四百足，乙得三千三百九十七貫三百四十六文四分足，丙得一十九萬七千五百四十六貫六百六十六文三分文之二舊，丁得八萬八百六十七貫五百舊，列右行。其甲舊會價五十四文，五因之，得二百七十文足。乙舊會價五十九文，亦五因之，得二百九十五文。丙以五，丁亦以五。於左行。以對約右行，皆爲新會，甲得二萬三千八百四十五貫九百二十五文二十七分文之二十五，乙得一萬一千五百一十六貫四百二十八文五十九分文之二十八，丙得三萬九千五百九貫三百三十三文三分文之一，丁得一萬六千一百七十三貫五百文。並新會，係四郡元傭價錢。次以元四郡率對乘四郡合解新會，各爲實率。其甲六貫足，乘甲合解錢五十萬一百四十八貫一百四十八文，得三十億八十八萬八千八百八十八貫。其乙率四貫一百一十六足乘乙合解錢四十二萬四千六百五十七貫六百二十七文，得一十七億四千七百八十九萬七百九十二貫七百三十二文足。其丙率一百六十貫舊乘丙合解錢七十九萬五千二百八十貫，得一千二百七十二億四千四百八十萬貫舊。其丁率一百五十貫舊乘丁合解錢三十九萬八千一百二十六貫，得五百九十七億一千八百九十萬貫舊。各爲實。乃以每擔率五千貫爲法而一，甲得六百貫一百七十七文足，不盡三千八百八十八貫文。乙得三百四十九貫五百七十八文足，不盡七百九十二貫七百三十二文。丙得二萬五千四百四十八貫九百六十文舊會，丁得一萬一千九百四十三貫七百八十文舊，爲各郡實。用甲以二百七十文約，乙以二百九十五文約，丁、丙皆五約，爲新會：甲二千二百二十二貫八百七十七文，不盡二百一十文。乙一千一百八十五貫一十文，不盡五十文。丙五千八十九貫七百九十二文，丁二千三百八十八貫七百五十六文。各減元理，甲餘二萬一千六百二十三貫四十八文，乙餘一萬三百三十一貫四百一十八文，丙餘三萬四千四百一十九貫五百四十一文，丁餘一萬三千七百八十四貫七百四十四文。合問。

右行

甲銀兩	乙銀兩	丙銀兩	丁銀兩
≡‖○○	=T○○	≣○○○	=⊤○○

左行

足	足	新會	舊會
=‖○○	=Ⅲ○○	≣Ⅲ○○	Ⅲ一○○○

兩行對乘，得四郡銀價，爲寄行。

足文 丅○Ⅲ○○○○○
足文 丅=|○○○○○
新會文 ≡丅=○○○○○
舊會文 |≡‖⊥○○○○○

右行

甲絹疋 丅≡○○○
乙絹疋 Ⅲ≟‖○○
丙絹疋 丅≡丅○○
丁絹疋 Ⅲ=○≡Ⅲ

左行

足文 =○○○
足文 =Ⅲ=○
新會文 |○Ⅲ○○
舊會文 Ⅲ≟○○○

兩行亦對乘，得四郡絹價，併前寄行

文足 |=丅○○○○○○
文足 |一Ⅲ○丅≡○○○
新會 丅≡丅○丅○○○○
舊會 一丅≡丅○Ⅲ○○○○

銀價

足文 丅○Ⅲ○○○○○
足文 丅=|○○○○○
新會文 ≡丅=○○○○○
舊會文 |≡‖⊥○○○○○

絹價

足文 |=丅○○○○○○
|一Ⅲ○丅≡○○○
新會文 丅≡丅○丅○○○○
舊會文 一丅≡丅○Ⅲ○○○○

兩行併之

甲共足文 |≡Ⅲ○Ⅲ○○○○
舊會 Ⅲ≡
乙共足文 |=Ⅲ=丅≡○○○
陌舊會 Ⅲ≡
丙共新會 丅≟○=丅○○○○
丁共舊會 一Ⅲ≟○⊥Ⅲ○○○○

甲、乙皆以會佰約之

甲共舊會 =○○○⊥Ⅲ○丅≡○
乙共舊會 =|=Ⅲ=丅≟|≡丅
丙共新會 丅≟○=丅○○○○
丁共舊會 一Ⅲ≟○⊥Ⅲ○○○○

甲　五

甲、乙、丁皆五約之

合解錢 甲文 Ⅲ○○一Ⅲ≟|≡丅
乙文 Ⅲ=Ⅲ⊥○⊥丅=丅
丙文 丅≟Ⅲ=丅○○○○
丁文 Ⅲ≟丅一‖⊥○○○

四郡合解新會，各以三限約之，得三限錢

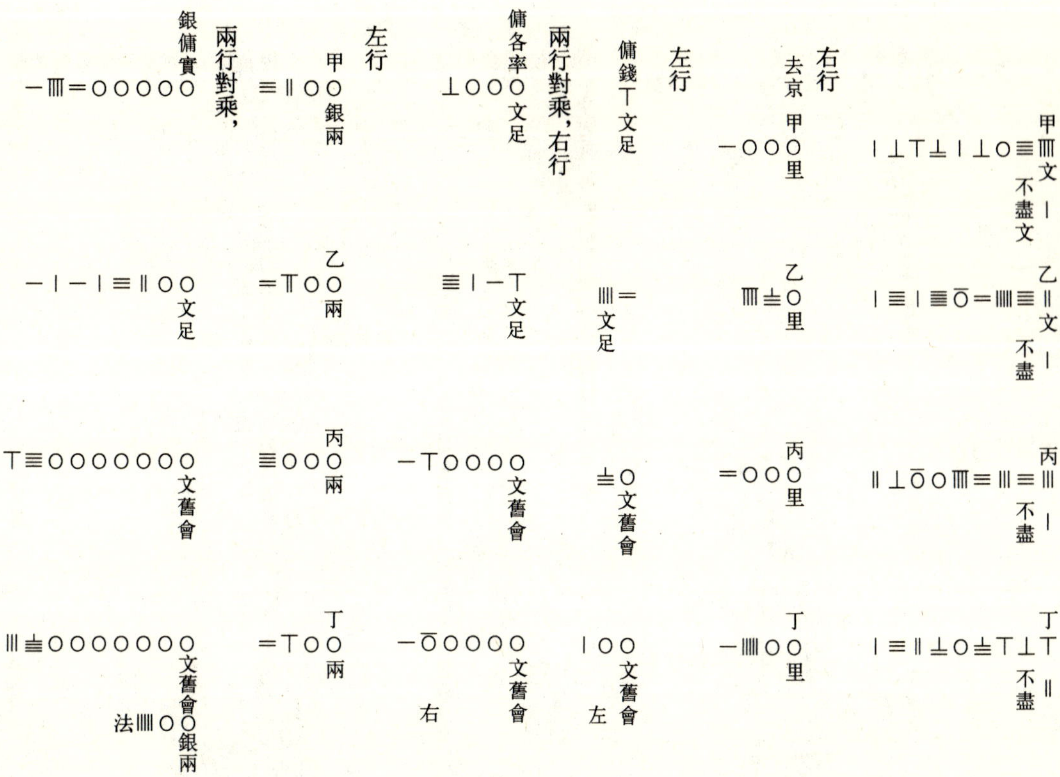

〔以銀率除之〕寄別行，

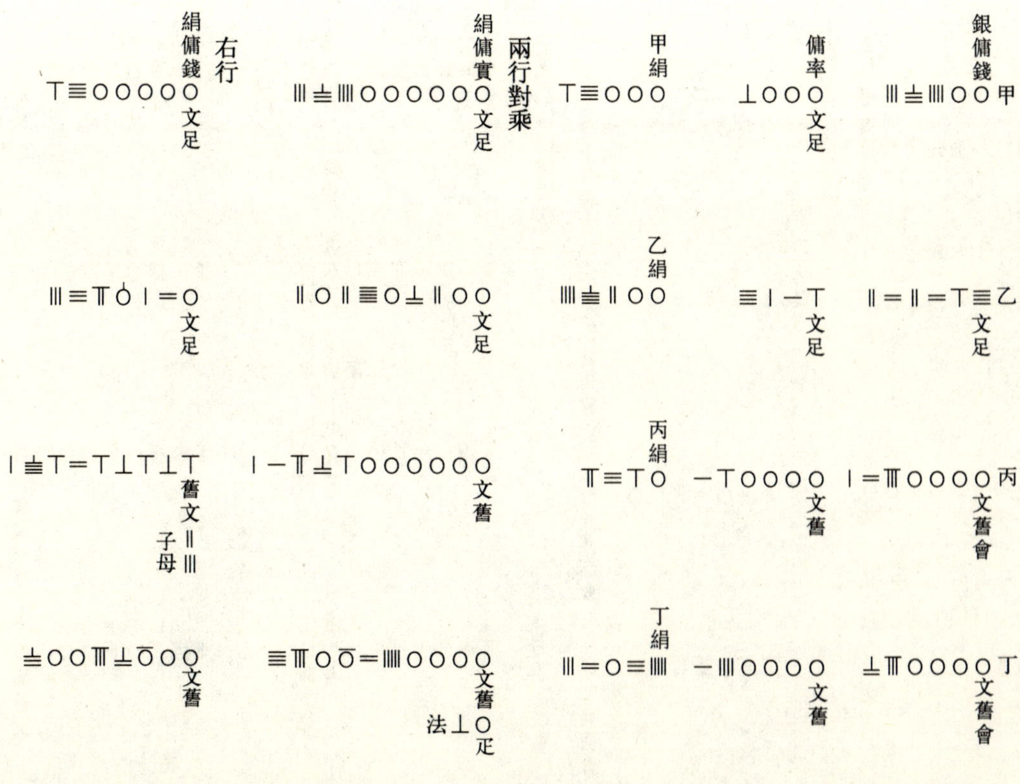

兩行併之，別行

銀傭錢

右行

左行

今欲變右行足錢舊會皆爲新會，故以五徧乘，甲陌五十四，得二百七十。乙陌五十九，得二百九十五。

左行除右行

元傭會文 並新

合解錢

兩行 皆係新會

傭率

兩行對乘

實用

每擔法

術曰：如法而一，除至一文乃止。其甲、乙有不盡者，不滿擔，不計傭錢。所得，各約爲新會。

右行

各寔甲

左行

左行除右行並新會實用傭錢

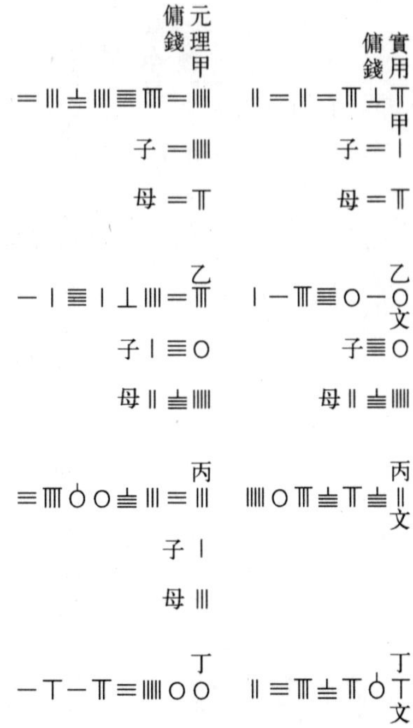

不盡，皆求等約之

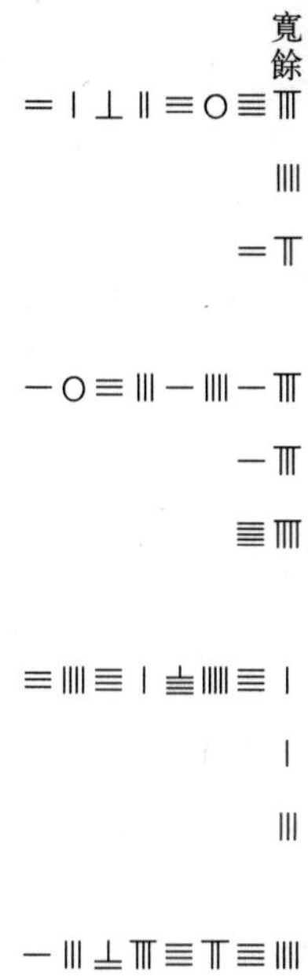

寬餘合併，合解爲共解錢，並新會

又《軍旅類》卷一六　均數傜役：問軍戍差坐烽擺鋪，切慮差傜不均。今諸軍共合差一千二百六十人，契勘諸軍見管，前軍六千一百七十人，右軍四千九百三十六人，中軍七千四百四人，左軍三千七百二人，後軍二千四百六十八人。各軍合差幾何。

荅曰：前軍差三百一十五人，右軍差二百五十二人，

中軍差三百七十八人，左軍差一百八十九人，

後軍差一百二十六人。

術曰：以均輸求之。置各軍見管人，驗可約，求等，以約之。爲衰。副併，爲法。以共合差數乘列衰，各爲實。實如法而一，各得。

草曰：置諸軍見管，求等，得一千二百三十四。俱以約各見管，前軍得五，右軍得四，中軍得六，左軍得三，後軍得二，列爲各衰。副併諸衰，得二十，爲法。以共差一千二百六十人乘諸衰，前軍得六千三百，右軍得五千四十，中軍得七千五百六十，左軍得三千七百八十，後軍得二千五百二十，各爲實。皆如法二十而一，前軍合差三百一十五人，右軍合差二百五十二人，中軍合差三百七十八人，左軍合差一百八十九人，後軍合差一百二十六人。

求等

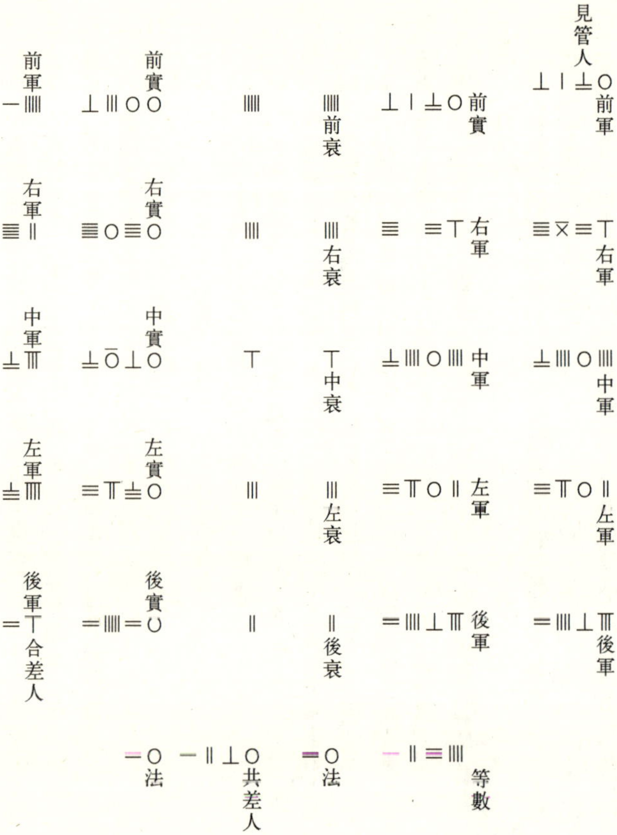

宋·楊輝《詳解九章算法·纂类》 均輸法曰：各以里僦相乘，併衆石價，約縣户爲衰。各列置衰，副併爲法。以賦粟乘未併者各自爲實，實如法而一。

明·吳敬《九章算法比類大全》卷三《衰分》 各分差分法曰：置各等户，以各分乘之，爲衰。副併爲法。以所分乘未併者各自爲列實。以法除之。

又 今有某縣輸粟一萬八百七十石八升，上、中、下三鄉，上位折半差出之。又上鄉三等作九一折，中鄉三等作三八折，下鄉三等作三七折。上鄉上等一十六户，中等七十四户，下等九十八户。中鄉上等八十二户，中等一百二十户，下等一百六十户。下鄉上等九十五户，中等一百七十二户，下等一百八十户。問三鄉九等人户各粟幾何。

答曰：上鄉二百二十八户，共五千二百五十一石四斗八升。

上等每户二十六石，五十六户共一千四百五十六石。

中等每户二十三石四斗，七十四户，共千七百三十石六斗。

下等每户二十一石六升，九十八户，共二千六十三石八斗八升。

中鄉二百六十三户，共三千六百四十五石二斗。

上等每户一十三石，八十二户，共一千六十六石。

中等每户一十石四斗，一百二十户，共一千二百四十八石。

下等每户八石三斗二升，一百六十户，共一千三百三十一石二斗。

下鄉四百四十七户，共一千九百七十三石四斗。

上等每户六石五斗，九十五户，共六百一十七石五斗。

中等每户四石五斗五升，一百七十二户，共七百八十二石六斗。

下等每户三石一斗八升五合，一百八十户，共五百七十三石三斗。

法曰：置列三鄉户數，以各分乘之，爲衰，上鄉上等五十六户，以一万乘，得五十六万。中等七十四户，以九千乘，得六十六万六千。下等九十八户，以八千一百乘，得七十九万三千八百。中鄉上等八十二户，以五千乘，得四十一万。中等一百二十户，以四千乘，得四十八万。下等一百六十户，以三千二百乘，得五十一万二千。下鄉上等九十五户，以二千五百乘，得二十三万七千五百。中等一百七十二户，以一千七百五十乘，得三十万一千。下等一百八十户，以一千二百二十五乘，得二十二万五百。各列置衰，上鄉上等五十六万，中等六十六万六千，下等七十九万三千，中鄉上等四十一万，中等四十八万，下等五十一万二千，下鄉上等二十三万七千五百，中等三十万一千，下等二十二万五百。副併，四百一十八万八百，爲法。置所輸粟一万八百七十石八升，以約率一万乘之，得一億八百七十万八百，爲實。以法除之，得二十六石，乃上鄉上等每户之數。九因，得二十三石四斗，乃中户之數。又九因，得二十一石六升，乃下户之數。又列上户二十六石，折半，得一十三石，乃中鄉上等每户之數。八因，得一十石四斗，乃中户數。又八因，得八石三斗二升，乃下户數。又列上户一十三石，折半，得六石五斗，乃下鄉上等每户之數。七因，得四石五斗五升，乃中户數。七因，得三石一斗八升五合，乃下户數。各以每户之率[乘]各等户，得粟。合問。

又　今有官輸銀一百八十八兩一錢六分，令三等人户出之，第一等三十二户，每户七分。第二(第)[等]四十四户，每户五分。第三等七十六户，每户三分。問各等每户幾何。

荅曰：第一等每户一兩九錢八分，共六十一兩七錢二分。

第二等每户一兩四錢，共六十一兩六錢。

第三等每户八錢四分，共六十三兩八錢四分。

法曰：置各等户數，以各分乘之，爲衰：第一等三十二户，以七分乘，得二百二十四。第二等四十四户，以五分乘，得二百二十。第三等七十六户，以三分乘，得二百二十八。各列置衰，一等二百二十四，二等二百二十，三等二百二十八。副併，得六百七十二，爲法。以所輸銀一百八十八兩一錢六分乘未併者，各自爲實，一等得四万二千一百四十七兩八錢四分，二等得四万一千三百九十五兩二錢，三等得四万二千九百兩四錢八分。以法六百七十二除之，得各等共數。却以各户除之。合問。

又　今有官輸細絲三百斤，以粮多寡出之，甲區秋粮米二千五百六十石，每石三分。乙區秋粮米二千一百三十石，每石二分。丙區秋粮米一千八百四十石，每石一分。丁區秋粮米一千六百八十石，每石半分。問各區該絲幾何。

荅曰：甲區一百五十七斤七百三十一分斤之四百三十三，

乙區八十七斤七百三十一斤之三百三，

丙區三十七斤七百三十一分斤之五百五十三，

丁區一十七斤七百三十一分斤之一百七十三。

法曰：置各區粮數，以各分乘之，爲衰：甲米以三分乘，得七千六百八十。乙米以二分乘，得四千二百六十。丙米以一分乘，得一千八百四十。丁米以半分乘，得八百四十。各列置衰，甲七千六百八十，乙四千二百六十，丙一千八百四十，丁八百四十。副併，得一万四千六百二十，爲法。以所輸絲三百斤乘未併者，各自爲實，甲得二百三十万四千，乙得一百二十七万八千，丙得五十五万二千，丁得二十五万二千。以法一万四千六百二十除之，餘實與法各二十約之。合問。

又　**卷六《均輸》**　均輸法曰：以所輸粟價等物貴賤高下、地里遠近、人户多寡均而爲衰，如衰分法求之。

又　比類　輸運粮米：今有七府均輸米二十八萬五千四百六十石，每石行道五里，出盤纏顧脚錢四十文。各府縣至輸所遠近不等，米價高低，欲令勞費相登。内甲府民一千九百二十五里，米石價二十五貫四百文，至輸所一千二百里。乙府民一千七百六十三里，米石價二十八貫五百二十文，至輸所一千五百六十里。丙府民一千五百九十九里，米石價二十七貫九百六十文，至輸所一千三百八十里。丁府民一千五百六十四里，米石價二十七貫，至輸所八百七十五里。戊府民一千五百五十四里，米石價二十二貫三百二十文，至輸所一千八百三十五里。己府民一千九百六十八里，米石價三十一貫八十文，至輸所一千二百四十里。庚府民二千二百五里，米石價三十四貫，至輸所一千八百七十五里。問各府輸米幾何。

荅曰：甲府四萬九千六十三石四斗三升七合五勺，

乙府三萬八千三百五十八石六斗八升七合五勺，

丙府三萬六千五百七十四石五斗六升二合五勺，

丁府四萬一千三十四石八斗七升五合，

戊府一萬七千四百六十六石六斗二升五合，

己府四萬二千八百一十九石，

庚府四萬一百四十二石八斗一升二合五勺。

法曰：置米一石，以行道五里因之，得五，爲法。甲府至輸所一千二百里，以脚錢四十文因之，得四十八貫。以法五除之，得九貫六百文。併入石價，共得三十五貫。除本府民一千九百二十五里，得衰五十五。乙府至輸所一千五百六十里，以脚錢四十文因之，得六十二貫四百文。以法五除之，得一十二貫四百八十文。併入石價，共得四十一貫。除本府民一千七百六十三里，得衰四十三。丙府至輸所一千三百八十里，以脚錢四十文因之，得五十五貫二百文。以法五除之，得一十一貫四十文。併入石價，共得二十九貫。除本府民一千五百九十九里，得衰四十一。丁府至輸所八百七十五里，以脚錢四十文因之，得三十五貫。以法五除之，得七貫。併入石價，共得三十四貫。除本府民一千五百六十四里，得衰四十六。戊府至輸所一千八百三十五里，以脚錢四十文因之，得七十三貫四百文。以法五除之，得一十四貫六百八十文。併入石價，共得三十七貫。除本府民一千三百五十四里，得衰四十二。己府至輸所一千二百四十里，以脚錢四十文因之，得四十九貫六百文。以法五除之，得九貫九百二十文。併入石價，共得四十一貫。除本府民一千九百六十八里，得衰四十八。庚府至輸所一千八百七十五里，以脚錢四十文因之，得七十五貫。以法五除之，得一十五貫。併入石價，共得四十九貫。除本府民二千二百五里，得衰四十五。併七府衰，共得三百二十，爲法。置共輸米，以各府衰數乘之，爲實。以法三百二十除之，得各府数。合問。

又 今有米一百五十萬石，令五府儹運。只云甲府一十縣内上四縣運十二分，中四縣運十一分，下二縣運一十分。乙府一十一縣，上四縣運九分，中四縣運八分，下三縣運七分。丙府一十一縣，上二縣運七分，中五縣運六分，下四縣運五分。丁府一十縣，上三縣運五分，中三縣運四分，下四縣運三分。戊府八縣，上二縣運三分，中四縣運二分，下二縣運一分。問各運幾何。

荅曰：甲府一十縣共運五十二萬五千石。

上四縣每縣五萬六千二百五十石，共二十二萬五千石。

中四縣每縣五萬一千五百六十二石五斗，共二十萬六千二百五十石。

下二縣每縣四萬六千八百七十五石，共九萬三千七百五十石。

乙府一十一縣共運四十一萬七千一百八十七石五斗。

上四縣每縣四萬二千一百八十七石五斗，共一十六萬八千七百五十石。

中四縣每縣三萬七千五百石，共一十五萬石。

下三縣每縣三萬二千八百一十二石五斗，共九萬八千四百三十七石五斗。

丙府一十一縣共運三十萬石。

上二縣每縣三萬二千八百一十二石五斗，共六萬五千六百二十五石。

中五縣每縣二萬八千一百二十五石，共一十四萬六百二十五石。

下四縣每縣二萬三千四百三十七石五斗，共九萬三千七百五十石。

丁府一十縣共運一十八萬二千八百一十二石五斗。

上三縣每縣二萬三千四百三十七石五斗，共七萬三百一十二石五斗。

中三縣每縣一萬八千七百五十石，共五萬六千二百五十石。

下四縣每縣一萬四千六十二石五斗，共五萬六千二百五十石。

戊府八縣共運七萬五千石。

上二縣每縣一萬四千六十二石五斗，共二萬八千一百二十五石。

中四縣每縣九千三百七十五石，共三万七千五百石。

下二縣每縣四千六百八十七石五斗，共九千三百七十五石。

法曰：置該運米一百五十万石，爲實。以甲府上四縣，十二分，得四十八分。中四縣，十一分，得四十四分。下二縣，一十分，得二十分。乙府上四縣，九分，得三十六分。中四縣，八分，得三十二分。下三縣，七分，得二十一分。丙府上二縣，七分，得一十四分。中五縣，六分，得三十分。下四縣，五分，得二十分。丁府上三縣，五分，得一十五分。中三縣，四分，得一十二分。下四縣，三分，得一十二分。戊府上二縣，三分，得六分。中四縣，二分，得八分。下二縣，一分，得二分。併之，得三百二十分，爲法。除之，得四千六百八十七石五斗，乃一分之數。就乘各縣，併縣，得府數。併府，得總。合問。

明・王文素《筭學寶鑑》卷二二《均輸》 假令一州四縣，総共輸粟七萬五千一百七十八石。且云每車載十八石，行道一里，出脚價銀一分，皆輸其州。道路遠近，米價高下，欲令各處勞費相(登)[等]。本州九千户，粟價每石伍錢，自輸本州，無里。甲縣八千户，粟價每石五錢五分，至州一百一十里。乙縣七千户，粟價每石六錢，至州一百二十里。丙縣六千户，粟價每石六錢五分，至州一百三十里。丁縣五千户，粟價每石七錢，至州一百四十里。問五處各該輸粟幾何。

荅曰：本州二萬四千二十四石，甲縣一萬七千四百七十二石，乙縣一萬四千一十四石，

丙縣一萬一千八十八石，丁縣八千五百八十石。

草曰：置每車載粟一十八石，以本州石價銀五錢乘之，得九兩。另置一十八石，以甲縣價五錢五分乘之，得九两九錢。以至州一百一十里[乘]脚價一分，得一兩一錢。併之，共一十一兩。另置一十八石，以乙縣粟價六錢乘之，得一十

兩八錢。另以至州一百二十里乘脚價一分，得一兩二錢。併之，共一十二兩。再另置一十八石，乘丙縣粟價六錢五分，得一十一兩七錢。以至州一百三十里乘脚價一分，得一兩三錢。併之，得一十三兩。再置一十八石，乘丁縣粟價七錢，得一十二兩六錢。另以至州一百四十里乘脚價一分，得一兩四錢。併之，得一十四兩。以課分求之。

右行　州母九　甲縣母八　乙縣母七　丙縣母六　丁縣母五

左行　子九兩　子十一兩　子十二兩　子十三兩　子十四兩

以州母九互乘四異子，得二十一萬六千二百一十六。以甲縣母八互乘四異子，得一十五萬七千二百四十八。以乙縣母七互乘四異子，得一十二萬六千一百二十六。以丙縣母六互乘四異子，得九萬九千七百九十二。以丁縣母五互乘四異子，得七萬七千二百二十。數繁，皆以十八約之：州得一萬二千一十二，爲衰。甲縣得八千七百三十六，爲衰。乙縣得七千零七，爲衰。丙縣得五千五百四十四，爲衰。丁縣得四千二百九十，爲衰。併五處衰，共得三萬七千五百八十九，爲法。置總輸粟七萬五千一百七十八石，乘未併者：本州得九億三百三萬八千一百三十六，甲縣得六億五千六百七十五萬五千零八，乙縣得五億二千六百七十七萬二千二百四十(八)[六]，丙縣得四億一千六百七十八萬六千八百三十二，丁縣得三億二千二百五十一萬三千六百二十，各自列爲實。皆以法三萬七千五百八十九除之，得各荅。合問。

又法：此係巧題。置總粟七萬五千一百七十八石，爲實。以法三萬七千五百八十九除之，得二石。各以衰乘之，亦合問。

又　假令三縣均粟四萬二千石，用車二千一百輛，以各縣遠近，户数多少立衰出之。甲縣一千二百户，行道三日。乙縣一千一百户，行道四日。丙縣一千户，行道五日。問各縣該輸車粟幾何。

荅曰：甲縣粟一萬九千二百石，車九百六十輛。

乙縣粟一萬三千二百石，車六百六十輛。

丙縣粟九千六百石，車四百八十輛。

右行　甲母十二户　乙母十一户　丙母十户

左行　甲子三日　乙子四日　丙子五日

法曰：以右行甲母十二互乘乙、丙二子，得二百四十。另以乙母十一互乘甲、丙二子，得一百六十五。又另以丙母一十互乘甲、乙二子，得一百二十。數繁，皆以十五約之：甲得十六，爲衰。乙得十一，爲衰。丙得八，爲衰。以所均車二千一百輛乘未併者：甲得三萬三千六百，乙得二萬三千一百，丙得一萬六千八百，各自列爲實。併三縣衰，共三十五，爲法。除之：甲得九百六十輛，乙得六百六十輛，丙得四百八十輛。各以每車二十石乘之，得各該輪粟数。合問。

此亦巧題，用衰分之法。先併総衰，除之。次以各衰乘之，亦合問。

證曰：《九章》古法：先以行道日数各除户数，爲衰者，固是。恐遇拙題有碍，愚評均輸之法，以課分求衰爲正。

又　假令均人一千名，當夫一月。且云甲縣一千人，無(道)行[道]日。乙縣九百人，行道三日。丙縣八百人，行道四日。欲令三縣遠近、户数衰出，問各該幾何。

荅曰：甲縣三百九十六人，乙縣三百二十四人，丙縣二百八十人。

右行　甲母十人　乙母九人　丙母八人

左行　甲子三十日　乙子三十三日　丙子三十四日

課分求衰法曰：以右上甲母十人互乘乙子三十三日，得三百三十。再乘丙子三十四日，得一萬一千二百二十。另以乙母九人互乘甲子三十日，得二百七十。再乘丙子三十四日，得九千一百八十。另以丙母八人互乘甲子三十日，得二百四十。再乘乙子三十三[日]，得七千九百二十。數繁，皆以六十約之：甲得一百八十七衰，乙得一百五十三衰，丙得一百三十二衰。副併，共四百七十二，爲法。以所均夫一千名乘未併者：甲得一十八萬七千，乙得一十五萬三千，丙得一十三萬二千，各自爲實。皆以法四百七十二除之，甲得三百九十六人，餘實八十八。乙得三百二十四人，餘寔七十二。丙得二百七十九人，餘實三百一十二。有餘者，上下輩之。人卒不可分裂，推少就多，入丙一人。合問。

又　假令一州秋粮共五千石，已蒙坐派起運。京倉一千四百石，[每石]科銀一两二(銀)[錢]。宣府一千二百石，每石科銀一两四錢。大同府八百石，每石科銀一两三錢。坝上倉六百石，每石科銀一两。存(晋)[留]本府六百石，本州四百石。欲令起粮，均爲等價而科之，問起粮每石均科銀價及各該收粮数并每石該起存幾何。

荅曰：起粮每石均科銀一两二錢五分，京倉該收一千三百四十四石，

宣府該收一千三百四十四石，大同府該收八百三十二石，

垻上倉該收四百八十石，每石起運八斗，存留二斗。

法曰：置京倉原坐一千四百石，以原坐價一兩二錢乘之，得一千六百八十兩。宣府一千二百石，以原價一兩四錢乘之，亦得一千六百八十兩。大同府八百石，以原價一兩三錢乘之，得一千四十兩。垻上六百石，以原價一兩乘之，得六百兩。併四數，共得五千兩，爲寔。四處起粮共四千石爲法。除之，得每石均該科銀一兩二錢五分，列下，爲法。以除各倉所秉銀數：除京倉銀，得今該收粮一千三百四十四石。除宣府銀，亦得今該收粮一千三百四十四石。除大同府銀，得八百三十二石。除垻上銀，得四百八十石。另置起粮四千石，以總粮五千石除之，得每石該起八斗。置存粮一千石，亦以五千石除之，得每石該存二斗。合問。

又 假令一縣共該穀草八萬束。坐派京場二萬五千束，每束科銀五分。宣府二萬五千束，每束科銀七分。大同府二萬束，每束科銀七分五厘。今欲均同一價而科之，問每束均價并今該收草各幾何。

荅曰：每束均該科銀六分二厘五毫。

京場今該收二萬八千束，收銀一千七百五十兩。

宣府今該收二萬八千束，收銀一千七百五十兩。

大同府該收二萬四千束，收銀一千五百兩。

法曰：置京草三萬五千束，以原價五分乘之，得一千七百五十兩。置宣府草二萬五千束，以原價七分乘之，亦得一千七百五十兩。置大同府草二萬束，以原價七分五厘乘之，得一千五百兩。副併，共得五千兩，爲寔。以共草八萬束爲法。除之，得每束均該科銀六分二厘五毫，列下爲法。除三處未併銀數。除京場銀一千七百五十兩[得二万八千束]。除宣府銀一千七百五十兩]，亦得二萬八千束。除大同府銀一千五百兩，得二萬四千束。合問。

明・柯尚遷《數學通軌》第三《九章釋例》 六曰均輸。本註以御遠近勞費。古註瀌曰：所輸粟價等物貴賤，地里高下遠近，人户多寡，均而爲(襄)[衰]，如(襄)[衰]分瀌求之。

明・程大位《算法統宗》卷九《均輸》 今有銀二十二兩八錢，買黄、白蠟，各要均平。其黄臘每三斤價銀四錢，白臘每斤價銀五錢。問黄、白蠟各若干。

荅曰：各三十六斤，黄臘該銀四兩八錢，白臘該銀一十八兩。

法曰：置總銀，以黄臘三斤乘之，得六百八十四斤，爲實。另置黄臘三斤，以白蠟價五錢乘之，併黄蠟價四錢，共得一兩九錢，爲法。除之，得黄、白各三十六斤。就以白臘三十六斤，以每斤五錢乘之，得價一十八兩。再置黄蠟三十六斤。以價四錢乘之，得一十四兩四錢。又以蠟三斤爲法，除之，得價四兩八錢。合問。

又 今有銀三十七兩八錢，糴米、麥、豆三色，各要均平。每石米價八錢，麥價六錢，豆價四錢。問各若干。

荅曰：米、麥、豆各二十一石。

法曰：置總銀，爲實。併米、麥、豆價，共一兩八錢，爲法。除之，得每色二十一石之數。(名)[各]以價乘之。合問。不拘四、五色者倣此推之。

又 今有官派粮八百四十石，令四縣照依田地多寡納之，甲縣田五十六畝，乙縣四十四畝，丙縣三十二畝，丁縣二十八畝。問各該納若干。

荅曰：甲二百九十四石，乙二百三十一石，

丙一百六十八石，丁一百四十七石。

法曰：置列甲、乙、丙、丁四縣田数，各以官派粮八百四十乘之，各列爲實。另以四縣田併之，得一百六十畝，爲法。以除各縣乘数，即得各縣該納之数。合問。

又法：置總粮，爲實。併四邑田，爲法。除之，以乘各田数，亦得。

又 今有五縣，輸粟二萬石，照人户多少，道里遠近，價值上下而均輸之。每車載二十五石，行衜一里，與僦里鈔一錢。甲縣二萬零五百二十户，粟石價二兩。乙縣一萬二千三百一十二户，粟石價一兩，遠輸所二百里。丙縣七千一百八十二户，粟石價一兩二錢，遠輸所一百五十里。丁縣一萬三千三百三十八户，粟石價一兩七錢，遠輸所二百五十里。戊縣五千一百三十户，粟價一兩三錢，遠輸所一百五十里。問各輸粟若干。

荅曰：甲七千一百四十二石三斗五升九合九勺。僦，音就，賃也。

乙四千七百六十一石五斗七升三合三勺，該僦里鈔二十兩。

丙二千七百七十七石五斗八升四合[四勺]，該鈔一十五兩。

丁三千四百三十八石九斗一升四合，該鈔二十五兩。

戊一千八百七十九石五斗六升八合四勺，該鈔一十五兩。

解曰：甲縣乃自輸本縣而無僦里。惟乙、丙、丁、戊四邑有之，各照里数遠近以僦鈔一錢因之，各得僦里鈔也。

法曰：置甲縣户数，爲實。以粟價二兩爲法，除之，得一千令二十六衰。乙縣行道二百里，以每車載二十五石除之，得八錢。併粟價一兩，共一兩八錢。除户数，得六百八十四衰。丙縣行道一百五十里，以每載二十五石除之，得六錢。併粟價，共一兩八錢。除户，得三百九十九衰。丁縣行道二百五十里，亦以二十五石除之，得一兩。併粟價，共二兩七錢。除户，得四百九十四衰。戊縣行道一百五十里，亦以二十五石除之，得六錢。併粟價，共一兩九錢。除户，得二百七十衰。就以五衰，列置五縣。再併五衰，共二千八百七十三衰，爲法。另以賦粟二萬石，以乘五縣各衰，爲實。以法除之。合問。

又 原有綾每疋價四兩一錢，絹每疋二兩一錢。今欲將綾换絹，問多少可均。

荅曰：綾二疋一，絹四疋一。

法曰：以綾、絹價相乘，得八兩六錢一分，爲實。以絹疋價除之，得絹数。以綾[疋]價除之，得綾数。合問。其疋下有(令)[分]者，照疋長若干加之是也。

又 今有蔴每石價九錢，米石價八錢，豆石價七錢。令三主只以價均扣筭，蔴、米豆。問各若干。

荅曰：各該價五錢零四厘，蔴五斗六升，

米六斗三升，豆七斗二升。

法曰：先置蔴、豆價相乘，得六斗三升，退位爲米数。又以米、豆價相乘，得五斗六升，退位爲蔴数。再以蔴、米價[相]乘(之)，得七斗二升，退位爲豆数。各以價乘之，合問。但相乘，数多者爲賤，少者爲貴，可以辨之。

清・方中通《數度衍》卷一九《均输》 均賦法：式　五縣輸穀二萬石。每車載二十五石，行一里，僦值一錢。甲縣二萬〇五百二十户，穀石價二兩。乙縣一萬二千三百一十二户，穀石價一兩，遠輸二百里。丙縣七千一百八十二户，穀石價一兩二錢，遠輸一百五十里。丁縣一萬三千三百三十八户，穀石價一兩七錢，遠輸二百五十里。戊縣五千一百三十户，穀石價一兩三錢，遠輸一百五十里。問各若干。

曰：甲七千一百四十二石三斗五升九合九勺，僦價無。

乙四千七百六十一石五斗七升三合二勺，僦價二十兩。

丙二千七百七十七石五斗八升四合四勺，僦價十五兩。

丁三千四百三十八石九斗一升四合零，僦價二十五兩。

戊一千八百七十九石五斗六升八合三勺，僦價十五兩。

術：先求各衰：惟甲自輸本縣，無僦里。以穀價二兩作二十，除甲户，得一千〇二十六，爲甲衰。乙、丙、丁、戊俱有僦價，各以僦一錢乘各里，而以每車載二十五石除之，得各運價。以除各户而求各衰也。乙二百里，乘除之，得八錢。并穀價一兩，得一兩八錢。除乙户，得六百八十四，爲乙衰。丙一百五十里，乘除之，得六錢。并穀價一兩二錢，得一兩八錢。除丙户，得三百九十九，爲丙衰。丁二百五十里，乘除之，得一兩。并穀價一兩七錢，得二兩七錢。除丁户，得四百九十四，爲丁衰。戊一百五十里，乘除之，得六錢。并穀價一兩三錢，得一兩九錢。除戊户，得二百七十，爲戊衰。并五衰，得二千八百七十三，爲首率。以總穀爲次率。以各衰爲各三率。用異乘同除法。見九章外法。

通曰：合穀價、僦價而計之，每户所出，皆均也。

式二　派糧八百四十石，四縣照田畝多寡納之。甲田三千六百三十五畝，乙田二千四百六十六畝，丙田三千五百七十七畝，丁田四千三百二十二畝。問各若干。

曰：甲二百一十八石一斗，乙一百四十七石九斗六升，

丙二百一十四石六斗二升，丁二百五十九石三斗二升。

術：并四縣畝，得一萬四千，爲首率。總糧爲次率。各畝爲各三率。

式三　派糧二百七十四石，三限催徵。初限五分，中限三分半，末限一分半。問各限若干。

曰：初限一百三十七石，中限九十五石九斗，末限四十一石一斗。

術：以五分乘總糧，得初限數。以三分半乘總糧，得中限數。以一分半乘總糧，得末限數。

通曰：此非乘而積之，乃乘而折之也。

式四　甲、乙、丙三人，以田多寡均應一年差役。甲田三百五十畝，乙田二百八十畝，丙田一百七十畝。問各役幾時。

曰：甲一百五十七日半，乙一百二十六日，丙七十六日半。

術：并三田，共八百畝，爲首率。以一年通作三百六十日，爲次率。以各田爲各三率。

清・陳世明《數學舉要》卷九《均輸》 合均田地多寡方物貴賤道里遠近：假如有甲、乙、丙、丁、戊五縣派米二千石，以田地之多寡，道里之遠近，米價之貴

賤均輸之。其甲縣田二萬〇五百二十頃，米價每石二兩，自輸本地。乙縣田一萬二千三百一十二頃，米價每石一兩，輸至甲縣二百里。（兩）［丙］縣田七十一百八十二頃，米價每石一兩二錢，輸至甲縣一百五十里。丁縣田一萬三千三百三十八頃，米價每石一兩七錢，輸至甲縣二百五十里。戊縣田五千一百三十頃，米價每石一兩三錢，輸至甲縣一百五十里。遠輸者每石給與僦車銀四厘。問五縣各應輸米若干。

答曰：甲縣輸米七百一十四石二斗三升五合九勺九抄，
乙縣輸米四百七十六石一斗五升七合三勺三抄，
丙縣輸米二百七十七石七斗五升八合四勺四抄，
丁縣輸米二百四十三石八斗九升一合四勺，
戊縣輸米一百八十七石九斗五升六合八勺四抄。

術：先以甲田爲實，以米價二兩除之，得一千〇二十六衰。次以乙田爲實。以僦車銀四厘與運至輸所二百里相乘，得八錢。加入米價一兩，得一兩八錢，爲法。除之，得六百八十四衰。又以丙田爲實。以僦車銀四厘與運至輸所一百五十里相乘，得六錢。加入米價一兩二錢，得一兩八錢，爲法。除之，得三百九十九衰。又以丁田爲實。以僦車銀四厘與運至輸所二百五十里相乘，得一兩。加入米價一兩七錢，得二兩七錢，爲法。除之，得四百九十四衰。又戊田爲實，以僦車銀四厘與運至輸所一百五十里相乘，得六錢。加入米價一兩三錢，得一兩九錢，爲法。除之，得二百七十衰。即以五縣衰數相併，得二千八百七十三衰，爲總衰。以派米二十石爲實。以甲衰乘之，得二百〇五萬二千石。以總衰除之，得甲縣輸米數。又以乙縣衰數與派米相乘，爲實。以總衰除之，得乙縣輸米數。又以丙縣衰數與派米相乘，爲實。以總衰除之，得丙縣輸米數。又以丁縣輸米與派米相乘，爲實。以總衰除之，得丁縣輸米數。又以戊縣衰數與派米相乘，以總衰除之，得戊縣輸米數。　因地畝以派米，則米數均矣。而價有貴賤，故以米價除地畝而均其價。然道里又有遠近，既得其衰，則以總衰比總米若各衰與各米矣。

清・屠文漪《九章録要》卷八《均輸法》　古《九章》：六曰均輸，以御遠近勞費。均輸例：假如有糧二萬石，令甲、乙、丙、丁、戊五縣依户口多少、道里遠近、價值上下而均輸之。每車載五十石，行一里僦值一錢。甲縣三萬零五百二十户，米石價二兩。乙縣一萬二千三百一十二户，米石價一兩四錢，遠輸一百里。丙縣七千一百八十二户，米石價一兩六錢，遠輸一百五十里。丁縣一萬三千三百四十三户，米石價一兩七錢，遠輸二百五十里。戊縣一萬五千三百一十户米，石價一兩三錢，遠輸三百五十里。問五縣各幾何？五縣每户各幾何。

法：以僦價并入米價，以除各縣户數，而求各縣之衰。惟甲縣自輸本縣，無僦價。以米價化爲二十錢，除户數，得一千五百二十六，爲甲衰。其乙、丙、丁、戊四縣俱有僦價，各以所輸里數乘僦一錢，而以每載五十石除之，得各運價。乙縣行二百里，乘除得四錢。并米價，共一十八錢。以除户數，得六百八十四，爲乙衰。丙縣行一百五十里，乘除得三錢。并米價，共一十九錢。以除户數，得三百七十八爲丙衰。丁縣行二百五十里，乘除得五錢。并米價，共二十二錢。以除户數，得六百零六又二之一，爲丁衰。戊縣行三百五十里，乘除得七錢。并米價，共二十錢。以除户數，得七百六十五又二之一，爲戊衰。并五衰，共三千九百六十，爲總衰。

一率　三千九百六十
二率　二萬
三率　（一）［二］千五百二十六甲。六百八十四乙。三百七十八丙。六百零六又二之一丁。七百六十五又二之一戊。
四率　七千七百零七石零七升又九十九分升之七，三千四百五十四石五斗四升，一千九百零九石零九升又十一分升之一，三千零六十三石一斗三升又九十九分升之六，三千八百六十六石一斗六升又九十九分升之一

【略】右已得各縣米數。次以各縣户數除之，即得每户數。

又　遠近勞費襍例：假如僦車運貨，原議行路二千里，載重二千四百斤，給值一十五兩。今重三千斤，行二千六百里，問值幾何。

一率　四百八十萬原路及重相乘數，約爲四十八。
二率　一十五原值兩數。
三率　七百八十萬今路及重相乘數，約爲七十八。
四率　二十四又八分之三今值兩數。

右亦可用重測法：

一率　二千原行里數。
二率　一十五原值兩數。

三率　二千六百今行里數。

四率　一十九又二之一今行路仍載原重僦值兩數。

又

一率　二千四百今行路載原重斤數。

二率　一十九又二之一原重須僦價兩數。

三率　三千。今重斤數。

四率　二十四又八之三

右重測法或先以載重列率，次以行路列率求之：

一率　二千四百原重。

二率　一十五原值。

三率　三千今重。

四率　一十八又四之三今重仍行原路僦值兩數。

又

一率　二千今重行原路。

二率　一十八又四之三原路僦價。

三率　二千六百今行路。

四率　二十四又八之三

又如前例，載二千四百斤，行二千里，值一十五兩。今載三千二百斤，給值一十二兩。問當行路幾何。

一率　二千四百原重。

二率　一十五原值。

三率　三千二百今重。

四率　二十今重仍行原路僦值。

又

一率　二十今重行原路值。

二率　二千原路。

三率　一十二今值。

四率　一千二百今路。

右亦可用併測法，求得四率。今重兼行路之數。再以今重除之，得行路數。下同。

又如前例，載二千四百斤，行二千里，值一十五兩。今路一千七百里，給值七兩六錢五分。問當載重幾何。

一率　二千原路。

二率　一十五原值兩數，或化爲一千五百分。

三率　一千七百今路。

四率　一十二又四之三今路仍載原重僦值，或化一千二百七十五分。

又

一率　一十二又四之三今路載原重值，或化一千二百七十五分。

二率　二千四百原重。

三率　七又二十之一十三今值。或化七百六十五分。

四率　一千四百四十今重。

清・何夢瑤《算迪》卷一　如五處共輸粟二千石，以田畝之多寡，田多者輸多，少者輸少也。道里之遠近，遠則脚價多，近則脚價少。粟價之貴賤均輸之。甲田一萬三千零六十畝，粟每石價銀二兩，自輸本處。則無運脚矣。乙田一萬二千三百一十二畝，粟每石價銀一兩，至輸所二百里。丙田七千一百八十二畝，粟每石價銀一兩二錢，至輸所一百五十里。丁田一萬三千三百三十八畝，粟每石價銀一兩七錢，至輸所二百五十里。戊田五千一百三十畝，粟每石價銀一兩三錢，至輸所一百五十里。每石每里車價四釐。請問各該輸若干。

曰：甲五百二十二石四斗，乙五百四十七石二斗，丙三百一十九石二斗，丁三百九十五石二斗，戊二百一十六石。

法：以甲粟每石價二兩歸除田一萬三千零六十畝，得六千五百三十石，爲甲衰。本論田輸粟。假如每畝應輸一石，則一萬三千零六十畝，即當作一萬三千零六十石看矣。然粟有貴賤不同，則又當論價。設每石而價一兩，則一萬三千零六十畝，又當作一萬三千零六十兩看矣。今價係二兩，故逢二而進一石也。次以乙里數乘車價，得八錢。併入粟價一兩，共一兩八錢。歸除乙田得數，爲乙衰。依此法再求得丙、丁、戊各衰。乃合五衰，得二萬五千石。以除總粟二千石，見每石應輸八升。乃以各衰乘之，得各數。法爲合衆衰比總米，若各衰之比各米也。

清・劉彝程《九章實義》卷一下《以比例運九章》　比例運均輸：假如官糧八百四十石，令四縣照田畝多寡納之。甲縣田五十六頃，乙縣田四十四頃，丙縣田三十二頃，丁縣田二十八頃。問各該幾何。

答：甲二百九十四石，乙二百三十一石，
丙百六十八石，丁百四十七石。

法：以四縣田相并，得百六十畝，爲共田。命官糧爲共糧。乃設比例：

共田一六〇，
共糧八四〇。
甲田五六，　乙田四四，　丙田三二，　丁田二八，
甲糧二九四，　乙糧二三一，　丙糧一六八，　丁糧一四七。

藝文

明・王文素《算學寶鑒》卷二二《均輸》　均輸：

均輸爲法最公平，車米先将各價乘。
另以道途乘脚價，各乘各併列分明。
課乘人户求衰数，総併堪爲下法稱。
総米各衰乘作寔，法除其實数皆清。

解曰：【略】其術以所輸粟價等物貴、賤、高、下，地里遠近，人户多寡，均而爲衰。如衰分法求之。

又　粮價參差欲等科，各乘各價併相和。
起粮相併除銀総，便見均同價幾多。
均價各除銀総数，今收粮数定無那。
総粮另去除存起，每石該存起幾何。

明・程大位《算法統宗》卷九《均輸》　歌曰：

均輸只要一般般，不許虧民及損官。
勞費程途知遠近，分毫依法要詳端。
行道駕船皆一體，負桃車載重輕看。

又　卷一三《難題》　增錢剥淺歌：担作擔，亦作儋。今从担，通用。

隣家有客亂爭喧，相見問其所以然。
二百三十六担貨，程途遠近論船錢。
九十五担六分筭，八十五担四分還。
更有五十六担貨，二分五厘筭爲先。
只因剥淺爭船價，二两五錢二分添。
請問高明能筭士，各人分派免憂煎。

解曰：假如趙一、錢二、孫三三人共貨二百三十六担，雇船一隻，原各以程途遠近不等，水脚多寡不同。内趙一貨九十五担，交卸甚遠，每担船脚銀六分。錢二貨八十五担，卸處頗近，每担船脚四分。孫三貨五十六担，程途又近，每担船脚二分五厘。筭其銀付足外，因中途剥淺貼銀二两五錢二分。照依遠近船錢派分，各該若干。

荅曰：趙一該貼一两三錢六分八厘，錢二八錢一分六厘，
孫三三錢三分六厘。

法曰：置趙一貨九十五担，以每担船脚銀六分乘之，得五两七錢。另以錢二貨八十五担，以每担船銀四分乘之，得三两四錢。又以孫三貨五十六担，以每担船銀二分五厘乘之，得一两四錢。併三数，原船脚銀十两令五錢，爲法。却以貼銀二两五錢二分，爲實。以法除之，得二錢四分，乃是船脚每两貼剥之数。就以此二錢四分爲法，以乘各客船脚銀数，即得。

返衰分部

題解

《九章筭術》卷三《衰分》三國魏・劉徽注　今此令高爵出少，則當使大夫五人共出一人分，不更四人共出一人分，故謂之返衰。

清・勞乃宣《古籌算考釋》卷三《衰分》　返衰者，衰分之帶分者也。

算法

《九章筭術》卷三《衰分》　返衰術曰：列置衰而令相乘，動者爲不動者衰。

三國魏·劉徽注　以爵次言之，大夫五、不更四……。欲令高爵得多者，當使大夫一人受五分，不更一人受四分……。人數爲母，分數爲子。母同則子齊，齊即衰也。故上衰分宜以五、四……爲列焉。今此令高爵出少，則當使大夫五人共出一人分，不更四人共出一人分，故謂之返衰。人數不同，則分數不齊。當令母互乘子。母互乘子，則「動者爲不動者衰」也。亦可先同其母，各以分母約，其子爲返衰。副并爲法。以所分乘未并者，各自爲實。實如法而一。

清·勞乃宣《古籌算考釋》卷三《衰分》　列置衰而令相乘者，母互乘子也。動者，列母也。不動者，本母也。以列母疊乘本子，而本母不乘，得數即爲列衰。故曰動者爲不動者衰也。既得列衰，餘法俱與衰分同矣。

《九章算術》卷三《衰分》　今有大夫、不更、簪褭、上造、公士凡五人，共出百錢。欲令高爵出少，以次漸多，問各幾何。

答曰：大夫出八錢一百三十七分錢之一百四，
不更出一十錢一百三十七分錢之一百三十，
簪褭出一十四錢一百三十七分錢之八十二，
上造出二十一錢一百三十七分錢之一百二十三，
公士出四十三錢一百三十七分錢之一百九。

術曰：置爵數，各自爲衰，而返衰之。副并爲法。以百錢乘未并者，各自爲實。實如法得一錢。

明·吳敬《九章算法比類大全》卷三《衰分》　法曰：此問衰分加分母子。各列置衰，列相與率也。大夫五分之一，不更四分之一，簪褭三分之一，上造二分之一，公士一分之一。分母互乘，二分乘三分，又乘四分，大夫得二十四。二分乘三分，又乘五分，不更得三十。二分乘四分，又乘五分，簪褭得四十。三分乘四分，又乘五分，上造得六十。倍之，公士得一百二十。重則可約，各半之。大夫十二，不更十五，簪褭二十，上造三十，公士六十。副併，得一百三十七。爲法。以所均一百。乘未併者，大夫得一千二百，不更得一千五百，簪褭得二千，上造得三千，公士得六千。各自爲列實。以法一百三十七。除之。不滿法者，以法命之。合問。

清·勞乃宣《古籌算考釋》卷三《衰分》　此以分數爲衰，所謂返衰也。置大夫五分之一，不更四分之一，簪褭三分之一，上造二分之一，公士一分之一，皆分母居右，分子居左，直列之。母互乘子，五分之一，得二十四。四分之一，得三十。三分之一，得四十。二分之一，得六十。一分之一，得一百二十。各爲泛衰。又求總等，先以二十四與三十，用約分法求得等數六。又以所得等數六與四十，用約分法求之，仍得二。又以所得二與六十，用約分法求之，仍得二。又以所得二與一百二十，用約分法求之，仍得二，爲總等。徧約泛衰，得十二，十五，二十，三十，六十，爲列衰。副并得一百三十七，爲法。以百錢乘未并者，大夫得一千二百，不更得一千五百，簪褭得二千，上造得三千，公士得六千，各自爲實。以法除之，得八錢又一百三十七分錢之一百〇四，爲大夫所出。得一十錢又一百三十七分錢之一百三十，爲不更所出。得一十四錢又一百三十七分錢之八十二，爲簪褭所出。得二十一錢又一百三十七分錢之一百二十三，爲上造所出。得四十三錢又一百三十七分錢之一百〇九，爲公士所出也。求列衰不用泛衰，用連環求等法亦可。其法：列各分母子後，以甲母五與乙母四求等，得一，不約。以甲母五與丙母三求等，得一，不約。以甲母五與丁母二求等，得一，不約。以甲母五與戊母一求等，得一，不約。又以乙母四與丙母三求等，得一，不約。以乙母四與丁母二求等，得二。乃以等數二約丁母二，得一。以乙母四與戊母一求等，得一，不約。又以丙母三與丁母二，戊母一各求等，俱得一，俱不約。又以丁母二與戊母一求等，得一，不約。乃以甲母五，乙母四，丙母三，丁母一，戊母一連乘，得六十，爲共母。以甲原母五除之，子一乘之，得一十二，爲甲衰。又以乙原母四除之，子一乘之，得一十五，爲乙衰。又以丙原母三除之，子一乘之，得二十，爲丙衰。又以丁原母二除之，子一乘之，得三十，爲丁衰。又以戊原母一除之，子一乘之，得六十，爲戊衰。與泛衰求總等，約得之數同。

《九章算術》卷三《衰分》　今有甲持粟三升，乙持糲米三升，丙持糲飯三升。欲令合而分之，問各幾何。

答曰：甲二升一十分升之七，乙四升一十分升之五，
丙一升一十分升之八。

術曰：以粟率五十、糲米率三十、糲飯率七十五爲衰，而返衰之。副并爲法。以九升乘未并者，各自爲實。實如法得一升。三國魏·劉徽注　按：此術，三人所持升數雖等，論其本率，精麤不同。米率雖少，令最得多。飯率雖多，返使得少。故令返之，使精得多而麤得少。於今有術，副并爲所有率，未并者各爲所求率，九升爲所有數，而今有之，即得。

明·吳敬《九章算法比類大全》卷三《衰分》　法曰：此問以粟、糲飰率爲

分母，所持升爲分子。各列置衰，列相與率也。甲粟得五十分之三，乙糲米得三十分之三，丙糲飦得七十五分之三。分母互乘子。之三乘七十五，又乘三分，甲得六百七十五。之三乘五十，又乘七十五，乙得一千一百二十五。之三乘五十，又乘三分，丙得四百五十。副併，得二千二百五十。爲法。以所分米九升。乘未併者，甲得六千七十五，乙得一万一百二十五，丙得四千五十。各自爲列實。以法二千二百五十。除之。不滿法者，以法約之。合問。

《九章筭術》卷六《均輸》 今有粟七斗，三人分舂之，一人爲糲米，一人爲粺米，一人爲糳米，令米數等。問取粟、爲米各幾何。

荅曰：糲米取粟二斗一百二十一分斗之一十，

粺米取粟二斗一百二十一分斗之三十八，

糳米取粟二斗一百二十一分斗之七十三，

爲米各一斗六百五分斗之一百五十一。

術曰：列置糲米三十，粺米二十七，糳米二十四，而(反)[返]衰之。**三國魏·劉徽注** 此先約三率：糲爲十，粺爲九，糳爲八。欲令米等者，其取粟：糲率十分之一，粺率九分之一，糳率八分之一。當齊其子，故曰(反)[返]衰也。**唐·李淳風等注釋** 米有精(麤)[麄]之異，[粟]有多少之差。據率，粺、糳少而糲多，用粟，則粺、糳多而糲少。米若依本率之分，粟當倍率，故今(反)[返]衰之，使精取多而(麤)[麄]得少。副并爲法。以七斗乘未并者，各自爲取粟實。實如法得一[斗]。**劉徽注** 於今有術，副并爲所有率，未并者各爲所求率，粟七斗爲所有數，而今有之，故各得取粟也。若求米等者，以本率各乘定所取粟爲實，以粟率五十爲法，實如法得一斗。**劉徽注** 若徑求爲米等數者，置糲米三，用粟五。粺米二十七，用粟五十。糳米十二，用粟二十五。齊其粟，同其米。并齊爲法。以七斗乘同爲實。所得，即爲米斗數。

宋·賈憲《黄帝九章筭經細草》卷六《均輸》楊輝《詳解九章筭法》 術曰：糲、粺、糳米率，反求爲衰，以衰分法求之，求米等者。以糲粺糳率數乘已取粟爲實，率爲法，實如法而一。

此問糲、粺、糳米率數不同，求米相等，須反衰之。三米率數爲母，皆以一爲分子，母互乘子，以齊其分爲衰。即與五爵均錢，高爵出少，以次漸多問同。

明·吴敬《九章筭法比類大全》卷六《均輸》 法曰：置糲米三十，粺米二十七，糳米二十四爲分母，皆以一爲分子。令母互乘子，糲米得六百四十八，粺米得七百二十，糳米得八百一十。副併，得二千一百七十八，爲法。以所有粟七斗乘未併者，各自爲實，糲米得四千五百三十六，粺米得五千四十，糳米得五千六百七十。實如法而一，糲米二斗，餘實一石八十。粺米二斗，餘實六百八十四。糳米二斗，餘實一千三百一十四。餘實與法皆一十八約之，得數。求米等者，糲米取糳二斗，以分母一百二十一通之，加分子一十，共得二百五十二。又以糲率三十乘之，得七千五百六十，爲實。以粟率五十乘分母一百二十一，得六千五十，爲法。除之，得米一斗，餘實一千五百一十。法、實皆一十約之，得數六百五分斗之一百五十一。粺、糳米照前法求之。合問。

籌算捷算法和珠算總部

主編　劉芹英

籌算乘除捷算法部

乘除法分部

題解

唐・佚名《夏侯陽算經》卷上　凡算者，有九乘、五除。除者，散繁除約，乃以除減爲名。乘者，令少乘多，乃以乘長爲稱。乘盈，除縮，故曰乘除也。

一曰法除。上下置位，以少呼多，言十自過，不滿自當，實居中央，故曰法除也。

二曰步除。如斛中求斗，斗中求升，升中求合，合中求勺，勺中求抄；及丈中求尺，尺中求寸，寸中求分，皆言上十之，上百之，故曰步除也。

三曰約除。如等數所得者約實、約法，各得分數，故曰約除也。

四曰開平方除。借一筭，爲下法。步之，超一位。冪方十，其積有百；冪方百，其積有萬。至百言十，至萬言百，故曰開平方除也。

五曰開立方除。借一筭，爲下法。步之，超二位。立方十，其積有千；立方百，其積有百萬。至千言十，至百萬言百，故曰開立方除也。

《時務》云：十乘加一等，百乘加二等，千乘加三等，萬乘加四等。十除退一等，百除退二等，千除退三等，萬除退四等。

宋・謝察微《算經》　用字例義

法，據數也。　實，本數也。　因，法之單位者，又由也。　歸，入已之數也。　加，增添也。　減，除少也。　乘，法之多位者。　歸，先歸後除令名也。　除，減少也。　積，乘成之數也。　乘，法實合變數也。　如，九數出置此下一位也。　身，本位也。　則，法也。　左，上邊大位也。　右，下邊小位也。　列位，各置位次。　折半，減去一半。　還原，復舊數也。　商除，心與意商量而除之。　相乘，長濶或銀貨等。　自乘，法實數同相乘。　再乘，自乘之而又乘。　遍乘，先以一法遍乘諸數。

綜論

宋・楊輝《乘除通變本末》卷中《乘除通變算寶》　定位詳說

視題用法，本無定據。所用因、折、加、減、歸、損各有定位，若諸法互用，重用定位殆將不可律論矣。恐爲學者惑，今立定率術曰：先以乘除本法，定所得位訖；而後重互雜法，必無誤礙也。

前立諸術，必命題草以試可用。然恐不能再四，今以乘除一至三百各爲成術，敘於卷末。倘有遺闕，改而續之，是所望也。

又　卷下《法算取用本末》　夫算者，題從法取法將題問。凡欲見明一法，必設一題。若遇問題須詳，取用大概不出乘除。後人用加、減、歸、折乃乘除之曲徑也。若猝然承題未見取法之隙，用乘除爲便，或曰用定數，當立折變爲捷，是皆得其宜也。卻不必勉强自取周折，今以一至三百爲題，驗諸加減具載後云。

清・潘逢禧《算學發蒙・古算二》　乘法：古算乘法有三種曰縱橫因法，曰留頭乘法，曰身外加法。【略】

除法：古算除法有三種，曰商除法，曰九歸除法，曰身外減法。【略】

商除法：古人除法，多用商除。謂以法實兩數，商量而除之，蓋古人本法也。其法雖較歸除稍難，習之既熟，實爲簡捷，且馭開方，必用此法。學者尤不可不知，其不立歌訣者，以釋九數，即其法也。

算法

晉・佚名《孫子算經》卷上　凡乘之法，重置其位。上下相觀，上位有十步至十，有百步至百，有千步至千。以上命下，所得之數列於中位。言十即過，不滿自如。上位乘訖者先去之。下位乘訖者則俱退之。六不積，五不隻。上下相乘，至盡則已。

清・勞乃宣《古籌算考釋》卷一　重置其位者，置實於上，置法於下，空留中位，以待乘得之數也。上下相觀者，法與實單當單十當十也。步者，進法數於實首位之下，以定乘出之位也。以法單位當所乘位，法單下如有奇零不計。言十即過，不滿自如者。上下相呼，滿十者過法數前一位置之，不滿十者，如法數本位置之也。一一如一，二二如四，如字之解如是，乘訖。去上位退下位者，實首位既乘畢，收去不用，退法以當實次位而乘之也。相乘至盡，上下俱收，中位所得，乃乘出之數也。

晉・佚名《孫子算經》卷上　九九八十一，自相乘，得幾何。

答曰：六千五百六十一。

術曰：重置其位，以上八呼下八，八八六十四，即下六千四百於中位。以上八呼下一，一八如八，即於中位下八十。退下位一等，收上位八十。以上位一呼下八，一八如八，即於中位下八十。以上一呼下一，一一如一，即於中位下一。上下位俱收，中位即得六千五百六十一。

清・勞乃宣《古籌算考釋》卷一　此乘法也。古法之存於今者，此爲最詳。依法演草繪圖於左，以明古人籌算之用。

上下相當式

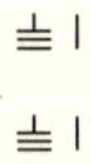

置八十一於上位，爲實；置八十一於下位，爲法；中位空之。所謂重置其位，上下相觀也。

步進一位式

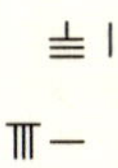

進八十於百位，進一於十位。令法數單位，當實數首位，所謂上位有十步至十也。

中位下六四式

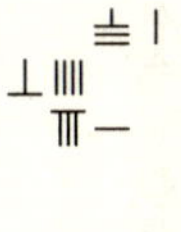

以上首位之八，與下首位之八相呼，曰：八八六十四，即下六四於中位。所謂以上命下，所得之數列於中位也。六十置於下位八之前一位，四置於本位，所謂言十即過也。

中位下八式

以上首位之八，與下次位之一相呼，曰：一八如八，即下八於中位當下次位一之本位，所謂不滿自如也。

收上位退下位式

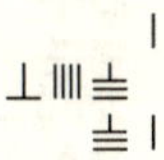

乃收去上位乘訖之八，而退下位八十於十位，一於單位。所謂上位乘訖者先去之，下位乘訖者則俱退之也。

中位下八式

以上位之一與下首位之八相呼，曰：一八如八，即下八於中位當下位八之本位，與原有之八相加，退二進一十；前位加四爲五，仍積五筭，所謂五不隻。本位退八爲六，上仍一縱筭，下爲一橫筭，所謂六不積也。

中位下一式

以上位之一，與下次位之一相呼，曰：一一如一，即下一於中位當下位一之本位。

上下位俱收中爲得數式

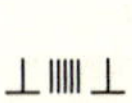

上兩位俱已乘訖，乃將上下位俱收之，中位得六千五百六十一，即乘出之數。所謂上下相乘，至盡則已也。

宋・楊輝《乘除通變本末》卷上《筭法通變本末》　乘除加減用法

上乘商除，用「言如對身，言十過身」。

乙三如𝍢添一箇三是。二三如𝍥又添一箇三是。三三如𝍨皆不出本位，故曰「言如對身」。三三如𝍨上更添一箇三是。三四十二，其十揭歸上位對下零，故曰「言十過身」。

下乘加減，用「言十當身，言如下布」。

上乘臨了乘實位，故取「言十過身，言如對身」。下乘與加減竝以實爲首位。凡言十者，當身布起；若言如數，從次位布起，故法「言十當身，言如下布」。

辨因乘損三法即一。

《指南算》曰：衆位名乘。兩位、三位以上。單位，名因。一位。名損一位。殊不思三位法乘一位實，仍是一位實因三位法，(知)[如]此，而因與乘初無異也。古人立相乘二字，法實通用，尤爲有證。又曰：上生出者，名因，爲乘。以一乘九，謂之因，又(日)[曰]：口誦者爲因。下損出者，亦爲乘。十損一得九十，即一也。如此，因與損，即乘之易名也。

又　上乘：身前因及商除，物求價竝，法尾之數，定實。

下乘：加減損并商除，價求物竝，法首之數，定實。

九歸：法首是千，實上定百；法首是百，實上定十。

清·勞乃宣《籌算淺釋》卷上　乘法：以一數加若干倍謂之乘。原數爲實，倍數爲法。自一至九法實各一位，相乘之數曰：九九合數，爲乘法之根，必先熟此，乃能爲乘。

又　法實數不同者，爲相乘。法實數相同者，爲自乘。自乘得數後，再以同數乘之者，爲再乘。自乘所得，爲平方面積。再乘所得，爲立方體積。自乘之乘法，與相乘同，再乘之乘法，亦同，惟多乘一次耳。其乘得之積，自乘爲面，故百寸爲尺，百尺爲丈，以二位進。再乘爲體，故千寸爲尺，千尺爲丈，以三位進。

晉·佚名《孫子算經》卷上　凡除之法，與乘正異。乘得在中央，除得在上方。假令六爲法，百爲實。以六除百，當進之二等，令在正百下，以六除一，則法多而實少，不可除，故當退就十位。以法除實，言一六而折百爲四十，故可除。若實多法少，自當百之，不當復退。故或步法十者置於十位，百者置於百位。上位有空絶者，法退二位。餘法皆如乘時。實有餘者，以法命之，以法爲母。實餘爲子。

清·勞乃宣《古籌算考釋》卷一　乘得在中央，除得在上方者。除法置實於中，置法於下，得數在上。除之實數，即乘之得數，故在中，除之得數，乃乘之實數，故在上，還原之理也。其步法，實滿法者，進法首齊實首，實不滿法者，法首退實首一位，步定，乃商之。視實足法幾倍，即商幾數。置之上位，凡商恆當法單位，不步者，法單本在單，即商單。步進一位者，法單在十，即商十。步進二位者，法單在百，即商百。千萬以上皆然。故曰：步法十者置於十位，百者置於百位也。與乘法以法單當所乘正相對待，商定。以商與法相呼而除實。言十即過，不滿自如。與乘法同，除法，古謂之實如法而一。言實有如法者一，則爲一；有如法者幾，則爲幾；即此商除之理也。除已，退法一位；再商除之，一退實仍不滿法者，再退之，商數當空一位，所謂上位有空絶者，法退二位也。除實適盡，收去法數，上商即得數也。凡除法至單而止，其有除至單數，而仍有不盡之餘實者。若再退位商之，其數奇零，終不能盡，故立命分之法。其法以法數爲分母，以不盡之餘實爲分子，命之，曰：幾分之幾。母者，將一整數剖爲若干零分之總數也。子者，總數中零分之幾分也。故曰：實有餘者，以法命之，以法爲母，實爲子。

又　卷下　除法：以一數分爲若干分，謂之除。原數爲實，分數爲法，乃乘法之還原也。乘之得數，即除之實數，乘之實數，即除之得數，故除法亦分三層。實中，法下，而得數居上，與乘適相反也。其法：先列位，列實於中層，列法於下層。單、十、百、千、萬，各當其位，空留上層。以待除得之數。列定，乃步之。如：法首本齊實首者，不必步。法首在實首後者，以法數向左步進，步至法首位齊實首位爲止。如實小於法，則步至法首位齊實次位爲止。步定，乃商之。以法末位所對以前之實，爲初商實。用九九合數商度之。度實足法幾倍，即定幾爲商數。置於上層，與法單位相對。商定，乃除之。以上商數與下法數，用九九歌相呼，以除中實數。言如者，除對法本位之實；言十者，除對法前位之實；除畢，退下位法數一步。再商之，再除之。如退下位法數而實仍小於法，則置錢於上商位，爲空位。而再退下位法數一步，而商除之。如此累退，累商，累除，至中實除盡。收去下位法數，上位所商之數，即得數也。

晉·佚名《孫子算經》卷上　六千五百六十一，九人分之。問人得幾何。

答曰：七百二十九。

術曰：先置六千五百六十一於中位，爲實。下列九人爲法。上位置七百，以上七呼下九，七九六十三，即除中位六千三百。退下位一等，即上位置二十。以上二呼下九，二九十八，即除中位一百八十。又更退下位一等，即上位更置九，即以上九呼下九，九九八十一，即除中位八十一。中位並盡，收下位。上位所得即人之所得。自八八六十四至一一如一，竝准此。

清·勞乃宣《古籌算考釋》卷一　此除法也。亦依法演草繪圖以明之。

法實相當式

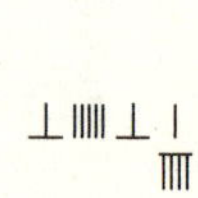

置六千五百六十一於中位，爲實。列九人於下位，爲法。以法單位當實單位，與乘法同。但空留上位以待除出之數，與乘法異。所謂凡除之法，與乘正異。乘得在中央，除得在上方也。

步進二位定初商七式

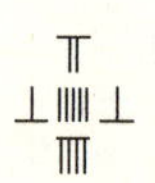

乃進下位九於百位，與中位五相當，所謂步也。步進二位，法單在百，初商當在百，乃商之。視實六五，足法九之七倍，即置七於上之百位，爲初商。

中位除六千三百式

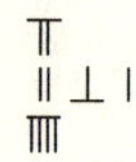

以上位之七，與下位之九相呼，曰：七九六十三，即於中位除去六千三百。相呼之六十，在法九之前一位除之，亦所謂言十即過也。

退下位次商二式

𝍮＝
Ⅱ⊥｜
　≐

餘二百六十一，爲次商實。退下位九於十位而商之，實二六，足法九之二倍，即置二於上之十位爲次商。法步退一位，單在十，故商亦退一位爲十也。

中位除去一百八十式

𝍮＝
　≐｜
　≣

以上位之二，與下位之九相呼，曰：二九一十八，即於中位除去一百八十。

退下位三商九式

𝍮＝𝍣
　≐｜
　　𝍣

餘八十一，爲三商實。退下位九於單位而商之，實八一，足法九之九倍，即置九於上之單位，爲三商。法又步退一位，單在單，故商又退一位爲單也。

中位除八十一收下位式

𝍮＝𝍣

以上位之九與下位之九相呼，曰：九九八十一，即於中位除去八十一。中位恰盡，乃收去下位，上位所商七百二十九，即除出之數也。

晉・佚名《孫子筭經》卷上　八九七十二，自相乘，得五千一百八十四。八人分之，人得六百四十八。

七九六十三，自相乘，得三千九百六十九。七人分之，人得五百六十七。

六九五十四，自相乘，得二千九百一十六。六人分之，人得四百八十六。

五九四十五，自相乘，得二千二十五。五人分之，人得四百五。

四九三十六，自相乘，得一千二百九十六。四人分之，人得三百二十四。

三九二十七，自相乘，得七百二十九。三人分之，人得二百四十三。

二九一十八，自相乘，得三百二十四。二人分之，人得一百六十二。

一九如九，自相乘，得八十一。一人得八十一。

右九九一條，得四百五，自相乘，得一十六萬四千二十五。九人分之，人得一萬八千二百二十五。

八八六十四，自相乘，得四千九十六。八人分之，人得五百一十二。

七八五十六，自相乘，得三千一百三十六。七人分之，人得四百四十八。

六八四十八，自相乘，得二千三百四。六人分之，人得三百八十四。

五八四十，自相乘，得一千六百。五人分之，人得三百二十。

四八三十二，自相乘，得一千二十四。四人分之，人得二百五十六。

三八二十四，自相乘，得五百七十六。三人分之，人得一百九十二。

二八十六，自相乘，得二百五十六。二人分之，人得一百二十八。

一八如八，自相乘，得六十四。一人得六十四。

右八八一條，得二百八十八，自相乘，得八萬二千九百四十四。八人分之，人得一萬三百六十八。

七七四十九，自相乘，得二千四百一。七人分之，人得三百四十三。

六七四十二，自相乘，得一千七百六十四。六人分之，人得二百九十四。

五七三十五，自相乘，得一千二百二十五。五人分之，人得二百四十五。

四七二十八，自相乘，得七百八十四。四人分之，人得一百九十六。

三七二十一，自相乘，得四百四十一。三人分之，人得一百四十七。

二七十四，自相乘，得一百九十六。二人分之，人得九十八。

一七如七，自相乘，得四十九。一人得四十九。

右七七一條，得一百九十六，自相乘，得三萬八千四百一十六。七人分之，人得五千四百八十八。

六六三十六，自相乘，得一千二百九十六。六人分之，人得二百一十六。

五六三十，自相乘，得九百。五人分之，人得一百八十。

四六二十四，自相乘，得五百七十六。四人分之，人得一百四十四。

三六一十八，自相乘，得三百二十四。三人分之，人得一百八。

二六一十二，自相乘，得一百四十四。二人分之，人得七十二。

一六如六，自相乘，得三十六。一人得三十六。

右六六一條，得一百二十六，自相乘，得一萬五千八百七十六。六人分之，人得二千六百四十六。

五五二十五，自相乘，得六百二十五。五人分之，人得一百二十五。

四五二十，自相乘，得四百。四人分之，人得一百。

三五一十五，自相乘，得二百二十五。三人分之，人得七十五。

二五一十，自相乘，得一百。二人分之，人得五十。

一五如五，自相乘，得二十五。一人得二十五。

右五五一條，得七十五，自相乘，得五千六百二十五。五人分之，人得一千一百二十五。

四四一十六，自相乘，得二百五十六。四人分之，人得六十四。

三四一十二，自相乘，得一百四十四。三人分之，人得四十八。

二四如八，自相乘，得六十四。二人分之，人得三十二。

一四如四，自相乘，得一十六。一人得一十六。

右四四一條，得四十，自相乘，得一千六百。四人分之，人得四百。

三三如九，自相乘，得八十一。三人分之，人得二十七。

二三如六，自相乘，得三十六。二人分之，人得一十八。

一三如三，自相乘，得九。一人得九。

右三三一條，得一十八，自相乘，得三百二十四。三人分之，人得一百八。

二二如四，自相乘，得一十六。二人分之，人得八。

一二如二，自相乘，得四。一人得四。

右二二一條，得六，自相乘，得三十六。二人分之，人得十八。

一一如一，自相乘，得一。一乘不長。

右從九九至一一，總成一千一百五十五，自相乘，得一百三十三萬四千二十五。九人分之，人得一十四萬八千二百二十五。

以九乘一十二，得一百八。六人分之，人得一十八。

以二十七乘三十六，得九百七十二。一十八人分之，人得五十四。

以八十一乘一百八，得八千七百四十八。五十四人分之，人得一百六十二。

以二百四十三乘三百二十四，得七萬八千七百三十二。一百六十二人分之，人得四百八十六。

以七百二十九乘九百七十二，得七十萬八千五百八十八。四百八十六人分之，人得一千四百五十八。

以二千一百八十七乘二千九百一十六，得六百三十七萬七千二百九十二。一千四百五十八人分之，人得四千三百七十四。

以六千五百六十一乘八千七百四十八，得五千七百三十九萬五千六百二十八。四千三百七十四人分之，人得一萬三千一百二十二。

以一萬九千六百八十三乘二萬六千二百四十四，得五億一千六百五十六萬六百五十二。一萬三千一百二十二人分之，人得三萬九千三百六十六。

以五萬九千四十九乘七萬八千七百三十二，得四十六億四千九百四萬五千八百六十八。三萬九千三百六十六人分之，人得一十一萬八千九十八。

以一十七萬七千一百四十七乘二十三萬六千一百九十六，得四百一十八億四千一百四十一萬二千八百一十二。一十一萬八千九十八人分之，人得三十五萬四千二百九十四。

以五十三萬一千四百四十一乘七十萬八千五百八十八，得三千七百六十五億七千二百七十一萬五千三百八。三十五萬四千二百九十四人分之，人得一百六萬二千八百八十二。

宋·楊輝《乘除通變本末》卷上《算法通變本末》 相乘術曰：實位居上，法位居下，以法尾頂實首位。非頂首位，是頂所乘位也。詳尾位之數以定其實，法實相因，言十過法身，言如對法身，臨了就實身。詳謂有法。

重乘術曰：乘位繁者，約爲二段，作二次乘之。庶幾位簡而易乘自可無誤也。

相乘與定位各從本法。

因損一體圖 生數爲因名乘，退數爲損名乘。

九因	八因	七因	六因	五因	四因	三因	二因
一	一	一	一	一	一	一	一
二	二	二	二	二	二	二	二
三	三	三	三	三	三	三	○
四	四	四	四	四	四	○	○
五	五	五	五	五	○	○	○
六	六	六	六	○	○	○	○
七	七	七	○	○	○	○	○
八	八	○	○	○	○	○	○
九	○	○	○	○	○	○	○
損一	損二	損三	損四	損五	損六	損七	損八

上乘、身前因及商除、物求價，竝法尾之數定實。

下乘、加減、損并商除，價求物，竝法首之數定實。

九歸：法首是千，實上定百。法首是百，實上定十。

相乘六法：一曰單因，二曰重因，三曰身前因，四曰相乘，五曰重乘，六曰損乘。

單因法曰：置衆位爲實，陰記單位爲法。從上位因起，言十過身，言如就身改之。

定位如乘。

議曰：因法不獨能乘而亦能除，定位如除。以單因引用新術。

解錢九貫文，月利一分八釐。在庫十一箇月零十七日。問息錢若干。

答曰：一貫八百七十三文八分。

術曰：三因月數，皆通爲日，而併零日。日上定分。以所解錢數九因，又日利。六因，爲息解。一貫月利十八文，日得六分。故用六因。

草曰：置十一箇月，以三因併零日。共三百四十七。以所解錢數，九貫因之，又日利六分因之。合問。

每人給米五斗，共支二百四十六石。問給幾人。

答曰：四百九十二人。

草曰：置米數二百四十六石。石上定人。二因[可代五除也]，爲人數。

三千三百三十三人，共支米二千七百四十六石。問各幾何。

答曰：八斗二升三合八勺。總餘二斗七升四合六勺。

術曰：三因以代(三煩)[煩三]爲除。於元實退四位爲不盡零數。

草曰：置米數二千七百四十六石。爲實。退四位先命爲除，不盡零數二斗七升四合六勺。三因元米。合問。定位如除，人上得斗。

吉布二十五匹，稅一今有二千七百四十六匹。匹法四十八尺。問稅幾匹。

答曰：一百九匹四十尺三寸二分。

術曰：四因以代二十五除也。

草曰：置布數，二千七百四十六匹。四因，得一百九匹，餘八分四釐。遇零分，以六因，又八因爲尺、爲寸。合問。

錢二千七百四十六貫買田，每畝二十貫。問共買幾畝。

答曰：一百三十七畝七十二步。

術曰：五因以代二[十]除也。

草曰：置總錢，二千七百四十六貫，於百貫上定得畝數。五因，得一百三十七畝，餘三分。遇零分三因，又八因，爲步數。合問。

支錢二千七百四十六貫買綾，每一丈價值一貫六百六十六文。問合買若干。

答曰：一千六百四十七丈六尺。總餘一貫九十八文四分。

術曰：六因以代一六六六除也。

草曰：置總錢二千七百四十六貫如商除，貫上定得丈。六因，得一千六百四十七丈六尺。副置元錢退四位。貫上定分。四因爲除不盡零數一貫九十八文四分。或零錢盈尺價者，再用本法六因併之，命零。八問。

錢二千七百四十六貫買銀，每兩一十四貫二百八十五文。問共買得幾何。

答曰：一百九十二兩二錢二分。總餘一十二文七分三釐。

術曰：七因以代一四二八五除也。

草曰：置總錢二千七百四十六貫。如商除定位，十貫上定兩。七因，得一百九十二兩二錢二分。副置元實，折半，五退，爲不盡零錢。元實折半、五退得一十三文七分三釐。合問。

細物一十二斤半稅一，今有二千七百四十六斤。問稅幾何。

答曰：二百一十九斤一十兩八錢八分。

術曰：八因，以代一二五除也。

草曰：置斤數二千七百四十六斤。於百斤上定稅兩。八因，得二百一十九斤六分八釐。斤外零分，加六爲兩。於六分八釐上加六，得一十兩八錢八分。合問。

粟二千七百四十六石，給一千一百一十一人。問各幾何。

答曰：二石四斗七升一合四勺。總餘二斗七升四合六勺。

術曰：九因以代繁一除也。

草曰：置粟數二千七百四十六石。如商除，人上定得石。九因，得二石四斗七升一合四勺。副置元粟，退四位爲除，不盡餘數。得二斗七升四合六勺。合問。

乘除加減用法

商除二法。定位二法。

其一，實[多]法(步)[少]術曰：置出率爲實，以求率爲法。以法商實命九九合數，言十過法身，言如對法身除之。詳解算法有注。

其二，實[少法多]術曰：易法爲實，易實爲法。以法商實命九九言十過法身，言如對法身除之。

定位：以價爲法求物數者，以法首之數定實。以物數爲法求價者，隨法尾所指處定爲所得。

出錢七百二十九貫買物，每兩二貫四百三十文。問物幾兩。

荅曰：三百兩。

其一術草曰：置出率爲實，七百二十九貫。以求率爲法。二貫四百三十。法首與實首相頂置位：

定兩 ≣≡
十兩 ‖Ⅲ
百兩 ⊥‖

以法首之數定實，法首是貫，於貫上定得兩，約至百貫上定百兩。上商置三百兩。以法除之，適盡。合問。

荅曰：(二)[一]錢買三枚。

出錢二貫四百三十文，買物七千二百九十枚。問買幾何。

其二術草曰：置物數爲實，七千二百九十。易錢數爲法。二貫四百三十。法首與實首相頂置位：

≣≡
⊥‖ ‖Ⅲ

隨法尾所指處爲所得，法尾是十文，上指實十枚，即知一文得一枚也。上商三。即得三枚。以法除之，適盡。合問。

銀二十四兩七錢，每兩價錢七貫三百六十文。問錢若干。

荅曰：二百八十一貫七百九十二文。

草曰：置銀數爲實，兩價爲法。兩上定得十文。

七錢 ⊥
定十文 四兩 Ⅲ
二十 ‖

先以實上二因下三位法得一佰四十七貫二百。

貳 柒 肆 壹

以實上四因下三位法併入前位共得一百七十六貫六百四十。

肆 陸 陸 柒 壹

以實上七因下三位得荅。合問。

貳文 玖拾 柒百 壹貫 捌拾 壹百

三萬八千三百六十七斤，每斤價錢二十三貫一百二十一文。問錢若干。

荅曰：八十八萬七千八十三貫四百七文。

草曰：置價錢爲法，二十三貫一百二十一文。約之，先以九約，又以七約，乃見三百六十七更不可約也。以約餘之數，三百六十七。乘斤數，三萬八千三百六十七斤，得一萬四千八十貫六百八十九文。卻以元約七九之數，作六十三文乘之。

又楊輝《續古摘奇算法》卷下　變換活法

遇一除者，定位只乘不除。一爲除者，定位乘訖，折步。二乘三除。置積減五。三乘三除。不乘除，只定位。四乘三除。互換。五乘三除。互換。六乘三除。二因。七乘三除。互換。八乘三除。互換。九乘三除定位，二因。

二百三十四斤，每三斤直六百。問錢幾何。

荅曰：四十六貫八百文。

代術[曰]：用二百乘斤數。六百買三斤，知每斤二百，不必互換。

二百三十四人，每三人支七貫。問計幾錢。

荅曰：五百四十六貫文。

互換術曰：置人數，以七貫乘之，三人除之。

二乘四除。五因。三乘四除。加五折半。四乘四除。不乘除。五乘四除。加二五。六乘四除。加五。七乘四除。互換。八乘四除。二因。九乘四除。互換，又兩度加五。

二十八人，每四人支銀七兩。共支幾何。

荅曰：四十九兩。

互換術曰：置人數，以七兩乘之，四人除之。

又術：一兩七錢五分，乘人數。四人分七兩，可以四除。

二乘五除。四因積。三乘五除。六因積。四乘五除。八因積。五乘五除。不乘除。六乘五除。加二。七乘五除。加四。八乘五除。加六。九乘五除。加八。

二百一十六人，每五十人支銀五兩。問共幾何。

荅曰：二十一兩六錢。

五十人支銀五兩，即是每人得銀一錢。不必乘除。置人數，二百一十六人。於人上定錢。

二乘六除。置積三除。三乘六除。折半。四乘六除。置積減五。五乘六除。互換。六乘六除。不乘除。七乘六除。互換。八乘六除。七十五乘。九乘六除。加五。

互換遇七數者，無折變，仍從互換。

二乘八除。兩折半。三乘八除。三因，加二五。四乘八除。折半。五乘八除。減六。六乘八除。七十五乘之。七乘八除。七因，加二五。八乘八除。不乘除。九乘八除。九因，加二五。

互換遇九者，無折變從本法。

元・朱世傑《筭學啓蒙》卷上《縱横因法門》　此法從來向上因，但言十者過其身。呼如本位須當作，知筭縱横數目真。

今有粟二百一十六㪷，每㪷價錢二文。問計錢幾何。

答曰：四百三十二文。

今有絲一百四十四兩，每兩價錢三百文。問計錢幾何。

答曰：四十三貫二百文。

今有羊三百五十四隻，每隻價錢四貫文。問計錢幾何。

答曰：一千四百一十六貫。

今有銀五百四十七鋌，每鋌重五十兩。問爲兩幾何。

答曰：二萬七千三百五十兩。

今有絹七百三十六匹，每匹價錢六貫文。問計錢幾何。

答曰：四千四百一十六貫。

今有麻八百九十二秤，每秤價錢七百文。問計錢幾何。

答曰：六百二十四貫四百文。

今有布六百三十四尺，每尺價錢八十文。問計錢幾何。

答曰：五十貫七百二十文。

今有馬四百二十五匹，每匹價錢九十貫。問計錢幾何。

答曰：三萬八千二百五十貫。

術曰：列物數在上，各以價錢從上因之。即得合前問。

清・王鑒《算學啓蒙述義》卷上　鑒案：此一位乘法也。初學入門，當從至淺至近者始。然後，漸示以精深，《啓蒙》所以引人入勝也。

元・安止齋《詳明算法》卷上　口訣

一，數始於一，窮於九。至十，則又爲一十矣。

一，乘法，或單位，或就身加，或留頭乘，三者皆乘也，隨位數異其名耳。布算皆從下起，亦有從上起者，乃開方之法用之。亦可大場中却能誤人，故止依法，用自下而上。

一，乘從下乘上，除從上除下。

一，言十挨身，言零隔位。謂如：(喝)[呼]五五二十五，則二十挨身，五爲隔位，蓋隔一位下也。(喝)[呼]一五如五，則即隔位下矣。乘除須記行數，如中間有隔一位、二位、三位者，若差一位，則以十爲百，以百爲十矣。

又　一，撞歸起一，不同以五歸。言之撞歸，見五即五歸，歸不得，無除作九五是也。五歸見四無除，則五四(位)[倍]作八，却起一於下位還五；以除如數；少又起一還五，以除也。餘倣此。

一，乘除見揔。

大乘大者，併存，添小乘小者，併存。減大多小者減爲大，小多大者減爲小。

大除大數。實多法少減爲大，法多實少減爲小。

小除小數。實多法少減爲小，法多實少減爲大。

大除小數。大多小者併爲小。

小除大數。小除大者併爲大。

乘者存身更添一，是大數也。若爲小者，却減一除，則不滿却減一，是大數也。

若爲小者，却添一數。

大數乘大數。相併存身添一。小數乘小數，相併存身減一。

大小數相乘，相減，存身上進一位。

術曰：如大數多少數相減，餘爲大數也，存身添一是上進一位也。如小數多大數相減，餘爲小數也，存身減一是上進一位也。

大數除大數相減不滿法下退一位。

術曰：如實多法少相減，餘爲大數也。不滿法減一，是下退一位(是)也。如法多實少相減，餘爲小數也。不滿法添一，是下退一位也。

小數除小數相減，不滿法，下退一位。

術曰：如實多法少相減，餘爲小數也，不滿法添一，是下退一位也。如法多實少相減，餘爲大數也。不滿法減一，是(不)[下]退一位也。

大數除小數相併，餘爲小數也。不滿法添一，下退一位。

小數除大數相併，餘爲大數也。不滿法減一，下退一位。

乘者同名相併，異名却減。乘者存身更(深)[添]一爲小，却反之。

除者同名相減，異名却加。除則不滿却減一爲小，亦反之。

或乘、或除，見錢併粮石內加減一虛數，其餘諸物皆無虛數，並依十一、百二之數也。

大數見大數爲同名。小見小同。小數見大數爲異名。大見小同。

論糧石：斗內無數，斗上爲大數，斗下爲小數也。

論斤：斤內無數，斤上爲大數，斤下爲小數也。

論錢鈔：錢內無數，錢上爲大數，錢下爲小數也。

論氣力、差發：分內無數，分上爲大數，分下爲小數也。

論箇：箇內無數，箇上爲大數，箇下爲小數也。

如數内相除不及者大，却以爲小；小者却以爲大。
凡大小數相減，若空者皆爲大數，大除小者，併爲小，小除大者併爲大。
十一、百二、千三、萬四、十萬五、百萬六、千萬七、萬萬八，分一、釐二、毫三、絲四、忽五、微六、纖七、沙八、塵九、埃十，升一、合二、勺三、抄四、撮五、圭六、粟七、粒八。

除數釋例

凡除法，或單位九歸，或就身減，或歸除，三者皆除也。隨位數異其名尒除散也，散總積爲細零也。布筭皆從上記。
因法二以上單位筭者用之。從末位小數筭起，用九歸還元。
合數九因須熟記，呼如下位筭爲先。變其身數呼求十，從上因之十進前。
今有米二百七十八石六斗，糶之。
假令每石價鈔二兩。問該鈔幾何。
二因，荅曰：五百五十七兩二錢。先從末位六斗，筭起。
法曰：置都米數，以每石價鈔因之。今列布筭之方于後。
六斗⊥ 二六一十二。變本身六斗作一十，更於下位下二。
八石𝍧 二八一十六。變本身八石作一十，更於下位下六。
七十𝍯 二七一十四。變本身七十作一十更於下位下四。
二百‖ 二二如四。退了本身二數，於下位下四。
假令每石價鈔三兩。
三因，荅曰：八百三十五兩八錢。
六斗⊥ 三六一十八。變六斗作一十，更於下位下八。
八石𝍧 三八二十四，變八石作二十，更於下位下四。
七十𝍯 三七二十一。變七十作二十，更於下位下一。
二百‖ 三二如六。（變）[起]了本身二百，於下位下六。
假令每石鈔四兩。
四因，荅曰：該一千一百一十四兩四錢。
六斗⊥ 四六二十四，變六斗作二十，更於下位下四。
八石𝍧 四八三十二，變八石作三十，更於下位下二。
七十𝍯 四七二十八，變七十作二十，更於下位下八。
二百‖ 四二如八，起了本身二百，於下位下八。
假令每石鈔五兩。
五因，荅曰：該一千三百九十三兩。
六斗⊥ 五六三十，變六斗作三十。
八石𝍧 五八四十，變八石作四十。
七十𝍯 五七三十五。變七十作三十，更於下位下五。
二百‖ 五二一十。變二百作一十。
假令每石鈔六兩。
六因，荅曰：該一千六百七十一兩六錢。
六斗⊥ 六六三十六。變六斗作三十，更於下位下六。
八石𝍧 六八四十八。變六斗作四十，更於下位下八。
七十𝍯 六七四十二。變七十作四十，更於下位下二。
二百‖ 二六一十二。變二百作一十，更於下位下二。
假令每石鈔七兩。
七因，荅曰：該一千九百五十〇兩二錢。
六斗⊥ 六七四十二。變六斗作四十，更於下位下二。
八石𝍧 七八五十六。變八石作五十，更於下位下六。
七十𝍯 七七四十九。變七十作四十，更於下位下九。
二百‖ 二七一十四。變二百作一十，更於下位下四。
假令每石鈔八兩。
八因，荅曰：該二千二百二十八兩八錢。
六斗⊥ 六八四十八。變六斗作四十，更於下位下八。
八石𝍧 八八六十四。變八石作六十，更於下位四。
七十𝍯 七八五十六。變七十作五十，更於下位下六。
二百‖ 二八一十六。變二百作一十，更於下位下六。
假令每石鈔九兩。
九因，荅曰：該二千五百〇七兩四錢。
六斗⊥ 六九五十四。變六斗作五十，更於下位下四。
八石𝍧 八九七十二。變八石作七十，更於下位下二。
七十𝍯 七九六十三。變七十作六十，更於下位下三。
二百‖ 二九一十八。變二百作一十，更於下位下八。

今有鈔四十五兩五錢，買物。

假令每鈔一兩買物二斤。問該物幾何。

二因，荅曰：九十一斤。

三因，每兩三斤，該一百三十六斤半。

四因每兩四斤，該一百八十二斤。

五因每兩五斤，該二百二十七斤半。

六因每兩六斤，該二百七十三斤。

七因每兩七斤，該三百一十八斤半。

八因每兩八斤，該三百六十四斤。

九因每兩九斤，該四百〇九斤半。

法曰：置都鈔數，以每兩價因之。布筭同前，更不重述。

商除

數中有術號商除，商揔分排兩位居。唯有開方須用此，續商不盡命其餘。

今有軍六百名，分粮三百九十四石二斗。問每人該粮幾何。

荅曰：六斗五升七合。

法曰：商除者，商量而除之也。此一術，亦兼九歸、定身除、歸除三法。既通歸除，不必學此；但開方則必須商除，故不可廢其法。置揔數商量除訖，却將所商之數□，別置一位下之逐位續商盡而止。有不可盡者，則之命。置粮數，先商六六三十六，於揔數内除三十六，却別置商位下六。又商六五三十，於揔内除三十，於商位續下五。又商六七四十二，於揔内除四十二，商盡。於商位續下七。

今有鈔四百二十九兩，買布一百二十疋。問每疋該鈔幾何。

荅曰：三兩五錢七分五釐。

法曰：置鈔數，商一三如三，於揔内除首位三，別置商位下三。除二三如六，只於揔内除六，別位不須下。續商一五如五，於揔内除五，於商位續下五。除二五一十，只於揔内除一十，商位不須下。續商一七如七，於揔内除七，於商位續下七。除二七一十四，於揔内除一十四，商位不須下。續商一五除五，於揔内除五，於商位續下五。除二五一十。盡。

元・賈亨《筭法全能集・筭法上》 常用法二十項

因法謌曰：九因之法甚分明，合數常將記在心。下十過身前一位，如令只就本身尋。

一如一，一二如二，一三如三，一四如四，一五如五，一六如六，一七如七，一八如八，一九如九。二二如四，二三如六，二四如八，二五一十，二六一十二，二七一十四，二八一十六，二九一十八。三三如九，三四一十二，三五一十五，三六一十八，三七二十一，三八二十四，三九二十七。四四一十六，四五二十，四六二十四，四七二十八，四八三十二，四九三十六。五五二十五，五六三十，五七三十五，五八四十，五九四十五。六六三十六，六七四十二，六八四十八，六九五十四。七七四十九，七八五十六，七九六十三。八八六十四，八九七十二，九九八十一。

今有米二百七十八石六斗，糶鈔幾何。

荅曰：假令米價。

二因：每石二兩，該鈔五百五十七兩二錢。

三因：每石三兩，該鈔八百三十五兩八錢。

四因：每石四兩，該鈔一千一百一十四兩四錢。

五因：每石五兩，該鈔一千三百九十三兩。

六因：每石六兩，該鈔一千六百七十一兩六錢。

七因：每石七兩，該鈔一千九百五十兩二錢。

八因：每石八兩，該鈔二千二百二十八兩八錢。

九因：每石九兩，該鈔二千五百七兩四錢。

法曰：置都米在地，以每石價鈔因之。合問。

今有鈔四十五兩五錢買物。問該幾何。

荅曰：假令價鈔。

二因：每兩二斤，該物九十一斤。

三因：每兩三斤，該物一百三十六斤半。

四因：每兩四斤，該物一百八十二斤。

五因：每兩五斤，該物二百二十七斤半。

六因：每兩六斤，該物二百七十三斤。

七因：每兩七斤，該物三百一十八斤半。

八因：每兩八斤，該物三百六十四斤。

九因：每兩九斤，該物四百九斤半。

法曰：置都鈔在地，以每兩斤數因之。合問。

今有軍六百名，分粮三百九十四石二斗。問每人該粮幾何。

答曰：每人該粮六斗五升七合。

法曰：置都粮在地，以六呼除六六三十六。另置商六，餘數又呼除六五三十；續商五不盡，又呼除六七四十二；續商七，恰盡，是數。合問。

今有鈔四百二十九兩，買布一百二十四。問每匹該鈔幾何。

答曰：每匹該鈔三兩五錢七分五厘。

法曰：置都鈔在地，以一呼除一三如三。另置商三在地，却除二三如六；餘數又呼除一五如五，續商五；却除二五一十，不盡，又呼除一七如七；續商七，却除二七一十四；再不盡，又呼除一五如五，續商五，却除二五一十。恰盡，是數。合問。

今有麵一百七十二斤零二兩，賣鈔二十五兩五錢。問每兩該麵幾何。

答曰：每兩該麵六斤一十二兩。

法曰：置都斤，并二兩爲一二五在地，以二呼除二六一十二；另置商六，却於在地下一位，除二箇五六三十。其餘數又呼除二七一十四，續商七。却於下二位，除二箇五七三十五，再不盡；又呼除二五一十，續商五。却於下二位，又除二箇五五二十五，恰盡。却以七五爲一十二兩。合問。

商除謌曰：法使商除把總張，却將分數作商量。可除一面除將去，除盡其間數便當。

商除者，商量而除之也。凡遇均分錢、物，以合分分數爲法，除見合得之數。另置于上以在地數盡爲度不盡，又從而續商，故謂之商除。其法較别且如九歸。但能分爲九分定身除止能分一、十、百、千、萬令歸除，又只能分二、三十以上，有零之數。今商除一法，却該三法之所分，欲求其徑捷，終不若前三法之疾，本不載此。商除以惑筭者之心。然此法另有所用處，又不容不載於其間也。

明·周述學《曆宗筭會》卷一　因法一

田六頃七十八畝，每畝收米二石。求米幾何。量法。

置所有田六頃七十八畝爲實。以所求米，二石爲法。從實尾位因之，得一千三百五十六石。二因。

荒絲一千三百八十七斤，每一兩得净係九錢。求净絲幾何。權法。

置荒絲一千三百八十七斤，以净絲九因之得一千二百八十四斤三分，斤下餘分三，加六爲兩及錢，得净絲一千二百四十八斤四兩八錢。九因。

乘法二　白米四百五十六石八斗，每石價鈔四貫五百文。求鈔幾何。量法。

置所有米四百五十六石八斗爲實，以所求價四貫五百文爲法。乘之。得二千五十五貫六百文。

布二萬三百四疋，每疋價三貫二十文。求鈔幾何。度法。

置所有布二萬三百四疋爲實。以所求價三貫二十文爲法。乘之，得六萬一千三百一十八貫八十文。

物二百三十六斤，每斤三百四十二文。求鈔幾何？權法。

置所有物二百三十六斤爲實。以所求價三百四十二文爲法。乘之，得八十貫七百一十二文。

上乘法

布位定位

定文　六斤

三十　法尾

二百　文　法尾頂實首百位。

實首　四十　所求法尾定實。

三百

乘第一位實

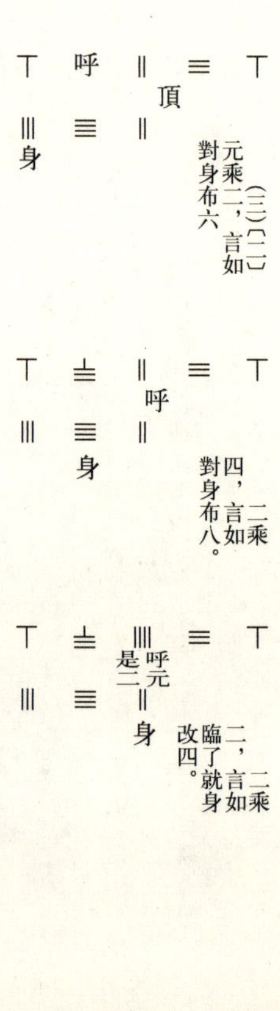

乘第二位實

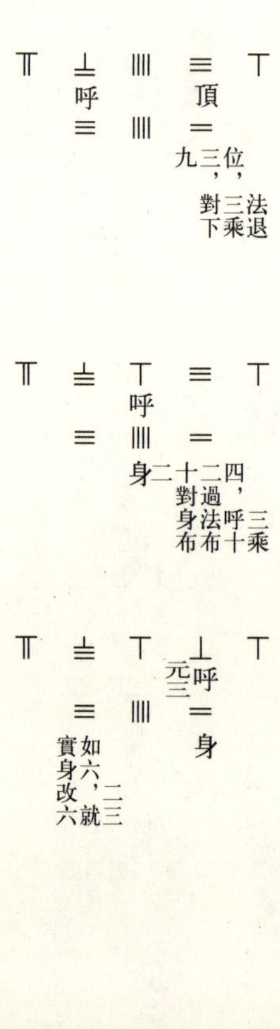

乘第三位實

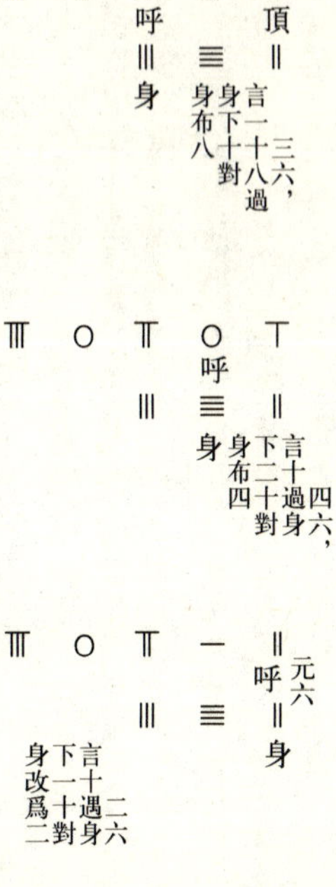

又　商除法　六鈔八十貫七百一十二文，買物二百三十六斤。求每斤價鈔幾何。

置所有錢爲實，以所買物爲下法，與上商除之。初商第一位置三百，與下法，相呼除實。二三除六十貫，三三除九貫，三六除一貫八百文。餘實九貫九百一十二文。續商第二位得四十，與下法除實。二四除八貫，三四除一貫二百文，四六除二百四十文。餘實四百七十二文。商第三位得二文。與下法除實盡。二二除四百文，二三除六十文，二六除一十二文。得三百四十二文。

布位定位

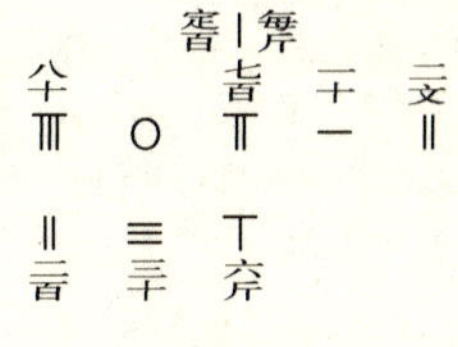

法首頂實首位，法斤定實。

除第一位實

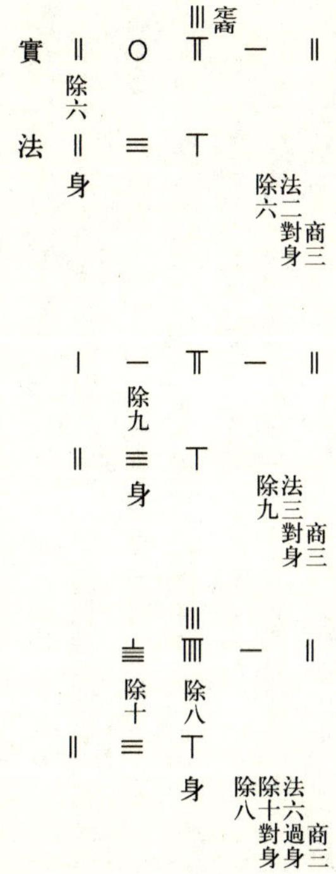

除第二位實

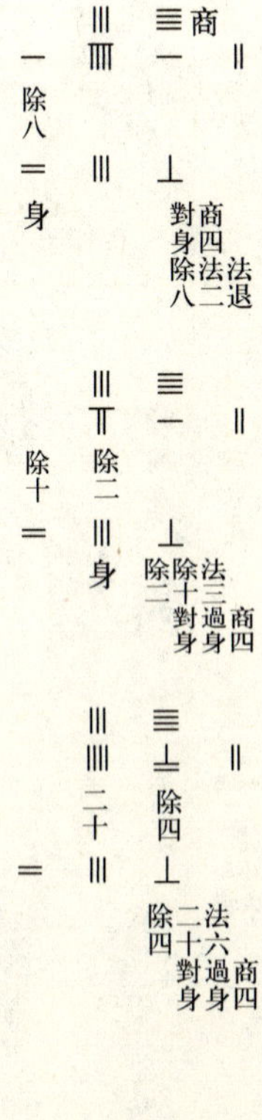

除第三位實

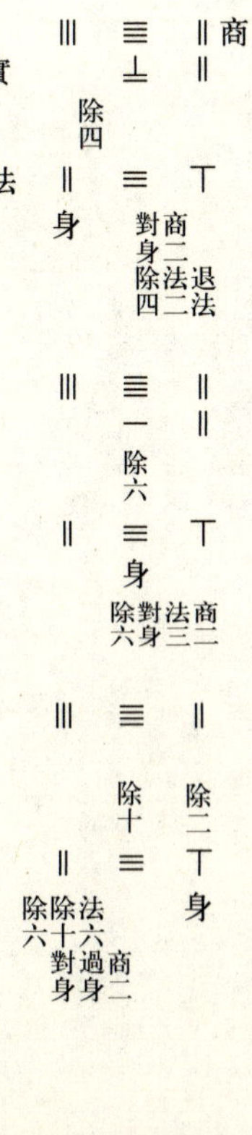

清·潘逢禧《算學發蒙·古算一》　乘除法實列位式

乘除列位與加減不同，皆有法有實有得數。梅徵君曾攷之《授時曆草》，凡分三層，上層法數，中層實數，下則得數也。今仿其例於左。

假如有法數二十四，實數七十二。作何列位。

法數　實數　得數

右法實相當一式。

假如有法數三十六，實數一千零八十。作何列位。

法數　實數　得數

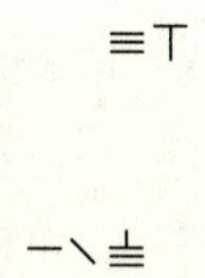

右法小、實大一式。

假如有法數九千六百九十六，實數四十八。作何列位。

法數　實數　得數

〦〤〦〦　〧〢　〢

右法大、實小一式。

又《古算二》

乘法

古算乘法有三種：曰縱横因法，曰留頭乘法，曰身外加法。今詳於左。

縱横因法歌曰：此法從來向上因，但言十者過其身。呼如本位須當作，知算縱横數目真。

按此即單位乘也。首句謂單位乘法。皆自實首位，順乘至實尾位，故曰向上因。次句謂言十則進上位。三句謂呼如則在本位。末句謂古算列位。本有一定須知如此算法，則縱横之位不至攙亂，易於認根數目得真也。此以單位乘言之，若乘有多位，亦可以法首移上用之。

假如程子云：易重一斤，大易六十四卦。每卦六爻。問配成一斤該爻若干。

答曰：三百八十四爻。

術曰：置六十四卦爲實，以六爻爲法。先乘實首位，次乘實尾位。由左而右，遞次順乘得數。合問。

法	實		得數
〦	〣	法六乘實四，呼六四二十四，上位加二，本位不動。	〤 四爻
	〦	法六乘實六，呼六六三十六，上位作三，本位不動。	〨 八十
			〣 三百

除法

古算除法有三種：曰商除法，曰九歸除法，曰身外減法。今詳於左。

商除法：古人除法，多用商除。謂以法實兩數，商量而除之。蓋古人本法也。其法雖較歸除稍難，習之既熟實爲簡捷，且馭開方必用此法。學者尤不可不知。其不立歌訣者，以釋九數即其法也。

假如王制千里之外設方伯，五國以爲屬，屬有長，十國以爲連，連有帥。三十國以爲卒，卒有正。二百一十國以爲州。州有伯。八州八伯，共一千六百八十國。問正、帥、長各若干。

答曰：五十六正，一百六十八帥，三百三十六長。

術曰：置一千六百八十國爲實，以五國爲法。除之得長數。以十國爲法，除之得帥數。以三十國爲法，除之得正數。合問。

先求長數。

法	實		得數
〥	〣 末商	法五除實三。三作三十，呼五六除三十，本位紀六。	〦 六長
	〦 次商	法五除實一，合下位共十八，除之。呼三五除一十五。下位餘三，本位紀三。	〣 三十
	〡 初商	法五除實一，合下位共十六，除之。呼三五除一十五，下位餘一，本位紀三。	〣 三百

次求帥數。

法	實		得數
〇	〨 末商	法一除實八。呼一八除八，本位紀八。	〨 八帥
〡	〦 次商	法一除實六。呼一六除六，本位紀六。	〦 六十
	〡 初商	法一除實一，呼一一除一，本位紀一。	〡 一百

次求正數。

法	實		得數
〇	〦 末商	法三除實一，合下位共十八，除之。呼三六除一十八，本位紀六。	〦 六正
〣	〡 初商	法三除實一，合下位共十六，除之。呼三五除一十五，下位餘一，本位紀五。	〥 五十

清·勞乃宣《籌算淺釋》卷上　乘法列位爲三層：列實數於上層，法數於下層，單、十、百、千、萬各當其位。空留中層，以待乘得之數。列定，乃步之。步者，移下層法數，逐步向左前進也，步至法單位對實首位爲止。步定，乃乘

之。以法首位與實者位用九九歌「一一如一」等句，相呼而乘之，置所乘之數於中層。言如者，如法本位置之，言十者，置於法本位之左。法首位乘畢，再以法次位如前乘之。如法有空位者，越過之不乘，即以空位次位之數乘之，而置於次位之本位，法之各位，皆以次乘畢，乃收去上位實數，而退下位法數一步。如前乘畢又收又退又乘。如上位實數空者，再退一步而後乘之，如是累退累乘，實之各位，皆以次乘畢。上位之實，下位之法，皆收去。中位所乘，即乘得之數也。

又勞乃宣《古籌算考釋》卷一　梅氏《筆算》曰：假如十九人，分銀二百五十四兩。問各若干。

答曰：各十三兩零十九分兩之七。

此命分法也。凡除之不盡者，皆當以法命之，所以通除法之窮也。古人言除法必言命分，知命分，而後除之法乃備。而算理之妙，皆自此而生矣。

上下相當式　步進商一式　中位除一百九十式

退下位商三式　中位除三十二十，七不盡命分式。

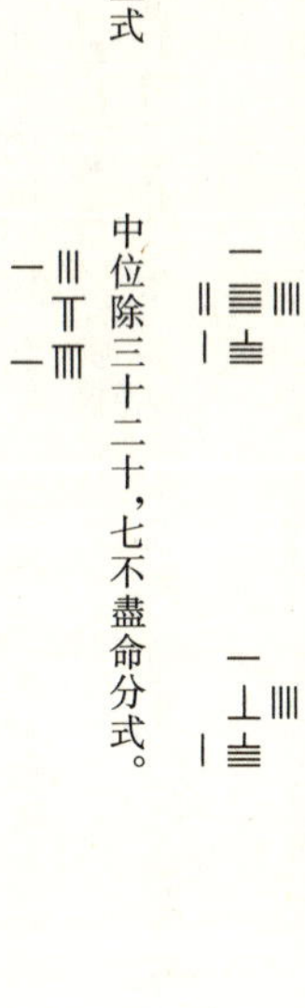

置銀二百五十四兩於中位，爲實。置十九人於下位，爲法。步進一位而商之，商一；置一於上十位，以上呼下。於中位除去一百九十，餘六十四，爲次商實。退下位一等而商之，商三。置三於上單位，以上呼下，於中位除去三十、二十七，上商得一十三兩。中實餘七，已至單位，若再退下位而商之，當得三錢六分八釐四毫二絲一忽有奇，終不能盡。故商至單位，即不必再除，便命下法十九爲分母，中餘實七爲分子，上位，整數也；下位，分母也；中位，分子也。是爲每人得十三兩。又得每一兩分爲十九分中之七分。故曰：各十三兩零十九分兩之七也。

乘法設題

今有一十二，以四乘之。問得幾何。

答曰：四十八。

列位上實下法中空式　法步進單位對實首位式　相乘置於中層式　收上位式

退下位式　相乘置於中層式　收上位式　上下位俱收式

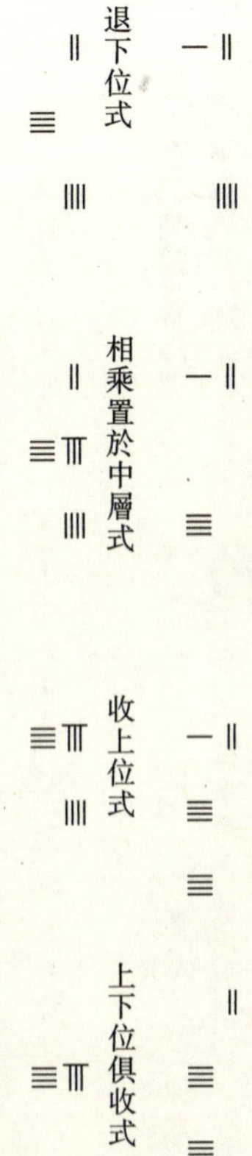

先列位。一十二爲實數，列於上層。四爲法數，列於下層。法四係單位，與實數單位二相當。空留中層，以待乘得之數。列定乃步之。法四步進一位，對實首位一，步定乃乘之。以法四與實一相呼：一四如四。置四於中層，與法本位四相對。乘畢。收去上位實數一，而退下位法數四一步，對實次位二。又乘之，以法四與實二相呼：二四如八。置八於中層。與法本位四相對。乘畢。收去上位實數二。亦收去下位法數四。中位所得四十八。即法四與實一十二乘出之數也。

今有三百六十九，以七十五乘之。問得幾何。

答曰：二萬七千六百七十五。

列位上實下法中空式　法步進單位對實首位式　相乘置於中層式　收上位退下位式

相乘置於中層式　取上位退下位式　相乘置於中層式　上下位俱收式

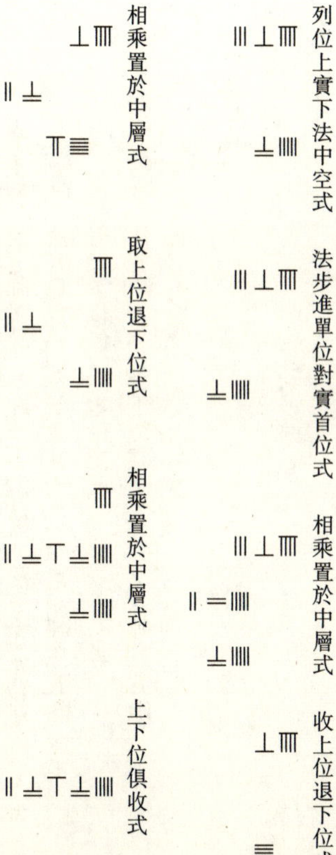

列三百六十九於上層爲實，列七十五於下層爲法，中層空之。乃步進法七十於千位，五於百位。令法單位對實首位，以實三與法七相呼：三七二十一，即下二一於中層。二置於法七前一位，一置於本位。又以實三與法五相呼：三五一十五，即下一五於中層。一置於法五前一位，與原有之一相加爲二，五置於本位，乃收去上位乘畢之三。而退法七十於百位，五於十位。以實六與法七相呼：六七四十二，即下四二於中層。四置於法七前一位，與原有之二相加爲六，二置於本位，與原有之五相加爲七。

又以實六與法五相呼：五六三十，即下三於中層。置於法五前一位，與原有之七相加，退七進十。前位加六爲七，收去上位乘畢之六。而退法七十於十位，五於單位。以實九與法七相呼：七九六十三，即下六三於中層，六置於法七前一位，三置於本位。又以實九與法五相呼：五九四十五，即下四五於中層，四置於法五前一位，與原有之三相加爲七，五置於本位，收去上位乘畢之九。下位法七五亦收去。中層所得二萬七千六百七十五，即乘出之數也。

今有二千四百八十六，以二百零四乘之。問得幾何。

答曰：五十萬零七千一百四十四。

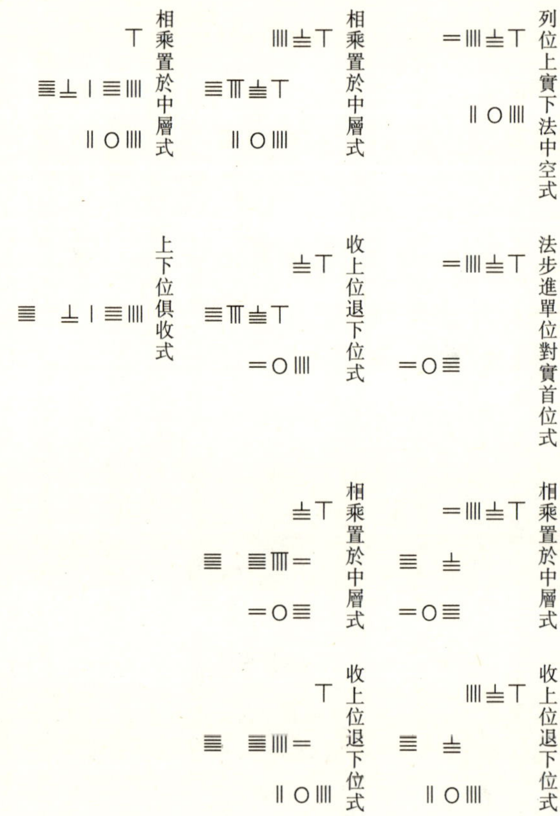

列二千四百八十六於上層爲實，列二百零四於下層爲法，中層空之。乃步進法二百於十萬位，四於千位，是法單位適對實首位也。以實二與法二相呼：二二如四，即下四於中層，與法二相對，法次位爲空位。不必乘，越過之。又以實二與法第三位四相呼：二四如八，即下八於中層，與法四相對，乃收去上位乘畢之二。退法二百於萬位，四於百位。以實四與法二相呼：二四如八，即下八於中層，與法二相對；又以實四與法四相呼：四四一十六，即下一六於中層，一層於法四前一位，與原有之八相加爲九，六置於法四之本位。乃收去上位乘畢之四。退法二百於千位，四於十位，以實八與法二相呼：二八一十六，即下一六於中層，置一於法二前一位，與原有之八相加爲九。置六於法二之本位，與原有之九相加，退五還一進十。萬位退九進十，又以實八與法四相呼：四八三十二即下三二於中層。三置於法四前一位，與原有之六相加爲九，二置於法四之本位。乃收去上位乘畢之八。退法二百於百位，四於單位。以實六與法二相呼：二六一十二，即下一二於中層。置一於法二前一位與原有之五相加爲六，置二於法二之本位，退八進十。又以實六與法四相呼：四六二十四，即下二四於中層。二置於法四前一位與原有之二相加爲四。四置於法四之本位，乃收去上位乘畢之六，與下位法二零四。中層所得五十萬零七千一百四十四，即乘出之數也。

今有二千九百零五，以三千四百六十八乘之。問得幾何。

答曰：一千零零七萬四千五百四十。

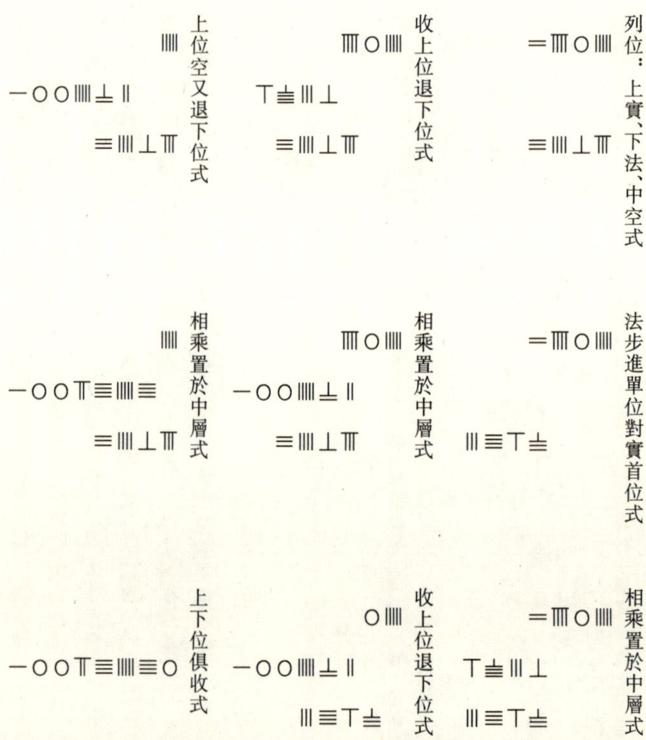

列二千九百零五於上層爲實，列三千四百六十八於下層爲法，中層空之。乃步進法三千於百萬位，四百於十萬位，六十於萬位，八於千位，是法單位對實首位。乃以法諸位徧乘實首位二，得六百九十三萬六千，即下於中層，乃收去上位乘畢之二。退法一位，以法單位對實次位九。又以法諸位徧乘實次位九得三百一十二萬一千二百，與中層原有之六百九十三萬六千相加，爲一千零五萬七千二百。又收去上位乘畢之九，退法一位，以法單位對實三位，實三位空。再退法一位，以法單位對實四位，又以法諸位徧乘實四位五，得一萬七千三百四十。與中層原有之一千零零五萬七千二百相加，爲一千零零七萬四千五百四十。乃收去上位乘畢之五，與下位三四六八。中層所得一千零零七萬四千五百四十，即乘出之數也。

今有二萬四千七百二十，以三千零六十九乘之。問得幾何。

答曰：七千五百八十六萬五千六百八十。

列位上實、下法、中空式

𝍡𝍬𝍦𝍪〇

𝍫〇𝍮𝍨

法步進單位對實首位式

𝍡𝍬𝍦𝍪〇

𝍫〇𝍮𝍨

相乘置於中層式

𝍡𝍬𝍦𝍪〇

𝍮𝍠𝍫𝍧

𝍫〇𝍮𝍨

收上位退下位式

𝍬𝍦𝍪〇

𝍮𝍠𝍫𝍧

𝍢〇𝍥𝍱

相乘置於中層式

𝍬𝍦𝍪〇

𝍯𝍢𝍮𝍤𝍮

𝍢〇𝍥𝍱

收上位退下位式

𝍦𝍪〇

𝍯𝍢𝍮𝍤𝍮

𝍫〇𝍮𝍨

相乘置於中層式

𝍦𝍪〇

𝍯𝍤𝍰〇𝍬𝍢

𝍫〇𝍮𝍨

收上位退下位式

𝍪〇

𝍯𝍤𝍰〇𝍬𝍢

𝍢〇𝍥𝍱

相乘置於中層式

𝍪〇

𝍯𝍤𝍰𝍥𝍭𝍥𝍰

𝍢〇𝍥𝍱

上下位俱收式

𝍯𝍤𝍰𝍥𝍭𝍥𝍰〇

列二萬四千七百二十於上層爲實，列三千零六十九於下層爲法，中層空之。法步進四位，以單位對實首位。以法諸位徧乘實首位二，得六千二百三十八萬，置於中層。收去上位乘畢之二。而法退一位，以單位對實次位，以法諸位徧乘實次位四，乘得之數置於中層。與原有之數相加，爲七千三百六十五萬六千。收去上位乘畢之四，而法退一位，以單位對實三位，以法諸位徧乘實三位七，乘得之數置於中層。與原有之數相加，爲七千五百八十萬零四千三百，收去上位乘畢之七。而法退一位，以單位對實四位，以法諸位徧乘實四位二，乘得之數置於中層。與原有之數相加，爲七千五百八十六萬五千六百八十。上下位俱收去，中層所得，即乘出之數也。

今有四萬二千三百九十，以一萬五千二百七十乘之。問得幾何。

答曰：六萬四千七百二十九萬五千三百。

列位上實、下法、中空式

𝍣𝍪𝍢𝍱〇

𝍠𝍭𝍡𝍯〇

法步進單位對實首位式

𝍣𝍪𝍢𝍱〇

𝍠𝍭𝍡𝍯〇

相乘置於中層式

𝍣𝍪𝍢𝍱〇

𝍥𝍩 𝍰

𝍠𝍭𝍡𝍯〇

收上位退下位式

𝍪𝍢𝍱〇

𝍥𝍩 𝍰

𝍩𝍤𝍪𝍦〇

相乘置於中層式

𝍪𝍢𝍱〇

𝍥𝍬𝍠𝍫𝍣

𝍩𝍤𝍪𝍦〇

收上位退下位式

𝍢𝍱〇

𝍥𝍬𝍠𝍫𝍣

𝍠𝍭𝍡𝍯〇

相乘置於中層式

𝍢𝍱〇

𝍥𝍬𝍤𝍱𝍡𝍩

𝍠𝍭𝍡𝍯〇

收上位退下位式

𝍱〇

𝍥𝍬𝍤𝍱𝍡𝍩

𝍩𝍤𝍪𝍦〇

相乘置於中層式

𝍱〇

𝍥𝍬𝍦𝍪𝍨𝍭𝍢

𝍩𝍤𝍪𝍦〇

上下位俱收式

𝍥𝍬𝍦𝍪𝍨𝍭𝍢〇〇

列四萬二千三百九十於上層爲實，列一萬五千二百七十於下層爲法，中層空之。法步進四位，以單位對實首位。以法諸位偏乘實首位四，乘得之數置於中層。收去上位之四，而法退一位。以法諸位偏乘實次位二，乘得之數置於中層。收去上位之二，而法退一位。以法諸位偏乘實三位三，乘得之數置於中層。收去上位之三，而法退一位。以法諸位偏乘實四位九，乘得之數置於中層，上位下位均收去。中層所得六萬四千七百二十九萬五千三百，即乘出之數也。

今有三萬一千六百二十，以二萬四千一百五十乘之。問得幾何。

答曰：七萬六千三百六十二萬三千。

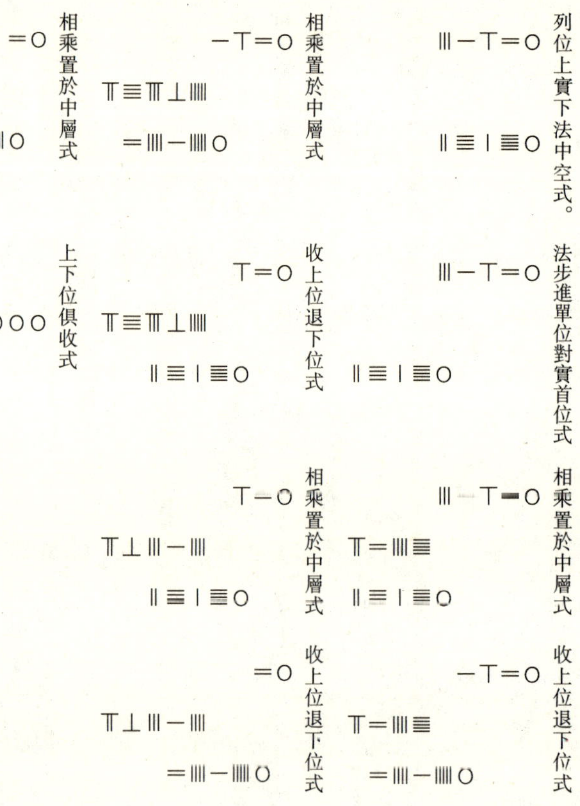

列三萬一千六百二十於上層爲實，列二萬四千一百五十於下層爲法，中層空之。法步進四位，以單位對實首位。以法諸位偏乘實首位三，乘得之數置於中層。收去上位之三，法退一位。以法諸位偏乘實次位一，乘得之數置於中層。收去上位之一，法退一位，以法諸位偏乘實三位六，乘得之數置於中層。收去上位之六，法退一位。以法諸位偏乘實四位二，乘得之數置於中層。上下位俱收去。中層所得七萬六千三百六十二萬三千，即乘出之數也。

自乘設題

今有一十二，自乘。問得幾何。

答曰：一百四十四。

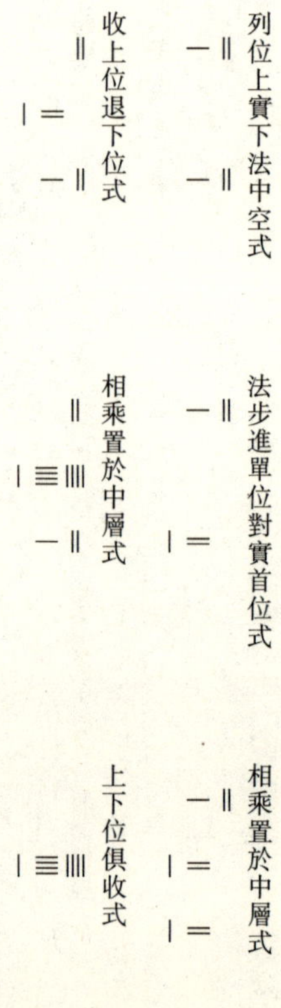

列一十二於上爲實，又列一十二於下爲法，中層空之。法進一位，以單位對實首位。以法諸位偏乘實首位一，得一二，置於中層。收去上位一，法退一位。以法諸位偏乘實次位二，所得之數，置於中層。與原有之數相加，爲一四四。上下位俱收去。中層所得，即自乘之數也。

今有三百四十五，自乘。問得幾何。

答曰：一十一萬九千零二十五。

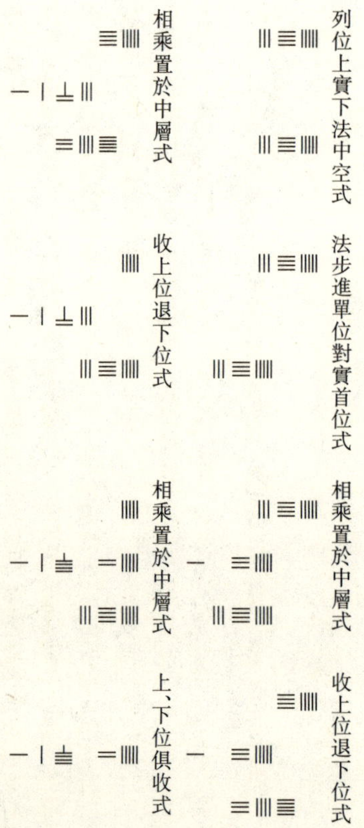

列三百四十五於上爲實，又列三百四十五於下爲法，中層空之。法進二位以單位對實首位。以法諸位偏乘實首位三，得一零三五置於中層，收去上位三法退一位。以法諸位偏乘實次位四，所得之數，置於中層。與原有之數相加，爲一一七三。收去上位四，法退一位，以法諸位偏乘實三位五。所得之數置於中層。與原有之數相加，爲一一九零二五。收去上下位。中層所得，即自乘之數也。

再乘設題

今有一十二，自乘，再乘。問得幾何。

答曰：一千七百二十八。

列位上實下法中空式　法步進單位對實首位式　相乘置於中層式　收上位退下位式

相乘置於中層式　上下位俱收中爲得數式　得數爲實下爲法中空式

法步進單位對實首位式　相乘置於中層式　收上位退下位式　相乘置於中層式

收上位退下位式　相乘置於中層式　上下位俱收式

列一十二於上爲實，又列一十二於下爲法，中層空之。法進一位，單位對實首位。以法諸位偏乘實首位一，得一二。置於中層，收去上位一。法退一位以法諸位偏乘實次位二，所得之數，與中層原有之數相加，爲一四四。上下位俱收去，中層所得，即自乘之數。復以此數爲實，列於上層，又列一十二於下層爲法，中層空之。法進二位，單位對實首也。以法諸位偏乘實首位一，得一二，置於中層。收去上位一。法退一位，以法諸位偏乘實次位四，所得之數與中層原有之數相加，爲一六八。收去上位四，法退一位。以法諸位偏乘實三位四，所得之數，與中層原有之數相加，爲一七二八。上下位俱收去，中層所得一千七百二十八，即一十二再乘之數也。

今有四百五十六，自乘，再乘。問得幾何。

答曰：九千四百八十一萬八千八百一十六。

列位上實下法中空式　法步進單位對實首位式　相乘置於中層式　收上位退下位式

相乘置於中層式　收上位退下位式　相乘置於中層式　上下位俱收中爲得數式

得數爲實下爲法中空式　法步進單位對實首位式　相乘置於中層式　收上位退下位式

上位空又退下位式　相乘置於中層式　收上位退下位式　相乘置於中層式

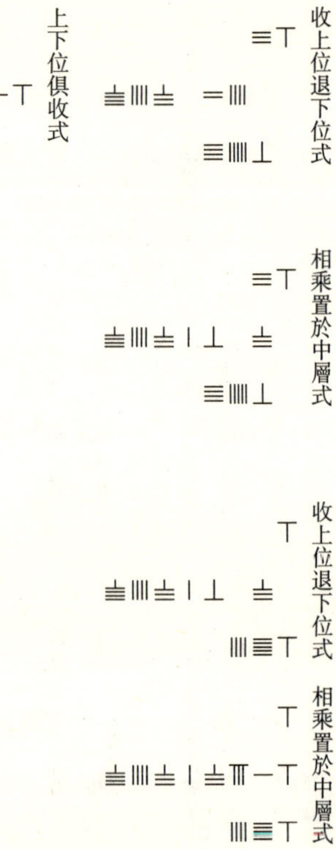

列四百五十六於上爲實，又列四百五十六於下爲法，中層空之。法進一位，單位對實首位，以法諸位徧乘實首位四，得一八二四，置於中層。收去上位四，法退一位。以法諸位徧乘實次位五，所得之數，與中層原有之數相加，爲一零五二。收去上位五，法退一位。以法諸位徧乘實三位六，所得之數，與中層原有之數相加，爲二零七九三六。上下位俱收去，中層所得即自乘之數。復以此數爲實，列於上層。又列四百五十六於下層爲法，中層空之。法進五位，單位對實首位，以法諸位徧乘實首位二，得九一二，置於中層。收去上位二。法退一位，上位空法又退一位。以法諸位徧乘實三位七，所得之數，與中層原有之數相加，爲九四三九二。收去上位七，法退一位。以法諸位徧乘實四位九所得之數，與中層原有之數相加，爲九四八零二四。收去上位九，法退一位。以法諸位徧乘實五位三，所得之數與中層原有之數相加，爲九四八一六零八。收去上位三，法退一位。以法諸位徧乘實六位六，所得之數與中層原有之數相加，爲九四八一八八一六。上下位俱收去。中層所得九十四百八十一萬八千八百一十六即四百五十六再乘之數也。

清・勞乃宣《籌算淺釋》卷下　除法設題

今有八百六十四，以六除之。問得幾何。

答曰：一百四十四。

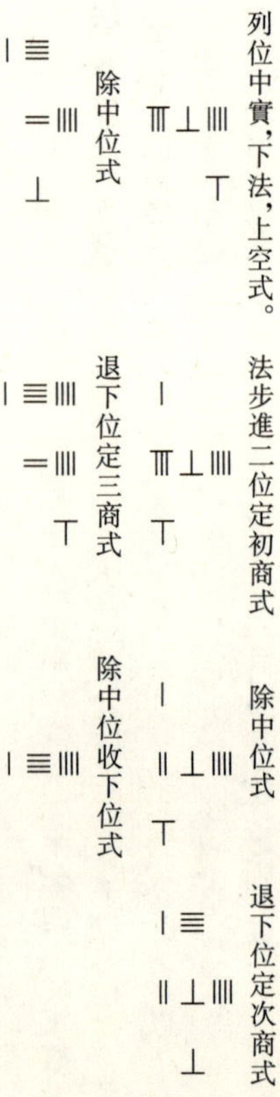

列位：八百六十四爲實，列於中層；六爲法，列於下層；各當其位，列定。乃步之，以法數六，向左步進兩位，與實首八百相齊。步定，乃商之。以法六所對之實八，爲初商實，度實八足法六之一倍，即商一。置商數一，於上層商位，與法單位六相對；商定，乃除之。以上商一與下法六相呼：一六如六，即於實位對法本位六數之八數內，除去六數，餘二數。除畢，退下法六一步，對實位六十，以法六所對前位實二，本位實六，爲二十六，爲次商實。再商之，度實二十六足法六之四倍，即商四。置商數四於上層商位初商之次，與法單位六相對。商定，乃除之。以上商四與下法六相呼：四六二十四，即將實位對法前位之二數，徑除去之；對法本位之六內，除去四數，餘二數，除畢。又退下法六一步，對實位四，以法六所對前位實二，本位實四爲二十四，爲三商實。再商之，度實二十四足法六之四倍，即商四。置商數四於上層商位次商之次，與法單位六相對，商定，乃除之。以上商四與下法六相呼：四六二十四，即將實位對法前位之二，對法本位之四，除去之，除盡。收去下法，上層所商一四四，爲一百四十四，即得數也。

今有二萬零七百三十六，以三十六除之。問得幾何。

答曰：五百七十六。

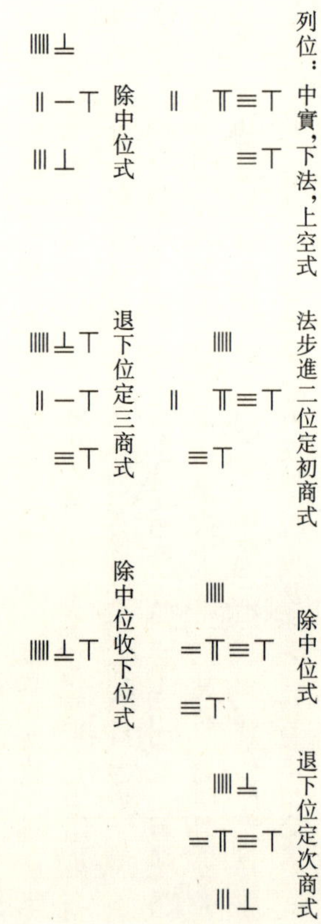

列二萬零七百三十六於中層爲實。列三十六於下層爲法。各當其位，上層空之。以法三六向左步進二位，法單位六與實百位七相對，不再步者，以實萬位二小於法也。乃商之，度法所對前位，本位之實二零七。定法三六之五倍，即商五，置於上層。與法單位六相對，商定，乃除之。以上商五與下法首位三相呼：三五一十五，即於實萬位二內除一，餘一。實千位空，即於實萬位餘一內除五，餘五置於實千位；又以上商五與下法單位六相呼：五六三十，即於實千位五內除三，餘二，除畢。退下法三六一步，法單位六對實十位三，再商之。度法所對前位本位之實二七三，足法三六之七倍，即商七。置於上層，與法單位六相對。商定，乃除之。以上商七與下法首位三相呼：三七二十一，即將實千位二除去；又於實百位七內除一，餘六。又以上商七與下法單位六相呼：六七四十二，即於實百位六內除四，餘二；實十位三內，除二，餘一；除畢。退下法三六一步，法單位六對實單位六，再商之。度法所對前位本位之實二一六，足法三六之六倍，即商六。置於上層，與法單位六相對，商定，乃除之。以上商六與下法首位三相呼：三六一十八，即於實百位二內除一，餘一；實十位一不足八，即於實百位餘一內除八，餘二置於實十位，與原有之一相加，爲三。又以上商六與下法單位六相呼：六六三十六，即將實十位三，實單位六，除去，適盡。收去下法，上層所商五七六，爲五百七十六。即得數也。

今有一十四萬九千四百四十五，以三百六十九除之。問得幾何。

答曰：四百零五。

列位：中實，下法，上空式　法步進二位定初商式　除中位式

退下位實小於法式　又遲下位定次商式　除中位收下位式

列一十四萬九千四百四十五於中層，爲實。列三百六十九於下層，爲法。各當其位，上層空之。以法三六九向左步進二位，法單位九與實百位四相對，乃商之，度法所對前位及本位之實一四九四，足法之四倍，即商四，置於上層。與法單位九相對，乃除之。以上商四與下法三相呼三四一十二，即於中層除之；又以上商四與下法六相呼：四六二十四，即於中層除之；又以上商四與下法九相呼：四九三十六，即於中層除之；除畢。退法三六九一步，實小於法，再退法三六九一步。法單位九對實單位五，又商之。度法所對前位及本位之實一八四五，足法之五倍，即商五。置於上層，與下法單位九相對。前一位空之，乃除之。以上商五與下法三相呼：三五一十五，即於中層除之；又以上商五與下法六相呼：五六三十，即於中層除之；又以上商五與下法九相呼：五九四十五，即於中層除之；除畢，適盡。收去下法，上層所商四零五，爲四百零五。即得數也。

今有一千三百三十四萬五千九百二十，以五千零四十除之。問得幾何。

答曰：二千六百四十八。

列位：中實，下法，上空式　法步進三位定初商除中位式　退下位定次商除中位式

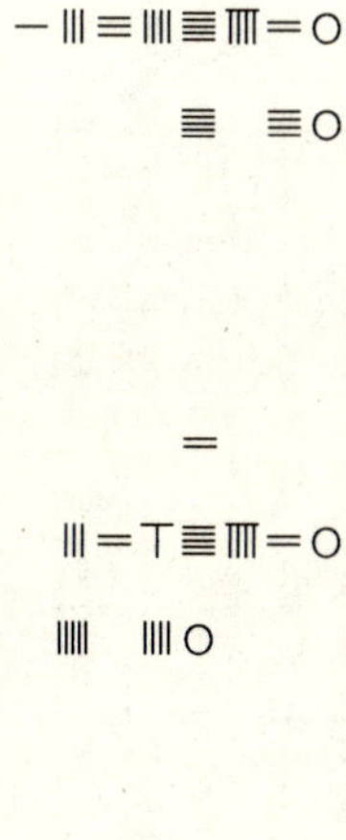

退下位定三商除中位式　退下位定四商除中位收下位式

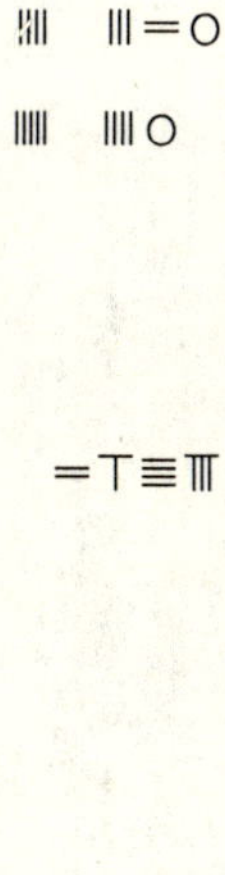

列一千三百三十四萬五千九百二十於中層爲實，列五千零四十於下層爲法，各當其位，上層空之。以法諸位向左步進三位，法單位與實千位五相對。度法所對及前之實足法二倍，即商二，置於上層。與法單位相對，乃除之。以上商二徧與法諸位相呼，而於中層除之。餘三三六五九二。除畢，退法諸位一步。法單位對實百位九，度法所對及前之實足法六倍，即商六。置於上層，與法單位

相對，乃除之。以上商六偏與法諸位相呼，而於中層除之。餘二四一九二，除畢。退法諸位一步，法單位對實十位二，度法所對及前之實足法四倍，即商四。置於上層，與法單位相對，乃除之。以上商四偏與法諸位相呼，而於中層除之，餘四零三二，除畢。退法諸位一步，法單位對實單位，度法所對及前之實足法八倍，即商八。置於上層，與法單位相對，乃除之。以上商八偏與法諸位相呼，而於中層除之，除畢適盡。收去下法。上層所商之二千六百四十八，即得數也。

今有二千五百五十二萬三千六百八十，以七千二百八十除之。問得幾何。

答曰：三千五百零六。

列位中實下法上空式　法步進三位定初商除中位式　退下位定次商除中位式

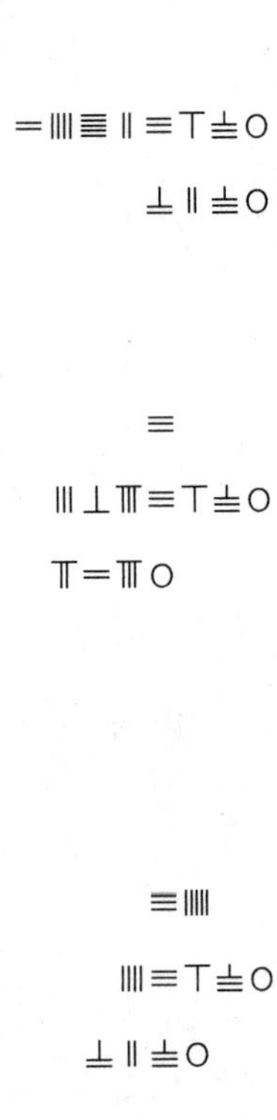

退下位不足商再退下位定四商除中位式　收下位式

列二千五百五十二萬三千六百八十於中層爲實。列七千二百八十於下層爲法。各當其位，上層空之。以法諸位向左步進三位，單位對實千位，度法所對及前之實足法三倍，即商三。置於上層，對法單位，乃除之。以上商三偏與法諸位相呼，而於中層除之，餘三六八三六八。除畢，法退一步，單位對實百位，度法所對及前之實足法五倍，即商五。置於上層，對法單位，以上商五偏與法諸位相呼，而於中層除之。餘四三六八，除畢。法退一步，實小於法，不足商。法又退一步，單位對實單位，度實足法六倍，即商六。置於上層，對法單位。以上商六偏與法諸位相呼，而於中層除之。除畢，適盡，收去下法，上層所商之三千五百零六，即得數也。

今有一萬一千五百七十八萬六千三百五十二，以五千三百二十四除之。問得幾何。

答曰：二萬一千七百四十八。

列位中實下法上空式　法步進四位定初商除中位式　退下位定次商除中位式

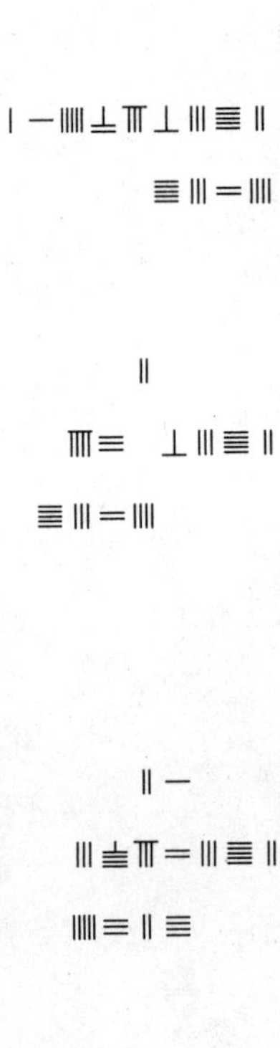

退下位定三商除中位式　退下位定四商除中位式　退下位定五商除中位收下位式

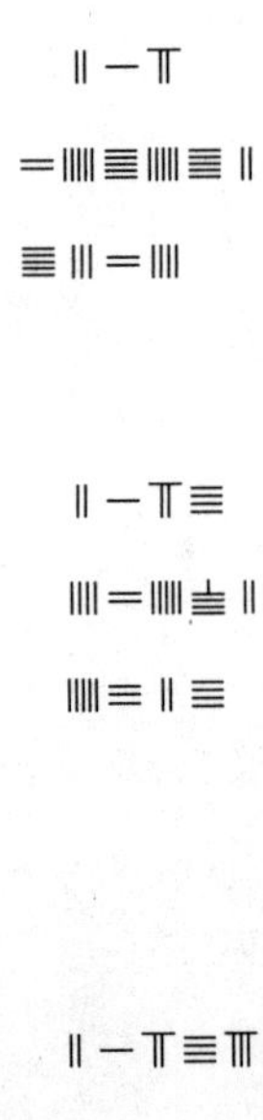

列一萬一千五百七十八萬六千三百五十二於中層爲實，列五千三百二十四於下層爲法，上層空之。法步進四位，以單位對實萬位。度法所對及前之實足法二倍，即商二。置於上層，對法單位，乃除之。以上商二偏與法諸位相呼，而於中層除之。除畢，法退一位單位對實千位，度法所對本位之實足法一倍，即商一。置於上層，對法單位。以上商一偏與法諸位相呼，而於中層除之。除畢，法退一位。單位對實百位，度法所對及前之實足法七倍，即商七。置於上層，對法單位，以上商七偏與法諸位相呼，而於中層除之。除畢，法退一位，單位對實十位。度法所對及前之實足法四倍，即商四。置於上層，對法單位。以上商四偏與法諸位相呼，而於中層除之。除畢，法退一位，單位對實單位。度實足法八倍，即商八。置於中層，對法單位。以上商八偏與法諸位相呼，而於中層除之。除畢，適盡。收去下法，上層所商之二萬一千七百四十八，即得數也。

今有八萬六千五百三十萬零八千零七十，以二萬四千零三十五除之。問得幾何。

答曰：三萬六千零零二。

列位中實下法上空式

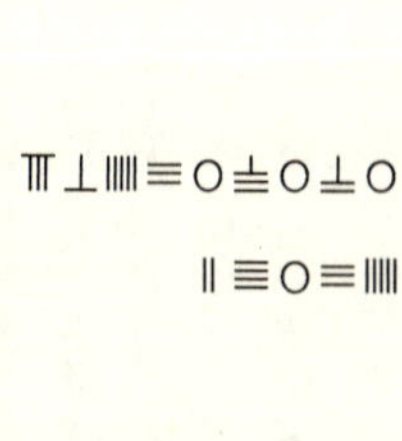

法步進四位定初商除中位式

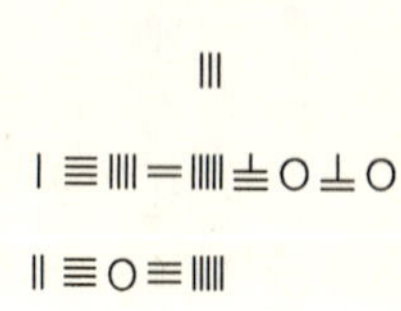

退下位定次商除中位式

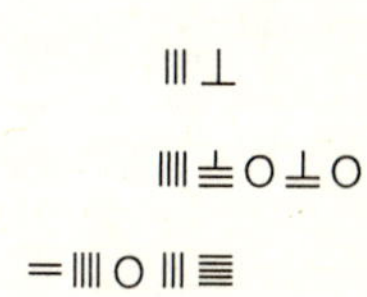

退下位不足商再退兩位定五商除中位

收下位式

列八萬六千五百三十萬零八千零七十於中層爲實，列二萬四千零三十五於下層爲法，上層空之。法步進四位，以單位對實萬位。度法所對本位之實足法三倍，即商三。置於上層，對法單位，乃除之。以上商三徧與法諸位相呼，而於中層除之。除畢，法退一位，度法所對及前之實足法六倍，即商六。置於上層，對法單位。以上商六徧與法諸位相呼，而於中層除之。除畢，法退一位實小於法，不足商。法又退一位，仍不足商，法又退一位。度實足法二倍，即商二。置於上層，對法單位。以上商二徧與法諸位相呼，而於中層除之。除畢，適盡。收去下法，上層所商之三萬六千零零二，即得數也。

又勞乃宣《籌算蒙課》 乘法

一乘一得一

實在上 𝍠	實在上 𝍠	上收去
空留中	相乘在中 𝍠	中爲得數 𝍠
法在下 𝍠	法在下 𝍠 一一如一	下收去

一乘二得二

實在上 𝍡	實在上 𝍡	上收去
空留中	相乘在中 𝍡	中爲得數 𝍡
法在下 𝍠	法在下 𝍠 一二如二	下收去

二乘二得四

實在上 𝍡	實在上 𝍡	上收去
空留中	相乘在中 𝍣	中爲得數 𝍣
法在下 𝍡	法在下 𝍡 二二如四	下收去

一乘三得三

實在上 𝍢	實在上 𝍢	上收去
空留中	相乘在中 𝍢	中爲得數 𝍢
法在下 𝍠	法在下 𝍠 一三如三	下收去

二乘三得六

實在上 𝍢	實在上 𝍢	上收去
空留中	相乘在中 𝍥	中爲得數 𝍥
法在下 𝍡	法在下 𝍡 二三如六	下收去

三乘三得九

實在上 𝍢	實在上 𝍢	上收去
空留中	相乘在中 𝍨	中爲得數 𝍨
法在下 𝍢	法在下 𝍢 三三如九	下收去

一乘四得四

實在上 𝍣	實在上 𝍣	上收去
空留中	相乘在中 𝍣	中爲得數 𝍣
法在下 𝍠	法在下 𝍠 一四如四	下收去

二乘四得八

實在上 𝍣	實在上 𝍣	上收去
空留中	相乘在中 𝍧	中爲得數 𝍧
法在下 𝍡	法在下 𝍡 二四如八	下收去

三乘四得一十二

實在上 𝍣	實在上 𝍣	上收去
空留中	相乘在中 𝍩𝍡	中爲得數 𝍩𝍡
法在下 𝍢	法在下 𝍢 三四一十二	下收去

四乘四得一十六

實在上 𝍣	實在上 𝍣	上收去
空留中	相乘在中 𝍩𝍥	中爲得數 𝍩𝍥
法在下 𝍣	法在下 𝍣 四四一十六	下收去

一乘五得五

實在上 𝍤	實在上 𝍤	上收去
空留中	相乘在中 𝍤	中爲得數 𝍤
法在下 𝍠	法在下 𝍠 一五如五	下收去

二乘五得一十

實在上	空留中	法在下	實在上	相乘在中	法在下	上收去	中爲得數	下收去
𝍤		𝍡	𝍤	𝍩	𝍡 二五一十		𝍩〇	

三乘五得一十五

實在上	空留中	法在下	實在上	相乘在中	法在下	上收去	中爲得數	下收去
𝍤		𝍢	𝍤	𝍩𝍤	𝍢 三五一十五		𝍩𝍤	

四乘五得二十

實在上	空留中	法在下	實在上	相乘在中	法在下	上收去	中爲得數	下收去
𝍤		𝍣	𝍤	𝍪	𝍣 四五二十		𝍪〇	

五乘五得二十五

實在上	空留中	法在下	實在上	相乘在中	法在下	上收去	中爲得數	下收去
𝍤		𝍤	𝍤	𝍪𝍤	𝍤 五五二十五		𝍪𝍤	

一乘六得六

實在上	空留中	法在下	實在上	相乘在中	法在下	上收去	中爲得數	下收去
𝍥		𝍠	𝍥	𝍥	𝍠 一六如六		𝍥	

二乘六得一十二

實在上	空留中	法在下	實在上	相乘在中	法在下	上收去	中爲得數	下收去
𝍥		𝍡	𝍥	𝍩𝍡	𝍡 二六一十二		𝍩𝍡	

三乘六得一十八

實在上	空留中	法在下	實在上	相乘在中	法在下	上收去	中爲得數	下收去
𝍥		𝍢	𝍥	𝍩𝍧	𝍢 三六一十八		𝍩𝍧	

四乘六得二十四

實在上	空留中	法在下	實在上	相乘在中	法在下	上收去	中爲得數	下收去
𝍥		𝍣	𝍥	𝍪𝍣	𝍣 四六二十四		𝍪𝍣	

五乘六得三十

實在上	空留中	法在下	實在上	相乘在中	法在下	上收去	中爲得數	下收去
𝍥		𝍤	𝍥	𝍫	𝍤 五六三十		𝍫〇	

六乘六得三十六

實在上	空留中	法在下	實在上	相乘在中	法在下	上收去	中爲得數	下收去
𝍥		𝍥	𝍥	𝍫𝍥	𝍥 六六三十六		𝍫𝍥	

一乘七得七

實在上	空留中	法在下	實在上	相乘在中	法在下	上收去	中爲得數	下收去
𝍦		𝍠	𝍦	𝍦	𝍠 一七如七		𝍦	

二乘七得一十四

實在上	空留中	法在下	實在上	相乘在中	法在下	上收去	中爲得數	下收去
𝍦		𝍡	𝍦	𝍩𝍣	𝍡 二七一十四		𝍩𝍣	

三乘七得二十一

實在上	空留中	法在下	實在上	相乘在中	法在下	上收去	中爲得數	下收去
𝍦		𝍢	𝍦	𝍪𝍠	𝍢 三七二十一		𝍪𝍠	

四乘七得二十八

實在上	空留中	法在下	實在上	相乘在中	法在下	上收去	中爲得數	下收去
𝍦		𝍣	𝍦	𝍪𝍧	𝍣 四七二十八		𝍪𝍧	

五乘七得三十五

實在上	空留中	法在下	實在上	相乘在中	法在下	上收去	中爲得數	下收去
𝍦		𝍤	𝍦	𝍫𝍤	𝍤 五七三十五		𝍫𝍤	

六乘七得四十二

實在上	空留中	法在下	實在上	相乘在中	法在下	上收去	中爲得數	下收去
𝍦		𝍥	𝍦	𝍬𝍡	𝍥 六七四十二		𝍬𝍡	

七乘七得四十九

實在上 空留中 法在下

𝍦 　 𝍦

實在上 相乘在中 法在下

𝍦 𝍬𝍨 𝍦 七七四十九

上收去 中爲得數 下收去

𝍬𝍨

一乘八得八

實在上 空留中 法在下

𝍧 　 𝍠

實在上 相乘在中 法在下

𝍧 𝍧 𝍠 一八如八

上收去 中爲得數 下收去

𝍧

二乘八得一十六

實在上 空留中 法在下

𝍧 　 𝍡

實在上 相乘在中 法在下

𝍧 𝍩𝍥 𝍡 二八一十六

上收去 中爲得數 下收去

𝍩𝍥

三乘八得二十四

實在上 空留中 法在下

𝍧 　 𝍢

實在上 相乘在中 法在下

𝍧 𝍪𝍣 𝍢 三八二十四

上收去 中爲得數 下收去

𝍪𝍣

四乘八得三十二

實在上 空留中 法在下

𝍧 　 𝍣

實在上 相乘在中 法在下

𝍧 𝍫𝍡 𝍣 四八三十二

上收去 中爲得數 下收去

𝍫𝍡

五乘八得四十

實在上 空留中 法在下

𝍧 　 𝍤

實在上 相乘在中 法在下

𝍧 𝍬 𝍤 五八四十

上收去 中爲得數 下收去

𝍬〇

六乘八得四十八

實在上 空留中 法在下

𝍧 　 𝍥

實在上 相乘在中 法在下

𝍧 𝍬𝍧 𝍥 六八四十八

上收去 中爲得數 下收去

𝍬𝍧

七乘八得五十六

實在上 空留中 法在下

𝍧 　 𝍦

實在上 相乘在中 法在下

𝍧 𝍭𝍥 𝍦 七八五十六

上收去 中爲得數 下收去

𝍭𝍥

八乘八得六十四

實在上 空留中 法在下

𝍧 　 𝍧

實在上 相乘在中 法在下

𝍧 𝍮𝍣 𝍧 八八六十四

上收去 中爲得數 下收去

𝍮𝍣

一乘九得九

實在上 空留中 法在下

𝍨 　 𝍠

實在上 相乘在中 法在下

𝍨 𝍨 𝍠 一九如九

上收去 中爲得數 下收去

𝍨

二乘九得十八

實在上 空留中 法在下

𝍨 　 𝍡

實在上 相乘在中 法在下

𝍨 𝍩𝍧 𝍡 二九一十八

上收去 中爲得數 下收去

𝍩𝍧

三乘九得二十七

實在上 空留中 法在下

𝍨 　 𝍢

實在上 相乘在中 法在下

𝍨 𝍪𝍦 𝍢 三九二十七

上收去 中爲得數 下收去

𝍪𝍦

四乘九得三十六

實在上 空留中 法在下

𝍨 　 𝍣

實在上 相乘在中 法在下

𝍨 𝍫𝍥 𝍣 四九三十六

上收去 中爲得數 下收去

𝍫𝍥

五乘九得四十五

實在上 空留中 法在下

𝍨 　 𝍤

實在上 相乘在中 法在下

𝍨 𝍬𝍤 𝍤 五九四十五

上收去 中爲得數 下收去

𝍬𝍤

六乘九得五十四

實在上 空留中 法在下

𝍨 　 𝍥

實在上 相乘在中 法在下

𝍨 𝍭𝍣 𝍥 六九五十四

上收去 中爲得數 下收去

𝍭𝍣

七乘九得六十三

實在上 空留中 法在下

𝍨 　 𝍦

實在上 相乘在中 法在下

𝍨 𝍮𝍢 𝍦 七九六十三

上收去 中爲得數 下收去

𝍮𝍢

八乘九得七十二
實在上　空留中　法在下　實在上　相乘在中　法在下　上收去　中爲得數　下收去
〨　〧　〨　〢〦　〧 八九七十二　〢〦

九乘九得八十一
實在上　空留中　法在下　實在上　相乘在中　法在下　上收去　中爲得數　下收去
〩　〩　〩　丨〨　〩 九九八十一　丨〨

一乘一十得一十
實在上　空留中　法在下　實在上　相乘在中　法步進　上收去　中爲得數　下收去
丨〇　丨　丨〇　丨　丨 一一如一　丨〇

二乘一十得二十
實在上　空留中　法在下　實在上　相乘在中　法步進　上收去　中爲得數　下收去
丨〇　〢　丨〇　〢　〢 一二如二　〢〇

三乘一十得三十
實在上　空留中　法在下　實在上　相乘在中　法步進　上收去　中爲得數　下收去
丨〇　〣　丨〇　〣　〣 一三如三　〣〇

四乘一十得四十
實在上　空留中　法在下　實在上　相乘在中　法步進　上收去　中爲得數　下收去
丨〇　〤　丨〇　〤　〤 一四如四　〤〇

五乘一十得五十
實在上　空留中　法在下　實在上　相乘在中　法步進　上收去　中爲得數　下收去
丨〇　〥　丨〇　〥　〥 一五如五　〥〇

六乘一十得六十
實在上　空留中　法在下　實在上　相乘在中　法步進　上收去　中爲得數　下收去
丨〇　〦　丨〇　〦　〦 一六如六　〦〇

七乘一十得七十
實在上　空留中　法在下　實在上　相乘在中　法步進　上收去　中爲得數　下收去
丨〇　〧　丨〇　〧　〧 一七如七　〧〇

八乘一十得八十
實在上　空留中　法在下　實在上　相乘在中　法步進　上收去　中爲得數　下收去
丨〇　〨　丨〇　〨　〨 一八如八　〨〇

九乘一十得九十
實在上　空留中　法在下　實在上　相乘在中　法步進　上收去　中爲得數　下收去
丨〇　〩　丨〇　〩　〩 一九如九　〩〇

一十乘一十得一百
實在上　空留中　法在下　實在上　相乘在中　法步進　上收去　中爲得數　下收去
丨〇　丨〇　丨〇　丨　丨〇 一一如一　丨〇〇

一乘一十一得一十一
實在上　空留中　法在下　實在上　相乘在中　法步進　收上位　相乘在中　退下位　上收去　中爲得數　下收去
丨丨　丨　丨丨　丨　丨 一一如一　丨　丨丨　丨 一一如一　丨丨

二乘一十一得二十二
實在上　空留中　法在下　實在上　相乘在中　法步進　收上位　相乘在中　退下位　上收去　中爲得數　下收去
丨丨　〢　丨丨　〢　〢 一二如二　丨　〢〢　〢 一二如二　〢〢

三乘一十一得三十三
實在上　空留中　法在下　實在上　相乘在中　法步進　收上位　相乘在中　退下位　上收去　中爲得數　下收去
丨丨　〣　丨丨　〣　〣 一三如三　丨　〣〣　〣 一三如三　〣〣

四乘一十一得四十四

實在上 空留中 法在下 實在上 相乘在中 法步進 收上位 相乘在中 退下位 上收去 中爲得數 下收去

一四如四　一四如四

五乘一十一得五十五

實在上 空留中 法在下 實在上 相乘在中 法步進 收上位 相乘在中 退下位 上收去 中爲得數 下收去

一五如五　一五如五

六乘一十一得六十六

實在上 空留中 法在下 實在上 相乘在中 法步進 收上位 相乘在中 退下位 上收去 中爲得數 下收去

一六如六　一六如六

七乘一十一得七十七

實在上 空留中 法在下 實在上 相乘在中 法步進 收上位 相乘在中 退下位 上收去 中爲得數 下收去

一七如七　一七如七

八乘一十一得八十八

實在上 空留中 法在下 實在上 相乘在中 法步進 收上位 相乘在中 退下位 上收去 中爲得數 下收去

一八如八　一八如八

九乘一十一得九十九

實在上 空留中 法在下 實在上 相乘在中 法步進 收上位 相乘在中 退下位 上收去 中爲得數 下收去

一九如九　一九如九

一十乘一十一得一百一十

實在上 空留中 法在下 實在上 相乘在中 法步進 收上位 相乘在中 退下位 上收去 中爲得數 下收去

一一如一　一一如一

一十一乘一十一得一百二十一

實在上 空留中 法在下 實在上 相乘在中 法步進 收上位 相乘在中 退下位 上收去 中爲得數 下收去

一一如一　一一如一　一一如一　一一如一

一乘一十二得一十二

實在上 空留中 法在下 實在上 相乘在中 法步進 收上位 相乘在中 退下位 上收去 中爲得數 下收去

一一如一　一二如二

二乘一十二得二十四

實在上 空留中 法在下 實在上 相乘在中 法步進 收上位 相乘在中 退下位 上收去 中爲得數 下收去

一二如二　二二如四

三乘一十二得三十六

實在上 空留中 法在下 實在上 相乘在中 法步進 收上位 相乘在中 退下位 上收去 中爲得數 下收去

一三如三　二三如六

四乘一十二得四十八

實在上 空留中 法在下 實在上 相乘在中 法步進 收上位 相乘在中 退下位 上收去 中爲得數 下收去

一四如四　二四如八

五乘一十二得六十

實在上 空留中 法在下 實在上 相乘在中 法步進 收上位 相乘在中 退下位 上收去 中爲得數 下收去

一五如五　二五一十

六乘一十二得七十二

實在上 空留中 法在下 實在上 相乘在中 法步進 收上位 相乘在中 退下位 上收去 中爲得數 下收去

一六如六　二六一十二

七乘一十二得八十四

實在上 空留中 法在下 實在上 相乘在中 法步進 收上位 相乘在中 退下位 上收去 中爲得數 下收去

〧 〡〢 〡〢 〧 〢 〡⊥ ⊥ 一七如七 〢 〢 〣⊥ 〧 二七一十四 〣 ⊥

八乘一十二得九十六

實在上 空留中 法在下 實在上 相乘在中 法步進 收上位 相乘在中 退下位 上收去 中爲得數 下收去

〨 〡〢 〡〢 〨 ≟ ≟ 一八如八 〢 〢 〦≟ 〨 二八一十六 〦≟

九乘一十二得一百零八

實在上 空留中 法在下 實在上 相乘在中 法步進 收上位 相乘在中 退下位 上收去 中爲得數 下收去

〩 〡〢 〡〢 〩 ≟ ≟ 一九如九 〢 〢 〨〇〡 〩 二九一十八 〨〇〡

一十乘一十二得一百二十

實在上 空留中 法在下 實在上 相乘在中 法步進 收上位 相乘在中 退下位 上收去 中爲得數 下收去

〡〇 〡〢 〡〢 〡〇 〡 〡〇 一一如一 〢 〢 〢〡 〡〇 二一如二 〇〢〡

一十一乘一十二得一百三十二

實在上 空留中 法在下 實在上 相乘在中 法步進 收上位 相乘在中 退下位 上收去 中爲得數 下收去

〡〡 〡〢 〡〢 〡〡 〡〡 〡〡 一一如一 一一如一 〢 〢 〢〣〡 〡〡 二一如二 二一如二 〢〣〡

一十二乘一十二得一百四十四

實在上 空留中 法在下 實在上 相乘在中 法步進 收上位 相乘在中 退下位 上收去 中爲得數 下收去

〡〢 〡〢 〡〢 〡〢 〢〡 〢〡 一二如二 一一如一 〢 〢 〤〣〡 〡〢 二二如四 一二如二 〤〣〡

除法

二除二得一

空留上 實在中 法在下 商在上 相呼除中 法在下 上爲得數 中除盡 下收去

〢 〢 〡 〢 一二除二 〡

二除四得二

空留上 實在中 法在下 商在上 相呼除中 法在下 上爲得數 中除盡 下收去

〤 〢 〢 〢 二二除四 〢

二除六得三

空留上 實在中 法在下 商在上 相呼除中 法在下 上爲得數 中除盡 下收去

〦 〢 〣 〢 二三除六 〣

二除八得四

空留上 實在中 法在下 商在上 相呼除中 法在下 上爲得數 中除盡 下收去

〨 〢 〤 〢 二四除八 〤

二除一十得五

空留上 實在中 法在下 商在上 相呼除中 法在下 上爲得數 中除盡 下收去

〇〡 〢 〥 〢 二五除一十 〥

二除一十二得六

空留上 實在中 法在下 商在上 相呼除中 法在下 上爲得數 中除盡 下收去

〢〡 〢 〦 〢 二六除一十二 〦

二除一十四得七

空留上 實在中 法在下 商在上 相呼除中 法在下 上爲得數 中除盡 下收去

〤〡 〢 〧 〢 二七除一十四 〧

二除一十六得八

空留上 實在中 法在下 商在上 相呼除中 法在下 上爲得數 中除盡 下收去

〦〡 〢 〨 〢 二八除一十六 〨

二除一十八得九

空留上 實在中 法在下 商在上 相呼除中 法在下 上爲得數 中除盡 下收去

〨〡 〢 〩 〢 二九除一十八 〩

二除二十得一十

空留上　實在中　法在下　商在上　相呼除中　法步進　上爲得數　中除盡　下收去

＝〇　‖　一　＝　一二除二〇

二除二十二得一十一

空留上　實在中　法在下　初商在上　相呼除中　法步進　次商在上　相呼除中　法步退　上爲得數　中除盡　下收去

＝‖　‖　一　‖　＝　一二除二丨　‖二除二丨　一

二除二十四得一十二

空留上　實在中　法在下　初商在上　相呼除中　法步進　次商在上　相呼除中　法步退　上爲得數　中除盡　下收去

＝Ⅲ　‖　一　Ⅲ　＝　一二除二‖　‖二除四‖　一

三除三得一

空留上　實在中　法在下　商在上　相呼除中　法在下　上爲得數　中除盡　下收去

Ⅲ　Ⅲ　丨　Ⅲ　一三除三丨

三除六得二

空留上　實在中　法在下　商在上　相呼除中　法在下　上爲得數　中除盡　下收去

┬　Ⅲ　‖　Ⅲ　二三除六‖

三除九得三

空留上　實在中　法在下　商在上　相呼除中　法在下　上爲得數　中除盡　下收去

Ⅲ　Ⅲ　Ⅲ　Ⅲ　三三除九Ⅲ

三除一十二得四

空留上　實在中　法在下　商在上　相呼除中　法在下　上爲得數　中除盡　下收去

一‖　Ⅲ　Ⅲ　Ⅲ　三四除一十二Ⅲ

三除一十五得五

空留上　實在中　法在下　商在上　相呼除中　法在下　上爲得數　中除盡　下收去

一Ⅲ　Ⅲ　Ⅲ　Ⅲ　三五除一十五Ⅲ

三除一十八得六

空留上　實在中　法在下　商在上　相呼除中　法在下　上爲得數　中除盡　下收去

一Ⅲ　Ⅲ　┬　Ⅲ　三六除一十八┬

三除二十一得七

空留上　實在中　法在下　商在上　相呼除中　法在下　上爲得數　中除盡　下收去

＝丨　Ⅲ　╥　Ⅲ　三七除二十一╥

三除二十四得八

空留上　實在中　法在下　商在上　相呼除中　法在下　上爲得數　中除盡　下收去

＝Ⅲ　Ⅲ　Ⅲ　Ⅲ　三八除二十四Ⅲ

三除二十七得九

空留上　實在中　法在下　商在上　相呼除中　法在下　上爲得數　中除盡　下收去

＝╥　Ⅲ　Ⅲ　Ⅲ　三九除二十七Ⅲ

三除三十得一十

空留上　實在中　法在下　商在上　相呼除中　法步進　上爲得數　中除盡　下收去

≡〇　Ⅲ　一　≡　一三除三〇

三除三十三得一十一

空留上　實在中　法在下　初商在上　相呼除中　法步進　次商在上　相呼除中　法步退　上爲得數　中除盡　下收去

≡Ⅲ　Ⅲ　一　Ⅲ　≡　一三除三丨　Ⅲ三除三丨　一

三除三十六得一十二

空留上　實在中　法在下　初商在上　相呼除中　法步進　次商在上　相呼除中　法步退　上爲得數　中除盡　下收去

≡┬　Ⅲ　一　┬　≡　一三除六‖　Ⅲ三除三‖　一

四除四得一

空留上　實在中　法在下　商在上　相呼除中　法在下　上爲得數　中除盡　下收去

Ⅲ　Ⅲ　丨　Ⅲ　一四除四丨

四除八得二
空留上 實在中 法在下 商在上 相呼除中 法在下 上爲得數 中除盡 下收去
𝍧 𝍣 𝍡 𝍣 一四除八𝍡

四除一十二得三
空留上 實在中 法在下 商在上 相呼除中 法在下 上爲得數 中除盡 下收去
𝍩𝍡 𝍣 𝍢 𝍣 三四（十二）除一𝍢

四除一十六得四
空留上 實在中 法在下 商在上 相呼除中 法在下 上爲得數 中除盡 下收去
𝍩𝍥 𝍣 𝍣 𝍣 四四（十六）除一𝍣

四除二十得五
空留上 實在中 法在下 商在上 相呼除中 法在下 上爲得數 中除盡 下收去
𝍪〇 𝍣 𝍤 𝍣 四五（十）除二𝍤

四除二十四得六
空留上 實在中 法在下 商在上 相呼除中 法在下 上爲得數 中除盡 下收去
𝍪𝍣 𝍣 𝍥 𝍣 四六（十四）除二𝍥

四除二十八得七
空留上 實在中 法在下 商在上 相呼除中 法在下 上爲得數 中除盡 下收去
𝍪𝍧 𝍣 𝍦 𝍣 四七（十八）除二𝍦

四除三十二得八
空留上 實在中 法在下 商在上 相呼除中 法在下 上爲得數 中除盡 下收去
𝍫𝍡 𝍣 𝍧 𝍣 四八（十二）除三𝍧

四除三十六得九
空留上 實在中 法在下 商在上 相呼除中 法在下 上爲得數 中除盡 下收去
𝍫𝍥 𝍣 𝍨 𝍣 四九（十六）除三𝍨

四除四十得一十
空留上 實在中 法在下 商在上 相呼除中 法步進 上爲得數 中除盡 下收去
〇 𝍣 一四除四〇
𝍬 𝍩 𝍬 𝍩

四除四十四得一十一
空留上 實在中 法在下 初商在上 相呼除中 法步進 次商在上 相呼除中 法步退 上爲得數 中除盡 下收去
𝍣 𝍣 𝍣 一四除四𝍠 𝍣一四除四𝍠
𝍬 𝍩 𝍬 𝍩 𝍩

四除四十八得一十二
空留上 實在中 法在下 初商在上 相呼除中 法步進 次商在上 相呼除中 法步退 上爲得數 中除盡 下收去
𝍧 𝍣 𝍧 一四除四𝍡 𝍣二四除八𝍡
𝍬 𝍩 𝍬 𝍩 𝍩

五除五得一
空留上 實在中 法在下 商在上 相呼除中 法在下 上爲得數 中除盡 下收去
𝍤 𝍤 𝍠 𝍤 一五除五𝍠

五除一十得二
空留上 實在中 法在下 商在上 相呼除中 法在下 上爲得數 中除盡 下收去
𝍩〇 𝍤 𝍡 𝍤 二五（十）除一𝍡

五除一十五得三
空留上 實在中 法在下 商在上 相呼除中 法在下 上爲得數 中除盡 下收去
𝍩𝍤 𝍤 𝍢 𝍤 三五（十五）除一𝍢

五除二十得四
空留上 實在中 法在下 商在上 相呼除中 法在下 上爲得數 中除盡 下收去
𝍪〇 𝍤 𝍣 𝍤 四五（十）除二𝍣

五除二十五得五
空留上 實在中 法在下 商在上 相呼除中 法在下 上爲得數 中除盡 下收去
𝍪𝍤 𝍤 𝍤 𝍤 五五（十五）除二𝍤

五除三十得六
空留上　實在中　法在下　商在上　相呼除中　法在下　上爲得數　中除盡　下收去
≡○　𝍤　丅　𝍤 五六除三十 丅

五除三十五得七
空留上　實在中　法在下　商在上　相呼除中　法在下　上爲得數　中除盡　下收去
≡𝍤　𝍤　𝍦　𝍤 五七除三十五 𝍦

五除四十得八
空留上　實在中　法在下　商在上　相呼除中　法在下　上爲得數　中除盡　下收去
𝍬○　𝍤　𝍧　𝍤 五八除四十 𝍧

五除四十五得九
空留上　實在中　法在下　商在上　相呼除中　法在下　上爲得數　中除盡　下收去
𝍬𝍤　𝍤　𝍨　𝍤 五九除四十五 𝍨

五除五十得一十
空留上　實在中　法在下　商在上　相呼除中　法步進　上爲得數　中除盡　下收去
𝍭○　𝍤　一　𝍭 一五除五 一○

五除五十五得一十一
空留上　實在中　法在下　初商在上　相呼除中　法步進　次商在上　相呼除中　法步退　上爲得數　中除盡　下收去
𝍭𝍤　𝍤　一　𝍭 一五除五 一　𝍤 一五除五 一
一　一

五除六十得一十二
空留上　實在中　法在下　初商在上　相呼除中　法步進　次商在上　相呼除中　法步退　上爲得數　中除盡　下收去
⊥○　𝍤　一　𝍭 一五除五 一‖　𝍤 二五除一十 ‖
一　一

六除六得一
空留上　實在中　法在下　商在上　相呼除中　法在下　上爲得數　中除盡　下收去
丅　丅　一　丅 一六除六 一

六除一十二得二
空留上　實在中　法在下　商在上　相呼除中　法在下　上爲得數　中除盡　下收去
一‖　丅　‖　丅 二六除一十二 ‖

六除一十八得三
空留上　實在中　法在下　商在上　相呼除中　法在下　上爲得數　中除盡　下收去
一𝍧　丅　Ⅲ　丅 三六除一十八 Ⅲ

六除二十四得四
空留上　實在中　法在下　商在上　相呼除中　法在下　上爲得數　中除盡　下收去
=𝍣　丅　𝍣　丅 四六除二十四 𝍣

六除三十得五
空留上　實在中　法在下　商在上　相呼除中　法在下　上爲得數　中除盡　下收去
≡○　丅　𝍤　丅 五六除三十 𝍤

六除三十六得六
空留上　實在中　法在下　商在上　相呼除中　法在下　上爲得數　中除盡　下收去
≡丅　丅　丅　丅 六六除三十六 丅

六除四十二得七
空留上　實在中　法在下　商在上　相呼除中　法在下　上爲得數　中除盡　下收去
𝍬‖　丅　𝍦　丅 六七除四十二 𝍦

六除四十八得八
空留上　實在中　法在下　商在上　相呼除中　法在下　上爲得數　中除盡　下收去
𝍬𝍧　丅　𝍧　丅 六八除四十八 𝍧

六除五十四得九
空留上　實在中　法在下　商在上　相呼除中　法在下　上爲得數　中除盡　下收去
𝍭𝍣　丅　𝍨　丅 六九除五十四 𝍨

六除六十得一十

空留上 實在中 法在下 商在上 相呼除中 法步進 上爲得數 中除盡 下收去

⊥〇 丅 一 ⊥ 六除六 一〇

六除六十六得一十一

空留上 實在中 法在下 初商在上 相呼除中 法步進 次商在上 相呼除中 法步退 上爲得數 中除盡 下收去

⊥丅 丅 丅 ⊥ 一六除六一 丅一六除六一 一 一 一 一

六除七十二得一十二

空留上 實在中 法在下 初商在上 相呼除中 法步進 次商在上 相呼除中 法步退 上爲得數 中除盡 下收去

≟‖ 丅 一 一‖ ⊥ 一六除六‖ 丅二六除一‖ 十二 一 一

七除七得一

空留上 實在中 法在下 商在上 相呼除中 法在下 上爲得數 中除盡 下收去

𝍦 𝍦 一 𝍦 一七除七一

七除一十四得二

空留上 實在中 法在下 商在上 相呼除中 法在下 上爲得數 中除盡 下收去

一Ⅲ 𝍦 ‖ 𝍦 二七除一‖ 十四

七除二十一得三

空留上 實在中 法在下 商在上 相呼除中 法在下 上爲得數 中除盡 下收去

═一 𝍦 Ⅲ 𝍦 三七除二‖ 十一

七除二十八得四

空留上 實在中 法在下 商在上 相呼除中 法在下 上爲得數 中除盡 下收去

═𝍧 𝍦 Ⅲ 𝍦 四七除二Ⅲ 十八

七除三十五得五

空留上 實在中 法在下 商在上 相呼除中 法在下 上爲得數 中除盡 下收去

≡Ⅲ 𝍦 Ⅲ 𝍦 五七除三Ⅲ 十五

七除四十二得六

空留上 實在中 法在下 商在上 相呼除中 法在下 上爲得數 中除盡 下收去

≡‖ 𝍦 丅 𝍦 六七除四丅 十二

七除四十九得七

空留上 實在中 法在下 商在上 相呼除中 法在下 上爲得數 中除盡 下收去

≡𝍨 𝍦 𝍦 𝍦 七七除四𝍦 十九

七除五十六得八

空留上 實在中 法在下 商在上 相呼除中 法在下 上爲得數 中除盡 下收去

≣丅 𝍦 𝍧 𝍦 七八除五𝍧 十六

七除六十三得九

空留上 實在中 法在下 商在上 相呼除中 法在下 上爲得數 中除盡 下收去

⊥Ⅲ 𝍦 𝍨 𝍦 七九除六𝍨 十三

七除七十得一十

空留上 實在中 法在下 商在上 相呼除中 法步進 上爲得數 中除盡 下收去

≟〇 𝍦 一 ≟ 一七除七 一〇

七除七十七得一十一

空留上 實在中 法在下 初商在上 相呼除中 法步進 次商在上 相呼除中 法步退 上爲得數 中除盡 下收去

≟𝍦 𝍦 𝍦 ≟ 一七除七一 𝍦一七除七一 一 一 一 一

七除八十四得一十二

空留上 實在中 法在下 初商在上 相呼除中 法步進 次商在上 相呼除中 法步退 上爲得數 中除盡 下收去

≟Ⅲ 𝍦 一 Ⅲ ≟ 一七除七‖ 𝍦二七除一‖ 十四 一 一 一

八除八得一

空留上 實在中 法在下 商在上 相呼除中 法在下 上爲得數 中除盡 下收去

𝍧 𝍧 一 𝍧 一八除八一

八除一十六得二

空留上　實在中　法在下　商在上　相呼除中　法在下　二八除一十六　上爲得數　中除盡　下收去

八除二十四得三

空留上　實在中　法在下　商在上　相呼除中　法在下　三八除二十四　上爲得數　中除盡　下收去

八除三十二得四

空留上　實在中　法在下　商在上　相呼除中　法在下　四八除三十二　上爲得數　中除盡　下收去

八除四十得五

空留上　實在中　法在下　商在上　相呼除中　法在下　五八除四十　上爲得數　中除盡　下收去

八除四十八得六

空留上　實在中　法在下　商在上　相呼除中　法在下　六八除四十八　上爲得數　中除盡　下收去

八除五十六得七

空留上　實在中　法在下　商在上　相呼除中　法在下　七八除五十六　上爲得數　中除盡　下收去

八除六十四得八

空留上　實在中　法在下　商在上　相呼除中　法在下　八八除六十四　上爲得數　中除盡　下收去

八除七十二得九

空留上　實在中　法在下　商在上　相呼除中　法在下　八九除七十二　上爲得數　中除盡　下收去

八除八十得一十

空留上　實在中　法在下　商在上　相呼除中　法步進　一八除八〇　上爲得數　中除盡　下收去

八除八十八得一十一

空留上　實在中　法在下　初商在上　相呼除中　法步進　一八除八　次商在上　相呼除中　法步退　一八除八　上爲得數　中除盡　下收去

八除九十六得一十二

空留上　實在中　法在下　初商在上　相呼除中　法步進　一八除八　次商在上　相呼除中　法步退　二八除一十六　上爲得數　中除盡　下收去

九除九得一

空留上　實在中　法在下　商在上　相呼除中　法在下　一九除九　上爲得數　中除盡　下收去

九除一十八得二

空留上　實在中　法在下　商在上　相呼除中　法在下　二九除一十八　上爲得數　中除盡　下收去

九除二十七得三

空留上　實在中　法在下　商在上　相呼除中　法在下　三九除二十七　上爲得數　中除盡　下收去

九除三十六得四

空留上　實在中　法在下　商在上　相呼除中　法在下　四九除三十六　上爲得數　中除盡　下收去

九除四十五得五

空留上　實在中　法在下　商在上　相呼除中　法在下　五九除四十五　上爲得數　中除盡　下收去

九除五十四得六

空留上　實在中　法在下　商在上　相呼除中　法在下　上爲得數　中除盡　下收去

六九除五十四

九除六十三得七

空留上　實在中　法在下　商在上　相呼除中　法在卜　上爲得數　中除盡　下收去

七九除六十三

九除七十二得八

空留上　實在中　法在下　商在上　相呼除中　法在卜　上爲得數　中除盡　下收去

八九除七十二

九除八十一得九

空留上　實在中　法在下　商在上　相呼除中　法在下　上爲得數　中除盡　下收去

九九除八十一

九除九十得一十

空留上　實在中　法在下　商在上　相呼除中　法步進　上爲得數　中除盡　下收去

一九除九

九除九十九得一十一

空留上　實在中　法在下　初商在上　相呼除中　法步進　次商在上　相呼除中　法步退　上爲得數　中除盡　下收去

一九除九　一九除九

九除一百零八得一十二

空留上　實在中　法在下　初商在上　相呼除中　法步進　次商在上　相呼除中　法步退　上爲得數　中除盡　下收去

一九除九　二九除一十八

一十除一十得一

空留上　實在中　法在下　商在上　相呼除中　法在下　上爲得數　中除盡　下收去

一一除一

一十除二十得二

空留上　實在中　法在下　商在上　相呼除中　法在下　上爲得數　中除盡　下收去

一二除二

一十除三十得三

空留上　實在中　法在下　商在上　相呼除中　法在下　上爲得數　中除盡　下收去

一三除三

一十除四十得四

空留上　實在中　法在下　商在上　相呼除中　法在下　上爲得數　中除盡　下收去

一四除四

一十除五十得五

空留上　實在中　法在下　商在上　相呼除中　法在下　上爲得數　中除盡　下收去

一五除五

一十除六十得六

空留上　實在中　法在下　商在上　相呼除中　法在下　上爲得數　中除盡　下收去

一六除六

一十除七十得七

空留上　實在中　法在下　商在上　相呼除中　法在下　上爲得數　中除盡　下收去

一七除七

一十除八十得八

空留上　實在中　法在下　商在上　相呼除中　法在下　上爲得數　中除盡　下收去

一八除八

一十除九十得九

空留上　實在中　法在下　商在上　相呼除中　法在下　上爲得數　中除盡　下收去

一九除九

一十除一百得一十

空留上　實在中　法在下　商在上　相呼除中　法步進　一一除一　上爲得數　中除盡　下收去

一十除一百一十得一十一

空留上　實在中　法在下　初商在上　相呼除中　法步進　一一除一　次商在上　相呼除中　法步退　一一除一　上爲得數　中除盡　下收去

一十除一百二十得一十二

空留上　實在中　法在下　初商在上　相呼除中　法步進　一一除一　次商在上　相呼除中　法步退　二二除二　上爲得數　中除盡　下收去

一十一除一十一得一

空留上　實在中　法在下　商在上　相呼除中　法在下　一一除一　一一除一　上爲得數　中除盡　下收去

一十一除二十二得二

空留上　實在中　法在下　商在上　相呼除中　法在下　一二除二　一二除二　上爲得數　中除盡　下收去

一十一除三十三得三

空留上　實在中　法在下　商在上　相呼除中　法在下　一三除三　一三除三　上爲得數　中除盡　下收去

一十一除四十四得四

空留上　實在中　法在下　商在上　相呼除中　法在下　一四除四　一四除四　上爲得數　中除盡　下收去

一十一除五十五得五

空留上　實在中　法在下　商在上　相呼除中　法在下　一五除五　一五除五　上爲得數　中除盡　下收去

一十一除六十六得六

空留上　實在中　法在下　商在上　相呼除中　法在下　一六除六　一六除六　上爲得數　中除盡　下收去

一十一除七十七得七

空留上　實在中　法在下　商在上　相呼除中　法在下　一七除七　一七除七　上爲得數　中除盡　下收去

一十一除八十八得八

空留上　實在中　法在下　商在上　相呼除中　法在下　一八除八　一八除八　上爲得數　中除盡　下收去

一十一除九十九得九

空留上　實在中　法在下　商在上　相呼除中　法在下　一九除九　一九除九　上爲得數　中除盡　下收去

一十一除一百一十得一十

空留上　實在中　法在下　商在上　相呼除中　法步進　一一除一　一一除一　上爲得數　中除盡　下收去

一十一除一百二十一得一十一

空留上　實在中　法在下　初商在上　相呼除中　法步進　一一除一　一一除一　次商在上　相呼除中　法步退　一一除一　一一除一　上爲得數　中除盡　下收去

一十一除一百三十二得一十二

空留上　實在中　法在下　初商在上　相呼除中　法步進　一一除一　一二除一　次商在上　相呼除中　法步退　一二除二　二二除二　上爲得數　中除盡　下收去

一十二除一十二得一

空留上　實在中　法在下　商在上　相呼除中　法在下　二除二　一除一　上爲得數　中除盡　下收去

一十二除二十四得二

空留上　實在中　法在下　商在上　相呼除中　法在下　二二除四　一二除二　上爲得數　中除盡　下收去

一十二除三十六得三

空留上　實在中　法在下　商在上　相呼除中　法在下　二三除六　一三除三　上爲得數　中除盡　下收去

一十二除四十八得四

空留上　實在中　法在下　商在上　相呼除中　法在下　二四除八　一四除四　上爲得數　中除盡　下收去

一十二除六十得五

空留上　實在中　法在下　商在上　相呼除中　法在下　二五除一十　一五除五　上爲得數　中除盡　下收去

一十二除七十二得六

空留上　實在中　法在下　商在上　相呼除中　法在下　二六除一十二　一六除六　上爲得數　中除盡　下收去

一十二除八十四得七

空留上　實在中　法在下　商在上　相呼除中　法在下　二七除一十四　一七除七　上爲得數　中除盡　下收去

一十二除九十六得八

空留上　實在中　法在下　商在上　相呼除中　法在下　二八除一十六　一八除八　上爲得數　中除盡　下收去

一十二除一百零八得九

空留上　實在中　法在下　商在上　相呼除中　法在下　二九除一十八　一九除九　上爲得數　中除盡　下收去

一十二除一百二十得一十

空留上　實在中　法在下　商在上　相呼除中　法步進　一二除二　一一除一　上爲得數　中除盡　下收去

一十二除一百三十二得一十一

空留上　實在中　法在下　初商在上　相呼除中　法步進　一二除二　一一除一　次商在上　相呼除中　法步退　一二除二　一一除一　上爲得數　中除盡　下收去

一十二除一百四十四得一十二

空留上　實在中　法在下　初商在上　相呼除中　法步進　一二除二　一一除一　次商在上　相呼除中　法步退　二二除四　一二除二　上爲得數　中除盡　下收去

捷算法分部

留頭乘法

題解

明・周述學《曆宗算會》卷一　下乘法

上乘，從實首求之，至盡而變身。下乘，以法從實尾乘起，先留法首一位，以第二第三位乘實訖，却乘第一位，以變其身。是留實以參用，謂之「留頭乘」。假如實田九十八畝九分與法銀九分九厘八毫相乘。布算與留頭有碍，未免用劈頭也。若劈頭乘者，以先變其身，有默記實數之誤。又不如，從法尾乘起者，無留頭布算之碍，無劈頭記實之誤。此下乘之正法也。

算法

元・朱世傑《算學啓蒙》卷上《留頭乘法門》

留頭乘法別規模，起首先從次位呼。言十靠身如隔位，遍臨頭位破身鋪。

今有白豆八十四斛，每斛價錢二百一十文。問計錢幾何。

答曰：一十七貫六百四十文。

術曰：列豆八十四斛於上，以斛價二百一十文乘之。合問。

今有胡椒六十三斤四兩，每斤價錢三百八十文。問計錢幾何。

答曰：二十四貫三十五文。

術曰：列椒數，斤下留兩得六十三斤二分半於上，以斤價三百八十文乘之。合問。

今有沈香九斤一十二兩，每斤價錢四貫五百文。問計錢幾何。

答曰：四十三貫八百七十五文。

術曰：列香數斤下留兩，得九斤七分五厘於上，以斤價四貫五百文乘之。合問。

今有綿子二十三斤六兩，每兩價錢五十四文。問計錢幾何。

答曰：二十貫一百九十六文。

術曰：列綿子二十三斤，身外加六通兩，答入六兩，共得三百七十四兩於上，以兩價五十四文乘之。合問。

今有茴香五秤八斤四兩，每斤價錢六十八文。問計錢幾何。

答曰：五貫六百六十一文。

術曰：列五秤，身外加五，通斤答入八斤四兩，斤下兩者留之，共得八十三斤二分半，於上。以斤價六十八文乘之。合問。

今有片腦五斤七兩一十八銖，每銖直銀七厘二毫。問直銀幾何。

答曰：一十五兩一錢六分三厘二毫。

術曰：列五斤，身外加六，通兩內子七，得八十七兩；以二十四乘之，得數加入一十八銖，共得二千一百六銖於上。以七厘二毫乘之。合問。

今有官桂一百八十九裹，每兩價錢八十七文。問計錢幾何。裹法二斤四兩。

答曰：五百九十一貫九百四十八文。

術曰：列共裹，以裹法三十六兩乘之，得六千八百四兩於上。以兩價八十七文乘之即得。合前問。

今有粳米八㪷七斤四合，每㪷換糯米九升一合。問糯米幾何。

答曰：七㪷九升五合三勺四抄。

術曰：列粳米共數於上，以九升一合乘之即得。合前問。

今有芝麻六碩八㪷四升，每㪷壓油三斤一十二兩。問壓油幾何。

答曰：二百五十六斤半。

術曰：列芝麻共數於上，以三斤七分五厘乘之。七分五厘者，乃十二兩留數也。合問。

今有小麥五碩九㪷二升，每㪷磨麵六斤一十四兩。問磨麵幾何。

答曰：四百單七斤。

術曰：列麥數於上，以六斤八分七厘半乘之。八分七厘半者，乃十四兩留數。合問。

今有菉荳三十二碩七㪷三升，每㪷造粉五斤六兩。問造粉幾何。
答曰：一千七百五十九斤三兩八錢。
術曰：列荳數於上，以五斤三分七厘半乘之。三分七厘半者，乃六兩留數也。斤下分者，身外加六爲兩。合問。

今有甘草九千七百六十五斤一十兩，每斤博絹一尺二分四厘。問博絹幾何。
答曰：一萬尺。
術曰：列甘草共數斤下留兩於上，以一尺單二分四厘乘之。合問。

今有白檀四千八百八十二斤一十三兩，每斤價錢四貫九十六文。問錢幾何。
答曰：二萬貫。
術曰：列白檀共數，斤下留兩於上，以四貫九十六文乘之。合問。

今有黍三千六百六十二碩一㪷九合三勺七抄五撮，每㪷對麥八升一合九勺二抄。問對麥幾何。
答曰：三萬㪷。
術曰：列共黍於上，以八升一合九勺二抄乘之。合問。

今有粟七萬八千一百二十五碩，每㪷爲御米五升一合二勺。問米幾何。
答曰：四萬碩。
術曰：列共粟於上，以五升一合二勺乘之。合前問。

今有降真二十四萬四千一百四十斤一十兩，每斤直銀二錢四厘八毫。問直銀幾何。
答曰：五萬兩。
術曰：列降真共數，斤下留兩於上，以二錢四厘八毫乘之。合問。

今有鹽一千九百二十引，每引换黄蠟三十一斤四兩。問换黄蠟幾何。
答曰：六萬斤。
術曰：列共鹽引數於上，以三十一斤二分半乘之。合問。

今有細絲一千九百五十三斤二兩，每斤直銀一兩一十一銖八絫四黍。問直銀幾銖。
答曰：七萬銖。
術曰：列細絲共數斤下留兩於上。列一兩以二十四銖通之，内子共得三十五銖八絫四黍乘之。合問。

今有黄金一萬二千八百兩，每兩買地六畝二分五厘。問買地幾何。
答曰：八萬畝。
術曰：列金數於上，以六畝二分五厘乘之。合前問。

今有田一百五十六頃二十五畝，每畝收稻五斛七㪷六升。問收稻幾何。
答曰：九萬斛。
術曰：列田畝數於上，以五斛七㪷六升乘之。通前之問，還源於除法。内訓導初學務要演熟乘除加減，引而伸之。

清・王鑒《筭學啓蒙述義》卷上　鑒案：留頭乘法與身外加法一理第首位數大耳内有發明秤率、斤率、銖率各法不厭求詳。所以導初學也。其云：起首先将次位呼者筆算乘法，自末位呼起此係珠算之法，從次位呼起，取其易於定位也。

元・賈亨《筭法全能集・筭法上》　乘法

下乘之法此爲真，位數先將第二因。三四五來乘遍了，却將本位破其身。

今有銀三十六兩五錢賣鈔。問該鈔幾何。
答曰：假令銀價：
乘二位　每兩賣鈔二兩五錢，該九十一兩二錢五分。
乘三位　每兩賣鈔二兩四錢五分，該八十九兩四錢二分五厘。
乘四位　每兩賣鈔二兩三錢七分五厘，該八十六兩六錢八分七厘五毫。
法曰：置都銀在地，以每兩價鈔乘之。合問。

今有鈔四十八兩六錢買銀。問該銀幾何。
答曰：假令價鈔：
乘二位　每兩買銀四錢七分，該二十二兩八錢四分二厘。
乘三位　每兩買銀四錢五分五厘，該二十二兩一錢一分三厘。
乘四位　每兩買銀四錢三分七厘五毫，該二十一兩二錢六分二厘五毫。
法曰：置都鈔在地，以每兩買銀數乘之，合問。

今有每人一日淘金五分三厘五毫，二十四人淘金三十二日。問該金幾何。
重乘　答曰：該金四十一兩八分八厘。
法曰：置一日金數在地，以總人數乘之，又以總(目)[日]數乘之，合問。

元・安止齋《詳明算法》卷上　乘法二以上位數多者，用此法。從末位小數算起，用歸除還元。

下乘之法此爲真，位數先將第二因。三四五來乘遍了，却將本位破其身。

今有銀三十六兩五錢。假令每兩賣鈔二兩五錢。問該鈔幾何。

乘二位　荅曰：九十一兩二錢五分。

法曰：置銀數，以每兩價鈔乘之。布筭如後。

五錢≣先於下位，下五五二十五；次變本身，作二五一十。

六兩丅先於下位，下五六三十；次變本身，作二六一十二。

三十≡先於下位，下三五十五；次變本身，作二三如六，蓋起了三數，却於下位下六。

乘三位　每兩價錢二兩四錢五分。該八十九兩四錢二分五釐。

五錢≣先於第二位，下四五二十；次於第三位，(下)五五二十五；後變本身，作二五一十。

六兩丅先於下位，下四六二十四；次於第三位，下五六三十；後變本身，作二六十二。

三十≡先於下位，下三四十二；次於第三位，下三五十五；後變本身，作二三如六。

乘四位　每兩價鈔二兩三錢七分五釐。該八十六兩六錢八分七釐五毫。

五錢≣先於下位，下五五二十五；次於第三位，下五七三十五；又次於第二位，下三五一十五；後變本身，作二五一十。

六兩丅先於下位，下五六三十；次於第三位，下六七四十二；又次於第二位，下三六一十八；後變本身，作二六一十二。

三十≡先於下位，下三五十五；次於第三位，下三七二十一；又次於第二位，下三三如九；後變本身，作二三如六。

今有鈔四十八兩六錢。假令每兩買銀四錢七分。問該銀幾何？

乘二位　荅曰：二十二兩八錢四分二釐。

法曰：置鈔數，以每兩銀價乘之。布筭同前，更不重述。

乘三位　每兩買銀四錢五分五釐。該二十二兩一錢一分三釐。

乘四位　每兩買銀四錢三分七釐五毫。該二十一兩二錢六分二釐五毫。

今有人一日淘金五分三釐五毫，二十四人淘金三十二日。(間)[問]幾何。

荅曰：四十一兩〇八分八釐。

法曰：置一日金數五分三釐五毫，以二十四人乘之，得一兩二錢八分四釐。又以三十二日乘之。

明・周述學《曆宗筭會》卷一　布位定位

‖二文
實尾 ≡四十
定千六斤丅　‖三百　首法頂實尾位。
三十≡　法首　法首陞位定實。
二百‖

乘尾第一位實
= ‖‖ ‖ 〇 ≣ ‖ 六元 ‖ ≡ ||| ‖
法第二位四先乘六呼二十四，身布二十，次布四。法二乘六呼一十二，身布一十，次布二。却以法首三乘六呼一十八，身變一十下布八。

乘第二位實
= | ‖ ≡ ≣ ‖ ||| — =
法乘四三呼一十二身布十，次布二。法二乘三呼六布次位。法首三乘三呼九除元三下布九。

乘第三位實
‖ — ⊤ ‖ 〇 ≡ ⊤ ||| 〇
法四乘二呼八，下布八。法二乘二呼四下布四。法三乘二呼六，除元二下布六。

又　銀三百六十五兩，每十兩價鈔二百三十七貫五百文。求鈔幾何。每十兩，與每一兩之定位有異。

置所有銀三百六十五兩爲實。以所求價二百三十七貫五百文爲法。乘之，得八千六百六十八貫七百五十文。

絲一千九百五十三斤二兩，每斤值銀一兩一十一銖八紫四黍。求銀幾何。

置絲一千九百五十三斤二兩，以二兩通作一二五爲實。以直銀一兩通作二十四銖加零共三十五銖八紫四黍(也)爲法。乘之，得，七萬銖。約兩合斤乘。

又　净絲一千二百四十八斤四兩八錢，每净絲一兩練熟絲七錢五分。求練熟絲幾何。

置净絲一千二百四十八斤，以斤法一十六通之，加零共得一萬九千九百七十二兩八錢爲實。以練熟絲七錢五分爲法。乘之得一萬四千九百七十九兩六錢。以斤法除之，得九百三十六斤三兩六錢。通斤合兩乘。

清・潘逢禧《算學發蒙・古算二》　留頭乘法

留頭乘法別規模，起首先從次位呼。言十靠身如隔位，遍臨頭位破身鋪。

按：此係多位乘也。首句謂留頭乘，別有用法。二句謂起首先乘實尾位，却以法次位乘起。三句謂言十則在本位，言如則在下位。末句謂每乘一位，俱從法次位以下乘遍，方以法首位，破實位本身也。

假如焦氏《易林》，四千零九十六卦，若每卦又變六十四。問該若干。

答曰：二十六萬二千一百四十四。

術曰：置原卦爲實，以變卦爲法。先乘實尾位，挨次逆乘，至實首位。每乘一位，法首位不動，故曰「留頭」。以法次位先乘，乘訖，然後以法首位破實位，再乘實上位，乘至實首位止，得數。合問。

法實　先乘實尾位六。

起呼法四乘實六，呼六四二十四，本位作二，下位作四。

次呼法六乘實六，呼六六三十六，本位作三，下位加六。

得數　乘實首位四。空位不乘。

六加六得十二，改六作二，上位進一。

起呼法四乘實四，呼四四一十六，本位列一，下位加六。

次呼法六乘實四，呼四六二十四，本位作二，下位加四。

得數　次乘實第(三)[二]位九。

八加六得十四，上位進一，本位改八作四。

起呼法四乘實九，呼：四九三十六，本位加三，下位加六。

次呼法六乘實九，呼六九五十四，本位作五，下位七加四，得十一。除六，本位再進一。

得數　四　四十　一百　二千　六萬　二十

解曰：《易林》疑是東漢以後人撰，而託之焦延壽者。延壽在昭宣之世，其時左氏未立學官。今《易林》引左氏語甚多，又往往用漢書中事。如曰：彭離濟東，遷之上庸。事在武帝元鼎元年。曰：長城既立，四夷賓服，交和結好，昭君是福。事在元帝竟甯元年。曰：火入井口，楊芒生角，犯歷天門，窺見太微，登上玉牀。似用李尋傳語。曰：新作初陵，踰陷難登。似用成帝起昌陵事。又曰：劉季發怒，命滅子嬰。又曰：大蛇當路，使季畏懼。則又非漢人所宜言也。

九歸除法

綜論

宋・楊輝《乘除通變本末》卷中《乘除通變筭寶》 九歸詳説

一位爲法，爲除，則用九歸代之。若兩、三位，商除自合伸引。用今人以第一位用歸，以第二位、第三位仍用商除，是一題涉二法也。原九歸古括，初未嘗拘二至九而已，輝嘗原作術本意而爲歌括。凡二位除者，亦可用混然歸法。不必歸而又商除。

算法

宋・楊輝《乘除通變本末》卷中《乘除通變筭寶》 九歸新括以古句，今注兩存之。

歸數求成十，

九歸：遇九成十，八歸：遇八成十。

七歸：遇七成十，六歸：遇六成十。

五歸：遇五成十，四歸：遇四成十。

三歸：遇三成十，二歸：遇二成十。

歸除自上(加)[如]。

九歸：見一下一，見二下二，見三下三，見四下四。

八歸：見一下二，見二下四，見三下六。

七歸：見一下三，見二下六，見三下十二，即九。

六歸：見一下四，見二下十二，即八。

五歸：見一作二，見二作四。
四歸：見一下十二，即六。
三歸：見一下二十一，即七。
半而爲五計，
九歸：見四五作五。八歸：見四作五。
七歸：見三五作五。六歸：見三作五。
五歸：見二五作五。四歸：見二作五。
三歸：見一五作五。二歸：見一作五。
定位退無差。

商除：於斗上定石者，今石上定斗。
商除：人上得文者，今人上定十。

足斛米二百二十九石八升。問爲八斗三升法斛幾何。
答曰：二百七十六石。

術曰：置足斛爲實，爲身，常以求身爲佰。用八十三歸，從實上位求起。言十次身，言如退位布之。

括曰：見一下十七，見二下三十四，見三下五十一，見四下六十八，見四一五作五。退八十三成百，四一五爲中，後四句不用亦可。見五下一百二，見六下百十九，見七下百三十六，見八下百五十一。

𝍧〇𝍨𝍪‖ 見二次位下三十四。
𝍧〇𝍢⊥ 六內起四一五作五，餘二別求。 貳
𝍧〇| | 五 見二次位下三十四。 貳
𝍧✕✕ 起四一五作五。 貳柒
𝍢≐ 起八十三作一百入前位。 貳柒伍
乃得貳佰柒拾陸石。

田積二千九百六十七步，元長六十九步。問元闊步。
答曰：四十三步。

六十九歸括曰：見一下三十一。見二下六十二，見三下百二十四。遇三四五作五，遇六十九作一百。見四下一百五十五，見五下二百十七。見六下二百四十八。

定步 𝍧⊥✕＝ 見二次位下六十二。
𝍧〇‖ 見二次位下六十二。 肆
𝍧≐𝍨 起兩箇六十九成二百入上位。 貳
✕⊥ 見六九成百入上位。 貳 肆
實得肆拾叁步。

又 卷下《算法取用本末》 歸減代除三百題

立用因、折、歸、減，初不爲難。詳解日用算法已有下法起例格式，今衹該載取用，次第更不再述細草。題草，用字牽連，疑者以圈分句。

一至九，總用歸法。

一，一與十、百、千同，不求。衹評定位。　二，折半。　三，三歸，或三因，用九歸。　四，兩折半。　五，二因。　六，倍位，減二，加五，九歸。　七，倍位，減四。　八，加二五。　九，九歸，或兩次三歸。

圓田外周二百二十八步。問徑步。
答曰：七十六步。

圓三徑一。取三爲法，置周步爲實。用三歸。
又曰：三因周步，用九歸。合問。

羅三百四十五丈，每疋長五丈。問該幾疋。
答曰：六十九疋。

五爲法。草曰：倍羅數，退位。合問。

銀一千六百八十兩，每人支七兩。問合給幾人。
答曰：二百四十人。

七爲法。置總數爲實。如七歸求之。
又用倍銀數爲實，身內減四。合問。

足秤二百三十二斤。問展省秤多少。
答曰：二百九十斤。

足秤八斤，即是十斤省秤，合用八歸。今置足斤爲實，身外加二五，以代八歸。

又曰：倍足斤爲實，身内減六。合問。

穀一石，取米九㪷，今米二百七石。問元穀多少。

答曰：二百三十石。

九斗爲法，置米數爲實。九歸求之。

又曰：倍米數爲實，身外減八。竝同。

十一至十九總述。從上位減。

十一，減一。　十二，折半，加五，九歸。　十三，減三。　十四，折半，七歸。　十五，二因，三歸。　十六，折半，卻加二五。　十七，減七。　十八，折半，九歸。　十九，減九。

米四百八十六石二斗，各支一石四斗三升。問給幾人。

答曰：三百四十人。

一石四斗三升爲法。置米數，先減一又減三。

又曰：置米數，減四三，兩位同。

田積六萬六千二百四十步。問計幾畝。

答曰：二百七十六畝。

一畝二百四十步爲法。置田積步，折半，減二。

又曰：置積步，先減五，再減六。若謂減五，減六，算繁。用六因，九歸，以代減五；折半，加二五，以代減六。若或祇説減法，安知取用之妙？故以減代除，又以歸加代減，庶知題法不妄，斡旋有理。

二十一至一百隨題用法。

二十一，減五，減四。　二十二，折半，減　。　二十三，折半，更減一五。　二十四，折半，減二。　二十五，四因。　二十六，折半，減三。　二十七，三歸，九歸。　二十八，折半，減四。　二十九，四因，減一六。

六百八十貫買布，每疋二貫五百。問得幾疋。

答曰：二百七十二疋。

疋價二貫五百，即是十貫買四疋。置錢數，四因。合問。

三十一，四因，減二四。　三十二，兩折，加二五。　三十三，三歸，減乙。　三十四，折半，減七。　三十五，二因，七歸。　三十六，兩折，九歸。　三十七，三因，減乙乙。　三十八，折半，減九。　三十九，三歸，減三。

三十一人，分七千一百三十貫。問人得幾何。

答曰：二百三十貫。

三十一爲法。用四因錢數，於身内減二四。合問。

解曰：四因三十一，爲百二十四；減二四。

四十一，三因，減二三。　四十二，三歸，減四。　四十三，三因，減二九。　四十四，兩折，減一。　四十五，倍位，九歸。　四十六，兩折，又減一五。　四十七，四因訖，減八八。　四十八，兩折，減二。　四十九，兩次七歸。

絹一千三百單二尺，每疋四十二尺。問計幾疋。

答曰：三十一疋。

四十二爲法。置總尺數，三歸，減四。合問。

又曰：置總尺數，六歸，七歸，同。

五十一，三歸，減七。　五十二，兩折，減三。　五十三，二因，隔位減，六。　五十四，加五，兩次九歸。　五十五，二因，減一。　五十六，二因，減乙二。　五十七，三歸，減九。　五十八，二因，減一六。　五十九，二因，減乙八。

吉布四千九百六十八尺，每疋五十四尺。問計幾疋。

答曰：九十二疋。

五十四爲法。置尺數，用六歸，九歸。合問。

若謂六歸，算繁。尺上加五，改用兩次九歸。同。

六十一，二因，減二二。　六十二，二因，減二四。　六十三，二因，減二六。　六十四，兩次加二五。　六十五，二因，減三。　六十六，加五，減乙，九歸。　六十七，二因，減三四。　六十八，兩折，減七。　六十九，二因，減三八。

六十四人，分銀一百四十七兩二錢。問各幾何。

答曰：二兩三錢。

六十四爲法。置銀數，兩次加二五，以代兩次八歸。

又曰：減六，兩折半。同。

七十一，二因，減四二。　七十二，加二五，九歸。　七十三，二因，減四六。　七十四，加五，減一乙。　七十五，加二，九歸。　七十六，兩折，減九。　七十七，七歸，減一。　七十八，減三，六歸。　七十九，二因，減五八。

米二百二十石四斗，各支七斗六升。問給幾人。

答曰：二百九十人。

七斗六升，若依求一倍位愈繁。今置米數，用兩次折半，身内減九。合問。

八十一，兩次九歸。　八十二，二因，減六四。　八十三，二因，減六六。　八十四，加五，減四，九歸。　八十五，二因，減七。　八十六，加五，減二九。　八十七，二因，減七四。　八十八，八歸，減一。　八十九，二因，減七八。

錢三百四貫八十買物，每斤八百四十。問幾斤。

答曰：三百六十二斤。

八十四若依求一倍位減六八，則繁。今於總錢上，加五，祇減二六，頗易。

九十一，七歸，減三。　九十二，加五，減三八。　九十三，六歸，減五五。　九十四，加五，卻減四一。　九十五，二因，減九。　九十六，六歸，減六。　九十七，二因，卻減九四。　九十八，減四，七歸。　九十九，減一，九歸。

直田積九千二百一十五步，元長九十七步。問闊多少。

答曰：九十五步。

九十七爲法，依求一，倍積步，減九四。合問。

又曰：從上位，隔位見一加三，遇九七成百。

一百至一百九總法，隔位減零。

一百一，隔位減一。　一百二，六歸，減七。　一百三，隔位，減三。　一百四，八歸，減三。　一百五，七歸，減五。　一百六，隔位，減六。　一百七，隔位，減七。　一百八，六歸，減八。　一百九，隔位減九。

每貫收息三十，今本利[共]二萬七千八百一十貫。問元本錢。

答曰：二萬七千貫文。

先有隔位加，故立隔位減。置總錢，從上減三。言如隔位，言十次身減之。

百十一至百八十九總法，減兩位。

百十一，減乙一　百十二，七歸，減六。　百十三，減一三。　百十四，六歸，減九。　百十五，減乙五。　百十六，減乙六。　百十七，九歸，減三。　百十八，減乙八。　百十九，七歸，減七。　百二一，兩次減一。　百二二，減二二。　百二三，減二三。　百二四，減二四。　百二五，八因。　百二六，九歸，減四。　百二七，減二七。　百二八，八歸，減六。　百二九，減二九。

田積七千八百一十二步，元長百二十四步。問闊。

答曰：六十三步。

有加(隔)[兩]位之法，則立減兩位之術。置積步，存身減二四。合問。

百三乙，減三乙。　百三二，減乙，減二。　百三三，七歸，減九。　百三四，減三四。　百三五，九歸，減五。　百三六，八歸，減七。　百三七，減三七。　百三八，減三八。　百三九，減三九。

一百三十二人，分酒三十四石三斗二升。問各多少。

答曰：二斗六升。

以減兩位之法，作兩次減，取用頗易。　一百三十二爲法，置積，先減乙，再減二，求之。合問。

百四一，減四乙。　百四二，減四二。　百四三，減一，減三。　百四四，兩次減二。　百四五，減四五。　百四六，減四六。　百四七，七歸，三歸，七歸。　百四八，折半，加五，減乙一。　百四九，減四九。

木炭七千五十六斤，各支百四十七斤。問人數。

答曰：四十八人。

百四七爲法。置炭數，先用三歸，再用兩次七歸，求之。合問。

百五一，減五一。　百五二，八歸，減九。　百五三，九歸，減七。　百五四，減一，減四。　百五五，減五五。　百五六，減二，減三。　百五七，減五七。　百五八，減五八。　百五九，減五，隔位減六。

開渠積六千八百三十七尺，共用一百五十九工。問一工取土多少。

答曰：四十三尺。

百五九爲法。置積尺，於百上定尺。減五，得四千五百五十八尺，又隔位減六。合問。

百六一，減六一。　百六二，折半，兩次九歸。　百六三，減六三。　百六四，減六四。　百六五，減一，減五。　百六六，減六六。　百六七，減六七。　百六八，減二，減四。　百六九，兩次減三。

管銀三千七百九十兩八錢，每斤內多秤二錢入庫。問本收正銀多少。

答曰：二百三十四斤。

一斤上增二錢，以十六兩二錢爲法。置銀數，於十兩上定斤。折半，兩次用九歸求之。合問。

百七一，九歸，減九。　百七二，減七二。　百七三，減七三。　百七四，減七四。　百七五，四因，七歸。　百七六，減一，減六。　百七七，減七七。　百七八，減七八。　百七九，減七九。

四百二十貫買物，每斤百七十五文。問得幾斤。

答曰：二千四百斤。

百七五爲法。置四百二十貫，依歸法退一位。於貫□上定斤。四因總錢，用七歸求之。

百八乙，減八乙。　百八二，減三，減四。　百八三，減八三。　百八四，減八四。　百八五，六因，減一乙。　百八六，減八六。　百八七，減乙，減七。　百八八，減八八。　百八九，九歸，三歸，七歸。

粟四百四十七石九斗三升，各支一石八斗九升。問給幾人。

答曰：二百三十七人。

一石八斗九升爲法。置粟數，於十石上定人。用三歸，又七歸，九歸求之。合問。

一百九一至百九九本法，減二位恐繁。今總術：置積數從上逐位折半，(是)[見]一隔位還零，遇本數起而成百。謂如：百九乙爲法，以二百折半得一，隔位還九。又如：百九九，以積折半，隔位還一。偶遇本數百九十，或百九九，則不必求，便起爲一，即是九歸之義也。

百九乙，減九乙。　百九二，減二，減六。　百九三，減九三。　百九四，減九四。　百九五，倍位，三歸，減三。　百九六，兩次減四。　百九七，減九七。　百九八，折半，九歸，減一。　百九九，減九九。

羅四百九十一丈五尺二寸，各支一丈九尺二寸。問給幾人。

答曰：二百五十六人。

一丈九尺二寸爲法，本用減二，減六。若謂減二繁，則用折半，六歸代。六歸繁，則以加五，用九歸代。或謂減六繁，用折半，八歸代。又謂八歸繁，更以加二五代之；或三折半代加二五。此祇從人便用，既論小法，當盡其理。

又總術曰：從上，還位折半，見一隔位還八。置四百九十一丈五尺二寸，先折四百丈得二百；隔位加還二八十六丈，又折百丈得五十；加還四丈，共餘十乙丈五尺二寸，又折十丈得五，加還五，八四尺尚餘十九尺二寸，適撞一人之數，共得二百五十六人。合問。

二百一至三百，隨題用法。

二百一，減三四，減五。　二百二，折半，隔位減一。　二百三，減四五，減五八。　二百四，減二，減七。　二百五，六因，減二三。　二百六，折半，隔位減三。　二百七，四因，減二；七歸，隔位還一，見六十九成百。　二百八，減三，減六。　二百九，減一，減九。　二乙一，九因，減九，隔二位還一。見一八，九九成百。　二乙二，折半，隔位減六。　二乙三，減四二，減五。　二乙四，折半，隔位減七。　二乙五，六因，減二九。　二乙六，減二，減八。　二乙七，減四，又減五五。　二乙八，折半，隔位減九。　二乙九，減四六，減五。　二二乙，減三，減七。　二二二，減乙乙，折半。　二二三，四因，九歸，見一隔二位還八，遇八九二成千。　二二四，減四，減六。　二二五，四因，九歸。　二二六，減一三，折半。　二二七，三因，七歸，隔一位還一九。見六八一成千。　二二八，減二，減九。　二二九，三因，七歸，見一隔一位還十三。歸後還數，以補闕欠，逐位歸訖，隨手還零。

米六百二石一斗，各支二石二斗三升。問給幾人。

答曰：二百七十人。

二二三爲法。置米數，四因得二千四百八石四斗，於十石上定人。用九歸，(百)[首]位見二下二，如還二八十六石；又見六下加六，還六八四石八斗，已得二百六十人。尚餘八十九石二斗，法云：遇八九二成十，又得十人之數，通得二百七十人。合問。

二三一，三歸，七歸，減[一]。　二三二，減一六，折半。　二三三，三因，七歸，隔二位見一還一；遇六九九成千。　二三四，減三，減八。　二三五，六因，減四一。　二三六，減乙八，折半。　二三七，減五八，減五。　二三八，減四，減七。　二三九，四因，隔位見一下四四；遇九五六成千。成數之外，有零者，仍用兩折，還原，命零。

六百七十五貫七百買絹，疋價二貫三百三十。問合買幾疋。

答曰：二百九十疋。

二三三爲法。置錢數，三因爲二千二十七貫一百，於十貫上定疋。見二下六，加還二貫；又見六下二十四，加還八百；已得二百八十疋，尚餘六十九貫九百。法云：遇六九九成千，又得十疋之數，共得二百九十疋。合問。

二四一，四因，隔一位還三六。　二四二，折半，兩次減一。　二四三，三歸，兩次九歸。　二四四，減二二，折半。　二四五，倍位，兩次七歸。　二四六，減二三，折半。　二四七，減三，減九。　二四八，減二四，折半。　二四九，減六六，減五。　二五一，四因，隔二位退四。　二五二，減四，減八。　二五三，四因，隔(二)[三]位退乙二。　二五四，減二七，折半。　二五五，減五，減七。　二五六，兩次減六。　二五七，四因，隔一位退二八。　二五八，折半，減二九。　二五九，三因，七歸，減乙一。　二六乙，減七四，減五。　二六二，減三乙，折半。　二六三，四因，隔一位退五二。　二六四，折半，減一，減二。　二六五，四因，隔位減六。　二六六，減四，減九。　二六七，減七八，減五。　二六八，減三四，折半。　二六九，四因，隔一位退七六。　二七一，七因，減九，隔二位還三，遇乙八九七成千。　二七二，減六，減七。　二七三，減八二，減五。　二七四，減三七，折半。　二七五，四因，減乙。　二七六，折半，減三八。　二七七，三因，九歸，隔位還六九，遇八三乙成千。　二七八，減三九，折半。　二七九，減八，減五五。　二八一，三歸，隔位還乙九，［遇］三八乙成千。　二八二，減四乙，折半。　二八三，三歸，隔位還一七。遇二八三成千。　二八四，減四二，折半。　二八五，減五，減九。　二八六，減四三，折半。　二八七，三歸，隔位還一三，遇二八七成千，即是一也。　二八八，折半，兩次減二。　二八九，兩次減七。　二九乙，三歸，隔二位還九，見二九一成乙千。　二九二，減四六，折半。　二九三，三歸，隔二位還七，見二九三成乙千。　二九四，六歸，兩次七歸。　二九五，四因，減乙八。　二九六，減四八，折半。　二九七，九歸，三歸，減乙。　二九八，減四九，折半。　二九九，三歸，隔二位還一（算），遇二九九成千。　三百，折半，減五。又曰：三歸。

元·朱世傑《算學啓蒙·總括》　九歸除法按：古法多用商除，爲初學者難入，則後人以此法代之，即非正術也。

一歸如一進，九一進成十。二一添作五，逢二進成十。三一三十一，三二六十二，逢三進成十。四一二十(一)[二]，四二添作五，四三七十二，逢四進成十。五歸添一倍，逢五進成十。六一下加四，六二三十二，六三添作五，六四六十四，六五八十二，逢六進成十。七一下加三，七二下加六，七三四十二，七四五十五，七五七十一，七六八十四，逢七進成十。八一下加二，八二下加四，八三下加六，八四添作五，八五六十二，八六七十四，八七八十六，逢八進一十。九歸隨身下，逢九進成十。

清·王鑒《算學啓蒙述義》　鑒案：此珠算之法也。人樂其便，而商除之法，遂失不知珠算仍出於商除。蓋先以商習各數定率，然後取以爲法，以便於用，今仍以□除解之。夫除者，減也。累若干次，減爲一次□也。凡以一除各數皆不變，故一歸如一進見一進成十者，是法爲一而實，或有十、百、千、萬之殊；或法有十、百、千、萬之殊；當進、退其位也。大抵法大於實，則退位；法小於實，則進位。二一添作五者，如兩人分一物，則每人當得半也。逢二進成十者，如兩人分二物，則各得一也。若兩人分四物，各得二，則逢四進二十矣。若兩人分三物，則先逢二進一十，各得一。仍餘一，則二一添作五，各得半，合之得一五。若分五物，先逢四進二十，各得二。仍餘一，則二一添作五，各得半，合之得二五。餘皆倣此。三一三十一者，係三人分一物，以此一物，化爲十分，則各得三分，仍餘一分。故三一三十一也。若三人分二物，以此二物化爲二十分，則各得六分，共減去一十八分，仍餘二，故三二六十二也。若三人分三物，則各得一，故逢三進成十也。四歸以下皆同此理。然後知算術，皆始於極拙，極拙之中大巧生焉。理皆從至淺至近中出也。

元·朱世傑《算學啓蒙》卷上《九歸除法門》

實少法多從法歸，實多滿法進前居。常存除數專心記，法實相停九十餘。但遇無除還頭位，然將釋九數呼除。流傳故泄真消息，求一穿韜總不如。

今有錢四貫三百二十文欲糴白荳，每㪷價錢二十文。問得幾何。

答曰：二百一十六㪷。

今有錢四十三貫二百文欲買細絲，每斤價錢三百文。問得幾何。

答曰：一百四十四斤。

今有錢一千四百一十六貫欲買絹子，每匹價錢四貫文。問得幾何。

答曰：三百五十四匹。

今有銀二萬七千三百五十兩欲爲課銀，每鋌五十兩。問爲幾鋌。

答曰：五百四十七鋌。

今有錢四千四百一十六貫欲買大羅，每匹價錢六貫文。問得幾何。

答曰：七百三十六匹。

今有錢六百二十四貫四百文欲買甘草，每秤價錢七百文。問得幾何。

答曰：八百九十二秤。

今有錢五十貫七百二十文欲買細布，每尺價錢八十文。問得幾何。

答曰：六百三十四尺。

今有錢三萬八千二百五十貫欲買良馬，每匹價錢九十貫。問得幾何。

答曰：四百二十五匹。

術曰：列錢數爲實，以價錢爲法。［實如法］而一。合問。

今有錢一十七貫七百四十五文欲糴黑荳，斛價二百一十文。問糴荳幾何。

答曰：八十四斛半。

術曰：列錢數爲實，以斛價二百一十文爲法。實如法而一。合問。

今有錢二十四貫三十五文欲買白蜜，斤價三百八十文。問得幾何。

答曰：六十三斤四兩。

術曰：列錢數爲實，以斤價三百八十文爲法，除之。斤下分者，身外加六爲兩。合問。

今有錢四十三貫八百七十五文欲買水銀，斤價四貫五百文。問買幾何。

答曰：九斤一十二兩。

術曰：列錢數爲實，以四貫五百文爲法。實如法而一，斤下分者，身外加六爲兩。合問。

今有錢二十貫一百九十六文欲買丁香，兩價五十四文。問得幾何。

答曰：二十三斤六兩。

術曰：列錢數爲實，以五十四文爲法。實如法而一，得三百七十四兩。以斤率十六約之。合問。

今有錢五貫六百六十一文欲買陳皮，斤價六十八文。問得幾何。

答曰：八十三斤四兩。

術曰：列錢數爲實，以六十八文爲法。實如法而一。斤下分者，身外加六爲兩。合問。

今有銀一十五兩一錢六分三厘二毫，每銀七厘二毫換片腦一銖。問得幾何。

答曰：五斤七兩一十八銖。

術曰：列銀數爲實，以七厘二毫爲法，除之得二千一百六銖。以斤銖法三百八十四約之得五斤。不滿法者，以兩銖法二十四約之，得七兩。不滿法者，命之。合問。

今有錢五百九十一貫九百四十八文欲買銀朱，兩價八十七文。問得幾裹。

答曰：一百八十九裹。

術曰：列錢數爲實，以八十七文爲法。實如法而一，得六千八百四兩。以裹法三十六約之。合問。

今有細米七㪷九升五合三勺四抄，每九升一合準糲米一㪷。問得幾何。

答曰：八㪷七升四合。

術曰：列米數爲實，以九升一合爲法。實如法而一。合問。

今有香油二百五十六斤半，每三斤一十二兩用芝麻一㪷。問用芝麻幾何。

答曰：六碩八㪷四升。

術曰：列油數爲實，以三斤七分半爲法。除之。合問。

今有麵四百零七斤，每六斤一十四兩用麥一㪷。問用麥幾何。

答曰：五碩九㪷二升。

術曰：列麵數爲實，以六斤八分七厘半［爲法］。除之。八分七厘半者，乃十四兩留數。合問。

今有鹽二千四百六十引，每引四百五斤爲率。今每引外多附餘三十斤，問共爲引數幾何。

答曰：二千六百四十二引九十斤。

術曰：列鹽引數於上，併率數附餘，共得四百三十五斤。乘之，得一百七萬一百斤爲實。以四百五斤爲法。除之。不滿法者，命之。合前問。

今有荳粉一千七百五十九斤三兩八錢，每五斤六兩用荳一㪷。問荳幾何。

答曰：三十二碩七㪷三升。

術曰：列粉數，斤下留兩爲實。以五斤三分七厘半爲法。實如法而一。合問。

今有紬一萬尺，每一尺二分四厘換麻一片。問換麻幾何。

答曰：九千七百六十五斤一十兩。

術曰：列紬數爲實，以一尺二分四厘爲法。實如法而一。斤下分者，身外加六爲兩。合前問。

今有錢二萬貫欲買細絲，斤價四貫九十六文。問得絲幾何。

答曰：四千八百八十二斤一十三兩。

術曰：列錢數爲實，以斤價四貫九十六文爲法。除之。斤下分者，身外加六爲兩。合問。

今有米三萬㪷，每八升一合九勺二抄折荳一㪷。問折荳幾何。

答曰：三千六百六十二碩一㪷九合三勺七抄五撮。

術曰：列米數爲實，以八升一合九勺二抄爲法。實如法而一。合問。

今有芝麻四萬碩，每五升一合二勺對粟一㪷。問對粟幾何。

答曰：七萬八千一百二十五碩。

術曰：列芝麻數爲實，以五升一合二勺爲法。除之。合問。

今有錢五百貫欲糴小麥，每斛價錢一貫二百八十文。問糴麥幾何。

答曰：三百九十斛六㪷二升半。

術曰：列錢數爲實，以一貫二百八十文爲法。實如法而一。合問。

今有人參六萬斤，每三十一斤四兩換茶一引。問換茶幾何。

答曰：一千九百二十引。

術曰：列人叄數爲實，以三十一斤二分半爲法。實如法而一。合問。

今有金七萬銖，每三十五銖八絫四黍易片腦一斤。問易腦幾何。

答曰：一千九百五十三斤二兩。

術曰：列金數爲實，以三十五銖八絫四黍爲法。實如法而一，得一千九百五十三斤。斤下一分二厘五毫，以斤率十六乘之，得二兩。合問。

今有地八萬畝，每六畝二分五厘直銀一斤。問直銀幾何。

答曰：一萬二千八百斤。

術曰：列地畝數爲實，以六畝二分五厘爲法。實如法而一。合問。

今有稻九萬斛，每田一畝收稻五斛七㪷六升。問田幾何。

答曰：一百五十六頃二十五畝。

術曰：列稻數爲實，以五斛七㪷六升爲法。實如法而一。合問。

清・王鑒《筭學啓蒙述義》卷上 鑒案：此即縱横因法門、留頭乘法門、之還源，與身外減法同理。歌內言：但遇無除還頭位者，凡九歸有進成千之法，若餘實不受除，則不能進成十，即以本位之數移入下位。如本位一移作下位之十；如本位二移作下位之二十。則自下位如法呼之。合觀以上，諸門皆所以暢明乘、除、加、減之用。初學熟此，然後可以升堂入室。

元・賈亨《筭法全能集・筭法上》

歸法

九歸之法乃分平，湊數從來有見成。數若有多歸作十，歸如不倒荅添行。

一歸無法，定身除。法見前。

二歸：見一添爲五，見二進一十。

三歸：見一三十一，見二六十二，見三進一十。

四歸：見一二十二，見二添爲五，見三七十二，見四進一十。

五歸：就身加一倍，見五進一十。

六歸：見一下加四，見二三十二，見三添爲五，見四六十四，見五八十二，見六進一十。

七歸：見一下加三，見二下加六，見三四十二，見四五十五，見五七十一，見六八十四，見七進一十。

八歸：見一下加二，見二下加四，見三下加六，見四添爲五，見五六十二，見六七十四，見七八十六，見八進一十。

九歸：下位加一倍，見九進一十。

今有鈔二百六十五兩三錢二分。問每人分鈔幾何。

答曰：假令將作。

二歸：二人分，每人該鈔一百三十二兩六錢六分。

三歸：三人分，每人該鈔八十八兩四錢四分。

四歸：四人分，每人該鈔六十六兩三錢三分。

五歸：五人分，每人該鈔五十三兩六分四厘。

六歸：六人分，每人該鈔四十四兩二錢二分。

七歸：七人分，每人該鈔三十七兩九錢二厘八毫五絲七忽。

八歸：八人分，每人該鈔三十三兩一錢六分五厘。

九歸：九人分，每人該鈔二十九兩四錢八分。

法曰：置都鈔在地，以人數歸之。合問。

歸除

惟有歸除法更奇，將身歸了次除之。有歸若是無除數，起一回將元數施。

或值本歸歸不得，撞歸之法莫教遲。若還識得中間法，筭者並無差一厘。

撞歸法謂如：四歸見四本作一十，然下位無除不以爲十，以四撞身爲九十四，則下位有數除也，故謂之撞歸。推此法內用之。餘倣此。

二歸爲九十二。三歸爲九十三。四歸爲九十四。五歸爲九十五。六歸爲九十六。七歸爲九十七。八歸爲九十八。九歸爲九十九。

今有五十五人分鈔六百五十八兩九錢。問每人該鈔幾何。

答曰：每人該一十一兩九錢八分。

法曰：置都鈔在地以人數歸除之。合問。

今有織絹八十六丈四尺，計用絲三百二十兩。問每兩該絹幾何。
答曰：每兩該絹二尺七寸。
法曰：置都絹在地，以絲數歸除之。合問。
今有麻二十四斤半，賣鈔八兩八錢二分。問每斤該鈔幾何。
答曰：每斤該鈔三錢六分。
法曰：置都鈔在地，以斤數歸除之。合問。
今有鈔四百八十八兩九錢五分買布，每匹價三兩八錢五分。問該布幾何。
答曰：該布一百二十七匹。
法曰：置都鈔在地，以匹價歸除之。合問。

元·安止齋《詳明算法》卷上　九歸十以下單位分者，用此法。先從首位大數筭起，用因法還元。

九歸之法乃分平，湊數從來有見成。數若有多歸作十，歸如不盡搭添行。
一歸：一歸不須歸，其法故不立。
二歸：二一添作五，逢二進一十。
三歸：三一三十一，三二六十二，逢三進一十。
四歸：四一二十二，四二添作五，四三七十二，逢四進一十。
五歸：五一倍作二，五二倍作四，五三倍作六，五四倍作八，逢五進一十。
六歸：六一下加四，六二三十二，六三添作五，六四六十四，六五八十二，逢六進一十。
七歸：七一下加三，七二下加六，七三四十二，七四五十五，七五七十一，七六八十四，逢七進一十。
八歸：八一下加二，八二下加四，八三下加六，八四添作五，八五六十二，八六七十四，八七八十六，逢八進一十。
九歸：九歸隨身下，逢九進一十。
今有鈔二百六十五兩三錢二分，假令二人分之。問每人得幾何。
（一）[二]歸答曰：一百三十二兩六錢六分。
法曰：置鈔數，以人數歸之。布筭如後。
二分‖逢二進一十。盡。
三錢≡逢二進一十，起了本身二數，而進一十於上位；尚餘一。二一添作五。將所餘一數變作五。
五兩〓逢四進二十，起了本身四數，而進二十於上位；尚餘一。二一添作五。將所餘一數，變作五。
六十⊥逢六進三十。起了本身六數，而進三十於上位。
二百‖逢二進一十。起了本身二數，而進一十於上位。
三歸：三人分之，每人該八十八兩四錢四分。
二分‖逢三進一十。盡。
三錢≡逢三進一十，起了本身三數，而進一十於上位；尚餘一。三一三十一。變所餘一作三，更於下位加（二）[一]。
五兩〓逢六進二十，起了本身六數，而進二十於上位；尚餘一，三一三十一。將所餘一變作三，更於下位加一。
六十⊥逢六進二十，起了本身六數，而進二十於上位；尚餘二。三二六十二。將所餘二變作六，更於下位加二。
二百‖三二六十二。將本身二變作六，更於下位加二。
四歸：四人分之，每人該六十六兩三錢三分。
二分‖逢四進一十。盡。
三錢≡逢四進一十，起了本身四數，而進一十於上位；尚餘一。四一二十二。變所餘一作二，更於下位加二。
五兩〓逢四進一十，起了本身四數，而進一十於上位；尚餘一。四一二十二。變所餘一作二，更於下位加二。
六十⊥逢四進一十，起了本身四數，而進一十於上位；尚餘二。四二添作五。變所餘二作五。
二百‖四二添作五。變本身二作五。
五歸：五人分之，每人該五十三兩〇六分四釐。
二分‖五二倍作四。變二作四。
三錢≡五三倍作六。變三作六。
五兩〓逢五進一十。起了本身五數，而進一十於上位。
六十⊥逢五進一十，起了本身五數，而進一十於上位；尚餘一。五一倍作二。變所餘一作二。
二百‖五二倍作四。變本身二作四。
六歸：六人分之，每人該四十四兩二錢二分。
二分‖逢六進一十。盡。

三錢≡逢六進一十，起了六數，而進一十於上位；尚餘一。六一下加四。不動本身，只於下位加四。

五兩𝍤逢六進一十，起了六數，而進一十於上位；尚餘一。六一下加四。不動本身，只於上位加四。

六十⊥逢六進一十，起了六數，而進一十於上位；尚餘二。六二三十二。變二作三，更於下位加二。

二百‖六二三十二。變二作三，更於下位加二。

七歸：七人分之，每人該三十七兩九錢〇二釐八毫五絲七忽[余]。

二分‖七二下加六，只於下位加六。七六八十四，三位。七四五十五，四位。七五七十一。此數無盡，且止於此。

三錢≡逢七進一十。

五兩𝍤七六八十四。變六作八，更於下位加四。

六十⊥逢七進一十，尚餘五。七五七十一。變所餘五作七，更於下位加一。

二百‖七二下加六。不動本身，只於下位加六。

八歸：八人分之，每人該三十三兩一錢六分五釐。

二分‖八四添作五。變四作五。

三錢≡八五六十二。變五作六，更於下位加二。

五兩𝍤逢八進一十，起了八數，而進一十於上位；尚餘一。八一下加二。不動本身，只於下位加二。

六十⊥逢八進一十，起了八數，而進一十於上位；尚餘二。八二下加四。不動本身，只於下位加四。

二百‖八二下加四。不動本身，只於下位加四。

九歸：九人分之，每人該二十九兩四錢八分。

二分‖逢九進一十。盡。

三錢≡隨身下加七。

五兩𝍤逢九進一十，餘四。隨身下加四。不動本身，只於下位加四。

六十⊥隨身下加八。不動本身，只於下位加八。

二百‖隨身下加二。不動本身，只於下位加二。三二六十二。變本身作六十，更於下位加二。

今有麻二十四斤半，賣鈔八兩八錢二分。問每斤該鈔幾何。

答曰：三錢六分。

法曰：置鈔數，以斤數二四五歸除之。布筭如後。

二分‖五六除三十。盡。

八錢𝍰逢二進一十，起二數而進一十於上。

四六除二十四，本身除二十，下位除四。

八兩𝍧逢六進三十，起六數而進三十於上。

三四除一十二，本身除一十，下位除二。

三五除一十五，下位除一十，第三位還五。

二一添作五。變餘一作五。

今有鈔四百八十八兩九錢五分買錦，每尺價鈔三兩八錢五分。問該錦幾何。

答曰：一十二丈七尺。

法曰：置都鈔數，以尺價三八五歸除之。布筭如後。

五分𝍤已盡。

九錢𝍱五七除三十五。本身除三十，更於下位除五。皆盡。

八兩𝍧逢三進一十，餘五。八七除五十六，本身除五十，更於下位除六。

八十𝍰逢六進二十，起六數而進二十於上。

二八除一十六，本身除一十，於下位還四。

二五除一十。下位除一十，本身尚餘二。三二六十二，變二作六，更於下位加二。

四百𝍣逢三進一十，起三數而進一十於上，一八除八，本身除一十，於下位還二。

一五除五，於第三位除五。

歸除二十以上至百、千、萬以上，首位有二、三、四、五、六、七、八、九者，皆以此法分之。從首位大數筭起，用乘法還元。

唯有歸除法更奇，將身歸了次除之。有歸若是無除數，起一回將元數施。

或遇本歸歸不得，撞歸之法莫教遲。若人識得中間意，筭學雖深可盡知。

今有五十五人，分鈔六百五十八兩九錢。問每人得鈔幾何。

答曰：一十一兩九錢八分。

法曰：歸除者，先歸而後除，是合九歸、定身除二法爲一也。

置鈔數，以人數五十五歸除之。布筭如後。

九錢𝍰五八除四十。盡。

八兩𝍢逢五進一十，起五數而進一十於上，餘八。五九除四十五，本身除四十，更於下位除五，餘四。五四倍作八。變餘四作八。

五十𝍬逢五進一十，起五數，而進一十於上。餘五。一五除五，本身除一十，於下位還五，餘四。五四倍作八。變餘四作八。

六百𝍥逢五進一十，起五數而進一十，於上餘一。一五除五。本身除一十，於下位還五。

今有織絹八十六丈四尺，計用絲三百二十兩。問每兩該絹幾何。

荅曰：二尺七寸。

法曰：置絹數，以絲數三二歸除之。布筭如後。

四尺𝍬已盡。

六丈𝍥逢三進一十，起三數而進一十於上，餘一。二七除一十四。本身除一十，更於下位除四。皆盡。

八十𝍰逢六進二十，起六數，而進二十於上，餘二。二二除四，只於下位除四，本身依舊餘二。

右歸除之法，此數條已見大意，餘皆倣此。唯或有歸而無除，則起此已歸一筭，而以元數復置於下位，然後視其多寡而筭之；又有撞歸之法，皆變通之術也。亦不可不知，今具列如後。

見二無除作九二。見三無除作九三。見四無除作九四。見五無除作九五。見六無除作九六。見七無除作九七。見八無除作九八。見九無除作九九。

明・周述學《曆宗筭會》卷一

歸法三

米一千三百五十六石，每田一畝收米二石。求該田幾何。

置所有米一千三百五十六石爲實。以所收米二石爲法。歸之，得六頃七十八畝。

鈔二百六十五貫三百二十文，欲令三人分之。求各得幾何。

置所有鈔二百六十五貫三百二十文爲實。以所分三人爲法。歸之，得八十八貫四百四十文。

歸除法四

鈔二千五十二貫，每米一石價鈔四貫五百文。求該米幾何。

置所有鈔二千五十二貫爲實。以所求價四貫五百文爲法。除之，得四百五十六石。此除求物數也。

鈔四百一十一貫六百文，糴米一百七十一石五斗。求每石價鈔幾何。

置鈔四百一十一貫六百文爲實。以所糴米一百七十一石五斗爲法。除之，得二貫四百文。此除求價數也。

鈔六十六貫二百文，糴米二十六石四斗八升。求每五斗價幾何。

以所求率五斗乘鈔六十六貫二百文，得三百三十一貫爲實。以所糴米二十六石四斗八升爲法。除之，得一貫二百五十文。此乘率除求價數也。

鈔三百四十五貫六百文，買羅三十六疋，每尺價鈔二百四十文。求每疋長幾何。

置鈔三百四十五貫六百文爲實。以尺價二百四十爲法。除之，得一千四百四十尺。又以羅三十六疋除之，得四十尺。此謂疊除法也。

鈔四十七貫八百八十文買物，每斤價鈔四貫六百八文。求斤兩幾何。

置鈔四十七貫八百八十爲實。以物價四貫六百八文爲法。除之，得一十斤。餘實一貫八百文，不滿斤數。用斤法十六兩乘之，得二十八貫八百文。以物價除之，得六兩，餘鈔一貫一百五十二文，不及兩價。以兩法二十四銖乘之，得二十七貫六百四十八文。以物價除之，得六銖。得一十斤六兩六銖。

以歸除求斤之外，餘不及者，當求爲兩。若以斤價兩價相紐求之，不勝其繁。故以斤價求兩，而以兩、以銖之數，乘餘鈔以求之，此除分之玅也。

錢五貫六百四十文，買菓一萬六千九百二十枚。求每文得幾。

置果一萬六千九百二十枚爲實。以錢五貫六百四十爲法。除之，得一錢買三枚。

錢本爲實，物本爲法。若實少法多，而實不滿法，反以物爲實，以錢爲法。此又謂翻法除也。

練絲九百三十六斤三兩六錢，每七錢五分原用净絲一兩。求該净絲幾何。

置練絲九百三十六斤，以斤法十六通之，加零共得一萬四千九百七十九兩六錢爲實。以練絲七錢五分爲法。除之，得一萬九千九百七十二兩八錢。以定身減六見斤。得一千二百四十八斤四兩八錢。此通分除法帶減也。

撞歸法五

稅穀共一百六十四石五斗，每田一畝稅穀二石五斗。求田幾何。

得六十五畝八分。

置總穀一百六十四石五斗爲實。以每畝稅穀二石五斗爲法。除之，末位有歸無除，以撞歸之法通之二歸見二，謂之撞歸，本進成十，下位無除。法不可進，當將本身化九，以二添七；却於次位添二，還其歸數。又不足除，仍將身九除一，下位再還歸二，與法相除，數適足也。

二歸爲九十二，三歸爲九十三，四歸爲九十四，五歸爲九十五，六歸爲九十六，七歸爲九十七，八歸爲九十八，九歸爲九十九。無除減一下還歸數。

清・潘逢禧《算學發蒙・古算一》 九歸除法松庭朱氏曰：古法多用商除，爲初學難入，後人以此法代之，即非正術也。

一歸如一進，九一進成十。

二一添作五，逢二進成十。

三一三十一，三二六十二，逢三進成十。

四一二十二，四二添作五，四三七十二，逢四進成十。

五歸添一倍，逢五進成十。

六一下加四，六二三十二，六三添作五，六四六十四，六五八十二，逢六進成十。

七一下加三，七二下加六，七三四十二，七四五十五，七五七十一，七六八十四，逢七進成十。

八一下加二，八二下加四，八三下加六，八四添作五，八五六十二，八六七十四，八七八十六，逢八進成十。

九歸隨身下，逢九進成十。

此歌與近傳歌訣，微有不同，而較爲簡捷。其曰：一歸如一進，即近來混歸歌訣。逢一進一十，逢二進二十也。其曰：五歸添一倍，即近來歌訣。五一倍作二，五二倍作四也。其曰：九歸隨身下，即近來歌訣。九一下加一，九二下加二也。又按茗香羅氏曰：昔梅徵君謂歸除歌括，始於前明吴信民《九章比類》，今此歌，惟一歸如一進，五歸添一倍，九歸隨身下三句，與今文小異，餘悉相同。證以楊氏《乘除通變算寶》卷中。所載九歸新括，其大字在上云：歸數求成十，歸餘自上加半而爲五計，定位退無差。其每句下小字雙行注云：九歸見一下一，見四五作五，遇九成十。其八歸：見一下二，見四作五，遇八成十。其七歸，見一下三，見三五作五，遇七成十。諸語，雖文句不同，而信非始於信民也。

又《古算二》 九歸除法

實少法多從法歸，實多滿法進前居。常存除數專心記，法實相停九十餘。但遇無除還頭位，然將釋九數呼除。流傳故泄真消息，求一穿韜總不如。

按：此即珠算九歸歌訣之權輿。但古歌簡質，後來詳盡耳。首句謂實不滿法者，以法命之也。次句謂實多滿法，則如法歸於前位，以下除之也。三句即申明次句之意，謂以下除數宜記也。四句即撞歸法，所謂見一無除作九一之類。五句即近訣無除，起一下還一之類。故曰：還頭位也。六句謂本位既用歸法，而下以因法除之也。七句易解。末句求一者，按楊輝算法通變，有求一乘除等術。穿韜者，代乘、代除也。楊書各設三百題，謂之穿除。証以夏侯陽算經，亦有身外添幾、減幾，並同此法。蓋今之飛歸，實穿韜之一種也。詳下珠算中。

假如職方氏，邦國千里。封公方五百里，侯方四百里，伯方三百里，子方二百里，男方一百里。問五爵各該若干。

答曰：四公，六侯，十一伯，經誤作七。二十五子，百男。

術曰：先以千里自乘，得一百萬里爲實。以公地五百里自乘，得二十五萬里爲法。除千里，得公數。侯地四百里，自乘得十六萬里爲法。除千里，得侯數。伯地三百里，自乘得九萬里爲法。除千里得伯數。子地二百里，自乘得四萬里爲法。除千里，得子數。男地一百里，自乘得一萬里爲法。除千里，得男數。合問。

先除公數。

法　實　　　得數

≣　╲　法五除實四。呼四五除二十，本位除盡。

‖　╲　法二除實一。呼二一添作五，因下位除無

|　再呼無除起一下還二。本位改五作四下位作二。　||||四公

次除侯數。

法 實　　　　　得數

丅 ╲

一 ╲ 法六除實六。呼六六除三十六，本位除三，下位空，借本位一作十，除六餘四。　　　　Ⅲ餘四萬里

一 法一除實一。因下無除位，呼見一無除作九一，又無除位，再呼無除起〔三〕〔二〕下還三，本位作六，下位作四。　　╲　丅六侯

次除伯數。

法 實　　　　　得數

Ⅲ ╲

╲ 法九除實一。呼九一下加一，本位不動，下位作一。　　一　餘一萬里

一 法九除實一。呼九一下加一，本位不動，下位作一。　　一　一伯

　　　　　　　　　　　一　一十

次除子數。

法 實　　　　　得數

Ⅲ ╲

╲ 法四除實二。呼二一添作五，本位改二作五。　　Ⅲ　五子

一 法四除實一。呼四一二十二，本位改一作二，下位作二。　　═　二十

次除男數。

法 實　　　　　得數

一 ╲

╲

一 法一除實一。呼逢一進一十，本位除去，上位進一。　　一百男

假如《禮記·王制》古者以周尺八尺爲步，今以周尺六尺四寸爲步。問古者百畝，當今東田若干。

答曰：一百五十六畝二十五步。

術曰：以古步六尺四寸自乘，得四十尺九十六寸爲古一步之積。與百畝一萬步相乘，得四十萬九千六百尺，爲古百畝之積。以今步五尺一寸二分自乘，得二十六尺二十一寸四十四分，爲今一步之積。與一畝百步相乘，得二千六百二

法　實 求首數。　　得數 求次數。　　得數求三數。　　得數求四數。

Ⅲ　　　　　　　　　　　六四除二十四　　　二四除八

≣　　　　　　　　　　　　　　　　　　　　丅 二四除八

一　一四除四　　丅 四五除二十　　Ⅲ 六四除二十四　　≡ 二二除二

═　一四除四　　≣ 四五除二十　　≟ 一六除六　　Ⅲ 二二除四

丅　丅一一除一　　Ⅲ 一五除五　　Ⅲ 六二除一十二　　≣ 二六除一十二

═　≟二二除二　　⊥ 五二除一十　　⊥ 六六除三十六 二一添作五　　丅 逢四進二十

╲一六除六　　Ⅲ 五六除三十　　一 逢二進一十　　╲

≣ 逢二進一十　　一 二一添作五　　≣　　丅

得數 求五數。　　　　　　　　　　≣

═ 四五除二十　　　得數

╥ 四五除二十 一五除五　　Ⅲ 五步

╲

一 五二除一十　　═ 二十

≡ 五六除三十　　丅 六畝

一 二一添作五　　≣ 五十

═

丅

≣

一　　　　　　　　一 一百

十一尺四十四寸爲今一畝之積。以古百畝之積四十萬九千六百尺爲實。以今一畝之積二千六百二十一尺四十四寸爲法。以法除實，得一百五十六畝二十五步，即古者百畝，當今東田之數。合問。

解曰：此經因諸儒不明周尺之義，遂至紛紛異論，不知周盡也。周尺云者，謂盡十尺之數，非指周代之尺也。凡尺之用盡於十，至十則爲丈而非尺矣。此言盡十尺之數，而去其二尺，而以八尺爲步。古之步田則然，故曰：古者以八尺爲步。今於一丈之中，盡十尺之數。而去其三尺六寸，而以六尺四寸爲步。故曰：今以周尺六尺四寸爲步。不然，何不曰：周以八尺爲步，而曰：古者以周尺乎？蓋古者八寸爲尺，以周尺八尺爲步，以八乘八，則一步有六尺四寸。今指漢時也。今以周尺六尺四寸爲步，以六四乘八，則一步有五尺一寸二分，是今步比古步，每步剩出一尺二寸。以此除之，則古者百畝，當今東田一百五十六畝二十五步也。經文謂：當今東田一百四十六畝三十步，似有錯誤。又按：周尺當今營造尺六寸四分，則今方五尺爲步。在周尺止方三尺二寸，又周步百爲畝。今二百四十步爲畝，則周百畝，當今二十五畝六分耳。

重因法

題解

宋・楊輝《乘除通變本末》卷上《算法通變本末》　重因術曰：法數如九九合數者，則用重因。得六十三，用七因、九因。如四十八，用六因、八因。定位如乘。

算法

晉・佚名《孫子算經》卷下　今有三萬六千四百五十四户，户輸綿二斤八兩。問計幾何。

答曰：九萬一千一百三十五斤。

術曰：置三萬六千四百五十四户，上十之，得三十六萬四千五百四十。以四乘之，得一百四十五萬八千一百六十兩。以十六除之，即得。

唐・佚名《夏侯陽算經》卷中　今有縣令每月課料七貫三百六十一文五分二氂。尋即交承。舊官任六日，新官任二十四日。問新、舊官各得幾何。

答曰：舊官得一貫四百七十二文三分四毫，新官得五貫八百八十九文二分一氂六毫。

術曰：置錢數，以三十日爲法，除之，得一日之錢二百四十五文三分八氂四毫。六因之，得舊官數。三、八因之，得新官數。

又　卷下　今有布積尺一萬八千四百六十三尺四寸二分。問爲端幾何。

答曰：三百六十九端一丈三尺四寸二分。

術曰：先置尺數，以五十尺除之，即得。

今有絹三千四百六十三匹一丈三尺四寸，每匹三貫五百文。問計錢幾何。

答曰：一萬二千一百二十一貫六百七十二文五分。

術曰：先置絹數，丈、尺已下折半，以五因之。以五、七因之，即得。

今有絹積尺一萬三千四百六十三尺五寸四分。問爲匹幾何。

答曰：三百三十六匹二丈三尺五寸四分。

術曰：先置積尺數，以匹四十尺爲法，除之，即得。

又術：從頭七因，訖，折半，即得。

今有絲一千五百二十五斤，每兩一百七十文。問錢幾何？

答曰：四千一百四十八貫。

術曰：先置絲數，以二、八因之，以兩價乘之，即得。

又術：添七亦得。

今有絹四十二匹，每匹當錢四貫三百六十六文四分七氂八毫九絲四忽。問錢幾何。

答曰：一百八十三貫三百九十二文一分一氂五毫四絲八忽。

術曰：先置絹匹之價，以七、六因之，即得。

今有糯米三千四百六十三斛六斗，每斗醖酒一斗四升。問酒幾何。

答曰：四千八百四十九斛四升。

術曰：先置米數，以二、七因之，即得。

又術：以四添之，亦得。

今有大豆一萬三千四百五十四斛五斗，每斗造豉一斗五升。問豉幾何？

荅曰：二萬一百八十一斛七斗五升。

術曰：先置豆數，以五添之，即得。

又術：以一斗五升乘之，亦得。

今有米一萬三千四百六十四斛五斗，每斗一百二十文。問錢幾何。

荅曰：一萬六千一百五十七貫四百文。

術曰：先置米數，二、六因之，即得。

又術：以二添之，亦得。

今有米一萬三千四百六十五斛四斗三升，每斗一百三十五文。問錢幾何？

荅曰：一萬八千一百七十八貫三百二十文五分。

術曰：先置米數，三、九因之，折半，即得。

又術：九因，五添，亦得。

宋・楊輝《乘除通變本末》卷上《算法通變本末》 絹二百七十四匹，每匹四十八尺。問共幾尺。

荅曰：一萬三千一百五十二尺。

草曰：置絹數，二百七十四匹。於匹上定得尺。六因，又八因之。

金二百七十四兩，每兩二十四銖。問共幾銖。

荅曰：六千五百七十六銖。

草曰：置兩數二百七十四於兩上定銖。三因，又八因之。田二百四十步爲畝，亦用此術，但移定位。

損乘

題解

宋・楊輝《乘除通變本末》卷上《算法通變本末》 損乘：即下乘也。上乘以生數，下乘即損數。

綜論

宋・楊輝《乘除通變本末》卷中《乘除通變算寶》 算無定法詳説

因九九錯綜，而有合數陰陽。凡八十一句，今人求簡，止念四十五句，餘置不用。算家惟恐無數可致，豈得有數不用者乎？嘗於《日用》詳解二集，刊陰陽字分賓主共存之。且問二十三、四十六合數中素無者，或三七五一八七五爲法，捨相乘何以代之？原一百法載之後題，矧此算無定法，惟理是用而已矣。

算法

唐・佚名《夏侯陽算經》卷下 今有糙米三千四百六十四斛五斗七升三合四勺，每斗舂得熟米九升。問熟米幾何。

荅曰：三千一百一十八斛一斗一升六合六抄。

術曰：先置米數，九因，退之，即得。

又術：但從十內減一，亦得。

宋・楊輝《乘除通變本末》卷上《算法通變本末》 損乘術曰：九乘者損一。十去其一即九。八乘者損二。十去其二即八。七乘者損三。十去其三即七。六乘者損四。五乘者折半。折半即是損五。四乘者損六，三乘者損七，二乘者損八，並自末位求起，即下乘也，是反用九歸之術。定［位如乘。］官支錢二萬六千四百一十貫，每貫除頭子錢伍拾陸文。問共得若干。

荅曰：一百四十七貫八百九十六文。

草曰：五十六本是七因八因，今易爲損法。當先用損三以代七因。置二萬六千四百一十貫，於十貫上定百。（後）［從］末位損三，得一百八十四貫八百七十。又用損二以代八因，而得荅數。

又 卷中《乘除通變算寶》 銀二百三十七鋌，每鋌二十三兩。問共重幾兩。

荅曰：五千四百五十一兩。

術曰：置銀鋌數爲實，如省錢歸足七十七法。從尾位損之。

鋌定百兩‖≡𝍧 云七退五三九
壹陸壹‖≡ 云三退二三一
壹伍捌〇‖ 云二退一五四
壹兩伍拾肆百伍千求得

葛布二百三十七匹，每匹四十六赤。問共幾赤。

答曰：一萬九百二赤。

草曰：倍布數爲實，二百三十七匹。如前法求之。

倍布數×⊥× 云四退三隔八
貳玖〇×⊥ 云七退五三九
貳〇柒壹× 云四退三隔八
貳赤〇玖百〇壹萬

葛布二百三十七匹，每匹三貫七百五十文。問錢幾何。

答曰：八百八十八貫七百五十。

術曰：置布匹數，以斤求兩價念法，從尾損之。

一求剋退六二五，二求剋退一二五。三求一八七五[退]，四求退剋二十五。五求三一二五(是)[退]，六求除退三七五。七求四三七五退，八求就身退除五。

‖≡ 云七先退四三七五
伍貳陸貳‖≡ 云三次退一八七五
伍柒捌叁壹‖ 云二退一二五
伍拾柒百捌貫捌拾捌百(的)[求]得

四百三十二人，各支九貫七百。問共幾何。

答曰：四千一百九十貫四百文。

諸括不可入題者。

術曰：置人數爲實，以虧數隔位損之。

草曰：置人數爲實，以虧數。(法)九貫七百，比十一貫虧三百。隔位損之。

人定十貫‖≡× 以二命三 隔位退六
肆玖壹≡× 隔位退九 以三命三
肆〇壹叁× 次退十二 以四命三
肆百〇貫玖拾壹百肆千

又　卷下《法算取用本末》　加因代乘三百題

一至九本法從因。隨題用法求捷，不必拘執。

一爲法。一、十、百、千同，不求祇定位。二爲法。倍之。三、四、六。各用因。五爲法。折半進[位]。

圓田徑七十六步。問周圍幾步。

答曰：二百二十八步。

以徑求周，用三爲法。草曰：置徑七十六步，先因七，云：「三七二十一」，改二百一十。又因六，云：「三六一十八」，將六步改十八。

七、八、九。各用損。見一損三存七，見一損二存八，見一損一存九。即此陰乘之義。

直田長九十步，闊七十步。問積步。

答曰：六千三百步。

七爲法。置九十步，尾上損三。云三九退二十七。

九爲法。置七十步，尾上損一。云一七退七。合問。

十一至十九，本法從加。十二，十四，十六，十八，雖可[倍]而[用，卻]是兩次下。

十九斤，每斤十六兩。問積兩。

答曰：三百四兩。

十六爲法。置十九斤，身後加六。合問。

十九爲法。置十六兩，身後加九。合問。

二十一至二十九，用連身加。先加零數，後加身數。

二十一三因，七因。二十二倍位加一。二十三二定百，退七十七。二十四倍位加二。二十五倍次，折半。二十六倍位加三。二十七三因，九因。二十八倍位加四。二十九連身加。

物二十一兩，每兩二百七十。問共幾錢。

答曰：五貫六百七十文。

二十一爲法。置二百七十，用三因，又七因。合問。

二百七十爲法。置兩數，用三因，又用九因。合問。

物二百三十六斤，每斤價二貫三百。問展幾錢。

答曰：五百四十二貫八百文。

連身加三爲法。置二百三十六斤，先加三六，一貫八百。卻增身六貫。又命三十貫加九貫，更入身三十貫續命。二百貫加六十貫，又加身二百貫文。

合問。

減七七爲法。置二百三十六斤，以一定十，爲二千三百六十斤。從末位命六云：六四六二，退四十六貫二百後，命三云：二二三乙，退二百三十一貫。後命二云二乙五四退一千五百四十貫。

三十一至一百用雜法。

三十一身前因三。三十二倍位加六。三十三二因，加一。三十四二因，加七。三十五七因，折半。三十六二因，加八。三十七加一乙，用三除。三十八二因，加九。三十九三因，加三。

田長四十一步，闊三十一步。問積步。

答曰：一千二百七十一步。

三十一爲法。置四十一步，首位身前因三。先命四云：三四下千二百。再命一，身前下三十步。

田長四十二步，闊三十七步。問田幾何。

答曰：一千五百五十四步。

三十七爲法。置長步，一上定百。先命二，加二十二。又命四，加四百四十。共數以三歸除之。合問。

四十一兩折，加六四。四十二三因，加四。四十三加七二，兩折半。四十四四因，加一。四十五九因，折半。四十六二因，退七七數。四十七加八八，兩折半。四十八三因，加六。四十九兩次損三。

綢六十二匹，每匹四丈九尺。問共幾尺。

答曰：三千三十八尺。

兩次損三，猶兩次七因也。置匹數，一上定自尺。從尾位次第損三，得四千三百四十，又損三。同。

五十一三因，加七。五十二四因，加三。五十三折半，隔位加六。五十四六因，九因。五十五加一，折半。五十六四因，加四。五十七三因，加九。五十八加一六，折半。五十九加一八，折半。

綢五十七匹，每匹五丈一尺。問積幾尺。

答曰：二千九百七尺。

五十一爲法。置疋數，三因，又加七。合問。

五十七爲法。置尺數，三因，又加九。合問。

六十一加二二，折半。六十二加二四，折半。六十三損一，損三。六十四兩次損二。六十五加三，折半。六十六六因，加一。六十七加三四，折半。六十八四因，加七。六十九加三八，折半。

物六十一斤，斤價六百三十。問共幾錢。

答曰：三十八貫四百三十文。

六十一爲法。置斤價，加二二，折半。合問。

六十三爲法。置斤數，先損一，卻損三。合問。

七十一加四二，折半。七十二六因，加二。七十三加四六，折半。七十四加乙一，減五。七十五加五，折半。七十六四因，加九。七十七七因，加一。七十八六因，加三。七十九加五[折半]。

七十七陌，省錢七十四貫。問爲足錢幾何。

答曰：五十六貫九百八十文。

七十四爲法。置七十七陌，加一一得八十五貫四百七十，減五。合問。若不減五，用二因三歸，同。

七十七爲法。置七十四貫，加一得八十一貫四百，退位用七因。合問。

八十一兩次損一。八十二加六四，折半。八十三加六六，折半。八十四六因，加四。八十五加七，折半。八十六加七二，折半。八十七加七四，折半。八十八加一，損二。八十九從尾退乙乙。

米八百九十石，每石省斛八斗三升。問爲足斛幾何。

答曰：七百三十八石七斗。

八斗三升爲法。置米數，加六六，用折半。

八百九十爲法。置八斗三升，合是以一定百。其尾位是十石，合定十約爲八百三十石。從尾退乙乙。合問。

九十一七因，加三。九十二四因，退七七。九十三加八六，折半。九十四加八八，折半。九十五加九，折半。九十六加二，損二。九十七隔位退三。九十八七因，加四。九十九加一，損一。

田長九十九步，闊九十七步。問積幾步。

答曰：九千六百三步。

九十七爲法。置長步，乙上定百。位後隔位退三，又曰：加九四，折半。合問。

九十九爲法。置闊步，乙上定百。先加一卻損乙，又曰：隔位退之。合問。

一百一至一百九，隔位加零。

一百一隔位加一。一百二六因，加七。一百三隔位，加三。一百四八因，加三。一百五七因，加五。一百六隔位加六。一百七隔位加七。一百八六因，加八。一百九隔位加九。

米一百七石，每石增耗三升。問共幾何。

答曰：一百一十石二斗一升。

一石加耗三升，以一百三爲法。置一百七石，隔位加三。合問。

一百七石爲法。置一石三升，升上定石。從尾隔位加七。合問。

一百十一至百九十九，竝加兩位。

百十一加乙一。百十二八因，加四。百十三加乙三。百十四六因，加九。百十五加一五。百十六加一六。百十七九因，加三。百十八加乙八。百十九七因，加七。

物一百一十三斤，每斤一百十九文。問共若干。

答曰：一十三貫四百四十七文。

百十三爲法。置斤價，文上定百。身外加[乙]三。

百十九爲法。置斤數，七因；斤上定十，又加七。

百二乙兩次加一。百二二加二二。百二三加二三。百二四加二四。百二五三番折半。百二六九因，加四。百二七加二七。百二八八因，加六。百二九加二九。

足秤一百二十六斤。問爲省秤多少。

答曰：一百五十七斤半。

足秤展省。用一百二十五爲法。置斤數，三[番]折半。合問。

又曰：置百二十五，加四，又九因。合問。

百三一加三一。百三二加一，加二。百三三七因，加九。百三四加三四。百三五九因，加五。百三六八因，加七。百三七加三七。百三八六因，退七七。百三九加三九。

物一百三十八秤，每秤十三貫二百。問錢若干。

答曰：一千八百二十一貫六百文。

一十三貫二百爲法。置斤數，加一，又加二。合問。

一百三十八爲法。置價錢，六百因之，尾退七七。

百四一隔位退六，加五。百四二倍之，身前七因。百四三加乙，加三。百四四兩次加二。百四五連身加九，折半。百四六加四六。百四七三因，兩次七因。百四八加二，加乙乙。用九歸。百四九加四九。

綾一百四十八疋，疋價十四貫二百。問錢幾何。

答曰：二千一百一貫六百文。

置綾數，倍得二百九十六疋。從上位，身前七因。

又曰：置價錢，加二，又加乙乙，用九歸。(各)合問。

百五一加五一。百五二八因，加九。百五三九因，加七。百五四加一，加因。百五五加五五。百五六加二，加三。百五七加五七。百五八加五八。百五九加五，隔位加六。

物一百五十九斤，每斤一百五十一。問錢幾何。

答曰：二十四貫九文。

置斤數，身外加五乙兩位，斤上定百。合問。

置斤價，加五，又隔位加六。合問。

百六一七因，退七七。百六二倍位，兩次九因。百六三加六三。百六四加六四。百六五加一，加五。百六六加六六。百六七加六七。百六八加二，加四。百六九兩次加三。

物二百六十一斤，每斤一百六十一。問錢幾何。

答曰：四十二貫二十一文。

置物數，七百因之。從尾退七七。合問。

連身加爲法。置斤價，一百六十一命乙先加六十一次加身百再命六加三貫六百六十加身六貫又命一加六貫一百加身十貫。合問。

百七一加九損乙。百七二加七二。百七三加七三。百七四加七四。百七五七因，又兩次五因。百七六加乙，加六。百七七加七七。百七八加七八。百七九加七九。

麥一百七十一石，每石二貫七百三十。問錢若干。

答曰：四百六十六貫八百三十文。

百七一爲法。置石價，加九訖，損一。合問。

二七三爲法。置石數，加三，更加四，又加五。同。

百八一加八一。百八二加三，加四。百八三三因，身前六因。百八四八因退七七。百八五加一乙，六歸。百八六加八六。百八七加乙，加七。百八八加八八。百八九三因，七因，九因。

田長一百八十四步，闊一百八十三步。問積步。

荅曰：三萬三千六百七十二步。

置長步，三因得五百五十二。於身前六因，合問。

置闊步，八因得十四萬六千四百。從尾退十七。

百九一加九乙。百九二加二加六。百九三加九三。百九四倍之，隔位退三。百九五加三，加五。百九六兩次加四。百九七加九七。百九八加一，加八。百九九加九九。

物二百九十七斤，每斤一十九貫六百。問錢若干。

荅曰：五千八百二十一貫二百文。

十九貫六百爲法。置斤數，斤上定十貫。用加四，再加四。合問。

二百九十七爲法。置斤價加一，損一得一千九百四十貫四百；又三因，合問。

二百一至三百，用雜法。前問已鋪設取用此，後一(同)[因]兹不必再述。二百一加三四，加五。二百二隔位加一，倍之。二百三七因，兩折，加一六。二百四加二，加七。二百五折半，身前四因。二百六倍之，隔位加三。二百七加三八，加五。二百八加三，加六。二百九加一，加九。二乙一連身加一乙。二乙二倍之，隔位加六。二乙三加四二，加五。二乙四倍之，隔位加七。二乙五加七三，折半。二乙六加二，加八。二乙七七因，兩折，加二四。二乙八倍之，隔位加九。二乙九加四六，加五。二二乙加三，加七。二二二倍之，加一一。二二三連身加二三。二二四加四，加六。二二五兩次加五。二二六二因，加一三。二二七連身加二七。二二八加二，加九。二二九連身加二九。二三乙加一，加四，加五。二三二倍之，加一六。二三三連身加三三。二三四加三，加八。二三五加八八三次，折[半]。二三六倍之，加一八。二三七加五八，加五。二三八加四，加七。二三九連身加三九。二四乙連身加四一。二四二倍之，兩次加一。二四三因，兩次九因。二四四倍之，加二二。二四五兩次七因，折半。二四六倍之，加二三。二四七加三，加九。二四八倍之，加二四。二四九加六六，加五。二五一連身加五一。二五二加四，加八。二五三加乙，退七七。二五四二因，加二七。二五五身前五因，折半。二五六兩次加六。二五七連身加五七。二五八二因，加二九。二五九兩折，七因，加四八。二六一加七四，加五。二六二二因，加三乙。二六三連身加六三。二六四倍之，加一，加二。二六五兩折，隔位加六。二六六加四，加九。二六七二因，退一乙。二六八二因，加三四。二六九連身加六九。二七一連身加七乙。二七二加六，加七。二七三加三，加四，加五。二七四二因加三七。二七五兩折，加一。二七六加二，退七七。二七七連身加七七。二七八二因，加三九。二七九三因，隔位退七。二八一連身加八一。二八二二因，加四一。二八三連身加八三。二八四二因，加四二。二八五加五，加九。二八六倍之，加四三。二八七七因，身前因四。二八八加六，加八。二八九兩次加七。二九一三因，隔位退三。二九二二因，加四六。二九三連身加九三。二九四損四，兩次損三。二九五加一八，兩折。二九六二因，加四八。二九七三因，加一，損一。二九八二因，加四九。二九九加三，退七七。三百二因，加五。

加減代乘除

題解

宋・楊輝《乘除通變本末》卷中《乘除通變筭寶》 加法五術

一曰加一位，二曰加二位，三曰重加，四曰加隔位，五曰加五位。【略】

減法四術

一曰減一位，二曰減二位，三曰重減，四曰減隔位。

元・安止齋《詳明筭法》卷上 定身除即減法也。一十、一百、一千、一萬之類，但首位一數者，以此法分之。從首位大數筭起，用加法還元。

減法須知先定身，得其身數始爲真。法雖有一何曾用，身外除零妙入神。

清・潘逢禧《筭學發蒙・古算二》

身外加法

算中加法最堪誇，言十之時就位加。但遇呼如身下列，君從法式定無差。

按：此乘之捷法也。凡法首位係一數，皆可用此法。因法，首係一數，故實數即當得數，不動，但以法次位，乘得之數，挨身加之，得數同，而用法簡矣。此歌明白易曉，不須詮解，故論其理如此。

身外減法

減法根源必要知，即同求一一般推。呼如身下須當減，言十從身本位除。

此法畧如商除。須約畧算定，然後用釋九數法減之，謂：言如則在下位，言十則在本身，除之也。求一，詳珠算中。

算法

宋・楊輝《乘除通變本末》卷中《乘除通變筭寶》 加一位術曰：以所有物數爲實，爲身，以法首之數定爲得數。以所求物價一後零數，於身後加之。言十當身布起，言如次身求之。

足錢九十六貫二百五十文。問伸作七十七陌幾何。

答曰：一百二十五貫文。

草曰：足錢爲身，身下加三望貫除一。猶加三，以一代七十七除也。望貫者，退位於第四位除文。置足錢爲身，貫上定貫。加三，得一百二十五貫一百二十五文。望貫除文。上是一百二十五貫，下除一百二十五文。合問。

出錢二百七十四貫買物，每斤六貫二百五十。問買得幾斤。

答曰：四十三斤一十三兩四錢四分。

術曰：加六，以代六二五除也。

草曰：置總錢爲實，二百七十四貫，貫上定斤。用加[六]求斤，得四十三斤八分四釐。斤外有分零，加六爲兩。合問。

加二位術曰：以所有物數爲實，爲身，以法首之數定爲所得數。以所求物價一後二位零數於實身後，先加第二位，言十次身布，言如隔位加。卻加第一位，言如次身置，言十起當身求之。

官收税錢三百四十二貫，每貫扣納頭子錢五十六文。問收錢幾何。

答曰：一十九貫一百五十二文。

頭子錢有加一二折半之法，是身外加二位。

草曰：置總錢三百四十二貫，先隔位加二，次加一，加畢折半。

定百

二貫＝　四十||||　三百≡

先加二二如四，次加一二如二。　肆貳

＝　||||　≡

先加二四如八，次加一四如四。　肆空柒

||||　≡　身

先加二三如六，次加一三如三。　肆空叁捌叁

折半。合問。　貳文伍拾壹百玖貫壹拾

重加術曰：題法煩者約之，用加一(位)之法，加訖重加定位竝[依本法]。

税錢二百四十七貫，每貫扣納不係省錢一文九分五釐。問[收]幾何。

答曰：四百八十一文六分半。

法身下有二位必煩，而用重加。

草曰：置税錢爲身，貫上定文。先加三，又加五。合問。

又草[曰]：置一文九分五釐。先加三，又加九，亦同。

加隔位術曰：[置實數]爲身，以法數，言十身後布起，言如隔位加零。

秳地一百七畝，價一十貫六百文。問值幾何。

答曰：一千一百三十四貫二百文。

草曰：置一百七畝，畝上定得十貫。隔位加六。

又草：置一十貫六百，百上定得十貫。隔位加七。

定十貫　一百|　七畝丅　空　身

云六七加四十二。　貳肆　云一六加如六。　丅　空　|　身

貳百肆貫叁拾壹百壹阡

定十貫　一十貫|　六百丅　空　身

云六七加四十二。　貳肆　云一七加如七。　丅　空　|　身

貳百肆貫叁拾壹百壹阡

[連身]加二十三與二十九合數中所無者，故立此術。

法曰：如加二位之法，先加零數而後入身數。定位如加。

銅二十九鉈，每鉈二十三斤。問重幾何。

答曰：六百六十七斤。

草曰：置銅數爲身，二十九鉈，於鉈上定十斤。先加三，後入身。

定十斤　九鉈𝍨　二十＝　身

命三九加二十七。續入身九，成四箇五　柒貳　置於元九位上。　𝍨　＝

命三二加如六，成五箇五　柒　空　≡　置於元九位上。末進二身爲十

次入身二，卻起四箇五進爲二十，併入前位合問。　柒　壹　≡　二

柒斤陸十陸百

又[草]：置二十三斤爲身，斤上定十斤。先加九，後入身。

定十斤　三斤|||　二十＝

加二十七命銅鉈九。　柒伍　＝

加十八命鉈九。　柒叁肆

卻入元身二十三斤。合問。　柒斤陸十陸百

【略】

減一位術曰：以出錢數爲實。以所求題一後零數爲法。從實首位存身，得數減零。言十當身減，言如次身減之。定位如除。

元納頭子錢一十九貫一百五十二文。問本稅錢若干。元放稅錢每貫扣頭子錢五十六文。

答曰：三百四十二貫。

草曰：置元納錢數兩折半，作四貫七百八十八文，於十文上定貫。減四。合問。

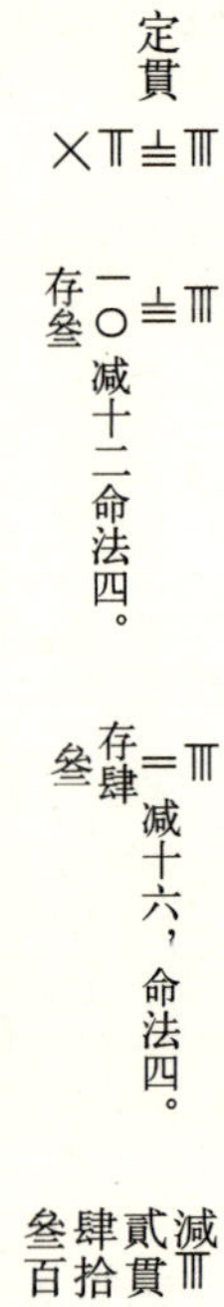

減二位術曰：以所有物數爲實、爲身，以所求物價一後二位零［數。從］實首位存身得數，先減第二位，言十次身減積，言如隔位退。如卻減第一位，言如次身減積，言十就實除之。定位如除。

［支］米九十七石三斗一升，每人給三斗七升。問給幾人。

答曰：二百六十三人。

三斗七升爲法。若依求一用二三須折半，反［見］繁矣。

草曰：三因積數。三因米數爲二百九十一石九斗三升，於石上定得人。身外減一乙。合問。

重減術曰：除題位煩者，約之作兩次減，或三次減，位簡必捷。不妨本法定位。

支錢四百四十一貫三百二十文，給一百八十七人。問各得幾何。

答曰：二貫三百六十文。

一百八十七人爲法。若用減二位之術，不亦繁矣。莫若用重減。

草曰：置支錢總數如商除，定人上得貫。先減一，而後減七。合問。

如一百五十四爲法。術：用先減一，後減四。

如一百五十六爲法。術：用先減一，後減三。

隔位減術曰：置實數爲身，以法命實。言十身下減起，言如隔位退零。

［煉］絲每一十兩耗三錢。今有絲重二千八百二十二兩二錢。問［煉絲］幾何。

答曰：二千七百四十兩。

草曰：置絲爲實。二千八百二十二兩二錢，定位如後。隔位減三，合問。

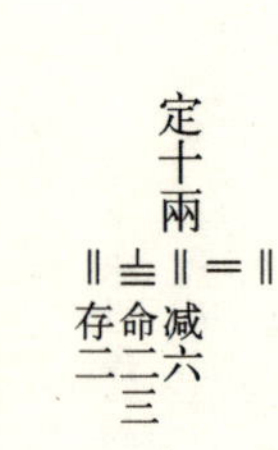

元・朱世傑《筭學啓蒙》卷上《身外加法門》

筭中加法最堪誇，言十之時就位加。但遇呼如身下列，君從法式定無差。

今有米六碩八㪷四升，每㪷價錢一百一十文。問計錢幾何。

答曰：七貫五百二十四文。

今有羅三十四尺六寸，每尺價錢一百二十文。問計錢幾何。

答曰：四貫一百五十二文。

清・勞乃宣《古籌算考釋》卷一 此題以錢爲實，以羅爲法，則法有單後零位，步法與前不同。乘法，法實可以互用，而以得數與實同名者爲正，此正法也。

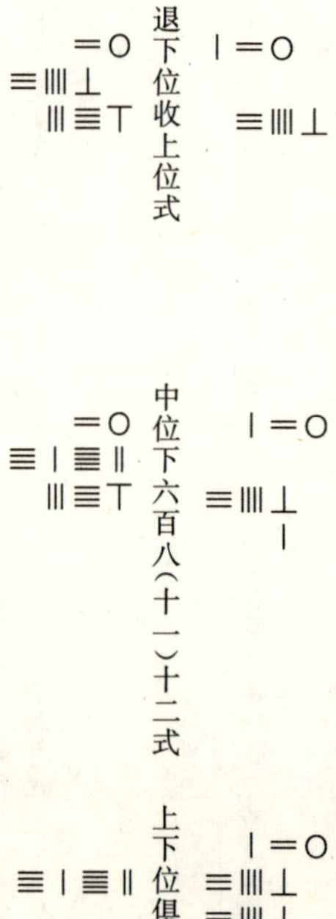

上下相當式　步進式　中位下三千四百六十式

退下位收上位式　中位下六百八（十一）十二式　上下位俱收式

置錢一百二十於上位，爲實。置羅三十四尺六寸於下位，爲法。上下相當，乃步進二位，令法之單位，當實首位，以上一呼下三，一三如三。即於中位下三千；以上一呼下四，一四如四，即於中位下四百；以上一呼下六，一六如六，即於中位下六十；退下位一等，收上位一。以上二呼下三，二三如六，即於中位下六百；以上二呼下四，二四如八，即於中位下八十；以上二呼下六，二六一十二，即於中位下一十二。上下位俱收，中位得四千一百五十二文。即共價。

用除法還原。以共價爲實，以羅尺數爲法，除得每尺價。以羅除錢，異名除也。

上下相當式　步進商一式　中位除三千四百六十式

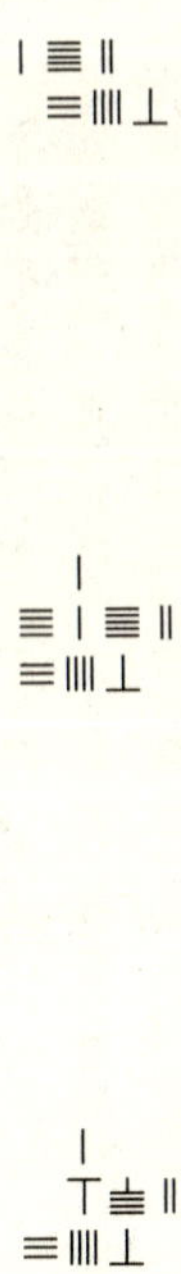

退下位商二式　中位除六百八(十一)十二收下位式

置共價四千一百五十二於中位，爲實。置羅三十四尺六寸於下位，爲法。上下相當，步進二位，令法首位當實首位而商之，商一。置一於上百位，爲初商。步進二次，故初商爲百。以上一呼下三，一三如三，即於中位除去三千；以上一呼下四，一四如四，即於中位除去四百；以上一呼下六，一六如六，即於中位除去六十，餘六百九十二，爲次商實，退下位一等而商之，商二。置二於上十位，以上二呼下三，二三如六，即於中位除去六百；以上二呼下四，二四如八，即於中位除去八十；以上二呼下六，二六一十二，即於中位除去一十二。中位適盡，乃收去下位，上位所商一百二十文。即除出之數也。

前題以羅爲實，以錢爲法，則法無單位，步法又不同。

上下相當式　步進式　中位下三千六百式　退下位收上位式

中位下四百八十式　退下位收上位式　中位上六十一十二式　上下位俱收式

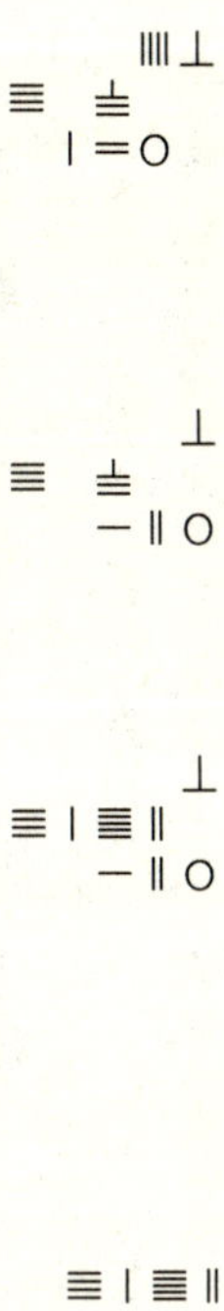

置羅三十四尺六寸於上位，爲實；置價錢一百二十文於下位，爲法。上下相當，價以每尺計，則實之四尺爲單位，六寸爲單後奇零。法無單位，則單位以棊記之，乃步進一位，令法之虛單位，當實首位。以上三呼下一，一三如三，即於中位下三千；以上三呼下二，二三如六，即於中位下六百；退下位一等。收上位之三，以上四呼下一，一四如四，即於中位下四百；以上四呼下二，二四如八，即於中位下八十；退下位一等。收上位四，以上六呼下一，一六如六，即於中位下六十；以上六呼下二，二六一十二，即於中位下一十二；上下位俱收。中位得四千一百五十二文。爲共價。

用除法還原。以共價爲實，以每價爲法，除得羅尺數。以錢除錢，同名除也。

上下相當式　步進商三式　中位除三千六百式　退下位商四式

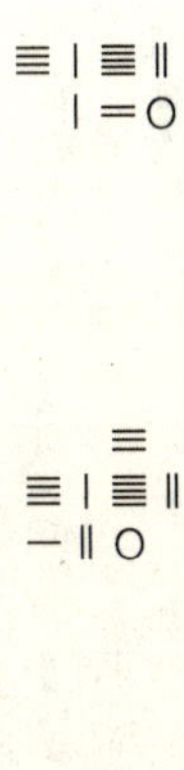

中位除四百八十式　退下位商六式　中位除六十一十二收下位式

置共價四千一百五十二於中位，爲實。每價一百二十於下位，爲法。上下相當，適盡。乃收去下位，上位所商三十四尺六寸。即除出之數也。

步進一位，令法首位當實首位而商之，商三。置三於上之十位，爲初商。步進一次，故初商十。以上三呼下一，一三如三，即於中位除去三千；以上三呼下二，二三如六，即於中位除去六百；餘五百五十二，爲次商實。退下位一等而商之，商四。置四於上之單位，爲次商。以上四呼下一，一四如四，即於中位除去四百；以上四呼下二，二四如八，即於中位除去八十，餘七十二爲三商實。退下位一等而商之，商六。置六於上之單後一位，以上六呼下一，一六如六，即於中位除去六十；以上六呼下二，二六一十二，即於中位除去一十二；中位適盡。乃收去下位，上位所商三十四尺六寸，即除出之數也。

元・朱世傑《筭學啓蒙》卷上《身外加法門》

今有鹽八百七十三袋，每袋價錢一十三貫文。問計錢幾何。

答曰：一萬一千三百四十九貫。

今有地三頃二十四畝，每畝納粮一升四合。問計粮幾何。

答曰：四碩五㪷三升六合。

今有木香一百九十八秤，每秤重一十五斤。問爲斤幾何。

答曰：二千九百七十斤。

今有黄蠟三千八百五十斤，每斤重一十六兩。問爲兩幾何。

答曰：六萬一千六百兩。

今有柑子四百三十六枚，每枚價錢一十七文。問計錢幾何。

答曰：七貫四百一十二文。

今有軍人三千二百七十名，每名支粮一碩八㪷。問計粮幾何。

答曰：五千八百八十六碩。

今有雞三百四十五隻，每隻價錢一百九十文。問計錢幾何。

答曰：六十五貫五百五十文。

今有夫匠共五百三十八人，每人支工食錢一百九十四文。問計錢幾何。

答曰：一百四貫三百七十二文。

今有木綿三千二百六十四，每匹價錢一貫七百五文。問計錢幾何。

答曰：五千五百五十八貫三百文。

術曰：列物數於上，各以價錢依法從下身外加之即得。合問。

清·王鑒《筭學啓蒙述義》卷上 鑒案：身外加法者，無論法爲幾位，但首位是一，即謂之身外加。蓋一者，本身言有，所加，於本身之外也。九間以上，係兩位乘十間，則三位乘十一間，則隔位乘有循序漸進之義。

元·朱世傑《筭學啓蒙》卷上《身外減法門》

減法根源必要知，即同求一一般推。呼如身下須當減，言十從身本位除。

今有錢七貫五百二十四文，欲糴芝麻。每㪷價錢一百一十文。問得幾何。

答曰：六碩八㪷四升。

今有錢四貫一百五十二文欲截紅綾，每尺價錢一百二十文。問得幾何。

答曰：三十四尺六寸。

今有錢一萬一千三百四十九貫，欲買高茶，每引價錢一十三貫文。問得幾何。

答曰：八百七十三引。

今有地不記畝數，只云每畝納税粮一升四合。今共納四碩五㪷三升六合。問地幾何。

答曰：三頃二十四畝。

今有梔子二千九百七十斤，每秤重一十五斤。問爲秤幾何。

答曰：一百九十八秤。

今有絲六萬一千六百兩，每斤重一十六兩。問爲斤幾何。

答曰：三千八百五十斤。

今有錢七貫四百一十二文，欲令一十七人分之。問人得幾何。

答曰：四百三十六文。

今有粮五千八百八十六碩，欲給貧難每户一碩八㪷。問户給幾何。

答曰：三千二百七十户。

今有錢六十五貫五百五十文，欲買苧絲每尺價錢一百九十文。問得苧絲幾何。

答曰：三百四十五尺。

今有錢一百四貫三百七十二文，欲買麻布每匹價錢一百九十四文。問買布幾何。

答曰：五百三十八匹。

今有錢五千五百五十八貫三百文，欲買松木每株價錢一貫七百五文。問買木幾何。

答曰：三千二百六十株。

術曰：列錢物於上爲實，各以價錢爲法。從上身外減之，即得合問。此術，即是求一除法。

清·王鑒《筭學啓蒙述義》卷上 鑒案：此即身外加法之還源也。爲法之首位爲一，故減身外。注言：求一除法者，減去爲法之數，得所求數一，故曰：求一也。

元·賈亨《筭法全能集·筭法上》

加法

加法元來一是宗，筭家棄一使令通。十須就位零居次，下手先從末用工。

今有物二百六十八斤賣鈔。問該鈔幾何。

答曰：假令物價，

加一　每斤一兩一錢，該鈔二百九十四兩八錢。

加三　每斤一兩三錢，該鈔三百四十八兩四錢。
加五　每斤一兩五錢，該鈔四百零三兩。
加七　每斤一兩七錢，該鈔四百五十五兩六錢。
加九　每斤一兩九錢，該鈔五百零九兩二錢。

法曰：置都物在地，以每斤該鈔加之。合問。

今有鈔五十四兩五錢糴米。問該米幾何。

荅曰：假令價鈔，
加二　每兩一斗二升，該米六石五斗四升。
加四　每兩一斗四升，該米七石六斗三升。
加六　每兩一斗六升，該米八石七斗二升。
加八　每兩一斗八升，該米九石八斗一升。

法曰：置都鈔在地，以每兩米數加之。合問。

今有鈔三百二十四兩七錢五分，每兩買羅一尺八寸五分。問該羅幾何。

加二位　荅曰：該羅六十丈七寸八分七釐五毫。

法曰：置都鈔在地，以每兩羅數加之。合問。

今有羅二百四十六匹，每匹賣鈔一十二兩七錢五分。問該鈔幾何。

加三位　荅曰：該鈔三千一百三十六兩五錢。

法曰：置都羅在地，以每匹價鈔加之。合問。

今有税粮正米四萬六千七百五十一石二斗，每石帶納耗米七升。問總該幾何。

隔位加　荅曰：正耗米共該五萬零二十三石七斗八升四合。

法曰：置正米在地，以耗米隔位加之。合問。

減法即定身除。

除法不問百千餘，筭者都將一弃諸。只使餘零作除數，法中須要定身除。

今有鈔六十七兩九錢八分，糴米。問每米一石該鈔幾何。

荅曰：假令糴到米，
除一　一十一石，每石該鈔六兩一錢八分。
除三　一十三石，每石該鈔五兩二錢二分九厘二毫三絲七微七塵。
除五　一十五石，每石該鈔四兩五錢三分二厘。
除七　一十七石，每石該鈔三兩九錢九分八厘八毫二絲三忽五微三塵。
除九　一十九石，每石該鈔三兩五錢七分七厘九毫。

法曰：置都鈔在地，以糴到石數定身除之。合問。

今有穀九十七石八斗六升糶鈔。問每兩鈔該穀幾何。

荅曰：假令糶到鈔，
除二　一百二十兩，每兩該穀八斗一升五合五勺。
除四　一百四十兩，每兩該穀六斗九升九合。
除六　一百六十兩，每兩該穀六斗一升一合，六勺一抄五撮。
除八　一百八十兩，每兩該穀五斗四升三合六勺六抄六撮七圭。

法曰：置都穀在地，以糶到鈔穀定身除之。合問。

今有鈔四千一百八十兩八錢，買羅一百五十六端。問每端該鈔幾何。

除二位　荅曰：每端該鈔二十六兩八錢。

法曰：置都鈔在地，以羅數定身除之。合問。

今有絲一百二十六兩五錢，賣鈔六十八兩九錢四分二厘五毫。問每兩該鈔幾何。

除三位　荅曰：每兩該鈔五錢四分五厘。

法曰：置都鈔在地，以絲數定身除之。合問。

今有金户一百零五名，共辦金八十九兩二錢五分。問每户該金幾何。

隔位除　荅曰：每户該金八錢五分。

法曰：置都金在地，以户數定身隔位除之。合問。

元・安止齋《詳明筭法》卷上　加法一十，一百一，千，一(滿)[萬]之類，但首位一者，用此法。先從末位小數筭起，用定身除還元。

加法仍從下位先，如因位數或多焉。十居本位零居次，一外添餘法更玄。

今有物二百六十八斤，賣之。假令每斤價鈔一兩一錢。問該鈔幾何。

加一荅曰：二百九十四兩八錢。

法曰：加者，以本身爲一，却於一之外加添也。置都物數，以每斤價加之，然斤價不用首位之一。如一兩一錢，則只以一錢加之；一兩二錢，則只以二錢加之也。

今列布筭之方于後。

八斤　Ⅲ　一八加八。不動本身八數，但以八加於下位。
六十　⊥　一六加六。不動本身六數，但以六加於下位。

二百　〢　二二加二。不動本身二數，但以二加於下位。

假令每斤一兩三錢。

加三　荅曰：該三百四十八兩四錢。

八斤　〨　三八加二十四。加二十在本身，更於下位加四。

六十　〦　三六加一十八。如一十在本身，更於下位加八。

二百　〢　二三加六。不動本身二百，只於下位加六。

假令每斤一兩五錢。

加五　荅曰：該四百〇二兩。

八斤　〨　五八加四十。八斤上更添四。

六十　〦　五六加三十。六十上加添三。

二百　〢　二五加一十。二百上更添一。

假令每斤一兩七錢。

加七　荅曰：四百五十五兩六錢。

八斤　〨　七八加五十六。本身加五十，更於下位加六。

六十　〦　六七加四十二。本身加四十，更於下位加二。

二百　〢　二七加一十四。本身加一十，更於下位加四。

假令每斤一兩九錢。

加九　荅曰：該五百〇九兩二錢。

八斤　〨　八九加七十二。本身加七十，更於下[位加二]。

六十　〦　六九加五十四。本身加五十，更於下位加四。

二百　〢　二九加一十八。本身加一十，更於下位加八。

今有鈔五十四兩五錢，糴米。假令每鈔一兩糴米一斗二升。問該米幾何。

加三　荅曰：六石五斗四升。

加四　每兩一斗四升，該七石六斗三升。

加六　每兩一斗六升，該八石七斗二升。

加八　每兩一斗八升，該九石八斗一升。

法曰：置都鈔數，以每兩米數加之。布筭同前，更不重述。

今有鈔三百二十四兩七錢五分，每兩買羅一尺八寸五分。問幾何。

二位　荅曰：六十丈〇〇七寸八分七釐五毫。

法曰：置鈔數，以每兩羅數加之。布筭如後。

五分　〥　先於下位加五五二十五後，於本身加五八四十。

七錢　〧　先於下位加五七三十五後，於本身加七八五十六。

四兩　〤　先於下位加五四二十後，於本身加四八三十二。

二十　〢　先於下位加二五一十後，於本身加二八一十六。

三百　〣　先於下位加三五十五後，於本身加三八二十四。

今有羅二百四十六疋，每疋價鈔一十二兩七錢五分。問該鈔幾何。

加三位　荅曰：三千一百三十六兩五錢。

法曰：置羅數，以每疋價鈔加之。但不加首位一十兩，只加二兩七錢五分也。布算如後。

六疋　〦　先於第三位加五六三十，次於下位加六七四十二，後於本身加二六一十二。

四十　〤　先於第二位加四五二十，次於下位加四七二十八，後於本身加三四如八，蓋不動本身，只加八於下位也。

二百　〢　先於第三位加二五一十，次於下位加二七一十四後，於本身加二二如四，蓋不動本身，只加四於下位也。

今有税粮正米四萬六千七百五十一石二斗，每石帶納耗米七升。問總該幾何。

隔位加　荅曰：正耗米共五萬〇〇二十三石七斗八升四合。

法曰：置正米數，以耗米隔位加之。布筭如後。

二斗　〢　二七加一十四。隔一位下一十，更於第三位下四。

一石　〡　一七加七。隔二位下七。

五十　〥　五七加三十五。隔一位下三十，更於第三位下五。

七百　〧　七七加四十九。隔一位下四十，更於第三位下九。

六千　〦　六七加四十二。隔一位下四十，更於第三位下二。

四萬　〤　四七加二十八。隔一位下二十，更於第三位下八。

今有鈔六十七兩九錢八分，糴米。

假令，糴到一十一石。問每石該鈔幾何。

荅曰：六兩一錢八分。

除一法曰：定身除者，先定本身，而後除之也。就以本身爲一，置都鈔數不除首位之一，但以次位餘數除之。今列布筭方于後。

八分 𝍧 已盡。

九錢 𝍰 一八除八。前位先除了一，只有八分，今只於下位除八。恰盡。

七兩 𝍡 一一除一。前位先除了六，只有一兩，今只於下位除一。

六十 𝍮 一六除六。不動本身，只於下位除六。

糴到米一十三石，該五兩二錢二分九釐二毫三絲〇七微七纖。

除三：　餘九，呼三六除十八。定本身存六，而除一十八，不能盡。故搭上作七纖也。

餘十，呼三七除二十一。定本身存七，於本身除三十，於下位還九。

餘一，不可除，起了本身，於下位變作十。

餘四，呼三三除九。定本身存三，於本身除一十，(不)[下]位還一。

餘三，呼三二除六。本身除一十，下位還四。

八分 𝍧 三九除二十七。定本身存九，卻於本身除三十，下位還三。

九錢 𝍰 二三除六。定本身存二，於本身除一十，下位還四。

七兩 𝍡 二三除六。不動本身，只於下位除六。

六十 𝍮 三五除一十五。定本身，存五於本身，除一十；更於下位除五。

糴到一十五石，該四兩五錢三分二釐。

除五：

八分 𝍧 二五除一十。定本身存二，就於本身除一十。恰盡。

九錢 𝍰 三五除一十五。定本身存三，本身除一十，更於下位除五。

七兩 𝍡 五五除二十五。定本身存五，於本身除二十，更於下位除五。

六十 𝍮 四五除二十。定本身存四，就於本身除二十。

糴到一十七石，該三兩九錢九分八釐八毫二絲三忽五微三纖。

除七：

餘五，呼二七除一十四定本身存二就除十四不盡，故搭上作三纖也。

餘九，呼五七除三十五。定本身存五，就除四十，於下還五。

餘六，呼七三除二十一。定本身存三，就除三十，於下位還九。

餘四，呼七二除一十四。定本身存二，就除二十，於下位還六。

餘十四，呼七八除五十六。定本身存八，就除六十，於下位還四。

八分 𝍧 七八除五十六。本身有十五筭不可除，先以一算於下位變十，卻定本身存八，就除六十，於下位還四。

九錢 𝍰 七九除六十三。定本身存九，就除七十，於下位還七。

七兩 𝍡 七九除六十三。定本身存九，就除七十，於下位還七。

六十 𝍮 七三除二十一。定本身存三，就除三十，於下位還九。

糴到一十九石，該三兩五錢七分七釐九毫。

除九：　餘一十七，呼九八除七十二。定本身存八，除七十二，不盡。故搭上作九毫。

八分 𝍧 九七除六十三。本身有十五，筭不可除，先以一筭於下位變十，卻定本身存七，就除七十，於下位還七。

九錢 𝍰 九七除六十三。定本身存七，就除七十，於下位還七。

七兩 𝍡 九五除四十五。定本身存五，就除五十，於下位還五。

六十 𝍮 九三除二十七定本身存三，就除三十，於下位還三。

今有穀九十七石八斗六升，與衆人分之。

假令一百二十人分之。問每人該穀幾何。

除二　荅曰：八斗一升五合五勺。

除四：一百四十人分之，每人該六斗九升九合。

除六：一百六十人分之，每人該六斗一升一合六勺二抄五撮。

除八：一百八十人分之，每人該五斗四升三合六勺六抄六撮七圭。

法曰：置穀數，以人數定身除之。布筭同前，更不重述。

今有鈔四千一百八十兩〇八錢，買羅一百五十六端。問每端該鈔幾何。

除二位　荅曰：二十六兩八錢。

法曰：置鈔數，以羅端數一五六定身除之。布筭如(何)[後]。八錢，已盡。

餘四。已盡。

八十兩 𝍰 五八除四十，本身存八，就除四十。

六八除四十八。第二位除四十，第三位除八。盡。

一百 𝍠 五六除三十，又以一筭於下位變十，然後除三十。

六六除三十六。下位除三十，更於第三位除六。

四千 𝍬 五二除一十，首位四不可除，先以一筭於下位變十，然後除一十。

六二除一十二。下位除一十，更於第三位除二。

今有絲一百二十六兩五錢，賣鈔六十八兩九錢四分二釐五毫。問每兩幾何。

除三位　荅曰：五錢四分五釐。

法曰：置鈔數，以絲數一二六五定身除之。布筭同前。

今有金户一百零五名，共辦金八十九兩二錢五分。問每户該金幾何。

隔位除　荅曰：八錢五分。

法曰：置共辦金數，以一百零五户隔位除之。布筭如後。

五分　𝍤　已盡。

二錢　𝍪　已盡。

九兩　𝍨　五五除二十五。下位除二，更於第三位除五。通盡。

八十　𝍰　五八除四十。下位除四十。

明·周述學《曆宗筭會》卷一

加法八　物重三百六十一斤，每斤一十六兩。求兩幾何。

置所有物三百六十一斤爲實，以所求兩一十六兩爲法。後實尾位加之，得五千七百七十六兩。一位加法。

田三頃四十七畝，每畝科絲一錢二分五厘。求絲幾何。

置所有田三頃四十七畝爲實。以所科絲一錢二分五厘爲法。加之，得四十三兩三錢七分五厘。二位加法，以法第三位從實尾次位加之，猶留頭乘法之意也。

減法九　物重五千七百七十六兩，每斤一十六兩。求斤幾何。

置所有物五千七百七十六兩爲實。以每斤一十六兩爲法。從實首位定身減之，得三百六十一斤。一位減法，減法即定身除也。其法不離其身，以定數也。

秋糧正耗米五萬二十三石七斗八升四合，每石減耗米七升。求正米幾何。

置所有米五萬二十三石七斗八升四合爲實。以每石耗米七升爲法。隔位減之，得四萬六千七百五十一石二斗。

求一乘法十　芝麻二十三石四斗五升，每石價鈔二貫八百文。求該鈔幾何。

置所有麻二十三石四斗五升倍之，得四十六石九斗爲實。以每石價鈔二貫八百文折半，得一貫四百文爲法。加之，得六十五貫六百六十文。

絲三百七十一兩，每兩價鈔四百八十文。求該鈔幾何。

置所有絲三百七十一兩，重倍，得一千四百八十四兩爲實。以所求價鈔四百八十文，兩折半，得一百二十文爲法。加之，得一百七十八貫八十文。

絹一十二疋二丈八尺，疋法四丈。每尺價鈔五百二十文。求該鈔幾何。

置所有絹一十二疋，以疋法四十尺通之，加零二丈八尺共得五百八尺，折半，得二百五十四尺爲實。以所求價五百二十文，倍之，得貫四十文爲法。加之，得二百六十四貫一百六十文。

求一除法十一　米二十三石四斗五升七合四勺，糶鈔三十八貫。求每貫該米幾何。

置米二十三石四斗五升七合四勺，折半，得一十一石七斗二升八合七勺爲實。以所糶鈔三十八貫，折半，得一十九貫爲法。定身除之，得六斗一升七合三勺。

鈔三十七貫一百二十五文，買絲四十五兩。求每兩該鈔幾何。

置鈔三十七貫一百二十五文，以三因得一百一十一貫三百七十五文爲實。以三因，所置絲四十五兩得一百三十五兩爲法。定身除之，得八百二十五文。

布六百五十五丈二尺，每五丈二尺賣鈔一十貫。求該鈔幾何。

置所有布六百五十五丈二尺，以二因得一千三百一十丈四尺爲實。以二因每五丈二尺得一十丈四尺爲法。定身除之，得一千二百六十貫。

清·潘逢禧《算學發蒙·古算二》　假如泰西曆法，每日十二時，每時八刻，一日共九十六刻。今以每刻十五分計之。問每日應分若干。

荅曰：一千四百四十分。

術曰：置九十六刻爲實，以十五分爲法。法首位十，不用。先以五乘六，得數加實尾位；再以五乘九，得數加實首位。合問。

法	實	得数
𝍤	𝍮 六，起呼法首一不用。以法五乘實，呼五六得三十，本位加三，作九。	𝍬 四十分
一	𝍰 次呼法首一不用，以法五乘實九。呼五九四十五，本位除六上位進一，下位九加五共十四，除一存四，本位進一。	𝍣 四百
		一 一千

解曰：古無一日分爲十二時之說。一日之中，所以分紀，其時者，曰日

中，曰盡日，曰日昃，見於《易》。曰東方未明，曰會朝，曰日之方中。曰昏，曰夕，曰宵。見於《詩》。曰昧爽，曰朝，曰日中昃，見於《書》。曰朝時，曰日中，曰夕時，曰雞初鳴，曰旦曰質明，曰大昕，曰晏朝，曰昏，曰日出，曰日側，曰見日，曰逮日，見於《禮》。曰雞鳴，曰日中，曰晝，曰日下昃，曰日旰，曰日入，曰夜，曰夜中，見於《春秋傳》即《史記》《漢書》以下，亦無及十二時者。未知今之所謂十二時，自何人定也。又按《周禮·挈壺氏》註，漏箭晝夜共百刻。《禮記》《樂記》，百度得數而有常注，百度百刻也。梁天監六年，武帝以晝夜百刻，分配十二辰，辰得八刻，仍有餘分。乃以晝夜爲九十六刻，一辰有全刻八焉。是知每辰得八刻，仍有餘分者，古法也。《五代史·馬重績傳》，重績言漏刻之法。以中星考晝夜爲百刻，八刻六十分刻之二十，爲一時。時以四刻十分爲正，此自古所用也。今失其傳，以午正爲時始，下侵未四刻十分而爲午。由是晝夜昏曉，皆失其正，請依古改正。據此則今之所謂時刻，皆非古法也。

遞乘法

假如《律呂新書》，黃鍾之實，三曆十二辰。問得數若干。

答曰：一十七萬七千一百四十七。

術曰：置子丑寅卯辰巳午未申酉戌亥十二辰，各以所乘之數爲實，各以三爲法。用縱橫因法乘之。合問。

子一

法 實 得丑数

𝍢 𝍠 一三如三，言如在本位。 𝍢三

丑三

法 實 得寅数

𝍢 𝍢 三三如九，言如在本位。 𝍨九

寅九

法 實 得卯数

𝍢 𝍨 三九二十七，言十在上位。 𝍦七

𝍪二十

卯二十七

法 實 得辰数

𝍢 𝍦 三七二十一，言十在上位。 𝍠一

𝍪 二三如六，言如在本位。 𝍰八十

辰八十一

法 實 得巳数

𝍢 𝍠 一三如三，言如在本位。 𝍢三

𝍰 三八二十四，言十在上位。 𝍬四十

𝍡二百

巳二百四十三

法 實 得午数

𝍢 𝍢 三三如九，言如在本位。 𝍨九

𝍬 三四一十二，言十在上位。 𝍪二十

𝍡 二三如六，言如在本位。 𝍦七百

午七百二十九。

法 實 得未数

𝍢 𝍨 三九二十七，言十在上位。 𝍦七

𝍪 二三如六，言如在本位。 𝍰八十

𝍦 三七二十一，言十在上位。 𝍠一百

𝍪二千

未二千一百八十七

法 實 得申数

𝍢 𝍦 三七二十一，言十在上位。 𝍠一

𝍰 三八二十四，言十在上位。 𝍮六十

𝍠 一三如三，言如在本位。 𝍤五百

𝍪 二三如六，言如在本位。 𝍮六千

申六千五百六十一。

法	實		得酉数
𝍢	𝍠	一三如三，言如在本位。	𝍢 三
	𝍮	三六一十八，言十在上位。	𝍰 八十
	𝍤	三五一十五，言十在上位。	𝍥 六百
	𝍮	三六一十八，言十在上位。	𝍱 九千
			𝍠 一萬

酉一萬九千六百八十三。

法	實		得戌数
𝍢	𝍢	三三如九，言如在本位。	𝍨 九
	𝍰	三八二十四，言十在上位。	𝍬 四十
	𝍥	三六一十八，言十在上位。	╲ 零
	𝍱	三九二十七，言十在上位。	𝍱 九千
	𝍠	一三如三，言如在本位。	𝍤 五萬

戌五萬九千零四十九。

法	實		得亥数
𝍢	𝍨	三九二十七，言十在上位。	𝍦 七
	𝍬	三四一十二，言十在上位。	𝍬 四十
	╲		𝍠 一百
	𝍱	三九二十七，言十在上位。	𝍯 七千
	𝍤	三五一十五，言十在上位。	𝍦 七萬
			𝍩 一十

亥一十七萬七千一百四十七，是爲黄鍾之實。

解曰：黄鍾九寸，以三分爲損益，故以三曆十二辰得一十七萬七千一百四十七，爲黄鍾之實。其十二辰所得之數，在子寅辰午申戌六陽辰，爲黄鍾寸分釐毫絲之數。子爲黄鍾之律，寅爲九寸，辰爲八十一分，午爲七百二十九釐，申爲六千五百六十一毫，戌爲五萬九千四十九絲。在亥酉未巳卯丑六陰辰，爲黄鍾寸分釐毫絲之法。亥爲黄鍾之實，酉之一萬九千六百八十三爲寸，未之二千一百八十七爲分，巳之二百四十三爲釐，卯之二十七爲毫，丑之三爲絲。其寸分釐毫絲之法，皆用九數。故九絲爲毫，九毫爲釐，九釐爲分，九分爲寸，爲黄鍾。蓋黄鍾之實，一十七萬七千一百四十七之數，以三約之，爲絲者五萬九千四十九。以二十七約之，爲毫者六千五百六十一。以二百四十三約之，爲釐者七百二十九。以二千一百八十七約之，爲分者八十一。以一萬九千六百八十三約之，爲寸者九。由是三分損益，以生十一律焉。惟徑圍之分，以十爲法，而相生之分釐毫絲，以九爲法，何也？蓋以十爲法者，天地之全數也。以九爲法者，因三分損益而立也。全數者，即十而取九，相生者。約十而爲九，即十而取九者。體之所以立。約十而爲九者，用之所以行也。按律吕之數，其説肇自漢人，宋儒蔡氏宗之，著爲《律吕新書》。其實考定中聲，終有未合，後人因疑尺有長短，乃以羊頭山之黍，取其肥瘦適中，以定律管，既又有縱黍、横黍、斜黍之辨，而聲氣之元，卒不可得。明太祖命儒臣依法製律，覆以緹素，實以葭灰，按節候氣，時慮其獲譴，潛於地道通竅在外，按各節律管，以沸湯灌之。然後灰得湯氣而飛，其後鄭世子楊主事，亦極力講求以今考之，究未能密合。國初毛河右，但主音而不主數，任鈞臺極取其説，似頗有見。

假如閏法，十九歲七閏爲一章，二十七章爲一會，三會爲一統，三統爲一元，一元得四千六百一十七年。問一元年數應章若干。

答曰：二百四十三章。

術曰：置四千六百一十七年，爲實。以一十九年，爲法。減之。法首係一數，即以實數當得數，但以法尾位九數，如法減之。得數。合問。

法	實 減首位		實 減次位
𝍠	𝍦		𝍦
𝍨	𝍩		𝍩
	𝍥		𝍧
	𝍫	法九減實四。先定二百。呼二九除一十八，本位除二，下位倍還二。	𝍪 法九減實八。先定四十。呼四九除三十六，本位除四，下位還四。

實　減三位　　　得數

〒

≣　　　　　　≡三章

Ⅲ　法九減實五。先定三數。呼三九除二十七，本位除二，下位除盡。　　Ⅲ四十

‖　　　　　　=二百

遞除法

假如《孟子》：夏五十畝，殷七十畝，周百畝，萬氏斯大，以爲尺步有長短。非授田有多寡。欽定王制義疏，辨論尤詳。試依三代尺度較之。蔡邕獨斷，夏以十尺爲尺，商尺得夏九寸，周尺得商八寸。問：各得田若干。

下珠算併除條下。

加倍法

加倍者，謂加原數之一倍也。用法有二種。一用二因法，一用五歸法。但用二因，得數之後位反降。用五歸，則得數同，而位不動。此用法之巧也。今具列於左。

假如《孟子》七篇，每篇又各分上、下。問共篇若干。

答曰：十四篇。

術曰：置七篇爲實，以二爲法。因之，得數。合問。

法　實　　　得數

‖　〒　法二乘實七。呼二七一十四，本位作一，下位作四。　一　一十　Ⅲ四篇

假如周天十二宮，每宮分一節一氣。問每年節(義)[氣]若干。

答曰：二十四節氣。

術曰：置十二宮爲實，以五爲法，歸之，得數。合問。

法　實　　　得數

Ⅲ　‖　法五除實二。呼五二倍作四，本位作四。　Ⅲ四節氣

　　一　法五除實一。呼五一倍作二，本位作二。　=二十

解曰：周天三百六十度，匀分十二宮，每宮三十度，一宮又分一節一氣，共二十四節氣。每節十五度，皆約舉整數。此由日月所會聚，行度而得名，不係於次舍，終古不動者也。若十二次舍，則斗牛者，星紀之次，於辰在丑，斗建在子，女虛危者，元枵之次也。於辰在子，斗建在丑，室壁者，娵訾之次也。一名豕韋。於辰在亥，斗建在寅，奎婁胃者，降婁之次也。於辰在戌，斗建在卯，昴畢者，大梁之次也。於辰在酉斗建在辰，觜参者，實沈之次也。於辰在申，斗建在巳，井鬼者，鶉首之次也。於辰在未，斗建在午，柳星張者，鶉火之次也。於辰在午，斗建在未，翼軫者，鶉尾之次也。於辰在巳，斗建在申，角亢者，壽星之次也。於辰在辰，斗建在酉，氐房心者，大火之次也。於辰在卯，斗建在戌，尾箕者，析木之次也。於辰在寅，斗建在亥，此以二十八宿形象得名。隨恒星每歲東移者也。今西曆攷定，每歲東移五十一秒。十二次舍，每歲東移，約七十年則差一度，堯時冬至，日在虛今，冬至日在箕，相距四千年，差至五十餘度則宮度與次舍，蓋積歲漸差，不能合一矣。

十二宮次圖

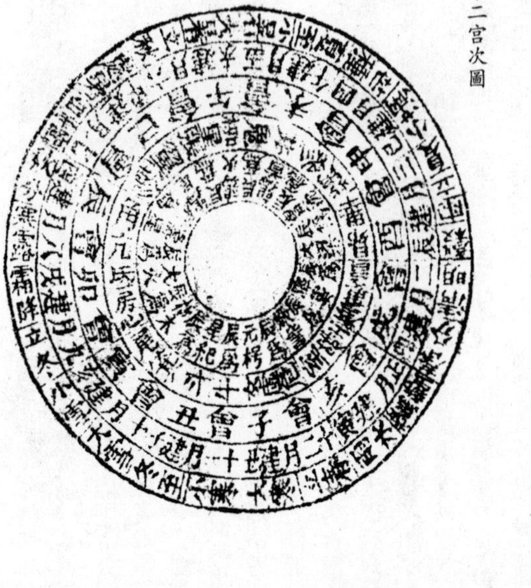

遞次加倍法

假如邵子易圖，太極生兩儀，以下皆加倍生。問得卦若干。

答曰：六十四卦。

術曰：置太極一，爲實。以五爲法，歸之。得數，仍置爲實。以五歸之，凡以五疊歸六次。得數。合問。

法 𝍤　實 𝍠　法五除實一。呼五一倍作二，本位作二。　得數 𝍡兩儀

法 𝍤　實 𝍡　法五除實二。呼五二倍作四，本位作四。　得數 𝍣四象

法 𝍤　實 𝍣　法五除實四。呼五四倍作八，本位作八。　得數 𝍧八卦

法 𝍤　實 𝍧　又呼五三倍作六，本位作六。法五除實八。呼逢五進一十，上位作一。　得數 𝍥六卦　𝍩一十

法 𝍤　實 𝍥　又呼五一倍作二，本位作二。法五除實六。呼逢五進一十，上位加一。
　　　𝍩　法五除實一。呼五一倍作二，本位作二。　得數 𝍡二卦　𝍫三十

法 𝍤　實 𝍡　法五除實二。呼五二倍作四，本位作四。　得數 𝍣四卦
　　　𝍫　法五除實三。呼五三倍作六，本位作六。　𝍮六十

解曰：今所傳伏羲六十四卦消息圖。即本之邵子，所謂加倍法也。朱子曰：太極者，象數未形，而其理已具之稱。太極之判，始生一奇一耦，是爲兩儀。所謂動而生陽，静而生陰。兩儀之上，各生一奇一耦，是爲四象。其位則太陽一，少陰二，少陽三，太陰四。四象之上，各生一奇一耦，而爲三畫者八。於是三才畧具，而有八卦之名矣。其位則乾一、兑二、離三、震四、巽五、坎六、艮七、坤八、八卦之上，各生一奇一耦，而爲四畫者十六。四畫之上，各生一奇一耦，而爲五畫者三十二。皆於經無見五畫之上，各生一奇一耦。而爲六畫者六十四。則兼三才而兩之，而八卦之乘八卦，亦周，於是六十四卦之名立。而易道大成矣，周禮所謂三易之别。皆六十有四，大傳所謂因而重之，爻在其中矣。邵子所謂三十二分爲六十四者，是也。若於其上各卦，又各生一奇一耦，遞生至十二畫，則爲四千九十六。此焦贛易林變卦之數也。然則引而伸之，蓋未知所終極，亦足見易道之無窮矣。

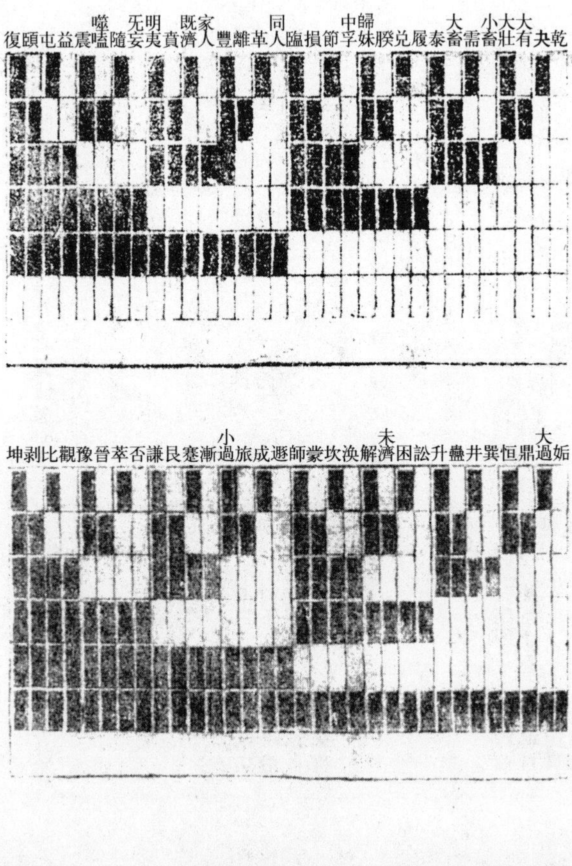

折半法

折半者，謂除原數之一半也。用法亦有二種：一用二歸，法一用五因法。但用二歸，得數之後位反陞。用五因，則得數同而位不動。今詳列於左。

假如《孟子五畝之宅》，問在田在邑各若干。

答曰：二畝半。

術曰：置五畝爲實，以二爲法。歸之，得數。合問。

法 𝍡　實 𝍤　又呼二一添作五，本位改一作五，法二除實五，呼逢四進二十，本位除四，上位進二。　得數 𝍡二畝　𝍭半

遞次折半法

假如孟子百畝之田，分作兩圭田，再分圭田作兩餘夫。問圭田、餘夫畝各若干。

答曰：圭田五十畝。餘夫二十五畝。

術曰：置百畝爲實，以五爲法。因之，得圭田數。再以五因之，得餘夫數。合問。

法　實　　　　　　得數
　　　　　　　　　五十畝

法　實　法五乘實一。呼一五如五，下位作五。　得數
　　　　　　　　　五畝

法五乘實五。呼五五二十五，本位作二，下位作五。　二十

假如泰西曆法，周天三百六十度。折半爲半周，再半爲象限。問各該度若干。

答曰：半周一百八十度。象限九十度。

術曰：置周天度數，爲實。以五爲法。因之，得半周度。再以五因，得象限度。合問。

法　實　　　　　　得數
法五乘實六。呼五六得三十，本位作三。　八十度
法五乘實三。呼三五一十五，本位作一，下位加五。　一百

法　實　　　　　　得數
法五乘實八。呼五八得四十，本位作四。　九十度
法五乘實一。呼一五如五，下位加五。

如圖，自甲而乙，而丙、而丁，而週於甲，是爲全周。三百六十度。自甲而乙而丙，是爲半周。一百八十度。自甲至乙爲象限。九十度。甲至丙、乙至丁，爲全徑。甲至戊，戊爲地心。爲半徑。一千萬。

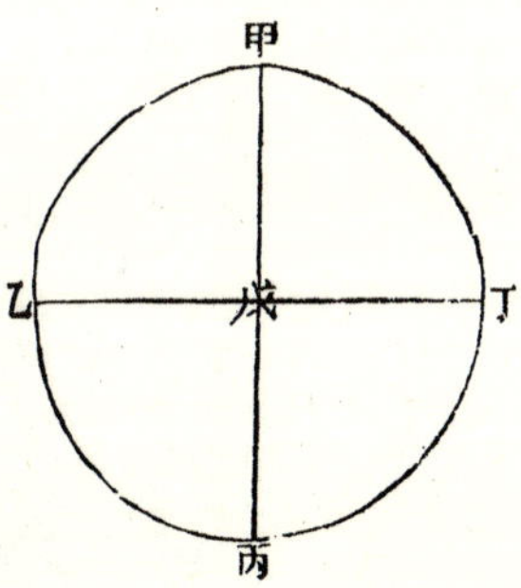

身前因

題解

宋・楊輝《乘除通變本末》卷上《算法通變本末》　身前因：謂自十一至十九，可於十後加零，而十即一也，何二十一至九十一不可於身前用因乎？

算法

宋・楊輝《乘除通變本末》卷上《乘除通變本末》　術曰：置實數爲身，以一前之數於身前如因法求之。言如身前步位，言十身前二位下起。定位如乘。

二百三十二斤，每斤三十一文。問錢幾何。

答曰：七貫一百九十二文。

草曰：置斤數爲身，斤上定文。於身前三因之。

定文　二斤　二百身　云二三身前下如六。　陸　三十身　云三三身前下如九。　柒壹　身　云二三身前下如六。　貳文　玖拾　壹百　柒貫

二百三十四斤，每斤四百一十文。問錢幾何。

答曰：九十五貫九百四十文。

草曰：置斤數爲身，斤上定十。於身前四因之。

定十文四斤　三十　二百身　云二四身前下如八。　捌　身　云三四身前下十二。　玖肆　身　云四四身前下十六。　肆拾　玖百　伍貫　玖拾

求一代乘除

題解

元・賈亨《筭法全能集・筭法上》 求一

求一者，是一分法也。法以錢物各置一停謂如下一停爲分數二因得一，上一停亦用二因將上爲實，以下爲法，定身除之。其折半、四因求一，皆倣此。但此法未免重複，下筭終不若今人用此歸除法爲捷徑。論之二法名雖不同，究所用以分之，其實則一既有歸除，本不用此求一。然古有是法，又不容不載，以廣筭者之知耳。

綜論

宋・楊輝《乘除通變本末》卷中《乘除通變筭寶》 求一代乘除説

隨題用法者捷，以法就題者拙。遇求一題，則用求乙法。遇九歸題，則用九歸法。或倍、或折、或加、或減、或因、或變，莫不隨題。[用意]其[可]執求一之術，而統諸題。今姑摘其一二，載之後題，以[覺後知]。

算法

唐・佚名《夏侯陽算經》卷中 今有地收穀一千二百六十三斛九斗六升七合三勺，斛別加二升耗。問正、耗共計幾何。

答曰：一千二百八十九斛二斗四升六合六勺四抄六撮。

術曰：置穀，以隔位加二，即得。

又 卷下 今有絹二千四百五十四匹，每匹直錢一貫七百文。問計錢幾何。

答曰：四千一百七十一貫八百文。

術曰：先置絹數，七添之，退位一等，即得。

今有布一萬三千四百六十三端二丈五尺六寸，每端直錢一貫八百文。問計錢幾何。

答曰：二萬四千二百三十四貫三百二十一文六分。

術曰：先置布數，丈、尺倍之。從下八添，直至數首。退一等，即得。

又術：退位，減一，餘以二因之，亦得。

今有兩税錢四萬三千六百七十五貫二百文，抽身內充脚，每貫二百文。問正及脚各幾何。

答曰：正，三萬六千三百九十六貫文。脚，七千二百七十九貫二百文。

術曰：先置元錢，折半，六除，是正錢數。將正錢二因，即得脚。

又術：但置錢數，身外減二，得正。倍之，得脚。

今有兵一萬四千五百七十五人，每人給錢一貫四百四十文。問錢幾何。

答曰：二萬九百八十八貫文。

術曰：先置人數，添四四，即得。

又術：以人數乘一人所給之數，得都錢。

宋・楊輝《乘除通變本末》卷中《乘除通變筭寶》 求一乘曰：五六七八九，倍之數不走。二三須當半，遇四兩折紐。倍折本從法，實即反其有。倍法必折實，倍實必折法。用加以代乘，斯數足可守。

支錢二百三十七貫，每貫收頭子錢五十六文。問共若干。

答曰：一十三貫二百七十二文。

求一草曰：倍法。倍五十六爲一百一十二。折實。折總錢數折作一百一十八貫五百。加[三]。合問。

買銀二百三十七兩，每兩五貫七百。問錢幾何。

答曰：一千三百五十貫九百文。

不用求一草曰：三因銀數，加九。合問。

二百四十九人，各支米六十二升。問共幾何。

答曰：一百五十四石三斗八升。

求一草曰：倍法，倍六斗二升，作一石二斗四升。折實(米)[人]數折作一百二十四人半。加二四。合問。

二百四十九人，各支粟六斗三升。問共幾何。

答曰：一百五十六石八斗七升。

不用求一草曰：七因人數，又九因。合問。

二百三十八畝，每畝二百四十步。問共幾步。

答曰：五千七百一十二步。

求一草曰：半法，畝法折半作一百二十步。倍實，倍畝數得四百七十六。加二。合問。

二百三十八畝，每畝收粟二石七斗。問共幾何。

答曰：六百四十二石六斗。

不用求一。草曰：三因畝數，又九因。合問。

又草曰：置畝(收粟)數，加(四)[二]，加七。合問。

絹二百七十四匹，每匹四十八赤。問共幾赤。

答曰：一萬三千一百五十二赤。

求一草曰：兩折匹法。元四十八赤，兩折爲十二。四因絹數，得一千九十六。加二。合問。

綾二百七十四匹，每匹四十九赤。問共幾赤。

答曰：一萬三千四百二十六赤。

不用求一草曰：置綾匹數。兩度七因。合問。

求一除曰：五六七八九，倍之數不走。二三須當半，遇四兩折[紐]。[倍折本從法]，爲除積相就。倍法必倍實，折法必折實。用減以代除，定位求如舊。

支錢一貫收頭子錢五十六文，今收一十三貫二百七十二文。問元支錢若干。

答曰：二百三十七貫。

求一草曰：倍法，倍五十六爲一百一十二。倍實，爲二十六貫五百四十四。減一二。合問。

出錢一千三百五十貫九百文買銀，每兩五貫七百文。問得銀多少。

答曰：二百三十七兩。

不用求一草曰：置出錢數，一千三百五十貫九百，於實貫上定兩。三歸，爲四百五十兩三錢。減九。合問。

米一百五十四石三斗八升，每人支米六斗二升。問給幾人。

答曰：二百四十九人。

求一草曰：倍法，倍每人六斗二升，爲一二四。倍實，倍總米作三百八石七斗六升。存身，減二四。合問。

粟一百五十六石八斗七升，每人支六斗三升。問給幾人。

答曰：二百四十九人。

不用求一草曰：九歸粟，又七歸之。合問。

五千七百一十二步。問得幾畝。

答曰：二百三十八畝。

求一草曰：半法，畝法二百四十，半作一百二十。半實，總步折半爲二千八百五十六。減二。合問。

每畝收粟二石七斗，今共收粟六百四十二石六斗。問元田若干。

答曰：二百三十八畝。

不用求一草曰：九歸粟數，又三歸。合問。

又草曰：置粟數，減五，又減八。合問。

絹一萬三千一百五十二赤。問爲絹幾匹。匹法四十八赤。

答曰：二百七十四匹。

求一草曰：兩折匹法，作一十二赤。兩折絹數，作(二)[三]千二百八十八赤。減二。合問。

綾一萬三千四百二十六赤，每匹四十九赤。問計幾匹。

答曰：二百七十四匹。

不用求一草曰：置綾(匹)[赤]數，兩度七歸。合問。

元・賈亨《算法全能集・算法上》 求一

求一明教置兩停，二三折半四三因。五之以上二因見，去一除令要定身。

今有綿二百四十斤，賣鈔四百五十八兩六錢七分。問每斤該鈔幾何。

答曰：每斤該鈔一兩九錢一分一厘一毫二絲五忽。

法曰：置都鈔在地，折半。別置斤數，折半求一，見二定身除之。合問。

今有芝麻二十三石四斗五升七合四勺，糴銀三十八兩。問每兩該麻幾何。

答曰：每兩該麻六斗一升七合三勺。

法曰：置都麻在地，折半。別置銀數，折半求一，見九定身除之。合問。

今有鈔二十六兩三錢五分六厘五毫，買絲四十五兩。問每兩該鈔幾何。

答曰：每兩該鈔五錢八分五厘七毫。

法曰：置都鈔在地，三因。別置絲數，三因求一。見三五定身除之。合問。

今有銀六百五十八兩九錢，銷到銀錠五十五箇。問每箇該銀幾何。

答曰：每箇該銀一十一兩九錢八分。

法曰：置都銀在地，二因。別置箇數，二因求一。見一定身除之。合問。

今有細羅六十八匹，計有絲一千一百五十六兩。問每匹該絲幾何。

答曰：每匹該絲一十七兩。

法曰：置絲數在地，二因。別置匹數，二因求一。見三六定身除之。合問。

元・安止齋《詳明算法》卷上　求一【略】

法曰：求一者，求分母一數居首而爲法也。蓋定身除，首位皆一，不待求也。今或二、三、四、五、六、七、八、九居首，非一也；乃或折、或倍，必求一數居首，而以定身除筭之，且母法折、倍，則子數亦須折倍，下筭繁複(下)[不]若歸除捷，徑不必學也。然求一，却能兼九歸、定身除、歸除三法，亦不可不知耳。

珠算部

珠算加減法分部

題解

清・蔣守誠《算法全書》卷一　上法口訣　訣曰：凡上法者，止是總數也。若新銀數，則要先記兩、錢、分、厘位次，明白兩加兩上，錢加錢上，分、厘、毫、絲，各加於各位次上，則無訛矣。若類總米、豆，則記石、斗、升、合位次。若布、帛，要記丈、尺、寸位。如稻、花、麻、肉，各項務要排列幾百、幾十幾斤、幾十幾兩位次。兩要類多，則進一斤，除去一十六兩。其退法亦與上法理同，俱要記得。位次清白，庶無差訛。或有算至末位，厘、毫、絲忽不能盡者，以六收之作十，以四丢之不用。

清・李善蘭《珠算金鍼》　凡子在梁上者，以下爲加，以上爲減。在梁下者，以上爲加，以下爲減。凡梁上一子當梁下五子，左位一子當本位十子，本位一子當右位十子。

清・陳傑靜《算法大成》上編卷一　加　加者，併也。聚衆散數，併爲一總數也。今人有銀錢，或米、穀、布、帛等物，或分存兩處，或散存多處，或朝暮逐日零收零用，不知其總。烏乎，可則加法尚矣。凡算法用珠盤，以右爲小數、左爲大數，故加法于右位滿十，必進一于左。以左位之一，當右位之十。俗謂位爲柱。此盡人所知也。然斤兩、道里、畝角已有不然者，至于推步則宫度分秒、日時，刻分各有不同，學者當知法雖淺用之有别，亦非旦夕所能盡其蘊者。不可以其淺而忽之也。

減　減者，取也，去也。于總數内，取去若干，可知其餘賸若干也。梅勿菴曰：減法與加法正相反，其用亦相需。凡數相較，法當用減。有兩數于此，以相減則得其大小之較，此相減也。有全數于此，減其所當減，則得其留餘之數。此指明于某數内減某數也，故用減。甚不同于用加，孰爲法孰爲實，必辨别明晰。非如加法，但曰相加可也。

清・鄧建章《中西算學入門匯通》卷上　珠算減法

筆算減法，齊其單位，自右而左，挨次減之。珠算減法，則自左而右，挨次照加法，反其道而用之。即得。

綜論

清・梅瑴成《增删算法統宗》卷一　柳下居士曰：算法至珠盤，簡妙極矣。而珠盤之上退法，尤爲快捷。觀書目，元豐、紹興間所刻有《盤珠集》《走盤集》，其昉於此時歟。持籌之法變而珠盤，亦如篆籒八分之變楷，封建井田之變郡縣阡陌，皆變之極而不可復返者也。

清・江南商业學校《最新珠算教科書》卷上第三章《加減第二類》

加法要義

一　先置本數於算盤。

二　將加數從首位起，依同位之行依次逐行相加。

三　若梁下珠不敷用，則用下五歌訣，而去其五之較珠。

四　若本位珠不敷用，則用進十歌訣，而去其十之較珠。

案：梁上之上一珠，原以備乘除之不足。加減二法，本可省去。此珠切不可令初學用之，致多轉折。

減法要義

一　先置大數於算盤。

二　將減數從首位起，依同位之行挨次逐行相減。

三　若梁下珠不敷減，則用去五歌訣，而還其五之較珠。

四　若本位不敷減，則用退十歌訣，而還其十之較珠。

算法

明・王文素《算學寶鑑》卷一　乘法起例

作五訣：起一四作五，二起三作五，三起二作五，四起一作五。

成十訣：一起九成十，二起八成十，三起七成十，四起六成十，五起五成十，六起四成十，七起三成一十，八起二成一十，九起一成一十。

除法起例

破五訣：無一破五下還四，無二破五下還三，無三破五下還二，無四破五下還一。

破十訣：無一破十下還九，無二破十下還八，無三破十下還七，無四破十下還六，無五破十下還五，無六破十下還四，無七破十下還三，無八破十下還二，無九破十下還一。

明・徐心魯《盤珠算法》卷一　隸首上訣：一上一，一下五除四。如本行下五子俱已在位，今又要上一，則下無一可上，故於上面下一是五，復於下面去四，故上得一。

一退九進一十。如本位子滿在位，又要加一，却無一可加，故幾退去九子，却于上位還一子當下位十子，却正一也。

二上二，二下五除三。如本位要止[上]二子，下梁五子俱在位。却無子可上，故於上梁下一是五，復於下面退三子即是二上得二子也。

二退八進一十。本位無二可上，則退去八，上位還一是十，只實得一數也。餘放此，理同前。

三上三，三下五除二，三退七進一十。

四上四，四下五除一，四退六進一十。

五上五，五去五進一十。

六上六，六上一去五進一十，六退四進一十。

七上七，七上二去五進一十，七退三進一十。

八上八，八上三去五進一十，八退二進一十。

九上九，九上四去五進一十，九退一進一十。

退法要訣：一退一，一退十還九。如本位無一可退，故於上位退一是十，復於下位還九數，上退得一數也。

一上四退五。如梁上有子，梁下無子。故於梁上退一是五，復於下梁蒲上四子，樂退得其。餘放此。

二退二，二退十還八，一上四退五。

三退三，三退十還七，二上三退五。

四退四，四退十還六，四上一退五。

五退五，五退十還五。

六退六，六退十還四。

七退七，七退十還三。

八退八，八退十還二。

九退九，九退十還一。

明・柯尚遷《數學通軌・學筭須知》

九九上法語

一上一，一下五除四，一退九進一十。

二上二，二下五除三，二退八進一十。

三上三，三下五除二，三退七進一十。

四上四，四下五除一，四退六進一十。

五上五，五退五進一十。

六上六，六上一去五進一十，六退四進一十。

七上七，七上二去五進一十，七退三進一十。

八上八，八上三去五進一十，八退二進一十。

九上九，九上四去五進一十，九退一進一十。

九九退法語

一退一，一上四退五，一退十還九。

二退二，二上三退五，二退十還八。

三退三，三上二退五，三退十還七。

四退四，四上一退五，四退十還六。

五退五，五退十還五。

六退六，六退十還四，四下五除一。

七退七，七退十還三，三下五除二。

八退八，八退十還二，二下五除三。

九還九，九退十還一，一下五除四。

因加乘法起例

起五訣：一起四作五，二起三作五，三起二作五，四起一作五。

成十訣：一起九成十，二起八成十，三起七成十，四起六成十，六起四成十，七起三成十，八起二成十，九起一成十。

歸減除法起例

破五訣：無一去五下還四，無二去五下還三，無三去五下還二，無四去五下還一。

破十訣：無一破十還九，無二破十還八，無三破十下還七，無四破十下還六，無六破十下還四，無七破十下還三，無八破十下還二，無九破十下還一。

明・程大位《算法統宗》卷一　九九八十一便蒙通用。

一遍　一上一　二上二　三上三　四上四　五下五　六上六　七上七　八上八　九上九

二遍　一上一　二上二　三下五除二　四下五除一　五起五還一十　六上一起五還一十　七上二起五還一十　八退二還一十　九退一還一十

三遍　一上一　二下五除三　三上三　四退六還一十　五下五　六上六　七退三還一十　八退二還一十　九退一還一十

四遍　一上一　二上二　三退七還一十　四下五除一　五起五還一十　六退四還一十　七退三還一十　八上三起五還一十　九退一還一十

五遍　一下五除四　二退八還一十　三下五除二　四退六還一十　五下五　六上一起五還一十　七上七　八退二還一十　九退一還一十

六遍　一上一　二上二　三退七還一十　四下五除一　五起五還一十　六上六　七退三還一十　八退二還一十　九上四起五還一十

七遍　一上一　二下五除三　三上三　四退六還一十　五下五　六退四還一十　七上二起五還一十　八退二還一十　九退一還一十

八遍　一上一　二上二　三下五除二　四下五除一　五起五還一十　六上一起五還一十　七退三還一十　八退二還一十　九退一還一十

九遍　一上一　二上二　三上三　四上四　五下五　六上六　七上七　八上八　九退一還一十

明・黃龍吟《算法指南》卷上

上法總念

一上一，一下五除四，如本行下五子俱已上盡，今文要上一子，下面無子可上，故於上面下一子當五數，除去下梁四子，餘數放此。一退九還一十。如本位子滿在位，又要加一，却無可加故於本位退去九子，於上位還一子，當下位十子。

二上二，二下五除三，如本位要上二子，下梁五子俱已在位，却無子可上。故於上梁下一子當五數，除去下梁三子則止，上得二子也。二退八還一十。如本位子滿在位，無二可上，則于本位退去八子，上位還一子當下位十子也。

三上三，三下五除二，三退七還一十。

四上四，四下五除一，四退六還一十。

五下五，五去五還一十。

六上六，六上一去五還一十，六退四還一十。

七上七，七上二去五還一十，七退三還一十。

八上八，八上三去五還一十，八退二還一十。

九上九，九上四去五還一十，九退一還一十。

退法總念

一退一，一上四退五，一退十下還九。

二退二，二上三退五，二退十下還八。

三退三，三上二退五，三退十下還七。

四退四，四上一退五，四退十下還六。

五退五，五退十下還五。

六退六，六退十下還四，六上下二子除下四子。上梁二子當十數，除下四子亦是六。

七退七，七退十下還三，七上下二子除下三子。

八退八，八退十下還二，八上下二子除下二子。

九退九，九退十下還一，九上下二子除下一子。

又

一上法

九八七六五四三二一

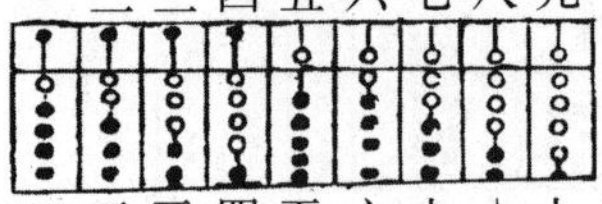

九上九　八上八　七上七　六上六　五下五　四上四　三上三　二上二　一上一

此邊打起。

二上法

八七五三一九六四二

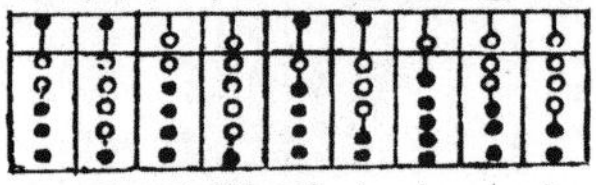

九退一还十　八退二还十　七上二去五还十　六上一去五还十　五起五还一十　四下五除一　三下五除二　二上二　一上一

三上法

七六三〇七三〇七三

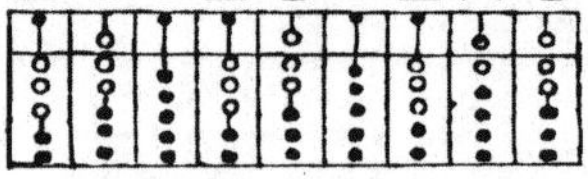

九退一还十　八退二还十　七上二去五还十　六上六　五下五　四退六还十　三上三　二下五除三　一上一

四上法

六五一七二八三九四

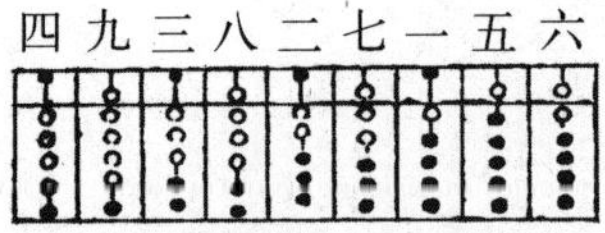

九退一还十　八上三去五还[十]　七退三还十　六上六　五[下]五　四下五除一　三上三　二上二　一上一

五上法

三四九三八二七一六

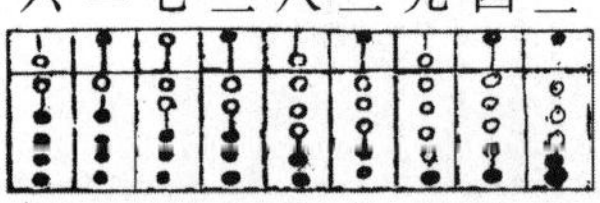

九退一还十　八上三去五还十　七上七　六上一去五还十　五下五　四退六还十　三下五除二　二退八还十　一下五除四

六上法

四三七〇四七〇四七

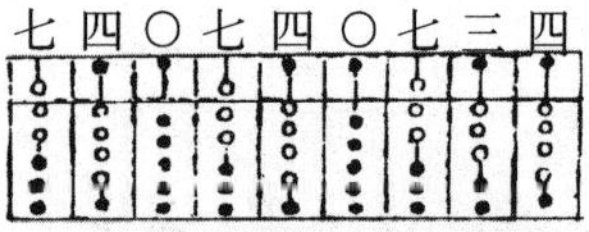

九上四去五还十　八退二还十　七退三还十　六上六　五去五还十　四下五除一　三退七还十　二上二　一上一

七上法

三二五七九一四六八

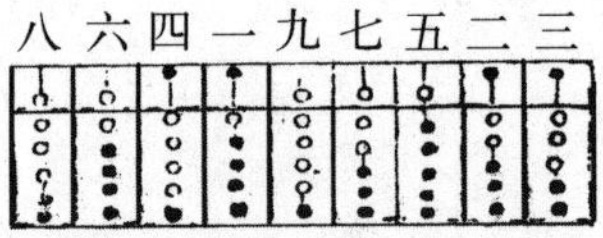

九退一还十　八退二还十　七上二去五还十　六上六　五下五　四退六还十　三上三　二下五除三　一上一

八上法

二一三四五六七八九

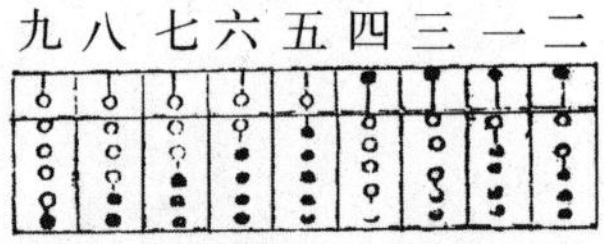

九退一还十　八退二还十　七上二去五还十　六上一去五还十　五去五还十　四下五除一　三下五除二　二上二　一上一

九上法

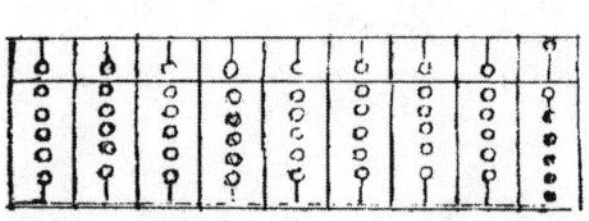

九退一还一十　八上八　七上七　六上六　五上五　四上四　三上三　二上二　一上一

一退法

二一三四五六七八九

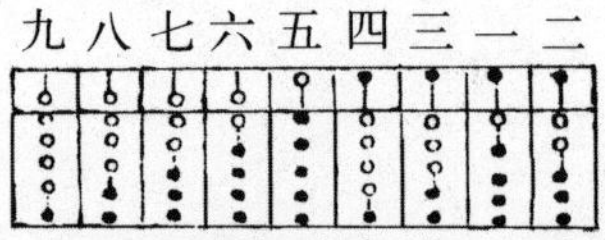

九退十下还一　八退八　七退七　六退六　五退五　四退四　三退三　二退二　一退一

二退法

三二六七九一四六八

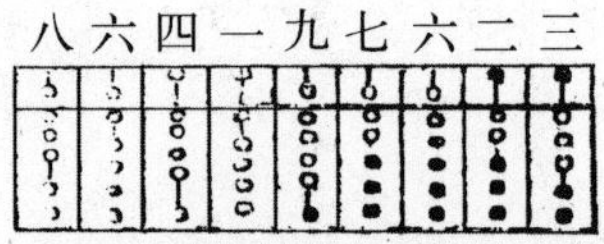

九退十下还一　八退十下还二　七退十下还三三下五除二　六退十下还四四下五除一　五退十下还五　四上一去五　三上二去五　二退二　一退一

三退法

四三七〇四七〇四七

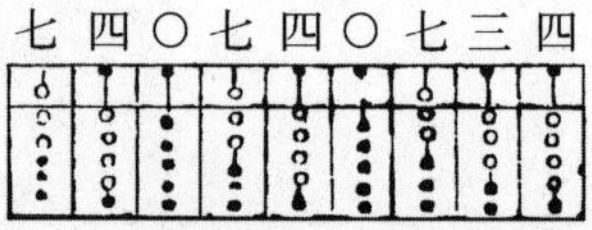

九退十下还一　八退十下还二　七退十下还三　六退六　五退五　四退十下还六　三退三　二上三去五　一退一

四退法

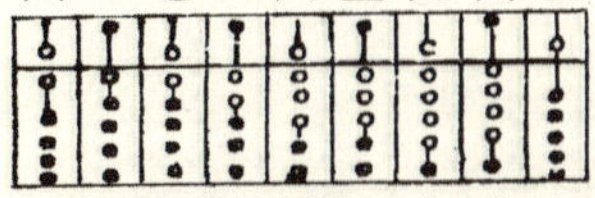

五　九退十下还一
四　八退十下还二
九　七退十下还三
三　六退十下还四
八　五退十下还五
二　四上一去五
七　三退十下还七
一　二退二
六　一退一

五退法

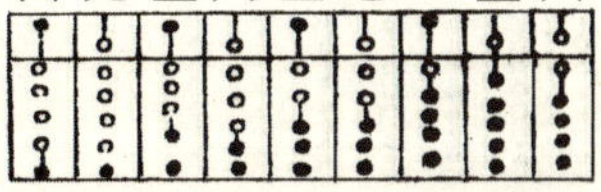

六　九退十下还一
五　八退十下还二二下五除三
一　七退七
七　六退十下还四四下五除一
二　五退五
八　四退十下还六
三　三上二去五
九　二上三去五
四　一退一

六退法

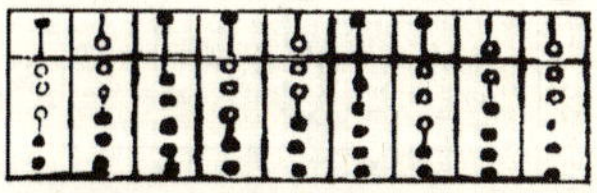

七　九退十下还一
六　八退十下还二
三　七退十下还三
〇　六退六
七　五退十下还五
三　四上一去五
〇　三退三
七　二退二
三　一退一

七退法

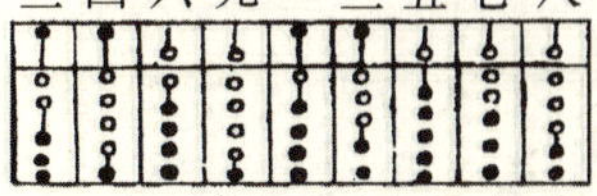

八　九退十下还一
七　八退十下还二
五　七退十下还三三下五除二
三　六退十下还四
一　五退五
九　四退十下还六
六　三退十下还七
四　二上三去五
二　一退一

八退法

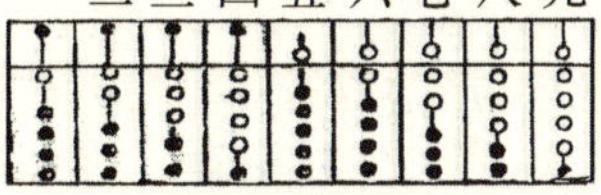

九　九退十下还一
八　八退十下还二
七　七退十下还三
六　六退十下还四四下五除一
五　五退十下还五
四　四上一去五
三　三上二去五
二　二退二
一　一退一

九退法

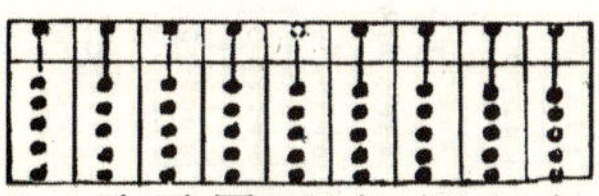

九退九
八退八
七退七
六退六
五退五
四退四
三退三
二退二
一退一

清・方中通《數度衍》卷之一

加法一曰上法。

一上一，一下五去四，一退九進一十。進一位上一子，非專指一十數也。

二上二，二下五去三，二退八進一十。

三上三，三下五去二，三退七進一十。

四上四，四下五去一，四退六進一十。

五上五，五退五進一十。

六上六，六上一去五進一十，六退四進一十。

七上七，七上二去五進一十，七退三進一十。

八上八，八上三去五進一十，八退二進一十。

九上九，九上四去五進一十，九退一進一十。

式　有物一十二，又五十四。問共若干。

曰：六十六。

術：一上一，二上二，此即一十二也。大在左前，小居右後，故一十在左，而二在右也。五上五，與一十同位，四下五去一，與二同位。此加五十四在一十二之上也。合爲六十六矣。

減法一曰退法。

一退一，一退十還九，左位退一子，本位上九。一上四退五。

二退二，二退十還八，二上三退五。

三退三，三退十還七，三上二退五。

四退四，四退十還六，四上一退五。

五退五，五退十還五。

六退六，六退十還四。

七退七，七退十還三。

八退八，八退十還二。

九退九，九退十還一。

清・李長茂《算海説詳》卷一　九積數

一下一，一下五除四，一起九成一十。

二下二，二下五除三，二起八成一十。

三下三，三下五除二，三起七成一十。

四下四，四下五除一，四起六成一十。
五下五，五起五成一十。
六下六，六上一起五成一十，六起四成一十。
七下七，七下二起五成一十，七起三成一十。
八下八，八上三起五成一十，八起二成一十。
九下九，九上四起五成一十，九起一成一十。

清・梅瑴成《增删算法統宗》卷一

上法歌即垜積法，將衆散數，合爲總數，筆算名爲併法。亦名加法。

一上一，一下五除四，一退九還一十。
二上二，二下五除三，二退八還一十。
三上三，三下五除二，三退七還一十。
四上四，四下五除一，四退六還一十。
五上五，五去五還一十。
六上六，六上一去五還一十，六退四還一十。
七上七，七上二去五還一十，七退三還一十。
八上八，八上三去五還一十，八退二還一十。
九上九，九上四去五還一十，九退一還一十。

退法歌即筆算之減法。有總數、有用數，于總數内退去用數，得其餘數也。

一退一，一上四去五，一退十還九。
二退二，二上三去五，二退十還八。
三退三，三上二去五，三退十還七。
四退四，四上一去五，四退十還六。
五退五，五退十還五。
六退六，六退十還四。
七退七，七退十還三。
八退八，八退十還二。
九退九，九退十還一。

假如藩庫原存地丁銀一十二萬零三百零三兩，今節次徵收一百四十一萬零五十五兩六錢，節次支放過一百二十二萬二千零五兩六錢。問該存留若干。

答曰：實在三十萬八千三百五十三兩。

法：先將舊管，即原存。地丁銀對盤上萬千百十兩之位列之。次用上法，將新收數併入，先上一百萬，呼一上一，進一子于十萬之前位。次乃上四十萬，呼四上四，進四子于十萬位，變一爲五。次上一萬，呼一上一，進一子于萬位變二爲三。千位仍空，百位無上仍爲三。次上五十兩，呼五上五，進五子于十兩位。次上五兩，呼五上五，進五子于兩位，變三爲八。次上六錢，呼六上六，進六子于錢位。上畢。則舊管、新收共一百五十三萬零三百五十八兩六錢。乃用退法，將支放過即開除。銀于共銀内退去。先退一百萬，呼一退一，將百萬位之一子除去。次退二十萬，呼二退二，將十萬位之五子改爲三。次退二萬，呼二退二，將萬位之三子去二存一。次退二千，千位空，用退十法，呼二退十還八，去萬位之一，上八子于千位。百位無退仍爲三。十位無退仍爲五。次退五兩，呼五退五，將兩位八子去五存三。次退六錢，呼六退六，將錢位之六子除去。退畢，餘三十萬八千三百五十三兩，即實在也。

百	十	萬	千	百	十	兩	錢
	一⌝	二⌝	〇	三	〇	三⌝	
一	五	三	〇	三	五	八	六

百	十	肆	千	百	十	兩	錢
一⌝	五⌝	三⌝	〇	三	五	八⌝	六⌝
	三	一⌝	八	三	五	三	

清・李善蘭《珠算金鍼》

加法

一還一，二還二，三還三，四還四，五還五，六還六，七還七，八還八，九還九。

此九句與〇相加之數也。每句上一字爲得數，下二字爲術，皆加於本位也。言欲加一者，當於本位加一也。餘放此。首四句皆梁下之子，以上爲加。第五句梁上之子，以下爲加，末四句兼以梁上之子下、梁下之子上爲加。

一退九進一，二退八進一，三退七進一，四退六進一，五退五進一，六退四進一，七退三進一，八退二進一，九退一進一。

此九句，與十相減之數也。每句上一字爲得數，下四字爲術。言欲加一者，減九加十，則得一也。餘放此。凡言退幾者，皆於本位梁上下減之。凡言進一者，皆於左位梁下加一也。

一下五除四，二下五除三，三下五除二，四下五除一。

此四句，與五相減之數也。每句上一字爲得數，下四字爲術。言欲加一者，加五減四則得一也。餘放此。凡言下五者，皆於本位梁上加之。凡言除幾者，皆於本位梁下減之。

六上一起五進一，七上二起五進一，八上三起五進一，九上四起五進一。

此四句，與五相加之數也。每句上一字爲得數，下六字爲術。言欲加六者，加一、減五、又加十，則得六也。餘放此。凡言上幾者，皆於本位梁下加之。凡言起五者，皆於本位梁上減之，凡言進一者，皆於左位梁下加之。本位減五，左位加一，是減五而加十，則得五矣。本位又加幾，是幾與五相加也。

減法

一退一，二退二，三退三，四退四，五退五，六退六，七退七，八退八，九退九。

每句上一字爲所減之數，下二字爲減之之術。

一還九退一，二還八退一，三還七退一，四還六退一，五還五退一，六還四退一，七還三退一，八還二退一，九還一退一。

每句上一字爲所減之數，下四字爲減之之術。言欲減一者，本位加九，左位減一，則總爲減去一矣。餘放此。

一起五上四，二起五上三，三起五上二，四起五上一。

每句上一字爲所減之數，下四字爲減之之術。言欲減一者，本位梁上減一，梁下加四，則總爲減去一矣。餘放此。

六除一下五退一，七除二下五退一，八除三下五退一，九除四下五退一。

每句上一字爲所減之數，下六字爲減之之術。言欲減六者，本位梁下減一，梁上加一，左位梁下減一，則總爲減去六矣。餘放此。

清·潘逢禧《算學發蒙》卷一

上法歌訣

凡歌訣中，數目字，在句首者，皆指數而言。在句中句末者，皆指盤珠而言。退法歌訣，亦同此例。

一上一，謂欲加一數，本位樑下有珠可上，則上一珠，紀一數，後皆倣此。一下五除四，如樑下無珠可上，則於樑上下一珠，當五數。而除樑下四珠是無異上一珠也。後皆倣此。一退九還十。如本位樑上樑下俱滿，則本位退九珠，而上位還一珠，當十數，是亦無異上一珠也。後皆倣此。

二上二，謂欲加二數，於本位樑下上二珠。二下五除三，樑上下一珠，樑下除三珠。二退八還十。本位退八珠，上位還一珠。

三上三，謂欲加三數，於本位樑下上三珠。三下五除二，樑上下一珠，樑下除二珠。三退七還十。本位退七珠，上位還一珠。

四上四，謂欲加四數，則上四珠。四下五除一，樑上下一珠，樑下除一珠。四退六還十。本位退六珠，上位還一珠。

五上五，謂欲加五數於本位樑上下一珠，當五數。即上五也。五起五還十。如本位樑上有珠，則除去一珠即起五也。而於上位還一珠，是無異上五珠也。

六上六，謂欲加六數於本位樑上下一珠，樑下上一珠是上六珠也。後倣此。六退四還十，如本位樑下已滿，不能上六珠，則退四珠，而於上位還一珠，當十數。是無異上六珠也。後倣此。六起五上一還十。如本位樑上有珠，則起去一珠，而於樑下上一珠，當退四。仍於上位還一珠，是無異上六珠也。後倣此。

七上七，謂欲加七數，於本位樑上下一珠，樑下上二珠。七退三還十，本位退三珠，上位還一珠。七起五上二還十。樑上起一珠，樑下上二珠。而於上位還一珠。

八上八，謂欲加八數，於本位樑上，下一珠樑下上三珠，是上八珠也。八退二還十，本位退二珠，上位還一珠。八起五上三還十。樑上起一珠，樑下上三珠，而於上位還一珠。

九上九，謂欲加九數，於本位樑上下一珠，樑下上四珠。九退一還十，本位退一珠，上位還一珠。九起五上四還十。樑上起一珠，樑下上四珠，而於上位還一珠。

退法歌訣

一退一，謂欲減一數，而本位樑下，有珠可退，則退一珠，減一數。後皆倣此。一起五上四，如樑下無珠可退，而樑上有珠，則起一珠減五數。而於樑下上四珠，是無異退一珠也。後皆倣此。一退十還九。如樑上樑下皆空位，則於上位退一珠，減十數，而於本位還九珠是無異退一珠也。後皆倣此。

二退二，謂欲減二數，於本位樑下退二珠。二起五上三，樑上起一珠，樑下上三珠。二退十還八。上位退一珠，本位上八珠。

三退三，謂欲減三數，樑下退三珠。三起五上二，樑上起一珠，樑下上二珠。三退十還七。上位退一珠，本位還七珠。

四退四，謂欲減四數，樑下退四珠。四起五上一，樑上起一珠，樑下上一珠。四退十還六。上位退一珠，本位還六珠。

五退五，謂欲減五數，樑上起一珠，即減五數。五退十還五。如本位樑上無珠，則上位退一珠，而本位樑上下一珠。是退五數也。

六退六，謂欲減六數，於本位樑上，起一珠，樑下除一珠，是退六也。六退十還四，如本位無珠可退，則上位退一珠，而本位樑下上四珠，是無異退六珠也。後皆倣此。六退十下五除一。如本位樑上無珠，則下一珠，而樑下除一珠，當上四；仍於上位退一珠，是無異退六珠也。後皆倣此。

七退七，謂欲減七數，樑上起一珠，樑下除二珠。七退十還三，上位退一珠，本位還三珠。七退十下五除二。上位退一珠，本位樑上下一珠，樑下除二珠。

八退八，謂欲減八數，樑上起一珠，樑下除三珠。八退十還二，上位退一珠，本位還二珠。八退十下五除三。上位退一珠，本位樑上下一珠，樑下除三珠。

九退九，謂欲減九數，樑上起一珠，樑下除四珠。九退十還一，上位退一珠，本位還一珠。九退十下五除四。上位退一珠，本位樑上下一珠，樑下除四珠。

又 加減列位式

假如有數六萬三千五百八十七，作何列位。以盤珠明之。

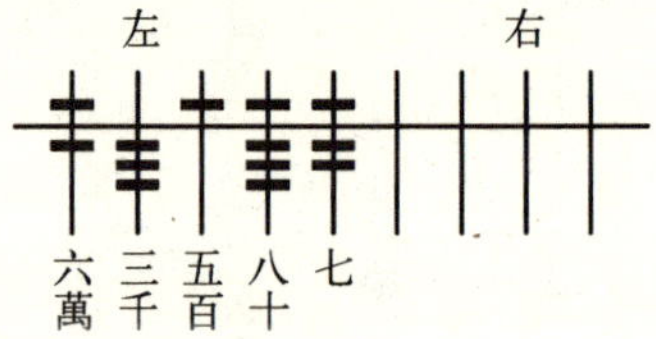

以上一式也。移易如下盤。

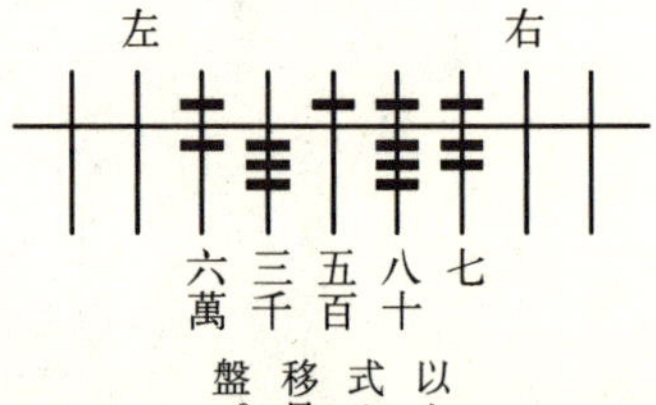

以上又一式也。再移易如下盤。

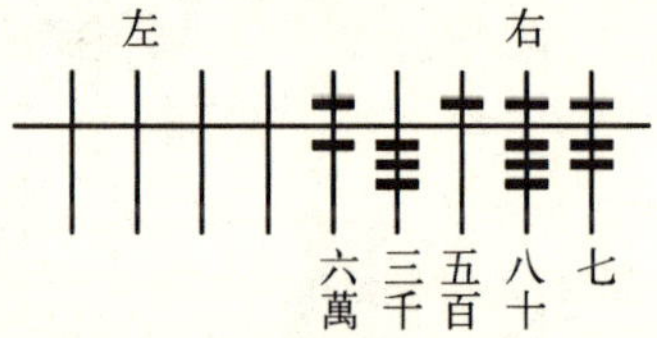

以上又一式也。

以上凡三式，以明盤之左右，皆可紀數。而萬、千、百、十之位，則一定不移。所謂珠盤爲虛位，紀數可以迭居，而數之每位遞降者，不可紊也。

此姑以五位爲式，位有多寡，皆以單數爲根，單亦曰零。

列空位式

假如有數三千八百零零萬五千零七十四，作何列位。

凡列位，以最下小數爲單，單上有一位，共二位，即是十數，有三位，是百；有四位是千；有五位是萬。故單位爲根。最宜認定。

凡數大小相承，或有零數，必空一格。以存其位。若零幾數，則空幾格，觀圖自明。

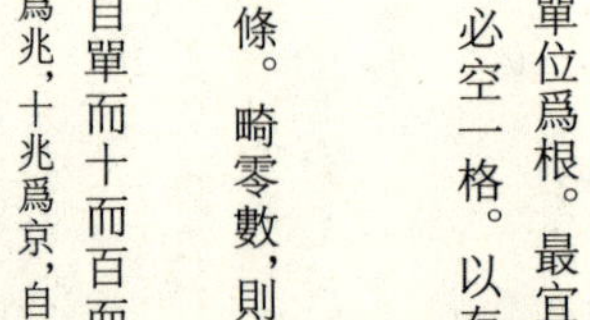

畸零列位式

凡整數，自單而陞，如前兩條。畸零數，則自單而析，故單者數之根也。

然整數之陞，以十爲等。自單而十而百而千而萬皆一法。萬以上有：以十萬爲億，十億爲兆，十兆爲京，自此而垓，而秭壤溝澗，正載皆以十而變，謂之小數。有以萬萬爲億，億億爲兆，兆兆爲京，以上盡然，皆以自乘而變，謂之大數。今所用者，以萬萬爲億，萬億爲兆，萬兆爲京，以上盡然，皆以萬而變，謂之中數。三者不同，然其列位，皆以十爲等。故曰一法也。若畸零之式，其故多端，約而言之，大概不外二法。其一以十爲等，其一不以十爲等，而各以所立之率爲等，是二法者。又各分二類，列之各有其法。

清・蔣守誠《算法全書》卷一

九九上法

一遍　一上一，二上二，三上三，四上四，五上五，六上六，七上七，八上八，九上九。

二遍　一上一，二上二，三下五除二，四下五除一，五起五還一十，六上一起五還一十，七上二起五還一十，八退二還一十，九退一還一十。

三遍　一上一，二下五除三，三上三，四退六還一十，五上五，六上六，七退三還一十，八退二還一十，九退一還一十。

四遍　一上一，二上二，(二)[三]退七還一十，四下五除一，五起五還一十，六退四還一十，七退三還一十，八上三起五還一十，九退一還一十。

五遍　一下五除四，二退八還一十，三下五除二，四退六還一十，五上五，六上一起五還一十，七上七，八退二還一十，九退一還一十。

六遍　一上一，二上二，三退七還一十，四下五除一，五起五還一十，六上六，七退三還一十，八退二還一十，九上四起五還一十。

七遍　一上一，二下五除三，三上三，四退六還一十，五上五，六退四還一十，七上二起五還一十，八退二還一十，九退一還一十。

八遍　一上一，二上二，三下五除二，四下五除一，五起五還一十，六上一起五還一十，七退三還一十，八退二還一十，九退一還一十。

九遍　一上一，二上二，三上三，四上四，五上五，六上六，七上七，八上八，九退一還一十。

九九退法

一遍　一退一，二退二，三退三，四退四，五退五，六退六，七退七，八退八，九退十還一。

二遍　一退一，二退二，三上二去五，四上一去五，五退十還五，六退十還四，四下五除一，七退十還三，三下五除二，八退十還二，九退十還一。

三遍　一退一，二上三去五，三退三，四退十還六，五退五，六退六，七退十還三，八退十還二，九退十還一。

四遍　一退一，二退二，三退十還七，四上一去五，五退十還五，六退十還四，七退十還三，八退十還二，九退十還一。

五遍　一上四去五，二退十還六，三上二去五，四退十還六，五退五，六退十還四，四下五除一，七退七，八退十還二，二下五除三，九退十還一，一下五除四。

六遍　一退一，二退二，三退三，四上一去五，五退十還五，六退六，七退十還三，八退十還二，九退十還一。

七遍　一退一，二上三去五，三退十還七，四退十還六，五退五，六退十還四，七退十還三，三下五除二，八退十還二，九退十還一。

八遍　一退一，二退二，三上二去五，四上一去五，五退十還五，六退十還四，四下五除一，七退十還三，八退十還二，九退十還一。

九遍　一退一，二退二，三退三，四退四，五退五，六退六，七退七，八退八，九退九。

清・鄧建章《中西算學入門匯通》卷上

珠算加法

珠盤，橫梁上邊二珠，每珠作五箇；或懸珠作十箇。下邊五珠，每珠作一箇。

一上一，謂有一箇，就上一珠，一字勿拘。自一至十、百、千、萬…皆作一。以下類推。一下五除四。除，去也。謂欲加一箇，而橫梁下邊已有四珠，將上邊下一珠，去下邊四珠。以下類推。一起九成十。起，去也。謂欲加一箇，而橫梁上邊已有一珠，下邊又有四珠，是九箇。則皆起去，進位上一珠。此十字勿拘，自十至百、千、萬…皆作十。下倣此。

二上二，二下五除三，二起八成十。

三上三，三下五除二，三起七成十。

四上四，四下五除一，四起六成十。

五還五，還，猶上也。於橫梁上邊欲上一珠，是下一珠。因變上字爲還字，上邊下一珠即是五箇。五起五成十。將橫梁上邊一珠起去，進位於下邊上一珠。

六還六，將橫梁上邊下一珠、下邊上一珠。下仿此。六上一去五成十，將橫梁下邊上一珠，去上邊一珠，進位。下仿此。六退四成十。退，猶起也。

七還七，七上二去五成十，七退三成十。

八還八，八上三去五成十，八退二成十。

九還九，九上四去五成十，九退一成十。

起首欲上自一至九之數，則呼一上一，二上二等句。如盤上已有記數之珠，欲於此位加三箇，則呼三上三，合則已。不合，再呼三下五除二，合則已。不合，再呼三起七成十，自合。餘皆倣此。

如有三十二，又有一百五十四，又有二千六百八十三，則呼三上三，二上二。進一位又呼一上一，五還五，四下五除一，再進一位。又呼二上二，六還六，八退二成十。於珠盤上，如法挨次上之，得總數二千八百六十九。

珠算減法

設如有數五百八十七，以三百五十六減之。該得幾何。

先將五百八十七，呼五還五，八還八，七還七，挨次列於珠盤。乃從首位之數起，以三減其五，去三，即三上三，之對面也。以五減其八，去五，即五還五，之對面也。以六減其七，去六，即六還六之對面也。則減餘得二百三十一。

五八七
三五六
———
二三一

設如有數五百八十七，以四百九十八減之。該餘若干。

從首位減起，以四減其五，去四。以九減其八，八內減九不足減，乃將左位之一退去，本位加一。以八減其七，七內減八，不足減，乃將左位退去一珠，本位加二。則減餘得八十九。

五八七
四九八
———
　八九

清・孫頤載《算法指明》卷一

九九上法

一遍　一上一，二上二，三上三，四上四，五上五，六上六，七上七，八上八，九上九。

二遍　一上一，二上二，三下五除二，四下五除一，五起五進一十，六上一起五進一十，七上二起五進一十，八退二進一十，九退一進一十。

三遍　一上一，二下五除三，三上三，四退六進一十，五上五，六上六，七退三進一十，八退二進一十，九退一進一十。

四遍　一上一，二上二，三退七進一十，四下五除一，五起五進一十，六退四進一十，七退三進一十，八上三起五進一十，九退一進一十。

五遍　一下五除四，二退八進一十，三下五除二，四退六進一十，五上五，六上一起五進一十，七上七，八退二進一十，九退一進一十。

六遍　一上一，二上二，三退七進一十，四下五除一，五起五進一十，六上六，七退三進一十，八退二進一十，九上四起五進一十。

七遍　一上一，二下五除三，三上三，四退六進一十，五上五，六退四進一十，七上二起五進一十，八退二進一十，九退一進一十。

八遍　一上一，二上二，三下五除二，四下五除一，五起五進一十，六上一起五進一十，七退三進一十，八退二進一十，九退一進一十。

九遍　一上一，二上二，三上三，四上四，五上五，六上六，七上七，八上八，九退一進一十。

九九退法

一遍　一退一，二退二，三退三，四退四，五退五，六退六，七退七，八退八，九退一進一十。

二遍　一退一，二退二，三上二去五，四上一去五，五退十還五，六退十還四下五除一，七退十還三，[三下](一)五除[二]。八退十還二，九退十還一。

三遍　一退[一]，二上三去五，三退三，四退十還六，[五]退五，六退六，七退十還三，八退十還二，九退十還一。

四遍　一退[一]，二退二，三退十還七，四上一去五，五退十還五，六退|還四，七退十還三，八退十還二，九

右加法，俗名小九九。極其淺易，村竪皆知。然算法精微廣大必自此始。舍此而欲通曉算法，譬如跬步不能行，而欲足跡遍天下，吾知其必不能也。禮曰：夫婦之愚可以與知焉及其至也。雖聖人亦有所不知也。又曰：辟如行遠必自邇，辟如登高必自卑。其此之謂乎。

設原有錢三千五百九十四文，今又進錢八千六百七十二文。問該錢若干。

答曰：一十二千二百六十六文。十千爲萬。當云：一萬二千。兹從俗。

法任以原錢數列於珠盤，自左而右，以今進錢數按前法呼而上之。曰：八退二成十，六上一去五成十，七退三成十，二下五除三，即得。或置今進錢數，以原有錢數按前法呼。曰：三退七成十，五去五成十，九退一成十，四下五除一。亦得。

設有銀六萬一千七百三十四兩九錢五分，又有銀八萬九千七百二十七兩三錢八分。問共銀幾何。

答曰：一十五萬一千四百六十二兩三錢三分。古以二十四銖爲兩，今以十錢爲兩。兹從今。

法如前。

嘗讀王孝通《緝古算經》四郡輸粟一題，甲郡輸粟三萬八千七百四十五石六斗，乙郡輸粟三萬四千九百五石六斗，丙郡輸粟二萬六千二百七十石四斗，丁郡輸粟一萬四千七十八石四斗。問共粟幾何。

答曰：一十一萬四千石。

法如前。任置一郡粟數，以其餘三郡粟數按前法，遞次加之，即得。

今京師市廛零米言斤兩，不言斗升。設有人先買米一斤九兩，又買米一斤五兩。問共米幾何。

答曰：二斤一十四兩。

法：置先買米數虛中一位列之，以又買米按法加之，即得。十六兩爲斤，故一斤九兩、一斤五兩，俱是三位必虛一位，列之。方得。若使十兩爲斤，即無庸虛中位，得三斤四兩矣。非是也。此斤兩相加所以異于常算。下做此。

設一物重一斤一十一兩，又一物重一斤一十二兩。問兩物共重若干。

答曰：三斤七兩。

法如前。此兩物，各數俱三位，則所得自必虛中一位。可知若如常法加之，得二斤二十三兩。則中位並不虛，似爲較易無如既言斤、兩，必無有言二十三兩者。故法必應減去十六兩成一斤，方得此市廛之事，盡人所知。其推步法有宮、度、分、秒相加，日、時、刻、分相加，實不外乎此。故特詳之。

設一人往某處去遠一里九步四尺，再往一處去遠二里五步三尺，再往一處去遠一里三百四十四步三尺。問回來共遠幾何。

答曰：五里。三百六十步爲里，五尺爲步，故此三數皆爲五位。又九步、五步相加得十四步；又與三百四十四步相加，得三百五十八步，尚未足一里。而四尺、三尺相加，得七尺。又與三尺相加，得十尺，應進爲二步，適足一里無零矣。故荅以五里。前題斤、兩名色止二，此題里、步、尺名色有三。而里、步之中應虚二位，步、尺之中，又無庸虚位，似有不同。其推步法名色甚多，皆虚一位。下文詳之。

今欽天監，自明季國初以來，推步金、水二星，俱有以伏見實行。與距交實行相加，得距次交實行一條。設金星或水星伏見實行三宫五度四十二分一秒二十八微。今欽天監，概不用微。過三十微者，進爲一秒。不及者，去之此二十八微，應在去之之列。距交實行七宫二十一度二十六分九秒二十九微。問距次交實行若干。

答曰：距次交實行十宫二十七度八分十秒五十七微。六十微爲秒。今五十七微是幾及一秒，可作十一秒。然二十八微、二十九微，皆所當去。去之則止于十秒。故不用微能差及秒。設不用秒則分必差，所差在秒，尚無妨。差至分已不可。古人但知用度並不用分，故不能與天合也。

今欽天監自乾隆初年以來，推步月離有實月距日，與日月最高相距相加，得相距總數一條。設實月距日五宫二十一度五分七秒三微，日月最高相距六宫八度五十四分五十二秒五十七微。問總數若干。

答曰：總數無。

右二題，法俱如前。十二宫爲一周天，三十度爲宫，分以下皆以六十遞進。凡尋常加法，自兩數相加起，至于千萬數，皆可愈加愈多，斷無有加而反少者。推步法止有兩數相加，必無三數相加者，加滿全周，即棄而不用。其餘如相加而適足一全周，即闕此一條。此題是也。

今欽天監自乾隆初年以來，推步日食有置食甚用時加減近時距分得食甚近時限東爲減限西爲加一條。設食甚用時未正二刻一十三分三十六秒五十二微，近時距分一小時三刻七分五十八秒一十九微。問食甚近時是何時刻。

答曰：食甚近時申正二刻六分三十五秒一十一微。

法如前，二十四小時爲一日，四刻爲一小時，十五分爲一刻，六十秒爲一分，六十微爲秒。珠盤上或不列刻，而以六十分爲小時，亦可。

推步日食，又有以食甚用時，加減真時距分得食甚真時。限西爲加，限東爲減一條。設食甚用時申初二刻八分二十六秒，真時距分一小時三刻一十二分四十九秒。問食甚真時係何時刻。

答曰：食甚真時酉初二刻六分十五秒。

法如前。

右加法之用。

右減法，亦極其淺近易知。兹編定例凡爲一法，必先言法，而後言用。惟加減二法，法極易。而用之，頗有不易者。初學於熟于加法之後，或先學此，暫緩加法之用，可也。且加法、減法，有互相爲用者。初學苟能並熟二法，必更有心得焉。不可以言語形容者，尤不可不爲急務也。既熟于此二法，而後各求其用，當必益臻于上進矣。

設原有錢一百二十五千四百七十九文，今用去三十六千八百九十一文。問餘錢若干。

答曰：餘錢八十八千五百八十八文。

法：必以原有錢列於盤，自左而右爲實，以用錢爲法。呼三退十還七，六退十還四，八退十還二，九退十還一，一退一。即得。

設原有錢一百九十七千三百六十一文，今用錢二百三十八千七百四十五文。問餘若干。

答曰：無餘錢，而不敷錢四十一千三百八十四文。

以今用錢爲實，原有錢爲法。如前減之，即得。

此二題，與加法同。以所有兩數，求一數。其所有兩數，一置于盤，一呼于口。置于盤者爲實，呼于口者爲法，亦一也。惟加法任以一數爲實，一數爲法，得數皆同。減法不然，必以大數爲實，小數爲法，而後能減。若以小數爲實，無可減矣。是以原有錢數大，則所得爲餘錢。今用錢數大，則所得爲不敷錢。數固不同，名色亦異。此在常法，亦盡人所知。在推步則實有難言者，且推步之事，有不能易其名色者，是以難也。詳後。

設有米一十三斤一十四兩，今應食米九斤一十五兩。問餘米幾何。

答曰：餘米三斤十五兩。

法：以原有米爲實，今食米爲法。減之。先呼九退一還一，餘四斤十四兩。其十四兩，不足減十五兩，故退一斤，加一兩。得之。

設原有米一十七斤九兩，今欲食米一十九斤七兩。問不敷米幾何。

答曰：不敷米一斤一十四兩。

法：以今食米爲實，以原有米爲法，減之。其兩不足，減退一斤，加七兩，即得。蓋九兩比一斤少七兩。今欲減九兩，而退一斤是多減七兩矣。故加七兩，得之。

設有人欲往某處去計遠一十二里二百五十九步一尺，今已走七里二百七十三步。問再有幾里可到。

答曰：四里三百四十六步一尺。

法：以原遠一十二里二百五十九步一尺爲實，已走七里二百七十三步爲法，減之。其步不足，減退一里加八十七步，即得。或先退一里，加三百六十步，作十一里六百十九步；而後如法減之，亦得。

設有人欲往某處去計遠一十七里二百四十六步四尺，今走到一十九里三百一十七步二尺。問走過幾里。

答曰：二里七十步三尺。

法：置今走爲實，原遠爲法，減之。其尺不足減，退一步加五尺，即得。

今欽天監自明季國初以來，推步日躔有置平行，減最卑平行，得引數　條。設太陽平行一宮二十五度四十三分一十秒，最卑平行九度五十八分五十二秒。問引數若干。

答曰：引數一宮一十五度四十四分一十七秒。

法：置平行爲實，最卑平行爲法。減之即得。

設太陽平行初宮五度五十九分三十一秒，最卑平行九度五十九分二十二秒。問引數若干。

答曰：引數一十一宮二十六度九秒。

法：置平行加一十二宮爲實，以最卑平行爲法。減之，即得。

前言減法，必以大數爲實，小數爲法。茲卻不然，蓋引數爲求均數之用，必以平行爲實，最卑平行爲法，其所得方爲引數，方可以求均數。若以最卑平行爲實，平行爲法，則所得非引數，不可以求均數，固無名亦無用。不必得此數也。凡推步之事，勿論黄道、赤道、月五星行道，皆此十二宮三百六十度周歷其間，爲循環無端之圓圈。故加法滿全周，則棄之。減法不足，減加全周以減之，此一定之法也。今平行小，不足減最卑平行。而必以平行爲實，故加十二宮於平行而後減之，乃得也。

推步月離，有置初實行減本日太陽實行，得月距日自明季以來，謂之次引。自雍正以來謂之月距日。一條。設月初實行一宮七度四十二分三十七秒，本日太陽實行初宮二十三度三十六分二十四秒。問月距日若干。

答曰：月距日初宮一十四度六分一十三秒。

法：置初實行爲實，太陽實行爲法，減之。其度不足，減退一宮，加三十度，得三十七度。然後，如法減之，即得。一宮七度者，言行過一宮。又七度也。初宮二十三度，初宮一十四度者，言未及一宮。僅二十三度，一十四度也。故以一宮七度化爲三十七度，内減二十三度，自得一十四度。

設月初實行三宮一十七度三十二分四十九秒，太陽實行三宮一十七度三十二分五十一秒。問月距日幾何。

答曰：月距日一十一宮二十九度五十九分五十八秒。

法：置初實行爲實，太陽實行爲法，減之。其秒不足減，而宮、度、分俱減盡，無餘無可退。故加十二宮，遞次退下而後減之，即得。此所設一題，日月實同在一處，蓋月體之大幾二千秒。乎然不可言合，亦不可言差二秒。而必言差十一宮二十九度五十九分五十八秒者。蓋有故也。此推步，所以異於常算而有所難知者。其實言算，法實不外加減、乘、除而已。

今欽天監自明季國初以來，推步土、木、火三星俱有置本日太陽實行，減星初實行，得星距日次引一條。設某日某時太陽實行七宮一十五度五十五分二秒，木星初實行五宮二十四度五十八分一秒。問木星距日次引若干。

答曰：本時木星距日次引一宮二十度五十七分一秒。

法：置太陽實行爲實，以木星初實行爲法，減之。其度、分俱不足減。退一宮，加二十九度六十分，得六宮四十四度一百一十五分二秒。一百一十五分，須下最上一珠，不可列爲二位。而後如法減之，即得。凡算兩曜相距，必于行疾一曜數內，減行遲一曜之數。月之行疾於日，故求月距日。必置月實行爲實，星之行遲于日，故求星距日。必置日實行爲實。

又設某日某時太陽實行二宮四度二十七分一十三秒，月二實行三宮二十三度五十八分四十一秒，土星初實行一宮一度一十三分九秒，木星初實行初宮二十五度一十七分一十一秒，火星初實行五宮一度二十九分二十五秒。問月距日及土、木、火三星距日次引各幾何。

答曰：月距日一宮一十九度三十一分二十八秒，土星距日次引一宮三度一十四分四秒。木星距日次引一宮九度十分二秒，火星距日次引九宮二度五十七分四十八秒。

法：置月實行爲實，以太陽實行爲法。減之，得月距日。置太陽實行爲實，以土星初實行爲法。減之，得土星距日次引。又置太陽實行爲實，以木星初實行爲法。減之，其度不足，減退一宫，加三十度，化作一宫二十四度；而後如法減之，得木星距日次引。又置太陽實行，加十二宫爲實，以火星初實行爲法。減之，其分與秒俱不足，減退一度，加五十九分、六十秒；而後如法減之，得火星距日次引。

設某年某月朔日某處日食，食甚用時巳初一刻一分二十七秒，食甚近時卯正三刻十四分四十八秒。問近時距分若干。

答曰：近時距分兩小時一刻一分三十九秒。

法：置食甚用時化作九小時一十六分二十七秒爲實，以食甚近時化作六小時五十九分四十八秒爲法。減之，即得。

設某年某月朔日某處日食，食甚用時申初三刻八分三十六秒，食甚近時酉初三刻一十三分一十二秒。問近時距分若干。

答曰：近時距分兩小時四分三十六秒。

法：置食甚近時化作十五小時五十八分一十二秒爲實，以食甚用時化作十三小時五十三分三十六秒爲法。減之即得。前言法、實互易，則所得之數異。在常算，則名色亦異，而用不同。在推步，則爲無名，而無用此。卻法實互易，而名色不易，其用仍同此。又推步法内之不與他條相同者也。

推步日食，凡求食甚近時、真時、定真時，及初虧復圓各近時、真時、定真時，并帶食時刻各篇内，俱有置本時南北差，加減食甚實緯，得本時視緯一條。

設某時南北差一十二分三十一秒，食甚實緯北十三分四十四秒。問本時視緯若干。

答曰：本時視緯北一分一十三秒。

法：置食甚實緯爲實，以南北差爲法。減之即得。北仍爲北。

又設某時南北差一十七分三秒，食甚實緯北一十一分五十七秒。問本時視緯若干。

答曰：本時視緯南五分六秒。

法：置南北差爲實，以食甚實緯爲法。減之即得。北變爲南。前言推步，無法實互易之事。此仍有之，似此一條。又推步之無異于常算者也。而又不然蓋南北之用，不同南北之號最難定。先辨白平象限，在天頂南北。次辨實緯與南北差之大小，而後視緯之南北可定。初學未易驟曉，兹編言算法。由淺入深然必分別加、減、乘、除。此言減法，而究其極有如此者，非教初學于因乘未知之先，而必先學此也。

右減法之用。

清・董恩新《珠算一得》 初學算法

九九加數

一上一，一下五除四，一退九成一。

二上二，二下五除三，二退八成一。

三上三，三下五除二，三退七成一。

四上四，四下五除一，四退六成一。

五上五，五起五成一。

六上六，六上一去五成一，六退四成一。

七上七，七上二去五成一，七退三成一。

八上八，八上三去五成一，八退二成一。

九上九，九上四去五成一，九退一成一。

上一層，指應用加數之位上，本無一珠者而言；或有數珠，尚可容一、二、三、四等數者。

中一層，指應用加數之位上，已有五數之珠者而言。若無五珠，便當云：「一下五除四，二下五除三等句。若已有五珠，再遇一、二、三、四等數，仍用上一，上二，上三，上四。若已有五珠，再來五數，便當云：「五起五成一。」遇六便當云：「六上一去五成一。」以至於「九上四去五成一」。

下一層，指應用加數之位上，已有九數者而言。如已有九珠，又來一數。便云：一退九成一，及二退八成一，至於九退一成一。

凡一切數目，不出此三層加法。今就八數一位而論，以概其餘。如遇八數，視其位上無一珠者，便用八上八。若位上已有上一珠五數者，便云「八上三去五成一」，若位上已有九珠，暨七、八珠者，便當云「八退二成一」。餘可類推。最便初學，不可不知。

以上三層加法，從前未能分晰。今由探索而出，始覺豁然。今歲赴省，在友人案頭。見一算數印本，按數刻出。可見古人先得我心也。總而言之，凡數之來，視其位上有珠無珠，該用某樣加法，即用某樣加法。既不可執一而論，亦不可毫無分曉，要在臨時辨清耳。

九九減數

一減一，一退一有九。　隔位減一，退一作九九。

二減二，二退一有八。　隔位減二，退一作九八。

三減三，三退一有七。　隔位減三，退一作九七。

四減四，四退一有六。　隔位減四，退一作九六。

五減五，五退一有五。　隔位減五，退一作九五。

六減六，六退一有四。　隔位減六，退一作九四。

七減七，七退一有三。　隔位減七，退一作九三。

八減八，八退一有二。　隔位減八，退一作九二。

九減九，九退一有一。　隔位減九，退一作九一。

上一層，指本位上，有珠可減者而言。

中一層，指本位無珠可減，須用上位之珠減之者而言。

下一層，指本位無珠可減，並前一位，亦無珠可減，須用前二位之珠，減之者而言。故曰：隔位減一，退一作九九。將前二位之一退去，於下位作九九。即是本位減一之數。

再遇前二位，祇有上一珠，已成五數者。便當云：隔位減一，起五還四，下位作九九。亦合本位除一之數，此不常有，然不可不知也。

九九加數演算式即俗所謂小九九也。

一遍　一上一，二上二，三上三，四上四，五上五，六上六，七上七，八上八，九上九。以末一位爲單數，逆上數之。則實首應得億數，合之爲一億二千三百四十五萬六千七百八十九。順數之一二三四五六七八九爲無差。

二遍　一上一，二上二，三下五除二，四下五除一，五去五成一，六上一去五成一，七上二去五成一，八退二成一，九退一成　。得數二四六九一三五七八。交互數之，合一二三四五六七八九爲無差。

三遍　一上一，二下五除三，三上三，四退六成一，五上五，六上六，七退三成一，八退二成一，九退一成一。得數三七〇三七〇三六七爲無差。

四遍　一上一，二上二，三上三，四下五除　，五去五成一，六上六，七退三成一，八上三去五成一，九退一成一。得數四九三八二七一五六。交互數之，合一二三四五六七八九爲無差。

五遍　一下五除四，二退八成一，三下五除二，四退六成一，五上五，六上一去五成一，七上七，八退二成一，九退一成一。得數六一七二八三九四五。交互數之，合一二三四五六七八九爲無差。

六遍　一上一，二上二，三退七成一，四下五除一，五起五成一，六上六，七退三成一，八退二成一，九上四去五成一。得數七四〇七四〇七三四爲無差。

七遍　一上一，二下五除三，三上三，四退六成一，五上五，六上六，七上二去五成一，八退二成一，九退一成一。得數八六四一九七五二三。交互數之，合一二三四五六七八九爲無差。

八遍　一上一，二上二，三下五除二，四下五除一，五去五成一，六上一去五成一，七退三成一，八退二成一，九退一成一。得數九八七六五四三二一。交互數之，合一二三四五六七八九爲無差。

九遍　一退九成一，二退八成一，三退七成一，四退六成一，五退五成一，六退四成一，七退三成一，八上八，九退一成一。

九遍共得大數。一十一億一千一百一十一萬一千一百〇一。

九九減數演算式

一遍　一減一，隔位減二，退一作九八；三退一有七，四退一有六，五退一有五，六退一有四，七退一有三，八退一有二，九退一有一。

餘數九八七六五四三二一。如八遍，交互數亦如之。

二遍　一減一，二減二，三上二去五，四上一去五，五減五，隔位減六，退一作九四，七退一有三，八退一有二，九退一有一。餘數八六四一九七五二三。如七遍，交互數亦如之。

三遍　一減一，二上三去五，三減三，四退一有六，五減五，六減六，七退一有三，八退一有二，九退一有一。餘數七四〇七四〇七三四。如六遍，交互無數。

四遍　一減一，二減二，三退一有七，四上一去五，五退一有五，六退一有四，七減七，隔位減八，退一作九二，九退一有一。餘數六一七二八三九四五。如五遍，交互數亦如之。

五遍　一減一，二去五還四下有八，三上二去五，四退一有六，五減五，六減一有四，七減七，八退一有二，九退一有一。餘數四九三八二七一五六。如四遍，交互數亦如之。

六遍　一減一,二減二,三減三,四上一去五,五退一有五,六減六,七退一有三,八退一有二,九退一有一。餘數三七〇三七〇三六七。如三遍,交互數無。

七遍　一減一,二減二,三起五還四下有七,四退一有六,五減五,六減一有四,七減一有三,八減一有二,九減一有一。餘數二四六九一三五七八。如二遍,交互數亦如之。

八遍　一減一,二減二,三上二去五,四減四,五起五還四,下有五,六退一有四,七退一有三,八退一有二,九退一有一。餘數一二三四五六七八九。如第一遍。

九遍　一減一,二減二,三減三,四減四,五減五,六減六,七減七,八減八,九減九。除減無餘。

清・穎奇增《算法必林》卷上　進子法:一除九進一,二除八進一,三除七進一,四除六進一,五除五進一,六除四進一,七除三進一,八除二進一,九除一進一。

上子法:六除四下還一進一,七除三下還二進一,八除二下還三進一,九除一下還四進一。

下子法:一下五落四,二下五落三,三下五落二,四下五落一。

清・王如章《簡明珠算》

進法秘訣

一下五除四,二下五除三,三下五除二,四下五除一。一除九進一十,二除八進一十,三除七進一十,四除六進一十,五除五進一十,六除四進一十,七除三進一十,八除二進一十,九除一進一十。六上一去五進一十,七上二去五進一十,八上三去五進一十。九上四去五進一十。

以上之秘訣讀熟即知,前四句從檔下進於檔上之法,後十三句從本位進於上位之法,除就是本位除,進就是上位加。

退法秘訣

一上四去五,二上三去五,三上二去五,四上一去五。一退一還九,二退一還八,三退一還七,四退一還六,五退一還五,六退一還四,七退一還三,八退一還二,九退一還一。六退一還五下一,七退一還五下二,八退一還五下三,九退一還五下四。

以上之秘訣讀熟即知,前四句從檔上退於檔下之法,後十三句從上位退於本位之法,退就是上位退,還就是本位加。

清・江南商業學校《最新珠算教科書》卷上第一章《開端》

撥珠指法

撥珠須以右手大、食兩指撥梁下之珠,中指撥梁上之珠。商家以右手記賬,或以左手撥珠亦然。而梁下珠,食指恒司撥下,大指位司撥上,庶指揮如意無所扞格。至無名指與小指雖無所用亦不可屈而不伸,致中指有運掉不靈之病。且以三指撥珠,餘二指亦隨之運動。人見之若有五指兼用之致。否則,隨意亂撥難超敏捷地步。

布算法與讀算法

取算盤中行略偏右者爲單位之行,橫梁中作●誌之。此行將(乙)珠撥上得 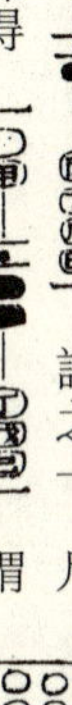 謂之一。凡稱一數之物俱用之,增(丙)珠得  謂之二。凡稱二數之物俱用之,如是逐次增(丁)(戊)(己)珠,謂之三、四、五。凡三數、四數、五數之物俱用之。先有物數,使之置於算盤謂之布算法。先有算珠,使之讀其物數謂之讀算法。猶筆算之有寫法、唸法也。

案:凡有數之算珠,俱切梁。不切梁者,謂之空位。

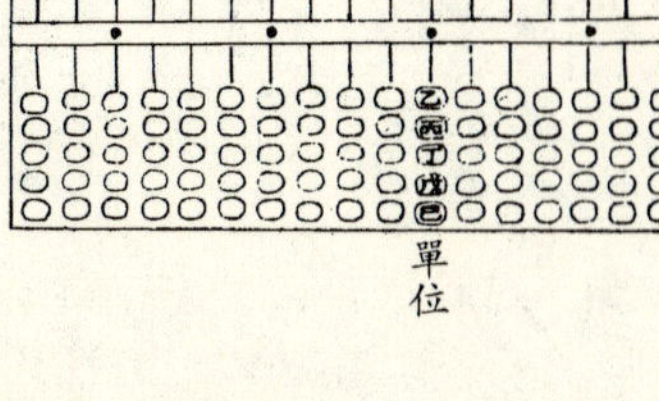

單位

設題第一　將左各物之數遞置於算盤。

一　置硯一方。

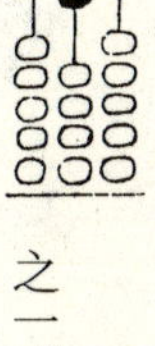

之一。　解:有●點行梁下之珠,用大指撥上一顆,謂之一。

二　置墨二錠。

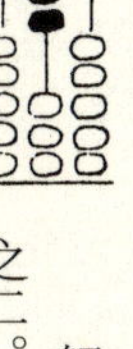

之二。　解:有●點行梁下之珠,用大指撥上二顆,謂之二。

三　置紙三張。

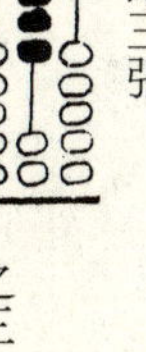

之三。　解:有●點行梁下之珠,用大指撥上三顆,謂之三。

四　置筆四枝。

解：有●點行梁下之珠，用大指撥上四顆，謂之四。

置五即　然梁下珠五顆，僅當梁上珠一顆。即撥下梁上(甲)珠，拂去梁下五珠，得　謂之五。增入梁下(乙)珠得　謂之六，凡六數之物皆用之。遞增(丙)(丁)(戊)(己)各珠，謂之七，八，九，十。凡七數、八數、九數、十數之物，皆用之。自一至九各數，謂之單位。

設題第二　將左各物之數遞置於算盤。

一　置碗五隻。

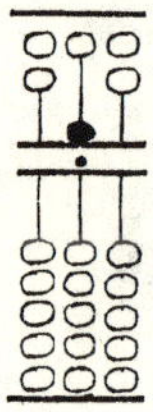

解：●點行梁上珠，用中指撥下一顆，謂之五。

二　置盞六隻。

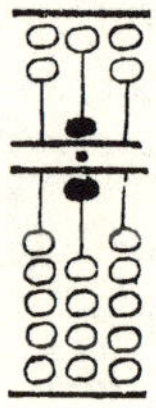

解：●點行梁下珠上一顆，梁上珠下一顆，用大中兩指齊撥之。

三　置碟七隻。

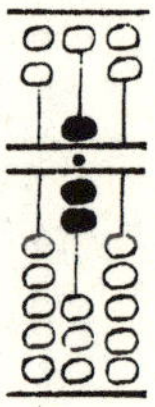

解：●點行梁下珠上二顆，梁上珠下一顆，亦用大中兩指齊撥之。

四　置箸八根。

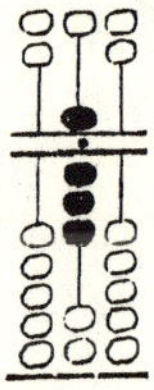

解：●點行梁下珠撥上三顆，梁上珠撥下一顆，謂之八。

五　置瓢九隻。

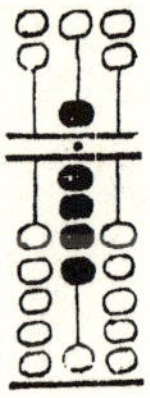

解：梁下珠撥上四顆，梁上珠撥下一顆，謂之九。

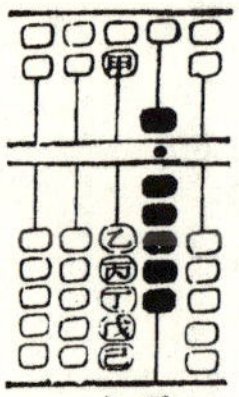
十位　單位

又　單位行　僅當十位行梁下之一珠，即將單位珠俱拂去，而撥上十位(乙)珠以代之。得　謂之一十。故單位之數至九止，至十復成爲一矣。由是增(丙)珠，得　謂之二十。復增(丁)珠，得　謂之三十。仍如單位法逐次增珠，謂之四十，五十，六十，七十，八十，九十，一百。其算珠布法仍與單位同。不過在單位左一行而已。

設題第三　將左各物之數遞置於算盤。

一　置馬一十四。　二　置牛二十頭。　三　置羊三十隻。

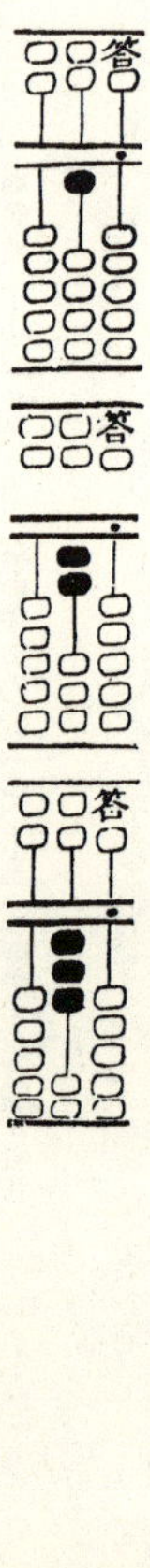

四　置豕四十隻。　五　置犬五十隻。　六　置雞六十隻。

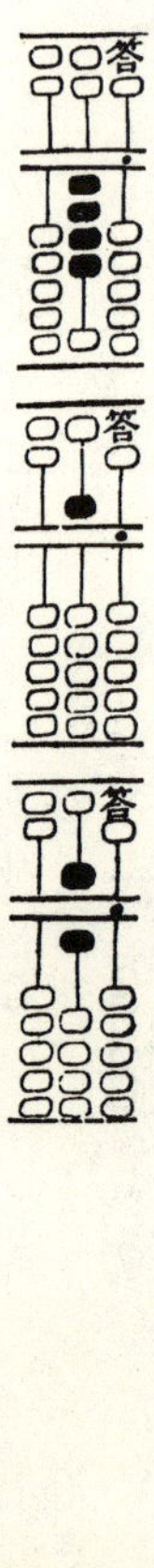

七　置鵝七十隻。　八　置鴨八十隻。　九　置烏九十隻。

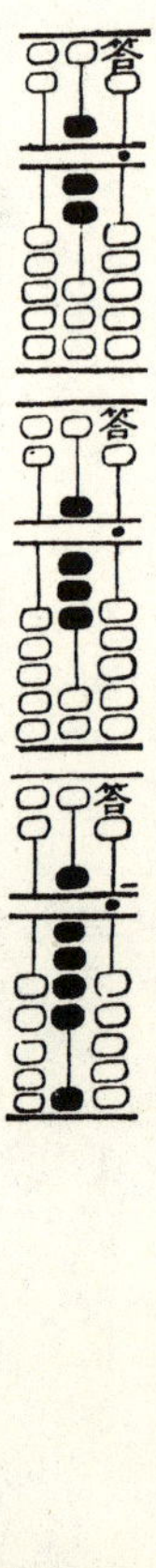

解：於單位之左一行，用大、中兩指仍如單位法撥之。

若置兩位數，定●點行爲單位，然後先置十，次置單。如置三十六與八十四。

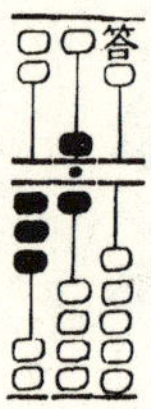

解：先於十位置三，次於單位置六，合之得三十六。

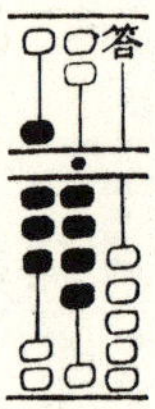

解：先於十位置八，次於單位置四，合之得八十四。

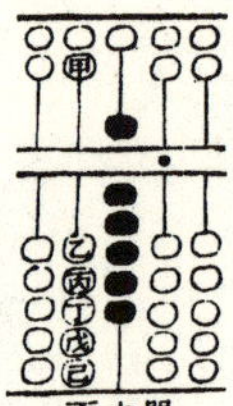
百位　十位　單位

十位行之算珠　僅當百位梁下之一珠，即將十位之算珠拂去，而撥上百位(乙)珠以代之，得　謂之一百。又增(丙)珠得　謂之二百。又增(丁)珠得　謂之三百，依前法遞撥珠，得四百，五百，六百，七百，八百，九百，一千。

設題第四　將左物各百數置於算盤。

一　桃一百枚。　二　李二百枚。　三　梅三百枚。

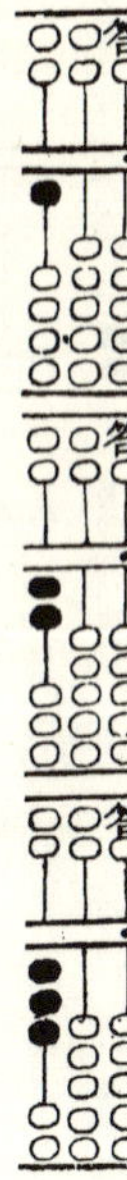

四　杏四百枚。　五　橘五百枚。　六　柑六百枚。

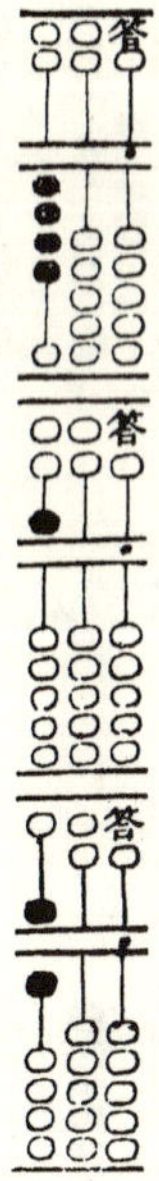

七　橙七百枚。　八　瓜八百枚。　九　棗九百枚。

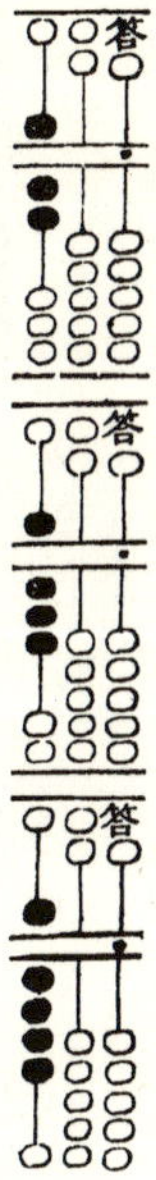

解：先定●點行爲單位，然後靠左以十百遞計之，得百位撥珠指法，仍如單位法置之。

若置三位之算珠。定●點爲單位由左而十位，而百位先置百位之珠，順次置十位，置單位。設無十位或單位，則空其位不置算珠。如二百五十六與二百零六及二百五十，則置珠列左。

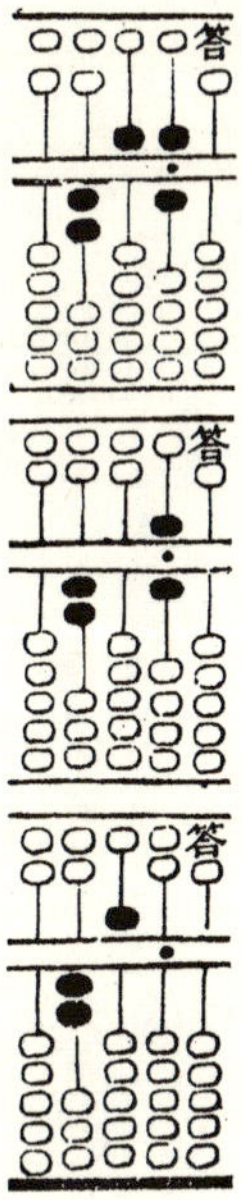

解：先用大指置二百，次用中指置五十，次齊用大中二指置六箇。其第二數無十位，第三數無單位，則空之。

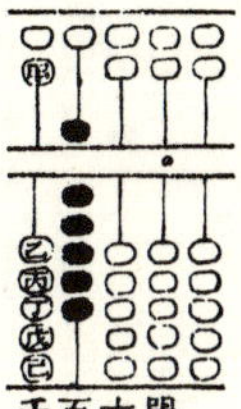

百位之算珠  僅當千位梁下之一珠。即將百位算珠盡拂去，而撥上千位之乙珠以代之，得  謂之一千。由是再撥上丙珠，即得  爲二千。仍如單位撥珠法，遞次增其珠爲三千，四千，五千，六千，七千，八千，九千，一萬。此一行各珠，謂之千位數。

設題第五　將左各人數置於算盤。

一　置步兵一千。二　置馬兵二千。三　置砲兵三千。

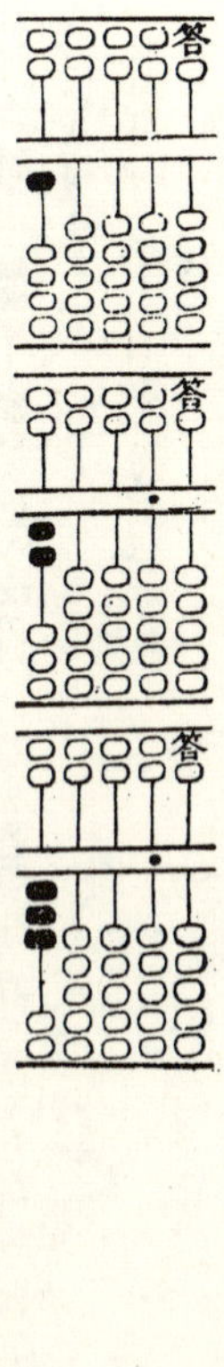

解：定●點行爲單位，由左挨次而十而百至千位撥珠。仍如單位法置之，下同。

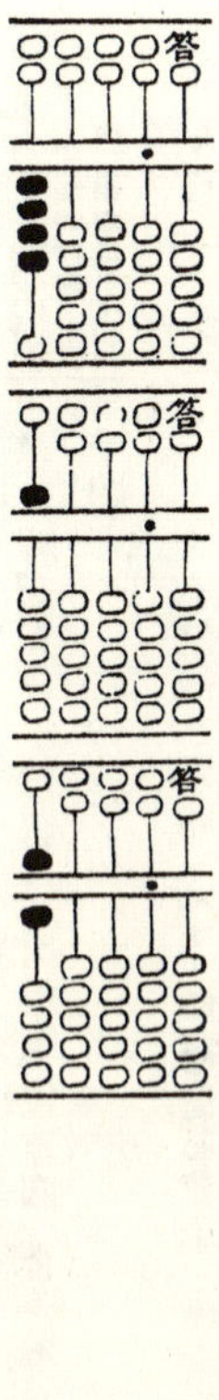

四　置守兵四千。五　置戰兵五千。六　置巡勇六千。

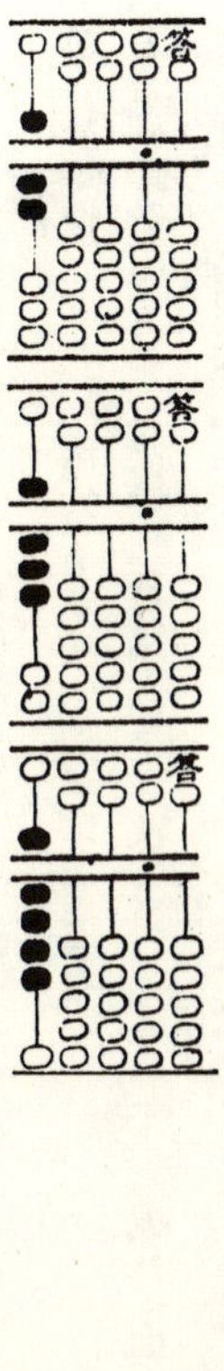

七　置陸師七千。八　置水師八千。九　置衛士九千。

置四位之算珠先定●點爲單位行，次由左計十，與百至千位。乃於千位先置珠，順次置百，置十，置單。仍用大中二指遞撥之，若四位中有一空位，或二空位者，則不置珠。如左七數以爲例。

三千六百四十七　三千六百四十　三千六百零七

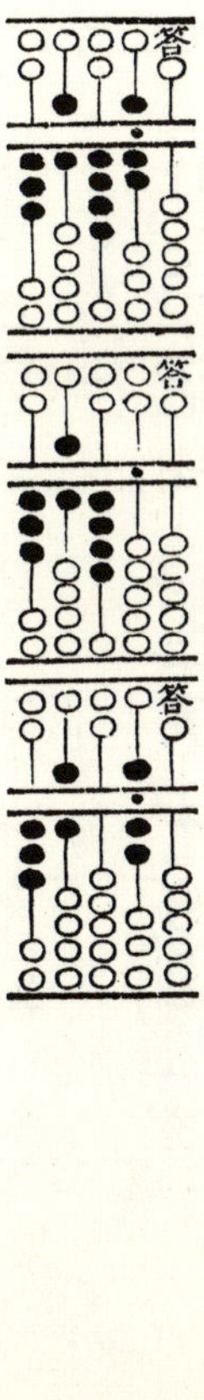

三千零四十七　三千六百　三千零零七　三千零四十

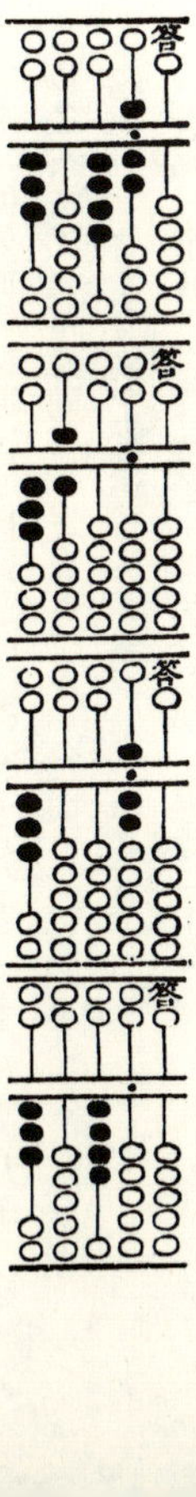

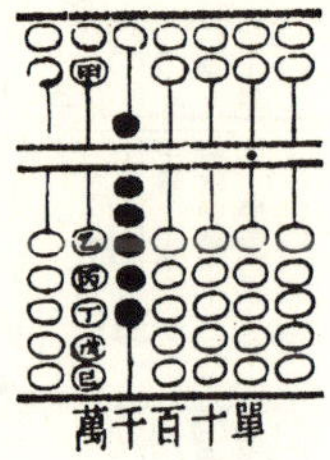

千位之算珠  僅當萬位梁下之一珠。即將千位珠俱拂去，而撥上萬位㊂珠以代之，得  謂之一萬。由萬位以上，仍以十、百、千、萬進，至萬萬名爲一億。再進億以十、百、千、萬至萬億名爲一兆。而單位、萬位、億位、兆位、橫梁中俱作●誌之。每●相隔四位，分爲單節，萬節，億節。如以單位爲第一行，則挨次自左爲第二第三等行，列全算盤於左以明之。

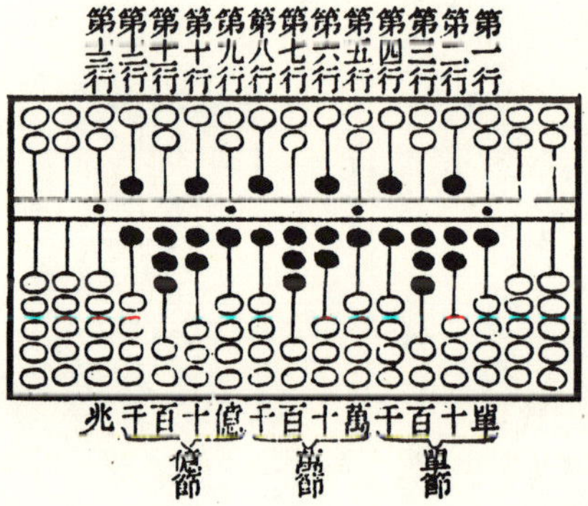

如圖，每四位爲一節，其單節、萬節、億節之各末位，俱於橫梁中作●點爲記。從單位起，以每四位遞計之，依次分單、萬、億各節。即撥珠置上數，讀爲六千三百七十一億六千三百七十一萬六千三百七十一。

又　卷上第二章《加減第一類》

加法第一類

設題一　竹林原集雀五隻，復有三隻飛來。共雀幾隻。

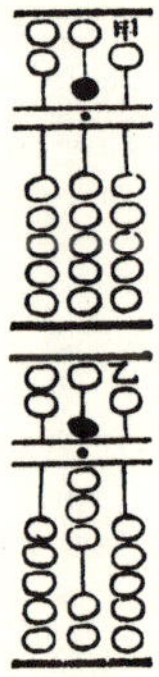

解：先於單位行置五隻，如甲圖。次同行復置三隻。如乙圖。故八隻。即總數也。

又林中集雀二隻，復有七隻飛來，共雀幾隻。

答：九隻。

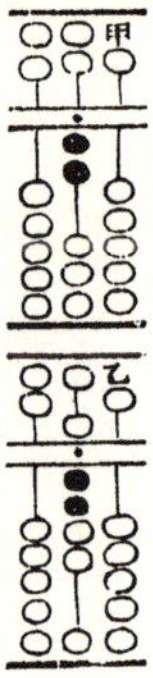

解：同前。

設題二　買紙十張，復添置三十張，共紙幾張。

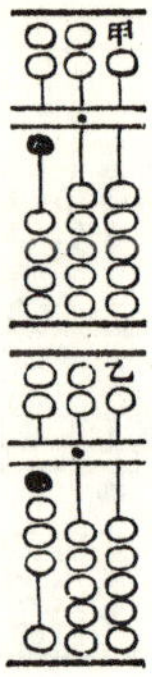

解：先於十位行置梁下珠一顆，如甲圖。復於同行置珠三顆，如乙圖。故四十張。即總數也。

又原有紙四十張，復添買五十張。共紙幾張。

答：九十。

設題三　買筆錢五十六文，墨錢二十三文。共錢幾文。

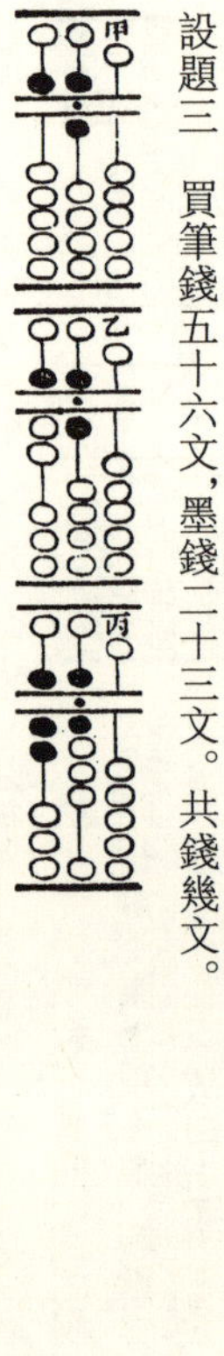

解：先置五十六，如甲圖。次於十位行置珠二如乙圖。得七十，復於單位行置珠三，如丙圖。得九，故七十九，即總數也。

設題四　買桃六百枚，又添買二百枚。共幾枚。

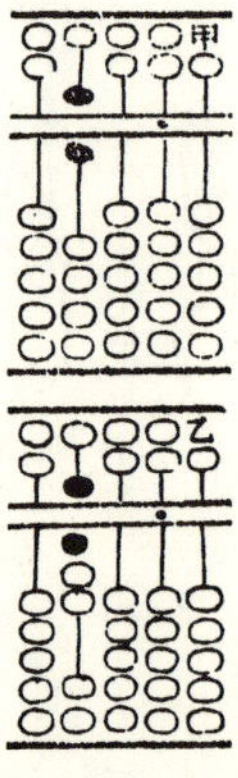

解：先於百位行置六，如甲圖。又於同行置二，如乙圖。故總數得八百枚。

又有桃二百五十一枚，加五百四十二枚，或加五百二枚，或加五百四十枚。各得幾枚。

答：七百九十三。答：七百五十三。答：七百九十一。

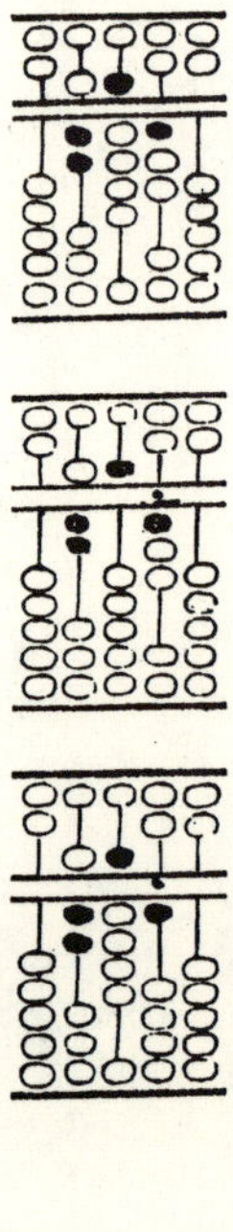

減法第一類

設題一　林中集雀八隻，內有五隻飛去。尚剩幾隻。

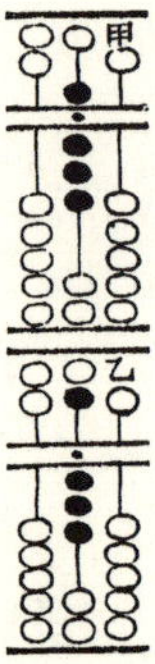

解：先於單位行置八隻，如甲圖。次拂去梁上五珠。如乙圖。故三隻，即剩數也。

又林中原集雀九隻，故飛去七隻。尚剩幾隻。

答：二隻。

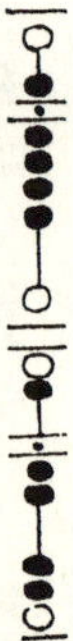

解：同前。

設題二　買紙四十張，用去三十張。尚剩幾張。

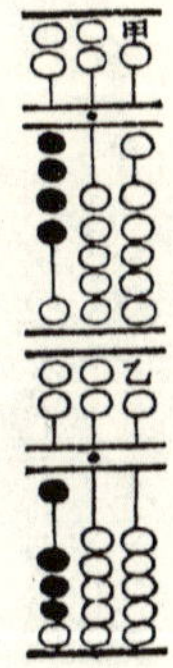

解：先於十位行置梁下四珠，如甲圖。次拂去三珠剩一珠。如乙圖。故十張，即剩數也。

又原有紙九十張，用去六十張。尚剩幾張。

答：三十張。

設題三　筆墨共錢七十九文，墨錢二十三文。筆錢若干。

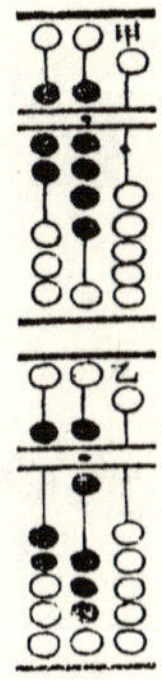

解：先置七十九，如甲圖。次於十位行拂二珠，單位行拂三珠。如乙圖。故剩五十六，即筆錢也。

又共錢九十三，減墨錢六十三，餘筆錢若干。

答：筆錢三十文。

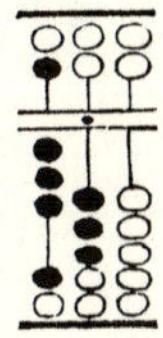

又共錢四十八，減墨錢四十一，餘筆錢若干。

答：筆錢七文。

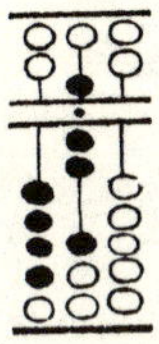

設題四　買桃八百枚，喫去二百枚。尚剩幾枚。

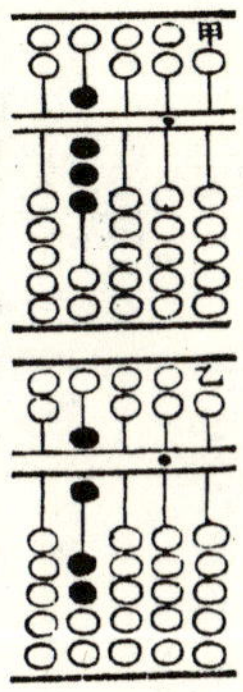

解：先於百位行置八。如甲圖。次拂去二珠，如乙圖。故六百枚，即剩數也。

又有桃七百九十三枚，或七百五十三枚，或七百九十一枚。若於三數內各減去二百五十一枚。各剩幾枚。

答：五百四十二　答：五百零二　答：五百四十

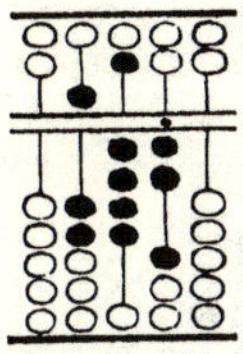

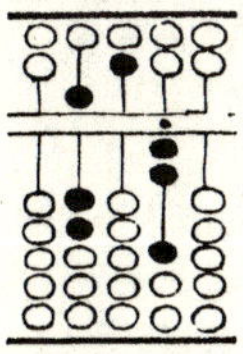

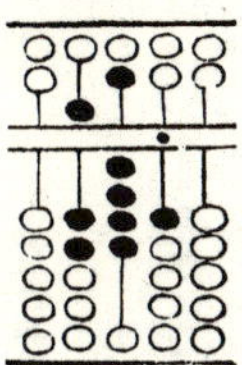

又　卷上第三章《加減第二類》成五之説　凡兩單位數合之適能成五者，祇有兩法，即一與四合成五及二與三合成五是也。而四與一及三與二亦可互用。故兩兩對舉，即有四法。列圖於左，以爲撥五珠之本。

○○○○　○　五比四多一顆，四比五少一顆。

○○○　○○　五比三多二顆，三比五少二顆。

○○　○○○　五比二多三顆，二比五少三顆。

○　○○○○　五比一多四顆，一比五少四顆。

成五之理既明，始可與言用五珠之法。凡小於五之兩數相加。總數或滿於五。則撥梁下珠不敷所用，必撥梁上當五之珠以代之。即有用下五歌訣之法。凡小於五之數與滿於五之數相減，較數或小於五，則去梁下珠不足於用，必去梁上當五之珠以佐之。即有用去五歌訣之法。去五歌訣詳後。下五，去五兩法，祇用於本位而已。

下五歌訣

一下五去四，先置四，次加一，祇有一式。

二下五去三，先置三，或四。次加二，共有二式。

三下五去二，先置二，或三，或四。次加三，共有三式。

四下五去一，先置一，或二，或三，或四。次加四，共有四式。

解：下五者，撥下梁上一珠以當五也。去四者，本欲加一，今乃加五，尚餘四，即拂去梁下四珠以合於加一也。故曰：「一下五去四。」餘三句仿此。

案：《筭法統宗》有上法歌。如一上一，二上二，至九上九各句。一至四可云撥上，五乃撥下，不可云上矣。六至九有撥上有撥下，揆諸字義未見妥當。且如加減第一類各題，反以不用歌訣爲便。故從此類起，每類採應用歌訣若干句，以敷本法之用。

加法第二類

設題一　池中養金魚四千尾，加入千尾。共幾尾。

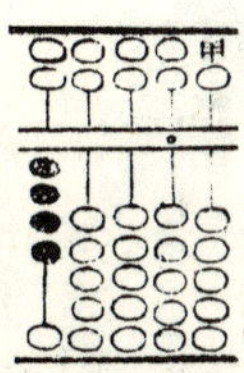

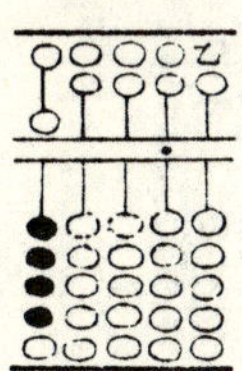

解：先於千位行置四，如甲圖。次於同行撥下梁上珠一顆，即撥去梁下四珠。如乙圖。故曰：「一下五去四」，得五千尾。

㊀ 池中養金魚四千三百尾，加千二百尾。共幾尾。

答：五千五百尾。

㈡池中養金魚四千三百二十尾，加入千二百三十尾。共幾尾。

答：五千五百五十尾。

㈢池中養金魚四千三百二十一尾，加入千二百三十四尾。共幾尾。

解：先置四千三百二十一，如甲圖。次於千位加一，即一下五去四。百位加二，即二下五去三。十位加三，即三下五去二。單位加四，即四下五去一。如乙圖。故總數五千五百五十五尾也。

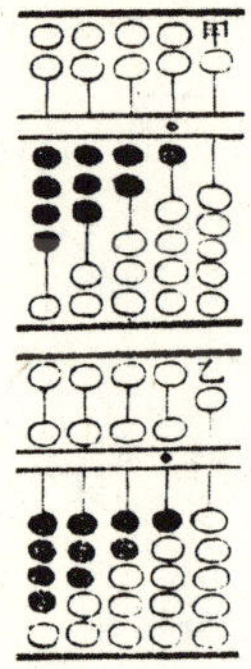

設題二　園中養母雞四百三十二隻，雄雞二百三十四隻。共雞幾隻。

解：先置四百三十二，如甲圖。次將二百三十四按位相加。梁上各下五，梁下珠各依歌訣去之。而以所餘之珠仍留梁下。如乙圖。即得六百六十六隻。

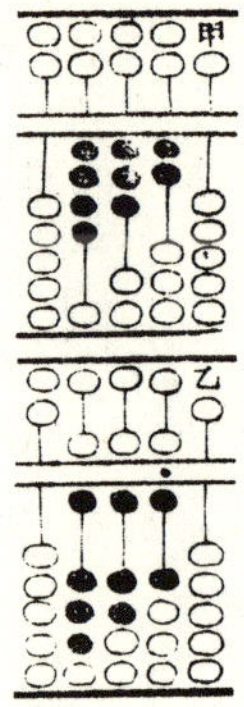

㈠母雞四百四十三隻，雄雞二百三十四隻。共雞幾隻。

答：雞六百七十七隻。

㈡母雞四百三十四隻，雄雞二百三十四隻。共雞幾隻。

答：雞六百六十八隻。

算例　凡同行相加之總數不及九者，若不能以加法第一類作之，可用加法第二類。

去五歌訣

一去五還四，先置五，次減一，祇有一式。

二去五還三，先置五或六，次減二，共有二式。

三去五還二，先置五，或六，或七，次減三。共有三式。

四去五還一，先置五，或六，或七，或八，次減四，共有四式。

解：去五者，拂去梁上一珠也。還四者，本僅減一，今乃減五，尚少四即撥上梁下四珠，以合於減一也。故曰：一去五還四。餘三句仿此。

減法第二類

設題一　池中養金魚五千尾，若賣去千尾。尚剩幾尾。

解：先於千位行置五，如甲圖。次於同行拂去梁上珠一顆，即撥上梁下四珠。如乙圖。故曰：一去五還四，得四千尾也。

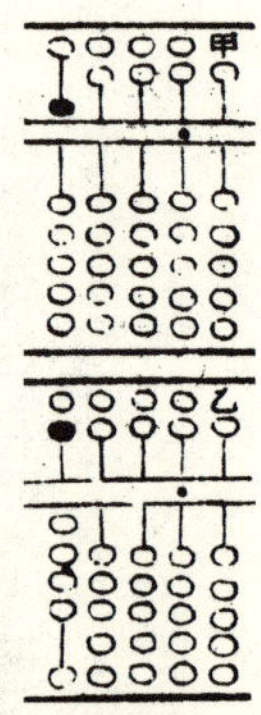

㈠池中養金魚五千五百尾，若賣去千二百尾。尚剩幾尾。

答：四千三百尾。

㈡池中養金魚五千五百五十尾，賣去千二百三十尾。尚剩幾尾。

答：四千三百二十尾。

㈢池中養金魚五千五百五十五尾，賣去千二百三十四尾。尚剩幾尾。

解：先置五千五百五十五，如甲圖。次於千位減一，即一去五還四。百位減二，即二去五還三。十位減三，即三去五還二。單位減四，即四去五還一。如乙圖。故餘數四千三百二十一尾也。

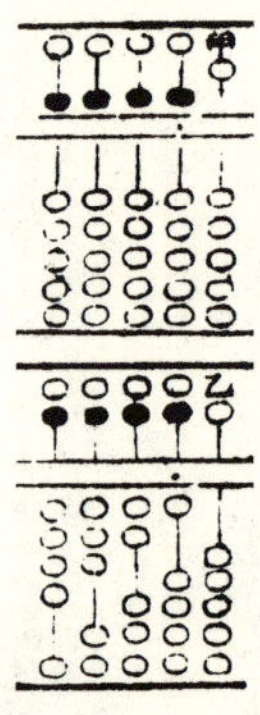

設題二　園中養雞六百六十六隻，內雄雞二百三十四隻，餘皆母雞應若干。

解：先置六百六十六，如甲圖。次將二百三十四按位減之。梁上各去五，即依歌訣撥上梁下珠，併入梁下原珠。如乙圖。即得四百三十二，即母雞也。

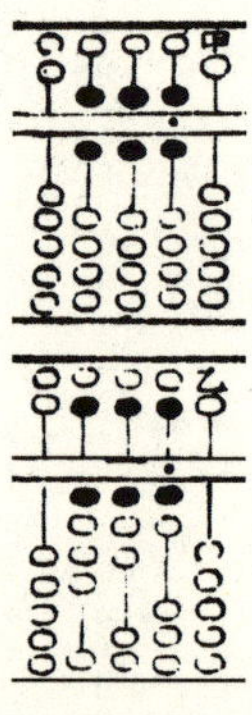

㈠共雞六百七十七隻，內有雄雞二百三十四隻。應有母雞幾隻。

答：母雞四百四十三隻。

㈡共雞六百六十八隻，內有雄雞二百三十四隻。應有母雞幾隻。

答：母雞四百三十四隻。

算例　同行以小於五之數去減五，以上之數不能以減法第一類馭之，可用減法第二類。

又　卷上第四章《加減第三類》　成十之説　成十之數，祇有五式。即一與九成十，二與八成十，三與七成十，四與六成十，五與五成十是也。而兩數互易，可云六與四成十，七與三成十，八與二成十，九與一成十。故列圖。

○○○○○|○○○○　○　一比十少九，九比十少一。

○○○○○|○○○　○○　二比十少八，八比十少二。

○○○○○｜○○　○○○　三比十少七，七比十少三。
○○○○○｜○　○○○○　四比十少六，六比十少四。
○○○○○｜　○○○○○　五比十少五。

圖祗五行，九數咸備。凡加數已滿於本行，不得不進十以記之，即有用進十歌訣之法。減數不足於本行，不得不退十以補之，即有用退十歌訣之法。有進有退，而加減之用始廣。

進十歌訣

一去九進一，先置九，加入一，祗有一式。

二去八進一，先置八或九，加入二，有二式。

三去七進一，先置七至九，加入三，有三式。

四去六進一，先置六至九，加入四，有四式。

五去五進一，先置五至九，加入五，有五式。

六去四進一，先置四至九，加入六，有六式。五至八不能退去四，須參用減法第二類。或曰：六去五還一進一。

七去三進一，先置三至九，加入七，有七式。五至七欲去三，須參用減法第二類。或曰：七去五還二進一。

八去二進一，先置二至九，加入八，有八式。五與六去二，須參用減法第二類。或曰：八去五還三進一。

九去一進一，先置一至九，加入九，有九式。五去一，參用減法第二類。或曰：九去五還四進一。

解：九去一進一者，本位不能加九，乃不加九而反去一，合成去十。故於進左撥上一珠也。九去五還四進一者，梁下不能去一珠，故曰去五還四。仍爲去一也。餘句仿此。

加法第三類

設題一　甲乙二馬賽快，乙馬跑八百六十丈，甲馬能多跑四十丈。問甲馬跑幾丈。

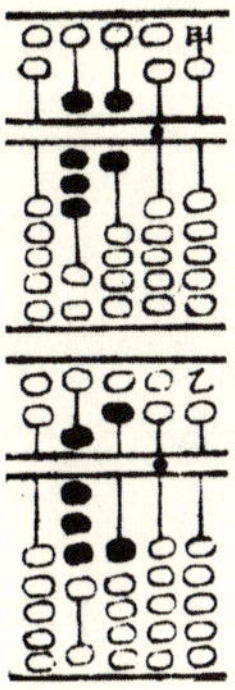

解：先置八百六十丈，如甲圖。次宜於十位行加四，乃拂去六，即於百位撥上一珠。如乙圖。即「四去六進一」，得甲馬跑九百丈也。

又左三題甲馬能跑幾丈。

㈠乙馬跑七百五十七丈，甲馬比乙馬多跑五十三丈。

答：甲馬跑八百十丈。

㈡乙馬跑六百七十二丈，甲馬比乙馬多跑三十八丈。

答：甲馬跑七百十丈。

㈢乙馬跑八百十八丈，甲馬比乙馬多跑九十二丈。

答：甲馬跑九百十丈。

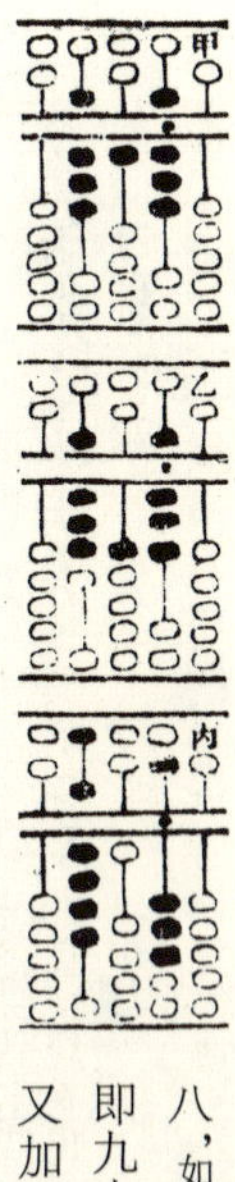

解：先置八百十八，如甲圖。次加九十，即九去一進一，如乙圖。又加二，即二去八進一。如丙圖。

設題二　爲商二次。第一次獲利四百七十七圓，第二次獲利七百五十八圓。共獲利幾圓。

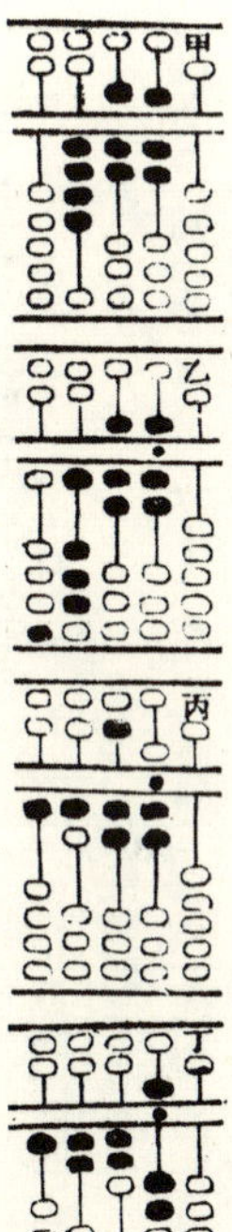

解：先置四百七十七。如甲圖。次於百位加七，即「七去三進一」。如乙圖。十位加五，即「五去五進一」。如丙圖。單位加八，即「八去二進一」。如丁圖。故千二百三十五即總數也。

㈠第一次獲利八百六十九圓，第二次七百五十八圓。共利幾圓。

答：一千六百二十七圓。

㈡第一次獲利九百八十四圓，第二次獲利七百五十八圓。共獲利幾圓。

答：一千七百四十二圓。

㈢第一次獲利三百九十三圓，第二次獲利七百五十八圓。共利幾圓。

答：千一百五十一圓。

設題三　左岡植松三百六十七株，右岡植松七十六株。共松幾株。

解：先置三百六十七，如甲圖。次於十位加七，即七去五還二進一。如乙圖。

又於單位加六，即六去五還一進一。如丙圖。故四百四十三，即總數也。

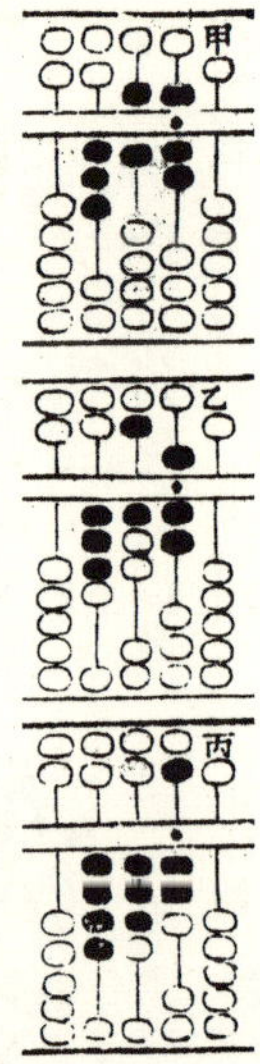

㈠ 左松五百三十六株，右松八百十八株。共植松幾株。

答：千三百五十四株。

㈡ 左松五百五十三株，右松九百七十八株。共植松幾珠。

答：千五百三十一株。

㈢ 左松三百六十五株，右松五百六十九株。共植松幾株。

答：九百三十四株。

又 三六 九千六百三十六，加五百六十八。得何數。

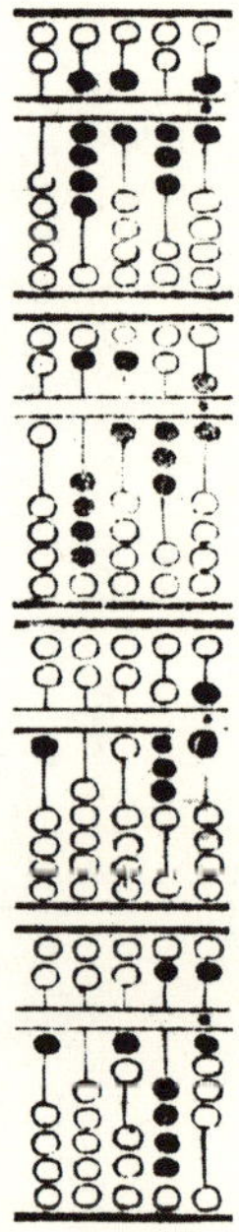

案：凡進位之行原有九者，竟拂去其九，而進一於再左一位。如右圖若相連之行俱爲九，則竟盡拂其九，而進一之法如下題。

三七 三萬九千九百九十六，加七得何數。

答：四萬三。

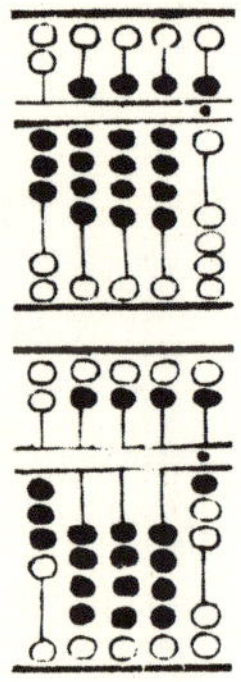

退十歌訣

一退十還九 本位無珠，從左位退一珠。祇有一式。
二退十還八，本位無珠，或僅一珠，祇有二式。
三退十還七，本位無珠至二珠。共有三式。
四退十還六，本位無珠至三珠。共有四式。
五退十還五，本位無珠至四珠。共有四式。
六退十還四 本位無珠至五。共有六式。一至四還四，須用加法第二類。
七退十還三，本位無珠至六，共有七式。二至四還三，須用加法第二類。
八退十還二，本位無珠至七，共有八式。三與四還二，須用加法第二類。
九退十還一，本位無珠至八，共有九式。四還一，須用加法第二類。

解：九退十還一者，本位不能去九，於左位退去當十之一珠，尚少一，故本位須還一珠也。還珠如梁下珠不敷用。依加法第二類撥之，餘句仿此。

減法第三類

設題一 甲乙二馬賽快，甲馬跑九百丈，乙馬尚不及四十丈。問乙馬跑幾丈。

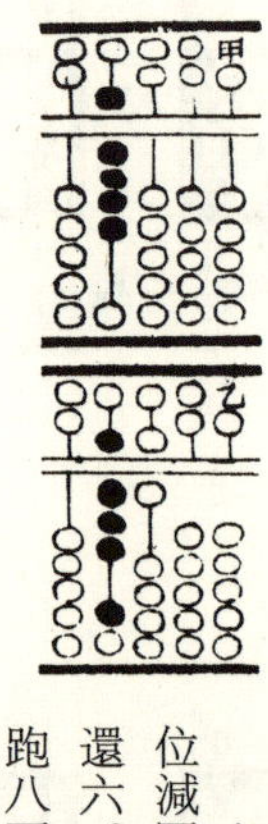

解：先置九百丈。如甲圖。次於十位減四，無可減。乃於百位去一珠，十位還六。如乙圖。即「四退十還六」，得乙馬跑八百六十丈也。

又左三題乙馬跑幾丈。

㈠ 甲馬跑八百十丈，乙馬比甲馬少跑五十三丈。

答：乙馬跑七百五十七丈。

㈡ 甲馬跑七百十丈，乙馬比甲馬少跑三十八丈。

答：乙馬跑六百七十二丈。

㈢ 甲馬跑九百十丈，乙馬比甲馬少跑九十二丈。

答：乙馬八百十八丈。

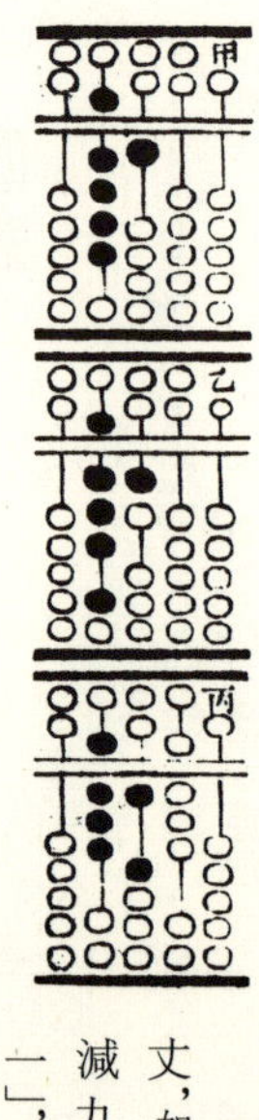

解：先置九百十丈，如甲圖。次於十位減九，即「九退十還一」，如乙圖。又於單位減二，即「二退十還八」。如乙圖。

設題二 爲商二次共獲利千二百三十五圓，第二次獲利七百五十八圓。問第一次獲利幾圓。

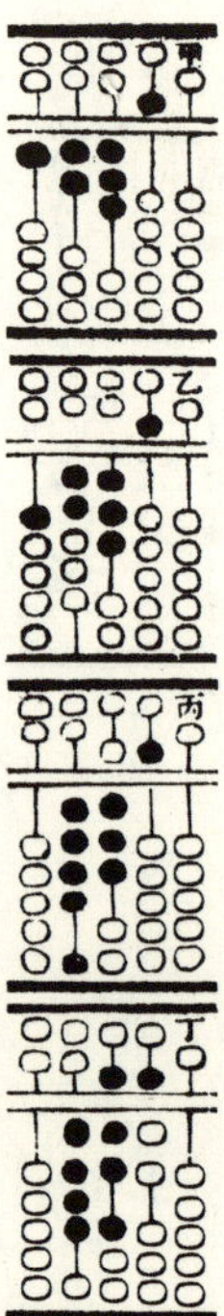

解：先置一千二百三十五，如甲圖。次於百位減七，即「七退十還三」。如乙圖。又於十位減五，即「五退十還五」。如丙圖。於單位減八，即八退十還二。如丁圖。

又左三題，第一次獲利幾圓。

㈠ 共獲利千六百二十七圓，第二次獲利七百五十八圓。

答：第一次八百六十九圓。

㈡ 共獲利千六百四十二圓，第二次獲利七百五十八圓。

答：第一次八百八十四圓。

㈢ 共獲利千一百四十一元，第二次獲利七百五十八圓。

答：第一次三百八十三圓。

設題三　左右兩岡共植松四百四十三株，右岡植七十六株。問左岡植幾株。

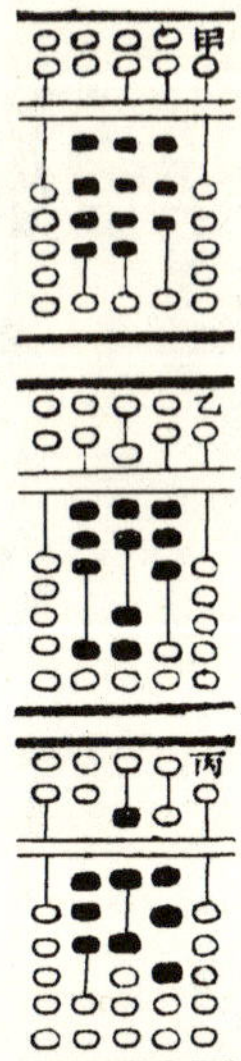

解：先置四百四十三株。如甲圖。次於十位減七，即「七退十還三」。如乙圖。又於單位減六，即「六退十還四」。如丙圖。得左岡松三百六十七株也。

又左三題，左岡松各幾株。

㈠ 共松千三百五十四株，右岡八百十八株。

答：左岡五百三十六株。

㈡ 共松千五百三十一株，右岡松九百七十八株。

答：左岡五百五十三株。

㈢ 共松九百三十四株，右岡松五百六十九株。

答：左岡三百六十五株。

又

三七　萬二百五十四減四百五十八剩若干。

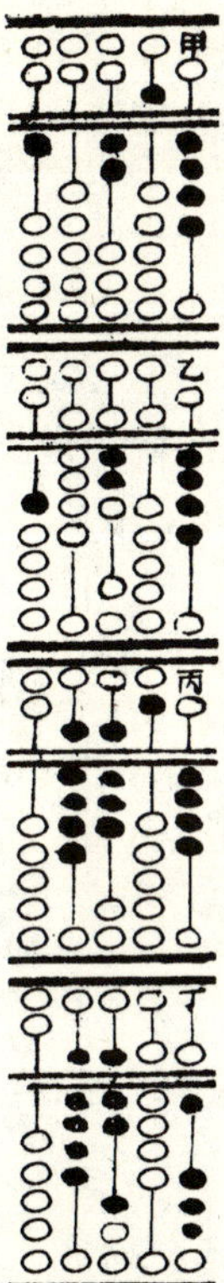

答：九千七百九十六。

案：左位無珠，竟將再左一位退一，而置九於左位。如右圖乙及丁。若相連俱爲空位，竟將不空者退一，空位俱置九。如下題。

三八　四萬三內減七。剩若干。

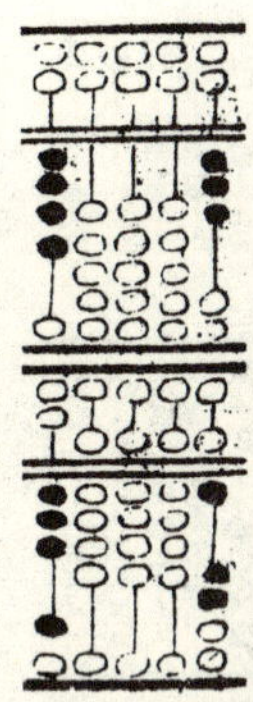

答：三萬九千九百九十六。

圖表

明·徐心魯《盤珠算法》卷一

第一上法

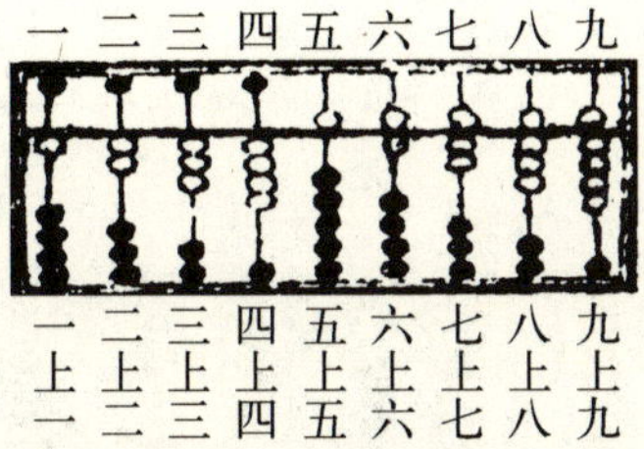

九上九
八上八
七上七
六上六
五上五
四上四
三上三
二上二
一上一

第二上法

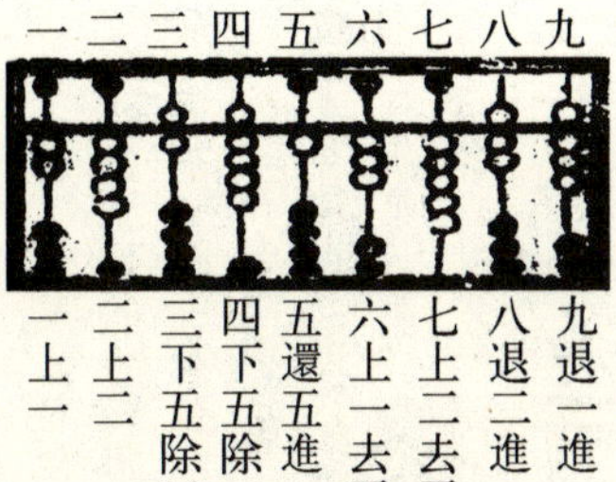

九退一進一十
八退二進一十
七上二去五進一十
六上一去五進一十
五還五進一十
四下五除一
三下五除二
二上二
一上一

第一退法

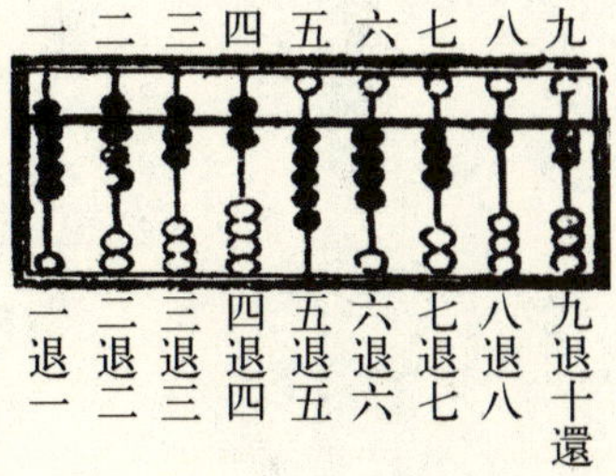

九退十還一
八退八
七退七
六退六
五退五
四退四
三退三
二退二
一退一

第二退法

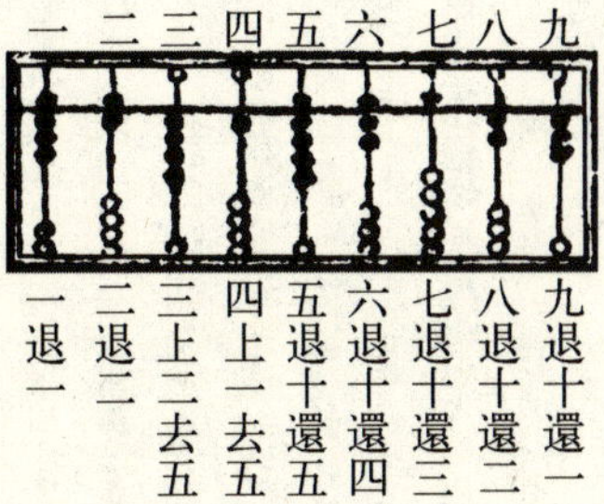

九退十還一
八退十還二
七退十還三，三下五除二
六退十還四，四下五除一
五退十還五
四上一去五
三上二去五
二退二
一退一

第三上法

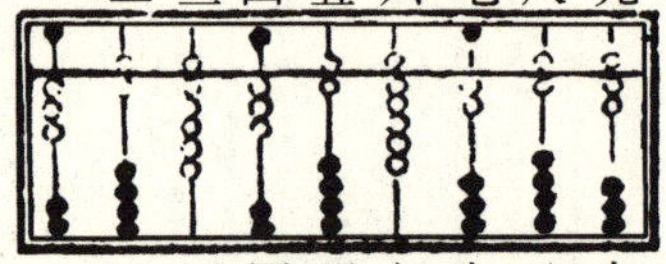

九退一進一十
八退二進一十
七退三進一十
六上六
五上五
四退六進一十
三上三
二下五除三
一上一

第四上法

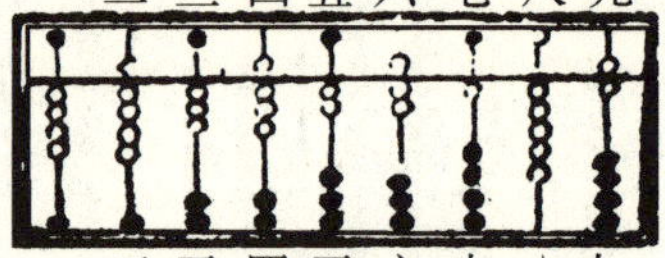

九退一進一十
八上三去五進一十
七退三進一十
六退四進一十
五退五進一十
四下五除一
三退七進一十
二上二
一上一

第五上法

九退一進一十
八退二進一十
七上七
六上一去五進一十
五上五
四退六進一十
三下五除二
二退八進一十
一下五除四

第三退法

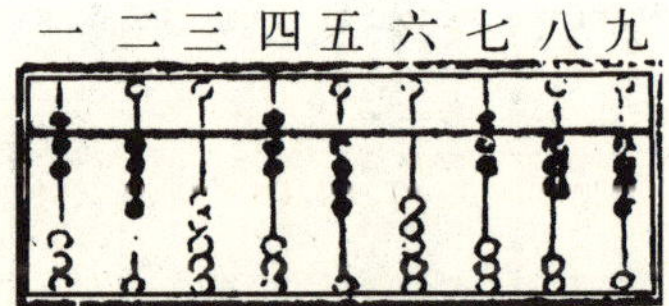

九退十還一
八退十還二
七退十還三，三下五除二
六退十還四，四下五除一
五退十還五
四上一去五
三上二去五
二退二
一退一

第四退法

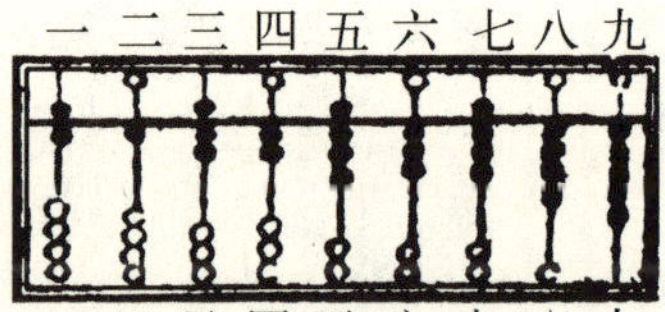

九退十還一
八退十還二
七退十還三
六退十還四
五退十還五
四上一去五
三退十還七
二退二
一退一

第五退法

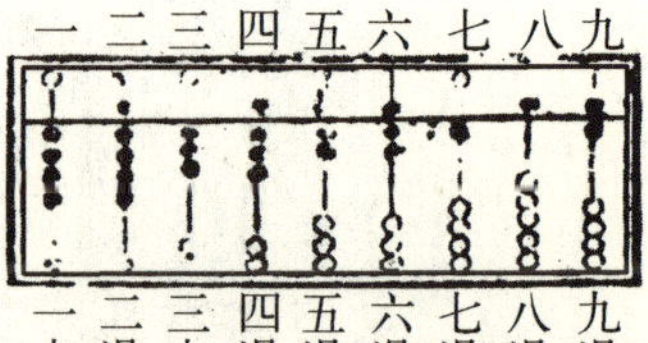

九退十還[一]，一下五除四
八退十還二，二下五除三
七退七
六退十還四，四下五除一
五退五
四退十還六
三上二去五
二退十還八
一上四去五

第六上法

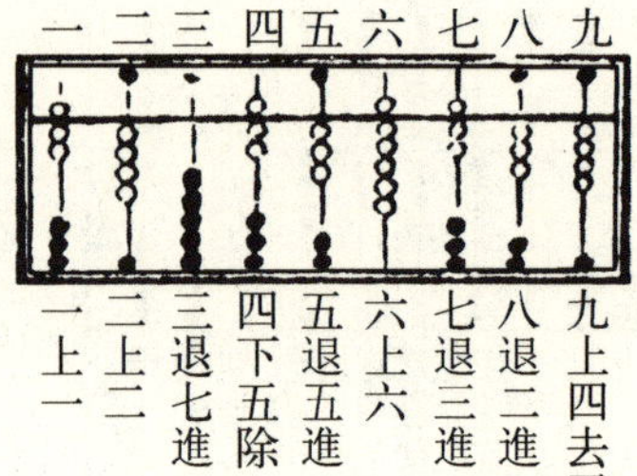

九上四去五進一十
八退二進一十
七退三進一十
六上六
五退五進一十
四下五除一
三退七進一十
二上二
一上一

第七上法

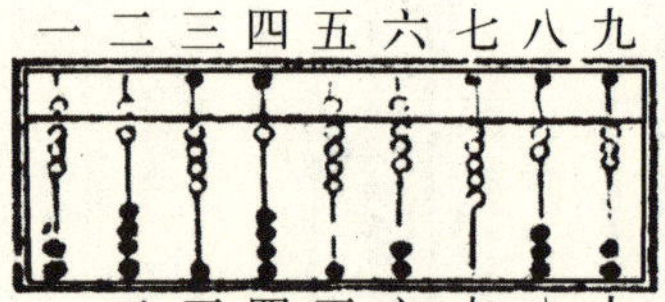

九退一進一十
八退二進一十
七上三去五進一十
六退四進一十
五上五
四退六進一十
三上三
二下五除三
一上一

第八上法

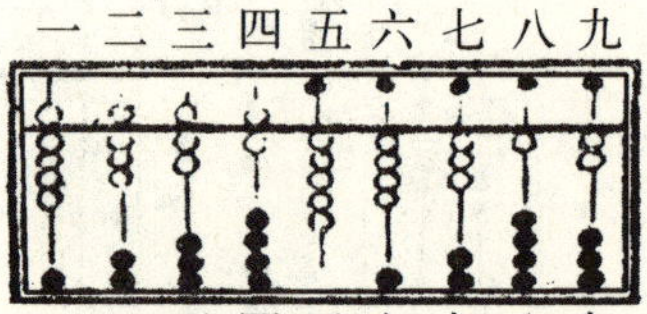

九退一進一十
八退二進一十
七退三進一十
六上一去五進一十
五退五進一十
四下五除一
三下五除二
二上二
一上一

第六退法

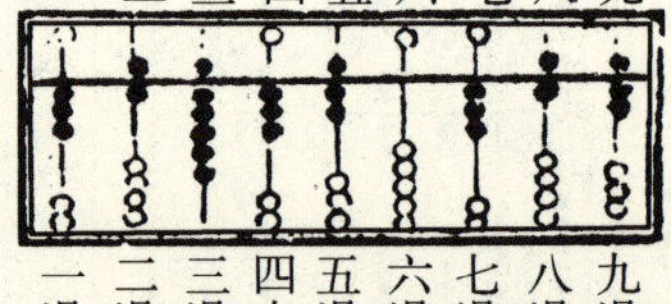

九退十還一
八退十還二
七退十還三
六退六
五退十還五
四上一去五
三退十還七
二退二
一退一

第七退法

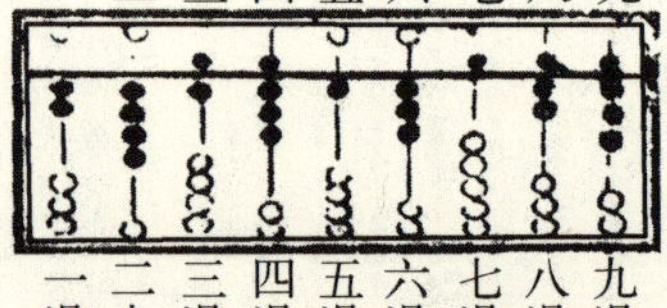

九退十還一
八退十還二
七退十還三，三下五除二
六退十還四
五退五
四退十還六
三退三
二上三去五
一退一

第八退法

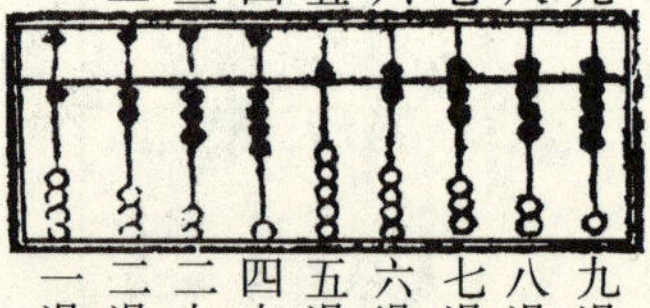

九退十還一
八退十還二
七退十還三
六退十還四，四下五除一
五退十還五
四上一去五
三上三去五
二退二
一退一

第九上法

九 八 七 六 五 四 三 二 一

九上九
八上八
七上七
六上六
五上五
四上四
三上三
二上二
一上一

第九退法

九 八 七 六 五 四 三 二 一

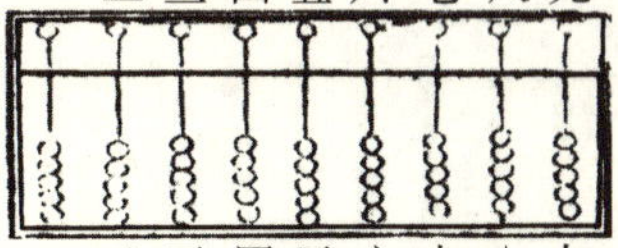

九退九
八退八
七退七
六退六
五退五
四退四
三退三
二退二
一退一

明·柯尚遷《數學通軌·學筭須知》 九九進退圖式

第一上圖式

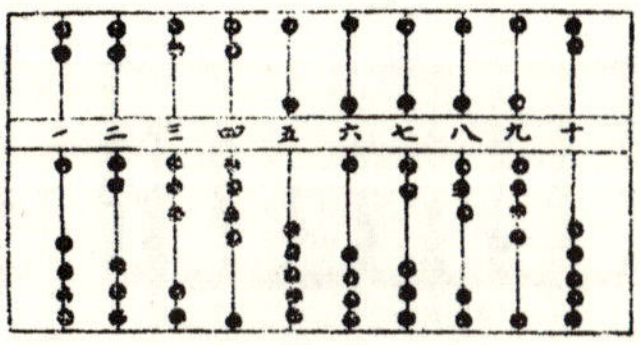

九上九
八上八
七上七
六上六
五上五
四上四
三上三
二上二
一上一

第一退圖式

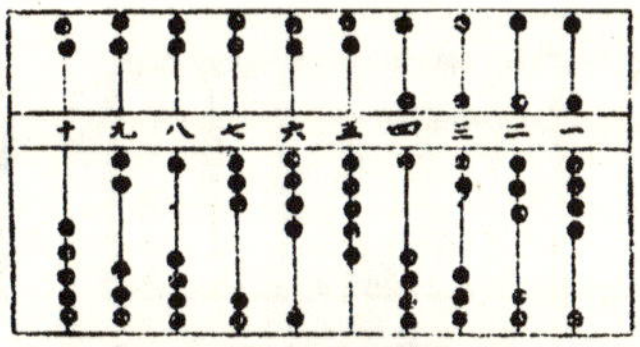

一退一
二退二
三退三
四退四
五退五
六退六
七退七
八退八
九退十還一

第二上圖式

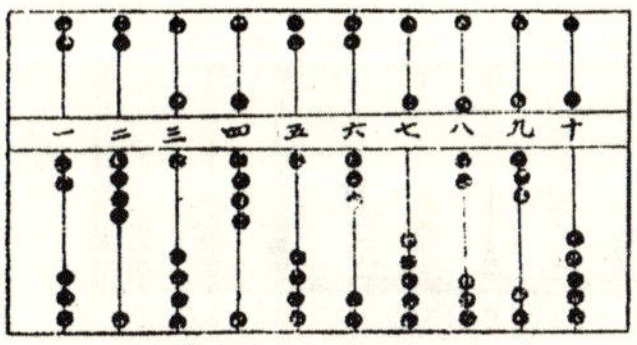

九退一還一十
八退二還一十
七退三還一十
六上一退五還一十
五退五還一十
四下五除一
三下五除二
二還二
一還一

第二退圖式

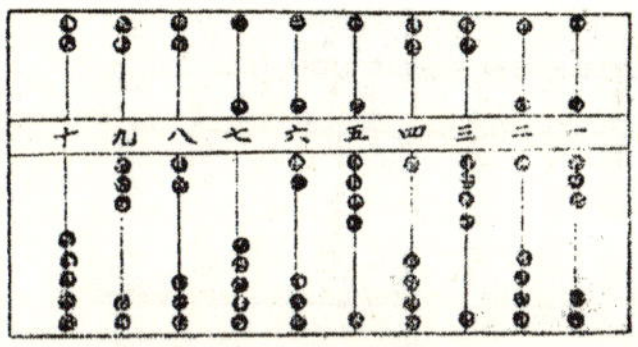

一退一
二退二
三上二退五
四上一退五
五退十還五
六退十還四
七退十還三
八退十還二
九退十還一

第三上圖式

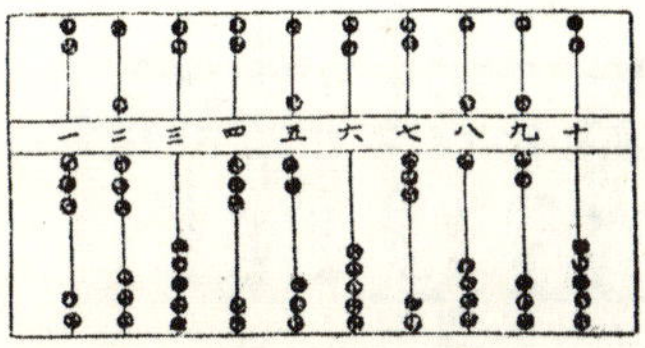

九退一還一十
八退二還一十
七上二退五還一十
六還六
五還五
四退六進一十
三上三
二下五除三
一上一

第三退圖式

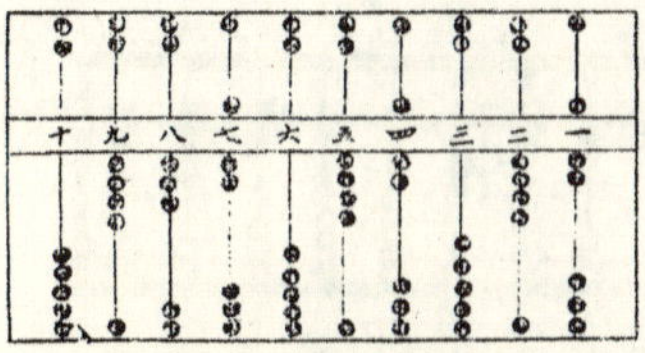

一退一
二上三退五
三退三
四退十還六
五退五
六退六
七退十還三
八退十還二
九退十還一

第四上圖式

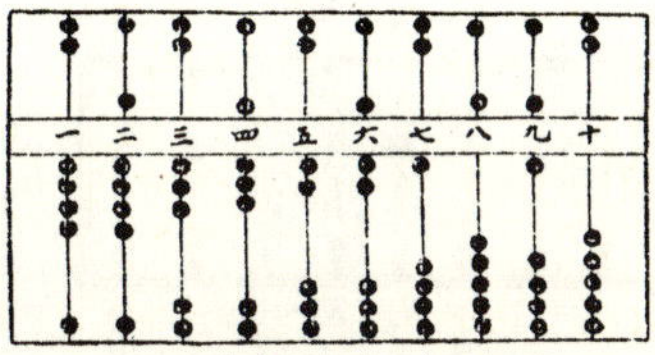

九退一還一十
八退二還一十
七退三還一十
六上六
五退五還一十
四下五除一
三上三
二上二
一上一

第四退圖式

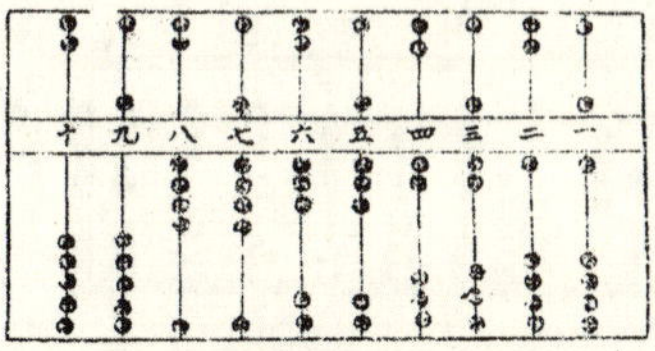

一退一
二退二
三退十還七
四上一還五
五退十還五
六退十還四
七退十還三
八退十還二
九退十還一

第五上圖式

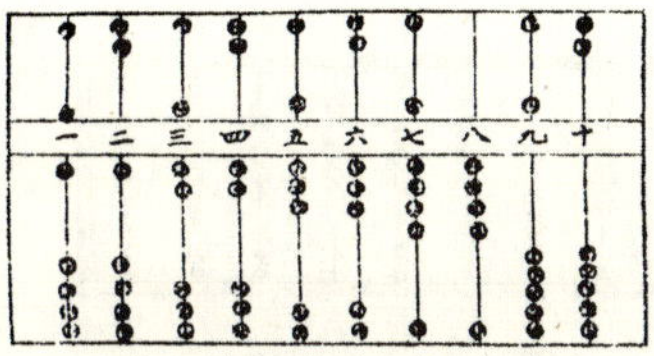

九退一還一十
八上三退五還一十
七還七
六上一退五還一十
五還五
四退六還一十
三下五除二
二退八還一十
一下五除四

第五退圖式

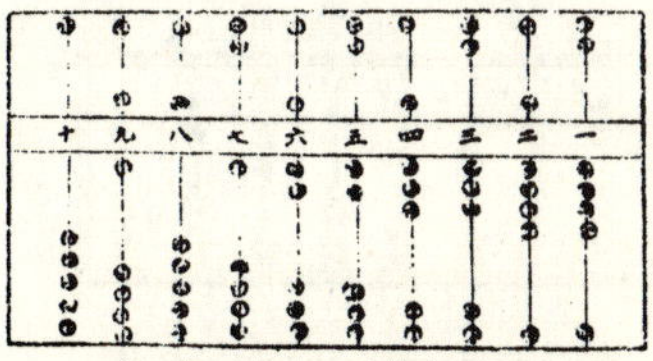

一上四退五
二退十還八
三上二還五
四退十還六
五退五
六退十還四
七退七
八退十還二
九退十還一

第六上圖式

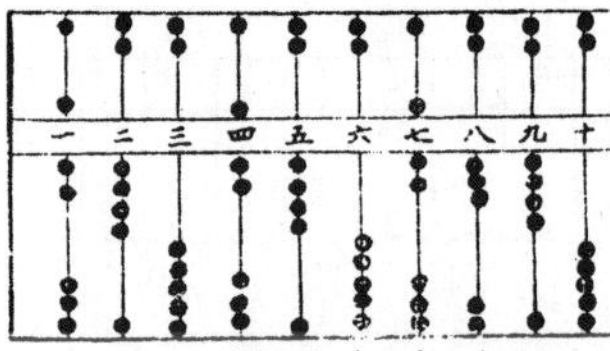

九上四退五還一十
八退二還一十
七退三還一十
六退四還一十
五退五還一十
四下五除一
三退七還一十
二上二
一上一

第七上圖式

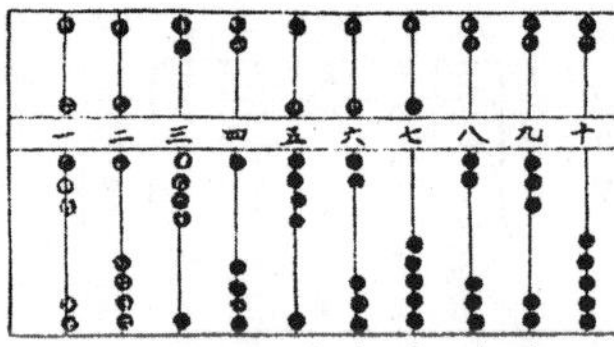

九退一還一十
八退二還一十
七上二退五還一十
六還六
五還五
四退六還一十
三上三
二下五除三
一上一

第八上圖式

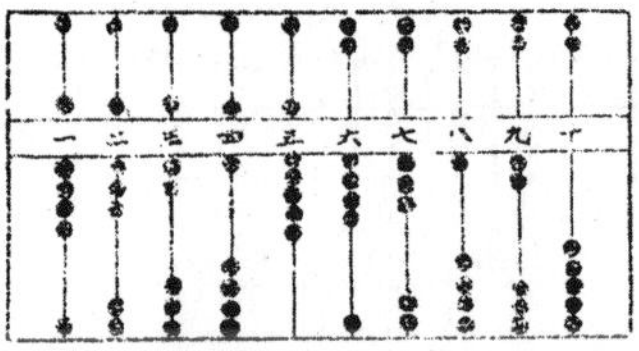

九退一還十
八退二還十
七上二退五還一十
六上一退五還一十
五退五還一十
四下五除一
三下五除二
二上二
一上一

第六退圖式

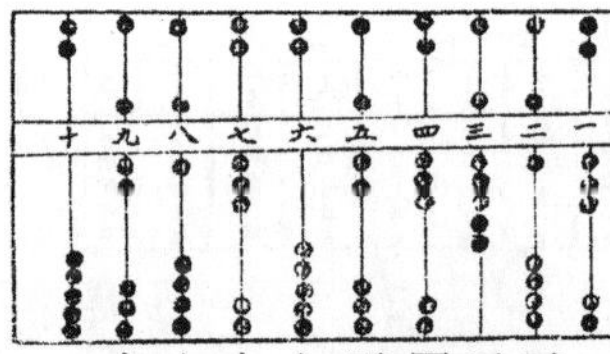

一退一
二退二
三退三
四上一還五
五退一還五
六退六
七退十還三
八退十還二
九退十還一

第七退圖式

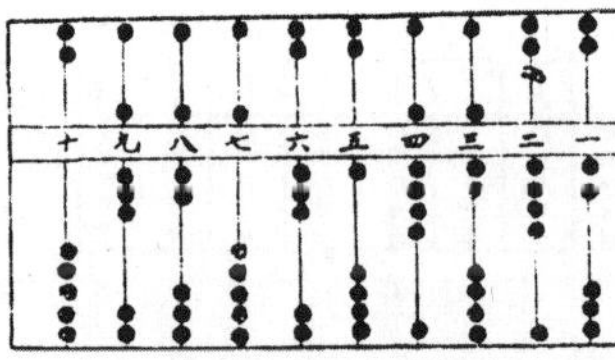

一退一
二上三還五
三退十還七
四退十還五
五退五
六退十還四
七退十還三
八退十還二
九退十還一

第八退圖式

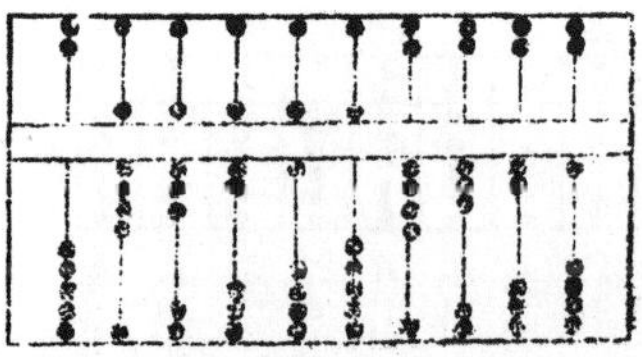

一退一
二退二
三上二退五
四上一還五
五退十還五
六退十還四
七退十還三
八退十還二
九退十還一

第九上圖式

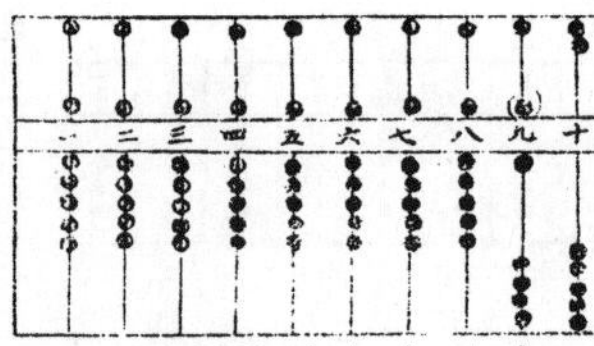

九退一還一十
八上八
七上七
六上六
五上五
四上四
三上三
二上二
一上一

第九退圖式

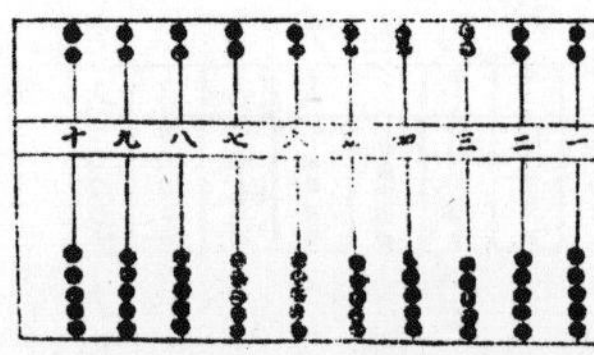

一退一
二退二
三退三
四退四
五退五
六退六
七退七
八退八
九退九

明·黃龍吟《算法指南》卷上

一上法　此边打起

九　八　七　六　五　四　三　二　一

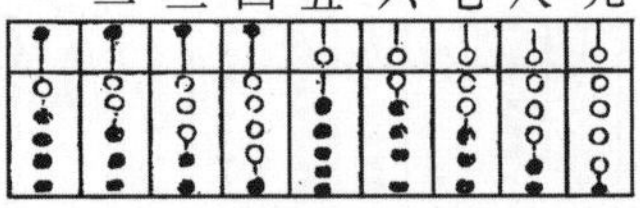

九上九
八上八
七上七
六上六
五下五
四上四
三上三
二上二
一上一

二上法

八　七　五　三　一　九　六　四　二

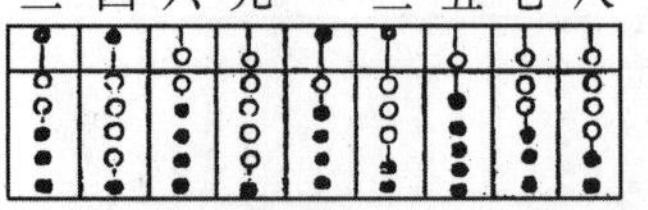

九退一還十
八退二還十
七上二去五還十
六上一去五還十
五起五還一十
四下五除一
三下五除二
二上二
一上一

一退法

二　一　三　四　五　六　七　八　九

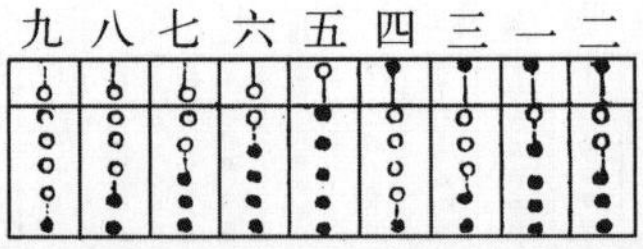

九退十下還一
八退八
七退七
六退六
五退五
四退四
三退三
二退二
一退一

二退法

三　二　三　七　九　一　四　六　八

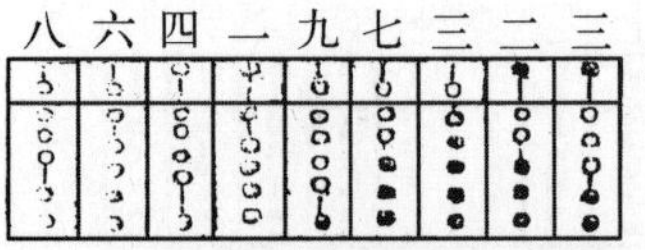

九退十下還一
八退十下還二
七退十下還三，三下五除二
六退十下還四，四下五除一
五退十下還五
四上一去五
三上二去五
二退二
一退一

三上法

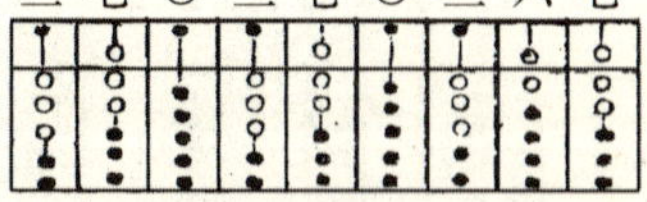

七　九退一還十
六　八退二還十
三　七上二去五還十
〇　六上六
七　五下五
三　四退六還十
〇　三上三
七　二下五除三
三　一上一

四上法

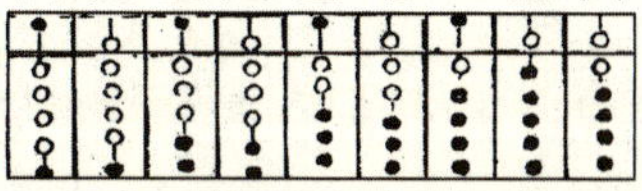

六　九退一還十
五　八上三去五還[一十]
一　七退三還十
七　六上六
二　五下五
八　四下五除一
三　三上三
九　二上二
四　一上一

五上法

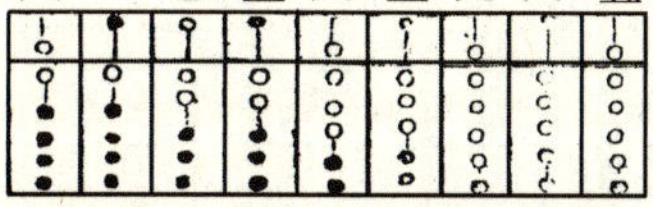

五　九退一還十
四　八上三去五還十
九　七上七
三　六上一去五還十
八　五下五
二　四退六還十
七　三下五除二
一　二退八還十
六　一下五除四

三退法

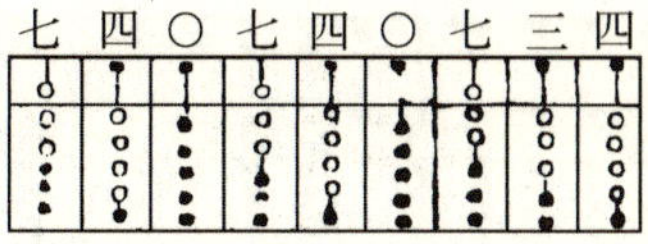

四　九退十下還一
三　八退十下還二
七　七退十下還三
〇　六退六
四　五退五
七　四退十下還六
〇　三退三
四　二上三去五
七　一退一

四退法

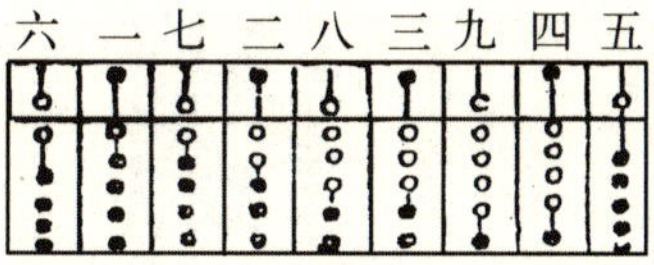

五　九退十下還一
四　八退十下還二
九　七退十下還三
三　六退十下還四
八　五退十下還五
二　四上一去五
七　三退十下還七
一　二退二
六　一退一

五退法

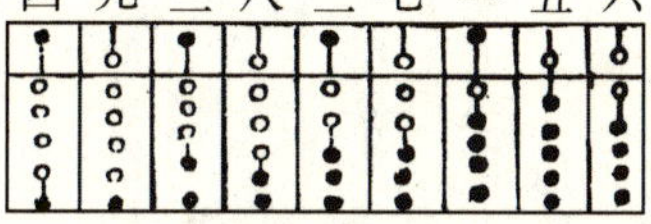

六　九退十下還一
五　八退十下還二，二下五除三
一　七退七
七　六退十下還四，四下五除一
二　五退五
八　四退十下還六
三　三上二去五
九　二上三去五
四　一退一

六上法

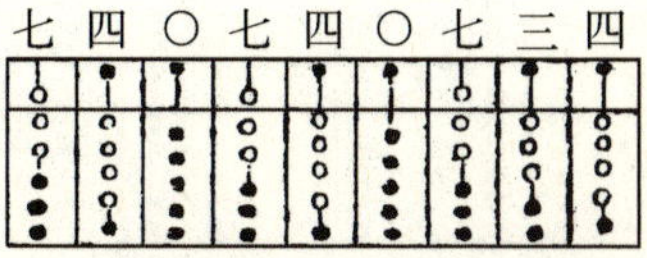

四　九上四去五還十
三　八退二還十
七　七退三還十
〇　六上六
四　五去五還十
七　四下五除一
〇　三退七還十
四　二上二
七　一上一

七上法

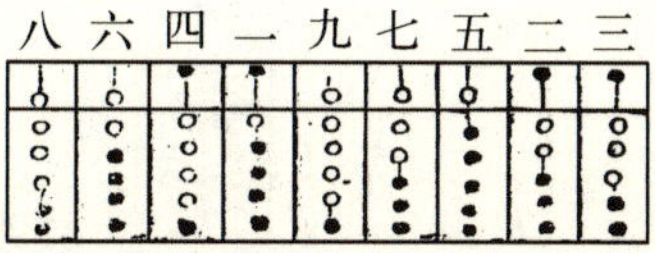

三　九退一還十
二　八退二還十
五　七上二去五還十
七　六上六
九　五下五
一　四退六還十
四　三上三
六　二下五除三
八　一上一

八上法

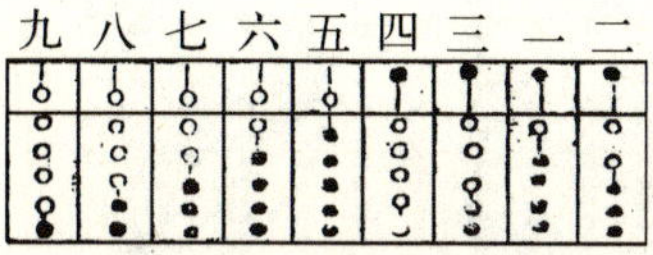

二　九退一還十
一　八退二還十
三　七上二去五還十
四　六上一去五還十
五　五去五還十
六　四下五除一
七　三下五除二
八　二上二
九　一上一

六退法

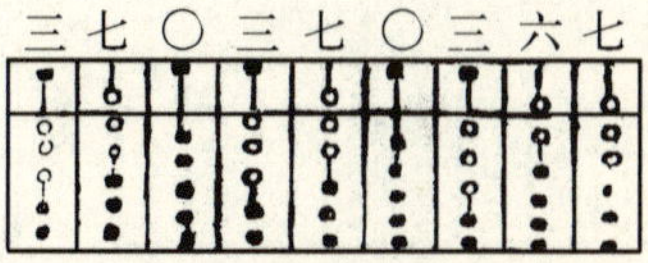

七　九退十下還一
六　八退十下還二
三　七退十下還三
〇　六退六
七　五退十下還五
三　四上一去五
〇　三退三
七　二退二
三　一退一

七退法

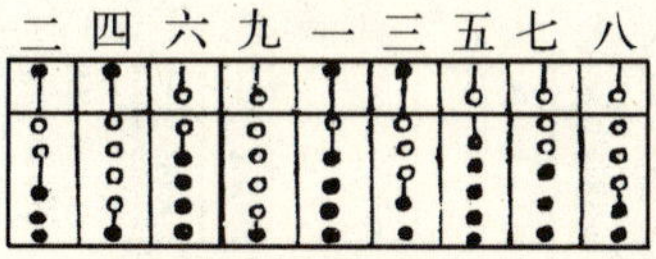

八　九退十下還一
七　八退十下還二
五　七退十下還三，三下五除二
三　六退十下還四
一　五退五
九　四退十下還六
六　三退十下還七
四　二上三去五
二　一退一

八退法

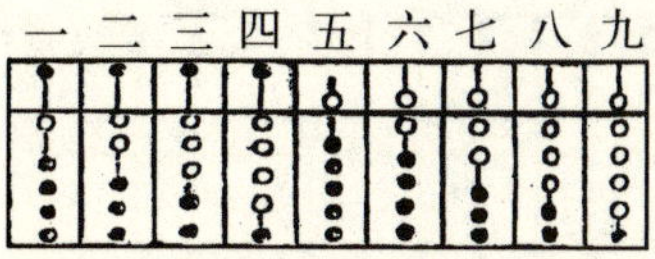

九　九退十下還一
八　八退十下還二
七　七退十下還三
六　六退十下還四，四下五除一
五　五退十下還五
四　四上一去五
三　三上二去五
二　二退二
一　一退一

九上法

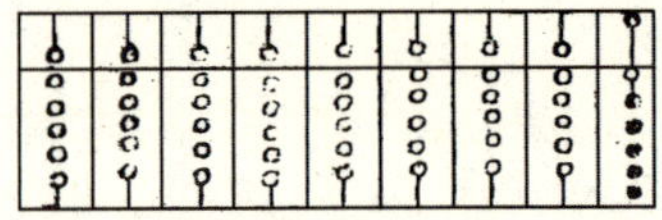

九退一還十
八上八
七上七
六上六
五上五
四上四
三上三
二上二
一上一

九退法

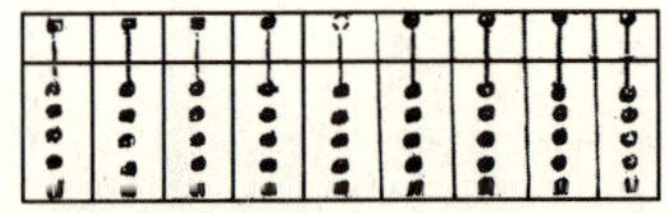

九退九
八退八
七退七
六退六
五退五
四退四
三退三
二退二
一退一

珠算乘法分部

因乘法

題解

明・吴敬《九章筭法比類大全》卷首《乘除開方起例》 因乘曰：法一位曰因，二位之上曰乘。相乘之術。以用也。所有物數幾何之數。爲實，以物數爲主也。以所求物價若干之數。爲法。即取用之法也。法實相命。法實之數呼喚相生。言十就身，言者，法實相呼十者。乃三四一十二，四四一十六之類。身者，實數或三或二，就改作一，却於次位下二。言如隔位。如者，乃二三如六，三三如九之類，謂法實相呼數中有如字者，即是本身，於下位作數。次第以法求之。假如三位法乘實者，上不放第二位次以第三位，相呼乘數訖。續用第一位法實相乘，初學者恐未便通曉，更以題單細悉詳之。

明・王文素《筭學寶鑑》卷三《囘法》
九囘合數須記熟，寔尾先囘假次第。呼十變身下布零，言如退身居下位。

解曰：法爲弧位曰囘，即一位乘法也。先從寔尾之位，皆與下法相呼九九合數，隨口變化其寔，自下次第而上。假令寔身是二，下法是三，即呼「二三如六」，乃退身二，於下位六。此謂「言如退身居下位」。假令寔身是三，下位是四，即呼「三四一十二」，乃變身三作一十，於次位下二。此謂「呼十變身下布零」也。餘皆倣此。尋根下定數，用歸法還源。

又 卷四《身前乘》
身前乘法從頭起，法尾減除一數已。靠尾先乘直列頭，末後繞來乘法尾。呼如對位十陞前，及列法寔尤易理。不變寔身最好乘，此法世人知有幾。

解曰：多會算等二，但知身後乘，即是乘法。而不知身前乘。其術，寔當列於右，法當列於左，即於法尾先減一數，從寔前乘起，言如對［位］，言十過身。先乘靠尾之位，到頭繞來乘法尾，是一者不去，用身前加之。

又《因代繁乘》
法爲繁多不易乘，單因可代要消停。從稍位位單因注，総併無差數最清。

又《重因重歸》
乘法如逢九九數，兩次因之免差誤。除法逢之兩次歸，因歸可代乘除路。

明・徐心魯《盤珠筭法》卷一《乘法》
乘法之數此爲真，下，下其子也。乘，因而乘之法。定數之法則也。以此定教之法則而乘之，則得其真矣。位數先將第二因。位，千百十令之位。數，十百十令之數。第二因，先以第二位因起也。三四五來乘便了，三四五，三四五位也。自一自二自三自四自五而來也。乘遍三四五位，即乘之盡也。却將本位破其身。本位，本身之位。破其身，除論其本身之子。二三四五位既乘之尽，然後將身之子而破動也。

明・柯尚遷《數學通軌・學筭須知》 因乘曰：以所有物數爲實，以所求物價爲法。法實相命，言十就身，言如隔位，次第以法求之。

因法從實尾位以任相提，言上就身，言如下位，次第求之。

詩曰：合數九因須記熟，呼如下位算爲先，變其身數將求十，從上因之十進前。

歸除詮要

因乘義：因者，生也，謂九九相生之義也。乘者，陞也，謂九九陞積之義也。單位曰因，多位曰乘。通而言之，曰乘也。皆從末位起，呼九九相生之數，次第乘之也。又云：呼如須隔位，言十在本身。又云：凡用因乘，不必拘於瀍實。或以瀍乘實，或以實乘瀍，皆可見也。

乘法二以上位數多者，用此法，位求小數次第算起還原。

詩曰：下乘之法此爲真，位數先將第二因，三四五來乘遍了，却將本位破其身。

明・程大位《算法統宗》卷一　因乘法者，單位曰因。位數多曰乘。通而言之，乘也，置所有物爲實，以所求價爲法，皆從末位而起，如法乘之。呼九字相生之數，次第乘之，呼如須次位，言十在本身，陞積謂之乘。其數雖陞，而位反降矣。必須用定位之法而治之，詳見于後。

明・佚名《銅陵算法》卷上　九因歌

合數九因須記熟，起首先從示位推。言十就身如隔位，右要還原用九歸。

清・李長茂《算海説詳》卷一　因法：單位曰因，九九數單位者，俱用此。

乘法：單位曰因，位數多曰乘，通而言之，乘也。置所問爲實，以所求爲法，皆從實末位而起，呼九九相生之數。如法次第乘之，呼如須在次位，言十就在本身。凡因、乘不必拘於法實，或以法乘實，或以實乘法皆可。惟歸除不可顛倒錯亂。

陞積用乘法：凡以二爲法，便一倍乘作二倍。以三爲法，便一倍乘作三倍。然其數雖陞，而位反降，必須詳定位之法求之。

減積亦用乘法：如十分之八，即置原實以八乘得數十分之七，即置原實以七乘得數。又如有八五金十兩求足色金，即置十兩以八五爲法，乘之得八兩五錢是也。蓋以八五乘十兩，陞積則得八十五兩。降積則得八兩五錢，可以通用。餘可類推。

折半用乘法：折半當用五歸，而位反陞。今變用五因於下位，得數之位不陞爲便。

掉尾乘法：言於應乘實位下，按法位數若干。從法尾位，以次掉捲进乘至實身止也。

隔位乘法：言於應乘實位下，以法首從隔位，挨次至尾順乘而下，乘完除實身一位。

破頭乘法：言以法首數，將應乘實位，破身順乘而下也。

解義：四法一理，留頭乘，分皆用此。掉尾乘，但倒記法位，明白以次逆上極爲宜捷。惟法位遇多先退數隔寔下位次爲煩，隔位乘退下一位。即自法首乘起極順，因乘完，除身多此一番爲煩。然三法皆乘完破身，法寔照對不致錯誤。破頭乘先將寔倍改破，恐易忘錯。

通乘法：謂如：應四乘之，又應五乘之，再又應七乘之者，却變法以四乘五得二十，再以七乘之得一百四十。就以一百四十爲法乘之。以免三次相乘之煩。此約繁歸簡之法，無論同乘異乘皆相通，爲法乘之後圓堆半堆等用三十六率、十八率等類，皆此法也。

相乘自乘法：謂法實不同，以法乘實，曰：相法實同數，猶以實乘實。曰：自拙翁論曰：自乘不特方田用之，凡推求諸數多用自乘一法。須從此研究洞徹如一自乘得一，二自乘比一自乘多三，三自乘比二自乘多五，四自乘比三自乘多七。每加一數，所多漸加二數者，各數内多出一個一自乘得一，相同。如三自乘，又多兩個一乘三，比二自乘兩個一乘二多二數，四自乘兩個一乘四，比三自乘兩個一乘三又多二數也。至萬數始。於一一自乘得一，將一加作二倍，則乘數得四倍，二二得四也。加作三倍，則乘數得九倍，三三得九也。加作四倍，則乘數得十六倍，四四一十六也。由此而推如一個二自乘得四，加倍。四自乘得十六，是四個四，三倍。六自乘得三十六，是九個四，四倍。八自乘得六十四，是十六個四，漸加，以上皆然。若加半倍自乘，則乘數得多九分之五。如二自乘得四，加半倍三自乘得九，乘數多出九分之五。四自乘得一十六，加半倍，六自乘得三十六。十六是四個四，三十六是九個四，亦多九分之五也。若一邊加倍，一邊本數相乘，則乘數加倍。如二二得四，二四則得八，四四一十六，四八得三十二是也。大抵數始於一，自二以上，以至無窮莫不由一爲本。欲推無窮之數，亦莫不由一爲本。如後圓内除方以一步立内方之法，則圓周方周可推，等類是也。再若推求各數，各有本位。如問步，則以步爲本位。問尺，則以尺爲本位。本位者，數之一也。自一以上至九，皆一之屬。九以上，乃另進十一位。一以下亦另降分一位。本位自乘邊得本位數進則乘數加升，退則乘數遞減。如一步自乘，止得一步。一尺自乘，止得一尺，仍本位數。本位而上，十自乘，則前十數一位得一百。百自乘，則前百數二位得一萬。千自乘，則前千數三位得百萬。每進前一位，則乘出之數加進一位，以上皆然。本位而下，如一分自乘，則後分數一位，得一釐。一釐自乘，則後釐數二位，得一絲。一毫自乘，則後毫數三位，得一微。一絲自乘，則後絲數四位，得一沙。以下皆然。緣自乘者四面之數也。一自乘四面，仍是一。十自乘四面，成十個十。十爲一之次位，故乘出之數亦十倍得十次位之百。百自乘四面，成百個百，百爲一上之二位，故乘出之數亦百倍，得百二位之萬。千自乘四面，成千個千千爲一上之三位，故乘出之數一千倍，得千三位之百萬。至一數下四面，皆十分乃成整一。長十分、濶一分是爲一分。若一分自乘，則四面皆一分，止得一分中十之一，即十分中有之一，故得一釐。長十分、濶一釐是爲一釐。若一釐自乘，則四面皆一釐，止得一分釐中百之一，即十分釐中千之一，故得一絲。以下推之，皆然。然自一至九，皆一之等位，其乘數又有不同。如一自乘得一，二自乘得四，三自乘得九，皆不越本位數。四自乘，得十六，上至九自乘，皆進十數一位。三十自乘得九百，仍不越百數。四十自乘，得一千六百，亦進千數一位。凡係四數自乘，無論十、百、千、萬與分、釐、毫、絲，皆比三數自乘進位一等。數之積漸然也。又若相乘數內實定若干，以二乘則得二倍，三乘則得三倍，以二十乘則得二十倍，二分乘，則得十分之二，二釐乘，則百分之二，又不可不明也。

清・沈士桂《簡捷易明算法》卷一　因法　所謂因者，乃單位也。以位數多者居左，單位居右。從實之未位上，將左手中指指定用。凡九數配右，逐位相呼，算至首位而止，數即成矣。法中凡喚如者，將本身盡除，于下立加之。如二二如四之類。或喚得十者，以本身化之。如：二五得一十之類，又如二六一十二。將本身留一作(一)十，于下位加二是也。用歸法還原。餘倣此。

乘法明釋

夫乘者，乃求見総數也。亦如前因法，不拘法實左右。但以位數多者居左，少者居右。庶爲易乘，亦無差錯。將左手中指指定實之未位，照右法之次位數目，逐一相乘已畢，然後破其本身。如此將實上數目，換身算至首位而止。數即成矣。用歸除還原。蓋因與乘總一理也。單位者，謂之因。位數多者，謂之乘。故其名有異稱耳。

綜論

清・沈士桂《簡捷易明算法》卷一

立法總論

凡算各項數物，必要立定。該歸該乘得清楚，合算使無差錯。故曰：歸除容易立法難。夫歸除者，將物分散之法。因乘者，將物合聚之法。皆各得其用，須明此理。務爲首要，不可不究也。

立法秘訣

凡問共物法，用因乘，乃見総數也。如十六户納糧，每户八石四斗。問共納糧若干。此法不拘法實左右。如田居左糧居右，或糧居左田居右，俱可而行。至(千)[于]分物銀米積物。係分散之法。例用歸除，先要立定法實左右。爲實之數列(千)[于]左，爲法之數列(千)[于]右。然後歸除庶無差錯。如人分銀，問每人該銀若干。全在這一句裏要定法實。將問物爲法，法者静也。該物若干爲實。實者動也。若干者共數未定。所以要用歸除，變化得其確數也。

清・梅瑴成《增删算法統言》卷一《因乘總論》　乘者，以數生數也。數不能自生，相得乃生，故亦曰因。珠算則以法只一位者，曰因。法之位數多者，曰乘。皆有實、有法、有得數。其法從實末位起，呼九九相生之數，逢如須下位，言十在本身，次第乘畢，則變實數爲得數矣。

清・潘逢禧《算學發蒙・珠算二》　乘除説

乘法，法實相生也。其法從實尾位起，每遇實數一位，皆以法數若干位遍乘一過。然後再乘上一位，挨乘至實首位止。自右而左。亦有自左而右者，見《古算・縱横因法》。但此爲通用常法。得數若干，即所乘之數。乘法當例，不過如此。其變例均詳各條下。

乘法得數，恐其有誤，以除法還原。置得數爲實，以法數爲法，除之，即得原實。或置得數爲實，以實數爲法，除之，亦得法數。更有九減、七減，諸法尤捷。詳見筆算條下。

乘法

多位乘法，珠算曰：乘。其法有四例：曰留頭乘，曰破頭乘，曰掉尾乘，曰隔位乘。惟隔位乘稍有不同，其餘用法無異。但以呼法先後，別其名目，學者擇而用之可也。此四例，惟古算珠算有之。

清・屈曾發《九數通考》卷一　因法訣：因與乘一也。單位法謂之因，法位數多謂之乘。特以此而異其名耳，又總名之止曰乘。

因法須呼九九數，起手先從末位推。言十就身如下位，若要還原用九歸。

乘法説

乘者，兩數相因而成也。蓋有兩數，視此一數有幾何彼一數有幾何，將此一數照彼一數加幾倍。則兩數積而復成一數，故謂之相因而成。然不用加而用乘者，何也？蓋加須層累而得，乘則一因即得，此立法之精而理則實相通也。如有六與十兩數，以十爲主，而加六次，得六十，以六爲主，而加十次，亦得六十。今以十爲主而六乘之，或以六爲主而十乘之，皆得六十。其數無異，而用爲捷矣。

乘法訣

下乘之法留頭真，起手先將法二因。三四五來乘遍了，却將法首破原身。用歸除還原。原有破頭乘，掉尾乘，隔位乘，諸法，總不如留頭乘之妙。

又　加減乘除總説

算法以加減乘除爲入門，然究其終，雖至於千變萬化，總不出乎此。但用法不同耳，或應取其相和之數，則用加。或應取其相較之數，則用減。或應聚而總其積，則用乘。或應散而取其分，則用除。又有先加而後減者，或先減而後加者；有先乘而後除者；或先除而後乘者；又有加減與乘除，先後互用者。古來九章命算，自方田以至句股，數有煩簡，理有顯晦，法有深淺，算有難易，然何一不從加減乘除而得。故淺言之；則算法之入門，究言之實，算法之全體也。

清・汪訒菴《指明算法》卷上　因乘法者，單位曰因，位數多曰乘。通而言之，乘也。置所之物爲寔，以所求價爲法。皆從未位而起，呼九因之歌，如法次第乘之，呼如須次位，言十在本身。必須用定位之法，而治之。

清・蔣守誠《算法全書》卷一　因乘歸除總訣

因乘法者，單位曰因，位數多曰乘，通而言之乘也。置所有物爲實，以所求價爲法。皆從未位而起，呼九因之歌，次第乘之。呼如須次位，言十在本實。陞積謂之乘，其數雖陞，而位反降矣。必須用定位之法而治之，今詳見各圖之下。

清・陳傑静《算法大成》卷一　因乘

乘者，登也，如人登高而上也。又生也，兩數相因，而生三數也。其理與加同，乃遍加，而非一加也。設有兩數俱爲八，如八元、八愷相加，得一十六人。此一加而不遍加，故得一十六。如八卦與八卦相乘，得六十四卦。此名曰：乘。實則以乾加乾，又以加坤，又以遍加六。子、坤、卦，及六子，皆然遂成六十四。故乘亦加也。梅勿菴曰乘。一曰因。有一位乘，有多位乘。或分一位乘曰因，多位乘曰乘。程汝思謂多位乘泛有破頭乘、有留頭乘、有掉尾乘者。言用珠盤之事，無關算法。又有自乘、有相乘，如八與八乘得六十四，九與九乘得八十一，謂之自乘。八與九乘得七十二，九與八乘亦得七十二，謂之相乘。斤兩、道里、宮度、日時，俱不與他數相乘，亦不自乘。除亦然。故加減二法，層層分別。乘除二法，雖極之於推步，亦無以異于市廛也。

右因乘法之總。凡四十五句，而無窮無盡之。乘法皆必呼之，別無他語也。

清・魯師貢《算法指明便用》卷一　乘除捴訣歌

歸除頭上起，因從足下生。逢如須隔位，言十便挨身。

因法歌

合數九因須記熟，呼如下位筭爲先。變其身位爲十數，細認呼如次位然。

乘法歌

下乘之法此爲真，位數先將第二因。三四五位乘遍了，却將本位破其身。言十便在挨身下，言如退位下邊居。因乘一遍見價數，若要還原用歸除。

用曰乘、歸除訣法歌，法寔不同。因與乘，其用法如貨物在上位爲寔，將每石價銀在下位爲法，相乘共得銀若干是也。言法寔不同者，上位是貨物爲寔，下位是物價銀數爲法。故不相同也。須用因、乘之法。

清・穎奇增《算法必林》卷一

破頭乘歌

寔下破頭對法乘，次行加定舊原形。言十就身如下位，無數退下還因零。若有其零亦退下，上行孤十退相迎。次第遍乘諸法位，破頭之上破頭乘。

先取貨後交銀歌

取貨爲先俱用乘，將價乘之銀數靈。或遇斤兩相兼處，兩宜化之一齊行。

清・江南商業學校《最新珠算教科書》卷中第五章《乘除第一類》　乘法説

古名獨位乘爲因，多位乘爲乘，而乘法又有留頭乘、破頭乘、挨身乘、隔位乘、掉尾乘等名目。皆珠算乘法也。留頭乘從法之次位乘起，依次乘畢，始以法之首位乘實，故曰留頭乘。法久通行，本書從之。破頭乘則先乘法之首位，實先消去，最易混目。挨身乘者，用於法首位爲一之數甚便，首位非一，皆不能用。俟後簡法詳之，隔位乘者，隔一位竟從法首位乘起。依次乘畢，始去其實之一位。日本名曰龜井算法。數雖易明，用或太迂。掉尾乘，則便於筆算，而不便於珠算。兹書分乘法爲三類。法祇一位，實爲一位以上，名曰乘法第一類。法爲一位以上，實祇一位，名爲乘法第二類。法實俱一位以上，名曰乘法第三類。第二、三類俱用留頭乘，而其要不外乎辨降位。熟生數，降位視乎法位數之多少。

法一位則降一位，法二位則降二位，即法愈多則愈降於右。生數即九九相生之數。熟於此數，見珠即呼，不假思索。而乘之功用備矣。

乘法要義

一、兩數中任以位數多者爲實，少者爲法，列實於中央。列法於左端。列法左端乘時須法實兼顧，每易有跨行之弊。若能記於胸中，可以專注於實尤便。

二、從法之次行起，依次而下，乘實末行，即於實末行之右。按位遞置然後以法首行乘實末行。得法末行之數。此即乘法第二類之法也。

三、實有多行，俱照乘實末行之法，依次自右而左，遞乘至實首行止，爲乘得之積。

四、以法之行數定積之名稱，法幾行，單位亦移右幾行其位必相同，即知乘積爲何數。

算法

明・吳敬《九章算法比類大全》卷首《乘除開方起例》 定位

隨所求法首之數，以定其實。謂如三十二人，每人支三百七十文。法首是百，合於人上定位，次位是法首百，定位人上得貫。三十二人，每人支三貫七百文，法首是貫，合於人上定位，次位得法首貫，定位人上得十貫。三十二人，每十人支三貫七百文，法首是貫，合於十人上定位，次位人上是法首貫，合於十人定位上得十貫。此乃隨題法首定位求數也。

因法從實尾位，以法相呼，言十就身，言如下位，次弟求之。

合數九因須記熟，呼如下位筭爲先。變其身數呼求十，從上因之十進前。

今有田六頃七十八畝，每畝收米二石。問該米幾何。

荅曰：一千三百五十六石。

法曰：置所有田六頃七千八畝爲實，以所求米二石爲法。因之，得一千三百五十六石。定位。法首是石，合於畝上得十石。

定十石八畝 𝍰 二八一十六。將本六分八畝除七改作一十，更於次位下六石。

七十 𝍦 二七一十四。將本身七十除六改作一百，更於次位一十加四十改作五十。

六百 ⊥ 二六一十二。將本身六百除五改作一千，更於次位一百加二百，改作三百。

今有米二百七十八石六斗，糴之。假令：

每石價鈔三貫。

荅曰：八百三十五貫八百文。

法曰：置所有米，二百七十八石六斗，爲實，以所求鈔，三貫爲法。因之。

六斗 ⊥ 三六一十八。將本身六斗除五，改作一貫，更於次位下八百文。

定貫八石 𝍧 三八二十四。將本身八石除六，改作二十，更於次位一貫上，加四，改作五貫。

七十 𝍯 三七二十一。將本身七十除五，改作二百。更於次位二十上，加一十作三十。

二百 Ⅱ 三二如六。將本身二百除去，却於次二百上，如六百，作八百。

每石價鈔四貫。

荅曰：一千一百一十四貫四百文。

六斗 ⊥ 四六二十四。將本身六斗除四，改作二貫，更於次位下四百文。

八石 𝍧 四八三十二。指本身八石除五改作三十，更於次位二貫上如二，改作四貫。

七十 𝍯 四七二十八。將本身七十除四，改作三百，却於次位三十除二十，止存一十。

二百 Ⅱ 四二如八。將本身二百除一百，改作一千。却於次位三百上，除二百改作一百。

每石價鈔五貫。

荅曰：一千三百九十三貫。

六斗 ⊥ 五六三十。將本身六斗除三，改作三貫。

八石 𝍧 五八四十。將本身八石除四，改作四十。

七十 𝍯 五七三十五。將本身七十除四，改作三百。更於次位四十上，加五十，改作九十。

二百 Ⅱ 五二一十。將本身二百除一百，改作一千。

每石價鈔六貫。

答曰：一千六百七十一貫六百文。

六斗 𝍥 六六三十六。將本身六斗除三，改作三貫，更於次位下六百文。

八石 𝍧 六八四十八。將本身八石除三，改作五十，却於次位三貫上除二貫，止存一貫。

七十 𝍯 六七四十二。將本身七十除三，改作四百，更於次位五十上加二十，改作七十。

二百 𝍡 六二一十二。將本身二百除一，改作一千。更於次位四百上，加二百，改作六百。

每石價鈔七貫。

答曰：一千九百五十貫二百文。

六斗 𝍥 七六四十二。將本身六斗除二，改作四貫，更於次位下二百文。

八石 𝍧 七八五十六。將本身八石除二，改作六十，却除去次位四貫。

七十 𝍯 七七四十九。將本身七十除二，改作五百，次位六十除去一十，作五十。

二百 𝍡 七二一十四。將本身二百除一，改作一千。却於次位五百上加四，改作九百。

每石價鈔八貫。

答曰：二千二百二十八貫八百文。

六斗 𝍥 八六四十八。將本身六斗除二，改作四貫。更於次位下八百文。

八石 𝍧 八八六十四。將本身八石除二，改作六十，更於次位四貫上加四貫，改作八貫。

七十 𝍯 八七五十六。將本身七斗除一，改作六百，却將次位六十除去四十，改作二十。

二百 𝍡 八二一十六。將本身二百不動，改作二千，却於次位六百上，除去四百，改作二百。

每石價鈔九貫。

答曰：二千五百七貫四百文。

六斗 𝍥 九六五十四。將本身六斗除一，改作五貫，更於次位下四百文。

八石 𝍧 九八七十二。將本身八石除一，改作七十。更於次位五貫上，加二貫，改作七貫。

七十 𝍯 九七六十三。將本身不動，改作七百，却將次位除去五十。

二百 𝍡 九二一十八。將本身不動，改作二千，却於次位七百上除去二百，改作五百。

乘法二以上，位數多者，用此法。從末位小數次第筭起，用歸除還源。下乘之法此爲真，位數先將第二因。三四五來乘遍了，却將本位破其身。

今有白米四百五十六石八斗，每石價鈔四貫五百文。問該鈔幾何。

答曰：二千五十五貫六百文。

法曰：置所有米四百五十六石八斗爲實。以所求價，四貫五百文，爲法。相乘，得二千五十五貫六百文。合問。

五八四十。於次位下四百文。

八斗 𝍰 四八三十二。將本身八斗除五，改作三貫。更於次位四百文，加二，改作六百文。

五六三十。於次位三貫上，加[三]三貫，改作六貫。

定十貫六石 𝍮 四六二十四。將本身六石除三，改作三十。却將次位六貫除去。

五五二十五。於次位三十上，加二，改作五十，又於第三位上，下五貫。

五十 𝍤 四五二十。將本身五十除三，改作二百。

五四二十。於次位二百上，加二百，作四百。

四百 𝍬 四四一十六。將本身四百除二，改作二千，却將次位除去四百。

今有絲二百九十三斤，每斤價鈔二十七貫。五百文。問該鈔幾何。

答曰：八千五十七貫五百文。

法曰：置所有絲二百九十三斤，爲實，以所求價，二十七貫五百文，爲法，相乘。

定位：法首是十貫合於斤上定百貫。共得。八千五十七貫五百文。合問。

五三一十五。於第三位一貫上，加一貫，改作二貫。更於第四位下五百文。

七三二十一。於次位下二十，更於第三位下一貫。

定百貫三斤 𝍢 二三如六。除去本身三斤，却於次位二十上，如六十，改作八十。

五九四十五。於第三位存一十，加四，作五十。更於第四位二貫，加五貫，改作七貫。

七九六十三。於次位下六百，却將第三位八千除去七十，止存一十。

九十 𝍨 二九一十八。將本身加十除七，改作二千。却將次位七百除二百，止存五百。

五二一十。於第三位九百上，加二，改作一千，却加入前位一千，改作四千。

七二一十四。於次位二千加一，改作三千。又於第三位五百上，加四，改作九百。

二百 ‖ 二二如四，除去本身二百，却於次位四十上，加四千，改作八千。

今有銀三百六十五兩，每十兩價鈔二百三十七貫五百文。問該鈔幾何。

答曰：八千六百六十八貫七百五十文。

法曰：置所有銀三百六十五兩爲實，以所求價二百三十七貫五百爲法，相乘。定位：法首是百，合於兩上定百貫。共得八千六百六十八貫七百五十文。合問。

五五二十五，於第四位五百文上加二百，改作七百文，更於第五位下五十文。

七五三十五。於第三位五貫上加三貫，改作八貫，更於第四位下五百文。

三五一十五。於次位下一十，更於第三位下五貫。

定百貫五兩 𝍤 二五一十。將本身五兩除四，改作一百。

五六三十。於第四位下三貫。

七六四十二。於第五位九十除五，存四十文。除第四位八貫加前位二百，作三百。

三六一十八。於次位一百加一，改作二百。更於次位一十上，加八十，改作九十。

六十 ⊥ 二六一十二。將本身六十，除五，改作一千，更於次位三百上，加二百，改作五百。

五三一十五。於第四位五十上，加一千，改作六十。更於第五位下五貫，改作八貫。

七三二十一。於第三位四百上，加二，改作六百。更於第四位，四十加一，改作五十。

三三如九。於第三位五百除一百，止存四百。却於次位一千上加一千，改作二千。

三百 Ⅲ 二三如六。將本身三百，除去。却於次位二千上加六千，改作八千。

又 袖中錦定位訣

掌中定位法爲奇，從寅爲主是根基。
加乘順數還回轉，減除逆數順還回。
小乘除大皆順數，大乘小數亦如之。
乘除大小隨術化，釐毫絲忽不差池。

大乘大 今有金五萬六千五百兩，每兩價錢二百五十三貫文。問該錢幾何。

答曰：一千四百二十九萬四千五百貫文。

法曰：置金爲實，以每兩價錢爲法。乘之，得數。不動却從。寅位上定實。順數，實金萬兩，卯上得千兩，辰上得百兩，巳上得十兩，午上得一兩。乃未上得法首錢百貫。復逆數回午上得千貫，巳上得萬貫，辰上得十萬，卯上得百萬，寅上得千萬。合問。

小乘大 今有人二十五萬名，每名出銀五毫三絲。問該銀幾何。

答曰：一百三十二兩五錢。

法曰：置人二十五萬名爲實，以每名出銀五毫三絲爲法。乘之得數不動，却從掌中寅位上定實。順數實人十萬，卯上得萬人，辰上得千人，巳上得百人，午上得十人，未上得一人。乃申上得法首毫。復逆數回未上得厘，午上得分，巳上得分，辰上得兩，卯上得十兩，寅上得百兩，共得一百三十二兩五分。合問。

大乘小 今有金七厘五毫，每兩價錢四千五百萬文。問該錢幾何。

答曰：三十三萬七千五百文。

法曰：置金爲實，以每兩價錢爲法。乘之得數，亦從寅位上定兩。順數法，錢卯上得千萬，辰上得百萬，巳上得十萬。合問。

小乘小 今有金四厘五毫，每厘價銀五厘五毫。問該銀幾何。

答曰：二分四厘七毫五絲。

法曰：置金爲實，以每厘價銀爲法。乘之得數亦從寅位上定實。順數卯上得兩，辰上得分，巳上得分。合問。

明・王文素《筭學寶鑑》卷一《盤中定位數》

始立盤中定數真，皆從寔首起身尋。乘尋根下爲法首，除尋法首上爲根。

加減法根俱本位，爲根爲法轉回身。分物分銀法逆數，再那一位寔來臨。

又　口訣

定數從來有本源，根和法寔用三般。乘居下位除居上，加減身中定最玄。

解曰：竊聞定數有袖中錦者，焉有懸空者焉，所入互逢雖異，所至之域則同。嘗讀各家定位歌訣、辭論，公説不到事理包收不盡足。故位定不明數定不真，俾學者如迷途之人，莫可適向良可嘆也。愚謂定數之要有三：曰法、曰寔、曰根，三者缺一，莫能定數。或曰：法寔已知，何謂之根？曰：根本也。取凡事皆有根本之義，假如賣米三石，每斗價銀四分，此係乘法。以所有米三石謂之寔，以價銀四分謂之法，以斗爲定價之根也，即尋斗位之下定分。故曰：乘尋根下得法首者是也。假令前米三石，每二斗五升價銀一錢，此係除法。以総米三石謂之寔，以二斗五升爲之法，以所賣一錢謂之根，即尋斗位之上定錢，比謂除尋法首上爲根者是也。又曰：乘居下位，除居上者，亦即此意。豈止賣米，凡買賣、易換諸物亦然。所謂尋根者，如寔首是石，令從斗賣，且斗必在石下，即往下順數尋斗而止。豈物斗而已，從圭撮賣之者亦然。如寔首是斗，却從石賣。且石必在斗上，即逆類往上尋石而止。豈物石而已，雖百、千、萬之上亦然。凡乘法俱尋根於根位之下定法首，除法俱尋法首於法首之上定根。如乘法亦尋根就於根位之中定法首。減如除法，亦尋法首，就於法首位中定根。既得根與法首却復數回至頭位，便知幾何総數。若人分物及物分者，固亦是除法，定位與前不同。假如有銀伍兩，今二十八分之。以総銀爲之寔，以共人謂之法，一人謂之根，於寔首位中起，共人往上[逆]數至一人而止，再那一位即起寔首兩而回便見每人該得幾何。豈止二十人而已，萬、億之上亦然。往還點數分明，萬無一失矣。浚設題圖以演其識，學者讀之，不待師授自然聞曉。

相乘定數口訣

十十相乘定百知，百乘十數定千之。百乘百數須呼萬，千百相乘十萬堆。

千與千乘呼百萬，萬數乘于千萬奇。萬乘萬數纔爲億，不退身加一位宜。

比肩口訣

石兩從來是比肩，斗前一對並頭蓮。升分厘合相平等，毫勺系抄總不偏。

撮忽交逢休點數，圭微易換莫盤桓。只將寔首忙呼定，進退隨題添減堪。

假如有米四十二石，每斗價銀三分五厘。問該銀幾何。

答曰：一十四兩七錢。

法曰：置所有四十二石於左上爲寔，以斗價三錢五分於右下爲法。乘之得一四七數。從原立寔首之位順數尋斗，於斗下定分。却逆數回至頭位得拾兩，定得一十四兩七錢。合問。

假有金七厘五毫，每兩價錢四千五百萬文。問該錢幾何。

答曰：該錢三千三萬七千五百文。

法曰：置所有金七厘五毫爲寔，以每兩價錢四千五百萬文爲法。乘之得三三七五數。亦從原立寔首逆數至兩爲根。於兩位之下定法首千萬。復順數回至頭位，得十萬。乃定三十三萬七千五百文。合問。

假有布二百五十一疋，每疋換米一斗六升。問米該幾何。

答曰：四十石零一斗六升。

法曰：置所有布二百五十一疋爲寔，以換米一斗六升爲法。加之雖有注首一卦，不用。得四〇一六數。亦從寔首起順數至疋爲根，就於疋位定法首斗。復逆數回至頭位得十名，是定得四十石一斗六升。合問。

又　卷二《掌中定數》

掌中定位法新更，俱自寅宮起順行。大見小題回降積，小如見大積回陞。

乘不退位陞一級，除無進位降一宮。比肩交換隨題定，數目分明在掌中。

認大小口訣

石糴錢分大見小，兩糴升合亦如之。石價萬千小見大，錢該百十一同推。

億、千萬、百萬、十萬、萬、千、百、十　石、斗、升、合、勺、抄、撮、圭

兩、錢、分、(里)[厘]、毫、絲、忽、微

石兩之上爲大數，石兩以下爲小數，横對者爲比肩。

大小數對位口訣

千萬衡錢百萬分，須知十萬對厘真。萬毫千系百對忽，十微單一對纖云。

億兆京垓皆一理，秭穰溝澗總同倫。筭公知此玄中意，何患洪纖數遠深。

今有金四厘五毫，每厘價銀五厘五毫。問該銀幾何。

答曰：二分四厘七毫五絲。

法曰：宜所有金四厘五毫爲寔，以每厘換銀五厘五毫爲法。乘之，不退位，得二四七五數。此係尤見厘，亦是此肩。寔首是厘，本該定厘，不退位陞一級，

定分。是定得二分四厘七毫五系。合問。

《九章》法曰：從(宮)[寅]位上定寔，順數夘上得兩，辰上得錢，巳上得分，非定一之法也。

證曰：嘗讀《九章・袖中錦》定類十題，乘有四題，俱不退位。除有四題，俱不進位。加有一題，係不進位，減有一題，係不退位。七題於寅位[定]數，二題於巳位定數，一題於辰位定數。愚識見淺陋，不悟其旨，且乘法退位除法進位者，俱爲主題，又不知用何法而求何位而定。誠可憾也。

大數相乘題訣：直田長二兆五千萬億寸，濶二億五千萬寸。問積寸幾何。

答曰：六京二千五百萬兆寸。

法曰：各置長濶寸數相乘，退位，得六二五數。示從寅位先起短頭億，順數(宮)[寅]位起億寸，夘位得一寸。就於夘位起長頭兆。逆數陞回寅位得京，是定得六京二千五百萬兆寸。合問。

解曰：凡定數不拘法寔，先以知頭而起，次以長頭而回。如寔是萬，法是百，先從百起，次以萬回。蓋百者短而近，萬者長而遠也。

破名居首記位題訣：(四)[田]長二千五百京[寸]，濶二十五兆寸。問積寸幾何。

答曰：六萬二千五百秭寸。

法曰：亦置長濶寸數相乘，退位得六二五數。亦從寅位起十兆，順數夘位得兆。記位，只數整名，辰位得億寸，巳位得一寸，就從巳位起于京。逆數陞回辰位得千垓，卯位得千秭，夘是記位。却數破名，寅位得萬秭。足定得六萬二千五百秭。合問。

對過寅閔降積題訣：假有米一千二百石，每斗價銀六分二厘五毫。問該銀幾何。

答曰：銀七百五十兩。

法曰：置所有米一千二百石爲寔，以每斗價六分二厘五毫爲法。乘之，退位，得七五數。先從寅位起石，順夘位得斗。就於夘位起兩。逆回寅位得錢，丑位得分，是謂對過寅閔也。即大見小。於丑位起寔首千，降回寅位得百。是定得七百五十兩。合問。

不過及寅閔陞積題訣：假有金七百兩，每分買米二斗。問該買幾何。

答曰：該米一萬四千石。

法曰：置金七百兩爲寔，以每分買米二斗爲法。乘之，不退位，得一四數。先從寅位起兩，順數夘位得錢，辰位得分。於辰位起石，對回卯位得斗，此謂不及寅閔也。即小見大。於夘位起寔首百，陞回寅位得千，此係乘不退位陞一級，定萬。是定得一萬四千石。合問。

又《懸空定數》

破大名認數口訣

十一百二曰千三，萬四十萬五相連。百萬六，千萬七，八爲一億進於前。

整大名認數口訣

億一兆二京是三，垓四秭五穰六堪。溝七澗八呼正九，載十極爲十一連。恒河沙數稱十二，阿僧祇者下十三。由他十四思十五，十六無量大數全。

認小數口訣

斗錢爲一升分二，厘合三毫勺四。系抄下五撮忽六，圭微七數纖八是。

解曰：小數自微以下，衆論紛紜，不敢定其次第姑止於此。待明知君子，正而繼之。

乘法下數口訣

大數相乘相併喬，愈爲尊大不須論。大小相乘須相減，餘大正爲大數云。若餘小數稱爲小，不退身加一位真。變通捷徑幽玄訣，不得千金莫授人。

解曰：石兩無數，石兩以上爲大數，石兩以小爲小數。口訣所謂斗錢俱一分升二者是也。若論箇文、斤、疋之下零分，則分爲一、厘爲二、毫爲三也。

破大名相乘題訣：直田三十五畝，每畝積二百四十步。問積步幾何。

答曰：八千四百步。

法曰：置田三十五畝爲寔，以每畝積二百四十步爲法。乘之退位得八四數。

懸空定數法曰：寔首是十下一，法首是百下二，併三得三，得千。是定得八千四百步。合問。

乘法不退位題訣：米二千石，每石計六千萬粟。問積粟幾何。

答曰：該一千二百億粟。

法曰：置米二千爲寔，以每石六千萬粟爲法。乘之，不退位，得一二數。

懸空定數法曰：寔首是千下三，法首千萬下七。併之得一千。比係乘不退位，又加一，共一十一，内起八進位爲一億，下位餘三爲千。是定得一千二百億。

合問。

大乘小數相減題訣：假有雞夘三萬箇，每箇價銀二厘。問該銀幾何。

答曰：該銀六十兩。

法曰：置總夘三萬箇爲寔，以每箇價銀二厘爲法。乘之，退位，得六數。

懸空定數法曰：寔首是萬下四，法首是厘下三，以少減多，餘一爲十。是定得六十兩。合問。

整破名相乘題訣：直田長三千萬兆寸，濶二百萬億寸。問積寸幾何。

答曰：該六千萬垓寸。

法曰：置長三千萬兆寸爲寔，以濶二百萬億寸爲法。相乘，得六數。

懸空定數(治)[法]曰：長千萬兆，千萬下七於下位，兆下二於上位。濶百萬億，百萬下六於下位，億下一於上位。上位得三，下位得十三，內起八爲一億於上位，上位得四爲垓，下位餘五爲十萬。(足)[是]定得六十萬垓。合問。

乘法小見大相減題訣：今有七厘五毫，每兩價錢四千五百萬文。問該錢幾何。

答曰：三十三萬七千五百文。

法曰：置所有金七厘五毫爲寔，以每兩價錢四千五百萬文爲法。乘之，不退位，得三三七五數。

懸空定數法曰：法首千萬下七，內減寔首厘三，餘大數四爲萬，此係乘不退位，陞一級定十萬。是得三十三萬七千五百文。合問。

問十乘十數，得積幾何。　答曰：定百。

法曰：十下一，十又下一，併之得二，爲百。合問。

問百乘十數，得積幾何。　答曰：定千。

法曰：百下二，十下一，併之得三，爲千。合問。

問千乘十數，積幾何。　答曰：定萬。

法曰：千下三，十下一，併之得四，爲萬。合問。

問千乘百數，積幾何。　答曰：十萬。

法曰：千下三，百下二，併之得五，爲十萬。合問。

問萬乘百數，積幾何。　答曰：百萬。

法曰：萬下四，百下二，併之得六，爲百萬。合問。

問萬乘千數，積幾何。　答曰：千萬。

法曰：萬下四，千下三，併之得七，爲千萬。合問。

問十萬乘千積幾何。　答曰：定億。

法曰：十萬下五，千下三，併之得八，爲億。合問。

問億乘億積幾何。　答曰：定兆。

法曰：億下一，億下一，併之得二，爲兆。合問。

問兆乘億，積數幾何。　答曰：定京。

法曰：兆下二，億下一，併之得三，爲京。合問。

問億乘京，積幾何。　答曰：定垓。

法曰：億下一，京下三，併之得四，爲垓。合問。

問京乘兆，積數幾何。　答曰：定秭。

法曰：京下三，兆下二，併之得五，爲秭。合問。

問垓乘兆，積幾何。　答曰：定穰。

法曰：垓下四，兆下二，併之得六，爲穰。合問。

問垓乘京，積數幾何。　答曰：定溝。

法曰：垓下四，京下三，併之得七，爲溝。合問。

問穰乘兆，積幾何。　答曰：定澗。

法曰：積下六，兆下二，併之得八，爲澗。合問。

問垓乘秭，積數幾何。　答曰：定正。

法曰：垓下四，秭下五，併之得九，爲正。合問。

問溝乘京，積數幾何。　答曰：定載。

法曰：溝下七，京下三，併得十爲載。合問。

問正乘兆，積數幾何。　答曰：定極。

法曰：正下九，兆下二，併之得十一，爲極。合問。

問溝乘秭，積幾何。　答曰：定恒河沙。

法曰：溝下七，秭下五，併之得十二，爲恒河沙。合問。

問正乘垓，積數幾何。　答曰：定河僧祇。

法曰：正下九，垓下四，併之得十三，爲阿僧祇。合問。

問極乘京，積數幾何。　答曰：那由他。

法曰：極下十一，京下三，併之得十四，爲那由他。合問。

問澗乘溝，積數幾何。　答曰：不可思議。

法曰：澗下八，溝下七，併之得十五，爲不可思議。合問。

問載乘穰，積數幾何。　荅曰：無量數。

法曰：載下十，穰下六，併之得十六，爲無量數。合問。

凡乘不退身，位陞一級。

又　卷三《因法》

假有布二百五十六疋，每疋價銀二錢。問該銀幾何。

荅曰：該銀五十一兩二錢。

法曰：置所有布二百五十六疋爲寔，以每疋價銀二錢爲法。因之，退位，得五一二數。

盤中定數法曰：從原立寔首百疋位起，順數尋疋。疋是定價之根，故尋疋。於疋位之下定錢，錢是法首，故尋錢。却逆數回，錢上是兩，兩上是十兩。乃定得五十一兩二錢。合問。

掌中定數法曰：從寅位起，寔首百疋。順數夘得十疋，辰位得疋，就於辰位定錢。復逆數回卯位得兩，寅位得十兩。是定得五十一兩二錢。合問。

又曰：先從寅位起兩，順數夘位得錢，就於夘位倍起寔首百。逆數降回寅位得十。亦得五十一兩二錢。合問。

懸空定數法曰：寔首是百下二，(位)法首是錢下一，以(五)[少]減多，餘一爲十。亦定得五十一兩二錢。同。

解曰：少題疋價是錢，即大[見]小故降而同。

解曰：此是六乘小題，相減，餘爲大數。

假有米四十三石二斗，每石價錢三百文。問該錢幾何。

荅曰：該錢一萬二千九百六十文。

法曰：置所有四十三石二斗爲寔，以每石價錢三百文爲法。因之，(之)不退位，得一二九六數。

盤中定數法曰：從原立寔首十位順數尋石，於石下定百文，陞數而回至頭位，得萬。是定得一萬二千九百六十文。合問。

掌中定數法曰：從寅位起，寔首十石，順數夘位得石。就於夘位得法首百文，陞數而回寅位得千，此係不退位定萬。是定得一萬二千九百六十文。合問。

懸空定數法曰：寔是十下一，法是百下二。併之得三，爲千，此係不退位定萬，亦得一萬二千九百六十文。合問。

軍士五萬四千三百二十一名，每名賞銀四錢。問該銀幾何。

荅曰：該銀二萬一千七百二十八兩四錢。

法曰：置総軍五萬四千三百二十一名爲寔，以每名四錢爲法。因之，不退位，得荅數。合問。人下定錢。

官馬二千三百四十五匹，每疋支料五升。問共幾何。

荅曰：一百一十七石二斗五升。

法曰：置総馬二千三百四十五匹爲寔，以每匹支料五升爲法。因之，不退位，得荅數。合問。匹下定升。

繇麻一萬(石)二千三百四十五斤，每斤價錢六文。問該幾何。

荅曰：該錢七萬四千零七十文。

法曰：置総麻一萬二千三百四十五斤爲寔，以每斤價六文爲法。因之。合問。斤下定文。

白金五百四十三兩二錢一分，每兩買錢七百文。該錢幾何。

荅曰：該錢三十八萬零二百四十七文。

法曰：置総金五百四十三兩二錢一分爲寔，以每兩買錢七百文爲法。因之。合問。兩下定百。

棉布二百三十四疋，每疋用子棉八斤。問該子棉幾何。

荅曰：該子棉一千八百七十二斤。

法曰：置総布二百三十四疋爲寔，以每疋用花八斤爲法。因之。合問。疋下定斤。

黄絹七百六十五疋，每疋用系九兩。問該用系幾何。

荅曰：六千八百八十五兩。

術曰：置総絹爲寔，以九因之。合問。疋下定兩。

又　卷四《身前因》

今有銀五兩二錢，每兩買米三石。問該米幾何。

荅曰：一十五石六斗。

身前因圖

陸斗
二身二命二身内下四
求爲一十五石
寔首〇身五命二身前下一十
法二法是三石去一餘二爲法

法曰：置総銀五兩二錢，於右下爲實。置每兩買三石於左，内去一石，餘二石爲法。身前因之。合問。

今有銀一十二兩五錢，每兩折收錢六百九十文。該錢幾何。

答曰：八千六百二十五文。

身前因二位圖

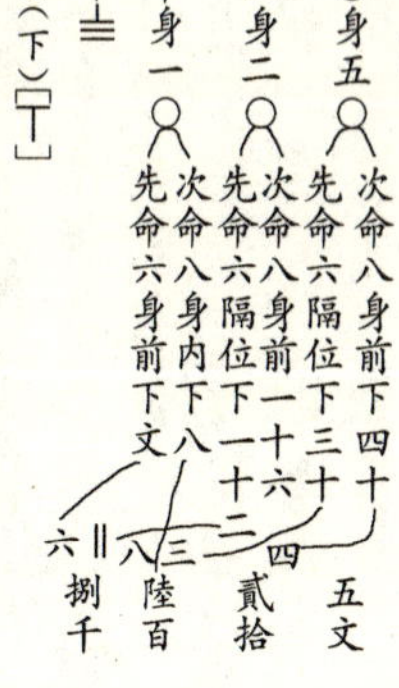

法曰：置総銀於右下爲實，以每兩折錢於左上爲法。於尾去一，乘之。合問。

又《因代繁乘》

種田八頃七十六畝五分四厘三毫二系，每畝收黍一石二斗三升四合五勺。問該黍幾何。

答曰：一千零八十二石零九升二合五勺八抄〇四圭。

法曰：置種田八頃七十六畝五分四厘三毫二絲爲實。以每畝收黍一石二斗三升四合五勺爲法。從實尾因之，次第而上，至首而單，併之爲荅。合問。

因代繁乘圖

二絲 ‖ 以二因五位法得二四六九

三毫 ≡ 以三因五位法得三七〇三五

四厘 㐅 以四因五位法得四九三八

五分 〡 以五因五位法得六一七二五 併之得荅數

六畝 ⊥ 以六因五位法得七四〇七

七十 [亖] 以七因五位法得八六四一五

八頃 𝍧 以八因五位法得九八(九)七六

下法 石一 〡 二 平〣 三升四 合㐅 五 合一〇

重因題 絹二十七疋，每疋長四十二尺。問積幾尺。

答曰：一千一百三十四尺。

用四十二尺爲法。置絹二十七尺爲實，以六因之，又以七因之，得荅。

合問。

解曰：四十二乘，以六因、七因代之者，是犯六七四十二也，餘皆倣此。

用二十七疋爲法。置四十二尺爲實，以三因之，又九因之，亦合荅數。

解曰：犯三九二十七也。

又《相乘》

法實相乘古有言，只將少位以乘焉。實多法少仍乘法，法位多時即倒安。

楊輝曰：《指南筭》云：衆位名乘，如兩位以上。單位名因一位。又(各)[名]損。殊不思三位[法]乘一位實仍是一位實(固)[因]三位法。知此而知因與乘初無異也。古人立相乘二字，法實通用，尤爲有證。

直田長三百步，濶三十七步半。問積幾何。

答曰：一萬一千二百五十步。

本法置長三百步爲實，以三十七步半爲法。乘之。合問。

今易三十七步半爲實。以長三百步爲法。因之，亦合問。

綾二十四疋，每疋價銀三兩一錢二分五厘。問該銀幾何。

答曰：七十五兩。

本法置綾二十四疋爲實，以每疋價三兩一錢二分五厘爲法。乘之。合問。

今易綾價三兩一錢二分五厘爲實，以綾二十四疋爲法。乘之，亦合問。

又《實位相同》

實位相同法不同，只乘實尾照依行。法同實異相交易，以法求來一樣同。

葛布七百七十七疋，每疋價銀六錢二分五。問該銀幾何。

答曰：四百八十五兩六錢二分五厘。

法曰：置葛布七百七十七疋爲實，以疋價六錢二分五厘爲法。只乘尾一位，得四三七五，其上二位照數變之，即合荅數。

芝蔴一十八石七斗五升，每石價銀八錢八分八厘八毫。問該銀幾何。

答曰：一十六兩六錢六分五厘。

本法置求一十八石七斗五升爲實，以每石價八錢八分八厘八毫爲法。乘之。

今易米價八錢八分八厘八毫爲實，以米一十八石七斗五升爲法。只乘尾一位，得一五數，其上三位亦照一五變之，即得荅數。又同。

又《截法實乘》

實繁法冗筭難清，法實截爲兩次乘。甚者分爲三四次，各乘総併數尤精。

解曰：截法寔乘，謂或截法截寔，作兩次乘之，數或甚繁者，截作三四節乘之，庶役位簡而易乘，以致數目不差矣。

軍二十五萬三千一百一十六名，各文鈔一百二十五貫六百二十五文。問共支鈔幾何。

答曰：三千一百七十九萬七千六百九十七貫五百文。

法曰：置軍二十五萬三千一百一十六名爲寔。先乘一百二十五貫，得三千一百六十三萬九千五百貫。另再置総軍數，次以六百二十五文乘之，得一十五萬八千一百九十七貫五百文。併二次乘數，共得三千一百七十九萬七千六百九十七貫五百文。合問。

或將寔位截作二三段。各以法六位乘之，亦可。

又《前後犯合數》

身後身前犯九因，因歸身數減加真。隨題變化無差誤，此法新傳妙入神。

乘犯合數題：絹二百五十五疋，每疋價銀四錢一分二厘。問該銀幾何。

答曰：一百五兩六分。

用四錢一分二厘爲法。置総絹數以四因訖，身後隔位加三。

解曰：法首是四，下犯三四一十二也。

紺草曰：四因総絹得一千二十疋爲寔，另四歸絹價得一錢三厘爲法。加之，得答。合問。

用二百五十五爲法。術曰：置絹價五因，身前加五。

解曰：二百五十五，法尾是五，身前犯五五二十五也。

草曰：置絹價四錢一分二厘，以五因之，得 二兩六分，前加五，言如挨身，呼千隔位加之。得一百五兩六分。合問。

假曰銀三百二兩四錢，每兩買米二石四斗六合。該米幾何。

答曰：七百二十七石五斗七升四合四勺。

用二石四斗六合爲法。術曰：置銀爲寔，以六因之，身前隔位加四。

解曰：法尾是六，上犯四六二十四也。

草曰：置総銀三百二兩四錢爲寔。以法尾六合因之，得一石八斗一升四合四勺，身前隔位加四，得答。合問。

或先身前加四，後用六因，亦(斤)[同]。

若用三百二兩四錢爲法。術曰：三因每兩買米石數，身後隔二位加八。

解曰：法首是三，下犯三八二十四也。

細草曰：置每兩買米二石四斗六合爲寔。以法首三百因之，得七百二十[一石]八斗，身後隔二位加八，言八隔一位加之。得答。合問。

又 卷五《衆九相乘》

單騎見虜法新傳，代九繁乘極妙玄。法寔位同那寔尾，寔多對法起那堪。法多法内忙那減，對位那來對位安。筭者若能知此意，科場出衆敢爭先。

解曰：衆九相乘，用子甚多，筭盤子少，乘則不便。既乘已畢，秖動一子居下，餘仍如故。視之久矣，忽得此法。且云，法寔俱各二位者，只於寔尾起一子，那於尾後第二位，即得答數。定位如桑。假如三位寔，二位法，於寔第二位起一子，那於尾後第二位。假如寔是二位法是三位，於法第二位起一[子]，那於法尾後第二位，亦然。以單騎見虜爲名者，借郭子儀單騎而見吐蕃也。

綿布九十九疋，每疋價錢九十九文。問該総錢幾何。

答曰：九千八百〇一文。

法曰：置総布九十九疋爲寔，(口)[只]於寔尾起一子，那於尾後第二位，即得答數。合問。

九百九十九人，每人出銀九錢九分。問該銀幾何。

答曰：九百八十九兩零一分。

法曰：置総人九百九十九人爲寔，於第二位起一子，那(安)[子]尾後第二位，即得答數。合問。

九百九十九人，每人勸粟九石九斗九升九合。問該総幾何。

答曰：九千九百八十九石零一合。

法曰：置每人九石九斗九升九合爲寔，於第三位起一[子]，那於尾後第三位，即得答數。合問。

軍士九萬九千九百九十九人，每人支銀九錢九分九厘九毫九系九忽。問該支銀総幾何。

答曰：九萬九千九百九十八兩九錢零一忽。

法曰：置各支銀九錢九分九厘九毫九系九忽，借以爲寔。於第五位起一[子]，那於尾後第五位，得答。合問。

又《衆九爲乘》

衆九如將雜位乘，對行減數照身行。亦猶因総除零數，定位仍從本法明。

又　卷六《乘法通變》　楊輝曰：夫筭之數，起於九九。制筭之法，出自乘除。法首從一者，則爲加爲減。題式無一者，乃折乃倍。以上加[名]九歸，以下損名下乘，並副桑除羽翼，算家之妙。學者惟如有加減歸損之術，而不知伸引變通之用。

先生與同史仲榮設立乘除各三百法，起出上古，誠可爲後學模範。故述之于左。遇更復其妙，註於圈外，似有小補云爾。

因加代乘三百法

一至九，本法從因。隨題用法求提，不必拘就。

一爲法。一、十、百、千同，不求，穩定位。二爲法倍之。三、四、六各用因。五爲法，折車[進位]。七、八、九各用損。七損三，八損二，九損一。

十一至十九，本法從加。逢雙可倍而因，亦繁，不如本法爲(提)[捷]。

二十一至二十九用連身加。先加零數，後加身數。二十一，三因，七因。二十二，倍位，加一。二十(二)[三]損七七。二十四，加二，倍之。三因，八因；四因，六因。二十五，四歸。二十六，隔(倍)[位]加三。二十七，三因，九因。二十八，倍位，加四。四因，七因。二十九，連身加九；三因，隔位損元。

綿布一百二十三疋，每疋價錢九十九文。問共該錢幾何。

荅曰：一萬二千一百七十七文。

法曰：置総布，從尾見一隔位損一。合問。自下而上。

||| 身三，隔位損三。

= 身二，隔位損二。

| 身一隔位損一。

織絹二十七疋，每疋用絲九兩九錢九分。問共用絲幾何。

荅曰：二百六十九兩七錢三分。

法曰：置総絹二十七疋，從尾後第三位對身數減之。

解曰：法(足)[是]三位，故於第三位減之。他皆倣此。

草曰：置総絹二十七疋，先變尾七疋，於尾後第三位減七。次變二十疋，於身後第三位減二。合問。

絹二十三疋，每疋長二十九疋。問共幾尺。

荅曰：六百六十七疋。

二十三爲法。置疋長二十九尺，從尾損七七。先損九，呼九七身内損六十三。次位再損六十三。後損二，呼二七身内損一十四，次位再損一十四，得荅。合問。

通證解曰：二十三爲乘，用損七七代之者，盖二十三是欠七十七不滿百，乃損去七十七，餘二十三是也。

二十九爲法。置二十三疋，以三命九，身内加二十七，次以二命九，身内加一十八訖，却增入元寔二十三，亦得荅數。合問。

通證新法曰：置二十三疋，以三十因之，得六百九十尺，内損去原寔二十三尺，餘得荅數。亦合問。

解曰：二十九是次一不滿三十，餘以三十尺因之，是每疋多一尺也。故損去二十三尺，不堪然乎。凡欠一、欠二者，皆以此求之。

三十一至一百，用新法。

三十一，身前因三。三因，隔位下元寔。三十二，倍位，加(文)[六]。四因，八因。三十三，三因，加一。三十四，倍位，加七。三十五，七因，折半。三十六，倍位，加八。三十七，加(之)一，三歸。重加一，(二)[三]歸。三十八，倍位加九。三十九，三因，加三。四因，隔位損元寔。

直田長三十九步，濶三十一步。問積步。

荅曰：一千二百九步。

三十一爲法。置長三十九步，從首位身前因三。先命三，呼三三如九，身前挨身下九百。順命九，呼九三二十七，於身前隔位下二百，挨身下(二)[七]十(七)步，得荅數。

通證新術曰：置長三十九步，以三十步因之，得一千一百七十步。再下元寔三十九步，共得一千二百九步。

解曰：田濶三十一步，令秖以三十因之，是每步少一步，是補入元寔三十九步方足。凡法尾有一者，先因総數，後補零數，即是。

三十九爲法。置濶三十一步，以三因之，得數。次位於身後加三，亦得荅。合問。

通證新術曰：置濶三十一步，以四十因之，得一千二百四十(四)步，内損元濶三十一步，餘(將)[爲]荅數。合問。

四十一，兩折，加六四。身前因四。四因，隔位下元寔。四十二，三因，加四。六因，七因。四十三，加七二，兩折。六因，七因，隔位下元寔。四十四，四因，加一。四十五，九因，折半。四十六，二因，是七七。折半，隔位損八。四十七，加八八，兩折。折半，隔損六。四十八，四因，加之。六因，八用。三因，加六。四十九，兩度七因。折半，隔位損元寔。

紬四十六端，（每端）四十九尺。問積尺幾何。

荅曰：二千二百五十四尺。

四十六爲法。置四十九尺，先用二因，後退七七。合問。

通證法曰：置四十九尺，折半，隔位損八。合問。

解曰：倍四十（九）［六］得九十二（疋），是欠八不滿一百，故損八。

四十九爲法。置四十六（步）［端］，兩次七因。合問。

通證法曰：置四十六端，隔位損二，折半。

解曰：倍四十九得九十八，是欠二不滿百，故用損二。

又曰：置四十（文）［六］端，以五十尺因之，内減四十六尺，餘同。

五十一，三因，加（二）［七］。身前加五。隔位加二，折（中）［半］。五十二，四因，加三。隔位加四、折半。五十三，折半，隔位加六。五十四，六因，九因。折半，隔［位加八］。五十五，加一，折半。五十六，四因，加四。七因，八因。五十七，三因，加九。五十八，加一六，折半。五十九，加一八，折半。六因，隔位損元寔。

綾五十三疋，每疋價銀伍兩九錢。問該銀幾何。

荅曰：三百一十二兩七錢。

五兩九錢爲法。置五十三疋，加一八，折半，合問。

通證法曰：置五十三疋，以六兩因之，得（一）［三］百一十八兩，内損五兩三錢，餘得荅數。合問。

五十三爲法。置五兩九錢，折半，隔位加六，亦合問。

六十一，加一二，折半。身前加六。六十二，加二四，折半。倍位，身前加三。六十三，損三七。七因，九因。六十四，兩八因。四因，加六。六十五，加三，折半。六十六，六因，加一。六十七，加三四，折半。莫加損三三捷。六十八，四因，加七。六十九，加三八，折半。七因，隔位損元寔。

六成七色金六十二兩。問（前）［煎］足色若干。

荅曰：四十一兩五錢四分。

六十七爲法。置六十二兩，古術用加三四，折半，亦繁。

通證法曰：置六十二兩，從尾損三三。先損二，呼二三如六，挨身損六，隔位又損六。次損六，呼六三一十八，身内損一中，（投）［挨］身損八，次位又損一十八，亦合問。

六十二爲法。置六十七，古術加二四，折半，亦繁。

通證法曰：置六十七，身前三因，倍之似簡。

七十一，加四二，折半。身前七因。七十二，六因，加二。八因，九因。七十三，加四六，折半。七十四，加（乙）一，減五。七十五，加五，折半。三因，四歸。七十六，四因，加九。八因，隔位減五。七十七，七因，加一。七十八，六因，加三。損二二。七十九，加五八，折半。［八］因，隔位損元寔。

七成五色銀七兩六錢。問折足色幾何。

荅曰：五兩七錢。

七十五爲法。置七兩六錢，加五，折半，得荅。（曰）［合］問。

七十六爲法。置七十五，以四因，加九，亦合問。

八十一，兩次損一。身前八因。八十二，加六四，折半。倍位，身前四因。八十三，加六六，折半。八十四，六因，加四。七因，加二。八十五，加七，折半。八因，隔位加斤秤法。八十六，加七二，折半。八十七，加七四，折半。八十八，加一，用八因。八十九，損一（乙）［一］，從尾退一一。

小斗量米八石四斗，每斗欠一升一合。問是數。

荅曰：七石四斗七升六合。

解題：每斗欠一升一合，即是八升九。合［問］。

八十九爲法。置八石四斗，從尾損一一。合問。

通證法曰：置八石四斗，以九因之，得七石五斗六升，内損八升四合，餘七石四斗七升六合，亦合問。

九十一至九十九，総用隔位損欠數。

九十一，七因，加三。身前九因。九十二，四因，追七七。九十三，加八六，折半。九十四，加八八，折半。九十五，加九，折半。九十六，八因，加二。九十七，隔位損三。九十八，七因，加四。九十九，加一，損之。莫如隔位損一亦同。

布九十九疋，每疋價錢九十一文。問該総錢幾何。

荅曰：九千零九文。

九十一爲法。置九十九疋，身前九因。合問。

九十九爲法。置九十一文，隔位損一。亦同。

一百至一百九，総用隔位加零。

一百一，隔位加一。一百二，六因，加七。一百三，隔位加三。一百四，八因，加三。一百五，七因，加五。一百六，隔位加六。一百七，隔位加七。一百八，六因，加八。一百九，隔位加九。

官米一百五石，每石帶耗七升。問正耗共幾何。

答曰：一百一十二石三斗五升。

一百五爲法。置一石七升，隔位加五，合問。用七因，加五亦是，須要兩次下。

一百七爲法。置一百五石，隔位加七，亦合問。

一百十一至一百[九]十九，並加兩位。一百十一，加一(乙)[一]。百十二，人因，加四。七因，加六。百十三，加(二)[一]三。百十四，六因，加八[九]。百十五，加(乙)[一]五。百十六，加乙六。

百十七，九因，加三。百十八，加一八。百十九，七因，加七。

直田長一百一十九步，濶一百一十二步。問積幾步。

答曰：一萬三千三百二十八步。

百十二爲法。置長一百一十九步，八因，加四。合問。

百十九爲法。置濶一百一十(一)[二]步，加二，得一萬三千四百四十步，內減元濶一百一十二步。餘合問。

百二乙，[兩]次加一。加二，隔位下元寔。百二二，加二二。百二三，加二二。三因，身前加四。百二四，加二四。(隔位)加畝法。百二五，三折半。八歸。百二六，九因，加四。六因，前加二。百二七，加二七。三因，九因，本位下元寔。百二八，八因，加六。百二九，加二九。加三，隔位損元寔。

布一百二十八疋，每疋價錢一百二十四文。問該幾何。

答曰：一萬五千八百七十二文。

百二十四爲[法]。置布一百二十八疋，加二四。合問。

通證法曰：置布[一百]二十八疋，從尾念畝法加之，尤捷。

又法：置一百二十八疋，以三因，又八因之。於元立寔位仍下元寔，亦合問。

百二十八爲法。置價一百二十四文，八因，加六。合問。

通證法曰：置布價一百二十四文，以四因之，又七因之。於元位仍下元寔，亦合問。

解曰：一百左首下犯四七二十八也。

百三乙，加三乙。加三，隔位下元寔。百三二，加一，加二。百三三，七因，加九。百三四，加三四。百三五，九因，加五。百三六，八因，加七。百三七，加三七。百三八，六因，退七七。百三九，加三九。加四，隔位退元寔。

直田長一百三十九步，濶一百三十一步。問積幾何。

答曰：一萬八千二百九步。

一百三十一爲法。置長一百三十九步，加三一。合問。

通證法曰：置長一百三十九步，加(之)[三]，得一萬八千七十步。再加入原寔一百三十九步，得答。合問。

一百三十九步爲法。置濶一百三十一步，本法加三九，得答。合問。

通證法曰：置濶一百三十一步，加四，得一萬八千三百四十步，內退原濶一百三十一步，餘得答數。合問。

百四一，加四一。隔位退六，加五。百四二，倍之，身前七因。百四三，加一，加三。百四四，兩次加二。百四五，連身加九，折半。百四六，加四六。百四七，三因，兩次七因。百四八，加二，加一一，用九歸。百四九，加四九。一百四十八人，各文一百四十一文。問共支幾何。

答曰：二萬零八百六十八文。

百四十一爲法。置一百四十八人，隔位退六，加五。合問。

一百四十八爲法。置一百四十一，古術用加二，加一一，又九歸則繁。遇以四因，加二，本位下元寔，即得答數。或用六因，八因，本位下原寔，亦可。

百五一，加五一。加五，隔位下原寔。百五二，八因，加九。百五三，九因，加七。百五四，加一，加四。百五五，加五五。身前三因，折半。百五六，加二，加三。百五七，加五七。三因，加九，本位下原寔。百五八，加五八。百五九，加五，隔位加六。加六，隔退原寔。百六一，七因，(進)[退]七七。百六二，倍位，兩次九因。百六三，加六三。百六四，加六四。兩次八因，本位下元寔。(五)[百]六五，加一，加五。百六六，加六(文)[六]。百六七，加六七。百六八，加六八。加二，加四。百六九，兩次加三。

物一百六十二斤，每斤價銀一錢五分四厘。問共銀幾何。
荅曰：二十四兩九錢四分八厘。
百五十四爲法。置物一百六十二斤，加一，加四。合問。
通證法曰：置物一百六十二斤，六因，[九因]本位加原寔。
百六十二爲法。置價一錢五分四厘，倍之，兩次九因。
通證法曰：置一錢五分四厘，倍之，身前八因。合問。
百七一，加九，損一。百七二，加七二。八因，九因，本位下原寔。百七三，加七三。百七四，加七四。百七五，七因，兩折半。百七六，加一，加六。百七七，加七七。百七八，加七八。百七九，加七九。百八一，加八一。加八，隔位下原寔。百八二，倍位，身前九因。百八三，身前六因，又三因。百八四，八因，退七七。倍之，隔位退八。百八五，加一〇，用六歸。百八六，加八六。六因，身前加三。百八七，加一，加七。百八八，加八八。百八九，三因，七因，九因。
田長一百八十六步，濶一百七十五步。[問積步幾何。]
荅曰：三萬二千五百五十步。
百七十五爲法。置一百八十六步，七因，兩折。合問。
百八十六爲法。置一百七十五步，六因，身前三因，亦得荅數。合問。
百九一，加九一。加九，隔位入寔。百九二，加二，加六。隔位退八，本位入寔。百九三，加九三。百九四，倍之，隔位退三。百九五，加三，加五。百九六，兩次加四。倍位，隔位退[二]。百九七，加九七。隔位退三，本位入寔。百九八，加一，加八。倍之，隔位損乙。百九九，加九九。二因，隔位退寔。
百九十九人，每人出一百九十八文。問該錢幾何。
荅曰：三萬九千四百二文。
百九十八爲法。置総人，加一，加八。合問。
通證法曰：置総人倍之，隔位損一，亦合問。
百九十九爲法。古法置各出錢一百九十八，加九九，雖係本[法]，不便。
通證法曰：置一百九十八，以二百因之，得二萬九千六百文，內退元寔一百九十八，餘得荅數。甚捷。
二百一至三百，用雜法。
二百一，加三四，加五。二因，隔位下原寔。二百二，倍之，隔位加一。二百三，七因，兩折，加一六。如上，隔位加寔。二百四，加二，加七。得六，隔位加二。二百五，折半，身前四因。二百六，倍之，隔位加三。二百七，加三八，加五。二百八，加三，加六。二百九，加一，加九。
通證曰：二百一至二百九，此用連身加零。
直田長二百七步，濶二百一步。問積步。
荅曰：四萬一千六百七步。
二百一步爲法。楊輝術曰：置長二百七步，加三四，又加五，雖合荅數而繁。遇繁過身前隔位加二，甚簡。又，用隔位加一，本位仍下原寔，亦(問)[同]。
二百七步爲法。楊輝術曰：置濶二百一步，加三八。又加五，亦繁。遇置二百一步，隔位加七，本位再下原寔，亦即合問。
二一一，連身加二。二一二，倍(六)[之]，隔位加六。二一三，加四二，加五。身前加七，又三因。二一四，倍(六)[之]，隔位加七。二一五，加七二，用三折。兩次加五，損身退元寔。二一六，加二，加八。倍(六)[之]，隔位加八。二一七，七因，兩折，加二四。七因，身前(五)[三]因。二一八，倍之，隔位加九。二一九，加四六，加五。
梭布二百一十七疋，每疋價錢二百一十三文。問該錢幾何。
荅曰：四萬六千二百二十一文。
二百十三爲法。楊輝術曰：置二百一十七疋，加(二四)[四二]，又加五，雖合問亦繁。遇謂莫如置布數，身前七因，又三因之。頗易。
二百一十七爲法。楊輝術曰：置布價二百一十三文，七因，兩折，加二四，不如本法，甚繁。(遇)[愚]謂不若置布價，身前三因，又七因之，亦簡。
二二乙，加三，加七。二二二，倍(六)[之]加二。二二三，連身加二三。二二四，加四，加六。二二五，兩次加五。九因，兩折。二二六，倍之，加一三。二二七，連身加二七。二二八，加二，加九。二二九，連身加二九。損七七，隔位退寔。二三乙，加一，加四，加五。加一，[身前加二]。二三二，倍之，加一六。二三三，連身加三三。二三四，加三，加八。二三五，加八八，用三次析。四歸，隔位損六。二三六，倍之，加一八。二三七，加五八，加五。二三八，加四，加七。二三九，連身加(一人)[三九]。加三，九，加上原寔。
直田長二百三十九步，濶二百二十四步。問積步。

答曰：五萬三千五百三十六步。

二百二十四爲法。楊輝術曰：置長二百三十九步，加四，加六。合問。愚置長步，連身加畝法，亦合問。

二百三十九爲法。楊輝[術]曰：置濶二百二十四步，連身加三九。合問。

通證新術曰：置濶二百二十四步，念畝法化之，得五萬三千七百六十步，内減元濶二百二十四步，餘五萬三千五百三十六步。合問。

二四乙，連身加四一。身前加畝法。二四二，倍之，兩次加一。二四三，三因，兩次九因，身前八因，又三因。二四四，倍之，加二二。二四五，兩次七因，折半。隔位損二，四折。二四六，倍之，加二三。六因，上加四。二四七，加三，加九。二四八，倍之，加二四。二四九，加六六，加五。四歸，隔位退寔。二五一，連身加五一。二五二，加四，加八。二五三，加一，退七七。(損)二五四，二因，加二七。二五五，折半，上加五。二五六，兩次加六。二五七，連身加五七。二五八，二因，加二九。二五九，古術缺口[訣]。倍(六)[之]，加三，隔位退寔。

羅二百四十一疋，每疋價銀二兩五錢九分。問共銀幾何。

答曰：六百二十四兩一錢九分。

二百四十一爲法。楊輝術曰：置羅價二兩五錢九分，連身加四一。

新證術曰：置羅價身前加畝。

二百五十九爲法。楊輝算籍未載捷術。

新證術曰：置羅二百四十一疋，倍之，加三，得六百二十六兩六錢，内退二兩四錢一分，餘六百二十四兩一錢九分。合問。

二六一，加七四，加五。二六二，二因，加三一。二六三，連身加六三。二六四，倍之，加一，加二。二六五，隔位加六，兩折半。二六六，加四，加九。二六七，三因，退一一。二六八，二因，加三四。二六九，連身加六九。二七一，連身加七一。二七二，加六，加七。二七三，加三，加四，加五。三因，身前九因。二七四，二因，加三七。二七五，兩折，加一。二七六，加二，退七七。二七七，連身加七七。二七八，二因，加三九。二七九，三因，隔位退七。

直田長二百七十三步，濶二百七十一步。問積步。

答曰：七萬三千九百八十三步。

二百七十一步爲法。楊輝術曰：置長二百七十三步，連身加七一。合問。

新代術曰：置長步以三因，又九因之，得七萬三千七百一十步，再加原寔長(一)[二]百七十三步，得七萬三千九百八十三步。合問。

二百七十三爲法。楊輝術曰：置濶二百七十一步，加三，加四[加]五，雖合問，須用三次下。

新代術曰：置田濶步身前加九，以三因之，亦合答數。

二八一，連身加八一。倍之，加四，隔位入寔。二八二，二因，加四一。三因，隔倍退六。二八三，連身加八三。二八四，二因，加四二。四因，上加七。二八五，加五，加九。二八六，倍之，加一，加三。二八七，七因，身前四因。二八八，加六，加八。二八九，兩次加七。二九一，三因，隔位退三。二九二，二因，加四六。二九三，連身加九三。二九四，損四，兩次損三。三因，隔位退二。二九五，加一八，兩折。二九六，二因，加四八。二九七，三因，九因，加一。三因，隔位退一。二九八，二因，加四九。二九九，加三，退七七。

直田長二百九十四步，濶二百八十二步。問積步。

答曰：八萬二千九百八步。

二百八十二爲法。楊輝術曰：置長二百九十四步，二因，加四一。合問。

新用代術曰：置長步以三因之，隔位退六，亦合問。

解曰：二百八十二是欠三六一十八不滿三百，故用三因，損六代之。

二百九十四爲法。楊輝術曰：置濶二百八十二步，損四，兩次損三。合問。

通證解曰：損四即六因，兩次損三即兩次七因也。

新證術曰：三因濶步，隔位損二。合問。

解曰：二百九十四是欠二三如六不滿三百，故用三因，隔位損二代之。餘倣此。

楊氏立代乘捷變三百術，愚原其意，豈拘三百而已。所以開導後入者也。欲令伸引用之，令乃不揣卑陋，續增三百一至四百於左。

續增三百一至四百，用雜法。

三百一，身上隔位加三。三百二，加五，隔位入寔，倍之。三百三，三因，隔位加一。三百四，加六，加九。三百五，身上六因，折半。三百六，三因，隔位加二。三百七，三因，隔位加二，隔位入寔。三百八，倍之，加一，加四。三百九，三因，隔位加三。三一乙，身上加三，身後下寔。三乙二，三因，隔位加四。三一三,三因,隔位加四,隔位入原寔。三一四,倍之,加五七。三一五,三因,隔位加五。三一六,倍之,加五八。三一七,三因,隔位加六,退寔。三一八,三因,隔位加大。三一九,三因,隔位加六,隔位入寔。

田長三百一十九步,濶三百一十七步。問積步。

荅曰:十萬一千一百二十三步。

三百十七爲法。置長三百一十九步,以三因之,隔位加六,得一十萬一千四百四十二步,内退原長三百一十九步,餘得荅數。合問。

三百十九爲法。置濶三百一十七步,以三因之,隔位加六,得一十萬八百六步,加入原(長)[闊]三百一十(九)[七]步,亦得荅數。合問。

又法:倍濶步,加(之)[六],退元濶步,亦同。

三二乙,三因,隔位加七。三二二,倍之,加六一。三二三,加七,加九。三二四,三因,隔位加八。(成)[或]四因,上加八。三二伍,加三,兩折。三二六,倍之,加六三。三二七,三因,隔位加(八)[九]。三二八,八因,上四因。三二九,三因,加一,隔位退元寔。三三一,身上加三三。三三二,倍之,加六六。三三三,三因,加一一。三三四,倍之,加六七。三三五,折半,退三三。三三六,下加六,上加二。三三七,如上,隔位入寔。三三八,倍之,加六九。三三九,倍之,加七,隔位退寔。

三百三十九人,每人出錢三百二十四文。問支錢若干。

荅曰:一十萬九千八百三十六文。

三百二十四爲法。置総人以三因之,隔位加八。合問。或四因総人,身上加八,亦同。

三百三十九爲法。置出錢數三因,加一三,亦合問。

三四一,加一,身上三因。三四二,加八,加九。三四三,三因,加二,損身入寔。三四四,倍之,加七二。三四五,加五,退七七。三四六,加七三,倍之。三四七,七因,身上加五,本位入原實。三四八,加七四,倍之。三四九,七因,折半,隔位退寔。三五一,身上加三五。三五二,四因,八因,加一。三五三,隔位加五九用三歸。三五四,倍之,加七七。三五五,身上加七,折半。三五六,四因,退一一。三五七,七因,上加五。三五八,倍之,加七九。三五九,倍之,加八,隔位退寔。

米三百五十六石,每石價錢三百四十一文。問該幾何。

荅曰:一十二萬一千三百九十六文。

三百四十一爲法。置総米三百五十六石,加一,身上加三,得荅。合問。

(五)[三]百五十六爲法。置米石價以四因,却退一一,亦同。

三六一,兩次加九。三六二,倍之,加八一。三六三,三因,加二一。三六四,四因,身上加九。三六五,加四六,兩折。三六六,三因,加二二。六因,身上加六。三六七,六因,身上加六,入寔。三六八,四因,隔位退八。三六九,九因,身上加四。三七一,身上加三七。三七二,四因,隔退七。三七三,四因,隔位退七,隔二位下寔。三七四,倍之,加八七。三七五,加五,兩折。又損斤秤。三七六,四圓,隔位退六。三七七,四因,隔位退六,隔位(下實)。三七八,加八,身上加二。三七九,倍之,加九,隔位退寔。三八一,三因,加二七。三八二,倍之,加九一。三八三,四因,隔位損四,隔位退寔。三八四,四因,隔位退(七)[四]。三八五,七因,加(七)[一]折半倍。三八六,倍之,加九(二)[三]。三八七,四因,隔位退三,隔位退寔。三八八,四因,隔位退三。三八九,三因,加三,隔位退寔。

直田長三百八十八步,濶三百七十五步。問積步。

荅曰:一十四萬五千五百步。

三百七十五爲法。置長三百八十八步,加五,兩折,得荅。合問。或念斤秤損之,亦合問。

三百八十八爲法。置濶三百七十五步,以四因之,隔位損三。得荅。合問。

三九一,加七,退七七。三九二,四因,隔位退二。三九三,三因,加三一。三九四,倍之,加九七。三九五,加五八,兩折。三九六,四因,隔位退一。三九七,四因,隨手隔位損三。三九八,四因,隔二位退五。三九九,四因,隔二位退寔。

田長三百(三)[九]十九步,濶三百九十八步。問積步。

荅曰:一十五萬八千八百二步。

三百九十八爲法。置長三百九十九步,以四因,隔二位退五。合問。

三百九十九爲法。置濶三百九十八步,以四百因之,得一十五萬九千二百步,内退元濶三百九十八,餘荅數。合問。

解曰:三百九十九爲乘,今以四百因之,是每步多一也,所以退出元寔三百九十八步，猶前卷「因総損零」之意，(此)亦求變之一耳。

明·徐心魯《盤珠算法》卷一 歸除乘法式

如有田九百一十四畝八分九厘，兼每畝收粮二升九合。得該粮若干。

答曰：二十六石五斗三升一合八勺一抄。

九厘 八分 四畝 一十 九百

此邊打上

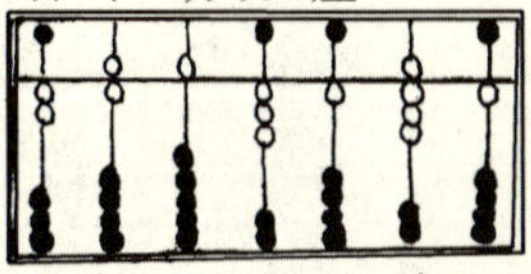

(三)[二]九(還)乘法，歸除還原。

九九八十一，二九一十八。八退二進一十。

八九七十二，二八一十六。六退四進一十。

四九三十六，六上一去五進一十。二四如八，八上三去五進一十

一九如九，九退(三)[一]進一十，三位上打。二如二，二位上打子。

九九八十一，一下五除四。

二九八十(一)[八]。八退二進一十。

又有前田數，每畝收租二百九十斤。问该租若干。

答曰：二萬六千五百三十一斤。

如有前銀二百六十五兩三錢二分買米，每石價銀貳錢九分，問該銀若干。

答曰：九百一十四石八斗九升六合九勺。

二分 三錢 五兩 六十 二百

此邊打起

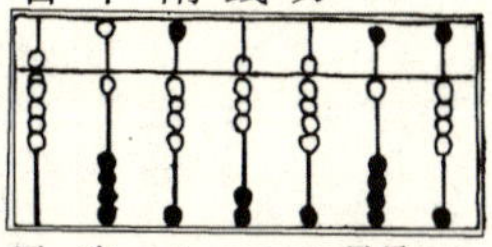

二九歸除式，乘法還原。

見二无歸作九二。見二无歸作九二。

二起一還二 九九除八十一，除十還九，二位打上。

二添作五 八九七十二，二除十還八三位打上。

二起一還二 四九三十六，六除十還四，四下五除一。

逢二進一 一九除九，九除十還一，二位打上。

見二无作九 九九除八十一，下四去五，一位上打。

又有前銀數，二十九人分之。問每人該銀若干。

答曰：九兩一錢四分八厘九毫(一)[六]絲(九)[五]忽。[餘一五。]

如有銀二千六百五十三兩二錢，五百一十五人分之。問每人該銀若干。

答曰：五兩一錢五分一厘八毫二絲三忽。

二钱 三两 五十 六百 二千

此邊打起

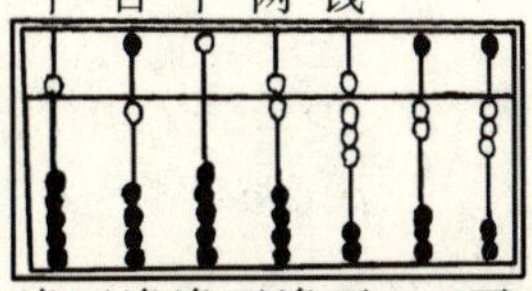

五一五 归除式，乘法还原。

五四倍作八 一八除八，八除十還二。五八除四十，四上一去五。

逢五進一十 二除一，一上四去五。一五除五五除十還五。

五二倍作四 一五除五，五五除二十五，二除十

逢五進一十 还八，五除十还五。

逢五進一十 二除二，五除五，五除十還五。

五二倍作四 五除五，五五二十五，二除十

逢五進一十 还八，五除十还五。

又有前銀數買田，每田一畝價銀五兩二錢五分。問該若干。

答曰：二十六百五十三兩一錢七分七厘。

八斗 一石 五十 二百 五千

此邊打起

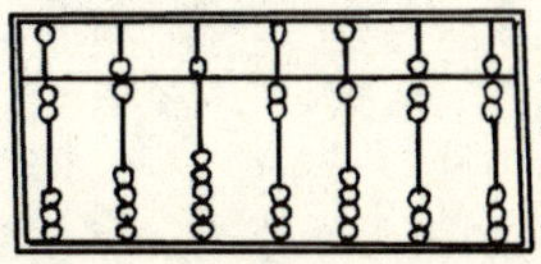

一八如八，五八當四十，四退六進一十。

二如二，五如五，四位打上。

一五如五，五退五進一十。

五五二十五，二下五除三。

二如二，五如五，五退五進一十。

一五如五，五退五進一十。

五五二十五，五退五進一十。

五一五 乘法式，歸除還原。

五八當四十，破身子四。

一五如五，破去身一子。

五五二十五破身作二，次位上五。

一五如五，破去身一子。

五五二十五，破身作上五。

又有前米數□賣每斗價五分一厘五毫，問該米若干。

答曰：二百六十五兩三錢一分七厘七毫。

又《獅子衮毬法》 歌曰 一九五三一二五〇五一二因。

今有田一千九百五十三畝一分二錢五毫，每畝科正米五升一合二勺。共米若干。

答曰：該米一百石。

法曰：以田一九五三一二五在位，却以乘數五一二在後乘之。一五得五，加二五一十，加五五二十五，破本身。一二得二，加二二得四，四退六還一十。二五一十。破身。一一得一，加一二得二，加二退八還一十。一五得五，破一五得二二，加二三得六。六退四還一十。三五一十五，破一五得五。五去五還一十，二五得一十，五五二十五，破一九得九。九退一還十。二九一十八，八退二還十。五九四十

五，破一一得一，加一二得二。二退八還十。一五如五。五去五還十。

又《初學累算數法》

二二單四，三二如六，四二單八，五二是十，六二十二，七二十四，八二十六，九二十八，十二二十。

二三如六，三三單九，四三十二，五三十五，六三十八，七三二十一，八三二十四，九三二十七，十三三十。

二四如八，三四十二，四四十六，五四二十，六四二十四，七四二十八，八四三十二，九四三十六，十四四十。

二五一十，三五十五，四五二十，五五二十五，六五三十，七五三十五，八五四十，九五四十五，十五五十。

二六十二，三六十八，四六二十四，五六三十，六六三十六，七六四十二，八六四十八，九六五十四，十六六十。

二七十四，三七二十一，四七二十八，五七三十五，六七四十二，七七四十九，八七五十六，九七六十三，十七七十。

二八如八，三八二十四，四八三十二，五八四十，六八四十八，七八五十六，八八六十四，九八七十二，十(九)[八]九[八]十。

二九十八，三九二十七，四九三十六，五九四十五，六九五十四，七九六十三，八九七十二，九九八十一，十九九十。

又 卷二《新起錢粮歌法》

如有油八千八百四十四斤發賣，每斤價銀三分。問該銀若干。

答曰：(三)[二]百六十五兩三錢二分。

三因法式

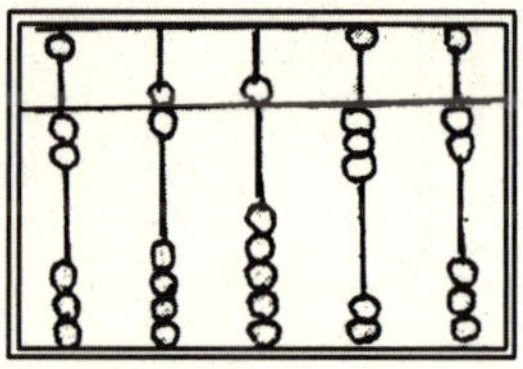

四斤　三四一十二
四十　三四一十二
八百　三八二十四，四下五除一
八千　三八二十四，四下五除一

三歸還原式

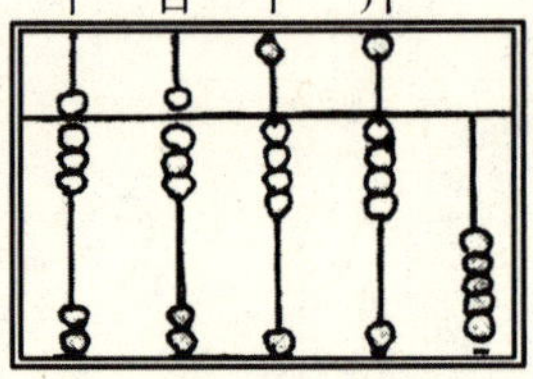

四斤　逢三進一十，三一三十一
四十　逢三進一十，三一三十一
八百　逢六進二十，三二六十二
八千　逢六進二十，三二六十二

又有前油數換布，每油十斤布三丈。各該布若干。

答曰：二千六百五十三丈二尺。

又有豆五百三十石六斗四升，粜賣每石價銀五錢。

答曰：二百六十五兩三錢二分。

五因法式

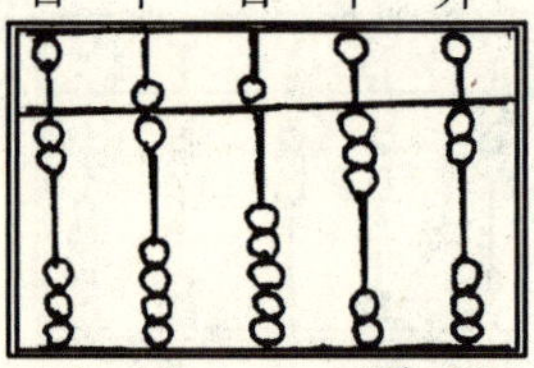

四升　四五當二十
六斗　五六當三十　三上二去五
十石
三十　三五一十五
五百　三五一十五

五歸法式

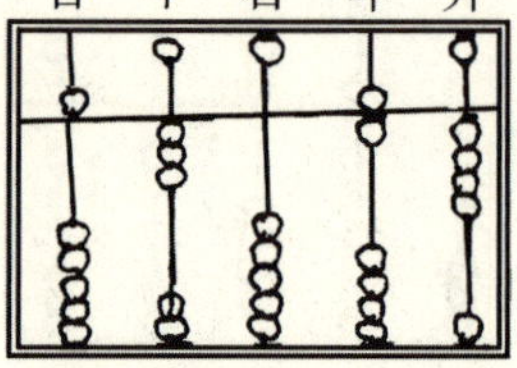

四升　五二倍作四
六斗　五三倍作六
三石
十　逢五進一十，五一倍作二
五百　逢五進一十，五三倍作六

又有前豆數換麻每豆一升麻五升。問該麻若干。

答曰：二百六十五石三斗二升。

如有銀三百七十九兩零二分，放借與人，每償利七分。問共利若干。

答曰：二十六兩五錢三分一厘四毫。

七因法式

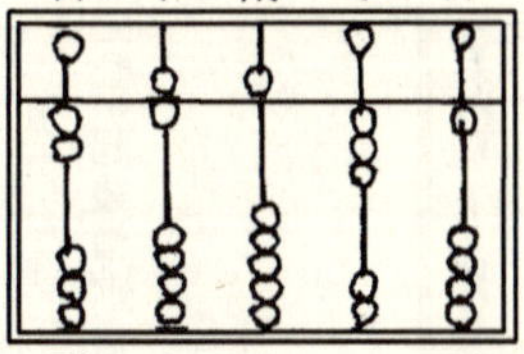

二分　二七一十四
零
九兩　七九六十三
七十　七七四十九，九退一進十
三百　三七二十一，一下五除四

七歸法式

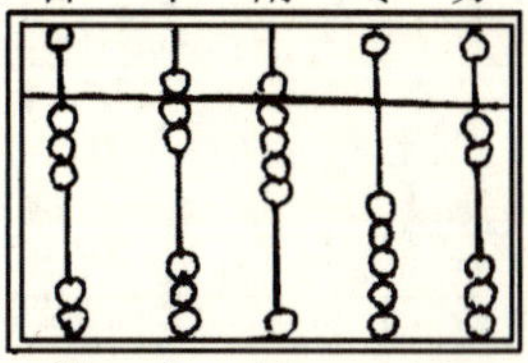

二分　七一下加三
零
九兩　逢七進一十，七六八十四
七十　七五七十一
三百　逢七進一十，七二下如六

又有前銀數買杉木，每根價二錢。問共該樹若干。

答曰：二千零二十七根。

如有紵絲二千九百四十八疋，每疋銀九兩。問銀若干。

答曰：二萬六千五百三十二兩。

九因法式

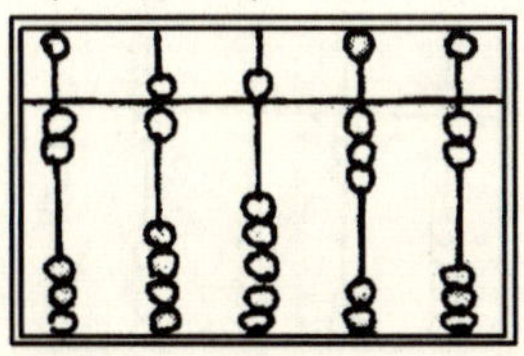

八疋　八九七十二
四十　四九三十六，六上一去五進十
九百　九九八十一，一下五除四
二千　二九一十八，八退二進一十

九歸法式

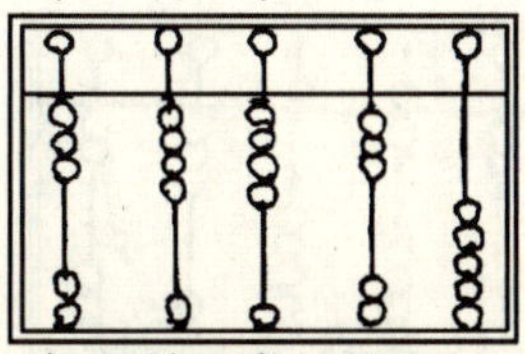

八疋　逢九進〔三〕一十，九七下加七
四十　九四下加四，四下五除一
九百　逢九進一十，九八下加八
二千　九二下加二

又有前紵絲，每疋用絲九兩。問共該絲若干。

答曰：二萬六千五百三十二兩。

明・柯尚遷《數學通軌・學算須知》　九歸因乘法語此歸因再詳演之，令明白易曉也。

一因　不須因，其法故不立。

二因　二九一十八，二八一十六，二七一十四，二六一十二，二五一十，二四如八，二三如六，二二如四，二一如二。

三因　三九二十七，三八二十四，三七二十一，三六一十八，三五一十五，三四一十二，三三如九，三二如六，三一如三。

四因　四九三十六，四八三十二，四七二十八，四六二十四，四五二十，四四一十六，四三一十二，四二如八，四一如四。

五因　五九四十五，五八方四十，五七三十五，五六方三十，五五二十五，五四二十，五三一十五，五二一十，五一如五。

六因　六九五十四，六八四十八，六七四十二，六六三十六，六五方三十，六四二十四，六三一十八，六二一十二，六一如一。

七因　七九六十三，七八五十六，七七四十九，七六四十二，七五三十五，七四二十八，七三二十一，七二一十四，七一如一。

八因　八九七十二，八八六十四，八七五十六，八六四十八，八五方四十，八四三十二，八三二十四，八二一十六，八一如八。

九因　九九八十一，九八七十二，九七六十三，九六五十四，九五四十五，九四三十六，九三二十七，九二一十八，九一如九。

九因濾總數因法，即乘法。但伍數少者爲因，位數多者爲乘。因乘二法，俱從實位後等至前破身。

稻一百二十三石，每石價銀二錢。總該銀若十。

二歸還原。

用二因。三三如六，除三，下位加六。二二如四，除二，下位加四。一二如二。除一，下位加二。總該銀二十四兩六錢。

稻四百五十六石，每石價銀三錢。總該銀若十。

用三因。三六一十八，破身除五，下位加八。三五一十五，破身除四，下位加五。三四一十二。破身除三，下位加二。總該銀一百三十，六兩八錢。

三歸還原。

米七十八石九斗，每石價銀四錢。總該銀若干。

用四因。四九三十六，解同前。四八三十二，解同前。四七二十八。解同前。總該銀三十一兩五錢六分。

四歸還原。下五因、六因、七因、八因、九因，用五歸、六歸、七歸、八歸、九歸還原。

米九十八石七斗，每石價銀五錢。總該銀若干。

用五因。五七三十五，五八方四十，五九四十五。鮮俱同前。總該銀四十九兩三錢五分。

田六十五畝四分，每畝科米六升，總該正米若干。

用六因。四六二十四，五六方三十，六六三十六。鮮同前。總該正米三石九斗二升四合。

夏麥三石二斗一升，每斗科銀七分，總該若干。

用七因。一七如七，二七一十四，三七二十一。總該夏麥銀二兩二錢四分七厘。

鐵一千四百五十仃，每仃價銀八厘。總該銀若干。

用八因。五八方四十，四八三十二，一八如八。總該價銀一十一兩六錢。

鹽八百四十七包，每包價銀九分。總該銀若干。

用九因。七九六十三，四九三十六，八九七十二。總銀七十六兩二錢三分。

歸除詮要

乘濾

乘濾，即因濾。一位爲因，多位爲乘。此與加濾不同，加濾至本身，有加無除。乘濾至本身，破除不加。

二位乘濾。濾與實不拘前後置之。

稻三百六十五石，每石價銀二錢伍分。總銀若干。

五五二十五，二五得一十，破身。五六方三十，二六一十二，破身。三五一十五，二三如六，破身。

歸除還原，總該銀九十一兩二錢五分。

三位乘濾。

稻三百六十五石，每石價銀二錢四分五厘。總該銀若干。

五五二十五，五四方二十，二五得一十，破身。五六方三十，四六二十四，二六一十二，破身。三五一十五，三四一十二，二三如六，破身。

歸除還原，總該銀八十九兩四錢二分五厘。

四位乘濾。

稻三百六十五石，每石價銀二錢三分七厘五毫。總該銀若干。

五五二十五，五七三十五，三五一十五，二五成一十，破身。五六方三十，六七四十二，三六一十八，二六一十二，破身。三五一十五，三七二十一，三三如九，二三如六。

歸除還原，總該銀八十六兩六錢八分七厘五毫。

又有代除乘濾，先將十數置前，或以歸除或以定身除，不待詳列。置後除爲濾則却以物數乘之，可見矣。

四因還要用三歸，四十八上加一倍。八卦宫中誰得知，三歸、八因尤最准勝。如神見不差移，七二倍之。加遍五九十六上四因之，十五之中逢二八七五之中，四八歸三七半時，當八八九弖加，五四歸奇十八折之，加五一定三六之中加五施。此是明師真口訣，千金不度世人知。

明·程大位《算法統宗》卷二《九因》 凡二至九，單位者用此。置物爲實，以價爲法，呼九九合數。言十就身，言如隔位。從末位筭起，用九歸還原。

因法歌

合數九因須記熟，起手先從末位推。言十就身如隔位，若要還原用九歸。

歸因總歌

歸從頭上起，因從足下生。逢如須隔位，言十在本身。

假如今有銀一百二十三兩四錢，每銀一兩糴米二石。問共該米若干。

答曰：二百四十六石八斗。

法曰：置銀于左爲實，以每銀糴米二石于，右爲法。因之，合問。

定位法，只認兩下位，即錢之位。定石逆上，即兩之位。定十石，再上位。十兩之位，定百石。合得。

此所謂因乘，俱向下位推。先數原實百起順下至兩，遇法首位每兩二石則止。下位得術是石，回向前逐位，逆數陞上。合得也。

今列布筭之方于後。

法二石爲因　此所謂逢如隔位者也。

				定位		
實尾位	四錢	起呼 二四如八	本位除去，下位加八	下位	是石也。回向前逆數逐位陞之。合得	八斗
	三兩	二三如六	本位除去，下位加六	兩	法上是每兩二石，遇兩即止。下一位是石也。	六石
	二十	二二如四	本位除去，下位加四	十	合得	四十
實首位	一百	一二如二	本位除去，下位加二	原實百	起呼百，往後順數至兩。	二百

還原，用二歸，法詳後。

逢二進一十，逢四進二十，逢六進三十，逢八進四十。

假如今有米二百三十四石五斗，每石賣銀三錢。問共該銀若干。

答曰：共該銀七十兩零三錢五分。

法曰：置所有米爲實，以所求價爲法，因之。

定位，先數原實百起順下，至石止。下一位得術是錢，回向前逆數陞上。合得。

法三錢　因

				定位		
實尾	五斗	起呼 三五一十五	變五爲一，下位加五	下位	是錢也，回向前逆陞。合得	五分
	四石	三四一十二	變四爲一，下位加二	石	法上是每石三錢，遇石即止。下一位是錢也。	三錢
	三十	三三如九	本位除去，下位加九	十	合得	七十
實首	二百	二三如六	本位除去，下位加六	原實百	起呼百，往後順數至石	

還原，用三歸，法詳後。

逢六進二十，三一三十一，三二三十一。逢三進一十，三一三十一。逢六進二十。

假如有人借去本銀二百五十八兩二錢，每年加四還利。問該利銀若干。

答曰：一百零三兩二錢八分。

法曰：置本銀爲實，以利四錢爲法。因之，合問。定位照前。

法四錢　因

				定位		
實尾	二錢	起呼 二四如八	本位除去，下位加八	下位	是錢也，回向前逆陞。合得	八分
	八兩	四八三十二	變八爲三，下位加二	兩	法上是每兩加四，遇兩即止。下一位是錢也。	二錢
	五十	四五得二十	變五爲二	十		三兩
實首	二百	二四如八	本位除去，下位加八	原實百	起呼百，往後合順數至兩。合得	一百

還原，用四歸，法詳後。

四一二十二，四二添作五，四三七十二，逢四進一十，逢八進二十。

假如今有穀二百四十六石九斗，每石碾米五斗。問該白米若干。

答曰：一百二十三石四斗五升。

法曰：置穀爲實，以每石碾米五斗爲法，因之，合問。

法五斗因　定位　五升

實九斗尾　起呼　五九四十五　變九爲(五)[四]，下位加五　下位　是斗也，回向前逆陞。合得　四斗

六石　五六得三十　變六爲三　石　法上是每石碾五斗，遇石即止。下一位是斗也。　三石

四十　四五得二十　變四爲二　十　二十

實二百首　二五得一十　變二爲一　原實百　起呼百，往後順數至石。合得　二百

還原，用五歸，法詳後。

五一倍作二，五二倍作四，五三倍作六，五四倍作八，逢五進一十。

假如今有杉木二萬三千五百六十九根，每根價銀六分。問共該銀若干。

答曰：一千四百一十四兩一錢四分。

法曰：置木爲實，以每根價銀六分爲法，因之，合問。

法六分因　定位　下位　是分也，回向前逆陞。合得　四分

實九根尾　起呼　六九五十四　變九爲五，下位加四　根　法上是每根六分，遇根即止。下一位是分也。　錢

六十　六六三十六　變六爲三，下位加六　十　四兩

五百　五六得三十　變五爲三　百　一十

三千　三六一十八　變三爲一，下位加八　千　四百

實二萬首　二六一十二　變二爲一，下位加二　原實萬　起呼萬，往後順數至根。合得　一千

還原，用六歸，法詳後。

六一下加四，逢六進一十，六二三十二，六三添作五，六四六十四，六五八十二，逢六進一十。

假如秋粮米二萬三千四百五十七石九斗，每石科銀七錢。問共該銀若干。

答曰：一萬六千四百二十兩零五錢三分。

法曰：置糧米爲實，以每石七錢爲法，因之，合問。

法七錢　因　定位　三分

實九斗尾　起呼　七九六十三　變九爲六，下位加三　下位　是錢也，回向前逆陞。合得　五錢

七石　七七四十九　變七爲四，下位加九　石　法上是每石七錢，遇石即止。下一位是錢也。

五十　五七三十五　變五爲三，下位加五　十　二十

四百　四七二十八　變四爲二，下位加八　百　四百

三千　三七二十一　變三爲二，下位加一　千　六千

實一萬首　二七一十四　變二爲一，下位加四　原實萬　起呼萬，往後順數至石。合得　一萬

還原，用七歸，法詳後。

七一下加三，逢七進一十，七二下加六，逢七進一十，七三四十二，七四五十五，七五七十一，七六八十四，逢七進一十。

假如今有軍人一百三十四萬五千六百七十九名，每名給米八斗。問共該米若干。

答曰：一百零七萬六千五百四十三石二斗。

法曰：置軍人爲實，以每名給米八斗爲法，因之，合問。

法八斗　因

實尾九石　起呼八九七十二　變九爲七，下位加二　名　　定位下位　是斗也，回向前逆陞。合得法上是每名八斗，遇名即止。下一位是斗也。　三石　二斗

七十　七八五十六　變七爲五，下位加六　十　四十

六百　六八四十八　變六爲四，下位加八　百　五百

五千　五八得四十　變五爲四，下位加八　千　六千

四萬　四八三十二　變四爲三，下位加二　萬　七萬

三十　三八二十四　變三爲二，下位加四　十萬

一百　一八如八　本位除去，下位加八　原實百萬　起呼百，往後順數至名。合得　一百萬

還原，用八歸，法詳後。

八一下加二，八二下加四，四下五除一。逢八進一十，八三下加六。逢八進一十，八四添作五，八五六十二，八六七十四，八七八十六，逢八進一十。

假如濕穀一千二百三十四石五斗六升七合九勺，每石晒得乾穀九斗。問該乾穀若干。

荅曰：一千一百一十一石一斗一升一合一勺一抄。

法曰：置濕穀爲實，以晒乾九斗爲法，因之，合問。

法九斗　因

實尾九勺　起呼　九九八十一　變九爲八，下位加一　一抄　一勺

七合　七九六十三　變七爲六，下位加三　一合

六升　六九五十四　變六爲五，下位加四　定位　是斗也，回向前逆陞。　一升

五斗　五九四十五　變五爲四，下位加五　下位　合得　一斗

四石　四九三十六　變四爲三，下位加六　石　法上是每石乾九斗，遇石即止。下一位是斗也。　一石

三十　三九二十七　變三爲二，下位加七　十　一十

二百　二九一十八　變二爲一，下位加八　百　一百

實首一千　一九如九　本位除去，下位加九　原實千　起呼千，往後順數至石。合得　一千

還原，用九歸，法詳後。

九一下加一，九二下加二，九三下加三，九四下加四，九五下加五，九六下加六，九七下加七，九八下加八，逢九進一十。

明·黄龍吟《算法指南》卷上　乘法其法有二等不同。有留頭乘者，有掉尾乘者。留頭之法，假如三色、四色，則于二色乘起，次乘三色、四色，留頭色煞尾乘之。掉尾乘法，或有三色、四色，則從三色，四色位數尾頭乘起。但數色之中，多有言説不若留頭爲快也亦无定規。世人取便。

今有肉一百三十八斤，每斤二分六厘。問該銀若干。

荅曰：該銀三兩五錢八分八厘。二六爲則。

六八四十八，二八一十六。六去四還十。三六一十八，二三如六。一六如六，六去四還十，一二如二。

還原，二六还原，逢二進一十，一六除六，六退十下還四。逢六進三十，三六除一十八。見二无除作九二，無除起一下還二，六八除四十八。

今有遠子五百六十二斤，每斤四分三厘。問該銀若干。

荅曰：該銀二十四兩一錢六分六厘。四三爲則。

二三如六，二四如八。三六一十八，八退二還十，四六二十四。四下五除一。三五一十五，五去五還十，四五當二十。

還原，四三歸除。四二添作五，三五除一十五，五退十下還五。四二添作

五，逢四進一十，三六除一十八，八退十下還二。逢八進二十，二三除六。

今有錢九千三百六十文。每百八分四厘。問該銀若干。

荅曰：該七兩八錢六分二厘四毫，八四爲則。

四六二十四，六八四十八，八退二還一十。二四一十二，三八二十四，四退六還一十。四九三十六，三下五除二，八九七十二。

還原，八四歸除。八七八十六，逢八進一十，四九除三十六。三上二去五。八三下加六，(二)[三]四除一十二。八二六十二，四六除二十四。

隔位乘法

今有魚五百〇八斤，每斤換豆二斤〇三勺。問該豆若干。

荅曰：該豆十石〇三升一二四。五〇八爲則。

三八二十四，隔一位三五一十五。二八一十六，隔一位六上一去五還十，二五當一十。

還原，五〇八歸除。五一倍作二，二八除一十六。隔一位六去十下還四，四下五除一。五一倍作二，逢五進一十，三八除二十四。隔一位除。

今有桐油三百〇六斤，每斤價銀一分〇五毛。問該銀若干。

荅曰：該三兩二錢一分三厘。三〇六爲則。

五六當三十，隔一位三五一十五。一六如六，隔二位六上一去五還十。一三如三。

還原，三〇六歸除。逢三進一十，一六除六。隔位六去十下還四，四下五除一。三一三十一，逢六進二十，二下五除三，五六除三十。隔一位。

三色乘法

今有豆二百三十一石。每石換麥一石二斗五升。問該麥若干。

荅曰：該麥二百八十八石七斗五升。二三一爲則。

三五一十五，一五如五，二五當一十。破本身。二三如六，一二如二，二三如四，四下五除一。破本身。一三如三，一一如一，一二如二。破本身。

還原，二三一歸除。逢二進一十，一三除三，一一除一。逢四進二十，四上一去五，二三除六，一二除二。二一添作五，三五除一十五，一五除五。

今有磁器三百一十五同。每同價銀三分五厘九毛。問該銀若干。

荅曰：該[銀]十一兩三錢〇八厘五毛。三五九爲則。

五五二十五，五九四十五，三五一十五。破本身。一五如五，五去五還十。一九如九，九退一還十。一三如三。破本身。三下五除二。三五一十五，五去五還十，三九二十七，七去三還十。三三如九，九退一還十。破本身。

還原，三五九歸除。三一三十一，三五除一十五，五去十下還五，三九除二十七。七去十下還三。逢三進一十，三上二去五，一五除五，五退十下還五，一九除九。九退十下還一。三一三十一，逢六進二十，五五除二十五，五九除四十五。

四色乘法

今有地税三十四畝五分八厘，每畝科正麥一升八合五勺七抄。[問該麥若干。]

荅曰：該麥六斗四升二合一勺五〇六。

八八六十四，五八當四十，四下五除一。七八五十六，一八如八。八上三去五還十，破本身。五八當四十，四下五除一，五五二十五，二下五除三，五去五還十。五七三十五，三下五除二，五去五還十。一五如五。五去五還十，破本身。四八三十二，四五當二十，四七二十八，八退二還十。一四如四。四下五除一，破本身。三八二十四，四退六還十。三五一十五，五去五還十。三七二十一，一三如三。三下五除二。破本身。

還原，一八五七歸除。逢三進三十，三上二去五，三八除二十四，四去十下還六。三五除一十五，五去十下還五。三七除二十一。逢四進四十，四上一去五。四八除三十二，二退十下還八。四五除二十，四七除二十八。二退十下還八，八退十下還二。逢五進五十，五八除四十，四上一去五。五五除二十五，五七除三十五，三去十下還七五去十下還五。見一无除作九一，无除起一下還一，八八除六十四，四上一去五。五八當除四十，七八除五十六。

折成色法

今有銀八兩六錢五分，七五折。問該紋若干。

荅曰：該紋六兩四錢八分七厘五毫。七五爲則。

五五二十五，五七三十五，五六當三十，三下五除二。六七四十二，五八當四十，四下五除一，七八五十六。六上一去五還十。

還原，七五歸除。七六八十四，四下五除一，五八除四十，四上一去五。七四五十五，逢七進一十，五六除三十，三上二去五。七三四十二，逢七進一十，五五除二十五。

今有銀九兩四錢八分。九六折。問該紋若干。

答曰：該紋九兩一錢〇〇八毛。

六八四十八，八九七十二，二下五除三，四六二十四，四退六還十。四九三十六，六退還四還十，六九五十四，四退六還十，九九八十一，一去九還十。

還原，九六歸除。九九下加九，六九除五十四，四退十下還六。九四下加四，四六除二十四，四退十下還六。九七下加七，逢九進一十，九下上一子，去上二子。六八除四十八。

清・方中通《數度衍》卷一　因式　有三百六十五人，每人八兩。問共若干。

曰：二千九百二十兩。

術：以三百六十五人爲實列盤左，以八兩爲法列盤右。次以八先以八乘實末寅位五，曰五八得四十，變寅位五爲四。乘丑實六，曰六八四十八。變丑位六爲四，加八於寅位四上。曰：八退二進一十。則寅位之四又變爲二，丑位之四，曰：一下五去四，又變爲五。次以八乘子實三，曰三八二十四，變子位三爲二；加四於丑位五上爲九。乘畢。得二千九百二十兩也。

甲	寅	丑	子
八	五	六	三
	變	後	
	二	九	二

通曰：凡左右相乘，必有二位數曰幾十幾。今如一位法者，十當在本位，零當在下位也。本位者，所乘實數之位也。下位者，僅下所乘實數一位也。如八乘五，則五爲本位，得四十，則四當在五位上也。八乘六，則六爲本位，得四十八，則四當在六位上，八當在下位也。八乘三，則三又爲本位矣。

清・梅瑴成《增删算法統宗》卷一　乘法

乘法有數種，曰破頭乘、曰掉尾乘、曰隔位乘、曰留頭乘，惟留頭乘最妙，今用之。

歌曰：下乘之法此爲真，起首先將第二因。以法之第二位，因實之末位也。三四五來乘遍了，謂法之第三、第四、第五也。却將本位破其身。本位謂法之頭一位也。以法之頭一位，與實尾位相乘，所謂留頭乘也。身謂實尾位也，破其身者，破實尾數，爲相乘之數也。實尾以上，俱倣此。

又　定法實訣

凡因乘，法實可以互用。蓋以法乘實，或以實乘法，其得數同也。惟歸除則不可顛倒，必須辨明法實而用之。如有銀若干，或物若干，令幾人分，或令幾人出，則以銀物爲實，人分爲法。如有總銀若干，買總物若干。問銀每兩該物若干，則以總物爲實，以總銀爲法。若問每物該銀若干，則以總銀爲實，總物爲法。大約有總物，又有總價，或問每物，則以物爲法以價爲實。或問每價，即以價爲法，以物爲實。如有銀若干，每貨價若干而問共貨，則以總銀爲實，以貨價爲法。若有貨若干，每兩買貨若干而問共銀。則以總貨爲實，以每兩貨爲法，要之以所有總數或銀或貨。爲實，以所有每數爲法除之，而得所求之總數。或銀或物也。

乘除定位法

訣曰：乘從每下得術，術者，法首位之名。如單、十、百、千之類。每者，謂實之單數。如每兩、每石之類。每下者，謂實單數之下一位也。于此位定法首之名，則上下之數俱定矣。歸從法前得零。零者，單數也，每數也。如每兩每石之類。法者，謂法首之名。如單、十、百、千之類。法前者，實中與法首同名之前一位也。于此位定爲零數，則上、下之數俱定矣。

〔置〕法于算盤上，預寫定萬、千、百、十，或頃畝、石斗、兩錢之位。將實數對位列之。

假如有田二百五十一畝，每畝科糧四升。問共糧。

此乘法也。以共田爲實，科糧四升爲法。將實田二百五十一畝，對盤上百、十、畝之位列之。如法乘訖。乘法詳後。則實數二五一，變爲得數一〇〇四。乃視實每畝之下一位爲得數四，即定四爲升。法首也。升前一位爲斗，斗前一位爲石，石前一位爲十石。即共糧爲十石零四升也。

百	十	畝	
二	五	一	
一	〇	〇	四

假如有穀四百五十三石，每銀一兩糴穀三石。問共銀。

此歸法也。以總穀爲實，對盤上百、十、石之位列之。以穀三石爲法。如法歸畢。歸法詳後。則實數四五三變爲得數一五一。乃視法首是石，即石位之前一位爲零，則得數之末位一，即爲一兩，兩前一位爲十兩，再前一位爲百兩。是共銀爲一百五十一兩也。

	百	十	石
	四	五	三
一	五	一	

假如麥四百五十石，賣銀三百二十四兩。問每石價。

此歸除法也。以銀爲實，麥爲法。將實對盤上百十兩之位列之，如法歸除畢。歸除法詳後。則實數三二四變爲得數七二。乃視法首位是百，則實百位之前一位爲兩，零也。得數七在兩下一位爲錢，再下一位爲分。是每石價七錢二分也。

△	百	十	兩
	三	二	四
	七	二	

又　因法

假如有銀一百二十三兩四錢，每銀一兩買米二石。問該米若干。

答曰：二百四十六石八斗。

百	十	兩	錢
一	二	三	四
二	四	六	八

實首　法 二石

法置銀于盤左爲實，對盤上百十兩錢之位列之。以每兩買米二石爲法，列盤右。乃以法二，因實尾四，呼二四如八，去本位之四，于下位加八。所謂逢如須下位也。後倣此。次因實三，呼二三如六，去本位之三，于下位加六。次因實二，呼二二如四，去本位之二，于下位加四。次因實首一，呼一二如二，去本位之一，于下位加二，因畢。變原實一二三四爲二四六八，爲因得數也。乃定位，視實每兩之下一位是六，即定爲六石。法首是石也。石前爲十石，又前爲百石，下爲斗，是爲二百四十六石八斗。合問。還原用歸。後倣此，歸法詳後。

柳下居士曰：珠盤之法，即改原實爲算出之數，如以法二乘四，曰二四如八，即將四錢除去，于下位上八，則四錢之位已空。次乘三，曰二三如六，則除去三兩，上六于四錢之位。故算畢只有算得之數，原數全無。今圖仍存原數，而另列得數者，恐塗改模糊難看。且法位多者，必不能屢改，不得不列多層，俾初學易于觀覽，其實只用最下一層，即珠盤之得數也。後倣此，覽者會之。

假如有穀二百四十六石八斗，每石碾米五斗。問共碾米若干。

答曰：共碾米一百二十三石四斗。

百	十	石	斗
二	四	六	八
一	二	三	四

實首　法 五斗

法置穀總數于盤左爲實，對盤上百十石斗之位列之。以每一石碾米五斗爲法，列盤右。乃以法五因實尾八，呼五八得四十，改本位之八爲四，所謂言十就本身也。後倣此。次因實六，呼五六得三十，改本位之六爲三。次因實四，呼五四得二十，改本位之四爲二。次因實首二，呼五二得一十，改本位之二爲一，因畢。則原實二四六八變爲一二三四，爲因得數也。乃定位，視實每石之下一位爲四，即定爲四斗。法首是斗也。斗前爲石，石前爲十石，又前爲百石，是爲一百二十三石四斗。合問。

清・沈士桂《簡捷易明算法》卷一　因乘法訣，即九九合數。【略】

解明法義

一一如一。如一人得一個，法用一一如一，只得一個。

二二如四。如做衣二件，每件用布二疋。問該布若干。法用二二如四，便知該布四疋矣。

三三如九。如三人納糧，每人該納三兩。問共該納糧若干。法用三三如九，便知納糧九兩矣。

四四一十六。如田四畝，每畝收稻四石。問該稻若干。法用四四一十六，便知該稻一十六石矣。

歸因総歌

歸從頭上起，因從末位生。逢如須下位，遇十化本身。

因法歌曰：九因之法甚分明，合數先將記在心。遇十化其本身數，逢如下位即加成。

二因法

假如有二人，每人分銀二千七百八十六兩四錢五分。問共銀若干。

答曰：五千五百七十二兩九錢。

法將人數居右，物數居左。從左邊末位上起，照數逐位相呼九九數。因之，即得該數矣。用歸法還原。餘倣此。

因起　五分　二五得一十，本身去四，留一作一十。
　　　四錢　二四下得八，本身除四。下位加八。
　　　六兩　二六一十二，本身去五，留一作一十。下位加二。
　　　八十　二八一十六，本身去七，留一作一十。下位加六。
　　　七百　二七一十四，本身去六，留一作一十。下位加四。
　　　二千　二二下得四，本身除二。下位加四。

三因法

假如有三人，每人買鹽二萬一千二百三十六觔半。問共鹽若干。

答曰：六萬三千七百九觔半。

因起　半　三五一十五，本身去四，留一作一十。下位加五。
　　　六觔　三六一十八，本身去五，留一作一十。下位加八。
　　　三十　三三下得九，本身除三。下位加九。
　　　二百　二三下得六，本身除二。下位加六。
　　　一千　一三下得三，本身除一。下位加三。
　　　二萬　二三下得六，本身除二。下位加六。

四因法

假如有四人，每人種田二千七百八十六畝一分八厘。問共田若干。

答曰：一萬一千一百四十四畝七分二厘。

因起　八厘　四八三十二，本身去五，留三作三十。下位加二。

一分　一四下得四，本身除一。下位加四。

六畝　四六二十四，本身去四，留二作二十。下位加四。

八十　四八三十二，本身去五，留三作三十。下位加二。

七百　四七二十八，本身去五，留二作二十。下位加八。

二千　二百下得八，本身除一。下位加八。

五因法

假如有五人，每人收租二百七十八石六斗二升六合。問共米若[干]。

答曰：一千三百九十三石一斗三升。

因起　六合　五六得三十，本身去三，留三作三十。

二升　二五得一十，本身去一，留一作一十。

六斗　五六得三十，本身去三，留三作三十。

八石　五八得四十，本身去四，留四作四十。

七十　五七三十五，本身去四，留三作三十。下位加五。

二百　二五得一十，本身去一，留一作一十。

六因法

假如有六人，每人納錢四十六萬五千六百七十八(分)[文]。問共錢若干。

答曰：二百七十九萬四千六十八文。

因起　八文　六八四十八，本身去四，留四作四十。下位加八。

七十　六七四十二，本身去三，留四作四十。下位加二。

六百　六六三十六，本身去三，留三作三十。下位加六。

五千　五六得三十，本身去二，留三作三十。

六萬　六六三十六，本身去三，留三作三十。下位加六。

四十　四六二十四，本身去二，留二作二十。下位加四。

七因法

假如有七人，每人得金一千一百八十九兩九錢九分。問共金若干。

答曰：八千三百二十九兩九錢三分。

因起　九分　七九六十三，本身去三，留六作六十。下位加三。

九錢　七九六十三，本身去三，留六作六十。下位加三。

九兩　七九六十三，本身去三，留六作六十。下位加三。

八十　七八五十六，本身去三，留五作五十。下位加六。

一百　一七下得七，本身除一。下位加七。

一千　一七下得七，本身除一。下位加七。

八因法

假如有八人，每人糴豆二千七百八十六石一斗九升。問共豆若干。

答曰：二萬二千二百八十九石五斗一升。

因起　九升　八九七十二，本身去二，留七作七十。下位加二。

一斗　一八下得八，本身去一。下位加八。

六石　六八四十八，本身去二，留四作四十。下位加八。

八十　八八六十四，本身去二，留六作六十。下位加四。

七百　七八五十六，本身去二，留五作五十。下位加六。

二千　二八一十六，本身去一，留一作一十。下位加六。

九因法

假如有九人，每人織布二千八百七十六丈四尺五寸。問共布若干。

答曰：二萬五千八百八十八丈五寸。

因起　五寸　五九四十五，本身去一，留四作四十。下位加五。

四尺　四九三十六，本身去一，留三作三十。下位加六。

六丈　六九五十四，本身去一，留五作五十。下位加四。

七十　七九六十三，本身去一，留六作六十。下位加三。

八百　八九七十二，本身去一，留七作七十。下位加二。

二千　二九一十八，本身去一，留一作一十。下位如八。

乘法歌曰：下乘之法此爲真，位數先將第二因。三四五來乘遍了，却將本位破其身。

後述乘法例

假如有米二千三百石，每石價銀八錢五分。問共銀若干。

假如有參三千四百觔，每觔换珠一十二顆。問共珠若干。

假如有金四千五百兩，每兩兑銀九兩八錢。問共銀若干。

假如有緞五千六百端，每端用絲三十六兩。問共絲若干。

已上四則係合聚之物，故用乘法。不拘先後，俱可而行。

立二檔乘法凡呼得十者，將本身化一作一十，化二作二十之類。

假如有米二十四石，每石價銀五錢五分。問共銀若干。

　　荅曰：一十三兩二錢。

乘起　四石　次位乘起，四五得二十。未破本身，四五化二十。

二十　次位乘起，二五得一十。未破本身，二五化一十。

立三檔乘法凡呼下得者，本身盡除，(千)下位加之。

假如有銀一百二十二兩，每兩糴米三石二斗一升。問共米若干。

　　荅曰：三百九十四石八斗三升。

乘起　(三)[二]兩　次位乘起，二三下得六。三位：一三下得三，未破本身，三三下得九。

二十　次位乘起，二二下得四。三位：一二下得二，未破本身，二三下得六。

一百　次位乘起，一二下得二。三位：一一下得一，未破本身，一三下得三。

立四檔乘法

假如有綿六千七百八十九觔，每觔價銀九錢八分七厘六毫。問其銀若干。

　　荅曰：六千七百四兩八錢一分六厘四毫。

九觔　次位乘起，八九加七十二。三位：七九加六十三。四位：六九加五十四。未破本身，九九化八十一。

(三千)[八十]　次位乘起，八八加六十四。三位：七八加五十六。四位：六八起四十八。未破本身，八九化七十二。

(九)[七]百　次位乘加，七八加五十六。三位：七七加四十九。四位：六七加四十(四)[二]。未破本身，七九化六十三。

六(十)[千]　次位乘起，六八加四十八。三位：六七加四十二。四位：六六加三十六。未破本身，六九化五十四。

因八檔乘法即獅子滚繡毬法。

假如有田二千九百八十頃零二十三畝二分二厘三毫七絲七忽六微九塵五渺三漠一埃二纖五沙，每畝徵米三升三合五勺五抄四撮四圭三粟二粒。問該共徵若干。

　　荅曰：一萬石。

假如葑田數居左位，以每畝米數居右位。相乘，即得。

因隔檔乘法

爲心乘之法，兩不拘定左右，法實隨便而行。若一邊數此商位者，列于左。無隔位者，列(千)[于]右。庶爲易乘，亦無差矣。

如有地七萬六百五畝，每畝科米七升八勺九撮。問共米若干。

　　荅曰：四千九百九十九石四斗六升九合四勺四抄一撮。

因乘流法歌即乘法。

流法之根即是乘，隨將一物自加明。如八千一百九十一人，即將此數自加八次。

加共八遍逐記數，先將本身數目就作一遍，然後加之。每次加成數目，逐條寫出。總物將來定位行。將物數在位，用流法。

呼其數目從尾退，退即流也。逐位流完數便清。呼流法，從末位上起，照數流至首位而止。即得數矣。

此法行來真奇妙，此乘之法更爲精。若遇數有幾十檔者，用乘法恐有錯亂。故用此流法代之更妙。實爲便捷更精于乘矣。

假如有八千一百九十二人，每人納糧一石二斗五升。問共納糧若干。

　　荅曰：一萬二百四十石。

法：閱「歸除流法」還原即是。

立難乘法歌

休言乘法不爲難，就把乘來試一番。九九九乘九九九，算動方知難不難。

假如有銀九百九十九兩，每兩兑錢九百九十九文。問共錢若干。

　　荅曰：九十九萬八千一文。

法曰：一圈乃是一位，乘法完挨身另起。

次位乘起，九九加八十一。三位：九九加八十一。未破本身，九九化八十一。

次位乘起，九九加八十一。本身只可加六十一，記少加一子。三位：九九加八十一，未破本身，九九化八十一。一除九記前欠二子，止除七進十。

次位乘起，九九加八十一。本身只可加五十一，記少加三子。三位：九九加八十一。未破本身，九九化八十一。一除九，記前欠三子止除六，進一十即得。

又法：次位乘起，九九加八十一。三位：九九加八十一。未破本身，九九化八十一。破了本身得乘宗九之總數八九九(二)[一]。就記此數，將上位未乘之數九，照數流之呼九化八九九一，將本身九化作八九九一。[本身九改作八，下]位加九九一。如此逐位化完，即得合問。

清·潘逢禧《算學發蒙·珠算二》 乘法歌訣凡歌訣句中，第一字係法數，第二字係實數。除法歌訣，亦同此例。

一一如一。謂法係一數，實亦係一數，兩一相遇，仍是一箇一數。於本位一珠抹去，而於下位上一珠，紀一數。凡歌訣言如者，皆紀數在下位，所謂言如須隔位也。後仿此。

一二如二。謂法係一數、實係二數。以一遇二，是一箇二數。也抹去本位二珠，而於下位上二珠。紀二數。二二如四。謂法係二數，實亦係二數。以二遇二，乃兩箇二數，合成四數也。於本位二珠抹去，而於下位上四珠。紀四數。蓋一箇二是二，兩箇二便是四。由此推之，兩箇三便是六。四箇四便是一十六矣。學者自能隅反。

一三如三。本位三珠抹去，下位上三珠。二三如六。本位三珠抹去，下位上六珠。三三如九。本位三珠抹去，下位上九珠。

一四如四。本位四珠抹去，下位上四珠。二四如八。本位四珠抹去，下位上八珠。三四一十二。本位四珠，改作一珠，紀十數，所謂言十在本身也。再於下位上二珠，紀二數。共成十二數。因三箇四數，係一十二數也。凡歌訣言十者，皆仿此。四四一十六。本位四珠，改作一珠。下位上六珠。

一五如五。本位五珠抹去，下位上五珠。二五得一十。本位五珠，改作一珠。紀十數。三五一十五，本位改作一珠，下位上五珠。四五得二十，本位改作二珠。五五二十五。本位改作二珠，下位上五珠。

一六如六，本位六珠抹去，下位上六珠。二六一十二，本位改作一珠，下位上二珠。三六一十八，本位改作一珠，下位上八珠。四六二十四，本位改作二珠，下位上四珠。五六得三十，本位改作三珠。六六三十六。本位改作三珠，下位上六珠。

一七如七，本位七珠抹去，下位上七珠。二七一十四，本位改作一珠，下位上四珠。三七二十一，本位改作二珠，下位上一珠。四七二十八，本位改作二珠，下位上八珠。五七三十五，本位改作三珠，下位上五珠。六七四十二，本位改作四珠，下位上二珠。七七四十九，本位改作四珠，下位上九珠。

一八如八，本位八珠抹去，下位上八珠。二八一十六，本位改作一珠，下位上六珠。三八二十四，本位改作二珠，下位上四珠。四八三十二，本位改作三珠，下位上二珠。五八得四十，本位改作四珠。六八四十八，本位改作四珠，下位上八珠。七八五十六，本位改作五珠，下位上六珠。八八六十四。本位改作六珠，下位上四珠。

一九如九，本位九珠抹去，下位上九珠。二九一十八，本位改作一珠，下位上八珠。三九二十七，本位改作二珠，下位上七珠。四九三十六，本位改作三珠，下位上六珠。五九四十五，本位改作四珠，下位上五珠。六九五十四，本位改作五珠，下位上四珠。七九六十三，本位改作六珠，下位上三珠。八九七十二，本位改作七珠，下位上二珠。九九八十一。本位改作八珠，下位上一珠。

乘除列位式

乘除列位，皆有法有實。法數若干列位於盤右，實數若干列位於盤左。若法實中有零數，則留空格，以存其位。零幾數，則空幾格。乘法，以法數生實數。除法，以法數剖實數。皆按歌訣，以法化實。實動而法不動。求得數。今列於左。

列位式

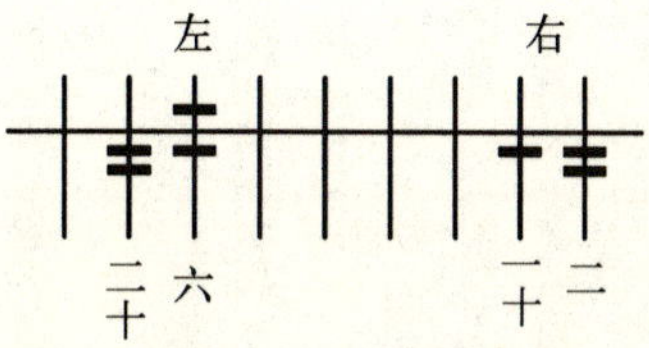

法數共二位。

實數共二位。

假如實數二十六，法數一十二，作何列位？以盤珠明之。

法實兩數，分列盤之左、右。中留餘位，以爲布算得數之地。

列空位式

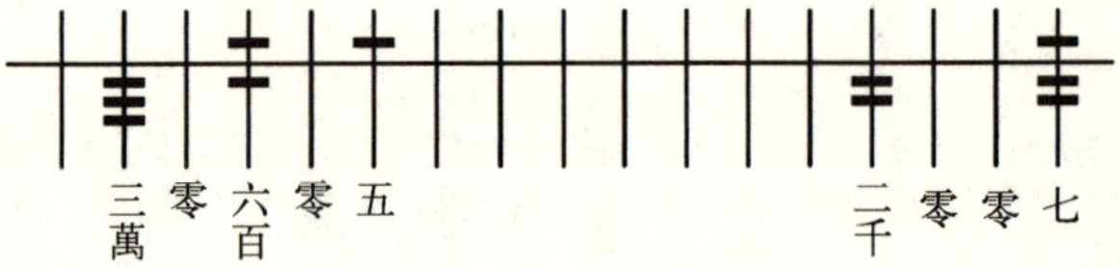

法數共四位。

實數共五位。

假如實數三萬零六百零五數，法數二千零零七數。作何列位？以盤珠明之。

法實有零數，均須空格，以存其位。實位之上亦須留空位，以爲布算進位之用。如逢二進一十之類。實位之下，法位之上，中間所留空位，以法位多少爲斷。總須較法數多列一位，方敷布算，至認根之法，亦多有在實位前後者，各條下另詳之。

凡法與實有空位，則無可乘除，然必各存其位，不相攙亂，得數方不訛誤。乘除算法，與加減異。或自左而右；或自右而左；或一數而布算數；次或一算而呼法不同，其列算次序，最難分明。茲於各算呼法之上，有宜分別處，均加暗馬。先呼則記丨，次呼則記〢。俾學者一目了然，一仿算法統宗之例。

暗馬式

一 二 三 四 五 六 七 八 九

丨 〢 〣 〤 〥 〦 〧 〨 〩

因法

單位乘法，珠算曰因。其法有二例。曰上因，曰下因。今詳於左。

假如有軍人五千七百八十六名，每名給米八斗。問該米若干。

答曰：四千六百二十八石八斗。

術曰：置軍數爲實，以八斗爲法，因之得數。合問。

上因：即古算縱横因法也。其法自實首位，順乘至實尾位止。凡歌訣中，言如之數皆紀在本位；言十之數皆紀在上位。與常用之法不同。

審定位法

原問每名給米，每名即單位。則單位爲根，此係上因，每數皆陞一位。故根位即是斗位。由斗逆數而上，餘數皆定。若常法，根下一位方是單位，與此不同。

法數乘實數

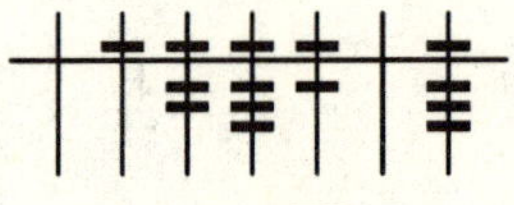

〤六八四十八。上位加四，本位作八。

根 〢八八六十四。上位加六，本位作四。

七八五十六。上位作五，本位作六。

五八得四十。上位作四，本位抹去。

得數

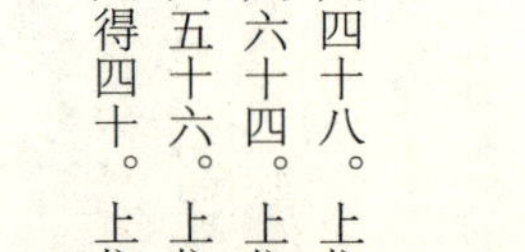

還原用八歸

八四添作五，八六七十四，八六七十四，逢八進一十，八四添作五，逢八進一十。

用八數商除法，還原。

初商，五八除四十，本位紀五。次商，七八除五十六，本位紀七。三商，八八除六十四，本位紀八。末商，六八除四十八，本位紀六。

下因：下因之法，自實尾位逆乘至實首位止。凡歌訣之數，言十只在本身，言如則歸下位。此係近來通用常法。

歌曰：

合數九因須記熟，起手先從末位推。言十就身如隔位，若要還原用九歸。

審定位法

原問每人給米，人係單位，則單位爲根。根位常爲斗數，緣乘法得數，皆降一位，故降下一位爲斗數。命爲八斗，由是逆數而上，餘位皆定。

法數乘實數

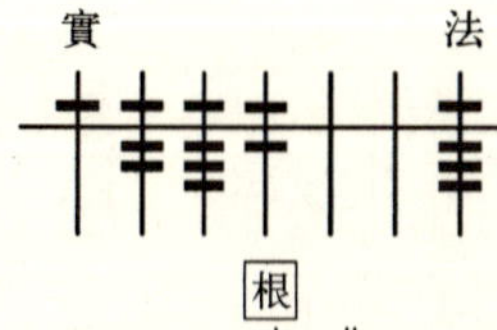

＝七八五十六。上位作五，本位作六。
根 一 五八得四十。上位作四，本位抹去。

得數

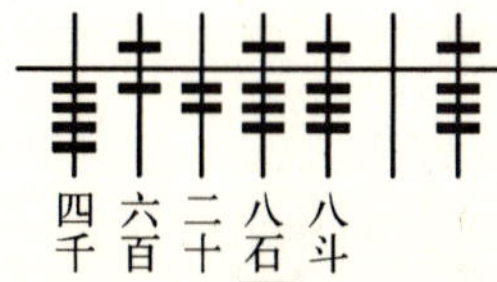

還原俱同上。

解曰：以上二例，前一例自左而右，順乘而下。古人單位乘，多用此法，謂之縱橫因法。得數之後，位次不降。認根定位，最爲簡捷。但係單位乘，則就實上一位乘起。若有幾位乘，則須就實位遞上幾位乘起，方不悮。後一例自右而左，逆乘而上，係近日常法。但得數之後，位次遞降，認根定位，稍嫌繁瑣，不及古法。

按：養兵流弊，治世則夤緣頂補，老弱充額，而技勇不精，亂世則聚衆爲非，勇於私鬬，而怯於公戰，是在駕馭有方。廉收實用。

清·汪訒菴《指明算法》卷上 九因合數乘除加減，皆呼此數。故呼小數在上，大數在下。【略】

右法：遇十挨身上，逢如下位推。

諸句内有十字之數，就本身之位上之。若句内有如字之數，下一位上之也。

分別物價乘除法實歌訣。

若言同姓于分母，異姓相逢却用乘。每兩問物銀分物，每物問價物分銀。分總之法歸除用，撮揔之法即用乘。悮此乘除切要訣，自然通變化分明。

原借人小麥四百五十六石，今將白米照依時價佑折還之，其麥每石價四錢五分，白米每石價七錢五分。問該還白米若干。

答曰：該白米二百七十(二)[三]石六斗。

法曰：置麥四百五十六石，以價四錢五分乘之，得二百[零]五兩二錢爲實。以米價七錢二分爲法。除之，得米二百七十三石六斗。合問。

假如有人借去米七百三十一石，每石加利米八升。問本利米共該若干。

答曰：共該米七百八十九石四斗八升。

法曰：置本米七百三十一石爲實。以每石加利米入升，共(二)[一]石零八升爲法。乘之，得本利共米七千八十九石四斗八升。合問。

今有銀五十七兩四錢，每銀一兩買谷三石六斗。問該銀若干。

答曰：該谷二百零六石六斗四升。

法曰：置銀五十七兩四錢爲實，以每兩買谷三石六斗爲法。乘之，得谷二百零六石六斗四升。合問。

今有油一百二十六斤，每油一斤換鹽四斤。問該鹽若干。

答曰：該鹽五百零四斤。

法曰：置油一石一十六斤爲實，以每斤換鹽四斤爲法。因之，得鹽五百零四斤。合問。

今有銀七十四兩二錢，每銀一兩換錢九百五十五文。問該銀若干。

答曰：該錢七萬零八百六十一文。

法曰：置銀七十四兩二錢爲實。以每兩換錢九百五十五文爲法。乘之，得錢七萬零八六十一文。合問。

今有松子六十六斤，每斤價銀八分六厘二毫。問該銀若干。

答曰：該銀五兩六錢八分九厘二毫。

法曰：置松子六十六斤爲實，以價(六)[八]分六厘二毫爲法。乘之，得銀五兩六錢八分九厘二毫。合問。

今有錢四百八十一千五百三十文，每千價銀五錢二分。問該銀若干。

答曰：該銀二百五十兩零三錢九分五厘六毫。

法曰：置錢四百八十一千五百三十文爲實。以價五錢二分爲法。乘之，得銀二百五十兩零三錢九分五厘六毫。合問。

今有米二百四十七石二斗，每石價銀六錢三分五厘。問共該銀若干。

答曰：共該銀一百五十六兩九錢七分二厘。

法曰：置米二百四十七石二斗爲實，以每石價六錢三分五厘爲法。乘之，得銀一百五十六兩九錢七分二厘。合問。

今有稻六百七十八石五斗，礱爲造米。米三百一十八石八斗九升五合。問每稻一石礱造米。米若干。

答曰：每稻一石礱造米。米四斗七升。

法曰：置造米。米爲實，以稻六百七十八石五斗爲法。除之，得稻一石糙米四斗七升。合問。

清・許桂林《算牖》卷四　珠算定位法

乘法定位。定以實首位：凡單乘單，實首卜一位即單。十乘單，實首下一位即十。十乘十，下一位即百。百乘單，下一位即百。百乘十，下一位即千。百乘百，下一位即萬。千乘單，下一位即十。千乘十，下一位即萬。餘可推。

清・蔣守誠《算法全書》卷一　分别乘除法實歌訣

若言同姓子分母，異姓相逢却用乘。每兩問物銀分物，每物問價物分銀。分總之法歸除用，撮總之法即用乘。悟此乘除切要訣，自然通變化分明。

因乘法實訣

凡因、乘，不必拘於法實。但位數多，及有零、隔位者，居左。位數少而無隔位者，居右。庶爲易乘亦且不錯。如以四居左，以六居右；四六因爲二十四。以六居左，以四居右；四六亦得二十四。故或左、或右，因乘皆不必拘。若歸除，須辨半、實左、右，不可依此而乘。

又　九因　凡二至九單位者，用此。置物爲實，以價爲法。呼九九合數，言十就身，言如隔位。從(未)[末]位算起，用九歸還原。

因法歌

合數九因須記熟，起手先從未位推。言十就身如隔位，若要還原用九歸。

歸因總歌

歸從頭上起，因從足下生。逢如須隔位，言十在本身。

直指定位訣

用因乘定位訣曰：預先以算盤上寫定萬、千、百、十，或頃、[畝]、石、斗、兩、錢之類。因乘完畢，得數莫動。或云：每畝科糧四升，但以畝之下位得升，以畝變(千)[斗]，以十[畝]變石，以百畝變十石之類。是也。餘物倣此。

用歸除定位訣，有二條。曰：預先以算盤上寫定石、斗，或兩、錢，頃、畝、步、分之類。

假如有米四百餘石，每銀一兩糴米三石。問共該銀若干。

法曰：置米爲實，以銀每兩糴米三石爲法歸之。得數莫動。

定位訣曰：此是實多法少，先從實首位起數，原實白順下至石，遇法首位是石則止。前一位得令是兩，又前一位是十兩，又前一位是百兩。此是逆上。

假如有麥四百五十石，賣銀三十二兩四錢。問每石該銀若干。

法曰：置銀爲實，以麥爲法，歸除之。得數莫動。

定位訣曰：此是法多實少，先從實首位起數，原實十逆上至百，遇法首位是百則止。前一位得令是兩，降下順數至實是七分，次位即二釐也。但用因乘法，實後定位，故云乘法雖陞而位反降矣。

但用歸除法，實前定位。故云除法雖降，而位反陞矣。

又　假如今有銀一百二十三兩四錢，每銀一兩糴米二石。共該米若干。

荅曰：二百四十六石八斗。

法曰：置銀於左爲實，以每銀糴米二石於右爲法。因之，合問。定位法，只認兩下位即錢之位。定石，逆上即兩之位定十石，再上位十兩之位定百石。合得。

此所謂因乘，俱向下位推，先數原實首起順下至兩。遇法首位，每兩二石則止。下位得術是石。回向前逐位逆數陞上，合得也。

法二石爲因

			定位		
	此所謂逢，如隔位者也				八斗
實尾位 四錢	起呼 二四如八	本位除去，下位如八	下位	是石也。回向前逆數逐位陞之。合得	六石
三兩	二三如六	本位除去，下位加六	兩	法上是每兩二石，遇兩即止。下一位是石也	四十
二十	二二如四	本位除去，下位加四	十	合得	二百
實首位 一百	一二如二	本位除去，下位加二	原實百	起呼百，往後順數至兩	

還原，用二歸，法詳後。

逢二進一十。逢四進二十。逢六進三十。逢八進四十。

假如秋糧米二萬三千四百五十七石九斗，每石科銀七錢。問共該銀若干。

荅曰：一萬六千四百二十兩零五錢三分。

法曰：置糧米爲實，以每石七錢爲法。因之，合問。

法七錢因　定位　三分

尾實九斗　起呼　七九六十三　變九爲六，下位加三　下位　是錢也，回向前逆陞。　五錢

七石　七七四十九　變七爲四，下位加九　石　合得　法上是每石七錢，遇石即止。下一位是錢也

五十　五七三十五　變五爲三，下位加五　十　二十

四百　四七二十八　變四爲二，下位加八　百　四百

三千　三七二十一　變三爲二，下位加一　千　六千

首實一萬　二七一十四　變二爲一，下位加四　原實萬　起呼萬，往後順數至石。合得　一萬

還原，用七歸，法詳後。

七一下加三。逢七進一十，七二下加六。逢七進一十，七三四十二。七四五十五，七五七十一。七六八十四，逢七進一十。

假如今有軍人一百三十四萬五千六百七十九名，每名給米八斗。問共該米若干。

答曰：一百零七萬六千五百四十三石二斗。

法曰：置軍人爲實，以每名給米八斗爲法。因之。合問。

法八斗　因　定位

尾實九石　起呼　八九七十二　變九爲七，下位加二　下位　是斗也，回向前逆陞。　二斗

名　合得　法上是每名八斗，遇名即止。下一位是斗也　三石

七十　七八五十六　變七爲五，下位加六　十　四十

六百　六八四十八　變六爲四，下位加八　百　五百

五千　五八得四十　變五爲四　千　六千

四萬　四八三十二　變四爲三，下位加二　萬　七萬

三十　三八二十四　變三爲二，下位加四　十萬

一百　一八如八　本位除去，下位加八　原實百萬　起呼百，往後順數至名。合得　一百萬

還原，用八歸，法詳後。

八一下加二，八二下加四。四下五除一。逢八進一十，八三下加六。逢八進一十，八四添作五。八五六十二。八六七十四。八七八十六。逢八進一十。

假如濕穀一千二百三十四石五斗六升七合九勺，每石晒得乾穀九斗。問該乾穀若干。

答曰：一千一百一十一石一斗一升一合一勺一抄。

法曰：置濕穀爲實，以晒乾九十爲法。因之，合問。

法九斗　因　一抄

尾實九勺　起呼　九九八十一　變九爲八，下位加一　一勺

七合　七九六十三　變七爲六，下位加三　一合

六升　六九五十四　變六爲五，下位加四　定位　一升

五斗　五九四十五　變五爲四，下位加五　下位　是斗也，回向前逆陞。合得　一斗

四石　四九三十六　變四爲三，下位加六

石　石　法上是每石乾九斗，遇石即止。下一位是斗也

三十	三九二十七 變三爲二，下位加七	十	一十
二百	二九一十八 變二爲一，下位加八	百	一百
首實一千	一九如九 本位除去，下位加九	原實千 起呼于往後順數至石。合得	一千

還原，用九歸，法詳後。

九一下加一，九二下加二。九三下加三。九四下加四，九五下加五，九六下加六，九七下加七，九八下加八，逢九進一十。

清・鄧建章《中西算學入門匯通》卷一《珠算乘法》 合數表

一一如一。謂一遇一，則將本位之一退去，下位加一。法位數多，一非首位，則隔一位上一。餘仿此。乘法，法實不拘。以法乘實，以實乘法皆可。歸除，則法實不可倒置，必審定誰爲法誰爲實。法首位爲歸，餘位爲除。歸用後九歸歌，除用此等句。如字改除字，呼一一除一。以下類推。

一二如二，二二如四。

一三如三，二三如六，三三如九。

一四如四，二四如八，三四一十二。謂三遇四，撞成一十二也。將實四，本位四珠，除去三珠留一珠，下位上二珠。此是一位乘。若多位乘，此三字不在首位，則審定位次上一珠，下位上二珠，四遇三亦然。餘悉倣此。四四一十六。

清・陳傑靜《算法大成》卷一

二因法一題　設有銀二百四十六萬九千一百三十五兩七錢八分，今加一倍。問該銀若干。

答曰：四百九十三萬八千二百七十一兩五錢六分。

法置原有銀自左而右列于盤，以二爲法。自右而左，逐一呼之，即得。先呼二八一十六，次呼二七一十四，得一兩五錢六分。再呼二五得一十，二三如六，得七十兩。如是遞呼至二二如四，即全得矣。下倣此。

三因法一題　設有銀三百七十萬三千七百二十一兩五錢八分，今加二倍。問共銀幾何。

答曰：一千一百一十一萬一千一百九十四兩七錢四分。

法如前。置原銀爲實，以三爲法。呼三八二十四起，至三三如九止，即得。

四因法一題　設有銀一百六十四萬六千九十兩五錢二分，欲以四因之。問共銀若干。

答曰：六百五十八萬四千三百六十二兩八分。

法置原銀爲實。呼二四如八，四五得二十，四九三十六，四六二十四，四四一十六，四六二十四，一四如四，即得。下倣此。

五因法一題　設有銀一百二十三萬四千五百六十七兩八錢九分，以五因之。得銀幾何。

答曰：六百一十七萬二千八百三十九兩四錢五分。

法如前，惟逐句呼五推之。六因呼六，七因呼七，八因、九因皆倣此。

六因法一題　設有銀一百三十二萬五千四百七十六兩九錢八分，以六因之。問該得銀幾何。

答曰：七百九十五萬二千八百六十一兩八錢八分。

法如前。

七因法一題　設有銀一百一十四萬三千六百五十八兩七錢六分，以七因之。問該幾何。

答曰：八百萬五千六百一十一兩三錢二分。

法如前。

八因法一題　設有一倉八廒貯米相等。今量得一廒之米一萬一千二百三十七石八斗五升六合四勺。問一倉之米共幾何。

答曰：八萬九千九百二石八斗五升一合二勺。

法如前。

九因法一題　設有一府九縣，每縣徵米一萬八千二百三十九石六斗五升四合七勺。問該府共徵米幾何。

答曰：一十六萬四千一百五十六石八斗九升二合三勺。

法如前。

右因法，即是一位乘法。

二位乘法　設有銀八萬七千七百五十四兩三錢二分一釐九毫，以一十七乘之。問得若干。

答曰：一百四十九萬一千八百二十三兩四錢七分二釐三毫。

法置原有銀爲實，以一十七爲法。乘之，即得。因乘固無分法實，然兩數相乘既化以一數置于盤，一數記于心，呼于口。自應以數位之多者置，之少者記之，呼之。置之即是實，呼之都是法。

三位乘法　設有銀一萬二千三百四十五兩六錢七分八釐九毫，以一百三十九乘之。問該幾何。

答曰：一百七十一萬六千四十九兩三錢六分七釐一毫。

法如前。打珠有破頭、留頭、掉尾之別。二位乘，留頭即是掉尾。三位乘，即微別矣。詳後。

四位乘法　設有數一百二十三萬四千五百六十七，以一千二十七乘之。問該幾何。

答曰：一十二萬六千七百九十萬三百九。

法如前。

五位乘法　設有數一百七十八萬九千二百三十四，以一萬六千三百八十四乘之。問該幾何。

答曰：二百九十三萬一千四百八十萬九千八百五十六。

法如前。

六位乘法　設有數一三八二七二八三八二五七九，又有數二七九九三六。兩數相乘，應得若干。

答曰：三八七〇七五四五二五〇五六三四九四四。

法如前。

設有數二三四五六七八，又有數一三九九六八。兩數相乘，問該若干。

答曰：三二八三一九八五八三〇四。

右二題同爲六位乘法。然前題原有數多至一十三位，自仍以原有數爲實，今有數爲法。此題原有數僅止七位，則任以一數爲實，一數爲法。無不可也。

七位乘法　設有數二三四五六七八，又有數五〇三八八四八，兩數相乘。問該若干。

答曰：一一八一九五一四八九八九四四。

法如前。

設有數二三四五六七八，又有數二五一九四二四。兩數相乘，問該若干。

答曰：五九〇九七五七四四九四七二。

法如前。

程大位汝思氏《筭法統宗》言乘法打珠盤，有破頭乘、留頭乘、掉尾乘之別。如此題，若以原有數爲實，須先以末位之八與法之二五一九四二四遍相呼。先呼二八一十六，次呼五八得四十，謂之破頭乘。先呼五八得四十，次呼一八如八，再次呼八九七十二，四八三十二，二八一十六，四八三十二，末呼二八一十六，謂之留頭乘。若從四八三十二逆呼起，至二八一十六止，謂之掉尾乘。此固聽人自便，要之皆得二五五三八二。然究以留頭爲最佳，蓋人心無二用，既記其法，又記其實，罕有不誤者。則不如留此俾用目視俟，其乘畢而後破之。

設有數二三四五六七八，即以二三四五六七八乘之。問該幾何。

答曰：五五〇二二〇五二七九六八四。

法如前。

此題法實相同，謂之自乘。除法無自除，蓋自除即是開方。

右乘法。

清·魯師貢《算法指明便用》　用因乘、歸除交易定位法則

法寔不同因與乘

此不同有二説。一以物賣銀，寔是物數，法是物價銀數，故不相同也。一以銀每兩買價物若干，寔是銀之數，法是每兩貨物數目，故亦曰不相同也。

一位因法。用歸除法還原。

假如米五百四十六石八斗，每石賣銀七錢。以石下一位定錢位，問該銀若干。

答：三百八十四兩七錢六分。

假如艮三十五兩五錢，每艮一兩買鹽六十斤。以兩下一位定十斤。問該鹽若干斤。

答：二千一百三十斤。

假如黄豆三百四十五石，每石賣艮五錢。以石下一位定錢位。問該銀若干。

答：一百七十二兩五錢。

假如艮四兩七錢五分，每艮一錢買香油四斤。以錢下一位定斤位。問該油若干斤。

答：一百九十斤。

假如秫九十六石，每石賣艮二錢。以石下一位定錢位。問該艮若干。

答：十九兩二錢。

假如艮一百六十五兩五錢，每艮一兩買麵八十塊。以兩下一位定十塊位。問該麵若干塊。

答：一萬三千二百四十塊。

假如子花三百五十四斤，每斤賣艮九厘。以斤下一位定厘位，問該艮若干。

答：三兩一錢八分六厘。

二位乘法。用歸除還原。

假如黃豆一千三百八十七石五斗，每石賣艮五錢六分。以石下一位定錢位。問該艮若干。

答：七百七十七兩。

又如賣七錢二分一石。

答：九百九十九兩。定位同上。

假如艮八百廿五兩，每艮一兩買稻三十二石。以兩下一位定十石位。順該稻若干石。

答：二萬六千四百石。

假如芝蔴五十六石八斗，每石賣艮八錢四分。以石下一位定錢位。問該艮若干。

答：四十七兩七錢一分二厘。

假如艮三百六十兩，架下買鹽每艮一兩買鹽一百五十斤。以兩下一位定百斤位。問該鹽若干斤。

答：五萬四千斤。

假如占米二百五十六石，每石賣艮一兩一錢。以石下一位定兩位。問該艮若干。

答：二百八十一兩六錢。

假如鹽魚四百六十五斤，每斤賣艮二分三厘。以斤下一位定分位。問該艮若干。

答：十兩四錢八分八厘。

假如艮五十一兩二錢五分，每艮一兩買錢一千二百文。以兩下一位定十位。問該錢若干。

答：六十一千五百文。

假如蒲包五千六百五十個，每十個賣錢七十二文。以十個下一位定十位。問該錢若干。

答：四十千六百八十文。

三位乘法。兼四位、隔位。

假如米三千六百八十石，每石賣艮八錢七分五厘。以石下一位定錢位。問該艮若干。

答：三千二百二十兩。

假如艮五十四兩，每艮一兩買稻三百二十四斤。以兩下一位定百斤位。問該稻若干。

答：一萬七千四百九十六斤。

假如錢糧一千九百五十三石一斗二升五合，每石賣銀三錢八分四厘。以石下一位定錢位。問該銀若干。

答：七百五十兩。

假如瓜子七百八十一石二斗五升，每石賣艮一兩五錢三分六厘。以石下一位定兩位，問該艮若干。

答：一千二百兩。

假如木耳九百九十九斤，每百斤賣艮九兩九錢九分。以百斤下一位定兩位，問該艮若干。

答：九十九兩八錢〇一毫。

假如錫五千五百五十五斤，每百斤賣艮九兩七錢五分。以百斤下一位定兩位，問該艮若干。

答：五百四十一兩六錢一分二厘五毫。

假如梭布二百六十四斤，每疋賣艮三錢六分五厘。以疋下一位定錢位，問該艮若干。

答：九十六兩三錢六分。

假如艮四十二兩二錢，每艮一兩買錢一千三百廿文。以兩下一位定千位，問該錢若干。

答：五十七千廿四文。

假如皮油二千三百八十四斤，每百斤賣良五兩七錢五分，以百斤下一位定兩位。問該良若干。

答：一百三十七兩〇八分。

假如糯米八百一十三石四斗四升，每石賣良一兩一錢七分五厘。以石下一位定兩位。問該良若干。

答：九百五十五兩七錢九分二厘。

假如良三百一十一兩六分，每良一兩架下買鹽一百四十七斤半。以兩下一位定百斤位。問該鹽若干。

答：四萬五千九百六十一斤。

假如有錢六十二兩五錢。每兩賣銀一錢〇二厘四毫。以兩下一位定錢位。問該良若干。

答：六兩四分。

假如點過兵十萬〇三千七百五十名，每名給良四分二厘五毫六絲。以石下一位定分位。問該良若干。

答：四千四百一十五兩六錢。

假如良四十六兩八錢，每良一兩買麯一百一十七塊半。以兩下一位定百塊位。問該麯若干塊。

答：五千四百九十九塊。

假如地三頃九十畝〇六分二厘五毫，每畝該認差良二分〇四毫八絲，以畝下一位定分位。問該認差良若干。

答：八兩。

假如田九頃七十六畝五分六厘二毫五絲，每畝派糧米一斗〇二合四勺。以畝下一位定斗位。問該糧米若干。

答：一百石。

假如稻五萬三千一百廿五石斤，每百斤做熟米四斗二升五合六勺。以百斤下一位定斗位。問該米若干。

答：二百廿六石一斗。

假如米二百九十二石六斗，每石換黃豆一石二斗〇八合。以石下一位定石位。問該豆若干。

答：三百五十三石三斗四升。

假如買正陽斛豆八百六十五石，每石赴蘇斛量一石六斗六升八合。以石下一位定石位。問該蘇斛豆若干。

答：一千四百四十二石八斗二升。

假如良二百四十兩，每良十兩買豆十石〇八升七合五勺。以十兩下一位定十石位。問該豆若干。

答：二百六十一石。

假如香料五百七十六斤，每百斤賣良三十七兩二錢五分。以百斤下一位定兩位。問該良若干。

答：二百一十四兩五錢六分。

假如稻油七百二十八斤，每百斤賣良五兩六錢二分五厘。以百斤下一位定兩位。問該良若干。

答：四十兩〇九錢五分。

乘法帶畄斤。

假如良七萬兩。兩米斤。問該若干斤。

答：四千三百七十五斤。去七改四，下一位是三。下一位是七，下一位是五。以十位定斤。依畄斤歌云：七四三七五。

又如：黃金三百七十五斤。斤求兩。問該若干兩。

答：六千兩。以斤位定十兩。

如六千兩，問斤。則依畄斤歌云：六三七五。去六改三，七五俱下一位。斤如求兩身加六三，得三三六一十八七，得七六七四十二五，得五五六，得三十。以斤位定十兩，是六千。

假如人參九斤十一兩，畄每斤賣良十二兩三錢二分。以斤下一位定十兩。問該良若干。

答：一百一十九兩三錢五分。依畄斤歌云：十一六八七五。以九斤下之一子改六又下一位之子改八，下一得七。再下一位得五，始以良價乘之。

假如檀香五斤十三兩。畄每斤賣良四錢四分八厘。以斤下一位定錢位。問該良若干。

答：二兩六錢〇四厘。亦如前之畄法十三八一二五，以斤下之一子改八，又下之子改一，再下二位得二，得五，以價乘之。

假如銅器四斤二兩，畄每斤賣良二錢二分四厘。以斤下一位定錢位，問該艮若干。

答：九錢二分四厘。亦如前当二一二五是也。以價乘之。

假如艮一兩九錢五分，每艮一錢買蜜一斤十兩。当十六二五以錢下一位定斤。問該蜜若干。

答：三十一斤三兩。当斤下餘一八七五是三也。定斤畢，即將八七五盡去。將一之子添作三，是三兩，曰当。

假如艮三十一兩二錢五分，每艮一兩買猪肉七十二斤十二兩。以兩下一位定十斤位。問該猪肉若干。

答：二千二百七十三斤七兩。当

假如茶葉六斤十四兩，当每斤賣艮二錢五分六厘。以斤下一位定錢。問該艮若干。

答：一兩七錢六分。則曰：十四八七五。

假如白蠟十五斤十兩，当每斤賣艮五錢七分六厘。以斤下一位定錢。問該艮若干。

答：九兩。則曰：十六二五。

假如白銅錢件二斤十三兩。当每斤買艮二錢八分八厘。以斤下一位定錢。問該艮若干。

答：八錢一分。則曰：十三八一二五。

假如連皮麝香九兩三錢六分。当每斤賣艮十二兩八錢算。該斤下一位定十兩。今以兩位定十兩。問該艮若干。

答：七兩四錢八分八厘。

假如黄蠟三百〇八斤四兩，当每斤賣艮一錢〇八厘。以斤下一位定錢。問該艮若干。

答：三十三兩二錢九分一厘。

假如小麥五石五斗，每石磨麵八十六斤十二兩。当以石下一位定十斤。問該麵若干。

答：四百七十七斤二兩。当

假如醬黄二百六十四斤，每斤用鹽四兩。当以斤下一位定兩。問該鹽若干斤。

答：六十六斤。

假如菉豆三十六石，每石做粉七十六斤四兩。当以石下一位定十斤。問該做粉若干。

答：二千七百四十五斤。

假如兵五千六百七十八名，每名造甲棉花二斤一兩。以名下一位定斤。問該棉花若干。

答：一萬一千七百一十斤十四兩当。

假如芝麻十石，打油五百六十二斤半。問每芝麻一石該打油若干。

答：該五十六斤四兩当。問每斗打油若干。答：該油五斤十兩当。

問每升該打油若干。答：該油九斤当。

假如用艮五錢三分六厘，買物一斤。問每兩價若干。

答：三分三厘五毫。

法以艮五錢三分六厘在位，用当斤法自六当起，六当三七五，三当一八七五，五当三一二五，共成三分三厘五毫是也。餘倣此。

假如濕粉二千七百四十五斤，每斤晒乾粉十一兩。以斤下一定位定兩。問該晒乾粉若干。

答：一千八百八十七斤三兩当。將一子改作三八七五盡去。

假如生肉三十七斤，每斤煮熟肉十二兩。当以斤下一位定兩。問該熟肉若干。

答：二十七斤十二兩当。將七之子改作十五之子，改作二後，照前当。

此兩條俱是以每斤得十几兩，法寔相乘。不曰以斤下一位定十兩，而曰以斤下一位定兩者，蓋曰：兩數之多寡，于是位定也。故首條乘畢，斤下一八七五是三兩矣，使爲八一二五則十三兩矣。次条乘畢斤下七五是十二兩矣。使爲一二五是二兩矣，故曰：兩數之多寡，于是位定也，兩條與之前之斤下定兩之法原無異，第有每斤得十几兩之語，恐以斤下一位認真定十兩之數則謬矣，是以又辨及耳。

法寔相同歸除明

凡相同有二説。一以艮買物。寔是艮數，法是物價。亦艮數，故謂之相同也。一以物賣艮每艮一兩，物該若干？寔是物數，法是每兩之物數，亦謂之相同也。

求揔，用因乘還原。

清·董恩新《珠算一得》 乘除演算

九九乘數演算式：按九九乘數，以一二三四五六七八九爲實，以九數爲法。依次乘之，各得所乘之數，再以除法還原。

鳳凰三點頭：九遍均以二八八六爲實，以三五爲法，乘之，依次以三五加之，各得所乘之數。

第一遍　以二八八六爲實，以三五爲法。乘之，得數一〇一〇一〇。所謂三點頭者以此。

定位法：以實數作爲大數，二千八百八十六以三十五數乘之，得數十萬〇一千〇一十。還原用三歸五除。

二遍　以下均以二八八六爲實。此遍以七爲法，得數二〇二〇二〇。
三遍　以一〇五爲法，得數三〇三〇三。
四遍　以一四爲法，得數四〇四〇四。
五遍　以一七五爲法，得數五〇五〇五。
六遍　以二一爲法，得數六〇六〇六。
七遍　以二四五爲法，得數七〇七〇七。
八遍　以二八爲法，得數八〇八〇八。
九遍　以三一五爲法，得數九〇九〇九。

定位須知

乘法提綱：從實首順數至單數而止，下一位即法首所在。

乘法定位訣

相乘無顛倒，從實挨次查。逢單下一位，法首定無差。

從實首順數，至單位而止。下一位即法首之數。

如有數二十八與一百三十五相乘。問數若干。宜以少者爲法，多者爲實。

答曰：三千七百八十。

八
法首二十　○　四四　即法首十數　八十
五單　一二六八　單數下一位，　七百
三十　二　一三千　應得之數。
實首　一百

如有數六十，與五百相乘。問數若干。

答曰：三萬。

法首六十　○　首十數所在　十　從十數逆
單　單數下一位，即法　百　上至萬，
十　從實首百數，順查至　千　遇三便知
實首　五百　三　五六相乘之數。　萬　是三萬也。

如有銀三十五兩，每兩換錢一千一百五十文。問合錢若干。

答曰：合錢四十千〇二百五十文。

五十
法首一千　一百
○　五　五十
○　二五五　二百
○　五一三　一　〇千　兩下定法首，
五兩　三　一　四十　知應得之數。
實首三十

如有桿草五萬斤，每斤二忽。問該錢若干。

答曰：該錢一文。

法首二忽　○　法首二忽之位　忽　從忽逆
單　斤爲單，單下定　絲　數陞上
十　毫　合得一
百　厘　文錢也。
千　分
實首五萬　呼二五得一　文

今有高粱六斗九升，每斗換麵十四斤半。問換麵若干。

答曰：一百斤〇〇〇八錢。

半
四斤　將半作爲五，緣八兩爲五也。
法首十　○　五　五錢　以加六之法加之
○　四六　〇兩　五六加三，知其

法實皆小，在單數以下者。乃用此法。

蓋歸則從實之前一位，作爲實之分厘。向上而求整數，爲定位張本。歸除畢，則以整數之價，順而下之，即知爲若干物也。

乘則從實之下一位，作爲實之分厘。向上求整數，爲定位張本。乘畢，則以整數之物順而下之，即知爲若干價也。

乘法

如換銀每兩價一千六百，有銀三厘。問該錢若干。

置銀三厘爲實，即以實之下一位作爲厘。實位作爲分，實之上一位爲錢，再上一位爲兩。乘畢，則兩之位爲千，千下爲百，百下爲十，十下爲文。蓋四文八分錢也。

除法

如銀價一千六百，有錢三文。問買銀若干。

置三文爲實，以實之上一位作文，再上而十而百而千。歸除畢，則千之位爲兩，次而錢，而分，而厘。蓋一厘八毫七絲五忽也。

此陳子庸先生説也。以予所見，無論乘除。皆當從實首向上數之。乘則從實首三厘，數至兩而止。下一位即定一千之位。乘畢，數至實位，即知所得之數。歸除從實首三文，向上數至千位而止。前一位即是兩，順下數之，即知歸除後所得之數。

如前所云：桿草五萬斤，每斤二忽。從萬數至斤而止，下一位定二忽之位。乘畢，逆數向上，即知爲一文錢也。若欲還原，不得拘歸起實前之説，須就一文，順下數之，至忽而止。前一位得斤，由斤向上數之，歸後仍得五萬斤。

此是先乘用歸除還原。

如前所云：赤金二錢，作四百人分之。從實首錢上，向前逆數，錢之上一位是兩。而十、而百，遇法首百數即止。前一位是兩，由兩順下數之，知歸出之數，而五毫。若欲就此還原，須用乘法。從五毫，逆上數之，由毫而厘、而分、而錢、而兩，遇兩即止。下一位定法首之位。緣歸除時，遇法首即止。前一位是單，此用乘法還原。仍當遇兩即止。下一位定法首四百之位，向下數之，由百而十、而單、而錢，即知還原之數爲二錢也。

此是歸除後，用乘法還原。不得拘乘起實後之説。

由二説觀之，是歸除有時從實後定位，乘法有時從實前定位，亦是求整却零之法。

○　三九三四　一　○斤　爲八錢。

九升　二六　首十斤位　‖　○十　逆上知其爲

實首六斗　斗下定法　一　一百　一百斤。

以六斗九升爲實，以十四斤半爲法。中用筆算乘法，乘出之數。併之，得十者歸之於前。視其數之多寡而列之。再以斗下定十斤，挨位數之，知是一百斤○○○八錢也。錢上之五，加六爲八，除乘出斤數不動外，凡遇兩錢分厘等數，皆當以六加之。方爲(的)[得]數。若欲還原，仍將所加之數除去。依次歸除即得。

以上所定各式，係予從珠算、筆算會通而得。其中定位，亦甚分明。收録之以備一格。

乘除、定位各訣已爲詳釋。兹又有乘除、定位捷法，爲法不同而同歸於是，故演數式於後，以俟用之者，各從其便焉。

乘除定位捷法歌訣：單二、十三、百四立，千五、萬六、十萬七。百萬爲八，千萬九，萬萬爲億、方言十。

乘法定位：以實首之數爲主，從實首向下數，單二十三、百四立等句，此專指實首之數而言。所謂單者，乃實首是單數也。所謂二者，指實首第二位。言法首之數，即在此也。以定法首之數，是以實首而定法首也。

乘法定位式：凡乘法無論大小數，皆從實首向下數。法實任其顛倒，可以互求。

如有三十二尺，與二百尺相乘。問得若干。

答曰：六千四百尺。

二尺

法首三十　　　四　　　從十逆數陞上，知是

　　　三　　　六千四百尺也。合問。

實首二百　一　二　二二下爲四，此位得四百　法首十數所在

一二三下爲六，此位得六千　從百數至第四位即是。

定位須知：此以實首而定法首也。若以法首之數爲主，從實首向下呼。法首是十，衹從實首向下數，至三位即實首百數之位。從百上逆數，亦知其爲六千四百尺，是又以法首而定實首也。所謂乘法無顛倒者，以此。

小數乘除定位歌訣：

小數乘除定位法，實位挨身上下查。歸起實前乘起後，求整御零可不差。

掌中乘除預先定位圖説歌訣：

此法於未經乘除以前先爲定位，與前二法稍有不同。而同適於用。以寅字爲實首，仍用單二十三、百四立等句歌訣。乘從寅子逆數定法首，歸從寅字順數定實首。已得法首實首之

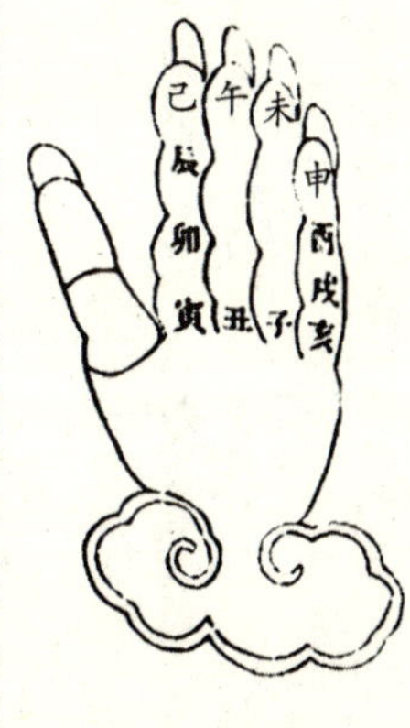

數，即行退回。乘數單、十、百、千、萬，歸數萬、千、百、十、單，仍數至寅字。即知乘除以後之數。但有要訣，不可不知。一切乘除，俱以寅字爲實首固矣。如遇乘法，呼一一如一，二二如四，二四如八等句。則當退一位，以定乘出之數。如遇除法，逢幾進幾，則當進一位，以定歸出之數。有兩句歌訣：遇如須知位在丑，專指乘法。言逢當向卯中行。專指除法。

以此乘法定位，更覺敏捷。

掌中乘法定位式

如有院落一座，長八十五尺，寬三十八尺。問得若干尺。

答曰：三千二百三十尺。

法以八十五尺爲實，以三十八尺乘之。從寅字逆查單二十三，則法首十數在子。由子順數至寅，知寅位是三千尺。合之，共得三千二百三十尺。

如有銀五十兩，每兩换錢一千二百五十文。問合錢若干。

答曰：六十千。

法以五十兩爲實，以一千二百五十爲法。乘之。從寅字數單二十三實首是十數，查至第三子位上得法首千數。由千向下順數，子位是千，丑位是十千，因法首是一，呼曰一五如五，正是歌訣。所謂遇如須知位在丑，則丑位十千，爲得數之位。先有二五得一十，又有一五如五，共得六十。知是六十千也。

清·潁奇增《算林必法》卷一　九因歌

學算九因須記熟，起手先從末位揮。言十就身如下位，若要還原用九歸。

假如有蠔豉每斤價銀一錢二分，今來蠔鼓十二斤四兩。問該銀若干。

解曰：取貨爲先俱用乘法。置十二斤四兩在位，先將斤下四兩化作二五，共得十二斤二五，爲寔。以每斤價銀一錢二分爲法。乘之。

答曰：該銀一兩四錢七分。

假如有海参，每斤價銀三錢二分。今來海参二十斤零八兩。問該銀若干。

解曰：取貨爲先俱用乘法。置二十斤零八兩在位，先將零八兩化作五子，共得二零五子爲寔。用每斤價銀三錢二分爲法。乘之。

答曰：該銀六兩五錢六分。

假如有帶子每斤時值價銀二錢二分。今來帶子八十三斤。問該銀若干。

解曰：取貨爲先俱用乘法。置帶子八十三斤爲寔，以每斤價銀二錢二分爲法。乘之。

答曰：該銀一十八兩二錢六分。

清·陳瑶《算法正宗》卷一　安徽額徵地丁銀一百七十一萬八千八百二十四兩，每兩只納漕項四分六釐。問漕項銀若干。

七萬九千〇六十五兩九錢〇四釐。

用乘法

六釐
四分
法

四兩　四六二十四，四四一十六。法分與兩對遇兩止，下一位是分。　四釐
二十　二六一十二，二四如八。　〇
八百　六八四十八，四八三十二。　九錢
八千　六八四十八，四八三十二。　五兩
一萬　一六如六，一四如四。　六十
七十　六七四十二，四七二十八。　〇
一百　一六如六，一四如四。　九千
　七萬

還原用歸除

四釐　兩對分遇分止，上一位是兩。
〇　四一二十二，逢八進二十；四六除二十四。
九錢　四一二十二，二六除一十二。
五兩　四三七十二，逢四進一十；六八除四十八。
六十　見四無除作九四，起一下還四；六八除四十八。
〇　逢四進一十，一六下除六。
九千　四三七十二，六七除四十二。
七萬　逢四進一十，一六下除六。

右載撞歸，及起一施原數。疊見且歸乘語句具備知歸除者，習此愈熟。未

知歸除者，習此即知雖所載，僅一歸六除末及。多位即由七除、八除，以及十餘除六。只挨次除下，及末位而止。但乘法不可用掉尾乘，必自第二位乘起，次及第三、第四、末位俱乘畢，然後破第一位。

清・王如章《簡明珠算》 九九合數

乘除加減，皆呼(次)[此]數。故呼小數在上，大數在下。【略】

右法遇十挨身上，逢如下位加。謂句内有十字之數，就本身之位上之，若句内有如字之數，下一位上之也。

因法訣

因法須呼九九數，起手先從末位推。言十就身如下位，若要還原用九歸。

此訣讀熟即知言十者，乃是呼九九數而遇十之句。言如者，乃是呼九九數而逢如之句。

乘法訣

相乘之法留頭真，起手先將法二因。三四五位乘偏了，欲將法首破原身。

此訣請熟即知法二者，乃法之第二位也。法首者，乃法之首位也。留頭者，留實之本位。將以二位以下，呼九九數挨次乘來。乘畢，然後將首位破原身也。

清・佚名《算學歌訣》 九九合數歌少數在上，多數在下。加減乘除，皆呼此數。

因法訣：

因法須呼九九數，起手先從末位推，言十就身如下位，若要還原用九歸。

乘法訣：

下乘之法留頭真，起手先將法二因，三四五來乘偏了，卻將法首破原身。

因法訣：

右法遇十本身改，逢如下位加。

【略】

附録《算迪》四言訣三則

乘法訣：乘始實尾，逆上勿忘。視實某數，録籌某行。行積之首，或圈或字。均與實對，並列勿異。録訖併之，定位名之。單實下位。法首無疑。

除法訣：除先實首，挨次下訖。紀實截位，數籌加一。若是小法，實首加圈。亦算一位，大法不然。位若不足，補圈實尾。截位既畢，與籌較比。某行之積，與截實符。或略小者，録而減諸。籌積截實，位數既合。並脚平頭，對列勿錯。並用曲綫，對界相當。取其行數，書爲初商。書亦平頭，三者並列。餘實續商，法同無别。法實同等，録法實旁。法首得零，定位可詳。

【略】

清・江南商業學校《最新珠算教科書》卷中第五章《乘除第一類》 九九生數歌訣【略】

解：右各句中有如字者爲一類。若二三如六，則置珠 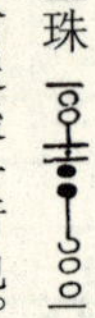 作爲  或 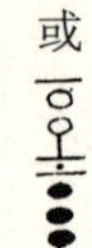 作爲 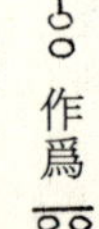 置得數於退後一行也。句中有十字者爲一類。若三七二十一，則置  作爲  或 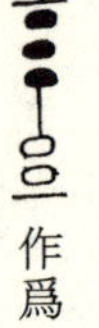 作爲 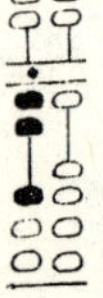 置十數於本行，置單數於退後一行也。故曰：法一位則降一位，餘句仿此類推。

按：乘法之法實可以互换。如二三如六，可作三二如六。如三七二十一，可作七三二十一。觀上算圖自明。

乘法第一類

設題一　買鉛筆二十四枝，每枝銅圓二枚。共銅圓若干。

此題亦可用加法作之。如置 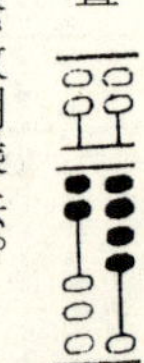 加二十四。得  是也。若數大則加法太繁故用乘法。

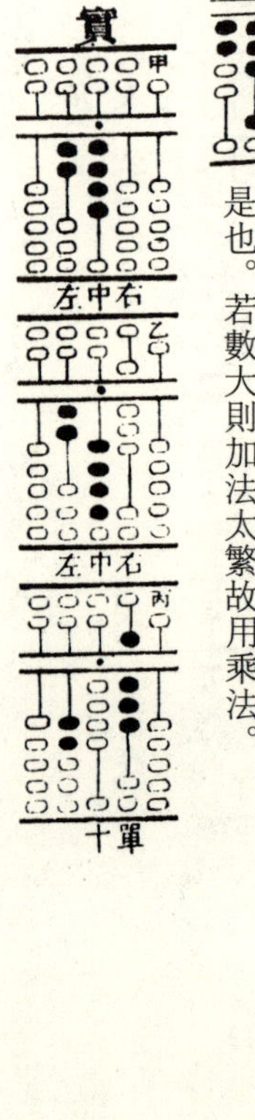

法二。

解：置實二十四於算盤中央，置法二於左端。如甲圖。見中行四珠，即唸二四如八，用食指拂去四珠，齊用大中兩指置八於右行，如乙圖。見左行二珠，即唸二二如四。同法拂二置四，如丙圖。即四十八也。而位置卻俱移左一行。

設題二　倉三座，每座盛粟五十三石。共有粟幾石。

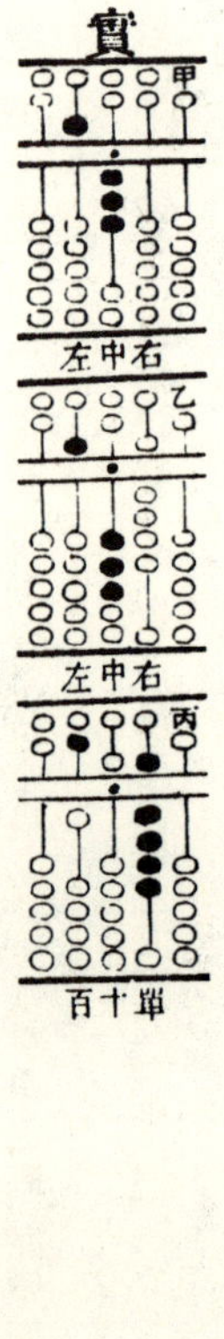

法三。

解：置實五十三與法三同前。如甲圖。拂去三，即置三三如九。如乙圖。拂去五，即置三五一十五。如丙圖。得粟百五十九石。

設題三　桃一枚值錢四文，買桃四十七枚。共錢幾文。

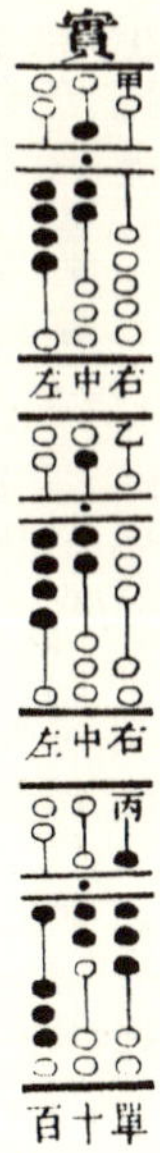

解：置實四十七，法四同前。如甲圖。見七即置四七二十八。如乙圖。見四即置四四一十六。如丙圖。在左行改四爲一，在中行須加六於二也。

法四。

設題四　櫻桃樹五株，每株生櫻桃五百六顆。共幾顆。

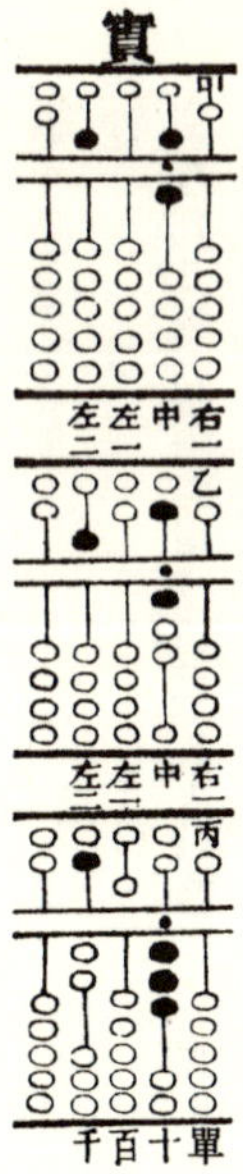

法五。

解：實有空位可不乘，乘畢單位無珠，則此行爲空位。共櫻桃二千五百三十顆。撥珠法同前。不贅。

設題五　蜜蜂六桶，每(顆)[桶]八百三十四顆。共蜜蜂幾顆。

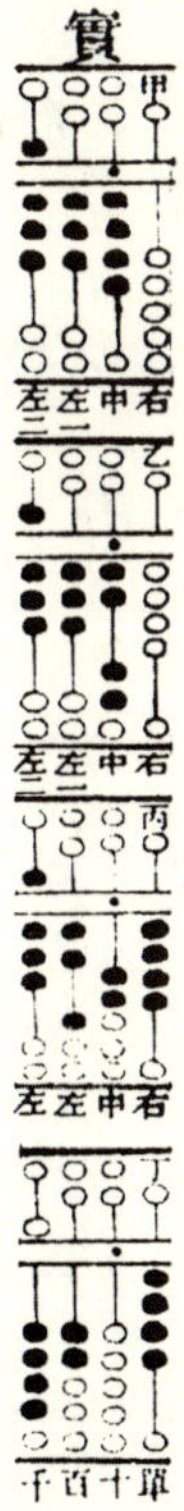

法六。

解：置八百三十四。如甲圖。六乘四得二十四。如乙圖。六乘三得十八，左一行置一而中行加八。乃八去二進一，故左一行得二也。如丙圖。六乘八得四十八，左二行置四，左一行加八，亦八去二進一，即左二行得五也。共五千零四顆即六桶蜜蜂之總數。

設題六　貧民七十人，每人給錢七十二文。共給錢幾文。

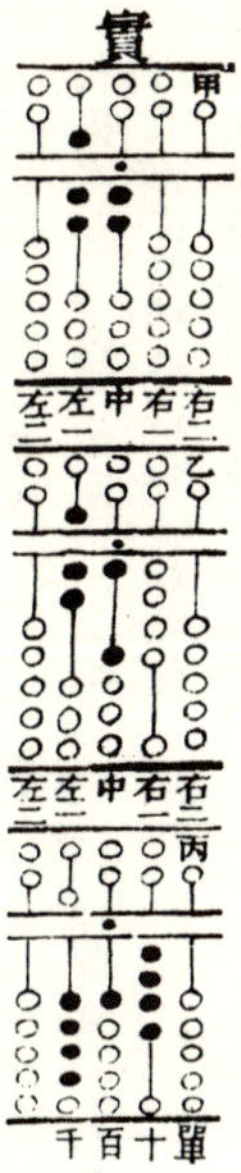

法七十。

解：撥珠法亦同前，惟法爲十位，合單位空爲二位。則乘畢之數，亦須加一空位。故乘得數爲五千零四十也。

設題七　傭工一日給錢八十文，做工百五十日。給若干。

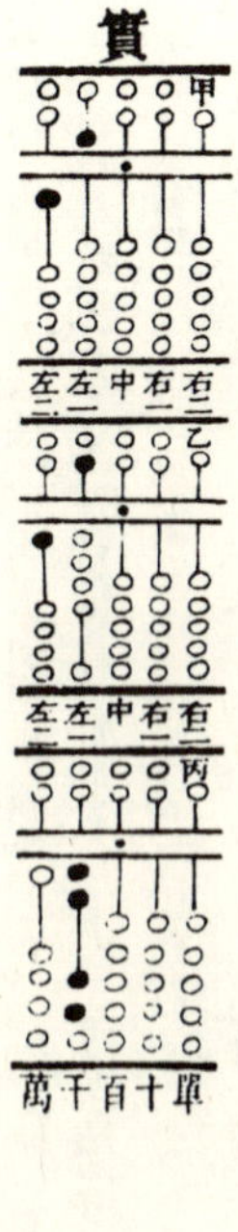

法八十。

解：實比前多一空位，而五八得四十，又增一空位。故乘得一萬二千也。仿此法爲二位則乘得之行，比實降二位，乃一定之法，可不必問實空位之多少。觀圖自明。

設題八　洋一圓兑錢九百文，洋三十九圓。兑錢若干。

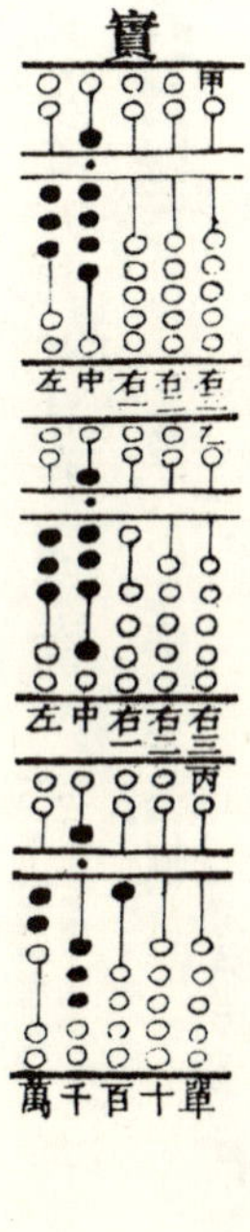

法九百。

解：法爲三位數，乘得數亦降三位，得三萬五千一百也。

設題九　大洋一圓可兑角洋十枚，又可兑銅圓百枚，又可兑制錢千文。有大洋百二十八圓，兑角洋或銅圓或制錢若干。

解：一乘不須乘，將各位降右。故十乘降右一位，即角洋一千二百八十枚。百乘降右二位，即銅圓一萬二千八百枚。千乘降右三位，即制錢十二萬八千文。

按：乘法於算盤中，位雖降而數則升，與筆算之降位法相反。學者須辨之。

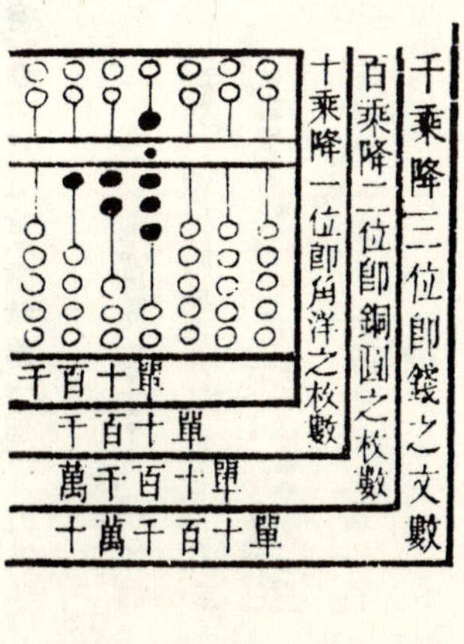

圖表

明・徐心魯《盤珠算法》卷一

二因法 從右邊打起

九 八 七 六 五 四 三 二 一

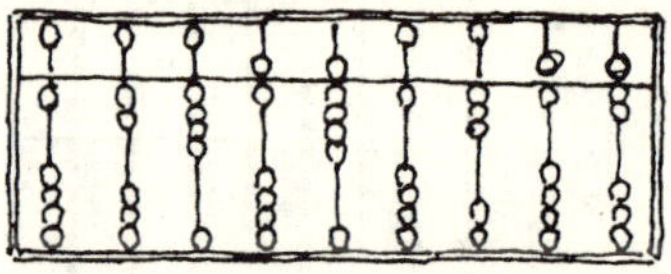

二九一十八 二八一十六 二七一十四 二六一十二 二當一十 二四如八 二三如六 二二如四 二一如二

四因法式

九 八 七 六 五 四 三 二 一

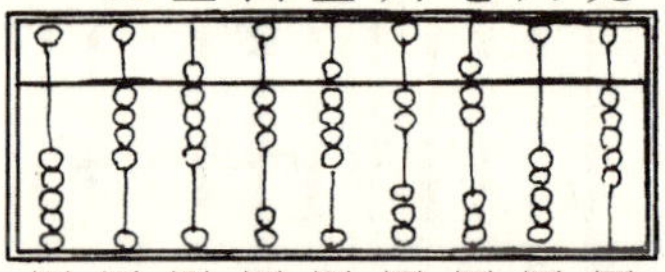

四九三十六 四八三十二 四七二十八 四六二十四 四五二十 四四一十六 四三一十二 四二如八 四一如四

三因法式

九 八 七 六 五 四 三 二 一

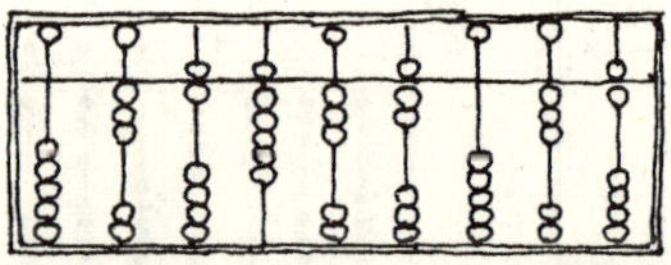

三九二十七 三八二十四 三七二十一 三六一十八 三五一十五 三四一十二 三三如九 三二如六 三一如三

五因法式

九 八 七 六 五 四 三 二 一

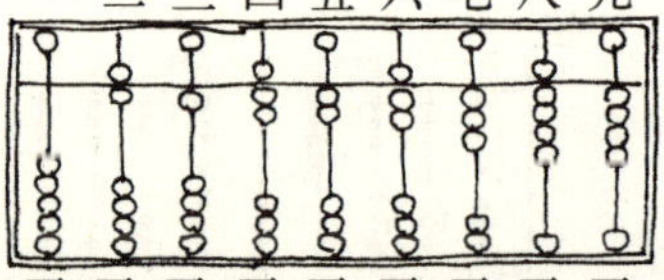

五九四十五 五八當四十 五七三十五 五六當三十 五五二十五 五四當二十 五三一十五 五二當一十 五一如五

六因法式

九 八 七 六 五 四 三 二 一

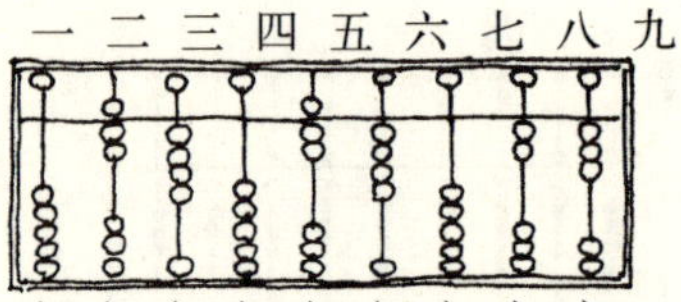

六九五十四 六八四十八 六七四十二 六六三十六 六五當三十 六四二十四 六三一十八 六二一十二 六一如六

七因法式

九 八 七 六 五 四 三 二 一

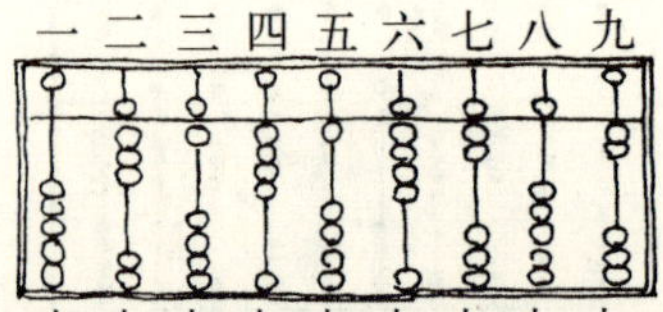

七九六十三 七八五十六 七七四十九 七六四十二 七五三十五 七四二十八 七三二十一 七二一十四 七一如七

八因法式

九 八 七 六 五 四 三 二 一

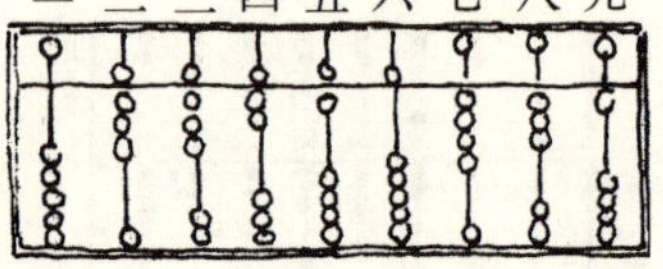

八九七十二 八八六十四 八七五十六 八六四十八 八五當四十 八四三十二 八三二十四 八二一十六 八一如八

九因法式

九 八 七 六 五 四 三 二 一

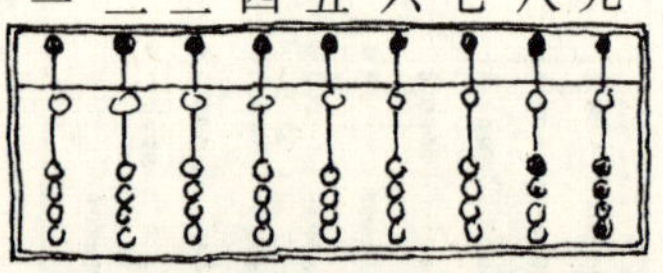

九九八十一 九八七十二 九七六十三 九六五十四 九五四十五 九四三十六 九三二十七 九二一十八 九一如九

明・柯尚遷《數學通軌・學算須知》 算盤法實數

盤法宜後數静而謂之呼　盤實宜前數動而謂之分

法數　實數

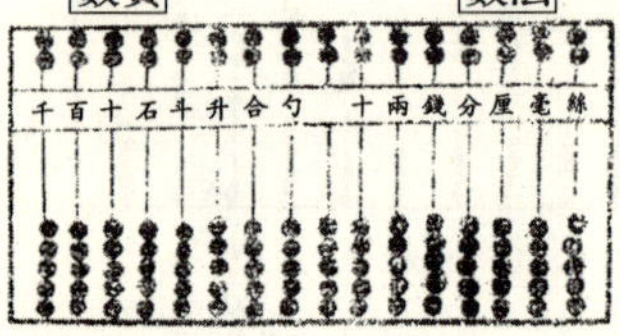

法之末位即下位

法之次位即下位

法之首位即前位

實之末位即次位即末位

實之三位即次位即下位

實之二位即次位即下位

實之一位即首位即前位

因　二

逆起

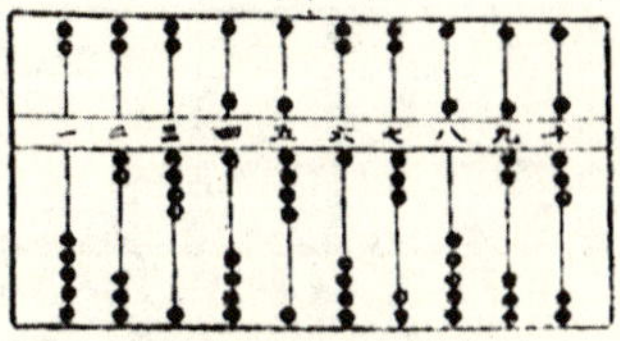

二九一十八
二八一十六
二七一十四
二六一十二
二五一十
二四如八
二三如六
二二如四
二一如二

歸　二

順起

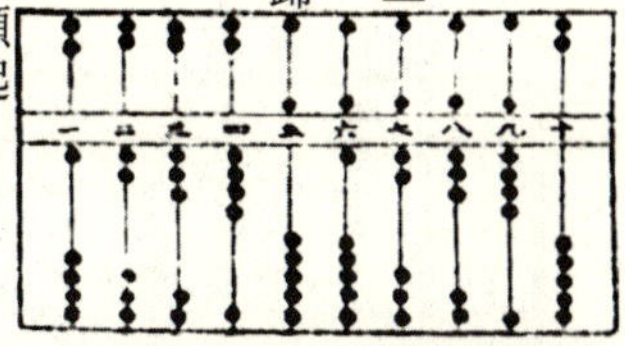

逢八進四十
逢六進三十，二一添作五
逢四進二十，二一添作五
逢二進一十，二一添作五
二一添作五
逢八進四十，二一添作五
逢六進三十
逢四進二十
逢二進一十

因　三

逆起

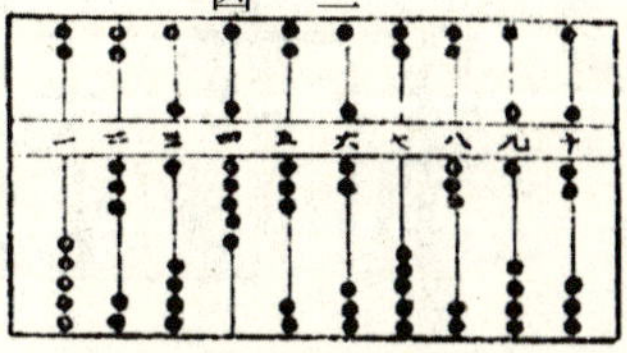

三九二十七
三八二十四
三七二十一
三六一十八
三五一十五
三四一十二
三三如九
三二如六
三一如三

歸　三

順起

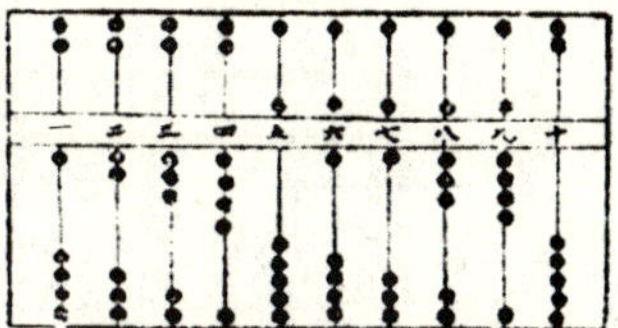

逢九進三十，三一六十二
逢六進二十，三二六十二
逢三進一十，三一六十二
逢六進二十，三二六十二
逢三進一十，三二三十一
逢九進三十，三一三十一
逢六進三十
逢三進一十

因　四

逆起

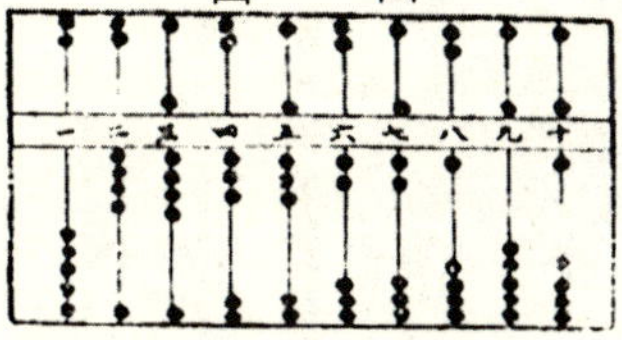

四九三十六
四八三十二
四七二十八
四六二十四
四五二十
四四十六
四三一十二
四二如八
四一如四

歸　四

順起

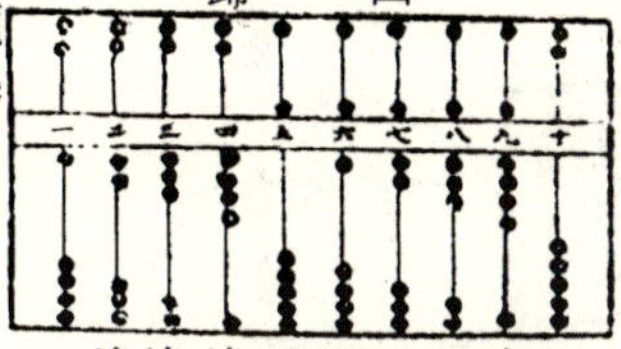

逢八進二十
逢四進一十，四三七十二
四三七十二
逢四進一十，四三七十二
四二添作五
逢八進二十
逢四進一十，四二添作五
逢八進二十，四一二十二
逢四進一十，四一二十二

因　五

逆起

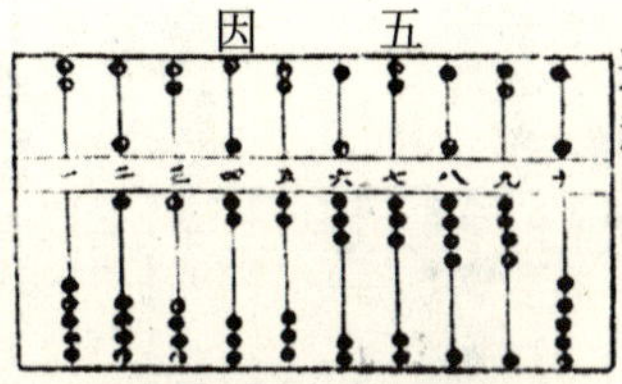

五九四十五
五八方四十
五七三十五
五六方三十
五五二十五
五四方二十
五三一十五
五二一十
五一如五

歸　五

順起

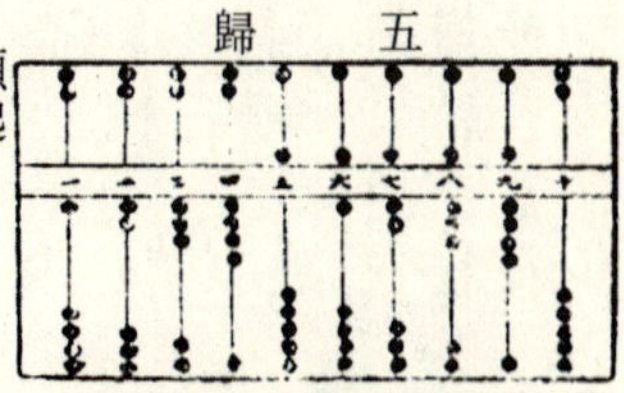

逢五進一十
逢五進一十，五四倍作八
五三倍作六
逢五進一十，五三倍作六
五二倍作四
逢五進一十，五二倍作四
五一倍作二
逢五進一十，五一倍作二

因　六

逆起

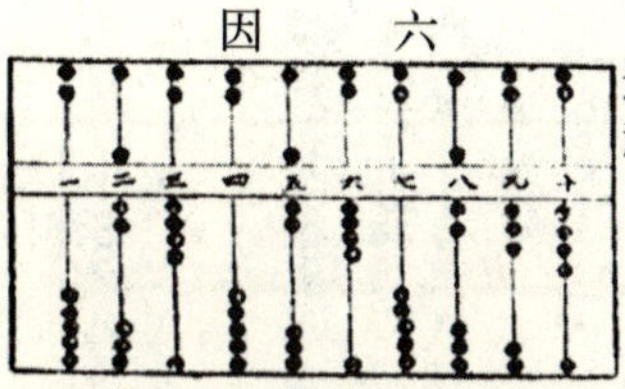

六九五十四
六八四十八
六七四十二
六六三十六
六五方三十
六四二十四
六三一十八
六二一十二
六一如六

歸　六

順起

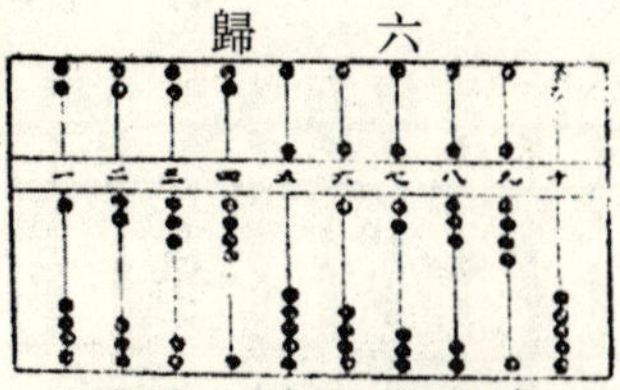

逢六進一十，六五八十二
逢六進一十，六五八十二
六四六十四，六四六十四
六三添作五
逢六進一十，六二三十二
六二三十二
逢六進一十
逢六進一十，六一下加四

因　七

逆起

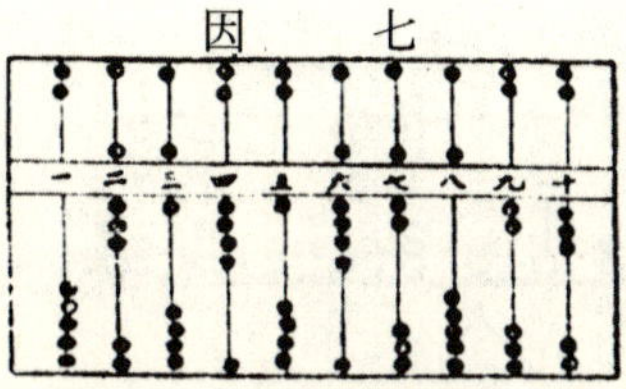

七九六十三
七八五十六
七七四十九
七六四十二
七五三十五
七四二十八
七三二十一
七二一十四
七一如七

歸　七

順起

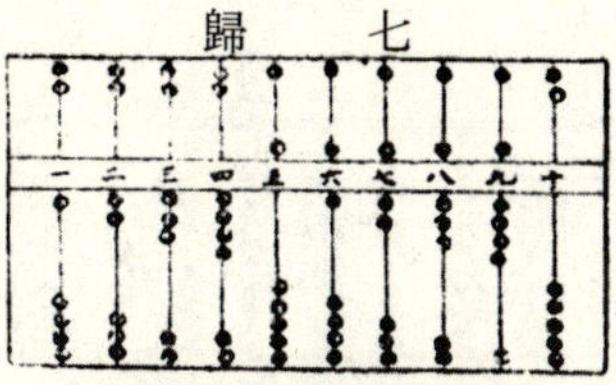

逢七進一十，七六八十四
七六八十四
逢七進一十，七五七十二
逢七進一十，七四五十五
七三四十二，（七三四十二）
逢七進一十，七二下加六
逢七進一十，七一下三三
逢七進一十

八因

逆起

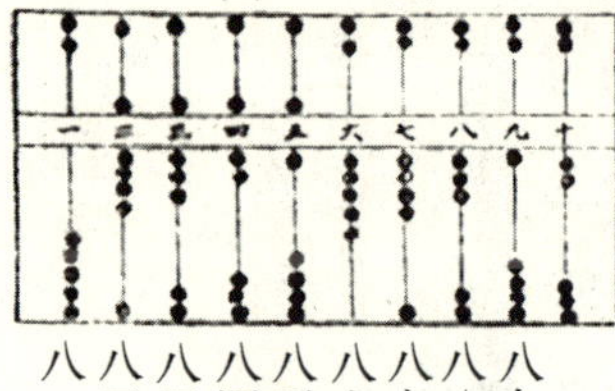

八九七十二
八八六十四
八七五十六
八六四十八
八五方四十
八四三十二
八三二十四
八二一十六
八一如八

八歸

順起

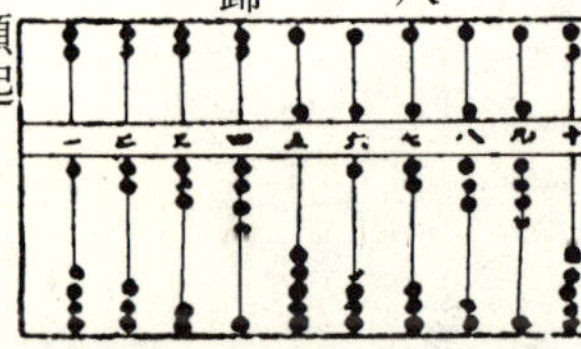

逢八進一十，八七八十六
八六七十四
八五六十二
逢八進一十，八四添作五
逢八進一十，八三下加六
逢八進一十，八二下加四
逢八進一十，八一下加二

九因

逆起

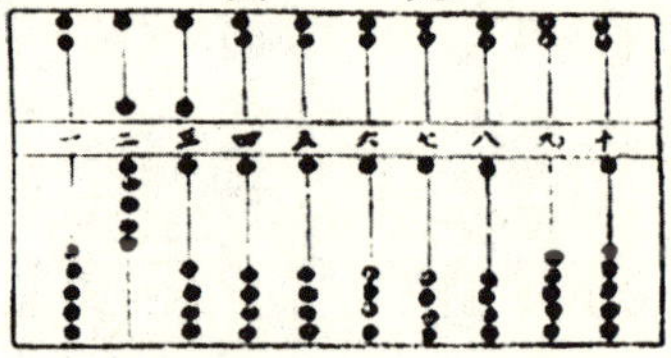

九九八十一
八九七十二
七九六十三
六九五十四
五九四十五
四九三十六
三九二十七
二九一十八
一九如九

九歸

順起

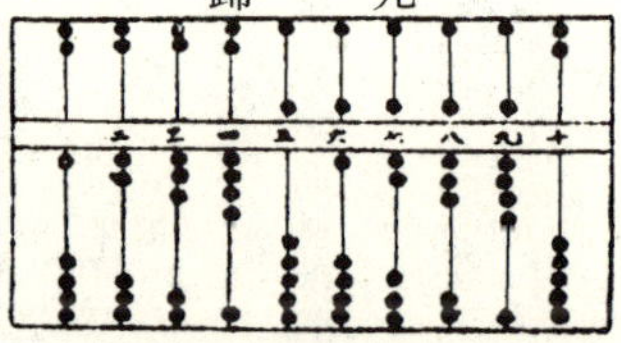

九退一還十
見八加八
見七加七，
見六加六
見五加五，
見四加四
見三加三
見二加二
見一加一
逢九進一十

明·程大位《算法統宗》卷二 分別法實左右圖

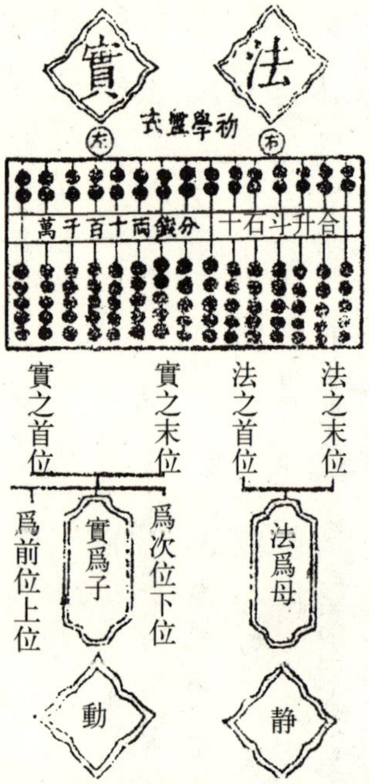

清·梅瑴成《增删算法統宗》卷一 珠盤式

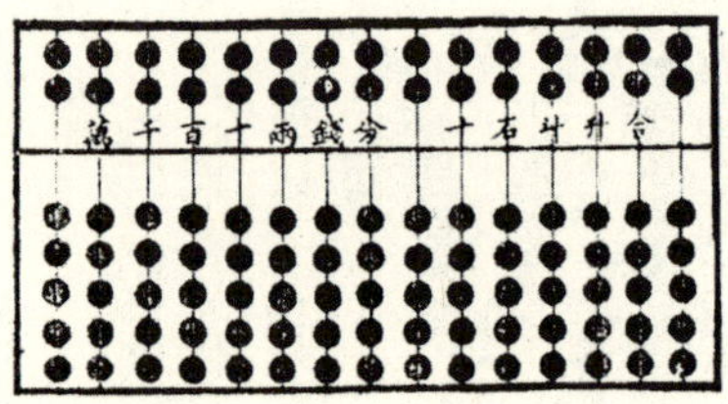

右　　法　　爲後爲下

左　　實　　爲前爲上

留頭乘法

題解

明·程大位《算法統宗》卷二《乘法》 留頭乘

按：因與乘一也。單位者謂之因。位數多者謂之乘。特以此而異其名耳。原有破頭乘、掉尾乘、隔位乘，總不如留頭乘之妙，故皆不録。【略】

用留頭乘法，若依盤式小九數，位次先後不一，難以挨次。今將暗馬數以別先後，庶不亂矣。暗馬式，已附一卷大數前。

清·汪訒庵《指明算法》卷上 乘法

按：乘法，原有破頭乘、掉尾乘、隔位乘，揔不如此留頭乘之妙。留頭乘者，留其本身，於下位挨身乘起是也。俟第三、四、五行挨乘遍了，方破其本身。破此一位，則又過前一位乘之，但位次俱要照樣挨乘。如此乃爲乘。【略】

用留頭乘法，若依盤式小九數位次先後不一，難以挨次，今用暗馬〡〢〣〤〥〦〧〨〩〡　數目以別先後，庶不亂矣。

清·沈士桂《簡明算法》卷一　乘法明釋

夫乘者，乃求見総數也。亦如前因法，不拘法實左右。但以位數多者居左，少者居右。庶爲易乘，亦無差錯。將左手中指指定實之末位，照右法之，次位數目逐一相乘。已畢，然後破其本身。如此將實上數目，挨身算至首位而止，數即成矣。用歸除還原。蓋因與乘總一理也。單位者謂之因，位數多者謂之乘。故其名有異稱耳。

清·梅瑴成《增删算法統宗》卷一　乘法

乘法有數種，曰破頭乘，曰掉尾乘，曰隔位乘，曰留頭乘，惟留頭乘最妙，今用之。歌曰：下乘之法此爲真，起首先將第二因。以法之第二位，因實之末位也。三四五來乘遍了，謂法之第三、第四、第五也。却將本位破其身。本位，謂法之頭一位也。以法之頭一位與實尾位相乘，所謂留頭乘也。身，謂實尾位也，破其身者，破實尾數爲相乘之數也。實尾以上俱倣此。

清·方中通《數度衍》卷一　術曰：一位曰因，二位曰乘。有法有實，以法乘實，爲所求數也。然法實亦可互用。故曰相乘。一位法者，相因得數而已。法二位以至多位者，自左向右，用第二位法起，諸位法畢，然後乘法首位也。以法乘實，先乘實右末位，向左逐位徧乘，乘畢而實數即變爲所求數矣。有鼠尾乘、破頭乘，皆不適用，故不録。

清·李長茂《算海説詳》卷一　留頭乘法歌【略】

言留法首一位，先將法第二位數，順次從實下隔位乘起，至尾完畢。後將法首位破，應乘實身之位也。

算法

明·王文素《算學寶鑑》卷三　乘法

留頭乘法要知聞，法位先將第二因。三四五來乘遍了，纔乘法首變其身。

解曰：法有二位以上皆曰乘，生數之術也。其法有三：有自法尾乘，乘起而至上者。有自法首？乘起，而至下者。有自第二位乘起，至尾纔來乘法首，而變身者。此謂留頭乘法也。蓋留法首之位不乘，使寔身之數不變，則法之下位而便於乘也。在既乘法首必變寔身，實身既變，其於法位與執相呼而下數哉。乘雖有三，莫若留頭爲便。不拘幾位，法先從第二位乘起至尾，臨了纔乘法首變身。皆呼九九合數下之，自下而上，位皆然。亦尋根下定數，用歸法還原。合問。

備馬官馬三百七十四匹，每匹價銀二十五兩。問該銀幾何。

答曰：該銀九千三百五十兩。

法曰：置總馬三百七十四匹爲寔，以每匹價銀二十五兩爲法。乘之，退位得九三五數。

盤中定數法曰：從原立寔首百位起，順數至匹。於匹下定十兩，逆數陞回至頭位，得千兩。合問。

掌中定數法曰：從原主寔首百疋，順數夘位得十疋，辰位得匹。就從辰位得法首十兩，逆數陞回至夘位得百兩，寅位得千兩，是得九千三百五十兩。合問。

或先從寅位起，法首十兩，夘位得一兩，就於夘位得寔首百，陞回寅位得千。亦同。

懸空定數法曰：寔首是百，下二法首是十，下一併之得三，爲千。亦定得九千三百五十兩。又同。

梭布六千三百四十五疋，每疋價銀二錢一分六厘。問該銀幾何。

答曰：該銀一千三百七十兩五錢二分。

法曰：置所有布六千三百四十五疋爲寔，以每疋價銀二銀二錢一分六厘爲法，乘之，不退位，得一三七〇五二數。

盤中定數法曰：從原立寔首起千疋，順數至疋，於疋下定錢，逆數陞回至頭位，得千兩。合問。

掌中定數法曰：從寅位起兩，順數夘位得法首錢，就於夘位得寔首千，降回寅位得百，此係乘不退位，仍定千。是定得一千三百七十兩零五錢二分。合問。

懸空定數法曰：寔首是千，下三法首是錢，下一以少減多，餘二爲百，此係乘退位，定千。亦同。

民田一千二百三十四頃五十六畝七分八厘，每畝科糧五升三合五勺。問総科糧幾何。

答曰：六千六百零四石九斗三升七合七勺三抄。

法曰：置総田一千二百三十四頃五十六畝七分八厘爲寔，以每畝科糧五升三合五勺爲法。退位，得六六〇四九三七七三數。於畝下定升，是得六千六百〇四石九斗三升七合七勺三抄。合問。

綾一千二百三十四疋，每疋價銀三兩一錢二分五厘。問銀該幾何。

答曰：該銀三千八百五十六兩二錢五分。

法曰：置綾一千二百三十四疋爲寔，以每疋價銀三兩一錢二分五厘爲法。乘之，得答數。合問。

定位乘題　細物九萬八千七百六十五斤，每斤價鈔三十貫四百五十六文。問該鈔幾何。千文爲貫。

答曰：三百萬〇〇七千九百八十六貫八百四十文。

法曰：置総物斤數爲寔，以每斤價鈔爲法。乘之。合問。

空二位乘題：直田長四萬五千六百七十八步，濶三千〇〇六步。問該積步幾何。

答曰：一億三千七百三十萬零八千零六十八步。

法曰：置長濶步數，相乘得答數。合問。

解曰：空位乘者，要看何位空，超過不乘。

明·程大位《算法統宗》卷二　乘法

假如今有布四百二十五疋，每疋價銀二錢五分。問共該銀若干。

答曰：一百零六兩二錢五分。

法曰：置布爲實，以每疋價銀二錢五分爲法。乘之。合問。

定位法：只認疋下一位定錢，依次逆數陞上，合得也。

此所謂因乘俱向下位推。

五分
法首二錢　爲乘

起　丨　五五二十五。本位上二，右位加五，
位尾實　五疋　‖　二五得一十。變五爲一，右位加五，
Ⅲ　二五得一十。本位加一，
×　二二如四。本位去二，
二十　右位加四，
ꝺ　四五得二〇。本位加二，
位首實　四百　⊥　二四如八。本位去四，右位加八。

定位　五分
下位　是錢也，回向前逆數，還位陞之，合得。　二錢
疋　法首位是每疋二錢，遇疋即止，下一位得術是錢也。　六兩
十　〇
原實百　起呼百往後順數至疋。　一百
合得

還原用歸除，法詳後。

二一添作五，無除。起一下還一，四五除二十，逢四進二十，二五除一十，二一添作五，五五除二十五。

還原：　用歸除，法詳後。

四二二十二，逢四進一十，三三如除九，四二二十二，逢八進二十，三四除一十二，四二添作五，三五除一十五。

假如今有豆二十八石六斗，每斗價銀三分四厘五毫。問共該銀若干。

答曰：　九兩八錢六分七厘。

法曰：置豆爲實，以每斗三分四厘五毫爲法。乘之，合問。定位同前。

五毫
四厘
法首三分　乘

‖　五六得三十，起四六二十四，
ꝺ　五八得四十，
尾實　六斗　Ⅲ　三六一十八，
×　四八三十二，二五得一十
八石　⊥　三八二十四，
⊥　二四如八，
首實　二十　㐅　二三如六。

定位　七厘
下位　是分也，向前逆陞。合得　六分
斗　法首位是每斗三分，遇斗即止，下一位得術是分也。　八分
石　合得　九兩
原實　十　起呼小往後順數至斗。

還原，用歸除。

假如今有銀三十五兩八錢，每銀一兩糴米二石四斗六升八合。問該米若干。

答曰：　八十八石三斗五升四合四勺。

法曰：置總銀爲實，以每兩米數爲法。乘之。合問。定位同前。

八合
六升
四斗
法首二石　乘

○　八八六十四，　四勺
○　六八四十八，　四合
○　五八得四十　五升
○起　四八三十二，五六得三十，三八二十四　定位　三斗
尾實　八錢　二八一十六，三六一十八　下位　是石也，向前逆數。合得　八石
四五得二十，　法首【略】二石遇兩即止。
五兩　二五得一十，　兩　下一位是石也。合得　八十
三四一十二，
原實
首實　三十　二三如六。　十　起呼十往後順數至兩。

還原用歸除，法詳後。

逢六進三十，三四除一十二，三六除一十八，三八除二十四，二一添作五，四五除二十，五六除三十，五八除四十，二一添作五，逢六進三十，四八除三十二，六八除四十八，八八除六十四。

假如今有米三百四十五石，每石價銀四錢，外牙用三厘。問該銀若干。

答曰：一百三十九兩零三分五厘。

法曰：置總米爲實，以每石價併牙用共四錢零三厘爲法。乘之。合問。

定位同前。

法首四錢　乘
三厘　　五厘
起　三五一十五，本位上一，右位加五。　定位　三分
三四一十二，本位上一，右位加二。　下位　是錢也，向前逆陞。　○　合得
尾實　五石　四五得二，變五爲二，下位加　三三如九，九，九退一還一十。　石　法首是【略】三錢遇石即止，下一位得【略】錢也。　九兩
四十　四四一十六，本位存一，右位加六。　十　三十

首實　三百　三四一十二，本位存一，右位加二。　原實百　起呼百往後順數至石。合得　一百

還原，用歸除，法詳後。

四一二十二，逢四進一十，三三如除九。四一二十二，逢八進二十，三四除一十二。四二添作五，三五除一十五。

假如今有田二千三百四十五畝，每畝科糧一斗八升七合。問該糧米若干。

答曰：四百三十八石五斗一升五合。

法曰：置總田爲實，以每畝科米一斗八升七合爲法。乘之。合問。

法首一斗　乘
七合
八升
‖　五七三十五，　定位　五合
起　五八得四，　下位　是斗也，向前逆陞。合得　一升
尾實　五畝　〥　四七二十八，　五斗
Ⅲ　一五如五，　畝　法首是每畝一斗，遇畝即止。下一位得術是斗也。　八石
〤　四八三十二，
〨　三七二十一，
四十　〦　一四如四，　十　三十
〧　三八二十四，
十　二七一十四，
三百　〩　一三如三，　百　四百
十　二八一十六，
首實　二千　〢　一二如二，　原實千　起呼千往後，順數至畝。合得

還原：用歸除，法詳後。

逢二進二十，二八除一十六，二七一十四，逢三進三十，三八除二十四，三七除二十一，逢四進四十，四八除三十二，四七除二十八，逢五進五十，五八除四十，五七除三十五。

假如今有直田長三十六步三分，濶七步四分。問該田積若干。

答曰：二百六十八步六分二厘。

法曰：置長爲實，以濶七步四分爲法。乘之。合問。
定位法只認步。下一位是法首步數，逆上，合得也。

法首七步 四分 乘

起 三四一十二， 定位 二釐

尾實 三分 〢 三七二十一， 下位 是步也，向前逆陞。合得 六分

〣 四六二十四， 八步

六步 〤 六七四十二， 步 只認步，下一位定法首 八十

〥 三四一十二， 位是步也。

首實 三十 〦 三七二十一， 原實十 起呼十往後至步。 三百 合得

還原，用歸除，法詳後。

七二下加六，逢七進一十，三四除一十二，七四五十五，逢七進一十，四六除二十四，七二下加六，逢七進一十，三四除一十二。

假如今有田長七十五步，濶三十二步。問積若干。

荅曰：二千四百步。

法曰：置長爲實，以濶爲法。乘之，合問。
定位法只認原實步。下一位定法首十，逆陞，合得。

法首三十 二步 乘 定位

起 二五得一， 下位 是十也，回向前逆陞一位爲百，又前一位爲千，合得。

五步 〢 三五一十五， 步 只認步，卜一位定法首 四百

〣 二七一十四， 是十也。

首實 七十 〤 三七二十一， 原實十 起呼十，往後至步。 二千 合得

假如今有方田長濶各一百二十六步。問該積步若干。

荅曰：一萬五千八百七十六步。

法曰：置方面一百二十六步爲實，亦置一百二十六步爲法。即自乘之。合問。

法首 一百 二十 六步 乘 六步

〢 六六三十六， 定位 七十

起 〥 二六一十二， 下位 是百也，向前逆陞。合得 八百

尾實 六步 〣 一六如六， 步 只認步，下一位定法首 五千

〤 二三如四， 是百也。

〨 一六如六，

二十 〦 一二如二， 十 一萬

〧 一二如二，

首實 一百 〩 一一如一， 原實百 起呼百往後順數至步。

還原，用歸除，法詳後。

逢一進一十，一二如除二，一六如除六，逢二進二十，二三如除四，二六除一十二，逢六進六，二六除一十二，六六除三十六。

明・佚名《銅陵筭法》卷上 乘法 按：乘法原右破頭乘、掉尾乘、隔位乘，捴不如此留頭乘之妙。留頭乘者，留其本身，於下位挨身乘起，是也。俟第三、四、五行，挨乘遍了，方破其本身。破此一位，則又起前一位乘之，但位位俱要照此樣挨乘，如此乃爲乘法也。今設二條於後，餘者照式樣之。

留頭乘法

若依盤式小九數，位次先後不一准以挨次。今用，暗馬 〡〣〩 〢〤〦 〧〨 〤〤 數目，以別先後庶不亂矣。

假如有米二百五十五石，每石價銀四錢五分。問共該銀若干。

荅曰：共該銀一百一十四兩七錢五分。

法曰：置米爲寔，以每石價四錢五分爲法。乘之，合問。

法以價四錢五分爲乘。

起　丨　五五二十五。本位上二，右位加五。

五石　‖　五四得二十。變五爲二。

　　|||　五五二十五。本位二二，右位加五。

五十　×　五四得二十。變五爲二。

　　乂　二五得一十。本位加一。

二百　⊥　二四如八。本位去二，右位加八，八退二進一十。

還原，用四歸五除。

五分

七錢　五五除二十五。本位去二，右位去五。

四兩　四二添作五。五五除二十五。

二十　四二添作五。二五除一十。

一百　起四一二十二。變一爲二，右位加二。

假如有錢五萬四千六百文，每錢一千文價銀八錢六分二厘四毫。問共該銀若干。

答曰：共該銀四十七兩一錢四分一厘六毫四絲。

置揔錢爲寔。以每千價八錢六分三厘四毫爲法。乘(以)[之]，合問。

清·方中通《數度衍》卷一　因乘

式　有三百六十五人，每人一十二兩。問共若干。

曰：四千三百八十兩。

術：以三百六十五人爲實，一十二兩爲法。先以第二位乙法二乘寅實五，曰二五一十，一在卯位。然後以法首一乘寅實五，曰一五如五，五加在卯位一上爲六。次以乙法二乘丑實六，曰二六一十二，一在寅位，二加在卯位六上爲八。以甲法一乘丑實六，曰一六如六，六加在寅位一上爲七。次以乙法二乘子實三，曰二三如六，六加在寅位七上，七變爲三，而丑位上一矣。以甲法一乘子實三，曰一三如三，三加在丑位一上爲四。得四千三百八十兩也。

乙	甲	卯	寅	丑	子
二	一		五	六	三
		變	後		
		八	三	四	

通曰：凡因乘多位，先用第二位法乘起者，曰幾十幾，十當在本位之下位，零又在下位之下也。挨次退右，留本位以待法首變之耳。如乙法二乘寅實五，得一十，則一當在卯位也。甲法一乘寅實五，得五。五乃零數，當在下位之下，故亦在卯位上也。蓋以寅爲本位之時，則卯爲下位，辰爲下位之下也。以丑爲本位之時，寅爲下位，卯爲下位之下也。

因乘定位法

式　三百六十五人，每人一十二兩共得四三八。問四爲何數。

曰：千數。

術　通曰：以法首齊實首布列，甲子同位，乙丑同位，從丑下一位呼實首百，是寅位爲百矣。向左推去，丑爲千位。遇變後得數之始而止。今變後之首在丑，即知四爲千也。但法末必單數乃可。如今一十二兩是也。若一兩二錢，或一百二十兩，則不同矣。總以單數爲率，下則順推，上則逆推可耳。

百	卯	寅	丑	子
		五	六	三
	變	後		
	八	三	四	
㊉	二	一		
	乙	甲		

又術　通曰：視得數之首，在實之何位上，今在實之十位上。又視法有幾位，今有二位，當以十升一位，曰百，曰千。亦知四爲千也。

定身因乘法

式　有三百六十五人，每人一十二兩。問共若干。

曰：四千三百八十兩。

術：置實數，以法一十二，(除)[法]首一不用，以乙二爲法。先以法二乘寅五，曰二五一十，加一於寅爲六，不在下位矣。次以法二乘丑六，曰二六一十二，加一於丑六爲七，加二於寅六爲八。次以法二乘子三，曰二三如六，加六於丑七，變七爲三，變子三爲四。合問。

乙	甲	寅	丑	子
二	一	五	六	三
		變	後	
		八	三	四

通曰：凡法首遇一者用之，其在位實數，即作甲法之乘數矣。多位法者，以乙法爲首，從丙法乘起，粟布章斤求兩，用身加六。

清·梅瑴成《增刪算法統宗》卷一

假如有布四百二十五疋，每疋價銀二錢五分。問共銀若干。

答曰：共銀一百零六兩二錢五分。

法置布総數于盤左爲實，對盤上百、十、疋之位列之。以每疋價二錢五分爲法，列盤右。乃以法之第二位五乘實尾五，呼五五二十五，于本位上二，疋下一位也。下位加五。蓋第一次乘，以實五疋之位爲法首之本位；故其下一位，爲法第二位之本位也。再以法首位二乘實五，呼二五得一十，于本位去五上一，所謂破其身也。第一次乘畢，變五疋爲一二五。次以法之第二位五乘實二，呼二五得一十，于本位上一。即實每疋之位。蓋第二次乘，以實二十之位爲法首之本位，則下一位，即法第二位之本位也。此位原有一，加一爲二矣。再以法首位二乘二，呼二二如四，去本位之二，上四于下位。疋位也。呼四下五除一，則變爲六，合兩次乘，變二十五疋爲六二五。次以法之第二位五乘實首位四，呼五四得二十，于本位上二。即實二十疋之位。再以法首二乘實四，呼二四如八，本位去四，所謂破其身也。于下位上八，下位有二，呼八退二進一十，去下位之二，本位上一。三次乘畢，則實之四二五變爲一〇六二五。重列。爲乘得數也。乃定位于每疋下一位二。定法首錢，則錢下爲分，錢上爲兩，又上爲十兩，又上爲百兩，是爲一百零六兩二錢五分。合問。還原用歸除。法詳後，餘倣此。

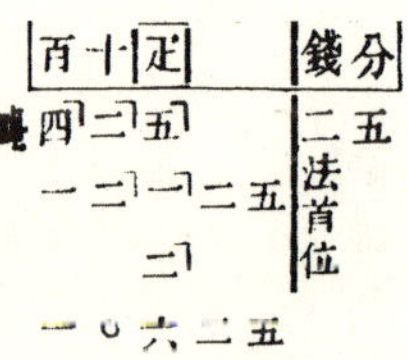

假如有豆二十八石，每斗價銀三分四釐五毫。問共銀若干。

答曰：九兩六錢六分。

法置豆總數于盤左爲實，對盤上十、石之位列之。以每斗價爲法，列盤右。乃以法第二位四乘實八，呼四八三十二，于本位上三，下位上二。八石位爲法首本位，則石下斗位爲法第二位之本位也。又以法三位五乘實八，呼五八得四十，于本位上四，升位爲法三位之本位也。此位原有二，呼四下五除一，變二爲六。末以法首三乘實八，呼三八二十四，于本位改八爲二，下位加四，此位原有三，呼：四下五除一，變三爲七。第一次乘畢，變八石爲二七六。次以法二位四乘實首位二，呼二四如八，于下位上八，斗位也。此位原有七，呼八退二進一十，本位原有二，加所進之一成三，下位斗位也。之七變爲五。再以法三位五乘實首二，呼二五得一十，于本位上一，本位原有五，加所上之一變爲六。末以法首位三乘實首二，呼二三如六去本位之二，于下位上六，此位原有三，加六變爲九。合兩次乘畢，則實之二八變爲九六六，爲乘得數也。乃定位，此以每斗爲問，則以斗之下一位六定爲分。法首也。則分上爲錢，錢上爲兩，是爲九兩六錢六分。合問。

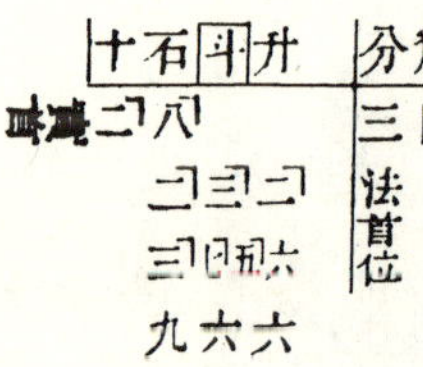

假如有方田長闊各一百二十六步，問共步若干。

答曰：一萬五千八百七十六步。

法置田長于盤左爲實，對盤上百、十、步之位列之。以田闊爲法，列盤右。乃以法第二位二乘實六步，呼二六一十二，於本位上一，分位也。下位上二。釐位也。再以法三位六乘實六步，呼六六三十六，于本位加三，釐位也。成五，本位原有二，加三故成五。下位上六。毫位也。末以法首位一乘實六步，呼一六如六，去本位之六，于下位加六成七。分位原有一，加六，故成七。第一次乘畢，變六步爲七五六。次以法二位二乘實二十，呼二二如四，于下位加四，分位也。呼四退六進一十，于本位上一，步位也。下位變七爲一。分位原有七，去六故爲一。再以法三位六乘實二十，呼二六一十二，于本位上一分位也。成二，分位原有一加一故成二下位加二成七。釐位原有五，加二故成七。末以法首位一乘實二十，呼一二如二，去本位之二，十位也。于下位加二成三。步位原有一，加二故成三。第二次乘畢。變二十六爲三三七六。次以法第二位二乘實一百，呼一二如二，于下位加二成五。步位原有三，故加二成五。再以法第三位六乘實一百，呼一六如六，于下位加六成八。分位原有二，故加六成八。末以法首位一乘實一百，呼一一如一，去本位之一于下位上一。十位也。第三次乘畢，變一二六爲一五八七六，爲乘得數也。乃定位，此問每步，即以步下一位八定爲百，法首也。則百下爲十，十下爲步。百上爲千，千上爲萬，是爲一萬五千八百七十六步。合問。此例爲自乘，還原用開平方法。

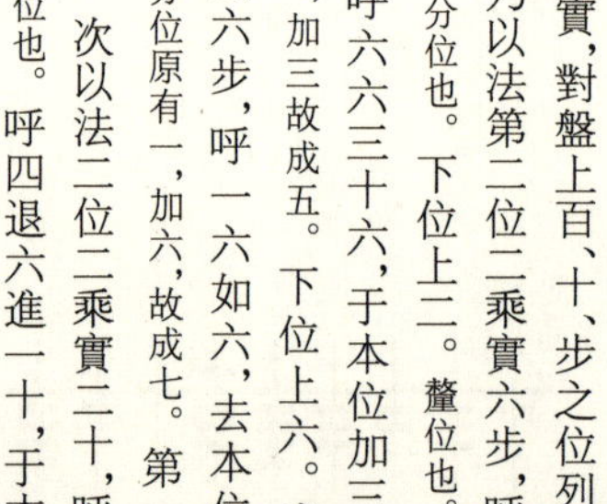

清·沈士桂《簡明算法》卷一　後述乘法例

假如有米二千三百石，每石價銀八錢五分。問共銀若干。

假如有參三千四百觔，每觔換珠一十二顆。問共銀若干。

假如有金四千五百兩，每兩兑銀九兩八錢。問共銀若干。

假如有緞五千六百端，每端用絲三十六兩。問共絲若干。

已上四則，係合聚之物，故用乘法。不拘先後，供可而行。

立二檔乘法凡呼得十者，將本身化一作一十，化二作二十，之類。

假如有米二十四石，每石價銀五錢五分。問共銀若干。

答曰：一十三兩二錢。

乘起四石，次位乘起，四五得二十，未破本身，四五化二十。

二十，次位乘起，二五得一十，未破本身，二五化一十。

立三檔乘法(月)[凡]呼下得者，本身盡除千，下位加之。

假如有銀一百二十二兩，每兩糴米三石二斗一升。問共米若干。

答曰：三百九十四石八斗三升。

乘起三兩，次位乘起，一三下得六，三位。一三下得三，未破本身，三三下得九。

一百，次位乘起，一二下得二，三位。一一下得一，未破本身，一三下得三。

二十，次位乘起，二二下得四，三位。一二下得二，未破本身，二三下得六。

立四檔乘法

假如有綿六千七百八十九觔，每觔價銀九錢八分七厘六毫。問其銀若干。

答曰：六千七百四兩八錢一分六厘四毫。

九觔次位乘起，八九加七十二，三位：七九加六十三，四位：六九加五十四，未破本身，九九化八十一。

三千次位乘起，八八加六十四，三位：七八加五十六，四位：六八起四十八，未破本身，八九化七十二。

九百次位乘加，七八加五十六，三位：七七加四十九，四位：六七加四十(四)[二]。未破本身，七九化六十三。

六千次位乘起，六八加四十八，三位：六七加四十二，四位：六六加三十六。未破本身，六九化五十四。

因八檔乘法即獅子滚銹毬法。

假如有田二千九百八十頃零二十三畝二分二厘三毫七絲七忽六微九塵五渺三漠一挨二纖五沙，每畝徵米三升三令五勺五抄四撮四圭三粟二粒。問該若干。

答曰：一萬石。

假如葑田數居左位，以每畝米(婁)[數]居右，位相乘即得。

因隔檔乘法

爲(心)[新]乘之法，兩不拘定左右，法實隨便而行。若一邊數此商位者列于左，無隔位者列千右。庶爲易乘，亦無差矣。

如有地七萬六百五畝，每畝科米七升八勺九撮。問共米若干。

答曰：四千九百九十九石四斗六升九合四勺四抄一撮。

三二六十二，本身加四作六十，下位加二。無除，退一下還三，本身除一，下位還三。二位：五六除三十。

三二六十二，無除退下，一位還三。二位。五六除三十。

三二六十二，無除退一，下位還三。二位。五六除三十。

三二六十二，無除退一，下位還三，二位。五六除三十。

三二六十二，無除退一，下位還三。二位。五六除三十。即得。

清・潘逢禧《算學發蒙・珠算二》

[留頭乘]

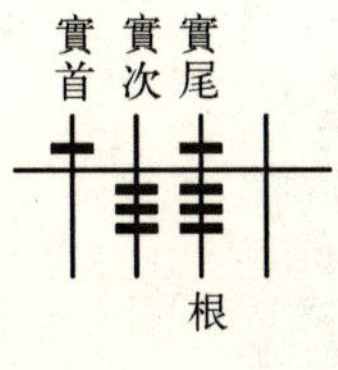

丨 四八三十二

Ⅲ 二八一十六

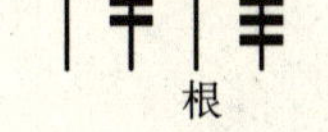

Ⅱ 三六一十八

丨 四三一十二

Ⅲ 二三如六

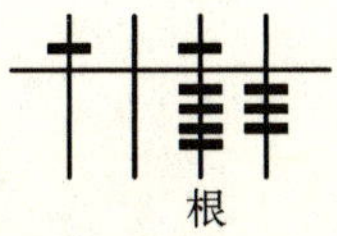

Ⅱ 六五得三十

丨 四五得二十

Ⅲ 二五得一十

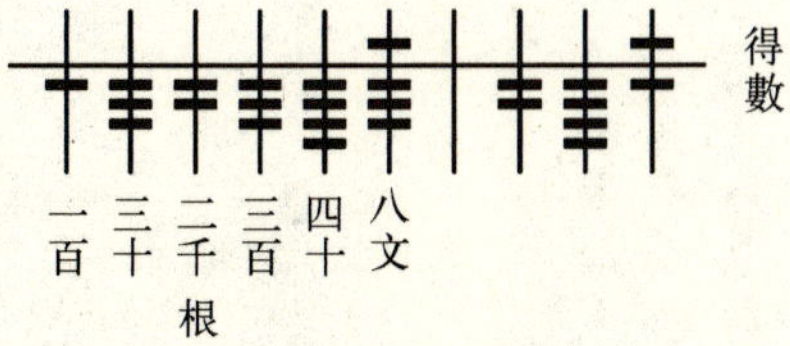

審定位法：原問每人給錢，單位是人，則人位爲根。原問：每人給若干，則根位當爲法首數。緣乘法得數之後，皆降一位，故根下一位，方爲法首百位。再下爲十，再下爲單，命爲法尾八文。田是逆數而上，餘位皆定。

右留頭乘，自實尾位起，每乘一位，留實本位不破，以法數次位，對所乘實數下位，法數共有若干位，皆自左而右，順乘至法尾位止。然後，以法數首位，破實數本位，乘訖。再乘上一位，仍從法次位乘起。

破頭乘此法，每乘一位，先以法首數破實本位，而後法數若干位，以次乘之，故曰：破頭乘。

法數乘實尾位八。

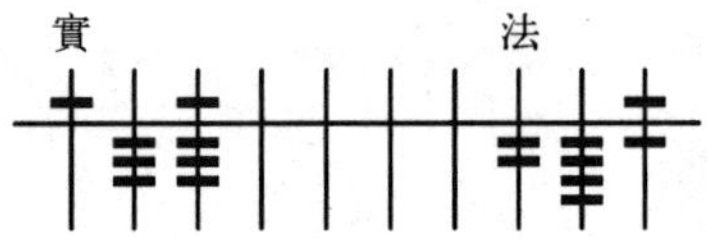

得數再乘實次位三。

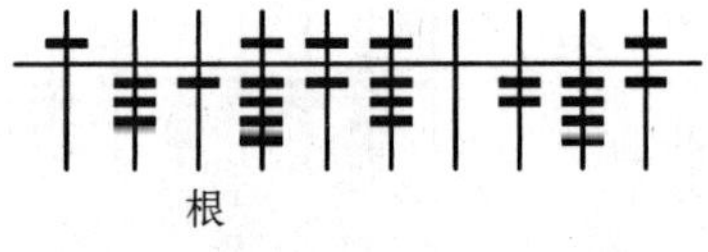

得數再乘實首位五。

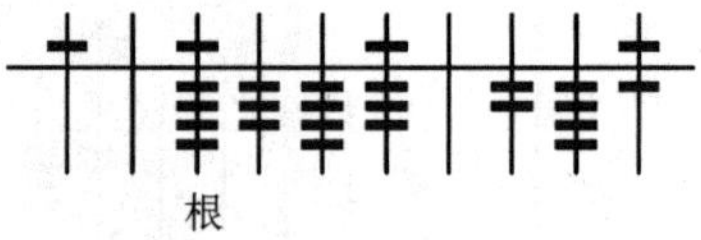

得數

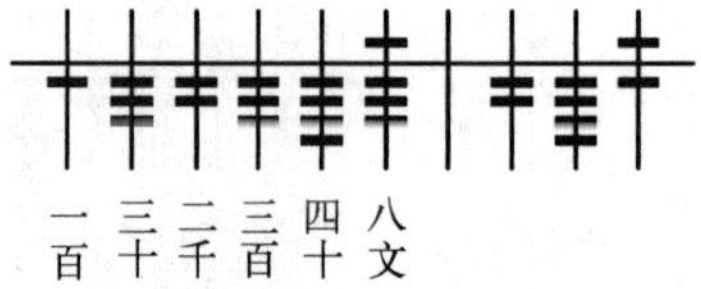

審定位法同上。

右破頭乘，法自實尾位起，每乘一位，皆以法數首位，先破實數本位，然後以次順乘，乘訖。再乘上一位，仍從法首位乘起。

掉尾乘此法，每乘一位，先從法尾數乘起，以次逆乘至法首位，故曰：掉尾乘。

法數乘實尾位八。

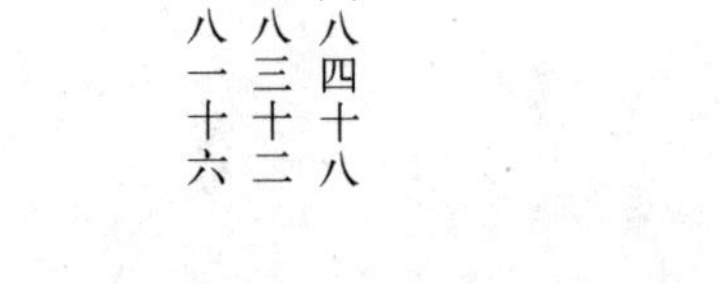

得數再乘實次位三。

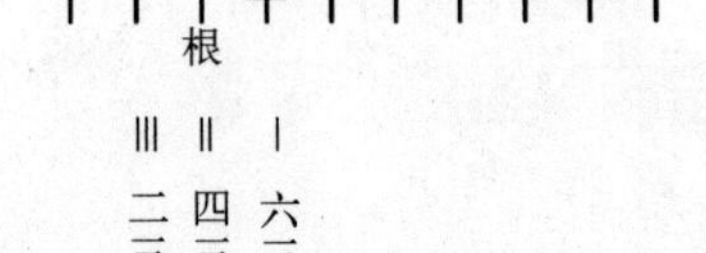

得數再乘實首位五。

得數

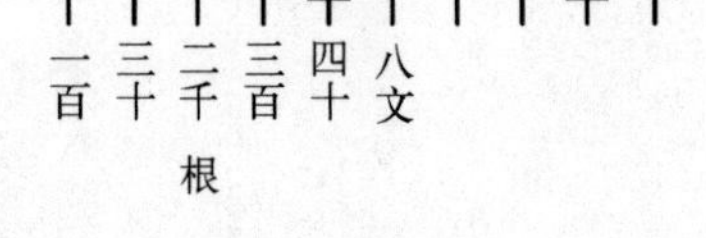

審定位法同上。

右掉尾乘，自實尾位起，每乘一位皆按法數尾位，挨次倒乘，至實本位止。然後再乘上一位，仍從法尾位乘起。

隔位乘此法，每乘一位，皆以法首位，對實數下位，順乘至法尾位止。較實本位，實低一格。故曰：隔位乘。

法數乘實尾位八。

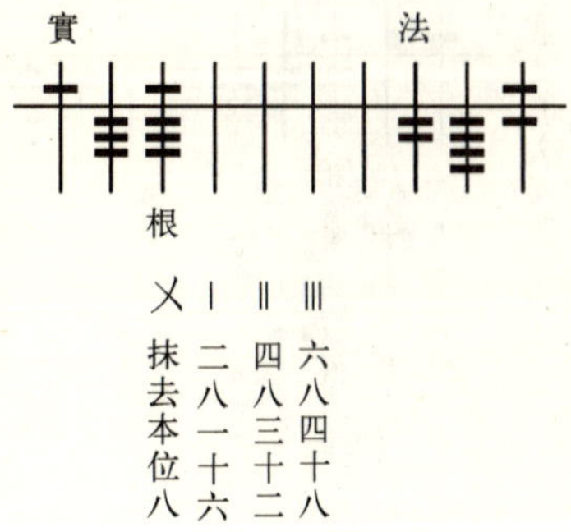

得數再乘實次位三。

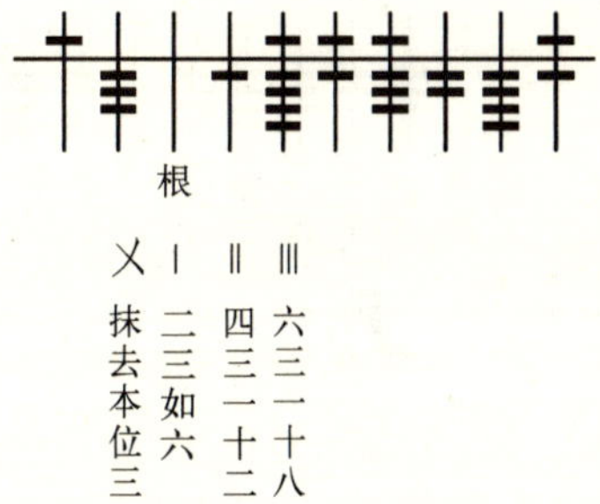

得數再乘實首位五。

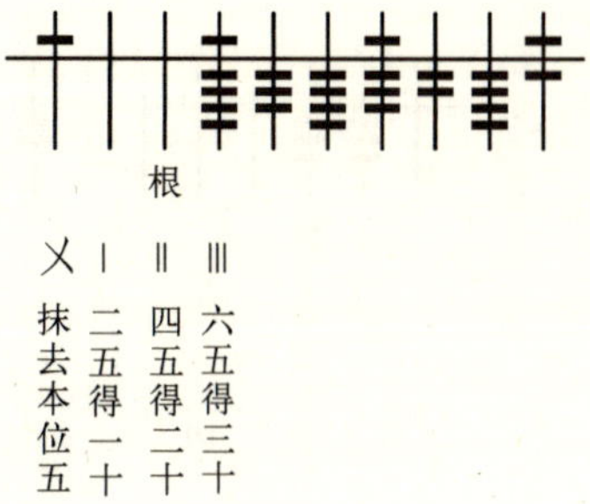

得數

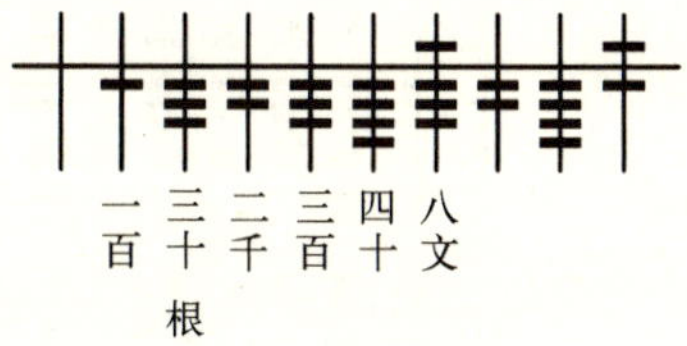

審定位法：前三例，根下一位爲法首數。此較前三例，得數均低一格，故根下二位，方是法首數。凡用隔位乘者，不可不知此訣。

右隔位乘，自實尾位起，每乘一位，實本位不動，皆以法首對實數下位，遍乘一過，至法尾位止。然後，抹去本位。再乘上一位，仍以法首位，對實下位乘起，按乘法布算，法實並列，左右相顧對呼，自不致誤。若先破本位，則法在實去，未免眯目。此四例中，惟破頭乘，先破本位。其餘各法，總欲留本位，以便法實對呼，究竟破頭乘，自左而右，勢極自然，微嫌本位先破，呼法易訛。以後三例，皆留本位，又稍覺拗手耳。但乘法不外此四例，古人多用留頭，學者擇而習之，無不可也。

還原，用二歸、四除、六除。

二一添作五，四五除二十，六五除三十。逢六進三十，三四除一十二，六三除一十八。二一添作五，四五除二十，五六除三十。逢六進三十，三四除一十二，六三除一十八。

用二四六商除法還原，亦可。

初商，二五除一十，本位紀五。四五除二十，六五除三十。

次商，二三如除六，上位紀三。四三除一十二，六三除一十八。

三商，二八除一十六，本位紀八。四八除三十二，六八除四十八。

空位乘

法凡數大小相承，中有不接，是有零數也。宜存空位，庶得數後，不至紊亂。除法例同。

假如買柴薪三萬零零零五把，每把價銀二分零零七絲。問該銀若干。

答曰：六百零二兩二錢零零三毫五絲。

術曰：置薪數爲實，以每把價銀爲法，按位乘之。合問。

法數乘實數

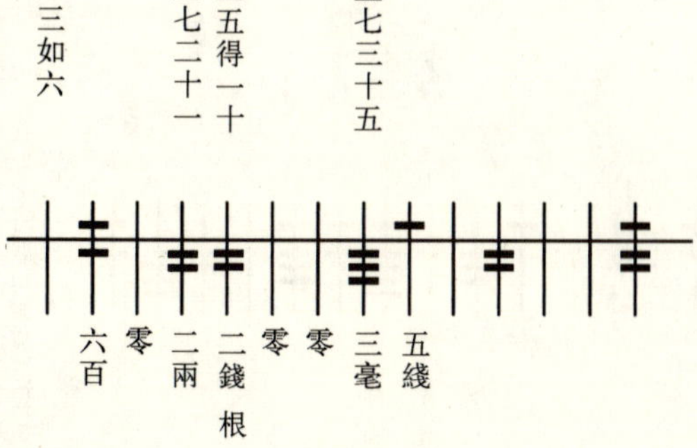

得數

審定位法：原問每把得價，則把位爲根，根下一位，即法首位、分數也。定根下爲分數，順數而下，得零三五，定爲三毫五絲。逆數而上，得六零二二，定爲六百零二兩二錢。零零三毫五絲。

還原，用二歸零零七除。

逢六進三十，三七除二十一。二一添作五，五七除三十五。

用商除還原。

初商：二三如除六，上位紀三。三七除二十一。

次商：二五除一十，本位紀五。五七除三十五。

解曰：福州不燒煤炭，比户皆用柴薪。柴薪每把大小不同，今以中者論之，道光年間，每把約值二十文，自咸豐後，因銅錢缺少，改用鐵錢。設立永豐官局，出票通行，而民情騷動，市價日高，鐵錢至不堪行用。今鐵錢經已久廢，而市價居奇，物價仍不能如舊。即如柴薪一項，每把價錢幾增一倍，此係民間日所必需，猶且如此其餘可知。

假如有番票二十萬零四千零九十員，每員折錢一千零零七文。問該錢若干。

答曰：二十萬零五千五百一十八千六百三十文。

術曰：置番票爲實，以錢價爲法，按位乘之。合問。

法數乘實數

實　法

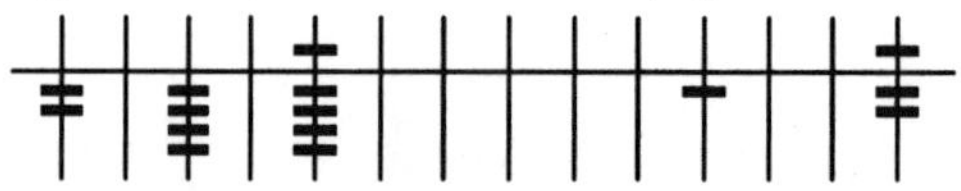

根

〢　七九六十三

乂　四七二十八

丨　一九如九

丅　二七一十四

〣　一四如四

〥　一二如二

得數

三十文　六百　八千　一十　五百　五千　零　二十萬

根

審定位法：原問，每員折錢，今實尾位只有十員，是實大於法一位也。當於實尾下一位爲根，根下一［審定位法］位爲法首數千，定爲八千。由是推數上下各位，定爲二十萬零五千五百一十八千六百三十文。

還原，用一歸零零七除。

逢二進二十，二七除一十四。逢四進四十，四七除二十八。逢九進九十，七九除六十三。

用一零零七商除法，還原。

初商，一二如除二，上位紀二。二七除一十四。

次商，一四如除四，上位紀四。四七除二十八。

三商，一九如除九，上位紀九。七九除六十三。

解曰：番票係吾閩省垣，民間通用之鈔楮也。每票一張，或一員、數員，或數十員、數百員不等。一員當洋銀七錢，價錢逐銀價消長，早晚不同。民間便於携帶，多用之。但錢舖不盡殷實，往往攙和小錢，把持銀價，鑿補洋番，廣出票張，換取銀錢。恣爲浪費，及虧空既多，隨即倒閉，小則席捲而逃，無可追問。大則故行請封，然後陸續定期，以三成四成折支銀錢，實則拖延至久，其票竟成廢紙，弊端種種，受其害者數千百家。

清・汪訒菴《指明算法》卷上

假如有米二百五十五石，每石價銀四錢五分。問共該艮若干。

答曰：共該艮百一十四兩(士)[七]錢五分。

法曰：置米爲寔，以每石價四錢五分爲法，乘之。合問。

法以價四錢五分爲乘。

五石　起　丨　五五二十五，本位上二，右位加五。

〢　五四得二十，變五(爲)[九]二。

五十　〣　五五二十五，本位九二，右位加五。

乂　五四得二十，變五爲二。

〥　二五得一十，本位加一。

二百　十　二四如八，本位去二，右位加八，入退二進一十。

還原，用四歸五除。

(一)[五]分

七錢　(三)[五]五除二十五，本位去二，右位去五，去五盡。

四兩　四二除作五，變二爲五。
五五除(一)[二]十五，本位去二，右位去五。

假如有錢五萬四千六百文，每錢一千文價銀八錢六分三厘四毫。問共該銀若干。

答曰：共該銀四十七兩，[一]錢四分一厘六毫四絲。

法曰：置揔錢爲寔，以每千價八錢六分三厘四毫爲法。乘之，合問。

法以價八錢六分三厘四毫爲乘。

〣　四六二十四。
〢　三六(二)[一]十八，　變二爲五。
〦　四四一十六。
起　〡　六六三十六，十五四得(一)[二]十。
六百　〦　三四一十二。
〤　〤　六八四十(六)[八]，
四千　四六(一)[二]十四。十三五一十五。
三　四八三十二，
〩　五六得三十。
五萬　〦　五八得四十。

還原，用八歸六(二)[三]四除。

四絲　〣　四六除二十四。
六毫　〨　三六除一十八。
一原　〩　四四除一十六。
四分　〤　三四除一十二。　十　六六除三十六。
六錢　〨　進八進一十。　十　八五六十二。
七兩　〣　三五除一十五，　〧　四六除一十四。
〥　八三下加六。
四十　〢　五六除(一)[三]十。
起　〡　八四添作五。

加法歌：加法仍從下位先，如同位數或多焉。十歸本位零居次，一外添　如法更玄。

凡九人以下分物，則用九歸；十人以上，三十九法首位是一數，則用法身除法。若二十人以上分物，則用歸除。其如法，亦是逢法首位一數者。

原有本銀六百八十三兩二錢，每銀一兩加利三錢二分。問本利共該若干。

答曰：共該銀九百零一兩八錢二分四厘。

法曰：置本銀六百八十三兩二錢，爲實。以每兩加利三錢(一)[二]分，共一兩(二)[三]錢二分，爲法。乘之，得加利。共銀九百零一兩八錢二分四厘。合問。

清・蔣守誠《算法全書》卷二

假如今有布四百二十五疋，每疋價銀二錢五分。問共該銀若干。

答曰：一百零六兩二錢五分。

法曰：置布爲實，以每疋價銀二錢五分爲法。乘之，合問。

定位法：只認疋下一位定錢，依次逆數陞上。合得也。此所謂，因乘俱向下位推。

法　五分二錢　爲乘　　定位　五分

起

〇　〢　五五二十五，本位上二，右位加五。　　下位　是錢也，回向前逆數逐位陞之。合得　二錢

尾位　五疋　〢　二五得一十。變五爲一。　　疋　法首位是每疋二錢，遇疋即止，下一位得術是錢也。　六兩

〣　二五得一十，本位加一。

二十　〤　二二如四。本位去二(石)[右]位加四。　　十

〥　五四得二，本位加二。

實首位　四百　上　二四如八。本位去四，右位加八。　　原實百　起呼百，往後順數至疋。　合得一百

還原，用歸除。法詳後。

二二添作五，無除，起一下還二，四五除二十。逢四進二十，二五除一十，二一添作五，五五除二十五。

假如今有豆二十八石六斗，每斗價銀三分四釐五毫。問共該銀若干。

答曰：九兩八錢六分七釐。

法曰：置豆爲實，以每斗三分四厘五毫爲法。乘之，合問。

定位同前。

法首三分　乘　　起　五六得三十，四六二十四，五八得四十。　下位　是分也。前逆陞。　七厘

四厘　　　　　　　　　　　　　　　　　　　　　　　　　　　　合得　　　　　　　　　六分

五毫

實尾　六斗　〣　三六十八。　斗　法首位是每斗三分，遇斗即止，下一位得術是分也。　八錢

　　　　　　〤　四八三十二，〦三五得一十。

八石　〨　三八二十四。　石　　合得九兩

　　　〨　二四如八。

實首　二十　〩　二三如六。　原實丨　起呼十，往後順數至斗。

還原，用歸除。

逢六進二十，二四除八，二五除一十。三二六十二，逢六進二十，四八除三十二，五八除四十。三二六十二，四六除二十四，五六除三十。

假如今有銀三十五兩八錢，每銀壹兩糴米二石四斗六升八合，問該米若干。

答曰：八十八石三斗五升四合四勺。

法曰：置總銀爲實，以每兩米數爲法。乘之，合問。定位同前。

法尾　八合

六升

四斗

法首　二石　乘

四勺

實尾　八錢　〢　八八六十四。　　　　　　四勺

　　　　　　〨　六八四十八，　　　　　　五升

　　　　　　　　五八得四十。

　　　　　　起　四八三十二。　定位　　　三斗

　　　　　　十　五六得三十。

　　　　　　〦　三八二十四。

　　　　　　〤　二八一十六。　下位　是石也，向前逆陞。　合得八石

　　　　　　〥　四五得二十。

　　　　　　〦　三六一十八。

　　　　　　〢　二五得一十。

五兩　〩　三四一十二。　兩　法首是每兩米二石，遇兩即止，下一位得術是石也。　合得八十

實首　三千　〣　二三如六。　原實十　起呼十，往後順數至兩。

還原，用歸除，法詳後。

逢六進三十，三四除一十二，三六除一十八，三八除二十四。二一添作五，四五除二十，五六除三十，五八除四十。二一添作五，逢六進三十，四八除三十二，六八除四十八，八八除六十四。

假如今有米三百四十五石，每石價銀四錢，外牙用三厘。問該銀若干。

答曰：一百三十九兩零三分五厘。

法曰：置總米爲實，以每石價，併牙用共四錢零三厘爲法。乘之，合問。

定位同前。

法尾　三厘

法首　四錢　乘　起　三五一十五。本位上一，右位加五。　定位　五厘

　　　　　　　　　　　　　　　　　　　　　　　　　　　　　　三分

　　　　　　　〣　三四一十二。本位上一，右位加二。　下位　是錢也。向前逆陞。　合得

實尾　五石　〣　四五得二[十],變五爲二。　石　法首是每石二錢,遇石即止。下一位得術是錢也。　九兩

〇　三三如九,下位如九,九退一還千。

四十　〤　四四十六。本位存一,右位加六。　十　三十

實首　三百　⊥　三四一十二。本位存一,右位加二。　原實百　起呼百,往後順數至右。　合得一百

還原,用歸除,法詳後。

四一二十二,逢四進一十,三三如除九。四一二十二,逢八進二十,三四除一十二。四二添作五,三五除一十五。

假如今有田二千三百四十五畝,每畝科糧一斗八升七合。問該糧米若干。

荅曰:四百三十八石五斗一升五合。

法曰:置總田爲實,以每畝科米一斗八升七合爲法。乘之,合問。

定位同前。

法尾　七合　　八升　　法首　一斗　乘

定位　下位　是斗也,向前逆陞。合得　三勺　五合　一升　五斗

〣　五七三十五。

起　五八得四。

十　〇四七二十八。

實尾　五畝　〣　一五如五。　畝　法首是每畝一斗,遇畝即止。下一位得(術)[數]是斗也。　八石

〤　四八三十二,〣二三七二十一。

四十　上　一四如四。　十　三十

十　三八二十四。

⊥　二七一十四。

三百　〆　一三如三。　百　合得四百

十　二八一十六。

十　二八一十六,

實首　二千　〢　一二如二。　原實千　起呼千,往後順數至畝。

還原,用歸除,法詳後。

逢二進二十,二八除一十六,二七一十四。逢三進三十,三八除二十四,三七除二十一。逢四進四十,四八除三十二,四七除二十八。逢五進五十,五八除四十,五七除三十五。

假如今有直田長三十六步三分,濶七步四分。問該田積若干。

荅曰:二百六十八步六分二釐。

法曰:置長爲實,以濶七步四分爲法。乘之,合問。

定位法:只認步下一位是法首步數逆上。合得也。

四分　乘　　法首　七步

定位　二釐　六分

起　三四一十二。　下位　是步也。向前逆陞。　合得八步

實尾　三分　〡　三七二十一。

〣　四六二十四。

六步　〤　六七四十二。　步　只認步,下一位定法首位是步也。　六十

〇　三四一十二。

實首　三十　⊥　三七二十一。　原實十　起呼十,往後至步。　合得二百

還原,用歸除,法詳後。

七二下加六,逢七進一十,三四除一十二。七四五十五,逢七進一十,四六除二十四。七二下加六,逢七進一十,三四除一十二。

假如今有田長七十五步,濶三十二步。問積若干。

荅曰:二十四百步。

法曰:置長爲實,以濶爲法。乘之,合問。

定位法:只認原實步下一位,定法首十。逆陞。合得。

二步　乘　　法首　三十　　定位

起　二五得一。　下位　是十也。回向前逆陞一位爲百,又前一位爲千。合得

五步　〢　三五一十五。　步　只認步,下一位定法首是十也。　四百

〣　二七一十四。

實首　七十　乂　三七二十一。　原實　十　起呼十，往後至步。　合得二千

還原，用歸除，法詳後。

三二六十二，逢三進一十，二七除一十四。二一三十一，逢六進二十，二五除一十。

假如今有方田長濶各一百二十六步。問該積步若干。

答曰：一萬五千八百七十六步。

法曰：置方面一百二十六步爲實，亦置一百二十六步爲法。即自乘之，合問。

定位法照前。

法首　二百　乘
二十
六步

〢　六六三十六。　六步
起　二六一十二。　定位　下位　是百也，向前逆陞。　七十　八百
〇　二六一十二。　合得
〣　一六如六。　步　只認步，下一位定
實尾　六步　乂　二二如四。　法首是百也。　五千
〦　一六如六。
二十　⊥　一二如二。　十　合得一萬
⊥　一二如二。
實首　二百　乂　一一如一。　原實百　起呼百，往後順數至步。

還原，用歸除，法詳後。

逢一進一十，一二如除二，(三)[一]六如除六。逢二進二十，二二如除四，二六除一十二。逢六進六，二六除一十二，六六除三十六。

清·江南商業學校《最新珠算教科書》卷中第六章《乘除第二類》

乘法第二類

設題一　自鳴鐘二十六座，每座洋七圓。共洋若干。

法　二十六。

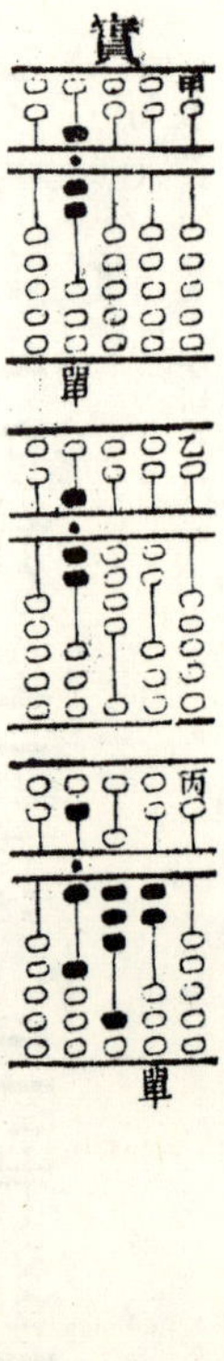

解：置實七於算盤中央，置法二十六於算盤左端。如甲圖。先以法次位六乘實七，得四十二。置四於實右一行，置二於再右一行。如乙圖。然後將法首位二乘實七，得一十四，拂去實改置一，而加四於實右一行。如丙圖。即乘得洋一百八十二圓。而法爲二位，單位亦移右二位。降位之法，依此定之。

案：破頭乘先乘法首位，後乘法次位。如

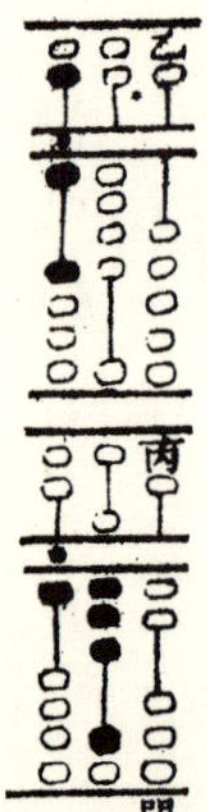

設題二　洋布一疋洋六圓二角四分，買四疋。共洋若干。

法　六百二十四。

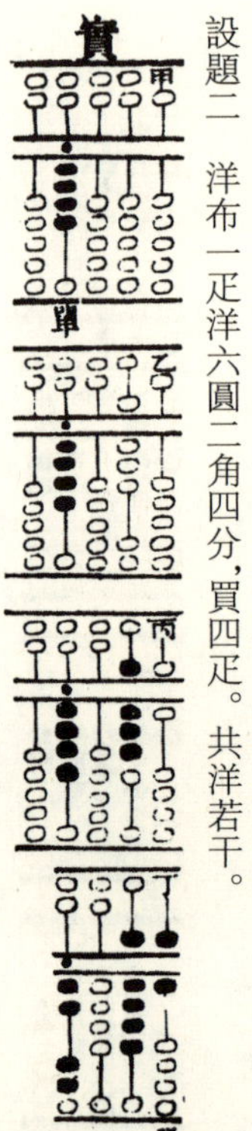

解：置法實如前。先以法次位二乘實四，置八。如乙圖。又以法末行四乘法四，加十六。如丙圖。然後以法首位六乘實四得二十四，本位改作二，而加四於次行。如丁圖。法爲三位，單位亦移右三位，得洋二十四圓九角六分。

設題三　時辰表一隻洋八圓七角五分，設表八隻。共洋若干。

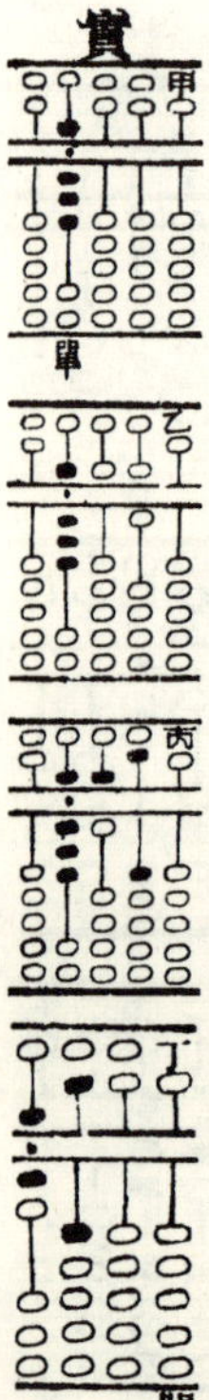

法　八百七十五。

解：置法實如前，先以法次位七乘實八，置五十六。如乙圖。以法三位五乘實八，加四十。如丙圖。然後以法首位八，乘實八，得六十四，本位改置六，而加四於次行六，即進一，得七十圓。如丁圖。

設題四　羽綢每疋洋九圓零五分，買五疋。洋若干。

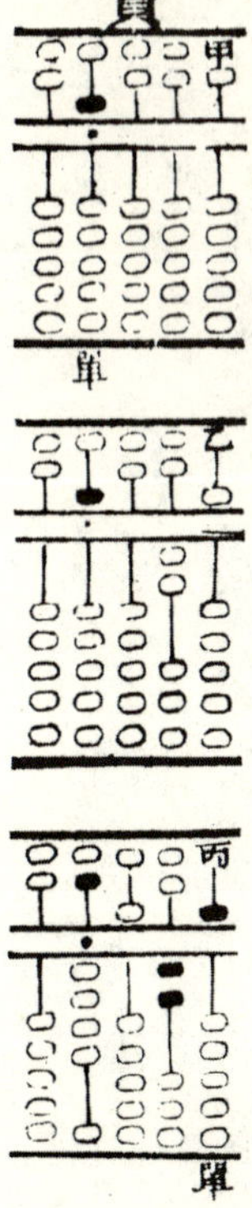

法　九百五。

解：法有空位，乘亦同前，惟空位一行不必乘耳。乘得共洋四十五圓二角五分。

設題五　冰糖每觔錢二百四十文買九觔。錢若干。

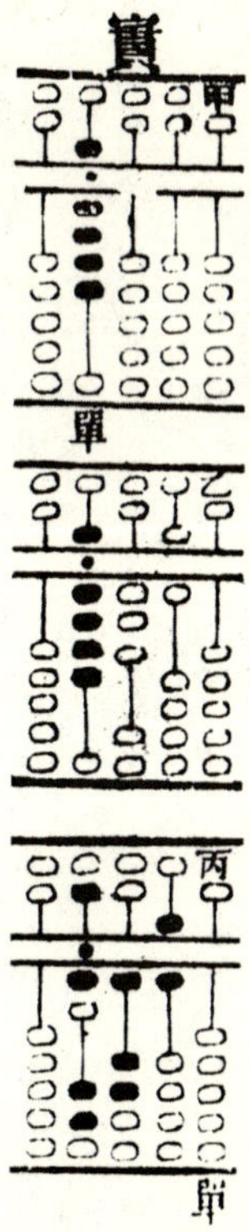

法　二百四十。

解同前。法尾位空，故乘得數爲二千一百六十。

案：初學，法置算盤左端，左右兼顧，每易有跨行之弊。若手法稍熟，將法數記於胸中，以目力專注於實，較有把握。

設題六　買茶碗五十六隻，每隻六十文。共錢若干。

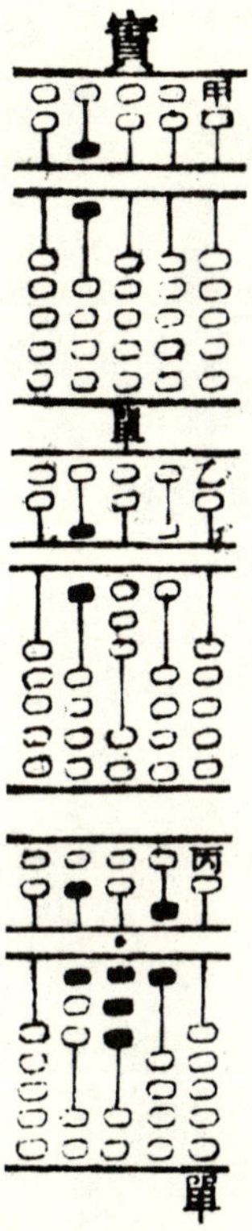

法　五十六。

乘得數三千三百六十文。

設題七　買面盆二十四箇，每箇錢三百文。共錢若干。

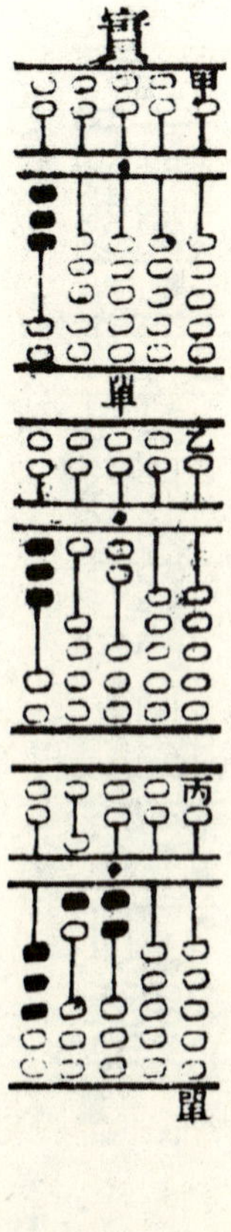

法　二十四。

乘得七千二百文。

又　卷中第七章《乘除第三類》

乘法第三類

設題一　本匠百八十三工，每工給銅圓二十四枚。應給銅圓幾枚。

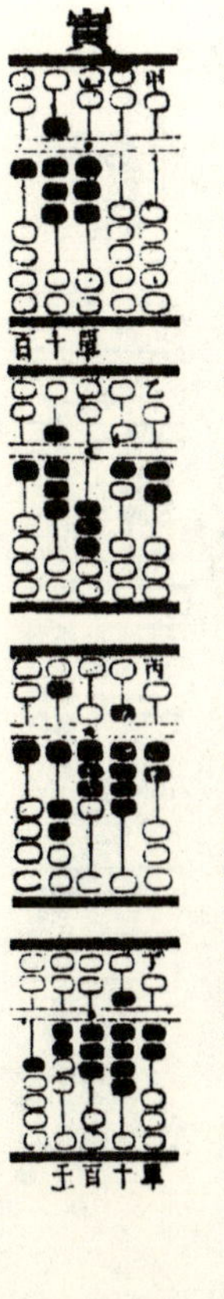

法　二十四。

法乘實得四千三百九十二枚。

解：置實百八十三於算盤中央，置法二十四於左端。如甲圖。先以法乘實尾位三，得七十二。如乙圖。同乘法第二類。次以法乘實次位八，四八三十二，二八一十六。遞加前數。如丙圖。又以法乘實首位一，一四如四，一二如二。遞加於前數。如丁圖。因實爲三位，即用乘法第二類三次，爲乘得數也。而位置移右二位。

設題二　傭農工八十六天，每天給工錢七十八文。應給錢幾文。

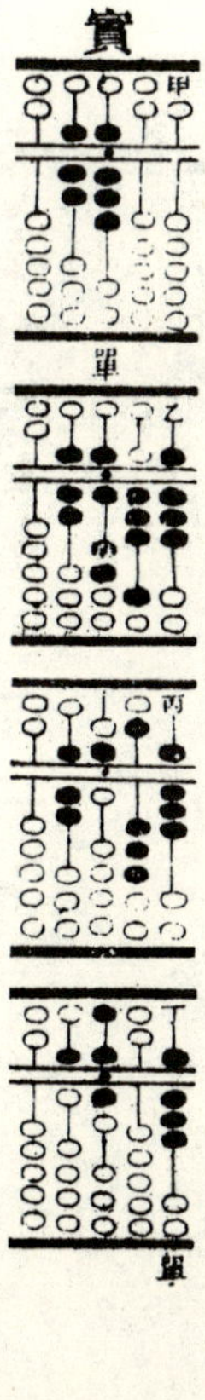

法　八十六。

法乘實得六千七百零八文。

解：先以法乘實末位八，得六八四十八八六十四，如乙圖。次以法次位六乘實首位七，加六七四十二。如丙圖。末以法首位八乘實首位七，得七八五十六。如丁圖。

設題三　小洋九十九角，每角可換錢九十九文。共換錢若干。

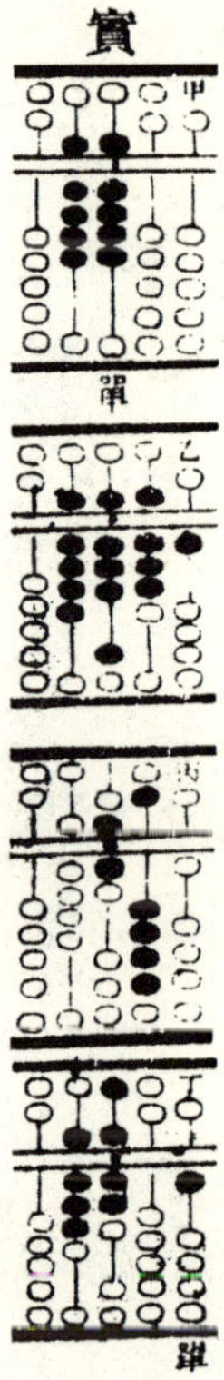

法　九十九。

法乘實得九千八百零一文。

解：甲乙兩圖同前，惟兩圖梁上之上一珠，借作十用，乘畢拂去，而進一於左行，如丁圖。

損乘法

題解

明・王文素《算學寶鑑》卷四《損乘》

算法之中有損乘，只將欠數損分明。傳來此術真玄妙，定數仍從本法同。

解曰：損乘者，損其欠數也。即九因損一之義。

清・方中通《數度衍》卷一《附正珠乘除新法》　以減代乘法

方正珠曰：不用因乘，而以減法代之，數亦大然符合。其術須變法數。如一位法者，作單數於十內減之，餘者爲變數。二位法者，作幾十幾數，於百內減之，餘者爲變數。三位法者，作幾百幾十幾數，於千內減之，餘者爲變數。法既變後，乃將變法與實呼減之。呼實，則自右向左，呼法，則自左向右，逐位呼減，減畢，餘實即爲所求數也。

算法

明・王文素《算學寶鑑》卷四《損乘》

損法題訣：　九成金十二兩三錢四分。問煎足色幾何。

答曰：十一兩一錢六厘。

術曰：置原有荒金爲寔，自尾逐位損一。合問。

九因	一	二	三	四	五	六	七	八	九	○	損一
八因	一	二	三	四	五	六	七	八	○	○	損二
七因	一	二	三	四	五	六	七	○	○	○	損三
六因	一	二	三	四	五	六	○	○	○	○	損四
五因	一	二	三	四	五	○	○	○	○	○	損五
四因	一	二	三	四	○	○	○	○	○	○	損六
三因	一	二	三	○	○	○	○	○	○	○	損七
二因	一	二	○	○	○	○	○	○	○	○	損八

楊輝曰：生數爲因，名乘，退數爲損，亦名乘。又曰：上生出者名因，爲乘，下損出者亦爲乘。蓋因損即乘之異名也。出《乘除算寶》。

原徵秋糧四千五百六十七石八斗九升，同災復蒙三分。問尚該徵幾何。

答曰：三千一百九十七石五斗二升三合。

法曰：置原徵總糧四千五百六十七石八斗九升爲寔。從尾逐位見一損三得荅。合問。

粗米一斗舂細損折八合，共粗米三石四斗五升。問舂細米幾何。

答曰：三石一斗七升四合。

法曰：置共粗米二石四斗五升爲寔。從尾遂往見一隔位損八，得細米三石一斗七升四合。合問。

又　綿布八十九疋，每疋價錢九十七文。問該錢幾何。

答曰：八千六百三十三文。

用價錢九十七文爲法，置布八十九疋爲寔，從尾逐位隔位損三。

解曰：九十七是欠三不滿一百，故用隔位損之，餘皆倣此。　合問

損乘圖

九疋　〩　以九命三挨身損二十七

八十　〨　以八命三挨身損二十四

叁文　叁十　六百　八千

若用八十九爲法，置價錢九十七文爲寔，從尾遂位損一一，亦(因)[同]。

解曰：八十九是欠十一不滿一百，故用損一一是除乘八十九也。

七文　〧　以七命一挨身損七隔位又損七

九十　〩　以九命二挨身損九隔位又損九

又《因総損零》

乘除借欠用因歸，乘借因來後損之。除借數歸還借數，糧應此法少人知。

因総損零題：棉布八十九疋，每疋價錢九十七文。問該幾何。

答曰：八千六百三十三文。

用九十七爲[法]。術曰：置布數隔位損三。

解曰：九十七是欠三不滿一百，故隔位損三。

用八十九爲法。術曰：九因布價，損一。

解曰：八十九是欠一不滿九十，乃用九(歸)[因]損一求之。

隔位損三之圖

【略】

九因損一之圖

下法　九疋〩

八十〨

合問

寔積　七文〧　九十〩

隔位損身七

隔位損身九

身七命九變作六十三

身九命九變作八十一

叁文　叁十　陸百　亦得捌千

三百八十八人，各支一百九十七文。問共支幾何。

答曰：七萬六千四百三十六文。

用一百九十七爲法。術曰：置総入從尾位二因，隔位損原身損三。

解曰：一百九十七是欠三不滿二百，故用二(歸)[因]，隔位損三。

演算圖

八人　〨　身八命二，變作一十六，身八命欠三，隔位損二十四。

八十　〨　身八命二，變作一十六，身八命欠三，隔位損二十四。

三百　〣　身三命二，退位作六，身三命欠三，隔位損九。

用三百八十八爲法。術曰：置各支錢數爲寔，從尾逐位四因，隔位損一二。

解曰：三百八十八是欠十二不滿四百，故用四(歸)[因]，隔位損一二求之。

演算圖

〧　身七命四變作二十八，以七命一隔位損七，以七命二隔位損一十四。

〩　身九命四變作三十六，以九命一隔位損九，以九命二隔位損一十八。

一　身一命四退下四，以一命一隔位損一，以一命二隔二位損二。

清・江南商業學校《最新珠算教科書》卷下第九章《乘除簡法》　以減代乘法

法首位爲九，用乘法不如用減法。如法九十八，乃一百減去二也。用九十八乘，與用百乘減去二乘相等。如法九百九十九，乃一千減去一也。用九百九十九乘，與用千乘減去一乘相等。兩法比較，而繁簡不同列。數題於左。

設題一　銀圓三百八十九角，每角九十八文。換錢若干。

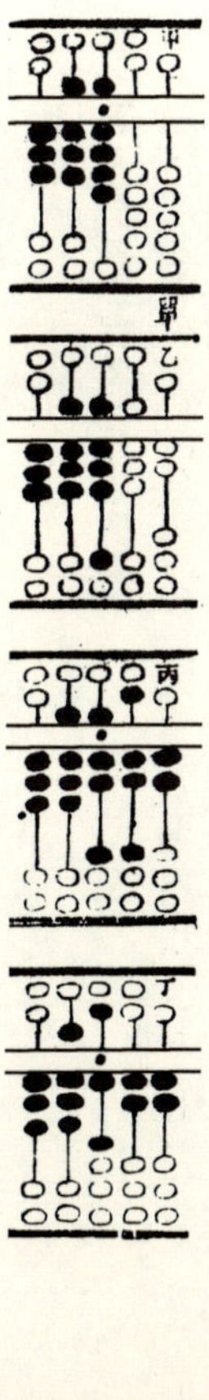

法　百減二。　二九減十八。　二八減十六。　二三減六。

解：置實三百八十九，用法百乘作三萬八千九百。如甲圖。減去二箇

九。如乙圖。又減去二箇八。如丙圖。又減去二箇三。如丁圖。得三萬八千百二十二。

設題二　洋九百九十九圓，每圓換錢九百九十九文。共錢若干。

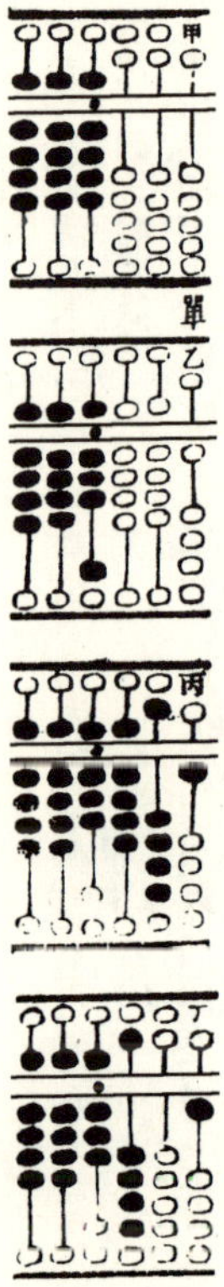

法　一千減一。　一九減九。　一九減九。　一九減九。

解：置實九百九十九，可作九十九萬九千，即以千乘之之數。乃減一箇九。如乙圖。減去一箇九十，如丙圖。又減去一箇九百，如丁圖。得九十九萬八千零零一，與九百九十九乘。位置俱無異，而得數較捷。

設題三　緞七十八尺，每尺錢九百六十四文。共錢若干。

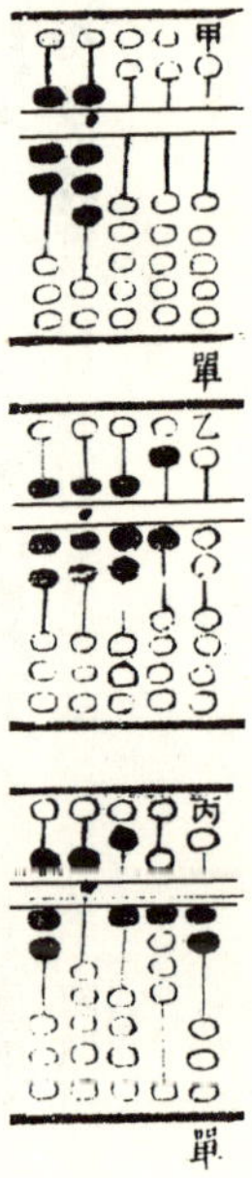

法　一千減三十六。　三八減二十四，　六八減四十八。　二七減二十一，　六七減四十二。

解：實七十八，法首位千，乘作七萬八千。乃以法之減數三十六。遞乘實末行以遞減實，如乙圖。又乘實首行以遞減實，如丙圖。得七萬五千白九十二，即緞之共錢也。

求一乘法

題解

明・吴敬《九章算法比類大全》卷首《乘除開方起例》　求一乘法：求法首之數爲一，以加減之法而代乘除。今多以代除而不代乘。故以相乘之法，用補圖文。

五六七八九，倍之數不走。二三須當半，遇四兩折紐。折倍本從法，實即反其有。法倍而實折法折而實倍。用加以代乘，斯數足可守。

明・王文素《算學寶鑑》卷四《求一代乘》

五六七八九，倍之一在首。二三須折半，遇四兩折有。折倍本從法，寔則相反扭。用加以代乘，斯術相傳久。

解曰：求一者，求法首之數爲一，而加之以伐乘法也。凡乘題折法而倍寔，若倍法而折寔。故曰：折倍本從法，寔則相反扭。或不如本法簡捷者，仍用本法乘之。

清・梅瑴成《增删算法統宗》卷一　求一乘除

凡乘除，法首是一者，可用加法減法。若法首非一數者，以法變爲一數，求而得之。故名求一乘除也。其法遇法首爲二、爲三，則折半用之。而乘則倍其實，除則半其實。若法首爲四，乘則法取四之一而四其實，除則法實皆取四之一。遇五、六、七、八、九，乘則倍其法而半其實，除則法實皆加倍。

賓渠子曰：觀其用倍折之繁難，不如乘除之簡便。愚欲廢之，使學者專心于乘除而無他岐之惑焉。按賓渠此論不爲無見，予甚取之。

加倍法

加倍用二因，而位反降。宜用五歸，則位不變。故曰：五歸如倍算。

減半法

折半用二歸，而位反陞。宜用五因，則位不變。故曰：五因爲折半。

算法

明・吴敬《九章算法比類大全》卷首《乘除開方起例》

今有芝麻二十三石四斗五升，每石價鈔二貫八百文。問該鈔幾何。

荅曰：六十五貫六百六十文。

法曰：置所有麻二十三石四十五升，倍之，符四十六石九斗爲實。以每石價鈔二貫八百文，折半，得一貫四百文爲法。加之，合問。

今有絲三百七十一兩，每兩價鈔四百八十文。問該鈔幾何。

答曰：一百七十八貫八十文。

法曰：置所有絲三百七十一兩，重倍符一千四百八十四兩，爲實。以所求價鈔，四百八十文兩折半，符一百二十文爲法。加之，合問。

今有絹一十二疋二丈八尺疋法四丈，每尺價鈔五百二十文。問該鈔幾何。

答曰：二百六十四貫一百六十文。

法曰：置所有絹，一十二疋以疋法，四十尺通之，加零一丈八尺共得五十八尺，折半，得二百五十四尺爲實。以所求價五百二十文，倍之，得一貫四十文，爲法。加之，合問。

明・王文素《算學寶鑑》卷四《求一代乘》

折法倍寔題：銀二十三兩四錢，每兩買米二石六斗。該米幾何。

答曰：六十石八斗四升。

法曰：倍銀二十三兩四錢，得四十六兩八錢爲寔。折法二石六斗，得一石三斗爲法。加之，得荅。合問。

楊輝曰：「隨題用法者捷，以法就題者拙。」遇求一題則用求一法，遇九歸題則用九歸法，或倍、或折、或加、或減、或囙、或變，莫不隨題用法，豈可執求一之術而統諸題。至哉言也。

折寔倍法題：二百三十七貫，每貫收（豆）［頭］子錢五十六文。問該若干。

答曰：一十三貫二百七十二文。

依求一倍法：五十六作一百一十二爲法。折寔錢作一百一十八貫五百文爲寔。加一二合問。亦繁。

又用九歸法曰：八歸法五十六，作七爲法。却八因寔，総錢作一千八百九十（八）［六］貫爲寔。以七因，合問。

又或：七歸法五十六，［作］八爲法。七因総錢［作］一千六百五十九貫爲寔。以法八因之，亦合問。

又重因法曰：置総錢二百三十七貫，以七因之，又［以八］因之，爲一十三貫二百七十二文。亦同。

加法

題解

明・吴敬《九章筭法比類大全》卷首《乘除開方起例》 加法，法首從一者，一十、一百、一千、一萬之數，可加。不從一者，不用。此例是免布法，以代二位乘。定身除還添。

加法仍從下位先，如因位數或多焉。十居本位零居次，一外添餘法更玄。

加曰：以實增數代乘。以所有物數爲實。共有物若干數。所求價爲法。每物價錢若干。從實尾位加起。物之末位也。謂從實尾加一位。訖，又加一位，至實首位而止。言十當身布十。謂三四一十二，二七一十四之類皆以實身布十身後下位布零言如身後加如。謂二二如四，二三如六之類。於實身之後，加如之數。

明・王文素《算學寶鑑》卷三《加法》

加法仍從寔尾先，如囙位數或多焉。十加身内如次位，一外添餘法最玄。

解曰：積上增添謂之加。凡法首從一者，皆用此術，乃乘法之捷徑也。夫法首無一者，古人猶用倍。折求之一而加之。况一居首者，哉盖加簡乘一位，故也。假令寔身是二，法一五除法首一數不用。只呼二五一十，加入本身二内爲三是也。假令身是三，法是三，亦除法首一數不用，只呼三二如六加於身下是也。餘皆倣此。在本位定數。用減法還源。

又 卷四《身前加》

乘法稍頭有一存，身前加総妙通神。口呼如字挨身下，言十須知隔位因。

解曰：乘法有一居首者，則用身後加零，有一居（尾）者，則用身前加総。呼如挨身下數，呼十隔位下數。《通變筭集》名「身前因」。

又 《連身加》

首尾如遇有二時，連身加數莫疑思。後加零數前加総，知此堪爲筭教師。

解曰：凡乘法，頭位有二者，即用連身加零。法尾二者，即用連身加總。其術，布算有三：其一，先加身數後加零數。其二，先加零數後加身數。其三，通加零訖，然後本位仍下原立寔數。皆可。

又《重加重減》

古用重加可代乘，也知重減代除行。巧題相犯方堪用，拙積從來不可攻。

明·柯尚遷《數學通軌·歸除詮要》 加濾義：呼九九相生之數，留身增添謂之加。

明·程大位《算法統宗》卷二《加法》 加法者，隨母留身增添謂之加。謂如正米每斗帶耗七合者，留身以七合隔位加之，又如每銀一兩加利三錢，不破本身，以三增之，故謂之加法。或用乘法而代之，如每斗加七合，就以一斗零七合乘之，得正耗之數也。

清·李長茂《算海説詳》卷一 加法歌

加法仍從下位先，法首不動次位添。得數便須在本位，不用法前法後參。

凡法首有一數者，置所有物爲實，以所求價爲法。本身不動，只將零數於次位挨次加之，亦從末位加起。

清·沈士桂《簡明算法》卷一 因乘流法歌即乘法。

流法之根即是乘，隨將一物自加明。如八千一百九十一人即將此數自加八次。加共八遍逐記數，先將本身數目就作一遍，然後加之。每次加成數目，逐條寫出。總物將來定位行。將物數在位，用流法。呼其數目從尾退，退即流也。逐位流完數便清。呼流法從末位上起，照數流至首位而止。即得數矣。此法行來真奇妙，比乘之法更爲精。若遇數有幾十擋者，用乘法恐有錯亂，故用此流法代之。更妙實爲便捷。尤精于乘矣。

清·屈曾發《九數通考》卷一 加法訣

加法須從下位先，法首有一姑舍施。十加本位零加次，一外添如法更玄。用減法還原。又有幾數相併，亦曰加，所謂取其相和之數也。

清·汪訒菴《指明算法》卷上 加法者，隨母留身增添，謂之加。如正米每斗帶耗七合者，留其本身，以七合隔位加之。又如每銀一兩加利三錢，不破本身，以三增之。故謂之加法，或用乘法，而代之加。每斗加七合，就以一斗零七合乘之，得正米之數也。

清·梅瑴成《增删算法統宗》卷一 加法

加法者，留身增添之謂。如漕糧正米三石，每斗帶耗七合。問共米數。留三石不動，只以七合，呼三七二十一爲二斗一升，加入正米，共三石二斗一升。爲正耗共數。若用乘法，以正耗共一斗七合爲法，乘之即得。

清·蔣守誠《算法全書》卷一 加法

凡如法首位有一數者用此。置所有物爲實，以所求價爲法。加之。然加法不用首位一數，只以次位餘數加之。言十就身加十，言如次位加如。亦從末位算起。用減法還原。歌曰：

加法仍從下位先，如因位數或多焉。十歸本位零居次，一外添如法更玄。

綜論

清·潘逢禧《算學發蒙·古算二》 加減兩法，定位不移。不煩尋根，至乘除得數，皆有陞降。則根位不可不定。以乘法言之，所謂根者，所問之法首數也。如所問每兩換錢若干，則兩位即是根。如所問每畝税銀若干，則畝位即是根。既知根位，則根下一位，即法首位之數矣。以理論之，根爲單位，則根位當即法首位之數。但凡乘法，至得數之後，皆遞降一位。故法首之數，恒在根下一位。譬如每兩換錢一千五百，則一千是法首位之數，根下一位，即是千。如有幾珠，即有幾千。譬如每畝税銀一錢二分，則一錢是法首位之數。根下一位即是錢，如有幾珠，即有幾錢。既得法首數，由是上下推之，各數皆定。惟布算之數，或法大實小，或法小實大，則根位不能一定，有在實位上幾位者，有在實位下幾位者。當於列位時，先認清根位，庶得數之後，一查即得，不至錯誤。如根位是兩，而實數首位只有錢，則根在實位前一位。若實首位是分，則根在實位前二位。若實尾位是十兩，則根在實位後一位。若實尾位是百兩，則根在實位後二位。總須仔細認清，庶不致誤。

算法

明·吴敬《九章算法比類大全》卷首《乘除開方起例》 定位

以法首，所求價物之數。定實末位。實尾位也。用所得之數。謂如：實尾二人。法云：每人一百五十，法首是百，乃於人上定百。實尾二人，法云每人一貫五百，於人上定貫。法首爲準。餘皆倣此。

今有物三百六十一斤，每斤一十六兩。問該兩幾何。

答曰：五千七百七十六兩。

法曰：置所有物，三百六十一斤爲實。以所求兩，一十六兩爲法。加之。定位。法首是十合，於斤上定十。共得五千七百七十六兩。合問。

定十兩一斤　〡　一六如六。不動本身一斤，只於次位加六兩。

六十　⊥　六六加三十六。於六十加三，作九百。更於次位一斤加六，依定位作七十兩。

三百　|||　三六加一十八。於三百加二，依定位作五千兩。次位九百兩，成二百，存七百兩。

今有田三頃四十七畝，每畝科絲一錢二分五厘。問該絲幾何。

答曰：四十三兩三錢七分五厘。

法曰：置所有田三頃四十七畝爲實，以所科絲一厘二分五厘爲法。加之，定位法首是錢，合於畝上定分，共得四十三兩三錢七分五厘。合問。

五七加三十五。於次位下三分，更於第三位下五厘。

定分七畝　╥　二七加一十四　於七畝上加一十，依定位作八錢，於次位三分上，加四，作七分。

五四加二十　於次位八錢上加二十，作一兩。

四十　≣　二四加如八　於四十上加一十，依定位作五兩。却於次位一兩除二錢，存八錢。

五三加一十五　於次位五兩加二兩，作七兩。又次位存八錢內減五錢，存三錢。

三頃　|||　二三加如六於三頃止加一，依定位作四十兩。於次位七兩內減四兩，存三兩。

今有羅二百四十六疋，每疋價鈔一百二十七貫五百文。問該鈔幾何。

答曰：三萬一千三百六十五貫。

法曰：置所有羅二百四十六疋，爲實。以所求價，一百二十七貫五百文，爲法。加之。定位法首是百，合於疋上定百貫。共得三萬一千三百六十五貫。合問。

五六加三十。於二上又加三十，合依定位作五貫。

六七加四十二。於次位加四十，更於又次位下二。

定百貫六疋　⊤　二六加一十二。於六疋加一，依定位作七百。更於次位四十上，加二十，作六十。

四五加二十。於存四十上，加二十，合依定位，作六十貫。

四七加二十八。於次位七百，加三百，作一千。却於次位六十，減二十，存四十。

四十　≣　二四加如八。將四十上加一，依定位作五千貫。却於次位一千上，茲二百，存八百。

二五加一十。於第三位有二百上，加一百，作三百。

二七加一十四。於次位五千上，加二千，作七千。又次位八百內，減六百，存二百。

二百　‖　二二加如四。將本身二百，加一百，合依定位作三萬。却於次位七千，除六存一千。

今有秋糧正米四萬六千七百五十一石二斗，每石帶耗米七升。問該正耗米幾何。

答曰：五萬二十三石七斗八升四合。

法曰：置所有正米，四萬六千七百五十一石二斗爲實。以每石耗米，七升爲法。隔位，加之。定位：法是升，石上得石。共得。五萬二十三石七斗八升四合。合問。

二斗　＝　二七加一十四。次位加一升，第三位加四合。

定石一石　〡　一七加如七。於第三位一升上，加七升，改作八升。

五十　≣　五七加三十五。於次位一石，加三石，作四石。更於第三位二斗，加五，改作七斗。

七百　⊥　七七加四十九。於次位五十，加五十，作一百。却於第三位四石，除一石，存三石。

六千　⊤　六七加四十二。於次位七百，加五百，作一千二百，於第三位一百，除八十，存二。

四萬　||||　四七加二十八。將本身四萬，加一萬，改作五萬。除次位六千，第三位一千二百。

今有米一千三百五十六石三斗，每石價鈔一十五貫。問該鈔幾何。

荅曰：二萬三百四十四貫五百文。

法曰：置米爲實，以每石價鈔爲法。加之，得數亦從質上定實順數法十貫卯上得貫乃卯上得實首千仍復逆數回寅上得萬貫。合問。

明・王文素《筭學寶鑑》卷二《掌中定位》　加法

小見大題訣：假有銀一萬三千兩，每兩買子花一百二十斤。問該子花若干。

荅曰：該子花一百五十六萬斤。

法曰：置総銀一萬三千兩爲寔。以每兩買子花一百二十斤爲法。加之，不進位，得一五六數。亦從寅位起法首百，順數卯位得十，辰位得一。就從辰位起寔首萬，陞四卯位得十萬，寅位得[百]萬。是定得一百五十六萬斤。合問。

進位題訣：官買馬八萬二千匹，每匹價銀一十五兩。問該総銀幾何。

荅曰：該銀一百二十三萬兩。

法曰：置共馬八萬二千匹馬寔。以每匹價銀一千五兩爲法。加之，退位，得一二三數。亦從寅位起法首十，順數卯位得一。就從卯位起寔首萬，陞回寅位得十萬，此係進位爲百萬。是定得一百二十三萬兩。合問。

又　卷三《加法》

正糧六十五石三斗，每石加耗二斗。(共)[正]耗共該幾何。

荅曰：七十八石三斗六升。

法曰：置正(數)[糧]六十五石三斗爲寔，以每石加耗二斗爲法。加之，不退位，得七八三六數。

盤中定數法曰：從寔首起十石，順數至石位仍定石。逆數回至頭位得十石。得七十八石三斗六升。合問。

掌中定數法曰：此石見石爲比肩，寔首是十石，仍定十石。是定得七十八石三斗六升。亦同。

懸空定數法曰：法首是石，無數不下，寔首是十，下一即十。亦定得七十八石三斗六升。又同。

起運米九千八百七十六石，每石折銀一兩二錢五分。該銀幾何。

荅曰：一萬二千三百四十五兩。

法曰：置総米九千八百七十六石爲寔，以每石折銀一兩二錢五分爲法。加之，進位，得一二三四五數。

盤中定數法曰：從寔首起千，順數至石，就在石位定兩，逆數陞回至頭位得萬。乃得一萬二千三百四十五兩。合問。

掌中定數法曰：此石見兩爲比肩，寔首是千，係加進位陞一級，定萬。亦同。

懸空定數法曰：法首是兩，無數不下，寔首是千，下三，即是千。此係加法進位陞一級，定萬。亦同。

加三位題：今有銀八十七兩六錢，每兩買米一石八斗七升五合。問該米幾何。

荅曰：一百六十四石二斗五升。

法曰：置所有銀八十七兩六錢爲寔，以每兩買米一石八斗七升五合爲法。加之，合問。

加隔位題：正糧一百二十三萬四千五百六十七石八斗九升，每石帶耗糧七升。問該正耗共幾何。

荅曰：一百三十二萬零九百八十七石六斗四升二合三勺。

法曰：置正総糧一百二十三萬四千五百六十七石八斗九升爲寔，以每石帶耗糧七升爲法。隔位加之，得荅數。合問。言十次位下，言如隔位下。

加法演算総題　今有布四百五十二疋，假令

加一　每疋價鈔一十一貫。　荅曰：四千九百七十二貫。

加二　每疋價銀(二)[一]錢二分。　荅曰：五十四兩(一)[二]錢四分。

加三　每疋折[米]一斗三升。　荅曰：五十八石七斗六升。

加四　每疋換麻一十四斤。　荅曰：六千三百二十八斤。

加五　每疋用棉花一斤半。　荅曰：六百七十八斤。

加六　每疋易迪一十六塊。　荅曰：七千二百三十二塊。

加七　每疋價一分七厘。　荅曰：七兩六錢八分四厘。

加八　每疋換粟一斗八升。　荅曰：八十一石三斗六升。

加九　每疋各長一十九尺。　荅曰：八千五百八十八尺。

法曰：置前総布四百五十二疋爲寔，以每各折換數爲法。加之，俱不進位，得荅。合問。

解曰：加法定數，凡不進位者，與因乘退位同。若進位，與因乘不退位同。

學者可知。

又　卷四《身前加》

直田長一百五十步，濶二十一步。問積幾步。

荅曰：三千一百五十步。

用長一百五十步爲法，置濶二十一步爲寔，身後加五。用二(千)[十]一爲法，置長一百五十步爲寔。身前加二。

身前加演算圖

五十　一〇　一〇身以五命二　〇步

一百　丨身以一命二一　伍拾

挨身下二　貳隔位下一十　壹百

求爲三千

身後加算圖已載第三卷加法下。

銀一十七兩八錢，每兩買豆三石四斗一升。問該豆幾何。

荅曰：六十石六斗九升八合。

法曰：置銀一十七兩八錢，身前加(四三)[三四]。

身前加二位法圖

≟　≟　𝍣　身八命四　捌合

⊤　⊤　身七命四　柒　(柒)[玖]升

實首　丨　身一(合)[命]　四壹　玖隔位下三十二　陸斗

挨身下四　肆隔位二十八　柒隔二位下二十四　〇石

身又命三隔位下三　叁隔二位[下]二上　伍　陸拾

求爲

法尾㊀　不用尾一　下位列左

乂　先加此四　便於視用

法首Ⅲ　次此三

連身加

置田長八十二步，濶二十九步。問積幾何。

荅曰：二千三百七十八步。

用二十九步爲法，置長八十二步爲寔。身後連身加九，自下而上。

演算法圖

二步二　身二再下二，以二命九加一十八於身。

八十Ⅲ　身亦再下八，以八命九加七十二於身。

用長八十二步爲法，置濶二十九步爲寔。身前連身加八，自上而下。

九步乂　再下九以命八，身前隔位加七十二。

二十‖　再下二以二命八，身前隔位加一十六。

或置二十九，加八得二三四九，本位再下二十九，亦同。

銀六十五兩二錢，每兩買米二石三斗四升。問該米幾何。

荅曰：一百五十二石五斗六升八合。

用二石三斗四升爲法，置總銀六十五兩二錢爲寔。身後連身加三四，自下而上。

二錢‖　再加二　以二命四隔位下(入)[八]，以二命三挨身下六。

五兩一〇　再加五　以五命四挨身下二十，以五命三身內加一十五。

六十⊥　再加六　以六命四挨身下二十四，以六命(二)[三]身內加一十八。

或置總銀六十五兩二錢加三四，秪每兩(二)[一]石三斗四升之數，每兩尚少一石，再加六十五石二斗方是。若用六十五兩二錢爲法，置每兩買米二石三斗四升爲寔，前加六五，自上而下。

乂　再下四　以四命五，身前隔位下二十。以四命六，身二位下二十四。

≡　再下三　以三命五，身前隔位下(二)[一]十五。以三命六，身前隔一位下十八。

‖　再下二　以二命五，身前隔位下一十。以二命六，身前隔二位下一十二。

或置每兩買二石三斗四升在位，身前加六五，得一百五十二石三斗三升四合。尚少一錢之米，再加二斗三升四合，以足其數。又同。

又　重加題：糯米三百四十二石，每石價銀一兩二錢一分。問該銀幾何。

荅曰：四百一十三兩八錢二分。

用一兩二錢一分爲法，置總米三百四十二石爲寔。兩次加一，得荅。合問。

用三百四十二石爲法，置價銀一兩二錢一分爲寔。加八又加九，亦合問。

明・柯尚遷《數學通軌・歸除詮要》　加瀍此法從實位後加至本身，至本身不可破除法位首一數，亦除去不呼，不然恐同乘法。

一位加數　稻四百二十七石，每石價銀一錢八分。總該銀若干。

用八加瀝：法位除一，留八。七八加五十六，一八加一十六，四八加三十二。

總該銀七十六兩八錢六分。八除還原。

單位加數　稻七百零八石五斗三升，每石加稻四斗。總該若干。

用加四瀝：三四加一十二，五四加二十，四八加三十二，四七加二十八。

總該稻本利九百九十一石九斗四升二合。四除還原。

明・程大位《算法統宗》卷二《加法》　凡加法，首位有一數者用此。置所有物爲實，以所求價爲法。加之。然加法不用首位一數，只以次位餘數加之，言十就身加十，言如次位加如。亦從末位筭起，用減法還原。【略】

假如今有珍珠二百六十八顆，每顆價銀一兩一錢。問該銀若干。

荅曰：二百九十四兩八錢。

法曰：置珠爲實，以每顆價，除價首一兩，只以次價一錢爲法，從末位加起，次第而上。定位只認顆，本位定兩，十顆上定十兩，百顆上定百兩，所謂加、減，只須認本位也。餘倣此。

法首　一錢　爲加　　　　定位

○　起　一八如八，因如字故下位。　下位　是錢也，回向前逆數陞上。合得　八錢

實尾　八顆　一六如六，六上一起五進一于左。　顆　法首是每顆加一錢，遇顆即止，下一位是錢也。　四兩

六十　　十　　九十

實首　二百　一二如二，併七共九。　原實百　起呼百，往後順數至顆。　二百

合得

還原：用減法，即定身除也。

一二減去二，九去二存七。一六減去六，除六下還四。一八減去八，恰盡。

假如今有絹九丈八尺，每尺價一錢三分五厘。問共該銀若干。

荅曰：一十三兩二錢三分。

法曰：置絹爲實，以每尺除價首一錢，只以三分五厘爲法。加之。定位只認尺，本位定錢，丈上定兩，十丈定十兩，合得。

法首　三分　五厘　加　　定位

起　五八加四。　下位　是分也，向前逆陞。合得　三分

八尺　三八加二十四，本位加二，共十，下位加四。　尺　法首是每尺三分，遇尺即止，下位是分也。　二錢

五九加四十五，本位加四，共十四，下位加五。

實首　九丈　三九加二十七，本位加二，下位加七。　原實丈　呼丈往後順至尺。　三兩

一十

合得

假如今有羅二百四十六疋，每疋價銀一兩二錢七分五厘。問該銀若干。

荅曰：三百一十三兩六錢五分。

法曰：置羅爲實，以每疋除價首一兩，只以二錢七分五厘爲法。加之。定位只認疋，位上定兩，依次逆陞。合得。

六七加四十二，五六加三十，二六加一十二，四七加二十八，四五加二十，二四如加八，二七加一十四，二五加一十，二二如加四。

假如今有米四萬六千七百五十一石，每石加耗七升。問共該米若干。

荅曰：正耗共五萬零〇二十三石五斗七升。

法曰：置正米爲實，以耗米七升爲法。隔位加之。合問。

先從石上起呼，一七加七，于隔位升上。五七加三十五，石上加三，斗位加五。七七加四十九，十位加四，下位加九，九退一還一十。六七加四十二，百位加四，四下五除一，下位加二，二退八還一十。四七加二十八，千位加二，下位加八。

按：因、乘、加三法，其名雖殊，而理則一。但加法，須記實位不動本身。學者宜當詳審，不致差悮也。

清・李長茂《算海説詳》卷一《加法》

如有珍珠二百六十八顆，每顆價銀一兩一錢。問價若干。

舊法：置珍珠二百六十八顆爲實。除價首一兩，只以一錢爲法。從末於次位加。起八，下位加八。六，下位加六。二，下位加二。得該價二百九十四兩八錢。

只認本位定兩。十顆上定十兩，百顆上定百兩。所謂加減，只須認本位也。

解義：加法，首位不動，即將首位作法首位，乘法自本身下位起，故從每下得術。除法自本身上位起，故從法前得令。加法是從本身起，故即就本位得數，大約加法減法。唯價係一數，則物數即是價數，故本身可以不動，價首非一數便用加不得

又如有羅二百四十六疋每疋，價銀一兩二錢七分五厘。問共該銀若干。

舊法：置羅二百四十六疋爲實，以每疋價除。價首一兩不動，只以二錢七分五厘爲法。加之。從末位六疋加起，六七如四十二，五六加三十，二六加一十二。又四七加二十八，四五加二十，四二加如八。又二七加一十四，二五加一十，二二加如四。得該銀三百一十三兩六錢五分。

定位只記，疋位上定兩，依次逆陞。

解義：前法除法首一位止，以一錢爲法加之。此除法首一位尚有二錢七分五厘三位，不論位多位少只首位不動，以下挨次加之。

又如有米四萬六千七百五十一石，每石加耗七升。問連耗共米若干。

舊法：置正米爲實，以耗米七升爲法。隔位加之，得共米五萬零二十三石五斗七升。

解義：上二法連位加，此是隔位加，須勿舛誤。

清・方中通《數度衍》卷一《流法》　乘式　有田九百八十一畝，每畝一分八釐九毫。問共若干。

曰：一十八兩五錢四分零九毫。

術：先以法一分八釐九毫衍定，遇一，曰一八九，遇二曰三七八，遇三曰五六七，遇四曰七五六，遇五曰九四五，遇六曰一十一三四，遇七曰一十三二三，遇八曰一十五一二，遇九曰一十七零一。乃從實末因之，遇某數，即用某訣，有十字者，破本身起，餘皆挨身一位起也。

清・沈士桂《簡明算法》卷一《因乘流法》

假如有八千一百九十二人，每人納銀一石二斗五升。問共納糧若干。

答曰：一萬二百四十石。

法曰：歸除流法，還原即是。

清・蔣守誠《算法全書》卷一

假如今有珍珠二百六十八顆，每顆價銀一兩一錢。問該銀若干。

答曰：二百九十四兩八錢。

法曰：置珠爲實，以每顆價除價首二兩，只以價一錢爲法。從末位加起，次第而上。定位只認顆，本位定兩。十顆上定十兩。百顆上定百兩。所謂加減只須認本位也。餘倣此。

起　一八如八。因如字故下位。　下位　是錢也。回向前逆數陞上。合得　八錢

實尾　八顆　一六加六，六上一起五進一千左。　顆　法首是每顆加一錢，遇顆即止。下一位是錢也。　四兩

六十　一二加二，併七共九。　十　九十

實首　二百　原實百　起呼百，往後順數至顆。　二百　合得

還原，用減法。即定身除也。

一二減去二，九去二存七。一六減去六，除六下還四。一八減去八。恰盡。

假如今有絹九丈八尺，每尺價一錢三分五厘。問共該銀若干。

答曰：一十三兩二錢三分。

法曰：置絹爲實，以每尺除價首一錢，只以三分五厘爲法。加之。定位只認尺，本位定錢。丈上定兩，十丈定十兩。合得。

法首　三分五厘　加。　定位

起　五八加四。　下位　是分也，向前逆陞。合得　三分

八尺　三八加二十四，本位加二共一，下位加四。　尺　法首是每尺三分，遇尺即止。下位是分也。　二錢

五九加四十五，本位加四，共十四。下位加五。

實首　九丈　三九加二十七，本位加二，下位加七。　原實丈　起呼丈，往後順至尺。　三兩

一十

合得

假如今有羅二百四十六疋，每疋價銀一兩二錢七分五厘。問該銀若干。

答曰：三百一十三兩六錢五分。

法曰：置羅爲實，以每疋除價首一兩只以一錢七分五厘爲法。加之。定位，只認疋位上定兩，依次逆陞。合得。

六七加四十二，五六加三十，二六加一十二。四七加二十八，四五加二十，二四如加八。二七加一十四，二五加一十，二二如加四。

假如今有米四萬六千七百五十一石，每石加耗七升。問共該米若干。

答曰：正耗共五萬零二十三石五斗七升。

法曰：置正米爲實，以耗米七升爲法。隔位加之。合問。

先從石起呼，一七加七，於隔位陞十。五七加三十五，石上加三十位加五。七七加四十九，本位加四，下位加九。九退一還一十。六七加四十二，百位加四，四下五除一十。下位加二，二退八還一十。四七加二十八，十位加二，下位加八。

按：因、乘、加三法，其名雖殊，而理則一。但加法須記，實位不動本身。學者宜當詳審，不致差悮也。

清・江南商業學校《最新珠算教科書》卷下第九章《乘除簡法》 挨身乘法

挨身乘者，法首行爲一，可以不乘，即以實各行爲法首行乘得數，僅將法次行以下乘實，挨身加於實也。故名挨身乘。其用惟法首行爲一，除之最便。法首行非一即不能用，設各題於左。

設題一 買大棗四十三觔，每觔錢百二十八文。共錢若干。

解：置實四十三於算盤右邊，置法百二十八於左端。

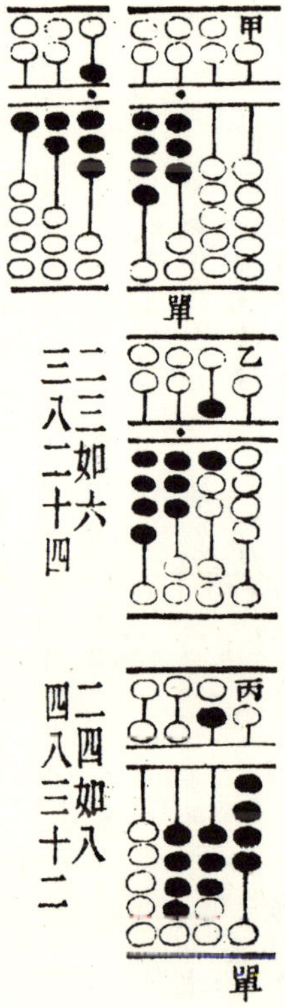

即以實次行三爲法首行，乘得數不動。僅以法次三行乘實次行，挨身加於實次行之右。如乙圖。又以實首行四爲法首行，乘得數不動，僅將法次三行乘實首行，挨身加於實首行之右。如丁圖。得五千五百零四，即大棗共錢也。惟法爲三位乘得數僅降二位，比留頭乘少降一位，緣省云首位之乘也。

設題二 荸薺五十六觔，每觔十七文。共錢若干。

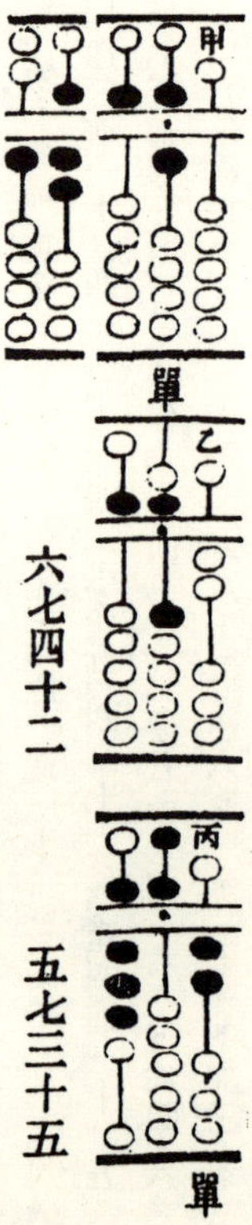

解：法次行數稍大，須從實本位加起。餘同前。

設題三 洋一圓換錢千五十三文，洋二十五元。錢若干。

法一：

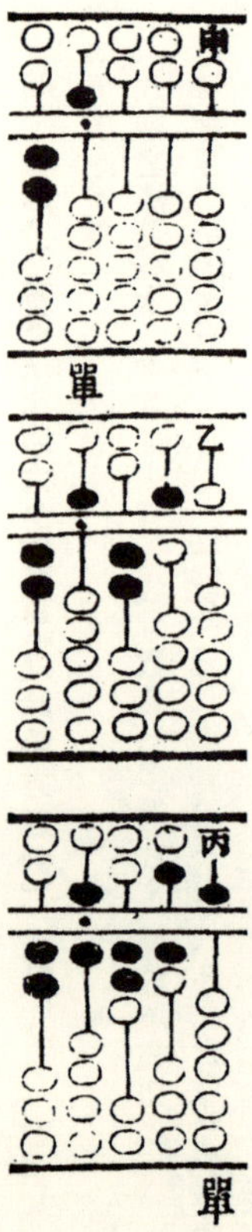

法一：〇五三 五五二十五 三五一十五 二五得一十 二三如六

解：法次行爲空位，從法三行乘起，仍空一位加之。

金蟬乘法

綜論

明・柯尚遷《數學通軌・學筭須知》 金蟬乘瀍義

不用九字相生之數，但置一箇原瀍，又置一箇倍瀍。只云：除二加倍，去一還元。又云：起一如原瀍加之，起二如倍瀍加之。

如米一石價銀六錢四分。將米爲實，以六錢四分爲法。又另置一箇倍法得一兩二錢八分，呼云：起一加六四，起二加一二八，只此二句以代乘法，皆從實後置數，以第因面加之。又云：呼如加隔位，言十加次位。所謂成十之數，庶不疊於本位也。

算法

清・方中通《數度衍》卷一　乘除捷法即金蟬蛻殼。

因乘訣曰：起雙下加倍，見一只還原，倍一挨身上，餘皆隔位遷。

乘式　有米三石五斗，每斗價銀七分。問共銀若干。

曰：二兩四錢五分。

術：置米爲實，以價七分爲原數，倍得一錢四分爲倍數。先於實末五斗上，呼起雙下加倍，起去二斗，挨身上一錢，次位上四分；再起二斗，挨身上一錢四分；却呼：見一只還原，起去一斗，隔位上七分。次於三石上，呼起雙下加倍。起二石，挨身上二兩四錢，却呼：見一只還原。起一石，隔位上七錢。合問。

又式　有布五十七疋，每疋價銀二錢五分。問共銀若干。

曰：一十四兩二錢五分。

術：置布爲實，以價二錢五分爲原數，倍得五錢爲倍數。先於實末七疋內，起三箇二疋，挨身上三箇五錢。又起一疋，挨身上二錢五分。次於五十疋內，起兩箇二十疋，挨身上兩箇五兩。又起一十疋，挨身上二兩五錢。合問。

通曰：前式價是分，倍是錢；則倍數挨身上，原數隔位上，後式價是錢，倍亦是錢，故倍數原數俱挨身上。

清・許桂林《筭牖》卷四　金蟬蛻殼法

乘　起雙下加倍，起一下加原。倍數滿一十，隔位加其原。

實内起雙下加法之倍數，實内起一下加法之原數。如：一[二]三乘五六五，于小數五内減二，下加一三之倍數四六。再減二，又加四六，再減一加一三原數，小數五起盡，得一一五。次將六三次起雙，于其下三次加四六，共前得一四九五。次將實首五，依前兩次起雙下加倍，一次起一下加原，共前得一二九九五。

清・沈士桂《簡捷易明算法》卷四　金蟬脱殼又名乘除易會算訣。

退雙下加倍，見一只還原。倍進挨身下，餘皆隔位遷。

此法不用乘除，只以此歌二十字代之。

假如有綿四十三觔，每觔價銀六錢。問該銀若干。

荅曰：二十五兩八錢。

法：將綿四十三觔爲實，以每觔價銀六錢爲原法。另將六錢倍之得一兩二錢爲倍法。先於實末位三觔上，呼「退雙下加倍」，退了二觔，挨身下加倍数一兩二錢。共四一一二。再於一觔上呼「見一只還原」。退了一觔，隔位下還原数六錢共四一八。再於四十觔上呼「退雙下加倍」，退了(一)[二]十觔，挨身下加倍数(六)[一]兩二(个)[錢]，共二(二)[一]三八。再於二十觔上呼「退雙下加倍」，退了二十觔，挨身下加倍数一兩二錢，實数除完。即得二十五兩八錢。

珠算除法分部

九歸歸除法

題解

明・吴敬《九章算法比類大全》卷首《乘除開方起例》　歸法法首一位者止用歸，以實首起次第求之。

九歸之法乃分平，凑数從來有見成。数若有多歸作十，歸如不盡搭添行。

歸除二十以上，至百、千、万以上，首位有二、三、四、五、六、七、八、九者，皆以此法分之，從首位次第算起，用乘法還原。

惟有歸除法更奇，將身歸了次除之。有歸若是無除数，起一還將原数施。或遇本歸歸不得，撞歸之法莫教遲。若人識得中間意，筭學雖深可盡知。

明・王文素《筭學寶鑑》卷三《歸法》　九歸歌

一歸不須歸，其法故不立。二一添作五，逢二進一十。三一三十一，三二六十二，逢三進一十。四一二十二，四二添作五，四三七十二，逢四進一十。五一倍作二，五二倍作四，五三倍作六，五四倍作八，逢五進一十。六一下加四，六二三十二，六三添作五，六四六十四，六五八十二，逢六進一十。七一下加三，七二下加六，七三四十二，七四五十五，七五七十一，七六八十四，逢七進十一。八一下加二，八二下加四，八三下加六，八四添作五，八五六十二，八六七十四，八七八十六，逢八進一十。九歸隨身下，逢九進一十。

歸法先從寔首攻，十便本身下還零。若逢滿法歸成十，不盡之餘法命行。

解曰：法孤位曰「歸」，一位除法也。先從寔首歸起，假令寔首是一，下法是二，即呼「二一添作五」，乃变本身一作五是也。如寔身足二，下法是三，即呼「三二六十二」，乃变本身二作六十，次位還二是二也。又如寔身是五，下法是四，此係滿法「逢四進一十」於上位，餘一再歸是也。凡遇歸不盡之餘寔，名爲分子法爲母，以命分子数。於身前定数，用因法還源。

又《歸除》

法首歸身下有餘，進[于]身内莫躊躕。無除起一還原数，滿法歸身上位居。寔若滿歸除不滿，撞歸之法此當驅。務將身数先求定，綫命其(除)[余]法位除。

撞歸歌：見一無除作九一，見二無除作九二，見三無除作九三，見四無除作九四，見五無除作九五，見六無除作九六，見七無除作九七，見八無除作九八，見九無除作九九。

解曰：歸除者，先以法首歸寔而求其身，次以身命後位而除其寔。苟不歸定其身，則法之後位與熟相呼而除其寔哉。盖嘗論之，求身之要有四：一曰滿歸滿除，進位爲身者是也。二曰滿歸不滿除，乃用撞歸者是也。三[曰]歸訖無除起一還原数者是也。四曰歸訖有餘，進入其身者是也。古歌未盡其意。愚故更之以此，語句雖備，術意兼備。今(有)將四要各(没)[设]一題，以便初學。

又　卷四《歸総還零》

歸総還零法最奇，借歸総数補還虧。寔同本法歸成十，可免來回進退数。

解曰：歸総者，借補欠数而歸之。如二十以上用三十歸之，三十以上用四十歸之，即歸得数，命原借欠数還於下位，可免進退得量除数，此本法尤便。

又　卷五《互换活法》

互换相求法变通，乘除二率看分明。如除可以除乘率，置積原來只用乘。乘率可除除率者，只除其寔便知情。或因或变随題用，倍折須知視法行。

解曰：《乘除筭寶》載有互换活法，不過自二至九，原其術意豈拘九而已矣，以上亦然。盖乘(乘)除二率，假如乘率可除除率者，置積只除，或除率可除乘率者，置積只乘。假令二率皆可倍者，倍之，皆可折者，折之，皆可約者，約之。又看積與二率有相乘者，随題用法可也。

楊輝曰：《應用筭法》以徑乘代互换者因善，其間又有不可代者，宜兩存之。令亦述于左云。

遇一除者，定位，只乘不除。二爲除者，定位，乘乾，折半。二乘三除置積減五。三乘三除不乘除。四乘三除互换。五乘三除六歸。六乘三除二因。七乘三除互换。八乘三除互换。九乘三除三因。

二百三十四斤，每鈞價錢六百文。問該錢幾何。

荅曰：四千六百八十文。

術曰：置総斤数，二因。

解曰：每鈞三十斤值六百，即每斤二十文，故用二因代之。

二百三十四人，每三人支七貫。問該支幾何。

荅曰：五百四十六貫。

術曰：置総人以七貫乘之，以三人除之。二乘四除五因。三因四除加五，折半。四乘四除不乘除。五乘四除加二五，八歸。六乘四歸加五。七乘四除互换。八乘四除二因。九乘四除互换，或兩□遍加五。

軍士三千，每四人支米五升。問総支米数幾何。

荅曰：三十七石五斗。

術曰：置総軍数，加二五。

又術：置総軍八歸。

解曰：四人支五升，即是每人支一升二合五勺。

解曰：四人支五升，即是八人支一斗，故以八歸代之。

二乘五除四因。三乘五除六因。四乘五除八因。五乘五除不乘除。六乘五除加二。七乘五除加四。八乘五除加六。九乘五除加八。

二百一十六人，每五十人支五兩。問共支幾何。

荅曰：二十一兩六錢。

解曰：五十人支五兩，即是每人支一錢，不必乘除，置人総数，人位定錢。

二乘六除三歸。三乘六除折半。四乘六除減五。五乘六除減二。六乘六除不乘除。七乘六除互换。八乘六除七十五除。九乘六除加五。

互换過七数者無折变，仍從本法。

二乘八除[兩]折四歸。三乘八除三因，加二五。損折秤尤妙。四乘八除折半。五因八除減六。六乘八除七十五乘，加五，折半。七乘八除七因，加二五。八乘八除不乘除。九乘八除九因，加二五。

又《單因代除》

因代繁除妙入神，思來此法有源根。只將一数爲之寔，幾数除來幾数因。

楊輝曰：因法不獨能乘，而亦能除。愚原術意，盖歸除一数而得者。如二因可代五除，是二歸一数得五也。又如三因可代繁三除，是三歸一数得三三不盡之数也。又如四因可代二五除，是四歸一数得二五也。餘皆倣此。不惟因代其除，加、乘亦然。如加六可代六二五除，如三十二[乘]可代三一二五除之類。

明·徐心魯《盤珠算法》卷一　歸除法訣：惟有歸除法便奇，歸，以歸法歸之。將身歸了次除之。身，本身之位。言先以本身之位，以歸法歸之。次子除，必因法除之。三、四、五位，以因法除之也。有歸若是無除数，有歸者，本位上有子可用歸法。歸之，无除者，二三位上无子不能用因法除之。起一還將原数施。如二歸无除，本位上起一子，上位還二子。三歸无除，本位上起一子，三位還三子。餘倣此。或遇本歸歸不得，如(一)[二]歸只二子，三歸只三子，故歸不得也。餘倣此撞歸之法莫教遲。如二歸只一子，本位撞九，次位撞二，撞作九二是也。如三歸撞作九三。餘倣此。若人識得其中意，識曉也意意義也。算學須深盡可知。言人若曉得歸法、除中間意，則須道算本之始。

明·柯尚遷《數學通軌·學算須知》

歸除義

歸者，會也。謂會萬分之數，而歸於一也。除者，減也。謂約存身數，而減其餘也。單位曰歸，多位曰歸除，通而言之曰除也。皆從首位而起，其灋之首位呼歸，餘位呼除。故曰：歸除。

如有總物若干，每一兩該物若干，問共該物若干。是有總物之數，却無一物之法。及有一家之法，故用歸法。

如有總價若干，每一物該價若干，問共該物若干。是有總價之數，却無一價之法，及有一物之法，故用歸除。

如共物若干，共價若干，只云每一物該價若干。是有物有價，只以共物爲法，以共價爲實，故用歸除。

如共價若干，共物若干，只云每一價該物若干。是有價有物，以共價爲法，共物爲實，故用歸除。

一曰：以所有總數爲實，以所求每數爲法。

一曰：有總物，而又有總價，或將總物爲法、揔價爲實，或將總價爲法，總物爲實。如總米四百六十石，共賣銀三十三兩四錢。問每石該若干。即以米爲法，以銀爲實。若問每兩該米若干。即以銀爲法，以米爲實。

歸除灋

惟有歸除灋更奇，將身歸了次除之。或遇本歸歸不得，撞歸之法莫教遲。有歸若是無除數，起一還將原數施。有人識得其中意，算灋雖深可盡知。

歸除者，將灋首一位呼爲歸灋。其三位、二位、四位俱呼爲除灋，此先歸而後除也。凡歸時又須儘歸，歸之若不儘歸，歸之則次位除不盡也。然又不可歸盡，約存有可除者，歸盡則無除也。一十一人分(之)數，用一歸一除。二十二人分數，用二歸二除。以至九十九人分數，用九歸九除。此將身歸了次除之之謂也。

前位歸除已定，後再不可復歸。如或本歸歸之不得，又須撞起歸數。如：見一無歸撞作九一；見二無歸撞作九二；見三無歸撞作九三；以至見九無歸撞作九九，此撞歸之謂也。或起一作十，然後歸之亦可。

若已歸而後位無除，又將已歸內起一數，於下位還原。原數者，灋之首位歸數是也。如：一歸無除，就歸內起一下位還一；二歸無除，就歸內起一下位還二；以至九歸無除，就歸內起一，[下位]還九。此起一還將原數施之謂也。

明·程大位《算法統宗》卷二《九歸》　歸除法者，單位者曰歸，位数多者曰歸除。通而言之，曰歸除，置所出率爲實，以所求率爲法，皆從實首位而起，以法之首位用歸，以次之位皆用除之。故曰：歸除，歸者。呼九歸之歌，除者，呼九字相生之数，次第除之，降積謂之除，其数雖降，而位反陞矣。須詳定位訣而求之，以法爲母以實爲子，實爲法而一。法實相反失之千里。必須用心詳玩直指定位法實訣于後，或有畸零之不盡者設有約分之法而命之。

又　卷二《撞歸》　撞歸者，有歸而無除之謂也。予以法實盈虧，進退之理推之。盈則有歸，照法首之数，進於上位成十；虧則無除，起一退於下位，照法首之數還原。先哲有云：見一無除作九一之類，此正謂有歸無除之秘法，知此可與論制算，纂法之深奥矣。

明·黄龍吟《算法指南》卷上　歸除歌

惟有歸除法更奇，歸以九歸，歸除用因法除。將身歸了次除之。先將本身用歸法，其餘不拘幾行只是除。有歸若是无除数，有歸者，本位上有子，可用歸法歸之。无除者二、三位上无子，不能用因法除之。起一还將元数施。如二歸无除，本位上起一子，二位还二子。三歸无除，本位上起一子，下位还三子。餘倣此。若遇本歸歸不得，如二歸只兩子，三歸只三子，故歸不得也。撞歸之法莫過遲。若二歸：則用「見二无除作九二」。三歸：則用「見三无除作九三。」四歸：見四无除作九四。五歸：見五无除作九五。六歸：見六无除作九六。七歸：見七无除作九七。八歸：見八无除作九八。九歸：見九无除作九九。其法只依歸数，内生其該还要依数除之。若遇无除，則又起一还將元数施，还元則有子可除其理最明。如有民二兩，二十二人分，用二歸二除。前呼「逢二進一十」，後位該呼「一二除二」，而後位无二数可除，則用，見二无除作九二，當歸後，呼二九除一十八。却方能有子可除也。有人識得其中意，筭法雖深可盡知。

清・李長茂《算海説詳》卷一《歸法》 单位曰歸。凡二歸至九歸法，单位者用此。

歸除法：单位曰歸，位數多曰歸除，通而言之曰歸除。置所問率爲實，以所求率爲法，皆從實首位而起，以次而下。以法之首位用歸，次位下皆用除。歸呼九歸之歌，除呼九九之數，次第除之。故曰歸除。

降積用除法：凡以二爲歸，便降作二分之一。以三爲歸，便降作三分之一。其数雖降而位反陞，亦須詳定位之法求之。

陞積亦用除法：如有足色金銀十兩，欲銷八色。即置十兩，以八爲法。歸之，得一十二兩五錢是也。盖以八爲法，除十降積則得一兩二錢五分。陞積則得一十二兩五錢，可以通用。他俱類此。

加倍亦用歸法：加倍當用二因，而位反降。今改用五歸，陞上得数而位不降爲便。

撞歸法歌：歸除之法要周知，数盈進上驏成十。有歸若是無除數，作九下將歸数施。或仍無除再起一，下加歸数以除之。

因歸還源法：還源者，復還原位也。將法實乘除得所問數，復將求得之數，照法還源。兩下覆對，始免差誤之失。

通除法：謂如：應四歸之，又應五歸之，又應十二除之者。却變法以四乘五得二十，再以一十二乘之得二百四十。就置實用二歸四除，以代三次歸除。

又　卷二　飛歸法曰：一作五，下除二。見一無除作四，隔位生四，進一除二四。見二無除作八，隔位生八，進二除四八，進三除七二，進四除九六。以上積步問畝。

飛還法曰：一退二四，二退四八，三退七二，四退九六，五留一二，六留一四四，七留一六八，八留一九二，九留二一六。以上畝問積步。

解義：一作五，下除二。即二一添作五，五四下位除二也。一無除，隔位生四。即二一添作五，無除借一下還二，四四除一十六，下位除二，隔位還四也。進一除二四，即逢二進一十，一四隔位除四也。見二無除作八，隔位生八。即見二無除作九二，無除借一下還二，本位留八，下位作四，四八除三十二，下位除三，又去一，隔位還八也。進二除四八，即逢四進二十，二四除八也。進三除七二，即逢六進三十，三四除一十二，下位除六，進三于前，又除一，共七。隔位除二也，進四除九六，即九去八進四十，四四除一十六也。仍是二四歸除之法。四歸六歸，四六亦是二十四。特飛歸法，又按二四歸除立爲成法，变换直捷耳。法雖径省，而數以遞加□易不如四歸六歸，雖歸二次，然一字直呼別成，簡直了快，萬無差誤。至飛還法，又不如直用二四因秉爲奕便無差。

清・方中通《數度衍》卷一　歸除訣曰：加雙下除倍，加一下除原。倍一挨身除，餘皆隔位遷。

又　乘除新法

歸除訣曰：進一空除原，實首多等于原數，及少于半數者，用此。進二空除倍，實首多等于倍數，及少于半數者，用此。進二隨除倍；實首少于半數，而倍數首一者，用此。進五空除半，實首有餘，而原數首一者，用此。進五隨除半；實首多等于半數者，用此。

因乘訣曰：除一空加原，實尾止一數者，用此；有時隔一位加原數。除二空加倍，實尾二、三、四數者，用此。有時隔一位加倍數。除二隨加倍，實尾二、三、四數，而倍數首一者，用此。除五空加半，實尾五、六、七、八數，而原數首一者，用此。除五隨加半。實尾五、六、七、八數者，用此。

以加代除法

珠曰：歸除之法，有可以加法代者，更爲易簡。其術亦須變法數，與前因乘相同。法既變後，乃將歸實暗數，與變法呼加之。暗數者，視原法數在實内有幾回也，即用其幾回之數爲暗數耳。以變法與暗數相呼，加於實數之上，逐位呼加，加畢。則其得數與歸除無異也。

清・沈士桂《簡明算法》卷一《歸法》　夫歸者，乃单位也。從實首位算至(未)[末]位，便見共數。用因法還原。

歌曰：九歸之法甚分明，凑数從來[作五]成。数若有多歸作十，歸如不盡[從下]行。

清・汪訒菴《指明算法》卷上　九歸歸除法者，单位曰歸；位数多曰歸除；通而言之，曰歸除。置所出率爲寔，以所求率爲法。皆從实首位而起，以法之首位用歸，以次之位皆用除。故曰：歸除。歸者，呼九歸之歌；除者，呼九因之數。次第挨除，謂之除。其定位之訣，以法爲母，以实爲子，若錯以实爲法而一，法实相反，則失之千里。必須用心詳察，認定法实之訣，庶無差謬。

又　歸除法

惟有歸除法更奇，歸，以歸法歸之；除，以因法除之。將身歸了次除之。先將本位呼歸法歸之，其次不拘(凡)[几]位，俱呼九因合数除之。有歸若是無除数，若本位上有子可用歸法，次位無子，不能用因法除之也。起一還將原数施。如：二歸無除，本位起一子，下位還二子。如：三歸無除，本位起一子，下位還(二)[三]子。餘皆倣此。或遇本歸歸不得，如：二歸只二子；三歸只三子；因下位無子可除，故不能歸之。撞歸之法莫教遲。(加)[如]：二歸，見一無除，本位加七撞作九，次位加二。如：三歸，撞作九三。撞歸路如：除数不足，照前用起一還原法。若人識得其中意，如學者識得歸除中間之理深奧也。算學雖深可盡知。云：算者用心習矣，孝可以盡識矣。

混歸法歌訣：混歸法者，與歸除同。前人用定身減法，惟恐人心难明。遇行数多者，往之差錯，故立此法。

逢一進一十，逢二進二十，逢三進三十，逢四進四十，逢五進五十，逢六進六十，逢七進七十，逢八進八十，逢九進九十，見一無除作九一，無除起一仍还一。首二句，即歸除。上云：有歸若是無除数，起一还將原数施。深一同也。此訣：起一还一，起二还二，餘皆倣此。

清·梅瑴成《增刪算法統宗》卷一　歸除

凡法之位數，自二位以至多位者，用此。將法首位對實首位呼九歸歌，得數隨將法次位，按歸得數，呼九九生數除之。法有幾位，俱次第除畢；復將法首數對實次位歸之，仍以法次位除之，至實盡而止。實有畸零不盡者，以法命之。命分法詳後。

歸除歌

惟有歸除法最奇，將身歸了次除之。身，實本位也。有歸若是無除數，如：銀二十兩，令二十二人分之，用二歸。呼「逢二進一十」，是二十人每人一兩，銀已盡。餘二人無可分，此之謂有歸無除也。起一還將原數施。如一歸：本位起一下位還一；二歸：本位起一，下位還二。餘倣此。若遇本歸歸不得，即有歸無除也。撞歸之法莫教遲。詳下。人能識得其中意，算學雖深可盡知。

清·潘逢禧《算學發蒙·珠算二》　乘除説

除法，以法剖實也。其法從實首位起，以法數若干位，遍除實位一過。此只論法位，不論實位。如實只二位，法有三位，仍在實數除三位。如實有三位，法只二位，但在實數除二位也。餘仿此。求得首數，其除後所餘之實數，再以法數若干位除之，求得次數。如此除之至盡。求得幾數，即爲得數若干。皆自左而右。若除之不盡，則以命分法喝之。詳除法條下。

除法得數，恐其有誤，以乘法還原。置得數爲實，以原法數爲法，乘之，即得原實數。又法：以除法還原，置原實數爲實，以得數除之。仍得原法數，此則新法，尤爲巧妙。又有九減七減試法，詳見筆算條下。

以除法言之，所謂根者，所求之單數也。如法首是千，實首亦是千，或法首是百，實首亦是百，所謂法實相當也。則實首位，即是根。凡法實相當，定根皆仿此。若法首是千，而實首只有百，是實較法低一位，則以實首上一位爲根。如實首只有十，是實較法低二位，則以實首上二位爲根。凡實較法低幾位，即以實首前幾位爲根。所謂法大實小也。若法首是百，而實首是千，是法較實低一位，則以實首下一位爲根。如法首是十，而實首是萬，是法較實低三位，則以實首下三位爲根。凡法較實低幾位，即以實首後幾位爲根。所謂法小實大也。既知根位，則根上一位，即所求之單數矣。所謂單數者，如天以度爲單數，地以里爲單數，田以畝爲單數，銀以兩爲單數，布以疋爲單數，米以石爲單數，約畧如此。至單數之下，則有畸零，詳見加減類。皆於列位時，先認清根位，則得數之後一查即得。然後就所得之數，上下位推之，餘位皆定。以理論之，實位既已定根，則根位當即單數。但因除法，至得數之後皆遞陞一位，故單數恒在根上一位也。

清·蔣守誠《算法全書》卷一　九歸歸除法者，單位者曰歸，位數多者曰歸除，通而言之曰歸除。置所出率爲實，以所求率爲法。皆從實首位而起，以法之首位用歸，以次之位皆用除，故曰歸除。歸者，呼九歸之歌。除者，呼九因之數，次第挨除。降積謂之除。其數雖降，而位反陞矣。須詳定位訣，而求之。以法爲母，以實爲子。若錯以實爲法，而一法實相反，則失之千里，必須用心詳察法實，庶無差謬。

清·屈曾發《九數通考》卷一《歸法》　歸法訣：歸與除一也。單位法謂之歸，法位數多謂之歸除。又總名之曰除。學者如何算九歸，先從實上左頭推。逢進起身須進上，下加不動下施爲。用因法還原。

除法説

除者，兩數相較而分也。蓋視大數內，有小數之幾倍，將大數照小數減幾次；則大數分而復爲一小數，故謂之相較而分。然不用減而用除者，何也？蓋減必遞消其分，除則一歸即得。除之與減即猶乘之與加，正相對待者也。如有大數一十二，小數四。若用一十二，以四減之，三次而盡，即知一十二爲四之三倍也。今用除法，呼：四一二十二，逢四進一十，即知一十二爲四之三倍矣。此除之與減，理相通而用較捷也。

清·許桂林《算牖》卷一《除法》 不動者爲法，動者爲實。如欲知每米一石之銀，是將變總銀爲每米之銀，銀動而米不動也。乘法，法實可互用。除法，法實必須審定，一倒置則謬以千里矣。

清·陳傑静《算法大成》上編卷一《歸法》 總論

歸法，即除法。除者，分也，分物之法也。原物若干，作幾分分之，得其各分之數，而除去原數也。梅勿庵曰：天地之道，盈虚消息而已。無有盈，而不虚；無有消，而不息。乘者，息也，盈也。除者，消也，虚也。二者相反，而不能相無其數，每相當不失毫釐，如相報也。又曰：除其原數，歸于各數。故除亦曰歸。有一位除，有多位除。或分一位除曰歸，多位除曰除。別有論詳後。乘、除二法，俱有兩數，求一數。其所有兩數，一爲原有，一爲今有。原有爲實，今有爲法，初無異也。惟乘法，可以不分法實，與加法同。除則必須辨明法實，誤用則得數懸殊，與減法同。

又 歸除。凡因、乘、歸、除，俱分一位曰歸、曰因。二位至多位曰乘、曰除。然亦有別。蓋因乘止此四十五語。歸除則惟首位呼九歸總法，自二位、三位以至于無窮無盡之多位，皆仍呼因乘法之四十五語。惟呼而減之，非呼而加之耳。且梅氏言：分一位曰歸，多位曰除，而特加一或字則亦疑而未定之辭也。今分一位除曰歸，二位至多位曰歸除。又因乘法，斷無無可因，無可乘者，猶加法之不能無可加也。歸除則不然，惟一位之歸法，亦無無可歸者。其二位、三位以至于多位，俱有無可歸者，有無可除者，猶之減法之有無可減也。

清·江南商業學校《最新珠算教科書》卷中第五章《乘除第一類》 除法説

古名獨位除曰歸，多位除曰歸除。以法之首位用歸，次位以下俱用除也。

除與乘相反，乘爲除之還原，亦可云除爲乘之還原。留頭乘之還原，即通行之歸除。但乘法從實之尾位起，除法則從實之首位起。挨身乘之還原，曰定身除。法首位爲一，即用實首位爲除得之一位，僅從法之次位除起。法頗簡便，俟後詳之。惜法首位非一，不能用此法。隔位乘之還原，曰超位除。日本名曰龜井算法。其法先置商得數於實左一位，而以左數遞乘法各行以除實。不用歸除歌訣，其理甚近於筆算。不過筆算乘法全數以減實，此則乘法首位起，依次遞乘以遞減實。學之雖易，而用之不如歌訣之便。茲書用歌訣，亦分除法爲三類。法祇一位，實爲一位以上名曰除法第一類。法爲一位以上，實之位數等於法或多於法一位，除得數僅有一位，名曰除法第二類。法實俱一位以上，除得數不止一位，名曰除法第三類。除三類與乘三類對列並用，可互爲還原。乘則數增而位反降，除則數小而位反升。故法一位除之，各行俱升一位，法二位除之，各行俱升二位，升位亦視法位數之多少。而臨時取用，非熟練歌訣不爲功。茲録九歸歌訣於左以備用。

綜論

清·沈士桂《簡明算法》卷一《歸除明釋》 夫歸除之法，必有定論也。凡遇物要用歸除，算者必先立定爲法、爲實。爲法之数列于右，爲實之数列于左。然後用歸除。看爲法之首位是幾子，就是幾歸，餘次不論一、二、三、四之位，数俱是除。舉算時，看法之首位是幾歸，就對實之首位相呼歸訣，破其本身。若不位有数子多者，可照本歸該逢幾就除幾進二十于上位，不可多積于下何也。若下位多積，恐除完番頭文要重歸進数之繁，故遇下位有多積子，就此進于上位，總数除之爲妙。即將左手指定歸成数目，對法之第二位相呼九九数除之，逐位挨次除完。然後又將實之第二位再照前式相呼歸除，如此將實上逐位挨次歸除過去。若遇本身歸定，而下位無除，隨將本身退一于下位，照法首歸数加之，故有退一下還原数施之訣。原数者，法首之歸数也。如又遇本身只有歸数，而下位無子可除，便用撞歸之法，將本身加子化作九，下位照法首之歸数加之。若撞九歸，本身原是九，不必加，只于下位加九是也。如仍無除数再本身退一，下加原數，見有除数即止。若除時遇有如句，須要下位除之，不可在正位上除。要知正位，乃十数之位。如者，乃個子之位。若人明此理，則算無不通矣。當用乘法還原。单位者，爲歸。位数多者，就有除。故曰歸除是以其名有異稱耳。

清·梅瑴成《增删算法統宗》卷一 歸除總論

除者，以數剖數也。除其原數，以歸各數，故亦曰：歸。珠算則以法之一位者，曰：歸；法之多位者，曰：歸除。以多位者，法首用歸，次位以後皆用除故也。皆有實、有法、有得數。其法皆從實首位起，歸者，用九歸之歌；除者，用九九相生之數。次第除畢，則變實數爲得數矣。

清・屈曾發《九數通考》卷一《加減乘除總説》 算法以加、減、乘、除爲入門，然究其終，雖至於千變萬化，總不出乎此。但用法不同耳，或應取其相和之數，則用加。或應取其相較之數，則用減。或應聚而總其積，則用乘。或應散而取其分，則用除。又有先加而後減者，或先減而後加者，有先乘而後除者，或先除而後乘者，又有加減與乘除，先後互用者。古來九章命算，自方田以至句股，數有煩簡，理有顯晦，法有深淺，算有難易，然何一不從加減乘除而得。故淺言之，則算法之入門，究言之，實算法之全體也。

江南商業學校《最新珠算教科書》卷中第五章《乘除第二類》 除法要義

一、列實於中央，列法於左端。能記法於心中更妙。

二、法首行小於法首行，或首行相等，而截實同法之位數。實較大於法者，則進一數於實首行之左，以所進之數遞乘。法次行以下，以遞減實爲餘實，即以所進數爲除得數首行。

法首行大於實首行者，則依法實以用歌訣，改實首行爲除得數之首位。若法次行以下不足除，則用去一還原法，減少除得數之首行以補於次行以下。

法首行等於實首行而截實同法之位數，實較小於法者則用撞歸法。若法次行以下不足除，仍用去一還原法以補之。

三、以法首行遞除餘實之首行。仍如前依次除之至實盡而止，爲除得之數。

四、除得數之名稱，依法位數之多少而定之，其單位移左之位數，等於法之位數。

算法

明・吴敬《九章算法比類大全》卷首《乘除開方起例》 定位

從法首之数，以定其實。謂如實千貫，法十人。從實前第一位数法十起，第二位得法二，就第二位上。却從千数起，復数第一位得百，本位得十。次位定一貫。實百两法千，從實前第一位上数千前第二位得百，前第三位得十。前第四位得法一，却照前第四位上数實百两，起爲□，曰第三位得十两。第二位得两，□第一位得錢，本位得分，下位得厘，下二位得毫。

九歸歌法

一歸　無法定身除。

二歸　二一添爲五，見二進一十，見四進二十，見六進三十，見八進四十。

三歸　三一三十一，三二六十二，見三進一十，見六進二十，見九進三十。

四歸　四一二十二，四二添爲五，四三七十二，見四進一十，見八進二十。

五歸　就身加一倍，見五進一十。

六歸　六一下加四，六二三十二，六三添爲五，六四六十四，六五八十二，見六進一十。

七歸　七一下加三，七二下加六，七三四十二，七四五十五，七五七十一，七六八十四，見七進一十。

八歸　八一下加二，八二下加四，八三下加六，八四添爲五，八五六十二，八六七十四，八七八十六，見八進一十。

九歸　下位加一倍，見九進一十。

撞歸法謂如四歸，見四本作一十。然下位無除，不進爲十。以四添五作九十，更於下位添四。其下位有四除也。如又無除，即於九十内除一十，却於下位又添四，故謂之撞歸。惟此法内用。

二歸爲九十二。無除減一下还二。三歸爲九十三。無除減一下还三。四歸爲九十四。無除減一下还四。五歸爲九十五。無除減一下还五。六歸爲九十六。無除減一下还六。七歸爲九十七。無除減一下还七。八歸爲九十八。無除減一下还八。九歸爲九十九。無除減一下还九。

歸除以法是一位者止用歸。二位以上者，[曰歸]除。實先歸而後除。求源，故曰歸除。

歸除曰：以所出率爲實，以分若干之数爲主，数不齊者，率之。以所求率爲法。所求物数，或價数爲法数。不齊者，率之。實如法而一。以法之数，除實之数。言十當身，言如次位，求之。與相乘同意，惟反用。

今有米一千三百五十六石，每田一畝收米二石。問該田幾何。

荅曰：六頃七十八畝。

法曰：置所有米一千三百五十六石爲實，以所收米二石爲法。歸之。定位。實千石，從實前第一位是法首石，就從實前一位数實千起，本位得百畝，次位得十畝，第三位十石上，定畝。共得六頃七十八畝。合問。

六石　丁　見六進三十。除本身六石，却進前位五畝上，加三畝，作八畝。

定畝五十　≣　二一添爲五。將存一畝，添四畝，作五畝。

見四進二十。將本身五十，除四，却進前位五十上，加二十，作七十。本位止存一畝。

三百　|||　二一添爲五。將止存一百，添四改爲五十。

見二進一十。將本身三百，除二，却進前位五頃上，加一頃，作六頃。本位止存一百。

一千　一　二一添爲五。將本身一千，添四数，改作五頃。

今有鈔二百六十五貫三百二十文。假令三人分之。

荅曰：八十八貫四百四十文。

法曰：置所有鈔二百六十五貫三百二十文爲實。以所分三人爲法。歸之。定位。實百貫，法三人。實前第一位得百，本[位]得十，次位十上定貫。共得八十八貫四百四十文。合問。

二十　‖　見三進一十。除改作三十，却於前位三之上，加一十，改作四十。

三一三十一。將存一十加二，改作三十，更於次位二十上，加一十，改作三十。

三百　≡　見三進一十。將存四百除三百，止作一十。却於前位三百上加一，改作四百。

三一三十一。將存一貫添二，改作三百文。却於次位三百上，加一，改作四百文。

五貫　||||　見六進二十。將改七貫除六，止存一貫，却進前六貫上，加二貫，改作八貫。

三二六十二。將存二十，添四改作六貫，更於次位五貫上，加二改作七貫。

定貫六十　⊤　見六進二十。將改八十除六十，止存二十。却進前位六十上，加二十，改作八十。

二百　‖　三二六十二。將本身二百，添四改作六十。更於次位六十上，加二，改作八十。

四人分之。

荅曰：六十六貫三百三十文。

見四進一十。將改四十除去，却於前位二十上，加一十，改作三十。

二十　‖　四一二十二。將存一添一，改作二十。更於次位二十上，加二，改作四十。

三百　≡　見四進一十。將改五十除四十，止存一十。却於前位二百上，加一百，改作三百。

四一二十二。將存一添一，改作二百。更於次位三百上，加二数，改作五十。

五貫　||||　見四進一十。將本身五貫除四貫，止存一数。却於前位五貫，加一貫，改作六貫。

四二添爲五。將存二十，添三数，改作五貫。

六十　⊤　見四進一十。將本身六十除四，止存二十。却於前位五十上，加一十，作六十。

二百　‖　四(三)[二]添爲五。將本身二百添三数，改作五十。

五人分之。

荅曰：五十三貫六十四文。

二十　‖　就身加一倍。將本身二十，加二十，改作四文。

三百　≡　就身加一倍。將本身三百，加三百，改作六十。

五貫　||||　見五進一十。將本身五貫除去，却於前位二貫上，加一貫，改作三貫。

就身加一倍。將存一十，加十，改作二貫。

六十　⊤　見五進一十。將本身六十，除五十，止存一十。却於前位四十上，加一十，改作五十。

二百　‖　就身加一倍。將本身二百，加二百，改作四十。

六人分之。

荅曰：四十四貫二百二十文。

二十　‖　見六進一十。將改六十除去，却於前位存一十上，加一十，作二十。

六一下加四。不動存一十，止於次位二十上，加四，改作六十。

三百　≡　見六進一十。將改七十除六，止存一十。却於前位一貫，加一，作二百。

六一下加四。將存一貫不動，止於次位三百上，加四，改作七十。

五貫　||||　見六進一十。將改七貫除六，止存一貫。却於前位三貫上，加一貫，改作四貫。

六二三十二。將存二加一，改作三貫。更於次位五貫上，加二貫，改作七貫。

六十　⊤　見六進一十。將改八十除六，止存二數。却於前位三十上，加一十，改作四十。

二百　‖　六二三十二。將本身二百添一百，改作三十。更於次位六十上，加二十，改作八十。

七人分之。

荅曰：三十七貫九百二文七分文之六。

七五七十一　將五数加二，作七。更於次位下一，此数每尽，且止於此。

七四五十五　將四数加一，作五。更於次位下五。

七六八十四　將加六数添二，改作八。更於次位下四。

二十　‖　七二下加六。不動本身，只於下位加六。

三百　≡　見七進一十。將改七除去，却前位八百上，加一百，改作九百。

五貫　|||||　七六八十四。將改六百加二，改作八百。更於次位三百上，加四數，改作七。

七五七十一。將存五貫添二，改作七百。却次位五貫上加一，改作六貫。

六十　⊤　見七進一十。將改一十二除七，止存五貫。却於前位二贯上，加一百，改作三十。

二百　‖　七二下加六。不動本身二百，只於次位六十上，加六，改作一十二。

八人分之。

荅曰：三十三貫一百六十五文。

二十　‖　八四添爲五。將改四十添一，改作五文。

三百　≡　八五六十二。將改五百，添一百，改作六十。更於次位二十上，加二十，改作四十。

八一下加二。不動存一，只改作一百。更於下位三百上，加二百，改作五百。

五貫　|||||　見八進一十。將改九貫除八，止存一貫。却於前位存二上，加一，改作三貫。

六十　⊤　八二下加四。不動存二，只於次位五貫上，加四，改作九貫。

見八進一十。將作一十除八，止存二。却於前位二百上，加一百，改作三十。

二百　‖　八二下加四。不動本身二百，只於次位六十上，加四，改作一十。

九人分之。

荅曰：二十九貫四百八十文。

二十　‖　見九進一十。除去改九十，却於前位七十上，加一十，改作八十。

下位加一倍。不動作七百，只改作七十。却於次位二十，加七十，改作九十。

三百　≡　下位加一倍。將存四作四百文，不動。只於次位三百上，加四百，改作七百。

五貫　|||||　見九進一十。將改一十(二)[三]除九，止存四数。却於前位八貫上，加一貫，作九貫。

六十　⊤　下位加一倍。不動改八十，只改作八貫。却於次五貫上，加八，改作一十三。

二石　‖　下位加一倍。不動本身二百，只改作二十。却於次位六十上，加二十，改作八十。

又　今有鈔二千五十二貫，每糴米一石價鈔四貫五百文。問該米幾何。

荅曰：四百五十六石。

法曰：置所有鈔二千五十二貫爲實，以所求價四貫五百文爲法，除之。定位。實千貫，從實前一位是法四貫，就從貫前一位数實起，本位得百石，次位得十石，下一位五十貫上定石。共得。四百五十六石。合問。

五六除三十。將存三十，除去三十。盡

二貫　‖　見四進一十。將爲七貫除四貫止存三貫。却於前位五石上，加一石，作六石。

四二添爲五。將存二十，添三，改作五。

定石五十　≣　五五除二十五。將本身五十除三十，止存二十。却於次位二貫上加五，爲七貫。

四二添爲五。將存二十添三，改作五十。

五四除二十。將下四十內，除二十，止存二十。

無除下還四。將作五百除一百，止存四百，却於次位下四十。

二千　〢　四二添爲五。將本身二千，添三作五。合依定位，改作五百石。

今有鈔八千五十七貫五百文，每絲一斤價鈔二十七貫五百文。問該絲幾何。

荅曰：二百九十三斤。

法曰：置所有鈔八千五十七貫五百文。爲實。以所求價二十七貫五百文。爲法。除之。定位。實千貫，從實前第一位數法十貫、第二位得貫就從第二位數實千斤第一位得百，下位得十斤。合於次位上得斤。共得二百九十三斤。合問。

五百　〥　五三除一十五。除去一貫，又除次位五百文。盡。

七貫　〧　七三除二十一。除去二十，更於次位二貫內除一貫，止存一貫。

五十　〥　見六進三十。將爲八十內，除六十，止存二十。却進前位。合依定位，改作三斤。

五九除四十五。除存一百，於次位二十，加六爲八十。又次位七貫，除五，存二貫。

七九除六十三。將爲七百內除六百，止存一百，更於次位五十，除三十，存二十。

見二無除添爲九十二。將存二千，添七十，合依定位，改作九十斤。更於次位五百上添二百，爲七百。

五二除一十。將存六百內除一百，止存五百。

七二除一十四。將存四千內除二千，止存二千。却於次位添六百。

八千　〨　見四進二十。將本身八千內除四千，止存四千。却於前位合依定位，作二百斤。

今有鈔八千六百六十八貫七百五十文，每金一兩價鈔二百三十七貫五百文。問該金幾何。

荅曰：三十六兩五錢。

法曰：置所有鈔八千六百六十八貫七百五十文。爲實。以所求價二百三十七貫五百文。爲法。除之。定位，實千貫，從實前第一位，數法百貫，第二位得十貫，第三位得貫。就從第三位起，數實千兩，第二位得百兩，第一位得十兩，本位得兩。共得。三十六兩五錢。合問。

五十　〥　五五除二十五。除存二百，更除次位五十文。盡。

七百　〧　七五除三十五。除存三貫，更於次位七百內，除五百，止存二百。

八貫　〨　三五除一十五。除存一十，更於次位八貫內除五貫，止存三貫。

二一添爲五。將存一百添四，合依定位，改作五錢。

五六除三十。將存二十內除一十，止存一十。却於次位一貫上，加七，改作八貫。

六十　〦　七六除四十二。將作六十內除四十，止存二十。更於次位三貫除二貫，存一貫。

三六除一十八。將存三百內除二百，存一百。却於次位四十上，加二，改作六十。

見二進一十。將存五百內除二百，存三百。却進前位五兩上，加一兩，改作六兩。

二一添爲五。將存一千，添四千，合依定位，改作五兩。

五三除一十五。將存五十內除一十，存四十。更於次位八貫內，除五貫，存三貫。

定兩六百　〦　七三除二十一。將作七百內除二百，存五百。更於次位六十上，除一十，存五十。

三三除九。將存二千內除一千，止存一千。却於次位六百上，加一百，改作七百。

八千　〨　見六進三十。將本身八千內，除六千，止存二千。却進前位。合依定位，下作三十兩。

又　大除大：今有錢一百四十二億九千四百五十萬文，共買金五萬六千五百兩。問每兩該銀幾何。

荅曰：二十六萬三千文。

法曰：置錢爲實，以共買金爲法。除之。得数却從寅位上定實，逆数法金丑上得万兩。子上得千兩。亥上得百兩。戌上得十兩。酉上得一兩。乃酉上得實首錢百億仍順数回戍上得十億。亥上得一億子上得千万。丑上得百万。寅上得十万。合問。

大除小：今有錢三十三萬七千五百文買金，每兩價錢四千五百萬文。問該買金幾何。

荅曰：七厘五毫。

法曰：置錢三十三万七千五百文爲實，以每兩價錢四千五百万文爲法。除之，得数不動。亦於掌上寅位上定實，逆数法錢丑上得千万。子上得百万。亥上得十

万。戌上得万。酉上得千，申上得百，未上得十。午上得一。乃午上得實首錢十
萬。復順数回未上得万。申上得千。酉上得百。戌上得十。亥上得一兩。子上得
錢。丑上得分。寅上得厘。合問。

小除大：今有米一百三十二石五斗，每人分米五勺三抄。問該人幾何。

荅曰：二十五萬人。

法曰：置米爲實，以每人分米爲法。除之，得数不動。却於掌上寅位上定實，
仍從丑上順数，實米得石，寅上得斗。卯上得升。辰上得合。巳上得勺，乃巳上得實
首百人。辰上得千人。卯上得万人。寅上得十万人。共得二十五万人。合問。

小除小：今有銀二分四厘七毫五絲，每銀五厘五毫買金二厘。問該買金
幾何。

荅曰：四厘五毫。

法曰：置銀二分四厘七毫五絲爲實，以每銀五厘五毫爲法。除之，得数不動。
亦從寅位上定實，却於丑上得兩，順数回寅上得糸，卯上得分，辰上得厘。共得四
厘五毫。合問。

明・王文素《筭學寶鑑》卷一《盤中定位数》

始立盤中定数真，皆從寔首起身尋。乘尋根下爲法首，除尋法首上爲根。
加減法根俱本位，爲根爲法轉同身。分物分銀法逆数，再那一位寔來臨。

又　口訣

定数從來有本源，根和法寔用三般。乘居下位除居上，加減身中定最玄。

解曰：竊聞定数，有袖中錦者焉，有懸空者焉，所入互逢雖異，所至之域則
同。嘗讀各家定位歌訣，辭論公説不到，事理包收不盡足故位定不明，数定不
真，使學者如迷途之人，莫可適向，良可嘆也。愚謂定数之要有三：曰法、曰寔、
曰根，三者缺一，莫能定数。或曰：法寔已知，何謂之根？曰：根，本也。取凡
事皆有根本之義。假如賣米三石，每斗價銀四分，此係乘法。以所有米三石謂
之寔，以價銀四分謂之法，以斗爲定價之根也，即尋斗位之下定分，故曰：「乘尋
根下(得)[爲]法首」者是也。假令前米三石，每二斗五升價銀一錢。此係除法。
以總米三石謂之寔，以二斗五升爲之法，以所賣一錢謂之根，即尋斗位之上定
錢，此謂「除尋法首上爲根」者是也。又曰：乘居下位，除居上者，亦即此意。豈
止賣米，凡買賣易換諸物亦然。所謂尋根者，如寔首是石，令從斗賣，且斗必在
石下，即往下順数，尋斗而止，豈物斗而已。從圭撮賣之者，亦然。如寔首是斗，
却從(右)[石]賣，且石必在斗上，即逆類往上，尋石而止。豈物石而已，雖百、
千、萬之上亦然。凡乘法俱尋根，於根位之下定法首。除法俱尋法首，於法首之
上定根。如乘法亦尋根，就於根位之中定法首。減如除法，亦尋法首就於法首
位中定根。既得根與法首，却復数回至頭位，便知幾何総数。若人分物，及物分
者，固亦是除法。定位與前不同。假如有銀伍兩，令二十人分之。以総銀爲之寔，
以共人謂之法。一人謂之根，於寔首位中起，共人往上数至一人而止。再那一位，
即起寔首兩而回，使見每人該得幾何。豈止二十人而已，萬、億之上，亦然。往還
點数分明，萬無一失矣。後設題圖，以演其識。學者讀之，不待師授，自然聞曉。

假有銀一十四兩七錢，每三分五厘買米一斗。問該米幾何。

荅曰：該米四十二石。

法曰：置所有銀一十四兩七錢爲寔，以斗價三分半爲法。除之，得四二數。
亦從原立寔首起，順数至法首分，於位之上定斗，復逆数回至頭位得十石，是定
得四十二石。合問。

假有錢三十三萬七千五百文，每四千五百萬文買金一兩。問該金若干。

荅曰：七厘五毫。

法曰：置所有錢三十三萬七千五百文爲寔，以每兩價該四千五百萬文爲
法。除之，得七五數。亦從寔首起，逆数至千萬爲法首。於十之上定兩，爲根。
復順数回至頭位，得厘。是定得七厘五毫。合問。

假有銀三十五兩，令六百二十五人分之。問各人該銀幾何。

荅曰：每人五分六厘。

法曰：置所有銀三十五兩爲寔，以六百二十五人爲法。除之，得五六數。
亦從寔首起，逆数至一人爲根。再那一位起，法首百人，順数回至頭位，得分。
是定得五分六厘。合問。

凡求物價，衆人分銀、分物。倣此。

又　**卷二《掌中定数》**

掌中定位法新更，俱自寅宫起順行。大見小題回降積，小如見大積回陞。
乘不退位陞一級，除無進位降一宫。比肩交換隨題定，数目分明在掌中。

認大小口訣

石糶錢分大見小，兩糴升合亦如之。石價萬千小見大，錢該百十一同推。
億、千、百、十、萬、萬萬。萬、千、百、十。石：斗、升、合、勺、抄、撮、圭。兩：錢、分、

厘、毫、絲、忽、微。

石兩之上，爲大数。石兩以下，爲小数。

大小数對位口訣

千萬衡錢百萬分，須知十萬對厘真。萬毫千丝百對忽，十微單一對纖云。

億兆京垓皆一理，稊穰溝澗總同倫。筭公知此玄中意，何患洪纖数遠深。

又 除法小見大陞積題訣：假有(銀)七千五百兩，每六錢二分五厘買羊一隻。問該羊幾何。

荅曰：該羊一萬二千隻。

法曰：置総銀七千五百兩爲寔，以羊價六錢二分五厘爲法。除之，進位得一二数。亦從寅位起兩，順数卯位得法首錢，就於卯位起，寔首千，陞回寅位得萬。是定得一萬二千隻，合問。

除不進位降級題訣：官銀三千兩，賞軍四千八百名。問各支幾何。

荅曰：六錢二分五厘。

法曰：置総銀三千兩爲寔，以共軍四千八百名爲法。除之不進位，得六(錢)二(分)五(厘)数。亦從寅位起，法首千人，順数卯位得百人，辰位得十人，巳位得一人。就從巳位起，寔首千兩，降回辰位得百兩，卯位得十兩，寅位得一兩。此係除不進位，退位定錢，是定每一人各支銀六錢二分五厘。合問。

比肩題訣：民田一頃，科粮五石三斗五升。令共科粮四萬一千七百三十石。問原総田幾何。

荅曰：七千八百頃。

法曰：置總科粮四萬一千七百三十石爲寔，以每頃科粮五石三斗五升爲法。除之，不進位，得七八数。此頃見石亦比肩也。寔首是萬，本當定萬係除不進位降一級，定千。是定得七千八百頃。合問。

大小数對記題訣：假有銀六千三百萬兆兩，令二百五十京人分之。問各該幾何。

荅曰：每人該銀二厘五毫二丝。

法曰：置総銀数爲寔，以共人数爲法。除之，進位得二五二数。亦從寅位起，法首百京，順数卯位得十京，辰位得京。記住只数整(各)[名]，巳位得兆，午位得億，未位得人。就從未位起，寅寔千萬兆，降回午位得千萬億，巳位得千萬兩，辰位得錢。千萬對錢，辰位得錢。辰是記位，只数小数，卯位得分，寅位得厘。是定得二厘五毫二丝。合問。

除法積数不及題訣：《九章》題云：今有錢三十三萬七千五百文買金，每兩價錢四千五百萬文。問該買金幾何。

荅曰：該金七厘五毫。

法曰：置今有錢三十三萬七千五百文爲寔，以每兩買錢四千五百萬文爲法。除之，不進位得七五数。亦從寅位起，法首千萬，卯位得百萬，辰位得寔首十萬。就於辰位起兩，降回卯位得錢，寅位得分。此係除不進位，降一級定厘，是定得七厘五毫。合問。

《九章·袖中錦》金陵許榮，字孟仁，成化百重編《九章筭法》。法曰：寅位定寔，逆数法錢，丑上得千萬，子上得百萬，亥上得十萬，戌上得萬，酉上得千，申上得百，未上得十，午上得一文。乃午上得寔首錢十萬，復順數回未上得萬，申上得千，酉上得百，戌上得十，亥上得兩，子上得錢，丑上得分，寅上得厘。合問。

證曰：比法定数雖是用位甚繁，既於丑上起法首千萬，逆数不待数至一文，只至寔首即止。以所買金一兩数回至寅位。亦定得厘，不其簡乎。

又 **《懸空定数》**

破大名認数口訣

十一百二曰千三，萬四十萬五相連。百萬六，千萬七，八爲一億進於前。

整大名認数口訣

億一兆二京是三，垓四稊五穰六堪。溝七澗八呼正九，載十極爲十一連。

恒河沙数稱十二，阿僧祇者下十三。由他十四思十五，十六無量大数全。

認小數口訣

斗錢爲一升分二，厘合三，毫勺四。丝抄下五撮忽六，圭微七数纖八是。

解曰：小数自微以下，衆論紛紜，不敢定其次第，姑止於此。待明知君子正而繼之。

除法下数口訣

大除大数須相減，餘寔稱爲大数知。餘法却稱爲小数，小除小数互呼之。

小來除大併爲大，大除小併小尤微。不進位時降一級，此是懸空妙用機。

大除大，法寔相減。餘實爲大数，餘法爲小数。

小除小，法寔相減。餘寔爲小数，餘法爲大數。

小除大，法寔相併，爲大数。

大除小，寔法相併，爲小[数]。

大除大題訣：假有銀七萬五千兩，令二百五十人分之。問每人各得幾何。

荅曰：每人該銀三百兩。

法曰：置所有銀七萬五千兩爲寔，以総二百五十爲法。除之，進位得三數。

懸空定数法曰：寔首是萬(不)下四，法首是百(下)下二。以少減多，餘二爲百。是定得三百兩。合問。

屯軍二萬四千名，食米令一司二十石。問每人食米若干。

荅曰：每人該米五合。

法曰：置総米爲寔，以総軍爲法。除之，不進位得五数。(定)

懸空定数法曰：寔首是百，下二。法首是萬，下四。以少減多，餘二爲升。此係不進位，定合。是定得五合。合問。

小除大題訣：假有銀三百兩，每二分五厘買雞一隻。問該買雞幾何。

荅曰：該買雞一萬二千隻。

法曰：置総銀三百兩爲寔，以雞價二分五厘爲法。除之，進位得一二數。

懸空定数法曰：寔首是百，下二。法首是分，亦下二。併之得四，爲萬。是定一萬二千。合問。

大除小題訣：四千人，分銀三錢二分。問各得幾何。

荅曰：八絲。

法曰：置所有銀三錢二分爲寔，以四千人爲法。除之，不進位得八数。

懸空定数法曰：寔首是錢，下一。法首是千，下三。併之，得四爲毫。此係不進位，定丝。合問。

小除小題訣：假有銀八錢四分，每銀二毫買針一箇。問針幾何。

荅曰：該針四千二百箇。

法曰：置所有銀八錢四分爲寔，以針價二毫爲法。除之，進位得四二数。

懸空定数法曰：寔首是錢，下一。法首是毫，下四。以少減多，餘三爲千。是定得四千二百。合問。

破大名除整大名題訣：曰積九十六京寸，每六千萬寸爲田一頃。問該田幾何。

荅曰：一百六十兆頃。

法曰：置田総積九千六京寸爲寔，以每頃積六千萬寸爲法。除之，進位得一六数。

懸空定数法曰：[寔]首位是十京，十下一於下位，京下三於上位。法首千萬下七。亦以少減多，於上三内起一，億下位還八，共九。内減去七，餘二爲百，上位餘二百兆。是定得一百六十兆頃。合問。

問百餘千数定幾何。

荅曰：定十。

法曰：寔千下三，法百下二。以少減多，餘一爲十。合問。

問百除萬定数幾何。

荅曰：定百。

法曰：寔萬下四，法百下二。以少減多，餘二爲百。合問。

問十除萬定数幾何。

荅曰：定千。

法曰：寔是萬下四，法十下一。以少減多，餘三爲千。合問。

千除千萬，定数幾何。

荅曰：定萬。

法曰：寔千萬下七，内減法千三。餘四，爲[萬]。合問。

千除億，定数幾何。

荅曰：十萬。

法曰：寔億下八，内減千三，餘五，爲十萬。合問。

百除億，定数幾何。

荅曰：定百萬。

法曰：寔億下八，内減法百二，餘六，爲百萬。合問。

千人分米一石，各得幾何。

荅曰：一合。

法曰：寔石無数，不下。法千下三。爲合。合問。

萬人分米一斗，各得幾何。

荅曰：定抄。

法曰：寔斗下一，法萬下四，併之得五。爲抄。合問。

百人分銀一厘，各得幾何。

荅曰：一絲。

法曰：寔厘下三，法百下二。併之得五爲[丝]。合問。

萬人分米一升，各得幾何。

荅曰：一撮。

法曰：寔升下二，法萬下四。併之得六，爲撮。合問。

百人分銀一系，各該銀幾何。

荅曰：一微。

法曰：寔系下五，法百下二，併之得七，爲微。合問。

兆除溝，定数幾何。

荅曰：定秭。

法曰：寔溝下七，法兆下二，相減餘五，爲秭。合問。

京除正，定数幾何。

荅曰：定穰。

法曰：寔正下九，法京下三，相減餘六，爲穰。合問。

穰除載，定数幾何。

荅曰：定垓。

法曰：寔載下十，法穰下六，相減餘四，爲垓。合問。

極除恒河沙，定数幾何。

荅曰：定億。

法曰：寔恒河沙[下]十二，法極下十一，相減餘一，爲億。

京除無量数，定幾何。

荅曰：定阿僧祇。

法曰：寔無量下十六，法京下三，相減餘十三，爲阿僧祇。合問。

又 卷三《歸法》

假有[銀]二十三兩四錢，每二錢買布一疋。問該買布幾何。

荅曰：該布一百一十七疋。

法曰：買所有銀二十三兩四錢爲寔。以每疋二錢爲法，歸之，進位，得一一七数。

盤中定位法曰：亦從原立寔首之位起十兩，順数至錢，於錢位之上定疋，逆数陞回至頭位得百疋。合問。

掌中定数法曰：從寅位起寔首十兩，順数卯位得兩，辰位得錢，就從辰位定疋，逆数回卯得十疋，寅位得百疋。是定得一百 十七疋。合問。

又法：從寅位起兩，順数卯位得錢，就從卯位起十，遵数陞回寅位得百，亦同。不進位者降一級。

懸空定数法曰：寔首是十下一，法首是錢下一，併之，得二爲百。亦得一百一十七疋。合問。

演算総題：銀二百五十二兩，假令：二人分之。各得幾何。

荅曰：一百二十六兩。

法曰：【略】

九厘買柴一束。問該幾何。

荅曰：二萬八千束。

法曰：置総銀爲寔，各以人数、物價爲法，歸之，俱得答数。合問。

又 滿歸滿除進位爲身題訣：令有米七百六十八石，每二石四斗賣銀一兩。該銀幾何。

荅曰：三百二十兩。

法曰：置所有米七百六十八石爲實，以每兩該二石四斗爲法。除之，進位得三二数。

懸空定数法曰：法首是石，不下。寔首下二，即得百。亦然。

滿歸不滿除用撞歸題訣：令有官銀三萬七千一百二十五兩，賞軍三萬七千五百名。每名銀若干。

荅曰：該九錢九分。

法曰：置所有銀三萬七千一百二十五兩爲寔，以総軍爲法。除之。合問。

懸空定数法曰：寔首萬兩，下四。法首是萬人，下四。對減皆空，爲兩。此係不進位，退一級定錢。合問。

歸訖無除起一還原題訣：預備倉粮一千三百一十四石二斗八升，賑濟飢民総計户口二千九百八十七。問每口該幾何。

荅曰：四斗四升。

法曰：置所有倉粮一千三百一十四石二斗八升爲寔，共人二千九百八十七口爲法。除之得荅。合問。

歸訖有餘進入身内題訣：假令一顆養馬地一千八百三十五頃七十畒，上司坐買備用馬二百一十一匹。問每匹該地幾何。

荅曰：該地八頃七十畒。

法曰：置総地一千八百三十五頃七十畝爲寔，以共馬二百一十一匹爲法。除之，得八頃七十畝。合問。

空一位歸除題訣：假有一千九百兩，每三兩零四分買綾一正。問共買綾幾何。

答曰：該綾六百二十五疋。

法曰：置所有銀一千九百兩爲寔，以每匹綾價三兩四分爲法。歸除之，得六百二十五疋。合問。

空二位歸除題訣：官田三百零五頃零七畝，共收租銀九百七十六兩二錢二分四厘。問每畝收幾何。

答曰：三分二厘。

法曰：置総收銀九百七十六兩二錢二分四厘爲寔，以共田三百零五頃零七畝爲法。歸除，進位得三分二厘。合問。

解曰：空位除法，要看何位空。超過不除，即是。

又　卷四《重因重歸》

乘法如逢九九数，兩次因之免差誤。除法逢之兩次歸，因歸可代乘除路。

重歸題：絲八百九十六兩，每二十八兩織綾一疋。問織幾疋。

答曰：三十二疋。

法曰：置絲八百九十六兩爲寔，以四歸之，又七歸之，得三十二疋。合問。

解曰：二十八除，用四歸、七歸代之者，是化四七二十八也。

令有米一百九十四石三斗，每二石九斗賣銀一兩。問銀幾何。

答曰：六十七兩。

用二石九斗爲除。術曰：三歸総米，隔位還一，遇二九進成一百。

草曰：置米一百九十四石三斗爲寔。先以三歸頭位，得六十兩，隔位補還六石，尚餘二十石三斗，又以三歸，得(七)[六]兩，又隔位補還六斗，尚餘二石九斗，即一兩之数。術曰：見二十九進而成百。是得六十七兩。合問。

解曰：二石九斗是欠一斗不滿三石，是借一斗補作三石歸之，既歸，却每兩還回一斗是也。

又　《前後犯合數》

身後身前犯九因，因歸身数減加真。隨題变化無差誤，此法新傳妙入神。

除犯合数題：令有銀八十一兩，給三百二十四人。各該幾何。

答曰：二錢五分。

用三百二十四爲除。術曰：三歸総銀，身後隔位(加)[減]八。

細草曰：置総[銀]八千一兩，以三百歸之，各得二錢七分，又隔位減八，得二錢五分。合問。

預備倉米六千八百四石，均給貧民九千七十二口。各支幾何。

答曰：每口支七斗五升。

用九千七十二爲除。術曰：九歸総米，隔二位減八。

解曰：法首是九，身後犯九八[七]十二，是[也]。

又　卷五《互換活法》

令有錢八十四文，每八文買塩三斤。問共買塩幾何。

答曰：三十一斤半。

古術曰：置総錢三因，加二五。

證曰：即是，[互]換不捷。

新證術曰：置総錢数，從尾念兩求斤法損之，甚捷。

又云：互換捷遇九者，無折变從本法。

證曰：九爲之換，遇巧題，亦有折变。

假有四十八人，每九人文六斗。問共文幾何。

答曰：三石二斗。

依互換術曰：置総人以六斗乘之，以九人除之。

新證術曰：置総人減五。

比證新題：銀一百四十四兩，每一兩二錢買米三石。問該買米幾何。

答曰：三百六十石。

依互換術曰：置総銀以三石乘之，以一兩二錢除之。新立代術曰：置総銀四歸。或用兩折。

解曰：此題是乘率三石除除率一兩二錢，得四錢買米一石，故用四歸総銀求之。或以除率一兩二錢除乘率三石，得每兩買二石五斗，故又以兩折総銀代。

又證術曰：此題除率一兩二錢，又可除積一百四十四兩，得一百二十兩。

術曰：置每一兩二錢所買米三石爲寔，加二亦合問。

一百二十六人，每十四人文錢二十一文。問共支幾何。

答曰：一百八十九文。

互換術曰：置総人数以二十一文乘之，以十四(文)[人]除之。

新立代術曰：置人数加五。

解曰：以除率十四除乘率二十一，得一文半，故以加五代之。

又術曰：買乘率二十一文，以九因之。

解曰：以除率十四除総人得九数，以九因乘率，亦同。

可倍題：銀七十五兩，每一兩五錢買米三石五斗。問買米幾何。

荅曰：一百七十五石。

互換術曰：置総銀以三斗五升乘之，以一兩五錢除之。

新立代術曰：七因総銀，以三而一。

又術曰：置乘率三石五斗折半，亦得荅数。

可折題：七十二人，每十八人支米一石四斗。問共支幾何。

荅曰：五石六斗。

互換術曰：置総人以一石四斗乘之，以一十八人除之。

新代術曰：置総人七因、九歸。

解曰：折乘率得七斗，折除率得九人，故以七因、九歸代之。

可因題：銀七十兩，每一兩七錢五分買米二石七斗五升。問該米幾何。

荅曰：一百一十石。

互換術曰：置総銀七十兩以二石七斗五升乘之，以一兩七錢五分除之。

新代術曰：置総銀先以七歸，後用加一；或先加後歸。

解曰：四因乘率二石七斗五升，得十一石，四因除率一兩七錢五分，得七兩，故用加一而七歸。

可約題：二百一十六人，每二十七人支銀二兩一錢。問共支幾何。

荅曰：一十六兩八錢。

互換法曰：置総人以二兩一錢乘之，二十七人除之。

代術曰：置総人七因、九歸。

解曰：置二十七，别置二十一，皆以三約之。乘率得七，除率得九，故以七因、九歸代之。

直田長二百六十四步，闊一百四十四步。問爲田幾何。

荅曰：一頃五十八畝四分。

本術：以長闊相乘，如畝法二百四十而一。

代術曰：置田長步以六因之，即合荅数。

解曰：直田求畝以長闊相乘，畝法而一，用一乘一除，即(五)互換也。此題闊一百四十四步，即乘率，畝法二百四十，即除率。令以除率除乘率，得田六分，所以用六因長步而得畝數，見「直田捷徑」下。

又術曰：置闊步加一，亦合問。

解曰：以畝法二百四十除長二百六十四步，得一畝一分，故用加一求之。

塩七百五十斤，每秤價錢四十五文。問該錢幾何。

荅曰：二千二百五十文。

互換術曰：置総塩数以四十五文乘之，以十五斤除之。

(闊)[活]法曰：置総塩数三因。

解曰：一秤十五斤，價錢四十五文，即是每斤值錢三文。徑以三文乘総斤，即得荅数。

細物三千銖，每兩價銀三錢六分。問該銀幾何。

荅曰：四十五兩。

互換術曰：置物総銖数以三錢六分乘之，以二十四銖除之。

活法曰：置総物銖数加五。

解曰：每兩三錢六分，即是每銖一分五厘，故以加五代之。

又《单因代除》

每人給米五斗，共支二百四十六石。問給幾人。

荅曰：四百九十二人。

術曰：二因可代五除也。

草曰：置総支米二百四十六石爲寔，以二因之。合問。

解曰：每一人支五斗，即是一石給二人，學者可知。

三千三百三十三人，共支米二千七百四十六石。問各支幾何。

荅曰：八斗二升三合八勺。總餘二斗。

術曰：三因以代繁三除，於元寔退四位爲不盡零数。

解曰：是四位下元寔爲不盡数者，蓋法是四位，故也。

草曰：置総米二千七百四十六石，以三因之。合問。

銀一千二百兩買羅，每疋價銀三兩三錢三分三厘三毫。問買幾疋。

荅曰：三百六十疋。

草曰：買総銀一千二百兩爲寔，三因之，得三百六十疋。退五位下元寔，定位得一分二厘。合問。

吉布二千七百四十六疋，各長四丈八尺，赴務梭税，如二十五而一。問該税幾何。

荅曰：一百九疋零四丈三寸二分。

術曰：四因可代二五除。

草曰：置総布二千七百四十六疋爲寔，以四因之，得一百九疋八分四厘。將零分以六因，又八因之，爲尺爲寸。合問。

錢二千七百四十六貫，田每畝二十貫。問共買幾畝。

荅曰：一百三十七畝三分。

術曰：五因以代二除也。

草曰：置総錢二千七百四十六貫，以五因之。合問。

解曰：以五因者，即每十貫買田五分是也。

支錢二千七百四十六貫買綾，每文值一貫六百六十六文。問合買若干。

荅曰：一千六百四十七文。総餘一貫九十八文四分。

術曰：六因，以代一六六六除也。

草曰：置総錢二千七百四十六貫爲寔，以六因之，得一千六百四十七丈六尺。副置元錢退四位四因，爲不盡零数一貫九十八文四分。或零錢盈尺價，再用六因，併之命零。令依六因零錢一貫九十八文四分，又得六尺五寸九分四毫，併前荅数共一千六百四十八文二尺五寸九分四毫，副置零錢退四位四因，得四分三厘九毫(二)[三]絲六忽，爲不盡之数。

通證曰：此題退四位四因爲除不盡零数者，盖法是四位，故退位次六除一，得一六六六，尚餘四不盡，故用四因零数命之。

二千七百四十六貫[買銀]，每兩買一十四貫二百八十五文。問買幾何。

荅曰：一百九十二兩二錢二分。総餘一百三十七文三分。

證曰：《乘除算寶》誤刊総餘一十三文七(厘)[分]三(毫)[厘]。

術曰：七因可代一四二八五除也。

草曰：置総錢二千七百四十六貫，以七因之，得一百九十二兩二錢二分。退五位副置元錢五因，得一百三十七文三分，爲不盡零数。合問。

證曰：《乘除筭寶》用副置元錢退五位折半爲除不盡零数者，誤矣。當用五因爲是。盖五因雖可以折半代之，然定数不同，夫且折半者，以二爲一，以五因者，以一爲五。古集所以誤荅零数，原其術意：以七餘一数得一四(八二)[二八]五，尚餘五不盡，故以五因元錢命零。復設下題以驗之。

比證新題：假有鈔二千七百四十六貫，每一百四十二貫八百五十七文買金一兩。問買幾何。

荅曰：一十九兩二錢二分二厘。総餘二文七分四厘六毫。

草曰：置(絲)鈔二千七百四十六貫，以七因之，得一十九兩二錢二分二厘。退六位副置元寔，定得二文七分四厘六毫爲除不盡零数。合問。

解曰：以七除一，得一四二八五七，餘一不盡，故退六副置元寔，不因，即是除不盡零数。

細物一十二斤半而税一，今有物二千七百四十六斤。問該税幾何。

荅曰：二百一十九斤一十兩八錢八分。

術曰：八因以代一二五除也。

草曰：置物二千七百四十六斤，以八因之，得二百一十九斤六分(六)[八]厘。將斤下零分加六，爲一十兩八錢八分。合問。

通證解曰：以八除一，(將)[得]一二五，故以八因代一二五除。

粟二千七百四十六石，給一(千)[百]一十一人。各該幾何。

荅曰：二石四斗七升一合四勺。総餘二斗七升四合六勺。

術曰：九因以代繁一除也。

草曰：置粟二千七百四十六石，以九因之，得二石四斗七升一合四勺。副置元粟退四位爲除不盡零数，定得二斗七升四合六勺。合問。

解曰：以九除一，得一一一，尚餘一不盡，故以九因伐之，退四位下元寔爲零数。

新增加乘代除：官米一千石，支軍九萬九百九人。問各該幾何。

荅曰：一升一合。総餘一合。

新立術曰：加一以代隔九除也。

解曰：以十一除一，得九〇九〇九，故以十一代之。

草曰：置粟一千石，加一，得一升一合。退六位副置元寔，定得一(厘)[合]爲不盡数。合問。

或問：前六位法退六位下元寔爲除不盡零数，令五位法亦退六位，何也？前是因代惟一位，此用加代是兩位，故多一位。

官銀一萬兩，賞軍八千三百三十三人。問各支幾何。

答曰：一兩二錢。総餘四錢。

術曰：加二以代八三三三除也。四因元寔，退五位爲除不盡零数。

草曰：置総銀一萬兩爲寔，加二得一兩二錢。副置元寔四因列於第五位，定得四錢爲除不盡零数。合問。

解曰：以十二除一，得八三三三，餘四不盡，故以四因元寔，退五位下之命零。

鈔一千貫買布，每疋價鈔七十六貫九百二十三文。問買幾疋。

答曰：一十三疋。総餘一丈。

術曰：加三以代七六九二三除也。

草曰：置鈔一千貫爲寔，加三得一十三疋。退六位下元寔，定得一文爲除不盡数。合問。

銀一千兩，每七兩一錢四分二厘八毫買換赤金一兩。問該買金幾何。

答曰：一百四十兩。総餘八厘。

術曰：加四以代七一四二八除也。

草曰：置銀一千兩爲寔，加四得一百四十兩。退六位副置元寔，八因，定得八厘。爲除不盡零数。合問。

成穀一石，碾米[六斗]六升六合六勺六抄，共碾米一千石。問原穀幾何。

答曰：一千五[百]石。総(餘)一升。

術曰：加五以代繁六除也。

草曰：置米一千石爲寔，加五得一千五百石。退五位下寔，定得一升爲除不盡零数。合問。

解曰：此犯呼十之零，當進一位命之，盖法尾是六。

術曰：加五乃犯五六三十而無零数，故少退一位。

銀一千兩，每六錢二分五厘買塩一引。問共買幾何。

答曰：一千六百引。

術曰：加六以代六二五除也。

草曰：置総銀一千兩爲實，加六，得一千六百引。合問。

銀一千兩，每五兩八錢八分二厘三毫買絲鍜一疋。問該幾何。

答曰：一百七十尺。総餘九厘。

術曰：加七以代五八八二三除也。

草曰：置総銀一千兩爲寔，加七，得一百七十疋。退六位副置元寔爲除不盡零数。合問。

民田一畝，科粮五升五合五勺五抄五撮，共科粮一千石。問元田幾何。

答曰：一百八十頃。[総欠一升]。

術曰：加八以代繁五除也。

草曰：置総科粮一千石爲寔，加八，得一百八十頃。退五位副置元寔，定得一升爲除不盡零数。合問。

解曰：以十八除一，得五五不盡，故以加八代繁五除。

銀一千兩，每五兩二錢六分三厘一毫買花一馱。問買幾何。

答曰：一百九十馱。総餘一分一厘。

術曰：加九以代五二六三一除也。

草曰：置総銀一千兩爲寔，加九，得一百九十馱。以十一乘元寔，退五位列之，爲除不盡零数。合問。

通證曰：豈獨因加可代其除，且乘亦可代之。如二十一乘以代四七六一九除，二十二[乘]以代四五。四五不盡除，变術無窮，豈可備載？亦不常遇，俱申筭家之妙耳。

又《商因代繁除》

繁位歸除不易推，先商得数後因之。因來減積無差誤，位位皆然法妙奇。

官銀二萬二千九百五十兩，賞軍九萬五千六百二十五名。問各支幾何。

答曰：二錢四分。

草曰：置総銀二萬二千九百五十兩爲寔，以総軍九萬五千六百二十五爲法。初商每人二錢，因總軍，得一萬九千一百二十五兩，減寔。次商四分，因総軍得三千八百二十五兩，減寔，(合)[恰]盡。得答數。合問。

官粮四萬石，賑濟貧民七萬八千一百二十五口。各支幾何。

答曰：五斗一升二合。

法曰：置官粮四萬石爲實。先商五斗，以因総有人户七萬八千一百二十五，得三萬九千六十二石五斗，減寔；次商一升，因総人户得七百八十一石二斗五升，減寔；再商二合，因総人户得一百五十六石二斗五升，減盡。得每口令支五斗一升二合。合問。

六十七歸括曰：見一下三十三，見二下六十六，見三作四百三十二，見四作五百六十五，見五作[七百三十一]，見六作八百六十四，見三三五作五，遇六十七成百。

七十三歸括曰：見一下二十七，見二下五十四，見三作四百零八，見四作五百三十五，[見五作六百六十二]，見六作八百一十六，見七作九百四十七，見三六五作五，(見二下二十六)[遇七十三成百]。

八十七歸括曰：見下下一十三，見二下二十六，見三下三十九，見四下五十二，見五下六十五，見六下七十八，[見七作八百零四]，見八作九百一十七，見四三五作五，遇八十七成百。

九十三歸括曰：見一下零七，見二下一十四，見三下二十一，見四下二十八，見五下三十五，見六下四十二，見七下四十九，見八下五十六，見九下六十三，見四六五作五，遇九十三成百。

又　卷六《除法通變》

一至九，総用歸法。

一，一与[十]百、千同，不求，秖定位。二，折半。三，三歸。四，兩折。五，二因。六，六歸。七，七歸。八，加二五。九，九歸。

十一至十九，総用減一位。

十一，減一。十二，折半六歸。十三，減三。十四，折半七歸。十五，二因三歸。十六，折半，八歸。亖秤化之。十七，減七。十八，折半九歸。十九，減九二歸，隔位還一。遇一九，起而成百。

二十一至一百，随題用法。

二十一，身前加二。二十二，折半減一。二十三，折半減一五。二十四，折半減二。二十五，四因。二十六，折半減三。二十七，三歸，九歸。二十八，折半，減四。二十九，四因，減一六。三歸，還一。

二十七人，銀三兩二錢四分。問各該幾何。

荅曰：一錢二分。

二十七爲除。楊氏術曰：置三兩二錢四分，以三(因)[歸]又九歸。合問。證曰：二十七除，用三歸，九歸，固是矣。恐遇拙題有磚，莫如四因総銀，隔位減八爲便。

三十一，四因，減二四。三因，隔位還七。遇九三成百。三十二，兩折，加二五。八歸，四歸。三十三，三歸，減一。三因，隔位還一。遇九九成百。三十四，折半減七。三因，隔位減二。三十五，倍之，七歸。三十六，兩折，九歸。三十七，三因，減一一。三十八，折半，減九。三十九，四歸，隔位還一。遇三九成百。

物二千四百六十四箇，如三十二而税一。問税幾何。

荅曰：七十七箇。

三十二爲法。古術曰：置物総数，兩折，加二五。合問。新代術曰：折半，念兩求斤法，改之。亦合問。

通證総術曰：三十一至三十九，並用四十歸之，随手隔位還欠数，遇本数起而成一百。

四十一，四因減二三。四十二，三歸減四。四十三，三因減二九。四十四，兩折，減一。四十五，倍之，九歸。四十六，兩折，減一(一)[五]。倍之，隔位還八。四十七，四因，減八八。倍之，隔位還六。四十八，兩折，減二。倍之，隔位還四。四十九。兩[次]七歸。倍之，隔位還二。

直田積二千三百三步，原闊四十七步。問長幾何。

荅曰：四十九步。

四十七爲法。古变術曰：置積步，四因，減八八。亦繁。新證術曰：倍田積，從上逐位見一隔位還六，遇四六作五，逢九四起而成百。又術：置積步，從頭逐位五歸，随手隔位還三，遇四七成百。亦同。

五十一，三歸，減七。五十二，兩折減(二)[三]。五十三，倍之，隔位減六。五十四，加五，兩次九歸。五十五，二因，減一。五十六，二因，減一二。五十七，三歸，減九。五十八，二因，減一六。五十九。二因，減一八。

絹一千二百二十四尺，每端五十一尺。問計幾端。

荅曰：四十二端。

五十一爲法　依古術：置絹総尺，以三歸之，減七。合問。證曰：以三歸、減七，恐遇拙積有碍，莫如倍積尺，(倍)隔位減二，爲便。

六十一，二因，減二二。六十二，二因，減二四。六十三，[二因，減二六]。六十四，兩次加二五。六十五，[二因，減三]。六十六，加五，減一，用九歸。六歸，減一。六十七，二因，減三四。六十八，二因，減三(四)[六]。六十九。二因，減三八。

六十六人，分銀一十五兩八錢四分。問各該幾何。

荅曰：二錢四分。

六十六爲法。依古術：置総銀，如五減，用九歸。(比)本法甚繁，毋用。

證曰：莫若於総銀上位加五，見一隔位還一，遇九九起而成百。

七十一，二因，減四二。七十二，加二五，用九歸。七十三，二因，減四六。七十四，加五，減一。七十五，加二，用九歸。二因，減(爲)[五]。七十六，兩折，減九。七十七，七歸，減一。加三，隔二位減一。七十八，六歸，減三。七十九。二因，減五八。八歸，隔位還一。

七十七人，分米九石二斗四升。問該若干。

荅曰：一斗二升。

七十七爲法。依古術：置総米，七歸，減一。合問。

新證術曰：宜用加三，隔二位減一。亦合問，爲便。

八十一，兩次九歸。八十二，二因，減六四。八十三，二因，減六六。八十四，加五，減四，又五歸。八十五，二因，減七。八十六，加五，減二九。八十七，二因，減七四。八十八，八歸，減一。八十九。二因，減七八。

鈔三百四貫八十文買物，每斤價八百四十文。問買幾何。

荅曰：三百六十二斤。

八十四爲法。楊輝曰：若依求一法，倍位減六八，則繁。乃於總鈔上，加五，(用)[減]二六。

證曰：以上二法，俱繁。若八歸総鈔，隔位減五，爲簡。

九十一，七歸，減二。九十二，加五，減三八。九十三，六歸，減五五。九十四，加五，減四一。九十五，二因，減九。九十六，六歸，減六。九十七，二因，減九四。九十八，七歸，減四。九十九。九歸，減一。

通證術曰：九十一至九十九，総用隔位還欠数，遇本数起進成一百。

直田積二千三十七步，原長九十七步。問闊幾步。

荅曰：二十一步。

九十七爲法。置積步，二因，減九四。古術如此亦繁。

新證術曰：置積步，從頭位見一隔還三，遇九十七起而進位成百。爲捷。

一百一至一百九，総用隔位減零。

一百一，隔位減一。一百二，六歸，減七。一百三，隔位減三。一百四，八歸，減三。一百五，七歸，減五。一百六，隔位減六。一百七，隔位減七。一百八，六歸，減八。一百九。隔位減九。

每兩收息五分，今本利共一百二十九兩一錢五分。問元本。

荅曰：一百二十三兩。

一百五爲法。置総銀，以七歸之，減五。證曰：不如隔位減五，爲捷。

百十一至百八十九，並減兩位。

百十一，減一一。百十二，歸減六。百十三，減一三。百十四，六歸，減九。百十五，減一五。百十六，減一六。百十七，九歸，減三。百十八，減一八。百十九，七歸，減七。百二一，兩次減乙。百二二，減二二。百二三，減二三。百二四，減二四。百二五，八因。百二六，九歸減四。百二七，減二七。百二八，八歸，減六。百二九。減二五。

酒麯一千八百六十塊，每一百二十四塊值一兩。該銀幾何。

荅曰：一十五兩。

百二十四爲法。本法：置総麯，定身減二四。合問。

愚謂：有一居首，下犯二四，用念訨減之，又捷。

百三一，減三一。百三二，減一減二。百三三，減三三。七歸，減九。百三四，減三四。百三五，九歸，減五。八因，隔位減八。百三六，八歸，減七。百三七，減三七。百三八，減三八。百三九，減三九。百四一，減四一。百四二，減四二。百四三，減一，減三。百四四，兩次減二。百四五，減四五。百四六，減四六。百四七，減六七。六因，隔二位減二。百六八，減二，減四。六因，隔二位減八。百六九。兩次減三。

開渠積七千五十六尺，共用一百六十八工。每[工]開土多少。

荅曰：四十二尺。

百六十八爲法。古用重減之術，置積尺減二，減四，雖亦可代，恐遇拙積不盡。以愚言之，莫如六因積尺，隔二位減八爲便。

百七一，九歸，減九。百七二，減七二。百七三，減七三。百七四，減七四。百七五，四因，七歸。百七六，減一，減六。百七七，減七七。百七八，減七八。百七九，減七九。百八一，減八一。百八二，減三，減四。百八三，減八(六)[三]。百八四，減八四。百八五，六因，減一一。百八六，減八六。百八七，減一，減七。百八八，減八八。百八九。三歸，七歸，九歸。

田積七千六百四十四步，元長一百八十二步。闊該幾步。

荅曰：四十二步。

百八十二爲法。古術曰：置積步，減三，減四。

愚謂：減之恐不盡，莫若折積步，從上逐位見一(隅)[隔]位還九，遇九十一起而成百，稍便。

一百九十一至一百九十九　楊氏曰：本法減二位恐繁，令立総術，置積数從上逐位折半，見一隔位還零，遇本数起而成百。

證曰：術云「折半」恐遇单数有碍，不用。二歸，隔二位還欠数，遇本数起而成千爲便。

百九一，減九一。百九二，減二，減六。百九三，減九三。百九四，減九四。百九五，倍位，三歸，減三。百九六，兩次減四。百九七，減九七。百九八，折半，九歸，減一。百九九。減九九。

綾四百九十一文五尺二寸，各支一丈九尺二寸。問給幾何人。

荅曰：二百五十六人。

百九十二爲法。依本法：置総綾積尺，減九二。合問。

用重減術曰：減二，減六。愚謂先減二遇拙有碍，不如先減六後減二，爲便。

楊氏用折半隔位還八。草曰：置綾四百九十一丈五尺二寸，先折四百文得二百，隔位加還二八一十六丈；又折百丈得五十，加還四丈，共餘十一丈五尺二寸。又折十丈得五，加還四尺，餘一丈九尺二寸，適撞一人之数，共得二百五十六人。合問。

證曰：所餘十一丈，同居一位，折得五人尚餘一丈在位，其碍若此。十一折十作五於上，餘一居下者猶可，或遇三、五、七、九，其所折餘混和一處，豈不碍乎？宜用二歸，隔二位還八，遇本数一百九十二，起而成千。

新立草曰：置綾四百九十一丈五尺二寸，先歸四百得二百，加還二八一十六丈。又歸一百丈，得五十，用呼五八加還四丈。又歸一十丈得五，又五八加還四尺，尚餘一丈九尺二寸，適撞一人之数，共得二百五十六，合問。頗(使)[便]。

又術：折綾数[得]二百四十五丈七尺六寸，從上逐位見一隔位還四，遇九(文)[六]起而成百。

二百一至三百，随題用法。

二百一，減三四，減五。二百二，折半，隔位減一。二百三，減四五，減四。二百四，減二，減七。二百五，六因，減二(一)[三]。二百六，折半，隔位減三。二百七，四因，減二，用七歸，隔位還一，遇六十九減百。二百八，減三，減六。二百九。減一，減九。

米五百一十七石五斗，每兩買二石七升。問銀若干。

荅曰：二百五十兩。

二百七爲法。古用四因，減二，用七歸，随手隔位還一，遇六十九起而成百。

證曰：此術比之本法甚繁。今用三歸総米，却以七歸，随手隔位還一，遇六九成百。

草曰：置総米五百一十七石五斗，以三歸之，得一百七十二石五斗。先以七歸得二百，隔位加還二石，餘三十四石五斗。又以七歸，得四十，隔位加還四斗，餘六石九斗。術云：遇六九成百，又得一十，是得二百五十兩。合問，爲簡。

又術：折総米，隔位減三五，亦可。

二二一，減三，減七。二二二，折半，減一一。二二三，四因，九歸，隔二位還八，遇九二成百。二二四，減四，減六。二二五，四因，九歸。二二六，折半，減一三。二二七，三因，七歸，隔位還一九，遇八十一成百。二二八，減二減九。二二九，三因，七歸，隔位還十三。遇八七成百。二三一，三歸，七歸，減一。二三二，折半，減一六。二三三，三因，七歸，隔二位還一，遇六九九成(百)[千]。二三四，減二，減八。二三五，六因，減四一。二三六，折半，減一八。二三七，減五，又減五八。二三八，減四，減(八)[七]。二三九。四因，隔位還四四。見九五六成千。

直田積一萬一千七百一十一步，長二百三十九步。問闊步。

荅曰：四十九步。

二百三十九爲法。古变術曰：四因田積，得四萬六千八百四十四步，從上逐位見一隔位下四四，見九[五]六起而成千。

新代術曰：置積步，用積步求畆二十四歸括犯之。如求得之数，隔二位還數，遇本成千。

草曰：置田積一萬一千七百一十一步，從上先取改一萬，呼見一作四百零四，改一作四，隔位還四。隔二位，又還四，餘二千一百六十一。次改二千，呼見二作八百零八，改二作八。隔位下八，隔二位又還八，尚餘二百三十九步，起而進上爲一。求得闊四十九步。合問。

二四一，四因，隔位還三(次)[六]。二四二，折半，兩次減一。二四三，三歸，兩次九歸。二四四，折半，減二二。二四五，倍之兩次七歸。二四六，折半，減二三。二四七，減三，減七。二四八，折半，減二四。二四九。減六六，減五。

直田六千二百步，積原長二百四十八步。問闊幾何。

荅曰：二十五步。

二百四十八爲法。古代術曰：用折半、減二四，是求一之法。固善。然又犯其訨法，用折半減訨法。簡易。

二五一，四因，隔二位退四。二五二，減四，減八。二五三，四因，隔位退一二。二五四，折半，減二七。二五五，減五，減七。二五六，兩次減六。二五七，四因，隔位退二八。二五八，折半，減二九。二五九。三因，七歸，減一一。

新代総術曰：二百五十一至二百五十九，並用四四，隔位除零。

銀一千五百七十五兩，羅疋價二兩五錢二分。問買羅幾疋。

答曰：六百二十五尺。

二百五十二爲法。古用重減之術，減四，減八，固善，恐遇拙積不便。

新代術曰：四因積数，隔二位減八。

二六一，減七(五)[四]，減五。二六二，折半，減三一。二六三，四因，隔位退五二。二六四，折半，減一，減二。二六五，四因，隔位減六。二六六，減四，減九。二六七，減七八，減五。二六八，折半，減三四。二六九。四因，隔位減七六。二七一，七因，減九，隔二位還三，遇一八九七成萬。二七二，減六，減七。二七三，減八二，減五。七七四，折半，減三七。二七五，四因，減一。二七六，折半，減三八。二七七，三因，九歸，隔二位還六九，遇八三乙成千。二七八，折半，減三九。二七九。減八，減五五。

銀三千四百七十一兩，給二百六十七人。問各支幾何。

答曰：十三兩。

二百六十七爲法。古術：用減七八，又減五得荅。合問。

證曰：此用先減二位，後減一位。拙題必碍，不如三因，八歸，隨手隔二位。

草曰：置銀三千四百七十一兩，以三因之，得一萬四百一十三兩。先以八歸一萬，呼八一下加二，却隔二位除一，餘二千四百三兩。又以八歸二千四百，得三，隔二位除三兩盡。亦得荅数。稍易。

二八一，三歸隔位還一九。遇二八三成千。二八二，折半，減四一。二八三，三歸，隔位還一七，遇二八三成千。二八四，折半，減四二。二八五，減五，減九。二八六，折半，減四三。二八七，三歸，隔位還一三，遇二八七成千。二八八，折半，兩次減二。二八九。兩次減七。二九一，三歸，隔位還九。二九二，折半，減四六。二九三，三歸，隔二位還七，遇本数成千。二九四，六歸，兩次七歸。二九五，四因，減一八。二九六，折半，減四八。一九七，三歸，九歸，減一。二九八，折半，減四九。二九九。三歸，隔位還十。遇本数成千。

米積七百一十二尺八寸，斛法二尺九寸七分。問計幾何。

答曰：二百四十石。

二百九十七爲法。楊氏術曰：置米積尺，用九歸，三歸，減一。合問。

證曰：此術遇拙積不便。既遇巧積，不如只用三歸，隔位還一，遇九九起而成百。或遇拙積，以三因積尺，逐位九歸，隔二位還九，遇八九一起而成千，爲便。

明・徐心魯《盤珠筭法》卷一　歸法総訣

一歸　不須歸，其法故不立。

二歸　二一添作五，逢二進一十，逢四進二十，逢六進三十，逢八進四十。

三歸　三十三十一，三二六十二，逢三進一十，逢六進二十，逢九進三十。

四歸　四一二十二，四二添作五，四三七十二，逢四進一十，逢八進二十。

五歸　五一倍作二，五二倍作四，五三倍作六，五四倍作八，逢(九)[五]進一十。

六歸　六一下加四，六二三十二，六三添作五，六四六十四，六五八十二，逢六進一十。

七歸　七一下加三，七二下加六，七三四十二，七四五十五，七五七十一，七六八十四，逢七進一十。

八歸　八一下加二，八二下加四，八三下加六，八四添作五，八五六十二，八六七十四，八七八十六，逢八進一十。

九歸　隨身下位加一倍，逢九進一十。

又　卷二

如有銀二百六十五兩三錢二分買塩，每塩一斤價二分。問塩該若干。

答曰：一萬三千二百六十六斤。

二歸式

二百六十五兩三錢二分

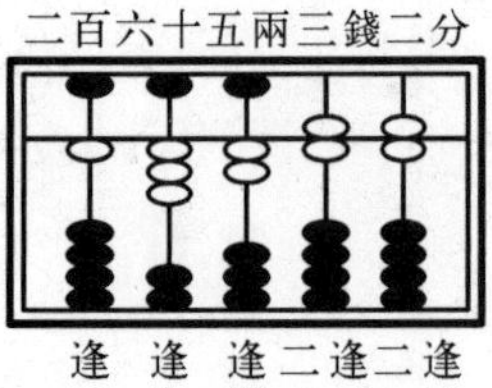

逢二進一十　二一添作五，　逢二進一十　二一添作五，　逢四進二十　逢六進三十　逢二進一十

二因還成式

二百六十五兩三錢二分

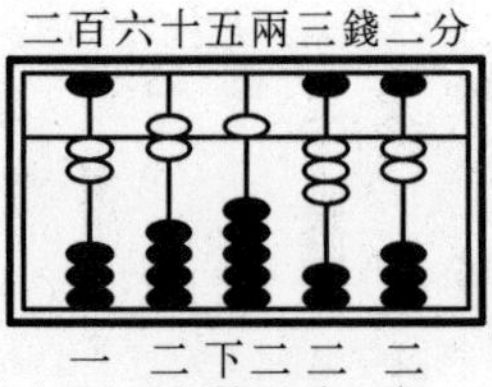

二六一十二　二六一十二　二二如四，四　下五除一　二三如六　一二如二

又有前銀数，二人分之。問每人該銀若干。

答曰：一百三十三兩六錢六分。

如有錢二千六百五十三兩二錢買米，銀若價四錢。問該米若干。

答曰：六千六百三十三石。

四歸法式

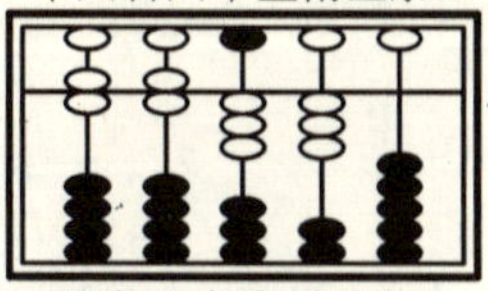

四一二十二，逢四進一十，四一二十二，逢四進一十，逢四進一十，四二添作五，逢四進一十，四二添作五，

四因法式

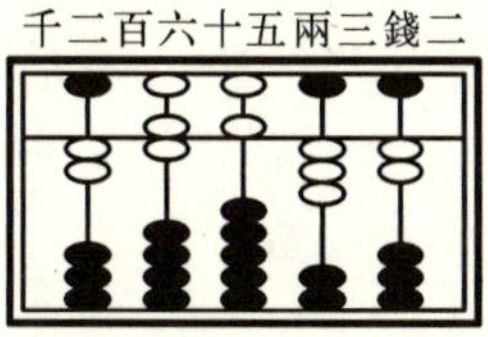

三四一十二　三四一十二　四六二十四　四六二十四

又有前錢數買絲，每絲一兩價銀四分。問該絲若干。

答曰：六萬六千三百三十兩。

如有銀二千六百五十三兩二錢，散軍六千人。問每人該銀若干。

答曰：四錢四分二厘二毫。

六歸法式

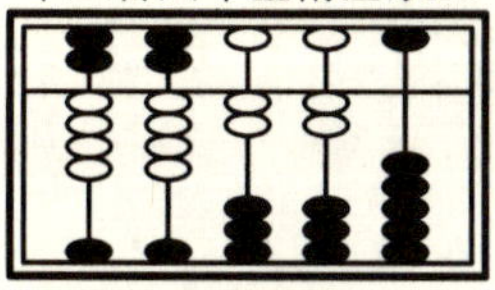

六一下加四，逢六進一十，六一下加四，逢六進一十，六二三十二，逢六進一十，逢六進一十，六二三十二

六因法式

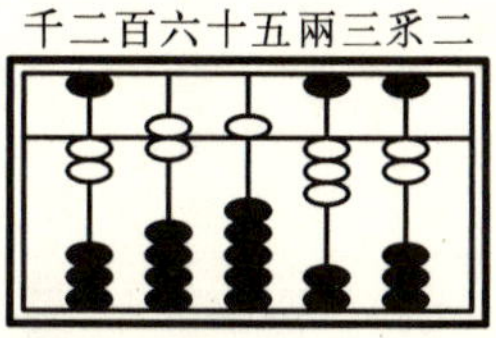

二六一十二　二六一十二　四六二十四，四下五除一　四六二十四，四下五除一

又有前銀數買絹，每疋價銀六錢。問該絹若干。

答曰：四千四百二十二疋。

如有銀二千六百五十三兩二錢買綿花，一斤價銀八分。問共該綿若干。

答曰：三十三萬一千六百五十斤。

八歸法式

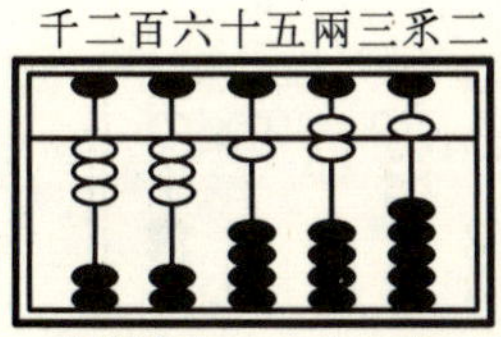

八四添作五　八五六十二　八一下加二　八二下加四，逢八進一十，逢八進一十，八二下加四

八因法式

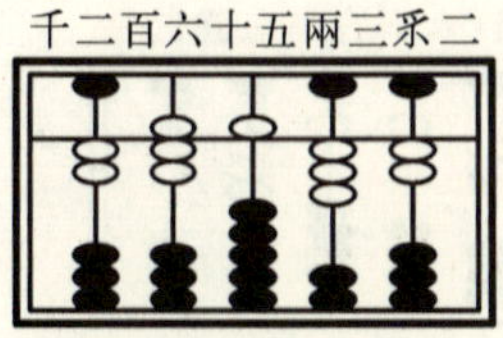

五八當四十　六八四十八，八退二進一十　一八如八，八　退二進一十　三八二十四，四下五除一　三八二十四，四下五除一

又有前銀数換錢，每大錢八錢。問該銀若干。

答曰：三萬三千一百六十五文。

明・柯尚遷《數學通軌》卷一　九歸重演法語歸，即除也。

一歸　㊀逢一進一十，㊁逢二進二十，㊂逢三進三十，㊃逢四進四十，㊄逢五進五十，㊅逢六進六十，㊆逢七進七十，㊇逢八進八十，㊈逢九進九十。

一歸之法，名混歸法。

二歸　㊀二一添作五，二人分一兩，各五錢。㊁逢二進一十，二人分二兩，各一兩。㊂逢二進一十，又呼二一添作五。㊃逢四進二十，二人分四兩，各二兩。㊄逢四進二十，又呼二一添作五。㊅逢六進三十，二人分六兩，各三兩。㊆逢六進三十，又呼二一添作五。㊇逢八進四十，二人分八兩，各四兩。㊈逢八進四十。又呼二一添作五。二人分九兩，各四兩五錢。

三歸　㊀三一三十一，三人分(三)[一]兩，各三三。㊁三二六十二，三人分二兩，各六六。㊂逢三進一十，三人分三兩，各一兩。㊃逢三進一十，又呼三一三十一。㊄逢三進一十，又呼三二六十二。㊅逢六進二十，三人分六兩，各二兩。㊆逢六進二十，又呼三一三十一。㊇逢六進二十，又呼三二六十二。㊈逢九進三十。三人分九兩，各三兩。

四歸　㊀四一二十二，四人分一兩，各二錢，剩二錢。㊁四二添作五，四人分二兩，各五錢。㊂四三七十二，四人分三兩，各七錢，剩三錢。㊃逢四進一十，四人分四兩，各一兩。㊄逢四進一十，又呼四一二十二。㊅逢四進一十，又呼四二添作五。㊆逢四進一十，又呼四三七十二。㊇逢八進二十，四人分八兩，各二兩。㊈逢八進二十，又呼四一二十二。

五歸　㊀五一倍作二，五人分一兩，各二錢。㊁五二倍作四，五人分二兩，各四錢。㊂五三倍作六，五人分三兩，各六錢。㊃五四倍作八，五人分四兩，各八錢。㊄逢五進一十，五人分五兩，各一兩。㊅逢五進一十，又呼五一倍作二。㊆逢五進一十，又呼五二倍作四。㊇逢五進一十，又呼五三倍作六。㊈逢五進一十。又呼五四倍作八。

六歸　㊀六一下加四，六人分一兩，各一六。㊁六二三十二，六人分二兩，各三三。㊂六三添作五，六人(各)[分]三兩，各五錢。㊃六四六十四，六人分四兩，各六六。㊄六五八十二，六人分五兩，各八三。㊅逢六進一十，六人分六兩，各一兩。㊆逢六進一十，又呼六一下加四。㊇逢六進一十，又呼六二三十二。㊈逢六進一十。又呼六三添作五。

七歸　㊀七一下加三，七人分一兩，各一四。㊁七二下加六，七人分二兩，各二六。㊂七三四十二，七人分三兩，各四二。㊃七四五十五，七人分四兩，各五五。㊄七五七十一，七人分五兩，各七一。㊅七六八十四，七人分六兩，各八四。㊆逢七進一十，七人分七兩，各一兩。㊇逢七進一十，又呼七一下加三。㊈逢七進一十。又呼七二下加六。

八歸　㊀八一下加二，八人分一兩，各一二五。㊁八二下加四，八人分二兩，各二五。㊂八三下加六，八人分三兩，各三七五。㊃八四添作五，八人分四兩，各五錢。㊄八五六十二，八人分五兩，各六二五。㊅八六七十四，八人分六兩，各七五。㊆八七八十六，八人分七兩，各八七五。㊇逢八進一十，八人分八兩，各一兩。㊈逢八進一十，又呼八一下加二。

九歸　㊀九一下加一，九人分一兩，各一一。㊁九二下加二，同上。㊂九三下加三，㊃九四下加四，㊄九五下加五，㊅九六下加六，㊆九七下加七，㊇九八下加八，㊈九九下加九，㊈逢九進一十。

撞歸法語此法語歸除所用。

一歸　見一無除作九一。二歸　見二無除作九二。三歸　見三無歸作九三。四歸　見四無歸作九四。五歸　見五無歸作九五。六歸　見六無歸作九六。七歸　見七無歸作九七。八歸　見八無歸作九八。九歸　見九無歸作九九。或一歸，有歸無除亦作九一。二歸，有歸無除亦作九二。餘倣此。

還原法語此法語，亦歸除所用。

㊀歸　一已歸，無除起一還一。㊁歸　二已歸，無除起一還二。㊂歸　三已歸，無除起一還三。㊃歸　四已歸，無除起一還四。㊄歸　五已歸，無除起一還五。㊅歸　六已歸，無除起一還六。㊆歸　七已歸，無除起一還(六)[七]。㊇歸　八已歸，無除起一還八。㊈歸　九已歸，無除起一還九。俱出歸，內起一於次位或還一，或還二，或還三。

九歸分數二人分數，可用此二歸，三人用三歸，四人用四歸，五人用五歸，舉此爲例。

銀一萬二千三百四十五兩六錢七分八釐九毫，二人分。各若干。

二歸。此數用五因可代。

二一添作五。逢二進一十。逢二進一十，二一添作五。逢四進二十。逢四進二十，二一添作五。逢六進三十。逢六進三十，二一添作五。逢八進四十。逢八進四十，二一添作五。

每人該銀六千一百七十二兩八錢三分九厘四毫五絲。

二因還原。

二五成一十，四二如八，二九一十八，三三如六，二八一十六，二二如四，二七一十四，二一如二，二六一十二。三歸，三因還原，至九皆倣此。

前銀一萬二千云云，三人分之。各該若干。

三歸。

三一三十一。逢三進一十。逢三進一十。逢三進一十，三一三十一。逢六進二十。逢六進二十。逢六進二十，三一三十一。逢九進三十。三下五除二。逢九進三十。

每人該銀四千一百一十五兩二銀二分六厘三毫。

三因還原。

三三如九，三六一十八，二三如六，二三如六，三五一十五，一三如三，一三如三，三四一十二。

前銀一萬二千云云，四人分之。各該若干。

用四歸。不列。

每人該銀三千零八十六兩四錢一分九厘七毫二絲。

四因還原。照前推之，不列。

前銀一萬二千云云，五人分之。各該若干。

用五歸。不列。

每人該銀二千四百六十九兩一錢三分五厘七毫。

五因還原。後不列。

前銀一萬二千，云云。六人分之。各該若干。

用六歸。不列。

每人該銀二千零五十七兩六錢一分三厘一毫五絲。

前銀一萬二千云云，七人分之。各該若干。

用七歸。不列。

每人該銀一千七百六十三兩六錢六分八厘四毫。

前銀一萬二千云云，八人分之。各該若干。

用八歸。不列。

每人該銀一千五百四十三兩三錢零九厘八毫五絲。

用九歸。不列。

前銀一萬二千云云，九人分之。各該若干。

每人該銀一千三百七十一兩七錢四分二厘。用九因還原。

混歸瀌分數

自十一至十九分數，或定身除，或混歸瀌，俱可見。或將實數折半，又將瀌數亦折半，作歸除瀌，亦可見。

米一萬二千三百四十五石六斗七升八合九勺，十一人分之。

一歸一除。

逢一進一十，一位進一。一一如除一。三位除一。逢一進一十，三位進(二)[一]。一一如除一。四位除一。逢二進二十，四位進(三)[二]。一二如除二。五位除二。逢二進二十，五位進(四)[二]。一二如除二。六位(進)[除]二。逢三進三十，六位進(五)[三]。一三如除三。七位(進)[除]三。逢三進三十，七位進(六)[三]。一三如除三，八位除三。逢四進四十，八位進(七)[四]。一四如除四，九位除四。逢四進四十，九位進(八)[四]。一四如除四。十位除四。逢四進四十，十位進(九)[四]。一四如除四。十位除四。餘六未除。

每人該米一千一百二十三石三斗三升四合四勺四抄。抄六。

乘瀌還原。後俱用乘法還原。

以此爲例，後有十二人分之，用一歸二除。十三人分之，用一歸三除。十四人分米，用一歸四除。十五人分米，用一歸五除。十六人分前米，用一歸六除。十七人分前米，用一歸七除。十八人分前米，用一歸八除。十九人分前米數，用一歸九除。自可推之，不詳列。

歸除瀌分數歌解見前。

其瀌分前實位之數，須依後瀌首位歸數爲主。若實位既已歸定其除，次位就依實位所歸之數爲主，照瀌次位數呼而除之。凡實每一位定先歸後除，若一位歸除既訖，又至次位亦先歸後除，其還原用乘瀌。

歌云：歸除千變百，因乘百化千。

米一萬二千三百四十五石六斗七升八合九勺，二十一人分之。

二歸一除。

二一添作五，首位歸。一五如除五。二位除。二一添作五，二位歸，逢六進三十，三位進一，一八如除八。三位除。二一添作五，三位歸，逢四進二十，四位進(三)[二]。一七如除七，四位除。二一添作五，四位歸，逢六進三十，五位進四，一八如除八。五位除。二一添作五，五位歸。逢六進三十，六位進(五)[三]。一八如除八。六位除。二一添作五，六位歸；逢八進四十，七位進(六)[四]。一九如除九。七位除。逢八進四十，八位進(七)[四]。一四如除四。九位除。二一添作五，八位歸，逢四進二十，九位進(八)[二]。一七如除七。九位除。餘三未除。

每人該米五百八十七石八斗八升九合四勺七抄。

乘瀌還原。餘三未除，不乘。

一七如七，二七一十四。破身。一四如四，二四如八，破身。一九如九，二九一十八，破身。一八如八，二八一十六，破身。一八如八，二八一十六，破身。一七如七，二七一十四，破身。一八如八，二八一十六，破身。一五如五，二五得一十，破身。

前米一萬二千云云九勺，三十一人分之。

三歸二除。

三一三十一，首位歸，二三如除六。二位除。三二六十二，二位歸，逢六進二十，三位進二，二八除十六。三位除。三一三十一，三位歸，逢六進二十，四位進(三)[二]。二五除一十。四位除。三二六十二，四位歸，逢六進二十，五位(除)[進](四)[二]。二八除十六。五位六除。逢六進二十，七位進(六)[二]。二二如除四。八位除。三一三十一，七位歸，逢三進一十，八位進(七)[一]。二四如除八。九位除。三二六十二，八位歸，二六除十二。九位除。餘一八未除。

每人該米三百八十五石八斗零二合四勺六抄。

乘灋還原。餘二八，不乘。

二六一十二，三六一十八，破身。二四如八，三四一十二，破身。二三如四，二三如六，破身。二八一十六，三八二十四，破身。二五成一十，三五一十五，破身。二八一十六，三八二十四，破身。三三如六，三三如九，破身。以此二法爲例，後至九，如法推之。

前米云云，四十三人分之。用四歸三除，乘灋還原。

每人該米二百八十七石一斗八合八勺　抄零七。

前米云云，五十四人分之。用五歸四除，乘灋還原。

每人該米二百二十八石六斗二升三合六勺。

前米云云，六十五人分之。用六歸五除，乘灋還原。

每人該米一百八十九石九斗三升(二)[三]合五勺。

前米云云，七十六人分之。用七歸六除，乘灋還原。

每人該米一百六十二石四斗四升(二)[三]合一勺。

前米云云，八十七人分之。用八歸七除，乘灋還原。

每人該米一百四十一石九斗零四合三勺五抄。

前米云云，九十八人分之。用九歸八除，乘灋還原。

每人該米一百二十五石九斗七升六合三勺。

前米云云，九十九人分之。用九歸九除，只減一石。

每人該米[一百二十四石七斗零三合八勺。]

明·程大位《算法統宗》卷一《九歸歌》 呼大数在上，小数在下。

一歸　不須歸，一者，原数，不必歸也。其法故不立。

二歸　二一添作五，逢二進一十。

三歸　三一三十一，三二六十二，逢三進一十。

四歸　四一二十二，四二添作五，四三七十二，逢四進一十。

五歸　五一倍作二，五二倍作四，五三倍作六，五四倍作八，逢五進一十。

六歸　六一下加四，六二三十二，六三添作五，六四六十四，六五八十二，逢六進一十。

七歸　七一下加三，七二下加六，七三四十二，七四五十五，七五七十一，七六八十四，逢七進一十。

八歸　八一下加二，八二下加四，八三下加六，八四添作五，八五六十二，八六七十四，八七八十六，逢八進一十。

九歸　九歸隨身下，逢九進一十。

右法與九九合数相混，但記句法。惟辨多数在先，少数在次，即九歸之句。如八六七十四，是歸。六八四十八，是因。之類，已上句法，併後各樣歌訣，皆學者所當熟記。

又《新增續編九歸歌釋義》附一卷後。　九歸歌

一歸　不須歸，一者原數，不必歸也。其法故不立。惟兼歸除，左邊爲實，右邊爲法。但法首位有一數者，是一歸也。故用「逢一進一」起，至「逢九進九」止。逢九，即是九次「逢一進一」也。

二歸　二假如二人，右邊爲法。一假如一兩，左邊爲實。添作五。法實相呼，將一兩添四，变作每人合得五錢。二人，二五得一兩，以合原数。逢二進一十。法二人，實二兩，歸曰：逢二各得一兩。

三歸　三人右爲法。一兩，左爲實。三十一。法實相呼，將一兩添二，变作每人三錢。三人共除九錢，餘一錢。歸曰：三十一。一錢又歸，每人合得三分，三人共除九分，而剩一分。如此難盡。三人爲法，二兩爲實。六十二。法實相呼，將二兩添四，变作每人六錢。三人，三六共除一兩八錢，餘二錢。歸曰：「六十二。二又再歸，亦難盡也。」逢三進一十。法三人，實三兩，歸曰：逢三進一于前位。每人各得一兩，三人共得三兩，以合原数。

四歸　四人爲法。一兩爲實。二十二。法實相呼，將一兩添一，变作每人二錢，四人共除八錢，餘二錢。歸曰：二十二。二錢又用後歸，「四二添作五」，每人又得五分也。四人爲法。二兩爲實。添作五。法實相呼，將二兩添三，变作每人五錢，四人四五得二兩，合原。四人爲法。三兩爲實，七十二。法實相呼，將三兩添四，变作每人七錢，四人四七共除二兩八錢，餘二錢，歸曰七十二。二錢又用前「四二添作五」法，每人又得五分是也。逢四進一十。法四人，實四兩，歸曰：逢四進一于前位，每人各得一兩，四人共得四兩，以合原数。

五歸　五人爲法。一兩爲實。倍作二。法實相呼，將一兩添一，变作每人二錢，五人二五得一兩，合原。五人爲法。二兩爲實，倍作四。法實相呼，將二兩添二，变作每人四錢，四人四五得二兩，合原。五人爲法。三兩爲實。倍作六。法實相呼，將三兩添三，变作每人六錢，五人五六得三兩，合原。五人爲法。四兩爲實。倍作八。法實相呼，將四兩添四，变作每人八錢，五人，五八得四兩，合原。逢五進一十。法五人，實五兩。歸曰：逢五進一于前位，每人各得一兩，五人共得五兩，以合原数。

六歸　六人爲法。一兩爲實。下加四。法實相呼，一兩不動，變作每人一錢，六人共除六錢，餘四錢。歸曰：下位加四。四錢，又用後「六四六十四」歸法算。六人爲法，二兩爲實。三十二。法實相呼，將二兩添一，變作每人三錢，六人三六共除一兩八錢，餘二錢。歸曰三十二。二錢又用此歸重算。六人爲法。三兩爲實，添作五。法實相呼，將三兩添二，變作每人五錢，六人五六得三兩，合原。六人爲法。四兩爲實。六十四法實相呼，將四兩添二，變作每人六錢，六人共除三兩六錢，餘四錢。歸曰六十四。四錢，又照此歸算。六人爲法。五兩爲實。八十二。法實相呼，將五兩添三，變作每人八錢，六人共除四兩八錢，餘二錢。歸曰八十二。二錢，又用「六二三十二」歸法算。逢六進一十。法六人，實六兩。歸曰：逢六進一於前位，每人各得一兩，六人共得六兩。以合原數。

七歸　七人爲法。一兩爲實。下加三。法實相呼，一兩不動，變作每人一錢，七人共除七錢，餘三錢。歸曰：下加三。三錢，又用後「七三四十二」歸法算。七人爲法。二兩爲實。下加六。法實相呼，二兩不動，變作每人二錢，七人共除一兩四錢，餘六錢。歸曰：下位加六。六錢，又用後「七六八十四」歸法算。七人爲法。三兩爲實。四十二。法實相呼，將三兩添一，變作每人四錢，七人共除二兩八錢，餘二錢。歸曰四十二。二錢，又用前「七二下加六」歸法算。七人爲法，四兩爲實。五十五。法實相呼，將四兩添一，變作每人五錢，七人共除三兩五錢，餘五錢。歸曰：五十五。五錢，又用後「七五七十一」歸法算。七人爲法。五兩爲實。七十一。法實相呼，將五兩添二，變作每人七錢，七人共除四兩九錢，餘一錢。歸曰七十一。一錢，又用前「七一下加三」歸法算。七人爲法，六兩爲實，八十四法實相呼，將六兩添二，變作每人八錢，七人共除五兩六錢，餘四錢，歸曰八十四。四錢，又用前「七四五十五」歸法算。逢七進一十。法七人，實七兩，歸曰：逢七進一於前位，每人各得一兩，七人共得七兩。以合原數。

八歸　八人爲法。一兩爲實。下加二。法實相呼，一兩不動，變作每人一錢，八人共除八錢，餘二錢。歸曰下加二。二錢，又用後「八二下加四」歸法算。八人爲法，二兩爲實。下加四。法實相呼，二兩不動，變作每人二錢，八人共除一兩六錢，餘四錢。歸曰下位加四。四錢，又用後「八四添作五」歸法算。八人爲法。三兩爲實。下加六。法實相呼，三兩不動，變作每人三錢，八人共除二兩四錢，餘六錢。歸曰下位加六。六錢，又用後「八六七十四」歸法算。八人爲法。四兩爲實。添作五。法實相呼，將四兩添一，變作每人五錢，八人共得四兩。合原。八人爲法。五兩爲實。六十二。法實相呼，將五兩添一，變作每人六錢，八人共除四兩八錢，餘二錢，歸曰六十二。二錢，又用前「六二三十二」歸法算。八人爲法。六兩爲實。七十四法實相呼，將六兩添一，變作每人七錢，八人共除五兩六錢，餘四錢，歸曰七十四。四錢，又用前「八四添作五」歸法算。八人爲法。七兩爲實。八十六。法實相呼，將七兩添一，變作每人八錢，八人共除六兩四錢，餘六錢。歸曰八十六。六錢，又用前「八六七十四」歸法算。逢八進一十。法八人，實八兩。歸曰：逢八進一於前位，每人各得一兩，八人共得八兩，以合原數。

九歸　總訣隨身下。

九人爲法，一兩爲實。下加一。法實相呼，一兩不動，變作每人一錢，九人共除九錢，餘一錢，歸曰：九一隨身下加一。如此挨身加一，難盡。九人爲法。二兩爲實。下加二。法實相呼，二兩不動，變作每人二錢，九人共除一兩八錢，餘二錢，歸曰下加二。二錢，又用此歸法，挨次而算。九人爲法。三兩爲實。下加三。法實相呼，三兩不動，變作每人三錢，九人共除二兩七錢，餘三錢，歸曰下加三。三錢，又用此歸，挨次而算。九人爲法。四兩爲實。下加四。法實相呼，四兩不動，變作每人四錢，九人共除三兩六錢，餘四錢。歸曰：下加四。四錢，又用此歸，逐位而算。九人爲法，五兩爲實。下加五。法實相呼，五兩不動，變作每人五錢，九人共除四兩五錢，餘五錢。歸曰下加五。五錢，又用此歸，逐位而算。九人爲法。六兩爲實。下加六。法實相呼，六兩不動，變作每人六錢，九人共除五兩四錢，餘六錢。歸曰下加六。六錢，又用此歸，挨次而算。九人爲法，七兩爲實。下加七。法實相呼，七兩不動，變作每人七錢，九人共除六兩三錢，餘七錢。歸曰下加七。七錢，又用此歸，挨次而算。九人爲法。八兩爲實。下加八。法實相呼，八兩不動，變作每人八錢，九人共除七兩二錢，餘八錢。歸曰下加八。八錢，又用此歸，挨次而算。逢九進一十。法九人，實九兩。歸曰：逢九進一于前位，每人各得一兩，九人共得九兩，以合原數。

又　卷二《九歸》　凡二至九，單位者用此，置物爲實，以價或分物者爲法。呼九歸之歌，或進或倍。從實首位算起，用因法還原。

歌曰：九歸之法乃分平，湊數從來有現成。數若有多歸作十，歸如不盡搭添行。

又歌：學者如何算九歸，九從實上左頭推。逢進起身須進上，下加次位以施爲。

假如今有米四百五十六石二斗，每銀一兩銀米二石。問共該銀若干。

答曰：二百四十三兩一錢。

法曰：置總米爲實，以每兩糴米二石爲法。歸之，合問。定位法只認石，(上)前一位即十之位定兩，逆上即百之位定十兩，再陞上一位定百兩。合得。

此所謂歸與歸除上位施。先數原實百起順下至石，遇法首位是每兩二石則止，轉向前一位得令是兩，逐位逆數陞上。合得也。

今列布算于後。

法二石爲歸

實尾位　二斗　逢二進一十。本位除去，進一于左。　定位

六石　逢六進三十。本位除去，進三于左。　石　法上是每兩二石，遇石即止，前一位得令是兩也。　一錢

○

八十　逢八進四十。本位除去，進四于左。　十　是兩也，向前逆数逐位陞之合得。　三兩

實首位　四百　起　逢四進二十。本位除去，進二于左。　原實百　起呼百往後順数至石。　四十

合得二百

○

還原，用二因。

一二如二，二三如六，二四如八，二二如四。

假如今有銀八百三十五兩八錢，每銀三兩糴米一石。問該米若干。

荅曰：二百七十八石六斗。

法曰：置總銀爲實，以每石價銀三兩爲法，歸之。合問。定位：法只認兩，前一位是石，遂上依次陞之。合得。

法三兩歸

實尾　八錢　逢九進三十。本位除去，進三于左。　定位

五兩　三一三十一。变一爲三，右位加一；逢六進二十。本位去六，進二于左。　兩　法上是兩，遇兩即止，前一位得令是石也。　六斗

三十　三二六十二。变二爲六，右位加二；逢三進一十。本位去三，進一于左。　十　是石也。向前逆陞。合得　八石

實首　八百　起　三二六十二。变二爲六，右位加二；逢六進二十。本位去六，進二于左。　百　起呼百往後順数至兩。　七十

合得二百

○

還原，用三因。

三六一十八，三八二十四，三七二十一，二三如六。

假如今有苧麻七百三十五斤，每苧四斤賣銀一錢。問該銀若干。

荅曰：一十八兩三錢七分五厘。

法曰：置總苧爲實，以每錢賣苧四斤爲法。歸之，合問。定位：法只認斤，前一位定錢，依次逆陞。合得。

法四斤歸

○　四二添作五，变二爲五。　定位　五厘

實尾　五斤　四三七十二。变三爲七，右位加二。逢四進一十。本位去四，進一于左。　斤　法上是四斤遇斤即止，前一位得令是錢也。　七分

三十　四一二十二。变一爲二，右位加二。逢四進一十。本位去四，進一于左。　十　是錢也向前逆陞。合得　三錢

實首　七百　起　四三七十二。变三爲七，右位加二。逢四進一十。本位去四，進一于左。　原实百　起呼百往後順数至斤。　八兩

合得一十

○

還原，用四因。

四五得二十，四七二十八，三四一十二，四八三十二，一四如四。

假如今有銀一百二十三兩四錢五分，每銀五兩換金一兩。問該金若干。

荅曰：二十四兩六錢九分。

法曰：置總銀爲實，以五兩爲法。歸之。合問。定位：法只認銀兩，上前一位是金兩，数逆陞。合得。

法五兩歸

實尾　五分　逢五進一十。本位除去，進一于左。

四錢　五四(位)[倍]作八，變四爲八。　定位　九分

三兩　五三倍作六。变三爲六。　兩　法上是銀兩，遇兩即止，前一位得令是金兩也。　六錢

二十　五二倍作四。变二爲四。　十　是金兩也，向前逆陞。合得　四兩

實首　一百　起　五一倍作二。变一爲二。　原实百　起呼百往後順数至兩。　合得二十

還原，用五因。

五九四十五，五六得三十，四五得二十，二五得一十。

又如今有米二十石，作五萬人分之。問每人該米若干。

荅曰：四勺。

法曰：置米爲實，以人五萬爲法，歸之。合問。定位：法多實少。先從實首原位数起，逆上至遇法首位是萬則止，向前一位得令是石也。順数降下。合得。

法五萬歸　定位

實首　二十　起　五二倍作四。本位加二爲四。　原实十　起呼十往前逆数，遇法是萬止。　合得四勺

○　百　合

○　千　升

○　萬　法上是五萬，人遇萬即止。前一位得令是石也。　斗

○　前位　是石也，退後降小。　合得石

還原，用五因。

四五得二十。

假如今有銀二百六十五兩三錢二分，作六人分之。問每人該銀若干。

荅曰：四十四兩二錢二分。

法曰：置銀爲實，以六人爲法，歸之。合問。定位：法從原实数百，降下次位幾十，又次位幾人，遇法是人則止，前一位得令是兩，逆上陞之合得。

法六人歸

實尾二分逢六進一十。本位去尽，進一于左。

三錢　六一下加四，本位不動，右位加四。逢六進一十。本位去六，進一于左。　定位　二分

五兩　六一下加四，本位不動，右位加四。逢六進一十。本位去六，進一于左。　人　法上是六人，遇人則止。前位得令是兩也。　二錢

六十　六二三十二，本位加一，右位加二。逢六進一十。本位去六，進一于左。　十　是兩也，向前逆陞。合得　四兩

實首　三百　起　六二三十二，变二爲三，右位加二。　原实百　起呼百往後，順数至人。　合得四十

還原，用六因。

二六一十二，二六一十二，四六二十四，四六二十四。

假如今有銀七十兩，糴大麥七百五十五石一斗六升。問每銀一兩該麥若干。

荅曰：一十石零七斗八升八合。

法曰：置麥爲實，以總銀七十爲法。歸之。合問。定位同前。

法七十歸

實尾　六升　逢七進一十。本位去尽　八合
進一于左。
一斗　七五七十一。变五爲
七,右位加一。
五石　七六八十四。变六爲　定位　八升
八,右位加四。
五十　七五七十一,变五爲七,　十　法上是七十,遇十即　七斗
右位加一。　止。前一位得令是
石,逆陞合得。
實首　七百　起　逢七進一十,本位尽去,　原实百　起呼百,往後至十。　石
進一于左。
○　合得一十

還原,用七因。
七八五十六,七八五十六,七七四十九,一七如七。
假如今有銀九十八兩九錢二分,買羊八十隻。問每隻該銀若干。
荅曰：一兩二錢三分六厘五毫。
法曰：置銀爲實,以羊八十爲法。歸之。合問。

法八十歸
實尾　二分　八四添作五。变四爲五。　五毫
九錢　八五六十二。变五爲　定位　六厘
六,右位加二。
逢八進一十。本位去
八,進一于左。
八兩　八二下加四。本位不　兩　三分
動,右位加四。
逢八進一十。本位去
八,進一于左。
實首　九十　起　八一下加二。本位不　原实十　起法上是八十,遇十　二錢
動,右位加二。　即止,前一位得令是
逢八進一十。本位去　兩也。
八,進一于左。

○　前位　是兩也。本位合得　合得一兩
還原,用八因。
五八得四十,六八四十八,三八二十四,二八一十六,一八如八。
假如今有銀二百六十五兩三錢二分買椒。每斤價銀九分。問共該椒若干。
荅曰：二千九百四十八斤。
法曰：置總銀爲實,以每斤椒價九分爲法。歸之。合問。

法九分歸　定位
實尾　二分　逢九進一十。本位去　分　法上是九分,遇分即
九,進一于左。　止,前一位得令是
斤也。
三錢　九七下加七。本位不　錢　是斤也,向前逆陞。　八斤
動,右位加七。　合得
五兩　九四下加四。本位不　兩　四十
動,右位加四。
逢九進一十,本位去九,
進一于左。
六十　九八下加八。本位不　十　九百
動,右位加八。
實首　二百　起　九二下加二。本位不　原实百　起呼百往後,順数　合得二千
動,右位加二。　至分。

還原,用九因。
八九七十二,四九三十六,九九八十一,二九一十八。

又《歸除》　凡二至九,位数多者用此。置物爲實,以價或分者爲法。先將法首對實首,呼九歸歌,或進、或倍,後將法次位,對所歸数呼九九数除之。用乘法還原。

歌曰：惟有歸除法更奇,筭學中惟歸除最妙。將身歸了次除之。先將本位呼歸法歸之,其次不拘幾位俱呼小九数除之。有歸若是無除数,若本位有子,可歸,次位無子可除也。起一還將原数施。如一歸本位起一,下位還一。如二歸,本位起一,下位還二。餘歸倣此。或遇本歸歸不得,如一歸只一子,二歸只二子,因下位無子可除,故不能歸也。餘倣此。撞歸之法莫教遲。如一歸見一無除,加八撞凑作九,下位加一。如撞歸訖,除数

不足，照前用起一還原法。若人識得中間意，如學者曉得歸除中間之理，深奥也。算學雖深可盡知。云算者用心習學，可以盡識者矣。

撞歸法

一歸　見一無除作九一。　二歸　見二無除作九二。
三歸　見三無除作九三。　四歸　見四無除作九四。
五歸　見五無除作九五。　六歸　見六無除作九六。
七歸　見七無除作九七。　八歸　見八無除作九八。
九歸　見九無除作九九。

已有歸而無除，用起一還原法。即是起一還將原数施。

一歸　起一下還一。本位起一，下位還一。
二歸　起一下還二。本位起一，下位還二。
三歸　起一下還三。本位起一，下位還三。
四歸　起一下還四。本位起一，下位還四。
五歸　起一下還五，本位起一，下位還五。
六歸　起一下還六，本位起一，下位還六。
七歸　起一下還七，本位起一，下位歸七。
八歸　起一下還八，本位起一，下位還八。
九歸　起一下還九。本位起一，下位還九。【略】

假如今有銀二百四十三兩糴米，每斗價銀五分四厘。問共該米若干。

答曰：四百五十石。

法曰：置總銀爲實，以每斗價五分四厘爲法。歸除之，合問。

定位：法只認實上原首位起，往後順数至分，遇法首位是每斗五分則止，前一位得令是斗，逆数陞上。合得。後倣此。

法首　五分　四厘
○　○
爲歸除。定位：法少實多。
定位
分　法首位是每斗五分，遇分即止，前一位得令是斗也。

○　是斗也，向前逆数陞上，合得。　錢　斗

實尾　二兩　四五除二十。本位去二，盡。　兩　十

四十　逢五進一十。本位去五，進一于左。　十　五十
五二倍作四。变二爲四。
四四除一十六。本位去二，下位加四。

實首　二百　起　五二倍作四。变二爲四。　原实百　起呼百往後，順数至分。　合得四百

還原，用乘法。

四五得二十，五五二十五，四四一十六，四五得二十。

假如今有銀二百六十五兩三錢二分，作十二人分之。問每人該銀若干。

答曰：二十二兩一錢一分。

法曰：置銀爲實，以十二人爲法。歸除之。合問。定位與前歸法同。

二人　除歸定位：法少实多

法首　一十

實尾　二分　一二如除二。本位去盡。

三錢　逢一進一十，本位去一，進一于左。　定位
一二如除二。本位去二，存一。

五兩　逢一進一十。本位去一，進一于左。　○　一分
二二如除四。去四存一。

六十　逢二進二十，本位去二，進二于左。　十　法首位是十，遇十即止，前一位得令是兩，逆陞。合得　一錢
二二如除四。去四存二。

實首　二百　起　逢二進二十。本位去　原实百　起呼百，往後至十。　二兩
二，進二于左。
○　○　合得二十

還原，用乘。
一二如二，一一如一，一二如二，一一如一，二二如四，一二如二，二二如四，一二如二。

假如今有米一百二十九石九斗六升，作一十九人分之。問每人該米若干。
荅曰：六石八斗四升。
法曰：置米爲實，以一十九人爲法。除之。合問。

九人
法首　一十　除歸定位：法少实多。
實尾　六升
九斗　四九除三十六。本位去　定位
三，右位去六，尽。
逢四進四十。本位去
四，進四于左。
九石　八九除七十二。本位去　○　四升
七，右位去二。
無除起一下還一。本位
去一，右位加一。
二十　見一無除作九一，本位　十　法首位是十，遇十即　八斗
加八，爲九，右位加一。　止前一位得令是石。
六九除五十四。本位去　合得
五，右位去四。
實首　一百　起　無除起三下還三，本位　原实百　起呼百往後至十　合得六石
去三，右位加三。
見一無除作九一。本位
加八爲九右位加二

還原，用乘。
四九三十六，一四如四，八九七十二，一八如八，六九五十四，一六如六。

假如今有銀二十六兩六錢，買猪二十八隻。問每隻該銀若干。
荅曰：九錢五分。
法曰：置銀爲實，以猪二十八隻爲法。除之。合問。

八隻
法首　二十　除歸定位：法實首位，十数皆同。
實尾　六錢　五八除四十。恰尽。
六兩　二一添作五。本位加　定位　五分
四，爲五。
八九除七十二。本位
去七，右位去二。
實首　二十　起　見二無除作九二。变　原实十　法首是十，遇十即止。合得九錢
二爲九，右位加二。　前位得令是兩也。
○　○　是兩也，順降下。合得　兩

還原，用乘。
五八得四十，二五得一十，八九七十二，二九一十八。

假如今有金二兩八錢三分五厘，作四百零五人分之。問每人該金若干。
荅曰：七厘。
法曰：置金爲實，以人数爲法。除之。合問。定位：法多實少。先從原實首位起，往前逐位逆数陞上，至呼遇法首位百則止。向前一位得令是兩，降下。合得。

五人　除空歸除。
法首　四百
實尾　五厘
三分　五七除卅五。本位去
三，右位除五。尽。
八錢　逢八進二十。本位去　定位
八，進二于左。
實首　二兩　起　四二添作五，变二爲五。　原实兩　起呼兩向前逆陞，　合得七厘
至遇法首位百止。
○　十　○

○　百　法首位是百，遇百即止。前一位得令是兩也。　○

○　前位　是兩也，順数降下。　○　合得

還原，用乘。

五七三十五，四七二十八。

假如今有米二十二石五斗二升，作五千六百三十人分。問每人該米若干。

荅曰：四合。

法曰：置米爲實，以人爲法。除之。合問。

定位：法多實少。同前。

三十　除除歸。法多實少。

六百

法首　五千

實尾　二升　五斗

二石　三四除一十二。本位去一，右位去二，尽。　定位

四六除二十四。本位去二，右位去四。

實首　二十　起　五二倍作四，变二爲四。　原实十　起呼原实十往前逆陞，至法首千止。　合得四合

○　百　升

○　千　法首位是千，即止。前一位得令是石也。　斗

○　前位　是石也，順数降下。　石　合得

還原，用乘。

四六二十四，三四一十二，四五得二十。

假如今有銀一千零九十七兩二錢五分，作五百七十人分之。問每人該銀若干。

荅曰：一兩九錢二分五厘。

法曰：置銀爲實，以人分爲法。除之，合問。

定位：法先数原實千，順下至法首百，前位定兩。合得。

七十　除歸。法少實多。

法首　五百

實尾　五分

二錢　五七除三十五。　定位

七兩　逢五進一十。　○　五厘

五二倍作四。

二七除一十四。

九十　五一倍作二。　○　二分

七九除六十三。

○　見五無除作九五。　百　法首位是百，遇百即止，前位得令是兩。　九錢

一七如除七。　合得

實首　一千　起　無除起一下還五，五一倍作二。　原实千　起呼千往後至百。合得一兩

還原，用乘。

五七三十五，五五二十五，二七一十四，二五得一十，七九六十三，五九四十五，一七如七，一五如五。

假如今有銀四錢八分，每銀七分五厘换赤金一分。問該金若干。

荅曰：六分四厘。

法曰：置總銀爲實，以七分五厘爲法，除之。合問。

五厘　除歸，定位。法少實多。

法首　七分　○　四五除二十。　定位

實尾　八分　七三四十二，五六除三十。　分　法首位是分，遇分即止。前位得金是金分也。合得　四厘

實首　四錢　起　逢七進一十，七四五十五。　原实錢　起呼錢順下至分。合得六分

還原，用乘。
四五得二，四七二十八，五六得三，六七四十二。
假如今有錢五千六百四十文，買梨一萬六千九百二十枚。問每錢一文買梨若干。
答曰：三枚。
法曰：置梨爲實，以錢[数]爲法。除之。合問。
四十　除除歸。定位：法少實多。
法首　五千　六百
實尾　二十
九百　三四除一十二。本位去一，右位去二。盡。　定位　百
六千　三六除一十八。本位去一，右位去八。　千　法首位是千，遇千即止。前位得令是枚。
逢五進一十，本位去五，進一于左。　合得
實首　一萬　起五一倍作二，本位加一爲二。　原实萬　起呼。萬往後順至千。　合得三枚
還原，用乘。
三六一十八，三四一十二，三五一十五。
假如今有銀五萬五千三百八十五兩，作一千零〇七人分之。問每人該銀若干。
答曰：五十五兩。
法曰：置銀爲實，以人分爲法。除之。合問。
七人　除。
○
法首　一千
○
實尾　五兩
八十文　五七除三十五。本位去三，右位去五。盡。
三百〢　五七除三十五。本位去三，右位去五。　定位
五千〣　除可隔二位，在八十位上除。　千　法首位是千，遇千即止。前位得令是兩。
逢五進五[十]，本位去五，進五于左。　逆陞。合得
實首　五萬　除可隔二位在三百位上除。　原实萬　起呼萬往後順至千。　五兩
起　逢五進五[十]，本位去五，進五于左。　合得五十
○
還原，隔二位乘。
五七三十五，一五如五，五七三十五，一五如五。

明·黄龍吟《算法指南》卷上　九歸總念

一歸　不須歸其法故不立。
二歸　二一添作五，逢二進一十，逢四進二十，逢六進三十，逢八進四十。
三歸　三一三十一，三二六十二，逢三進一十，逢六進二十，逢九進三十。
四歸　四一二十二，四二添作五，四三七十二，逢四進一十，逢八進二十。
五歸　五一倍作二，五二倍作四，五三倍作六，五四倍作八，逢五進一十。
六歸　六一下加四，六二三十二，六三添作五，六四六十四，六五八十二，逢六進一十。
七歸　七一下加三，七二下加六，七三四十二，七四五十五，七五七十一，七六八十四，逢七進一十。
八歸　八一下加二，八二下加四，八三下加六，八四添作五，八五六十二，八六七十四，八七八十六，逢八進一十。
九歸　隨身下位加。
九一下加一，九二下加二，九三下加三，九四下加四，九五下加五，九六下加六，九七下加七，九八下加八，逢九進一十。

二歸式

今有銀一萬二千三百四十五兩六錢七分八厘九毫。

二人分。問每該若干。　还原，二因式。因法乘法，俱從此邊打起。

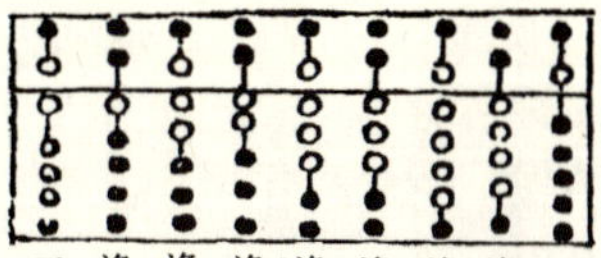

逢八进四十，二一添作五。　二五當一十。
逢八進四十。　二四如八。
逢六進三十，二一添作五。　二九一十八。
逢六進三十。　二三如六。
逢四進二十，四上一起五，二一添作五。　二八一十六。
逢四進二十。　二二如四，四下五除一。
逢二進一十，二一添作五。　二七一十四。
逢二進一十。　二一如二。
二一添作五。　二六一十二。

凡歸、歸除，俱從此邊打起。

荅曰：每該六千一百七十二兩八糸三分九四五。

三歸式

今有銀一萬二千三百四十五兩六錢七分八厘九毛。

三人分。問每該若干。　三因式。

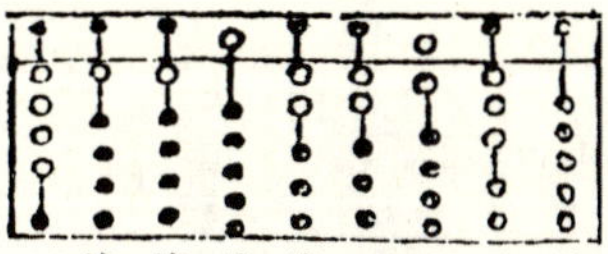

逢九進三十。
逢九進三十，三下五除二。　三三如九。
逢六進二十，三一三十一。　三六一十八。
逢六進二十。　二三如六。
逢六進二十，二下五除三。　二三如六。
逢三進一十，三一三十一。　三五一十五。
逢三進一十。　一三如三。
逢三進一十。　一三如三。
三一三十〔一〕。　三四一十二。

荅曰：每該四千一百一十五兩二錢二分六厘三。

四歸式

今有銀一萬二千三百四十五兩六錢七分八厘九毛。

四人分。　四因式。

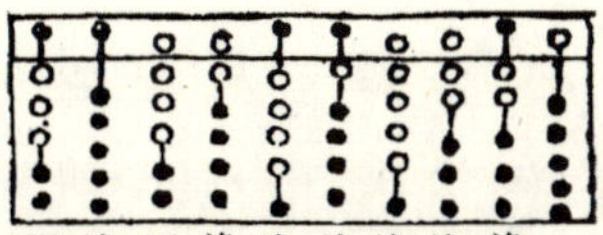

四五當二十。
逢八進二十四二十二，四二添作五。　二四如八，八去二还十。
逢八進二十，四二添作五。　四七二十八。
逢四進一十，四上一去五。四三七十二。　四九三十六。
逢八進二十。　一四如四，四下五除一。
逢四進一十，四上一去五，四二十二。　四四一十六。
逢四進一十，四上〔五〕去〔一〕，四二添作五。　四六二十四，四下五除一。
四三七十二，二下五除三。　四八三十二。
逢四進一十。
四一二十二。　三四一十二。

荅曰：每該三千〇八十六兩四錢一分九七二五。

五歸式

今有銀一萬二千三百四十五兩六錢七分八厘九毛。

五人分。　五因式。

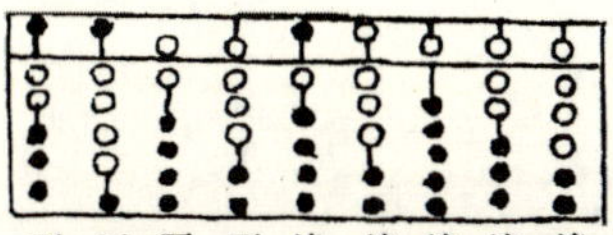

逢五進一十，五四倍作八。　五八當四十。
逢五進一十，五三倍作六。　五七三十五。
逢五進一十，五二倍作四。　五五二十五。
逢五進一十，五一倍作二。　三五一十五。
逢五進一十。　一五如五。
五四倍作八。　五九四十五。
五三倍作六。　王六當三十。
五二倍作四。　四五當二十。
五一倍作二。　二五當一十。

荅曰：每該二千四百六十九兩一錢三分五七八。

六歸式

今有銀一萬二千三百四十五兩六錢七分八厘九毛。

六人分。

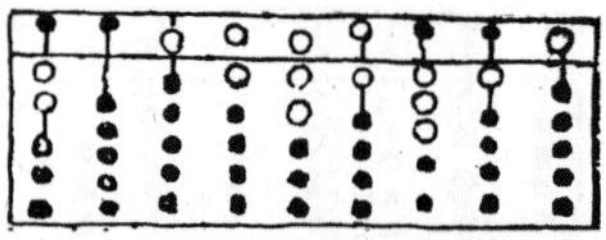

逢六進一十，六三添作五。
逢六進一十，逢六進一十。
逢六進一十，六一下加四。四下五除一。
逢六進一十。
六三添作五。
六四六十四，逢六進一十。
六三添作五。
逢六進一十。
六一下加四，四下五除一。

六因式。

五六當三十。
一六如六。
三六一十八。
一六如六。
六六三十六。
六七四十二，二下五除三。
五六當三十。
二六一十二。

答曰：每該二千〇五十六兩七錢一分三一五。

七歸式

今有銀一萬二千三百四十五兩六錢七分八厘九毛。

七人分。

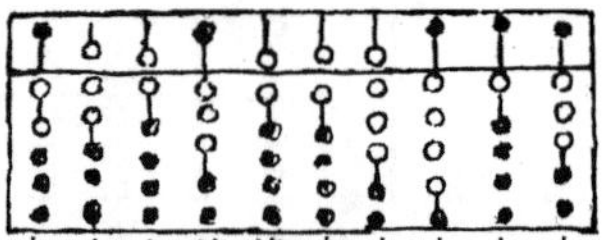

七一下加三，七三下加九，逢七進一十。
七二下加六，逢七進一十。逢七進一十。
七五七十一，逢七進一十。
七四五十五，逢七進一十。
七四五十五，逢七進一十。七下上三子，去上二子。
逢七進一十，七下上三子，去上二子。
逢七進一十，七二下加六。
七四五十五。
七五七十一。
七一下加三，三下五除二。

七因式。

一七如七，七退三还十。
四七二十八。
七八五十六。
六七四十二。
六七四十二，二下五除三。
三七二十一。
六七四十二。
七七四十九，九退一还十。
一七如七，七退三还十。

答曰：每該一千七百六十三兩六錢六分八四一三。

八歸式

今有銀一万二千三百四十五兩六錢七分八厘九毛。

八人分。

八五六十二。
八六七十四，四下五除一，逢八進一十。
八七八十六，逢八進一十。
八一下加二，逢八進一十。
八二下加四，逢八進一十。
逢八進一十。
八三下加六。
八四添作五。
八一下加二。

八因式。

六八四十八，八退二还十。
八八六十四。
八九七十二。
二八一十六。
三八二十四，四下五除一。
四八三十二。
五八當四十。
一八如八，八退二还十。

答曰：每該一千五百四十三兩二夂〇九八六二。

九歸式

今有銀一萬二千三百四十五兩六錢七分八厘九毛。

九人分。

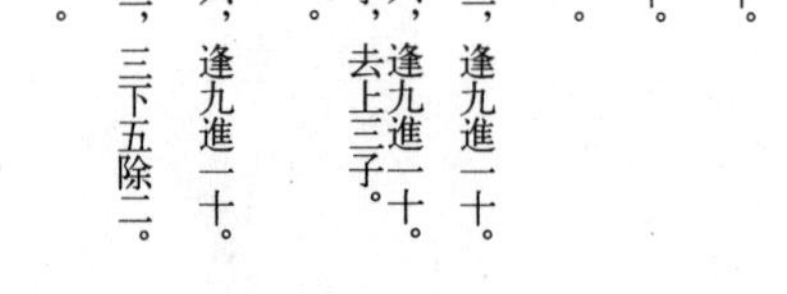

逢九進一十。
逢九進一十。
九一下加一。
九三下加三，逢九進一十。
九六下加六，逢九進一十。九下上一子，去上三子。
九一下加一。
九六下加六，逢九進一十。
九三下加三，三下五除二。
九一下加一。

九因式

一九如九。
二九一十八。
四九三十六。
七九六十三，三下五除二。
一九如九，九退一还十。
七九六十三。
三九二十七，七上二去五还十。
一九如九，九退一还十。

答曰：每該一千三百七十一兩七錢四分二一。

一歸除式

今有銀一十二万三千四百五十六兩七錢八分九厘。

一十二人分。問每該若干。　一二乘法还原。

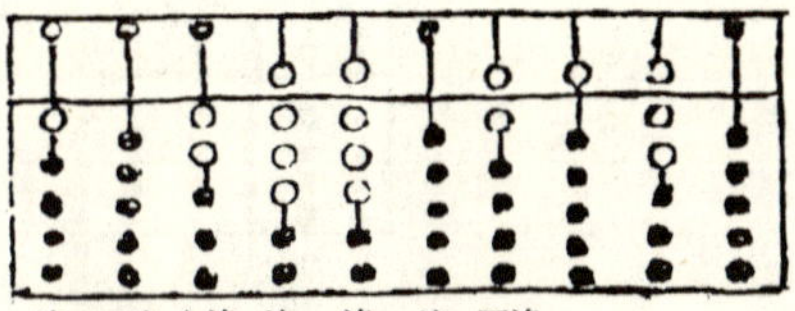

逢七進七十，一七除一十四。四退十下还六。
逢五進五十，一五除一十。
逢六進六十，一六除一十二。
逢八進八十，一八除一十六。
逢八進八十，一八除一十六，六退十下还四。
逢二進二十，一二除四。四退十下还六。
逢一進一十，一二除二。

一七一十四，四退六还十，一七如七。
一五當一十，一五如五。
一六一十二，一六如六。
一八一十六，一八如八。
一八一十六，八退四还十，一八如八。
一二如四，一二如二。
一二如二，一一如一。

答曰：每該一萬〇二百八十八兩〇六分五七〇六。

二歸除式

今有銀一十二万三千四百五十六兩七錢八分九厘。

二十三人分。問每該若干。　二三乘法还原。

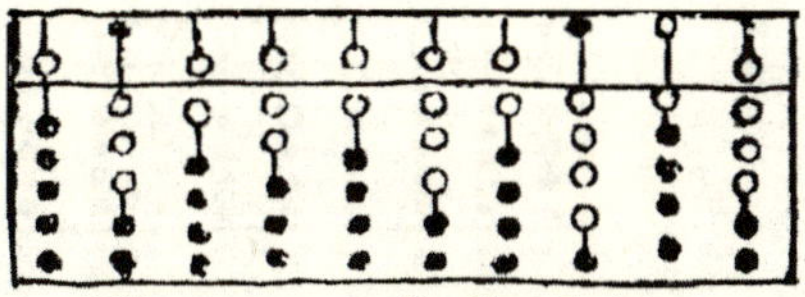

二一添作五，无除退一下还二，三四除一十二，二去十下还八。
二一添作五，逢二進一十，三六除一十八。
二一添作五，逢六進三十，三八除二十四，四上一去五。
二一添作五，逢二進一十，二上三去五，三六除一十八，八去十下还二。
二一添作五，逢四進二十，四上一去五，三七除二十一。
二一添作五，逢二進一十，三六除一十八。八去十下还二。
逢六進三十，三三除九，九退十下还一。
二一添作五，三五除一十五，五去十下还五。

三四一十二，二去八还十，二四如八，八去二还十。
三六一十八二六一十二。
三八二十四，四下五除一，二八一十六。
三六一十八，八退二还十二六一十二，二下五除三。
三七二十一，二七一十四，四下五除一。
三六一十八，八去二还十，二六一十二。
三三如九，九退一还十，二三如六。
三五一十五，五去五还十，二五當一十。

答曰：每該五千三百六十七兩六錢八分六四一八。

三歸除式

今有銀一十二万三千四百五十六兩七錢八分九厘。

三十四人分。　三四乘法还原。

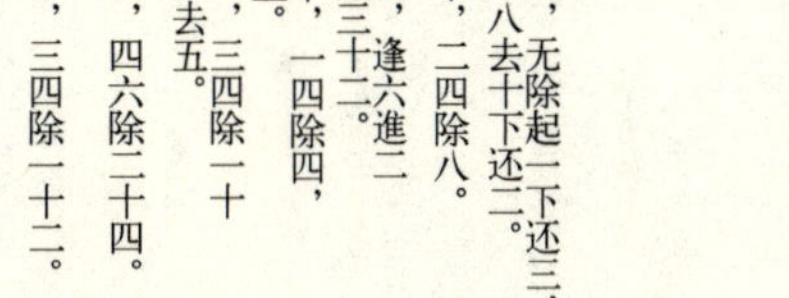

三一三十一，无除起一下还三，二四除八。八去十下还二。
逢六進二十，二四除八。
三二六十二，逢六進二十，四八除三十二。
逢三進一十，一四除四，四上一去五。
三一三十一，三四除一十二，二上三去五。
三二六十二，四六除二十四。
三一三十一，三四除一十二。

二四如八，八去二还十，二三如六，六去四还十。
二四如八，二三如六。
四八三十二，三八二十四，四下五除一。
一四如四，四下五除一，一三如三。
三四一十二，二下五除三，三三如九，九退一还十。
四六二十四，三六一十八，八退二还十。
三四一十二，三三如九，九退一还十。

答曰：每該三百六十三兩一錢〇八厘二毛〇二三二一。

四歸除式

今有銀一十二万三千四百五十六兩七錢八分九厘。

四十五人分。　四五乘法还原。

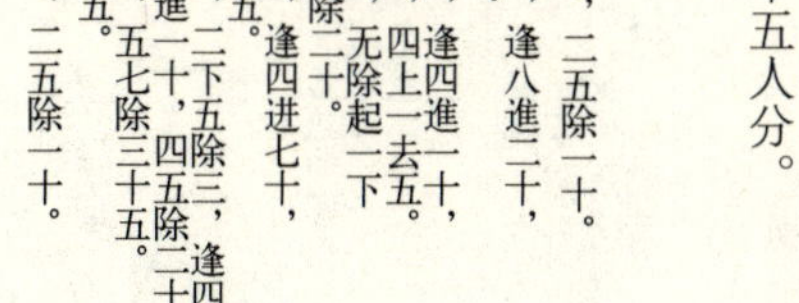

逢八進二十，二五除一十。
四一二十二，逢八進二十，四五除二十。
四三七十二，逢四進一十，五八除四十，四上一去五。
四二添作五，无除起一下还四，四五除二十。
四一二十二，逢四进七十，三五除一十五。
四一二十二，二下五除三，逢四進一十，逢四進一十，四五除二十。
四三七十二，五七除三十五。五去十下还五。
四一二十二，二五除一十。

二五當一十，二四如八。
四五當二十，四四一十六。
五八當四十，四下五除一，四八三十二。
四五當二十，二下五除三，四四一十六。六上一去五还十。
三五一十五，三四一十二。
四五當二十，四四一十六。
五七三十五，五去五还十，四七二十八，八上三去五还十。
二五当一十，二四如八，八去二还十。

答曰：每該二百七十四兩三錢四分八四二。

五歸除式

今有銀一十二万三千四百五十六兩七錢八分九厘。

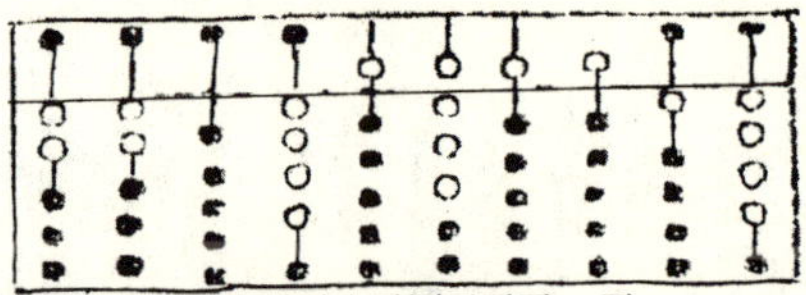

五十六人分。　五六乘法还原。

五一倍作二，无除起一下还五，
一六除六。六去十下还四。
五二倍作四，逢五进一十，
五六除三十。
五三倍作六，无除起一下
还五，五六除三十。
五四倍作八，六八除四十
八，四上一去五。
五三倍作六，无除起一下还五，
五六除三十。三上二去五。
五二倍作四，六除二十四，
四上一去五。
五一倍作二，二六除一十二。
五一倍作二，二六除一十二。

一六如六，六退四还十，一五如五，
五去五下一十。
五六當三十，五五二十五。五去五
还十。
五六當三十，三下五除二，五五
二十五，五去五。
六八四十八，四下五除一，五八
當四十。
五六當三十，三下五除二，五五二
十五，五去五还十。
四六二十四，四下五除一，四五當
二十。
二六一十二，二五當一十。
二六一十二，二五當一十。

答曰：每該二百二十兩〇四錢五分八厘五五一四四。

六歸除式

今有銀一十二万三千四百五十六兩七錢八分九厘。

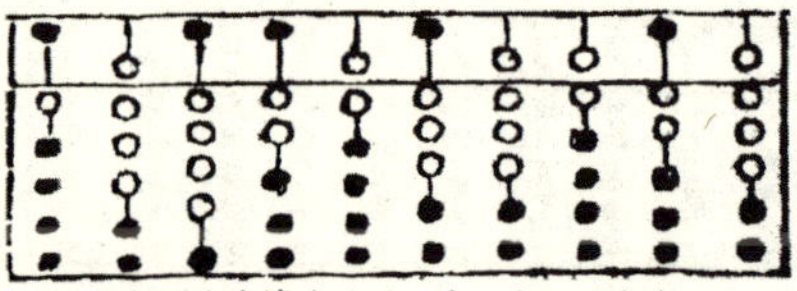

六十七人分。每該若干。　六七乘法还原。

六四六十四，四下五除一。
六七除四十二，四上一去五，
二去十下还八。
六五八十二，七八除五十六。
六二三十一，三七除二十一。
六四六十四，四下五除一，
六七除四十二，四上一去五。
六一下加四，四下五除一，
逢六進一十，二七除一十四。
上四去五，四上一去五。
六二三十二，四逢六進一十，
四七除二十八。八退十下还二。
六五八十二，七八除五十六，
六退十下还四，四下五除一。
六一下加四，四下五除一，
一七除七，七退十下还三，三
下五除二。

六七四十二，四下五除一，二退八还十，
六六三十六，六上一去五还十。
七八五十六，六八四十八，
八退二还十。
三七二十一，三六一十八，
八退二还十。
六七四十二，四下五除一，
六六三十六，六上一去五。
二七一十四，四下五除一，
二六一十二。
四七二十八，八退二还十，
四六二十四。
七八五十六，六上一去五还十，
六八四十八，八進二还十。
一七如七，七上二去五还十。
一六如六，六上去五还十。

答曰：每該一百八十四兩二錢六分三八六二八。

七歸除式

今有銀一十二万三千四百五十六兩七錢八分九厘。

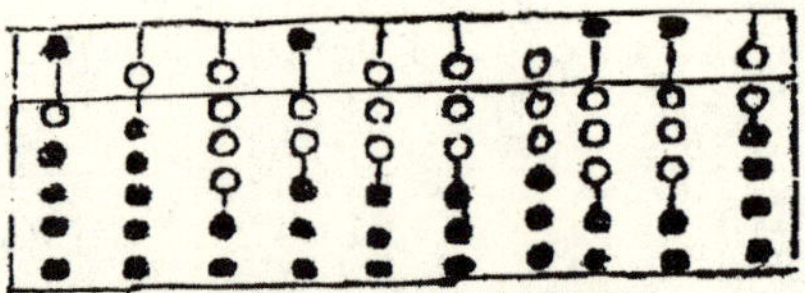

七十八人分。［每該若干。］［七八乘法还原。］

七二下加六，逢七進一十，
三八除二十四，二上三去五，
四去十下还六。
見七无除作九七，八九除七十二。
七六八十四，无除起一下还七，
七上下二子下除三子。七八除
五十六。
七六八十四，无除起一下还七，
七八除五十六。
七二下加六，二八除一十六。
七六八十四，四下五除一。
八八除六十四。四上一去五。
七四五十五，五八除四十。
七一下加三，三下五除二。
一八除八，八去十下还二。

三八二十四，三下五除三，
四退六还十，三七二十一。
八九七十二，七九六十三，
三退七还十。
七八五十六，七七四十九，
九退一还十。
七八五十六，六上一去五还十。
七七四十九，九退〔一〕还十。
二八一十六，六上一去五还十。
二七一十四，四退六还十。
八八六十四，四下五除一。七
八五十六，六上一去五还十。
五八當四十，五七三十五。
五去五还十。
一八如八，八上三去五还十。
一七如七，七退三还十。

答曰：每該一百五十八兩二錢七分七九三三六。

八歸除式

今有銀一十二萬三千四百五十六兩七錢八分九厘。

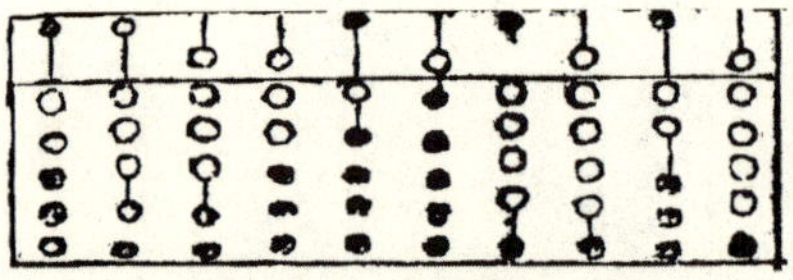

八十九人分，每該若干。　八九乘法还原。

見八无除作九八，八上下二子下
除二子，九九除八十一。八下上
二子，去上二子，一退十下还九。
八四添作五，无除起一下还八，
四九除三十六。三上二去五。
八四添作五，九九除四十五，
四上一去五。
八一下加二，一九除九，
九退十下还一。
八六七十四，七九除六十三，
三上二除五。
八七八十六，八九除七十二，
二上三去五。
八三下加六，三九除二十七，
七退十下还三，三下五除二。
八一下加二，一九除九，
九退十下还一。

九九八十一，八上下二子去下二子，
一退九还十，八九七十二。
四九三十六，三下五除二，六上一
去五还十，四八三十二。
五九四十五，四下五除一，五去
五还十，五八當四十。
一九如九，九退一还十，一八如八，
八上三去五还十。
七九六十三，三下五除二。七八
五十六，六上一去五还十。
八九七十二，二下五除三，八八
六十四，四退六还十。
三九二十七，七上二去五还十，
三八二十四。四退六还十。
一九如九，九退一还十，一八如
八，八退二还十。

答曰：每該一百三十八兩七錢一分五厘四九二九。

九歸除式

今有銀一十二万三千四百五十六兩七錢八分九厘。

九十八人分，每該若干。　八九乘法还原。

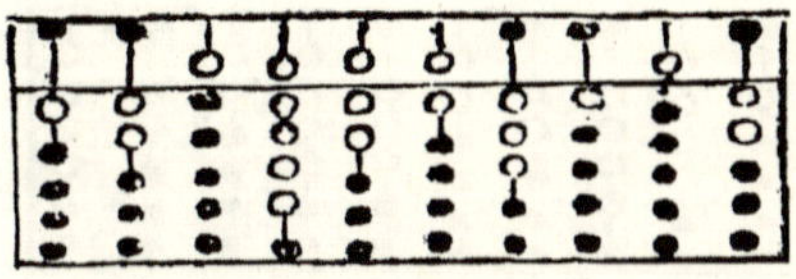

九一下加一，一八除八，八退十下还二。　一八如八，八退二还十。一九如九，九退一还十。

九三下加三，三八除二十四。　三八二十四，三九二十七。七退三还十。

九六下加六，六八除四十八。四上一去五。　六八四十八，四下五除一，六九五十四。四退六还十

九七下加七，七上下二子，下除三子。七八除五十六。　七八五十六，七九六十三。

見九无除作九九，八九除七十二，二上三去五。　八九七十二，二退八还十。九九八十一，一退九还十。

九五下加五，五八當除四十，四上一去五。　五八當四十，四下五除一。五九四十五。五去五还十。

九二下加二，二下五除三，二八除一十六，六去十下还四，四下五除一。　二八一十六，六上一去五还十。二九一十八。八退二还十。

九一下加一一八除八八退十下还二。　一八如八，八上三去五还十。一九如九，九退一还十。

答曰：每該一百二十五兩九錢七分六厘三一五二。

九歸分法

今有銀二百六十五兩三錢二分。二人分之，問每該若干。

答曰：每該一百三十二兩六錢六分。

逢二進一十，逢六進三十。逢四進二十。四上一去五。二一添作五，逢二進一十，二一添作五。逢二進一十。

還原，二六一十二，二六一十二，二三如六。二二如四，四下五除一。二二如二。

今有米二百六十五石三斗二升，三人分之。

答曰：每該八十八石四斗四升。

三二六十二，逢六進二十，三二六十二，逢六進二十，三一三十一。逢三進一十，三一三十一，逢三進一十。

还原，三四一十二。三四一十二，三八二十四，四下五除一。三八二十四。四下五除一。

今有豆二百六十五石三斗二升。四人分之。

答曰：每該六十六石三斗三升。

四二添作五。逢四進一十，四上一去五。四二添作五。逢四進一十，四上一去五，四一二十二。逢四進一十，四一二十二。逢四進一十。

还原，三四一十二，三四一十二，四六二十四，四下五除一。四六二十四，四下五除一。

今有粟二百六十五石三斗二升。五人分之。

答曰：每人該五十三石〇六升四合。

五二倍作四，逢五進一十，五一倍作二。逢五進一十，五三倍作六。五二倍作四。

还原，四五當二十，五六當三十，三五一十五，五五二十五。

今有蕎麥二百六十五石三斗二升。六人分之。

答曰：每人該四十四石二斗二升。

六二三十二，逢六進一十，六二三十二。逢六進一十，六一下加四。四下五除一。逢六進一十。

还原，二六一十二，二六一十二，四六二十四，四下五除一。四六二十四，四下五除一。

今有芝麻二百六十五石三斗二升。七人分之。

答曰：每該三十七石九斗〇二合六勺。

七二下加六。逢七進一十，七五七十一。七六八十四。四下五除一。逢七進一十，七二下加六。

还原，二七一十四，四去六还十。七九六十三，七七四十九，九去一还十。三七二十一。

今有小麥二百六十五石三斗二升。八人分之。

答曰：每該二十三石一斗六升五合。

八二下加四。逢八進一十，八二下加四。逢八進一十，八一下加二。八五六十二。八四添作五。

还原，五八當四十，六八四十八，八退二还十，一八如八，八上三去五还一十。三八二十四，四下五除一。三八二十四，四下五除一。

今有大麥二百六十五石三斗二升。九人分之。

答曰：每該二十九石四斗八勺。

九二下加二。九八下加八。逢九進一十，九下上一子，去上二子还十。九四下加四。四下五除一。九七下加七。逢九進一十。

还原，八九七十二，四九三十六，六上一去五还十。九九八十一。一下五除

四。二九一十八，八去二还十。

歸除分法

今有銀三百一十二兩四錢二分。一十一人半分。問每該若干。

荅曰：每人該銀二十七兩一錢六分六厘九五〇七五。

半人該銀一十三兩五錢八分三厘四七五三七五。

逢二進二十，一二除二，二去十下还八。二五除一十。逢七進七十，一七除七，七退十下还三。五七除三十五。五去十下还五。逢一進一十，一一除一，一五除五。五去十下还五。逢六進六十，一六除六，五六除三十。三去十下还七。逢六進六十，一六除六，六去十下还四。五六當除三十。見一無除作九一，一九除九，九去十下还一。五九除四十五。四去十下还六，五去十下还五。逢五進五十，一五除五，五五除二十五。二去十下还八。五去十下还五。

还原，五為起。一五如五，五去五还十，五五二十五，五去五还十，一五如五。一九如九，九去一还十，五九四十五，五去五还十，一九如九，九去一还十。一六如六，五六當三十，三去七还十。一六如六，一六如六，六上一去五还十，三六當三十。三下五除二。一六如六，一一如一，一五如五。五去五还十。一一如一，一七如七，五七三十五。三去七还十，五去五还十。一七如七，一二如二，二去八進十。二五當一十，一二如二。

今有米一千三百四十五石六斗。二十三人分。

荅曰：每人該五十八石五斗〇四三四一八。

二一添作五，三五除一十五。五去十下还五，二一添作五，逢六進三十，三八除二十四。四上一去五。二一添作五，三五除一十五。二一添作五，無除起一下还二，三四除一十二。二去十下还八。逢八進三十，三三除九。九去十下还一。二一添作五，無除起一下还二，三四除一十二，二去十下还八。

还原，四上起。三四一十二，二去八还十，二四如八，八去二还十。三三如九，九去一还十，二三如六。三四一十二，二去八还十，二四如八。八去二还十。三五一十五，二五當一十。三八二十四，四下五除一，二八一十六。三五一十五，五去五还十，二五當一十。

今有豆一万二千七百八十六石，三十四人半分。

荅曰：每人該三百七十石〇六斗〇八二四。半人該一百八十五石三斗〇四一二。

三一三十一，三四除一十二，三五除一十五。一上四去五。三二六十二，二下五除三。逢三進一十，三上二去五，四七除二十八。八退十下还二，五七除三十五。三二六十二，四六除二十四，四去十下还六，五六除三十。三上二去五。見三無除作九三，無除起一下还三，三下五除二，四八除三十[二]，三上二去五，[二上三去五。]五八除四十。四上一去五。

还原，八上起。四八三十二，三下五除二，二下五除三，五八當四十，四去六还十，三八二十四。四去六还十。四六二十四，四下五除一，五六當三十，三去七还十，三六一十八。八去二还十。四七二十八，八去二还十，五七三十五，三七二十一。三四一十二，二下五除三，三五一十五，三三如九。九退一还十。

今有芝麻五千六百三十四石。四十五人分。

荅曰：每該一百二十五石二斗。

逢四進一十，一五除五。四二二十二，二五除一十。四二添作五，五五除二十五。五退十下还五。逢八進二十，二五除一十。

还原。二五當一十，二四如八。五五二十五，五去五还十，四五當二十。二五當一十，二四如八。八去二还十。一五如五，一四如四。四下五除一。

今有蚕豆四千九百三十五石，五十六人半分。

荅曰：每人該八十七石三斗四升五合〇七五。半人該四十三石六斗七升二五三七。

五四倍作八，六八除四十八。四上一去五，八去十还二。五八除四十。五四倍作八，无除起一下还五，六七除四十二。四上一去五，二上三去五。五七除三十五，三去十下还七。五去十下还五。五一倍作二，逢五進一十，三六除一十八。八去十下还二。三五除一十五。五去十下还五。五二倍作四，四六除二十四，二上三去五，四上一去五，四五除二十，二去十下还八。五二倍作四，逢五進一十，五六除三十，五五除二十五。二去十下还八，五去十下还五。

还原，五合起。五六當三十，五五二十五，五去五还十，五五二十五。四六二十四，四去六还十，四五當二十，二下五除三，四五當二十。三六一十八，八上三去五还十。三五一十五，五去五还十，三五一十五。六七四十二，四下五除一，二去八还十。五七三十五，五去五还十，五七三十五。五去五还十。六八四十八，四下五除一，五八當四十，四去六还十，五八當四十。

今有菉豆九千七百八十四石。六十七人分。

答曰：每該一百四十六石二升九合八三四。

逢六進一十，一七除七。六三添作五，无除起一下还六，四七除二十八。二上三去五。六四六十四，六七除四十二。六二三十二，无除起一下还六，二七除一十四。四去十下还六。見六無除作九六，七九除六十三。三去十下还七。六五八十二，七八除五十六。六去十下还四。

还原，八上起。七八五十六，六去四还十，六八四十八，八去二还十，七九六十三。三上七还十。六九五十四，四去六还十，二七一十四，四去六还十，二六一十二。二去八还十。六七四十二，六六三十六，六去四还十，四七二十八。二下五除三。四六二十四，四去六还十，一七如七，一六如六。

今有麻餅三万四千八百四十片。七十八人半分。

答曰：每人該四百四十三片八分二一三。半人該二百二十一片九分一〇六五。

七三四十二，二下五除三，四八除三十二，三上二去五，四五除二十，二上三去五。七三四十二，二下五除三，四八除三十二，三上二去五，四五除二十。七三四十二，无除起一下还七，三八除二十四，四去十下还六，三五除一十五。一上四去五，五去十下还五。七六八十四，四下五除一，八八除六十四，四上一去五，五八除四十，四去十下还六。七一下加三，逢七進一十，二八除一十六。六去十下还四，二五除一十。

还原，二上起。二八一十六，二五當一十，一去九还十，二七一十四。四下五除一。八八六十四，四去六还十，五八當四十。四下五除一。七八五十六。六上一去五还一十，三八二十四，四下五除一，三五一十五。五去五还十。三七二十一，一去九还一十，四八三十二，三下五除二，四五當二十。四七二十八，八上三去五还十，四八三十二，三下五除二，二下五除三。四五當二十，四七二十八，八上三去五还十。

今有綿布四万二千六百八十疋。八十九人分。

答曰：每該四百七十九疋五分五厘〇五。

八四添作五，无除起一下还八，四九除三十六。八七八十六，无除起一下还八，七九除六十三。見八无除作九八，九九除八十一，一去十下还九。八四添作五，五九除四十五。四上一去五，五去十还五。八四添作五，八九除四十五。四上一去五，去十下还五。

还原，五上起。五九四十五，五去五还十，五八當四十，五九四十五，四下五除一。五去五还十，五八當四十。九九八十一，八上下二子下除二子，一去九还十。八九七十二，二去八还十。七九六十三，七八五十六。六退四还十。四九三十六，六上一去五还十四八三十二。二去八还十。

今有銀三千五百四十六兩。九十二人半分。

答曰：每該三十八兩三錢三分五一二五。半人該十九兩一錢六分七五六二五。

九三下加三，二三除六，六去十下还四，四下五除一，三五除一十五。九七下加七，逢九進一十，二八除一十六。一上四去五，六去十下还四，四下五除一。五八除四十。四上一去五。九三下加三，二三除六，六去十下还四，三五除一十五。五去十下还五。九三下加三，三下五除二，二三除六，六去十下还四，三五除一十五。五退十下还五。九四下加四，四下五除一，逢九進一十，九下上一子去上二子还十，二五除一十，五五除二十五。二上三去五，五去十下还五。

还原，五上起，二五當一十，五五二十五，五去五还十，五九四十五。二三如六，六上一去五还十，三五一十五。五去五还十。三九二十七，七上二去五还十。二三如六，三五一十五，五去五还十，三九二十七。七去三还十。二八一十六，五八當四十，四退六还十，八九七十二。二三如六，六上一去五还十，三五一十五，三九二十七。七去三还十。

隔位歸除法。

今有銀三十八兩〇七分，置鹽七千〇五十斤。問該每斤若干。

答曰：每斤該五厘四毛。以七〇五为則，艮为实，用歸除歸之。

七三四十二，逢七進一十，五五除二十五。(隔一位)二去十下还八。七二下加六，逢七進一十，逢七進一十，四五除二十。(隔一位。)

还原，七〇五乘法。四五當二十，隔一位加。四七二十八，五五二十五，(隔一位)二去八还十。五七三十五。

如有銀六兩四錢二分六厘，買柑子一千〇二十斤。問該價若干。

答曰：每斤該六厘三毛。以一〇二為則，法全前。

逢六進六十，二六除一十二，隔一位除。逢三進三十，二三除六，隔二位除。

还原，一〇二乘法，二三如六，隔二位加，一三如三。二六一十二，隔二位加一六如六。

明・佚名《銅陵算法》卷上　归因總歌

归從頭上起，因從足下生。逢如須隔位，言十在本身。

假如今有銀一萬二千三百四十五兩六錢七分八釐九毫。作二人分之。問每人該銀若干。

答曰：每人該分銀六千一百七十二兩八錢三分九厘四毛五絲。

法曰：置銀爲寔，以二人爲法。归之合問。後倣此。

二归　二人分用二归。
九毫　二一添作五，变一爲五。
八釐　逢八進四十，本位去八進二于左。
逢八進四十，本位除六進四于左。
二一添作五，变一爲五。
七分　逢六進三十，本位去六進三于[左]。
六錢　逢六進三十，本位除去進三于左。
五兩　二一添作五，变一爲五。
四十　逢四進二十，本位去四進二于左。
逢四進二十，本位除去進二于左。
三百　二一添作五，变一爲五。
二千　逢二進一十，本位去二進一于左。
逢二進一十，本位除去進一于左。
一萬　起呼　二一添作五，变一爲五。
二因还原
五絲　起呼　二五得一十，变五爲一。
四毫　二四如八，本位除去，下位加八。
九釐　二九一十八，变九爲一，下位加八。
三分　二三如六，本位除去，下位加六。
八錢　二八一十六，变八爲一，下位加六。
二兩　二二如四，本位除去，下位加四。
七十　二七一十四，变七爲一，下位加四。
一百　二一如二，本位除二，下位加二。
六千　二六一十二，变六爲一，下位加二。

假如有銀照前，作三人分之。問每人該銀若干。

答曰：每人該分銀四千一百一十五兩二錢一分六厘三毫。

三歸
九毫　逢九進三十，本位除去，進三于左。
八厘　逢九進三十，本位除去，進三于左。
三一三十一，变一爲三，右位加一。
七分　逢六進二十，本位去六，加二于左。
六錢　逢六進二十，本位除去，加二于左。
五兩　逢六進二十，本位除去，加二于左。
四十　三一三十一，变一爲三，右位加一。
逢三進一十，本位去三，進一于左。
三百　逢三進一十，本位除去，進一于左。
二千　逢三進一十，本位除去，進一于左。
一萬　起呼　三一三十一，变一爲三，右位加一。
三因還原
三毫　起呼　三三如九，本位除去，下位加九。
六厘　三六一十八，变六爲一，下位加八。
二分　二三如六，本位除去，下位加六。
二錢　二三如六，本位除去，下位加六。
五兩　三五一十五，变五爲一，下位加五。
一十　一三如三，本位除去，下位加三。
一百　一三如三，本位除去，下位加三。
四千　三四一十二，变三爲一，下位加二。

假如有銀照前，作四人分之。問每人該銀若干。

答曰：每人該分銀三千零八十六兩四分[一]分九厘七毫二絲五忽。

四歸
四二添作五，变二爲五。
四一二十二，变一爲二，右位加二。
九毫　逢八進二十，本位去八，進二于左。

八釐　四二添作五，变二爲五。
逢八進二十，本位去八，進二于左。
七分　四三七十二，变三爲七，右位加二。
六錢　逢四進一十，本位去四，進二于左。
五兩　四一二十二，变一爲二，右位加二。
逢八進二十，本位除去，進二于左。
逢四進二十，本位去四，進一于左。
四十　四二添作五，变二爲五。
逢四進一十，本位去四，進一于左。
三百　四三七十二，变三爲七，右位加二。
二千　逢四進一十，本位除去，進一于左。
一萬　起呼　四一二十二，变一爲二，右位加二。
四因还原
五忽起呼　五四得二十，变五爲二。
二絲　二四如八，本位除去，下位加八，八退二進一十。
七毫　四七二十八，变七爲二，下位加八。
九厘　四九三十六，变九爲三，下位加六。
一分　一四如四，本位除去，下位加四。
四錢　四四一十六，变四爲一，下位加六。
六兩　四六二十四，变六爲二，下位加四。
八十　四八三十二，变八爲三，下位加二。
三千　三四一十二，变三爲一，下位加二。
假如有銀照前，作五人分之。問每人該銀若干。
荅曰：每人該分銀二千四百六十九兩一錢三分五厘七毫八絲。
五歸
九毫　五四倍作八，变四爲八。
逢五進一十，本位去五，進一于左。
八厘　五三倍作六，变三爲六。
逢五進一十，本位去五，進一于左。
七分　五二倍作四，变二爲四。
六錢　逢五進一十，本位去五，進一于左。
五一倍作二，变一爲二。
逢五進一十，本位去五，進一于左。
五兩　逢五進一十，本位除去，進一于左。
四十　五四倍作八，变四爲八。
二千　五二倍作四，变二爲四。
一萬　起呼　五一倍作二，变一爲二。
五因還原
八絲　起呼　五八得四十，变八爲四。
七毫　五七三十五，变七爲三，下位加五。
五厘　五五二十五，变五爲二，下位加五。
三分　三五一十五，变三爲一，下位加五。
一錢　一五如五，本位除去，下位加五。
九兩　五九四十五，变九爲四，下位加五。
六十　五六得三十，变六爲三。
四百　五四得二十，变四爲二。
二千　二五得一十，变二爲一。
假如有銀照前。作六人分之。問每人該銀若干。
荅曰：每人該分銀二千零五十七兩六錢一分三厘一毫五絲。
六歸
九毫　六三添作五，变三爲五。
逢六進一十，本位去六進一于左。
八厘　逢二六進二十，本位去盡，進二于左。
七分　六一下加四，本位不動，右位加四。
逢六進一十，本位去六，進一于左。
六錢　逢六進一十，本位除去，進一于左。
五兩　六三添作五，变二爲五。
逢六進一十，本位去六，進一于左。
四十　六四六十四，变四爲六，右位加四。
三百　六三添作五，变三爲五。

二千　逢六進一十，本位除去，進一丁左。
一萬　起呼　六一下加四，本位不動，右位加四。
六因还原
五絲　起呼　五六得三十，变五爲三。
一毫　一六如六，本位除去，下位加八。
三厘　三六一十八，变三爲一，下位加八。
一分　一六如六，本位除去，下位加八。
六錢　六六三十六，变六爲三，下位加六。
七兩　六七四十二，变七爲四，下位加二。
五十　五六得三十，变五爲三。
二千　二六一十二。变二爲一，下位加二。
假如有銀照前，作七人分之。問每人該銀若干。
　荅曰：每人該分銀一千七百六十三兩六錢六分八厘四毫一絲。
七歸
　逢十四進二十，本位去十四，進二于左。
　七二下加六，本位不動，右位加六。
　逢七進一十，本位去七，進一于左。
九毫　七五七十一，变五爲七，右位加一。
八厘　逢七進一十，本位去七，進一于左。
　七四五十五，变四爲五，下位加五。
七分　逢七進一十，本位去七，進一于左。
六錢　七四五十五，变四爲五，右位加五。
　逢七進一十，本位去七，進一于左。
五兩　七三下加六，本位不動，右位加六。
四十　逢七進一十，本位去七，進一于左。
三百　七四五十五，变四爲五，右位加五。
二千　七五七十一，变五爲七，右位加一。
一萬　起呼　七一下加二，本位不動，右位加三。
七因還原
在位一數，原不曾归，則不必動。

四毫　起呼　四七二十八，变四爲二，下位加八。
八厘　七八五十六，变八爲五，下位加六。
六分　六七四十二，变六爲四，下位加二。
六錢　六七四十二，变六爲四，下位加二。
三兩　三七二十一，变三爲二，下位加一。
六十　六七四十二，变六爲四，下位加二。
七百　七七四十九，变七爲四，下位加九。九退一進一[十]。
一千　一七如七，本位除去，下位加七。七退三進一十。
假如有銀照前，作八人分之。問每人該銀若干。
　荅曰：每人該分銀一千五百四十三兩二分零九厘八毫六絲二忽五微。
八歸
　八四添作五，变四爲五。
　八二下加四，本位不動，下位加四。
　八五六十二，变五爲六，下位加二。
　逢八進一十，本位去八，進一于左。
九毫　八六七十四，变六爲七，右位加四。
八厘　逢八進一十，本位去八，進一于左。
　八七八十六，变七爲八，右位加六。
七分　逢八進一十，本位去八，進一于左。
六錢　八一下加二，本位不動，右位加二。
五兩　逢八進一十，本位去八，進一于左。
　八二下加四，本位不動，右位加四。
四十　逢八進一十，本位去八，進一于左。
三百　八三下加六，本位不動，右位加六。
二千　八四添作五，变四爲五。
一萬　起呼　八一下加二，本位不動，右位加二。
八因還原
五微　起呼　五八得四十，变五爲四。
二忽　二八一十六，变三爲一，下位加六。六退四進一十。
六絲　六八四十八，变六爲四，下位加八。八退二進一十。

八毫　八八六十四，变八爲六，下位加四。
九厘　八九七十二，变九爲七，下位加二。
二錢　二八一十六，变二爲一，下位加六。
三兩　三八二十四，变三爲二，下位加四。
四十　四八三十二，变四爲三，下位加二。
五百　五八得四十，变五爲四。
一千　一八如八，本位除去，下位加八。八退二進一十。
假如有銀照前，作九人分之。問每人該銀若干。
答曰：每人該分銀一千三百七十一兩七錢四分二厘一毫。
逢九進一十。本位除盡，進一于左。
九毫　逢九進一十，本位除去，進一于左。
九一下加一，本位不動，右位加一。
八厘　逢九進一十，本位去九，進一于左。
七分　九三下加三，本位不動，下位加三。
六錢　逢九進一十，本位去九，進一于左。
九六下加六，本位不動，右位加六。
五兩　九一下加一，本位不動，右位加一。
四十　逢九進一十，本位去九，進一于左。
三百　九六下加六，本位不動，右位加六。
二千　九三下加三，本位不動，右位加三。
一萬　起呼　九一下加一，本位不動，右位加一。
九因还原
一毫　起呼　一九如九，本位除去，下位加九。
二厘　二九一十八，变二爲一，下位加八。
四分　四九三十六，变四爲三，下位加六。
七錢　七九六十三，变七爲六，下位加三。
一兩　一九如九，本位除去，下位加九，九退一進一十。
七十　七九六十三，变七爲六，下位加三。
三百　三九二十七，变三爲二，下位加七，七上二去五進一十。
一千　一九如九，本位除去，下位加九，九退一進一十。

又　歸除

二歸一除：假如今有銀一萬二千三百四十五兩六錢七分八厘九毫，作二十一人分之。問每人該分銀若干。

答曰：每人該分銀五百八十七兩八錢八分九厘四毫。

法曰：置銀爲寔，以二十人爲法。除之，合問。後倣此。

法曰：二一添作五，一五除五。二一添作五，逢六進三十，一八除八。二一添作五，逢四進二十，一七除七。二一添作五，逢六進三十，一八除八。二一添作五，逢八進四十，一九除九。逢八進四十，一四除四。二一添作五，逢四進二十，一七除七。餘三未除。

还原

一七如七，　二七一十四。　一四如四，　二四如八。
一九如九，　二九一十八。　一八如八，　二八一十六。
一八如八，　二八一十六。　一七如七，　二七一十四。
一八如八，　二八一十六。　一五如五，　二五得一十。

三歸二除：假如有銀照前，作三十二人分之。問每人該銀若干。

答曰：每人該分銀三百八十五兩八錢零二厘四毫六絲五忽。

法曰：三一三十一，二三除六。三二六十二，逢六進二十，二八除一十六。三一三十一，逢六進二十，[二]（一）五除一十。三二六十二，逢六進二十，二八除一十六。逢六進二十，二二除四。三一三十一，逢三進一十，二四除八。三二六十二，三六除十八。三一三十一，逢六進二十，二五除一十。

乘法还原

二五得一十，三五一十五。二六一十二，三六一十八。二四如八，三四一十二。二二如四，二三如六。二八一十六，三八二十四。二五得一十，三五一十五。二八一十六，三八二十四。二三如六，三三如九。

四归三除：假如有銀照前，作四十三人分之。問每人該銀若干。

答曰：每人該分銀二百八十七兩一錢零八厘八毫一絲。

法曰：四二二十二，二三除六。四三七十二，逢四進一十，三八除二十四。四三七十二，三七除一十一。逢四進一十，一三除三。四三七十二，逢四進一十，三八除二十四。四三七十二，逢四進一十，三八除二十四。逢四進一十，一三除三，餘七未除。

乘法还原

一三如三，一四如四。(一)[三]八二十四，四八三十二。三八二十四，四八三十二。一三如三，一四如四。三七二十一，四七二十八。三八二十四，四八三十二。二三如六，二四如八。

五归四除：假如有銀照前，作五十四八分之。問每人該銀若干。

荅曰：每人該分銀二百二十八兩六錢一分三厘六毫八絲三忽。

法曰：五一倍作二(八)，二四除八。五一倍作二，二四除八。五四倍作八，四八除三十二。五三倍作六，四六除二十四。五一倍作二，二四除八。五一倍作二，逢五進一十，三四除一十二。五三倍作六，四六除二十四。五四倍作八，四八除三十二。五一倍作二，逢五進一十，三四除一十二。餘一八未除。

乘法还原

三四一十二，三五一十五。四八三十二，五八得四十。四六二十四，五六得三十。三四一十二，三五一十五。二四如八，二五得一十。四六二十四，五六得三十。四八三十二，五八得四十。二四如八，一五得一十。二四如八，二五得一十。

六归五除：假如有銀照前，作六十五人分之。問每人該銀若干。

荅曰：每人該分銀一百八十九兩九錢二分三厘五毫二絲。

法曰：六一下加四，一五除五。六五八十二，(一)五八除四十。見六無除作九六，五九除四十五。見六無除作九六，五九除四十五。六二三十二，三五除一十五。六二三十二，三五除一十五。六三添作五，五五除二十五。六一下加四，逢六進一十。二五除一十。

乘法还原

二五得一十，二六一十二。五五二十五，五六得三十。三五一十五，三六一十八。三五一十五，三六一十八。五九四十五，六九五十四。五九四十五，六九五十四。五八得四十，六八四十八。一五如五，一六如六。

七歸六除：假如有銀照前，作七十六人分之。問每人該銀若干。

荅曰：每人該分銀一百六十二兩四錢四分三厘一毫四絲三忽四微。

法曰：七一下加三，一六除六。七四五十五，逢七進一十，六六除三十六。七一下加三，逢七進一十，二六除一十二。七三四十二，四六除二十四。七二四十二，四六除二十四。七二下加六，逢七進一十，三六除一十八。七一下加三，一六除六。七三四十二，四六除二十四。七二下如六，逢七進一十，三六除一十八。七三四十二，四六除二十四。餘二六未除。

乘法还原

四六二十四，四七二十八。三六一十八，三七二十一。四六二十四，四七二十八。一六如六，一七如七。三六一十八，三七二十一。四六二十四，四七二十八。四六二十四，四七二十八。二六一十二，二七一十四。六六三十六，六七四十二。一六如六，一七如七。

八归七除：假如有銀照前，作八十七人分之。問每人該銀若干。

荅曰：每人該分銀一百四十一兩九錢零四厘三毫五絲五忽。

法曰：八一下加二，一七除七。八三下加六，逢八進一十，四七除二十八。八一下加二，一七除七。八七八十六，逢八進一十，七九除六十三。八三下加六，逢八進二十，四七除二十八。八三下加六，三七除二十一。八四添作五，五七除三十五。八四添作五，五七除三十五。餘一五未除。

乘法还原

五七三十五，五八得四十。三七二十一，三八二十四。四七二十八，四八三十二。七九六十三，八九七十二。一七如七，一八如八。四七二十八，四八三十二。一七如七，一八如八。

九归八除：假如有銀照前，作九十八人分之。問每人該銀若干。

荅曰：每人該分銀一百二十五兩九錢七分六厘三毫一絲五忽三微。

法曰：九一下加一，一八除八。九二下加二，二八除一十六。九五下加五，五八除四十。見九無除作九九，八九除七十二。九七下加七，七八除五十六。九六下加六，六八除四十八。九三下加三，三八除二十四。九一下加一，一八除八。九五下加五，五八除四十。九三下加三，三八除二十四。餘六未除。

乘法还原

三八二十四，三九除二十七。五八得四十，五九四十五。一八如八，一九如九。三八二十四，三九二十七。六八四十八，六九五十四。七八五十六，七九六十三。八九七十二，九九八十一。五八除四十，五九除四十五。二八一十六，二九一十八。一八如八，一九如九。

九归九除：假如有銀照前，作九十九人分之。問每人該銀若干。

荅曰：每人該分銀一百二十四兩七錢零三厘八毫二絲七忽。

法曰：九一下加一，一九除九。九二下加二，二九除一十八。九四下加四，四九除三十六，九六下加六，逢九進一十，七九除六十三。九三下加三，三九除二十七。九八下加八，八九除七十二。九二下加二，二九除一十八。九七下加七，七九除六十三。餘二七未除。

乘法还原

七九六十三，七九六十三。二九一十八，二九一十八。八九七十二，八九七十二。三九二十七，三九二十七。七九六十三，七九六十三。四九三十六，四九三十六。二九一十八，二九一十八。一九如九，一九如九。

六歸七除二除五除：假如有銀照前，作六千七百二十五人分之。問每人該分銀若干。

荅曰：每人該分銀兩八錢三分五厘七毫八絲八忽六微八四。

法曰：六一下加四，一七除七，一二除二，一五除五。六五八十二，七八除五十六，二八除一十六，五八除四十。六二三十二，三七除二十一，二三除六，三五除一十五。六三添作五，五七除三十五，二五除一十，五五除二十五。六五八十二，無除起一下還六，七七除四十九，二七除一十四，五七除三十五。六五八十二，七八除五十六，二八除一十六，五八除四十。六五八十二，七八除五十六，二八除一十六，五八除四十。六四六十四，六七除四十二，二六除一十二，五六除三十。六五八十二，七八除五十六，二八除一十六，五八除四十。六二三十二，逢六進一十，四七除二十八，二四除八，五四除二十。

乘法還原

四七二十八，二四如八，五四得二十，四六二十四。七八五十六，二八一十六，五八得四十，六八四十八。六七四十二，二六一十二，五六得三十，六六三十六。七八五十六，二八一十六，五八得四十，六八四十八。七八五十六，二八一十六，五八得四十，六八四十八。七七四十九，二七一十四，五七三十五，六七四十二。五七三十五，二五得一十，五五二十五，五六得三十。三七二十一，二三如六，三五一十五，三六一十八。七八五十六，二八一十六，五八得四十，六八四十八。一七如七，一二如二，一五如五，一六如六。

便民法寔總訣

今有銀六十二兩四錢，作二十四人分之。問每人該分銀若干。

荅曰：每人該分銀二兩六錢。

法曰：置銀六十二兩四錢爲寔，以二十四人爲法。除之。用二歸四除。逢四進二十，二四除八。二二添作五，逢二進一十，四六除二十四。合問。

今有稻三百二十五石，每石價銀二錢四分。問共該銀若干。

荅曰：共該銀七十八兩。

法曰：置稻三百二十五石爲寔，以每石價二錢四分爲法，乘之。用二四因乘。五四得二十，二五得一十。二四如八，二二如四。三四一十二，二三如六。合問。

今有銀四十六兩八錢，共買米七十二石。問每石價銀若干。

荅曰：每石價銀六錢五分。

法曰：置銀四十六兩八錢爲寔，以米七十二石爲法。歸除之。七四五十五，逢七進一十，二六除(二)[一]十二。七三四十二，逢七進一十，二五除一十。合問。

混歸法歌訣

混歸法者，與归除同。前人用定身減法，惟恐人心難明。遇行數多者往往□錯，故立此法。

逢一進一十，逢二進二十，逢三進三十，逢四進四十，逢五進五十，逢六進六十，逢七進七十，逢八進八十，逢九進九十。見一無除作九一，無除起一仍还一。未二句即歸除。上云有歸若是無除数，起一还將原数施。理(一)同也。此法起一还一，起二还二，餘皆倣此。

又　卷下　一歸一除：假如有銀一萬二千三百四十五兩六錢七分八釐九毫，作十一人分之。問每人該分銀若干。

荅曰：每人該分銀一千一百二十二兩三錢三分四厘四毫四絲五忽。

法曰：逢一進一十，一一除一。逢一進一十，一一除一。逢二進二十，一二除二。逢三進三十，一三除三。逢三進三十，一三除三。逢三進三十，一三除三。逢四進四十，一四除四。逢四進四十，一四除四。逢四進四十，一四除四。逢五進五十，一五除五，餘五未除。

乘法还原

一五如五，一五如五。一四如四，一四如四，一四如四。一四如四，一四如四。一四如四，一四如四。一三如三，一三如三，一三如三。一二如二，一二如二，一二如二。一二如二，一二如二。一一如一，一一如一。一一如一，一一如一。

一歸二除：假如有銀照前，作十二人分之。問每人該分銀若干。

荅曰：每人該分銀一千零二十八兩八錢零六厘五毫七絲五忽。

法曰：逢一進一十，一二除(三)[二]。逢二進一十，二二除四。見一無除作九一，無除起一下还一，二八除一十六。逢八進八十，二八除一十六。逢六進六十，二六除一十二。逢五進五十，一五除一十。逢七進七十，一七除一十四。逢五進五十，二五除一十。

乘法还原

二五得一十，[一]五如五。二七一十四，一七如七。二五得一十，一五如五。二六一十二，一六如六。二八一十六，一八如八。二八一十六，一八如八。二二如四，一二如二。一二如二，一一如一。

一歸三除：假如有銀照前，作十三人分之。問每人該分銀若干。

荅曰：每人該分銀九百四十九兩六錢六分七厘六毫。

法曰：見一無除作九一，三九除二十七。逢四進四十，三四除一十二。見一無除作九一，三九除二十七。逢六進六十，三六除一十八。逢六進六十，三六除一十八。逢七進七十，三七除二十一。逢六進六十，三六除一十八。餘一未除。

乘法还原

三六一十八，一六如六。三七二十一，[一]七如七。三六一十八，一六如六。三六一十八，一六如六。三九二十七，一九如九。三四一十二，一四如四。三九二十七，一九如九。

一歸四除：假如有銀照前，作十四人分之。問每人該分銀若干？

荅曰：每人該分銀八百八十一兩八錢三分四厘二毫。

法曰：見一無除作九一，無除起下还[一]，四八除三十二。見一無除作九一，無除起一下还[一]，四八除三十二。逢一進一十，一四除四。見一無除作九一，無除起下还[一]，四八除三十二。逢三進三十，三四除一十二。逢四進四十，四四除一十六。逢二進二十，二四除八。餘　未除。

乘法还原

二四如八，一二如二。四四一十六，一四如四。三四一十二，一二如二。四八三十二，一八如八。一四如四，一一如一。四八三十二，一八如八。四八三十二，一八如八。

一歸五除：假如有銀照前，作十五人分之。問每人該分銀若干？

荅曰：每人該分銀八百二十三兩零四分五厘二毫六絲。

法曰：見一無除作九一，無除起一下还[一]，五八除四十。逢二進二十，二五除一十。逢三進三十，三五除一十五。逢四進四十，五四除二十。逢五進五十，五五除二十五。逢二進二十，二五除一十。逢六進六十，五六除三十。

乘法还原

五六得三十，一六如六。二五得一十，一二如二。五五二十五，一五如五。五四得二十，一四如四。三五一十五，一三如三。二五得一十，一二如二。五八得四十，一八如八。

一歸六除：假如有銀照前，作十六人分之。問每人該分銀若干。

荅曰：每人該分銀七百七十二兩六錢零四厘九毫三絲。

法曰：見一無除作九一，無除起二下还(三)[二]，六七除四十二。見一無除作九一，無除起一下还二，六七除四十二。逢一進一十，一六除六。逢六進六十，六六除三十六。逢四進四十，四六除二十四。見一無除作九一，六九除五十四。逢三進三十，三六除一十八。餘二未除。

乘法还原

三六一十八，一三如三。六九五十四，一九如九。四六二十四，一四如四。六六三十六，一六如六。(一)[二]六(如六)[一十二]，一(一)[二]如二。六七四十[二]，一七如七。六七四十二，一七如七。

一歸七除：假如有銀照前，作十七人分之。問每人該分銀若干？

荅曰：每人該分銀七百二十六兩二錢一分六厘四毫。

法曰：見一無除作九一，無除起二退[二]，七七除四十九。逢二進二十，二七除一十四。見一無除作九一，無除起三(千)[下]还三，六七除四十二。逢二進二十，二七除一十四。逢一進一十，一七除七十。見一無除作九一，無除起三下还三，六七除四十二。逢四進四十，四七除二十八，餘一未除。

乘法还原

四七二十八，一四如四。六七四十二，一六如六。一七如七，一一如一。二七一十四，一二如二。六七四十二，一六如六。二七一十四，一二如二。七七四十九，一七如七。

一歸八除：假如有銀照前，作十八人分之。問每人該分銀若干？

答曰：每人該分銀六百八十五兩八錢七分一厘零五絲。

法曰：見一無除作九一，無除起三下还[三]，六(四)[八]除(六)(四)十(四)[八]。見一無除作九一，無除起一下还一，八八除六十四。見一無除作九一，無除起四下还四，五八除四十。見一無除作九一，無除起一下还一，八八除六十四。見一無除作九一，無除起[二]下還二，七八除五十六。逢一進一十，一八除八。逢五進五十，五八除四十。

乘法還原

五八得四十，一五如五。一八如八，一一如一。七八五十六，一七如七。八八六十四，一八如八。五八得四十，一五如五。八八六十四，一八如八。六八四十八，一六如六。

一歸九除：假如有銀照前，作十九人分之。問每人該分銀若干？

答曰：每人該銀六百四十九兩七錢七分二厘五毫七絲。

法曰：見一無除作九[一]，無除起三下还三，六九除五十四。逢四進四十，四九除三十六。見一無除作九一，九九除八十一。見一無除作九一，無除起二下还二，七九除六十三。見一無除作九一，無除起二十二，七九除六十三。逢二進二十，二九除一十八。見一無除作九一，無除起四下还四，五九除四十五。見一無除作九(二)[一]，無除起二下还，七九除六十三。餘七。

乘法還原

七九六十三，一七如七。五九四十五，一五如五。二九一十八，一二如二。七九六十三，一七如七。七九六十三，一七如七。九九八十一，一九如九。四九三十六，一四如四。六九五十四，[一]六如六。

分別物價乘除法寔歌訣

若言同姓子母分，異姓相逢却相乘。每兩問物銀分物，□□□□□□□。
分揔之法歸除用，撮揔之法即用乘。□此乘除□要訣，□□通变化今明。

假如今有米七百八十六石，每銀一兩糴米二石四斗。問該銀若干。

答曰：該銀三百二十七兩五錢。

法曰：置米七百八十六石爲寔，以銀每兩谷米二石四斗爲法。除之，得銀五百二十七兩五錢。合問。

今有苧蔴五百九十八斤半，每麻三斤半價銀一錢。問該銀若干。

答曰：該銀一十七兩一錢。

法曰：置蔴五百九十八斤半爲寔，以每蔴三斤半爲法。除之，得銀一十七兩一錢。合問。

今有芝麻三石二斗二升，每七升價銀一錢。問該銀若干。

答曰：該銀四兩六錢。

法曰：置芝麻三石二斗二升爲寔，以七升爲法。歸之，得銀四兩六錢。合問。

今有銀五十七兩四錢，每銀二兩買谷三石六斗。問該谷若干。

答曰：該谷三百零六石六斗四升。

法曰：置銀五十七兩四錢爲寔，以每兩買谷三石六斗爲法。乘之，得谷二百零六石六斗四升。合問。

今有油一百二十六斤，每油一斤換盐四斤。問該盐若干。

答曰：該盐五百零四斤。

法曰：置油一百二十六斤爲寔，以每斤換盐四斤爲法。因之，得盐五百零四斤。合問。

今有銀七十四兩二錢，每銀一兩換錢九百五十五文。問該錢若干。

答曰：該錢七萬零八百六十一文。

法曰：置銀七十四兩二錢爲寔，以每兩換錢九百五十五文爲法。乘之，得錢七萬零八百六十一文。合問。

今有布七十九丈五尺九寸，賣銀一十八兩九錢五分。問每銀一錢該布若干？

答曰：該布四尺二寸。

法曰：置布七十九丈五尺九寸爲寔，以銀一十八兩九錢五分爲法。除之，得每銀一錢該布四尺二寸。合問。

今有銀六百三十八兩二錢五分，買豆八百六十八石零二升。問每銀一兩該豆若干。

答曰：該豆一石三斗六升。

法曰：置豆八百六十八石零二升爲寔，以銀六百三十八兩二錢五分爲法。除之，得每銀一兩該豆一石三斗六升。合問。

今有錢四千五百四十文，買梨一萬三千六百二十枚。問每錢一文買梨若干。

答曰：該梨三枚。

法曰：置梨一萬三千六百二十枚爲寔，以錢四千五百四十文爲法。除之，得每錢一文該梨三枚。合問。

今有小麥二百一十六石，賣銀九十兩零七錢二分。問每石價銀若干。

答曰：每石四錢二分。

法曰：置銀九十兩零七錢二分爲寔，以小麥二百一十六石爲法。除之，得每石價四錢二分。合問。除六四不盡未除，以後九多求少去。

今有絹四十一丈六尺，賣銀五十一兩。問絹每尺價銀若干。

答曰：每尺一錢二分二厘五毫九絲六忽。

法曰：置銀五十一兩爲寔，以絹四十一丈六尺爲法。除之，得每尺價一錢二分二厘五毫九絲六忽。合問。

今有銀九十八兩九錢二分，買羊八十隻。問每隻價銀若干。

答曰：每隻一兩二錢三分六厘五毫。

法曰：置銀九十八兩九錢二分爲寔，以羊八十隻爲法。歸之，得每隻價銀一兩二錢三分六厘五毫。

有銀三百六十四兩二錢三分換錢，每錢一千文價銀五錢六分五厘。問該銀若干。

答曰：該錢四百六十七千六百六十四文。

法曰：置銀二百六十四兩二錢三分爲寔，以錢價五錢六分五厘爲法。除之，得錢四百六十七千六百六十四文。合問。

今有米一百四十七石三斗九升，作六十八人分之。問每人該米若干。

答曰：每人該米二石一斗六升七合五勺。

法曰：置米一百四十七石三斗九升爲寔，以六十八人爲法。除之，得每人二石一斗六升七合五勺。合問。

今有銀八十八兩八錢三分買椒，每斤價銀九分四厘。問該椒若干。

答曰：該椒九百四十五斤。

法曰：置銀八十八兩八錢三分爲寔，以椒價九分六厘爲法。除之，該椒九百四十五斤。合問。

今有松子六十六斤，每斤價銀八分六厘二毫。問該銀若干。

答曰：該銀五兩六錢八分九厘二毫。

法曰：置松子六十六斤爲寔，以價八分六厘二毫爲法。乘之，得銀五兩六錢八分九厘二毫。合問。

今有錢四百八十一千五百三十文，每千價銀五錢二分。問該銀若干。

答曰：該銀二百五十兩零三錢九分五厘六毫。

法曰：置錢四百八十一千五百三十文爲寔，以價五錢二分爲法。乘之，得銀二百五十兩零三錢九分五厘六毫。合問。

今有米二百四十七石二斗，每石價銀六錢三分五厘。問共該銀若干。

答曰：共該銀一百五十六兩九錢七分二厘。

法曰：置米二百四十七石二斗爲寔，以每石價六錢三分五厘爲法。乘之，得銀一百五十六兩九錢七分二厘。合問。

今有稻六百七十八石五斗，礱爲糙米三百一十八石八斗九升五合。問每稻一石礱糙米若干。

答曰：每稻一石礱糙米四斗七升。

法曰：置糙米爲是，以稻六百二十八百五十爲法。除之，得稻一石礱米四斗七升。合問。

原借人小麥四百五十六石，今將白米照依時價估折還之。其麥每石價四夂五分，白米價每石七夂五分。問該还白米若干。

答曰：該白米二百七十三石六斗。

法曰：置麥四百五十六石，以價四錢五分乘之，得二百零五兩二錢爲寔。以米價七錢五分爲法。除之，得米二百七十三石五斗。合問。

假如人借去米七百三十一(百)[石]，每石加利米八升。問本利米共該若干。

答曰：共該米七百八十九石四斗八升。

法曰：置本米七百三十一石爲實，以每石加利米八升，共一石零八升爲法。乘之，得本利共米七百八十九石四斗八升。合問。

今有本利銀共四百四十五兩，每兩加利銀二夂五分。筭問原本銀若干。

答曰：原本銀三百五十[六]兩利銀八十九兩。

法曰：置總銀四百四十五兩爲寔。以每銀一兩加利銀二夂五分共一兩二夂五分爲法。除之，得原本銀三百五十六兩，將揔銀內減去原本餘得利銀八十九兩。合問。

原有本銀六百八十三兩二錢，每銀一兩加利三錢二分。問本利共該若干。

荅曰：共該銀九百零一兩八錢二分四厘。

法曰：置本銀六百八十三兩二錢爲寔。以每兩加利三錢二分，共一兩三錢二分爲法。乘之，得本利共銀九百零一兩八錢二分四厘。合問。

清・李長茂《算海説詳》卷一　《九歸歌》歸法用此。

一歸不須歸，其法故不立。

二一添作五，逢二進一十。

三一三十一，三二六十二，逢三進一十。

四一二十二，四二添作五，四三七十二，逢四進一十。

五一倍作二，五二倍作四，五三倍作六，五四倍作八，逢五進一十。

六一下加四，六二三十二，六三添作五，六四六十四，六五八十二，逢六進一十。

七一下加三，七二下加六，七三四十二，七四五十五，七五七十一，七六八十四，逢七進一十。

八一下加二，八二下加四，八三下加六，八四添作五，八五六十二，八六七十四，八七八十六，逢八進一十。

九一下加一，九二下加二，九三下加三，九四下加四，九五下加五，九六下加六，九七下加七，九八下加八，逢九進一十。

右法與上九因數易於相混，學者須熟讀二法。惟辨多數在先，少數在次，即九歸之句。如八六七十四，八在先，六在次，是歸。六八四十八，六在先，八在次，是因之類是也。

按大學章句曰：別爲序次如左則。左者，以後起事也。又曰：右傳之其章則右，右者，以前之事也。今當以初行爲右，次行爲左，以理推之。法當從右，寔當在左，此乃不易之位也。

解義：按書文篇章，行數俱挨次自右而左，則右先左後。筭盤定位，皆自左而右，如有數若干，萬、千、百、十俱自左行，定萬，首位一，順挨次而右，則左先右後。乃便于右首推算之故耳。故筭盤以左爲上位，右爲下位，乘法自左退右，謂之降位。除法自右進左，謂之陞位。寔具而後法施，寔先法後，故以寔在左，法在右，此一定也。序次以此論之。寔當爲母，法當爲子，以法求寔，乃以子分母；售以法爲母，寔爲子，以法先寔後，爲分左分右之義。似有未當又以法爲靜，寔爲動者。因以法求寔，呼法數目到底不易。寔則逐位改破動移本數也。然定寔于盤，以法逐位乘除之，乃寔位居靜，而動用全在法，是又寔靜而法動矣。似亦不得以法爲靜，寔爲動也。

定法實訣：實者，所問之數，實也。法者，推分數實之，則法也。或以物爲實，價爲法。或以價爲實，物爲法。或以人爲實，銀與物爲法。或以或銀或物爲實，人爲法。或以総物総數爲實，以分物分數爲法。或以分物分數爲實，総物総數爲法。或一實二法，如一實而用一法除之，又用一法乘之，是也。或二實一法。如人物或銀物各實，以法除人實得人，除物實得物，除銀實得銀，除物實得物是也。或分實分法，如物有貴賤輕重不同，兩邊互乘對減，以貴與重爲實，爲法，得賤與輕者。以賤與輕爲實、爲法，得貴與重者，是也。或疊實疊法，如所問多位參差不齊，互乘對減得各物平法，以乘實位，又得每物平法，以乘物實得物數，乘價實得價數是也。各因所問，以定法實未可拘一。

乘除定位歌：數家定位法爲奇，因乘俱向下位齊。歸除另須尋上位，上下総從本位推。法多原實逆上法，位前得令順下宜。法少原實降下數，法前得令逆上知。

又歌：乘從每下得術，歸從法前得令。

定因乘位　乘從每下得術。術者，乃法首位每下該得之名也。先將筭盤寫定萬千百十兩錢分厘，或頃畝分厘石斗升合之類。因乘完，從實原首位起，往後順數至法首位之數則止，却於下位得法首每該之數，是兩。呼兩是石，呼石是錢。呼錢已上，十、百、千、萬。已下，分、厘、斗、升。如有田一百四十五畝，每畝科糧四升六合。即以田爲實，以每畝四升六合爲法，乘實。此實首是百，法首是每畝四升六合，即從實首數百順數至畝位，就於畝下位得升，向上以畝變斗，以十變石，以百畝變十石，向下以分變合，以厘變勺，之類。是也。

定歸除位　歸從法前得令，令者。觔兩、貫、個、石等數是也。亦從實上原首位起，數至法首位之數則止。却升上一位，得法首應得之數。已上十、百、千、萬，以下厘、毫、合、勺。然有二等、一等。實多法少，從實首順數至法首之數則止。升上前一位得令一等。法多實少，亦從實首位起，往上逆升數至法首之數則止。亦升前一位得令。如有米四百四十二石五斗，每銀壹兩糴米三石。問共銀若干。此是實多法少，置米爲實，以每兩糴米三石爲法，除之。實首數是百，法首數是石，便從實首位百石起，順數至石，是法首數也。升前一位得令，是兩，又前一位是十兩，以次逆上向下一位是錢以次順下。如有麥四百五十石，賣銀三十二兩四錢。問每石該銀若干。此是法多實少，置銀爲實，以麥爲法，歸除之得七二，法首數是百，實首數是十，即從實首十逆上一位，是百爲法首數，於百前一位得令是兩，降下遞數至實是七分，次位即二厘也。

撞歸法歌：歸除之法要周知，數盈進上歸成十。有歸若是無除數，作九下將歸數施。或仍無除再起一，下加歸數以除之。

有歸數無除數歌下法。

一歸　見一無除作九一，本位作九，下位作　。二歸　見二無除作九二，本位作九，下位作二。三歸　見三無除作九三，本位作九，下位作三。四歸　見四無除作九四，本位作九，下位作四。五歸　見五無除作九五，本位作九，下位作五。六歸　見六無除作九六，本位作九，下位作六。七歸　見七無除作九七，本位作九，下位作七。八歸　見八無除作九八，本位作九，下位作八。九歸　見九無除作九九，本位作九，下位作九。

已作九又無除歌下法。

一歸　無除起一下還一，本位起一，下位還一。二歸　無除起一下還二，本位退一，下位還二。三歸　無除起一下還三，本位起一，下位還三。四歸　無除起一下還四，本位起一，下位還四。五歸　無除起一下還五，本位起一，下位還五。六歸　無除起一下還六，本位起一，下位還六。七歸　無除起一下還七，本位起一，下位還七。八歸　無除起一下還八，本位起一，下位還八。九歸　無除起一下還九，本位起一，下位還九。

解義：撞者，迎也，凑也。有歸数，無除数，故立法，以迎凑之也。数盈有歸有除，則進一，或二，或三等数于上位，成十。如每人可分一箇、二箇、三箇也。無除，則本位作九。如每人分一箇不足，再作九分分也。又無除再起一存八，或又再起一存七、存六、存五，不等。如每人分九分又不足，再作八分，每人八分又不足，再作七分、六分不等也。無除本位作九，及本位起一，下位皆加原数者。如二歸：本位逢二則進一于上，三歸：本位逢三則進一于上。是上位為已歸之數，本位爲未歸之数。二歸，則本位二数是上位一数。三歸，則本位三数，是上位一数。若無除，作九，則本位爲已歸之数，下位爲未歸之数。係二歸，則下位二数，爲本位一数，故本位作九則下還二，本位起一，亦下還二。係三歸，則下位三数爲本位一数，故本位作一則下還三，本位起一也下還三也。九歸皆類，此今備圖說于後。

撞歸法：如有銀一百八十四兩零五分，共四十五人分之。問每人該銀若干。

置銀一百八十四兩零五分爲實，用四歸法。以四十五八爲法，歸除之。先呼四一二十二，將實首百位一加作二，下位加二。又呼逢八進二十將次八十併先呼加二數共十，內起去八進二於上位，共成四，本位餘二。却於首位下隔位呼「四五除二十」除次位二盡。餘第三位四数，四位空，五位五数，此是見四無除，即將第三位四，本身作九，第四位加四，却於第五位呼「五九四十五」，除實盡。實首是百，法首四十是十，就將實首百，順数第二位是十爲法首数，却陞前一位百上是兩，得每人該分銀四兩零九分。

實尾	五分	此係作九，隔位呼「五九除四十五」，上位除四，本位除五。	○		
	○	除寔恰尽。			
		原空加出四數，下呼除盡。	○		
	四兩	以寔首，隔位呼「四五除二十」，上位二尽，下空，呼「見四無除作九四」，本位作九，下加四。	九	寔两位首位定兩。此位便是分。	九分
	八十	首呼加二共成十，呼「逢八進二十」，進二于上位，成四。本位去八，餘二。下呼尽除去。	○	寔十位，遇法首數十即止。前位得令是兩。	
實首	一百	法首四數，呼「四一二十二」本身加作二，下位加二，又下位進二作四。	四	原寔百位，呼百順下至法首數止。	四兩

又撞歸法：如有銀一百八十四兩三錢二分，共四十八人分之。問每人該銀若干。

舊法：置銀一百八十四兩三錢二分爲實，用四歸。以四十八人爲法，歸除之。先呼四一二十二，將實首百位一加作二，下位加二。又呼逢四進一十，將次位八十併先呼加二數，共十內起四進一於上位，共成三，本位餘六。却於第三位呼三八二十四，第二位除二餘四，第三位四除空。此是見四無除，即將第二位本身作九，下位加四，八九應除七十二。四數仍不敷此，是無除應再將本身九起一存八，下位加四亦成八，却於第四位呼八八六十四，第三位八除去六再除一，於第四位加六餘三位一四位九，五位二，又於三位呼四一二十二，本位加一成二，四位加二共十二。即於四位呼逢八進二十，三位共成四，四位餘三，五位二。却於五位呼四八三十二。除實恰盡。得每人該分銀三兩八錢四分。

實尾　二分　呼四八三十二，上位除三，此位除二。除寔恰尽。　○

三錢　呼八八六十四，上除六，又除一，本位加六。又上呼加二共十一，呼逢八進二十，餘三。　○

四兩　呼三八二十四，位空二，次撞歸成八。下呼共除七餘一，呼四一二十二，下加二成四。　四　寔兩位，首位得兩，次位便是錢，此位是分。　四分

八十　首呼四二成十，呼逢四進一，去四。下呼去二餘四。呼見四无除作九四，无除起一作八。　八　寔十位，遇法首数十即止。前位得令是兩。　八分

實首　一百　法首四数，起呼四二二十二，本身加作二，下位加二。又下呼進一成三。　三　原寔百位呼百，順下至法首数止。　三兩

解義：已有歸而無除，不止作九，後除数不足用之。如二歸，止有一数，呼二二添作五，此有歸也。因下無除，亦須減一還二，各歸倣此。

九歸併除歌　加雙下除倍，加一下除原。倍一挨身除，餘皆隔位还。

如有錢二千二百五十文，給軍九十名。問每名該若干。

舊法：置錢二千二百五十文爲實，以軍九十名爲原數。另以九十倍之，得一百八十名爲倍數。從實首起，先於二千前，挨身呼加雙下除倍，身前加二，身位除一千，次位除八百。退首位一次位加二，共餘實四百五十。次於餘實四百前，呼加雙下除倍，再呼加雙下除倍，共除實三百六十，餘實九十。却再呼加一下除原除，恰盡。得每名錢二十五文。

二字句訣歌：有除隔位進，無除挨身進。

凡因乘從實尾位起除去一，隔一位而加原數。凡歸除從實首起除去一，亦隔前一位而加原數。只用一原法，而無倍數，除盡。則挨身進一位，再加除。唯除實盡，以得本數。

解義：起雙加倍，是應以七分乘寔，故用減實增法，犹乘法也。所以從尾位起，加双除倍，是應以九十八除實，故以法減寔猶除法也。所以從首位起。二句字訣，仍是上法，又止用原數，無加雙除倍法耳。然亦皆小智之術，不如乘除之便。

袖中定位訣歌：掌中定位法爲奇，從寅爲主是根基。因乘順從尾位起，歸除還從上位施。法多原實逆上數，法少原實降下知。乘除大小從術化，厘、毫、絲、忽不差池。此法逆寅位爲首，以次順下，或步尺貫個之類俱將大數自寅上起頭。因乘亦從末位，歸除亦從首位起，定位數，因從每下得術，歸從法前得令。一如筭盤定位。

清·方中通《數度衍》卷一《歸除法》

一[歸不須歸，其法故不立。]

二一添作五，逢二進一十。

三一三餘一，三二六餘二，逢三進一十。

四一二餘二，四二添作五，四三七餘二，逢四進一十。

五一倍作二，五二倍作四，五三倍作六，五四倍作八，逢五進一十。

六一下加四，六二三餘二，六三添作五，六四六餘四，六五八餘二，逢六進一十。

七一下加三，七二下加六，七三四餘二，七四五餘五，七五七餘一，七六八餘四，逢七進一十。

八一下加二，八二下加四，八三下加六，八四添作五，八五六餘二，八六七餘四，八七八餘六，逢八進一十。

九一下加一，九二下加二，九三下加三，九四下加四，九五下加五，九六下加六，九七下加七，九八下加八，逢九進一十。

術曰：一位曰歸，二位曰除。一曰混歸。有法，有實，以法除實，得所求數也。一位法者，止用歸法，多位法者，法首歸得某數，次法乘其數而除實。自左向右，以逐位法除實，實亦自左向右，挨次除之，除畢一遍。又以法首歸之，次法除之，以實盡爲度，變後數即所求數也。又有無除、撞歸二法，訣曰：惟有歸除

法最奇，將身歸了次除之。有歸若是無除數，起一還將原數施。若遇本歸歸不得，撞歸之法不須遲。俱詳後。

通曰：二與五，四與二十五，因歸皆可互用；又三與六，可當一十八；四與六，可當二十四，凡數之相通者甚多，亦在乎熟之而已。

歸式　有銀二千九百二十兩，八人分之。問各若干。

曰：三百六十五兩。

術：以二千九百二十兩爲實，八人爲法。以法八歸子實二。曰八二下加四，將子實二不動，丑九加四。曰四下五去一。此用梁上之上一子也，丑九變爲十三。蓋不用四退六進一十者。歸後數上，止可加歸得數，不可加餘實也。次以法八歸丑十三，曰逢八進一十，於子位歸後二上加一爲三，丑實存五；又以法八歸丑五，曰八五六餘二，丑五變爲六，寅二加二爲四。乃以法八歸寅四，曰八四添作五，寅四變爲五。而實盡矣，得三百六十五兩也。

子	丑	寅	甲
二	九	二	八
	後	變	
三	六	五	

通曰：凡曰下加，曰餘幾，皆歸後而有餘實也。如今八人分二千兩，各得二百，共去實一千六百，存實四百，故曰八二下加四也。

又如今之八五六餘二，乃八人分五百，各得六十，共去四百八十，而存實二十也。凡曰：添作幾，乃歸實無餘者也。如今八四添作五，乃八人分四十兩，各得五兩而實盡也。凡曰進幾十者，乃實內滿幾歸之數也。滿一遍，進一十；滿二遍，進二十。如今八歸，曰逢八進一十，乃一千三百之內，有一(回)[个]八百，各得一百，故曰進一也。進在實前，餘在實後，歸變本實，切勿錯位。

歸除式　有銀四千三百八十兩，三百六十五人分之。問各若干。

曰：一十二兩。

術：以四千三百八十兩爲實，三百六十五爲法。先以法首三，歸實首四，曰逢三進一十，於子位上一，丑減三存一；乃以乙法六，乘歸後子一，曰一六如六，於寅位除六，曰六退十還四，抹去丑一，寅三加四爲七；又以丙法五，乘歸後子一，曰一五如五，於卯八除五存三，而法位畢矣。第二遍再以法首三，歸寅位存實七，曰逢六進二十，於丑上二，寅減六存一。乃以乙法六，乘第二遍歸後丑二；曰二六一十二，於寅除一，卯除二；又以丙法五，乘第二遍歸後丑二，曰二五一十；於卯除一，而法位又畢矣。實未盡，則又用前法。今實已盡，得一十二兩也。

子	丑	寅	卯	甲	乙	丙
	四	三	八	三	六	五
變						
一	二					

通曰：凡歸數，即變實之本位；除數，當除實之下位。本位者，歸後數所在之位也；除實之下位者，即本位之下一位也。此與本實不同，本實有時即本位，有時乃本位之下位也；除之十數在下位，而零數又在下位之下也。如法三歸實四，曰逢三進一十，四爲本實，進在實前，故所歸之一，當在四前子位也；而本實之四變爲一矣。一在子上，則子爲本位也；乙法六，乘歸數除實，曰一六如六，此零數也；故於寅除六，此子爲本位，而寅爲下位之下耳。若第二遍乙法除實，曰二六一十二，則於寅除一，卯除二矣。此丑爲本位也。

無除法

一歸起一還一，二歸起一還二，至九歸起一還九。

式　有銀一百零八兩，二十七人分之。問各若干。

曰：四兩。

術：置銀爲實，人爲法。以法首二，歸實首一，曰二一添作五，變子爲五，乙法七，當乘歸數五爲三十五，於丑寅內除之；而丑位無實可除，今乃二歸，曰起一還二，起子位歸數五內之一，改五爲四，而還丑位二爲存實；肰後以乙法七乘歸數四，曰四七二十八，於丑除二十，寅除八實盡，得四兩也。

子	丑	寅	甲	乙
一	〇	八	二	七
變				
四				

通曰：凡起幾還幾者，歸後之一子，即當其幾歸之數也。如今二歸，曰二一添作五，是五內一子，當二子也；故起一即還二矣。夫起一者，如每人不可得五，止可得四耳。

撞歸法

見一無除作九一，見二無除作九二，至見九無除作九九。

式　有銀二百一十六兩，二十四人分之。問各若干。

曰：九兩。

術：置銀爲實，人爲法。以法首二，歸實首二，若用逢二進一十，則乙法之一四如四，丑一數不足除矣。此乃二歸，曰見二無除作九二，變子二爲九，加二於丑一爲三；肰後以乙法四乘歸數九，曰四

甲	乙
二	四

九三十六，於丑除三十，寅除六。實盡，得九兩也。

通曰：凡撞歸者，皆不可得十，止可得九也。法實首數同，而次實少於次法者用之。盤梁上有三子始便。

寅	六
丑	一
子	二

變 九

歸除定位法

式　三百六十五人，分四千三百八十兩。得一二。問一爲何數。

曰：十數。

術通曰：以法布列實左，法末僅在實首四之上位，從列法首之子位，呼實首千數。順右而下，丑爲百，寅爲十，遇變後得數之首位而止。今變數首一在寅，即知一爲十數也；但法末必單數乃可。如五箇半人，則須除去半人不列位矣。如三百六十人，又須列○作一位矣。

卯	四	
寅	變 二 一	丙 五 ⊕
丑		乙 六 百
子		甲 三 千

又術通曰：視得數之首，在實之何位。今在實之千前一位，乃萬位也。又視法有幾位，今有三位，當以萬降三位，曰千、曰百、曰十，亦知一爲十也。

折半法

式　有銀六十四兩，八人分之。問各若干。

曰：八兩。

術：置法實，以法八，折半爲四；實六十四，折半爲三十二。又以法折半爲二，實折半爲一十六；再以法折半爲一，實折半爲八。法折至一數而止，即存實八爲各得數也。凡法遇偶數者，可用此。

除式

有銀一十八兩五錢四分零九毫，派在九百八十一畝。問每畝若干。

曰：一分八釐八毫九絲九不盡。

術：先以法九百八十一畝衍定。遇一，曰一零一九三六七。遇二，曰二零三八七三五。遇三，曰三零五八一零三。遇四，曰四零七七四七一。遇五，曰五零九六八三九。遇六，曰六一一六二零七。遇七，曰七一三五五七五。遇八，曰八一五四九四三。遇九，曰九一七四三一一。亦從實末因之，遇某數用某訣，挨身一位起也。

通曰：法數有定者方可用此，然止乘可用，除則不盡也。

除式　通曰：有銀八十七兩二錢四分二釐，四人分之。以銀八七二四二爲實數，以人四爲原數，加倍得八爲倍數。以人四折半得二爲半數，列定，從左除起。視實數左首多於倍數，或等於倍數，當用進二空除倍，乃於實左空一位上二，於實首除倍數八。再視餘實左首少於倍數，或多等於原數，當用進一空除原，乃於實左空一位上一，於餘實首除原數四。再視餘實左首少於原數，或多等於半數，當用進五隨除半，乃於實左位上五，不須空位，於餘實首除半數二。再視餘實左首少於半數，亦當用進一空除原，乃於實左位上一，不須空位。但於餘實左首向右退一位除原數四。再視餘實首等於倍數，當用進二空除倍。再視餘實首等於原數，當用進一空除原。再視餘實等於半數，當用進五隨除半，實數除盡。每人分得二十一兩八錢一分零五毫。此式先用進二空除倍，次用進一空除原，次用進五隨除半，餘實首一二，作一十二。亦可用進二空除倍，乃於餘實左位上二，不須空位，但於餘實左首向右退一位除倍數八，次用進一空除原，次又用進一空除原，次用進五隨除半。亦合。

乘還原式　通曰：以每人分得銀二一八一零五爲實數，其倍數、原數、半數，俱如前不動。從右乘起，視實右尾過五以上，當用除五隨加半，乃於實尾去五，隨下位加半數二，不須空位。再視餘實尾止一數，當用除一空加原，乃於餘實尾去一，空一位加原數四。再視餘實尾過五，當用除五隨加半，乃於餘實尾去五，隨下位加半數二。再視餘實尾過二，當用除二空加倍，乃於餘實尾去二，空一位加倍數八。再視餘實尾止一數，當用除一空加原，乃於餘實尾去一，空一位加原數四。再視餘實尾止一數，當用除一空加原，乃於餘實尾去一，空一位加原數四。再視餘實滿二，當用除二空加倍，乃於餘實尾去二，空一位加倍數八，共得八十七兩二錢四分二釐。

歸式

式一　有銀一百二十兩，二人分之。問各若干。

曰：六十兩。

術：珠曰先將法二，於十內減之，餘八，即八爲變法也。五一兩數，是爲子丑兩暗數。蓋子實一，作一十，內有五回原法二也。丑實二，內有一回原法二也。先以變法八，呼子暗數五，曰五八得四十，乃於子實一上加四爲五。再以變法八呼丑暗數一，曰一八如八，當於丑實二上加八。數已滿十，曰八退二進一十，乃退去丑位二，而於子位五進一爲六，逐位加畢。視子位遞加之六，即所求之分

甲	乙 變 八
丑	二 一 八
子	一 四 五 六

數，爲每人各得六十兩也。

式二　有銀一百二十兩，三人分之。問各若干。

曰：四十兩。

術：珠曰先將法三，於十内減之，餘七，即七爲變法也。三一兩數，是爲子丑兩暗數。蓋子實一十内有三回原法三，餘合丑實二爲三内有一回原法三也。先以變法七呼子暗數三，曰三七二十一，乃於子實一上加二爲三，丑實二上加一爲三。再以變法七呼丑暗數一，曰一七如七，當於丑位三上加七，數已滿十，曰七退三進一十，乃退去丑位三，而於子位三進一爲四，逐位加畢。視子位遞加之四，即所求之分數。爲每人各得四十兩也。

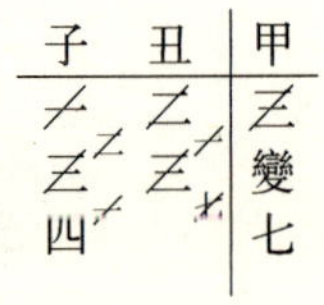

歸除式

有銀一百二十兩，二十四人分之。問各若干。

曰：五兩。

術：珠曰先將法二十四人，作二十四，於百内減之，餘七十六，爲變法。五爲暗數，蓋子實一作一百内，有五回原甲法二十，丑實二作二十内，有五回原乙法四也。此二位法，先以變法甲七呼暗數五，曰五七三十五，乃於子一上加三爲四，丑二上加五爲七，此法之首位加畢矣。再以變法乙六呼暗數五，曰五六得三十，當於丑位七上加三，數已滿十，曰三退七進一十，乃退去丑位七，而於子位四，上加一爲五，此法之次位加畢矣。如是加畢，則子位之五，即所求之分數。爲每人各得五兩也。

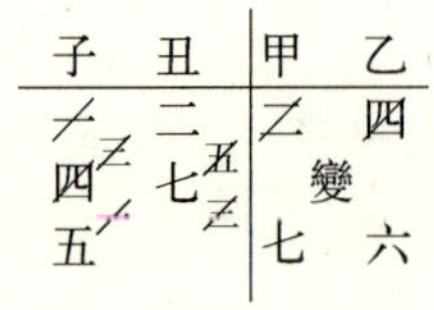

清・沈士桂《簡明算法》卷一《九歸法訣》

一歸　不須歸，其法故不立。

二歸　二一添作五，逢二進一十，逢四進二十，逢六進三十，逢八進四十。

三歸　三一三十一，三二六十二，逢三進一十，逢六進二十，逢九進三十。

四歸　四一二十二，四二添作五，四三七十二，逢四進一十，逢八進二十。

五歸　五一倍作二，五二倍作四，五三倍作六，五四倍作八，逢五進一十。

六歸　六一下加四，六二三十二，六三添作五，六四六十四，六五八十二，逢六進一十。

七歸　七一下加三，七二下加六，七三四十二，七四五十五，七五七十一，七六八十四，逢七進一十。

八歸　八一下加二，八二下加四，八三下加六，八四添作五，八五六十二，八六七十四，八七八十六，逢八進一。

九歸　九一下加一，九二下加二，九三下加三，九四下加四，九五下加五，九六下加六，九七下加七，九八下加八，逢九進一十。

解明法義

二一添作五。如銀一兩派二人分，問每人該銀若干。法用二一添作五，便知每人該銀五錢矣。

逢二進一十。如金三錢兑銀二兩，問每錢兑銀若干。法用逢二進一十，便知每錢兑銀一兩矣。

逢四進二十。如綿四觔織布二疋，問每疋用銀若干。法用逢四進二十，便知每疋用銀二觔矣。

逢六進三十。如錢六文買桃二觔，問每觔該銀若干。法用逢六進三十，便知每觔該錢三文矣。

撞歸法訣

一歸　見一無除將身化九一，無除退一下還一。

二歸　見二無除將身化九二，無除退一下還二。

三歸　見三無除將身化九三，無除退一下還三。

四歸　見四無除將身化九四，無除退一下還四。

五歸　見五無除將身化九五，無除退一下還五。

六歸　見六無除將身化九六，無除退一下還六。

七歸　見七無除將身化九七，無除退一下還七。

八歸　見八無除將身化九八，無除退一下還八。

九歸　見九無除將身化九九，無除退一下還九。

二歸法

假如有銀五千五百七十二兩八錢五分，派二人分之。問每人該銀若干。

荅曰：二千七百八十六兩四錢二分五厘。

法將銀爲實，以人爲法。歸之，即得。用因法還原，餘倣此。

五分　逢四進二十。本身除四，上位加二。二一添作五。本身加四作五。

八錢　逢八進四十。本身除八，上位加四。
二兩　逢二進一十。本身除二，上位加一。
七十　逢六進三十。本身除六，上位加三。二一添作五。本身加四作五。
五百　逢四進二十。本身除四，上位加二。二一添作五。本身加四作五。
歸起五千　逢四進二十。本身除四，上位加二。二一添作五。本身加四作五。

三歸法

假如有塩六十二萬六千九百九十六觔，派三人共買。問每人該塩若干。
答曰：二十一萬二千三百三十二觔。
六觔　逢六進二十。本身除六，上位加二。
九十　逢九進三十。本身除九，上位加三。
九百　逢九進三十。本身除九，上位加三。
六千　逢六進二十。本身除六，上位加二。
二萬　逢三進一十。本身除三，上位加一。
歸起六十　逢六進二十。本身除六，上位加二。

四歸法

假如有田一萬一千一百四十四畝八分，派四人分之。問每人該田若干。
答曰：二千七百八十六畝二分。
八分　逢八進二十。本身除八，上位加二。
四畝　逢四進一十。本身除四，上位加一。
四十　逢四進一十。本身除四，上位加一。四二添作五。本身加，三作五。
一百　四三七十二。本身加四作七十，下位加二。
一千　四三七十二。本身加四，作七十，下位加二。
歸起一萬　四一二十二。本身加一，作二十，下位加二。

五歸法

假如有租米一千三百九十三石五斗五升，派五人收之。問每人該米若干。
答曰：二百七十八石七斗一升。
五升　逢五進一十。本身除五，上位加一。
五斗　逢五進一十。本身除五，上位加一。
三石　五三倍作六。本身加三作六。
九十　逢五進一十。本身除五，上位加一。五四倍作八。本身加四作八。
三百　五三倍作六。本身加三作六。
歸起一千　五一倍作二。本身加一作二。

六歸法

假如有錢二十七萬九千三百六十六貫，派六人分之。問每人該鈔若干。
答曰：四萬六千五百六十一貫。
六貫　逢六進一十。本身除六，上位加一。
六十　逢六進一十。本身除六，上位加一。
三百　六三添作五。本身加二作五。
九千　逢六進一十。本身除六，上位加一。六三添作五。本身加二。作五。
七萬　逢六進一十。本身除六，上位加一。六三添作五。本身加二作五。
歸起二十　六二三十二。本身加一，五三十。下位加二。

七歸法

假如有金八千三百二十三兩二錢一分，派七人兑之。問每人該金若干。
答曰：一千一百八十九兩三分。
一分　逢七進一十。本身除七，上位加一。
二錢　七二下加六。下位加六。
三兩　逢七進一十。本身除七，上位加一。
二十　七六八十四。本身加二作八十，下位加四。
三百　七六八十四。本身加二作八十，下位加四。
歸起八千　逢七進一十。本身除七，上位加一。七一下加三。下位加三。

八歸法

假如有豆二萬二千一百八十八石四斗，派八人糴之。問每人該豆若干。
答曰：二千七百八十六石五升。

四斗　八四添作五。本身加一作五。
八石　逢八進一十。本身除八。上位加一。
八十　逢八進一十。本身除八，上位加一。八四添作五。本身加一作五。
二百　八六七十四。本身加一作七十，下位加四。
二千　八六七十四。本身加一作七十，下位加四。
歸起二萬　八二下加四。下位加四。

九歸法

假如有布二萬五千八百八十四丈九尺，派九人分之。問每人該布若干。

答曰：二千八百七十六丈一尺。

九尺　逢九進一十。本身除九，上位加一。
四丈　逢九進一十。本身除九，上位加一。
八十　逢九進一十。本身除九，上位如一。九五下加五。下位加五。
八百　逢九進一十。本身除九，上位加一。九六下加六。下位加六。
五千　九七下加七。下位加七。
歸起二萬　九二下加二。下位加二。

歸除法歌：惟有歸除法更奇，惟有歸除之法更爲奇異。將身歸了次除之。先將本身呼歸法歸之，其次不拘幾位俱呼九九数除之。有歸若是無除数，本身只有丁可歸次位無子可除也。退一下還原数施。原数者，法□之歸数也。如一歸本身退一下位還一。如二歸本位還一下位还二是也。看是九歸本身退一下位還幾子。或遇本歸歸不得，如一歸只一子二歸只二子，因下位無子可除，故不能歸情也。撞歸之法莫教遲。如一歸見一無除，本身如八撞作九下位加一。如二歸見二無除本身加七撞作九下位加二。故撞歸訣云一歸見一無除將身化九一，二歸見二無除將身化九二之類。如撞訖除数不足照前用退一下还原数法。若人識得其中意，算法雖深可盡知。若人能識其中意理，算法雖深奧亦可盡知也。

又　立撞歸法或遇本歸歸不得，撞歸之法莫教遲。

假如有豆三百石，每銀一兩糴豆三石三斗。問該銀若干。

答曰：九十兩九錢九厘。

法：將總豆爲實，以三石三斗爲法。歸除之，即得。

三歸　見三無除，將身化九三。本身加六作九，下位加三二位。三九除一位。十七。七除前十下還三。見三無除，將身化九三。二位。三九除二十七。見三無除，將身化九三。二位。三九除二十七。

立撞歸無除法

假如有魚四千觔，每四觔半換麥一斗。問該麥若干。

答曰：八十八石八斗八升。

法將總魚爲實，以四觔半爲法。歸除之，即得。

四歸　見四無除，將身化九四。本身加五作九，下位加四。無除，退一下還四。本身除一，下位還四。二位。五八除四十。見四無除，將身化九四。無除，退一下還四。二位。五八除四十。見四無除，將身化九四。無除退一下還四。二位。五八除四十。

立隔檔歸除法

假如有兵六千名，共領餉銀三千兩。問每名該銀若干。將銀爲實以兵爲法。

又問每兩該兵若干。將兵爲實，以銀爲法。

假如有金七千八百兩，換銀六萬九千兩。問每金一兩換銀若干。將銀爲實，以金爲法。又問每銀一兩換金若干。將金爲實，以銀爲法。

假如有糙米八千七百石，舂得白米七千六百石。問每石糙米該舂白米若干。將白米爲實，以糙米爲法。又問每石白米應該糙米若干。將糙米爲實，以白米爲法。

假如有田九千八百七十畝，其收租米一萬二千三百石。問每田一畝收租若干。將米爲實，以田爲法。又問每租一石該田若干。將田爲實，以米爲法。

已上四條係分散之物，彼此互問皆用歸除。但歸除者，先要立定爲法、爲實，爲法之数列于右，爲實之数列于左。然後用歸除行之，即得数矣。餘倣此。

立二檔歸除法惟有歸除法更奇，將身歸了次除之。

假如有銀二十四兩，派十六人分之。問每人該銀若干。

答曰：一兩五錢。

法將銀数爲實，以人数爲法。歸除之，即得。

按歸除歌曰：一歸不須歸，遇單歸不必歸。若有除就要歸了。凡一歸逢幾子，就照数進幾子，于上位，然後逐位除完了。再挨身歸起。須用左手指定歸成位上方，呼除数庶不差錯。使乘法還原。後俱倣此。

次除四兩：逢五進五十。本身除五，上位加五。五六除三十。

先歸二十：逢一進一十。本身除一，上位加一。指定上位爲首位。呼一六下除[六]。

立三檔歸除法

假如有米七百四十九石，每兩糴米八石五斗六升。問該銀若干。

答曰：八十七兩五錢。

法將總米爲實，以八石五斗六升爲法。歸除之，即得。

又除九石：八四添作五。本身加一。二位。五五除二十五。三位。(三)[五]六除三十。

次除四十：八六七十四。本身加一，下加四。二位除。五七三十五。三位。六七除四十二。

先歸七百：八七八十六。本身加一，下位加六。二位。五八除四十。三位。六八除四十八。

立四檔歸除法

假如有銀六千七百七十六兩糴米，每石價銀九錢八分五厘六毫。問該米若干。

答曰：六千八百七十五石。

法：將總銀爲實，以九錢八分五厘六毫爲法。歸除之，即得。

再除六兩：九四下加四，逢九進一十。二位。五八除四十。三位。五五除二十五。四位。五六除三十。

又除七十：九七下加七。下位加七。二位。七八除五十六。三位。五七除三十五。四位。六七除四十二。

次除七百：九八下加八。下位加八。二位。八八除六十四。三位。五八除四十。四位。六八除四十八。

先歸六千：九六下加六，下位加六。二位。六八除四十八。三位。五六除三十。四位。六六除三十六。

假如有參一觔賣銀三十六兩九錢八分，今有銀一千八百四十九兩。問該參若干。

答曰：五十觔。

法：將總銀爲實，以三十六兩九錢八分爲法。歸除之，即得。

三一三十一。本身加二作三十，下位加一。逢六進二十。下位除六，進二十于上位，总數除之。若下位有多于不歸恐後除完，挨身除三重歸進数之繁。學者詳之。餘俱倣此。二位。五六除三十。三位。五九除四十五。四位。五八除四十。即得。

立有歸無除法有歸若是無除数，退一下還原数施。

假如有絲二百觔，每三十六觔織紬百丈。問該紬若干。

答曰：五百五十五丈五尺五寸。

[法：]將總絲爲實，以三十六一爲法。歸除之，即得。

立隔檔歸除法

凡算隔檔歸除，先將左手指定歸檔上就爲首位，次要對右法之数除之。看右法空一檔，實上亦要空一檔除。若空二檔，實上亦要空二檔除。檔数必要看清除之，方準。若檔数除之不清，則数差矣。

假如有金七十兩一錢，每金一錢五厘九忽換銀一兩。問該銀若干。

答曰：六百六十七兩五錢六分。

法：將總金爲實，以一錢五厘九忽爲法。歸除之，即得。

逢六進六十。本身除六，上位加六。却將左手掐定上位爲首位。三位。五六除三十。三除前十下退七。六位。六九除五十四。本身除五作五十，四除前十下還六。逢六進六十。三位。五六除三十。六位。六九除五十四。逢七進七十。三位。五七除三十五。六位。七九除六十三。逢五進五十。三位。五五除二十五。六位。五九除四十五。逢六進六十。三位。五六除三十。六位。六九除五十四。即得。

立難歸除法歌：莫道歸除算得出，銀九九八零零一。九百九十九人分，算來都要分明白。

假如有銀九十九萬八千一兩，派九百九十九人分之。問每人該銀若干。

答曰：九百九十九兩。

法：將總銀爲實，以人数爲法。歸除之，門得。還原看前載難乘法。

九歸　見九無除，將身化九九。本身原是九不必加，只加下位九。下位只可加六(三)記前少加三。二位。九九除八十一。只除五子一，記前必加三子，六作除八十一。三位。九九除八十一。見九無除，將身化九九。本身原是九不必加，只加下位九。下位只可加七。記少加二子。二位。九九除八十一。只除六十一。記前少加二子。共作除八十一。三位。呼九九除八十一。九八下加八。下位只可加六十，記少加二。二位。逢九進一十。只除七進一十，記前少加二子，共作逢九進一十。二位。九九除八十一。三位。九九除八十一。即得。

重歸截法歌：與歸除同。截法之根却是因，勸君劳記在其心。二歸併處如神妙，秘傳之法此爲真。

重歸訣

如十二人分物，則用二歸六歸。各一遍。或用三歸四歸亦同。

如十四人分物，則用二歸七歸，各一遍。

如十五人分物，則用三歸五歸，各一遍。

如十六人分物，則用二歸八歸，各一遍。或用四歸二遍亦同。

如十八人分物，則用二歸九歸，各一遍。或用三歸六歸亦同。

如二十一人分物，則用三歸七歸各一遍。

如二十四人分物，則用四歸六歸各一遍。或用三歸八歸亦同。

如二十五人分物，則用五歸二遍。

如二十七人分物，則用三歸九歸各一遍。

如二十八人分物，則用四歸七歸各一遍。

如三十二人分物，則用四歸八歸各一遍。

如三十五人分物，則用五歸七歸各一遍。

如三十六人分物，則用四歸九歸各一遍。或用六歸二遍亦同。

如四十二人分物，則用六歸七歸各一遍。

如四十五人分物，則用五歸九歸各一遍。

如四十八人分物，則用六歸八歸各一遍。

如四十九人分物，則用七歸二遍。

如五十四人分物，則用六歸九歸各一遍。

如五十六人分物，則用七歸八歸各一遍。

如六十三人分物，則用七歸九歸各一遍。

如六十四人分物，則用八歸二遍。

如七十二人分物，則用八歸九歸各一遍。

如八十一人分物，則用九歸二遍。

此重歸截法，其法最妙，其用最快。但遇此数不着者，則用歸除法，算學者記之。

假如有銀一萬八千兩，派十二人分之。問每人該銀若干。

答曰：一千五百兩。

法：將銀数爲實，用二歸一遍。又用六歸一遍，即得每人該銀之数。

又法：用三歸一遍，又用四歸一遍，亦同因法云二六一十二之意也，若用三歸四歸亦是一十二也。用此重歸不論先後，或六歸在先，二歸在後，皆可。此訣頗衮亦難盡載惟知者，倣此通變可也。

歸除流法歌：即歸除法。立此歸除流法例，須將法数自加明。以爲法之数，自相加八遍，連本数共計九條，須加明白。加其八遍逐記数，逐次加成数目，逐條記之。將實定位用流行。然後將爲實之数，在位行流法。呼其確数從頭減，減即流也，以加成数目，確定某條從頭挨次照数減之。逐位流須確数辟。看實数上有多少，即尋所加数内某條合多少。確諒彀減便是。如確大過則減数不及，如確不及則減数有盈。又要重復呼減之繁，恐致差錯，故云確数要□得其中也。實有盈餘流不盡，出其沙外数方真。此流法或有流盡者或有流不盡者，若遇實有盈而流不盡者，須流出沙外幾位数方真實。要知此法真便捷，極大歸除可代行。若遇歸除位数多者，繁而恐錯，用此流法代之，便捷無可加矣。

此歸除流法，實創從前之未有也。舊法歸除非不甚善纂全書定科則法数多長，一盤未能即楚踰時劳頓。今立此流法，尤較歸除簡便，不用法訣不劳心力，極大歸除速而且準。毋論素諳歸除者，一日了然。即平日不諳之人，究之即明其中奥義，無不盡通也。哉謹將法式詳開於後。

易明法式若論此法用歸除便捷，誠恐長法難明，故用知法類而推之，以明其義也。

假如有銀七十九萬一百二十三兩四錢四分九厘六毫，派六十四人分。問每人該銀若干。

答曰：一萬二千三百四十五兩六錢七分八厘九毫。

法：將銀数爲實，以人数爲法。先將法数六十四人居盤内就作一遍。再自加八遍，連本身共九條，遂條爲出得一隔退六四。二下化一二八。三下化一九二。四下化二五六。五下化三二。六下化三八四。七下化四四八。八下化五一二。九下化五七六。

可將六、七、八、九加数四條合對三加数。又將一、四、五加数三條合一盤，再加一倍對二加数。合對加数隔下二字要辯明白。隔者，箇子之位下者。十子之位，每見學人多將十子之数加十箇子位上，自然不合。此九條法数必要合對清楚。若不合準，法数倘若一具定除必錯就。如錯了還原，又合人見還得原來便道是了，即錯莫知何也。舊法分派用歸除，還原用乘法。就如錯了當即知之，所以不得錯也。此定除流法固盡善盡美。歸除不用歸法還原、不用乘法定数，即如差錯還原数又合足除與同還原二法。條数合定数若差還原人合皆因二法一條数也。總而言之，九條加数要準一子差訛通盤俱錯。正所謂差之毫厘，失之千里。學者當細留心此義，不可不知也。

凡一数起用隔退二字。如一隔退六四，加六四其数進于前位。二数要用下化一二八。加数若在本位，皆用隔退二字。加数若進前位，要用下化二字，以後加数皆用下化。

隔下二字，歸除流法用。須要看明。隔者，定位之下隔一除也。下者，定位之下位除也。

退化二字，因乘流法用，亦要看明。退者，本身盡除位一之。化者，本身化起。

法数若有二十餘位者。用二十四檔算盤一算足矣，今尾不必記數。

另將實銀七十九方〇一百二十三刀四𠂊四分九厘六毫居盤内。

看盤内實数是七九〇一，即尋九條内彀除確数六四該定。

一是每人一萬兩，就將一定于前位之前位，用物記于定位檔上。呼隔一位除六四。是六十四箇一萬兩。

合該除銀六十四萬兩。餘銀一十五萬。一百二十三兩四錢四分九厘六毫。

看盤内餘数是一五〇一，即尋九條内彀除確数一二八該定。

二是每人二千兩。就將二定于一萬兩之下位移之記之。呼下位除一二八是六十四箇一千兩。

合該除銀一十二萬八千兩。餘銀二萬二千一百一十三刀四𠂊四分九厘六毫。

看盤内餘数是二二一一，即尋九條内彀除確数一九二該定。

三是每人三百兩。就將三定于二千兩之下位移物記之。呼下位除一九二是六十四箇三百兩。

合該除銀一萬九千二百兩。餘銀二千九百二十二兩四錢四分九厘六毫。

看盤内餘数是二九二三，即尋九條内彀除確数二五六該定。

四是每人四十兩。就將四定于三百兩之下位移物記之。呼下位除二五六是六十四箇四十兩。

合該除銀二千五百六十兩，餘銀三百六十三兩四錢四分九厘六毫。

看盤内餘数是三六三四，即尋九條内彀除確数，三二該定。

五是每人五兩，就將五定四十兩之下位移物記之。呼下位除三二是六十四箇五兩。

合該除銀三百二十兩。餘銀四十三兩四錢四分九厘六毫。

看盤内餘数是四三四四，即尋九條丙彀除確数三八四該定。

六是每人六錢。就將六定五兩下位移物記之。呼下位除三八四是六十四箇六錢。

合該除銀三十八兩四錢。餘銀五兩〇四分九厘六毫。

看盤内餘数是五〇四九，即尋九條内彀除確数四四八該定。

七是每人七分。就將七定七錢下位移物記之。呼下位除四四八，是六十箇七分。

合該除銀四兩四錢八分。餘銀五錢六分九厘六毫。

看盤内餘数是五六九六，即尋九條内彀除確数五一二該定。

八是每人八厘。就將八定七分下位移物記之。呼下位除五一二是六十四箇八厘。

合該除銀五錢一分二厘。餘銀五分七厘六毫。

看盤内餘数是五七六，即尋九條内彀除恰数五七六該定。

九是每人九毫。就將九定八厘下位移物記之。呼下位除五七六是六十四箇九毫。

合該除銀五分七厘六毫。實数除盡，得每人該銀之数。定数不可太過不可不及。若定数太週，則後除不足。若定数不及，則後除有餘。又要重復之繁，是以確数要停得其中也。

還原用因乘流法

流起九毫　看数是九即尋九化五七六。本身化作五，下位加七六。即還原五分七厘六毫。

八厘　看数是八即尋八化五一二。本身化作五，下位加一二。即還原五錢一分二厘。

七分　看数是七即尋七化四四八。本身化作四，下位加四八。即還原四兩四錢八分。

六錢　看数是六即尋六化三八四。本身化作三，下位加八四，即還原二十八兩四錢。

五兩　看数是五即尋五化三二。本身化作三，下位加二，即還原三百二十兩。

四十　看数是四即尋四化二五六。本身化作二，下位加五六，即還原二千五百六十兩。

三百　看数是三即尋三化一九二。本身化作一，下位加九二，即還原一萬九千二百兩。

二千　看数是二即尋二化一二八。本身化作一，下位加二八，即還原一十二萬八千兩。

一萬　看数是一即尋一退六四。本身除去，下位加六四，即還原一十四萬兩。

課程十文爲一貫，五貫爲一錠。

假如額辦課鈔六千一百八十九錠四貫三百二十一文五分，每貫折銀二厘。問該課鈔銀若干。

答曰：六十一兩八錢九分八厘六毫四絲三忽。

法：將鈔通作三萬九百四十九貫三百二十一文五分。以每貫一厘因之，即得。

立歸乘已定確論正数法

凡歸乘貨物已定之数，予多見有不明正数者。該千誤萬該萬誤千，差錯甚廣。今特立確論数法四條于後，引示物學者，以免差誤。第此法必要從一確論起，以至十、百、千、萬等数，須照一數陞求，以一合十，以十合百，以百合千……

清・汪訒庵《指明算法》卷上《綱目》 九歸歌呼大数在上，小数在下。

一歸　不須歸，一者原数，不必歸也。其法故不立。

二歸　二一添作五，逢二進一十。

三歸　三一三十一，三二六十二，逢三進一十。

四歸　四一二十一，四二添作五，四三七十二，逢四進一十。

五歸　五一倍作二，五二倍作四，五三倍作六，五四倍作八，逢五進一十。

六歸　六一下加四，六二三十二，六三添作五，六四六十四，六五八十二，逢六進一十。

七歸　七一下加三，七二下加六，七三四十二，七四五十五，七五七十一，七六八十四，逢七進一十。

八歸　八一下加二，八二下加四，八三下加六，八四添作五，八五六十二，八六七十四，八七八十六，逢八進一十。

九歸　九一下加一，九二下加二，九三下加三，九四下加四，九五下加五，九六下加六，九七下加七，九八下加八，逢九進一十。

右法此歸因二歌，乃算之祖。但恐九九句法相混，學者必宜讀熟記之惟。辨多数在先，少数在次，即九歸之句。如八六七十四是歸，六八四十八是因之類。已上句法併後，各樣歌訣皆學者所當之記。

九歸算法，九因還原法。

九歸歌：九歸之法乃分平，凑数原來有現成。数若有多歸作十，歸如不盡搭添行。

又歌：學者如何算九歸，先從實上左頭推。逢進起身須進上，下加次位以施爲。

九因歌：合數九因須記熟，起手先從未位推。言十就身如隔位，若要还原用九歸。

歸因揔歌：歸從頭上起，因從足下生。逢如須隔位，言十在本身。

假如今有銀一萬二千三百四十五兩六錢七分八厘九毫，作二(久)[人]分之。問每人該銀若(於)[干]。

答曰：每人該分銀六千一百七十二兩八錢三分九厘四毫五絲。

法曰：置銀爲寔，以二人爲法。歸之，合問。後(做)[倣]此。

二歸二人分，用二歸。

九毫　二一添作五。变一爲五。

逢八進四十，本位去八，進四于左。

八厘　逢八進四十。本位除去，進四于左。

七分　二一添作五。变一爲五。
六錢　逢六進三十，本位去六，進三于左；
　　　逢六進三十。本位除去，進三于左。
五兩　二一添作五。变一爲五。
四十　逢四進二十，本位去四，進二于左；
　　　逢四進二十。本位除去，進二于左。
三百　二一添作五。变一爲五。
二千　逢二進一十，本位去二，進一于左；
　　　逢二進一十。本位除去，進一于左。
一萬　起呼二一添作五，变一爲五。

二因還原
五絲　起呼二五得一十，变五爲一。
四毫　二四如八，本位除去，下位加八。
九厘　二九一十八，变九爲一，下位加八。
三分　二三如六，本位除去，下位加六。
八錢　二八一十六，变八爲一，下位加六。
二兩　二二如四，本位除去，下位加四。
七十　二七一十四，变七爲一，下位加四。
一百　一二如二，本位除去，下位加二。
六千　二六一十二，变六爲一，下位加二。

假如有銀照前，作三人分之。問每人該銀若干。
　答曰：每人該分銀四千一百一十五兩二錢二分六厘三毫。

三歸
九毫　逢九進三十。本位去盡，進三于左。
八厘　逢九進三十。本位除去，進三于左。
七分　三一三十一。变一爲三，右位加一。
　　　逢六進二十，本位去六，進二于左；
六錢　逢六進二十。本位除去，進二于左。
五兩　逢六進二十。本位除去，進二于左。
四十　三一三十一。变一爲三，右位加一。
三百　逢三進一十，本位去三，進一于左；
二千　逢三進一十。本位除去，進一于左。
一萬　起呼三一三十一。变一爲三，右位加一。

三因還原
三毫　起呼三三如九。本位除去，下位加九。
六厘　三六一十八。变六爲一，下位加八。
二分　二三如六。本位除去，下位加六。
二錢　二三如六。本位除去，下位加六。
五兩　三五一十五。变五爲一，下位加三。
一十　一三如三。本位除去，下位加(二)[三]。
一百　一三如三。本位除去，下位加三。
四千　三四一十二。变四爲一，下位加二。

假如有銀照前，作四人分之。問每人該銀若干。
　答曰：每人該分銀三千零八十六兩四錢一分九厘七毫二絲五忽。

四歸
　　　四二添作五，变二爲五。
九毫　四一二十二。变一爲二，右位加二。
　　　逢八進二十，本位去八，進二于右；
八厘　四二添作五。变二爲五。
　　　逢八進二十，本位去八，進二于左；
七分　四三七十二。变三爲七，右位加二。
　　　逢四進一十，本位去四，進一于左；
六錢　逢八進二十。本位除去，進二于左。
五兩　四一二十二。变一爲二，右位加二。
　　　逢四進一十，本位去四，進一于左；
四十　四二添作五，变二爲五。
　　　逢四進一十，本位去四，進一于左；
三百　四三七十二。变三爲七，右依加二。
二千　逢四進一十。本位除去，進一(二)[于]左。

一萬　起呼四一二十二，变一爲二，右位加二。

四因還原

五忽　起呼五四得二十。变五爲(一)[二]。

二絲　二四如八　本位除去，下位加八。；八退二進一十。

七毫　四七二十八。变七爲二，下位加八。

九厘　四九三十六。变九爲三，下位加六。

一分　二二如四。本位除去，下位加四。

四錢　四四一十六。变四爲一，下位加六。

六兩　四六二十四。变六爲二，下位加四。

八十　四八三十(三)[二]。变八爲三，下位加二。

　　三四一十二。变三爲一，下位加二。

假如有銀照前，作五人分之。問每人該銀若干。

　答曰：每人該分銀二千四百六十九兩一錢三分五厘七毫八絲。

五歸

九毫　五四倍作八。变四爲八。

　　逢五進一十，本位去五，進一于左；

八厘　五三倍作六。变三爲六。

　　逢五進一十，本位去五，進一于左；

七分　五二倍作四。变二爲四。

　　逢五進一十，本位去五，進一于左；

六錢　五一倍作二。变一爲二。

　　逢五進一十，本位去五，進一于左；

五兩　逢五進一十，本位除(法)[去]，進一于左。

四十　五四倍作八。变四爲八。

三百　五三倍作六。变三爲六。

二千　五二倍作四。变二爲四。

一萬　起呼五一倍作二。变一爲二。

五因還原

八絲　起呼五八得四十。变八爲四。

七毫　五七三十五。变七爲三，下位加五。

五厘　五五二十五。变五爲二，下位加五。

三分　五三一十五。变三爲一，下位加五。

一錢　一五如五。本位除去，下位加五。

九兩　五九四十五。变九爲四，下位加五。

六十　五六得三十。变六爲三。

四百　五四得二十。变四爲二。

二千　二五得一十。变二爲一。

假如有銀照前，作六人分之。問每人該銀若干。

　答曰：每人該分銀二千零五十七兩六錢一分三厘一毫五絲。

六歸

九毫　六三添作五。变三爲五。

　　逢六進一十，本位去六，進一于左。

八厘　逢二六進二十。本位去盡，進(一)[二]于左。

七分　六一下加(一)[四]。本位不動，右位加四。

　　逢六進一十，本位去六，進一于左；

六錢　逢六進一十。本位除去，進一于左。

五兩　六三添作五。变三爲五。

　　逢六進一十，本位去六，進一于左；

四十　六四六十四。变四爲六，右位加四。

二千　六三添作五。变三爲五。

　　逢六進一十。本位除去，進一于左。

一萬　起呼六一下加四。本位不動，右位加四。

六因还原

五絲起呼五六得三十。变五爲三。

一毫　一六如六。本位除去，下位加六。

三厘　三六一十八。变三爲一，下位加八。

一分　一六如六。本位除去，下位加六。

六錢　六六三十六。变六爲三，下位加六。

七兩　六七四十二。变七爲四，下位加二。

五十　五六得三十，变五爲三。

二千　二六一十二。变二爲一，下位加二。

假如有銀照前，作七人分之。(門)[問]每人該銀若干。

　荅曰：每人該分銀一千七百六十三兩六錢六分八厘四毫一絲。

七歸

九毫　餘一未歸。

　逢二七進二十，本位去兩箇七，進二于左；

八厘　七二下加六。本位不動，右位加六。

　逢七進一十，本位去七，進一于左；

七分　七五七十一。變五爲七，右位加一。

　逢七進一十，本位去七，進一于左。

六錢　七四五十五。變四爲五，右位加五。

　逢七進一十，本位去七，進一于左；

五兩　七四五十五。变四爲五，(六)[右]位加五。

　逢七進一十，本位去七，進一于左；

四十　七二下加六。本位不動，右位加六。

　逢七進一十，本位去七，進一于左；

三百　七四五十五。变四爲五，右位加五。

二千　七五七十[一]，变五爲七，右位加一。

一萬　起呼七一下加(二)[三]。本位不動，右位加(一)[三]。

七因还原

一絲　在位一数。原不曾歸，則不必動。

四毫　起呼四七二十八。变四爲二，下位加八。

八厘　七八五十六。变八爲五，下位加六。

六分　六七四十二。变六爲四，下位加(一)[二]。

六錢　六七四十二，变六爲四，下位加二。

三兩　三七二十一。变三爲二，下位加一。

六十　六七四十二。变六爲四，下位加二。

七百　七七四十九。变七爲四，下位加九；九退一進一十。

一千　一七如七。本位除去，下位加七。七退(二)[三]進一十。

假如有銀照前，作八人分之。問每人該銀若干。

　荅曰：每人該分銀一千五百四十三兩二錢零九厘八毫六絲二忽五微。

八歸

　八四添作五。变四爲五。

　八二下加四。本位不動，右位加四。

九毫　八五六十二。变五爲六，右位加二。

　逢八進一十，本位去八，進一于左；

八厘　八六七十四。变六爲七，右位加四。

　逢八進一十，本位去八，進一于左；

七分　八七八十六。变七爲八，右位加六，

六錢　逢八進一十。本位除去，進一于左。

五兩　八一下加二。本位不動，右位加二。

　逢八進一十，本位去八，進一于左；

四十　八二下加四。本位不動，右位加四。

　逢八進一十，本位去八，進一于左；

三百　八三下加六。本位不動，右位加六。

二千　八四添作五。变四爲五。

一萬　起呼八一下加二。本位不動，右位加二。

八因还原

五微　起呼五八得四十。变五爲四。

二忽　二八一十六。变二爲一，下位加六；六退四進一十。

六絲　六八四十八。变六爲四，下位加八；八退二進一十。

八毫　八八六十四。变八爲六，下位加四。

九厘　八九七十二。变九爲七，下位加二。

二錢　二八一十六。变二爲一，下位加六。

三兩　三八二十四。变二爲(一)[二]，下位加四。

四十　四八三十二。变四爲(一)[三]，下位加二。

五百　五八得四十。变五爲四。

一千　一八如八。本位除去，下位加八；八退一進一十。

假如有銀照前作，九人分之。問每人該銀若干。

　荅曰：每人該分銀一千三百七十一兩七錢四分二厘一毫。

九歸
九毫　逢九進一十。本位去盡，進一于左。
八厘　逢九進一十。本位除去，進一于左。
七分　九一下加一。本位不動，右位加(四)[一]。
　　逢九進一十，本位去九，進一于左；
六錢　九三下加三本位不動，右位加三。
　　逢九進一十本位去九，進一于左；
五兩　九六下加六本位不動，右位加六。
四十　九一下加一本位不動，右位加一。
　　逢九進一十本位去九，進一于左；
三百　九六下加六本位不動，右位加六。
二千　九三下加三。本位不動，右位加(一)[三]。
一萬　起呼九一下加一。本位不動，右位加一。
九因还原
一毫　起呼一九如九。本位除去，下位加九。
二厘　(一)[二]九一十八。变二爲一，下位加八。
四分　四九三十六。变四爲三，下位加六。
七錢　七九六十(五)[三]。变七爲六，下位加三。
一兩　一九如九。本位除去，下位加九；九退一進一十。
七十　七九六十三。变七爲六，下位加(一)[三]。
三百　三九二十七。变三爲二，下位加七；七上(一)[二]去五進
　　一十。
一千　一九如九。本位除去，下位加九；九退一進一十。
又　撞歸法
二歸　見二無除作九二。　三歸　見三無除作九三。
四歸　見四無除作九四。　五歸　見五無除作九五。
六歸　見六無除作九六。　七歸　見七無除作九七。
八歸　見八無除作九八。　九歸　見九無除作九九。
已有歸，而無除，用起一还原法。即起一还將原数施。
二歸　起一下还二。本位起一，下位还二。三歸　起一下还三。本位起一，下位还三。四歸　起一下还四。本位起一，下位还四。五歸　起一下还五。本位起一，下位还五。六歸　起一下还六。本位起一，下位还六。七歸　起一下还七。本位起一，下位还七。八歸　起一下还八。本位起一，下位还八。九歸　起一下还九。本位起一，下位还九。

二歸一除：假如今有銀一萬二千三百四十五兩六錢七分八厘九毫，作二十一人分之。問每人該分銀若干。

荅曰：每人該分銀五百八十七兩八錢八分九厘四毫七絲。[餘三]。

法曰：置銀爲寔，以二十一人爲法。除之，合問。餘倣此。

法曰：二一添作五，一五除五，二一添作五。逢六進三十，一八除八，二一添作五。逢四進二十，一七除七，二一添作五；逢六進三十，一八除八，二一添作五；逢六進三十，一八除八，二一添作五；逢八進四十，一九除九，逢八進四十；一四除四，二一添作五，逢四進二十；一七除七。餘三未除。

乘法還原

一七如七，二七一十四。一四如四，二四如八。一九如九，二九一十八。一八如八，二八一十六。一八如八，二八一十六。一七如七，二七一十四。一八如八，二八一十六。一五如五，二五得一[十]。

三歸二除：假如：有銀照前，作三十二人分之。問每人該銀若干。

荅曰：每人該分銀三百八十五兩八錢零二厘四毫六絲五[忽][餘二]。

法曰：三一三十一，二三除六，三二六十二，逢六進二十，二八除一十六。三(七)[一](二)[三]十一，逢六進二十，二五除一十。三二六十二，逢六進二十，二八除一十六。逢六進二十，二二除四。三一三十一，逢三進一十，二四除八。三二六十二，二六除一十二。三一三十一，逢六進二十，二五除一十，餘二未除。

乘法還原

二五得一十，三五一十五。二六一十二，三六一十八。二四如八，三四一十二。二二加四，二三如六。二八一十六，三八二十四。二五得一十，(二)[三]五一十五。(一)[二]八一十六，三八二十四。二三如六，三三如九。

四歸三除：假如有銀照前，作四十三人分之。問每人該銀若干。

荅曰：每人該分銀二百八十七兩一錢零八厘八毫一絲，[餘二]。

法曰：四一二十二，二三除六。四三七十二，逢四進一十，(二)[三]八除二

十四。四三七十二，三七除二十。逢四進一十，一三除三。四三七十二，逢四進一十，三八除二十四。四三七十二，逢四進一十，三八除二十四。逢四進一十，[一]三除三。餘七未除。

乘法还原

一三如三，一四如四。三八二十四，四八三十二，三八二十四，四八三十二。一三如三，一四如四。三七二十一，四七二十八。三八二十四，四八三十二。二三如六，二四如八。

五歸四除：假如有銀照前，作五十四人分之。問每人該銀若干。

荅曰：每人該分銀二百二十八兩六錢二分三厘六毫八絲三忽，[餘一八未除]。

法曰：五一倍作二，二四除八。五一倍作二，二四除八。五四倍作八，四八除三十二；五三倍作六，四六除二十四。五一倍作二，二四除八。五一倍作二，逢五進一十，三四除一十二。五三倍作六，四六除二十四。五四倍作八，四八除(二)[三]十二。五一倍作二，逢五進一十，三四除一十二。餘一八未除。

乘法还原

三四一十二，三五一十五。四八三十二，五八得四十。四六二十四，五六得三十。三四一十二，三五一十五。二四如八，二五得一十。四六二十四，五六得三十。四八三十二，五八得四十。二四如八，二五得一十。二四如八，二五得一十。

六歸五除：假如有銀照前，作六十五人分之。問每人該銀若干。

荅曰：每人該分銀一百八十九兩九錢三分三厘五毫二絲，[餘一未除]。

法曰：六一下加四，一五除五。六五八十二，五八除四十。見六無除作九六。五九除四十五。見六無除作九六。五九除四十五。六二(一)[三]十二，三五除一十五。[六二三十二，三五除一十五。]六三添作五，五五除二十五。六一下加四，逢六進一十，二五除一十。餘一未除。

乘法还原

二五得一十，二六一十二。五五二十五，五六得三十。三五一十五，三六一十八；三五一十五，三六一十八；五九四十五，六九五十四；五九四十五，六九五十四；五八得四十，六八四十八；一五如五，[一]六如六。

七歸六除：假如有銀照前，作七十六人分之。問每人該銀若干。

荅曰：每人該分銀一百六十二兩四錢四分三厘二毫四絲三忽四微，[餘一六]。

法曰：七一下加三，一六除六。七四五十五，逢七進一十，六六除三十六。七一下加三，逢七進一十，二六除一十二。七三四十二，四六除二十四。[七]二下加六，逢七進一十，三六除一十八。七一下加三，一六除六。七三四十二，四六除二十四。七二下加六，逢七進一十，三六除一十八。七三四十二，四六除二十四。餘一六未除。

乘法还原

四六二十四，四七二十八。三六一十八，三七二十一。四六二十四，四七二十八。一六如六，一七如七。三六一十八，三七二十一。四六二十四，四七二十八。四六二十四，四七二十八。二六一十二，二七一十四。六六三十六，六七四十二，一六如六，一七如七。

八歸七除：假如有銀照前，作八十七人分之。問每人該銀若干。

荅曰：每人該分銀一百四十一兩九錢零四厘三毫五絲五忽，[餘一六]。

法曰：八一下加二，一七除七。八三下加六，逢八進一十，四七除二十八。八一下加二，一七除七。八七八十六，逢八進一十，七九除六十三。八三下加六，三七除二十一。八四添作五，五七除三十五。八四添作五，五七除三十五。餘一五未除。

乘法还原

五七三十五，五八得四十。五七三十五，五八得四十。三七二十一，三八二十四。四七二十八，四八三十二。七九六十三，八九七十二。一七如七，一八如八。四七二十八，四八三十二；一七如七，一八如八。

九歸八除：假如有銀照前，作九十八人分之。問每人該銀若干。

荅曰：每人該分銀一百二十五兩九錢七分六厘三毫(八)[一]絲五忽三微，[餘六]。

法曰：九一下加一，一八除八。九二下加二，二八除一十六。九五下加五，五八除四十。見九無除作九九，八九除七十二。九七下加七，七八除五十六。九六下加六，六八除四十八。九三下加三，三八除二十四。九一下加一，一八除八。九五下加五，五八除四十。九三下加三，三八除二十四。餘六未除。

乘法还原

三八二十四，三九二十七。五八得四十，五九四十五。一八如八，一九如九。三八二十四，三九二十七。六八四十八，六九五十四。七八五十六，七九六十三。八九七十二，九九八十一。五八得四十，五九四十五。二八一十六，二九一十八。一八如八，一九如九。

九歸九除：假如有銀照前，作九十九人分之。問每人該銀若干。

荅曰：每人該分銀一百二十四兩七錢零三厘八毛二絲七忽。［餘二七］。

法曰：九一下加一，［一］九除九。九二下加二，二九除一十八。九四下加四，四九除三十六。九六下加六，逢九進一十，七九除六十三。九三下加三，三九除二十七。九八下加八，八九除七十二。九二下加二，一九除一十八。九七下加七，七九除六十(二)[三]。餘二七未除。

乘法还原

七九六十三，七九六十三。二九一十八，二九一十八。八九七十二，八九七十二。三九二十七，三九二十七。七九六十三，七九六十三。四九三十六，四九三十六。二九一十八，二九一十八。一九如九，一九如九。

六歸七除二除五除：如有銀照前，作六千七白二十五人分之。問每人該分銀若干。

荅曰：每人該分銀一兩八錢三分五厘七毫八絲八忽六微八塵四沙。

［餘一］。

法曰：六一下加四，一七除七，一二除二，一五除五。六五八十二，七八除五十六，二八除一十六，五八除四十。六(三)[二]三十二，三七除二十一，二三除六，三五除一十五。六三添作五，五七除三十五，二五除一十，五五除二十五。六五八十二，無除起一十还六。七七除四十九，二七除一十四，五七除三十五。六五八十二，七八除五十六，二八除一十六，五八除四十。六五八十二，七八除五十六，二八除一十六，五八除四十。六四六十四，六七除四十二，二六除一十二，五六除三十。六五八十二，七八除五十六，二八除一十六，五八除四十。六二三十二，逢六進一十，四七除二十八，二四除八，五四除二十。餘一未除。

乘法还原

四七二十八，二四如八，五四得二十，四六二十四；七八五十六，二八一十六，五八得四十，六八四十八；六七四十二，一六一十二，五六得三十，六六三十六；七八五十六，二八一十六，五八得四十，六八四十八；七七四十九，二七一十四，五七三十五，六七四十二；五七三十五，二五得一十，五五二十五，五六得三十；三七二十一，二三如六，三五一十五，三六一十八；七八五十六，二八一十六，五八得四十，六八四十八；一七如七，一二如二，一五如五，一六如六。

便蒙法寔捴訣：今有銀六十二兩四錢，作二十四人分之。問每人該分銀若干。

荅曰：每人該分銀二兩六錢。

法曰：置銀六十一兩四錢爲实，以二十四人爲法。除之，用二歸四除。［合問］。

逢四進一十，二四除八。二二添作五，逢二進一十，四六除二十四。合問。

今有稻三百五十五石，每石價銀二錢四分。問共該銀若干。

荅曰：共該銀(七)[八]十(八)[五]兩[二錢]。

法曰：置稻三百二十五石爲实，以每石價二錢四分爲法。乘之。用二四因乘。五四得二十，二五得一十。(二)[五]四(二)[二](八)[十]，二(二)[五](如四)[得]一十。(一)[三]四一十二，二三如六。合問。

今有銀四十六兩八錢，共買米七十二石。問每石價銀若干。

荅曰：每石價銀六錢五分。

法曰：置銀四十六兩八錢爲实，以米七十二石爲法，歸除之。七四五十五，逢七進一十，(八)二六除一十二。七三四十(一)[二]，逢七進一十，二五除一十。合問。

一歸一除：假如有銀一萬二千三百四十五兩六錢七分八厘九毫，作十一人分之。問每人該分銀若干。

荅曰：每人該分銀一千一百(一)[三]十二兩三錢三分四厘四[毫]四絲五忽，[餘五]。

法曰：逢一進一十，一一除一。逢一進一十，一一除(二)[一]。逢二進二十，二二除二。逢三進(二)[三]十，一三除三。

逢四進四十，一四除四。逢四進四十，一四除四。逢四進四十，一四除四。逢五進五十，一五除五。餘五未除。

乘法还原

一五如五，一五如五。一四如四，一四如四。一四如四，一四如四。一四如四，一四如四。一三如三，一三如三。一三如三，一(二)[三]如(二)[三]。一二如二，一二如二。一二如二，[一二如二]；一一如一，一一如一。一一如一，一一如一。

一歸二除：假如有銀照前，作十二以分之。問每人該分銀若干。

荅曰：每人該分銀一千零二十八兩八錢零六厘五毫七絲(二)[五]忽。

法曰：逢一進一十，一二除二。逢二進二十，二二除四。見一無除作九一，無除起一十还一，二八除一十六。逢八進八十，二八除一十六。逢六進六十，二六除一十二。逢五進五十，二五除一十。逢七進七十，二七除一十四。逢五進五十，(一)[二]五除一十。

乘法还原

二五得一十，一五如五。二七一十四，一七如七。二五得一十，一五如五。二六一十二，一六如六。二八一十六，一八如八。二八一十六，一八如八。二二如四，一二如二。一二如二，一一如一。

一歸三除：假如有銀照前，作十三人分之。問(十八)[每人]該分銀若干。

荅曰：每人該分銀九百四十九兩六錢六分六厘六毫。

法曰：見一無除作九一，三九除二十七。逢四進四十，三四除一十二。見一無除作九一，三九除二十七。逢六進六十，三六除一十八。[逢六進六十，三六除一十八；]逢七進七十，三七除二十一。逢六進六十，三六除一十八。餘一未除。

乘法还原

三六一十八，一六如六。三七二十一，一七如七。三六一十八，一六如六。三六一十八，一六如六。三九二十七，一九如九。三四一十二，一四如四。三九二十七，一九如九。

一歸(曰)[四除]：假如有銀照前，作十四人分之。問每人該分銀若干。

荅曰：每人該分銀八百八十二兩八錢三分四厘二毫。[餘一]。

法曰：見一無除作九(二)[一]，無除起一还[一]，四八除三十二。見一無除作九一，無除起一还[一]，四八除三十二。逢一進一十，一四除四。見一無除作九一，無除起一还一，四八除三十二。逢三進三十，三四除一十二。逢二進二十，逢四進四十，二四除八。四四除一十六。餘一未除。

乘法还原

二四如八，一二如二。四四一十六，一四如四。三四一十二，一三如三。四八三十二，一八如八。一四如四，一一如一。四八三十二，一八如八。四八三十二，一八如八。

一歸五除：假如有銀照前，作十五人分之。問每人該分銀若干。

荅曰：每人該分銀八百二十三兩零四分五厘二毫六絲。

法曰：見一無除作九一，無除起一还一，五八除四十。逢二進二十，二五除一十，逢三進三十，三五除一十五。逢四進四十，五四除二十。逢五進五十，五五除二十五。逢二進二十，二五除一十。逢六進六十，五六除三十。

乘法还原

五六得三十，一六如六。二五得一十，一二如二。五五二十五，一五如五。五四得二十，一四如四。三五一十五，一三如三。[二]五得一十，一(一)[二]如(一)[二]。五八得四十，一八如八。

一歸六除：假如有銀照前，作十六人分之。問每人該分銀若干。

荅曰：每人該分銀七百七十一兩六錢零四厘九毫三絲，[餘二]。

法曰：見一無除作九一，無除起二还二，六七除四十二。見一無除作九一，無除起(一)[二]还(一)[二]，六七除四十二。逢一進一十，一六除六。逢六進六十，六六除三十六。逢四進四十，四六除二十四。見一無除作九一，六九除五十四。三六除一十八。逢三進三十。餘二未除。

乘法还原

三六一十八，一三如三。六九五十四，一九如九。四六二十四，一四如四。六六三十六，(二)[一]六如六。一六如六，一一如一。六七四十二，一七如七。六七四十二，一七如七。

一歸七除：假如有銀照前，作十七人分之。問每人該分銀若干。

荅曰：每人該分銀七百二十六兩二錢一分六厘四毫，[餘一]。

法曰：見一無除作九一，無除起二还(一)[二]，七七除四十九。逢二進二十，二七除一十四。見一無除作九一，無除起三还三，六七除四十二。逢二進二十，二七除一十四。逢一進一十，一七除七。見一無除作九一，無除起(二)[三]还三，六七除四十二。逢四進四十，四七除二十八。餘一未除。

乘法还原

四七二十八，一四如四。六七四十二，一六如六。一七如七，一一如一。二七一十四，一二如二。六七四十二，一六如六，二七一十四，一二如二。七七四十九，一七如七。

一歸八除：假如有銀照前，作十八人分之。問每人該分銀若干。

荅曰：每人該分銀六百八十五兩八錢七分一厘零五絲。

法曰：見一無除作九一，無除起三还三，六八除四十八。見一無除作九一，無除起一还一，八八除六十四。見一無除作九一，無除起四还四，五八除四十。見一無除作九一，無除起一还一，八八除六十四。見一無除作九一，一八除八。無除起二还二，逢五進五十，七八除五十六，逢一進一十，五八除四十。

乘法还原

五八得四十，一五如五。一八如八，一一如一。七八五十六，一七如七。八八六十四，一八如八。五八得四十，一五如五。八八六十四，一八如八。六八四十八，一六如六。

一歸九除：假如有銀照前，作十九人分之。問每人該分銀若干。

荅曰：每人該分銀六百四十九兩七錢七分二厘五毫七絲。[餘七]。

法曰：見一無除作九一，無除起三还三，六九除五十四。逢四進四十，四九除三十六。見一無除作九[一]，九九除八十一。見一無除作九一，無除起二还二，七九除六十(二)[三]。見一無除作九(一)，無除起二还二，七九除六十三。逢二進二十，二九除一十八。見一無除作九一，無除起四还四，五九除四十五。見一無除作九一，餘七未除。無除起二还二，七九除六十三。

乘法还原

七九六十三，一七如七。五九四十五，一五如五。二九一十八，一二如二。七九六十三，一七如七。七九六十三，一七如七。九九八十一，一九如九。四九三十六，一四如四。六九五十四，一六如六。

分别物價乘除法實歌訣

若言同姓于分母，異姓相逢却用乘。每兩問物銀分物，每物問價物分銀。分総之法歸除用，撮捴之法即用乘。悮此乘除切要訣，自然通變化分明。

假如今有米七百八十六石，每銀一兩糴米二石四斗。問該銀若干。

荅曰：該銀三百二十七兩五錢。

法曰：置米七百八十六石爲实。以銀每兩糴米二石四斗爲法。除之，得銀三百(二)十七兩五錢。合問。

今有苧蔴五百九十八斤半，每麻三斤半價銀一錢。問該銀若干。

荅曰：該銀一十七兩一錢。

法曰：置蔴五百九十八斤半爲实。以每麻三斤半爲法。除之，得銀一十七兩一錢。合問。

今有芝蔴三石二斗二升，每七升價銀一錢。問該銀若干。

荅曰：該銀四兩六錢。

法曰：置芝蔴三石二斗二升爲实。以七升爲法。歸之，得銀四兩六錢。合問。

今有布七十九丈五尺九寸，賣銀一十八兩九錢五分。問每銀一錢該布(五)[幾]丈。

荅曰：該布四尺二寸。

法曰：置布七十九丈五尺九寸爲实，以銀一十八兩九錢五分爲法。除之，得每銀一錢，該布四尺二寸。合問。

今有銀六百三十八兩二錢五分，買豆八百六十八石零二升。問每銀一兩該豆若干。

荅曰：該豆一石三斗六升。

法曰：置豆八百六十八石零二升爲实，以銀六百三十八兩二錢五分爲法。除之，得每銀一兩，該豆一石三斗六升。合問。

今有錢四千五百四十文，買梨一萬(二)[三]千六百二十枚。問每錢一文買梨若干。

荅曰：該梨三枚。

法曰：置梨一万三千六百二十枚爲实，以錢四千五百四十(二)[文]爲法。除之，得每錢一文，該梨三枚。合問。

今有小麥二百一十六石，賣銀九十兩零七錢二分。問每石價銀若干。

荅曰：每石四錢二分。

法曰：置銀(五)[九]十兩零七錢二分爲实，以小麥二百一十六石爲法。除之，得每石價四錢二分。合問。

今有絹四十一丈六尺，賣銀五十一兩。問絹每尺該銀若干。

答曰：每(夫)[尺]一錢二分二厘五毫九絲六忽。

法曰：置銀五十一兩爲实，以絹四十丈六尺爲法。除之，得每尺價一錢二分二厘五毫九絲六忽。合問，餘六四不盡，未除。

今有銀九十八兩九錢二分，買羊八十隻。問每隻價銀若干。

答曰：每隻一兩二錢三分六厘五毫。

法曰：置銀九十八兩九錢二分爲实，以羊(六)[八](一)[十]隻爲法。歸之，得每隻價二兩二錢三分六厘五毫。合問。

今有銀二百六十四兩二錢三分換錢，每錢一千文價銀五錢六分五厘。問該錢若干。

答曰：該錢四百六十七千六百六十四文。

法曰：置銀二百六十四兩三錢三分爲实，以錢價五錢六分五厘爲法。除之，得錢四百六十七千六百六十四文。合問。

今有米一百四十七石三斗九升，作六十八人分之。問每人該米若干。

答曰：每八該米二石一斗六升七合五勺。

法曰：置米百四十七石三十九升爲实，以六十八人爲法。除之，得每人二石一斗六升七合五勺。合問。

今有銀八十八兩八錢三分買椒，每斤價銀九分四厘。問該椒若干。

答曰：該椒九百四十五斤。

法曰：置銀八十八兩八錢三分爲实，以椒價九分四厘爲法。除之，得椒九百四十五斤。合問。

今有本利銀共四百四十五兩，每兩加利銀二錢五分算。問原本銀若干。

答曰：原本銀三百五十六兩，利銀八十九兩。

法曰：置揔銀四百四十五兩爲實，以每銀一兩加利銀二錢三分共一兩二錢五分爲法。除之得原本銀三百五十六兩。將揔銀内減去原本，餘得利銀八十九兩。合問。

清・梅瑴成《增删算法統宗》卷一　九歸歌

一歸不須歸，其法故不立。按：一歸不須歸，爲單一數言耳。若除法自兩位、三位以上，其法或爲一十，或一百，一千，則仍有逢一進一，逢九進九，之用。

二一添作五，逢二進一十。

三一三十一，三二六十二，逢三進一十。

四一二十二，四二添作五，四三七十二，逢四進一十。

五一倍作二，五二倍作四，五三倍作六，五四倍作八，逢五進一十。

六一下加四，六二三十二，六三添作五，六四六十四，六五八十二，逢六進一十。

七一下加三，七二下加六，七三四十二，七四五十五，七五七十一，七六八十四，逢七進一十。

八一下加二，八二下加四，八三下加六，八四添作五，八五六十二，八六七十四，八七八十六，逢八進一十。

九一下加一，九二下加二，九三下加三，九四下加四，九五下加五，九六下加六，九七下加七，九八下加八，逢九進一十。原本九歸云：九歸隨身下，逢九進一十，只二句，但隨身下三字，殊涵胡不備，故另改八句。

柳下居士曰：九歸歌，每句只五字耳，然有法、有實、有得數、有餘實。如云：二一添作五者，二是法，一是實，五是得數。蓋謂兩人分一數，各得其半。如分一兩，各得五錢也。所分不能成一整數，故不言進，而但于本位添四作五，故謂之添作也。其云：逢二者，二即實也；進一十者，得數也。兩人分二數，則各得其一也。所得既爲整一，則進前一位，而謂之進一十。逢二上宜有二字爲法數，今無者，省文也，餘倣此。其云：三一三十一者，三爲法，一爲實，三十爲得數，末一則餘實也。蓋謂：三人分一兩，各得三錢，仍餘一錢也。此三十即本位，餘實一則置于下位，以待再分也。餘倣此。其五歸倍作云者，皆得數在本位，倍之與添作五同。其云：六一下加四者，六爲法，一爲實，又爲得數；下加四者，餘實也。假如六人分一兩，各得一錢，而仍餘四錢，以待再分也。因得數與實數同爲一，而在本位，故不用添、倍，即借實數爲得數，而但加餘實四于下位也。餘倣此。

歸法

凡法止一位者，自二至九皆用此法。從實首位起，呼九歸之歌，次第歸之。用因法還原。

假如有米二百四十六石八斗，每米二石賣銀一兩。問該銀若干。

答曰：一百二十三兩四錢。

法：置米于盤左爲實，對盤上百、十、石斗之位列之，以每米二石爲法，列盤右；用二歸。以法二歸實首二，呼逢二進一十，去本位之二，于前位上一；次歸實四，呼逢四進二十，去本位之四，于前位上二；次歸實六，呼逢六進三十，去本位之六，于前位上三；次歸實八，呼逢八進四十，去本位之八，于前位上四；歸畢。則實數二四六八，變爲得數一二三四。乃定位，法是石，石前一位得三，是兩。所謂：法前一位得零也。後倣此。兩下一位是錢，兩前一位是十，十前一位是百，是爲一百二十三兩四錢。合問。

二石法

	百	十	石	斗
實首	「二	「四	「六	「八
一	二	三	四	
		兩		

此例已具前因法中，彼是有總銀問總米，此是有總米問總銀，乃還原法也。

假如有苧麻七百三十五斤，每苧麻四斤賣銀一錢。問共銀若干。

答曰：一十八兩三錢七分五釐。

法：置麻總數于盤左爲實，對盤上百十斤之位列之。以四斤爲法，列盤右用四歸。以法四歸實首七，呼逢四進一十，本位之七改三，于前位進一；再歸餘實三，呼四三七十二，本位改三爲七，加二于下位成五。十位原有三，故加二成五。復呼逢四進一十，本位之五去四存一，進一于前位，改七爲八。再歸餘實一，呼四一二十二，本位改一爲二，而加二于下位，改五爲七。斤位原有五，今加二成七。復呼逢四進一十，本位之七去四存三，而進一于前位，改二爲三。次歸餘實三，呼四三七十二，本位改三爲七，而于下位上二。呼四二添作五，即改二爲五，歸畢。則實數七三五，變爲得數一八三七五。乃定位，看法是斤，斤前一位得三，是錢。題是麻四斤賣銀一錢，即是每銀一錢買麻四斤也。故以錢爲零。則錢之下位爲分，爲釐。錢之上位爲兩，爲十；是爲一十八兩三錢七分五釐。合問。

四斤法

	百	十	斤		
實首	「七	「三	「五		
	「三「七	「五「二	「七「三	「二	
一	八	三	七	五	
		錢			

假如有米二百石，令五千人分之。問每人該米若干。

答曰：四升。

法：置米總數于盤左爲實，對盤上百位列之。以五千人爲法，列盤右。用五歸。以法五歸實二，呼五二倍作四，將實二改爲四，實已盡。乃定位，法是千，則千前一位得零，是石。石位空，石下是斗，斗位亦空，斗下是升，定得數爲四升。合問。

五千法

千	百	十
實	「二	
○	○	四
石		

假如有銀一百二十五兩一錢，買椒，每斤價銀九分。問共椒若干。

答曰：一千三百九十斤。

法：置銀總數于盤左爲實，對盤上百十兩錢之位列之。以九分爲法，列盤右。用九歸。以法九歸實首位一，呼九一下加一，本位一不動，加一于下位，改二成三。次歸三，呼九三下加三，本位三不動，加三于下位，改五成八。次歸八，呼九八下加八，本位不動，加八于下位，改一成九。復呼逢九進一十，去本位之九，而進一于前位，改八爲九。歸實已盡，則實數一二五一，變爲得數一三九。重列。乃定位，看法是分，則分前一位得零，是斤，斤位空，斤前爲十，十前爲百，又前爲千，是爲一千三百九十斤。合問。

九分法

	百	十	兩	錢	分
實首	「一	「二	「五	「一	
		三	「八九	「九	
一	三	九	○	斤	重列

起一還原法

一歸，起一下還一。二歸，起一下還二。以至九歸，起一下還九。九歸所起皆一，而還則各如其歸之數。

又　撞歸法

一歸，見一無除作九一。見一之一實也。見，即逢也。九者，得數也。末一，餘實也。以數明之。如：十一人分銀十兩，用一歸一除，逢一當進一十，則十人各得一兩，其銀已盡；餘一人無可除，故不進一十，而將一作九，蓋每人不能得一兩，只與九錢；則十人分去九兩；尚餘一兩，以待除也。餘倣此。二歸，見二無除作九二。三歸，見三無除作九三。四歸，見四無除作九四。五歸，見五無除作九五。六歸，見六無除作九六。七歸，見七無除作九七。八歸，見八無除作九八。九歸，見九無除作九九。

假如有銀二百六十五兩二錢，令十二人分之。問每人若干。

答曰：二十二兩一錢。

法：置銀于盤左爲實，對盤上百、十、兩、錢之位列之。以十二人爲法，列盤右。用一歸二除。以法首位一歸實首位二，呼逢二進二十，去本位之二，進二于前位。隨以法次位二除之，依歸得之二，即所進之二。呼二二如四，于實次位六除四存二。次以法首位一歸實次位餘實二，呼逢二進二十，去本位之二，進二于前位，隨以法次位二除之，依歸得之二，呼二二如四，于實三位五去四存一。次以法首位一歸實三位餘實一，呼逢一進一十，去本位之一，進一于前位。隨以法次位二除之，依歸得之一，呼一二如二，即除去實四位之二，實盡。歸除畢，則實之二六五二，變爲得數二二一。乃定位，法首是十，十前一位得二，是兩，兩下爲錢，兩上爲十，是爲二十二兩一錢。合問。

百 十(boxed) 兩 錢 ｜ 十 人
⌐二 ⌐五 ⌐二 六 ⌐二 實首 ｜ 二 一 法首
一 二 二
兩

假如有銀二百四十三兩，糴米每斗價銀五分四釐。問共米若干。

答曰：四百五十石。

法：置銀總數于盤左爲實，對盤上百十兩之位列之。以五分四釐爲法，列盤右。用五歸四除。以法首位五歸實首位二，呼五二倍作四，改本位之二爲四，隨以法次位四除之，依歸得之四，呼四四一十六，於實次位四，除去十六，餘二十四；改本位之四爲二，改下位之三爲七。加上位之四成七。次以法首位五歸實次位三位之餘實二七，呼五二倍作四，改本位之二爲四，又呼逢五進一十，復改本位先改之四爲五，下位之七去五改二，隨以法次位四除之。依歸得之五，呼五四得二十，除去實三位，餘實二恰盡。歸除畢，則實數二四三，變爲得數四五。乃定位，法首是分，分之前一位定斗，題是每斗，故以斗爲零。斗位空，斗上爲石，石位亦空，石上爲十，爲百，是爲四百五十石。合問。

百 十 兩 錢 分(boxed) ｜ 分 釐
⌐二 實首 ⌐四 ⌐三 ｜ 五 四 法首
二 ⌐四 七 ⌐二
四 五 ○ ○ 斗

假如有四百零五人，共得金五兩六錢七分。問每人該金若干。

答曰：一分四釐。

法：置金總數于盤左爲實，對盤上兩錢分之位列之。以人數爲法，列盤右。用四歸五除。乃以法首位四歸實首位五，呼逢四進一十，于前位進一，本位之五改一。隨以法三位法次位空，故也。五除之，依歸得之一，呼一五如五，本應于實次位去五，因係法之三位除，故退下一位，于實之三位七除五改二。次以法首位四歸實次位三位實一六，呼四一二十二，本位去一改二，下位六加二改八。復呼逢八進二十，除去次位之八，將先得之二改四。隨以法三位五除之，依歸得之四，呼五四除二十，亦退下一位，于實之三位除二，恰盡。歸除畢，則實之五六七，變爲得數一四。乃定位，法首是百，于百之前位定兩，兩位空，兩下爲錢，錢下爲分，是爲一分四釐。合問。

千 百(boxed) 十 兩 錢 分 ｜ 百 十 人
首實 ⌐五 ⌐六 ⌐七 ｜ 四 ○ 五 法首
一 ⌐二 四 ⌐八 ⌐二
○ ○ 一 四
兩

假如有銀八千零五十六兩，賞兵一千零七名。問每名若干。

答曰：八兩。

法：置銀總數于盤左爲實，對盤上千百十兩之位列之。以兵數爲法，列盤右。用一歸七除。以法首位一歸實首位八，呼逢八進八十，去本位之八，進八于前位。隨以法四位七除之，依歸得之八，呼七八五十六，本應于實次位除，因法有兩空位，故退下于實之三位、四位除之，恰盡。歸除畢，則實之八〇五六，變爲得數八。乃定位，法首是千，于千之前一位定兩，是爲八兩。合問。

千(boxed) 百 十 兩 ｜ 千 百 十 名
首實 ⌐八 ○ ⌐五 ⌐六 ｜ 一 ○ ○ 七 法首
八 兩

假如有錢三百四十六文，買李一千零三十八枚。問每錢一文買李幾枚。

答曰：三枚。

法：置李總數于盤左爲實，對盤上千百十枚之位列之。以錢文爲法，列盤右。用三歸四六除。以法首位三歸實首位一，呼三一三十一，改本位之一爲三，加一于下位。隨以法次位、三位四六次第除之，依歸得之三，呼三四一十二，再呼三六一十八，除實恰盡。歸除畢，則實一〇三八，變爲得數三。乃定位，法首是百，于百之前一位定枚，是爲三枚。合問。

千 百(boxed) 十 枚 ｜ 百 十 文
⌐一 ⌐○ ⌐三 ⌐八 ｜ 三 四 六 法首
三 ⌐一
三
枚

假如有銀一千零九十七兩二錢五分，分于五百七十人。問每人該銀若干。

答曰：一兩九錢二分五釐。

法：置銀于盤左爲實，對盤上千百十等位列之。以人數爲法，列盤右。用五歸七除。以法首五歸實首位一，呼五一倍作二，將實首一改作二。然有歸無除，用起一還原法呼五歸起一下還五，將所倍之二改爲一，加五于下位。隨以法次位七除之，依歸得之一，呼一七除七，于實三位去七，改九爲二。次以法首位五歸實次位五，用撞歸法，呼五歸見五無除作九五，將本位之五改九，于下位加五，改二爲七，隨以法次位七除之，依歸得之九，呼七九六十三，于實三位七去六，改七爲一，于實四位七去三，改七爲四。次以法首五歸實三位一，呼五一倍作二，改本位之一爲二。隨以法次位七除之，依歸得之二，呼二七一十四，于實四位四去十四餘廿六，將本位改四爲二，而加六于五位改二爲八。次以法首位五歸實四五兩位二八，呼五二倍作四，改二爲四，又呼逢五進一十，將本位之四改五，五位之八去五改爲三。隨以法次位七除之，依歸得之五，呼五七三十五，除餘實恰盡。歸除畢，則實一〇九七二五，變爲得數一九二五。乃定位，法首是百，於百前一位定兩，是爲一兩九錢二分五釐。合問。

	千	百	十	兩	錢	分	百	十
實首	一	〇	九	七	二	五	五法首	七
	二	五	三	四	八	〇		
	一	九	七	二	三			
			一	四	〇			
			二	五				
	一	九	二	五	重列			
	兩							

清・屈曾發《九數通考》卷一

九歸歌多數在上，少數在下。歸法呼此數。

一歸　不須歸，其法故不立。逢一進一十，至逢九進九十，是也。

二歸　二一添作五，逢二進一十。逢四進二十，逢六進三十，逢八進四十。

三歸　三一三十一，三二六十二，逢三進一十。逢六進二十，逢九進三十。

四歸　四一二十二，四二添作五，四三七十二，逢四進一十。逢八進二十。

五歸　五一倍作二，五二倍作四，五三倍作六，五四倍作八，逢五進一十。

六歸　六一下加四，六二三十二，六三添作五，六四六十四，六五八十二，逢六進一十。

七歸　七一下加三，七二下加六，七三四十二，七四五十五，七五七十一，七六八十四，逢七進一十。

八歸　八一下加二，八二下加四，八三下加六，八四添作五，八五六十二，八六七十四，八七八十六，逢八進一十。

九歸　隨身下，逢九進一十。九一下加一，至九八下加八，是也。

解曰：三歸云：三一三十一。謂如：三人分銀一兩，各得三錢，共除九錢，餘存一錢。再用三歸，又除九分，餘存一分也。又云：三二六十二，謂如：三人分銀二兩，各得六錢，共除一兩八錢，餘存二錢。再用三歸又除一錢八分，餘存二分也。又云：逢三進一十，謂如三人分銀三兩，各得一兩也。餘倣此。

分法實訣凡因乘不必拘，惟歸除不可顛倒錯誤。須詳理而分之。

一曰：以所有總數爲實，以所求每數爲法。

一曰：有總物而又有總價，或云每物。即以物爲法，以價爲實。或云每價，即以價爲法，以物爲實。餘倣此。

又　加減只須認本位，加法、減法，本身不動，故曰：只須認本位。歸與歸除上位施。但用歸除法，實前定位，故曰：除法雖降，而位反陞。又曰：歸從法前得令。法多原實逆上法，此謂法多實少者，蓋法數多而實數少也。須從實首位數起，逆數至法首位之數止。法前得令順下宜。再進前一位得令，令者斤、兩、石、斗、丈、尺、貫、箇等。名也。順下是小數，逆上是大數也。法少原實降下數，此謂法少實多者，蓋法數少，而實數多也。須從實首位數起，降下至法首位之數止。法前得令逆上知。却進前一步得令。逆上則十、百、千、萬，逐位而大，順下則錢、分、釐、毫，挨次而小也。

又十二字訣　乘從每下得術，術者，乃法首位每下該得之名也。從實首位數起，降下至法首每數則止。再下一位，得法首每下該得之名，是兩呼兩，是石呼石，以上十、百、千、萬，以下錢、分、釐、毫、也。歸從法前得令。注見前。

又　歸除訣

惟有歸除法更奇，將身歸了次除之。先將法首對實首，呼九歸歌歸之，次將歸見數，對法次位以下，呼九九數，挨次除之。有歸若是無除數，起一還將原數施。若本位有子可歸，次位無子可除；或雖有子，不彀除也，則用後起一還原法。或遇本歸歸不得，撞歸之法莫教遲。如一歸只一子；二歸只二子；因下位無子可除，故不能歸也。則用後撞歸法。如撞歸訖，仍不彀除，則再用起一還原法。若人識得中間意，算學雖深可盡知。

撞歸法

一歸　見一無除作九一。二歸　見二無除作九二。三歸　見三無除作九三。四歸　見四無除作九四。五歸　見五無除作九五。六歸　見六無除作九六。七歸　見七無除作九七。八歸　見八無除作九八。九歸　見九無除作九九。

起一還原法

一歸　起一下還一。二歸　起一下還二。三歸　起一下還三。四歸　起一下還四。五歸　起一下還五。六歸　起一下還六。七歸　起一下還七。八歸　起一下還八。九歸　起一下還九。

清·許桂林《算牖》卷一《九歸歌》　逢一進一，逢二進二，逢三進三，逢四進四，逢五進五，逢六進六，逢七進七，逢八進八，逢九進九。

二一添作五，二人分一十，各得五也。逢二進一，逢四進二，逢六進三，逢八進四。

三一三十一，三人分一百，每人得三十，共九十，餘一十，歸之下位，故《數度衍》作三一三餘一。三二六十二，三人分二百，每人得六十，共一百八十，餘二十归之下位也。餘可類推。逢三進一，逢六進二，逢九進三。

四一二十二，四二添作五，四三七十二，逢四進一，逢八進二。

五一倍作二，五二倍作四，五三倍作六，五四倍作八，逢五進一。

六一下加四，六二三十二，六三添作五，六四六十四，六五八十二，逢六進一。

七一下加三，七二下加六，七三四十二，七四五十五，七五七十一，七六八十四，逢七進一。

八一下加二，八二下加四，八三下加六，八四添作五，八五六十二，八六七十四，八七八十六，逢八進一。

九一下加一，九二下加二，九三下加三，九四下加四，九五下加五，九六下加六，九七下加七，九八下加八，逢九進一。

有歸之不能用常法者，則用撞歸。一歸，則見一無除作九一。二歸，則見二無除作九二。三歸，則見三無除作九三。四歸以下倣此。九歸，見九但于下位加九。故曰：見九撞九。仍有歸無除，則一歸無除，起一下還一。二歸無除，起一下還二。三歸以下例推然後可算。亦有不係撞歸，歸數多而下位無除者，亦于二歸則起一下還二，三歸則起一下還三。又如八九八乘九八九其乘也，須將算盤格上二子，上一子爲十，下一子爲五，方能敷用，謂之懸珠，其還原也九歸。八九除亦用懸珠，桂林案：于此見珠算不無遺憾。《數度衍》言：加減莫善于珠，乘莫善于籌，除莫善于筆，比例莫善于尺，蓋有見于此。桂林既明四算，竊見乘除皆。莫便于籌，較珠盤所省甚多，舊用籌算者，以筆併減，桂林則謂用籌而以珠，加減尤省便，蓋乘除俱莫善于籌，而加減實莫善于珠，籌算不用乘除只用加減，而乘除之數俱得以珠濟之合此二善省心省手無以踰之珠算，世所通知不復贅詳。但錄乘除歌訣詳在二卷籌算，此乘除訣習四算者，皆所應曉也。

又　卷四《珠算定位法》　除法于珠盤內一位作記爲實中數，與法首同者列實，即列此數于其位。得數後此上一位，定爲單位。

清·潘逢禧《算學發蒙·珠算二·乘除説》　除法歌訣

一歸　不須歸，歸者分也。一人則不必分，即至十人、百人，亦可以原數遞降分之，故不必歸也。其法故不立。

二歸　二一添作五，二指法數，一指實數。以二分一，各得五分。故本位一珠抹去，而樑上添一珠，當五數也。下仿此。逢二進一十。二指實數，以二分二各得一分。故末位二珠抹去，而上位上一珠。下仿此。

三歸　三一三十一，三指法數，一指實數。以三分一，各得三分，而餘一未分。故本位加二珠作三數，下位上一珠，借名三十一。其實下位之一數，即本位三分所餘之一分。譬如：一十兩，三人分之。各得三兩，尚餘一兩也。下仿此。三二六十二，以三分二，各得六分，而餘二未分。故本位加四作六數，下位上二珠。借名六十二，其實下位之二數，與本位六數同等，以珠算除法，皆降位，故也。下仿此。逢三進一十。三指實數，以三分三，各得一分。故本位三珠抹去，而上位上一珠。

四歸　四一二十二，本位加一珠，作二數，下位上二珠。四二添作五，本位二珠抹去，樑上添一珠，當五珠。四三七十二，本位改三作七，下位上二珠。逢四進一十。本位四珠抹去，上位進一珠。

五歸　五一倍作二，以五分一，各得(五)[二]分，故本位一珠則加倍作二珠。下三句仿此。五二倍作四，本位二珠，加倍作四珠。五三倍作六，本位三珠，加倍作六數。五四倍作八，本位四珠，加倍作八數。逢五進一十。本位五珠抹去，上位上一珠。

六歸　六一下加四，以六分一，各得一分，而餘四未分。故：本位不動，而下位上四。後仿此。六二三十二，本位改二作三，下位上二珠。六三添作五，本位改三作五。六四六十四，本位改四作六，下位上四。六五八十二，本位改五作八，下位上二。逢六進一十。本位六珠抹去，上位進一珠。

七歸　七一下加三，本位不動，下位上三。七二下加六，本位不動，下位上六。七三四十二，本位改三作四，下位上二。七四五十五，本位改四作五，下位上五。七五七十一，本位改五作七，下位上一。七六八十四，本位改六作八，下位上四。逢七進一十。本位七珠抹去，上位進一珠。

八歸　八一下加二，本位不動，下位上二。八二下加四，本位不動，下位上四。八三下加六，本位不動，下位上六。八四添作五，本位改四作五。八五六十二，本位改五作六，下位上二。八六七十四，本位改六作七，下位上四。八七八十六，本位改七作八，下位上六。逢八進一十。本位八數抹去，上位進一珠。

九歸　九一下加一，本位不動，下位上一。九二下加二，九三下加三，九四下加四，九五下加五，九六下加六，九七下加七，九八下加八，逢九進一十。本位九數抹去，上位進一珠。

乘除二歌，乃珠算之祖。學者最宜熟讀，但記多數在上，少數在下。如四二添作五，八六七十四之類，即九歸歌訣。少數在上，多數在下。如二四如八，六八四十八之類，是九因歌訣。如此庶不訛誤。

清・鄧建章《中西算學入門滙通》卷上《珠算除法》　九歸歌撞歸法、起一還原法附

一歸

算法云：一歸不須歸，其法故不立。兹則詳述。法首位是一，用一歸。法首位是二，用二歸。餘類推。

逢一進一。謂實上有一珠，即將此一珠除去，進位上一珠。下仿此。

逢二進二，逢三進三，逢四進四，逢五進五，逢六進六，逢七進七，逢八進八，逢九進九。

見一無除撞九一。有時遇實上一珠不能逢，則用此句。將一珠變成九珠，下位上一珠，合九一。餘皆做此。

無除起一下還一。有時不敷除，將實上起去一珠，下位上一珠。猶不敷除，再起一，下還一，以敷除爲界。

餘可類推。

二歸

二一添作五。上二字是法，下一字是實。謂二遇一，將一除去，於横梁上邊下一珠，即是五。如有數一百，欲作二分分之，則呼二一添作五，每分得五十。下做此。

逢二進一十，逢四進二十，逢六進三十，逢八進四十。見二無除撞九二。無除起一下還二。

三歸。

三一三十一。謂三遇一，將一珠變作三珠，下位上一珠。如有數一百，欲作三分分之，每分先得三十，其下位餘一。即於一百内減去九十，仍餘十，是也。

三二六十二，逢三進一十，逢六進二十，逢九進三十。見三無除撞九三。無除起一下還三。

四歸

四一二十二，四二添作五，四三七十二，逢四進一十，逢八進二十。見四無除撞九四。無除起一下還四。

五歸

五一倍作二。謂五遇一，將一珠再加一珠，改作二珠。下做此。

五二倍作四，五三倍作六，五四倍作八，逢五進一十。見五無除撞九五。無除起一下還五。

六歸

六一下加四。謂六遇一，本位不動，下位上四珠。下做此。

六二三十二，六三添作五，六四六十四，六五八十二，逢六進一十。見六無除撞九六。無除起一下還六。

七歸

七一下加三，七二下加六，七三四十二，七四五十五，七五七十一，七六八十四，逢七進一十。見七無除撞九七。無除起一下還七。

八歸

八一下加二，八二下加四，八三下加六，八四添作五，八五六十二，八六七十四，八七八十六，逢八進一十。見八無除撞九八。無除起一下還八。

九歸

九一下加一，九二下加二，九三下加三，九四下加四，九五下加五，九六下加六，九七下加七，九八下加八，逢九進一十。見九無除撞九九。無除起一下還九。

單歸用法

設如有數一百五十三，欲作三分分之。每分該得若干。

先於盤上，挨次上一，上五，上三。然後呼三一三十一，逢六進二，逢三進一。如法挨次化之，得五十一。

多位歸除用法

設如有數二千六百四十，以一百三十二除之。該得若干。

先於盤上，挨次上二，上六，上四。然後，呼逢二進二，二三除六，二二除四。如法挨次化之，得二十。

歸除用法，不必多演，觀後諸法，自能通曉。蓋諸法，名雖異而理則同。學者以意會通可也。

方田飛歸即二四除。

見一加三小四隨。實數一，則加三變四；次於隔一位上四。設如有田一百步，該四分，除去九十六步。餘小四，即是所餘之四步，用二四除，須三算，二一添作五，無除起一下還二，四四除一十六，與此同。此只一算。

見二作八生小八。解同上。二十四上一飛歸。謂除去二十四，進位上一。下倣此。四十八上來兩度。七十二上進三歸。九十六上進四歸。

清·李善蘭《珠算金鍼·乘除演》 歸除法

凡除法第一字爲法，第二字爲實，第三字以下爲商數。凡進一十，及見幾無除作九幾者，皆以第二字爲法。其□□進幾十者，又以第二字爲法之幾倍。

二一添作五，四二添作五，六三添作五，八四添作五。此四句，以首字分第二字而得第五字，實不定，法亦不定。而所得定爲五也，皆本位改作五也。

五一倍作二，五二倍作四，五三倍作六，五四倍作八。此四句，亦以首字分第二字而得第五字。實不定，法定爲五，而所得亦不定也。亦皆本位改作幾也。

三二六十二。四一二十二，四三七十二。六二三十二，六五八十二。七三四十二，七四五十五，七六八十四。八五六十二，八六七十四。此十句，皆以首字分第二字而得第三字。乘第四字加第五字，但第五字不爲小數之較，而爲大數之較。蓋不爲第一字分第二字比第三字所多，反爲第一字比第二字乘第三字所多也。實不定法亦不定，所得亦不定。第三字皆本位改作幾，第五字皆右位加幾也。因乘之幾十幾眞數也。歸法之幾十亦眞數也。其幾則假數也。蓋幾十者，已分所各得之幾也幾者未分所共餘之幾也。幾十與幾本同位，但歸除之例。去一位者已分則降一位，其實降一位者，其所占之地反升一位。故已分者，以本位爲單位。未分者，以右位爲單位。分置兩位，有似於幾十幾，故權呼爲幾十幾耳。歸除句法，皆以是觀之。

三一三十一。六四六十四。七五七十一。八七八十六。此四句，亦以首字分第二字而得第三字，乘第四字加第五字事事，皆與上十句同。唯此第三字與第一字同，乃所分得之數與法同也。

六一下加四。七一下加三，七二下加六。八一下加二，八二下加四，八三下加六。九一下加一，九二下加二，九三下加三，九四下加四，九五下加五，九六下加六，九七下加七，九八下加八。此十四句，皆以首字分第二字而得第二字，乘十字加第五字。本位不動，只於右位加幾，乃所分得之數。與未分之原實雖降位，而數仍同。故本位不必動也。

逢四進二十，逢六進三十，逢八進四十。逢六進二十，逢九進三十。逢八進二十。此六句，皆以法分第二字而得第四字。本位減幾，左位加幾。

逢一進一十，逢二進二十，逢三進三十，逢四進四十，逢五進五十，逢六進六十，逢七進七十，逢八進八十，逢九進九十。此九句，皆以一分第二字而得第四字。乘第五字，本位減幾，左位加幾，乃所分得之數，與未分之原實雖降位，而數仍同也。

逢一進一十。逢二進一十。逢三進一十。逢四進一十，逢五進一十。逢六進一十。逢七進一十。逢八進一十。逢九進一十。此九句皆以第二字分第二字，而得第四字，乘第五字。本位減幾，左位加一，乃法數與實數同也。第一句與上複。

見一無除作九一，見二無除作九二，見三無除作九三，見四無除作九四，見五無除作九五，見六無除作九六，見七無除作九七，見八無除作九八，見九無除作九九。此九句皆以第二字分第二字，而得第六字，乘十加第七字也。本位改作九，右位加幾，乃法首位與實同，而法尚大於實故不能逢幾進一十，而改作九餘幾也。珠盤每行須十八枚方足用。上加一於二爲三枚作十五，并下五共得二十。則有餘矣。若上止二枚，則如以九十九分九十八。第一句云：見九無除作九九，已無安頓處矣。

無除起一下還一，無除起二下還二，無除起三下還三，無除起四下還四。無除起一下還二，無除起二下還四，無除起三下還六，無除起一下還三，無除起二下還六。無除起一下還四，無除起一下還五，無除起一下還六。無除起一下還七。無除起一下還八。此十四句，乃逢幾進幾十之還原法，乘第四字而得第七字也。蓋因歸帶除，左位已分者太大，右位未分者太小，是實不足當法乘得數，於是本位減得數之幾，右位加實數之幾也。

無除起幾下還幾，一歸四句，二歸三句，三歸二句，四歸、五歸、六歸、七歸、八歸各一句。蓋一歸九比一多八，二歸九比二多七，三歸九比三多六，四歸九比四多五。而一歸起一還一，則右比左多二四乘之，則多八矣。二歸起一還二，則右比左多三三乘之，則多九矣。三歸起一還三，則右比左多四二乘之，則多八矣。四歸起一還四，則右比左多五矣，或恰合、或有餘故至此可止也。坊本有無除起一下還九者誤。無除起幾下還幾，與逢幾進幾十，皆在已歸未歸兩行加減之用。在歸先者，以左行爲已歸，本行爲未歸用。在歸後者，以本行爲已歸，右行爲未歸。逢幾進幾十，或無除起幾下還幾，欲知當用幾者，只看法數第二位，係幾斯使左右兩行爲十分之幾而已。蓋以法乘左行得數，而減於右行，右行之中暗藏以十乘也。左以幾乘，右以一乘，則其原數左爲十，而右爲幾也。

歸帶除者，仍如逢幾進幾十也。如一歸一除逢一進一，則右減一，而左加一矣。又繼之以一二除一是第三位，又減一矣。共爲逢一十一而進一也。一歸二除，逢一進一，繼之以一二除二，是共爲逢一十二而進一也。二歸一除，逢二進一則右減一，而左加一矣。又繼之以一一除一，是第三位又減一矣。共爲逢二十一而進一也。餘放此。今世教人習算者，從左而右，平列一、二、三、四、五、六、七、八、九，而加以歸，歸訖還原，不唯語句參差口訣中，各句不能皆有，而且未乘先除，必有分不盡者。今更立一法，從左而右平列九、八、七、六、五、四、三、二、一，先乘而後除之，則口訣句句皆有，且必無分不盡之虞矣。其二歸之中無字句處，恍然有二〇仍作〇逢〇進〇十等句。隱於其間，如等韻之有音無字者，然細心人自能領之。餘歸及歸帶除者，皆放此。

清・蔣守誠《算法全書》卷一《九歸歌釋義》

一歸　不須歸，一者，原數，不必歸也。其法故不立。惟兼歸除，左邊爲實，右邊爲法。但法首位有一數者，是一歸也。故用逢一進一起，至逢九進九止。逢九，即是九次逢一進一。

二歸　二假如二人，右邊爲法。一假如一兩，左邊爲實。添作五，法實相呼，將一兩添四，變作每人各得五錢。二人，二五得一兩，以合原數。逢二進一十，法二人，實二兩。歸曰：逢二各得一兩。逢四進二十，逢六進三十，逢八進四十。其理同前。

三歸　三人右爲法，一兩左爲實。三十一，法實相呼，將一兩添二，變作每人三錢。三人除九錢，餘一錢。歸曰：三十一。一錢又歸，每人各得三分，三人共除九分，而剩一分。如此難盡。（二）[三]人爲法，二兩爲實。六十二，法實相呼，將二兩添四，變作每人六錢。三人，三六共除一兩八錢，餘二錢。歸曰：六十二。二又再歸，亦難盡也。逢三進一十，法三人，實三兩。歸曰：逢三進一於前位。每人各得一兩，三人共得三兩。以合原數。逢六進二十，逢九進三十。其理同前。

四歸　四人爲法，一兩爲實。二十二，法實相呼，將一兩添一，變作每人二錢，四人共除八錢，餘二錢。歸曰：二十二。二錢又用後歸「四二添作五」，每人又得五分也。四人爲法。二兩爲實。添作五，法實相呼，將二兩添三，變作每人五錢。四人爲法，三兩爲實。七十二，法實相呼，將三兩添四，變作每人七錢，四人，四七共除二兩八錢，餘二錢。歸曰：七十二。二錢又用前「四二添作五」法，每人又得五分是也。逢四進一十，法四人，實四兩。歸曰：逢四進一於前位，每人各得一兩。四人共得四兩，以合原數。逢八進二十。其理同前。

五歸　五人爲法，一兩爲實。倍作二，法實相呼，將一兩添「一」，變作每人二錢，五人，二五得一兩。以合原數。五人爲法。二兩爲實。倍作四，法實相呼，將二兩添二，變作每人四錢。五人，四五得二兩，以合原數。五人爲法。三兩爲實。倍作六，法實相呼，將三兩添三，變作每人六錢。五人，五六得三兩。以合原數。五人爲法。四兩爲實。倍作八，法實相呼將四兩添四，變作每人八錢。五人，五八得四兩。以合原數。逢五進一十。法五人，實五兩。歸曰：逢五進一於前位。每人各得一兩。五人，共得五兩。以合原數。

六歸　六人爲法。一兩爲實。下加四。法實相呼，一兩不動，變作每人一錢，六人，共除六錢，餘四錢。歸曰：下位加四。四錢又用後「六四六十四」歸法算。六人爲法。二兩爲實。三十二，法實相呼，將二兩添一，變作每人三錢。六人，三六共除一兩八錢，餘二錢。

歸曰：三十二。二錢又用此歸法算。六人爲法。三兩爲實。添作五，法實相呼，將三兩添二，變作每人五錢。大人，五六得三兩。合原。六人爲法。四兩爲實。六十四，法實相呼，將四兩添二，變作每人六錢。大人，共除三兩六錢，餘四錢。歸曰：六十四。四錢，又照此歸算。六人爲法。五兩爲實。八十二，法實相呼，將五兩添三，變作每人八錢。六人，共除四兩八錢，餘二錢。歸曰：八十二。二錢，又用「六二三十二」歸法算。逢六進一十。法六人，實六兩。歸曰：逢六進一於前位。每人各得一兩。六人，共得六兩。以合原數。

七歸　七人爲法。一兩爲實。下加三。法實相呼，一兩不動，變作每人三錢，七人，共除七錢，餘三錢。歸曰：下加三。三錢，又用後「七三四(下)[十]二」歸法。七人爲法。二兩爲實。下加六，法實相呼，二兩不動，變作每人二錢。七人，共除一兩四錢，餘六錢。歸曰：下位加六。六錢，又用後「七六八十四」歸法算。七人爲法。三兩爲實。四十二，法實相呼，將三兩添一，變作每人四錢。七人，共除二兩八[錢]，餘二錢。歸曰：四十二。二錢，又用前「七二下加六」歸法算。七人爲法。四兩爲實。五十五。法實相呼，將四兩添一，變作每人五錢。七人，共除三兩五錢，餘五錢。歸曰：五十五。五錢，又用後「七五七十一」歸法算。七人爲法。五兩爲實。七十一。法實相呼，將五兩添二，變作每人七錢。七人，共除四兩九錢，餘一錢。歸曰：七十一。一錢，又用前「七一下加三」歸法算。七人爲法。六兩爲實。八十四。法實相呼，將六兩添二，變作每人八錢。七八，共除五兩六錢，餘四錢。歸曰：八十四。四錢，又用前「七四五十五」歸法算。逢七進一十。法七人，實七兩。歸曰：逢七進一於前位。每人各得一兩，七人，共得七兩。以合原數。

八歸　八人爲法。一兩爲實。下加二。法實相呼，一兩不動，變作每人一錢。八人，共除八錢，餘二錢。歸曰：下加二。二錢，又用後「八二下加四」歸法算。八人爲法。二兩爲實。下加四。法實相呼，二兩不動，變作每人二錢。八人，共除一兩六錢，餘四錢。歸曰：下位加四。四錢，又用後「八四添作五」歸法算。八人爲法。三兩爲實。下加六。法實相呼，三兩不動，變作每人三錢。八人，共除二兩四錢，餘六錢。歸曰：下加六。六錢，又用後「八六七十四」歸法算。八人爲法。四兩爲實。添作五。法實相呼，將四兩添一，變作每人五錢，八人，共得四兩。合原。八人爲法。五兩爲實。六十二。法實相呼，將五兩添一，變作每人六錢。八人，共除四兩八錢，餘二錢。歸曰：六十二。二錢，又用前「六二三十一」歸法算。八人爲法。六兩爲實。七十四。法實相呼，將六兩添一，變作每人七錢。八人，共除五兩六錢，餘四錢。歸曰：七十四。四錢，又用前「八四添作五」歸法算。八人爲法。七兩爲實。八十六。法實相呼，將七兩添一，變作每人八錢。八人，共除六兩四錢，餘六錢。歸曰：八十六。六錢，又用前「八六七十四」歸法算。逢八進一十。法人(八)[人]，實八兩。歸曰：逢八進一於前位，每人各得一兩。八人，共得八兩。以合原數。

九歸　九人爲法。一兩爲實。下加一。法實相呼，一兩不動，變作每人一錢。九人，共除九錢，餘一錢。歸曰：九一隨身下加一。如此挨身加一，難盡。九人爲法。二兩爲實。下加二。法實相呼，二兩不動，變作每人二錢。九人，共除一兩八錢，餘二錢。歸曰：下加二。(三)[二]錢，又用此歸法。挨次而算。九人爲法。三兩爲實。下加三。法實相呼，三兩不動，變作每人三錢。九人，共除二兩七錢，餘三錢。歸曰：下加三。三錢，又用此歸，挨次而算。九人爲法。四兩爲實。下加四。法實相呼，四兩不動，變作每人四錢。九人，共除三兩六錢，餘四錢。歸曰：下加四。四錢，又用此歸，逐位而算。九人爲法。五兩爲實。下加五。法實相呼，五兩不動，變作每人五錢。九人，共除四兩五錢，餘五錢。歸曰：下加五。五錢，又用此歸，逐位而算。九人爲法。六兩爲實。下加六。法實相呼，六兩不動，變作每人六錢。九人，共除五兩四錢，餘六錢。歸曰：下加六。六錢，又用此歸，挨次而進。九人爲法。七兩爲實。下加七。法實相呼，七兩不動，變作每人七錢。九人，共除六兩三錢，餘七錢。歸曰：下加七。七錢，又用此歸，挨次而算。九人爲法。八兩爲實。下加八。法實相呼，八兩不動，變作每人八錢。九人，共除七兩二錢，餘八錢。歸曰：下加八。八錢，又用此歸，挨次而進。逢九進一十。法九人，實九兩。歸曰：逢九進一於前位，每人各得一兩。九人，共得九兩。以合原數。

右法，與九九合數相混。但記句法，多數在先，少數在次，自九歸之句。

數名釋義

凡云實者，積數之本。凡云法者，陞降之用。陞積謂之乘，因乘加三法，總謂之乘。蓋單位曰因。位數多者曰乘。有一數居首者，謂之加。三者皆一意也。但以位數多少，而異其名耳。降積謂之除。九歸、歸除、商除三者，總謂之除。亦以位數不同，而異其名也。實上增添謂之加，實中分去謂之減。直者謂之長，横者謂之闊。長者謂之縱，又謂之股，闊者謂之廣，又謂之勾。兩隅相去，謂之斜。又謂之弦。立起謂之高，垣墻之類陷下謂之深。溝渠之類外圍謂之周，周中之弦，謂之徑。方徑謂之面，又謂之平。相併，謂之和。相減，餘者謂之較。又謂之差。隅斜角相對。

乘除用字釋

以用也。置列也。爲數未定也。得數已成，合得同。呼呼喚其數。命言也。首第一位也。尾未位也。身本位。率齊數。實所問之物。法所求之價。積乘除成數。則法也。左上邊大位。右下邊小位。倍加倍。

折減一半。 原初數也。 併二數合一。 截割斷。 通會同諸數與乘同。 變改換。 廉方直長。 逢過實數名。 進前一位。 退下一位。 自乘法實數相同。 相乘互換相生，九九之數。 遍乘先以一法，遍乘諸數。 再乘謂立方。長、闊、相乘，又以高乘。 除之。九歸、歸除、商除之類。 五乘如四處數目，顛倒斜魚上下相乘。 得令斤、兩、貫、箇之類。 得術乃法首位，每下該得之名。 若干未算成數，與幾何同。

數附暗馬式。後開數目九箇字。

一〡二〢三〣四〤五〥六〦七〧八〨九〩

右書數目，九字配合相生而成暗馬之法也。

大字之下旁記小馬，以爲暗數之式樣。 惟一三不拘橫直，但位數配合得宜，不亂爲式。 假如十數作十，二十二作〢，三十三作〣，四十四作〤，五十七作〥〧，六十九作〦〩。餘倣此式。

九歸

凡一至九，單位者，用此。 置物爲實，以價、或分物者，爲法。 呼九歸之歌，或進、或倍，從實首位算起，用因法還原。【略】

學者如何算九歸，先從實上左頭推。 逢進起身須進上，下加次位以施爲。

假如今有米四百八十六石二斗，每銀一兩糴米二石。 問共該銀若干。

荅曰：二百四十三兩一錢。

法曰：置總米爲實，以每兩糴米二石爲法。 歸之，合問。

定位法，只認石上，前一位即十之位定兩。 逆上即百之位定十兩。 再陞上一位定百兩。 合得。

此所謂歸與歸除，上位施，先數原實百起，順下至石，遇法首位是每兩二石則止。 轉向前一位得令是兩。 逐位逆數陞上。 合得。【略】

假如今有銀八百三十五兩八錢，每銀三兩糴米一石。 問該米若干。

荅曰：二百七十八石六斗。

法曰：置總銀爲實，以每石價銀三兩爲法。 歸之，合問。

定位：法只認兩。 前一位是石，逆上依次陞之。 合得。【略】

還原，用三因。

三六一十八，三八二十四，三七二十一，二三如六。

假如今有苧蔴七百三十五斤，每苧四斤賣銀一錢。 問該銀若干。

荅(目)[曰]：一十八兩三錢七分五釐。

法曰：置總苧爲實，以每錢賣苧四斤爲法。 歸之。 合問。

定位：法只認斤。 前一位定錢，依次逆陞。 合得。【略】

還原，用四因。

四五得二十，四七二十八，三四一十二，四八三十二，一四如四。

假如今有銀一百二十三兩四錢五分，每銀五兩換金一兩。 問該金若干。

荅曰：二十四兩六錢七分。

法曰：置總銀爲實，以五兩爲法。 歸之。 合問。

定位：法只認銀兩上前一位是金兩數，逆陞。 合得。【略】

還原，用五因。

五九四十五，五六得三十，四五得二十，二五得一十。

又如今有米二十石，作五萬人分之。 問每人該米若干。

荅曰：四勺。

法曰：置米爲實，以人五萬爲法。 歸之。 合問。

定位：法多實少，先從實首原位數起，逆上至遇法首位是萬則止。 向前一位得令是石也。 順數降下，合得。【略】

還原，用五因。

四五得二十。

假如今有銀二百六十五兩三錢二分，作六人分之。 問每人該銀若干。

荅曰：四十四兩二錢二分。

法曰：置銀爲實，以六(八)[人]爲法。 歸之。 合問。

定位：法從原實數百降下次位幾十，又次位幾人，遇法是人則止。 前一位得令是兩，逆上陞之。 合得。【略】

還原，用六因。

二六一十二，二六一十二，四六二十四，四六二十四。

假如今有銀七十兩，糴大麥七百五十五石一斗六升。 問每銀一兩該麥若干。

荅曰：一十石零七斗八升八合。

法曰：置麥爲實，以總銀七十爲法。 歸之。 合問。

定位：同前。【略】

還原，用七因。

七八五十六，七八五十六，七七四十九，一七如七。

假如今有銀九十八兩九錢二分，買羊八十隻。問每隻該銀若干。

答曰：一兩二錢三分六厘五毫。

法曰：置銀爲實，以羊八十爲法。歸之。合問。【略】

還原，用八因。

五八得四十，六八四十八，三八二十四，二八一十六，一八如八。

假如今有銀二百六十五兩三錢二分，買椒每斤價銀九分。（同）〔問〕共該若干。

答曰：（四）二千九百四十八斤。

法曰：置總銀爲實，以每斤椒價九分爲法。歸之。合問。【略】

還原，用九因。

八九七十二，四九三十六，九九八十一，二九一十八。

又　卷二《歸除》　凡二至九，位数多者用此。置物爲實，以價或分者爲法。先將法首對實首，呼九歸歌，或進、或倍；後將次位對所歸数，呼九九数除之。用乘法還原。

惟有歸除法更奇，將身歸了次除之。有歸若是無除数，起一還將原数施。或遇本歸歸不得，撞歸之法莫教遲。若人識得中間意，算學雖深可盡知。

撞歸法

一歸　見一無除作九一。二歸　見二無除作九二。三歸　見三無除作九三。四歸　見四無除作九四。五歸　見五無除作九五。六歸　見六無除作九六。七歸　見七無除作九七。八歸　見八無除作九八。九歸　見九無除作九九。

已有歸，而無除，用起一還原法。即是起〔一〕還將原数施。

一歸　起一下還一。本位起一，下位還一。

二歸　起一下還二。本位起一，下位還二。

三歸　起一下還三。本位起一，下位還三。

四歸　起一下還四。本位起一，下位還四。

五歸　起一下還五。本位起一，下位還五。

六歸　起一下還六。本位起一，下位還六。

七歸　起一下還七。本位起一，下位還七。

八歸　起一下還八。本位起一，下位還八。

九歸　起一下還九。本位起一，下位還九。

撞歸法者，有歸而無除之謂也。以法實虧盈進退之理推之，盈則有歸，照法首之数進於上位成十。虧則無除，起一退於下位，照法首之数還原。先哲有云：「見一無除作九一」之類，此正謂有歸無除之秘法，知此可與論制算纂法之深奧也。

以今有銀二百四十三兩，糴米。每斗價銀五分四厘。問共該米若干。

答曰：一四百五十石。

法曰：置總銀爲實，以每斗價五分四厘爲法。歸除之。合問。

定位：法只認實上原首位起，往後順數至分。遇法首位是每斗三分則止。前一位得令是斗，逆數陞上。合得。後倣此。

定位：法少實多。【略】

還原，用乘法。

假如今有銀二十六兩六錢，買猪二十八隻。問每隻該銀若干。

答曰：九錢五分。

四五得二十，五五二十五，四四一十六，四五得二十。

法曰：置銀爲實，以猪二十八隻爲法。除之。合問。【略】

還原，用乘法。

假如今有金二兩八錢三分五厘，作四百零五人分之。問每人該金若干。

答曰：七厘。

五八得四十，二五得一十。八九七十二，二九一十八。

法曰：置金爲實，以人數爲法。除之。合問。

定位：法多實少。先從原實首位起，往前逐位逆數，陞上至呼遇法首位百則止。向前一位得令是兩，降下合得。【略】

還原，用乘。

五七三十五，四七二十八。

假如今有米二十（一）〔二〕石五斗二升，作五千六百三十人分。問每人該米若干。

答曰：四合。

法曰：置（荅）〔半〕爲實，以人爲法。除之。合問。

定位：法多實少。同前。【略】

還原，用乘。

四六二十四，三四一十二，四五得二十。

假如今有銀一千零九十七兩二錢五分，作五百七十人分之。問每人該銀若干。

答曰：一兩九錢二分五厘。

法曰：置銀爲實，以人分爲法。除之，合問。

定位法。先數原實千，順下至法首百。前位定兩。合得。

［定位：］法少實多。【略】

還原，用乘。

五七三十五，五五二十五。二七一十四，二五得一十。七九六十三，五九四十五。一七如七，一五如五。

假如今有銀四錢八分，每銀七分五厘換赤金一分。問該金若干。

答曰：六分四厘。

法曰：置總銀爲實，以七分五厘爲法。除之。合問。

定位：法少實多。【略】

還原，用乘。

四五得二十，四七二十八。五六得三十，六七四十二。

假如今有錢五千六百四十文，買梨一萬六千九百二十枚。問每錢一文買梨若干。

答曰：三枚。

法曰：置梨爲實，以錢爲法。除之。合問。

定位：法少實多。【略】

還原，用乘。

三六一十八，三四一十二，三五一十五。

假如今有銀一十七兩九錢四分五厘，買木三十七根。問每根該若干。

答曰：四錢八分五厘。

法曰：置銀爲實，以木爲法。除之。合問。

定位：法實首位十數皆同。【略】

還原，用乘。

五七三十五，三五一十五。七八五十六，三八二十四。四七二十八，三四一十二。

假如今有銀二十三兩四錢六分，顧船裝油。每桶六分八厘。問該共裝油若干。

答曰：三百四十五桶。

法曰：置總銀爲實，以每桶六分八厘爲法。除之。合問。

定位：法少實多。【略】

還原，用乘法。

五八四十，五六三十。四八三十二，四六二十四。三八二十四，三六一十八。

假如今有銀四十八兩六錢七分零四毫買鹽，每包八分零五絲。問其該鹽若干。

答曰：六百零八包。

法曰：置總銀爲實，以每包八分零五絲爲法。隔二位除之。合問。

定位：法少實多。【略】

還原，用乘法。

五八四十，八八六十四。五六三十，六八四十八。

假如今有銀二百七十四兩五錢五分，作九十五人分之。問每人該得銀若干。

答曰：二兩八錢九分。

法曰：置銀爲實，以人爲法。除之。合問。

定位：法少實多。【略】

還原，用乘法。

五九四十五，九九八十一。五八四十，八九七十二。二五一十，二九一十八。

假如今有銀二百六十五兩三錢二分，作七十二人分之。問每人該銀若干。

答曰：三兩六錢八分五厘。

法曰：置銀爲實，以七十二人爲法。歸除之。合問。

定位：法少實多。【略】

還原，用乘法。

二五一十，五七三十五。二八一十六，七八五十六。二六一十二，六七四十二。二三如六，三七二十一。

又　一歸八除：假如有銀照前，作十八人分之。問每人該分銀若干。

荅曰：每人該分銀六百八十五兩八錢七分一厘零五絲。

法曰：見一無除作九一，無除起三還三，六八除四十八。見一無除作九一，無除起一還一，八八除六十四。見一無除作九一，無除起四還四。五八除四十。見一無除作九一，無除起一還一，八八除六十四。見一無除作九一，無除起二還二，七八除五十六。逢一進一十，一八除八。逢五進五十，五八除四十。

乘法還原

五八得四十，一五如五。一八如八，一一如一。七八五十六，一七如七。八八六十四，一八如八。五八得四十，一五如五。八八六十四，一八如八。六八四十八，一六如六。

一歸九除：假如有銀照前，作十九人分之。問每人該分銀若干。

荅曰：每人該分銀六百四十九兩七錢七分二厘五毫七絲。

法曰：見一無除作九一，無除起三還三。(九)[六]九除五十四。逢四進四十，四九除三十六。見一無除作九一，九九除八十一。見一無除作九一，無除起二還二，七九除六十三。見一無除作九一，無除起二還二，七九除六十三。逢二進二十，二九除一十八。見一無除作九一，無除起四還四，五九除四十五。見一無除作九一，無除起二還二，七九除六十三。餘七未除。

乘法還原

七九六十三，一七如七。五九四十五，一五如五。二九一十(尺)[八]，一二如二。七九六十三，一七如七。七九六十三，一七如七。九九八十一，一九如九。四九三十六，一四如四。六九五十四，一六如六。

清・陶俊良《九章盤珠集》卷一《九歸法》

二歸　二一添作五，逢二進一十，逢四進二十，逢六進三十，逢八進四十。

三歸　三一三十一，三二六十二，逢三進一十，逢六進二十，逢九進三十。

四歸　四一二十二，四二添作五，四三改作七十二，逢四進一十，逢八進二十。

五歸　五一倍作二，五二倍作四，五三倍作六，五四倍作八，逢五進一十。

六歸　六一下加四，六二三十二，六三添作五，六四六十四，六五八十二，逢六進一十。

七歸　七一下加三，七二下加六，七三四十二，七四五十五，七五七十一，七六八十四，逢七進一十。

八歸　八一下加二，八二下加四，八三下加六，八四添作五，八五六十二，八六七十四，八七八十六，逢八進一十。

九歸　九一下加一，九二下加二，九三下加三，九四下加四，九五下加五，九六下加六，九七下加七，九八下加八，逢九進一十。

撞歸法

一歸　見一無除作九一，無除去一下還一。如去二即還二。

二歸　見二無除作九二，無除去一下還二。如去二即還四。

三歸　見三無除作九三，無除去一下還三。如去二即還六。

四歸　見四無除作九四，無除去一下還四。

五歸　見五無除作九五，無除去一下還五。

六歸　見六無除作九六，無除去一下還六。

七歸　見七無除作九七，無除去一下還七。

八歸　見八無除作九八，無除去一下還八。

九歸　見九無除作九九，無除去一下還九。

重歸法

如十二人分物，則用二歸六歸各一遍。或用三歸四歸，亦同。

如十四人分物，則用二歸七歸各一遍。

如二十五人分物，則用五歸二遍。

如三十六人分物，則用六歸二遍。

清・陳瑤《算法正宗》卷一《九歸》

一歸　單歸不須歸。歸除，逢一進一十。

二歸　二一添作五，逢二進一十。

三歸　三一三十一，三二六十二，逢三進一十。

四歸　四一二十二，四二添作五，四三七十二，逢四進一十。

五歸　五一倍作二，五二倍作四，五三倍作六，五四倍作八，逢五進一十。

六歸　六一下加四，六二三十二，六三添作五，六四六十四，六五八十二，逢六進一十。

七歸　七一下加三，七二下加六，七三四十二，七四五十五，七五七十一，七六八十四，逢七進一十。

八歸　八一下加二，八二下加四，八三下加六，八四添作五，八五六十二，八六七十四，八七八十六，逢八進一十。

九歸　九歸隨身下，逢九進一十。

歸曰總訣

歸從頭上起，曰從足下生。逢如須隔位，言十在本身。

九歸　自一至九，九位爲盤，歌訣重複，繁重難入。而三、六、七歸，猶缺歌訣五句。習時既缺，用時何能順溜。玆載無重複、無遺漏，且語句俱順。次第手撥口誦，最爲易熟。

定一者，未歸而定歸後之位也。回法不未回，定回後之位。　筭不可遞動珠者如問石必先審明，既歸後之石位在於何處，後方用歸，歸畢。從定石之位，向上逆數。十百、千、萬得數，向下順呼。幾千、幾百、幾十、幾石確然不易，不致妄猜。故古筭盤不定位渾如猜啞枚。若不學定位，會了還不會。

銀一百二十四兩六錢八分糴稻，每担價二錢。

該稻六百二十三石四斗。

法　二錢

八分　逢八進四十。本位除八，進四於左。

六錢　逢六進三十。本位除六，進三於左。　錢　法：每担二錢，遇錢即止。上一位是石。　四斗

四兩　逢四進二十。本位除四，進二於左。　兩　三石

二十　逢二進一十。本位除二，進一於左。　十　二十

實首　一百　二二添作五。一變爲五。　原實百　六百

二因

二四如八，二三如六。二二如四。二六一十二。

銀一百二十三兩四錢五分換金，每五兩換金一兩。

金二十四兩六錢九分。

法首　五兩

五分　逢五進一十。本位去五，進一於左。　分

四錢　五四倍作八。變四爲八。　錢　九分

三兩　五三倍作六。變三爲六。　兩　兩與兩对，遇銀兩即止。上一位是金兩。　六錢

二十　五二倍作四。變二爲四。　十　四兩

實首　一百　五一倍作二。變一爲二。　百　二十

五因

五九四十五，五六得三十，四五得二十，二五得一十。

麥一百一十一石六斗九升賣銀，每三石價一兩。

銀三十七兩二錢三分。

法　三石

九升　逢九進三十。本位去九，進三於左。　升

六斗　逢六進二十。本位去六，進二於左。　斗　三分

一石　逢三進一十。本位去三，進一於左。　石　法上兩與石对，遇石即止。上一位是兩。　二錢

一十　三三六十二。變二爲六，右位加二。　十　七兩

實首　一百　三一三十一。變一爲三，右位加一。　百　三十

三因

三三如九，二三如六，三七二十一，三三如九。

茶麻一萬零三百二十八斤賣銀，每四斤價一錢。

銀二百五十八兩二錢。

法　四斤
八斤　逢八進二十。本位去八，進二於左。　斤　法上錢與斤对，遇斤即止。上一位是錢。　二錢
二十　逢四進一十。本位去四，進一於左。　十
三百　四三七十二。變三爲七，右位加二。　百　八兩
○　四二添作五。變二爲五。　千　五十
實首　一萬　四一二十二。變一爲二，右位加二。　萬　二百

四因

二四如八，四八三十二，四五得二十，二四如八。

銀一百四十二兩八錢三分三厘五絲，七人分之。

人銀二十兩○四錢○四釐五毫七絲八忽。餘四忽未分。

法　七人
五絲　七六八十四。六變爲八，右位加四。
○　七五七十一。五變爲七，右位加一。　八忽
二釐　七四五十五。四變爲五，右位加五。　七絲
三分　七三四十二。三變爲四，右位加二。　分　五毫
八錢　逢双七進二十。除去双七，進二於左。　錢　四厘
二兩　七二下加六。本位不動，右位加六。　兩　法首　人與兩对，遇兩即止。上一位是兩。　○　四錢
四十　逢七進一十。本位去七，進一於左。　十　○　兩

實首　一百　七一下加三。本位不動，右位加三。　原實百　二十

七因

七八五十六，七七四十九，五七三十五，四七二十八，四七二十八，二七一十四。

銀一百○○五錢四分三釐二毫三絲，買羊八十隻。

每隻一兩二錢五分六釐七毫九絲○三微。餘六忽未分。

法　八十
三絲　八三下加六。本位不動，右位加六。　三微
二毫　逢八進一十。本位去八，進一於左。　○
三釐　八七八十六。七變爲八，右位加六。　九絲
四分　八六七十四。六變爲七，右位加四。　分　七毫
五錢　八五六十二。五變爲六，右位加二。　錢　六釐
○　八四添作五。變四爲五。　兩　五分
○　八二下加四。本位不動，右位加四。　十　法首。十遇十即止，上一位是兩。　二錢
實首　一百　八一下加二。本位不動，右位加二。　百　一兩

八因

三八二十四，八九七十二，七八五十六，六八四十八，五八得四十，二八一十六，一八如八。

銀一百一十一兩一錢一分一釐一毫一絲一忽。買椒，每斤價銀九分。

椒一千二百三十四斤五六七九。

還原必須用五六七九。若根数加六，化作九兩○八分六釐四毫。

法　九分
一忽　逢九進一十。　九
一絲　九八下加八。　七
一毫　九七下加七。　六
一釐　九六下加六。　釐　五
一分　九五下加五。　分
斤與分対，
遇分即止。
前一位是斤。
一錢　九四下加四。　錢　四斤
一兩　九三下加三。　兩　二十
一十　九二下加二。　十　二百
實首　一百　九一下加一。前已註明，此不註。　百　一千

九因

九九八十一，七九六十三，六九五十四，五九四十五，四九三十六，三九二十七，二九一十八，一九如九。

歸除歌：

惟有歸除法最奇，將身歸了次除之。有歸若是無除數，起一還將原數施。或遇本歸歸不得，撞歸之法莫教遲。若人識得其中意，筭學雖深可盡知。

又　起一還將原數施，即一歸無除，起一下還一，是也。撞歸法，即一歸，見一無除作九一，是也。

歸除十六盤每盤皆藏撞歸及起一施原數在内。

銀一千兩，十四人分之。

各得七十一兩四錢二分八釐五毫。餘一釐未分。

四人
法首　十
逢五進五十，四五除二十。　五毫
見一無除作九一，起一下还一，四八除三十二。　八釐
逢二進二十，二四下除八。　二分
逢四進四十，四四除一十六。　十　法首十逢十即止，上一位是兩。　四錢
逢一進一十，一四下除四。　百　一兩
實首　一千兩
見一無除作九一，起二下还二，四七除二十八。　千　七十

乘法

四五得二十，一五如五。四八三十二，一八如八。二四如八，一二如二。四四一十六，一四如四。一四如四，一一如一。四七二十八，一七如七。

實同前。二百六十人分。

各得三兩八錢四分六釐一毫五絲。餘厘。

六十
法首　二百
二一添作五，五六除三十。　五絲
逢二進一十，一六下除六。　一毫
二一添作五，逢二進一十，六六除三十六。　兩　六釐
二一添作五，起一下还二，四六二十四。　十　四分
見二無除作九二，起一下还二，六八除四十八。　百　八錢
實首　一千兩
二一添作五，起二下还二，三六除一十八。　千　三兩

乘法

五六得三十，二五得一十。一六如六，二二如二。六六三十六，二六一十二。四六二十四，二四如八。六八四十八，二八一十六。三六一十八，二三如六。

實同前。三千五百人分。

各得二錢八分五釐七毫一絲四忽。餘一釐。

五百
法首　三千

三一三十一，逢三進一十， 四忽
四五除二十。
逢三進一十，一五下除五。 一絲
三二六十二，逢三進一十， 七毫
五七除三十五。
三二六十二，起一下还二， 十 五釐
五五除二十五。
見三無除作九三，起一下 百 八分
还三，五八除四十。
實首 一千兩 三一三十一，起一下还三， 千 法首，十遇千即止，上一位是兩。 二錢
二五除一十。

乘法
四五得二十，三四一十二。一五如五，一三如三。五七三十五，三七二十一。五五二十五，三五一十五。五八得四十，三八二十四。二五得一十，二三如六。

實同前。買米，每石四錢八分。
共米二千〇八十三石三斗三升三合。餘一毫六絲。

法首 四錢 八分
四一二十二，逢四進一十， 三合
三八除二十四。
四一二十二，逢四進一十， 三升
三八除二十四。
四一二十二，逢四進一十， 錢 法每石四錢遇錢即止，上一位是石。 三斗
三八除二十四。
四一二十二，逢四進一十， 兩 三石
三八除二十四。
見四無除作九四，起一下 十 八十
还四，八八除六十四。
百 零
实首 一千兩 四一二十二，二八除一 千 二千
十六。

三八二十四，三四一十二。三八二十四，三四一十二。三八二十四，三四一十二。三八二十四，三四一十二。八八六十四，四八三十二。二八一十六，二四如八。

實同前。五萬九千人分。
各得一分六釐九毫四絲九忽一微五纖。餘一纖五沙。

法首 五萬 九千
五三倍作六，起一下还五， 五纖
五九除四十五。
逢五進一十，一九下除九。 一微
見五無除作九五，九九除 九忽
八十一。
五二倍作四，四九除三 四絲
十六。
見五無除作九五，九九除 十 九毫
八十一。
五四倍作八，起二下还十， 百 六釐
六九除五十四。
实首 一千兩 五一倍作二，起一下还五， 千 一分
一九下除九。 萬 法首萬，遇萬即止，上一位是兩。

乘法
五九四十五，五五二十五。一九如九，一五如五。九九八十一，五九四十五。四九三十六，四五得二十。九九八十一，五九四十五。六九五十四，五六得三十。一九如九，一五如五。

實同前。六十九萬人分。
各得一釐四毫四絲九忽二微七纖五沙。餘二毫五絲。

法首 九萬

法首　六十
六三添作五，五九除四十五。
六五八十二，起一下还六，七九除六十三。　五沙
六一下加四，逢六進一十，二九除一十八。　七纖
見六無除作九六，九九除八十一。　二微
六三添作五，起一下还六，四九除三十六。　九忽
六三添作五，起一下还六，四九除三十六。　四絲　四毫
实首　一千兩　六一下加四，一九下除九。　一釐
千　萬　十萬　法十萬，遇十萬即止，上一位是兩。

乘法
五九四十五，五六得三十。七九六十三，六七四十二。二九一十八，二六一十二。九九八十一，六九五十四。四九三十六，四六二十四。四九三十六，四六二十四。一九如九，一六如六。
實同前。七百三十萬人分。
各得一毫(二)[三]絲六忽九微八纖六沙三塵。餘一絲。

法首　七百　三十萬
七二下加六，逢七進一十，三三下除九。　三塵
七四五十五，逢七進一十，三六除一十八。　六沙
七六八十四，三八除二十四。　八纖

見七無除作九七，三九除二十七。　九微
七五七十一，起一下还七，三六除一十八。　六忽
七(一)[二]下加六，逢七進一十，三三下除九。　三絲
實首　一千兩　七一下加三，一三下除三。　一毫
千　萬　十萬　百萬　法百萬，遇百萬即止，上一位是兩。

乘法
三三如九，三七二十一。三六一十八，六七四十二。三八二十四，七八五十六。三九二十七，七九六十三。三六一十八，六七四十二。三三如九，三七二十一。一三如三，一七如七。
实同前。八千七百萬人分。
各得一絲一忽四微九纖四沙二塵五渺。餘二毫五絲。

法首　八千　七百萬
八四添作五，五七除三十五。　五渺
八二下加四，二七除一十四。　二塵
八三下加六，逢八進一十，四七除二十八。　四沙
見八無除作九八，七九除六十三。　九纖
八四添作五，起一下还八，四七除二十八。　四微
八一下加二，一七下除七。　一忽
实首　一千兩　八一下加二，一七下除七。　一絲
千

萬
十萬
百萬
千萬 法千萬，遇千萬即止，上一位是兩。

乘法

五七三十五，五八得四十。二七一十四，二八一十六。四七二十八，四八三十二。七九六十三，八九七十二。四七二十八，四八三十二。一七如七，一八如八。一七如七，一八如八。

銀一億，十二億八千萬人分。

各得七分八釐一毫二絲五忽。

法首 十
二億
八千萬

逢五進五十，二五除一十，五八除四十 **五忽**

逢二進二十，二二下除四，二八除一十六。 **二絲**

逢一進一十，一二下除二，一八下除八。 **一毫**

見一無除作九一，起一下还一，二八除十六，八八除六十四。 **八厘**

[實首] 一億 見一無除作九一，起二下还二；二七除十四，七八除五十六。 **七分**

乘法

二五得一十，五八得四十，一五如五。二二如四，二八一十六，一二如二。一二如二，一八如八，一一如一。二八一十六，八八六十四，一八如八。二七一十四，七八五十六，一七如七。

實同前。二百四十五億人分。

各得四釐〇八絲一忽六微三纖二沙六塵五渺三漠。餘一釐五毫。

法首 二百
四十
五億

逢六進三十，三四除一十二，三五除十五。 **三漠**

二一添作五，四五除二十，五五除二十五。 **五渺**

二一添作五，逢二進一十，四六除二十四，五六除三十。 **六塵**

逢四進二十，二四下除八，二五除一十。 **二沙**

逢六進三十，三四除一十二，三五除十五。 **三纖**

二一添作五，逢二進一十，四六二十四，五六除三十。 **六微**

逢二進一十，一四下除四，一五下除五。 **一忽**

見二無除作九二，起（二）[二]下还二，四八除三十二， **八絲**

五八除四十。

○

實首 一億 二一添作五，起一下還二，四四除一十六，四五除二十。 **四釐**

億
十億
百億 法百億，遇百億止，上一位是兩。

乘法

三四一十二，三五一十五，二三如六。四五得二十，五五二十五，二五得一十。四六二十四，五六得三十，二六一十二。二四如八，二五得一十，二二如四。三四一十二，三五一十五，二三如六。四六二十四，五六得三十，二六一十二。

一四如四，一五如五，一二如二。四八三十二，五八得四十，二八一十六。四四
一十六，四五得二十，二四如八。

實同前，三千六百一十億人分。

各得二毫七絲七忽〇〇八沙三塵一渺〇二糊四逡巡。餘三釐三毫
六絲。

一十億
六百
法首　三千
三一三十一，逢三進一十，　四逡巡
四六除二十四，一四下
除四。
逢六進二十，二六除一十　二糊
二，一二下除二。
〇
逢三進一十，一六下除六，　一渺
一一下除一。
三一三十一，(二)[三]六　三塵
除一十(二)[八]，一三下
除三。
見三無除作九三，起一下　八沙
还三，六八除四十八，一八
下除八。
〇
〇
三二六十二，逢三進一十，　七忽
六七除四十二，一七下
除七。
三二六十二，逢三進一十，　千萬　七絲
六七除四十二，十六下
除七。
[實首]　一億　三一三十一，起一下还三，　億　二毫
二六除一十二，一二下
除二。

十億　釐
百億　分
千億　法千億，遇千億止，上一　錢
位是兩。

乘法

四六二十四，一四如四，三四一十二。二六一十二，一弍如二，二三如六。
一六如六，一一如一，一三如三。三六一十八，一三如三，三三如九。六八四十
八，一八如八，三八二十四。六七四十二，一七如七，三七二十一。六七四十二，
一七如七，三七二十一。二六一十二，一二如二，二三如六。

一億，四萬七千九百億人分。

各得二絲〇八微七纖六沙八塵二渺六漠七糊二逡巡。餘一分一釐
(一)[二]毫未分。

九百億
七千
法首　四萬
四一二十二，二七除一十　二逡巡
四，二九除十八。
四三七十二，七七除四十　七糊
九，七九除六十三。
四三七十二，起一下还四，　六漠
六七除四十二，六九除五
十四。
四一二十二，二七除一十　二渺
四，二九除一十八。
四三七十二，逢四進一十，　八塵
七八除五十六，八九除七
十二。
四三七十二，起一下还四，　六沙
六七除四十二，六九除五
十四。

四三七十二，七七除四十　七纖
九，七九除六十三。　八微
見四無除作九四，起一下
还四，七八除五十六，八九
除七十二。　○
實首　一億　四一二十二，二七除一十　億　二絲
四，二九除一十八。
十億
百億
千億
萬億　法首萬億，遇萬億止，上一
位是兩。

乘法

二七一十四，二九一十八，二四如八。七七四十九，七九六十三，四七二十
八。六七四十二，六九五十四，四六二十四。二七一十四，二九一十八，二四如
八。七八五十六，八九七十二，四八三十二。六七四十二，六九五十四，四六二
十四。七七四十九，七九六十三，四七二十八。七八五十六，八九七十二，四八
三十二。二七一十四，二九一十八，二四如八。

一億，五千三百二十人分。

各得一萬八千七百九十六兩九錢九分二釐四毫八絲，餘六釐四毫。

二十人
三百
法首　五千
五四倍作八，三八除二十四，　八絲
二八除一十六。
五二倍作四，三四除一十二，　四毫
二四下除八。
五一倍作二，二三下除六，二　二釐
二下除四。

五四倍作八，逢五進一十；　九分
三九除二十七，二九除一
十八。
見五無除作九五，三九除二　千　法首千，遇千即止，上一位　九錢
十七，二九除一十八。　是兩
五三倍作六，三六除一十八，　六兩
二六除一十二。
見五無除作九五，三九除二　九十
十七，二九除一十八。
五四除作八，起一下还五，三　七百
七除二十一，二七除一十四。
五四除作八，三八除二十四，　八千
二八除一十六。
五一倍作二，起一下还五，一
三下除三，一二下除二。　一萬

乘法

三八二十四，二八一十六，五八得四十。三四一十二，二四如八，四五得二
十。二三如六，二二如四，二五得一十。三九二十七，二九一十八，五九四十五。
三九二十七，二九一十八，五九四十五。三六一十八，二六一十二，五六得三十。
三八二十四，二八一十六，五八得四十。一三如三，一二如二，一五如五。

一億，六百八十五人分。

各得十四萬五千九百八十五兩四錢零一釐四毫五絲。

餘六釐七毫五絲未分。

五人
八十
法首　六百
六四六十四，起一下还六，五　五絲
八除四十，五五除二十五。
六三添作五，起一下还六，四　四毫
八除三十二，四五除二十。

六一下加四，一八下除八，一　一釐
五下除五。
零
六二三十二，逢六進一十，四　百　法首百，遇百即止，上一位　四錢
八除三十二，四五除二十。　是兩。
六三添作五，五八除四十，五　千　五兩
五除二十五。
六五八十二，八八除六十四，　八十
五八除四十。
見六無除作九六，八九除七　九百
十二，五九除四十五。
六四六十四，起一下还六，五　五千
八除四十，五五除二十五。
六三添作五，起一下还六，四　四萬
八除三十二，四五除二十。
實首　一億　六一下加四，一八下除八，一　十
五下除五。

乘法

五八得四十，五五二十五，五六得三十。四八三十二，四五得二十，四六二十四。一八如八，一五如五，一六如六。四八三十二，四五得二十，四六二十四。五八得四十，五五二十五，五六得三十。八八六十四，五八得四十，六八四十八。八九七十二，五九四十五，六九五十四。五八得四十，五五二十五，五六得三十。四八三十二，四五得二十，四六二十四。一八如八，一五如五，一六如六。

一億，七十九人四分分。

各得一百二十五萬九千四百四十五兩八錢四分三釐八毫。

餘二釐二毫未分。

將前數四折，即四分之數。

法首　七十
九人
四分

七六八十四，八九除七十二，　八毫
四八除三十二。
七三四十二，起一下还七，三　三釐
九除二十七，三四除十二。
七三四十二，四九除三十六，　兩　四分
四四除一十六。
七六八十四，八九除七十二，　十　法首十，遇十即止，上一　八錢
四八除三十二。　位是兩。
七四五十五，五九除四十五，　百　五兩
四五除二十。
七三四十二，四九除三十六，　四十
四四除一十六。
七三四十二，四九除三十六，　四百
四四除一十六。
見七無除作九七，九九除八　九千
十一，四九除三十六。
七四五十五，五九除四十五，　五萬
四五除二十。
七二下加六，二九除一十八，　二十
二四下除八。
[實首]　一億　七一下加三，一九下除九，一　一百
四下除四。

乘法

八九七十二，四八三十二，七八五十六。三九二十七，三四一十二，三七二十一。四九三十六，四四一十六，四七二十八。八九七十二，四八三十二，七八五十六。五九四十五，四五得二十，五七三十五。四九三十六，四四一十六，四七二十八。四九三十六，四四一十六，四七二十八。九九八十一，四九三十六，七九六十三。五九四十五，四五得二十，五七三十五。二九一十八，二四如八，二七一十四。一九如九，一四如四，一七如七。

一億，八十九人三釐分。

每人得一千一百一十九萬八千二百〇八兩二錢八分六釐六毫。馀六

毫六絲二忽。

九分得一千〇〇七萬八千三百八十七兩四錢五分七釐分八釐五毫九絲八忽。

三釐

九分

法首　八十

八六七十四，起一下还八，六　六毫

九除五十四，三六除一十八。　六釐

八五六十二，六九除五十四，三六除一十八。　八分

八七八十六，八九除七十二，三八除二十四。

八二下加四，二九除一十八，二三下除六。　两　人與两对，遇两止，上一位是两。　二錢

八七八十六，八九除七十二，三八除二十四。　十　八两

百　〇

八一下加二，逢八進一十，二九除一十八，二三下除六。　千　二百

八七八十六，八九售七十(三)[二]，三八除二十四。　八千

見八無除作九八，九九除八十一，三九除二十七。　九萬

八一下加二，一九下除九，一三下除三。　一十

八一下加二，一九下除九，一三下除三。　一百

[實首]　一億　八一下加二，一九下除九，一三下除三。　一千

乘法

六九五十四，三六一十八，六八四十八。六九五十四，三六一十八，六八四十八。八九七十二，三八二十四，八八六十四。二九一十八，二三如六，二八一十六。八九七十二，三八二十四，八八六十四。二九一十八，二三如六，二八一十六。八九七十二，三八二十四，八八六十四。九九八十一，三九二十七，八九七十二。一九如九，一三如三，一八如八。一九如九，一三如三，一八如八。一九如九，一三如三，一八如八。

金二千八百四十一兩〇九分，四萬〇五百八十七人分，每人得若干。

七分。

七人

八十

五百

〇

法首　四萬

九分

〇　七七除四十九。

一两　七八除五十六。

四十　五七除三十五。

八百　逢八進二十。

实首　二千　四二添作五。　千　七分

萬　法首萬，遇萬止，上一位是两。　錢

十萬　两

乘法

五七三十五，七八五十六，七七四十九，四七二十八。

一十一萬一千〇四十九两二錢〇七釐五毫，五百七十六萬八千七百九十人分。每人得若干。

一分九釐二毫五絲。【略】

乘法

五七三十五，五六得三十，五八得四十，五七三十五，五九四十五，五五二十五。二七一十四，二六一十二，二八一十六，二七一十四，二九一十八，二五得一十。七九六十三，六九五十四，八九七十二，七九六十三，九九八十一，五九四十

五。一七如七，一六如六，一八如八，一七如七，一九如九，一五如五。

浙江額徵銀二百九十一萬四千九百四十六两，免銀六十萬。問每两免銀若干。

二錢〇五釐八毫三絲五忽七微一纖七沙〇二渺五漠。

法首 二百
九十
一萬
四千
九百
四十
六两

[實首] 六十萬

十萬

百萬 法百萬，遇百萬止，上一位是两。

五忽 二一添作五，五九除四十五，五九除四十五，四五除二十，一五下除五，五六除三十。四五除二十。

三絲 二一添作五，三九除二十七，起二下还四，三四除一十二，三九除二十七，三六除一十八。一三下除三，三四除一十二。

八毫 見二無除作九二，八九除七十二，起一下还二，四八除三十二，八九除七十二，六八除四十八。一八下除八，四八除三十二。

五釐 二一添作五，五九除四十五，五九除四十五，四五除二十，一五下除五，五六除三十，四五除式十。

〇

二錢 逢四進二十，二九除一十八，二九除一十八，二四下除八，一二下除二，二六除一十二。二四下除八。

两

乘法

五九四十五，一五如五，四五得二十，五九四十五，四五得二十，五六得三十，二五得一十。

二九一十八，一二如二，二四如八，二九一十八，二四如八，二六一十二，二二如四。

七六六十三，一七如七，四七二十八，七九六十三，四七二十八，六七四十二，二七一十四。

[五漠] 二一添作五，五九除四十五，五九除四十五，四五除二十，一五下除五，五六除三十。四五除二十，

二渺 逢四進二十，二九除一十八，二九除一十八，二四下除八，一二下除二，二六除一十二。二四下除八。

〇

七沙 二一添作五，七九除六十三，逢四進二十，四七除二十八，七九除六十三，六七除四二。一七下除七，四七除二十八。

一纖 逢二進一十，一九下除九，一九下除九，一四下除四，一一下除一，一六下除六。一四下除四。

七微 見二無除作九二，七九除六十三，起二下还四，四七除二十八，七九除六十三，六七除四十二。一七下除七，四七除二十八。

一九如九，一一如一，一四如四，一九如九，一四如四，一六如六，一二如二。七九六十三，一七如七，四七二十八，七九六十三，四七二十八，六七四十二，二七一十四。

五九四十五，一五如五，四五得二十，五九四十五，四五得二十，五六得三十，二五得一十。

三九二十七，一三如三，三四一十二，三九二十七，三四一十二，三六一十八，二三如六。

八九七十二，一八如八，四八三十二，八九七十二，四八三十二，六八四十八，二八一十六。

五九四十五，一五如五，四五得二十，五九四十五，四五得二十，五六得三十，二五得一十。

二九一十八，一二如二，二四如八，二九一十八，二四如八，二六一十二，二二如四。

江蘇糧免每兩只徵漕項四分六釐，今漕項共徵銀十四萬三千三百七十三兩九錢九分六釐。問江蘇額徵地丁銀若干。

地丁銀(若干)三百一十一萬六千八百二十六兩。

定位：漕項之分對總銀之兩，以漕項求總銀，故分之上得[兩]。

法首　四分

六釐

六釐

九分

九錢　四二添作五，逢四進一十，六六除三十六。　六兩

三兩　四一二十二，二六除一十二。　二十

七十　四三七十二，逢四進一十，六八除四十八。　八百

三百　四三七十二，起一下还四，六六除三十六。　六千

三千　逢四進一十，一六下除六。　一萬

四萬　逢四進一十，一六下除六。　一十

[實首]　一十　四一二十二，逢四進一十，三六除一十八。　三百

乘法

六六三十六，四六二十四。二六一十二，二四如八。六八四十八，四八三十二。六六三十六，四六二十四。一六如六，一四如四。一六如六，一四如四。三六一十八，三四一十二。

清・董恩新《珠算一得》　初學算法　凡歸從實首起，乘從實尾生。

一歸不須歸，一乘其數不變，亦不須乘也。

先以二數乘之。法是二，實是一二三四五六七八九。

二乘乘從實尾生。

二九一十八，二八一十六。二七一十四。二六一十二。二五一[十]。二四下爲八，二三下爲六，二二下爲四，一二下爲二。

二歸還原歸從實首起，餘皆仿此。

逢二進一十，逢四進二十。逢六進三十。逢八進四十，二一添作五。二一添作五。逢二進一十，二一添作五。逢四進二十，二一添作五。逢六進三十，二一添作五。逢八進四十。

三乘以三爲法，仍以一二三四五六七八九爲實。後仿此。

三九二十七，三八二十四。三七二十一，三六一十八，三五一十五。三四一十二，三三下爲九，二三下爲六，一三退爲三。

三歸還原

逢三進一十。逢六進二十，三一三賸一。三一三賸一。逢三進一十，三一三賸一。逢六進二十，三二六賸二。三二六賸二。逢三進一十，三二六賸二。逢六進二十，三二六賸二。逢九進三十。

四乘

四九三十六，四八三十二，四七二十八，四六二十四，五四二十，四四一十六，三四一十二，二四下爲八，一四下爲四。

四歸還原

逢四進一十，逢八進二十，四一二賸二。逢四進一十，四一二賸二。逢八進

二十，四二添作五。四二添作五。逢四進一十，四三七賸二。四三七賸二。逢四進一十，四三七賸二，逢八進二十。

五乘

五九四十五，五八四十，五七三十五，五六三十，五五二十五，五四二十，五三一十五，二五一十，一五退爲五。

五歸還原

逢五進一十，五一倍作二。五一倍作二。逢五進一十，五二倍作四。五二倍作四。逢五進一十，五三倍作六。五三倍作六。逢五進一十，五四倍作八。五四倍作八。逢五進一十。

六乘

六九五十四，六八四十八，六七四十二，六六三十六，六五三十，六四二十四，三六一十八，二六一十二，一六退爲六。

六歸還原

逢六進一十，六一下加四。逢六進一十，六二三賸二。六二三賸二。逢六進一十，六三添作五。六四六賸四。六四六賸四。逢六進一十，六五八賸二。六五六賸二。逢六進一十。

七乘

七九六十三，七八五十六，七七四十九，六七四十二，五七三十五，四七二十八，三七二十一，二七一十四，一七下爲七。

七歸還原

逢七進一十，七一下加三。逢七進一十，七二下加六。逢七進一十，七二四賸二。七三四賸二。逢七進一十，七四五賸五。逢七進一十，七五七賸一。七六八賸四。七六八賸四。逢七進一十。

八乘

八九七十二，八八六十四，七八五十六，六八四十八，五八四十，四八三十二，三八二十四，二八一十六，一八退爲八。

八歸還原

逢八進一十，八一下加二。逢八進一十，八二下加四。逢八進一十，八三下加六。逢八進一十，八四添作五。八五六賸二。八六七賸四。八七八賸六。八七八賸六。逢八進一十。

九乘

九九八十一，八九七十二，七九六十三，六九五十四，五九四十五，四九三十六，三九二十七，二九一十八，一九退爲九。

九歸還原

九一下加一，九二下加二，九三下加三，九四下加四，九五下加五。九六下加六，九七下加七，九八下加八，逢九進一十。

一法：先歸後乘，可並用之，以資學習。

以上九乘九歸，可爲初學演算之式。更有一法，以九九乘數遞加之。自一一如一，一二如二，二二如四，加至九九八十一數。共成一千一百五十五。再用九九除數減之。自九九除八十一，八九除七十二，以至於一二如二，一一如一。恰盡。一乘一除，亦甚簡當。

獅子滚繡毬

第一遍以一爲實，以五一二爲法，除之。二遍以二爲實，以一〇二四爲法，除之。所得之數，均是一九五三一二五爲無差。

用乘法還原

一遍以一爲實，以五一二爲法，得數一九五三一二五。定出位來，便知所得之數。今將實中之一，作爲紋銀一萬兩。以五百一十二人分之。歸除後，便知爲每人分一十九兩五錢三分一厘二毫五絲。若將實數作爲千數，一人便是得一兩九錢五分三厘一毫二絲五忽。融會貫通，覺得滿盤活潑潑地，各有妙處，可爲知者道。未可爲不知者言也。

二遍以二爲實，以一〇二四爲法，得數一九五三一二五。

三遍以三爲實，以一五三六爲法，得數如前。

四遍以四爲實，以二〇四八爲法，得數如前。

五遍以五爲實，以二五六爲法，得數如前。

六遍以六爲實，以三〇七二爲法，得數如前。

七遍以七爲實，以三五八四爲法，得數如前。

八遍以八爲實，以四〇九六爲法，得數如前。

九遍以九爲實，以四六〇八爲法，得數如前。

或用五一二爲法，歸除一數至九數。再用一〇二四爲法，亦歸除一數至九數。每一法各除九數，共爲八十一遍。用法乃全。

又　乘除演算

九變金蟾

前錄獅子滚繡毬一式,演習算數者,莫不奉爲程式。予嫌其僅有四歸,未免遺漏,兹特創爲九變金蟾一訣。第一遍以一〇二四爲法,以一數爲實。歸除得數,九七六五六二五。實數每一遍增一珠,法位亦加一〇二四,可將九歸全括。似於演習乘除者,頗稱適用焉。

一遍以一爲實,以一〇二四爲法,得數九七六五六二五。
二遍以二爲實,以二〇四八爲法,得數如前。
三遍以三爲實,以三〇七二爲法,得數如前。
四遍以四爲實,以四〇九六爲法,得數如前。
五遍以五爲實,以五一二〇爲法,得數如前。
六遍以六爲實,以六一四四爲法,得數如前。
七遍以七爲實,以七一六八爲法,得數如前。
八遍以八爲實,以八一九二爲法,得數如前。
九遍以九爲實,以九二一六爲法,得數如前。

九變金蟾乘除演算式

第一遍遍或作變。以一爲實,以一〇二四爲法,先除後乘。見一無除作九一,二九除一十八除一有九。除(二)[八]有(八)[二]。四九除三十六。除三有七,除六有四。

逢七進七,二七除一十四,除四有六。四七除二十八,除八有二。逢六進六,二六除一十二,四六除二十四,除四有六。逢五進五,二五除一,五四除二,二上三去五。

逢六進六,二六除一十二,除二有八。四六除二十四,除四有六。逢二進二,二二隔位除四,四上一去五。二四除八除八有二。逢五進五,二五除一,五四除二。

一遍還原　乘法先從二位因。

二五一,五四二,一五退爲五。二二隔位下爲四,二四下爲八,一二下爲二。二六一十二,四六二十四,一六下爲六。二五一,五四二,一五退爲五。二六一十二,四六二十四,一六退爲六。二七一十四,四七二十八,一七退爲七。二九一十八,四九三十六,一九退爲九。

第二遍　以二爲實,以二〇四八爲法。呼除。

見二無除作九二,四九除三十六,除三有七,除六有四。八九除七十二。除七有三,除二有八。

二二添作五,逢四進二十,四七除二十八,二上三去五,八退一有二。七八除五十六。除六有四。

二二添作五,逢二進一十,四六除二十四,除四有六。六八除四十八。除八有二。

二二添作五,五四二,二上三去五。五八四。除四有六。

二二添作五,逢二進一十,四六除二十四,除四有六。六八除四十八。除八有二。

逢四進二十,二四隔位下除八,除八有二。二八除一十六,除六有四。二二添作五,五四除二十,五八除四十。

二遍還原

五四二,五八四,二五一。二四隔位下爲八,二八一十六,二二下爲四。四六二十四,六八四十八,二六一十二。五四隔位二,五八四,二五一。四六二十四,六八四十八,二六一十二。四七二十八,七八五十六,二七一十四。四九三十六,八九七十二,二九一十八。

第三遍　以三爲實,以三〇七二爲法。呼除。

見三無除作九三,七九除六十三,除六有四,除三有七。二九除一十八。除八有二。

三三六十二,逢三進一十,七七除四十九。四上一去五,除九有一。二七除一十四。除四有六。

三三六十二,六七除四十二,除四有六。二上三去五。二六除一十二。除二有八。

三三三十一,逢六進二十,五七除三十五。除七有三,二五除一十。

三三三十一,逢九進三十。六七除四十二,除四有六,除二有八。二六除一十二。除二有八。

逢六進二十,二七除一十四。四上一去五。二二下除四。除四有六。

三三三十一,逢六進二十。五七除三十五。二五除一十。

三遍還原

五七三十五,二五一,三五一十五。二七一十四,二二下爲四,二三下爲六。

六七四十二，二六一十二，三六一十八。五七三十五，二五一十，三五一十五。六七四十二，二六一十二，三六一十八。七七四十九，二七一十四，三七二十一。七九六十三，二九一十八，三九二十七。

見四無除作九四，九九除八十一，除八有二，除一有九。六九除五十四。除四有六。

第四遍　以四爲實，以四〇九六爲法。呼除。

四三七十二，七九六十三，除六有四，四下五除一。三上二去五。六七除四十二。除四有六，除二有八。

四二添作五，逢四進一十，六九除五十四，四上一去五。六六除三十六。除六有四。

四二添作五，五九除四十五，除四有六，除五有五。五六除三。

四二添作五，逢四進一十。六九除五十四，除四有六。六六除三十六。三上二去五，六退一有四。

四一二十二，二九除一十八，除八有二，二下五除三。二六除一十二。除二有八。

四二添作五。五九除四十五，五六除三。

四遍還原

五九四十五，五六三，五四二。二九一十八，二六一十二，二四下爲八。六九五十四，六六三十六，四六二十四。五九四十五，五六三，五四二。六九五十四，六六三十六，四六二十四。七九六十三，六七四十二，四七二十八。九九八十一，六九五十四，四九三十六。

第五遍　以五爲實，以五一二爲法。呼除。

見五無除作九五，一九如除九，除九有一。二九除一十八。除一有九，除八有二。

五三倍作六，逢五進一十。一七如除七，除七有三。二七除一十四。除四有六。

五三倍作六。一六如除六，二六除一十二。除一有九，除二有八。

五二倍作四，逢五進一十。一五如除五，二五除一十。

五三倍作六。一六如除六，除六有四。二六除一十二。除二有八。

五一倍作二，一二如除二，二二如除四。除四有六。

五二倍作四，逢五進一十。一五如除五，二五除一。

五遍還原

一五如五，二五一，五五二十五。一二如二，二二如四，二五一。一六如六，二六一十二，五六三。一五如五，二五一，五五二十五。一六如六，二六一十(八)[二]，五六三。一七如七，二七一十四，五七三十五。一九如九，二九一十八，五九四十五。

第六遍　以六爲實，以六一四四爲法。呼除。

見六無除作九六，一九如除九，除九有一。四九除三十六，除三有七，除六有四。四九除三十六。除六有四。

六四六十四，逢六進一十。一七如除七，除七有三。四七除二十八，除八有二，二下五除三。四七除二十八。二上三去五，除八有二。

六四六十四，一六如除六，除六有四，四下五去一。四六除二十四，去四有六。四六除二十四。

六三添作五，一五如除五，五四除二十，除二有八。五四除二。二上三去五。

六三添作五，逢六進一十。一六如除六，除六有四，四下五除一。四六除二十四。除四有六。四六二十四。二上三去五，除四有六。

六一下加四，逢六進一十。一二如除二，二四除八，除八有二。二四除八。除八有二。

六三添作五，一五如除五，五四二，五四二。

六遍還原

一五如五，五四二，五四二，五六三。一二下爲二，二四下爲八，二四下爲八，二六一十二。一六下爲六，四六二十四，四六二十四，六六三十六。一五下爲五，五四二，五四二，五六三。一六下爲六，四六二十四，四六二十四，六六三十六。一七下爲七，四七二十八，四七二十八，六七四十二。一九下爲九，四九三十六，四九三十六，六九五十四。

第七遍　以七爲實，以七一六八爲法。呼除。

見七無除作九七，一九除九，除九有一。六九除五十四，除五有五，除四有六。八九除七十二。除七起五還四，下有三。除二有八。

七五七十一，一七如除七，除七有三，三下五除二。六七除四十二，四上一去五。七八除五十六。除六有四。

七四五十五，逢七還三起十進一十。一六如除六，除六有四。六六除三十六，除六有四，四下五除一。六八除四十八。四上一去五，除八有二。

七四五十五，一五如除五，除五，起五還四下有五。五六除三，五八除四。除四，起五還四下有六。

七四五十五，逢七進一十。一六如除六，六六除三十六，除三有七，除六有四。六八除四十八。隔位除八，退一作九二。

七一下加三，逢七進一十。一二如除二，二六除一十二，二八除一十六。除一有九，除六有四。

七三四十二，逢七進一十，一五如除五，五六除三十，五八除四十。

七遍還原

一五如五，五六三，五八四，五七三十五。一二如二，二六一十二，二八一十六，二七一十四。一六如六，六六三十六，六八四十八，六七四十二。一五如五，五六三，五八四，五七三十五。一六如六，六六三十六，六八四十八，六七四十二。一七如七，六七四十二，七八五十六，七七四十九。一九如九，六九五十四，八九七十二，七九六十三。

第八遍　以八爲實，以八一九二爲法。呼除。

見八無除作九八，一九如除九，除九有一。九九除八十一，除八有二，除一有九。二九除一十八。除八有二。

八六七十四，一七如除七。七九除六十三。除六有四，除三有七。二七除一十四。除四有六。

八五六十二，一六除六，六九除五十四，除五有五，四上一去五。二六除一十二。除二有八。

八四添作五，一五如除五，除五有五。五九四十五，四上一去五。二五除一十。

八五六十二，一六如除六，除六有四，四下五除一。六九除五十四，除四有六。二六除一十二。除二有八。

八二下加四，一二如除二，二九除一十八，二二除四。隔位除四，退一作九六。

八四添作五，一五如除五，五九除四十五，二五除一十。

八遍還原

一五如五，五九四十五，二五一，五八四。一二如二，二九一十八，二二如四，二八一十六。一六如六，六九五十四，二六一十二，六八四十八。一五如五，五九四十五，二五一，五八四。一六如六，六九五十四，二六一十二，六八四十八。一七如七，七九六十三，二七一十四，七八五十六。一九如九，九九八十一，二九一十八，八九七十二。

第九遍　以九爲實，以九二一六爲法。呼除。

見九無除作九九，二九除一十八，一九如除九，除九有一。六九除五十四。除五有五，除四有六。

九七下加七，二七除一十四。四上一去五。一七如除七。除七有三。六七除四十二。四上一去五，除二有八。

九六下加六，二六一十二。一六如除六。六六除三十六。除三有七，除六有四。

九五下加五，二五除一，一五如除五。除五有五。五六除三。

九五下加五。逢九進一十。二六除一十二。二上三去五。一六如除六。除六有四。六六除三十六。除六有四。

九二下加二，二二如除四。除四有六。一二如除二，二六除一十二。除二有八。

九四下加四，逢九進一十。二五除一，一五如除五。五六除三。

九遍還原

二五一，一五如五，五六三，五九四十五。二二如四，一二如二，二六一十二，二九一十八。二六一十二，一六如六，六六三十六，六九五十四。二五一，一五如五，五六三，五九四十五。二六一十二，一六如六，六六三十六，六九五十四。二七一十四，一七如七，六七四十二，七九六十三。二九一十八，一九如九，六九五十四，九九八十一。

又　附載　各遍中每位除餘之數，以資考證。

一變金蟾　法一〇二四

歸除　一位餘數〇七八四。　二位〇六七二。　三位餘數〇五七六。　四位〇六四〇。　五位〇二五六。　六位〇五一二。　七位除完。

二變　法二〇四八。

一位餘一五六八。　二位一三四四。　三位一一五二。　四位一二八。　五位〇五一二。　六位一〇二四。

三變　法三〇七二。

一位餘二三五二。　二位二〇一六。　三位一七二八。　四位一九二。　五位〇七六八。　六位一五三六。

四變　法四〇九六。
一位餘數三一三六。　二位二六八八。　三位二三〇四。　四位二五六。
五位一〇二四。　六位二〇四八。
五變　法五一二。
一位三九二。　二位三三六。　三位二八八。　四位三二。　五位一二八。　六位二五六。
六變　法六一四四。
一位四七〇四。　二位四〇三二。　三位三四五六。　四位三八四。
五位一五三六。　六位三〇七二。
七變　法七一六八。
一位五四八八。　二位四七〇四。　三位四〇三二。　四位四四八。
五位一七九二。　六位三五八四。
八變　法八一九二。
一位六二七五。　二位五三七六。　三位四六〇八。　四位五一二。
五位二〇四八。　六位四〇九六。
九變　法九二一六。
一位七〇五六。　二位六〇四八。　三位五一八四。　四位五七六。
五位二三〇四。　六位四六〇八。

又　定位須知　歸除定位訣

實多法少。從實首順數，遇法首即止。前一位定爲单。
實少法多。從實首逆上，遇法首即止。前一位定爲单。

實多法少定位式

今有銀二百四十三兩，買米，每斗價五分四厘。問該米若干。
答曰：四百五十石。
以二百四十三兩爲實，以五分四厘爲法，歸除之。
定位：法只認實上原首位起，往後順數，遇分即止。前一位，定斗。逆數陞上。合得。

法首　五分
四厘

分　從百位上順數至分遇法首。每斗五分，遇分即止，前一位即是斗。
錢　向前逆數，陞上。合得　斗
兩　石
三兩　五四除二十，本位去二，盡。
逢五進一十，本位去五進一。
四十　五二倍作四，變二爲四，四四除一十六，本位去二。　十　五十
實首　二百　五二倍作四，變二爲四。　百　四百

還原，用乘法。
四五得二十，五五二十五，四四一十六，四五得二十。
今有院落一座，寬三丈，長四丈五尺。用新甎漫地，甎面寬三寸，長六寸五分。問用甎若干。
答曰：六千九百二十三個。〇一五。
先將院落寬長相乘，得數一百三十五丈。
次將甎面寬長自乘，得一尺九寸五分。甎作一尺寬，其横處只合一寸九分五厘。故於一百三十五丈中，除去一寸九分五厘，即一甎之數也。
分列法實，歸除得數。如下式。

五厘
九分
法首　一寸
厘
分
寸
尺
五丈
三十
實首　一百　從實首一百，順數至寸。遇法首即止，前一位定爲單，是一個甎也。逆數陞上。合得
三個
二十
九百
六千
〇一8

用一九五爲法，乘之。還原。大凡歸數，有尾零未經歸除者，是爲帶分數。

應以命分之法命之爲幾分之幾。初學驟難領悟□宜存其數，以俟乘而併之，不可再加以乘數。此盤○一五未經歸除。若欲還原宜從已經歸除三個上乘起。

○一五祇存其數以併之方，能還出本數，否則不能也。

今有錢八百文，欲買桿草，桿草每斤二毫。問該買若干斤。

答曰：四十萬斤。

法首 二毫 遇法首二毫即止，前一位定爲斤。逆數陞上。合得

斤 十 百 千 萬 四十

實首 八百 毫 釐 分 單 十 從實首八百數至毫。

法實相呼，逢八進四十，以四記於下。

若欲還原，二毫爲法，乘之。

法首 二毫 從十萬順數至斤。下一位即法首二毫之位。從毫逆數陞上。

毫 釐 分 單 十 八百

合得 斤 十 百 千 萬

實首 四十 法實相呼二四退爲八。下一位記之。

實少法多定位式

今有赤金二兩八錢三分五釐，作四百零五人分之。問每人該金若干。

答曰：該七釐。

法曰：置金爲實，以人數爲法，歸除之。

定位：此是實少法多。先從原實首位起，往前逐位，逆數，陞上，至呼遇法首位百數則止。向前一位定爲单，降下，合得。

五人

○

法首 四百

五釐

三分

八錢 逢八進二十，本位去八，進二於左。此位得七。

實首 二兩 四二添作五，變二爲五。起從兩向前。 七釐 由兩順數向下至釐，遇七，即知是七釐也。

十 分

百 逆數至百。遇法首百數即止，前一位定爲单。单是兩。 錢 兩

還原，用乘法。

五七三十五，四七二十八。

今有赤金二兩，作四千人分之。問每人若干。

答曰：五毫。

法首 四千

實首 二兩 四二添作五，書於下。 五毫 從兩向下順數，至毫，遇五。知是五毫也。

十 從兩向前逆數，至千。 釐

百 分

千 遇法首千數即止。前一位定爲单。单是兩。 錢 兩

今有白麪二百五十斤，作二千人分之。問每人若干。

答曰：二兩。

法首 二千 斤

五十 二一添作五。書於下。逢四進 五

實首 二百 二十，本位去四進二於此位，書 二

千 於下。呼逢二進一十。本位去 一 是二兩。

二進一於此位，書於下。 兩

從實首逆數，遇千即止。前一位定爲斤，下一位即兩也。 斤

實多法少。從實首順數，遇法首即止，前一位定爲單。

實少法多，從實首逆數，遇法首即止，前一位定爲單。

此爲已會乘除者，一見便知。以下詳演各式，專爲初學而設，故不嫌其辭之費也。

除法定位　以法首之數爲主，從實首逆上。數单二十三百四立等句。此專指法首之數而言。所謂单者，乃法首是单也。所謂二者，從實首逆上二位，即實首之數所在也。以定實首之位，是以法首而定實首也。

再乘，法無顛倒，以實首之數爲主，可得法首。
以法首之數爲主，可得實首。歸除法，實不能顛倒。

大抵所持　以約之數爲法。
以所約之數爲實。當審而定之。

除法定位式

如有錢三百，作二十人分之。問得若干。

答曰：一十五文。

法首	二十				
實首	三百	一	二二添作五，逢二進一	此位得五	单　順下，知得一十五文。
		二	十，去二餘一。	此位得一	十
		三			百

法首是十，從實首數至三，即實首百數。

此以法首而定實首之位，即實首之數。而知歸出之數也。

掌中除法定位式

如有銀一千兩，作八人分之。問人得若干。

答曰：一百二十五兩。

法以一千兩爲實，以八人爲法。法首是单數，從實首寅字，向下順數。单二，則實首千數在卯，卯是千，寅是百，丑是十，子是单，從寅上定位。故知爲每人分一百二十五兩。

如有金八錢，作四百人分之。問人得金若干。

答曰：二厘。

法以二錢爲實，以四百爲法，除之。法首是四百，從實首寅字向下順數单二十三百四立。則二在卯，三在辰，四在巳。即實首八錢之數所在，既得實首。從巳字向上逆數，巳是錢。辰是分，卯是厘。因呼除有逢八進二十。正是歌訣，所謂言逢當向卯中行。既進二十於卯，故知每人應分二厘也。

今有長田一段，長五百步，寬六十步。問積步畝若干。

答曰：積步三萬。積畝一頃二十五畝。

法以五百爲實，以六十爲法。從寅字數起，曰单二，則二在丑。十三，則三在子。百四，則百當在亥。實首是百，應在第四格，是此亥字。乃法首十數所在，復從亥順數。亥是十，則子是百。丑是千，寅當是萬，乘數五六爲三在寅位。故知爲三萬也。

既知積數三萬步，更以積步問畝法除之。便知爲一頃二十五畝。

清・穎奇增《算林必法》卷上　九歸歌

學者如何算九歸，先從寔上左頭推。逢進起身須進上，下加次位以施爲。

歸不須歸，其法故不立。

二歸法：二一添作五，逢二進一十，逢四進二十，逢六進三十，逢八進四。

三歸法：三一添作三十一，三二變作六十二，逢三進一十，逢六進二十，逢九進三十。

四歸法：四一作起二十二，四二添作五十，四三變作七十二，逢四進一十，逢八進二十。

五歸法：五一倍作二，五二倍作四，五三倍作六，五四倍作八，逢五進一十。

六歸法：六一下加四，六二變作三十二，六三添作五，六四變作六十四，六五變作八十二，逢六進一十。

七歸法：七一下加三，七二下加六，七三變作四十二，七四變作五十五，七五變作七十一，七六變作八十四，逢七進一十。

八歸法：八一下加二，八二下加四，八三下加六，八四添作五，八五變作六十二，八六變作七十四，八七變作八十六，逢八進一十。

九歸法：九一下加一，九二下加二，九三下加三，九四下加四，九五下加五，九六下加六，九七下加七，九八下加八，逢九進一十。

斤兩化歸原用一歸六除。

一退六二五，二一二五，三一八七五，四二五，五三一二五，六三七五，七四三七五，八作五，九五六二五，十六二五，十一六八七五，十二七五，十三八一二五,十四八七五,十五九三七五。

化歸還原

見一退還一十六,見二退還三十二,見三退還四十六,見四退還六十四,見五退還八十,見六退還九十六,見七將身壹一式,見八將身一二八,見九將身一四肆。

又 歸除歌

惟有歸除法更奇,將身歸了次除之。有歸若是無除數,減一還將原數施。或遇本歸歸不得,撞歸之法始相宜。世人識得其中意,算法雖深可暫知。

一歸二除

假如有銀一萬二千三百四十五兩六錢七分八厘九毫。作十二人分之。問每人該銀若干。

法：置來銀在位,用一歸二除。

解曰：逢一進一,一二除二。逢二進二,二二除四。見一無除撞九一,無除減一下還一,八二除一十六。逢八進八,八二除一十六。逢六進六,六二除一十二。逢五進五,五二除一十。逢七進七,七二除一十四。逢五進五,五二除一十。恰盡。

答曰：每人該分銀一千零二十八兩八錢零六厘五毫七絲五忽。

還原用一二乘數。

五一如五,五二得一。七一如七,七二一十四。五一如五,五二得一。六一如六,六二一十二。八一如八,八二一十六。八一如八,八二一十六。二一如二,二二如四。一一如一,一二如二。

假如有銀照前,作二十三人分之。問每份該分銀若干。

法：置來銀在位,用二歸三除。

二一添作五,五三除一十五。逢六進三,三三除去九。二一添作五,逢二進一,六三除一十八。二一添作五,逢四進二,七三除二十一。二一添作五,逢二進一,六三除一十八。二一添作五,逢六進三,八三除二十四。二一添作五,逢二進一,六三除一十八。餘二未除。

答曰：每人該分銀五百三十六兩七錢六分八厘六毫。

還原用二三乘數。

六二一十二,六三一十八。八二一十六,八三二十四。六二一十二,六三一十八。七二一十四,七三二十一。六二一十二,六三一十八。三二如六,三三如九。五二得一,五三一十五。

假如有銀照前,作三十四人分之。問每人該分銀若干。

法：置來銀在位,用三歸四除。

三一三十一,三四除一十二。三一变作六十二,六四除二十四。三一三十一,三四除一十二。逢三進一,一四除去四。三二六十二,逢六進二,八四除三十二。逢六進二,二四除去八。餘一未除。

答曰：每人該分銀三百六十三兩一錢零八厘二毫。

還原用三四乘數。

二三如六,二四如八。八三二十四,八四三十二。一三如三,一四如四。三三如九,三四一十二。六三一十八,六四二十四。三三如九,三四一十二。

假如銀照前,作四十五人分之。問每人該分銀若干。

用四歸五除。

四一作起二十二,二五除去一。四三作起七十二,七五除三十五。四一作起二十二,逢八進二,四五除中二,四一作起二十二,逢四進一,三五除一十五。四二添作五,無除減一還四,四五除中二。四三作七十二,逢四進一,八五除中四。四一作起二十二,逢八進二,四五除中二。逢八進二,二五除去一。

答曰：每人該分銀二百七十四兩三錢四分八厘四毫二絲。

還原用四五乘數。

二四如八,二五得一。四肆一十六,四五中二十。八四三十二,八五中四。四肆一十六,四五中二十。三四一十二,三五一十五。四肆一十六,四五中二十。七四二十八,七五三十五。二四如八,二五得一。

假如銀照前,作五十六人分之。問每人該分銀若干。

用五歸六除。

五一倍作二,二六除一十二。五一倍作二,二六除一十二。五二倍作四,四六除二十四。五三倍作六,無除減一還五,五六除中三。五四倍作八,八六除四十八。五三倍作六,無除減一還五,五六除中三。五二倍作四,逢五進一,五六除中三。餘一未除。

答曰：每人該分銀二百二十兩零四錢五分八厘五毫五絲。有奇。

還原用五六乘數。

五五二十五，五六中三十。五五二十五，五六中三十。八五中四十，八六四十八。五五二十五，五六中三十。四五中二十，四六二十四。二五得一丨，二六一十二。二五得一十，二六一十二。

假如有銀照前，作六十七人分之。問每人該分銀若干。

用六歸七除。

六一下加四，一七除七。六五變作八十二，八七除五十六。六二三丨二，逢六進一，四七除二十八。六一下加四，逢六進一，二七除一十四。六四變作六十四，六七除四十二。六二變作三十二，三七除二丨一。六五變作八十二，八七除五十六。六四變作六十四，六七除四十二。六二三十二，逢六進一，四七除二十八。有奇。

答曰：每人該分銀一百八十四而二錢八分三厘八毫六絲四忽。

還原用六七乘數。

四六二十四，四七二十八。六六三十六，六七四十二。八六四十八，八七五十六。三六一十八，三七二十一。六六三十六，六七四十二。二六一十二，二七一十四。四六二十四，四七二十八。八六四十八，八七五十六。一六如六，一七如七。

假如有銀照前，作七十八人分之，問每人該分銀若干。

用七歸八除。

七一下加三，一八除去八還二。七四變作五十五，五八除中四。七六變作八十四，八捌除六十四。七二下加六，二八除一丨六。七六變作八十四，無除減一還七，七八除五十六。七六作起八十四，無除減一還七，七八除五十六。見七無除撞九七，九八除七十二。七二下加六，逢七進一，三八除二十四。餘三六未除。

答：合每人該分銀一百五十八兩二錢七分七厘九毫三絲。

還原用七八乘數。

三七二十一，三八二十四。九七六十三，九八七十二。七七四十九，七八五十六。七七四十九，七八五十六。二七一十四，二八一十六。八七五十六，八八六十四。五七三十五，五八中四十。一七如七，八如八。

假如有銀照前，作八十九人分之。問每人該分銀若干。

用八歸九除。

八一下加二，一九除九還一。八三下加六，三九除二十七。八七變作八十六，八九除七十二。八六變作七十四，七九除六十三。八一下加二，一九除九還一。八四添作五，五九除四十五。八四添作五，無除減一還八，四九除三十六。見八無除撞九八，九九除八十一。八二下加四，逢八進一，三九除二十七。餘二三未除。

答曰：每人該分銀一百三十八兩七錢一分五厘四毫九絲三忽。

還原用八九乘數。

三八二十四，三九二十七。九八七十二，九九八十一。四八三十二，四九三十六。五八中四十，五九四十五。一八如八，一九如九。七八五十六，七九六十三。八八六十四，八九七十二。三八二十四，三九二十七。一八如八，一九如九。

假如有銀照前，作九十八人分之，問每人該分銀若干。

用九歸八除。

九一下加一，一八除八還二。九二下加二，二八除一十六。九五下加五，五八除中四。九九下加九，九八除七十二。九七下加七，七八除五十六。九六下加六，六八除四十八。九三下加三，三八除二十四。九一下加一，一八除去八。九五下加五，五八除中四。餘三子未除。

答曰：每人該分銀壹百弍十五兩九錢七分六厘三毫一絲五忽。

還原用九(人)[八]乘數。

五九四十五，五八中四十。一九如九，一八如八。三九二十七，三八二十四。六九五十四，六八四十八。七九六十三，七八五十六。九玖八十一，九八七十二。五九四十五，五八中四十。二九一十八，二八一十六。一九如九，一八如八。

二十四飛歸用二歸四除。

見一作五下除二，二十四去一子歸。見一加三隔加四，九十六去四子歸。七十二去三子歸。四十八去二子歸，見二加六隔加八，見一作五下除二，見六留五進二。

還原法二四乘亦同。

五結梅花一二枝。七星變成一六八。八卦變成一九二。二子去之四八來。三子去之七十二。四子去之九十六。四子去之九十六。一子去之二十四，五結梅花一二枝。

七十二飛歸即七歸二除。

見一下加二十八，見五作七隔除四。見一下加二十八。見三作四下一二。見四作六除三二。見五作七隔除四。見五作七隔除四。見四作六除三二。見一作二除四四。見三作五下除六。恰盡。

還原法用七二乘數。

五七三十六。二七一四肆。六七四三二。七柒五零四。七柒五零四。六七四三二。四七二八捌。一得七十二。七柒五零四。一得七十二。

七十五飛歸即七歸五除。

見一下加二十五。見四作六下除五。見三變作四。見四作六下除五。見六變作八，七十五去一回歸。見三變作四，七十五去一回歸。見一作二下除五。

還原法即七五乘。

二得一十五。五得三七五。九得六七五。六得四十五。四得三十齊。六得四十五。一得七十五。

昨日聽聞人糴穀，二兩四錢八石六。今有價銀十五兩，設該多少當回復。

法：置價銀十五兩在位，以原穀八石六斗乘之。得一二九子爲寔，用原銀二兩四錢爲法，除之。

答曰：該穀五十三石七斗五升。

先交銀後取貨歌

先交銀兮用歸除，能通妙法可乘之。或遇買斤不足處，斤之不動兩退移。

假如有付竹，每斤時值價銀五分六厘。今來銀二兩九錢二分六厘。問該買付竹若干。

解曰：先交銀兮用歸除法。置來銀二兩九錢二分六厘爲寔，以每斤價銀五分六厘爲法。除之得五十二斤二毫五子，就將斤下二五用化歸還原法通之，得四兩。

答曰：該買付竹五十二斤四兩。

假如有木耳，每斤時值價銀六分七厘。今來銀四兩零八分七厘。問該買木耳若干。

解曰：先交銀兮用歸除法，置來銀四兩零八分七厘爲寔，以每斤價銀六分七厘爲法，除之。

答曰：該買得木耳六十一斤。

假如有正菜，每斤時值價銀七分二。今來銀五兩四錢五分四厘。問該買正菜若干。

解曰：先交銀兮用歸除法。置來銀五兩四錢五分四爲寔，以每斤價銀七分二厘爲法。除之，得七十五斤七毫五。就將斤下七毫五子，用化歸還原法通之，得一十二兩。

答曰：該買正菜七十五斤十二兩。

假如有香信，每兩時值價銀三分五厘，今來銀十一兩五錢五分。問該買香信若干。

解曰：先交銀兮用歸除法。置來銀十一兩五錢五分爲寔，以每兩價銀三分五厘爲法，除之。得三百三十□□□□□□□□□□□□□。

答曰：該買香信二十斤零十兩。

假如有銅錢，每千時值價銀六錢二分五，今來銀十一兩二錢五分。問該買銅錢若干。

解曰：先交銀兮用歸除法。置來銀十一兩二錢五分爲寔，以每千價銀六錢二分五爲法，除之。

答曰：該買銅錢一十八千文。

假如有黑綢，每尺時價銀八分二厘五毫，今來銀十兩零五錢六分。問該買綢若干。

解曰：先交銀兮用歸除法。置來銀十兩零五錢六分爲寔，用每尺價銀八分二厘五毫爲法，除之。

答曰：該買綢一十二丈八尺。

清・陳傑静《算法大成》上編卷一《九歸》

一歸　逢一進一十，逢二進二十，逢三進三十，逢四進四十，逢五進五十，逢六進六十，逢七進七十，逢八進八十，逢九進九十。

二歸　二一添作五，逢二進一十，逢四進二十，逢六進三十，逢八進四十。

三歸　三一三十一，三二六十二，逢三進一十，逢六進二十，逢九進三十。

四歸　四一二十二，四二添作五，四三七十二，逢四進一十，逢八進二十。

五歸　五一倍作二，五二倍作四，五三倍作六，五四倍作八，逢五進一十。

六歸　六一下加四，六二三十二，六三添作五，六四六十四，六五八十二，逢六進一十，逢二六進二十。

七歸　七一下加三，七二下加六，七三四十二，七四五十五，七五七十一，七六八十四，逢七進一十，逢二七進二十。

八歸　八一下加二，八二下加四，八三下加六，八四添作五，八五六十二，八六七十四，八七八十六，逢八進一十。

九歸　九一下加一，九二下加二，九三下加三，九四下加四，九五下加五，九六下加六，九七下加七，九八下加八，逢九進一十。

右九歸總法。凡六十三句，爲一位除所必呼之語。其多位除，則惟首位用之，餘仍用九因之四十五句也。

二歸法：設有銀二百七十一萬六千二百六十三兩五錢六分，作二人分之。問每人該銀若干。

荅曰：一百三十五萬八千一百三十一兩七錢八分。

法：置原有銀自左而右列于盤爲實，以二爲法。按前二歸總法，亦自左而右歸之。凡因、乘必自末位起，故自右而左。歸除必自首位起，故自左而右。首位是二，呼逢二進一十。次位是七，而總法不言七，則呼逢六進三十，二一添作五。以一位而作兩次歸之，無不得也。推之，逢三、逢五、逢九，皆倣此。

設有穀四萬九千三百八十二石七斗一升五合六勺，今碾爲米適得一半。問米若干。

荅曰：二萬四千六百九十一石三斗五升七合八勺。

法：置穀爲實，以二爲法。歸之，即得。

三歸法：設有銀二百八十九萬五千三百六十五兩六錢七分，作三人分之。問每人該得銀若干。

荅曰：九十六萬五千一百二十一兩八錢九分。

法：置原銀爲實，以三歸之。即得。

設有鹽一萬七千三百六十一引九十六斤一十一兩四錢，以四百斤爲引，十六兩爲斤通之得，一萬一千一百一十一萬一千九百四十七兩四錢。今每人食鹽三錢，一日食畢。問人數幾何。

荅曰：三萬七千三十七萬三千一百五十八人。

法：置鹽兩數爲實，以三歸之。即得。

四歸法：設因興軍預備四個月口糧，計米　十一萬一千一百一十一石九斗四升七合二勺。今止一個月，已得告竣凱旋。問食米幾何。

荅曰：二萬七千七百七十七石九斗八升六合八勺。

法：置預備米爲實，以四歸之。即得。

設有銀六百五十八萬四千五百六十五兩二錢八分，今支用四分之一。問支銀若干。

荅曰：支銀一百六十四萬六千一百四十一兩三錢二分。

法如前。

五歸法：設有數六萬一千七百二十八萬三千九百四十五，以五歸之。問得幾何。

荅曰：一萬二千三百四十五萬六千七百八十九。

法用五歸，而五歸不言六、七、八、九。此題首位是六，先呼逢五進一十，次呼五一倍作二，即是。原有六萬，今歸得一萬二千。餘倣此。

設有五縣共徵漕米一十二萬三千四百五十六石七斗八升九合，各縣數同。問一縣徵米若干。

荅曰：二萬四千六百九十一石三斗五升七合八勺。

法如前。

六歸法：設原有銀七百九十五萬二千八百六十一兩八錢八分，今用去六分之五。問存銀若干。

荅曰：一百三十二萬五千四百七十六兩九錢八分。

法：置原銀爲實，按六歸法歸之。即得。

設有鹽二萬六千四十一引三百四十五斤二兩六錢，以四百斤爲引，十六兩爲斤，通之得一萬六千六百六十六萬七千九百二十二兩六錢。今每人每日食鹽三錢，兩日食畢。問人數若干。

荅曰：二萬七千七百七十七萬九千八百七十一人。

法：置鹽兩數爲實，按六歸法歸之。蓋一人一日食鹽三錢，今食兩日是一人而食六錢也。故用六歸。即得。

七歸法：設有銀八百萬五千六百一十一兩三錢二分一釐四毫，分存七處。問每處存銀若干。

荅曰：一百一十四萬三千六百五十八兩七錢六分二毫。

法：置原銀爲實，以七歸之。即得。

今浙江湖州一府七屬通共徵米三十八萬五千九百四十九石六斗二升五合六勺。固各屬不同，設爲相同。問每縣徵米若干。

荅曰：如果七縣都同一縣徵米五萬五千一百三十五石六斗六升八勺。

法：置共徵米爲實，以七歸之。即得。

八歸法：設八家同井，共收米一千四百八十二石七斗五升九合二勺。問公田米若干。

荅曰：一百八十五石三斗四升四合九勺。

法：置八家共米爲實，以八歸之。即得。

設有銀八百九十九萬二百八十五兩一錢二分，作八人分之。問每人分銀若干。

荅曰：一百一十二萬三千七百八十五兩六錢四分。

法如前。

九歸法：設原有米一千六百四十一萬五千六百八十九石二斗三升。今因舂白消耗，實存九分之八。問耗去米若干。

荅曰：耗去米九分之一，計一百八十二萬三千九百六十五石四斗七升。

法：置原有米數爲實，以九歸之。得消耗米數。

設有鹽二萬九千七百引。以每引四百斤，斤十六兩，通之得一萬九千八萬兩。今每人每日食鹽三錢，三日食畢。問人數若干。

荅曰：二萬一千一百二十萬人。

法：置鹽兩數爲實，以九歸之。即得。

右歸法即是一位除法。

一歸　見一無歸作九一，無除去一下還一。
二歸　見二無歸作九二，無除去一下還二。
三歸　見三無歸作九三，無除去一下還三。
四歸　見四無歸作九四，無除去一下還四。
五歸　見五無歸作九五，無除去一下還五。
六歸　見六無歸作九六，無除去一下還六。
七歸　見七無歸作九七，無除去一下還七。
八歸　見八無歸作九八，無除去一下還八。
九歸　見九無歸作九九，無除去一下還九。

又　二位除法

第一題　一歸三除：設有銀一十二萬五千四百三十六兩七錢八分八釐一毫，作一十三人分之。問每人該分銀若干。

荅曰：九千六百四十八兩九錢八分三釐七毫。

法：置原有銀爲實，呼見一無歸作九一，三九除二十七。〔此首位是一，既爲一歸自應呼「逢一進一十」除去本位之一，加一于左方合一歸之法。然有三除，又應呼一三除三；今止有二，是無除矣。如此無除，即是無歸改呼「見一無歸作九一」，不進一于左而改本位之一爲九，于右位加一。于是(而)右位變二爲三五，遂呼「三九除二十七」使一二位之一十二萬，盡行歸去。而弟三位之五變爲八，自合矣。蓋原銀僅止一十二萬兩，而設爲一十三人均分。則每人必不足一萬兩，而僅止九千兩。有奇甚易明也。〕逢六進六十，三六除一十八。逢四進四十，三四除一十二。見一無歸作九一，無除去一下還一，三八除二十四。〔此於三四除一十二，已得九千六百四十兩之後，餘一百一十六兩，又無可歸，故呼「見一無歸作九一」。惟既得九，又應呼三九二十七。今右位本爲一六而加一數是有止二十六，仍屬不敷，故又呼「無除去一下還一」是本位變九爲八，右位又加一數，得三十六矣。故呼三八二十四。餘一十二未歸，蓋以十三人分一百十六兩，每人九兩實，不敷一兩。故應呼二十七而止有二十六，每人八兩，又多一十二兩。故餘有一十二未歸，可合下之七錢，作一十二兩七錢。別爲按法以求也。〕見一無歸作九一，三九除二十七。見一無歸作九一，無除去一下還一，三八除二十四。逢三進三十，三三除九。逢七進七十，三七除二十一。

第二題　一歸六除：設有物重一萬七千三百四十三萬六千七百八十八兩。問若干斤。

荅曰：一千八十三萬九千七百九十九斤餘四兩。

法：置物重爲實。呼逢一進一十，一六除六。見一無歸作九一，無除去一下還一，六八除四十八。逢三進三十，三六除一十八。見一無歸作九一，六九除五十四。見一無歸作九一，無除去一下還一，再無除再去一下還一，六七除四十二。見一無歸作九一，六九除五十四。見一無歸作九一，六九除五十四。餘四兩未歸。如必欲歸之，可呼逢二進二十，二六除一十二。逢五進五十，五六除三十。得二十五。此二十五之數，乃百分斤之二十五，可約爲四分斤之一，不可誤爲二十五斤。蓋必明于定位，方不誤。稍有游移即誤矣。誤則末位之九，必將改爲九百斤。首位之一千萬斤，必將改爲十萬萬斤，大謬不然也。學者須知，乘除不難，定位難。能者不待言而自知，不能者雖告之千萬言，亦始終不解此算法之。所以，貴由心得而不能以口授乎。

第三題　二歸三除：設有銀一十七萬三千四百三十六兩七錢六分七釐，作二十三人分之。問每人該分銀若干。

答曰：七千五百四十兩七錢三分九釐。

法：置原銀爲實。呼二一添作五，逢四進二十，三七除二十一。二一添作五，三五除一十五。逢八進四十，三四除一十二。二一添作五，逢四進二十，三七除二十一。逢四進二十，二三除六。見二無歸作九二，三九除二十七。即得。

第四題　二歸五除：設有銀一百二十三萬四千五百六十七兩八錢九分，作二十五人分之。問每人該分銀若干。

答曰：四萬九千三百八十二兩七錢一分五釐六毫。

法：置原銀爲實，以二十五爲法。除之。即得。凡兩位除法，其原有數大于今有數，則得數小一位。如第二題，原有十七，今有十六，是原有大于今有，故得一千，小于原有一萬止一位也。若原有小于今有，則得數小二位。如此題，原有一，今有二，故得四萬，小于原有一百萬有二位矣。首數既小二位，則原有數九位，得數止應七位。蓋原有數自分而止，得數亦應至分而止。今既得七錢一分而仍餘實一錢四分，即是不盡，不必再除。兹終除之，而得五釐六毫者，緣二歸五除適爲可盡之法，故可以終除而除之耳。若遇不盡之法，則以分爲止至于分而尚有餘實不能盡。雖除至千萬位，亦始終不盡也。詳後。

第五題　三歸七除：設有銀一萬二千三百四十五兩六錢四分二釐，作三十七人分之。問每人該分銀若干。

答曰：三百三十三兩六錢六分六釐。

法：置原銀爲實，以三十七爲法。除之。即得。此題法雖難盡，而數卻盡，故原有數八位，而得數止六位。右五題，惟一歸六除，二歸五除，爲可盡之法，餘皆不盡，然得數皆盡者。設爲可盡之數也。

第六題　四歸三除：設有銀一萬七千三百五十三兩六錢七分七釐七毫，作四十三人分之。問每人該分銀若干。

答曰：四百三兩五錢七分三釐九毫。

法：置原銀爲實，以四十三爲法。除之。即得。

第七題　五歸一除：設有銀一萬七千三百五十三兩六錢七分八釐二毫，作五十一人分之。問每人該分銀若干。

答曰：三百四十兩二錢六分八釐二毫。

法：置原銀爲實，以五十一爲法。除之。即得。

第八題　六歸六除：設有銀三萬四千六百八十七兩三錢六分二釐六毫，作六十六人分之。問每人分銀若干。

答曰：五百二十五兩五錢六分六釐一毫。

法：置原銀爲實，以六十六爲法。(歸)[除]之。即得。

第九題　六歸七除：設有銀三萬四千六百八十七兩三錢六分七釐三毫，作六十七人分之。問每人分銀若干。

答曰：五百一十七兩七錢二分一釐九毫。

法：置原銀爲實，以六十七爲法。(歸)[除]之。即得。

第十題　七歸四除：設有銀二萬四千六百九十一兩二錢九分一釐四毫，作七十四人分之。問每人分銀若干。

答曰：三百三十三兩六錢六分六釐一毫。

法：置原銀爲實，以七十四爲法。(歸)[除]之。即得。

第十一題　八歸一除：設有銀一千六百四十一萬五千六百八十九兩二錢三分，作八十一人分之。問每人該得銀若干。

答曰：二十萬二千六百六十二兩八錢三分。

法：置銀爲實，以八十一爲法。(歸)[除]之。即得。

第十二題　九歸六除：設一日九十六刻一人勤織計，其梭凡一十七萬三千一百八十四來往。問一刻來往若干。

答曰：一千八百有四。

法：置梭一日來往爲實，以九十六爲法。(歸)[除]之。即得。

設有銀三千二百八十三萬一千三百七十八兩四錢六分，作九十六人分之。問每人該得銀若干。

答曰：三十四萬一千九百九十三兩五錢二分。餘五錢四分未歸。

法：置原銀爲實，以九十六爲法。歸之。即得。其所餘五錢四分不必再歸，如欲歸之，呼「九五下加五」，五六除三十。九六下加六，六六除三十六，計得五釐六毫。仍餘二釐四毫未歸。即可知，再歸之，亦始終不能盡也。蓋以百人分五錢四分之銀，必每人得五釐四毫，無餘。今僅止九十六人，則每人得五釐六毫,而仍餘二釐四毫。則再分此二釐四毫,亦必有所餘不得言矣。此二釐四毫,所以不必分,并五錢四分亦不必分也。凡爲除法皆然,自此以上十二題,惟第二題:一歸六除,第四題:二歸五除可盡耳,其餘十題皆不能盡。惟設爲可盡之數,故皆盡耳。如此題,若少設五錢四分,作七兩九錢二分,則可盡。若多設四錢二分,作八兩八錢八分,則亦可盡。由此言之,自七兩九錢三分至八兩八錢七分,皆是不盡之數。豈易遇哉。

三位除法

第一題　三歸四四除:設有鹽一千三百八十五萬六千六百六十四斤,每引三百四十四斤。問若干引。

荅曰:四萬二百八十一引。

法:置鹽斤爲實,以引斤爲法。除之。即得。凡三位除法,原有數小于今有數,則得數降于原有數三位。如此題原有數一,今有數三,是原有小於今有,故原有一千萬斤爲八位,得數四萬引是五位,實小三位也。設使原有爲四千萬斤,則爲數大于今有之三,其得數必爲十一萬餘引爲六位矣。此從首位定位之法,似較明顯。

第二題　同上。設有數四八九四四六六四,以三四四除之。問得數幾何。

荅曰:一四二二八一。

法:置原有數四八九四四六六四爲實,以三四四爲法。除之。呼逢三進一十,一四除四,一四除四。三一三十一,逢三進一十,四四除一十六,四四除一十六。逢六進二十,二四除八,二四除八。逢六進二十,二四除八,二四除八。三二六十二,逢六進二十,四八除三十二,四八除三十二。逢三進一十,一四除四。一四除四。即得。

第三題　七歸九四除:設有銀一千六百四十一萬五千九百五十兩,以七九四歸之。問得幾何。

荅曰:二萬六百七十五兩。

法:置原有銀爲實,以七百九十四爲法。歸之。即得。

四位除法

第一題　一歸四六一除:設有銀三萬一千六百六十七兩三錢二分一釐一毫,欲作四年之用。問每日用銀若干。

荅曰:二十一兩六錢七分五釐一毫。

法:置原銀爲實,以四年之日數一千四百六十一日爲法。除之。即得。漢賈達四分法,謂一歲三百六十五日四分日之一,則四年適得一千四百六十一整日。迨靈帝時劉洪乾象法已稍減矣。今欽天監約計四年得一千四百六十一日,而少三刻,兹言一千四百六十一日者,非從賈氏乃舉成數以言之也。

第二題　四歸七三八除:設有銀八萬二千五百八十九兩九錢七分三釐二毫,作四千七百三十八人分之。問每人分得若干。

荅曰:一十七兩四錢三分一釐四毫。

法:置原銀爲實,以四千七百三十八爲法。除之。呼「逢四進一十」一七除七,一三除三,一八除八。此首位是八,即可呼逢八進二十。然不呼者,以其無除也。無除則仍須去一還四矣。蓋逢八進二,即是兩個逢四進一,則不如少打一「逢四進一」,即省卻「去一還四」爲便。餘如法呼之。即得。

第三題　九歸五二八除:設有銀一十二萬一百九十六兩六錢七分二釐八毫,作九千五百二十八人分之。問每人分得銀若干。

荅曰:一十二兩六錢一分五釐一毫。

法:置原銀爲實,以九千五百二十八爲法。除之。即得。

五位除法

第一題　二歸八五八四除:設有銀三十六萬五百九十兩一分八釐四毫,以二萬八千五百八十四除。問該幾何。

荅曰:一十二兩六錢一分五釐一毫。

法:置原銀爲實,如法除之。即得。

第二題　五歸七一六八除:設有銀一百四十四萬二千三百七十七兩二錢二分四釐,以五萬七千一百六十八除,問該幾何。

荅曰:二十五兩二錢三分五毫。

法:置原銀爲實,如法除之。即得。

第三題　三歸六五二四除:設一人有祖遺百年美産逐日收租,已收過四萬四千一百九十四兩[零]四分。問每日收租若干。

荅曰:一兩二錢一分[餘三天]。一百年日數,三萬六千五百二十四日。

法:置已收銀爲實,以一百年日數爲法。除之。即得。

六位除法

第一題　一歸四六〇九六除:設有數三千五百三十五萬五千二百三十二,以十四萬六千九十六除。問得幾何。

答曰:二百四十二。

法:置原有數爲實,以一四六〇九六爲法。除之。即得。

第二題 二歸九二一九二除:設有數如前,以二十九萬二千一百九十二除。問得幾何。

答曰:一百二十一。

法:置原有數爲實,如法除之。即得。

第三題 六歸八八六八八除:設有數一三八七〇五二〇六六四,以六八八六八八除。問得幾何。

答曰:二〇一四〇五。

法:置原有數爲實,如法除之。即得。

七位除法

第一題 九歸一八九九七八除:設有數二七五六九九三四,以九一八九九七八除。問得幾何?

答曰:三。

法:置原有數爲實,如法呼九二下加二,逢九進一十,一三除三,三八除二十四,三九除二十七,三九除二十七,三七除二十一,三八除二十四。恰盡。即得。

第二題 同上。設有數萬萬萬萬,以九一八九九七八除。問得幾何。

答曰:一〇八八一四一八八六餘六七八一四九二。

法:置原有數一〇〇〇〇〇〇〇〇〇〇〇〇〇〇〇〇爲實。如法呼九一下加一,一一除一,一八除八,一九除九,一九除九,一七除七,一八除八。未盡,餘八一〇〇二二〇〇〇〇〇〇〇〇。九八下加八一八除八,八八除六十四,八九除七十二,八九除七十二,七八除五十六,八八除六十四。未盡,餘七四八二三七六〇〇〇〇〇〇。九七下加七,逢九進一十,一八除八,八八除六十四,八九除七十二,八九除七十二,七八除五十六,八八除六十四。未盡,餘一三〇二九三六〇〇〇〇〇。九一下加一,一一除一,一八除八,一九除九,一九除九,一七除七,一八除八,未盡,餘二八四九三八二〇〇〇〇〇。九三下加三,逢九進一十,一四除四,四八除三十二,四九除三十六,四九除三十六,四七除二十八,四八除三十二。未盡,餘一七三三九〇八〇〇〇〇。九一下加一,一一除一,一八除八,一九除九,一九除九,一七除七,一八除八。未盡,餘八一四九一〇二〇〇〇。九八下加八,一八除八,八八除六十四,八九除七十二,八九除七十二,七八除五十六,八八除六十四。未盡,餘七九七一一九六〇〇。再呼九七下加七,逢九進一十,一八除八,八八除六十四,八九除七十二,八九除七十二,七八除五十六,八八除六十四。未盡,餘六一九二一三六〇。再呼九六下加六,一六除六,六八除四十八,六九除五十四,六九除五十四,六七除四十二,六八除四十八。未盡,餘六七八一四九二。即得。無庸再除,法應命分。如不命分,收成一可也。凡除法有不盡者,多除一位,其所得過五者收成一,不足五者棄之。如此題,原有數十七位,今有數七位,自應除得十位而止。今已除得十位,而尚有所餘,若再除必得七,是爲過五可收成一,以加于末位之六,而得七也。

清・徐以祥《蒙學算法正宗》卷一《總歸歌訣》

二歸 二一添作五,逢二進一十,逢四進二十,逢六進三十,逢八進四十。

三歸 三一三十一,三二六十二,逢三進一十,逢六進二十,逢九進三十。

四歸 四一二十二,四二添作五,四三七十二,逢四進一十,逢八進二十。

五歸 五一倍作二,五二倍作四,五三倍作六,五四倍作八,逢五進一十。

六歸 六一下加四,六二三十二,六三添作五,六四六十四,六五八十二,逢六進一十。

七歸 七一下加三,七二下加六,七三四十二,七四五十五,七五七十一,七六八十四,逢七進一十。

八歸 八一下加二,八二下加四,八三下加六,八四添作五,八五六十二,八六七十四,八七八十六,逢八進一十。

九歸 九一下加一,九二下加二,九三下加三,九四下加四,九五下加五,九六下加六,九七下加七,九八下加八,逢九進一十。

單歸算法

一歸不須歸,其法故不立。

二歸

二一添作五。逢二進一,逢二進一,二一添作五。逢四進二,逢四進二,二一添作五。逢六進三,逢六進三,二一添作五。逢八進四,逢八進四,二一添作五。

還原,用乘法。

二五得一。二四下得八。二九改作一十八。二三下得六。二八改作十六。二二下得四。二七改作十四。二二下得二,二六改作十二。

問今有錢一千二百四十文,甲乙二人分之。各得若干。

答：二人分派法用二歸。二一添作五。逢二進一，逢四進二。各得錢六百二十文。

又問有錢一千七百八十文，丙丁二人分之。各得若干。

用二歸分派。二一添作五。逢六進三，二一添作五。逢八進四。

答曰：各得錢八百九十文。餘例仿此。

三歸

三一改作三十一。逢三進一。逢三進一。逢三進一，三一改作三十一。逢六進二。逢六進二。逢六進二，三一改作三十一。逢九進三。逢九進三。

還原

三三下得九。三六改作十八。二三下得六。二三下得六。三五改作十五。一三下得三。一三下得三。三四改作十二。

問今有洋三元換錢二千五百六十二文。每洋派兌錢若干。

答：分派法用三歸。三二改作六十二。逢六進二，三一改作三十一。逢六進二，三一改作三十一。逢三進一。每元兌錢八百五十四文。餘例倣此。

四歸

四一改作二十二。逢四進一。四三改作七十二。逢四進一，四二添作五。逢四進一，四一改作二十二。逢八進二。逢四進一，四三改作七十二。逢八進二。四二添作五，逢八進二。

還原

四七改作二十八。四九改作三十六。一四下得四。四四改作十六。四六改作二十四。四八改作三十二。三四改作十二。

問今有錢一千四百五十六文，買米四斗。每斗派錢若干。

答：法用四歸。四一改作二十二。逢四進一，四二添作五。逢四進一，四一改作二十二。逢八進二。每斗派錢三百六十四文。

又問今有錢一千一百六十文，買小麥四斗。每斗派錢若干。

法用四歸。四一改作二十二。四三改作七十二。逢八進二。

答曰：每斗二百九十文。餘例倣此。

五歸

五一倍作二。五二倍作四。五三倍作六。五四倍作八。逢五進一十。逢五進一十，五一倍作二。逢五進一十，五二倍作四。逢五進一十，五三倍作六。逢五進一十，五四倍作八。

還原

五八得四。五七改作三十五。五五改作二十五。三五改作十五。一五下得五。五九改作四十五。五六得三。五四二[十]。二五得一。

問有錢一千四百二十五文，買柴五担。每担派錢若干。

答：法用五歸。五一倍作二。五四倍作八。五二倍作四。逢五進一十。每担派錢二百八十五文。餘例倣此。

六歸

六一下加四。逢六進一。六三添作五。六四改作六十四。逢六進一，六三添作五。逢六進一。逢六進一，六一下加四。逢雙六進二。逢六進一，六三添作五。

還原

五六得三。一六下得六。三六改作十八。一六下得六。六六改作三十六。六七改作四十二。五六得三。二六改作十二。

問今有錢一百四十四文，買鹽六斤。每斤派錢若干。

答：法用六歸。六一下加四。逢六進一，六二改作三十二。逢六進一。每斤派錢二十四文。

又問今有錢一千零五十文，買肉六斤。每斤派錢若干。

法仍用六歸。六一下加四。六四改作六十四。逢六進一，六三添作五。

答曰：每斤一百七十五文。餘例仿此。

七歸

七一下加三。七五改作七十一。七四改作五十五。逢七進一，七二下加六。逢七進一，七四改作五十五。逢七進一，七四改作五十五。逢七進一，七五改作七十一。逢七進一，七二下加六。逢雙七進二。

還原

四七改作二十八。七八改作五十六。六七改作四十二。六七改作四十二。三七改作二十一。六七改作四十二。七七改作四十九。一七下得七。

問今有錢一千三百七十二文，買棉花七斤。每斤派錢若干。

答：法用七歸。七一下加三。七六改作八十四。逢七進一，七四改作五十五。逢七進一。每斤派錢一百九十六文。

又問今有錢一千零五十文，買蔴七斤。每斤派錢若干。

答曰：法仍用七歸。七一下加三。七三改作四十二。逢七進一。每斤派錢一百五十文。餘例仿此。

八歸

八一下加二。八四添作五。八三下加六。逢八進一，八二下加四。逢八進一，八一下加二。逢八進一，八七改作八十六。逢八進一，八六改作七十四。逢八進一。

還原

八八改作六十四，八九改作七十二，二八改作十六，三八改作二十四，四八改作三十二，五八得四，一八下得八。

問今有洋一百三十四元，買布八疋，每疋派洋若干。

答：法用八歸。八一下加二。八五六十二。八六七十四。八四添作五。每疋派洋十六元七角五分。

又問今有洋六十六元四角，買芝蔴八担。每担派洋若干。

答曰：法仍用八歸。八六七十四。逢八進一，八二下加四。逢八進一。每担派洋八元三角。餘例倣此。

九歸

九一下加一，九三下加三，九六下加六，逢九進一，九一下加一。九六下加六。逢九進一，九三下加三。逢九進一，九一下加一，逢九進一，逢九進一。

還原

一九下得九，二九改作十八，四九改作三十六，七九改作六十三，一九下得九，七九改作六十三，三九改作二十七，一九下得九。

問今有洋二百四十三元，買田一坵計九畝。每畝派洋若干。

答：法用九歸。九二下加二。九六下加六。逢九進一。每畝派洋二十七元。餘例倣此。

又《歸除捷訣》

歸從頭上起，因從足下生。逢如須隔位，言十破本身。

九位數目，當作銀錢數，分派即是一百九十一股。一歸一除作十一股派。二歸八三除，即可作二百八十三股派。餘例倣此。

一歸九一除

見一無除作九一，無除借三下還三，六九除五十四，一六除六。逢四進四，四九除三十六，一四除四。見一無除作九一，無除借三下還三，六九除五十四，一六除六。逢三進三，三九除二十七，一三除三。見一無除作九一，無除借二下還二，七九除六十三，一七除七。見一無除作九一，無除借三下還三，六九除五十四，一六除六。逢二進二，二九除十八，一二除二。逢三進三，三九除二十七，一三除三。

還原

一三下得三，三九二十七，一三下得三。一二下得二，二九十八，一二下得二。一六下得六，六九五十四，一六下得六。一七下得七，七九六十三，一七下得七。一三下得三，三九二十七，一三下得三。一六下得六，六九五十四，一六下得六。一四下得四，四九三十六，一四下得四。一六下得六，六九五十四，一六下得六。

二歸八三除

二一添作五，無除借一下還二，四八除三十二，三四除十二。二一添作五，無除借二下還四，三八除二十四，三三除九。二一添作五，逢二進一，六八除四十八，三六除十八。逢四進二，二八除十六，二三下得六。二一添作五，無除借一下還二，四八除三十二，三四除十二。逢六進三，三八除二十四，三三除九。見二無除作九二，無除借二下還四，七八除五十六，三七除二十一。

還原

三七二十一，七八五十六，二七改作十四。三三下得九，三八二十四，二三下得六。三四十二，四八三十二，二四下得八。二三下得六，二八十六，二二下得四。三六十八，六八四十八，二六改作十二。三三下得九，三八二十四，二三下得六。三四十二，四八三十二，二四下得八。

三歸七五除

三一三十一，三七除二十一，三五除十五。三一三十一，無除借一下還三，二七除十四，二五除一。見三無除作九三，七九除六十三，五九除四十五。逢六進二，二七除十四，二五除一。逢三進一，一七除七，一五除五。見三無除作九三，無除借一下還三，七八除五十六，五八除四。逢三進一，一七除七，一五除五。三一三十一，逢三進一，四七除二十八，四五除二。

還原

四五得二，四七二十八，三四改作十二。一五下得五，一七下得七，一三下得三。五八得四，七八五十六，三八改作二十四。一五下得五，一七下得七，一三下得三。二五得一，二七十四，二三下得六。五九四十五，七九六十三，三九二十七。二五得一，二七十四，二三下得六。三五十五，三七二十一，三三下得九。

四歸六七除

四一改作二十二，二六除十二，二七除十四。四三改作七十二，無除借一下還四，六六除三十六，六七除四十二。四二添作五，無除借一下還四，四六除二十四，四七除二十八。四一改作二十二，逢四進一，三六除十八，三七除二十一。四二添作五，逢四進一，六六除三十六，六七除四十二。逢四進一，一六除六，一七除七。四二添作五，無除借一下還四，四六除二十四，四七除二十八。四一改作二十二，逢四進一，三六除十八，三七除二十一。四一改作二十二，二六除十二，二七除十四。

還原

二七十四，二六十二，二四下得八。三七二十一，三六十八，四三一十二。四七二十八，四六二十四，四四十六。一七下得七，一六下得六，一四下得四。六七四十二，六六三十六，四六二十四。三七二十一，三六十八，三四十二。四七二十八，四六二十四，四四十六。六七四十二，六六三十六，四六二十四。二七十四，二六十二，二四下得八。

五歸五九除

五一倍作二，二五除一，二九除十八。五一倍作二，二五除一，二九除十八。五四倍作八，五八除四，八九除七十二。五二倍作四，逢五進一，五五除二十五，五九除四十五。五一倍作二，二五除一，二九除十八。見五無除作九五，五九除四十五，九九除八十一。五一倍作二，逢五進一，三五除十五，三九除二十七。五一倍作二，二五除一，二九除十八。

還原

二九十八，二五得一，二五改作一。三九二十七，三五十五，三五改作十五。九九八十一，五九四十五，五九改作四十五。二九十八，二五得一，二五改作一。五九四十五，五五二十五，五五改作二十五。八九七十二，五八得四，五八改作四。二九十八，二五得一，二五改作一。二九十八，二五得一，二五改作一。

六歸四二除

六一下加四，一四除四，一二除二。六五改作八十二，逢六進一，四九除三十六，二九除十八。六一下加四，逢六進一，二四除八，二二除四。六一下加四，逢雙六進二十，三四除十二，三二除六。六一下加四，逢六進一，二四除八，二二除四。見六無除作九六，四九除三十六，二九除十八。六二改作三十二，逢六進一，四四除十六，二四除八。

還原

二四下得八，四四十六，四六改作二十四。二九十八，四九三十六，六九五十四。二二下得四，二四下得八，二六一十二。二三下得六，三四十二，三六改作十八。二二下得四，二四下得八，二六改作十二。二九十八，四九三十六，六九改作五十四。一二下得二，一四下得四，一六下得六。

七歸三四除

七一下加三，一三除三，一四除四。七五改作七十一，無除借一下還七，三六除十八，四六除二十四。七六改作八十四，三八除二十四，四八除三十二。七一下加三，一三下除三，一四除四。見七無除作九七，三九除二十七，四九除三十六。七五改作七十一，三七除二十一，四七除二十八。七一下加三，逢七進一，一三除六，二四除八。七四改作五十五，逢七進一，三六除十八，四六除二十四。七一下加三，逢七進一，二三除六，二四除八。

還原

二四下得八，二三下得六，二七改作十四。四六二十四，三六十八，六七改作四十二。二四下得八，二三下得六，二七改作十四。四七二十八，三七二十一，七七改作四十九。四九三十六，三九二十七，七九六十三。一四下得四，一三下得三，一七下得七。四八三十二，三八二十四，七八五十六。四六二十四，三六十八，六七改作四十二。一四下得四，一三下得三，一七下得七。

八歸二六除

八一下加二，一二除二，一六除六。八四添作五，無除借一下還八，二四除八，四六除二十四。八七八十六，逢八進一十，二九除十八，六九除五十四。八三下加六，逢八進一十，二四除八，四六除二十四。八五改作六十二，二六除十二，六六除三十六。八二下加四，逢八進一十，二三除六，三六除十八。八二下加六，逢八進一十，二四除八，四六除二十四。八二下加四，二二除四，二六除十二。

還原

四六二十四，二四下得八，四八改作三十二。二六十二，二二下得四，二八改作十六。四六改作二十四，二四下得八，四八改作三十二。三六十八，二三下得六，三八改作二十四。六六三十六，二六十二，六八改作四十八。四六二十四，二四下得八，四八改作三十二。六九五十四，二九十八，八九改作七十二。四六二十四，二四下得八，四八改作三十二。一六下得六，一二下得二，一八下得八。

九歸一八除

九一下加一，一一除一，一八除八。九三下加三，一三除三，三八除二十四。九四下加四，一四除四，四八除三十二。九四下加四，一四除四，四八除三十二。九七下加七，逢九進一，一八除八，八八除六十四。九四下加四，一四除四，四八除三十二。九四下加四，逢九進一，一五除五，五八除四。九二下加二，一一除一，一八除八。九八下加八，逢九進一，一九除九，八九除七十二。九五下加五，逢九進一，一六除六，六八除四十八。

還原

六八四十八，一六下得六，六九改作五十四。八九七十二，一九下得九，九九改作八十一。一八下得八，一一下得一，一九下得九。五八得四，一五下得五，五九改作四十五。四八三十二，一四下得四，四九改作三十六。八八六十四，一八下得八，八九改作七十二。四八三十二，一四下得四，四九改作三十六。四八三十二，一四下得四，四九三十六。三八二十四，一三下得三，三九二十七。一八下得八，一一下得一，一九下得九。

獅子滚綉毬

獅子滚綉毬，其法最難求。法用五一二，一盤加一倍。

第一盤　五一二

五一倍二，(五)[無]除借一下還五，一一除一，借一下還九，一二除二，借一下還八。五四倍作八，逢五進一，一九如九，借一下還一，二九除十八，借一下還二。五二倍作四，逢五進一，一五如五，借一下還五，二五除一十。五一倍作二，逢五進一，一三如三，借一下還七，二三如六，借一下還四。逢五進一，一一如除一，一二如除二，借一下還八。五一倍作二，一二如除二，二二如四，借一下還六。五二倍作四，逢五進一，一五如除五，二五除一十。

還原　一九五三一二五

一五如五，二五一十，五五改作二十五。一二如二，二二如四，二五一十。一一如一，一二如二，一五如五。一三如三，二三如六，三五一十五。一五如五，二五一十，五五二十五。一九如九，二九十八，五九四十五。一一如一，一二如二，一五如五。

第二盤　一零二四

逢一進一，一[二]如二，借一回九下還八，一四如四，借一下還六。逢九進九，二九除一十八，借一下還二，四九除三十六，借一下還四。逢五進五，二五除一，四五除二。逢三進三，二三如除六，借一下還四，三四除一十二，借一下還八。逢一進一，一二如除二，一四如除四，借一下還六。逢二進二，二二如除四，二四如除八，借一下還二。逢五進五，二五如除一，五四如除二。

還原　一九五三一二五

二五一，四五二，一五如五。二二如四，二四如八，一二如二。一二如二，一四如四，一一如一。二三如六，三四十二，一三如三。二五一，五四二，一五如五。二九十八，四九三十六，一九如九。一二如二，一四如四，一一如一。

第三盤　一五三六

逢一進一，一五除五，借一下還五，一三除三，借一下還七，一六除六，借一下還四。見一無除作九一，五九除四十五，三九除二十七，借一回八下還三，六九除五十四，借一下還六。逢五進五，五五除二十五，借一下還五，三五除十五，五六除三，借一下還七。逢三進三，三五除十五，三三除九，借一下還一，三六除十八，借一回九下還二。逢一進一，一五如除五，一三如除三，借一下還七，一六除六，借一下還四。逢二進二，二五除一，二三如除六，借一下還四，二六除十二，借一下還八。逢五進五，五五除二十五，三五除十五，五六除三。

還原　一九五三一二五

五五二十五，三五十五，五六三，一五下得五。二五一十，二三如六，二六十二，一二下得二。一五如五，一三如三，一六如六，一一下得一。三五十五，三三如九，三六十八，一三下得三。五五二十五，三五十五，五六三十，一五下得五。

五九四十五，三九二十七，六九五十四，一九下得九。一五如五，一三如三，一六如六，一一下得一。

第四盤　二零四八

逢二進一，一四除四，借一回九下還六，一八除八，借一下還二。二一添作五，逢八進四，四九除三十六，借一下還四，八九除七十二，借一回三下還八。二一添作五，五四除二，五八除四。逢六進三，三四除十二，借一下還八，三八除二十四，借一下還六。逢二進一，一四除四，一八除八，借一下還二。逢四進二，二四如除八，借一下還二，二八除十六，借一下還四。二一添作五，五四除二，五八除四。

還原　一九五三一二五

五四二，五八四，二五一。二四如八，二八十六，二二如四。一四如四，一八如八，一二下得二。三四十二，三八二十四，三三如六。五四二，五八四，二五一。四九三十六，八九七十二，二九改作十八。一四如四，一八如八，一二下得二。

第五盤　二五六

逢二進一，一五除五，借一下還五，一六除六，借一下還四。見二無除作九二，五九除四十五，借一下還五，六九除五十四，借一下還六。二一添作五，五五除二十五，五六除三，借一下還七。逢六進三，三五除十五，借一下還五，三六除十八，借一下還二。逢二進一，一五除五，借一下還五，一六除六，借一下還四。逢四進二，二五除一，二六除十二，借一下還八。二一添作五，五五除二十五，五六除三。

還原　一九五三一二五

五五二十五，五六三，二五改作一。二五一，二六十二，二二如四。一五如五，一六如六，一二下得二。三五十五，三六十八，二三如六。五五二十五，五六三，二五改作一。五九四十五，六九五十四，二九十八。一五如五，一六如六，一二如二。

第六盤　三零七二

逢三進一，一七除七，借一回九下還三，一二除二借一下還八。三二六十二，逢九進三，七九除六十三借一下還四，二九除十八借一下還二。三一三十一，逢六進二，五七除三十五借一回七下還五，二五除一。逢九進三，三七除二十一借一下還九，二三如除六借一下還四。逢三進一，一七除七借一下還三，一二除二借一下還八。逢六進二，二七除十四，二二如除四借一下還六。三一三十一，逢六進二，五七除三十五，二五除一。

還原　一九五三一二五

五七三十五，二五一，三五改作十五。二七十四，二二如四，二三下得六。一七如七，一二如二，一三下得三。三七二十一，二三如六，三三下得九。五七三十五，二五一，三五改作十五。七九六十三，二九十八，三九改作二十七。一七如七，一二如二，一三下得三。

第七盤　三五八四

逢三進一，一五除五借一下還五，一八除八借一下還二，一四除四借一下還六。見三無除作九三，五九除四十五借一下還五，八九除七十二，(借)四九除三十六借一下還四。三一三十一，逢六進二，五五除二十五借一下還五，五八除四，五四除二。三一三十一，三五除十五借一下還五，三八除二十四借一下還六，三四除十二借一下還八。逢三進一，一五如除五借一下還五，一八除八借一下還二，一四除四借一下還六。逢六進二，二五除一，二八除十六，(借)二四除八借一下還二。三一三十一，逢六進二，五五除二十五，五八除四，五四除二。

還原　一九五三一二五

五五二十五，五八四，五四二，三五改作十五。二五一，二八十六，二四如八，二三下得六。一五如五，一八如八，一四如四，一三下得三。三五十五，三八二十四，三四十二，三三下得九。五五二十五，五八四，五四二，三五改作十五。五九四十五，八九七十二，四九三十六，三九改作二十七。一五如五，一八如八，一四如四，一三如三。

第八盤　四零九六

逢四進一，一九除九借一回九下還一，一六除六借一下還四。四三改作七十二，逢八進二，九九除八十一借一下還二，六九除五十四借一回五下還六。四二添作五，五九除四十五，五六除三借一下還七。四一二十二，逢四進一，三九除二十七，借一下還三，三六除十八借一下還二。逢四進一，一九除九借一下還一，一六除六借一下還四。四一二十二，二九除十八借一下還二，二六除十二，借一下還八。四二添作五，五九除四十五，五六除三。

還原　一九三三一二五

五九四十五，五六三，五四改作二。二九十八，二六十二，二四下得八。一九如九，一六如六，一四下得四。三九二十七，三六十八，三四改作十二。五九四十五，五六三十，五四改作二。九九八十一，六九五十四，四九改作三十六。一九如九，一六如六，一四下得四。

第九盤　四六零八

逢四進一，一六除六借一下還四，一八除八借一回九下還二。見四無除作九四，六九除五十四，八九除七十二借一回三下還八。四二添作五，五六除三，五八除四。四一二十二，逢四進一，三六除十八借一下還二，三八除二十四借一回八下還六。逢四進一，一六除六，一八除八借一下還二。四二十二，二六除十二，二八除十六借一下還四。四二添作五，五六除三，五八除四。

還原　一九五三二二五

五六三，五八四，五四改作二。二六十二，二八十六，二四下得八。一六如六，一八如八，一四下得四。三六十八，三八二十四，三四改作十二。五六三，五八四，五四改作二。六九五十四，八九七十二，四九改作三十六。一六如六，一八如八，一四下得四。

飛歸二四歸。

見一加三下四隨，起去二十四上一飛歸，起去二十四上一飛歸。見一加三下四隨，九十六上前進四，七十二進三歸，四十八上來二度。見二作八生小八，見一加三下四隨，七十二上進三歸。

還原二四乘。

四七二十八，二七十四。四八三十二，二八十六。二四如八，二二如四。三四十二，二三如六。四四十六，二四如八。四四十六，二四如八。一四如四，一二如二。五四二，二五一。

五個山頭五隻虎，出門撞見九二五。以五萬五千五百五十五文之數，法用九二五乘之。二五一，五五二十五，五九四十五。二五一，五五二十五，五九四十五。二五一，五五二十五，五九四十五。二五一，五五二十五，五九四十五。二五一，五五二十五，五九四十五。

九五下加五，二五除一，五五除二十五。九五下加五，二五除一，五五除二十五。九五下加五，二五除一，五五除二十五。九五下加五，二五除一，五五除二十五借一下還五。九四下加四，逢九進一，二五除一，五五除二十五。

中外碼號華文順念，英文倒念。

計數，兆、億、萬、千、百、十、一、分、釐、毫、絲、忽。

十忽爲一絲、十絲爲一毫、十毫爲一釐、十釐爲一分、十分爲一錢、十錢爲一兩、十兩爲十兩、十兩爲百兩、十百兩爲千、十千兩爲萬、十萬兩爲億、十億兩爲兆。

一歸一除

逢一進一，一二如除二。逢二進二，二二如除四。見一無除撞九一，無除借一下還一，二八除一十六。逢八進八，二八除十六。逢六進六，二六除十二。逢五進五，二五除一十。逢七進七，二七除十四。（余之未除）

還原

二七十四，一七如七。二五一十，一五如五。二六十二，一六如六。二八十六，一八如八。二八十六，一八如八。二二如四，一二如二。一二如二，一一如一。

二歸三除

二一添作五，三五除十五。逢六進三，三三如九。二一添作五，逢二進一，三六除十八。二一添作五，逢四進二，三七除二十一。二一添作五，逢二進一十，三六除十八。二一添作五，逢六進三，三八除二十四。二一添作五，逢二進一，三六除十八。二一添作五，無除借一下還二，三四除十二。

還原

三四十二，二四如八。三六十八，二六十二。三八二十四，二八十六。三六十八，二六十二。三七二十一，二七十四。三六十八，二六十二。三三如九，二三如六。三五十五，二五一。

三歸四除

三一三十一，三四除十二。三二六十二，四六除二十四。三一三十一，三四除十二。逢三進一，一四如除四。三二六十二，逢六進二，四八除三十二。逢三進一，一四如除四。見三無除撞九三，四九除三十六。

還原

四九三十六，三九二十七。一四如四，一三如三。四八三十二，三八二十四。一四如四，一三如三。三四十二，三三如九。四六二十四，三六十八。三四十二，三三如九。

四歸五除

四一二十二，二五除一十。四三七十二，五七除三五。四一二十二，逢八進二，四五除二。四一二十二，逢四進一，三五除十五。四二添作五，無除借一下還四，五四除二。四三七十二，逢四進一，五八除四。四一二十二，逢八進二，五四除二。逢八進二，二五除一。

還原

二五一，二四如八。四五二，四四十六。五八四，四八三十二。五四二，四四十六。三五十五，三四十二。四五二，四四十六。五七三十五，四七二十八。二五一，二四如八。

五歸六除

五一倍作二，二六除十二。五一倍作二，二六除十二。五二倍作四，四六除二十四。五三倍作六，無除借一下還五，五六除三十。五四倍作八，六八除四十八。五三倍作六，無除借一下還五，五六除三。五二倍作四　四六除二十四。

還原

四六二十四，五四二。五六三，五五二十五。六八四十八，五八四。五六三，五五二十五。四六二十四，四五二。二六十二，二五一。二六十二，二五一。

六歸七除

六一下加四，一七如除七。六五八十二，七八除五十六。六二三十二，逢六進一，四七除二十八。六一下加四，逢六進一，二七除十四。六四六十四，六七除四十二。六二三十二，三七除二十一。六五八十二，七八除五十六。六四六十四，六七除四十二。

還原

六七四十二，六六三十六。七八五十六，六八四十八。三七二十一，三六十八。六七四十二，六六三十六。二七十四，二六十二。四七二十八，四六二十四。七八五十六，六八四十八。一七如七，一六如六。

七歸八除

七一下加三，一八如除八。七四改五十五，五八除四。七六八十四，八八除六十四。七二下加六，二八除十六。七六八十四，無除借一下還七，七八除五十六。七六八十四，無除借一下還七，七八除五十六。見七無除撞九七，八九除七十二。七二下加六，逢七進一，三八除二十四。

還原

三八二十四，三七二十一。八九七十二，七九六十三。七八五十六，七七四十九。七八五十六，七七四十九。二八十六，二七十四。八八六十四，七八五十六。五八四，五七三十五。一八如八，一七如七。

八歸九除

八一下加二，一九如除九。八三下加六，三九除二十七。八七八十六，八九除七二。八六七十四，七九除六十三。八一下加二，一九如除九。八四添作五，五九除四十五。八四添作五，無除借一下還八，四九除三十六。見八無除撞九八，九九除八十一。

還原

九九八十一，八九七十二。四九三十六，四八三十二。五九四十五，五八四。一九如九，一八如八。七九六十三，七八五十六。八九七十二，八八六十四。三九二十七，三八二十四。一九如九，一八如八。

九歸一除

九一下一，一一如除一。九三下加三，一三如除三。九五下加五，一五如除五。九六下加六，一六如除六。九六下加六，一六如除六。九六下加六，一六如除六。九七下加七，一七如除七。九九下加九，一九如除九。

還原

一九如九，九九八十一。一七如七，七九六十三。一六如六，六九五十四。一六如六，六九五十四。一六如六，六九五十四。一五如五，五九四十五。一三如三，三九二十七。一一如一，一九如九。

又　卷二《大九歸》

一歸一除

逢一進一，一一除一。逢一進一，一一除一。逢二進二，一二除二。逢二進二，一二除二。逢三進三，一三除三。逢三進三，一三除三。逢四進四，一四除四。逢四進四，一四除四。逢四進四，一四除四。逢五進五，一五除五。

還原此係除數應得，於下位如數加子。　此係歸數應得除，去本位如數加子。

一五下得五，一五下得五。一四下得四，一四下得四。一四下得四，一四下

得四。一四下得四，一四下得四。一三下得三，一三下得三。一三下得三，一三下得三。一二下得二，一二下得二。一二下得二，一二下得二。一一下得一，一一下得一。一一下得一，一一下得一。

一歸二除

逢一進一，一二除二。逢二進二，二二除四。見一無除作九一，無除去一下還一，二八除十六。逢八進八，二八除十六。逢六進六，二六除十二。逢五進五，二五除一。逢七進七，二七除十四。逢五進五，二五除一。

還原

二五得一，一五下得五。二七十四，一七下得七。二五得一，一五下得五。二六十二，一六下得六。二八十六，一八下得八。二八十六，一八下得八。二二下得四，一二下得二。一二下得二，一一下得一。

一歸三除

見一無除作九一，三九除二十七。逢四進四，三四除十二。見一無除作九一，三九除二十七。逢六進六，三六除十八。逢六進六，三六除十八。逢七進七，三七除二十一。逢六進六，三六除十八。見一無除作九一，無除去二下還二，三七除二十一。逢六進六，三六除十八。

還原

三六十八，一六下得六。三七二十一，一七下得七。三六十八，一六下得六。三七二十一，一七下得七。三六十八，一六下得六。三六十八，一六下得六。三九二十七，一九下得九。三四十二，一四下得四。三九二十七，一九下得九。

一歸四除

見一無除作九一，無除借一下還一，四八除三十二。見一無除作九一，無除去一下還一，四八除三十二。逢一進一，一四除四。見一無除作九一，無除去一下還一，四八除三十二。逢三進三，三四除十二。逢四進四，四四除十六。逢二進二，二四除八。見一無除作九一，無除去二下還二，四七除二十八。逢一進一，一四除四。

還原

一四下得四，一一下得一。四七二十八，一七下得七。二四下得八，一二下得二。四四十六，一四下得四。三四十二，一三下得三。四八三十二，一八下得八。一四下得四，一一下得一。四八三十二，一八下得八。四八三十二，一八下得八。

一歸五除

見一無除作九一，無除去一下還一，五八除四。逢二進二，二五除一。逢三進三，三五除十五。逢四進四，四五除二。逢五進五，五五除二十五。逢二進二，二五除一。逢六進六，五六除三十。

還原

五六得三，一六下得六。二五得一，一二下得二。五五二十五，一五下得五。四五得二，一四下得四。三五十五，一三下得三。二五得一，一二下得二。五八得四，一八下得八。

一歸六除

見一無除作九一，無除去二下還二，六七除四十二。見一無除作九一，無除去二下還二，六七除四十二。逢一進一，一六除六。逢六進六，六六除三十六。逢四進四，四六除二十四。見一無除作九一，六九除五十四。逢三進三，三六除十八。逢一進一，一六除六。逢二進二，二六除十二。

還原

二六十二，一二下得二。一六下得六，一一下得一。三六十八，一三下得三。六九五十四，一九下得九。四六二十四，一四下得四。六六三十六，一六下得六。一六得六，一一下得一。六七四十二，一七下得七。六七四十二，一七下得七。

一歸七除

見一無除作九一，無除去二下還二，七七除四十九。逢二進二，二七除十四。見一無除作九一，無除去三下還三，六七除四十二。逢二進二，二七除十四。逢一進一，一七除七。見一無除作九一，無除去三下還三，六七除四十二。逢四進四，四七除二十八。見一無除作九一，無除去四下還四，五七除三十五。見一無除作九一，無除去一下還一，七八除五十六。

還原

七八五十六，一八下得八。五七三十五，一五下得五。四七得二十八，一四下得四。六七四十二，一六下得六。一[七]下得七，一一下得一。二七十四，一二下得二。六七四十二，一六下得六。二七十四，一二下得二。七七四十九，一七下得七。

一歸八除

見一無除作九一，無除去三下還三，六八除四十八。見一無除作九一，無除去一下還一，八八除六十四。見一無除作九一，無除去四下還四，五八除四。見一無除作九一，無除去一下還一，八八除六十四。見一無除作九一，無除去二下還二，七八除五十六。逢一進一，一八除八。逢五進五，五八除四。

還原

五八得四，一五下得五。一八下得八，一一下得一。七八五十六，一七下得七。八八六十四，一八下得八。五八得四，一五下得五。八八六十四，一八下得八。六八四十八，一六下得六。

一歸九除

見一無除作九一，無除去三下還三，六九除五十四。逢四進四，四九除三十六。見一無除作九一，九九除八十一。見一無除作九一，無除去二下還二，七九除六十三。見一無除作九一，無除去二下還二，七九除六十三。逢二進二，二九除十八。見一無除作九一，無除去四下還四，五九除四十五。見一無除作九一，無除去二下還二，七九除六十三。逢三進三，三九除二十七。見一無除作九一，無除去三下還三，六九除五十四。

還原

六九五十四，一六下得六。三九二十七，一三下得三。七九六十三，一七下得七。五九四十五，一五下得五。二九十八，一二下得二。七九六十三，一七下得七。七九六十三，一七下得七。九九八十一，一九下得九。四九三十六，一四下得四。六九五十四，一六下得六。

二歸一除

二一添作五，一五除五。二一添作五，逢六進三十，一八除八。二一添作五，逢四(還一)進二十，一七除七。二一添作五，逢六進三十，一八除八。二一添作五，逢六進三十，一八除八。二一添作五，逢八進四十，一九除九。逢八進四十，一四除四。二一添作五，逢四(還一)進二十，一七除七。逢二進一十，一一除一。逢八進四十，一四除四。

還原

一四下得四，二四下得八。一一下得一，一二下得二。一七下得七，二七改作十四。一四下得四，二四下得八。一九下得九，二九改作十八。一八下得八，二八改作十六。一八下得八，二八改作十六。一七下得七，二七改作十四。一八下得八，二八改作一十六。一五下得五，二五得一十。

二歸二除

二一添作五，二五除一。二一添作五，逢二進一十，二六除十二。逢二進一十，二二除二。逢二進一十，二二除二，二一添作五，逢二進十二，二六除十二。二一添作五，逢四(還一)進二十，二七除十四。逢四進二十，二二除四。逢四(還一)進二十，二二除四。逢四進二十，二二除四。二一添作五，逢四(還一)進二十，二七除十四。

還原

二七十四，二七十四。二二下得四，二二下得四。二二下得四，二二下得四。二二下得四，二二下得四。二七十四，二七十四。二六十二，二六十二。一二下得二，一二下得二。一二下得二，一二下得二。二六十二，二六十二。二五得一，一五得一。

二歸三除

二一添作五，三五除十五。逢六進三十，三三除九。二一添作五，逢二進一十，三六除十八。二一添作五，逢四(還一)進二十，三七除二十一。二一添作五，逢二(還三)進一十，三六除十八。二一添作五，逢六進三十，三八除二十四。二一添作五，逢二進一十，三六除十八。二一添作五，無除去一下還二，三四除十二。二一添作五，逢四(還一)進二十，三七除二十一。二一添作五，逢六進三十，三八除二十四。

還原

三八二十四，二八十六。三七二十一，二七十四。三四十二，二四下得八。三六十八，二六十二。三八二十四，二八十六。三六十八，二六十二。三七二十一，二七十四。三六十八，二六十二。三三下得九，二三下得六。三五十五，二五得一。

二歸四除

二一添作五，四五除二。逢二進一十，一四除四。二一添作五，無除去一下還二，四四除十六。逢八進四十，四四除十六。逢六進三十，三四除十二。逢四(還一)進二十，二四除八。見二無除作九二，無除去一下還二，四八除三十二。

二一添作五,逢四(還一)進二十,四七除二十八。二一添作五,四五除二十。

還原

四五得二,二五得一。四七二十八,二七十四。四八三十二,二八十六。二四下得八,二二下得四。三四十二,二三下得六。四四十六,二四下得八。四四十六,二四下得八。一四下得四,一二下得二。四五得二十,二五得一十。

二歸五除

二一添作五,無除去一下還二,四五除二。見二無除作九二,五九除四十五。逢六進三十,三五除十五。見二無除作九二,無除去一下還二,五八除四。逢四(還一)進二十,二五除一。二一添作五,逢四(還一)進二十,五七除三十五。逢二進一十,一五除五。二一添作五,五五除二十五。二一添作五,逢二(還三)進一十,五六除三十。

還原

五六得三,二六十二。五五二十五,二五得一。一五下得五,一二下得二。五七三十五,二七十四。二五得一,二二下得四。五八得四,二八十六。三五十五,二三下得六。五九四十五,二九十八。四五得二,二四下得八。

二歸六除

二一添作五,無除去一下還二,四六除二十四。二一添作五,逢四進二十,六七除四十二。二一添作五,無除去一下還二,四六除二十四。見二無除作九二,無除去一下還二,六八除四十八。逢六進三十,三六除十八。逢六進三十,三六除十八。見二無除作九二,無除去一下還二,六八除四十八。二一添作五,無除去二下還四,三六除十八。見二無除作九二,無除去一下還二,六八除四十八。

還原

六八四十八,二八十六。三六十八,二三下得六。六八四十八,二八十六。三六十八,二三下得六。三六十八,二三下得六。六八四十八,二八十六。四六二十四,二四下得八。六七四十二,二七十四。四六二十四,二四下得八。

二歸七除

二一添作五,無除去一下還二,四七除二十八。二一添作五,五七除三十五。二一添作五,逢四進二十,七七除四十九。逢四還一進二十,二七除十四。二一添作五,無除去一下還二,四七除二十八。二一添作五,逢四進二十,七七除四十九。逢六進三十,三七除二十一。二一添作五,逢二進一十,六七除四十二。二一添作五,逢二進一十,六七除四十二。二一添作五,逢二進一十,六七除四十二。

還原

六七四十二,二六十二。六七四十二,二六十二。六七四十二,二六十二。三七二十一,二三下得六。七七四十九,二七十四。四七二十八,二四下得八。二七十四,二二下得四。七七四十九,二七十四。五七三十五,二五得一。四七二十八,二四下得八。

二歸八除

二一添作五,無除去一下還二,四八除三十二。二一添作五,無除去一下還二,四八除三十二。見二無除作九二,八九除七十二。逢二進一十,一八除八。二一添作五,逢四進二十,七八除五十六。逢二進一十,一八除八。二一添作五,無除去二下還四,三八除二四。二一添作五,五八除四。

還原

五八得四,二五得一。三八二十四,二三下得六。一八下得八,一二下得二。七八五十六,二七十四。一八下得八,一二下得二。八九七十二,二九十八。四八三十二,二四下得八。四八三十二,二四下得八。

二歸九除

二一添作五,無除去一下還二,四九除三十六。逢四還一進二十,二九除十八。二一添作五,五九除四十五。見二無除作九二,無除去二下還四,七九除六十三。逢二進一十,一九除九。逢六進三十,三九除二十七。二一添作五,逢二進一十,六九除五十四。二一添作五,五九除四十五。二一添作五,五九除四十五。

還原

五九四十五,二五得一。五九四十五,二五得一。六九五十四,二六十二。三九二十七,二三下得六。一九下得九,一二下得二。七九六十三,二七十四。五九四十五,二五得一。二九十八,二二下得四。四九三十六,二四下得八。

三歸一除

三一改作三十一,一三除三。見三無除作三,一九除九。三二改作六十二,逢六進二十,一八除八。逢六進二十,一二除二。三一改作三十一,逢三進一十，一四除四。三二改作六十二，逢三進一十，一七除七。三二改作六十二，逢三進一十，一七除七。三二改作六十二，一六除六。三一改作三十一，逢三進一十，一四除四。

還原

一四下得四，三四改作十二。一六下得六，三六改作十八。一七下得七，三七改作二十一。一七下得七，三七改作二十一。一四下得四，三四改作十二。一二下得二，二三下得六。一八下得八，三八改作二十四。一九下得九，三九改作二十七。一三下得三，三三下得九。

三歸二除

三一三十一，二三除六。三二六十二，逢六進二十，二八除十六。三一三一，逢六進二十，二五除一。三二六十二，逢六進二十，二八除十六。逢六進二十，二二除四。三一三十一，逢三進一十，二四除八。三二六十二，二六除十二。三一三十一，逢六進二十，二五除一。三二六十二，二六除十二。

還原

二六十二，三六十八。二五得十，三五十五。二六十二，三六十八。二四下得八，三四十二。二二下得四，二三下得六。二八十六，三八二十四。二五得一，三五十五。二八十六，三八二十四。二三下得六，三三下得九。

三歸三除

三一三十一，三三除九。三二六十二，逢三(還二)進一十，三七除二十一。三一三十一，逢三進一十，三四除十二。逢三進一十，一三除三。逢三進一十，一三除三。逢三進一十，一三除三。三一三十一，逢三(還二)進一十，三四除十二。三二六十二，逢六進二十，三八除二十四。逢三(還二)進一十，一三除三。三二六十二，逢六進二十，三八除二十四。

還原

三八二十四，三八二十四。一三下得三，一三下得三。三八二十四，三八二十四。三四十二，三四十二。一三下得三，一三下得三，一三下得三，一三下得三。一三下得三，一三下得三。三四十二，三四十二。三七二十一，三七二十一。三三下得九，三三下得九。

三歸四除

三一三十一，三四除十二。三二六十二，四六除二十四。三一三十一，三四除十二。逢三進一十，一四除四。三二六十二，逢六進二十，四八除三十二。逢六進二十，二四除八。三一三十一，無除去一下還三，二四除八。見三無除作九三，四九除三十六。

還原

四九三十六，三九二十七。二四下得八，二三下得六。二四下得八，二三下得六。四八三十二，三八二十四。一四下得四，一三下得三。三四十二，三三下得九。四六二十四，三六十八。三四十二，三三下得九。

三歸五除

三一三十一，三五除十五。三一三十一，逢六進二十，五五除二十五。逢六進二十，二五除一十。三二六十二，逢三(還二)進一十，五七除三十五。三一三十一，三五除十五。三一三十一，三五除十五。三二六十二，五六除三。三二六十二，逢六進二十，五八除四。三一三十一，無除退一下還三，二五除一。見三無除作九三，無除退一下還三，五八除四。

還原

五八得四，三八二十四。二五得一，二三下得六。五八得四，三八二十四。五六得三，三六十八。三五十五，三三下得九。三五十五，三三下得九。五七三十五，三七二十一。二五得一，二三下得六。五五二十五，三五十五。三五十五，三三下得九。

三歸六除

三一三十一，三六除十八。三一三十一，逢三(還二)進一十，四六除二十四。三一三十一，無除退一下還三，二六除十二。見三無除作九三，六九除五十四。三一三十一，三六除十八。三一三十一，逢六進二十，五六除三。三一三十一，逢六進二十，五六除三。逢六進二十，二六除十二。三一三十一，逢六進二十，五六除三。

還原

五六得三，三五十五。二六十二，二三下得六。五六得三，三五十五。五六得三，三五十五。三六十八，三三下得九。六九五十四，三九二十七。二六十二，二三下得六。四六二十四，三四十二。三六十八，三三下得九。

三歸七除

三一三十一，三七除二十一。三一三十一，三七除二十一。三一三十一，三七除二十一。三二六十二，六七除四十二。三二六十二，六七除四十二。三二六十二，六七除四十二。見三無除作九三，七九除六十三。見三無除作九三，七九除六十三。三二六十二，逢三進一十，七七除四十九。三一三十一，無除退一下還三，二七除十四。

還原

二七十四，二三下得六。七七四十九，三七二十一。七九六十三，三九二十七。七九六十三，三九二十七。六七四十二，三六十八。六七四十二，三六十八。六七四十二，三六十八。三七二十一，三三下得九。三七二十一，三三下得九。三七二十一，三三下得九。

三歸八除

三一三十一，三八除二十四。逢六進二十，二八除十六。三一三十一，逢三進一十，四八除三十二。見三無除作九三，無除退一下還三，八八除六十四。見三無除作九三，無除退一下還三，八八除六十四。三二六十二，六八除四十八。三一三十一，無除退一下還三，二八除十六。見三無除作九三，無除退一下還三，八八除六十四。三二六十二，六八除四十八。見三無除作九三，無除退一下還三，八八除六十四。

還原

八八六十四，三八二十四。六八四十八，三六十八。八八六十四，三八二十四。二八十六，二三下得六。六八四十八，三六十八。八八六十四，三八二十四。八八六十四，三八二十四。四八三十二，三四十二。二八十六，二三下得六。三八二十四，三三下得九。

三歸九除

三一三十一，三九除二十七。逢三(還二)進一十，一九除九。三二六十二，六九除五十四。三二六十二，無除退一下還三，五九除四十五。三二六十二，無除退一下還三，五九除四十五。三二六十二，無除退一下還三，五九除四十五。見三無除作九三，無除退一下還三，八九除七十二。三二六十二，六九除五十四。見三無除作九三，九九除八十一。逢六進二十，二九除十八。

還原

二九十八，二三下得六。九九八十一，三九二十七。六九五十四，三六十八。八九七十二，三八二十四。五九四十五，三五十五。五九四十五，三五十五。五九四十五，三五十五。六九五十四，三六十八。一九下得九，一三下得三。三九二十七，三三下得九。

四歸一除

四一改作二十二，逢四進一十，一三除三。逢四進一十，一一除一。逢四進一十，一一除一。逢四(還二)進一十，一一除一。四一改作二十二，逢八進二十，一四除四。逢四進一十，一一除一。逢四還一進一十，一一除一。四三改作七十二，逢八(還二)進二十，一九除九。四二添作五，一五除五。

還原

一五下得五，四五得二。一九下得九，四九改作三十六。一一下得一，一四下得四。一一下得一，一四下得四。一四下得四，四四改作十六。一一下得一，一四下得四。一一下得一，一四下得四。一一下得一，一四下得四。一三下得三，三四改作十二。

四歸二除

四一二十二，二二除四。四三七十二，逢八(還二)進二十，二九除十八。四一二十二，逢四(還一)進一十，二三除六。四三七十二，逢八(還二)進二十，二九除十八。四一二十二，逢八進二十，二四除八。四一二十二，逢八進二十，二四除八。四三七十二，二七除十四。四一二十二，逢四(還一)進一十，二三除六。四二添作五，二五除一。四三七十二，二七除十四。

還原

二七十四，四七二十八。二五得一，四五得二。二三下得六，三四十二。二七十四，四七二十八。二四下得八，四四十六。二四下得八，四四十六。二九十八，四九三十六。二三下得六，三四十二。二九十八，四九三十六。二二下得四，二四下得八。

四歸三除

四一二十二，三三除六。四三七十二，逢四進一十，三八除二十四。四三七十二，三七除二十一。逢四進一十，一三除三。四三七十二，逢四進一十，三八除二十四。四三七十二，逢四(還一)進一十，三八除二十四。逢四(還一)進一十，一三除三。逢四進一十，一三除三。四二添作五，逢四(還一)進一十，三六除十八。

還原

三六十八，四六二十四。一三下得三，一四下得四。三八二十四，四八三十二。一三下得三，一四下得四。三七二十一，四七二十八。三八二十四，四八三十二。二三下得六，二四下得八。

四歸四除

四一二十二，二四除八。四三七十二，逢四（還一）進一十，四八除三十二。四二添作五，四五除二。四三七十二，逢四（還一）進一十，四八除三十二。四一二十二，逢四（還一）進一十，三四除十二。四二添作五，逢四進一十，四六除二十四。逢四（還一）進一十，一四除四。逢四（還一）進一十，一四除四。四一二十二，逢四（還一）進一十，三四除十二。

還原

三四十二，三四十二。一四下得四，一四下得四。一四下得四，一四下得四。四六二十四，四六二十四。三四十二，三四十二。四八三十二，四八三十二。四五得二，四五得二。四八三十二，四八三十二。（四八三十二）二四下得八，二四下得八。

四歸五除

四一二十二，二五除一。四三七十二，五七除三十五。四一二十二，逢八（還二）進二十，四五除二。四一二十二，逢四（還一）進一十，三五除十五。四二添作五，無除退一下還四，四五除二。四三七十二，逢四進一十，五八除四。四一二十二，逢八進二十，四五除二。逢八進二十，二五除一。

還原

二五得一，二四下得八。四五得二，四四十六。五八得四，四八三十二。四五得二，四四十六。三五十五，三四十二。四五得二，四四十六。五七三十五，四七二十八。二五得一，二四下得八。

四歸六除

四一二十二，二六除十二。四三七十二，無除退一下還四，六六除三十六。四三七十二，逢四進一十，六八除四十八。四一二十二，逢四進一十，三六除十八。四三七十二，逢四進一十，六八除四十八。四一二十二，逢八還二進二十，四六除二十四。四一二十二，逢四（還一）進一十，三六除十八。四一二十二，二六除十二。四一二十二，逢四進一十，三六除十八。見四無除作九四，六九除五十四。

還原

六九五十四，四九三十六。三六十八，三四十二。二六一十二，二四下得八。三六十八，三四十二。六八四十八，四八三十二。六八四十八，四八三十二。三六十八，三四十二。六八四十八，四四十六。六六三十六，四六二十四。二六十二，二四下得八。

四歸七除

四一二十二，二七除十四。四二添作五，逢四進一十，六七除四十二。四一二十二，二七除十四。四三七十二，無除退一下還四，六七除四十二。四三七十二，七七除四十九。四一二十二，逢八進二十，四七除二十八。逢四進一十，一七除七。見四無除作九四，七九除六十三。逢四（還一）進一十，一七除七。

還原

一七下得七，一四下得四。七九六十三，四九三十六。一七下得七，一四下得四。四七二十八，四四十六。七七四十九，四七二十八。六七四十二，四六二十四。二七十四，二四下得八。六七四十二，四六二十四。二七十四，二四下得八。

四歸八除

四一二十二，二八除十六。四二添作五，五八除四。四三七十二，七八除五十六。逢八進二十，二八除十六。逢四（還一）進一十，一八除八。四三七十二，無除退一下還四，六八除四十八。四二添作五，無除退一下還四，四八除三十二。四一二十二，逢四進一十，三八除二十四。四三七十二，七八除五十六。

還原

七八五十六，四七二十八。三八二十四，三四十二。四八三十二，四四十六。六八四十八，四六二十四。一八下得八，一四下得四。二八十六，二四下得八。七八五十六，四七二十八。五八得四，四五得二。二八十六，二四下得八。

四歸九除

四一二十二，二九除十八。四二添作五，五九除四十五。逢四進一十，一九除九。見四無除作九四，九九除八十一。四二添作五，五九除四十五。四一二十二，二九除十八。四三七十二，無除退一下還四，六九除五十四。四一二十二，逢四（還一）進一十，三九除二十七。四三七十二，無除退一下還四，六九除五十四。

還原

六九五十四，四六二十四。三九二十七，三四十二。六九五十四，四六二十四。二九十八，二四下得八。五九四十五，四五得二。九九八十一，四九三十六。一九下得九，一四下得四。五九四十五，四五得二。二九十八，二四下得八。

五歸一除

五一倍作二，一二除二。五二倍作四，一四除四。五一倍作二，一二除二。五三倍作六，逢五進一十，一七除七。五一倍作二，一二除二。逢五進一十，一一除一。五一倍作二，逢五進一十，一三除三。五二倍作四，逢五進一十，一五除除五。五一倍作二，一二除二。

還原

一二下得二，二五得一。一五下得五，五五改作二十五。一三下得三，三五改作十五。一二下得一，一五下得五。一二下得一，二五得一。一七下得七，五七改作三十五。一二下得二，二五得一。一四下得四，四五得二。一二下得二，二五得一。

五歸二除

五一倍作二，二二除四。五一倍作二，逢五進一十，二三除六。五三倍作六，逢五進一十，二七除十四。五二倍作四，二四除八。逢五進一十，一二除二。五三倍作六，二六除十二。五四倍作八，逢五進一十，二九十八。五一倍作二，無除退一下還五，二二除二。五四倍作八，逢五進十，二九除十八。

還原

二九十八，五九四十五。一二下得二，一五下得五。二九一十八，五九四十五。二六十二，五六得三。一二下得二，一五下得五。二四下得八，四五得二。二七十四，五七三十五。二三下得六，三五十五。二二下得四，二五得一。

五歸三除

五一倍作二，二三除六。五一倍作二，逢五進一十，三三除九。五一倍作二，二三除六。五四倍作八，逢五進一十，三九除二十七。五一倍作二，逢五進一十，三三除九。五三倍作六，逢五進一十，三七除二十一。五一倍作二，逢五進一十，三三除九。五二倍作四，無除退一下還五，三三除九。五四倍作八，無除退一下還五，三七除二十一。五三倍作六，逢五進一十，三七除二十一。

還原

三七二十一，五七三十五。三七二十一，五七三十五。三三下得九，三五十五。三三下得九，三五十五。三七二十一，五七三十五。三三下得九，三五十五。三九二十七，五九四十五。二三下得六，二五得一。三三下得九，三五十五。二三下得六，二五得一。

五歸四除

五一倍作二，二四除八。五一倍作二，二四除八。五四倍作八，四八除三十二。五三倍作六，四六除二十四。五一倍作二，二四除八。五一倍作二，逢五進一十，三四除十二。五三倍作六，四六除二十四。五四倍作八，四八除三十二。五一倍作二，逢五進一十，三四除十二。五一倍作二，逢五進一十，三四除十二。

還原

三四十二，三五十五。三四十二，三五十五。四八三十二，五八得四。四六二十四，五六得三。三四十二，三五十五。二四下得八，二五得一。四六二十四，五六得三。四八三十二，五八得四。二四下得八，二五得一。二四下得八，二五得一。

五歸五除

五一倍作二，二五除一。五一倍作二，二五除一。五二倍作四，四五除二。五二倍作四，四五除二。五三倍作六，五六除三。五三倍作六，五六除三。五四倍作八，五八除四。五四倍作八，五八除四。見五無除作九五，五九除四十五。

還原

五九四十五，五九四十五。五八得四，五八得四。五八得四，五八得四。五六得三，五六得三。五六得三，五六得三。四五得二，四五得二。四五得二，四五得二。二五得一，二五得一。二五得一，二五得一。

五歸六除

五一倍作二，二六除十二。五一倍作二，二六除十二。五二倍作四，四六除二十四。五三倍作六，無除退一下還五，五六除三。五四倍作八，六八除四十八。五三倍作六，無除退一下還五，五六除三。五二倍作四，逢五進一十，五六除三。五一倍作二，無除退一下還五，一六除六。五四倍作八，無除退一下還五，六七除四十二。

還原

六七四十二，五七三十五。一六下得六，一五下得五。五六得三，五五二十五。五六得三，五五二十五。六八四十八，五八得四。五六得三，五五二十五。四六二十四，四五得二。二六十二，二五得一。二六十二，二五得一。

五歸七除

五一倍作二，二七除十四。逢五進一十，一七除七。五三倍作六，六七除四十二。五三倍作六，無除退一下還五，五七除三十五。見五無除作九五，七九除六十三。五四倍作八，七八除五十六。五三倍作六，無除退一下還五，五七除三十五。五四倍作八，無除退一下還五，七七除四十九。見五無除作九五，無除退一下還五，七八除五十六。

還原

七八五十六，五八得四。七七四十九，五七三十五。五七三十五，五五二十五。七八五十六，五八得四。七九六十三，五九四十五。五七三十五，五五二十五。六七四十二，五六得三。一七下得七，一五下得五。二七十四，二五得一十。

五歸八除

五一倍作二，二八除十六。逢五進一十，一八除八。五一倍作二，二八除十六。五四倍作八，八八除六十四。五三倍作六，無除退一下還五，五八除四。五三倍作六，六八除四十八。五三倍作六，無除退一下還五，五八除四。五一倍作二，逢五進一十，三八除二十四。五一倍作二，二八除十六。五四倍作八，無除退一下還五，七八除五十六。

還原

七八五十六，五七三十五。二八十六，二五得一。三八二十四，三五十五。五八得四，五五二十五。六八四十八，五六得三。五八得四，五五二十五。八八六十四，五八得四。二八十六，二五得一。一八下得八，一五下得五。二八十六[二五得一。]

五歸九除

五一倍作二，二九除十八。見五無除作九五，九九除八十一。五一倍作二，二九除十八。五二倍作四，四九除三十六。見五無除作九五，無除退一下還五，八九除七十二。五四倍作八，無除退一下還五，七九除六十三。見五無除作九五，九九除八十一。五二倍作四，四九除三十六。見五無除作九五，九九除八十一。

還原

九九八十一，五九四十五。四九三十六，四五得二。九九八十一，五九四十五。七九六十三，五七三十五。八九七十二，五八得四。四九三十六，四五得二。二九十八，二五得一。九九八十一，五九四十五。二九十八，二五得一。

又 卷三

六歸一除

六一下加四，逢六進一十，一二除二。六一下加四，逢六進一十，一二除二。六二改作三十二，一三除三。六五改作八十二，一八除八。六四改作六十四，逢雙六進二十，一八除八。六一下加四，一一除一。六四改作六十四，逢六進一十，一七除七。六五改作八十二，一八除八。

還原

一八下得八，六八改作四十八。一七下得七，六七改作四十二。一一下得一，一六下得六。一八下得八，六八改作四十八。一八下得八，六八改作四十八。一三下得三，三六改作十八。一二下得二，二六改作十二。一二下得二，二六改作十二。

六歸二除

六一下加四，一二除二。見六無除作九六，二九除十八。六五八十二，逢六進一十，二九除十八。逢六進一十，二二除二。六一下加四，逢六進一十，二二除四。六二三十二，二三除六。六五八十二，二八除十六。六三添作五，二五除一。六二三十二，二三除六。

還原

二三下得六，三六十八。二五得一，五六得三。二八十六，六八四十八。二三下得六，三六十八。二二下得四，二六十二。一二下得二，一六下得六。二九十八，六九五十四。二九十八，六九五十四。一二下得二，一六下得六。

六歸三除

六一下加四，一三除三。見六無除作九六，三九除二十七。六三添作五，三五除十五。見六無除作九六，三九除二十七。六三添作五，逢六進一十，三六除十八。六一下加四，逢雙六進二十，三三除九。逢六進一十，一三除三。六三添作五，三五除十五。六四六十四，逢六進一十，三七除二十一。

還原

三七二十一，六七四十二。三五十五，五六得三。一三下得三，一六下得六。三三下得九，三六十八。三六十八，六六三十六。三九二十七，六九五十四。三五十五，五六得三。三九二十七，六九五十四。一三下得三，一六下得六。

六歸四除

六一下加四，一四除四。六五八十二，逢六進一十，四九除三十六。六一下加四，逢六進一十，二四除八。六五八十二，逢六進一十，四九除三十六。逢六進一十，一四除四。六一下加四，逢六進一十，二四除八。六二三十二，三四除十二。六一下加四，逢六進一十，二四除八。

還原

二四下得八，二六十二。三四十二，三六十八。二四下得八，二六十二。一四下得四，一六下得六。四九三十六，六九五十四。二四下得八，二六十二。四九三十六，六九五十四。一四下得四，一六下得六。

六歸五除

六一下加四，一五除五。六五八十二，五八除四。見六無除作九六，五九除四十五。見六無除作九六，五九除四十五。六二三十二，三五除十五。六二三十二，三五除十五。六三添作五，五五除二十五。六一下加四，逢六進一十，二五除一。六一下加四，一五除五。

還原

一五下得五，一六下得六。二五得一，二六十二。五五二十五，五六得三。三五十五，三六十八。三五十五，三六十八。五九四十五，六九五十四。五九四十五，六九五十四。五八得四，六八四十八。一五下得五，一六下得六。

六歸六除

六一下加四，一六除六。六五八十二，六八除四十八。六四六十四，逢六進一十，六七除四十二。六三添作五，五六除三。六三添作五，五六除三。六四六十四，逢六進一十，六七除四十二。六二三十二，逢六進一十，四六除二十四。見六無除作九六，六九除五十四。

還原

六九五十四，六九五十四。四六二十四，四六二十四。六七四十二，六七四十二。五六得三，五六得三。五六得三，五六得三。六七四十二，六七四十二。六八四十八，六八四十八。一六下得六，一六下得六。

六歸七除

六一下加四，一七除七。六五八十二，七八除五十六。六二三十二，逢六進一十，四七除二十八。六一下加四，逢六進一十，二七除十四。六四六十四，六七除四十二。六二三十二，三七除二十一。六五八十二，七八五十六。六四六十四，六七除四十二。六二三十二，逢六進一十，四七除二十八。六一下加四，一七除七。

還原

一七得七，一六得六。四七二十八，四六二十四。六七四十二，六六三十六。七八五十六，六八四十八。三七二十一，三六十八。六七四十二，六六三十六。二七十四，二六十二。四七二十八，四六二十四。七八五十六，六八四十八。一七得七，一六得六。

六歸八除

六一下加四，一八除八。六五八十二，八八除六十四。六一下加四，一八除八。六三添作五，五八除四。六三添作五，五八除四。六二三十二，逢六進一十，四八除三十二。逢六進一十，一八除八。六一下加四，一八除八。六三添作五，無除去一下還六，四八除三十二。

還原

四八三十二，四六二十四。一八下得八，一六下得六。一八下得八，一六下得六。四八三十二，四六二十四。五八得四，五六得三。五八得四，五六得三。一八下得八，一六下得六。八八六十四，六八四十八。一八下得八，一六下得六。

六歸九除

六一下加四，一九除九。六五八十二，無除去一下還六，七九除六十三。見六無除作九六，無除去一下還六，八九除七十二。見六無除作九六，九九除八十一。六一下加四，逢六進一十，二九除十八。六一下加四，逢六進一十，二九除十八。見六無 除作九六，無除去一下還六，八九除七十二。六五八十二，八九除七十二。六一下加四，逢六進一十，二九除十八。六四六十四，六九除五十四。

還原

六九五十四，六六三十六。二九十八，二六十二。八九七十二，六八四十八。八九七十二，六八四十八。二九十八，二六十二。二九十八，二六十二。九九八十一，六九五十四。八九七十二，六八四十八。七九六十三，六七四十二。一九下得九，一六下得六。

七歸一除

七一下加三，一一除一。七五改作七十一，一七除七。七二下加六，逢七進一十，一三除三。七六改作八十四，一八除八。七五改作七十一，逢七進一十，一八除八。七一下加二，逢七進一十，一二除二。七五改作七十一，逢七進一十，一八除八。七一下加三，一一除一。七二下加六，逢雙七進二十，一四除四。

還原

一四下得四，四七改作二十八。一一下得一，一七下得七。一八下得八，七八改作五十六。一二下得二，二七改作十四。一八下得八，七八改作五十六。一八下得八，七八改五十六。一三下得三，三七改作二十一。一七下得七，七七改作四十九。一一下得一，一七下得七。

七歸二除

七一下加三，一二除二。七五七十一，二七除十四。七一下加三，一二除二。七三四十二，二四除八。七四五十五，逢七進一十，二六除十二。七五七十一，二七除十四。七五七十一，二七除十四。七四五十五，逢七進一十，二六除十二。七一下加三，逢七還三進一十，二二除四。七三四十二，逢七進一十，二五除一。

還原

二五得一，五七三十五。二二下得四，二七十四。二六十二，六七四十二。二七十四，七七四十九。二七十四，七七四十九。二六十二，六七四十二。二四下得八，四七二十八。二二下得二，一七下得七。二七十四，七七四十九。二二下得二，一七下得七。

七歸三除

七一下加三，一三除三。七五七十一，無除退一下還七，三六除十八。七六八十四，逢七進一十，三九除二十七。逢七進一十，一三除三。七一下加三，一三除三。七六八十四，三八除二十四。七六八十四，三八除二十四。七六八十四，三八除二十四。七六八十四，逢七進一十，三九除二十七。

還原

三九二十七，七九六十三。三八二十四，七八五十六。三八二十四，七八五十六。三八二十四，七八五十六。一三下得三，一七下得七。一三下得三，一七下得七。三九二十七，七九六十三。三六十八，六七四十二。一三下得三，一七下得七。

七歸四除

七一下加三，一四除四。七四五十五，逢七進一十，四六除二十四。七五七十一，無除退一下還七，四六除二十四。七六八十四，四八除三十二。七二下加六，逢七進一十，三四除十二。七二下加六，逢七還三進一十，三四除十二。七三四十二，四四除十六。見七無除作九七，四九除三十六。七六八十四，四八除三十二。七四五十五，逢七進一十，四六除二十四。

還原

四六二十四，六七四十二。四八三十二，七八五十六。四九三十六，七九六十三。四四十六，四七二十八。三四十二，三七二十一。三四十二，三七二十一。四八三十二，七八五十六。四六二十四，六七四十二。四六二十四，六七四十二。一四下得四，一七下得七。

七歸五除

七一下加三，一五除五。七四五十五，逢七進一十，五六除三。七三四十二，四五除二。七四五十五，逢七進一十，五六除三。七六八十四，逢七還三進一十，五九除四十五。七三四十二，逢七還三進一十，五五除二十五。七一下加三。逢七進一十，二五除一。

還原

二五得一，二七十四。五五二十五，五七三十五。五九四十五，七九六十三。五六得三，六七四十二。四五得二，四七二十八。五六得三，六七四十二。一五下得五，一七下得七。

七歸六除

七一下加三，一六除六。七四五十五，逢七還三進一十，六六除三十六。七一下加三，逢七還三進一十，二六除十二。七三四十二，四六除二十四。七三四十二，四六除二十四。七二下加六，逢七進一十，三六除十八。七一下加三，一六除六。七三四十二，四六除二十四。七二下加六，逢七進一十，三六除十八。七三四十二，四六除二十四。

還原

四六二十四，四七二十八。三六十八，三七二十一。四六二十四，四七二十八。一六下得六，一七下得七。三六十八，三七二十一。四六二十四，四七二十八。四六二十四，四七二十八。二六十二，二七十四。六六三十六，六七四十二。一六下得六，一七下得七。

七歸七除

七一下加三，一七除七。七四五十五，逢七還三進一十，六七除四十二。七二下加六，逢七還三進一十，三七除二十一。七二下加六，逢七還三進一十，三七除二十一。七二下加六，逢七還三進一十，三七除二十一。七三四十二，四七除二十八。見七無除作九七，七九除六十三。七一下加三，逢七進一十，二七除十四。七一下加三，逢七進一十，二七除十四。

還原

二七十四，二七十四。二七十四，二七十四。七九六十三，七九六十三。四七二十八，四七二十八。三七二十一，三七二十一。三七二十一，三七二十一。三七二十一，三七二十一。六七四十二，六七四十二。一七下得七，一七下得七。

七歸八除

七一下加三，一八除八。七四五十五，五八除四。七六八十四，八八除六十四。七二下加六，二八除十六。七六八十四，無除退一下還七，七八除五十六。七六八十四，無除退一下還七，七八除五十六。見七無除作九七，八九除七十二。七二下加六，逢七進一十，三八除二十四。七三四十二，四八除三十二。七四五十五，逢七進一十，六八除四十八。

還原

六八四十八，六七四十二。四八三十二，四七二十八。三八二十四，三七二十一。八九七十二，七九六十三。七八五十六，七七四十九。七八五十六，七七四十九。二八十六，二七十四。八八六十四，七八五十六。五八得四，五七三十五。一八下得八，一七下得七。

七歸九除

七一下加三，一九除九。七四五十五，五九除四十五。七四五十五，逢七進一十，六九除五十四。七二下加六，二九除十八。七五七十一，七九除六十三。七三四十二，四九除三十六。七三四十二，四九除三十六。七一下加三，一九除九。七五七十一，無除退一下還七，六九除五十四。七三四十二，四九除三十六。

還原

四九三十六，四七二十八。六九五十四，六七四十二。一九下得九，一七下得七。四九三十六，四七二十八。四九三十六，四七二十八。七九六十三，七七四十九。二九十八，二七十四。六九五十四，六七四十二。五九四十五，五七三十五。一九下得九，一七下得七。

八歸一除

八一下加二，一一除一。八四添作五，一五除五。八一下加二，逢八還二進一十，一二除二。八三下加六，逢八進一十，一四除四。八一下加一，一一除一。八四添作五，一五除五。八六改作七十四，一七除七。八七改作八十六，一八除八。八七改作八十六，一八除八。八七改作八十六，一八除八。

還原

一八下得八，八八改作六十四。一八下得八，八八改作六十四。一八下得八，八八改作六十四。一七下得七，七八改作五十六。一五下得五，五八得四。一一下得一，一八下得八。一四下得四，四八改作三十二。一二下得二，二八改作十六。一五下得五，五八得四。一一下得一，一八下得八。

八歸二除

八一下加二，一二除二。八四添作五，二五除一。八四添作五，二五除一。八四添作五，二五除一。八五六十二，逢八進一十，二七除十四。八四添作五，二五除一。見八無除作九八，二九除十八。八六七十四，二七除十四。八四添作五，二五除一。

還原

二五得一，五八得四。二七十四，七八五十六。二九十八，八九七十二。二五得一，五八得四。二七十四，七八五十六。二五得一，五八得四。二五得一，五八得四。二五得一，五八得四。一二下得二，一八下得八。

八歸三除

八一下加二，一三除三。八四添作五，無除去一下還八，三四除十二。八七八十六，三八除二十四。八六七十四，三七除二十一。八三下加六，逢八還二進一十，三四除十二。八二下加四，逢八進一十，三三除九。逢八進一十，一三除三。八一下加二，一三除三。八七八十六，逢八進一十，三九除二十七。八二下加四，二三除六。

還原

二三下得六，二八十六。三九二十七，八九七十二。一三下得三，一八下得八。一三下得三，一八下得八。三三下得九，三八二十四。三四十二，四八三十二。三七二十一，七八五十六。三八二十四，八八六十四。三四十二，四八三十二。一三下得三，一八下得八。

八歸四除

八一下加二，一四除四。八三下加六，逢八進一十，四四除十六。八五六十二，四六除二十四。見八無除作九八，四九除三十六。八六七十四，四七除二十八。八一下加二，逢八還二進一十，二四除八。八三下加六，三四除十二。八五六十二，四六除二十四。八六七十四，四七除二十八。八七八十六，四八除三十二。

還原

四八三十二，八八六十四。四七二十八，七八五十六。四六二十四，六八四十八。三四十二，三八二十四。二四下得八，二八十六。四七二十八，七八五十六。四九三十六，八九七十二。四六二十四，六八四十八。四四十六，四八三十二。一四下得四，一八下得八。

八歸五除

八一下加二，一五除五。八三下加六，逢八進一十，四五除二。八四添作五，五五除二十五。八二下加四，二五除一。八三下加六，逢八還二進一十，四五除二。八二下加四，逢八還二進一十，三五除十五。八二下加四，二五除一。八六七十四，逢八進一十，五八除四。八一下加二，一五除五。八一下加二，一五除五。八六七十四，五七除三十五。

還原

五七三十五，七八五十六。一五下得五，一八下得八。一五下得五，一八下得八。五八得四，八八六十四。二五得一，二八十六。三五十五，三八二十四。四五得二，四八三十二。二五得一，二八十六。五五二十五，五八得四。四五得二，四八三十二。一五下得五，一八下得八。

八歸六除

八一下加二，一六除六。八三下加六，逢八還二進一十，四六除二十四。八三下加六，三六除十八。八四添作五，五六除三十。八四添作五，五六除三十。八三下加六，逢八還二進一十，四六除二十四。八三下加六，逢八進一十，四六除二十四。八五六十二，無除去下一還八，五六除三。八七八十六，六八除四十八。

還原

六八四十八，八八六十四。五六得三，五八得四。四六二十四，四八三十二。四六二十四，四八三十二。五六得三，五八得四。五六得三，五八得四。三六十八，三八二十四。四六二十四，四八三十二。一六下得六，一八下得八。

八歸七除

八一下加二，一七除七。八三下加六，逢八還二進一十，四七除二十八。八一下加二，一七除七。八七八十六，逢八進一十，七九除六十三。八三下加六，逢八還二進一十，四七除二十六。八三下加六，三七除二十一。八四添作五，五七除三十五。八四添作五，五七除三十五。八一下加二，一七除七。

還原

一七下得七，一八下得八。五七三十五，五八得四。五七三十五，五八得四。三七二十一，三八二十四。四七二十八，四八三十二。七九六十三，八九七十二。一七下得七，一八下得八。四七二十八，四八三十二。一七下得七，一八下得八。

八歸八除

八一下加二，一八除八。八三下加六，逢八還二進一十，四八除三十二。八二下加四，二八除十六。見八無除作九八，八九除七十二。八一下加二，一八除八。八七八十六，八八除六十四。八五六十二，無除去一下還八，五八除四。八六七十四，無除去一下還八，六八除四十八。

還原

六八四十八，六八四十八。五八得四，五八得四。八八六十四，八八六十四。一八下得八，一八下得八。八九七十二，八九七十二。二八十六，二八十六。四八三十二，四八三十二。一八下得八，一八下得八。

八歸九除

八一下加二，一九除九。八三下加六，三九除二十七。八七八十六，八九除七十二。八六七十四，七九除六十三。八一下加二，一九除九。八四添作五，五九除四十五。八四添作五，無除去一下還八，四九除三十六。見八無除作九八，九九除八十一。八二下加四，逢八還二進一十，三九除二十七。八二下加四，二九除十八。

還原

二九十八，二八十六。三九二十七，三八二十四。九九八十一，八九七十二。四九三十六，四八三十二。五九四十五，五八得四。一九下得九，一八下得八。七九六十三，七八五十六。八九七十二，八八六十四。三九二十七，三八二十四。一九下得九，一八下得八。

九歸一除

九一下加一，一一除一。九三下加三，一三除三。九五下加五，一五除五。九六下加六，一六除六。九六下加六，一六除六。九六下加六，一六除六。九七下加七，逢九進一十，一八除八。九一下加一，一一除一。見九無除作九九，一九除九。

還原

一九下得九，九九改作八十一。一一下得一，一九下得九。一八下得八，八九改作七十二。一六下得六，六九改作五十四。一六下得六，六九改作五十四。一六下得六，六九改作五十四。一五下得五，五九改作四十五。一三下得三，三九改作二十七。一一下得一，一九下得九。

九歸二除

九一下加一，一二除二。九三下加三，二三除六。九三下加三，逢九還一進一十，二四除八。九一下加一，一二除二。九八下加八，逢九還一進一十，二九除十八。九一下加一，逢九進一十，二二除四。九一下加一，一二除二。九五下加五，逢九還一進一十，二六除十二。九一下加一，一二除二。

還原

一二下得二，一九下得九。二六十二，六九五十四。一二下得二，一九下得九。二二下得四，二九十八。二九十八，九九八十一。一二下得二，一九下得九。二四下得八，四九三十六。二三下得六，三九二十七。一二下得二，一九下得九。

九歸三除

九一下加一，一三除三。九三下加三，三三除九。九二下加二，二三除六。九六下加六，逢九進一十，三七除二十一。九四下加四，三四除十二。九八下加八，逢九還一進一十，三九除二十七。九二下加二，二三除六。九三下加三，三三除九。九五下加五，三五除十五。九四下加四，三四除十二。

還原

三四十二，四九三十六。三五十五，五九四十五。三三下得九，三九二十七。二三下得六，二九十八。三九二十七，九九八十一。三四十二，四九三十六。三七二十一，七九除六十三。二三下得六，二九十八。三三下得九，三九二十七。一三下得三，一九下得九。

九歸四除

九一下加一，一四除四。九二下加二，逢九還一進一十，三四除十二。九一下加一，一四除四。九三下加三，三四除十二。九三下加三，三四除十二。九六下加六，逢九進一十，四七除二十八。見九無除作九九，四九除三十六。九五下加五，四五除二。九七下加七，四七除二十八。

還原

四七二十八，七九六十三。四五得二，五九四十五。四九三十六，九九八十一。四七二十八，七九六十三。三四十二，三九二十七。三四十二，三九二十七。一四下得四，一九下得九。三四十二，三九二十七。一四下得四，一九下得九。

九歸五除

九一下加一，一五除五。九二下加二，二五除一。見九無除作九九，五九除四十五。見九無除作九九，五九除四十五。九五下加五，五五除二十五。九四下加四，四五除二。九四下加四，逢九還一進一十，五五除二十五。九一下加一，一五除五。九四下加四，四五除二。九七下加七，五七除三十五。

還原

五七三十五，七九六十三。四五得二，四九三十六。一五下得五，一九下得九。五五二十五，五九四十五。四五得二，四九三十六。五五二十五，五九四十五。五九四十五，九九八十一。五九四十五，九九八十一。二五得一，二九十八。一五下得五，一九下得九。

九歸六除

九一下加一，一六除六。九二下加二，二六除十二。九八下加八，六八除四十八。九五下加五，逢九還一進一十，六六除三十六。九七下加七，逢九進一十，六八除四十八。九二下加二，二六除十一。九一下加一，一六除六。九八下加八，六八除四十八。

還原

六八四十八，八九七十二。一六下得六，一九下得九。二六十二，二九十八。六八四十八，八九七十二。六六三十六，六九五十四。六八四十八，八九七十二。二六十二，二九十八。一六下得六，一九下得九。

九歸七除

九一下加一，一七除七。九二下加二，二七除十四。九七下加七，七七除四十九。九二下加二，二七除十四。九七下加七，七七除四十九。九四下加四，逢九還一進一十，五七除三十五。九三下加三，逢九還一進一十，四七除二十八。九二下加二，二七除十四。

還原

二七十四，二九十八。四七二十八，四九三十六。五七三十五，五九四十五。七七四十九，七九六十三。二七十四，二九十八。七七四十九，七九六十三。二七十四，二九十八。一七下得七，一九下得九。

九歸八除

九一下加一，一八除八。九二下加二，二八除十六。九五下加五，五八除四。見九無除作九九，八九除七十二。九七下加七，七八除五十六。九六下加六，六八除四十八。九三下加三，三八除二十四。九一下加一，一八除八。九五下加五，五八除四。九三下加三，三八除二十四。

還原

三八二十四，三九二十七。五八得四，五九四十五。一八下得八，一九下得九。三八二十四，三九二十七。六八四十八，六九五十四。七八五十六，七九六十三。八九七十二，九九八十一。五八得四，五九四十五。二八十六，二九十八。一八下得八，一九下得九。

九歸九除

九一下加一，一九除九。九二下加二，二九除十八。九四下加四，四九除三十六。九六下加六，逢九進一十，七九除六十三。九三下加三，三九除二十七。九八下加八，八九除七十二。九二下加二，二九除十八。九七下加七，七九除六十三。九二下加二，二九除十八。

還原

二九十八，二九十八。七九六十三，七九六十三。二九十八，二九十八。八九七十二，八九七十二。三九二十七，三九二十七。七九六十三，七九六十三。四九三十六，四九三十六。二九十八，二九十八。一九下得九，一九下得九。

清・黃廷琦《算學歌訣》　算學提要訣

學算之人須努力，加減乘除時時習。觀其發問果何如，仔細斟量分法實。若然法實既能知，次求定位最爲急。再考諸分母子名，商除之法細尋繹。有能致志用工夫，算學雖深可盡識。

分法實訣

因乘法實原不拘，如遇歸除勿倒施。兩總求一散數者，與散同類實可知。一總一散求總者，以散爲法亦無疑。

定位訣

數家定位法爲奇，因乘俱向下位推。加減只須認本位，歸與歸除上位施。法多原實逆上法，法前得令順下宜。法少原實降下數，法前得令逆上知。

又十二字訣

乘從每下得術，歸從法前得令。

歸法訣

學者如何算九歸，先從實上左頭推。逢進起身須進上，下加不動下施爲。

清・江南商業學校《最新珠算教科書》卷中第五章《乘除法第一類》　九歸歌訣

法一　一不須除，祇須升位。如逢一進一等，是也。

法二　二一添作五，逢二進一十，逢四進二十，逢六進三十，逢八進四十。

法三　三一三十一，三二六十二，逢三進一十，逢六逢二十，逢九進三十。

法四　四一二十二，四二添作五，四三七十二，逢四進一十，逢八進二十。

法五　五一倍作二，五二倍作四，五三倍作六，五四倍作八，逢五進一十。

法六　六一下加四，六二三十二，六三添作五，六四六十四，六五八十二，逢六進一十。

法七　七一下加三，七二下加六，七三四十二，七四五十五，七五七十一，七六八十四，逢七進一十。

法八　八一下加二，八二下加四，八三下加六，八四添作五，八五六十二，八六七十四，八七八十六，逢八進一十。

法九　九一下加一，九二下加二，九三下加三，九四下加四，九五下加五，九六下加六，九七下加七，九八下加八，逢九進一十。

解：歌訣中有添字、倍字者爲一類。如一｜，以二或五除之。置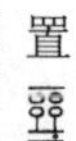「二一添作五」爲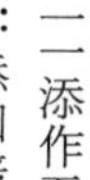「五一倍作二」爲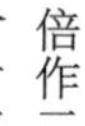增數於本行爲除得數。故曰：添曰倍。而單位之數，卻升於十位。句中有加字者爲一類。如一十，以六除之。置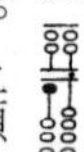六一下加四爲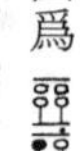即以一字爲除得數。而加四於下位俟再除也。上類末字爲除得數，此類末字爲餘數。句中第四字爲十字者爲一類。如置二十，以三除之。則先置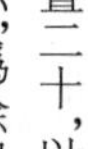「三二六十二」爲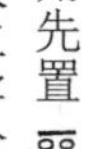以上二字改作六，爲除得數。加句末二字於次位，爲餘數也。句中有逢字者爲一類。如八以七除之，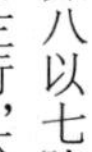「逢七進一十」爲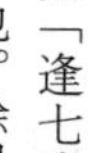拂去所逢之七，而進一珠於左行，本行剩一俟再除也。餘俱仿此。

按：歌訣中如「三二六十二」之類。三爲法，二爲實，六爲除得數，末二字乃餘數。十字本非作十字用，因盤中形式上有似乎十，故權作十以成句。學者須知其意，進一十之十字亦同。餘句仿此類推。

除法第一類

設題一　萍果一枚值銅圓二枚，設有銅圓百四十二枚。可得萍果幾枚。

此題亦可用減法作之。遞減二十至七次，尚餘二減二又一次，適減盡。故得萍果七十一枚。此法太繁，另用除法。

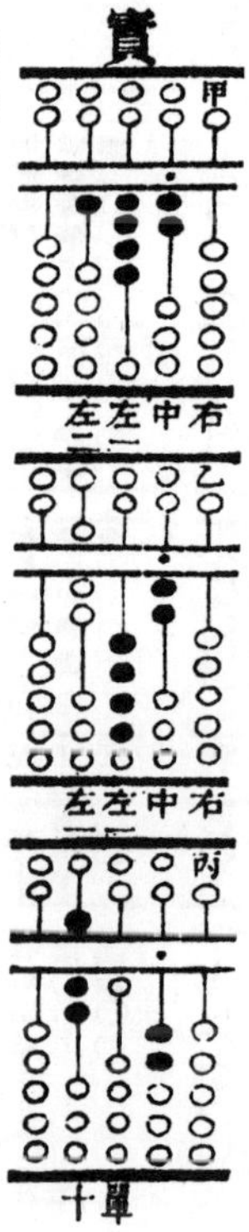

法二。

解：置實一百四十二於盤之中央，置法二於左端。如甲圖。左二行珠一顆，即呼二一添作五以中指撥下五，食指拂去一。左一行珠四顆，即呼逢四進二十，以食指拂去四珠，大指撥上左二行二珠。如乙圖。見中行二珠，即呼逢二進一十，即拂去中行二，置左一行一。除得萍果七十一枚。而位置卻升左一行。如丙圖。

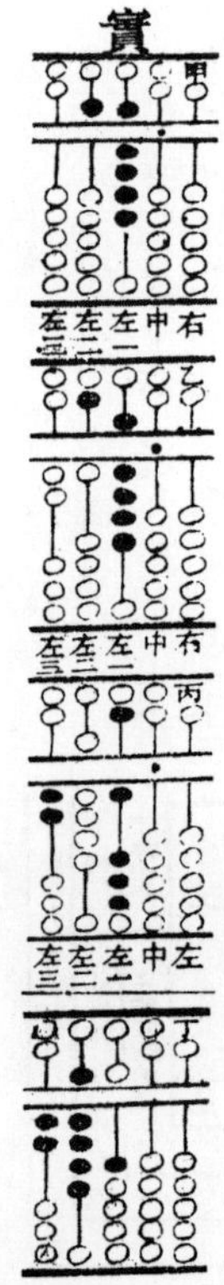

法二。

解：先置法實同前。如甲圖。左二行五，衹云逢四進二十，即拂去四，置二於左三行。如乙圖。左二行剩一，即云二一添作五同前。而左一行九，衹可云逢八進四十，即拂去八，加四於左二行。如丙圖。左一行又剩一，再云二一添作五，得萍果二百九十五枚。如丁圖。

設題二　三商合夥賺利洋四百七十七圓。各分洋幾圓。

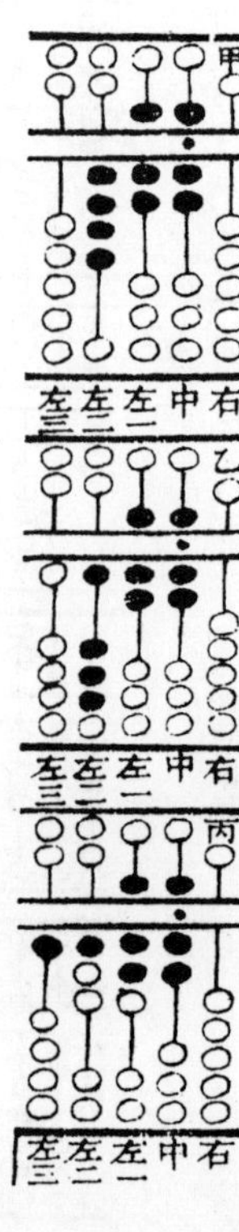

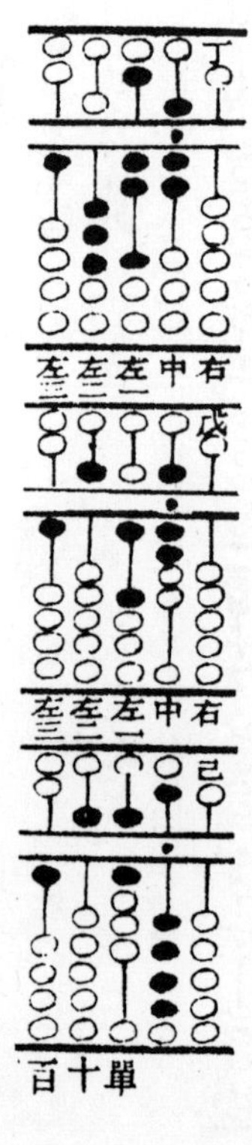

法三。

解：置實四百七十七於算盤中央。如甲圖。寫法三於上面。置於左端，或記於心中俱可。左二行四，即逢三進一於左三行。如乙圖。左二行剩一，即作三一三十一，本行改作三，左一行加一。如丙圖。左一行八，即逢六進二於左二行。如丁圖。左一行剩二，即作三二六十二，本行改作六，加二於中行。如戊圖。中行得九，即逢九進三於左一行。如己圖。三人各利洋百五十九圓。

設題三　兵一千九百四十名，分作四營。每營幾名。

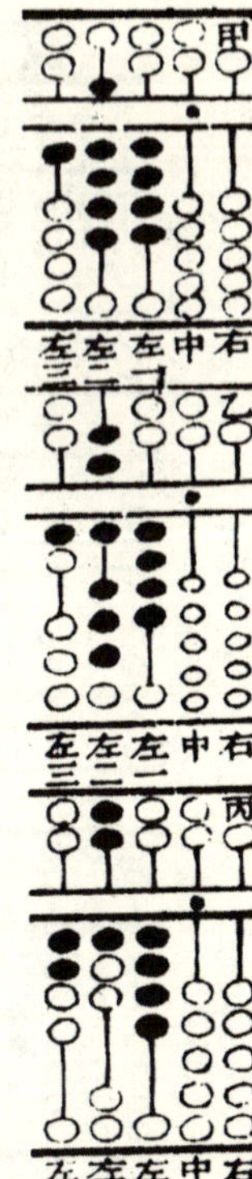

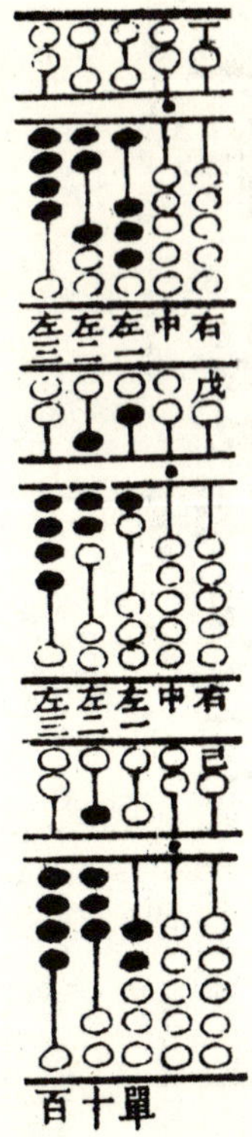

法四。

解：置實千九百四十。如甲圖。左三行一，即用四一二十二，如乙圖。左二行共十一，即用逢八進二十。如丙圖。左二行剩三，即用四三七十二。如丁圖。左一行六，即用逢四進一十。如戊圖。左一行剩二，即用四二添作五，如己圖得每營兵四百八十五名。

設題四　商人以洋二千九百三十五圓，買每五圓一袋之小麥。共小麥幾袋。

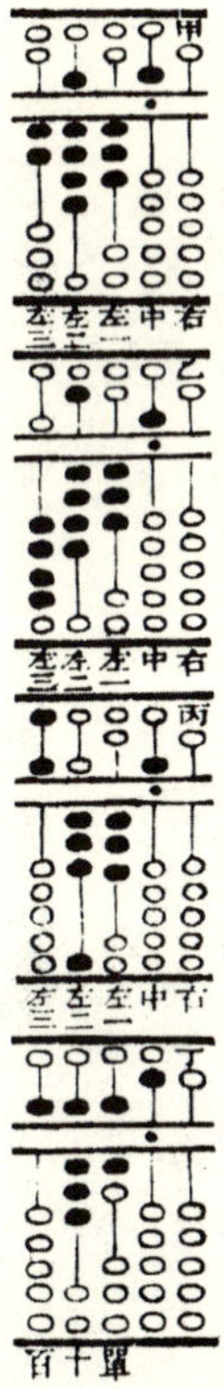

法五。

解：左三行二，即五二倍作四，左二行九，即逢五進一十，左三行得五，左二行餘四。如乙圖。五四倍作八，如丙圖。左一行三，中行五，即五三倍作六，逢五進一十。如丁圖。得小麥五百八十七袋。

設題五　造樓房六間，共計洋一千八百九十圓。每間費洋若干。

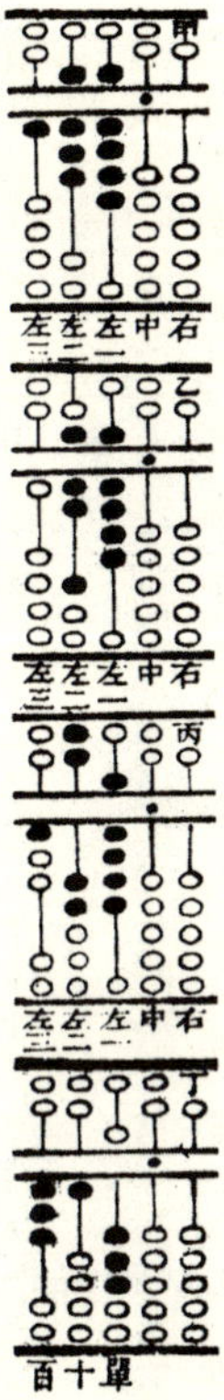

法六。

解：左三行爲一，即六一下加四，如乙圖。逢十二進二十，如丙圖。左一行爲九，逢六進一十，尚剩三，即用六三添作五。如丁圖。得每間三百十五圓。

設題六　以錢一萬零零八十文給貧人，每人各給錢七十文。可給幾人。

案：此題法爲兩位。除得數各行須升左兩位。

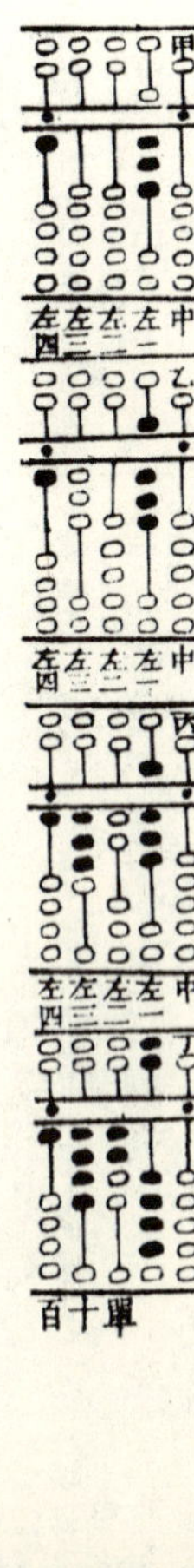

法七十。

解：七一下加三，如乙圖。七三四十二，如丙圖。七二下加六，左一行得十四。故拂去十四進二十於左二行，如丁圖。得一百四十四名。

設題七　一公司賺銀七萬兩，以八十股均分。每股得銀幾兩。

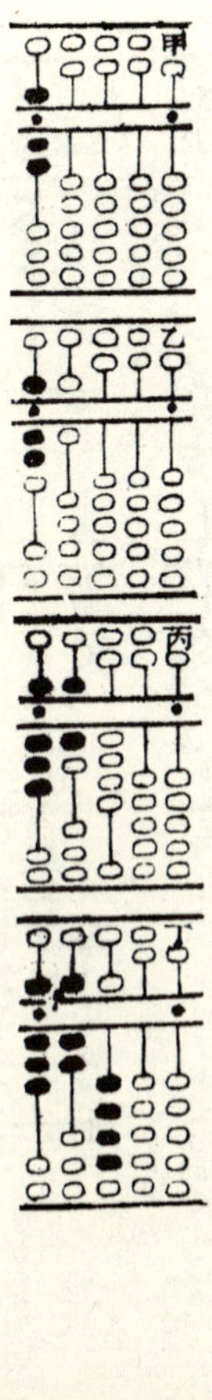

法八十。

解：八七八十六，如圖乙。八六七十四，如圖丙。八四添作五，如圖丁。法爲二位，故各升左二位。得八百七十五兩。

設題八　洋一圓兌錢九百文，今有錢八萬八千二百文。可兌洋幾圓。

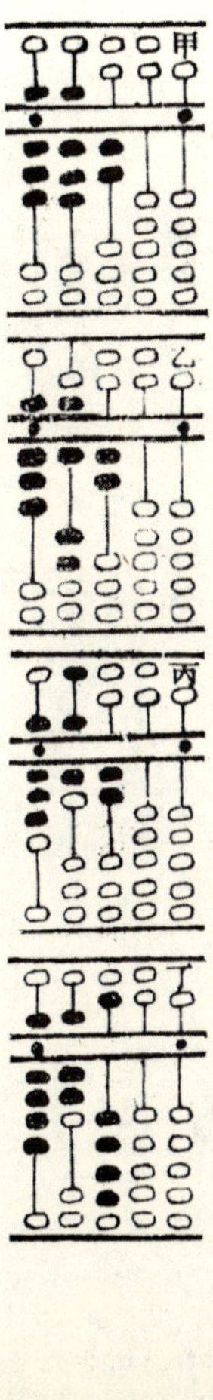

法九百。

解：九八下加八，如乙圖。借梁上之上一珠作十用，故此行得十六。逢九進一十，如丙圖。九七下加七，逢九進一十，如丁圖。法爲三位數，各行亦升左三位。得洋九十八圓。

設題九　銅圓一枚兌錢十文，角洋一枚兌錢百文，大洋一圓兌錢千文。今有錢二十

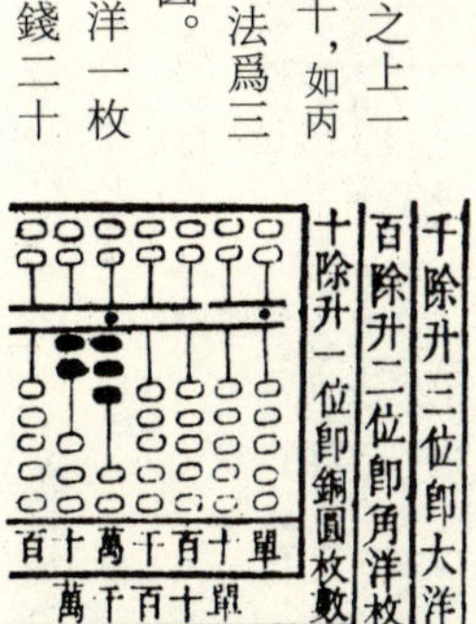

三萬可兑銅圓、角洋、大洋各若干。

解：一除不須除，祇須將各位遞升於左。故得銅圓二萬三千枚，角洋二千三百枚，大洋二百三十圓。

撞歸法及去一還原法

凡法首位與實首位相等，而截實之位數等於法之位數。其截實小於法者，不能用逢字之歌訣。如「逢三進一十」之類。始用撞歸法。撞歸者，法實首位相同之除法也。其歌訣列左。

法一　見一無除作九一。本位一珠改作九，次位加一。

法二　見二無除作九二。本位二珠改作九，次位加二。

法三　見三無除作九三。本位三珠改作九，次位加三。

法四　見四無除作九四。本位四珠改作九，次位加四。

法五　見五無除作九五。本位五珠改作九，次位加五。

法六　見六無除作九六。本位六珠改作九，次位加六。

法七　見七無除作九七。本位七珠改作九，次位加七。

法八　見八無除作九八。本位八珠改作九，次位加八。

法九　見九無除作九九。本位九珠不動，次位加九。亦可云「九九下加九」。

每句中第二字，一、二、三等數爲實。第六字九爲除得數，末字一、二、三等數爲餘數。故加餘數於實之次位，預爲法次位以下計也。實小於法，故曰「無除」，不能進十，故僅作九。如尚未明，可用乘法還原以證之。如實以法七十餘除之，則見七無除作九七。如仍以七乘得數九，即以適爲原數。餘句仿此。

法首位已除後，而法次位以下尚不足除。則用去一還原法。其歌訣列左。其云去一下還幾者，即逢幾進一十之還原也。法首法所除太多，故去其一以還諸實。庶法次位以下，可以遞除。若法首位爲一、二、三，而所去尚不止一也。

法一　無除去一下還一。去二還二等，類推。

法二　無除去一下還二。去二還四，類推。

法三　無除去一下還三。去二還六，類推。

法四　無除去一下還四。

法五　無除去一下還五。

法六　無除去一下還六。

法七　無除去一下還七。

法八　無除去一下還八。

法九　無除去一下還九。

又　卷中第六章《乘除法第二類》

除法第二類

設題一　自鳴鐘二十六座，洋一百八十二圓。每座幾圓。

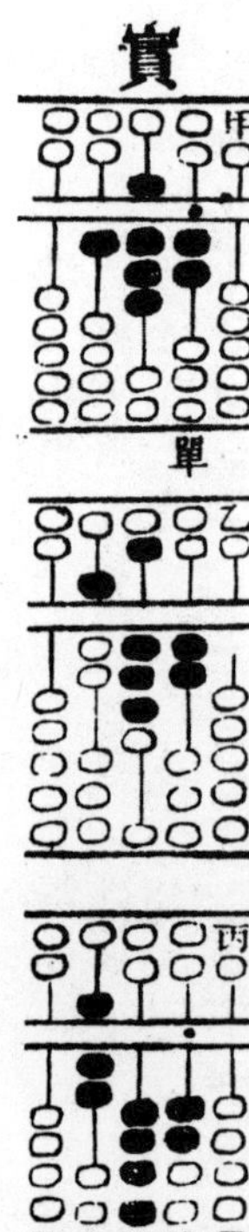

法二十六。

答：每座洋七圓。

解：置實百八十二於中央，置法二十六於左端。如甲圖。先以法首位二除實首位一，即二一添作五，而實次位八，可以逢四進二十。如乙圖。即以法次位六乘七，除去四十二，即得七。如丙圖。其法二位，單位亦升左二位。

設題二　洋布一疋洋六圓二角四分，設有洋二十四圓九角六分。可買洋布幾疋。

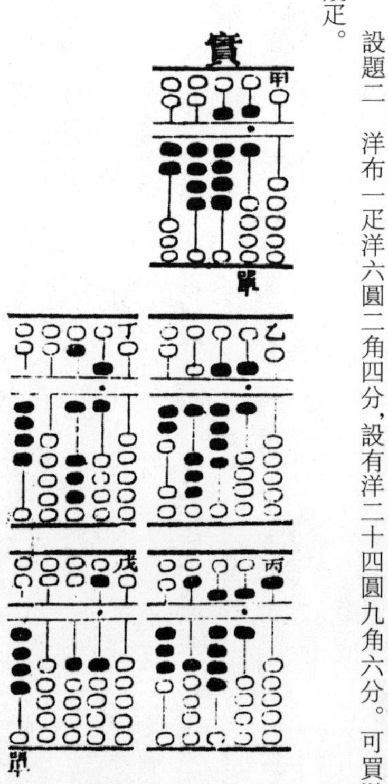

法六百二十四。

答：四疋。

解：置法實如前。先以法首位六，除實首位二，得六二三十二。如乙圖。逢六進一十，如丙圖。法次位二，乘得數四，除二四如八。如丁圖。法末位四乘得數四，除四四一十六。如戊圖。法爲三位。故單位亦升左三位。

設題三　時辰表四十七隻，共計洋四百二十三圓。表每隻洋幾圓。

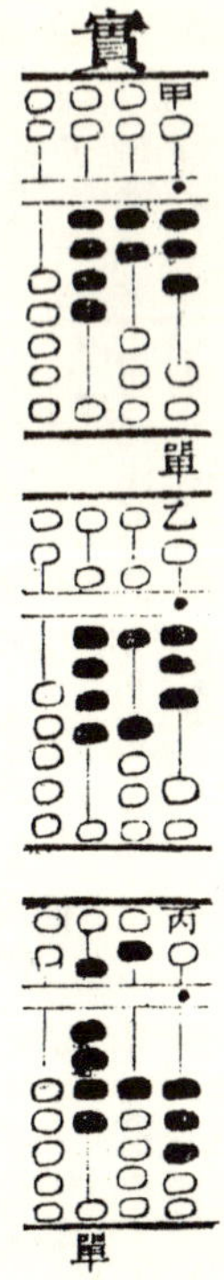

法四十七。

答：九圓。

解：法四十七，截實四百二十。不能用逢四進一十，即用見四無除作九四。如乙圖。九即除得數，乃以法次位七乘九，除去六十三。如丙圖。而單位卻升左二行。

設題四　綢二百七十五丈，共洋千一百圓。每丈幾圓。

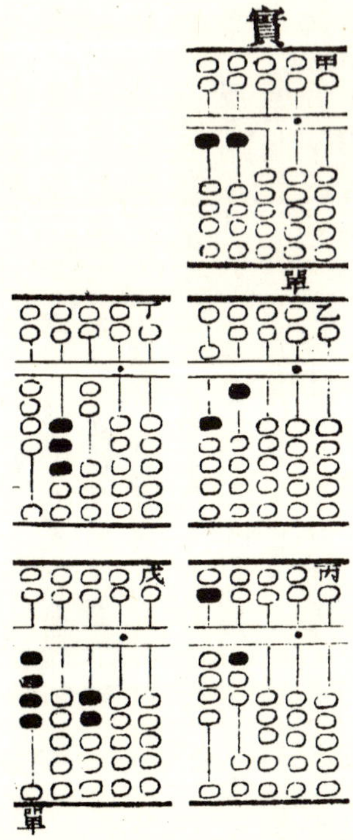

法二百七十五。

解：置法實如前。以法首位二，除實首位一，即二一添作五，如乙圖。法次位不足除，即用無除去一下還二。如丙圖。法次位七乘四，除二十八。如丁圖。法三位五乘四，除二十。得綢每丈洋四圓。

設題五　冰糖一觔錢百八十四文，與錢千一百零四文。可買冰糖幾觔。

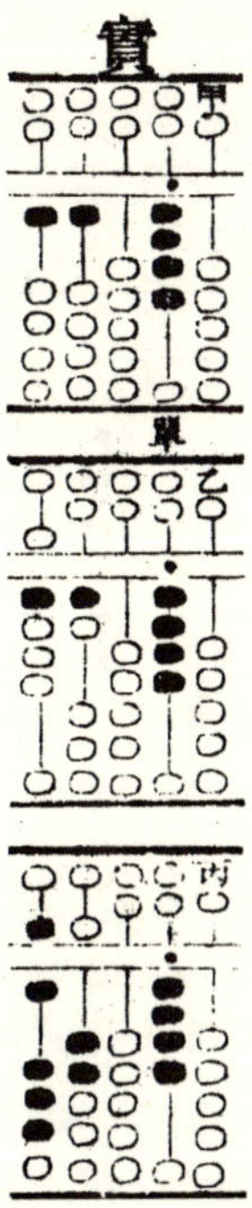

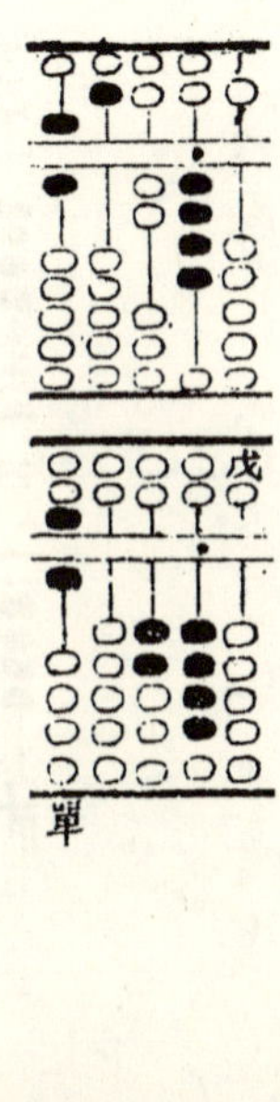

法一百八十四。

答：六觔。

解：見一無除作九一，如乙圖。無除去三下還三，如丙圖。法次位六乘得數六，除四十八。如丁圖。法三位四乘得數六，除二十四。如戊圖。此題去二尚不能除，故必須去三。

設題六　蓮子每觔三百二十四文，今有錢九千七百二十文。可買蓮子幾觔。

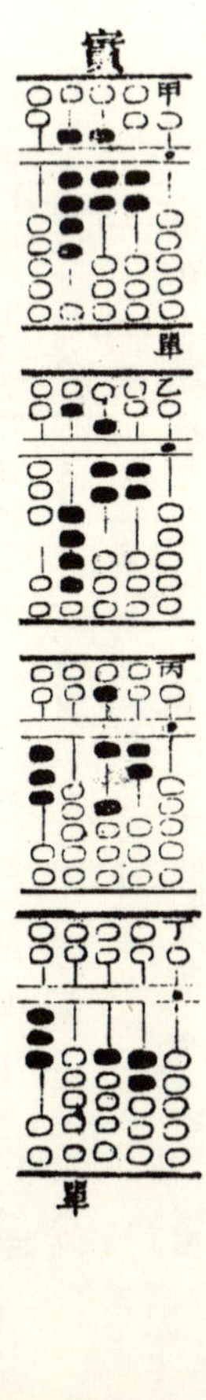

法三百二十四。

答：三十觔。

解法同前，惟單位爲空。

設題七　柑二百三十枚，計錢九千二百文。每枚幾文。

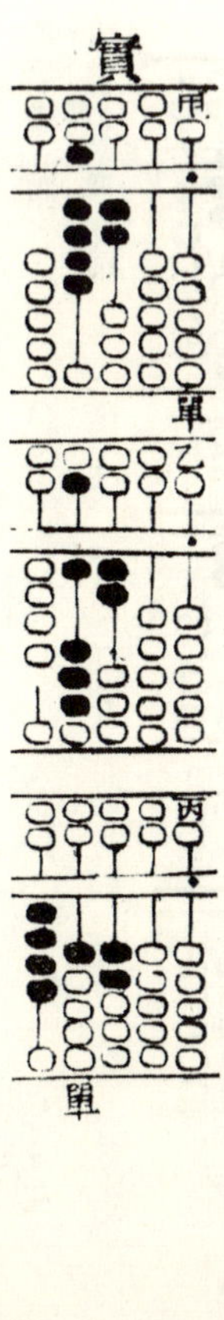

法二百三十。

解：同前。其法爲三位，單位升左三位，得四十文。

除法第三類

設題一　月餅四十八枚，共錢八百六十四文。每枚幾文。

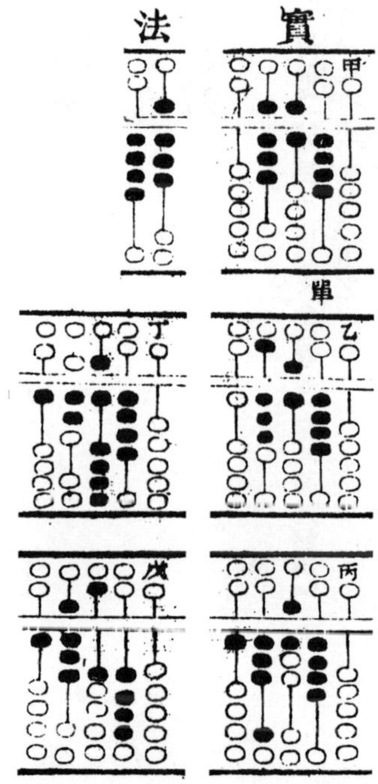

法除實，得每枝十八文。

解：置實八百六十四。如甲圖。逢四進一十，如乙圖。八除八，如丙圖。四三七十二，逢四進一十。如丁圖。八八除六十四，如戊圖。法爲二位。單位亦移左二位。

設題二　瓜三十七枚，錢二千四百四十二文。一枚幾文。

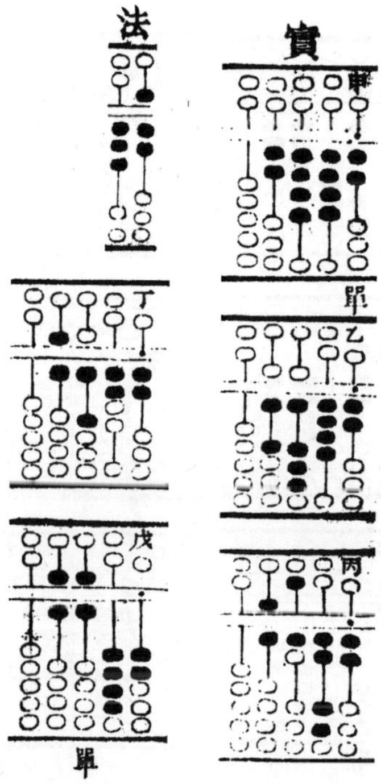

法除實，得每枚六十六文。

解：置實二千四百四十二，如甲圖。三二六十二，如乙圖。六七除四十二，如丙圖。三二六十二，如丁圖。六七除四十二，如戊圖。以上二題不過兩次第二類除法耳。

設題三　買蟹六十五隻，共錢三千五十五文。每隻幾文。

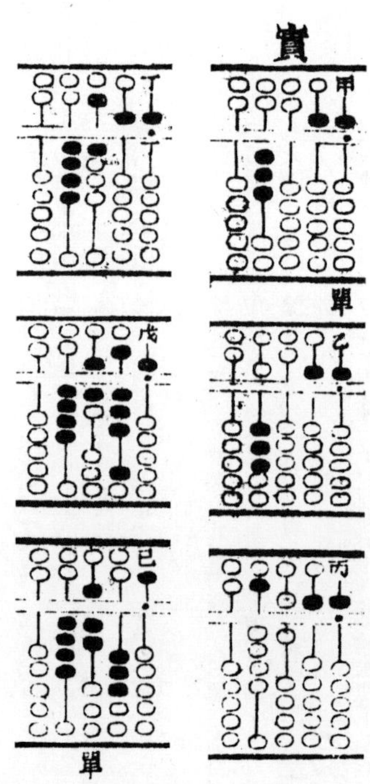

法六十五除實，得蟹每隻四十七文。

解：置實三千五十五，記法六十五於心中，法首位除實首位。六三添作五，如乙圖。無除去一下還六，如丙圖。四五除二十，如丁圖。六四六十四，逢六進一十，如戊圖。五七除三十五。如己圖。

設題四　買魚八十九尾，共錢八千八百十一文。每尾錢若干。

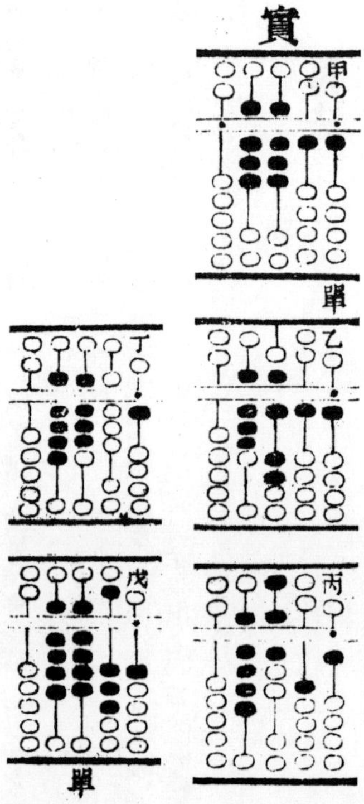

法八十九除實，得每尾九十九文。

解：置實八千八百十一，如甲圖。見八無除作九八，如乙圖。上珠借作十用。九九除八十一，如丙圖。見八無除作九八，如丁圖。九九除八十一。如戊圖。

設題五　茶食每觔百七十六文，付錢萬三千十二文。應有茶食幾觔。

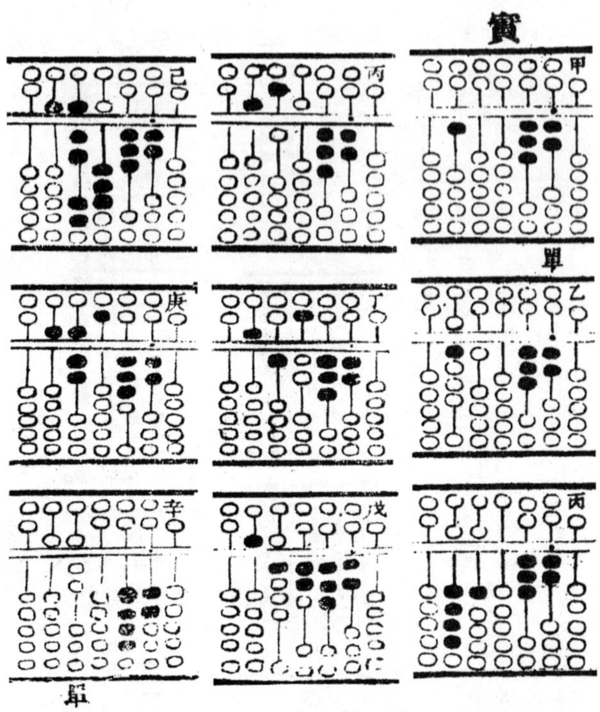

解：置實萬三十二。如甲圖。以法百七十六除之，見一無除作九一，如乙圖。無除去四下還四，如丙圖。五七除三十五。如丁圖。五六除三十。如戊圖。見一無除作九一，如己圖。無除去二下還二，如庚圖。七七除四十九，如辛圖。六七除四十二。如壬圖。法爲三位，單位移左三位。

商除法

題解

明·吳敬《九章算法比類大全》卷首《乘除開方起例》 商除

不若歸除捷便，然開方用之。

數中有術號商除，商總分排兩位居。唯有開方須用此，續商不盡命其餘。

明·王文素《算學寶鑑》卷三《商除》

法來得寔號商除，得數身前列位居。與法相呼除寔積，開方體此作規模。

解曰：商除者，商量而除之也。雖不如歸除捷徑，然開方用之，不可不知。

明·程大位《算法統宗》卷一《商除論》 商除法者，商量法實多寡而除之。古法未有歸除，故用之不如歸除，最是捷徑之法也，然開方法用之。

清·李長茂《算海説詳》卷一《商除法》謂：酌量積實多寡，心意相商而除之，開方法用此。

清·蔣守誠《算法全書》卷二 商除

商除者，商量而除之也。定商太過，則總數不足而無除。如定商不及，則總數有餘，務要酌量，彀除方可。然此一術亦古未有歸除故用之。歸除既通不必學此，但開方之法必用。商除演此而爲梯，皆其法不可用也。

算法

明·吳敬《九章算法比類大全》卷首《乘除開方起例》 商除

今有鈔八十貫七百一十二文，買物二百三十六斤。問斤價幾何。

答曰：三百四十二文。

法曰：置所有錢八十貫七百一十二文，爲實。以所買物二百三十六斤，爲法。商除之。定位之法與歸除同。

二文 ═　二六除一十二。除存一十，更除次位二文尽。

一十 丨　二三除如六，於第三位作七十內除六十，餘存一十。

二二除如四。除存四百，却於前位下二文。

四六除二十四。於存七百內除三百存四百。却於次位一十上加六十，作七十。

七百 ⊥　三四除一十二。除存一貫。更於次位九百內除二百，餘存七百。

二四除如八。將作九貫內除八貫，存一貫。於前位下四十。

三六除一十八。除存一十。於次位一貫加八作九貫。第三位七百加二作九百。

三三除如九。將存二十內除一十，餘存一十。却於次位下一貫。

八十貫 Ⅲ 二三除如六。於實前位，合依定位，下三百。却將本身八十内，除六十，

餘存二十。

明・王文素《算學寶鑑》卷三《商除》

銅錢五萬四千七百五十六文，每二百三十四文買絹一疋。問買幾疋。

荅曰：二百三十四疋。

法曰：置總錢五萬四千七百五十六文爲寔，以疋價二百三十四文爲法，商除之。

明・程大位《算法統宗》卷二《商除論》

數中有術號商除，商總分排兩位推。惟有開方須用此，續商不盡命其餘。

假如今有軍士六百名，分粮三百九十四石二斗。問每名該若干。

荅曰：六斗五升七合。

法曰：置粮米于盤中爲實，以軍士六百名于右爲法。初商六斗于左位，就以左右相呼，六六除實三百六十石，餘實三十四石二斗。次商五升于左位六斗之次，就以次商五升對右六相呼，五六除實三十石，餘實四石二斗。再商七合于左位五升之下，就以左七對右六相呼，六七除實四斗二升。恰盡。

今列布筭式于後。

商除式樣

學者但看初商，即看初除，又看次商，又看次除，復看再商，復看再除挨次位數，則不亂矣。

右法 六百名

中尾 二斗 去恰盡。

四石 再除 六七除四斗二升，本位去四，下位去二。

九十 次除 五六除三十石，本位尽去。

中實 三百起 初除 六六除三百六十石。本位去三百，下位除六十。

七合 再商

五升 次商

左位 六斗 初商

假如今有芝麻六十七石，榨得油三千零一十五斤。問每石該油若干。

荅曰：四十五斤。

法曰：置油數于盤中爲實，以麻六十七石于右爲法。商除之，初商四十斤于左，就以左右相呼，四六除實二千四百，又呼四七除二百八十斤，餘實三百三十五斤。次商五斤置于初商四十之下位，就以五斤對右六相呼，五六除五百，又呼五七除三十五斤，恰盡。合得。

清・方中通《數度衍》卷一《商除法》

式 有銀三千零一十五兩，六十七人分之。問各若干。

卯	寅	丑	子
五	一	〇	三
七			
乙	甲		
	六		

曰：四十五兩。

術：置銀爲實，人爲法。以法首六十，於實首三千内商有幾回。今商四十，是有四十回六十也。即以法首六乘所商四爲二十四，於子除二，丑除四。曰：四退十還六，共除二千四百。以乙法七，乘所商四，爲二十八。於丑除二，寅除八，曰：八退十還二；又除二百八十，餘實三百三十五。次以法六十，於三百内商有幾回。今商五，是有五回六十也。以法首六，乘次商五爲三十。於丑除三，又除三百。以乙法七乘次商五爲三十五，於寅除三，卯除五，又除三十五，實盡。合問。通曰：凡商數有定，如今初商五十，則實不足除次法；商三十，則實餘太多；故定當四十耳。若論盤中變位得數，法首多於實首者，列商數於實左一位，法首少於實首者，列商數於實左隔一位。挨次商列，即得變數。

清・蔣守誠《算法全書》卷二《商除》

假如今有軍士六百名，分糧三百九十四石二斗。問每名該糧若干。

荅曰：六斗五升七合。

法曰：置糧米於盤中爲實，以軍士六百名於右爲法。初商六斗於左位，就以左右相呼六六除實三百六十石，餘實三十四石二斗。次商五升，於左位六斗之次。就以次商五升對右六相呼，五六除實三十石，餘實四石二斗。再商十合於上位五升之下，就以左十一對右六相呼，六七除實四斗二升。恰盡。

今列布算式于後。

商除式樣

學者但看初商即看初除，又看次商，又看次除。復看再商，復看再除。挨次位數，則不古矣。

二斗 去恰盡。

四石 再除 六七除四斗二升，本位去四，下位去二。

九十　次除　五六除三十石。

中實　三百起　初除　六六除三百六十石。本位去三百，下位除六十。

七合　再商

五升　次商

左位　六斗　初商

假如今有芝蔴六十七石，榨得油三千零一十五斤。問每石該油若干。

答曰：四十五斤。

法曰：置油數于盤中爲實，以蔴六十七石于右爲法。商除之，初商四十斤于左，就以左右相呼，四六除實二千四百。又呼四七除二百八十斤。餘實三百三十五斤。次商五斤置于初商四十之下位。就以五斤對右六相呼五六除三百，又呼五七除三十五斤，恰盡。合得。

假如今有銀三十六兩五錢五分換錢，每百八分五厘。問共該錢若干。

答曰：四十三千。

法曰：置銀數爲實，以錢價每百八分五厘爲法。商除之，合問。

乘法還原

四七二十八，一四如四。六七四十二，一六如六。一七如七，一一如一。二七一十四，一二如二。六七四十二，一六如六。二七一十四，一二如二。七七四十九，一七如七。

求一除法

題解

明・吴敬《九章算法比類大全》卷首《乘除開方起例》　求一除法

求一者，求分母一數居首，而爲法也。蓋定身除。若法首，位皆一，不待求也。或二、三、四、五、六、七、八、九者居首，非一也。乃或折、或倍，必求一數居首，而以定身除筭之。但母法折、倍，則子數亦須折、倍，下筭重複不若歸除捷徑不必本也。然求一却能□九歸、定身除、歸除三法。本者亦不可不知耳。

求一明教置兩停，二三折半四三因。五之以上二因見，去一除零要定身。

明・王文素《筭學寶鑑》卷四《求一代除》

法首如求一數存，二三折半四三因。五之以上皆當倍，不用呼歸減代真。

解曰：求一代除者，求法首之数爲一，以減之而代歸除也。蓋歸除者，先以法首之数歸之，次以法之後位除之。且減，不用法首。既不用法首，則不用其歸矣。豈不簡乎？尤當精熟，可也。

算法

明・吴敬《九章算法比類大全》卷首《乘除開方起例》　求一除法

今有米二十三石四斗五升七合四勺，糴鈔三十八貫。問每貫該米幾何。

答曰：六斗一升七合三勺。

法曰：置米二十三石四斗五升七合四勺，折半，得一十一石七斗二升八合七勺，爲實。以所糴鈔三十八貫，折半得一十九貫，爲法。定身除之。合問。

今有鈔三十七貫一百二十五文，買絲四十五兩。問每兩該鈔幾何。

答曰：八百二十五文。

法曰：置鈔三十七貫百二十五文，以三因，得一百一十一貫三百七十五文，爲實。以三因所買絲四十五兩，得一百三十五兩爲法。定身除之。合問。

今有布六百五十五丈二尺，每五丈二尺賣鈔一十貫。問該鈔幾何。

答曰：一千二百六十貫。

法曰：置所有布六百五十五丈二尺，以二因得一千三百一十丈四尺，爲實。以二因每五丈二尺得一十丈四尺，爲法。定身除之。合問。

明・王文素《筭學寶鑑》卷四《求一代除》

積一千七百七十六步。問爲田幾何。

答曰：七畝四分。

求一草曰：折畝法二百四十作一百二十爲法。折積一千七百七十六步作八百八十八步爲寔。以法定身減一。合問。

鈔三十七貫一百二十五文，買絲四十五兩。問每兩鈔幾何。

答曰：八百二十五文。

《九章》求一法曰：置総鈔三十七貫一百二十五文，以三因爲一百一十一貫三百七十五文爲寔。別以三因買絲四十五兩，得一百三十五兩爲法。定身減三五，雖合問，亦繁。

證曰：倍総鈔作七十四貫二百五十文爲寔。倍法絲四十五兩[作]九十兩爲法。歸之，最易。

出錢一千三百五十貫九百文買銀，每兩五貫七百。問買銀幾何。

答曰：二百三十七兩。

求一法曰：倍総錢得二千七百一貫八百文爲寔。[倍]每兩五貫七百文，得一十一貫四百爲法。定身減一四。

楊輝不用求一法曰：以三歸總錢得四百五十貫三百文爲[實]。以三歸每兩五貫七百爲一貫九百爲法。定身減九。

證曰：此術固簡，恐遇拙題不便。

通證術曰：六歸隔位還三，遇五七成百。

草曰：置総錢一千三百五十貫九百文爲(貫)[實]。從上位以六歸之，先得二百兩，隔位還六十貫。又歸得三十兩，隔位(不)[還]九貫，又歸爲六兩，次位還一貫八百，尚餘五貫七百文。術云：「遇五七進爲一百」，是爲二百三十七兩。合問。

明・程大位《算法統宗》卷二《求一乘除法》　按古有之，賓渠因考其法，用倍、折之，繁難。不如歸除之簡易，故愚于此而廢之，使學者專心于乘除加減之法，而無他歧之惑焉。

清・方中通《數度衍》卷一《乘除新法》

原首一數除式

通曰：有銀四十五兩六錢爲實數。一十二人分之爲原數，倍數二四，半數六。視實首多於倍數，用進二空除倍；再視餘實多於原數，用進一空除原；再視餘實多於倍數兩倍以上，而原首係一數，此爲實數有餘，當用進五空除半，須空一位除之；再視餘實多於倍數，當用進二空除倍；再視餘實等於原數，當用進一空除原。每人分得三兩八錢。

乘還原式

通曰：以三八爲實，倍、原、半如前。實尾過五，係原首遇一者，當用除五空加半；除實尾過二，用除二空加倍；餘實尾止一數，用除一空加原；餘實尾過二，用除二空加倍；餘實止一數，用除一空加原。共得四十五兩六錢。

倍首一數除式

通曰：有銀四十一萬三千三百二十六兩二錢八分四釐爲實數，七千三百五十六人分之爲原數，倍數一四七一二，半數三六七八。實首多於半數，用進五隨除半；餘實首多於半數，用進五隨除半；餘實首多於原數，用進一空除原；餘實首少於半數，用進一空除原；餘實首多於半數，用進五隨除半；餘實首多於倍數，係倍首遇一者，當用進二隨除倍，不空位；餘實首少於半數，用進一空除原；餘實首多於半數，用進五隨除半；餘實首多於倍數，用進二隨除倍；餘實等於倍數，亦用進二隨除倍。每人分得五十六兩一錢八分九釐。

乘還原式

通曰：以五六一八九爲實，倍、原、半如前。實尾過五，用除五隨加半。餘實尾過二，係倍首遇一者，當用除二隨加倍，不空位。餘實尾滿二，亦用除二隨加倍。餘實尾過五，用除五隨加半。餘實尾過二，用除二隨加倍。餘實尾止一數，用除一空加原。餘實尾又止一數，用除一空加原。餘實尾過五，用除五隨加半。餘實尾止一數，用除一空加原。餘實滿五，用除五隨加半。共得四十一萬三千三百二十六兩二錢八分四釐。

清・江南商業學校《最新珠算教科書》卷下第九章《乘除簡法》　定身除法

定身除，即挨身乘之還原。法首行爲一，可省一除。即逕從法次行起，遞乘除得數以遞減實。惟所減之數，或祇減實次行以下，或須兼減實首行列題於左。

設題一　橘百二十四觔，共錢三千九百六十八文。每觔幾文。

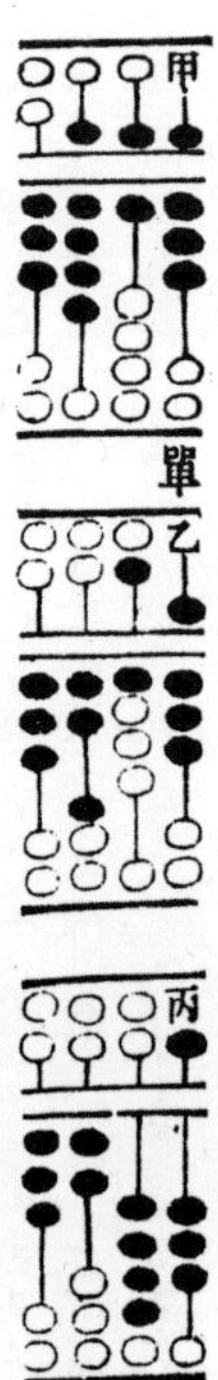

法一百二十四。

二三除六，三四除十二。二二除四，二四除八。

解：實首行三，即爲除得數之首行。因法次行以下遞乘三，可以遞減實次行以下也。如乙圖。同法餘實首行二，爲除得數之次行。如丙圖。惟法首行不除，故法有三位除得數僅升左二位。比通用除法少升一位。

設題二　甘蔗每株十八文，付錢六百十二文。甘蔗幾株。

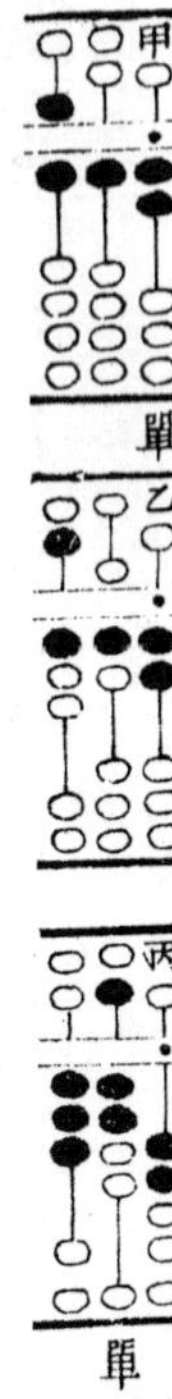

法十八。

三八除二十四。四八除三十二。

解：法次行數稍大，須從實首行減起，使除得數較小。

設題三　洋一圓換錢千零十五文，共換錢五萬六千八百四十文。計洋若干。

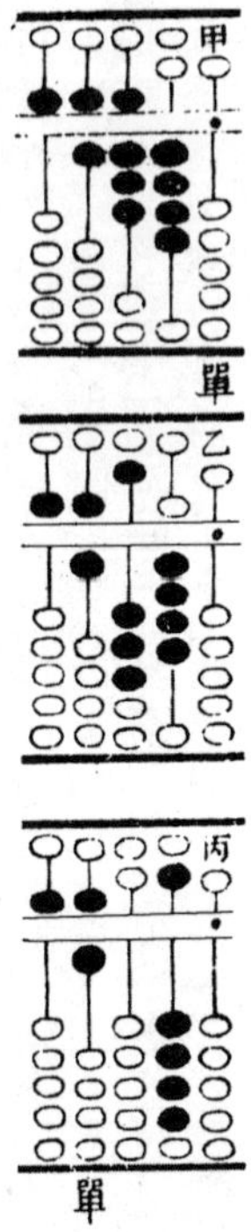

法一〇一五。

一五除五，五五除二十五，一六除六，五六除三十

解：除法亦同前。惟法次行爲空位，即以法三行乘除得數逕以減實，仍空一位除之。

加減代除法

題解

明・吴敬《九章算法比類大全》卷首《乘除開方起例》　減法，即定身除。法首遇一，乃一十、一百、一千、一萬之數可用。免布法代二位除。即反用加法。從首位大數筭起。

減法須知先定身，得其身数始爲真。法雖有一何曾用，身外除零妙入神。

減曰：以法減實，代除。以所出錢數爲實。錢若干數。所求物價爲法。每物價錢若干。從實首位存身数減之。議實多寡，先留本身。然後可減，從首位減起，減第一位訖，次減第二位至實尾位止。言十當身退十。三四一十二，四四一十六之類。當本身退十，次位退零。言如次位退如。二二如四，二三如六之類。於次位減之。

明・王文素《算學寶鑑》卷三《減法》

減法先知要定身，呼如次位減爲真。若呼十字身中減，一外除零妙如神。

解曰：減，即是定身除也。法首從一者用之。且法首無一者古人総用倍、折求之，以減，況遇有一居首豈可不用減乎。其術以所有物数爲寔，以所求題一後零数爲法。從寔首位減起，先定其身，命零減寔，呼十當身，言如次位減之。就在本位定数，用加法(正)[還]原。

明・柯尚遷《數學通軌・學算須知》　減瀍義

減者，即除也。呼九九相生之數，約存原本之數，而除之謂之減。

定身除瀍盤前數，謂之實；盤後數，謂之法。呼者呼後法數，除者除前實數。

除法須知先定身，先定身位減爲真。十除本位零除次，身定除餘妙入神。

定身除者，先定實之身數，後除實之餘數，即減瀍也。但瀍首位一十、一百、一千、一萬之數，可用此法。其瀍首位一數又要除去，只呼瀍之次位。如一十二人，分銀十兩；將十兩爲實，置前十二人爲瀍，置後除去一十數，只呼次位二數，除前實位之數。如銀十兩爲實，若以六定身，呼二六除一十二，仍多二數；若以七定身除，二七除一十四仍多一數；若以九定身，呼二九除一十八，又無八數可除；不若以八定身，呼二八除一十六，六退十還四，身定而除亦盡也。其次位四數，另呼除之，如十五人分銀七十五兩。若以四定身，呼五四除二十，仍多五數，五不若以五定身，呼五五除二十五，身定而除亦盡也。又實位如有一數，除不盡者，就起去一數，還下位作十，又呼除之。

明・程大位《算法統宗》卷一　減法者，即曰定身除法。約存原本之数，而除之，故謂之減。假有正耗米共九斗，只約正米八斗，呼七八減去五升六合之類。又如：本利銀四兩，每兩減去三錢，只呼三三除減九錢，得本銀三兩有零之類。或用歸除而代之，如：正耗米爲實，就以一斗零七合爲法，歸除之，得正米之数也。

清・李長茂《算海説詳》卷一《減法歌》

減法須知先定身，得其身数始爲真。法中有一置不用，身外除零妙入神。

凡遇法首有一数者用此。所謂定身除者，先定本身之位而後用除也。置所有物爲實，以所求價爲法，與身数相呼九九之数。言十就身，言如次位。次第如法，減而除之，先從實首位起。

清・汪訒菴《指明算法》卷上《減法》 減法者，即曰：定身除法。約存原本之数，而除之，故謂之減。假有正耗米共九斗，只約正米八斗，呼七八減去五升六合之類。又如本利銀四兩，每兩減去三伐，只呼：三三除減九伐，得本銀三兩有零之類。或用混歸法代之，如：正耗米爲实，就以一斗零七合爲法，歸除之，得正米之数也。

倍法者，加一倍是也。法当用二因，而位反降矣。今变用五歸，而位不降矣。折半法者，謂減去一半是也。法理当用二歸，而位反陞矣，今变用五因，而位不陞也。

定身減法加法

減法歌

減法須知先定身，得其身数始爲真。法中有一何曾用，身外除零妙入神。兩加法，二十以上皆用乘法。立(比)[此]加、減二法者，因其捷妙也。如人心不明，或用歸除、乘法亦可。

清・屈曾發《九數通考》卷一 《減法訣》亦曰：定身除。從實首位起。減法須知先定身，得其身數始爲真。法中有一何曾用，身外除零妙入神。用加法還原。又有幾數相□亦曰減。所謂取其相較之數也。

清・蔣守誠《算法全書》卷二 減法代混歸用更爲捷徑。

凡歸除遇法首位有一數者用此。所謂定身除者，先(疋)[定]本身之位，而後減除也。置所有物爲實，以所求價爲法。與身數相呼九九之數，言十就身，言如隔位。次第如法減而除之。先從實首位起，用加法还原。

定位法因實位本身減去，而無逢進，比歸除而降一位。今將法首一數除而不用，亦可以抵逢進陞位也。

歌曰：減去須知先定身，得其身數始爲真。法中有一何曾用，身外除零妙入神。

綜論

清・汪訒菴《指明算法》卷上《減法》 除減法之妙，其習雖難，其用最簡。但不能明于歸除法者，則用此法，而易明也。假如分物不拘多寡，則以所分物数在位爲實，却以幾人数爲法，先于實上首位隔前一位加一，則于實上除原。若二人分物，則曰加一除。二三人分物，呼曰加一除三。至於幾百、幾十、幾人分者，則曰除幾百、幾十、幾人，只管一加一除。若此一位加除殆盡，則又從次位加除之。次位加除又盡，則又下次位加除之。直除到(未)[末]位俱盡，方絻是数。其法有隔無挨，俱于實前隔一位，呼加一，亦隔一位而除原。若加雙，則倍除實其倍除之数。如：遇十者，則要挨身除之；遇加者，依然隔位除之也。今設二條干[於]後，學者式樣之。

算法

明・吴敬《九章筭法比類大全》卷首《乘除開方起例》 減法

定位：以法首之数，以定其實。謂如兩求斤，法首是十，即於實上定斤，稅絲求畝，法首是分，即於實𠆤上定畝。一百五十人，分鈔五千四百七十五貫，於實千上起数法百，實前一位得法十，實前二位用法一，却就二位上起数回得實，千前一位得百實，本位千上得定十貫。每人得三十六貫五百文。餘皆倣此。

今有物五千七百七十六兩，每斤一十六兩。問該斤幾何。

荅曰：三百六十一斤。

法曰：置所有物，五千七百七十六兩爲實，以所求斤一十六兩爲法。定身減之。

定位：實千兩，法十兩，實首本位数，法十兩起，前一位得法兩，就兩上数實千起，至實数本位得百斤，次位得十斤，第三位十兩，定斤。共得三百六十一斤。合問。

六兩　𝍥　一六減如六。不動本身，餘存一十合。依定位作一斤，以減次位六

定斤七十　𝍯　兩。適尽。

七百　𝍦　六六減三十六。將爲九百減三百，作六十斤。於次位七十減六十，存一十。

五千　𝍤　三六減一十八。將五千減二千，存三。定位作三百斤，於次位七百，加二爲九百。

今有夏税絲四十三兩三錢七分五厘，每畝科絲一錢二分五厘。問該田幾何。

答曰：三頃四十七畝。

法曰：置所有絲四十三兩三錢七分五厘爲實，以所科絲，一錢二分五厘爲法。定身減之。

定位：實十兩法錢合於錢七定畝。共得三頃四十七畝。合問。

七分 ⊥ 二七減一十四。將存八錢減一錢，存作七畝，更於次位七分減四分，存三分。

五厘 |||| 五七減三十五。減餘存三分，更於次位減五厘。尽。

定畝三錢 ||| 四五減二十。將爲一兩內減二錢，餘存八錢。二四減如八。將存五兩減一兩，存依定位作四十畝，於次位八錢加二錢，爲一兩。

三兩 ||| 五三減一十五將爲七兩內減二兩，餘存五兩。却於次位三錢上，加五爲八。

四十 |||| 二三減如六。將四十兩減一十存，依定位作三百畝，於次位三兩加四兩，爲七兩。

今有秋粮正耗米五萬二十三石七斗八升四合，每石減耗米七升。問該正米幾何。

答曰：四萬六千七百五十一石二斗。

法曰：置所有米五萬二十三石七斗八升四合爲實，以每石耗米七升爲法。隔位減之。定身除石定石共得四萬六千七百五十一石二斗。合問。

四合 ≣ 二七減一十四。減次位存一升，又減第三位四合。尽。

八升 |||

七斗 ⊥ 一七減如七。於第三位八升內減七升，餘存一升。

定石三石 ||| 五七減三十五。於作四石內減三石，更於次位七斗內，減五斗餘存二斗。

二十 = 七七減四十九。將作八百減一存七，次位加五十。於第三位，三石加一作四石。

六七減四十二。將加七千減一存六，次位二百加六作八百。却減第三位二升。

五万 |||| 四七減二十八。將本身五萬內減一萬，存四萬。却於次位加七千，三位加二百。

又 今有鈔二萬三百四十四貫五百文，每鈔一十五貫糴米一石。問該米幾何。

答曰：一千三百五十六石三斗。

法曰：置鈔爲實，以每石價鈔爲法。減之，得数亦從寅上定實，逆数法十貫，丑上得貫。乃丑上得實首万。仍復数回寅上得千。共得一千三百五十六石三斗。合問。

明·王文素《算學寶鑑》卷一《減法》

假有米四十石一斗六升，每一斗六升易换布一疋。問布幾何。

答曰：該布二百五十一疋。

法曰：置総米四十石一斗六升爲寔。以一斗六升爲法。減之，得二五一数。亦從寔首起順数至法首斗，就於斗位定疋，復逆数回至頭位，得[百]是定得二百五十一疋。合問。

又 卷二《掌中定數》

減法不退位題訣：假有子花一百五十六萬斤，每一百二十斤賣銀一兩。問該銀幾何。

答曰：該銀一萬三千兩。

法曰：置所有子花一百五十六萬斤爲寔。以每兩買花一百二十斤爲法。減之，不退位，得一三数。亦從寅位起法首百，順数卯位得十，辰位得一。就從辰位起，寔首百萬，降四卯位得十萬，寅位得萬。是定得一萬三千兩。合問。退位者，降一級。

淮曲七千四百四十八塊，每一百四十塊賣銀一兩。問該銀幾何。

答曰：該銀五十三兩二錢。

法曰：宜総曲爲寔，以每兩買塊数爲法。定身除之，不退位。得五三二数。懸空定数法曰：寔首是千下三。法首是百下二，以少減多。寔餘一爲十兩。亦又合數。

種田一頃二十五畝，共收黍一百五十石。問每畝該幾何。

答曰：一石二斗。

法曰：置共收黍爲寔，以総田爲法，定身減之，不退位，得一石二斗。合問。

隔位減題：正粮一石帶耗粮七升，令正、耗共收一百三十一石六斗一升。問原該正粮幾何。

答曰：一百二十三石。

法曰：置共收粮爲寔，以每石帶耗米爲法，隔位減之。合問。言十次位減之，言如隔位減之。

又　卷四《重加重減》

古用重加可代乘，也知重減代除行。巧題相犯方堪用，拙積從來不可攻。

重減題：小麦四十八石，每兩買一石九斗二升。該銀幾何。

答曰：二十五兩。

法曰：置麦四十八石，以減二，又減六。得荅。合問。

解曰：一百九十二足犯十二、十六相乘之数，故也。

明·徐心魯《盤珠筭法》卷一　二字奇法

今有銀一萬二千三百四十五萬六千七百八十九兩。問該收多少斤数。

法曰：一斤十六兩，以数在位，進一除一除六是也。起一作十，初位去一，二位加十。進一初位上進，除一第二位除，除六，六退十还四，四下五除一。進一除一六。進一除一除六，六退十还四。進一除一除六，六退十还四，四下五除一。進一除一。上四去五。除六進一除一除六，六退十还四，四下五除一。進一除一除六，初位進完惟存七数。

第二位。起一作十，第二位起一子加十子下三位。進一除一除六。一上四去五，还六退十还四，四下五除一。進一除一六，進一除一六。一下四去五，二五退十还四。進一，一下五除四。除一六，六退|还四，四下五除一。進一除一六。第二位完，進存之数。

第三位。進一除一六，六退十还四，完存一数。

第四位。進一除一六，進一除一六。六退十还四。進一除一六，進一除一六。四退十还六，四下五除一。進一除一六。第四位。進完存六数。

第五位空。

第六位。進一除一六，進一除一六。一上四去五，六退十还四，四五除一。進一除一六，進一除一六。六退十还四。第六位進，存四数起一作十，[第]七位化作十子。[第]八位，進一除一六。六退十还四，四下五除一。進一除一六。六退十还四，四下五除一。進一，一下五除四。除一六，進一除六。一上四去五，六退四还十，四下五除。進一除一六。六退十还四。

第七位。進完存数。

第八位。進一除一六，六退十还四。進一除一六，六退十还四，四下五除一。進一除一六。

答曰：共進收得七千七百一十六萬四百九十三斤三兩。

今有銀四兩，二人分之。

法曰：進一除二，進一除二。

答曰：各貼銀二兩。

還原：退一加二，退一加二。

今有銀二十二兩，十一人分之。

法曰：進一除一(二)[一]，進一除一(二)[一]。

答曰：各貼二兩。

還原：退一加一一，退一加一一。

今有銀四十二兩，二十一人分之。

法曰：進一除二一，進一除二一。

答曰：各貼銀二兩。

還原：退二加二一，退一加二一。

以上分帳，不用歸法定身除歸法用之。

今有米二石，每斗要銀四分。

法曰：退一加四，退一加四。四下五除一。

[荅曰]：共該銀八錢。

還原：進一除四，四上一除五；進一除四。

今有米二石，每斗該銀五分五厘。

法曰：退一加五五，退一加五五。五除五進一十，五除五進一十。

答曰：共銀一兩一錢。

还原：進一除五五，五退十还五，五退十还五；進一退五五。

以上見総不用因乘法。

今有銀二兩，每兩加一爲耗。共銀多少。

法曰：退一加一五，退一加一五。五除五進一十。

答曰：該耗三錢，再加正銀二兩，共正耗二兩三錢。

还原：進一除一五，五退还五。進一除一五。

以上毫不用加法。將人、丁、田、地不用裁法。

假如一户趙甲成丁，一丁田二十畝地田十畝山八十畝。問折幾丁當差。

法曰：先下山八十畝，用五因折半，得四十畝。又加地四十畝，共該八十畝。用五因折半，四十畝再加田二十畝，以山地不折共六十畝，加成丁一丁是也。

答曰：共折七丁。

明・柯尚遷《數學通軌・學算須知》 一位定身除分只列二位見例。

米一萬二千三百四十五石六斗七升八合九勺，十一人分之。

一除瀍：法位除去十數，只留一數呼之。

一一如除一，首位定一爲身，二位除一。一一如除一，二位定一爲身，三位除之。一二如除二，三位定二爲身，四位除二。一二如除二，四位定二爲身，五位除一。一三如除三，五位定三爲身，六位除三。一三如除三，六位定三爲身，九位除四。餘五未除。

每人該米一千一百二十二石三斗三升四合四勺餘五。

一加瀍還原：加法，從實位後加至本身，本身不可破除依法数呼加之，與乘法不同。

一四如加四，五位，四下五除一。一四如加四，八位，四下位除一。一三如加三，七位，三下五除二。一三如加三，六位，三下五除二。一二如加二，五位，二下五除三。一二如加二，四位，加二。一一如加一，三位，加一。一一如加一，二位，加一。

前米一萬二千云云，十二人分之。

二除瀍：法位除去十數，只留二數呼之。此數用二歸、六歸，可見，以二六一十二，故也。

一二如除二首位，定一，二位除二。二二如除四，三位，定二爲身，除四退十還六。二八除一十六，四位，定八爲身，除一十六，退十還四。二八除十六，五位，定八爲身，除一十，下位除六。二六除一十二，七位，定六爲身，除一十，下位除二。二五除一十，八位，定五，就除一十。二七除一十四，九位，定七，除一十四。二五除一十，十位，定五爲身，除一十。

每人該米一千零二十八石八斗零六合五勺七抄五撮。

二加還原：解見前。

二五加一十，十位加。二七加一十四，九位加。二五加一十，八位加。二六加一十二，六位加。二八加一十六，五位加。二八加一十六，四位加。二二如加四，四位加。一二如加二，二位加。

前米一萬二千云云，十三人分之。

用三除瀍：法位除去，十數只留三数呼之，實位首一数起，去還下位作十。不列。

每人該米九百四十九石六斗六升七合六勺。

前米一萬二千云云，十四人分之。

用四除瀍：法位除十，留四，實位起一，作十。此数用二歸、七歸可見，以二七一十四，故也。

每人該米八百八十一石八斗三升四合二勺。

前米一萬二千云云，十五人分之。

用五除瀍：法位除十，留五。實位起一，作十。此数用三歸、五歸、可見，以三五一十五，故也。

每人該米八百二十三石零四升五合二勺。

前米一萬二千云云，十六人分之。

用六除瀍：法位除十，留六。實位起一，作十。此数用二歸、八歸、可見；以二八一十六，故也。

每人該米七百七十一石六斗四升九勺。

前米一萬二千云云，十七人分之。

用七除瀍：法首位除十，留七；實首位起一，作十。

每人該米七百二十六石一斗一升六合四勺。

前米一萬二千云云，十八人分之。

用八除瀍：法位除十，留八；十位起一，作十。此数用二歸、九歸、可見，二九一十八，故也。

每人該米六百八十五石八斗七升一合。

前米，十九人分，用九除法。

每人該米六百四十九石七斗九升二合。

二位定身除分数此法，亦去法位首一数不呼，以次位作首位，定身呼之。

銀一百五十六兩二錢五分，一百二十五人分之。

二除五除𤄯：一二如除二首位，定一不動，下位除二。一五如除五，三位，除五。二二如除四二位定二除四退十還六。二五除一十三位除一十。二五除一十，三位，定五爲身，除一十。五五除二十五，四位，五位，除盡。

每人該銀一兩二錢五分。

三位定身除分数

銀一百九十兩，買米一百五十七石五斗。每石該銀若干。

二除七除五除𤄯：一五如除五，首位定一爲身。一七如除七，三位除。一五如除五，四位除。二五除一十，二位定二爲身。二七除一十四，三位四位除。二五除一十，四位除餘未除。

每石該銀一兩二錢，餘一末除。

空首位定身除法：首位雖空，亦當就空位呼起。

豆一百二十四石，地一千零五十畝八分。每畝該豆若干。此實位首數，即是身。不必再定，或有身無除，就身内起一作十，其所剩身数，即爲定身也。一五如除五，首位一，即爲身，不動。二位除五，退十還五。一八如除八，三位：起一作十，四位：八退十還二。一五如除五，二位：一即爲身，四位除五。一八如除八，五位：八退十還二。二八除四十，二位：八即爲身，四位除四。八八除六十四，五位：起一作十，六位除之。

每畝該豆一升一合八勺零零六五。

明·程大位《算法統宗》卷二《減法》 凡歸除，遇法首位有一數者用此。所謂定身除者，先定本身之位，而後減除也。置所有物爲實，以所求價爲法。與身数相呼，九九之数，言十就身，言如隔位。次第如法，減而除之。先從實首位起，用加法還原。

定位：法因實位本身減去，而無逢進比歸除而降一位，今將法首一數除而不用，亦可以抵逢進陞位也。

歌曰：減法須知先定身，得其身数始爲真。法中有一何曾用，身外除零妙入神。

假如今有銀二百九十四兩八錢買絹，每疋價銀一兩一錢。問該絹若干。

荅曰：二百六十八疋。

法曰：置總銀爲實，以每疋除價首一兩不用，只以次位一錢爲法。定身減而除之。合問。

定位：此是求總之法数，原實順下至錢則止，前一位是疋也逆数陞上。

合得。

			定位		
法	一錢	爲減。			
實尾	八錢	一八如除八，尽。	錢	法上是每疋錢数，遇錢即止，前一位得令是疋也。	
	四兩	一六如除六，本位十四去六存八。	兩	是疋也，逆陞。合得。	八疋
	九十起	本位七約存六，可將一退于下位，共十四。一二如除二本位去二存七。	十		六十
實首	二百		原实百起	呼百往後順数至錢。	二百 合得

假如今有米一千零三十八石，作一百七十三人分之。問每人該米若干。

荅曰：六石。

法曰：置米爲實，以人数除首位百不用，只以七十三人爲法。定身除之。合問。

定位：此是求零之法，先数原實起順下至遇法首十数則止，前一位得令是石也。

			定位		
	三人				
法首	七十	減。			
實尾	八石				
	三十	三六除一十八，本位去一十，下位去八。	十	法首是七十，遇十即止，前位得令是石也。	
	○	六七除四十二，本位去四，右位去二。本位定六。	百	是石也。本位合得。	六石 合得
實首	一千起	此一千下位空無除，可退作十百。	原实千起	呼千往後順数至十。	

假如今有金八十九兩三錢八分，令金户一百零九人辦納。問每人各該若干。

答曰：八錢二分。

法曰：置金爲實，以金户除百不用，只以九人爲法。隔位定身，除之。合問。

九人
法首　空十　減。
實尾　八分
三錢　二九除一十八，本位去一，右位去八。　定位　二分
九兩　本位定二。八九除七十二，本位去七存二，右位去二。
實首　八十起　本位定八。　原实十起　法首空十，遇十即止，前位得令是兩也。　八錢
合得
前位　是兩也，順降下位。　○兩
合得

得每户該納金八錢二分。

解義：除法十是進，故凡除，皆于隔位減法，定于本身。故：即于本身，挨位除不得誤差，隔位。

又如有金八十九兩三錢八分，令金户一百零九人辦納。問每人各該納若干。

舊法：置金八十九兩三錢八分爲實。以金户一百零九人，除首位一不用，只以九人爲法。定身隔位除之。實首是八，隔位八九除七十二，次位九除七餘二。又次位三除二餘一，末位八。再將次位身二不動，隔位除二九一十八，除實。恰盡。

清・李長茂《算海説詳》卷一《定身除法》

如有銀二百九十四兩八錢買絹，每疋價銀一兩一錢。問該絹若干。

舊法：置銀二百九十四兩八錢，爲實。以每疋一兩一錢，除價首一兩不用，只以次位一錢定身。減除實首二百，即於次位九十，除二餘七。又次位四，無七可減，即於七位去一存六，下位加十減六，存八。又於末位除八。恰盡。

得該絹二百六十八疋。

解義：除法陞上一位，故于法前定位，減法本身定法首之位，故于本身定數。

又如有米一千零三十八石，共一百七十三人分之。問每人該米若干。

舊法：置米一千零三十八石爲實。以人数一百七十三，除去首位一百不用，只用七十三人爲法。定身除之，實首一千下位空，無除，即將一千退下位作十，本身留六，下以七三除之，六七除四十二，三六除一十八。除恰盡。

得每人該米六石。

解義：上挨身減，此隔位減。除法遇隔位，在本身第四位，減法在第三位，各有不同。減法雖云：本身不動，若減除不足，又須破身就減。如：絹法二位，除二餘七，下位四無七可除，又將本身七，去一餘六，下位除六。米法寔首一千，下位空，無除，將一退下作十留六，下位除六七四十二。頭緒多紛，不如除法之便。

清・方中通《數度衍》卷一《定身歸除法》

式　有銀九十一兩，一十三人分之。問各若干。

曰：七兩。

術：置銀爲實，人爲法。以法首一除去不用，止用乙法三，於實首九内存身減之，當存七；乃以法三乘七，曰三七二十一，於子實内存七外，減二十；又減丑一，實盡。合問。

通曰：凡存數有定，非可隨意而存也。如今式子九内，存八，則下無二十四可減；存六，則減一十八外，餘實又多；故定於七也。法首遇一用此。粟布章兩求斤，用減六存身。

乙	甲	丑	子
三	二	一	九
			變七

清・汪訒菴《指明算法》卷上《減法》

假如今有銀一萬二千三百四十五兩六伐七分八厘九毫，十一人分之。其十一至十七所分之数，與前浪歸数同，故不爲重也。

十一定身除法

一一除一，一二除一，一二除二。一二除二，二(土)[上]三去五。一三除

三，三上二去五。一三除三，三上[二]去五。一四除四，四上一去(上)[五]。一四除四，四上一去五。一四除四，四退十还六。

還原用加一法

一四(加)[如]四，四退六还十。一四如四。一四(加)[如]四，四下五除一。一三(加)[如]三，三下五除(一)[二]。一三(加)[如]三，三下五除二。一二如二，一二如二，一一如一，一一如一。

十二定身除法

一二除二。二二除四，四退十还六。二八除一十六，六退十还四。二八除一十六。二六除一十二。二五除一十。二七除一十四，四退十还六。二五除一十。

還原用加二法

二五加一十。二七加一十四，四退六还十。二五加一十，二六加一十二。二八加一十六，二八加一十六，六退四还十。二二加四，四退六还十。一二如二。

十三定身除法

首位起一，下位作十。三九除二十七，二上二去五，七退十还三，三下五除二。三四除一十二，一(七)[上]四去五；三位起二，四位作十八。三九加一十一，三(七)[上]二去五，七退十还(一)。三六除一十八，八退十还二。三六除一十八，八退十还二。三七除二十一，三六除一十八。

還原用加三法

三六加一十八，三七加二十一。三六加一十八，八退二还十。三六加一十八，八退二还十。三九加二十七，二下五除三，七退三还十。三四加一十二，三九加二十七，二退八还十，七退三还十。起十还一，第四位起十，第三位还一。

十四定身除法

首位起[一]，下位作十。四八除三十二，三上二去五，一位起一，三位作十。四八除三十二，三上二去五。一四除四，四退十还六。四八除三十二，三上二去五，二上三去五。三四除一十二，二上三去五。四四除一十六，二四除八。

還原用加四法

二四如八，四四加一十六，一下五除四。三四加一十二，四八加三十二，三下五除二，二下五除三。一四加四，四退六还十。四八加三十二，三下五除二。四八加三十二，三退七还十。起十还一。三位起十，二位还一。

十五定身除法

首位起一，下位作十。五八除四十，四上一去五。二五除一十，三五除一十五。五四除二十，二上三去五。五五除二十五，二五除一十，五六除三十。

還原用加五法

五六加三十，二五加一十，五五加二十五，五四加二十，二下五除三。三五加一十五，二五加一十，五八加四十。四退六还十。

十六定身除法

首位起一，下位作十。六七除四十二，四上一去五，二位起一，三位作十。六七除四十二，四上(一)去五。一六除六，六退十还四。六六除三十六，四六除二十(二)[四]，二上三下五，四退十[还六]。六九除五十四，四上(一)去五。三六除一十八，八退[十]还二。

還原用加六法

三六加一十八，八退(二)还十。六九加五十四，四下五除一。四六加二十四，二下五除三，四退六还十。六六加三十六　一六加六，六退四还十。六七加四十二，四下五除一。六七加四十二，四退六还十。起十还一。三位起十，二位还一。

十七定身除法

首位起一，下位作十。七七除四十九，四(十)[上]一去五，九退十还(六)[一]。二七除一十四，四退十还六。六七除四十二，二上三去五。二七除一十四，四上一去五。一七除七，七退十还三。六七除四十二。四七除二十八，二上三去五。

還原用加七法

四七加二十八，二下五除三。六七加四十二，一七加七，七退三还十。二七加一十四，四下五除一。六七加四十二，二七加一十四，四退六还十。七七加四十九。四退六还十，九退一还十。

十八定身除法

首位起一，下位作十。六八除四十八，四上一去五，八退十还二。二位起二，下位作十。八八除六十四，四退十还六。五八除四十，四位起一，下位作十。八八除六，十四，四退十还六。七八除五十六，一八除八，五八除四十。

還原用加八法

五八加四十,一八如八,七八加五十六,八八加六十四,四退六还十。五八加四十,八八如六十四,四退六还十。六八加四十八,四退六还十,八退二还十。起十还一,(一)[三]位起(下)[十],二位还[一]。起十还一五位起十,四位还一。

十九定身除法

首位起一,下位作十。六九除五十四,四退十还六。四九除三十六。六退十还四,四下五除一。三位起一,下位作十。九九除八十一,一退十还九。七九除六十三,(三)退下还七。七九除六十三,三上[二]去五。二九除一十八,八退十还二。五九除四十五,五退[十]下还五。七九除六十三,三退十還七。

還原用加九法

七九加六十三,三退七还十。五九加四十五,五退五还十。二九加一十八,八退二还十。七九加六十三,三下五除二。七九加六十三,三退七还十。九九加八十一,一退九还十。四九加三十六,三下五除二,六退四还十。六九加五十四,五起五还十,四退六还十。起十还一。四位起十,三位还一。

清・蔣守誠《算法全書》卷二《減法》

假如今有銀二百九十四兩八錢買絹,每疋價銀一兩一錢。問該絹若干。

荅曰:二百六十八疋。

法曰:置總銀爲實,以每疋除價首一兩不用,只以次位爲法。定身減而除之。合問。

定位:同前。

總之,法數原實順下至錢則止。前一位得合是疋。逆數而上,合得。

假如今有米一千零三十八石,[作]一百七十三人分之。問每人該米若干。

荅曰:六石。

法曰:置米爲實,以人數除首位百不用,只以七十三人爲法。定身除之。合問。

定位:此是求零之法,先數原實起,順下至遇法首十數則止。前一位得令是石也。

假如今有金八十九兩三錢八分,令金户一百零九人辦納。問每人各該若干。

荅曰:八錢二分。

法曰:置金爲實,以金户除百不用,只以九人爲法。隔位定身除之。合問。

清・江南商業學校《最新珠算教科書》卷下第九章《乘除簡法》 以加代除法

加代除,即減代乘之還原。法首位爲九,亦用之甚便。如九十八爲法,不妨竟以百爲法,惟除去之數卻多二。必以二乘得數加之,始合於原法。如九百九十九爲法,竟以千爲法。以多除之一,乘得數加之,亦合原法。故曰加代除。列三題於左。

設題一 買佛手柑九十八枚,共錢三千八百二十二文。每枚錢各若干。

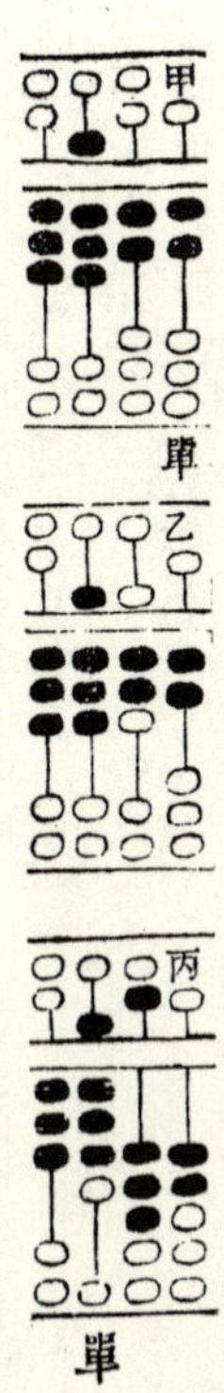

法一百減二。 二三加六。 二九加十八。

解:法首行百,除實首行三千,得三十。惟所除之數尚多二,故必以二乘得數加之。如乙圖。法首行百,除餘實首行八百,得八然有加數,尚不止八,故必用二九十八也。如丙圖。此例必須緊記。若乘得數相加有進位,必將除得數加一乘之。

設題二 以錢九十九萬八千一文換每九百九十九文一塊之洋。共有洋若干。

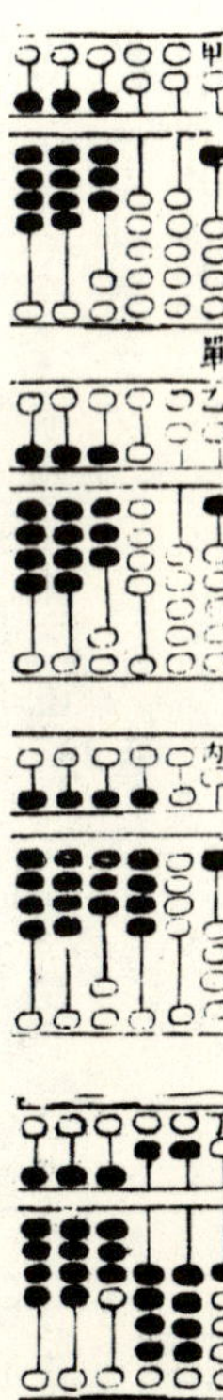

法一千減一。 一九加九。 一九加九。 一九加九。

解:法首行一千除實却多一,故每行多一箇得數。惟除得數之末行須進一數。故不用八而用九,始合原法。必當分別觀之不可執一。

設題三 買布九百八十四尺,共錢六萬四千九百四十四文。每尺錢若干。

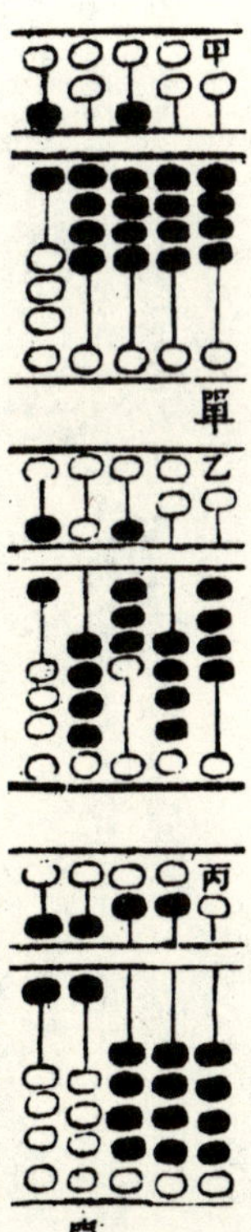

法一千減十六。 一六加六,六六加三十六 一六加六,六六加三十六

解：法首行一千，除實首行六萬，得六十。卻多除十六乘六十，故必加十六乘六十。如乙圖。法首行除餘實，加一數得六，加十六乘六。如丙圖。得每尺六十六文。

金蟬除法

算法

明・徐心魯《盤珠算法》卷一　金蟬脱殼訣法

蠢子數曰：耽閑工夫不能歸除，分物易明。不拘夛少，分物在位人數在。只管一進一除，此一位進除殆盡。又從次位進除之，次位進除又盡。又下次位進除之。直進除到末位俱盡，方綫是数科量呼唱数目是也。二人分物，進一除二。三人分，進一除三。十一人，進一除一一。十二人，進　除一二，至巳千、巳百、巳十人分，曰除巳千、巳百、巳十人，進除尽矣。

明・柯尚遷《數學通軌・歸除詮要》　金蟬歸除義

不用歸因之數，但置一箇原灋，又置一箇半灋。只云進二除倍，添一還原。滿去過身一，折半當身五。又云進一如原灋除之，進五如半灋除之。

如銀六錢四分買米一石。將銀爲實，以六錢四分爲法。又另置一箇半法得三錢二分，呼云進一除六四，進五除三二，只此二句，以代歸除。皆從實前置数，次第除之。又云進五身前位，進一前隔位，庶不隔本位。

清・李長茂《算海説詳》卷一《附金蟬脱殼訣歌》

起雙下加倍，見一只還原。倍一挨身下，餘皆隔位遷。此法不用乘除，只以此歌二十字代之。

如有米三石五斗，每斗價銀七分。問該共銀若干。

舊法：置米三石五斗，爲實，將斗價七分爲原法。另將七分倍之，得一錢四分爲倍法。先於實末位五斗上呼起雙下加倍，起了二斗，挨身下一錢。次位下四分。再起二斗，又下一錢四分；却呼見一只還原，起了一斗，隔位下十分。次於三石上，呼起雙下加倍，起了二石，挨身下一兩，次位下四錢，却呼見一只還原，起了一石，隔位下七錢。

得共銀二兩四錢五分。

又如有棉布五十七疋，每疋價銀二錢五分。問共該銀若干。

舊法：置布五十七疋爲實，以疋價二錢五分爲原法，另以二錢五分倍作五錢爲倍法。先於末位七疋起了三個雙，共六疋，挨身下三個五錢，又起了一疋又挨身下二錢。次位下五分。次於首位五十起二個雙，共四十疋，挨身下二個五兩，起一個十疋，挨身下二兩，次位下五錢。

得共價一十四兩二錢五分。

前法原價是分，倍是錢，則倍數挨身下，原数隔位下。此法原價是錢，倍亦是錢，則倍数、原数俱挨身下。他倣此。

清・沈士桂《簡捷易明算法》卷四　金蟬脱殼又名乘除易會算訣。

歸除歌即还原去。

加雙下除倍，加一下除原。倍進挨身除，餘皆隔位遷。

此法須要雙數，彀除可加雙不彀除只加。

假如有銀二十五兩八錢，買綿四十三觔。問每觔銀若干。

荅曰：六錢。

法：將銀数爲實，以綿四十三觔爲原法，另將四十三觔倍之，得八六六觔爲倍法。先於實首二十呼加雙下除倍。實首前位加二，隔一位除實八十六觔。共二一七二。再呼加雙下除倍，本位再加二共四。隔一位除實八十六觔，共四・八六。再呼加雙下除倍，本位又加二共六。隔一位除實八十六觔。實上除完，即得六錢。

清・許桂林《算牖》卷四《金蟬脱殼》　加雙下除倍，加一下除原。加雙，于實上位減法倍數于實。加一于實上位，減法原數于實。如：五六〇八八，以一歸二三除之，則于實首上一位加雙，于實首減去法一二三倍數二四六。再加雙，又減二四六，實首減盡，是除得四也。次就實首原位二次加雙，一次加一于下位餘實兩，次減二四六一，次減一二三，下位減盡，是除得五。次于下位三次加雙，于餘實三次減二四六，減盡是除得六，爲除得四五六，與後梅氏捷法條所設算同。

此《數度衍》所載乘除捷法，觀之可見乘除之理，實不如珠籌簡捷也。

酌定梅氏歸除捷法。

多上空加一，多上者，實多于法。空者，實首隔一位。凡實多于法，于實首隔一位上一于法實等者，亦然。依前除莫疑。謂以法數除之。少上隨加一，退位法除之。實少一于法，于實上一位加一，依法數降一位，除之。

案：歸除法有二位、一位，以歸一位，以除有三位，一位以歸，二位以除。此則法有幾位，皆以除。所云加一舉一爲例，勿泥一字。如：五千六百〇八兩八錢，以一歸二三除，所謂實多于法也。觀實首五，以法一二約之，可爲四分，于實首隔一位上四子。乃按法三位，一四如除四，二四如除八，三四除一十二，餘六八八八。以法一二約之，可分爲五，于四後一位上五；一五如除五，二五除一，三五除一十五，餘七三八。以法一二約之，可分爲六，于五後一位上六；一六如除六，二六除一十二，三六除一十八，恰盡。得四五六，爲一百二十三人分銀，每人得四十五兩六錢。

清・方中通《數度衍》卷一《乘除新法》

除式　有錢二千二百五十文，給九十人。問每人若干。

曰：二十五文。

術：置錢爲實。以九十人爲原數，倍得一百八十人爲倍數。先於實首二千前，挨身呼加雙下除倍，除實一千八百，餘實四百五十。次於四百前，挨身呼加雙下除倍，除實一百八十；又呼加雙下除倍，除實一百八十；再呼加一下除原，隔位除九十。合問。

又式　有油四百二十斤，每油七斤半，換豆一斗。問共換豆若干。

曰：五石六斗。

術：置油爲實。以七斤半爲原數，倍得一十五斤爲倍數。先於實首四百前，加兩箇雙，除兩箇一百五十斤；又加一除七十五斤；次於餘實四十五斤前，加三箇雙，除三箇一十五斤。合問。

通曰：又有二句除訣曰：有除隔位進，無除挨身進。止用原數，從實前隔一位起，每上一子，除一遍原數。乘法則每抹去實尾一子，挨身上一遍原數，不足爲法，姑附於此。

清・汪訒菴《指明算法》卷上《金蟬脱殼法即蠢子数》

金蟬脱殼法如何，有隔無挨仔細尋。加一除原爲要法，加除如法莫差訛。

夫金蟬脱殼者，不用歸除減法，只以此法代之，但布算未免繁文，豈終不若歸。

加一除原法

假如今有銀四十兩，作三十二人分之。問：每人該分銀若干。

荅曰：每人該分銀一兩一伐五分。

法曰：置銀四十兩于左爲实。另置三十二人在右爲原数法，先子四十兩上，隔前一位呼加一下除原三十二兩餘实八兩。次子餘实八兩上，隔前一位呼加一下除原三兩二伐。又呼加一下除原三兩二伐，餘实一兩六伐。又于餘实一兩前，呼加一下除原三伐二分。再加四個一，除四個三伐二分。恰盡。得每人該分銀一兩二伐五分。合問。

加雙除倍法

假如今有米二百八十九石，每米八斗五升實銀一兩。問該銀若干。

荅曰：該銀三百四十兩。

法曰：置米二百八十九，爲实。以八斗五升倍之，得一石七升爲倍数。先于二百前，挨身呼加雙下除倍，除实二百十一石。又呼加一下除原八十五石，餘寔三十四石。次于餘實三十前，呼加雙下除倍，除寔一十七石。又呼加双下除倍，除實一十七石。恰盡。得伐三百四十兩。合問。

圖表

明・徐心魯《盤珠算法》卷一

二歸法

從左边打起

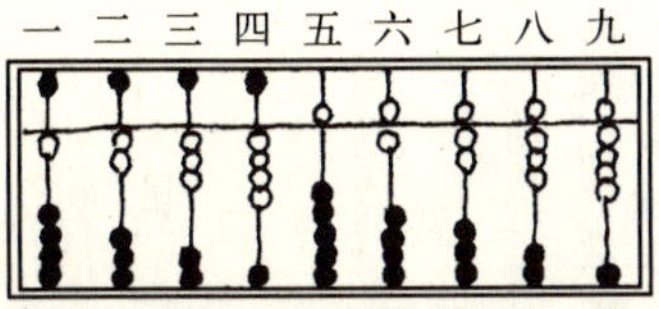

九	八	七	六	五	四	三	二	一
逢八進四十，二一添作五	逢六進三十，二一添作五	逢四進二十，二一添作五	逢二進一十，二一添作五	二一添作五	逢八進四十	逢六進三十	逢四進二十	逢二進一十

三歸法式

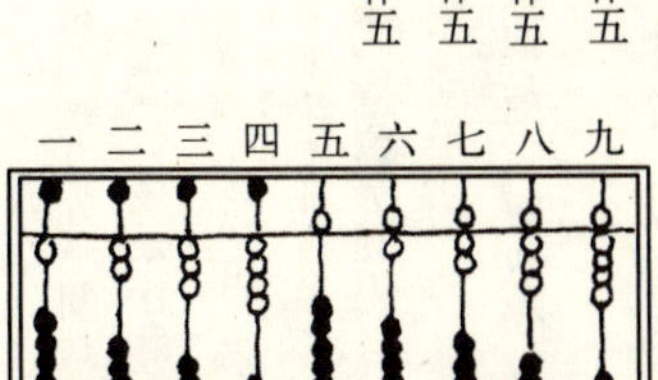

九	八	七	六	五	四	三	二	一
逢九進三十，三二六十二	逢六進二十，三二六十二	逢三進一十，三二六十二	三二六十一	逢三進三十，三一三十一	逢三進三十，三一三十一	逢九進三十	逢六進二十	逢三進一十

四歸法式

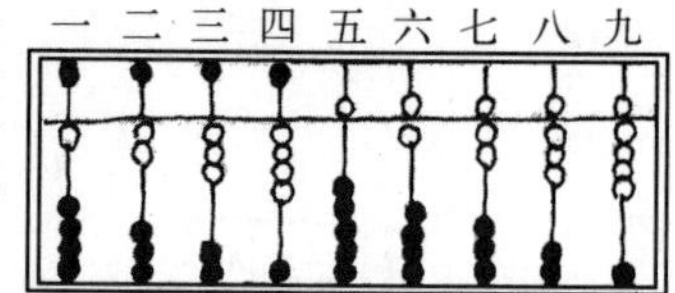

九　逢八進二十，四三七十二
八　逢四進一十，四三七十二
七　四三七十二
六　逢四進一十，四二添作五
五　四二添作五
四　逢八進二十，四一二十二
三　逢四進一十，四一二十二
二　逢八進二十
一　逢四進一十

五歸法式

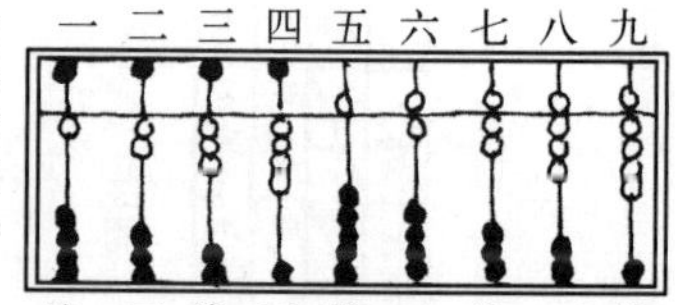

九　逢五進一十，五四倍作八
八　五四倍作八
七　逢五進一十，五三倍作六
六　五三倍作六
五　逢五進一十，五二倍作四
四　五(一)[二]陪作四
三　逢五進一十，五一陪作二
二　五一倍作二
一　逢五進一十

六歸法式

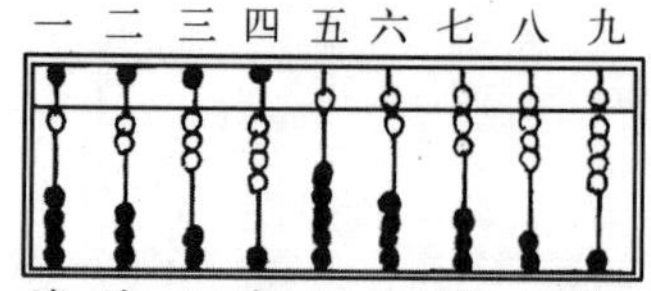

九　逢六進一十，六五八十二
八　六五八十二
七　逢六進一十，六四六十四
六　六四六十四
五　六三添作五
四　逢六進一十，六二三十二
三　六二三十四
二　逢六進一十，六一下加四
一　逢六進一十

七歸法式

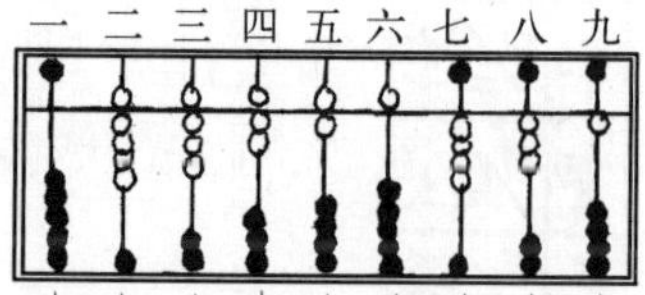

九　八九七十二
八　八八六十四
七　八七五十六
六　八六四十八
五　八五當四十
四　八四三十二
三　八三二十四
二　八二一十六
一　八一如八

八歸法式

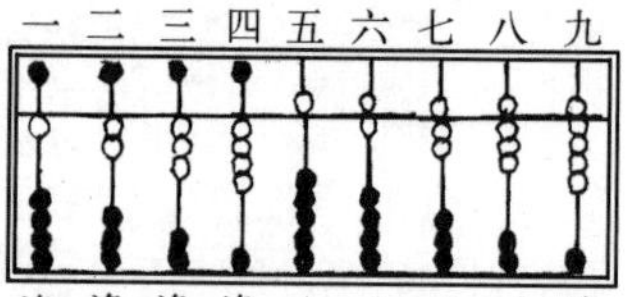

九　逢八進一十，八七八十六
八　八七八十六
七　八六七十四
六　八五六十二
五　八四添作五
四　逢八進一十，八二下加六
三　逢八進一十，八二下加四
二　逢八進一十，八一下加二
一　逢八進一十

九歸法式

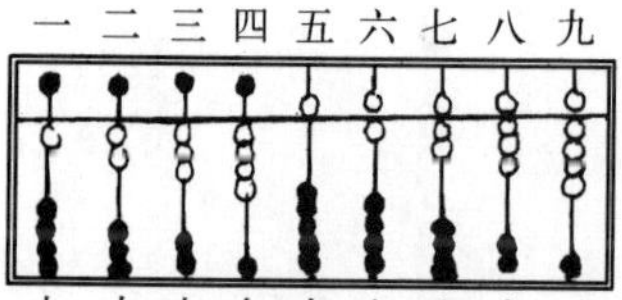

九　逢九進一十，九八下加八
八　九八下加八
七　九七下加七
六　九六下加六
五　九五下加五
四　九四下加四
三　九三下加三
二　九二下加二
一　九一下加一

清・汪訒菴《指明算法》卷上　分別法實左右圖

法　　實

右　初學盤式　左

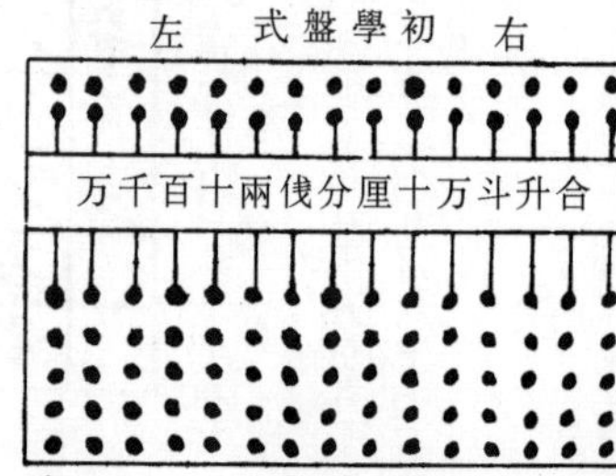

法之末位。

法之首位。

法爲母　靜

實之末位，爲次位、下位。

實之首位，爲前位、上位。

實爲子　動

寫算部

算法

明・吴敬《九章算法比類大全》卷首《乘除開方起例》 寫筭

先要書置格張，將實数於上，横寫法数，於右。□寫法實相呼，填寫格内，得数從下小数起，遇十進上。

寫筭先須仔細看，物錢多少在毫端。就填圖内依書数，加減乘除總不難。

今有紵絲七百疋，每疋價鈔二百三十四貫五百六十七文八分九厘。問該鈔幾何。

荅曰：一十六萬四千一百九十七貫五百二十三文。

法曰：置紵絲七百疋爲實，以每疋價鈔二百三十四貫五百六十七文八分九厘爲法。因之，得一十六万四千一百九十七貫五百二十三文。合問。

今有絹三百五十疋，每疋價鈔三十四貫五百六十七文八分九厘。問該鈔幾何。

荅曰：一萬二千九十八貫七百六十一文五分

法曰：置絹爲實，以每疋價鈔爲法。乘之。合問。

今有芝麻四百二十五石，每石價鈔四十五貫六百七十八文九分。問該鈔幾何。

荅曰：一萬九千四百一十三貫五百三十二文五分。

法曰：置芝麻四百二十五石爲實，以每石價鈔四十五貫六百七十八文九分爲法。乘之，得一万九千四百一十三貫五百三十二文五分。合問。

今有絲三千六十九兩八錢四分，每兩價鈔二貫六百三文七分五厘。問該鈔幾何。

荅曰：七千九百九十三貫九十五文九分。

法曰：置絲三千六十九兩八錢四分爲實，以每兩價鈔二貫六百三文七分五厘爲法。乘之，合問。

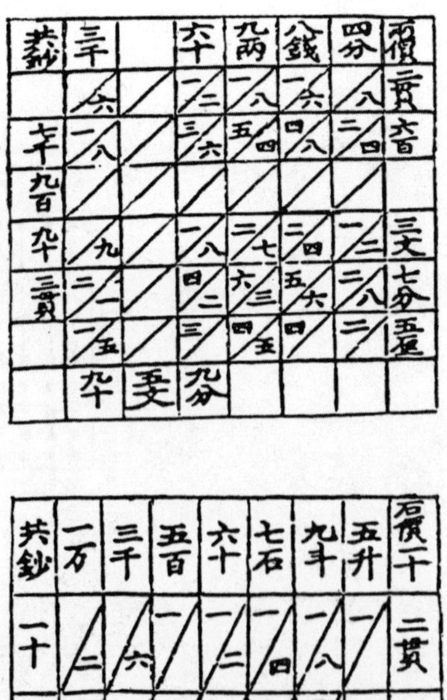

今有白米一萬三千五百六十七石九斗五升，每石價鈔一十二貫五百文。問該鈔幾何。

荅曰：一十六萬九千五百九十九貫三百七十五文。

法曰：置米一万三千五百六十七石九斗五升爲實。以每石價鈔爲法。加之。合問。

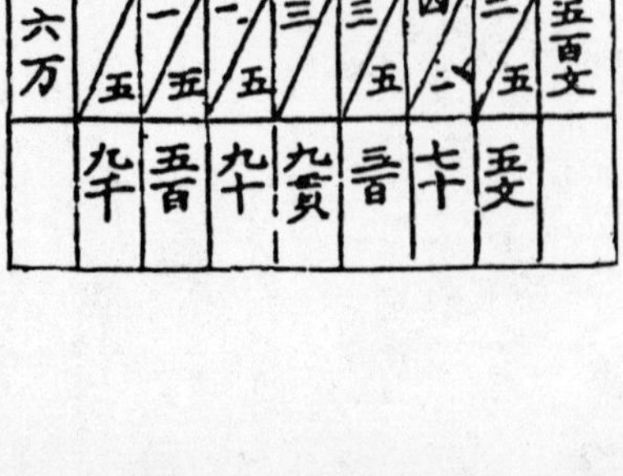

除法

今有鈔一十六萬四千一百九十七貫五百二十三文，買紵絲七百疋。問每疋該鈔幾何。

答曰：二百三十四貫五百六十七文八分九厘。

法曰：置鈔爲實，以每疋價鈔爲法。除之，七一下加三，見七進一十。七二下加六，見七進一十，七五七十一，七三四十二，七三四十二，見七進一十，七四五十五，見七進一十，七六八十四，七六八十四，見七進一十。合問。

今有鈔一萬二千九十八貫七百六十一文五分，買絹三百五十疋。問每疋該鈔幾何。

答曰：三十四貫五百六十七文八分九厘。

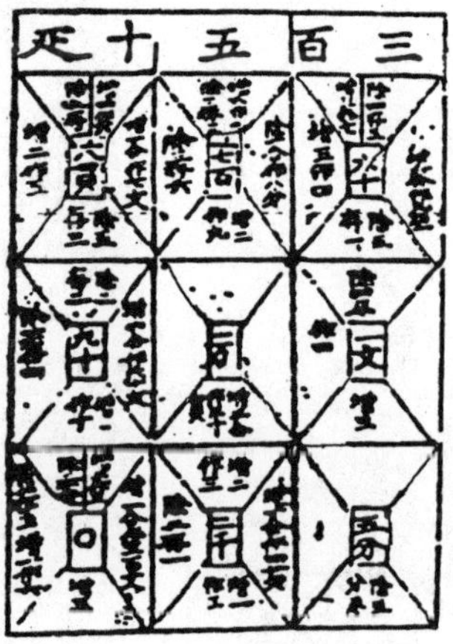

法曰：置鈔爲實。以買絹爲法。除之，三一三十一，三五除一十五，三一三十一，見三進一十，五四除二十，三二三十一，見六進二十，五五除二十五，三二六十二，五六除三十，三二六十二，見三進一十，五七除三十五，見三無除作九三，無除下還三，五八除四十，見三無除作九三，五九除四十五，合問。

今有鈔一萬九千四百一十三貫五百三十二文五分，糴芝麻四百二十五石。問每石價鈔幾何。

答曰：四十五貫六百七十八文九分。

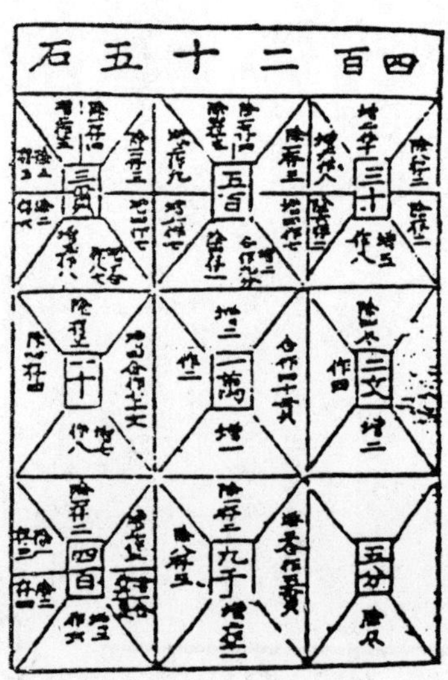

法曰：置鈔爲實，以芝麻爲法。除之。四一二十二，見八進二十，二四除八，五四除二十。四二添作五，二五除一十，五五除二十五。四二添作五，見四進一十，二六除一十二，五六除三十。四三七十二，二七除一十四。五七除三十五。四三七十二。見四進一十。二八除一十六。五八除四十。四三七十二。見八進二十。二九除一十八。五九除四十五。合問。

今有鈔一十六萬九千五百九十九貫三百七十五文，每米一石價鈔一十二貫五百文。問該米幾何。

答曰：一萬三千五百六十七石九斗五升。

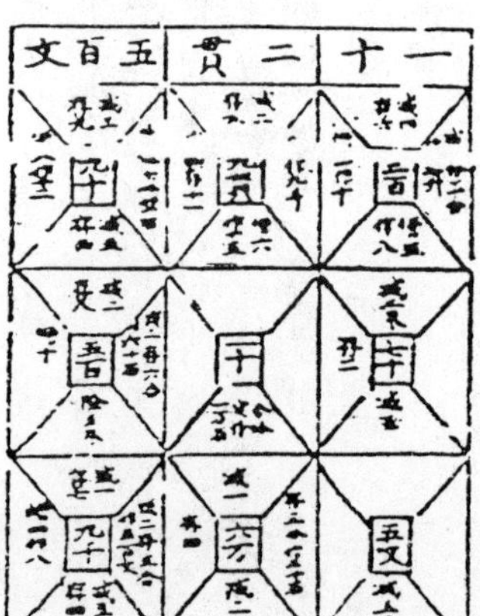

法曰：置鈔爲實，以每石價鈔爲法。定身減之。二二減二，一五減五，二三減六，五三減一十五，二五減一十，五五減二十五，二六減一十(一)[二]，五六減(一)[三]十。二七減一十四，五七減三十五，二九減一十八，五九減四十五，二五減一十，五五減二十五，共得。合問。

清·李長茂《算海説詳》卷一《附鋪地錦寫算法歌》

寫算鋪地錦爲奇，不用算盤数可知。實位横列直法位，照行呼寫莫差池。大数左上實首起，小数右下法尾齊。格圖斜界分等第，萬千百十不須疑。

因乘圖

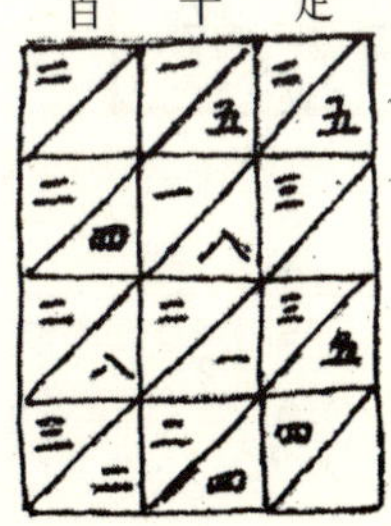

先以法與五，定位相呼五五二十五，五六三十，五七三十五，五八四十，填寫格内。

次以法與三十，相呼三五一十五，三六一十八，三七二十一，三八二十四，亦填寫格内。

又以法與四百，相呼四五二十，四六二十四，四七二十八，四八三十二，併寫格内。

如有絹四百三十五疋，每疋價五千六百七十八文。問共錢若干。

舊法：照上格眼圖，置絹四百三十五疋，横寫圖上爲實。另以每疋錢五千六百七十八文，直寫圖右爲法。從末行起，法實相呼，填寫格内。却從右下角斜逆上，下角空二層，共十三，即進一於上本位三。三層共八，加進一共九。四層共二十九，進二於上本位九。五層共十四，加進二共十六。進一於上本位六。六層共三，加進一，共四。七層二。

得共該錢二百四十六萬九千九百三十文。

歸除圖

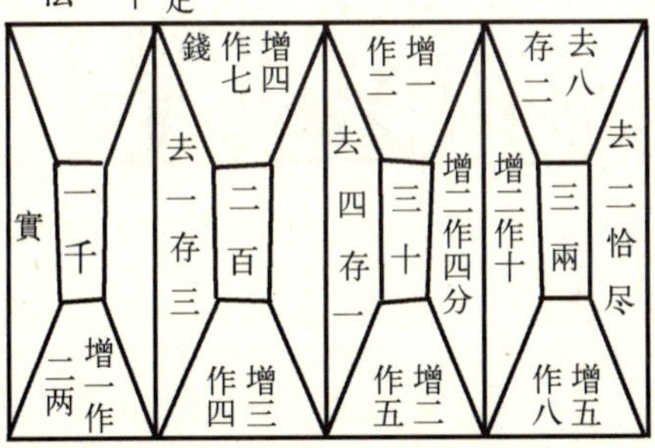

解義：法寔相呼，是直行寫下。堞算積数，是斜行逆上，自寔首，角是大数至法尾，角是小数，照斜界畫，萬、千、百、十，每一層爲一等。

本位原三，前位呼增五作八，寫下。前位呼增二作十寫左。呼逢八進二十，去八存二，寫上。呼四五除二十，去二恰盡，寫右。

本位原三，前位呼增二作五，寫下。呼除五七三十五，除四存一，寫左。下位增五。又呼歸四二一十二，如一作二，寫上。又下位進二作四，寫右。

本位原二，前位歸呼增二作四，寫下。次呼二五除一十，將四去一存三，寫左。又呼四三七十二。本位增三作七，寫上。下位增二。

先從寔首起，呼四二一十二，本位原一增一作二，更于下位增二。

如有銀一千二百三十三兩，買綾四十五疋。問每疋價若干。

舊法：照實位数盡上格眼圖。置銀一千二百三十三兩於圖各位中心爲實。以綾四十五疋爲法。除之。每圖歸除俱自下旋左而上至右止，各照圖位呼除寫完止，看各格末寫一行。右行下二，二行上七，三行右四。

得每疋銀二兩七錢四分。

解義：上因乘圖易曉，歸除圖自下向左旋上而右得数，或在下或在左上右，參差不一。今更圖以寔列上，歸除数居中，以次挨排，每格看其末行得数，在下較爲直捷，不至差誤。

清·方中通《數度衍》卷三《附鋪地錦》

乘式　有物二十三件，每件價銀五錢六分五釐。問共若干。

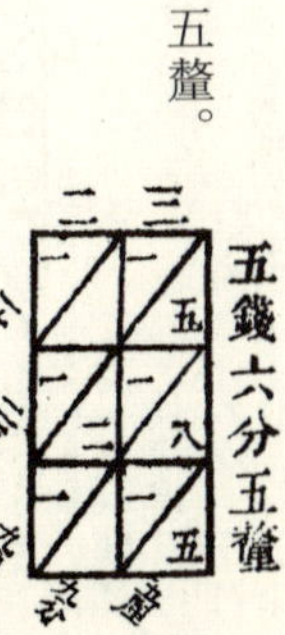

曰：一十二兩九錢九分五釐。

術：物數爲實列上，價數爲法列旁。相呼填數於格内，呼畢斜格成總也。先呼三五一十五，次呼三六一十八，次呼三五一十五，填三下之格内。後呼二五得一十，二六一十二，二五得一十，填二下之格内。乃斜取總數。一爲一十，一一爲二兩，五一二一爲九錢。八一爲九分，五爲五釐也。

除式　有銀九十四兩五錢，買物七十斤。問每斤若干。

曰：一兩三錢五分。

逢七進一十。去七恰盡，進一於左。

逢七進一十。十内去七存三，進一於左。七三四餘二。存三加一作四，下位五錢上加二作七。

逢七進一十。九去七存二，進一於左。七二下加六。本位二不動，下位四兩上加六作十。

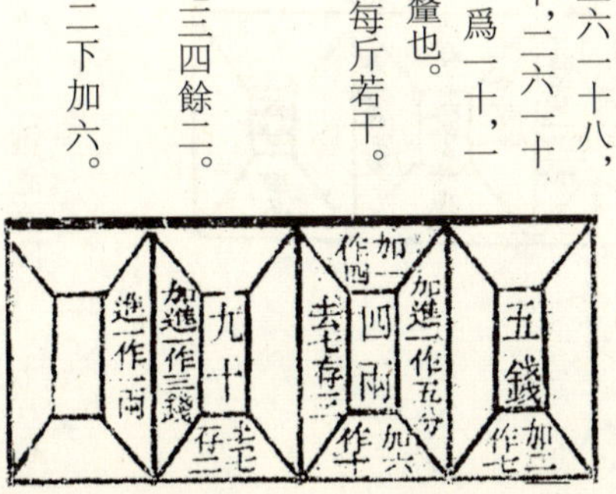

術：先畫圖，置銀數於内爲實。以物數爲法。自下左旋而上而右止。用珠算歸除訣，先除九十起。曰逢七進一十，填在左圖右格爲一兩。又曰七二下加六，次除四兩，因加六作十。曰逢七進一十，將此一并九十圖内存二作三填在九十圖左格爲三錢。又曰七三四餘二，次除五分，因加二作七，曰逢七進一十，將此一并四兩圖内作四。又作五，填在四兩圖右格爲五分。共得一兩三錢五分也。

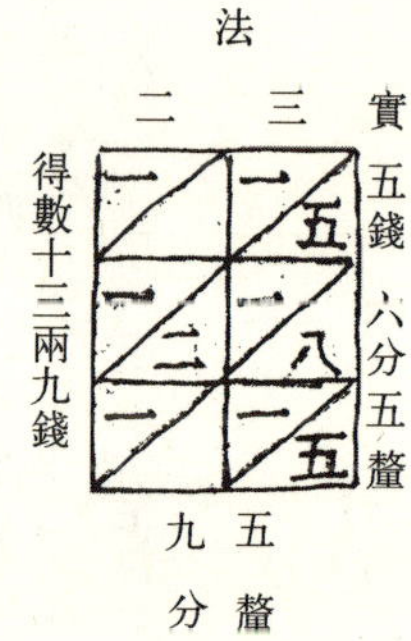

清・許桂林《算牖》卷四《鋪地錦法》

畫横、竪格，作斜線于格之外，上列法，右列實。乃以乘法徧乘，填寫格内。每一方格斜線界爲二尖格。小數填下半格内，大數填上半格内，乘畢，乃合斜線内數爲得數于格外。下方及左方自下而上，以次寫之。其斜線内數，滿十進之上位，作號記之，與筆算同。按鋪地錦可乘不可除，《數度衍》載有除法，不可用。而其乘法視筆算、籌算，尤爲明確也。列式于後。

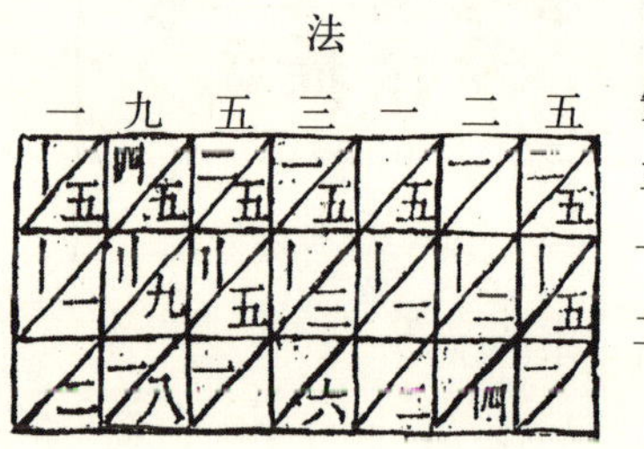

右物二十三件，每件五錢六分五釐。如法算得其十二兩九錢九分五釐。

右舊法。所謂獅子滚繡毬，用鋪地錦算比珠算甚省。

清・陳傑静《算法大成》卷一《鋪地錦法》 鋪地錦，止用于乘，不能通之于除。凡乘法，必有兩數。察其位之多寡爲方格，又以斜綫界之書一數丁上，自左而右書一數于右；自上而下以縱横相遇呼九因合數，于格内書之；以斜行爲所得之位，斜行内之數，總爲所得之數。滿十者，作點于左位之格外，一十作一點，二十作二點，三十作三點，至九點而止；滿百者，于再左一位作一點。

如前七位乘法。第一題兩數俱七位，作七行，行各七格。一方格任書一數，二、三、四、五、六、七、八于上，五〇三八八四八于右。乃呼五八得四十，書一四字于方格内斜綫之上；又呼三八二十四，書二字于斜綫之上，書四字于斜綫之下；如是呼畢，則諸格俱滿。乃自末位倒數起，先看末一行斜格内止一四字，即書四字于格之外，次看第二斜行是二六六，共爲一十四，則于第三行之外作一

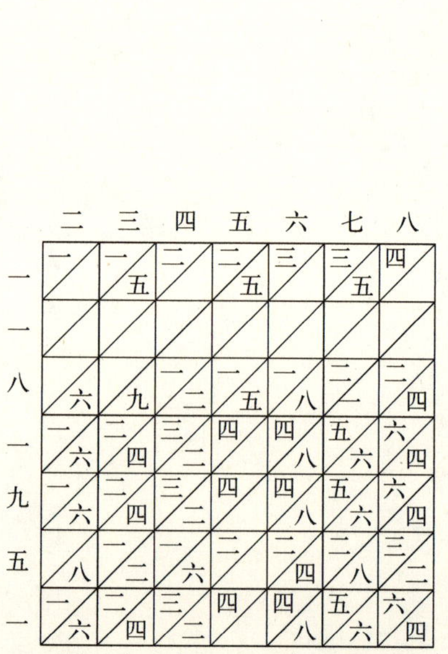

點，而書四字于本行之外，（次）[再]看弟三行爲四三八五八，共爲二十八；并格外一點，計之爲二十九，則作兩點于第四行之外，而書九字于本行之外。如是數至，首位止一一字，即可知得數爲一一八一九五一四八九八九四四也。

清・沈士桂《簡捷易明算法》卷四《鋪地錦》 寫因乘法歌即鋪地（鋪）[錦]。

寫算鋪地錦爲奇，不用算盤数可知。法實相呼小九数，格行填寫数明時。逢呼得十居上格，得下呼零下格書。逐位相呼填寫畢，斜行照数堆垛知。

依式畫圖代乘法，厘毫絲忽不差池。

假如有麥四十七石，每石銀五錢三分一厘。問該銀若干。

荅曰：二十四两九錢五分七厘。

因乘圖

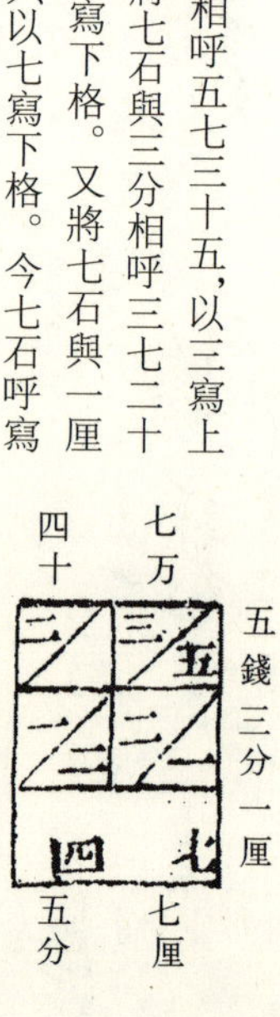

將七石與五錢相呼五七三十五，以三寫上格，五寫下格。又將七石與三分相呼三七二十一，以二寫上格，一寫下格。又將七石與一厘相呼一七下得七，只以七寫下格。今七石呼寫完。又將四十石與五錢相呼四五得二十，只以二寫上格。又將四十石與三分相呼三四一十二，以一寫上格，二寫下格。又將四十石與一厘相呼一四下得四，只將四寫下格。呼寫完。確總銀該得十数起，即從圖首位是二即得二十。下位斜行内数一、三共得四两。文下一位斜行内数

二、二、五共得九錢。又轉下底位斜行内数一、四共得五分。又轉一位数七得七厘。合問。

前圖斜行内皆得本数，無叠数進于前位一看了然。先立此圖以開導之，若遇数多者每一行内有十餘数，或幾十数者，若堆垜数皆要叠進前位須要知之，另立圖式于左。

如有(曰)[田]一百七十四畝六分，每畝科粮六升三合八勺四抄五撮。問共該粮若干。

荅曰：一十一石一斗四升七合三勺三抄七撮。

法：如前圖，若一行内有十餘数者，内十数進于前行。

又 因乘圖

從未行寫起，未行三四格外寫七，前行八、二、六、三、一、七数共二十三，格外只寫三，將二十進于前行，前行記添二，則共数三十三。格外亦寫三，加此逐行照式記添各寫格外。將圖寫完数即成矣。然後確總該用数起，次第再寫歹斗升合，即得該数矣。